STRAFRECHT
BESONDERER TEIL
Lehrbuch

begründet von

Dr. Gunther Arzt
em. Professor an der Universität Bern

und

Dr. Ulrich Weber (†)
em. Professor an der Universität Tübingen

fortgeführt von

Dr. Bernd Heinrich
o. Professor an der Humboldt-Universität zu Berlin
(ab 1.4.2015: Universität Tübingen)

und

Dr. Dr. Eric Hilgendorf
o. Professor an der Universität Würzburg

3., neu bearbeitete Auflage

2015
Verlag Ernst und Werner Gieseking · Bielefeld

Bibliografische Information Der Deutschen Bibliothek
Die Deutsche Bibliothek verzeichnet diese Publikation in der Deutschen Nationalbibliografie; detaillierte bibliografische Daten sind im Internet über http://dnb.d-nb.de abrufbar.

2015

© Verlag Ernst und Werner Gieseking GmbH, Bielefeld

Dieses Werk ist urheberrechtlich geschützt. Jede Verwertung, insbesondere die auch nur auszugsweise Vervielfältigung auf fotomechanischem oder elektronischem Wege, die Aufnahme in Datenbanken oder die Einstellung in Onlinedienste, ist nur insoweit zulässig, als sie das Urheberrechtsgesetz ausdrücklich gestattet, ansonsten nur und ausschließlich mit vorheriger Zustimmung des Verlages.

Alle Rechte bleiben vorbehalten.

Lektorat: Dr. iur. Jobst Conring
Herstellung: Katja Klesper Verlagsherstellung, Fulda
Druck und Bindung: Mediaprint GmbH, Paderborn

ISBN 978-3-7694-1111-9

Vorwort zur 3. Auflage

Das hiermit in dritter Auflage bearbeitete Lehrwerk zum Besonderen Teil des Strafrechts wurde von Gunther Arzt und Ulrich Weber geschaffen und über viele Jahre hinweg betreut. Ihr Anliegen war es, ein Lehrbuch vorzulegen, das über bloßes Klausurlösungswissen hinaus Verständnis für Grundfragen des Besonderen Teils und den kriminalpolitischen Hintergrund der einzelnen Normierungen vermittelt. Leserinnen und Leser sollten in die Lage versetzt werden, zu Fragen des Strafrechts und seiner Gestaltung eigenständig Position zu beziehen.

Mit der Neuauflage sind Gunther Arzt und Ulrich Weber* ausgeschieden. Die beiden jüngeren Autoren Bernd Heinrich und Eric Hilgendorf halten jedoch an der didaktischen und inhaltlichen Konzeption des Werkes unverändert fest, sodass die „Handschrift" der beiden Vorgänger überall im Buch noch deutlich erkennbar ist.

Für die Neuauflage wurde das Buch durchgehend aktualisiert und, wo nötig, erweitert. Für ihre tatkräftige Hilfe danken wir zum einen dem „Berliner Team" PD Dr. Tobias Reinbacher, Dr. Mario Merget, Nils Andrzejewski, Katharina Baudisch, Huy do Chi, Jasmin Finger, Robert Pest, Cathrin Cordes, Christopher Gardt und Juliane Gillner, zum anderen dem „Würzburger Team" mit Carsten Kusche, Raimund Bittner, Berthold Haustein, Jochen Feldle, Anna Lohmann, Annika Schömig, Stefanie Schüchel und Carlotta Siol. Konstruktive Kritik ist sehr willkommen! Sie ist zu richten an Bernd.Heinrich@rewi.hu-berlin.de oder an Hilgendorf@jura.uni-wuerzburg.de.

Berlin und Würzburg, im Januar 2015

Bernd Heinrich   Eric Hilgendorf

---

* Unser Lehrer Ulrich Weber ist im Dezember 2013 gestorben. Nachruf von Eric Hilgendorf in der JZ 2014, S. 135.

Aus dem Vorwort zur 1. Auflage

„(…) Von Anfang an ging es uns um Verständnisvermittlung. Die Stärken und Schwächen der h. M. sollen transparent werden. Wo wir einer Minderheitsansicht folgen oder eine eigene Meinung vertreten, geht es auch da mehr um die im Kontrast liegende Verdeutlichung der h. M. als um Originalität durch Abweichung.

Von Anbeginn waren wir auch der Meinung, dass zur Dogmatik des BT eine wenigstens skizzenhafte Darstellung des kriminalpolitischen Hintergrundes gehört. Wir halten daran fest, dass dadurch auch der Stoff leichter verdaulich wird, als wenn maximale Komprimierung angestrebt wird. Dass die examensrelevanten Schwerpunkte betont werden, ist jedoch selbstverständlich. Umgekehrt gilt, dass wir dort, wo wir eine knappe Darstellung nicht examenswichtiger Materien vorgenommen haben, auf die geringere oder ganz fehlende Prüfungsrelevanz ausdrücklich hinweisen (z. B. Sexualdelikte oder Staatsschutzdelikte). Nimmt man alle Prüfungsordnungen zusammen, so gibt es allerdings bundesweit keine Deliktsgruppe, die völlig aus dem Prüfungsstoff herausfällt. (…)"

Inhaltsverzeichnis

	Seite
Abkürzungsverzeichnis	LIII
Literaturverzeichnis	LXI

Teil I: Einführung; Delikte gegen die Person 1

§ 1 Einführung in den Besonderen Teil 1
    I. Rechtsgüterschutz (Sicherheit) als Aufgabe des Staates und des Strafrechts 2
        1. Sicherheit als Basiswert 2
        2. Der BT als Beschreibung von Angriffen auf Rechtsgüter (Rechtsgüterschutz) 3
        3. Rechtsgüter als Resultate von Güterabwägungen 4
        4. Beschränkung des BT auf wichtige Rechtsgüter 8
        5. BT, Bestimmtheitsgrundsatz und Grenzmoral 10
    II. BT und AT 11
        1. Für Teile des BT gemeinsame Merkmale 11
        2. Vorrang des BT gegenüber dem AT 11
        3. Rechtsfolgen und Rechtsvoraussetzungen 12
    III. BT und Prozessrecht 13
        1. In dubio pro reo, Verdachtsstrafen und symbolische Tatbestände 13
        2. Reduktion des materiellen Strafrechts im Verfahren (Opportunitätsprinzip, plea bargaining) 15
        3. Unerwünschte und erwünschte Dunkelfelder 17
    IV. Systematisierung des BT nach Rechtsgütern 20
        1. Rechtsgüter der Allgemeinheit bzw. des Individuums ... 20
        2. Personwerte bzw. Sachwerte als Rechtsgüter des Individuums 21
        3. Fernwirkungen von Rechtsgutsbeeinträchtigungen, Viktimologie und Dogmatik 22
        4. Unterschiedliche Präventionsstrategien im BT; qualifizierte und privilegierende Tatbestandsmerkmale; Strafzumessung 23

§ 2 Mord und Totschlag, §§ 211–213 25
    I. Rechtsgut und kriminalpolitischer Hintergrund 29

Inhaltsverzeichnis

	Seite
1. Rechtsgut, Überblick	29
2. Zur Rolle der Sachverständigen	31
3. Umfang der Kriminalität	32
II. Mordmerkmale (MMe) und der Sanktionensprung zu lebenslanger Freiheitsstrafe (llF)	35
1. Der Sanktionensprung (Grundlegung)	35
2. Abmilderungen des Sanktionensprungs	35
a) Relativierung der lebenslangen Freiheitsstrafe: § 57a und der besonders schwere Mord	35
b) Auch bei Totschlag ausnahmsweise lebenslange Freiheitsstrafe	38
c) Typenkorrektur – Verneinung der Mordmerkmale über die Generalklausel der besonderen Verwerflichkeit	38
d) Rechtsfolgenlösung	40
3. Verwerflichkeit, Gefährlichkeit – Legitimation des Sanktionensprungs und der Mordmerkmale	41
a) Maximale Abschreckung und das Mordmerkmal der Überlegung	41
b) Mordmerkmale als besondere Verwerflichkeit	42
c) Besondere Gefährlichkeit als Erklärung der Mordmerkmale	43
4. Kollaps des § 211 unter der Last des case law – Ausblick de lege ferenda	45
5. Rechtsvergleichende Hinweise	47
III. Die Abgrenzung zwischen Mord und Totschlag	48
1. § 212 als Grundtatbestand; § 211 als Qualifikation (h. L.) – Konsequenzen für die Teilnahme	48
a) Mordmerkmale (MMe) als qualifizierte Merkmale	48
b) Täter- und tatbezogene Mordmerkmale	49
2. Selbstständigkeit von § 211 und § 212 (BGH) – Konsequenzen für die Teilnahme	50
a) Selbstständigkeit der Tatbestände – Akzessorietät der Teilnahme	50
b) Einzelfragen, insbesondere zu bei Täter und Teilnehmer gekreuzten Mordmerkmalen	52
c) Stellungnahme	54
IV. Die Mordmerkmale im Einzelnen	57
1. Systematische Stellung der Mordmerkmale, insbesondere Trennung zwischen objektiven und subjektiven Elementen	57
2. Die tatbezogenen Mordmerkmale im Einzelnen	57
a) Heimtückisch	57
aa) BGH: Ausnutzung der Arg- und Wehrlosigkeit	57
bb) Systemimmanente Einschränkungsversuche, Einzelfälle	58
cc) Systemsprengende Meinungen und Reformvorschläge	61
b) Grausam	62

			Seite
		c) Mit gemeingefährlichen Mitteln	63
	3.	Die täterbezogenen Mordmerkmale	64
		a) Mordlust	64
		b) Zur Befriedigung des Geschlechtstriebs (Sexualmord)	64
		c) Aus Habgier	65
		aa) Definition: Vermögensvorteilsabsicht	65
		bb) Motivbündel	65
		cc) Moralisch aufgeladene Habgierdefinitionen	67
		dd) Sonderfälle	68
		ee) Rechtsfolgenlösung, besondere Schuldschwere ..	68
		d) Um eine andere Straftat zu ermöglichen oder zu verdecken	69
		aa) Definition	69
		bb) Einschränkungsversuche und damit zusammenhängende Einzelfälle	69
		cc) Sonderfälle und Einzelfragen zur Verdeckungsabsicht	70
		dd) Einzelfälle zum Ermöglichen	72
		e) Aus niedrigen Beweggründen	72
		aa) Definition	72
		bb) Sonderfälle und Einzelfragen	74
	V.	Totschlag und Totschlag im Affekt, §§ 212, 213	79
	1.	Totschlag, § 212	79
	2.	Affekt und andere minder schwere Fälle, § 213	82
		a) Sperrwirkung des § 211	82
		b) Affekt	83
		c) Andere minder schwere Fälle	85
	3.	Kindestötung als minder schwerer Fall nach §§ 212, 213	86
	4.	Tötung auf Verlangen, § 216	86
	VI.	Menschqualität, Konkurrenzfragen	86
	1.	Menschqualität	86
	2.	Konkurrenzfragen	87
§ 3	Tötung auf Verlangen (§ 216), Sterbehilfe, Suizidhilfe und Teilnahme am Suizid		90
	I.	Der kriminalpolitische Hintergrund	92
	1.	Die Straflosigkeit der „freien" Selbsttötung	92
	2.	Straflose Suizidhilfe bzw. Sterbehilfe und strafbare Tötung	94
		a) Die unterschiedlichen Formen der Suizid- und Sterbehilfe	94
		b) Der juristische Rahmen der Sterbehilfe	95
		c) Sterbehilfe bei mutmaßlichem Sterbewillen (Patientenverfügung, Freitoderklärung)	98
	II.	Tötung auf Verlangen, § 216	100

			Seite
		1. Verlangen, insbesondere Abgrenzung zur Einwilligung	100
		2. Teilnahmefragen	104
	III.	Straflose Teilnahme an Selbsttötung – Abgrenzung zur strafbaren Fremdtötung	106
		1. Straflosigkeit der Teilnahme an einer freien, selbstverantwortlichen Selbsttötung	106
		2. Der Maßstab für die freie, selbstverantwortliche Selbsttötung	107
		3. Suizidteilnahme durch einen Nicht-Garanten durch Unterlassen – § 323c	112
		4. Suizidteilnahme durch einen Nicht-Garanten durch Tun – §§ 323c, 222 und BtMG	113
		5. Abgrenzung der Suizidteilnahme einerseits von § 216 andererseits als Kern des Problems	114
		6. Zur Modifikation der Abgrenzung Suizidteilnahme/§ 216 bei Garanten	118
		7. Interventionsrecht bei Selbsttötung	121
§ 4	Fahrlässige Tötung, § 222		123
	I.	Der kriminalpolitische Hintergrund	123
	II.	§ 222 im Einzelnen	124
§ 5	Verletzung des Rechtsguts „Leben der Leibesfrucht" §§ 218 ff.		127
	I.	Kriminalpolitische Vorbemerkungen	130
		1. Zur Geschichte des Abtreibungsstrafrechts	130
		2. Kriminalpolitische Positionen	133
		3. Vorgaben des BVerfG und Grundzüge des geltenden Rechts	134
		4. Die Realität des Schwangerschaftsabbruchs	135
	II.	Der Tatbestand des Schwangerschaftsabbruchs, § 218	136
		1. Rechtsgut und Tathandlung	136
		2. Selbstabbruch und Fremdabbruch	138
		3. Besonders schwere Fälle und Regelbeispiele, § 218 II	139
		4. Versuch, § 218 IV	141
	III.	Vorfeld- und Umfeldtatbestände	141
		1. Vorfeldtatbestände, §§ 219a und 219b	141
		a) § 219b	141
		b) § 219a	141
		2. Umfeldtatbestände, § 240 I, IV 2 Nr. 2, § 170 II	142
		a) § 240 I, IV 2 Nr. 2	142
		b) § 170 II	142
	IV.	Die Straflosigkeit des Schwangerschaftsabbruchs, insbesondere § 218a	143
		1. Zweiteilung der Straflosigkeit: Tatbestandslosigkeit (Fristenregelung), § 218a I; Rechtfertigung (Indikationenregelung), § 218a II und III	143

Inhaltsverzeichnis

Seite

2. Der tatbestandslose Schwangerschaftsabbruch,
   Fristenlösung des § 218a I 144
   a) Vorteile der Fristenlösung 144
   b) Voraussetzungen der Straflosigkeit 145
   c) Keine Pflicht zur Mitwirkung am
      Schwangerschaftsabbruch 146
3. Der gerechtfertigte Schwangerschaftsabbruch,
   Indikationenlösung des § 218a II und III 146
   a) Erforderlichkeit von Indikationen trotz
      Fristenlösung 146
   b) Die medizinisch-soziale Indikation des § 218a II ... 147
      aa) Allgemeine Voraussetzungen 147
      bb) Die besonderen Voraussetzungen des § 218a II 147
      cc) Ungeschriebene
          Rechtfertigungsvoraussetzungen? 149
      dd) Ausgeklammerte Rechtfertigungselemente ... 149
      ee) Feststellung der Rechtfertigung 150
      ff) Bestrafung bei fehlender Rechtfertigung ... 150
      gg) Keine Pflicht zum Schwangerschaftsabbruch
          trotz Rechtfertigung 150
   c) Der Sonderfall der kriminologischen Indikation
      des § 218a III 151
4. Weitere Straflosigkeitsregelungen zugunsten
   der Schwangeren 152
   a) Die 22-Wochen-Klausel, § 218a IV 1 152
   b) Die Bedrängnisklausel, § 218a IV 2 152
   c) Sonstige Straffreistellungen der Schwangeren ... 152
V. Selbstständige Ahndung der Verletzung von ärztlichen
   Pflichten im Zusammenhang mit dem Schwangerschaftsabbruch 153
   1. Verletzung der korrekten Indikationsfeststellung, § 218b 153
      a) Schwangerschaftsabbruch ohne formelle
         Feststellung einer Indikation, § 218b I 1 153
      b) Unrichtige Feststellung einer Indikation,
         § 218b I 2 153
   2. Verletzung von Darlegungs-, Beratungs- und
      Vergewisserungspflichten, § 218c 154
      a) Erfüllung von Vorgaben des BVerfG 154
      b) Die einzelnen Pflichtverletzungen 154
   3. Beratungspflicht nach § 2a SchwangerschaftskonfliktG;
      Schwangerschaftsabbruch außerhalb einer geeigneten
      Einrichtung, §§ 13, 14 SchwangerschaftskonfliktG
      (Ordnungswidrigkeiten) 155
VI. Das Verhältnis des Schwangerschaftsabbruchs
    zu den Tötungs- und Körperverletzungsdelikten 155
    1. Verhältnis zu den Tötungsdelikten 155
       a) Menschqualität mit Geburtsbeginn; Geburt eines
          lebenden Kindes bei einem Schwangerschaftsabbruch 155

Inhaltsverzeichnis

Seite

  b) Notstandstötung in der Geburt (sog. Perforation) ... 156
  c) Schwangerschaftsabbruch im Spätstadium
   als Angriff auf menschliches Leben 156
  d) Angriff auf das Leben der Schwangeren
   und § 218 156
 2. Verhältnis zu den Körperverletzungsdelikten 157

**§ 6 Verletzung des Rechtsguts „körperliche Integrität",
§§ 223 ff., und Nebenstrafrecht** 159
 I. Der kriminalpolitische Hintergrund 164
  1. Elementares Schutzbedürfnis 164
  2. Bagatelldelikt 166
   a) Sozialadäquanz 166
   b) Sonstige Geringfügigkeiten 167
  3. Antrags- und Privatklagedelikt 167
  4. Der Umfang der Körperverletzungskriminalität 169
 II. Der Grundtatbestand der vorsätzlichen
  Körperverletzung, § 223 (ohne Heilbehandlung) 170
  1. Körperliche Misshandlung – Gesundheitsschädigung ... 170
   a) Körperliche Misshandlung 170
   b) Gesundheitsschädigung 171
  2. Einwilligung, Sozialadäquanz, Rechtfertigungsgründe .. 171
   a) Einwilligung, § 228 171
   b) Einwilligung in das Risiko 174
   c) Sonstige Rechtfertigungsgründe und Sozialadäquanz 178
  3. Versuch, § 223 II 179
 III. Qualifikationen der vorsätzlichen Körperverletzung,
  §§ 224, 225, 226, 226a, 227, 340 179
  1. Überblick 179
  2. Gefährliche Körperverletzung, § 224 180
   a) Giftbeibringung, Nr. 1 180
   b) Gefährliches Werkzeug, Nr. 2 181
   c) Hinterlistiger Überfall, Nr. 3 181
   d) Gemeinschaftliches Handeln, Nr. 4 181
   e) Lebensgefährdende Behandlung, Nr. 5 182
  3. Schwere Körperverletzung, § 226 182
   a) Qualifizierende Erfolge 182
   b) Subjektive Tatseite 183
   c) Versuch 184
   d) Beteiligung 184
  4. Körperverletzung mit Todesfolge, § 227 185
   a) Zusammenhang zwischen Körperverletzung
    und Tod des Opfers 185
   b) Subjektive Tatseite 187
   c) Beteiligung 187
  5. Körperverletzung im Amt, § 340 188

Inhaltsverzeichnis

Seite

      6. Misshandlung von Schutzbefohlenen, § 225 188
      7. Verstümmelung weiblicher Genitalien, § 226a.............. 189
      8. Konkurrenzen 190
  IV. Sondertatbestand Beteiligung an einer Schlägerei, § 231 191
  V. Heilbehandlung 193
      1. Heilbehandlung als Körperverletzung 193
      2. Einwilligung und Aufklärungspflicht 195
      3. Einwilligungssurrogate 197
          a) Mutmaßliche Einwilligung 198
          b) Hypothetische Einwilligung 198
      4. Hinweis auf Spezialregelungen 200
  VI. Fahrlässige Körperverletzung, § 229 200

§ 7 Vorsätzliche Verletzung oder Gefährdung des Rechtsguts „Ehre", §§ 185 ff. 201
  I. Rechtsgut und kriminalpolitischer Hintergrund 202
      1. Allgemeiner Persönlichkeitsschutz und Schutz der Ehre als eines besonderen Persönlichkeitsrechts 202
      2. Rechtsgut 203
          a) Ehre als Anspruch auf verdiente sittliche und soziale Geltung 203
          b) Ausgrenzung anderer Angriffe auf Persönlichkeit und Menschenwürde 203
      3. Rechtsgut und Wahrheitsbeweis 206
      4. Rechtsgut und Wahrnehmung berechtigter Interessen .. 206
      5. Rechtsgut, gesellschaftliches Urteil und Vorurteil 207
      6. §§ 185 ff. als Bagatelldelikte 208
      7. Vorrang des Zivilrechts 209
  II. Die einzelnen Ehrverletzungsdelikte 210
      1. Verleumdung, § 187 210
          a) Unwahre Tatsachen 210
          b) Ehrenrührigkeit 212
          c) Tathandlung (Äußerung) 212
          d) Subjektiver Tatbestand 213
      2. Üble Nachrede, § 186 213
      3. Wahrheitsbeweis und Rechtfertigung kraft Wahrnehmung berechtigter Interessen bei Verleumdung und über Nachrede, § 193 214
          a) Wahrheitsbeweis 214
          b) Wahrnehmung berechtigter Interessen, § 193 215
      4. Beleidigung und Formalbeleidigung, §§ 185, 192, 193 ... 219
      5. Einzelheiten 220

§ 8 Verletzung des Rechtsguts Privat- und Geheimsphäre: § 123 (Hausfriedensbruch); §§ 201 ff. (Geheimnis- und Datenschutz) 222
  I. Rechtsgut und kriminalpolitischer Hintergrund 225

XIII

Seite

  1. Privatsphäre – Elementare Schutzbedürfnisse und ihre Konkretisierung 225
  2. Kommerzialisierung des Rechtsguts „Privatsphäre"; Privatsphäre und Medien 226
  3. Speziell zum Rechtsgut „Hausfrieden" 228
II. Hausfriedensbruch, § 123 229
  1. Die geschützten Räume 229
  2. Eindringen, Verweilen als Tathandlungen 231
  3. Gegenrechte und Einwilligung 231
  4. Dauerdelikt, Antragsdelikt, Konkurrenzen 234
III. Verletzung des Rechts am eigenen Wort, § 201 234
  1. Rechtsgut 234
  2. Informationskonservierung, § 201 I Nr. 1 236
  3. Informationserlangung durch Abhören, § 201 II 1 Nr. 1 237
  4. Informationshehlerei, § 201 I Nr. 2, § 201 II 1 Nr. 2 238
IV. Verletzung des Rechts am eigenen Bild 239
  1. Rechtsgut 239
  2. Verletzung des höchstpersönlichen Lebensbereichs durch Bildaufnahmen, § 201a 240
  3. Verbreitung und öffentliche Zurschaustellung von Bildnissen, § 33 KunstUrhG 243
V. Verletzung privater Geheimhaltungsinteressen: Briefgeheimnis (§ 202); Post- und Fernmeldegeheimnis (§ 206); Privatgeheimnis (§ 203 I, II 1) und Datenschutz (§§ 203 II 2, 202a ff. und Nebengesetze) 244
  1. Der kriminalpolitische Hintergrund 244
  2. Verletzung des Briefgeheimnisses, § 202 246
  3. Verletzung des Post- oder Fernmeldegeheimnisses, § 206 246
  4. Verletzung und Verwertung von Privatgeheimnissen, §§ 203, 204 247
   a) Kriminalpolitischer Hintergrund und Rechtsgut 247
   b) Die Geheimhaltungspflichtigen 248
   c) Geheimnis und Offenbarung 249
   d) Gegenrechte und Befugnis 250
   e) Sonderdelikt, Teilnahme 251
   f) Verwertung fremder Geheimnisse, § 204 251
   g) Sonstiges 251
  5. Datenschutz, §§ 203 II 2, 202a ff. 252
   a) Planung und Daten 252
   b) Datenschutz im Bereich der öffentlichen Verwaltung, § 203 II 2 252
   c) Ausspähen von Daten, § 202a 254
    aa) Computerkriminalität 254
    bb) Rechtsgutsproblematik 255

		Seite
	cc) Tatbestand	257
	dd) Rechtfertigung	260
	ee) Antragserfordernis, Konkurrenzen	260
	d) Abfangen von Daten, § 202b	261
	e) Vorbereiten des Ausspähens und Abfangens von Daten, § 202c	261

§ 9 **§ 9 Verletzung der persönlichen Freiheit, insbesondere der körperlichen Bewegungsfreiheit, §§ 232 ff., Freiheitsberaubung, § 239, und der allgemeinen Willensentschließungs- und -betätigungsfreiheit, Nötigung, § 240** 264

 I. Überblick über §§ 232 ff. 267
 II. Freiheitsberaubung, § 239 270
  1. Der kriminalpolitische Hintergrund 270
  2. Rechtsgut und Tatbestand der Freiheitsberaubung 271
   a) Körperliche Bewegungsfreiheit 271
   b) Freiheitsentziehung – Freiheitsbeschränkung 273
   c) Dauer der Freiheitsentziehung – Verhältnis zur Nötigung, § 240 274
   d) Beraubung durch Einsperren oder auf sonstige Weise 275
  3. Tatbestandsausschluss und Rechtfertigung 276
  4. Qualifikationen, § 239 III und IV 277
  5. Versuch, Dauerdelikt (Beteiligung und Konkurrenzen) 278
   a) Versuch 278
   b) Dauerdelikt 279
    aa) Beteiligung 279
    bb) Konkurrenzen 279
 III. Nötigung, § 240 280
  1. Der kriminalpolitische Hintergrund 280
   a) Die Relativität des Schutzes gegen Nötigung 280
   b) Beschränkung der Nötigung auf ein Exzessverbot ... 281
   c) Der Umfang der Nötigungskriminalität 282
  2. Rechtsgut des § 240 282
  3. Der Tatbestand der Nötigung, § 240 I 283
   a) Der Nötigungserfolg 283
   b) Nötigungshandlung „Drohung" 283
   c) Nötigungshandlung „Gewalt" 286
    aa) Der Begriffskern der Gewalt 286
    bb) Die Schließung von Lücken durch Ausdehnung des Gewaltbegriffs 287
    cc) Eingrenzung des Gewaltbegriffs 289
  4. Rechtswidrigkeit und Verwerflichkeit der Nötigung, § 240 II 291
  5. Vorsatz und Irrtum 298
  6. Versuch, § 240 III 299

Inhaltsverzeichnis

Seite

    7. Besonders schwere Fälle, § 240 IV 300
    8. Sondertatbestände und Konkurrenzen 300
       a) Hinweis auf spezielle Nötigungsdelikte 300
       b) Sondertatbestände Bedrohung und falsche Warnung, § 241 301
          aa) Bedrohung, § 241 I 301
          bb) Falsche Warnung, § 241 II 302
       c) Sondertatbestand Nachstellung, § 238 303
          aa) Der kriminalpolitische Hintergrund 303
          bb) Der Grundtatbestand, § 238 I 304
          cc) Qualifikationen, § 238 II und III 307
          dd) Antragserfordernis, Konkurrenzen 308

§ 10 Sexualdelikte, §§ 174–184g; Delikte gegen den Personenstand, die Ehe und die Familie, §§ 169–173 309
    I. Zum kriminalpolitischen Hintergrund und Rechtsgut, insbesondere der Sexualdelikte 310
       1. Zur Reformgeschichte 310
       2. Zum Rechtsgut 312
          a) Sexualdelikte als Schutz von Freiheitsräumen 312
          b) Sexualdelikte als abstrakte Gefährdungsdelikte 312
          c) Richtigkeitskontrolle von Rechtsgütern und in dubio pro libertate 313
          d) Zum Rechtsgut bei den Delikten gegen den Personenstand, die Ehe und die Familie 315
       3. Sexualdelikte und Viktimologie 315
       4. Sexualdelikte und organisierte Kriminalität 315
       5. Kriminalitätsumfang 315
    II. Sexualdelikte, §§ 174–184g 316
       1. Vergewaltigung und vergewaltigungsähnliche Delikte, §§ 177, 178, 179 316
          a) Tatbestand 316
          b) Vorsatz 317
          c) Teilnahme 317
          d) Konkurrenzen 317
       2. Sexueller Missbrauch von Abhängigkeitsverhältnissen, §§ 174, 174a, 174b, 180 III und sexueller Missbrauch von Kindern bzw. Jugendlichen, §§ 176, 176a, 176b, 180, 182 318
          a) Tatbestand 318
          b) Vorsatz 319
          c) Teilnahme 319
          d) Beleidigung und sexuelle Belästigung 320
       3. Prostitutionsdelikte, §§ 180, 180a, 181a 320
       4. Verbreitung pornografischer Schriften, §§ 184 ff. 321
       5. Exhibitionismus und Erregung öffentlichen Ärgernisses, §§ 183, 183a 324

		Seite
III.	Straftaten gegen den Personenstand, Ehe und Familie, §§ 169 ff.	324
1.	Beischlaf zwischen Verwandten, § 173; Doppelehe, § 172	324
2.	Personenstandsfälschung, § 169	325
3.	Verletzung der Unterhalts-, Fürsorge- oder Erziehungspflicht, §§ 170, 171	325
	a) Verletzung der Fürsorge- und Erziehungspflicht, § 171	325
	b) Verletzung der Unterhaltspflicht, § 170	326
	aa) Rechtsgut und praktische Bedeutung	326
	bb) Schwangerschaftsabbruchbewirkende Unterhaltspflichtverletzung, § 170 II	327
	cc) Tathandlung	327
	dd) Täter und Teilnehmer	327
	ee) Sinn der Strafdrohung	327

Teil II: Straftaten gegen das Eigentum und sonstige Vermögenswerte; Raub und Erpressung 329

§ 11 Einführung 329

I. Zur kriminalpolitischen Bedeutung des strafrechtlichen Schutzes der Sachwerte, insbesondere im Vergleich zum Schutz der Persönlichkeitswerte 330
   1. Persönlichkeitswerte und Sachwerte 330
   2. Überblick über den Umfang der Eigentums- und Vermögenskriminalität 331

II. Vermögen und Eigentum 332
   1. Vermögen kein Oberbegriff – wirtschaftlich wertloses Eigentum 332
   2. Eigentum als Schutz der Verfügungsfreiheit 333
   3. Reine Eigentums- bzw. reine Vermögensdelikte 334
   4. Eigentums- bzw. Vermögensdelikte gemischt mit Delikten gegen Persönlichkeitswerte 334

III. Vermögensdelikte im engeren Sinne 336
IV. Übergang der Eigentums- und Vermögensdelikte zur Wirtschaftskriminalität 338
V. Einteilung der Eigentums- und Vermögensdelikte 338

§ 12 Sachbeschädigung, §§ 303–305a 340

I. Der kriminalpolitische Hintergrund 342
   1. Die im Vergleich zum Diebstahl milde Betrachtung der Sachbeschädigung 342
   2. Der Umfang der Sachbeschädigungskriminalität und die Motive 343
   3. Bagatelldelikt, Antrags- und Privatklagedelikt 345

		Seite
II.	Der Tatbestand der einfachen Sachbeschädigung, § 303	345
	1. Tatobjekt „fremde Sache"	345
	a) Sache	345
	b) Fremdheit	346
	2. Tathandlungen	347
	a) „Beschädigen oder Zerstören", § 303 I	347
	b) „Verändern des Erscheinungsbildes", § 303 II	353
	3. Bagatelldelikt	354
III.	Qualifikationen, §§ 305, 305a, und Sondertatbestände, insbesondere § 304	354
	1. Qualifikationen	354
	a) § 305	354
	b) § 305a	355
	2. Sondertatbestand, § 304	355
	3. Sonstige strafbare Sachbeeinträchtigungen	356
	a) Sachverletzungstatbestände	356
	b) Sachgefährdungstatbestände	357
IV.	Sachbeschädigungsähnliche Computerdelikte, §§ 303a, b	357
	1. Der kriminalpolitische Hintergrund	357
	2. Datenveränderung, § 303a	358
	a) Rechtsgut	358
	b) Tatbestand	358
	c) Versuch und Vorbereitung, Antragserfordernis, Konkurrenzen	361
	3. Computersabotage, § 303b	361
	a) Rechtsgut	361
	b) Tatbestände	362
	c) Besonders schwere Fälle, Versuch und Vorbereitung, Antragserfordernis, Konkurrenzen	364

§ 13 Wegnahme des Eigentums: Einfacher Diebstahl, § 242; Antragserfordernisse, §§ 248a, 247; Sondertatbestände, insbesondere §§ 248b und 248c ... 365

I.	Kriminalpolitischer Hintergrund und Rechtsgut	368
	1. Das Wesen des Diebstahls – Diebstahl als archetypischer Tatbestand?	368
	2. Umfang der Diebstahlskriminalität, Tatsituationen und Täter	370
	a) Umfang der Diebstahlskriminalität	370
	aa) Polizeilich bekannt gewordene Kriminalität	370
	bb) Aufklärungsquote, Verurteilungen	370
	cc) Dunkelziffer	371
	dd) Folgeschäden	372
	b) Tatsituationen und Täter	373
	3. Diebstahl im Bagatellbereich	374
	a) Die Problematik des Bagatelldiebstahls	374

Seite

	b) Die derzeitige Lösung (§ 248a StGB; §§ 153, 153a StPO)	375
	c) Einzelheiten zu § 248a	377
	4. Rechtsgut	378
	a) Eigentum	378
	b) Gewahrsam als untergeordnetes Rechtsgut	378
II.	Objektiver Tatbestand des § 242	379
	1. Fremde bewegliche Sache	379
	2. Tathandlung: Wegnahme	382
	a) Der Begriff des Gewahrsams	382
	aa) Tatsächliche Sachherrschaft	383
	bb) Gewahrsamswille	389
	b) Bruch des Gewahrsams	391
	c) Begründung neuen Gewahrsams	395
	d) Besonderheiten bei mehreren Gewahrsamsinhabern	396
III.	Subjektiver Tatbestand des § 242	397
	1. Vorsatz hinsichtlich der Wegnahme einer fremden beweglichen Sache	397
	2. Zueignungsabsicht – Überblick	397
	3. Zueignung nach der Substanztheorie – Grundlagen	400
	4. Abgrenzung von Zueignung und Gebrauchsentwendung	401
	a) Die quantitative Abgrenzung zwischen Zueignung und Gebrauchsentwendung	402
	b) Die Zerlegung der Zueignung in eine Aneignungs- und eine Enteignungskomponente	405
	5. Zueignung nach der Sachwert- und der Vereinigungstheorie	407
	a) Problemstellung	407
	b) Die Lösung nach der Sachwert- und der Vereinigungstheorie	409
	c) Stellungnahme	411
	d) Ergebnis	414
	6. Selbst- und Drittzueignung	415
	7. Die Rechtswidrigkeit der Zueignung	420
	8. Absicht	421
IV.	Rechtswidrigkeit	423
V.	Versuchsfragen	423
VI.	Beteiligungsfragen	425
VII.	Antragserfordernisse, Sondertatbestände und Konkurrenzen	427
	1. Antragserfordernisse, §§ 248a, 247	427
	2. Sondertatbestände	428
	a) Unbefugter Gebrauch eines Fahrzeugs, § 248b	428
	b) Unbefugter Gebrauch von Pfandsachen, § 290	430
	c) Entziehung elektrischer Energie, § 248c	430
	d) Erschleichen von Leistungen, § 265a	431

Inhaltsverzeichnis

	Seite
e) Landesrechtliche Sonderregelungen	431
3. Konkurrenzen	432

§ 14 Der besonders schwere Fall des Diebstahls (§ 243) und der qualifizierte Diebstahl (§§ 244, 244a) ... 433
   I. Kriminalpolitischer Hintergrund ... 436
      1. Überblick über die schweren Diebstahlsfälle – Gesetzestechnik ... 436
      2. Begründung der Strafschärfung gegenüber § 242 ... 436
      3. Strafdrohungen und Strafzumessung ... 439
   II. Der besonders schwere Fall des Diebstahls, § 243 ... 440
      1. Die Gesetzgebungstechnik der Regelbeispiele ... 440
         a) Problemstellung ... 440
         b) Die Technik der Regelbeispiele (Grundlagen) ... 441
         c) Die Nähe der Regelbeispiele zu qualifizierenden Tatbestandsmerkmalen ... 442
         d) Die Durchbrechung der Regelwirkung: Atypischer § 243, atypischer § 242; Geringwertigkeit, § 243 II ... 444
         e) Regelbeispiele und Fragen des AT ... 447
            aa) Vorsatz ... 447
            bb) Teilnahme ... 448
            cc) Versuch, Vorsatzwechsel ... 449
         f) Hinweis zur Klausurtechnik ... 451
      2. § 243 im Einzelnen ... 452
         a) § 243 I 2 Nr. 1 ... 452
         b) § 243 I 2 Nr. 2 ... 454
         c) § 243 I 2 Nr. 3 ... 456
         d) § 243 I 2 Nr. 4–7 ... 456
         e) Konkurrenzen ... 456
   III. Diebstahl mit Waffen, Bandendiebstahl und Wohnungseinbruchsdiebstahl, § 244 ... 457
      1. Diebstahl mit Waffen, § 244 I Nr. 1 ... 457
      2. Bandendiebstahl, § 244 I Nr. 2 ... 464
      3. Wohnungseinbruchsdiebstahl, § 244 I Nr. 3 ... 467
      4. Konkurrenzen ... 468
   IV. Schwerer Bandendiebstahl, § 244a ... 469

§ 15 Veruntreuung anvertrauten Eigentums und sonstige Unterschlagung: § 246 ... 471
   I. Kriminalpolitische Vorbemerkung ... 473
      1. Ausdehnung des Unterschlagungstatbestands durch das 6. StrRG ... 473
         a) Verzicht auf Gewahrsam des Täters ... 473
         b) Pönalisierung der Drittzueignung ... 473

Inhaltsverzeichnis

			Seite
	2.	Unterschlagungssituationen und Opferverschulden	474
	3.	Umfang der Unterschlagungskriminalität	475
II.	Die Stellung des § 246 im System der Eigentumsdelikte		476
III.	§ 246 im Einzelnen		476
	1.	Grundsatz: Parallele zu § 242	476
		a) Rechtsgut „Eigentum"	476
		b) Gewahrsamsfragen	478
		c) Selbst- und Drittzueignung, Gebrauchsentwendung	479
		d) Rechtswidrigkeit der Zueignung	480
	2.	Die Zueignung	480
		a) Der Zueignungserfolg	480
		b) Die Lösung nach der „Manifestationstheorie"	481
		c) Eigene Lösung	483
		d) Manifestation und Zeitpunkt der Zueignung	485
	3.	Drittzueignung	487
	4.	Qualifikation „anvertraut", § 246 II	487
IV.	Versuchs- und Beteiligungsfragen		489
	1.	Versuchsfragen	489
	2.	Beteiligungsfragen	489
V.	Antragserfordernisse, Sondertatbestände		490
	1.	Antragserfordernisse, §§ 248a, 247	490
	2.	Sondertatbestände, §§ 248b, 290, 248c	490
VI.	Konkurrenzen		490
	1.	§ 246 bei Tatbestandsmäßigkeit der Zueignungshandlung (auch) nach anderen Vorschriften.	490
	2.	§ 246 bei mehrmaliger Zueignung	492

§ 16	Straftaten gegen sonstige Vermögensrechte		495
I.	Schutz schwächerer Rechte als des Eigentums – Überblick		497
II.	Wilderei, §§ 292, 293		498
	1.	Kriminalpolitische Vorbemerkung.........................	498
	2.	Jagdwilderei, § 292	499
		a) Tatobjekt und Rechtsgut	499
		b) Tathandlungen	500
		c) Vorsatzprobleme	501
	3.	Fischwilderei, § 293	502
III.	Pfandkehr, § 289		503
	1.	Der Kernbereich des § 289	503
	2.	Der Randbereich des § 289	504
IV.	Vereitelung von Gläubigerrechten		505
	1.	Der kriminalpolitische Hintergrund	505
		a) Stärkung der Gläubigerstellung in Vollstreckungssituationen	505

Seite

      b) Umfang der Vollstreckungs-, insbesondere der Insolvenzkriminalität 505
  2. Vollstreckungsvereitelung, § 288 506
      a) Rechtsgut 506
      b) Tatobjekt: Bestandteile des Vermögens 507
      c) Gläubigerstellung 507
      d) Schuldnerstellung: Drohende Zwangsvollstreckung . 508
      e) Tathandlungen 508
      f) Vereitelungsabsicht und Tatvorsatz 510
      g) Antragserfordernis, Täterschaft und Teilnahme (Sonderdelikt), Handeln für einen anderen, Konkurrenzen 510
          aa) Antragserfordernis 510
          bb) Täterschaft und Teilnahme 511
          cc) Handeln für einen anderen 511
          dd) Konkurrenzen 512
  3. Insolvenzstraftaten, §§ 283–283d 512
      a) Gesetzesgeschichte 512
      b) Problematik der strafrechtlichen Erfassung unternehmerischer Fehlentscheidungen 512
      c) Überblick über die einzelnen Tatbestände §§ 283–283d   514
          aa) Bankrott, §§ 283, 283a 514
          bb) Verletzung der Buchführungspflicht, § 283b 516
          cc) Gläubigerbegünstigung, § 283c 516
          dd) Schuldnerbegünstigung, § 283d 517
      d) Versuch, Täterschaft und Teilnahme, Handeln für einen anderen 519
          aa) Versuch 519
          bb) Täterschaft und Teilnahme 519
          cc) Handeln für einen anderen 519

§ 17 Raub und räuberischer Diebstahl, §§ 249–252; Räuberischer Angriff auf Kraftfahrer, § 316a 522
  I. Rechtsgut und kriminalpolitischer Hintergrund 524
    1. Angriff auf Individualrechtsgüter und auf die allgemeine Sicherheit 524
    2. Umfang der Raubkriminalität, Tatsituationen und Täter 525
  II. Raub, § 249, und die Abgrenzung zur räuberischen Erpressung, § 255 527
    1. Das Diebstahlselement des § 249 527
    2. Das Nötigungselement des § 249 527
      a) Die speziellen Nötigungsmittel 527
      b) Die finale Verknüpfung von Nötigungsmittel und Nötigungsziel 530
    3. Besonderheiten bei Versuch und Teilnahme 532

Seite

    4. Die Abgrenzung von § 249 und §§ 253, 255 533
    5. Vollendung und Beendigung 537
III. Räuberischer Diebstahl, § 252 538
    1. Ratio legis 538
    2. Abgrenzung zum Raub 538
    3. Betreffen auf frischer Tat 540
    4. Die Absicht, sich im Besitz des gestohlenen Gutes zu erhalten 542
    5. Teilnahmeprobleme 543
IV. Raubqualifikationen, §§ 250, 251 544
    1. § 250 544
    2. § 251 545
V.   Räuberischer Angriff auf Kraftfahrer, § 316a 547
VI. Konkurrenzen 548

§ 18 Einfache und räuberische Erpressung, §§ 253, 255; Erpresserischer Menschenraub und Geiselnahme, §§ 239a, 239b 550
I.   Rechtsgut und kriminalpolitischer Hintergrund 552
II.   Einfache Erpressung, § 253 554
    1. Das Nötigungselement als Erpressungsmittel 554
    2. Vermögensschaden als Erpressungserfolg 555
    3. Vermögensschaden bei Drohung mit Unterlassen oder erlaubtem Handeln 557
    4. Der Zusammenhang zwischen Erpressungsmittel und Erpressungserfolg (Vermögensverfügung) 559
    5. Die Zweck-Mittel-Relation, § 253 II 561
    6. Dreieckserpressung 561
    7. Schutz des Opfers; Notwehrbefugnisse; Opfer als Teilnehmer 562
    8. Konkurrenzen 564
III. Die Qualifikation der räuberischen Erpressung, § 255 564
    1. Besonders schwere Nötigung als Erpressungsmittel ... 564
    2. Abgrenzung zum Raub 564
    3. Rechtsfolge „gleich einem Räuber" 565
IV. Erpresserischer Menschenraub und Geiselnahme, §§ 239a, 239b 565
    1. Kriminalpolitischer Hintergrund und Rechtsgut 565
    2. Erpresserischer Menschenraub, § 239a 567
       a) Grundtatbestand, Dreierbeziehung 567
       b) Grundtatbestand, Zwei-Personen-Verhältnis 568
       c) Qualifikation, § 239a III 569
       d) Tätige Reue, § 239a IV 570
       e) Konkurrenzen 570
    3. Geiselnahme, § 239b 570

Inhaltsverzeichnis

Seite

Teil III: Vermögensdelikte, insbesondere Betrug, Untreue, Wirtschaftskriminalität 573

§ 19 Vermögensdelikte, Wirtschaftskriminalität und Wirtschaftsstrafrecht 573
- I. Zugang zur Wirtschaftskriminalität über die „klassischen" Vermögensdelikte 575
- II. Wesen und Begriff der Wirtschaftskriminalität und des Wirtschaftsstrafrechts 577
  1. Definitionsansatz bei den Tätern (white collar crime) ... 577
  2. Definitionsansatz beim Rechtsgut „Wirtschaft" 578
  3. Kein numerus clausus der Wirtschaftsstraftaten 583
     a) Einbeziehung von klassischen Vermögensdelikten ... 583
     b) § 74c GVG und die Rechtspraxis 583
  4. Ergebnis 584
- III. Der Umfang der Wirtschaftskriminalität 585
- IV. Ursachen der Wirtschaftskriminalität 586

§ 20 Schädigung des Vermögens durch Täuschung: Betrug, § 263 588
- I. Kriminalpolitische Vorbemerkung 593
  1. § 263 als modernes, vom Gesetzgeber geschaffenes Kunstprodukt 593
  2. Opfermitverschulden als Charakteristikum des Betrugs 593
  3. Strafbarer Betrug oder nicht strafbare Geschäftstüchtigkeit 596
  4. Vermögensbegriff und Marktwert 599
  5. Ausstrahlung des Betrugstatbestandes ins Zivilrecht und ins öffentliche Recht 600
  6. Der Umfang der Betrugskriminalität und des Schadens durch Betrügereien 601
- II. Rechtsgut „Vermögen" (nicht „Wahrheit") 601
  1. Wirtschaftlicher Vermögensbegriff mit individueller und juristischer Schadenskomponente (h. M.) 601
  2. Andere Vermögens- und Schadenskonzeptionen 604
  3. Zur „Wahrheit" als Rechtsgut 605
- III. Grundriss des Betrugs als eines Selbstschädigungsdeliktes 607
- IV. Täuschungshandlung 609
  1. Grundlegung und Normalfälle der Täuschung 609
     a) Täuschung über Tatsachen 609
     b) Täuschung über innere Tatsachen 610
     c) Definition der Täuschungshandlung über ihren Erfolg (Irrtumserregung) 611
     d) Sozialadäquate Täuschungen 612
     e) Täuschung durch konkludentes Tun 612
  2. Wichtige Sonderfälle der Täuschung 615

Inhaltsverzeichnis

Seite

a) Täuschung durch Wahrheit	615
b) Täuschung durch Unterlassen	616
c) Täuschung ohne kommunikative Einwirkung	619
3. Einschränkungsversuche, insbesondere die leicht durchschaubare Täuschung	622
V. Irrtumserregung	623
1. Grundlegung und Normalfälle des Irrtums	623
a) Die drei Normalfälle des Irrtums	623
b) Fehlvorstellung – fehlende Vorstellung	624
2. Wichtige Sonderfälle des Irrtums	627
a) Irrtum bei beschränkter Prüfungspflicht	627
aa) Vorlage von Legitimations- und Inhaberpapieren durch den Nichtberechtigten	627
bb) Scheck- und Scheckkartenbetrug, Kreditkartenbetrug	629
cc) Scheckkarten- und Kreditkartenmissbrauch nach § 266b	631
b) Prozessbetrug	631
c) Täuschung durch Programmierung eines Computers, § 263a	632
3. Einschränkungsversuche, insbesondere der Zweifel als Irrtum	633
VI. Vermögensverfügung	634
1. Grundlegung und Normalfälle der Verfügung	634
a) Definition, Unmittelbarkeit	634
b) Die vier Normalfälle der Verfügung	636
c) Unbewusste und unfreiwillige Verfügungen	636
2. Wichtige Sonderfälle der Verfügung	639
a) Die Unmittelbarkeit der Vermögensverfügung	639
b) Die Verfügung zum Nachteil eines Dritten (Dreiecksbetrug)	641
c) Im Wirtschaftsverkehr anerkannte Schädigungsgelegenheiten	643
3. Einschränkungsversuche bei der Verfügung	644
VII. Der Vermögensschaden	645
1. Grundlegung und Normalfälle des Schadens	645
a) Grundsatz: Wirtschaftlicher, nicht juristischer oder personaler Vermögensbegriff	645
b) Individueller (personaler) Schadenseinschlag	648
c) Eingehungs- und Erfüllungsbetrug	649
d) Die Vermögensgefährdung als Vermögensschaden	651
2. Wichtige Sonderfälle des Schadens	657
a) „Weiche" wirtschaftliche Betrachtung des Täter-Opfer-Verhältnisses	657
b) Risikogeschäfte	658

XXV

Inhaltsverzeichnis

Seite

	c)	Vermögensbegriff bei juristischen Personen	659
	d)	Anstellungsbetrug, Asylbetrug	660
	e)	Spenden- und Subventionsbetrug, immaterielle Illusionen, soziale Zweckverfehlung	662
	f)	Juristischer Schadenseinschlag, insbesondere bei nichtigen Ansprüchen und gesetzwidriger Arbeit	665

- aa) Ausbleibende rechtswidrige Gegenleistungen 665
- bb) Nichtige Forderungen 666
- cc) Gesetz- oder sittenwidrige Arbeit 668
- dd) Ergebnis 669
- ee) Exkurs: Betrugsopfer als Erpressungstäter 670
- g) Staatliche Sanktionen 671
- 3. Einschränkungsversuche beim Schaden 671

VIII. Der Vermögensvorteil 672
    1. Grundlegung und Normalfälle 672
       a) Stoffgleichheit zwischen Vorteil und Schaden 672
       b) Rechtswidrigkeit des Vorteils 674
    2. Wichtige Sonderfälle 675
       a) Der Vorteil für einen Dritten 675
       b) Vervielfachung der Betrugskonstruktionen 676
    3. Einschränkungsversuche, insbesondere die Vorteilsabsicht 677

IX. Besonders schwere Fälle, Antragserfordernisse, Sondertatbestände und Konkurrenzen 679
    1. Qualifikation und besonders schwere Fälle 679
    2. Antragserfordernisse 681
    3. Sondertatbestände 681
    4. Konkurrenzen 681

§ 21 Betrugsähnliche Delikte, §§ 263a–265b (und § 298) 683
  I. Überblick – Fehlende volle Tatbestandserfüllung des § 263 687
  II. Erschleichen von Leistungen, § 265a 688
    1. Der kriminalpolitische Hintergrund 688
    2. Der Tatbestand des § 265a I 689
       a) Die Gegenstände der Erschleichung 689
       b) Der Automatenmissbrauch, § 265a I 1. Alt. 690
       c) Die Beförderungserschleichung, § 265a I 3. Alt. 691
       d) Der Zutritt zu einer Veranstaltung oder Einrichtung, § 265a I 4. Alt. 693
       e) Der subjektive Tatbestand 693
    3. Versuch, Antragserfordernisse und Konkurrenzen 693
       a) Versuch 693
       b) Antragserfordernisse 693
       c) Konkurrenzen 693
  III. Computerbetrug, § 263a 694
    1. Kriminalpolitisches Bedürfnis für einen Sondertatbestand 694

Inhaltsverzeichnis

Seite

2. Der Tatbestand des § 263a 694
   a) Teilidentität mit § 263:
      Schaden und Bereicherungsabsicht 694
   b) Abweichung von § 263: Ersatz der
      Täuschungshandlung, Irrtumserregung und
      Vermögensverfügung 695
3. Vorsatz 698
4. Speziell zum Codekarten-Missbrauch 698
5. Speziell zum computerunterstützten Leerspielen
   von Geldspielautomaten 704
6. Versuch, besonders schwere Fälle und
   Qualifikation, Antragserfordernisse 706
7. Konkurrenzen 706

IV. Subventions-, Kapitalanlage- und Kreditbetrug,
    §§ 264, 264a, 265b; wettbewerbsbeschränkende
    Absprachen, § 298 707
    1. Gemeinsamkeiten der Vorschriften 707
       a) Kriminalpolitische Rechtfertigung der Sondertat-
          bestände 707
       b) Tatbestände im Vorfeld des Betrugs, § 263 708
       c) Abstrakte Gefährdungsdelikte 709
       d) Ausgleich der Strafbarkeitsvorverlagerung:
          Rücktritt vom vollendeten Delikt 709
    2. Subventionsbetrug, § 264 710
       a) Kriminalpolitisches Bedürfnis für einen
          Sondertatbestand 710
          aa) Kriminogene Faktoren des Subventionswesens ... 710
          bb) Unzureichende Erfassung durch das
              klassische Vermögensstrafrecht 711
          cc) Umfang der Subventionskriminalität 712
       b) Der Tatbestand des § 264 713
          aa) Subventionsbegriff 713
          bb) Subventionserhebliche Tatsachen 714
          cc) Tathandlungen 714
       c) Vorsatz und Leichtfertigkeit, § 264 IV 715
       d) Besonders schwere Fälle und Qualifikation,
          § 264 II und III 716
       e) Verhältnis des § 264 zum Betrug 716
    3. Kapitalanlagebetrug, § 264a 717
       a) Kriminalpolitisches Bedürfnis für einen
          Sondertatbestand 717
       b) Der Tatbestand des § 264a 719
       c) Vorsatz 721
       d) Verhältnis des § 264a zum Betrug 721
    4. Kreditbetrug, § 265b 721

		Seite
	a) Kriminalpolitisches Bedürfnis für einen Sondertatbestand	721
	b) Der Tatbestand des § 265b	723
	aa) Beschränkung des Begünstigten- und des Opferkreises	723
	bb) Tathandlung	723
	c) Vorsatz	724
	d) Verhältnis des § 265b zum Betrug	725
5.	Wettbewerbsbeschränkende Absprachen, § 298	725
	a) Kriminalpolitisches Bedürfnis für einen Sondertatbestand	725
	b) Der Tatbestand des § 298	727
	c) Vorsatz	728
	d) Rücktritt vom vollendeten Delikt, § 298 III	728
	e) Konkurrenzen	728
V. Versicherungsmissbrauch, § 265		728
1. Kriminalpolitisches Bedürfnis für einen Sondertatbestand		728
2. Der Tatbestand des § 265		730
3. Vorsatz und Absicht der Leistungsverschaffung		731
4. Versuch		733
5. Verhältnis des § 265 zum Betrug		733
6. Versicherungsbetrug als schwerer Fall des Betrugs, § 263 III Nr. 5		733

§ 22 Untreue, § 266 ... 736

I. Der kriminalpolitische Hintergrund ... 740
  1. Die Nähe zu §§ 263, 246 ... 740
  2. Die Entwicklung eines selbstständigen Untreuetatbestandes ... 742
  3. Umfang der Untreuekriminalität, Tatsituationen und Täter ... 743
II. Zwei Tatbestände: Missbrauch und Treubruch, § 266 I, 1. und 2. Alt. ... 744
III. Der Missbrauchstatbestand, § 266 I, 1. Alt. ... 745
  1. Anwendungsbereich: nur rechtsgeschäftliches Handeln ... 745
  2. Wirksamkeit des Rechtsgeschäfts für fremdes Vermögen (Außenverhältnis) ... 746
    a) Vertretungsmacht, § 164 BGB ... 746
    b) Sonstige Wirksamkeitsregelungen ... 747
      aa) Verfügungsmacht, § 185 I BGB ... 747
      bb) Rechtsmacht des Boten? ... 747
      cc) Vorschriften zum Schutz des redlichen Rechtsverkehrs (Gutglaubensregelungen)? ... 748
      dd) Sicherungsrechte des modernen Wirtschaftsverkehrs ... 749

Inhaltsverzeichnis

Seite

  3. Bindung im Innenverhältnis 750
  4. Konflikt Außen- und Innenverhältnis: Missbrauch 751
 IV. Der Treubruchstatbestand, § 266 I, 2. Alt. 753
  1. Funktion (erfasste Tathandlungen) 753
   a) Tatsächliches Einwirken auf fremdes Vermögen 753
   b) Verhältnis zu §§ 242, 246, 303 754
   c) Verletzung von Kontrollpflichten 754
   d) Treupflichtverletzung durch Unterlassen 754
   e) Auffangnorm im Verhältnis zum Missbrauch 755
  2. Pflicht zur Wahrnehmung fremder
   Vermögensinteressen (sog. Treupflicht) 756
   a) Treupflicht kraft Gesetzes, behördlichen
    Auftrags und Rechtsgeschäfts 756
   b) Treupflicht kraft (tatsächlichen) Treueverhältnisses 757
   c) Uferlosigkeit des Treubruchstatbestandes;
    Restriktionsversuche 760
    aa) Vermögensfürsorge als Hauptpflicht 760
    bb) Selbstständigkeit des Treupflichtigen 763
    cc) Umfang und Dauer der Treupflicht 764
 V. Gemeinsames zum Missbrauchs- und
  Treubruchstatbestand 765
  1. Vermögensbetreuungspflicht 765
  2. Pflichtwidrigkeit und Rechtswidrigkeit;
   Risikogeschäft 766
   a) Pflichtwidrigkeit als Tatbestandsmerkmal 766
   b) Einfluss von Einwilligung und mutmaßlicher
    Einwilligung 768
   c) Besonderheiten hinsichtlich der Untreue zum
    Nachteil einer GmbH 769
   d) Die besondere Problematik der
    sog. Risikogeschäfte 770
   e) Rechtswidrigkeit 771
  3. Vermögensschaden 771
  4. Vorsatz 774
 VI. Verhältnis von Missbrauchs- und Treubruchstatbestand 775
 VII. Besonders schwere Fälle, Antragserfordernisse,
  Täterschaft und Teilnahme (Sonderdelikt),
  Konkurrenzen 776
  1. Besonders schwere Fälle 776
  2. Antragserfordernisse 776
  3. Täterschaft und Teilnahme (Sonderdelikt) 776
  4. Konkurrenzen 777
   a) Verhältnis des § 266 zu den Eigentumsdelikten 777
   b) Verhältnis des § 266 zu anderen Delikten 778

§ 23 Untreueähnliche Delikte, §§ 266a, 266b, § 34 DepotG 779
 I. Vorenthalten und Veruntreuen von Arbeitsentgelt, § 266a .. 781

XXIX

		Seite
	1. Der kriminalpolitische Hintergrund	781
	a) Entstehungsgeschichte des § 266a, Versagen des § 266	781
	b) Geschützte Rechtsgüter	783
	2. Tatbestände	783
	a) Vorenthalten von Sozialversicherungsbeiträgen des Arbeitnehmers, § 266a I (i. V. m. Abs. 5)	783
	b) Vorenthalten von Sozialversicherungsbeiträgen des Arbeitgebers, § 266a II (i. V. m. Abs. 5)	786
	c) Nichtzahlung sonstiger Teile des Arbeitsentgelts, § 266a III (i. V. m. Abs. 5)	787
	3. Vorsatz	788
	4. Besonders schwere Fälle, Täterschaft und Teilnahme (Sonderdelikt), Rücktritt	789
	a) Besonders schwere Fälle, § 266a IV	789
	b) Täterschaft und Teilnahme (Sonderdelikt)	789
	c) Rücktritt vom vollendeten Delikt, § 266a VI	790
II.	Missbrauch von Scheck- und Kreditkarten, § 266b	791
	1. Der kriminalpolitische Hintergrund	791
	a) Entstehungsgeschichte des § 266b, Versagen der §§ 266 und 263	791
	b) Geschützte Rechtsgüter	792
	2. Tatbestand	793
	a) Tatmittel: Scheck- oder Kreditkarte	793
	b) Tathandlung: Missbrauch der Möglichkeit, den Aussteller zu einer Zahlung zu veranlassen	794
	c) Taterfolg: Schädigung	799
	3. Täterschaft und Teilnahme (Sonderdelikt), Antragserfordernis, Konkurrenzen	799
	a) Täterschaft und Teilnahme (Sonderdelikt)	799
	b) Antragserfordernis	799
	c) Konkurrenzen	799
III.	Depotunterschlagung, § 34 DepotG	800
§ 24	**Wucher (insbesondere § 291), Glücksspiel (§§ 284 ff.) und Verweis auf sonstige Fälle „strafbaren Eigennutzes"**	**801**
I.	Der Individualwucher, § 291	803
	1. Individualwucher – Sozialwucher	803
	2. Wesen des Individualwuchers und kriminalpolitischer Hintergrund	804
	a) Geschütztes Rechtsgut des § 291 – Vergleich mit anderen Vermögensdelikten	804
	b) Der Zusammenhang von Wucher und freier bzw. sozialer Marktwirtschaft	805
	aa) Mehr Freiheit durch §§ 291 StGB, 138 II BGB?	805
	bb) Das Reichsstrafgesetzbuch von 1871	805

		Seite
	cc) Das 1. WiKG	806
	c) Praktische Bedeutung des Wucherstrafrechts	806
	aa) Kriminalstatistik	806
	bb) Gründe für die niedrigen Verurteilungszahlen ...	807
	3. Der Tatbestand des § 291 I 1	807
	a) Schwächesituation beim Opfer	807
	b) Tathandlung	810
	aa) Leistungsbegriff	811
	bb) Auffälliges Missverhältnis	811
	cc) Ausbeuten	813
	4. Besonders schwere Fälle, § 291 II	813
	a) Nr. 1: Wirtschaftliche Not des Opfers	814
	b) Nr. 2: Gewerbsmäßige Tatbegehung	814
	c) Nr. 3: Wucherische Vermögensvorteile durch Wechsel	814
	5. Beteiligung, „Additionsklausel" (§ 291 I 2)	814
	a) Beteiligung auf der Opferseite	814
	aa) Beteiligung des Opfers	814
	bb) Beteiligung Dritter auf Opferseite	815
	b) Beteiligung mehrerer auf der Ausbeuterseite	815
	aa) Anwendung der allgemeinen Regeln	815
	bb) Die Bedeutung der Additionsklausel, § 291 I 2	815
	6. Vorsatz	816
	7. Konkurrenzen	816
	a) Verhältnis von Versprechen- und Gewährenlassen von Vermögensvorteilen	816
	b) Verhältnis des § 291 zu anderen Delikten	817
II.	Der Sozialwucher	818
	1. Wesen des Sozialwuchers	818
	2. Wichtige Vorschriften zur Bekämpfung des Sozialwuchers	818
	a) WiStG	819
	b) GWB	820
	3. Zusammentreffen von Individual- und Sozialwucher	820
III.	Glücksspiel, §§ 284 ff.	820
	1. Geschütztes Rechtsgut	820
	2. Umfang der Glücksspielkriminalität	822
	3. Unerlaubte Veranstaltung eines Glücksspiels, § 284	822
	a) Tatbestand	822
	b) Die Qualifikation des Abs. 3	827
	4. Beteiligung am unerlaubten Glücksspiel, § 285	828
	5. Unerlaubte Veranstaltung einer Lotterie oder einer Ausspielung, § 287	828
	6. Konkurrenzen	829
IV.	Verweis auf sonstige Fälle „strafbaren Eigennutzes"	829

Inhaltsverzeichnis

Seite

Teil IV: Verletzung öffentlicher und privater Interessen durch Anschluss an Straftaten: Strafvereitelung, Begünstigung, Hehlerei und Geldwäsche, §§ 257–262 831

§ 25 Einführung; insbes. zum kriminalpolitischen Hintergrund und zu den Rechtsgütern 831
- I. Rechtsgüterschutz durch Anschlussdelikte 832
  1. Das Verbot der Teilnahme nach der Tat 832
  2. Teilnahme vor und Teilnahme nach der Tat 832
  3. Die Vermischung öffentlicher und privater Interessen bei den Anschlusstaten 834
- II. Umfang der Kriminalität, Tatsituationen und Täter 835
  1. Allgemeines 835
  2. Umfang der Kriminalität (§§ 257–262) 836
  3. Spezielle Erscheinungsformen der Hehlerei 837
  4. Geldwäsche 838

§ 26 Strafvereitelung, §§ 258, 258a 841
- I. Systematik und Rechtsgut 842
- II. Vereitelung der Strafe oder Maßnahme, § 258 I 844
  1. Das Tatbestandsmerkmal der Vereitelung 844
  2. Vorsatz- und Absichtsprobleme 846
  3. Strafvereitelung durch Unterlassen 846
  4. Strafvereitelung durch Alltagshandlungen bzw. im Rahmen beruflicher Tätigkeit 848
- III. Vollstreckungsvereitelung, § 258 II 851
- IV. Teilnehmer- und Angehörigenprivileg, § 258 V, VI 852
- V. Teilnahme an § 258 und Teilnahme an einer „Selbstbegünstigung" 853
- VI. Abgrenzung von § 258 und Teilnahme an der Vortat 855
- VII. Qualifikation (§ 258a) 856
- VIII. Wahlfeststellung, Versuch und Konkurrenzen 856

§ 27 Begünstigung, § 257 858
- I. Rechtsgut 859
- II. Hilfeleistung zwecks Vorteilssicherung 860
  1. Objektiver Tatbestand 860
     a) Vorteil und Vortat 860
     b) Hilfeleisten 862
  2. Subjektiver Tatbestand 865
  3. Rechtspflicht-, Schutzzweck- und Rechtfertigungsprobleme 867
- III. Teilnehmerprivileg, § 257 III, und „Selbstbegünstigung" ... 868
- IV. Abgrenzung § 257 und Teilnahme an der Vortat 869
- V. Wahlfeststellung und Konkurrenzen 870

Inhaltsverzeichnis

Seite

§ 28 Hehlerei, §§ 259, 260, 260a, 262 871
I. Rechtsgut und Deliktsnatur 872
   1. Wertungswidersprüche zum Zivilrecht 873
   2. Notwendigkeit des einverständlichen unmittelbaren Erwerbs 874
   3. Straflosigkeit der Ersatzhehlerei 875
II. Der objektive Tatbestand 876
   1. Sache 876
   2. Die rechtswidrige Vortat 877
   3. Die Tathandlungen 878
      a) Das einverständliche Sich-Verschaffen 878
      b) Abgeleiteter Erwerb und Mitwirkung an der Vortat .. 881
      c) Einem Dritten verschaffen 882
      d) Ankaufen 883
      e) Absetzen und Hilfe beim Absetzen 883
III. Der subjektive Tatbestand 889
   1. Vorsatz und Vorsatznachweis 889
   2. Bereicherungsabsicht 890
      a) Anwendung der Regeln über den Vermögensvorteil beim Betrug 890
      b) Sonderproblem Drittvorteilsabsicht 892
      c) Sonderprobleme Stoffgleichheit und Rechtswidrigkeit des Vorteils 893
      d) Teilnehmer ohne Bereicherungsabsicht 894
IV. Wahlfeststellung 894
V. Versuch 895
VI. Privilegierungen (§ 259 II) und Qualifikationen (§§ 260, 260a) 896
VII. Konkurrenzen 896

§ 29 Geldwäsche, § 261 898
I. Zum kriminalpolitischen Hintergrund und Rechtsgut 900
   1. Geldwäsche in der Realität 900
   2. Geldwäsche als Verfallsgefährdung (echte Geldwäsche) 902
   3. Geldwäsche als diffuses Rechtspflegedelikt 902
   4. Geldwäsche als Werthehlerei bzw. Ersatzhehlerei (unechte Geldwäsche) 904
II. Der objektive Tatbestand 905
   1. Vortaten (Katalogtaten) als Quelle schmutziger Wäsche 905
   2. Vermögensgegenstände und ihr Konnex zur Vortat ... 907
   3. Sonderfälle: Verlängerung, Verdünnung, Vervielfachung ... 907
      a) Verlängerung 907
      b) Verdünnung 908
      c) Vervielfachung 909

Inhaltsverzeichnis

		Seite
	4. Tathandlungen	910
	a) Echte Geldwäsche („Verschleierungstatbestand"), § 261 I S. 1	910
	b) Unechte Geldwäsche („Isolierungstatbestand"), § 261 II	911
	5. Teilnahme- und Angehörigenprivileg	913
III.	Der subjektive Tatbestand und sein Nachweis	915
	1. Vorsatz- und Irrtumsprobleme	915
	2. Vorsatznachweis und Leichtfertigkeit	916
IV.	Privilegierung bestimmter Personengruppen oder Institutionen	917
	1. Privilegierung üblicher Geschäftstätigkeit	917
	2. Privilegierung des Gläubigers in Ausnahmefällen	919
	3. Privilegierung des Strafverteidigers	920
	4. Angehörigenprivileg	923
V.	Versuch, Rücktritt und Fahndungserleichterung	923
VI.	Besonders schwere Fälle, Einziehung, Verfall, Führungsaufsicht	923
VII.	Konkurrenzen und Wahlfeststellung	923

Teil V: Verletzung des Vertrauens in Beweismittel: Urkundenfälschung, §§ 267 ff., § 348 und §§ 146 ff. 927

§ 30 Zum Rechtsgut und kriminalpolitischen Hintergrund 927
- I. Rechtsgut Vertrauensschutz; Zuschreibungs- und Inhaltsvertrauen ... 928
- II. Zusammenhänge mit den Vermögensdelikten ... 930
- III. Urkundenfälschungsdelikte als Gefährdung verschiedenartiger Rechtsgüter ... 931
- IV. Urkunden und technische Aufzeichnungen ... 932
- V. Zur Uferlosigkeit des Urkundenbegriffs ... 933
- VI. Kriminalitätsumfang, Tatsituationen und Täter ... 933

§ 31 Urkundenfälschung, § 267 ... 935
- I. Tatbestandsmerkmal „Urkunde" ... 935
  1. Definition ... 935
  2. Gedankenerklärung ... 937
     - a) Grundsatz ... 937
     - b) Mehrere Aussteller ... 937
     - c) Augenscheinsobjekte ... 938
     - d) Verständlichkeit ... 939
  3. Körperlichkeit ... 939
  4. Beweiseignung ... 940
     - a) Grundsatz; Absichts- und Zufallsurkunden ... 940
     - b) Anonymität ... 941
     - c) Durchschriften, Abschriften, Fotokopien ... 942
     - d) Fax und E-Mail ... 943
     - e) Gebrauch eines falschen Namens ... 944
     - f) Geistigkeitstheorie ... 945

Inhaltsverzeichnis

Seite

	5. Zusammengesetzte Urkunden und Gesamturkunden ...	948
	6. Beweiszeichen, Kennzeichen, technische Aufzeichnungen	950
II.	Herstellen, Verfälschen, Gebrauchmachen	950
III.	Vorsatz und Täuschungsabsicht	955
IV.	Besonders schwere Fälle, Qualifikationen und Konkurrenzen	957

§ 32 Fälschung von technischen Aufzeichnungen, § 268, und von beweiserheblichen Daten, §§ 269, 270 958

    I. Ausdehnung des Schutzes von Urkunden auf technische Aufzeichnungen bzw. Daten 958
        1. Technische Aufzeichnungen, § 268 958
        2. Beweiserhebliche Daten, §§ 269, 270 962
    II. Herstellen, Verfälschen, Gebrauchmachen 965
        1. Tathandlungen des § 268 965
        2. Tathandlungen der §§ 269, 270 969
    III. Vorsatz und Täuschungsabsicht 970
    IV. Besonders schwere Fälle, Qualifikationen und Konkurrenzen 970

§ 33 Falschbeurkundung und sonstige Urkundendelikte 971

    I. Falschbeurkundung, §§ 348, 271; Ausstellen und Gebrauch unrichtiger Gesundheitszeugnisse, §§ 278, 279 972
        1. Schutz des Inhaltsvertrauens bei öffentlichen Urkunden und Gesundheitszeugnissen 972
            a) Inhaltsvertrauen allgemein 972
            b) Inhaltsvertrauen bei Gesundheitszeugnissen, § 278 973
            c) Öffentliche Urkunden, öffentliche Bücher und öffentliche Register 974
        2. Falschbeurkundung im Amt, § 348 I 979
            a) Tatbestand, Vorsatz und Versuch 979
            b) Teilnahme 979
            c) Konkurrenzen 980
        3. Mittelbare Falschbeurkundung, § 271 981
            a) Mittelbare Täterschaft, Irrtumsfälle 981
            b) Qualifikation, § 271 III 983
            c) Gebrauchmachen, § 271 II 983
            d) Versuch, Teilnahme und Konkurrenzen 984
        4. Ausstellen und Gebrauch unrichtiger Gesundheitszeugnisse, §§ 278, 279 984
    II. Urkundenunterdrückung, § 274 985
        1. Tatbestand und Rechtsgut 985
        2. Vorsatz und Nachteilsabsicht 987

Inhaltsverzeichnis

Seite

   3. Konkurrenzen 988
 III. Sondervorschriften zum Schutz von amtlichen Ausweisen und ähnlichen Urkunden, §§ 273, 275, 276, 276a, 281 988
   1. Amtliche Ausweise und ausweisähnliche Urkunden 988
   2. Der besondere Schutz der Ausweise und ausweisähnlichen Urkunden 989

§ 34 Geld- und Wertzeichenfälschung, Fälschung von Zahlungskarten und Euroscheckvordrucken, §§ 146–152a 991

 I. Der kriminalpolitische Hintergrund, insbes. der Geldfälschung 992
   1. Geldfälschung als Spezialfall der Urkundenfälschung, Rechtsgut 992
   2. Gegenüber § 267 verstärkter Strafrechtsschutz 993
   3. Kriminalitätsumfang 994
 II. Der Kernbereich der Geldfälschung, §§ 146, 147 994
   1. Die Geldfälschung, § 146 994
    a) Echtes und falsches Geld 994
    b) Tathandlungen 995
    c) Versuch 998
    d) Qualifikationen, § 146 II 998
    e) Konkurrenzen 999
   2. Inverkehrbringen von Falschgeld, § 147 999
 III. Der Kernbereich der Wertzeichenfälschung, § 148 1000
   1. Der kriminalpolitische Hintergrund, Rechtsgut 1000
   2. Der Tatbestand der Wertzeichenfälschung, § 148 1000
    a) Tatobjekte „amtliche Wertzeichen" 1000
    b) Tathandlungen 1001
     aa) § 148 I Nr. 1 und 2 1001
     bb) § 148 I Nr. 3 1001
     cc) Wiederverwenden amtlicher Wertzeichen, § 148 II 1001
    c) Versuch, § 148 III 1002
    d) Konkurrenzen 1002
 IV. Vorbereitung der Fälschung von Geld und Wertzeichen, § 149 1002
 V. Gleichstellung von Wertpapieren, § 151 1003
 VI. Fälschung von Zahlungskarten und anderen Zahlungsmitteln, §§ 152a, 152b 1003
   1. Der kriminalpolitische Hintergrund, Rechtsgut 1003
   2. Der Tatbestand des § 152a 1003
    a) Tatobjekte 1003
    b) Tathandlungen 1004
    c) Vorbereitung der Fälschung 1004
    d) Qualifikationen 1005
   3. Der Tatbestand des § 152b 1005
   4. Konkurrenzen der §§ 152a und 152b 1006

Inhaltsverzeichnis

Seite

Teil VI: Gefährdungsdelikte 1007

§ 35 Grundlagen der Strafbarkeit von Rechtsgutsgefährdungen 1007
   I. Überblick 1009
  II. Verletzungsverbote als unselbstständige Gefährdungsverbote 1010
     1. Vorsätzliche Verletzungsdelikte und Gefährdungsverbot 1010
     2. Fahrlässige Verletzungsdelikte und Gefährdungsverbot 1012
 III. Notwendigkeit selbstständiger Gefährdungstatbestände 1014
     1. Grenzen der Versuchsstrafbarkeit bei den Verletzungsdelikten 1015
        a) Objektive Grenzen 1015
        b) Subjektive Grenzen 1015
     2. (Beweis-)Schwierigkeiten der Feststellung von Rechtsgutsverletzungen 1015
        a) Zweifel an der vorwerfbaren Erfolgszurechnung 1015
        b) Zweifel an der Rechtsgutsverletzung 1016
     3. Ausschaltung der dem fahrlässigen Verletzungsdelikt anhaftenden Zufallskomponente 1018
     4. Gefährdungstatbestände zum Schutz wichtiger Personwerte, insbesondere von Leib und Leben 1018
     5. Gefährdungstatbestände zum Schutz anderer Rechtsgüter, insbesondere von Vermögenswerten 1019
 IV. Abstrakte und konkrete, starke und schwache Gefährdungen 1021
     1. Überblick über die Arten der Gefährdungen 1021
     2. Abstrakte Gefährdungsdelikte 1022
        a) Zusammenhang mit dem Polizeirecht – Schwache Gefährdungen = Ordnungswidrigkeiten 1022
        b) Starke Gefährdungen = Straftaten 1023
        c) Abstrakte Gefährdung und sichere konkrete Ungefährlichkeit 1024
     3. Konkrete Gefährdungsdelikte 1025
        a) Das kriminalpolitische Anliegen konkreter Gefährdungstatbestände 1025
        b) Die Zufallskomponente des konkreten Gefährdungsdelikts 1026
        c) Der Gefahrbegriff des konkreten Gefährdungsdelikts 1027
           aa) Die Rechtsgutsgefährdung als objektives Tatbestandsmerkmal 1027
           bb) Wahrscheinlichkeit des Schadenseintritts 1029
           cc) Zeitpunkt der Gefahrbeurteilung 1031

Inhaltsverzeichnis

Seite

    4. Straftaten im Grenzbereich von abstrakter und konkreter Gefährdung: Eignungsdelikte 1033
    5. Individualgefahr, Gefährdung der Allgemeinheit und Gemeingefahr 1035
        a) Individualgefahr und Gefährdung der Allgemeinheit 1035
        b) Gefährdung unbestimmter Einzelner, Gefährdung vieler und Gemeingefahr 1036
  V. Die subjektive Tatseite der Gefährdungsdelikte 1037
    1. Pönalisierung vorsätzlicher und (weitgehend auch) fahrlässiger Rechtsgutsgefährdungen 1037
    2. Einzelfragen zu Gefährdungsvorsatz und -fahrlässigkeit 1038
        a) Gegenstand des Vorsatzes und der Fahrlässigkeit 1038
        b) Gefährdungs- und Verletzungsvorsatz 1039
        c) Abstufung der Fahrlässigkeitshaftung; Vorsatz-Fahrlässigkeitskombinationen 1040
  VI. Qualifikationen und besonders schwere Fälle 1041
    1. Erfolgsqualifikationen und entsprechende Regelbeispiele 1041
    2. Sonstige typische Qualifikationen und entsprechende Regelbeispiele 1042
  VII. Vollendung und Versuch sowie Rücktritt vom Versuch und vom vollendeten Delikt 1042
    1. Vollendung und Rücktritt vom vollendeten Delikt 1042
    2. Versuch und Rücktritt vom Versuch 1043
        a) Der Versuch des Gefährdungsdelikts 1043
        b) Rücktritt vom Versuch 1045
  VIII. Täterschaft und Teilnahme 1045
    1. Geltung der allgemeinen Regeln 1045
    2. Hinweis auf einzelne Problemfelder 1045
        a) Eigenhändige Delikte und Sonderdelikte 1045
        b) Bedeutung des § 11 II (Vorsatz-Fahrlässigkeitskombinationen) für die Teilnahme 1046
  IX. Konkurrenzen 1047
    1. Verhältnis von Gefährdungs- und Verletzungsdelikten 1047
        a) Problemübersicht 1047
        b) Subsidiarität des Gefährdungsdelikts gegenüber dem Verletzungsdelikt bei Rechtsgutsidentität 1047
        c) Tateinheit (§ 52) zwischen Verletzungs- und Gefährdungsdelikt bei Rechtsgutsverschiedenheit 1048
    2. Verhältnis von starken und schwachen Gefährdungen .. 1050
        a) Verhältnis Straftat/Ordnungswidrigkeit 1050
        b) Verhältnis von Gefährdungsstraftaten zueinander 1050

Seite

§ 36 Aussetzung, § 221 1051
    I. Rechtsgut und kriminalpolitischer Hintergrund 1051
   II. § 221 im Einzelnen 1052
       1. Im Stich lassen in hilfloser Lage, § 221 I Nr. 2 1052
       2. Versetzen in hilflose Lage, § 221 I Nr. 1 1054
   III. Qualifikationen 1055
   IV. Konkurrenzen 1055

§ 37 „Gemeingefährliche" Delikte, §§ 306 ff. 1056
    I. Einleitung 1056
   II. Brandstiftung, §§ 306–306f 1058
       1. Systematik der Brandstiftungstatbestände, geschützte Rechtsgüter und kriminalpolitischer Hintergrund 1058
          a) Systematik der §§ 306–306f; geschützte Rechtsgüter 1058
          b) Kriminalpolitischer Hintergrund 1060
       2. (Einfache) Brandstiftung, § 306 im Einzelnen 1061
          a) Tatobjekte 1061
          b) Tathandlung: Inbrandsetzung oder ganze oder teilweise Zerstörung durch Brandlegung 1062
             aa) Inbrandsetzen 1062
             bb) Ganze oder teilweise Zerstörung durch Brandlegung 1063
       3. Schwere Brandstiftung, § 306a im Einzelnen 1064
          a) Das abstrakte Gefährdungsdelikt nach § 306a I 1064
             aa) Tatobjekte 1064
             bb) Tathandlung 1066
             cc) § 306a I auch bei „absolut ungefährlicher" Tatausführung? 1066
          b) Das konkrete Gefährdungsdelikt nach § 306a II 1068
       4. Qualifikationen der Brandstiftung, §§ 306b und 306c ... 1068
          a) Besonders schwere Brandstiftung, § 306b 1068
             aa) § 306b I 1068
             bb) § 306b II 1070
          b) Brandstiftung mit Todesfolge, § 306c 1071
       5. Vollendung und Versuch sowie Rücktritt vom Versuch und vom vollendeten Delikt 1072
          a) Versuch und Rücktritt vom Versuch 1072
          b) Vollendung und Rücktritt vom vollendeten Delikt, § 306e 1073
       6. Konkurrenzen 1075
   III. Sonstige „gemeingefährliche" Delikte – Überblick 1076
       1. Explosions- und Strahlungsdelikte, §§ 307–312 1077
       2. Herbeiführen einer Überschwemmung, § 313 1078
       3. Beeinträchtigung wichtiger Anlagen und Betriebe, §§ 316b, 317 und 318 1079
       4. Baugefährdung, § 319 1080

Inhaltsverzeichnis

Seite

  5. Vergiftungsdelikte, §§ 314, 330a –
    Hinweis auf Lebensmittel- und Arzneimittelrecht 1080

§ 38 **Verkehrsdelikte, insbesondere Straßenverkehrsdelikte,
§§ 315–316c; 142** 1082
 I. Der kriminalpolitische Hintergrund 1084
   1. Gewinner und Verlierer 1084
    a) Gewinner 1084
    b) Opfer 1086
    c) Die Kosten-Nutzen-Rechnung 1086
   2. Zur Prävention von Straßenverkehrsdelikten 1087
    a) Verkehrsunfall und Verkehrsdelikt 1087
    b) Ursachen der Verkehrsdelinquenz 1088
    c) Prävention durch Strafdrohung 1089
   3. Straßenverkehrsdelinquenz und AT 1090
   4. Straßenverkehrsdelinquenz und Prozessrecht 1091
   5. Zum Umfang der Verkehrsdelinquenz 1092
 II. Gefährliche Eingriffe in den Verkehr von außen,
   §§ 315, 315b 1092
   1. Überblick und Abgrenzung zu §§ 315a, 315c 1092
   2. Die gefährlichen Eingriffe nach §§ 315, 315b 1094
   3. Konkurrenzen 1095
 III. Gefährliche Eingriffe in den Verkehr von innen,
   §§ 315a, 315c; § 316 1095
   1. Überblick 1095
   2. Die gefährlichen Eingriffe nach §§ 315a, 315c 1096
    a) Die 8 Todsünden im Straßenverkehr 1096
    b) Gefahrstufen und Vorsatz/Fahrlässigkeits-
     Kombinationen nach §§ 315a, 315c 1098
   3. Trunkenheit im Verkehr, § 316 1099
   4. Teilnahme an §§ 315a, 315c, 316 1100
   5. Rechtfertigung 1101
   6. Konkurrenzen 1102
 IV. Unerlaubtes Entfernen vom Unfallort, § 142 1103
   1. Kriminalpolitischer Hintergrund und Rechtsgut 1103
    a) Praktische Bedeutung 1103
    b) Rechtsgut 1103
    c) Der Zwang zur Selbstbelastung 1104
   2. Voraussetzungen der Warte- und Mitwirkungs-
    pflicht; insbesondere die Unfallbeteiligung 1106
    a) Unfallbeteiligung als Verdacht der
     Unfallverursachung 1106
    b) Unfallbeteiligung als deliktsbegründendes
     Merkmal 1107
    c) Einzelheiten 1107
   3. Die Warte- und Mitwirkungspflicht 1108

Inhaltsverzeichnis

Seite

  a) Warte- und Mitwirkungspflicht nach § 142 I 1108
  b) Rückkehr- und Mitwirkungspflicht nach
    § 142 II, III 1109
    aa) Rechtmäßiges Entfernen nach § 142 I 1109
    bb) Entschuldigtes Entfernen nach § 142 I 1109
    cc) Unvorsätzliches Entfernen nach § 142 I 1110
    dd) Die nachträgliche Mitwirkungspflicht 1110
  4. Vorsatz, Irrtum, Versuch, Teilnahme 1111
  5. Konkurrenzen 1112

§ 39 Unterlassene Hilfeleistung, § 323c 1113
 I. Rechtsgut und kriminalpolitischer Hintergrund 1114
  1. Rechtsgut und Deliktsnatur 1114
  2. Kriminalpolitischer Hintergrund 1117
 II. § 323c im Einzelnen 1118
  1. Unglücksfall und sonstige Hilfsbedürftigkeit 1118
  2. Erforderliche und zumutbare Hilfe 1120
   a) Erforderlichkeit allgemein 1120
   b) Gefahr und Scheingefahr, Unglück und
    Scheinunglück 1121
   c) Sonderfall: Hilfe durch nicht an der
    Unglücksstelle Anwesende 1122
   d) Zumutbarkeit der erforderlichen Hilfe 1123
  3. Teilnahme und Konkurrenzen 1125
 III. Anhang: Missbrauch von Notrufen, § 145 1127

§ 40 Vollrausch, § 323a (§ 122 OWiG) 1128
 I. Kriminalpolitischer Hintergrund, Deliktsnatur,
  geschützte Rechtsgüter 1129
  1. Kriminalpolitischer Hintergrund 1129
   a) Grundsatz: Freispruch bei rauschbedingter
    Schuldunfähigkeit, § 20 1129
   b) Instrumente zur Vermeidung ungerechtfertigter
    Freisprüche nach § 20 1130
    aa) Actio libera in causa 1130
    bb) § 323a 1131
  2. Kriminalitätsumfang 1132
  3. Deliktsnatur, geschützte Rechtsgüter 1132
 II. § 323a im Einzelnen 1134
  1. Die Rauschtat 1135
   a) Tatbestandsmäßigkeit und Rechtswidrigkeit 1135
   b) Vorsatz und Fahrlässigkeit 1135
   c) Entschuldigungs- und Strafausschließungsgründe 1137
   d) Verfolgungsvoraussetzungen 1137
  2. Feststehende oder nicht auszuschließende
   rauschbedingte Schuldunfähigkeit 1137

Inhaltsverzeichnis

	Seite
a) § 323a als Auffangtatbestand	1137
b) Rauschbedingte Schuldunfähigkeit	1139
3. Schuldhafte Tathandlung: Sichversetzen in einen Rausch	1139
4. Täterschaft und Teilnahme	1139
5. Konkurrenzen	1140

§ 41 Straftaten gegen die Umwelt, §§ 324–330d ... 1142
   I. Der kriminalpolitische Hintergrund, geschützte Rechtsgüter ... 1146
      1. Umweltmedien als Rechtsgüter ... 1146
      2. Kriminalitätsumfang ... 1148
   II. Die tatbestandliche Struktur des Umweltstrafrechts ... 1149
      1. Gefährdungtatbestände ... 1149
      2. Verwaltungsakzessorietät ... 1150
      3. Sonderdelikte ... 1151
   III. Umweltdelikte und allgemeine Strafrechtslehren ... 1152
      1. Tatbestandsausschluss, Rechtfertigung und Strafaufhebung ... 1152
         a) Strafrechtliche Wirkung von behördlichen Genehmigungen u. dgl. ... 1152
         b) Allgemeine Rechtfertigungsgründe ... 1154
      2. Vollendung und Versuch, Rücktritt vom Versuch und vom vollendeten Delikt (§ 330b) ... 1155
      3. Verantwortlichkeit von Organen, Vertretern und Beauftragten, § 14; Sanktionen gegen juristische Personen ... 1156
      4. Beteiligung ... 1156
         a) Täterschaft und Teilnahme allgemein ... 1156
         b) Die Verantwortlichkeit von Amtsträgern im Besonderen ... 1157
            aa) Erteilung einer fehlerhaften Erlaubnis ... 1157
            bb) Unterlassen der gebotenen Rücknahme oder des Widerrufs von Genehmigungen u. dgl. ... 1159
            cc) Unterlassen des Einschreitens gegen rechtswidriges Verhalten ... 1160
            dd) Nichtanzeige des Verdachts von Umweltstraftaten ... 1161
   IV. Überblick über den strafrechtlichen Schutz der einzelnen Umweltgüter ... 1162
      1. Die verwaltungsakzessorischen Grundtatbestände ... 1162
         a) Gewässerschutz, insbes. § 324 ... 1162
         b) Schutz des Bodens, insbes. § 324a ... 1163
         c) Schutz vor Luftverunreinigungen, insbes. § 325 ... 1164
         d) Schutz vor Lärm, Erschütterungen und nichtionisierenden Strahlen, insbes. § 325a ... 1165

	Seite
e) Schutz vor gefährlichen Abfällen, insbes. § 326	1165
f) Strahlenschutz und Schutz vor anderen gefährlichen Stoffen und Gütern, insbes. § 328	1167
g) Naturschutz, insbes. § 329 III	1168
2. Besonders schwere Fälle und Qualifikationen, § 330	1168
a) Gesetzestechnik	1168
b) Die einzelnen Regelbeispiele, § 330 I Nr. 1–4	1169
c) Die qualifizierten Tatbestände, § 330 II Nr. 1 und 2	1169
3. Schwere Gefährdung durch Freisetzen von Giften, § 330a	1169
a) Deliktsnatur	1169
b) Grunddelikt und Qualifikation, § 330a I und II	1170
c) Vorsatz und Fahrlässigkeit, § 330a IV und V	1170
d) Rechtfertigung	1170
e) Versuch und Vollendung, Rücktritt vom Versuch und vom vollendeten Delikt, § 330b	1171
f) Beteiligung	1171
g) Konkurrenzen	1171

Teil VII: Delikte gegen den Staat, gegen Amtsträger und durch Amtsträger ... 1173

§ 42 Rechtsgüter und kriminalpolitische Grundlagen ... 1173
  I. Staatsschutz i. w. S., Schutz der Amtsträger und Schutz vor Amtsträgern (Überblick) ... 1174
    1. Angriffe gegen den Bestand des Staates und gegen die Allgemeinheit ... 1174
    2. Angriffe gegen einzelne Staatsgewalten und gegen Amtsträger ... 1174
    3. Angriffe von Amtsträgern auf Einzelne oder den Staat (Amtsdelikte) ... 1175
    4. Rechtsgüter der Allgemeinheit und Rechtsgüter des Einzelnen ... 1176
  II. Staatsschutz und Freiheitsrechte des Einzelnen ... 1176
    1. Allgemeines zur materiell-rechtlichen Abgrenzung ... 1176
    2. Speziell zum Schutz des demokratischen Rechtsstaates gegen verfassungsfeindliche Agitation ... 1178
    3. Zu den Kosten der Durchsetzung des materiellen Rechts ... 1179
    4. Der Staat als Ermittler in eigener Sache und als Ermittler gegen sich selbst ... 1181
  III. Mafia statt Kalter Krieg; Filz statt Kriminalität ... 1181
  IV. Staatsschutz und Sicherheitsgefühl des Einzelnen ... 1182

Seite

§ 43 Die Staatsschutzdelikte i. e. S., §§ 80–109k 1184
  I. Rechtsgüter und Angriffshandlungen 1184
    1. Überblick über §§ 80–109k 1184
    2. Rechtsgüter 1184
    3. Angriffshandlungen 1185
    4. Verfolgung von DDR-Taten nach der Wiedervereinigung 1185
  II. Hinweise zu einigen besonders wichtigen Tatbeständen 1186
    1. Gefährdung des demokratischen Rechtsstaats, insbesondere §§ 84, 85 1186
    2. Landesverrat, §§ 93 ff. 1187
    3. Wahlfälschung, § 107a 1188

§ 44 Delikte gegen den Gemeinschaftsfrieden und den religiösen Frieden, insbesondere Bildung friedensgefährdender Vereinigungen, §§ 127–129a und Landfriedensbruch, §§ 125, 125a; ferner §§ 126, 111, 140, 130, 130a, 131; §§ 166–168 1189
  I. Der kriminalpolitische Hintergrund 1191
    1. Überblick 1191
    2. Organisationskriminalität 1191
    3. Landfriedensbruch und Demonstrationsfreiheit 1194
    4. Sonstige Formen der Friedensstörung 1197
  II. Friedens- und sicherheitsgefährdende Vereinigungen, insbesondere §§ 129, 129a, 129b 1197
    1. Bildung krimineller Vereinigungen, §§ 129, 129b 1197
      a) Rechtsgut und Zweck 1197
      b) Vereinigung 1199
      c) Täterkreis und Unterstützungshandlungen 1200
      d) Opfer als Unterstützungstäter 1201
      e) Parteiprivileg 1201
      f) Prozessuale Konsequenzen 1201
      g) § 129-Tat, Teilnahme an Straftaten der Organisation und Rechtskraft 1202
    2. Bildung terroristischer Vereinigungen, § 129a, 129b 1202
  III. Landfriedensbruch, §§ 125, 125a 1203
    1. Rechtsgut 1203
    2. Menschenmenge 1203
    3. Der nicht gewalttätige Mitläufer als Täter 1204
    4. Einzelheiten zu Täterkreis und Tathandlungen 1205
    5. Aufwertung der Teilnahme zur Täterschaft 1206
    6. Anhang: Schwerer Hausfriedensbruch, § 124 1207
  IV. Friedensstörung durch Androhung oder Vortäuschung von Straftaten (§ 126), durch Aufforderung zu Straftaten (§ 111), durch Belohnung und Billigung von Straftaten (§ 140) sowie durch Volksverhetzung und Gewaltdarstellung (§§ 130, 130a, 131) 1208

Inhaltsverzeichnis

Seite

1. Rechtsgut „Friedensstörung" 1208
2. Die öffentliche Aufforderung zu Straftaten, § 111 1209
3. Belohnung und Billigung von Straftaten, § 140; Anleitung zu Straftaten, § 130a; Volksverhetzung und Gewaltdarstellung, §§ 130, 131 1211
4. Verwandte Tatbestände im Überblick 1213
V. Störung des religiösen Friedens und ähnliche Tatbestände, §§ 166–168 1214
   1. Gesellschaftliche Bedeutung und Rechtsgut 1214
   2. §§ 166, 167 1215
   3. §§ 167a, 168 1216

§ 45 Auflehnung, insbesondere Widerstand gegen die Staatsgewalt, §§ 113 ff. 1217
  I. Der kriminalpolitische Hintergrund 1220
    1. Überblick – Geschütztes Rechtsgut und Angriffsmodalitäten 1220
      a) Widerstand gegen Vollstreckungsorgane, §§ 113, 114 1220
      b) Sonstige Auflehnungsdelikte 1220
    2. Umfang der Kriminalität, Tatsituationen und Täter 1221
      a) Kriminalitätsschwerpunkt: § 113 1221
      b) Tatsituationen und Täter der §§ 113, 114 1221
  II. Widerstand gegen Vollstreckungsbeamte und gleichgestellte Personen, §§ 113, 114 1222
    1. Der Tatbestand der §§ 113 (114) 1222
      a) Geschützter Personenkreis – Konkrete Vollstreckungshandlung 1222
        aa) Amtsträger und Soldaten der Bundeswehr bei der Vornahme konkreter Vollstreckungshandlungen, § 113 I 1222
        bb) Gleichgestellte Nichtamtsträger, § 114 1224
      b) Tathandlungen 1225
        aa) Widerstand 1226
          aaa) Durch Gewalt 1226
          bbb) Durch Drohung mit Gewalt 1228
        bb) Tätlicher Angriff 1228
    2. Die Rechtmäßigkeit der Diensthandlung, § 113 III 1229
      a) Dogmatischer Standort der Rechtmäßigkeit 1229
      b) Formalisierung und Subjektivierung der Rechtmäßigkeit 1230
        aa) Formalisierung, insbesondere bei weisungsgebundener Vollstreckung von Gerichts- und Verwaltungsentscheidungen 1230
        bb) Subjektivierung, insbesondere bei eigenständigen Vollstreckungsmaßnahmen 1231

XLV

Inhaltsverzeichnis

Seite

3. Vorsatz, Irrtumsfragen 1235
   a) Vorsatzdelikt, Tatumstandsirrtum 1235
   b) Irrtum über die Rechtmäßigkeit der Diensthandlung 1235
      aa) Bevorzugung des Bürgers bei irrtümlicher
          Annahme der Rechtmäßigkeit der
          Diensthandlung, § 113 III 2 1235
      bb) Benachteiligung des Bürgers bei
          irrtümlicher Annahme der Rechtswidrigkeit
          der Diensthandlung, § 113 IV 1236
4. Besonders schwere Fälle, § 113 II 1237
   a) Nr. 1: Beisichführen von Waffen oder eines anderen
      gefährlichen Werkzeugs 1237
   b) Nr. 2: Gefahr des Todes oder einer schweren
      Gesundheitsschädigung 1237
5. Konkurrenzen 1238

III. Gefangenenbefreiung und -meuterei, §§ 120, 121 1238
1. Gefangenenbefreiung, § 120 1238
   a) Grundtatbestand, § 120 I (IV) 1238
      aa) Beschränkung auf die Fremdbefreiung 1238
      bb) Gefangene und gleichgestellte Verwahrte 1239
      cc) Tathandlungen 1239
   b) Qualifikation (§ 120 II), Vollendung und Versuch
      (§ 120 III), Teilnahme des befreiten Gefangenen,
      Hinweis auf § 115 OWiG 1240
      aa) Qualifikation, § 120 II 1240
      bb) Vollendung und Versuch, § 120 III 1240
      cc) Teilnahme des befreiten Gefangenen 1241
      dd) Hinweis auf § 115 OWiG 1241
2. Gefangenenmeuterei, § 121 1241
   a) Tatbestand (§ 121 I, IV), Versuchsstrafbarkeit
      (§ 121 II) 1241
   b) Besonders schwere Fälle, § 121 III 1242

IV. Verstöße gegen gerichtliche und behördliche
    Maßnahmen, §§ 145a, 145c, 323b; § 21 StVG 1242
1. Verstöße gegen nicht freiheitsentziehende
   Maßregeln, §§ 145a, 145c; § 21 StVG 1242
   a) Der kriminalpolitische Hintergrund 1242
   b) Die einzelnen Tatbestände 1243
      aa) Verstoß gegen Weisungen während der
          Führungsaufsicht, § 145a 1243
      bb) Verstoß gegen das Berufsverbot, § 145c 1243
      cc) Verstoß gegen die Entziehung der
          Fahrerlaubnis, § 21 StVG 1243
2. Gefährdung einer Entziehungskur, § 323b 1244

V. Angriffe auf amtliche Sachherrschaftsverhältnisse,
   §§ 136, 133 (134) 1244
1. Verstrickungs- und Siegelbruch, § 136 1244

XLVI

Inhaltsverzeichnis

Seite

        a) Nähe zu § 113 1244
        b) Verstrickungsbruch, § 136 I 1245
            aa) Verstrickungssituationen, Tatobjekte 1245
            bb) Tathandlungen 1246
            cc) Rechtmäßigkeit der Diensthandlung,
                Irrtumsfragen 1246
        c) Siegelbruch, § 136 II 1246
    2. Verwahrungsbruch, § 133 1247
        a) Grundtatbestand, § 133 I (II) 1247
            aa) Dienstliche Verwahrung 1247
            bb) Tathandlungen 1248
        b) Qualifikation, § 133 III 1248
        c) Konkurrenzen 1248
    3. Verletzung amtlicher Bekanntmachungen, § 134 1248
  VI. Amtsanmaßung, Titelmissbrauch, §§ 132, 132a 1249
    1. Amtsanmaßung, § 132 1249
        a) Mittelbare Beeinträchtigung der Staatsgewalt 1249
        b) Der Tatbestand des § 132 1250
    2. Missbrauch von Titeln, Berufsbezeichnungen und
        Abzeichen, § 132a 1251

§ 46 Nichtanzeige geplanter Straftaten, §§ 138, 139 1253
  I. Rechtsgut und kriminalpolitische Vorbemerkung 1253
    1. Rechtsgut 1253
    2. Zur Kriminalpolitik 1256
  II. §§ 138, 139 im Einzelnen 1256
    1. Der Gegenstand der Mitwisserschaft,
        insbesondere die anzeigepflichtigen Straftaten 1256
    2. Grad der Mitwisserschaft 1257
    3. Interventionspflicht des Mitwissers,
        insbesondere seine Anzeigepflicht 1257
    4. Unzumutbarkeit der Intervention, § 139 II, III 1259
    5. Vorsatz, Leichtfertigkeit und Irrtum 1260
    6. Konkurrenzen, Wahlfeststellung 1260

§ 47 Aussagedelikte, §§ 153 ff. 1263
  I. Kriminalpolitischer Hintergrund und dogmatische
    Grundstruktur 1266
    1. Geschütztes Rechtsgut 1266
        a) Schutz der staatlichen Rechtspflege 1266
        b) Kein sakrales Rechtsgut 1267
    2. Aussagedelikte und allgemeine Strafrechtslehren 1268
        a) Schlichte Tätigkeitsdelikte/Gefährdungsdelikte –
            Erweiterte Rücktrittsmöglichkeit, § 158 1268
        b) Eigenhändige Delikte – „Mittelbare Täterschaft",
            § 160 1269

XLVII

Inhaltsverzeichnis

		Seite
	c) Versuchte Anstiftung zu Vergehen, § 159	1270
	d) Erweiterte Notstandsregelung, § 157	1270
3.	Tatsituationen (Prozessrechtsabhängigkeit) und Kriminalitätsumfang	1270
II.	Die Tatbestände der §§ 153, 154 (155), 156, 161	1271
1.	Falsche uneidliche Aussage, § 153	1271
	a) Grundtatbestand, Täterkreis	1271
	aa) Grundtatbestand	1271
	bb) Täterkreis	1272
	b) Zuständigkeit	1272
	c) Tathandlung: Die falsche Aussage	1273
	aa) Reichweite der Wahrheitspflicht	1273
	bb) Begriff der Falschheit – Aussagetheorien	1276
	aaa) Zeugenaussage – Tatsachen	1276
	bbb) Sachverständigengutachten – Bewertung von Tatsachen	1280
	d) Vorsatz, Irrtumsfragen	1281
	e) Straflosigkeit des Versuchs, Vollendung	1282
2.	Meineid, § 154 (§ 155)	1283
	a) § 154 als Qualifikation des § 153 für Zeugen und Sachverständige	1283
	b) § 154 als strafbegründende Norm für weiteren Täterkreis	1284
	c) Zuständigkeit, Reichweite des Eides	1284
	aa) Zuständigkeit	1284
	bb) Reichweite des Eides	1284
	d) Vorsatz, Irrtumsfragen	1285
	e) Vollendung und Versuch	1285
	aa) Vollendung	1285
	bb) Versuch	1285
	aaa) Irrtumsfälle	1285
	bbb) Ansetzen zur Tatbestandsverwirklichung	1286
3.	Falsche Versicherung an Eides statt, § 156	1287
	a) Wesen und Bedeutung der eidesstattlichen Versicherung	1287
	b) § 156 eigenständiges Aussagedelikt	1288
	c) Die einzelnen Tatbestandsmerkmale	1289
	aa) Zuständigkeit	1289
	bb) Tathandlung	1289
	aaa) Verletzung der Wahrheitspflicht (insbesondere bei Vermögensauskunft, §§ 802c, 883 ZPO)	1289
	bbb) Abgabemodalitäten	1290
	d) Vorsatz, Irrtumsfragen	1291
	e) Straflosigkeit des Versuchs, Vollendung	1291

Inhaltsverzeichnis

Seite

4. Fahrlässiger Falscheid und fahrlässige falsche
   Versicherung an Eides statt, § 161 1291
   a) Problematik der Fahrlässigkeitsbestrafung 1291
   b) Tatbestand und Tatsituationen 1292
      aa) Tatbestand 1292
      bb) Tatsituationen 1292
         aaa) Pflicht zur Vorbereitung auf die
              Aussage? 1292
         bbb) Sorgfaltspflichtverletzungen in der
              Aussagesituation 1293
III. Verfahrensfehler und Strafbarkeit nach §§ 153 ff. 1294
   1. Problem der Prozessrechtsabhängigkeit 1294
   2. Lösungsansätze 1294
      a) Eindeutige Anhaltspunkte im Gesetz 1294
      b) Fehlende eindeutige gesetzgeberische Wertungen 1295
IV. Aussagedelikte und (modifizierte) allgemeine
    Strafrechtslehren 1296
   1. Notstand (§§ 34, 35) und Aussagenotstand (§ 157 I) 1296
      a) Rechtfertigender und entschuldigender
         Notstand (§§ 34, 35) 1296
      b) Aussagenotstand, § 157 I 1297
         aa) Rechtsnatur 1297
         bb) Anwendungsbereich 1297
   2. Rücktritt vom Versuch (§§ 24, 31, 159) und vom
      vollendeten Delikt (§§ 158, 161 II) 1298
      a) Rücktritt vom Versuch (§§ 24, 31, 159) 1298
      b) Rücktritt vom vollendeten Delikt (§§ 158, 161 II) ... 1299
         aa) Rechtsnatur 1299
         bb) Anwendungsbereich 1300
   3. Täterschaft und Teilnahme 1301
      a) Problemübersicht 1301
      b) Veranlassung fremder Falschbekundungen,
         einschließlich Versuch 1301
         aa) Anstiftung (§ 26) und Verleitung (§ 160) 1301
            aaa) Fälle eindeutiger Zuordnung zu § 26
                 und § 160 1301
            bbb) Problemfälle: § 160 oder § 26? 1303
            ccc) Irrtumsfälle 1303
         bb) Versuchte Anstiftung (§§ 154, 30; 159)
             und versuchte Verleitung (§ 160 II) 1304
            aaa) Versuchte Anstiftung 1304
            bbb) Versuchte Verleitung 1306
      c) Beihilfe, § 27 1307
         aa) Durch aktives Tun 1307
         bb) Durch Unterlassen 1308
   4. Konkurrenzen, Wahlfeststellung 1309

XLIX

Inhaltsverzeichnis

Seite

    a) Konkurrenzen 1309
        aa) Verhältnis von §§ 153 und 154 1309
        bb) Zusammentreffen von §§ 153 ff. mit
            anderen Delikten 1310
    b) Wahlfeststellung 1310

§ 48 Falsche Verdächtigung und Vortäuschen einer Straftat, §§ 164, 165; 145d 1311
    I.   Rechtsgut und kriminalpolitische Vorbemerkung 1312
        1. Rechtsgut bei §§ 164, 145d 1312
        2. Zur Kriminalpolitik 1313
    II. § 164 im Einzelnen 1314
        1. Gegenstand der falschen Verdächtigung 1314
        2. Mittel der falschen Verdächtigung 1315
        3. Ziel und Adressat der falschen Verdächtigung 1317
        4. Vorsatz, Wissentlichkeit und Absicht 1317
        5. Rechtfertigung 1318
        6. Selbstbegünstigung 1318
        7. Konkurrenzen, insbesondere das Verhältnis
           von § 164 I zu § 164 II 1319
    III. § 145d im Einzelnen 1320
        1. Gegenstand des Vortäuschens einer Straftat 1320
        2. Mittel des Vortäuschens einer Straftat 1320
        3. Ziel des Vortäuschens einer Straftat 1321
        4. Vorsatz und Wissentlichkeit 1322
        5. Rechtfertigung 1322
        6. Selbstbegünstigung 1322
        7. Konkurrenzen, insbesondere die Subsidiarität des
           § 145d 1323

§ 49 Amtsdelikte, §§ 331–358 und Bestechlichkeit und Bestechung im geschäftlichen Verkehr, §§ 299–302 1325
    I.   Zum Rechtsgut und kriminalpolitischen Hintergrund 1330
        1. Rechtsgut 1330
        2. Amtsdelikte als Sonderdelikte –
           echte und unechte Amtsdelikte 1332
        3. Zur praktischen Bedeutung des Macht-
           missbrauchsverbots 1335
    II. Bestechungsdelikte, §§ 331–338 1340
        1. Grundsätze; Rechtsgut 1340
           a) Passive und aktive Bestechung 1340
           b) Die Qualität der vom Amtsträger
              vorzunehmenden Verhaltensweise 1340
           c) Rechtsgut 1341
        2. Passive Bestechung: Vorteilsannahme und
           Bestechlichkeit, §§ 331, 332, 335, 336, 337 1341

Seite

        a) Das Verhältnis von Vorteilsannahme, § 331,
und Bestechlichkeit, § 332 1342
        b) Der Täterkreis, insbesondere die Amtsträger 1342
        c) Der Vorteil 1349
        d) Die Unrechtsvereinbarung –
Der Vorteil als Gegenleistung 1350
        e) Diensthandlung und Pflichtwidrigkeit 1355
        f) Die Tathandlungen 1357
        g) Rechtswidrigkeit und Rechtfertigung 1358
        h) Vorsatz und Irrtum 1359
        i) Passive Bestechung von Ermessensbeamten,
§ 332 III Nr. 2 1360
    3. Aktive Bestechung: Vorteilsgewährung und
Bestechung, §§ 333, 334, 335, 336, 337 1361
    4. Teilnahmeprobleme 1362
        a) Vorrang der §§ 331 ff. gegenüber den
allgemeinen Teilnahmeregeln („Lagertheorie") 1362
        b) Zur Anwendung der allgemeinen
Teilnahmeregeln neben §§ 331 ff. 1362
    5. Konkurrenzen 1363
    6. Verjährung 1365

III. Bestechlichkeit und Bestechung im geschäftlichen
Verkehr, §§ 299–302 1366
    1. Rechtsgut und kriminalpolitische Vorbemerkung 1366
    2. Der Tatbestand des § 299 1369

IV. Gebühren- und Abgabenüberhebung, §§ 352, 353 1373
    1. Rechtsgut 1373
    2. Gebührenüberhebung, § 352 1373
        a) Objektive Tatbestandsmerkmale 1373
        b) Vorsatz, Vorteilsabsicht 1374
        c) Konkurrenzen 1374
    3. Abgabenüberhebung, § 353 1375

V. Innere Rechtspflegedelikte, insbesondere Rechtsbeugung
(§ 339), Aussageerpressung (§ 343), Verfolgung
Unschuldiger und Vollstreckung gegen Unschuldige
(§§ 344, 345) 1376
    1. Innere und äußere Rechtspflegedelikte 1376
    2. Rechtsbeugung, § 339 1376
        a) Rechtsgut 1376
        b) Objektiver Tatbestand 1378
        c) Vorsatz 1382
        d) Teilnahme 1382
        e) Sperrwirkung des § 339 1382
        f) Konkurrenzen 1383
        g) Praktische Probleme des Nachweises bei
Kollegialgerichten 1383

                                                                    Seite
    3. Aussageerpressung (§ 343), Verfolgung
       Unschuldiger (§ 344) und Vollstreckung gegen
       Unschuldige (§ 345) 1384
    4. Körperverletzung im Amt, § 340 1385
    5. Parteiverrat, § 356 1386
       a) Rechtsgut 1386
       b) Der Tatbestand im Einzelnen 1387
          aa) Objektiver Tatbestand 1387
          bb) Rechtswidrigkeit und Irrtumsfälle 1388
          cc) Qualifikation, § 356 II 1389
          dd) Teilnahme 1389
VI. Bruch amtlicher Geheimhaltungs- und
    Verschwiegenheitspflichten: Vertrauensbruch
    im auswärtigen Dienst (§ 353a),
    Verletzung des Dienstgeheimnisses (§ 353b),
    Verbotene Mitteilungen über Gerichtsverhandlungen
    (§ 353d), Verletzung des Steuergeheimnisses (§ 355) 1389
    1. Vertrauensbruch im auswärtigen Dienst, § 353a 1389
    2. Verletzung des Dienstgeheimnisses, § 353b 1390
    3. Verbotene Mitteilungen über Gerichtsverhandlungen,
       § 353d 1391
    4. Verletzung des Steuergeheimnisses, § 355 1391
VII. Verleitung eines Untergebenen zu einer Straftat, § 357 1392
    1. Ausschluss der Strafmilderung nach §§ 30, 28, 23
       (Verleiten) 1392
    2. Ausschluss der Strafmilderung nach §§ 27, 13
       (Geschehenlassen) 1393
    3. Dienstvorgesetzte, Aufsichtsbeamte und Untergebene 1393
    4. Teilnahme 1394

Stichwortverzeichnis 1395

Abkürzungsverzeichnis

a. A.	anderer Ansicht
a. a. O.	am angegebenen Ort (nähere Angaben im allgemeinen Literaturverzeichnis oder im Literaturverzeichnis zu Beginn des betreffenden Abschnitts)
Abh.	Abhandlungen
Abs.	Absatz
Abt.	Abteilung
abw.	abweichend
AbzG	Abzahlungsgesetz
AcP	Archiv für die civilistische Praxis
AE	Alternativ-Entwurf eines Strafgesetzbuches, 1966 ff.
a. E.	am Ende
AE – BJG	Alternativ-Entwurf eines Gesetzes zur Regelung der Betriebsjustiz, 1975
AE – GLD	Alternativ-Entwurf eines Gesetzes gegen Ladendiebstahl, 1974
a. F.	alte Fassung
AG	Amtsgericht
AIFO	Aids-Forschung (Zeitschrift)
AK	Kommentar zum StGB (Reihe Alternativ-Kommentare)
AKB	Allgemeine Bedingungen für die Kraftverkehrsversicherung
AktG	Aktiengesetz
allg.	allgemein
ALR	Allgemeines Landrecht für die preußischen Staaten von 1794
Alt.	Alternative
a. M.	anderer Meinung
AMG	Arzneimittelgesetz
Anm.	Anmerkung
AO	Abgabenordnung
AP	Arbeitsrechtliche Praxis (Hueck-Nipperdey-Dietz, Nachschlagewerk des Bundesarbeitsgerichts)
ArchKrim	Archiv für Kriminologie
arg.	argumentum
Art.	Artikel
AT	Allgemeiner Teil
Aufl.	Auflage
Auftr.	Auftrag

Abkürzungsverzeichnis

BA	Blutalkohol
BAföG	Bundesausbildungsförderungsgesetz
BAG	Bundesarbeitsgericht
BayObLG	Bayerisches Oberstes Landesgericht
BayObLGSt	Entscheidungen des Bayerischen Obersten Landesgerichts in Strafsachen
BayVBl.	Bayerische Verwaltungsblätter
BB	Betriebsberater
Bd.	Band
BDSG	Bundesdatenschutzgesetz
Begr.	Begründung
Bem.	Bemerkung(en)
bes.	besonders
Bespr.	Besprechung
BetrVG	Betriebsverfassungsgesetz
BGB	Bürgerliches Gesetzbuch
BGBl.	Bundesgesetzblatt
BGE	Entscheidungen des Schweizerischen Bundesgerichts (Amtliche Sammlung)
BGH	Bundesgerichtshof
BGH, Dall. bzw. BGH, Holtz	Dallinger (bzw. Holtz), Aus der Rechtsprechung des BGH in Strafsachen, in MDR
BGHSt (Z)	Entscheidungen des BGH in Strafsachen (bzw. Zivilsachen)
BImSchG	Bundes-Immissionsschutzgesetz
BJagdG	Bundesjagdgesetz
BJM	Bundesministerium der Justiz
BNatSchG	Bundesnaturschutzgesetz
BRAO	Bundesrechtsanwaltsordnung
BR-Drucks.	Drucksachen des Deutschen Bundesrates (zitiert nach Wahlperiode und Seite)
BSK	Siehe im Literaturverzeichnis unter BSK (Basler Kommentar zum StGB)
Bsp.	Beispiel
BT	Besonderer Teil
BT-Drucks.	Drucksachen des Deutschen Bundestages (zitiert nach Wahlperiode und Seite)
BtMG	Betäubungsmittelgesetz
BVerfGE	Entscheidungen des Bundesverfassungsgerichts
BVerwGE	Entscheidungen des Bundesverwaltungsgerichts
bzw.	beziehungsweise
CCC	Constitutio Criminalis Carolina (= Peinliche Gerichtsordnung Kaiser Karls V. von 1532)
CR	Computer und Recht (Zeitschrift)
DAR	Deutsches Autorecht
DB	Der Betrieb

Abkürzungsverzeichnis

ders.	derselbe
dgl.	dergleichen
d. h.	das heißt
dies.	dieselbe
Diss.	Dissertation
DJ	Deutsche Justiz
DJT	Deutscher Juristentag
DJZ	Deutsche Juristenzeitung
dol. dir.	dolus directus
dol. ev.	dolus eventualis
DRiZ	Deutsche Richterzeitung
DStR	Deutsches Strafrecht, Neue Folge (= GA von 1934-1944)
DStZ	Deutsche Steuer-Zeitung
E	Entwurf
E 1962	Entwurf eines Strafgesetzbuches mit Begründung, Bonn 1962
EG	Einführungsgesetz
EG-FinanzschutzG	Gesetz zu dem Übereinkommen über den Schutz der finanziellen Interessen der Europäischen Gemeinschaften
EG-Vertrag	Vertrag zur Gründung der Europäischen Gemeinschaft (Amsterdamer Fassung)
Erl.	Erläuterungen
etc.	et cetera
EU	Europäische Union
EuZW	Europäische Zeitschrift für Wirtschaftsrecht
f.; ff.	folgende
famos	Fall des Monats, Online-Zeitschrift, abrufbar unter: www.fall-des-monats.de
FamRZ	Zeitschrift für das gesamte Familienrecht
FG	Festgabe
Fn.	Fußnote
FS	Festschrift
G	Gesetz
GA	Archiv für Strafrecht, begründet von Goltdammer (zitiert nach Bänden, seit 1953 nach Jahrgängen)
gem.	gemäß
GenG	Gesetz betreffend die Erwerbs- und Wirtschaftsgenossenschaften
GerS	Der Gerichtssaal
GewerbeO	Gewerbeordnung
GG	Bonner Grundgesetz
ggf.	gegebenenfalls
GK – BImSchG	Gemeinschaftskommentar zum Bundes-Immissionsschutzgesetz

Abkürzungsverzeichnis

GmbH	Gesellschaft mit beschränkter Haftung
GmbHG	Gesetz betreffend die Gesellschaften mit beschränkter Haftung
GmbHR	GmbH-Rundschau
GrSSt (Z)	Großer Senat für Strafsachen (bzw. Zivilsachen)
GS	Gedächtnisschrift
GVG	Gerichtsverfassungsgesetz
GWB	Gesetz gegen Wettbewerbsbeschränkungen
h. A.	herrschende Ansicht
Heidelberg-FS	Festschrift zur 600-Jahr-Feier der Universität Heidelberg, 1986
HGB	Handelsgesetzbuch
h. L.	herrschende Lehre
h. M.	herrschende Meinung
HRR	Höchstrichterliche Rechtsprechung
HRRS	Höchstrichterliche Rechtsprechung im Strafrecht, online-Zeitschrift, abrufbar unter http://www.hrr-strafrecht.de
hrsg.	herausgegeben
HWB	Siehe im Literaturverzeichnis bei HWB (Handwörterbuch)
i. d. F.	in der Fassung
i. d. p. r.	in dubio pro reo
i. d. R.	in der Regel
i. E.	im Ergebnis
i. e. S.	im engeren Sinne
InsO	Insolvenzordnung
i. S.	im Sinne
i. Ü.	im Übrigen
iur.	Informatik und Recht, vereinigt mit „Datenverarbeitung im Recht"; ab 1989: iur.-pc
i. V. m.	in Verbindung mit
i. w. S.	im weiteren Sinne
JA	Juristische Arbeitsblätter
JBl	Juristische Blätter (Wien)
JGG	Jugendgerichtsgesetz
Jhd.	Jahrhundert
JK	Jura-Kartei
JMBl	Justizministerialblatt
JR	Juristische Rundschau
Jura	Juristische Ausbildung
JuS	Juristische Schulung
JW	Juristische Wochenschrift
JZ	Juristenzeitung
JZ-GD	Juristenzeitung. Gesetzgebungsdienst (zitiert nach Jahr und Seite)

Abkürzungsverzeichnis

KFZ	Kraftfahrzeug
KG	Kammergericht
KMR	Kommentar zur Strafprozessordnung, hrsg. von Heintschel-Heinegg und Stöckel
KO	Konkursordnung
Krit.J.	Kritische Justiz
Krit.V.	Kritische Vierteljahresschrift für Gesetzgebung und Rechtsprechung
KrWG	Gesetz zur Förderung der Kreislaufwirtschaft und Sicherung der umweltverträglichen Bewirtschaftung von Abfällen (Kreislaufwirtschaftsgesetz)
KUG	Gesetz, betreffend das Urheberrecht an Werken der bildenden Künste und der Photographie
LAG	Landesarbeitsgericht
LB	Lehrbuch
LG	Landgericht
LH	Lehrheft
Lit.	Literatur
LK	Siehe im Literaturverzeichnis bei LK (Leipziger Kommentar)
LM	Nachschlagewerk des BGH, herausgegeben von Lindenmaier-Möhring
LS	Leitsatz (einer Entscheidung)
m.	männlich
m. Anm.	mit Anmerkung
Mat.	Materialien
m. a. W.	mit anderen Worten
MDR	Monatsschrift für Deutsches Recht
m. E.	meines Erachtens
MfS	Ministerium für Staatssicherheit
MüKo	Münchener Kommentar (vgl. Literaturverzeichnis)
MKrim	Monatsschrift für Kriminologie und Strafrechtsreform
MRK	Europäische Konvention zum Schutz der Menschenrechte und Grundfreiheiten
MünzG	Gesetz über die Ausprägung von Scheidemünzen
m. w. N.	mit weiteren Nachweisen
n. F.	neue Fassung
Nied.	Niederschriften über die Sitzungen der Großen Strafrechtskommission (zitiert nach Band und Seite)
NJ	Neue Justiz
NJW	Neue Juristische Wochenschrift
NJW-RR	NJW-Rechtsprechungs-Report Zivilrecht
NK	Nomos-Kommentar zum Strafgesetzbuch
NStE	Neue Entscheidungssammlung für Strafrecht
NStZ	Neue Zeitschrift für Strafrecht

Abkürzungsverzeichnis

NStZ-RR	NStZ-Rechtsprechungs-Report Strafrecht
NuR	Natur + Recht (Zeitschrift)
NVwZ	Neue Zeitschrift für Verwaltungsrecht
NZM	Neue Zeitschrift für Mietrecht
NZV	Neue Zeitschrift für Verkehrsrecht
NZZ	Neue Zürcher Zeitung
o.	oben
o. ä.	oder ähnlich
ÖstJZ	Österreichische Juristenzeitung
ÖstOGH	Österreichischer Oberster Gerichtshof
ÖstStGB	Österreichisches Strafgesetzbuch
Öst. Zeitschrift für	Österreichische Zeitschrift für Strafrecht Strafrecht
OGHSt	Entscheidungen des Obersten Gerichtshofes für die Britische Zone in Strafsachen
OLG	Oberlandesgericht
OLGSt	Entscheidungen der Oberlandesgerichte zum Straf- und Strafverfahrensrecht (zitiert nach Paragraphen)
OrgKG	Gesetz zur Bekämpfung des internationalen Rauschgifthandels und anderer Erscheinungsformen der Organisierten Kriminalität (1992)
OWiG	Gesetz über Ordnungswidrigkeiten
PatG	Patentgesetz
PflichtVG	Gesetz über die Pflichtversicherung für Kfz-Halter (PflichtversicherungsG)
PolG	Polizeigesetz
ProdHaftG	Gesetz über die Haftung für fehlerhafte Produkte (Produkthaftungsgesetz)
recht	recht, Zeitschrift für juristische Ausbildung und Praxis
RegE	Regierungsentwurf
RG	Reichsgericht
RGBl.	Reichsgesetzblatt
RGR	Rechtsprechung des RG in Strafsachen (Bd. 1, 1879 – Bd. 10, 1888)
RGSt (Z)	Entscheidungen des RG in Strafsachen (bzw. Zivilsachen)
Rn.	Randnummer
RpflG	Rechtspflegergesetz
Rspr.	Rechtsprechung
RVO	Reichsversicherungsordnung
sc.	scilicet, nämlich
SGB	Sozialgesetzbuch
SJZ	Schweizerische Juristen-Zeitung

Abkürzungsverzeichnis

SK	Systematischer Kommentar (vgl. Literaturverzeichnis)
s. o.	siehe oben
sog.	sogenannt
SprengG	Gesetz über explosionsgefährliche Stoffe (SprengstoffG)
S/S	Schönke/Schröder (vgl. Literaturverzeichnis)
st.	ständige
StGB	Strafgesetzbuch
StPO	Strafprozessordnung
str.	streitig
StrÄndG	Strafrechtsänderungsgesetz
StrafFo	Strafverteidiger Forum
StrRG	Gesetz zur Reform des Strafrechts
StrS	Strafsenat
st. Rspr.	ständige Rechtsprechung
StrVSichG	Gesetz zur Sicherung des Straßenverkehrs
StV	Strafverteidiger (Zeitschrift)
StVG	Straßenverkehrsgesetz
StVO	Straßenverkehrsordnung
StVollzG	Strafvollzugsgesetz
StVZO	Straßenverkehrszulassungsordnung
s. u.	siehe unten
SubvG	Subventionsgesetz
SV	Sachverhalt
SZW	Schweizerische Zeitschrift für Wirtschaftsrecht
TPG	Transplantationsgesetz
u.	unten
u. a.	unter anderem
u. ä.	und ähnliches
UFITA	Archiv für Urheber-, Film-, Funk- und Theaterrecht
UKG	Gesetz zur Bekämpfung der Umweltkriminalität
UPR	Umwelt- und Planungsrecht (Zeitschrift)
UrhG	Urheberrechtsgesetz
usw.	und so weiter
u. U.	unter Umständen
UWG	Gesetz gegen den unlauteren Wettbewerb
VA	Verwaltungsakt
VDA (B)	Vergleichende Darstellung des deutschen und ausländischen Strafrechts, Allgemeiner Teil (bzw. Besonderer Teil)
Verh.	Verhandlungen
VersR	Versicherungsrecht, Juristische Rundschau für die Individualversicherung (zitiert nach Jahr und Seite)
vgl.	vergleiche

Abkürzungsverzeichnis

VGrS	Vereinigte Große Senate
VGT	Veröffentlichungen der auf dem Deutschen Verkehrsgerichtstag gehaltenen Referate und Entschließungen (zitiert nach Jahr und Seite)
VOR	Zeitschrift für Verkehrs- und Ordnungswidrigkeitenrecht
Voraufl.	Vorauflage
VRS	Verkehrsrechts-Sammlung
VVDStRL	Veröffentlichungen der Vereinigung der Deutschen Staatsrechtslehrer
VVG	Gesetz über den Versicherungsvertrag
VwGO	Verwaltungsgerichtsordnung
VwVfG	Verwaltungsverfahrensgesetz
WaffG	Waffengesetz
WHG	Wasserhaushaltsgesetz
WiKG	Gesetz zur Bekämpfung der Wirtschaftskriminalität
WiStG	Wirtschaftsstrafgesetz 1954
wistra	Zeitschrift für Wirtschaft, Steuer, Strafrecht
WM	Wertpapier-Mitteilungen
WoBindG	Wohnungsbindungsgesetz
WRP	Wettbewerb in Recht und Praxis
WStG	Wehrstrafgesetz
z. B.	zum Beispiel
ZBJV	Zeitschrift des bernischen Juristenvereins
ZfL	Zeitschrift für Lebensrecht
ZfW	Zeitschrift für Wasserrecht
ZfWG	Zeitschrift für Wett- und Glücksspielrecht
ZIS	Zeitschrift für internationale Strafrechtsdogmatik
ZJS	Zeitschrift für das juristische Studium
ZollG	Zollgesetz
ZPO	Zivilprozessordnung
ZRP	Zeitschrift für Rechtspolitik
ZStrR	Schweizerische Zeitschrift für Strafrecht
ZStW	Zeitschrift für die gesamte Strafrechtswissenschaft, zitiert nach Bänden (Erscheinungsjahr)
z. T.	zum Teil
ZUM	Zeitschrift für Urheber- und Medienrecht
zust.	zustimmend
zutr.	zutreffend
ZVG	Gesetz über die Zwangsversteigerung und Zwangsverwaltung
zw.	zweifelhaft
z. Z.	zur Zeit

Literaturverzeichnis

Arzt/Weber, LH 1	Gunther Arzt/Ulrich Weber, Strafrecht, Besonderer Teil, Delikte gegen die Person, LH 1, 3. Auflage, Bielefeld 1988.
Arzt/Weber, LH 2	Gunther Arzt/Ulrich Weber, Strafrecht, Besonderer Teil, Delikte gegen die Person (Randbereich), Schwerpunkt: Gefährdungsdelikte, LH 2, Bielefeld 1983.
Arzt/Weber, LH 3	Gunther Arzt/Ulrich Weber, Strafrecht, Besonderer Teil, Vermögensdelikte (Kernbereich), LH 3, 2. Auflage, Bielefeld 1986.
Arzt/Weber, LH 4	Gunther Arzt/Ulrich Weber, Strafrecht, Besonderer Teil, Wirtschaftsstraftaten, Vermögensdelikte (Randbereich), Fälschungsdelikte, LH 4, 2. Auflage, Bielefeld 1989.
Arzt/Weber, LH 5	Gunther Arzt/Ulrich Weber, Strafrecht, Besonderer Teil, Delikte gegen den Staat, gegen Amtsträger und durch Amtsträger, LH 5, Bielefeld 1982.
Baumann/Arzt/Weber	Strafrechtsfälle und Lösungen, 6. Auflage, Bielefeld 1986.
Baumann/Weber/Mitsch	Jürgen Baumann/Ulrich Weber/Wolfgang Mitsch, Strafrecht, Allgemeiner Teil, 11. Auflage, Bielefeld 2003.
BSK	Basler Kommentar zum Strafgesetzbuch, herausgegeben von Niggli und Wiprächtiger, 3. Auflage, Basel 2013.
Dölling/Duttge/Rössner	Dieter Dölling/Gunnar Duttge/Dieter Rössner, Gesamtes Strafrecht, Handkommentar, 3. Aufl., Baden-Baden 2013.
Eisele, BT I	Jörg Eisele, Strafrecht – Besonderer Teil I, Straftaten gegen die Person und die Allgemeinheit, 3. Aufl., Stuttgart 2014.
Eisele, BT II	Jörg Eisele, Strafrecht – Besonderer Teil II, Eigentumsdelikte, Vermögensdelikte und Urkundendelikte, 2. Aufl., Stuttgart 2012.
Eisenberg, Kriminologie	Ulrich Eisenberg, Kriminologie, 6. Auflage, München 2005.
Fischer	Thomas Fischer, Strafgesetzbuch, 61. Auflage, München 2014.
Gössel/Dölling, BT 1	Karl-Heinz Gössel/Dieter Dölling, Strafrecht Besonderer Teil, Band 1, Straftaten gegen Persönlichkeits- und Gemeinschaftswerte, 2. Auflage Heidelberg 2004.
Gössel, BT 2	Karl-Heinz Gössel, Strafrecht Besonderer Teil, Band 2, Straftaten gegen materielle Rechtsgüter des Individuums, Heidelberg 1996.
Haft/Hilgendorf, BT I	Fritjof Haft/Eric Hilgendorf, Strafrecht Besonderer Teil I, Vermögensdelikte, 9. Auflage, München 2009.
Haft, BT II	Fritjof Haft, Strafrecht Besonderer Teil II, Delikte gegen die Person und die Allgemeinheit, 8. Auflage, München 2005.

Literaturverzeichnis

Heinrich, AT	Bernd Heinrich, Strafrecht Allgemeiner Teil, 4. Aufl., Stuttgart 2014.
v. Heintschel-Heinegg	Bernd v. Heintschel-Heinegg, Strafgesetzbuch. Kommentar, München 2010.
Hilgendorf/Valerius	Eric Hilgendorf/Brian Valerius, Computer- und Internetstrafrecht. Ein Grundriss, 2. Aufl., 2012.
Hillenkamp, BT	Thomas Hillenkamp, 40 Probleme aus dem Strafrecht, Besonderer Teil, 12. Auflage, Frankfurt/Main 2013.
Jescheck/Weigend	Hans-Heinrich Jescheck und Thomas Weigend, Lehrbuch des Strafrechts, Allgemeiner Teil, 5. Auflage, Berlin 1996.
Kindhäuser, LPK	Urs Kindhäuser, Lehr- und Praxiskommentar zum Strafgesetzbuch, 6. Aufl., Baden-Baden 2014.
Kindhäuser, BT 1	Urs Kindhäuser, Strafrecht, Besonderer Teil 1, Delikte gegen Persönlichkeitsrechte, Staat und Gesellschaft, 6. Auflage Baden-Baden 2014.
Kindhäuser, BT 2	Urs Kindhäuser, Strafrecht, Besonderer Teil 2, Delikte gegen Vermögensrechte, 8. Auflage Baden-Baden 2014
Krey/Hellmann/ M. Heinrich, BT 1	Volker Krey/Uwe Hellmann/Manfred Heinrich, Strafrecht, Besonderer Teil, Band 1, Besonderer Teil ohne Vermögensdelikte, 15. Auflage, Stuttgart 2012.
Krey/Hellmann/ M. Heinrich, BT 2	Volker Krey/Uwe Hellmann/Manfred Heinrich, Strafrecht, Besonderer Teil, Band 2, Vermögensdelikte, 16. Auflage, Stuttgart 2012.
Küper, BT	Wilfried Küper, Strafrecht, Besonderer Teil, Definitionen und Erläuterungen, 8. Auflage, Heidelberg 2012.
Küpper, BT 1	Georg Küpper, Strafrecht, Besonderer Teil 1, Delikte gegen Rechtsgüter der Person und Gemeinschaft, 3. Auflage Berlin-Heidelberg-New York 2006.
Lackner/Kühl	Karl Lackner und Kristian Kühl, Strafgesetzbuch mit Erläuterungen, 28. Auflage, München 2014.
LK	Strafgesetzbuch (Leipziger Kommentar, herausgegeben von Laufhütte, Rissing-van Saan und Tiedemann), 12. Auflage, Berlin 2006 ff., 11. Auflage, Berlin, New York 1992 ff.
Matt/Renzikowski	Holger Matt/Joachim Renzikowsi, Strafgesetzbuch, Kommentar, München 2013
Maurach/Schroeder/ Maiwald, BT 1	Maurach/Schroeder/Maiwald, Strafrecht, Besonderer Teil, Teilband 1, 10. Auflage, Heidelberg 2009.
Maurach/Schroeder/ Maiwald, BT 2	Maurach/Schroeder/Maiwald, Strafrecht, Besonderer Teil, Teilband 2, 10. Auflage, Heidelberg 2012.
Mitsch, BT 2/1	Wolfgang Mitsch, Strafrecht, Besonderer Teil 2, Vermögensdelikte (Kernbereich), Teilband 1, 2. Auflage, Berlin-Heidelberg-New York 2003.
Mitsch, BT 2/2	Wolfgang Mitsch, Strafrecht, Besonderer Teil 2, Vermögensdelikte (Randbereich), Teilband 2, Berlin-Heidelberg-New York 2001.
MüKo	Münchener Kommentar Strafgesetzbuch, Hrsg. von Wolfgang Joecks und Klaus Miebach, 1. Aufl., München 2003 ff.; 2. Aufl. München 2011 ff.

Literaturverzeichnis

NK	Nomos-Kommentar zum Strafgesetzbuch, Gesamtredaktion: Urs Kindhäuser, Ulfried Neumann und Hans-Ullrich Paeffgen, 4. Auflage, Baden-Baden 2013.
Otto, BT	Harro Otto, Grundkurs Strafrecht, Die einzelnen Delikte, 7. Auflage, Berlin-New York 2005.
Rengier, BT 1	Rudolf Rengier, Strafrecht, Besonderer Teil I, Vermögensdelikte, 16. Auflage, München 2014.
Rengier, BT 2	Rudolf Rengier, Strafrecht, Besonderer Teil II, Delikte gegen die Person und Allgemeinheit, 15. Auflage, München 2014.
Roxin, Täterschaft	Claus Roxin, Täterschaft und Tatherrschaft, 8. Auflage, Berlin 2006.
Schmidt/Priebe, BT 2	Rolf Schmidt und Klaus Priebe, Strafrecht – Besonderer Teil II, Straftaten gegen das Vermögen, 13. u. 14. Auflage, Grasberg bei Bremen 2014 u. 2015.
Schwind, Kriminologie	Hans-Dieter Schwind, Kriminologie, eine praxisorientierte Einführung mit Beispielen, 22. Auflage, Heidelberg 2013.
SK	Systematischer Kommentar zum Strafgesetzbuch, Band II, Besonderer Teil, bearbeitet von Rudolphi, Horn, Samson, Günther und Hoyer, 7./8. Auflage, Neuwied, Stand: 144. Lfg. Stand 10/2014.
S/S	Schönke/Schröder, Strafgesetzbuch, Kommentar (bearbeitet von Cramer, Eisele, Eser, Heine, Lenckner, Perron, Sternberg-Lieben, Stree), 29. Auflage, München 2014.
SSW	Helmut Satzger/Wilhelm Schluckebier/Gunter Widmaier, StPO Strafprozessordnung, Köln 2014
Welzel, LB	Hans Welzel, Das Deutsche Strafrecht, 11. Auflage, Berlin 1969.
Wessels/Hettinger, BT 1	Johannes Wessels und Michael Hettinger, Strafrecht, Besonderer Teil 1, Straftaten gegen Persönlichkeits- und Gemeinschaftswerte, 38. Auflage, Heidelberg 2014.
Wessels/Hillenkamp, BT 2	Johannes Wessels und Thomas Hillenkamp, Strafrecht, Besonderer Teil 2, Straftaten gegen Vermögenswerte, 37. Auflage, Heidelberg 2014.

Teil I: Einführung; Delikte gegen die Person

§ 1 Einführung in den Besonderen Teil

Literaturhinweise: *Amelung,* Rechtsgüterschutz und Schutz der Gesellschaft, 1972; *Arzt,* Der Einfluss von Beweisschwierigkeiten auf das materielle Strafrecht, in: Vereinigung Öst. Richter (Hrsg.), Strafrechtliche Probleme der Gegenwart, Bd. 8, Ottenstein 1981, S. 77; *ders.,* Das missglückte Strafgesetz, in: Diederichsen/Dreier (Hrsg.), Das missglückte Gesetz, 1997, S. 17; *ders.,* Beweisnot als Motor materiell-rechtlicher Innovation, in: BGH, FG Bd. IV, 2000, S. 755; *Baumann,* Kleine Streitschriften zur Strafrechtsreform, 1965; *Engisch,* Die Idee der Konkretisierung, 2. Aufl. 1968; *Fincke,* Zum Verhältnis des Allgemeinen zum Besonderen Teil des Strafrechts, 1975; *Hassemer,* Theorie und Soziologie des Verbrechens – Ansätze einer praxisorientierten Rechtsgutslehre, 1973; *ders.,* Strafrechtsdogmatik und Kriminalpolitik, 1974; *Hefendehl,* Die Rechtsgutstheorie: Legitimationsbasis des Strafrechts oder dogmatisches Glasperlenspiel?, 2003; *Hilgendorf,* Tatsachenaussagen und Werturteile im Strafrecht; 1998; *ders.,* Punitivität und Rechtsgutslehre: Skeptische Anmerkungen zu einigen Leitbegriffen der heutigen Strafrechtstheorie, in: Neue Kriminalpolitik, Bd. 22 (2010), S. 125; *ders.,* Kulturelle Pluralisierung und Gerichtsverfahren: Anforderungen an eine interkulturell aufgeklärte Justiz…, Heinz-FS 2012, S. 857; *ders.,* Humanismus und Recht – Humanistisches Recht? Eine erste Orientierung, in: Groschopp (Hrsg.), Humanismus und Humanisierung, 2014, S. 36; *Hilgendorf/Frank/Valerius,* Die deutsche Strafrechtsentwicklung 1975–2000, in: Vormbaum/Welp (Hrsg.), Das Strafgesetzbuch, Bd. 1, Suppl. 1, Berlin 2004, S. 258; *Hillenkamp,* Beweisnot und materielles Recht, Wassermann-FS 1985, S. 861; *ders.,* Beweisprobleme im Wirtschaftsstrafrecht, in: Recht und Wirtschaft (Ringvorlesung Osnabrück) 1985, S. 221; *Hörnle,* Grob anstössiges Verhalten. Strafrechtlicher Schutz von Moral, Gefühlen und Tabus, 2004; *dies.,* Straftheorien, 2011; *Horn,* Konkrete Gefährdungsdelikte, 1973; *Armin Kaufmann,* Tatbestandsmäßigkeit und Verursachung im Contergan-Verfahren, JZ 1971, 569; *Klug,* Rechtsphilosophische und rechtspolitische Probleme des Sexualstrafrechts, in: Fritz Bauer u. a. (Hrsg.), Sexualität und Verbrechen, 1963, S. 31 ff.; *Kubiciel,* Die Wissenschaft vom Besonderen Teil des Strafrechts. Ihre Aufgaben, ihre Methoden, 2013; *Kühl,* Zwei Aufgaben für ein modernes Naturrecht, in: Marcic-GS 1983, S. 817; *Lüderssen,* Die strafrechtsgestaltende Kraft des Beweisrechts, ZStW 85 (1973), 288; *Maihofer,* Rechtsstaat und menschliche Würde, 1968; *Marx,* Zur Definition des Begriffs „Rechtsgut", 1972; *Naucke,* Tendenzen in der Strafrechtsentwicklung, 1975; *Peters,* In welcher Weise empfiehlt es sich, die Grenzen strafrichterlichen Ermessens im künftigen Strafgesetzbuch zu regeln (Ermessensfreiheit oder gesetzliche Bindung des Richters bei der Verhängung der Strafe und sonstiger Unrechtsfolgen)?, Gutachten 41. DJT 1955, Verhandlungen Bd. I/2, S. 1 ff.; *ders.,* Die strafrechtsgestaltende Kraft des Strafprozesses, 1963; *Rudolphi,* Die verschiedenen Aspekte des Rechtsgutsbegriffs, Honig-FS 1970, S. 152; *Schröder,* Gesetzliche und richterliche Strafzumessung, Mezger-FS 1954, S. 415; *Schmidhäuser,* Vom Sinn der Strafe, 2. Aufl. 1971, neu hrsg. von Hilgendorf, 2004/2007; *Stratenwerth,* Zum Begriff des „Rechtsgutes", Lenckner-FS 1998, S. 377; *Tiedemann,* Die Fortentwicklung der Methoden und Mittel des Strafrechts (Deutscher Landesbericht, Budapest 1974), ZStW 86 (1974), 303; *ders.,* Zum Verhältnis von Allgemeinem und Besonderem Teil des Strafrechts, Baumann-FS 1992, S. 7; *Vest,* Zur Beweisfunktion des materiellen Strafrechts im Bereich des objektiven und subjektiven Tatbestandes, ZStW 103 (1991), 584; *Volk,* Prozessvoraussetzungen im Strafrecht. Zum Verhältnis von materiellem Recht und Prozessrecht, 1978; *ders.*, Wahrheit und materielles Recht im Strafprozess, 1980; *Wagner*, Richter ohne Gesetz. Islamische Paralleljustiz gefährdet unseren Rechtsstaat, 2011; *Weigend*, Bewältigung von Beweisschwierigkeiten durch Ausdehnung des materiellen Strafrechts?, Triffterer-FS 1996, S. 695.

Übersicht

	Rn.
I. Rechtsgüterschutz (Sicherheit) als Aufgabe des Staates und des Strafrechts	1
1. Sicherheit als Basiswert	1
2. Der BT als Beschreibung von Angriffen auf Rechtsgüter (Rechtsgüterschutz)	2
3. Rechtsgüter als Resultate von Güterabwägungen	3
4. Beschränkung des BT auf wichtige Rechtsgüter	10
5. BT, Bestimmtheitsgrundsatz und Grenzmoral	13
II. BT und AT	14
1. Für Teile des BT gemeinsame Merkmale	14
2. Vorrang des BT gegenüber dem AT	15
3. Rechtsfolgen und Rechtsvoraussetzungen	17
III. BT und Prozessrecht	20
1. In dubio pro reo, Verdachtsstrafen und symbolische Tatbestände	20
2. Reduktion des materiellen Strafrechts im Verfahren (Opportunitätsprinzip, plea bargaining)	22
3. Unerwünschte und erwünschte Dunkelfelder	24
IV. Systematisierung des BT nach Rechtsgütern	26
1. Rechtsgüter der Allgemeinheit bzw. des Individuums	26
2. Personwerte bzw. Sachwerte als Rechtsgüter des Individuums	28
3. Fernwirkungen von Rechtsgutsbeeinträchtigungen, Viktimologie und Dogmatik	30
4. Unterschiedliche Präventionsstrategien im BT; qualifizierte und privilegierende Tatbestandsmerkmale; Strafzumessung	33

I. Rechtsgüterschutz (Sicherheit) als Aufgabe des Staates und des Strafrechts

1. Sicherheit als Basiswert

1 „Wer Recht durchzusetzen vermag, beweist damit, dass er Recht zu setzen berufen ist. Umgekehrt: wer nicht Macht genug hat, einen jeden im Volke gegen den andern zu schützen, hat auch nicht das Recht, ihm zu befehlen"[1].

---

[1] *Gustav Radbruch*, der sich als Rechtsphilosoph, Strafrechtler und sozialdemokratischer Politiker u. a. als Reichsjustizminister in der Weimarer Republik um die deutsche Strafrechtsreform bemüht hat, gibt in dieser Form eine Äußerung von *Kant* wieder, *Radbruch*, Rechtsphilosophie, 8. Aufl. 1973, § 10, 3.

Zu der im vorstehenden Zitat angedeuteten prioritären Aufgabe des Staates (auch und gerade eines den Werten der Aufklärung und der Humanität[2] verpflichteten Rechtsstaates), für Sicherheit seiner Bürger zu sorgen, gehört die Verbrechensbekämpfung. Rechtsstaatliche Grundsätze sind Teil der Sicherheit, denn der Bürger will nicht nur Schutz gegen Verbrecher, sondern auch Schutz gegen staatliche Willkür, also Bindung der Staatsmacht an das Recht. Trotzdem geht ein Teil des Schrifttums von einer antinomischen Spannung zwischen Sicherheit und Rechtsstaat aus. Daran ist richtig, dass viele rechtsstaatliche Detailfortschritte bei der Verbrechensbekämpfung einen Effizienzrückschritt bewirken. Da sich die Ansprüche an den Rechtsstaat ziehharmonikaartig ausdehnen lassen (man denke nur an mehrere Tatsacheninstanzen auch bei Schwerkriminalität – statt jetzt nur einer Instanz – oder an die rechtspolitisch aktuellen und aufgrund des NSA-Abhörskandals auch in die öffentliche Diskussion gelangten Themen der Grenzen des Einsatzes von Abhörmaßnahmen, Computerdurchsuchungen via Internet etc.), müssen solche rechtsstaatlichen Gewinne mit Effizienz- und Sicherheitsverlusten bilanziert werden. Das Eingangszitat ist als Mahnung gedacht, von der linksliberalen Tradition nicht abzuweichen und den Rechtsstaat auch künftig nicht von seinem Zusammenhang mit dem Sicherheitsbedürfnis der Bevölkerung abzukoppeln. Schon heute befremdet die Selbstgefälligkeit, mit der gelegentlich periphere rechtsstaatliche Fortschritte als unabänderliche Gebote der Menschenrechte oder des Art. 20 GG ausgegeben und damit der Entscheidungsfreiheit des demokratischen Gesetzgebers entzogen werden. Man denke als Beispiel an das neue Grundrecht auf Gewährleistung der Vertraulichkeit und Integrität informationstechnischer Systeme[3]. Ineffiziente staatliche Verbrechensbekämpfung begünstigt die Tendenz zu einer **Privatisierung der Sicherheit,** eine Tendenz, die in ihren Risiken für den Rechtsstaat unterschätzt wird. Langfristig könnte diese Privatisierung zu einem dem Einkommensgefälle ungefähr parallelen Sicherheitsgefälle führen. Wenn es für einen Geschäftsinhaber mehr Sinn macht, sich durch Schutzgeldzahlung an die Verbrechensorganisation M die mit M konkurrierenden anderen Verbrechenssyndikate A + B vom Leib zu halten, als auf Polizeischutz gegen A, B und M zu vertrauen, hat der Staat die moralische Legitimation verloren, von diesem Geschäftsinhaber Steuern zu verlangen[4].

2. Der BT als Beschreibung von Angriffen auf Rechtsgüter (Rechtsgüterschutz)

Die Frage nach der Aufgabe des Strafrechts gehört traditionellerweise an den Anfang der Darstellungen des AT. Es versteht sich, dass mit der

---

2 *Hilgendorf,* Humanismus und Recht …, a. a. O. S. 36 ff.
3 BVerfGE 120, 274; vgl. auch das Grundrecht auf informationelle Selbstbestimmung, BVerfGE 65, 1.
4 Zusammenfassend zur Privatisierung der Sicherheit *Arzt,* in: Wiegand (Hrsg.), Rechtliche Probleme der Privatisierung, 1998, S. 313 ff.

dort gegebenen Antwort zugleich die Frage nach der **Aufgabe des BT** beantwortet ist. Dem Strafrecht geht es um den **Rechtsgüterschutz**, ohne dass hier auf die im AT zu erörternde Problematik der Straftheorien[5] näher eingegangen werden kann. Im BT, also in den §§ 80 ff. StGB, und im **Nebenstrafrecht** werden Verhaltensweisen beschrieben, die Rechtsgüter verletzen oder gefährden und die deshalb bei Strafe verboten sind.

> **Beispiele:** Der BT beschreibt Brandstiftung, Diebstahl, Mord und Totschlag. Das Nebenstrafrecht beschreibt Waffenbesitz (im WaffG), Schmuggel (in der AO) und Rauschgifthandel (im BtMG).

Der BT enthält also Straftatbestände (der Brandstiftung, des Diebstahls usw.).

3. Rechtsgüter als Resultate von Güterabwägungen

3   Mitunter liegt es auf der Hand, welches Rechtsgut durch einen Straftatbestand geschützt wird. So wird das Eigentum durch den Tatbestand des Diebstahls, das Leben durch den Tatbestand des Mordes geschützt. Mitunter macht die Herausstellung des Rechtsgutes Schwierigkeiten. Lohnend ist die Aufgabe vor allem deshalb, weil das geschützte Rechtsgut für die Interpretation des Tatbestandes wichtige Aufschlüsse geben kann[6].

> **Beispiel:** Rechtsgut der Urkundenfälschung, § 267, ist die Sicherheit des Rechtsverkehrs. Von diesem Rechtsgut her ist die Frage zu beantworten, ob der Aussteller einer Urkunde seine eigene Urkunde verfälschen kann (ja, wenn ein anderer Anspruch auf Unversehrtheit hat[7]).

4   Natürlich können die Meinungen, ob etwas überhaupt des Schutzes wert ist, auseinandergehen. Noch schwieriger ist die **Frage** zu beantworten, wie **stark** etwas, das an sich wertvoll ist, **geschützt werden muss**. Im AT wird der Problemkreis „warum überhaupt Verbrechen und Strafe?" meist unter dem Stichwort der **Straftheorien** abgehandelt. Unter dem Eindruck neuer Erkenntnisse und neuer Thesen aus anderen Wissensbereichen ist die alte Frage nach dem Sinn des Strafens aktueller denn je, die Antwort fragwürdiger denn je. Auf den BT schlägt dieser Streit jedenfalls dann durch, wenn es um das kommende Recht, die lex ferenda geht. Die Anerkennung als Rechtsgut und – als nächster Schritt – die Notwendigkeit gerade strafrechtlichen Schutzes ist oft im Streit[8]. Vom Schwangerschaftsabbruch über den Beischlaf zwischen Verwandten[9] bis zur Kriminalisierung bestimmter Verhaltensweisen im Straßenverkehr reichen die Beispiele heute. Aus jüngerer Vergangenheit ist an die Auseinandersetzung um die Restriktion des politischen Strafrechts (8. StrÄndG 1968) und des Sexual-

---

5   *Hörnle*, Straftheorien, 2011.
6   *S/S/Lenckner* u. a., § 1 Rn. 48.
7   Näher § 31 Rn. 32.
8   Kritik an der Tendenz zur zunehmenden Strafrechtsausweitung üben *Hilgendorf/Frank/Valerius*, in: Vormbaum/Welp (Hrsg.), Die deutsche Strafrechtsentwicklung 1975–2000, S. 374 f.
9   BVerfG, NJW 2008, 1137.

strafrechts zu erinnern (4. StrRG von 1973). Spätestens seit 1997 geht es wieder um Strafrechtsausdehnung und Strafrechtsverschärfung[10]. – Es empfiehlt sich, vor dem Einstieg in den BT aus dem AT die Problematik des Rechtsgutsbegriffs nachzuarbeiten. In der Beschreibung der Aufgabe des Strafrechts als Rechtsgüterschutz ist man sich heute weitgehend einig, auch in der darin liegenden Absage an einen Einsatz des Strafrechts zum Schutz der Sittenordnung[11].

Nicht zweifelhaft ist, dass um die Anerkennung als „Gut" mit rationalen Argumenten gerungen werden sollte, ebenso, wenn es um die Notwendigkeit gerade des strafrechtlichen Schutzes geht. Das Gefühl der Mehrheit, etwas sollte (weiter) strafbar sein, genügt normalerweise nicht, um einen Straftatbestand zu rechtfertigen. Sonst wäre man rasch beim Zirkelschluss: Strafbar, weil unser Gefühl, solches Verhalten müsse verboten sein, Schutz verdient. – Diese Überlegung hat insbesondere bei der Reform des Sexualstrafrechts eine große Rolle gespielt, weil dort Straftatbestände wie z. B. § 175 a. F. (Homosexualität) vielfach emotional verteidigt worden sind. 5

Alle Versuche, sich den Rechtsgutsbegriff wie eine Waffe zurechtzuschmieden, um mit seiner Hilfe rechtspolitische Vorstellungen durchzusetzen, sind jedoch als gescheitert anzusehen. Das liegt zunächst daran, dass sich ein „Gut" erst mithilfe vielfältiger „Güterabwägungen" herauskristallisiert, wobei es auf Selbst- oder Fremdtäuschung beruht, wenn bei jeder dieser Abwägungen die Präferenz als rational begründbar ausgegeben wird. Dazu wissen wir über die naturwissenschaftlichen und sozialen Zusammenhänge zu wenig! So macht beispielsweise das neu entdeckte **Rechtsgut „Umwelt"** vielfältige Abwägungen erforderlich, wenn man die Allgemeinheiten und Banalitäten verlässt. Auch Konsum gehört zur „Lebensqualität". Was im Strafrecht zum „Rechtsgut" wird, entscheidet letztlich der Gesetzgeber. Der Rechtsgutsbegriff taugt deshalb nicht als Mittel zur Einschränkung des Strafrechts[12].

Schon 1972 spricht *Amelung*[13] von der „verbreiteten Hilflosigkeit bei der Handhabung des Rechtsgutsbegriffs"; 1980 heißt es bei *Roxin*[14]: „Man kann also sagen, dass das Problem, welche Verhaltensweisen ein legitimer Gegenstand der Strafgesetzgebung sein dürfen, bis heute wissenschaftlich ungeklärt ist". – 1998 ist nach *Stratenwerth*[15] das Problem eines Begriffs des Rechtsgutes, „der auf alle Deliktstatbestände passt und trotzdem noch etwas aussagt, ... nicht ‚weiterhin' ungeklärt (*Roxin*), sondern gar nicht lösbar"[16].

---

10 Zum Sexualstrafrecht vgl. 33. StrÄndG 1997 und 6. StrRG 1998.
11 Vgl. nur *Baumann*, in: Streitschriften, a. a. O. S. 14 ff., 198 ff.; *Baumann/Weber/Mitsch*, § 3 Rn. 4 ff.
12 *Hilgendorf*, NK 2010, 125 (128 ff.).
13 *Amelung*, Rechtsgüterschutz, a. a. O. S. 305.
14 *Roxin*, JA 1980, 545 (546); vgl. auch *Roxin*, AT 1, § 2 Rn. 2 ff.
15 *Stratenwerth*, Lenckner-FS 1998, S. 377 (388).
16 Näher zur Diskussion um den Rechtsgutsbegriff *Hefendehl*, Rechtsgutstheorie, 2003.

6 Dass der Rechtsgutsbegriff keine eindeutigen Ergebnisse liefert, liegt weiter daran, dass das Strafrecht vielfach nicht als Eingriff in die Freiheit, nicht als Freiheitsbeschränkung verstanden werden kann, sondern dass das **Strafrecht Freiheit verteilt.** Das Schlagwort **in dubio pro libertate**[17] erweckt den Anschein, man könne mit der Verminderung des Strafrechts den Freiheitsraum vermehren. Bei vielen Straftatbeständen bleibt jedoch die Freiheit – als Summe der Freiheit von Täter und Opfer – konstant, wo immer man die Grenze zieht. Was man bei der Nötigung (§ 240) dem Täter mehr an Freiheit gibt, bedeutet ein Mehr an Pression und damit Unfreiheit für das Opfer[18]. Was man der Schwangeren an Freiheit zum Schwangerschaftsabbruch gibt, geht auf Kosten der Frucht. Das schließt selbstverständlich nicht aus, dass die Reduktion des Strafrechts den Preis, der dafür (von den potenziellen Opfern) zu zahlen ist, wert sein kann; aber gratis ist die Reduktion nicht zu haben.

7 Dass die Frage, ob ein bestimmtes Verhalten pönalisiert werden oder pönalisiert bleiben soll, nicht mithilfe eines allgemeingültigen Rechtsgutsbegriffs entschieden werden kann, liegt schließlich an dem Gedanken des **Gefährdungsdelikts.** Die Rechtsgemeinschaft kann nämlich nicht nur Handlungen unterdrücken, die Rechtsgüter verletzen, sondern auch solche, die Rechtsgüter gefährden. Sogar solche Handlungen, von denen wir beim jetzigen Stand unseres Wissens nicht sagen können, ob sie Rechtsgüter gefährden, können verboten werden. Wir können sogar etwas mithilfe des Strafrechts schützen, von dem wir nach dem jetzigen Stand unseres Wissens nicht sagen können, ob es wertvoll ist. Es kann keine Rede davon sein, dass der Staat beweisen muss, dass das strafbare Verhalten wirklich schädlich und das geschützte Gut wirklich wertvoll ist[19]. Deshalb führt der Satz in dubio pro libertate bisweilen in die Irre.

Beispiel: Natürlich kann der Verkauf eines Schlafmittels wie **Contergan** verboten werden, auch wenn der Nachweis, dass es Missbildungen verursacht, nicht erbracht werden kann. – Im Interesse eines wirksamen Schutzes der Umwelt kann der Staat so weit gehen, dass z. B. das Einbringen von Stoffen in Flüsse oder die Verwendung von Insektiziden erst erlaubt werden, wenn deren Unschädlichkeit feststeht (also in dubio contra libertatem!). – Gegen das Verbot des Haschischkonsums[20] kann nicht eingewandt werden, die suchterzeugende Wirkung sei wissenschaftlich umstritten. – Niemand vermag derzeit zu sagen, bis zu welcher Altersgrenze man ein Kind vor sexuellen Einflüssen aus der Erwachsenenwelt schützen soll und von welchem Alter

---

17 Dazu bes. *Klug*, a. a. O. S. 31 ff.; *Maihofer*, a. a. O. S. 141; *Jäger*, Klug-FS, Bd. I, 1983, S. 83; *Kühl*, Marcic-GS 1983, S. 817; vgl. ferner Fn. 15.
18 Als Beispiele dienen der Fall der Durchsetzung einer berechtigten Forderung mithilfe eines „Schuldenbusses", u. § 9 Rn. 40 f., oder die Herausnahme der demonstrativen Lahmlegung des Straßenverkehrs aus dem Nötigungstatbestand.
19 Exemplarisch ist der Conterganfall, dazu § 5 Rn. 98. – Insbes. im Sexualstrafrecht ist vielfach dem Staat der Nachweis der Sozialschädlichkeit des kriminalisierten Verhaltens abverlangt worden; *Jäger*, Strafgesetzgebung und Rechtsgüterschutz bei Sittlichkeitsdelikten, 1957; vgl. auch *Zipf*, Kriminalpolitik, § 5 (bes. 1.3.). Zu dieser gegenläufigen Argumentation im Umweltschutz und Sexualstrafrecht näher *Jäger*, Klug-FS, Bd. I, 1983, S. 83 sowie hier § 10.
20 Anders, wenn die Harmlosigkeit nachgewiesen wäre, vgl. auch BVerfGE 90, 145 (Haschisch).

ab man die Jüngeren dem freien Spiel der Kräfte auf dem Markt der sexuellen Nachfrage und des sexuellen Angebots aussetzen sollte, doch diese Ungewissheit stellt kein durchschlagendes Argument gegen die einschlägigen Strafbestimmungen dar.

Die Warnung vor übertriebenen Erwartungen, die mit dem Rechtsgutsbegriff verbunden werden, und vor kurzschlüssigen Argumentationen mit in dubio pro libertate sollte nicht als Plädoyer für ein extensives Strafrecht missverstanden werden. Die Abwägung, aus der ein Konsens wächst im Sinne der Anerkennung eines Gutes als schützenswert und eines Verhaltens als so gefährlich, dass Repression mit Mitteln des Strafrechts nötig erscheint, macht ständige rational geführte Diskussion nötig.

Je diffuser das Rechtsgut wird, desto suspekter ist der betreffende Tatbestand. Als Beispiel aus neuerer Zeit frage man nach dem Rechtsgut der **Geldwäsche, § 261**. Gängig ist die Antwort, es gehe um eine Gefährdung der Rechtspflege. Wenn jedoch die Gefährdungsdelikte nicht völlig konturenlos werden sollen, ist zu fordern, dass die spezifische Gefährdung der Rechtspflege in etwa so beschreibbar ist, wie dies bei anderen Rechtspflegedelikten gelingt, z. B. bei der Falschaussage, §§ 153 ff.

Wenn man bei § 261 Varianten, die auf einer echten Gefährdung der Rechtspflege beruhen (insbesondere auf einer Bedrohung der staatlichen Verfallsansprüche), mit Varianten auf eine Stufe stellen muss, die eine völlig unbestimmte Gefahr für die Rechtspflege **fingieren**, stimmt an einem solchen Tatbestand etwas nicht.

Bei der Ausdehnung des Strafrechts (vorstehendes **Beispiel, § 261**) ist irrationalen Rechtsgutsargumenten entschieden entgegenzutreten. Hier ist auch der Ultima-Ratio-Grundsatz zu wahren: Setzt der Gesetzgeber strafrechtliche Mittel ein, ohne sich vorher zu überzeugen, dass andere Möglichkeiten des Rechtsgüterschutzes nicht greifen, so verstößt er gegen das Ultima-Ratio-Prinzip und zieht den Vorwurf einer punitiven Gesetzgebung auf sich[21]. Bei der **Einschränkung** des Strafrechts können sich irrationale Argumente, mit denen ein schützenswertes Gut verneint wird, als Scheinbegründungen erweisen, die jedoch rechtspolitisch erträglich oder sogar wünschenswert sind. Weil das Strafrecht exemplarisch-lückenhaft ist, kann es Lücken auch dann verkraften, wenn sie auf falscher Begründung beruhen. So ist die Einschränkung des Sexualstrafrechts im Ergebnis zu billigen, obwohl das Argument in dubio pro libertate in unschlüssig-irrationaler Weise gebraucht worden ist[22]. Bei der Einschränkung des Strafrechts ist außerdem zu berücksichtigen, dass es nicht möglich ist, unter Berufung auf vorgegebene Rechtsgüter die staatliche Strafgewalt zu beschränken. Denn der Gesetzgeber findet Rechtsgüter nicht vor, sondern schafft sie durch seine Rechtsetzungsakte erst[23]. Gegen eine strafbarkeits-

---

21 *Hilgendorf*, NK 2010, 125 (127); näher zum Ultima-Ratio-Prinzip u. Rn. 12.
22 Dazu u. § 10 Rn. 6 f.
23 *Hilgendorf*, NK 2010, 125 (130).

begrenzende Funktion der strafrechtlichen Rechtsgutslehre hat sich nun auch das *BVerfG, NJW 2008, 1137 (1138)* ausgesprochen.

9 Als praktisch **wichtigste Konsequenz des Rechtsgutsbegriffs** bleibt die Ablehnung einer emotional begründeten Strafdrohung, die in den **Zirkel** mündet, **dass bestraft wird, weil die Mehrheit meint, es solle bestraft werden.** Diese Form des Gefühlsschutzes kann Straftatbestände nicht legitimieren. – Diese Fälle sind scharf zu trennen vom Schutz vor aufgezwungenen Eindrücken, der prinzipiell legitim ist.

Beispiel für Schutz vor aufgezwungenen Eindrücken („Ärgernis"): X entblößt sich im Eisenbahnabteil vor den Mitreisenden, vgl. § 183, belästigender Exhibitionismus; im Altstadtgebiet mit historischer Giebelfassade will eine Kreissparkasse einen Flachdachneubau aus Beton und Glas errichten (baurechtlich meist – leider nicht immer – verboten, wenn auch nicht strafbar).

Beispiel für bloßen Gefühlsschutz: Wenn (vor der Neufassung des § 184) das Verbot pornografischer Schriften damit begründet wird, dass der sittlich streng denkende Herr X Anstoß nimmt, dass man bei Herrn T solche Bücher kaufen kann (kein Zwang für X!). – Zur heftig umstrittenen Frage, ob das Verbot **anders** schlüssig begründet werden könnte vgl. § 10 Rn. 27.

Ob das Gefühl, ein bestimmtes Verhalten solle verboten werden, **ausnahmsweise** einen Straftatbestand dann rechtfertigen kann, wenn das Verbot niemanden ernstlich belastet, ist zweifelhaft, aber zu bejahen.

Beispiel: Wenn man bei der Tierquälerei auf den Schmerz des Tieres als Rechtsgut abstellt und festgestellt wird, dass bestimmte Tiere keinen Schmerz empfinden, bleibt als Rechtsgut eines etwaigen Verbots (§ 17 TierSchG) nur das Gefühl bei den meisten Menschen, dass es trotzdem verboten sein sollte, lebenden Fröschen die Schenkel auszureißen oder abzutrennen, § 6 I TierSchG. – Das Verbot ließe sich noch anders begründen (sittliche Verantwortung für das Tier als Mit-Kreatur), doch damit bei den Fröschen anzufangen, ist angesichts der modernen Tierhaltung wenig überzeugend.

4. Beschränkung des BT auf wichtige Rechtsgüter

10 Einigkeit besteht darüber, dass das Strafrecht **nur als Ultima Ratio** zum Rechtsgüterschutz eingesetzt werden soll. Das ist ebenso wichtig wie die Überlegung, dass die Strafe eine schneidige (und verletzende) Waffe ist, von der möglichst sparsam Gebrauch gemacht werden sollte. Vor einer **Überschätzung der Bedeutung des Strafrechts** ist jedoch zu warnen. Vielleicht blicken wir zu sehr auf die Zustände in den Strafvollzugsanstalten und zu wenig auf die Altersheime, Krankenhäuser und Unterkünfte für Asylbewerber; Orte, an denen die humanitären Grundsätze unserer Rechtsordnung nur zu oft verletzt werden. Das Strafrecht darf nicht zum Magneten werden, der die Kräfte der Reform an sich zieht und zugleich von anderen Aufgaben abzieht. Diese Gefahr ist wegen der Möglichkeit, strafrechtliche Themen zu popularisieren, stets gegeben. Andere wichtige Themen sind oft genug zu schwierig, um Gegenstand populärer Reformforderungen zu werden. Der Einzelne kann von einem Staat, der Berufsli-

zenzen oder Studienplätze vergibt und entzieht, genauso wirksam am Gängelband gehalten werden wie mithilfe eines extensiven Strafrechts[24]. Die Entscheidungen des BVerfG[25], die unter Berufung auf Art. 12 GG das System der „Bedürfnisprüfung" bei der Zulassung zu bestimmten Berufen beseitigt oder drastisch reduziert haben, dürften für unsere Rechtsordnung befreiender gewirkt haben als die zahlreichen Reformgesetze, die in den 60er- und 70er-Jahren zur Einschränkung des Strafrechts erlassen worden sind.

Das Strafrecht gehört letztlich zum Bereich der staatlichen **Eingriffsverwaltung.** Es nimmt deshalb an der abnehmenden Bedeutung dieses Bereichs teil. Das Schwergewicht des staatlichen Handelns hat sich auf die **Leistungsverwaltung** verlagert[26]. Für das Strafrecht ist längerfristig mit einer Entwicklung hin zu einem „Hilferecht" zu rechnen, die sich im Jugend(straf)recht andeutet. Die Bedeutung des **Strafvollzugsrechts** hat in den letzten Jahren zugenommen. Nach langem Bemühen (vgl. nur AE eines StVollzG 1973) ist diese Materie seit 1976 gesetzlich geregelt im StVollzG. Die Verlagerung des Akzents von der Eingriffs- zur Leistungsverwaltung birgt die Gefahr eines neuen Etikettenschwindels in sich: Strafe nicht als Eingriff, sondern als Hilfe (zur Eingliederung in die Gesellschaft)[27]. Das führt u. a. zur Privilegierung gesellschaftlich erfolgreicher Straftäter: Da der in die Gesellschaft eingegliederte Straftäter solche „Hilfe" nicht benötigt, verdient er Umgehung der Strafe = **Diversion.** 11

Trotz dieser Abschwächung der Bedeutung des Strafrechts trifft es immer noch zu, dass die Strafe eine harte Sanktion ist und deshalb das Strafrecht **Ultima Ratio** bleiben sollte. Da Rechtsgüter auch vom Zivilrecht und dem öffentlichen Recht geschützt werden, kann und soll das Strafrecht auch wichtige Rechtsgüter, z. B. das Persönlichkeitsrecht oder das Vermögen, nicht gegen alle denkbaren Angriffe schützen. Das Strafrecht ist lückenhaft. Freilich darf die **fragmentarische Natur des Strafrechts**[28] nicht zum Alibi dafür werden, dass man das kleine Unrecht kriminalisiert und die Großen laufen lässt. 12

Beispiel: Bis zum 18. StrÄndG 1980 wurde vom StGB nicht erfasst, wer leichtsinnig Giftstoffe in den Rhein schüttet und so „beseitigt" und dabei den ganzen Strom mit Fauna und Flora vernichtet. Bei Vorsatz war zwar die Bestrafung wegen Fischwilderei möglich (§ 293, auch Zerstören fällt darunter), ein Tatbestand, der das Unrecht dieses Verhaltens jedoch nicht wiedergibt. – Vgl. jetzt §§ 324 ff. StGB[29].

---

24 Man denke ferner an die Möglichkeiten der Steuerbehörden!
25 BVerfGE 7, 377 (Apotheken); 11, 168 (Mietwagen); ferner BVerwGE 1, 48 (54) (Gaststätten).
26 Zu Eingriffs- und Leistungsverwaltung *Maurer*, Allg. Verwaltungsrecht, 18. Aufl. 2011, § 6 Rn. 16 ff.
27 Bei *Dürrenmatt*, Die Panne, findet sich die Freude über die Entdeckung, die Strafe verdient zu haben; näher *Arzt*, ZStrR 106 (1989), 1.
28 Das Wort geht auf Binding zurück, näher *Jescheck/Weigend*, § 7 II.
29 Die Schädigung des Rheins im Falle Schweizerhalle zeigt die dem Strafrecht gezogenen Grenzen; vgl. BGE 110 V 229.

Bis zum 4. StrRG 1973 war mit Strafe bedroht der „Beischlaf zwischen Verschwägerten", § 173 II a. F.; bis zum Inkrafttreten des EGStGB waren als Übertretung zahlreiche Lappalien im StGB mit Strafe bedroht, so § 367 Nr. 1 a. F. („wer ohne Vorwissen der Behörde einen Leichnam beerdigt").

5. BT, Bestimmtheitsgrundsatz und Grenzmoral

13 Wenn das Strafrecht Rechtsgüter schützt, kann man den exemplarischen (fragmentarischen) Charakter des Strafrechts schon darin sehen, dass sich die im BT aufgelisteten Straftatbestände auf wichtige Güter beschränken, so die vorstehende Rn. Durch die Beschreibung im BT werden die Voraussetzungen festgelegt, die erfüllt sein müssen, damit jemand wegen Brandstiftung, Diebstahls usw. bestraft werden kann, d. h. die Strafbarkeit wird „gesetzlich bestimmt", Art. 103 II GG, **Bestimmtheitsgrundsatz**. Das im Bestimmtheitsgebot des Art. 103 GG steckende **Analogieverbot** bedeutet, dass wertungsmäßig dem bestimmt umschriebenen Verhalten vergleichbare Rechtsgutsangriffe nicht bestraft werden können. Insofern ist das Strafrecht vom Gleichheitssatz des Art. 3 GG freigestellt[30]. Der Nationalsozialismus hat in dieser liberalen **Grenzmoral** eine Schwäche der Demokratie gesehen (und Analogie zugelassen)[31]. Obwohl es gerade in rechtspolitisch aktuellen Materien wie Steuer- und Wirtschaftskriminalität sowie Umweltstrafrecht nicht erwünscht sein kann, wenn der Bürger bis an die äußerste Grenze des gerade noch nicht verbotenen Verhaltens geht, ist der durch den Bestimmtheitsgrundsatz geschaffene fragmentarische Charakter der Straftatbestände heute kein Reizthema mehr. Das liegt auch daran, dass der Gesetzgeber gelernt hat, den Bestimmtheitsgrundsatz durch weit reichende Gefährdungstatbestände und generalklauselartige Tatbestandsmerkmale zu unterlaufen. Dass das BVerfG[32] in jüngerer Zeit bei der Auslegung von Tatbestandsmerkmalen unter Berufung auf den Bestimmtheitsgrundsatz auch dort mitredet, wo es nicht um Grundrechtsfragen geht, ist ein anderes Thema. Wer im Glashaus der extremen Unbestimmtheit des Verfassungsrechts sitzt, sollte beim Werfen mit Steinen auf unbestimmte strafrechtliche Tatbestände äußerst vorsichtig sein.

---

30 *Arzt*, Stree/Wessels-FS 1993, S. 49.
31 § 2 StGB a.F. erhielt durch das „Gesetz zur Änderung des Strafgesetzbuchs" vom 28. Juni 1935 folgende Fassung: „Bestraft wird, wer eine Tat begeht, die das Gesetz für strafbar erklärt oder die nach dem Grundgedanken eines Strafgesetzes und nach gesundem Volksempfinden Bestrafung verdient. Findet auf die Tat kein bestimmtes Strafgesetz unmittelbar Anwendung, so wird die Tat nach dem Gesetz bestraft, dessen Grundgedanke auf sie am besten zutrifft".
32 BVerfG, NJW 1995, 2776; deutliche und berechtigte Kritik dazu bei *Küper*, JuS 1996, 783 ff.; vgl. auch *Müller-Dietz*, Abschied vom Bestimmtheitsgrundsatz im Strafrecht?, Lenckner-FS 1998, S. 179; BVerfG, NJW 2010, 3209 zum Gefährdungsschaden bei § 266 StGB.

II. BT und AT

1. Für Teile des BT gemeinsame Merkmale

Vorstehend I. ist dargelegt, wie der im AT behandelte Problemkreis „Verbrechen und Straftheorien" den BT jedenfalls über den Rechtsgutsbegriff erreicht. Auch der zweite im AT behandelte Problemkreis, die Frage nach den **allgemeinen** Erscheinungsformen des Verbrechens (Versuch, Teilnahme usw.), setzt sich in den BT hinein fort. Es gibt Erscheinungsformen, die sich zwar nicht als AT „vor die Klammer" des **ganzen** BT ziehen lassen, die sich aber innerhalb des BT als Grundfiguren abhandeln lassen, die in einer Reihe von Tatbeständen wiederkehren.

Beispiel: Der Begriff der **Zueignung** steckt im Diebstahl, der Unterschlagung und im Raub (§§ 242, 246, 249). – Der Begriff des **Vermögens** liegt dem Schaden bzw. der Bereicherung (dem Vorteil) zugrunde und kehrt im Betrug, in der Erpressung und der Hehlerei wieder (§§ 263, 253, 259). – So verschiedene Tatbestände wie Betrug und üble Nachrede operieren mit demselben Begriff der „Tatsache".

Die Leistung des AT, nämlich die Abstraktion und Systematisierung, die wir als **Dogmatik** bezeichnen, hört also nicht auf, wenn man den BT aufschlägt, sondern setzt sich in den BT hinein fort.

2. Vorrang des BT gegenüber dem AT

Zugleich – und das ist eine herbe Enttäuschung für denjenigen, der sich gerade mit Mühe den AT erschlossen hat – **löst sich bei der Befassung mit dem BT der AT** in geradezu erschreckendem Umfang **auf**. Die Abstraktion des AT schärft den Blick für Gemeinsamkeiten. Bei der Anwendung des theoretisch für den ganzen BT gleichermaßen geltenden AT auf einen konkreten Tatbestand des BT oder auf einen konkreten Fall fließen Erwägungen ein, die sich aus dem Tatbestand des BT ergeben. Dieser Einfluss kann so stark werden, dass die allgemeinen Lehren verformt werden.

Beispiel: Beim **Versuch** wird der Umschlag von der Vorbereitungshandlung zur Ausführung von § 22 für den ganzen BT gleich definiert. In die Entscheidung, wann in concreto der Täter „zur Verwirklichung des Tatbestandes unmittelbar ansetzt", fließt jedoch legitimerweise die Erwägung ein, ob es kriminalpolitisch tragbar ist, das Rechtsgut erst so spät (oder schon so früh) zu schützen. Das führt zur **Vorverlagerung der Versuchsbestrafung** bei wichtigen Rechtsgütern und besonders bei Tatbeständen, bei denen – bei längerem Zuwarten – kaum eine Chance bestünde, des Täters schon im Versuchsstadium habhaft zu werden. Das ist der richtige Kern der als zu weit gehend kritisierten Rechtsprechung zum Versuchsbeginn bei sexuellem Missbrauch von Kindern nach § 176 a. F., BGHSt 6, 302.

Noch unauffälliger fließt der BT in die **Fahrlässigkeitsformel** ein. Die Anforderungen an die Sorgfalt richten sich nach dem Risiko und damit nach dem Gewicht des bedrohten Rechtsguts.

Zur Verformung der **Vorsatzdefinition** und der **conditio-Formel** speziell im Straßenverkehr s. u. § 38 Rn. 11, 15.

Zur Unterscheidung von **Erfolgsdelikten und schlichten Tätigkeitsdelikten** lege man sich die Frage vor, in welche Kategorie Diebstahl, § 242, gehört. Ist Wegnehmen „schlichte" Tätigkeit oder ist der Bruch fremden und die Begründung neuen Gewahrsams im Sinne eines Erfolgsdeliktes gemeint? Hängt davon irgendetwas ab?

16 Die unverkennbare Hinwendung zum Besonderen ist keine Besonderheit des Strafrechts. Sie hängt geisteswissenschaftlich mit der „Idee der Konkretisierung" (*Engisch*)[33] zusammen. Je stärker der Zusammenhang zwischen „Kriminalpolitik und Strafrechtssystem" (*Roxin*)[34] wieder bewusst wird, desto mehr rückt ein topisches Denken in den Vordergrund, das auf umfassende Systematisierung verzichtet[35].

3. Rechtsfolgen und Rechtsvoraussetzungen

17 Die Frage nach „Strafe und Maßnahmen" bildet neben der Befassung mit Verbrechen und Straftheorien[36] sowie der Herausarbeitung der allgemeinen Erscheinungsformen des Verbrechens[37] den dritten Problemkreis, der im AT gelehrt wird. Mitunter scheint es, als ließen sich Voraussetzungen und Folgen einer Straftat nicht nur trennen, sondern als leiten sich die Folgen (Strafe/Maßnahmen) aus den Voraussetzungen (Tatbestand/ Rechtswidrigkeit/Schuld) ab[38]. Die Befassung mit dem BT zeigt die Richtigkeit wie den Fehler dieser Vorstellung. Zwischen Tatbestand und Rechtsfolge findet ein „Vertauschungsvorgang" (*Peters*)[39] statt. Qualifizierungen und Privilegierungen sind „antizipierte Strafzumessung" (*Schröder*)[40]. An die Stelle einer Ableitung der Strafe (Maßregel) aus den Voraussetzungen (Tatbestand/Rechtswidrigkeit/Schuld) tritt eine wechselseitige Beeinflussung, ein Sinn- und Zweckzusammenhang. Das wird an der modernen **Gesetzgebungstechnik der Regelbeispiele**, die zwischen Strafzumessung und echten Tatbestandsmerkmalen stehen, besonders handgreiflich[41]. Daraus folgt freilich auch, dass man bei der Frage, ob der Tatbestand erfüllt ist, legitimerweise die Konsequenzen mit bedenken darf. Das erleichtert die Verneinung der Tatbestandsmäßigkeit bei **Bagatellen**[42]. Zu diesem Ziel führen mehrere Wege. So kann man mit dem AT, nämlich mit der allgemeinen „Sozialadäquanz" arbeiten, oder man kann den Weg über den BT einschlagen. So kann man einzelne Merkmale so interpretieren, dass z. B. Körperverletzung (i. S. der §§ 223, 229) nur vorliegt bei „nicht unerheblichen" Beeinträchtigungen oder dass sexuelle Handlungen nur

---

33 *Engisch*, Die Idee der Konkretisierung, 1. Aufl. 1953; 2. Aufl. 1968.
34 *Roxin*, Kriminalpolitik und Strafrechtssystem, 1. Aufl. 1970, 2. Aufl. 1973.
35 Gedrängte Zusammenfassung dieser Entwicklung bei *Tiedemann*, ZStW 86 (1974), 303; kritisch zum topischen Denken im Strafrecht *Naucke*, a. a. O. S. 52 ff. Zum 6. StrRG 1998 und seinen Harmonisierungsbemühungen durch Quervergleiche im BT u. Rn. 29, 33 f.
36 S. o. Rn. 1 ff.
37 S. o. Rn. 14 ff.
38 Zum Verhältnis des Tatbestandes zur Rechtsfolge vgl. *Engisch*, Einführung in das juristische Denken, 7. Aufl. 1977, S. 34 ff.
39 *Peters*, Gutachten, a. a. O. S. 1 ff., 27.
40 *Schröder*, Mezger-FS 1954, S. 415 (426).
41 Ausführlich (zu § 243) u. § 14 Rn. 17 ff.
42 *Kunz*, Das strafrechtliche Bagatellprinzip, 1984 (zur Körperverletzung S. 239).

solche sind, „die im Hinblick auf das jeweils geschützte Rechtsgut von einiger Erheblichkeit sind", § 184g.

Dieser **Blick auf die Rechtsfolge beeinflusst die Subsumtion** nicht nur bei an Geringfügigkeit grenzenden Fällen. Wenn z. B. ein Verhalten unter § 211 (Mord) subsumiert wird, dann folgt daraus für den Täter die lebenslange Freiheitsstrafe – mit der Konsequenz, dass bei mancher Definition der Mordmerkmale der Wille durchscheint, dem Täter im konkreten Fall diese Folgen zu ersparen[43].

Die angestrebte Reform des Strafprozesses mit dem Ziel, durch ein **Schuldinterlokut** das Ob vom Wie der Strafbarkeit zu trennen, läuft Gefahr, die wechselseitige Beeinflussung von Rechtsvoraussetzungen und Rechtsfolgen zu missachten. Deshalb ist die Einführung eines Schuldinterlokuts abzulehnen[44].

III. BT und Prozessrecht

1. In dubio pro reo, Verdachtsstrafen und symbolische Tatbestände

Weniger deutlich als die Verflechtungen zwischen AT und BT sind die Verflechtungen zwischen materiellem Strafrecht und dem Prozessrecht. Auch hier besteht eine **gegenseitige Beeinflussung. Die Prinzipien des Strafprozessrechts wirken strafrechtsgestaltend**[45]. Ein kluger Gesetzgeber wird keine Verbote schaffen, deren Verletzung praktisch nicht bewiesen werden kann. Ob eine **symbolische Gesetzgebung** ausnahmsweise sinnvoll sein kann, oder ob leere Gesten im Strafrecht immer fehl am Platze sind, wird kontrovers beurteilt.

Ein kluger Gesetzgeber wird Beweisprobleme antizipieren und durch entsprechenden Zuschnitt der Tatbestände entschärfen[46]. Freilich ist dieser Satz auch umkehrbar. Insbesondere im Steuerstrafrecht und Wirtschaftsstrafrecht stehen wir vor dem Problem, dass der Gesetzgeber das materielle Recht so kompliziert gemacht hat, dass es einerseits zwar nur schwer beweisbar ist, dass aber umgekehrt auch die Gefahr droht, dass der Bürger irgendeine der zahlreichen Detailbestimmungen verletzt und auf diese Weise in einem strafrechtlichen Netz gefangen wird. Wenn man diese **latente Strafbarkeit** ausnutzt, um einen in ganz anderer Richtung bestehenden Verdacht zu bestrafen (wie man das Steuerstrafrecht im Fall **Al Capo-**

---

43 Beispiel s. u. § 2 Rn. 11 ff.
44 Anders aber jetzt *Deckers/Fischer/König/Bernsmann*, NStZ 2014, 9.
45 Vgl. *Peters*, Die strafrechtsgestaltende Kraft des Strafprozesses, 1963; *Lüderssen*, Die strafrechtsgestaltende Kraft des Beweisrechts, ZStW 85 (1974), 288.
46 Dazu anschließend Rn. 21, 24. Näher anhand vieler konkreter Beispiele *Weigend*, a. a. O.; vgl. weiter *Arzt*, Das missglückte Strafgesetz, a. a. O. und *Volk*, Tröndle-FS 1989, S. 219 ff. (232): „Straftatbestände dürfen nicht so ausgestaltet werden, dass ihre Durchsetzung im Verfahren nur auf Kosten von rechtsstaatlichen Grundregeln möglich wird." *Vest*, ZStW 103 (1991), 584 spricht von einer (legitimen) „Beweisfunktion" des materiellen Rechts.

ne ausgenutzt hat, um den dringenden Verdacht mehrfacher Morde zu ahnden), ist der Gesetzgeber nicht mehr klug, sondern allenfalls clever.

21 Als Grundpfeiler des rechtsstaatlichen Strafprozesses ist der Satz **in dubio pro reo** anzusehen, der älter ist als seine ausdrückliche Verankerung in Art. 6 II MRK. Doch Art. 6 II MRK formuliert die Unschuldsvermutung vorsichtiger als die klassische Formel in dubio pro reo: „Jede Person, die einer Straftat angeklagt ist, gilt bis zum **gesetzlichen Beweis** ihrer Schuld als unschuldig". Was heißt „gesetzlicher Beweis"? Kann durch entsprechend geringe Anforderungen des Gesetzes die Unschuldsvermutung in ihr Gegenteil verkehrt werden?

Es entspricht der wohl allgemeinen Auffassung, dass aus Art. 6 II MRK und/oder dem Rechtsstaatsprinzip (Art. 20 GG) folgt, dass **Schuldvermutungen und Verdachtsstrafen** unzulässig sind. So wäre eine gesetzliche Vermutung, dass derjenige, bei dem gestohlenes Gut gefunden wird, um dessen strafbare Herkunft wusste, als Verstoß gegen in dubio pro reo anzusehen, man vergleiche die viel vorsichtigere Formel des § 259 in der Fassung vor dem EGStGB (bis 1.1.1975)[47].

Wenn viele Freisprüche kriminalpolitisch unerwünscht sind, lassen sie sich jedoch von einem vorausschauenden Gesetzgeber durch entsprechende Ausgestaltung des materiellen Rechts vermeiden, ebenso vom Richter bei der Interpretation des Gesetzes oder vom Rechtslehrer durch Entwicklung des entsprechenden dogmatischen Rüstzeugs.

Beispiel: In Strafrechtsklausuren wie in Urteilen liest man immer wieder, der Täter habe „jedenfalls" mit **dolus eventualis** gehandelt. Hier steckt in der Verurteilung wegen dolus eventualis zugleich eine Verdachtsstrafe für dolus directus. – Eine Stufe weiter hinab zur Fahrlässigkeit: Die Verurteilung wegen fahrlässiger Begehung stellt oft eine Verdachtsstrafe für Vorsatz dar; vgl. BGHSt 17, 210. – Ähnliche Effekte lassen sich mithilfe eines **Gefährdungsdelikts** erreichen. Dem Täter mag man den Verletzungsvorsatz nicht nachweisen können, weil er auf günstigen Ausgang vertraute (bewusste Fahrlässigkeit bezüglich des Erfolgseintritts). Aus demselben Grund kann man bei für das Opfer glücklichem Ausgang den Täter auch nicht wegen Versuchs bestrafen. Schaltet man jedoch vor das Verletzungsdelikt ein Gefährdungsdelikt, hat man mit der bewussten Verletzungs-Fahrlässigkeit regelmäßig auch den Gefährdungs**vorsatz**. So kann man die nicht mögliche Bestrafung wegen einer versuchten Verletzung im Kleide einer vollendeten Gefährdung erreichen[48].

Der Witz liegt dabei nicht so sehr darin, dass die Fahrlässigkeitsbestrafung Verdachtsfälle für Vorsatz ebenso „auffängt" wie die Verurteilung wegen Gefährdung die Fälle für vorsätzliche (gegebenenfalls nur versuchte) Verletzung. Interessanter ist, dass dieser Weg verfassungsrechtlich unbedenklich ist, obwohl die Strafbarkeit z. T. weiter ausgedehnt wird als bei einer verfassungswidrigen Lösung, bei der sich der Gesetzgeber z. B. auf

---

47 „Wer seines Vorteils wegen Sachen, von denen er weiß oder den Umständen nach annehmen muss, dass sie mittels einer strafbaren Handlung erlangt sind, verheimlicht, ankauft" usw.
48 S. u. § 35 Rn. 9 ff., 19–21. Vgl. dazu schon *v. Hippel*, Vorsatz, Fahrlässigkeit, Irrtum, VDA, Bd. III, 1908, S. 373 ff., 528 ff.; ferner *Volk*, Prozessvoraussetzungen, S. 39 ff.

die Pönalisierung der vorsätzlichen Verletzung beschränkt, zugleich aber beim Vorliegen bestimmter Voraussetzungen zum Nachteil des Täters eine Vorsatzvermutung aufstellt (z. B. Hehlerei, Geldwäsche, Subventionsbetrug). Der Zuschnitt des materiellen Rechts im Hinblick auf eine kriminalpolitisch angezeigt erscheinende Umgehung des Satzes in dubio pro reo wird in der folgenden Darstellung des BT an exemplarischen Beispielen immer wieder gezeigt werden, so bei der Aufklärungspflicht[49]; bei der Beleidigung und bei der üblen Nachrede[50]; beim Zueignungsbegriff[51] und bei der Verkehrsunfallflucht[52]. Die neuere Literatur hat sich diesem lang vernachlässigten Thema vermehrt zugewendet[53].

2. Reduktion des materiellen Strafrechts im Verfahren (Opportunitätsprinzip, plea bargaining)

Das Legalitätsprinzip, also die in § 152 II StPO verankerte Pflicht „wegen aller verfolgbaren Straftaten einzuschreiten", wirkt auf den BT zurück. Das **Legalitätsprinzip stärkt die fragmentarische Natur des materiellen Strafrechts**. Zu weite strafrechtliche Tatbestände würden zu einer Überlastung der Polizei und Staatsanwaltschaft führen. Deshalb ist der Wunsch, in bestimmten Bereichen das Legalitätsprinzip zugunsten des Opportunitätsprinzips (Strafverfolgung nach pflichtgemäßem Ermessen der Staatsanwaltschaft) zu lockern, ein Symptom für die Krankheit des materiellen Rechts: Es leidet an zu großer Aufblähung. Die Kur hat deshalb beim materiellen Recht anzusetzen.

22

Beispiel: Im politischen Strafrecht war es richtig, die Lockerung des Legalitätsprinzips erst dann in der StPO zu verankern, nachdem das materielle Recht zurückgeschnitten worden war, vgl. §§ 153c, 153d, 153e StPO.

Im Grenzbereich zur Geringfügigkeit sind **Ausnahmen vom Legalitätsprinzip** erforderlich. In diesem Bereich ist der Übergang vom schon strafwürdigen zum noch nicht strafwürdigen Verhalten fließend. Schon am materiellen Recht lässt sich die Tendenz nachweisen, die Grenze zwischen strafbarem und nicht strafbarem Verhalten möglichst elastisch zu bestimmen[54]. Die prozessuale Ausnahme vom Legalitätsprinzip in Form der Ein-

---

49 Dazu u. § 6 Rn. 101 ff.
50 S. § 7 Rn. 19.
51 S. u. § 13 Rn. 86 ff.
52 Dazu § 38 Rn. 55.
53 Vgl. dazu die Beiträge von *Volk*, Wahrheit, a. a. O.; *Hillenkamp*, Wassermann-FS 1985, S. 861; *ders.*, Beweisprobleme, a. a. O. S. 242 („Überlastungsfrage des Strafrechts"); *Weigend*, Trifterer-FS 1996, S. 695 (mit instruktiven Beispielen aus AT, BT und Nebenstrafrecht). – Rechtsgeschichtlich *Schlosser*, Die Strafe der Galeere als Verdachtsstrafe, in: Schott/Soliva (Hrsg.), Petershauser Kolloquium 1986, S. 133 und allgemein *Stuckenberg*, Untersuchungen zur Unschuldsvermutung, 1998, S. 11–45; *Zopfs*, Der Grundsatz „in dubio pro reo", 1999, S. 107 ff. – Knappe Zusammenfassung der hier vertretenen Ansicht bei *Arzt*, Ketzerische Bemerkungen zum Prinzip in dubio pro reo, 1997.
54 Vgl. o. Rn. 13.

stellung wegen Geringfügigkeit gem. § 153 StPO trägt zu einem noch fließenderen Übergang bei[55].

Es ist nicht zu verkennen, dass mit steigender Kriminalität das Kontrollsystem auf eine **Kapazitätskrise** zusteuert[56]. Nach einer ersten Welle der Kritik am Legalitätsprinzip, die Konzessionen an das Opportunitätsprinzip im Hinblick auf die massenhafte Kleinkriminalität verlangt hat (und durchgesetzt hat, § 153a StPO i. F. des EGStGB, in Kraft seit 1.1.1975)[57], markiert der 58. DJT (1990) die Auseinandersetzung mit einer zweiten und grundsätzlicheren Welle. Das Opportunitätsprinzip macht es möglich, im Strafprozess statt nach materieller Wahrheit nach einer **konsensfähigen Wahrheitsfiktion** zu suchen, dem **plea bargain**. Ein solches System baut auf Strafbestimmungen auf, die so vage sind, dass sie nahezu jeder erfüllt – und die zugleich mit hoher Strafe bedroht sind. Steuervergehen sind das klassische Beispiel, *Al Capone* ist wegen Steuerhinterziehung zu der Strafe verurteilt worden, die er für die nicht nachweisbaren Morde verdient hatte[58].

Ausdruck der Kapazitätskrise des Kontrollsystems ist die Einführung des § 257c StPO durch das Gesetz zur Regelung der Verständigung im Strafverfahren vom 29.7.2009. § 257c StPO erlaubt Absprachen zwischen dem Gericht und den Verfahrensbeteiligten u. a. über die Rechtsfolgen und ein Geständnis. Die vor Erlass der Norm ergangene Entscheidung *BGHSt 50, 40 (53 f., 64)* zeigt, dass das Institut der Verständigung als Reaktion auf die Überforderung des Kontrollsystems zu werten ist.

> *BGHSt 50, 40 (53 f., 64):* „Der Rechtsstaat kann sich nur verwirklichen, wenn sichergestellt ist, dass Straftäter im Rahmen der geltenden Gesetze verfolgt, abgeurteilt und einer gerechten Bestrafung zugeführt werden [...]. Diesen Anforderungen könnten die Organe der Strafrechtsjustiz in den gegebenen – rechtlichen wie tatsächlichen – Bedingungen der Strafrechtspflege ohne die Zulassung von Urteilsabsprachen durch richterrechtliche Rechtsfortbildung nicht mehr gerecht werden. Vor allem mit Blick auf die knappen Ressourcen der Justiz [...] könnte die Funktionstüchtigkeit der Strafjustiz nicht gewährleistet werden, wenn es den Gerichten generell untersagt wäre, sich über den Inhalt des zu verkündenden Urteils mit den Beteiligten abzusprechen. [...]. Der Große Senat für Strafsachen appelliert an den Gesetzgeber, die Zulässigkeit und, bejahendenfalls, die wesentlichen rechtlichen Voraussetzungen und Begrenzungen von Urteilsabsprachen gesetzlich zu regeln."

Dem Gesetzgeber selbst war bewusst, dass sich auf das Urteil bezogene Verständigungen des Gerichts mit den Verfahrensbeteiligten nicht ohne Weiteres mit den rechtsstaatlichen Vorgaben für das Strafverfahren, insbesondere hinsichtlich der Erforschung der materiellen Wahrheit, der Schuldangemessenheit der Strafe und der Verfahrensfairness, würden in

---

55 Vgl. *Peters*, Welzel-FS 1974, S. 415 ff.
56 *Arzt*, Der Ruf, a. a. O. S. 149 ff.
57 Als Grabgesang auf das Legalitätsprinzip bezeichnet von *Baumann*, ZRP 1972, 273.
58 S. o. Rn. 20.

Einklang bringen lassen (vgl. BT-Drucks. 16/12310, S. 1). Der Gesetzgeber begab sich hier also bewusst auf rechtsstaatliches „Glatteis"[59].

Es ist zu hoffen, dass das amerikanische Recht uns insofern zum Vorbild dienen wird, als es lehrt, dass ein verfassungsrechtlich übersichertes Kriminalitätskontrollsystem rechtsstaatliche Kurzschlüsse auslöst – allen voran ein überzogenes plea bargaining[60]. Im Kontext mit dem BT ist wichtig, dass ein System des plea bargaining nach US-amerikanischem Muster zwar einerseits auf massive Abschwächungen der eigentlich verwirklichten Tatbestände hinausläuft, zugleich aber nur funktionieren kann, wenn im BT korrumpierte Tatbestände als Druckmittel bereitstehen. Korrumpiert sind solche Tatbestände, weil und wenn man auf sie fast beliebig zurückgreifen kann. Nach dem Steuerstrafrecht wächst heute § 266 in diese Rolle hinein[61].

Mit dem Legalitäts- bzw. Opportunitätsprinzip hängt die Frage zusammen, wieweit das materielle Strafrecht der Polizei, der Staatsanwaltschaft und den Gerichten wirklich feste Verhaltensanweisungen gibt und, soweit das zu bejahen ist, ob Polizeibeamte, Staatsanwälte und Richter dem Gesetz gehorchen. Unter dem Stichwort der **„Definitionsmacht"** wird der Spielraum untersucht, den das materielle und prozessuale Recht der Polizei, der Staatsanwaltschaft und dem Gericht gibt oder den sich die Strafverfolgungs- bzw. Rechtspflegeorgane nehmen. Mit Blick auf das **Opportunitätsprinzip** geht es dabei darum, die Kriterien herauszufinden, die bei dem „Handel mit Gerechtigkeit" (*Schumann*)[62] eine Rolle spielen, die also über die Handhabung des Strafverfolgungsermessens entscheiden. Mit Blick auf das **Legalitätsprinzip** geht es vor allem darum, herauszufinden, wie der de jure „theoretisch" bestehende Verfolgungszwang „praktisch" gehandhabt (und in Richtung Opportunitätsprinzip abgeschwächt) wird. – In dem diesem Lehrbuch gezogenen Rahmen wird der Definitionsmacht am Beispiel der vorsätzlichen Tötung anhand des Schwundes zwischen den von der Polizei als überführt betrachteten Beschuldigten und den Verurteilten nachgegangen[63]. 23

3. Unerwünschte und erwünschte Dunkelfelder

Die Strafverfolgung kann erst einsetzen, „sofern zureichende tatsächliche Anhaltspunkte" für eine Straftat vorliegen, § 152 II StPO. Die **Dunkelziffer** gibt die Relation der Straftaten, die den zuständigen Strafverfol- 24

---

59 BVerfG, NJW 2013, 1058 hat die Norm für derzeit verfassungsgemäß erklärt.
60 Das Thema ist in Deutschland fast schlagartig aktuell geworden, vgl. *Schünemann*, Verh. 58. DJT (1990) B 1 ff.; *Weigend*, ZStW 104 (1992), 486 ff.; aus jüngerer Zeit BGHSt 43, 195; 50, 40 und BVerfG, NJW 2013, 1058 zur Verfassungsmäßigkeit der gesetzlichen Regelung zur Verständigung im Strafprozess. – Näher zu dieser Amerikanisierung der Gerechtigkeit *Arzt*, Trifterer-FS 1996, S. 527.
61 *Ransiek*, ZStW 116 (2004), 634 stellt fest: „§ 266 StGB passt immer". Die Norm ist trotz der Weite des Tatbestandes verfassungsgemäß, vgl. BVerfG, NJW 2009, 2370; NJW 2010, 3209.
62 *K. F. Schumann*, Der Handel mit Gerechtigkeit, 1977.
63 S. u. § 2.

gungsbehörden bekannt werden, zu den ihnen unbekannt bleibenden Straftaten an. Für Schwangerschaftsabbruch bewegen sich ältere Schätzungen im Bereich von 1:100, auf eine entdeckte Tat kommen also 100 nicht entdeckte Taten. Für Tötungsdelikte schwanken die Angaben zwischen 1:6 (d. h. hohe Dunkelziffer) und 30:1 (sehr niedrige Dunkelziffer)[64].

Man sollte „entdeckt" nicht als „überführt", sondern i. S. eines **Verdachts** interpretieren, der den Strafverfolgungsorganen bekannt geworden ist. Einstellungen (weil die Beweise für eine Überführung nicht ausreichen), Freisprüche (in dubio pro reo) und Verurteilungen wegen milderer Tatbestände (z. B. Verurteilung wegen fahrlässiger Tötung trotz fortbestehenden Mordverdachts) sind nicht zum Dunkelfeld zu schlagen. Entdeckung durch die Strafverfolgungsbehörde baut in aller Regel auf Entdeckung durch das Opfer und **Anzeige** auf. Ein Taschendiebstahl wird vom Opfer oft bemerkt, aber viel seltener angezeigt als z. B. ein Einbruchsdiebstahl. Deshalb ist beim Taschendiebstahl die Dunkelziffer höher als beim Einbruchsdiebstahl.

Eine hohe Dunkelziffer kann für die Interpretation des betreffenden Tatbestandes in mehrfacher Hinsicht von Bedeutung sein. Zunächst kann der Gesetzgeber den Tatbestand so gefasst oder können Rechtsprechung und Lehre ihn so interpretiert haben, dass die Tat kaum beweisbar ist. Die Stärkung des **Schweigerechts des Beschuldigten** hat die Beweisbarkeit vieler Tatbestände so erschwert, dass sich Umgehungsstrategien entwickeln (müssen), die den rechtsstaatlichen Gewinn durch Stärkung des Schweigerechts kompensieren[65]. Ein guter Teil der Wirtschaftskriminalität ist „an sich" Betrug, der aber entweder wegen der Ausformung des § 263 oder ohne Mitwirkung des Beschuldigten angesichts der Undurchsichtigkeit der Geschäfte nicht nachgewiesen werden kann[66].

Eine hohe Dunkelziffer kann auch darauf hindeuten, dass man wieder einmal der Grenze zur **Sozialadäquanz** nahekommt[67]. Der Diebstahl am Arbeitsplatz wird durch Deputate (Naturalleistungen des Arbeitgebers), durch Zubilligung des Einkaufs im Betrieb zu besonders günstigen Bedingungen oder schließlich durch Freigabe (Genuss von Schokolade in der Schokoladenfabrik) antizipiert und legalisiert. Was darüber hinausgeht, wird oft stillschweigend geduldet oder intern – ohne Strafverfolgung – geregelt.

Das **Dunkelfeld** ist insofern **erwünscht,** als es die Ressourcen des Kriminalitätskontrollapparates schont (Straßenverkehrsdelikte!). Schon die Verbote sind fragmentarisch[68]. Was die Verbotsverletzung betrifft, genügt eine exemplarische (statt auf Vollständigkeit bedachte) Aufklärung und Durchsetzung, um die Rechtstreue der Bevölkerung zu gewährleisten. Den Zugang zur Frage, ob (und wie) die in einem solchen System stecken-

---

64 Nachweise bei *Schwind*, Kriminologie, § 2 Rn. 37–41.
65 Vgl. Rn. 20 f. und *Arzt*, Geständnisbereitschaft und Strafrechtssystem, SKG-FS 1992, S. 233 (= ZStrR Bd. 110).
66 *Tiedemann*, Verh. 49. DJT (1972) Bd. I C 46 ff. – Zu § 264 vgl. u. § 21 Rn. 54 ff.
67 Dazu schon o. Rn. 17.
68 S. o. Rn. 12.

de Ungleichheit zu rechtfertigen ist, sollte man im kriminologischen Schrifttum anhand des Stichwortes „Sündenbock" suchen[69].

Wo die **Zufallsauslese** aus gleich strafwürdigen Verhaltensweisen durch das materielle Recht getroffen wird, z. B. Verfolgung von dem Hinzutreten einer objektiven Strafbarkeitsbedingung abhängig gemacht wird oder vom Erfolgseintritt beim fahrlässigen Erfolgsdelikt, erzeugt der Gesetzgeber künstlich ein „Dunkelfeld". In ihm bleibt ein gefährliches Verhalten verborgen, obwohl es genauso gefährlich ist wie jenes, das durch die Tatbestände der fahrlässigen Körperverletzung bzw. Tötung (§§ 229, 222) mithilfe des Erfolgseintritts als zusätzliches und zufälliges Kriterium ausgesondert wird. Unter dem Gesichtspunkt des Rechtsfriedens und vom Verletzten her gesehen ist es eben nicht gleichgültig, ob der Erfolg eintritt oder – durch einen glücklichen Zufall – ausbleibt.

In der Dunkelziffer stecken auch die Rechtsgutverletzungen, die ohne Anrufung staatlicher Instanzen erledigt werden. Die zivilrechtliche Norm, nach der zur Leistung oder zum Schadensersatz verurteilt wird, **falls** es zur Klage kommt, schließt eine anderweitige Erledigung nicht aus. Ebenso wenig[70] schließt die strafrechtliche Norm, nach welcher der Täter zu bestrafen ist, **falls** der Staat eingeschaltet wird, eine anderweitige Erledigung aus. Das ist differenziert zu bewerten: Es geht dem Strafrecht nicht darum, möglichst viele staatliche Strafansprüche durchzusetzen, sondern um den Rechtsgüterschutz und um die Erhaltung bzw. Wiederherstellung des Rechtsfriedens. Bedenklich ist die außerstaatliche Streitbeilegung aber in Fällen der Paralleljustiz[71]. Diese findet in bisher unklarem Ausmaß in unterschiedlichsten (fremd-)kulturellen Milieus statt. Das Phänomen bezeichnet Fälle, in denen sogenannte Friedensrichter oder Scharia-Gerichte etwa in straf- oder familienrechtlichen Streitigkeiten Entscheidungen fällen oder Einigungen unter den beteiligten Parteien herbeiführen und dabei die staatliche Justiz umgehen. Wird erst nach Beginn eines staatlichen Strafverfahrens ein Friedensrichter eingeschaltet, zeigt sich dies oft an plötzlich auftretenden Erinnerungslücken bei Zeugen oder deren Berufung auf Zeugnis- bzw. Auskunftsverweigerungsrechte[72]. Dem Aufkommen der Paralleljustiz ist entgegenzuwirken, weil die Streitbeilegung zum Teil auf Zwang beruht, nach dem Recht des Stärkeren entschieden und das staatliche Gewaltmonopol missachtet wird[73]. Durch frühe richterliche,

---

69 Lesenswert *Lüderssen*, Strafrecht und Dunkelziffer, 1972; vgl. ferner *Kaiser*, Kriminologie, 3. Aufl. 1996, § 32 Rn. 2 ff.
70 Natürlich bleiben Unterschiede bestehen. So kann – wenn erst einmal die Strafverfolgung in Gang gekommen ist – ein Vergleich nur noch über die Käuflichkeit der Einstellung gem. §§ 153 ff. StPO erreicht werden (und ausnahmsweise in Privatklagesachen), während im Zivilprozess die Parteien viel weitergehend über den Streitgegenstand disponieren können.
71 Zur islamischen Paralleljustiz vgl. *Wagner*, Richter ohne Gesetz. Islamische Paralleljustiz gefährdet unseren Rechtsstaat, 2011; ferner *Rohe*, ZRP 2014, 97.
72 So *Wagner* auf dem 21. Richter- und Staatsanwaltstag 2014 in Weimar, vgl. *Keller*, DRiZ 2014, 163.
73 *Rohe*, ZRP 2014, 97.

d. h. auch bei Widerruf der Zeugenaussage verwertbare, Vernehmungen könnte zumindest Einflussnahmen auf laufende Verfahren beigekommen werden. Vor allem aber gilt es, für Angehörige fremder Kulturkreise den Zugang zum Rechtssystem der Bundesrepublik Deutschland sicherzustellen. Eine Ursache des Aufkommens der Paralleljustiz könnte nämlich darin liegen, dass es Personen mit fremdkulturellem Hintergrund oft an Kenntnissen über und Vertrauen in das deutsche Rechtssystem mangelt[74].

IV. Systematisierung des BT nach Rechtsgütern

1. Rechtsgüter der Allgemeinheit bzw. des Individuums

26 Wir unterscheiden zwischen **Rechtsgütern des Individuums** einerseits (z. B. Leben, Leib, Eigentum) und **öffentlichen Interessen** andererseits (z. B. Schutz der Rechtspflege gegen falsche Zeugenaussage). Was öffentliche Interessen betrifft, lässt sich weiter unterscheiden in **(1)** Angriffe gegen den Staat, gegen Amtsträger und auf die Allgemeinheit. Dazu sind die Staatsschutzdelikte i. e. S. zu rechnen, also die in den ersten fünf Abschnitten des BT geregelte Materie, §§ 80–109k, darunter Landesverrat, § 94. Weiter gehören dazu Angriffe gegen die öffentliche Ordnung wie Landfriedensbruch und weitere im 7. Abschnitt (§§ 123–131) geregelte Straftaten und die Widerstandsdelikte des 6. Abschnitts, §§ 113 ff. – **(2)** Angriffe von Amtsträgern (Amtsdelikte, §§ 340 ff.) greifen öffentliche Interessen gewissermaßen von innen an. Diese Differenzierung zwischen Angriff von außen bzw. von innen wird bei der Bestechung bzw. Bestechlichkeit besonders anschaulich, §§ 331 ff.

27 Man sollte sich bewusst sein, dass die Grenze zwischen Rechtsgütern der Allgemeinheit und einem in den Gefährdungsbereich vorverlagerten Schutz von Individualrechtsgütern verschwimmt, **Beispiele** sind Straftaten gegen die Umwelt, §§ 324 ff. oder Trunkenheit im Verkehr, § 316. Anhand der Geld- und Urkundenfälschung (§§ 146 ff.; §§ 267 ff.) sowie bei den Anschlusstaten Begünstigung, Strafvereitelung, Hehlerei und Geldwäsche (§§ 257–261) zeigt sich, dass hinter so farblos erscheinenden Rechtsgütern der Allgemeinheit wie der „Sicherheit des Beweisverkehrs" (mit Urkunden) oder dem „öffentlichen Interesse an einer funktionierenden Rechtspflege" **mittelbar** in den meisten Fällen wieder Individualrechtsgüter stehen.

Sogar bei den **Staatsschutzdelikten** (z. B. § 94, Landesverrat) besteht ein Zusammenhang mit der Betroffenheit des Einzelnen. Man kann allgemein sagen, dass in einem Staat, der für seine Bürger da ist, der Angriff auf dieses Gemeinwesen mittelbar auch die Interessen der Bürger verletzt. Das Ausmaß der mittelbaren Betroffenheit der Bürger in ihren Rechtsgütern ist bei den primär öffentliche Interessen schützenden Tatbeständen sehr verschieden.

---

74 Näher *Hilgendorf*, Heinz-FS 2012, S. 857 (864 ff.).

Bei den Staatsschutzdelikten i. e. S. geht es um eine Schwächung des Staates, meist in Form der Vernichtung oder Entwertung öffentlicher Investitionen in den Schutz des Staates gegen Angriffe von außen. Sabotage oder Landesverrat treffen den Bürger (auch) in seinem Geldbeutel, denn die durch Verrat oder Sabotage entwerteten Sicherheitsmaßnahmen sind mit seinen Steuern finanziert worden.

Beim Hausfriedensbruch, § 123, handelt es sich um den Schutz des Individualrechtsgutes „Hausfrieden", obwohl er im 7. Abschnitt (Straftaten gegen die öffentliche Ordnung) steht. – Bei der Unfallflucht, § 142, rückt der in den Gefährdungsbereich vorverlagerte Rechtsgüterschutz des Unfallopfers so in den Vordergrund, dass dieser Tatbestand im Zusammenhang mit den sonstigen Gefährdungstatbeständen erörtert wird, obwohl der Gesetzgeber auch § 142 im 7. Abschnitt geregelt hat. – Vergleicht man die Gefährdung von Individualrechtsgütern bei § 142 mit dem Missbrauch von Notrufen, § 145, dann wird die graduelle Abnahme individueller Betroffenheit und die graduelle Zunahme der Betroffenheit der Allgemeinheit besonders deutlich.

2. Personwerte bzw. Sachwerte als Rechtsgüter des Individuums

Bei Angriffen auf Rechtsgüter eines Einzelnen wird danach unterschieden, ob das Individuum in **Personwerten oder in Sachwerten** verletzt wird. Diebstahl richtet sich zwar gegen die Person (nämlich gegen den Sacheigentümer), trifft diese Person jedoch nur in einem Sachwert. Zu den **Delikten gegen die Person im engeren Sinne** rechnen nur Angriffe auf Personwerte. Sie werden nachstehend als Straftaten gegen die Person i. e. S. in §§ 2 ff. dargestellt. Die Eigentums- und Vermögensdelikte folgen in §§ 11 ff.

Schon diese elementare systematische Unterscheidung lässt sich nicht reinlich durchführen. Es gibt historisch gewachsene **Kombinationen von Angriffen gegen Person- und Sachwerte, Beispiel** Raub, § 249. Er richtet sich primär auf einen Sachwert, doch zieht der Täter, um ihn zu erlangen, dabei Personwerte seines Opfers in Mitleidenschaft.

Darüber hinaus gibt es Rechtsgüter, deren Zuordnung zu den Person- bzw. Sachwerten von Fall zu Fall verschieden sein kann. So verkörpert die Ehre einen Personwert, der vom Einzelnen gelegentlich sogar höher eingeschätzt werden mag als das Leben. Zum Alltag gehören jedoch die Fälle, in denen mithilfe des Ehrenschutzes Angriffe auf den geschäftlichen Ruf abgewehrt werden.

Selbst bei reinen Personwerten wird der Übergang zu den Sachwerten durch die Befugnis des Einzelnen hergestellt, Personwerte gegen Sachwerte zu tauschen und Sachwerte in Personwerte zu transferieren. Letzteres kommt in dem Schlagwort vom **Geld als geronnener Freiheit** (*Dürig*)[75]

---

[75] Vgl. *Dürig*, W. Apelt-FS 1958, S. 13 ff., bes. S. 31. Bei *R. v. Ihering*, Der Kampf ums Recht, 1872 heißt es, es „ist ein Stück der eigenen oder fremden Arbeitsvergangenheit, das ich in ihr (sc. der Sache) besitze und behaupte ... Das Eigentum ist nur die sachlich erweiterte Peripherie meiner Person".

treffend zum Ausdruck. Wie der Sachwert „Geld" es erst ermöglicht, den Personwert „körperliche Bewegungsfreiheit" auszuschöpfen, kann umgekehrt ein Personwert in Sachwerte eingetauscht werden. Wie weit auch diese Tauschfunktion mit geschützt ist, ist bei den einzelnen Tatbeständen zu erörtern. Beispielsweise liegt Vergewaltigung (Angriff auf Personwert) auch dann vor, wenn die Frau zum Geschlechtsverkehr gegen Geld bereit ist, aber zum unentgeltlichen Geschlechtsverkehr gezwungen wird.

Weil Geld Lebensqualität bedeutet, greift beispielsweise der Vandalismus (gegen öffentliche Sachen) die Bürger in ihrem Personwert „Freiheit" an. Die Bürger finanzieren die Reparaturen über Steuern, die Steuern über Arbeit und damit über Verlust an Freizeit, Freiheit und letztlich Lebensqualität. Deshalb sind **Quervergleiche im BT** kurzsichtig, wenn dabei von vornherein der Sachgüterschutz als weniger wichtig als der Schutz von Personwerten postuliert wird. Wenn versuchte Sachbeschädigung praktisch ein großes Problem darstellt, versuchte Körperverletzung aber nicht, dann ist ein fragmentarisches Strafrecht nicht inkonsequent, das den Versuch bei der Sachbeschädigung, nicht aber bei der Körperverletzung mit Strafe bedroht (so das geltende Recht bis zum 6. StrRG von 1998[76]). Umgekehrt ist fahrlässige Körperverletzung zu Recht mit Strafe bedroht, der fahrlässige Diebstahl dagegen nicht.

3. Fernwirkungen von Rechtsgutsbeeinträchtigungen, Viktimologie und Dogmatik

30 Auch die **Grenze zwischen Delikten gegen die Person und gegen die Allgemeinheit** erweist sich bei näherem Zusehen als problematisch. Ist Umweltverschmutzung ein Angriff auf ein Rechtsgut der Allgemeinheit oder ein in den Gefährdungsbereich vorverlagerter Schutz des Individualrechtsguts Leben? Konkret: Der betrunkene Fahrer, der Leib oder Leben eines anderen gefährdet, wird nach § 315c bestraft. Steht dahinter der Gedanke der Gefährdung der Allgemeinheit, dann wäre es unerheblich, ob der Gefährdete in das Risiko eingewilligt hat, denn die Allgemeinheit hat nicht eingewilligt und der im einzelnen Fall Gefährdete wäre als Repräsentant der Allgemeinheit nicht zur Einwilligung, d. h. zur Verfügung über das Rechtsgut befugt. – Anders, wenn man § 315c als Vorverlagerung des Schutzes des Einzelnen ansieht.

31 Vor allem baut die **Trennung der Delikte gegen den Einzelnen von den Delikten gegen die Allgemeinheit** auf dem hohen Maß der **Sicherheit** im persönlichen Lebensbereich auf, das wir im 19. Jahrhundert erreicht haben. Ist diese Sicherheit nicht mehr gewährleistet, steht bei einer gegen einen Einzelnen gerichteten Straftat nicht mehr dieser Einzelne im Vordergrund, sondern die Tat bestätigt die allgemeine Unsicherheit. Angegriffen wird neben dem Individualrechtsgut das Sicherheitsgefühl der Bevölkerung. So waren die „Räuber im Spessart" deshalb etwas Besonderes, weil

---

76 Dazu u. Rn. 34.

sie den Spessart so „unsicher machten", dass die Allgemeinheit sich getroffen fühlte, während es in anderen Gegenden zwar auch Räuber gab, Überfälle aber so selten waren, dass man mit Fug und Recht die Betroffenheit des Einzelnen in den Vordergrund stellen konnte[77].

Die Übergänge zwischen Schutz der Allgemeinheit und Schutz des Einzelnen sowie zwischen Schutz des Einzelnen in Person- und Sachwerten zeigen, dass jeder Tatbestand weitreichende Fernwirkungen hat. Im Allgemeinen wird es daher ausreichen, eine Tat **einem** Tatbestand zuzuordnen. Die mögliche Mitverletzung anderer Interessen als derer, die in diesem Tatbestand schwerpunktmäßig geschützt sind, ist in jedem Einzeltatbestand schon mit einkalkuliert. Es besteht daher keine Veranlassung, nach weiteren Tatbeständen zu suchen, um dieser Verletzung zusätzlicher Interessen Rechnung zu tragen. Die Aufsplitterung in einzelne Tatbestände, wie sie der BT vornimmt, muss durch **großzügige Handhabung der Gesetzeskonkurrenz,** insbesondere der Konsumtion, praktikabel gemacht werden. Gesetzgeber und Rechtsprechung sind hier auf dem richtigen Weg. In der Literatur führt dagegen die Abgrenzung der einzelnen Tatbestände voneinander vielfach zu komplizierten Konkurrenzüberlegungen und einer Häufung der Fälle der Idealkonkurrenz. Das ist ohne praktischen Nutzen und beruht auf einer Überschätzung der Möglichkeit, den jeweiligen Tatbestand auf Verletzung **eines** ganz spezifischen Interesses zu beschränken.

Die **Viktimologie** thematisiert einerseits die **Opfermitverantwortung** 32 (was tendenziell auf eine Tatbestandseinschränkung hinausläuft), andererseits macht die Viktimologie Fern- und Tiefenwirkungen von Rechtsgutsverletzungen bewusst (was tendenziell zu einer Verschärfung der Verantwortung des Täters führt).

Beispiel: Ein banaler Handtaschenentreißdiebstahl kann zum Verlust des Sicherheitsgefühls mit entsprechendem Vermeide- und Rückzugsverhalten führen. – Ein Kind als Opfer einer Sexualstraftat kann durch die Untersuchung der Tat mehr geschädigt werden als durch die eigentliche Tat.

Ob sich solche viktimologischen Einsichten „viktimo-dogmatisch" umsetzen lassen, wird kontrovers diskutiert[78]. In diesem Lehrbuch wird auf solche Fragen insbesondere bei Betrug und Erpressung eingegangen.

4. Unterschiedliche Präventionsstrategien im BT; qualifizierte und privilegierende Tatbestandsmerkmale; Strafzumessung

Rechtsgüterschutz ist zwar Ziel des Strafrechts, doch darf der Gesetz- 33 geber nicht nur die verschiedenen Rechtsgüter sehen und danach die Straf-

---

[77] Zum Zusammenhang zwischen Tatfrequenz, Kriminalitätsfurcht und Einschätzung der Rechtsgüter *Arzt*, Der Ruf, a. a. O. S. 13 ff.; ferner *Schaffstein*, Vom Crimen vis zur Nötigung, Lange-FS 1976, S. 983 ff. (987).

[78] Eingehend *Arzt*, Viktimologie und Strafrecht, MschrKrim 67 (1984), 105 (zugleich eine Bespr. von *Hillenkamp*, Der Einfluss des Opferverhaltens auf die dogmatische Beurteilung der Tat ..., 1983); kritisch zuletzt *Günther*, Lenckner-FS 1998, S. 69; positiver *Hilgendorf*, Tatsachenaussagen ... 1998, S. 103 ff.

drohung gewichten. Der Gesetzgeber muss auch die unterschiedlichen **Angriffsweisen** und die unterschiedlichen **Versuchungssituationen** berücksichtigen. Auch deshalb sind **Quervergleiche im BT** kaum durchführbar. Die besonders im **6. StrRG 1998** zum Ausdruck gekommenen Harmonisierungsbemühungen sind weitgehend illusionär.

Beispiel: „Zusammengesetzte" Tatbestände (Diebstahl + Nötigung = Raub) beruhen auf der Annahme, dass die Summierung von zwei Rechtsgutsangriffen wesentlich schwerer wiegen kann, als es die getrennte Betrachtung der einzelnen Komponenten eigentlich erwarten ließe. – Ähnlich überschreiten erfolgsqualifizierte Tatbestände (vorsätzliche Körperverletzung + fahrlässige Tötung = § 227) den Rahmen, der sich aus ihren Komponenten eigentlich ergibt.

Die Vermögensschädigung mittels List wertet der Gesetzgeber als Betrug – prinzipiell nicht schlimmer als die Vermögensschädigung mittels Druck (Erpressung). Dagegen wird die Wegnahme mit einem Trick als Diebstahl viel leichter eingestuft als die Wegnahme mit Druck (Raub).

34 Darüber hinaus steht es dem Gesetzgeber frei, den Versuch zu machen, **mittels qualifizierter Tatbestandsmerkmale** oder Regelbeispielen einen prinzipiell zu bösem Tun entschlossenen Täter von Schlimmerem abzuhalten; z. B. einen Dieb vom Mitführen einer Waffe oder einen flüchtenden Bankräuber vom Töten seines Verfolgers (zur Waffe vgl. § 244 I Nr. 1a; zur Tötung zwecks Verdeckung einer Straftat vgl. § 211); wenn schon Diebstahl, dann kein Einbruch (sonst § 243 I 2 Nr. 1), wenn schon Einbruch, dann nicht Wohnungen (sonst § 244 I Nr. 3). Umgekehrt kann der Gesetzgeber versuchen, durch privilegierende Tatbestandsmerkmale auf den Täter mit dem Ziel einzuwirken, eine Schädigung zu minimieren. Seit dem 6. StrRG von 1998[79] lässt sich die Tendenz beobachten, die bunte Vielfalt unterschiedlicher Präventionsstrategien des BT zu vereinheitlichen. Vereinheitlichung läuft nur allzu oft auf Ausdehnung des Strafrechts hinaus, z. B. Pönalisierung des Versuchs bei der Körperverletzung durch das 6. StrRG, ohne praktisches Bedürfnis, aber um des Vergleichs mit § 303 willen[80].

---

79 *Freund*, ZStW 109 (1997), 455; weitere Nachweise bei *Arzt*, ZStW 111 (1999), 757.
80 S. o. Rn. 29.

§ 2 Mord und Totschlag, §§ 211–213

Literaturhinweise: (1) Überwiegend zur allgemeinen Dogmatik (auch einzelner Mordmerkmale) und zu Reformfragen; ferner Sammelbände: *Albrecht*, Das Dilemma ... der Mordmerkmale, JZ 1982, 705; *Arzt*, Die Delikte gegen das Leben, ZStW 83 (1971), 1; *ders.*, „Gekreuzte" Mordmerkmale, JZ 1973, 681; *Beckmann*, Zur Neuregelung der vorsätzlichen Tötungsdelikte, GA 1981, 337; *Bernsmann*, Zur Konkurrenz von „privilegierten" und „qualifizierten" Tötungsdelikten, JZ 1983, 45; *Deckers/Fischer/König/Bernsmann*, Zur Reform der Tötungsdelikte Mord und Totschlag – Überblick und eigener Vorschlag, NStZ 2014, 9; *Eser*, Empfiehlt es sich, die Straftatbestände des Mordes, des Totschlags und der Kindestötung (§§ 211-213, 217 StGB) neu abzugrenzen?, Gutachten 53. DJT (1980) Bd. I D 1 ff.; *Freund*, Verdeckungsmord durch Unterlassen?, NStZ 2004, 123; *Fuhrmann*, Die Verdeckungsabsicht beim Mord, JuS 1963, 19; *ders.*, Referat (Titel wie bei Eser, Gutachten) 53. DJT (1980) Bd. II M 7 ff.; *Geilen*, Heimtücke und kein Ende – zur Agonie eines Mordmerkmals, Schröder-GS 1978, S. 235; *ders.*, Bedingter Tötungsvorsatz bei ... Verdeckung ..., Lackner-FS 1987, S. 571; *Geppert*, Zum Begriff der heimtückischen Tötung in § 211 StGB, vornehmlich an Hand neuerer höchstrichterlicher Rechtsprechung, Jura 2007, 270; *Göppinger/Bresser* (Hrsg.), Tötungsdelikte, Kriminologische Gegenwartsfragen Heft 14, 1980; *Gössel*, Empfiehlt sich eine Änderung der Rechtsprechung zum Verhältnis der Tatbestände der vorsätzlichen Tötungsdelikte (§§ 211 ff. StGB) zueinander?, ZIS 2008, 153; *Grünewald*, Das vorsätzliche Tötungsdelikt, 2010; *dies.*, Tötungen aus Gründen der Ehre, NStZ 2010, 1; *dies.*, Zur Abgrenzung von Mord und Totschlag – oder: Die vergessene Reform, JA 2012, 401; *Günther*, Mordunrechtsmindernde Rechtfertigungselemente, JZ 1985, 268; *Hassemer*, Die Mordmerkmale, insbes. „heimtückisch" und „niedrige Beweggründe", JuS 1971, 626; *Haverkamp*, Zur Tötung von Haustyrannen im Schlaf aus strafrechtlicher Sicht, GA 2006, 586; *Heine*, Tötung aus niedrigen Beweggründen. Eine erfahrungswissenschaftlich-strafrechtliche Untersuchung zur Motivgeneralklausel, 1988; *ders.*, Stand und Entwicklung der Mordtatbestände – National und International, Brauneck-Ehrengabe 1999, S. 315; *ders. u. a.*, Alternativ-Entwurf Leben (AE-Leben), Entwurf eines Arbeitskreises deutscher, österreichischer und schweizerischer Strafrechtslehrer..., GA 2008, 193; *Hilgendorf*, Strafrecht und Interkulturalität, JZ 2009, 139; *Hirsch*, Zum aktuellen Stand der Diskussion über die Reform der Tötungsdelikte, Rissing-van Saan-FS 2011, S. 219; *Jähnke*, Über die gerechte Ahndung vorsätzlicher Tötung und über das Mordmerkmal der Überlegung, MDR 1980, 705; *Jescheck/Triffterer* (Hrsg.), Ist die lebenslange Freiheitsstrafe verfassungswidrig? Dokumentation über die mündliche Verhandlung vor dem BVerfG (zu BVerfGE 45, 187), 1978; *Kerner*, Der Wandel der höchstrichterlichen Rspr. zu den Mordmerkmalen ..., Heidelberg-FS 1986, S. 419; *Köhler*, Zur Abgrenzung des Mordes. Erörtert am Mordmerkmal „Verdeckungsabsicht", GA 1980, 121; *Köhne*, Mord und Totschlag – Notwendige Reform der vorsätzlichen Tötungsdelikte, ZRP 2007, 165; *ders.*, Immer noch reformbedürftig: Strafvorschriften zur vorsätzlichen Tötung, ZRP 2014, 21; *Kreuzer*, Kain und Abel. Kriminalwissenschaftliche Betrachtungen zu einem Menschheitsthema, Kaiser-FS 1998, S. 215; *ders.*, Notwendigkeit der Reform des Tötungsstrafrechts und der „AE-Leben", Schöch-FS 2010, S. 495; *Kubik/Zimmermann*, Mord und/oder Totschlag? – Eine kritische Analyse aktueller Reformvorschläge zur vorsätzlichen Tötung, StV 2013, 582; *Kühl*, Die sonst niedrigen Beweggründe des § 211 II StGB, JuS 2010, 1041; *Küper*, „Blutrache", „Heimtücke" und Beteiligung am Mord, JZ 2006, 608; *Küpper*, Mord und Totschlag in Mittäterschaft, JuS 1991, 639; *Laber*, Der Schutz des Lebens im

§ 2   Mord und Totschlag, §§ 211–213

Strafrecht, 1997; *Lackner,* Referat (Titel wie bei Eser, Gutachten) 53. DJT (1980) Bd. II
M 25 ff.; *Lange,* Eine Wende in der Auslegung des Mordtatbestandes, Schröder-GS
1978, S. 217; *Lüderssen,* Sollte die Unvernunft nicht doch verdrängt werden?, Schüler-
Springorum-FS 1993, S. 629; *M.-K. Meyer,* Zu den Begriffen der Heimtücke und der
Verdeckung einer Straftat, JR 1979, 441, 485; *Mitsch,* Grundfälle zu den Tötungsdelikten, JuS 1995, 787 (Ende in JuS 1996, 407); *ders.,* Die Verfassungswidrigkeit des § 211
StGB, JZ 2008, 336; *Nehm,* Blutrache – ein niedriger Beweggrund?, Eser-FS 2005, S.
419; *Otto,* Straftaten gegen das Leben, ZStW 83 (1971), 35; *Rengier,* Das Mordmerkmal
„mit gemeingefährlichen Mitteln", StV 1986, 405; *ders.,* Totschlag oder Mord und Freispruch aussichtslos? – Zur Tötung von (schlafenden) Familientyrannen, NStZ 2004,
233; *Reichenbach,* Die Rechtsfolgenlösung des BGH als Weg zur schuldangemessenen
Strafe beim Mord, Jura 2009, 176; *Rieß,* Zur Abgrenzung von Mord und Totschlag,
NJW 1968, 628; *Rüping,* Zur Problematik des Mordtatbestandes, JZ 1979, 617; *Schaffstein,* Zur Auslegung des Begriffs der „heimtückischen" Tötung als Mordmerkmal, H.-
Mayer-FS 1966, S. 419; *Schmidhäuser,* Gesinnungsmerkmale im Strafrecht, 1958; *ders.,*
Zum Mordmerkmal der Habgier ..., Reimers-FS 1979, S. 445; *Schmoller,* Überlegungen
zur Neubestimmung des Mordmerkmals „heimtückisch", ZStW 99 (1987), 389;
Schöch, Elterntötung, Usteri-FS 1997, S. 110; *Schroeder,* Grundgedanken der Mordmerkmale, JuS 1984, 275; *Theile,* Verdeckungsmord und Tötung durch Unterlassen,
JuS 2006, 110; *Schütz,* Niedrige Beweggründe beim Mordtatbestand, JA 2007, 23; *Thomas,* Die Geschichte des Mordparagraphen, 1985; *Valerius,* Der sogenannte Ehrenmord: Abweichende kulturelle Wertvorstellungen als niedrige Beweggründe, JZ 2008,
912; *ders.,* Die Berücksichtigung kultureller Wertvorstellungen im Strafrecht, JA 2010,
481; *ders.,* Kultur und Strafrecht. Die Berücksichtigung kultureller Wertvorstellungen
in der deutschen Strafrechtsdogmatik, 2011; *Veh,* Mordtatbestand und verfassungskonforme Rechtsanwendung, 1986; *Walter,* Vom Beruf des Gesetzgebers zur Gesetzgebung – Zur Reform der Tötungsdelikte und gegen Fischer et al. in NStZ 2014, 9, NStZ
2014, 368; *Weiß,* Die Problematik der Verdeckungsabsicht im Mordtatbestand, 1997;
Wolf, Mörder oder Totschläger? Zum 60jährigen Bestehen des § 211 StGB, Schreiber-
FS 2003, S. 519.

(2) Zur Rechtsvergleichung: *Eser/Koch,* Die vorsätzlichen Tötungstatbestände.
Eine reformpolitisch-rechtsvergleichende Struktur- und Kriterienanalyse, ZStW 92
(1980), 491; *Mayerhofer,* Mord und Totschlag in Österreich, ÖstJZ 1980, 290; *Moos,*
Die Tötung im Affekt im neuen österreichischen Strafrecht, ZStW 89 (1977), 796;
Rengier, Ausgrenzung des Mordes aus der vorsätzlichen Tötung? Eine rechtsvergleichende Darstellung für das österreichische, schweizerische und deutsche Recht,
ZStW 92 (1980), 459; *Schultz,* Die vorsätzlichen Tötungsdelikte in der Schweiz, in:
Göppinger/Bresser – wie oben (1) – S. 13; *Tschulik,* Die vorsätzlichen Tötungsdelikte
im österreichischen Recht, in: Göppinger/Bresser – wie oben (1) – S. 31; *Zipf,* Kriminalpolitische Überlegungen zu einer Reform der Tötungsdelikte unter besonderer
Berücksichtigung des neuen österreichischen Strafrechts, Würtenberger-FS 1977,
S. 151.

**(3) Überwiegend zur Kriminologie und zur lebenslangen Freiheitsstrafe (mit
§ 57a):** *Ahlemann,* Lebenslänglich oder Der Tod auf Raten, 1979; *De Boor,* Antrieb und
Hemmung bei Tötungsdelikten, 1982; *Brückner,* Zur Kriminologie des Mordes, 1961;
Dotzauer/Jarosch, Tötungsdelikte, 1971; *Ehrenzweig,* Psychoanalytische Rechtswissenschaft, 1973; *Fünfsinn,* Die Rückwirkung des § 57a StGB auf die Bestrafung wegen
Mordes, GA 1988, 164; *Ghysbrecht,* Psychologische Dynamik des Mordes, 1967; *Glatzel,* Mord und Totschlag ... Auswertung psychiatrischer Gutachten, 1987; *Goemann,*
Das Schicksal der Lebenslänglichen, 1977; *Göppinger/Bresser* (Hrsg.) – wie oben (1) –;
v. Hentig, Zur Psychologie der Einzeldelikte Bd. II, Der Mord, 1956; *Kreuzer,* Kriminologische Aspekte zur Debatte um die lebenslange Freiheitsstrafe, ZRP 1977, 49;
ders., Definitionsprozesse bei Tötungsdelikten, Kriminalistik 1982, 428, 491; *Laubenthal,* Lebenslange Freiheitsstrafe, Vollzug und Aussetzung ..., 1988; *Middendorf,* Kriminologie der Tötung, 1984; *Nicolai/Reindl* (Hrsg.), Lebenslänglich: Kontroverse um

Übersicht § 2

die Abschaffung der lebenslangen Freiheitsstrafe, 1993; *Rasch,* Die Tötung des Intimpartners, 1964; *Revel,* Anwendungsprobleme der Schuldschwereklausel des § 57a StGB, 1989; *Röhl,* Die lebenslange Freiheitsstrafe, Kriminologische Forschungen Bd. 6, 1969; *Sessar,* Rechtliche und soziale Prozesse einer Definition der Tötungskriminalität, 1981; *Simons,* Tötungsdelikte als Folge mißlungener Problemlösungen, 1988; *Siol,* Mordmerkmale in kriminologischer und kriminalpolitischer Sicht, 1973; *Steigleder,* Mörder und Totschläger, 1968; *Unruh,* Der Giftmord, 1965; *H.-M. Weber,* Die Abschaffung der lebenslangen Freiheitsstrafe: für eine Durchsetzung des Verfassungsanspruchs, 1999.

(4) **Überwiegend zur Statistik:** *Götz,* 10 Jahre Mordstatistik, GA 1977, 321; *Kerner,* Tötungsdelikte und lebenslange Freiheitsstrafe, Kriminalstatistische Betrachtungen ..., ZStW 98 (1986), 874; *Kreuzer,* Definitionsprozesse – wie oben (3); *Röhl,* Die lebenslange Freiheitsstrafe, Kriminologische Forschungen Bd. 6, 1969; *Sessar* – wie oben (3); *Sturm,* Die Verurteilungen wegen versuchten und vollendeten Mordes von 1882–1976, MDR 1979, 816.

(5) **Überwiegend zur Schuldfähigkeit und zum Affekt:** *Diesinger,* Der Affekttäter, Eine Analyse seiner Darstellung in forensisch-psychiatrischen Gutachten, 1977; *Geilen,* Provokation als Privilegierungsgrund der Tötung? – Kritische Betrachtungen zu § 213 StGB, Dreher-FS 1977, S. 357; *Krümpelmann,* Affekt und Schuldfähigkeit, 1988; *ders.,* Empirie und Normativität in den Rechtsbegriffen der Willenssteuerung, in: Hommers (Hrsg.), Perspektiven der Rechtspsychologie, 1991, S. 13; *ders.,* Die strafrechtliche Beurteilung der sog. Affekttaten, in: Saß (Hrsg.), Affektdelikte, 1993, S. 18; *Middendorff,* in: Göppinger/Bresser – wie oben (1) – S. 133; *Moos,* Die Tötung im Affekt im neuen österreichischen Strafrecht, ZStW 98 (1977), 796; *Rasch,* Die psychologisch-psychiatrische Beurteilung von Affektdelikten, NJW 1980, 1309; *Schneider,* Überlegungen zur restriktiven Auslegung von § 213, NStZ 2001, 455; *Walder,* Der Affekt und seine Bedeutung im schweizerischen Strafrecht, ZStrR 81 (1965), 24.

Übersicht

	Rn.
I. Rechtsgut und kriminalpolitischer Hintergrund	1
1. Rechtsgut, Überblick	1
2. Zur Rolle der Sachverständigen	6
3. Umfang der Kriminalität	8
II. Mordmerkmale (MMe) und der Sanktionensprung zu lebenslanger Freiheitsstrafe (llF)	10
1. Der Sanktionensprung (Grundlegung)	10
2. Abmilderungen des Sanktionensprungs	11
a) Relativierung der llF: § 57a und der besonders schwere Mord	11
b) Auch bei Totschlag ausnahmsweise llF	14
c) Typenkorrektur – Verneinung der MMe über die Generalklausel der besonderen Verwerflichkeit	15
d) Rechtsfolgenlösung	17
3. Verwerflichkeit, Gefährlichkeit – Legitimation des Sanktionensprungs und der MMe	19
a) Maximale Abschreckung und das MM der Überlegung	19
b) MMe als besondere Verwerflichkeit	20
c) Besondere Gefährlichkeit als Erklärung der MMe	21

4.	Kollaps des § 211 unter der Last des case law – Ausblick de lege ferenda	23
5.	Rechtsvergleichende Hinweise	24

III. Die Abgrenzung zwischen Mord und Totschlag 26
   1. § 212 als Grundtatbestand; § 211 als Qualifikation (h. L.) –
      Konsequenzen für die Teilnahme 26
      a) MMe als qualifizierte Merkmale 26
      b) Täter- und tatbezogene MMe 28
   2. Selbstständigkeit von § 211 und § 212 (BGH) –
      Konsequenzen für die Teilnahme 31
      a) Selbstständigkeit der Tatbestände – Akzessorietät der Teilnahme .. 31
      b) Einzelfragen, insbesondere zu bei Täter und Teilnehmer
         gekreuzten MMen 33
      c) Stellungnahme 40

IV. Die MMe im Einzelnen 42
   1. Systematische Stellung der MMe, insbesondere Trennung zwischen
      objektiven und subjektiven Elementen 42
   2. Die tatbezogenen MMe im Einzelnen 44
      a) Heimtückisch 44
      b) Grausam 51
      c) Mit gemeingefährlichen Mitteln 52
   3. Die täterbezogenen MMe 54
      a) Mordlust 54
      b) Zur Befriedigung des Geschlechtstriebs (Sexualmord) 55
      c) Aus Habgier 56
      d) Um eine andere Straftat zu ermöglichen oder zu verdecken 62
      e) Aus niedrigen Beweggründen 67

V. Totschlag und Totschlag im Affekt, §§ 212, 213 74
   1. Totschlag, § 212 74
   2. Affekt und andere minder schwere Fälle, § 213 78
      a) Sperrwirkung des § 211 78
      b) Affekt 79
      c) Andere minder schwere Fälle 81
   3. Kindestötung als minder schwerer Fall nach §§ 212, 213 83
   4. Tötung auf Verlangen, § 216 84

VI. Menschqualität, Konkurrenzfragen 85
   1. Menschqualität 85
   2. Konkurrenzfragen 86

I. Rechtsgut und kriminalpolitischer Hintergrund

1. Rechtsgut, Überblick

Bitte schreiben Sie drei Mordsachverhalte, die Ihnen spontan einfallen, stichwortartig nieder. Die Fälle mögen passiert oder erdacht sein.

§§ 211–213 stellen die vorsätzliche Vernichtung des Rechtsguts „Leben" unter Strafe[1]. Das Leben ist das wertvollste Individualrechtsgut. Was unter „menschlichem Leben" zu verstehen ist, ist weitgehend evident[2]. Ob Rechtsgüter der Gemeinschaft höherrangig sein können, mag hier dahinstehen. Eine Entscheidung dieser Frage lässt sich jedenfalls nicht mithilfe des systematischen Arguments gewinnen, dass der BT den Schutz von Gemeinschaftswerten an die Spitze stelle (so das StGB) oder dass er mit den Strafnormen zum Schutz des Lebens beginne (so der E 1962). – Aus dem hohen Rang dieses Rechtsguts scheint sich die Notwendigkeit und die Rechtfertigung des Einsatzes von Strafnormen zu seinem Schutz ganz selbstverständlich zu ergeben. In der Tat gibt es keine Rechtsordnung, die auf strafrechtlichen Schutz des Lebens verzichtet. Die strafrechtliche Absicherung des „Du sollst nicht töten" reicht geschichtlich bis in die Anfänge des Rechts überhaupt zurück. Mit der Bedeutung des Rechtsguts hängt es auch zusammen, dass keine Tätergruppe so erforscht ist wie die der Mörder. Schon im Untersuchungsmaterial von *Lombroso* nehmen die Mörder eine besonders wichtige Stellung ein.

Die Resultate sind kärglich[3]. Der Kriminologe *von Hentig*[4] behilft sich mit dem poetischen Ausdruck vom Mord als „Grundtatsache des Lebens". Eine Begründung scheint nicht erforderlich. *Freud*[5] schreibt: „Rein vernünftige Motive richten noch beim heutigen Menschen wenig gegen leidenschaftliche Antriebe aus; um wie viel ohnmächtiger müssen sie bei jenem Menschentier der Urzeit gewesen sein! Vielleicht würden sich dessen Nachkommen noch heute hemmungslos, einer den anderen, erschlagen, wenn unter jenen Mordtaten nicht eine gewesen wäre, der Totschlag des primitiven Vaters, die eine unwiderstehliche, folgenschwere Gefühlsreaktion heraufbeschworen hätte. Von dieser stammt das Gebot: du sollst nicht töten." – Dahinter steht **auch** die Vorstellung, dass beim Menschentier der Urzeit Mord eine Grundtatsache des Lebens gewesen ist, die seit dem Entsetzen über den Totschlag des Urvaters jedoch durch Verbote mehr und mehr unterdrückt wird. – Radikal anders die **Verhaltensforschung:** Sie nimmt an, dass die biologische Hemmung, den Artgenossen zu töten, auch

---

1 Zu § 216, Tötung auf Verlangen, s. u. § 3.
2 Zu Abgrenzungsfragen, insbesondere am Anfang und Ende des Lebens, u. Rn. 85.
3 Zu den prinzipiellen Schwierigkeiten der Kriminologie, hier „Erkenntniskriterien" zu liefern, *Kerner*, Heidelberg-FS 1986, S. 419 (429 ff.).
4 *Von Hentig*, Zur Psychologie der Einzeldelikte, Bd. II, Der Mord, 1956, S. 5.
5 *Freud*, Die Zukunft einer Illusion, Gesammelte Werke Bd. 14, 1948, S. 363 ff. – Beispiel für die tiefenpsychologische Analyse eines Mordes bei *Alexander/Staub*, Der Verbrecher und sein Richter, 1929 (Neudruck in Psychoanalyse und Justiz, hrsg. von T. Moser, 1971, S. 345 ff.).

beim Menschen vorhanden ist. Diese Hemmung wird jedoch durch den Werkzeuggebrauch überrumpelt *(Lorenz)*[6].

3 So konträr diese Ansätze sind, führen sie doch zu derselben an das Strafrecht zu richtenden Frage. Gleichgültig, ob die Tötungshemmung biologisch angelegt ist oder ob sie eine in Jahrtausenden aufgebaute und gefestigte kulturelle Errungenschaft darstellt: Wie kommt es, dass eine solche Barriere überwunden wird, und kann das Strafrecht einen Beitrag leisten, um diese Hemmung aufrechtzuerhalten? Gerade am Mord zeigt sich die Fragwürdigkeit der These von der **Abschreckungswirkung der Strafdrohung**. Das soll nachstehend durch Bildung von drei Fallgruppen verdeutlicht werden.

(1) Weil die Tötungshemmung so stark ist, spielt in einer an erster Stelle zu nennenden Gruppe von Fällen für den Täter, der diese Hemmung überwindet, die Strafdrohung angesichts der dramatischen Motive keine oder allenfalls eine untergeordnete Rolle. Der **eifersüchtige Liebhaber**, der die Freundin niedersticht, dann seinen besten Anzug anzieht und sich der Polizei stellt – er steht unter einer so starken Motivation, dass ihn die Vorstellung der Strafe nicht anders motivieren kann.

(2) In starke, die Tötung auslösende Motive kann man sich noch in etwa hineinversetzen. Dagegen stehen wir einer an zweiter Stelle zu nennenden Gruppe von Morden (insbesondere **kleinen Raubmorden**) verständnislos gegenüber. Es sind Fälle, in denen die **Beute** gering war und zudem genauso leicht oder leichter **ohne Tötung** erreichbar gewesen wäre[7].

(3) Vielfach rücken die beiden vorstehend skizzierten Fallgruppen in den Hintergrund unseres Bewusstseins. Primär betrachten wir eine hier an letzter Stelle erwähnte Gruppe von Fällen als „normal", in denen die Strafdrohung prinzipiell wirkt. Es sind etwa der raffinierte (Gift-)Mord oder der ausgeklügelte „**große**" **Raubmord**.

Wer der Bitte – eingangs vor Rn. 1 – nachgekommen ist und einige Lebenssachverhalte skizziert hat, sollte die Einordnung in die bisher genannten Gruppen versuchen. Es dürfte sich ergeben, dass die an zweiter Stelle genannte Gruppe der „unnötigen" Morde unterrepräsentiert ist.

4 Aus den Vorkehrungen, die der planende Täter in solchen „normalen" Fällen der vorstehenden Fallgruppe (3) gegen seine Überführung trifft, schließt man auf die prinzipielle Wirksamkeit der Strafdrohung. Der Täter unterscheidet sich vom gesetzestreuen Bürger nur dadurch, dass ihn die Strafdrohung zwar auch motiviert, aber leider nicht zum Unterlassen, sondern nur zum Verbergen der Tat. Die Strafdrohung in Verbindung mit der Drohung der Entdeckung scheint so geeignet, potenzielle Täter abzuhalten und zum Schutz des Rechtsguts „Leben" beizutragen. Ob dem wirklich so ist, führt zu der im AT zu erörternden Frage nach der psychologischen Realität der Androhungsgeneralprävention, also der abschreckenden Wirkung der Strafdrohung.

---

6 *Lorenz*, Ganzheit und Teil in der tierischen und menschlichen Gemeinschaft (in: Gesammelte Abhandlungen Bd. II, 1965), S. 114 ff., S. 151, S. 190 ff.
7 Zu solchen Fällen *v. Hentig*, a. a. O. S. 48 f.

Zu bedenken ist auch, dass das **Rachebedürfnis** des Verletzten als eine Wurzel der staatlichen Strafe angesehen wird. Das Rachebedürfnis (der Angehörigen) war und ist beim Mord besonders groß. Das mag mit eine Erklärung dafür sein, dass – wie die Diskussion um die Todesstrafe gezeigt hat – der Vergeltungsgedanke bei der vorsätzlichen Tötung besonders lebendig ist und die Durchsetzung der Strafzwecke der Generalprävention und Spezialprävention erschwert. Die **Todesstrafe** für Mord ist bezeichnenderweise die „spiegelnde" Strafe, die sich am längsten erhalten hat und in welcher der Vergeltungsgedanke, das Talionsprinzip, am klarsten zum Ausdruck kommt.

Die **Kriminologie** bemüht sich um eine Kategorisierung der Täter. Zum Teil[8] werden in weitgehender Anlehnung an § 211 StGB Konflikts-, Deckungs-, Gewinn-, Sexual- und sonstige Täter geschieden. Zum Teil[9] werden Rational-, Trieb- und Affekttäter unterschieden oder andere Einteilungen[10] getroffen.

2. Zur Rolle der Sachverständigen

Vorstehend Rn. 3, 4 ist dargelegt, dass nicht der raffinierte Giftmord oder der von langer Hand geplante Raubmord Musterbeispiele der vorsätzlichen Tötung sind, sondern unter besonders starkem Motivationsdruck handelnde Täter. Die Spannweite starker Motive ist groß; sie reicht von der aus der Verzweiflung über das Leiden eines nahestehenden Menschen begangenen Mitleidstötung bis zum Lustmord. Daneben stehen Täter, die unüberlegt aus Hass oder Zorn oder in einer Panikreaktion töten. Die juristische Konsequenz ist die **Überantwortung des Beschuldigten an Sachverständige**: (fast) kein Mordprozess ohne Zuziehung eines Psychiaters oder (meist und) Psychologen.

Sachverständiger Hilfe bedarf das Gericht insbesondere zur Klärung folgender Fragen:

(1) Kann der Motivationsdruck als Störung oder Abartigkeit i. S. des § 20 gewertet werden, also Schuldunfähigkeit oder verminderte Schuldfähigkeit (§ 21) begründen?

(2) Kann man bei Augenblickstaten über die sicher fehlende „Überlegung" hinaus sogar das für den Vorsatz wesentliche Wissen und Wollen der Tat verneinen?

(3) Wenn man bei Augenblickstaten Vorsatz bejaht, ist weiter zu fragen, unter welchen Voraussetzungen ein Affekt i. S. des § 213 anzunehmen ist, ob (wann) ein Affekt zu § 21 oder gar zu § 20 führt[11].

---

8 So *Brückner*, Zur Kriminologie des Mordes, 1961 (im Anschluss an *v. Hentig*); vgl. auch o. Rn. 2.
9 So *Steigleder*, Mörder und Totschläger, 1968.
10 *Glatzel*, a. a. O. unterscheidet Tötungshandlungen der Medea, des Kain und aus „situativer Eigendynamik". Zur Judenvernichtung und anderen Formen der Tötung als „Makrokriminalität" *Jäger*, StV 1988, 172.
11 S. u. Rn. 79.

(4) Schließlich ist oft zweifelhaft, welche Kräfte den Täter im Moment der Tat treiben, ob er sich ihrer bewusst war und ob er die Umstände gekannt hat, die zur Bewertung der Tat als „niedrig" führen (vgl. § 211, niedrige Beweggründe[12]).

Bei der Beantwortung dieser Fragen konkurrieren verschiedene Handlungs- und Bewusstseinslehren der Psychiatrie untereinander und mit in sich wieder verschiedenen Konzepten der Psychologie. Gemeinsam ist allen Ansätzen, dass zur Klärung der Tat eine umfassende Anamnese des Lebens des Beschuldigten vorgenommen wird. Die Verfahren nach §§ 211 ff. werden immer mehr zur Arena, in der Psychiater und Psychologen ihre Fehden austragen und zu beweisen suchen, dass ihre Wissenschaft benötigt wird. Die Juristen liefern mit den Beschuldigten das Material („Untersuchungsgut"), das für die empirische Erprobung der Hypothesen der genannten Wissensgebiete unentbehrlich geworden ist. Mit der fortschreitenden Verfeinerung dieser Wissensgebiete kommt es zu einer **psychischen Vivisektion** des Beschuldigten.

7 Diese Entwicklung ist lange als fortschrittlich angesehen worden, zumal auch die Medien[13] auf die Entblößung der wahren Motive der Beteiligten drängen und das traditionelle „Schuld- und Sühne-Drama" als oberflächlich kritisieren. Zutreffend heißt es dagegen bei *Jähnke*[14]: „Jedoch hat die Rechtsprechung eine ‚Psychologisierung' erreicht, die den Angeklagten zum entpersönlichten Studiengegenstand wissenschaftlicher Testmethoden und Untersuchungen macht ... Dieser ist zum Objekt psychologischer Erörterungen in der Hauptverhandlung geworden, die er selbst nicht versteht oder die ihn in Erstaunen versetzen müssen über das, was in ihm vor und während der Tat alles vorgegangen ist. Dass er die Tat zu verantworten hat, rückt dabei – nicht nur für ihn selbst – in die Ferne (warnend aus psychiatrischer Sicht *Bresser*, NJW 1978, 1188 [1192]; *Feldmann*, MKrim 1966, 204 [208]; gerade umgekehrt *H. Jäger*, MKrim 1978, 297 [308 f.])."

Besonders interessierte Leserinnen und Leser seien hingewiesen auf die Beiträge von *Krümpelmann* und *Moos;* auf die Schrift zum Affekttäter von *Diesinger*, die das psychiatrische und psychologische Schrifttum in einer auch für Juristen lesbaren Weise zusammenfasst; auf die Besprechung der Monografie von *Schewe*, Reflexbewegung, Handlung, Vorsatz, durch *Stratenwerth*, ZStW 85 (1973), 469, sowie auf die Beiträge von *H.-J. Horn* und *Müller-Luckmann* in *Göppinger/Bresser* (nähere Angaben hier im Literaturverzeichnis).

3. Umfang der Kriminalität[15]

8 Das große öffentliche Interesse an Mord und Totschlag (ein Interesse, über das nachzudenken sich lohnt) mag dazu beigetragen haben, dass die Bedeutung dieser Delikte absolut und in Relation zur Gesamtkriminalität

---

12 U. Rn. 42 f., 69.
13 Nachweise schon bei *Arzt*, ZStW 83 (1971), 1 (5).
14 LK-*Jähnke*, § 211 Rn. 5; kritisch auch *Lüderssen*, Schüler-Springorum-FS 1993, S. 629 (638).
15 Die anschließenden Zahlenangaben sind der Polizeilichen Kriminalstatistik 2013 (unter Einbezug der neuen Bundesländer) und der Strafverfolgungsstatistik 2012 entnommen. Angaben zur Verhängung der lebenslangen Freiheitsstrafe 1971–1974 nach *Arzt*, in: Jescheck/Trifftterer, S. 155.

Rechtsgut und kriminalpolitischer Hintergrund § 2 Rn. 9

bei weitem überschätzt wird. Mord, Totschlag und Tötung auf Verlangen (§§ 211–216) sind **seltene Verbrechen** (die Straftaten gegen das Leben machten 2013 weniger als 0,1 % der von der Polizei registrierten 5.961.662 Fälle aus). Im Jahr 2013 wurden der Polizei 531 (2006 = 727, 1996 = noch ca. 1.200) vollendete Taten bekannt. Hinzu kommt fast das Dreifache an Versuchsfällen. Wegen §§ 211, 212, 213 verurteilt werden (einschließlich der Versuchsfälle) mit absteigender Tendenz ca. 600 Personen jährlich (genau: Jahr 2008 = 648, davon 255 nach §§ 211 [, 22, 23]; Jahr 2010 = 617, davon 286 nach §§ 211 [, 22, 23]; Jahr 2012 = 558, davon 227 nach §§ 211 [22, 23]). – Die **Dunkelziffer**, also die Relation der entdeckten zu den unbekannt bleibenden Taten, wird auf etwa 1:3 bis 1:6 geschätzt. Auf eine bekannt gewordene Tat nach §§ 211–213 kommen also drei bis sechs unentdeckt gebliebene „perfekte" Verbrechen[16]. – Die **Aufklärungsquote**, also die Relation der ermittelten Täter zu den nicht ermittelten Tätern, ist bei §§ 211–213 sehr hoch. Sie liegt konstant bei über 90 % (1998 = 95,4 %, 2008 = 97 %, 2013 = 95,8 %). Das liegt sicher daran, dass die Polizei sich bei der Aufklärung dieser Verbrechen besondere Mühe gibt. Es dürfte aber auch damit zusammenhängen, dass – wie o. Rn. 3 ausgeführt – ungewöhnlich viele Täter keine Anstalten machen, die Tat und ihre Täterschaft zu verheimlichen.

Bemerkenswert ist noch, dass **viele Tötungsverbrechen misslingen.** Von den im Jahr 2013 der Polizei bekannt gewordenen 2.122 Taten nach §§ 211, 212, 216 waren 1.591 Versuche. Vielleicht ist in einem Teil der Fälle das Scheitern nicht zufällig, sondern spiegelt ein Hin- und Hergerissensein des Täters wider, der sich (bewusst) über die Tötungshemmung hinwegsetzt, bei dem jedoch (unbewusst) diese Hemmung die Oberhand behält.

Die sich aus diesen Zahlen ergebende relativ große **Wirksamkeit des Tötungstabus** beschränkt sich auf Vorsatztaten. Die zahlreichen Fälle der **fahrlässigen Tötung** zeigen, wie häufig wir so handeln, dass für andere lebensgefährliche Risiken entstehen[17].

Auffällig ist die Beziehung zwischen Opfer und Tatverdächtigem: Bei Mord und Totschlag (einschließlich der Versuchsfälle) waren 2013 bei genau 50,0 % der Opfer Verwandte oder nähere Bekannte tatverdächtig. Ebenso signifikant sind die geschlechtsspezifischen Unterschiede: Bei den im Jahr 2013 registrierten Tötungsdelikten waren 88,0 % der Tatverdächtigen und 67,8 % der Opfer männlich.

Anhand der Tötungsdelikte ist die **Selektion in Strafverfolgung und Strafverfahren** genauer erforscht. Es versteht sich, dass Rückschlüsse auf

---

16 Vgl. das Zahlenmaterial bei *Unruh*, Der Giftmord, 1965, S. 53 f., das nicht auf den Giftmord beschränkt ist. *Sessar*, Tötungskriminalität, a. a. O. S. 80 ff. weist mit Recht darauf hin, dass sich die Problematik der Dunkelziffer grundlegend danach unterscheidet, ob es um vollendete oder versuchte Tötung geht. Näher *Schwind*, Kriminologie, § 2 Rn. 37 f. und zur Dunkelziffer allgemein o. § 1 Rn. 24 ff.

17 Zu dieser unerfreulichen Diskrepanz zwischen dem Respekt vor dem „Du sollst nicht (vorsätzlich) töten" und der Bereitschaft zu fahrlässigem Verhalten u. § 4 Rn. 1, 2.

§ 2 Rn. 9   Mord und Totschlag, §§ 211–213

die Selektion bei anderen Straftaten, insbesondere bei der Bagatellkriminalität, nicht gezogen werden dürfen.

Zunächst zur **Definitionsmacht der Polizei** und Staatsanwaltschaft[18]: Nach Ansicht der Polizei werden pro Jahr rund 2.300 Fälle nach §§ 211–216 aufgeklärt, d. h. die Polizei geht davon aus, dass ihr die Ermittlung des Täters gelungen ist. Vergleicht man damit die Zahl der Verurteilten (nur ca. 600 Personen), geht dieser **Schwund** nur zu einem kleinen Teil auf das nach Anklageerhebung beginnende Hauptverfahren zurück. Insbesondere sind Freispruch oder Unterbringung selten; häufiger sind schon Verurteilungen nach §§ 223 ff., 222 statt – wie angeklagt – nach §§ 211 ff. – Überwiegend erklärt sich der Schwund jedoch daraus, dass schon die Staatsanwaltschaft nicht der polizeilichen Betrachtung der Tat (als vorsätzliche Tötung) folgt, sondern „herabdefiniert", insbesondere den Tötungsvorsatz zu Verletzungsvorsatz oder Tötungsfahrlässigkeit. Bei **Tötungsversuchen** wird diese Herabdefinition so massiv, dass *Sessar*[19] von einer „Erosion" im Laufe des Verfahrens spricht. – In einem nicht leicht zu erklärenden Widerspruch mit dieser Herabdefinition steht der bis etwa 1992 zu beobachtende Rückgang der Verurteilungen wegen Körperverletzung mit Todesfolge, § 227 (Hinaufdefinition zu §§ 211, 212?)[20]. In den letzten Jahren hat sich dieser Trend nicht fortgesetzt. – Bei der Bewertung dieser Definitionsänderungen sollte man sich davor hüten, die im Verfahrensablauf spätere Definition als richtig, die frühere als unrichtig anzusehen.

Was die **Definitionsmacht der Gerichte**[21] angeht, wird sie in **Strategien zur Vermeidung der lebenslangen Freiheitsstrafe** besonders deutlich. Auch wenn nach allgemeinem Strafrecht nach § 211 verurteilt wird, wird in der überwiegenden Zahl der Fälle nicht auf lebenslange Freiheitsstrafe erkannt, obwohl bei Mord die lebenslange Freiheitsstrafe zwingend angedroht ist[22]. Verurteilungen nach JGG sind nicht berücksichtigt, weil nach § 18 JGG keine lebenslange Freiheitsstrafe verhängt werden darf. Dieser **Schwund** erklärt sich insbesondere durch extensiven Gebrauch von der fakultativen Strafmilderung in Versuchsfällen und großzügige Annahme verminderter Schuldfähigkeit. BGHGrSSt 30, 105 (3. Türkenfall, 1981) hat den zwingenden Konnex zwischen Heimtückemord und lebenslanger Freiheitsstrafe gelöst[23]. Diese theoretisch wichtige Strategie zur Vermeidung der lebenslangen Freiheitsstrafe hat jedoch zahlenmäßig keine Bedeutung erlangt. – In den letzten 20 Jahren hat sich der Trend abgeschwächt, d. h. die Gerichte weichen der lebenslangen Freiheitsstrafe weniger aus als früher. 1983–1986 ist bei 820 Verurteilten die lebenslange Freiheitsstrafe in 318 Fällen verhängt worden. 1993–1996 wurden 339 von 592 nach § 211 Verurteilten zu einer lebenslangen Freiheitsstrafe verurteilt. Die Erklärung dürfte in der u. Rn. 11 ff. geschilderten Strafrestaussetzung zur Bewährung nach § 57a liegen, also der Relativierung der lebenslangen Strafe.

---

18   Grundlegend *Sessar*, Tötungskriminalität, a. a. O. S. 100 ff., 131 ff.; *Kreuzer*, Kriminalistik 1982, 491 (schöne Beispiele!). Die Kriminalstatistik 2013 weist bei 647 Fällen (inklusive Versuch) nach § 211 (davon über 96 % aufgeklärt) und 1.475 Fällen (inklusive Versuch) nach §§ 212, 213, 216 (davon über 95 % aufgeklärt) 2.617 Tatverdächtige aus (weil an einem Fall mehrere beteiligt sein können).
19   *Sessar*, Tötungskriminalität, a. a. O. S. 7.
20   *Kerner*, ZStW 98 (1986), 874 (einerseits Herabdefinition, S. 899; andererseits Hinaufdefinition, S. 881). – Dazu und zur Frage der richtigen Definition auch *Sessar*, Tötungskriminalität, a. a. O. S. 71, 211 sowie *Frommel*, StV 1982, 533 (535 f.).
21   Zum Folgenden *Eser*, Gutachten D 53 ff.; *Fuhrmann*, Referat M 7, 11 ff.; *Sessar*, Tötungskriminalität, a. a. O. S. 168 ff., 185 ff. – Warnungen vor der Illusion einer wissenschaftlichen (d. h. rechtssicheren) Einzelfallgerechtigkeit bei BGHGrSSt 9, 385 (s. u. Rn. 16); *Arzt*, in: Göppinger/Bresser, S. 60 f.; *Lackner*, Referat M 36, 40, 45.
22   Zu näheren Angaben vgl. o. Fn. 15.
23   U. Rn. 17 f.

Angesichts dieses Ausweichens der Gerichte vor der lebenslangen Freiheitsstrafe als Rechtsfolge ist die spekulative **Frage** legitim, wieweit die Praxis sich trotz der relativ detaillierten Mordmerkmale und der zahlreichen höchstrichterlichen Entscheidungen an anderen Kriterien orientiert, schroff gesagt, wieweit die Richter ihren eigenen Gerechtigkeitsvorstellungen folgen, unter Verstoß gegen die ihnen von Art. 20 III GG auferlegte Bindung an das Gesetz. Das ist ein weites Feld, zu dem die Frage gehört, ob unsere Gesellschaft bereit ist, den unvermeidlichen Preis für gesetzliche Fixierung, nämlich den gedachten und gelegentlich auch realen Extremfall, der nicht gerecht entschieden werden kann, zu bezahlen oder ob die Zeit (wieder einmal) reif ist für den **Ruf nach einem einzelfallgerechten Richterrecht.**

II. Mordmerkmale (MMe) und der Sanktionensprung zu lebenslanger Freiheitsstrafe (llF)[24]

1. Der Sanktionensprung (Grundlegung)

Für das geltende Recht ist die **extrem weite Kluft zwischen Mord** 10 **(§ 211) und Totschlag (§§ 212, 213)** charakteristisch: Für Mord wird llF zwingend angedroht (zwingend, d. h. bei Vorliegen des MMs muss auch in Extremfällen llF verhängt werden)[25].

Für Totschlag wird Freiheitsstrafe nicht unter 5 Jahren angedroht, in minder schweren Fällen sogar nur von 1 Jahr bis zu 10 Jahren (§ 213). Bis zum 6. StrRG (1998) hatte die Mindeststrafe nach § 213 sogar nur 6 Monate, die Höchststrafe nur 5 Jahre betragen. – Anders als für Totschlag gibt es für **Mord keine Verjährung** der Strafverfolgung, § 78 II.

Der gravierende Unterschied zwischen den Rechtsfolgen bei Mord bzw. Totschlag erklärt die Erbitterung, mit der um die Auslegung der MMe gestritten wird, also um die Rechtsvoraussetzungen, an die der „Sanktionensprung" geknüpft ist. Gestritten wird nicht nur über Details jedes einzelnen MMs, sondern über den allen MMen gemeinsamen Nenner (Gefährlichkeit/Verwerflichkeit)[26].

2. Abmilderungen des Sanktionensprungs

a) Relativierung der lebenslangen Freiheitsstrafe: § 57a und der besonders schwere Mord

Zur llF[27] kann hier nicht im Einzelnen Stellung genommen werden. Die 11 praktische Bedeutung der Frage, ob die llF rechtspolitisch verfehlt und **abzuschaffen** ist, hängt davon ab, wie großzügig eine Strafrestaussetzung er-

---

24 Im Folgenden: llF = lebenslange Freiheitsstrafe; MM = Mordmerkmal.
25 Zu Mechanismen, die diesen Sanktionensprung abmildern, u. Rn. 11 ff.
26 Dazu Rn. 19 ff.
27 Zur llF vgl. *Goemann*, a. a. O.; *Hanack*, Krim. Gegenwartsfragen (Heft 11) 1974, S. 72; *Einsele/Feige/Müller-Dietz*, Die Reform der lebenslangen Freiheitsstrafe, 1972. Speziell zu Haftschäden durch langen Vollzug vgl. die unterschiedlichen Ansichten von *Bresser*, *Rasch*, *Einsele* und *Stark* in: *Jescheck/Triffterer*, a. a. O. S. 15 ff.; kritische Beiträge im Sammelband von *Nicolai/Reindl* (Hrsg.), Lebenslänglich, a. a. O.

möglicht wird und ob dem Sicherheitsbedürfnis der Rechtsgemeinschaft (wenn nicht durch llF, so) durch Maßregeln Rechnung getragen ist[28].

Seit BVerfGE 45, 187 (aus 1977) muss auch ein zu lebenslanger Haft Verurteilter grundsätzlich die Chance haben, wieder in Freiheit zu gelangen.

BVerfGE 45, 187 (Leitsatz 3): „Zu den Voraussetzungen eines menschenwürdigen Strafvollzugs gehört, daß dem zu lebenslanger Freiheitsstrafe Verurteilten grundsätzlich eine Chance verbleibt, je wieder der Freiheit teilhaftig zu werden. Die Möglichkeit der Begnadigung allein ist nicht ausreichend; vielmehr gebietet das Rechtsstaatsprinzip, die Voraussetzungen, unter denen die Vollstreckung einer lebenslangen Freiheitsstrafe ausgesetzt werden kann, und das dabei anzuwendende Verfahren gesetzlich zu regeln."

Der **EGMR** hat entschieden, dass die Verhängung einer llF ohne Möglichkeit auf spätere Freilassung oder Haftüberprüfung menschenrechtswidrig ist[29].

Die gesetzliche Regelung der Strafrestaussetzung bei llF ist erst vier Jahre nach dem Urteil *BVerfGE 45, 187* durch das 20. StrÄndG (1981) erfolgt, vgl. insbesondere § 57a. Der Forderung BVerfGE 45, 187 entsprechend geht das Gesetz, ohne dies klar zu sagen, davon aus, dass die **Strafrestaussetzung die Regel** zu sein hat – künftige Ungefährlichkeit des Täters vorausgesetzt, § 57a I 1 Nr. 3 i. V. mit § 57 I 1 Nr. 2. Das ist auch in der Praxis der Fall. – § 57a schließt eine frühere Strafrestaussetzung als nach 15 Jahren aus. Eine Begnadigung bleibt möglich. Die in § 57a I 1 Nr. 2 vorgesehene Vollstreckung über 15 Jahre hinaus mit Blick auf „die besondere Schwere der Schuld" bekräftigt dieses Prinzip der Regelaussetzung insofern, als auch bei besonderer Schuldschwere die Aussetzung des Strafrestes zur Bewährung möglich ist, freilich erst nach einer Strafverbüßung, die länger als 15 Jahre dauert[30]. Zwar kann im Einzelfall die Strafe „im Wortsinne ein Leben lang vollstreckt" werden[31]. Das ist aber selten vorstellbar, weil ein gerechter Schuldausgleich erfordert, dass auch der Verurteilte mit besonders schwerer Schuld eine Chance haben muss, wieder in Freiheit zu gelangen[32]. Im Schrifttum ist man sich weitgehend darüber einig, dass § 57a I 1 Nr. 2 in ganz unglücklicher Weise auf Mord, d. h. auf den in § 211 umschriebenen besonders schweren Fall einer Tötung, noch einen besonders schweren Fall des Mordes aufgepfropft hat.

---

28 Zur Sicherungsverwahrung und Mord als Tötung durch einen besonders gefährlichen Täter u. Rn. 22.
29 EGMR, Urteil vom 9.7.2013 – 66069/09; 130/10; 3896/10 – geklagt hatten drei verurteilte Straftäter aus Großbritannien. Seit einer Gesetzesänderung im Jahr 2003 besteht dort bei zu llF Verurteilten keine Chance auf Freilassung. Allein der Innenminister kann in Einzelfällen Häftlinge begnadigen.
30 BT-Drucks. 8/3218, S. 7; BVerfGE 64, 261 (Berücksichtigung bes. Schuldschwere bei Beurlaubung eines zu llF Verurteilten). – Angaben zum Vollzug der llF in BT-Drucks. 13/4830 (1996).
31 BVerfG, NJW 1986, 2241 (2242).
32 *Fischer*, § 57a Rn. 13.

Den eindeutigen Wortlaut des § 57a, der die Feststellung der Schuld- 12
schwere dem Vollstreckungsgericht zuweist, hat BVerfGE 86, 288 durch
sogenannte verfassungskonforme Auslegung in sein Gegenteil verkehrt.
Das befremdet umso mehr, als noch BVerfGE 72, 105 von der Verfassungsmäßigkeit des § 57a ausgegangen war, ohne dessen Wortlaut Gewalt anzu-
tun. An dieser neuen Entscheidung zeigt sich einmal mehr das BVerfG als
Besen, den strafrechtliche Zauberlehrlinge gegen politisch unerwünschte
Entscheidungen des Gesetzgebers so lange zu Hilfe gerufen haben, bis er
sich nicht mehr in die Ecke stellen lässt[33]!

BVerfGE 86, 288 lässt eine für den Mörder negative Entscheidung des 13
Vollstreckungsrichters (d. h. **keine Aussetzung** nach 15 Jahren wegen besonderer Schuldschwere, § 57a I 1 Nr. 2) nur zu, wenn der **Tatrichter** diese
besondere Schuldschwere bejaht hatte. Was **besondere Schuldschwere** bedeutet, war streitig (deutlich schwerere Schuld als die „normale" § 211-
Schuld oder deutlich schwerer als die „Mindestschuld", die den MMen zugrunde liegt oder gedankliche Anlehnung an „Regelbeispiele" für besonders schweren Mord etc.). Richtig dürfte es sein, wenn das Tatgericht zur
Zeit der Aburteilung die besondere Schuldschwere nicht nur ganz ausnahmsweise bejaht (weil es so dem Vollstreckungsgericht eine für den
Mörder **negative Entscheidung möglich** macht). Das Vollstreckungsgericht sollte die Strafrestaussetzung wegen besonderer Schuldschwere jedoch nur ausnahmsweise versagen, insbesondere in den Fällen, in denen
Schuldschwere auf weitere Gefährlichkeit nach § 57a I 1 Nr. 3 hindeutet[34].

BGHGrSSt 40, 360 hat alle derartigen Vergleichsschuldtypen abgelehnt:
„Die Feststellung der besonderen Schwere der Schuld nach § 57a Abs. 1
Satz 1 Nr. 2 StGB verlangt Umstände von Gewicht. Der Tatrichter hat seine Entscheidung aufgrund einer Gesamtwürdigung von Tat und Täterpersönlichkeit zu treffen" (LS). – Dahinter steckt wesentlich der Wunsch,
dem Tatrichter einen Beurteilungsfreiraum zu eröffnen. Die Kontrolle
durch den BGH mag Begründungsfehler ans Licht bringen, etwa wenn die
für das MM benötigten Faktoren auch zur Begründung der besonderen
Schuldschwere herangezogen werden. Zu dieser Analogie zu § 46 III vgl.
BGHSt 42, 226. Es ist jedoch zu bezweifeln, dass die Ergebnisse der Judikatur via § 57a konsistenter ausfallen, als sie es nach der früheren Gnaden-
praxis gewesen sind, an der vor mehr als 20 Jahren *BVerfGE 45, 187* Anstoß genommen hatte!

Das Vollstreckungsgericht ist bei seiner Entscheidung an die Feststellung der besonderen Schuldschwere zur Aburteilungszeit gebunden. Weil

---

33 Mit Recht tituliert *Meurer*, JR 1992, 441 (450) am Ende seiner kritischen Besprechung dieses
Beschlusses das BVerfG „als Elefant im strafrechtlichen Porzellanladen". Der gleiche Eindruck
(gutmütig, wohlmeinend, mächtig und total zerstörerisch) entsteht beim Einbruch des Verfassungsrechts ins Strafrecht mithilfe des Gleichheitssatzes, dazu *Arzt*, Stree/Wessels-FS 1993,
S. 49 (67). Nach *Kaiser*, Kriminologie, § 93 Rn. 10 hat BVerfGE 64, 261 (vgl. dazu Fn. 30) zur
llF „eine verhängnisvolle Entwicklung ausgelöst."
34 U. Rn. 22.

das Vollstreckungsgericht die Wirkung der Strafvollstreckung zu bedenken hat, kann es jedoch trotz Bejahung der besonderen Schuldschwere durch das Tatgericht die Strafrestaussetzung nach 15 Jahren anordnen, weil die Schuldschwere weitere Vollstreckung nicht „gebietet"[35].

b) Auch bei Totschlag ausnahmsweise lebenslange Freiheitsstrafe

14 Theoretisch ist llF auch bei § 212 möglich, und zwar in unbenannten „besonders schweren Fällen", § 212 II. Praktisch spielt diese Bestimmung jedoch eine außerordentlich geringe Rolle[36]. Gestützt auf § 212 II ist llF 2012 = 0 Mal, 2005 = 3 Mal, 1996 = 0 Mal und 1986 = 1 Mal verhängt worden. Insbesondere kann man der Frage, ob ein MM erfüllt sei, nicht mit dem Argument ausweichen, „jedenfalls" sei es „fast" erfüllt – und darauf die Verhängung der llF nach § 212 II stützen. Der BGH verlangt für die Anwendung des § 212 II die Feststellung ganz besonderer schulderhöhender Momente. Das fällt den Tatgerichten noch schwerer als die Feststellung eines MMs, sodass § 212 II nahezu bedeutungslos geblieben ist.

c) Typenkorrektur – Verneinung der Mordmerkmale über die Generalklausel der besonderen Verwerflichkeit

15 Selbst wenn der Sprung zur llF aus den vorstehend dargestellten Gründen gemildert wird, bleibt er immer noch so empfindlich, dass ein Teil des Schrifttums diesen Sprung nicht von subtilen Auslegungsdetails eines MMs abhängig machen möchte. MMe seien Beispiele für einen den Sanktionensprung rechtfertigenden Typus. Meist wird dieser **Typus** als **besondere Verwerflichkeit** bezeichnet. Wo trotz Bejahung des MMs dieser Typus nicht gegeben sei, kommt es zur **Typenkorrektur,** also zur Nichtanwendung des § 211 trotz MMen. Mindestens terminologisch klingt hier die Lehre vom **Tätertypus** nach, die bei der Formulierung des § 211 im Jahre 1941 („Mörder ist ...") dem Zeitgeist entsprochen hatte[37].

Beispiel: *BGHSt 8, 216* **(Brei-Fall):** Die Mutter tötet ihr kleines Kind dadurch, dass sie ihm Schlaftabletten ins Essen mischt. Tatmotiv ist das Bestreben, die Ehe zu retten. Die heimtückische Ausführung – und damit die llF – hängt nach BGHSt 4, 11; 8, 216 davon ab, ob die Mutter bitter schmeckende Tabletten verwendet oder nicht. Schmecken sie nicht bitter, so würde sie das Kind auch pur nehmen, folglich wird durch das Vermischen mit dem Essen nicht „der natürliche Abwehrinstinkt des Kindes ausgeschaltet", BGHSt 8, 216 (219), und es liegt keine Heimtücke vor. – An BGHSt 8, 216 wird der „Sprung" zur llF und die Überschätzung des MMs besonders deutlich. Lehnt man Mord ab, kann und muss man beim Strafrahmen von 5 bis 15 Jahren die Motive der Täterin strafmildernd berücksichtigen.

---

35 So h. M., die Behandlung von Altfällen und viele Details dieser diffizilen Kompetenzabgrenzung Tatgericht/Vollstreckungsgericht sind umstritten, zusammenfassend (teils von der h. M. abweichend) *S/S/Stree/Kinzig*, § 57a Rn. 6 ff. BGHSt 44, 350 hat dem Tatgericht die § 57a-Entscheidung in allen Fällen der Verhängung der llF übertragen (z. B. auch bei Mordversuch).
36 Das gilt auch für die wenigen anderen Tatbestände, in denen llF angedroht ist (z. B. § 251), vgl. *Kaiser*, Kriminologie, § 93 Rn. 6.
37 Zu Tätertypus und restriktiver Auslegung *Baumann/Weber/Mitsch*, § 3 Rn. 104 ff.

Die Vertreter dieser Typenkorrektur möchten die Bestrafung aus § 211 neben der Erfüllung eines geschriebenen MMs von der zusätzlichen Erfüllung eines allgemeinen **ungeschriebenen MMs der besonderen Verwerflichkeit** der Tat abhängig machen[38]. Insbesondere die Gerichte haben sich mit guten Gründen gegen ein solches ungeschriebenes Merkmal ausgesprochen. Es würde auf eine Korrektur des Tatbestandes hinauslaufen. Diese Korrektur würde bedeuten, dass nicht der Gesetzgeber, sondern der Richter die Kriterien bestimmen würde, die Totschlag zum Mord machen. Die Bedeutungslosigkeit des § 212 II zeigt, wie schwierig es ist, losgelöst von detaillierten gesetzlichen Vorgaben den Sanktionssprung zu begründen.

BGHGrSSt 9, 385 (389), **erweiterter Suizid** (d. h. bei einem Suizidversuch will der Suizident Angehörige, die er liebt, mit in den Tod nehmen): „Die Entstehungsgeschichte und die Fassung des § 211 StGB zeigen deutlich das rechtspolitische Anliegen des deutschen Gesetzgebers, dem Richter für die Beurteilung der Frage, ob eine Tötung Mord oder Totschlag ist, klare und festumrissene Tatbestände an die Hand zu geben. Das Gesetz umschreibt abschließend die Fälle, die es als besonders verwerflich und deshalb als Mord beurteilt. Es soll deshalb nicht von einer richterlichen Wertung des Gesamtbildes der Tat abhängen, ob der Täter wegen Mordes oder wegen Totschlags verurteilt wird." BGHGrSSt 30, 105 hat diese Ablehnung der Typenkorrektur bekräftigt, freilich eine höchst dubiose „Rechtsfolgenlösung" kreiert, dazu die folgende Rn.

Es ist verständlich und auch richtig, dass sich die Richter gegen die zusätzliche Verantwortung sträuben, die mit einer Tatbestandskorrektur verbunden wäre. Rechtsstaatliche Bedenken (wegen der Unbestimmtheit dieses Korrektives der besonderen Verwerflichkeit) bestehen an sich deshalb nicht, weil dieses Merkmal zu bestimmten MMen hinzutreten muss. Es begünstigt also den Täter. Freilich ist nicht zu verkennen, dass eine gut gemeinte, den Täter begünstigende Korrektur des § 211 (bestimmtes MM liegt vor, trotzdem nur § 212, weil die unbestimmte allgemeine Verwerflichkeit nicht gegeben ist) rasch in das Gegenteil umschlagen kann. Hat der Richter den Tatbestand erst einmal zugunsten des Täters korrigiert, könnte er sich in anderen Fällen zur Annahme von Mord gedrängt sehen, wo die besonderen MMe nicht erfüllt sind, aber die Tat besonders verwerflich ist[39].

---

[38] *S/S/Eser/Sternberg-Lieben*, § 211 Rn. 10 m. w. N. (dort auch zum subtilen Unterschied, ob neben dem MM die besondere Verwerflichkeit positiv festzustellen ist oder ob § 211 nur via negativer Typenkorrektur auszuschließen ist, wenn neben dem MM das Fehlen der besonderen Verwerflichkeit feststeht). Zu positiver bzw. negativer Typenkorrektur *Möhrenschlager*, NStZ 1981, 57. – *Wessels/Hettinger*, BT 1, Rn. 133, sieht den Streit um die negative Typenkorrektur als (gegen diese Lehre) entschieden an. – Für eine Typenkorrektur werden vor allem Fälle „halber" Rechtfertigung oder „halber" Entschuldigung ins Feld geführt, so *Günther*, JZ 1985, 268; vgl. dazu u. Rn. 60, 78 f.

[39] *Maurach/Schroeder/Maiwald*, BT 1, § 2 Rn. 25 bezeichnet es als „ein Gebot der Rechtssicherheit, Anwendung oder Nichtanwendung des einschneidendsten Tatbestandes unseres Strafrechts nicht von einer allein in die Hand des Richters gelegten Generalklausel der ‚Verwerflichkeit' abhängig zu machen".

d) Rechtsfolgenlösung

17 BGHGrSSt 30, 105 hat im 3. Türkenfall daran festgehalten, dass § 211 nicht durch ein ungeschriebenes allgemeines MM korrigiert werden dürfe. Zugleich hat der BGH für extreme Ausnahmefälle die Möglichkeit eröffnet, trotz Verwirklichung des MMs der **Heimtücke** von der llF abzugehen, sog. **Rechtsfolgenlösung**. Das soll nicht durch Rückgriff auf §§ 212, 213 geschehen, sondern über § 211 i. V. m. § 49 I Nr. 1 i. V. m. dem verfassungsrechtlichen Verbot unverhältnismäßig harter Strafen.

Dem 3. Türkenfall liegt folgender **Sachverhalt** zugrunde: T und E sind verheiratet. O, der Onkel des T, vergewaltigt E. E berichtet dies nach geraumer Zeit dem T. Weder T noch E, die mehrere Suizidversuche unternimmt, können die Tat überwinden, zumal O den T verhöhnt und beschimpft. T entschließt sich daraufhin zur Tötung des O. T sucht O und trifft ihn in dessen Stammlokal beim Kartenspielen an; er „grüßte zu ihm hin" und streckt dann den arglosen O mit 14 bis 16 Schüssen nieder. – Der *Große Senat* verwirft die „Typenkorrektur"[40] ebenso wie die von einigen Autoren vertretene Interpretation der Heimtücke als eines verwerflichen Vertrauensmissbrauchs[41]. – Der BGH eröffnet aber in extremen Fällen (also unter viel strengeren Voraussetzungen als gem. § 213!) die Möglichkeit, § 49 I Nr. 1 anzuwenden und somit von der llF abzusehen: „Auch wenn in Fällen heimtückischer Tötung außergewöhnliche Umstände vorliegen, aufgrund welcher die Verhängung llF als unverhältnismäßig erscheint, ist wegen Mordes zu verurteilen. Es ist jedoch der Strafrahmen des § 49 I Nr. 1 anzuwenden" (Leitsatz).

Beispiel für außergewöhnliche Umstände nach BGHSt 30, 105 (119): Notstandsnähe, Mitleid, gerechter Zorn, schwere Provokation, zermürbender Dauerkonflikt. – **Es liegt nahe, den für den Mörder günstigen Maßstab der Rechtsfolgenlösung mit dem für den Mörder nachteiligen Maßstab der besonderen Schuldschwere nach § 57a zu synchronisieren**[42]. – BGHSt 30, 105 hat die Abschwächung des Junktims zwischen Tatbestandserfüllung und llF auf die Heimtücke beschränkt. Trotzdem bleibt die Versuchung bestehen, auch andere, auf der Ebene der Rechtsvoraussetzungen bestehende Probleme auf die Ebene der Rechtsfolgen (Strafzumessung) zu verschieben. BGHSt 35, 116 (127 f.) spielt mit dem Gedanken, Schwierigkeiten bei der Interpretation der Verdeckungsabsicht durch das „Dämmerlicht"[43] der Strafzumessung zu verschleiern. – BGHSt 42, 301 (Dolantin) hat die Ausdehnung der Rechtsfolgenlösung auf das MM der Habgier abgelehnt.

BGHSt 30, 105 hat in der Literatur einen Schock ausgelöst[44]. Die erste Welle der Reaktionen war vom Bestreben nach Schadensbegrenzung geprägt (u. a. hier LH 1, 2. Aufl.). Die zweite Welle erinnerte daran, dass

---

40 S. o. Rn. 15.
41 S. u. Rn. 50.
42 S. o. Rn. 13.
43 SK-*Sinn*, § 211 Rn. 9 (gemeint ist die Abenddämmerung).
44 Es ist nicht nur und nicht einmal primär die schroffe Ablehnung in ausführlichen Stellungnahmen (u. a. *Bruns*, Kleinknecht-FS 1985, S. 49; *Fünfsinn*, Jura 1986, 136; *Günther*, NJW 1982, 353; *Spendel*, JR 1983, 269), die den Schock deutlich macht, sondern die in der knappen Darstellung in Lehrbüchern und Kommentaren bei aller Zurückhaltung noch nach Jahren zu spürende Fassungslosigkeit, vgl. *S/S/Eser/Sternberg-Lieben*, § 211 Rn. 10b; Zu den Verteidigern der Rechtsfolgenlösung gehören *Gössel/Dölling*, BT 1, § 4 Rn. 14 ff.; *MüKo-Schneider*, § 211 Rn. 44; *Jähnke*, Spendel-FS 1990, S. 537 und wohl auch *Reichenbach*, Jura 2009, 176. Weitere Nachweise bei *Veh*, a. a. O.

BGHSt 30, 105 mit der Bindung der Justiz an das Gesetz unvereinbar ist. Die Stellungnahmen unterscheiden sich fast nur in der Schärfe der Ablehnung. – Der Kritik ist zuzustimmen. Es ist eines, wenn die Justiz im Interesse einer höheren Gerechtigkeit in extremen Fällen ihrer Bindung an das Gesetz nur noch Lippendienste leistet. Es ist ein anderes, wenn die Justiz sich anmaßt, Einzelfallgerechtigkeit unter ausdrücklicher Absage an die gesetzliche Bindung herzustellen (und die Gnade usurpiert). Man sollte bei aller Kritik an BGHSt 30, 105 jedoch nicht aus den Augen verlieren, dass BVerfGE 45, 187 den der Justiz bei § 211 zur Verfügung stehenden Spielraum überschätzt hat und die **Dauerkrise** (zu der auch § 57a gehört[45]) erst geschaffen hat.

Als vorläufiges **Ergebnis zur Rechtsfolgenlösung** ist festzuhalten: (1) Die Rechtsfolgenlösung ist mit § 211 und der Bindung der Justiz an das Gesetz (Art. 20 GG) unvereinbar; (2) Die Rechtsfolgenlösung ist bisher aus der von BGHSt 30, 105 errichteten Beschränkung auf die Heimtücke nicht ausgebrochen (erfreulich im Sinne einer Schadensbegrenzung); (3) Die Rechtsfolgenlösung ist bisher auch bei der Heimtücke auf so singuläre Sachverhalte beschränkt geblieben, dass sie praktisch nahezu bedeutungslos ist[46]; (4) Die Rechtsfolgenlösung hat den Begründungsaufwand der Tatgerichte empfindlich vermehrt, denn die Frage, ob die Rechtsfolgenlösung in concreto anwendbar ist, muss gestellt werden, obwohl sie fast immer zu verneinen ist; (5) Es ist davon auszugehen, dass ein Nebeneinander zwischen Rechtsfolgenlösung und ungeschriebenem MM der besonderen Verwerflichkeit nicht zu erwarten ist. Nach hier vertretener Ansicht ist weder das eine noch das andere erwünscht, erst recht nicht die Kombination! 18

3. Verwerflichkeit, Gefährlichkeit – Legitimation des Sanktionensprungs und der Mordmerkmale

a) Maximale Abschreckung und das Mordmerkmal der Überlegung

Im Folgenden geht es um die Legitimation des in den MMen steckenden Sanktionensprungs (hinauf in die llF). Praktische Auswirkungen haben die unterschiedlichen Erklärungsversuche vor allem auf die Teilnahme an §§ 211 ff.[47] – Hinter der gesetzgeberischen Behandlung von Mord und Totschlag steckt einerseits der Versuch, die angesichts der mächtigen oder uns rätselhaften Antriebe zur Tötung unsichere Abschreckungswirkung der Strafdrohung durch Steigerung der Drohung doch herzustellen. Das ist eine **Wurzel der Todesstrafe**. Das hartnäckige Festhalten am Mordtatbestand mit der Todesstrafe oder ihrer abgeschwächten Form des bürgerlichen Todes (in Form der llF) wird mit der andernfalls drohenden Abwer- 19

---

45 O. Rn. 11 f.
46 Eines der wenigen Beispiele, wo der BGH sie erwägt, betrifft Aburteilung mehr als 60 Jahre nach der Tat, BGHSt 41, 72 (93) (Mielke).
47 Dazu Rn. 26 ff.

tung des Rechtsguts Leben begründet. Andererseits haben die zahlreichen nicht zu leugnenden Sachverhalte, in denen der Täter sich nicht abschrecken lässt, zu dem Versuch geführt, als Mörder den überlegenden, d. h. den von der Strafdrohung potenziell beeinflussbaren Täter anzusehen. Der nicht überlegende Täter soll milder (als Totschläger) behandelt werden. Im **bis 1941** geltenden Recht war Mörder, wer mit **Überlegung** tötete. Dieses sich in das System von Absicht und Vorsatz schwer einpassende Merkmal war insbesondere auch vom Nachweis her besonders geeignet, den das Gewicht der Abhaltungsgründe wägenden, also den mit der Strafdrohung kalkulierenden Täter in den Vordergrund zu rücken[48]. Im geltenden Recht wird das Fehlen jeder Überlegung als **Totschlag im Affekt** privilegiert, § 213.

In die verbreitete Kritik am MM der Überlegung ist einzustimmen[49]. Die Überlegung kann nicht gewährleisten, dass nur der von der Strafdrohung beeinflussbare Täter unter den Mordtatbestand fällt. Auch ein Täter, der an die Strafe nicht denkt und dem die Entdeckung gleichgültig ist, kann mit Überlegung töten. Vor allem bleibt unklar, warum speziell die vorsätzliche Tötung wegen der Überlegung so sehr viel negativer zu bewerten sein soll, während dieses Merkmal bei allen übrigen Verbrechen keine Rolle spielt. Schließlich fördert dieses Merkmal die Illusion, dass viele Tötungen nach Überlegung wegen der Strafdrohung unterbleiben. – Auch im geltenden Recht steckt die Überlegung in der Heimtücke, denn vor allem der planende Täter wird sein Opfer möglichst dann angreifen, wenn es arg- und wehrlos ist. Zutreffend geht BGHSt 41, 72 (78) **(Mielke)** von „Unrechtskontinuität" zwischen dem MM der Überlegung (bis 1941) und dem MM der „Heimtücke" aus[50].

b) Mordmerkmale als besondere Verwerflichkeit

20   Nach h. M. ist die Erklärung für den Sanktionensprung in der **besonderen Verwerflichkeit** zu finden, die sich in den MMen ausdrückt. Dabei ist zu beachten, dass man diesen Hintergrund der MMe nicht mit der Frage verwechselt, ob in § 211 ein allgemeines MM der besonderen Verwerflichkeit durch Typenkorrektur hineingelesen werden darf oder soll.

Der Gesetzgeber begreift die besondere Verwerflichkeit als **besondere Schuld**, wie sich aus § 57a zweifelsfrei ergibt. Solange jedoch Schuld als Tatschuld prinzipiell auf den Tatbestand und damit auf das Unrecht bezogen wird, bleibt der Schuldsprung von § 212 zu § 211 angesichts des bei § 212 und § 211 gleichen Unrechts (nämlich vorsätzliche Vernichtung eines Menschenlebens) höchst dubios. Noch deutlicher wird die dogmati-

---

48 Der E 1962 sucht dieses MM beschränkt wieder zu beleben; zur Überlegung nach altem Recht und § 135 E 1962 *Arzt*, ZStW 83 (1971), 1 (8 f.). Zur Reform von 1941 vgl. *Frommel*, JZ 1980, 559. – Zur älteren Entwicklung *Schaffstein*, in: Landau/Schroeder (Hrsg.), Strafrecht, Strafprozeß und Rezeption, 1984, S. 145 ff.
49 In neuerer Zeit mehren sich die Stimmen, die allgemein oder bei einzelnen MMen den Gedanken der mangelnden Überlegung oder des Affektes dazu heranziehen wollen, um § 211 zu verneinen, vgl. *Lackner*, Referat M 371 („Renaissance" des Überlegungsmerkmals); *Meyer*, JR 1979, 441 (485); *Rengier*, MDR 1979, 969; 1980, 1; *Schmoller*, ZStW 99 (1987), 389; vgl. ferner Rn. 63, 69.
50 Zur Überlegung beim Verdeckungsmord u. Rn. 63.

sche Singularität, wenn man – wie es vor allem *Schmidhäuser*[51] empfohlen hat – den MMen als **Gesinnungsmerkmalen** eine Sonderstellung im üblichen Unrechts-/Schuld-Schema zuweist. Besonders niedrige Gesinnung zeigt sich nicht nur bei Tötungen, sondern beispielsweise auch im Bagatellbereich, man denke nur an hämische, gemeine und hinterlistige (anonyme!) Ehrverletzungen. Könnte eine besonders gemeine Gesinnung den Sanktionensprung von § 212 hinauf zu § 211 wirklich legitimieren, müsste die besonders verwerfliche Gesinnung bei anderen Tatbeständen die Strafbemessung ebenfalls massiv beeinflussen – und dies ist nicht der Fall.

c) Besondere Gefährlichkeit als Erklärung der Mordmerkmale

Angesichts der Schwierigkeiten, den Sanktionensprung als Schuldsprung mit der besonderen Verwerflichkeit zu erklären, ist es zu begrüßen, dass die Auffassung vordringt, dass sich die Auslegung der MMe nicht an einer vagen Verwerflichkeit, sondern am präziseren Kriterium der **Tätergefährlichkeit** orientieren sollte[52]. 21

Die MMe des geltenden Rechts gehen auf einen Vorschlag *v. Liszts*[53] zurück, der ganz im Zeichen des Gefährlichkeitsmoments gestanden hatte. Für v. Liszt war die besondere **Gemeingefährlichkeit** des Täters für den Mordtatbestand maßgebend. Nicht Unrechts- oder Schuldsteigerung der Tat, sondern gesteigerte Gefährlichkeit des Täters sollte für Mord (und die llF!) entscheidend sein. Dagegen ist nichts einzuwenden, wenn man – wie *Grünhut*[54] – die **Gefährlichkeit** (z. B. des Gewohnheitsverbrechers) **als Schuldmoment** betrachtet. Diese Auffassung ist jedoch mit dem Schuldbegriff unvereinbar, wie er unserem Strafrecht seit der Einführung der zweiten Spur (Maßregeln) zugrunde liegt. Deshalb ist auch die Strafschärfungsvorschrift für Gewohnheitsverbrecher gemäß § 20a StGB a. F. 1970 entfallen. Nur im Mord wirkt die Auffassung einer Sicherungsstrafe nach.

Die Gefährlichkeitslösung lässt sich mit dem derzeitigen engen Verständnis des **Tatschuldgedankens** nicht vereinbaren. Als Tatschuld kann man wohl nur die Tätergefährlichkeit (Gefährlichkeit i. S. künftiger Angriffe auf das Rechtsgut „Leben") erfassen, die in der konkreten Tat ihren Ausdruck findet[55]. Wenn sich trotzdem die Interpretation der MMe (und 22

---

51 *Schmidhäuser*, Gesinnungsmerkmale im Strafrecht, 1958.
52 *Arzt*, ZStW 83 (1971), 1; hier LH 1, 1. Aufl., S. 30 f.; dafür de lege ferenda mit großer Mehrheit der 53. DJT 1980 im Anschluss an das Gutachten von *Eser* und das Referat von *Lackner*; ebenso *Beckmann*, GA 1981, 337; *Gössel*, DRiZ 1980, 281 (285 f.); *Rüping*, JZ 1979, 617 (619); *Schünemann*, Bockelmann-FS 1979, S. 117 (132). – BGHSt 30, 105 (3. Türkenfall, o. Rn. 17) hat „eine bes. gefährliche Begehungsweise" als Kennzeichen des MMs der Heimtücke angesehen; BGHSt 34, 59 (61) stellt ganz allgemein auf „das den Mordvorwurf rechtfertigende Gefährlichkeitsurteil" ab.
53 *V. Liszt*, VDB, Bd. V (1905), S. 101 und S. 7 f. zur Sicherungsstrafe. – Dazu näher *Arzt*, ZStW 83 (1971), 1 (21 ff.) (dort auch zum schweizerischen Recht, das bis zur Neufassung ab 1.1.1990 stark am Gefährlichkeitsgedanken orientiert war).
54 *Grünhut*, Gefährlichkeit als Schuldmoment, Aschaffenburg-FG 1926, S. 87 ff.
55 Beispiel: Tötung durch Schusswaffengebrauch, de lege ferenda als MM vorgeschlagen, vgl. *Eser*, Gutachten D 172, 200; *Lackner*, Referat M 38 f., 45. Im sozialen Fernraum kommt darin eine besondere Gefährlichkeit zum Ausdruck, während es bei Nahraumdelikten (also Kontakten zwischen Täter/Opfer vor der Tat) schon zweifelhaft ist, ob das Erschießen, z. B. der Geliebten, im Vergleich zu anderen Tötungsarten wie Erschlagen, Vergiften, Erdrosseln usw., eine gesteigerte Gefährlichkeit indiziert.

damit die Verhängung der llF) an der Gefährlichkeit des Täters orientiert, dann ist diese dogmatische Inkonsequenz wesentlich darauf zurückzuführen, dass das Sicherungsbedürfnis beim Rechtsgut „Leben" besonders groß ist und über das geltende Maßregelrecht nicht befriedigt werden kann. Der Große Senat hat sogar die besondere Schuldschwere nach § 57a I 1 Nr. 2 in den Dienst einer an der Gefährlichkeit orientierten Betrachtung gestellt, denn als Beispiel für Umstände, die bei einem Mord die Möglichkeit eines 15 Jahre überschreitenden Freiheitsentzugs eröffnen, nennt er „ohne Zusammenhang mit dem Mord begangene ... weitere schwere Straftaten"[56].

Der Gesetzgeber versucht, der Lückenhaftigkeit des Maßregelrechts entgegenzuwirken.

(Primäre) Sicherungsverwahrung ist nach § 66 I, III 1 grundsätzlich nur für Rückfalltäter vorgesehen; ausnahmsweise für Mehrfachtäter, § 66 II, III 2. Ein Gericht kann deshalb im Erkenntnisverfahren die Verwahrung beispielsweise eines Raubmörders ohne Vorstrafen und ohne zusätzliche Straftaten auch dann nicht verbindlich anordnen, wenn die Würdigung des Täters und der Tat ergibt, dass Wiederholungsgefahr besteht. Ersttäter wurden vom Maßregelrecht bisher nur im Rahmen der nachträglichen Sicherungsverwahrung nach § 66b II a. F. erfasst, wenn nach der Verurteilung des Täters neue Tatsachen erkennbar wurden, die auf eine Gefährlichkeit des Täters für die Allgemeinheit hindeuteten. Die Norm wurde jedoch u. a. wegen Bedenken im Hinblick auf Vorgaben der MRK[57] aufgehoben und gilt nun – mit erheblichen Einschränkungen – nur noch für Altfälle[58].

Durch das Gesetz zur Neuordnung des Rechts der Sicherungsverwahrung und zu begleitenden Regelungen vom 22.12.2010 wurde in § 66a II nun aber die Möglichkeit des Vorbehalts der Sicherungsverwahrung bei Ersttätern geschaffen, die ihre Taten nach dem 1.1.2011 begangen haben. Ob § 66a verfassungs- und menschenrechtlichen Bedenken standhalten wird, bleibt abzuwarten[59].

Auch die Gefährlichkeitslösung kann nicht verhindern, dass es Grenzfälle gibt, in denen eine geradezu haarspalterische Auslegung darüber entscheidet, ob das MM vorliegt[60]. Zwischen Rechtssicherheit und Einzelfallgerechtigkeit ist ein besserer Kompromiss erreichbar, wenn man **de lege ferenda** bei § 211 an der Rechtsfolgenseite ansetzt und die Möglichkeit eröffnet, von llF auf zeitige Freiheitsstrafe (mit einem zu diskutierenden Mindestmaß) zurückzugehen[61], als wenn man de lege fe-

---

56 BGHGrSSt 40, 360 (370).
57 Vgl. EGMR, NJW 2010, 2495.
58 Vgl. zu (den Einschränkungen) der Geltung des § 66b a. F. für Altfälle Art. 316e, f EGStGB und BVerfG, NJW 2011, 1931, das die Norm für verfassungswidrig, nach Maßgabe der Gründe jedoch weiter anwendbar erklärt hat.
59 Zur Kritik vgl. *S/S/Stree/Kinzig*, § 66a Rn. 4; MüKo-*Ullenbruch/Morgenstern*, § 66a Rn. 31 ff. Nach BVerfG, NJW 2012, 3357 verstößt § 66 a. F., der keine Ersttäterregelung enthielt, auch unter Berücksichtigung der MRK nicht noch aus anderen als den in BVerfG, NJW 2011, 1931 genannten Gründen gegen das GG; Der EGMR hat über die Vereinbarkeit der vorbehaltenen Sicherungsverwahrung mit der MRK bisher nicht entschieden.
60 Vgl. zur Verwerflichkeitslösung den Brei-Fall o. Rn. 15.
61 Ein Strafrahmenmodell mit fakultativer Anordnung der llF sieht auch der mit der Stellungnahme Nr. 1/2014 im Januar 2014 vorgelegte Entwurf des *Deutschen Anwaltvereins* (DAV) zur Reform der Tötungsdelikte vor: Die Tötung eines Menschen wird demnach mit Freiheitsstrafe nicht unter fünf Jahren oder llF bestraft, wenn nicht ein unbenannter minder schwerer Fall vorliegt. An dieses Positionspapier knüpfen *Deckers/Fischer/König/Bernsmann*, NStZ 2014, 9 an.

renda an den Rechtsvoraussetzungen ansetzt und die MMe i. S. der Regelbeispieltechnik abschwächt[62]. Da die Strafbemessung nur eingeschränkt kontrollierbar ist, werden die Grenzfälle zwar so nicht gerechter gelöst, aber die im Wesen von Grenzen liegende Ungerechtigkeit wird unsichtbar. – Nicht zu billigen ist die von BGHSt 30, 105 schon de lege lata eingeführte **Rechtsfolgenlösung**[63].

4. Kollaps des § 211 unter der Last des case law – Ausblick de lege ferenda

Eine **Bewertung des geltenden Rechts** ist deshalb schwierig, weil auch die Interpretation der Informationen über die praktische Handhabung der §§ 211 ff. vom theoretischen Vorverständnis abhängt. *Kerner*[64] hat sich sowohl mit dem theoretischen Aspekt der MMe als auch mit der Interpretation der statistischen Daten eingehend befasst. Er kommt bezüglich der MMe zum Ergebnis, dass die Konstanz der Handhabung unterschätzt werde, dagegen würden die Chancen überschätzt, durch veränderte deskriptive Definitionen die Rechtssicherheit zu verbessern; es müsse durch Fallrecht ein Katalog sozialethischer Verwerflichkeitskriterien entwickelt werden (mit Unterschieden je nach Angriff im Fernraum bzw. im sozialen Nahraum). Die oben Rn. 8 f. skizzierte Entwicklung der Praxis bezüglich der llF interpretiert *Kerner* als nur scheinbare Entlegitimierung. – In der ersten Auflage dieses Lehrbuchs hat *Arzt* dazu ausgeführt: „Ich[65] gebe zu, dass ich als entschiedener Gegner einer unter Schuld-Sühne-Aspekten lebenslang zu vollziehenden Strafe gelegentlich vom Wunsch beeinflusst sein mag, das Ende einer solchen llF gewissermaßen herbeizureden."

An den Gedanken *Arzts* anknüpfend stellt sich sogar die Frage, ob in Zukunft überhaupt noch ein Bedürfnis nach der llF (und damit nach dem Tatbestand des Mordes) besteht[66]. Schließlich könnte die Tätergefährlichkeit, die nach der hier vertretenen Auffassung den Sanktionensprung zur llF legitimiert, auch im Rahmen des Maßregelrechts Berücksichtigung finden. Dazu müsste die originäre Sicherungsverwahrung auch auf die Fälle ausgedehnt werden, in denen ein Ersttäter handelt – die Änderungen der Vorschriften über die vorbehaltene Sicherungsverwahrung könnten einen

---

62 Der *Alternativ-Entwurf Leben* (AE-Leben, *Heine* u. a., GA 2008, 193), der 2008 von einem Arbeitskreis deutscher, österreichischer und schweizerischer Strafrechtslehrer erstellt wurde verknüpft beide Lösungswege auf der Rechtsfolgenseite. Der Entwurf, der grundsätzlich (zur Ausnahme vgl. Fn. 68) jede vorsätzliche Tötung als Mord bezeichnet sieht für diesen einen Strafrahmen von nicht unter fünf Jahren bis zu einer llF vor. Der Sprung von der zeitigen zur llF ist möglich (, aber nicht zwingend), wenn durch die Tötung eines der besonderen Mordmerkmale verwirklicht wird. Die Mordmerkmale, die also nur für die Strafzumessung bedeutsam sind, ähneln in ihrer Ausgestaltung Regelbeispielen. MüKo-*Schneider*, Vor §§ 211 ff. Rn. 192 bezeichnet den Entwurf als „überaus interessantes, in sich geschlossenes Konzept"; kritisch, aber mit einem i.E. ähnlichen Reformvorschlag *Kubik/Zimmermann*, StV 2013, 582.
63 S. o. Rn. 17.
64 *Kerner*, Heidelberg-FS 1986, S. 419 ff., besonders S. 430 f., 443 ff.; *ders.*, ZStW 98 (1986), 874.
65 Vgl. *Arzt*, in: Jescheck/Triffterer (Hrsg.), a. a. O. und *Kerner*, Heidelberg-FS, a. a. O. S. 444.
66 *Walter*, NStZ 2014, 368 spricht sich für die Beibehaltung des Mordtatbestandes unter Abschaffung der lebenslangen Freiheitsstrafe aus, die durch eine Höchststrafe von 30 Jahren Freiheitsentzug ersetzt werden soll.

ersten Schritt in diese Richtung darstellen. Ob eine dahin gehende Reform der Bevölkerung vermittelt und politisch durchgesetzt werden kann, ist zu bezweifeln. Wahrscheinlich ist, dass eine (schon seit langem geforderte[67]) Reform die grundsätzliche Unterteilung in Totschlag und Mord unberührt lassen wird[68]. Von dieser Einschätzung ausgehend seien die **Schwächen des geltenden Rechts** mit Blick auf die lex ferenda kurz zusammengefasst:

Eine **Reform** muss zunächst die dem BVerfG anzulastende Fehlkonzeption des besonders schweren Mordes beseitigen[69]. – Von dieser Fehlkonzeption des besonders schweren Mordes abgesehen, weist das geltende Recht **drei Mängel** auf. (1) Einmal geht es im geltenden Recht um den Zuschnitt des Mordes auf Fälle besonders verwerflicher Tötungen. Darin liegt eine Überschätzung solcher Merkmale, welche die Schuld bzw. das Unrecht der „einfachen" vorsätzlichen Tötung erhöhen, und zugleich eine **Unterschätzung des Unrechts** und der Schuld der „einfachen" vorsätzlichen Tötung[70]. – Ersetzt man die Verwerflichkeitslösung durch eine **Gefährlichkeitslösung**, wird deutlich, dass der Gesetzgeber mit der Androhung einer sehr hohen, ggf. llF eine Präventionsstrategie verfolgt, die sich gegen besonders gefährliche Täter richtet. – (2) Gleichzeitig gilt es, den **Sprung in der Strafdrohung** beim Übergang von der einfachen vorsätzlichen Tötung zum Mord abzumildern[71]. Dieser schroffe Sprung bildet den zweiten Mangel des geltenden Rechts. Er ist de lege lata nicht dadurch zu mildern, dass man in ganz außergewöhnlichen Fällen speziell des Heimtückemordes auf den Strafrahmen des § 212 zurückspringt[72]. – (3) Lebhaft umstritten ist, ob de lege ferenda eine Abmilderung des schroffen Übergangs von §§ 212, 213 zu § 211 auf der Rechtsfolgenseite genügt oder ob der Übergang auch auf der Seite der Rechtsvoraussetzungen abzumildern ist. Eine **Aufweichung des Mordtatbestandes** könnte durch ein generalklauselartiges allgemeines Verwerflichkeits- bzw. Gefährlichkeitskriterium erfolgen. Je nachdem, wie man eine solche Generalklausel mit den einzelnen MMen kombiniert, könnte man auf die Technik der Regelbeispiele zurückgreifen, wie sie z. B. § 243 zugrunde liegt. Diese Lösung ist abzulehnen[73].

Der **53. Deutsche Juristentag (DJT) 1980** hat eine „große Lösung" gefordert, mit der zwei Mängel des geltenden Rechts behoben werden sollen: (1) Die MMe sind auf die „besonders gefährliche Einstellung gegenüber Leib und Leben" auszurichten (Gefährlichkeitslösung); (2) der Übergang von Mord zu Totschlag soll auf der Tatbestandsseite durch Abschwächung der MMe zu Regelbeispielen abgemildert werden. – (3) Eine Abmilderung des Übergangs von Mord zu Totschlag auf der Rechtsfolgenseite durch Abschaffung der absoluten Strafdrohung für Mord (z. B. durch Androhung lebenslanger Freiheitsstrafe **oder** zeitiger Freiheitsstrafe) hat der DJT mit 37:28 Stimmen abgelehnt.

---

67 Dazu 1. Aufl., § 2 Rn. 23.
68 In der neueren Literatur finden sich umfassende Reformvorschläge, die auch das Verhältnis von Mord und Totschlag betreffen. Der AE-Leben (Fn. 62) bezeichnet grundsätzlich jede vorsätzliche Tötung als Mord. Totschlag soll ein Fall der privilegierten Tötung sein, in dem der Täter durch eine Konflikt- oder Affektlage zur Tötung motiviert wurde; ähnlich *Grünewald*, JA 2012, 401 (406). Nach dem Entwurf des DAV (Fn. 61) soll die Unterscheidung zwischen Mord und Totschlag entfallen. Wer einen Menschen tötet verwirklicht demnach stets den Einheitstatbestand der „Tötung". Zu einem Einheitstatbestand tendiert auch *Köhne*, ZRP 2014, 21.
69 Vgl. o. Rn. 11–13 (auch zu § 57a); für eine Abschaffung des § 57a I 1 Nr. 2 sprechen sich nun auch der DAV (Fn. 61) und *Deckers/Fischer/König/Bernsmann*, NStZ 2014, 9 aus.
70 Ähnlich DAV (Fn. 61), S. 25 f.; *Deckers/Fischer/König/Bernsmann*, NStZ 2014, 9 (15).
71 Dazu o. Rn. 22 am Ende.
72 O. Rn. 17 zur Rechtsfolgenlösung.
73 Vgl. o. Rn. 9 am Ende.

Neuen Schwung hat die Diskussion um die Reformbedürftigkeit der Tötungsdelikte durch Vorstöße aus der **Politik** aufgenommen. Das Land Schleswig-Holstein hat im März 2014 einen Gesetzentwurf zur redaktionellen Überarbeitung der §§ 211 ff. in den Bundesrat eingebracht[74]. Der Entwurf sieht als ersten Schritt einer als notwendig bezeichneten Gesamtreform der Tötungsdelikte rein sprachliche Änderungen vor. Die Einflüsse der Lehre vom Tätertypus auf den Wortlaut der §§ 211–213 sollen dadurch beseitigt werden, dass die täterbezogenen Formulierungen („Mörder ist…" usw.) durch eine Ausgestaltung der Mordmerkmale als Modalitäten der Tathandlung ersetzt werden. Über das Bedürfnis sprachlicher Bereinigung der Tötungsdelikte herrscht Einigkeit. Sämtliche Reformvorschläge jüngerer Zeit sind tatbezogen formuliert. Im Mai 2014 fand die Auftaktsitzung einer vom BJM einberufenen Expertengruppe zur Überarbeitung der Tötungsdelikte statt. Ob dies der Anstoß zu der angekündigten nachhaltigen Reform der §§ 211 ff. war, bleibt abzuwarten.

Nicht zu verkennen ist freilich, dass der Wunsch nach einem Neuanfang wesentlich mit dem um die MMe wuchernden case law zusammenhängt, also mit einem **Publikationsexzess**[75]. Klare Linien werden erst überwuchert und dann mehr und mehr aufgelöst, bis das Filigran unter seiner eigenen Last zusammenbricht. In der Untersuchung von *Kerner*[76] wird die Problematik der Kasuistik zu den MMen so ausgedrückt: „… die konstante Grundorientierung wird durch den äußeren Eindruck fortlaufender Wandlungen verschleiert." – Der Kollaps sinnvoller Strukturen unter der Last des case law schafft Tabula rasa – und alles beginnt von vorn.

5. Rechtsvergleichende Hinweise[77]

In **Österreich** bezeichnet das StGB jede vorsätzliche Tötung als Mord (Strafrahmen 10 Jahre bis 20 Jahre oder lebenslang) und verzichtet bei den Rechtsvoraussetzungen im BT auf qualifizierte Merkmale, § 75 StGB. Als Privilegierung ist neben der Tötung auf Verlangen und Kindestötung nach §§ 77, 79 StGB nur der Affekttat vorgesehen („in einer allgemein begreiflichen heftigen Gemütsbewegung", Strafdrohung 5 bis 10 Jahre, § 76 StGB). Im AT werden jedoch im Kontext der relativ detaillierten **Regelung der Strafbemessung** in §§ 32 ff. für alle Tatbestände geltende besondere Erschwerungs- und besondere Milderungsgründe **beispielhaft** aufgelistet. Unter den erschwerenden Umständen nennt § 33 I Ziff. 6, wenn der Täter „heimtückisch, grausam oder in einer für das Opfer qualvollen Weise gehandelt hat"; § 33 I Ziff. 7, wenn der Täter „bei Begehung der Tat die Wehr- oder Hilflosigkeit eines anderen ausgenützt hat". – Die Abwägung der Schärfungs- und Milderungsgründe kann eine außerordentliche Strafmilderung nach § 41 rechtfertigen. Bei Mord hat das die Konsequenz einer Absenkung der Mindeststrafe auf 1 Jahr. – Attraktiv ist an diesem Modell die Aufteilung zwischen Tatbestandsvoraussetzungen und Strafzumessungsfaktoren.

---

74 Entwurf eines … Gesetzes zur Änderung des Strafgesetzbuches – Bereinigung der §§ 211 ff. (… StrÄndG) – Antrag des Landes Schleswig-Holstein – BR-Drucks. 54/14. Die Vorlage wurde in der 920. Sitzung am 14.3.2014 dem Rechtsausschuss und dem Ausschuss für innere Angelegenheiten zugewiesen.
75 Weitere Beispiele aus dem BT die Abgrenzung § 263/§ 242 und § 249/§ 253; aus dem AT der Kollaps der Figur des Fortsetzungszusammenhangs (BGHSt 40, 138; dazu *Arzt*, JZ 1994, 1000; und allgemein zu Gründen für die Publikationsflut und die dadurch angerichteten Schäden *ders.*, Armin-Kaufmann-GS 1989, S. 839 ff.).
76 *Kerner*, Heidelberg-FS 1986, S. 419 (439).
77 Über die selbstverständliche Konsultation der Lehrbücher und Kommentare der betreffenden Länder hinaus sind rechtsvergleichende Angaben den Literaturhinweisen hier vor Rn. 1, Gruppe (2) zu entnehmen.

25 In der **Schweiz** unterscheidet das StGB zwischen dem Grundtatbestand der vorsätzlichen Tötung (Art. 111, 5 Jahre Mindeststrafe; Höchststrafe 20 Jahre), Mord als Qualifikation (Art. 112, Strafdrohung 10 bis 20 Jahre oder llF) und dem Totschlag als Privilegierung (Art. 113, „in einer nach den Umständen entschuldbaren heftigen Gemütsbewegung oder unter grosser seelischer Belastung", Mindeststrafe 1 Jahr). Weitere Privilegierungen sind Tötung auf Verlangen und Kindestötung. – Seit 1.1.1990 wird Mord nicht mehr durch besondere Gefährlichkeit, sondern durch besondere Verwerflichkeit definiert. – Die generalklauselartig unbestimmte Umschreibung der Rechtsvoraussetzungen bei Mord („Handelt der Täter besonders skrupellos, sind namentlich sein Beweggrund, der Zweck der Tat oder die Art der Ausführung besonders verwerflich") löst die Probleme nicht, sondern verlagert sie auf die prozessrechtliche Ebene (Begründungsanforderungen an den Tatrichter, Intensität der Kontrolle durch die Revisionsinstanz). Dabei ist ein eigentümliches Zögern zu registrieren, einen nicht geständigen Täter wegen Mordes zu verurteilen[78]. Leider wird die Schweiz auf unabsehbare Zeit an der llF festhalten, wie der Ende 1998 in das Gesetzgebungsverfahren geschickte RegE einer Gesamtrevision des AT zeigt.

III. Die Abgrenzung zwischen Mord und Totschlag

1. § 212 als Grundtatbestand; § 211 als Qualifikation (h. L.) – Konsequenzen für die Teilnahme

a) Mordmerkmale (MMe)[79] als qualifizierte Merkmale

26 Nach h. L. ist der **Totschlag** (§ 212) als **Grundtatbestand** der vorsätzlichen Tötung anzusehen[80]. **Mord** (§ 211) ist eine **Qualifizierung** und – wie gleich zu ergänzen ist – Totschlag im Affekt sowie Tötung auf Verlangen (§§ 213, 216) stellen Privilegierungen dar. Insoweit besteht in der Literatur nahezu Einmütigkeit. Die Ansichten gehen jedoch in zwei fundamentalen Fragen auseinander:

(1) Es ist zweifelhaft, ob in § 211 ein ungeschriebenes Merkmal der besonderen Verwerflichkeit hineinzulesen ist, mit der Folge, dass die in § 211 genannten MMe nur widerlegbare Indizien für diese besondere Verwerflichkeit darstellen[81].

27 (2) Vor allem schlagen die vorstehend Rn. 20 f. behandelten unterschiedlichen Ansichten über die hinter dem Mord als qualifizierte vorsätzliche Tötung stehende **ratio legis** auf die Behandlung der Teilnahme durch.

---

78 Vgl. den Apothekerfall BGE 118 IV 122; dazu und zu anderen Fällen *Arzt,* Ketzerische Bemerkungen zum Prinzip in dubio pro reo, 1997, S. 1 (15 f.). Bei der Todesfahrt (geschildert u. Rn. 71) ist der Fahrer wegen Beihilfe zu vorsätzlicher Tötung verurteilt worden.
79 Auch in diesem Abschnitt wird Mordmerkmal abgekürzt als MM, lebenslange Freiheitsstrafe als llF.
80 Zur Rspr. u. Rn. 31 ff. – Im Sinne der h. L. *Gössel/Dölling,* BT 1, § 1 Rn. 7 ff., 12 ff.; SK-*Sinn,* § 211 Rn. 2; LK-*Jähnke,* Vor § 211 Rn. 39, § 211 Rn. 1; *Krey/Hellmann/M. Heinrich,* BT 1, Rn. 19 ff.; *Lackner/Kühl,* § 211 Rn. 16; *Maurach/Schroeder/Maiwald,* BT 1, § 2 Rn. 5; MüKo-*Schneider,* Vor §§ 211 ff. Rn. 182 ff.; *S/S/Eser/Sternberg-Lieben,* Vor § 211 Rn. 5 f.; *Fischer,* § 211 Rn. 6; *Wessels/Hettinger,* BT 1, Rn. 69 ff., 141 ff., 167a.
81 Diese Problematik ist anhand der Schlagworte Typenkorrektur bzw. Rechtsfolgenlösung vorstehend Rn. 15 ff. behandelt.

Die Abgrenzung zwischen Mord und Totschlag § 2 Rn. 28

Die Frage der Akzessorietät und deren Lockerung gemäß §§ 28, 29 ist innerhalb der h. L. lebhaft umstritten[82].

b) Täter- und tatbezogene Mordmerkmale

Wie oben Rn. 20 dargelegt, geht der Gesetzgeber davon aus, dass Mord sich von § 212 durch die besonders schwere Schuld des Täters unterscheidet, § 57a I 1 Nr. 2. Weil gesteigertes Unrecht in aller Regel zu einer Schuldsteigerung führt, ist eine massive Schuldsteigerung bei konstant bleibendem Unrecht schwer konstruierbar[83]. Deshalb lassen sich die MMe nicht exklusiv dem Unrecht oder der Schuld zuweisen. Am **Beispiel** der grausamen Tötung lässt sich zeigen, um was der Meinungsstreit im Kontext der Teilnahmelehre wirklich geht: Ist „grausam" primär eine tatbezogene Tötungsmodalität (etwa: besonders schmerzhafte Tötung) oder primär eine täterbezogene Tötungsmodalität (etwa: besondere Gefühllosigkeit des Täters)? Die Diskussion um die **Einordnung der MMe** wird stets **im Hinblick auf** §§ 28, 29 vorgenommen. Sind die MMe tatbezogen, gelten also Akzessorietätsregeln, oder sind sie täterbezogen, gilt also § 28 II[84]? Ob bei täterbezogenen Merkmalen § 29 (statt § 28 II) anzuwenden ist, ist eine theoretisch sehr komplizierte Frage, die praktisch ohne Bedeutung ist, weil die Ergebnisse gleich bleiben[85].

28

Beispiel grausame Tötung: Interpretiert man grausam tatbezogen, wird der Gehilfe G, der an einer Tötung mitwirkt, von der er weiß, dass der Haupttäter sie grausam durchführt, aus §§ 211, 27 bestraft. Interpretiert man dagegen grausam täterbezogen, so wird G, der an einer – wie er weiß – vom Haupttäter gefühllos-grausam begangenen Tötung mitwirkt (der aber selbst nicht aus Gefühllosigkeit handelt), nur aus §§ 212, 27 bestraft: § 28 II.

---

82 S. dazu die folgende Rn.
83 Gegen die Möglichkeit der Schuldsteigerung bei gleich bleibendem Unrecht auch *Grünewald*, JA 2012, 401 (404).
84 Die Orientierung der Akzessorietätslockerung nach § 28 II am Begriffspaar tatbezogen/täterbezogen durch die h. M. (so *Baumann/Weber/Mitsch*, § 32 Rn. 8 ff., die mit Hinweis auf die Geltung des § 28 auch für Teilnehmer die Bezeichnung „personenbezogen" anstelle von täterbezogen bevorzugt) ist vielfältig umstritten. So verwirft LK-*Roxin*, 11. Aufl., § 28 Rn. 28 diese h. L. und reduziert § 28 II auf die „jenseits der Rechtswidrigkeit" liegenden „speziellen Schuldmerkmale" (a. a. O. Rn. 51, ergänzt durch Tätermerkmale der sog. „Pflichtdelikte"). Wie der durch die MMe herbeigeführte „Sanktionssprung" überhaupt „jenseits der Rechtswidrigkeit" vorstellbar sein soll, ist o. Rn. 20 f. und anschließend Rn. 30 hinterfragt. LK-*Schünemann*, § 28 Rn. 10 lehnt die h. L. ebenfalls ab und will jedes Merkmal, das nicht nach den Regeln der mittelbaren Täterschaft verwirklicht werden kann, zum Kreis der besonderen persönlichen im Sinne des § 28 zählen. – Im Ergebnis kommen *Roxin*, a. a. O. Rn. 74 ff. und *Schünemann*, a. a. O. Rn. 69 ff. bei § 211 wie die h. L. zur Anwendung des § 28 II bei den MMen der 1. und 3. Gruppe und Akzessorietät bei der 2. Gruppe (mit gleicher Fragestellung bei „grausam" wie das oben im Text folgende Beispiel).
85 Schwierig ist die Frage, weil man die im AT strittige Abgrenzung zwischen § 28 II/§ 29 kombinieren muss mit der ebenfalls strittigen Frage, welche MMe welcher AT-Kategorie zuzuordnen sind. So ist nach *Jescheck/Weigend*, AT, §§ 61 VII 4 c, 42 II 3 a bei Merkmalen des Schuldtatbestandes § 29 (nicht § 28 II) anzuwenden und Habgier (nicht aber Heimtücke) wird zum Schuldtatbestand gezählt (mit Nachweisen zu abweichenden Ansichten).

29 Mit der **überwiegenden Meinung** ist zu differenzieren: Auf die MMe der zweiten Gruppe („heimtückisch oder grausam oder mit gemeingefährlichen Mitteln") werden Akzessorietätsregeln angewendet. Sie sind in diesem Sinne tatbezogen. – Die **MMe der ersten und dritten Gruppe** des § 211 II werden als täterbezogene Modifikationen § 28 II unterstellt[86]. Dabei zeigt gerade das **Beispiel** der grausamen Tötung, dass in den MMen Unrechts- und Schulderwägungen, tat- und täterbezogene Momente, eine kaum lösbare Verbindung eingegangen sind[87]. Der BGH kommt (von anderem Ausgangspunkt aus) zur selben Differenzierung wie die h. L.

30 Eine **Minderheitsauffassung** begreift **alle MMe als Schuldsteigerungsgründe,** unterstellt sie also sämtlich § 28 II (oder § 29[88]). Ihren Grundgedanken hat *Lange*[89] so formuliert: „Das Unrecht der vorsätzlichen Lebensvernichtung ist nicht steigerungsfähig." Umgekehrt gewinnt die Ansicht an Boden, die **alle MMe als Steigerung des Unrechts** begreift, dabei dann freilich zwischen täterbezogenen und tatbezogenen Merkmalen differenziert[90].

Darüber hinaus gibt es **weitere Minderheitsauffassungen,** die zu einer von der h. M. abweichenden Definition des besonderen persönlichen Merkmals i. S. des § 28 gelangen (mit entsprechenden Rückwirkungen auf § 211). So kann nach *Otto*[91] „§ 28 im Rahmen der Tötungsdelikte keine Bedeutung erlangen". – Zu solchen Minderheitsmeinungen ist im AT zu § 28 Stellung zu nehmen.

2. Selbstständigkeit von § 211 und § 212 (BGH) – Konsequenzen für die Teilnahme

a) Selbstständigkeit der Tatbestände – Akzessorietät der Teilnahme

31 Der **BGH** steht auf dem Standpunkt, dass § 212 nicht Grunddelikt und § 211 Qualifikation sei, sondern dass § 211 und § 212 unverbunden nebeneinander stehen. Es handele sich um zwei selbstständige Tatbestände. Diese Selbstständigkeit bewirkt nach Ansicht des BGH für die **Teilnahme an** § 211 bzw. § 212, dass **Akzessorietätsregeln** anzuwenden sind, also keine Akzessorietätslockerung gemäß §§ 29, 28 II; st. Rspr. seit BGHSt 1, 368[92].

---

86 LK-*Jähnke*, § 211 Rn. 2, 62 ff.; *Krey/Hellmann/M. Heinrich*, BT 1, Rn. 20 ff.; *Lackner/Kühl*, § 211 Rn. 16; *Maurach/Schroeder/Maiwald*, BT 1, § 2 Rn. 51; *S/S/Eser/Sternberg-Lieben*, § 211 Rn. 49 (zweifelnd bezüglich der Heimtücke); *Fischer*, § 211 Rn. 92, 94; *Wessels/Hettinger*, BT 1, Rn. 141 ff.; aus dem AT i. S. der h. L. *Baumann/Weber/Mitsch*, § 32 Rn. 10, 22.
87 Besonders betont von LK-*Schünemann*, § 28 Rn. 73. Dass in der Tötung „mit gemeingefährlichen Mitteln" die „besondere Rücksichtslosigkeit" des Täters zum Ausdruck kommt (BGHSt 34, 13, 14; NStZ 2006, 167 f.), ändert nichts an der Einordnung als tatbezogenes Merkmal nach § 28 II.
88 Vorstehend Rn. 28.
89 LK-*Lange*, 9. Aufl., § 211 Rn. 3; zur Anwendbarkeit des § 28 II (= des früheren § 50 III) ebenda Rn. 17.
90 LK-*Jähnke*, Vor § 211 Rn. 46 ff.; *Gössel/Dölling*, BT 1, § 1 Rn. 20; SK-*Sinn*, § 211 Rn. 3 ff.
91 *Otto*, BT, § 8 Rn. 3 (weil § 28 nur Sonderpflichtmerkmale erfassen soll, insoweit gegen die ganz h. M.).
92 Zweifel neuerdings bei BGH, NJW 2006, 1008 (1012 f.).

Das heißt: **Ist die Haupttat Mord**, ist der Teilnehmer (bei entsprechender Kenntnis, § 16) wegen Teilnahme am Mord zu verurteilen. **Ist die Haupttat Totschlag**, ist der Teilnehmer wegen Teilnahme am Totschlag zu verurteilen. Es ist also nicht maßgebend, ob der Teilnehmer MMe in seiner Person verwirklicht. Tut er das und ist die Haupttat nur Totschlag, so haftet er doch nur im Rahmen der Haupttat, also wegen Teilnahme an § 212. – **Umgekehrt**: Der Teilnehmer haftet aus § 211, auch wenn er in seiner Person kein MM verwirklicht, vorausgesetzt, die Haupttat ist Mord und der Teilnehmer weiß dies. – Die aus § 16 folgende, an sich selbstverständliche Voraussetzung, dass der akzessorisch aus § 211 haftende Teilnehmer weiß, dass die Haupttat Mord ist, hebt BGH, *Dallinger* MDR 1969, 193 hervor.

Der BGH hatte von diesem Standpunkt aus sogar Bedenken, bei zwei gemeinschaftlich handelnden Tätern, von denen einer § 211, der andere § 212 erfüllt (also einer z. B. habgierig handelt, der andere nicht), von **Mittäterschaft** zu sprechen, vgl. BGHSt 6, 329. BGHSt 36, 231 hat Mittäterschaft einer wegen Mordes verurteilten Mutter mit ihrem wegen Totschlags verurteilten Sohn bejaht[93].

Den **Standpunkt des BGH** kann man **in der Terminologie des § 28** auch dahin wiedergeben, dass die MMe keine besonderen persönlichen, die Strafe (gegenüber § 212) schärfenden Merkmale darstellen. Mit der Einfügung des dem jetzigen § 28 I entsprechenden Abs. 2 in den damaligen § 50 durch das am 1.10.1968 in Kraft getretene EGOWiG musste der BGH prüfen, ob die seiner Ansicht nach strafbegründenden MMe auf „persönliche Eigenschaften, Verhältnisse oder Umstände" i. S. der §§ 28 I, 14 zurückzuführen sind. Ist diese Frage zu bejahen, ist der Teilnehmer, der sie nicht in seiner Person verwirklicht, zwar immer noch nach Akzessorietätsgrundsätzen aus §§ 211, 26 oder §§ 211, 27 zu bestrafen. Seine Strafe ist jedoch gemäß § 28 I zu mildern. Bei der Beantwortung dieser Frage hat der BGH auf die h. M. insofern Rücksicht genommen, als er wie diese differenziert: MMe der ersten und dritten Gruppe sind persönliche Merkmale, im Unterschied zur h. M. allerdings nicht strafschärfend, § 28 II, sondern strafbegründend, **§ 28 I**. MMe der zweiten Gruppe stellen dagegen keine persönlichen Merkmale dar; bei ihnen gilt also die akzessorische Haftung der Teilnehmer uneingeschränkt. § 28 I ist nicht anzuwenden. Die einprägsamste Formulierung: **MMe der ersten und dritten Gruppe sind täterbezogen**, so BGHSt 22, 375; 25, 287 und BGH, NStZ 2009, 627 (niedrige Beweggründe); BGHSt 23, 39 und BGH, NStZ-RR 2002, 139 (Verdeckungsabsicht, niedrige Beweggründe); **MMe der zweiten Gruppe sind tatbezogen**, so BGHSt 23, 103; 25, 287 und BGH, NStZ

32

---

[93] Schon BGHSt 6, 329 hatte wechselseitige Zurechnung wie bei Mittätern bejaht, vgl. dazu *Beulke/Hillenkamp*, JuS 1975, 309. BGHSt 36, 231 (dazu *Beulke*, NStZ 1990, 278; *Küpper*, JuS 1991, 639; *Timpe*, JZ 1990, 97) will generell mittäterschaftliche Zurechnung dort ermöglichen, wo jeder Beteiligte einen gemeinsam begangenen Straftatbestand verwirklicht, ohne dass dieser gemeinsam begangene Tatbestand ein Grundtatbestand im Sinne der Konkurrenzlehre sein müsse (a. a. O. 234). Zur Widersprüchlichkeit dieser Behandlung jedes (Mit-)Täters je nach dem von ihm verwirklichten täterbezogenen MM im Vergleich zu Teilnehmern i. e. S., die schon dann wegen Mordes haften, wenn sie um ein vom Täter verwirklichtes MM wissen, u. Rn. 38.

2005, 381 (Heimtücke); BGHSt 24, 106 (108) und BGH, NJW 1972, 832 (grausam)[94].

b) Einzelfragen, insbesondere zu bei Täter und Teilnehmer gekreuzten Mordmerkmalen

33   Ist ein MM nicht nachweisbar, ist auch vom Standpunkt des BGH aus nach § 212 zu verurteilen. In BGHSt 1, 368 (370) heißt es, „dass die vorsätzliche Tötung auch ein Merkmal des § 211 StGB ist". § 212 steckt also – auch nach Ansicht des BGH[95] – in § 211. Der Täter wäre nicht etwa mit dem Argument freizusprechen, dass – weil das MM nicht feststeht – § 211 nicht nachzuweisen ist, andererseits auch nicht nachzuweisen ist, dass der Täter, „ohne Mörder zu sein", getötet hat, vgl. § 212 I.

34   **Stellt sich ein Gehilfe irrig § 211 als Haupttat vor,** während in Wirklichkeit nur § 212 vorliegt, ist anzunehmen, dass der BGH alle aus seinem Standpunkt folgenden konstruktiven Bedenken überwinden würde und zum einzig gerechten Ergebnis (§§ 212, 27) gelangen würde (statt nur zu – strafloser – versuchter Beihilfe zu § 211).

Bei **Anstiftung** zu einer Tat, die nach Vorstellung des Anstifters § 211 ist, während der Haupttäter nur § 212 verwirklicht, lägen §§ 211, 30 in Idealkonkurrenz mit §§ 212, 26 vor[96].

35   Der BGH und nur er – also nicht die h. L. – verstrickt sich in dem Problemkreis der bei Teilnehmer und Haupttäter **„gekreuzten" Mordmerkmale**[97]. Folge des vom BGH vorgenommenen Rückgriffs auf § 28 I ist eine Haftung des Teilnehmers für MMe, die beim Haupttäter, genau betrachtet, nicht vorliegen!

Beispiel: T tötet seinen Vater O, um ihn zu beerben. G hilft ihm dabei, weil ihm T – aus seinem Vermögen – 1.000,– € gibt. **Lösung h. L.:** T = § 211 (Habgier, Erbe); G = §§ 211, 27 (aus § 28 II ergibt sich, dass sich dieses Ergebnis auf die bei G vorliegende Habgier, 1.000,– €, stützt).

Lösung BGH: T = § 211 (Habgier, Erbe); G = §§ 211, 27 (Akzessorietät). Zu prüfen ist jetzt, ob G § 28 I zugutekommt. Da § 28 I nur gegebene Akzessorietät lockern kann, nicht aber zur Verantwortung des Teilnehmers für bei ihm gegebene persönliche strafbegründende Umstände führen kann, wäre diese Frage zu bejahen. Bei G liegt nicht jene, die Strafbarkeit des T begründende Habgier vor (sondern eine andere, eigene Habgier). – Der BGH hat die im Beispiel dargestellte Konsequenz aus seiner Auffassung nicht gezogen. Er versagt dem Teilnehmer § 28 I schon dann, wenn beim Teilnehmer ein „eigenes" strafbegründendes (!) persönliches Merkmal

---

94   Eine Übersicht über die denkbaren Fälle und ihre Lösung durch die h. M. bzw. Rspr. findet sich anschließend vor Rn. 42.
95   So explizit auch BGHSt 36, 231. BGH, NStZ 2008, 302 sieht in § 212 und § 211 einen „gemeinsamen Tatbestand [...] der vorsätzlichen Tötung eines Menschen". Ob es für die Verurteilung aus § 212 im Beispielsfall vom Standpunkt des BGH aus einer Anwendung des Gedankens des Auffangtatbestandes bedarf, sei dahingestellt.
96   Vgl. jetzt auch BGHSt 50, 1.
97   Näher *Arzt*, JZ 1973, 681; die dort vorgetragene Kritik wird von der h. L. geteilt, vgl. *Küpper*, BT 1, § 1 Rn. 75; LK-*Schünemann*, § 28 Rn. 65.

Die Abgrenzung zwischen Mord und Totschlag § 2 Rn. 36–38

vorliegt, das in der rechtlichen Bewertung dem beim Täter gegebenen MM entspricht. Da letztlich alle MMe der ersten und dritten Gruppe in die Generalklausel der niedrigen Beweggründe überführt werden können, hat das zur Folge, dass die Rechtsprechung dem Teilnehmer § 28 I schon dann versagt, wenn auch bei ihm ein persönliches MM vorliegt, mag das auch mit dem des Täters nichts gemein haben.

Einzelfälle: BGHSt 23, 39 (40): Die Verdeckungsabsicht der Haupttäter „teilte zwar der Angeklagte D nicht. Er handelte aber ... aus einem anderen niedrigen Beweggrund. Bei ihm lag also, da die Verdeckungsabsicht ein Sonderfall niedriger Beweggründe ist, ein persönliches MM gleicher Art wie bei den Tätern vor ... Der § 50 Abs. 2 StGB n. F. (= § 28 I jetzige Fassung) ist dagegen hier nicht anzuwenden". Damit wird die dritte Gruppe auf die niedrigen Beweggründe als gemeinsamen Nenner zurückgeführt. Dasselbe gilt für die MMe der ersten Gruppe. Nach BGHSt 23, 95 (97) „fasst das Gesetz sowohl das Töten aus Hass als auch das als Beispiel besonders hervorgehobene Töten ‚zur Befriedigung des Geschlechtstriebs' unter den Begriff des Tötens ‚aus niedrigen Beweggründen' zusammen". 36

Die richtigen Ergebnisse lassen sich jedoch nicht aus § 28 I begründen. Der Sache nach wendet hier der BGH den Rechtsgedanken des § 28 II an. Er belegt den Teilnehmer mit der ungemilderten Mordstrafe, weil er in seiner Person ein MM verwirklicht. Wie ungereimt die Judikatur ist, zeigt sich, wenn man sich vor Augen hält, dass die Bestrafung eines aus niedrigen Beweggründen handelnden Gehilfen aus §§ 211, 27 nach BGH von dem Zufall abhängt, ob der Haupttäter seinerseits ein MM der ersten oder dritten Gruppe verwirklicht, z. B. Habgier. Dann kreuzt der BGH das MM Habgier des Haupttäters mit dem MM niedrige Beweggründe des Teilnehmers und gelangt so zum richtigen Resultat der ungemilderten Bestrafung aus §§ 211, 27. 37

Die **Schwierigkeiten,** in die der BGH die Tatrichter mit dieser äußerst komplizierten Anwendung des § 28 I – statt der einfachen Anwendung des § 28 II – bringt, sind beträchtlich. Vom Rechtsgefühl her kommt es zu nicht akzeptablen Diskrepanzen. Die ungemilderte Haftung aus §§ 211, 27 greift nach BGH ein, wenn der Haupttäter habgierig, der Gehilfe aus niedrigen Beweggründen handelt. Dasselbe gilt, wenn der Haupttäter grausam vorgeht, der Gehilfe jedoch weder selbst aus der zur Grausamkeit erforderlichen gefühllosen Gesinnung heraus handelt, noch sonst ein MM verwirklicht. – Handelt der Haupttäter dagegen habgierig, der Gehilfe jedoch grausam, wäre die Strafe des Gehilfen gemäß § 28 I zu mildern, es sei denn, man kreuzt MMe der ersten und dritten Gruppe auch mit solchen der zweiten Gruppe, obwohl sie keine persönlichen Merkmale i. S. des § 28 I sind! – Die diffizile „Kreuzung" nach § 28 I überfordert zudem die Tatrichter, weil sie ihre Arbeit verdreifacht. Sie müssen feststellen (1) die Verwirklichung eines MMs beim Haupttäter; (2) die Kenntnis dieses MMs beim Teilnehmer und (3) die Verwirklichung eines MMs beim Teilnehmer. Die h. L. würde es im selben Bereich durch Anwendung des § 28 II statt § 28 I erlauben, mit der letztgenannten Feststellung auszukommen (MM beim Teilnehmer).

Weitere **Ungereimtheiten** entstehen vom Standpunkt des BGH aus **bei Teilnahme an mittäterschaftlich begangener Tötung** und Teilnahme an der Teilnahme. Wie hat man sich beispielsweise die Haftung eines Gehilfen vorzustellen, der eine von zwei Personen mittäterschaftlich begangene Tat unterstützt, die bei einem Mittäter unter § 211, beim anderen nur unter § 212 fällt? Soll der Gehilfe zur akzessorischen Haftung nach §§ 211, 27 verdammt bleiben, obwohl nach BGHSt 36, 231 der Mittäter trotz Wissens um das (täterbezogene) MM des Komplizen seinerseits nur unter § 212 fällt? – Begeht T § 211 (täterbezogenes MM), wird der Gehilfe G (bei entspre- 38 chender Kenntnis, § 16) akzessorisch nach §§ 211, 27 bestraft (i. V. m. § 28 I, es sei denn, in seiner Person liege ein „verwandtes" täterbezogenes MM vor). Was ist mit dem entfernteren Helfer H[98]?

39 **Prozessrechtliche Fragen:** Vom Standpunkt des BGH und der h. L. ist ein wegen eines bestimmten MMs Angeklagter gemäß § 265 StPO darauf hinzuweisen, dass derselbe Sachverhalt unter ein anderes MM subsumiert werden kann[99]. – Fraglich ist, wieweit die irrige Annahme des Tatrichters, ein Sachverhalt falle unter ein MM, deshalb unschädlich ist, weil nach Ansicht des Revisionsgerichts derselbe Sachverhalt unter ein anderes MM fällt (dazu besonders BGHSt 23, 176 [194]). – Ob mehrere MMe verwirklicht sind, ist auch deshalb wichtig, weil dies ein Indiz für besondere Schuldschwere nach § 57a I 1 Nr. 2 sein kann[100]. Die Bejahung der besonderen Schuldschwere muss im Tenor erfolgen, das Rechtsmittel kann auf diese Frage beschränkt werden[101].

c) Stellungnahme

40 Die **Auffassung des BGH** ist **ungerecht** und **unpraktisch.** Am **Anfang der BGH-Rspr.** steht ein Mörder, der den Mord in mittelbarer Täterschaft begangen hatte und den der BGH in unglücklichem Zusammenwirken mit dem Schwurgericht nur als Anstifter zum Totschlag bestrafte.

BGHSt 1, 368 (369) (**1. Denunziations-Fall**): „Am 12. April 1945, als amerikanische Truppen den Ort A. gerade besetzt hatten, forderte der Angeklagte eine Heeresstreife auf, den Gendarmeriemeister L. zu verhaften und zu erschießen. Als Grund gab er wahrheitswidrig an, L. habe mehrere Fremdarbeiter erschossen. Der Angeklagte wollte unter Ausnutzung der damaligen Verhältnisse erreichen, dass L. ohne Durchführung eines Verfahrens und ohne Nachprüfung der Richtigkeit seiner Behauptung getötet werde. Dies gelang ihm auch. Amerikanische Soldaten erschossen L., ohne seine Unschuldsbeteuerungen auch nur anzuhören, allein wegen der Angaben des Angeklagten."

41 Am vorläufigen **Ende dieser Rechtsprechung** steht eine aus den Prämissen automatisch gezogene Anwendung des § 28 I, die zu dem verfehlten **Verjährungsurteil** BGHSt 22, 375 geführt hat. Die Herabsetzung des Strafrahmens bei einer Beteiligung an einem Mord, bei der beim Teilnehmer nicht das die Strafe des Täters begründende persönliche MM vorliegt, durch automatische Anwendung des § 28 I ist ein lehrreiches Beispiel, wie dogmatische Automatik zu sachwidrigen **und** dogmatisch schiefen Resultaten führt.

BGHSt 22, 375 hat entschieden, dass bei einem Mord (täterbezogenes MM) dem Teilnehmer, dem dieses Merkmal fehlt, die zwingende Strafmilderung des § 28 I zugutekommt. Das bedeutet, dass beispielsweise der Anstifter nach §§ 211, 26 (28 I, 49 I) mit Freiheitsstrafe von 3 bis 15 Jahren zu bestrafen ist. – § 28 I führt deshalb zu

---

98 Beihilfe zur Beihilfe ist nach h. M. (mittelbare) Beihilfe, doch ist damit die Frage noch nicht beantwortet, ob der entferntere Gehilfe H um das MM des T oder das MM des G (oder um das MMe bei T und G) wissen muss.
99 Konkretisierung des Anspruchs auf rechtliches Gehör, BGHSt 25, 287; StV 2008, 341 f.; vgl. aber auch BGHSt 39, 353 (370).
100 Dazu o. Rn. 13.
101 BGHSt 39, 159 (162); vgl. auch BGHSt 41, 222.

einem grob sachwidrigen Resultat, weil der **Anstifter zu** § 212 nach §§ 212, 26 regelmäßig mit Freiheitsstrafe nicht unter 5 Jahren zu bestrafen ist und sogar mit llF bestraft werden kann, §§ 212 II, 26. Dieser Strafrahmen der Anstiftung zum Totschlag ergibt zwingend, dass beim Mord das Fehlen eines täterbezogenen MMs beim Teilnehmer für dessen Strafwürdigkeit nicht so entscheidend sein kann, dass der niedrigere Strafrahmen der §§ 211, 28 I, 49 I eintritt. Kommt man – wie vom Ausgangspunkt des BGH aus – zur Anwendung des § 28 I, sollte jedenfalls der sich aus § 212 ergebende Strafrahmen nicht unterschritten werden dürfen. § 28 I kann die mildere Bestrafung eines Teilnehmers am Mord gegenüber einem Teilnehmer am Totschlag nicht rechtfertigen. Immerhin bei der versuchten Anstiftung zum Mord geht diesen Lösungsweg in jüngerer Zeit auch der BGH. Fehlt dem Anstifter ein täterbezogenes MM, sodass eigentlich eine doppelte Milderung nach §§ 30 I, 28 I vorzunehmen wäre, entfaltet die für eine entsprechende versuchte Anstiftung zum Totschlag zu verhängende Mindeststrafe nach BGH, NStZ 2006, 288 „Sperrwirkung" nach unten[102]. Dass die h. L. dieses Ergebnis zwanglos (über § 28 II) erreicht, hätte dem BGH Anlass sein sollen, seinen dogmatischen Ausgangspunkt zu überprüfen.

Auch die o. Rn. 17 f. behandelte **Rechtsfolgenlösung** ist mit der These von der Selbstständigkeit des § 211 gegenüber § 212 belastet, denn der BGH will bei außergewöhnlichen mildernden Umständen aus § 211 verurteilen, den Strafrahmen aber nach § 49 I Nr. 1 mildern. – Wenn man überhaupt eine Rechtsfolgenlösung für angemessen hält, hätte es näher gelegen, auf den Strafrahmen des § 212 zurückzugehen (der höher ist als nach §§ 211, 49 I Nr. 1 – nachrechnen!).

Die **Verjährung** hängt nach § 78 grundsätzlich vom Strafrahmen ab. Das 16. StrÄndG von 1979 hat die Unverjährbarkeit der Verfolgung wegen Mordes angeordnet. Damit haben sich die Konsequenzen des Verjährungsurteils BGHSt 26, 375 zwar geändert[103], doch sind neue Ungereimtheiten entstanden. Die Unverjährbarkeit bezieht sich nach dem eindeutigen Wortlaut des § 78 IV auch auf Versuchs- und Teilnahmefälle. Im vorstehenden **Beispiel** eines Anstifters zu einer Tötung, die aus nur in der Person des Täters, nicht des Anstifters vorliegenden Umständen Mord ist (z. B. niedriger Beweggrund), hat das die Konsequenz, dass nach h. L. §§ 211, 26 über § 28 II zu §§ 212, 26 führen. Damit wäre die Tat nach § 78 III Nr. 2 verjährbar, selbst wenn llF verhängt würde[104]. Nach BGH wäre der Anstifter nach §§ 211, 26, 28 I zu bestrafen, seine Tat als (Teilnahme am) Mord wäre unverjährbar, obwohl der Anstifter nur mit Freiheitsstrafe von 3 bis 15 Jahren bestraft werden kann.

Bei einer **Falllösung** wäre es verfehlt, den Streit hier h. M. – da BGH ausführlich darstellen oder gar entscheiden zu wollen. Man löse den konkreten Fall vom Boden einer der beiden Auffassungen aus. Dabei weise man kurz auf Unterschiede hin, die sich in der Lösung dieses Falles ergeben, wenn man vom Gegenstandpunkt ausgeht. Diese Abkürzung setzt freilich voraus, dass man über die unterschiedlichen „Grundsatzfragen" Bescheid weiß.

Zur Teilnahme an §§ 211, 212 vgl. das **Schaubild** vor Rn. 42.

---

102 Erwogen bereits bei BGH, NStZ 2006, 34. BGH, NStZ 1981, 299 verlangte beim Mordgehilfen, bei dem das täterbezogene MM fehlt, noch eine doppelte Milderung (nach § 28 I und § 27 II 2). Strafrahmen nachrechnen und mit §§ 212, 27 vergleichen! Konsequent wäre es, eine Sperrwirkung der Strafdrohung des § 212 nun auch in Fällen anzunehmen, in denen nur eine Milderungsvorschrift greift.
103 Zur Rechtslage bis 1979 näher hier LH 1, 1. Aufl., S. 35.
104 S/S/*Sternberg-Lieben/Bosch*, § 78 Rn. 10 („abstrakte Betrachtungsweise").

Übersicht: Teilnahme an §§ 211, 212 (h. L. und BGH)

I. h. L.: § 211 = § 212 + qualif. (= strafschärfendes) Merkmal (MM),
tatbezogenes MM, 2. Gruppe   täterbezogenes = persönl. MM, 1. + 3. Gruppe

II. BGH § 211 = MM strafbegründend (§ 212 kein Grundtatbestand im Verhältnis zu § 211)

		h. L.		BGH
1.	Haupttäter	=	§ 212 + tatbez. MM	§ 211	wie h. L.
	Teilnehmer	=	§ 212 + Kenntnis des tatbez. MM	§§ 211, 26 (oder 27)****	wie h. L.*
	Teilnehmer	=	§ 212 + Unkenntnis d. tatbez. MM	§§ 212, 26 (§ 16 I 1)	wie h. L.**
2.	Hauptträter	=	§ 212 + täterbez. MM	§ 211	wie h. L.
	Teilnehmer	=	§ 212 + Kenntnis d. täterbez. MM	§§ 212, 26 (§ 28 II)	§§ 211, 26 (Akzess.); aber § 28 I: §§ 211, 49; 26
	Teilnehmer	=	§ 212 + Unkenntnis d. täterbez. MM	§§ 212, 26 (§ 28 II)	§§ 212, 26 (§ 16 I 1)***
3.	Hauptträter	=	§ 212	§ 212	wie h. L.
	Teilnehmer	=	§ 212 + tatbez. MM	§§ 212, 26 (Akzess.)	wie h. L.
4.	Hauptträter	=	§ 212	§ 212	wie h. L.
	Teilnehmer	=	§ 212 + täterbez. MM	§§ 211, 26 (§ 28 II)*	§§ 212, 26 (Akzess.)
5.	Hauptträter	=	§ 212	§ 212	wie h. L.
	Teilnehmer	=	§ 212 + irrige Annahme, tatbez. MM bei Täter	§§ 212, 26; §§ 211, 30 I; 52	wie h. L.
6.	Hauptträter	=	§ 212	§ 212	wie h. L.
	Teilnehmer	=	§ 212 + irrige Annahme, täterbez. MM beim Täter	§§ 212, 26 (wegen 28 II nicht §§ 211, 30 II)	§§ 212, 26 (Akzess.); §§ 211, 30 I***; 52

* Teilnehmer = meist Täter nach § 211.
** Eine ganz konsequente Anwendung des Prinzips der Selbstständigkeit der §§ 211, 212 würde zur Strafbarkeit nur nach §§ 212, 30 I führen. Man wird jedoch aus BGHSt 36, 321 schließen können, dass der BGH diesem Resultat ausweichen würde. Unausweichlich erscheint damit jedoch noch die ebenfalls unangemessene Konsequenz der Fallgruppe 2, wo der BGH den Anstifter zum Mord milder als den Anstifter zu § 212 bestraft!
*** Zur Beschränkung des § 30 I auf Anstiftungsversuche (und zur Konsequenz für Beihilfe) vgl. nachstehend.
**** Die Ergebnisse sind für Anstifter und Gehilfen gleich, deshalb ist hier nur § 26 angeführt. Der einzige Unterschied steckt in § 30 I (versuchte Beihilfe ist nicht strafbar), vgl. Fallgruppe 5,6.

IV. Die Mordmerkmale im Einzelnen

1. Systematische Stellung der Mordmerkmale, insbesondere Trennung zwischen objektiven und subjektiven Elementen

MMe sind keine objektiven Tatbestandsmerkmale. Schon deshalb kann sich der Vorsatz nicht auf ein MM beziehen. Vielmehr sind die subjektiven Anforderungen an ein MM je nach Merkmal unterschiedlich. Die Unterscheidung zwischen tatbezogenen und täterbezogenen Merkmalen ist im Hinblick auf § 28 getroffen worden. Sie bewährt sich jedoch auch, wenn es um die **irrige Annahme eines MMs** geht: **Täterbezogene** Merkmale sind völlig subjektiviert, sodass keine Irrtumsfälle auftreten[105]. 42

In **tatbezogenen** Merkmalen stecken objektive Bausteine, auf die sich die Kenntnis des Täters in **vorsatzähnlicher Weise** beziehen muss. Konsequenterweise ist ein Irrtum denkbar (Opfer ist nicht argwöhnisch oder empfindet keine besonderen Schmerzen oder das Mittel ist nur vermeintlich gemeingefährlich). Ein solcher Irrtum führt zur Versuchsbestrafung, gegebenenfalls also § 212 in Tateinheit mit §§ 211, 22, wenn das Opfer Argwohn geschöpft hatte, der Täter dies aber nicht bemerkt und deshalb glaubt, heimtückisch zu töten.

In der **umgekehrten Situation** (z. B. Opfer ist arglos, Täter hält es aber für argwöhnisch) fehlt es meist schon an der spezifischen subjektiven Komponente des tatbezogenen MMs (z. B. **Ausnutzung** der Arglosigkeit), deshalb nur § 212[106]. 43

Die **dogmatische Begründung** der vorstehenden Resultate **ist aufwendig**. Die objektiven Elemente der tatbezogenen Merkmale werden einerseits wie echte Tatbestandsmerkmale behandelt (deshalb Versuch, wenn sie nur vermeintlich vorliegen). Andererseits sind es keine echten Tatbestandsmerkmale, weil nicht die Vorsatzdoktrin, sondern § 211 bestimmt, wie die subjektive Seite dieser Merkmale beschaffen sein muss[107].

2. Die tatbezogenen Mordmerkmale im Einzelnen

a) Heimtückisch[108]

aa) BGH: Ausnutzung der Arg- und Wehrlosigkeit

Die Heimtücke liegt nach gefestigter Rspr. in der **Ausnutzung der Arg- und** (nicht: oder) **Wehrlosigkeit** des Opfers. BGHSt 19, 321 hat gegenüber der insofern missverständlichen Entscheidung BGHSt 18, 88 klargestellt, dass Wehrlosigkeit allein nicht genügt. Freilich ist das Urteil 44

---

105 Zur Frage, wie die subjektive Seite des jeweiligen täterbezogenen Merkmals aussehen muss, u. Rn. 57 f.
106 Wie hier LK-*Jähnke*, § 211 Rn. 52; *Gössel/Dölling*, BT 1, § 4 Rn. 142.
107 Zum Aufbau *Arzt*, Strafrechtsklausur, § 15 I 2; *Rengier*, BT 2, § 4 Rn. 8–10.
108 Siehe dazu auch den instruktiven Überblick bei *Geppert*, JuS 2007, 270 ff.

nicht geeignet, die gängige Formel (Ausnutzung der Arg- und Wehrlosigkeit) zu bestätigen. Es ergibt vielmehr die **Reduzierung auf die Arglosigkeit**. Aus der Arglosigkeit folgt in aller Regel die Wehrlosigkeit. Wehrlosigkeit trotz Argwohns ist nur unter ganz besonderen Umständen denkbar (und genügt nicht, **Fesselungsfall**, *BGHSt 32, 382*).

bb) Systemimmanente Einschränkungsversuche, Einzelfälle

45 *BVerfGE 45, 187 (259 ff.)* hat dem BGH eine einschränkende Auslegung dieses MMs nahegelegt, weil in Grenzfällen wie dem **Brei-Fall** *BGHSt 8, 216*[109] die zwingende Verhängung der llF eine unverhältnismäßig harte Sanktion sei. – Ein Weg zur Einengung der Heimtücke führt über strenge Anforderungen an die Arglosigkeit des Opfers. Es ist diskutabel[110], Arglosigkeit des Opfers auszuschließen, wenn allgemein feindselige Beziehungen zum Täter bestehen oder (enger) wenn das Opfer dem Täter vernünftigerweise kein Vertrauen hätte schenken sollen oder (noch enger) wenn das Opfer in einer den Täter geradezu provozierenden Weise seiner Überzeugung Ausdruck gibt, der Täter werde sich einen Angriff nicht getrauen. BGHSt 27, 322 (Balkon-Fall; Demütigung eines Kreters durch seine Frau) ist einen Schritt in diese Richtung gegangen, doch hat sich diese Linie in der Judikatur leider nicht durchgesetzt. BGHSt 33, 363 (schwule Sau) hat unter ausdrücklicher Aufgabe von BGHSt 27, 322 Heimtücke bejaht, wenn das **Opfer einer verbalen Aggression** „gegenüber" einem Angriff auf Leben oder körperliche Unversehrtheit arglos bleibt" (Leitsatz); ähnlich BGHSt 28, 210 (Trierer Wartesaal-Fall); BGH, MDR 1980, 329 (Freundin-Fall) und BGHSt 39, 353 (368) (Flüchtling kommt aus der Deckung und wird erschossen); Heimtücke ist auch nach einer vorangegangenen feindseligen Auseinandersetzung möglich, wenn das Opfer diese für abgeschlossen hält, BGH, NStZ 2013, 232. – Diese höchstrichterliche Judikatur ändert nichts daran, dass in der Praxis „**Opferprovokation**" als wichtigste „Totschlagsdefinition begünstigende Variable" erscheint[111]. Zu beachten ist, dass der Täter bei gespannten Beziehungen zu seinem Opfer vielfach annehmen wird, das Opfer argwöhne einen Angriff auf sein Leben. Eine solche Annahme schließt den Willen des Täters zur Ausnutzung der Arglosigkeit und damit Heimtücke aus, so ausdrücklich BGHSt 3, 363 (365).

46 Einen **anderen Weg zur Einschränkung** war schon vor BVerfGE 45, 187 der BGH in BGHGrSSt 9, 385 (**erweiterter Suizid**[112]) gegangen. Zur billigen ad-hoc-Lösung des konkreten Falles hatte der BGH die These aufgestellt, Heimtücke setze eine **feindselige Willensrichtung** voraus. Das hat in der späteren Rspr. mit Recht keine Bedeutung erlangt. Wer vorsätzlich mit Unrechtsbewusstsein unter Ausnutzung der Arg- und Wehrlosigkeit tötet, tritt seinem Opfer als Feind gegenüber, richtig BGH, NJW 1978, 709 (**Würzburger Richter-Fall**): Ein „Fehlen der feindlichen Willensrichtung (sc. könne) bei einer Tötung unter Ausnutzung der Arg- und Wehrlosigkeit ohnehin nur ganz ausnahmsweise vorliegen"[113].

Statt einer Einschränkung des Heimtückatbestandes hat BGHGrSSt 30, 105 (3. Türkenfall) die sogenannte **Rechtsfolgenlösung** kreiert, d. h. der BGH hat die

---

109 S. o. Rn. 15.
110 Dafür *Arzt*, JR 1979, 7.
111 *Sessar*, Tötungskriminalität, a. a. O. S. 188.
112 Dazu o. Rn. 16.
113 Das Problem der feindseligen Willensrichtung ist nicht zu verwechseln mit der Deutung der Heimtücke als eines in besonders tückischer, vertrauensmissbräuchlicher Gesinnung handelnden Täters, u. Rn. 50.

Tatbezogene Mordmerkmale §2 Rn. 47

Möglichkeit eröffnet, beim MM der Heimtücke ausnahmsweise von der an sich zwingenden llF abzugehen[114].

Die Formulierung „Ausnutzung …" bringt zum Ausdruck, dass der **47** Täter das Opfer nicht arglos gemacht haben muss, sondern es genügt, wenn er vorhandene Arglosigkeit ausnutzt. Das führt zu der Frage, ob die Personen, die **kreatürlich arglos** sind (Kleinkinder; Schlafende; Bewusstlose; u. U. Betrunkene; Geisteskranke), immer nur heimtückisch getötet werden können, ob also Totschlag von vornherein ausscheidet. Die Rspr. hat hier noch nicht zu einer einheitlichen Linie gefunden. Offenbar empfindet man es einerseits als befremdlich, ganze Personengruppen § 211 zu unterstellen, andererseits befriedigt nicht, die Ausnutzung der kreatürlichen Arglosigkeit nicht als Heimtücke anzusehen. Der naheliegende Ausweg einer **differenzierenden Lösung** hat zu einer Reihe kurioser Entscheidungen geführt. Sie lassen sich leicht kritisieren. Es ist jedoch nicht zu verkennen, dass sowohl die Einbeziehung als auch die Ausklammerung der kreatürlichen Arglosigkeit unbefriedigend bleiben, sodass es verständlich ist, wenn die Gerichte nach einem Mittelweg suchen. Seit Aufhebung des privilegierenden Tatbestandes der **Kindestötung** durch das 6. StrRG (1998) ist es besonders wichtig, dass die Ausnutzung kreatürlicher Arglosigkeit grundsätzlich nicht zu § 211 führt[115].

Einzelfälle zur kreatürlichen Arglosigkeit: zu Kleinkindern BGHSt 3, 330; 4, 11; 8, 216; 18, 37[116]; BGH, NJW 1978, 709; NStZ 2013, 158. – Zu Besinnungslosen BGH, NJW 1966, 1823; NStZ 2008, 569. – Zu Schlafenden BGHSt 23, 119: Heimtücke, wenn das Opfer arglos eingeschlafen sei, denn „wer sich zum Schlafen niederlegt, nimmt die Arglosigkeit mit in den Schlaf" (S. 121). Darin soll auch der Unterschied zum Bewusstlosen liegen, ihn „überkommt sein Zustand …; er kann nicht in der Erwartung, ihm werde niemand etwas anhaben, getäuscht werden" (S. 120)[117].

Richtigerweise wird man von der Ausnutzung der kreatürlichen Arglosigkeit nur bei dem sprechen können, der zum **Opfer in einem Garantenverhältnis** steht. Die kreatürlich-undifferenzierte Erwartung eines Menschen, niemand werde ihm Böses antun, ist nur im Rahmen der Beziehung zu bestimmten Personen gerechtfertigt. Nur im Rahmen von Garantenverhältnissen kann eine solche Erwartung enttäuscht werden. Außerhalb von Garantenbeziehungen liegt bloße Hilflosigkeit vor, deren Ausnutzung allein keine heimtückische Tötung darstellt. Ausnutzung der Wehrlosigkeit allein macht die Tat nicht heimtückisch.

---

114 Ausführlich dazu o. Rn. 17 f.
115 Vgl. *Rengier*, BT 2, § 4 Rn. 27 f.
116 Der BGH bejaht bei völlig Wehrlosen (Kleinstkindern, Bewusstlosen) Heimtücke, wenn der Täter die Arglosigkeit eines schutzbereiten Dritten ausnutzt. Nach BGHSt 18, 37 ist eine Verallgemeinerung auf fast Wehrlose nicht möglich (kriegsgefangener Jude, der unter dem Schutz des Kompaniechefs stand, wird in dessen Abwesenheit erschossen). *Arzt* hatte als Gerichtsreferendar die Anklageschrift entworfen und wollte über die Heimtücke zu § 211 kommen (weil bei Verstrickung in nationalsozialistisches Denken die Frage der niedrigen Beweggründe schwierig ist). Das Schwurgericht (nicht aber der BGH) hat die Idee übernommen.
117 Im Ergebnis ebenso MüKo-*Schneider*, § 211 Rn. 173, der allerdings von einem „Grenzfall der Heimtücke" spricht.

48 **Heimtücke** liegt auch dann vor, **wenn das Opfer so spät argwöhnisch wird,** dass sich an der Wehrlosigkeit nichts ändert[118]. Problematisch ist jedoch, ob man bei einem frühzeitig Argwohn schöpfenden Opfer im Hinblick auf die Gleichwertigkeit aller Bedingungen auf eine vom Täter zu einem früheren Zeitpunkt mit Tötungsvorsatz gesetzte Causa zurückgreifen und § 211 mit dem Argument anwenden kann, in diesem frühen Stadium sei das Opfer arglos und wehrlos gewesen (sodass es gleichgültig ist, ob das Opfer später Argwohn geschöpft und dem Täter Widerstand geleistet hat). Kann z. B. eine **mit Heimtücke vorbereitete Tötung,** die nicht heimtückisch ausgeführt wird, aus § 211 mit dem Argument bestraft werden, der Täter habe eine Bedingung für den Tod des Opfers zu einem Zeitpunkt gesetzt, zu dem das Opfer arglos und wehrlos war? Ein solcher Rückgriff auf frühere Bedingungen ist nach dem Sinn der MMe (die heimtückische etc. **Tatausführung** zu qualifizieren, nicht die heimtückische etc. **Tatvorbereitung)** nur innerhalb von Ausführungshandlungen möglich. Ein **Rückgriff auf MMe im Vorbereitungsstadium** ist **abzulehnen.**

Anders BGHSt 22, 77 (1. Türken-Fall): „Wer einen anderen nach einem wohlüberlegten (?) Plan mit Tötungsvorsatz in einen Hinterhalt lockt und dadurch eine bis zur Tatausführung fortwirkende günstige Gelegenheit zur Tötung schafft, handelt auch dann heimtückisch, wenn er dem Opfer in **offen** feindlicher Haltung aus dem Hinterhalt gegenübertritt" (LS). – Der vereinfachte Sachverhalt: Ein türkischer Gastarbeiter T hatte einen Landsmann O mit 29 Messerstichen getötet, weil dieser die Frau des T vergewaltigt hatte. O wurde von Freunden des T aus dem Wohnhaus „unter dem täuschenden Vorwand, ihn zu einem abseits gelegenen Hurenhaus zu führen ... an eine bestimmte Stelle eines einsamen Feldwegs" gelockt. Dort trat ihm T – möglicherweise – offen gegenüber. So auch BGH, NStZ 2010, 450 f.

Wie hier BGHSt 6, 329 (Liebesspiel-Fall): „Die Merkmale der Heimtücke und der niedrigen Beweggründe müssen im Bewusstsein des Täters im Zeitpunkt der tatbestandsmäßigen Ausführung des Verbrechens vorhanden sein ... Es genügt nicht, dass er sich ihrer bei der Planung bewusst war", a. a. O. S. 331. – Bestätigt für „Regelfälle der Heimtücke" durch BGHSt 32, 382 (Fesselungsfall), während für Ausnahmefälle „einer von langer Hand geplanten und vorbereiteten Tat" (und bei Schlafenden) Arglosigkeit des Opfers bei der Vorbereitung genügen soll[119].

Heimtücke soll nicht vorliegen, wenn das Opfer eine Notwehrlage auslöst und im Verlauf der Auseinandersetzung vom Notwehrübenden getötet wird[120]. Dies soll auch dann gelten, wenn das Opfer bei Beginn der Notwehrhandlung nicht mit einem Gegenangriff gerechnet hatte (bei empirischer Betrachtung also „arglos" war), etwa im Stadium zwischen Vollendung und Beendigung einer Erpressung. In einem solchen Fall soll es am

---

118 BGH, NStZ-RR 2012, 245. Beispiel: BGH, GA 1971, 113 = JA 1971, 377.
119 Ebenso (für Zuschnitt der Interpretation der Heimtücke in Richtung „Überlegung") *Schmoller,* ZStW 99 (1987), 389. Ein (isoliert betrachtet strafloses) Vorbereitungsverhalten sollte jedoch nicht zum Sprung von § 212 hinauf zu § 211 führen. – Weil es unsinnig ist, im Vorbereitungsstadium vom Argwohn des Opfers zu reden, sind in BGHSt 22, 77; 32, 382 die vagen Strafwürdigkeitserwägungen nicht mit der Heimtückedefinition vereinbar.
120 BGHSt 48, 207; zustimmend *Rengier,* NStZ 2004, 236; *Roxin,* JZ 2003, 966; kritisch *Fischer,* § 211 Rn. 51 ff. mit Nachweisen.

Merkmal der „**Tücke**" mangeln[121]. Diese „**normative**" Bestimmung des Heimtückebegriffs ist abzulehnen[122]. Stellt die heimtückische Tötung des Opfers die erforderliche und gebotene Abwehrmaßnahme dar, handelt der Täter gerechtfertigt. Wäre zwar eine Tötung gerechtfertigt, nicht jedoch eine *heimtückische* Tötung, ist der Täter nach § 211 zu bestrafen. Dieser Fall zeigt erneut die Schwächen des Mordtatbestandes auf. Zwischen Freispruch und llF steht lediglich das in Inhalt und Reichweite stark umstrittene Merkmal der „Heimtücke".

cc) Systemsprengende Meinungen und Reformvorschläge

49 Neben der speziell auf die Heimtücke zugeschnittenen **Rechtsfolgenlösung**[123] existieren grundsätzlich abweichende Heimtücke-Konzeptionen in der Literatur und **grundsätzliche Bedenken** gegen dieses MM. Nach h. L. bedeutet es einen Fortschritt, dass das deutsche Recht 1941 von der Überlegung als dem Unterscheidungskriterium von Mord und Totschlag abgerückt ist[124]. In der Heimtücke lebt jedoch die **Überlegung als MM** praktisch fort. Der überlegende Täter wird in aller Regel sehen, dass er sein Opfer unvorbereitet, also arglos trifft, zutreffend BGHSt 41, 72 (78) **(Mielke)**.

Weiter erweist sich die Auffassung des Mordes als einer in der Verwerflichkeit bzw. Gefährlichkeit besonders gesteigerten Tötung bei der Heimtücke als unhaltbar. Ob der Täter seine Überlegenheit der Arglosigkeit des Opfers zu verdanken hat (Heimtücke) oder ob der Täter dem Opfer offen gegenübertritt, weil er physisch so überlegen ist, dass er sich diese Offenheit leisten kann, sollte keine entscheidende Rolle spielen.

50 Von einem Teil des Schrifttums wird eine von der Judikatur grundsätzlich abweichende Konzeption vertreten, nämlich Heimtücke als **Tötung unter Missbrauch einer** zwischen Täter und Opfer bestehenden **Vertrauensbeziehung**[125]. Diese Auffassung ist abzulehnen[126].

Interpretiert man „heimtückisch" i. S. von vertrauensmissbräuchlich, treten ähnliche Schwierigkeiten wie bezüglich der Arglosigkeit auf („Vertrauensbeziehung" zwischen Kleinkind und Eltern?). Die Definitionen des Vertrauens, wie sie in der

---

121 Dieses Vorgehen ist von einer negativen Typenkorrektur kaum zu unterscheiden; richtig *Fischer*, § 211 Rn. 53.
122 Zur Begründung siehe *Fischer*, § 211 Rn. 51 ff.
123 Dazu o. Rn. 17 f.
124 S. o. Rn. 19.
125 Eingehend *Schmidhäuser*, Gesinnungsmerkmale, S. 232 ff.; dafür auch *S/S/Eser/Sternberg-Lieben*, § 211 Rn. 26 f. mit Nachweisen. – Nach a. A. soll tückische Gesinnung auch aus anderen Kriterien als dem Vertrauensmissbrauch erschlossen werden können. Auch dies ist abzulehnen, weil die Verschiebung dieser Fälle von den „niedrigen Beweggründen" zur Heimtücke verfehlt ist, vgl. *Spendel*, JR 1983, 269; *Jakobs*, JZ 1984, 996 (zum Fesselungsfall BGHSt 32, 382).
126 Wie hier *Geilen*, Schröder-GS 1978, S. 235 ff. (erfrischende Lektüre!), sowie Bockelmann-FS 1979, S. 613 (619); LK-*Jähnke*, § 211 Rn. 50 (Formel des BGH „stimmt überein mit elementaren Sicherheitsbedürfnissen der Bevölkerung"); *Mitsch*, JuS 1996, 214; Müko-*Schneider*, § 211 Rn. 197 ff.

Literatur geboten werden, lassen zudem befürchten, dass es statt zu einer Einengung gegenüber der Rechtsprechung zu einer Erweiterung kommen wird. Insbesondere könnte man sich mit der Wehrlosigkeit des Opfers begnügen, weil in ihr eine gegenüber jedermann bestehende Vertrauensbezeugung liege.
Gegen die Heimtückedefinition i. S. des Vertrauensmissbrauchs ist weiter geltend zu machen, dass sie dieses MM so verkürzt, dass ausgerechnet die besonders gefährlichen, wenn auch seltenen **Fernraumdelikte** herausfallen. Solche Taten, in denen zwischen Täter und Opfer vor der Tat keine Beziehungen bestanden (Raubmorde, Attentate), tasten das allgemeine Sicherheitsgefühl besonders an, und eine an der Tätergefährlichkeit orientierte Konzeption des § 211[127] hat keinen Anlass, gerade solche Taten von der Drohung mit besonders hoher Strafe auszunehmen[128].

De lege ferenda ist der vom DJT 1980 grundsätzlich akzeptierte Vorschlag von *Eser*[129] zu unterstützen, das Heimtückemerkmal durch konkrete Merkmale zu ersetzen, die auf die gefährlichen Fernraumtaten zugeschnitten sind (Schusswaffeneinsatz, bandenmäßiger Zusammenschluss o. ä.), im Ansatz ebenso BGHSt 30, 105 (116) anlässlich der Rechtsfolgenlösung: „Das Heimtückemerkmal kennzeichnet eine besonders gefährliche Begehungsweise." Der Fall lehrt zugleich, dass solche Gefährlichkeitskriterien keine Patentlösung sind, denn der türkische Täter hatte zur Schusswaffe gegriffen (und nach Ansicht des BGH trotzdem keine llF verdient, Nahraumtat).

b) Grausam

51 „Grausam tötet, wer dem Opfer aus gefühlloser, unbarmherziger Gesinnung besondere Schmerzen oder Qualen zufügt" (BGHSt 3, 180, LS). Dass seelische Qualen (besonders Todesangst) genügen können, hat BGHSt 32, 382 (Fesselungsfall) klargestellt. – Obwohl für das Merkmal sowohl die besondere Gesinnung des Täters als auch die Ausführung (besondere Leiden des Opfers) charakteristisch ist, wird Letzteres für § 28 als ausschlaggebend angesehen. Grausam rechnet zu den tatbezogenen, nicht zu den täterbezogenen Merkmalen, sodass Akzessorietätsregeln gelten. § 28 I (BGH) bzw. § 28 II (h. L.) ist nicht anzuwenden, BGHSt 24, 106 (108); BGH NJW 1972, 832.

Selbstverständlich muss die Grausamkeit zur Zeit der Tötungshandlung vorliegen, denn sie ist Merkmal der Tötung. Das heißt aber nicht, dass das Handlungsdetail, aus dem die Grausamkeit gefolgert wird, seinerseits eine

---

[127] Dazu o. Rn. 21 f.
[128] In dieselbe Richtung *Geilen* und *Jähnke* (jeweils wie in Fn. 126), *Rengier*, BT 2, § 4 Rn. 33 und jedenfalls de lege ferenda *Eser*, dazu die folgende Fn.
[129] *Eser*, Gutachten D 163 ff., 172 f., 200 (vgl. aber auch zum arglistigen Vertrauensmissbrauch ebenda D 180 f., 200). – *Eser*, Gutachten D 53, 180 sieht einen Widerspruch zwischen den Ausführungen von *Arzt* hier in LH 1, 1. Auflage (de lege ferenda für Streichung der Heimtücke) und in *Göppinger/Bresser* (mit Blick auf gefährliche Fernraumdelikte de lege lata gegen Einschränkung der Heimtücke durch das Kriterium des Vertrauensmissbrauchs). Die Argumentation de lege ferenda zu einzelnen MMen wird in der Tat schnell missverständlich, solange eine Gesamtkonzeption fehlt. Mir scheint die Präzisierung und Reduzierung der Heimtücke in die von Eser aufgewiesene Richtung richtiger zu sein als die ersatzlose Streichung.

conditio sine qua non für den Tod des Opfers bilden muss, missverständlich BGHSt 37, 40.

c) Mit gemeingefährlichen Mitteln

Dieses MM ist aus sich ohne Rückgriff auf §§ 306 ff. auszulegen. Der 28. Abschnitt („Gemeingefährliche Straftaten") trägt zur Verdeutlichung nichts bei. Das zeigt schon die Tatsache, dass der dort früher bei mehreren Tatbeständen verwendete Terminus „Gemeingefahr" so unklar war, dass er 1964 beseitigt worden ist. Entscheidend ist, dass der Täter ein Mittel einsetzt, das über die Opfer hinaus, die der Täter töten will, „in der konkreten Tatsituation eine Mehrzahl von Menschen an Leib und Leben gefährden kann", weil **der Täter „die Ausdehnung der Gefahr nicht in seiner Gewalt hat"**, BGHSt 34, 13 (14). 52

Die von BGHSt 34, 13 (14) verwendete Formel hat sich am Beispiel bewährt, dass der Täter mit einem Schuss statt des Opfers einen Unbeteiligten trifft. Das ist keine über die Tötung einer Person hinausgehende besondere Gemeingefährlichkeit nach § 211, richtig BGHSt 38, 353.

An der hier[130] vertretenen Auffassung, dass das vom Täter eingesetzte Mittel Dritte **konkret gefährdet** haben müsse, wird nicht festgehalten. Es genügt, dass der Täter mit der objektiven „Schaffung unberechenbarer Gefahren für andere" (BGHSt 34, 13 [14]) **subjektiv** den Eintritt einer konkreten Gefahr in Kauf nimmt. Der Zufall, ob eine konkrete Gefahr eintritt (oder ob sie nachgewiesen werden kann), darf für das MM nicht entscheidend sein[131].

Beispiel: Schickt der Täter einem Beamten ein Sprengstoffpäckchen ins Amt, das den Beamten beim Öffnen tötet, hätte der Täter – waren Besucher im Zimmer – weitere Personen konkret und – war das Opfer allein – weitere unbestimmte Personen abstrakt in Lebensgefahr gebracht. Auch im zweiten Fall liegt vollendeter Mord vor, nicht nur der Versuch, in gemeingefährlicher Weise zu töten. Es genügt die Schaffung einer „Gefahr für die unbestimmte Zahl von Personen, den dort hätten sein können", BGH, JR 1986, 31 mit Anm. *Horn* (**Brandflaschenanschlag**).
Man denke darüber nach, ob ein MM sinnvoll ist, das zwar den erfasst, der eine Bombe in ein Lokal wirft, um **einen** Anwesenden umzubringen, nicht aber den, der **alle** Anwesenden zu töten hofft (weil er über die in den Tötungsvorsatz einbezogenen Opfer hinaus niemanden gefährdet und folglich nicht mit einem gemeingefährlichen Mittel arbeitet).

Sonderprobleme entstehen bei Tötung (oder Herbeiführung der gemeingefährlichen Situation) durch **Unterlassen**. Hier fehlt es an der typischen Zweck/Mittel-Relation, denn das besonders gefährliche Mittel wird in solchen Fällen nicht eingesetzt, um die Tötung als Ziel zu erreichen, im Ergebnis zutreffend BGHSt 34, 13[132]. 53

---

130 LH 1, 2. Aufl.
131 So h. M., etwa LK-*Jähnke*, § 211 Rn. 57; differenzierend SK-*Sinn*, § 211 Rn. 61 ff. – *Rengier*, StV 1986, 405 fordert konkrete Gefährdung, vgl. auch *Rengier*, JZ 1993, 365 (zu BGHSt 38, 353).
132 Allgemein zu MMen bei Unterlassungstaten u. Rn. 71.

3. Die täterbezogenen Mordmerkmale

a) Mordlust

54 „Aus **Mordlust** handelt, wer aus einer unnatürlichen Freude an der Vernichtung eines Menschenlebens tötet" (BGH, LM Nr. 24 zu § 211 = NJW 1953, 1440, LS; **Metzgergeselle**). Da eine natürliche Freude an der Tötung nicht anzuerkennen ist, läuft die Definition auf eine Tautologie hinaus. Nach BGHSt 34, 59 (61) tötet aus Mordlust, „wem es allein darauf ankommt, einen Menschen sterben zu sehen, wer aus Mutwillen oder Angeberei tötet, wer die Tötung als nervliches Stimulans oder ‚sportliches Vergnügen' betrachtet, wer einen anderen zum Zeitvertreib tötet". Der Tod des Opfers muss also der alleinige den Täter motivierende Beweggrund sein[133].

> Die Sachverhalte der Entscheidungen zeigen, wie problematisch dieses MM ist. Ein Metzgergeselle erfuhr, dass sich eine Landwirtstochter einem anderen zugewandt hatte. Er brachte das auf dem Feld arbeitende ahnungslose Mädchen nach mehreren Fehlschüssen durch weitere Schüsse um und schoss danach noch einmal „triumphierend" in die Luft. Dass einem derartigen Täter, dessen Verhalten an einen Rauschzustand erinnert, ein besonders schwerer Schuldvorwurf (Mordlust) zu machen ist, ist bei den Beratungen der Großen Strafrechtskommission mit Recht bezweifelt worden. Mordlust und Lustmord liegen an der Grenze der Schuldfähigkeit. Das zeigt auch BGHSt 34, 59.

b) Zur Befriedigung des Geschlechtstriebs (Sexualmord)

55 Damit wird der **Lustmord** erfasst, also der Fall, dass der Täter in der Tötung sexuelle Befriedigung sucht (ob er sie findet, ist irrelevant). Die Rechtsprechung hat darüber hinaus die Fälle einbezogen, in denen der Täter tötet, „um danach seine geschlechtliche Lust an der Leiche zu befriedigen" (BGHSt 7, 353). Dient die Tötungshandlung dazu, eine Videoaufzeichnung anzufertigen, mittels derer der Täter sexuelle Befriedung erlangen will, ist das MM der Befriedigung des Geschlechtstriebs ebenfalls verwirklicht[134]. Auf das Vorliegen eines räumlich-zeitlichen Zusammenhangs zwischen Tötungshandlung und Befriedigung kommt es nicht an[135]. BGHSt 19, 105 hat auch eine Vergewaltigung mit Tötungseventualvorsatz als Tötung „zur Befriedigung des Geschlechtstriebs" beurteilt.

Denkt man von BGHSt 19, 105 aus weiter, wird der Fall problematisch, dass der Täter einer Vergewaltigung nicht die Frau, sondern einen Dritten tötet, der dem Opfer zu Hilfe kommen will. Damit geraten die zahlreichen Fälle in den Sog dieses MMs, in denen der einem Liebesverhältnis im Wege stehende Ehemann beseitigt wird oder der Mann seine Frau tötet, um sich der Geliebten zuwenden zu können. Hier sind die Gerichte gar nicht auf

---

133 MüKo-*Schneider*, § 211 Rn. 49.
134 BGHSt 50, 80, 86 f. „**Kannibalen-Fall**"; *Kudlich*, JR 2005, 343 f.; MüKo-*Schneider*, § 211 Rn. 57; *Rengier*, BT 2, § 4 Rn. 12; a. A. *Schiemann*, NJW 2005, 2350 f.
135 So auch *Rengier*, BT 2, § 4 Rn. 12.

Täterbezogene Mordmerkmale § 2 Rn. 56–57

den Gedanken gekommen, dass Tötung „zur Befriedigung des Geschlechtstriebs" vorliegen könnte (vgl. die Sachverhalte, die BGHSt 3, 132 oder LM Nr. 31 zu § 211 zugrunde liegen). Das liegt wohl daran, dass dieses täterbezogene MM **Hauptmotiv**, entscheidendes Motiv (OGHSt 1, 321, 328) sein muss. In den zuletzt genannten Fällen stellt das sexuelle Motiv nur einen Teilaspekt des veränderten Lebens dar, das der Täter nach dem Tod seines Opfers führen möchte. Da über den Gesichtspunkt des „Hauptmotivs" eine zu weitreichende Ausdehnung dieses MMs verhindert werden kann, ist BGHSt 19, 105 zu billigen. Es besteht kein Anlass, dieses Merkmal auf Fälle des echten Lustmords zu beschränken, h. L.[136].

c) **Aus Habgier**

aa) Definition: Vermögensvorteilsabsicht

Aus **Habgier** handelt, wer um eines (rechtswidrigen[137]) Vermögensvorteils willen tötet[138]. So verständlich das Erwerbsmotiv als solches ist, so gefährlich ist der Täter, der zum Zweck der Vermögensbildung über Leichen geht. Der „Habgier" liegt also eine **besonders unangemessene Zweck/Mittel-Relation**[139] zugrunde, nämlich die Vernichtung eines Menschenlebens um eines Vermögensvorteils willen[140]. – Die vorstehende Definition der Habgier ist aus zwei Gründen problematisch. Einmal fragt sich, ob damit wie beim MM „zur Befriedigung des Geschlechtstriebs" auf das **Hauptmotiv** Bezug genommen wird. Zum anderen ist streitig, ob zur Vorteilsabsicht deren **besondere Verwerflichkeit** hinzutreten muss[141]. 56

bb) Motivbündel

Zunächst zur Frage des Motivs: Vorstehend Rn. 55 ist zum MM „zur Befriedigung des Geschlechtstriebs" ausgeführt, dass damit auf das **Hauptmotiv** Bezug genommen werde. Überträgt man dies auf die Habgier, könnte man daran denken, beispielsweise denjenigen, der es auf Geld abgesehen hat, weil seine Freundin nur einen wohlhabenden Mann zu heiraten geneigt ist, nicht als habgierig zu bezeichnen, weil Hauptmotiv der Tötung die Heirat, nicht das Erlangen des Geldes war. Diese Argumentation wäre verfehlt. Auch in solchen Fällen ist Habgier anzunehmen. Ein Vermögensvorteil ist in aller Regel nicht Selbstzweck, sondern Mittel zu anderen Zwecken. Im Unterschied zum Lustmord braucht die Habgier 57

---

136 So auch *S/S/Eser/Sternberg-Lieben*, § 211 Rn. 16 unter Aufgabe der engeren Interpretation von *Schröder*; *Rengier*, BT 2, § 4 Rn. 12.
137 Dazu u. Rn. 60.
138 Vgl. § 100 II Nr. 5 AE: Wer „zur Erlangung eines Vermögensvorteils" tötet ...
139 Vgl. § 100 II AE mit Begr. S. 19 und BGHSt 29, 317 (318) (Sucht). Der BGH neigt a. a. O. deshalb dazu, Habgier bei geringwertigen oder gar wertlosen Objekten zu bejahen, weil die Relation besonders unangemessen wird, wenn es dem Täter nicht auf „ein Streben nach beträchtlichem Gewinn", sondern nur auf „irgendeinen dem Opfer zustehenden Vermögensgegenstand" ankomme.
140 Allgemein zur Zweck/Mittel-Relation bei der Nötigung, § 240 II, u. § 9.
141 Dazu Rn. 59.

also nicht Hauptbeweggrund zu sein. Es genügt, dass das Streben nach einem Vermögensvorteil ein Nahziel war. Es ist unerheblich, welches (möglicherweise sogar wichtigere) Fernziel den Täter zur Tötung veranlasst (motiviert) hat.

58 Nach h. M.[142] sollen die täterbezogenen MMe Beweggründe (Motive) sein, die von Absichten unterschieden werden müssten. Das Durcheinander ist sowohl in sprachlicher wie in sachlicher Hinsicht groß. § 211 offenbart zunächst die terminologische Verwirrung. Der Gesetzgeber hat bei der dritten Gruppe der MMe die für Absicht charakteristische Formulierung „um zu" gewählt. Es ist jedoch nicht zweifelhaft, dass auch die Straftatverdeckungsabsicht eine Ausprägung der niedrigen Beweggründe (1. Gruppe) darstellt. – Unklar ist auch, worin der sachliche **Unterschied** zwischen **Absicht** und **Motiv** zu erblicken ist. Sieht man die Absicht im Zusammenhang mit der Vorsatzlehre und der dort eine große Rolle spielenden Unterscheidung eines Wissens- und eines Willenselementes, wird man im Hinblick auf das Motiv feststellen können, dass da nur das voluntative Element angesprochen ist. Über alles Weitere gehen die Meinungen auseinander. So wird zum Teil zwischen Nahziel (Absicht) und Fernziel (Motiv) unterschieden[143], zum Teil wird Absicht vom Motiv gelöst[144], zum Teil wird die Absicht als ein Sonderfall des Motivs bezeichnet[145]. Wie dem auch sei (Absichtsbegriff im AT nacharbeiten!), beim Motiv lässt sich eine quantitative Abstufung (Hauptbeweggrund bzw. nachgeordnetes Motiv) durchführen, wie sie im Rahmen der Absicht nicht möglich ist.

Bei § 211 macht es die Maßgeblichkeit des Motivs möglich, bei Mordlust und Sexualmord auf den Hauptbeweggrund abzustellen, bei anderen Beweggründen (Habgier, Straftatverdeckungs„absicht") es dagegen ausreichen zu lassen, dass das MM ein Motiv in einem **Motivbündel** war. Die letztere weite Auslegung ist erforderlich, weil das Streben nach Vermögensvorteilen oder nach Verdeckung einer Straftat kaum je das eigentliche und hauptsächliche Motiv des Täters ist. Dagegen ist es für die Mordlust geradezu charakteristisch, dass sie den Täter beherrscht.

Die h. M. will **alle täterbezogenen MMe** im Sinne des **Hauptmotivs** interpretieren. Für die Habgier bedeutet dies, dass das Gewinnstreben der das Motivbündel beherrschende Faktor sein muss, so BGH, JZ 1981, 283 (dazu *Franke*, JZ 1981, 525). Daran ist richtig, dass für § 211 nebensächliche Erwägungen, die dem Täter den Tötungsentschluss nur erleichtern, nicht maßgebend sind. Als Anhalt kann der Abgrenzung Anstiftung/Beihilfe dienen. Sind Mordmotive – würden sie dem Täter von Dritten geliefert – so nebensächlich, dass der Dritte nur als psychischer Gehilfe anzusehen wäre, erreichen sie nicht die Intensität, die § 211 voraussetzt. – Scharf zu widersprechen ist jedoch der Tendenz der h. L., auch Motivketten in nebensächliche

---

142 *S/S/Eser/Sternberg-Lieben*, § 211 Rn. 18b, 14 mit Formulierungen wie „einer der leitenden Beweggründe", Beweggrund als Vorstellungen, durch die der Täter „entscheidend beeinflusst wird".

143 Dagegen überzeugend *Baumann/Weber/Mitsch*, § 20 Rn. 44 f., wo die Unterscheidbarkeit von Absicht und Motiv überhaupt geleugnet wird.

144 „Absicht …, wenn der Handlungswille des Täters final gerade auf den vom Gesetz bezeichneten Handlungserfolg gerichtet war… Dabei ist ohne Bedeutung, ob dieser Erfolg Beweggrund (Motiv) des Handelns war", *Schönke/Schröder*, 17. Aufl., § 59 Bem. 49.

145 „Bei der Absicht ist die Herbeiführung des Erfolgs der Beweggrund des Handelns"; LK-*Lange*, 9. Aufl., § 211 Rn. 5. – LK-*Jähnke*, § 211 Rn. 2 lässt mit Recht die psychologische Unterscheidbarkeit von Absicht (Zweck) und Beweggrund offen.

Täterbezogene Mordmerkmale § 2 Rn. 59

und entscheidende Glieder zu zerlegen. So kann bei Geldbeschaffung zur Suchtbefriedigung das Geld zur Nebensache, die Suchtbefriedigung zur Hauptsache werden. – Die h. M. hat Anlass, ihre Position zu überdenken. Nachdem BGHSt 35, 370 bei § 240 die Verwerflichkeit unter Ausblendung der Fernziele bestimmt hat[146], ist die Einsicht näher gerückt, dass die besondere Verwerflichkeit einer Tötung um eines Vermögensvorteils willen feststeht, ohne dass es auf Fernziele des Täters ankommt (Hawaiireise, Drogentrip, Organisation einer teuren Fluchthilfe für DDR-Verwandte). Die Praxis sollte auch zum Schluss kommen, dass die vom Boden der h. M. aus vorgetragenen Angriffe[147] auf die richtige Entscheidung BGHSt 29, 317 (**Suchtbefriedigung**) die h. M. diskreditieren. Auf der Basis der h. M. werden Differenzierungen gefordert, die jede Rücksicht auf Praktikabilität vermissen lassen, welche die Anwendung des § 211 noch unsicherer machen und die an die Billigkeit bei § 211 Ansprüche stellen, die mit Wertungen des Gesetzgebers in anderen Zusammenhängen kollidieren[148].

cc) Moralisch aufgeladene Habgierdefinitionen

Andere, meist ältere **Definitionen** der Habgier sind im Gegensatz zu 59 der hier angebotenen Begriffsbestimmung aufgeladen mit unbestimmten moralisch wertenden Begriffen, z. B. „Handeln aus einem rücksichtslosen Gewinnstreben unter brutaler Missachtung fremden Menschenlebens". – Dem ist nur zu folgen, wenn damit gesagt werden soll, dass die Rücksichtslosigkeit bzw. Brutalität in der einfachen Tatsache liegt, dass der Täter um eines rechtswidrigen Vermögensvorteils willen ein Menschenleben vernichtet[149]. Darüber hinaus braucht der Täter weder rücksichtslos noch brutal zu handeln. Wer mehr fordert, nämlich Gewinnsucht[150] oder gar Handeln aus „einem noch über die Gewinnsucht hinaus gesteigerten abstoßenden Gewinnstreben um jeden Preis"[151], stellt eine grobe Diskrepanz zu § 251 her. Nach § 251 ist das Missverhältnis zwischen Vermögensvorteil und eingesetztem Mittel (Gewalt) so groß, dass Freiheitsstrafe nicht unter 10 Jahren oder llF eintritt, wenn der Räuber durch den Raub leichtfertig den Tod eines anderen verursacht. Warum sollte zur vorsätzlichen Tötung zur Erlangung eines Vermögensvorteils noch Brutalität und Rücksichtslosigkeit oder besonders abstoßendes Gewinnstreben erforderlich sein, um die llF nach § 211 auszulösen?

Musterfall einer Tötung aus **Habgier** ist der Raubmord. Die relativ hohe Rückfallgefahr erklärt die llF. Lädt man die Definition der Habgier mit moralisch-wertenden Begriffen auf, kann es passieren, dass ausgerech-

---

146 Dazu u. § 9 Rn. 78.
147 *Alwart*, GA 1983, 433; kompliziert auch *Paeffgen*, GA 1982, 255.
148 Zu § 21 u. Rn. 80; zu § 251 u. § 17 Rn. 30.
149 Weitgehend wie hier SK-*Sinn*, § 211 Rn. 17; *Gössel/Dölling*, BT 1, § 4 Rn. 41; wohl auch *Otto*, BT, § 4 Rn. 11. – *Maurach/Schroeder/Maiwald*, BT 1, § 2 Rn. 33 haben die hier (LH 1, 3. Aufl., S. 58) kritisierte, weil mit wertenden Begriffen aufgeladene Definition abgeschwächt. – Aus der neueren Judikatur vgl. die „aufgeladene" Definition in BGH, NStZ 1993, 386.
150 Dafür *Eser*, Gutachten D 175 f. – verfehlt, da der normale (und gefährliche!) Raubmörder nicht „von geradezu süchtigem Gewinnstreben getrieben" ist und damit aus § 211 herausfallen würde, so schon *Bockelmann*, Nied. 13, 166.
151 BGH, NStZ 2003, 307; ähnlich *Schmidhäuser*, Gesinnungsmerkmale, S. 223 ff.

net der **Raubmord** oder der **Mordkontrakt** nicht mehr unter die habgierige Tötung fällt.

dd) Sonderfälle

60 Auch wer tötet, um in einer **Verzweiflungssituation** einen Vermögensvorteil zu erlangen, handelt habgierig. Die mit moralischen Begriffen angereicherten Definitionen machen es möglich, solche Tötungen als nicht habgierig aus § 211 auszuklammern[152]. Hier handelt es sich um einen Versuch, das ungeschriebene allgemeine MM der besonderen Verwerflichkeit, das die Rechtsprechung nicht anerkannt hat, dadurch durchzusetzen, dass man es an jedes besondere MM „anhängt". Das in wenigen Fällen auf diese Weise erreichte billige Ergebnis wird mit der Vagheit, die mit dem Abstellen auf die sittliche Anstößigkeit des Gewinnstrebens o. ä. verbunden ist, teuer erkauft. Außerdem ist fragwürdig, ob das Ergebnis wirklich „billig" ist. Eine Verzweiflungssituation von der Intensität, dass § 21 erreicht ist, ergibt bei Verwirklichung von MMen gem. §§ 21, 49 I einen Strafrahmen von mindestens drei Jahren Freiheitsstrafe (bis lebenslang, da nur fakultative Milderung). Wollte man wesentlich schwächere Drucksituationen benutzen, um schon das Vorliegen von einzelnen MMen abzulehnen, käme man über § 212 zu 5 bis 15 Jahren Freiheitsstrafe (§ 212 II wird hier regelmäßig nicht vorliegen). Diese Milderung erscheint im Vergleich zu §§ 211, 21 als zu weitgehend; auch deshalb richtig BGHSt 29, 317 (Suchtbefriedigung).

Streitig ist der **Sonderfall**, dass der Täter einen (wirklich oder vermeintlich) **rechtmäßigen Vermögensvorteil** erstrebt. Für Habgier spricht, dass hier (wie bei besonders geringem Wert)[153] das Missverhältnis zwischen Tötung und Zweck (Vorteil) größer ist, als wenn der Täter einen rechtswidrigen Vorteil erstrebt. Entscheidend gegen Habgier spricht jedoch, dass der Gesetzgeber die Gewaltanwendung zur Durchsetzung berechtigter Ansprüche prinzipiell milder bewertet als die Gewaltanwendung zur Erreichung rechtswidriger Vorteile, vgl. §§ 249, 253[154].

Der Vorteil kann auch in der **Ersparung von Aufwendungen** liegen[155].

ee) Rechtsfolgenlösung, besondere Schuldschwere

61 Eine Einschränkung via **Rechtsfolgenlösung**[156] kommt bei Habgier nicht in Betracht, BGHSt 42, 301 (Dolantin). – In den Normalfällen der Habgier liegt (anders als bei den Sonderfällen, vorstehend Rn. 60) die Bejahung der besonderen Schuldschwere nahe[157]. Die Zweck/Mittel-Relation

---

152 OGHSt 1, 87 (90) formuliert: „nicht aus Gier nach wirtschaftlich nicht unbedingt benötigten Vorteilen, sondern unter dem starken Druck einer unverschuldeten wirtschaftlichen Notlage" (deshalb niedriger Beweggrund; Habgier wird nicht geprüft). – Weitere Nachweise bei *Arzt*, ZStW 83 (1971), 1 (20, 29) (dort noch für elastische Definition, Korrekturbedürfnis im Sinne einer Vermeidung der llF).
153 Vgl. Rn. 56.
154 Wie hier OLG Hamburg, NJW 1948, 350 (eingehend dazu *Schmidhäuser*, Reimers-FS 1979, S. 445 (456), der in Ausnahmefällen bei Verfolgung berechtigter Ansprüche Habgier bejaht); *Welzel*, LB, § 38 II 1 a. Gegenansichten genau nachlesen, weil sie durch Rückgriff auf allgemeine niedrige Beweggründe bzw. Verwerflichkeit o. ä. oft nur in der (komplizierteren) Begründung divergieren; differenzierend *Mitsch*, JuS 1996, 121 (124).
155 Richtig BGHSt 10, 399 (Unterhaltspflicht). SK-*Sinn*, § 211 Rn. 19 will als typisch schwächer verwerflich auch den nicht „haben", sondern „behalten" wollenden Täter ansehen, rekurriert aber je nach Situation auf den „flexibleren Allgemeinbegriff" der niedrigen Beweggründe; d. h. es stellen sich vergleichbare Fragen wie bei Verfolgung rechtmäßiger Vorteile.
156 Dazu o. Rn. 17.
157 Zu § 57a s. o. Rn. 13.

Vermögensvorteil/Leben ist besonders unangemessen, gegen solche Täter spricht eine Gefährlichkeitsvermutung[158] und zudem sind oft mehrere MMe verwirklicht (Straftatermöglichung)[159].

d) Um eine andere Straftat zu ermöglichen oder zu verdecken

aa) Definition

Dieses MM ist klar formuliert, wirft aber trotzdem viele Fragen auf. Die bei Habgier diskutierte Frage nach dem Verhältnis zwischen Absicht und Motiv stellt sich nicht. Klar ist auch, dass die Verdeckungs- oder Ermöglichungsabsicht nicht dominierendes oder nächstes Ziel zu sein braucht. Es genügt, dass Verdeckung bzw. Ermöglichung als ein Zweck in einem Bündel der vom Täter verfolgten Ziele steckt. Problematisch ist insofern einzig die **Selbstbegünstigung** als Fernziel hinter der Tötung als Nahziel.

Während bei Mordlust und Sexualmord der Täter so massiv zur Tat gedrängt wird, dass ihn die Strafdrohung kaum abhalten wird, wohl aber (mindestens der Theorie nach) der Strafvollzug von weiteren Taten, sind andere MMe mehr unter dem Gesichtspunkt der **Generalprävention** durch Strafandrohung zu sehen. Wie die Habgier ist die Absicht, eine andere Straftat zu ermöglichen, ein MM, durch das dem tatgeneigten Täter eingeschärft werden soll, wenn er schon Vermögensvorteile erstrebe (Habgier) oder Straftaten begehen wolle, möge er dabei doch nicht über Leichen gehen. Entsprechend soll die llF für eine Tötung in Straftatverdeckungsabsicht dem Kalkül entgegenwirken, die Chance, eine drohende Entdeckung durch Tötung (z. B. eines Verfolgers) zu verhindern, sei das Risiko einer schärferen Strafe wert. Die mit dem Schlagwort „Selbstbegünstigung" dagegen geltend gemachten Bedenken, die für einen Straftäter nahe liegende Tatverdeckung sei mildernd, nicht schärfend zu werten, sind allenfalls in Ausnahmefällen berechtigt[160].

bb) Einschränkungsversuche und damit zusammenhängende Einzelfälle

BVerfGE 45, 187 (265) hatte dem BGH die Einschränkung der Verdeckungsabsicht nahegelegt, wegen der „Konfliktsituation des Täters", also des „Gesichtspunkt[es] der straffreien Selbstbegünstigung". Das BVerfG erwägt a. a. O. S. 267 die Ein-

---

158 S. o. Rn. 21 f.
159 S. o. Rn. 39.
160 Während einige Reformvorschläge Einheitstatbestände und bloße Unrechtsabstufungen nach unten vorsehen (Fn. 68), sind sich Schrifttum und der BGH in der Ablehnung einer einschneidenden Korrektur im Übrigen weitgehend einig. *Eser*, Gutachten D 177 ff., 200 hält mit Recht auch de lege ferenda an der Verdeckungsabsicht als MM fest; *Saliger*, ZStW 109 (1997), 302 ff. testet Verdeckungstötungen anhand von Leitprinzipien (Überlegung, Verwerflichkeit, Gefährlichkeit) – m. E. ist die Rechtsunsicherheit total. – Auch andere Rechtsordnungen bekämpfen das Selbstbegünstigungskalkül durch besonders harte Strafdrohung bei Angriffen auf Polizeibeamte, Zeugen, Strafvollzugsbedienstete etc., näher *Weiss*, Verdeckungsabsicht, a. a. O. S. 5 ff. Gerade weil dem Selbstbegünstigungskalkül entgegengewirkt werden soll, ist eine Reduktion dieses MMs de lege ferenda auf eine vor der Begehung einer Straftat „eventualiter" einkalkulierte Verdeckung mittels Tötung verfehlt, anders *Küpper*, BT 1, § 1 Rn. 57.

schränkung des Verdeckungsmordes auf **die** Fälle, in denen die Verdeckungsmordtat „im Voraus geplant ist"[161]. – Wendet man den Gedanken der besonders unangemessenen Relation zwischen der Tötung als Mittel und dem vom Täter verfolgten Zweck auf die Verdeckungsabsicht an, fällt die Bejahung dieses MMs umso leichter, je leichter (!) die zu verdeckende Tat wiegt[162]. – *BGHSt 27, 346* (**1. Prostituierten-Fall**) und *BGH, JR 1979, 470* (**2. Prostituierten-Fall**) haben mit Blick auf BVerfGE 45, 187 (265) aus dem Verdeckungsmord eine Fallgruppe ausgegliedert, „für die es kennzeichnend ist, dass Vortat **und** Verdeckungstat sich gegen das Rechtsgut von Leib und Leben richten, unmittelbar ineinander übergehen und einer unvorhergesehenen Augenblickslage entspringen", JR 1979, 471.

Die hier[163] dokumentierten Versuche, diese Einschränkung in den Griff zu bekommen, sind gescheitert. BGHSt 35, 116 hat BGHSt 27, 346 aufgegeben. Damit steht der Annahme eines Verdeckungsmordes nicht mehr entgegen, „dass sich bereits die zu verdeckende Vortat gegen Leib und Leben des Opfers richtete, unmittelbar in die Tötung überging und beide Taten einer unvorhergesehenen Augenblickssituation entsprangen" (LS). Damit ist die umfangreiche komplizierte Judikatur zwischen BGHSt 27, 346 und BGHSt 35, 116 obsolet geworden. – Durch Rückgriff auf die Generalklausel der niedrigen Beweggründe wird das dem Verdeckungsmord inhärente Dilemma der belastenden Berücksichtigung des Selbstbegünstigungsmotivs freilich (entgegen diesbezüglich in BGHSt 35, 116 geäußerter vager Hoffnungen) nicht zu lösen sein[164]. Umso ernster ist die Befürchtung zu nehmen, dass der BGH nunmehr „auch hier den bequemen Weg der ‚Rechtsfolgenlösung'" einschlagen wird *(Sinn)*[165].

cc) Sonderfälle und Einzelfragen zur Verdeckungsabsicht

64 Eine andere, zu verdeckende Straftat liegt nach BGH, NStZ 2002, 253 nicht vor, wenn der Täter innerhalb eines einheitlichen Geschehens zunächst mit (bedingtem) Tötungsvorsatz handelt und anschließend zur Tötung übergeht, um die vorangegangenen Misshandlungen zu verdecken. In diesem Fall ist nur **eine** Tat verwirklicht; alleine das Hinzutreten der Verdeckungsabsicht vermag nicht eine Aufteilung in zwei getrennte Taten i. S. des § 211 II zu rechtfertigen[166]. Eine andere Beurteilung ist jedoch angezeigt, wenn zwischen der ersten Tötungshandlung und der mit Verdeckungsabsicht geführten Tötungshandlung eine zeitliche Zäsur besteht, welche die zweite Handlung als eigenständiges Tatgeschehen erscheinen lässt, oder der Täter den Tötungsvorsatz zwischenzeitlich aufgibt[167]. Hat der Täter das Tatopfer mit Tötungsvorsatz misshandelt und unterlässt er anschließend Rettungsmaßnahmen in Verdeckungsabsicht, soll es nach BGH, StraFo 2007, 123 (124) und BGH, NStZ-RR 2009, 239 dagegen selbst bei einer zeitlichen Zäsur an einer „anderen" Straftat fehlen (zweifelhaft).

Zu eng ist die Verdeckungsabsicht, weil der **Täter** nicht erfasst wird, **der nur entkommen will.** Durch Auslegung lässt sich zwar der Fall, dass jemand nicht die Tat,

---

161 Zum MM der Überlegung o. Rn. 19.
162 Zum gleichen Gedanken bei der Habgier o. Rn. 56. Zur Heranziehung dieses Gedankens zur Restriktion des Verdeckungsmordes bei besonders schweren Vortaten *Arzt*, JR 1979, 7.
163 LH 1, 2. Aufl.
164 Dazu u. Rn. 69.
165 SK-*Sinn*, § 211 Rn. 81 (von BGHSt 35, 116 [128] als „Andeutungen" bezeichnet).
166 So auch MüKo-*Schneider*, § 211 Rn. 228 f.; dazu kritisch *Freund*, JuS 2002, 640; *ders.*, NStZ 2004, 125.
167 Vom Vorliegen einer anderen Tat ist auch dann auszugehen, wenn der Täter innerhalb eines einheitlichen Geschehens zunächst mit Körperverletzungsvorsatz handelt, dann aber zum Tötungsvorsatz „umschwenkt", um die vorangegangene Körperverletzung zu verdecken; vgl. dazu nur *Fischer*, § 211 Rn. 70.

Täterbezogene Mordmerkmale § 2 Rn. 65

sondern seine Identität als Täter verdecken will, noch unter die Verdeckungsabsicht bringen[168]. Zur Tat gehört nun einmal der Täter. Dagegen fällt ein Täter, dessen Identität bekannt ist, der sich jedoch der Festnahme durch Tötung der Polizeibeamten zu entziehen sucht, nicht unter dieses MM[169]. Wie das Opfer und der Zeuge einer Straftat verdient aber auch der Polizeibeamte vor dem Kalkül des Täters Schutz, sich durch Tötung (des Beamten, des Opfers, des Zeugen) in Sicherheit zu bringen. Deshalb liegt in solchen Fällen der Rückgriff auf die „niedrigen Beweggründe" nahe, richtig BGH, *Holtz*, MDR 1988, 276.

Das MM will alle an der **Strafverfolgung** Beteiligten gegen das Selbstbegünstigungs-Kalkül des Straftäters schützen. Wer das Opfer tötet, um einer bei Tatentdeckung drohenden Abrechnung im Milieu zuvorzukommen, wird deshalb von diesem MM nicht erfasst, **anders BGHSt 41, 8 (gelinkter Dealer)**. Nach der hier vertretenen Ansicht bleibt selbstverständlich der Rückgriff auf niedrige Beweggründe zu prüfen.

Im **Unfallflucht-Fall** BGHSt 7, 287[170] hat der BGH dieses MM bei einem Täter, der mit dem **dolus eventualis**, sein Opfer durch Unterlassen umzubringen, vom Ort einer Straftat geflohen war, um diese zu verdecken, nicht für gegeben angesehen. Das Argument, der Täter habe nicht getötet, um zu verdecken, sondern er habe verdeckt und dabei die Tötung in Kauf genommen (Tod nicht Mittel der Verdeckung, sondern Folge der Flucht), überzeugt nicht. Wer die Straftat mit einem Mittel verdeckt, das möglicherweise den Tod des Opfers herbeiführt, tötet genauso mit Verdeckungsabsicht wie derjenige, der zu einem sicher tödlichen Mittel greift[171]. – Richtig daher die spätere, mit BGHSt 7, 287 unvereinbare Entscheidung BGH, *Dallinger* MDR 1966, 24 (bekräftigt von BGHSt 38, 356 [361]): Vergewaltigung; Kollaps des Opfers. BGH: Mord durch Unterlassen, wenn der Täter „mit der Möglichkeit gerechnet hätte, der Kollaps könne ohne die Herbeirufung eines Arztes zum Tode führen, und wenn er diese Folge gleichwohl billigend in Kauf genommen hätte, um eine Aufdeckung der vorausgegangenen Straftat zu verhindern". Sogar dann, wenn der Tötungserfolg für die Verdeckung deshalb unnötig ist, weil der Täter vom Opfer nichts zu befürchten hat, soll nach BGHSt 41, 358 Verdeckungsmord dann vorliegen, wenn ein **Zusammenhang zwischen Tötungshandlung und Verdeckungserfolg** zu bejahen ist (z. B. Einbrecher legt zur Verschleierung der Spuren seines Einbruchs Feuer – und nimmt die Tötung ahnungsloser Hausbewohner in Kauf).

Die **irrige Annahme**, die Handlung, die verdeckt werden soll, sei eine Straftat, genügt. So hat BGHSt 11, 226 Verdeckungsabsicht in einem Falle bejaht, in dem der Täter getötet hatte in Unkenntnis des Umstandes, dass die verdeckte Tat nicht rechtswidrig war (Notwehr). – Auch wer tötet, um ein **Wahndelikt** zu verdecken, handelt aus dem niedrigen Beweggrund der Verdeckungsabsicht, weil er „das Leben eines Mitmenschen so sehr missachtet, dass er seine Vernichtung als Mittel zur Verdeckung eigenen strafbaren Unrechts einsetzt", so die Formulierung BGHSt 11, 226

65

---

168 BGH, NJW 2011, 2223 (2224).
169 BGHSt 15, 291; BGH, LM Nr. 30 zu § 211; BGH, GA 1979, 108.
170 BGHSt 7, 287 betrifft Verkehrsunfallflucht eines betrunkenen Kraftfahrers, der einen (ebenfalls) Betrunkenen überfahren hatte, ihn „betrachtete" und „nachdem das Herbeiholen von Hilfe erörtert worden war", weiterfuhr, „weil er Alkohol getrunken hatte". Die h. M. hat das Urteil erstaunlich lange unkritisch registriert.
171 Bei Verdecken durch Tun unstreitig, vgl. BGHSt 11, 268 (270); 15, 291 (297). BGHSt 21, 283 und ähnlich BGHSt 23, 176 (194) sieht in folgendem Sonderfall einen Widerspruch zwischen Verdeckungsabsicht und bedingtem Tötungsvorsatz: Wenn nur der Tod des Opfers zur Verdeckung führe (weil Opfer den Täter kennt), müsse der Täter bei Verdeckungsabsicht auch den dolus directus bezüglich der Tötung haben. – Logisch gesehen stimmt das, psychologisch gesehen kann das Handeln des Täters durch sich widersprechende Ziele motiviert sein. Weitgehend wie hier *Geilen*, Lackner-FS 1987, S. 571 ff.

(228), die jedoch kein Wahndelikt betrifft. – Umgekehrt schließt ein Strafbarkeitsirrtum bezüglich der zu verdeckenden Tat Verdeckungsabsicht aus, weil der Täter nicht handelt, um eine „Straftat" zu verdecken; richtig OGH, NJW 1950, 195.

dd) Einzelfälle zum Ermöglichen

66 Es spielt keine Rolle, ob die andere Tat, die der Täter ermöglichen will, dann durchgeführt wird (unstreitig). – Dolus eventualis bezüglich der Tötung kann wie mit Verdeckungsabsicht auch mit Ermöglichungsabsicht kombiniert werden, BGHSt 39, 159 (**Pfarrer stört Diebe**). Die **Handlung** (nicht der Tötungserfolg) dient der Ermöglichung.

Nach BGHSt 23, 176 (194) (**Bartsch**) soll dieses MM jedoch dann nicht vorliegen, wenn durch den Tod des Opfers die geplante Straftat unmöglich wird und der Täter das weiß (Hammerschläge sollen Unzucht am lebenden Opfer ermöglichen, werden aber mit bedingtem Tötungsvorsatz ausgeführt). Wie BGHSt 7, 287 beim Verdecken, arbeitet BGHSt 23, 176 (194) mit der Formel, der Tod sei hier nur Folge eines auf Ermöglichung der geplanten Straftat gerichteten Verhaltens, nicht aber Mittel zur Ermöglichung der Straftat.

Das MM liegt auch dann vor, wenn der Täter tötet, um eine Tat zu ermöglichen, die seiner Ansicht nach eine Straftat ist, während sein Vorhaben in Wirklichkeit nicht tatbestandsmäßig oder nicht rechtswidrig oder keine Straftat ist (sondern nur eine zivilrechtlich unerlaubte Handlung oder eine Ordnungswidrigkeit). Das niedrige Motiv ist auch dann gegeben. Aus BGHSt 11, 226; RGSt 59, 49 ist zu schließen, dass dies auch der Standpunkt der Rspr. ist. – Umgekehrt entlastet den Täter ein **Strafbarkeitsirrtum** bezüglich der Tat, die er plant, vom Vorwurf, er habe getötet, um eine Straftat zu ermöglichen.

e) Aus niedrigen Beweggründen

aa) Definition

67 Ein **Beweggrund ist niedrig**[172], wenn er „nach allgemeiner sittlicher Wertung auf tiefster Stufe steht" (BGHSt 3, 132, LS). Niedrig ist „ein besonders gemeiner und daher verächtlicher Beweggrund" (BGHSt 2, 60 [63]). Diese Bezugnahme auf die allgemeine sittliche Anschauung ist zwar für sich genommen nichtssagend, doch ergibt sich aus dem Hinweis auf die „tiefste Stufe" immerhin ein brauchbarer Ansatz: Es muss sich um ganz besonders zu missbilligende Motive handeln. Die Notwendigkeit, im Hinblick auf § 57a I 1 Nr. 2 innerhalb der niedrigen Beweggründe noch einmal ganz besonders niedrige Motive auszusondern, ist auf die grundsätzlich verfehlte Konzeption eines Mordes mit besonderer Schuldschwere zurückzuführen[173]. Bei vielen Studierenden lässt sich eine bedenkliche „Jagdlust" beobachten, d. h. das Bestreben, auf irgendeine Weise zur Bejahung

---

172 *Eser*, Gutachten D 40 ff.; *Jakobs*, NJW 1969, 489; *Schmidhäuser*, Gesinnungsmerkmale, S. 227 ff.; *Siol*, a. a. O. S. 41 ff. – Ausführlich *Heine*, Tötung, a. a. O. (zu dessen Formel u. Rn. 73).
173 Vgl. allgemein o. Rn. 11 f. – BGHSt 42, 226 verlangt vom Tatrichter, der dargelegt hat, dass eine konkrete Eifersuchtstötung als niedriger Beweggrund zu werten sei, eine Erklärung, warum sie schuldschwerer als gewöhnliche Eifersuchtstaten sein solle. Diese Erklärung darf nicht auf dieselben Umstände gestützt werden, die der Tatrichter zur Begründung für seine Ansichten herangezogen hatte, dass der Täter niedrige Beweggründe gehabt habe (Doppelverwertung, § 46 III analog).

Täterbezogene Mordmerkmale § 2 Rn. 68–69

von niedrigen Beweggründen = Annahme von Mord zu kommen. Das ist leicht zu erreichen, weil angesichts der Vernichtung eines so hohen Rechtsguts jeder Beweggrund „niedrig" erscheint. Aus § 212 ist jedoch zu folgern, dass die „normale" vorsätzliche Tötung nicht Mord ist. Sie darf dazu auch nicht über die niedrigen Beweggründe gemacht werden. – Im Vordergrund steht die **Tötung lästiger** Personen (z. B. des Rivalen oder der schwanger gewordenen Geliebten) **oder begehrter Personen**, deren Abwendung der Täter nicht verkraftet[174]. Besonders schwierig ist die Bewertung einer **Eifersuchtstat**.

Bei **mehreren Beteiligten** ist zwar jeder nach seiner Motivation zu beurteilen[175], doch wird die Kenntnis der besonders niedrigen Motive eines Beteiligten sich auf die Motivation der anderen auswirken, denn ganz generell orientiert sich das Unrecht und die Schuld eines Teilnehmers an dem ihm bekannten Unrecht der Haupttat[176]. Ein **Motivbündel** muss insgesamt niedrig sein, d. h. einzelne Motive dürfen nicht isoliert werden. Insoweit ist bei niedrigen Beweggründen eine Gesamtbewertung viel weniger problematisch als bei Habgier oder Verdeckungsabsicht[177]. 68

Der BGH sieht in ständiger Rechtsprechung seit BGHSt 11, 226 (228) in allen MMen der 1. und 3. Gruppe Anwendungsfälle der Generalklausel der niedrigen Beweggründe. Deshalb lässt sich aus den benannten niedrigen Beweggründen auf die unbenannten zurückschließen[178], allgemeine Ansicht. Umgekehrt funktioniert dies (natürlich) nicht. Die benannten MMe lassen sich nicht mithilfe einer Generalklausel präzisieren. Eine Minderheit behauptet zwar das Gegenteil[179], doch wird damit nur der Anspruch auf **Typenkorrektur**[180] wiederholt. Ausgetauscht wird nur das Vehikel des ungeschriebenen MMs der besonderen Verwerflichkeit gegen das der niedrigen Beweggründe, erreicht wird so oder so eine fatale Rechtsunsicherheit. 69

Die „Niedrigkeit" ist ein Werturteil, das die Gesellschaft (der Richter) über die Motivation des Täters fällt. Wie der Täter selbst sein Verhalten beurteilt, ist nicht maßgebend. Es genügt die Fähigkeit des Täters, die gesellschaftlich-juristische Wertung nachzuvollziehen, BGH, StV 1981, 338. Selbstverständlich muss der Täter die Umstände, aus denen der Schluss „niedrig" gezogen wird, kennen – sonst würde er durch diese Umstände nicht motiviert. Einen Grenzfall bildet der **Liebesspiel-Fall** BGHSt 6, 329, wo der Täter die Umstände, welche die Niedrigkeit seines Tötungs-

---

174 *Siol*, Mordmerkmale, S. 44 ff. – Als Beispiel für einen Eifersuchts-Fall vgl. BGHSt 3, 180; weitere Beispiele u. Rn. 72.
175 BGH, NStZ 2009, 627 f.
176 Zutr. BGHSt 43, 237 (kein Tötungsfall): Erfüllt ein Mittäter ein Regelbeispiel, liegt beim Komplizen die Bejahung eines unbenannten schweren Falles nahe. Vgl. aber auch BGHSt 36, 231, dazu o. Rn. 38, und BGH, NStZ 2009, 627 f.
177 Dazu o. Rn. 58 und Rn. 60 mit Hinweis auf BGHSt 29, 317 (Suchtbefriedigung).
178 Beispiel: BGH, *Holtz* MDR 1988, 276 (Tötung, um aus Strafvollzug zu entkommen, nahe an Verdeckungsmord, deshalb i. d. R. niedriger Beweggrund, o. Rn. 64).
179 *Gössel/Dölling*, BT 1, § 4 Rn. 21, 22; speziell beim Selbstbegünstigungsmotiv (Verdeckungsmord) ist der Griff zur Generalklausel hoffnungslos; zu optimistisch BGHSt 35, 116 (127).
180 Dazu o. Rn. 15.

motivs begründen, an sich kannte, sie ihm „wegen einer Affektspannung" bei der Tatausführung jedoch nicht bewusst waren. Wie der psychische Sachverhalt beschaffen sein muss, damit die Rechtsordnung ihn als niedrig beurteilen kann, kann schwerlich von der systematischen Einordnung abhängig gemacht werden[181]. Die Argumentation des BGH, die niedrigen Beweggründe müssten als eines der einzelnen „Merkmale des besonderen Tatbestandes des Mordes" vom Vorsatz umfasst werden, ist daher zu Recht kritisiert worden[182]. Das Ergebnis (kein niedriger Beweggrund wegen der Affektspannung) ist aber zu billigen. – Zusammenfassend heißt es dazu im 2. **Polizeisperren-Fall** BGH, *Holtz* MDR 1979, 280: „Bei Taten, die sich ohne Plan und Vorbereitung plötzlich aus der Situation in Sekundenschnelle entwickeln, bedarf die Feststellung, dass der Täter sich bei der Tat der Umstände bewusst gewesen sei, die seine Beweggründe als niedrig erscheinen lassen, besonders sorgfältiger Prüfung und Begründung".

Wie der Vorsatz oder das Unrechtsbewusstsein sind auch die **Motive** eine **Mixtur aus** wirklichem **Wollen** bzw. Wissen **und** einer **juristischen Zuschreibung,** die sich auf das äußerliche Geschehen und die Lebenserfahrung (Alltagstheorien) stützt[183].

bb) Sonderfälle und Einzelfragen

70   Der **Nachweis** ist kaum zu führen, wenn sich der Täter nicht äußert oder jedenfalls nicht zu seinen Motiven äußert, vgl. BGHSt 42, 15 **(Sizilianer)**, wo es um das ähnlich gelagerte Problem der Rollenverteilung bei mehreren Beteiligten geht[184]. Umgekehrt funktionieren qualifizierte bzw. privilegierende Tatbestandsmerkmale als eine Art **Geständniszwang** bezüglich des Grundtatbestandes.

Beispiel: Die Ehefrau wird erst vermisst und dann in der Tiefkühltruhe gefunden; der Ehemann gerät unter Mordverdacht. Sollte er sich zu einem Teilgeständnis durchringen, nämlich dass er die Frau erschlagen hat, kann er die Ermittlungen von Mord weg und hin zu § 213 lenken[185].

---

181 S. o. Rn. 42 f.
182 *Engisch*, GA 1955, 165, der das Urteil auch im Ergebnis ablehnt; SK-*Sinn*, § 211 Rn. 28: kein Vorsatzproblem, sondern Frage „der Steuerungsfähigkeit, also der Schuldhaftigkeit im engeren Sinne", vgl. dazu o. Rn. 42. – Zu warnen ist aber vor rigorosem Beiseiteschieben anderer Wertmaßstäbe des Täters nach dem Motto, „die Neigung, fremde Sitten zu berücksichtigen, (sc. ist) eine typisch deutsche Nachkriegsweichheit. Sieht man die Urteile, die in den Balkanländern gegen deutsche Kraftfahrer ausgesprochen werden, so hat man den festen Eindruck, dass man sich dort nicht darum schert, ob man in Deutschland erst ab 1,3 Promille fahruntüchtig ist" (so *Kohlhaas*, Anm. zu BGH, LM Nr. 59 zu § 211 = BGHSt 22, 77).
183 Auch der Parteiwille beim Vertragsschluss ist nur bruchstückhaft als individualpsychologische Realität zu begreifen, *Bucher*, Schweizerisches Obligationenrecht, AT, 2. Aufl., Zürich 1988, S. 110, 111; verfehlt die Kritik an der juristischen Konstruktion niedriger Beweggründe von *Volbert*, Rasch-FS 1993, S. 13 (20). – Wie man einem minderintelligenten Angeklagten klar macht, dass er dolus eventualis der Tötung hatte, wird bei *Nussbaumer/Pantli*, AJP 1998, 112 vorzüglich kritisch dargestellt.
184 Richtig *Eser*, Gutachten D 43. Dass das privilege against self incrimination so überdehnt worden ist, dass es rechtsstaatliche Rückschritte bewirkt, kann hier nicht begründet werden, dazu u. § 1 Rn. 20 f. mit Quellenangaben.
185 Allgemein zur Funktion qualifizierter bzw. privilegierender Merkmale, ein Teilgeständnis auszulösen (und speziell zum Beispielsfall) *Arzt*, Ketzerische Bemerkungen zum Prinzip in dubio pro reo, 1997, S. 1 ff., 5.

Täterbezogene Mordmerkmale   § 2 Rn. 71

Bei **Tötung durch Unterlassen** sind die Beweggründe besonders schwierig festzustellen. Vor allem ist die Gleichwertigkeit nach § 13 I zwischen besonderen Beweggründen eines Unterlassungstäters mit den Beweggründen eines Begehenstäters problematisch[186], dazu das nachstehende Beispiel. 71

Beispiel: *BGE 120 IV 265* **(Todesfahrt):** Vier um 20 Jahre alte Männer (E, G, B, X) bildeten eine Clique, zu der auch das (ungefähr gleichaltrige) Mädchen R gehörte. R versuchte, eine Beziehung erst zu G aufzubauen, der sie „abblitzen" ließ. Dann wandte sich R dem E zu, dem sie zunehmend auf die Nerven ging. R wurde in der Clique schikaniert. Die Männer sprachen darüber, R „kaputtzumachen …". Es kommt im weiteren Verlauf zu einer Autofahrt (für die R den Männern das Benzingeld geliehen hatte) im Auto des B mit B am Steuer. R sitzt auf dem Beifahrersitz, E und G auf den Rücksitzen. X hatte sich um die Teilnahme an der Fahrt unter einem Vorwand gedrückt, weil er gedacht hatte, ‚die bringen R wirklich um'. – Die beiden hinten sitzenden Männer E und G würgen dann das Opfer mit den Hosengürteln des G. R wehrt sich heftig, entreißt dem G sogar den Gürtel und wirft ihn nach hinten mit der Bemerkung, sie sollten aufhören. Die beiden machen weiter. Der Fahrer B fordert sie auf, aufzuhören – und sagt zu der sich windenden und weinenden R, sie solle nicht in den Wagen kotzen. E und G erwidern, sie müssten R umbringen, sonst würde sie später etwas sagen. Spätestens jetzt merkt B, dass es den anderen ernst ist. Während alldem fährt B gemächlich über Land und durch Dörfer, bis klar ist, dass R tot ist.

Das vorstehende Beispiel illustriert zunächst die Schwierigkeit, die Rolle des B (Tun oder Unterlassen; Täter oder Gehilfe) zu definieren[187]. Vor allem sind die Motive eines solchen mehr oder weniger passiven „Mitläufers"[188] diffus.

Vorsicht ist in Unterlassungsfällen mit dem Argument geboten, der niedrige Beweggrund liege in der **Gleichgültigkeit.** Es ist eine Gleichgültigkeit, die auf den Erfolg bezogen den Täter entlastet, weil sie die Nähe der Grenze des dolus eventualis zur bewussten Fahrlässigkeit signalisiert; vgl. BGH MDR 1988, 594. Entsprechend vorsichtig sollte man bei Begehenstätern mit dem Argument umgehen, niedrig sei der Beweggrund, weil beim Täter **etwas nicht vorhanden** gewesen sei (Mitleids- oder **Skrupellosigkeit** etc.)[189].

---

186 Vgl. Rn. 53 sowie Rn. 65.
187 Nach BGE 120 IV 265, 271 (mit Hinweis auf BGH, DAR 1981, 226 und LK-*Roxin*, 11. Aufl., § 27 Rn. 24) führt die Abgrenzung Handlung/Unterlassung hier zur Handlung; die Abgrenzung Täterschaft/Teilnahme zur Beihilfe (Mord bei den Haupttätern, aber kein MM beim Gehilfen). – Näher *Schild Trappe*, recht 1995, 240. Die Annahme einer Handlung dürfte jedenfalls im Ergebnis zutreffen, weil Mittäterschaft durch Unterlassen eine Fehlkonstruktion ist, denn sogar der stillschweigende (konkludente) Ausdruck des Teilnahmewillens ist Handlung, vgl. BGH, StV 1986, 337 mit Anm. *Arzt;* sowie BGHSt 38, 356.
188 Das gilt für Mitläufer in kriminellen Organisationen bis hin zu Mitläufern in nationalsozialistischen Organisationen, *Arzt*, in: N. Schmid (Hrsg.), Kommentar Einziehung, Organisiertes Verbrechen, Geldwäscherei, Bd. I, Zürich 1998, Art. 260ter Rn. 183.
189 Das schweizerische Recht rückt die Skrupellosigkeit als MM in den Vordergrund, o. Rn. 25. – Auf die Parallele zwischen dem Fehlen eines (relativ) positiven Motivs, das ein besonders niedriges Motiv begründen soll, und der allgemeinen Frage der Strafschärfung, weil Milderungsgründe fehlen, sei hingewiesen, vgl. *Wessels/Hettinger*, BT 1, Rn. 187.

72 Einzelfälle lassen sich nicht schlagwortartig wiedergeben. Stets ist der Sachverhalt genau nachzulesen. Maßgebend sind die „Gesamtumstände"[190]. Diese zutreffende Formel erlaubt es dem Revisionsgericht, die an sich unangreifbare tatsächliche Würdigung der Vorinstanz mit dem Argument zur Seite zu schieben, diese habe nicht sämtliche Umstände berücksichtigt. – Wichtig ist der Hinweis, dass es natürlich nicht ankommt „auf die sittliche Bewertung etwa des Strebens nach Gewinn oder nach geschlechtlicher Vereinigung an sich, sondern auf dessen antreibende Verknüpfung mit einer vorsätzlichen Tötung, von der oder deren Folgen der Täter die Befriedigung seiner Begierde erwartet", BGHSt 2, 132 (133). Darin steckt die **Unangemessenheit der Zweck/Mittel-Relation**[191]. – **Wut** und **Hass** sind nicht immer niedrige Beweggründe, insbesondere dann nicht, wenn der Täter durch das Opfer provoziert worden ist (Nähe zu § 213!), BGH, GA 1977, 235 **(Ehestreit)**; BGH, MDR 1981, 509 **(Ehestreit)**.

Was die BGH-Rspr. angeht, ist stets im Auge zu behalten, dass der BGH als Revisionsgericht die Bewertung als „niedrig" durch den Tatrichter nur in engen Grenzen kontrollieren kann. Eifersucht, verletztes Ehrgefühl und Freiheitsstreben eines Gefangenen sind grundsätzlich keine niedrigen Beweggründe. Die Gerichte kommen im Einzelfall trotzdem zu § 211, indem sie z. B. von „übersteigertem" Ehrgefühl sprechen, so BGHSt 9, 180. Als ob man nicht bei jedem, der auf eine Kränkung unverhältnismäßig (mit Tötung!) reagiert, von übersteigertem Ehrgefühl reden könnte. Dem gebildeten Richter liegen die primitiven Beweggründe wie jähe Brutalität, jäher Stimmungsumsturz bei einem durch Alkoholgenuss und Erinnerungen an seine Freundin in einer freudigen und sexuell erregten Stimmung befindlichen Täter[192], Eifersucht und krasse Selbstsucht verhältnismäßig fern. Den Richter bewegen politische und ideologische Auseinandersetzungen mehr. Das und die Erinnerung an den Tyrannenmord mag dazu beigetragen haben, dass die politisch motivierte Tötung selten als besonders niedrig eingestuft wird, vgl. BGHSt 18, 37. Politische primitivere Motive der Unterschicht (Fremdenfeindlichkeit) werden dagegen als besonders niedrig angesehen.

72a Der Maßstab für die Einordnung eines Beweggrundes als „niedrig" ist grundsätzlich den **Wertvorstellungen der Rechtsgemeinschaft der Bundesrepublik Deutschland** zu entnehmen[193]. Probleme treten dann auf, wenn Wert- und Moralvorstellungen eines fremden Kulturkreises auf einen ausländischen oder ausländischstämmigen Täter Einfluss genommen haben. Unter bestimmten Umständen kann die Berufung auf abweichende kulturelle Wertvorstellungen dazu führen, das Vorliegen niedriger Beweg-

---

190 BGH, LM Nr. 25 zu § 211.
191 Vgl. schon bei der Habgier, o. Rn. 56.
192 BGH, LM Nr. 25 zu § 211; ferner BGH, *Holtz* MDR 1980, 985.
193 Vgl. etwa *Fischer*, § 211 Rn. 29; ebenso BGH, NStZ 2002, 369; *Valerius*, JZ 2008, 912 (916 f.); *Hilgendorf*, JZ 2009, 139 (141).

gründe abzulehnen[194]. Außerdem zählt zu unserer Rechtsgemeinschaft die gesamte inländische Bevölkerung, unabhängig von ihren Wurzeln. Somit sind die Wertvorstellungen anderer Kulturen durchaus geeignet, das in Deutschland herrschende Wertgefüge zu beeinflussen[195].

Eine Entlastung des Täters kommt in Betracht, wenn er so stark in den Wertvorstellungen seines Heimatlandes verhaftet ist, dass er die in Deutschland gültige Bewertung seines Motivs als verwerflich nicht in sich aufzunehmen vermag und daher auch nicht nachvollziehen kann[196]. Ist jedoch der Beweggrund des Täters auch nach den Wertmaßstäben seines Herkunftslandes geächtet, etwa bei der Tötung eines Kleinkindes zur Bestrafung der Mutter (vgl. BGH, NStZ 2004, 43) oder bei vorsätzlichen Tötungen aus Gründen der „Ehre" (Türkei)[197], kommt eine Entlastung nicht infrage[198]. Gehen die Beweggründe des Täters mit den seinen Kulturkreis prägenden Vorstellungen konform, ist ihm aber bewusst, dass das eigene Verhalten nach den in Deutschland geltenden Wertvorstellungen als verwerflich angesehen wird, ist er nach § 211 zu bestrafen[199]. Dies gilt unabhängig davon, ob er diese Einschätzung teilt.

Im Zusammenhang mit aus fremden Kulturkreisen stammenden Tätern sind insbesondere Fälle der sog. **„Blutrache"** und des **„Ehrenmordes"** Gegenstand der aktuellen Diskussion[200]. Grundsätzlich handelt es sich hierbei um Fälle, in denen sich eine Person wegen Verletzung der eigenen **Ehre** oder der **Familienehre** als Vollstrecker eines von ihm oder seiner Familie gefällten Todesurteils über die Rechtsordnung und einen anderen Menschen erhebt[201]. 72b

Beispiel: Die 18-jährige T stammt aus einer Familie, die vor 20 Jahren aus Ostanatolien nach Deutschland immigriert ist. Insbesondere der Vater der T, V, beharrt auf den Wert- und Moralvorstellungen seines Heimatlandes. T muss ein Kopftuch tragen und darf nur unter Aufsicht das Haus verlassen. Kontakte mit Männern sind ihr

---

194 *Lackner/Kühl*, § 211 Rn. 5; *Fischer*, § 211 Rn. 29b; a. A. BGH, NJW 2004, 1467; LK-*Jähnke*, § 211 Rn. 37; *Otto*, Jura 2003, 617, die für die Frage, ob ein niedriger Beweggrund vorliegt, ohne Ausnahme die in der Rechtsgemeinschaft der Bundesrepublik geltenden Wertvorstellungen heranziehen und erst auf subjektiver Ebene eine Korrektur vornehmen. Ein inhaltlicher Unterschied zu der hier dargestellten Ansicht vermag sich jedoch nicht ergeben, da bei der Beurteilung der Frage, wann abweichende Wertvorstellungen zu berücksichtigen sind, vergleichbare Erwägungen herangezogen werden.
195 *Valerius*, JA 2010, 481.
196 In der überwiegenden Zahl der Fälle wird der Täter wissen, dass sein Verhalten nach den in der Bundesrepublik geltenden Maßstäben als verwerflich angesehen wird. Das Merkmal der „Verhaftung" kann also nur in Ausnahmefällen zu einer Entlastung des Täters führen.
197 Das türkische Recht sieht bei Tötungen aus Gründen der „Ehre" seit 2005 sogar eine Strafschärfung vor, vgl. *Dietz*, NJW 2006, 1387.
198 LK-*Jähnke*, § 211 Rn. 3.
199 Nach BGH, NJW 2004, 1467 soll etwas anderes gelten, wenn der Täter nicht in der Lage war, seine gefühlsmäßigen Regungen gedanklich zu beherrschen und mit seinem Willen zu steuern (z. B. bei nicht vorhersehbarer hochgradiger Erregung des Täters). Hierbei handelt es sich aber richtigerweise um ein Problem der Steuerungsfähigkeit, das der Schuld i. e. S. zuzuordnen ist.
200 Umfassend *Valerius*, Kultur und Strafrecht..., 2011, S. 60 ff.
201 *Nehm*, Eser-FS 2005, S. 422 ff.; *Valerius*, JZ 2008, 912; *Grünewald*, NStZ 2010, 1.

strengstens untersagt. Als sie eine Heirat mit einem aus dem Heimatland ihres Vaters stammenden fremden Mann ablehnt, kommt es zum Zerwürfnis zwischen T und V. T sucht sich gegen den Willen des V eine eigene Wohnung, geht eine Beziehung mit einem deutschen Mann ein und distanziert sich von ihrer Familie. V sieht sich und die eigene Familie durch das Verhalten der T öffentlich bloßgestellt. Zur Wiederherstellung der vermeintlich verletzten Familienehre erschießt V T auf offener Straße.

Für den Fall, dass die Tötung alleine aufgrund Sippenzugehörigkeit erfolgt, das Opfer also in keiner Weise an dem Entstehen der Konfliktsituation (etwa in Form einer vorhergehenden Kränkung oder Tötung eines mit dem Täter verwandten Familienmitglieds) beteiligt ist, ist in der Regel vom Vorliegen niedriger Beweggründe auszugehen[202]. Die Tötung eines völlig Unbeteiligten zu Vergeltungszwecken ist als auf sittlich tiefster Stufe stehend und verachtenswert anzusehen. Das Gleiche gilt für die Fälle der Tötung weiblicher Familienmitglieder, die sich gegen den Willen des Familienoberhaupts der westlichen Lebensführung zuwenden[203].

72c Die Begriffe „Blutrache" und „Ehrenmord" sind jedoch mit Vorsicht zu handhaben und dürfen keinesfalls zu einer pauschalisierten Beurteilung des damit verbundenen Tatgeschehens führen[204]. Insbesondere ist es unzulässig, Beweggründe, die bei einem aus dem Kulturkreis der Bundesrepublik stammenden Täter grundsätzlich nicht als niedrig eingestuft werden würden, über den Umweg des Begriffs der „Blutrache" als niedrig zu qualifizieren. Ist der Täter etwa durch ein vorangegangenes Tötungsereignis, insbesondere durch den Verlust naher Angehöriger, konkret persönlich betroffen, ist eine differenzierte Betrachtung geboten[205]. Es gilt herauszufinden, ob die Antriebskräfte des Täters in einer erlittenen Ehrverletzung oder in anderen Motiven liegen. Übt der Täter aus Zorn, Wut oder Schmerz Rache gegen eine Person, die er für den Tod eines nahen Angehörigen verantwortlich hält, ist das Vorliegen eines niedrigen Beweggrundes abzulehnen[206]. Alleine die Tatsache, dass der Täter aus einem fremden Kulturkreis stammt, kann eine andere Beurteilung nicht rechtfertigen.

Beispiel nach BGH, NJW 2006, 1008 (1011 f.): Der kurdischstämmige H erschießt den vermeintlichen Mörder seines Vaters. Seit dem Tod des Vaters musste sich H als Familienoberhaupt um die Mutter und fünf Geschwister kümmern. Der Verlust des Vaters blieb ständiges Gesprächsthema, H zeigte sich emotional stark betroffen. Der BGH hat in diesem Fall auf die starke persönliche Betroffenheit des H abgestellt und darauf hingewiesen, dass in einem Fall, der zumindest äußerlich wie „Blutrache" aussieht, Motive wie Zorn, Wut oder Schmerz (und nicht die Wieder-

---

202 BGH, NJW 2006, 1011.
203 In beiden Fällen kann eine Verhaftung des Täters in den Wertvorstellungen seines Heimatlandes zur Ablehnung des MM der niedrigen Beweggründe führen.
204 *Nehm*, Eser-FS 2005, S. 424 f.; *Hilgendorf*, JZ 2009, 139 (141).
205 BGH, NJW 2006, 1011.
206 BGH, BGHR StGB § 211 Abs. 2 niedrige Beweggründe 18, 30, 32; zustimmend *Küper*, JZ 2006, 611.

herstellung einer als verletzt angesehenen Familienehre) Beweggründe der Tat gewesen sein können. Die genannten Motive sind (ohne Rücksicht auf die Herkunft des Täters), sofern sie auf dem berechtigten Gefühl erlittenen schweren Unrechts gründen und damit nicht eines beachtlichen Grundes entbehren, nicht als „niedrig" im Sinne der Mordqualifikation einzuordnen[207].

De lege ferenda ist zu fordern, dass die unbestimmten niedrigen Beweggründe auf benannte Motive reduziert werden, die auf besonderer Gefährlichkeit des Täters beruhen oder bei denen von einer besonders energischen Strafdrohung ein besonderer präventiver Effekt zu erwarten ist. Eine bessere Definition der Generalklausel der niedrigen Beweggründe ist dagegen nicht in Sicht. *Heine*[208] hat seine materialreiche Untersuchung in eine Formel zusammengefasst, die ein „Mehr an Rechtsklarheit" bringen soll. *Heine* will darauf abstellen, „ob die Tötungsmotivation als autonome solipsistische Rücksichtslosigkeit der Interessenverwirklichung zu bewerten ist, bei welcher der Rechtswert Leben absolut degradiert wird". Unklar ist daran u. a., was unter „absolut" zu verstehen ist. 73

V. Totschlag und Totschlag im Affekt, §§ 212, 213

Literaturhinweise vor Rn. 1, Gruppe (5).

1. Totschlag, § 212

Eine vorsätzliche Tötung, die nicht Mord ist, ist Totschlag (es sei denn, der Sondertatbestand der Tötung auf Verlangen nach § 216 läge vor[209]). Die ausdehnende Interpretation der Mordmerkmale, insbesondere der Heimtücke und der niedrigen Beweggründe, reduziert den Anwendungsbereich des § 212. **Musterfall** des § 212 ist die **Jähzornstat**, bei der oft § 213 angewendet wird[210]. 74

An diesem einfachen Tatbestand lassen sich **Fragen des AT** besonders plastisch demonstrieren. Angefangen mit der Kausalität gibt es kaum ein Problem des AT, das nicht anhand des § 211 bzw. – wenn man so weit wie möglich von Fragen des BT absieht – noch einfacher anhand des § 212 verdeutlicht werden könnte. Die wenigen nachstehend angeführten Urteile sollten aus dem AT bekannt sein.

Einzelfälle zu §§ 211, 212 und Fragen des AT:

Zur **Kausalität** der Bratpfannenfall BGH, NJW 1966, 1823 (15-jähriges Mädchen schlägt dem Stiefvater = Familientyrannen dreimal mit der Bratpfanne auf den Hinterkopf und läuft fort, um die Polizei zu holen; die Ehefrau schlägt in Abwesenheit ihrer Tochter noch mindestens einmal mit der Pfanne zu, Tochter kommt zurück und schlägt nochmals auf das noch röchelnde Opfer ein. Das Opfer stirbt, ohne dass die Kausalität bestimmter Schläge festzustellen ist und ohne dass Mutter/Tochter Mittäterschaft nachzuweisen ist – also keine wechselseitige Zurechnung! Vorsätzli- 75

---

207 Vgl. auch LK-*Jähnke*, § 211 Rn. 29.
208 *Heine*, Tötung, a. a. O. passim; die Zitate im Text stammen von *Heine*, LdR/Strafrecht, Strafverfahrensrecht, 2. Aufl. 1996, S. 1014.
209 Dazu u. § 3.
210 Zur Annäherung an § 211 und zur lebenslangen Freiheitsstrafe nach § 212 II s. o. Rn. 14; zur Weite des Strafrahmens s. u. Rn. 81.

ches Dazwischentreten eines Dritten unterbricht jedoch den Kausalzusammenhang nicht). – Zu zwei tödlichen Schüssen, von denen einer vorsätzlich, einer fahrlässig abgegeben worden war, BGHSt 39, 195. – Fallmaterial zur Abweichung im Kausalverlauf siehe unter **Vorsatz**.

Zum **Unterlassen** BGHSt 19, 167 (Garantenstellung des Sohnes gegenüber dem Vater. – Nachlesen, widersprüchliche Argumentation mit der engen Gemeinschaft, die bald auf Blutsbande, bald auf tatsächliches Zusammenleben gestützt wird); RGSt 73, 52 (vorangegangenes gefährliches Tun, Geliebte gibt Ehemann zu erkennen, dass sie ihn heiraten würde, wenn er Ehefrau beseitigt = Beihilfe; erwägenswert nach RG auch psychische Beihilfe, also durch Tun, weil die Bereitschaft, den Täter zu heiraten, dessen Tatentschluss stärkt); Messerstecherfall BGHSt 23, 327 (wer Angreifer in Notwehr verletzt, wird nicht zum Garanten für dessen Leben, wenn es infolge der gerechtfertigten Abwehr bedroht ist – nachlesen, inwieweit im Urteil zur Frage der Garantenstellung kraft vorangegangenen rechtmäßigen gefährlichen Tuns generell Stellung genommen wird); BGH, LM Nr. 10 vor § 47, Täterschaft durch Unterlassung (ein auf Abtreibung gerichteter Eingriff führt zur Geburt eines lebenden Kindes, womit niemand gerechnet hatte. Die Großmutter des Kindes, von der die Initiative zur Abtreibung ausgegangen war, fragt den Abtreiber, was nun geschehen solle. Der Abtreiber antwortet „Du hast es Dir eingebrockt, jetzt kannst Du es auch auslöffeln", Großmutter ertränkt daraufhin das Kind in einem Wassereimer. Garantenstellung des Abtreibers, Frage, ob Täterschaft oder nur Beihilfe, beantwortet der Senat nach der subjektiven Teilnahmetheorie). – Bekräftigung der subjektiven Teilnahmelehre bei Unterlassung in BGH, StV 1986, 59 mit Anm. *Arzt*, StV 1986, 337[211].

Schon hier ist darauf hinzuweisen, dass zwischen Totschlag (oder Körperverletzung) durch unechtes Unterlassen und dem echten Unterlassungsdelikt des § 323c ein fundamentaler dogmatischer Unterschied besteht. Die Strafrahmen haben sich jedoch weitgehend genähert, weil beim unechten Unterlassen Strafmilderung möglich ist, §§ 13 II, 49. So kann sogar ein Totschlag gem. § 213, begangen durch Unterlassen, mit Geldstrafe bestraft werden, § 47 II (nachrechnen!). Da auch hinter dem echten Unterlassen der Hilfeleistung gem. § 323c der Gedanke einer Garantenstellung kraft sozialen Kontakts steht, spricht vieles für eine Abkehr von der schroffen Trennung unechter und echter Unterlassungsdelikte. Der in der Wirklichkeit (auch der Strafwirklichkeit) bestehende fließende Übergang sollte zu einer entsprechenden dogmatischen Erfassung führen[212].

Zum **Vorsatz** BGHSt 57, 183 (Die Hemmschwellentheorie ist als Hinweis auf § 261 StPO zu verstehen und besitzt in der Sache kein argumentatives Gewicht[213]); Sandsackfall BGHSt 7, 363 (Abgrenzung dolus eventualis/Fahrlässigkeit, insbesondere bei unerwünschtem Erfolg); Jauchegrubenfall BGHSt 14, 193 (unerhebliche Abweichung des vorgestellten vom tatsächlichen Kausalverlauf, wenn Opfer nicht – wie der Täter glaubt – durch Erwürgen getötet wird, sondern deshalb, weil es – vom Täter für tot gehalten – in eine Jauchegrube geworfen wird); Blutrauschfall BGHSt 7, 325 (Problem in dubio pro reo und erhebliche Abweichung. – Die Täterin fügt mit

---

211 Vgl. auch die Todesfahrt, o. Rn. 71.
212 Der große Gegensatz zwischen unechtem Erfolgsdelikt und § 323c ist vielfältig zu relativieren. So steckt in § 323c der Erfolgsabwendungsgedanke (deshalb nicht Hilfe schlechthin, sondern „bestmögliche Hilfe", BGHSt 21, 50). Zum Garantenelement in § 323c (sozialer Kontakt) vgl. *Armin Kaufmann*, Die Dogmatik der Unterlassungsdelikte, 1959, S. 276. Ferner ist an die Überlegungen zu erinnern, § 323c durch Qualifikationen (für Angehörige etc.) anzureichern und dadurch den Kreis unechter Unterlassungen zurückzustutzen (*Roxin*, *Schünemann*; Nachweise bei *Herzberg*, Die Unterlassung im Strafrecht und das Garantenprinzip, 1972, S. 256, S. 293). – Ausführlich anhand der Rspr. *Arzt*, JA 1980, 553 ff.
213 Zur verbleibenden Bedeutung der Hemmschwellentheorie *Fischer*, § 212 Rn. 16a; *Heghmanns*, ZJS 2012, 826; *Leitmeier*, NJW 2012, 2850; *Mandla*, NStZ 2012, 695; *Puppe*, JR 2012, 477.

Totschlag und AT § 2 Rn. 76

Tötungsvorsatz Opfer mit dem Hammer Verletzungen zu. Dadurch gerät sie in einen zur Schuldunfähigkeit führenden Blutrausch. In ihm schlägt sie mit einem Beil weiter auf das Opfer ein. Es kann nicht geklärt werden, ob die Hammer- oder die Beilhiebe zum Tode führten. Ähnliche Sachverhalte in BGHSt 23, 133; 23, 356). Zur Ablehnung eines Tötungsvorsatzes, wenn der Täter mit HIV-Übertragung rechnet, vgl. die AIDS-Urteile BGHSt 36, 1; 36, 262. Zum bedingten Vorsatz eines Transplantationsmediziners bei der Manipulation der Zuteilungsreihenfolge eines Spenderorgans OLG Braunschweig, 20.3.2013, Ws 49/13. Zu Vorsatzfragen im Zusammenhang mit mehreren Tatbeteiligten siehe bei Täterschaft und Teilnahme.

Zur **Notwehr** siehe den Barackentyrannenfall BGH, NJW 1962, 308 und den ähnlichen Sachverhalt in BGHSt 26, 143. – Die Pflicht zur Zurückhaltung bei der Abwehr eines provozierten Angriffs hat freilich auch nach der Rspr. ihre Grenzen, Beispiel BGHSt 26, 256 (Kavalier-Fall) und BGH, JR 1980, 210 mit Anm. *Arzt* (Schüler-Fall) und BGH, JR 1990, 378 mit Anm. *Beulke* (Cockerspaniel), wobei *Beulke* zutreffend darauf hinweist, wie groß die Rechtsunsicherheit bei Berufung auf „Missbrauch" der Notwehr geworden ist („Lotteriespiel", S. 382). Die Unsicherheiten lassen sich demonstrieren am Dresdner Bordellfall BGHSt 39, 159 und dem Schusswechselfall BGHSt 39, 374 – zu beiden Urteilen *Arzt*, JZ 1994, 314. Vgl. auch BGHSt 42, 97 (Eisenbahnrüpel).

Zum **Notstand** siehe den bei der Kausalität angeführten Bratpfannenfall und u. Rn. 79.

Zur **Rechtfertigung durch DDR-Recht** (Tötung an der Mauer, Schießbefehl) grundlegend BGHSt 39, 1 (**Radbruch'sche Formel**). Aus der späteren Judikatur BGHSt 40, 218; 41, 10; 42, 65 (neben Rechtfertigungsfragen auch zu Vorsatz, Schuld, Mittäterschaft und mittelbarer Täterschaft); BGH, NJW 2000, 443 (Fall Krenz/Schabowski).

Zum **Versuch** vgl. RGSt 33, 321 (v. 21.6.1900, Teufelsbeschwörung und „Sympathiemittel", vgl. jetzt § 23 III). – Wenn in den vorstehend zum Vorsatz angeführten Urteilen eine erhebliche Abweichung angenommen würde, käme man zu versuchter (statt vollendeter) Tötung. – Versuchsbeginn bei mittelbarer Täterschaft BGHSt 30, 363; 43, 177 (Bayerwaldbärwurz).

Zum **Rücktritt** gibt es eine ganze Reihe von Entscheidungen aus dem Bereich der §§ 211 ff.: BGHSt 24, 48 (Opfer als Entdecker); BGHSt 31, 46 (halbherzige Rettungsbemühungen) und die Entscheidungen zum beendeten/unbeendeten/fehlgeschlagenen Versuch BGHSt 31, 170; 35, 90; 40, 304. Zum Rücktritt trotz Erreichens eines außertatbestandlichen Handlungszieles BGHGrSSt 39, 221.

Zu **Täterschaft und Teilnahme** ist noch heute wichtig der Rose-Rosahl-Fall, Pr. Obertribunal v. 5.5.1859, GA 7, 322; dogmatisch interessiert die Auswirkung eines error in persona beim Täter auf den Anstifter. Nachlesenswert ist der Fall auch, weil man durch die ausführliche Sachverhaltswiedergabe nachfühlen kann, wie jemand dazu kommt, einen Mörder so dingen und wie jemand zum Mord überredet wird: „Ich bin dann gleich geholfen und Du mit; der verfluchte Schurke; denke nicht, dass Du Sünde tust; dabei ist gar nichts. Du kriegst die 300 Rthlr. und so alle Woche 1 Rthlr. – 1000 Rthlr. kann ich mir noch machen, wenn der schlechte Schurke weg ist". Gleiche Problematik BGHSt 37, 214 (Hoferbe). – Weiter die klassischen Urteile zur subjektiven Teilnahmetheorie, Badewannenfall RGSt 74, 84[214]; Staschynskij BGHSt 18, 87[215]; zur subjektiven Teilnahmetheorie beim Unterlassen o. Rn. 75 zum Unterlassen. – Der 2. Denunziationsfall BGHSt 3, 110 befasst sich mit der Frage, wieweit eine bestimmte Interpretation nationalsozialistischer Gesetze ex post als rechtswidrig erklärt werden kann (mit entsprechenden Auswirkungen auf Irrtumsfragen;

---

214 Lesenswert zum Hintergrund *Hartung*, JZ 1954, 430.
215 Lesenswert zum Hintergrund *Sax*, JZ 1963, 329.

dogmatisch ging es um die Tötung in mittelbarer Täterschaft. Die Ehefrau hatte Anfang 1945 ihren Mann durch Denunziation wegen Äußerungen wie „wenn die Russen kommen, kriegen die Saukerle die Hälse heruntergeschnitten. Goebbels ist ein Lump" loswerden wollen. Lesenswerter Sachverhalt!). – BGHSt 11, 268 (der Schuss, der nach hinten losging) billigt die Verurteilung eines von Mittätern angeschossenen Täters wegen versuchter Tötung in Mittäterschaft. Das Opfer war von den Komplizen irrtümlich als Verfolger angesehen worden. Zwischen allen Beteiligten, also auch dem Opfer, bestand die Absprache, notfalls mit Tötungsvorsatz auf Verfolger zu schießen. – BGHSt 30, 363 (Salzsäure) bejaht mittelbare Täterschaft der Tötung, wenn dem Tatmittler vorgetäuscht wird, es komme nur zu Verletzungen (zum Versuchsbeginn vgl. auch BGHSt 43, 177, Bayerwaldbärwurz).

Zur **Konkurrenz** BGHSt 16, 298 (Täter wartet auf mehrere Opfer – sie erscheinen, Täter tötet sie durch Beilhiebe. Der einheitliche Versuch – Auflauern! – kann die nachfolgenden realkonkurrierenden Tötungen nicht zur Tateinheit zusammenziehen).

77 Diese Einzelfälle wirken wie eine Exemplifizierung des AT anhand des § 212. Man sollte sich jedoch stets vor Augen halten, dass die allgemeinen Regeln ihrerseits von den Besonderheiten des jeweiligen Tatbestandes beeinflusst werden. So erscheint es richtig, bei der Abgrenzung der straflosen Vorbereitungshandlung zur strafbaren Ausführungshandlung die Bedeutung des bedrohten Rechtsguts mit zu berücksichtigen. Dementsprechend wird der **Versuchsbeginn bei** § 212 früh angesetzt[216].

Beispiel Fliegenpilz-Fall: Vermischung der noch nicht zubereiteten Esspilze mit einem Fliegenpilz als versuchte Tötung (vgl. RG, JW 1936, 513; beurteilt als Versuch der Vergiftung, jetzt § 224 I Nr. 1; damals § 229, da Tötungsvorsatz nicht nachweisbar war). Hängt das Ergebnis davon ab, ob der Täter selbst die Pilze zubereiten wollte oder ob er mit der Zubereitung durch die arglose Köchin rechnete?

Weitere klassische Fälle sind bei § 222 zusammengestellt[217].

2. Affekt und andere minder schwere Fälle, § 213

a) Sperrwirkung des § 211

78 § 213 ist kein eigenständiger Tatbestand, sondern ist gewissermaßen als Abs. 3 des § 212 zu denken. Es gibt also nur Totschlag (nicht Mord) im Affekt i. S. des § 213. Dagegen ist ein Affekt i. S. der §§ 20, 21 selbstverständlich auch bei § 211 möglich[218]. Nur beim Totschlag, nicht beim Mord, ist ein minder schwerer Fall nach § 213 denkbar. Das Mordmerkmal hat Vorrang: **§ 211 schließt mit § 212 auch § 213 aus**[219]. Seit dem 6. StrRG (1998) sieht § 213 Freiheitsstrafe von 1 Jahr bis zu 10 Jahren vor, davor hatte der Strafrahmen sogar nur 6 Monate bis 5 Jahre betragen.

---

216 Dazu o. § 1 Rn. 15.
217 S. u. § 4 Rn. 7.
218 S. u. Rn. 80.
219 So die Rspr. und die h. L., vgl. aber o. Rn. 15 f. Für die Vertreter der Ansicht, die in § 211 das ungeschriebene Mordmerkmal der bes. Verwerflichkeit hineininterpretiert, versteht es sich, dass die Konkurrenz eines der in § 211 genannten Merkmale mit der Milderungssituation des § 213 die bes. Verwerflichkeit (und damit § 211) ausschließen kann.

Affekt, minder schwerer Fall   § 2 Rn. 79

b) Affekt

Die Privilegierung des Affekts, d. h. des Totschlägers, der „ohne eigene   79
Schuld durch eine ihm oder einem Angehörigen zugefügte Misshandlung
oder schwere Beleidigung von dem getöteten Menschen zum Zorn gereizt
und hierdurch auf der Stelle zur Tat hingerissen worden" war, hat eine lange Tradition. Ist dieses Privileg berechtigt? Wer beispielsweise beim Kartenspiel zu Unrecht als Betrüger bezeichnet wird und im Jähzorn mit einem gezielten tödlichen Messerstich reagiert, ist aus §§ 212, 213 mit Freiheitsstrafe von 1 Jahr bis 10 Jahren zu bestrafen; vgl. BGH, NStZ 1985, 216. Die Ehefrau, die nach jahrelangem Martyrium ihren Mann mit einem Pflanzenschutzmittel vergiftet, wird zu lebenslanger Freiheitsstrafe verurteilt (§ 211, Heimtücke), es sei denn, man hilft bei solchen **Familientyrannen**-Fällen[220] mehr oder weniger contra legem über § 21, § 35 oder gar über § 32 aus[221].

> **Beispiele** für Milderung über den Umweg des Notstandes oder der verminderten Schuldfähigkeit: RGSt 60, 318 (dauernde Gewalttätigkeiten des rohen, jähzornigen und verkommenen, dem Alkohol ergebenen Vaters, Notstand); ähnlich BGH, NJW 1966, 1823 (Bratpfannenfall, Notstand) und BGE 122 IV 1 (mit dem Hinweis, dass Tötung des Haustyrannen keine gleichwertige Alternative zur Scheidung werden dürfe); BGE 125 IV 49; ähnlich BGHSt 48, 255; vgl. auch BGH, NStZ-RR 2006, 200. (Notstand möglich). – Vgl. aber auch BGH, *Holtz* MDR 1979, 280 (Provokation ist gegenwartsbezogen; wer auf Drohungen mit einem Verhalten in der Zukunft „aus Besorgnis über seine künftige Lebenssituation" mit Totschlag reagiere, verhalte sich ähnlich wie der habgierige und auf Verdeckung bedachte Mörder, § 213 liege fern).

Dass der Totschläger im Affekt so billig davonkommt, ist als Nachwirken des überwundenen Mordmerkmals der Überlegung zu erklären[222]; ferner als Konzession an archaisches Rachedenken und an übersteigertes Ehrgefühl. Nicht umsonst bildet der **Ehebruch** das **Musterbeispiel** für eine Herausforderung, die dem Totschläger das Privileg des § 213 verschafft. Hier steht hinter der Privilegierung des Totschlags ein nicht mehr zeitgemäßes Recht des Ehemannes zur Besitzkehr, vgl. BGHSt 21, 14.

> Nach Art. 324 franz. Code pénal konnte bis 1.1.1976 der Totschlag milder beurteilt werden, „der von dem Ehemann an der Ehefrau und ihrem Partner in dem Augenblick begangen wird, in dem der Ehemann sie auf frischer Tat in der ehelichen Wohnung ertappt". – Zu § 213 StGB vgl. *v. Holtzendorff-Liman*, StGB, 1874, S. 435: „Die nächste Veranlassung zur Aussonderung des milder strafbaren Totschlags justo dolore lag sogar in den Überlieferungen der lex Julia de adulteris. Nachdem man die Straflosigkeit der am ertappten Ehebrecher verübten Tötung zu derselben Zeit als ungerecht zu betrachten anfing, in welcher die Todeswürdigkeit des adulteriums als Verbrechen aus dem Volksrechtsbewusstsein schwand, begriff man, dass der Totschlag am Ehebrecher oder der Ehebrecherin nicht nach den Grundsätzen des gemeinen Totschlags bestraft werden könne".

---

220 Vgl. *Hillenkamp*, Miyazawa-FS 1995, S. 141 ff. (zur Verneinung von Mordmerkmalen a. a. O. S. 150 f.); *Rengier*, NStZ 2004, 233 ff.; *Schöch*, Usteri-FS 1997, S. 110 (122). Notwehr ist indiskutabel, anders *Trechsel*, KritV 2000, 183.
221 Zusammenfassend zur Tötung von Familientyrannen *Haverkamp*, GA 2006, 586.
222 Dazu o. Rn. 19.

80 Zur **Feststellung des Affekts** bedarf es der Klärung des Anlasses zur Tat (Rache als niedriger Beweggrund nach § 211 oder privilegierende Vergeltung nach § 213) und des Wissensstandes des Täters im Moment der Tat[223]. Dazu und zur Abgrenzung des spezifischen Affekts i. S. des § 213 von §§ 20, 21 ist die Überantwortung des Täters an (oft mehrere) Sachverständige unvermeidlich. Damit besteht bei § 213 wie bei § 211 die Gefahr, dass der Beschuldigte einer psychischen Vivisektion unterzogen wird[224]. Zugleich steht die Psychiatrie § 213 „hilflos" gegenüber[225].

Die **Privilegierung** ist in sich **widerspruchsvoll**[226]. So wird sie versagt, wenn der Totschläger die Provokation verschuldet hat, obwohl ein solches Verschulden ausgesprochen gering wiegt im Vergleich zu dem viel größeren Verschulden, das darin liegt, dass der Täter auf die Provokation so unverhältnismäßig (mit Totschlag) reagiert[227]. Hier einen sonstigen mildernden Umstand (jetzt: minder schwerer Fall) anzunehmen, wie es BGH, NJW 1968, 757 getan hat, ist angesichts der ausdrücklichen Beschränkung des Affekts auf unverschuldete Provokation kaum haltbar. Psychologisch verfehlt ist ferner die Beschränkung des Privilegs auf den Fall, dass sich der Täter „auf der Stelle" hinreißen lässt. Wer die Kränkung in sich hineinfrisst und später explosionsartig reagiert, verdient dieselbe Milderung. – Ebenso wird wegen der Beschränkung auf unverschuldete Kränkung die Milderung demjenigen versagt, der – möglicherweise schuldlos – eine solche **Kränkung nur irrig angenommen** hat.

Zur vermeintlichen Kränkung vgl. BGHSt 1, 203 (205) mit dem begrifflich zwingenden, aber sachlich nicht überzeugenden Argument: Eine nicht existierende Kränkung kann der Totschläger „weder verschuldet noch kann er sie nicht verschuldet haben". Da das Gesetz dem Richter aufgabe zu prüfen, ob der Täter ohne eigene Schuld gekränkt worden sei, eine solche Prüfung aber nicht erfolgen könne, sei „in einem solchen Fall die Strafermäßigung aus dem Gesichtspunkt der Zornesreizung unmöglich"[228].

---

223 S. o. Rn. 76.
224 S. o. Rn. 6.
225 *Glatzel*, Mord und Totschlag, 1987, S. 45.
226 Die Formel von *Eser*, Gutachten D 128 ff., 132 („konfliktbedingter Affekt") kombiniert den Provokationsansatz (vgl. BGH, *Holtz* MDR 1979, 987) mit dem Affekt, dazu schon *Arzt*, ZStW 83 (1971), 1 (26 f.).
227 BGH, NStZ 2012, 691 (693); es fehlte in diesem Fall aber schon am Motivationszusammenhang zwischen der Äußerung des Tatopfers und der Tötungshandlung, sodass § 213 von vornherein ausschied.
228 BGHSt 1, 203 ist so verfahren, dass der Senat bei bloß vermeintlicher Kränkung zwar das Privileg Totschlag im Affekt abgelehnt hat, zugleich aber auf die Möglichkeit eines anderen mildernden Umstandes hingewiesen hat. Das Argument, der benannte Milderungsgrund Reizung zum Zorn sei vom Gesetz genau umgrenzt, könne also „nicht erweiternd ausgelegt werden" (S. 205), scheint mir zugleich die Annahme eines anderen mildernden Umstandes unmöglich zu machen, da auch auf diesem Wege die ausdrückliche Begrenzung der Reizung zum Zorn unterlaufen wird. Der BGH zieht – bei gleicher Prämisse – den umgekehrten Schluss. Nachlesen und über juristische Logik nachdenken! Wie BGHSt 1, 203 jetzt BGHSt 34, 37 bei wirklicher, aber vom „Provokateur" nicht gewollter Kränkung, vgl. noch BGH, NStZ 1988, 216. Für die Rspr. *Salger*, Tröndle-FS 1989, S. 201 ff.

Problematisch ist, ob man den **Affekt** als ein **Regelbeispiel für einen minder schweren Fall** interpretieren kann. Die lange nach § 213 vom Gesetzgeber verwendete Technik der Regelbeispiele (für besonders schwere Fälle, z. B. § 243) ist im Zusammenhang mit § 243 hier u. § 14 eingehend erörtert. Sie besagt, dass ausnahmsweise ein besonders schwerer Fall trotz Vorliegens des Regelbeispiels verneint und trotz Nichtvorliegens des Regelbeispiels bejaht werden kann. Wäre der Affekt bei § 213 ein Regelbeispiel für minder schwere Fälle, könnte trotz unverschuldeter Provokation ausnahmsweise die Milderung versagt werden. Diese Auffassung hat den Vorteil, dass in Grenzfällen zwischen § 211 und § 213 ein mittlerer Strafrahmen (§ 212) angewendet werden könnte. Im Hinblick auf den Wortlaut des § 213 und die Tatsache, dass die Gesetzestechnik der Regelbeispiele eine neue Entwicklung darstellt, ist jedoch davon auszugehen, dass § 213 bei unverschuldeter Provokation stets eingreift. Es darf also nicht ausnahmsweise auf § 212 zurückgegriffen werden[229].

Zu beachten ist, dass ein Affekt auch zu verminderter Schuldfähigkeit oder Schuldunfähigkeit nach §§ 20, 21 führen kann. Liegt **auch** § 213 vor, stellen sich schwierige Fragen bezüglich einer **Doppelmilderung**, vgl. nur BGHSt 30, 166; BGH, NStZ 1986, 115.

c) **Andere minder schwere Fälle**

Die Milderung dürfte insbesondere bei Totschlag aus **Verzweiflung** oder **Mitleid** (Euthanasie-Fälle) in Betracht kommen. – Der Hinweis auf mindere Schwere ist ebenso vage wie die früheren „mildernden Umstände". Es bleibt, wie es BGHSt 1, 203 (205) formuliert, dem „pflichtgemäßen Ermessen (sc. des Richters) überlassen, ob er bei der Bewertung der Größe der Täterschuld, der Bedeutung der Tat (?) und ihrer Folgen, unter Berücksichtigung des Strafzweckes (welches?) und bei Abwägung aller für die Strafbemessung in Betracht zu ziehenden Gesichtspunkte ‚mildernde Umstände' … zubilligen will". – Nach BGH, *Holtz* MDR 1987, 633 brauchen die Umstände, die den minder schweren Fall begründen, an ethischem Gewicht den beiden benannten Milderungsgründen nicht gleichzukommen. Maßgebend sei, „ob das gesamte Tatbild einschließlich aller subjektiven Momente und der Täterpersönlichkeit vom Durchschnitt der erfahrungsgemäß gewöhnlich vorkommenden Fälle in einem Maße abweicht, dass die Anwendung des Ausnahmestrafrahmens geboten" ist. Nach BGHSt 40, 48 (59) **(Mielke)** kann die Annahme eines minder schweren Falles auch auf **Umstände** gestützt werden, die erst **nach Tatbegehung** eintreten (zweifelhaft).

Die Lektüre dieser Definitionen macht deutlich, wie unbestimmt die Voraussetzungen sind, an die die weitgehende Abänderung des Strafrahmens des § 212 durch § 213 gebunden ist. Bezieht man noch in die Betrachtung ein, dass der Gesetzgeber die weitgehende Abänderung des Strafrahmens des § 212 I nach oben in § 212 II ebenfalls von einem unbestimmten Kriterium, nämlich dem „besonders schweren Fall" abhängig gemacht hat, ergibt sich für Totschlag ein Strafrahmen von einem Jahr bis lebenslang, der nur durch besonders schwere oder minder schwere Fälle konkretisiert wird. Damit bilden die §§ 212, 213 ein **Musterbeispiel** für einen **unerträglich weiten Strafrahmen**.

---

229 Wie hier BGHSt 25, 222 und die h. M.; zur Gegenansicht SK-*Sinn*, § 213 Rn. 10. – Auf anderem Wege wird das Problem der unverdienten Milderung gelöst, wenn man aus der Kritik an § 213 die Folgerung zieht, dass zwischen Tötung und Provokation eine gewisse Verhältnismäßigkeit bestehen müsse (dafür *Lackner/Kühl*, § 213 Rn. 7 mit Nachweisen). Dabei ist dann aber zugunsten des Täters zu berücksichtigen, dass eine für sich betrachtet ganz geringfügige Provokation nach der Rspr. ausreicht, wenn sie „nach einer ganzen Reihe von Kränkungen gleichsam nur noch der Tropfen war, der das Fass zum Überlaufen brachte," BGH, *Holtz* MDR 1979, 456; BGH, NStZ 2011, 339 (340).

82 Erfreulicherweise hat der Gesetzgeber mit dem 6. StrRG (1998) die Problematik insofern entschärft, als er bei §§ 212, 213 zum „**Prinzip der übergreifenden Strafrahmen**"[230] übergegangen ist, also die Obergrenze bei § 213 über die Untergrenze des § 212 angehoben hat. Darüber hinaus existieren verschiedene **Reformvorschläge**, die auf eine klarere Umschreibung der minder schweren Fälle abzielen[231].

3. Kindestötung als minder schwerer Fall nach §§ 212, 213

83 Der durch das 6. StrRG 1998 aufgehobene § 217 hatte „eine Mutter, welche ihr nichteheliches Kind in oder gleich nach der Geburt tötet", mit Freiheitsstrafe nicht unter 3 Jahren, in minder schweren Fällen von 6 Monaten bis zu 5 Jahren bedroht. Teilnehmern ist das Privileg über § 28 II entzogen worden, d. h. auf Teilnehmer ist § 212 oder § 211 angewendet worden. – Zahlenmäßig war der Tatbestand von geringer Bedeutung. Der historische Umschwung von harter zu milder Beurteilung der „Kindesmörderinnen" kommt bei *Goethe* zum Ausdruck. So spricht *Faust* von „der richtenden gefühllosen Menschheit".

Der Gesetzgeber des 6. StrRG geht davon aus, dass die Streichung des Sondertatbestandes dazu führt, dass Kindestötungen durch die Mutter in aller Regel unter §§ 212, 213 fallen. Für die **Nichtanwendung des § 211** auf die Mutter ist die Interpretation des Mordmerkmals „Heimtücke" in Fällen kreatürlicher Arglosigkeit entscheidend[232]. Die Annahme niedriger Beweggründe kommt nach BGH, NStZ 2009, 210 nur bei besonders krasser Selbstsucht in Betracht. Bei Mittätern, Anstiftern etc. kann § 211 in Betracht kommen, z. B. wenn der Vater des Kindes Unterhaltszahlungen entgehen möchte[233].

4. Tötung auf Verlangen, § 216

84 Dieser privilegierende Sondertatbestand einer vorsätzlichen Tötung ist anschließend § 3 im Kontext mit Suizid-Teilnahme behandelt.

VI. Menschqualität, Konkurrenzfragen

1. Menschqualität

85 Aus dem AT ist die Unterscheidung normativer und deskriptiver Tatbestandsmerkmale geläufig. Die Hineinnahme eines Stückes Wirklichkeit in einen juristischen Begriff führt jedoch notwendig – schon durch die Herauslösung aus dem Gesamtzusammenhang aller Wirklichkeit – zu einem

---

230 Dafür schon 1905 *v. Liszt*, VDB Bd. V S. 26, 77 f., ebenso hier LH 1, 1. Aufl. mit Nachweisen.
231 Vgl. § 134 III E 1962: „Wenn Mitleid, Verzweiflung oder andere Beweggründe, die den Täter zur Tat bestimmen, die Schuld wesentlich mindern, so ist die Strafe Gefängnis nicht unter einem Jahr ..." sowie den Vorschlag von *Eser*, Gutachten D 201; aus neuerer Zeit *Walter*, NStZ 2014, 368 (374). Zur Reform *Maatz*, Salger-FS 1995, S. 91 ff.
232 Dazu o. Rn. 47.
233 Zur Habgier in solchen Situationen o. Rn. 60 f.

Konkurrenzen § 2 Rn. 86

normativen Einschlag. Es gibt keine rein deskriptiven Tatbestandsmerkmale. Das lässt sich bei §§ 211 ff. am Tatobjekt „Mensch" zeigen. Wann schon ein Mensch (oder noch eine Leibesfrucht), wann noch ein Mensch (oder schon eine Leiche) anzunehmen ist, ist keine rein empirische Frage. Das Zivilrecht nimmt Menschwerdung i. S. der Entstehung eines rechtsfähigen Subjekts mit Vollendung der Geburt an, § 1 BGB. Das Strafrecht verlegt demgegenüber die Menschqualität auf den **Beginn der Geburt** vor[234]. Damit wird „die Leibesfrucht zum Menschen ... mit dem Einsetzen der Eröffnungswehen", BGHSt 32, 194 (LS)[235].

Auch auf die Frage, wann man noch einen Menschen oder schon eine Leiche vor sich hat, gibt es weder eine evidente noch eine empirisch eindeutige Antwort. Medizinische Fortschritte haben die juristische Festlegung des **Todeszeitpunkts** in widerspruchsvoller Weise beeinflusst. Der **Herztod** kann angesichts der Möglichkeiten der „Wiederbelebung" als Todeszeitpunkt zu früh liegen, mindestens ist er unsicher. Der Tendenz, deshalb einen späteren Todeszeitpunkt zu finden, steht jedoch entgegen, dass die Medizin Möglichkeiten der Organverpflanzung entwickelt hat, die – bei zu spätem Todeszeitpunkt – ungenutzt bleiben müssten (weil bei zu spätem Tod der Tote als Spender ausscheidet). Das Recht darf jedoch Fortschritte auf dem Gebiet der Transplantation nicht durch Festlegung eines (für Transplantation) zu späten Todeszeitpunktes vereiteln. Dem medizinischen Verlangen, auf den **Gehirntod** abzustellen, ist nachzugeben, h. L.[236]. Das **Transplantationsgesetz** von 1997 hat die im Zusammenhang mit Todeszeitpunkt und Transplantation auftretenden Fragen näher geregelt.

2. Konkurrenzfragen

Die Frage der „Menschwerdung" wird für die Abgrenzung des Schwangerschaftsabbruchs zur Tötung wichtig[237]. 86

Das Verhältnis der **Körperverletzung** zur Tötung ist umstritten. Die Frage kann in besonderen Fällen praktisch bedeutsam werden.

> **Beispiel:** Der Täter schlägt auf sein Opfer mit Tötungsvorsatz ein – lässt aber von weiteren Schlägen aus Mitleid ab = Rücktritt (§ 24) von der versuchten Tötung. Kann der Täter wegen vollendeter Körperverletzung bestraft werden? – Vgl. dazu RG, DJ 1938, 723 (Suizident springt ins Wasser und will Kind mit in den Tod nehmen; RG verlangt bei Rücktritt des Täters Prüfung der qualifizierten Körperverletzung, nämlich lebensgefährdende Behandlung). – Nach Rücktritt vom Mordversuch muss bei der Strafzumessung wegen Körperverletzung der Tötungsvorsatz wegfingiert werden, BGHSt 42, 43 (zweifelhaft).

---

234 Der 1998 aufgehobene § 217 hatte als Kindestötung schon die Tötung „in ... der Geburt" definiert.
235 Näher u. § 5 Rn. 89.
236 Umfangreiche Nachweise (auch zum medizinischen und ethischen Schrifttum) bei *Fischer*, Vor §§ 211 ff. Rn. 13–17.
237 Vgl. u. § 5 Rn. 89 ff.

Die ältere Auffassung (sog. **Gegensatztheorie**) geht dahin, wer töten wolle, wolle grundsätzlich nicht (nur) verletzen, und wer in seine Tötung einwillige (§ 216), willige nicht in bloße Verletzung ein, RGSt 24, 369. Zur Körperverletzung und damit zum Verletzungsvorsatz gehöre das Überleben des Verletzten. Ausnahmen (die im Einzelnen streitig waren) wurden beim Zusammentreffen des direkten Verletzungsvorsatzes mit bedingtem Tötungsvorsatz gemacht. Auch in Fällen wie dem vorstehenden Beispiel hat das RG jedoch wegen Körperverletzung bestraft, was mit der These, wer töten wolle, wolle nicht nur verletzen, habe also keinen Verletzungsvorsatz, nicht vereinbar ist.

Nach neuerer Auffassung (sog. **Einheitstheorie**)[238] ist Tötung ohne Körperverletzung (als Durchgangsstadium) undenkbar. Der Tötungsvorsatz schließt den Verletzungsvorsatz notwendig ein, BGHSt 16, 122. Wie so oft, läuft auch hier die neuere Auffassung auf eine **Ausdehnung der Strafbarkeit** hinaus. Im vorstehenden **Beispiel** lässt sich die Bestrafung wegen Körperverletzung mühelos begründen. Alle denkbaren Lücken zwischen §§ 211 ff. und §§ 223 ff. werden abgedeckt. Ob dieses moderne lückenlose System die Wirklichkeit richtig erfasst, ist jedoch zweifelhaft. Tötung lässt sich nicht als ein Mehr, sondern nur als ein Aliud gegenüber der Körperverletzung erfassen. Wer versucht, einen anderen zu töten, und diesen Versuch freiwillig abbricht, wird über eine juristische Konstruktion wegen Körperverletzung bestraft, eine Konstruktion, die von der Realität der Vorstellungswelt des Täters z. Z. der Tat gelöst ist. Tötung kann sogar ein Minus gegenüber einer Körperverletzung sein, vgl. dazu am Ende der anschließenden Einzelfälle (Erblindung).

87 **Einzelfälle** vom Standpunkt der neueren Auffassung aus: Da jede Tötung eine Körperverletzung einschließt, geht die Tötung vor, **Spezialität**. Da nicht jede Tötung eine der in §§ 224 ff. beschriebenen besonderen Körperverletzungen enthält, bestünde zwischen §§ 211 ff. und (nicht § 223, aber) §§ 224 ff. **Idealkonkurrenz**. Da in einer **versuchten Tötung** nicht notwendig eine vollendete einfache (§ 223) oder besondere (§§ 224 ff.) Körperverletzung steckt (Beispiel selbst bilden!)[239], ist auch insoweit Idealkonkurrenz anzunehmen. – Der BGH vermeidet diese unfruchtbare Häufung der Idealkonkurrenz, indem er für das Verhältnis der Körperverletzung zur Tötung zusätzlich zur Spezialität den Gedanken der Subsidiarität oder **Konsumtion** heranzieht. Tötung stellt eine schwerere Unrechtsstufe auch in Relation zu solchen Körperverletzungen dar, die nicht immer in §§ 211 ff. stecken. Also: §§ 211 ff. konsumieren §§ 224 ff., BGHSt 22, 248 (zu § 224 a. F. = § 226 n. F.). Nach allgemeinen Grundsätzen der Gesetzeskonkurrenz bleibt der Strafrahmen des verdrängten Delikts zu beachten; **Sperrwirkung**. – Diese großzügige Anwendung der Gesetzeskonkurrenz ist in der Literatur umstritten[240]. Sie ist jedoch

---

238 *R. Schmitt*, JZ 1962, 389; eingehend *Jakobs*, Die Konkurrenz von Tötungsdelikten mit Körperverletzungsdelikten, 1967.
239 T schießt mit Tötungsvorsatz auf O, trifft aber nicht bzw. trifft, doch O überlebt. Jeweils versuchte Tötung, im letzten Fall mit vollendeter Körperverletzung.
240 Näher zu diesen für die Praxis wichtigen Fragen *S/S/Eser/Sternberg-Lieben*, § 212 Rn. 17 ff., 23 u. *Fischer*, § 211 Rn. 107 (u. a. gegen Konsumtion der vollendeten Körperverletzung durch eine versuchte Tötung).

Konkurrenzen § 2 Rn. 87

zu billigen[241]. Leider hat BGHSt 44, 196 Idealkonkurrenz zwischen versuchter Tötung und vollendeter Körperverletzung angenommen (unter Aufgabe der für Konsumtion eintretenden Entscheidungen BGHSt 16, 122; 21, 265). Die h. M. kommt in Schwierigkeiten, wenn es um das **Verhältnis privilegierter Sonderfälle der Tötung zu §§ 223 ff.** geht. Bei einer gescheiterten Tötung auf Verlangen, bei der das überlebende Opfer z. B. erblindet, lägen §§ 216, 23 und § 226 vor. – Natürlich gibt es Auswege, etwa dass man bei § 226 mildernd berücksichtigt, dass der Täter sein Opfer i. S. des § 216 töten wollte (§ 226 III!). Dass der Vorsatz, zu töten, mildernd wirken soll, führt dann freilich zu einer neuen Diskrepanz, diesmal mit § 227. Die vorsätzliche Körperverletzung ist – wenn das Opfer durch fahrlässiges Verhalten des Täters zu Tode kommt – selbst in minder schweren Fällen, § 227 II, mit 1 Jahr bis zu 10 Jahren Freiheitsstrafe bedroht. Soll eine Körperverletzung, bei der die Tötung beabsichtigt war, wirklich milder beurteilt werden können? Die **Auffüllung von Lücken** zwischen Straftatbeständen bringt immer die Gefahr mit sich, dass vorhandene **besondere Regelungen** mit **zugeschüttet** werden. BGHSt 25, 222 sucht Diskrepanzen der Strafdrohungen der §§ 213, 226 a. F. (jetzt § 227) dadurch zu vermeiden, dass Reizung i. S. des § 213 bei § 227 zur Annahme eines minder schweren Falles **zwinge** (!).

Es gibt Straftaten, beispielsweise Raub oder Brandstiftung, bei denen eine Tötung qualifizierend wirkt, §§ 251, 306c[242].

---

241 Vgl. allgemein § 1 Rn. 31.
242 Zur Konkurrenz mit §§ 211 ff. u. § 17 Rn. 32, 39 (§ 251); zu § 306c u. § 37 Rn. 47, 65.

§ 3 Tötung auf Verlangen (§ 216), Sterbehilfe, Suizidhilfe und Teilnahme am Suizid

Literaturhinweise: *AE-Sterbehilfe* (siehe *Baumann* u. a.); *AE-StB* (siehe *Schöch/ Verrel*); *Améry*, Hand an sich legen, Diskurs über den Freitod, 1979; Arzt, Recht auf den eigenen Tod?, JR 1986, 309; *ders.*, Bürokratisierung der Hilfe beim Sterben und beim Suizid, Zürich als Modell, Schreiber-FS 2003, S. 583; *ders.*, Für Sterbehilfe relevante standesrechtliche Bestimmungen im Lichte der Gesamtrechtsordnung, in: *Petermann* (Hrsg.), Sterbehilfe – Grundsätzliche und praktische Fragen, 2006, S. 69; *Auer/ Menzel/Eser*, Zwischen Heilauftrag und Sterbehilfe, 1977; *Bade*, Der Arzt an den Grenzen ... des § 216, 1988; *Baumann* u. a., Alternativentwurf eines Gesetzes über Sterbehilfe (AE-Sterbehilfe), 1986; *Baumann*, Nichthinderung einer Selbsttötung, JZ 1987, 131; *Baumgarten*, The Right To Die? Rechtliche Probleme um Sterben und Tod ..., 2. Aufl. 2000; *Bernat/Kröll*, Intensivmedizin als Herausforderung für Recht und Ethik, 1999; *Bernsmann*, Der Umgang mit irreversibel bewusstlosen Personen ..., ZRP 1996, 87; *Binding/Hoche*, Die Freigabe der Vernichtung lebensunwerten Lebens, 1920; *Blaha* u. a. (Hrsg.), Schutz des Lebens – Recht auf Tod, 1978; *Bottke*, Suizid und Strafrecht, 1982; *Brandts/Schlehofer*, Die täuschungsbedingte Selbsttötung ..., JZ 1987, 442; *H. J. Braun* (Hrsg.), Selbstaggression, Selbstzerstörung, Suizid, 2. Aufl. 1988; *Charalambakis*, Selbsttötung aufgrund Irrtums und mittelbare Täterschaft, GA 1986, 485; *Detering*, § 216 StGB und die aktuelle Diskussion um die Sterbehilfe, JuS 1983, 418; *Dölling*, Suizid und unterlassene Hilfeleistung, NJW 1986, 1011; *ders.*, Gerechtfertigter Behandlungsabbruch und Abgrenzung von Tun und Unterlassen, ZIS 2011, 345; *Dreier*, Grenzen des Tötungsverbotes, JZ 2007, 261, 317; *Eid*, Zur Problematik der Euthanasie, 2. Aufl. 1985; *Engisch*, Konflikte, Aporien und Paradoxien bei der rechtlichen Beurteilung der ärztlichen Sterbehilfe, Dreher-FS 1977, S. 309; *ders.*, Aufklärung und Sterbehilfe bei Krebs in rechtlicher Sicht, Bockelmann-FS 1979, S. 519; *Engländer*, Von der passiven Sterbehilfe zum Behandlungsabbruch, JZ 2011, 513; *Eser* (Hrsg.), Suizid und Euthanasie als human- und sozialwissenschaftliches Problem, 1976; *ders.*, Freiheit zum Sterben – Kein Recht auf Tötung, JZ 1986, 786; *Fischer*, Direkte Sterbehilfe – Anmerkung zur Privatisierung des Lebensschutzes, Roxin-FS 2011, S. 557; *Gallas*, Strafbares Unterlassen im Falle einer Selbsttötung, JZ 1960, 649; *Geilen*, Suizid und Mitverantwortung, JZ 1974, 145; *ders.*, Euthanasie und Selbstbestimmung, 1975; *Gaede*, Durchbruch ohne Dammbruch – Rechtssichere Neuvermessung der Grenzen strafloser Sterbehilfe, NJW 2010, 2925; *Ghysbrecht*, Der Doppelselbstmord, 1967; *Gropp*, Suizidbeteiligung und Sterbehilfe in der Rspr., NStZ 1985, 97; *Haesler/Schuh* (Hrsg.), Der Selbstmord; Le Suicide, 1986; *Heine*, Sterbehilfe ... in der Schweiz, JR 1986, 314; *Herzberg*, Zur Strafbarkeit der Beteiligung am freigewählten Selbstmord ..., ZStW 91 (1979), 557; *ders.*, Beteiligung an einer Selbsttötung oder tödlichen Selbstgefährdung als Tötungsdelikt, JA 1985, 131, 177, 265, 336; *ders.*, Der Fall Hackethal ..., NJW 1986, 1635; *ders.*, Sterbehilfe als gerechtfertigte Tötung im Notstand, NJW 1996, 3043; *ders.*, Vorsätzliche und fahrlässige Tötung bei ernstlichem Sterbebegehren des Opfers, NStZ 2004, 1; *Hiersche*, Recht auf den eigenen Tod? (Referat), 56. DJT 1986, Verh. Bd. II M 7; *ders.*, „Der Kemptener Fall" cui bono? ..., Hanack-FS 1999, S. 697; *Hilgendorf*, Zur Strafwürdigkeit von Sterbehilfegesellschaften..., Jahrbuch für Recht und Ethik 15 (2007), 479; *ders.*, Zur Strafwürdigkeit organisierter Sterbehilfe, JZ 2014, 545; *Hirsch*, Behandlungsabbruch und Sterbehilfe, Lackner-FS 1987, S. 597; *ders.*, Anmerkung zu einer Entscheidung des BGH, Urteil vom 25.6.2010 (2 StR 454/09; JR 2011, 32) – Zur Strafbarkeit der Sterbehilfe durch aktives Tun und deren Abgrenzung zur passiven

Literatur § 3

Sterbehilfe, JR 2011, 37; *Hoerster*, Sterbehilfe im säkularen Staat, 1998; *Holderegger* (Hrsg.), Das medizinisch assistierte Sterben, 1999; *Ingelfinger*, Grundlagen und Grenzbereiche des Tötungsverbots, 2004; *Jakobs*, Tötung auf Verlangen, Euthanasie und Strafrechtssystem, 1998; *Joerden* (Hrsg.), Der Mensch und seine Behandlung in der Medizin: Bloß ein Mittel zum Zweck?, 1999; *ders.*, Die neue Rechtsprechung des Bundesgerichtshofs zur Sterbehilfe und der Knobe-Effekt, Roxin-FS 2011, S. 593; *Kehl*, Für eine gesetzliche Regelung der Sterbehilfe, AJP 1995, 1307; *Krauß*, Medizinischer Fortschritt und ärztliche Ethik, 1975; *Küng/Jens*, Menschenwürdig sterben, 1995; *Kutzer*, Strafrechtliche Grenzen der Sterbehilfe, NStZ 1994, 110; *ders.*, Referat 66. DJT 2006 (siehe hier bei Verrel); *ders.*, Überlegungen zur Suizidrechtsprechung des Bundesgerichtshofs, Schöch-FS 2010, S. 481; *ders.*, Vorausverfügter Verzicht auf lebenserhaltende Maßnahmen und das Verbot der Tötung auf Verlangen, Rissing-van Saan-FS 2011, S. 337; *Merkel*, Tödlicher Behandlungsabbruch ..., ZStW 107 (1995), 545; *ders.*, Aktive Sterbehilfe – Anmerkungen zum Stand der Diskussion und zum Gesetzgebungsvorschlag des „Alternativ-Entwurfs Sterbebegleitung", Schroeder-FS 2006, S. 297; *M.-K. Meyer*, Ausschluss der Autonomie durch Irrtum, 1984; *Mitsch*, „Nantucket Sleighride" – Der Tod des Matrosen Owen Coffin, Weber-FS 2004, S. 49; *Muñoz Conde*, Die Verleitung zum Suizid durch Täuschung, ZStW 106 (1994), 547; *Neumann*, Die Strafbarkeit der Suizidbeteiligung als Problem der Eigenverantwortlichkeit des „Opfers", JA 1987, 244; *ders.*, Sterbehilfe im rechtfertigenden Notstand (§ 34 StGB), Herzberg-FS 2008, S. 575; *Otto*, Recht auf den eigenen Tod? (Gutachten), 56. DJT 1986, Verh. Bd. I D 5; *ders.*, Patientenautonomie und Strafrecht bei der Sterbebegleitung, NJW 2006, 2217; *Petermann* (Hrsg.), Sterbehilfe – Grundsätzliche und praktische Fragen, 2006; *ders.* (Hrsg.), Sicherheitsfragen der Sterbehilfe, 2008; *Putz*, Referat 66. DJT 2006 (siehe hier bei Verrel); *Rieger*, Die mutmaßliche Einwilligung in den Behandlungsabbruch, 1998; *Rissing-van Saan*, Strafrechtliche Aspekte der aktiven Sterbehilfe..., ZIS 2011, 544; *Rosenau*, Die Neuausrichtung der passiven Sterbehilfe – Der Fall Putz ..., Rissing-van Saan-FS 2011, S. 547; *Roxin*, Die Mitwirkung beim Suizid – ein Tötungsdelikt, Dreher-FS 1977, S. 331; *ders.*, Die Sterbehilfe im Spannungsfeld ..., NStZ 1987, 345; *ders.*, Die Abgrenzung von strafloser Suizidteilnahme, strafbarem Tötungsdelikt und gerechtfertigter Euthanasie ..., GA-FS 1993, S. 177; *ders.*, Fahrlässige Tötung durch Nichtverhinderung einer Tötung auf Verlangen?, Schreiber-FS 2003, S. 399; *ders.*, Selbstmord durch Einschaltung eines vorsatzlosen Tatmittlers, Otto-FS 2007, S. 441; *ders.*, Tatbestandslose Tötung auf Verlangen?, Jakobs-FS 2007, S. 571; *ders.*, Tötung auf Verlangen und Suizidteilnahme – Geltendes Recht und Reformdiskussion, GA 2013, 313; *Schilling*, Abschied vom Teilnahmeargument bei Mitwirkung zur Selbsttötung, JZ 1979, 159; *Schmidhäuser*, Selbstmord und Beteiligung am Selbstmord in strafrechtlicher Sicht, Welzel-FS 1974, S. 801; *Schmitt*, Das Recht auf den eigenen Tod, MDR 1986, 617; *Schöch*, Menschenwürdiges Sterben und Strafrecht, ZRP 1986, 236; *ders.*, Beendigung lebenserhaltender Maßnahmen, NStZ 1995, 153; *Schöch/Verrel*, Alternativ-Entwurf Sterbebegleitung (AE-StB), GA 2005, 553; *Schreiber*, Das Recht auf den eigenen Tod, NStZ 1986, 337; *ders.*, Sterbehilfe und Therapieabbruch, Hanack-FS 1999, S. 735; *ders.*, Strafbarkeit des assistierten Suizides?, Jakobs-FS 2007, S. 615; *Schroeder*, Beihilfe zum Selbstmord und Tötung auf Verlangen, ZStW 106 (1994), 565 ff.; *Schroth*, Sterbehilfe als strafrechtliches Problem, GA 2006, 549; *Simson*, Die Suizidtat, 1976; *Sternberg-Lieben*, Die objektiven Schranken der Einwilligung im Strafrecht, 1997; *ders.*, Selbstbestimmtes Sterben ..., Lenckner-FS 1998, S. 349; *ders.*, Begrenzung lebensverlängernder Maßnahmen aus strafrechtlicher Sicht..., Eser-FS 2005, S. 1185; *ders.*, Gesetzliche Regelung der Patientenverfügung – wie viel gesetzgeberischen Paternalismus verträgt die Patientenautonomie?, Jahrbuch für Recht und Ethik 15 (2007), 307; *Stratenwerth*, Sterbehilfe, ZStrR 95 (1978), 60; *Tröndle*, Recht auf den eigenen Tod? (Referat), 56. DJT 1986, Verh. Bd. II M 29; *ders.*, Strafrechtlicher Lebensschutz und Selbstbestimmungsrecht des Patienten, Göppinger-FS 1990, S. 595; *Uhlenbruck*, Patiententestament, Betreuungsverfügung und Vorsorgevollmacht ..., 1996; *Ulsenheimer*, Arztstrafrecht in der Praxis, 5. Aufl. 2015; *Venetz*, Suizidhilfeorganisationen und Strafrecht, 2008; *Verrel*, Selbstbestimmungsrecht contra Lebensschutz, JZ 1996, 224;

§ 3 Rn. 1   § 216, Sterbehilfe, Suizid

ders., Patientenautonomie und Strafrecht bei der Sterbebegleitung, 66. DJT 2006, Gutachten C 1; *ders.*, Ein Grundsatzurteil? – Jedenfalls bitter nötig! – Besprechung der Sterbehilfeentscheidung des BGH vom 25.6.2010, NStZ 2010, 671; *Wagner*, Selbstmord und Selbstmordverhinderung, 1975; *Wassermann*, Das Recht auf den eigenen Tod, DRiZ 1986, 291; *Weigend*, Über die Begründung der Straflosigkeit bei Einwilligung des Betroffenen, ZStW 98 (1986), 44; *Wernstedt*, Sterbehilfe in Europa, 2004; *Wolfslast*, Gedanken an Sterbehilfe, Brauneck-Ehrengabe 1999, S. 473; *dies.*, Rechtliche Neuordnung der Tötung auf Verlangen?, Schreiber-FS 2003, S. 913.

Übersicht

	Rn.
I. Der kriminalpolitische Hintergrund	1
1. Die Straflosigkeit der „freien" Selbsttötung	1
2. Straflose Suizidhilfe bzw. Sterbehilfe und strafbare Tötung	4
a) Die unterschiedlichen Formen der Suizid- und Sterbehilfe	4
b) Der juristische Rahmen der Sterbehilfe	7
c) Sterbehilfe bei mutmaßlichem Sterbewillen (Patientenverfügung, Freitoderklärung)	9
II. Tötung auf Verlangen, § 216	13
1. Verlangen, insbesondere Abgrenzung zur Einwilligung	13
2. Teilnahmefragen	19
III. Straflose Teilnahme an Selbsttötung – Abgrenzung zur strafbaren Fremdtötung	24
1. Straflosigkeit der Teilnahme an einer freien, selbstverantwortlichen Selbsttötung	24
2. Der Maßstab für die freie, selbstverantwortliche Selbsttötung	26
3. Suizidteilnahme durch einen Nicht-Garanten durch Unterlassen – § 323c	35
4. Suizidteilnahme durch einen Nicht-Garanten durch Tun – §§ 323c, 222 und BtMG	37
5. Abgrenzung der Suizidteilnahme einerseits von § 216 andererseits als Kern des Problems	39
6. Zur Modifikation der Abgrenzung Suizidteilnahme/§ 216 bei Garanten	44
7. Interventionsrecht bei Selbsttötung	49

I. Der kriminalpolitische Hintergrund

1. Die Straflosigkeit der „freien" Selbsttötung

1   Der Suizid fällt nicht unter §§ 211 ff., weil kein „anderer" getötet wird. Dass man keinen Sondertatbestand des (versuchten) Suizides geschaffen hat, erklärt sich daraus, dass man entweder die Disposition über das eigene Leben („Freitod") wenigstens so weit respektiert, dass man nicht mit strafrechtlichen Mitteln dagegen vorgeht, oder dass man eine solche Disposition zwar sittlich missbilligt („Selbstmord"), auf ein strafrechtliches Einschreiten im Hinblick auf die Verzweiflungssituation des Täters jedoch verzichtet.

Der kriminalpolitische Hintergrund § 3 Rn. 2

Die **praktische Bedeutung** des Suizidproblems ist, angesichts von ca. 10.000 gelungenen Suiziden pro Jahr, groß[1]. Dazu kommt eine erheblich größere Zahl von Suizidversuchen – Wer **rechtsgeschichtliche** und **rechtsvergleichende Informationen** sucht, sei auf das leicht zu lesende Buch von *Simson*[2] hingewiesen, mit dem Fazit: „Die Geschichte des Suizidstrafrechts ist die Geschichte seines Versagens".

Mitunter werden **lebensverkürzende Lebensstile** (Konsum von Drogen, Zucker, Fett) als **Suizid auf Raten** bezeichnet. In der Tat ist die gesellschaftliche Einstellung gegenüber solchen selbstgefährdenden Verhaltensweisen wenig konsequent. Es ist jedoch zu bezweifeln, ob die Einbeziehung dieser Fragestellung zur Klärung der Suizidproblematik beiträgt[3].

Die beiden **Pole** der **ethischen Bewertung** des Suizides sind rasch genannt: Für die **Freitodposition** ist die Möglichkeit, das Leben zu verweigern, eine spezifische Fähigkeit des Menschen. 2

„*Kreon:* Nein sagen ist leicht, selbst wenn man dabei sterben muss ... Wie feig ist das! Nur Menschen können so sein. Was wäre, wenn die Bäume nein sagten zum Saft, der aus ihren Wurzeln emporsteigt? Wenn die Tiere nein sagten und aufhörten, sich zu fressen und sich zu paaren? ... *Antigone:* Ein herrlicher Traum für einen König! König der Tiere! Da wäre alles so einfach! ... Ihr seid mir alle widerlich mit eurem Glück. Mit eurem Leben, das man lieben muss, koste es, was es wolle."

Jean Anouilh, Antigone

Respekt vor dem Freitod ist danach eine sittliche Forderung, oder – ins Juristische übersetzt – dieser Respekt ist ein Gebot der Menschenwürde, Art. 1 GG[4]: **„Begreift, dass man's verschmäht"** (*Rainer Maria Rilke,* Das Lied des Selbstmörders).

Die **Selbstmordposition** lehnt dies als „nihilistisch"[5] ab. Das Leben zu Ende leben, erscheint als sittliches Gebot.

„... Dass du zerstört hast. Dass man dies von dir / wird sagen müssen bis in alle Zeiten ... / ... Ja, hätte nur dein / Weg vorbeigeführt an einer wachen Werkstatt, / wo

---

1 Zahlen für 2012 = 9.890 Fälle (inkl. neue Bundesländer), davon 2.603 weiblich. Quelle: Statistisches Bundesamt, Pressemitteilung Nr. 422 vom 12.12.2013; für 2007 = 9.402 Fälle (inkl. neue Bundesländer), davon 2.393 weiblich. Quelle: Statistisches Bundesamt, Pressemitteilung Nr. 303 vom 22.8.2008. Die Tendenz ist uneinheitlich: altes Bundesgebiet 1977 = 8.838; 1984 = 8.346; 1994 = 9.794; 1997 = 9.456.
2 *Simson,* Die Suizidtat, 1976 (Zitat S. 110).
3 Viele Nachweise auch außerhalb der Rechtswissenschaft im Sammelband von *H.-J. Braun,* Selbstaggression, a. a. O. Eine parallele Diskrepanz besteht zwischen der Scheu, fremdes Leben vorsätzlich zu vernichten und der Bereitschaft, es zu gefährden, s. u. § 4 Rn. 3 f.
4 In diesem Sinne literarisch besonders *Jean Améry,* Hand an sich legen, 1976; juristisch *Wagner,* Selbstmord, a. a. O., passim (der sich auch auf das Rechtsstaatsprinzip des Art. 20 GG beruft) und die Sterbehilfe-Organisationen (in der **Schweiz** u. a. die Organisation „Exit"). – Spektakuläre Fälle heizen die Diskussion an, z. B. wenn eine Künstlerin ihre eigene Todesanzeige verfasst und darin „ihrer" Sterbehilfeorganisation für deren Unterstützung dankt, Fall *Sandra Paretti,* vgl. NZZ 14.3.1994, 25 (32).
5 *Geilen,* JZ 1974, 145 (149); noch extremer *Schmidhäuser,* BT 2/9.

§ 3 Rn. 3–4 § 216, Sterbehilfe, Suizid

> Männer hämmern, wo der Tag sich schlicht / verwirklicht; wär in deinem vollen Blick / nur so viel Raum gewesen, dass das Abbild / von einem Käfer, der sich müht, hineinging: ... wer spricht von Siegen? Überstehn ist alles."
> *Rainer Maria Rilke*, Requiem für Wolf Graf von Kalckreuth

Nach der Selbstmordposition gehört zur Würde des Menschen auch eine besondere Form von Nächstenliebe, die sich in der Verhinderung eines Suizides äußert. – Die Polarität dieser ethischen Grundauffassungen bricht zusammen, wenn es um die Beurteilungen des **Opfertodes** geht.

3 Was den eigentlichen Suizid angeht, beschränkt sich die kontroverse Beurteilung auf die freie (selbstverantwortlich-freiwillige) Selbsttötung. Man ist sich darüber einig, dass es wünschenswert ist, unfreiwillige Suizide zu verhindern. Es ist jedoch sehr streitig, wie die **Grenze** zwischen **freiem** und **unfreiem Suizid** zu ziehen ist. – **Zusammengefasst** lassen sich die beiden zentralen Probleme des Suizidstrafrechts so umreißen: Erstens geht es um den Maßstab „freier" (im Gegensatz zu unfreier) Selbsttötung[6]. Zweitens geht es um die Abgrenzung zwischen strafloser Mitwirkung am freien Suizid und strafbarer Tötung auf Verlangen (§ 216) bzw. Fremdtötung wegen Nichtverhinderung eines Suizids trotz Garantenpflicht[7]. Ein drittes, eher peripheres Problem betrifft die Anwendbarkeit des § 323c[8].

2. Straflose Suizidhilfe bzw. Sterbehilfe und strafbare Tötung

a) Die unterschiedlichen Formen der Suizid- und Sterbehilfe

4 Kriminalstatistisch erweist sich § 216, Tötung auf Verlangen, mit weniger als 10 Verurteilungen pro Jahr geradezu als eine quantité négligeable. In der kriminalpolitischen Diskussion spielt der Tatbestand dagegen eine große Rolle, weil aus ihm ein grundsätzliches **Euthanasie-Verbot** zu folgen scheint. Das Gesetz rückt zwar das Verlangen des Opfers in den Vordergrund, also die Frage, wer wen „bestimmt" hat. Der eigentliche Grund für die Strafmilderung liegt jedoch darin, dass das **Unrecht wegen Einwilligung** des Opfers **abgeschwächt ist**[9]. Dass das **Leben nicht als frei verfügbares Individualrechtsgut** angesehen wird, entspricht abendländisch-christlicher Weltanschauung: Leben als Pflicht, Disposition über das Leben als unnatürliches und naturrechtswidriges Verhalten. Die Modernisierung dieser altmodischen Terminologie hat zu wenig mehr geführt als der Behauptung, wer Leben zu einem disponiblen Gut mache, schwäche die Tötungshemmung generell (Dammbruchwirkung einer Lockerung des Tötungstabus)[10]. Dass dieser weltanschauliche Konsens, auf dem § 216

---

6 Rn. 26 f.
7 Rn. 39 ff.
8 Rn. 35 ff.
9 So *S/S/Eser/Sternberg-Lieben*, § 216 Rn. 1; MüKo-*Schneider*, § 216 Rn. 1; ferner § 101 AE mit Begründung S. 21.
10 Aus dem älteren Schrifttum *Hirsch*, Welzel-FS 1974, S. 775 (789); *Schroeder*, ZStW 106 (1994), 565 ff.; *Tröndle*, 56. DJT, Verh. Bd. II M 29 ff., 37; *Weigend*, ZStW 98 (1986), 44 (67).

Der kriminalpolitische Hintergrund § 3 Rn. 5–7

ruht, nicht mehr unangefochten ist[11], hat de lege lata Konsequenzen für die Abgrenzung der Strafbarkeit nach § 216 von straffreier Mitwirkung am Suizid[12]. Die Motive für ein Tötungsverlangen weisen dieselbe Bandbreite auf wie die Motive eines Suizidenten. Im Vordergrund steht bei § 216 die Situation der Sterbehilfe: Das schwer kranke Opfer wünscht den Tod, weil es leidet. Der Täter tötet aus Mitleid.

Eine weitgehende begriffliche Deckung von Sterbehilfe und Euthanasie ergibt sich dann, wenn man Euthanasie als Mitleidstötung versteht **und dieses Mitleid** (dem ursprünglichen Sinn des Wortes Euthanasie entsprechend) sich aus der Täter/Opfer-Beziehung ableitet. In Deutschland ist in der Zeit des Nationalsozialismus unter dem Deckmantel der Euthanasie eine systematische **Vernichtung sog. lebensunwerten Lebens** erfolgt. Der Staat hat für ganze Gruppen von Behinderten festgelegt, dass dieses Leben lebensunwert sein muss. Heute ist beim Schwangerschaftsabbruch ein Nachhall dieser Vernichtungsaktionen insofern unverkennbar, als dank der Frühdiagnostik schwere Behinderungen absehbar werden (und den Anstoß zur Tötung des nasciturus geben können)[13]. Die moderne Diskussion der **Sterbehilfe** ist wesentlich auf medizinische Fortschritte zurückzuführen, die eine **menschenunwürdige Leidensverlängerung** technisch möglich machen[14]. 5

Die aus § 216 abgeleitete **Straflosigkeit des Suizids und der Suizidhilfe** überschneidet sich mit der medizinethischen Problematik der **Sterbehilfe.** Wenn (!) der Suizid eines Sterbenden[15] unterstützt wird, ist Sterbehilfe eine Form der Suizidhilfe (straflos). Als Sterbehilfe wird jedoch auch eine Mitleidstötung gegen den Willen des Opfers bezeichnet. Sie fällt unter §§ 211, 212 (!). Die Annahme eines minder schweren Falles gemäß § 213 setzt voraus, dass kein Mordmerkmal gegeben ist[16]. Im Einzelnen unterscheidet man (1) **Sterbehilfe** gestützt auf den **wirklichen Willen** des zu Tötenden; (2) Sterbehilfe gestützt auf den **mutmaßlichen Willen** des zu Tötenden und (3) Sterbehilfe ohne bzw. **gegen den Willen** des zu Tötenden. – Diese am Willen des Opfers orientierte Dreiteilung wird überlagert von der Unterscheidung zwischen Sterbehilfe durch Tun bzw. Unterlassen, d. h. **aktiver** bzw. **passiver Sterbehilfe.** 6

b) Der juristische Rahmen der Sterbehilfe

Der **juristische Rahmen,** welcher der **Sterbehilfe** gezogen ist, ist fortwährenden Änderungen durch den Wandel gesellschaftlicher Moralvorstellungen unterworfen. Jedenfalls die folgenden **sieben Grundsätze** mar- 7

---

11 In Europa spielen die Niederlande eine Vorreiterrolle, vgl. hier die 1. Aufl.
12 Eingehend u. Rn. 39 ff.
13 Zur jüngeren Diskussion um die Präimplantationsdiagnostik („PID") *Kubiciel,* NStZ 2013, 382.
14 Als in Vergessenheit geratenes Beispiel sei an das monatelange Sterben des jugoslawischen Staatspräsidenten Tito 1979/80 erinnert.
15 Zur Definition s. Rn. 8.
16 Zur „kreatürlichen Arglosigkeit" o. § 2 Rn. 47.

kieren aber gesetzlich vorgegebene Eckpunkte: **(1)** Tötung auf Verlangen ist strafbar, § 216. Deshalb ist aktive Sterbehilfe, gestützt auf den wirklichen Willen des urteilsfähigen Opfers, grundsätzlich nicht zulässig. **(2)** Die **Pflicht** des Arztes **zur Linderung des Schmerzes** geht gegenüber Sterbenden der Pflicht zur Lebensverlängerung vor, insofern ist der vorstehend (1) genannte Grundsatz einzuschränken[17]. – **(3)** Weil eine Behandlung gegen den Willen des Kranken rechtswidrige Körperverletzung wäre, ist jedenfalls **Sterbehilfe** durch Beendigung lebenserhaltender Maßnahmen mit Einwilligung des Kranken zulässig und **geboten**[18]. Den Kranken trifft keine Pflicht zur Duldung lebenserhaltender Maßnahmen.– **(4) Beihilfe zum Suizid** ist nicht strafbar. In der Literatur kaum mehr umstritten ist die Frage, ob diese Straflosigkeit auch gilt, wenn der Helfer eine Garantenstellung (z. B. als behandelnder Arzt) gegenüber dem Suizidenten innehat[19]. „Euthanasie" als passive und aktive Förderung eines Suizides ist also zulässig. Die offensichtliche Kollision dieses Prinzips (4) mit dem Grundsatz (1) wird näher u. Rn. 39 behandelt. – **(5)** Aus den vorstehenden Grundsätzen ergibt sich, dass die **Willenshoheit** des Patienten in jedem Fall zu respektieren ist, nicht aber – wegen § 216 – sein **Verlangen,** ihn zu töten. – **(6)** Bei **urteilsunfähigen Patienten** hängt die Zulässigkeit passiver Sterbehilfe vom mutmaßlichen Willen des betreffenden Patienten ab **(Patientenverfügung)**[20]. – **(7)** Das **Kernproblem** der Euthanasie liegt jedoch nicht in der Willenshoheit des Patienten, sondern in der lex artis der Ärzte. Es läuft auf die Frage hinaus, in welchem Umfang die Ärzte eine menschenunwürdige Verlängerung des Leidens und Sterbens dem Patienten anbieten dürfen[21]. –

---

17 Z. T. (Nachweise hier 1. Aufl., neuere Literatur vorstehend vor Rn. 1) wird der Tötungsvorsatz verneint; dies ist kaum haltbar, denn meist liegt sogar das sichere Wissen um die Lebensverkürzung vor, mit der die Schmerzlinderung erkauft werden muss. – BGHSt 55, 191 (204) nimmt eine rechtfertigende Einwilligung an. – Z. T. wird rechtfertigender oder entschuldigender Notstand bejaht. Die Notstandslösung ist problematisch, weil sie die Lebensverkürzung nur bei Linderung extremer Schmerzen zulässt, vgl. BGHSt 42, 301 (305), *Dolantin:* „Die Ermöglichung eines Todes in Würde und Schmerzfreiheit gemäß dem erklärten oder mutmaßlichen Patientenwillen (BGHSt 37, 376) ist ein höherwertiges Rechtsgut als die Aussicht, unter schwersten, insbes. sog. Vernichtungsschmerzen noch kurze Zeit länger leben zu müssen". – Z. T. wird erlaubtes Risiko bejaht; kaum haltbar, weil damit den Fällen ausgewichen wird, in denen die Lebensverkürzung sichere Folge der Schmerzlinderung ist und nicht nur ein mit ihr verbundenes Risiko. – Trotz dieser konstruktiven Schwierigkeiten besteht über das Ergebnis (das § 214a AE-Sterbehilfe leitsatzartig zusammenfasst) weitgehend Einvernehmen; zutreffend LK-*Jähnke,* Vor § 211 Rn. 15 („indirekte Euthanasie").
18 *Engisch,* Dreher-FS 1977, S. 309 (322): Es muss „bei dem bekannten Grundsatz bleiben, dass niemals gegen den Willen eines willensfähigen Patienten ärztliche Eingriffe vorgenommen werden dürfen"; so auch *R. Schmitt,* JZ 1979, 462 (466); *Otto,* 56. DJT, Verh. Bd. I, D 37 f.; *Stratenwerth,* ZStrR 95 (1978) 60; *Tröndle,* 56. DJT, Verh. Bd. II, M 48.
19 *Fischer,* § 216 Rn. 6 m. w. N.
20 U. Rn. 9 f.
21 *Hilgendorf,* JZ 2014, 545; *Engisch,* Dreher-FS 1977, S. 309 (322). Verfehlt § 214 I Nr. 4 AE-Sterbehilfe („wenn … bei nahe bevorstehendem Tod im Hinblick auf den Leidenszustand … und die Aussichtslosigkeit … Maßnahmen nach ärztlicher Erkenntnis nicht mehr angezeigt sind"), sondern *weil* bei nahem Tod, Leidenszustand und Aussichtslosigkeit *nach juristischer Erkenntnis* Maßnahmen nicht mehr angezeigt sind, vgl. *Arzt,* JR 1986, 309.

Der kriminalpolitische Hintergrund　　　　　　　　　　§ 3 Rn. 8–8a

Im Angebot leidensverlängernder Maßnahmen liegt nämlich eine psychische Tortur. Viele Schwerkranke bringen die Kraft nicht auf, an der Entscheidung gegen eine Leidensverlängerung festzuhalten, die sie als Gesunde getroffen hatten.

Die **Grundsätze der Bundesärztekammer zur ärztlichen Sterbebegleitung** von 2011[22] lauten (Auszug):　　8

> Präambel ...
> I. Ärztliche Pflichten bei Sterbenden
> Der Arzt ist verpflichtet, Sterbenden, d. h. Kranken oder Verletzten mit irreversiblem Versagen einer oder mehrerer vitaler Funktionen, bei denen der Eintritt des Todes in kurzer Zeit zu erwarten ist, so zu helfen, dass sie menschenwürdig sterben können. Die Hilfe besteht in palliativmedizinischer Versorgung und damit auch in Beistand und Sorge für Basisbetreuung...
> Maßnahmen, die den Todeseintritt nur verzögern, sollen unterlassen oder beendet werden. Bei Sterbenden kann die Linderung des Leidens so im Vordergrund stehen, dass eine möglicherweise dadurch bedingte unvermeidbare Lebensverkürzung hingenommen werden darf...
>
> II. Verhalten bei Patienten mit infauster Prognose
> Bei Patienten, die sich zwar noch nicht im Sterben befinden, aber nach ärztlicher Erkenntnis aller Voraussicht nach in absehbarer Zeit sterben werden, ist eine Änderung des Behandlungszieles geboten, wenn lebenserhaltende Maßnahmen Leiden nur verlängern würden oder die Änderung des Behandlungsziels dem Willen des Patienten entspricht. An die Stelle von Lebensverlängerung und Lebenserhaltung tritt dann die palliativmedizinische Versorgung einschließlich pflegerischer Maßnahmen.

Kritisch ist dazu anzumerken, dass dem o. Rn. 7 in Grundsatz (7) angesprochenen Problem ausgewichen wird. Im Rahmen dieses Lehrbuchs muss der Hinweis genügen, dass sich aus der ärztlichen lex artis ein Verbot ergeben kann, dem Patienten eine technisch machbare, aber menschenunwürdige Lebensverlängerung anzubieten. – Es ist klar, dass sowohl in der Argumentation mit „menschenunwürdiger" Lebensverlängerung (Maßstab?) wie in jeder Verkürzung der optimalen Behandlung ein fürchterliches **Missbrauchspotenzial**[23] steckt. Optimale Krankenbehandlung ist teuer. Bei Schwerkranken ist schon heute ein problematischer Umschlag von aufwendiger und guter Behandlung im Krankenhaus in billigere, schlechte Behandlung im Pflegeheim zu beobachten; ein Umschlag, bei dem auch Kostengesichtspunkte eine Rolle spielen.

Aus diesem Spannungsverhältnis lässt sich auch die neuere Rechtsprechung des BGH zum Behandlungsabbruch erklären. Deren Ansatzpunkt　　8a

---

22　http://www.bundesaerztekammer.de/downloads/Sterbebegleitung_17022011.pdf. § 16 der ärztlichen Musterberufsordnung untersagt Ärzten Hilfestellungen beim Suizid.
23　Eine Grenze, die nicht verwischt werden darf, damit aus der Verkürzung „menschenunwürdigen" Lebens nicht die Vernichtung „lebensunwerten" Lebens wird, hat *Engisch*, Dreher-FS 1977, S. 309 (330), angesprochen. Es sollten „unverrückt die seelischen und leiblichen Interessen des Patienten im Blick behalten werden, nicht etwa das Interesse der Allgemeinheit daran vordringen, den lästigen Patienten als eine Ballastexistenz loszuwerden".

ist die Feststellung, dass sich die bisher in ständiger Rechtsprechung vorgenommene Trennung von unzulässiger aktiver Sterbehilfe (durch Tun) und u. U. zulässiger passiver Sterbehilfe (durch Unterlassen) in Randbereichen nicht mit gerechten Ergebnissen aufrechterhalten ließe.

Mit BGHSt 55, 191[24] soll ein Behandlungsabbruch durch Einwilligung gerechtfertigt sein – auch wenn er in aktivem Tun besteht –, wenn folgende Voraussetzungen vorliegen: (1) ein ohne Behandlung sicher zum Tod führender Krankheitsprozess liegt vor, dem (2) sein Lauf gelassen wird, indem (3) eine medizinische Behandlung unterlassen oder beendet wird. (4) Der Behandlungsabbruch ist auf den wirklichen oder mutmaßlichen Willen des Patienten gestützt.

Für den Bereich der medizinischen Behandlung ist die – in den Themenkomplexen des § 216 und der „Selbsttötung" wegen Fragen der Garantenstellung und der Abgrenzung nach wie vor wichtige – Unterscheidung von Tun und Unterlassen damit ein Stück weit ihrer Bedeutung beraubt.

c) **Sterbehilfe bei mutmaßlichem Sterbewillen (Patientenverfügung, Freitoderklärung)**

9   Die **Patientenverfügung** ist nach § 1901a I 1 BGB die von einem einwilligungsfähigen Volljährigen für den Fall seiner Einwilligungsunfähigkeit schriftlich getroffene Entscheidung, ob er in bestimmte, zum Zeitpunkt der Festlegung noch nicht unmittelbar bevorstehende Untersuchungen seines Gesundheitszustands, Heilbehandlungen oder ärztliche Eingriffe einwilligt oder sie untersagt. Treffen die Festlegungen auf die aktuelle Lebens- und Behandlungssituation des Patienten zu, entfaltet die Patientenverfügung Bindungswirkung, § 1901a I 2 BGB[25]. Soweit die Erklärung darauf zielt, die in Rn. 7 als Grundsatz (2) festgehaltene Priorität der Schmerzlinderung auch für den Fall der Urteilsunfähigkeit zu sichern, ist sie unproblematisch, aber eigentlich nicht erforderlich, weil ein solcher Wille ohnehin zu mutmaßen ist. §§ 1901a III, 1904 II BGB sprechen dafür, dass eine Patientenverfügung auch Bindungswirkung entfaltet, soweit sie über die oben Rn. 7 im Grundsatz (7) gemeinten Leidensverlängerungen hinaus Behandlungen untersagt, die nach ärztlicher Auffassung angezeigt sind (z. B. wenn der Gesunde die lebensverlängernde Behandlung für den Fall untersagt, dass Querschnittslähmung sicher oder wahrscheinlich unabwendbar ist).

10   Naheliegend, aber letztlich nicht hilfreich, sind Versuche, den aufgrund einer Patientenverfügung oder sonst zu mutmaßenden Willen durch besondere **Formalitäten** zu sichern, etwa Beratung durch Ethiker, Psycho-

---

24 Bespr. dazu *Dölling*, ZIS 2011, 345; *Engländer*, ZIS 2011, 513; *Fischer*, Roxin-FS 2011, S. 557; *Gaede*, NJW 2010, 2925; *Hirsch*, JR 2011, 37; *Joerden*, Roxin-FS 2011, 593; *Kutzer*, Rissing-van Saan-FS 2011, S. 337; *Rissing-van Saan*, ZIS 2011, 544; *Rosenau*, Rissing-van Saan-FS 2011, S. 547; *Verrel*, NStZ 2010, 671.
25 Umstritten ist, ob die Patientenverfügung aus sich heraus unmittelbar bindend wirkt oder ob stets ein Betreuer zu bestellen ist, näher *Fischer*, Vor §§ 211 ff. Rn. 53a.

Der kriminalpolitische Hintergrund § 3 Rn. 10

logen, Notare, Anwälte, Angehörige, Priester etc. Wo es – wie in der Schweiz – **Sterbehilfeorganisationen** gibt, werden alle möglichen Qualitätssicherungsstandards erwogen[26]. Man fragt sich aber, wie in zweifelhaften Fällen durch Einschaltung des Betreuungsgerichts (vgl. §§ 1904, 1901a BGB) der mutmaßliche Wille zuverlässig eruiert werden kann. Wahrscheinlich ist eine Flucht der zuständigen Behörde vor der Verantwortung, im Klartext: Leidensverlängerung[27]. Angesichts der Tendenz zur Formalisierung ist zu betonen, dass das *materielle Kriterium* des mutmaßlichen Willens entscheidend bleiben muss. Danach haben sich auch Betreuer und Betreuungsgericht zu richten. Deshalb ist zweifelhaft, ob eine Bindung der Strafjustiz (und des Sterbehelfers!) an eine Beurteilung des mutmaßlichen Willens durch die Zivilgerichte besteht. BGH, NJW 2011, 161 (162 f.) dürfte in Hinblick auf § 1904 II, IV BGB dahin zu verstehen sein, dass jedenfalls bei medizinisch angezeigten Maßnahmen, bei deren Unterbleiben Todesgefahr oder die Gefahr länger dauernder gesundheitlicher Schaden besteht und bei denen Unsicherheiten über den mutmaßlichen Willen des Patienten bestehen, nur eine betreuungsgerichtliche Entscheidung den Behandlungsabbruch legitimieren kann, d. h. die Nichtbehandlung bzw. der Behandlungsabbruch ist schon wegen fehlender betreuungsgerichtlicher Entscheidung rechtswidrig. Aus der neueren Diskussion, in die sich auch das Zivilrecht[28] eingeschaltet hat, vgl. noch den AE-StB[29], der in expliziter Abkehr vom relativ liberalen AE-Sterbehilfe eine Qualitätssicherung über Bagatelltatbestände anstrebt. Das ist eine problematische Lösung, denn für Ärzte wird mit solchen Bagatellen die Basis für Berufsverbote gelegt.

---

26 Zweitgutachten, Wartefristen, Dokumentation etc. (Verstöße als Bagatelldelikt und disziplinarische Ahndung). Zur Ablehnung solcher Verdachtsstrafen für vorsätzliche Tötung *Arzt*, in: Petermann (Hrsg.), a. a. O. S. 69 ff. im Kontext ärztlichen Standesrechts; eingehend zur „Prozeduralisierung" der Suizidbeihilfe in der Schweiz (und in Deutschland) *Venetz*, Suizidhilfeorganisationen, a. a. O. S. 180 ff. Zu deutschen Gesetzgebungsvorschlägen, die der Sache nach auch den ausländischen Hilfsorganisationen die Tätigkeit in Deutschland erschweren wollen, Fn. 29.
27 Vgl. die Amputationsverweigerung, GenStA Nürnberg, NStZ 2008, 343.
28 Vgl. BGH, NJW 2003, 1588.
29 Zum AE-Sterbehilfe und AE-StB vgl. hier LitV zu § 3; *Merkel*, Schroeder-FS, a. a. O. und 66. DJT (mit Gutachten *Verrel*, a. a. O.; und den Referaten von *Kutzer* und *Putz*). Die zahlreichen Publikationen vor und nach dem 66. DJT sind dem Literaturverzeichnis vor Rn. 1 zu entnehmen. Zum Kontext mit der Reglementierung von Sterbehilfeorganisationen hier Fn. 26 und *Hilgendorf*, in: Jahrbuch für Recht und Ethik 15 (2007), 479; *Sternberg-Lieben*, ebenda 307. Zur organisierten Sterbehilfe sind Gesetzgebungsprojekte anhängig, auf deren Scheitern man hoffen muss. In Rede steht dabei auch ein strafrechtliches Verbot. Vorgeschlagen wird sowohl, nur die gewerbsmäßige, also mit Gewinnerzielungsabsicht durchgeführte Tätigkeit zu bestrafen als auch, bereits ein geschäftsmäßiges Handeln, die Organisation von Sterbehilfe als solche oder die Werbung für Sterbehilfegesellschaften unter Strafe zu stellen. Ein strafrechtliches Verbot der organisierten Sterbehilfe ist abzulehnen; sinnvoll könnten zivil- und verwaltungsrechtliche Regelungen sein, um mehr Transparenz und Kontrolle sicherzustellen. Ausführlich *Hilgendorf*, JZ 2014, 545.

11 Je schlimmer die Lage eines Patienten ist, desto näher liegt es, auch ohne Patientenverfügung einen mutmaßlichen Behandlungsverzicht anzunehmen.

12 Bei einer **Freitoderklärung** handelt es sich um die schriftliche (meist von einer Patientenorganisation formularmäßig vorbereitete) Erklärung, der Suizid sei frei erfolgt und Intervention sei unerwünscht. – Beim sog. **Patiententestament** handelt es sich meistens um eine Patientenverfügung, nicht um eine Freitoderklärung. Dieser missverständliche Ausdruck sollte ganz vermieden werden.

Wichtig ist die Freitoderklärung, weil sie nicht auf sterbende Menschen im Sinne der vorstehenden Definitionen beschränkt ist, sondern auf Suizidhilfe (gegebenenfalls in der Form des Unterlassens einer Intervention) auch bei sonst lebensmüden Personen zielt (Alter, Verlust des Partners etc.). Die Ärzteschaft steht ganz überwiegend auf dem Standpunkt, hier liege kein medizinisches Problem vor. Übersehen wird, dass unsere Gesellschaft durch Kontrolle der Gifte den Ärzten ein **Quasimonopol über humane Tötungsmittel** eingeräumt hat. Es ist auch verfassungsrechtlich problematisch, den Suizid **mittelbar** zu verbieten, indem man alle humanen Mittel unzugänglich macht[30]. Die schweizerischen Sterbehilfeorganisationen[31] kämpfen in Auseinandersetzung mit dem ärztlichen Standesrecht um den Zugang zu humanen Tötungsmitteln auch zur Suizidhilfe, die keine Hilfe für Sterbende ist.

Das rechtlich schwierige und **examenswichtige Problem** der Abgrenzung der zulässigen aktiven Suizidhilfe und Sterbehilfe in Form der Beihilfe zum Suizid von der unzulässigen, nach § 216 strafbaren aktiven Suizidhilfe bzw. Sterbehilfe in Form der Tötung auf Verlangen wird im folgenden Abschnitt ausführlich behandelt[32].

II. Tötung auf Verlangen, § 216

1. Verlangen, insbesondere Abgrenzung zur Einwilligung

13 § 216 schließt § 212 und § 211 aus. Die konstruktiven Schwierigkeiten mit Blick auf Teilnehmer sind anschließend Rn. 19 behandelt. – Wenn die Unrechtsabschwächung auf den zustimmenden Willen des Opfers zurückzuführen ist, fragt sich, warum das Gesetz die Milderung vom **Verlangen, statt** von der **Einwilligung** abhängig gemacht hat. – Die Erklärung dürfte in der **beweismäßigen Besonderheit** der Einwilligung bei der Tötung zu suchen sein. Das Opfer kann dem Täter (und dessen Berufung auf Einwilligung) nicht mehr widersprechen. Macht man das Privileg davon abhängig, dass „das ausdrückliche (!) und ernstliche Verlangen" des Getöteten

---

30 *Hilgendorf*, JZ 2014, 545 (550).
31 Näher *Arzt*, in: Petermann, a. a. O. und weitere Beiträge in diesem Sammelband und im Folgeband (*Petermann*, Sicherheitsfragen, a. a. O.). Aus deutscher Sicht zur Problematik „organisierter" Beihilfe zum Suizid hier Fn. 29 und *Schreiber*, Jakobs-FS, a. a. O. S. 624.
32 Vgl. besonders u. Rn. 39 ff.

vorlag, ist zwar im Zweifel zugunsten des Angeklagten ein „ausdrückliches Verlangen" anzunehmen. Im Vergleich zu der Verteidigung, das Opfer habe eingewilligt, sieht die beweismäßige Stellung des Täters jedoch wesentlich ungünstiger aus. Die Berufung auf Einwilligung ist schwerer zu widerlegen als die Berufung auf ein ausdrückliches (!) Verlangen[33]. – Für die Auslegung des § 216 ist daher von einer **Unrechtsabschwächung** wegen Einwilligung des Opfers auszugehen und das „Verlangen" in Richtung auf eine (ausdrückliche) Einwilligung zu interpretieren. Wichtigste Folgerung: Die Initiative kann vom Täter ausgehen. Er kann das Opfer auffordern, den Tod zu verlangen. Auch die h. M.[34] hält es für möglich, dass die Initiative nicht vom Verlangenden ausgeht; trotzdem soll Verlangen mehr sein als bloße Zustimmung[35].

Vom Opfer aus gesehen geht es normalerweise um eine quasi absichtliche Herbeiführung des Todes; zum Verlangen eines lebensgefährlichen Risikos unten Rn. 15.

Der Täter muss durch das Verlangen **bestimmt** werden. Liegt ein Verlangen vor, ohne dass der Täter dadurch bestimmt worden ist (z. B. weil es ihm unbekannt war oder er schon zuvor fest zur Tat entschlossen war), entfällt § 216 (also § 211 oder § 212). Zur Bestimmung genügt, dass der Täter die Tat, zu der er „an sich" entschlossen war, ohne die Einwilligung des Opfers nicht durchgeführt hätte, die Einwilligung also eine Bedingung für die Ausführung darstellt. Wer unter der Bedingung einer Entlohnung zur Tötung eines anderen entschlossen ist, kann nach h. M.[36] noch dadurch zur Tatausführung bestimmt und damit angestiftet werden, dass ihm diese Entlohnung zugesagt wird. Entsprechendes gilt bezüglich des „Verlangens" bei § 216. Berücksichtigt man dies und die Möglichkeit, dass der Täter initiativ werden kann, besteht zwischen Einwilligung und Verlangen **vom Opfer aus gesehen** kaum ein Unterschied. Auch die Einwilligung muss „ernst gemeint" sein, soll sie strafrechtlich erheblich sein. Zutreffend hat der BGH[37] die Frage des Opfers, ob ihm der Täter helfen würde, die Spritze zu geben, falls er es nicht selbst könne, als Verlangen gewertet.

14

Die hier seit der 1. Aufl. vertretene weitgehende **Gleichsetzung** des **Verlangens** mit der **Einwilligung** hat Zustimmung gefunden[38], widerspricht jedoch der h. L. Die

---

33 Solche beweisrechtlichen Argumente werden im Schrifttum zu § 216 gelegentlich mehr oder weniger offen angeführt, Nachweise bei *Arzt*, ZStW 83 (1971), 1 (36); vgl. auch *Arthur Kaufmann*, ZStW 83 (1971), 251 f.
34 SK-*Sinn*, § 216 Rn. 5 hält es zwar an sich für möglich, dass die Initiative vom Täter ausgeht, doch soll das Opfer seinen Tod „unabhängig" (?) vom Vorschlag des Täters verlangen, ebenda Rn. 8. – Nach *Krey/Hellmann/M. Heinrich*, BT 1, Rn. 111 soll bei Initiative des Täters zwischen bloßer Zustimmung und „Wunsch" des Opfers unterschieden werden.
35 Näher Rn. 14, 16.
36 Nachweise bei *Arzt*, JZ 1969, 54.
37 BGH, NStZ 1987, 365 (Nachspritzen), dazu *Kühl*, JR 1988, 338; *Roxin*, NStZ 1987, 345.
38 *M.-K. Meyer*, Autonomie, a. a. O. S. 224 (mit der zweifelhaften Konsequenz, dass alle Irrtümer rechtsgutbezogen seien und das Verlangen hinfällig machen), dazu kritisch *Küper*, JZ 1986, 219 (227 f.).

Problematik strahlt auf die Frage aus, ob der „freie" Selbsttötungswille nach den Kriterien der Einwilligung oder des Verlangens zu bestimmen ist. Nach der hier vertretenen Ansicht ist dieser Streit müßig, weil die Maßstäbe gleich sind. Es hat (entgegen *Bottke*)[39] eben nicht „seinen guten Sinn", zwischen Ernstlichkeit (Verlangen) und Ernsthaftigkeit (Einwilligung) zu unterscheiden, „weil ein einwilligendes Wort schnell gesprochen, sein Vollzug jedoch bei Sinneswandel ... u. U. schwer zu verhindern ist". Denn wäre dies richtig, müsste man die Zustimmung des Opfers in empfindliche Eingriffe (z. B. schwere Operationen) nach der Verlangensdoktrin statt nach der Einwilligungsdoktrin bestimmen. Wie u. Rn. 28 f. dargelegt, richtet sich die „freie" Selbsttötung nach den – niedrigen – Anforderungen des sog. **Verantwortungsprinzips**, nicht nach den – strengeren – Anforderungen des sog. **Einwilligungsprinzips**. Ein gegenüber dem Einwilligungsprinzip noch strengeres **Verlangensprinzip** ist nicht anzuerkennen.

15 BGHSt 50, 80 hat im Kannibalen-Fall das Verlangen aus der Opferperspektive auf Einwilligung reduziert (zur Täterperspektive sofort Rn. 16). Ein Opfer, das Eingriffe an sich vornehmen lässt, die mit extremen Risiken für sein Leben verbunden sind (Penis abschneiden; vgl. auch die Drosselung zwecks sexueller Stimulation, BGHSt 49, 166 = JZ 2005, 100 mit Anm. *Arzt*), verlangt nicht den Tod, sondern nimmt den Tod als ein mit der verlangten Handlung verbundenes Risiko in Kauf (will seinen Tod quasi mit dolus eventualis). Wenn BGHSt 50, 80 einem Täter in einer solchen Situation das Privileg des § 216 eröffnet (vorausgesetzt, der Wunsch des Opfers ist für ihn handlungsleitend, dazu Rn. 16), reduziert der Senat das Verlangen aus der Opferperspektive auf Einwilligung, denn verlangt wird die riskante Handlung. In das damit verbundene Risiko des Todes wird nur eingewilligt[40]!

16 Sieht man den Unterschied **aus der Perspektive des Täters**, statt des Opfers, kann man Verlangen als mehr oder weniger fremdnützige Unterordnung des Täters unter die für ihn im Vordergrund stehenden Wünsche des Opfers deuten. Nach dieser Ansicht muss das Verlangen „wenn nicht der einzige, so doch in erster Linie und hauptsächlich bestimmende Grund gewesen sein" (*Lange*)[41]. Das Verlangen wird parallel zu Motivbündeln bei den Mordmerkmalen als dominantes Motiv interpre-

---

39 *Bottke*, Suizid, a. a. O. S. 105. Verlangen soll nach h.M. „mehr als bloßes Einverständnis" sein, so LK-*Jähnke*, § 216 Rn. 4; ähnlich *Fischer*, § 216 Rn. 7a (mit dem Zusatz, man könne nicht mehr als eine „unbedingte Einwilligung" voraussetzen). Die gängige Begründung (etwa „beiläufige Äußerung" genüge nicht, *Jähnke*, a. a. O.) beweist zu viel, denn das würde auch für eine Einwilligung, z. B. in eine Blinddarmoperation, nicht ausreichen. Auch der Hinweis auf „Trunkenheit" oder „Augenblicksstimmung", die Ernstlichkeit ausschließen, ist falsch, denn damit wird impliziert, dass die Einwilligung (z. B. in eine Nierentransplantation) unter solchen Voraussetzungen beachtlich wäre. Eingehend *Mitsch*, Weber-FS 2004, S. 49 ff. (59–61), der im Ergebnis nur den Ausschluss unvernünftiger Einwilligungen für legitim hält.
40 Zum rechtfertigenden Notstand *Mitsch,* wie vorstehend, S. 61 f. (ohne Risikofälle). In BGHSt 49, 166 war die Anklage von eventualvorsätzlicher Tötung ausgegangen. Die Konsequenz, dass in dubio pro reo das Opfer quasi eventualvorsätzlich seinen Tod als Folge der verlangten Drosselung in Kauf genommen haben könnte, wird nicht diskutiert.
41 LK-*Lange*, 9. Aufl., § 216 Rn. 2, ebenso *Gössel/Dölling*, BT 1, § 5 Rn. 9 (dort Rn. 12 zur Konsequenz bei Irrtumsfällen). Die Parallele zu Mordmerkmalen, die zum Teil ebenfalls als dominante Motive innerhalb eines Motivbündels gedeutet werden, betont *Rengier*, BT 2, § 6 Rn. 8, deshalb i. d. R. Exklusivität zwischen § 211 und § 216.

Tötung auf Verlangen, § 216   § 3 Rn. 17–18

tiert. Diese Ansicht hat **BGHSt 50, 80 (91 f.**) im **Kannibalen-Fall** dahin formuliert, das **Verlangen** müsse für den Täter „**handlungsleitend**" geworden sein. Im Kannibalen-Fall war der Täter treibende Kraft der Tötung, die er aus egoistischen Motiven wollte, die er aber von der Zustimmung des Opfers abhängig gemacht hatte. Die Gefahr ist groß, dass man von diesem Extremfall aus die Normalfälle unrichtig löst: In aller Regel wird (und soll!) für den Täter nicht das Verlangen die Hauptrolle spielen, sondern die verzweifelte Situation des Verlangenden. Es sollte nicht fraglich sein, dass auch und gerade ein so motivierter Täter die Strafmilderung gemäß § 216 verdient. § 216 scheitert auch nicht daran, dass beim Täter egoistische Gründe eine Rolle spielen (Fortfall einer Unterhaltslast). Das folgt schon daraus, dass das Verlangen des Opfers altruistisch sein kann, z. B. das Opfer dem Täter finanziell und/oder emotional nicht weiter zur Last fallen will.

Von der ganz h. M. wird darüber hinaus „**ausdrücklich**" mit „unzweideutig" bzw. mit „**nicht missverstehen**" gleichgesetzt[42]. So kann man bei Zweifeln über das Vorliegen eines Verlangens zulasten des Angeklagten entscheiden, mit dem Argument, jedenfalls habe kein ausdrückliches Verlangen vorgelegen. Bezeichnenderweise wird auch bei der Einwilligung gelegentlich die Meinung vertreten, die Unzweideutigkeit der Einwilligungserklärung sei Rechtfertigungsvoraussetzung[43]. Ein Nachteil liegt darin, dass bei nicht eindeutigem, missverständlichem Verlangen, das der Täter im Sinne eines wirklichen Verlangens gedeutet hatte, § 216 wegen fehlender Eindeutigkeit selbst dann versagt werden müsste, wenn der Richter die Interpretation des Verlangens durch den Täter für zutreffend hält. 17

Das Verlangen muss **ernstlich** sein, d. h. von freiem Willen getragen und zielbewusst auf Tötung gerichtet sein. Nicht ausreichend ist es, wenn das Verlangen erkennbar nur aus einer „depressiven Augenblicksstimmung" herrührt, BGH, NStZ 2011, 430. Es muss (wie die Einwilligung) außerdem **gegenwärtig** sein. In BGH, NStZ 1987, 365 (Nachspritzen) ist die Grenze zwischen einem wirklichen und einem zur Tatzeit nur zu vermutenden Verlangen erreicht, in BGHSt 42, 301 (**Dolantin**) war diese Grenze überschritten. Ein **mutmaßliches Verlangen** genügt nicht, auch dann nicht, wenn sich die Mutmaßung auf ein früheres ausdrückliches, aber **hypothetisches** oder **bedingtes** Verlangen[44] stützen kann. § 213 **kann** bei mutmaßlichem Verlangen eingreifen; zu § 211 (Heimtücke) o. § 2 Rn. 47, 78. – Wichtig ist, dass bei bewusstlosen oder sonst nicht urteilsfähigen Patienten das **Behandlungsrecht** auf dem mutmaßlichen Verlangen des Patienten beruht. Wo das mutmaßliche Verlangen der Behandlung entgegensteht (zu Patientenverfügung bzw. Freitoderklärung o. Rn. 9–12), erlischt das Be- 18

---

42 Sehr unklar allerdings RGSt 57, 379 (381), wo ausdrücklich mit „deutlich, d. h. eindeutig" gleichgesetzt wird. Das RG fährt fort: „Hier ist nicht nur die Frage, was gewollt ist, sondern auch, ob das gewollte einen klaren, nicht misszuverstehenden unmittelbaren Ausdruck – gefunden hat –. Nur die so beschaffene Kundgabe des Willens gilt überhaupt als Willenserklärung." Als ob eine auslegungsbedürftige Willenserklärung gar keine Erklärung wäre! Nach BGHSt 17, 359 (360) „kann als Einwilligung … immer nur ein Verhalten in Betracht kommen, durch das der Träger eines Rechtsguts unmissverständlich kundtut, er wolle das Rechtsgut … preisgeben".
43 Vgl. *Arzt*, Willensmängel bei der Einwilligung, 1971, S. 50 und vorstehend BGHSt 17, 359.
44 Hypothetisch, weil zur Zeit dieser früheren Erklärung die das Verlangen tragenden Faktoren nicht gegenwärtig waren, beispielsweise die Krankheit noch nicht vorgelegen hatte oder noch nicht so intensiv gewesen ist.

2. Teilnahmefragen

19 Nach h. L. kommt das Privileg des § 216 nur Teilnehmern zugute, die selbst durch das Verlangen motiviert worden sind. Das ist unproblematisch, wenn sich das Opfer (O) mit seinem Verlangen auch an die Teilnehmer gewandt hat. Verlangt O jedoch den Tod von T, kann T das § 216-Privileg nicht an X abtreten, selbst wenn X seinerseits zur Tötung durch das ihm von T mitgeteilte Verlangen des O motiviert wird. Deshalb wird man das § 216-Privileg auch nur auf solche Teilnehmer erstrecken können, die vom Verlangen mindestens konkludent miterfasst sind[47].

Wer an einer § 216-Tat teilnimmt, ohne durch das Verlangen motiviert worden zu sein, verliert durch einen ersten Rückgriff auf § 28 II das Privileg des § 216 und wird § 212 unterstellt. Durch einen zweiten Rückgriff auf § 28 II ist über die Frage zu entscheiden, ob der Teilnehmer ein täterbezogenes Mordmerkmal in seiner Person verwirklicht. Falls ja, ist der Teilnehmer aus § 211 (ggf. i. V. m. §§ 25, 26, 27) zu bestrafen.

20 **Beispiel (1):** T möchte seinen Vater O auf dessen Verlangen hin von seinem schweren Leiden erlösen; G findet sich auf Bitten des T und in Kenntnis von dessen Motivation zur Lieferung von Gift bereit, weil T ihn für das Gift sehr gut bezahlt. – **Lösung:** T = § 216; G = §§ 216, 27. Eine erste Anwendung des § 28 II führt bei G zu §§ 212, 27; eine zweite Anwendung des § 28 II zur Belastung des G mit dem bei ihm vorliegenden Mordmerkmal Habgier; Endergebnis G = §§ 211, 27.

Trotz der grundsätzlich von der h. L. abweichenden Ansicht des BGH über das Verhältnis des Mordes zu § 212 dürfte der BGH bei § 216 zu denselben Resultaten wie die h. L. kommen – und zwar ebenfalls durch Rückgriff auf § 28 II. Komplikationen sind theoretisch konstruierbar, praktisch aber ohne Bedeutung.

Beispiel (2): Wie Beispiel (1), doch hat O zwei Söhne T 1/T 2, von denen T 1 aus Mitleid dem Verlangen des O nachgeben will, T 2 aus Habgier (Erbe). Gemeinsam beschaffen die T 1/T 2 das Gift von G. – **Lösung:** T 1 = § 216; T 2 = § 211 (auch nach BGH mittäterschaftlich, o. § 2 Rn. 31). – Angenommen, G ist seinerseits durch Mitleid mit O motiviert, wäre er wohl auch nach BGH über § 28 II wegen Beihilfe nach § 216 zu bestrafen – zum Einbezug des G in das Verlangen des O vorstehend Rn. 19.

---

45 Vgl. *Verrel*, JZ 1996, 224 (227): bei normativer Betrachtung passive Sterbehilfe, sog. Unterlassen durch Tun; nach BGHSt 55, 191 ist die Zulässigkeit des Behandlungsabbruchs unabhängig von seiner Einordnung als Tun oder Unterlassen.

46 BGHSt 40, 257 (Kemptener Fall) zeigt die Schwierigkeiten, den mutmaßlichen Wunsch des Patienten aus früheren Äußerungen zu erschließen; näher *Ulsenheimer*, Arztstrafrecht, a. a. O. Rn. 703 ff. (mit Exzerpt aus dem nach BGHSt 40, 257 ergangenen freisprechenden Urteil Rn. 707).

47 Die Höchstpersönlichkeit der Einwilligung gilt auch für das Verlangen. Nach allgemeiner Ansicht kann z. B. ein Arzt die Einwilligung seines Patienten in eine Heilbehandlung nicht einfach an einen Kollegen „abtreten", näher *Arzt*, Baumann-FS 1992, S. 201 ff.; ebenso LK-*Jähnke*, § 216 Rn. 5; SK-*Sinn*, § 216 Rn. 6.

– Hilft G jedoch nicht aus Mitleid, sondern aus Freundschaft zu T 1 oder T 2, wird G nach BGH akzessorisch mit dem Mordmerkmal „Habgier" des T 2 belastet (aber § 28 I)[48]. – Hilft G aus eigener Habgier, kommt es vom Standpunkt des BGH aus zur Kreuzung seines Mordmerkmals mit dem des T 2.

Die irrtümliche Annahme der privilegierenden Voraussetzungen (also eines Verlangens gemäß § 216) führt nach § 16 II zur Bestrafung aus dem (vollendeten) privilegierenden Tatbestand des § 216. **21**

Beispiel (3): Wenn im vorstehenden Beispiel (1) G seinerseits durch das Verlangen motiviert worden ist, T ihm aber ein solches Verlangen[49] nur vorgetäuscht hat, in Wahrheit möchte T den O beerben und handelt aus Habgier, ist § 16 anzuwenden. – **Lösung:** T = § 211 (Habgier, Heimtücke); G = objektiv §§ 211, 27; subjektiv §§ 216, 27. Hier stellt § 16 II klar, dass bei G nicht nur (straflose!) versuchte Beihilfe zu § 216 vorliegt. Auf der Basis G = §§ 216, 27 kommt es dann über § 28 II zum Endergebnis G = §§ 211, 27, wenn G davon ausgeht, dass T durch das Verlangen motiviert sei, G jedoch seinerseits aus Habgier handelt.

Eine **Minderheitsmeinung** im Schrifttum will aus der Unrechtsabschwächung wegen Einwilligung des Opfers folgern, dass **Akzessorietätsregeln** gelten, dass also ein Teilnehmer, der um das Verlangen weiß, aber dadurch nicht motiviert worden ist, nur aus § 216 zu bestrafen ist. – Wenn jedoch ein Täter, der durch das Verlangen nicht motiviert wird, nach §§ 211, 212 zu bestrafen ist, kann für den Teilnehmer nichts anderes gelten, §§ 29, 28 II[50]. **22**

Angesichts der Strafbarkeit des **Versuchs** ist zu überlegen, ob das **Opfer**, das konstruktiv **Anstifter** zu § 216 ist, gemäß §§ 216, 22; 26 bestraft werden kann. Die einhellige Ansicht lehnt dies ab, zumeist mit dem Argument, es liege „notwendige Teilnahme" vor. Konstruktiv könnte man auch damit argumentieren, dass § 216 wie § 212 Tötung eines „anderen" voraussetzt und die Tat, auf den Anstifter bezogen, nicht Tötung eines „anderen" ist. Angesichts der Straflosigkeit eines Suizides ist es sachgerecht, das Opfer einer (versuchten) Tötung auf Verlangen nicht mit Strafe zu bedrohen. Das leitet zu der Frage über, warum derjenige, der auf Verlangen tötet, bestraft wird, obwohl Teilnahme am Suizid straflos ist und § 216 sich als ein **mittelbarer Suizid** des Verlangenden darstellt, dazu anschließend Rn. 39 ff.; dort (Rn. 46) auch zur Frage, ob man durch **Unterlassen** auf Verlangen töten kann. **23**

---

48 Allgemein zu dieser Problematik o. § 2 Rn. 32; zur Frage, ob die akzessorische Haftung des G sich nach T 1 oder T 2 richtet, o. § 2 Rn. 38. – Zur Kreuzung der Mordmerkmale o. § 2 Rn. 35.
49 Nach o. Rn. 19 muss G ein sich auch an ihn richtendes Verlangen vorgespiegelt werden.
50 Wie hier jetzt *S/S/Eser/Sternberg-Lieben*, § 216 Rn. 18 (abweichend früher *Schönke/Schröder*).

III. Straflose Teilnahme an Selbsttötung – Abgrenzung zur strafbaren Fremdtötung

1. Straflosigkeit der Teilnahme an einer freien, selbstverantwortlichen Selbsttötung

24 Vorstehend Rn. 2 sind die diametral entgegengesetzten Ansichten zur ethischen Bewertung einer freien, selbstverantwortlichen Selbsttötung skizziert worden (Freitod/Selbstmord). Ausgangspunkt aller Überlegungen zur rechtlichen Bewertung des Suizids und der Suizidteilnahme ist die Straflosigkeit der Selbsttötung, weil kein „anderer" i. S. der §§ 211 ff. getötet wird. Für die **Teilnahme am Suizid** bedeutet dies, dass sie **mangels Haupttat nicht strafbar** ist. Das ist fast unstreitig[51]. Diese juristisch sichere zentrale Aussage wird umgeben von einem Strauß außerordentlich umstrittener Fragen. Sie werden im Folgenden behandelt, sollen jedoch einleitend kurz zusammenhängend skizziert werden:

(1) Einigkeit besteht darüber, dass die Straflosigkeit der Suizidteilnahme auf Fälle eines **freien Suizids** beschränkt ist. Diese Einigkeit beruht auf einem **Formelkompromiss,** denn was freier bzw. unfreier Suizid ist, wird ganz unterschiedlich beurteilt, dazu anschließend[52]. – Bei den folgenden Fragen wird ein freier Suizid vorausgesetzt. – (2) Bei einem freien Suizid ist umstritten, ob ein Handeln, das konstruktiv straflose Teilnahme am Suizid darstellt, aus § 323c bestraft werden kann (und ob unterlassene Bemühungen, einen Suizidenten zu retten, als echtes Unterlassen unter § 323c zu subsumieren sind, unabhängig davon, ob zugleich konstruktiv Teilnahme am Suizid durch unechtes Unterlassen vorliegt). – (3) Bei einem freien Suizid ist weiter streitig, wie straflose Teilnahme am Suizid von § 222 (Tun und Unterlassen) abgegrenzt werden kann (Ehefrau lässt Tür zum Dachboden offen stehen, obwohl ihr Mann wiederholt gedroht hatte, er werde sich aus dem Fenster stürzen, vgl. § 222). – (4) Bei einem freien Suizid ist zwischen Rechtsprechung und Literatur weiter streitig, wie bei **Garanten** straflose Teilnahme am Suizid von §§ 211, 212 durch Unterlassen abgegrenzt werden kann (Ehefrau sieht untätig zu, wie sich ihr Mann erhängt), und schließlich (5) wie § 216 von strafloser **Teilnahme am Suizid** einerseits und §§ 211, 212 durch Unterlassen andererseits abzugrenzen ist (auf Vorschlag der Freundin leitet der Freund die Abgase ins Wageninnere; der Mann wird gerettet = **Doppelsuizid** oder wechselseitige Tötung auf Verlangen oder ein Suizid und eine Tötung auf Verlangen?).

25 Von der Beantwortung dieser Fragen hängt der Umfang der Straflosigkeit der Förderung eines fremden Suizides ab. Das komplizierte dogmatische Instrumentarium führt je nach Ausgangspunkt folgerichtig zu weit-

---

51 Treffende Zurückweisung entlegener Minderheitsauffassungen als klar gesetzeswidrig durch *Krey/Hellmann/M. Heinrich,* BT 1, Rn. 104; Überblick über „Einzelmeinungen und Konstruktionen" bei *Wessels/Hettinger,* BT 1, Rn. 47; vgl. auch u. Rn. 39.
52 Rn. 26 ff.

gehender Straflosigkeit oder weitgehender Strafbarkeit. Es ist deshalb richtig, dass man sich selbst über die ethischen und kriminalpolitischen Prämissen Rechenschaft ablegt und nicht so tut, als ließen sich allein vertretbare Lösungen aus der Teilnahmelehre oder den §§ 211 ff. oder gar aus Art. 1 GG ableiten. Die Aufgabe der Dogmatik besteht darin, auf der Grundlage der als richtig angesehenen Wertungen systematische Entscheidungshilfen zu entwickeln. So wird eine nachprüfbare widerspruchsfreie Begründung möglich und durch Generalisierung gegen gefühlsmäßigkurzschlüssige Einzelfallargumentationen geschützt.

2. Der Maßstab für die freie, selbstverantwortliche Selbsttötung

Jeder Suizident befindet sich in einer Ausnahmesituation. Durch entsprechend hohe Anforderungen an die Freiheit kann man nahezu **jede Selbsttötung** als **unfrei** bezeichnen (der in der Psychiatrie überwiegende Standpunkt!). Der Streit um die Bewertung des freien Suizides würde damit praktisch gegenstandslos. Den Versuchen, die Problematik des freien Suizides dadurch zu lösen, dass man die Existenz freier Suizide leugnet, ist jedoch entgegenzuhalten, dass mit einem falschen Begriff der „Freiwilligkeit" oder „Freiheit" operiert wird. Die vielfältigen Zwänge, denen wir ausgesetzt sind, machen es umso dringender, dass es uns die Rechtsordnung ermöglicht, den verbleibenden Entscheidungsspielraum auszuschöpfen. Wer dem in wirtschaftlicher, gesundheitlicher oder sonstiger Notlage handelnden Suizidenten die Freiwilligkeit seiner Entscheidung gegen das Leben bestreitet, müsste auch einem Kranken, der sich für (oder gegen) eine riskante Operation entschließt, die Freiwilligkeit dieser Entscheidung bestreiten. Das ist nicht haltbar. Auch der Gesetzgeber hat mit § 216 zu erkennen gegeben, dass er freie Verfügungen über das Rechtsgut „Leben" für denkbar hält. 26

Die Frage nach der „Freiheit" eines Suizids ist primär ein Problem eines allgemeinen Maßstabes (dazu sofort). Es ist jedoch auch eine Frage **typischer Suizidsituationen**[53]. Unabhängig von der allgemeinen Frage des Maßstabes liegt es nahe, Selbsttötungen dann als „unfrei" zu definieren, wenn es sich um **Kurzschlusstaten in vorübergehenden Krisen** handelt. Solche Suizide werden nach objektivem Urteil bereut. Da Tote nicht bereuen können, geht es um Fälle, wo die vor dem Suizid bewahrte Person dem Retter nach objektivem Urteil voraussichtlich dankbar sein wird. Bei solchen vorübergehenden Krisen geht es meist um Versagen oder Niederlagen im Beruf, in der Schule, in Partnerschaften[54]. Die juristische Berech- 27

---

53 Insoweit anders hier bis zu LH 1, 3. Aufl.
54 „Überschätzung der Episode", so zitiert *Scheffler*, in: Joerden (Hrsg.), a. a. O. S. 257 *Hoche* (zu Hoche und der nationalsozialistischen Euthanasie ebenda S. 253). – Dass jeder Suizid eine Verzweiflungstat ist, macht ihn nicht zur Kurzschlusshandlung, insbesondere ist bei sich wiederholenden Krisen oder Dauerkrisen in der Regel ein freier Suizid anzunehmen, Grenzfall BGHSt 24, 342 (Suizid unter Alkoholeinfluss), dazu anschließend Rn. 28. – Die Einordnung als Kurzschlusstat (folglich unfrei) darf bei entsprechenden Doppelsuiziden nicht dazu führen, dass jeder als Täter einer Fremdtötung anzusehen ist, u. Rn. 40.

tigung, die Freiheit des Selbsttötungsentschlusses in solchen Fällen zu verneinen, ergibt sich aus den Anforderungen an eine Einwilligung in besonders schwerwiegende Körperverletzungen, z. B. **Sterilisation**, u. § 6 Rn. 29. Hier wird sowohl durch Förmlichkeiten als auch durch Sachkriterien (Mindestalter etc.) Kurzschlusshandlungen und damit voraussichtlich bereuten Eingriffen entgegengewirkt. Nicht richtig ist dagegen die oft geäußerte Ansicht, sog. **Appellsuizide**[55] seien als unfrei anzusehen.

27a Wenn man diese besondere Fallgruppe der Kurzschlusstaten als unfrei definiert und aus der allgemeinen Kontroverse des richtigen Maßstabs für frei oder unfrei ausklammert, läuft das im Ergebnis auf eine Annäherung des Verantwortungsprinzips an das Einwilligungsprinzip hinaus.

28 In der Konsequenz des hier vertretenen Standpunktes liegt es, abgesehen von Kurzschlusshandlungen über die Freiwilligkeit eines Suizides nach dem **Verantwortungsprinzip** (das auch als Exkulpationsprinzip[56] bezeichnet wird) zu entscheiden, wie es sich aus §§ 20, 35 ergibt. Erst wenn der Suizident so unter Druck steht, dass er bei einer gegen Dritte gerichteten Tat nach §§ 20, 35 entschuldigt wäre, ist seine Tat unfreiwillig (z. B. erweiterter Suizid, der Täter will ein Kind, das er liebt, in seinen Tod mitnehmen; er überlebt, das Kind stirbt). – Demgegenüber operiert ein Teil der Literatur mit dem **Einwilligungsprinzip**[57], d. h. mit dem für die Beachtlichkeit einer Einwilligung geltenden strengeren Freiwilligkeitsmaßstab; zum Teil wird aus § 216 ein noch strengeres **Verlangensprinzip** abgeleitet, o. Rn. 14. – Danach gäbe es angesichts der Ausnahmesituation, in der sich der Suizident befindet, kaum noch freie Selbsttötungen, ebenso selten wäre ein freies Verlangen i. S. des § 216.

Einzelheiten und **Rechtsprechung:** *BGHSt 24, 342* (**Suizid unter Alkoholeinfluss**) geht als selbstverständlich davon aus, dass trotz einer 2 Promille überschreitenden Alkoholisierung der Suizid freiwillig war (im Zentrum steht die fahrlässige Förderung eines Suizides, u. Rn. 38). Nach dem Verantwortungsprinzip ist dies richtig, weil eine unter solchem Alkoholeinfluss begangene Straftat vom Täter (noch) zu verantworten wäre, denn § 20 ist erst bei ca. 3 Promille anzunehmen. – Dagegen wäre die Freiwilligkeit nach dem für eine rechtfertigende Einwilligung geltenden Maßstab (z. B. in eine Körperverletzung, aber auch in ein lebensgefährliches Risiko) angesichts der Alkoholisierung zu verneinen, o. Rn. 14. – *BGHSt 13, 162* (**Hammerteich**, u. Rn. 46) bejaht die Freiwilligkeit des Suizides einer geltungsbedürftigen Psychopathin. Nach *BGHSt 32, 367* (**Dr. Wittig**) schließen Depressionen die Freiwilligkeit eines Suizides nicht aus. In allen drei Fällen ging es um **Dauerkrisen**. Zu Kurzschlusstaten vorstehend Rn. 27, 27a.

29 Das **Verantwortungsprinzip** liefert richtige Ergebnisse, wenn es darum geht, wie weit besonderen Defekten Rechnung zu tragen ist, die in der

---

55 So ist z. B. BGHSt 13, 162 (Hammerteich) entschieden gegen die im Schrifttum verbreitete Kritik (*S/S/Eser/Sternberg-Lieben*, Vor §§ 211 ff. Rn. 34) zu verteidigen, da die Frau nicht ins Altersheim zurückkehren habe wollen, habe sie sich nicht „frei" ertränken wollen (sondern nur an Tochter und Schwiegersohn appellieren wollen).
56 *Rengier*, BT 2, § 8 Rn. 4.
57 Ausführlich *Krey/Hellmann/M. Heinrich*, BT 1, Rn. 92-95.

Person des Suizidenten liegen (z. B. Depressionen, Alkoholisierung). **Kurzschlusshandlungen** müssen dagegen den für Einwilligung in schwere Körperverletzung geltenden Kriterien unterstellt werden, d. h. solche Suizide sind nicht selbstverantwortlich-frei, obwohl gegen Dritte gerichtete Kurzschlusstaten in der Regel zu verantworten sind (allenfalls Anwendung des § 21, nicht aber § 20 bei solchen Affekttaten).

Das **Verantwortungsprinzip** liefert auch noch richtige Ergebnisse, wenn die Freiwilligkeit des Suizides zweifelhaft ist, weil der Suizident von einem Dritten unter **Druck** gesetzt worden ist. Eine „Nötigungsherrschaft" des Dritten, die diesen mit der Verantwortung für die Tötung belastet, weil der Suizident nach den allgemeinen Regeln der mittelbaren Täterschaft zum Werkzeug des Dritten wird, setzt massiven Druck voraus. Das **Einwilligungsprinzip** müsste dagegen (jedenfalls nach den Einwilligungskriterien der h. L.) den Suizid schon bei relativ geringem Druck eines Dritten als unfreiwillig ansehen und den Dritten zum Tatherrn machen. – Die Selbstverantwortung des Rechtsgutsinhabers setzt jedenfalls bei wichtigen Rechtsgütern wie dem Leben oder der sexuellen Selbstbestimmung voraus, dass der Rechtsgutinhaber „einfachem" Druck widersteht. Deshalb setzt § 177 massive Nötigung voraus, s. u. § 10 Rn. 15.

Keine Differenz zwischen Verantwortungs- und Einwilligungsprinzip besteht bei einem **Irrtum**, der dem Suizidenten verschleiert, dass er in den Tod geht. Hier liegt kein freier Suizid vor. Wer den Irrtum durch Täuschung herbeiführt, ist als mittelbarer Täter nach §§ 211, 212 verantwortlich, vgl. den kuriosen **Siriusfall** *BGHSt 32, 38*[58].

30

Das Verantwortungsprinzip führt bei **zentralen Motivirrtümern** zu uneinsichtigen Resultaten. Scheidet z. B. der Suizident in der Annahme aus dem Leben, der Partner gehe mit ihm in den Tod[59], wäre nach dem Verantwortungsprinzip eine freie Selbsttötung anzunehmen, auch wenn der Partner seine Bereitschaft, mit in den Tod zu gehen, nur vorgetäuscht hatte. Dagegen kommt man **bei** solchen **sinnentleerenden Irrtümern** über das **Einwilligungsprinzip** zum gefühlsmäßig befriedigenden Ergebnis = unfreie Selbsttötung.

31

Schließlich sei noch darauf hingewiesen, dass auch zwischen den allgemeinen Regeln der **actio libera in causa** und dem Sonderproblem des freien Suizides keine Harmonie herzustellen ist. Wer volltrunken in der Absicht zur Selbsttötung in einen Fluss springt, tötet sich auch dann unfrei, wenn er sich voll- und selbstverantwortlich mit diesem Ziel Mut angetrunken hatte.

---

58 Die Sinnentleerung des Suizids liegt gleichermaßen vor, wenn die Suizidentin (1) Transfer zum Sirius mit Fortsetzung ihres irdischen Lebens erwartet oder (2) irdischen Tod mit neuem Leben auf dem Sirius oder (3) irdischen Tod mit neuem irdischen Leben; differenzierend aber LK-*Schünemann*, § 25 Rn. 108.
59 BGH, JZ 1987, 474, vermeintlicher Doppelsuizid; vgl. auch BGH, GA 1986, 508, wo die nicht lebensmüde Ehefrau die Initiative für den (angeblichen) Doppelsuizid ergriffen und den Mann überrumpelt hatte.

31a Obwohl Suizid nur als Sonderproblem begreifbar wird[60], zeigt sich die Literatur irritiert, dass keine Harmonie zwischen Opferselbstverantwortung im Sinne eines freien Suizides und Täterverantwortung im Sinne der allgemeinen Regeln der Tatherrschaft (mittelbaren Täterschaft) herzustellen ist. Es kommt die unerfreuliche Tendenz hinzu, dass die nur an der Peripherie unsichere Einwilligungsdoktrin durch eine im Kern unklare Theorie der objektiven Zurechnung modernisiert wird. Die für mittelbare Täterschaft entwickelten Regeln bezüglich der Unfreiheit eines Werkzeugs müssen an das Sonderproblem der „freien" Selbsttötung angepasst werden. Insofern ist man sich einig, wenn auch die Details dieser Anpassung umstritten sind. Dagegen klammert sich die h. M. an die Illusion, man könne aus den allgemeinen Regeln über die Grenzziehung zwischen Täterschaft und Teilnahme die Lösung des BT-Problems der Grenzziehung zwischen Suizidteilnahme (straflos) und Tötungstäterschaft auf Verlangen nach § 216 ableiten, dazu u. Rn. 39 ff.

32 Das hier in Einklang mit der Judikatur und der wohl h. L.[61] befürwortete Verantwortungsprinzip mit Konzessionen an das Einwilligungsprinzip bei Kurzschlusstaten und bei Täuschungen, die zur Sinnentleerung des Suizids führen, ist angreifbar, weil Prinzipien gemischt werden. Deshalb sei darauf hingewiesen, dass die beiden Prinzipien einander näher rücken. So dringt die Ansicht vor, dass im Hinblick auf die Selbstverantwortung des Einwilligenden nicht jede abgenötigte oder erschlichene Einwilligung als ungültig angesehen werden darf. Weiter ist die Grenze zwischen rechtfertigender Einwilligung in Fremdverletzung und tatbestandsausschließender Mitwirkung an Selbstverletzung unklar geworden. Wer zur Verletzung eines Opfers beiträgt, kann sich auf den traditionellen Rechtfertigungsgrund der Einwilligung in die Verletzung (oder ins Risiko) berufen. *BGHSt 32, 262* (**Heroinfall**) will die **Mitwirkung an** einer **Selbstgefährdung** (Selbstverletzung) des Opfers schon als nicht tatbestandsmäßig im Sinne eines Fremdverletzungsdelikts betrachten. – Es ist schwer vorstellbar, dass eine Judikatur Bestand haben wird, die eine vom Opfer zu verantwortende Selbstgefährdung (Selbstverletzung) nach anderen Kriterien bemisst als eine den Täter entlastende Einwilligung des Opfers.

33 Wie immer die **Grenze** zwischen freiwilligem und unfreiwilligem Suizid materiell-rechtlich gezogen wird, sie **muss** im Prozess **bewiesen werden.** Spätestens an diesem Punkt scheitern alle glatten Problemlösungen. Deshalb ist die Frage der Teilnahme am Suizid geeignet, der verbreiteten

---

60 Zum Vorrang des BT o. § 1 Rn. 15 f.
61 Aus der älteren Diskussion vgl. *Bottke,* Suizid, a. a. O. S. 247–267 (für Verantwortungsprinzip, bei Erregung eines Motivirrtums straflose Teilnahme an freiem Suizid, S. 265 ff.); *M.-K. Meyer,* Autonomie, a. a. O. S. 221 ff. (im Ergebnis für Einwilligungsprinzip, bei weitgehender Leugnung der Existenz freier Selbsttötung, S. 232); *Zaczyk,* Strafrechtliches Unrecht und die Selbstverantwortung des Verletzten, 1993 (Motivirrrtum infolge Täuschung lässt oft Selbstverantwortung bestehen, maßgeblich für Fremdverantwortung soll ein Druck sein, der zur „Verengung" der Entscheidungssituation führe. So wird in dem in Fn. 59 geschilderten Fall BGH, GA 1986, 508 nicht die zentrale Täuschung über die Gemeinsamkeit des Suizides maßgebend, sondern auf Nebensächlichkeiten wie eilige Tatausführung abgestellt; vgl. a. a. O. S. 39 f., 45 f.) – Zur allgemeinen Frage, ob Selbstverletzung und Einwilligung in Fremdverletzung „nur verschiedene Ausdrucksformen der Autonomie des Rechtsgutträgers" sind, einerseits *Meyer,* Ausschluss, a. a. O. S. 163 (Zitat); andererseits *Dölling,* GA 1984, 71 (79).

naiven Überzeugung entgegenzuwirken, für jedes Problem müsse es eine befriedigende juristische Lösung geben.

Wer – wie hier – von der Rechtsordnung die Respektierung eines freien Suizides verlangt (**Freitodposition**), kann wegen der unsicheren Grenzziehung zwischen freiem und unfreiem Suizid einem Angeklagten, der einen Suizid gefördert hat, kaum je nachweisen, dass dieser Suizid unfrei war und/oder dass der Angeklagte erkannt hat, dass er es mit einem unfreien Suizid zu tun hatte. – Das auf diese Weise mögliche straflose im Stich lassen eines unfreien Suizidenten ist ein hoher Preis, der für die Respektierung eines freien Suizides bezahlt wird[62]. – **Theoretisch** kann bei Förderung eines irrig als frei angenommenen Suizides durch Tun § 222 eingreifen (wenn Unfreiheit bei genügender Sorgfalt erkennbar gewesen wäre). Unter dieser Voraussetzung kann § 222 auch bei Untätigkeit eines Garanten bei einem von ihm irrig als frei angenommenen Suizid seines Schützlings eingreifen. Man sollte jedoch nicht außer Acht lassen, dass meist nicht nur der Suizident, sondern auch der Teilnehmer am Suizid aufs Äußerste belastet ist. Es steht dem Strafrecht nicht an, durch enge Interpretation der „Freiheit" des Suizidenten die Zahl der Grenzfälle zu vermehren, in denen zu prüfen ist, ob dem Angehörigen oder einem sonstigen Beteiligten sorgfältigere Sicherung gegen den unfreien Suizid zumutbar gewesen wäre oder ob für denjenigen, der einem Suizidenten hilft, die Unfreiheit des Suizides bei sorgfältiger Prüfung erkennbar gewesen wäre (dann fahrlässige Fremdtötung)[63].

Wer die Verhinderung von Selbsttötungen als sittliches Gebot begreift (**Selbstmordposition**), kann diese ethische Position zwar über § 323c juristisch in eine weitgehende Bestrafung der unterlassenen Hinderung (auch) eines freien Suizides umsetzen, kommt jedoch mit der Straflosigkeit der **Förderung eines Suizides durch Tun** wertungs- und konstruktionsmäßig in ein Gewirr von Widersprüchen, dazu Rn. 37, 45. **34**

Die folgende Darstellung der dogmatischen Bewältigung der Teilnahme am Suizid will vor allem die Schwierigkeiten zeigen, in die Rspr. wie Literatur geraten sind. Eine befriedigende Lösung ist nicht in Sicht, weil Straflosigkeit der Beihilfe zum Suizid und Strafbarkeit der Tötung auf Verlan-

---

62 Bezeichnenderweise definiert *Wagner*, Selbstmord, S. 127 (nicht mehr S. 128 ff.) sein Ergebnis zum materiellen Recht so, dass die Beweisfragen materiell-rechtlich gelöst scheinen. Respektierung des Suizids „in allen den Fällen ..., in denen für den potenziellen Retter keine Zweifel (!) bestehen, dass der Selbstmörder mit voller Einsichts- und Urteilsfähigkeit in die Bedeutung und Tragweite des Selbsttötungsaktes gehandelt hat". Ein klassischer und untauglicher Versuch, mithilfe einer materiell-rechtlichen Definition im Sinne der Zweifelsfreiheit die Grundlage dafür zu schaffen, das prozessrechtliche Prinzip „in dubio pro reo" ins Gegenteil zu verkehren. – Verfehlt BGHSt 6, 147 (153) (dem Dritten wird gerade nicht angesonnen, „erst langwierige und in der Regel fruchtlose Überlegungen darüber anzustellen", ob ein freier oder unfreier Suizid vorliegt, sondern die Annahme eines freien Suizides schließt die Verantwortung des Dritten jedenfalls unter dem Aspekt des § 212 aus). Zu § 323c u. Rn. 35 f.
63 So schon LH 1, 1. Aufl., S. 72; parallele Argumentation bei *Roxin*, Dreher-FS 1977, S. 331 (354 f.).

gen sich nicht nur an der Peripherie, sondern im Kernbereich widersprechende Leitlinien liefern, vgl. insbesondere Rn. 39 f.

3. Suizidteilnahme durch einen Nicht-Garanten durch Unterlassen – § 323c

35 Wer einen Suizidenten nicht hindert oder nicht rettet, verletzt das Rechtsgut „Leben eines anderen" durch Unterlassen. Bestrafung aus §§ 211 ff. scheidet jedenfalls dann aus, wenn gegenüber dem Suizidenten keine Garantenstellung besteht. Aus welchen Gründen auch immer ein fremdes Leben bedroht sein mag: Wer die Rettung unterlässt, kann nach §§ 211 ff. nur zur Verantwortung gezogen werden, wenn eine Garantenpflicht besteht.

Fraglich ist einzig, ob die **Nichthinderung eines Suizidenten** bzw. das Unterlassen seiner Rettung aus dem **echten Unterlassungsdelikt** des § 323c bestraft werden kann. Das ist bei einer freien Selbsttötung abzulehnen[64]. Selbst wenn man den Suizid als „Unglücksfall" ansehen wollte (zweifelhaft, weil unter Unglück schwerlich ein durch den „Verunglückten" planmäßig herbeigeführter Zustand zu verstehen ist), ist Hilfe nicht erforderlich. § 323c verpflichtet nicht zur Hilfe gegen den ausdrücklichen oder mutmaßlichen Willen des Verunglückten, anders der BGH.

BGHSt 2, 150 (**Hängenlassen des Ehemannes**) hatte Suizid nicht als Unglücksfall gewertet. Die Gefahrenlage sei nicht durch ein vom Willen des Verunglückten unabhängiges äußeres Ereignis eingetreten, also kein Unglück. – BGHGrSSt 6, 147 (**Gasvergiftung, Mordverdacht**) gegen Ehemann) hatte entgegen dem Antrag des Oberbundesanwalts, der an BGHSt 2, 150 festhalten wollte, im LS aufgestellt: „Die durch einen Selbstmordversuch herbeigeführte Gefahrenlage ist ein Unglücksfall i. S. des § 330c (jetzt § 323c)." Statt mit dem Gesetz wird mit dem Sittengesetz argumentiert: „Da das Sittengesetz jeden Selbstmord – von äußersten Ausnahmefällen vielleicht abgesehen – streng missbilligt, da niemand selbstherrlich über sein eigenes Leben verfügen und sich den Tod geben darf, kann das Recht nicht anerkennen, dass die Hilfpflicht des Dritten hinter dem sittlich missbilligten Willen des Selbstmörders zu seinem eigenen Tode zurückzustehen habe" (a. a. O. S. 153). Es wirkt peinlich, wenn der GrS a. a. O. S. 152 behauptet, dass dies der „klare Sinn" des § 323c sei. Die entgegengesetzte Ansicht des Oberbundesanwalts und eines Senats des BGH wird damit als offenbar falsch bezeichnet.

Der Grundtendenz dieses Beschlusses entspricht es, dass mit dem Unglücksfall auch die Erforderlichkeit der Hilfeleistung trotz entgegenstehenden Willens des „Verunglückten" zu bejahen ist. Soll damit auch derjenige, der nicht durch Suizid, sondern durch einen echten Unglücksfall in Lebensgefahr geraten ist und der auf die objektiv erforderliche Hilfe bewusst verzichtet, zum Leben gezwungen werden? Soll jeder Vorübergehende gezwungen werden – unter Strafandrohung gemäß § 323c – ihm Hilfe zu oktroyieren? – BGH, JR 1956, 347 (**Lieselotte**) hatte diese Frage unentschieden gelassen. Die Suizidentin hatte ihren Selbsttötungswillen aufgegeben. Bei späterer Verschlechterung ihres Zustandes hatte sie zwar auf Hilfe verzichtet, jedoch lag eine Bewusstseinstrübung vor, sodass unstreitig kein wirksamer Verzicht auf Hilfe anzunehmen war. – BGHSt 13, 162 (169) sagt ohne ein weiteres Wort der

---

[64] So nun auch StA München I, NStZ 2011, 345 (346). Bei unfreier Selbsttötung befürwortet die h. A. die Anwendung des § 323c. Angesichts der schwierigen Beweisführung über die Vorstellung, die sich der Täter bezüglich der Freiheit des Hilfebedürftigen gemacht hat, führt diese h. A. zur Bestrafung derer und nur derer, die zu dumm oder rechtsunkundig sind, um sich der schwer widerlegbaren Einlassung zu bedienen, sie hätten an eine freie Selbsttötung geglaubt.

Begründung: „Der Verzicht des Hilfebedürftigen auf Rettung (BGH, JR 1956, 348)" hindere die Anwendung des § 323c nicht. Eine der Begründung dringend erforderliche These wird auf nichts als ein Fehlzitat gestützt.
§ 1901a BGB gibt dem BGH Anlass, seine Auffassung zu überdenken. Denn das Gesetz verbietet ärztliche lebensrettende Maßnahmen, wenn sie dem (mutmaßlichen) Willen des nun Einwilligungsunfähigen widersprechen – das gilt auch bei heilbaren Erkrankungen, die der Patient selbst verursacht hat[65]. Mit dieser Rechtslage wäre es unvereinbar, die Beachtung des mutmaßlichen Patientenwillens des freiverantwortlich handelnden Suizidenten durch Ärzte oder Dritte mit der Strafdrohung des § 323c StGB zu belegen[66].

Ergebnis: Nach der Rspr. ist in einer Suizidsituation jedermann hilfspflichtig, § 323c; nach h. L. gilt dies nur bei unfreier Selbsttötung. BGH, MDR 1988, 243 deutet immerhin an, dass bei freier Selbsttötung und einfühlbarem Motiv (drohende Amputation) dem Dritten eine **Intervention unzumutbar** sein kann. 36

4. Suizidteilnahme durch einen Nicht-Garanten durch Tun – §§ 323c, 222 und BtMG

Sieht man einen Suizidversuch als Unglücksfall, wird man nicht nur den aus § 323c bestrafen, der untätig bleibt, sondern auch den, der hilft, die Gefahrenlage herbeizuführen. Ein solcher **Erst-Recht-Schluss** vom Unterlassen auf **Handeln** lässt von der Straflosigkeit der Beihilfe zum Suizid nichts mehr übrig, vgl. BGHGrSSt 6, 147 (154 f.). Es verblüfft, dass BGHSt 46, 280 (284) die Teilnahme an der Selbsttötung eines voll selbst verantwortlich Handelnden als straflos bezeichnet und sich auf die ständige Rechtsprechung beruft, ohne die Judikatur zu § 323c zu erwähnen. 37

Wenn die verfehlte Judikatur zu § 323c korrigiert wird oder in Vergessenheit gerät, bedeutet dies theoretisch die Straflosigkeit des Helfers in Selbsttötungsfällen. Praktisch bleibt jedoch der Sterbewillige vom Zugang zu humanen Mitteln, mit denen er seine Tötung durchführen könnte, ausgeschlossen. Laien haben keinen Zugang zu „Gift", weil es entweder dem BtMG unterstellt ist oder (anders als früher!) sonst nicht erhältlich ist (z. B. als Rattengift). Wissen über Giftpflanzen und ihr Vorkommen ist rar geworden. Die Verurteilung eines schweizerischen Sterbehelfers in Deutschland wegen Verstoßes gegen das BtMG[67] zeigt die Problematik, die durch die theoretische Straflosigkeit der Suizidhilfe bei gleichzeitiger Zugangssperre zu allen humanen Mitteln geschaffen wird. Dass in der Schweiz „gute" Mittel erhältlich sind, führt zum Import der Sterbewilligen (statt zum Export der Sterbehilfe als Dienstleistung). **Daran ist nichts auszu-** 37a

---

65 *Kutzer*, Schöch-FS 2010, S. 485 f.
66 *Kutzer*, a. a. O. *Rengier*, BT 2, § 8 Rn. 20 verneint jedenfalls bei Fällen im Umfeld der passiven Sterbehilfe die Zumutbarkeit; die StA München I, NStZ 2011, 345 (346), begründet ihre Einstellungsverfügung zwar nicht mit § 1901a BGB, stellt aber in der Sache auf das der Regelung zugrundeliegende Selbstbestimmungsrecht der Suizidentin ab.
67 BGHSt 46, 280. Zu den Konsequenzen des Ärztemonopols bezüglich humaner Mittel *Arzt*, in: Petermann, a. a. O. aus schweizerischer Sicht.

setzen. Leider hat die Schikanierung der Organisation „Dignitas" durch schweizerische Behörden (kein Gewerbe, deshalb in Gewerbezone nicht zonenkonform und in Wohnzone verboten, weil – wie bei Prostitution – die Nachbarn ideellen Immissionen ausgesetzt würden) dazu geführt, dass die Suizidhilfe in der Schweiz „notfalls" in einem Fahrzeug auf einem Parkplatz erbracht wird. Man streitet sich sogar darüber, ob Dignitas die Asche „seiner" Toten im Zürichsee verstreuen darf (Verstreuung durch Private wird toleriert)[68].

38   Darüber hinaus stellt sich die Frage, ob **fahrlässige Förderung** durch Tun als straflose „fahrlässige" Beihilfe zum Suizid zu beurteilen ist oder als fahrlässige Tötung gemäß § 222. Konstruktiv ist Letzteres ohne Weiteres möglich. BGH, LM Nr. 25 zu § 222 hat wegen fahrlässiger Tötung bestraft, ohne zu beachten, dass dasselbe Verhalten als Vorsatztat straflose (bzw. nur nach § 323c strafbare) Beihilfe zum Suizid gewesen wäre. Hier ist mit BGHSt 13, 162 und der h. M.[69] davon auszugehen, dass der fahrlässig Handelnde nicht schlechter stehen darf als der vorsätzlich Handelnde. Treffend BGHSt 24, 342 (344): „Ein Angekl., der nicht behauptet, er habe mit Gehilfenvorsatz gehandelt, läuft, wenn man der Gegenmeinung folgt, Gefahr, wegen fahrlässiger Tötung bestraft zu werden. Eine Rechtsansicht, die zu einem solchen Ergebnis führt, kann nicht richtig sein." BGHSt 32, 262 (Heroin-Fall) bekräftigt diese Argumentation. – Zur Anwendung des § 222 bei einer **unfreien Selbsttötung,** die der Unterstützer (irrig) für einen freien Suizid gehalten hatte, o. Rn. 33.

5. Abgrenzung der Suizidteilnahme einerseits von § 216 andererseits als Kern des Problems

39   Die vorausgegangenen Schritte machen den Weg frei für die **entscheidende Frage,** wann die mit Tötungsvorsatz gesetzte Bedingung für den Tod eines anderen – von § 323c oder Straftaten im Kontext der Beschaffung eines humanen Tötungsmittels abgesehen – straflose Beihilfe zum **Suizid** ist und wann § 216 eingreift. Ob diese Abgrenzung für **Garanten** zu modifizieren ist, wird anschließend in III 6[70] erörtert.

Nach der hier vertretenen Ansicht muss (!) eine glatte Problemlösung unerreichbar bleiben, weil die beiden Grundsätze (1) Straflosigkeit der Beihilfe zum Suizid und (2) Strafbarkeit der Tötung auf Verlangen nicht in Übereinstimmung gebracht werden können. Aus diesem Grunde werden in der monografischen Behandlung dieses Themas immer wieder gewaltsame Harmonisierungen vorgeschlagen, sei es durch Bestrafung auch der

---

68   NZZ, 16.10.2008, „Kanton verbietet (sc. Dignitas)... Seebestattungen". Einen Friedhofszwang kennen die meisten schweizerischen Gemeinden nicht, auch nicht die Stadt Zürich.
69   Nachweise bei *Baumann/Arzt/Weber,* Fall 9; *Wessels/Hettinger,* BT 1, Rn. 65; zu Suizidenten, die ihren Helfern vorspiegeln, es sei keine Tötung geplant, *Roxin,* Otto-FS, a. a. O. (keine fahrlässige Tötung durch den Helfer, Auseinandersetzung mit der abweichenden Ansicht von OLG Nürnberg, JZ 2003, 745 und BGH, NJW 2003, 2326).
70   S. u. Rn. 44 ff.

Beihilfe zum Suizid[71], sei es de lege lata durch Verdrängung des § 216 (weil fast alles zu strafloser Beihilfe zum Suizid erklärt wird)[72] oder de lege ferenda durch Streichung des § 216.

Beispiel, gescheiterter Doppelsuizid, BGHSt 19, 135 (Gisela)[73] 40

Der Sachverhalt ist hier (am Ende dieser Rn.) geschildert. Er ist ein Beleg für den Spruch „hard cases make bad law". Man kann bei **Liebeskummer** oft von einer **Kurzschlusstat** sprechen und so die Freiheit einer Selbsttötung in Abrede stellen, weil es sich um eine vorübergehende Krise handelt, o. Rn. 27. Obwohl im Gisela-Fall die beiden Betroffenen längere Überlegungen angestellt hatten, ist die Kategorie „Kurzschlusstat" so dehnbar, dass er auch diesen Sachverhalt deckt. Das kann jedoch nicht bedeuten, dass der gemeinsame Suizid in zwei gekreuzte Fremdtötungen aufgelöst wird. Im **Innenverhältnis** der beiden Kurzschlusstäter liegen zwei selbstverantwortliche Selbsttötungen vor, selbst wenn im Außenverhältnis die Selbsttötungen unfrei sein sollten.

Ausgangspunkt des BGH ist der Satz: „Dass der Tatbestand des § 216 StGB von der straflosen Beihilfe zur Selbsttötung nach den Grundsätzen der Teilnahmelehre abzugrenzen ist, kann als gesicherte Rspr. gelten" (a. a. O. S. 137 f.). Keine Teilnahmetheorie führt jedoch zu einer widerspruchsfreien Lösung. Der Senat spricht zutreffend vom „Sonderfall der tatbestandlichen Abgrenzung des § 216 StGB gegenüber der straflosen Beihilfe zur Selbsttötung". Darin liegt das Eingeständnis, dass die Anwendung der Teilnahmetheorien Schwierigkeiten macht, weil es sich um einen Sonderfall handelt. Der BGH führt zunächst zur **subjektiven Teilnahmetheorie** aus, dass sie diesen Sonderfall nicht lösen könne. „§ 216 StGB setzt tatbestandlich die Unterordnung unter den fremden Willen gerade voraus", a. a. O. S. 139, d. h. der Täter der Tötung auf Verlangen ordnet sich regelmäßig dem Verlangen des anderen unter – er ist nach der subjektiven Theorie deshalb an sich nur Förderer fremder Tat. Die § 216-Fälle sind von Beihilfe zum Suizid nach der subjektiven Teilnahmetheorie nicht zu unterscheiden. – Der BGH wendet sich dann der **materiell-objektiven Teilnahmetheorie** zu und versucht, § 216 von strafloser Teilnahme am Suizid mithilfe des Kriteriums der Tatherrschaft abzugrenzen. Es könne „allein darauf ankommen, wer das zum Tode führende Geschehen tatsächlich beherrscht hat", a. a. O. S. 139. – Auch dieser Versuch ist jedoch zum Scheitern verurteilt. Nach BGH ist für die Tatherrschaft des Suizidenten charakteristisch, dass er „bis zuletzt die freie Ent-

---

71 S. o. Rn. 24 mit Nachweisen.
72 So *Jakobs*, Tötung auf Verlangen, a. a. O. passim (z. B. S. 17 „… ist auch der Täter der Tötung auf Verlangen jemand, der sich an einer Selbsttötung beteiligt, eben an einer arbeitsteiligen"). Da der Gesetzgeber mit § 216 einen Tatbestand geschaffen habe, der „kein Tötungsunrecht" (S. 19) erfüllt, wird § 216 als abstraktes Gefährdungsdelikt verstanden. Zur Auseinandersetzung mit der h.M. mit Jakobs vgl. *Roxin*, Jakobs-FS, a. a. O. S. 615.
73 Im Ansatz wie hier zur Untauglichkeit der allg. Abgrenzungskriterien Täterschaft/Teilnahme *S/S/Eser/Sternberg-Lieben*, § 216 Rn. 11. Auf die freie Entscheidung des Getöteten nach dem Beitrag des Mitwirkenden abzustellen (so *Eser/Sternberg-Lieben*, a. a. O.; ähnlich das Kriterium des „irreversiblen" Akts, *Krey/Hellmann/M. Heinrich*, BT 1, Rn. 109 oder die Formel von der Steuerung der letzten Bedingung, MüKo-*Schneider*, § 216 Rn. 52), würde dem Sterbewilligen die Tatherrschaft zusprechen, wenn er **Rettungsmaßnahmen** ergreifen könnte. Diese Konsequenz zieht *Eisele*, BT 1, Rn. 180, anders aber die meisten Vertreter der Abgrenzung via Tatherrschaft.

scheidung über sein Schicksal" behält, a. a. O. S. 139 f.⁷⁴. Aber auch derjenige, der seine Tötung verlangt, kann bis zuletzt frei entscheiden.
Der BGH versucht, mithilfe eines „maßgeschneiderten" Tatherrschaftsbegriffs ein Abgrenzungskriterium zu gewinnen. Bloße Beihilfe zur Selbsttötung soll vorliegen, wenn der Beitrag des Helfers „nicht bis zum Eintritt des Erfolges willensgesteuert fortdauern, sondern nur die Ursachenreihe so in Gang setzen (sc. soll), dass **nach** seinem Vollzug dem anderen Beteiligten noch die volle Freiheit verbleibt, sich den Auswirkungen zu entziehen oder sie zu beenden", a. a. O. S. 140. – Der entschiedene Fall zeigt die Unbrauchbarkeit dieses Maßstabs. Der Angeklagte A und die 16-jährige Gisela G empfanden tiefe Zuneigung füreinander. Als die Eltern der G dem A durch einstweilige Verfügung verboten, zu ihrer Tochter noch einmal Kontakt aufzunehmen, fasste G den festen Entschluss, aus dem Leben zu scheiden. A wollte G nicht allein sterben lassen. Im gegenseitigen Einverständnis wollten sich beide durch Auspuffgase, die A durch einen Schlauch ins Wageninnere leitete, das Leben nehmen. A ließ den Motor an und trat das Gaspedal durch, bis das einströmende Kohlenoxid ihm die Besinnung raubte; G, die auf dem Beifahrersitz saß, und A wurden in bewusstlosem Zustand bei noch laufendem Motor aufgefunden. Nur A konnte gerettet werden. – Der BGH kommt wegen des geplanten andauernden Drucks des A aufs Gaspedal (anders als die Strafkammer) zur Verurteilung aus § 216. Hätten A und G sich in ein Zimmer gesetzt und A das Gas aufgedreht, hätte nach Meinung des BGH A nur den Suizid der G unterstützt⁷⁵. – Das sind Haarspaltereien. Ob G sich in das Auto setzt und A durch den Druck aufs Gaspedal die Luft vergiftet, oder ob G sich in ein Zimmer setzt und A den Gashahn aufdreht – G ist in beiden Fällen kraft freier Entscheidung aus dem Leben geschieden.

41   **BGH und h. L.** sind sich darin einig, dass anhand einer **maßgeschneiderten materiell-objektiven Teilnahmetheorie** zu entscheiden ist, ob der zu Tötende als Täter anzusehen ist (und der Helfer als Teilnehmer i. e. S. an dessen Selbsttötung) oder ob die „Tatherrschaft" beim Helfer liegt, der dann als Täter einer Fremdtötung angesehen wird (in der Regel nach § 216), während der zu Tötende als bloßer Quasi-Teilnehmer an seiner eigenen Tötung betrachtet wird (in der Regel als Quasi-Anstifter nach § 216). Dass diese Quasi-Anstiftung als notwendige Teilnahme straflos ist, ist o. Rn. 23 dargelegt.

---

74   Ebenso BGH, *Dallinger* MDR 1966, 382 (Frau B reicht A den von ihr halb geleerten Giftbecher mit der Bitte, erst zu trinken, wenn sie tot sei. Falls das Gift bei ihr nicht wirke, solle A sie erwürgen. – BGH: Gab der Getötete „sich in die Hand des anderen, weil er duldend von ihm den Tod entgegennehmen wollte, dann hatte dieser die Tatherrschaft; behielt er dagegen bis zuletzt die freie Entscheidung über sein Schicksal, dann tötete er sich selbst, wenn auch mit fremder Hilfe. Nach dem geschilderten Sachverhalt hatte Frau B ihr Schicksal völlig in die Hand des A gelegt und wollte von ihm den Tod entgegennehmen. Nach dem Gesamtplan hatte A das Tatgeschehen bis zuletzt in der Hand. Darauf, dass Frau B möglicherweise nicht bewusstlos, sondern nur in ihrem Bewusstsein getrübt war, als A mit dem Würgen begann, kommt es nicht an. Sie war in diesem Zeitpunkt nicht mehr in der Lage, ihr Schicksal selbst zu bestimmen."
75   Vom Boden der materiell-objektiven Theorie gegen das Urteil *Roxin*, Täterschaft, S. 570 (Gisela habe als Quasi-Mittäterin Tatherrschaft). – Vom Boden der subjektiven Theorie aus subsumiert RG, JW 1921, 579 das Aufdrehen des Gases unter § 216, wenn „damit die Tat (= Tötung der Geliebten) als eigene gewollt war". Straflose Beihilfe zum Suizid sollte nach dieser subjektiven Abgrenzung nur vorliegen, wenn „lediglich der Wille bestand, das Tun des anderen zu fördern". – Damit würde beim normalen Doppelsuizid der überlebende Partner aus § 216 bestraft werden, die Quasi-Mittäterschaft beim gemeinsamen Suizid würde zu wechselseitiger Tötung auf Verlangen führen.

Suizid oder § 216 § 3 Rn. 42

Gegen diese h. M. spricht ihre auf Äußerlichkeiten abstellende Spitzfindigkeit. Ob der zu Tötende den Arm hinhält, damit der Helfer ihm die tödliche Spritze geben kann oder ob er sich vom Helfer das Glas mit dem tödlichen Getränk an die Lippen setzen lässt, sollte juristisch keine fundamental unterschiedliche Bewertung auslösen. Anders BGH und h. L.[76]: Tatherr bei der Spritze ist der Helfer (also § 216); beim Glas ist der zu Tötende Tatherr, weil er Herrschaft über das Schlucken hat. Bei der Mitwirkung „auf Verlangen" an extrem selbstgefährlichen Verhaltensweisen droht sogar die Übertragung des formalistischen Tatherrschaftskriteriums von § 216 auf die Abgrenzung der Selbstgefährdung von konsentierter Fremdgefährdung. Der eigene und erwünschte Orgasmus wird zur fremden Tat[77]. Deshalb ist die Aussage von *Fischer*[78] zu unterstreichen: Der „BGH stützt sich letztlich nicht auf Tatherrschafts-Kriterien".

42

Nach der hier vertretenen Ansicht kann § 216 weder mithilfe der subjektiven noch mithilfe der materiell-objektiven Teilnahmetheorie von strafloser Beihilfe zum Suizid befriedigend abgegrenzt werden. Statt den Anwendungsbereich des § 216 mithilfe einer auf diesen Sonderfall zugeschnittenen besonderen subjektiven oder objektiven Teilnahmetheorie zu bestimmen, empfiehlt es sich, ein **psychologisches Kriterium** einzuführen. § 216 sind die Fälle zuzuweisen, in denen der potenzielle Suizident die Hemmung, Hand an sich zu legen, dadurch überwindet, dass er sich in die Hand eines anderen gibt. Für dieses Sich-in-die-Hand-des-anderen-Geben ist nicht die Tatherrschaft nach der einen oder anderen dogmatisch-juristischen Definition maßgebend (so aber BGHSt 19, 135, 139; BGH, *Dallinger* MDR 1966, 382). Maßgebend ist vielmehr, ob das Rechtsgut Leben noch durch eine funktionierende Sperre – die Scheu, sich selbst zu töten – geschützt war[79]. In

---

[76] Die BGH-Judikatur verteidigt LK-*Jähnke*, § 216 Rn. 10–15 unter Betonung der Flexibilität. Voraussetzung dafür ist jedoch, dass man sich – wie es der BGH immer getan hat – der im Schrifttum herrschend gewordenen Tatherrschaftstheorie widersetzt. Zu den in diesem Zusammenhang an den BGH immer wieder gestellten Fragen vgl. die Antworten bei *Arzt*, Strafrechtsklausur, 7. Aufl. 2006, S. 117.
[77] BGHSt 49, 166 (Drosselung) mit Anm. *Arzt*, JZ 2005, 100; *Hirsch*, JR 2004, 475; *Stree*, NStZ 2005, 40.
[78] *Fischer*, Vor §§ 211 ff. Rn. 21.
[79] Wie hier im Ansatz *Roxin*, NStZ 1987, 345 (347 f.) (Teilnahmelehre ist tatbestandsspezifisch so zu modifizieren, dass § 216 die Fälle entzogen werden, in denen das Opfer die Selbsttötung „als existenzielle Entscheidung getroffen und durchgestanden" hat – zu BGH, NStZ 1987, 365, Nachspritzen); Neumann, JA 1987, 244 (maßgebend „Opferselbstverantwortung"). Neuerdings will auch *Jakobs*, Tötung auf Verlangen, a. a. O. S. 22, die „eigenhändige" Selbsttötung von § 216 (nach Jakobs „arbeitsteilige" Selbsttötung) so abgrenzen, dass § 216 die Fälle des Verdachtes mangelnder „Vollzugsreife" des Selbsttötungswillens zugewiesen werden. Dass im 19. Jhd. das Privileg des § 216 mit der Überlegung begründet worden ist, es gebe Fälle, in denen es für den Verlangenden keinen Weg zur Selbsttötung gebe (vgl. *Venetz*, a. a. O. S. 111), spricht für die hier vertretene Ansicht. Die **Gegenkritik** hat MüKo-*Schneider*, § 216 Rn. 36 mit Fn. 103 zusammengefasst: „subjektivierende […] Zuspitzung … bar jeder dogmatischen Rückkoppelung". Seine eigene Ansicht („Steuerung der letzten Bedingung vor dem Erfolgseintritt", ebenda Rn. 52 f.) verteidigt Schneider gegen den Vorwurf, so würden Zufälligkeiten des äußerlichen Ablaufs maßgebend, mit dem zuvor so energisch abgelehnten Sachargument, „vielleicht" (!) zeigten sich im Ablauf „Hemmungen vor dem […] Vollzug des definitiven Aktes".

BGHSt 19, 135 existierte diese Sperre nicht mehr. Nur wer diese Sperre einreißt, ist wegen Tötung auf Verlangen zu bestrafen. Bei dieser Interpretation wird die Sterbehilfe des Arztes straflose Beihilfe zum Suizid, wenn ein Kranker sie wünscht, bei dem keine Suizidhemmung besteht. Der entsetzliche Sachverhalt in der (ausweichenden!) Entscheidung BVerfG, MDR 1988, 22 zeigt, dass (und wie) ein Arzt einem Patienten beim Sterben unter Beachtung dieser Sperre helfen kann[80].

43   **Ergebnis:** Die Förderung fremder Selbsttötung durch einen Nicht-Garanten ist entweder straflose Beihilfe zum Suizid oder strafbare Tötung auf Verlangen nach § 216. § 216 liegt vor, wenn die Unterstützung auf Verlangen erfolgt und die Tatherrschaft beim Helfer liegt (h. M.) bzw. „dank" des Helfers die Selbsttötungshemmung überwunden wird (hier vertretene Ansicht).

Dabei ist stets vorausgesetzt, dass eine **freie Selbsttötung** vorliegt. Da der Suizident fast immer unter schwerer Spannung steht, ist der Freiheitsbegriff der Hebel, mit dessen Hilfe man den Teilnehmer regelmäßig bestrafen könnte, indem man Freiheit leugnet, o. Rn. 26 ff.

6. Zur Modifikation der Abgrenzung Suizidteilnahme/§ 216 bei Garanten

44   Was die Beteiligung eines **Garanten** am Suizid eines anderen angeht, fragt sich, ob die vorstehend Rn. 39 ff. entwickelten Grundsätze über die Abgrenzung der straflosen Beihilfe zum Suizid und § 216 gelten. Zur Strafbarkeit eines Garanten, der den Suizidenten durch **Unterlassen** fördert, hat BGHSt 2, 150 den Leitsatz aufgestellt: „... ‚Beihilfe' zur Selbsttötung ist nicht strafbar. Wer aber eine Rechtspflicht hat, Lebensgefahr von einem anderen nach Kräften abzuwenden, und diese Pflicht kennt, die Selbsttötung aber trotzdem nicht hindert, obwohl er das könnte, ist – je nach seinem Willen und seiner Haltung zur Todesfolge – in der Regel der vorsätzlichen oder fahrlässigen Tötung schuldig. Die Rechtspflicht kann auf Gesetz, Gewohnheitsrecht oder Vertrag beruhen; sie besteht für Ehegatten, die in ehelicher Gemeinschaft leben."

BGHSt 2, 150 (156) **(Hängenlassen des Ehemannes)** begründet dies damit, dass die Garantenpflicht es dem Garanten gebiete, sich dem Selbsttötungswillen des Suizidenten entgegenzustellen (mit der möglichen Ausnahme sittlich beachtlicher Suizidschlüsse, etwa bei unheilbarer und qualvoller Krankheit oder schwerer, unerträglicher und ausweisloser Gefahr). Für einen Garanten gebe es keinen Gehilfenvorsatz, also keine straflose Beihilfe zur Selbsttötung, „weil dessen rechtliche Voraussetzung, die Unterordnung unter fremden Täterwillen, nach der besonderen Pflichtenlage ... unbeachtlich ist", a. a. O. S. 156. Darin steckt der von einem Teil der Literatur ganz allgemein vertretene Gedanke, dass es Pflichten gebe, die den Pflichtigen notwendig zum Täter machen, ohne Rücksicht auf den „animus", also

---

80   Zum Fall Hackethal vgl. OLG München, NJW 1987, 2940; *Herzberg*, NJW 1986, 1635 und JZ 1988, 182.

darauf, „welchen beliebigen Sinn der Verpflichtete seinem Untätigbleiben innerlich beilegt"[81], a. a. O. S. 156.

Diese Argumentation wirkt auf den ersten Blick bestechend. Sie kann jedoch nicht auf das Unterlassen beschränkt bleiben. Ist ein Garant, der Suizid durch Unterlassen fördert, notwendig Täter nach §§ 211, 212, muss er auch Täter nach §§ 211, 212 sein, wenn er den Suizid durch Tun fördert. BGHSt 2, 150 (156) hat diese Konsequenz beiläufig gezogen. Der Senat sagt, der Garant dürfe dem Suizidenten nicht „nachgeben noch ihn gar fördern". Darin liegt die generelle **„Aufrollung" der Teilnahmelehre durch die Unterlassungsdogmatik**[82]. Dies und die Konsequenz, dass ein Garant, der fremden Suizid durch Tun oder Unterlassen fördert, stets nach §§ 211, 212 bestraft wird, obwohl die Teilnahme am Suizid an sich straflos ist, hat dazu geführt, dass BGHSt 2, 150 in der Literatur auf entschiedenen Widerstand gestoßen ist. Geht man nicht, wie BGHSt 2, 150, vom Unterlassen aus, sondern von der Straflosigkeit der Beihilfe zum Suizid durch Tun, dann ergibt sich genauso zwingend der umgekehrte Schluss: Ist die Beihilfe zum Suizid durch Tun straflos, muss erst recht auch die Teilnahme am Suizid durch Unterlassen straflos sein. Sie darf nicht über §§ 211, 212 bestraft werden; vgl. dazu besonders den **Hammerteich-Fall** BGHSt 13, 162 (167) – dazu die folgende Rn.

Die **Judikatur** bemüht sich um eine **mittlere Linie**. Sie rückt von BGHSt 2, 150 ab, ohne den umgekehrten Schluss (von der Straflosigkeit des Tuns auf die Straflosigkeit des Unterlassens) zu ziehen. Eine Differenzierung wird teils auf objektivem, teils auf subjektivem Wege versucht. Hat der unterlassende Garant Täterwillen (subjektive Theorie) bzw. Tatherrschaft (objektive Theorie), dann sollen §§ 211, 212 – bei Verlangen § 216[83] – eingreifen. Ordnet sich der unterlassende Garant willensmäßig dem Suizidenten unter (subjektive Theorie) bzw. liegt die Tatherrschaft beim Suizidenten (objektive Theorie), dann soll der Garant

45

46

---

[81] Der BGH gibt hier die animus-Theorie nicht korrekt wieder. Maßgebend ist natürlich nicht der Sinn, den der Verpflichtete seiner Untätigkeit oder seiner Tätigkeit „innerlich beilegt", sondern maßgebend ist, ob die Einstellung des Täters zu seiner Tat von der Rechtsordnung im Sinne eines animus auctoris oder animus socii bewertet wird.

[82] Wenn (!) der untätige Garant stets Täter ist (also nicht nur Teilnehmer sein kann), kann Tätigkeit nicht bloß Beihilfe sein, wenn Untätigkeit Täterschaft wäre. *Grünwald*, GA 1959, 110 (114) hatte dazu bemerkt, „eine solche ‚Aufrollung' der Teilnahmelehre vom Unterlassungsdelikt her wird niemand in Kauf zu nehmen bereit sein". Inzwischen wird diese Aufrollung von vielen Autoren vertreten, die Judikatur akzeptiert sie jedoch allenfalls für den Sonderfall der Suizidteilnahme.

[83] Zu § 216 ist anzumerken, dass BGHSt 13, 162 die Möglichkeit der Begehung durch Unterlassen bejaht. Dies ist abzulehnen, wenn man dem Vorschlag o. Rn. 42 folgt und § 216 auf Fälle beschränkt, in denen eine noch funktionierende Hemmung des Opfers, sich zu töten, unterlaufen wird. Der Umstand, dass das Opfer so weit gegangen ist, dass es nur noch durch Gegenmaßnahmen gerettet werden kann, zeigt nämlich, dass echter Suizid vorliegt. Wer (auf Verlangen) untätig bleibt, unterstützt diesen Suizid – er ist nicht Täter nach § 216.

unter dem Gesichtspunkt der §§ 211, 212, 216 straflos bleiben. Zu § 323c vgl. o. Rn. 35 ff.

BGHSt 13, 162 (**Hammerteich-Fall**)[84] lehnt §§ 211, 212, 216 mit dem Argument ab, anders als bei BGHSt 2, 150 sei die Lebensmüde „Herr des Geschehens" (a. a. O. S. 167) gewesen (als sie es nicht mehr war, war Hilfe schon zu spät). Davor (a. a. O. S. 166) hebt der BGH allerdings auf den **Täterwillen** ab (Indiz für den Täterwillen, ob der Angeklagte „das zum Tode seiner Schwiegermutter führende, von ihr selbstständig herbeigeführte Geschehen ... beherrschen wollte").

BGH, NJW 1960, 1821 (**Hängenlassen des Verlobten**) stellt zunächst darauf ab, ob der unterlassende Garant Täterwillen i. S. des § 212 hatte. Die Frage wird dann mit dem Argument bejaht, er habe „die volle und alleinige Tatherrschaft" gehabt (weil der Suizident schon bewusstlos war). Am Ende der widersprüchlichen Begründung heißt es dann, „die Angeklagte hat sich keinem fremden Täterwillen untergeordnet. Ihr Untätigbleiben beruhte nicht auf dem Gedanken, dass sie den Selbsttötungswillen eines anderen achten müsse, sondern darauf, dass es ihr gleichgültig war, ob der – bereits bewusstlose und handlungsunfähige – ... sterben werde oder nicht." – Diese Ausführungen haben nur Sinn, wenn der BGH trotz der alleinigen Tatherrschaft des Garanten straflose Beihilfe durch Unterlassen für möglich hält, wenn der die Tat beherrschende Garant untätig bleibt, weil er den fremden Selbsttötungswillen achtet (m. a. W., wenn man letztlich nicht auf die Tatherrschaft abstellt, sondern trotz Tatherrschaft willensmäßige Unterordnung unter einen anderen = Teilnahme für möglich hält, subjektive Theorie). – Beim Nachlesen auf die Schilderung des SV achten! Die Angekl. war nach einer von vielen Auseinandersetzungen, bei der sie vom Verlobten geschlagen worden war, bei dessen anschließendem Suizid durch Erhängen untätig geblieben. Ihre Verurteilung zeichnet sich vor jeder rechtlichen Würdigung in der Feststellung ab, „**sie unternahm nichts ..., sondern zog in aller Ruhe (!) ihren Rock an und schloss den Reißverschluss (!)**".

BGHSt 32, 367 (**Dr. Wittig**)[85] anerkennt, dass bisher die Rspr. „kein in sich geschlossenes rechtliches System entwickelt" hat (S. 371). Ein Arzt ist nach dieser Entscheidung als Garant zur Rettung seines bewusstlos gewordenen Suizid-Patienten nur (!) dann nicht (!) verpflichtet, wenn nur noch eine Verzögerung des Todes „unter Inkaufnahme irreparabler schwerer Schäden" (S. 380) erreichbar ist. Unter diesen Voraussetzungen liege weder § 216 noch § 323c vor, da Hilfe nicht zumutbar sei.

Dass diese Judikatur nicht haltbar ist, zeigt § 1901a BGB. Wenn Betreuer und Ärzte die freie Entscheidung des sterbewilligen Patienten respektieren müssen, kann für andere Garanten nichts Anderes gelten[86]. Der Wille

---

84 Hervorzuheben ist der in der Entscheidung anklingende Verdacht, die Frau habe sich vielleicht nicht ertränken wollen, sondern sei in den Teich gestoßen worden, vgl. zum Mordverdacht auch BGHGrSSt 6, 147 (o. Rn. 35) und allgemein zum Unterlassen als Verdachtsstrafe für Tun *Arzt*, JA 1980, 553 ff., 647 (649, 652), 712 (714 f.) und *Arzt*, BGH-Festgabe Bd. IV, 2000, S. 755 ff.
85 Der 56. DJT (1986) hat die Ablehnung der BGHSt 32, 367 (Dr. Wittig) zugrunde liegenden Tendenz, den Garanten wegen seines Unterlassens verantwortlich zu machen, in Beschlussform ausgedrückt, 56. DJT, Verh. Bd. II M 194. BGH, MDR 1988, 243 (Suizidversuch angesichts drohender Amputation) rückt von BGHSt 32, 367 ab. – Unklar BGH, NStZ 1987, 406 (Garant und Selbstgefährdung).
86 *Wessels/Hettinger*, BT 1, Rn. 57.

Suizid, Interventionsrecht § 3 Rn. 47–49

des Suizidenten ist nicht deshalb unbeachtlich, weil er die Notwendigkeit ärztlicher Behandlung selbst hervorgerufen hat[87].

Die **Literatur** war lange durch eine chaotische Vielfalt der Lösungsvorschläge geprägt. Inzwischen hat sich jedoch die richtige Auffassung weitgehend durchgesetzt, nach der die **Straflosigkeit der Beihilfe zum Suizid** (durch Tun) nicht über die **Garantenpflicht** aus den Angeln gehoben werden darf[88]. Auch der Garant, der den Suizidenten durch Tun unterstützt, bleibt straflos (zu § 323c vgl. o. Rn. 35 ff.). Daraus folgt dann erst recht die Straflosigkeit auch der Teilnahme durch Unterlassen. 47

Garantenpflichten des Staates (z. B. gegenüber **Strafgefangenen**) können kraft besonderer gesetzlicher Bestimmungen stärker sein als nach den allgemeinen Regeln des § 13, vgl. § 101 StVollzG (**Zwangsernährung**). – Ob kraft privatrechtlicher Vereinbarung eine spezielle Garantenpflicht zur Verhinderung der selbstverantwortlichen Selbsttötung eines Dritten begründet werden kann, ist zweifelhaft. Solche Fälle werden umso häufiger, desto niedrigere Anforderungen an den Maßstab für eine selbstverantwortliche Selbsttötung gestellt werden[89]. 48

7. Interventionsrecht bei Selbsttötung

Von der Frage der Garantenpflicht zu trennen ist die **Berechtigung** eines Garanten oder jedes Dritten **zur Suizidverhinderung** auch dann, wenn keine Pflicht zum Eingreifen besteht. Für die Polizei[90] ist in den Polizeigesetzen der Länder eine Befugnis zur Suizidhinderung meist ausdrücklich vorgesehen oder die Befugnis wird aus der polizeilichen Aufgabe der Abwehr von Gefahren für Leib und Leben abgeleitet. Auch abgesehen vom Polizeirecht sind Garanten und Dritte berechtigt, einen Suizid zu verhindern. Angesichts der fließenden Grenzen zwischen freiem und unfreiem Suizid wäre es unerträglich, die Berechtigung zur Hilfe auf die Situation eines unfreien Suizides zu beschränken. Es ist daher mit der h. M.[91] davon auszugehen, dass die gewaltsame Hinderung eines Suizidenten und zur Rettung nötige Eingriffe in dessen körperliche Unversehrtheit 49

---

87 *Kutzer*, Schöch-FS 2010, S. 485 f.; *Rengier*, BT 2, § 8 Rn. 14a; gegen die Strafbarkeit der Angehörigen einer freiverantwortlich handelnden Suizidentin StA München I, NStZ 2011, 345 (346), zust. *Fischer*, Vor §§ 211 ff. Rn. 25.
88 Im Sinne des Textes z. B. *Bottke*, Suizid, S. 243 ff.; *Fischer*, Vor §§ 211 ff. Rn. 23 ff.; S/S/Eser/Sternberg-Lieben, Vor §§ 211 ff. Rn. 39.
89 Neigt eine depressive Frau unter Alkoholeinfluss zur Selbsttötung und sieht man eine solche Selbsttötung als frei an (o. Rn. 28), ist vorstellbar, dass ein Dritter (z. B. die Mutter oder der Ehemann) einen „Aufpasser" anheuert, der eine solche Selbsttötung verhindern soll. Zur Situation der in psychiatrischer Behandlung stehenden Patienten *Wolfslast*, NStZ 1984, 105 (zur Fahrlässigkeit o. Rn. 38).
90 Nachweise zur h. M. (und Kritik) bei *Bottke*, Suizid, S. 173 ff. Wenn man mit der h. M. eine polizeirechtliche Pflicht zum Eingreifen auch bei freiem Suizid bejaht, ist diese Berufspflicht so abgeschwächt, dass der untätig bleibende Polizist nicht als Garant i. S. der §§ 211 ff., 222, 13 anzusehen ist (anders bei unfreiem Suizid), zweifelhaft.
91 Nachweise bei *Wagner*, Selbstmord, S. 57 f., der selbst jedoch a. A. ist, a. a. O. S. 130 f. – Ausführlich (mit einer differenzierenden Lösung) *Bottke*, Suizid, S. 81 ff.

(z. B. Auspumpen des Magens) grundsätzlich nach § 34 gerechtfertigt sind. – Ausnahmefälle ergeben sich aus der Abwägung nach § 34. Keine Rechtfertigung z. B. dann, wenn der Retter absehen kann, dass schwere Dauerschäden zurückbleiben werden, oder wenn klar ist, dass der Betroffene mit diesen Maßnahmen nicht einverstanden ist. BGHSt 46, 280 (285) sieht den Suizid „von äußersten Ausnahmefällen abgesehen", als rechtswidrig an. Dem ist entgegenzuhalten, dass das Grundrecht auf allgemeine Handlungsfreiheit auch das Recht umfasst, das eigene Leben zu beenden[92].

---

92 *Hilgendorf*, JZ 2014, 545 (550).

§ 4 Fahrlässige Tötung, § 222

I. Der kriminalpolitische Hintergrund

Fahrlässige Tötung, § 222, ist im Gegensatz zur vorsätzlichen Tötung ein fast alltägliches und massenhaft vorkommendes Delikt. Das ist insbesondere dem Straßenverkehr zuzuschreiben[1]. Der Anteil der Verurteilungen wegen Tötung im Straßenverkehr an der Gesamtzahl der Verurteilungen wegen fahrlässiger Tötung liegt bei fast 90 %. Als auffällig starke Gruppe unter den Opfern sind die **Fußgänger** zu erwähnen (bis ca. 1990 über 20 %, seitdem rund 15 % der im Straßenverkehr Getöteten). Erfreulicherweise hat sich die Zahl der tödlich Verunglückten im Straßenverkehr im Zeitraum 1970 bis 1985 etwa halbiert (von ca. 19.000 um 1970 pro Jahr auf ca. 9.000 im Jahr 1985). Seitdem sind die Zahlen weiter deutlich zurückgegangen. Im Jahr 2012 betrug die Zahl der im Straßenverkehr tödlich Verunglückten 3600[2]. 1

Kriminalpolitisch wie dogmatisch liegen die Schwierigkeiten beim **Fahrlässigkeitsbegriff**. Neben dem durch die **Zufallskomponente** geschaffenen künstlichen **Dunkelfeld**[3] steckt im Fahrlässigkeitsbegriff sowohl die Tendenz zur Ausdehnung nach unten (auf schuldloses, nur fiktiv fahrlässiges Verhalten) als auch nach oben (Bestrafung sehr wahrscheinlich vorsätzlichen Handelns als fahrlässig)[4]. 2

Noch problematischer ist die Ausgliederung von vorhersehbaren „Erfolgen" (d. h. Tötungen) aus dem Fahrlässigkeitsvorwurf unter Berufung auf **Sozialadäquanz**. Neben den fahrlässigen Tötungen, die statistisch erfasst und – wenn man den Täter fasst – bestraft werden, gibt es zahlreiche sozialadäquate Tötungen, die keine Reaktion auslösen und oft nur in die allgemeine Sterbestatistik eingehen. 3

Die selbstverständliche Geltung des Verbots, Leben zu vernichten, steht in auffälligem Kontrast zur oft erschreckend großen Bereitschaft, lebensgefährliche Risiken einzugehen. Die Mechanismen, die zur Bewertung eines Risikos als tolerabel (sozialadäquat) führen, sind noch nicht einmal ansatzweise erforscht. Der Aufwand zur Verringerung der Restrisiken, z. B. des Flugverkehrs oder der Atomenergie, steht in grobem Missverhältnis zur Hinnahme anderer empfindlicher Gefährdungen, z. B. die jahrzehntelang ignorierte Strahlenbelastung durch Sonnenbaden. Eigentümlich

---

1 Eine ausführliche Betrachtung dieses Problemfeldes bietet *Cierniak*, Fahrlässige Körperverletzung und Tötung im Straßenverkehr als Straftat?, SVR 2012, 127.
2 Quelle: Statistisches Jahrbuch 2013, S. 591.
3 O. § 1 Rn. 24 f.
4 Dazu u. Rn. 8.

divergierend ist auch die Akzeptanz der Todesfälle im Straßenverkehr im Vergleich zu Todesfällen im Flugverkehr. Aus Sicht der Schweiz sind auch die Zivilschutzmaßnahmen in Deutschland total ungenügend.

4   In der Sozialadäquanz kann ein **gesellschaftliches Unterlassen** zum Ausdruck kommen. Schwach ist die gesellschaftliche Verantwortung für Unterlassen, wenn es um Akzeptanz selbstgefährlicher Lebensstile geht (Drogen, Essen, Sonnenbaden); stärker ist die gesellschaftliche Verantwortung für Unterlassen dort, wo fremdgefährlichen Verhaltensweisen nur mit unzureichenden Mitteln entgegengetreten wird.

Unsere Gesellschaft nimmt es z. B. nahezu reaktionslos hin, dass zum Schutze der Fußgänger erlassene sinnvolle Gesetze (Vorrang auf Überwegen) prophylaktisch so gut wie gar nicht überwacht werden. Der Fahrer, der die auf ihre Einhaltung nicht überwachte Norm übertritt und den Fußgänger tötet, wird wegen fahrlässiger Tötung bestraft. Dabei steht seine „Schuld" in geradezu groteskem Missverhältnis zu der Schuld der Gesellschaft, die nicht ex ante auf Beachtung der Regeln drängt, sondern nur ex post – wenn das Kind in den Brunnen gefallen bzw. totgefahren ist – den Schuldigen bestraft. Freilich setzt wirksame Prävention voraus, dass die Kriminalitätsbekämpfung nicht so teuer wird, dass man lieber darauf verzichtet[5].

5   Grundsätzlich besteht **kein Gegensatz zwischen Rechtsstaatlichkeit** und **Effizienz der Strafverfolgung,** denn ungerechte Verfolgung ist nicht effizient und ineffiziente Verfolgung nicht gerecht.

Am **Gesundheitswesen** lässt sich am deutlichsten zeigen, dass angesichts begrenzter Mittel darüber diskutiert werden muss, welche Risiken für das Leben mit welchem Aufwand und mit welchem Erfolg reduziert werden können (und welche Risiken hingenommen werden sollen). In noch umfassenderer Form wird die individuelle und kollektive Risikobereitschaft in jüngerer Zeit anhand des Schlagwortes **Risikogesellschaft**[6] diskutiert.

II. § 222 im Einzelnen

6   Der äußere Tatbestand der Lebensvernichtung entspricht § 212, sodass auf die Grenzfälle (nicht mehr bzw. noch nicht Leben) verwiesen werden kann[7].

Wie bei § 212 liegt das Schwergewicht der Problematik auf Fragen des AT, insbesondere auf dem Fahrlässigkeitsbegriff und auf Kausalitätsproblemen. Wie zu § 212 soll anschließend an besonders aufschlussreiche Entscheidungen zu **Fragen des AT** erinnert werden. Dabei wird die **fahrlässi-**

---

5   Zur Notwendigkeit, rechtsstaatliche Gewinne im Kriminalitätskontrollsystem gegen Effizienzverluste abzuwägen, damit legitime Sicherheitsbedürfnisse der Bevölkerung befriedigt werden können, o. § 1 Rn. 1.
6   *Baumann/Weber/Mitsch,* § 14 Rn. 65 ff. mit umfassenden Literaturhinweisen nach Rn. 100. – Zur Risikogesellschaft gehört auch die Tendenz, Risiken auf künftige Generationen zu verlagern.
7   O. § 2 Rn. 85.

§ 222 im Einzelnen • § 4 Rn. 7

ge Körperverletzung (§ 229) mit einbezogen, weil die Probleme identisch sind.

Einzelfälle zu §§ 222, 229 und Fragen des AT[8]: 7

Zur **Kausalität** speziell der pflichtwidrigen Handlung und Vermeidbarkeit BGHSt 11, 1 (Radfahrerfall); BGHSt 21, 59 (Heilbehandlung); BGHSt 24, 31 (Unfall des Betrunkenen vermeidbar, obwohl der Fahrer in nüchternem Zustand bei gleicher Geschwindigkeit den Unfall **nicht** hätte verhindern können, denn der Betrunkene muss langsamer fahren; dagegen muss nach BGH „bei der Entscheidung über die Ursächlichkeit seines tatsächlichen Fahrverhaltens" der Umstand außer Betracht bleiben, dass der Betrunkene **gar nicht am Verkehr teilnehmen** durfte); BGHSt 30, 228 (Ketten-Auffahrunfall).

Zur **actio illicita/libera in causa** vgl. BGHSt 40, 341 (Epilepsie).

Zum **Unterlassen** RGSt 15, 151 (Apothekerfall); RGSt 63, 211 (Ziegenhaarfall). – Beide Fälle sind deshalb „klassisch" geworden, weil Kausalitätsprobleme und die Problematik der Abgrenzung Tun/Unterlassen miteinander vermengt auftreten. – Speziell zur **Garantenstellung** vgl. BGHSt 19, 152 (Gastwirt muss Trunkenheitsfahrt des Gastes nicht verhindern, solange der Gast nicht so betrunken ist, „dass er nicht mehr eigenverantwortlich handeln kann"); BGHSt 25, 218 (keine Garantenstellung bei rechtmäßigem Vorverhalten, nicht zu §§ 222, 229, sondern zu § 221 a. F. – vgl. auch BGHSt 34, 82 und den Lederspray-Fall BGHSt 37, 106); BGH, LM Nr. 22 zu § 222 (bloße Zechgemeinschaft begründet keine Garantenstellung).

Zur **Fahrlässigkeit allgemein** RGSt 30, 25 (Leinenfängerfall; Problem der dem angeklagten Kutscher zumutbaren Sorgfalt); BGHSt 20, 315 (Schießunglück bei der Bundeswehr, Ausführungen zum Sorgfaltsmaßstab und zur Abgrenzung der Verantwortung mehrerer, zur Pseudo-Mittäterschaft vgl. die folgenden Nachweise); BGHGrSSt 16, 145 (Schnellverkehr auf nächtlicher Autobahn nur bei Mondschein nicht sorgfaltswidrig).

Zur **Pseudo-Mittäterschaft** bei Fahrlässigkeit vgl. BGE 113 IV 58 (The Rolling Stones) und BGHSt 37, 106 (Lederspray)[9].

Zum **Kausalverlauf** RGSt 3, 384 (Wurf mit der Kelle soll Handwerksburschen treffen, verletzte aber einen gewissen L., klassische aberratio ictus); RGSt 54, 349 (Bluterfall; Steinwurf; Opfer stirbt, weil Bluter; RG = § 222); BGHSt 33, 61 (Kollision, **Schutzbereich** des Verbots überhöhter Geschwindigkeit).

Zur **Vorhersehbarkeit** BGH, NStZ 2013, 238 („Winnenden-Urteil"; fahrlässige Tötung aufgrund unzureichender Sicherung von Waffen).

Zum **Verhältnis Fahrlässigkeit/Vorsatz** BGHSt 7, 363 (Sandsackfall); BGH, GA 58, 163 (Täter sticht im Dunkeln um sich); BGHSt 17, 210 (Bestrafung wegen Fahrlässigkeit bei Verdacht vorsätzlicher Begehung, „Auffangtatbestand"). – BGHSt 24, 342 (fahrlässige Mitverursachung eines Suizides). BGHSt 25, 229 (fahrlässige Tötung des Angreifers) und BGHSt 32, 262 (Heroinfall) liegt die These zugrunde, was als vorsätzliches Verhalten rechtmäßig oder nicht tatbestandsmäßig sei, könne es bei Fahrlässigkeit erst recht nicht sein[10].

Zur **Einwilligung** (in das tödliche Risiko) u. § 5 Rn. 36 (Abgrenzung zur Selbstgefährdung).

---

8 Nachzulesen sind zunächst die o. § 2 Rn. 75–77 zu Fragen des AT bei §§ 211, 212 angeführten Fälle.
9 Weitere Nachweise bei *Arzt*, Strafrechtsklausur, § 16 III, IV, auch zur fahrlässigen Beteiligung an vorsätzlicher Tat (Regressverbot). Näher zum Lederspray-Fall *Hilgendorf*, Strafrechtliche Produzentenhaftung in der „Risikogesellschaft", 1993; *Lackner/Kühl*, § 15 Rn. 40 m. w. N.
10 Dazu § 5 Rn. 97 f.

8 Ist Folge einer anderen Straftat, dass ein Mensch getötet wird, so wird das häufig als so strafwürdig angesehen, dass man eine Strafschärfung für angebracht hält, die über die hinausgeht, zu der die Annahme von Idealkonkurrenz mit § 222 führen würde. Das ist der **Grundgedanke der erfolgsqualifizierten** Delikte, Beispiel § 227, Körperverletzung mit Todesfolge. Bei diesen Delikten stellt § 18 als Ausprägung des Schuldgrundsatzes sicher, dass dem Täter bezüglich der schweren Folge „wenigstens Fahrlässigkeit" zur Last fallen muss; vgl. auch § 11 II. Der schweizerische Gesetzgeber hat in diesen erfolgsqualifizierten Delikten einen Verstoß gegen das Schuldprinzip sehen wollen, weil hinter der Verschärfung der Strafdrohung (über den sich aus den Regeln der Idealkonkurrenz ergebenden Rahmen hinaus) der **Verdacht** vorsätzlichen Handelns stecke; Aufhebung der erfolgsqualifizierten Delikte in der Schweiz zum 1.1.1990[11]. Nach richtiger Ansicht begründet bei vorsätzlicher Körperverletzung mit tödlichem Ausgang zwar nicht der Vorsatzverdacht, wohl aber die typische **Vorsatznähe** der Fahrlässigkeit den schärferen Strafrahmen.

---

11 Diese Auflösung der Körperverletzung mit Todesfolge in eine Idealkonkurrenz zwischen vorsätzlicher Körperverletzung und fahrlässiger Tötung ist ebenso falsch, wie es die Zerlegung zusammengesetzter Delikte (z. B. Raub: Nötigung in Idealkonkurrenz mit Diebstahl) wäre. Die Kombination verdient einen eigenständigen Tatbestand mit höherem Strafrahmen.

§ 5 Verletzung des Rechtsguts „Leben der Leibesfrucht" §§ 218 ff.

Literaturhinweise: *Baumann* (Hrsg.), Das Abtreibungsverbot des § 218, 1971; *Baumann/Günther/Keller/Lenckner* (Hrsg.), § 218 StGB im vereinten Deutschland, 1992; *von Behren,* Die Geschichte des § 218 StGB, 2004; *Bemmann,* Zur Frage der Strafwürdigkeit der Abtreibung, ZStW 83 (1971), 81; *Beckmann,* Die Behandlung hirntoter Schwangerer im Licht des Strafrechts, MedR 1993, 121; *Berger,* Embryonenschutz und Klonen beim Menschen, 2007; *Bett,* Die Beurteilung der embryopathischen Indikation zum Schwangerschaftsabbruch seit dem RStGB 1871 bis zur Gegenwart 2003; *Brugger,* Abtreibung – ein Grundrecht oder ein Verbrechen? Ein Vergleich der Urteile des United States Supreme Court und des BVerfG, NJW 1986, 896; *Coester-Waltjen,* Der Schwangerschaftsabbruch und die Rolle des künftigen Vaters, NJW 1985, 2175; *Denninger,* Rechtsethische Anmerkungen zum Schwangerschaftsabbruch und zur sog. Früheuthanasie, KJ 1992, 282; *Frister,* Spätabtreibung, in: Jahrbuch der Heinrich-Heine-Universität Düsseldorf, 2003; *Gante,* § 218 in der Diskussion. Meinungs- und Willensbildung, 1945-1976, 1991; *Geiger/von Lampe,* Das zweite Urteil des BVerfG zum Schwangerschaftsabbruch: Ein Schritt vorwärts, zwei Schritte zurück, Jura 1994, 20; *Giesen/Poll,* Recht der Frucht/Recht der Mutter in der embryonalen und fetalen Phase aus juristischer Sicht, JR 1993, 177; *Stephanie Gropp,* Schutzkonzepte des werdenden Lebens, 2005; *Gründel,* Abtreibung – Pro und Contra, 1971; *Günther,* Fremdnützige Verwendung menschlicher Embryonen, Keller-GS 2003, S. 37; *Günther/Keller* (Hrsg.), Fortpflanzungsmedizin und Humangenetik – Strafrechtliche Schranken? 1987; *Günther/Taupitz/Kaiser,* Embryonenschutzgesetz. Jur. Kommentar mit medizinisch-naturwiss. Einführungen, 2008; *Hermes/Walther,* Schwangerschaftsabbruch zwischen Recht und Unrecht. Das zweite Abtreibungsurteil des BVerfG und seine Folgen, NJW 1993, 2337; *Herzberg,* Der Anfang der Geburt als Ende der „Schwangerschaft" – das Ungeborene als Mensch und Person, in: Bernsmann/Ulsenheimer, Bochumer Beiträge zu aktuellen Strafrechtsthemen, 2003, S. 39; *Heuermann,* Verfassungsrechtliche Probleme der Schwangerschaft einer hirntoten Frau, JZ 1994, 133; *Hilgendorf,* Zwischen Humanexperiment und Rettung ungeborenen Lebens – Der Erlanger Schwangerschaftsfall, JuS 1993, 97; *ders.,* Lebensschutz zwischen Begriffsjurisprudenz und „Ratioismus", NJW 1997, 3074; *ders.,* Biostrafrecht als neue Disziplin?, Brohm-FS 2002, S. 387; *v. Hippel,* Besserer Schutz des Embryos vor Abtreibung?, JZ 1986, 53; *Hoerster,* Das „Recht auf Leben" der menschlichen Leibesfrucht – Rechtswirklichkeit oder Verfassungslyrik?, JuS 1995, 192; *ders.,* Abtreibung im säkularen Staat: Argumente gegen den § 218, 2. Aufl. 1995; *ders.,* Ethik des Embryonenschutzes, 2002; *ders.,* Rechtsethischer Populismus in der Abtreibungsfrage, ZfL 2006, 45; *Hofmann* (Hrsg.), Schwangerschaftsunterbrechung, 1974; *Ipsen,* Der „verfassungsrechtliche Status" des Embryos in vitro, JZ 2001, 989; *Isensee,* Abtreibung als Leistungstatbestand der Sozialversicherung und der grundgesetzliche Schutz des ungeborenen Lebens, NJW 1986, 1645; *Jerouschek,* Lebensschutz und Lebensbeginn – Kulturgeschichte des Abtreibungsverbots, 1988; *Jütte* (Hrsg.), Geschichte der Abtreibung, 1993; *Arthur Kaufmann,* Rechtsfreier Raum und eigenverantwortliche Entscheidung, dargestellt am Problem des Schwangerschaftsabbruchs, Maurach-FS 1972, S. 327; *Kayßer,* Abtreibung und die Grenzen des Strafrechts, 1997; *Kiesecker,* Die Schwangerschaft einer Toten, 1996; *Kluth,* Indikationsfeststellung und ärztlicher Beurteilungsspielraum, NJW 1986, 2348; *Christina Koch,* Schwangerschaftsabbruch (§§ 218 ff. StGB) – Reformdiskussion und Gesetzgebung von 1870-1945, 2004; *Hans-Georg Koch,* Recht und Praxis des Schwangerschaftsabbruchs im internationalen Vergleich, ZStW 97 (1985), 1044; *Köpcke,* § 218 StGB: Ein alter Streit auf neuen Bahnen?, ZRP 1985, 161; *Lauff/ Arnold,* Der Gesetzgeber und das Retortenbaby, ZRP 1984, 279; *Lenz,* Blick in die Zukunft: Schwangerschaftsabbruch, in: Grenzüberschreitungen, 1995; *Lilie,* Neue Probleme des Embryonenschutzgesetzes, Küper-FS 2007, S. 305; *Lüttger,* Geburtsbeginn und pränatale Einwirkungen mit postnatalen Folgen, NStZ 1983, 481; *Maio* (Hrsg.), Der Status des extrakorporalen Embryos, 2007; *Mattiseck-Neef,* Schwangerschaftsabbrüche kranker geschädigter Föten und Neugeboreneneuthanasie, 2006; *Oberlies,* Die bayerischen Abtreibungsgesetze, ZRP 1997, 149; *Otto,* Die strafrechtliche Neuregelung des Schwangerschaftsabbruchs, Jura 1996, 135; *Reichenbach,* Ist die medizinischembryopathische Indikation bei dem Schwangerschaftsabbruch nach § 218a II StGB verfassungswidrig?, Jura 2000, 622; *Reis,* Die Europäische Kommission für Menschenrechte zur rechtlichen Regelung des Schwangerschaftsabbruchs, JZ 1981, 738; *Reiter/ Keller* (Hrsg.), § 218 Urteil und Urteilsbildung, 1993; *Roth-Stielow,* Nochmals: Der Schwangerschaftsabbruch und die Rolle des künftigen Vaters, NJW 1985, 2746; *Roxin,* Entwicklung und gesetzliche Regelung des Schwangerschaftsabbruchs, JA 1981, 226; *ders.,* Probleme beim strafrechtlichen Schutz des werdenden Lebens, JA 1981, 542; *Rüpke,* Schwangerschaftsabbruch und Grundgesetz, 1975; *Rudolphi,* Straftaten gegen das werdende Leben, ZStW 83 (1971), 105; *Schittenhelm,* Zweifelhafter Schutz durch das Strafrecht. – Einige kritische Bemerkungen zu dem neuen § 170b II [jetzt § 170 II], NStZ 1997, 169; *Starck,* Der verfassungsrechtliche Schutz des ungeborenen menschlichen Lebens. Zum zweiten Abtreibungsurteil des BVerfG, JZ 1993, 816; *ders.,* Verfassungsrechtliche Grenzen der Biowissenschaft und der Fortpflanzungsmedizin, JZ 2002, 1065; *Stürner,* Der Schutz des ungeborenen Lebens im Zivilrecht, Jura 1987, 57; *Tröndle,* Das Menschenbild des Grundgesetzes und die Neuregelung des Abtreibungsrechts im geeinten Deutschland, Spendel-FS 1992, S. 611; *ders.,* Das Schwangeren- und Familienhilfeänderungsgesetz, NJW 1995, 3009; *ders.,* Die Rechtsphilosophie Norbert Hoersters und die Abtreibungsdebatte, GA 1995, 249; *Wiebe,* Reformbedarf nur bei Spätabtreibungen? ZfL 2008, 83.

Weitere, sehr eingehende Literaturnachweise (auch zu Einzelfragen) in MüKo-*Gropp,* Vor § 218, und in *S/S/Eser,* Vor § 218.

Übersicht

		Rn.
I.	Kriminalpolitische Vorbemerkungen	1
	1. Zur Geschichte des Abtreibungsstrafrechts	1
	2. Kriminalpolitische Positionen	15
	3. Vorgaben des BVerfG und Grundzüge des geltenden Rechts	17
	4. Die Realität des Schwangerschaftsabbruchs	19
II.	Der Tatbestand des Schwangerschaftsabbruchs, § 218	21
	1. Rechtsgut und Tathandlung	21
	2. Selbstabbruch und Fremdabbruch	29
	3. Besonders schwere Fälle und Regelbeispiele, § 218 II	34
	4. Versuch, § 218 IV	37
III.	Vorfeld- und Umfeldtatbestände	38
	1. Vorfeldtatbestände, §§ 219a und 219b	38
	a) § 219b	38
	b) § 219a	39

Übersicht § 5

	2. Umfeldtatbestände, § 240 I, IV 2 Nr. 2, § 170 II	41
	a) § 240 I, IV 2 Nr. 2	42
	b) § 170 II	43

IV. Die Straflosigkeit des Schwangerschaftsabbruchs, insbesondere § 218a 44
  1. Zweiteilung der Straflosigkeit: Tatbestandslosigkeit (Fristenregelung), § 218a I; Rechtfertigung (Indikationenregelung), § 218a II und III 44
  2. Der tatbestandslose Schwangerschaftsabbruch, Fristenlösung des § 218a I 49
     a) Vorteile der Fristenlösung 49
     b) Voraussetzungen der Straflosigkeit 52
     c) Keine Pflicht zur Mitwirkung am Schwangerschaftsabbruch 57
  3. Der gerechtfertigte Schwangerschaftsabbruch, Indikationenlösung des § 218a II und III 58
     a) Erforderlichkeit von Indikationen trotz Fristenlösung 58
     b) Die medizinisch-soziale Indikation des § 218a II 60
     c) Der Sonderfall der kriminologischen Indikation des § 218a III 75
  4. Weitere Straflosigkeitsregelungen zugunsten der Schwangeren 76
     a) Die 22-Wochen-Klausel, § 218a IV 1 77
     b) Die Bedrängnisklausel, § 218a IV 2 78
     c) Sonstige Straffreistellungen der Schwangeren 79

V. Selbstständige Ahndung der Verletzung von ärztlichen Pflichten im Zusammenhang mit dem Schwangerschaftsabbruch 81
  1. Verletzung der korrekten Indikationsfeststellung, § 218b 81
     a) Schwangerschaftsabbruch ohne formelle Feststellung einer Indikation, § 218b I 1 81
     b) Unrichtige Feststellung einer Indikation, § 218b I 2 82
  2. Verletzung von Darlegungs-, Beratungs- und Vergewisserungspflichten, § 218c 83
     a) Erfüllung von Vorgaben des BVerfG 83
     b) Die einzelnen Pflichtverletzungen 84
  3. Beratungspflicht nach § 2a SchwangerschaftskonfliktG; Schwangerschaftsabbruch außerhalb einer geeigneten Einrichtung, §§ 13, 14 SchwangerschaftskonfliktG (Ordnungswidrigkeiten) 88

VI. Das Verhältnis des Schwangerschaftsabbruchs zu den Tötungs- und Körperverletzungsdelikten 89
  1. Verhältnis zu den Tötungsdelikten 89
     a) Menschqualität mit Geburtsbeginn; Geburt eines lebenden Kindes bei einem Schwangerschaftsabbruch 89
     b) Notstandstötung in der Geburt (sog. Perforation) 91
     c) Schwangerschaftsabbruch im Spätstadium als Angriff auf menschliches Leben 92
     d) Angriff auf das Leben der Schwangeren und § 218 93
  2. Verhältnis zu den Körperverletzungsdelikten 94

Hilgendorf 129

I. Kriminalpolitische Vorbemerkungen

1. Zur Geschichte des Abtreibungsstrafrechts[1]

1   Betrachtet man die rechtliche Würdigung der Abtreibung im Lauf der Geschichte, so fällt auf, dass sich eine kontinuierliche Entwicklung im Sinne zu- oder abnehmender Strenge der Bestrafung nicht feststellen lässt. Keinesfalls trifft zu – wie bisweilen behauptet wird –, dass das Recht des Schwangerschaftsabbruchs in stetiger Entwicklung liberalisiert worden wäre.

2   Das **römische Recht** betrachtete den Embryo als Teil der Mutter, und wenn im zweiten nachchristlichen Jahrhundert Abtreibung unter Strafe gestellt wurde, so deshalb, weil der Abbruch der Schwangerschaft die Hoffnung des Ehemannes auf Nachwuchs vereitele. Auch dem **deutschen Recht** blieb der Gedanke, das ungeborene Leben könne um seiner selbst willen zu schützen sein, vor dem Einfluss des kanonischen (kirchlichen) Rechts fremd.

3   Das **kanonische Recht** hingegen betrachtete Abtreibung als Tötung eines Menschen, sofern der Fötus beseelt war. Dabei wurde angenommen, der männliche Fötus werde 40 Tage, der weibliche 80 Tage nach der Empfängnis beseelt. Diese Unterscheidung von beseelter und unbeseelter Leibesfrucht ging in die **Peinliche Halsgerichtsordnung** Kaiser Karls V. von 1532 ein, durch welche die Abtreibung eines „Kindt, das noch nit lebendig wer" erheblich milder bestraft wurde als die eines älteren Embryos (Art. 133 CCC, wo erstmalig der Begriff „abtreiben" verwendet wird). Der hierfür maßgebliche Zeitpunkt blieb offen und wurde in der Folgezeit Gegenstand juristischer Auseinandersetzung.

4   Mit der Aufgabe der Unterscheidung des beseelten vom unbeseelten Fötus verschwand im **19. Jahrhundert** jede zeitliche Zäsur aus den Abtreibungsstrafrechten. Nun wurde – z. B. im bayerischen StGB von 1813 – die Tötung des Fötus von Beginn der Schwangerschaft an gleichermaßen bestraft. Hierbei blieb auch § 218 des RStGB von 1871.

5   Damit war eine sehr strenge Abtreibungsstrafbarkeit entstanden. Denn Ausnahmen waren nicht vorgesehen, und der Allgemeine Teil des Strafrechts kannte noch keinen rechtfertigenden Notstand im Sinne einer dem heutigen § 34 vergleichbaren Norm. Vielmehr reichten die früheren Notstandsnormen in §§ 52, 54 nur etwa soweit wie der heutige § 35, konnten also zwar u. U. die Schwangere, nicht aber den abtreibenden Arzt von Strafe befreien. Dies schien dem **Reichsgericht** untragbar hart für den Fall, dass eine Gefahr für das Leben oder die Gefahr einer schweren Gesundheitsbeschädigung für die Schwangere nicht anders als durch Abtreibung

---

1   Vgl. dazu näher *von Behren*, Die Geschichte des § 218 StGB, 2004; *Dähn*, in: Baumann (Hrsg.), Das Abtreibungsverbot des § 218, 1971, S. 329; *Jütte* (Hrsg.), Geschichte der Abtreibung, 1993; *Christina Koch*, Schwangerschaftsabbruch. Reformdiskussion und Gesetzgebung von 1870 bis 1945, 2004.

abzuwenden war. In seiner Entscheidung vom 21.3.1927[2] nahm das RG daher hierfür einen ungeschriebenen, **übergesetzlichen Rechtfertigungsgrund** an[3].

Dieser später als **medizinische Indikation** bezeichnete Rechtfertigungsgrund wurde 1935 gesetzlich geregelt[4]: Das „Gesetz zur Verhütung erbkranken Nachwuchses" vom 14.7.1933[5], welches im Geiste der nationalsozialistischen Ideologie beim Verdacht von Erbkrankheiten Sterilisationen (auch gegen den Willen der Betroffenen!) gestattete, die Zulässigkeit von Sterilisationen aber auch in § 14 begrenzte, erhielt folgende Fassung des § 14 (I): 6

„Eine Unfruchtbarmachung oder Schwangerschaftsunterbrechung, die nicht nach den Vorschriften dieses Gesetzes erfolgt, sowie eine Entfernung der Keimdrüsen sind nur dann zulässig, wenn ein Arzt sie nach den Regeln der ärztlichen Kunst zur Abwendung einer ernsten Gefahr für das Leben oder die Gesundheit desjenigen, an dem er sie vornimmt, und mit dessen Einwilligung vollzieht."

Zugleich wurde in das ErbgesundheitsG § 10a eingeführt:

„(1) Hat ein Erbgesundheitsgericht rechtskräftig auf Unfruchtbarmachung einer Frau erkannt, die zur Zeit der Durchführung der Unfruchtbarmachung schwanger ist, so kann die Schwangerschaft mit Einwilligung der Schwangeren unterbrochen werden, es sei denn, dass die Frucht schon lebensfähig ist oder die Unterbrechung der Schwangerschaft eine ernste Gefahr für das Leben oder die Gesundheit der Frau mit sich bringen würde.

(2) Als nicht lebensfähig ist die Frucht dann anzusehen, wenn die Unterbrechung vor Ablauf des sechsten Schwangerschaftsmonats erfolgt."

Damit war neben der medizinischen die **eugenische Indikation** anerkannt.

Nach 1945 wurde die medizinische Indikation weiter auf den landesrechtlich fortgeltenden § 14 ErbgesundheitsG gestützt. Für jene Bundesländer, in welchen diese Bestimmung aufgehoben worden war, leitete die Rechtsprechung eine in der Sache identische Regelung aus dem Gedanken des übergesetzlichen Notstandes ab[6]. 7

Einen ersten ausformulierten Gesetzesvorschlag zur Verwirklichung der **Fristenlösung** (dazu näher u. Rn. 18, 46–48 und insbesondere 49 ff.) enthielt § 106 AE (1970). Mit dem **5. Strafrechtsreformgesetz** vom 26.4.1974 unternahm der Gesetzgeber den auf der Linie des AE liegenden Versuch einer umfassenden Neuregelung: Innerhalb von 12 Wochen nach der Empfängnis sollte die von einem Arzt nach Beratung vorgenommene Abtreibung straflos bleiben. Nach Ablauf dieser Frist sah das Gesetz ne- 8

---

2 RGSt 61, 242.
3 Sog. übergesetzlicher (rechtfertigender) Notstand, vgl. *Baumann/Weber/Mitsch*, § 17 Rn. 45.
4 Gesetz zur Änderung des Gesetzes zur Verhütung erbkranken Nachwuchses vom 26.6.1935, RGBl. I, S. 773.
5 RGBl. I, S. 529.
6 Vgl. BGHSt 2, 111.

§ 5 Rn. 9–13   Schwangerschaftsabbruch, §§ 218 ff.

ben einer medizinischen auch eine eugenische (besser embryopathische, denn es sollte nicht relevant sein, ob die zu erwartende Behinderung des Kindes auf genetischen Gründen beruhte) Indikation vor.

Auf Antrag Baden-Württembergs und Bayerns erklärte das BVerfG 1975 den die Fristenregelung enthaltenden § 218a für mit Art. 2 II 1 GG i. V. m. Art. 1 GG unvereinbar[7].

9   Die damit notwendig gewordenen Neuberatungen führten 1976 zur sog. **Indikationslösung**[8]: Eine Frist, innerhalb derer der Schwangerschaftsabbruch ohne Weiteres straflos bleiben sollte, gab es nicht mehr. Dafür wurden den beiden bereits bei der Fristenregelung vorgesehenen Indikationen zwei weitere hinzugefügt: zum einen die sog. **kriminologische Indikation** für den Fall, dass die Schwangerschaft vermutlich auf einer Sexualstraftat beruhte, zum anderen die sog. **soziale oder Notlagenindikation**, wenn die Gefahr einer schwerwiegenden Notlage für die Schwangere nur durch Abtreibung gebannt werden konnte. Diese beiden neu hinzugekommen Indikationen wurden auf eine Frist von 12 Wochen nach der Empfängnis begrenzt.

10   Die rechtliche Einordnung der Indikationen blieb umstritten. Der Gesetzgeber hatte Rechtfertigungsgründe schaffen wollen, in der Furcht vor einem weiteren verfassungsgerichtlichen Verfahren aber nicht gewagt, die Indikationen so zu bezeichnen. Die Formulierung „ist nicht nach § 218 strafbar" ließ die Rechtsnatur bewusst offen. Herrschend war das Verständnis als Rechtfertigungsgründe, welchem sich auch der BGH anschloss[9].

11   Die **deutsche Einigung** ließ den gespaltenen Rechtszustand im Bereich des Abtreibungsrechts – in der DDR hatte seit 1972 eine Fristenregelung gegolten – zunächst unberührt. Art. 143 I GG gestattete insoweit ein Abweichen vom Grundgesetz im Beitrittsgebiet bis zum 31.12.1992.

12   Eine für ganz Deutschland bestimmte Neuregelung unternahm der Gesetzgeber mit dem **Schwangeren- und Familienhilfegesetz vom 27.7.1992**. Der nach Beratung innerhalb von 12 Wochen seit der Empfängnis von einem Arzt vorgenommene Schwangerschaftsabbruch wurde für **nicht rechtswidrig** erklärt.

13   Auch diese Fristenregelung hatte vor dem BVerfG keinen Bestand[10]. Das BVerfG erklärte 1993 Teile des Schwangeren- und Familienhilfegesetzes für unwirksam. Gegen die Verfassung verstoße u. a., Schwangerschaftsabbrüche ohne die Feststellung einer besonderen Konfliktlage für nicht rechtswidrig zu erklären, weiter die Ausgestaltung der im Gesetz vorgesehenen Pflichtberatung, welche nicht hinreichend auf den Lebens-

---

7   BVerfGE 39, 1.
8   15. Strafrechtsänderungsgesetz, in Kraft getreten am 21.6.1976, BGBl. I, S. 1213.
9   Vgl. BGHSt 38, 144 (158).
10 Urteil vom 28.5.1993, BVerfGE 88, 203 = JZ Sonderheft 1993 = NJW 1993, 1751.

schutz hin ausgerichtet sei. Die vom BVerfG erlassene Übergangsregelung[11] sah vor, dass der **Tatbestand** des § 218 **ausgeschlossen** sei, wenn ein Arzt innerhalb einer 12-Wochenfrist einen Schwangerschaftsabbruch vornimmt, wobei eine Beratung der Schwangeren vorausgegangen sein musste, an welche besondere Anforderungen im Sinne einer Erhaltung des werdenden Lebens gestellt wurden.

Die am 21.8.1995 mit dem **Schwangeren- und Familienhilfeänderungsgesetz**[12] erfolgte gesetzliche Neuregelung entspricht im Wesentlichen der Vollstreckungsanordnung des BVerfG. 14

Ein Versuch Bayerns, durch ein SchwangerschaftshilfeergänzungsG von 1996 (BayGVBl. 1996, S. 328) die Anforderungen an den legalen Schwangerschaftsabbruch zu verschärfen (Facharztvorbehalt, Beschränkung der Einnahmen von Ärzten aus Schwangerschaftsabbrüchen auf ein Viertel der Gesamteinnahmen, Verbot der ärztlichen Mitwirkung am Abbruch, ohne sich die Beweggründe der Schwangeren darlegen zu lassen), wurde in BVerfGE 98, 265 u. a. wegen Verstoßes gegen die abschließende bundesrechtliche Regelung im Wesentlichen für verfassungswidrig erklärt.

2. Kriminalpolitische Positionen

Wenn auch zu erwarten steht, dass diese Neuregelung auf absehbare Zeit Bestand haben wird, ist doch die kriminalpolitische Auseinandersetzung hierdurch nicht zu einem Ende gelangt. Das breite Spektrum unterschiedlicher Meinungen besteht fort zwischen solchen, die das ungeborene Leben dem geborenen vollständig gleichstellen und nur eine enge medizinische Indikation zulassen wollen[13], und anderen, die den Fötus bis zur Geburt der freien Verfügung der Schwangeren überantworten wollen und teils sogar noch Neugeborenen und Kleinstkindern kein Lebensrecht zusprechen[14]. Siehe zu einseitigen Positionen (Fort mit § 218!, Mein Bauch gehört mir!, Abtreibung ist Mord!) auch LH 1, 3. Aufl. 1988, Rn. 334 ff.[15] 15

Die Möglichkeit der Fortpflanzungsmedizin, Eizellen außerhalb des menschlichen Körpers zu befruchten, hat zu weiteren ethischen und juristischen Diskussionen geführt, die über den Bereich der künstlichen Befruchtung hinaus auch den Schwangerschaftsabbruch betreffen. Mit dem 16

---

11 Verfassungsprozessrechtlich ist streitig, ob das BVerfG eine gesetzesvertretende Regelung als Vollstreckungsanordnung gemäß § 35 BVerfGG erlassen durfte, vgl. *Geiger/v. Lampe*, Jura 1994, 28 f.; SK-*Rudolphi/Rogall*, Vor § 218 Rn. 32.
12 BGBl. I, S. 1050.
13 Vgl. *Tröndle*, in: Tröndle/Fischer (bis zur 49. Aufl. 1999), Vor § 218 Rn. 13 ff.; a. A. jetzt *Fischer*, Vor §§ 218 ff. Rn. 10.
14 Vgl. *Hoerster*, Abtreibung im säkularen Staat, 2. Aufl. 1995, insbesondere S. 128 ff., der nur aus pragmatischen Gründen für ein Verbot der Tötung geborener Menschen eintritt: Neugeborene und Kleinkinder besäßen zwar kein Lebensrecht, aber wegen der im Einzelfall schwierig zu treffenden Entscheidung, ob das Kind bereits „Person" und damit Träger eines Lebensrechts sei, müsse die Geburt als Zäsur herangezogen werden.
15 Instruktiv zur Meinungsvielfalt in den Grundfragen des Abtreibungsrechts die Gegenüberstellung der Erläuterungen in den gängigen StGB-Kommentaren von *Büchner*, ZfL 1999, 60.

§ 5 Rn. 17 Schwangerschaftsabbruch, §§ 218 ff.

am 1.1.1991 in Kraft getretenen Embryonenschutzgesetz[16] ist die Frage aufgeworfen, ob die strenge Reglementierung extrakorporaler Befruchtung und des Umgangs mit in solcher Weise erzeugten Embryonen – so ist z. B. nach § 2 EmbryonenSchG das aktive Vernichten eines lebenden, künstlich erzeugten Embryos unter Strafdrohung verboten – mit der weitgehenden Freigabe der Tötung des weniger als drei Monate alten Embryos im Mutterleib zusammenpasst[17]. Ergänzt wird der Embryonenschutz durch das StammzellG von 2002[18]. Die päpstliche Forderung nach einem Rückzug der katholischen Kirche aus der Schwangerenkonfliktberatung, weil diese auf eine Bescheinigung der Zulassung der Tötung menschlichen Lebens hinauslaufe, hat erneute politische Bedenken gegen die Fristenlösung hervorgerufen.

3. Vorgaben des BVerfG und Grundzüge des geltenden Rechts

17 Das BVerfG hat aus Art. 1 I i. V. m. Art. 2 II GG die Pflicht des Staates, das ungeborene menschliche Leben zu schützen, abgeleitet. Dabei hat das BVerfG offengelassen, ob der nasciturus selbst Träger des Grundrechts auf Leben aus Art. 2 II GG ist; die Schutzpflicht des Staates gebiete jedenfalls, die Rechtsordnung „im Sinne eines Lebensrechts des Ungeborenen" zu gestalten, welches auch gegenüber der Mutter bestehen müsse[19]. Der Abbruch der Schwangerschaft müsse daher grundsätzlich verboten sein[20]. Nur in eng umgrenzten Ausnahmefällen könne im Hinblick auf kollidierende Grundrechte der Schwangeren vom Verbot des Schwangerschaftsabbruchs abgesehen werden. Das BVerfG nennt beispielhaft für solche Notlagen, in welchen die Rechtspflicht, das Kind auszutragen, nicht zumutbar sei, die Fälle der hergebrachten medizinischen und der kriminologischen Indikation[21]. Darüber hinaus könne der Gesetzgeber eine embryopathische Indikation sowie andere ähnlich schwerwiegende Notlagen tatbestandlich umschreiben[22].

Müsse nun aber – von solchen Ausnahmefällen abgesehen – der Schwangerschaftsabbruch verboten sein, so bedeute dies nicht notwendig, dass der Gesetzgeber auch zur strafrechtlichen Sanktionierung greifen müsse. Zwar könne der Gesetzgeber auf den Einsatz des Strafrechts nicht völlig verzichten, da er dem gebotenen Schutz des ungeborenen Lebens sonst nicht gerecht würde; es stehe ihm aber frei, in der Frühphase der Schwangerschaft ein Schutzkonzept zu verfolgen, welches die Schwangere

---

16 Gesetz vom 13.12.1990, BGBl. I, S. 2746.
17 Vgl. zum Embryonenschutzgesetz *Günther,* in: Tinneberg u. a. (Hrsg.), Moderne Fortpflanzungsmedizin, 1995, S. 21 ff.
18 Gesetz zur Sicherstellung des Embryonenschutzes im Zusammenhang mit der Einfuhr und Verwendung menschlicher embryonaler Stammzellen vom 28.6.2002, BGBl. I, S. 2277. S. dazu *S/S/ Eser,* Vor § 218 Rn. 11a m. w. N.
19 BVerfGE 88, 203 (252).
20 BVerfGE 88, 203 (253, 255).
21 Vgl. dazu näher oben Rn. 5–7 und 9.
22 BVerfGE 88, 203 (257).

zum Austragen des Kindes ermuntern will, eine Entscheidung der Frau gegen das Kind aber nicht mit Strafe belegt[23].

In § 218a I und II, III folgt der **Gesetzgeber** dieser **Zweiteilung straf- 18 loser Schwangerschaftsabbrüche** in solche, die wegen mit dem Leben der Leibesfrucht kollidierender Grundrechte der Schwangeren rechtmäßig sind, und solche, die rechtswidrig und lediglich nicht mit Strafe bedroht sind. Es handelt sich bei dieser Regelung um eine **Fristenlösung** mit Beratungspflicht, die durch **zwei Indikationen** ergänzt wird:

Der nach § 218 I grundsätzlich strafbare Schwangerschaftsabbruch wird in § 218a I für **nicht tatbestandsmäßig** erklärt, wenn seit der Empfängnis nicht mehr als 12 Wochen vergangen sind (Nr. 3) und weiter die Voraussetzungen der Nrn. 1 und 2 vorliegen **(Fristenlösung)**. Nach § 218 II ist der Schwangerschaftsabbruch bei Vorliegen einer **medizinischen Indikation** gerechtfertigt. In § 218a III wird die **kriminologische Indikation** der medizinischen als Rechtfertigungsgrund gleichgestellt. § 218a II und III enthalten also eine **Indikationenlösung** (dazu näher u. Rn. 45, 58 ff.).

Die Einordnung der nach § 218a I wegen Tatbestandslosigkeit zwar straflosen, aber rechtswidrigen Schwangerschaftsabbrüche in die **Gesamtrechtsordnung** bereitet vor allem deshalb Schwierigkeiten, weil sie nach der Entscheidung des BVerfG[24] im Wesentlichen doch wie rechtmäßige Abbrüche zu behandeln sein sollen; dazu u. Rn. 46.

4. Die Realität des Schwangerschaftsabbruchs

Im Schwangeren- und FamilienhilfeG von 1992 wollte der Gesetzgeber 19 die Pflicht der Ärzte, dem Statistischen Bundesamt Auskunft über durchgeführte Schwangerschaftsabbrüche zu geben, abschaffen. Die Aufhebung der Meldepflicht ist jedoch vom BVerfG für verfassungswidrig erklärt worden. Der Gesetzgeber müsse sich vergewissern, ob das von ihm eingeschlagene Schutzkonzept für das ungeborene Leben Erfolg habe, um gegebenenfalls Änderungen vornehmen zu können. Im Schwangeren- und FamilienhilfeänderungsG von 1995 hat der Gesetzgeber demgemäß mit den §§ 15–18 SchwangerschaftskonfliktG eine Regelung geschaffen, die alle Arztpraxen und Krankenhäuser, die innerhalb von zwei Jahren vor dem jeweiligen Quartalsende Schwangerschaftsabbrüche vorgenommen haben, zur Auskunft verpflichtet (§ 18). Gleichwohl liegen keine zuverlässigen Daten über die Häufigkeit von Abbrüchen in Deutschland vor. Schätzungen siedeln das Meldedefizit bei 50 % an[25]. Die vom Statistischen Bundesamt angegebene Zahl 102.802 gemeldeter Fälle im Jahr 2013 kann daher allenfalls als vage Größenordnung begriffen werden[26].

---

23 BVerfGE 88, 203 (258, 264, 266).
24 BVerfGE 88, 203 (280).
25 SK-*Rudolphi/Rogall*, Vor § 218 Rn. 68 unter Berufung auf *Spieker*, Jura 1987, 57 f.
26 Vgl. die Kritik von *Giesen*, FAZ v. 28.10.1997, S. 14.

20 Verschwindend gering ist die Bedeutung des **illegalen** Schwangerschaftsabbruchs in der polizeilichen und strafgerichtlichen Praxis. 1995 bis 2007 wurden jeweils kaum einmal mehr als 100 Delikte nach §§ 218, 218b, 218c, 219a und 219b polizeilich erfasst, bis 2012 erfolgten nur Verurteilungen im einstelligen Bereich, 2005 überhaupt keine.

II. Der Tatbestand des Schwangerschaftsabbruchs, § 218

1. Rechtsgut und Tathandlung

21 Rechtsgut ist das **Leben der Frucht**[27]. Angesichts der vom Gesetz der Schwangeren eingeräumten weitgehenden Eingriffsmöglichkeiten in dieses Rechtsgut wird man beim Schwangerschaftsabbruch gegen ihren Willen als sekundäres Rechtsgut die Entscheidungsfreiheit der Schwangeren, die Frucht auszutragen, anerkennen müssen[28].

22 Die **Tathandlung** hatte das Gesetz in der Fassung vor dem 5. StrRG von 1974 als **Abtöten der Leibesfrucht** formuliert. BVerfGE 39, 1 (46) ist darin zuzustimmen, dass „der Schwangerschaftsabbruch ... eine Tötungshandlung (sc. ist)". Die Begründung mit der Gesetzessystematik ist freilich schwach[29]. Die Einordnung in den Zusammenhang mit §§ 211 ff. (vor der Körperverletzung) ändert nichts daran, dass das Abtöten der Leibesfrucht qualitativ mit dem Töten eines Menschen nicht vergleichbar ist. Deshalb ist folgender Satz aus BVerfGE 39, 1 (45) hervorzuheben: „Der Gesetzgeber ist grundsätzlich nicht verpflichtet, die gleichen Maßnahmen strafrechtlicher Art zum Schutz des ungeborenen Lebens zu ergreifen, wie er sie zur Sicherung des geborenen Lebens für zweckdienlich und geboten hält." So ist beispielsweise die **fahrlässige** Tötung der Frucht nicht strafbar. Zur umstrittenen Frage, ob vorgeburtliche **Schädigungen** als Körperverletzung bestraft werden können (Contergan!) s. u. Rn. 96 ff.

23 Da § 218 eine Schwangerschaft voraussetzt, ist die Abtötung von **extrakorporal erzeugten und entwickelten Embryonen** vom Tatbestand nicht erfasst. Ein Schwangerschaftsabbruch ist erst nach der Implantation eines solchen Embryos in die Gebärmutter möglich. – Zu den Strafvorschriften im EmbryonenschutzG s. u. Rn. 26.

24 § 218 I 2 stellt klar, dass das werdende Leben erst mit der **Nidation** geschützt ist, die i. d. R. mit Ablauf des 13. Tages nach der Empfängnis abgeschlossen ist. Davor käme wegen der **Beweisschwierigkeiten** eine Bestra-

---

27 Nahezu allgemeine Meinung, vgl. z. B. BVerfGE 39, 1 (42 ff.) u. 88, 203 (251 f).
28 So z. B. auch *S/S/Eser*, Vor § 218 Rn. 12. Auf die Entscheidungsfreiheit der Schwangeren weist *Rüpke*, a. a. O. besonders hin. – Z. T. wird die Gesundheit der Mutter als sekundäres Rechtsgut bezeichnet (so *Maurach/Schroeder/Maiwald*, BT 1, § 6 Rn. 11 ff.; *S/S/Eser*, Vor § 218 Rn. 12). Das ist bei § 218 II Nr. 2 unbestreitbar, folgt aber nicht aus dem Erfordernis ärztlichen Handelns für die Strafbefreiung nach § 218a; a. A. *Lackner*, NJW 1976, 1233; offengelassen in *Lackner/Kühl*, § 218 Rn. 1. – Zum Schutz der Schwangeren gegen Nötigung s. u. Rn. 35, 42.
29 BVerfGE 39, 1 (46) fährt fort: „Das wird aufs Deutlichste dadurch bezeugt, dass die ... Strafdrohung ... im Abschnitt ,Verbrechen und Vergehen wider das Leben' enthalten ist."

Der Tatbestand des § 218 § 5 Rn. 25–27

fung wegen vollendeten Schwangerschaftsabbruchs ohnehin nicht in Betracht.

Der Sinn des § 218 I 2 liegt darin, die „**Pille danach**" zuzulassen, also 25 Mittel, die nach der Empfängnis die Einnistung des befruchteten Eis verhindern. Die Beihilfe zu solcher Geburtenkontrolle könnte sonst als Beihilfe zum **versuchten** Abbruch (wegen der genannten Beweisschwierigkeiten keine Vollendung) bestraft werden.

Ergänzend zum – in § 218 I 2 abgeschwächten – strafrechtlichen Schutz 26 des Embryos ist auf **§§ 1 und 2 EmbryonenschutzG** hinzuweisen, wo die missbräuchliche Anwendung von Fortpflanzungstechniken und die missbräuchliche Verwendung menschlicher Embryonen unter Strafe gestellt ist. Geeignete Tatobjekte missbräuchlicher Embryonenverwendung sind neben extrakorporal gezeugten Embryonen auch Embryonen im Stadium **vor der Nidation**. Nach § 2 I EmbryonenschutzG strafbar ist die zweckwidrige Verwendung (einschließlich der aktiven Tötung) eines extra-korporal gezeugten oder eines einer Frau vor Abschluss der Nidation entnommenen Embryos. Nicht geschützt ist dagegen die bereits fortentwickelte Leibesfrucht, die spontan abgegangen ist oder mittels Schwangerschaftsabbruchs „gewonnen" wurde – eine nicht stimmige Gesetzeslage.

Eine **Schwangerschaft** i. S. d. § 218 I 1 liegt auch dann noch vor, wenn 27 der **Hirntod der Schwangeren** bereits eingetreten ist und ihre Vitalfunktionen künstlich aufrechterhalten werden (Erlanger Schwangerschaftsfall). Da die Leibesfrucht ein gegenüber der Schwangeren selbstständiges Rechtsgut darstellt, ist das Einstellen der künstlich aufrecht erhaltenen Vitalfunktionen der Schwangeren (mit der notwendigen Folge des Todes des Embryos) ein tatbestandsmäßiger, nach h. M. durch Unterlassen begangener Schwangerschaftsabbruch[30].

Damit sind aber die Würfel über die Strafbarkeit des Arztes nach § 218 I noch nicht gefallen. Vielmehr stellen sich im Hinblick auf seine Verantwortlichkeit als Unterlassungs- (aber auch als Begehungs-)täter eine ganze Reihe von Fragen aus dem AT: Rechtspflicht zur weiteren Reanimation der hirntoten Frau?, Rechtmäßigkeit (§ 34) und Zumutbarkeit dieser Maßnahme im Hinblick auf das Recht der Frau auf einen menschenwürdigen Tod?, Berücksichtigung der Chance der Geburt (Kaiserschnitt) eines lebensfähigen Kindes, Berücksichtigung des mutmaßlichen Willens der Schwangeren?

Überwiegend wird auf die Umstände des konkreten Falles abgehoben und zutreffend eine Pflicht des Arztes zur Aufrechterhaltung der Vitalfunktionen der Frau angenommen, wenn für die Leibesfrucht eine reelle Lebenschance besteht und ihre Rettung dem mutmaßlichen Interesse der Schwangeren entspricht, jedenfalls nicht widerspricht[31].

---

30 H. M.; s. z. B. *Beckmann*, MedR 1993, 121 (123); *Hilgendorf*, JuS 1993, 97 (98); *Kiesecker*, a. a. O. S. 273; *Lackner/Kühl*, § 218 Rn. 4; *Maurach/Schroeder/Maiwald*, BT 1, § 6 Rn. 25; *Otto*, BT, § 13 Rn. 8; SK-*Rudolphi/Rogall*, § 218 Rn. 11, 25. Für aktives Tun *Fischer*, § 218 Rn. 7. – A. A. *Giesen/Poll*, JR 1993, 177 (Schwangerschaft setze eine lebende Mutter voraus).
31 S. z. B. AG (VormG) Hersbruck, FamRZ 1992, 1471; *Beckmann*, MedR 1993, 121; *Hilgendorf*, JuS 1993, 97 (101); *Kiesecker*, a. a. O. S. 273; SK-*Rudolphi/Rogall*, § 218 Rn. 25.

28 **Vollendet** ist die Tat nach § 218 I 1 mit der Tötung des Embryos. Gleichgültig ist, ob die Frucht im Mutterleib getötet wird oder der Eingriff zu ihrem Tod außerhalb des Mutterleibs führt.

Kommt es infolge des Eingriffs zur Geburt eines Menschen, der **nicht lebensfähig** ist, ist der Schwangerschaftsabbruch mit dem Tod dieses Menschen vollendet, BGHSt 10, 5; 10, 293; 13, 24. Da „Lebensfähigkeit" ein relativer Begriff ist, ist der Rspr. zuzustimmen, die nur bei engem zeitlichen Zusammenhang zwischen Eingriff und Tod Vollendung des § 218 annimmt. Bei einer Schädigung durch den Eingriff, die erst nach Jahren zum Tod des Kindes führt, liegt nur der Versuch des § 218 vor, da der Erfolg aufgrund einer wesentlichen Abweichung des Kausalverlaufs eintritt. – Kommt es zur Geburt eines **lebensfähigen** Kindes, ist der Abbruch der Schwangerschaft fehlgeschlagen (Versuch). S. auch *Baumann/Arzt/Weber*, Strafrechtsfälle und Lösungen, Fall 6 (Die Frühgeburt).

2. Selbstabbruch und Fremdabbruch

29 **Tatbestandsmäßig** nach § 218 I 1 ist der Schwangerschaftsabbruch durch die Schwangere **(Selbstabbruch)** und durch Dritte **(Fremdabbruch).** Auf der **Rechtsfolgenseite** wird jedoch der Selbstabbruch in mehrfacher Hinsicht milder behandelt als der Fremdabbruch: herabgesetzter Strafrahmen in § 218 III, Strafschärfung in besonders schweren Fällen nach § 218 II ist nur für den Fremdabbruch vorgesehen, Straflosigkeit der Schwangeren nach § 218a IV 1, 2[32] und Straflosigkeit des durch die Schwangere unternommenen Abtreibungsversuchs, § 218 IV 2.

30 Alle Milderungen des Selbstabbruchs gelten nur für die Frau, für sie aber auch dann, wenn ein Dritter die Schwangerschaft abbricht und sie sich daran beteiligt. Die Schwangerschaft ist strafmilderndes bzw. ausschließendes persönliches Merkmal i. S. von § 28 II. – Alle Privilegien des Selbstabbruchs gelten für die Frau auch dann, wenn sie sich irrig für schwanger hält, sodass auch ihr Abtreibungsversuch (des untauglichen Subjekts und am untauglichen Objekt) nach § 218 IV 2 straflos bleibt[33].

31 Die Anstiftung (bloße Beihilfe ist kaum denkbar) der Schwangeren zum Fremdabbruch wird also über § 28 II dem Strafrahmen des § 218 III unterstellt. Zugleich wird die Teilnahme am Fremdabbruch durch den darin implizierten **täterschaftlichen Selbstabbruch durch Tun** überlagert und verdrängt[34].

32 Auf der anderen Seite ist nach allgemeinen Beteiligungsregeln Strafbarkeit der Schwangeren trotz Straflosigkeit des Arztes denkbar, so in Gestalt der mittelbaren Täterschaft (§§ 218 I, III, 25 I, 2. Alt.), wenn der Arzt aufgrund falscher Angaben der Schwangeren unrichtig vom Vorliegen einer Indikation nach § 218a II, III ausgeht (vorsatz- bzw. vorsatzschuldaus-

---

32 Dazu näher u. Rn. 77 f.
33 In § 218 IV 2 in der vor 1995 geltenden Fassung wurde die Straflosigkeit (auch) des Versuchs der Nichtschwangeren ausdrücklich (aber überflüssigerweise) dadurch zum Ausdruck gebracht, dass nicht von „Schwangerer", sondern von „Frau" die Rede war.
34 Zur Rangfolge von Täterschaft und Teilnahme *Baumann/Weber/Mitsch*, § 32 Rn. 60 ff.

schließender Irrtum über die tatsächlichen Voraussetzungen eines Rechtfertigungsgrundes).

Im Einzelnen sind drei Fragen auseinander zu halten: (1) **Tun/Unterlassen:** Das bis 1974 im Gesetz ausdrücklich erwähnte – Zulassen der Abtreibung durch die Schwangere ist **Tun**, nicht Unterlassen[35]. – Denkbar sind Fälle des Unterlassens, wenn durch einen gegen den Willen der Schwangeren vorgenommenen Eingriff (oder eine Krankheit) das Leben der Frucht bedroht wird und die Schwangere nichts zur Gefahrabwendung unternimmt. – (2) **Umfang der Garantenpflicht:** Meist wird als selbstverständlich angesehen, dass die Schwangere eine Garantenstellung gegenüber dem Embryo hat[36]. In den zuletzt genannten Fällen würde daraus die Pflicht zur Erfolgsabwendung abzuleiten sein und im Falle der Untätigkeit aus § 218 I, III, 13 zu bestrafen sein. Anders als die Garantenstellung des Erzeugers, die diesen zum Schutz der Frucht vor Angriffen Dritter verpflichtet (grundsätzlich zu vertretbaren Leistungen), würde eine Garantenstellung der Schwangeren diese zu mannigfaltigen unvertretbaren höchstpersönlichen Leistungen (körperliche Untersuchungen, Diät, Medikamenteneinnahme usw.) verpflichten. Wieweit dies **zumutbar** ist, wäre kritisch zu prüfen. In der Praxis werden Unterlassungen der Schwangeren zum Glück schon deshalb keine Rolle spielen, weil kaum je der Kausalitätsnachweis zu führen sein wird, dass bei Gegenmaßnahmen der Fruchtabgang vermieden worden wäre. **Versuch** der Selbstabtreibung ist jedoch nicht strafbar, § 218 IV 2. – (3) **Notwendige Täterschaft der Schwangeren:** Ein Teil der Literatur nimmt an, dass ein Garant beim bloß Teilnehmen eines Begehungsdelikts sein könne. Wer bei Untätigkeit Täter sei, könne bei Tätigkeit nicht bloß Teilnehmer sein, dazu o. § 3 Rn. 39, 44 ff. Bei § 218 kann diese allgemeine Frage auf sich beruhen[37], weil die Bindung zwischen Schwangerer und Frucht nach allen Teilnahmelehren dazu führt, dass die Teilnahme der Schwangeren am Fremdabbruch zugleich einen täterschaftlichen Selbstabbruch durch Zulassen des Eingriffs darstellt.

3. Besonders schwere Fälle und Regelbeispiele, § 218 II

Zu der **Gesetzgebungstechnik der Regelbeispiele AT nacharbeiten**[38]. Im Rahmen des BT wird darauf näher bei § 243, dem praktisch und fürs Examen wichtigsten Anwendungsfall, eingegangen, s. u. § 14 Rn. 14 ff. Wichtigster, leider nicht unbestrittener Grundsatz: Das Analogieverbot gilt auch für Regelbeispiele. Denn wie das Vorliegen eines Regelbeispiels den besonders schweren Fall indiziert, indiziert das Nichtvorliegen eines Regelbeispiels das Nichtvorliegen eines besonders schweren Falles. Diese umgekehrte Indizwirkung darf nicht zum Nachteil des Täters durch Aus-

---

35 H. M., s. z. B. *Schöne*, Unterlassene Erfolgsabwendungen und Strafgesetz, 1974, S. 215 („so bietet sie doch ihren Körper dem Eingriff des anderen dar – und darin liegt positives Tun"); *Lackner/Kühl*, § 218 Rn. 3; *Roxin*, JA 1981, 42 (Fn. 3); *S/S/Eser*, § 218 Rn. 30–32; *Fischer*, § 218 Rn. 7. Ebenso BVerfGE 88, 203 (256) und die strafgerichtliche Rspr. (Nachweise bei *Schöne*, a. a. O.). In der Lit. wird das Zulassen z. T. als Unterlassen aufgefasst, so von LK-*Lay*, 9. Aufl., § 218 Rn. 32; *Bernsmann*, JuS 1994, 9; *von Renesse*, ZRP 1991, 321 (322). Konsequenz: Der Strafrahmen des § 218 III für den Selbstabbruch kann nochmals nach § 13 II gemildert werden.
36 So z. B. *Lackner/Kühl*, § 218 Rn. 3; SK-*Rudolphi/Rogall*, § 218 Rn. 23; *S/S/Eser*, § 218 Rn. 30–32; *Fischer*, § 218 Rn. 7; vgl. aber auch *Bemann*, ZStW 83 (1971), 81, 94 ff., wo die Ähnlichkeit des Embryos mit einem „Parasiten" und die sich daraus ergebende Belastung für die Schwangere betont wird.
37 So mit Recht *S/S/Eser*, § 218 Rn. 30–32.
38 S. z. B. *Baumann/Weber/Mitsch*, § 8 Rn. 84 ff.

dehnung der Indizwirkung der Regelbeispiele per Analogie verkürzt werden.

35 Zu § 218 II 2 Nr. 1: Im Vordergrund steht der Schutz der Bereitschaft der Frau, die Frucht auszutragen. „**Gegen den Willen** ..." setzt deshalb Überwindung der **Schutzbereitschaft der Schwangeren** voraus. Der Wille braucht nicht erklärt zu sein, sondern kann sich aus den Umständen als selbstverständlich ergeben. Nr. 1 liegt daher (von konstruierbaren Ausnahmen abgesehen) bei jedem gegenüber der Schwangeren verheimlichten Fremdabbruch vor. – Ist der Abbruch der Schwangeren bekannt, liegt Nr. 1 bei andauernder Schutzbereitschaft der Schwangeren immer vor (i. d. R., dann auch § 240 I, IV 2 Nr. 2, §§ 223 ff. gegenüber der Frau; s. auch u. Rn. 42). Bei anfänglicher Schutzbereitschaft und schließlichem (nicht durch Nötigung erzwungenem) „Zulassen" ist die Frau Täterin eines Selbstabbruchs (s. o. Rn. 33). Dann sind die Voraussetzungen des Regelbeispiels nach Nr. 1 nicht erfüllt, selbst wenn die Frau „eigentlich" den Abbruch nicht will und nur dem Drängen des Fremdabtreibers nachgibt[39].

36 Zu § 218 II 2 Nr. 2: Im Vordergrund steht der Schutz des Lebens und der Gesundheit der Schwangeren, **Kurpfuscherklausel**. Das Merkmal der schweren Gesundheitsschädigung umfasst nicht nur schwere Körperverletzungsfolgen i. S. des § 226 (dazu u. § 6 Rn. 59–61), sondern auch andere gravierende Beeinträchtigungen der körperlichen Integrität wie z. B. langwierige ernsthafte Krankheiten und erhebliche Beeinträchtigungen der Arbeitsfähigkeit[40]. Leichtfertigkeit ist grobe Fahrlässigkeit[41]. Sie kann, wie einfache Fahrlässigkeit, auch in der Form des Übernahmeverschuldens vorliegen, also damit zu begründen sein, dass ein Laie einen solchen Eingriff überhaupt unternimmt (mag der Pfuscher auch bei Ausführung des Eingriffs dann mit aller ihm subjektiv möglichen Sorgfalt gearbeitet haben[42]). Das ist der richtige Kern der Begründung[43], nach der „bei einem Laienabtreiber ... die Voraussetzungen der Nr. 2 regelmäßig gegeben sein (sc. werden)". Da die Gesundheit (und das Leben im Sinne einer Gefährdung) disponible Rechtsgüter sind, ist die Anwendung der Nr. 2 zweifelhaft, wenn die Schwangere in die ihr bekannten Risiken eingewilligt hat. Die ratio legis zielt ersichtlich nicht auf eine Aufklärungspflicht der Kurpfuscher, sondern auf die Verhinderung von Eingriffen, welche die Schwangere schwer gefährden. Es ist das gute Recht des Gesetzgebers,

---

39 Keinesfalls genügt „innerliche Missbilligung" des Abbruchs durch die Schwangere, so auch *Lackner/Kühl*, § 218 Rn. 19; *S/S/Eser*, § 218 Rn. 58; *Fischer*, § 218 Rn. 17.
40 Eingehend dazu *Windhorst*, Der Rechtsbegriff der „schweren Gesundheitsschädigung", 2001.
41 Anders als in anderen Leichtfertigkeitsregelungen, z. B. in §§ 239a III und 251, wurde die Formulierung des § 218 II 2 Nr. 2 durch das 6. StrRG nicht in „wenigstens leichtfertig" geändert. Deshalb ist das Regelbeispiel bei vorsätzlicher Gefährdung nicht anwendbar, aber insoweit i. d. R. ein unbenannter besonders schwerer Fall anzunehmen. So auch *Lackner/Kühl*, § 218 Rn. 20. A. A. *Fischer*, § 218 Rn. 18 („wenigstens leichtfertig"). Offengelassen – § 218 II 2 Nr. 2 oder unbenannter Fall – *S/S/Eser*, § 218 Rn. 59.
42 S. zur Übernahmefahrlässigkeit *Baumann/Weber/Mitsch*, § 22 Rn. 60 ff.
43 So schon BT-Drucks. 7/1981 (neu), S. 13.

ohne Rücksicht auf eine generelle Maxime, nach der die Gesundheit disponibles Rechtsgut ist, im BT in besonderen Fällen eine solche Verfügung für unbeachtlich zu erklären. Das ist bei Nr. 2 anzunehmen.

4. Versuch, § 218 IV

Der versuchte Schwangerschaftsabbruch des Dritten ist nach § 218 IV 1 strafbar, für die Schwangere nach § 218 IV 2 straflos, besonderer persönlicher Strafausschließungsgrund, § 28 II (s. o. Rn. 30 f.). 37

Hat z. B. A die Schwangere S zum misslungenen Abbruch angestiftet, so ist S straflos, A strafbar nach §§ 218 IV 1, 22, 26. Dasselbe gilt, wenn A und S den Versuch mittäterschaftlich (§ 25 II) unternommen haben.

III. Vorfeld- und Umfeldtatbestände

1. Vorfeldtatbestände, §§ 219a und 219b

a) § 219b

Insbesondere mit Blick auf gewerbsmäßig betriebene rechtswidrige Abtreibungen entspricht die in §§ 219a und 219b erfolgte Vorverlagerung des Schutzes des werdenden Lebens ins Vorbereitungsstadium deutscher Tradition. Da eine konkrete Haupttat nicht ins Auge gefasst sein muss, wird dieser Vorfeldcharakter dogmatisch als **abstraktes Gefährdungsdelikt** erfasst. Wegen der abstrakten Gefährdung **anderer** soll die Teilnahme an § 218 die §§ 219a und 219b nicht als subsidiär verdrängen[44]. 38

Angesichts der Ausweitung der Möglichkeiten, die Schwangerschaft tatbestandslos (§ 218a I)[45] oder rechtmäßig (§ 218a II und III) abzubrechen, ist jedoch zweifelhaft, ob § 219b heute noch praktisch bedeutsam ist. Eine weitere Barriere für die Anwendung der Bestimmung bildet das subjektive Erfordernis der **Förderungsabsicht**. Nicht erfasst wird mithin ein Arzneimittelhersteller, dem bekannt ist, dass ein bestimmtes Medikament **auch** zum rechtswidrigen Schwangerschaftsabbruch verwendet wird.

b) § 219a

Auch § 219a ist ein verselbstständigter Vorbereitungstatbestand, soweit die Werbung (weitere Voraussetzungen sind Bereicherungsabsicht oder Anstößigkeit) sich auf **tatbestandsmäßig-rechtswidrigen** Schwangerschaftsabbruch bezieht (vgl. o. Rn. 38). Die **Abgrenzung zu § 111** ist zweifelhaft. Der Gesetzgeber wollte **keine** Spezialität des § 219a gegenüber § 111, insbesondere keine Einschränkung des § 111 im Falle des Schwangerschaftsabbruchs. D. h. eine Aufforderung zum rechtswidrigen Schwangerschaftsabbruch i. S. des § 111 bleibt nach dieser Bestimmung auch dann strafbar, wenn der Täter nicht anstößig und nicht in Bereicherungsabsicht handelt[46]. – Zu § 111 näher u. § 44 Rn. 37 ff. 39

---

44 *S/S/Eser,* § 219a Rn. 14 m. w. N.
45 Der aufgrund der Fristenlösung des § 218a I erfolgende Schwangerschaftsabbruch ist zwar rechtswidrig (s. o. Rn. 18). Seine Tatbestandslosigkeit hat jedoch zur Folge, dass er keine rechtswidrige Tat ist (s. § 11 I Nr. 5), wie sie von § 219b vorausgesetzt wird.
46 BT-Drucks. 7/1981 (neu), S. 17.

40 Der Gesetzgeber will § 219a auch auf Werbung für **tatbestandslose** und **rechtmäßige** Schwangerschaftsabbrüche angewendet sehen. Es ist verständlich, dass Reklame für die Vernichtung des werdenden Lebens untersagt wird, zumal sie den mit der Beratung der Schwangeren verfolgten Intentionen zuwiderläuft. Die Beratung der Schwangeren ist nach § 219 Werbung **für** das werdende Leben. Ob mit solchen Erwägungen die Verfassungsmäßigkeit des § 219a begründet werden kann, ist jedoch zweifelhaft. Die Kriminalisierung des Vorfelds einer rechtmäßigen Haupttat ist so sachwidrig wie die Verselbstständigung und Kriminalisierung einer Teilnahmehandlung, wenn die dazugehörige Haupttat erlaubt bleibt[47].

2. Umfeldtatbestände, § 240 I, IV 2 Nr. 2, § 170 II

41 Mit der Einfügung der §§ 240 IV 2 Nr. 2 und 170 II durch das Schwangeren- und FamilienhilfeänderungsG 1995[48] wollte der Gesetzgeber der Forderung des BVerfG im zweiten Abtreibungsurteil[49] Rechnung tragen, Gefahren entgegenzuwirken, die vom familiären und weiteren sozialen **Umfeld** der Schwangeren ausgehen, insbesondere Verhaltensweisen, „die die Frau zum Schwangerschaftsabbruch drängen".

a) § 240 I, IV 2 Nr. 2

42 Die Entscheidungsfreiheit der Schwangeren, die Frucht auszutragen, ist bereits als sekundäres Rechtsgut des § 218 geschützt, s. o. Rn. 21. Wird die Entscheidung der Frau für oder gegen[50] den Abbruch ihrer Schwangerschaft durch Gewalt oder Drohung erzwungen, so ist der Nötigungstatbestand § 240 I erfüllt (s. zur Nötigung u. § 9 Rn. 46 ff.). Das Regelbeispiel des § 240 IV 2 Nr. 2 indiziert einen besonders schweren Fall, wenn die Frau **zum Schwangerschaftsabbruch genötigt** wird. Ein erzwungener Schwangerschaftsabbruch ist wegen fehlender Einwilligung der Schwangeren stets illegal (s. zum Einwilligungserfordernis in § 218 I Nr. 1 und in § 218a II und III u. Rn. 53 und 60, 75), sodass die Nötigung zum Abbruch wegen Rechtswidrigkeit des angestrebten Zwecks immer auch verwerflich (§ 240 II) ist. – Da nur Nötigungen zum Schwangerschaftsabbruch dem Regelbeispiel unterfallen, wird der erhöhte Unrechtsgehalt durch den Angriff auf das werdende Leben begründet. Damit berührt sich das Regelbeispiel des § 240 IV 2 Nr. 2 mit dem des § 218 II 2 Nr. 1 (dazu o. Rn. 35). Geschieht die Missachtung des Willens der Schwangeren durch Nötigung, so hat tateinheitliche Verurteilung (§ 52) nach den genannten Vorschriften zu erfolgen.

b) § 170 II

43 Unter Strafe gestellt ist ein Sonderfall der Verletzung der gesetzlichen Unterhaltspflicht; s. zu § 170 u. § 10 Rn. 36 ff. Die Vorschrift ist in mehrfacher Hinsicht missglückt und zum Schutz des werdenden Lebens kaum geeignet[51]: (1) Der in erster Linie als Täter in Betracht kommende nichteheliche Vater wird nicht wirksam erfasst,

---

47 Nach BVerfGE 17, 306 (Mitfahrerzentrale) ist Letzteres verfassungswidrig.
48 S. o. Rn. 14. – Die jetzige Gesetzesfassung beruht auf dem 6. StrRG.
49 BVerfGE 88, 203 (298).
50 Liegen die Voraussetzungen des § 218a I oder II, III für einen Abbruch vor (dazu u. Rn. 52 ff. und 60 ff.), so ist die Nötigung zur Fortsetzung der Schwangerschaft auch verwerflich (§ 240 II); anders, wenn sich die Schwangere durch den Abbruch strafbar machen würde.
51 S. dazu und zum Folgenden näher insbesondere *Schittenhelm*, NStZ 1997, 169; s. auch u. § 10 Rn. 36 ff.

Straflosigkeit, § 218a   § 5 Rn. 44–46

weil ihn gegenüber der Schwangeren nach § 1615l BGB eine Unterhaltspflicht frühestens vier Monate, i. d. R. sogar erst sechs Wochen vor der Entbindung trifft, sodass § 170 II für den normalerweise innerhalb der 12-Wochenfrist des § 218a I erfolgenden Schwangerschaftsabbruch überhaupt keine Wirkung entfalten kann. (2) Die in § 170 II geforderte Kausalität der Unterhaltsverweigerung für den Abbruch dürfte schwerlich nachweisbar sein. (3) Wenn das Verwerflichkeitserfordernis überhaupt eine selbstständige Bedeutung haben soll, wird damit eine weitere Hürde gegen die Anwendung der Vorschrift errichtet.

IV. Die Straflosigkeit des Schwangerschaftsabbruchs, insbesondere § 218a

1. Zweiteilung der Straflosigkeit: Tatbestandslosigkeit (Fristenregelung), § 218a I; Rechtfertigung (Indikationenregelung), § 218a II und III

Die nach dem zweiten Abtreibungsurteil des BVerfG gebotene Unterscheidung zwischen zwar rechtswidrigem, aber straflosem Schwangerschaftsabbruch einerseits und gerechtfertigtem Schwangerschaftsabbruch andererseits (s. o. Rn. 18) kommt im Gesetzestext des § 218a nicht durchweg deutlich zum Ausdruck. 44

Lediglich der Wortlaut des § 218a II ist eindeutig: Bei Vorliegen der dort genannten Voraussetzungen ist der Abbruch **nicht rechtswidrig**, d. h. die (weit gezogene) **medizinische Indikation** ist zweifelsfrei ein **Rechtfertigungsgrund**. Für die **kriminologische Indikation** wird Rechtfertigung in § 218a III nicht ausdrücklich angeordnet, sondern das Vorliegen der **Voraussetzungen des Abs. 2** (medizinische Indikation) **fingiert**. Dieser Technik hatte sich der Gesetzgeber bereits im 15. StrÄndG 1976 in der Weise bedient, dass weitere Indikationen, u. a. die soziale Indikation (§ 218a II Nr. 3 i. d. F. des 15. StrÄndG), der als Rechtfertigungsgrund anerkannten medizinischen Indikation im Wege der Fiktion zugeordnet wurden, mit der Folge, dass die Rechtsnatur der Indikationen umstritten blieb[52]. Die jetzige Regelung hätte deshalb besser auf die Fiktionstechnik verzichtet und auch in § 218a III eindeutig Rechtfertigung angeordnet. Dies wäre auch gefahrlos möglich gewesen, weil das BVerfG im zweiten Abtreibungsurteil die Bewertung der kriminologischen Indikation als Rechtfertigungsgrund für verfassungsgemäß erklärt hat[53]. 45

Nur vor dem Hintergrund des zweiten Abtreibungsurteils wird klar, dass der in § 218a I (Fristenlösung) dem Tatbestand des § 218 I 1 entzogene Schwangerschaftsabbruch **rechtswidrig** ist. Denn der Gesetzgeber ist mit der Wortfassung der Bestimmung der Forderung des BVerfG[54] schwerlich nachgekommen, das Gesetz müsse deutlich machen, dass ein im Rahmen der Fristenregelung mit Beratungspflicht vorgenommener Schwangerschaftsabbruch lediglich straflos, nicht jedoch rechtmäßig sei. 46

---
52 S. o. Rn. 10 und näher LH 1, 3. Aufl. 1988, Rn. 376.
53 BVerfGE 88, 203 (257).
54 BVerfGE 88, 203 (272, 279).

Auf der anderen Seite will das BVerfG nahe liegende Konsequenzen aus der Rechtswidrigkeit des nach § 218a I tatbestandslosen Schwangerschaftsabbruchs vermeiden: Der Behandlungsvertrag mit dem den Abbruch vornehmenden Arzt soll trotz § 134 BGB wirksam sein; Nothilfe (§ 32) zugunsten der Leibesfrucht soll ausgeschlossen sein[55]; Sozialhilfe und Lohnfortzahlung des Arbeitgebers sollen gewährt werden. Die Rechtswidrigkeit des nach § 218a I tatbestandslosen Schwangerschaftsabbruchs soll lediglich der Kostenübernahme durch die gesetzliche Krankenversicherung entgegenstehen[56]. – Von einem generellen Verdikt der Rechtswidrigkeit kann daher nicht gesprochen werden. Nach Auffassung des BVerfG[57] soll es durchaus möglich sein, je nach Rechtsgebiet nicht gerechtfertigte Schwangerschaftsabbrüche nicht als Unrecht zu behandeln[58].

47 Mit der Herausnahme des nach der Fristenregelung erfolgenden Schwangerschaftsabbruchs in § 218a I aus dem Tatbestand des § 218 I 1 verliert die Handlung die Eigenschaft einer teilnahmefähigen Haupttat. Denn §§ 26 und 27 verlangen als **Akzessorietätserfordernis** eine **tatbestandsmäßige** rechtswidrige Tat; vgl. die Legaldefinition in § 11 I Nr. 5.

48 Entgegen der in den Gesetzesmaterialien[59] vertretenen Auffassung wird jedoch allein mit der in § 218a I angeordneten Tatbestandslosigkeit des Schwangerschaftsabbruchs **Nothilfe** zugunsten der Leibesfrucht nicht ausgeschlossen[60]. Denn § 32 II setzt nur einen rechtswidrigen, nicht aber tatbestandsmäßigen Angriff auf das Rechtsgutobjekt voraus[61]. Gleichwohl ist Nothilfe gegen den nach § 218a I tatbestandslosen (aber rechtswidrigen) Schwangerschaftsabbruch nicht zulässig, da mit dem Fristenlösungskonzept eine Wertentscheidung dahin getroffen wurde, dass das Austragen des Kindes nicht erzwungen werden kann[62].

2. Der tatbestandslose Schwangerschaftsabbruch, Fristenlösung des § 218a I

a) Vorteile der Fristenlösung

49 **Gegen** das in § 218a I (in Gestalt der Tatbestandslösung, s. o. Rn. 18 und 46) verwirklichte Fristenmodell lässt sich zwar einwenden, der Schutz des werdenden Lebens werde zu stark eingeschränkt, wenn die Tötung der

---

55 BVerfGE 88, 203 (279, 295).
56 BVerfGE 88, 203 (315, 321 f.).
57 BVerfGE 88, 203 (280).
58 Vgl. zu dieser „rechtsgebietsspezifischen Rechtswidrigkeit", insbesondere zur allgemeinen und zur spezifischen Strafrechtswidrigkeit, grundlegend *Günther*, Strafrechtswidrigkeit und Strafunrechtsausschluss, 1983, insbesondere S. 83 ff., speziell zu § 218a S. 314 ff.
59 BT-Drucks. 13/1850, S. 25.
60 BVerfGE 88, 203 (279) hatte eine gesetzliche Sicherstellung verlangt, „dass gegen das Handeln der Frau und des Arztes von Dritten Nothilfe zugunsten des Ungeborenen nicht geleistet werden kann".
61 S. z. B. *Baumann/Weber/Mitsch*, § 17 Rn. 16. – Berechtigte Kritik deshalb von *Otto*, Jura 1996, 135 (140), und *Satzger*, JuS 1997, 800 (802).
62 S. dazu *Satzger*, JuS 1997, 800 (802), der zutreffend die Gebotenheit der Nothilfe verneint.

Leibesfrucht ohne einen durch Abwägung der widerstreitenden Interessen belegten Grund (Indikation) zugelassen werde[63].

Für die Fristenlösung spricht vor allem: Bei strenger Ausgestaltung und Handhabung eines Indikationenmodells besteht die Gefahr, dass die zum Schwangerschaftsabbruch entschlossene Frau zu einem Kurpfuscher getrieben wird, weil sie das Risiko der Ablehnung einer Indikation scheut. Weiter fördert ein strenges Indikationenmodell den sog. Abtreibungstourismus in Staaten, in denen die Fristenlösung gilt. Bevorzugt werden dabei Frauen, die über die erforderlichen Mittel (Geld und Hilfe bei Sprachschwierigkeiten etc.) verfügen. Die in § 5 Nr. 9 angeordnete Strafbarkeit von Auslandstaten nach deutschem Recht (Verhinderung eines „Reichenprivilegs") steht nur auf dem Papier, da vom insoweit geltenden Opportunitätsprinzip (§ 153c I Nr. 1 StPO) erfahrungsgemäß großzügigst Gebrauch gemacht wird. 50

Zu weiteren Gründen für die Fristenlösung vgl. AE Vorbem. vor § 105 und die Begründung für die Fristenlösung des 5. StrRG 1974 (dazu o. Rn. 8) in BT-Drucks. 6/3434.

Werden die Indikationen missbräuchlich großzügig gewährt, wie dies für die soziale Indikation des § 218a II Nr. 3 i. d. F. des 15. StrRÄndG (dazu o. Rn. 9) zumindest zu vermuten war, so wird ein wirksamer Schutz des werdenden Lebens nicht erreicht und liegt der Vorwurf der Verlogenheit auf der Hand. Das Fristenmodell ist die ehrlichere Lösung. 51

b) Voraussetzungen der Straflosigkeit

§ 218a I nimmt Schwangerschaftsabbrüche aus dem Tatbestand des § 218 heraus, wenn folgende Voraussetzungen erfüllt sind: 52

(1) Der Abbruch erfolgt auf **Verlangen der Schwangeren** (§ 218a I Nr. 1). Ebenso wenig wie bei der Tötung auf Verlangen (§ 216, dazu o. § 3 Rn. 13) genügt die bloße Einwilligung. 53

(2) Die Schwangere weist eine mindestens drei Tage vor dem Eingriff stattgefundene **Beratung** nach (§ 218a I Nr. 1). Der Inhalt der Beratung ist in § 219, ergänzt durch § 5 SchwangerschaftskonfliktG, geregelt. Die Beratung dient zwar dem Schutz des ungeborenen Lebens (Tendenzberatung), ist aber in Anerkennung der Verantwortung der Frau ergebnisoffen zu führen. Hat keine Beratung stattgefunden und wird eine bloße „Scheinbescheinigung" vorgelegt, ist der Abbruch tatbestandsmäßig nach § 218 I 1. Bei irrtümlicher Annahme einer wirklichen Beratung liegt ein vorsatzausschließender Tatumstandsirrtum (§ 16 I 1) vor. Zur mittelbaren Täterschaft der Schwangeren bei Vorlage einer unrichtigen Bescheinigung, die den gutgläubigen Arzt zum Abbruch veranlasst, s. o. Rn. 32. Hat eine bescheinigte Beratung tatsächlich stattgefunden, so bleibt es bei der Tatbe- 54

---

63 So u. a. das BVerfG im ersten Abtreibungsurteil BVerfGE 39, 1 (52 ff.) und Leitsatz 3.

standslosigkeit des Abbruchs auch dann, wenn die Beratung den Anforderungen des § 219 nicht voll entsprochen hat[64].

55 (3) Der Abbruch wird durch einen **Arzt** vorgenommen (§ 218a I Nr. 2). Dabei begnügt sich das Gesetz mit der Arzteigenschaft. Nicht verlangt wird, dass der Abbruch durch einen Facharzt und kunstgerecht erfolgt[65]. Wird infolge nicht sachgerechter Durchführung des Abbruchs die Schwangere gesundheitlich geschädigt, so greifen die §§ 223 ff. ein (s. auch u. Rn. 94 f.). – Nach § 219 II 3 dürfen Beratung und Schwangerschaftsabbruch nicht durch denselben Arzt erfolgen. Wird dagegen verstoßen, so ist der Arzt nach § 218c I Nr. 4 strafbar (s. auch u. Rn. 87). Dieser Sondertatbestand schließt die Anwendung von § 218 I 1 aus. – In die Vornahme des Abbruchs durch einen Nichtarzt kann die Schwangere nicht mit der Folge eines Ausschlusses des § 218 I 1 einwilligen.

56 (4) Einhaltung der **12-Wochenfrist** seit der Empfängnis (§ 218a I Nr. 3). Bei Fristüberschreitung liegt Tatbestandsmäßigkeit nach § 218 I 1 vor; jedoch bleibt die Schwangere innerhalb von 22 Wochen nach der Empfängnis gem. § 218a IV 1 straflos, wenn sie sich hat beraten lassen und der Abbruch von einem Arzt vorgenommen wird. Auch diese Regelung dient der Bekämpfung des Kurpfuscherunwesens.

c) Keine Pflicht zur Mitwirkung am Schwangerschaftsabbruch

57 Da Zwang zu einem rechtswidrigen Verhalten seinerseits rechtswidrig wäre, ist niemand verpflichtet, an einem unter den Voraussetzungen des § 218a I erfolgenden – also rechtswidrigen – Schwangerschaftsabbruch mitzuwirken. Die dahin gehende Regelung in § 12 I SchwangerschaftskonfliktG hat für die Fristenlösung lediglich deklaratorische Bedeutung; zur Geltung der Vorschrift auch für gerechtfertigte Abbrüche s. u. Rn. 70.

Nennenswerte Probleme, Ärzte und Krankenhauspersonal zu finden, die beim Schwangerschaftsabbruch mitwirken, haben sich in der Praxis nicht ergeben[66].

3. Der gerechtfertigte Schwangerschaftsabbruch, Indikationenlösung des § 218a II und III

a) Erforderlichkeit von Indikationen trotz Fristenlösung

58 Auch nach Ablauf der 12-Wochenfrist des § 218a I Nr. 3 sind noch Fälle zulässigen Schwangerschaftsabbruchs denkbar, so wenn die Frau erst in einem späteren Stadium der Schwangerschaft in Lebens- oder Gesundheitsgefahr gerät, die nur durch einen Abbruch abgewendet werden kann

---

[64] S. z. B. *S/S/Eser*, § 218a Rn. 6 und § 219 Rn. 22 ff. m. w. N.
[65] Kritisch *Lackner/Kühl*, § 218a Rn. 2a; a. A. *S/S/Eser*, § 218a Rn. 59/60.
[66] § 13 II SchwangerschaftskonfliktG verpflichtet die Bundesländer zur Sicherstellung eines ausreichenden Angebots ambulanter und stationärer Einrichtungen zur Vornahme von Schwangerschaftsabbrüchen.

(medizinische Indikation). Deshalb ist jedes Fristenmodell auf die Kombination mit einem Indikationenmodell angewiesen.

Da der aufgrund der Fristenregelung des § 218a I erfolgende 59
Schwangerschaftsabbruch rechtswidrig ist (s. o. Rn. 18 und 46), ist die Indikationenregelung in § 218a II und III auch für Schwangerschaftsabbrüche innerhalb der 12-Wochenfrist von Bedeutung; denn bei Vorliegen einer Indikation bleibt der Frau und dem Arzt der Vorwurf eines rechtswidrigen Schwangerschaftsabbruchs erspart und die gesetzliche Krankenversicherung muss die Kosten des Abbruchs übernehmen (s. o. Rn. 46).

b) Die medizinisch-soziale Indikation des § 218a II

aa) Allgemeine Voraussetzungen

Einwilligung der Schwangeren und Abbruch durch einen **Arzt**. Für 60
die hier wegen der (übrigen) rechtfertigenden Umstände ausreichende (einfache) Einwilligung[67] gelten die allgemeinen Regeln (Einsichtsfähigkeit, nicht Geschäftsfähigkeit maßgebend[68]). Da § 218a II Rechtfertigungsgrund ist, ist die Mitwirkung der Schwangeren, des Klinikpersonals etc. am Abbruch mangels Haupttat nicht strafbar. Das Gesetz stellt auch hier einerseits an den Arzt keinerlei besondere Anforderungen (Facharzt, Gynäkologe etc.)[69], andererseits bleibt ein **Nichtarzt** aus § 218 auch dann strafbar, wenn die materiellen Eingriffsvoraussetzungen des § 218a II erfüllt sind.

Nur in **Ausnahmesituationen** sind Nichtärzte nach § 34 gerechtfertigt. – **Beispiel:** 61
Plötzliche lebensbedrohende Situation für die Schwangere, der nur durch sofortigen Abbruch begegnet werden kann. Ist ein Arzt nicht mehr rechtzeitig erreichbar, so darf die anwesende Hebamme den Eingriff vornehmen.

bb) Die besonderen Voraussetzungen des § 218a II

Es handelt sich um einen Sonderfall der Interessenkollision nach § 34, 62
für den der Gesetzgeber zur Abwägung der Rechtsgüter (werdendes Leben gegen Leben oder Gesundheit der Frau) besondere Hinweise gegeben hat. Aus der Entstehungsgeschichte, der Bezugnahme auf die zukünftigen Lebensverhältnisse und die seelische Gesundheit ergibt sich, dass **kein** enger medizinischer Krankheitsbegriff zugrunde gelegt werden darf und dass die **soziale Situation** insgesamt **zu berücksichtigen** ist. Im Vergleich zum allgemeinen Notstand nach § 34 wird die Rechtfertigung des Schwangerschaftsabbruchs insbesondere dadurch erleichtert, dass das Gesetz die „**Gefahr**" einer schwerwiegenden Beeinträchtigung" genügen lässt. Nach allgemeinen Regeln würde bei der Interessenabwägung zugunsten des

---

67 Zu dem in § 218a I geforderten Verlangen s. o. Rn. 53.
68 Zu den Voraussetzungen einer rechtfertigenden Einwilligung näher *Baumann/Weber/Mitsch*, § 17 Rn. 103 ff.
69 S. dazu bereits o. Rn. 55. Berechtigte Kritik bei *S/S/Eser*, § 218a Rn. 58.

§ 5 Rn. 63–64a Schwangerschaftsabbruch, §§ 218 ff.

werdenden Lebens stark zu Buche schlagen, dass es mit **Sicherheit** vernichtet wird, während auf der anderen Seite nur eine (zumeist nicht gegenwärtige) Gefahr steht.

63 Eine Loslösung der medizinisch-sozialen Indikation vom Notstand des § 34 besteht weiter darin, dass § 218a II nach dem Willen des Gesetzgebers[70] auch die **embryopathische Indikation** – Annahme der Geburt eines Kindes mit schwerwiegender Gesundheitsschädigung (s. auch o. Rn. 8) – umfassen soll[71].

64 Dieser in § 218a II Nr. 1 i. d. F. des 15. StrÄndG ausdrücklich genannte Unterfall der medizinischen Indikation wurde deshalb nicht in die Neufassung des § 218a übernommen, weil man dem Eindruck entgegenwirken wollte, behinderten Menschen komme nur ein vermindertes Lebensrecht zu[72]. – Mit der vollständigen Einbeziehung der embryopathischen Indikation in die unbefristet mögliche medizinisch-soziale Indikation des § 218a II sind auch ihre frühere zeitliche Begrenzung auf einen Zeitraum von 22 Wochen nach der Empfängnis[73] sowie die obligatorische Beratung der Schwangeren mit dreitägiger Überlegungsfrist entfallen.

64a In der Folgezeit wurden **Spätabtreibungen** aus embryopathischen Gründen bekannt, für die eine rechtfertigende medizinisch-soziale Indikation abzulehnen ist. – Zwar ist an der Rechtfertigung einer Spätabtreibung, d. h. der Tötung eines Fötus, der im Falle einer Entbindung eine ernsthafte Überlebenschance hätte[74], bei enger medizinischer Indikation (aus der Schwangerschaft resultierende Lebens- oder Gesundheitsgefahr für die Frau) nicht zu zweifeln. Jedoch ist die Rechtfertigung des Spätabbruchs[75] im Falle der erweiterten medizinischen Indikation (Gefahr für die Frau wegen der Geburt und Existenz eines behinderten Kindes) abzulehnen. Zu fordern ist eine gesetzliche Regelung i. S. der früheren 22-Wochenfrist mit Beratung der Schwangeren. Überzeugend verlangt *Frister*[76] eine Lösung, die über die embryopathische Indikation hinausgreift und andere Fälle der erweiterten medizinischen Indikation einbezieht. Der Gesetzgeber hat sich für eine außerstrafrechtliche Kontrolle von Spätabtreibungen entschieden und durch ÄndG vom 26.8.2009 (BGBl. I 2990) § 2a SchwangerschaftskonfliktG eingeführt, der bei dringendem Verdacht auf eine Schädigung der körperlichen oder geistigen Gesundheit des Kindes eine Beratung der Schwangeren über die sich aus dem Befund ergebenden medizinischen und psychosozialen Aspekte vorsieht. Der gegen diese Beratungspflicht

---

70 S. BT-Drucks. 13/1850, S. 25 f. – In diesem Sinn bereits LH 1, 3. Aufl. 1988, Rn. 386: regelmäßiges Vorliegen der Voraussetzungen auch der medizinischen Indikation bei embryopathischer Indikation.
71 Zweifelnd, ob diese Annahme zutrifft, SK-*Rudolphi/Rogall*, § 218a Rn. 13; scharfe Kritik bei *Tröndle*, NJW 1995, 3009 (3015): „Akt gesetzgeberischer Verhüllungskunst".
72 BT-Drucks. 13/1850, S. 25 f.
73 Vgl. § 218a III i. d. F. des 15. StrRG.
74 Davon ist ab der 22. Schwangerschaftswoche auszugehen. Im Oldenburger Klinikfall führte der Eingriff in diesem Stadium der Schwangerschaft wider Erwarten zur Geburt eines lebenden Kindes, bei dem im Mutterleib das Downsyndrom (sog. Mongolismus) festgestellt worden war. S. dazu und zur mangelhaften Versorgung des Neugeborenen StA Oldenburg, NStZ 1999, 461 m. Anm. *Tröndle* sowie z. B. *Gropp*, GA 2000, 1; *Tröndle*, Müller-Dietz-FS 2001, S. 919 (922 ff.).
75 In der Praxis durch die in manchen (nicht allen) Kliniken erfolgende Tötung der Frucht im Mutterleib (sog. Fetocid), um die Geburt eines lebenden Kindes zu verhindern, das trotz schwerer Behinderung am Leben erhalten werden müsste.
76 Spätabtreibung, in: Jahrbuch der Heinrich-Heine-Universität Düsseldorf 2003, S. 381 (390 f.).

Indikationen, § 218a II und III § 5 Rn. 65–67

verstoßende Arzt begeht (nur) eine Ordnungswidrigkeit, § 14 I Schwangerschaftskonfliktg.

Bei der **Abwendung der Gefahr auf andere Weise** als durch Tötung der Frucht kommt es maßgebend auf die Zumutbarkeit für die Schwangere an. Als praktisch wichtiger Fall mag die **Freigabe zur Adoption** als Patentlösung erscheinen, mit der Konflikte (seelische Belastung der Mutter durch Abbruch der Berufsausbildung u. ä.) ohne Schwangerschaftsabbruch zu beheben sind. Das Austragen einer Schwangerschaft, um dann das Kind zur Adoption freizugeben, ist jedoch regelmäßig unzumutbar, wenn die Frau nach Beratung auf den Schwangerschaftsabbruch beharrt[77]. 65

cc) Ungeschriebene Rechtfertigungsvoraussetzungen?

Insbesondere von der Rspr. (vor der gesetzlichen Regelung in § 34) sind zum rechtfertigenden Notstand weitere, weder in § 34 noch in § 218a aufrechterhaltende Rechtfertigungsvoraussetzungen entwickelt worden. Diese Kriterien dürfen nicht als ungeschriebene Merkmale in § 218a hineingelesen werden. Weder ist „gewissenhafte Prüfung" des Interessenkonflikts als subjektives Rechtfertigungselement zu fordern (h. M.[78], überholt RGSt 61, 242; BGHSt 2, 114) noch muss der Eingriff auf schonendste Weise, also **kunstgerecht** durchgeführt werden[79]. 66

dd) Ausgeklammerte Rechtfertigungselemente

Der Gesetzgeber hat die Pflicht zur Beratung der Schwangeren (§ 218c I Nr. 2)[80], die Pflicht zur förmlichen Feststellung der materiellen Voraussetzungen des Abbruchs (§ 218b I 1) und die Pflicht zum Abbruch in einer Einrichtung, in der auch die notwendige Nachbehandlung gewährleistet ist (§ 13 Schwangerschaftskonfliktg), im Einzelnen geregelt und zugleich davon abgesehen, einen Schwangerschaftsabbruch unter Verstoß gegen eine oder mehrere dieser Pflichten als rechtswidrig i. S. d. § 218 zu bezeichnen. Darin liegt eine Erleichterung der Rechtfertigung des Schwangerschaftsabbruchs, die an sich unproblematisch ist (problematisch ist das Rechtsgut, dem diese verselbstständigten Pflichten dienen sollen, s. u. Rn. 81, 82 und 83). Im Kriterium der Abwendung der Gefahr auf andere zumutbare Weise des § 218a II steckt jedoch eine **Minimalberatung als Rechtfertigungsvoraussetzung**, weil die 67

---

77 Streitig; ähnlich BGHSt 38, 144 (161 f.). Für ein Abheben auf die Umstände des Einzelfalls S/S/Eser, § 218a Rn. 35.
78 Abw. *Schroeder*, JZ 1977, 140: „ärztliche Erkenntnis" in § 218a meine zwar „überwiegend einen objektiven Erkenntnisstand"; dazu gehöre aber auch die Ausschöpfung der subjektiv erreichbaren Erkenntnisquellen.
79 Der schonendste Weg war von der Rspr. in den Notstand als Rechtfertigungsvoraussetzung hineininterpretiert worden, um „die Gefahr einer nutzlosen Aufopferung des geringeren Gutes" zu vermeiden, BGHSt 2, 242 (245). Bei § 218a ist das schon deshalb verfehlt, weil damit im Zusammenhang stehende Kriterien (Facharzt, Krankenhausbehandlung) unbestreitbar keine Rechtfertigungselemente mehr darstellen. Deshalb ist mit dem Gesetzgeber (BT-Drucks. 7/1981, S. 4) davon auszugehen, dass ein nicht kunstgerechter Eingriff als Körperverletzung, gegebenenfalls als fahrlässige Tötung der Schwangeren zu bestrafen ist, nicht jedoch aus § 218. A. A. S/S/Eser, § 218a Rn. 59/60; SK-*Rudolphi/Rogall*, § 218a Rn. 36; wie hier wohl Lackner/Kühl, § 218a Rn. 2a.
80 Für den indizierten Schwangerschaftsabbruch ist die umfassende Beratung nach § 219 nicht mehr vorgesehen. § 219 gilt nur für den Abbruch nach der Fristenlösung des § 218a I (s. o. Rn. 54).

Beratung der Schwangeren eine Alternative zur Lösung des Konflikts durch Tötung der Frucht darstellen kann.

ee) Feststellung der Rechtfertigung

68 Ob die genannten Voraussetzungen der medizinischen Indikation vorliegen, ist **nach den Erkenntnissen der medizinischen Wissenschaft** zu beurteilen, so § 218b i. d. F. von 1974. Das heißt, der Jurist, beraten durch einen medizinischen Sachverständigen, entscheidet, ob die Indikation vom Arzt zu Recht angenommen worden ist oder nicht. Daran ändert die nunmehr in § 218a II enthaltene Formulierung „nach ärztlicher Erkenntnis" nichts. Insbesondere ist nicht etwa die Erkenntnis des **konkreten** Arztes maßgebend, der den Abbruch vornimmt[81]. – Das Attest nach § 218b I 1 ist Beweisanzeichen für die Indikationslage, nicht mehr!

ff) Bestrafung bei fehlender Rechtfertigung

69 Ist die Indikation nicht gegeben, aber vom Arzt irrig angenommen worden, gelten die allgemeinen Regeln. Nach der **(rechtsfolgenverweisenden) eingeschränkten Schuldtheorie** schließt zwar die irrige Annahme der tatsächlichen Voraussetzungen eines Rechtfertigungsgrundes den Vorsatz bzw. die Vorsatzschuld aus, sodass § 218 ausscheidet[82]. Bei Fahrlässigkeit ist der Arzt jedoch aus § 229 gegenüber der Schwangeren zu bestrafen, weil deren Einwilligung einen nicht indizierten Eingriff nicht deckt. Zudem ist der **Irrtum im Maßstab**, der an die Gefahr, an die Zumutbarkeit usw. anzulegen ist, Verbotsirrtum (über die Grenzen eines Rechtfertigungsgrundes) und führt bei Vermeidbarkeit zur Vorsatzstrafe, also zu § 218 I[83].

gg) Keine Pflicht zum Schwangerschaftsabbruch trotz Rechtfertigung

70 Das Einwilligungserfordernis in § 218a II stellt klar, dass die Frau trotz einer Indikationenlage berechtigt ist, die Frucht auszutragen. § 12 I SchwangerschaftskonfliktG sagt darüber hinaus, dass niemand verpflichtet ist, an einem Schwangerschaftsabbruch mitzuwirken (Ausnahmen bei Lebens- oder schwerer Gesundheitsgefahr, ebenda in Abs. 2). Die Bestimmung konkretisiert die Gewissensfreiheit des Art. 4 I GG, weil die Richtigkeit der vom Gesetzgeber getroffenen Abwägung umstritten ist[84].

71 Weil § 218a II keinen Anspruch auf Schwangerschaftsabbruch begründet (sondern, wie alle Rechtfertigungsgründe, nur die Befugnis zur Rechtsgutsverletzung gewährt) und keine Mitwirkungspflicht des Arztes besteht, ist BGHZ 86, 240[85] nicht unproblematisch: Der Arzt hatte fahrlässig das Vorliegen einer (embryopathischen) Indikation nicht erkannt, von der die Schwangere bei Aufklärung Gebrauch gemacht hätte. Schadensersatzpflicht des Arztes bei Geburt eines behinderten Kindes wegen erhöhten Unterhaltsaufwandes der **Eltern**; a. A. die Vorinstanz OLG München, NJW 1981, 2012. – Ein Schadensersatzanspruch des behinderten **Kindes** wegen unerwünschten Lebens wird dagegen abgelehnt.

---

81 So auch BGHSt 38, 144 (152). Allerdings wird dem handelnden Arzt ein Beurteilungsspielraum zugestanden (a. a. O. S. 154), sodass seine Entscheidung gerichtlich nur auf ihre Vertretbarkeit hin überprüfbar ist.
82 *Baumann/Weber/Mitsch*, § 21 Rn. 29 ff., 43.
83 *Baumann/Weber/Mitsch*, § 21 Rn. 43, 47, 59 ff.
84 S. auch *Laufs*, NJW 1978, 1178. – Zur bloß deklaratorischen Bedeutung des § 12 I SchwangerschaftskonfliktG für den Schwangerschaftsabbruch nach § 218a I s. o. Rn. 57.
85 Ebenso BGHZ 89, 95.

Indikationen, § 218a II und III   § 5 Rn. 72–75

Die Auffassung des 2. Senats des BVerfG[86], von Verfassungs wegen dürfe ein Kind nicht als Schaden oder Schadensquelle betrachtet werden, steht nach Ansicht des BGH[87] der Ersatzfähigkeit des Unterhalts nicht entgegen, da nicht das Kind, sondern der Unterhaltsaufwand den zu ersetzenden Schaden darstelle. – Für Ersatzfähigkeit des Unterhalts auch der 1. Senat des BVerfG[88]. 72

Der BGH[89] bejahte eine Schadensersatzpflicht des Arztes grundsätzlich auch bei Geburt eines gesunden Kindes infolge Misslingens eines auf die frühere Notlagenindikation des § 218a II Nr. 3 i. d. F. des 15. StrRG gestützten Schwangerschaftsabbruchs. – Zum selben Ergebnis – Ersatzpflicht des Arztes – müsste die Rechtsprechung kommen, wenn ein auf die Fristenlösung (§ 218a I) gestützter Abbruch infolge ärztlichen Sorgfaltsverstoßes fehlschlägt und es zur Geburt eines Kindes kommt. Zwar ist der nach § 218a I vorgenommene Abbruch prinzipiell rechtswidrig (s. o. Rn. 18 und 46); gleichwohl ist der zwischen Schwangerer und Arzt geschlossene Behandlungsvertrag wirksam (s. o. Rn. 46), sodass den Arzt bei Erbringung seiner Leistung – Abbruch der Schwangerschaft – auch die Sorgfaltspflicht des § 276 I, II BGB trifft. 73

Kritisch zur Rechtsprechung des BGH z. B. *Stürner*, JZ 1986, 122 und Jura 1987, 75; *Picker*, Schadensersatz für das unerwünschte eigene Leben „wrongful life", 1995; *ders.*, AcP 95, 483; *ders.*, Schadenshaftung für unerwünschte Nachkommenschaft („wrongful birth"), 1997; *Zimmermann*, JZ 1991, 131. 74

c) Der Sonderfall der kriminologischen Indikation des § 218a III

Es geht um die Belastungen, die sich aus der Austragung einer durch eine rechtswidrige Tat nach den §§ 176–179[90] aufgezwungenen Schwangerschaft ergeben (kriminologische oder ethische Indikation). Der Gesetzgeber hat wegen der aus diesem Umstand folgenden Gefährdung der Gesundheit der Schwangeren mit Recht diese Indikation als Unterfall der vorstehend Rn. 60 ff. erörterten medizinisch-sozialen Indikation angesehen. Die gesetzestechnische Ausgestaltung ergibt, dass bei Feststellung der Kriterien des § 218a III die Voraussetzungen der medizinisch-sozialen Indikation **nicht** zusätzlich zu prüfen sind. § 218a III rechtfertigt den Schwangerschaftsabbruch also auch in den wenigen, nur mit Mühe konstruierbaren Ausnahmefällen, in denen zwar die Voraussetzungen der kriminologischen Indikation erfüllt sind, zugleich aber nicht die medizinische Indikation nach Abs. 2 gegeben wäre. Wegen des meist möglichen Rückgriffs auf die medizinisch-soziale Indikation ist die für die kriminologische Indikation gem. § 218a III geltende kurze Frist kaum von Bedeutung[91]. 75

---

86 BVerfGE 88, 203 (296).
87 BGHZ 124, 128 (140); BGH, NJW 1995, 2407 (2409); grundsätzlich auch BGH, NJW 1995, 1809.
88 BVerfGE 96, 375 (399 ff.).
89 NJW 1985, 2749 (2752) und 2752 (2755).
90 Indiziert ist damit auch der Abbruch einer Schwangerschaft der Frau, die Opfer einer sexuellen Nötigung in der Ehe (erfasst von § 177) geworden ist.
91 In die gleiche Richtung BT-Drucks. 7/1981, S. 16.

4. Weitere Straflosigkeitsregelungen zugunsten der Schwangeren

76 Über die Tatbestandslosigkeit des Schwangerschaftsabbruchs aufgrund der Fristenlösung (§ 218a I) und die Rechtfertigungsgründe des § 218a II und III hinaus zeigen verschiedene Regelungen das Bemühen des Gesetzgebers, **speziell der Schwangeren** – Tatbeteiligte bleiben strafbar, § 28 II[92] – weitgehende Straffreiheit zu verschaffen. Neben der Straflosigkeit der Schwangeren wegen Versuchs (§ 218 IV 2; dazu o. Rn. 37) handelt es sich um folgende Vorschriften:

a) Die 22-Wochen-Klausel, § 218a IV 1

77 § 218a IV 1 sieht generelle Straflosigkeit der Schwangeren bis zur 22-Wochen-Grenze vor, vorausgesetzt, dass (irgend)ein Arzt den Abbruch vornimmt und eine Beratung nach § 219 stattgefunden hat (s. o. Rn. 54 f.). **Sinn des Gesetzes** ist es, die Schwangere wenigstens dazu zu bringen, sich beraten zu lassen, und vor allem den durch rechtswidrigen Schwangerschaftsabbruch entstehenden **Schaden so gering wie möglich** zu halten. Deshalb wird ein Anreiz dafür geschaffen, dass sich eine zum Schwangerschaftsabbruch entschlossene Frau auch dann an einen Arzt (und nicht an einen Kurpfuscher) wendet, wenn die Frist des § 218a I Nr. 3 verstrichen und keine Indikation gegeben ist. Da dieses kriminalpolitische Ziel und nicht Rechtswidrigkeits- oder Schulderwägungen im Vordergrund stehen, sind die 22-Wochenfrist und die Durchführung durch einen Arzt als **objektive persönliche Straffreiheitsbedingungen** aufzufassen. Die irrige Annahme der Schwangeren, die Frist sei noch nicht verstrichen oder der Kurpfuscher sei Arzt, hindert ihre Bestrafung wegen vollendeter Tat nach § 218 I, III nicht[93].

b) Die Bedrängnisklausel, § 218a IV 2

78 § 218a IV 2 macht ein Absehen von Strafe bei „besonderer Bedrängnis" der Schwangeren möglich. Unverständnis der Umwelt, mangelnde Reife der Schwangeren und ungünstige allgemeine Lebensverhältnisse können die besondere Bedrängnis begründen. Obwohl dies – anders als in der entsprechenden Vorschrift des § 218 III 3 i. d. F. des 15. StrRG – nicht mehr ausdrücklich gesagt ist, gilt auch die Bedrängnisklausel nur für die Schwangere, nicht für Tatbeteiligte, § 28 II[94]. Die Möglichkeit, das Verfahren nach § 153b StPO einzustellen, ist zu beachten.

c) Sonstige Straffreistellungen der Schwangeren

79 Nach der weitreichenden Herausnahme der Schwangeren aus dem Strafbarkeitsbereich der Kernvorschrift des § 218 (s. vorstehend Rn. 76–78) ist es konsequent, auch ihre Beteiligung an den Gefährdungsdelikten

---

92 S. bereits o. Rn. 30.
93 Ebenso *Lackner/Kühl*, § 218a Rn. 23; a. A. *S/S/Eser*, § 218a Rn. 72.
94 So z. B. auch *Lackner/Kühl*, § 218a Rn. 24 und *S/S/Eser*, § 218a Rn. 77; a. A. *Otto*, Jura 1996, 135 (143).

Verletzung von ärztlichen Pflichten § 5 Rn. 80–82

straflos zu lassen. Ihr wird deshalb im Hinblick auf die Teilnahme an §§ 218b (s. Abs. 1 S. 3), 218c (s. Abs. 2) und § 219b (s. Abs. 2) jeweils ein persönlicher Strafausschließungsgrund (§ 28 II) zur Seite gestellt; s. zu § 219b o. Rn. 38, zu §§ 218b und 218c u. Rn. 81 ff.

Eine **Einstellung des Verfahrens** kommt neben der im Zusammenhang mit der Bedrängnisklausel stehenden Einstellung nach § 153b StPO (s. o. Rn. 78) auch nach §§ 153, 153a StPO in Betracht, wenn sich die geringe Schuld aus anderen Umständen als aus der besonderen Bedrängnis ergibt. 80

V. Selbstständige Ahndung der Verletzung von ärztlichen Pflichten im Zusammenhang mit dem Schwangerschaftsabbruch

1. Verletzung der korrekten Indikationsfeststellung, § 218b

a) Schwangerschaftsabbruch ohne formelle Feststellung einer Indikation, § 218b I 1

Nach § 218b I 1 ist ein Arzt strafbar, der einen nach § 218a II oder III indizierten Schwangerschaftsabbruch vornimmt, ohne dass ihm die schriftliche Feststellung eines anderen Arztes zu den Voraussetzungen des § 218a II oder III vorgelegen hat. Zum Tatbestandsausschluss führt auch die eine Indikation verneinende Feststellung des anderen Arztes[95]. Denn § 218b I 1 soll nur gewährleisten, dass ein Arzt, der einen Abbruch aufgrund einer Indikation vornehmen möchte, die Auffassung eines weiteren Arztes berücksichtigt. Auf diese Weise soll verhindert werden, dass Ärzte nach unzutreffender Annahme einer Indikation Schwangerschaftsabbrüche vornehmen. § 218b I 1 enthält somit ein abstraktes Gefährdungsdelikt gegen das ungeborene Leben. 81

Liegt keine Indikation nach § 218a II oder III vor und befindet sich der abbrechende Arzt auch nicht in einem dahin gehenden vorsatz- bzw. vorsatzschuldausschließenden Erlaubnistatbestandsirrtum (s. o. Rn. 69), so ist er nach § 218 I 1 strafbar und tritt § 218b I 1 kraft ausdrücklich angeordneter Subsidiarität zurück.

b) Unrichtige Feststellung einer Indikation, § 218b I 2

§ 218b I 2 stellt die bewusst wahrheitswidrige (zumindest dolus directus zweiten Grades) Feststellung über die Voraussetzungen des § 218a II oder III zum Zwecke der Vorlage an den abbrechenden Arzt (§ 218b I 1) unter Strafe. Es handelt sich um eine den §§ 278 und 348 vergleichbare Falschbeurkundung. Vom Wortlaut wird auch der Fall erfasst, dass der Arzt das Vorliegen einer Indikation wahrheitswidrig verneint. Nach der Stellung im Gesetz kann aber die Vorschrift nur den Schutz des ungeborenen Lebens 82

---

[95] S. z. B. SK-*Rudolphi/Rogall*, § 218b Rn. 9; *S/S/Eser*, § 218b Rn. 4. – Unbeachtlich ist allerdings die Feststellung eines Arztes, dem die Feststellungsbefugnis nach § 218b II entzogen ist; vgl. z. B. *Lackner/Kühl*, § 218b Rn. 3 m. w. N.

(ebenfalls abstrakter Gefährdungstatbestand) bezwecken, sodass nur die unzutreffende Bejahung einer Indikation tatbestandsmäßig ist[96]. Dann verbleibt allerdings für den gegenüber § 218 I 1 subsidiären § 218b I 2 kaum mehr ein Anwendungsbereich. Denn wenn der Arzt wahrheitswidrig eine Indikation feststellt, ist er als mittelbarer Täter, Anstifter oder Gehilfe nach § 218 I 1 strafbar, wenn der Abbruch zumindest versucht wird.

2. Verletzung von Darlegungs-, Beratungs- und Vergewisserungspflichten, § 218c

a) Erfüllung von Vorgaben des BVerfG

83 Mit § 218c erfüllt der Gesetzgeber – unvollkommen[97] – die Vorgaben des zweiten Abtreibungsurteils des BVerfG[98] für die Ausgestaltung der Pflichten des abbrechenden Arztes. – Auch § 218c erfasst abstrakte Gefährdungen der Leibesfrucht.

b) Die einzelnen Pflichtverletzungen

Im Einzelnen sind in (dem gegenüber § 218 subsidiären) § 218c I folgende ärztliche Pflichtverletzungen unter Strafe gestellt:

84 (1) Der Arzt fragt die Schwangere nicht nach den Gründen für ihr Abbruchsverlangen oder lässt die von sich aus erklärungswillige Schwangere nicht oder nicht vollständig darüber sprechen, § 218c I Nr. 1.

85 (2) Unterlassen der Beratung der Schwangeren über die Tragweite des Eingriffs, § 218c I Nr. 2. – Teilweise deckt sich diese Beratungspflicht mit der allgemeinen ärztlichen Aufklärungspflicht bei Eingriffen in die körperliche Integrität (s. dazu u. § 6 Rn. 101–105). Wird diese allgemeine Pflicht verletzt, ist der Abbruch wegen fehlender wirksamer Einwilligung der Schwangeren nach § 218 I 1, u. U. auch nach § 223 strafbar[99]. S. zum Erfordernis der Einwilligung der Schwangeren für die Straflosigkeit des Abbruchs § 218a I Nr. 1 und § 218a II, III.

86 (3) Unterlassen der ärztlichen Untersuchung der Schwangeren zum Zwecke der Feststellung der Schwangerschaftsdauer im Hinblick auf die Einhaltung der 12-Wochenfrist des § 218a I Nr. 3 (Fristenlösung) und des § 218a III (kriminologische Indikation), § 218c I Nr. 3[100]. Erfolgt der Schwangerschaftsabbruch nach Fristablauf, wird der insoweit vorsätzlich handelnde Arzt nach § 218 I 1 bestraft.

---

96 So z. B. auch *S/S/Eser*, § 218b Rn. 26; SK-*Rudolphi/Rogall*, § 218b Rn. 25. Anders LK-*Kröger*, § 218b Rn. 18, welche die Entscheidungsfreiheit des abbrechenden Arztes und der Schwangeren als geschützt ansieht.
97 S. dazu i. E. z. B. *Lackner/Kühl*, § 218c Rn. 1 i. V. mit Vor § 218 Rn. 23.
98 BVerfGE 88, 203 (284 ff., 293 ff.).
99 S. z. B. *S/S/Eser*, § 218c Rn. 5.
100 Zum mitverfolgten Schutz der Gesundheit der Schwangeren s. *S/S/Eser*, § 218c Rn. 9.

(4) Verstoß gegen das zur Sicherstellung einer unvoreingenommenen Beratung in § 219 II 3 enthaltene Verbot der Doppelrolle als beratender und abbrechender Arzt (s. dazu auch o. Rn. 55), § 218c I Nr. 4. 87

3. Beratungspflicht nach § 2a SchwangerschaftskonfliktG; Schwangerschaftsabbruch außerhalb einer geeigneten Einrichtung, §§ 13, 14 SchwangerschaftskonfliktG (Ordnungswidrigkeiten)

§ 2a SchwangerschaftskonfliktG sieht bei dringendem Verdacht auf eine Schädigung der körperlichen oder geistigen Gesundheit des Kindes eine Beratung der Schwangeren über die sich aus dem Befund ergebenden medizinischen und psychosozialen Aspekte vor. Nach § 13 I SchwangerschaftskonfliktG darf ein Schwangerschaftsabbruch nur in einer Einrichtung vorgenommen werden, in der auch die notwendige Nachbehandlung der Frau gewährleistet ist. Wie sich aus § 13 II – Verpflichtung der Länder zur Sicherstellung eines ausreichenden Angebots **ambulanter** und stationärer Einrichtungen – ergibt, braucht der Abbruch nicht stationär (in einem Krankenhaus) zu erfolgen, wenn nur die Nachbehandlung sichergestellt ist. Abbrüche außerhalb einer solchen Einrichtung und Verletzungen der Beratungspflichten aus § 2a stellen nach § 14 SchwangerschaftskonfliktG Ordnungswidrigkeiten dar und können mit einer Geldbuße bis zu 5.000,– € geahndet werden. Da § 13 allein die Gesundheit der Schwangeren schützt, bleibt diese als notwendige Teilnehmerin von der Sanktion frei[101]. 88

VI. Das Verhältnis des Schwangerschaftsabbruchs zu den Tötungs- und Körperverletzungsdelikten

1. Verhältnis zu den Tötungsdelikten

a) Menschqualität mit Geburtsbeginn; Geburt eines lebenden Kindes bei einem Schwangerschaftsabbruch

Normalerweise entsteht mit dem Einsetzen der Eröffnungswehen das Rechtsgut „Mensch"[102], sodass von diesem Moment an auf Tötung zielende Eingriffe nicht mehr als Schwangerschaftsabbruch, sondern als vorsätzliche Tötung zu verfolgen sind, zutreffend BGHSt 32, 194 (Vorsatzdelikt). – Sehr problematisch ist die Lösung des Fahrlässigkeitsfalles (Menschqualität übersehen, weil Wehen nicht erkannt), dazu BGHSt 31, 348 mit Anm. *Arzt*, FamRZ 1983, 1019. 89

Führt der auf Schwangerschaftsabbruch gerichtete Eingriff zur Geburt eines lebenden (nicht notwendig auf Dauer lebensfähigen) Kindes, so ist dieses als „Mensch" 90

---

101 S. z. B. *S/S/Eser*, § 218a Rn. 82. – Allgemein zur notwendigen Teilnahme *Baumann/Weber/ Mitsch*, § 32 Rn. 65 ff.
102 S. dazu BGHSt 32, 194. – § 217 (Kindestötung), der dies mit der Umschreibung der Tathandlung „in ... der Geburt tötet" zum Ausdruck brachte, wurde zwar durch das 6. StrRG aufgehoben. Eine Änderung des Beginns der Menschqualität ist dadurch jedoch nicht eingetreten, s. BT-Drucks. 13/8587, S. 34, 81; s. auch o. § 2 Rn. 85.

§ 5 Rn. 91–93 Schwangerschaftsabbruch, §§ 218 ff.

gegen erneute Angriffe unstreitig durch §§ 211 ff., 223 ff. geschützt. Ob bei einem solchen erneuten Angriff dann (vollendeter oder versuchter) Schwangerschaftsabbruch in Tatmehrheit (oder Tateinheit) mit vollendeter Tötung vorliegt, ist ein wenig bedeutsames Konkurrenzproblem, dazu o. Rn. 28 und *Baumann/Arzt/Weber*, Strafrechtsfälle und Lösungen, Fall 6 (Die Frühgeburt).

b) Notstandstötung in der Geburt (sog. Perforation)

91 Man wird aus dem weiten Katalog der Indikationen beim Schwangerschaftsabbruch zudem zu folgern haben, dass eine sich **beim Geburtsvorgang ergebende Kollision** zwischen Leben der Mutter und Leben des Kindes immer zugunsten des Lebens der Mutter entschieden werden darf und darüber hinaus das Leben des in der Geburt befindlichen Kindes sogar bei drohenden schweren Gesundheitsschäden der Mutter zurücktreten muss[103].

c) Schwangerschaftsabbruch im Spätstadium als Angriff auf menschliches Leben

92 Die Zunahme legaler, von Ärzten vorgenommener Schwangerschaftsabbrüche führt zusammen mit den besseren Überlebenschancen frühgeborener Kinder zu einer prekären **Verwischung der theoretisch klaren Trennung zwischen Tötung der Leibesfrucht und Tötung eines Menschen**. Muss bei einem Schwangerschaftsabbruch im Spätstadium – wegen § 218a I Nr. 3 und III (12-Wochenfrist) nur zulässig bei der medizinischen Indikation nach § 218a II – die Lebenschance des Fötus als frühgeborener Mensch gewahrt werden, oder darf die Schwangerschaft auf eine Weise abgebrochen werden, die diese Lebenschance zerstört? Kann dort, wo die Schwangerschaft durch Einleitung einer Frühgeburt abgebrochen werden könnte, stattdessen der Weg der Tötung der Frucht im Mutterleib gewählt werden? Die Ultima-Ratio-Klausel in § 218a II („Gefahr nicht auf andere ... Weise abgewendet werden kann") gebietet lebenserhaltende Lösungen. – S. zur Rechtfertigungsproblematik bei der Spätabtreibung auch o. Rn. 63 ff.

d) Angriff auf das Leben der Schwangeren und § 218

93 In der Tötung einer schwangeren Frau liegt zugleich die Tötung der Leibesfrucht, deshalb Tateinheit zwischen §§ 211 ff. und 218, BGHSt 11, 15. – Wie BGHSt 1, 281 zeigt, kann sogar die Tötung der Leibesfrucht im Vordergrund stehen (Tötung der Frau als Mittel der in erster Linie erstrebten Tötung der Leibesfrucht, z. B. um sich der Unterhaltsverpflichtung zu entziehen). – Daraus folgt, dass der **Suizid**(versuch) der Schwangeren als Schwangerschaftsabbruch zu bestrafen ist, wenn dadurch die Frucht getötet wird, so BGHSt 11, 15 (17). Die so erreichte Bestrafung in einer Verzweiflungssituation ist unerfreulich. Man versucht, dieser Konsequenz durch strenge Anforderungen an den Vorsatz und die Schuldfähigkeit der Schwangeren möglichst zu entgehen[104]. Eine Entschärfung des Problems ermöglichen §§ 60 StGB, 153b StPO.

---

103 Vgl. BT-Drucks. 7/1981 (neu), S. 13; BT-Drucks. 7/1982, S. 12 f., zur Frage, ob es wegen der grundsätzlichen Unabwägbarkeit des Lebens gegen Leben einer Sonderregelung des rechtfertigenden Notstands während der Geburt bedarf. – Im Ergebnis ebenfalls für Rechtfertigung z. B. *Maurach/Schroeder/Maiwald*, BT 1, § 6 Rn. 24; *Lackner/Kühl*, § 34 Rn. 9; *Lenckner*, GA 1985, 297; *Fischer*, § 212 Rn. 17; SK-*Rudolphi/Rogall*, Vor § 218 Rn. 65 sowie § 218a Rn. 16.
104 *Bockelmann*, ZStW 65 (1953); S/S/*Eser*, § 218 Rn. 26.

Konkurrenzen § 5 Rn. 94–98

2. Verhältnis zu den Körperverletzungsdelikten

Jeder Fremdabbruch stellt zugleich eine **Körperverletzung der Schwangeren** dar. Ist der Abbruch nach § 218a I (Fristenlösung) tatbestandslos oder nach § 218a II, III (Indikationenlösung) rechtmäßig, so rechtfertigt die Einwilligung der Schwangeren in den Abbruch auch ihre Verletzung nach § 223. Dasselbe gilt in sonstigen Fällen der Straflosigkeit der Schwangeren, z. B. nach § 218a IV 1. 94

Ist der Schwangerschaftsabbruch (auch für die Schwangere) strafbar, so steht der wirksamen Einwilligung der Schwangeren in ihre Körperverletzung § 228 (Sittenwidrigkeit) entgegen. Jedoch wird § 223 von § 218 konsumiert. Das gilt i. d. R. auch für § 224[105], nicht aber – im Hinblick auf deren Verbrechensnatur – für §§ 226 und 227; insoweit Tateinheit, §§ 218, 226/227, 52. – Vgl. zum Ganzen BGHSt 28, 11 ff. 95

Körperverletzung am Fötus ist weder tatbestandsmäßig i. S. des § 218 noch i. S. der §§ 223 ff. Es ist jedoch umstritten, ob die **vorgeburtliche Schädigung** als **Körperverletzung** bestraft werden kann, wenn sie sich nach der Geburt am Menschen auswirkt. 96

Die überwiegende Meinung schließt aus der Straflosigkeit der fahrlässigen **Tötung** des Fötus „erst recht" auf Straflosigkeit der fahrlässigen **Schädigung** des Fötus, ein Resultat, das nicht dadurch umgangen werden dürfe, dass man wegen der Auswirkungen nach der Geburt auf § 229 zurückgreife. Ähnlich wird aus der Beschränkung des § 218 auf vorsätzliche **Tötung** geschlossen, dass vorsätzliche **Verletzung** des Fötus „erst recht" nicht strafbar sei und dieses Resultat auch nicht über §§ 223 ff. korrigiert werden dürfe[106]. – Weitergehend hat insbesondere *Armin Kaufmann*[107] die Auffassung vertreten, die Rechtsordnung kenne keine Sorgfaltspflicht gegenüber dem werdenden Leben. 97

Dem kann nicht gefolgt werden. Zwar ist der Umfang der Sorgfaltspflichten gegenüber dem werdenden Leben zweifelhaft, insbesondere welchen Risiken die Schwangere sich (und damit den Embryo) aussetzen darf. BGHZ 8, 243 ist jedoch im Falle einer Schädigung des Fötus durch Übertragung syphilitischen Blutes auf die Frau zutreffend davon ausgegangen, dass dem werdenden Leben gegenüber – wie gegenüber anderen Rechtsgütern auch – **Sorgfaltspflichten** bestehen[108]. – Damit bleibt die spezifisch strafrechtliche **Frage nach der Richtigkeit der Erst-Recht-Schlüsse von § 218 auf §§ 223, 229**. Man sollte sehen, dass eine schwere pränatale Schädigung des Fötus, die sich am Menschen auswirkt, ähnlich schwer wiegen kann wie die Tötung des Fötus. Zudem ist die Beschränkung des § 218 auf 98

---

105 Anders wegen der seit 1998 nun gegenüber § 218 II doppelt so hohen Strafdrohung des § 224 BGH, NJW 2007, 2565: Tateinheit.
106 Knappe zusammenfassende Stellungnahme in diesem Sinne bei LK-*Hirsch*, Vor § 223 Rn. 7 (Rechtsgut „Mensch" war zur Zeit der Einwirkung noch nicht vorhanden, d. h. das Rechtsgut ist nicht in seiner Unversehrtheit gemindert worden, sondern gemindert entstanden).
107 *Armin Kaufmann*, Tatbestandsmäßigkeit und Verursachung im Contergan-Verfahren, JZ 1971, 569 (571).
108 So auch BGHZ 93, 351.

§ 5 Rn. 99 Schwangerschaftsabbruch, §§ 218 ff.

Vorsatz auch mit dem bei einem Tatbestand des fahrlässigen Schwangerschaftsabbruchs drohenden Eingriff in den Intimbereich der Frau zu erklären. Eine Subsumtion pränataler Schädigungen unter §§ 223 ff. nach Geburt eines geschädigten Kindes wirft demgegenüber keine einem (hypothetischen) Tatbestand der fahrlässigen Abtreibung vergleichbaren Beweisprobleme auf. Mit LG Aachen, JZ 1971, 507, **Contergan**, ist die Subsumtion einer Verletzung des Embryos unter §§ 223 ff. zu bejahen, wenn ein körperlich geschädigtes Kind zur Welt kommt[109].

99 Ob die Entscheidungen BGHSt 31, 348; 32, 194 (zu beiden Anm. *Hirsch*, JR 1985, 336) und BGH, NStZ 2008, 393 (394), wo für die Strafbarkeit nach §§ 211 f., 217 a.f., 222 auf die „Objektsqualität Mensch" im **Einwirkungszeitpunkt** abgehoben wird, gegen die hier für die Körperverletzung vertretene Auffassung ins Feld geführt werden können, erscheint zweifelhaft.

Das **Inverkehrbringen bedenklicher Arzneimittel**, z. B. solcher, bei denen der begründete Verdacht schädlicher Wirkungen für die Leibesfrucht besteht (Contergan), ist seit 1983 in § 95 I Nr. 1 AMG als Gefährdungsdelikt unter Strafe gestellt.

Der Diskussionsentwurf eines **EmbryonenschutzG** hatte in seinem § 1 die Pönalisierung der vorsätzlichen und leichtfertigen Embryonenschädigung vorgeschlagen, soweit sie zur Gesundheitsschädigung des später Geborenen führt. Die Vorschrift wurde jedoch nicht ins EmbryonenschutzG (dazu o. Rn. 26) übernommen, mit der Begründung, sie gehöre nicht ins Nebenstrafrecht und solle einem späteren – bisher nicht erlassenen – Strafrechtsänderungsgesetz vorbehalten bleiben[110].

---

109 Im Ergebnis gleichfalls wie LG Aachen, JZ 1971, 507, *Maurach*, BT (5. Aufl.) § 8 I 3. – Die überwiegende Meinung verneint generell die Anwendbarkeit der §§ 223 ff.; vgl. außer LK-*Hirsch*, Vor § 223 Rn. 7 z. B. *Blei*, BT, § 5 I; *Lackner/Kühl*, § 223 Rn. 2; *Maurach/Schroeder/Maiwald*, BT 1, § 5 Rn. 27; *Schmidhäuser*, BT 1/2; SK-*Wolters*, § 223 Rn. 2. – Für Straflosigkeit unter dem Gesichtspunkt der fahrlässigen Körperverletzung (§ 229), aber Strafbarkeit nach § 223 bei Vorsatz *Tepperwien*, Pränatale Einwirkungen als Tötung oder Körperverletzung?, 1973, S. 140. – Auf den Zeitpunkt, in dem sich die Handlung auszuwirken beginnt, stellt S/S/*Eser*, § 223 Rn. 1b, ab (Folge: Straflosigkeit im Contergan-Fall, da Verkrüppelung bereits der Leibesfrucht).
110 S. BT-Drucks. 11/5460, S. 7, und *Günther*, GA 1987, 432 (444).

§ 6 Verletzung des Rechtsguts „körperliche Integrität", §§ 223 ff., und Nebenstrafrecht

Literaturhinweise zu den Körperverletzungstatbeständen allgemein (I, II 1 und III): *Altenhain,* Der Zusammenhang zwischen Grunddelikt und schwerer Folge bei den erfolgsqualifizierten Delikten, GA 1996, 19; *Amelung/Lorenz,* Mensch und Person als Schutzobjekte strafrechtlicher Normen insbes. bei der Körperverletzung, Otto-FS 2007, S. 527; *Becker,* Waffe und Werkzeug als Tatmittel im Strafrecht, 2003; *Bottke,* Doping als Straftat?, Kohlmann-FS 2003, S. 85; *M. Bruns,* AIDS, Prostitution und Strafrecht, NJW 1987, 693; *ders.,* Aids, Alltag und Recht, MDR 1987, 353; *Dencker,* Strafrecht und Aids – Strafprozesse gegen Sterbende, StV 1992, 125; *Dölling,* Die Behandlung der Körperverletzung im Sport im System der strafrechtlichen Sozialkontrolle, ZStW 96 (1984), 36; *Eberbach,* Juristische Probleme der HTLV-III-Infektion (AIDS), JR 1986, 230; *ders.,* Heimliche Aids-Tests, NJW 1987, 1470; *Eser,* Zur strafrechtlichen Verantwortlichkeit des Sportlers, insbes. des Fußballspielers, JZ 1978, 368; *Fischer,* Waffen, gefährliche und sonstige Werkzeuge, NStZ 2003, 569; *Frisch,* Riskanter Geschlechtsverkehr eines HIV-Infizierten als Straftat?, JuS 1990, 362; *Gropp,* der Embryo als Mensch, GA 2000, 1; *Manfred Heinrich,* Die gefährliche Körperverletzung, 1993; *Herzberg,* Die Strafdrohung als Waffe im Kampf gegen Aids?, NJW 1987, 1461; *ders.,* Zur Strafbarkeit des Aids-Infizierten bei unabgeschirmtem Geschlechtsverkehr, NJW 1987, 2283; *Hilgendorf,* Strafrechtliche Produzentenhaftung in der „Risikogesellschaft", 1993; *ders.,* Körperteile als „gefährliche Werkzeuge", ZStW 112 (2000), 811; *Hirsch,* Hauptprobleme einer Reform der Delikte gegen die körperliche Unversehrtheit, ZStW 83 (1971), 140; *Karakaya,* Doping und Unterlassen als strafbare Körperverletzung?, 2004; *Armin Kaufmann,* Tatbestandsmäßigkeit und Verursachung im Contergan-Verfahren, JZ 1971, 569; *Uwe Klug,* Doping als strafbare Verletzung der Rechtsgüter Leben und Gesundheit, 1996; *Knauer,* Die Strafbarkeit des HIV-Infizierten beim Vollziehen sexueller Kontakte mit getroffenen Schutzmaßnahmen, AIFO 1994, 463; *C. Köhler,* Beteiligung und Unterlassen beim erfolgsqualifizierten Delikt am Beispiel der Körperverletzung mit Todesfolge (§ 227 I StGB), 2007; *Kühl,* Die sittenwidrige Körperverletzung, Schroeder-FS 2006, S. 521; *Kunz,* Die strafrechtliche Beurteilung heimlicher HIV-Tests, SchweizZStrR 1990, 259; *Küper,* Die gemeinschaftliche Körperverletzung, GA 1997, 301; *ders.,* Lebensgefährdende Behandlung, Hirsch-FS 1999, S. 595; *ders.,* Das „Gemeinschaftliche" an der gemeinschaftlichen Körperverletzung, GA 2003, 362; *Küpper,* Der „unmittelbare" Zusammenhang zwischen Grunddelikt und schwerer Folge beim erfolgsqualifizierten Delikt, 1982; *ders.,* Unmittelbarkeit und Letalität. Zum Tatbestand der Körperverletzung mit Todesfolge, Hirsch-FS 1999, S. 615; *ders.,* Zur Entwicklung der erfolgsqualifizierten Delikte, ZStW 111 (1999), 785; *Lampe,* Gefährliche Körperverletzung und körperliche Gefährdung, ZStW 83 (1971), 177; *Laubenthal,* Der Versuch des qualifizierten Delikts, JZ 1987, 1065; *Laufs/Laufs,* Aids und Arztrecht, NJW 1987, 2257; *Leißner,* Der Begriff des gefährlichen Werkzeugs im StGB, 2002; *Linck,* Doping und staatliches Recht, NJW 1987, 2545; *Lüttger,* Der Beginn der Geburt und das Strafrecht, JR 1971, 133; *B.-D. Meier,* Strafrechtliche Aspekte der AIDS-Übertragung, GA 1989, 207; *Anja Müller,* Doping im Sport als strafbare Gesundheitsbeschädigung, 1993; *Rackow,* Die „körperliche Misshandlung" als Erfolgsdelikt, GA 2003, 135; *Rengier,* Die Reform und Nicht-Reform der Körperverletzungsdelikte durch das 6. StrRG, ZStW 111 (1999), 1; *Schild* (Hrsg.), Rechtliche Fragen des Dopings, 1986; *Schroeder,* Begriff und Rechtsgut der „Körperverletzung", Hirsch-FS 1999, S. 725; *Schünemann,* Riskanter Geschlechtsverkehr eines HIV-Infizierten als Tötung,

§ 6 Körperverletzung, §§ 223 ff.

Körperverletzung oder Vergiftung?, JR 1989, 89; *Simson/Geerds,* Straftaten gegen die Person und Sittlichkeitsdelikte in rechtsvergleichender Sicht, 1969; *Stöckel,* Der strafrechtliche Schutz der Arbeitskraft, 1993; *Stree,* Zur Auslegung der §§ 224, 226 StGB. – Zugleich ein Beitrag zum Versuch erfolgsqualifizierter Delikte, GA 1960, 289; *ders.,* Gefährliche Körperverletzung, Jura 1980, 281; *Streng,* Die „Waffenersatzfunktion" ... des „anderen gefährlichen Werkzeugs ...", GA 2001, 359; *Tepperwien,* Praenatale Einwirkung als Tötung oder Körperverletzung?, 1973; *Triantafyllou,* Das Delikt der gefährlichen Körperverletzung als Gefährdungsdelikt, 1996; *Wallschläger,* Die Körperverletzungsdelikte nach dem 6. StrRG, JA 2002, 390; *Weiß,* Zur Strafbarkeit der Körperverletzung und Tötung Ungeborener, vor und nach der Nidation, GA 1995, 373; *Windhorst,* Der Rechtsbegriff der „schweren Gesundheitsschädigung", 2001; *Woeckel,* Körperverletzung durch Passivrauchen, 2002; *Wolski,* Zur Typizität des „gefährlichen Werkzeugs" i. S. des § 223a StGB, GA 1987, 527; *Zuck,* AIDS, MDR 1987, 460.

Speziell zu § 225, Misshandlung von Schutzbefohlenen (III 6): *Bauer,* Die Kindesmisshandlung, 1969; *Günther,* Die Auswirkungen familienrechtlicher Verbote auf das Strafrecht, Lange-FS 1992, S. 877; *Haesler* (Hrsg.), Die Kindesmisshandlung, 1983; *Jung,* Strafrechtsdogmatische Aspekte der Kindesmisshandlung, MKrim 1977, 89; *W. Meurer,* Probleme des Tatbestandes der Misshandlung Schutzbefohlener, 1997; *Schaible-Fink,* Das Delikt der körperlichen Kindesmisshandlung, 1988; *Schneider,* Körperliche Gewaltanwendung in der Familie, 1987; *L. H. Schreiber,* Die Misshandlung von Kindern und alten Menschen, 1971; *Trube-Becker,* Gewalt gegen das Kind, 2. Aufl. 1987; *Warda,* Zusammenfassung eines mehraktigen Geschehens zu einer Tat, Beispiel „quälen" in § 225 StGB, Hirsch-FS 1999, S. 391; *Zenz,* Kindesmisshandlung und Kindesrechte, 1979.

Speziell zur Einwilligung (II 2): *Amelung,* Irrtum und Täuschung als Grundlage von Willensmängeln bei der Einwilligung des Verletzten, 1998; *ders.,* Willensmängel bei der Einwilligung als Tatzurechnungsproblem, ZStW 109 (1997), 490; *ders.,* Zur Verantwortlichkeit Drogenabhängiger für Selbstschädigungen durch den Gebrauch von Suchtstoffen, NJW 1996, 2393; *ders.,* Die Einwilligung des Verletzten im Strafrecht, JuS 2001, 937; *Arzt,* Willensmängel bei der Einwilligung, 1970; *Berz,* Die Bedeutung der Sittenwidrigkeit für die rechtfertigende Einwilligung, GA 1969, 145; *Fiedler,* Zur Strafbarkeit der einverständlichen Fremdgefährdung, 1990; *Frisch,* Zum Unrecht der sittenwidrigen Körperverletzung (§ 228 StGB), Hirsch-FS 1999, S. 485; *Geerds,* Einwilligung und Einverständnis des Verletzten im Strafrecht, GA 1954, 262; *ders.,* Einwilligung und Einverständnis des Verletzten im Strafgesetzentwurf, ZStW 72 (1960), 42; *Geppert,* Rechtfertigende Einwilligung des verletzten Mitfahrers bei Fahrlässigkeitstaten im Straßenverkehr?, ZStW 83 (1971), 947; *Helgerth,* Aids – Einwilligung in infektiösen Geschlechtsverkehr, NStZ 1988, 267; *Jakobs,* Einwilligung in sittenwidrige Körperverletzung, Schroeder-FS 2006, S. 507; *Kargl,* Probleme der Strafbegründung bei Einwilligung des Geschädigten am Beispiel des Dopings, JZ 2002, 389; *Kientzy,* Der Mangel am Straftatbestand infolge Einwilligung des Rechtsgutsträgers, 1970; *Lenckner,* Die Einwilligung Minderjähriger und deren gesetzlicher Vertreter, ZStW 72 (1960), 446; *Neyen,* Die Einwilligungsfähigkeit im Strafrecht, 1991; *Niedermair,* Körperverletzung mit Einwilligung und die Guten Sitten, 1999; *Noll,* Übergesetzliche Rechtfertigungsgründe, im Besonderen die Einwilligung des Verletzten, 1955; *Rönnau,* Willensmängel bei der Einwilligung im Strafrecht, 2001; *Schaffstein,* Handlungsunwert, Erfolgsunwert und Rechtfertigung bei den Fahrlässigkeitsdelikten, Welzel-FS 1974, S. 557; *Rudolf Schmitt,* § 226a StGB ist überflüssig, Schröder-GS 1978, S. 263; *Sternberg-Lieben,* Die objektiven Schranken der Einwilligung im Strafrecht, 1997; *S. Walther,* Eigenverantwortlichkeit und strafrechtliche Zurechnung, 1991; *U. Weber,* Objektive Grenzen der strafbefreienden Einwilligung in Lebens- und Gesundheitsgefährdungen, Baumann-FS 1992, S. 43; *ders.,* Einwände gegen die Lehre von der Beteiligung an eigenverantwortlicher Selbstgefährdung im Betäubungsmittelstrafrecht, Spendel-FS 1992, S. 371; *Weigend,* Über die Begründung der Straflosigkeit bei Einwilligung des Betroffenen, ZStW 98 (1986), 44; *Zipf,* Einwilligung und Risikoübernahme im Strafrecht, 1970. Weitere Nachweise bei *Baumann/Weber/Mitsch,* § 17 a. E.

Literatur § 6

Speziell zu § 226a, Verstümmelung weiblicher Genitalien (III 7): *Herzberg*, Rechtliche Probleme der rituellen Beschneidung, JZ 2009, 332; *ders.*, Die Beschneidung gesetzlich gestatten?, ZIS 2012, 486; *Graf*, Weibliche Genitalverstümmelung aus Sicht der Medizinethik, 2013; *Hagemeier/Bülte*, Zum Vorschlag eines neuen § 226a StGB zur Bestrafung der Genitalverstümmelung, JZ 2010, 406; *Hahn*, Genitalverstümmelung, Wirksamer Opferschutz durch einen eigenen Straftatbestand, ZRP 2010, 37; *Hilgendorf*, Das Eigene und das Fremde I: Die deutsche Strafgesetzgebung und Strafrechtspraxis vor den Herausforderungen kultureller Pluralisierung, StV 2014, 555; *ders.*, Die deutsche Strafrechtswissenschaft vor den Herausforderungen kultureller Pluralisierung, oder: Was ist „Religion"? (Das Eigene und das Fremde II), JZ 2014, 821; *Hörnle*, Verhandlungen des 70. Deutschen Juristentages Hannover 2014, Band I, Gutachten Teil C, Kultur, Religion, Strafrecht – Neue Herausforderungen in einer pluralistischen Gesellschaft; *Kraatz*, Aus der Rechtsprechung und Gesetzgebung zum Arztstrafrecht 2012/2013 – Teil 2: Zum ärztlichen (Heil-)Eingriff, NStZ-RR 2014, 65; *Putzke*, Die strafrechtliche Relevanz der Beschneidung von Knaben. Zugleich ein Beitrag über die Grenzen der Einwilligung in Fällen der Personensorge, Herzberg-FS 2008, S. 669; *Rosenke*, Die Verstümmelung weiblicher Geschlechtsorgane – Strafrechtliche Überlegungen de lege lata und de lege ferenda, ZRP 2001, 377; *Schwarz*, Verfassungsrechtliche Aspekte der religiösen Beschneidung, JZ 2008, 1125; *Steinbach*, Die gesetzliche Regelung zur Beschneidung von Jungen, NVwZ 2013, 550; *Valerius*, Kultur und Strafrecht. Die Berücksichtigung kultureller Wertvorstellungen in der deutschen Strafrechtsdogmatik, 2011; *Walter*, Der Gesetzentwurf zur Beschneidung – Kritik und strafrechtliche Alternative, JZ 2012, 1110; *Wüstenberg*, Kindeswohlgefährdung bei Genitalverstümmelung, FPR 2012, 452.

Speziell zum Sondertatbestand § 231, Beteiligung an einer Schlägerei (IV): *Berz*, Zum Anwendungsbereich der „Angriffs"-Alternative des § 231 StGB, in: Bernsmann/Ulsenheimer, Bochumer Beiträge zu aktuellen Strafrechtsthemen, 2003, S. 17; *Birkhahn*, Teilnahme an einem Raufhandel nach Eintritt der schweren Folgen, MDR 1962, 625; *Eckert*, Die nicht vorwerfbare Beteiligung an einer Schlägerei oder einem Angriff gemäß § 231 Abs. 2 n. F., 2002; *Eisele*, Die „unverschuldete" Beteiligung an einer Schlägerei, ZStW 110 (1998), 69; *ders.*, Die Bedeutung des § 231 II StGB nach dem 6. StrRG, JR 2001, 270; *M. Henke*, Beteiligung an einer Schlägerei, Jura 1985, 585; *Hund*, Beteiligung an einer Schlägerei – ein entbehrlicher Straftatbestand?, 1988; *Löffler*, Schlägerei, VDB 1905, 311, 377; *Montenbruck*, Zur „Beteiligung an einer Schlägerei", JR 1986, 138; *Rönnau/Bröckers*, Die objektive Strafbarkeitsbedingung im Rahmen des § 227 StGB, GA 1995, 549; *Saal*, Die Beteiligung an einer Schlägerei (§ 231 StGB) – ein Plädoyer für die Streichung der schweren Folge, 2005; *Stree*, Probleme des Schlägereitatbestandes, Schmitt-FS 1992, S. 215; *Wagner*, Beteiligung an einer Schlägerei (§ 227 StGB) bei Verursachung des Todes in Notwehr – BGHSt 39, 305, JuS 1995, 296; *Zopfs*, Die „schwere Folge" bei der Schlägerei (§ 231 StGB), Jura 1999, 172.

Speziell zur Heilbehandlung, einschließlich Aufklärungspflicht und Einwilligung (V): Alternativ-Entwurf eines Strafgesetzbuches, Besonderer Teil, Straftaten gegen die Person, 1. Halbbd., 1970, § 123 mit Begr. S. 77 ff.; *Arzt*, Heileingriffe aufgrund einer Blanko-Einwilligung bezüglich der Person des Arztes, Baumann-FS 1992, S. 201; *Belling/Eberl/Michlik*, Das Selbstbestimmungsrecht Minderjähriger bei med. Eingriffen, 1994; *Bockelmann*, Strafrecht des Arztes, in: Ponsold, Lehrbuch der gerichtlichen Medizin, 3. Aufl. 1967 (Separatdruck 1968); *Bodenburg*, Entzerrung der gesetzlichen Aufklärungspflicht: Grundaufklärung und Einschätzungsprärogative, NJW 1981, 601; *Bringewat*, Reichweite der ärztlichen Aufklärungspflicht bei der Wiederverwendung von Herzschrittmachern, NStZ 1981, 207; *Cramer*, Ein Sonderstraftatbestand für die eigenmächtige Heilbehandlung. Einige Bemerkungen zu §§ 229, 230 des Entwurfs eines 6. Gesetzes zur Reform des Strafrechts (6. StrRG), Lenckner-FS 1998, S. 761; *Deutsch*, Der Zeitpunkt der ärztlichen Aufklärung und die antizipierte Einwilligung des Patienten, NJW 1979, 1905; *ders.*, Das Recht der klinischen Forschung am Menschen, 1979; *Duttge*, Die „hypothetische Einwilligung"als Strafausschließungsgrund,

§ 6 Körperverletzung, §§ 223 ff.

Schroeder-FS 2006, S. 179; *Engisch*, Die rechtliche Bedeutung der ärztlichen Operation, 1958; Entwurf eines StGB 1962, §§ 161, 162 mit Begründung, S. 296 ff.; *Eser*, Das Humanexperiment – Zu seiner Komplexität und Legitimität, Schröder-GS 1978, S. 191; ders., Medizin und Strafrecht, ZStW 97 (1985), 1; ders., Zur Regelung der Heilbehandlung in rechtsvergleichender Perspektive, Hirsch-FS 1999, S. 465; *Fincke*, Arzneimittelprüfung, 1977; *Geilen*, Einwilligung und ärztliche Aufklärungspflicht, 1963; ders., Materielles Arztstrafrecht in: Frank Wenzel, Handbuch des Fachanwalts, Medizinrecht, 2007, S. 326; *Giesen*, Arzthaftungsrecht im Umbruch (II) – Die ärztliche Aufklärungspflicht in der Rechtsprechung seit 1974 –, JZ 1982, 391; ders., Zwischen Patientenwohl und Patientenwille, JZ 1987, 282; ders., Wandlungen im Arzthaftungsrecht, JZ 1990, 1053; *Göbel*, Die Einwilligung im Strafrecht als Ausprägung des Selbstbestimmungsrechts, 1992; *Hans Göppinger* (Hrsg.), Arzt und Recht, 1966; *Gropp*, Hypothetische Einwilligung im Strafrecht?, Schroeder-FS 2006, S. 197; *Grünwald*, Die Aufklärungspflicht des Arztes, ZStW 73 (1961), 5; *Heidner*, Die Bedeutung der mutmaßlichen Einwilligung als Rechtfertigungsgrund, insbes. im Rahmen des ärztlichen Heileingriffs, 1988; *Hillenkamp*, Zur Strafbarkeit des Arztes wegen verweigerter Bluttransfusion, Küper-FS 2007, S. 123; *Jähnke*, Heimliche HIV-Antikörpertests – strafbare Körperverletzung?, NJW 1987, 2897; ders., Strafrechtliche Aspekte heimlicher Aids-Tests, 1988; *Jürgens*, Die Beschränkung der strafrechtlichen Haftung für Behandlungsfehler, 2005; *Jung*, Außenseitermethoden und strafrechtliche Haftung, ZStW 97 (1985), 47; ders., Biomedizin und Strafrecht, ZStW 100 (1988), 3; *Kargl*, Körperverletzung durch Heilbehandlung, GA 2001, 538; *Arthur Kaufmann*, Die eigenmächtige Heilbehandlung, ZStW 73 (1961), 341; *Kern*, Fremdbestimmung bei der Einwilligung in ärztliche Eingriffe, NJW 1994, 753; *Köhler*, Selbstbestimmung im Rechtsverhältnis zwischen Arzt und Patient, Küper-FS 2007, S. 275; *Kohlhaas*, Medizin und Recht, 1969; *Krauß*, Zur strafrechtlichen Problematik der eigenmächtigen Heilbehandlung, Bockelmann-FS 1979, S. 557; *Kuhlen*, Ausschluss der objektiven Zurechnung bei Mängeln der wirklichen und der mutmaßlichen Einwilligung, Müller-Dietz-FS 2001, S. 431; ders., Objektive Zurechnung bei Rechtfertigungsgründen, Roxin-FS 2001, S. 331; *Laufs/Katzenmeier/Lipp*, Arztrecht, 6. Aufl. 2009; ders., Fortschritte und Scheidewege im Arztrecht, NJW 1976, 1121; *Lesch*, Die strafrechtliche Einwilligung beim HIV-Antikörpertest an Minderjährigen, NJW 1989, 2309; *Lissel*, Strafrechtliche Verantwortung in der präklinischen Notfallmedizin, 2001; *M.-K. Meyer*, Reform der Heilbehandlung ohne Ende. – Ein Beitrag zum geltenden Strafrecht und zum Referentenentwurf des Bundesjustizministeriums, GA 1998, 415; *Michel*, Aids-Test ohne Einwilligung: Körperverletzung oder Strafbarkeitslücke?, JuS 1988, 8; *Mitsch*, Die „hypothetische Einwilligung" im Arztstrafrecht, JZ 2005, 279; *Odenwald*, Die Einwilligungsfähigkeit im Strafrecht unter besonderer Hervorhebung ärztlichen Handelns, 2003; *Otto*, Einwilligung, mutmaßliche, gemutmaßte und hypothetische Einwilligung im Arztstrafrecht, Jura 2004, 679; *Paeffgen*, Gefahr-Definition, Gefahr-Verringerung und Einwilligung im medizinischen Bereich, Rudolphi-FS 2004, S. 187; *Posselt-Wenzel*, Medizinische Eingriffe bei geistig behinderten Menschen, 2004; *Puppe*, Die strafrechtliche Verantwortlichkeit des Arztes bei mangelnder Aufklärung über eine Behandlungsalternative, GA 2003, 764; *Riemenschneider/Paetzold*, Strafrechtliche Verantwortlichkeit des Arztes für Folgen behandlungsbedingter Fahrunsicherheit, NJW 1997, 2420; *Samson*, Zur Strafbarkeit der klinischen Arzneimittelprüfung, NJW 1978, 1182; *Shapira*, Die Anwendung unorthodoxer Behandlungsmethoden bei unheilbar Kranken, ZStW 97 (1985), 198; *Eb. Schmidt*, Der Arzt im Strafrecht, 1939 (Neudruck 1970); *Schwalm*, Zum Begriff und Beweis des ärztlichen Kunstfehlers, Bockelmann-FS 1979, S. 539; *Sternberg-Lieben*, Strafbarkeit des Arztes bei Verstoß gegen ein Patienten-Testament, NJW 1985, 2734; *Tag*, Der Körperverletzungstatbestand im Spannungsfeld zwischen Patientenautonomie und Lex artis, 2000; *Tempel*, Inhalt, Grenzen und Durchführung der ärztlichen Aufklärungspflicht unter Zugrundelegung der höchstrichterlichen Rechtsprechung, NJW 1980, 609; *Trockel*, Das Recht des Arztes zur Heilbehandlung unter Entwicklung und Erprobung neuer Heilmethoden, NJW 1979, 2329; *Tröndle*, Selbstbestimmungsrecht des Patienten – Wohltat und Plage?, MDR 1983, 881; *Wachsmuth/Schreiber*, Das

Übersicht § 6

Dilemma der ärztlichen Aufklärung, NJW 1981, 1985; *Weber-Steinhaus*, Ärztliche Berufshaftung als Sonderdeliktsrecht, 1990; *Zipf*, Probleme eines Straftatbestandes der eigenmächtigen Heilbehandlung, Bockelmann-FS 1979, S. 577.

Übersicht

	Rn.
I. Der kriminalpolitische Hintergrund	1
1. Elementares Schutzbedürfnis	1
2. Bagatelldelikt	10
a) Sozialadäquanz	10
b) Sonstige Geringfügigkeiten	12
3. Antrags- und Privatklagedelikt	14
4. Der Umfang der Körperverletzungskriminalität	18
II. Der Grundtatbestand der vorsätzlichen Körperverletzung, § 223 (ohne Heilbehandlung)	21
1. Körperliche Misshandlung – Gesundheitsschädigung	21
a) Körperliche Misshandlung	21
b) Gesundheitsschädigung	24
2. Einwilligung, Sozialadäquanz, Rechtfertigungsgründe	27
a) Einwilligung, § 228	27
b) Einwilligung in das Risiko	34
c) Sonstige Rechtfertigungsgründe und Sozialadäquanz	43
3. Versuch, § 223 II	47
III. Qualifikationen der vorsätzlichen Körperverletzung, §§ 224, 225, 226, 226a, 227, 340	48
1. Überblick	48
2. Gefährliche Körperverletzung, § 224	52
a) Giftbeibringung, Nr. 1	52
b) Gefährliches Werkzeug, Nr. 2	54
c) Hinterlistiger Überfall, Nr. 3	55
d) Gemeinschaftliches Handeln, Nr. 4	56
e) Lebensgefährdende Behandlung, Nr. 5	57
3. Schwere Körperverletzung, § 226	59
a) Qualifizierende Erfolge	60
b) Subjektive Tatseite	62
c) Versuch	64
d) Beteiligung	67
4. Körperverletzung mit Todesfolge, § 227	71
a) Zusammenhang zwischen Körperverletzung und Tod des Opfers	72
b) Subjektive Tatseite	77
c) Beteiligung	79
5. Körperverletzung im Amt, § 340	80
6. Misshandlung von Schutzbefohlenen, § 225	83
7. Verstümmelung weiblicher Genitalien, § 226a	84a
8. Konkurrenzen	85

IV. Sondertatbestand Beteiligung an einer Schlägerei, § 231	86
V. Heilbehandlung	95
1. Heilbehandlung als Körperverletzung	96
2. Einwilligung und Aufklärungspflicht	101
3. Einwilligungssurrogate	106a
a) Mutmaßliche Einwilligung	106b
b) Hypothetische Einwilligung	106c
4. Hinweis auf Spezialregelungen	107
VI. Fahrlässige Körperverletzung, § 229	111

I. Der kriminalpolitische Hintergrund

1. Elementares Schutzbedürfnis

1   Es ist schwierig, den **Privatbereich** zu umreißen, den Bereich also, in dem der Einzelne erwarten kann, ungestört zu bleiben[1]; dazu näher u. § 8 Rn. 1. Es besteht jedoch insoweit Übereinstimmung, dass die **körperliche Integrität** des Einzelnen von den Mitmenschen zu respektieren ist. Man darf sich also in sich selbst wie in ein Schneckenhaus zurückziehen. Verfolger haben – wenigstens – die körperliche Integrität als Schranke zu beachten. Das wird durch §§ 223 ff. sichergestellt, wobei einige Besonderheiten (Kindesmisshandlung, Raufhandel!) zunächst vernachlässigt werden können.

2   Es ist nicht zu bezweifeln, dass die §§ 223 ff. Ausdruck einer **elementaren Schutzbedürftigkeit** sind und dass das Rechtsgut der körperlichen Integrität wichtig ist. Diese Einsicht ist auch allgemein verbreitet, jedenfalls im Sinne einer theoretischen Erkenntnis. In Widerspruch dazu steht die häufig anzutreffende Bereitschaft, Gewalt zu gebrauchen und andere körperlich zu verletzen (vorsätzliche Körperverletzung), und die ebenfalls verbreitete Unwilligkeit, die Sorgfalt aufzuwenden, die nötig ist, um Körperverletzungen zu vermeiden (fahrlässige Körperverletzung, dazu o. § 4 Rn. 2 ff. zum gleichliegenden Phänomen bei der fahrlässigen Tötung). Den §§ 223 ff. geht es nicht nur darum, eine isolierte Körperverletzung zu verhindern, sondern die Bedeutung der körperlichen Integrität als Rechtsgut soll auch denen eingeschärft werden, die zu ganz anderen Straftaten neigen. §§ 223 ff. sind eine Mahnung, notfalls zum Dieb oder Betrüger, nicht aber zum Räuber zu werden.

3   Die **Ursachen der Gewaltkriminalität** werden zurzeit viel erörtert: Ausländerfeindlichkeit, Aggressionspotenzial und Gruppendynamik bei rechtsradikalen Jugendlichen und Fußballfans, Verrohung durch Fernsehkrimis, Gewaltdarstellung in

---

[1] *Warren/Brandeis*, The Right to Privacy, Harvard Law Review IV (1890), 193 ff., haben in ihrem für das Persönlichkeitsrecht grundlegenden Beitrag vom Recht, für sich zu bleiben, gesprochen („right to be let alone").

Der kriminalpolitische Hintergrund   § 6 Rn. 4–7

Videofilmen, Video- und Computerspielen, Alkoholeinfluss, Gewalterlebnisse als Kind innerhalb der Familie, gesellschaftliche Ursachen wie Unzufriedenheit mit Lebensbedingungen (Frustration[2]). Schon bei §§ 211 ff. ist auf die Fälle hingewiesen, die uns deshalb rätselhaft sind, weil der Täter sein eigentliches Ziel (meist Geld) auch ohne zu morden hätte erreichen können[3]. Man könnte von einer – auch von der deliktischen Zielsetzung des Täters aus betrachtet – **exzessiven Gewaltanwendung** sprechen.

Neben dem Schutz vor der Gewaltkriminalität steckt in §§ 223 ff. auch der **Schutz des Opfers vor sich selbst**[4]. Diesen letzten Gedanken nimmt das Nebenstrafrecht insbesondere unter dem Aspekt der Bekämpfung des **Drogenmissbrauchs** auf, vgl. §§ 29 ff. BtMG[5]. Die Bedeutung dieser körperlichen, aber auch seelischen und geistigen Selbstschädigung ist ständig gewachsen. Nach der polizeilichen Kriminalstatistik hat die Zahl der wegen Rauschgiftdelikten ermittelten Tatverdächtigen seit 1966 von ca. 800 Personen auf 4.400 (1969), 23.200 (1971), 27.106 (1975), 62.913 (1987), 177.170 (1998) bis 235.589 Personen (2007) zugenommen; 2013 gab es sogar 253.525 Straftaten[6].   4

Eine strafrechtlich sanktionierte Pflicht des Einzelnen gegenüber der Gemeinschaft zur Erhaltung seiner Gesundheit besteht **grundsätzlich** nicht[7]. **Ausnahmen:** Verbot der Beeinträchtigung der Landesverteidigung durch (Selbst-)Verstümmelung, § 109 StGB und § 17 WStG (Sonderdelikt für Soldaten); Pflicht zum Anschnallen und Tragen von Schutzhelmen im Straßenverkehr (§§ 21a, 49 I Nr. 20a StVO, Ordnungswidrigkeit) als Ausfluss der Schadensminderungspflicht gegenüber der Allgemeinheit, insbesondere gegenüber der Versichertengemeinschaft[8].   5

Man hatte dem Strafgesetzgeber vorgeworfen, auch er sehe den Schutz der Personwerte nur theoretisch als wichtiger an als den Schutz der Sachwerte, praktisch habe das StGB jedoch mehr für den Schutz der Sachwerte getan. Namentlich wurde zweierlei bemängelt: (1) Der gegenüber den Eigentums- und Vermögensdelikten niedrigere **Strafrahmen** für die einfache Körperverletzung (§ 223 a. F.: bis 3 Jahre Freiheitsstrafe, § 242: bis 5 Jahre Freiheitsstrafe); (2) die Straflosigkeit des **Versuchs** der einfachen Körperverletzung, obwohl z. B. die versuchte Sachbeschädigung strafbar ist (§ 303 II a. F.).   6

Ob der Vorwurf der fehlenden Versuchsstrafbarkeit der Körperverletzung berechtigt war, erscheint zweifelhaft. Denn die Straflosigkeit der versuchten Körperverlet-   7

---

2 Vgl. *H. Schneider*, JZ 1992, 499; *Schwind/Baumann* (Hrsg.), Ursachen, Prävention und Kontrolle von Gewalt, Analysen und Vorschläge der unabhängigen Regierungskommission zur Verhinderung und Bekämpfung von Gewalt (Gewaltkommission), Bd. I, 1990, S. 76 ff.
3 S. o. § 2 Rn. 3.
4 Vgl. § 228 und u. Rn. 29.
5 *R. Schmitt*, Strafrechtlicher Schutz des Opfers vor sich selbst? Gleichzeitig ein Beitrag zur Reform des OpiumG, Maurach-FS 1972, S. 113; ablehnend *Sternberg-Lieben*, a. a. O. S. 570 f.
6 BKA, Rauschgiftkriminalität, Bundeslagebild 2013; im Vergleich: 2011 gab es nur 198.076 Tatverdächtige, Polizeiliche Kriminalstatistik, Jahresbericht 2012 (60. Auflage), S. 67.
7 S. dazu *Sternberg-Lieben*, a. a. O. S. 282 ff.
8 Zur Verfassungsmäßigkeit dieser Pflichten s. z. B. OLG Hamm, NJW 1985, 1790 m. w. N. auch der a. A.

§ 6 Rn. 8–10   Körperverletzung, §§ 223 ff.

zung wurde kompensiert durch zahlreiche gesundheitsschützende Gefährdungstatbestände im Nebenstrafrecht, etwa im Lebensmittel- und Arzneimittelrecht sowie im Arbeitsschutzrecht[9]. Auch die Gefährdungstatbestände des Umweltstrafrechts, z. B. §§ 325, 325a, 330a, schützen die menschliche Gesundheit im Vorfeld ihrer Verletzung; s. dazu näher u. § 41 Rn. 10 ff., 89 ff. – Zutreffend weisen *Hettinger* und *Struensee*[10] auf die – offenbar gar nicht ins Blickfeld des Gesetzgebers geratene – Möglichkeit hin, die Diskrepanz der Versuchspönalisierung durch Einschränkungen der Versuchsstrafbarkeit bei den Eigentums- und Vermögensdelikten zu beseitigen.

8 Das VerbrechensbekämpfungsG 1994[11] hat den **Strafrahmen** des § 223 auf bis zu 5 Jahre Freiheitsstrafe erweitert, das 6. StrRG in § 223 II die **versuchte Körperverletzung** unter Strafe gestellt[12].

9 Zur **fahrlässigen Körperverletzung** (§ 229) kann weitgehend auf die Ausführungen zur fahrlässigen Tötung verwiesen werden, o. § 4.

2. Bagatelldelikt

a) Sozialadäquanz

10 Obgleich das Rechtsgut wichtig ist (o. Rn. 1 f.), sind die meisten Körperverletzungen als Bagatellen anzusehen. Dieser nur scheinbare Widerspruch lässt sich an einigen für §§ 223 ff. charakteristischen Schwierigkeiten belegen. Zunächst ist die Grenze zwischen einer im sozialen Leben hinzunehmenden und einer mit strafrechtlichen Mitteln zu unterdrückenden Beeinträchtigung der körperlichen Integrität nur schwer zu bestimmen. Definiert man mit der h. M. die körperliche Misshandlung i. S. des § 223 als „unangemessenes körperliches Behandeln", ist in vielen alltäglichen Situationen die Grenze zweifelhaft.

Beispiele: Das Drängeln im Bus, um den Ausgang zu erreichen. Der dem unartigen Kind gegebene Klaps.

Solche Geringfügigkeiten scheidet man durch **Auslegung** aus dem Tatbestand aus oder man nimmt sie als sozialadäquat (schon im Tatbestands- oder erst im Rechtswidrigkeitsbereich) aus dem Bereich des Strafbaren heraus. Das Problem bleibt gleich – welchen dieser Wege man auch einschlägt[13].

---

9   S. dazu *U. Weber*, ZStW-Beiheft 1987, 1 (5).
10 *Hettinger*, GA 1995, 399 (402); *Dencker/Struensee/Nelles/Stein*, Einführung in das 6. StrRG, 1998, Teil 2 Rn. 64.
11 Vom 28.10.1994, BGBl. I, S. 3186.
12 Maßgebend dafür war neben der Beseitigung von Widersprüchen im strafrechtlichen Schutz der Vermögensgüter und des höchstpersönlichen Rechtsguts der körperlichen Integrität eine gesetzestechnische Erwägung: Die gefährliche Körperverletzung sollte zunächst nicht mehr, wie im früheren § 223a und im jetzigen § 224, in einem eigenen Tatbestand erfasst werden, sondern als durch Regelbeispiele erläuterter besonders schwerer Fall der einfachen Körperverletzung, sodass die Versuchsstrafdrohung bereits in § 223 hätte erfolgen müssen. Da die gefährliche Körperverletzung schließlich doch im abschließenden Tatbestand des § 224 geregelt wurde, kommt diese Begründung nicht mehr zum Tragen. S. dazu BT-Drucks. 13/1764, S. 26.
13 Vgl. zur Lehre von der Sozialadäquanz – kritisch – *Baumann/Weber/Mitsch*, § 16 Rn. 33 ff.

Von diesen geringfügigen und deshalb sozialadäquaten Körperverletzungen sind scharf die zahlreichen Fälle ernster Gesundheitsbeeinträchtigungen zu unterscheiden, die als unvermeidlich und insofern sozialadäquat hingenommen werden. Die Risiken, die dem Rechtsgut der körperlichen Integrität durch die modernen Anbau- und Aufzuchtmethoden in der Landwirtschaft drohen (also z. B. von Rückständen an Pflanzenschutzmitteln, Hormonen oder Antibiotika), sind hierher ebenso zu rechnen wie Berufskrankheiten oder die Verstümmelungen durch den Straßenverkehr.

b) Sonstige Geringfügigkeiten

Auch nachdem man Geringfügigkeiten aus dem Tatbestand (oder der Rechtswidrigkeit) ganz ausgeschieden hat, bleibt das **Problem der Bagatellen** akut, wenn auch in veränderter Form. Viele der tatbestandsmäßigrechtswidrigen Körperverletzungen wiegen außerordentlich leicht.

Beispiel: Prellungen und Schürfungen.

Das schlägt sich in den **verhängten Strafen** nieder (bei § 223 von ca. 35.000 nach Erwachsenenstrafrecht Verurteilten 30.000 Verurteilungen zu Geldstrafe[14]).

Die uneingeschränkte Beibehaltung des Körperverletzungstatbestandes in der Reformgesetzgebung der 90er-Jahre (mit verschärfter Strafdrohung und Versuchspönalisierung) enthält eine erneute Absage des Gesetzgebers an früher unterbreitete Vorschläge zur **materiell-rechtlichen Lösung der Bagatellproblematik**, z. B. durch Umgestaltung eines Teils der Fälle zu Ordnungswidrigkeiten oder durch eine getrennte und mildere Erfassung der körperlichen Misshandlung, bei der im Gegensatz zur Gesundheitsschädigung Geringfügigkeiten dominieren[15]. Es dürfte also auf absehbare Zeit bei der uneingeschränkten Bewertung der einfachen Körperverletzung als Kriminalunrecht und der Rücknahme der Strafbarkeit mit **prozessrechtlichen** Mitteln bleiben[16].

3. Antrags- und Privatklagedelikt

Die einfache vorsätzliche (§ 223) und die fahrlässige Körperverletzung (§ 229) sind Antrags- und Privatklagedelikte, § 230 StGB, § 374 I Nr. 4 StPO.

Eines **Strafantrags** des Verletzten bedarf es dann nicht, wenn die Staatsanwaltschaft wegen des **besonderen öffentlichen Interesses** ein Einschreiten von Amts wegen für geboten hält, § 230 I 1[17]. Die Körperverletzung wird dann zum Offizialdelikt, das von Amts wegen zu verfolgen ist.

---

14 Genaue Zahlen für 2011: Verurteilte nach allgemeinem Strafrecht: 36.861, davon zu einer Geldstrafe: 29.371, Statistisches Bundesamt, Fachserie 10, Reihe 3, 2012.
15 S. dazu LH 1, 3. Aufl. 1988, Rn. 258 f.
16 Dazu anschließend Rn. 14–17.
17 Die Bejahung des besonderen öffentlichen Interesses ist gerichtlich nicht überprüfbar, BVerfGE 51, 176.

§ 6 Rn. 16–17   Körperverletzung, §§ 223 ff.

Wegen der Mitbetroffenheit des Allgemeininteresses an der Verkehrssicherheit wird das besondere öffentliche Interesse i. d. R. bei Körperverletzungen im Straßenverkehr bejaht.

16 Wird ein besonderes öffentliches Interesse nicht angenommen und hat der Verletzte Strafantrag gestellt, so müssen Polizei und Staatsanwaltschaft grundsätzlich tätig werden, z. B. in den Diebstahlsfällen nach §§ 247 und 248a. Anders liegen die Dinge bei den **Privatklagedelikten,** zu denen die §§ 223 und 229 gehören, s. o. Rn. 14: Der Verletzte muss normalerweise die Rolle des Ermittlers (Polizei) und des Anklägers (Staatsanwalt) selbst übernehmen, vgl. besonders §§ 381, 390 StPO. Allerdings kann die Staatsanwaltschaft wegen privatklagefähiger Delikte die öffentliche Klage immer noch erheben (§ 376 StPO) oder eine bereits erhobene Privatklage als öffentliche Klage übernehmen (§ 377 II StPO), wenn dies im (einfachen) **öffentlichen Interesse** liegt. Der Privatkläger scheidet dann aus dem Verfahren aus, kann aber u. a. in Fällen der Körperverletzung seinen Anschluss als Nebenkläger erklären, § 395 I Nr. 3 StPO.

17 **Das Institut der Privatklage hat sich nicht bewährt.** Die Privatklage ist umständlich, man vgl. dazu § 380 StPO. Sie belastet alle Beteiligten mit hohen Kosten (weil der Privatkläger in aller Regel nicht ohne Rechtsanwalt zurechtkommt, was zur Folge hat, dass auch der Täter einen Anwalt einschaltet). Sie setzt die Beteiligten unüberschaubaren Risiken aus (insbesondere im Hinblick auf die Möglichkeit der **Einstellung des Verfahrens,** die sogar in der Berufungsinstanz noch möglich ist, vgl. §§ 383 II, 390 V StPO). Die meisten Verfahren werden schnell völlig dominiert von einem Kuhhandel, wer die **hohen Kosten** zu tragen hat. Von der Strafe spricht bald niemand mehr. Ein solcher Handel wird schon dadurch möglich, dass der Privatkläger die **Klage zurücknehmen** (§ 391 StPO) und das von Zugeständnissen des Angeklagten bei der Verteilung der Kosten abhängig machen kann. Darüber hinaus wird ein **Vergleich**[18] allgemein für zulässig gehalten, obwohl das Gesetz schweigt[19]. Das Gericht ist an Vergleichsverhandlungen interessiert, denn im Falle eines Erfolgs kann es sich die Mühe des Urteils und der Sachverhaltsaufklärung sparen (freilich kann auch das Hinwirken auf einen Vergleich mühsam sein!). Eine Bindung des Gerichts an die im Vergleich vereinbarte Kostenregelung wird durch analoge Anwendung des § 470 S. 2 StPO erreicht. Das Gericht stellt das Verfahren aufgrund des Vergleichs ein und verteilt die Kosten so, wie es im Vergleich Privatkläger und Angeklagter vereinbart hatten. Wie sehr die angelaufenen Kosten in den Vordergrund rücken, zeigt sich auch daran, dass ein in der Hauptsache erreichbarer Vergleich oft an der Frage der Kosten scheitert.

Über die Mängel des Privatklageverfahrens, das „eine in sich widerspruchsvolle strafprozessuale Verlegenheitslösung" darstellt (*Hans J. Hirsch*)[20], dürfte weitge-

---

18 Nicht zu verwechseln mit der in § 257c StPO normierten Verständigung.
19 Ausführlich hierzu *Meyer-Goßner,* StPO, Vor § 374 Rn. 8 ff.
20 ZStW 83 (1971), 140 (147).

hend Einigkeit herrschen. Eine überzeugende Lösung ist jedoch nicht in Sicht. Überwiegend wird die Abschaffung der Privatklage gefordert, teilweise jedoch für die Einführung eines allgemeinen Sühneverfahrens (in Anlehnung an § 380 StPO) statt des Privatklageverfahrens plädiert[21].

4. Der Umfang der Körperverletzungskriminalität[22]

Die **fahrlässige Körperverletzung im Straßenverkehr** bildet den Schwerpunkt der Verurteilungen wegen fahrlässiger Körperverletzung. Die Verurteilungen nach § 229 sind in den letzten Jahren rückläufig, die wegen vorsätzlicher einfacher und qualifizierter Körperverletzung im Steigen begriffen. Beim Sonderfall der **Kindesmisshandlung** nach § 225 war anzunehmen, dass die jahrelange breite öffentliche Debatte zu einem Ansteigen der Anzeigebereitschaft und damit der Verurteilungen führen würde, zumal hier ein großes Dunkelfeld vermutet wird. Die Statistik zeigt jedoch, dass die Verurteilungszahlen im Wesentlichen konstant bleiben. 18

Jahr Verurteilungen (einschl. Jugendliche und Heranwachsende) nach 19

	§ 223	§ 224	§ 225	§ 226	§ 227
1970	12.260	9.642	279	56	62
1974	13.326	11.484	278	56	98
1979	14.468	13.046	227	49	89
1986	16.394	13.322	174	49	65
1991	16.012	12.650	146	48	71
1993	15.533	13.858	181	57	87
1997	22.954	17.434	147	75	84
2006	41.077	26.816	164	104	66
2011	48.515	28.213	169	110	49
2012	47.344	25.615	159	101	63

Die Zahl der **polizeilich ermittelten Tatverdächtigen** beträgt ein Vielfaches der Zahl der Verurteilten. 2012: 383.928 erfasste Fälle des § 223, 4.565 Fälle des § 225[23]. Der Vergleich des § 223 mit § 225 zeigt, dass der Schwund zwischen dem Abschluss der polizeilichen Ermittlungen und dem Abschluss des gerichtlichen Verfahrens **nicht** mit der Rücknahme etwaiger Strafanträge usw. erklärt werden kann. Da bei vielen anderen Tatbeständen ein ähnlicher Schrumpfungsprozess einsetzt, sind die allgemeinen Gründe für diese trichterförmige Verengung (begangene Taten, 20

---

21 S. dazu KMR-*Stöckel*, Vor § 374 Rn. 21 f. m. w. N.
22 Im Folgenden sind die Paragrafen nach dem 6. StrRG angegeben. In den zugrunde liegenden Statistiken sind noch die früheren Paragrafen angeführt. Der frühere § 223a entspricht nunmehr im Wesentlichen § 224, § 223b = § 225, §§ 224, 225 = § 226, § 226 = § 227, § 230 = § 229.
23 BMI, Polizeiliche Kriminalstatistik 2012.

polizeilich ermittelte Täter, Verurteilte) im Strafprozess und in der Kriminologie näher zu verfolgen[24].

II. Der Grundtatbestand der vorsätzlichen Körperverletzung, § 223 (ohne Heilbehandlung)

1. Körperliche Misshandlung – Gesundheitsschädigung

a) Körperliche Misshandlung

21 § 223 I zerlegt die Körperverletzung in die zwei gleichwertigen Unterfälle der körperlichen Misshandlung und der Gesundheitsschädigung. **Körperliche Misshandlung** ist die Beeinträchtigung der körperlichen Integrität. Die gängige Definition – unangemessenes körperliches Behandeln – führt in der Sache nicht weiter. Entscheidend ist die körperliche Auswirkung im Sinne einer Beeinträchtigung der **körperlichen** Integrität. **Seelische** Quälereien und Störungen aller Art (Lärm, Unterbrechung des Schlafes, z. B. durch nächtliche Telefonanrufe, Schreck- und Ekelerregung) fallen daher grundsätzlich nicht unter den Tatbestand. Ausnahmsweise können solche Einwirkungen auf die Psyche wegen des Zusammenhangs der Psyche mit der Physis jedoch zu einer Beeinträchtigung der körperlichen Integrität führen (beim Lärm leicht vorstellbar[25]) – dann Misshandlung – oder eine Gesundheitsschädigung bewirken[26].

22 Im Grenzbereich zwischen psychischen und physischen Beeinträchtigungen kann die körperliche Misshandlung auf eine körperliche Einwirkung oder eine körperliche Auswirkung gestützt werden[27]. Anspucken ist Körperverletzung (körperliche Einwirkung), obwohl gewichtigere Fälle der Ekelerregung (psychische Auswirkung!) ohne körperliche Einwirkung keine Misshandlung darstellen.

23 Einzelheiten und Einzelfälle: Schmerz braucht das Opfer nicht zu fühlen, angesichts der Möglichkeiten der Betäubung eine Selbstverständlichkeit; Haare, Nägel, Zähne usw. gehören zum Körper, Abschneiden der Haare oder Nägel ist deshalb Misshandlung (Zusammenhang zum Schmerzempfinden!). Das RG hat im 19. Jahrhundert das Abschneiden des Bartes nicht als körperliche Misshandlung angesehen, RGSt 29, 58, mit Recht abw. BGH, NJW 1953, 1440. – Der Gedanke des Integritätsschutzes führt dazu, dass das Einflößen von und das Besprühen mit Flüssigkeiten Körperverletzung ist, ohne Rücksicht darauf, ob der durchschnittliche Mensch das Einflößen bzw. das Besprühen genießen würde (Einflößen von Schnaps, Besprühen mit Eau de Cologne) oder nicht (Einflößen von verdünnter Schwefelsäure, RG, R 10, 407; Bespritzen mit Tripperwasser, RG, GA 49 [1903], 274). Freilich macht sich hier schon der Streit um die Heilbehandlung bemerkbar, also die Frage, ob unter § 223 nur eine nach objektivem Urteil nachteilige Veränderung fällt (Aufrechterhaltung einer Tablettensucht durch unbegründete Verschreibungen, OLG Frankfurt,

---

24 Zu §§ 211 ff. s. o. § 2 Rn. 9.
25 Z. B. Gehörschäden durch überlaute Musik in Diskotheken.
26 Dazu u. Rn. 24 f.
27 Interessant die Überlegung bei SK-*Wolters*, § 223 Rn. 7, dass in Grenzfällen „der Gesichtspunkt der bewussten Ehrverletzung ... eine wesentliche Rolle" spiele.

NStZ 1988, 25) oder ob jeder dem Betroffenen unwillkommene Eingriff in die körperliche Integrität genügt. Letzteres entspricht nach der hier vertretenen Auffassung dem Zweck des § 223 (Rückzug in eine innerste Schale).

b) Gesundheitsschädigung

Die sprachliche Änderung „an der Gesundheit schädigt" (statt bisher „beschädigt") durch das 6. StrRG ist sachlich bedeutungslos. Eine **Definition** lässt sich am Besten mithilfe der Krankheit, also des Gegensatzes der Gesundheit geben: Wer einen anderen **krank oder kränker oder nicht gesund** macht, schädigt dessen Gesundheit. 24

Auch relativ kurz dauernde Beeinträchtigungen reichen aus. **Beispiel** BGH, NStZ 1986, 266: Herbeiführung eines Rausches. Das Hervorrufen von Angst reicht nur dann aus, wenn sich die Bedrohungs- oder Einschüchterungshandlung auf die körperliche Verfassung des Opfers auswirkt, BGH, NStZ-RR 2012, 340. Der offene Ausbruch einer Krankheit ist nicht erforderlich. Es genügt jedes Hervorrufen oder Steigern eines vom Normalzustand der körperlichen Funktionen des Opfers nachteilig abweichenden Zustands. **Beispiele** BGHSt 36, 1 (6 f.) und 36, 262 (265): HIV-Infektion[28]. – BGHSt 43, 346 (353 ff.): Nachteilige Veränderung der Körperbeschaffenheit durch exzessives Röntgen.

Körperverletzung kann wie jedes Erfolgsdelikt auch als unechtes Unterlassungsdelikt (§ 13) begangen werden.

Die ganz h. M. macht hier nicht den Versuch, zwischen körperlichen und geistigen Krankheiten zu unterscheiden. Auch das Herbeiführen einer **Geisteskrankheit** ist Gesundheitsschädigung. Freilich muss die psychische Beeinträchtigung Krankheitswert haben, sonst würde die bei der körperlichen Misshandlung so mühsam gezogene Abgrenzung zwischen körperlichen und seelischen Aus- und Einwirkungen via Gesundheitsschädigung unterlaufen. 25

Schädigungen der Leibesfrucht als solche werden nicht von §§ 223 (229) erfasst (Fötus ist kein anderer Mensch). Sie werden aber tatbestandsmäßig, wenn sie zur Geburt eines geschädigten Kindes führen (Contergan), sehr streitig. Nachweise und Einzelheiten zur Abgrenzung §§ 223 ff./ 218 o. § 5 Rn. 96 ff. 26

2. Einwilligung, Sozialadäquanz, Rechtfertigungsgründe

a) Einwilligung, § 228

Das Rechtsgut der körperlichen Integrität ist das Musterbeispiel für ein **disponibles Individualrechtsgut**, d. h. ein Rechtsgut, dessen Wert für den Einzelnen nicht zuletzt darin liegt, dass er über dieses Gut verfügen – also auch in die Verletzung einwilligen – kann. Die Verfügungsfreiheit macht das Gut überhaupt erst erstrebenswert. Deutlich wird das besonders bei der Definition des Eigentums durch § 903 BGB, doch gilt dasselbe für die 27

---

28 Ausführlich hierzu *S/S/Eser*, § 223 Rn. 7.

körperliche Integrität. Könnte der Einzelne über dieses Rechtsgut nicht verfügen, fände sich niemand, der ihm die Haare schneiden würde (weil tatbestandsmäßig Misshandlung[29]). Wen diese Vorstellung nicht schreckt, kann sich überzeugendere Beispiele ausdenken (so liegt z. B. – Ergänzung der o. Rn. 23 genannten Einzelfälle – in der Defloration eine körperliche Misshandlung usw.). Es ist daher begreiflich, dass der Gesetzgeber bei der Körperverletzung den **Rechtfertigungsgrund der Einwilligung** in § 228 ausdrücklich normiert hat.

28 Am plastischsten begründet *Noll*[30] die Wirkung der Einwilligung mit der Erwägung, die Dispositionsfreiheit sei wertvoller als das Rechtsgut (über das verfügt wird). Dem ist grundsätzlich zuzustimmen. Der Gedanke trägt jedoch keine Trennung und Entgegensetzung von Verfügungsfreiheit und Rechtsgut (= Verfügungsgegenstand). Das Rechtsgut **ist** die Freiheit, über es verfügen zu können. Nur weil es diese Freiheit verleiht, ist es ein Gut. Die Vorstellung, z. B. vom Eigentum ohne Verfügungsbefugnis, ist zu scharf gedacht: Eigentum ohne § 903 BGB ist kein Eigentum mehr. So wenig wie es eine Verfügungsbefugnis ohne Verfügungsobjekt gibt, so wenig kann man die Objekte von ihrer Essenz – der Freiheit, die sie verleihen – trennen. **Einzelheiten zur Einwilligung** gehören in den AT[31]. Dort auch zur Frage, ob die Einwilligung zum Ausschluss des Tatbestandes oder der Rechtswidrigkeit führt, wobei die Abhängigkeit dieser Fragestellung vom jeweiligen Verständnis der beiden Kategorien Tatbestand und Rechtswidrigkeit ebenso zu beachten ist wie der Wortlaut des § 228.

29 **Wenn die Tat trotz der Einwilligung gegen die guten Sitten verstößt**, ist der Täter trotz der Einwilligung seines Opfers zu bestrafen, so § 228. Die Bestimmung ist **restriktiv** und im Sinne des ihrer Entstehung zugrunde liegenden Bestrebens zu interpretieren, den Verletzten gegen seine eigene Kurzsichtigkeit zu schützen[32]. Es geht insbesondere um Fälle, bei denen die Bedeutungskenntnis – die Voraussetzung einer wirksamen Einwilligung ist – zwar zur Zeit der Tat gegeben ist, sich aber absehen lässt, dass der Einwilligende seinen Entschluss bereuen wird. Deshalb ist eine Einwilligung in die Gesundheitsgefährdung, die mit der Einnahme suchterzeugender Drogen verbunden ist, generell unbeachtlich, s. o. Rn. 4. Aus demselben Grund sind an die Einwilligung in schwerwiegende, nicht rückgängig zu machende Eingriffe wie **Sterilisation** und **Kastration** strenge

---

29 S. o. Rn. 23.
30 *Noll*, Übergesetzliche Rechtfertigungsgründe, 1955, S. 74 f., 85 f.
31 Vgl. z. B. *Baumann/Weber/Mitsch*, § 17 Rn. 92 ff.
32 *Sternberg-Lieben*, Die objektiven Schranken der Einwilligung, 1997, S. 33 ff., hält demgegenüber eine Beschränkung der Einwilligungsbefugnis des Einzelnen zum Schutz vor sich selbst für unvereinbar mit dem verfassungsrechtlich garantierten Autonomieprinzip, selbst bei irreversiblen Rechtsgutsverletzungen. Zulässig seien – in engen Grenzen – nur Einwilligungsschranken zum Schutz von Drittinteressen, a. a. O. S. 512 ff. – Da § 228 einen zulässigerweise verfolgten Regelungszweck nicht hinreichend deutlich mache, sei er wegen fehlender Gesetzesbestimmtheit (Art. 103 II GG) unwirksam, a. a. O. S. 121 ff.; ähnlich *Kargl*, JZ 2002, 389 (394 ff.).

Einwilligung, § 228 § 6 Rn. 30–32

Anforderungen zu stellen[33]. Die Kastration ist durch Spezialgesetz geregelt[34]. Zur **Sterilisation** vgl. BGHSt 20, 81 (Fall Dohrn): Sterilisation wird mit Rücksicht auf die Gesetzgebungsgeschichte nicht § 228 unterstellt[35].

Zur (problematischen) Schadensersatzpflicht des behandelnden Arztes bei fehlgeschlagener Sterilisation und Geburt eines Kindes BGHZ 76, 249 und 259. S. auch BGHZ 124, 128 (fehlerhafte genetische Beratung, die zur Geburt eines behinderten Kindes führte). – Zur (ebenfalls problematischen) Schadensersatzpflicht des Arztes wegen unterbliebenen Schwangerschaftsabbruchs s. § 5 Rn. 71–74 (mit Nachw. kritischer Stellungnahmen aus zivilrechtlicher Sicht zum „Kind als Schaden").

Einen Sonderfall stellen die mit Einwilligung der Teilnehmer begangenen Körperverletzungen im Rahmen von tätlichen Auseinandersetzungen zwischen rivalisierenden Gruppen dar. Hier ist die mit solchen Tätlichkeiten typischerweise verbundene Eskalationsgefahr zu berücksichtigen. Sind bei derartigen Auseinandersetzungen das Gefahrpotential begrenzende Absprachen nicht getroffen worden oder fehlen effektive Sicherungen für deren Einhaltung, so verstoßen in deren Verlauf begangene Körperverletzungen – trotz Einwilligung – gegen die guten Sitten[36].

§ 228 darf dagegen nicht dazu herangezogen werden, um bei relativ 30
harmlosen Körperverletzungen bei anstößiger Motivation der Beteiligten den Täter zu bestrafen und so dem Opfer die Verfügung über seinen Körper zu unsittlichen Zwecken unmöglich zu machen[37].

Dass § 228 **restriktiv** interpretiert werden muss, entspricht der über- 31
wiegenden Ansicht[38]. Desgleichen ist weitgehend anerkannt, dass die **Tat** sittenwidrig sein muss; dass bloß die Einwilligung sittenwidrig ist, genügt nicht. Nach h. M. ist die Beschränkung der Verfügungsfreiheit bei sittenwidriger Tat auf **andere disponible Rechtsgüter nicht** zu erstrecken[39].

Im Vergleich zu den 50er- und 60er-Jahren, wo z. B. einverständliche 32
Körperverletzungen im Verlauf sexueller Spiele weitreichend mit dem Stempel der Sittenwidrigkeit versehen wurden[40], ist man heute sehr viel zurückhaltender in der Anwendung des § 228 mit dem Ziel, dem Einzelnen die Disposition über den Körper zu unsittlichen Zwecken abzuerkennen.

---

33 Für freiwillige Unfruchtbarmachungen war § 226a (jetzt § 228) bei seiner Einführung 1933 in erster Linie gedacht; *Berz*, GA 1969, 145 (149/150).
34 G über die freiwillige Kastration vom 15.8.1969, BGBl. I, S. 1143.
35 S. zur Sterilisation auch BGH(Z), NJW 1976, 1790 mit Hinweisen auch zum RegE einer gesetzlichen Regelung; *Horn* und *Mahnkopf*, ZRP 1983, 265 und 1984, 255.
36 BGH, NStZ 2013, 342.
37 So im Ergebnis auch BGHSt 49, 166 sowie z. B. *Fischer*, § 228 Rn. 8 ff. m. w. N.
38 *Rudolf Schmitt*, a. a. O. S. 263 ff., spricht § 228 sogar jeglichen Anwendungsbereich ab. Verfassungswidrigkeit des § 228 nimmt *Sternberg-Lieben*, a. a. O. S. 121 ff., an.
39 S. z. B. *Baumann/Weber/Mitsch*, § 17 Rn. 112 m. w. N.
40 S. dazu z. B. *Arzt*, a. a. O. S. 36 ff.; *Baumann/Weber/Mitsch*, § 17 Rn. 112; *Lenckner*, JuS 1968, 249.

Beispiele früheren Moralisierens bilden die Urteile BGHSt 4, 88 (Prügelei mit tödlichem Ausgang, Sittenwidrigkeit bejaht) und 4, 24 (Bestimmungsmensur, Sittenwidrigkeit i. E. verneint)[41].

33 Neben dem Schutz des Einzelnen vor kurzsichtigen irreversiblen Eingriffen in seine körperliche Integrität (s. o. Rn. 29) liegt ein heute legitimer Anwendungsbereich des § 228 im Ausschluss der Rechtfertigung gesundheitsschädlicher Handlungen, durch die zugleich **Interessen der Allgemeinheit** verletzt werden.

Beispiele: (1) Verabreichen und Überlassen von **Betäubungsmitteln** (§ 29 I Nr. 1 und 6b BtMG), Verschaffen einer Gelegenheit zum unbefugten Drogenkonsum (§ 29 I Nr. 10 BtMG). – Die Frage der Strafbarkeit in diesen Fällen ist allein eine solche der Teilnahmelehre, ob nämlich eine (strafbare) täterschaftliche einverständliche Fremdgefährdung oder eine (straflose) Teilnahme an eigenverantwortlicher Selbstgefährdung vorliegt. S. dazu insbesondere BGHSt 32, 262[42].

(2) Mit der vom Rechtsgutsinhaber gestatteten Körperverletzung wird zugleich gegen das strafrechtlich geschützte Interesse an einer **wirksamen Strafverfolgung** (§ 258 I) verstoßen, etwa wie mit der identitätsverändernden Gesichtsoperation eines gesuchten Verbrechers[43].

(3) Doping im Sport. – Der deutsche staatliche Gesetzgeber hat zwar – anders als z. B. der französische[44] – noch kein generelles strafbewehrtes Dopingverbot erlassen. Die 1998[45] ins AMG eingefügten §§ 6a, 95 I Nr. 2a erfassen lediglich einen Ausschnitt des **Fremddopings**, nämlich das Inverkehrbringen, die Verschreibung und die Anwendung von **Arzneimitteln** zu Dopingzwecken durch Ärzte, aber z. B. auch Trainer, Masseure und Physiotherapeuten. Straflos ist das **Eigendoping** (durch den Sportler)[46] sowie das Fremddoping mit anderen Stoffen als Arzneimittel. Jedoch werden die umfassenden verbandsrechtlichen Verbote vom Staat gebilligt und werden Verstöße dagegen von der überwiegenden Mehrheit der Bevölkerung missbilligt, sodass trotz Einwilligung des Sportlers Sittenwidrigkeit der Körperverletzung beim Doping und Strafbarkeit des Täters nach § 223 anzunehmen ist[47]. Derzeit (Herbst 2014) wird ein neues Anti-Doping-Gesetz vorbereitet, das 2015 in Kraft treten soll.

b) Einwilligung in das Risiko

34 Insbesondere bei fahrlässig herbeigeführten Körperverletzungen (und bei fahrlässiger Tötung) kommt es häufig vor, dass sich das spätere Opfer selbst wissentlich in die Gefahr begeben hat – freilich in der Hoffnung, es werde schon alles gutgehen. Das **Opfer** hat also bezüglich seiner eigenen

---

41 S. dazu auch bereits LH 1, 3. Aufl. 1988, Rn. 278–280 mit Kritik am Maßstab aller billig und gerecht Denkenden.
42 Dazu näher *Baumann/Weber/Mitsch*, § 14 Rn. 72 ff.; *U. Weber,* Baumann-FS 1992, S. 43 (52 f.); *ders.*, Spendel-FS 1992, S. 371 (374 ff.), jeweils m. w. N.
43 So die h. M. zu § 228 und – ohne Rückgriff auf § 228 – *Sternberg-Lieben,* a. a. O. S. 495. – A. A. LK-*Hirsch*, § 228 Rn. 9.
44 S. Loi relative à la protection de la santé des sportifs et à la lutte contre le dopage vom 19.11.1998.
45 Durch das 8. ÄnderungsG zum AMG v. 7.9.1998, BGBl. I, S. 2649.
46 NK-*Paeffgen*, § 228 Rn. 111.
47 S. dazu *U. Weber,* Baumann-FS 1992, S. 43 (54); näher *Klug,* a. a. O. S. 213 (§ 228 nur in Fällen des sog. Risikodopings); *Anja Müller,* a. a. O. S. 122 f., jeweils m. w. N. – A. A. z. B. *Sternberg-Lieben,* a. a. O. S. 559 f. und *Bottke,* Kohlmann-FS 2003, S. 85 (101–103); ähnlich zurückhaltend mit dem Sittenwidrigkeitsurteil über das Doping *Fischer,* § 228 Rn. 23a m. w. N.

Einwilligung in das Risiko § 6 Rn. 35–37

Verletzung (Tötung) den Gefährdungsvorsatz, bezüglich des Erfolges liegt beim Opfer nur Fahrlässigkeit vor.

Beispiel: Die 17-jährige O, die sich vom angetrunkenen Freund T nach dem Tanz auf dem Motorrad heimbringen lässt, weiß, dass sie im Hinblick auf die durch Alkohol beeinträchtigte Fahrtüchtigkeit des T ein Risiko eingeht. O würde die Fahrt jedoch nie antreten, wüsste sie, dass die Fahrt am Baum endet und sie den Rest des Lebens im Rollstuhl verbringt. Einwilligung[48]?

Im Strafrecht bejaht man heute wie früher in solchen Fällen Einwilligung und damit Rechtfertigung nach allgemeinen Grundsätzen, d. h. vorausgesetzt wird Einsichtsfähigkeit und Risikokenntnis des einwilligenden Opfers[49]. Dabei spricht man entweder von **Einwilligung in das Risiko** oder von Einwilligung in die **Handlung** des Täters, denn von einer Einwilligung in den **Erfolg** kann natürlich keine Rede sein[50]. – Konstruktiv kann der Gedanke der Einwilligung auch so formuliert werden, dass man im Hinblick auf die Einwilligung des Opfers die Pflichtwidrigkeit des Handelns des Täters verneint. 35

Die Rechtfertigung kraft Einwilligung tritt nach richtiger Auffassung auch bei **Einwilligung in lebensgefährliche Risiken** ein. Zwar darf über das Leben nicht verfügt werden, doch darf der Rechtsgutsinhaber lebensgefährliche Risiken eingehen. „Seien wir ehrlich, Leben ist immer lebensgefährlich" (*Kästner*). – § 216 steht der wirksamen Einwilligung in lebensgefährliche Handlungen nicht entgegen, sondern verbietet nur die **vorsätzliche** Herbeiführung des Todes**erfolges**[51]. Andernfalls wäre sogar die Einwilligung des Patienten in eine lebensgefährliche Operation unbeachtlich. 36

Ebenso wie für die Einwilligung in Verletzungserfolge (dazu o. Rn. 29 ff.) können sich aber für Risikoeinwilligungen Schranken aus § 228 ergeben. Denn die Sittenwidrigkeit haftet nicht einem eingetretenen Erfolg an, sondern der gefahrschaffenden **Handlung**, die – wenn auch ungewollt – zu dem Erfolg führt. Ist die gefährliche Handlung verboten, namentlich wegen der damit einhergehenden Beeinträchtigung von Allgemeininteressen, und ist sie als sittenwidrig zu bewerten, so scheitert eine wirksame Einwil- 37

---

48 Vgl. die zivilrechtliche Entscheidung BGH, LM § 254 BGB (Da) Nr. 12.
49 Deshalb scheidet Rechtfertigung aus, wenn das Opfer angetrunken ist, vgl. BGHSt 7, 112 (Wettfahrt auf Krafträdern nach Kegelabend) oder wenn der Sozius zwar weiß, dass der Fahrer keine Fahrerlaubnis besitzt, jedoch das Risiko (schadhafte Bremsen) nicht kennt und der Unfall jedenfalls auch auf die schadhaften Bremsen zurückzuführen ist, RG, JW 1934, 2250. Aus demselben Grund keine Rechtfertigung der Prostituierten, die ihre Freier nicht über ihre AIDS-Infektion informiert, zutr. AG München, NStZ 1987, 407; *Eberbach*, JR 1986, 232; a. A. *Bruns*, MDR 1987, 353 (356).
50 Seit BGHZ 34, 355 einhellig anerkannt.
51 S. z. B. *S/S/Lenckner/Sternberg-Lieben*, Vor § 32 Rn. 104; *U. Weber*, Baumann-FS 1992, S. 43 (48). Von der Rechtsprechung wird allerdings § 216 mitunter einwilligungshindernd dann ins Spiel gebracht, wenn mit der gefährlichen Handlung sittlich zweifelhafte Zwecke verfolgt werden, so z. B. in dem Boxkampffall BGHSt 4, 88.

ligung in die Individualgutsgefährdung, sodass der Handelnde bei Gefahrverwirklichung nach §§ 229 oder 222 zu bestrafen ist.

Beispiele: Keine wirksame Einwilligung in die mit dem **Rauschgiftkonsum** und dem **Doping** verbundene Gesundheits- und Lebensgefahr[52]. – Die Teilnahmeproblematik stellt sich naturgemäß auch hier; s. o. Rn. 33, Beispiel (1). – In den **Straßenverkehrsfällen** bestehen zwar ebenfalls gesetzliche Handlungsverbote, jedoch wird man schwerlich ein Sittenwidrigkeitsurteil fällen können, sodass T im obigen Fall (Rn. 34) straflos bleibt, str.[53].

38 Dient die gefahrschaffende Handlung einem billigenswerten Zweck – riskante ärztliche Operation zur Abwendung des Todes eines Patienten – oder ist sie jedenfalls nicht verboten und sittlich neutral, steht § 228 einer wirksamen Risikoeinwilligung nicht entgegen.

Beispiele: RGSt 57, 172 hat beim Übersetzen über die Memel in einer Sturmnacht, auf der der – später ertrunkene – Fahrgast trotz Warnung des Fährmanns bestand, zutreffend Einwilligung bejaht bzw. pflichtwidrig-fahrlässiges Handeln des Fährmanns mangels eines rechtlichen Verbots der Gefahrschaffung abgelehnt.

Für den **ungeschützten Geschlechtsverkehr eines HIV-Infizierten** fehlt es ebenfalls an einem gesetzlichen Verbot. Ein derartiges Verbot kann nicht durch den Strafrichter über § 228 statuiert werden, sodass die Einwilligung des Geschlechtspartners in das mit dem Verkehr verbundene Risiko wirksam ist[54], wenn der Betroffene um die Gefahr weiß und sich freiwillig und selbstverantwortlich in die Gefahr begibt.

39 **Garanten** können je nach Art der Garantenstellung verpflichtet sein, Selbstgefährdungen der ihnen anvertrauten Personen entgegenzutreten. So sind z. B. Eltern grundsätzlich verpflichtet, gegen leichtsinnige Selbstgefährdungen ihrer Kinder einzuschreiten, auch wenn die Kinder schon einsichtsfähig sind. Freilich ist bei Garanten die Zumutbarkeit einer Intervention kritisch zu prüfen.

Beispiel zur Verkehrssicherungspflicht BGH, NJW 1971, 1093 **(Jenner):** Bei extremer, lebensgefährlicher Vereisung einer Skipiste müssen die für die Sicherheit Verantwortlichen die Skifahrer durch Schilder oder Lautsprecher warnen. Zur Sperrung der Piste oder zur Einstellung des Bergbahnbetriebs sind sie nicht verpflichtet.

40 Soweit eine Schutzpflicht besteht, führt die Mitwirkung des Garanten an der Selbstgefährdung der zu behütenden Person zur Strafbarkeit des

---

52 S. dazu *U. Weber,* Baumann-FS 1992, S. 43 (52 f., 54) m. w. N.
53 Vgl. auch BGH, MDR 1959, 856: Verneinung der Sittenwidrigkeit des Verhaltens eines Motorrollerfahrers, der nach Alkoholgenuss drei andere junge Leute verkehrswidrig auf seinem Motorroller mitgenommen hat. Nach BGHSt 53, 55 (63) rechtfertigt eine Einwilligung in eine fahrlässige Körperverletzung oder Tötung durch gefährliches Fahren im Straßenverkehr den Täter nicht, wenn „die Grenze zur Sittenwidrigkeit überschritten ist, also bei konkreter Todesgefahr, unabhängig von der tatsächlich eingetretenen Rechtsgutsverletzung".
54 S. z. B. *Helgerth,* NStZ 1988, 261 (263); *Sternberg-Lieben,* a. a. O. S. 502 f.; *U. Weber,* Baumann-FS 1992, S. 43 (54 f.). – Die wohl überwiegende Meinung gelangt zum selben Ergebnis mit der Begründung, es liege von vornherein bloßes Mitwirken an einer eigenverantwortlichen Selbstgefährdung vor; s. *B. Meier,* GA 1989, 207 (219) m. w. N.

Garanten nach §§ 229, 222, wenn sich das Risiko verwirklicht. Ein Erst-Recht-Schluss von der Situation der Mitwirkung des Garanten am Suizid auf die Mitwirkung an der Selbstgefährdung ist verfehlt[55].

Im Zivilrecht weichen Begründung und Ergebnis vom Strafrecht teilweise ab. Bei der Rechtfertigung kraft **Einwilligung** – zivilrechtlich oft als Handeln auf eigene Gefahr bezeichnet – haben die an die Einwilligung bis BGHZ 29, 33 angelegten Maßstäbe des Rechtsgeschäfts dazu geführt, dass insbesondere bei Minderjährigkeit des Opfers oder bei fehlendem Zugang der Erklärung (Täter betrunken) Rechtfertigung nicht möglich war. Dieses Ergebnis (keine Rechtfertigung) dürfte der Rspr. der Zivilgerichte gerade in Straßenverkehrsfällen deshalb billig erschienen sein, weil der verunglückte Minderjährige dann entschädigt werden konnte und zwar nicht zulasten des Täters, sondern einer Versicherung, vgl. RGZ 141, 262; BGH(Z), NJW 1958, 905. Nachdem im Hinblick auf die Einwilligung des Minderjährigen in Operationen o. ä. die Zivilgerichte seit BGHZ 29, 33 an die Einwilligung nicht mehr die Maßstäbe des Rechtsgeschäfts anlegen, sondern die im Strafrecht entwickelten Kriterien (insbesondere der nicht an der Altersgrenze der Volljährigkeit orientierten **Einsichtsfähigkeit**) übernommen hatten, schien die Anpassung der Zivilgerichte an die strafrechtliche Rspr. auch bei der Einwilligung ins Risiko vorbereitet. Gleichwohl hat der BGH diese Anpassung nicht vorgenommen[56], und zwar wieder im Interesse des verletzten Opfers. Um ihm den Schadensersatzanspruch wenigstens teilweise zu erhalten, wird die Einwilligung ins Risiko im Zivilrecht über § 254 BGB (Mitverursachung, Mitverschulden) abgewogen, um einer „elastischen Verteilung der Haftungsfolgen" willen, BGHZ 34, 355 (362).

41

Die **Diskrepanz zwischen Straf- und Zivilrecht** ist außerordentlich **unerfreulich,** da von der Einheit der Rechtsordnung und Einheit der Rechtswidrigkeit auszugehen ist[57]. Vor einer schnellen gegenseitigen Anpassung ist jedoch deshalb zu warnen, weil es im Zivilrecht billig sein kann, dem Opfer (teilweise) Schadensersatz und Schmerzensgeld zuzusprechen, zumal wenn der Täter versichert ist, es zugleich aber höchst unbillig sein kann, den Täter zu bestrafen.

42

---

55   Zum Suizid s. o. § 3 Rn. 24 ff., 44 ff.; s. dazu auch *U. Weber,* Spendel-FS 1992, S. 370 (376).
56   Soweit BGHZ 34, 355 (361) sich für den Satz „Führt eine Körperverletzung zum Tode, so ist für eine Rechtfertigung durch Einwilligung schlechthin kein Raum" auf BGHSt 4, 88 (93) beruft, ist das glatt falsch, weil der Zusatz a. a. O. ignoriert wird („unter besonderen Voraussetzungen kann allerdings die Pflichtwidrigkeit eines Verhaltens zu verneinen sein, wenn jemand eine gewisse Gefahr in deren klarer Erkenntnis in Kauf genommen und der Täter seiner allgemeinen Sorgfaltspflicht genügt hat").
57   Zutreffend die Unterscheidung von *Hans Stoll* (Das Handeln auf eigene Gefahr, 1961, 296 ff.) zwischen unechten (§ 254 BGB) und echten Fällen des Handelns auf Gefahr (Ausschluss der Rechtswidrigkeit).

c) Sonstige Rechtfertigungsgründe und Sozialadäquanz

43 Es gibt eine Fülle gerechtfertigter Eingriffe in die körperliche Integrität. Zwangsmaßnahmen sind zulässig nach **öffentlichem Recht**, z. B. die Entnahme einer **Blutprobe** nach § 81a StPO und der nach Polizeirecht gestattete **Schusswaffengebrauch** durch Polizeibeamte.

44 Die **körperliche Züchtigung** von Schülern durch **Lehrer** an öffentlichen Schulen wurde in den Schulgesetzen der Bundesländer verboten[58], sodass für ein insoweit früher angenommenes Gewohnheitsrecht[59] kein Raum mehr ist.

45 Auch das früher den **Eltern** aufgrund der **familienrechtlichen** Personensorge für das Kind (§§ 1626 I, 1631 BGB) von der Rechtsprechung – in teilweise viel zu weitem Umfang – zugebilligte Züchtigungsrecht[60] wurde durch den Gesetzgeber nach und nach immer mehr eingeschränkt[61] und 2000 in der Neufassung des § 1631 II BGB durch das Gesetz zur Ächtung von Gewalt in der Erziehung[62] ganz verboten: „Körperliche Bestrafungen, seelische Verletzungen und andere entwürdigende Maßnahmen sind unzulässig".

Obwohl in dem neuen § 1631 II 2 BGB – abweichend von der früheren Fassung – nicht mehr von körperlichen Misshandlungen die Rede ist, bleibt es dabei, dass Geringfügigkeiten wie der Klaps bereits vom Tatbestand des § 223 ausgeschlossen sind[63]. Soll die Wortwahl „Bestrafungen" nicht bedeutungslos sein, wird man von dem Verbot körperliche Einwirkungen, die zur notwehrähnlichen Abwehr von bedrohlichem Verhalten oder zur notstandsähnlichen Unterbindung von selbstgefährdendem Verhalten des Kindes erfolgen, auszunehmen und insoweit Rechtfertigung anzunehmen haben[64].

46 Der unfruchtbare Streit, ob Eingriffsbefugnisse wie das Züchtigungsrecht den Tatbestand oder die Rechtswidrigkeit ausschließen, findet bei der **Sozialadäquanz** eine Parallele. Sozialadäquanz wird bald als Tatbestandskorrektiv (entweder in der Form, dass bei Sozialadäquanz der Tatbestand von vornherein nicht gegeben ist oder ausgeschlossen wird), bald als Rechtswidrigkeitskorrektiv, bald als beides betrachtet. **AT nachlesen**[65]! Sozialadäquate Körperverletzungen passieren massenhaft. Dabei geht es nicht nur um Geringfügigkeiten (Drängeln im Bus, leichter Klaps), sondern auch um schwere Misshandlungen und Gesundheitsschädigungen. So sind die Berufskrankheiten und Berufsverletzungen, die trotz Einhaltung der entsprechenden Sicherheitsvorschriften auftreten (die Staublunge des

---

58 S. z. B. § 90 III SchulG für Baden-Württemberg.
59 S. BGHSt 11, 241; BayObLG, NJW 1979, 1371; unentschieden BGH, NJW 1976, 1949.
60 Vgl. den Stiefmutter-Fall BGH, NJW 1953, 1440.
61 S. dazu näher 1. Aufl. 2000, § 6 Rn. 45.
62 Vom 2.11.2000, BGBl. I, S. 1479.
63 S. dazu o. Rn. 10.
64 So z. B. auch *S/S/Eser*, § 223 Rn. 20 f. Zu weiteren, nicht zu billigenden Einschränkungsversuchen s. z. B. *Fischer*, § 223 Rn. 38 ff. m. w. N.
65 Etwa die Darstellung bei *Baumann/Weber/Mitsch*, § 16 Rn. 33 ff.

Bergarbeiters, der Krebs des im Straßenbau mit Teerarbeiten Beschäftigten) sozialadäquat.

3. Versuch, § 223 II

In § 223 II ist seit dem 6. StrRG 1998 der Versuch der einfachen Körperverletzung unter Strafe gestellt[66].

III. Qualifikationen der vorsätzlichen Körperverletzung, §§ 224, 225, 226, 226a, 227, 340

1. Überblick

Die §§ 224, 225, 226, 226a, 227 und 340 (i. d. F. des 6. StrRG, das die Strafdrohungen gegenüber dem VerbrechensbekämpfungsG 1994 nochmals verschärft hat[67]) enthalten Qualifikationen der einfachen **vorsätzlichen** Körperverletzung (§ 223), sind also in Fällen der fahrlässigen Körperverletzung (§ 229) nicht anwendbar.

Führt eine fahrlässige Körperverletzung schwere Folgen i. S. des § 226 herbei, so ist dies (nur) bei der Zumessung der Strafe nach § 229 zu berücksichtigen; vgl. § 46 II 2 (verschuldete Auswirkungen der Tat).

Das zur Strafschärfung gegenüber § 223 führende **gesteigerte Unrecht** der Qualifikationen wird durch unterschiedliche Umstände begründet: bei § 224 durch die Gefahr einer schwerwiegenden Verletzung des Opfers (**Gefährdungsqualifikation**), bei § 225 durch die verwerfliche **Verletzung einer besonderen Sorgepflicht** für das Opfer, bei §§ 226 und 227 durch die tatsächlich eingetretenen schweren Erfolge (**Erfolgsqualifikationen**[68]). Die Strafandrohung des § 226a soll dem schwerwiegenden Unrecht Rechnung tragen, das mit der Verstümmelung weiblicher Genitalien und den damit einhergehenden oft lebenslangen schweren Folgen für die Opfer verbunden ist[69]. Maßgebend für die Qualifikation des § 340 ist die Mitverletzung der durch die Amtsträgertatbestände geschützten Rechtsgüter[70].

Zur **subjektiven Tatseite** der qualifizierten Delikte ist zunächst die Grundregel des § 15 zu beachten: nur die vorsätzliche Tatbestandsverwirklichung ist strafbar (so bei § 224). Eine wichtige, bereits im AT angeordnete Ausnahme enthält § 18 für die **Erfolgsqualifikationen**: hinsichtlich der schweren Folge reicht es aus, dass dem Täter **wenigstens**

---

66 S. zu den dafür maßgebenden Gründen o. Rn. 6–8.
67 S. dazu und zu den wenigen sachlichen Änderungen der Tatbestände die Synopsen bei *Lackner/Kühl*, Nachtrag zur 22. Aufl. 1998, und bei *Schlüchter* (Hrsg.), Bochumer Erläuterungen zum 6. StrRG, 1998. – Zur Strafschärfung für das Grunddelikt (§ 223) s. o. Rn. 6, 8.
68 S. zu den qualifizierten Delikten allgemein *Baumann/Weber/Mitsch*, § 8 Rn. 60 ff., speziell zu den Erfolgsqualifikationen Rn. 63 ff.
69 BT-Drucks. 17/13787, S. 6.
70 S. dazu u. § 49 Rn. 2 f., 91.

Fahrlässigkeit zur Last fällt. § 18 wird in § 226 II modifiziert; **Vorrang des BT**[71].

51   Bei allen Körperverletzungsqualifikationen ist **der Versuch** strafbar. Für §§ 226, 226a und 227 folgt dies aus der Verbrechensnatur der Delikte[72]; für das Vergehen der gefährlichen Körperverletzung ist der Versuch in § 224 II unter Strafe gestellt. Vgl. zu den Voraussetzungen der Versuchsstrafbarkeit § 23 I.

2. Gefährliche Körperverletzung, § 224

a) Giftbeibringung, Nr. 1

52   Mangels eines kriminalpolitischen Bedürfnisses für den früheren Sondertatbestand des § 229 mit seiner drakonischen Strafdrohung[73] hat das 6. StrRG die Giftbeibringung der gefährlichen Körperverletzung zugeordnet. Damit wurde die Tat – abweichend von § 229 I a. F. (Gefährdungsdelikt) – zu einem **Verletzungs**delikt. Herabgesetzt wurden die Anforderungen an das Tatmittel (Verzicht auf die Eignung zur Gesundheitszerstörung zugunsten der schlichten Gesundheitsschädlichkeit) und die subjektive Tatseite (Verzicht auf die Gesundheitsbeschädigungsabsicht zugunsten des einfachen Körperverletzungsvorsatzes).

53   Zu § 229 a. F. war umstritten, ob **Beibringen** eine gesundheitsschädliche Wirkung im Innern des Körpers entfalten muss[74] oder ob es ausreicht, dass das Gift die Gesundheit allein von außen her schädigt[75]. Dieser Streit hat seine Bedeutung verloren, weil beide Fallgestaltungen nunmehr – mit derselben Strafdrohung – von § 224 erfasst sind, die zweite allemal von der Nr. 2 (gefährliches Werkzeug). Das spricht dafür, unter § 224 I Nr. 1 nur das Beibringen von Gift mit Innenwirkung im Körper zu subsumieren[76].

Eine Strafbarkeit wegen gefährlicher Körperverletzung durch Beibringung eines gesundheitsschädlichen Stoffes ist anzunehmen, wenn ein HIV-Träger einen anderen Menschen mit dieser Krankheit infiziert. Da mittlerweile die Übertragung des HI-Virus einer bestimmten Person zugeordnet werden kann, muss nicht mehr auf die Versuchsstrafbarkeit zurückgegriffen werden, sondern es ist wegen vollendeter Tat zu bestrafen[77]. Das gilt jedoch nicht, wenn der Sexualpartner des HIV-Trägers die Erkrankung

---

71 Dazu o. § 1 Rn. 15 f.
72 S. zum Versuch des erfolgsqualifizierten Delikts u. Rn. 64 ff. sowie *Baumann/Weber/Mitsch*, § 8 Rn. 73 und § 26 Rn. 41 f.
73 S. dazu LH 1, 3. Aufl. 1988, Rn. 315.
74 So z. B. *S/S/Stree/Sternberg-Lieben*, § 224 Rn. 6.
75 So BGHSt 32, 130 (= JZ 1984, 336 m. Anm. *Schall* = JR 1984, 334 m. Anm. *Stree*): Bespritzen mit Salzsäure, sodass das Opfer infolge Verätzung das Sehvermögen auf einem Auge ganz, auf dem anderen Auge teilweise verlor.
76 So z. B. *Schlüchter/Schumacher*, Bochumer Erläuterungen zum 6. StrRG, 1998, S. 35 f.; SK-*Wolters*, § 224 Rn. 8b; LK-*Lilie*, § 224 Rn. 15. – A. A. z. B. MüKo-*Hardtung*, § 224 Rn. 10.
77 *Wessels/Hettinger*, BT 1, Rn. 268.

kennt und auf den Verzicht von Schutzmitteln bei dem Vollzug des Geschlechtsverkehrs drängt[78].

Beendet ist die gefährliche Körperverletzung, z. B. durch das Beibringen von K.O.-Tropfen, wenn der pathologische Zustand, hier die vorübergehende Bewusstlosigkeit, beim Opfer eintritt[79].

b) Gefährliches Werkzeug, Nr. 2

Bei der Körperverletzung mittels eines gefährlichen Werkzeugs geht das Gesetz davon aus, dass der Täter härter zu bestrafen ist, weil er durch die **konkrete Verwendung** des Werkzeugs die Gefahr ernster Verletzung geschaffen hat. Von dieser ratio legis aus sind die **Einzelfälle** zu entscheiden (Extremfälle: Zahnstocher = gefährliches Werkzeug, wenn gegen das Auge gerichtet; Schere = kein gefährliches Werkzeug, wenn zum Haareschneiden verwendet). – Die Gefährlichkeit der Verwendung kann sich auch aus der mangelnden Qualifikation des Handelnden ergeben; zutr. BGH, NStZ 1987, 174: § 224 bei Benutzung einer Injektionsspritze durch einen nicht approbierten Heilpraktiker. – Körperteile des Täters (Faust, Fuß) sind nach h. M. keine gefährlichen Werkzeuge, BGH, GA 1984, 124 f.[80] 54

In Einzelfällen bedarf es der Überprüfung, ob die Körperverletzung „mittels" eines gefährlichen Werkzeuges begangen wurde. Dafür muss das körperliche Wohlbefinden unmittelbar durch den als Werkzeug verwendeten Gegenstand beeinträchtigt werden. BGH 4 StR 264/10 verneinte die Unmittelbarkeit in einem Fall, in dem das Opfer wegen einer unter seine Fersen geklebten Reißwecke stundenlang gezwungen war, auf den vorderen Fußballen zu stehen und eine Beeinträchtigung des körperlichen Wohlbefindens erst dadurch eingetreten war.

c) Hinterlistiger Überfall, Nr. 3

Beim hinterlistigen Überfall wirkt die Verringerung der Chancen des Opfers, sich zu wehren, strafschärfend. Hinterlist erfordert mehr als Heimtücke (s. dazu o. § 2 Rn. 44): Die bloße Ausnutzung der Arglosigkeit des Opfers, etwa durch einen überraschenden Angriff von hinten, reicht nicht aus; vielmehr muss der Täter seine Angriffsabsicht planmäßig-berechnend verdecken[81]. 55

Beispiele: Vortäuschung von Friedfertigkeit, Zuführen eines Betäubungsmittels[82].

d) Gemeinschaftliches Handeln, Nr. 4

Auch hier führt die Einschränkung der Abwehrmöglichkeiten des Opfers zur Strafschärfung. Die qualifizierende Gefährlichkeit ist nur gegeben, 56

---

78 Siehe zur Einwilligung schon Rn. 38.
79 BGH, NStZ-RR 2012, 143.
80 Eine a. A. wird entwickelt in *Hilgendorf*, ZStW 112 (2000), 811 (822 ff.).
81 S. dazu z. B. *Küper*, BT, S. 299 f. m. w. N.
82 BGH, NStZ 1992, 490.

wenn sich das Opfer mindestens zwei am Tatort Zusammenwirkenden gegenübersieht. Es reicht dafür aus, dass eine zweite Person unterstützungsbereit am Tatort anwesend ist[83]; anders liegt es, wenn sich diese Person rein passiv verhält, z. B. nur die Tathandlung filmt[84]. Mit dem Begriff „anderen Beteiligten" hat das 6. StrRG klargestellt, dass es sich dabei auch um einen Gehilfen handeln kann; vgl. die Legaldefinition des Beteiligten in § 28 II. – Die Beteiligung von nicht am Tatort Anwesenden bestimmt sich nach den allgemeinen Regeln, sodass z. B. der im Hintergrund bleibende Bandenchef Mittäter nach §§ 224 I Nr. 4, 25 II sein kann[85].

e) Lebensgefährdende Behandlung, Nr. 5

57 Ähnlich wie beim gefährlichen Werkzeug ist bei der das Leben gefährdenden Behandlung Grund der Qualifikation die Gefahr einer besonders ernsten (lebensgefährlichen) Verletzung oder Erkrankung.

Beispiel: AIDS-Infektion, AG München, NStZ 1987, 407; BGHSt 36, 262.

58 Der Tatbestand ist nicht nur dann erfüllt, wenn der zugefügte Verletzungs**erfolg**, z. B. ein Schädelbruch, das Opfer in Lebensgefahr bringt, sondern auch dann, wenn der Verletzungs**handlung** („Behandlung") z. B. dem Schlag mit einem Hammer auf den Kopf des Opfers, die Wahrscheinlichkeit lebensgefährlicher Verletzungen innewohnt. Die Rechtsprechung[86] spricht zwar von der (generellen) Eignung zur Herbeiführung einer Lebensgefahr, berücksichtigt aber doch die konkreten Umstände des jeweiligen Falles, sodass § 224 I Nr. 5 ein **konkretes** (Lebens-)**Gefährdungsdelikt** enthält[87].

3. Schwere Körperverletzung, § 226

59 § 226 i. d. F. des 6. StrRG fasst die früheren §§ 224 und 225 (die ihrerseits durch das VerbrechensbekämpfungsG 1994 geändert worden waren[88]) in einer Vorschrift zusammen.

a) Qualifizierende Erfolge

60 Die jetzige Umschreibung der **erfolgsqualifizierenden Umstände** in § 226 I Nr. 1–3 hat gegenüber dem früheren Recht – neben rein sprachlichen Änderungen – auch einige sachliche Klarstellungen und Ergänzungen gebracht: Ersetzung der „Zeugungsfähigkeit" durch „**Fortpflanzungsfähigkeit**" in Nr. 1, sodass nunmehr auch der Verlust der Gebärfähigkeit

---

83 BGH 1 StR 447/11.
84 *S/S/Stree/Sternberg-Lieben*, § 224 Rn. 11b zum Happy Slapping.
85 S. zu den Fragen der Beteiligung an der gemeinschaftlich begangenen Körperverletzung näher *Baumann*, JuS 1963, 51; *Manfred Heinrich*, a. a. O. S. 289 ff., 711 ff.; *Küper*, BT, S. 56 ff.; *Stree*, Jura 1980, 281 (289).
86 S. z. B. RGSt 6, 396 (398); 10, 2 f.; BGHSt 36, 262 (265).
87 Ebenso z. B. *Küper*, BT, S. 60 (65) m. w. N.; zum Gefahrbegriff s. u. § 35 Rn. 64 ff., insbesondere 71 ff.
88 Insbesondere sind seinerzeit die Strafdrohungen verschärft worden; s. dazu (kritisch) *Hettinger*, GA 1995, 399.

Qualifikationen § 6 Rn. 61–63

sprachlich eindeutig erfasst ist (der Sache nach schon früher einhellig anerkannt). Dem Verlust eines **wichtigen Gliedes** des Körpers[89] (nach wie vor nicht eines inneren Organs[90]) wurde in Nr. 2 dessen dauernde Gebrauchsunfähigkeit gleichgestellt (so bereits früher die überwiegende Meinung in der Lit.). Die Nr. 3 erfasst nunmehr neben der geistigen Krankheit auch die **geistige Behinderung**[91].

Dauernde Entstellung (Nr. 3) ist abzulehnen, wenn die Verunstaltung 61
durch einen dem Verletzten zumutbaren medizinischen Eingriff behoben werden kann, z. B. entstellende Narben im Gesicht durch eine kosmetische Operation beseitigt oder fehlende Vorderzähne durch eine Prothese ersetzt werden können, str.[92]. – Entsprechendes hat für die Möglichkeit der Wiederherstellung der Gebrauchsfähigkeit eines wichtigen Glieds (Nr. 2) zu gelten, z. B. die Heilung eines versteiften Gelenks.

b) Subjektive Tatseite

Weitaus wichtiger als die Speicherung von Details zu den qualifizieren- 62
den Folgen ist die Erfassung der subjektiven Tatseite der schweren Körperverletzung (mit den Konsequenzen für Versuch und Beteiligung, dazu u. Rn. 64–66 und 67–70). Im Examen wird z. B. eine von der Rechtsprechung abweichende Auffassung zur Dauer der Entstellung nicht verübelt, wohl aber die Unkenntnis des § 18. – Da in § 226 II die **absichtliche** und die **wissentliche**[93] Herbeiführung der schweren Folgen unter (strengere) Strafe gestellt ist, verbleiben für die subjektive Tatseite des § 226 I die **fahrlässige** und die **bedingt vorsätzliche** Herbeiführung der Qualifikationen[94], § 18.

Bei der Prüfung der Fahrlässigkeit hinsichtlich des schweren Erfolges (§§ 226 I, 18) 63
erübrigen sich nähere Ausführungen zur Sorgfaltspflichtverletzung. Denn die in § 226 enthaltene vorsätzliche Körperverletzung (§ 223) ist i. d. R. sorgfaltswidrig. Der Erörterung bedarf allerdings die Vorhersehbarkeit des Eintritts der schweren Folge[95].

---

[89] Str., ob die Wichtigkeit allein generalisierend überindividuell zu bestimmen ist (Arm, Hand, Bein; s. wegen der Einzelheiten die Kommentare), oder ob auch die besondere Situation des Verletzten – Finger des Pianisten – zu berücksichtigen ist; s. dazu z. B. *Küper*, BT, S. 180 (182) m. w. N.
[90] S. dazu BGHSt 28, 100 m. Anm. *Hirsch*, JZ 1979, 109; *Ebert*, JA 1979, 278.
[91] Dazu, dass nicht jede – auch körperliche – Behinderung erfasst ist, s. *Hörnle*, Jura 1998, 169 (179). – Die Bedeutung der Neuregelung dürfte gering sein, da geistige Störungen infolge von Gehirnverletzungen der „geistigen Krankheit" unterfallen.
[92] S. z. B. BGHSt 24, 315; BGH, NJW 1967, 297; *Lackner/Kühl*, § 226 Rn. 4, m. w. N.
[93] S. zu diesen Vorsatzarten z. B. *Baumann/Weber/Mitsch*, § 20 Rn. 41 ff. und 46 ff.
[94] S. zum bedingten Vorsatz *Baumann/Weber/Mitsch*, § 20 Rn. 48 ff., zur Fahrlässigkeit § 22.
[95] S. dazu BGHSt 24, 213 und BGH, NStZ 1982, 27.

c) Versuch[96]

64 Zunächst ist an die **beiden Erscheinungsformen** des versuchten erfolgsqualifizierten Delikts zu erinnern[97]: **(1)** Das Grunddelikt ist zwar nur versucht, aber bereits dadurch wird der schwere Erfolg herbeigeführt, sog. **erfolgsqualifizierter Versuch**. **(2)** Der Täter möchte die Erfolgsqualifikation herbeiführen. Es kommt aber nur zur Verwirklichung des Grundtatbestandes oder nicht einmal dazu, sog. **Versuch der Erfolgsqualifizierung.**

65 Erfolgsqualifizierte Versuche im Bereich der Körperverletzungsdelikte sind seltene Ausnahmen, weil der Versuch nach § 223 II, 22 in aller Regel keine schwere Folge i. S. des § 226 I herbeiführt[98].

Eine solche Ausnahme bildet der **Pistolenschläger-Fall BGHSt 14, 110** (zu § 227, Todesfolge)[99]; wäre in diesem Fall infolge Fahrlässigkeit eine schwere Folge i. S. des § 226 I eingetreten, so läge konstruktiv ein Versuch nach §§ 226 I, 22 vor[100].

66 Häufiger sind Fälle des **Versuchs der Erfolgsqualifizierung.**

Beispiel: T schießt auf O und nimmt dabei billigend in Kauf, dass er ihn am Kopf verletzen und O das Augenlicht verlieren werde. Der Schuss (a) trifft O ins Bein, (b) geht daneben.

Zu a): T = §§ (223) 224 I Nr. 2, §§ 226 I, 22; 52[101].
Zu b): T = §§ 226 I, 22; h. M.[102].

Will T die schwere Folge wissentlich oder absichtlich herbeiführen, ist er strafbar nach §§ 226 II, 22.

d) Beteiligung

67 Strafbare Beteiligung (Mittäterschaft, § 25 II, sowie Anstiftung und Beihilfe, §§ 26, 27) an der schweren Körperverletzung setzt stets **Vorsatz hinsichtlich des Grunddelikts** nach § 223 voraus. Denn Mittäterschaft ist nur bei vorsätzlichem Handeln möglich (h. M.[103]), und §§ 26 und 27 verlangen eine vorsätzlich begangene Haupttat (Akzessorietät der Teilnahme).

68 Hinsichtlich der das erfolgsqualifizierte Delikt begründenden schweren Folge ist aber die **Akzessorietät gelockert:** § 18 geht expressis verbis von

---

96 Zur Strafbarkeit des Versuchs s. o. Rn. 51.
97 Dazu *Baumann/Weber/Mitsch*, § 26 Rn. 41 f.
98 Anders liegen die Dinge bei den zusammengesetzten Delikten, insbesondere beim Raub (§ 249), wo nicht selten die Gewaltanwendung die schwere Folge i. S. des § 251 (Tod eines anderen Menschen) herbeiführt, aber der zweite Akt des Delikts (Wegnahme) unterbleibt: erfolgsqualifizierter Versuch nach §§ 251, 22.
99 Dazu u. Rn. 76.
100 Zur Annahme von Vollendungsstrafbarkeit in BGHSt 14, 110 s. u. Rn. 76.
101 Durch die tateinheitliche Verurteilung (auch) nach § 224 wird zum Ausdruck gebracht, dass T den O tatsächlich verletzt hat; s. BGHSt 21, 114 (115 f.).
102 S. z. B. *Otto*, BT, § 17 Rn. 11; a. A. *Maurach/Schroeder/Maiwald*, BT 1, § 9 Rn. 26: § 226 setze eine vollendete Tat nach § 223 voraus.
103 S. z. B. *Baumann/Weber/Mitsch*, § 29 Rn. 90.

der Möglichkeit der Teilnahme am erfolgsqualifizierten Delikt auch für den Fall aus, dass die schwere Folge **fahrlässig** herbeigeführt wird.

Ergänzend ist auf § 11 II hinzuweisen: **Vorsatz-Fahrlässigkeits-Kombinationen,** zu denen auch die aus vorsätzlicher Verwirklichung des Grundtatbestandes und fahrlässiger Herbeiführung der schweren Folge zusammengesetzten erfolgsqualifizierten Delikte (z. B. § 226 I) gehören, werden (trotz der enthaltenen Fahrlässigkeitskomponente) als Vorsatzdelikte bewertet, sodass formal dem Akzessorietätserfordernis der §§ 26 und 27 (vorsätzliche Haupttat) Rechnung getragen wird. 69

Handeln also Täter sowie Mittäter (§ 25 II) und Teilnehmer (§§ 26, 27) mit Körperverletzungsvorsatz, so ist für jeden Tatbeteiligten unabhängig von der insoweit gegebenen Verantwortlichkeit anderer Mitwirkender Strafbarkeit nach § 226 I oder II möglich. 70

Beispiele: Der **Haupttäter** T handelt hinsichtlich des Eintritts der schweren Folge
(1) schuldlos: nur Strafbarkeit nach § 223 (eventuell § 224).
(2) fahrlässig: § 226 I.
(3) bedingt vorsätzlich: § 226 I.
(4) absichtlich oder wissentlich: § 226 II.

Für **Mittäter und Teilnehmer** gestaltet sich die Strafbarkeit je nach subjektiver Tatseite bezüglich der schweren Folge entsprechend (1) bis (4) ohne Rücksicht darauf, welche Konstellation bei T vorliegt, sodass z. B. (1) bei T mit (4) beim Beteiligten zusammentreffen kann.

Erkennt allerdings der Teilnehmer seine Überlegenheit, weiß z. B. nur der den T zu einem Schlag mit dem Bierkrug auf den Kopf des O veranlassende A von der extrem dünnen Schädeldecke des O und nimmt er die infolge des Schädelbruchs eintretende geistige Erkrankung des O in Kauf, so rückt er nach den allgemeinen Beteiligungsregeln zum mittelbaren Täter nach § 226 I auf[104]. Für T bleibt es bei der Strafbarkeit nach § 224 I Nr. 2; falls ihm hinsichtlich der schweren Folge Fahrlässigkeit zur Last fällt, ist er ebenfalls nach § 226 I strafbar.

Zu § 226a s. u. Rn. 84a.

4. Körperverletzung mit Todesfolge, § 227

In § 227 ist die schwerste Folge einer Körperverletzung, der Tod des Opfers, unter Strafe gestellt. 71

a) Zusammenhang zwischen Körperverletzung und Tod des Opfers

Mindestvoraussetzung des § 227 ist die **Kausalität**[105] der vorsätzlichen Körperverletzung (§ 223, eventuell § 224) für den Tod des Opfers. 72

Nach der Rechtsprechung, der die Literatur einhellig folgt, „ergibt sich aus dem Sinn und Zweck des § 226 [jetzt § 227] StGB, dass hier eine engere 73

---

104 S. zur mittelbaren Täterschaft bei Verwendung eines unvorsätzlich handelnden Tatmittlers *Baumann/Weber/Mitsch*, § 29 Rn. 133 f.
105 S. zur im Strafrecht herrschenden – sehr weitreichenden – Bedingungs- oder Äquivalenztheorie *Baumann/Weber/Mitsch*, § 14 Rn. 8 ff.

§ 6 Rn. 74–75   Körperverletzung, §§ 223 ff.

Beziehung zwischen der Körperverletzungshandlung und dem tödlichen Erfolg gefordert ist als ... nach der Bedingungstheorie ... Entgegengewirkt werden sollte mit ... der Vorschrift der der Körperverletzung anhaftenden spezifischen Gefahr des Eintritts des qualifizierenden Erfolges"[106].

74 Hat sich im eingetretenen Tod des Opfers nicht die **tatbestandsspezifische Gefahr** des Grunddelikts nach § 223 (gegebenenfalls der Qualifikation nach § 224) niedergeschlagen, bleibt es bei der (sehr viel milderen) Strafbarkeit nach §§ 223 (224), 222, 52.

Beispiele: (1) BGH, NJW 1971, 152: Das verprügelte Opfer stürzt auf der Flucht vor dem Täter aus dem Fenster und zieht sich tödliche Verletzungen zu. – § 227 abgelehnt. Anders (§ 227), wenn das selbstschädigende und panikartige Verhalten des Opfers auf einer durch Misshandlungen herbeigeführten Benommenheit beruht, BGH, NJW 1992, 1708[107].

(2) BGH, *Dall*. MDR 1976, 16: Der Kopf des Opfers wurde gegen eine hölzerne Bank gestoßen; der Tod trat durch eine nicht rechtzeitig diagnostizierte Gehirnblutung ein. – § 227 bejaht.

(3) BGHSt 31, 96: T warf einen Hochsitz um, auf dem in ca. 3,50 m Höhe das Opfer saß. O brach sich den rechten Knöchel (Sprunggelenksfraktur) und starb infolge unzureichender ärztlicher Betreuung nach ca. einmonatigem Krankenlager am Zusammenwirken einer Lungenembolie und einer Lungenentzündung. – § 227 bejaht, zw.[108].

(4) BGHSt 32, 25: T1 schlug O mit einem Faustschlag nieder. T2 trat den am Boden liegenden O mit großer Wucht gegen den Kopf. Der Fußtritt verursachte einen Einbruch des Schädeldachs im Bereich der rechten Schläfe. An dieser Kopfverletzung starb O. – § 227 für T1 abgelehnt[109]; für T2 zu bejahen.

(5) BGH, NStZ 2005, 93[110]: Führt nach einer gemeinsamen gefährlichen Körperverletzung der Exzess eines Mittäters zum Tod des Opfers, so ist dieser wegen eines Tötungsdelikts und die Mittäter wegen Körperverletzung mit Todesfolge zu verurteilen, wenn das weitere gewaltsame Vorgehen gegen das Opfer von dem gemeinsamen Tatplan der gefährlichen Körperverletzung nach wie vor getragen war. So massiv diese Intensivierung der Gewalt durch den Mittäter auch war, so war sie doch als weitere fortgesetzte Gewalthandlung gewollt und angesichts der emotional stark aufgeheizten Tatsituation und der vorangegangenen sich steigernden, entwürdigenden und verletzenden Behandlung des Opfers für die Angeklagten auch in ihrer tödlichen Wirkung vorhersehbar.

75 Eine weitere Frage des Zusammenhangs zwischen vorsätzlicher Körperverletzung und eingetretenem Tod ist die, ob die schwere Folge auf einem vorsätzlich zugefügten Körperverletzungs**erfolg** beruhen muss (so

---

106 So BGH, NJW 1971, 152. Der Sache nach ebenso z. B. BGHSt 48, 34 (37) m. w. N. Aus der Lit. vgl. z. B. *Fischer*, § 227 Rn. 3 m. w. N.
107 Dazu *Graul*, JR 1992, 344; *Geppert*, JK § 226/3; *Mitsch*, Jura 1993, 18; *Sowada*, Jura 1994, 643 (649) und 1995, 644.
108 Dazu *Maiwald*, JuS 1984, 439; *Puppe*, NStZ 1983, 22; *Stree*, JZ 1983, 73; *Hirsch*, JR 1983, 78, und *Schlapp*, StV 1983, 62.
109 Dazu *Geppert*, JK § 226/2.
110 Vgl. auch den Butterflymesser-Fall BGH, NStZ 2004, 684.

die sog. Letalitätstheorie) oder ob die Kausalität einer vorsätzlichen Körperverletzungs**handlung** für den eingetretenen Tod ausreicht.

BGHSt 14, 110 (Pistolenschläger-Fall) bejaht § 227 für folgenden Sachverhalt: Bei vorsätzlichem Schlag mit der Pistole gegen den Kopf des O löst sich, von T ungewollt, ein Schuss, der den O tötet. – Ausreichend sei eine zum Tod des O führende vorsätzliche Körperverletzungs**handlung** (Zuschlagen mit der Pistole), nicht erforderlich sei, dass der Tod des O auf einem von T vorsätzlich herbeigeführten Körperverletzungs**erfolg** beruhe. – A. A. RGSt 44, 137 und die überwiegende Meinung im Schrifttum[111], mit der Folge, dass nur §§ 223, 224, 22 und 222 (i. V. m. § 52) zur Anwendung gelangen. Näher dazu *Tiedemann*, Fall 14. – Vorzugswürdig ist die Annahme einer Strafbarkeit nach §§ 227, 22 (erfolgsqualifizierter Versuch, s. o. Rn. 64 f.)[112]. Der Einwand, dem stehe die Straflosigkeit des versuchten Grunddelikts entgegen, hat sich nach der Versuchspönalisierung in § 223 II durch das 6. StrRG (s. o. Rn. 8) erledigt. Einen erfolgsqualifizierten Versuch nach §§ 227, 22 bejaht denn auch zutreffend **BGHSt 48, 34, 37 ff.** (Gubener Hetzjagd). Anders als im Pistolenschläger-Fall BGHSt 14, 110 haben die Angeklagten hier noch keinen Schlag gegen den O geführt, sondern dazu durch Verfolgung des O in Körperverletzungsabsicht lediglich unmittelbar angesetzt (§ 22). Der aus Furcht vor Schlägen in Panik fliehende O erlitt bei dem Versuch, sich durch eine verglaste Haustür in Sicherheit zu bringen, tödliche Verletzungen. Bei dieser Sachverhaltsgestaltung war – anders als in BGHSt 14, 110 – für eine Bestrafung wegen vollendeter Körperverletzung mit Todesfolge von vornherein kein Raum[113].

b) Subjektive Tatseite

Auch für § 227 gilt § 18: Der Täter der vorsätzlichen Körperverletzung (§§ 223 oder 224) muss den Tod des Opfers **mindestens fahrlässig** verursacht haben. Tatbestandsmäßig nach § 227 ist demnach auch die vorsätzliche Herbeiführung des Todes. In diesem Falle wird jedoch § 227 von den §§ 211 ff. verdrängt.

Das ist so selbstverständlich, dass in Fällen vorsätzlicher Tötung § 227 nicht zu erörtern ist.

Erfolgt die dem § 227 zugrunde liegende vorsätzliche Körperverletzung unter den Voraussetzungen des § 213 (dazu o. § 2 Rn. 78 ff.), so ist ein minder schwerer Fall nach § 227 II anzunehmen[114].

c) Beteiligung

Es gelten die o. Rn. 68–70 zu § 226 dargelegten akzessorietätslockernden Regeln.

So ist z. B. A, der den T zur Körperverletzung des O (§ 223) angestiftet hat, gemäß § 18 nach §§ 227, 26 zu bestrafen, wenn O infolge der Misshandlung stirbt und A

---

111 S. z. B. *Altenhain*, GA 1996, 19 (30, 33); *Lackner/Kühl*, § 227 Rn. 2 m. w. N.
112 So z. B. *Stree*, GA 1960, 289 (293), und *S/S/Stree/Sternberg-Lieben*, § 227 Rn. 6 m. w. N.
113 Zur mehrfachen Problematik von BGHSt 48, 34 (u. a. auch Versuchsbeginn?, tatbestandsspezifischer Gefahrzusammenhang?, Mittäterschaft beim erfolgsqualifizierten Delikt?) s. die Urteilsbesprechungen von *Hardtung* (NStZ 2003, 261), *Heger* (JA 2003, 445), *Kühl* (JZ 2003, 637), *Laue* (JuS 2003, 743); *Martin* (JuS 2003, 503), *Puppe* (JR 2003, 123) und *Sowada* (Jura 2003, 549).
114 S. BGHSt 25, 222; BGH, NStZ 1983, 555.

hinsichtlich dieser Todesfolge Fahrlässigkeit zur Last fällt und zwar auch dann, wenn den T insoweit kein Fahrlässigkeitsvorwurf trifft, er also nur nach § 223 strafbar ist, oder wenn T ohne Wissen des A den O vorsätzlich tötet, also nach §§ 211, 212 strafbar ist[115].

5. Körperverletzung im Amt, § 340

80 § 340 I enthält einen durch die Amtsträgereigenschaft (§ 11 I Nr. 2) des Täters qualifizierten Fall der einfachen Körperverletzung (§ 223). Es handelt sich um ein **unechtes Amtsdelikt**[116], sodass tatbeteiligte Nichtbeamte aus § 223 zu bestrafen sind, § 28 II[117]. – Entsprechend § 223 II wurde durch das 6. StrRG in § 340 II der **Versuch** unter Strafe gestellt.

81 § 340 III stellt klar, dass die qualifizierten Körperverletzungstatbestände der §§ 224–227[118], die Einwilligungsregelung in § 228[119] sowie § 229 (fahrlässige Körperverletzung) auf den Amtsträger auch dann anwendbar sind, wenn er die Tat nicht selbst begeht, sondern – in Abs. 1 ebenfalls erfasst – begehen lässt[120].

82 § 48 I WStG stellt Offiziere und Unteroffiziere der Bundeswehr den Amtsträgern u. a. im Hinblick auf § 340 gleich.

6. Misshandlung von Schutzbefohlenen, § 225

83 Misshandlung Schutzbefohlener ist ein **qualifizierter Fall der Körperverletzung**. Die Heraushebung insbesondere der Kindesmisshandlung ist zunächst kriminologisch gerechtfertigt. Es handelt sich oft um „Dauerdelikte" (nicht im technisch-juristischen Sinne). Sie können zu besonders schweren Folgeschäden führen. Die gequälten Kinder werden gelegentlich körperlich und oft seelisch verstümmelt; s. die Qualifikation in § 225 III Nr. 2. Das **Einschreiten des Familiengerichts** – vgl. §§ 1666, 1666a BGB – ist meist noch dringlicher als das Einschreiten des Strafrichters. Die juristische Heraushebung trägt auch dazu bei, der Bevölkerung den Tatbestand der Kindesmisshandlung bewusst zu machen und den – geringen – Mut zur Anzeige zu fördern.

84 **Einzelheiten:** Der Streit, ob es sich bei § 225 um qualifizierte Körperverletzung oder um einen selbstständigen Tatbestand handele, ist im Sinne der ersten Auffassung zu entscheiden. Dass unter Quälen auch die Zufügung seelischer Leiden zu verstehen ist und § 225 einen Akzent gerade auch auf die seelische Schädigung legt, rechtfertigt im Hinblick auf die schon bei § 223 sichtbar gewordene Wechselwir-

---

115 S. dazu BGH, JZ 1986, 764.
116 Zur Fragwürdigkeit unechter Amtsdelikte im 30. Abschn. des BT s. bereits E eines EGStGB 1973, BT-Drucks. 111/73, S. 277.
117 S. zu weiteren unechten Amtsdelikten den Überblick u. § 49 Rn. 4 ff. Zur Bedeutung des § 28 für die Beteiligung an echten (Abs. 1) und unechten Amtsdelikten (Abs. 2) s. *Baumann/Weber/Mitsch*, § 32 Rn. 20 f. sowie 23 ff.
118 Zu § 225 s. u. Rn. 83 f.
119 Dazu o. Rn. 27 ff.
120 BT-Drucks. 13/8587, S. 83.

Qualifikationen § 6 Rn. 84a

kung zwischen Leib und Seele[121] seine Einordnung als Sonderdelikt nicht[122]. Teilnehmer, die nicht in der besonderen in § 225 umschriebenen Beziehung zum Opfer stehen, sind daher aus § 223 zu bestrafen, § 28 II.

§ 225 III enthält zwei **Gefahrqualifikationen,** auf die § 18 **nicht** anzuwenden ist[123], die vielmehr vom Tätervorsatz umfasst sein müssen[124].

7. Verstümmelung weiblicher Genitalien, § 226a

Das 47. StÄG[125] vom 24.9.2013 hat § 226a in das StGB eingeführt. Die 84a Norm bezweckt den Schutz der physischen und psychischen Integrität weiblicher Personen, bei denen aus religiösen und/oder traditionellen Gründen Genitalverstümmelungen praktiziert werden sollen[126]. Verlässliche Quellen zur Anzahl der von Genitalbeschneidungen betroffenen, in Deutschland lebenden Frauen liegen nicht vor[127].

Die in § 226a pönalisierte „Verstümmelung weiblicher Genitalien" war bereits vor dem 47. StÄG strafbar, und zwar nach §§ 223, 224, ggf. § 226, in der Regel in Tateinheit mit § 225[128]. § 226a besitzt deshalb auch einen gewissen Symbolcharakter.

Die Vorschrift ist vor allem in Anbetracht des Gleichheitsgrundsatzes des Art. 3 GG umstritten[129]. Während einerseits lediglich die Beschneidung von Jungen unter den in § 1631d BGB genannten Voraussetzungen gerechtfertigt ist[130], ist andererseits nach § 226a StGB die Genitalverstümmelung nur bei Mädchen als Verbrechen strafbar. Der Gesetzgeber hat Gleiches ohne hinreichende Faktenprüfung und ohne hinreichend durchdachte Begründung, wie beispielsweise eine unterschiedliche Eingriffsintensität[131], ungleich behandelt[132]. Eine Differenzierung alleine nach dem betroffenen Geschlechtsteil ohne Differenzierung nach der Intensität, des Typs der Beschneidung oder der mit ihr verbundenen Folgen vermag nicht zu überzeugen, weil sich in der Praxis auch bei Mädchen Formen der Genitalverstümmelung – wie das Beschneiden der Klitoris-Vorhaut – finden,

---

121 S. o. Rn. 21 f.
122 Ebenso u. a. *Lackner/Kühl,* § 225 Rn. 1; *Schmidhäuser,* BT 1/16; differenzierend *Fischer,* § 225 Rn. 2. Im Ergebnis wie hier auch RGSt 70, 358 (359): § 227 schwerere Stufe der Körperverletzung auch gegenüber (dem dann zurücktretenden) § 225; zutreffend für Tateinheit (§§ 225, 227, 52) BGHSt 41, 113 (115 f.) im Falle länger andauernder Misshandlungen eines Kindes, von denen eine zum Tod des Opfers führt. – Die Auffassungen in der Literatur sind sehr geteilt; Nachweise bei *Maurach/Schroeder/Maiwald,* BT 1, § 10 Rn. 2 ff.; LK-*Hirsch,* § 225 Rn. 1; *W. Meurer,* a. a. O. S. 91 ff., die für Sonderdelikt eintreten, mit der Folge der Anwendung des § 225 auch auf Teilnehmer, mit Strafmilderung nach § 28 I.
123 Zur Beschränkung des § 18 auf Verletzungserfolge s. *Baumann/Weber/Mitsch,* § 8 Rn. 78.
124 Zum Begriff der schweren Gesundheitsschädigung s. o. § 5 Rn. 36 (zu § 218 II 2 Nr. 2).
125 BGBl. I, 3671.
126 BT-Drucks. 17/13707, S. 5.
127 Vgl. *Fischer,* § 226a Rn. 2.
128 *Hahn,* ZRP 2010, 38.
129 *Herzberg,* ZIS 2012, 486.
130 Kritisch zu § 1631d BGB *Walter,* JZ 2012, 1110.
131 Vgl. hierzu *Hörnle,* Kultur, Religion, Strafrecht, C 53 f.; *Kraatz,* NStZ-RR 2014, 70.
132 *Hilgendorf,* StV 2014, 555 (560).

§ 6 Rn. 85   Körperverletzung, §§ 223 ff.

die der Beschneidung der Penis-Vorhaut bei Jungen gleichstehen[133]. In der Konsequenz muss einerseits der Anwendungsbereich des § 1631d BGB wortlautgetreu ausgelegt werden, sodass nur eine fachgerecht durchgeführte, den medizinischen Standards entsprechende Beschneidung bei männlichen Kindern erfasst ist[134]. Außerdem sollte bei der Beschneidung von Mädchen, die einer Jungenbeschneidung gleichzusetzen und als solche unter § 1631d BGB zu subsumieren wäre, § 1631d BGB analog angewandt werden[135]. Der Gleichheitssatz des Art. 3 GG gebietet andererseits, dass auch über die „einfache" Beschneidung hinausgehende massive Verletzungen von männlichen Opfern unter § 226a fallen[136]. Die Norm sollte deshalb geschlechtsneutral umformuliert werden[137].

§ 5 StGB sollte derart geändert werden, dass eine Genitalverstümmelung auch dann strafbar ist, wenn sie sich gegen eine Person richtet, die zum Tatzeitpunkt ihren Wohnsitz oder gewöhnlichen Aufenthalt in Deutschland hat[138]. Denn im Ausland vorgenommene Verstümmelungen im Inland lebender Ausländerinnen sind bisher der Strafverfolgung entzogen[139].

Es liegt nahe, nur schwerwiegende Verletzungen hervorrufende Formen der Mädchenbeschneidung als „Verstümmelung" i.S.d. § 226a anzusehen[140].

8. Konkurrenzen

85   §§ 224, 226 I und 227 stehen zueinander in einem Stufenverhältnis: Jeder Tatbestand konsumiert den vorhergehenden weniger schweren Tatbestand. Gegenüber dem Grunddelikt § 223 sind die Qualifikationen leges speciales. – Zwischen §§ 226 II und 227 ist Idealkonkurrenz möglich, weil die absichtlich oder wissentlich herbeigeführte schwere Folge i. S. des § 226 und der fahrlässig herbeigeführte Tod des Opfers etwa den gleichen Unwertgehalt aufweisen, sodass sich die beiden Delikte im Falle ihres Zusammentreffens nicht gegenseitig verdrängen können.

Die hier vertretene Auffassung entspricht der h. A., vgl. insbesondere BGHSt 21, 194. Die Gegenansicht – Tateinheit auch zwischen §§ 224, 226 I und 227 – führt zu einer Mehrarbeit ohne praktischen Effekt, vgl. § 52. Vor allem lässt sie außer Acht, dass die rechtsstaatlich erwünschte Aufsplittung in einzelne Tatbestände durch großzügige Handhabung der Gesetzeskonkurrenz praktikabel gemacht werden muss[141]. § 340 I ist lex specialis zu § 223. Zu den Qualifikationen der §§ 224, 226 und 227 steht § 340 in Tateinheit (§ 52).

---

133 Terre des Hommes e.V., Studie zu weiblicher Genitalverstümmelung, 2005, S. 4; *Walter*, JZ 2012, 1110 (1112).
134 *Hörnle*, Kultur, Religion, Strafrecht, C 49.
135 *Steinbach*, NVwZ 2013, 551.
136 *Hilgendorf*, StV 2014, 555 (562).
137 *Hilgendorf*, StV 2014, 555 (560); vgl. etwa den Vorschlag von *Hörnle*, Kultur, Religion, Strafrecht, C 58, die Wörter „weibliche Person" durch „eines Menschen" zu ersetzen.
138 *Hilgendorf*, StV 2014, 555 (562); *Hörnle*, Kultur, Religion, Strafrecht, C 58.
139 *S/S/Sternberg-Lieben*, § 226a Rn. 9.
140 Das entspricht dem Willen des Gesetzgebers, der unter „verstümmeln" „gewaltsam (um einen Teil, Teile) kürzen, schwer verletzen, entstellen, schlimm/übel zurichten, durch Abtrennung eines/mehrerer Glieder schwer verletzen" versteht, vgl. BT-Drucks. 17/13707, S. 6 unter Hinweis auf den Duden.
141 Dazu o. § 1 Rn. 31.

§ 223 tritt hinter § 225 zurück. Mit § 224 besteht Tateinheit. § 225 tritt i. d. R. hinter §§ 226 und 227 zurück[142]. Zwischen den qualifizierten Tatbeständen des § 225 III und 226 ist Tateinheit möglich.
Zum Verhältnis der Körperverletzung zur Tötung s. o. § 2 Rn. 86 f.

IV. Sondertatbestand Beteiligung an einer Schlägerei, § 231

Tatbestandsmäßige Handlung ist die Beteiligung an einer Schlägerei (mindestens drei Raufende erforderlich, BGHSt 31, 124, 125) oder einem Angriff (dazu BGHSt 31, 124, 126 f.) mehrerer (mindestens zwei Angreifer erforderlich). Auf diese Merkmale muss sich der Vorsatz erstrecken. 86

§ 231 II i. d. F. des 6. StrRG stellt klar, dass **Strafbarkeit ausgeschlossen** ist, wenn zugunsten des Beteiligten Rechtfertigungs- oder Entschuldigungsgründe eingreifen, namentlich Notwehr (§ 32) und Notwehrexzess (§ 33). Strafbarkeit nach § 231 I scheidet aber nur dann aus, wenn **alle** im Verlauf der Schlägerei von dem Beteiligten vorgenommenen Handlungen gerechtfertigt oder entschuldigt sind[143]. 87

Die Frage, ob unter den Voraussetzungen des § 231 II der Tatbestand des § 231 I ausgeschlossen ist, oder ob § 231 II nur einen deklaratorischen Verweis auf Rechtfertigung und Entschuldigung enthält[144], ist im letzteren Sinne zu entscheiden. Denn bei Tatbestandsausschluss müsste konsequenterweise angenommen werden, dass der Gerechtfertigte oder Entschuldigte auch nicht Beteiligter i. S. des Abs. 1 ist, sodass bei Unterschreitung der dort geforderten Mindestzahl (s. o. Rn. 86) tatbestandsmäßige Beteiligung auch für die anderen entfallen würde. Dies entspräche nicht dem Sinn des Schlägereitatbestandes.

Die dem § 231 II entsprechende Klausel in § 227 a. F. lautete: „falls er nicht ohne sein Verschulden hineingezogen worden ist". Die Neufassung bestätigt die schon unter Geltung des früheren Rechts h. M., dass auch zu bestrafen ist, wer ohne sein Verschulden in eine Rauferei hineingezogen wurde, dann jedoch vorsätzlich, rechtswidrig und schuldhaft „mitmischt"[145]. 88

Im umgekehrten Fall – der Beteiligte hat sich zunächst vorsätzlich, rechtswidrig und schuldhaft eingemischt, gerät dann aber in eine Notwehrlage und schlägt zurück – bleibt es bei der Strafbarkeit nach § 231 I. Denn das Anfangsverhalten des Beteiligten war vorwerfbar.

Die wegen des vorwerfbaren Anfangsverhaltens verbleibende Strafbarkeit nach § 231 schließt aber selbstverständlich nicht aus, dass die später in Notwehr begangene Körperverletzung (§§ 223, 224, 226, 227) nach § 32 gerechtfertigt und damit straflos ist[146]. 89

---

142 Zur ausnahmsweisen Tateinheit s. o. Rn. 84, Fn. 122.
143 S. BT-Drucks. 13/9094, S. 16: „zu keinem Zeitpunkt in vorwerfbarer Weise beteiligt war".
144 S. dazu die Nachw. bei *Eisele*, ZStW 110 (1998), 69, 74 ff. (zu § 227 a. F., für Tatbestandsausschluss), und JR 2001, 270, 272 ff. (zu § 231 II, gegen Tatbestandsausschluss).
145 S. z. B. RGSt 30, 281 (283); *Lackner/Kühl*, § 231 Rn. 4; *S/S/Stree/Sternberg-Lieben*, § 231 Rn. 7; *Fischer*, § 231 Rn. 10; *Wessels/Hettinger*, BT 1, Rn. 352. – A. A. z. B. *Eisele*, ZStW 110 (1998), 69 (76 ff.) m. w. N. in Fn. 42.
146 S. z. B. RGSt 59, 264 (266); *Fischer*, § 231 Rn. 10a.

90 Die Beteiligung ist jedoch nur strafbar, wenn die Schlägerei bzw. der Angriff den Tod oder die schwere Körperverletzung eines Menschen verursacht hat, wobei es gleichgültig ist, ob der Getötete auf Angegriffenen- oder Angreiferseite stand (BGHSt 33, 100). Nicht maßgebend ist zudem, dass das tatbestandsmäßige Verhalten des Täters, seine Beteiligung, für die schwere Folge ursächlich geworden ist. Weiter findet § 231 auf die Angreifer auch dann Anwendung, wenn einer von ihnen in Notwehr, also rechtmäßig, getötet wurde, BGHSt 33, 100[147]. **Die schwere Folge ist objektive Strafbarkeitsbedingung**[148], § 18 ist nicht anwendbar. – Zur Rechtsnatur und Problematik der objektiven Strafbarkeitsbedingungen s. die Darstellungen zum AT[149].

91 Die objektive Strafbarkeitsbedingung in § 231 I ist auf **Beweisschwierigkeiten** zurückzuführen. Die Kausalität der Beteiligung eines Raufenden für die schwere Folge der Rauferei ist oft nicht nachzuweisen. Der gängige Ausweg bei Beteiligung mehrerer über die wechselseitige Zurechnung der Tatbeiträge (Mittäterschaft, § 25 II) scheitert daran, dass oft jeder gegen jeden kämpft. So kommt es zu der in Witze eingegangenen Beweisnot[150]. – Nach Abzug der Strafbarkeitsbedingung bleibt auch ein für den Schuldvorwurf (und die Strafdrohung) ausreichender Unrechtstatbestand: die Beteiligung an einer Rauferei, die stets mit dem Risiko der schweren Folge des § 231 verbunden ist, Gefährdungsdelikt[151]!

Trotz dieses jeder Schlägerei innewohnenden Gefährdungspotentials sollte auf die objektive Strafbarkeitsvoraussetzung des Eintritts einer schweren Folge nicht verzichtet werden[152]. Denn der aus der Strafbarkeit **jeder** Rauferei resultierende strafprozessuale Verfolgungsaufwand wäre schwerlich zu verkraften.

92 **Einzelheiten und Einzelfälle:** Weil beim Raufhandel stets – abstrakt – die Gefahr einer schweren Schädigung gegeben ist, ist der Täter auch dann zu bestrafen, wenn feststeht, dass er für den eingetretenen Erfolg nicht ursächlich geworden ist.

Von diesem grundsätzlichen Problem ist die Einzelfrage zu trennen, ob § 231 auch anzuwenden ist, wenn der Erfolg schon vor Beteiligung des Täters an der Rauferei eingetreten war. Im Anschluss an das RG hat BGHSt 16, 130 das bejaht.

93 Eine **Beteiligung** am Raufhandel wird regelmäßig zur Verurteilung wegen täterschaftlicher Begehung des § 231 führen. Die Abgrenzung zur Teilnahme i. e. S. ist unsicher. So verfließen z. B. täterschaftliche Begehung des § 231 I, 2. Alt. und §§ 231 I, 2. Alt., 27, wenn jemand einem von mehreren Angreifern einen Ratschlag zuruft.

---

147 Kritisch dazu *Günther*, JZ 1985, 585; *Henke*, Jura 1985, 585 (588); *Schulz*, StV 1986, 250.
148 Str. im Hinblick auf das Schuldprinzip; s. dazu und zur kriminalpolitischen Bedeutung des § 231 *Montenbruck*, JR 1986, 138.
149 Z. B. *Baumann/Weber/Mitsch*, § 25.
150 Otto ist bei einer Rauferei ein Auge ausgeschlagen worden, Anton wird deshalb angeklagt. Richter: Schildern Sie uns, wie dazu kam, dass O das Auge verloren hat. A: Also, Herr Richter, ich, Otto und Gustav sitzen ganz friedlich miteinander am Tisch und trinken Bier – und plötzlich, da hängt doch dem Otto sein Aug' raus!
151 S. zum Wesen, zu den Arten und zur kriminalpolitischen Rechtfertigung von Gefährdungsdelikten u. § 35 Rn. 18 ff., speziell zu § 231 Rn. 24.
152 So aber *Saal*, a. a. O.

Das RG hat jede körperliche oder geistige Mitwirkung am Raufhandel bei Anwesenheit am Kampfplatz als zwingend zur Täterschaft führende Beteiligung i. S. des § 231 betrachtet, sodass Teilnahme i. e. S. nur bei Mitwirkung ohne körperliche Anwesenheit am Kampfplatz denkbar wäre[153]. Hinzuweisen ist auf die verwandte Frage, ob durch die Beteiligung einer Bande der Unterschied Täterschaft/Teilnahme i. e. S. eingeebnet wird, vgl. § 244[154].

Zur **zivilrechtlichen** Wirkung des § 231 als Schutzgesetz i. S. des § 823 II BGB s. BGH, NJW 1988, 1383 f. 94

V. Heilbehandlung

Mit Blick auf §§ 223 ff. werden zwei miteinander zusammenhängende Fragen diskutiert: Ob Heilbehandlung tatbestandsmäßig Körperverletzung ist und wie weit die Aufklärungspflicht des Arztes reicht. 95

1. Heilbehandlung als Körperverletzung

Ob die Heilbehandlung tatbestandsmäßig als „Körperverletzung" angesehen werden kann, ist sehr umstritten, obwohl die Frage nahezu belanglos ist. Die Mediziner wehren sich dagegen, tatbestandsmäßige Körperverletzer zu sein. Mit bloßer Rechtfertigung wollen sie sich nicht zufrieden geben. Im Dickicht der juristischen Kategorien Tatbestand/Rechtswidrigkeit verirren sich schon Juristen, kein Wunder, dass sich Mediziner nicht bereitfinden wollen, den ersten Schritt hinein zu tun und sich Tatbestandserfüllung bescheinigen zu lassen. Wer garantiert ihnen, dass sie wieder herausfinden? Es wäre nur konsequent, wenn die Lokomotivführer und Flugzeugkapitäne sich gegen den „Vorwurf" wehren würden, tatbestandsmäßige Freiheitsberaubungen zu begehen usw. 96

Der Streit ist jedoch nahezu bedeutungslos. Entweder fällt die **rechtswidrige** Heilbehandlung unter §§ 223 ff., oder man schafft einen Sondertatbestand. **Entscheidend bleibt die Frage, unter welchen Voraussetzungen die Heilbehandlung rechtswidrig ist.** 97

Auch bezüglich der Antwort auf diese Frage besteht weitgehend Einigkeit: Heilbehandlung ohne Einwilligung des Patienten ist rechtswidrig und entweder nach geltendem Recht strafbar als Körperverletzung (Rspr. und Minderheitsmeinung in der Lit.) oder nach geltendem Recht strafbar als Nötigung (weitere Minderheitsmeinung in der Lit.) oder nach geltendem Recht zwar nicht strafbar, doch ist dann de lege ferenda ein besonderer Tatbestand der **eigenmächtigen Heilbehandlung** vorzusehen (h. L.). 98

---

153 Vgl. RG, HRR 1941 Nr. 369; RG, JW 1932, 948.
154 Dazu u. § 14 Rn. 61 f.; ferner o. Rn. 56 zur gemeinschaftlichen Körperverletzung nach § 224 I Nr. 4.

99 Die Tatbestandsmäßigkeit der Heilbehandlung i. S. der §§ 223 ff. ist mit der Rspr.[155] entgegen der h. L.[156] zu bejahen. Zwar hat RGSt 33, 177 bei der Sachbeschädigung saldiert und im Herausreißen alter Dielen und der Verlegung neuer Dielen „an sich" keine Beschädigung gesehen. Die Parallele zur Heilbehandlung liegt nahe. Doch zeigt der Fall, in welche Schwierigkeiten eine Trennung von Rechtsgut und Verfügungsfreiheit über das Rechtsgut hineingerät. So soll trotz der per saldo erreichten Verbesserung § 303 vorliegen, wenn der Eigentümer sie nicht wollte, weil die schadhaften Dielen einen besonderen Gebrauchszweck hatten (in concreto: Grundlage einer Klage auf Wandlung) hatten; dazu u. § 12 Rn. 21 f. Der Wille, mit einem disponiblen Rechtsgut in bestimmter Weise zu verfahren oder nicht zu verfahren, lässt sich von dem Rechtsgut nicht überzeugend trennen, weil die Gutsqualität **auch** in der Verfügungsfreiheit liegt[157].

100 Die h. L. verkennt, dass es **keine Heilbehandlung ohne Risiko** gibt[158]. Deshalb ist eine auf den Erfolg des Eingriffs abstellende Betrachtung ex post sicher verfehlt[159]. Es hat vielmehr seinen guten Sinn, wenn dem Rechtsgut der körperlichen Integrität (und nicht einer davon abgespaltenen Verfügungsfreiheit) die Aufgabe auch des Schutzes gegen **solche** Risiken zugemessen wird, die man vom ärztlichen Standpunkt aus eingehen sollte. Hinzu kommt, dass in aller Regel bei zeitlich aufspaltender Betrachtung der heilende, insbesondere der operative Eingriff zunächst einmal eine Verschlechterung des körperlichen Zustandes mit sich bringt. Die h. L., die dies ignoriert und ein so subjektives Gut wie die **Gesundheit zu ei-**

---

155 BGHSt 11, 111; 12, 379; 16, 309; 43, 306 (308).
156 I. S. der h. L. *Bockelmann*, a. a. O. S. 66 ff.; *Grünwald*, in: Göppinger (Hrsg.), Arzt und Recht, 1966, S. 125 ff. Versuche, die eigenmächtige und die fehlerhafte Heilbehandlung den Körperverletzungstatbeständen zu entziehen und eigenständig zu regeln – s. insbesondere §§ 161, 162 E 1962 und § 123 AE –, sind gescheitert, zuletzt ein im BJM erarbeiteter Referentenentwurf zum 6. StrRG, der die Materie in §§ 229, 230 regeln wollte, aber von der BReg. erst gar nicht ins Gesetzgebungsverfahren eingebracht wurde; s. dazu – ablehnend zu dem RefE – z. B. *Cramer*, Lenckner-FS 1998, S. 761, und *M.-K. Meyer*, GA 1998, 415.
157 S. o. Rn. 27 f. zu § 228.
158 Im Hinblick auf das Risiko fordert *Ulsenheimer*, JR 1986, 250, eine Beschränkung der strafrechtlichen Verantwortlichkeit des Arztes auf grobe Behandlungsfehler.
159 Die Unterscheidung zwischen gelungener und misslungener (ohne Einwilligung erfolgter, davon abgesehen aber kunstgerechter) Heilbehandlung wirkt sich auf §§ 223 ff. wie folgt aus: (1) Rspr. und die hier vertretene Einheitsbetrachtung von Rechtsgut und Verfügungsfreiheit: Tatbestandselement „Körperverletzung" bei misslungenem und gelungenem Eingriff erfüllt, also in beiden Fällen vorsätzliche KV (es sei denn, irrige Annahme der Einwilligung [EW] bei eingeschränkter Schuldtheorie). Bei irriger Annahme der EW kann beim gelungenen wie beim misslungenen Eingriff der Fahrlässigkeitsvorwurf auf der irrigen Annahme der EW beruhen (beim misslungenen Eingriff könnte er auf einen Kunstfehler gestützt werden, doch steht hier nur der kunstgerechte Eingriff zur Diskussion). (2) Nach h. L. ist kunstgerechte Heilbehandlung tatbestandsmäßig keine „Körperverletzung". Z. T. wird innerhalb der h. L. unterschieden und beim kunstgerechten, aber misslungenen Eingriff das Tatbestandsmerkmal „Körperverletzung" bejaht, vgl. *Bockelmann*, a. a. O., 1968, S. 67. Das hat deswegen praktisch keine Konsequenzen, weil auch bei misslungener Heilbehandlung wegen der Einhaltung der lex artis weder Verletzungsvorsatz noch Sorgfaltsmangel gegeben sind. Innerhalb der h. L. fehlt also nach der einen Ansicht auch bei misslungener kunstgerechter Heilbehandlung schon das Tatbestandsmerkmal „Körperverletzung", nach der anderen Ansicht entfällt Vorsatz bzw. Fahrlässigkeit. – Zu wiederholen ist, dass auch nach h. L. Heilbehandlung ohne EW rechtswidrig ist (Strafbarkeit nach §§ 240, 239 oder nach einem Sondertatbestand der eigenmächtigen Heilbehandlung). – Überblick und weiterführende Hinweise bei LK-*Lilie*, Vor § 223 Rn. 3 ff.

nem Saldobegriff[160] machen will, bei dem ein objektiver Maßstab statt des Urteils des Rechtsgutsinhabers entscheiden soll, überzeugt nicht, wenn zugleich bei einem viel leichter objektiv zu beurteilenden Tatbestandsmerkmal wie dem Vermögen i. S. des § 263 die objektiv saldierende Betrachtung mehr und mehr zugunsten eines subjektiven Einschlags aufgeweicht wird[161].

2. Einwilligung und Aufklärungspflicht

Dogmatisch beruht die Aufklärung auf dem Gedanken der Einwilligung. Ob der Heileingriff dem Willen des Patienten entspricht, lässt sich erst beurteilen, wenn der Patient Bedeutung und Tragweite, insbesondere auch die Risiken, überschauen kann. Diese Übersicht erlangt er erst durch die Aufklärung durch den sachverständigen Arzt. 101

Historisch hat die Aufklärungspflicht eine andere Wurzel. Die Gerichte haben die Aufklärungspflicht zunächst bemüht, um den **medizinischen Außenseiter** zu bestrafen, ohne zu kontroversen Behandlungsmethoden Stellung nehmen zu müssen. Der Außenseiter könnte wegen fahrlässiger Körperverletzung zu bestrafen sein, wenn seine Behandlungsweise falsch war (und er es hätte erkennen können). Damit würde der Jurist in medizinische Kontroversen eingreifen. Der Jurist – der verständlicherweise ungern offen sagt, dass er z. B. die homöopathische Behandlung der Diphtherie **für falsch** hält – entzieht sich dieser Entscheidung medizinischer Streitfragen durch einen Umweg: Der Außenseiter mag wissenschaftlich Recht haben (das bleibt dahingestellt), er muss jedoch seinem Patienten mitteilen, dass nach Ansicht der Schulmedizin seine (des Außenseiters) Therapie wirkungslos oder sogar schädlich ist. Genügt er dieser Aufklärungspflicht nicht, liegt keine wirksame Einwilligung (bzw. keine Behandlung lege artis) vor. Der Außenseiter kann wegen fahrlässiger Körperverletzung bestraft werden. 102

Aus der älteren Rspr.: RGSt 25, 375 (Naturheilkunde); 50, 37 (Gesundbeten); 66, 181 (Naturheilkunde); RG, HRR 1937 Nr. 1429 (Homöopath, Diphtherie). – Näher zum Ursprung der Aufklärungspflicht in „Richtungskämpfen der Medizin" *Geilen*[162], der jedoch den Richtern strenge Neutralität bescheinigt, während nach der hier vertretenen Auffassung die Aufklärungspflicht eine – verschleierte – **Parteinahme gegen den Außenseiter** bedeutet[163].

Die Aufklärungspflicht wurde über die Fallgruppe, für die man sie entwickelt hatte, hinaus generalisiert. Die Generalisierung gehört zum Wesen des Rechts. Zunächst dehnte man die Aufklärungspflicht auf die **misslungene Behandlung** aus, bei der aber entweder schon objektiv kein Fehler oder doch kein schuldhaftes Verhalten des Arztes **nachweisbar** war. 103

---

160 *S/S/Eser*, § 223 Rn. 32 f. begründet die saldierende Betrachtung des „Eingriffs" mit dem Charakter des § 223 als Erfolgsdelikt. Das überzeugt nicht, weil es nicht in der „Natur" eines Erfolgsdelikts liegt, dass der Erfolg durch saldierende Betrachtung festzustellen ist.
161 Zu § 263 s. u. § 20 Rn. 92 f.
162 *Geilen*, a. a. O., bes. 72 f. Vgl. auch *Eser*, ZStW 97 (1985), 1 (11 ff.); *Jung*, ZStW 97 (1985), 47.
163 Vgl. auch BGH, LM Nr. 48 zu § 222 (Krebsbehandlung durch Außenseiter *Dr. Issels*).

Mochte dem Arzt sein Fehler auch nicht vorzuwerfen sein – er konnte trotzdem verurteilt werden, wenn (weil) er den Patienten nicht über das Risiko aufgeklärt hatte. Am Ende dieser Generalisierung steht dann der Fall, dass der Patient fehlerfrei und erfolgreich behandelt, der Arzt aber wegen unterlassener Aufklärung verurteilt wird.

Aus der Rspr.: Dringender Verdacht schuldhaft misslungener Behandlung, aber Verurteilung wegen ungenügender Aufklärung BGHSt 12, 379 (Blinddarmoperation einer 17-Jährigen ohne Anamnese); BGHZ 29, 33 (misslungene Schilddrüsenoperation); BGHZ 29, 176 (Strahlungsschäden); BGH(Z), NJW 1974, 1422 (Verurteilung wegen mangelnder Aufklärung bei problematischem Narkoseverfahren); OLG Düsseldorf, NJW 1963, 1679 (kosmetische Operation: „Der Bekl. schnitt am Gesäß (der Kl.) zwei ... Hautfettlappen heraus und verpflanzte diese an die Brust ... Vergrößerungsplastik"); BGH, JR 1994, 514 mit Anm. *Puppe* (vorschnelle Operation an der Grenze „des noch Machbaren"). – Fehlerfreie und erfolgreiche Heilbehandlung, aber Verurteilung wegen ungenügender Aufklärung BGHSt 11, 111 (Myom-Fall); dazu ausführlich *Eser*, III, Fall 7, und *Tiedemann*, Fall 8; BGH, NJW 2011, 1088 zum „Zitronensaftfall".

104 Diese **Doktrin von der Aufklärungspflicht** wirkt deshalb so eingängig, weil hinter ihr das Bild vom freien, selbstverantwortlich entscheidenden Menschen (Patienten) steht, über dessen Willenshoheit sich der Arzt nicht deshalb hinwegsetzen dürfe, weil ihm eine bestimmte Behandlung geboten erscheint[164]. In Wirklichkeit bleibt die Aufklärung dort eine leere, den Patienten meist nur belastende Geste, wo für den vernünftigen Patienten keine wirkliche Alternative besteht. Der BGH hat deshalb zu Recht einen Arzt, der den Patienten aufgeklärt und dann dessen unvernünftige Entscheidung hingenommen hatte, zum Schadensersatz mit der Begründung verurteilt, er hätte intensiver auf die „richtige" Entscheidung hinwirken müssen, BGHZ, LM Nr. 9 zu § 823 (Aa) BGB. Auf derselben Linie liegt BGH, NJW 1978, 1206: Strafbarkeit eines Zahnarztes nach § 223, der entgegen jeglicher medizinischer Indikation einer Patientin aufgrund ihrer unsinnigen selbstgestellten Diagnose Zähne gezogen hatte[165]. Hier zeigt sich, dass eine Aufklärung nur dort sinnvoll ist, wo der Patient eine echte Wahl hat. Es sind insbesondere existenzielle Entscheidungen einerseits (schwere Operationen mit hoher Lebensgefahr) und relativ geringfügige Erkrankungen andererseits, in denen der Patient eine wirkliche Wahl hat. Bezeichnenderweise wird die h. L., nach der eine Heilbehandlung ohne Einwilligung des Patienten tatbestandsmäßig keine Körperverletzung sein soll, in beiden Grenzbereichen unsicher und zwar insbesondere bei kosmetischen Behandlungen einerseits und Amputationen andererseits[166].

---

164 Der Patient muss stets durch eine substanzielle, Risiken abwägende Diskussion über Behandlungsalternativen aufgeklärt werden. Das pauschale Abraten von einem Eingriff ist dafür nicht ausreichend, OLG Koblenz, Urteil vom 19.12.2012, 5 U 710/12.
165 Dazu *Bichlmeier*, JZ 1980, 53; *Horn*, JuS 1979, 29; *Hruschka*, JR 1978, 519; *M.-K. Meyer*, Ausschluss der Autonomie durch Irrtum, 1984, S. 218; *Rogall*, NJW 1978, 2344; *Sonnen*, JA 1978, 466.
166 Zu Ausnahmen vom Grundsatz, nach dem Heilbehandlung keine tatbestandsmäßige Körperverletzung sein soll, für kosmetische Eingriffe bzw. für Amputationen *S/S/Eser*, § 223 Rn. 50b, 33 m. w. N.

Wird mit Verletzung der Aufklärung jedoch auch dort gearbeitet, wo für einen vernünftigen Patienten eine Wahl nicht besteht, liegt der Verdacht nahe, dass man eine Verurteilung des Arztes wegen fehlerhafter Behandlung anstrebt und über Verletzung der Aufklärung begründet. Die Aufklärungspflicht steht so in einem gewissen Zwielicht.

Das mit der Aufklärungspflicht verfolgte rechtspolitische Anliegen, die Verantwortlichkeit des Arztes zu erhöhen, ist im Strafrecht überdies von einer ständig an Boden gewinnenden Minderheitsauffassung dadurch ins Gegenteil verkehrt worden, dass man die „**eigenmächtige Heilbehandlung**", wenn sie, von der Eigenmächtigkeit abgesehen, lege artis erfolgt[167], den Tötungs- und Körperverletzungsbestimmungen zu entziehen sucht. Der Grundgedanke dieser in der Literatur herrschend gewordenen Auffassung, die schon in die Strafgesetzentwürfe eingegangen ist, geht dahin, dass man die „Vergewaltigung" des Patienten (durch Nichtaufklärung oder sonstige Heilbehandlung wider seinen Willen) als Eingriff in seine Willensfreiheit abtrennt vom Eingriff in die körperliche Integrität. Solange die Heilbehandlung im Übrigen lege artis erfolge, soll bloß Eingriff in die Willensfreiheit, aber nicht eine Körper(interessen)verletzung vorliegen[168]. 105

Zu einem Minimalprogramm gehört die Lektüre des E 1962 §§ 161, 162 mit Begründung und des § 123 AE mit Begründung. Weiterführende Literatur zum „Arzt im Strafrecht" sowie zur Aufklärungspflicht und Einwilligung im Literaturhinweis o. vor Rn. 1. 106

3. Einwilligungssurrogate

Nicht nur die vorstehend behandelte Einwilligung des aufgeklärten Patienten führt – als Rechtfertigungsgrund – zur Straflosigkeit von tatbestandsmäßigen (§§ 223 ff.) Heileingriffen. Rechtfertigende Wirkung wird von der ganz h. M. auch der **mutmaßlichen Einwilligung** beigemessen[169]. Weiter soll – im Anschluss an die zivilrechtliche Judikatur[170] – nach der neueren (stark angefochtenen) strafgerichtlichen Rechtsprechung die **hypothetische Einwilligung** den operierenden Arzt von strafrechtlicher Verantwortlichkeit befreien[171]. 106a

---

167 Das heißt: eine Minderheitsauffassung rechnet die Einwilligung des (aufgeklärten) Patienten zur lex artis des Arztes. Die so lege artis erfolgte Heilbehandlung soll (schon) tatbestandsmäßig keine Körperverletzung sein (selbst wenn der Eingriff misslingt). Der Unterschied dieser Ansicht zur Judikatur ist minimal. Auch nach der Rspr. wird das so lege artis erfolgte Heilbehandlung nicht bestraft (nicht rechtswidrig, weil Einwilligung; soweit man Einwilligung in die misslungene Heilbehandlung ablehnt, jedenfalls kein Vorsatz und keine Fahrlässigkeit des Arztes). In der Begründung und im Ergebnis anders als die Rspr. die Vertreter der o. Rn. 98 f. behandelten Ansicht: Tatbestandsmäßig keine Körperverletzung sei eine Behandlung, die kunstgerecht, wenn auch ohne Einwilligung des Patienten erfolge.
168 Dazu o. Rn. 98–100.
169 Dazu nachstehend Rn. 106b.
170 Instruktiv dazu die beiden Entscheidungen BGH, JZ 1991, 673 und 675 m. Anm. *Giesen*.
171 S. dazu u. Rn. 106c–g.

a) Mutmaßliche Einwilligung

106b Ebenso wie bei der Einwilligung handelt es sich bei der mutmaßlichen Einwilligung um einen gewohnheitsrechtlich anerkannten **Rechtfertigungsgrund**[172]. Da vorrangig der wahre Wille des Patienten zu erforschen ist, dürfen Mutmaßungen darüber erst angestellt werden, wenn der wahre Wille nicht zu ermitteln ist. Die mutmaßliche Einwilligung ist deshalb ein gegenüber der Einwilligung **subsidiärer** Rechtfertigungsgrund. Er spielt nicht nur, aber auch im medizinischen Bereich eine wichtige Rolle, und zwar dann, wenn der Kranke oder Verletzte wegen Gefahr im Verzug nicht (rechtzeitig) über seinen Willen befragt werden kann, wie z. B. das schwer verletzte und bewusstlose Unfallopfer, das nur durch eine sofortige Notoperation am Leben erhalten oder vor einer Querschnittslähmung bewahrt werden kann.

Hinsichtlich der Voraussetzungen und Wirkungen der mutmaßlichen Einwilligung im Einzelnen, etwa der Rechtfertigung des Täters auch dann, wenn die Mutmaßung trotz aller aufgewendeten Sorgfalt den wirklichen Willen des Rechtsgutsträgers verfehlt, ist auf die Darstellungen des Allgemeinen Teils zu verweisen[173].

b) Hypothetische Einwilligung

106c Wie schon ihr Name sagt, ist auch bei der hypothetischen Einwilligung der Wille des Patienten im Zeitpunkt des körperverletzenden Eingriffs nicht bekannt, jedenfalls nicht einwandfrei ermittelt. Im Gegensatz zur mutmaßlichen Einwilligung, für die eine keinen Aufschub der Operation duldende Gefahr charakteristisch ist, könnte der Patient aber aufgeklärt und gefragt werden, ob er den Eingriff billigt. Diese Aufklärung und Befragung unterbleibt jedoch, sodass die Operation weder kraft erklärter noch kraft mutmaßlicher Einwilligung gerechtfertigt ist. Die Rechtsprechung hält gleichwohl Straflosigkeit des operierenden Arztes für möglich und zwar aufgrund einer Hypothese: Wäre der Patient vor dem Eingriff ordnungsgemäß aufgeklärt worden und hätte er wirksam eingewilligt, so entfalle die Rechtswidrigkeit des Eingriffs. Bei Zweifeln an der (hypothetischen) Einwilligung des Patienten sei zugunsten des Arztes nach dem Grundsatz „in dubio pro reo" von der Erteilung der Einwilligung auszugehen.

106d So der BGH im **Bandscheiben-Fall**[174], in dem die Patientin einen Bandscheiben-Vorfall erlitten hatte. Bei der Operation verwechselte die Ärztin das Bandscheibenfach und operierte versehentlich in der darunter liegenden Etage. Nach dieser unnötigen Operation wurde der Patientin der Fehler verschwiegen und ihr unter Vortäuschung eines Rückfalls (Frührezidiv) die Notwendigkeit einer nochmaligen Operation vorgetäuscht, die dann lege artis und mit Erfolg durchgeführt wurde.

---

172 S. dazu und zum Folgenden z. B. *Baumann/Weber/Mitsch*, § 17 Rn. 114 ff.
173 Z. B. *Baumann/Weber/Mitsch*, a. a. O. (vorige Fn.).
174 BGH, JZ 2004, 800 – Bandscheiben-Fall – m. Anm. *Rönnau;* dazu auch *Mitsch,* JZ 2005, 279; *Gropp,* Schroeder-FS 2006, S. 197.

Heilbehandlung § 6 Rn. 106e–106g

Der BGH hob die Verurteilung durch das LG wegen vorsätzlicher Körperverletzung (durch die zweite Operation) auf, weil die hypothetische Einwilligung der Patientin nicht erwogen worden sei[175].

BGH, NJW 2013, 1688 ff.: Wird ein Patient nicht hinreichend über den potentiellen Nutzen einer sog. „Neulandmethode" – z.B. Leberzelltransplantation – aufgeklärt, ist seine Einwilligung unwirksam. Die Strafbarkeit kann aber wegen des Vorliegens einer hypothetischen Einwilligung entfallen, nämlich dann, wenn der Patient sich, trotz geringer Erfahrungswerte, unbedingt der neuartigen Behandlungsmethode unterziehen möchte und dies dem Arzt hinreichend deutlich gemacht hat.

Soweit der BGH in der Literatur grundsätzliche Zustimmung erfährt, wird die Straffreiheit des Arztes konstruktiv unterschiedlich begründet. *Kuhlen*[176] nimmt einen Ausschluss der objektiven Zurechnung an. *Mitsch*[177] vereint bereits den Erfolgsunwert des Eingriffs, sodass sich die Frage der objektiven Zurechnung gar nicht stelle. 106e

Dogmatische Bemühungen, die Ärzte mit dem Strafrecht zu verschonen, wenn trotz eines Fehlers (hier: fehlende Aufklärung) schließlich doch alles gut gegangen und der Betroffene zufrieden ist und den Eingriff nachträglich billigt, verdienen grundsätzlich Sympathie. Auch ist das zur Strafbefreiung führende **Denken in Alternativen** weitgehend anerkannt, etwa in Gestalt der Frage, ob der Erfolg nicht auch bei rechtmäßigem Verhalten des Täters eingetreten wäre, sodass es an dem für eine Verurteilung erforderlichen Rechtswidrigkeitszusammenhang fehle. Bekanntes Beispiel: der **Radfahrer-Fall**[178]. 106f

Es ist jedoch zumindest zweifelhaft, ob bei der Alternativbildung die denkbare Einwilligung des Patienten ins Spiel gebracht werden darf. Denn die Frage, wie sich der Patient bei ordentlicher Aufklärung verhalten hätte, ist, wie insbesondere *Puppe*[179] dargelegt hat, kaum sicher zu beantworten. – Geht man mit der o. Rn. 28 vertretenen Auffassung von der Untrennbarkeit von körperlicher Integrität und der Befugnis, darüber zu verfügen, aus, so steht der Zulässigkeit der Berufung auf rechtmäßiges Alternativverhalten entscheidend der Schutzzweck der ärztlichen Aufklärungspflicht entgegen, nämlich die Wahrung des Selbstbestimmungsrechts des Patienten[180].

Zutreffend stellt *Gropp*[181] fest, dass es sich bei der hypothetischen Einwilligung der Sache nach um eine (nachträgliche) **Genehmigung** des ei- 106g

---

175 Zu weiteren Fällen, in denen ebenfalls eine hypothetische Einwilligung in Betracht kam, s. BGH, JR 2004, 469 – Bohrerspitzen-Fall – m. Anm. *Puppe*; BGH, NStZ 1996, 34 – Surgibone-Fall.
176 *Kuhlen*, Müller-Dietz-FS 2001, S. 432 (Zusammenfassung S. 450 f.); *ders.*, Roxin-FS 2001, S. 331 (336 ff.).
177 *Mitsch*, JZ 2005, 279 (Zusammenfassung S. 285).
178 BGHSt 11, 1. S. dazu *Baumann/Weber/Mitsch*, § 14 Rn. 83 ff. m. w. N.
179 *Puppe*, GA 2003, 764 (769); *dies.*, JR 2004, 470.
180 So aus zivilrechtlicher Sicht insbesondere *Giesen*, JZ 1991, 677 (678). Im strafrechtlichen Schrifttum in diesem Sinne *OtEserto*, Jura 2004, 679 (682 f.); *Paeffgen*, Rudolphi-FS 2004, S. 187 (208 f.); *S/S/Eser*, § 223 Rn. 37; *Gropp*, Schroeder-FS 2006, S. 197 (206 f.).
181 *Gropp*, Schroeder-FS 2006, S. 197 (206 f.).

genmächtigen ärztlichen Vorgehens handelt. Die Genehmigung rechtfertigt jedoch nicht, sondern kann allenfalls zur Strafaufhebung führen (objektiver Strafaufhebungsgrund). Strafaufhebung ist zu befürworten bei der Genehmigung von (etwa nach §§ 246, 266) strafbaren rechtsgeschäftlichen Verfügungen über fremde Vermögensgegenstände[182] sowie bei behördlichen Genehmigungen, namentlich im Umweltrecht[183]. Ob ein derartiger Strafaufhebungsgrund, der für zivile Rechtsgeschäfte (vgl. dazu §§ 184 Abs. 1, 185 Abs. 2 BGB) und Behördenakte nahe liegt, auch für Realakte wie Eingriffe in die körperliche Integrität in Gestalt ärztlicher Operationen in Betracht kommt, ist fraglich und muss weiteren Untersuchungen vorbehalten bleiben.

4. Hinweis auf Spezialregelungen

107 Die **Organtransplantation** wurde nach zahlreichen Anläufen[184] im G über die Spende, Entnahme und Übertragung von Organen (TPG) von 1997[185] auf der Grundlage der **Einwilligungslösung** geregelt[186]. – Die jahrzehntelange Diskussion der Organtransplantation wurde vor allem ausgelöst durch LG Bonn, JZ 1971, 56 (Gütgemann-Urteil); dazu *Geilen*, Probleme der Organtransplantation, JZ 1971, 41. – Zum Zusammenhang der Transplantation mit dem Todeszeitpunkt s. o. § 2 Rn. 85. – Zur Strafbarkeit wegen Manipulation der Zuteilungsreihenfolge eines Spenderorgans OLG Braunschweig, NJW-Spezial 2013, 505.

108 Zur **Geschlechtsumwandlung** s. das TranssexuellenG von 1980[187]. Zuvor hatte BGHZ 57, 63 (71) grundsätzliche Sittenwidrigkeit der Geschlechtsumwandlung trotz Einwilligung (§ 228) angenommen[188]. Das ist allerdings mangels Beeinträchtigung von Allgemeinbelangen abzulehnen[189].

109 Bei **Blutentnahmen** ist nach h. M. über geplante **Aids-Tests** jedenfalls dann aufzuklären, wenn der Test nicht vom Auftrag des Patienten gedeckt ist, z. B. der Aufhellung eines unklaren Krankheitsbildes dienen soll, sondern zum Zwecke der Gewinnung wissenschaftlich-statistischer Erkenntnisse oder des Schutzes Dritter (Klinikpersonal, Insassen und Bedienstete in Vollzugsanstalten) erfolgt[190].

110 Zu **ärztlichen Zwangsmaßnahmen**, insbesondere zur Zwangsernährung in **Justizvollzugsanstalten**, s. § 101 StrafvollzugsG. – Zur Zwangsbehandlung anderweitig Untergebrachter *Baumann*, NJW 1980, 1873; *Rüping*, JZ 1982, 744.

VI. Fahrlässige Körperverletzung, § 229

111 Vgl. dazu die Ausführungen zur fahrlässigen Tötung, o. § 4.

---

182 S. *U. Weber*, Baur-FS 1981, S. 131 (140 ff.); *ders.*, Schlüchter-GS 2002, S. 243 (250 f.).
183 S. u. § 41 Rn. 26 m. w. N.
184 S. zu den umstrittenen Entwürfen eines Transplantationsgesetzes z. B. *Roxin*, Der Schutz des Lebens aus der Sicht des Juristen, in: Blaha u. a., Schutz des Lebens – Recht auf Tod, 1978, S. 85, 100 ff.
185 Vom 5.11.1997, BGBl. I, S. 2631.
186 S. dazu z. B. *Deutsch*, NJW 1998, 777, und – speziell zu den Strafvorschriften – *Schroth*, JZ 1997, 1149 (mit Erwiderung von *Heger*, JZ 1998, 506).
187 Vom 10.9.1980, BGBl. I, S. 1654.
188 Frage der Sittenwidrigkeit offengelassen in BVerfGE 49, 286 (297 ff.).
189 NK-*Paeffgen*, § 228 Rn. 103; s. zu diesem Kriterium der Sittenwidrigkeit auch o. Rn. 33.
190 S. dazu z. B. *Lackner/Kühl*, § 228 Rn. 15 m. w. N.

§ 7 Vorsätzliche Verletzung oder Gefährdung des Rechtsguts „Ehre", §§ 185 ff.

Literaturhinweise: *Arzt,* Der strafrechtliche Schutz der Intimsphäre, 1970; *ders.,* Der strafrechtliche Ehrenschutz – Theorie und praktische Bedeutung, JuS 1982, 717; *Beling,* Wesen, Strafbarkeit und Beweis der üblen Nachrede, 1909; *Binding,* Die Ehre und ihre Verletzbarkeit, 1892; *Dencker,* Bundesverfassungsgericht und kollektive Beleidigung, Bemmann-FS 1997, S. 291; *Doering,* Beleidigung und Privatklage, 1971; *Eser,* Wahrnehmung berechtigter Interessen als allgemeiner Rechtfertigungsgrund, 1969; *Geppert,* Zur Systematik der Beleidigungsdelikte und zur Bedeutung des Wahrheitsbeweises im Rahmen der §§ 185 ff. StGB, Jura 2002, 820; *ders.,* Zur passiven Beleidigungsfähigkeit von Personengemeinschaften und von Einzelpersonen unter einer Kollektivbezeichnung, Jura 2005, 244; *Gillen,* Das Verhältnis von Ehren- und Privatsphärenschutz im Strafrecht, 1999; *Gössel,* Der Schutz der Ehre, Schlüchter-GedS 2002, S. 295; *Hilgendorf,* Tatsachenaussagen und Werturteile im Strafrecht – entwickelt am Beispiel des Betrugs und der Beleidigung, 1998; *ders.,* Beleidigung. Grundlagen, interdisziplinäre Bezüge und neue Herausforderungen, in: Erwägen, Wissen, Ethik (EWE) 19 (2008), 403; *ders.,* Ehrenkränkungen („flaming") im Web 2.0, in ZIS 2010, 208; *Hillenkamp,* Zur Reichweite der Beleidigungstatbestände, Hirsch-FS 1999, S. 555; *Hirsch,* Ehre und Beleidigung, 1967; *ders.,* Grundfragen von Ehre und Beleidigung, E.A. Wolff-FS 1998, S. 125; *Ignor,* Der Straftatbestand der Beleidigung, 1995; *Jakobs,* Die Aufgabe des strafrechtlichen Ehrenschutzes, Jescheck-FS, Bd. 1, 1985, S. 627; *Kern,* Die Äußerungsdelikte, 1919; *Knittel,* Ansehen und Geltungsbewusstsein ..., 1985; *Küper,* Strafrecht, Besonderer Teil. Definitionen und Erläuterungen, 8. Auflage 2012; *Küpper,* Grundprobleme der Beleidigungsdelikte, JA 1985, 453; *Ladeur/Gostomzyk,* Der Schutz von Persönlichkeitsrechten gegen Meinungsäußerungen in Blogs, NJW 2012, 710; *Lenckner,* Die Wahrnehmung berechtigter Interessen ..., Noll-GS 1984, S. 243; *Meurer,* Wahrnehmung berechtigter Interessen und Meinungsfreiheit, Hirsch-FS 1999, S. 651; *Otto,* Ehrenschutz in der politischen Auseinandersetzung, JR 1983, 1; *ders.,* Der strafrechtliche Schutz vor ehrverletzenden Meinungsäußerungen, NJW 2006, 575; *Schendzielorz,* Umfang und Grenzen der straffreien Beleidigungssphäre: eine psychologische, soziologische, verfassungsrechtliche und strafrechtsdogmatische Untersuchung zum Verhältnis von Privatsphären- und Ehrenschutz, 1992; *Schramm,* Über die Beleidigung von behinderten Menschen, Lenckner-FS 1998, S. 539; *Schwinge,* Ehrenschutz heute. – Die Schutzlosigkeit der Führungskräfte, 1988; *Sick,* Die Rechtsprechung zur Sexualbeleidigung, JZ 1991, 330; *Spinellis,* Das Rechtsgut der Ehre, Hirsch-FS 1999, S. 739; *Stark,* Ehrenschutz in Deutschland, 1996; *Streng,* Verleumdung durch Tatsachenmanipulation, GA 1985, 214; *Tenckhoff,* Die Bedeutung des Ehrbegriffs für die Systematik der Beleidigungstatbestände, 1974; *ders.,* Grundfälle zum Beleidigungsrecht, JuS 1988, 199; *Tettinger,* Die Ehre – ein ungeschütztes Verfassungsgut?, 1995; *Zaczyk,* § 193 StGB als Rechtfertigungsgrund, Hirsch-FS 1999, S. 819.

Übersicht

		Rn.
I.	Rechtsgut und kriminalpolitischer Hintergrund	1
	1. Allgemeiner Persönlichkeitsschutz und Schutz der Ehre als eines besonderen Persönlichkeitsrechts.................................	1
	2. Rechtsgut	2
	a) Ehre als Anspruch auf verdiente sittliche und soziale Geltung.......	2

b) Ausgrenzung anderer Angriffe auf Persönlichkeit und Menschenwürde	3
3. Rechtsgut und Wahrheitsbeweis	6
4. Rechtsgut und Wahrnehmung berechtigter Interessen	7
5. Rechtsgut, gesellschaftliches Urteil und Vorurteil	8
6. §§ 185 ff. als Bagatelldelikte	9
7. Vorrang des Zivilrechts	11
II. Die einzelnen Ehrverletzungsdelikte	12
1. Verleumdung, § 187	12
a) Unwahre Tatsachen	12
b) Ehrenrührigkeit	15
c) Tathandlung (Äußerung)	16
d) Subjektiver Tatbestand	17
2. Üble Nachrede, § 186	18
3. Wahrheitsbeweis und Rechtfertigung kraft Wahrnehmung berechtigter Interessen bei Verleumdung und übler Nachrede, § 193	20
a) Wahrheitsbeweis	20
b) Wahrnehmung berechtigter Interessen, § 193	21
4. Beleidigung und Formalbeleidigung, §§ 185, 192, 193	27
5. Einzelheiten	29

I. Rechtsgut und kriminalpolitischer Hintergrund

1. Allgemeiner Persönlichkeitsschutz und Schutz der Ehre als eines besonderen Persönlichkeitsrechts

1 Nach dem selbstverständlichen strafrechtlichen Schutz der Personwerte Leben, körperliche Unversehrtheit, Bewegungsfreiheit und sexuelle Selbstbestimmung und nach dem Schutz der Sachwerte Eigentum und Vermögen bleibt zu fragen, gegen welche der sonstigen vielfältigen Störungen der Person strafrechtlicher Schutz möglich und sinnvoll ist. Das **Zivilrecht** hat zuerst besondere Persönlichkeitsrechte wie z. B. das Recht am eigenen Bild anerkannt, schließlich ein generalklauselartiges **allgemeines Persönlichkeitsrecht** entwickelt. Daneben hat das Zivilrecht im Sachbereich das **Nachbarrecht** als Störungsschutz entwickelt, vgl. § 906 I BGB.

Das **Strafrecht** kann selbstverständlich **nicht** mit einem **generalklauselartigen Rechtsgut** der allgemeinen Persönlichkeit oder **Menschenwürde** arbeiten, zumal ein solches unbestimmtes Rechtsgut mithilfe generalklauselartig weiter Rechtfertigungsgründe wie der Wahrnehmung berechtigter Interessen wieder reduziert werden müsste. Schon der Schutz der allgemeinen Willensfreiheit gegen **Nötigung** ist wegen der Weite des Rechtsguts schwer zu handhaben[1]. Wenn das Strafrecht die **Ehre** als ein be-

---

[1] Dazu u. § 9.

sonderes Persönlichkeitsrecht schützt, ist die Definition dieses Rechtsguts (auch) deshalb so schwierig, weil recht heterogene Schutzbedürfnisse in die Ehre hineindrängen. Solche Schutzbedürfnisse weisen mit der Ehre nur (aber immerhin!) das allgemeine Persönlichkeitsrecht als gemeinsamen Nenner auf. Die Ehre ist jedoch „lediglich ein Aspekt der Personwürde, nicht identisch mit ihr und dem Bereich, den das allgemeine Persönlichkeitsrecht umfasst"[2]. Als besonders problematisch erweist sich die Abgrenzung des Schutzes der Ehre von dem strafrechtlich nur sehr eingeschränkten Schutz der Intimsphäre bzw. Geheimsphäre[3].

2. Rechtsgut

a) Ehre als Anspruch auf verdiente sittliche und soziale Geltung

Das Rechtsgut „Ehre" dient dem **Schutz vor unverdienter Herabsetzung.** § 187 spricht von Verächtlichmachung bzw. Herabwürdigung in der öffentlichen Meinung[4]. Praxis und Wissenschaft sind sich im Ergebnis einig[5], dass in der Ehre sowohl der Anspruch auf sittliche Geltung steckt (Geltung als Mensch, Menschenwürde) als auch der Anspruch auf soziale Geltung (Geltung als Politiker, Künstler, Berufstätiger), Berufsehre[6].

2

Beispiel: BGE 76 IV 29, Duttweiler: Wird an einen Politiker die Anregung gerichtet, er möge einen Nervenarzt konsultieren, berührt dies seinen Anspruch auf sittliche Geltung nicht (Kranke sind für ihre Krankheit nicht verantwortlich), wohl aber seinen Anspruch auf soziale Geltung als Politiker (Geisteskranke können nicht beanspruchen, in der Politik für voll genommen zu werden). – Aufgrund des von der schweizerischen Praxis zugrunde gelegten sittlichen Ehrbegriffs ist im vorliegenden Fall eine Ehrverletzung nach schweizerischem Recht verneint worden; nach deutschem Recht wäre gestützt auf den (auch) sozialen Ehrbegriff der Angriff auf das Rechtsgut Ehre zu bejahen[7].

b) Ausgrenzung anderer Angriffe auf Persönlichkeit und Menschenwürde

Das Verständnis für die mit dem **Rechtsgut „Ehre"** verbundenen Schwierigkeiten wird erleichtert, wenn man sich vor Augen hält, dass es bei den §§ 185 ff. einerseits um eine Art **Nachbarrecht im personalen Be-**

3

---

2 So BGHSt 36, 145 (148).
3 Dazu hier Rn. 4 f., 20, ferner u. § 8 Rn. 32.
4 Zur inneren Ehre als Selbsteinschätzung vgl. Desdemona (*Shakespeare*, Othello) und Beate Uhse (BGHSt 11, 67).
5 Vgl. nur *Otto*, NJW 2006, 575; MüKo-*Regge/Pegel*, Vor §§ 185 ff. Rn. 25 ff. und LK-*Hilgendorf*, Vor § 185 Rn. 4 ff., 20 f. jeweils mit Nachweisen.
6 *Hirsch*, Ehre, S. 77 ff. plädiert zwar für einen sittlichen Ehrbegriff, unterscheidet sich im Ergebnis aber kaum von der h. M., weil er die sittliche Pflicht zur ordentlichen Erfüllung sozialer Aufgaben und damit den sittlichen Ehrbegriff extensiv interpretiert.
7 Weitere Beispiele zur Ehre als Anspruch auf sittliche und soziale Geltung bei *Arzt*, JuS 1982, 717 (718); unentschieden BGHSt 36, 145 (148); zur Beleidigung Behinderter unter Hinweis auf Art. 3 III GG *Schramm*, Lenckner-FS 1998, S. 539 ff.

reich geht⁸. Andererseits geht es um ungehörige bzw. **unverdiente Kritik** (meist im beruflichen Kontext oder im politisch-öffentlichen Bereich)⁹.

Beispiel[10]: (1) T betitelt O, einen irakischen Studenten, als „elender Asiat", weil er sich über dessen nächtliche Damenbesuche ärgert; (2) T sagt über den Polizeibeamten O, „Bullen seien nun mal so"; (3) T sagt zur Nachbarin X, der Sohn des Nachbarn O sei schon zwei Mal bei Ladendiebstählen erwischt worden; (4) Die Abendzeitung berichtet, ein bayerischer Minister sei Kunde eines Callgirlrings (unrichtig); (5) Über eine Fernsehansagerin schreibt der Stern, sie sehe aus wie eine ausgemolkene Ziege, bei ihrem Anblick werde den Zuschauern die Milch sauer.

4   Der Fülle der möglichen Eigentumsstörungen entspricht die Vielfältigkeit der Störungsmöglichkeiten der Person. Das Strafrecht steht vor der Aufgabe, die im Ehrangriff liegende spezifische Persönlichkeitsverletzung zu konkretisieren. Definiert man Ehre als Anspruch auf **verdiente** sittliche und soziale Geltung[11], sind Eingriffe in die **Intimsphäre** oder **sexuelle Belästigungen** mit diesem Rechtsgut nicht oder nur über Umwegkonstruktionen fassbar[12].

Beispiel[13]: (1) Klaus Mann publiziert Einzelheiten über das Sexualleben von Gründgens, die er von seiner Schwester Erika (die mit Gründgens verheiratet war) erfahren hatte („**Mephisto**"); (2) Die Kinderlosigkeit der Ehefrau des Schahs von Iran, **Soraya**, ist über ein Jahrzehnt lang in allen ihren Aspekten in deutschen Zeitschriften und Filmen in so zudringlicher Weise diskutiert worden (bis hin zum Rat, der Schah möge Stanniolkugeln in den Taschen seines Schlafanzuges tragen), dass der Gesetzgeber schließlich mit einer Lex Soraya einzugreifen suchte (die jüngere Generation mag statt an Soraya an **Caroline von Monaco** denken); (3) T spaziert an der Isar entlang und beobachtet aus ca. 4 m Entfernung etwa 3 Minuten lang ein Liebespaar; (4) T onaniert in seinem Auto und nimmt Beobachtung durch O in Kauf (vielleicht wünscht er sie sogar = § 183-Verdacht); (5) T bringt die 15-jährige O in Diebstahlsverdacht, um sie aus sexuellen Motiven intim betasten (und dies als Durchsuchung notdürftig tarnen) zu können.

5   Diese Beispiele verdeutlichen nicht nur die problematische Abgrenzung zwischen allgemeinem Persönlichkeitsrecht und Ehre, sondern auch zwischen Ehre und „besonderen" Persönlichkeitsrechten (sexuelle Selbstbe-

---

8   *Doering*, S. 15, 28 ff. (typischer Tatort ist das Treppenhaus).
9   Typischer Tatort ist die Öffentlichkeit, an die sich der Täter (meist über die Medien) wendet.
10 Beispiel (1) nach *Doering*, S. 30; Beispiel (2) nach LG Essen, NJW 1980, 1639 und KG, JR 1984, 165 mit Anm. *Otto*; Beispiel (3) s. u. Rn. 7 (kommt es darauf an, ob die Behauptung stimmt?); Beispiel (4) nach BGHSt 18, 182; zu Beispiel (5) vgl. BGHZ 39, 124. – Die ersten 3 Beispiele spielen eher im personalen Nachbarrecht, die beiden letzten Beispiele betreffen eher ungehörige öffentliche Kritik.
11 O. Rn. 2.
12 Wie hier MüKo-*Regge/Pegel*, § 185 Rn. 11 ff.
13 Zu Beispiel (1) vgl. BGHZ 50, 133; BVerfGE 30, 173; dem vom BVerfG 1971 gebilligten Verbot zuwider ist das Buch 1981 mit dem Argument (neu) publiziert worden, das Interesse am Schutz der Persönlichkeitssphäre von Gründgens (bzw. seines Adoptivsohnes und Alleinerben) sei durch die verflossene Zeit so weit reduziert worden, dass die Veröffentlichung hinzunehmen sei; zu Beispiel (2) vgl. § 482 E 1962 und die Lex Soraya (Entwurf eines 5. StrÄndG, 1958 im Bundesrat gescheitert, näher *Arzt*, Intimsphäre, S. 107, 171 ff., 174); BVerfGE 34, 269 (Soraya); Beispiel (3) = BayObLG, NJW 1980, 1969; Beispiel (4) = OLG Düsseldorf, NJW 1977, 262; Beispiel (5) = BGHSt 35, 76.

Rechtsgut § 7 Rn. 5

stimmung). Bei der **Ehrverletzung als kleinem Sexualdelikt**[14] besteht die Gefahr, dass die 1969 erfolgte Restriktion der Sexualdelikte unterlaufen wird.

Da die Geschlechtsehre keinen besonderen Part der Ehre darstellt, unterliegen Angriffe auf die sexuelle Selbstbestimmung diesem nicht als Auffangtatbestand für jegliche Sexualbeleidigungen konzipierten Delikt nur, sofern besondere Umstände einen selbstständigen beleidigenden Charakter ergeben[15]. Deshalb erfüllen voyeuristische Handlungen nicht per se den Tatbestand des § 185[16], ebenso nicht das sexuell motivierte heimliche Beobachten oder Belauschen[17].

Sexualbeleidigung[18] kann relativ unbedenklich **bejaht** werden, wenn das Opfer sexuell motivierten körperlichen Zudringlichkeiten ausgesetzt wird, richtig BGHSt 35, 76, vorstehende Rn. Beispiel (5). Auch verbale oder optische Zudringlichkeiten werden nicht deshalb ehrrelevant, weil eine sexuelle Komponente besteht. Obwohl die §§ 183, 183a auch das Aufdrängen sexueller Eindrücke regeln, ist der Rückgriff auf § 185 im vorstehenden Beispiel (4) zu befürworten[19]. Das Notwehrrecht gegen solche Zudringlichkeiten hängt freilich nicht von der Subsumtion unter § 185 ab. Auch werden die praktischen Schwierigkeiten einer Notwehr durch Subsumtion solcher Angriffe unter § 185 nicht gelöst[20].

Dritte können durch einverständliche sexuelle Handlungen normalerweise nicht in ihrer Ehre getroffen werden; zur Familienehre s. u. Rn. 29. Durch Untreue beleidigt weder die Ehefrau noch ihr Liebhaber den Ehemann, sexuelle Handlungen mit Einverständnis des Kindes beleidigen nicht die Eltern etc. – Besonders bedenklich sind die in der älteren Judikatur oft zu beobachtenden Rückgriffe auf die Sexualbeleidigung bei **Verdacht** eines Sexualdelikts[21].

In den vorstehend Rn. 4 genannten Beispielen (1), (2) (Mephisto, Soraya, Caroline von Monaco) liegt eine Missachtung des Persönlichkeitsrechts auf Privatsphäre vor, aber kein Angriff auf Geltung (Ruf). Deshalb ist nach allgemeiner Ansicht ein Rückgriff auf §§ 185 ff. zum Schutz gegen solche Zudringlichkeiten unmöglich. Das gilt auch für Beispiel (4)[22]. §§ 185 ff. eignen sich nicht dazu, die Funktion eines **kleinen Indiskretionsdelikts** zu übernehmen[23].

---

14 Ausführlich LK-*Hilgendorf*, § 185 Rn. 28.
15 BGHSt 36, 145, 149; NStZ-RR 2012, 206.
16 OLG Nürnberg, NStZ 2011, 218.
17 LG Darmstadt, NStZ-RR 2005, 140.
18 Näher *Arzt*, JuS 1982, 725 ff.; *Sick*, JZ 1991, 330 sowie zu BGHSt 36, 145 *Hillenkamp*, NStZ 1989, 529; *Otto*, JZ 1989, 803. Zur sexuellen Belästigung u. § 10 Rn. 21.
19 Ablehnend *Ritze*, JZ 1980, 91.
20 Unklar BGH, NStZ 1987, 21.
21 So soll Beleidigung vorliegen, wenn eine schüchterne 14-Jährige durch mehrere Männer wie eine Prostituierte behandelt wird, aber in dubio pro Männer kein Sexualdelikt vorliegen, weil die Täter ihr Einverständnis angenommen hatten – das (vermeintliche) Einverständnis ist bei § 185 irrelevant, weil dem Mädchen „das Verständnis für die Bedeutung der Preisgabe der Geschlechtsehre" fehlte, so BGH, JR 1987, 125 mit Anm. *Hillenkamp*; gegen § 185 bei Vergewaltigungsverdacht BGHSt 36, 145 mit unklarer Begründung.
22 Siehe vorstehend Rn. 4.
23 S. u. Rn. 20.

3. Rechtsgut und Wahrheitsbeweis

6   Beim Ausgleich zwischen der Empfindlichkeit des einen und der Aggressivität des anderen hat der Gesetzgeber zunächst eine klare und harte Grenze gezogen: Die Herabsetzung, die im Verbreiten der **Wahrheit** liegt, muss das Opfer dulden. Es wird nur der auf die wirkliche Sachlage gegründete („verdiente") Geltungsanspruch geschützt, § 187, „unwahre Tatsache" (besser wäre: „unwahre Tatsachenbehauptung").

Diese klare Entscheidung hat der Gesetzgeber jedoch dadurch abgemildert, dass er eine gesetzliche **Vermutung zugunsten des Opfers** aufgestellt hat, dass dessen Geltungsanspruch verdient ist. Der Täter, der den Geltungsanspruch verletzt, ist zu bestrafen, es sei denn, die Vermutung wird widerlegt, d. h. es wird (gewissermaßen dem Opfer, nicht dem angeklagten Täter) nachgewiesen, dass das Opfer einen unverdienten Geltungsanspruch erhebt, § 186.

4. Rechtsgut und Wahrnehmung berechtigter Interessen

7   Die den Täter belastende Regelung des § 186, die ihm den Wahrheitsbeweis abverlangt, wird ihrerseits durch den Gedanken der **Wahrnehmung berechtigter Interessen** drastisch abgeschwächt, § 193. Es gibt Fälle, in denen die Diskussion darüber, ob jemand zu Recht einen Geltungsanspruch erhebt, gestattet sein muss, auch wenn die Vermutung, der Anspruch werde zu Recht erhoben, nicht widerlegt werden kann. Insbesondere ist häufig die Äußerung eines **Verdachts** zulässig[24]. – Darüber hinaus dient die Wahrnehmung berechtigter Interessen dazu, die Freiheit der Meinungsäußerung und Kritik (Art. 5 GG) gegenüber allzu empfindlichen Betroffenen zu schützen, die in jeder scharfen Kritik eine **Beschimpfung** (§ 185) sehen.

Beispiel[25]: Liegen einer Zeitung Indizien dafür vor, dass ein Minister einen Callgirlring frequentiert (oder – Abwandlung – gegen Bestechungsgelder protegiert), dann wird das Risiko, bei Veröffentlichung dieses Verdachts bestraft zu werden, durch § 186 zunächst dem Journalisten, also dem Täter, auferlegt. Wenn im Prozess gegen den Täter nicht bewiesen wird, dass der Minister den Callgirlring tatsächlich frequentiert oder protegiert, ist § 186 erfüllt – der Täter „an sich" zu bestrafen. Je nach den Umständen kann jedoch auch die Veröffentlichung eines entsprechenden Verdachts legitim sein, also § 186 erfüllt, aber dennoch eine Rechtfertigung gem. § 193 gegeben sein.

In ähnlicher Weise schwächt § 193 das Risiko einer Bestrafung wegen Beschimpfung bzw. Beleidigung nach § 185 ab. Eine schlechte Fernsehansagerin muss sich Kritik gefallen lassen, auch scharfe Kritik, freilich nicht die Titulierung als Ziege und Ähnliches[26].

---

24 In dubio pro reo bzw. die Unschuldsvermutung dürfen nicht so interpretiert werden, als ob es Verdacht nicht gäbe und seine Äußerung verboten sei, dazu *Arzt*, Ketzerische Bemerkungen zum Prinzip in dubio pro reo, 1997.
25 In Anknüpfung an o. Rn. 3.
26 O. Rn. 3.

Rechtsgut § 7 Rn. 8

Grundsätzlich kommt dem Verhältnis von Beleidigung und Meinungsfreiheit große Bedeutung zu. Wann immer Interessen des Ehrschutzes und das Grundrecht der Meinungsfreiheit nach Art. 5 I GG im Widerstreit stehen, geht die Meinungsfreiheit dann vor, wenn die verletzende Äußerung die Kundgabe einer durch Art. 5 I GG geschützten Meinung darstellt. Dies gilt laut BVerfG, NJW 1992, 2815 auch dann, wenn die betreffende Äußerung scharf oder polemisch formuliert, oder gänzlich übersteigert ist[27] (zweifelhaft).

Beispiel[28]**:** Wenn anlässlich von Anschlagsdrohungen islamistischer Kreise verstärkt Personen mit anderer Hautfarbe kontrolliert werden, eine Person sich dem widersetzt und das Polizeiverhalten mit „SS-Methoden" vergleicht, so geht nach dem OLG Frankfurt die Meinungsfreiheit dem Persönlichkeitsschutz vor. Zum einen richte sich die Äußerung vordergründig gegen die Maßnahme selbst, zum anderen dürfe die Person, die die Maßnahme als diskriminierend empfindet, diese unter dem Schutz der Meinungsfreiheit mit „stark polemischer Wortwahl" kritisieren.

Andererseits erfüllt ein Rechtsanwalt den Tatbestand der Beleidigung, wenn er dem Richter unterstellt, dieser vertrete Meinungen, wie sie zuletzt bei den Nürnberger Rassegesetzen vertreten worden seien[29].

5. Rechtsgut, gesellschaftliches Urteil und Vorurteil

Der **Schutz des** auf die Wirklichkeit gegründeten und in diesem Sinne 8
verdienten Geltungsanspruches hat zwei schmerzhafte, aber wohl unvermeidbare **Nachteile:** (1) Der erreichte gesellschaftliche Status hängt in seinem Wert von der Gesellschaft, d. h. von dem gesellschaftlichen Urteil ab. (2) Dieser Status ist deshalb häufig zwar real, aber irrational wie das Urteil der Gesellschaft.

Beispiel: Die „verdiente" Geltung kann einem Menschen durch ein gesellschaftliches Vorurteil versagt werden. Deshalb kann ein Bekanntwerden der wirklichen Sachlage zu einer unverdienten Achtungseinbuße führen, etwa bei einer Vorstrafe wegen einer **Jugendtorheit**[30]. Diese Situation zeigt, wie bitter der Grundsatz sein kann, dass man eine Herabsetzung als Folge eines Bekanntwerdens der Wahrheit hinzunehmen hat.

Bemerkenswert ist ferner die §§ 185 ff. innewohnende Tendenz, gesellschaftliche **Vorurteile** zu perpetuieren. Wenn aufgeklärte Kreise in der Bezeichnung als Hexe, Sozialdemokrat oder Jude (Fallmaterial um 1900)[31] bzw. Kommunist oder Jude (Fallmaterial um 1960) keine Schmälerung des Achtungsanspruchs und damit keinen Anlass zur Untersuchung der Wahrheit des „Vorwurfs" sehen, schließt das nicht aus, dass die Betroffenen aufgrund eines gesellschaftlichen Vorurteils faktisch geringer geschätzt werden. Damit sind sie an der Widerlegung des „Vorwurfs" interessiert. Lässt man das zu, trägt man zur Stabilisierung des Vorurteils bei. Lässt man

---

27 BVerfG, NJW 1992, 2815.
28 OLG Frankfurt a.M., NStZ-RR 2012, 244.
29 OLG Bremen, NStZ-RR 2013, 276.
30 Dazu *Arzt*, Intimsphäre, S. 151 f.
31 Zur Aktualität des „Vorwurfs", Hexe zu sein, LG Mannheim, NJW 1979, 504; zur Teufelsaustreibung *Schultz*, MDR 1978, 543; BGE 97 IV 84.

6. §§ 185 ff. als Bagatelldelikte

9 Verurteilungen nach §§ 186, 187 sind extrem selten; Verurteilungen nach § 185 sind dagegen häufiger, jedoch immer noch relativ selten, gemessen an der Alltäglichkeit des Delikts[32]. Diese niedrigen Verurteilungszahlen liegen also nicht an der Seltenheit der entsprechenden Taten, sondern daran, dass viele Verletzte das mit der Privatklage verbundene Kostenrisiko und den Zeitaufwand scheuen[33]. Speziell bei §§ 185 ff. kommt hinzu, dass der **Zivilprozess** für den Verletzten erheblich **attraktiver** ist[34]. Die Beeinträchtigung des Verletzten ist bei §§ 185 ff. in aller Regel geringfügig (geringer Erfolgsunwert). Der Handlungsunwert, also die Niedrigkeit der Motive und Gesinnung des Täters, ist demgegenüber oft erschreckend hoch. Bei Beleidigungsprozessen kommt ein erstaunliches Maß an Neid und kleinlicher Gemeinheit ans Licht. Dass – wie es das RG[35] im Fall **Stresemann** formuliert hat – „anständigen Leuten die Lust genommen wird, im öffentlichen Leben tätig zu sein" (angesichts dauernder beleidigender Angriffe und der – wie noch zu besprechen sein wird – weitgehenden Schutzlosigkeit gegenüber solchen Beleidigungen), dürfte an dieser ständigen Konfrontation mit der Gemeinheit liegen, also nicht so sehr daran, dass die beleidigenden Angriffe den Status des Angegriffenen auf die Dauer beeinträchtigen. Maßgebend ist jedoch der Erfolgsunwert; der Handlungsunwert ist jedenfalls schwergewichtig nichts anderes als antizipierter Erfolgsunwert; an die Problematik der **Mordmerkmale** sei erinnert[36]. Wegen des niederen Erfolgsunwertes sind die §§ 185 ff. als Bagatelldelikte anzusehen. Darüber hinaus ist anzumerken, dass in der Niedrigkeit der Gesinnung zugleich ein – vom Rechtsgüterschutz her gesehen – positiver Aspekt steckt: Die Feigheit des Täters, der es nicht wagt, über beleidigende Angriffe hinauszugehen.

Dem Bagatellcharakter entspricht die **geringe Examensbedeutung**. §§ 185 ff. eignen sich besonders gut dazu, sich einmal das Verhältnis des Strafrechts zum Zivilrecht klarzumachen. Ferner wirft die bei §§ 185 ff. auftretende **Rechtfertigungs-**

---

32 Verurteilte, Jahr 2012, nach § 185 = 29.996; nach § 186 = 468; nach § 187 = 458; Jahr 2011, nach § 185 = 20.436; nach § 186 = 238; nach § 187 = 229; Jahr 2005, nach § 185 = 17.663; nach § 186 = 190; nach § 187 = 187; Jahr 1997, nach § 185 = 11.757; nach § 186 = 140; nach § 187 = 120; im Jahr 1987, nach § 185 = 9.156; nach § 186 = 169; nach § 187 = 90. – Quelle: Strafverfolgungsstatistik 2012, 2011, 2005, 1997, 1987; Tabelle 1 bzw. 2.1; auch 2005 und 1997 bezogen nur auf das frühere Bundesgebiet.
33 Bemerkenswert ist allerdings, dass sich die Zahl der Verurteilungen nach § 185 in den letzten zwanzig Jahren mehr als verdoppelt hat.
34 Dazu u. Rn. 11.
35 RGSt 62, 83 (94) (1928). – Zur Aktualität dieser Bemerkung des RG sei an die verbreitete Beschimpfung von Polizeibeamten als „Bullen" erinnert (dazu LG Essen, NJW 1980, 1639, wo schon erwogen wird, ob es sich um eine „saloppe Berufsbezeichnung" handle). Zur Narrenfreiheit bei politischen Auseinandersetzungen u. Rn. 25 im Kontext mit § 193.
36 O. § 2.

problematik Licht auf das System der Rechtfertigungsgründe allgemein. – Solche Verständnisfragen stehen im Vordergrund, Detailwissen wird nicht erwartet. Anzumerken ist noch, dass das Judiz in diesem Bereich den Studierenden oft Schwierigkeiten bereitet. In realitätsferner Weise wird die Ehrenrührigkeit extensiv interpretiert, z. B. der Anstifter (zu irgendeiner Straftat!) als Beleidiger des Täters angesehen, weil er diesem eine Straftat zutraue.

Aus dem Bagatellcharakter folgt die Ausgestaltung als **Antrags-** und **Privatklagedelikt**[37].

In krassem Gegensatz zu dem hier – mit der ganz h. M. und mit dem Gesetz (Strafdrohung) – gezeichneten Bild, wird mitunter die **Ehre** als **wertvoller** als das **Leben** angesehen. Die nationalsozialistische „Strafrechtserneuerung" hatte anfangs vor, den Schutz der Ehre an die Spitze der Delikte gegen die Person zu stellen (noch vor den Schutz des Lebens)[38]. Das ist nichts weiter als der Versuch, dem Einzelnen die Wichtigkeit der geltenden Wert- und Rechtsordnung dadurch einzuschärfen, dass man ihre Befolgung mit Treue und Ehre gleichsetzt.

7. Vorrang des Zivilrechts

§ 823 I BGB hat die Ehre oder das allgemeine Persönlichkeitsrecht nicht in den Katalog der Rechte aufgenommen, deren unerlaubte Verletzung zum Schadensersatz verpflichtet. Zudem stellt § 253 II BGB klar, dass ein nichtvermögensrechtlicher, d. h. ein immaterieller oder ideeller Schaden grundsätzlich nur bei Verletzung von Körper, Gesundheit, körperlicher Bewegungsfreiheit und sexueller Selbstbestimmung zu ersetzen ist. – Der BGH hat sich über diese klaren gesetzlichen Aussagen unter Berufung auf das Grundgesetz (Würde der Person, freie Entfaltung der Persönlichkeit, Art. 1, Art. 2 GG) hinweggesetzt. Der BGH hat das allgemeine Persönlichkeitsrecht (und damit auch die Ehre als einen Unterfall dieses Rechts) als sonstiges Recht i. S. des § 823 I BGB anerkannt, zuerst in BGHZ 13, 334, **Schacht-Brief.** Seit BGHZ 26, 349, **Herrenreiter,** vertritt er die Ansicht, dass bei Verletzung des allgemeinen Persönlichkeitsrechts auch der immaterielle Schaden zu ersetzen sei. Während der BGH diesen Anspruch zunächst auf eine Analogie zum mittlerweile aufgehobenen § 847 BGB a. F. gestützt hat, leitet er ihn nun direkt aus § 823 I BGB i. V. m. Art. 1 I und Art. 2 I GG ab[39]. Nach im Zivilrecht herrschender Auffassung soll dieses Schmerzensgeld sowohl eine Ausgleichsfunktion als auch eine **Genugtuungsfunktion** erfüllen[40]. Dabei soll bei Verletzungen des allgemeinen Persönlichkeitsrechts die Genugtuungsfunktion im Vordergrund stehen[41]. Nach BVerfGE 34, 269 ist diese Rspr. mit dem Grundgesetz vereinbar, auch soweit es das in der Genugtuungsfunktion liegende pönale Element betrifft (a. a. O. S. 293).

Die **Rechtsentwicklung** wird so von **gegenläufigen Tendenzen** geprägt. Der Gedanke der Privatgenugtuung ist in einer langen Entwicklung mehr und mehr zurückgedrängt worden. Das Recht zu strafen wurde dem Verletzten aus der Hand genommen. Die staatliche Strafe nimmt auf die Besänftigung des Rachebedürfnisses des Verletzten immer weniger Rücksicht. Erst in jüngerer Zeit ist es zu einer **Wiederentdeckung des Opfers** und seiner Bedürfnisse gekommen, vgl. die Beschlüsse des 55. DJT (1984). Bei Körper- und Ehrverletzung bestand bis 31.12.1974 die Möglichkeit, dem Verletzten eine Buße zuzusprechen (§§ 231, 188 StPO a. F.).

---

37 S. o. § 6 Rn. 14–16 im Kontext zu der Körperverletzung.
38 Vgl. die von *Freisler* beeinflusste Denkschrift „Nationalsozialistisches Strafrecht, Denkschrift des Preußischen Justizministers" (Hanns Kerrl), Berlin 1933, S. 80.
39 BGHZ 143, 214 (218); 128, 1 (15); *Palandt/Grüneberg*, § 253 Rn. 10.
40 BGHGrSZ 18, 149.
41 BGHZ 35, 363, **Ginseng** (ein Fall, den nachzulesen sich lohnt!).

In der **Buße** lebte der Gedanke der Genugtuung fort. Die Bestimmungen waren jedoch lange vor ihrer förmlichen Aufhebung per 1.1.1975 faktisch obsolet geworden. Die Strafgerichte hatten so geringe Beträge zugesprochen, dass die Verletzten auf die Geltendmachung der Buße ganz verzichteten, zumal mit der Buße zivilrechtlicher Schadensersatz ausgeschlossen war, §§ 231 II, 188 II StPO a. F. – Dieselbe Entwicklung zeichnete sich beim **Schmerzensgeld** ab. Es war im Begriff, obsolet zu werden. – Der BGH hat dann das Schmerzensgeld als Mittel entdeckt, das sonst weitgehend schutzlose allgemeine Persönlichkeitsrecht gegen Beeinträchtigungen zu sichern (mit der Stoßrichtung insbesondere gegen die Medien). Die zuerkannten Beträge lagen schon am Anfang dieser Judikatur um 10.000,– DM (etwa 5.000 €; für die 50er-Jahre im Vergleich zu Geldstrafen für Ehrverletzung hohe Beträge!). Von diesem Schmerzensgeld für Persönlichkeitsrechtsverletzung ist eine Aufwertung des Schmerzensgeldes auch in den „klassischen" Fällen der Körperverletzung ausgegangen.

Das Strafrecht ist diesem Aufflammen einer **Bestrafung mit Mitteln des Zivilrechts** aus sehr verschiedenen Gründen nicht entgegengetreten. Es hat diese Tendenz vielmehr durch Abschaffung der §§ 188, 231 StPO gefördert[42]. Politische Überlegungen haben eine Rolle gespielt, etwa die, dass die Versuche, Missbräuche im Bereich der Medien mit strafrechtlichen Novellen zu bekämpfen, angesichts des entschiedenen Widerstandes der Presse an der öffentlichen Meinung scheitern (Schicksal der **Lex Soraya**), während die Mobilisierung der Öffentlichkeit gegen die – unauffälligere – Judikatur des BGH in Zivilsachen schwieriger und weniger aussichtsreich ist. Hinzu kam der Gedanke, dass ein Pönaleffekt des Zivilrechts den Abbau des Strafrechts erleichtern könnte.

II. Die einzelnen Ehrverletzungsdelikte

Das Verständnis der Ehrverletzungsdelikte wird erleichtert, wenn man die Verleumdung zum Ausgangspunkt der Betrachtung wählt, obwohl der Gesetzgeber diesen Tatbestand den §§ 185, 186 nachstellt[43].

1. Verleumdung, § 187

a) Unwahre Tatsachen

12 § 187 zwingt zunächst zur **Abgrenzung**[44] von **Tatsachenbehauptung** und **Werturteil** (wichtig auch für Betrug, § 263!)[45]. Tatsachenaussagen sind „alle Behauptungen, die grundsätzlich empirisch prüfbar sind"[46]. Die Abgrenzung zum Werturteil als persönliche Meinung ist jedoch keine Frage der Logik oder Ethik, sondern hängt von der ratio legis der betreffenden Tatbestände ab. Dabei kommt es auf eine – weitgehend dem Tatrichter überlassene, nicht revisible – vernünftige Sachverhaltswürdigung an, insbesondere sind die Äußerungen des Täters in ihrem Gesamtzusammenhang zu sehen.

---

42 Vgl. E 1962, Erl. vor § 173 (S. 313) und Erl. vor § 146 (S. 282); eingehend *Arzt*, Intimsphäre, S. 4–11, 311 ff.
43 Reihenfolge wie hier in §§ 137 ff. AE.
44 Dazu ausführlich LK-*Hilgendorf*, § 185 Rn. 2 ff.
45 Zu dieser Abgrenzung siehe *Geppert*, Jura 2002, 821 f.
46 *Hilgendorf*, Tatsachenaussagen, S. 111; ähnlich MüKo-*Regge/Pegel*, § 186 Rn. 10.

Die gängige Ansicht, dass Werturteile wie dumm, billig, heiß oder arm als „Ansichtssache" nicht nachprüfbar seien[47], hat mit der Schwierigkeit zu kämpfen, dass bei vielen Bewertungen dem Urteilenden zwar ein Spielraum zugebilligt wird, aber eine Kontrolle solcher Werturteile möglich ist und auch praktisch erfolgt (z. B. bei Zeugnissen und Notengebung)[48]. Man wird deshalb speziell für §§ 185 ff. (und § 263!) ein **Werturteil** dann annehmen, wenn eine **subjektiv-willkürliche Behauptung** vorliegt, von der erkennbar ist, dass sie nicht beansprucht, dass sie von einem (d. h. jedem!) objektiven Dritten nachvollzogen werden kann[49].

Als **Faustregel** gilt: Was als wahr bewiesen werden kann, ist Tatsache. **13**
Wo dagegen Richtigkeit oder Unrichtigkeit Sache persönlicher Überzeugung bleibt, liegt ein Werturteil (eine Meinungsäußerung) vor. Daraus folgt, dass ein Werturteil auch anzunehmen ist, wenn die Bewertung sich nach der politischen Überzeugung bestimmt.

Beispiel: So „könnte der Äußerung von ‚dem verschärften **Terror gegen** junge **Patrioten** des deutschen Volkes' die kommunistische Vorstellung zugrunde liegen, dass – so wie dem Kommunisten jedes gesetzliche und ungesetzliche Mittel zur Erreichung seines Endziels erlaubt ist – umgekehrt jede tatsächliche Abwehrmaßnahme gegen kommunistische Angriffe im Inneren auch dann als rechtswidrig und ‚terroristisch' anzusehen ist, wenn sie die rechtsstaatlichen Grundsätze genau beachtet"[50].
OLG Düsseldorf, NJW 1970, 905 will die Bezeichnung als **„alter Nazi"** i. d. R. als Beschimpfung (nicht als Tatsachenbehauptung) ansehen.
Das LG Tübingen sieht die Bezeichnung eines Polizeibeamten als „Homosexuellen" vor dem Hintergrund des Art. 3 GG als wertneutrale Äußerung ohne wertmindernde Bedeutung an, solange sie keine zusätzliche Herabwürdigung ausdrückt, wie dies bei der Titulierung als „Schwuchtel" der Fall wäre[51].

Je vager eine Behauptung gehalten ist, desto näher liegt die Annahme eines Werturteils. Bei Annahme einer Tatsachenbehauptung könnte die Beweisführung das Opfer schwer beeinträchtigen (man denke an den Vorwurf schmutziger Lebens- oder unlauterer Geschäftsführung)[52]. – Eine Tatsachenbehauptung liegt jedoch bei allgemein formulierten Vorwürfen, z. B. Dieb oder Lump, dann vor, wenn sich aus dem Kontext der Äußerung ergibt, dass es sich um eine Schlussfolgerung handelt, die sich auf einen konkreten Tatsachenkern stützt. Der Täter kann sich jedoch § 187 nicht dadurch entziehen, dass er eine Tatsachenbehauptung in das Gewand eines persönlichen Werturteils kleidet. In der Aussage, „ich bin überzeugt, dass O sich die Mittel für seine Lebensführung auf unredliche Weise verdient hat", steckt nicht nur ein subjektives Urteil über die Lebensführung des O, sondern trotz der subjektiven Einfärbung zugleich eine Tatsachenbehauptung (unredlicher Gelderwerb). Als Parallele kann man den Maßstab für die Wahrheit einer Zeugenaussage gem. § 153 her- **14**

---

47 Ausführlich und kritisch *Hilgendorf*, Tatsachenaussagen, bes. S. 90 ff., 160 ff.
48 Aus dem Datenschutz ist das Problem bekannt, dass aus der Gesamtsicht vieler für sich genommen banaler Daten eine Schlussfolgerung gewonnen werden kann (Persönlichkeitsprofil, Mosaikgeheimnis). Zu den Parallelen zum Werturteil näher *Arzt*, in: Maurer/Vogt (Hrsg.), Kommentar zum Schweizerischen DSG, Basel etc. 1995, Art. 35 Rn. 14 f., 29 f.
49 In diese Richtung zielt *Hilgendorf*, Tatsachenaussagen, S. 188 ff. mit der Kategorie der Meinungsäußerungen mit vermindertem Geltungsanspruch, dort nähere Nachweise.
50 BGHSt 6, 159 (162 f.); vgl. auch BGHSt 12, 287 (289) Badenerland.
51 LG Tübingen, NStZ-RR 2013, 10.
52 Näher *Arzt*, JuS 1982, 717 (719 f.).

anziehen. Nach h. M. gilt die objektive Aussagetheorie (unwahr, wenn Aussage nicht der Wirklichkeit entspricht) und der Täter kann daran durch subjektive Färbung der Aussage nichts ändern[53].

b) Ehrenrührigkeit

15   Die Tatsachenbehauptung muss **ehrenrührig** sein. Der näheren gesetzlichen Umschreibung in § 187 entnimmt die h. M. den **normativen Ehrbegriff**, der Ehre als den Wert, der dem Menschen kraft seiner Personenwürde und aufgrund seines sittlich-sozialen Verhaltens zukommt, versteht[54]. Ehre ist somit der verdiente Anspruch auf Geltung in der Rechtsgemeinschaft, und zwar im privaten wie gesellschaftlichen und beruflichen Bereich[55], dort auch zu den Nachteilen dieses Ehrbegriffs. Andere Ehrbegriffe führen jedoch zu noch größeren Schwierigkeiten.

c) Tathandlung (Äußerung)

16   Der Täter muss die ehrenrührige Tatsache **behaupten** (d. h. muss sich damit identifizieren) oder **verbreiten** (weitertragen, ohne sie sich zu eigen zu machen). Die Behauptung muss einen anderen betreffen, das ist selbstverständlich. Nicht selbstverständlich ist, dass sie **einem anderen als dem Opfer gegenüber geäußert** werden muss: „In Beziehung auf einen anderen", d. h. einem anderen als dem Adressaten der Äußerung!

Beispiel: T sagt wissentlich wahrheitswidrig zu O: Du hast mir gestern Geld gestohlen. Nicht § 187[56]. – Ist auch X anwesend, so liegt im Hinblick auf X § 187 vor (Verletzter ist O). Der Vorsatz des T muss sich auf die Anwesenheit weiterer Personen als der des O erstrecken. – Instruktiv dazu der **Serviererin-Fall** OLG Köln, NJW 1964, 2121.

Das im Gesetzestext genannte Qualifikationsmerkmal **öffentlich** ist erfüllt, wenn die Tat unabhängig von der Öffentlichkeit des fraglichen Ortes von einem größeren, nach Zahl und Individualität unbestimmten oder durch nähere Beziehungen nicht verbundenen Personenkreis unmittelbar wahrgenommen werden kann[57]. Das Merkmal des **Verbreitens von Schriften** (§ 11 III) setzt voraus, dass die Schrift einem größeren Personenkreis körperlich zugänglich gemacht wird[58]. Der ferner enthaltene Tatbestand der **Kreditgefährdung** ist kein Ehr-, sondern ein Vermögensdelikt[59]. Hierbei muss die behauptete Tatsache geeignet sein, den Kredit des anderen zu gefährden, d. h. das Vertrauen in die Leistungsfähigkeit und -willigkeit zu beeinträchtigen, das dieser hinsichtlich der Erfüllung seiner vermögensrechtlichen Verbindlichkeiten genießt[60].

Zu der Frage der Rechtfertigung kraft Interessenwahrung vgl. unten Rn. 21 ff.

---

53 Dazu u. § 47 Rn. 36 ff.
54 *Küper*, S. 117.
55 S. o. Rn. 2.
56 Zu § 185 u. Rn. 27.
57 Vgl. RGSt 38, 207; 42, 112; 63, 431.
58 LK-*Hilgendorf*, § 186 Rn. 14.
59 RGSt 44, 158; *Fischer*, § 187 Rn. 1.
60 *S/S/Lenckner/Eisele*, § 187 Rn. 4.

d) Subjektiver Tatbestand

Der Täter muss sicher sein, dass die Behauptung unwahr ist („wider besseres Wissen"). Im Übrigen genügt jede Form des Vorsatzes. 17

Dolus eventualis bezüglich der Unwahrheit genügt also nicht[61], doch ist „wider besseres Wissen" nicht mit dolus directus gleichzusetzen. Nach allgemeinen Regeln[62] handelt mit dolus directus oder sogar absichtlich, wer etwas direkt will, auch wenn er nicht weiß, ob er es erreicht (z. B. T will O töten, weiß aber nicht, ob er O treffen wird). Bei § 187 genügt jedoch der auf das Willenselement gestützte dolus directus nicht, erforderlich ist vielmehr ein mit dem Wissenselement begründeter dolus directus.

2. Üble Nachrede, § 186

§ 186 lässt sich durch Vergleich mit § 187 leicht erfassen: **Objektiv** ist nicht nötig der Nachweis der Unwahrheit, es genügt vielmehr die Nichterweislichkeit der Wahrheit. **Subjektiv** braucht sich der Vorsatz nicht auf die Unwahrheit zu erstrecken. Der Täter wird selbst dann bestraft, wenn er die Tatsache schuldlos irrig für wahr angesehen hat. Die Nichterweislichkeit der Wahrheit ist kein Tatbestandsmerkmal, sondern **objektive Strafbarkeitsbedingung** (h. M. und st. Rspr.)[63]. Da Vorsatz als bewusste und gewollte Verwirklichung der Tatumstände (§ 16 I 1!) definiert wird, folgt aus dieser Definition, dass der Vorsatz sich auf objektive Strafbarkeitsbedingungen nicht zu beziehen braucht[64]. – Die Härte dieser objektiven Strafbarkeitsbedingung wird über § 193 teilweise gemildert[65]. 18

Die Frage, ob bei § 186 nach Abzug der objektiven Strafbarkeitsbedingung ein dem Schuldprinzip genügender „Unrechtskern" übrig bleibt, ist umstritten. Grundsätzlich verlangt das Schuldprinzip, dass der Täter hinsichtlich der Unwahrheit vorsätzlich oder zumindest sorgfaltswidrig agiert[66]. Dennoch wird von der h. M. die Erfüllung des Tatbestands selbst bei Gutgläubigkeit des Täters hinsichtlich der ehrenrührigen Tatsache mit der Erwägung bejaht, das Äußern ehrenrühriger Tatsachen **gefährde** das Rechtsgut Ehre selbst dann, wenn der Täter von der Richtigkeit seiner Äußerung überzeugt sei. Eine Minderheit ver-

---

61 RGSt 32, 302.
62 Zur Absicht als dolus directus 1. Grades und Wissentlichkeit als dolus directus 2. Grades *Baumann/Weber/Mitsch*, § 20 Rn. 40 ff., 46 f.
63 Im Sinne der h. M. *Lackner/Kühl*, § 186 Rn. 7; *Tenckhoff*, JuS 1988, 618 (622) m. w. N.; für Erweislichkeit als sachlichen Strafausschließungsgrund („in der Sache hier kein Unterschied" zur Strafbarkeitsbedingung) *S/S/Lenckner/Eisele*, § 186 Rn. 10; anders MüKo-*Regge/Pegel*, § 186 Rn. 29, der das tatbestandliche Unrecht nur dann bejahen will, „wenn der Täter bezüglich der Unwahrheit der behaupteten oder verbreiteten Tatsache wenigstens sorgfaltswidrig handelt".
64 Vgl. zu § 231 o. § 6.
65 U. Rn. 23.
66 LK-*Hilgendorf*, § 186 Rn. 4.

langt mindestens Quasi-Fahrlässigkeit des Täters bezüglich der Unwahrheit[67].

19 Richtiger als mit der Ehrgefährdung dürfte der Sinn der objektiven Strafbarkeitsbedingung gem. § 186 mit einer **Vermutung zugunsten des Opfers** zu erklären sein[68]. Es wird vermutet, dass der Geltungsanspruch des Opfers verdient ist. Eine solche Vermutung zugunsten des Opfers und damit Beweislastumkehr zum Nachteil des Täters scheitert normalerweise am Grundsatz „in dubio pro reo". Im Falle des § 186 ist jedoch der Täter nur formal der Angeklagte. In Wirklichkeit sieht sich das Opfer der üblen Nachrede der Anschuldigung ausgesetzt, einen unverdienten Geltungsanspruch zu erheben. Wenn man zugunsten des Opfers den Satz „in dubio pro reo" anwendet, folgt daraus für den Täter ein in dubio contra reum. Das ist rechtsstaatlich unbedenklich. Eben weil in dubio pro reo für Täter und Opfer in entgegengesetzte Richtungen weist, ist es richtig, wenn BVerfGE 74, 257 zum Ergebnis gelangt, dass ein gutgläubiger Anzeigeerstatter nach einer in dubio pro reo zugunsten des Angezeigten ausgegangenen Untersuchung nicht über § 823 II BGB i.V. mit § 186 StGB schadensersatzpflichtig gemacht werden kann. Ob bei feststehender Unschuld des Angezeigten anders zu entscheiden wäre (verneinend BVerfG) und ob das Ergebnis nicht einfacher über § 193 zu begründen wäre, mag dahinstehen. Das BVerfG begründet seine Meinung damit, dass ein Rechtsstaat „für die Sicherheit seiner Bürger zu sorgen" hat[69].

3. Wahrheitsbeweis und Rechtfertigung kraft Wahrnehmung berechtigter Interessen bei Verleumdung und übler Nachrede, § 193

a) Wahrheitsbeweis

20 Zunächst ist daran zu erinnern, dass § 187 den Nachweis der Unwahrheit voraussetzt und § 186 ausgeschlossen ist, wenn die Äußerung erweislich wahr ist. Der **Wahrheitsbeweis** schließt also eine Verurteilung nach §§ 187, 186 auch dann aus, wenn der Täter keine berechtigten Interessen wahrnimmt.

Dieses nach geltendem Recht unbestrittene Resultat ist **de lege ferenda** umstritten. Der Wahrheitsbeweis wird teils pathetisch als Recht auf Wahrheit verteidigt („Soll die höhere Tochter, die ‚mit allen Hunden gehetzt ist', von Rechts wegen zur reinen Jungfrau gestempelt werden?")[70], teils von der Wahrnehmung berechtigter Interessen abhängig gemacht[71], teils ganz ausgeschlossen, wenn sich die (ehrenrührigen) Behauptungen auf das Privatleben beziehen („Vivisektion")[72].

---

67 Grundlegend dazu *Hirsch*, Ehre, S. 168 ff.; *ders.*, E. A. Wolff-FS, a. a. O.; zustimmend NK-*Zaczyk*, § 186 Rn. 19. – Würde das „Schuldprinzip heutiger Ausprägung" (*Wessels/Hettinger*, BT 1, Rn. 501) die aus dieser Ansicht folgende Vernachlässigung der Interessen des Opfers erzwingen, müsste ein so verstandenes Schuldprinzip (und nicht die h. M zu § 186!) modifiziert werden.
68 Dazu schon *Beling*, Wesen, Strafbarkeit und Beweis der üblen Nachrede, 1909; ferner *Bemmann*, MDR 1956, 387.
69 Zur Aufgabe des Strafrechts, die Freiheit zwischen Täter und Opfer zu verteilen O. § 1 Rn. 6, 21.
70 *Delaquis*, Der Wahrheitsbeweis bei Beleidigungen, Gierke-FG, Bd. 3, Breslau 1910, S. 155 (166).
71 So § 138 AE in Anlehnung an Art. 173 StGB (Schweiz).
72 *Liepmann*, Öst. Zeitschrift für Strafrecht, Bd. 1 (1910), S. 205 (216). – Vgl. § 182 E 1962 und § 145 AE.

Trotz der unbestreitbaren Nachteile des geltenden Rechts ist eine befriedigende Lösung der mit der Einschränkung des Wahrheitsbeweises verbundenen Probleme schwierig. Die Ehre wird nicht nur in Richtung kleines Staatsschutzdelikt und/oder kleines Sexualdelikt ausgeweitet, sondern auch in Richtung **kleines Indiskretionsdelikt**. Daran ist paradox, dass die Indiskretion umso schmerzhafter ist, je mehr sie die Wahrheit wiedergibt, während die Ehre umso mehr angegriffen wird, je weiter sich der Täter von der Wahrheit entfernt[73].

b) Wahrnehmung berechtigter Interessen, § 193

Bei einem Rechtsgut wie der Ehre, das nicht auf Abschirmung, sondern auf Kontakt angelegt ist, ist es besonders schwierig, einen unerlaubten Angriff von einem noch hinzunehmenden harten Kontakt abzugrenzen. Mit den klassischen Rechtfertigungsgründen, die als enge Ausnahmen konstruiert sind, kommt man bei solchen **gemeinschaftsbezogenen Rechtsgütern** nicht aus. Es bedarf vielmehr einer Interessenabwägung nicht als Ausnahme-, sondern als **Regelprinzip**[74]. § 193 ist also nicht als eine ausnahmsweise Rechtfertigung (wie der Notstand, § 34) zu begreifen, sondern als Hinweis auf den regelmäßigen Konflikt zwischen den Interessen des Täters und des Opfers, bei dem dem Opfer nicht von vornherein der Vorrang gebührt und die Rechtfertigung des Täters deshalb auch nicht mit der Denkkategorie „Ausnahme" erfasst werden darf[75].   21

Kern des § 193 ist die Rechtfertigung bei „Äußerungen, welche ... zur Wahrnehmung berechtigter Interessen gemacht werden". Wie weit es sich um eigene Interessen des Täters handeln muss, war besonders im Hinblick auf die Wahrnehmung der Interessen der Allgemeinheit durch Journalisten umstritten. Die ältere Rechtsprechung hatte nur bei persönlichem Betrof-   22

---

73 Zur Kritik an § 182 E 1962 *Arzt*, Intimsphäre, S. 156 ff., 208 ff.; *Dähn*, Die öffentliche Bloßstellung in der Strafrechtsreformdiskussion, 1971; *Roeder*, Wahrheitsbeweis und Indiskretionsdelikt, Maurach-FS 1972, S. 347; *Rogall*, Hirsch-FS, a. a. O. (zum Paradox, dass die Indiskretion so von der Wahrheit lebt, wie die Ehrverletzung von der Lüge, ebenda S. 673 [687]); *Schünemann*, ZStW 90 (1978), 11 (36 ff.). – Angesichts der lange zurückreichenden Diskussion des Rechts auf Wahrheit unbegreiflich *Jakobs*, Jescheck-FS 1985, S. 627 (633) („Die Grenzen des Rechts auf Wahrheit sind bislang nicht systematisch behandelt worden").
74 Näher zum Unterschied der Interessenabwägung als Ausnahme- und als Regelprinzip *Arzt*, Intimsphäre, S. 83 ff.; *Baumann/Weber/Mitsch*, § 17 Rn. 68 ff.; § 22 Rn. 21 ff., 39 ff. – *Eser*, Wahrnehmung berechtigter Interessen, S. 67 weist zutreffend darauf hin, dass diese allg. Interessenabwägung eine „evolutive Funktion" erfülle.
75 Abzulehnen ist deshalb die von einem Teil der Literatur vertretene Auffassung, § 193 sei ein Sonderfall des rechtfertigenden Notstandes nach § 34. Dieser von *Lenckner*, Noll-GS 1984, S. 243 näher begründeten Ansicht ist zuzugeben, dass kein prinzipieller Unterschied zur Interessenabwägung nach § 34 besteht. § 193 hemmt jedoch die Zurücksetzung des vom Tatbestand geschützten Rechtsguts gegenüber anderen Interessen weniger als § 34. – Z. T. wird § 193 als Fall der Rechtfertigung kraft erlaubten Risikos betrachtet (z. B. *Gallas*, Nied. 9, 71 ff.). Darin liegt kein wesentlicher Unterschied zur Güterabwägung als Regelprinzip, zutr. *Welzel*, LB, § 42 III 2 vor a. Die Kategorie „erlaubtes Risiko" vermag jedoch die Rechtfertigung der Beleidigung (§ 185) nicht zu erklären, weil da – anders als bei § 186 – die Beeinträchtigung des Rechtsguts feststeht.

fensein des Journalisten die Wahrnehmung öffentlicher Interessen durch die Presse als berechtigt anerkannt. Erstmals wurde dann dem Hetzblatt „Stürmer" die Wahrnehmung des Interesses der Allgemeinheit (an der Ausmerzung von Juden) zugebilligt[76]. Heute ist das Recht der Medien, das Informationsbedürfnis der Allgemeinheit zu befriedigen, als für einen demokratischen Staat unentbehrlich allgemein anerkannt (Einwirkung des Art. 5 GG auf die Interpretation des § 193 StGB, vgl. BGHSt 12, 287, Badenerland). Zweifelhaft ist, ob diese Wahrnehmung öffentlicher oder sonst fremder Interessen nur Presse, Funk und Fernsehen zusteht oder ob sich jeder Bürger darauf berufen kann. Richtig dürfte Letzteres sein, doch ist unverkennbar, dass die Gerichte eine Einschränkung anstreben. Die **Pressefreiheit** wird als **Sonderrecht** verstanden, das mit besonderen Pflichten verknüpft und möglichst nur „seriösen" Zeitungen eingeräumt wird, so wenn BGHZ 3, 270 (284) (Constanze-I) unterscheidet zwischen einer „Zeitschrift mit allgemein zuchtlosem Inhalt" und einer „Zeitschrift ..., der die Verfolgung ernsthafter Bestrebungen ... nicht abzusprechen ist". – In BVerfGE 34, 269 (283) (Soraya) heißt es einerseits, „die Pressefreiheit ist nicht auf die ‚seriöse' Presse beschränkt", andererseits „kann berücksichtigt werden, ob die Presse im konkreten Fall eine Angelegenheit von öffentlichem Interesse ernsthaft und sachbezogen erörtert, damit den Informationsanspruch des Publikums erfüllt und zur Bildung der öffentlichen Meinung beiträgt oder ob sie lediglich das Bedürfnis einer mehr oder minder breiten Leserschaft nach oberflächlicher Unterhaltung befriedigt". – Diese Frage der Verbindung von Pressefreiheit und öffentlicher Aufgabe der Presse ist im Rahmen des Art. 5 GG näher zu verfolgen.

23   § 193 deckt oft die Publikation eines **Verdachts;** die Härte der objektiven Strafbarkeitsbedingung der Nichterweislichkeit der Wahrheit wird damit ganz wesentlich gemildert.

Da die vom Täter verfolgten Interessen somit zumeist „an sich" berechtigt sind, wird die wichtigste Einschränkung durch eine **Abwägung** zwischen dem vom Täter verfolgten Interesse und dem eingesetzten Mittel (§§ 187, 186!), im Hinblick auf die Angemessenheit des Mittels zur Erreichung des berechtigten Zwecks[77], erreicht. Dabei gilt das Gebot der den Gegner schonenden Wahrnehmung der Interessen **(Exzessverbot).**

Aus dem Exzessverbot werden weitere Konsequenzen abgeleitet, die im Einzelnen strittig sind. Zur schonenden Wahrnehmung gehört insbesondere die Pflicht, sich im Rahmen des zur Interessenwahrnehmung Erforderlichen zu halten. Dieses Prinzip ist unbestritten, die Anwendung im Einzelfall freilich schwierig. Ob beispielsweise die Einschaltung der Öffentlichkeit zur Interessenwahrnehmung nötig ist, ist eine für die Reichweite des § 193 zugunsten der Medien oft ausschlaggebende Frage. Man beantwortet sie von vornherein falsch, wenn man nur das Interesse an der Abstellung eines Missstandes sieht (z. B. Bestechlichkeit eines Ministers) und nicht zugleich das Informationsinteresse der Öffentlichkeit; wieweit ungehörige Zusätze die

---

[76] OLG Frankfurt, JW 1937, 1261.
[77] BGHSt 18, 182; BVerfGE 24, 278.

Rechtfertigung ausschließen, weil sie nicht erforderlich sind (unangemessener Ton, zu kräftige Sprache, grelle Aufmachung), ist ebenfalls zweifelhaft. Man sollte es dem Täter nicht verwehren, seine Interessen mit Druck und Nachdruck zu vertreten und deshalb auch die Rechtfertigung nicht von Randfragen (Ton usw.) abhängig machen. Die Judikatur schwankt. Sie kommt insbesondere den Medien zunehmend entgegen und lässt die Interessenwahrnehmung – zu Recht – nicht an der sensationellen Aufmachung scheitern, BVerfGE 12, 113 (Spiegel/Schmid); 24, 278 (östliche Zustände); BGHZ 45, 296 (Höllenfeuer). Leichtfertig aufgestellte Behauptungen, haltlose Vermutungen oder unter Verletzung der Nachforschungspflicht erhobene Beschuldigungen[78] unterfallen dem Schutz des § 193 ebenso wenig wie ein bewusst unvollständiger Bericht, der infolge des Verschweigens einer Tatsache im unbefangenen Durchschnittsleser einen falschen Eindruck erwecken kann[79].

Dass ein Exzess in Nebensächlichkeiten die Rechtfertigung nicht ausschließt, lässt sich § 193 entnehmen. In § 193 am Ende wird darauf hingewiesen, dass im Exzess in Form oder Umständen möglicherweise eine selbstständige Beleidigung (§ 185) liegen könne. Das zeigt zugleich, dass der Gesetzgeber davon ausgeht, dass der Exzess die Rechtfertigung nicht ausschließt[80].

Als Ausfluss des Gebots der schonenden Interessenwahrnehmung betrachtet die h. M. die Pflicht zur vorherigen Prüfung (z. B. ob die ehrenrührige Äußerung wahr ist und ob zumindest begründeter Verdacht besteht); sog. **Erkundigungs-** oder **Informationspflicht.** 24

Die missliche Konsequenz des subjektiven Rechtfertigungselements „Pflicht zur sorgfältigen Prüfung der objektiven Rechtfertigungselemente": Die Rechtfertigung ist auch dann zu versagen, wenn der Täter aufgrund oberflächlicher Prüfung das Richtige getroffen hat! Deshalb ist die BGH-Rechtsprechung[81] zum (nach damaliger Rechtslage übergesetzlichen) Notstand, die die gewissenhafte Prüfung der Kollisionslage zur Rechtfertigungsvoraussetzung gemacht hatte, von einer Minderheit in der Literatur bekämpft worden – mit Erfolg, weil der Gesetzgeber in § 34 bewusst von der Verankerung der Prüfungspflicht abgesehen hat. – Bei § 193, der Interessenabwägung als Regelprinzip, ist die Prüfungspflicht jedoch sinnvoll. Sagt der Täter nachweislich die Wahrheit, so entfällt § 186 selbst dann, wenn er nicht oder nicht sorgfältig geprüft hat[82]. Lässt sich nicht ausschließen, dass er die Unwahrheit sagt, ist es angemessen, wenn die Rechtfertigung davon abhängig gemacht wird, dass der Täter den Verdacht (die Unwahrheit) nicht leichtfertig geäußert hat (h. M.)[83].

Die in der älteren Judikatur zu beobachtende Heranziehung der §§ 185 ff. als **kleine Staatsschutzdelikte**[84] konnte sich auf die bei politischen Extremisten oft zu beobachtende **Schmähkritik, bei der keine Aussage mehr zur Sache selbst getroffen wird, sondern es primär um die Diffamierung der Personen des Angegriffenen geht**[85], stützen, die angesichts des Exzessverbots die Grenzen der Interessenwahrnehmung überschreitet. Inzwischen geht die Justiz, angeführt vom BVerfG, den für sie bequemen Weg einer fast **uferlosen Toleranz.** Das hat vier 25

---

78 BVerfGE 12, 113; S/S/Lenckner/Eisele, § 193 Rn. 18.
79 BGH, NJW 2006, 601.
80 Näher dazu bei der Formalbeleidigung, unten Rn. 28.
81 BGHSt 2, 114; 3, 10; 14, 1.
82 S. o. Rn. 6, 20.
83 *Lackner/Kühl*, § 193 Rn. 10 f. m.N. auch zur verfassungsrechtlichen Lit. und Judikatur. – Aus dem neueren Schrifttum *Hillenkamp, Meurer* und *Zaczyk* (alle in Hirsch-FS, a. a. O.).
84 *Arzt*, JuS 1986, 717 (727 ff.); dort zur Strafanzeige der Grünen gegen den Bundeskanzler wegen Vorbereitung eines Angriffskrieges und zur Narrenfreiheit.
85 BVerfG, NJW 2004, 590; OLG Karlsruhe, NJW 2005, 612.

§ 7 Rn. 26   Ehrverletzung, §§ 185 ff.

Konsequenzen[86]: (1) Gegen politisch oder künstlerisch-satirisch motivierte Angriffe gibt es so gut wie keinen Ehrenschutz mehr[87]; (2) die Meinungs- und Kunstfreiheit wird zur **Narrenfreiheit** ausgeweitet (und zugleich degradiert); (3) beim Publikum entsteht ein Abstumpfungseffekt, der zu immer schärferer Tonart reizt und (4) schließlich muss es zu Versuchen kommen, besonders unerträgliche extremistische Angriffe mit Sondervorschriften zu unterbinden (Rassismus; **Auschwitzlüge**, vgl. § 130). Die vom BVerfG vorgenommene Überbewertung der Meinungsfreiheit zulasten des Ehrschutzes bei ehrverletzenden Äußerungen im öffentlichen Meinungskampf wird in der Literatur stark kritisiert[88]. – Im Vordergrund der öffentlichen Debatte der letzten Jahre standen neben der Auschwitzlüge Angriffe gegen die Bundeswehr **(Soldaten sind Mörder)**[89].

26   Weitere Fälle des § 193 (der Sache nach Unterfälle der Wahrnehmung berechtigter Interessen) sind insbesondere die Ausführung oder **Verteidigung von Rechten** und **Äußerungen im Kreise enger Vertrauter**. Zu den engen Vertrauten zählt in diesem Zusammenhang nicht nur der **Familienkreis**, sondern auch erprobte **Verhältnisse enger Freundschaft** oder **Lebenspartnerschaft**[90]. In diesen „**Refugien**"[91] muss man seine Worte nicht sorgsam wählen, wenn man sich über Dritte äußert (beleidigungsfreie Sphäre)[92]. Die Frage einer Reduktion der §§ 185 ff. um eines Freiraums in der Privatsphäre willen darf nicht mit dem Problem verwechselt werden, ob die §§ 185 ff. die Funktion eines kleinen Indiskretionsdeliktes übernehmen könnten[93]. Die in § 193 genannten tadelnden Urteile und die Verteidigung von Rechten werden meist nicht bei § 186, sondern bei § 185 relevant. Die Wahrnehmung von Rechten kann ausnahmsweise sogar die Verleumdung rechtfertigen. Zwar ist die **Lüge** regelmäßig kein angemessenes Mittel zur Interessenwahrnehmung, doch sind insbesondere für den Angeklagten im Strafprozess Ausnahmen anzuerkennen (streitig, aber h. M.)[94].

Weiterhin sei hier auf den Fall der Meinungsfreiheit beim „**Kampf ums Recht**" hingewiesen. Befindet sich jemand im sogenannten Kampf ums Recht (z. B. Aufforderung zur Einstellung eines Bußgeldverfahrens), so ist es ihm grundsätzlich erlaubt, zur Verdeutlichung seiner Position starke und eindringliche Ausdrücke zu benutzen, „ohne jedes Wort auf die Waagschale legen zu müssen"[95].

---

86   Zusammenfassend *R. Stark*, Ehrenschutz, a. a. O.; *Tettinger*, Ehre, a. a. O.; *Tröndle*, Odersky-FS, a. a. O.
87   BVerfGE 86, 1 (11!) dürfte kaum noch zu unter- oder überbieten sein; richtig *Otto*, JR 1994, 474; *ders.*, NJW 2006, 575; *Fischer*, § 193 Rn. 25 f.; anders *Dencker*, Bemmann-FS, a. a. O.
88   *Herdegen*, NJW 1994, 2933; *Mager*, Jura 1996, 405.
89   BGHSt 36, 83 mit Anm. *Arzt*, JZ 1989, 647; BVerfGE 93, 266 mit Anm. *Otto*, NStZ 1996, 127.
90   LK-*Hilgendorf*, § 185 Rn. 13.
91   LK-*Hilgendorf*, § 185 Rn. 13; SK-*Rudolphi/Rogall*, vor § 185 Rn. 47.
92   Nach h. M. keine Frage der Rechtfertigung, vielmehr ist schon der Tatbestand nicht erfüllt, so *Hillenkamp*, Hirsch-FS, S. 568 f.; ausführlich *Gillen*, a. a. O.; LK-*Hilgendorf*, § 185 Rn. 14; *Schendzielorz*, a. a. O.
93   Dazu o. Rn. 4, 20.
94   Wie hier *Fischer*, § 193 Rn. 3.
95   BVerfG, NJW-RR 2012, 1002 (Der Täter fuhr mit seinem Pkw auf einer gesperrten Zufahrtsstraße und wurde von einer Polizeistreife angehalten. Der Polizeibeamte, so behauptete er, habe wohl einen Hitzeschlag erlitten oder sei zu dumm oder gar betrunken.).

Das Verhalten des zur Vertretung beauftragten Rechtsanwalts muss „zurückhaltend, ehrenhaft und würdig sein", was „eine gewisse Freiheit" aber nicht ausschließt[96]. Bezüglich ehrrühriger Werturteile ist es zulässig, dass der Anwalt in einem Schriftsatz oder in seinem Plädoyer aus den mitgeteilten Tatsachen auch ehrenrührige Schlussfolgerungen zieht, sofern er nicht eine zusätzliche Abwertung des Betroffenen zum Ausdruck bringt[97].

Auf die **Sondervorschriften** für **Äußerungen im Bundestag** und Berichte über Bundestagssitzungen (**Art. 46 I, 42 III GG**) ist hinzuweisen.

4. Beleidigung und Formalbeleidigung, §§ 185, 192, 193

Der vom Gesetz nicht näher definierten Beleidigung lassen sich durch Vergleich mit §§ 187, 186 Konturen abgewinnen. Es handelt sich um Ehrverletzungen, die nicht in die Form von Tatsachenbehauptungen gekleidet sind, also insbesondere um ehrverletzende **Werturteile** mit dem **Schimpfwort als Musterfall** einer Kundgabe der Missachtung. Die Kundgabe kann gegenüber dem Opfer oder einem beliebigen Dritten erfolgen. 27

§ 185 erfasst außerdem die dem **Opfer** gegenüber geäußerten Tatsachenbehauptungen, weil nur Äußerungen „in Beziehung auf einen anderen" unter §§ 187, 186 fallen[98]. Zu beachten ist, dass die Beweislastumkehr des § 186 hier nicht gilt. Zweifel bezüglich der Wahrheit einer Tatsachenbehauptung gehen nicht zulasten des Täters; der Grundsatz in dubio pro reo findet uneingeschränkt Anwendung[99]. Die Unwahrheit der Tatsachenbehauptung ist, anders als bei § 186, ein Tatbestandsmerkmal, auf das sich der Vorsatz erstrecken muss[100].

Auch die Beleidigung kann durch **Wahrnehmung berechtigter Interessen** gem. § 193 gerechtfertigt sein. Die Rechtsprechung hat den Grundsatz entwickelt, dass ein scharfer Angriff zu einer scharfen Entgegnung berechtigt, eine Erweiterung des Rechtsgedankens des § 199, wo nur Straffreiheit, nicht Rechtfertigung angeordnet ist.

Problematisch ist die sogenannte **Formalbeleidigung**, die in § 192 und § 193 (am Ende) geregelt ist. Sie beruht auf dem Grundgedanken des Exzesses. D. h., auch wenn die Ehrverletzung an sich gerechtfertigt (§ 193) bzw. wegen des erbrachten Wahrheitsbeweises nicht tatbestandsmäßig ist (§ 192), bleibt der Täter wegen der unangemessenen Art und Weise der Interessenwahrnehmung (§ 193) bzw. der Äußerung der Wahrheit (§ 192) strafbar. 28

Die Probleme liegen zunächst in der praktischen Handhabung. Zu beachten ist, dass die sichere Bestrafung wegen Formalbeleidigung die Erhebung des Wahrheitsbe-

---

96 EGMR, NJW 2004, 3317.
97 BVerfG, NJW 1999, 2263.
98 Vgl. o. Rn. 16.
99 OLG Köln, NJW 1964, 2121; LK-*Hilgendorf*, § 185 Rn. 35; *Lackner/Kühl*, § 185 Rn. 11; *S/S/Lenckner/Eisele*, § 185 Rn. 6; a. A. OLG Frankfurt, MDR 1980, 495; *Hirsch*, Ehre, S. 204 ff.
100 So auch MüKo-*Regge/Pegel*, § 185 Rn. 21.

weises bei § 186 nicht erspart[101]. Die unangemessene Form als Ansatz für die Bestrafung verlagert die Auseinandersetzung auf Randfragen, bei Zeitungsberichten z. B. auf die sensationelle Aufmachung eines Verdachts, dessen Publikation „an sich" durch § 193 gedeckt ist. – Nach § 192 kann z. B. die wahrheitsgemäße, aber in einer Tischrede bei der Hochzeitsfeier unangemessene Schilderung des unkonventionellen Vorlebens der Braut bestraft werden, oder die Veröffentlichung des Namens des Täters einer geringfügigen strafbaren Handlung (letzteres eine Kombination der §§ 192, 193!). Vgl. dazu BayObLGSt 12 (1913) 265: „Die Adelheid H. und ihre Tochter haben mein Gras gestohlen", als Anzeige in einer örtlichen Tageszeitung. So antiquiert der Sachverhalt sein mag, so aktuell ist die Problematik, man denke an die Veröffentlichung des Namens von Ladendieben in einem Aushang im betreffenden Geschäft oder an die Anprangerung relativ geringfügigen Fehlverhaltens in Illustrierten („Wucher des Monats"). – Auch das theoretische Fundament der Formalbeleidigung ist umstritten. Die Rspr.[102] sieht die **Beleidigungsabsicht** (jedenfalls bei § 192) als wesentlich an, während die Literatur[103] überwiegend in §§ 192, 193 eine an sich überflüssige Mahnung an den Richter sieht, bei §§ 187, 186 trotz gelungenen Wahrheitsbeweises bzw. trotz Wahrnehmung berechtigter Interessen eine möglicherweise vorliegende **zusätzliche Beleidigung** nach § 185 nicht zu übersehen.

5. Einzelheiten

29   Nur als Merkposten sei hingewiesen auf die Qualifikation des § 185 (**tätliche Beleidigung**). – Zu den Problemen der Beleidigung eines **Kollektivs** einerseits und einer Einzelperson unter einer **Kollektivbezeichnung** andererseits nur je ein Hinweis: Besonders strittig ist, wie weit Kollektiven eine besondere Ehre (die etwas anderes ist als die Summe der Geltungsansprüche ihrer Mitglieder) zuzusprechen ist, Stichwort **Familienehre, Bundeswehr**[104] oder **Bundesland**[105]. Kollektiven wie Personengemeinschaften, Verbänden, Behörden und juristischen Personen nebst Kapitalgesellschaften wird ein Ehrschutz zugebilligt, sofern sie rechtlich anerkannte soziale Funktion erfüllen und einen einheitlichen Willen bilden können[106].

Bei der Beleidigung eines Einzelnen unter einer Kollektivbezeichnung sinkt das Betroffensein eines Individuums mit der Größe des betroffenen Kreises. Jede Einzelperson, die dem genannten Kreis angehört und auf dessen Person die abwertende Bezeichnung gemünzt ist, kann in ihrer Ehre verletzt sein, auch wenn der Täter nur den Personenkreis bezeichnet, auf den sich die ehrkränkende Äußerung bezieht. Voraussetzung ist aber, dass der betroffene Personenkreis zahlenmäßig überschaubar und aufgrund bestimmter Merkmale so klar umgrenzt ist, dass er deutlich aus der Allgemeinheit hervortritt. So z. B., wenn behauptet wird, dass in der X-Fraktion des Landtags ein Landesverräter sitzt[107]. Für nicht ausreichend erachtet wurde der Schriftzug „A.C.A.B" (= all cops are bastards) auf einem in einem Fußballstadion hoch gehaltenen Banner[108]. – Auf §§ 90a, 90b, 130, 188, 189, 190, 194, 199, 200 wird hingewiesen. Von einiger Bedeutung fürs Examen ist nur § 190, der eine „Wieder-

---

101 BGHSt 27, 290.
102 RGSt 40, 317 (318).
103 *Hirsch*, Ehre, S. 220 m. N.
104 Näher zu Kollektiven *Arzt*, JZ 1989, 647 f. (zu BGHSt 36, 83, Soldaten sind Mörder); *Geppert*, Jura 2005, 244 ff.; *Gössel*, Schlüchter-GedS, S. 302 ff.; LK-*Hilgendorf*, Vor § 185 Rn. 25 ff.; MüKo-*Regge/Pegel*, Vor §§ 185 ff. Rn. 46 ff.; vgl. dazu auch o. Rn. 5 (Ausdehnung der Sexualdelikte über §§ 185 ff.).
105 OLG Köln, Urteil vom 31.7.2012 – I-15 U 13/12, 15 U 13/12.
106 BGHSt 6, 186; *S/S/Lenckner/Eisele*, Vor § 185 Rn. 3.
107 BGHSt 14, 48.
108 Vgl. hierzu *Klas/Blatt*, HRRS 2012, 388; *Jäger*, JA 2013, 232; *Zöller*, ZIS 2013, 102.

Einzelheiten § 7 Rn. 29

aufnahme" eines abgeschlossenen Strafprozesses über den Umweg eines Strafantrags wegen Ehrverletzung verhindert[109].

Ein aktuelles Problemfeld bilden Beleidigungen im Internet. Solche können etwa in Form von Äußerungen in sog. „chat-rooms" oder „blogs"[110] oder durch das Einstellen diskreditierender Bild- oder Videodateien auftreten. Zu bedenken ist, dass Beleidigungen im Internet das Opfer in einem viel stärkeren Maß beeinträchtigen können als Beleidigungen im direkten sozialen Kontext. Das besondere Verletzungspotenzial ergibt sich aus folgenden Faktoren: (1) Grundsätzliche Anonymität des Internets. (2) Weltweite Verbreitung des Internets als Massenmedium. (3) Verbreitung der Beleidigung ohne Zeitverzug. (4) Transport der beleidigenden Botschaft ist sehr einfach und direkt. (5) Häufig auftretendes Kopieren („Spiegeln") beleidigender Inhalte durch Internet-Nutzer macht die Entfernung oftmals unmöglich. Unter Berücksichtigung dieser Gesichtspunkte ist die Schaffung eines Qualifikationstatbestandes der „Beleidigung im Internet" diskussionswürdig.

---

109 Zu § 189 vgl. OLG Celle, NJW 1979, 1562 (Buback-Nachruf).
110 Ausführlich zum Schutz der Persönlichkeitsrechte in Blogs *Ladeur/Gostomzyk*, NJW 2012, 710.

§ 8 Verletzung des Rechtsguts Privat- und Geheimsphäre: § 123 (Hausfriedensbruch); §§ 201 ff. (Geheimnis- und Datenschutz)

Literaturhinweise: *Arzt*, Der strafrechtliche Schutz der Intimsphäre, 1970; *Bruns*, Die Schweigepflicht der Sozialen Dienste der Justiz, 1996; *Frank*, Die Verwertbarkeit rechtswidriger Tonbandaufnahmen Privater, 1996; *Hettel/Kirschhöfer*, Aus aktuellem Anlass – Die Strafbarkeit geheimdienstlicher Spionage in der Bundesrepublik Deutschland, HRRS 2014, 341; *Kienapfel*, Privatsphäre und Strafrecht, 1969; *Lenckner*, Aussagepflicht, Schweigepflicht und Zeugnisverweigerungsrecht, NJW 1965, 321; *ders.*, Zur „Verletzung der Vertraulichkeit des Wortes": § 201 StGB nach dem 25. StrÄndG, Baumann-FS 1992, S. 135; *Ostendorf*, Der strafrechtliche Schutz von Drittgeheimnissen, JR 1981, 444; *Rogall*, Die Verletzung von Privatgeheimnissen (§ 203 StGB), NStZ 1983, 1; *Schünemann*, Der strafrechtliche Schutz von Privatgeheimnissen, ZStW 90 (1978), 11; *Suppert*, Studien zur Notwehr und zur „notwehrähnlichen Lage", 1973; *Zäch*, Geheimnisschutz, 1986.

Speziell zu II (Hausfriedensbruch, § 123): *Amelung*, Der Hausfriedensbruch als Mißachtung physisch gesicherter Territorialität, ZStW 98 (1986), 355; *Artkämper*, Hausbesitzer – Hausbesetzer – Hausfriedensbruch, 1995; *Behm*, Zur Auslegung des Merkmals »Wohnung« im Tatbestand des § 123 und § 244 Abs. 1 Nr. 3 StGB, GA 2002, 153; *Bernsmann*, Tatbestandsprobleme des Hausfriedensbruchs, Jura 1981, 337, 403, 465; *Bohnert*, Die Willensbarriere als Tatbestandsmerkmal des Hausfriedensbruchs, GA 1983, 1; *Engeln*, Das Hausrecht und die Berechtigung seiner Ausübung, 1989; *Fischer-Lescano/Maurer*, Grundrechtsbindung von privaten Betreibern öffentlicher Räume, NJW 2006, 1393; *Hanack*, Hausfriedensbruch durch Testkäufer, JuS 1964, 352; *Kargl*, Rechtsgüter und Tatobjekte der Strafbestimmung gegen Hausfriedensbruch, JZ 1999, 930; *Kett-Straub*, Ist »Flitzen« über ein Fußballfeld strafbar?, JR 2006, 188; *Kuhli*, Grundfälle zum Hausfriedensbruch, JuS 2013, 115; *Schall*, Die Schutzfunktionen der Strafbestimmung gegen den Hausfriedensbruch, 1974; *Schild*, „Eindringen" (§ 123 StGB) bei individuellem Betretungsverbot, NStZ 1986, 346; *Seier*, Problemfälle des § 123 StGB, JA 1978, 622; *Steinmetz*, Hausfriedensbruch bei Räumen mit genereller Zutrittserlaubnis, JuS 1985, 94.

Speziell zu IV (Recht am eigenen Bild): *Borgmann*, Von Datenschutzbeauftragten und Bademeistern – Der strafrechtliche Schutz am eigenen Bild durch den neuen § 201a StGB, NJW 2004, 2133; *Bosch*, Der strafrechtliche Schutz vor Foto-Handy-Voyeuren und Paparazzi, JZ 2005, 377; *Eisele*, Strafrechtlicher Schutz vor unbefugten Bildaufnahmen – Zur Einführung eines § 201a in das Strafgesetzbuch, JR 2005, 6; *Heuchemer/Paul*, Die Strafbarkeit unbefugter Bildaufnahmen – Tatbestandliche Probleme des § 201a StGB, JA 2006, 616; *Hoppe*, Bildaufnahmen aus dem höchstpersönlichen Lebensbereich – der neue § 201a StGB, GRUR 2004, 990; *Kargl*, Zur Differenz zwischen Wort und Bild im Bereich des strafrechtlichen Persönlichkeitsschutzes, ZStW 117 (2005), 324; *Koch*, Strafrechtlicher Schutz vor unbefugten Bildaufnahmen. Zur Einführung von § 201a StGB, GA 2005, 589; *Kühl*, Zur Strafbarkeit unbefugter Bildaufnahmen, AfP 2004, 190; *Murmann*, Probleme des § 201a StGB, Maiwald-FS 2010, S. 585; *Schertz*, Der Schutz der Persönlichkeit vor heimlichen Bild- und Tonaufnahmen – Zugleich eine Anmerkung zum § 201a StGB (Verletzung des höchstpersönlichen Lebensbereichs durch Bildaufnahmen), AfP 2005, 421.

Literatur § 8

Speziell zu V 5 (Datenschutz, insbesondere §§ 202a ff.): *Barton*, E-Mail-Kontrolle durch Arbeitgeber, CR 2003, 839; *Beckemper/Wegner*, Verwertbarkeit privat aufgenommener Tonbandaufnahmen im Strafprozess, JA 2003, 510; *Behm*, Privatgeheimnis und Amtsgeheimnis – Die Entstehungsgeschichte des § 203 Abs. 2 StGB und sein Verhältnis zu § 353b Abs. 1 StGB, AfP 2004, 85; *Binder*, Strafbarkeit intelligenten Ausspähens von programmrelevanten DV-Informationen, 1994; *Bühler*, Ein Versuch, Computerkriminellen das Handwerk zu legen: Das Zweite Gesetz zur Bekämpfung der Wirtschaftskriminalität, MDR 1987, 448; *ders.*, Die strafrechtliche Erfassung des Mißbrauchs von Geldspielautomaten, 1995; *Cornelius*, Zur Strafbarkeit des Anbietens von Hackertools, CR 2007, 682; *ders.*, Plädoyer für einen Cybermobbing-Straftatbestand, ZRP 2014, 164; *Ernst*, Hacker und Computerviren im Strafrecht, NJW 2003, 3233; *ders.*, Das neue Computerstrafrecht, NJW 2007, 2661; *Etter*, Systematisches Entleeren von Glücksspielautomaten, CR 1988, 1201; *Gercke*, Die Strafbarkeit von „Phishing" und Identitätsdiebstahl, CR 2005, 606; *Graf*, „Phishing" derzeit nicht generell strafbar!, NStZ 2007, 129; *v. Gravenreuth*, Computerviren, Hacker, Datenspione, Crasher und Cracker, NStZ 1989, 201; *Gröseling/Höfinger*, Computersabotage und Vorfeldkriminalisierung – Auswirkungen des 41. StrÄndG zur Bekämpfung der Computerkriminalität, MMR 2007, 626; *Groschl/Liebl*, Computerkriminalität und Betriebsspionage, 1988, 567; *Härting*, E-Mail und Telekommunikationsgeheimnis, CR 2007, 311; *Haft*, Das Zweite Gesetz zur Bekämpfung der Wirtschaftskriminalität (Computerdelikte), NStZ 1987, 6; *Haß*, Der strafrechtliche Schutz von Computerprogrammen, in: Lehmann (Hrsg.), Rechtsschutz und Verwertung von Computerprogrammen, 2. Aufl. 1993, S. 479; *Hauptmann*, Zur Strafbarkeit des sog. Computerhackens – Die Problematik des Tatbestandsmerkmals „Verschaffen" in § 202a StGB, jur-pc 1989, 215; *Heidrich/Tschoepe*, Rechtsprobleme der E-Mail-Filterung, MMR 2004, 75; *Heinrich*, Die Strafbarkeit der unbefugten Vervielfältigung und Verbreitung von Standardsoftware, 1993; *Hilgendorf*, Grundfälle zum Computerstrafrecht, JuS 1996, 509, 702; *ders.*, Strafrechtliche Probleme beim Outsourcing von Versicherungsdaten, in: ders. (Hrsg.), Informationsstrafrecht und Rechtsinformatik, 2004, 81; *ders.*, Das neue Computerstrafrecht, in: ders. (Hrsg.), Dimensionen des IT-Rechts, 2008, 1; *ders.*, Strafbarkeitsrisiken nach § 203 StGB bei Offenbarungsketten im Kontext des IT-Outsourcing, Tiedemann-FS 2008, S. 1125; *Hoenike/Hülsdunk*, Outsourcing im Versicherungs- und Gesundheitswesen ohne Einwilligung?, MMR 2004, 788; *Jessen*, Zugangsberechtigung und besondere Sicherung im Sinne von § 202a StGB, 1994; *Kiethe/Hohmann*, Der strafrechtliche Schutz von Geschäfts- und Betriebsgeheimnissen, NStZ 2006, 186; *Kintzi*, Externe Datenverarbeitung von Berufsgeheimnissen im Kontext von § 203 StGB – Verletzung von Privatgeheimnissen. Gutachten der Großen Strafrechtskommission des Deutschen Richterbundes, DRiZ 2007, 244; *Kitz*, Meine E-Mails les' ich nicht!, CR 2005, 450; *Krause*, Unbefugte Fernabfrage von Anrufbeantwortern als Ausspähen von Daten im Sinne des § 202a StGB?, jur-pc 1994, 2758; *Leicht*, Computerspionage – Die „besondere Sicherung gegen unberechtigten Zugang" (§ 202a StGB), iur 1987, 45; *Lenckner/Winkelbauer*, Computerkriminalität – Möglichkeiten und Grenzen des 2. WiKG (I), CR 1986, 483; *Mehrings*, Der Rechtsschutz computergestützter Fachinformationen, 1990; *Meier*, Softwarepiraterie – eine Straftat?, JZ 1992, 657; *Möhrenschlager*, Das neue Computerstrafrecht, wistra 1986, 128; *Popp*, Von „Datendieben" und „Betrügern" – Zur Strafbarkeit des so genannten „phishing", NJW 2004, 3517; *ders.*, „Phishing", „Pharming" und das Strafrecht, MMR 2006, 84; *Puschke*, Strafbarer Umgang mit sog. Hacking-Tools, in: Brunhöber (Hrsg.), Strafrecht im Präventionsstaat, 2014, S. 109; *Schlüchter*, Zweckentfremdung von Geldspielgeräten durch Computermanipulation, NStZ 1988, 53; *Schmitz*, Ausspähen von Daten, § 202a StGB, JA 1995, 478; *Schnabl*, Strafbarkeit des Hacking – Begriff und Meinungsstand, wistra 2004, 211; *Schultz*, Neue Strafbarkeiten und Probleme. Der Entwurf des Strafrechtsänderungsgesetzes (StrÄndG) zur Bekämpfung der Computerkriminalität vom 29.06.2006, DuD 2006, 778; *Sieber*, Computerkriminalität und Strafrecht, 2. Aufl. 1980; *ders.*, Informationstechnologie und Strafrechtsreform, 1985; *ders.*, Strafrechtliche Verantwortlichkeit für den Datenverkehr in internationalen Computernetzen, JZ 1996, 429 und 494; *Sieg*, Strafrechtlicher Schutz gegen Computerkriminalität, Jura 1986, 352; *Stuckenberg*, Zur Strafbarkeit

§ 8 Hausfrieden; Geheimsphäre

von „Phishing", ZStW 118 (2006), 878; *ders.*, Viel Lärm um nichts? – Keine Kriminalisierung der „IT-Sicherheit" durch § 202c StGB ..., wistra 2010, 41; *Tiedemann/Sasse*, Delinquenzprophylaxe, Kreditsicherung und Datenschutz in der Wirtschaft, 1973; *Westpfahl*, Strafbarkeit des systematischen Entleerens von Glücksspielautomaten, CR 1987, 515; *Winkelbauer*, Computerkriminalität und Strafrecht, CR 1985, 40; *Wölfl*, Ist die Verwendung befugt hergestellter Tonaufnahmen strafbar?, Jura 2003, 742.

Vgl. auch die Nachweise zum 2. WiKG unten § 19 sowie speziell zum Computerbetrug (§ 263a) unten § 21.

Übersicht

	Rn.
I. Rechtsgut und kriminalpolitischer Hintergrund	1
1. Privatsphäre – Elementare Schutzbedürfnisse und ihre Konkretisierung	1
2. Kommerzialisierung des Rechtsguts „Privatsphäre"; Privatsphäre und Medien	3
3. Speziell zum Rechtsgut „Hausfrieden"	5
II. Hausfriedensbruch, § 123	7
1. Die geschützten Räume	7
2. Eindringen, Verweilen als Tathandlungen	9
3. Gegenrechte und Einwilligung	10
4. Dauerdelikt, Antragsdelikt, Konkurrenzen	13
III. Verletzung des Rechts am eigenen Wort, § 201	14
1. Rechtsgut	14
2. Informationskonservierung, § 201 I Nr. 1	17
3. Informationserlangung durch Abhören, § 201 II 1 Nr. 1	20
4. Informationshehlerei, § 201 I Nr. 2, § 201 II 1 Nr. 2	23
IV. Verletzung des Rechts am eigenen Bild	23a
1. Rechtsgut	23a
2. Verletzung des höchstpersönlichen Lebensbereichs durch Bildaufnahmen, § 201a	23b
3. Verbreitung und öffentliche Zurschaustellung von Bildnissen, § 33 KunstUrhG	23i
V. Verletzung privater Geheimhaltungsinteressen: Briefgeheimnis (§ 202); Post- und Fernmeldegeheimnis (§ 206); Privatgeheimnis (§ 203 I, II 1) und Datenschutz (§§ 203 II 2, 202a ff. und Nebengesetze)	24
1. Der kriminalpolitische Hintergrund	24
2. Verletzung des Briefgeheimnisses, § 202	27
3. Verletzung des Post- oder Fernmeldegeheimnisses, § 206	28
4. Verletzung und Verwertung von Privatgeheimnissen, §§ 203, 204	29
a) Kriminalpolitischer Hintergrund und Rechtsgut	29
b) Die Geheimhaltungspflichtigen	31
c) Geheimnis und Offenbarung	32
d) Gegenrechte und Befugnis	34
e) Sonderdelikt, Teilnahme	35

Privatsphäre § 8 Rn. 1

f) Verwertung fremder Geheimnisse, § 204 36
g) Sonstiges 36
5. Datenschutz, §§ 203 II 2, 202a ff. 37
   a) Planung und Daten 37
   b) Datenschutz im Bereich der öffentlichen Verwaltung, § 203 II 2 .. 38
   c) Ausspähen von Daten, § 202a 43
   d) Abfangen von Daten, § 202b 65
   e) Vorbereiten des Ausspähens und Abfangens von Daten, § 202c 69

I. Rechtsgut und kriminalpolitischer Hintergrund

1. Privatsphäre – Elementare Schutzbedürfnisse und ihre Konkretisierung

Es ist nicht zweifelhaft, dass unsere Mitmenschen jedenfalls unsere körperliche Integrität zu respektieren haben, vgl. §§ 223 ff. Ebenso ist allgemein anerkannt, dass ein Bedürfnis besteht, darüber hinaus in einem **Privatraum** ungestört zu bleiben. Das Strafrecht verbietet, „in das befriedete Besitztum eines anderen" einzudringen, **Hausfriedensbruch**, § 123 (dazu u. Rn. 7 ff.). Die weitere Entwicklung des Rechtsguts Privatsphäre ist besonders dem Zivilrecht zu verdanken. Um 1900 hat man das **Recht am eigenen Bild** entwickelt. Die Verwandtschaft zum Hausfriedensbruch macht der berühmte Fall der **Totenmaske Bismarcks**[1] deutlich. Heute ergänzt man im Zivilrecht die besonderen Persönlichkeitsrechte wie das Recht am eigenen Bild (zu dessen strafrechtlichem Schutz u. Rn. 23a ff.) durch den Gedanken eines allumfassenden **allgemeinen Persönlichkeitsrechts** als einem absoluten sonstigen Recht i. S. des § 823 I BGB. Die Allgemeinheit dieses Rechts lässt seinen Anwendungsbereich als außerordentlich unbestimmt erscheinen und macht vielfältige und schwierige Güter- und Interessenabwägungen nötig. Man kann sich diese Relativierung am Vergleich des bestimmten Rechts am eigenen Bild mit dem unbestimmten Recht an eigenen Daten verdeutlichen. Das Strafrecht kann deshalb den Privatbereich nur gezielter und zugleich weniger weitgehend schützen als das Zivilrecht.

1

Abgesehen von den klaren Rechtsgütern Leben (§§ 211 ff.), körperliche Unversehrtheit (§§ 223 ff.), körperliche Bewegungsfreiheit (§ 239) und – schon weniger klar – Willensfreiheit (§ 240) und den u. § 10 erörterten Tatbeständen zum Schutz der sexuellen Selbstbestimmung sowie dem schon recht diffusen Rechtsgut der Ehre (§§ 185 ff.) schützt das StGB den Privatbereich durch die folgenden **fünf Verbote:** (1) in befriedete Besitztümer einzudringen, § 123; (2) das gesprochene Wort abzuhören oder auf Tonträgern festzuhalten, § 201; (3) den höchstpersönlichen Lebensbereich durch die Herstellung oder Übertragung von Bildaufnahmen einer Person zu

---

[1] RGZ 45, 170 vom 28.12.1899, durch Hausfriedensbruch erlangtes Bild.

verletzen, § 201a; (4) verschlossene Briefe unbefugt zu öffnen, § 202, oder gespeicherte oder übermittelte Daten unbefugt auszuspähen oder abzufangen bzw. dies vorzubereiten, § 202a ff.; (5) fremde Geheimnisse unbefugt zu offenbaren, § 203 (Letzteres beschränkt auf Geheimnisse, die der Täter im Zusammenhang mit der Ausübung eines bestimmten, in § 203 genannten Berufs erfahren hat); vgl. auch die Offenbarungsfälle in § 201 I Nr. 2, II Nr. 2, § 201a II, III. – Der Zusammenhang mit der **Privatsphäre als allgemeinem Nenner** kommt in der Rechtsprechung des BGH zum Ausdruck, wenn er „die Unterhaltung zwischen Eheleuten in der ehelichen Wohnung" dem „unantastbaren Bereich" des Persönlichkeitsrechts zurechnet[2].

2   Vielfach dient der Schutz von **Sachwerten** mittelbar dem Schutz der Privatsphäre. Der Tatbestand des Hausfriedensbruchs soll das Eindringen Unbefugter in die Wohnung verhindern, ergänzend verhindert § 303 das Einwerfen der Fenster, § 306 das Niederbrennen des Hauses.

Darüber hinaus gibt es im **Nebenstrafrecht** zahlreiche Tatbestände, die sich dem vagen Oberbegriff der Privat- und Geheimsphäre zuordnen lassen, so die alte (noch geltende, nunmehr durch § 201a im Kernstrafrecht ergänzte) Strafbestimmung zum Schutz des Rechts am eigenen Bild, § 33 KunstUrhG (dazu u. Rn. 23i). Der **Datenschutz** ist durch § 203 II 2 und §§ 202a–202c formal ins StGB integriert, formal deshalb, weil die Erfassung der in § 203 II 2 geschützten Daten in Nebengesetzen geregelt ist (s. u. Rn. 41 f.) und weil die §§ 202a–202c gespeicherte Daten ohne Rücksicht auf ihren (geheimhaltungsbedürftigen) Inhalt schützen (s. u. Rn. 47 ff.).

Trotz dieser Vielfalt an Strafbestimmungen ist vor einer Überschätzung der Möglichkeiten des Strafrechts in diesem Bereich zu warnen. Die Gefahren für das Rechtsgut gehen nicht so sehr von einzelnen potenziellen Straftätern aus als von den sozialen Verhältnissen. Wohnraummangel, unwürdige Bedingungen in Pflegeheimen oder Justizvollzugsanstalten und unangemessene Datenerhebung durch den Staat beeinträchtigen das Rechtsgut Intimsphäre mehr als alle Straftaten gem. §§ 201–206.

2. Kommerzialisierung des Rechtsguts „Privatsphäre"; Privatsphäre und Medien

3   Erst der zivil- und strafrechtliche Schutz der Privatsphäre ermöglicht deren kommerzielle Auswertung. Angenommen, eine Berichterstattung über Straftäter **(Lebach)**[3] sei zivilrechtlich wegen Verletzung ihres allgemeinen Persönlichkeitsrechts oder strafrechtlich (§§ 185 ff.) verboten, dann ermöglicht man zugleich ein Berichterstattungsmonopol **derjenigen** Illustrierten, die dem Betreffenden seine Einwilligung in die Rechtsguts-

---

2   BGHSt 31, 296 (300).
3   Leitentscheid **Lebach**, BVerfGE 35, 202.

Kommerzialisierung § 8 Rn. 4

verletzung abkauft, Beispiel: das **Grubenunglück von Lengede**[4]. Der Schutz der Intimsphäre wird zum Schutz der kommerziellen Auswertung der eigenen Intimsphäre umfunktioniert[5].

Das **Geschäftsgeheimnis** ist von vornherein den Vermögenswerten zuzurechnen, nicht den Personwerten. Trotzdem ist es richtig, dass §§ 203, 204 neben zum persönlichen Lebensbereich gehörenden Geheimnissen auch Geschäftsgeheimnisse schützen, zumal oft ein enger Zusammenhang besteht.

Die Privatsphäre wird bedroht durch die Masse, die ihre Maßstäbe dem Einzelnen aufzwingt, bis hin zu dem, was zur Privatsphäre gehört und was nicht[6]. Was die Massenmedien angeht, müssen sie ihre Produkte verkaufen, genauer, sie verkaufen die Reklame, die von diesen Produkten als Werbeträgern getragen wird. So kommt es zum **Geschäft mit der Intimsphäre**, wie nicht zuletzt neue Fernsehformate des letzten Jahrzehnts verdeutlichen, angefangen von täglichen Talkshows, deren Teilnehmer ihre persönlichen Probleme, Sorgen und Geheimnisse vor einem Millionenpublikum zur Schau stellen, bis hin zu Sendungen wie „Big Brother", die das Leben in seiner vollen Alltäglichkeit rund um die Uhr filmen und übertragen, intime Momente der Kandidaten bis hin zum Geschlechtsverkehr nicht mehr ausgeschlossen[7]. Es ist zu befürchten, dass die geschäftsmäßige Zurschaustellung der Intimitäten Dritter dazu führt, dass bei der Gesamtheit der Leser das Gefühl für die Normalität einer den Blicken der Öffentlichkeit entzogenen Eigensphäre verloren geht. Im Wettbewerb um die Informationsbeschaffung kommt es zu Fällen gröbster Missachtung der Privatsphäre anderer. Die Medien dringen überall ein: Priester werden bei der Abnahme der Beichte von den als Gläubige posierenden Journalisten bespitzelt (Deutschland, 1980) und selbst seriöse Zeitungen publizieren Informationen, die ihr Lieferant nur durch strafbares Abhören erlangt haben kann (einige Opfer: **Biedenkopf**, 1974; **Strauß**, 1976; Bundeskanzler **Schmidt**, 1981)[8]. Derzeit will man alles zugleich haben: (1) einen Staat, der die Informationen über die Bürger geheim halten soll, sogar so weitgehend, dass die eine Behörde nicht wissen darf, was anderen Behörden bekannt wird, vgl. § 203 II und u. Rn. 40; (2) einen Staat, der gegenüber den Medien und den Bürgern fast ganz transparent ist; (3) Medien, die gegenüber dem Staat und den Bürgern nicht transparent sind, sondern sich auf eine umfangreiche eigene Geheimsphäre berufen dürfen (Redaktionsgeheimnis, Quellenschutz).

4

---

4 BGH, MDR 1968, 118.
5 Dazu näher *Arzt*, Intimsphäre, S. 116 f., 188 ff. und Willensmängel bei der Einwilligung, 1971, S. 17 ff.
6 Zum Hintergrund als erste Information empfehlenswert *Marcuse*, Der eindimensionale Mensch, 1970 (zur Freiheit als Störungsfreiheit bes. S. 255 f.); *Schlemmer* (Hrsg.), Der Verlust der Intimität, 1976 (Piper-Taschenbuch). – Aus juristischer Sicht *Schünemann*, ZStW 70 (1978), 11 ff. (42 f.) mit der schon damals kühnen These, die Bedrohungen der Intimsphäre hätten abgenommen!
7 Zur rechtlichen Würdigung *di Fabio*, Schutz der Menschenwürde durch allgemeine Programmgrundsätze, 2000; *Dörr*, Big Brother und die Menschenwürde, 2000; *Dörr/Cole*, K&R 2000, 369; *Fink*, AfP 2001, 189; *Hartwig*, JZ 2000, 967; *Hinrichs*, NJW 2000, 2173; *Hintz/Winterberg*, ZRP 2001, 293; *Huster*, NJW 2000, 3477; *Schmitt-Glaeser*, ZRP 2000, 395.
8 Zur Priesterbespitzelung vgl. Stern Nr. 41/1980; zu den Abhörfällen Biedenkopf, Strauß und Bundeskanzler Schmidt vgl. Spiegel Nr. 25/1975; Nr. 3/1978; Nr. 5/1981. – Vgl. auch die Wallraff/Bild-Entscheidung BGHZ 80, 25, relativierend BVerfGE 66, 116. Zur **Informationshehlerei** der Medien richtig BGHZ 73, 120, relativierend auch insoweit die Judikatur des BVerfG unter Hinweis auf Art. 5 GG.

3. Speziell zum Rechtsgut „Hausfrieden"

5 Der kriminalpolitische Hintergrund des § 123 hat in letzter Zeit starke Beachtung gefunden[9]. Von den **Opfern** her gesehen bringt § 123 zwei Kategorien unter das Dach eines Tatbestandes. Neben den elementaren Schutz der **Privaträume** tritt der Schutz der **Geschäfts- und Diensträume**, bei dem die effiziente Durchsetzung von Benutzungsordnungen im Vordergrund steht (zum Hausverbot u. Rn. 7, 11 f.). Der nur formal gemeinsame Nenner dieser beiden Arten des Hausfriedensbruchs liegt in der Verletzung des Willens des Hausrechtsinhabers.

> Es gibt zahlreiche Örtlichkeiten, die an sich von (nahezu) jedermann betreten werden können. Der gezielte Ausschluss einzelner unerwünschter Personen oder Gruppen wird durch ein spezielles (z. B. durch ein **Bahnhofsverbot** für einen konkreten Stadtstreicher oder das **Stadionverbot** für einen konkreten Fußballrowdy[10]) oder (z.b. für Raucher) generelles **Hausverbot** erreicht. Abgesehen von der anschließend erörterten Schwierigkeit, ein dem Hausverbot zuwiderlaufendes Betreten eines an sich frei zugänglichen Ortes unter § 123 zu subsumieren, kann ein solches Verbot eine unverhältnismäßig harte Statusbeeinträchtigung beim Betroffenen bewirken. So ist es denkbar, dass ein in einem Warenhaus ertappter Dieb für dieses Warenhaus, alle Häuser dieser Kette und (durch Austausch von Namenslisten) auch in den Häusern der Konkurrenz Hausverbot erhält. Ein solcher Ausschluss weist viele Parallelen zur Statusminderung durch Entzug der Fahrerlaubnis auf und führt zu der an das Zivilrecht zu richtenden Frage, wieweit für Warenhäuser o. ä. ein **Kontrahierungszwang**[11] anzunehmen ist. Auf die datenschutzrechtliche Problematik des Informationsaustausches in Form **schwarzer Listen** über Ladendiebe, Fußballrowdies etc. innerhalb eines Unternehmens oder zwischen verschiedenen Unternehmen wird hingewiesen.

6 Von den **Tätern** her gesehen sind **vier Gruppen**[12] zu unterscheiden: (1) Fälle, in denen es dem Täter darauf ankommt, sein Opfer in dessen

---

9 Nach der Arbeit von *Schall* ist die Diskussion insbes. von *Amelung* in verschiedenen Veröffentlichungen und von *Bohnert* weitergeführt worden. Außerdem ist das Sonderproblem der **Hausbesetzer** (mit Recht) im Zusammenhang mit der allgemeinen ratio legis des § 123 diskutiert worden. Im Vordergrund stehen zwei Fragen: (1) Genügt der „formale" Wille des Hausrechtsinhabers, um Eindringen in Wohn- und Geschäftsräume und in Abbruchhäuser unter ein Dach zu bringen? (2) Genügt es, dass die zu schützende Friedenssphäre als Willensbarriere nur symbolisch sichtbar gemacht wird oder muss eine physische Barriere errichtet werden? – Frage (1) wird im Folgenden mit der h. M. bejaht; Frage (2) erfordert eine differenzierte Antwort.

10 Zum **Stadionverbot** s. u. Rn. 12 am Ende. – Zum **Bahnhofsverbot** BayObLG, JZ 1977, 311 mit Anm. *Stürner* (§ 123 bejaht). Zur Berechtigung eines Hausverbots für die Allgemeinheit zugängliche Räume OLG Frankfurt a. M., NJW 2006, 1746 (1749 f.); vgl. auch BGH, NJW 2006, 1054 m. kritischer Bespr. *Fischer-Lescano/Maurer*, NJW 2006, 1393 ff.; OLG Hamburg, NStZ 2005, 276. Wichtig der Hinweis *S/S/Sternberg-Lieben*, § 123 Rn. 20, dass die Konstruktion des Verbots als Verwaltungsakt (statt eines zivilrechtlichen Hausverbots) wegen der aufschiebenden Wirkung des Widerspruchs auf § 123 zurückwirkt. Ist der das Hausverbot aussprechende Verwaltungsakt für sofort vollziehbar erklärt worden, erfüllt das Betreten § 123, selbst wenn die Anfechtung des Verwaltungsakts später zu seiner Aufhebung (als rechtswidrig) führt, so die h. M. (vorläufige Friedensfunktion!), z. B. OLG Karlsruhe, NJW 1978, 116; **anders** aber *S/S/Sternberg-Lieben*, a. a. O.; *Rengier*, BT 2, § 30 Rn. 24; Bedenken bei SK-*Rudolphi/Stein*, § 123 Rn. 35.

11 Für den in vielem (z. B. Förderung durch öffentliche Mittel) anders liegenden Fall der **Sittenwidrigkeit eines Hausverbots** für einen Theaterkritiker vgl. RGZ 133, 388.

12 *Michel*, Erscheinungsformen und Strafzumessung beim Hausfriedensbruch, 1958, S. 44 ff., teilt in zwei Gruppen ein (Täter wünscht Begegnung mit dem Inhaber des Hausrechts, bzw. er versucht, sie zu vermeiden).

Friedenssphäre zu stören. Hier geht es vor allem um Taten unter Verwandten, Bekannten und Nachbarn. Der Täter ist häufig angetrunken. Bei dieser Fallgruppe liegt der Akzent der Auseinandersetzung zwischen Täter und Opfer meist auf dem Gebiet des Zivilrechts. Die Straftat ist Nebenprodukt zivilrechtlicher Streitigkeiten, z. B. geht es bei einer Scheidung auch um die „Auseinandersetzung" bezüglich der Wohnung. – (2) Fälle, in denen der Täter ein Dach über dem Kopf sucht (Landstreicher in der Scheune, Stadtstreicher im Bahnhof). – (3) Fälle, in denen der Täter im Haus ein Delikt begehen will (z. B. Diebstahl oder Vergewaltigung). Hier wird der Tatsache, dass schwerpunktmäßig ein anderes Rechtsgut als der Hausfrieden verletzt ist, dadurch Rechnung getragen, dass § 123 entweder unter dem Gesichtspunkt der Konsumtion bereits materiell-rechtlich zurücktritt (so beim Einbruchsdiebstahl, § 243 I 2 Nr. 1 bzw. § 244 I Nr. 3) oder unter dem Gesichtspunkt des unwesentlichen Nebendelikts in der Praxis zumindest nicht verfolgt wird, § 154 StPO (so z. B. bei Vergewaltigung). – (4) Fälle des offenen, demonstrativen Hausfriedensbruchs, mit dem die Täter auf Missstände aufmerksam machen wollen (Botschaftsbesetzung). Gelegentlich wird eine Besetzung auf längere Zeit hin angestrebt, Hausbesetzung – mit Übergängen zur Fallgruppe (2) – oder demonstrative **Betriebsbesetzung**[13]. Eine Art Pendant zum demonstrativen Hausfriedensbruch liegt im **demonstrativen Hausverbot**[14]. Auch wenn ein solches Hausverbot vom Hausrecht gedeckt ist, kann die demonstrative Art, in der es ausgesprochen wird, beleidigend oder sogar rassistisch sein.

II. Hausfriedensbruch, § 123

Literaturhinweise s. o. vor Rn. 1.

1. Die geschützten Räume

Wie vorstehend in Rn. 5 dargelegt, ist **Rechtsgut** der Hausfrieden, d. h. das **Interesse,** in einem bestimmten räumlichen Bereich **Besucher ausschließen** zu können[15]. Dieses Interesse, man spricht vereinfachend vom Hausrecht, ist nicht an die Stellung als Eigentümer gebunden. So ist schutzbedürftig auch der Mieter, und zwar auch gegenüber dem Vermieter[16]. Bei vermieteten Räumlichkeiten behält der Mieter das Hausrecht gegenüber dem Vermieter über die Dauer des beendeten Mietvertrags hinaus,

7

---

13 Dazu *Ostendorf*, Kriminalisierung des Streikrechts, 1987, S. 43 ff. (S. 60 unhaltbare Argumentation mit § 34).
14 So zum Beispiel: „Türken dürfen dieses Lokal nicht betreten" (OLG Frankfurt, JR 1986, 81 mit Anm. *Blau*).
15 Zur Rechtsgutsdiskussion MüKo-*Schäfer*, § 123 Rn. 2 ff.
16 Wessen Hausrecht vorgeht, ist zwingend dann zu bestimmen, wenn mehreren Personen eine Rechtsposition an derselben Räumlichkeit zusteht. So hat der Untermieter ein stärkeres Hausrecht als Hauptmieter und Vermieter, der Hotelinhaber ein stärkeres Hausrecht als der Gast und das Anstaltspersonal ein stärkeres Hausrecht als der Strafgefangene, vgl. KG, NStZ 2010, 34; *Fischer*, § 123 Rn. 3; *Kuhli*, JuS 2013, 115 (116 f.).

bis er den unmittelbaren Besitz aufgibt[17]. Kein Hausrecht hat hingegen, wer den Besitz ohne vertragliche Grundlage (im Falle des früheren Mieters: erneut) ergreift[18]. Der formalisierte Wille kann nicht gegen seinen tieferen Grund (Entfaltung der Persönlichkeit) ausgespielt werden („Räuberhöhlen" und Abbruchhäuser)[19].

Bei den **öffentlichen Räumen** (letzte Variante; z. B. Behörden, Gerichtsgebäude, Kirchen[20], Schulen und Universitäten, Bahnhöfe und Transportmittel des öffentlichen Verkehrs) wird das Hausrecht vom Staat zum Schutze des geordneten Dienstbetriebes, aber auch zum Schutze der Persönlichkeitsrechte der Mitbenutzer ausgeübt (Betrunkener in der Eisenbahn, Raucher in Nichtraucherräumen). Ein Minimum an Rechtsdurchsetzung ist in öffentlichen Räumen nötig, weil die privatrechtliche Notwehr bzw. Nothilfe problematisch ist, man denke an den **Eisenbahnrüpel**[21]. Ein nicht im Sinne des Hausrechtsinhabers liegendes Benehmen wird (nach Aufforderung durch den Hausrechtsinhaber, den Raum zu verlassen) über § 123 sanktioniert (Verweilen). Ungleich problematischer ist in Fällen ungebührlichen/rechtswidrigen Verhaltens das „Eindringen", dazu u. Rn. 12.

8 § 123 I zählt die Bereiche auf, in denen ein solcher Schutz besteht. **Wohnung** ist weit zu interpretieren und umfasst sämtliche Räume (einschließlich der Nebenräume), die zur Unterkunft von Menschen dienen oder zu ihrer Benutzung freistehen. Ob die Räumlichkeit beweglich ist (z. B. Wohnwagen, Campingzelt, Schiff), ist unerheblich. – **Geschäftsräume** werden hingegen für gewerbliche, freiberufliche, künstlerische oder wissenschaftliche Tätigkeiten genutzt (z. B. Warenhaus, Arztpraxis, Atelier). – Unter **befriedetem Besitztum** sind Einfriedigungen zu verstehen, d. h. gegen Betreten „durch zusammenhängende[22] Schutzwehren gesicherte" Grundstücksflächen[23]. – Vgl. auch §§ 112, 114 OWiG.

Beispiel (privater Parkplatz): Ein umzäuntes Besitztum ist befriedet, ein mit einem Verbotsschild gesichertes Besitztum dagegen nicht. Ein privates Verbotsschild kann also den privaten Parkplatz gegen Unbefugte nicht mit der Rechtsfolge des § 123 schützen, weil es an der Einfriedigung fehlt. Mitunter wird trotzdem § 123 angewandt, weil der Parkraum oder die **Schaufensterpassage** als an einen Geschäfts- oder Wohnraum angrenzende Fläche in erkennbarem funktionalem Zusammenhang zu diesem Raume

---

17 OLG Hamburg, NJW 2006, 2131 (2131); MüKo-*Schäfer*, § 123 Rn. 36.
18 OLG Düsseldorf, JR 1992, 165 (166); MüKo-*Schäfer*, § 123 Rn. 34.
19 Zum Abbruchhaus als befriedetem Besitztum wie hier d. h. M. trotz des problematischen Rechtsguts, näher AK-*Ostendorf*, § 123 Rn. 9, 23; MüKo-*Schäfer*, § 123 Rn. 17.
20 Zur Rechtfertigung aus Art. 4 I GG vgl. OLG Jena, NJW 2006, 1892 (1892 f.).
21 BGHSt 42, 97. Vgl. o. § 2 Rn. 75.
22 Die zusammenhängende Schutzwehr muss nicht zwingend lückenlos sein, *Fischer*, § 123 Rn. 8; *Wessels/Hettinger*, BT 1, Rn. 582.
23 RGSt 11, 293. Nicht ausreichend ist, dass sich ein Besitztum unter Straßenniveau befindet (unterirdische Fußgängerpassage); OLG Frankfurt a. M., NJW 2006, 1746 (1748) m. w. N. Hingegen soll eine menschliche Mauer an Ordnern um ein Fußballspielfeld genügen, sodass sich sog. Flitzer bei Betreten des Spielfelds wegen Hausfriedensbruchs strafbar machen; *Kett-Straub*, JR 2006, 188 (190 f.).

stehe und damit (als Geschäfts*raum*!) geschützt sei[24]. Die Auffassung ist abzulehnen, weil der Gedanke der äußerlich sichtbaren Schranke verwässert wird[25]. – Die Frage ist nach der Aufhebung des § 368 Nr. 9 durch das EGStGB praktisch bedeutsam, weil vor dem 1.1.1975 mit dem Verbotsschild der Schutz des § 368 Nr. 9 („wer unbefugt ... auf einem durch Warnungszeichen geschlossenen Privatwege geht, fährt, reitet oder Vieh treibt") zu erreichen war. Seit 1.1.1975 sind die Opfer solcher Besitzstörungen auf den Schutz des Zivilrechts beschränkt, es sei denn, es existiert land- oder forstwirtschaftliches Landesrecht mit Strafbestimmungen (gestützt auf Art. 4 V EGStGB).

2. Eindringen, Verweilen als Tathandlungen

Hausfriedensbruch ist Störung des Hausfriedens durch körperliches **9** Eindringen oder Verweilen des Täters. Maßgebend ist der Gedanke der im **Eindringen** (Verweilen) liegenden **Störung**. Der Streit, ob nur Betreten **gegen** den Willen des Berechtigten ein Eindringen darstellt oder ob schon Betreten **ohne** den Willen des Berechtigten genügt, ist deshalb weitgehend müßig. Störungen, die nicht durch Eindringen bzw. Verweilen erfolgen (Einwerfen der Fenster, störende Telefonanrufe), werden nicht erfasst. – Es ist nicht nötig, dass der Täter mit seinem ganzen Körper eindringt. Ausreichend ist bereits das Verbringen eines Körperteils in die geschützten Räume, der „**Fuß in der Türe**" stellt vollendeten Hausfriedensbruch durch Eindringen dar[26]. – Das **Verweilen** wird unbefugt, wenn der Täter vom Berechtigten sinngemäß zum Entfernen aufgefordert worden ist. Dabei ist zu beachten, dass mit der Rechtsprechung[27] davon auszugehen ist, dass der Inhaber des Hausrechts für den Fall seiner Abwesenheit die Befugnis, zum Verlassen aufzufordern, den zum Haushalt gehörenden verständigen (nicht notwendig volljährigen) Personen übertragen hat. – Eine nicht selbst eindringende Person kann als „Außenstehender" Mittäter sein (kein eigenhändiges Delikt)[28].

3. Gegenrechte und Einwilligung

Der Tatbestand oder die Rechtswidrigkeit des Hausfriedensbruchs **10** kann durch **Gegenrechte** ausgeräumt werden, so durch das Amtsrecht des Gerichtsvollziehers bei einer Zwangsräumung. Bei solchen Gegenrechten ist jedoch zu beachten, dass das Hausrecht der rechtlichen Struktur und Funktion nach **Parallelen zum Besitz** aufweist. So bleibt der Inhaber des Hausrechts trotz eines ihm gegenüber bestehenden fälligen obligatori-

---

24 Stichwort „Zubehörfläche", *Wessels/Hettinger*, BT 1, Rn. 581.
25 Wie hier OLG Oldenburg, JR 1981, 166 mit Anm. *Volk*; kritisch auch *Behm*, GA 2002, 153 (159 f.); **anders** jedoch die h. M. BayObLG, NJW 1995, 269 (271); OLG Oldenburg, JZ 1986, 246 (Schaufensterpassage) mit ablehnender Anm. *Amelung*; MüKo-*Schäfer*, § 123 Rn. 15; *Rengier*, BT 2, § 30 Rn. 5.
26 BGH, *Dallinger* MDR 1955, 144; nicht aber das bloße Hineingreifen in einen Raum, *Fischer*, § 123 Rn. 15.
27 BGHSt 21, 224 (**Zeitschriften-Fall**).
28 Vgl. hier schon LH 1, 1. Aufl., problematisiert durch *Emde*, Jura 1992, 275. Nur auf dieser Basis ist Eindringen durch Unterlassen denkbar, näher *Kareklàs*, Lenckner-FS 1998, S. 459 ff.; zusammenfassend *Rengier*, BT 2, § 30 Rn. 14 ff.

schen Anspruchs auf Betreten des (gemieteten) Hauses gegen dessen eigenmächtige Durchsetzung geschützt, so wie der unmittelbare Besitzer trotz eines fälligen obligatorischen Anspruchs auf Besitzübergabe die eigenmächtige Durchsetzung in Form der Besitzentziehung verhindern kann. Der Inhaber des Hausrechts kann deshalb auch den privatrechtlich befugtermaßen Anwesenden zum Gehen auffordern. Damit ist dessen weiteres Verweilen i. S. des § 123 „ohne Befugnis", selbst wenn er ein Recht zum Bleiben haben sollte.

11   Was die **Einwilligung** angeht, ist zunächst die Frage nach dem **Inhaber des Hausrechts** zu stellen. Steht das Hausrecht mehreren gemeinsam zu (Eheleute), ist zunächst festzuhalten, dass die mehreren Inhaber des Hausrechts dieses Recht nicht gegeneinander einsetzen können. Sie können sich also nicht gegenseitig das Betreten oder Verweilen verbieten. – Dritten ist dagegen der Zutritt oder das Verweilen nur gestattet, wenn alle präsenten[29] Inhaber des Rechtsguts einverstanden sind. Die h. M. stellt demgegenüber bei unterschiedlicher Ausübung des (unteilbaren) Hausrechts auf den Gedanken des Rechtsmissbrauchs ab und erklärt die Disposition einer Partei der Hausrechtsinhaber für unbeachtlich.

> **Beispiel (Karneval)**[30]: Die Ehefrau, die mit ihrem Mann in Unfrieden lebt, fürchtet seine Vorwürfe, als sie nach Mitternacht vom Karneval nach Hause kommt. Sie bittet daher ihre Begleiter mit in die Wohnung. Der Ehemann wird dadurch freilich nicht besänftigt, sondern er schimpft und weist den nächtlichen Besuchern (vergeblich) die Tür. – Das OLG sieht die Besucher mit Recht als Täter eines Hausfriedensbruchs an. Es begründet dieses richtige Ergebnis jedoch nicht damit, dass das Bleiberecht der Besucher von der Zustimmung aller Hausrechtsinhaber abhängt. Vielmehr geht es mit der h. L. von der Prämisse aus, dass jeder Ehegatte das Hausrecht allein ausüben könne und im Konflikt die Zumutbarkeit (im Innenverhältnis der Berechtigten!) entscheidet.

12   Nicht zufriedenstellend bewältigt ist die ausdrückliche oder konkludente Beschränkung der Einwilligung auf **Betreten in lauterer Absicht**. Eine solche Beschränkung der Einwilligung, insbesondere in Form einer generellen Zutrittserlaubnis[31], ist nur soweit zulässig, als der Inhaber des Hausrechts – würde er das „Eindringen" beobachten – sagen könnte, dass

---

29 Ein **abwesender** Mitinhaber kann dagegen nicht in einer den anderen Mitinhaber bindenden Weise seinen hypothetischen Willen durchsetzen. Für die nachstehenden **Beispiele** bedeutet dies: Lässt die Ehefrau den Geliebten in die Wohnung, ist das an den Geliebten gerichtete Hausverbot des **abwesenden** Ehemannes irrelevant, weil die Frau als einzige präsente Hausrechtsinhaberin zustimmt. – Das Verweilen der Karnevalfreunde erfüllt § 123, weil der präsente Mitinhaber des Hausrechtes ihnen die Tür weist.
30 OLG Hamm, NJW 1955, 761. Vgl. auch OLG Hamm, NJW 1965, 2067 (Schwiegersohn wirft den Schwiegervater aus der Wohnung, weil er für seine Tochter Partei ergreift); BGE 103 IV 162 (Ehemann erteilt dem Geliebten der Ehefrau Hausverbot, trifft ihn in der Wohnung an: Verurteilung wegen Hausfriedensbruchs trotz Einladung durch die Ehefrau – unrichtig, vgl. vorstehende Fn.).
31 *Hillenkamp*, BT-Probleme, Nr. 8 nennt diese Ansicht **Funktionsstörungstheorie**; die weitergehende Ansicht (Verfolgung unerwünschter Zwecke = „Eindringen") wird als **Willensverletzungstheorie** bezeichnet.

dieser Person das Betreten nicht gestattet sei, z. B. Maskierte betreten mit Maschinenpistolen eine Bank.

Die durch **Täuschung**[32] erlangte Einwilligung (in Form einer generellen oder individuellen Zutrittserlaubnis) beseitigt die Rechtswidrigkeit (oder schon den Tatbestand) des Eindringens, weil der Inhaber des Hausrechts sich durch die Aufforderung an den Betreffenden, sich zu entfernen, ausreichenden Schutz nach § 123 verschaffen kann. Dagegen ändert eine abgenötigte „Einwilligung" nichts an der rechtswidrigen Verwirklichung des § 123.

Beispiel: Der Mathematik-Student Theo gibt der 16-jährigen Olga im Hause ihrer Eltern entgeltlichen Nachhilfeunterricht in Geometrie und unentgeltlichen in sexuellen Beziehungen. Widerspricht Letzteres dem ausdrücklichen oder mutmaßlichen Willen der Eltern der O, fragt sich, ob T nach § 123 bestraft werden kann. Nach den hier angebotenen Kriterien wäre das zu verneinen, denn würde T im Moment des Betretens des Hauses von den Eltern beobachtet, würden sie keine Einwände erheben. – Wer den ausdrücklichen oder mutmaßlichen entgegenstehenden Willen ausreichen lässt, würde die Eltern mit einem Druckmittel ausstatten, das von der Ratio des § 123 weitgehend gelöst wäre. Wer sich seines Judizes nicht sicher ist, möge den Fall dahin abwandeln, dass T sich O nicht sexuell nähert, sondern die Zeit mit O einfach vertrödelt, weil er faul ist. Auch das entspricht nicht dem ausdrücklichen oder mutmaßlichen Willen der Eltern!

Rechtsprechung und Literatur kommen mit recht unklarer Begründung überwiegend ebenfalls zur Ablehnung des § 123, wobei **Testkäufer** und **Polizeispitzel** die Praxis besonders beschäftigen[33].

Die Ansicht, wer mit einem individuellen Hausverbot belegt sei, begehe Hausfriedensbruch, wenn er dann trotzdem die Räume betrete, hilft nicht weiter. Denn die gezielt individuell ausgeschlossene Person wird meist konkludent vorspiegeln, zum Betreten berechtigt zu sein. Wenn man bei einem vom Täter erschlichenen Einverständnis des Opfers Ausschluss des Tatbestandes des § 123 annimmt, läuft beispielsweise ein **Stadionverbot** leer, denn der Betroffene wird (mit Eintrittskarte) ein Zutrittsrecht vorspiegeln[34].

Zum Teil wird versucht, aus der Zuordnung der Einwilligung zum Tatbestand (sog. Einverständnis) bzw. zur Rechtswidrigkeit die gewünschten Resultate abzuleiten. So soll sich aus dem tatbestandsausschließenden Charakter des Einverständnisses ergeben, dass eine durch Täuschung oder Drohung erreichte Einwilligung beachtlich ist, d. h. den Tatbestand ausschließt, während bei der Zuordnung der Einwilligung zur Rechtswidrigkeit die durch Täuschung oder Drohung erlangte Einwilligung unbeachtlich sein soll[35].

---

32 Näher *M.-K. Meyer*, Ausschluss der Autonomie durch Irrtum, 1984, S. 178 ff. (bei Identitätstäuschung kein wirksames Einverständnis); *Bohnert*, GA 1983, 1 (10). *Kargl*, JZ 1999, 930 (937 f.) will Eindringen unter Verzicht auf eine „Willensbarriere" physisch interpretieren. In Wirklichkeit ist es umgekehrt, d. h. die physische Schranke verdeutlicht die Willensbarriere, eben deshalb ist eine offene Türe keine Einladung an jedermann und Eintreten nach einer dank Drohungen erreichten Öffnung der Türe bleibt Eindringen i. S. des § 123.
33 Vgl. den **Polizeispitzel-Fall** OLG München, NJW 1972, 2275 mit Besprechung *Amelung/Schall*, JuS 1975, 565; OLG Zweibrücken, NStZ 1985, 456 mit Anm. *Amelung* **(Tag der offenen Tür)**.
34 *Arzt*, in: Württ. Fußballverband (Hrsg.), Zuschauerausschreitungen (Schriftenreihe, Heft 13, Stuttgart 1980), S. 82, 90. Im Ergebnis übereinstimmend *Schild* (gleiche Schriftenreihe, Heft 21, 1985), S. 66, 69 ff.
35 Kritisch *Arzt*, Willensmängel bei der Einwilligung, 1970, S. 8 ff.

4. Dauerdelikt, Antragsdelikt, Konkurrenzen

13 § 123 und § 239 (Freiheitsberaubung) bilden die beiden Musterfälle für ein **Dauerdelikt**. Die Besonderheit des Dauerdelikts wird darin gesehen, dass das deliktische Verhalten des Täters bis zur Beendigung des rechtswidrigen Zustandes andauert[36]. – Faustregel zu der streitigen Frage der **Konkurrenz** zwischen Dauerdelikt und gleichzeitig begangenen Straftaten: Grundsätzlich Realkonkurrenz, es sei denn, die weiteren Taten dienen auch der Verletzung des durch das Dauerdelikt geschützten Rechtsguts; s. dazu auch u. § 9 Rn. 38 (zu § 239).

§ 124 ist zusammen mit § 125 in § 44 Rn. 33 f. erörtert.

Hausfriedensbruch ist **Antragsdelikt**, § 123 II[37], und **Privatklagedelikt**, § 374 I Nr. 1 StPO, s. o. § 6 Rn. 14 ff.

III. Verletzung des Rechts am eigenen Wort, § 201

Literaturhinweise s. o. vor Rn. 1.

1. Rechtsgut

14 Fortschritte auf dem Gebiet der Elektronik haben die Entwicklung von leistungsfähigen Abhörgeräten und miniaturisierten Tonaufzeichnungsgeräten ermöglicht. In diesem Fortschritt liegt eine ernst zu nehmende Bedrohung der Privatsphäre, weil physische Hindernisse wie Mauern und Einfriedigungen (§ 123!), die früher zur Abschirmung genügten, nun mithilfe der Technik (z. B. durch Richtmikrofone) leicht überwunden werden können. Es ist deshalb grundsätzlich zu begrüßen, dass durch das Gesetz zum strafrechtlichen Schutz gegen den Missbrauch von Tonaufnahme- und Abhörgeräten vom 22.12.1967 der damalige § 298 (seit 1.1.1975 § 201) in das StGB eingefügt worden ist. Die Materie ist zu wichtig, um sie dem TelekommunikationsG zu überlassen. Wegen der sog. NSA-Affäre aus 2013 – der amerikanische Auslandsgeheimdienst NSA hat eine globale Überwachung und Speicherung von Telekommunikationsdaten, u. a. des Mobiltelefons der deutschen Bundeskanzlerin vorgenommen – ist nun auch die Öffentlichkeit für die Thematik sensibilisiert.

Als **Rechtsgut** nennt § 201 verkürzend die „Vertraulichkeit des Wortes". Inwieweit man diese (schon im früheren § 353d benutzte) Formulierung zur restriktiven Interpretation benutzen kann, ist streitig. Die Entstehungsgeschichte ergibt eindeutig, dass eine Beschränkung des Tatbestandes auf **vertrauliche Worte** gerade nicht gewollt

---

36 Zum Dauerdelikt im Gegensatz zu Zustandsdelikten (z. B. Körperverletzung) *Baumann/Weber/Mitsch*, § 8 Rn. 56 ff.
37 Nicht jeder Inhaber des Hausrechts ist notwendigerweise antragsberechtigt; vgl. auch OLG Brandenburg, NJW 2002, 693 (693). Ein wegen Diebstahls gestellter Strafantrag kann den dazu begangenen Hausfriedensbruch umfassen, OLG Hamm, NStZ-RR 2012, 308.

§ 201, Verletzung des Rechts am eigenen Wort　　　　　§ 8 Rn. 15

ist[38]. Es geht schlicht um den **Schutz des nichtöffentlich gesprochenen Wortes gegen** (unbefugte) **Kenntnisnahme**[39]. Auch beruflich gesprochene Worte sind geschützt, also nicht nur der Privatbereich i. e. S.[40] Erst bei öffentlicher Äußerung entfällt § 201[41]. § 201 scheidet auch dort aus, wo es nicht um den Inhalt der Worte geht, sondern nur um die anhand der Aufnahme mögliche Identifizierung des Sprechers durch Klangfarbe (**voiceprint**)[42].

Die Umschreibung der Tathandlung in Abs. 1 Nr. 1 und Abs. 2 Satz 1 Nr. 1 ergibt eine Aufspaltung des Schutzes: Es **dominiert** der Schutz gegen **Abhörgeräte**, Abs. 2 Satz 1 Nr. 1 (elektronisches Belauschen)[43]. Weniger gravierend ist die **Informationskonservierung** (durch heimliche Aufzeichnung durch einen Gesprächspartner, Abs. 1 Nr. 1). Hier darf der Täter von dem Wort Kenntnis nehmen und auch versuchen, diese Kenntnis zu konservieren (durch Aktennotiz, Gedächtnisprotokoll usw.). Die perfekte und, wie man zunächst meinen sollte, getreueste Fixierung durch Tonbandaufnahme ist jedoch verboten, weil das Herausreißen aus dem Zusammenhang den Sinngehalt verändern könnte, und vor allem, weil es zur Entfaltung der Persönlichkeit und zwischenmenschlicher Beziehungen gehört, dass man „ins Unreine sprechen"[44] darf.

Im Normalfall des Abhörens liegt Idealkonkurrenz zwischen § 201 II 1 Nr. 1 und § 201 I Nr. 1 vor, weil das **Abhörgerät** (durch das das gesprochene Wort über seinen natürlichen Klangbereich hinausgetragen wird) mit einem **Tonaufzeichnungsgerät** (durch das das gesprochene Wort in seinem natürlichen oder durch ein Abhörgerät erweiterten Klangbereich aufgezeichnet wird) gekoppelt wird. Sinnvoll ist diese Konkurrenz nicht.

15

38　Zu Reformbestrebungen *Schilling*, a. a. O. – Dass es jedenfalls bei § 201 II Nr. 2 um besonders schützenswerte Informationen gehen muss (und damit § 201 kein einheitliches Rechtsgut zugrunde liegt), betont *Lenckner*, Baumann-FS 1992, S. 135 (144). – Zum Schutz geschäftlich gesprochener Worte BGH, NJW 1988, 1016.
39　*Maiwald (Maurach/Schroeder/Maiwald*, BT 1, § 29 Rn. 6) wendet ein, damit sei die Frage nicht beantwortet, warum dieser Schutz erfolgen solle – und sucht die Antwort in der **Unbefangenheit des Wortes**. Das ist nicht falsch, aber keine richtige Deutung des § 201. Gegen heimliche Tonbandaufnahmen ist der Sprecher auch geschützt, wenn klar ist, dass es nicht um Unbefangenheit geht, also nicht um unbedachte, unbeherrschte, sprachlich mangelhafte, spontane etc. Äußerungen. M. a. W.: Was wir von Rechts wegen als Privatsphäre betrachten (und was nicht), läuft letztlich immer auf ein kulturabhängiges Evidenzerlebnis hinaus: Mein Wort gehört mir und meinen Gesprächspartnern, Dritten gehört es nicht.
40　Deshalb ist auch der Beamte grundsätzlich gegen Aufzeichnung seiner Worte durch den Bürger geschützt, OLG Frankfurt, JR 1978, 168 mit Anm. *Arzt*; OLG Karlsruhe, JR 1979, 446 mit einer zum entgegengesetzten Ergebnis kommenden Anmerkung von *Ostendorf*.
41　Zur Frage, wie weit der Öffentlichkeitsbegriff reicht, vgl. OLG Celle, JR 1977, 338 mit abl. Anm. *Arzt*.
42　Zur prozessualen Problematik BGHSt 34, 39.
43　*Arzt*, Intimsphäre, S. 237. – §§ 146, 147 AE tragen dem systematisch und durch differenzierte Strafdrohung Rechnung.
44　Ein Grundrecht gem. Art. 2 I GG, so *di Fabio*, in: Maunz/Dürig, GG, Art. 2 I Rn. 196. – Grundlegend BGHZ 27, 284, vgl. aber auch o. Fn. 40, 41.

16 Der Schutz gegen Informationsgewinnung bzw. Informationskonservierung wird durch einen rudimentären Schutz gegen **Informationshehlerei** ergänzt. Der Schutz des § 201 I Nr. 1 gegen Herstellen von Tonkonserven wird durch das **Verbot des Gebrauchmachens** von (unerlaubt hergestellten) Tonkonserven gem. § 201 I Nr. 2 ergänzt. § 201 I Nr. 2 schützt nur gegen unmittelbaren Gebrauch (bzw. Zugänglichmachen) der Tonaufnahme. Mittelbare Verwertung des Inhalts, z. B. durch Publikation einer Niederschrift des Gesprächs, wird nicht erfasst. Der Gesetzgeber hat deshalb 1990 mit dem 25. StRÄndG eingegriffen und wenigstens die Veröffentlichung als schlimmste Form der Informationshehlerei in § 201 II 1 Nr. 2 mit Strafe bedroht: Weder durch verbotene Aufnahme nach Abs. 1 Nr. 1 noch durch Abhören nach Abs. 2 Nr. 1 erlangte Informationen dürfen wörtlich oder sinngemäß **öffentlich** mitgeteilt werden.

2. Informationskonservierung, § 201 I Nr. 1

17 Bei § 201 I Nr. 1 rechtfertigt die **Einwilligung** desjenigen, dessen Worte aufgenommen werden. Das Gesetz weist mit „unbefugt" jedoch nicht nur auf die Befugnis kraft Einwilligung hin, sondern auch auf eine **Rechtfertigung kraft allgemeiner Interessenabwägung**.

Näher zu der Interessenabwägung als Regelprinzip bei auf Kontakt angelegten Rechtsgütern und den Unterschieden zur Interessenabwägung, wie sie als Ausnahmeprinzip dem rechtfertigenden Notstand zugrunde liegt, o. § 7 Rn. 21 bei der Ehrverletzung. Bei § 201 I Nr. 1 geht es vor allem um den Ausgleich des **Beweisinteresses** des Täters mit dem Interesse des Verletzten, ins Unreine sprechen zu können.

18 Diese an sich schon schwierige Interessenabwägung wird noch dadurch kompliziert, dass sie in zwei Phasen vorzunehmen ist. In **Phase 1** ist zu prüfen, ob das Beweisinteresse die Erlangung des Beweismittels unter Verstoß gegen § 201 rechtfertigt **(Beweisnotstand)**. – In **Phase 2** ist zu prüfen, ob ein Beweismittel im Prozess verwertet werden darf, obwohl es rechtswidrig erlangt wurde. Es ist nämlich anerkannt, dass es Fälle gibt, in denen trotz rechtswidriger Erlangung ein Beweismittel prozessual verwertbar ist[45]. Die schwierige Lehre von den prozessualen **Verwertungsverboten** beruht auf einer Interessenabwägung, doch richtet sich diese Abwägung nicht notwendig nach denselben Kriterien, die über die Rechtswidrigkeit der Beweismittelerlangung entscheiden.

Beispiel (Abwandlung von zwei einschlägigen Fällen aus der Rechtsprechung): Bei getrennt lebenden Eheleuten mit gemeinsamer Küche beschimpft die Frau fortgesetzt den Mann und rühmt sich, dass er es nicht beweisen könne, weil sie sich im Beisein von Dritten stets korrekt verhalte. Der Mann möchte die Scheidung auf diese Sticheleien stützen. Wenn er die Worte der Frau mit einem Tonbandaufnahmegerät festhält oder sie mithilfe eines Abhörgeräts über den natürlichen Klangbereich hinaus hörbar macht (z. B. in die Wohnung eines Nachbarn überträgt), ist dann (1) diese Verletzung des Persönlichkeitsrechts der Frau und damit des § 201 gerechtfertigt? Falls sie nicht gerechtfertigt sein sollte, kann dann (2) trotz der Rechtswidrigkeit der **Erlangung** des Beweismittels (und Strafbarkeit des Mannes nach § 201) die

---
45 Verwertbarkeit einer nach § 201 I Nr. 1 strafbaren privaten Aufnahme zwecks Überführung wegen Brandstiftung bejaht in BGHSt 36, 167 (173 f.).

Verwertung dieses Beweismittels im Scheidungsprozess gerechtfertigt sein[46]? Und wenn die Verwertung des Beweismittels rechtswidrig sein sollte, kann dann (3) eben diese Aufnahme, die man regelmäßig auch im Prozess **gegen den Täter** gem. § 201 als **Beweismittel** benötigt, zum Nachteil des Täters verwertet werden[47]?

Die Abwägung ist schwierig; in der Praxis steht Beweisnot bei Erpressungsversuchen, Versicherungsbetrugsfällen und ungetreuem Verhalten am Arbeitsplatz im Vordergrund. Einerseits sollte man Privatpersonen und speziell **Privatdetektiven** das „Fallen stellen" in (entgegen § 201 I Nr. 1 aufgezeichneten) Gesprächen nicht attraktiv machen, **Beispiel** die Gespräche im Umfeld der **Clinton/Lewinsky-Affäre**. Andererseits sollte man die in Beweisnot befindliche Partei auch nicht dazu provozieren, mit kaum weniger bedenklichen Mitteln Beweis zu führen (z. B. heimlich installierter Ohrenzeuge des Fallen stellenden Gesprächs zwischen Privatdetektiv und Versicherungsnehmer). Die resignierende Hinnahme des Schadens und die Abwälzung auf die Allgemeinheit (z. B. der redlichen Versicherungsnehmer) ist auch keine befriedigende Lösung[48].

Im Hinblick auf **öffentliche Interessen** ist die Verletzung des § 201 I Nr. 1 zwar nicht zu rechtfertigen, doch kann ausnahmsweise die Verwertbarkeit zulässig sein, vorstehend Rn. 18. Bei Verletzung des § 201 durch Amtsträger oder für den öffentlichen Dienst besonders Verpflichtete in Ausübung ihres Amtes liegt das unechte Amtsdelikt des § 201 III vor.

3. Informationserlangung durch Abhören, § 201 II 1 Nr. 1

Bei § 201 II 1 Nr. 1 rechtfertigt wie bei Abs. 1 Nr. 1 die **Einwilligung** desjenigen, dessen Worte abgehört werden. Es liegt nahe, hier schon den Tatbestand auszuschließen, indem man annimmt, die abgehörten Worte seien zur Kenntnis des Abhörers bestimmt. Freilich zielen die Worte „zu seiner Kenntnis bestimmt" in § 201 II 1 Nr. 1 nicht auf die Einwilligung, sondern auf die problematischere Situation, dass jemand – ohne Einwilligung – ein Gespräch abhört, das inhaltlich zu seiner (des Abhörenden) Kenntnis bestimmt ist.

Beispiel: Der Firmenchef hört Vertragsverhandlungen seines Prokuristen mit einem Kunden ab. – Das Beispiel zeigt, welche Unsicherheiten das Tatbestandsmerkmal der Kenntnis mit sich bringt. Lässt sich in dem Gespräch der Prokurist vom Kunden zur Untreue verleiten, so ändert das nichts daran, dass die Vertragsverhandlungen den Firmenchef angehen, doch ob das Gespräch inhaltlich oder wörtlich zu seiner Kenntnis bestimmt ist, vermag niemand klar zu sagen, weil das Gesetz sich über die Frage ausschweigt, was darüber entscheidet, welche Worte für wessen Ohren „bestimmt" sind.

Im Gegensatz zur h. M.[49] ist § 201 II 1 Nr. 1 nicht erst dann auszuschließen, wenn derjenige eingewilligt hat, dessen Worte abgehört werden, sondern dann, wenn **ein**

---

46 Vgl. dazu *Beckemper/Wegner*, JA 2003, 510.
47 Vgl. dazu BGH, JZ 1971, 387; BVerfG, JZ 1973, 504, jeweils mit Anm. *Arzt*; KG, JR 1981, 254 mit Anm. *Tenckhoff*; BGHSt 37, 355; 31, 296; 31, 304; 36, 167.
48 Vgl. den Hinweis auf Privatdetektive bei *Frank*, Verwertbarkeit, a. a. O. S. 29; immer noch wichtig die Schrift von *Suppert*, a. a. O.
49 Im Sinne der h. M. MüKo-*Graf*, § 201 Rn. 29; nähere Begründung der hier vertretenen Ansicht bei *Arzt*, Intimsphäre, S. 246 ff.

am Gespräch Beteiligter in das Abhören einwilligt. Ein Vergleich des Schutzzweckes des § 201 I Nr. 1 mit § 201 II 1 Nr. 1 ergibt, dass das Zulassen eines Lauschers durch **einen** Gesprächsteilnehmer ein (mittelbares) Konservieren der „belauschten" Worte durch den Gesprächsteilnehmer darstellt, das nur unter den Voraussetzungen des § 201 I Nr. 1 (Tonbandaufnahme) strafbar ist[50].

21   Was die **Rechtfertigung kraft allgemeiner Interessenabwägung** anbetrifft, spielt sie bei Abs. 2 Satz 1 Nr. 1 eine viel geringere Rolle als bei Abs. 1 Nr. 1. Das liegt daran, dass bei Abs. 1 Nr. 1 das Interesse des Sprechers, nicht auf seine Worte festgelegt zu werden, in permanenter Fehde mit dem Interesse des Gesprächspartners liegt, das flüchtige Wort zu Beweiszwecken festzuhalten. Dagegen besteht kaum je ein legitimes privates Interesse, in ein fremdes Gespräch durch Abhören „einzubrechen".

22   Durch **öffentliche Interessen** kann ein Belauschen gem. § 201 II 1 Nr. 1, III unter den im Polizeirecht oder im Strafprozessrecht geregelten Voraussetzungen gerechtfertigt werden; vgl. §§ 100a f., §§ 100c ff. StPO. Das gilt aber nicht für Abhörtätigkeiten ausländischer Nachrichtendienste in Deutschland[51]. Ob sich der **Staat** auf § 34 berufen kann und so die durch die StPO gezogenen Grenzen in Ausnahmefällen überspringen kann, ist zweifelhaft[52]. Jedenfalls ist das Interesse an der Verfolgung eines Straftäters weniger stark zu gewichten als das Interesse an der Verhütung von Straftaten[53].

4. Informationshehlerei, § 201 I Nr. 2, § 201 II 1 Nr. 2

23   Die Verwertung der unbefugt[54] nach § 201 I Nr. 1 konservierten oder unbefugt[55] nach § 201 II 1 Nr. 1 erlangten Information beeinträchtigt die Privatsphäre des Opfers der entsprechenden Vortaten erneut. Die Parallele zur Hehlerei (§ 259) liegt auf der Hand, sie ist auch vom Gesetzgeber gesehen und gewollt worden[56]. Es kommt hinzu, dass bei Publikation durch die Medien der Informationslieferant, d. h. der nach § 201 II 1 Nr. 1 strafbare Vortäter, oft nicht ermittelt werden kann, weil den Medienschaffenden ein Zeugnisverweigerungsrecht eingeräumt worden ist, **Quellenschutz**, § 53 I 1 Nr. 5, 2 und 3 StPO (nach h. M. aus Art. 5 GG abzuleiten). – § 201 I Nr. 2 und § 201 II 1 Nr. 2 kriminalisieren einige Formen der Informationshehlerei. Zu den Einzelheiten gehört auch die Frage, wann die Pu-

---

50 Zu **Teilnahme, Versuch** und die problematische **Eigenhändigkeit** vgl. *Arzt* (wie vorstehende Fn.).
51 *Fischer*, § 201 Rn. 9; LK-*Schünemann*, § 201 Rn. 38; *Hettel/Kirschhöfer*, HRRS 2014, 341 (347).
52 Zur Diskussion *S/S/Perron*, § 34 Rn. 7 m. w. N.
53 Richtig BGHSt 34, 39 (51 f.). Das Präventionsinteresse kann nicht über § 34 den Staat zur Abweichung vom Polizeirecht berechtigen, doch ist zum Schutz der Rechtsgemeinschaft eine **polizeirechtliche Generalklausel** unentbehrlich, vgl. *Arzt*, Einführung in die Rechtswissenschaft, Grundfragen mit Beispielen aus dem deutschen Recht, 1996, S. 33 f., 160.
54 H. M.: OLG Düsseldorf, NJW 1995, 975 (975); *Lackner/Kühl*, § 201 Rn. 9a; LK-*Schünemann*, § 201 Rn. 16; *Wessels/Hettinger*, BT 1, Rn. 535 f.; a. A. *Wölfl*, Jura 2003, 742; differenzierend MüKo-*Graf*, § 201 Rn. 40 ff.
55 BT-Drucks. 11/6714, S. 3; 11/7414, S. 4.
56 *Lenckner*, Baumann-FS 1992, S. 135 (138).

IV. Verletzung des Rechts am eigenen Bild
Literaturhinweise s. o. vor Rn. 1.

1. Rechtsgut

Das Recht am eigenen Bild ist wegen seines ausdrücklichen Schutzes in § 22 KunstUrhG ein **besonderes Persönlichkeitsrecht** (vgl. bereits Rn. 1). Der Verweis auf § 22 KunstUrhG darf jedoch nicht zu der Annahme verleiten, dass das Recht am eigenen Bild den Einzelnen lediglich dazu berechtigte, über ob und wie der **Verbreitung** von Bildnissen seiner selbst zu entscheiden. Darüber hinaus – wie ergänzend aus dem allgemeinen Persönlichkeitsrecht abzuleiten ist und nunmehr durch § 201a auch einen strafrechtlichen Schutz erfahren hat – kann jeder Mensch bereits darüber bestimmen, ob überhaupt Bildaufnahmen von ihm **angefertigt** werden. 23a

> Die bereits angesprochene **Kommerzialisierung der Privatsphäre** (Rn. 3 f.) sowie das gewachsene Interesse der Öffentlichkeit an dem Privatleben anderer, vornehmlich prominenter Persönlichkeiten und die damit einhergehende **Boulevardisierung** der täglichen Nachrichten tragen ihr Übriges zur wachsenden Bedeutung des Rechts am eigenen Bild bei. Dementsprechend häufen sich die Streitigkeiten um das Recht des Einzelnen am eigenen Bild. Sie beschäftigen jedoch im Wesentlichen die Zivil-, in Einzelfällen noch die Verfassungsgerichte[58]. Strafgerichte sind hiermit nur selten befasst, was zum einen daran liegt, dass eine Strafverfolgung hier von vornherein nur auf Antrag des Verletzten zulässig ist (§ 33 KunstUrhG und § 201a sind absolute Antragsdelikte), und zum anderen darauf zurückzuführen ist, dass das zivilrechtliche Instrumentarium für entsprechende Sachverhalte flexibler und wirkungsvoller erscheint (z. B. Abgaben von Unterlassungserklärungen, Klagen auf Schmerzensgeld oder auf Schadensersatz[59]).

Wie weit das Recht am eigenen Bild reicht, ergibt sich aufgrund einer **Abwägung im Einzelfall** mit widerstreitenden Grundrechten (insbes. der Pressefreiheit des Fotografen; vgl. auch § 23 II KunstUrhG, der auf das berechtigte Interesse des Abgebildeten verweist). Die Folge ist eine umfangreiche Kasuistik, die eine trennscharfe Konturierung des Rechts am eigenen Bild unmöglich macht. Auch im Strafrecht wird eine klare Strafbarkeitsschwelle kaum zu finden sein, insbes. auch in Hinblick auf das nicht gerade der Bestimmtheit förderliche Tatbestandsmerkmal des „höchstpersönlichen Lebensbereichs" in § 201a (s. Rn. 23c und 23h).

---

57 Vgl. dazu das Wallraff/Bild-Urteil BVerfGE 66, 116 und o. Fn. 8.
58 Z. B. BVerfGE 101, 361 (**Caroline von Monaco**); NJW 2001, 594 (Gedenkmünze **Willy Brandt**); EGMR, NJW 2004, 2647 (**Caroline von Monaco**).
59 Insbes. auf Entrichtung einer Lizenzgebühr bei der ungefragten Verwendung von Bildnissen Prominenter zu Werbezwecken; vgl. OLG München, ZUM 2003, 139 (**Boris Becker**); LG Hamburg, NJW 2007, 691 (**Joschka Fischer**); anders jedoch wegen der satirischen Auseinandersetzung mit einem aktuellen Tagesgeschehen BGHZ 169, 340 (**Oskar Lafontaine**).

2. Verletzung des höchstpersönlichen Lebensbereichs durch Bildaufnahmen, § 201a

23b Mit der Inkriminierung unbefugter Bildaufnahmen durch das 36. StrÄndG vom 30.7.2004[60] wurde eine lange währende **Strafbarkeitslücke geschlossen**[61]. Zum einen fehlte zuvor ein Schutz des Rechts am eigenen Bild im Strafgesetzbuch, während andere Aspekte der Privatsphäre (z. B. das gesprochene Wort in § 201, private Geheimhaltungsinteressen in §§ 202 ff.) bereits Berücksichtigung fanden. Zum anderen erstreckte sich der bisherige Schutz nach § 33 i. V. m. §§ 22 f. KunstUrhG (s. Rn. 23i) lediglich auf die Veröffentlichung von Bildnissen, ermöglichte aber keine strafrechtliche Sanktionierung des zeitlich vorangehenden, ersten Akts der Verletzung des Persönlichkeitsrechts des Betroffenen durch die Anfertigung einer Bildaufnahme gegen seinen Willen (vgl. dagegen die Nrn. 1 des § 201 I und II 1 einerseits und die Nr. 2 andererseits; s. oben Rn. 15 f.).

> Dass dafür grds. durchaus ein Bedürfnis bestand, zeigt ein Sachverhalt aus der Praxis, in dem ein Gynäkologe wegen unbefugter Filmaufnahmen seiner Patientinnen bei der Untersuchung nur deswegen strafrechtlich belangt werden konnte, weil er zugleich den Ton mitschnitt[62]. Generell scheint es sich zunehmender Beliebtheit zu erfreuen, andere Personen in delikaten Situationen (z. B. in Umkleidekabinen, Toiletten und Duschräumen, Saunen und Solarien) zu filmen, um sich anschließend über die Aufnahmen zu amüsieren. Zu einer Veröffentlichung der Aufnahmen, ohne die § 33 KunstUrhG aber von vornherein nicht einschlägig ist, muss es also überhaupt nicht kommen, wenngleich diese Gefahr infolge der zunehmenden Digitalisierung unserer Lebenswelt und der dadurch vereinfachten Verbreitung von Bild- und Videoaufnahmen (youtube.de) ebenso gewachsen ist. Auch ansonsten trägt die fortschreitende Technisierung und die damit verbundene Miniaturisierung und höhere Erschwinglichkeit und Verbreitung von Aufnahmegeräten (inzwischen enthalten nahezu jede Digitalkamera und jedes Mobiltelefon eine Videoaufnahmefunktion; platzsparende Webcams gehören zunehmend zum Ausstattungspaket eines neuen Rechners oder Notebooks; vgl. zu modernen Abhörgeräten Rn. 14) ihren Teil dazu bei, dass die Gefahr unerwünschter Bild- und Videoaufnahmen enorm gestiegen ist[63].

23c Wenngleich über die grundsätzliche Notwendigkeit der Strafvorschrift des § 201a daher weitgehend Einigkeit besteht, so gibt doch die konkrete Ausgestaltung der Regelung Anlass zur **Kritik**. Neben der generellen Ausklammerung des Schutzes des Rechts am eigenen Bild außerhalb gegen Einblick besonders geschützter Räume[64] ist insbes. das Erfordernis in Abs. 1 und 3, durch die Aufnahme bzw. deren Verbreitung den höchstpersönlichen Lebensbereich der abgebildeten Person zu verletzen, infrage zu stellen. Von dem berechtigten Einwand abgesehen, ob dadurch der strafrechtliche Schutz des Rechts am eigenen Bild nicht übermäßig eingeschränkt

---

60 BGBl. I, S. 2012.
61 Zur Entstehungsgeschichte des § 201a *Eisele*, JR 2005, 6 (6 f.); *Koch*, GA 2005, 589 (589 ff.).
62 Geschildert von *Werwigk-Hertneck*, ZRP 2003, 293 (293).
63 Vgl. BT-Drucks. 15/1891, S. 6.
64 Kritisch *Fischer*, § 201a Rn. 2; *Kühl*, AfP 2004, 190 (194); *Schertz*, AfP 2005, 421 (427); befürwortend *Eisele*, JR 2005, 6 (8 f.); *Kargl*, ZStW 117 (2005), 324 (350 f.), näher Rn. 23g.

würde⁶⁵, ist ein solches – dem Strafrecht bislang unbekanntes – Merkmal vor allem in Hinblick auf den **Bestimmtheitsgrundsatz** (Art. 103 II GG) nicht unbedenklich[66] und bedarf jedenfalls einer konkretisierenden Auslegung durch Rechtsprechung und Literatur[67]. Jüngste Reformbestrebungen versprechen nur bedingt Abhilfe. So soll das Erfordernis des besonders geschützten Raumes nach einem Referentenentwurf des BJM aus dem Herbst 2014 (nur) bei der Anfertigung von Nacktaufnahmen entfallen. Dass auch die Anfertigung einer Bildaufnahme strafbar sein soll, die „geeignet ist, dem Ansehen der abgebildeten Person erheblich zu schaden" ist zumindest in Hinblick auf Art. 103 II GG nicht unproblematisch. Andererseits bedroht der technische Fortschritt (z.B. private Beobachtungsdrohnen, mit Kameras ausgestattete Brillen) den höchstpersönlichen Lebensbereich inzwischen in einem Maße, dass eine Nachbesserung des § 201a dringend erforderlich erscheint.

Der Aufbau des § 201a weist wesentliche **Ähnlichkeiten zu** dem des § 201 auf[68]. Ebenso wie § 201 zwischen der Erlangung der Information (Abs. 1 Nr. 1 und Abs. 2 Satz 1 Nr. 1) sowie ihrer anschließenden Verbreitung bzw. Hehlerei (Abs. 1 Nr. 2 und Abs. 2 Satz 1 Nr. 2) unterscheidet, differenziert auch § 201a zwischen der Herstellung der Bildaufnahme (Abs. 1) und deren – ebenso strafwürdigen[69] – Zugänglichmachen (Abs. 2 und 3). Anders als in § 201 (s. Rn. 23) stellt § 201a III jedoch ausdrücklich auch die (wissentlich) unbefugte Veröffentlichung einer befugt hergestellten Bildaufnahme unter Strafe. Dies kann dann freilich nicht mehr mit der Wiederholung oder Perpetuierung eines bereits verübten Angriffs auf das Recht des Verletzten am eigenen Bild begründet werden, sondern stellt eine neue, infolge der befugten Herstellung der verbreiteten Bildaufnahme erstmalige Rechtsgutsverletzung dar. Ihre Strafwürdigkeit wurde vom Gesetzgeber zwar nicht gesondert dargelegt[70], dürfte aber im Hinblick auf den eigenständigen Charakter des Veröffentlichungsaktes einer Bildaufnahme und der allein dadurch möglichen Verletzung des Rechts am eigenen Bild begründet sein, auch wenn dies im Ergebnis die Sanktionierung eines Vertrauensbruchs bedeutet[71].

Nicht unter Strafe gestellt wurde hingegen das bloße Beobachten einer Person[72], selbst wenn allein dadurch bereits der höchstpersönliche Lebensbereich des Betroffenen verletzt sein sollte. Eine Parallele zu § 201 II 1 Nr. 1 findet sich in § 201a somit nicht, sodass Voyeurismus ohne die Konservierung des Beobachteten (sowie dessen Mitteilung) nur nach sonstigen Strafvorschriften belangt werden kann[73]. Der Ge-

---

65 So *Lackner/Kühl*, § 201a Rn. 2.
66 Zu den Auslegungsschwierigkeiten des Begriffs *Borgmann*, NJW 2004, 2133 (2134); *Bosch*, JZ 2005, 377 (379 f.); *Hoppe*, GRUR 2004, 990 (993); *Koch*, GA 2005, 589 (595 ff.); *Schertz*, AfP 2005, 421 (427).
67 *Hilgendorf/Valerius*, Computer- und Internetstrafrecht, 2012, Rn. 432; *Kühl*, AfP 2004, 190 (196).
68 Zum Vergleich der beiden Vorschriften auch *Kargl*, ZStW 117 (2005), 324 (337 ff.).
69 BT-Drucks. 15/2466, S. 5.
70 S. dazu BT-Drucks. 15/533, S. 4; 15/2466, S. 5.
71 *Lackner/Kühl*, § 201a Rn. 8; *Borgmann*, NJW 2004, 2133 (2135); *Bosch*, JZ 2005, 377 (381); *Kühl*, AfP 2004, 190 (195); einschränkend *Heuchemer/Paul*, JA 2006, 616 (620).
72 Anders der Gesetzentwurf in BT-Drucks. 15/361, S. 2.
73 Zur Strafbarkeit des Beobachtens eines Liebespaares als Beleidigung BayObLG, NJW 1962, 1782 f.; 1980, 1969.

setzgeber hat insoweit zu Recht darauf hingewiesen, dass der „freche Blick" zwar Gebote des Anstands verletze, aber keine strafwürdige Rechtsgutsverletzung darstelle[74].

23e Schutzobjekt der Vorschrift ist die **Bildaufnahme**. Als Aufnahme in diesem Sinne sind nur „mechanisch hergestellte" Abbildungen eines Menschen zu verstehen, insbes. Fotografien und Filme als Aufnahme bewegter Bilder, aber auch Röntgenaufnahmen. Von Hand angefertigte Gemälde oder Zeichnungen sind dagegen nicht erfasst[75].

23f **Tathandlungen** sind das Herstellen oder Übertragen (Abs. 1) bzw. Gebrauchen oder Zugänglichmachen (Abs. 2 und 3) einer Bildaufnahme. **Herstellen** bedeutet die Anfertigung einer Bildkonserve, namentlich durch Abspeichern des Aufgenommenen auf einem Bild- (z. B. Polaroidfoto; analoge Filmaufnahme) oder Datenträger (z. B. durch Aufnahme mit einer Digitalkamera). Wie das Merkmal „**Übertragen**" verdeutlicht, erfasst der Tatbestand auch Echtzeitübertragungen des Beobachteten (z. B. Übertragung der Bilder einer Webcam ins Internet). Der technische Ablauf der Übertragung, der zumindest im Internet in aller Regel zugleich zur Anfertigung einer (ggf. nur zwischengespeicherten) Datei führen wird, ist dabei unerheblich[76].

Eine hergestellte Bildaufnahme wird i. S. d. Abs. 2 **gebraucht**, wenn die Aufnahme selbst in irgendeiner Weise genutzt wird. Das bloße Beobachten der Aufnahme durch einen Dritten genügt daher nicht[77], jedoch jede beliebige Verwendung der technischen Möglichkeiten des Bild- oder Datenträgers (z. B. Speichern oder Kopieren der Bilddatei, Anfertigung eines weiteren Abzugs, Fotomontage). Für das **Zugänglichmachen** nach Abs. 2 und 3 reicht aus, dass der Täter einer oder mehreren Personen den körperlichen Zugriff auf die Aufnahme oder auch nur deren Kenntnisnahme ermöglicht[78].

Wie in den §§ 201 ff. müssen die Tathandlungen **unbefugt** begangen werden. An der Rechtswidrigkeit[79] des Verhaltens fehlt es insbes. bei der Einwilligung des Abgebildeten in die Herstellung oder Veröffentlichung der Bildaufnahme.

23g In den Anwendungsbereich des § 201a fallen nur Bildaufnahmen einer abgebildeten Person, die sich in einer Wohnung oder einem gegen Einblick **besonders geschützten Raum** befindet. Wie sich aus der zuletzt genannten Räumlichkeit ergibt, ist anders als in § 123 I nicht die physische

---

74 BT-Drucks. 15/1891, S. 6; 15/2466, S. 4; vgl. bereits *Arzt*, Intimsphäre, S. 65; zustimmend *Lackner/Kühl*, § 201a Rn. 4.
75 *Lackner/Kühl*, § 201a Rn. 2; *Fischer*, § 201a Rn. 4.
76 BT-Drucks. 15/2466, S. 5.
77 *Lackner/Kühl*, § 201a Rn. 6; eingehend *Bosch*, JZ 2005, 377 (380 f.); *Koch*, GA 2005, 589 (600 f.); a. A. *Heuchemer/Paul*, JA 2006, 616 (619).
78 BT-Drucks. 15/2466, S. 5. Kritisch zur Weite der Tathandlungen des § 201a II *Wessels/Hettinger*, BT 1, Rn. 545e.
79 *Fischer*, § 201a Rn. 16; *Lackner/Kühl*, § 201a Rn. 9; *Eisele*, JR 2005, 6 (10).

Verletzung des Rechts am eigenen Bild   § 8 Rn. 23h–23i

Abgrenzung der Räumlichkeit entscheidend (vgl. Rn. 8), sondern ihre Bedeutung für den höchstpersönlichen Lebensbereich des Betroffenen[80]. Insbesondere kann die Tat daher auch an Opfern begangen werden, die sich nicht in ihrer eigenen Wohnung, sondern in fremden (z. B. in der Umkleidekabine eines Kaufhauses oder in der Dusche eines Sportvereinsgebäudes), sogar tätereigenen Räumen (z. B. Aufnahme der Untersuchung an Patientinnen durch einen Gynäkologen) aufhalten. Ob der Täter inmitten oder von außerhalb des Raumes die Bildaufnahme anfertigt, ist unerheblich[81].

Taterfolg ist die Verletzung des höchstpersönlichen Lebensbereichs durch die Herstellung oder Verbreitung der Bildaufnahme. Durch dieses Tatbestandsmerkmal will der Gesetzgeber den Strafbarkeitsbereich auf die Intimsphäre des Opfers beschränken, der einer Abwägung mit entgegenstehenden Interessen der Allgemeinheit von vornherein entzogen ist[82]. Zu diesem Bereich zählen insbesondere Sexualität, Krankheit und Tod, wenngleich zu beachten ist, dass der Wortlaut der Vorschrift („von einer anderen Person") zwar die Aufnahme eines Sterbenden, nicht aber die Aufnahme eines Verstorbenen umfasst[83]. Hauptanwendungsbereich der Vorschrift werden unbefugte Nacktaufnahmen sein, darüber hinaus auch (sonstige) Aufnahmen in intimen Situationen, sei es während ärztlicher, insbes. gynäkologischer Untersuchungen, bei der Benutzung von Toiletten, Duschen und Umkleidekabinen oder beim Besuch von Saunen oder Solarien. Fraglich ist der Verletzungserfolg, wenn die abgebildete Person nicht einmal zu identifizieren ist[84].   23h

3. Verbreitung und öffentliche Zurschaustellung von Bildnissen, § 33 KunstUrhG

Bereits am 9.1.1907 wurde das Gesetz betreffend das Urheberrecht an Werken der bildenden Künste und der Fotografie, kurz Kunsturheberrechtsgesetz (KunstUrhG) eingeführt[85]. Es soll darauf zurückzuführen sein, dass Fotografen heimlich Bilder des gerade verstorbenen **Otto von Bismarck** auf seinem Sterbebett machten und diese veröffentlichten. Nach § 22 Satz 1 KunstUrhG dürfen Bildnisse nur mit Einwilligung des Abgebildeten verbreitet oder öffentlich zur Schau gestellt werden. Eine Einwilligung ist lediglich unter den Voraussetzungen des § 23 KunstUrhG nicht erforderlich, insbes. wenn die abgebildete Person der Zeitgeschichte ange-   23i

---

80 Vgl. auch *Heuchemer/Paul*, JA 2006, 616 (618).
81 *Fischer*, § 201a Rn. 10.
82 BT-Drucks. 15/2466, S. 5.
83 *Fischer*, § 201a Rn. 5; *Lackner/Kühl*, § 201a Rn. 3; *Eisele*, JR 2005, 6 (9); *Koch*, GA 2005, 589 (592). Gerade die Aufnahmen von **Otto von Bismarck** auf seinem Todesbett (vgl. dazu Rn. 23i) oder von dem verstorbenen **Uwe Barschel** in der Badewanne sind demnach nicht strafbar, weder nach § 201a noch nach § 33 KunstUrhG, der allenfalls die Verbreitung erfassen kann.
84 Ablehnend *Lackner/Kühl*, § 201a Rn. 4; befürwortend hingegen *Kargl*, ZStW 117 (2005), 324 (340); *Koch*, GA 2005, 589 (595); differenziert *Fischer*, § 201a Rn. 5.
85 RGBl., S. 7.

hört (Abs. 1 Nr. 1) und kein berechtigtes Interesse des Abgebildeten entgegensteht (Abs. 2). Verstöße gegen die §§ 22 f. KunstUrhG werden gem. § 33 I KunstUrhG mit Freiheitsstrafe bis zu einem Jahr oder mit Geldstrafe bestraft; erforderlich ist jedoch ein Antrag des Verletzten (§ 33 II KunstUrhG: absolutes Antragsdelikt).

In der zivilgerichtlichen Rechtsprechung wird unter Anknüpfung an § 23 I Nr. 1 KunstUrhG zwischen absoluten und relativen **Personen der Zeitgeschichte** unterschieden. Eine relative Person der Zeitgeschichte ist, wer durch ein bestimmtes Ereignis der Zeitgeschichte das Interesse auf sich zieht (Überlebender eines Unglücks, Staatsanwalt in einem spektakulären Mordfall, Interpret eines One-Hit-Wonders). Solche Personen dürfen daher grds. auch ohne ihre Einwilligung im Zusammenhang mit dem betreffenden Ereignis abgebildet werden. Absolute Personen stehen aufgrund ihres Status (z. B. Mitglieder von Königshäusern; bekannte Politiker, Wissenschaftler, Schauspieler, Musiker oder Sportler) oder ihrer Bedeutung hingegen generell im Blickpunkt der Öffentlichkeit, sodass sie selbst Gegenstand der Zeitgeschichte sind und über sie berichtet werden darf, solange das auch ihnen zustehende Recht auf Privatsphäre beachtet wird[86].

Die Reformbestrebungen des Bundesjustizministeriums sehen vor, die Verbreitung oder das der Öffentlichkeit Zugänglichmachen einer § 201a I StGB-E verwirklichenden Bildaufnahme künftig mit einer höheren Strafdrohung als in § 33 KunstUrhG vorhanden zu sanktionieren.

V. Verletzung privater Geheimhaltungsinteressen: Briefgeheimnis (§ 202); Post- und Fernmeldegeheimnis (§ 206); Privatgeheimnis (§ 203 I, II 1) und Datenschutz (§§ 203 II 2, 202a ff. und Nebengesetze)

Literaturhinweise s. o. vor Rn. 1.

1. Der kriminalpolitische Hintergrund

24   Knüpft man an die Ausführungen oben Rn. 1 zur Schutzbedürftigkeit des Privatbereiches an, ist leicht einzusehen, dass es nicht genügt, eine räumliche Schutzzone abzustecken (§ 123) und zusätzlich gegen Tonbandaufnahmen und Abhören (§ 201) bzw. Bildaufnahmen und -übertragungen (§ 201a) vorzugehen sowie besondere Persönlichkeitsrechte, wie die Ehre (§§ 185 ff.), zu schützen. Oft können „höchstpersönliche" Daten vor anderen nicht geheim gehalten werden, so die Erkrankung jedenfalls nicht vor dem Arzt, sexuelle Besonderheiten nicht vor dem Partner, das Alter nicht vor dem Arbeitgeber usw. Den Betroffenen liegt daran, dass solche höchstpersönliche Daten nur einem möglichst kleinen Kreis bekannt werden und Dritten nicht mitgeteilt werden (**informationelle Selbstbestimmung**), grundlegend das Volkszählungs-Urteil[87].

---

86   BVerfGE 101, 361; BGHZ 131, 332; GRUR 2007, 899. Zum Begriff der Zeitgeschichte BGH, GRUR 2007, 902.
87   BVerfGE 65, 1 (41).

Das Recht sucht dem Einzelnen hier in mehrfacher Hinsicht zu helfen. (1) Zunächst ist es bemüht, die Pflicht zur Mitteilung privater Daten und sogar schon die Befugnis, nach solchen Daten zu fragen, möglichst einzuschränken, so beim Recht des Arbeitgebers, den Bewerber nach Krankheiten, Drogenkonsum, Schwangerschaft und Vorstrafen zu befragen. (2) Was das Strafrecht angeht, geht es de lege ferenda um die Schaffung eines allgemeinen **Indiskretionstatbestandes**. Die Problematik hängt eng mit dem Wahrheitsbeweis bei der Ehrverletzung zusammen, s. o. § 7 Rn. 20. (3) Darüber hinaus hat man versucht, mit strafrechtlichen Mitteln oder mithilfe des OWiG die dem Staat mitgeteilten Daten dadurch zu schützen, dass man an die Gesetze, die dem Staat die Befugnis einräumen, solche Daten auszuforschen, Geheimhaltungspflichten „anhängt". Eine generalklauselartige strafrechtliche **Datenschutzbestimmung** enthält seit 1.1.1975 § 203 II 2. Durch diese Vorschrift sind die meisten einschlägigen nebenstrafrechtlichen Strafdrohungen verdrängt worden. (4) Zu dem unter (3) genannten generellen Datenschutz kommen einige verstreute Straftatbestände hinzu, die **spezifische Geheimhaltungsinteressen** des Individuums schützen, Briefgeheimnis, Berufsgeheimnisse (die genau genommen Geheimnisse der Kunden dieser Berufsausübenden sind, Anwalt, Arzt etc.). Auch bei diesen Geheimhaltungsinteressen zeigt sich die schon oben Rn. 3 f. beschriebene Vermengung von Persönlichkeits- und Finanzsphäre. Besonders deutlich wird dies, wenn man den Katalog des § 203 mustert. Bei der ärztlichen Schweigepflicht überwiegt noch der Persönlichkeitsschutz, beim Anwalt verschmelzen höchstpersönliche und wirtschaftliche Gründe für das Geheimhaltungsinteresse und beim Wirtschaftsprüfer schließlich tritt die Nähe zum Steuergeheimnis und die Dominanz wirtschaftlicher Erwägungen klar hervor.

Das **Briefgeheimnis** ist durch § 202 gegenüber jedermann und durch § 206 speziell gegenüber Angestellten der Post geschützt. – § 203 schützt das Interesse des Individuums, dass Tatsachen, die es bestimmten Personen (Musterfälle: Arzt und Anwalt) anvertraut hat, von diesen nicht weiterverbreitet werden **(Privatgeheimnis)**. Mit diesen Geheimhaltungspflichten bestimmter Berufsangehöriger hängen zusammen die Pflicht des Finanzbeamten, das Steuergeheimnis zu wahren, § 355, die Pflicht des Bankangestellten, das **Bankgeheimnis** zu wahren (dazu u. Rn. 29) und die Pflicht des Arbeitnehmers, Betriebsgeheimnisse zu wahren, §§ 17, 18 UWG[88].

Mit den bisher erörterten Schutzbedürfnissen steht § 202a nur in losem Zusammenhang. **Opfer** ist derjenige, der über die Daten verfügen konnte (ob „berechtigt" oder nicht). Geheimhaltungsinteressen desjenigen, über den die Daten etwas aussagen, werden durch § 202a nicht geschützt. § 202a ist konzipiert als Ergänzung des § 202, der nur Schriftstücke (und Abbildungen), nicht aber solche Informationen schützt, die, wie namentlich digitalisierte Daten, nicht unmittelbar wahrnehmbar sind. Trotz der Angliederung des § 202a an die Vorschriften zum Schutz der Geheimsphäre muss gesehen werden, dass es vor allem auch darum geht, den auf die Wegnahme einer Sache beschränkten § 242 auf den Transfer einer Information auszudehnen **(Datendiebstahl**, wobei der Berechtigte i. d. R. nicht „enteignet"

---

[88] Ausführlich zum strafrechtlichen Schutz durch die §§ 17 ff. UWG *Kiethe/Hohmann*, NStZ 2006, 186 ff.

wird, sondern „nur" mit dem Täter die Informationen teilen muss). Näher zu § 202a u. Rn. 43 ff.

2. Verletzung des Briefgeheimnisses, § 202

27 § 202 schützt (1) das Interesse, insbesondere mithilfe der Post mit anderen unter Ausschluss Dritter in Verbindung treten zu können, und (2) das Interesse, schriftliche Mitteilungen auf einfache Weise vor fremder Neugier zu schützen, vgl. § 202 II. Da der Umschlag normalerweise das Geheimnis schützt, § 202 jedoch auch vorliegt, wenn er eine Mitteilung enthält, an der kein Geheimhaltungsinteresse besteht, ist § 202 I Nr. 1 als **Gefährdungsdelikt**[89] anzusehen. Die Verletzung des Umschlags gefährdet das Briefgeheimnis. Auf E-Mails ist die Vorschrift wegen des Wortlauts („Schriftstück") nicht anwendbar[90].

Rechtfertigende Befugnisse können sich aus dem Zivilrecht ergeben (z. B. Personensorgerecht der Eltern gem. § 1631 BGB) oder aus dem öffentlichen Recht (Beschlagnahmerecht gem. §§ 99, 100 StPO). – Beim besonders umstrittenen Recht des **Gefangenen** auf Wahrung seines Briefgeheimnisses auch gegenüber der Anstaltsleitung ermöglicht § 29 III StVollzG noch immer eine weitgehende Überwachung des Schriftwechsels (grundsätzlich nicht mit dem Verteidiger, § 29 I StVollzG), doch dürfen Schreiben nur unter den engen Voraussetzungen des § 31 StVollzG angehalten werden.

Antragsdelikt, § 205 StGB, und **Privatklagedelikt,** § 374 I Nr. 3 StPO, dazu bei der Körperverletzung, s. o. § 6 Rn. 14–17. – Die mit dem Öffnen fast stets verbundene Beschädigung des Umschlags (§ 303) wird von § 202 konsumiert. – Will sich der Täter das Schriftstück zueignen, soll nach der Rechtsprechung zwischen § 202 und den Zueignungsdelikten Tateinheit vorliegen[91]. Das ist zweifelhaft, weil zur Anmaßung der Eigentümerstellung auch die Kenntnisnahme gehört[92]. – Zum Schutz des Postgeheimnisses sofort anschließend.

3. Verletzung des Post- oder Fernmeldegeheimnisses, § 206

28 § 206 soll Angriffe auf das durch § 202 geschützte Geheimhaltungsinteresse durch Angehörige der solche Geheimnisse transportierenden Berufstätigen verhindern, Post- und Telekommunikationsdienste. Dies betrifft neben den traditionellen Schrift- und Sprachverkehrsmitteln wie Briefen und Telefon auch die modernen Kommunikationsmittel, insbes. – im Gegensatz zu § 202[93] – E-Mails[94]. Infolge der Privatisierung dieser Dienstleis-

---

89 Richtig *Lenckner*, JR 1978, 424; *Maurach/Schroeder/Maiwald*, BT 1, § 29 Rn. 5; SK-*Hoyer*, § 202 Rn. 1: abstraktes Gefährdungsdelikt.
90 MüKo-*Graf*, § 202 Rn. 9; *Barton*, CR 2003, 839 (841).
91 BGH, NJW 1977, 590.
92 Deshalb für Vorrang der §§ 242, 246 hier LH 1, 1. Aufl.
93 Rn. 27.
94 MüKo-*Altenhain*, § 206 Rn. 32. Zur Strafbarkeit des Einsatzes von Spam- und Viren-Filtern *Härting*, CR 2007, 311 (314 ff.); *Heidrich/Tschoepe*, MMR 2004, 75 (76 ff.); *Kitz*, CR 2005, 450 (451 ff.).

tungen[95] zum 1.1.1995 wurde nicht nur der Beamtenstatus, sondern durch das BegleitGTKG vom 17.12.1997 auch die Verletzung der betreffenden Geheimnisse als **Amtsdelikt** beseitigt (§ 354 a. F.). Die Geheimhaltungspflicht kann nicht mehr mit der besonderen Zuverlässigkeit der Personen erklärt werden, die die betreffenden Berufe ausüben. Zu diesem allgemeinen Problem der Ausdehnung der Geheimhaltungspflicht anschließend Rn. 30 (privilegium odiosum).

4. Verletzung und Verwertung von Privatgeheimnissen, §§ 203, 204

a) Kriminalpolitischer Hintergrund und Rechtsgut

Rechtsgut ist das Geheimhaltungsinteresse des Klienten, h. M.[96]. Bis 1974 hat man vom Berufsgeheimnis gesprochen (geregelt in § 300 a. F.), jedoch das Geheimnis des Klienten gemeint. Das Gesetz spricht jetzt treffender von Privatgeheimnissen, zu denen auch die Betriebs- und Geschäftsgeheimnisse gehören (Kommerzialisierung, o. Rn. 3 f.). 29

Mittelbar dient der Schutz des Geheimhaltungsinteresses dem öffentlichen Interesse am Funktionieren des Gesundheitsdienstes, der Rechtspflege usw. Weil der Patient mit dem Schweigen des Arztes rechnen kann, vertraut er sich ihm an. Bei **Verschwiegenheitspflichten von Amtsträgern** rückt das öffentliche Interesse am Funktionieren der Verwaltung sogar in den Vordergrund, näher dazu u. § 49 und zum Postgeheimnis vorstehend Rn. 28. – Auch bei den Privatgeheimnissen rückt das mittelbar geschützte öffentliche Interesse in den Vordergrund, wenn es um die Frage des **Zeugnisverweigerungsrechts** gem. §§ 53, 53a StPO geht. Zwischen der **Schweigepflicht** gem. § 203 StGB und dem **Schweigerecht** gem. §§ 53, 53a StPO besteht ein enger Zusammenhang[97]. Die Verteidigung in Strafsachen sähe z. B. radikal anders aus, wenn die Verteidigerin Auskunft darüber geben müsste, was ihr ihre Mandantin im Zusammenhang mit den gegen sie erhobenen Beschuldigungen mitgeteilt hat! – Die dem Bankier vertraglich auferlegte Schweigepflicht führt im Falle der Verletzung nur zu zivilrecht-

---

95 Unternehmen i. S. der Vorschrift muss aber kein Telekommunikationsunternehmen, sondern kann auch eine Universität sein, die ihre Telekommunikationsanlage ohne Zusammenhang mit ihren hoheitlichen Aufgaben verschiedenen Nutzergruppen zur Verfügung stellt. Die Sperrung des E-Mail-Kontos eines der Nutzer kann daher den Tatbestand des § 206 II Nr. 2 verwirklichen; OLG Karlsruhe, MMR 2005, 178 ff. m. Anm. *Heidrich*, MMR 2005, 181; *Lejeune*, CR 2005, 290 sowie zustimmender Bespr. *Cornelius/Tschoepe*, K&R 2005, 269; vgl. auch MüKo-*Altenhain*, § 206 Rn. 13.
96 Überzeugend *Schünemann*, ZStW 90 (1978), 11 (51 ff., 55 f.). – Die Gegenansicht betont das öffentliche Interesse an vertrauenswürdigen Ärzten etc., so z. B. *S/S/Lenckner/Eisele*, § 203 Rn. 3; *Eb. Schmidt*, NJW 1962, 1745 (1747). – Vermittelnd („doppelte Schutzrichtung", d. h. Geheimhaltungsinteresse und allgemeines Vertrauen in den betreffenden Beruf) *Maurach/Schroeder/Maiwald*, BT 1, § 29 Rn. 4. Zur Diskussion MüKo-*Cierniak/Pohlit*, § 203 Rn. 2 ff.
97 *Schafheutle* (Vertreter des BJM), Nied. 9, 212: „nicht so sehr eine logische als vielmehr eine rechtspolitische Abhängigkeit. Die in den (jetzigen § 203 StGB neu) aufgenommenen Berufe werden ... darauf drängen, dass ihnen auch das Zeugnisverweigerungsrecht eingeräumt wird." Z. T. wird auch die Auffassung vertreten, der Täterkreis des § 203 StGB müsse zeugnisverweigerungsberechtigt sein, so z. B. *Gallas*, Nied. 9, 212.

lichen Sanktionen, m. a. W. gibt es in Deutschland (anders als in der Schweiz) kein strafrechtlich geschütztes **Bankkundengeheimnis**.

30 Weil der Verpflichtung zum Schweigen gem. § 203 StGB die Aufnahme in den Katalog der Zeugnisverweigerungsberechtigten gem. §§ 53, 53a StPO zu folgen pflegt, kommt es zu dem geradezu kuriosen Drängen, in den Kreis der gem. § 203 StGB mit Strafe Bedrohten aufgenommen zu werden: Strafdrohung als Privileg, **privilegium odiosum**!

Für das BJM sagte *Schafheutle*[98] vor der Großen Strafrechtskommission (Nied. 9, 208), dass bei der Neufassung 1969 (damals § 300) „diese Frage im Bundestag zu den umstrittensten gehörte, die im Rahmen des 3. StRÄndG auftauchten ... Sowohl der Bundestag als auch das BJM wurden von den verschiedensten Berufsverbänden geradezu bestürmt, die erreichen wollten, dass ihre Berufsangehörigen in den (damaligen) § 300 StGB aufgenommen werden. Diese Bestrebungen sind nur aus dem Gesichtspunkt des privilegium odiosum erklärlich." – Aus der Diskussion der Großen Strafrechtskommission vgl. noch *Jescheck*[99], der das Streben aller möglichen Berufsgruppen, in § 300 StGB (jetzt § 203 StGB) aufgenommen zu werden, zurückführt „auf die privaten wirtschaftlichen Interessen der betreffenden Gruppen". Sinn der Strafbestimmung sei es aber nicht, „gewissen Berufen ein Etikett zu geben, durch das sie in ihrem sozialen Ansehen den Ärzten und Rechtsanwälten gleichgestellt werden, obwohl ihnen dieses Ansehen nicht in gleichem Maße zukommt ... Eine Einbeziehung der Steuerberater, Wirtschaftsprüfer sowie die nun angestrebte Aufnahme der Berufspsychologen"[100] sei „rechtspolitisch verfehlt".

Angesichts dieses Drucks überrascht es nicht, dass schon der Entwurf des EGStGB den Kreis der Berufsangehörigen im jetzigen § 203 gegenüber dem alten § 300 wesentlich erweitert hat, der Sonderausschuss im letzten Durchgang über den Regierungsentwurf des EGStGB noch hinausgegangen ist[101] und der Gesetzgeber den Katalog des § 203 I ständig ausdehnt. Allein seit 1990 wurde die Vorschrift neun Mal geändert, u. a. wurden durch Gesetz vom 22.8.2006[102] Datenschutzbeauftragte in den Kreis der Berufsgeheimnisträger aufgenommen (Abs. 2a). BVerfGE 33, 367 hat in besonders gelagerten Einzelfällen für **Sozialarbeiter**[103] ein Zeugnisverweigerungsrecht direkt aus dem Grundgesetz abgeleitet, vgl. § 203 I Nr. 5.

b) Die Geheimhaltungspflichtigen

31 § 203 zählt in Abs. 1 und Abs. 2 diejenigen auf, die das privilegium odiosum (vorstehend Rn. 30) genießen, vorausgesetzt, das Anvertrauen oder Bekanntwerden des Geheimnisses steht mit ihrem Beruf in Zusammenhang. § 203 III 2 dehnt das auf die berufsmäßigen Gehilfen der in Abs. 1 Genannten aus. § 203 III 3 legt (vereinfachend gesagt) auch den Erben die Geheimhaltungspflicht auf.

---

98 *Schafheutle*, Nied. 9, 208.
99 *Jescheck*, Nied. 9, 210.
100 Vgl. mittlerweile aber § 203 I Nr. 2 bzw. § 53 I 1 Nr. 3 StPO.
101 Vgl. die Gegenüberstellung des RegE EGStGB und der Beschlüsse des Sonderausschusses, BT-Drucks. 7/1232, S. 45.
102 BGBl. I, S. 1970.
103 Ebenso BVerfGE 36, 193 (211) (**Redaktionsgeheimnis**): „Eine Begrenzung des Aussagezwangs, die über § 53 Abs. 1 Nr. 5 StPO hinausgeht, kann sich nach fallbezogener Abwägung der widerstreitenden Interessen ausnahmsweise unmittelbar aus Art. 5 Abs. 1 Satz 2 GG ergeben."

c) Geheimnis und Offenbarung

Geheimnis ist eine nicht allgemein bekannte Tatsache, bezüglich derer ein individuelles und objektiv anzuerkennendes Geheimhaltungsinteresse besteht[104]. – Derjenige, der an der Geheimhaltung interessiert ist, wird **Geheimnisträger** genannt. – Zu der sehr wichtigen Erstreckung des Strafschutzes auf „Einzelangaben über persönliche oder sachliche Verhältnisse" durch § 203 II 2 s. u. beim **Datenschutz**, Rn. 37 ff.

Die wichtigsten **Konsequenzen des Geheimnisbegriffs**: Die Publikation vernichtet das Geheimnis, weil dann die Tatsache allgemein bekannt ist[105]. – Das gilt sogar für früher publik gewesene, aber in Vergessenheit geratene Vorgänge. Gegen sog. **Hervorholen** früher publik gewesener **Verfehlungen**[106] sind die Geheimnisschutztatbestände machtlos; es bedürfte eines besonderen **Indiskretionsdeliktes**.

Das Geheimnis erlischt, wenn das Geheimhaltungsinteresse des Geheimnisträgers fortfällt. So ist eine „Einwilligung" in die Bekanntgabe des „Geheimnisses" ein Zeichen für fehlendes individuelles Geheimhaltungsinteresse. Damit liegt schon vor der Bekanntgabe kein Geheimnis mehr vor (Tatbestandsausschluss).

Offenbaren i.S.v. § 203 bedeutet Mitteilung des Geheimnisses an Dritte. Das Geheimnis muss den Kreis der „zum Wissen Berufenen" verlassen. Dagegen ist eine Mitteilung an „berufsmäßig tätige Gehilfen" i.S.v. § 203 III 2 kein „Offenbaren". Deshalb verwirklicht z.B. ein Arzt nicht den § 203 I Nr. 1, wenn er eine ihn bei der Behandlung unterstützende Krankenschwester in Details des Krankheitsbildes des Patienten einweiht.

Einzelheiten:

Welcher **Grad der Bekanntheit** beseitigt das Geheimnis? Liegt z. B. noch ein Geheimnis vor, wenn schon in allen Gazetten zu lesen ist, dass eine prominente Persönlichkeit an Krebs leide? – Dazu zwei Schlagworte: (1) **Relative Bekanntheit** lässt das Geheimnis bestehen, solange die Eingeweihten überschaubar sind (solange sie sich gegenseitig verbunden sind)[107]; (2) Bekanntheit setzt **sicheres Wissen** voraus, „Verdacht" genügt nicht (z. B. das Gerücht der Krebserkrankung eines bestimmten Prominenten), sodass die Bestätigung einer Vermutung aus berufenem Munde noch Offenbarung sein kann.

Geheimnisträger kann nicht sein, wer an der Geheimhaltung nur mittelbar interessiert ist, sogenanntes **Drittgeheimnis**[108]. Der Ehemann, der dem Arzt anvertraut,

---

104 Zum Geheimnisbegriff OLG Hamm, NJW 2001, 1957 (1958).
105 BGH, MDR 1960, 76.
106 *Arzt*, Intimsphäre, S. 146 ff.
107 Vgl. RGSt 74, 111 (Mitteilung von Klausurtexten).
108 Die Abkehr von der h. L. (wie die h. L. LH 1, 3. Aufl., S. 198) erklärt sich einmal aus der Überlegung, dass es im oben im Text folgenden Beispiel verfehlt ist, den Arzt, der mit Einwilligung des Mannes die Information über die Frau weitergibt, zu bestrafen, während der Mann – gibt er die Information weiter – straflos bleibt. Vor allem entsteht datenschutzrechtlich eine verkehrte Welt, näher zu datenschutzrechtlichen Ansprüchen solcher Drittpersonen auf Auskunft und/oder Berichtigung und zur Einwilligung bei Drittgeheimnissen bzw. janusköpfigen Daten *Arzt*, in: Maurer/Vogt (Hrsg.), Kommentar zum schweizerischen Datenschutzgesetz, 1995, Art. 35 Rn. 23 m. w. N. Zur Reichweite des Schutzes von Drittgeheimnissen *Fischer*, § 203 Rn. 9a.

seine Frau leide an epileptischen Anfällen, ist alleiniger Geheimnisträger, obwohl die Tatsache seine Frau stärker betrifft als ihn. – Bei **Minderjährigen** als Geheimnisträgern kann die Rechtfertigung der Mitteilung ihrer Geheimnisse an die Eltern problematisch werden[109].

Was keine Tatsache, sondern Lüge ist, fällt nicht unter § 203, **Pseudogeheimnis**. Der Rechtsanwalt, der wahrheitswidrig am Stammtisch erzählt, Herr X habe ihn aufgesucht, um sich wegen einer Scheidung Rat zu holen, wird jedenfalls dann von § 203 nicht erfasst, wenn Herr X überhaupt nicht bei ihm war. Hat ihn X wegen einer anderen Sache aufgesucht, liegt in der unwahren Mitteilung zugleich die wahre Tatsache, X sei beim Anwalt gewesen. An dieser Tatsache allein besteht jedoch kein vernünftiges Geheimhaltungsinteresse (anders u. U. beim Aufsuchen eines Arztes).

Das **Outsourcen** von medizinischen Daten zur Vereinfachung der IT-Verwaltung kann gegen § 203 verstoßen. Eine Strafbarkeit lässt sich aber vermeiden, wenn die datenverarbeitende Stelle als „berufsmäßig tätiger Gehilfe" i.S.v. § 203 II 2 qualifiziert werden kann[110]. Besondere Probleme stellen sich in „Offenbarungsketten", wenn Daten über mehrere Stufen hinweg „outgesourct" werden, etwa von einem Steuerberater zu einem auf die Unterstützung von Steuerberatern, Anwälten usw. spezialisierten Dienstleister, und von diesem wiederum zu einem IT-Großunternehmen[111].

d) Gegenrechte und Befugnis

34   Die Befugnis kann insbesondere auf der **Einwilligung** des Geheimnisträgers beruhen. Zum Drittgeheimnis vorstehend Rn. 33.

Eine Befugnis kann sich auch aus **Offenbarungspflichten kraft Gesetzes** ergeben, z. B. nach IfSG. Auch die **Pflicht zur Zeugenaussage** gehört zu den Offenbarungspflichten. Soweit die StPO den Geheimhaltungspflichtigen ein Zeugnisverweigerungsrecht einräumt (s. o. Rn. 30), müssen sie in aller Regel das Zeugnis verweigern; sonst tritt Strafbarkeit nach § 203 ein[112].

Eine Befugnis kraft **Notstandes** nach § 34 ist denkbar. Ob es richtig ist, die danach erforderliche **Interessenabwägung** auf den konkreten Fall zu beschränken und allgemeine Folgewirkungen außer Betracht zu lassen, ist zweifelhaft. Gerichte wie Behörden tendieren hier zur kurzsichtigen Lö-

---

109 Vgl. *Baumann/Arzt/Weber*, Fall 12; ferner BGH, JZ 1983, 151.
110 *Hilgendorf*, in: ders. (Hrsg.), Informationsstrafrecht und Rechtsinformatik, S. 81 (97).
111 Dazu *Hilgendorf*, Tiedemann-FS 2008, S. 1125 ff.
112 BGHSt 9, 59 (61). – Ausnahmsweise ist jedoch bei Aussage des Geheimnisträgers Rechtfertigung nach § 34 anzunehmen, wenn dadurch eine – angesichts der Bedeutung des Prozessgegenstandes erhebliche – Gefahr für die Wahrheitsfindung abgewendet wird und dieses Interesse – angesichts der Bedeutung des Geheimnisses – das Geheimhaltungsinteresse wesentlich überwiegt. Vgl. dazu *Schilling*, JZ 1976, 617 (620) (im Ergebnis weitgehend wie die hier vertretene h. M., doch soll nicht das Interesse an Wahrheitsfindung per se mit dem Geheimnisschutz abgewogen, sondern auf die Interessen durchgegriffen werden, die durch ein materiell unrichtiges Urteil gefährdet wären). Auch wenn sich der Geheimnisträger durch die Aussage nach § 203 strafbar macht, ist die Aussage zu verwerten, BGH, a. a. O.; anders *Haffke*, GA 1973, 65. Zur Verwertung einer strafbar nach § 201 I erlangten Information o. Rn. 18.

sung nur des konkreten Konflikts. Die Problematik hat im Hinblick auf Aids aktuelle Bedeutung erlangt (Mitteilung des HIV-positiven Testresultats an Geschlechtsverkehrspartner eines uneinsichtigen Virusträgers)[113].

Beispiel (Epileptiker)[114]: Ein Epileptiker, der dem Arzt mitteilt, dass er weiter Auto fahren wird, wird vom Arzt wegen des lebensgefährlichen Risikos für andere Verkehrsteilnehmer dem Landratsamt gemeldet, das die Entziehung der Fahrerlaubnis veranlasst. Der BGH bejaht die Befugnis des Arztes, eine korrekte Lösung des konkreten Konflikts. Die Fernwirkung (dass andere Epileptiker, für die das weitere Autofahren eine wirtschaftliche Existenzfrage sein kann, sich scheuen werden, einen Arzt aufzusuchen, sodass die Risiken für die Verkehrsteilnehmer insgesamt eher vergrößert werden) bleibt außer Ansatz[115].

e) Sonderdelikt, Teilnahme

§ 203 stellt ein Beispiel für ein **Sonderdelikt** („Pflichtdelikt", *Roxin*) dar, weil die Strafbarkeit des Täters vom Vorliegen des in § 203 genannten besonderen persönlichen Merkmals der Berufsangehörigkeit abhängt. Konsequenz: Täter (Mittäter) kann nur sein, wer das strafbegründende Merkmal in seiner Person aufweist. Bei Teilnehmern ist die obligatorische Strafmilderung nach § 28 I zu beachten. – Offenbart der gem. § 203 Schweigepflichtige unvorsätzlich (getäuscht durch einen Hintermann H, der selbst nicht schweigepflichtig ist), dann kann H weder als mittelbarer Täter nach § 203 bestraft werden noch wegen Anstiftung, denn es fehlt an der vorsätzlichen Haupttat[116]. 35

f) Verwertung fremder Geheimnisse, § 204

Die Strafdrohung gegen unbefugte Verwertung des Geheimnisses in § 204 erfasst die **Geheimnishehlerei** durch einen Dritten nicht, dazu o. Rn. 4, 16. Der Dritte, der von der Geheimnisverletzung profitiert, kann jedoch als Teilnehmer i. e. S. (nicht als Mittäter, o. Rn. 35) zu § 203 oder § 204 strafbar sein. 36

g) Sonstiges

Qualifikation, § 203 V; Antragsdelikt, § 205.

---

113 Vgl. *Meurer*, in: Szwarc (Hrsg.), AIDS und Strafrecht, 1996, S. 133 ff.; OLG Frankfurt a. M., NJW 2000, 875.
114 BGH, NJW 1968, 2288.
115 Die Entscheidung ist in der Literatur umstritten, dafür *Fischer*, § 203 Rn. 47; MüKo-*Cierniak/ Pohlit*, § 203 Rn. 88. Gegen ein Offenbarungsrecht in solchen Fällen *Bockelmann*, Verkehrsstrafrechtliche Aufsätze und Vorträge, 1967, S. 27 ff.; weitere Nachweise bei *Meurer*, Zeitschrift für Verkehrssicherheit 1976, 77. – Vgl. noch BGH, JZ 1983, 151 mit Anm. *Geiger* (zur Problematik der Transformation eines auf Notstand gestützten Informationsrechts in eine Informationspflicht).
116 Überholt BGHSt 4, 355. Lesenswert die Wiederholung der Irrtumsproblematik anhand eines solchen Falles bei *Krey/Hellmann/M. Heinrich*, BT 1, Rn. 552 ff. – Zur Täterqualität u. Rn. 38 beachten: Wer nicht Träger des konkreten Geheimnisses ist, ist extraneus, auch wenn er einem Beruf angehört, der generell der Schweigepflicht unterstellt ist!

5. Datenschutz, §§ 203 II 2, 202a ff.

a) Planung und Daten

37 Die elektronische Datenverarbeitung erschließt (u. a.) der staatlichen Planung eine neue Dimension. Da immer mehr Daseinsvorsorge vom Staat erwartet wird, steigt das Bedürfnis nach **Planung** und damit nach Planungsdaten. Diese Entwicklung bringt zwei zentrale Gefahren mit sich. Die erste, allgemein gesehene und viel diskutierte betrifft den **Datenschutz**. Es muss gewährleistet werden, dass die erfragten Daten nicht missbräuchlich verwendet werden. – Ohne dass diese Gefahr verharmlost werden soll, ist daran zu erinnern, dass der Sinn dieser Daten (erfreulicherweise) gewöhnlich in der Trendanalyse liegt. Die Daten werden entindividualisiert, und mit der Anonymisierung wird die Verletzung der Persönlichkeit eines Individuums ausgeschlossen.

Die zweite, weniger beachtete Gefahr betrifft die **Abhängigkeit von fragwürdigen Experten.** Zu dieser Gefahr gehört, dass diese Experten zudem zur Kräftigung ihres Experten-Status nach immer mehr Daten verlangen. Während der Datenhunger der Experten seit dem Volkszählungsurteil BVerfGE 65, 1 als Gefahr ins öffentliche Bewusstsein getreten ist, wird kaum gesehen, dass Experten ihren Status auch dadurch zu festigen versuchen, dass sie solche Daten als irrelevant behandeln, deren Relevanz sie nicht bewältigen können.

b) Datenschutz im Bereich der öffentlichen Verwaltung, § 203 II 2

38 § 202a schützt (gespeicherte) Daten gegen Angriffe von außen, „**Datendiebstahl**"; s. o. Rn. 26 und näher u. Rn. 43 ff. – Was den Schutz gegen unbefugte Weitergabe von Daten durch den „Inhaber" (Angriff von innen) betrifft, hat § 203 II 2 i. d. F. des EGStGB seit 1.1.1975 die zuvor im Nebenstrafrecht verstreuten speziellen Datenschutztatbestände durch eine **umfassende Regelung des Datenschutzes im Teilbereich der öffentlichen Verwaltung** ersetzt. Daten, die „für Aufgaben der öffentlichen Verwaltung erfasst" worden sind, werden gegen unbefugte Offenbarung durch Amtsträger und amtsnahe Personen geschützt. Obwohl die elektronische Datenverarbeitung im Vordergrund steht, fallen auch andere Formen der Datenerfassung unter den Tatbestand. Der Kreis der amtsnahen Personen ergibt sich aus den einzelnen Ziffern des § 203 II 1.

Wie beim Geheimnisschutz z. B. ein Arzt das Patientengeheimnis nicht einem anderen Arzt mitteilen darf (obwohl auch der andere Arzt zur Geheimhaltung verpflichtet ist), wirkt auch der Datenschutz grds. innerhalb der verschiedenen Dienststellen, trotz des gemeinsamen „Dachs" der öffentlichen Verwaltung: **Prinzip der Chinese Wall.** Allerdings liegt ein Offenbaren i. S. d. § 203 nur vor, wenn das mitgeteilte Geheimnis den Kreis „der zum Wissen Berufenen" verlässt. Zu diesem Kreis zählen nicht nur die Mitarbeiter des Geheimnisträgers – der Informationsaustausch innerhalb einer Behörde sowie mit der Aufsichtsbehörde im funktionalen Sinne ist somit nicht strafbar[117] –, sondern auch außenstehende Behördenteile, die die erhobenen Daten zentral verwalten und verarbeiten. Nichts anderes kann auch für das sog. Outsourcing von Daten an externe Privatunternehmen gelten. Ist ihre Einschaltung z. B. zur effizienteren Informationsverarbeitung und gerade zur Verbesserung des Schutzes von Geheimnissen geboten, so liegt in der Weiterleitung von Daten an das Unternehmen zu diesen Zwecken kein tatbestandsgemäßes Verhalten[118].

§ 203 II 2 kombiniert die Nachteile eines **Blankettstrafgesetzes** und einer **Generalklausel**. Die Uferlosigkeit des Tatbestandes muss dazu führen, dass man ihn nicht ernst nimmt – keine gute Basis für den Präventiveffekt der Strafdrohung! 39

Ein **Blankett** stellt § 203 II 2 dar, weil die entscheidende Frage, was geschützt ist, nach wie vor nicht dem StGB, sondern den die Datenerhebung regelnden Gesetzen entnommen werden muss. Der Datenbegriff in seiner Uferlosigkeit kann (wenn überhaupt) nur dann eine brauchbare Grundlage für einen Straftatbestand bilden, wenn man ihn extrem restriktiv interpretiert (vernünftiges und ein so starkes Interesse an Geheimhaltung, dass Strafschutz angezeigt sein). Ob ein solches Geheimhaltungsinteresse besteht, wird sich normalerweise nur nach Prüfung der gesetzlichen Regelung ermitteln lassen, aufgrund derer die betroffenen Daten erhoben werden. Dabei wird man davon ausgehen müssen, dass der Strafschutz nach § 203 II 2 i. d. R. höchstens so weit reicht wie nach den früher im Zusammenhang mit der Datenerhebung im Nebenstrafrecht verankerten besonderen Strafbestimmungen. Insofern bleiben diese vom EGStGB aufgehobenen nebenstrafrechtlichen Bestimmungen weiterhin bedeutsam. Wo solche Spezialtatbestände nicht existiert hatten, ist die durch § 203 II 2 geschaffene Unsicherheit besonders groß.

Eine **Generalklausel** stellt § 203 II 2 dar, weil der Schutz sich auf „Einzelangaben über persönliche oder sachliche Verhältnisse eines anderen" erstrecken soll. Darin liegt kein begrenzendes Moment mehr. Die Formulierung ist § 13 Gesetz über die Statistik für Bundeszwecke a. F. (vgl. inzwischen § 16 BStatG) entnommen (wo sie ihren Sinn hatte, weil sich die Begrenzung aus diesem Gesetz ergab). Auch das Bundesdatenschutzgesetz (BDSG) operiert mit derselben Floskel, die nach (jetzt) § 3 I als Definition für **„personenbezogene Daten"** zu verstehen sein soll. Dem Terminus „personenbezogene Daten" könnte durch Zuschneidung auf die Privatsphäre ein begrenzendes Moment unterlegt werden. Diese Begrenzung wird jedoch durch die Gleichsetzung mit „Einzelangaben über ... sachliche (!) Verhältnisse" hinwegdefiniert[119].

Da die Definition der geschützten Daten missglückt ist, hängt alles davon ab, wann das Offenbaren **unbefugt** ist. Diese unerfreuliche Tendenz, eine Unbekannte durch eine andere Unbekannte zu bestimmen, tritt in der Begründung[120] zutage, wo das Merkmal „unbefugt" die Abgrenzung zwischen Daten, „an deren Geheimhaltung offensichtlich kein Interesse des Betroffenen besteht" (Offenbarung befugt, nicht strafbar), und Daten, die „ihrer Bedeutung nach einer Geheimhaltung bedürfen" 40

---

117 OLG Frankfurt a. M., NStZ-RR 2003, 170.
118 *Hilgendorf*, in: ders. (Hrsg.), Informationsstrafrecht und Rechtsinformatik, 2004, S. 81 (97); vgl. auch BT-Drucks. 7/550, S. 237 ff.; BayObLG, NJW 1995, 1623 (1623); *Hoenike/Hülsdunk*, MMR 2004, 788; a. A. *Kintzi*, DRiZ 2007, 244 (245 f.).
119 Derselbe Vorgang wie schon o. Rn. 14 zu § 201, der nicht nur vertrauliche Worte, sondern Worte schlechthin schützt. – Scharfe Kritik bei *Tiedemann/Sasse*, S. 121 ff. (mangelnde „geistige Durchdringung"; „nichts gewonnen" außer „einer uferlosen Ausweitung").
120 BT-Drucks. 7/550, S. 243.

(Offenbarung unbefugt, strafbar!), übernehmen soll. – Befugt ist die Offenbarung bei Einwilligung der Betroffenen. Sie wird oft routinemäßig erteilt werden. So vermehrt der Datenschutz das Formularwesen. Zur Kommerzialisierung (Datenverkauf) vgl. schon o. Rn. 3 f. zum Verkauf der Intimsphäre.

41 § 203 II 2 erfasst nicht den Datenschutz außerhalb der öffentlichen Verwaltung. Deshalb sind einschlägige Straftatbestände im **Nebenstrafrecht** erhalten geblieben, insbesondere § 404 AktG, § 155 SGB IX, §§ 17, 18 UWG, § 120 BetrVG.

§ 203 II 2 erfasst an sich auch die Verletzung des **Steuergeheimnisses**, vgl. aber § 355 (lex specialis gegenüber § 203 II 2). Anders als § 353b (s. § 49 Rn. 101) ist nicht erforderlich, dass das Offenbaren des Geheimnisses wichtige öffentliche Interessen gefährdet[121].

42 Einen noch umfassenderen Datenschutz gewährleisten § 44 BDSG (Strafbestimmung) und § 43 BDSG (Ordnungswidrigkeit) sowie parallele Bestimmungen im Datenschutzrecht der Bundesländer. Mit *Tiedemann/Sasse*[122] ist kritischer als bisher zu prüfen, „in welchem Maße hier und jetzt wirklichen Angriffen auf Persönlichkeitsrecht und Privatleben der Staatsbürger begegnet werden muss oder inwieweit es sich nur um Putativgefahren handelt, die von übereifrigen, um rechtspolitische Resonanz bemühten Datenschützern für ein gläubiges Publikum an die Wand gemalt werden."

c) Ausspähen von Daten, § 202a

aa) Computerkriminalität

43 § 202a wurde durch das 2. WiKG – zusammen mit den Computertatbeständen der §§ 263a, 269 sowie §§ 303a, 303b – ins StGB eingefügt. Damit sollen Strafbarkeitslücken geschlossen werden, die das bisher geltende Recht bei der Bekämpfung von strafwürdigen Missbräuchen des zunehmenden Einsatzes von Datenverarbeitungsanlagen in Wirtschaft und Verwaltung aufwies[123].

44 § 202a wurde deshalb als notwendig erachtet, weil elektronisch, magnetisch oder sonst nicht unmittelbar wahrnehmbar gespeicherte Daten (vgl. die Legaldefinition der Tatobjekte in § 202a II) von den hergebrachten Geheimschutztatbeständen nicht geschützt werden: nicht als gesprochenes Wort (§ 201, dazu o. Rn. 14 ff.) und nicht als Schriftstück oder Abbildung (§ 202, dazu o. Rn. 27).

45 Dem Umstand, dass elektronisch gespeicherte Daten wegen ihrer fehlenden Körperlichkeit keine Sachqualität i. S. von § 303 (Sachbeschädigung) sowie keine Urkundenqualität i. S. von § 267 (Urkundenfälschung) aufweisen, tragen § 303a und § 303b sowie § 269 Rechnung; dazu u. § 12 Rn. 41 ff. und § 32 Rn. 6 ff. – § 263a

---

121 Zum Verhältnis zwischen § 203 II und § 353b I *Behm*, AfP 2004, 85.
122 *Tiedemann/Sasse*, S. 108; zur Uferlosigkeit des § 44 BDSG *S/S/Lenckner/Eisele*, § 203 Rn. 46 ff.; *Schünemann*, ZStW 90 (1978), 11 (26); *Sieg*, in: Vollkommer (Hrsg.), Datenverarbeitung und Persönlichkeitsschutz, 1986, S. 293 (301). – Eingehende Kommentierung der schweizerischen Straftatbestände im Kontext des Datenschutzes bei *Arzt*, in: Maurer/Vogt (Hrsg.), a. a. O.
123 E eines 2. WiKG, BT-Drucks. 10/318, S. 11.

(Computerbetrug) schließt die daraus resultierende Strafbarkeitslücke, dass der klassische Betrugstatbestand § 263 die Täuschung eines Menschen voraussetzt, also auf unlautere vermögensschädigende Beeinflussungen von Datenverarbeitungsvorgängen nicht anwendbar ist; zu § 263a näher u. § 21 Rn. 26 ff.[124]

Die vorstehend skizzierten Änderungen bei ganz verschiedenen Deliktsgruppen lassen erkennen, dass die **Computertatbestände kein einheitliches Rechtsgut** aufweisen, dass vielmehr der Begriff Computerkriminalität nur durch die Art der Tatbegehung oder die Tatobjekte bestimmt wird[125], die einzelnen Delikte sich aber gegen ganz **verschiedene Rechtsgüter** richten: der Computerbetrug (§ 263a) gegen das Vermögen, das Ausspähen und Abfangen von Daten (§§ 202a–202c) gegen die Verfügungsbefugnis über (bei § 202a besonders geschützte) Informationen, die Fälschung beweiserheblicher Daten (§ 269) gegen die Sicherheit und -Zuverlässigkeit des Rechtsverkehrs (i. S. des Beweisverkehrs), die Datenveränderung und die Computersabotage (§ 303a und § 303b) gegen eigentumsähnliche Herrschaftsverhältnisse über Daten sowie Datenverarbeitungsanlagen und -träger. 46

Zur Frage der Zuordnung der Computerdelikte zur **Wirtschaftskriminalität** s. u. § 19 Rn. 6, 7.

bb) Rechtsgutsproblematik

Das **Nebenstrafrecht** enthält eine Reihe von Vorschriften, die neben Angriffen auf unmittelbar wahrnehmbare Informationen auch Zugriffe auf elektronisch, magnetisch oder sonst nicht unmittelbar wahrnehmbar gespeicherte oder übermittelte Daten unter Strafe stellen. Entsprechend der jeweils besonderen Schutzrichtung dieser Normen sind jedoch dort nicht Daten schlechthin, sondern nur solche eines **bestimmten Inhalts** geeignete Tatobjekte. Des Weiteren muss der Täter zumeist mit bestimmten **rechtsfeindlichen Absichten** handeln. 47

Beispiel: § 44 (i. V. m. §§ 4, 43 II) BDSG bezieht sich nur auf **personenbezogene** Daten natürlicher Personen. § 17 UWG schützt nur **Geschäfts- und Betriebsgeheimnisse;** außerdem muss der Täter zu Zwecken des Wettbewerbs oder aus verwerflichen Motivationen heraus, etwa mit Schädigungsabsicht, handeln. §§ 106, 108a (i. V. m. § 2 I Nr. 1) UrhG schützen das Verwertungsrecht an **urheberrechtlich geschützten Computerprogrammen.** 48

Die Landesverratsvorschriften der §§ 93 ff. beziehen sich nur auf **Staatsgeheimnisse**, und der dem § 202a vergleichbare Ausspähungstatbestand in § 96 verlangt subjektiv ein Handeln in Verrats- oder Offenbarungsabsicht.

Mit § 202a hat das 2. WiKG 1986 demgegenüber eine Vorschrift gebracht, die nicht unmittelbar wahrnehmbar gespeicherte oder übermittelte 49

---

124 Umstritten ist, ob die Schaffung ganz neuer Tatbestände nötig war, oder ob nicht eine die neuen Technologien berücksichtigende Randkorrektur der vorhandenen Vorschriften ausgereicht hätte; in diesem Sinne *Haft*, NStZ 1987, 6 ff.
125 Zu den Begriffen vgl. *Hilgendorf/Valerius*, Computer- und Internetstrafrecht, 2012, Rn. 1 ff.

§ 8 Rn. 50–52   Hausfrieden; Geheimsphäre

Daten **schlechthin** gegen unbefugtes Verschaffen (seit dem 41. StrÄndG vom 7.8.2007[126] genügt Verschaffen des Zugangs zu den Daten, also bereits das sog. Hacking; s. Rn. 61) schützt, **ohne Rücksicht auf den Inhalt** der gespeicherten Informationen und den vom Täter mit der Ausspähung **verfolgten Zweck**, wenn sie nur gegen unberechtigten Zugang besonders gesichert sind.

Dies hat zur Folge, dass zahlreiche moderne kriminelle Erscheinungsformen, insbes. die Computer- und Internetkriminalität, den Tatbestand des § 202a verwirklichen, selbst wenn der Schwerpunkt der jeweiligen Verhaltensweise überhaupt nicht auf einem Angriff gegen die Datenverfügungsbefugnis des Einzelnen liegt, sondern sich gegen sonstige Rechtsgüter, vornehmlich das Vermögen des Betroffenen richtet (z. B. beim Ausspionieren von Geheimzahlen und Kreditkartennummern durch einen Trojaner). Etwas anderes gilt allerdings dann, wenn der Zugang zu den betreffenden Daten auf eine Täuschung zurückzuführen ist (z. B. beim Phishing oder Pharming[127]).

50   Wegen der inhaltlichen Konturlosigkeit des Angriffsobjekts – bei den gespeicherten oder übermittelten Informationen kann es sich um Staatsgeheimnisse, Geschäfts- oder Betriebsgeheimnisse, personenbezogene Daten, aber auch um Belanglosigkeiten handeln – lässt sich das durch § 202a **geschützte Rechtsgut** nur sehr formal bestimmen, nämlich als **Datenverfügungsbefugnis** desjenigen, der durch die besondere Sicherung der gespeicherten oder übermittelten Informationen sein daran bestehendes Geheimhaltungsinteresse zum Ausdruck gebracht hat[128].

51   Der Schutz des bloß formellen Geheimhaltungsinteresses in § 202a wirft erhebliche Strafwürdigkeitsprobleme auf, die hier nur angedeutet werden können: Genießen auch rechtswidrig, z. B. unter Verstoß gegen § 44 BDSG oder § 17 UWG, erlangte Informationen den Schutz des § 202a? Wenn prinzipiell ja, auch gegenüber den durch jene Straftaten Betroffenen[129]? Kann wirklich allein durch eine gegenüber Dritten gesicherte EDV-Speicherung über § 202a auch solchen Informationen Strafschutz verliehen werden, die bei unmittelbarer Wahrnehmbarkeit frei zugänglich wären?

52   **Beispiel:** Können verfassungswidrige Staatsgeheimnisse, die im Interesse der öffentlichen Information und Meinungsbildung nicht gegen Offenbarung geschützt sind (§ 93 II)[130], durch zugangsgesicherte Speicherung in einem Computer doch mit den Mitteln des Strafrechts (§ 202a) abgeschirmt werden? Falls ja, wäre über den Computer die in § 93 I mit guten Gründen verworfene „formelle Sekretur"[131] zu erreichen.

---

126 BGBl. I, S. 1786.
127 Zur Strafbarkeit *Gercke*, CR 2005, 606 ff.; *Graf*, NStZ 2007, 129 ff.; *Popp*, NJW 2004, 3517 ff.; *ders.*, MMR 2006, 84 ff.; *Stuckenberg*, ZStW 118 (2006), 878.
128 H. M.; vgl. z. B. *S/S/Lenckner/Eisele*, § 202a Rn. 1 m. w. N.
129 So z. B. *Möhrenschlager*, wistra 1986, 128 (140).
130 Dazu u. § 43 Rn. 7.
131 S. dazu z. B. *S/S/Sternberg-Lieben*, § 93 Rn. 5.

Derartige Bedenken können schwerlich mit dem pauschalen Hinweis in 53
den Gesetzesmaterialien[132] auf die „gestiegene Bedeutung des Wertes von
Informationen" ausgeräumt werden. Für die Berechtigung des § 202a
spricht allerdings, dass auch § 202 (Verletzung des Briefgeheimnisses)
ohne Rücksicht darauf zur Anwendung gelangt, ob der Umschlag tatsächlich ein Geheimnis schützt (s. o. Rn. 27).

Angesichts der Problematik eines formalisierten Datenschutzes sind 54
Bemühungen verständlich, dem § 202a ein **materielles** Schutzgut zuzuordnen, etwa das Vermögen, sodass nur Daten geschützt wären, die einen
wirtschaftlichen Wert verkörpern[133], oder zumindest anzunehmen, Interessen des vom Dateninhalt Betroffenen seien durch § 202a mitgeschützt[134].
Im Hinblick auf den substanzlosen Datenbegriff des § 202a ist zu bezweifeln, ob sich derartige gut gemeinte Einschränkungsversuche durchsetzen
werden. – Zum Verständnis des § 202a als „Datendiebstahl" s. o. Rn. 26
und u. Rn. 59 f.

cc) Tatbestand

Zu den **Tatobjekten** „Daten" siehe die Legaldefinition des § 202a II. 55
Neben den EDV-gespeicherten Daten fehlt es an der unmittelbaren Wahrnehmbarkeit z. B. auch bei Tonband- und Mikrofilmaufnahmen; denn
auch ihre Bedeutung kann vom Menschen nicht ohne Weiteres, sondern
erst nach technischer Umformung erfasst werden[135]. Mit dem Merkmal
„übermittelt werden" werden Daten in den Schutzbereich einbezogen, die
sich im Übermittlungsstadium befinden. Auf diese Weise wird bereits
durch § 202a die Strafbarkeit des praktisch bedeutsamen „Anzapfens" von
Datenübertragungsleitungen ermöglicht[136]. Das Abfangen von Daten ist
seit dem 41. StrÄndG aber nunmehr ausdrücklich durch den neu eingefügten § 202b unter Strafe gestellt, der – über § 202a hinausgehend – jegliche,
d. h. auch nicht besonders gegen unberechtigten Zugang geschützte Daten
umfasst; s. u. Rn. 65 ff.

Für wen die **Daten bestimmt** sind, richtet sich allein nach dem Willen 56
des Verfügungsberechtigten, der bei gespeicherten Daten i. d. R. mit der
speichernden Stelle identisch ist[137]. Bei prinzipieller Bereitschaft zur Weitergabe der Daten, etwa durch eine Datenbank (z. B. juris), sind die Daten
nur für die ordnungsgemäß Angeschlossenen bestimmt, sodass sich nach
§ 202a strafbar macht, wer die Daten ohne einen solchen Anschluss ab-

---

132 BT-Drucks. 10/5058, S. 28.
133 So *Haft*, NStZ 1987, 6 (9).
134 So *Lackner/Kühl*, § 202a Rn. 1.
135 So z. B. *Lackner/Kühl*, § 202a Rn. 2; *S/S/Lenckner/Eisele*, § 202a Rn. 4 f. mit weiteren Beispielen.
136 BT-Drucks. 10/5058, S. 28.
137 Dazu und zur Rechtslage bei übermittelten Daten näher *S/S/Lenckner/Eisele*, § 202a Rn. 6 m. w. N.

zapft[138]. – In diesem Falle tritt die vermögensschützende Komponente des § 202a deutlich hervor.

57 Für denjenigen, der sich die Daten rechtmäßig, z. B. durch Kauf eines Computerprogramms, verschafft hat, sind diese Daten bestimmt. Sind die Daten allerdings gegen unbefugte Programmvervielfältigung durch eine Kopiersperre geschützt, so kann deren Überwindung nach § 202a strafbar sein[139].

58 Die **besondere Sicherung** gegen unberechtigten Zugang kann sowohl durch einen erhöhten Schutz des Sachgewahrsams, etwa entsprechend §§ 202 II, 243 I 2 Nr. 2 (z. B. Verschluss von Datenträgern in Behältnissen), als auch durch computerspezifische Sperren (Passworte, Magnetkarten usw.) erfolgen[140]. Allerdings darf die Sicherung weder ausschließlich anderen Zwecken dienen noch der Zweck der Datensicherung von ganz untergeordneter Bedeutung bzw. lediglich Nebeneffekt der Sicherung sein. So liegt eine besondere Zugangssicherung insbes. dann nicht vor, wenn mit dem Wegschließen von Hardware lediglich deren unbefugte Verwendung unterbunden werden soll[141]. Wird etwa ein USB-Stick verschlossen, so liegt eine besondere Zugangssicherung nur dann vor, wenn dadurch die darauf befindlichen Daten geschützt werden sollen, nicht hingegen, wenn lediglich die unbefugte Verwendung des USB-Sticks verhindert werden soll.

59 Wie in § 259 I (Hehlerei) ist die **Tathandlung** in § 202a I dahingehend umschrieben, dass der Täter sich oder einem anderen Zugang zu den Daten **verschafft,** also eigene oder fremde Verfügungsmacht darüber herstellt. Man spricht deshalb bei § 202a auch vom **Datendiebstahl** (s. o. Rn. 26), wobei aber zu beachten ist, dass eine „Enteignung" des Berechtigten nicht erforderlich ist (s. Rn. 60) und der Täter nicht in „Zueignungsabsicht" zu handeln braucht. Bisher nicht strafbar ist, wer sich, ohne selbst am Verschaffungsvorgang mitzuwirken oder dazu anzustiften, von einem anderen, der tatbestandsmäßig gehandelt hat, die Daten übergeben lässt. Ein durch die Bundesregierung befürworteter Gesetzentwurf des Bundesrates (BT-Drucks. 18/1288) sieht nun aber einen neuen Straftatbestand der „Datenhehlerei" vor. Umstritten ist in der Diskussion die Behandlung des Ankaufs von Steuer-CDs[142].

Das Verschaffen muss im Zusammenhang mit der besonderen Sicherung gegen unberechtigten Zugang (s. vorstehend Rn. 58) interpretiert

---

138 BT-Drucks. 10/5058, S. 29. – Näher zum Verhältnis Berechtigter/Nutzer *Hilgendorf*, JuS 1996, 509 (512).
139 So mit Unterschieden im Einzelnen z. B. *Lackner/Kühl*, § 202a Rn. 3; *Hilgendorf/Valerius*, Computer- und Internetstrafrecht, 2012, Rn. 555; *Hilgendorf*, JuS 1996, 509 (512); *Meier*, JZ 1992, 657 (662). A. A. (Strafbarkeit ausschließlich nach § 106 UrhG) 1. Aufl. 2000; *B. Heinrich*, Die Strafbarkeit der unbefugten Vervielfältigung und Verbreitung von Standardsoftware, 1993, S. 300 ff.; skeptisch LK-*Hilgendorf*, § 202a Rn. 22, 31.
140 Eingehend zur Zugangssicherung *Hilgendorf*, JuS 1996, 702 ff.; *Hilgendorf/Valerius*, Computer- und Internetstrafrecht, 2012, Rn. 546 ff.; MüKo-*Graf*, § 202a Rn. 32 ff.
141 BT-Drucks. 16/3656, S. 10.
142 Vgl. zur Strafbarkeit der „Datenhehlerei" de lege ferenda auch *Golla/von zur Mühlen*, JZ 2014, 668; *Klengel/Gans*, ZRP 2013, 16.

werden: Tatbestandsmäßig ist nur die Herstellung von Verfügungsgewalt durch Gewahrsamsbruch (z. B. Wegnahme des eingeschlossenen Datenträgers) oder durch Überwindung der computerspezifischen Sperre, nicht die durch Täuschung, Bestechung oder Nötigung einer Person erwirkte Überlassung der Daten[143]. § 202a lässt sich also auch insoweit als „Datendiebstahl" bezeichnen, als das Verschaffen gleichermaßen wie die Wegnahme in § 242 eine Abgrenzung zu den Vermögensdelikten, insbesondere zum Betrug, erfordert (s. zur Abgrenzung von Diebstahl und Betrug u. § 13 Rn. 55, 153 und insbesondere § 20 Rn. 142).

In den datenspezifischen Kernbereich der Begründung eigener oder fremder Verfügungsmacht fällt jedenfalls die **Datenfixierung** auf einem neuen Träger oder die Herstellung einer Datenkopie („unkörperlicher Datendiebstahl" durch Transfer der Daten selbst). Des Weiteren liegt unzweifelhaft ein Sichverschaffen vor, wenn der Täter den körperlichen Datenträger entwendet und daran neuen Gewahrsam begründet („körperlicher Datendiebstahl" durch Transfer des Datenträgers)[144]. Diese Begehungsform weist die deutlichste Parallele zum Sachdiebstahl auf und begründet bei Handeln in Zueignungsabsicht Tateinheit (§ 52) zwischen § 202a und § 242[145]. – Seit der Änderung durch das 41. StRÄndG genügt darüber hinaus bereits der bloße **Datenzugang.** Demnach ist nicht einmal mehr erforderlich, dass der Täter irgendeinen Transfer (Verschieben, Kopieren, Löschen) mit den nicht für ihn bestimmten Daten vornimmt. Da für die Strafbarkeit bereits ausreicht, sich den Zugang zu den Daten zu verschaffen, genügt insbesondere bereits das bloße Öffnen der betreffenden Datei, um sie am Bildschirm zu betrachten[146]. 60

Die Änderung bringt den Willen des Gesetzgebers zum Ausdruck, nunmehr auch das sog. Hacking, d. h. die bloße Überwindung der Zugangssicherung als solcher, dem Anwendungsbereich des § 202a zu unterwerfen[147]. Damit entspricht er der herrschenden Auffassung in der Literatur, die bereits § 202a a. F. in diesem Sinne – entgegen dem damaligen gesetzgeberischen Willen[148] – interpretiert hat[149]. Dahinter steckt das ge- 61

---

143 So zum Beschaffen i. S. des mit § 202a vergleichbaren Art. 179novies Schweiz. StGB *Arzt*, in: Maurer/Vogt (Hrsg.), Kommentar zum Schweizerischen DatenschutzG, 1995, Art. 179novies Rn. 11 f.
144 Einschränkend z. B. *S/S/Lenckner/Eisele*, § 202a Rn. 18: Wenn es sich um verschlüsselte Daten handelt, Sichverschaffen erst dann, wenn die Entschlüsselung gelungen ist oder der Täter oder der Dritte zumindest über den Schlüssel verfügt.
145 *Haft*, NStZ 1987, 6 (10), nimmt sogar an, § 202a werde von § 242 konsumiert – eine konsequente Konkurrenzlösung, wenn man, wie *Haft*, in § 202a ein Vermögensdelikt erblickt; s. o. Rn. 54.
146 *Ernst*, NJW 2007, 2661 (2661). Zum Meinungsstreit vgl. § 202 a. F. vgl. 1. Aufl. 2000.
147 BT-Drucks. 16/3656, S. 9.
148 BT-Drucks. 10/5058, S. 28.
149 Vgl. z. B. *Maurach/Schroeder/Maiwald*, BT 1, § 29 Rn. 99; *S/S/Lenckner/Eisele*, § 202a Rn. 18. – Ablehnend *Haft*, NStZ 1987, 6 (10). – Einschränkend *Hilgendorf/Valerius*, Computer- und Internetstrafrecht, 2012, Rn. 560 f.; LK-*Hilgendorf*, § 202a Rn. 1, 14; *Hilgendorf*, JuS 1996, 702 (704 f.): Reproduzierbarkeit der Daten erforderlich. – Zur Diskussion MüKo-*Graf*, § 202a Rn. 59 ff.; *Schnabl*, wistra 2004, 211.

wandelte Bild des Hackers: Ehemals ein Computerfreak, der nur aus sportlichem Ehrgeiz oder zur Aufdeckung von Sicherheitslücken, aber ohne Interesse an den dort befindlichen Daten und ohne irgendeine Schädigungsabsicht in fremde Computersysteme eindringt, verfolgen Hacker heutzutage zumeist andere, sozialschädliche Ziele, die sie nicht zuletzt durch die Einschleusung gefährlicher Schadprogramme verfolgen[150]. Vor diesem Hintergrund ist die Strafwürdigkeit auch des bloßen Hacking nicht mehr in Zweifel zu ziehen und die Erweiterung des § 202a zu begrüßen.

dd) Rechtfertigung

62 Ebenso wie bei den Indiskretionsdelikten nach § 201 und § 202 kann sich die rechtfertigende **Befugnis** zu tatbestandsmäßigem Handeln bei § 202a aus dem Zivil- und dem öffentlichen Recht ergeben[151]. Dies gilt im Rahmen von § 202a besonders für die „Online-Durchsuchung" nach § 20k BKAG[152]. Ein Eingriff nur aufgrund von Bestimmungen zur allgemeinen Gefahrenabwehr reicht dagegen nicht aus[153].

Insbes. die **Einwilligung** des Verfügungsberechtigten in das Sichverschaffen des Zugangs durch den Täter führt zu einem tatbestandsausschließenden Einverständnis[154]. Auch nach § 202a n. F. ist somit nicht strafbar, wer im Auftrag eines Unternehmens Sicherheitslücken in dessen EDV-System aufspürt und sich – bei erfolgreicher Arbeit und unvollständiger Sicherung – tatsächlich Zugang zu den dort gespeicherten Daten verschafft.

ee) Antragserfordernis, Konkurrenzen

63 § 202a enthält ein **Antragsdelikt**, § 205 I 2. § 205 II 1 2. Hs. schließt den Übergang des Antragsrechts auf die Angehörigen aus. – Da sich die Tat nach § 202a auch auf vermögenswerte Daten beziehen kann, leuchtet der Ausschluss des Übergangs des Antragsrechts auf die Erben in § 205 II 1 2. Hs. nicht ein[155].

64 Enthalten die nach § 202a verschafften Daten Informationen, die in anderen Vorschriften wegen ihres Inhalts gegen Ausspähung bzw. Verwertung geschützt sind, so steht § 202a mit diesen Bestimmungen in **Tateinheit** (§ 52), also namentlich mit §§ 96 StGB, 44 BDSG, 17 II UWG und 106 UrhG[156]. Zum Verhältnis § 202a/§ 242 s. o. Rn. 60.

---

150 Zum gewandelten Bild des Hackers auch *Ernst*, NJW 2003, 3233 (3233 ff.).
151 S. dazu o. Rn. 17 ff. (zu § 201) und Rn. 27 (zu § 202).
152 *Fischer*, § 202a Rn. 12.
153 *S/S/Lenckner/Eisele*, § 202a Rn. 11; *Fischer*, § 202a Rn. 12.
154 *Maurach/Schroeder/Maiwald*, BT 1, § 29 Rn. 105; MüKo-*Graf*, § 202a Rn. 63.
155 Kritisch auch *Haft*, NStZ 1987, 6 (10).
156 H. M.; z. B. *Fischer*, § 202a Rn. 15; *Maurach/Schroeder/Maiwald*, BT 1, § 29 Rn. 106; *S/S/Lenckner/Eisele*, § 202a Rn. 29.

d) Abfangen von Daten, § 202b

Die durch das 41. StrÄndG vom 7.8.2007[157], in Kraft getreten am 11.8.2007, eingefügte Vorschrift des § 202b stellt das Abfangen von Daten unter Strafe. Damit wurde Art. 3 der sog. Cybercrime-Convention des Europarates vom 23.11.2001[158] in nationales Recht umgesetzt – ein aktueller Beleg für die zunehmende **Europäisierung des Strafrechts,** wie sie generell in dem 41. StrÄndG zum Ausdruck kommt[159]. Schutzgut der Vorschrift ist wie bei § 202a das formelle Geheimhaltungsinteresse des Verfügungsberechtigten[160] (Rn. 50). 65

Den Tatbestand des § 202b verwirklicht, wer sich nicht für ihn bestimmte Daten i. S. d. § 202a II aus einer **nichtöffentlichen Datenübermittlung** (z. B. E-Mails und sonstige Kommunikationsformen, aber auch jegliche sonstige Informationen) verschafft. Erfasst wird nur der Zugriff auf gerade übertragene, nicht hingegen auf bereits übermittelte und abgespeicherte Daten. Da Daten auch aus der elektromagnetischen Abstrahlung einer Datenverarbeitungsanlage wieder hergestellt werden können, ist der Zugriff hierauf (sog. **Side-Channel-Angriffe**[161]) ebenso strafbar. 66

Eine **besondere Zugangssicherung** ist anders als in § 202a nicht erforderlich. Auch ungesicherte Datenübertragungen (z. B. im heimischen, nicht verschlüsselten WLAN) sind somit vom Tatbestand geschützt. Für das **Verschaffen** der Daten genügt die bloße Kenntnisnahme von E-Mails oder das Mithören eines Telefongesprächs. Nicht erforderlich ist hingegen, dass die abgefangenen Daten in irgendeiner Form konserviert, insbes. abgespeichert oder aufgezeichnet werden[162]. 67

§ 202b enthält a. E. eine **Subsidiaritätsklausel,** wodurch die Ergänzungsfunktion der Vorschrift, vor allem gegenüber § 201 und § 202a (vgl. dazu Rn. 55) verdeutlicht wird[163]. Ebenso wie § 202a ist auch § 202b ein **Antragsdelikt** (§ 205 I 2). 68

e) Vorbereiten des Ausspähens und Abfangens von Daten, § 202c

§ 202c – ebenfalls eingefügt durch das 41. StrÄndG – stellt **Vorbereitungshandlungen** zu den §§ 202a f. unter Strafe, sofern sie sich auf zugangssichernde Passwörter oder sonstige Codes (Abs. 1 Nr. 1) bzw. auf Computerprogramme, deren Zweck die Begehung einer Tat nach den §§ 202a f. ist (Abs. 1 Nr. 2), beziehen. Durch die Ausgestaltung des § 202c als **abstraktes Gefährdungsdelikt** sollen besonders gefährliche Vorberei- 69

---

157 BGBl. I, S. 1786.
158 Übereinkommen des Europarates über Computerkriminalität; ETS No. 185. Vgl. dazu *Hilgendorf/Valerius*, Computer- und Internetstrafrecht, 2012, Rn. 119 ff.; *Gercke*, MMR 2004, 728 ff., 801 ff.; *Valerius*, K&R 2004, 513 ff.
159 BT-Drucks. 16/3656, S. 1.
160 BT-Drucks. 16/3656, S. 11.
161 Vgl. dazu *Hilgendorf/Valerius*, Computer- und Internetstrafrecht, 2012, Rn. 570.
162 BT-Drucks. 16/3656, S. 11.
163 BT-Drucks. 16/3656, S. 11.

tungshandlungen pönalisiert werden. Widersprüchlich ist indes, dass dadurch zwar die Vorbereitung einer Tat der §§ 202a f. strafbar ist, mangels gesetzlicher Anordnung aber nicht deren Versuch[164].

70 Problematisch ist die **Reichweite der Vorschrift,** die nicht zuletzt auf die umfangreiche Aufzählung der einzelnen Tathandlungen (herstellen, sich oder einem anderen verschaffen, verkaufen, einem anderen überlassen, verbreiten oder sonst zugänglich machen) zurückzuführen ist, welche kaum zu einer Einschränkung des „Vorbereitens" dienlich sind. Erfasst ist damit auch die Tätigkeit von Systemadministratoren, die Passwörter festlegen.

> Bereits der Bundesrat hat im Gesetzgebungsverfahren zu Recht darauf hingewiesen, dass sich demnach auch der nachlässige „Täter" nach § 202c strafbar machen könnte, wenn er sein Passwort im Nahbereich seines Computers vermerkt und dabei damit rechnet, dass eine unberechtigte Person das Passwort findet und sich damit Zugang zu den dadurch gesicherten Daten verschafft (vgl. § 202c I Nr. 1)[165]. Dass auch § 202c I Nr. 2 bedenklich weit geraten ist, verdeutlicht eine Strafanzeige gegen das Bundesamt für Sicherheit in der Informationstechnik (BSI), das auf seiner Webseite auf einen Passwort-Cracker verlinkt hat und somit an sich ein Programm zugänglich macht, mit dem eine Straftat nach §§ 202a f. begangen werden kann.

71 Es bedarf somit eines **Korrektivs,** um die zu weit geratene Fassung des § 202c einzuschränken. Denkbar wäre zunächst eine Einschränkung des objektiven Tatbestandes, vor allem bei dem Gebrauch von sog. Dual-Use-Tools, die sowohl für legale als auch für illegale Zwecke eingesetzt werden können. Der Gesetzgeber selbst hat dazu bemerkt, dass der Einsatz solcher Werkzeuge bereits den objektiven Tatbestand nicht verwirklicht[166], sich aber dadurch in Widerspruch zu seiner früheren Gesetzesbegründung gesetzt[167]. Das BVerfG, JR 2010, 79 (82)[168] hat in restriktiver Auslegung des § 202c I Nr. 2 festgestellt, dass nur Computerprogramme erfasst seien, die mit der – äußerlich manifestierten – Absicht entwickelt oder modifiziert werden, sie zur Begehung von Straftaten nach § 202a f. StGB einzusetzen. Diese Auslegung mag rechtspolitisch sinnvoll sein, nach dem Wortlaut der Norm ist sie aber nicht zwingend[169]. Wünschenswert wäre eine Konkretisierung der Tatbestandsmerkmale des § 202c durch den Gesetzgeber[170].

---

164 *Gröseling/Höfinger,* MMR 2007, 626 (628) m. w. N., die die Berechtigung der Norm überhaupt infrage stellen (630).
165 BT-Drucks. 16/3656, S. 16. Nicht überzeugend die Gegenäußerung der Bundesregierung; BT-Drucks. 16/3656, S. 18 f.
166 BT-Drucks. 16/3656, S. 19; vgl. auch *Cornelius,* CR 2007, 682 (687); *Schultz,* DuD 2006, 778 (782). Zu derselben Problematik im Rahmen des § 263a III *Hilgendorf/Valerius,* Computer- und Internetstrafrecht, 2012, Rn. 531; *Fischer,* § 263a Rn. 32; *Gröseling/Höfinger,* MMR 2007, 626 (629); vgl. ferner BVerfG, NJW 2006, 2318 (2319).
167 BT-Drucks. 16/3656, S. 12: „Es reicht [für den objektiven Tatbestand des § 202c], wenn die objektive Zweckbestimmung des Tools auch die Begehung einer solchen Straftat ist". Vgl. auch *Schultz,* DuD 2006, 778 (781).
168 Dazu *Kudlich,* JA 2009, 739; *Stuckenberg,* wistra 2010, 41; *Valerius,* JR 2010, 84.
169 LK-*Hilgendorf,* § 202c Rn. 4, 11 ff.
170 LK-*Hilgendorf,* § 202c Rn. 4.

Für den subjektiven Tatbestand genügt bereits bedingter Vorsatz, sodass grds. ausreicht, dass der Täter durch seine Handlung die Vorbereitung einer zukünftigen Straftat in Kauf nimmt. Es kann allenfalls erwogen werden, den Vorsatz insoweit auf eine konkrete Straftat zu beziehen[171], sodass das generelle Zugänglichmachen einer zur Verwirklichung der §§ 202a f. geeigneten bzw. hergestellten Software hierfür nicht genügen würde. Um Rechtsunsicherheit zu vermeiden, wäre eine ausdrückliche Einschränkung des § 202c (z. B. auf „gezielte" Vorbereitung) jedenfalls erwägenswert[172].

Tätige Reue ist entsprechend § 149 II, III möglich (§ 202c II). Ein **Strafantrag** gem. § 205 ist wegen des Charakters der Vorschrift als abstraktes Gefährdungsdelikt (Rn. 69) nicht erforderlich. Dies ist konsequent, führt aber zu dem seltsamen Ergebnis, dass bei Mündung der Vorbereitungshandlung in das Vollendungsstadium die Tat vom Offizial- zum Antragsdelikt (s. Rn. 63, 68) mutiert[173]. 72

---

171 Vgl. auch *Gröseling/Höfinger*, MMR 2007, 626 (629).
172 *Hilgendorf*, Das neue Computerstrafrecht, 10 f.
173 Kritisch auch *Gröseling/Höfinger*, MMR 2007, 626 (628).

§ 9 Verletzung der persönlichen Freiheit, insbesondere der körperlichen Bewegungsfreiheit, §§ 232 ff., Freiheitsberaubung, § 239, und der allgemeinen Willensentschließungs- und -betätigungsfreiheit, Nötigung, § 240

Literaturhinweise: (1) Insbesondere zu Freiheitsberaubung, § 239 (II): *Arzt,* Einwilligung zur Heilbehandlung untergebrachter Kranker?, NJW 1967, 688; *Baumann,* Unterbringungsrecht, 1966; *Bloy,* Freiheitsberaubung ohne Verletzung fremder Autonomie?, ZStW 96 (1984), 703; *Bosch,* Der Schutz der Fortbewegungsfreiheit durch den Tatbestand der Freiheitsberaubung (§ 239 StGB), Jura 2012, 604; *Fahl,* Freiheitsberaubende Kindesentziehung ohne Strafantrag?, GA 1996, 476; *Fezer,* Die persönliche Freiheit im System des Rechtsgüterschutzes, JZ 1974, 599; *Geppert/Bartl,* Probleme der Freiheitsberaubung, insbesondere zum Schutzgut des § 239, Jura 1985, 221; *Jung/Müller-Dietz* (Hrsg.), Langer Freiheitsentzug – wie lange noch?: Plädoyer für eine antizyklische Kriminalpolitik, 1994; *Kargl,* Die Freiheitsberaubung nach § 239 StGB, GA 09, 329; *ders.,* Verspätung im Zugverkehr und Freiheitsberaubung (§ 239 StGB), NZV 2013, 417; *Otto,* Das Verhältnis der Nötigung zur Freiheitsberaubung, Jura 1989, 497; *Park/Schwarz,* Die Freiheitsberaubung (§ 239 StGB), Jura 1995, 294; *Schünemann,* Die Freiheitsdelikte im künftigen Strafrecht, MschrKrim 1970, 250; *Schumacher,* Freiheitsberaubung und „Fürsorglicher Zwang" in Einrichtungen der stationären Altenhilfe, Stree/Wessels-FS 1993, S. 431; *Widmann,* Die Freiheitsberaubung mit Todesfolge als erfolgsqualifizierte Straftat mit eingeschränktem Ursachenrahmen, MDR 1967, 972.

(2) Insbesondere zu Nötigung, § 240 (III): *Alternativ-Entwurf* eines Strafgesetzbuches, Besonderer Teil, Straftaten gegen die Person, 1. Halbbd. 1970, § 116 mit Begründung S. 63 ff.; *Amelung,* Über Freiheit und Freiwilligkeit auf der Opferseite der Strafnorm, GA 1999, 182; *ders.,* Nötigung durch Straßenblockade, NStZ 1996, 230; *Arnold,* Die „neue" Auslegung des Gewaltbegriffs in § 240 StGB – eine Nötigung der Strafrechtsdogmatik?, JuS 1997, 289; *Arzt,* Zum Zweck und Mittel der Nötigung, Welzel-FS 1974, S. 823; *ders.,* Zwischen Nötigung und Wucher, Lackner-FS 1987, S. 641; *Bauer,* Politischer Streik und Strafrecht, JZ 1953, 649; *Baumann,* Zwangsweise Lebenserhaltung im Strafvollzug, ZRP 1978, 35; *ders.,* Demonstrationsziel als Bewertungsposten bei der Entscheidung nach § 240 II StGB?, NJW 1987, 36; *ders.,* Bei § 240 StGB ist der Gesetzgeber gefordert, ZRP 1987, 265; *Baumann/Frosch,* Der Entwurf des 3. Strafrechtsreformgesetzes. Schutz des Gemeinschaftsfriedens, JZ 1970, 113; *Bergerhoff,* Nötigung durch Boykott, 1997; *Bergmann,* Das Unrecht der Nötigung, 1983; *ders.,* Zur strafrechtlichen Beurteilung von Sitzblockaden als Nötigung, unter Berücksichtigung der jüngsten Rechtsprechung, Jura 1985, 457; *Berz,* Die Grenzen der Nötigung, JuS 1969, 367; *Blei,* Zum strafrechtlichen Gewaltbegriff, NJW 1954, 583; *ders.,* Die Auflösung des strafrechtlichen Gewaltbegriffs, JA 1970, 19, 77, 141; *Boeckmann,* Was ist Gewalt?, JZ 1986, 1050; *Böhm,* Grenzen staatlicher Zwangsbefugnisse gegenüber Untersuchungshäftlingen, JuS 1975, 287; *Bohnert,* Gibt es eine Drittbeziehung bei der strafrechtlichen Nötigung?, JR 1982, 397; *Brendle,* Lärm als körperliche Einwirkung – Gewaltbegriff und Einheit der Rechtsordnung, NJW 1983, 727; *Brohm,* Demonstrationsfreiheit und Sitzblockaden, JZ 1985, 501; *Bundeskriminalamt,* Forschungsreihe

Literatur § 9

Sonderband „Was ist Gewalt?" 1. Teil: Probleme der Nötigung mit Gewalt § 240 StGB, von *Krey* und *Neidhardt*, 1986; *Busse*, Nötigung im Straßenverkehr, 1968; *Callies*, Der Begriff der Gewalt im Systemzusammenhang der Straftatbestände, 1974; *ders.*, Der strafrechtliche Nötigungstatbestand und das verfassungsrechtliche Gebot der Tatbestandsbestimmtheit, NJW 1985, 1506; *ders.*, Sitzdemonstrationen und strafbare Nötigung in verfassungsrechtlicher Sicht, NStZ 1987, 209; *Dearing*, Sitzblockade und Gewaltbegriff – ein Vergleich der deutschen und österreichischen Judikatur zur Nötigung, StV 1986, 125; *Dostal*, 1968 – Demonstranten vor Gericht. Ein Beitrag zur Justizgeschichte der Bundesrepublik, 2006; *Dreher*, Zwanzig Thesen zum Thema ziviler Ungehorsam und Sitzblockaden, MDR 1988, 19; *Eser*, Irritationen um das „Fernziel", Jauch-FS 1990, S. 35; *Fezer*, Die persönliche Freiheit im System des Rechtsgüterschutzes, JZ 1974, 599; *ders.*, Zur jüngsten Auseinandersetzung um das Rechtsgut des § 240 StGB, GA 1975, 353; *ders.*, Zur Rechtsgutsverletzung bei Drohungen, JR 1976, 95; *Geilen*, Neue Entwicklungen beim strafrechtlichen Gewaltbegriff, H. Mayer-FS 1965, S. 445; *ders.*, Lebensgefährdende Drohung als Gewalt in § 251 StGB?, JZ 1970, 521; *Geppert*, Die Nötigung (§ 240), Jura 2006, 31; *Graul*, Nötigung durch Sitzblockade, JR 1994, 51; *Günther*, Verwerflichkeit von Nötigungen trotz Rechtfertigungsnähe. – Zugleich ein Beitrag zur Sitzblockadeproblematik, Baumann-FS 1992, S. 213; *Haffke*, Gewaltbegriff und Verwerflichkeitsklausel, ZStW 84 (1972), 37; *Hansen*, Die tatbestandliche Erfassung von Nötigungsunrecht, 1972; *Heinitz*, Nötigung, Aufruhr und Landfriedensbruch bei Streikausschreitungen, JR 1956, 3; *Heintschel-Heinegg*, Die Gewalt als Nötigungsmittel im Strafrecht, 1975; *Herzberg*, Noch einmal: Zum Gewaltbegriff in § 240 StGB und zu seiner „subjektiv-historischen Auslegung", JuS 1997, 1067; *ders.*, Die nötigende Gewalt (§ 240 StGB), GA 1997, 251; *ders.*, Die Sitzblockade als Drohung mit einem empfindlichen Übel, GA 1998, 211; *Herzog*, Telefonterror (fast) straflos?, GA 1975, 257; *Horn*, Die Drohung mit einem erlaubten Übel: Nötigung?, NStZ 1983, 497; *Hoyer*, Straßenblockade als Gewalt in mittelbarer Täterschaft, JuS 1996, 200; *ders.*, Der Sitzblockadenbeschluss des BVerfG und seine Konsequenzen für den Begriff der Drohung, GA 1997, 451; *Hruschka*, Die Blockade einer Autobahn durch Demonstranten – eine Nötigung?, NJW 1996, 160; *Husen*, Hungerstreik im Justizvollzug, ZRP 1977, 289; *Jakobs*, Nötigung durch Drohung als Freiheitsdelikt, Karl Peters-FS 1974, S. 69; *ders.*, Nötigung durch Gewalt, Hilde-Kaufmann-GS 1986, S. 791; *Janknecht*, Sitzstreik als Nötigung?, NJW 1986, 2411; *Kaiser*, Gewalt im Straßenverkehr, Salger-FS 1995, S. 55; *Kargl*, Zur objektiven Bestimmung der Nötigung, Roxin-FS 2001, S. 905; *Keller*, Die neue Entwicklung des strafrechtlichen Gewaltbegriffs in der Rechtsprechung, JuS 1984, 109; *Knodel*, Der Begriff der Gewalt im Strafrecht, 1962; *Köhler*, Vorlesungsstörung als Gewaltnötigung?, NJW 1983, 10; *ders.*, Nochmals: Vorlesungsstörung als Gewaltnötigung?, NJW 1983, 1595; *F.-W. Krause*, Gedanken zur Nötigung und Erpressung durch Rufschädigung (Chantage), Spendel-FS 1992, S. 547; *Krauß*, Die Beurteilung „passiver Resistenz" – restriktive oder extensive Auslegung der Gewaltnötigung?, NJW 1984, 905; *Krey*, Probleme der Nötigung mit Gewalt, JuS 1974, 418; *Krey/Jaeger*, Sitzblockaden als tatbestandsmäßige Nötigung mit Gewalt, in: Hüter der Verfassung oder Lenker der Politik?, 1998, S. 151; *Kühl*, Demonstrationsfreiheit und Demonstrationsstrafrecht, NJW 1985, 2379; *Lesch*, Bemerkungen zum Nötigungsbeschluss der BVerfG vom 10.1.1995, JA 1995, 889; *ders.*, Nötigung durch Straßenblockade, StV 1996, 152; *ders.*, Die Nötigung als Delikt gegen die Freiheit, Rudolph-FS 2004, S. 483; *Liebernickel*, Erpressung ausreisewilliger DDR-Bürger, 2000; *Lohmann*, Nötigung im Straßenverkehr, in: 26. Dt. Verkehrsgerichtstag, 1988, S. 165; *Lüttger*, Der Missbrauch öffentlicher Macht und das Strafrecht, Dreher-FS 1977, S. 587; *Magnus*, Der Gewaltbegriff der Nötigung (§ 240 StGB) im Lichte der neuesten BVerfG-Rechtsprechung, NStZ 2012, 538; *Martin*, Zur strafrechtlichen Beurteilung „passiver Gewalt" bei Demonstrationen, in: 25 Jahre BGH, 1975, S. 211; *Maul*, Demonstrationsrecht und allgemeine Strafbestimmungen, JR 1970, 81; *Mertins*, Rückzug des Strafrechts – mehr Freiheit?, GA 1980, 41; *Meurer/Bergmann*, Gewaltbegriff und Verwerflichkeitsklausel, JR 1988, 49; *Meyer/Köhler/Dürig-Friedl*, Demonstrations- und Versammlungsrecht, 4. Aufl. 2001; *Mittelsdorf*, Blockade mit Versammlungscharakter

§ 9 Verletzung der persönlichen Freiheit

als strafbare Nötigung, JuS 2002, 1062; *Müller/Dietz,* Zur Entwicklung des strafrechtlichen Gewaltbegriffs, GA 1974, 33; *Niese,* Streik und Strafrecht, 1954; *Offenloch,* Geforderter Rechtsstaat (Blockade-Verfahren), JZ 1986, 11; *Ostendorf,* Kriminalisierung des Streikrechts, 1987; *Ott,* Rechtsprobleme bei der Auflösung einer Versammlung in Form eines Sitzstreiks, NJW 1985, 2384; *Otto,* Sitzdemonstrationen und strafbare Nötigung in strafrechtlicher Sicht, NStZ 1987, 212; *ders.,* Unterbrechung eines Bahntransports als Nötigung – Castor, NStZ 1998, 513; *Paeffgen,* Unzeitgemäße (?) Überlegungen zum Gewalt- und Nötigungs-Begriff, Grünwald-FS 1999, S. 433; *Priester,* Der Verfassungsgerichts-Beschluss zur Nötigung durch Sitzblockaden – ein Schlag ins Wasser?, Bemmann-FS 1997, S. 362; *Prittwitz,* Sitzblockaden – ziviler Ungehorsam und strafbare Nötigung?, JA 1987, 17; *Reichert-Hammer,* Politische Fernziele und Unrecht, 1991; *Rheinländer,* Sitzblockaden und/oder Gewaltbegriffsentscheidung, Bemmann-FS 1997, S. 385; *Roxin,* Verwerflichkeit und Sittenwidrigkeit als unrechtsbegründende Merkmale im Strafrecht, JuS 1964, 373; *Schaffstein,* Vom Crimen bis zur Nötigung, R. Lange-FS 1976, S. 983; *Schima,* Erpressung und Nötigung, 1973; *F.-C. Schroeder,* Schreien als Gewalt, JuS 1982, 491; *ders.,* Widerstand gegen Willensmittler als Nötigung?, NJW 1985, 2392; *ders.,* Die Bedrohung mit Verbrechen, Lackner-FS 1987, S. 665; *ders.,* Sitzblockade keine Gewalt – BVerfG, NJW 1995, 1141, JuS 1995, 875; *ders.,* Zur Sitzblockade als Drohung mit einem empfindlichen Übel, Meurer-GS 2002, S. 237; *ders.,* Die drei Arten der Nötigung, Gössel-FS 2002, S. 415; *Schultz,* Der strafrechtliche Begriff der Gewalt, SchwZStr 1952, 340; *Sinn,* Die Nötigung im System des heutigen Strafrechts, 2000; *Sommer,* Lücken im Strafrechtsschutz des § 240 StGB?, NJW 1985, 769; *Stoffers,* Drohung mit dem Unterlassen einer rechtlich gebotenen Handlung, JR 1988, 492; *Tiedemann,* Bemerkungen zur Rechtsprechung in den sogenannten Demonstrationsprozessen, JZ 1969, 717; *Timpe,* Die Nötigung, 1989; *Tröndle,* Ein Plädoyer für die Verfassungsmäßigkeit des § 240 StGB, Lackner-FS 1987, S. 627; *ders.,* Sitzblockaden und ihre Fernziele, Rebmann-FS 1989, S. 481; *ders.,* Irrungen und Wirrungen der verfassungsrechtlichen Rechtsprechung zu Sitzblockaden, BGH-FS 2000, Bd. IV, S. 527; *Vianden-Grüter,* Der Irrtum über die Voraussetzungen, die für § 240 Abs. 2 beachtlich sind, GA 1954, 359; *Volk,* Nötigung durch Drohung mit Unterlassen, JR 1981, 274; *J. Wolter,* Gewaltanwendung und Gewalttätigkeit, NStZ 1985, 193, 245; *ders.,* Verfassungskonforme Restriktion und Reform des Nötigungstatbestandes, NStZ 1986, 241; *Zöller,* Der Gewaltbegriff des Nötigungstatbestandes. – Zur Strafbarkeit sog. Sitzblockaden, GA 2004, 147; *Zopfs,* Drohen mit einem Unterlassen?, JA 1998, 813; *Zuck,* Gewalt auf der Straße, MDR 1987, 636.

(3) **Zum Sondertatbestand Nachstellung, § 238 (III 8 c):** *Buettner,* Stalking als Straftatbestand: Opferschutz, ZRP 2008, 124; *Freudenberg,* Maßnahmen zum Schutz von Stalking-Opfern, NJ 2006, 535; *Gazeas,* „Stalking" als Straftatbestand – effektiver Schutz oder strafrechtlicher Aktionismus?, Krit. J. 2006, 247; *ders.,* Der Stalking-Straftatbestand – § 238 StGB (Nachstellung), JR 2007, 497; *Kinzig,* Stalking – ein Fall für das Strafrecht?, ZRP 2006, 255; *Kinzig/Zander,* Der neue Tatbestand der Nachstellung (§ 238 StGB), JA 2007, 481; *Kühl,* Einordnungs- und Anwendungsprobleme bei der Nachstellung, Geppert-FS 2011, S. 311; *Löhr,* Zur Notwendigkeit eines spezifischen Anti-Stalking-Straftatbestandes in Deutschland, 2008; *Merscher,* Die Verzahnung von Straf- und Zivilrecht im Kampf gegen häusliche Gewalt, 2004; *Frank Meyer,* Strafbarkeit und Strafwürdigkeit von „Stalking" im deutschen Recht, ZStW 115 (2003), 247; *Mitsch,* Der neue Stalking-Tatbestand im Strafgesetzbuch, NJW 2007, 1237; *ders.,* Strafrechtsdogmatische Probleme des neuen „Stalking"-Tatbestandes, Jura 2007, 401; *Neubacher,* An den Grenzen des Strafrechts – Stalking, Graffiti, Weisungsverstöße, ZStW 118 (2006), 855; *Neubacher/Seher,* Das Gesetz zur Strafbarkeit beharrlicher Nachstellungen (§ 238 StGB), JZ 2007, 1029; *Schöch,* Zielkonflikte beim Stalking-Tatbestand, NStZ 2013, 221; *Seiler,* § 238 StGB. Analyse und Auslegung des Nachstellungstatbestands, 2010; *Smischek,* Stalking, 2006; *Steinberg,* Nachstellen – Ein Nachruf?, JZ 2006, 30; *Utsch,* Strafrechtliche Probleme des Stalking, 2007; *Valerius,* Stalking: Der neue Straftatbestand der Nachstellung in § 238 StGB, JuS 2007, 319.

Überblick über §§ 232 ff. § 9 Rn. 1

Übersicht

		Rn.
I.	Überblick über §§ 232 ff.	1
II.	Freiheitsberaubung, § 239	8
	1. Der kriminalpolitische Hintergrund	8
	2. Rechtsgut und Tatbestand der Freiheitsberaubung	12
	a) Körperliche Bewegungsfreiheit	12
	b) Freiheitsentziehung – Freiheitsbeschränkung	17
	c) Dauer der Freiheitsentziehung – Verhältnis zur Nötigung, § 240	23
	d) Beraubung durch Einsperren oder auf sonstige Weise	26
	3. Tatbestandsausschluss und Rechtfertigung	27
	4. Qualifikationen, § 239 III und IV	29
	5. Versuch, Dauerdelikt (Beteiligung und Konkurrenzen)	34
	a) Versuch	34
	b) Dauerdelikt	35
III.	Nötigung, § 240	39
	1. Der kriminalpolitische Hintergrund	39
	a) Die Relativität des Schutzes gegen Nötigung	39
	b) Beschränkung der Nötigung auf ein Exzessverbot	41
	c) Der Umfang der Nötigungskriminalität	44
	2. Rechtsgut des § 240	45
	3. Der Tatbestand der Nötigung, § 240 I	46
	a) Der Nötigungserfolg	46
	b) Nötigungshandlung „Drohung"	47
	c) Nötigungshandlung „Gewalt"	55
	4. Rechtswidrigkeit und Verwerflichkeit der Nötigung, § 240 II	74
	5. Vorsatz und Irrtum	89
	6. Versuch, § 240 III	92
	7. Besonders schwere Fälle, § 240 IV	93
	8. Sondertatbestände und Konkurrenzen	94
	a) Hinweis auf spezielle Nötigungsdelikte	94
	b) Sondertatbestände Bedrohung und falsche Warnung, § 241	96
	c) Sondertatbestand Nachstellung, § 238	101

I. Überblick über §§ 232 ff.

Der 18. Abschnitt des BT enthält ein buntes Sammelsurium recht verschiedener Delikte. Die zusammenfassende Bezeichnung „gegen die persönliche Freiheit" ist schon deshalb wenig aussagekräftig, weil alle Straftaten, die sich gegen disponible Rechtsgüter richten (körperliche Unversehrtheit, Vermögen usw.), letztlich den Freiheitsbereich des Opfers verletzen, vgl. o. § 1 Rn. 29. Hinzu kommt, dass sich die in §§ 235 (Entziehung Minderjähriger) und 236 (Kinderhandel) unter Strafe ge- 1 stellten Taten primär gegen andere Rechtsgüter als die persönliche Freiheit richten; dazu u. Rn. 3–6.

1a Ein noch buntscheckigeres Bild bietet der 18. Abschnitt nach Einfügung der **Menschenhandelstatbestände** **§§ 232–233b** durch das 37. StrÄndG von 2005[1] sowie des **§ 238** durch das 40. StrÄndG von 2007[2].

1b § 232 ersetzt in erweiterter Form[3] die gleichzeitig aufgehobenen Prostitutionstatbestände **§§ 180b und 181**. Geschützt ist neben der sexuellen Selbstbestimmung das Vermögen (gegen Ausbeutung).

Der in seinem Abs. 1 S. 1 sprachlich missglückte (Schachtelsätze) **§ 233** schützt als neuer Spezialtatbestand der Nötigung (§ 240) die Freiheit über die Verfügung der **Arbeitskraft** sowie ebenfalls das Vermögen[4].

In **§ 233a** werden **Beihilfehandlungen** zum Menschenhandel nach §§ 232 und 233 zur **Täterschaft** aufgewertet.

Noch in der Diskussion ist die Pönalisierung der Kunden von Prostituierten, die Opfer des Menschenhandels nach § 232 geworden sind[5].

Die nicht examenswichtigen §§ 232–233a werden hier nicht weiter behandelt. Zum stark diskutierten Stalking-Tatbestand § 238 s. u. Rn. 6a sowie Rn. 101 ff.

2 Mit dem Ende der Sklaverei schien das Ende des **Menschenraubs, § 234**, gekommen zu sein. Als politischer Menschenhandel, **Verschleppung, § 234a**, ist das Delikt wieder aktuell geworden. Entsprechende Aktivitäten der Geheimdienste fremder Mächte auf deutschem Boden haben wiederholt Schlagzeilen gemacht (z. B. der bis heute ungeklärte Fall des Dr. Linse, der z. Z. des Kalten Krieges aus der Berliner S-Bahn in den Ostteil der Stadt verschleppt wurde). – Mit § 234a verwandt ist die **politische Verdächtigung, § 241a**. Bei § 234a wird die rechtsstaatswidrige Verfolgung durch Verschleppung ermöglicht, bei § 241a wird ein potenziell schon gegebener rechtsstaatswidriger Zugriff durch Anzeige oder Verdächtigung aktualisiert. Beide Vorschriften wurden durch das FreiheitsschutzG 1951 ins StGB eingefügt.

Da die §§ 234a, 241a gerade auch den Schutz von DDR-Bürgern bezweckten, war es verständlich, dass BGHSt 30, 1 und 32, 293 im Hinblick auf § 5 Nr. 6 – anders als hinsichtlich § 3 StGB – die DDR als „Inland" bewerteten; sog. gespaltener Inlandsbegriff[6].

§§ 234a, 241a werden hier nicht weiter erörtert. Die Tatbestände sind **nicht examenswichtig.**

---

1 Vom 11.2.2005, BGBl. I, S. 239. – Zur Kriminologie des Menschenhandels s. *Johannes Hoffmann*, Menschenhandel, 2002.
2 Vom 22.3.2007, BGBl. I, S. 354.
3 Veranlasst durch internationale Verpflichtungen der Bundesrepublik Deutschland; s. dazu z. B. *Fischer*, § 232 Rn. 2.
4 Auch § 233 wurde in Erfüllung internationaler Verpflichtungen eingefügt, s. *Fischer*, § 233 Rn. 1.
5 S. dazu *Fischer*, § 232 Rn. 1.
6 S. dazu auch *Baumann/Weber/Mitsch*, § 7 Rn. 50.

Bei der **Entziehung Minderjähriger**, § 235, wird nicht in erster Linie   3
der Minderjährige, sondern der **Sorgeberechtigte** geschützt; s. auch das
prinzipielle Antragserfordernis in § 235 VII[7]. Zum Sorgerecht vgl. §§ 1626
ff., 1631, 1632 BGB. Aus der im Zuge der Neufassung der Vorschrift durch
das 6. StrRG eingefügten Qualifikation in § 235 IV Nr. 1 ergibt sich, dass
auch das **Wohl der** (als Opfer bezeichneten) **entzogenen Person** geschützt
ist[8]. Für sie kommt damit eine strafbare Teilnahme an dem Delikt nicht in
Betracht[9].

Bei § 235 geht es normalerweise darum, dass nach der Scheidung ein El-   4
ternteil sich nicht mit der gerichtlichen Entscheidung abfindet, die ihm das
Personensorgerecht abspricht (§ 1671 BGB), besonders wenn der andere
Elternteil das Kind ins Ausland bringen und dort erziehen will. Wenn Täter und Personensorgeberechtigter gleichermaßen das Beste des Kindes
wollen, ist die Tragödie perfekt. Kindesentziehung wird zur Verzweiflungstat. Der geringe Schuldgehalt ist bei der Strafzumessung zu berücksichtigen.

In den seltenen Fällen, in denen ein fremdes Kind „gestohlen" wird,   5
liegt in der Regel eine Kurzschlusstat vor, bei der die Schuldfähigkeit zumindest erheblich beeinträchtigt ist. Bei der fortgeschrittenen Bürokratie
des Standesamtes ist ein solches Unternehmen fast immer zum Scheitern
verurteilt, weil die notwendigen Folgetaten (Personenstandsfälschung,
§ 169, mit den damit zusammenhängenden Urkundenfälschungen) nicht
durchführbar sind und z. Z. des Kindesraubs auch nicht bedacht werden.
– Schließlich erfasst § 235 Fälle der Entführung, die wie der Menschenraub
des § 234 zur Schwerstkriminalität gehören (lukrativer Job im Ausland,
der sich rasch als Arbeit im Bordell herausstellt[10]).

Während § 235 Angriffe gegen das Sorgerecht **von außen** erfasst[11], stellt   6
§ 236 I 1 n. F. **(Kinderhandel)** einen Fall der Vernachlässigung der Fürsorge- und Erziehungspflicht **des Sorgeberechtigten** unter Strafe: die Überlassung des noch nicht 18 Jahre alten Kindes an einen anderen in Bereicherungsabsicht („Verkauf"). Geschütztes Rechtsgut ist die ungestörte
körperliche und seelische Entwicklung des Kindes; abstrakte Gefährdung,
die sich in der Qualifikation des § 236 IV Nr. 2 zur konkreten Gefährdung
verdichtet. – Nach § 236 I 2 ist auch der „**Kauf**" des Kindes strafbar.

§ 236 II **(unbefugte Adoptionsvermittlung)** schützt das im Interesse
des Kindeswohls errichtete Monopol der Jugendämter und vertrauenswürdiger Wohlfahrtsverbände bei der Adoptionsvermittlung Minderjähriger; vgl. §§ 2, 5 AdoptionsvermittlungsG.

---

7   Antragsberechtigt ist nur der Inhaber des Sorgerechts, nicht auch die entzogene Person; s. SK-Wolters, § 235 Rn. 24 (str.).
8   S. z. B. *Lackner/Kühl*, § 235 Rn. 1 m. w. N.
9   S. zur Straflosigkeit des Opfers bei Begegnungsdelikten *Baumann/Weber/Mitsch*, § 32 Rn. 71.
10 Vgl. auch §§ 232 ff. Dazu o. Rn. 1a und 1b.
11 S. o. Rn. 3–5.

Auch §§ 235 und 236 werden **nicht** weiter erörtert.

6a § 237 I (**Zwangsheirat**) – eingefügt durch das Gesetz zur Bekämpfung der Zwangsheirat vom 23.6.2011 – schützt das Recht auf freie Eheschließung und selbstbestimmte Partnerwahl[12]; in Abs. 2 werden vorbereitende Verschleppungshandlungen selbstständig unter Strafe gestellt. Sehr weit von einem griffigen Freiheitsschutz, wie ihn vor allem § 239 gewährt, entfernt sich der 2007 eingefügte[13] Tatbestand der **Nachstellung**, § 238, sog. **Stalking**. Denn er erfasst Handlungen, die sich gegen die ungestörte Lebensführung schlechthin richten.

7 Nach der Ausscheidung der §§ 234–236, 241a bleiben drei (examenswichtige) Komplexe: (1) **Freiheitsberaubung**, § 239; (2) **allgemeine Nötigung**, §§ 240, 241, und (3) **erpresserischer Menschenraub** und **Geiselnahme**, §§ 239a und 239b. §§ 239a und b sind zusammen mit der Erpressung behandelt in § 18 Rn. 29–42. Im Folgenden werden die Freiheitsberaubung (Rn. 8–38), daran anschließend (Rn. 39–93) die allgemeine Nötigung sowie (Rn. 94–100) – im Überblick – die Sondertatbestände der Nötigung dargestellt. Abschließend (Rn. 101 ff.) wird der Stalking-Tatbestand des § 238 behandelt und dabei auch auf seine kriminalpolitische Notwendigkeit sowie auf verfassungsrechtliche Bedenken eingegangen.

II. Freiheitsberaubung, § 239

1. Der kriminalpolitische Hintergrund

8 Die Möglichkeit der Ortsveränderung, die **körperliche Bewegungsfreiheit**, gehört wie die körperliche Unversehrtheit zu den elementaren Rechtsgütern. Diese Freiheit ist gegenüber der Gesellschaft (Aufhebung der Sklaverei) und gegenüber dem Staat (Hörigkeit, Grundrechte der Freiheit der Person, Art. 2 II 2 GG; Freizügigkeit, Art. 11 GG und Auswanderungsfreiheit, BVerfGE 6, 32) mühsam erkämpft worden. Viele Staaten verhindern die Auswanderung und machen damit ihr Staatsgebiet zur „Freiheitsentzugsanstalt"[14]. – Auch die wichtige formale Absicherung der persönlichen Bewegungsfreiheit gegenüber dem Staat durch Einschaltung eines Richters (Art. 104 GG) stellt eine nicht zu unterschätzende Errungenschaft dar.

9 Vielleicht berechtigt die zunehmende Absicherung des Rechts auf körperliche Unversehrtheit bis hin zur Abschaffung der Prügelstrafe[15] zur Hoffnung, dass auch das Recht auf körperliche Bewegungsfreiheit von einer ähnlichen Entwicklung erfasst werden wird, sodass die Freiheitsstrafe

---

12 Fischer, § 237 Rn. 3; Wessels/Hettinger, BT 1, Rn. 367a; Valerius, JR 2011, 430 (431). Zur Norm instruktiv Ensenbach, Jura 2012, 507; außerdem Haas, JZ 2013, 72.
13 S. oben Fn. 2.
14 F.-C. Schroeder, JZ 1974, 115.
15 Zum aufgehobenen Züchtigungsrecht der Lehrer und der Eltern o. § 6 Rn. 44 und 45.

allmählich verschwinden wird[16]. Bis dahin ist es freilich noch ein sehr weiter Weg.

Die **rechtswidrige Verletzung** der körperlichen Bewegungsfreiheit ist selten. Schwerwiegende Eingriffe treffen meist Kranke und Alte, deren man sich schämt oder für deren Pflege man kein Geld ausgeben will. Sie werden deswegen gelegentlich in „Familienpflege" wie Gefangene gehalten. – Wichtig wird hier auch die Freiheitsentziehung in mittelbarer Täterschaft (mit dem Richter als rechtmäßig handelndem Tatmittler), so wenn der Verdacht auf einen Unschuldigen gelenkt und dieser dann in Untersuchungshaft genommen oder zu einer Freiheitsstrafe verurteilt wird[17]. – Häufiger sind an der Grenze zur Geringfügigkeit liegende Sachverhalte wie Einsperren im Stall „ein Vaterunser lang". Zur Frage der restriktiven Interpretation des Tatbestandes vgl. u. Rn. 23 ff. **10**

Die moderne Technik bringt unzählige Freiheitsberaubungen mit sich. Jeder Eisenbahnwagen[18], jeder Omnibus, jedes Schiff und jedes Flugzeug ist voll mit „Opfern", die – zwischen den Stationen – ihrer Freiheit beraubt sind. Noch ist es den Kapitänen (anders als den Ärzten bei der Körperverletzung) gleichgültig, ob wir Juristen die Freiheitsberaubung als durch Einwilligung gerechtfertigt oder im Hinblick auf die Einwilligung schon nicht tatbestandsmäßig bezeichnen[19]. Es besteht auch kein Anlass, diese vielen Freiheitsberaubungen zu beklagen. Die Technik hat den Radius, innerhalb dessen der Mensch von seiner körperlichen Bewegungsfreiheit Gebrauch machen kann, ungeheuer gesteigert. **11**

2. Rechtsgut und Tatbestand der Freiheitsberaubung

a) Körperliche Bewegungsfreiheit

§ 239 I spricht von Einsperren oder Beraubung der Freiheit auf andere Weise. Zunächst ist festzuhalten, dass es um die **körperliche Bewegungsfreiheit** geht (Art. 2 II 2 GG), nicht um die geistige Freiheit, auch nicht um die wirtschaftliche Entfaltungsfreiheit (Art. 2 I GG). Auch §§ 823 I, 253 II BGB verstehen unter Freiheit nur die körperliche Bewegungsfreiheit, doch hat der BGH diese Begrenzung mithilfe einer kühnen Analogie überwunden und Freiheit umfassend interpretiert, insbesondere auch die Verletzung des allgemeinen Persönlichkeitsrechts als eine Art „Freiheitsberaubung im Geistigen" in §§ 823 I, 847 I a. F.[20] einbezogen, BGHZ 13, 334 bzw. 26, 349. Dem Strafrecht ist eine solche Erweiterung des Schutzumfangs durch Analogie versagt. **12**

---

16 S. zu den kriminalpolitischen Einwänden gegen die Freiheitsstrafe z. B. *Baumann/Weber/Mitsch*, § 34 I, II. Vgl. auch die Beiträge in *Jung/Müller-Dietz* (Hrsg.), Langer Freiheitsentzug – wie lange noch?, 1994; weitere Nachweise bei *Lackner/Kühl*, Vor § 38 Rn. 3 f.
17 S. zu dieser Konstellation der mittelbaren Täterschaft auch *Baumann/Weber/Mitsch*, § 29 Rn. 130–132 mit Rspr.-Nachw. zu § 239 in Fn. 193.
18 Vgl. hierzu *Mitsch*, NZV 2013, 417.
19 Dazu LK-*Schäfer*, § 239 Rn. 26.
20 Jetzt (in erweiterter Fassung) § 253 II BGB.

13 § 239 schützt **nicht** schon ein **Freiheitspotenzial,** sondern den (natürlichen) Willen des Opfers, den Aufenthaltsort zu wechseln. Darin liegt die enge Verwandtschaft mit der Nötigung. Daraus folgt, dass z. B. der im Schlaf Eingesperrte erst der Freiheit beraubt ist, wenn er aufwacht (und fort will). – Dagegen nimmt die h. M.[21] vollendete Freiheitsberaubung auch an, wenn das Opfer keinen Ortswechsel wünscht, ihm aber die Möglichkeit dazu abgeschnitten wird: Freiheitsberaubung also auch bei vom Opfer unbemerkt bleibendem Einsperren[22].

§ 239 I wurde zwar durch das 6. StrRG dahin gehend geändert, dass nicht mehr von der Beraubung des **Gebrauchs** der persönlichen Freiheit die Rede ist. Eine Entscheidung des Gesetzgebers zugunsten des Schutzes bereits der potenziellen Fortbewegungsfreiheit ist damit jedoch nicht verbunden. Denn den Gesetzesmaterialien ist zu entnehmen, dass mit der Neufassung nur auf sprachlich entbehrliche Wörter verzichtet werden sollte[23].

14 Verlangt man für die Freiheitsberaubung eine aktuelle Beeinträchtigung des auf Ortsveränderung gerichteten Opferwillens, so kommt für das vom Opfer unbemerkte Einsperren und vergleichbare Fälle nur **Versuch** in Betracht, der durch das 6. StrRG in § 239 II unter Strafe gestellt wurde; s. dazu und zur wenig überzeugenden Begründung der Versuchsstrafbarkeit u. Rn. 34.

Beispiel: T sperrt den schlafenden oder stark betrunkenen O ein und rechnet billigend damit, dass die Tür noch verschlossen sein wird, wenn O zu sich kommt und den Raum verlassen möchte. – §§ 239, 22 dann, wenn die Tür beim Aufwachen des O von X bereits wieder geöffnet worden war. Ist sie dann noch verschlossen: vollendete Freiheitsberaubung. Wegen fehlenden Vorsatzes ist T straflos, wenn er beim Abschließen vorhatte, wieder zu öffnen, bevor O fort will.

15 Die h. L. führt demgegenüber zur Vorverlagerung der Vollendungsstrafbarkeit, die dem Täter – kriminalpolitisch verfehlt – im vorstehenden Beispielsfall den strafbefreienden Rücktritt vom Versuch (§ 24) abschneidet, wenn er die Fortbewegungssperre aufhebt, bevor der Eingesperrte weg will[24]. Die Ausdehnung der Strafbarkeit

---

21 *Blei,* BT, § 19 I; *Maurach/Schroeder/Maiwald,* BT 1, § 14 Rn. 2; LK-*Schäfer,* § 239 Rn. 6 ff., 12; *Welzel,* LB, § 43 II 1 a; OLG Köln, NStZ 1985, 550; BGH, JR 1984, 429 mit abl. Anm. *Geerds;* BGHSt 32, 183 (188). – Differenzierend *Meyer/Gerhards,* JuS 1974, 566 (Bespr. von BGHSt 25, 237). – Wie hier im Wesentlichen *Bloy,* ZStW 96 (1984), 703 (718 ff.); SK-*Horn/Wolters,* § 239 Rn. 2a f.; *Fischer,* § 239 Rn. 3 f.
22 *Kargl,* JZ 1999, 72 (78 ff.), möchte, noch weitergehend als die h. M., den Opferwillen, auch den potenziellen oder hypothetischen, vollständig aus dem Tatbestand des § 239 I verbannen; geschützt sei der „Bewegungsraum". Ob in der Beschränkung des Bewegungsraumes eine Autonomieverletzung liege, entscheide sich erst auf der Rechtswidrigkeitsebene. Damit wird die Verwandtschaft von §§ 239 und 240 geleugnet und werden die Fragen zur Willensberücksichtigung des Opfers in die Rechtswidrigkeitsprüfung verlagert (Einwilligung? mutmaßliche Einwilligung?).
23 S. z. B. BT-Drucks. 13/8587, S. 41; dazu *Kargl,* JZ 1999, 72 (73) m. w. N.
24 Vor der Versuchspönalisierung 1998 umging die h. L. die vom Gesetzgeber gewollte Straflosigkeit der versuchten Freiheitsberaubung, wirkte also nicht nur strafschärfend, sondern sogar strafbegründend; s. dazu LH 1, 3. Aufl. 1988, Rn. 536.

führt auch zu einer Verfälschung des Rechtsguts. Das kommt in der Begründung durch *Schäfer*[25] besonders deutlich zum Ausdruck. Er stützt sich auf den Gedanken, „dass es dem sittlichen Gefühl widerstreitet, einen zur Willensbetätigung vorübergehend nicht fähigen Menschen unter Verletzung des Respekts vor der Persönlichkeit wie eine Sache straflos einzusperren". – § 239 schützt weder das sittliche Gefühl noch den Respekt vor der Persönlichkeit.

Die h. L. kann sich leider auf die neuere Judikatur stützen. RGSt 61, 239 ist auf die – unbegründete – Befürchtung zurückzuführen, der hier vertretene enge Standpunkt bringe die Konsequenz mit sich, dass dort, wo sich das Opfer der Gewalt fügt, Freiheitsberaubung abzulehnen sei, weil der Wille des Opfers nicht (mehr) auf Ortsveränderung gerichtet sei. BGHSt 14, 314 ist witzig formuliert, aber unklar. – BGHSt 25, 237 (zu § 237 a. F., Entführung gegen den Willen der Frau) stellt auf den mutmaßlichen Willen des Opfers ab. – Gewiss ist zu vermuten, dass der Schlafende/Bewusstlose/Betrunkene etc. nicht eingesperrt zu werden wünscht, doch liegt in der Missachtung dieses mutmaßlichen Willens nur eine – für den Versuch charakteristische – **Gefährdung** der körperlichen Bewegungsfreiheit.

b) Freiheitsentziehung – Freiheitsbeschränkung

Da auch der Eingesperrte noch in der Zelle auf- und abgehen kann, ist § 239 vernünftigerweise **nicht** so zu verstehen, dass es zur **Aufhebung** der körperlichen Bewegungsfreiheit schlechthin kommen muss. Das führt jedoch zu der Frage, wie die Beschränkung der Freiheit aussehen muss, damit man von einer Freiheitsberaubung sprechen kann. Berücksichtigt man die durch die moderne Technik (o. Rn. 11) gegebene fast unbegrenzte Bewegungsfreiheit, folgt daraus, dass **umfassende** Freiheitsbeschränkungen selbst dann Freiheitsberaubung sind, wenn dem Opfer ein großer Freiheitsraum belassen wird. Dagegen stellen **punktuelle** Beschränkungen – solange sie sich nicht so häufen, dass sie sich zu umfassender Einschränkung addieren – keine Freiheitsberaubung dar.

Beispiele: Der geistig gestörten Mutter wird freie Bewegung auf dem Bauernhof belassen, aber sie darf nicht in das Dorf gehen = umfassende Freiheitsbeschränkung, Freiheitsberaubung. – Die Mutter wird vom Hof gejagt und mit Totschlagen bedroht, falls sie sich noch einmal sehen lasse = punktuelles „Aufenthaltsverbot", keine Freiheitsberaubung.

Freiheitsberaubung, wenn der Rektor am Verlassen des Dienstzimmers gehindert wird; keine Freiheitsberaubung, wenn ihm das Betreten des Zimmers unmöglich gemacht wird.

Erkennt man die Möglichkeit einer Freiheitsberaubung durch umfassende Freiheitsbeschränkung an, folgt daraus die Möglichkeit, dass ein der Freiheit Beraubter das Opfer einer „**weiteren**" Freiheitsberaubung wird.

Beispiel: Der Sohn verbietet der Mutter das Verlassen des Hofes, Freiheitsberaubung, s. o. Rn. 17. – Die Schwiegertochter schließt die Schwiegermutter in ihrem Zimmer ein, „weitere" Freiheitsberaubung. Wichtig bei rechtswidriger Verkürzung des Freiheitsraums einer rechtmäßig untergebrachten Person.

---

25 LK, 10. Aufl., § 239 Rn. 13.

19 Der Freiheit beraubt ist schließlich auch, wer von seiner Freiheit nur noch in eine bestimmte Richtung Gebrauch machen darf, also gezwungen wird, einen bestimmten Ort aufzusuchen.

20 Der **Zwang zum Verlassen** ist dagegen regelmäßig schon deshalb keine Freiheitsberaubung, weil die Freiheitsentziehung von einer gewissen Dauer sein muss. Ein kurzer Zwang zum Verlassen – gekoppelt mit der Verhinderung des (Wieder-)Betretens – fällt nicht unter § 239, weil das Hindern nur punktuell ist und der Zwang nur kurzfristig dauert. Doch ist bei diesen an Freiheitsberaubung grenzenden Sachverhalten oft Nötigung, § 240, gegeben, vgl. u. Rn. 25.

21 Die vom Täter der körperlichen Bewegungsfreiheit seines Opfers gesetzte Schranke muss so massiv sein, dass ihre Überwindung dem Opfer auch unter Berücksichtigung der großen Bedeutung dieses Rechtsguts unzumutbar ist. Bloße **Erschwerung** des Gebrauchs der körperlichen Freiheit stellt mit Rücksicht auf das Prinzip der **Eigenverantwortlichkeit** des Rechtsgutsträgers keine Freiheitsberaubung dar.

Beispiele: Wer den Aufzug im Hochhaus außer Betrieb setzt, begeht Freiheitsberaubung nur an den im Aufzug gefangenen Personen. Wer sich in der Wohnung gefangen fühlt, weil ihm das Treppensteigen zu unbequem ist, hält nicht viel von seiner körperlichen Bewegungsfreiheit. – Auch der Autofahrer, der nicht wegfahren kann, weil sein Fahrzeug „eingeparkt" ist, ist nicht seiner Freiheit (zu Fuß zu gehen) beraubt.

22 Dagegen spukt durch die Kommentare[26] der Satz, schon bei Ungewöhnlichkeit (!), Beschwerlichkeit (!) oder Unschicklichkeit (?) eines verbleibenden Auswegs liege Freiheitsberaubung vor. Illustriert (mit Worten) wird dies mit dem Fall, dass einer nackt Badenden die Kleider weggenommen werden.

RGSt 6, 231 vom 26.4.1882 (**Nacktbade-Fall**) ist für diese Ansicht freilich eine schwache Stütze. Das RG sagt: „Eine bloße Beschränkung in der Wahl des Aufenthaltes nach dieser oder jener konkreten Richtung, eine bloße Erschwerung der freien Bewegung genügt zweifellos nicht ... Sie (die Badenden) blieben unbehindert, sich nach Willkür im Wasser weiter aufzuhalten, das Wasser ohne die Kleider zu verlassen, sich ihre Kleider, sei es vom Angeklagten, sei es vom ..., nur wenige Minuten entfernten Hause, wo sie niedergelegt waren, wiederzuholen."

c) Dauer der Freiheitsentziehung – Verhältnis zur Nötigung, § 240

23 Nach h. A. soll schon bei ganz kurzfristiger Aufhebung der Bewegungsfreiheit § 239 angewendet werden: RGSt 7, 259 (Einsperren im Stall ein Vaterunser lang); RGSt 33, 234 (zwei- bis dreiminütiges Zusperren); OLG Hamm, JMBl NRW 1964, 31 f. (kurzfristige Balgerei als Freiheitsberaubung).

24 Richtigerweise wird man jedoch aus dem Verhältnis des § 239 zu anderen Straftaten schließen müssen, dass zur Freiheitsberaubung ein relativ **empfindlicher Eingriff** in die Bewegungsfreiheit gehört. Wer sich mit einem anderen balgt, begeht u. U. § 223 – aber nicht § 239.

---

26 LK-*Schäfer*, § 239 Rn. 17; enger *Welzel*, LB, § 43 II 1 b.

Freiheitsberaubung, § 239 § 9 Rn. 25–26

Die h. M. kommt letztlich zum selben Ergebnis. So wird der subjektive Tatbestand des § 239 gelegentlich mit dem Argument geleugnet, der Täter habe nicht an den mit der Körperverletzung (§ 223) verbundenen Eingriff in die körperliche Bewegungsfreiheit gedacht[27]. Das heißt nichts anderes, als dass der Täter nicht an eine so absurde Möglichkeit gedacht hat, dass ein Faustschlag Freiheitsberaubung sein könne, normalerweise ein (unbeachtlicher) Subsumtionsirrtum. – Oder es wird zwar der subjektive und objektive Tatbestand des § 239 bejaht, ihm aber gegenüber der Körperverletzung keine „Eigenbedeutung" zugemessen, mit dem Resultat, dass z. B. § 223 vorgeht[28].

Entscheidend für die Ausklammerung von leichten Eingriffen in die körperliche Bewegungsfreiheit aus dem Tatbestand des § 239 spricht jedoch das **Verhältnis des § 239 zu § 240**. Fast immer liegt bei § 239 Nötigung zum Nichtgebrauch der Bewegungsfreiheit gem. § 240 vor. § 240 mit seiner besonderen Rechtswidrigkeitsregel in Abs. 2 lässt sich dann in eine vernünftige Relation zu § 239 bringen, wenn man die geringfügigen Fälle der kurzfristigen Freiheitsentziehung (wie auch die o. Rn. 21, 22 besprochenen Fälle der bloßen Erschwerung der Bewegungsfreiheit) aus § 239 herausnimmt und sie ausschließlich § 240 überlässt. 25

Beispiel: T und O haben in einer Bar die hübsche X kennengelernt. Sie können sich nicht einigen, wer sie heimbegleiten soll. T verschafft sich in dieser Situation einen Vorsprung von wenigen Minuten dadurch, dass er O in der Toilette einschließt, zu X zurückkehrt mit dem Bemerken, O sei übel geworden, und mit ihr rasch das Lokal verlässt. Hier ist es einfach zu massiv, T wegen Freiheitsberaubung zu bestrafen. Sieht man sein Verhalten unter dem Blickwinkel der Nötigung, **kann** man über § 240 zum Ergebnis kommen, das Vorgehen des T sei hier nicht intensiv genug, um es als verwerflich zu bezeichnen. – Hat man dagegen den Tatbestand des § 239 bejaht, bereitet es außerordentliche Mühe, einen Tatbestandsausschließungs- oder Rechtfertigungsgrund zu finden.

Fehlgeschlagene Freiheitsberaubungen sind nunmehr nach § 239 II als Versuch strafbar, sodass kein Anreiz mehr besteht für den früher praktizierten Rückgriff auf §§ 240, 22 (versuchte Nötigung)[29], mit dem entgegen der gesetzgeberischen Wertung die Straflosigkeit der versuchten Freiheitsberaubung unterlaufen wurde[30].

d) Beraubung durch Einsperren oder auf sonstige Weise

Einsperren ist das Bereiten eines physischen Hindernisses, das dem Verlassen eines Raumes entgegensteht. **Berauben auf andere Weise** erfasst andere körperliche Einwirkungen, z. B. Fesseln des Opfers[31], aber auch das Errichten einer psychischen Sperre, z. B. durch die Vorspiegelung, der 26

---

27 *Baumann*, Unterbringungsrecht, 1966, S. 10.
28 So *S/S/Eser/Eisele*, § 239 Rn. 14.
29 Beispiel: BGHSt 30, 235.
30 S. dazu LH 1, 3. Aufl. 1988, Rn. 546 a. E.
31 BGH, NStZ-RR 2013, 273, hält die Annahme, eine einfache Freiheitsberaubung durch Fesselung verklammere auch gefährliche Körperverletzungen, für rechtlich bedenklich. Das im Strafrahmen des § 224 zum Ausdruck kommende Gewicht übersteige das des Dauerdelikts erheblich.

Türgriff sei elektrisch geladen und dürfe nicht angefasst werden. Beide Begehungsformen gehen ineinander über. Die exakte Abgrenzung zwischen Einsperren und sonstigen Mitteln der Freiheitsberaubung sollte man deshalb nicht überbewerten.

3. Tatbestandsausschluss und Rechtfertigung

27 Die **Einwilligung** stellt einen alltäglichen Rechtfertigungsgrund dar oder (h. A.) schließt schon den Tatbestand des § 239 I aus[32]. Darüber hinaus gibt es zahlreiche Rechtfertigungsgründe. Die rechtskräftige Verurteilung zu Freiheitsstrafe oder zu einer Maßregel der Besserung und Sicherung, die mit Freiheitsentziehung verbunden ist, rechtfertigt die Einsperrung (selbst des Unschuldigen), ebenso wie die Untersuchungshaft auch gegenüber Unschuldigen bei entsprechendem Verdacht gem. §§ 112 ff. StPO rechtmäßig ist; dasselbe gilt für einstweilige Unterbringung nach § 126a und nach § 81 StPO. – Das Recht zur vorläufigen Festnahme gem. § 127 StPO steht jedermann zu. – Geisteskranke können (präventiv) zwangsweise untergebracht werden, wenn sie gefährlich sind[33]. – Da die Personensorge das Recht zur Aufenthaltsbestimmung mit einschließt, kann auch der Personensorgeberechtigte eine Unterbringung veranlassen, doch ist zur Abwendung der Gefahr von Missbräuchen das Familien- bzw. Betreuungsgericht einzuschalten, §§ 1631b, 1800, 1906, 1915 BGB.

28 Dagegen ist eine private Freiheitsentziehung gegenüber kranken oder alten Familienangehörigen unzulässig, auch wenn sie beschönigend **Familienpflege** genannt wird, a. A. BGHSt 13, 197.

> BGHSt 13, 197 (**Familienpflege-Fall**) stellt einen Musterfall juristisch-abstrakter Argumentation dar, die sich vom konkreten Sachverhalt löst und so die Wirklichkeit verfehlt. Der BGH stützt sich auf die allgemeine und in dieser Allgemeinheit durchaus diskutable Vorstellung „von der Subsidiarität staatlichen Eingreifens in Angelegenheiten der Familie" (a. a. O. S. 202). Der BGH schließt daraus, dass die Einschließungen eines Kranken in der Familie „weniger als Eingriffe in die persönliche Freiheit, denn als Akte familiärer Fürsorge" (a. a. O. S. 201) bezeichnet und gerechtfertigt werden könnten. Übersehen wird das Nächstliegende: Die staatliche Kontrolle verhindert solche familiäre Initiative nicht, wohl aber verringert sie die Gefahr des Missbrauchs, insbesondere der Einsperrung unter unwürdigen Bedingungen bei unzulänglicher Versorgung. Liest man den entschiedenen Sachverhalt, merkt man, dass solche Missbräuche im konkreten Fall nicht **bewiesen** werden konnten. Das macht die Risiken dieser Art der familiären Fürsorge für das Opfer deutlich. Es ist erstaunlich, dass dieses Urteil neben berechtigter Kritik nicht näher begründete Zustimmung gefunden hat[34].

---

32 Vgl. o. Rn. 11.
33 Nach den Unterbringungsgesetzen der Länder. – Zur Frage der Rechtfertigung der Freiheitsberaubung, wenn die Unterbringung aufgrund des Gutachtens eines sich die Berufsbezeichnung „Arzt" anmaßenden Hochstaplers H erfolgt, aber im Ergebnis gerechtfertigt ist, s. OLG Schleswig, JR 1985, 474 mit Anm. *Amelung* und *Brauer*, die – entgegen dem TuO – zutreffend Strafbarkeit des H nach §§ 239 III Nr. 1, 22 in Gestalt der mittelbaren Täterschaft annehmen.
34 Kritisch *Baumann*, Unterbringungsrecht, 1966, S. 299 f.; *Sax*, JZ 1959, 778 (779); vgl. auch *Arzt*, NJW 1967, 668 (670 f.). – Zustimmend *Lackner/Kühl*, § 239 Rn. 7. – Zweifelnd *Fischer*, § 239 Rn. 12.

4. Qualifikationen, § 239 III und IV

Die in § 239 III und IV enthaltenen qualifizierten Fälle der Freiheitsberaubung sind praktisch selten[35], aber wegen der dogmatischen Unklarheiten der erfolgsqualifizierten Delikte examenswichtig. 29

§§ 239 III und IV enthalten **Erfolgsqualifikationen.** Es reicht also aus, dass dem Täter (oder Teilnehmer[36]) einer vorsätzlichen Freiheitsberaubung (§ 239 I) hinsichtlich der schweren Folge Fahrlässigkeit zur Last fällt; unter Strafe gestellt ist aber auch die vorsätzliche Herbeiführung des schweren Erfolges, s. § 18. 30

Auch für die über eine Woche dauernde Freiheitsentziehung (§ 239 III Nr. 1) reicht Fahrlässigkeit aus. Mit dem gegenüber § 239 II a. F. („… Freiheitsentziehung über eine Woche gedauert hat") durch das 6. StrRG geänderten Wortlaut („… der Freiheit **beraubt**") war keine sachliche Änderung dahin gehend beabsichtigt, dass die Qualifikation jetzt nur noch vorsätzlich herbeigeführt werden könnte[37].

Zur **schweren Gesundheitsschädigung** (§ 239 III Nr. 2) s. o. § 5 Rn. 36 (zum selben Merkmal in § 218 II 2 Nr. 2).

Aus der Möglichkeit vorsätzlicher und fahrlässiger Herbeiführung der schweren Folgen ergeben sich verschiedene **Vollendungs- und Versuchskonstellationen:**

(1) Grunddelikt (§ 239 I) vollendet, Erfolgsqualifikation eingetreten. 31

Beispiel: T will O höchstens 4 Tage einsperren. Nach 3 Tagen sendet T der Polizei eine Beschreibung des Ortes, an dem er O eingesperrt hat. T erwartet, dass O alsbald befreit werden wird. Er bedenkt nicht, dass seine Beschreibung so unklar ist, dass die Polizei erst nach weiteren 5 Tagen den Ort findet und O befreit. T = § 239 III Nr. 1[38].

(2) Will der Täter die Qualifikation **vorsätzlich** herbeiführen, gelingt es ihm aber nicht, gibt es Versuch des erfolgsqualifizierten Delikts sowohl auf der Grundlage des vollendeten wie auf der Grundlage des nur versuchten Grunddelikts, § 239 I und II. 32

Beispiele: (1) T will O 10 Tage einsperren, O entkommt nach 3 Tagen. T = § 239 I vollendet, § 239 III Nr. 1 versucht (§ 22); Idealkonkurrenz, § 52.

(2) Wie (1), doch misslingt schon der Versuch des T, sich des O zu bemächtigen. T = Versuch nach §§ 239 I, II, 22 und Versuch nach §§ 239 III Nr. 1, sodass T im Ergebnis nach §§ 239 III Nr. 1, 22 strafbar ist[39].

---

35 Seltenes Beispiel aus der Rechtsprechung BGHSt 28, 18 (mit problematischer Annahme des Zusammenhangs zwischen Freiheitsberaubung und Tod des Opfers).
36 S. zur Beteiligung am erfolgsqualifizierten Delikt z. B. *Baumann/Weber/Mitsch*, § 8 Rn. 74, § 29 Rn. 110 und § 30 Rn. 20.
37 Ebenso mit zutreffendem Hinweis auf BT-Drucks. 13/8587, S. 84 *Lackner/Kühl*, § 239 Rn. 9; weiter *Otto*, BT, § 28 Rn. 12; *Rengier*, BT 2, § 22 Rn. 19. – A. A. (Vorsatz erforderlich) *Dencker/Nelles*, Einführung in das 6. StrRG, 3. Teil, Rn. 12; *Schlüchter/Schumacher*, Bochumer Erläuterungen zum 6. StrRG, 1998, S. 62 f.; *Wessels/Hettinger*, BT 1, Rn. 377.
38 Ebenso (zum entsprechenden § 239 II a. F.) z. B. auch BGHSt 10, 306.
39 So auch BGH, GA 1958, 304. – Die früher auf die Straflosigkeit des versuchten Grunddelikts gestützten Einwände gegen dieses Ergebnis sind nach der Versuchspönalisierung in § 239 II weggefallen; a. A. *Bussmann*, GA 1999, 21 (23).

(3) T will O während der Freiheitsberaubung töten und versucht dies vergeblich, nachdem die Freiheitsentziehung schon 3 Tage gedauert hat. T = §§ 239 I; 239 IV, 22; §§ (211), 212, 22; 52.

(4) Wie (3), doch misslingt schon der Versuch des T, sich des O zu bemächtigen. T = §§ 239 IV, 22, aber noch nicht §§ (211), 212, 22, da insoweit noch kein unmittelbares Ansetzen zur Tatbestandsverwirklichung.

33   (3) Bleibt das Grunddelikt (§ 239 I) im Versuchsstadium stecken und verwirklicht der Täter dabei die Qualifikation **fahrlässig** (sog. erfolgsqualifizierter Versuch), ist zu fragen, ob das Gesetz in § 239 III Nr. 2 und IV solche Fälle mit einbeziehen wollte (dann Versuch des erfolgsqualifizierten Tatbestandes), oder ob der Gesetzgeber davon ausging, dass der qualifizierte Erfolg auf dem vollendeten Grunddelikt aufbaut (dann wäre der Tatbestand nicht erfüllt).

Beispiel: T versucht, das Auto des O zu stoppen und sich des O (für kurze Zeit) zu bemächtigen. O kommt beim Ausweichen von der Fahrbahn ab und ums Leben. T = §§ 239 I, II, 22. – Da zwar die Qualifikation „Tod des Opfers" (§ 239 IV) eingetreten ist, das Grunddelikt aber nur versucht wurde, kommt weiter Strafbarkeit nach §§ 239 IV, 22 in Betracht[40]. Versuchsstrafbarkeit ist jedoch nach wie vor abzulehnen. Zwar ist § 239 IV n. F. farbloser formuliert („durch die Tat") als der Vollendung des Grunddelikts suggerierende § 239 III a. F. („Tod **der Freiheit Beraubten** durch die **Freiheitsentziehung**"). Jedoch war damit keine sachliche Änderung verbunden, sodass T nur nach §§ 239 I, II, 22; 222; 52 strafbar ist[41].

5. Versuch, Dauerdelikt (Beteiligung und Konkurrenzen)

a) Versuch

34   Die (erfolgs)qualifizierten Fälle der Freiheitsberaubung § 239 III und IV[42] sind Verbrechen, sodass der Versuch ohne Weiteres strafbar ist (§ 23 I i. V. m. § 12 I). Die Einführung der Versuchsstrafbarkeit (auch) für die einfache Freiheitsberaubung (§ 239 II) durch das 6. StrRG überzeugt ebenso wenig wie die Strafbedrohung des Versuchs der einfachen Körperverletzung in § 223 II: Wie die Körperverletzungsqualifikationen des § 224[43] sollten auch die Qualifikationen des § 239 III zunächst als Regelbeispiele für einen besonders schweren Fall der Freiheitsberaubung ausgestaltet werden[44], sodass wegen der Vergehensnatur (auch der besonders schweren Fälle, s. § 12 III) die Versuchspönalisierung nötig war[45]. Bei ihr ist es – wie für die Körperverletzung in § 223 II – geblieben, obwohl die erschwerten Fälle der Freiheitsberaubung dann doch als echte Qualifikationen mit Verbrechensnatur ausgestaltet wurden.

---

40 S. zu dieser Versuchskonstellation beim erfolgsqualifizierten Delikt *Baumann/Weber/Mitsch*, § 8 Rn. 73, sowie o. § 6 Rn. 64 f.
41 Ebenso SK-*Horn/Wolters*, § 239 Rn. 19.
42 Dazu vorstehend Rn. 29–33.
43 Dazu o. § 6 Rn. 7 f. mit Fn. 12.
44 S. BT-Drucks. 13/8587, S. 9.
45 S. BT-Drucks. 13/8587, S. 41.

Zu Fallgestaltungen der versuchten Freiheitsberaubung s. die Beispiele o. Rn. 14, 32 (Fall 2) und 33.

b) Dauerdelikt

Die Freiheitsberaubung ist neben dem Hausfriedensbruch, § 123[46], der Musterfall eines Dauerdelikts. Sie ist zwar mit dem Einsperren oder anderen freiheitsberaubenden Maßnahmen[47] vollendet, dauert aber an bis zur Freilassung des Opfers, **Beendigung**[48]. Erst dann beginnt die Frist der **Verfolgungsverjährung** zu laufen, § 78a. Weiter hat die Dauerdeliktsnatur Konsequenzen für die Beteiligung an der Freiheitsberaubung (dazu nachstehend Rn. 36) und für die Konkurrenzen (dazu u. Rn. 38).

aa) Beteiligung

Solange die Freiheitsberaubung andauert, ist dem Akzessorietätserfordernis einer strafbaren Tatbeteiligung Rechnung getragen. Bis zur Beendigung sind also Mittäterschaft (§ 25 II) und Beihilfe (§ 27) möglich.

> **Beispiel:** Wirkt B an der Verhinderung der Befreiung des von T eingesperrten O mit, so ist er je nach Intensität seiner Tatbeteiligung als Mittäter oder Gehilfe nach §§ 239 I, 25 II oder 27 strafbar[49].

Die **Qualifikationen** nach § 239 III und IV werden gemäß § 18 jedem Beteiligten zugerechnet, wenn er insoweit vorsätzlich oder fahrlässig handelt, ohne Rücksicht auf Vorsatz oder Fahrlässigkeit bei den anderen Beteiligten[50]. – S. zu den entsprechenden Problemen bei den erfolgsqualifizierten Körperverletzungsdelikten der §§ 226 und 227 o. § 6 Rn. 67–70 und 79.

bb) Konkurrenzen

Die in der Freiheitsberaubung zwangsläufig liegende **Nötigung** (zum Unterlassen der Fortbewegung), § 240, tritt hinter § 239 zurück; s. zur engen Verwandtschaft von Freiheitsberaubung und Nötigung o. Rn. 13, 25. Die hier befürwortete Ausklammerung leichter Eingriffe in die Fortbewegungsfreiheit aus § 239 führt zur (sachgerechten) Anwendung des § 240; s. o. Rn. 25. – Möchte der Täter mit der Freiheitsberaubung ein weiteres Verhalten des Opfers erzwingen, z. B. die Unterzeichnung einer Sorgerechtsvereinbarung, treten §§ 239 und 240 in Tateinheit, § 52.

Was das Verhältnis des § 239 zu **anderen** während der Freiheitsentziehung begangenen **Straftaten** anbelangt, so gilt auch hier, wie beim Dauerdelikt Hausfriedensbruch[51], die Faustregel, dass trotz Gleichzeitigkeit grundsätzlich **Tatmehrheit** (§ 53) vorliegt.

---

46 Dazu o. § 8 Rn. 13.
47 S. o. Rn. 26.
48 S. zu den Dauerdelikten auch *Baumann/Weber/Mitsch*, § 8 Rn. 56–59.
49 S. dazu auch *Baumann/Weber/Mitsch*, § 8 Rn. 59 und § 28 Rn. 4.
50 S. dazu *Baumann/Weber/Mitsch*, § 8 Rn. 74, § 29 Rn. 110 und § 30 Rn. 20.
51 S. o. § 8 Rn. 13.

Beispiel: T entwendet der von ihm eingesperrten O die Geldbörse oder vergewaltigt die O. – T = §§ 239 I, 242 bzw. 177, 53.

Tateinheit (§ 52) ist nur dann anzunehmen, wenn über das zeitliche Zusammenfallen der Deliktsbegehung hinaus ein Zweckzusammenhang zwischen der Freiheitsberaubung und dem anderen Delikt besteht.

Beispiel: T verprügelt den O, der sich gegen die Festnahme wehrt oder aus seinem Gefängnis ausbrechen möchte. – T = §§ 239 I, 223, 52.

Tateinheit ist weiter dann anzunehmen, wenn T sein Opfer von vornherein zur Ermöglichung des anderen Delikts, z. B. einer Vergewaltigung, der Freiheit beraubt. – T = §§ 239 I, 177, 52[52].

§§ 239a und 239b enthalten Sonderfälle der Freiheitsberaubung[53] und gehen dem allgemeinen § 239 als leges speciales vor.

III. Nötigung, § 240

1. Der kriminalpolitische Hintergrund

a) Die Relativität des Schutzes gegen Nötigung

39 Es wäre schön, könnte der Einzelne frei entscheiden, was er tut oder unterlässt. Die massivsten Beschränkungen, die solcher Entscheidungsfreiheit gesetzt sind, liegen in der eigenen Person (der Kranke kann nicht spazieren gehen) und in den materiellen Lebensbedingungen (spazieren gehen wäre schön, aber man riskiert den Arbeitsplatz). Diese simplen Beschränkungen ließen sich viel komplizierter darstellen. Man könnte von Sachzwängen oder von gesellschaftlichen Abhängigkeiten sprechen – Banalitäten.

40 Solche Zwänge ausfindig zu machen, mit denen auf die Entschließungsfreiheit **nicht** eingewirkt werden darf, ist vor allem deshalb so schwierig, weil § 240 die Entschließungsfreiheit des einen nur auf Kosten der Entschließungsfreiheit des anderen schützen kann. Das Strafrecht lässt sich nun einmal nicht als Freiheitseinschränkung erfassen, sondern ist – in weiten Bereichen – ein Mittel der Freiheitsverteilung, ohne dass das Gesamtangebot an Freiheit durch Strafrechtseinschränkung vermehrt oder durch Strafrechtsausweitung verkürzt würde, s. § 1 Rn. 6.

Beispiel: Ein bekanntes Kaufhaus, nennen wir es Hofstadt, hat sich ein neues Mittel ausgedacht, um die Zahlungsbereitschaft der mit Raten in Verzug befindlichen Kunden zu verbessern. Ein Omnibus, knallbunt gestrichen, mit der großen Aufschrift „Hofstadt treibt Schulden ein" fährt vor. Zwei Herren, in auffallenden Overalls mit demselben Slogan, steigen aus. Vor den Augen einer erwartungsfrohen Nachbarschaft steuern sie ihr Ziel, Frau Schulze, an. Sie fragen sie sehr höflich, wann sie ihre rückständigen Raten zu begleichen gedächte.

---

52 In diese Richtung deutet auch BGHSt 18, 29.
53 Dazu u. § 18 Rn. 34, 41.

Keine Frage, dass die Schuldnerin durch dieses Vorfahren mit dem **Schuldenbus** in ihrer Entscheidungsfreiheit angegriffen wird. Was man ihr an Schutz gewährt, geht auf Kosten von Hofstadts Betätigungsfreiheit. Natürlich ist der Fall übertrieben, doch hat das Vorfahren mit dem Schuldenbus schon die Rechtsprechung[54] beschäftigt, und welche Pressionen gegenüber einem säumigen Schuldner erlaubt sind, ist auch sonst außerordentlich fragwürdig und praktisch von großer Bedeutung (Eintragung fauler Zahler in Listen, usw.).

b) Beschränkung der Nötigung auf ein Exzessverbot

Die allgemein schwierige Abgrenzung der widerstreitenden Betätigungsfreiheit von „Täter" und „Opfer" fällt leichter, wenn in besonderen Sozialbereichen Konflikte zwischen Freiheitsbetätigungen in Regeln ihren Niederschlag gefunden haben. Dann ist es meist möglich, leichte Verstöße diesem besonderen Bereich zu überlassen und erst bei groben Verstößen auf § 240 zurückzugreifen. § 240 reduziert sich dann auf ein Exzessverbot[55]. 41

Beispiel Straßenverkehr: Wer als Pkw-Fahrer seine Geschwindigkeit nicht herabsetzt, obwohl Fußgänger am Überweg stehen, nötigt diese zum Verzicht auf ihren Vorrang. Wer durch anhaltendes Hupen den verbotswidrig Haltenden zum Weiterfahren bewegt, nötigt ihn zur Aufgabe seines ursprünglichen Planes, erst noch in Ruhe abzuladen und den Hupenden noch warten zu lassen. Solche „Nötigungen" bleiben dem Straßenverkehrsrecht überlassen (Ordnungswidrigkeiten). – Problematisch wird es, wenn durch dichtes Auffahren auf der Autobahn der Langsamere zum Räumen der Überholspur genötigt wird. Auch hier sollte grundsätzlich die Abgrenzung des Freiheitsbereichs der beiden Fahrer im Straßenverkehrsrecht vorgenommen werden. Im Straßenverkehrsrecht ist das Interesse des Schnelleren, zügig voranzukommen, mit der Freiheit des Langsameren, den noch Langsameren (auf Kosten des schnelleren Fahrers) gemächlich überholen zu dürfen, abzuwägen. Die Rspr. bekämpft solch krasses Fehlverhalten dagegen mithilfe des § 240. – Die Beispiele lassen sich fast beliebig vermehren. Um ähnliche Abgrenzungsprobleme geht es bei dem Streit um den Parkplatz: Fußgänger O sucht den Platz für seine Frau zu „reservieren" (verboten!). Vor F kommt Fahrer T und verdrängt O durch langsames Zufahren vom Parkplatz[56].

Der Gedanke, § 240 auf ein Exzessverbot zu reduzieren, hilft auch in den Bereichen weiter, in denen sich noch keine Spielregeln herausgebildet haben oder bestehende Regeln sich zu wandeln beginnen. Auch hier darf vom Strafrecht und darf von § 240 nicht erwartet werden, dass Konflikte bei der Freiheitsbetätigung so schneidig entschieden werden, dass schon eine leichte Grenzüberschreitung zur strafrechtlichen Reaktion führt. 42

---

54 ÖstOGH, ÖstJZ 1964, 479 (Auf dem Bus stand „Inkasso schafft es so oder so, Schuldeintreibung" – OGH verneint Strafbarkeit).
55 So insbesondere die Rechtsprechung, z. B. BGHSt 18, 389; dazu u. Rn. 74. – Aus der Literatur vgl. *Welzel*, LB, § 43 I 3 b („strenge Anforderungen"). – Eingehend zur Reform des § 240 *Fezer*, JZ 1974, 599 (s. auch GA 1975, 353; JR 1976, 95); s. weiter *Wolter*, NStZ 1986, 248; *Baumann*, ZRP 1987, 265 (266 f.); *Dreher*, MDR 1988, 19 (20).
56 OLG Köln, NJW 1979, 2056: O handelt nur ordnungswidrig. BayObLG, NJW 1995, 2646: offengelassen, ob O nicht doch nötigt (§ 240). Jedenfalls T = § 240, bei Verletzung des nicht weichenden O auch § 223. Keine Rechtfertigung des T nach § 32, weil Notwehr wegen groben Missverhältnisses von geschütztem und beeinträchtigtem Interesse nicht geboten ist.

§ 9 Rn. 43–45   Verletzung der persönlichen Freiheit

Auch hier gilt die Stufung: (1) Erlaubte Freiheitsbetätigung; (2) Rechtswidrige Freiheitsbetätigung (aber nicht strafbar nach § 240); (3) Freiheitsbetätigung, die gesteigertes Unrecht verwirklicht (= „verwerflich", § 240 II) und als Nötigung zu bestrafen ist.

43   Dass die Berücksichtigung eines solchen quantitativen Moments zu erheblicher **Unsicherheit** führt, liegt auf der Hand. Doch auch die Grenzziehung zwischen erlaubter und unerlaubter Freiheitsbetätigung kann trotz der qualitativen Verschiedenheit auf quantitative Erwägungen nicht verzichten. Ein zu früher Einsatz des Strafrechts befriedigt nicht, sondern verletzt.

c) Der Umfang der Nötigungskriminalität

44   Angesichts der Alltäglichkeit des Delikts ist die Zahl der Verurteilten (ca. 5.000–6.000 pro Jahr) gering (2006 = 6.263; 2011 = 6.031[57]). Bemerkenswert ist auch die langjährige Konstanz der Verurteilungsziffer. Sie ist erst Mitte der achtziger Jahre angestiegen. Ebenso wie für die Entwicklung der Gewaltkriminalität allgemein versagen monokausale Erklärungen des Anstiegs, etwa der Hinweis auf eine Zunahme von Nötigungen im Straßenverkehr und die insoweit erhöhte Anzeigebereitschaft und Verfolgungsintensität[58]. Eine ausführliche Aktenuntersuchung in Österreich von *Schima*[59] zeigt, dass im Vordergrund die Rechtsdurchsetzung durch aggressive Selbsthilfe steht, wenn man von Nötigungen zur Verhinderung der Strafverfolgung absieht (wo die Verselbstständigung gegenüber der Straftat, deren Nichtverfolgung angestrebt wird, problematisch ist).

2. Rechtsgut des § 240

45   § 240 verbietet die Nötigung „zu einer Handlung, Duldung oder Unterlassung". Darin liegt eine erschöpfende Umschreibung **willensgetragenen** Verhaltens[60]. Das heißt: Durch Zwang und Drohung wird normalerweise der Wille des Opfers gebeugt und über die Beeinträchtigung der freien Willensentscheidung eine vom Opfer nicht frei gewollte Willensbetätigung (Handlung, Duldung, Unterlassung) erreicht. Es ist deshalb korrekt, wenn die fast allgemeine Ansicht dahin geht, mit der **Willensentschließungsfreiheit** sei auch die **Willensbetätigungsfreiheit** geschützt. – Die verfassungsrechtliche Grundlage des § 240 bildet die in Art. 2 I GG garantierte (allgemeine) Entfaltungsfreiheit der Persönlichkeit; zum Schutz der (speziellen) Fortbewegungsfreiheit (Art. 2 II 2 GG) durch § 239 s. o. Rn. 12.

---

57   § 240 I, IV 1, 2 Nr. 1-3; Strafverfolgungsstatistik des Bundesamtes für Statistik, Fachserie 10, Reihe 3 (2006, 2011).
58   S. dazu *Lohmann*, in: 26. Dt. Verkehrsgerichtstag, 1988, S. 165; *Kaiser*, Salger-FS 1995, S. 55 (63). Zu den Ansätzen der Aggressionsforschung *Kaiser*, Kriminologie, § 58 Rn. 14 ff.
59   *Schima*, Erpressung und Nötigung, 1973. Eingehend zur Funktion des § 240 als Schutz des „ordentlichen" Verfahrens *Arzt*, Welzel-FS 1974, S. 823.
60   Alles, was Gegenstand eines zivilrechtlichen Anspruchs sein und notfalls durch Zwangsvollstreckung erzwungen werden kann, kann auch rechtswidrig abgenötigt werden; s. die gleichermaßen umfassende Anspruchsdefinition in § 194 BGB.

3. Der Tatbestand der Nötigung, § 240 I

a) Der Nötigungserfolg

Da § 240 I als Folge der Gewaltanwendung oder Drohung eine Handlung, Duldung oder Unterlassung des Opfers verlangt, ist die Nötigung **Erfolgsdelikt.** Dulden ist ein Unterfall des Unterlassens, nämlich das Unterlassen der Gegenwehr gegen eine Handlung des Täters oder eines Dritten. – Demgegenüber verzichtet § 241 I auf einen Nötigungserfolg und stellt die Bedrohung als solche unter Strafe (schlichtes Tätigkeitsdelikt); s. auch u. Rn. 96 f.

46

Die Willensentschließungsfreiheit ist bereits dann beeinträchtigt und damit die Nötigung vollendet, wenn das Opfer mit der Vornahme des abgenötigten Verhaltens beginnt; dass dieses in vollem Umfang vorgenommen wird, ist nicht erforderlich[61].
– Zur versuchten Nötigung s. u. Rn. 92.

In die Willensentschließungsfreiheit wird auch dann eingegriffen, wenn das dem Opfer abgenötigte Verhalten **nicht willensgetragen** ist (vis absoluta, „Duldung" von Manipulationen durch einen Bewusstlosen). „Handlung, Duldung oder Unterlassung" des Opfers ist also nicht im Sinne der in den Handlungslehren sonst für menschliches Verhalten mindestens geforderten „Willkürlichkeit"[62] zu interpretieren. Näher zur Problematik der Einbeziehung der vis absoluta u. Rn. 61, 73.

b) Nötigungshandlung „Drohung"

Drohung ist die Inaussichtstellung eines empfindlichen Übels, das vom Drohenden abhängt. Eine Drohung liegt auch dann vor, wenn der Täter das in Aussicht gestellte Übel nicht herbeiführen möchte, ja nicht einmal herbeiführen kann. Maßgebend ist die **Opferperspektive,** d. h. der Eindruck, der beim Bedrohten erweckt werden soll.

47

Beispiele: (1) Vorhalten einer **Spielzeugpistole,** die das Opfer für eine echte Schusswaffe halten soll. – Drohung mit dem empfindlichen Übel, zu schießen.

(2) Der „**Trittbrettfahrer",** der gegenüber den Eltern eines entführten Kindes wahrheitswidrig behauptet, er gehöre zum Kreis der Entführer und habe Einfluss auf die Tötung des Kindes, falls die gestellten Forderungen nicht erfüllt werden[63]. S. dazu und zur Abgrenzung „Drohung/Warnung" auch u. Rn. 53 f.

Ob das Übel als **empfindlich** anzusehen ist, beurteilt sich nach objektiven Kriterien unter Berücksichtigung der Lage und Person des Bedrohten, objektiv-individueller Maßstab, h. A.[64]. Damit wird zwischen dem rein objektiven („besonnener Betrachter") und dem rein auf die Individualität des Opfers abstellenden Maßstab eine vermittelnde Auffassung vertreten.

48

---

61 BGH, NStZ 1987, 70.
62 S. dazu *Baumann/Weber/Mitsch,* § 13 Rn. 24 ff.
63 S. zur Ernstlichkeit der Drohung auch BGHSt 26, 309.
64 Dafür *Maurach/Schroeder/Maiwald,* BT 1, § 13 Rn. 26.

könnte, solange er nur dem Opfer das Übel als von seinem Willen abhängig darstellt; s. zur Opferperspektive o. Rn. 47, weiter BGHSt 23, 94: Nach einer Kindesentführung droht ein unbeteiligter Dritter den Eltern mit Tötung des Kindes; BayObLGSt 1955, S. 8: Provisionsvertreter spiegelt Bauern vor, er sei Vertreter des Landrats und werde sie deshalb bestrafen, falls sie ihm keine Feuerlöscher abkauften; vgl. auch RGSt 24, 151; RGHRR 1942, 675. Weil und solange die Täuschung in derartigen Fällen die Drohung ermöglicht oder unterstützt, wird man dieser Ausdehnung des Drohungsbegriffs zustimmen können. Von Bedeutung ist die Grenzziehung Drohung/Warnung auch für Erpressung/Betrug. Bei Drohung liegt Erpressung, nicht Betrug vor[72].

54 Wie schwierig und im Ergebnis unbefriedigend die Abgrenzung Drohung/Warnung ist, wenn eine Täuschung hereinspielt, zeigt auch BGHSt 7, 197: Hier soll die Angeklagte A nicht wegen Erpressung strafbar sein, weil sie das in Wahrheit überhaupt nicht bestehende Übel als nicht von ihrem, sondern vom Willen des nicht existierenden Dritten abhängig darstellt, mithilfe einer doppelten Täuschung also nur „warnt".

Einen alltäglichen Grenzfall zwischen Drohung und Warnung bildet der Hinweis auf die angebliche oder wirkliche Strafbarkeit eines Verhaltens, um dessen Unterlassen zu erreichen. Hier wird vor der Strafverfolgung gewarnt und zugleich meist damit gedroht, diese Strafverfolgung durch Anzeige herbeizuführen, im Ergebnis also Drohung.

c) Nötigungshandlung „Gewalt"

aa) Der Begriffskern der Gewalt

55 Das Tatbestandsmerkmal „Gewalt" in § 240 I ist hinreichend bestimmt i. S. von Art. 103 II GG[73]. Fraglich ist nur, ob die **Auslegung** dieses Merkmals durch die Gerichte[74] die Grenzen verfassungsrechtlich zulässiger Auslegung überschreitet[75].

Der Begriffskern der Gewalt liegt in der Entfaltung erheblicher körperlicher Kraft[76] zur physischen Einwirkung auf Personen oder Sachen. Dabei wird **Gewalt gegen Sachen** nur insoweit erfasst, als sie sich auch auf einen Menschen körperlich auswirkt. Bei Kälte liegt im Aushängen von Fenstern Gewaltanwendung gegen den Wohnungsinhaber vor, weil sich die Gewalt gegen Sachen körperlich auf ihn auswirkt.

56 Zur Gewalt i. S. von § 240 gehört ein **subjektives Element,** nämlich der Einsatz von Kraft **zur** Willensbeugung. Das Parken vor der Einfahrt ist Gewalt, wenn das Auto hingestellt wird, um zu blockieren; keine Gewalt, wenn es gedankenlos abgestellt wurde (trotz gleicher Zwangswirkung auf das Opfer).

---

72 Dazu näher u. § 18 Rn. 7.
73 BVerfGE 73, 206 (236–239), Sitzblockaden-I; 92, 1 (13 f.), Sitzblockaden-II.
74 S. u. Rn. 57–66.
75 Verstoß gegen Art. 103 II GG bejaht von BVerfGE 92, 1 (16–19), Sitzblockaden-II; dazu näher u. Rn. 68.
76 Erheblich kann die notwendige körperliche Kraftentfaltung (und die dadurch verursachte Zwangswirkung für das Opfer) bereits sein, wenn der Täter die geschädigte Person an sich zieht, um sie zu küssen, BGH, JuS 2013, 751.

bb) Die Schließung von Lücken durch Ausdehnung des Gewaltbegriffs

Lücke (1): Vom vorstehend abgesteckten Kernbereich der Gewalt wird nicht erfasst die Zufügung eines Übels, das nicht in physischer Einwirkung auf Personen (oder über Sachen auf Personen) besteht und auch nicht vorher angedroht wird. 57

Beispiele: (1) Wenn die Mafia einem Schauspieler eine Rolle verschaffen will und der Regisseur dies ablehnt und tags darauf den Kopf seines Lieblingspferdes im Bett vorfindet (Der Pate), liegt in der gewaltsamen Sachzerstörung keine Nötigung. Je nach den Umständen kann damit jedoch die Drohung mit weiterer Sachzerstörung verbunden sein, dann Drohung mit einem empfindlichen Übel[77].

(2) Der Abbruch von Geschäftsverbindungen (etwa weil nach Ansicht des Lieferanten der Händler die Ware zu billig verkauft) ist keine Drohung (weil ausgeführt) und keine Gewalt (keine Kraftentfaltung und keine physische Auswirkung). Das führt auch im Kartellrecht zu unerfreulichen Konsequenzen, denn wenn der Lieferant vollendete Tatsachen schafft, spricht sich das herum, und er kann sich gegenüber anderen Kunden, die mit ähnlichen Gedanken spielen, das Aussprechen einer – kartellrechtlich gem. § 21 II GWB fassbaren – Drohung sparen, BGHSt 20, 333 (Saba).

Lücke (2): Vom Kernbereich nicht erfasst wird die Aufwendung geringer Kraft trotz erheblicher physischer Auswirkungen auf das Opfer. 58

Beispiele: Umdrehen des Schlüssels im Schloss, O ist eingesperrt; Abschalten des Lichts oder starkes Lärmen[78], der Redner O muss abbrechen; Einsatz von Gasen oder Giften; Telefonterror[79].

Lücke (3): Vom Kernbereich nicht erfasst wird die Anwendung von List, außer im Zusammenhang mit einer Drohung. 59

Als Drohung mit einem empfindlichen Übel erfassbar ist das Vorhalten einer Spielzeugpistole, die O als echt ansieht, weil bei der Drohung auf den (vom Täter gewollten) Eindruck auf das Opfer abzustellen ist, Opferperspektive[80]. Nicht erfassbar ist die Einwirkung auf die Willensfreiheit durch Lüge und List. T sucht vergeblich seine Freundin O zum Geschlechtsverkehr zu überreden. Spiegelt er ihr Heiratsabsichten vor, fiele diese Willensbeeinflussung nicht unter § 240. Angenommen, O würde sich trotz ihrer Freude über das Verlöbnis weiter weigern, und T drohte jetzt mit der Auflösung, läge darin eine Drohung, obwohl Heiratsabsicht wie Auflösung des Verlöbnisses vorgetäuscht waren.

Die **allmähliche Ausdehnung des Gewaltbegriffs** stellt ein lehrreiches Beispiel dafür dar, dass dogmatische Fortschritte tendenziell zur lückenlosen Systematisierung und damit zur Erweiterung der Strafbarkeit führen. Die wichtigsten Schritte[81]: 60

---

77 So häufig die Rechtsprechung; vgl. z. B. RGSt 20, 356; RG, GA 35, 64; OLG Neustadt, MDR 1957, 309; BayObLG, NJW 1959, 495; OLG Hamm, NJW 1983, 1505 = JuS 1983, 719 (*Hassemer*).
78 BGH, NJW 1982, 189 = NStZ 1982, 158 mit Anm. *Dingeldey* und Besprechung *F.-C. Schroeder*, JuS 1982, 491. – Vorlesungsstörung.
79 Dazu *Herzog*, GA 1975, 257 (260 f.); *Brauner/Göhner*, NJW 1978, 1469 (1472).
80 S. auch o. Rn. 47.
81 Dazu auch BVerfGE 73, 206 (239 f.) – Sitzblockaden-I.

§ 9 Rn. 61–64 Verletzung der persönlichen Freiheit

61 **Eskalation (1):** Die erste wichtige Weiche hat schon RGSt 4, 429 vom 23.9.1881 gestellt: Auch vis absoluta ist Gewalt im Sinne des § 240 (Festhalten der Hände, um dem O Schlüssel aus der Tasche zu nehmen). Das RG geht – vom Rechtsgut, o. Rn. 45, an sich zutreffend – davon aus, dass die Willensfreiheit auch und gerade dann verletzt ist, wenn sie nicht nur gebeugt (vis compulsiva), sondern ausgeschaltet, gebrochen wird. – Zugleich wird jedoch ein denkbarer gemeinsamer Nenner zwischen Drohung und Gewalt aufgegeben. Würde man Gewalt auf vis compulsiva beschränken, hätte auch die Gewalt ein in die Zukunft weisendes **Drohungselement**, nämlich das „Weitermachen". Die Einbeziehung der vis absoluta führt jedoch schnell dazu, dass es als ungereimt empfunden wird, dass die Zufügung von Übeln (ohne Gewalt) ausgeklammert bleibt[82].

Beispiele: Sachzerstörung, Abstellen der Heizung während einer Frostperiode[83] und Abbruch von Geschäftsbeziehungen.

62 **Eskalation (2):** Die Rechtsprechung ist vor den Systematisierungsbestrebungen der Literatur[84] Schritt für Schritt zurückgewichen und hat den Gewaltbegriff mehr und mehr ausgedehnt. Als Gewalt wurde schon früh die Aufwendung nur **geringer** körperlicher Kraft angesehen, wenn der Täter eine Kraftverstärkung mithilfe der Technik und damit eine erhebliche physische Zwangswirkung auf das Opfer erreicht. Mit dieser Begründung hat schon RGSt 27, 405 das Zusperren der Tür und RGSt 60, 157 das Schießen unter „Gewalt" subsumiert.

63 **Eskalation (3):** Nachdem man auf die Auswirkung auf das Opfer abgestellt hatte, lag es nahe, diesen Gedanken zu Ende zu denken und als Gewalt auch **ohne** jede Kraftentfaltung herbeigeführte physische Zwangswirkungen auf den Verletzten anzusehen; so erstmals BGHSt 1, 145 (gewaltlose Beibringung von Betäubungsmitteln als Gewalt).

BGHSt 1, 145 (147) – Betäubungs-Fall: „Vom Opfer her gesehen ist die rasch lähmende Wirkung ... ebenso eine körperliche Überwindung wie etwa ein betäubender Schlag oder anderer Körperzwang", ein klassischer Analogieschluss!

64 **Eskalation (4):** „Vom Opfer her gesehen" schien es nun jedoch nicht mehr sinnvoll, Gewalt nur in der „körperlichen Überwindung" zu sehen, denn durch **psychische** Einwirkung konnte derselbe Effekt erzielt werden. Ob man es dem Straßenbahnfahrer physisch unmöglich macht zu fahren (durch Barrikaden), oder ob man psychisch auf ihn einwirkt (sitzstreikende Studenten), hat denselben Effekt. Im Kölner Straßenbahnfall (Sitzstreik) hat BGHSt 23, 46 deshalb auch psychische Zwangswirkung unter den Gewaltbegriff subsumiert.

BGHSt 23, 46 (54) – Sitzstreik-Fall: Der Annahme von Gewalt „steht nicht entgegen, dass die Studenten die Straßenbahn nicht durch unmittelbaren Einsatz körperlicher

---

82 Vgl. o. Rn. 57, Lücke (1).
83 OLG Hamm, NJW 1983, 1505.
84 Vgl. die Berufung auf die Rechtswissenschaft in BGHSt 1, 145 (148).

Kräfte aufhielten, sondern nur mit geringem körperlichen Kraftaufwand einen psychisch determinierten Prozess in Lauf setzen. Entscheidend ist hierbei, welches Gewicht der von ihnen ausgeübten psychischen Einwirkung zukam. Ob das Anbinden eines Hundes auf den Gleisen, um ein Beispiel der Verteidigung aufzugreifen, ausreichen würde, weil hier einem Weiterfahren nur psychische Hemmungen weit geringeren Gewichts entgegenwirken, kann dahinstehen." – Zurückhaltender BGHSt 27, 329: Hungerstreik von Strafgefangenen keine Gewaltanwendung (und keine Drohung mit empfindlichem Übel), wenn er vor Eintritt von Lebensgefahr abgebrochen werden soll.

Eskalation (5): Mit diesem Schritt hatte der Begriff der Gewalt den der Drohung in Teilbereichen eingeholt und überholt. Die Drohung mit einer Schusswaffe wirkt psychisch so massiv wie die Beeinflussung durch Sitzstreik, also ist eine solche „Drohung" schon Gewalt, BGHSt 23, 126. 65

Ergebnis und Definition: Gewalt sind „alle eine gewisse – nicht notwendig erhebliche – körperliche Kraftanwendung darstellenden Handlungen, die von der Person, gegen die sie unmittelbar oder auch nur mittelbar gerichtet sind, als ein nicht nur seelischer, sondern auch körperlicher Zwang empfunden werden", BGHSt 23, 126 (127). 66

In BVerfGE 73, 206, 242 f. (Sitzblockaden-I) waren vier Richter des Senats der Auffassung, diese Ausweitung des Gewaltbegriffes halte sich noch innerhalb der vom möglichen Wortsinn markierten Grenze richterlicher Auslegung. Gemäß § 15 III 3 BVerfGG a. F. konnte somit eine Verletzung des Analogieverbotes (Art. 103 II GG) nicht festgestellt werden.

cc) Eingrenzung des Gewaltbegriffs

Jeder der o. Rn. 61–65 beschriebenen Schritte beruht auf einem folgerichtigen Analogieschluss, denn die Ähnlichkeit der Zwangswirkung ist unbestreitbar[85]. Trotzdem kann diese Ausdehnung nicht gebilligt werden, selbst wenn sie noch unter prinzipiell erlaubte extensive Interpretation fiele und nicht durch verbotene Analogieschlüsse[86] zustande gekommen wäre. 67

BVerfGE 92, 1 (14–19) – Sitzblockaden-II – hat in einer 5:3-Entscheidung die Ausweitung **punktuell** zurückgenommen für Sitzblockaden: „In demjenigen Bereich, in dem die Gewalt lediglich in körperlicher Anwesenheit besteht und die Zwangswirkung auf den Genötigten nur psychischer Natur ist, wird die Strafbarkeit nicht mehr vor der Tat generell und abstrakt vom Gesetzgeber, sondern nach der Tat im konkreten Fall vom Richter aufgrund seiner Überzeugung von der Strafwürdigkeit eines Tuns bestimmt"[87]. Darin liege ein Verstoß gegen Art. 103 II GG. 68

Nach der Sitzblockaden-II-Entscheidung sollte nicht mehr zweifelhaft sein, dass das bloße Hinsetzen auf die Fahrbahn mit der Folge psychischen 69

---

85 Auf diese Ähnlichkeit hebt auch BVerfGE 73, 206 (242) ab.
86 Einen Verstoß gegen das Analogieverbot (Art. 103 II GG) bejahten mit guten Gründen vier Richter des Senats in der Entscheidung Sitzblockaden-I: Die Pönalisierung (gewalt-)ähnlicher Fälle sei nicht Aufgabe des Richters (Analogieverbot), sondern des Gesetzgebers; s. BVerfGE 73, 206 (244–247).
87 A. a. O. S. 18.

Zwangs auf den Fahrzeugführer zum Anhalten keine Gewaltanwendung ist[88]. Wenn dagegen eingewandt wird, das Sichhinsetzen sei als körperliche Kraftentfaltung aufseiten des Täters hinreichend, und auf den anhaltenden Kfz-Führer werde wesentlich körperlich vermittelter Zwang ausgeübt[89], so wird damit im Wesentlichen die abweichende Meinung der drei Richter in der Sitzblockaden-II-Entscheidung wiederholt[90], die überstimmt wurde.

70 Die **Strafgerichte** suchen zwar der Bindungswirkung (§ 31 I BVerfGG) der Sitzblockaden-II-Entscheidung nachzukommen, sind aber bemüht, ihre Auswirkungen auf die Bewertung von Sitzblockaden gering zu halten.

Beispiel BGHSt 41, 182: Kurden stellten sich auf der Autobahn den herannahenden Fahrzeugen in den Weg und sperrten auf diese Weise den Verkehr. – Offengelassen, ob auf die zuerst zum Halten veranlassten Kfz-Führer nur psychischer Zwang ausgeübt wurde[91]. Deren zum Stehen gebrachte Fahrzeuge bildeten dann aber – von den Tätern gewollt – tatsächliche und **körperlich** nicht mehr zu überwindende Hindernisse, sodass Gewaltanwendung vorliege: Strafbarkeit nach § 240 I[92].

Das Urteil ist hinsichtlich der physischen Zwangswirkung auf die nachfolgenden Fahrzeugführer nicht zu beanstanden. Nach BVerfG, NJW 2011, 3020[93] verstößt diese sog. „Zweite-Reihe-Rechtsprechung" nicht gegen das Analogieverbot des Art. 103 II GG. Zumindest fraglich ist aber die Vereinbarkeit mit BVerfGE 92, 1, wenn der BGH[94] feststellt, das Sichhinsetzen oder Sich-auf-die-Fahrbahn-Begeben sei ein für den Gewaltbegriff auf Täterseite hinreichender körperlicher Aufwand[95]. BVerfGE 104, 92 (102) bejaht für eine Menschenkette (bei der die Beteiligten aneinandergekettet und an die Pfosten einer Baustelleneinfahrt in Wackersdorf gekettet waren) einen hinreichenden körperlichen Aufwand (und eine physische Zwangswirkung auf die Fahrer, welche die Einfahrt passieren wollten).

71 Erhebliche Teile der **Literatur** neigten dazu, straffreie Räume zwischen Drohung und Gewalt dadurch zu schließen, dass jede Übelszufügung, deren Androhung eine Drohung mit einem empfindlichen Übel wäre, als Gewalt eingestuft wurde[96]. Unter dem Eindruck von BVerfGE 92, 1 wird die-

---

88 So z. B. auch *Rengier*, BT 2, § 23 Rn. 26 mit Rn. 17.
89 So *Krey/Hellmann/M. Heinrich*, BT 1, Rn. 389 ff., 402 m. w. N.
90 BVerfGE 92, 1 (20 ff.).
91 Für die Blockade einer Straßenkreuzung durch mehrere hundert Personen hat BGH, NStZ 1995, 593, körperlichen Zwang (Gewalt) angenommen.
92 Ebenso BGH, NJW 1995, 2862, sowie BVerfGE 104, 92 (102/103); zustimmend *Heger*, Jura 2003, 112 (114); kritisch *Sinn*, NJW 2002, 1024 (nur psychische Zwangswirkung).
93 Vgl. dazu *Jahn*, JuS 2011, 563; *Sinn*, ZJS 2011, 283.
94 A. a. O. S. 185.
95 Kritisch auch *Lesch*, StV 1996, 152 (153 f.); *Herzberg*, GA 1996, 557 (562). BVerfG, NJW 2011, 3020 stützt die Vereinbarkeit der „Zweite-Reihe-Rechtsprechung" mit Art. 103 II GG auf § 25 I Art. 2 StGB. Die Tatbestandsmäßigkeit des Verhaltens der Demonstranten gem. § 240 I ergebe sich im Ergebnis nicht aus deren Täterschaft durch eigenhändige Gewaltanwendung, sondern aus mittelbarer Täterschaft durch die ihnen zurechenbare Gewaltanwendung des ersten Fahrzeugführers als Tatmittler.
96 S. dazu – ablehnend – LH 1, 3. Aufl. 1988, Rn. 580 unter Hinweis auf *S/S/Eser*, 23. Aufl., und AG Schwäbisch Gmünd, NJW 1986, 2445.

se verlockende Gleichung (Übelszufügung ist noch schlimmer und strafwürdiger als bloße Übelsandrohung!) nunmehr dahin gehend modifiziert, dass das zugefügte Übel auf das Opfer eine auch **körperliche** Zwangswirkung ausüben müsse[97].

Beispiele: T1 droht mit Einstellung der Mietzahlungen, T2 mit Zertrümmerung des Ladeninventars, falls sich O nicht wunschgemäß verhält. In beiden Fällen zwar Drohung mit empfindlichem Übel, aber nur T2 wendet Gewalt an, wenn er seine Drohung wahrmacht. – Da § 240 I gerade nicht lautet „Wer einen anderen mit der Zufügung oder der Androhung eines empfindlichen Übels nötigt", führt kein Weg daran vorbei, den Gewaltbegriff selbstständig zu bestimmen, was (wie im Fall T1) zwangsläufig zu – durchaus berechtigten – Lücken zwischen Gewaltanwendung und Drohung führt.

Über die punktuelle Zurückdrängung des „vergeistigten" Gewaltbegriffs bei Sitzblockaden durch BVerfGE 92, 1 hinaus ist nach wie vor[98] eine allgemeine Restriktion des Gewaltbegriffs zu fordern, in Richtung einer Rückgängigmachung der o. Rn. 63–65 geschilderten fünften, vierten und dritten Stufe der Eskalation[99]. 72

Gewalt ist demnach der durch erhebliche Entfaltung körperlicher Kraft herbeigeführte physische Zwang (Kernbereich o. Rn. 55 f.), einschließlich der Überwältigung durch vis absoluta (o. Rn. 61, Eskalation 1), **und** der geringe Kraftaufwand, wenn er infolge technischer Verstärkung zu erheblichem physischen Zwang führt. 73

4. Rechtswidrigkeit und Verwerflichkeit der Nötigung, § 240 II

§ 240 II hilft dabei, die Nötigung auf ein **Exzessverbot** zu reduzieren[100]. Nicht jede rechtswidrige Beeinträchtigung der Willensfreiheit ist als Nötigung strafbar, sondern erst, wenn **gesteigertes** Unrecht (Verwerflichkeit) vorliegt. Eine Drohung für sich ist noch kein Unrechtsindiz, die Prüfung i. R. d. Abs. 2 hat anhand einer einzelfallbezogenen und umfassenden Abwägung aller wesentlichen Umstände und Beziehungen sowie der auf dem Spiel stehenden Rechte, Güter und Interessen nach ihrem situationsbezogenen Gewicht zu erfolgen[101]. 74

---

97 So z. B. *S/S/Eser/Eisele*, Vor § 234 Rn. 6, 8, 10 f. und die wohl h. M.; s. *Fischer*, § 240 Rn. 19 m. w. N. – Die Annahme, damit sei ein einheitlicher Gewaltbegriff gefunden worden, wäre allerdings verfehlt. Denn die Auffassungen darüber, wann eine (auch) körperliche Zwangswirkung vorliegt, sind alles andere als einheitlich. Dies zeigt allein schon die unterschiedliche Bewertung von Sitzblockaden unter diesem Gesichtspunkt; s. dazu o. Rn. 69, Fn. 88, 89. – Zutreffende Ablehnung körperlicher Zwangswirkung von Onlineblockaden durch OLG Frankfurt a. M., ZUM 2006, 749 mit zustimmender Besprechung von *Kitz*, ZUM 2006, 730 (732/733).
98 S. LH 1, 3. Aufl. 1988, Rn. 581.
99 Für eine dahin gehende, wenn auch in Einzelheiten abweichende Restriktion z. B. auch *Bergmann*, Das Unrecht der Nötigung, S. 119 ff.; *Hruschka*, NJW 1996, 160, 161 f. (der aber – anders als o. Rn. 46 und nachstehend Rn. 73 – auch die vis absoluta aus dem Gewaltbegriff herausnimmt); *Schmidhäuser*, BT, 4/15; *Sinn*, Die Nötigung im System des heutigen Strafrechts, 2000, S. 195 ff. (ebenfalls Herausnahme der vis absoluta); *Sommer*, NJW 1985, 769 (771 f.); *Wolter*, NStZ 1986, 241 (246 f.).
100 S. o. Rn. 41–43.
101 OLG Koblenz, NJW-Spezial 2011, 602.

BGHSt 18, 389 (Belehrungs-Fall): „Belehrung" eines Omnibusfahrers (Omnibus auf Ruhrschnellweg wird durch absichtliches Langsamfahren und Spurenwechsel zum Langsamfahren gezwungen und am Überholen gehindert, nachdem er zuvor durch langwieriges Überholmanöver den Täter behindert hatte): „Nicht jede bloße beabsichtigte Behinderung eines anderen Verkehrsteilnehmers, die schon nach § 1 StVO als Übertretung angemessen geahndet werden kann, ist jedenfalls ohne Ausnahme auch immer schon dann sittlich so missbilligenswert, sozial so unerträglich, dass sie verwerflich im dargelegten Sinne sein müsste"[102], a. a. O. S. 392.

75   Das gesteigerte Unrecht des § 240 II kann von vornherein nicht vorliegen, wenn die Nötigung durch allgemeine **Rechtfertigungsgründe** gedeckt ist. – Zum Sonderfall der Demonstrationsfreiheit s. u. Rn. 84.

Beispiele: Die Mutter kann kraft ihrer elterlichen Gewalt das Kind nötigen, aufzustehen und die Schule zu besuchen; der Schrankenwärter kann, gedeckt durch eisenbahnrechtliche Befugnisse, durch Herunterlassen der Schranken zum Halten nötigen; der Eigentümer kann, durch Notwehr gerechtfertigt, den Dieb nötigen, unverrichteter Dinge das Haus zu verlassen.

76   Deshalb hat die Prüfung von Rechtfertigungsgründen Vorrang vor der Verwerflichkeitsprüfung. Greift ein Rechtfertigungsgrund ein, ist die Zweck-Mittel-Relation nicht mehr zu erörtern[103]. Abzulehnen ist das gelegentlich[104] vorgeschlagene umgekehrte Verfahren. Danach wird § 240 II die Fähigkeit zugesprochen, Rechtfertigungsgründe gewissermaßen aufzusaugen (und zu subjektivieren); s. dazu und zu den Irrtumsfragen u. Rn. 90 f.

77   Ist die Nötigung **nicht** durch Notwehr oder dgl. gerechtfertigt, ist zu fragen, ob die Tat den gesteigerten Rechtswidrigkeitsgrad der Verwerflichkeit aufweist[105]. § 240 II enthält demnach eine **Rechtswidrigkeitsregel,** so die h. M.[106]. Teilweise wird auch von einer tatbestandsergänzenden Klausel ausgegangen, also die Verwerflichkeit der Tatbestandsmäßigkeit der Nötigung zugerechnet[107]. Die Frage bedarf keiner Klärung; denn nicht einmal die Behandlung von Irrtumsfragen hängt von der Zuordnung des Abs. 2 zum Tatbestand oder zur Rechtswidrigkeit der Nötigung ab[108].

78   Angewandtes **Mittel** in § 240 II ist Gewalt oder Drohung, angestrebter **Zweck** ist die Beeinträchtigung der Willensfreiheit (**enge Zweck-Mittel-Relation**). Als Zweck sind also nicht Motive oder Fernziele des Täters anzusehen (weite Zweck-Mittel-Relation)[109].

---

102 Bereits tatbestandlich scheidet eine Nötigung aus, wenn die Dauer der bedrängenden Fahrweise unerheblich ist, OLG Köln, NZV 2013, 454.
103 Übereinstimmend z. B *Welzel*, LB, § 43 I 3 b; *Wessels/Hettinger*, BT 1, Rn. 425.
104 So von *Haft*, BT II, S. 180.
105 Für *Günther* (Strafrechtswidrigkeit und Strafunrechtsausschluss, 1983, S. 322 f.) ist die Verwerflichkeit Beispiel gesteigerten Strafunrechts, fehlende Verwerflichkeit demgemäß ein spezifischer Strafunrechtsausschließungsgrund. Zum strafwürdigen Nötigungsunrecht von Demonstrationen s. *Günther*, Baumann-FS 1992, S. 213 (218 ff.).
106 S. z. B. BGHSt 2, 194 (196); LK-*Schäfer*, § 240 Rn. 66.
107 So von *Haft*, BT II, S. 180; *S/S/Eser/Eisele*, § 240 Rn. 16 m. w. N. zu beiden Auffassungen.
108 S. dazu u. Rn. 90 f.
109 Näher dazu *Arzt*, Welzel-FS 1974, S. 823 ff.

Demgegenüber halten in BVerfGE 73, 206 (257–260) – Sitzblockaden-I – vier Richter die Berücksichtigung der Fernziele (der Friedensbewegung, die Bevölkerung eindringlich auf Gefahren und Folgen der atomaren Rüstung und der Raketenstationierung hinzuweisen) für verfassungsrechtlich geboten. Nach der die Entscheidung tragenden Auffassung der anderen vier Richter soll es den Strafgerichten zwar nicht geboten, aber immerhin freigestellt sein, die Fernziele bei der Verwerflichkeitsprüfung zu berücksichtigen (a. a. O. S. 260, 261)[110].

In Übereinstimmung mit der hier vertretenen Auffassung und der h. M.[111] gelangt BGHSt 35, 270 (= JZ 1988, 772 mit Anm. *Arzt*) zu dem Ergebnis, die Fernziele von Sitzblockierern seien nicht bei der Prüfung der Verwerflichkeit der Nötigung (§ 240 II), sondern **ausschließlich** bei der Strafzumessung zu berücksichtigen. Der damit verbundene Gewinn an Rechtssicherheit ist zu begrüßen. Die Bewertung der Fernziele durch den Strafrichter im jeweiligen Einzelfall muss zwangsläufig, durch das Vorverständnis des Richters bedingt, zu unterschiedlichen Entscheidungen führen.

Verwerflich ist die Relation von Mittel und Zweck fraglos dann, wenn schon **beides** für sich genommen rechtswidrig ist. 79

Beispiel: T nötigt den O durch Verprügeln (rechtswidrig und strafbar nach § 223) zur Begehung einer Straftat.

Verwerflich ist auch die Durchsetzung eines rechtmäßigen Verlangens mit **rechtswidrigen Mitteln** sowie die Verfolgung eines **verbotenen Zwecks** mit an sich zulässigen Mitteln.

Beispiele: (1) Der Vermieter zertrümmert Einrichtungsgegenstände des Mieters (rechtswidrig und strafbar nach § 303), um ihn zur Zahlung der rückständigen Miete zu veranlassen (berechtigte Zweckverfolgung).

(2) T droht dem O mit Strafanzeige wegen eines von O tatsächlich begangenen Sexualdelikts (Anzeige rechtmäßig, ja erwünscht), falls er nicht 10.000 € an T zahlt (rechtswidrige Zweckverfolgung, da kein Zahlungsanspruch); s. zur Drohung mit Anzeige auch nachstehend Rn. 80 und 81.

Verwerflich ist die Relation schließlich auch dann, wenn die vom Täter angestrebte Beugung des Willens des Opfers in keinem Zusammenhang zum Nötigungsmittel steht, Prinzip des **mangelnden Konnexes**. Dieses Prinzip ist wichtig, weil es erklärt, warum Nötigung gegeben sein kann, obwohl Mittel (z. B. Strafanzeige) **und** Zweck (z. B. Umstimmung 80

---

110 BVerfGE 92, 1 – Sitzblockaden-II – brauchte zu dieser Frage nicht Stellung zu nehmen. BVerfGE 104, 92 (113) deutet auf Berücksichtigung der Fernziele hin; s. *Heger,* Jura 2003, 112 (116) und *Sinn,* NJW 2002, 1024 (1025). Eindeutig dagegen *Haas* in ihrem Sondervotum BVerfGE 104, 92 (123). Für die Berücksichtigung des Kommunikationszweckes schon bei § 240 II nun auch BVerfG, NJW 2011, 3020.
111 Vgl. z. B. *Baumann,* NJW 1987, 36 und ZRP 1987, 265; *Starck,* JZ 1987, 145 (148); *Fischer,* § 240 Rn. 44 m. w. N., auch der a. A.

§ 9 Rn. 81-82　　　　　　　　　　　Verletzung der persönlichen Freiheit

der zur Scheidung entschlossenen Frau) bei isolierter Betrachtung erlaubt sind.

Beispiel: Bei der Drohung des T, den O anzuzeigen, wenn er ihm nicht den durch die Straftat angerichteten Schaden ersetze, besteht zwischen Nötigungsmittel und Nötigungszweck ein innerer Zusammenhang. Die Relation ist nicht verwerflich. – **Anders**, wenn T droht, seine Frau O wegen einer Straftat anzuzeigen, falls sie sich scheiden lasse.

81　Mangelnder Konnex zwischen Zweck und Mittel indizieren die Verwerflichkeit. Je massiver der Druck, desto mehr spricht für die Bejahung der Verwerflichkeit der Zweck-Mittel-Relation[112].

82　**Einzelfragen:** Zum Schuldenbus s. o. Rn. 40. Verallgemeinernd spricht man bei Drohung mit Bloßstellung, z. B. auch in der Presse oder durch Eintragung in Schuldnerlisten, von **Chantage**[113].

Drohung mit **Strafanzeige** ist regelmäßig erlaubt, wenn sie die Wiedergutmachung bezweckt, BGHSt 5, 260. Das gilt auch dann, wenn der drohende Gläubiger schnellen Ersatz erreichen will (z. B. den Schuldner mit der Drohung dazu bewegen will, ohne Auseinandersetzung vor dem Zivilgericht zu bezahlen oder auf Rechtsmittel gegen ein zivilgerichtliches Urteil zu verzichten, a. A. im letzten Fall BGH, NJW 1957, 596). – Der Streit über den Umfang des zivilrechtlichen Anspruchs gegen den Ladendieb müsste bedauerlich lange vor den Strafgerichten ausgetragen werden, die im Rahmen der §§ 240, 253, 263 StGB darüber zu befinden hatten, ob der Geschäftsinhaber Erstattung von Fangprämien etc. zu beanspruchen hat[114]. Erst BGHZ 75, 230 (= JZ 1980, 99 mit Anm. *Deutsch*) hat Klarheit gebracht: Erstattung von Fangprämien in angemessenem Umfang (i. d. R. bei 50,– DM); keine Erstattung von Personalkosten für die Bearbeitung des Diebstahls.

Im **Straßenverkehr** sollte man sich nicht die Mühe machen, die sich rasch wandelnde Kasuistik auswendig zu lernen[115].

Im **Arbeitsrecht** kann im Streik oder in der Aussperrung und in damit zusammenhängenden Handlungen (Streikposten) Nötigung liegen. Einzelheiten über die Grenzen des Arbeitskampfes gehören ins Arbeitsrecht. Zu beachten ist dabei, dass die Einfügung der Verwerflichkeit der Zweck-Mittel-Relation ins Gesetz (in dem

---

112 Das ist der richtige Kern der von BGHSt 23, 46 (55) aufgestellten These, bei Anwendung von Gewalt stehe regelmäßig die Verwerflichkeit der Relation fest (denn Gewalt ist meist ein besonders massives Druckmittel). Im Hinblick auf die stetige Ausuferung des Gewaltbegriffs (dazu o. Rn. 61–65) bis zur Einschränkung in BVerfGE 92, 1 (Sitzblockaden-II) war die These des BGH allerdings immer fragwürdiger geworden. Zutreffend verlangte deshalb BVerfGE 73, 206 (Sitzblockaden-I), LS 2 und S. 247, eine „verfassungskonforme Auslegung und Anwendung des § 240 in dem Sinne, dass die Bejahung nötigender Gewalt im Falle einer Ausweitung dieses Begriffs nicht schon zugleich die Rechtswidrigkeit der Tat indiziert". In diese Richtung bereits BGHSt 34, 71 (77) und BGHSt 35, 270 (277/278). – Eingehend *Haffke*, ZStW 84 (1972), 37.
113 Es verblüfft, dass es für die Drohung mit Eintragung in eine Liste fauler Zahler keine neuere Entscheidung zu geben scheint als RGSt 6, 405 vom 30.6.1882. – Vgl. aber OLG Hamm, NJW 1957, 1081.
114 Vgl. OLG Braunschweig, NJW 1976, 60; OLG Koblenz, JR 1976, 69 mit kritischer Anm. *Roxin; Meurer*, JuS 1976, 300. Nach *Roxin*, a. a. O. soll bei Zweifeln des Gläubigers am Bestehen des Anspruchs die Drohung verwerflich sein. Fraglich, weil Bedenkenlosigkeit (bzw. eine dahin gehende Schutzbehauptung des Gläubigers) prämiert würde.
115 Eingehend *Busse*, Nötigung im Straßenverkehr, 1968; s. weiter *Haubrich*, NJW 1989, 1197; *Helmken*, NZV 1991, 373; *Maatz*, NZV 2006, 337 – jeweils mit Rspr.-Nachw.

sie ursprünglich nicht enthalten war) auch deshalb verlangt wurde, damit der Streik nicht unter § 240 fallen sollte. Als diese Reform schließlich (1943!) verwirklicht wurde, war das Streikrecht beseitigt[116].

Bei Drohung mit **Unterlassen** ohne Rechtspflicht zum Handeln ist nicht nur die Tatbestandsmäßigkeit nach § 240 I umstritten (dazu o. Rn. 51), sondern auch die Verwerflichkeit der Zweck-Mittel-Relation, § 240 II. 83

Im Beispielsfall (1) BGHSt 31, 195 o. Rn. 51 war der Druck auf das 16-jährige Mädchen derart stark, dass eine autonome Entscheidung ausgeschlossen war. Da auch kein Konnex zwischen Mittel und Zweck bestand, ist mit dem BGH die Verwerflichkeit der Nötigung zu bejahen. – Im Beispielsfall (3) hat BGHSt 44, 68 die Verwerflichkeit der Drohung mit Unterlassen abgelehnt. Entscheidend dafür war, dass Dr. Vogel nicht selbst die Möglichkeit hatte, die Ausreise zu gestatten, sondern sie nur empfehlend begünstigen konnte, sodass sein Hinweis auf die maßgebenden Ausreisebedingungen, die von ihm nicht zu verantworten waren, auch ein Element der Warnung enthielt[117]. Wegen der vom Täter nicht zu verantwortenden Lage der Ausreisewilligen sei Verwerflichkeit auch dann abzulehnen, wenn der Täter in Selbstbereicherungsabsicht (Übereignung der Grundstücke an ihn) handle. – Nicht überzeugend ist der ergänzende Hinweis des BGH (a. a. O. S. 81), die Opfer im zu entscheidenden Fall hätten die Ausreise aus der DDR im Gegensatz z. B. zu mittellosen Ausreisewilligen immerhin erkaufen können. Damit wird eigentlich nur auf die Selbstverständlichkeit hingewiesen, dass Opfer von Erpressung und Nötigung nur wird, wer dem Täter etwas zu bieten hat[118]. – Zur Erpressung durch Drohung mit Unterlassen s. u. § 18 Rn. 11–13.

Die **Demonstrationsfreiheit**[119] wird aus den Grundrechten der Versammlungs- und Meinungsfreiheit (Art. 8, Art. 5 GG) abgeleitet. In welchem Umfang sie zu Eingriffen in Rechtsgüter anderer berechtigt, ist außerordentlich zweifelhaft. Es geht dabei nicht nur um Eingriffe in die Willensbetätigungsfreiheit (§ 240), sondern auch in § 303 (Bekleben und Beschriften von Wänden etc. mit Parolen), § 123 (Sit-in). – Bei den Ehrverletzungsdelikten ist im Zusammenhang mit § 193 eingehend dargestellt, dass auf Kommunikation angelegte Rechtsgüter nicht als statisch und fest umrissen begriffen werden können, sondern durch eine allgemeine Güter- und Interessenabwägung elastisch zu begrenzen sind[120]. 84

---

116 S. zum Ganzen *Niese,* Streik und Strafrecht, 1954. Zur Bestrafung des Streiks als Erpressung vgl. RGSt 21, 114; 32, 335. Zur Gesetzgebungsgeschichte *Bauer,* JZ 1953, 649. – Heute steht im Vordergrund nicht die Nötigung des Arbeitgebers, sondern auf die Dienstleistungen angewiesener Dritter (Fluglotsenstreik, dazu *Krey,* JuS 1974, 418). – Zur strafrechtlichen Problematik neuer Formen des Arbeitskampfes (Warnstreiks, Betriebsbesetzungen u. dgl.) s. *Ostendorf,* Kriminalisierung des Streikrechts, 1987.
117 A. a. O. S. 78 f.; zur Abgrenzung Drohung/Warnung o. Rn. 53 f.
118 Ablehnend zu BGHSt 44, 68 *Liebernickel,* a. a. O., insbes. S. 184 ff.
119 Der folgende Abriss will nicht mehr als die „Übersetzung" des weitgehend verfassungsrechtlichen Problems in die strafrechtlichen Kategorien erleichtern. Vgl. dazu *Baumann/Frosch,* JZ 1970, 113; *Dostal,* 1968 – Demonstranten vor Gericht, 2006; *Dreher,* NJW 1970, 1153; *Tiedemann,* JZ 1969, 717 sowie, mit dem Akzent auf der Darstellung der öffentlich-rechtlichen Probleme, *v. Hase,* JA 1969, 25 ff. und 41 ff. (Fortsetzungsaufsatz).
120 Vgl. o. § 7 Rn. 21 ff.

85 Dieser Gedanke gilt grundsätzlich auch für § 240, zumal der § 240 zugrunde liegende Gedanke des Exzessverbots[121] eine flexible Interessenabwägung ermöglicht. Die Einbringung der Demonstrationsfreiheit in eine solche Interessenabwägung stößt jedoch auf fünf Hindernisse. (1) Bei der Demonstrationsfreiheit geht es gerade nicht (wie sonst vielfach bei § 240) um die Abgrenzung gegensätzlicher gemeinschaftsbezogener Willensbetätigungen, sondern der Wunsch, **Kommunikation** zu erzwingen, kollidiert mit dem Recht, allein gelassen zu werden. – (2) Dabei scheint die Demonstration – jedenfalls soweit sie Aufklärung bezweckt (wobei freilich das anschließend in (3) zu schildernde Dilemma auftritt) – allemal wichtiger zu sein als die Freiheit zu belanglosem Verhalten. Was wiegt der Wunsch, den Wiener Opernball zu besuchen, gegen die Aufklärung über Haider und die FPÖ durch Demonstranten, die die Zugänge versperrt haben? Was wiegt der Wunsch, nach Feierabend zum Bier und Kartenspiel zu kommen oder „in Ruhe" einzukaufen, gegen die Aufklärung über den Mietwucher? Kurz, wie viel wiegt das Recht, etwas gesellschaftlich Belangloses oder auch gar nichts zu tun gegenüber der meist gesellschaftlich sehr relevanten Aufklärung durch Demonstration? – (3) Die Frage, wie hoch die Demonstrationsfreiheit zu veranschlagen ist, soll nach der im öffentlichen Recht ganz h. M.[122] beantwortet werden, ohne dass auf die Sache, für die demonstriert werden soll, zurückgegriffen werden kann. Darin liegt eine künstliche und problematische Verkürzung der Interessenabwägung. – (4) Diese Verkürzung erschwert die Entscheidung, wieweit Dritte Eingriffe in ihre Rechtsposition im Interesse der Demonstranten hinzunehmen haben. Das wird besonders deutlich, wenn sich viele – isoliert betrachtet geringfügige – Beeinträchtigungen zu einem Dauerreiz addieren. Wieweit kann man einen Eingriff durch **eine** Demonstration als relativ geringfügig ansehen und bei der Abwägung dann das Demonstrationsrecht vorgehen lassen und zugleich die Möglichkeit einer bei Vervielfachung der Demonstration unerträglichen Summierung außer Ansatz lassen (Schlussszene in „Aufstieg und Fall der Stadt Mahagonny")? – (5) Schließlich ist nicht zu übersehen, dass der Effekt der Demonstration gerade im Rechtsbruch liegen kann, weil der Rechtsbruch Aufmerksamkeit erregt. Mit der Rücknahme rechtlicher Schranken gibt man dann den Demonstranten nichts, sondern zwingt sie geradezu weiterzugehen, bis sie die zurückgenommene Schranke erreichen.

86 In der Literatur und in der Judikatur unterer Gerichte hatte man sich von dem Demonstrationsrecht viel versprochen: einen Stachel, einen Ansporn, der den Sozialkörper am Einschlafen hindern und vom Stillstand in den Trab (je nach Standpunkt vom Trab in den Galopp) der Reform versetzen sollte[123].

---

121 S. o. Rn. 41–43 und 74.
122 *Depenheuer*, in: Maunz/Dürig, GG, Art. 8 Rn. 48 ff.
123 Vgl. dazu *Tiedemann*, JZ 1969, 717; AG Esslingen, JZ 1968, 800.

Alsbald hat jedoch eine Ernüchterung eingesetzt. Sie hat in BGHSt 23, 87
46 (Sitzstreik-Fall; Sitzstreik auf den Schienen der Kölner Straßenbahn gegen Tariferhöhung) deutlichen Niederschlag gefunden.

BGHSt 23, 46 (56 ff.)[124]: „Niemand ist berechtigt, tätlich in die Rechte anderer einzugreifen, insbesondere Gewalt zu üben, um auf diese Weise die Aufmerksamkeit der Öffentlichkeit zu erregen und eigenen Interessen oder Auffassungen Geltung zu verschaffen. Der von der Verfassung gewährte weitere Spielraum für die Auseinandersetzung mit Worten (Art. 5 GG und § 193 StGB; vgl. BVerfGE 7, 198; BGHSt 12, 287) duldet keine Erweiterung auf tätliches Verhalten. Andererseits kann sich daraus, dass mehrere oder viele Einzelne zu gemeinsamer Aktion zusammentreten, kein qualitativer Umschlag im Sinne weitergehender Berechtigungen ergeben. Der Demonstrant besitzt im Vergleich zum Einzelnen, der für seine Meinung eintritt oder protestiert, keine Vorrechte, sondern hat wie jeder andere dabei die allgemeinen Gesetze zu achten. Auch der Hinweis darauf, dass das vom Grundgesetz in Art. 8 allen Deutschen gewährleistete Grundrecht, sich friedlich und ohne Waffen auch unter freiem Himmel zu versammeln, notwendigerweise das Eintreten von Verkehrsbehinderungen einschließe, eröffnet keine andere Betrachtungsweise. Aus dem Recht zu **friedlicher** Versammlung kann kein Recht zu **unfriedlicher** Demonstration hergeleitet werden. In welchem Maße Verkehrsbehinderungen hinzunehmen sind, die sich als Nebenfolge einer friedlichen Demonstration ergeben, hat der Senat nicht zu entscheiden. Hier ist die Verkehrsbehinderung gerade zum Ziel und Zweck einer öffentlichen Aktion gemacht worden, die damit einen unfriedlichen Charakter gewonnen hat und nicht mehr der Garantie des Art. 8 Abs. 1 GG teilhaftig sein kann ... Endlich muss die Auffassung der Strafkammer schon an ihrer Unverträglichkeit mit dem demokratischen Prinzip im Allgemeinen und seiner Ausgestaltung im Sinne der repräsentativen Demokratie durch das Grundgesetz im Besonderen scheitern. Personenverbänden sowenig wie Einzelnen kann die Mitsprache in öffentlichen Angelegenheiten mit anderen Mitteln als denen der Werbung, Überzeugung und Überredung gestattet sein. Entscheidungen in solchen Angelegenheiten müssen frei von gewaltsamer Einwirkung in den Händen der Organe liegen, die durch Verfassung und Gesetz dazu legitimiert und durch die Mehrheitsentscheidungen des Volkes auf der Grundlage von geordneten, gegen Missbrauch und Verfälschung abgesicherten Wahlen und Abstimmungen berufen sind. Die Anerkennung eines Demonstrationsrechts in dem von der Strafkammer angenommenen Ausmaß liefe auf die Legalisierung eines von militanten Minderheiten geübten Terrors hinaus, welcher mit der auf dem Mehrheitsprinzip fußenden demokratischen Verfassung, letztlich aber auch als Verstoß gegen das Prinzip der Gleichheit aller vor dem Gesetz mit den Grundsätzen der freiheitlichen demokratischen Grundordnung schlechthin unverträglich ist."

BVerfGE 73, 206 (Sitzblockaden-I) hat die rechtfertigende Wirkung des 88
Demonstrationsrechts nicht erweitert, sondern im Wesentlichen BGHSt 23, 46 bestätigt und u. a. a. O. S. 249 f. auf den Gesetzesvorbehalt des Art. 8 II GG für Versammlungen unter freiem Himmel hingewiesen. Der auf diesem Vorbehalt beruhende § 15 VersammlungsG ermögliche die Auflösung von Versammlungen bei einer unmittelbaren Gefährdung der öffentlichen Sicherheit. Eine solche sei dann gegeben, wenn die Behinderung Dritter beabsichtigt sei, um die Aufmerksamkeit für das Demonstrationsanliegen

---

124 Zustimmend z. B. *Martin*, a. a. O. S. 211; LK-*Schäfer*, § 240 Rn. 1. Einschränkend *Eser*, Jauch-FS 1990, S. 51 und in *S/S/Eser/Eisele*, § 240 Rn. 28. – Ausführlich zum Sitzstreik-Fall *Eser*, III, Fall 12. Vgl. auch BGHSt 35, 282; 44, 41.

zu erhöhen. „Behinderungen und Zwangswirkungen werden ... nur so weit durch Art. 8 GG gerechtfertigt, wie sie als **sozial-adäquate Nebenfolgen** mit rechtmäßigen Demonstrationen verbunden sind und sich auch durch zumutbare Auflagen nicht verhindern lassen." – Die Bewertung von Nebenwirkungen war in BGHSt 23, 46 offengelassen worden (s. vorstehende Rn. 87).

Die Ernüchterung dürfte auch darauf zurückzuführen sein, dass erfolgreiche Pression der einen Gruppe die andere, die sich auf die Überzeugung ihrer Argumente (und das vom Recht vorgesehene Verfahren) verlassen wollte, dazu verurteilt, sich ebenfalls der Pression zu bedienen. Mit dem **Vervielfachungseffekt** lässt zugleich der Ansporn nach. Es kommt zu immer massiveren Demonstrationen (öffentliche Abtreibung). – Vor allem tritt mit der Geringschätzung des Anspruchs, in Frieden gelassen zu werden, und der Betonung des Rechts, andere zu belehren und zu ihrem Glück zwingen zu dürfen[125], eine Unaufrichtigkeit der Berufung auf die Demonstrationsfreiheit zutage. Denn solange verschiedene Auffassungen vom Glück sich befehden, versteht sich der hohe Rang des Rechts auf den Privatbereich, sonst würde das Individuum von den verschiedenen Ansprüchen hin- und hergezerrt, bis es in Stücke ginge. Anders, wenn es nur noch die eine reine Lehre gibt: Dann ist das Individuum so lange zu erziehen, bis es sich mit dieser Lehre identifiziert. Demonstriert wird dann freilich nur noch für die reine Lehre.

5. Vorsatz und Irrtum

89 Nach nahezu einhelliger Meinung[126] genügt dolus eventualis. Dabei ist zu beachten, dass schon im Begriff der Gewalt ein finales Element steckt, denn Gewalt ist die Entfaltung von Kraft **zur** Überwindung eines erwarteten oder tatsächlich geleisteten Widerstandes[127].

90 Ebenso wie die (allgemeine) Rechtswidrigkeit und die sie ausschließenden Rechtfertigungsgründe[128] bemisst sich das für die Nötigung in § 240 II geforderte gesteigerte Unrecht, die **Verwerflichkeit,** nach **objektiven** Maßstäben. Die die Nötigung kennzeichnende Zweckverfolgung des Täters[129] darf nicht dazu verleiten, die Anstößigkeit der Zweck-Mittel-Relation nach der Einschätzung des Täters zu beurteilen und die in eine umfassende Verwerflichkeitsprüfung einbezogenen Rechtfertigungsgründe[130] ebenfalls zu subjektivieren.

---

125 Parallelen zur Geringschätzung der Unterhaltung, wie sie sich die „Masse" wünscht, und Versuche, ihr das zu oktroyieren, was sie sich wünschen sollte (im Theater, im Fernsehen), liegen auf der Hand.
126 BGHSt 5, 245 (246); LK-*Schäfer,* § 240 Rn. 105; anders (Absicht hinsichtlich des abgenötigten Verhaltens) S/S/*Eser/Eisele,* § 240 Rn. 34.
127 S. auch o. Rn. 56.
128 Die vor dem gesteigerten Unrecht „Verwerflichkeit" (§ 240 II) zu prüfen sind; s. o. Rn. 75–77.
129 S. zu diesem „finalen" Element der Nötigung o. Rn. 56, 89.
130 S. dazu o. Rn. 76.

Beispiel: Der Juwelier J ist schon wiederholt von Trickdiebinnen heimgesucht worden. Deshalb beobachtet J die hübsche O, die sich eine Auswahl wertvoller Ringe zeigen lässt, argwöhnisch und fest entschlossen, sich auch vom eindrucksvollen Dekolleté der O nicht ablenken zu lassen. Als J sich einen Moment abwendet, glaubt er zu sehen, dass O einen Ring in ihrem Ausschnitt verschwinden lässt. Blitzschnell packt J zu und greift der heftig protestierenden O in den Ausschnitt. Einen Ring findet J nicht; die Ringe lagen vollständig auf dem Tisch, er war Opfer seiner Einbildungskraft geworden. – **Lösung:** Tatbestandsmäßigkeit nach § 240 I; Mittel = Gewalt, Zweck = Duldung des Griffs in den Ausschnitt. Mangels Vorliegens der **objektiven** Voraussetzungen kein Rechtfertigungsgrund. Darüber hinaus Verwerflichkeit der Zweck-Mittel-Relation (indiziert durch Mittel = Gewalt und Erheblichkeit des Eingriffs). Der Irrtum des J ändert daran nichts.

Gleichgültig, ob man in § 240 II eine rechtswidrigkeits- oder eine tatbestandsergänzende Regelung erblickt[131], gelangt man für **Irrtümer über die Verwerflichkeit** zu übereinstimmenden Ergebnissen: 91

Die verfehlte Annahme eines Sachverhalts, bei dem die Zweck-Mittel-Relation nicht verwerflich wäre, ist entweder ein Tatumstandsirrtum, § 16 I 1 (bei Einordnung von § 240 II als Tatbestandsergänzung) oder ein nach der (rechtsfolgenverweisenden) eingeschränkten Schuldtheorie gleichfalls vorsatz(schuld)ausschließender Erlaubnistatbestandsirrtum[132] (bei Einordnung des Abs. 2 als Rechtswidrigkeitsregel). – Nimmt der Täter bei voller Sachverhaltskenntnis irrig an, sein Verhalten sei **nicht** verwerflich, liegt ein Verbotsirrtum (§ 17) vor, und zwar auch für die Tatbestandslösung: als Verbotsirrtum zu bewertender Subsumtionsirrtum[133].

Im **Beispiel** vorstehend Rn. 90 nimmt J irrig die tatsächlichen Voraussetzungen von Rechtfertigungsgründen (Notwehr, § 32, und Besitzkehr, § 859 II BGB) an, sodass sein Vorsatz bzw. die Vorsatzschuld entfällt (Erlaubnistatbestandsirrtum). In einem entsprechenden vorsatz(schuld)ausschließenden Irrtum befindet sich J auch über die Verwerflichkeit seiner Tat. Keine Strafbarkeit wegen Nötigung. – Nähme man an, eine so ungalante Besitzkehr wäre bei einem tatsächlich vorliegenden Diebstahl der O **nicht** gerechtfertigt, so läge ein Irrtum über die rechtlichen Grenzen eines Rechtfertigungsgrundes vor, der als Verbotsirrtum behandelt wird (Erlaubnisirrtum)[134]. Der Irrtum wäre hier vermeidbar, also kein Schuldausschluss. Gleiches gälte für eine irrtümliche Verkennung der Verwerflichkeit. Strafbarkeit des J nach § 240 I.

6. Versuch, § 240 III

In § 240 III ist die versuchte Nötigung unter Strafe gestellt. – Versuch liegt u. a. dann vor, wenn das Opfer dem nach § 240 I tatbestandsmäßigen Druck, z. B der Drohung mit einem empfindlichen Übel, standhält. 92

---

131 S. dazu o. Rn. 77.
132 S. dazu z. B. *Baumann/Weber/Mitsch*, § 21 Rn. 29 ff.
133 S. dazu z. B. *Baumann/Weber/Mitsch*, § 21 Rn. 7 ff.
134 S. dazu z. B. *Baumann/Weber/Mitsch*, § 21 Rn. 47 und BGHSt 17, 328, 330 f. (wo allerdings die Annahme eines vorsatz(schuld)ausschließenden Erlaubnistatbestandsirrtums nahe gelegen hätte).

Da die Empfindlichkeit des Übels wesentlich nach objektiven Kriterien zu bestimmen ist[135], wäre die Ablehnung (auch) der Versuchsstrafbarkeit des T mit der Begründung verfehlt, die Drohung sei nicht empfindlich gewesen, andernfalls hätte ihr O nachgegeben. – Nur für die o. Rn. 49 abgelehnte rein individualistische Betrachtungsweise läge dieses Ergebnis nahe, mit der Folge, dass die Versuchsstrafbarkeit wesentlich an Bedeutung verlöre.

7. Besonders schwere Fälle, § 240 IV

93 Zu den Grundlagen der Gesetzgebungstechnik der Regelbeispiele s. u. § 14 Rn. 14 ff[136].

Die zunächst unbenannten besonders schweren Fälle der Nötigung wurden durch das Schwangeren- und FamilienhilfeänderungsG 1995 mit einem Regelbeispiel erläutert: **Nötigung einer Schwangeren zum Schwangerschaftsabbruch**, jetzt Abs. 4 Nr. 2. S. dazu und zum ebenfalls die Missachtung der Willensfreiheit der Schwangeren erfassenden Regelbeispiel in § 218 II 2 Nr. 1 o. § 5 Rn. 35 und 42. – Das 6. StrRG 1998 brachte die Regelbeispiele der Nr. 1 und 3 des Abs. 4. – Zur zwangsläufigen Beliebigkeit der Auswahl angesichts der Unzahl denkbarer Fälle zutr. *Fischer*[137].

Zu Nr. 1: Die schwersten Fälle **sexueller Nötigung** sind im Sondertatbestand § 177 unter Verbrechensstrafe gestellt[138]. Für das Regelbeispiel der Nr. 1 bleiben Nötigungen mittels Androhung eines (schlichten) empfindlichen Übels sowie die Nötigung des Opfers zur Vornahme sexueller Handlungen an sich selbst übrig[139].

Zu Nr. 3: Der gravierendste Fall der **Nötigung im Amt** ist in dem echten Amtsträgertatbestand des § 343 (**Aussageerpressung**) erfasst; s. dazu u. § 49 Rn. 89 f. Die Nr. 3 enthält demgegenüber ein „unechtes Amtsdelikt", sodass auf tatbeteiligte Außenstehende § 28 II[140] mit der Folge anzuwenden ist, dass sie lediglich nach § 240 I strafbar sind.

8. Sondertatbestände und Konkurrenzen

a) Hinweis auf spezielle Nötigungsdelikte

94 Die **Zwangsheirat** (§ 237) ist eine Qualifikation des § 240. Die **Freiheitsberaubung** (§ 239) ist spezielle Nötigung zum Nichtgebrauch der persönlichen Fortbewegungsfreiheit; s. zu § 239 o. Rn. 8 ff., zur Spezialität des § 239 (und zur ausnahmsweisen Tateinheit) gegenüber § 240 o. Rn. 37.

---

135 S. o. Rn. 48 f.
136 Siehe auch *Baumann/Weber/Mitsch*, § 8 Rn. 89 ff., sowie eingehend *Eisele*, Die Regelbeispielmethode im Strafrecht, 2004.
137 § 240 Rn. 58a m. w. N.
138 S. dazu u. § 10 Rn. 12 ff.
139 S. dazu näher *Gössel*, Hirsch-FS 1999, S. 183 (193 f.); *Dencker/Nelles*, 6. StrRG, 1998, 3. Teil, Rn. 20; *Schlüchter/Schumacher*, Bochumer Erläuterungen zum 6. StrRG, 1998, S. 66.
140 S. zur entsprechenden Anwendbarkeit des § 28 II auf täterbezogene Regelbeispiele auch u. § 14 Rn. 35.

Tatbestandsmäßig ist die Nötigung in einer ganzen Reihe von Vorschriften enthalten, die neben der Willensfreiheit **weitere Rechtsgüter** schützen. – Die größte Ähnlichkeit weisen die §§ 240 I und **253 I (Erpressung)** auf: identische Umschreibung der Nötigungsmittel und der abgenötigten Verhaltensweisen. Die Spezialität der Erpressung wird dadurch begründet, dass das Opferverhalten einen Vermögensschaden herbeiführen und der Täter in Bereicherungsabsicht handeln muss (**Vermögensdelikt**). S. zu § 253 u. § 18 Rn. 1 ff. Bei der **Geiselnahme, § 239b**, handelt es sich um eine Kombination von Freiheitsberaubung (gegenüber der Geisel) und Nötigung (mit der Drohung der Tötung oder schweren Verletzung der Geisel). § 239a ist gleich strukturiert wie § 239b, enthält aber eine spezielle Erpressungskomponente. S. zu §§ 239a und 239b u. § 18 Rn. 29 ff. **§ 249 (Raub)** verlangt qualifizierte Nötigungsmittel und schützt zusätzlich das **Eigentum**; s. zu § 249 u. § 17 Rn. 1 ff. In § 255 wird die Erpressung durch den Einsatz der massiven Nötigungsmittel des Raubes zur **räuberischen Erpressung** qualifiziert.

§ 177 (sexuelle Nötigung und Vergewaltigung) schützt als Ausschnitt der allgemeinen Freiheit der Willensentschließung und -betätigung die sexuelle Selbstbestimmung; s. zu § 177 u. § 10 Rn. 12 ff.

Alle genannten Vorschriften sind leges speciales des allgemeinen Nötigungstatbestandes. – In schriftlichen Arbeiten sind diese speziellen Tatbestände vorrangig zu prüfen. Werden sie bejaht, so braucht § 240 allenfalls als mitverwirklicht erwähnt und zurücktretend im Wege der Gesetzeskonkurrenz festgestellt werden.

Nicht examenswichtige Spezialfälle der Nötigung enthalten auch § 343 (Begründung der Spezialität durch die Amtsträgereigenschaft des Täters, dazu vorstehend Rn. 93) sowie die §§ 105 und 106 (Nötigung von Verfassungsorganen u. dgl.), §§ 107 und 108 (Wahlbehinderung und Wählernötigung) und § 24 WStG (Nötigung eines militärischen Vorgesetzten). Die Spezialität dieser Vorschriften gegenüber § 240 wird begründet durch die Mitbetroffenheit von Allgemeininteressen und die herausgehobene Stellung der Nötigungsopfer.

Zum **Widerstand gegen Vollstreckungsbeamte (§§ 113, 114)** u. § 45 Rn. 2, 4 ff., speziell zu ihrem Verhältnis zu § 240 Rn. 54.

b) Sondertatbestände Bedrohung und falsche Warnung, § 241

aa) Bedrohung, § 241 I

Die Bedrohung unterscheidet sich von der Nötigung einmal durch die besondere Schwere der Drohung, zum anderen dadurch, dass dem Opfer anders als bei § 240 kein „Tausch" angeboten wird (Verzicht des Täters auf Realisierung der Drohung gegen Handlung, Duldung oder Unterlassung des Opfers). Gerade in der entstehenden Ungewissheit liegt die Beeinträchtigung des Opfers, also Verletzung des Rechtsfriedens (während § 240 die Willensfreiheit schützt). Trotz des verschiedenen Rechtsguts ist § 241 mit § 240 verwandt, denn die Bedrohung zielt im Grund auch auf eine (nur nicht präzisierte) Handlung des Opfers, etwa dass es dem Täter aus dem Weg gehen möge.

Beispiel: Der angetrunkene T beschimpft seinen Nachbarn O und sagt, er werde ihn totschlagen, wenn er ihn noch einmal zu Gesicht bekomme. – Das **kann** Nötigung sein (O soll **jetzt** aus dem Gesichtskreis des T verschwinden), ist jedoch meist nur im Sinne einer allgemeinen Drohung gemeint (was deutlich wird, wenn T nach dem Aussprechen dieser Bedrohung in seine Wohnung schwankt). Hinter der allgemeinen Bedrohung steckt der Wunsch, der Nachbar möge dem Täter nicht mehr in die Quere kommen (zu vage für § 240).

97 Verurteilungen aus § 241 sind **selten,** weil wegen der fehlenden Verknüpfung mit einer konkreten Handlung des Opfers dem Täter vielfach nicht zu widerlegen ist, er habe angenommen, das Opfer werde erkennen, dass die Bedrohung **nicht ernst** gemeint sei.

Beispiel RGSt 32, 102: Den von einem „Schäfer auf dem platten Lande" anlässlich eines Streites um den Weideplatz seiner Schafe gegenüber einem „Leibzüchter", dessen Schwiegertochter und Enkel getanen Ausspruch, „sie sollten verrecken", hat das RG für eine Bedrohung nicht ausreichen lassen, weil der Angeklagte möglicherweise nicht „das Bewusstsein gehabt hatte, es könne bei den Bedrohten ... die Befürchtung erregt werden, er wolle sie ermorden oder totschlagen", a. a. O. S. 103.

Verurteilungen aus § 241 sind auch deshalb selten, weil die **Drohung oft so allgemein** gehalten ist, dass man ihr die tatsächlichen Merkmale eines Verbrechens nicht mit hinreichender Sicherheit entnehmen kann.

Beispiel BGHSt 17, 307 (zur Bedrohung eines militärischen Vorgesetzten, § 23 WStG): Der Angeklagte hatte geäußert, „Herr Feldwebel, Sie wissen ja, dass ich in Kürze aus der Bundeswehr entlassen werde. Sie werden dann keine ruhige Stunde in D. haben". Der BGH hob die Verurteilung auf, weil sich der Inhalt der Drohung nicht eindeutig unter den Tatbestand einer Straftat subsumieren lasse.

98 Droht der Täter einer Nötigung als empfindliches Übel die Begehung eines Verbrechens an, tritt der ebenfalls erfüllte § 241 I im Wege der Gesetzeskonkurrenz hinter dem die strengere Strafdrohung enthaltenden § 240 I zurück. Dasselbe gilt im Hinblick auf §§ 113, 253, 255, und zwar auch dann, wenn die Nötigung usw. nur versucht wurde[141].

Zur den **öffentlichen Frieden** beeinträchtigenden Androhung von Straftaten, § 126 I, s. u. § 44 Rn. 35 f.

bb) Falsche Warnung, § 241 II

99 Bedrohen (§ 241 I) verlangt ebenso wie die Drohung in § 240 (dazu o. Rn. 47), dass der Täter den Eintritt des Übels (Begehung eines Verbrechens) als von seinem Willen abhängig darstellt. Mit dem Bedrohungstatbestand des Abs. 1 konnten also nicht die im Zuge terroristischer Aktivitäten zunehmenden falschen **Warnungen** vor Verbrechen erfasst werden.

Beispiel: Wahrheitswidriger anonymer Telefonanruf bei einer Fluggesellschaft, im Flughafengebäude oder in einer Maschine befinde sich eine Bombe. – Warnung vor einer Sprengstoffexplosion (§ 308).

---

141 S. dazu die Rspr.-Nachw. bei *Fischer,* § 241 Rn. 7.

Da die falsche Warnung gleichermaßen wie die Bedrohung zur Beunruhigung des Opfers führt, wurde durch das 14. StrÄndG (Gewaltbekämpfung) 1976[142] § 241 II eingefügt. Subjektiv ist Handeln wider besseres Wissen erforderlich, um Personen, die etwas gehört oder gesehen haben, aber sich nicht sicher sind (dolus eventualis), nicht von u. U. lebensrettenden Hinweisen abzuhalten.

§ 241 II schützt, wie §§ 241 I und 240, den **Einzelnen**. Ist die Vortäuschung geeignet, den **öffentlichen Frieden** zu stören, greift § 126 II ein, ebenfalls eingefügt durch das 14. StrÄndG 1976; dazu u. § 44 Rn. 35 f. **100**

c) **Sondertatbestand Nachstellung, § 238**[143]

aa) Der kriminalpolitische Hintergrund

Der 2007 ins StGB eingefügte[144] § 238 ist nicht die erste und einzige Strafvorschrift gegen Zudringlichkeiten. Entgegen seiner vollständigen Bezeichnung „Gesetz zum **zivilrechtlichen** Schutz vor Gewalttaten und Nachstellungen" enthält nämlich § 4 des bereits 2001 geschaffenen **GewaltschutzG**[145] eine **Strafbestimmung**: Die als Blankett-Tatbestand ausgestaltete Bestimmung bedroht Zuwiderhandlungen gegen gerichtliche Anordnungen zum Schutz von Gewalt-, Bedrohungs- und Belästigungsopfern mit Freiheitsstrafe bis zu einem Jahr oder mit Geldstrafe. **101**

Beispiele bilden Zuwiderhandlungen gegen **zivilgerichtlich** ausgesprochene Betretungs-, Aufenthalts- und Kommunikationsverbote.

Überdies ist eine Reihe von tatbestandsmäßigen Handlungen i. S. des § 238 I schon von **hergebrachten Straftatbeständen** erfasst. **102**

Denn soweit das Opfer mit einem Tötungsdelikt (= Verbrechen) bedroht wird, überschneidet sich § 238 I Nr. 4 mit § 241 I[146]. Über diese bereits tatbestandsmäßige Identität des Stalking mit einem Delikt im Kernbereich des hergebrachten Strafrechts hinaus können sich massive Erscheinungsformen des Nachstellens als Körperverletzung (§ 223), Beleidigung (§§ 185 ff.), Hausfriedensbruch (§ 123), Sachbeschädigung (§ 303), ja sogar als sexuelle Nötigung (§ 177) darstellen[147]. Zu den dann auftretenden Konkurrenzfragen s. u. Rn. 120.

Im Hinblick auf den Nachstellungstatbestand in § 4 GewaltschutzG (s. o. Rn. 101) sowie das Eingreifen „klassischer" Tatbestände in massiven Stalkingfällen (s. vorstehend Rn. 102) ist die in den Gesetzesmaterialien (BT-Drucks. 16/575, S. 6) angenommene **kriminalpolitische Notwendigkeit** des § 238 abzulehnen[148]. **103**

---

142 Dazu *Sturm*, JZ 1976, 347.
143 Ausgewählte Literatur zum Stalking ist o. vor Rn. 1 nachgewiesen.
144 S. o. Rn. 1a und 6a.
145 Vom 11.12.2001, BGBl. I, S. 3513.
146 Zu § 241 s. o. Rn. 96 ff.
147 S. zu den infrage kommenden Vorschriften näher *Frank Meyer*, ZStW 115 (2003), 249 (259 ff.).
148 Ebenso z. B. *Kinzig*, ZRP 2006, 255 (257 f.); *Neubacher*, ZStW 118 (2006), 855 (866). A. A. z. B. *Mitsch*, NJW 2007, 1237 (1238).

§ 9 Rn. 104–107　　　　　　　　　　　　　　Verletzung der persönlichen Freiheit

104　　Ebenso wie bei der Bedrohung nach § 241 (dazu o. Rn. 96) fehlt es beim Nachstellen normalerweise an der Erzwingung eines konkreten Opferverhaltens, andernfalls kommt zusätzlich § 240 in Betracht. D. h., auch § 238 schützt nicht die Willensfreiheit, sondern, wie der tatbestandsmäßig geforderte Erfolg der Beeinträchtigung der Lebensgestaltung zeigt, die in Art. 2 I GG garantierte **Freiheit der Persönlichkeitsentfaltung**[149]. Da das Nachstellen, ebenso wie die Bedrohung (§ 241), beim Opfer Ungewissheit und Unsicherheit hervorruft, kann auch von einem Delikt gegen den (individuellen) **Rechtsfrieden** gesprochen werden[150]. Jedenfalls trifft es zu, wenn *Lackner*[151] konstatiert, dass das Rechtsgut so offen und unbestimmt ist, dass es ungeeignet ist, den Bereich des Unrechts und damit des Strafbaren näher zu bestimmen.

105　　Kein Muster an **Bestimmtheit** sind auch einige **Tatbestandsmerkmale** des § 238 I, so wenn **beharrliches** Handeln gefordert wird (dazu u. Rn. 112), wenn in Abs. 1 Nr. 5 **vergleichbare Handlungen** unter Strafe gestellt werden (dazu u. Rn. 110) und wenn als Taterfolg eine **schwerwiegende Beeinträchtigung der Lebensgestaltung** verlangt wird (dazu u. Rn. 114 f.). Die Bedenken unter dem Gesichtspunkt des Bestimmtheitsgebots des Art. 103 II GG[152] sind umso gravierender, als nicht nur ein, sondern verschiedene Merkmale des § 238 I stark normativ ausgestaltet sind, sodass die Frage naheliegt, ob nicht die Kumulation von Unbestimmtheiten, die für sich betrachtet noch hingenommen werden könnten, einen Verfassungsverstoß begründet[153].

bb) Der Grundtatbestand, § 238 I

106　　Das **Grunddelikt** der Nachstellung ist in § 238 I als **Erfolgsdelikt** ausgestaltet. Die **Tathandlung**, das **Nachstellen** (dazu u. Rn. 107 ff.), ist in Abs. 1 Nr. 1–5 präzisiert (s. u. Rn. 109 f.), wobei die dort genannten Handlungen beharrlich vorgenommen werden müssen (dazu u. Rn. 112). Der **Erfolg** ist als schwerwiegende Beeinträchtigung der Lebensgestaltung (dazu u. Rn. 114 f.) zu vage umschrieben, als dass er i. d. R. schon von § 240 erfasst wäre (zum Nötigungserfolg s. o. Rn. 46).

107　　Der Begriff des **Nachstellens** ist der Jägersprache entnommen. Er wird in § 292 I Nr. 1 (Wilderei) verwendet[154] und umfasst das Anschleichen, Heranpirschen, Auflauern, Aufsuchen, Verfolgen, Anlocken, Fallenstellen und Treibenlassen durch Dritte[155]. Diese waidmännischen Erscheinungs-

---

149　Ähnlich *Fischer*, § 238 Rn. 2; *S/S/Eisele*, § 238 Rn. 4.
150　Darauf heben z. B. ab *Meyer*, ZStW 115 (2003), 249 (284); *Kinzig*, ZRP 2006, 255 (257); *Mitsch*, NJW 2007, 1237 (1238).
151　*Lackner/Kühl*, § 238 Rn. 1.
152　S. dazu *Baumann/Weber/Mitsch*, § 9 Rn. 9–15.
153　Im Ergebnis bejahen einen Bestimmtheitsverstoß *Gazeas*, Krit. J. 2006, 247 (265 ff.); *Valerius*, JuS 2007, 319 (324).
154　Desgleichen in § 329 III Nr. 6 (Jagd auf unter Naturschutz stehende Tiere) sowie in § 4 i. V. M. § 1 II Nr. 2b GewaltschutzG (dazu o. Rn. 101).
155　BT-Drucks. 16/575, S. 7 m. N. der Kommentarliteratur.

formen des Nachstellens sind fast durchweg auch vorstellbar beim gegen Menschen gerichteten Stalking. An die Stelle des Handelns zum Zwecke des Fangens, Erlegens oder der Zueignung des Wildes in § 292 I Nr. 1 tritt in § 238 I der Eingriff in den persönlichen Lebensbereich des Opfers und seine persönliche Entfaltung[156].

Im Gegensatz zur Wilderei, bei der das Nachstellen nicht präzisiert wird, werden in § 238 I Nr. 1–4 die als tatbestandsmäßiges Nachstellen einzustufenden Handlungen beschrieben. Allerdings wird diese Präzisierung in der Nr. 5 wieder relativiert: Wenn dort die Strafbarkeit **vergleichbarer Handlungen** angeordnet wird, erhält das Nachstellen i. S. des § 238 im Ergebnis doch wieder eine diesem Merkmal in § 292 I Nr. 1 (Wilderei) entsprechende Weite. – Zur verfassungsrechtlichen Problematik von § 238 I Nr. 5 s. o. Rn. 105 sowie u. Rn. 110.

108

Kennzeichnend für die Tathandlung des Nachstellens i. S. d. § 238 I ist ein **Gesamtverhalten** des Täters, das die Beeinträchtigung des Opfers herbeiführt. Diese Beeinträchtigung entsteht oftmals erst durch die Kombination und Wiederholung einzelner Handlungen. Der Nachstellung ist daher ein gewisses Maß an Dauerhaftigkeit immanent[157].

Die **präzisierenden Umschreibungen der Tathandlungen** in § 238 I Nr. 1–4 sind im Gesetz nachzulesen. Eine Befassung mit Auslegungsfragen im Randbereich einzelner Merkmale ist nicht geboten.

109

Beispiele (zu Nr. 1): Wie nahe muss der Täter (T) dem Opfer (O) kommen? Muss O das Aufsuchen bemerken? Genügt es, dass O von einem Dritten erfährt, dass T ihm nachstellt[158]?

Dem bedenklich[159] **unbestimmten Auffangtatbestand** des § 238 I **Nr. 5** ähnliche Regelungen finden sich bei den Verkehrsgefährdungsdelikten in §§ 315 I Nr. 4 und 315b I Nr. 3 in Gestalt eines „ähnlichen, ebenso gefährlichen Eingriffs" von außen in den Verkehr[160]. Die Auffangklauseln in §§ 315 I und 315b I sind allerdings wegen des Bezugs zum Verkehr und wegen des Erfordernisses gleicher Gefährlichkeit (wie der zuvor präzise umschriebenen Handlungen) griffiger als die Auffangklausel des § 238 I Nr. 5, sodass der BGH ihre Verfassungsmäßigkeit bejaht hat[161].

110

Was die Bestimmung der **Vergleichbarkeit der Handlung** i. S. des § 238 I Nr. 5 anbelangt, würde es gegen das **Analogieverbot** verstoßen, wenn Handlungen erfasst würden, die in der Schwere unter den in Nr. 1–4 genannten Angriffen liegen[162].

111

---

156 S. BT-Drucks. 16/575, S. 7; *Fischer*, § 238 Rn. 9, auch zum entsprechenden englischen Terminus des Stalking.
157 OLG Celle, NStZ-RR 2012, 341.
158 Zu diesen Detailfragen z. B. *Fischer*, § 238 Rn. 12, 13 m. w. N.
159 Zweifelnd wohl auch BGH, NJW 2010, 1680 (1681).
160 S. dazu u. § 38 Rn. 12.
161 BGHSt 22, 365 (366/367).
162 Ähnlich *Lackner/Kühl*, § 238 Rn. 5 (a. E.).

Beispiel: ständiges Zuwinken aus dem Fenster eines auf der anderen Straßenseite stehenden Hauses. Liegt unter der in Nr. 1 und Nr. 2 geforderten Intensität.

Wegen fehlender Vergleichbarkeit mit den in Nr. 1–4 erfassten Angriffen auf den **persönlichen** Lebensbereich scheiden schlichte Angriffe auf das **Eigentum** aus[163]. Anders, wenn mit der Eigentumsverletzung zugleich ideelle Belange des Opfers beeinträchtigt werden, z. B. geliebte Haustiere getötet oder zum persönlichen Gebrauch bestimmte Sachen versteckt oder beschädigt werden, wie in dem berühmten Film „Gaslicht" (alias „Das Haus der Lady Alquist") mit Ingrid Bergmann und Charles Boyer.

112 Anders als in § 4 GewaltschutzG (dazu o. Rn. 101) verlangt § 238 I **beharrliches** Handeln. Als Tatbestandsmerkmal wird Beharrlichkeit schon bisher in § 184e für die Zuwiderhandlung gegen Verbote der Ausübung der Prostitution gefordert[164]. Wiederholte Vornahme von Handlungen i. S. des § 238 I ist zwar erforderlich[165], genügt aber allein nicht. Hinzukommen muss „eine in der Tatbegehung zum Ausdruck kommende besondere Hartnäckigkeit und eine gesteigerte Gleichgültigkeit des Täters gegenüber dem gesetzlichen Verbot, die zugleich die Gefahr weiterer Begehung indiziert"[166]. Ob nach diesen Kriterien Beharrlichkeit anzunehmen ist, soll sich aus einer Gesamtwürdigung sämtlicher Handlungen im Zusammenhang mit den konkreten Gegebenheiten des Falles erschließen[167]. Bedenken gegen die Bestimmtheit des Merkmals der Beharrlichkeit[168] (s. bereits o. Rn. 105) sind deshalb verständlich.

Die Beharrlichkeit ist **strafbegründendes besonderes persönliches Merkmal** i. S. des § 28 I, mit der Folge der Strafmilderung für nicht selbst beharrlich handelnde Teilnehmer[169].

113 Mit dem Erfordernis **unbefugten** Nachstellens soll bereits der Tatbestand eingeschränkt, sollen insbesondere sozialadäquate Handlungen ausgeschieden werden[170]. Zutreffend differenziert jedoch *Mitsch*[171]: Nur die in § 238 I Nr. 1 und 2 umschriebenen Handlungen sind für sich genommen nicht zu beanstanden, sodass sie nur bei fehlender Befugnis strafbar sind, also bei befugtem Handeln Tatbestandsausschluss anzunehmen ist. Dagegen weisen die in § 238 I Nr. 3 und 4 erfassten Fälle per se einen negativen

---

163 Differenzierend *Rengier*, BT 2, § 26a Rn. 10; a. A. *Eisele*, BT 1, Rn. 522.
164 Weiter wird der Begriff im Zusammenhang mit dem Widerruf der Aussetzung von Strafen und Maßregeln in § 56f I Nr. 2 und 3, § 67g I Nr. 2 und sowie in § 70b I Nr. 2 und 3 gebraucht. – Vgl. weiter die Hinweise auf das Nebenstrafrecht bei *Gazeas*, Krit. J. 2006, 247 (254 Fn. 48).
165 BGH, NJW 2010, 1680 (1682). Dabei braucht der Täter nicht immer dieselbe Handlung vorzunehmen, sondern kann in den Begehungsformen des § 238 I Nr. 1–5 variieren; so z. B. auch *Wessels/Hettinger*, BT 1, Rn. 369f.
166 S. dazu z. B. BT-Drucks. 16/575, S. 7 und jetzt auch BGH, NJW 2010, 1680.
167 BT-Drucks. 16/575, S. 7.
168 So z. B. von *Steinberg*, JZ 2006, 30 (32); *Mitsch*, NJW 2007, 1237 (1240).
169 S. zu § 28 I z. B. *Baumann/Weber/Mitsch*, § 32 Rn. 8 ff. (20, 25–31).
170 BT-Drucks. 16/575, S. 7; *Lackner/Kühl*, § 238 Rn. 6.
171 NJW 2007, 1237 (1240).

Gehalt i. S. grundsätzlich strafwürdigen Unrechts auf, sodass hier die Befugnis nur rechtfertigend wirken kann[172].

Neben dem Einverständnis des Betroffenen kann sich die Befugnis z. B. aus dem Amtsrecht ergeben, etwa für den Gerichtsvollzieher, der zum Zwecke der Pfändung beharrlich hinter dem renitenten Vollstreckungsschuldner her ist.

Die Nachstellung ist als **Erfolgsdelikt** ausgestaltet: § 238 I verlangt als Folge der Stalking-Handlungen eine **schwerwiegende Beeinträchtigung der Lebensgestaltung** des Opfers[173]. Die Lebensgestaltung, die ganz allgemein die Freiheit der menschlichen Entschlüsse und Handlungen umfasst, wird schwerwiegend beeinträchtigt, wenn durch die Handlung des Täters eine Veränderung der äußeren Lebensumstände erzwungen wird[174]. Da die Beeinträchtigung schwer wiegen muss, sind Bagatellen wie die Benutzung eines Anrufbeantworters und die Einrichtung einer Fangschaltung aus dem Tatbestand ausgeschieden. Als schwerwiegend werden z. B. angesehen die Aufgabe der Wohnung oder der Arbeitsstelle sowie das Verlassen des Hauses nur noch in Begleitung[175]. – Als – ebenfalls nicht durch Bestimmtheit glänzendes – Kriterium für die schwerwiegende Beeinträchtigung der Lebensführung wird deren **Unzumutbarkeit** genannt. 114

Lässt sich das Opfer trotz massiver Nachstellung nicht in seiner Lebensführung beeinträchtigen, so bleibt der Täter straflos. Denn nur die vollendete Nachstellung ist in § 238 I unter Strafe gestellt, sodass, anders als bei der Nötigung[176], **nicht** wegen **Versuchs** bestraft werden kann, wenn das Opfer dem Stalking standhält. Über den Erfolg weist also die Strafbarkeit der Nachstellung eine Subjektivierung durch die Empfindlichkeit des Opfers auf, die bei den anderen Straftaten gegen die persönliche Freiheit nicht anzutreffen ist. 115

§ 238 I enthält ein **Vorsatzdelikt**. Der – zumindest bedingte – Vorsatz muss sich auf die (o. Rn. 107 ff.) umschriebenen Tathandlungen sowie auf den (vorstehend Rn. 114 f.) behandelten Erfolg beziehen. 116

cc) Qualifikationen, § 238 II und III

In § 238 II und III sind **Qualifikationen** unter erhöhte Strafe gestellt; Abs. 3 enthält sogar ein Verbrechen. – Denen des § 238 II entsprechende **Gefahr**qualifikationen finden sich z. B. auch in § 218 II 2 Nr. 2 (dort als Regelbeispiel, s. o. § 5 Rn. 36)[177]. Wichtig ist auch hier, dass § 18 nicht gilt, 117

---

172 S. zur unterschiedlichen Bedeutung des Merkmals „unbefugt" auch u. § 41 Rn. 20 ff. (zum Umweltstrafrecht) sowie *Baumann/Weber/Mitsch*, § 17 Rn. 126.
173 S. dazu und zum Folgenden BT-Drucks. 16/3641, S. 14.
174 BGH, NStZ-RR 2013, 145.
175 BGH, NStZ-RR 2013, 145.
176 S. o. Rn. 92.
177 S. weiter z. B. § 235 IV Nr. 1, § 306a II (dazu u. § 37 Rn. 35 f.), § 306b II Nr. 1 (dazu u. § 37 Rn. 42) und § 330 II Nr. 1 (dazu u. § 41 Rn. 86).

sondern die Herbeiführung der Gefahr vom Vorsatz erfasst sein muss[178]. – § 238 III enthält eine **Erfolgs**qualifikation, für die § 18 gilt.

dd) Antragserfordernis, Konkurrenzen

118 Das Grunddelikt des § 238 I ist relatives **Antragsdelikt** (§ 238 IV) und Privatklagedelikt (§ 374 Nr. 5 StPO).

Trifft das Antragsdelikt nach § 238 I mit einem Offizialdelikt zusammen, z. B. § 238 I Nr. 4 mit dem Offizialdelikt der Bedrohung mit einem Verbrechen nach § 241 I (s. o. Rn. 96 ff. sowie Rn. 102), so erscheint es richtig, das Antragserfordernis – ausnahmsweise – auf § 241 I zu erstrecken, denn andernfalls würde das mit der Antragsregelung in § 238 IV erfolgte Anliegen unterlaufen: Das Opfer soll selbst darüber entscheiden, ob es die u. U. sehr großen Belastungen durch ein Strafverfahren auf sich nehmen will[179].

119 Wegen des Erfordernisses beharrlicher Begehung, also der wiederholten Vornahme von Einzelhandlungen[180], erstreckt sich das Nachstellen i. d. R. über einen längeren Zeitraum. Der Täter ist ohne Rücksicht auf die Zahl der einzelnen Angriffe auf das Opfer und die Dauer des Gesamtverhaltens nur wegen **einer Nachstellung** zu verurteilen.

120 Verwirklichen Einzelakte zugleich andere Tatbestände, z. B. §§ 123, 185 oder 240[181], so ist **Tateinheit** (§ 52) mit der (eine Tat bildenden[182]) Nachstellung anzunehmen[183]. Das gilt auch dann, wenn Opfer der mitbegangenen Tat ein Dritter ist, z. B. bei der Warenbestellung, die das Stalking-Opfer ärgern soll (§ 238 I Nr. 3); der Lieferant, dem gegenüber teilweise Betrug angenommen wird[184].

Da § 241 I zwangsläufig in § 238 I Nr. 4 enthalten ist, wenn mit einem Verbrechen gedroht wird, tritt § 241 I hinter dem spezielleren (und mit strengerer Strafe bedrohten) § 238 I zurück (Gesetzeskonkurrenz).

Wie auch andere durch den Tod eines Menschen erfolgsqualifizierte Delikte, z. B. nach §§ 227 oder 251, verdrängt auch § 238 III als lex specialis den allgemeineren § 222.

---

178 S. dazu *Baumann/Weber/Mitsch*, § 8 Rn. 78.
179 S. BT-Drucks. 16/575, S. 8. – Allgemein zu den Gründen der Erstreckung des Antragserfordernisses auf ein mit dem Antragsdelikt zusammentreffendes Offizialdelikt MüKo-*Mitsch*, Vor §§ 77 ff. Rn. 20 ff.
180 Dazu o. Rn. 112.
181 S. zu den infrage kommenden Delikten auch o. Rn. 102.
182 S. vorstehende Rn. 119.
183 So z. B. auch *Eisele*, BT 1, Rn. 533; *Fischer*, § 238 Rn. 39.
184 Z. B. von BayObLG, JZ 1972, 25, str.; a. A. z. B. *Schröder* in seiner Anm. JZ 1972, 26.

§ 10 Sexualdelikte, §§ 174–184g; Delikte gegen den Personenstand, die Ehe und die Familie, §§ 169–173

Literaturhinweise: *Albrecht,* Die Determinanten der Sexualstrafrechtsreform, ZStW 111 (1999), 863; *Arzt,* Sexualdelikte und Strafrechtsreform, Zeitschrift des Bernischen Juristenvereins (ZBJV) 119 (1983), 1; *Bauer* u. a. (Hrsg.), Sexualität und Verbrechen, 1963; *Baumann,* Paragraph 175, 1968; *Baumann* u. a., Alternativ-Entwurf eines StGB (AE), Sexualdelikte, 1968; *Baurmann,* Sexualität, Gewalt und psychische Folgen, 1983; *Duttge/Hörnle/Renzikowski,* Das Gesetz zur Änderung der Vorschriften über die Straftaten gegen die sexuelle Selbstbestimmung, NJW 2004, 1065; *Gössel,* Das neue Sexualstrafrecht, 2005; *Hanack,* Zur Revision des Sexualstrafrechts in der Bundesrepublik, Gutachten für den 47. DJT 1968, Verh. Bd. I (zitiert nach Rn.); *Haustein,* Europarechtliche Bezüge des Kinder- und Jugendpornographiestrafrechts – Zum unionsrechtlichen Hintergrund aktueller Auslegungsfragen der §§ 184b, 184c StGB, ZIS 2014, 348; *Hilgendorf,* Käufliche Liebe in Deutschland heute: vom sittenwidrigen Gewerbe zum (fast) normalen Beruf, Kühne-FS 2013, S. 91; *Hilgendorf/Hong,* Cyberstalking, Kommunikation und Recht 2003, 168; *Hörnle,* Die Umsetzung des Rahmenbeschlusses zur Bekämpfung der sexuellen Ausbeutung von Kindern und der Kinderpornographie, NJW 2008, 3521; *Jäger,* Strafgesetzgebung und Rechtsgüterschutz bei Sittlichkeitsdelikten, 1957; *ders.,* Strafgesetzgebung als Prozess, Klug-FS Bd. I 1983, S. 83; *Jäger/Schorsch* (Hrsg.), Sexualwissenschaft und Strafrecht, 1987; *Krings,* Neuer Maßstab im Kampf gegen Kinder- und Jugendpornografie, ZRP 2014, 69; *Renzikowski,* Das Sexualstrafrecht nach dem 6. StrRG, 1. Teil/2. Teil, NStZ 1999, 377/440; *Schöch,* Das Gesetz zur Bekämpfung von Sexualdelikten und anderen gefährlichen Straftaten vom 26.1.1998, NJW 1998, 1257; *Schramm,* Grundzüge eines Ehe- und Familienstrafrechts, JA 2013, 881; *F. C. Schroeder,* Das neue Sexualstrafrecht, 1975; *ders., Das 27.* StrÄndG – Kinderpornographie, NJW 1993, 2581; *ders.,* Das 29. StrÄndG – §§ 175, 182 StGB, NJW 1994, 1501; *ders.,* Irrwege aktionistischer Gesetzgebung – Das 26. StrÄndG (Menschenhandel), JZ 1995, 231; *ders.,* Die Revolution des Sexualstrafrechts 1992–1998, JZ 1999, 827; *Sick,* Sexuelles Selbstbestimmungsrecht und Vergewaltigungsbegriff, 1993; *Ziemann/Ziethen,* Die neue EU-Richtlinie zur Bekämpfung von Kindesmissbrauch und Kinderpornographie, ZRP 2012, 168.

Übersicht

	Rn.
I. Zum kriminalpolitischen Hintergrund und Rechtsgut, insbesondere der Sexualdelikte	1
1. Zur Reformgeschichte	1
2. Zum Rechtsgut	3
a) Sexualdelikte als Schutz von Freiheitsräumen	3
b) Sexualdelikte als abstrakte Gefährdungsdelikte	4
c) Richtigkeitskontrolle von Rechtsgütern und in dubio pro libertate.	6
d) Zum Rechtsgut bei den Delikten gegen den Personenstand, die Ehe und die Familie	8
3. Sexualdelikte und Viktimologie	9

§ 10 Rn. 1　　　　　　　　　　　Sexualdelikte, Personenstandsdelikte

    4. Sexualdelikte und organisierte Kriminalität 10
    5. Kriminalitätsumfang 11

II. Sexualdelikte, §§ 174–184g 12
    1. Vergewaltigung und vergewaltigungsähnliche Delikte,
       §§ 177, 178, 179 12
       a) Tatbestand 12
       b) Vorsatz 13
       c) Teilnahme 14
       d) Konkurrenzen 15
    2. Sexueller Missbrauch von Abhängigkeitsverhältnissen,
       §§ 174, 174a, 174b, 180 III und sexueller Missbrauch von
       Kindern bzw. Jugendlichen, §§ 176, 176a, 176b, 180, 182 16
       a) Tatbestand 16
       b) Vorsatz 18
       c) Teilnahme 19
       d) Beleidigung und sexuelle Belästigung 20
    3. Prostitutionsdelikte, §§ 180, 180a, 181a 22
    4. Verbreitung pornografischer Schriften, §§ 184 ff. 23
    5. Exhibitionismus und Erregung öffentlichen Ärgernisses, §§ 183, 183a 30

III. Straftaten gegen den Personenstand, Ehe und Familie, §§ 169 ff. 31
    1. Beischlaf zwischen Verwandten, § 173; Doppelehe, § 172 31
    2. Personenstandsfälschung, § 169 33
    3. Verletzung der Unterhalts-, Fürsorge- oder Erziehungspflicht,
       §§ 170, 171 34
       a) Verletzung der Fürsorge- und Erziehungspflicht, § 171 34
       b) Verletzung der Unterhaltspflicht, § 170 36

I. Zum kriminalpolitischen Hintergrund und Rechtsgut, insbesondere der Sexualdelikte

1. Zur Reformgeschichte

1　Die Sexualdelikte sowie die Delikte gegen den Personenstand, die Ehe und die Familie sind **nicht examenswichtig**. Im Folgenden wird deshalb nur ein knapper Abriss geboten mit einigen weiterführenden Hinweisen für interessierte Leserinnen und Leser. – **Rechtspolitisch** waren insbes. die Sexualdelikte ein heißes Eisen. Es hat sich durch die auf Entkriminalisierung zielenden Reformen durch das 1. StrRG 1969 und das 4. StrRG 1973 zunächst spürbar abgekühlt. Die neuerliche Erhitzung ist einer auf Ausdehnung der Strafbarkeit und auf Strafverschärfung gerichteten Debatte in den Medien zu verdanken: Sexueller Missbrauch von Kindern, Vergewaltigung in der Ehe, sexuelle Belästigung. Sexualdelikte sind zum **Modethema** geworden, vgl. nur 26. StrÄndG 1992 (Menschenhandel); 27. StrÄndG 1993 (Kinderpornografie); 29. StrÄndG 1994 (sexueller Missbrauch von

Jugendlichen); 30. StrÄndG 1994 (Ruhen der Verjährung bestimmter Sexualstraftaten); 33. StrÄndG 1997 (Totalrevision, u. a. Vergewaltigung in der Ehe); Gesetz zur Bekämpfung von Sexualdelikten und anderen gefährlichen Straftaten 1998 (mit teils allgemeinen, teils speziell auf Sexualdelikte zugeschnittenen Änderungen vor allem im Sanktionensystem, u. a. Erschwerung der Strafrestaussetzung bzw. Entlassung aus Sicherungsverwahrung), 6. StrRG 1998 (weitere Totalrevision) und Gesetz zur Änderung der Vorschriften über die Straftaten gegen die sexuelle Selbstbestimmung und zur Änderung anderer Vorschriften, 2003. Wie unter dem Druck der Medien eine **symbolische Gesetzgebung** (besser: Gesetzgebung der leeren Gesten) Mode wird, lässt sich am 30. StrÄndG 1994 zur Verjährung (§ 78b I Nr. 1) zeigen. Obwohl die Tageszeitungen voller Belege dafür sind, dass selbst starke Indizien bei einem nicht lange zurückliegenden sexuellen Missbrauch eines Kindes oft einen zum Freispruch führenden Zweifel bestehen lassen, lässt sich der Gesetzgeber auf den Versuch ein, einen Jahrzehnte zurückliegenden sexuellen Missbrauch, der mit psychologisch dubiosen Methoden in die Erinnerung (wirklich oder vermeintlich?) zurückgerufen worden ist, mit strafprozessrechtlicher Gewissheit klären zu wollen[1]. Auch die Neuregelungen im Bereich des Maßregelvollzugs und der nachträglichen Sicherungsverwahrung seit 2002 sind unter dem Gesichtspunkt symbolischer Gesetzgebung zu nennen.

Der **E 1962**[2] (Regierungsentwurf eines StGB, vorgelegt von der CDU/FDP-Koalition im Jahre 1962) hatte in extensiver Weise die Sittlichkeitsdelikte im Abschnitt „Straftaten gegen die Sittenordnung" geregelt. Bei den Straftaten gegen Ehe und Familie hatte der E 1962 gegenüber dem damals geltenden Recht für **Ehebruch** eine **Verdoppelung** (!) **der Höchststrafe** vorgeschlagen. In der amtlichen Begründung[3] heißt es: „Die wesentliche Bedeutung der Vorschrift liegt darin, dass von ihr eine sittenprägende und sittenerhaltende Wirkung ausgeht." 2

In den folgenden Jahren hat sich das rechtspolitische Klima grundlegend und schnell verändert. Aus der Rspr. vergleiche man dazu „Fanny Hill"[4] mit dem Verlobten-Urteil[5]. Wesentliche Anstöße für die Reform sind u. a. der Monografie von *Jäger*, dem *AE*, dem 47. DJT 1968 (insbes. dem Gutachten von *Hanack*), *Baumann* (insbes. zu § 175 – Homosexualität) und den von *Bauer* und *Giese* herausgegebenen Sammelbänden zu verdanken, in denen sexualwissenschaftliche und juristische Aspekte behandelt sind[6]. – Das **1. StrRG 1969** hat u. a. die Straftatbestände der **Homosexualität** (unter Erwachsenen), der **Unzucht mit Tieren** und des **Ehebruchs** beseitigt. Das **4. StrRG 1973** hat eine Fülle von weiteren Änderungen gebracht. Die

---

1 Näher mit Hinweisen auf amerikanische Literatur zum false memory syndrome *Arzt*, Schnyder-FS 1995, S. 13. – *Schroeder*, JZ 1995, 231 spricht von „aktionistischer" Gesetzgebung (zum 26. StrÄndG); *Tröndle*, ZRP 1992, 297 von „Ideologie statt Jugendschutz" und *Tönnies*, ZRP 1992, 411 von „symbolischer" Gesetzgebung.
2 BT-Drucks. IV/650 mit Begr.
3 E 1962 (wie Fn. 2) S. 348.
4 BGHSt 23, 40.
5 BGHSt 6, 46.
6 Vgl. näher die Literaturhinweise o. vor Rn. 1.

Strafbarkeit ist insbes. im Bereich der Kuppelei und **Prostitution** eingeschränkt worden, und das **Verbot unzüchtiger Schriften** ist stark gelockert worden. Auch bei den §§ 184 ff. macht sich jedoch seit einiger Zeit die vorstehend Rn. 1 erwähnte gegenläufige Tendenz zur Strafbarkeitsausdehnung bemerkbar.

2. Zum Rechtsgut

a) Sexualdelikte als Schutz von Freiheitsräumen

3   Bei den Sexualdelikten gibt es Tatbestände, bei denen das Rechtsgut und dessen Schutzbedürftigkeit offenkundig ist, **Beispiel** § 177 II Nr. 1, **Vergewaltigung**. Insoweit könnte eine Einschränkung des Strafrechts Freiheitsräume nicht erweitern, sondern nur umverteilen[7]. Die Wahlfreiheit in Sexualangelegenheiten kann einem Mitglied der Rechtsgemeinschaft nur soweit gewährleistet werden, als es nicht auf Kosten der Wahlfreiheit eines anderen geht. Das drückt man auch dahin aus, § 177 schütze die **sexuelle Selbstbestimmung**. Den Angriff auf dieses Rechtsgut durch List und **Verführung** lässt das moderne Recht straflos.

b) Sexualdelikte als abstrakte Gefährdungsdelikte

4   Obwohl der Gesetzgeber den 13. Abschnitt als „Straftaten gegen die sexuelle Selbstbestimmung" überschrieben hat und das Gesetz mit Recht die sexuelle Handlung als einen für diese Straftaten gemeinsamen Nenner ansieht (§ 184g nachlesen!), schützen die verschiedenen Sexualdelikte unterschiedliche Rechtsgüter. Wenn § 176 es als sexuellen Missbrauch bestraft, wenn jemand an einem Kind – auch mit dessen Einverständnis – sexuelle Handlungen vornimmt, so steht dem Gesetzgeber als Rechtsgut die ungestörte Entwicklung des Kindes vor Augen. Die **Altersgrenze,** bis zu der das Kind im Interesse einer solchen ungestörten Entwicklung vor sexuellen Einflüssen aus der Erwachsenenwelt zu schützen ist, ist freilich wissenschaftlich nicht verifizierbar. Eine Bestrafung des Täters wäre auch völlig illusorisch, müsste man im Einzelfall den Nachweis führen, dass er eine Entwicklungsstörung beim Kind hervorgerufen habe, weil er es – nach § 176 zu zeitig – sexuellen Erfahrungen ausgesetzt hatte. Man greift deshalb bei § 176 und einer Reihe weiterer Sexualdelikte (u. a. §§ 182, 184) auf die Konzeption der abstrakten Rechtsgutsgefährdung zurück[8].

5   Abstrakte Gefährdungen von Individualrechtsgütern führen vielfach zu einer Akzentverschiebung weg vom Schutz des Einzelnen und hin zum Schutz der Allgemeinheit. Als Beispiel sei an die abstrakte Gefährdung der Individualrechtsgüter Leben und Gesundheit durch Trunkenheitsfahrer erinnert (Verlagerung des Akzents auf den Schutz der Allgemeinheit, Rechtsgut „Verkehrssicherheit")[9]. Wieweit auch bei Sexualdelikten ein solcher Schutz der Allgemeinheit in Betracht kommt, ist außerordentlich

---

7   Dazu o. § 1 Rn. 6.
8   Dazu hier § 35 Rn. 43 f. und 46 ff.
9   Vgl. o. § 1 Rn. 26 f., 30.

Kriminalpolitik § 10 Rn. 6

fraglich. Bis zum E 1962[10] hat die h. M. einen solchen Schutz der öffentlichen Sittlichkeit bejaht. Auch heute spricht man noch vom „Schutz der Sexualverfassung"[11]. Insbesondere das Verbot unzüchtiger Schriften ist so begründet worden, aber auch die Strafdrohungen gegen Unzucht mit Tieren. Auch Verbote der Kuppelei und Prostitution bis hin zu § 175 a. F. (homosexuelle Handlungen) sind mindestens teilweise auf Erwägungen gestützt worden, die sich mit dem Schlagwort der öffentlichen Sittlichkeit charakterisieren lassen. Der Zusammenhang zwischen dem Schutz gesellschaftlicher Institutionen wie Ehe und Familie und den entsprechenden Straftatbeständen des Ehebruchs, der Bigamie und des Inzests ist augenfällig. So wird Homosexualität als Bedrohung für die heterosexuelle Struktur einer Gesellschaft gesehen, Unzucht mit Tieren als Symptom für Dekadenz, Pornografie als Zerstörung der sittlichen Kraft eines Volkes usw.

Die **Liberalisierung des Sexualstrafrechts** hat aus der Anzweiflung der öffentlichen Sittlichkeit als Rechtsgut wesentliche Impulse erhalten. Aus der Verlagerung vom Individualrechtsgut auf den Schutz der Allgemeinheit folgt u. a. eine Beseitigung der Einwilligung als Rechtfertigungsgrund (weil der Einzelne über das Rechtsgut der Allgemeinheit nicht verfügen kann). Für die Verkehrssicherheit (Trunkenheitsfahrt[12]) wie für die öffentliche Sittlichkeit gilt gleichermaßen, dass der konkret gefährdete Einzelne (Beifahrer eines angetrunkenen Fahrers oder der Betrachter eines pornografischen Films) sich nicht in einer die Tat rechtfertigenden Weise der Gefahr aussetzen kann. Die daraus folgende Bevormundung des Einzelnen hat man bei den Sexualdelikten als staatliche Zensur empfunden und dem **Staat** die Rolle eines **Sittenwächters** abgesprochen. Die Parallele zur Trunkenheitsfahrt macht den mit dem Schutz der Allgemeinheit zusammenhängenden weiteren **Reformimpuls** bei den Sexualdelikten sichtbar: Die Bevormundung des Einzelnen wiegt bei den Sexualdelikten deshalb so schwer, weil (anders als bei der Trunkenheitsfahrt!) die behaupteten Risiken für die Allgemeinheit entweder nur eingebildet waren, kaum beweisbar sind oder nur ganz entfernt bestehen.

Dass Homosexuelle durch „Bekehrung" der Heterosexuellen die heterosexuelle Struktur untergraben könnten, ist eine auf bloßer Einbildung beruhende Gefahr. – Dass der Beischlaf zwischen (einsichtsfähigen) Geschwistern die Familie als Institution in Gefahr bringt, ist ebenso schwer zu beweisen wie Schäden durch Konsum von Pornografie.

c) Richtigkeitskontrolle von Rechtsgütern und in dubio pro libertate

Die vorstehend geschilderte Verdünnung vieler Sexualdelikte zu abstrakten Gefährdungsdelikten kaschiert den fehlenden Nachweis einer Schädigung nicht nur im konkreten Einzelfall, sondern generell. Bei der Reformdiskussion insbes. in den 60er-Jahren hatten sich vor allem Juristen

6

---

10 S. o. Rn. 2.
11 Vgl. *Blei*, BT, § 34 („Grundlagen eines Lebens nach dem Menschenbild des Grundgesetzes"); kritisch zur öffentlichen Sittlichkeit u. a. *Hanack*, a. a. O. Rn. 329 ff. (vgl. z. B. Rn. 336 zur Sodomie). Wenn der moderne Gesetzgeber den § 184 verschärft, um „Auswüchse" zu bekämpfen, dürfte er die Unterschreitung eines Minimums an sexueller Kultur meinen, BT-Drucks. 12/4883, S. 6 (27. StrÄndG 1993). So ist auch das Verbot der Werbung für Unzucht mit Tieren zu erklären (§ 220a StGB, Österreich).
12 Vgl. zu § 315c o. § 1 Rn. 30.

§ 10 Rn. 7   Sexualdelikte, Personenstandsdelikte

(im Gegensatz zu den Sexualwissenschaftlern) erhofft, dass als Folge zunehmender sexualwissenschaftlicher Kenntnisse eine rationale Richtigkeitskontrolle der vom Gesetzgeber vermuteten Rechtsgutsbeeinträchtigungen möglich werde, dass man – natürlich nicht im Einzelfall, aber doch generell – z. B. die Entwicklungsstörungen infolge früher sexueller Erfahrungen ermitteln und sexualwissenschaftlich gesicherte Altersgrenzen festlegen könne. Die programmatische Forderung nach rational einsichtigen Rechtsgütern ist mit dem Satz „in dubio pro libertate" verbunden worden. Die Beseitigung der Sexualdelikte ist gefordert und vielfach erreicht worden, bei denen der Gesetzgeber den Nachweis der Schädigung eines konkreten Rechtsguts nicht erbringen konnte.

7   Das Studium der Argumentationsmechanismen der Befürworter der Liberalisierung der Sexualdelikte zeigt, dass neben der Ideologieanfälligkeit der Sexualstraftaten auch die **Liberalisierungsbestrebungen ideologieanfällig** und teilweise von einem kräftigen Schuss Irrationalität geprägt sind[13]. Die Argumentationsschwächen sind wohl deshalb nicht weiter aufgefallen, weil über das mit den Reformen angestrebte und inzwischen erreichte Ziel ein weitgehender Konsens bestand und noch besteht. Falsche Argumente haben zu richtigen Resultaten geführt.

Zur **Rationalitätskontrolle:** Die gesellschaftlichen (auch juristischen) Urteile oder Vorurteile über normales bzw. anormales Sexualverhalten sind einer rationalen Richtigkeitskontrolle prinzipiell verschlossen, weil Sexualität weitgehend Sache gesellschaftlicher Konvention ist. Deshalb ist es sexualwissenschaftlich nicht eindeutig verifizierbar, in welchem Maß Abhängige und Kinder gegen sexuelle Einflüsse geschützt werden müssen.

Zu **in dubio pro libertate**[14]: Dieses einer freiheitlichen Gesellschaft zugrunde liegende Prinzip bürdet dem Gesetzgeber den Schädlichkeitsnachweis auf: Nur wenn sie nachgewiesen wird, darf das Strafrecht zum Einsatz gebracht werden. Bei der Arzneimittelkontrolle und dem Umweltschutz geht der Gesetzgeber freilich mit guten Gründen vom umgekehrten Prinzip aus: Es wird verboten, was nicht nachweisbar unschädlich ist. Eine tragfähige Argumentationsbrücke, die von der Diskussion der 60er-Jahre über Gefahren der „Sittlichkeitsdelikte" zur heutigen Diskussion über die „**Risikogesellschaft**" reichen würde, ist noch nicht in Sicht.

Zur **Dunkelziffer** und **Normdurchsetzung:** Die bei den Sexualdelikten, insbesondere beim Verbot der Verbreitung unzüchtiger (jetzt: pornografischer) Schriften, konstatierte weitgehende Missachtung von Verboten schlägt sich in einer enormen Dunkelziffer nieder[15]. Die Berufung auf die hohe Dunkelziffer ist bei den Sexualdelikten oft als Argument für die Aufhebung eines Verbots gebraucht worden. Die Unschlüssigkeit zeigt sich daran, dass man in anderen Fällen, z. B. bei dem sexuellen Missbrauch von Kindern, Umwelt- oder Wirtschaftskriminalität, aus der hohen Dunkelziffer umgekehrt die Forderung nach energischem Durchgreifen ableitet.

---

13 Zum Folgenden eingehend *Arzt*, ZBJV a. a. O. (passim). Der bei den Sexualdelikten als Argument für Strafbarkeitseinschränkung herangezogene Pluralismus der Wertansichten würde – auf den Umweltschutz angewandt – bedeuten, dass man sich auf das Hässlichste als kleinsten gemeinsamen Nenner einigen muss.
14 Vgl. o. § 1 Rn. 6 f. und zur Risikogesellschaft § 4 Rn. 5.
15 Das gilt umso mehr, nimmt man die nahezu unbegrenzt scheinenden Möglichkeiten des Internets in den Blick und vergegenwärtigt sich die mit der globalen Struktur des Internets einhergehenden Probleme, vor die eine nationale oder internationale Strafverfolgung gestellt werden.

Kriminalpolitik § 10 Rn. 8–11

d) Zum Rechtsgut bei den Delikten gegen den Personenstand, die Ehe und die Familie

§§ 169 ff. lassen sich so wenig wie §§ 174 ff. auf ein gemeinsames Rechtsgut reduzieren. Während bei §§ 171, 173 enge Berührungspunkte mit Sexualdelikten bestehen und § 172 die Einehe als Institution schützt, geht es bei § 170 I[16] um das Vermögen als Rechtsgut und bei der Personenstandsfälschung des § 169 um Beweisinteressen. 8

3. Sexualdelikte und Viktimologie

Die Täter-Opfer-Interaktion wurde bei der Vergewaltigung besonders intensiv erforscht[17]. Aus der eindrucksvollen Fülle des Materials ist für die Kriminalpolitik (u. a. Straftatverhütung) und für die Rechtsanwendung (u. a. Strafzumessung) die Differenzierung in Taten des sozialen Nahraums bzw. des Fernraums besonders wichtig. In einem beachtlichen, an 50 % herankommenden Teil der Fälle steht der Täter vor der Tat in Beziehungen zu seinem Opfer, d. h. Vergewaltigung ist keine typische Tat des sozialen Fernraums. Bis 1997 war die **Vergewaltigung in der Ehe** nicht erfasst. 9

4. Sexualdelikte und organisierte Kriminalität

Das Prostituierten- und **Zuhältermilieu** ist stets als Nährboden weiterer Kriminalität angesehen worden. Heute bildet dieses Milieu, nicht zuletzt wegen des Zusammenhangs mit der Schlepper- und Drogenkriminalität, vermutlich **die Einbruchsstelle für die organisierte Kriminalität** in Deutschland[18]. Die **Vernetzung von Tätern und Opfern lässt** sich anhand der einfachen Frage verdeutlichen, ob die Prostituierte durch regelmäßige Ablieferung eines Teils ihres Lohnes an die Hintermänner zur Unterstützungstäterin nach § 129 aufrückt[19]. 10

5. Kriminalitätsumfang

Aus der **Kriminalstatistik**[20] für das Jahr 2013 ergibt sich bei den Sexualdelikten die Dominanz des sexuellen Missbrauchs von Kindern (12.437 11

---

16 § 170 II ist eine dem Gesetzgeber vom BVerfG oktroyierte leere Geste (Schutz – auch – des nasciturus).
17 *Teufert*, Notzucht und sexuelle Nötigung, 1980, S. 85 berichtet über verschiedene Untersuchungen, in denen der Anteil der miteinander nicht bekannten Täter und Opfer um 70 % schwankt. *Teufert* weist a. a. O. aber zutreffend darauf hin, dass die Bereitschaft zur Anzeige eines Fremden größer ist als eines mit dem Opfer bekannten Täters. Vgl. noch *McIntyre* u. a., *Ben-David*, in: Schneider (Hrsg.), Das Verbrechensopfer in der Strafrechtspflege, 1982, S. 231 ff., 242 ff. – Zusammenfassend *Schneider*, Kaiser-FS 1999, S. 377.
18 Inwieweit Prostitution und Zuhälterei Nährboden weiterer Kriminalität sind, war und ist umstritten; älteres Material bei *Hanack*, Gutachten, a. a. O. Rn. 290 ff., 304 ff. (dessen Skepsis durch die Realität überholt sein dürfte); neueres Material bei *Sieber/Bögel*, Logistik der Organisierten Kriminalität, 1993, bes. S. 131 ff.
19 Vgl. u. § 44 Rn. 17.
20 Die Zahlen entstammen der Grundtabelle (Tabelle 01) zur Polizeilichen Kriminalstatistik (PKS) des Bundeskriminalamtes (Wiesbaden), 61. Auflage 2014, im Internet abrufbar unter http://www.bka.de/DE/Publikationen/PolizeilicheKriminalstatistik/2013/2013Standardtabellen/pks2013 StandardtabellenFaelleUebersicht.html.

Fälle), gefolgt von den ungleich harmloseren Taten des Exhibitionismus (§§ 183, 183a) mit 7.521 Fällen und der Vergewaltigung und sexuellen Nötigung (§§ 177 II, III, IV, 178) mit 7.408 Fällen. – Das **Dunkelfeld** ahnt man angesichts ganzer 16 nach § 184f erfassten Taten der jugendgefährdenden Prostitution und nur 308 erfasster Fälle der Zuhälterei und der Ausbeutung von Prostituierten nach den §§ 180a, 181a.

Bei den Straftaten gegen Personenstand, Ehe und Familie ist statistisch vor allem die Verletzung der Unterhaltspflicht (§ 170) von Bedeutung (9.169 Fälle). Die Institution der Einehe ist offenbar nicht gefährdet, denn die Zahl der erfassten Fälle von Doppelehen (§ 172) liegt bei nur 25.

II. Sexualdelikte, §§ 174–184g

1. Vergewaltigung und vergewaltigungsähnliche Delikte, §§ 177, 178, 179

a) Tatbestand

12 Bis zum 33. StrÄndG 1997 war **Vergewaltigung** in § 177 a. F. definiert als Nötigung einer „Frau mit Gewalt oder mit Drohung mit gegenwärtiger Gefahr für Leib oder Leben zum außerehelichen Beischlaf". Der moderne Gesetzgeber hat diesen Begriff der Vergewaltigung durch § 177 II Nr. 1 dem Analogieverbot entzogen. Bei Vergewaltigung und sexueller Nötigung handelt es sich um **Sonderfälle der Nötigung** (§ 240). Der Täter setzt spezielle schwere Nötigungsmittel ein, nämlich Gewalt oder Drohung mit gegenwärtiger Gefahr für Leib und Leben[21]. Wie bei § 249 ist bei §§ 177, 178 **Gewalt gegen eine Person** zu fordern, ein zwingender Schluss aus der Umschreibung der Drohung. Außerdem muss der Täter ein spezielles **Nötigungsziel** verfolgen, nämlich **sexuelle Handlungen**. §§ 177, 178 sind damit mit der allgemeinen Problematik der Nötigungsmittel Gewalt bzw. Drohung belastet[22].

§ 177 II stellt eine Strafzumessungsregel dar und inkriminiert besonders schwere Fälle des Abs. I. Den in Abs. II 2 aufgeführten Regelbeispielen kommt eine Indizwirkung zu[23], zudem enthält § 177 II 2 Nr. 1 die Legaldefinition der Vergewaltigung.

§ 178 enthält nach h. M. eine Erfolgsqualifikation mit der schweren Folge des Todes des Vergewaltigungsopfers, die zumindest leichtfertig herbeigeführt worden sein muss[24].

§ 179 ergänzt den Schutz der §§ 177, 178 durch das Verbot, eine vom Täter **vorgefundene** (also insbes. nicht von ihm durch Gewalt oder Bedro-

---

21 Vgl. zu § 249 hier unten § 17 Rn. 6 ff.
22 Vgl. z. B. den Fall BGH, *Holtz*, MDR 1982, 623 (Täter droht der Frau mit Suizid, wenn sie sich nicht hingibt – Vergewaltigung verneint). Einzelheiten bei § 240, o. § 9 Rn. 46 ff. und bei §§ 249, 255, unten § 17 Rn. 6 ff.
23 *Fischer*, § 177 Rn. 60.
24 *Fischer*, § 178 Rn. 2.

Vergewaltigung § 10 Rn. 13–15

hung nach §§ 177, 178 herbeigeführte!) **Widerstandsunfähigkeit** des Opfers zu sexuellen Handlungen auszunutzen. § 179 ist wegen der sexuellen Neutralisierung Geisteskranker außerordentlich problematisch[25], ein erschütterndes **Beispiel BGHSt 5, 147.**

b) Vorsatz

Bei §§ 177, 178 muss der Täter wissen, dass er den Willen des Opfers 13 beugt. Die Behauptung des Täters, er habe das Sträuben des Opfers als bloßes Zieren interpretiert (vis haud ingrata), ist zu widerlegen, sonst ist in dubio pro reo von fehlendem Vorsatz auszugehen. Das Dilemma des Opfers liegt auf der Hand. Folgt es dem Rat, sich nicht energisch zu wehren, damit es sich nicht dem Risiko aussetzt, dass der Täter von der Vergewaltigung zum Sexualmord übergeht, eröffnet das Opfer damit dem Täter die Verteidigung, er sei angesichts des geringen Sträubens vom Einverständnis des Opfers ausgegangen. Die „Ausnutzung" einer Lage i. S. des § 177 I Nr. 3 schneidet dem Täter wenigstens in solchen Fällen die Berufung auf fehlenden Widerstand des Opfers ab (und damit auch die Berufung auf ein von ihm irrig angenommenes Einverständnis des Opfers mit der sexuellen Handlung).

c) Teilnahme

Der Vorstellung von den Sexualdelikten als „Fleischesverbrechen", die 14 nur eigenhändig zu begehen sind, hat schon der BGH eine Absage erteilt[26]. Für eine besondere **Eigenhändigkeit** spricht freilich, dass Sexualdelikte (anders als z. B. Körperverletzungen) nicht auf Distanz begehbar sind[27].

Die mit der Eigenhändigkeit zusammenhängenden praktischen Fragen sind deshalb nicht mehr so wichtig, weil seit dem 4. StrRG 1973 bei der sexuellen Nötigung die Grenzen zwischen Mittäterschaft („sexuelle Handlungen des Täters") und Nebentäterschaft („sexuelle Handlungen ... eines Dritten") verwischt worden sind.

d) Konkurrenzen

Zu § 240 gilt im Verhältnis zu § 177 Folgendes: In § 177 kommt der Ge- 15 danke der **Selbstverantwortung des Opfers** für den Schutz seiner Rechtsgüter dadurch zum Ausdruck, dass der Täter nur bestraft wird, wenn er **massive Nötigungsmittel** einsetzt. Ein Täter, der den Beischlaf mit schwächerem Druck erreicht (z. B. mit Drohungen mit künftiger Leibesgefahr oder mit wirtschaftlichen Nachteilen), fällt nicht unter § 177. Schon vor der Schaffung eines besonders schweren Falles der Nötigung nach § 240 IV Nr. 1 durch das 6. StrRG (1998) hatte die h. M. bei Druck unter-

---

25 Zu § 178, Qualifikation und Leichtfertigkeit, vgl. (zu § 251) u. § 17 Rn. 30.
26 BGHSt 6, 226; zustimmend MüKo-*Renzikowski*, § 177 Rn. 90.
27 Näher *Arzt*, ZStrR 107 (1990), 168 (181); vgl. auch *Fischer*, § 177 Rn. 72.

halb der Schwelle des § 177 den Rückgriff auf § 240 befürwortet[28]. Mit § 240 IV Nr. 1 hat der Gesetzgeber diese h. M. gesetzlich verankert und einen gleitenden Übergang zwischen § 177 und § 240 geschaffen. § 240 IV Nr. 1 ist ein kleines Sexualdelikt. Diese Verwischung der Grenze zwischen echtem Sexualdelikt und der allgemeinen Nötigung macht auch die Ehrverletzung anfällig für die Heranziehung als kleines Sexualdelikt[29].

Unproblematisch ist der Rückgriff auf § 240, wenn der Täter das Opfer zu einer Handlung zwingt, deren sexuelle Erheblichkeit (§ 184g Nr. 1), nicht zuletzt im Hinblick auf die hohe Strafdrohung des § 177, zu verneinen ist.

Beispiel erzwungene Zungenküsse[30]: „... nur eine ungehörige handgreifliche Zudringlichkeit ..., die schon mit Hilfe der §§ 185, 240 StGB angemessen geahndet werden" kann[31]. Es ist zu befürchten, dass die sexuelle Erheblichkeit künftig nicht mit Blick auf den Strafrahmen des § 177 festgelegt wird, sondern mit Blick auf § 240 IV Nr. 1, also im Beispielsfall sexuelle Nötigung nach § 240 IV Nr. 1 bejaht werden wird.

2. Sexueller Missbrauch von Abhängigkeitsverhältnissen, §§ 174, 174a, 174b, 180 III und sexueller Missbrauch von Kindern bzw. Jugendlichen, §§ 176, 176a, 176b, 180, 182

a) Tatbestand

16   Gemeinsamer Nenner der in der Überschrift genannten Tatbestände ist die Ausnutzung einer Rolle, die dem Täter gegenüber dem Opfer Überlegenheit verschafft. Der Mächtige genießt auch im sexuellen Wettbewerb Vorteile, denn das Motto **„Geld macht sinnlich"** gilt nicht nur in Mahagonny. Deshalb hat der Gesetzgeber zunächst die Grenze zwischen noch akzeptabler Ausnutzung von Überlegenheit und nicht mehr akzeptabler Ausnutzung zu definieren. Weiter steht der Gesetzgeber vor der Frage, welche Anforderungen er an den Zusammenhang zwischen Überlegenheit und sexuellen Vorteilen stellen soll[32].

Im Einzelnen: §§ 174, 174a, 174b, 180 enthalten Kataloge von Überlegenheitsverhältnissen. Die Ausnutzung durch einen überlegenen Täter zu sexuellen Handlungen nennt das Gesetz „Missbrauch". Dabei verlangt der Gesetzgeber in den meisten Fällen den Nachweis des Zusammenhangs zwischen Überlegenheit und sexueller Handlung; mitunter wird der Zusammenhang zum Nachteil des Täters fingiert.

Beispiel sexuelle Handlung zwischen **Lehrer** (L) und **Schülerin** (S): § 174 I Nr. 1, wenn S noch nicht 16 Jahre alt ist. Der Missbrauch der durch das Ausbildungsver-

---

28   Nach der früher hier vertretenen Meinung (LH 2, Rn. 473) unterläuft dieser Rückgriff auf § 240 das in § 177 niedergelegte Selbstverantwortungsprinzip; ausführliche Verteidigung der h. M. bei *Sick*, Sexuelles Selbstbestimmungsrecht, a. a. O. S. 299 ff. – Gegen die h. M. spricht, dass der Täter (auch) bei schwächerem Druck die sexuelle Selbstbestimmung angreift – eben das Rechtsgut, das § 177 schützt.
29   Vgl. o. § 7 Rn. 5.
30   BGHSt 18, 169.
31   A. a. O. S. 170.
32   Zur Überlistung (Verführung) s. o. Rn. 3.

hältnis begründeten Überlegenheit wird fingiert und braucht L nicht nachgewiesen zu werden. – § 174 I Nr. 2, wenn S über 16 (und unter 18) Jahre alt ist. Hier muss L der Missbrauch der Abhängigkeit der S nachgewiesen werden (meist schwierig).

Die §§ 174, 174a, 174b lesen und kontrollieren, inwieweit der Missbrauch fingiert wird bzw. nachzuweisen ist!

Den §§ 176, 180, 182 liegt ebenfalls die Vorstellung einer **Überlegenheit des Täters** zugrunde, die hier aus der Jugendlichkeit des Opfers herrührt. Die Überlegenheit wird auch bei diesen Normen (ähnlich wie der „Missbrauch"[33]) je nach Tatbestand fingiert oder muss als eigenständiges Tatbestandselement hinzutreten. Mit Recht besteht auch der moderne Gesetzgeber auf der Entsexualisierung der Lehrer/Schüler-Beziehung oder der Eltern/Kind-Beziehung oder der Beziehung zwischen Geschwistern. Zwischen dem echten Sexualdelikt des § 174 I Nr. 3 und dem die Familie schützenden Verbot des „Beischlafs zwischen Verwandten" des § 173 sind die Übergänge fließend. 17

b) Vorsatz

Der Vorsatz muss sich insbesondere auch auf die Altersgrenzen beziehen[34]. 18

c) Teilnahme

Soweit die Tatbestände auf die Ausnutzung einer bestimmten Überlegenheit zugeschnitten sind, liegt ein **Sonderdelikt** vor. Außenstehende können nur Teilnehmer i. e. S. sein (z. B. §§ 174, 174a, 174b, 174c). Ob § 28 I anzuwenden ist, hängt davon ab, ob man die Überlegenheit verleihende Rolle des Täters als persönliches Merkmal betrachtet. Das ist zu bejahen[35]. Dass die Sonderpflicht des Täters zur sexuellen Zurückhaltung zugleich eine besondere Verletzlichkeit des potenziellen Opfers signalisiert, gilt für fast alle § 28 I-Situationen entsprechend. 19

Schwieriger ist die Frage zu beantworten, ob es sich bei den sexuellen Handlungen (insbes. an Kindern gem. § 176) um Tatbestände handelt, die nur **eigenhändig** zu verwirklichen sind. Wie bei der Vergewaltigung[36] ist eine Vergeistigung und mittäterschaftliche Zurechnung des sexuellen Missbrauchs möglich. So kann z. B. ein Garant, der das Kind nicht gegen

---

33 Dazu vorstehend Rn. 16.
34 Heute selbstverständlich; historisch hat sich hier und bei der Bigamie lange der (im amerikanischen Strafrecht noch fortlebende!) Gedanke einer Erfolgshaftung ohne Schuld erhalten, vgl. *v. Wächter*, Abhandlungen aus dem Strafrecht, 1. Bd., Die Verbrechen der Entführung und der Nothzucht usw., 1835, S. 309 f. Nach *Schroeder* führen die Beweisprobleme beim Vorsatz praktisch zur Reduktion des Schutzalters um 2 Jahre (*Maurach/Schroeder/Maiwald*, BT 1, § 20 Rn. 5). – Das schweizerische Recht hält noch heute an einer Strafdrohung gegen den fahrlässig die Altersgrenze verkennenden Täter fest, Art. 187 Ziff. 4 StGB.
35 Wie hier MüKo-*Renzikowski*, § 174 Rn. 43; *Gössel*, § 4 Rn. 37; zur Gegenansicht vgl. LK-*Hörnle*, § 174 Rn. 52; *Fischer*, § 174 Rn. 18; *S/S/Eisele*, § 174 Rn. 20; *Maurach/Schroeder/Maiwald*, BT 1, § 18 Rn. 45 (auch zum Streit Sonderdelikt oder eigenhändiges Delikt).
36 S. o. Rn. 14.

den Missbrauchstäter schützt, nicht nur Gehilfe, sondern Mittäter durch Unterlassen nach § 176 I sein (streitig)[37].

d) Beleidigung und sexuelle Belästigung

20 Die **Beleidigung**, § 185, spielt als **kleines Sexualdelikt** in der Judikatur nach wie vor eine überraschend große Rolle, und zwar sowohl als Ergänzung der §§ 174, 176 wie auch des § 177. Einschränkend, aber in der Begründung unsicher argumentiert der BGH[38].

> **Beispiel:** Der überraschende – deshalb auch nicht als Nötigung fassbare – Griff unter den Rock kann eine Beleidigung des Opfers sein. – Besonders dubios ist die Annahme in der älteren Judikatur, dass die Eltern in ihrer Ehre durch sexuelle Zumutungen angegriffen werden können, die an ihre der Altersgrenze der §§ 174, 176 entwachsenen Kinder gerichtet werden. Die rechtspolitische Ironie liegt darin, dass die Subsumtion physischer oder verbaler sexueller Zudringlichkeiten unter §§ 185 ff. als konservativ eingeschätzt wird, es andererseits aber als progressiv gilt, Sanktionen gegen **sexual harassment** zu fordern[39].

21 De lege ferenda ist ein allgemeiner **Schutz gegen sexuelle Belästigung** mit strafrechtlichen Mitteln allenfalls dort erreichbar, wo zwischen Belästigungstäter und Belästigungsopfer **Dauerbeziehungen** bestehen, z. B. am Arbeitsplatz. Hier vermag auch der neue „Stalking-Paragraph" der Nachstellung gem. § 238 eine Lücke zu schließen. Freilich greift ein solcher Schutz so weit über die Entsexualisierung von Abhängigkeitsverhältnissen in §§ 174 ff. hinaus, dass Missbräuche in der praktischen Handhabung zu befürchten sind oder einmal mehr eine leere Geste des Gesetzgebers. Es ist deshalb erfreulich, dass der deutsche Gesetzgeber[40] der Versuchung widerstanden hat, **sexual harassment** zu kriminalisieren. Einschlägig können hier vor allem die §§ 185 und 240 sein. Die sexuelle Belästigung hat fast nichts gemein mit den traditionellen Tatbeständen des **Exhibitionismus** und der **Erregung öffentlichen Ärgernisses**, §§ 183, 183a[41].

3. Prostitutionsdelikte, §§ 180, 180a, 181a[42]

22 Ausgangspunkt der recht unübersichtlichen Regelung der Prostitution und Zuhälterei ist die Straflosigkeit (auch) der gewerbsmäßig betriebenen „Unzucht"; d. h. weder Freier noch Prostituierte oder Strichjunge haben Strafe zu befürchten **(Prostitutionsfreiheit)**. Mit dem ProstG vom 20.12.2001 wurden die Rahmenbedingungen für die Ausübung der Prosti-

---

37 Die ganz h. M. nimmt allerdings bei § 176 I Eigenhändigkeit an, so *Fischer*, § 176 Rn. 33; vgl. auch BGHSt 41, 242.
38 BGHSt 36, 145.
39 Zu §§ 185 ff. als kleinen Sexualdelikten o. § 7 Rn. 5 und eingehend *Arzt*, JuS 1982, 717 (725 ff.). Die rechtspolitische Ironie wird verteidigt von *Sick*, JZ 1991, 330 ff.
40 Die Schweiz hat 1992 einen Straftatbestand der sexuellen Belästigung (Art. 198) eingeführt. – Zur deutschen Rechtslage (mit dem Akzent auf dem Arbeitsrecht unter Einbezug des Strafrechts) *Kuhlmann*, Gegen die sexuelle Belästigung am Arbeitsplatz, 1996.
41 Dazu u. Rn. 30.
42 Zu den Prostitutionsdelikten und zur Pornografie vgl. BT-Drucks. VI/1552.

tution und die rechtliche Stellung der Prostituierten verbessert. Im Zusammenhang mit der Bekämpfung der Zwangsprostitution wird in letzter Zeit eine Strafbarkeit von Freiern, welche Dienste von Zwangsprostituierten in Anspruch nehmen, erwogen. Bedenklich ist, dass teilweise unter dem Deckmantel der Bekämpfung von Zwangsprostitution versucht wird, Prostitution allgemein zu kriminalisieren. Derartige Bestrebungen führen leicht zu einem (erzwungenen) Abtauchen der Prostituierten in die Illegalität und stärken damit die Bedeutung von Zuhältern und organisierter Kriminalität.

Eine 1. Gruppe von Prostitutionstatbeständen schützt diese Prostitutionsfreiheit. Der erfahrungsgemäß naheliegenden Ausnutzung der Prostituierten durch Bordellwirte und Zuhälter soll vorgebeugt werden, §§ 180a I, II Nr. 2, 181a.

Eine 2. Gruppe von Prostitutionstatbeständen schränkt die Prostitutionsfreiheit dadurch ein, dass (1) die Prostitution junger Menschen nicht gefördert werden darf, §§ 180, 180a II Nr. 1 und (2) keine besonderen Anreize für die Prostitution geschaffen oder gar Pressionen ausgeübt werden dürfen, um jemanden zur Prostitution anzuhalten; vgl. im Einzelnen §§ 180a II Nr. 2, 181a I Nr. 2 (letzte Alt.). – Ergänzend gibt es eine unübersichtliche Fülle von Jugendschutzvorschriften mit Straf- und Ordnungswidrigkeitstatbeständen, bspw. §§ 184f, 184e StGB i.V.m. Art. 297 I EGStGB i.V.m. einschlägiger Rechtsverordnung der Länder; §§ 119, 120 OWiG oder das JuSchG.

Eine 3. Gruppe von Prostitutionstatbeständen enthält im Zusammenhang mit der Ausübung der Prostitution ein Belästigungsverbot, §§ 184e, 184f. Der Zurückdrängung der Prostitution dienen ferner die §§ 119, 120 OWiG.

4. Verbreitung pornografischer Schriften, §§ 184 ff.

Das 4. StrRG 1973[43] hat das weite Verbot der Verbreitung unzüchtiger Schriften drastisch eingeschränkt. Schriften wird hier (wie in § 184 a. F.) als **pars pro toto** gemäß § 11 III verstanden. Auf die mit der Kontrolle des **Telefons** und des **Internets**[44] verbundenen Probleme wird hingewiesen. Statt von „unzüchtigen Schriften" spricht der Gesetzgeber heute von „Pornografie", was jedoch in der Sache wenig ändert: „Die Hoffnung, dass mit dem Übergang zu diesem Fremdwort die Schwierigkeiten des bisherigen Begriffs ‚unzüchtige Schriften' gelöst oder auch nur gemildert seien ..., dürfte verfehlt sein" (*F. C. Schroeder*)[45].

23

Mit Gesetz vom 27.12.2003 hat der Gesetzgeber die Vorschriften gegen Pornografie neu geregelt, Gewalt- und Kinderpornografie in separaten Normen erfasst und die Strafrahmen angehoben[46]. Durch das Gesetz zur

---

43 Vgl. die vorstehende Fn., ferner die Sachverständigenanhörung BT-Prot. VI/834 ff.
44 Vgl. umfassend *Hilgendorf/Valerius*, Computer- und Internetstrafrecht, 2012. – Die Verurteilung des Generaldirektors der Schweizerischen Telefongesellschaft wegen Beihilfe zur Verbreitung von Pornografie an Jugendliche (Telefonsex) ist 1995 höchstrichterlich bestätigt worden, BGE 121 IV 109.
45 *Maurach/Schroeder/Maiwald*, BT 1, § 23 Rn. 3.
46 Statistische Angaben zur einschlägigen Kriminalität o. Rn. 11.

Umsetzung des Rahmenbeschlusses des Rates der Europäischen Union zur Bekämpfung der sexuellen Ausbeutung von Kindern und der Kinderpornografie vom 31.10.2008[47] wurde als neuer § 184c der Straftatbestand über Verbreitung, Erwerb und Besitz jugendpornografischer Schriften eingeführt. Der bisherige § 184c wurde dadurch zu § 184d.

24 Das Gesetz unterscheidet zwischen **einfacher („weicher") Pornografie** und **„harter" Pornografie**, deren Gegenstand Gewalthandlungen, sexuelle Handlungen von Menschen mit Tieren, § 184a, oder der sexuelle Missbrauch von Kindern (§ 184 b) oder Jugendlichen (§ 184 c) ist. Die Regelung ist insgesamt sehr unübersichtlich und selbst für juristisch geschulte Personen schwer verständlich. Pornografie (einschließlich harter Pornografie) und **Kunst** schließen sich begrifflich nicht notwendig aus[48]. Im Einzelnen gilt Folgendes:

25 Verboten ist zunächst – vereinfachend gesagt – die Verbreitung harter Gewalt- und Tierpornografie i. S. eines Zugänglichmachens an einen unbestimmten Personenkreis, § 184a Nr. 1–3. Nicht verboten ist, dass eine Privatperson einer anderen Privatperson harte Pornografie, die Gewaltdarstellungen oder sexuelle Handlungen zwischen Menschen und Tieren enthält, entgeltlich oder unentgeltlich überlässt.

Bei **harter Pornografie, die den sexuellen Missbrauch von Kindern zum Gegenstand hat,** ist, im Unterschied zu harter Pornografie nach § 184a, über die Verbreitung hinaus schon der **private Besitz strafbar,** ebenso die Weitergabe von privat an privat, § 184b II (eingefügt und mit höherem Strafrahmen versehen durch das SexualdelÄndG 2003). Eine parallele Regelung gilt seit 2008 auch für Jugendpornografie, § 184c.

26 Die **Verbreitung weicher Pornografie** ist grundsätzlich **erlaubt.** Nach § 184 I ist die Verbreitung nur **verboten,** (1) wenn Interessen des **Jugendschutzes** verletzt werden, Beispiel § 184 I Nr. 1 (auch hier gibt es ergänzende Jugendschutzbestimmungen außerhalb des StGB)[49]; (2) wenn Personen gegen ihren Willen mit pornografischen Produkten konfrontiert werden, Beispiel § 184 I Nr. 6 (ergänzend dazu § 119 OWiG); (3) wenn durch die Art der Verbreitung besondere Anreize für die pornografischen Schriften geschaffen werden, Beispiel § 184 I Nr. 5.

27 Das zuletzt genannte Verbot besonders attraktiver Formen der Verbreitung weicher Pornografie erklärt (neben Belangen des Jugendschutzes und der unerwünschten Konfrontation) auch § 184 I Nr. 3, 3a, 4. Auf die Parallele zum Verbot der Schaffung besonderer (!) Anreize für die Prostitution[50] wird hingewiesen. – Ergänzend zu

---

47 Dazu *Hörnle*, NJW 2008, 3521 ff.; zur nachfolgenden Richtlinie und zu den zu erwartenden Kriminalisierungsanforderungen *Ziemann/Ziethen*, Die neue EU-Richtlinie zur Bekämpfung von Kindesmissbrauch und Kinderpornographie, ZRP 2012, 168; *Haustein*, ZIS 2014, 348; siehe auch *Krings*, ZPR 2014, 69.
48 BGHSt 37, 55 (LS) – dort auch zur Konsequenz eines Schutzes der Jugend vor solcher Kunst (betrifft *Henry Miller*, Opus Pistorum).
49 Insbes. das JuSchG (Jugendschutzgesetz).
50 Dazu o. Rn. 22.

§ 184 I ist das Verbot grob anstößiger Handlungen nach § 119 OWiG heranzuziehen.

Als **Rechtsgut** ist in diesen Fällen der **Schutz des Wertkonsenses** der Mehrheit gegen Propaganda für Pornografie zu sehen. Da die Welt der Erwachsenen gegenüber den Jugendlichen nicht abgeschottet werden kann, würde die Zulassung der Verbreitung unter Erwachsenen mittelbar Jugendliche gefährden. Insoweit steckt im totalen Verbreitungsverbot auch der Gedanke des Jugendschutzes[51]. Da § 184 insgesamt gesehen den Zugang zur weichen Pornografie nicht blockiert, ist der in § 184 enthaltene minimale Schutz des Wertkonsenses der Mehrheit zulässig. Zweifelhaft ist freilich, ob ein solcher Schutz opportun ist und ob der Wille vorhanden ist, das Verbot durchzusetzen.

Zu den bisher genannten drei Gesichtspunkten (Jugendschutz, unerwünschte Konfrontation, übermäßige Attraktivität) kommt noch das **Exportverbot** des § 184 I Nr. 9. Es dient nach h. M. dem Schutz guter Beziehungen zu anderen Staaten. § 184 I Nr. 9 schwächt aber zudem die Sogwirkung innerhalb Europas ab, die dazu führen könnte, dass in diesem Bereich der Staat mit der niedrigsten Strafbarkeitsschwelle die Richtung angibt, in die alle anderen nolens volens gedrängt werden.

28

Ein **rechtspolitischer Rückblick**[52] auf die Auseinandersetzungen um die (teilweise) Freigabe der Pornografie ergibt Folgendes: (1) Auch hier verblüfft, wie bei den Sexualdelikten generell, die teilweise Irrationalität der Befürworter der Liberalisierung. Während man sonst den Konsumenten gegen schlechte Ware mit einer Flut von Bestimmungen zu schützen sucht, soll im Unterhaltungssektor der mündige Bürger zu eigenverantwortlicher Entscheidung (d. h. gegen die Pornografie!) fähig sein. – (2) Ausgesprochen törichte Argumente, wie etwa, dass die Gewöhnung der Sache ihren Reiz schon nehmen und zu einem Rückgang des Konsums führen werde, sind auf empirische Strohhalme gestützt und mit einer Kritiklosigkeit für bare Münze genommen worden, über die man sich nur wundern kann. – (3) Dass Pornografiekonsum Privatsache einer Minderheit sei und – weil Privatangelegenheit – Interessen der Mehrheit nicht tangiere, folglich mit staatlichem Zwang nicht begrenzt werden dürfe, ist behauptet und geglaubt worden. Heute wird mit ähnlichen Argumenten die Liberalisierung des Drogenkonsums gefordert. Legalisierung bedeutet jedoch auch eine zumindest teilweise Verschiebung der Normalitätsgrenze für alle; und die Legalisierung eines Bedürfnisses wird über Marktmechanismen tendenziell eine Nachfragesteigerung zur Folge haben. – (4) Fast als Kuriosum ist schließlich der Zusammenhang zwischen **Pornografiefreigabe** und **Verbot der Gewaltverherrlichung** nach § 131 zu vermerken. Es gilt als progressiv, gegen Gewaltdarstellungen in Massenmedien zu Felde zu ziehen[53]. Warum pornografische Darstellungen ein negativ-harmloses, die Gewaltdarstellungen ein negativ-schädliches Vorbild sein sollen, ist schwer nachzuvollziehen.

29

Im November 2014 beschloss der Bundestag eine weitere Verschärfung des Sexualstrafrechts. So soll (unter dem Eindruck der Affäre Edathy) künftig die unbefugte Herstellung und Verbreitung von Nacktbildern von Kindern unter Strafe gestellt werden, § 201a StGB.

---

51 So BT-Drucks. VI/1552 S. 35; in der Sachverständigenanhörung BT-Prot. VI/843 ff. war dies lebhaft umstritten. Zu den Konsequenzen eines solchen Rechtsguts neuerdings *Weigend*, ZUM 1994, 133 ff.
52 Vgl. *Arzt*, ZBJV a. a. O. S. 11 ff., 24; *Hanack*, bes. Rn. 358 f.; *Jäger*, Strafgesetzgebung, a. a. O.
53 Mit Recht zurückhaltend *Kaiser*, Kriminologie, § 39 Rn. 36.

5. Exhibitionismus und Erregung öffentlichen Ärgernisses, §§ 183, 183a

30 § 183 bedroht den **Exhibitionismus** (nur) des Mannes mit Strafe, weil er in das Freiheitsrecht (i. S. des Schutzes vor ungewollter Konfrontation mit Sexualität) eingreift[54]. – § 183a erweitert den Schutz gegen ungewollte Konfrontation mit Sexualität durch das Verbot der Erregung eines Ärgernisses durch **öffentliche sexuelle Handlungen.** Zu beachten ist, dass die sexuelle Handlung, aber nicht das Ärgernis öffentlich sein muss, d. h. es genügt, wenn nicht die Öffentlichkeit, sondern nur eine Person Anstoß nimmt. – Die §§ 183, 183a besitzen relativ große praktische Bedeutung[55]. Als **Ergänzung** sind §§ 118, 119 OWiG zu begreifen (Belästigung der Allgemeinheit; grob anstößige und belästigende Handlungen). – Nicht gleichzusetzen mit Exhibitionismus und Erregung öffentlichen Ärgernisses ist die **sexuelle Belästigung** (sexual harassment)[56].

III. Straftaten gegen den Personenstand, Ehe und Familie, §§ 169 ff.

1. Beischlaf zwischen Verwandten, § 173; Doppelehe, § 172

31 **Inzest** und **Bigamie**[57] sind (zusammen mit dem 1969 aufgehobenen Tatbestand des **Ehebruchs**) als **Schutz** der Institutionen **Ehe** und **Familie** zu sehen. § 173 (Beischlaf zwischen Verwandten, Inzest) bestraft die **Sexualisierung von Verwandtschaftsverhältnissen,** weil sie nicht dem Bild entspricht, das sich unsere Gesellschaft von den Familienbeziehungen macht. Die Nähe zum Sexualdelikt (Ausnutzung von Abhängigkeiten) liegt insbes. im Verhältnis Eltern/Kinder auf der Hand, deshalb sind die Tatbestände früher den Sittlichkeitsdelikten zugeordnet worden. Eine wirklich freie Wahl des Vaters als Sexualpartner durch die Tochter[58] ist kaum vorstellbar, sodass es vertretbar ist, wenn das Gesetz eine solche Wahl **immer** missbilligt (**Unfreiheit** zulasten des Täters **fingiert**). Deshalb ist § 173 mit den Missbrauchsfällen des § 174 I Nr. 3 eng verwandt. § 173 II 2, der den Beischlaf zwischen Geschwistern unter Strafe stellt, ist mit dem Grundgesetz vereinbar[59]. – Die emotional stark aufgeladene Bezeichnung **Blutschande** hat der Gesetzgeber bewusst vermieden.

§ 173 wird als Musterfall eines eigenhändigen Delikts bzw. **Sonderdelikts** betrachtet (Verkuppelung von ahnungslosen Geschwistern durch die **Hamburger Bordellwirtin**). Wie alt der Lehrbuchfall ist, zeigt das Bei-

---

54 Vgl. MüKo-*Hörnle,* § 183 Rn. 1 f.
55 Vgl. o. Rn. 11.
56 Dazu o. Rn. 21.
57 Einen Überblick zum Familien- und Ehestrafrecht auch mit Bezügen zum Allgemeinen Teil gibt *Schramm,* Grundzüge eines Ehe- und Familienstrafrechts, JA 2013, 881.
58 Das ist der praktisch häufigste Fall.
59 BVerfG, NJW 2008, 1137.

spiel **Basler Fasnacht** (1812)[60]: „Einer zum Beispiel, der mit seiner verlarvten Mutter, an einem Orte, wo er sie anzutreffen unmöglich glauben konnte, Unzucht trieb, wird wegen Unzucht, nicht aber wegen Blutschande abgestraft werden."

§ 172 (Doppelehe, Bigamie) **schützt** die **Einehe** als Institution, mit allen Folgewirkungen. Die zweite Eheschließung bei einer noch bestehenden früheren gültigen Ehe stellt einen Verstoß gegen das Verbot der Doppelehe nach § 1306 BGB dar, die Ehe kann aufgehoben werden, § 1314 BGB. 32

2. Personenstandsfälschung, § 169

§ 169 schützt ein **besonderes Beweisinteresse** bezüglich familienrechtlicher Verhältnisse. – Die zuständige Behörde und die für den Personenstand relevanten Einzelangaben ergeben sich aus dem PersonenstandsG. – Da der zuständige Beamte aufgrund der falschen Angaben inhaltlich unrichtige Tatsachen beurkundet, ist § 271 auf solche Angaben anzuwenden, auf die sich die öffentliche Beweiskraft des Registers erstreckt. 33

Der wichtigste Fall, in dem die öffentliche Beweiskraft verneint wird, ist die Person des nichtehelichen Vaters. Eine insoweit unrichtige Angabe der Mutter führt nur zu § 169, nicht zu § 271.

3. Verletzung der Unterhalts-, Fürsorge- oder Erziehungspflicht, §§ 170, 171[61]

a) Verletzung der Fürsorge- und Erziehungspflicht, § 171

Rechtsgüter der Kinder, vom Eigentum über die körperliche Integrität bis hin zur ungestörten sexuellen Entwicklung, sind auch und besonders gegen die Eltern geschützt, Beispiel aus dem Vermögensbereich § 266, aus dem Bereich der sexuellen Selbstbestimmung § 174 I Nr. 3. Darüber hinaus schützt § 171 Kinder (bis 16 Jahre) gegen grobe Verletzung der Fürsorge- und Erziehungspflicht (Pflichten, die im Normalfall den Eltern obliegen). Dogmatisch ist § 171 wegen der **Gleichsetzung** von **Tun** und **Unterlassen** interessant, d. h. die Erziehungspflicht kann durch Unterlassen richtiger Maßnahmen wie durch Vornahme falscher Maßnahmen verletzt werden. 34

Das Gesetz setzt weiter voraus, dass die gröbliche, d. h. subjektiv und objektiv schwerwiegende, Pflichtverletzung das Kind in bestimmte, im Gesetz näher umschriebene **Gefahren** bringen muss. Der Zusammenhang zwischen Pflichtverletzung und Gefahr, z. B. eines kriminellen Lebenswandels, ist schwierig zu beweisen. Das ist ein wichtiger Grund dafür, dass sich § 171 insgesamt als eine stumpfe Waffe zur Kontrolle der Erziehungsberechtigten erwiesen hat. Schneidige Strafbestim-

---

60 Aus dem Entwurf eines Basler StGB 1812 von *Peter Ochs*, zitiert nach *Thieme*, Der Entwurf eines Basler StGB von 1812, Rennefahrt-FG (Archiv des Historischen Vereins des Kantons Bern XLIV), Bern 1958, S. 615 ff., 628.

61 Das 6. StrRG hat aus § 170b (bisher) § 170 (neu) und aus § 170d (bisher) § 171 (neu) gemacht – ohne sachliche Änderung.

mungen wären angesichts der durch Art. 6 GG garantierten Elternrechte problematisch.

Unterstützung verdienen Stimmen im Schrifttum, die § 171 gegen moderne Risiken wie dauernde Überanstrengung durch Leistungssport einsetzen wollen[62]. In der Praxis dominieren freilich Verwahrlosungsfälle aus der **Unterschicht:** Überanstrengung, Drogenkonsum, sexuelle Haltlosigkeit.

Zum vormundschaftsgerichtlichen Einschreiten bei Gefährdung des Kindeswohls vgl. §§ 1666, 1666a BGB. Im Vergleich zu § 171 kommt es dabei allein auf das Wohl des Kindes an, insbesondere erfasst § 1666 BGB auch Fälle unverschuldeten Versagens der Eltern.

35 Außenstehende, die nicht in der Pflichtenstellung des § 171 zum Opfer stehen, können nur Teilnehmer sein (**Sonderdelikt**). – § 28 I ist anzuwenden (streitig).

b) Verletzung der Unterhaltspflicht, § 170

aa) Rechtsgut und praktische Bedeutung

36 **Rechtsgut** ist das **Vermögen**, denn § 170 schützt gesetzliche Unterhaltsansprüche. Daneben wird die Allgemeinheit vor ungerechtfertigter Inanspruchnahme öffentlicher Mittel geschützt. Unterhaltsansprüche bestehen insbes. zwischen Ehegatten und zwischen Kindern und Eltern (und umgekehrt!). – Anders als § 171 ist § 170 von erheblicher praktischer Bedeutung[63]. Über 95 % der Verurteilten sind Männer[64], wobei die Verletzung der dem nichtehelichen Kind gegenüber bestehenden Unterhaltspflicht im Vordergrund steht.

Der Sicht des § 170 als einem reinen Vermögensdelikt scheint es zu widersprechen, dass das Gesetz die Nichterfüllung solcher Ansprüche nur unter der Voraussetzung pönalisiert, dass der „Lebensbedarf ... gefährdet" wird. Im „Lebensbedarf" steckt ein Bündel weiterer Gefahren, wie mangelhafte ärztliche Versorgung, Unterernährung etc., sodass man insoweit § 170 als **abstraktes Lebensgefährdungsdelikt** ansprechen könnte. – Je sozialstaatlicher ein Gemeinwesen ist, desto geringer werden jedoch solche abstrakten Gefahren, weil jedem Bürger der Lebensbedarf i. S. eines Existenzminimums garantiert ist, Sozialhilfe, vgl. das SGB XII. – Dem trägt § 170 I insofern Rechnung, als es ausreicht, **wenn** die **Gefährdung** des Lebensbedarfes **eintreten würde**, wenn nicht andere, insbesondere auch der Staat, Hilfe leisten würden. Aus diesem Hinweis auf die Hilfe durch andere ergibt sich zugleich der Charakter des § 170 als eines reinen Vermögensdeliktes, wobei man letztlich nicht das Vermögen des eigentlich Anspruchsberechtigten, sondern das Vermögen desjenigen im Auge hat, der infolge des Ausfalls der Unterhaltsverpflichtung den Lebensbedarf sicherstellen muss. Da oft der Staat einspringen muss, steckt in § 170 I ein mittelbarer **Schutz des Fiskus**[65]. § 170 „verstärkt den bürgerlich-rechtlichen Schutz gegen Verletzung der gesetzlichen Unterhaltspflicht und wendet sich gleichzeitig gegen den Missbrauch der öffentlichen Fürsorge".

---

62 So etwa Müko-*Ritscher*, § 171 Rn. 7; SK-*Wolters*, § 171 Rn. 4.
63 Dazu o. Rn. 11.
64 Im Jahr 2012 weist die PKS (Fn. 20) unter 9.307 Tatverdächtigen nur 404 Frauen aus.
65 Vgl. BGHSt 29, 85 (87).

bb) Schwangerschaftsabbruchbewirkende Unterhaltspflichtverletzung, § 170 II

Diese 1995 eingefügte Qualifikation ist eine leere Geste des Gesetzgebers, die das BVerfG erzwungen hat, eine der „missglücktesten Schöpfungen der neueren Strafgesetzgebung"[66]. 37

cc) Tathandlung

Der vorstehend Rn. 36 umschriebene Erfolg bei § 170 I wird vom Täter dadurch herbeigeführt, dass er sich der Unterhaltspflicht „entzieht". Ob dies mit der „Verletzung" der Unterhaltspflicht (Überschrift!) identisch ist, hängt davon ab, ob § 170 I schon eingreift, wenn ein bloßes Nichterfüllen einer entsprechenden fälligen Verbindlichkeit vorliegt. Ob dieses **echte Unterlassen** ausreicht, ist zweifelhaft, wird aber von der h. M.[67] bejaht. – § 170 II verlangt Verwerflichkeit des Vorenthaltens. 38

Normalerweise kommen die Fälle bloßer Nichtzahlung nicht vor, weil ein zahlungsfähiger Schuldner leisten wird, schon um sich die Kosten der Klage und Zwangsvollstreckung zu ersparen. – Im Vordergrund stehen deshalb Fälle des Entziehens durch **Tun**, also häufiger Wechsel des Arbeitsplatzes, Verbergen von Einnahmen etc. Denkbar ist auch ein Entziehen durch **qualifiziertes Unterlassen**, z. B. keine Arbeitsaufnahme bzw. nur mangelhafte Ausschöpfung von Verdienstmöglichkeiten. Entziehen durch Tun wie durch qualifiziertes Unterlassen ist unter § 170 I zu subsumieren, wobei beim Entziehen durch qualifiziertes Unterlassen die Zumutbarkeit der Arbeitsaufnahme vorausgesetzt wird.

dd) Täter und Teilnehmer

Vieles, insbesondere auch die Nähe zu § 171 spricht dafür, auch § 170 I als **Sonderdelikt** zu begreifen. Wer nicht Schuldner ist, kann nicht Täter sein. § 28 I ist anzuwenden (streitig)[68]. 39

ee) Sinn der Strafdrohung

§ 170 I stellt ein schlagendes **Beispiel** für den Strafzweck der **Androhungsgeneralprävention** dar. Erreicht man mit der Strafdrohung den Rechtsgehorsam im Einzelfall nicht, gibt es keinen sinnvollen Weg, die Drohung zu verwirklichen: Sitzt der Täter im Gefängnis, kommt das Opfer so nicht zu seinem Geld; erhält der arme Täter eine Geldstrafe, hat er nur noch mehr Schulden. Deshalb verfährt man so, dass man hier in die „Strafe" erneut ein Drohungselement einbaut, z. B. Aussetzung einer Frei- 40

---

[66] S. dazu auch beim Schwangerschaftsabbruch o. § 5 Rn. 43.
[67] Gegen BGHSt 18, 376 (379) und die h. M. lässt sich einwenden, dass man dem Anspruchsberechtigten hier wie sonst ein Minimum an Sorge für seine Rechtsgüter zumuten kann. Bei bloßer Nichterfüllung muss der Unterhaltsberechtigte eben mit Klage und Zwangsvollstreckung gegen den Schuldner vorgehen. Dem Gläubiger diese Umstände zu ersparen, sollte nicht Sache des Strafrechts sein.
[68] Zur Anwendung des § 28 I vgl. auch LK-*Schünemann*, § 28 Rn. 57 m.w.N.; a.A. S/S/*Lenckner/Bosch*, § 170 Rn. 35; LK-*Dippel*, § 170 Rn. 78.

heitsstrafe zur Bewährung, oder dass man das Strafverfahren unter der Auflage einstellt, dass der Täter seiner Unterhaltspflicht nachkommt, § 153a StPO[69].
Befriedigend ist das alles nicht. Die lebenslange finanzielle Verantwortung gegenüber Kindern oder Ehegatten ist gerade sozialen Außenseitern nicht einsichtig zu machen. Das **Dauerdelikt** des **§ 170** (das durch jede rechtskräftige Verurteilung unterbrochen wird) führt zu einer außerordentlich dubiosen **Rückfallkriminalisierung** einer weitgehend **harmlosen Lebensweise am Rande der Gesellschaft.** So liegt denn der **Anteil der Vorbestraften** an den Verurteilten nach § 170 bei über **53 %**[70]. Man sollte ernstlich überlegen, vom Dauerdelikt abzugehen, an die dauernde Verweigerung anzuknüpfen und dementsprechend nur einmal zu bestrafen.

---

69 Auf Letzteres weist *Fischer*, § 170 Rn. 13 hin. Der Drohungscharakter kommt auch im bes. niedrigen Prozentsatz der Verurteilten in Relation zu den Abgeurteilten zum Ausdruck (2012 = 3.772 Abgeurteilte, 1.923 Verurteilte, Bundesamt für Statistik, Strafverfolgungsstatistik, Fachserie 10 Reihe 3, Jahrgang 2012, Tabelle 2.1, im Internet abrufbar unter: https://www.destatis.de/DE/Publikationen/Thematisch/Rechtspflege/StrafverfolgungVollzug/Strafverfolgung21003001 27004.pdf?__blob=publicationFile).
70 2012 waren gegen 1.035 von 1.923 insgesamt Verurteilten bereits früher Verurteilungen ergangen oder Maßnahmen erlassen worden. Bei 350 Verurteilten davon, mithin ca. 15 %, schlugen bereits fünf oder mehr frühere Verurteilungen oder Maßnahmen zu Buche, a. a. O.

Teil II: Straftaten gegen das Eigentum und sonstige Vermögenswerte; Raub und Erpressung

§ 11 Einführung

Literaturhinweise: *Baumann,* Über die notwendigen Veränderungen im Bereich des Vermögensschutzes, JZ 1972, 1; *Hamm,* Eigentum im Wandel der Zeiten, KritV 1993, 213; *Hegler,* Die Systematik der Vermögensdelikte, Archiv für Rechts- und Wirtschaftsphilosophie, Bd. IX (1915/16), S. 153, 278, 369 und Band X (1916/17), S. 26, 151; *Kunz,* Das strafrechtliche Bagatellprinzip, 1984; *Lampe,* Eigentumsschutz im künftigen Strafrecht, in: *Müller-Dietz,* Strafrechtsdogmatik und Kriminalpolitik, 1971, S. 59; *Mitsch,* Die Vermögensdelikte im Strafgesetzbuch nach dem 6. Strafrechtsreformgesetz, ZStW 111 (1999), 65; *Naucke,* Zur Lehre vom strafbaren Betrug, 1964; *Otto,* Die Struktur des strafrechtlichen Vermögensschutzes, 1970; *ders.,* Die neuere Rechtsprechung zu den Vermögensdelikten, JZ 1985, 21; JZ 1993, 652; *ders.,* Strafrechtliche Aspekte des Eigentumsschutzes, Jura 1989, 137, 200; *Peters,* Das Begreifen der Eigentumsordnung als kriminalpolitisches Problem, Sauer-FS 1949, S. 9; *Ranft,* Grundfälle aus dem Bereich der Vermögensdelikte, JA 1984, 1, 277, 723; *Schroeder,* Die Systematik der Vermögensstraftaten, Jura 1987, 113; *Seelmann,* Grundfälle zu den Straftaten gegen das Vermögen als Ganzes, JuS 1982, 268, 509, 748, 914; JuS 1983, 32; *ders.,* Grundfälle zu den Eigentumsdelikten, JuS 1985, 199, 288, 454, 699; JuS 1986, 201; vgl. ferner die Literaturangaben zu §§ 13, 19, 20.

Übersicht

Rn.

I. Zur kriminalpolitischen Bedeutung des strafrechtlichen Schutzes der Sachwerte, insbesondere im Vergleich zum Schutz der Persönlichkeitswerte 1
   1. Persönlichkeitswerte und Sachwerte 1
   2. Überblick über den Umfang der Eigentums- und Vermögenskriminalität 3

II. Vermögen und Eigentum 5
   1. Vermögen kein Oberbegriff – wirtschaftlich wertloses Eigentum 5
   2. Eigentum als Schutz der Verfügungsfreiheit 6
   3. Reine Eigentums- bzw. reine Vermögensdelikte 8
   4. Eigentums- bzw. Vermögensdelikte gemischt mit Delikten gegen Persönlichkeitswerte 9

III. Vermögensdelikte im engeren Sinne 11

IV. Übergang der Eigentums- und Vermögensdelikte zur Wirtschaftskriminalität 17

V. Einteilung der Eigentums- und Vermögensdelikte 18

I. Zur kriminalpolitischen Bedeutung des strafrechtlichen Schutzes der Sachwerte, insbesondere im Vergleich zum Schutz der Persönlichkeitswerte

1. Persönlichkeitswerte und Sachwerte

1 Die im Folgenden[1] behandelten Eigentums- und Vermögensdelikte (z. B. Diebstahl, Betrug) betreffen den Schutz des Individuums. Diebstahl, Betrug usw. sind **Angriffe auf eine Person,** freilich nicht auf einen Persönlichkeitswert, sondern auf einen **Sachwert** des Einzelnen. Die Grenzziehung zwischen Persönlichkeitswerten (z. B. Leben, körperliche Unversehrtheit, Freiheit) und Sachwerten (z. B. einzelne Vermögenswerte wie das Aneignungsrecht des Jagdberechtigten oder das Vermögen insgesamt) ist im Grundsatz unproblematisch, wobei, wie beim Raub, § 249, oder der räuberischen Erpressung, §§ 253, 255, beide Schutzrichtungen auch in einem Delikt zusammenfallen können[2]. Es ist jedoch daran zu erinnern, dass **Persönlichkeits- und Sachwerte** in gewissem Umfang **austauschbar** sind, weil Sachwerte auch **geronnene Freiheit** darstellen[3]. Die Entfaltung von persönlicher Freiheit hängt nicht unwesentlich von den zur Verfügung stehenden Sachwerten ab. Deshalb ist die vom 6. StrRG (1998) verfolgte Zielsetzung, „höchstpersönlichen Rechtsgütern [...] gegenüber materiellen Rechtsgütern [...] ein größeres Gewicht zu verleihen"[4], problematischer, als es auf den ersten Blick scheinen mag.

> Die **Entpersonalisierung** der Sachwerte Eigentum und Vermögen durch Konzentrationsbewegungen in der Wirtschaft bedeutet für das Strafrecht, dass der Täter immer seltener das Opfer als (natürliche) Person kennt. Der im Diebstahl liegende Angriff auf den Eigentümer wird mehr und mehr zu einem Angriff auf das Eigentum als solches. Diese Entpersonalisierung der Täter-Opfer-Beziehung dürfte die der Tat entgegenstehenden Hemmungen verringern (es macht einen Unterschied, ob man eine konkrete Person oder „ein Kaufhaus" bestiehlt). – Dies gilt auch für die **Wirtschaftskriminalität,** weil sie sich oft gegen überindividuelle Rechtsgutsträger richtet (z. B. die Gemeinschaft der Versicherten oder die staatliche Finanzwirtschaft)[5].

2 Trotzdem ist im Vergleich zu den Persönlichkeitswerten nicht zu leugnen, dass der strafrechtliche **Schutz** einzelner Vermögenswerte **überspannt** ist, so insbesondere der Schutz des Eigentums[6]. Dies hat banale Gründe: Soweit Persönlichkeitswerte klar umrissen sind (Leben, körperliche Unversehrtheit), sind sie von hohem Rang. Weniger wichtige Persönlichkeitswerte (Teilbereiche der Intimsphäre, Ehre, Willensfreiheit) sind auf Kontakt angelegt, und die Reichweite des Schutzes dieser Rechtsgüter ist nur durch vielfältige Abwägungen zu bestimmen. – Jedenfalls bei ein-

---

1 Vgl. hier Teil II, §§ 12 ff.; ferner unten Teil III, §§ 20 ff.
2 Vgl. dazu noch unten Rn. 9 f.
3 Vgl. hierzu bereits oben § 1 Rn. 29.
4 Begründung der Bundesregierung im Entwurf eines 6. StrRG v. 25.9.1997, BT-Drucks. 13/8587, S. 18.
5 Vgl. dazu unten Rn. 17 sowie unten § 19 (Einführung in Teil III).
6 Vgl. nur *Kunz,* Das strafrechtliche Bagatellprinzip, 1984.

zelnen Sachwerten wie beim **Eigentum** tritt uns ein so klar umschriebenes Rechtsgut entgegen, dass es nahe liegt, alle erdenklichen Angriffe zu kriminalisieren, obwohl der Rang des Rechtsguts allenfalls mit solchen Persönlichkeitswerten vergleichbar ist, deren Schutz vielfältig relativiert ist. Zwischen der Klarheit eines Rechtsguts und der Vollständigkeit seines Schutzes besteht jedoch deshalb eine Korrelation, weil der Gesetzgeber bei unklaren Rechtsgütern dadurch eine präzisere Tatbestandsbeschreibung erreichen muss, dass er einzelne Angriffsformen benennt. Deshalb ist das relativ unpräzise Rechtsgut „Vermögen" nur gegen bestimmte Angriffe (Täuschung, Drohung, Vertrauensbruch) geschützt, das präzise Rechtsgut „Eigentum" dagegen nahezu vollständig. Die Parallele zu den Persönlichkeitswerten liegt auf der Hand: Die körperliche Unversehrtheit ist ein präzises und auch umfassend geschütztes Rechtsgut; die Willensfreiheit ist ein vages Rechtsgut, bei dem die Art des Angriffs eine wesentliche Rolle spielt.

Beim **Eigentum** macht die Klarheit des Rechtsguts es schwer, den strafrechtlichen Schutz nach **typischen sozialen Situationen** auszurichten. Anstatt rechtspolitisch notwendige Differenzierungen im Hinblick auf die Art des Angriffs, das Mitverschulden des Opfers, die Versuchungssituation des Täters, anderweitige Präventionsmechanismen (z. B. Zivilrecht) usw. vorzunehmen, wird leider immer wieder auf die angeblich anzustrebende Gleichbehandlung aller Verletzungen des gleichen Rechtsguts verwiesen. So sind bisher alle Versuche gescheitert, etwa den **Ladendiebstahl** oder den Diebstahl am Arbeitsplatz aus § 242 rechtlich herauszuheben[7]. Im Rahmen der Ladendiebstähle, welche sich regelmäßig auf geringwertige Sachen beziehen, ist lediglich der nach § 248a erforderliche Strafantrag als zusätzliches Erfordernis einer Bestrafung zu nennen.

Anders stellt sich die Lage beim Schutz des **Vermögens** dar: Hier reicht angesichts der Weite und Unbestimmtheit des Rechtsguts die Unsicherheit bis ins Zentrum. Der Schutz bleibt fragmentarisch, und beim Streit der Theorien geht es dementsprechend um die Grenzziehung zwischen strafbarem und straffreiem Verhalten in (auch) praktisch wichtigen Fällen. Der Untreuetatbestand, § 266, ist hierfür ein prägnantes Beispiel.

2. Überblick über den Umfang der Eigentums- und Vermögenskriminalität

Die soeben aus der Umschreibung der Rechtsgüter gezogenen Konsequenzen machen sich auch in der kriminalpolitischen Bedeutung des strafrechtlichen Schutzes bemerkbar. **Diebstahl ist die bei weitem häufigste Straftat überhaupt.** Von den rund 6,0 Mio. im Jahre 2011 im Bundesgebiet polizeilich bekannt gewordenen Straftaten insgesamt (ohne Straßenverkehrs- und Staatsschutzdelikte) waren rund 2,4 Mio. Diebstähle (also über 40 %!)[8]. Diese Dominanz des Diebstahls bei den angezeigten Strafta-

---

7 Vgl. unten § 13 Rn. 10, 26 und zum Diebstahl als Bagatelldelikt unten § 13 Rn. 19 ff.
8 Die Zahlen stammen aus der Polizeilichen Kriminalstatistik, Berichtsjahr 2011, S. 34.

ten erfährt – wegen der besonders niedrigen Aufklärungsquote – im weiteren Verlauf eine gewisse Abschwächung. Knapp 17 % aller Verurteilten werden wegen Diebstahls bestraft. Im Vergleich dazu liegt der Anteil der wegen Betrugs Verurteilten mit ca. 12 % etwas niedriger. Mittelfristig betrachtet geht der Anteil der wegen Diebstahls Verurteilten allerdings zurück. Ob dies seinen Grund darin hat, dass sich die Polizei eher anderen Aufgaben zuwendet als der Aufklärung von Fahrraddiebstählen oder ob die Gerichte Bagatelldiebstähle in größerem Umfang einstellen, muss hier offen bleiben. Festzuhalten bleibt, dass die Zahl der wegen Diebstahls Verurteilten sinkt, während die Anzahl der polizeilich bekannt gewordenen Fälle des Diebstahls steigt.

> **Genaue Zahlen** für 2011: Verurteilte insgesamt 807.815; davon wegen Diebstahls 136.230 (16,86%)[9], wegen Betrugs 99.042 (12,26 %). – Mit Diebstahl sind die §§ 242–244a gemeint; der Betrug bezieht sich nur auf § 263, ohne die betrugsnahen Sondertatbestände.

4   Die relative **Seltenheit des Betrugs** mag an der Vagheit des geschützten Rechtsguts und des Schutzes dieses Rechtsguts nur gegen eine bestimmte Angriffsart (Täuschung) liegen. Zudem sieht sich die Praxis hier mit der schwierigen Aufgabe belastet, zwischen erlaubten und unerlaubten Tricks eine Grenze zu ziehen. Die Aufgabe ist nicht nur schwierig, sondern auch noch undankbar: Was hilft die Subsumtion eines bestimmten Verhaltens unter § 263 angesichts der Flut von fragwürdigen, meist aber legalen geschäftlichen Praktiken (zudem: Selbst wenn es sich um illegale Praktiken handelt, findet oft eine Bestrafung nicht statt, insbesondere weil Taten im Bereich der Wirtschaftskriminalität nur schwer aufklärbar sind und es daher in der Praxis häufig zu Einstellungen nach § 153a StPO kommt)[10].

II. Vermögen und Eigentum

1. Vermögen kein Oberbegriff – wirtschaftlich wertloses Eigentum

5   Unter den Begriff der „Vermögensdelikte" werden regelmäßig sowohl **Vermögensdelikte im weiteren als auch im engeren Sinne** gefasst[11]. Die Eigentumsdelikte sind der zuerst genannten Gruppe zuzuordnen, da das Eigentum unabhängig davon geschützt wird, ob dem Opfer tatsächlich ein wirtschaftlicher Vermögensschaden entsteht. Als Vermögensdelikte im engeren Sinne sind dagegen diejenigen Delikte anzusehen, die zwar sämtliche Vermögenswerte schützen, jedoch eine Strafbarkeit an die Voraussetzung knüpfen, dass das Vermögen des Opfers tatsächlich geschädigt wird. Oft wird das „Vermögen" als ein das Eigentum umfassender (Ober-)Begriff gebraucht. In diesem Sinne ist Diebstahl als Angriff auf das Eigentum zugleich ein Vermögensdelikt im weiteren Sinne. Im Folgenden sollen ter-

---

9   Die Zahlen stammen aus der Strafverfolgungsstatistik, Berichtsjahr 2011, S. 34 ff.
10 Vgl. hierzu bereits *Baumann*, JZ 1972, 1 (1 f.).
11 So schon *Baumann*, JZ 1972, 1 (2); ferner *Eisele*, BT II, Rn. 3.

Vermögen und Eigentum § 11 Rn. 6–7

minologisch die Eigentumsdelikte von den Vermögensdelikten getrennt werden. Unter **Eigentum** ist auch im Strafrecht der juristische Eigentumsbegriff des BGB zu verstehen[12]. **Vermögen** ist dagegen ein originär strafrechtlicher Begriff. Maßgebend ist eine wirtschaftliche Betrachtung. Deshalb ist Vermögen einerseits nicht auf Vermögensrechte beschränkt, andererseits fallen wirtschaftlich wertlose Rechte nicht darunter[13].

Daraus folgt, dass sich einige wenige Fälle konstruieren lassen, in denen **Vermögen** gegenüber Eigentum gerade keinen **Oberbegriff**[14] darstellt, nämlich bei wirtschaftlich wertlosem Eigentum. Der Diebstahl des Liebesbriefes oder des alten Familienfotos fügt – im Hinblick auf das Vermögen, also wirtschaftlich betrachtet – dem Opfer keinen Schaden zu. Solche Fälle mögen für das Verhältnis der Eigentumsdelikte (z. B. Diebstahl) zu den Vermögensdelikten (z. B. Betrug) von theoretischem Interesse sein. Praktisch ist der Schutz wirtschaftlich wertlosen Eigentums allerdings ohne Bedeutung.

2. Eigentum als Schutz der Verfügungsfreiheit

Der auch praktisch wichtige Unterschied zwischen Eigentums- und Vermögensschutz tritt nicht an wirtschaftlich wertlosem, sondern an wirtschaftlich wertvollem Eigentum zutage: Die Eigentumsdelikte schützen das Eigentum auch gegen Angriffe, die per Saldo dem Opfer wirtschaftlich keinen Nachteil zufügen. Die Vermögensdelikte schützen dagegen nur gegen solche Angriffe, die per Saldo zu einem Schaden führen. Diese saldierende Betrachtung folgt aus dem wirtschaftlichen Begriff des Vermögens, da die Feststellung eines wirtschaftlichen Schadens eine Bilanzierung erforderlich macht. Zugleich ergibt der rechtliche Begriff des Eigentums die Unerheblichkeit der wirtschaftlichen (und damit der saldierenden) Betrachtung. 6

Beispiel: Angetrunkene Gäste bringen den Wirt unter Androhung von Prügeln dazu, ihnen weiter Bier gegen Bezahlung auszuschenken: Hier liegt kein Vermögensdelikt, insbesondere keine (räuberische) Erpressung, § 255, vor, weil per Saldo der Wirt keinen wirtschaftlichen Nachteil erleidet. – Dieselben Gäste wollen später als Stärkung für ihren Heimweg noch eine Flasche Korn mitnehmen, die ihnen der Wirt aber nicht geben will, obwohl sie ihm das Geld auf die Theke werfen. Stoßen die Gäste den Wirt zur Seite, um die Flasche aus dem Schrank zu nehmen, ist das Eigentumsdelikt „Raub", § 249, erfüllt, obwohl das Geld als wirtschaftlich ausgleichender Gegenwert zurückbleibt.

Wie dieser Grenzfall zeigt, sind die Differenzierungen zuweilen kaum nachvollziehbar. Im Kernbereich ergibt sich jedoch eine wesentliche **Unterscheidung der Funktion der Eigentumsdelikte gegenüber den Ver-** 7

---

12 Zu den Einzelheiten vgl. unten § 13 Rn. 30, 33 ff.
13 Vgl. näher zum Vermögensbegriff unten Rn. 12.
14 Natürlich kann man den Vermögensbegriff so weit ausdehnen, dass er auch den Besitz einer wirtschaftlich wertlosen Sache umfasst (so *Otto*, Die Struktur des strafrechtlichen Vermögensschutzes, 1970, S. 66 ff., 100 ff.). Gewonnen ist damit nichts, weil man entweder den strafrechtlichen Vermögensschutz überspannt oder zur erforderlichen Restriktion spezifische, engere Vermögensbegriffe entwickeln muss. Wie hier die h. M. und st. Rspr.; vgl. nur *Fischer*, § 263 Rn. 97 f.

mögensdelikten: Eigentumsdelikte schützen die Verfügungsfreiheit über das Eigentum[15]. Eigentum ist (auch) die Befugnis, wirtschaftlich vorteilhafte Verfügungen **nicht** zu treffen, aus welchen Gründen auch immer. – Dagegen schützen die Vermögensdelikte nur vor der Zufügung wirtschaftlicher Nachteile. Nicht geschützt ist die Befugnis zur freien Entscheidung über Vermögensbestandteile (Dispositionsbefugnis). Das hat seinen guten Sinn, weil die Freiheit der Vermögensverfügung als Unterfall der allgemeinen Willensbetätigungsfreiheit durch § 240 Schutz genießt. Bei § 240 hat sich gezeigt, wie schwierig kollidierende Freiheitsräume voneinander abzugrenzen sind. Es besteht aber kein Anlass, die Willensbetätigungsfreiheit gerade im wirtschaftlichen Bereich stärker zu schützen, als es in § 240 vorgesehen ist.

> Einschränkend ist zu dem Funktionsunterschied der Eigentums- bzw. Vermögensdelikte allerdings zu bemerken, dass die Bedeutung der Eigentumsdelikte, bei denen der Eigentümer die Sache nicht behalten, sondern gegen angemessene Gegenleistung weggeben will (Ladendiebstahl, Unterschlagung durch den Käufer bei Abzahlungsgeschäften), zunimmt. Wird hier ohne Gegenleistung weggenommen bzw. unterschlagen, liegt die eigentliche Verletzung des Eigentümers angesichts seiner erkennbaren Dispositionsbereitschaft in der ausbleibenden Gegenleistung, d. h. dem Charakteristikum eines Vermögensdelikts[16]!

3. Reine Eigentums- bzw. reine Vermögensdelikte

8   Das **Eigentum** ist gegen nahezu alle erdenklichen Angriffe geschützt[17]. Im Zentrum steht der Schutz gegen Wegnahme (Diebstahl, § 242, bei vorübergehender Wegnahme vgl. § 248b). Im Vergleich zum Diebstahl ist der Schutz gegen Zerstörung (Sachbeschädigung, § 303) und gegen sonstige „Enteignungen" (Unterschlagung, § 246) praktisch von geringer Bedeutung. Die zentralen Eigentumsdelikte werden umlagert vom Schutz einzelner, mit dem Eigentum verwandter Herrschaftsrechte (Aneignungsrechte des Jagdberechtigten, §§ 292 ff.; Pfandrecht, § 289). Das **Vermögen** ist dagegen aus den bereits dargelegten Gründen[18] nur lückenhaft geschützt, nämlich nur gegen einzelne Angriffsarten[19]. Typisches und zugleich praktisch (und für das Examen) wichtigstes Beispiel eines reinen Vermögensdeliktes ist der Betrug, § 263, also die Vermögensschädigung durch **Täuschung**.

4. Eigentums- bzw. Vermögensdelikte gemischt mit Delikten gegen Persönlichkeitswerte

9   Es gibt charakteristische **Verschmelzungen** des Schutzes von **Sach-** und **Persönlichkeitswerten**. Die drei **Musterfälle** sind **Erpressung** (als

---

15 Vgl. zur Notwendigkeit einer solchen Pönalisierung *Baumann*, JZ 1972, 1 (5).
16 Dazu *Sax*, Laufke-FS 1971, S. 321, und speziell zum Ladendiebstahl *Deutsch*, 51. DJT, Bd. I, E 1 (17); *Arzt*, 51. DJT, Bd. II, N 43 (48).
17 Vgl. oben Rn. 2.
18 Vgl. oben Rn. 2.
19 Vgl. unten Rn. 13.

Vermögensdelikt) sowie die Eigentumsdelikte **Raub** und **Einbruchsdiebstahl**. Für Erpressung wie Raub ist die Mittel-Zweck-Relation typisch, bei der der Angriff auf das Vermögen bzw. das Eigentum Zweck (Ziel) des Täters ist und zugleich der Angriff auf Persönlichkeitswerte (Willensfreiheit, körperliche Unversehrtheit) als Mittel zur Erreichung dieses Ziels eingesetzt wird. Erpressung wie Raub sind historisch gewachsene Tattypen, zu denen in jüngster Zeit die Erpressung durch **Geiselnahme** hinzugekommen ist. Der Gesetzgeber tut im Interesse der plakativ-generalpräventiven, mehr noch im Interesse der befriedenden Wirkung des Strafrechts gut daran, solche Tattypen selbst dann beizubehalten, wenn sie juristisch überflüssig erscheinen. So würde die Streichung des Tatbestandes des Raubes (nur) dazu führen, dass ein Räuber wegen Diebstahls in Tateinheit mit Nötigung oder Körperverletzung bestraft würde, wobei in den meisten Fällen auch der Strafrahmen ausreichen würde, die verhängte Strafe also dieselbe sein könnte. Aus den genannten Gründen ist aber die Existenz eines eigenständigen Raubtatbestandes dennoch sinnvoll.

Um der befriedenden Wirkung des Strafrechts Genüge zu tun, ist es erfreulich, dass der Gesetzgeber im 6. StrRG (1998) die erstmals in diesem Lehrbuch im Jahre 1978[20] erhobene Forderung erfüllt hat, den **Wohnungseinbruchsdiebstahl** deutlich hervorzuheben, vgl. § 244 I Nr. 3. Für den Einbruch ist die Verknüpfung von Diebstahl und Beeinträchtigung der Friedenssphäre in der eigenen Wohnung charakteristisch. **Straßenraub** und **Wohnungseinbruchsdiebstahl bedrohen** das **Sicherheitsgefühl** der Bevölkerung in besonderem Maße. Mit zunehmender Frequenz solcher Delikte gewinnt die Bedrohung des Rechtsguts der allgemeinen Sicherheit (auf der Straße bzw. in den eigenen vier Wänden) im Vergleich zum „eigentlichen" Rechtsgut (Eigentum) immer größere Bedeutung[21]. Deshalb läuft der Vergleich der hohen materiellen Schäden durch Wirtschaftskriminalität mit den relativ geringen materiellen Schäden der klassischen Eigentums- und Vermögenskriminalität auf eine Verharmlosung der klassischen Kriminalität hinaus[22].

10

Die meisten Einbrecher schätzen die Begegnung mit einem Bewohner als „Störfaktor" ein und reagieren vorzugsweise mit Flucht. Ein erhebliches Konfrontationsrisiko entsteht erst (aber immerhin!) dann, wenn der Fluchtweg versperrt scheint[23].

---

20 Vgl. *Arzt/Weber*, Strafrecht Besonderer Teil, Lehrheft 3, 1. Aufl., S. 5.
21 Vgl. oben § 1 Rn. 31.
22 So *Heinz*, Schneider-FS 1998, S. 779 (804), der im Hinblick auf die verursachten Schäden eine besondere „Aufwertung" der Wirtschaftskriminalität im Vergleich zur klassischen Kriminalität fordert.
23 Vgl. *Krainz*, Wohnhauseinbrüche – Erscheinungsformen und Prävention (BKA-Berichte) 1990, S. 38 f.

III. Vermögensdelikte im engeren Sinne

11 Oben[24] ist der Unterschied zwischen dem Schutz des Individuums in seinen Persönlichkeitswerten einerseits und seinen Sachwerten andererseits kurz dargestellt worden. Im Anschluss daran[25] sind die Gemeinsamkeiten und Unterschiede zwischen den Rechtsgütern **Eigentum** und **Vermögen** skizziert worden – mit der Konsequenz der Trennung zwischen Eigentumsdelikten[26] und Vermögensdelikten[27]. Freilich ist der Raub als Eigentumsdelikt mit der **Erpressung** als Vermögensdelikt so eng verwandt, dass die Erpressung[28] im unmittelbaren Anschluss an den Raub[29] dargestellt wird.

12 **Vermögen** ist ein weiter, originär strafrechtlicher Begriff. Er umfasst alle Werte, wobei der Wert objektiv-wirtschaftlich zu bestimmen ist, meist anhand des **Marktes**. So stellt beispielsweise eine **Forderung** grundsätzlich einen Vermögenswert dar (es sei denn, sie ist wirtschaftlich wertlos, z. B. weil der Schuldner zahlungsunfähig ist)[30]. **Sacheigentum** hat in aller Regel einen wirtschaftlichen Wert, im Regelfall ist Eigentum also ein Teil des Vermögens[31].

13 Die **Weite** des Vermögensbegriffs und damit **des Rechtsguts** hat **drei einfache Konsequenzen** für die Struktur der Vermögensdelikte. Die **erste Konsequenz** betrifft die **Angriffsweise**. Anders als beim Eigentum ist ein „Rundumschutz" beim Vermögen indiskutabel. Daraus folgt, dass die Vermögensdelikte durch die **Angriffsweise** geprägt werden. Evident ist die Schutzbedürftigkeit gegen Angriffe durch **Gewalt** bzw. **Drohung** (z. B. Erpressung[32]). Einsichtig ist auch die Schutzbedürftigkeit des Vermögensinhabers gegen Angriffe durch **Vertrauensmissbrauch** (z. B. Untreue[33]). Weniger deutlich ist die Enttäuschung eines nicht individuellen, sondern generellen Vertrauens bei den Konkurs- und Zwangsvollstreckungsdelikten der §§ 283 ff., 288[34]. – Von der Enttäuschung besonderen Vertrauens ist es ein weiter Schritt zur Täuschung. Der Schutz gegen **List (Täuschung)** wird durch den Betrugstatbestand gewährleistet[35]. Freilich hat dieser Tatbestand mit der schon im Rechtsgut „Vermögen" angelegten Schwierigkeit zu kämpfen, dass beim Austausch von Vermögenswerten am Markt die Ausnutzung von Informationsvorsprüngen nicht prinzipiell

---

24 Vgl. oben Rn. 1 ff.
25 Vgl. oben Rn. 5 ff.
26 Hier behandelt in Teil II, §§ 12–18.
27 Hier behandelt in Teil III, §§ 20–24.
28 Vgl. unten § 18.
29 Vgl. unten § 17.
30 Eingehend zum Vermögensbegriff unten § 20 Rn. 15 ff., 87 ff.
31 Vgl. oben Rn. 5.
32 Vgl. unten § 18; zum Wucher und dessen Erpressungsnähe unten § 24.
33 Vgl. unten § 22.
34 Vgl. unten § 16.
35 Vgl. unten § 20.

illegitim ist. Vielleicht ist es sogar prinzipiell nicht illegitim, schlau und listig zu sein[36].

Die **zweite Konsequenz** betrifft die Trennung zwischen **Verfügungsfreiheit** und Vermögen. Die Weite des wirtschaftlichen Vermögensbegriffs wird dadurch relativiert, dass man durch die objektiv-wirtschaftliche Betrachtung (Marktwert) die Verfügungsfreiheit aus dem Vermögen begrifflich weitgehend eliminiert. Weil Vermögen wirtschaftlich zu bewerten ist, ist es ein **Saldobegriff,** d. h. der Vermögensabfluss beim Opfer ist mit einem vom Täter stammenden Zufluss zu bilanzieren. Ob dieser Zufluss den Erwartungen des Opfers entspricht, ist grundsätzlich keine Frage des Vermögens (Schadens), sondern der Verfügungsfreiheit. 14

> **Beispiel:** Vertreter V spiegelt O vor, dieser unterschreibe ein Formular zur Anforderung von Informationsmaterial über Waschmaschinen. In Wahrheit unterschreibt O ein Bestellformular, d. h. einen Kaufvertrag. – Der Irrtum bringt O wirtschaftlich keinen Vermögensnachteil, denn O soll Ware für sein Geld erhalten. Dass O so nicht verfügen wollte, tangiert nur die Verfügungsfreiheit, nicht sein Vermögen.

Diese Trennung der Verfügungsfreiheit vom Vermögen bzw. Vermögensschaden führt – wie das vorstehende Beispiel eindrucksvoll zeigt – fast zwangsläufig dazu, dass dem Lieferanten einer Ware (bzw. dem Erbringer einer Dienstleistung) zwar de facto, nicht aber de iure die Täterrolle zufällt, während umgekehrt der Käufer (Kunde), der mit Geld bezahlt, faktisch (aber eben nicht rechtlich!) als Opfer erscheint. Die Erklärung für diese Rollenverteilung liefert der Markt. Der Anbieter von Waren und Dienstleistungen kann den Preis festsetzen. Die Abwehrreaktion des Kunden, der unerwünschte oder aus seiner Sicht zu teure Ware nicht kaufen würde, wird dank der List des Anbieters unterlaufen. Es liegt auf der Hand, dass die radikale Trennung zwischen Vermögen und Verfügungsfreiheit zu unerträglichen Resultaten führt. Die ergebnisorientierte Abmilderung des Prinzips hat sich jedoch als außerordentlich schwierig erwiesen[37]. 15

Die **dritte Konsequenz** zielt noch grundsätzlicher auf die Definition des Vermögens als wirtschaftlicher Wert und die Wertermittlung über den Markt ab. Wo die Wirtschaft oder der Markt gestört ist oder gestört wird (z. B. durch Kartelle oder bei Not- und Mangellagen), wo finanzielle Mittel nicht nach rein wirtschaftlichen Gesichtspunkten eingesetzt werden (Subventionen) und wo Informationsdefizite nicht (nur) im Einzelfall, sondern systembedingt zwischen Gruppen von Marktteilnehmern bestehen (ob Nudeln wirklich aus Eiern von glücklichen Hühnern gemacht worden sind, bleibt nicht nur dem einzelnen individuellen Kunden verborgen, sondern der Kundschaft als Typus), changiert die Vermögenskrimina- 16

---

36 Eingehend zu den Konsequenzen für die Interpretation insbesondere der Täuschung und des Irrtums als Bausteine des Betruges unten § 20 Rn. 26 f., 36, 49 f., 68.
37 Zu den Einzelheiten vgl. unten beim Betrug, § 20 Rn. 92 f. (subjektiver Schadenseinschlag) und bei der Untreue, § 22 Rn. 72 f. (Stichwort: Einwilligung in riskante Geschäfte).

lität zur **Wirtschaftskriminalität**. Das gilt auch dort, wo es um Verhaltensweisen geht, bei denen nicht (nur) ein einzelnes Opfer, sondern das Wirtschaftssystem angegriffen wird[38].

IV. Übergang der Eigentums- und Vermögensdelikte zur Wirtschaftskriminalität

17 Schon **Eigentumsdelikte** können über den Einzelfall hinausreichende Fernwirkungen auf die Wirtschaft insgesamt haben. So ruinieren z. B. gewerbsmäßige Diebe und gewerbsmäßige Hehler die legalen Anbieter am Markt; Ladendiebe können den Kollaps einer kostengünstigen Verkaufsform bewirken etc. Besonders häufig sind solche Fernwirkungen bei Vermögensdelikten, insbesondere beim Betrug. Darüber hinaus zeigen die vorstehend angeführten Beispiele, dass systemschädigende Verhaltensweisen denkbar sind, ohne dass die tatbestandlichen Voraussetzungen eines der auf Vermögensschädigung eines Individuums zugeschnittenen Vermögensdelikte erfüllt sind. – Der Gesetzgeber hat deshalb in verschiedenen Wellen im Umfeld der klassischen Vermögensdelikte Betrug und Untreue (kaum dagegen im Umfeld der reinen Eigentumsdelikte) neue Tatbestände zur Bekämpfung der Wirtschaftskriminalität geschaffen[39]. Diese Tatbestände werden unten[40] näher erörtert. Zu modernen Tatbeständen, die auf die Bekämpfung der Wirtschaftskriminalität abzielen, aber nicht eindeutig im Umfeld der Vermögensdelikte angesiedelt sind, gehören die **Straftatbestände gegen den Wettbewerb**, §§ 298, 299[41].

V. Einteilung der Eigentums- und Vermögensdelikte

18 Auf die Unterscheidung von Eigentums- und Vermögensdelikten (im engeren Sinne) wurde bereits hingewiesen[42]. Eine weitere Unterscheidung liegt darin, ob es zu einer bloßen Schädigung (fremden) Vermögens oder zu Verschiebung des Vermögens kommt, wobei bei letzterer zumeist nur eine darauf gerichtete Absicht erforderlich ist („kupiertes" Erfolgsdelikt; vgl. §§ 242, 263). Hiernach ergibt sich (für die zentralen Delikte) folgende Einteilung[43]:

---

38 Vgl. hierzu sogleich unten Rn. 17.
39 Vgl. hierzu bereits *Baumann*, JZ 1972, 1.
40 Vgl. unten Teil III, §§ 21, 23, 24; zum Begriff und zur Bedeutung der Wirtschaftskriminalität vgl. unten § 19 (Einführung in Teil III).
41 Zu § 298 vgl. unten § 21 Rn. 103 ff.; zu § 299 unten § 49 Rn. 51 ff. im Kontext der Korruption des Staates (Bestechung, §§ 331 ff.).
42 Vgl. auch die abweichende Einteilung bei *Maurach/Schroeder/Maiwald*, BT 1, § 31 Rn. 11; *Otto*, Die Struktur des strafrechtlichen Vermögensschutzes, 1970, S. 85 ff.; *Schroeder*, Jura 1987, 113 (116).
43 Vgl. oben Rn. 2.

Einteilung der Eigentums- und Vermögensdelikte § 11 Rn. 18

	Eigentumsdelikte	Vermögensdelikte
Beschädigung/ Zerstörung	§ 303 Sachbeschädigung	§ 266 Untreue
Verschiebung	§§ 242 ff. Diebstahl (Gewahrsamswechsel durch Wegnahme) §§ 249 ff. Raub (Gewahrsamswechsel durch gewaltsame Wegnahme) § 252 räuberischer Diebstahl (Gewahrsamswechsel durch Wegnahme und anschließende gewaltsame Besitzerhaltung) § 246 Unterschlagung (objektive Zueignung nach [in der Regel] vorherigem freiwilligen Gewahrsamswechsel)	§ 263 Betrug (Gewahrsamswechsel durch freiwillige Vermögensverschiebung aufgrund Täuschung) § 253 Erpressung (Gewahrsamswechsel durch gewaltsam herbeigeführte „freiwillige" Vermögensverschiebung) § 255 räuberische Erpressung (Gewahrsamswechsel durch qualifiziert gewaltsam herbeigeführte „freiwillige" Vermögensverschiebung)

§ 12 Sachbeschädigung, §§ 303–305a

Literaturhinweise: *Behm,* Sachbeschädigung und Verunstaltung, 1984; *ders.*, Nochmals: Zur Sachbeschädigung durch Plakatieren und Beschmieren, JR 1988, 360; *ders.*, Sollte der Tatbestand der §§ 303, 304 StGB um das Merkmal „Verunstalten" erweitert werden?, StV 1999, 567; *Bohnert,* Strafmaßdiskrepanzen bei den Sachbeschädigungsdelikten, JR 1988, 446; *Braum,* Das Graffiti-Bekämpfungsgesetz und der Schutz des Eigentums, Krit. J. 2000, 35; *Disse,* Die Privilegierung der Sachbeschädigung (§ 303 StGB) gegenüber Diebstahl (§ 242 StGB) und Unterschlagung (§ 246 StGB), 1982; *Dölling,* Sachbeschädigung durch Plakatieren von Gebrauchsgegenständen, NJW 1981, 207; *ders.*, Zur Sachbeschädigung durch Veränderung des Erscheinungsbildes einer Sache, Küper-FS 2007, S. 21; *Eisele,* § 303 StGB: Sachbeschädigung durch Graffiti, JA 2000, 101; *Eisenschmid,* Neue Strafnormen zur Sachbeschädigung: Graffiti-Bekämpfung, NJW 2005, 3033; *Frister,* Ist das Abschneiden der Heftnummer auf Volkszählungsbögen strafbar?. NJW 1988, 954; *Gaede,* Sachbeschädigung durch Ausnutzung der Funktionsgrenzen fremder Sachen?, Jura 2008, 97; *Geerds,* Sachbeschädigungen. – Formen und Ursachen der Gewalt gegen Sachen aus der Sicht von Kriminologie und Kriminalistik, 1983; *Gössel,* Wildes Plakatieren und Sachbeschädigung im Sinne des § 303 StGB, JR 1980, 184; *Graul,* Zum Tier als Sache i. S. des StGB, JuS 2000, 215; *Gropengießer,* Die Rechtswidrigkeit bei der Sachbeschädigung, JR 1998, 89; *Gutmann,* Die Sachentziehung, 1976; *Haas,* Sachbeschädigung durch wildes Plakatieren? – Probleme des § 303StGB, JuS 1978, 14; *Haft/Eisele,* Auswirkungen des § 241a BGB auf das Strafrecht, Meurer-GS 2002, S. 245; *M. Heinrich,* Die Sachbeschädigung als unmittelbare Nutzungsbeeinträchtigung, Otto-FS 2007, S. 577; *Hillenkamp,* Was bewirkt das „Nofitti-Gesetz"?, Schwind-FS 2006, S. 927; *Ingelfinger,* Graffiti und Sachbeschädigung, 2003; *Jahn,* Gemeinschädliche Sachbeschädigung durch Grafitti, JuS 2009, 958; *ders.*, Nötigung und Sachbeschädigung, Jus 2012, 1140; *Kargl,* Sachbeschädigung und Strafgesetzlichkeit, JZ 1997, 283; *Katzer,* Das unbefugte Plakatieren als Auslegungsproblem der Sachbeschädigung (§ 303), 1982; *ders.*, Sachbeschädigung durch unbefugtes Plakatieren?, NJW 1981, 2036; *Krüger,* Sachbeschädigung und Graffiti, NJ 2006, 247; *Kudlich,* Folgenlose Änderung oder inkonsequente Strafbarkeitsausweitung – zum zweifelhaften Regelungsgehalt des neuen § 304 II StGB, GA 2006, 38; *Kühl,* Die strafrechtliche Erfassung von „Graffiti", Weber-FS 2004, S. 413; *Küper,* Die „Sache mit den Tieren" oder: Sind Tiere strafrechtlich noch „Sachen"?, JZ 1993, 435; *Loos,* Gemeinschädliche Sachbeschädigung (§ 304 StGB) durch Überkleben von Wahlplakaten?, JuS 1979, 699; *Maiwald,* Unbefugtes Plakatieren ohne Substanzverletzung keine Sachbeschädigung?, JZ 1980, 256; *Mersson,* Straffreiheit von Graffiti-Schmierern, NZM 1999, 447; *Mogg,* Die strafrechtliche Erfassung von Graffiti, 2007; *Raschke,* „Reverse graffiti" und die Frage nach der Strafbarkeit, Jura 2013, 87; *Ruthe,* Der Normbereich bei der Sachbeschädigung (§ 303), 1980; *Satzger,* Der Tatbestand der Sachbeschädigung (§ 303 StGB) nach der Reform durch das Graffiti-Bekämpfungsgesetz, Jura 2006, 428; *Scheffler,* Das Verteilerkasten-Urteil (BGHSt 29, 129) – eine falsch interpretierte Entscheidung, NStZ 2001, 290; *R. Schmitt,* Die Abgrenzung der Sachbeschädigung von der bloßen Sachentziehung, Stree/Wessels-FS 1993, S. 505; *Schnurr,* Graffiti als Sachbeschädigung. Strafbarkeit, Strafwürdigkeit und Strafbedürftigkeit eines gesellschaftlichen Phänomens, 2006; *F.-C. Schroeder,* Zur Sachbeschädigung durch Plakatieren und Beschmieren, JR 1987, 359; *Schuhr,* Verändern des Erscheinungsbildes einer Sache als Straftat, JA 2009, 169; *Seelmann,* Grundfälle zu den Eigentumsdelikten, JuS 1985, 199; *Stöber,* Sachbeschädigung durch unverlangte Zusendung von Werbetelefaxen, NStZ

2003, 515; *Stree*, Beschädigung eines Polizeiwagens, JuS 1985, 836; *ders.*, Probleme der Sachbeschädigung, JuS 1988, 187; *Thoss*, Sachbeschädigung durch unbefugtes Plakatieren?, NJW 1978, 1612; *ders.*, Graffiti als Sachbeschädigung, StV 2006, 160; *Wallau*, Sachbeschädigung als Zueignung?, JA 2000, 248; *U. Weber*, Zum Verhältnis von Bundes- und Landesrecht auf dem Gebiet des straf- und bußgeldrechtlichen Denkmalschutzes, Tröndle-FS 1989, S. 337; *ders.*, Bemerkungen zum Bundesrats-Entwurf eines Graffiti-Bekämpfungsgesetzes, Meurer-GS 2002, S. 283; *Wolf*, Graffiti als kriminologisches und strafrechtsdogmatisches Problem, 2004.

Speziell zu IV (Datenveränderung und Computersabotage, §§ 303a, 303b) sind zunächst die Ausführungen zu §§ 303a und b in den zu § 19 angegebenen Beiträgen zum 2. WiKG zu berücksichtigen, außerdem: *Buggisch*, Dialer-Programme – Strafrechtliche Bewertung eines aktuellen Problems, NStZ 2002, 178; *Bühler*, Ein Versuch, Computerkriminellen das Handwerk zu legen: Das 41. StrÄndG, MDR 1987, 448; *Ernst*, Das neue Computerstrafrecht, NJW 2007, 2661; *Gerhards*, Computerkriminalität und Sachbeschädigung, 1993; *Goeckenjan*, Auswirkungen des 41. Strafrechtsänderungsgesetzes auf die Strafbarkeit des „Phishing", wistra 2009, 47; *v. Gravenreuth*, Computerviren, Hacker, Datenspione, Crasher und Cracker, NStZ 1989, 201; *Gröseling/Höfinger*, Computersabotage und Vorfeldkriminalisierung – Auswirkungen des 41. StrÄndG zur Bekämpfung der Computerkriminalität, MMR 2007, 626; *Guder*, Computersabotage (§ 303b StGB), 2000; *Hecker*, Herstellung, Verkauf, Erwerb und Verwendung manipulierter Telefonkarten, JA 2004, 762; *Hilgendorf*, Grundfälle zum Computerstrafrecht, JuS 1996, 890 (zu § 303a) und 1082 (zu § 303b); *ders.* (Hrsg.), Informationsstrafrecht und Rechtsinformatik, 2004; *Jüngel/Schwan/Neumann*, Das Abfangen von E-Mails nach § 303a StGB, MMR 2005, 820; *Kelker*, Online-Demonstrationen – ein fall „additiver Mittäterschaft"?, GA 2009, 86; *Kitz*, Der Gewaltbegriff im Informationszeitalter und die strafrechtliche Beurteilung von Onlineblockaden, ZUM 2006, 730; *Lenckner/Winkelbauer*, Computerkriminalität – Möglichkeiten und Grenzen des 2. WiKG (III), CR 1986, 824; *Meinhardt*, Überlegungen zur Interpretation von § 303a StGB, 1991; *Popp*, Informationstechnologie und Strafrecht, JuS 2011, 385; *ders.*, „Phishing", „Pharming" und das Strafrecht, MMR 2006, 84; *Schmitz*, Computerkriminalität, 1990; *Schumann*, Das 41. StrÄndG zur Bekämpfung der Computerkriminalität, NStZ 2007, 675; *Schuhr*, Analogie und Verhaltensnorm im Computerstrafrecht, ZIS 2012, 441; *Sondermann*, Computerkriminalität – Die neuen Tatbestände der Datenveränderung gemäß § 303a StGB und der Computersabotage gemäß § 303b StGB, 1989; *Splitt*, Der Rechtswidrigkeitsbegriff im Rahmen des § 303a StGB, 1999; *Volesky/Scholten*, Computersabotage – Sabotageprogramme – Computerviren, iur. 1987, 280; *Welp*, Datenveränderung, iur. 1988, 443 und iur. 1988, Sonderheft, 439.

Übersicht

	Rn.
I. Der kriminalpolitische Hintergrund	1
1. Die im Vergleich zum Diebstahl milde Betrachtung der Sachbeschädigung	1
2. Der Umfang der Sachbeschädigungskriminalität und die Motive	4
3. Bagatelldelikt, Antrags- und Privatklagedelikt	9
II. Der Tatbestand der einfachen Sachbeschädigung, § 303	11
1. Tatobjekt „fremde Sache"	11
a) Sache	11
b) Fremdheit	14
2. Tathandlungen	16
a) „Beschädigen oder Zerstören", § 303 I	16

b) „Verändern des Erscheinungsbildes", § 303 II 29a
3. Bagatelldelikt 30

III. Qualifikationen, §§ 305, 305a, und Sondertatbestände, insbesondere § 304   31
  1. Qualifikationen 31
     a) § 305 31
     b) § 305a 32
  2. Sondertatbestand, § 304 34
  3. Sonstige strafbare Sachbeeinträchtigungen 36
     a) Sachverletzungstatbestände 36
     b) Sachgefährdungstatbestände 40

IV. Sachbeschädigungsähnliche Computerdelikte, §§ 303a, b 41
  1. Der kriminalpolitische Hintergrund 41
  2. Datenveränderung, § 303a 44
     a) Rechtsgut 44
     b) Tatbestand 45
     c) Versuch und Vorbereitung, Antragserfordernis, Konkurrenzen ... 50
  3. Computersabotage, § 303b 53
     a) Rechtsgut 53
     b) Tatbestände 55
     c) Besonders schwere Fälle, Versuch und Vorbereitung, Antragserfordernis, Konkurrenzen 56a

I. Der kriminalpolitische Hintergrund

1. Die im Vergleich zum Diebstahl milde Betrachtung der Sachbeschädigung

1   Die in § 303 kriminalisierte Eigentumszerstörung ist die intensivste Beeinträchtigung des Eigentümers. Traditionellerweise wird die Beschädigung oder Zerstörung jedoch weniger hart bestraft als z. B. der Diebstahl, obwohl dem Bestohlenen im Gegensatz zum Opfer einer Sachzerstörung eine Chance bleibt, seine Sache zurückzuerhalten. Auch von der Rechtsgemeinschaft her gesehen ist die härtere Bewertung des Diebstahls im Vergleich zur Sachbeschädigung begründungsbedürftig[1]. Warum sollte die rechtswidrige Verlagerung des Eigentums schwerer wiegen als rechtswidrige Vernichtung?

Beispiel: Beim Diebstahl von bekannten Kunstwerken ist die Chance der Wiedererlangung groß. Häufig werden sie den bestohlenen Museen oder Kirchen gegen Be-

---

1   *Baumann*, GA 1971, 309; *ders., JZ* 1972, 1; *Bohnert*, JR 1988, 446. In der Bevölkerung wird die Sachbeschädigung zumindest als ebenso schwerwiegend eingeschätzt wie der einfache Diebstahl, insbesondere der Ladendiebstahl; vgl. dazu *Disse*, Die Privilegierung der Sachbeschädigung (§ 303 StGB) gegenüber Diebstahl (§ 242 StGB) und Unterschlagung (§ 246 StGB), 1982, S. 11 ff.

Der kriminalpolitische Hintergrund　　　　　　　§ 12 Rn. 2–4

zahlung an die Diebe oder deren Mittelsmänner wieder zurückgegeben. Demgegenüber ist der Verlust z. B. bei Zerstörung eines Gemäldes durch einen Säureattentäter endgültig.

Hinzu kommt, dass gerade die Zerstörung um der puren Lust an der Destruktion willen zweifelsfrei auch eine Verwendungsmöglichkeit einer Sache ist, die dem Eigentümer vorbehalten ist. Warum ist derjenige, der eine **solche** „Güterpotenz" der Sache für sich nutzt (z. B. ein volles Einmachglas an die Wand knallt), etwas anderes und anders zu behandeln als derjenige, der eine **andere** Güterpotenz der Sache nutzt (z. B. das Glas öffnet und den Inhalt isst)? Hier ist fraglich, ob und warum hier eine entsprechende Unterscheidung zulässig (und ob eine solche überhaupt möglich) ist. 　2

Auf die **dogmatischen Trennungsversuche** ist beim **Zueignungsbegriff** zurückzukommen[2]. Was die **kriminalpolitischen Wurzeln** der vom Gesetzgeber ausdrücklich angeordneten milderen Bestrafung der Zerstörung angeht, steht wahrscheinlich beim Diebstahl das Bild der egoistischen Bereicherung im Vordergrund, obwohl es sich gerade nicht um ein Vermögensdelikt handelt[3] und seit 1998 auch die **Dritt**zueignung unter Strafe gestellt ist[4]. Die Sachbeschädigung scheint demgegenüber Milde zu verdienen, weil das Bild eines dummen Streiches oder einer unüberlegten Tat im Zorn überwiegt[5]. 　3

2. Der Umfang der Sachbeschädigungskriminalität und die Motive

Diese Überlegungen lenken den Blick auf die Tatsituation und Motivation der Sachbeschädigung[6]. § 303 ist häufig eine mehr oder weniger unwesentliche **Begleittat** bei anderen Straftaten[7]. Man denke nur an Mord (Beschädigung der Kleider des Opfers durch Schüsse, Stiche, Blut), Diebstahl (der, z. B. bei einem Einbruch, regelmäßig mit einer Sachbeschädigung verbunden ist) und Urkundenfälschung (§ 267, Beschädigung der Urkunde durch Radieren). In allen diesen Fällen dominieren die genannten Straftaten im Vergleich zur sie begleitenden Sachbeschädigung. Zu fast jeder Straftat kann zudem eine Sachbeschädigung dann besonders leicht hinzukommen, wenn der Täter der Entdeckung oder Festnahme entgehen will und dabei Dinge zerstört. Hier werden Parallelen zur Nötigung sichtbar, die in vergleichbaren Situationen ebenfalls häufig zur (unwesentlichen) Begleittat wird. 　4

2　Vgl. hierzu unten § 13 Rn. 81 ff., 91.
3　Vgl. oben § 11 Rn. 5 ff.
4　Vgl. hierzu unten § 13 Rn. 114 ff.
5　Vgl. zur Problematik der Privilegierung der Sachbeschädigung gegenüber §§ 242, 246 *Disse,* Die Privilegierung der Sachbeschädigung (§ 303 StGB) gegenüber Diebstahl (§ 242 StGB) und Unterschlagung (§ 246 StGB), 1982, S. 264.
6　Dazu aus kriminologischer Sicht z. B. *Eisenberg,* Kriminologie, § 45 Rn. 112 ff.
7　Dazu *Geerds,* Sachbeschädigungen. – Formen und Ursachen der Gewalt gegen Sachen aus der Sicht von Kriminologie und Kriminalistik, 1983, S. 24 ff.: 90–95 % aller Sachbeschädigungen werden im Zusammenhang mit anderen Straftaten begangen.

5   Ausnahmsweise kann eine „begleitende" Sachbeschädigung sogar dazu führen, dass ein Bagatelldelikt zu einem mit harter Strafe bedrohten Vergehen „aufgewertet" wird, so z. B. beim Umschlagen einer unerlaubten Demonstration (§ 29 I Nr. 1, 2 VersammlungsG, Ordnungswidrigkeit) in einen Landfriedensbruch, §§ 125, 125a S. 2 Nr. 4 StGB[8].

6   Was die **eigenständige Sachbeschädigung** betrifft, dominieren leider inzwischen nicht mehr oder weniger harmlose und meist verständliche „Späße", sondern der **Vandalismus**[9].

Unter **Vandalismus** versteht man die sinnlos scheinende Zerstörung fremden (oft öffentlichen) Eigentums, sinnlos besonders deshalb, weil das Opfer zum Täter in keinerlei persönlicher Beziehung steht und der Täter aus der Tat keinen anderen Nutzen zieht als die Befriedigung seiner Zerstörungswut, die ihrerseits wieder sinnlos erscheint. Wegen der Summierung der Schäden zu volkswirtschaftlich empfindlichen Verlusten, wegen der Einbuße an Lebensqualität für die Bevölkerung insgesamt und wegen der beunruhigenden Aggression der meist jungen Täter[10] ist Verharmlosung fehl am Platze. Verharmlosung liegt nahe, denn die Verluste sind unauffällig, weil sie entweder primär den Staat treffen oder doch letztlich von der Gemeinschaft getragen werden (da ein Ersatz für die Opfer meist über Versicherungen gewährleistet ist). Die Zerstörung von Telefonzellen, von Sitzen öffentlicher Verkehrsmittel, Parkbänken, Toilettenanlagen etc. und die Verwüstung öffentlicher Anlagen aller Art führen zunächst zu hohen Wiederbeschaffungskosten und allmählich zum Abbau „verwundbarer" Einrichtungen. Beunruhigend ist die Aggression, die im Vandalismus zur Entladung kommt, vor allem deshalb, weil man sich fragt, wie nahe der Täter dabei sein mag, seinen Unmut an Menschen abzureagieren[11].

7   Psychologische **Übergänge zwischen Sachbeschädigung und Körperverletzung** sind nicht von der Hand zu weisen. Relevant wird die Sachbeschädigung auch bei gegen Tiere gerichtetem Vandalismus. Tiere sind das Gesetz als Sachen an. Sie können damit Objekt einer Sachbeschädigung werden; Tierquälerei (§ 17 TierschutzG) kann hinzutreten (§ 52). Weder bei § 223 noch bei § 17 Nr. 1 TierschutzG (anders bei § 17 Nr. 2 TierschutzG) ist Schmerz des Opfers erforderlich, in beiden Fällen jedoch regelmäßig gegeben.

8   Nach Diebstahl und Betrug ist die Sachbeschädigung mit ca. 11,5% Anteil an der polizeilich registrierten Gesamtkriminalität das dritthäufigste Delikt, wobei die Zahlen allerdings deutlich zurückgehen (im Jahre 2007 insgesamt 795.799, im Jahre 2011 insgesamt 688.294 erfasste Fälle; Diebstahl 40,1 %, Betrug 15,65 %). Es dominieren Sachbeschädigungen an Kraftfahrzeugen (251.462), durch Graffiti (115.623) und sonstige Beschädigungen auf Straßen, Wegen und Plätzen (155.267)[12]. Der **Schaden durch**

---

8   Vgl. dazu näher unten § 44 Rn. 22 ff.
9   Vgl. dazu insbesondere *Geerds*, Sachbeschädigungen. – Formen und Ursachen der Gewalt gegen Sachen aus der Sicht von Kriminologie und Kriminalistik, 1983, S. 46 ff. (allerdings mit Zweifeln an der Dominanz des Vandalismus auf S. 46 Anm. 136). – Zur Betriebssabotage *Lampe*, ZStW 89 (1977), 325 mit instruktivem Fallmaterial und Kritik an der Subsumtion unter § 303.
10 Dazu *Eisenberg*, Kriminologie, § 45 Rn. 113.
11 Zur Tendenz des Überganges von Gewalt gegen Sachen in Gewalt gegen Personen vgl. *Disse*, Die Privilegierung der Sachbeschädigung (§ 303 StGB) gegenüber Diebstahl (§ 242 StGB) und Unterschlagung (§ 246 StGB), 1982, S. 227 ff.
12 Quelle jeweils: Polizeiliche Kriminalstatistik, Berichtsjahr 2011, S. 29 f., 49.

Vandalismus wird nicht insgesamt erfasst, sondern ist aus Einzelangaben zu erschließen. Beispielsweise musste die Deutsche Bundespost von 1977–1981 allein für die Reparatur beschädigter Telefonzellen 50,4 Mio. DM aufwenden[13].

3. Bagatelldelikt, Antrags- und Privatklagedelikt

Die Sachbeschädigung ist (von den Sonderfällen der §§ 304–305a abgesehen[14]) Antragsdelikt, § 303c[15], und Privatklagedelikt, § 374 I Nr. 6 StPO. Angesichts der Häufigkeit einer eine schwerere Straftat begleitenden Sachbeschädigung[16] ist die Einstellung nach §§ 154, 154a StPO von besonderer Bedeutung.

Zur Problematik der **Ausgrenzung des Bagatellbereichs** mit materiellrechtlichen Mitteln (z. B. der Sozialadäquanz) oder verfahrensrechtlich (insbesondere durch eine Einstellung, vgl. §§ 153, 153a, 154, 383 StPO) sind die entsprechenden Ausführungen zur Körperverletzung[17] nachzuarbeiten.

II. Der Tatbestand der einfachen Sachbeschädigung, § 303[18]

1. Tatobjekt „fremde Sache"

a) Sache

Die **Legaldefinition des § 90 BGB** gilt auch im Strafrecht: „Sachen [...] sind nur körperliche Gegenstände". Das Gesetz bringt damit insbesondere den Unterschied zwischen **Rechten** (= unkörperliche Gegenständen) und Sachen zum Ausdruck. Aus diesem Grund sind an die Körperlichkeit nach allgemeiner Ansicht keine hohen Anforderungen zu stellen. Die Beweg-

---

13 Vgl. *Detaille*, Delikte gegen Fernsprechhäuschen der Deutschen Bundespost unter besonderer Berücksichtigung der Phänomene des Vandalismus, 1983, S. 4. Weitere umfassende Nachweise bei *Disse*, Die Privilegierung der Sachbeschädigung (§ 303 StGB) gegenüber Diebstahl (§ 242 StGB) und Unterschlagung (§ 246 StGB), 1982, S. 200 ff.
14 Vgl. dazu unten Rn. 31 ff.
15 Und zwar seit 1985 ein relatives Antragsdelikt (ebenso wie die Körperverletzung, § 230). Dies bedeutet, dass bei Vorliegen eines besonderen öffentlichen Interesses die Staatsanwaltschaft von Amts wegen einschreiten kann, etwa wenn bei einer gewaltsamen Demonstration große Schäden entstanden sind und die Geschädigten aus Furcht vor Racheakten der Täter keinen Strafantrag stellen. Antragsberechtigt ist der Verletzte, § 77 I. Verletzt ist immer der Eigentümer der beschädigten Sache, daneben nach der zutreffenden Rspr. auch der dinglich (z. B. als Pfandgläubiger) und persönlich (z. B. als Mieter) an der Sache Berechtigte, soweit ihre Befugnisse durch die Tat beeinträchtigt wurden; vgl. BayObLG, JR 1982, 25; *Lackner/Kühl*, § 303c Rn. 2; *Maurach/Schroeder/Maiwald*, BT 1, § 36 Rn. 25. – A. M. – Verletzter sei nur der Eigentümer – teilweise die Lit.; vgl. L. *Rudolphi*, JR 1982, 25; *Fischer*, § 303c Rn. 3; *S/S/Stree/Hecker*, § 303c Rn. 2; SSW-*Saliger*, § 303c Rn. 2.
16 Vgl. vorstehend Rn. 4 f.
17 Vgl. oben § 6 Rn. 10 ff.
18 Beim Diebstahl (dazu unten § 13) kann weitgehend auf die hier im Rahmen der Sachbeschädigung erfolgte Klärung einzelner Tatbestandsmerkmale (Sache, Fremdheit) zurückgegriffen werden. Deshalb sind trotz der geringen Bedeutung des § 303 im Examen die folgenden Ausführungen für eine erste Grundlegung nicht entbehrlich.

lichkeit der Sache ist für den Sachbegriff belanglos, ebenso ihr Wert. Auch wertlose Sachen sind insoweit geschützt. § 303 ist ein Eigentums- und kein Vermögensdelikt[19].

12 Gase sind körperliche Gegenstände, also Sachen, nicht dagegen elektrischer Strom (arg. § 248c[20]). Zweifelhafte Grenzfälle sind: Der menschliche Leichnam[21], die konkrete elektromagnetische Beschaffenheit eines Tonbandes[22]; die Loipe für den Skilanglauf[23]. Ebenfalls dem Sachbegriff unterfallen **Tiere**, obwohl für diese § 90 BGB nicht gilt, sie vielmehr nach § 90a BGB gerade keine „Sachen" sind und auf sie die Vorschriften über die Sachen nur „entsprechend" angewendet werden können[24]. – Auch **unbewegliche** körperliche Gegenstände sind Sachen, daher liegt eine Sachbeschädigung auch dann vor, wenn T im Garten des Nachbarn O Unkrautvertilger ausgießt. Dies gilt sogar dann, wenn O nichts angepflanzt hat, denn es wird die Erde als Gartenerde zerstört[25]. – **Wertlose** Sachen sind ebenfalls geschützt[26], doch ist zu beachten, dass ein Eigentümer, der kein Interesse an einem entsprechenden Schutz hat, auch keinen Strafantrag stellen wird und andererseits ein schikanös gestellter Antrag zur Verfahrenseinstellung führt[27].

13 Ob **Daten**, die elektronisch, magnetisch oder sonst nicht unmittelbar wahrnehmbar gespeichert sind, **Sachen** darstellen, ist fraglich[28]. §§ 303a und b stellen deshalb die rechtswidrige Datenveränderung und die Computersabotage in Spezialtatbeständen zu § 303 unter Strafe[29].

b) Fremdheit

14 Fremd heißt fremdes Eigentum. Wie schon beim Begriff der Sache knüpft das Strafrecht auch bei der Fremdheit ans Zivilrecht an[30]. Maßgebend ist der Eigentumsbegriff des BGB, damit auch die Gründe für Erwerb und Verlust des Eigentums.

---

19 Vgl. oben § 11 Rn. 5, 8.
20 Dazu *Baumann/Weber/Mitsch*, § 9 Rn. 88 sowie unten § 13 Rn. 149.
21 Bejahend z. B. *S/S/Eser/Bosch*, § 242 Rn. 10; ablehnend z. B. *Maurach/Schroeder/Maiwald*, BT 1, § 32 Rn. 19. – Zur fehlenden Eigentumsfähigkeit und damit Fremdheit der Leiche vgl. unten Rn. 15.
22 Eine Körperlichkeit wird überwiegend bejaht, also stellt ein Löschen eine Sachbeschädigung dar; so *Krey/Hellmann/M. Heinrich*, BT 2, Rn. 368; *Lackner/Kühl*, § 303 Rn. 4; *S/S/Stree/Hecker*, § 303 Rn. 11; wenn auf dem Tonband Daten gespeichert sind, greift der speziellere § 303a ein; dazu unten Rn. 52. – Das bloße Kopieren ist von § 303 nicht erfasst; vgl. *Vogt*, JuS 1980, 682
23 Verneinend BayObLG, JZ 1979, 734 = JR 1980, 429 (mit abl. Anm. *M. Schmid*). A. A. – sogar Sache, die dem öffentlichen Nutzen dient (§ 304) – LG Kempten, NJW 1979, 558.
24 Im Ergebnis besteht hierüber Einigkeit, nicht jedoch in der Begründung. So betonen *Lackner/Kühl*, § 242 Rn. 2; *S/S/Eser/Bosch*, § 242 Rn. 9, die strikte Zivilrechtsakzessorietät, und überwinden die Hürde der an sich verbotenen Analogie (die Vorschrift über Sachen ist lediglich „entsprechend anzuwenden") mit dem Argument, es handele sich hier gerade um eine gesetzliche Gleichstellung; dagegen wollen *Eisele*, BT II, Rn. 16; LK-*Vogel*, 12. Aufl., § 242 Rn. 4, 8; *Rengier*, BT I, § 2 Rn. 4 einen eigenen strafrechtlichen Sachbegriff verwenden.
25 Die Zerstörung eines Roggenfeldes durch Ausstreuen von Unkrautsamen soll insoweit nach KG Jahrbuch Bd. 46 C 368 eine Sachbeschädigung darstellen.
26 So jedenfalls die h.M.; vgl. hierzu die vorstehende Rn. 11.
27 Vgl. oben Rn. 9 f.
28 Ablehnend *Fischer*, § 303 Rn. 2; *S/S/Stree/Hecker*, § 303 Rn. 3.
29 Vgl. dazu unten Rn. 41 ff.
30 *Eisele*, BT II, Rn. 457; *Matt/Renzikowski-Altenhain*, § 303 Rn. 4.

Damit sind die Vorschriften über den Eigentumserwerb für das Strafrecht von unmittelbarer Bedeutung. Dieser kann sich insbesondere durch Rechtsgeschäft, §§ 929 ff. BGB, vollziehen. Wesentlich sind auch die Regelungen über den Eigentumsverlust, insbesondere durch gutgläubigen Erwerb oder durch Dereliktion, §§ 932, 959 BGB, und über die in niemandes Eigentum stehenden (in der Terminologie des BGB „herrenlosen") Sachen, §§ 960 ff. BGB. Zu beachten ist auch, dass es (wenige) körperliche Gegenstände gibt, an denen kein Eigentum erworben werden kann (so bei der menschlichen Leiche, deshalb existiert hier mit § 168 StGB ein Sondertatbestand[31]). – **Sonderprobleme** entstehen, wenn die Sache für den Täter nicht ganz fremd ist (T ist Miteigentümer oder er bildet mit anderen zusammen eine Gesamtheit, in deren Eigentum die Sache steht)[32]. 15

2. Tathandlungen

a) „Beschädigen oder Zerstören", § 303 I

Beschädigen und Zerstören sind nach der Intensität gestufte Angriffe auf körperliche Gegenstände. **Beschädigung** ist nach h. M. die körperliche Einwirkung auf die Sache derart, dass ihre Brauchbarkeit nicht nur geringfügig beeinträchtigt wird[33], **Zerstörung** eine so wesentliche Beschädigung, dass die beeinträchtigte Sache für ihren Zweck völlig unbrauchbar wird[34]. 16

Da bei fast jedem Angriff auf eine Sache irgendetwas übrig bleibt, ist eine exakte Abgrenzung zwischen Beschädigung und Zerstörung häufig nicht möglich, im Hinblick auf die Erfassung beider Begehungsformen in § 303 I allerdings auch gar nicht erforderlich. – Durch die Pönalisierung auch der Beschädigung werden letztlich Versuchsfälle der Zerstörung in Vollendungsfälle umgewandelt, denn eine versuchte Zerstörung kann durchaus eine vollendete Beschädigung sein. Auch bei der Körperverletzung liegt eine vollendete Misshandlung i. S. des § 223 vor, obwohl der Täter weitergehende Verletzungen erreichen wollte[35]. 17

Sachbeschädigung ist ein Erfolgs- und kein Tätigkeitsdelikt[36], d. h. beschädigen und zerstören kann man auch durch Unterlassen[37] und durch jedes beliebige, den entsprechenden Erfolg herbeiführende Tun. 18

---

31 Vgl. unten § 44 Rn. 56.
32 Näher zu Einzelfragen der Fremdheit beim Diebstahl, wo diese von größerer Bedeutung als bei der Sachbeschädigung sind, etwa bei der Wegnahme von Sachen aus zur Abfuhr bereitgestelltem Sperrmüll, vgl. unten § 13 Rn. 33.
33 BGHSt 44, 34 (38); *Eisele*, BT II, Rn. 467; *Matt/Renzikowski-Altenhain*, § 303 Rn. 7; SK-*Hoyer*, § 303 Rn. 7; *S/S/Stree/Hecker*, § 303 Rn. 8.
34 *Fischer*, § 303 Rn. 14; *Lackner/Kühl*, § 303 Rn. 7; *Matt/Renzikowski-Altenhain*, § 303 Rn. 11; MüKo-*Wieck-Noodt*, 2. Aufl., § 303 Rn. 37; zur Problematik einer isolierten Verwendung des Brauchbarkeitskriteriums vgl. unten Rn. 24 ff.
35 Zur teilweisen Zerstörung, auf die § 305 abhebt vgl. unten Rn. 31.
36 Vgl. zu dieser Einteilung *Baumann/Weber/Mitsch*, § 8 Rn. 14 u. 39 ff.; *B. Heinrich*, AT, Rn. 158 ff.
37 Insoweit liegt ein unechtes Unterlassungsdelikt vor; vgl. zu diesem Begriff und dessen Strafbarkeitsvoraussetzungen im Einzelnen *Baumann/Weber/Mitsch*, § 15 Rn. 34 ff.; *B. Heinrich*, AT, Rn. 857 ff, 881 ff.

19 Beschädigen ist Eingriff in die Substanz. Das ist nicht streitig. Wie bei der Körperverletzung bleiben **geringfügige Beeinträchtigungen** außer Betracht. Den Kernbereich der Substanzbeeinträchtigung bildet die **Substanzverletzung**. Hierbei werden auch mittelbare Substanzverletzungen erfasst[38].

> **Beispiele:** Zerschlagen (eines Tongefäßes oder einer Fensterscheibe), Verbiegen von Metallteilen (eines Kfz), Zerschneiden (von Kleidern, Telefonkabeln, Autoreifen etc.), Zerkratzen (des Lacks eines Pkw).

20 Darüber hinaus umfasst der Begriff der **Substanzbeeinträchtigung**[39] körperliche Angriffe, welche die Substanz nicht verletzen, insbesondere nicht verringern, z. B. das Zerlegen einer Sache in ihre Einzelteile[40].

21 Streitig ist, (1) ob der Eingriff in die Substanz nach objektivem Urteil nachteilig sein muss (und wie der Nachteil zu bestimmen ist); (2) ob eine Sachbeschädigung ohne Substanzeingriff möglich ist und (3) wie eine Sachbeschädigung von einer straflosen Sachentziehung abzugrenzen ist. – Die Fragen sind für § 303 von marginaler Bedeutung, können wegen der Auswirkung auf andere Tatbestände aber gleichwohl nicht übergangen werden.

(1) Substanzeingriff und Nachteil:

22 In „Beschädigen" und „Zerstören" schwingt eine negative Vorbelastung mit. Es liegt deshalb nahe, vorteilhafte Eingriffe in die Substanz nicht unter § 303 zu subsumieren. Die h. M. verlangt dementsprechend, dass der Substanzeingriff den **Gebrauchszweck der Sache beeinträchtigt**[41]. Da Eigentum jedoch die Freiheit ist, mit der Sache nach Belieben zu verfahren (§ 903 BGB), wird eine objektive Bewertung des Nachteils unmöglich. Nachteilig ist jeder Substanzeingriff, der aus materiellen oder ideellen Gründen den Interessen des Opfers zuwiderläuft.

> **Beispiel**[42]: O kauft von T ein Haus. Nach der Auflassung zeigt sich Schwamm in den Dielen der Parterre-Wohnung, worauf O den T verklagt. Da bewegt T die Mieter zur Räumung und reißt die alten Dielen heraus und erneuert sie. – Die Vorinstanz hatte T wegen Aufreißens (nachteiliger Eingriff in die Substanz) nach § 303 verurteilt. Das RG vertritt demgegenüber zwar eine Art **Saldotheorie**, betrachtet also Aufreißen und Neulegen als einheitlichen Vorgang (mit Parallele zum ärztlichen Heileingriff[43]), lehnt es jedoch am Ende ab, den Nachteil objektiv und wirtschaftlich zu bestimmen: „Die Sachbeschädigung ist verschieden von der Vermögensbeschädigung; sie braucht Letztere nicht in sich zu fassen und wird selbst dadurch nicht ausgeschlossen, dass sie eine Vermögensmehrung im Gefolge haben sollte"[44]. – Entscheidend ist also das Interesse des Eigentümers und der Gebrauchszweck, den er

---

38 BGH, NStZ 2014, 415, (416).
39 Kritisch zu den Begriffen „Substanzeingriff" und „Substanzbeeinträchtigung" *Maurach/Schroeder/Maiwald*, BT 1, § 36 Rn. 7 ff. – Mit dieser Begriffsbildung soll vor allem der Gefahr vorgebeugt werden, Fälle unter § 303 zu subsumieren, in denen auf die Sache gar nicht zugegriffen, sondern anderweitig ihr bestimmungsmäßiger Gebrauch beeinträchtigt wird. In diesem Sinne *Maurach/Schroeder*, BT 1, § 33 III 2, bis zur 6. Aufl. 1977. – Vgl. auch unten Rn. 25.
40 Zu weiteren Einzelfällen vgl. unten Rn. 23.
41 Vgl. oben Rn. 16.
42 Fall nach RGSt 33, 177 aus dem Jahre 1900.
43 Gegen die Saldotheorie bei der Körperverletzung vgl. oben § 6 Rn. 100.
44 RGSt 33, 177 (180).

der Sache beilegt, hier also das „Interesse an Erhaltung des Fehlers", d. h. § 303 schützt den „aus solcher Sachlage sich ergebenden speziellen ‚Gebrauchszweck'"[45].

Auch im **Auseinandernehmen** einer Sache liegt ein objektiv nachteiliger Substanzeingriff. Selbst wenn jedes Teil unbeschädigt bleibt, ist z. B. ein Fernseher als Fernseher zerstört, wenn er zerlegt wird[46]. – Eingriffe in die Substanz brauchen nicht notwendig zu einer Substanzverringerung führen. Wasserverunreinigung[47], Beschmutzen von Kleidern, Übermalen[48] und Bekleben[49] sind daher von den Gerichten mit Recht als Beschädigung aufgefasst worden. 23

Demgegenüber lässt die Rechtsprechung[50] eine Veränderung des äußeren Erscheinungsbildes, insbesondere durch Plakatieren oder Aufsprühen auf ästhetisch belanglose Sachen[51] wie z. B. Verteilerkästen der Deutschen Telekom, für die § 303 I nicht genügen. Gefordert wird vielmehr eine nicht ganz unerhebliche Substanzverletzung, nicht bloße Minderung der Gebrauchstauglichkeit. Die durch diese Rechtsprechung hervorgerufene, bereits in den Vorauflagen kritisierte[52] Strafbarkeitslücke hat der Gesetzgeber mit dem 39. StrÄndG von 2005 im Interesse einer wirksamen Bekämpfung der Graffiti durch Einfügung des § 303 II geschlossen[53].

Eine Sachbeschädigung ist in diesen Fällen nur bei **Geringfügigkeit** der Beeinträchtigung[54] abzulehnen, z. B. bei der Möglichkeit des leichten Abwischens des Schmutzes von einem Kleidungsstück oder des Wiederaufpumpens der Kfz-Reifen in einer nahe gelegenen Tankstelle[55].

§ 249 E 1962 nennt neben dem Zerstören und dem Beschädigen noch das **Unbrauchbarmachen** (im Hinblick insbes. auf das Zerlegen) und **Verunstalten** als weitere Varianten. Damit wird nicht nur der extensiven Auslegung von Zerstören

---

45 Die Literatur, die bei körperlicher Integrität meint, Rechtsgut und Verfügungsfreiheit ließen sich trennen, sucht konsequent auch bei § 303 nach Wegen, um die hier im Anschluss an die von der Rspr. vertretene Gleichsetzung (nachteiliger Substanzeingriff = jeder gegen den Willen des Opfers vorgenommene Eingriff) zu vermeiden. Die Lösung von RGSt 33, 177 ist in der Literatur umstritten, dafür *Eisele*, BT II, Rn. 459; LK-*Wolff*, 12. Aufl., § 303 Rn. 18; *Rengier*, BT I, § 24 Rn. 14; zweifelnd *Fischer*, § 303 Rn. 12a; dagegen wird eine Sachbeschädigung bei einer „Reparatur" stets abgelehnt (also auch dann wenn der Eigentümer ein Interesse am Erhalt des Fehlers hat) von *S/S/Stree/Hecker*, § 303 Rn. 13; NK/*Zaczyk*, § 303 Rn. 13; SSW-*Saliger*, § 303 Rn. 12; *Wessels/Hillenkamp*, BT 2, Rn. 34.
46 Zu Nachweisen vgl. nachstehend Rn. 24 f.
47 Verunreinigung eines Brunnens mit Kot, RG Rspr. 9, 171. – Der Umweltschutz (Reinhaltung von Luft und Wasser) kann ohne Sondertatbestände nicht auskommen, weil es nicht um Eigentumsschutz geht und § 303 zudem wegen des Vorsatzerfordernisses eine stumpfe Waffe wäre. – Vgl. zur Ausgestaltung der Straftaten gegen die Umwelt (§§ 324 ff.) als Gefährdungsdelikte mit weitgehender Fahrlässigkeitspönalisierung unten § 41 Rn. 10 ff.
48 RGSt 43, 204: Besudeln eines Denkmals mit Farbe.
49 OLG Celle, MDR 1978, 507; m. w. N. bei *Fischer*, § 303 Rn. 7a.
50 So BGHSt 29, 129; BayObLG, StV 1999, 543; OLG Karlsruhe, StV 1999, 544; OLG Hamburg, StV 1999, 544; vgl. dazu auch *Eisele*, JA 2000, 101.
51 Eine Beschädigung i. S. des § 303 I wird jedoch angenommen bei entsprechenden Einwirkungen auf Sachen, die ästhetisch wirken sollen, insbesondere auf Kunstwerke; vgl. dazu *Scheffler*, NStZ 2001, 290; *U. Weber*, Meurer-GS 2002, S. 283 (286).
52 Gegen BGHSt 29, 129 insbesondere auch *Gössel*, JR 1980, 184; *Maiwald*, JZ 1980, 256; *F.-C. Schroeder*, JR 1987, 359.
53 Vgl. dazu unten Rn. 29a.
54 Vgl. dazu oben Rn. 16.
55 Näher *Behm*, Sachbeschädigung und Verunstaltung 1984, S. 185 ff., insbesondere S. 193; LK-*Wolff*, 12. Aufl., § 303 Rn. 14.

und Beschädigen nachgegeben, sondern insbesondere das Unbrauchbarmachen würde zum neuen Zentrum für eine weitere Strafbarkeitsausdehnung[56].

(2) Beschädigen ohne Substanzeingriff, Sachwerttheorie

24 Die Minderung der Gebrauchstüchtigkeit war zunächst als zum Substanzeingriff hinzutretendes und die Substanztheorie einschränkendes Merkmal der Beschädigung gedacht. Die Beeinträchtigung des spezifischen Gebrauchswerts wurde jedoch allmählich als selbstständiges Charakteristikum der Sachbeschädigung aufgefasst. In vielen Fällen wurde bei der Subsumtion unter § 303 der Substanzeingriff gar nicht erwähnt und allein auf die Verschlechterung des Gebrauchswerts abgestellt[57]. Zu dieser Entwicklung dürften insbesondere zwei Fallgruppen beigetragen haben, einmal die Zerlegung zusammengesetzter Sachen, zum anderen die – irrige – Gleichsetzung von Eingriff in die Substanz mit Substanzverletzung, insbesondere mit einer Substanzverringerung[58]. Stellt man statt auf die Substanzbeeinträchtigung auf die **Funktionsbeeinträchtigung** ab, gelangt man zu einer **nicht mehr kontrollierbaren Strafbarkeitsausdehnung**[59] einerseits und zu einer **nicht objektivierbaren Strafbarkeitseinschränkung** andererseits.

25 Bei funktionaler Betrachtung verschwimmt z. B. der Unterschied zwischen der Unbrauchbarmachung einer Maschine ohne Substanzeingriff (z. B. durch Abschalten des Stroms) und mit Substanzeingriff (z. B. Entfernen eines Teiles oder Blockieren mithilfe eines Fremdkörpers). Die Rspr. ist ständig der Versuchung ausgesetzt, Wert-(Funktions-)beeinträchtigungen ohne Substanzeingriff unter § 303 zu subsumieren.

So nahm das **OLG München**[60] eine Beschädigung (!) einer Vekehrsüberwachungskamera durch das Anbringen von Reflexionsfolien am Kfz an, die eine Überbelichtung der Fotos bewirken, sodass diese unbrauchbar sind. – Entgegen der Ansicht der OLG handelt es sich um eine bloße, nicht von § 303 I erfasste Funktionsbeeinträchtigung[61].

Dagegen lehnte das **LG Neubrandenburg**[62] zutreffend eine Strafbarkeit wegen Sachbeschädigung in einem Fall ab, bei dem 10 kg konventioneller Kartoffeln auf ein Teilstück von ca. 1,25 % einer Versuchsfläche für gentechnisch veränderte Kartoffeln („Amflora"-Kartoffel) aufgebracht, eingetreten und vergraben wurden. Dies hatte zur Folge, dass der Berechtigte auf die Aussaat der gentechnisch veränderten Kartoffeln und somit auf den Versuch verzichten musste, da die Genehmigungsbehörde im Hinblick auf den Anbau gentechnisch veränderter Kartoffeln die Auflage einer strikten Trennung der Kartoffelarten erteilt hatte, die nun nicht mehr gewährleistet war. Zwar liege, so das OLG, hier eine verbotene Eigentums- bzw. Besitzstörung vor, eine strafrechtsrelevante Sachbeschädigung des Grund und Bodens der Freisetzungsfläche scheide jedoch aus. Denn eine nachhaltige Minderung der Ge-

---

56 Vgl. anschließend zur Sachwerttheorie Rn. 24 ff. und zum Verunstalten unten Rn. 29a.
57 BayObLGSt 1, 195 (Stifte von Rädern eines Fuhrwerks entfernt); RG, JW 1922, 712 (Handrad einer Turbine entfernt); RGSt 20, 182 (Dampfmaschine mit Holzkeil blockiert).
58 Zu Letzterem *Fischer*, § 303 Rn. 6 ff. m. w. N.
59 Vgl. zum ähnlichen Phänomen der Ausdehnung des Gewaltbegriffes bei der Nötigung, § 240, oben § 9 Rn. 60 ff.
60 OLG München, NJW 2006, 2132 (2133); siehe dazu *Gaede*, JR 2008, 97; *Mann*, NStZ 2007, 271.
61 Richtig OLG Stuttgart, NStZ 1997, 342, in einem anderen Fall betreffend eine Verkehrsüberwachungskamera: Das Beschmieren des Objektives mit Senf ist eine Sachbeschädigung (§ 303 I), weil die Funktionsbeeinträchtigung durch einen Substanzeingriff herbeigeführt wird.
62 LG Neubrandenburg, StraFo 2012, 377; dazu *Jahn*, JuS 2012, 1140; siehe zur Rechtfertigung von „Feldbefreiungen" OLG Naumburg, StraFo 2013, 344.

brauchstauglichkeit der Ackerfläche sei nicht erfolgt. Allein die Entziehung bzw. Beeinträchtigung der konkreten Verwendung (für einen „gentechnischen Versuch"), reiche für eine Strafbarkeit wegen Sachbeschädigung nicht aus. Dass die Betreiber des Freilandversuchs fortan den Anbau der „Amflora"-Kartoffel unterließen, lag nicht an der mangelnden landwirtschaftlichen Eignung dieses Teils der Freisetzungsfläche, sondern an außerhalb der Sache liegenden Umständen, nämlich den verwaltungsrechtlichen Vorgaben des Genehmigungsbescheids. Eine andere rechtliche Bewertung könne in Betracht kommen, wenn die konventionellen Kartoffeln zeitlich **nach** der Aussaat der „Amflora"-Kartoffeln auf das Versuchsfeld aufgebracht worden wären, da dann eine „Kontaminierung" der beiden Kartoffelsorten erfolgt wäre[63]. Auch dies ist hingegen fraglich, da hier weder das Feld als solches noch die bereits ausgesäten Kartoffeln in ihrer Substanz oder Funktion beeinträchtigt worden wären. „Zerstört" würde dann lediglich das Experiment als solches, das aber selbst keine „Sache" darstellt.

Die funktionale Betrachtung ist insbesondere auch durch Fälle gefördert worden, bei denen der Täter zusammengehörende Sachen zerlegt hatte. So hatte das **RG**[64] im Herausziehen von Brettern aus einem Stauwerk, das Wiesen berieseln sollte (und Wasser von der Mühle des Angeklagten ableitete), noch keine Zerstörung des Stauwerkes gesehen (da eine Wiedervereinigung einfach vorzunehmen sei und es sich überdies um „eine Manipulation, welche der Eigentümer selbst vornimmt, wenn er nicht wässern will" handle). In einer späteren Entscheidung[65] wurde dagegen das Ausgraben eines zum Markieren des Wasserstandes dienenden Steines als Zerstörung des Präzisionsnivellements insgesamt gesehen (§ 304). Das Gericht beruft sich als Parallelfall auf das Ausgraben eines Wegweisers, das es offenbar als Zerstörung der Wegweiseranlage betrachtet[66]. – Die **Funktionstheorie verwischt auch Grenzfälle zwischen versuchter und vollendeter Sachbeschädigung,** so in einem Fall des **OLG Celle**[67], in dem ein Fahrrad in einen mit Wasser gefüllten Straßengraben geworfen und offenbar am nächsten Morgen vom Opfer herausgeholt wieder herausgeholt wird. Hier wurde eine **vollendete** Sachbeschädigung angenommen, weil wegen des drohenden Rostes das Fahrrad hätte zerlegt werden müssen. Eine ähnliche Vorverlagerung soll dann gelten, wenn man den sprichwörtlichen Hecht in einen Karpfenteich einsetzt[68].

Schließlich führt das Brauchbarkeitskriterium zu nicht gerechtfertigten, weil nicht mehr rational begründbaren Tatbestandseinschränkungen bei eindeutig die Substanz beeinträchtigenden Angriffen auf solche Sachen, die gar keinen Gebrauchswert haben, wie insbesondere Kunstwerke, oder deren Gebrauchswert durch die Substanzbeeinträchtigung (Kleben von Plakaten auf Verteilerkästen) nicht geschmälert wird. Natürlich kann man eine Brauchbarkeit in solchen Fällen mit ihrer ästhetischen Wirkung gleichsetzen oder sie durch ästhetische Belange ersetzen. Aber damit wird jeder objektive Maßstab aufgegeben, denn bei ästhetischen Urteilen spielen die individuellen Maßstäbe des Beurteilenden und seine Beziehungen zu dem betroffe-

---

63 Hierzu auch LK-*Wolff*, 12. Aufl., § 303 Rn. 9: Säen von wucherndem Unkraut in einem mit Roggen bestellten Acker.
64 RGSt 13, 27 aus dem Jahre 1885.
65 RGSt 31, 329.
66 RGSt 64, 250 (251) meint zum Einholen einer Fahne, es „könnte sehr wohl davon ausgegangen werden, dass das Fahnentuch und der Fahnenmast zur Zeit der Tat ein einheitliches Ganzes, die Fahne im weiteren Sinne, gebildet haben".
67 OLG Celle, ZStW 45 (1925), 479.
68 Eine vollendete Sachbeschädigung des Teiches (und nicht eine versuchte Beschädigung der Karpfen) wurde vom RG in einer Entscheidung vom 8.11.1881 angenommen, zitiert bei *Berner*, Lehrbuch des Deutschen Strafrechts, 1895, S. 617; dies müsste dann aber wohl auch gelten, wenn die Karpfen noch gar nicht in den Teich eingesetzt sind.

nen Gegenstand eine wesentliche Rolle. Das erkennt auch der BGH[69], ohne jedoch daraus die richtige Konsequenz zu ziehen, dass es nämlich für die Tatbestandsmäßigkeit nach § 303 I nur auf den Eingriff in die Substanz ankommen kann und dass die Frage der Beeinträchtigung des ästhetischen Empfindens der Entscheidung des Berechtigten darüber anheim zu stellen ist, ob er Strafantrag stellen will oder nicht[70]. Nur ein solches Ergebnis entspricht der Beliebigkeitslösung des § 903 BGB[71]. – Schwierigkeiten hat auch der Substanzeingriff bei Tieren gemacht, weil unklar war, ob Einwirkungen auf das Nervensystem als Substanzeinwirkung betrachtet werden können[72].

(3) Sachbeschädigung und Sachentziehung

27 Eine funktionale Betrachtung muss es als unerklärliche Lücke empfinden, dass die Beeinträchtigung des Gebrauchswertes eine Sachbeschädigung sein soll, die Entziehung der intakten Sache jedoch nicht (obwohl der Eigentümer dadurch genauso schwer beeinträchtigt wird). Die Lücke macht sich dann bemerkbar, wenn der Täter die Sache dem Eigentümer lediglich entzieht, ohne sie sich zugleich zuzueignen (in diesem Falle läge ein Diebstahl vor). Musterfall der straflosen Sachentziehung ist das Fliegenlassen eines Vogels. Praktisch bedeutsam sind die Fälle des Entzugs von Flüssigkeiten, Gasen und auch fester Gegenstände durch Verstreuen.

28 Der E 1962 wollte seiner perfektionistischen Art entsprechend auch diese Lücke schließen und sich sogar mit einer **kurzzeitigen** Sachentziehung begnügen. Die Begründung[73] beruft sich auf „strafwürdige Fälle" und nennt zwei Beispiele, nämlich „dass ein Neider einem Geiger kurz vor einem für ihn wichtigen Konzert das vertraute Instrument entzieht, um es ihm sofort nach dem entscheidenden Abend wieder zuzustellen, oder dass ein Pressefotograf seinem Konkurrenten dessen Kamera nur für wenige Minuten entzieht, in denen dieser eine besonders wertvolle Aufnahme machen möchte". – Die Rspr. subsumiert Sachentziehungen weitgehend unter § 303, weil sich die Vergänglichkeit der meisten körperlichen Gegenstände beschleunigt, sobald sie menschlicher Obhut entzogen sind. Über den Umweg des Verrostens und Verwitterns wird eine bloße Sachentziehung vielfach in eine Sachbeschädigung umgebogen[74]. – Selbst der Musterfall des Fliegenlassens des Vogels wird so zur Sachbeschädigung (durch Verhungern oder Erfrieren bei exotischen Vögeln, auch bei einheimischen Käfigvögeln ist deren Lebenstüchtigkeit im Freien äußerst zweifelhaft). – Die Fragen sind nicht wichtig, aber **lehrreich wegen der Gefährdung der fragmentarischen Natur des Strafrechts**[75] **durch funktionale Betrachtung**. Genau besehen handelt es sich um Pseudo-Analogien, denn es lassen sich auch Ähnlichkeitsschlüsse zu zweifelsfrei straffreiem Verhalten bilden: Der Geiger wird um ein erfolgreiches Konzert auch dann gebracht, wenn der böse Täter zehn Zuhörer als hustende Störenfriede anheuert und die „Funktion" des Papageien

---

69 BGHSt 29, 129 (134).
70 Im Ergebnis wie hier *Maiwald*, JZ 1980, 256 (257 f.).
71 Zur gesetzgeberischen Reaktion auf BGHSt 29, 129 vgl. oben Rn. 23 und unten Rn. 29a bis Rn. 29d.
72 So hatte das RG in RGSt 37, 411 einige Mühe, die Beschädigung durch Kitzligmachung eines Pferdes zu begründen.
73 E 1962, Begr. S. 421.
74 So RG, GA 51, 182 (Rost); vgl. auch RGSt 64, 250 (251): Hier wurde eine Reichsfahne vom Mast geholt und im Wasser versenkt. Das RG meint, selbst wenn „die Fahne durch das lange Liegen im Wasser rein stofflich nicht beeinträchtigt wird, (könne) sie infolge des Schwindens und der Verwischung der Farben aber als Fahne nicht mehr gebraucht werden". Zu einem Ähnlichen Fall (Fahrrad) vgl. auch vorstehend Rn. 25.
75 Vgl. dazu *Baumann/Weber/Mitsch*, § 3 Rn. 11 und § 9 Rn. 94 ff.; *B. Heinrich*, AT, Rn. 11.

kann statt durch Fliegenlassen durch fragwürdige Bereicherung seines Vokabulars ruiniert werden.

Gase und **Flüssigkeiten** werden durch Ausströmen entzogen (der Eimer Milch wird in die Kanalisation geschüttet), feste Stoffe werden durch Verstreuen unbrauchbar gemacht (der Sack Kartoffeln oder der Sack Dünger wird auf dem Feld verstreut). Die Rspr. wendet auch hier § 303 an. Dem ist insoweit zuzustimmen, als ein Substanzeingriff und damit Sachbeschädigung im Vermischen liegen kann (also § 303 bei der Milch, nicht bei den Kartoffeln, ein Grenzfall liegt beim Dünger vor[76]). 29

b) „Verändern des Erscheinungsbildes", § 303 II

Bei dem durch das sog. Graffiti-Bekämpfungsgesetz 2005[77] in den § 303 (und dem § 304) eingefügten Abs. 2 handelt es sich um ein typisches Adhoc-Gesetz: Es wird gezielt das Bemalen, Besprühen, Bekleben u. dgl. von Sachen unter Strafe gestellt. Erfasst werden sollen Handlungen, die nach der bisherigen[78] Rechtsprechung keine von § 303 I erfassten Beschädigungen sind, weil sie weder die Sachsubstanz verletzen, noch die Gebrauchstauglichkeit der betroffenen Sache beeinträchtigen. 29a

Das tatbestandsmäßige Verhalten war in früheren Entwürfen plastischer mit „Verunstalten" umschrieben. Das farblose Gesetz gewordene „Verändern des Erscheinungsbildes" wurde aus der Befürchtung heraus gewählt, dass der Begriff des Verunstaltens u. a. das Problem aufwerfe, ob ein Graffiti die Optik einer Fassade verschlechtere oder diese sogar künstlerisch aufwerte, sodass von einer „Verunstaltung" nicht mehr gesprochen werden könne. Die jetzige Fassung stellt – in Übereinstimmung mit der hier[79] bislang für § 303 I vorgeschlagenen Interpretation – ausschließlich auf den Gestaltungswillen des Eigentümers oder sonst Berechtigten ab. – Weil die Änderung des Erscheinungsbildes wertneutral ist, ja sogar billigenswert sein kann, wird das Unrecht allein durch die Missachtung der Gestaltungsfreiheit des Berechtigten begründet, sodass die Unbefugtheit des Handelns hier Tatbestandsmerkmal ist[80]. 29b

§ 303 II verlangt keine Einwirkung auf die Sache selbst, sodass nach seinem Wortlaut auch Veränderungen des Erscheinungsbildes durch Maßnahmen in der Umgebung, z. B. das Aufstellen von Werbetafeln oder Sichtschutzwänden, erfasst sind. Damit die Grenze des Sachbeschädigungsstrafrechts zum Denkmalschutzrecht, wo 29c

---

76 Damit nicht zu verwechseln ist die Möglichkeit, mit BGHSt 13, 207 (dazu *Klug*, JZ 1960, 226) eine Beschädigung des Kfz und mit BayObLG, NJW 1987, 3271 (mit abl. Anm. *Geerds*, JR 1988, 218) des Fahrrads anzunehmen, wenn die Luft aus den Reifen gelassen wird; insoweit ist eine Substanzbeeinträchtigung zu bejahen, vgl. oben Rn. 23.
77 39. StrÄndG vom 1.9.2005, BGBl. I, S. 2674. – Siehe dazu und zum Folgenden (mit Nachweis der Entstehungsgeschichte, der Gesetzesmaterialien und der Literatur) *Kühl*, Weber-FS 2004, S. 413 (befürwortend), und *U. Weber*, Meurer-GS 2002, S. 283 (ablehnend); ferner *Satzger*, Jura 2006, 428 (434); *Schuhr*, JuS 2009, 169.
78 Vgl. oben Rn. 23; hierzu ferner *Eisele*, JA 2000, 101.
79 Vgl. oben Rn. 23.
80 Ebenso *Eisele*, BT II, Rn. 473; *Fischer*, § 303 Rn. 20; *Lackner/Kühl*, § 303 Rn. 9a; *Matt/Renzikowski-Altenhain*, § 303 Rn. 17; vgl. dazu auch unten § 41 Rn. 21 f. (zum genehmigten bzw. befugten Handeln im Umweltstrafrecht).

das Erscheinungsbild u. a. durch störende Veränderungen in der Umgebung als Ordnungswidrigkeiten mit Geldbuße bedroht sind[81], nicht verschwimmt, ist für § 303 II jedoch eine Substanzeinwirkung zu fordern[82].

29d Mit dem Merkmal „nicht nur unerheblich" wird – überflüssigerweise – zum Ausdruck gebracht, was sich für die Beschädigung nach § 303 I (und für die Körperverletzung) durch Auslegung ergibt[83]. Eine Veränderung des Erscheinungsbildes ist nach der Rechtsprechung nur dann unerheblich, wenn sie völlig unauffällig bleibt, was aber z. B. vorliegen kann, wenn alte Schmierereien mit „neuen" Graffitis übersprüht werden[84]. – Mit den Worten „nicht nur vorübergehend" werden kurzfristige Beeinträchtigungen ausgeschieden, sei es, dass sie alsbald von selbst verschwinden, z. B. vom Regen abgewaschen werden, sei es, dass sie rasch entfernt werden können[85].

3. Bagatelldelikt

30 § 303 gehört auch nach der Ausgrenzung geringfügiger Beeinträchtigungen aus dem Tatbestand[86] überwiegend noch zu den Bagatelldelikten. Die Strafbarkeit des **Versuchs** (§ 303 III)[87] ist deshalb und wegen der häufig in eine Vollendung (Beschädigung) umgewandelte versuchten Zerstörung problematisch[88].

III. Qualifikationen, §§ 305, 305a, und Sondertatbestände, insbesondere § 304

1. Qualifikationen

a) § 305

31 **§ 305, Zerstörung von Bauwerken,** enthält eine **echte Qualifikation** der einfachen Sachbeschädigung nach § 303, denn auch hier muss sich die Tat gegen **in fremdem Eigentum stehende** Objekte richten. § 305 ist daher gegenüber § 303 lex specialis. Die Tat ist ohne Antrag zu verfolgen. Der Angriff muss zur völligen oder teilweisen Zerstörung der Sache führen[89]. Eine **teilweise Zerstörung** ist mehr als eine Beschädigung. Sie liegt bei Eingriffen in die Substanz vor, durch die entweder einzelne Teile der Sache,

---

81 Z. B. in § 27 I Nr. 1, II i. V. mit § 15 I Nr. 2 baden-württembergisches DenkmalschutzG; vgl. dazu *U. Weber*, Meurer-GS 2002, S. 283 (289 f.).
82 So z. B. auch *Fischer*, § 303 Rn. 19; *Lackner/Kühl*, § 303 Rn. 7b m. w. N.
83 Vgl. oben Rn. 19.
84 OLG Hamm, Beschl. v. 22. 8. 2013 – III-1 RVs 65/13, 1 RVs 65/13, Rn. 6 juris; OLG Hamm, Beschl. v. 21. 4. 2009 – 1 Ss 127/09, Rn. 4 juris; KG, Beschl. v. 23. 11. 2012 – (4) 161 Ss 249/12b (311/12), Rn. 4 juris; AG Berlin-Tiergarten, NJW 2013, 801 (802); NK/*Zaczyk*, § 303 Rn. 24a; S/S/*Stree/Hecker*, § 303 Rn. 18.
85 Siehe zur Problematik des „reverse graffiti" *Raschke*, Jura 2013, 87.
86 Vgl. oben Rn. 19 und Rn. 29d.
87 Zu einer abgelehnten versuchten Sachbeschädigung im Fall des Wurfs einer leeren Bierflasche auf einen Wasserwerfer der Polizei vgl. LG Hamburg, StraFo 2011, 240.
88 Gegen die Pönalisierung des Versuchs z. B. *Disse*, Die Privilegierung der Sachbeschädigung (§ 303 StGB) gegenüber Diebstahl (§ 242 StGB) und Unterschlagung (§ 246 StGB), 1982, S. 372; vgl. hierzu und zu der Einordnung des § 303 als Antrags- und Privatklagedelikt oben Rn. 9.
89 Vgl. zur völligen Zerstörung oben Rn. 16.

Qualifikationen und Sondertatbestände § 12 Rn. 32–34

die der Erfüllung ihrer Bestimmung dienten, unbrauchbar gemacht werden (Absägen der Treppe in einem Gebäude), oder durch welche die gesamte Sache zur Erfüllung von einzelnen Aufgaben unbrauchbar wird (Beeinträchtigung einer Brücke derart, dass sie nicht mehr von Fahrzeugen, sondern nur noch von Fußgängern benutzt werden kann[90]).

b) § 305a

Auch die Zerstörung **wichtiger Arbeitsmittel** richtet sich gegen fremdes Eigentum, sodass § 305a gleichfalls eine echte Qualifikation der einfachen Sachbeschädigung enthält und dem § 303 als lex specialis vorgeht. Die Tathandlung – völlige oder teilweise Zerstörung – ist dieselbe wie in § 305[91]. 32

Die Vorschrift wurde durch das Gesetz zur Bekämpfung des Terrorismus im Jahre 1986[92] als Reaktion auf Anschläge z. B. gegen Hochspannungsmasten und Eisenbahnlinien ins Gesetz eingefügt. § 305a I **Nr. 1** dehnt den in § 316b I Nr. 1 und 2[93] lebenswichtigen öffentlichen Unternehmen und Anlagen gewährten Strafrechtsschutz auf das Stadium der **Errichtung** solcher Objekte und ihnen dienender Anlagen aus[94]. Erfasst werden Angriffe auf wichtige und wertvolle[95], der Errichtung dienende technische Arbeitsmittel. – § 305a I **Nr. 2** stellt Kraftfahrzeuge der Polizei und der Bundeswehr unter erhöhten Strafrechtsschutz, den sie nach § 304 nicht genießen[96]. 33

2. Sondertatbestand, § 304

Kein Eigentumsdelikt und damit keine echte Qualifikation des § 303 enthält die **gemeinschädliche Sachbeschädigung**, § 304. Bei ihr kommt es auf die Eigentumsverhältnisse nicht an. Denn geschützt ist das Interesse der **Allgemeinheit** an der Erhaltung bestimmter Sachen namentlich unter dem Gesichtspunkt des Denkmal-[97] und Naturschutzes sowie des öffentlichen Nutzens. Für ein Antragserfordernis ist wegen dieser überindividuellen Schutzrichtung kein Raum. In aller Regel wird sich die Tat gegen fremde Sachen richten, sodass § 303 gleichfalls erfüllt ist; er tritt jedoch hinter § 304 zurück (Konsumtion)[98]. 34

---

90 Weitere Beispiele bei *S/S/Stree/Hecker*, § 305 Rn. 5.
91 Vgl. oben Rn. 31.
92 Vom 19.12.1986 (BGBl. I, 2566).
93 Zu § 316b vgl. unten § 37 Rn. 88.
94 Dazu mit Recht kritisch *Dencker*, StV 1987, 122, und *Kühl*, NJW 1987, 746; vgl. auch *Lackner/Kühl*, § 305a Rn. 1.
95 Der bedeutende Wert bestimmt sich nach denselben Kriterien wie bei § 315; er liegt gegenwärtig bei ca. 1.300 €, so *Fischer*, § 305a Rn. 6; *Matt/Renzikowski-Altenhain*, § 305a Rn. 3; NK/*Zaczyk*, § 305a Rn. 4.
96 Vgl. dazu unten Rn. 35.
97 Zur Bedeutung der Denkmalgesetze der Länder für den Denkmalbegriff des § 304 vgl. *U. Weber*, Tröndle-FS 1989, S. 337.
98 Str.; wie hier *Wessels/Hillenkamp*, BT 2, Rn. 57; a. M. *Eisele*, BT II, Rn. 481; *S/S/Stree/Hecker*, § 304 Rn. 17.

35 Die nach der **praktischen Bedeutung** im Vordergrund stehende Begehungsform der Beschädigung von **Gegenständen, welche zum öffentlichen Nutzen dienen,** ist restriktiv dahin gehend zu interpretieren, dass nur Angriffe auf Sachen erfasst werden, aus denen die Allgemeinheit **unmittelbar** Nutzen ziehen kann (z. B. Telefonzellen, Postbriefkästen und Parkbänke), nicht dagegen auf Sachen, die dem Bürger nur mittelbar (namentlich über die Verwaltungsbereiche Gefahrenabwehr und Daseinsvorsorge) zugute kommen (z. B. Strafanstalten, Behördeninventar, Streifenwagen der Polizei[99]).

3. Sonstige strafbare Sachbeeinträchtigungen

36 Der BT enthält über die §§ 303–305a hinaus eine ganze Reihe von Tatbeständen, die verletzende oder gefährdende Angriffe auf Sachen (mit)erfassen, wobei überwiegend auch fahrlässiges Handeln von der Strafdrohung erfasst wird.

a) Sachverletzungstatbestände

37 Einen durch die Tathandlung „Inbrandsetzen" qualifizierten Fall der §§ 303, 305 enthält § 306, die fremde Sachen verletzende einfache **Brandstiftung**[100]. Eine Fahrlässigkeitsstrafbarkeit findet sich hier in § 306d I.

38 Auch Angriffe auf **andere Rechtsgüter als fremdes Eigentum** erfolgen häufig mittels Sachbeschädigungen. Dem wird Rechnung getragen durch die Beschädigungs- und Zerstörungsalternativen in § 104 (Angriff auf ausländische Staaten), § 109e (Beeinträchtigung der Landesverteidigung), §§ 133–136 (Angriffe auf amtliche Sachherrschaftsverhältnisse[101]), § 145 (Missbrauch von Notrufen[102]), § 168 (Störung der Totenruhe[103]), § 274 (Beeinträchtigung des Rechtsverkehrs mit Urkunden[104]), § 315 I Nr. 1 und § 315b I Nr. 1 (gefährliche Eingriffe in den Verkehr von außen[105]) und §§ 316b, 317, 318 (lebens- und gesundheitsgefährdende Beeinträchtigung wichtiger Anlagen und Betriebe[106]).

39 Zwar tatbestandsmäßig nicht ausdrücklich erfasst, aber tatsächlich in der Regel mitbegangen wird die Sachbeschädigung bei § 125 (Landfriedensbruch[107]) und § 202 I Nr. 1 (Verletzung des Briefgeheimnisses[108]).

---

99 BGHSt 31, 185 – Polizeistreifenwagen; seine Beschädigung ist aber strafbar nach § 305a I Nr. 2 (vgl. oben Rn. 33) und kann darüber hinaus von § 316b I Nr. 3 erfasst sein; vgl. dazu *Loos*, JR 1984, 169; *Stree*, JuS 1983, 836; siehe zu der gemeinschädlichen Sachbeschädigung eines U-Bahn-Waggons durch Graffiti, *Jahn*, JuS 2009, 958.
100 Vgl. dazu auch unten § 37 Rn. 16 ff.
101 Vgl. dazu unten § 45 Rn. 79 ff.
102 Vgl. dazu unten § 39 Rn. 30.
103 Vgl. dazu unten § 44 Rn. 56.
104 Vgl. dazu unten § 33 Rn. 28 ff.
105 Vgl. dazu unten § 38 Rn. 19 ff.
106 Vgl. dazu unten § 37 Rn. 86 ff.
107 Vgl. dazu unten § 44 Rn. 22 ff.
108 Vgl. dazu oben § 8 Rn. 27.

b) Sachgefährdungstatbestände

Zahlreiche Vorschriften stellen – überwiegend ebenfalls im Zusammenhang mit dem Schutz anderer Rechtsgüter – bereits Gefährdungen von Sachen unter Strafe: Das Herbeiführen einer Brandgefahr nach § 306f[109], die Explosions- und Strahlungsdelikte nach §§ 307, 308, 311, 312[110], das Entfesseln von Naturkräften nach § 313[111], die Verkehrsgefährdungsdelikte nach §§ 315–315c[112] sowie eine Reihe von Umweltdelikten, z. B. nach §§ 325 I und 325a II[113]. 40

IV. Sachbeschädigungsähnliche Computerdelikte, §§ 303a, b

1. Der kriminalpolitische Hintergrund

Die §§ 303a und b wurden durch das 2. WiKG 1986 – zusammen mit den Computertatbeständen der §§ 202a, 263a und 269 – zur Schließung von Strafbarkeitslücken ins StGB eingefügt und 2007[114] in Erfüllung von Vorgaben der EU und eines Übereinkommens des Europarates[115] erweitert[116]. 41

Ausschlaggebend für die Einführung der §§ 303a und b war die Unklarheit, ob nicht unmittelbar wahrnehmbar gespeicherte und übermittelte **Daten** (Legaldefinition in § 202a II[117]) **Sachen** und damit Schutzobjekte des § 303 sind. – In § 303b I Nr. 3 werden dann allerdings teilweise auch bereits dem § 303 unterfallende Angriffe auf körperliche Gegenstände erfasst[118]. 42

Die polizeilich erfasste und die abgeurteilte Kriminalität nach §§ 303a und b tritt gegenüber den echten Sachbeschädigungsdelikten in den Hintergrund: 2011 wurden 4.644 Fälle (zum Vergleich 2007: 2.660 Fälle) registriert (davon ¾ im Internet), 37 Personen wurden verurteilt (27 Personen nach § 303a und 10 Personen nach § 303b)[119]. 43

---

109 Vgl. dazu unten § 37 Rn. 13.
110 Vgl. dazu unten § 37 Rn. 70 ff.
111 Vgl. dazu unten § 37 Rn. 81 ff.
112 Vgl. dazu unten § 38 Rn. 19 ff.
113 Vgl. dazu unten § 41 Rn. 62, 68.
114 Durch das 41. StrÄndG zur Bekämpfung der Computerkriminalität vom 7.8.2007, BGBl. I, S. 1786; dazu *Ernst*, NJW 2007, 2661; *Gröseling/Höfinger*, MMR 2007, 626; *Schumann*, NStZ 2007, 675.
115 Siehe dazu BT-Drucks. 16/3656, S. 7 f.
116 Vgl. dazu auch die Ausführungen zu § 202a oben § 8 Rn. 43 f. Zur – problematischen – Zuordnung der Computerdelikte zur Wirtschaftskriminalität vgl. unten § 19 Rn. 5 ff.
117 Vgl. dazu oben § 8 Rn. 44.
118 Vgl. dazu auch unten Rn. 55. – Zu den von §§ 303a und b geschützten Rechtsgütern vgl. unten Rn. 44, 53 f.
119 Quelle: Polizeiliche Kriminalstatistik, Berichtsjahr 2011, S. 254; Strafverfolgungsstatistik 2011, S. 38 f.

2. Datenveränderung, § 303a

a) Rechtsgut

44 Gleichermaßen wie § 202a[120] schützt § 303a die Verfügungsbefugnis des Berechtigten über die Daten, nur dass der Angriff des Täters nicht diebstahls-, sondern sachbeschädigungsähnlich ist. Da Computerdaten einen hohen wirtschaftlichen Wert haben können, ist die Vorschrift kriminalpolitisch berechtigt[121].

b) Tatbestand

45 Die **Angriffsobjekte** sind in § 303a I dieselben wie in § 202a (vgl. den Verweis auf die Legaldefinition des § 202a II). Allerdings wird in § 303a auf das (in § 202a I enthaltene) Erfordernis einer besonderen Sicherung gegen unberechtigten Zugang verzichtet.

46 Im Gegensatz zu § 303 I – **fremde** Sache – enthält § 303a I keinen tatbestandlichen Hinweis auf die Herrschaftsbefugnis über die Daten. Gleichwohl herrscht Einigkeit darüber, dass nicht jede Daten beeinträchtigende Handlung den Tatbestand erfüllen kann. Es muss also bereits der Tatbestand – und nicht etwa lediglich die Rechtswidrigkeit – entfallen, wenn z. B. ein uneingeschränkt Verfügungsbefugter die Daten löscht. Entsprechend der Schutzrichtung des § 303a[122] handelt daher nur derjenige tatbestandsmäßig, dem keine **Verfügungsbefugnis über die Daten** zusteht, für den – in den Kategorien des nicht auf Daten zugeschnittenen Sachenrechts – das Tatobjekt also „fremd" ist[123]. Es handelt sich dabei um ein ungeschriebenes Tatbestandsmerkmal, das nicht mit der auch in § 303a I ausdrücklich genannten Rechtswidrigkeit identisch ist[124].

47 Mit „rechtswidrig" wird auch hier auf das zweite Element der Straftat verwiesen und dem ohne Verfügungsbefugnis Handelnden die Rechtfertigung seines tatbestandsmäßigen Verhaltens ermöglicht, z. B. kraft Einwilligung des Verfügungsberechtigten oder eines sonstigen Rechtfertigungsgrundes.

48 Da sachenrechtliche Zuordnungskriterien bei Daten fehlen[125] und auch das Sacheigentum oder sonstige dingliche Rechte am Datenträger nicht abschließend über die Rechte an den gespeicherten Daten entschei-

---

120 Vgl. dazu oben § 8 Rn. 50.
121 Zur Bagatellproblematik vgl. oben Rn. 9 f., wobei zu beachten ist, dass § 303a im Gegensatz zur Sachbeschädigung kein Privatklagedelikt darstellt.
122 Vgl. dazu oben Rn. 44.
123 Vgl. *Fischer*, § 303a Rn. 4; *Hilgendorf*, JuS 1996, 890 (892); LK-*Tolksdorf*, 11. Aufl., § 303a Rn. 5; *Matt/Renzikowski-Altenhain*, § 303a Rn. 4; *S/S/Stree/Hecker*, § 303a Rn. 3; NK-*Zaczyk*, § 303a Rn. 4 f.; a. M. LK-*Wolff*, 12. Aufl., § 303a Rn. 8.
124 So auch *Lenckner/Winkelbauer*, CR 1986, 824 (828); *S/S/Stree/Hecker*, § 303a Rn. 3; *Welp*, iur 1988, 443 (447); a. M. *Eisele*, BT II, Rn. 504; *Lackner/Kühl*, § 303a Rn. 4; LK-*Wolff*, 12. Aufl., § 3903a Rn. 8; unklar SK-*Hoyer*, § 303a Rn. 1., 12 einerseits und § 303a Rn. 5 f. andererseits.
125 Vgl. oben Rn. 46.

den können, ist die Bestimmung der Verfügungsbefugnis über die Daten mit Unsicherheiten behaftet[126]. Ähnlich wie bei dem Merkmal „nicht oder nicht ausschließlich gehört" bei der Urkundenunterdrückung (§ 274 I Nr. 1 und 2[127]) ist maßgebend das **unmittelbare Interesse an der Unversehrtheit der Daten**[128].

Ein derartiges Interesse hat z. B. derjenige, der Daten mit Einverständnis des Eigentümers auf fremden Datenträgern gespeichert hat, sowie der Auftraggeber, der ein EDV-Unternehmen mit der Verarbeitung von Daten, z. B. der Erstellung einer Bilanz, betraut hat[129]. – Keine für den sachbeschädigungsähnlichen § 303a geeignete Befugnis begründet das im Persönlichkeitsrecht („informationelle Selbstbestimmung") wurzelnde Interesse an der Datenintegrität. Dahin gehende Rechtsverletzungen werden sachgerecht durch § 44 BDSG erfasst[130], der allerdings mit § 303a tateinheitlich zusammentreffen kann, wenn die Tat sowohl die Verfügungsbefugnis an den Daten als auch persönlichkeitsrechtliche Belange beeinträchtigt.

Von den **Tathandlungen** entspricht das **Löschen**, d. h. die vollständige und unwiederbringliche Unkenntlichmachung der Daten, der Zerstörung körperlicher Sachen i. S. von § 303[131]. Das **Unbrauchbarmachen**, d. h. die Beeinträchtigung der Verwendungsfähigkeit, entspricht der Beschädigung[132]. Mit dem **Verändern,** das sich nicht scharf vom Unbrauchbarmachen abgrenzen lässt[133], sollen Funktionsbeeinträchtigungen erfasst werden wie das auch in § 44 (i. V. mit § 43 II Nr. 1 und § 3 IV Nr. 2) BDSG unter Strafe gestellte inhaltliche Umgestalten, durch das der Informationsgehalt der Daten verändert wird[134]. Ebenso wie von § 303[135] sind auch „Verbesserungen" erfasst[136]. Vollständig gelöst von der Sachbeschädigung nach § 303 ist das **Unterdrücken** von Daten. Die damit erreichte Pönalisierung der Verhinderung des Zugriffs auf andere Weise als

49

---

126 Berechtigte Bedenken gegen die hinreichende Tatbestandsbestimmtheit (Art. 103 II GG) des § 303a finden sich z. B. bei LK-*Tolksdorf*, 11. Aufl., § 303a Rn. 7; *Maurach/Schroeder/Maiwald*, BT 1, § 35 Rn. 55; NK/*Zaczyk*, § 303a Rn. 4 und *Welp*, iur 1988, 443 (447); a. M. LK-*Wolff*, 12. Aufl., § 303a Rn. 2; *Otto*, BT, § 47 Rn. 31.
127 Vgl. dazu unten § 33 Rn. 31.
128 So z. B. *Lenckner/Winkelbauer*, CR 1986, 824 (829); LK-*Tolksdorf*, 11. Aufl., § 303a Rn. 5; *S/S/Stree/Hecker*, § 303a Rn. 3.
129 Vgl. *Lackner/Kühl*, § 303a Rn. 4; LK-*Wolff*, 12. Aufl., § 303a Rn. 14; *S/S/Stree/Hecker*, § 303a Rn. 3; teilweise kritisch *Fischer*, § 303a Rn. 6; einschränkend auch LK-*Tolksdorf*, 11. Aufl., § 303a Rn. 17.
130 So auch *Fischer*, § 303a Rn. 4; LK-*Wolff*, 12. Aufl., § 303a Rn. 9; MüKo-*Wieck-Noodt*, 2. Auf., § 303a Rn. 4; *S/S/Stree/Hecker*, § 303a Rn. 3a. M. *Lackner/Kühl*, § 303a Rn. 4.
131 *Eisele*, BT II, Rn. 506.
132 Vgl. dazu oben Rn. 16.
133 Zur teilweisen Überschneidung der Tathandlungen in § 303a I vgl. BT-Drucks. 10/5058, S. 34; *Hilgendorf*, JuS 1996, 890 (890 f.).
134 Kein Verändern ist das Kopieren, und zwar selbst dann nicht, wenn die kopierten Daten später verändert wurden; vgl. *Hilgendorf*, JuS 1996, 890; LK-*Wolff*, 12. Aufl., § 303a Rn. 29; a. M. AG Böblingen, CR 1989, 308. – Es kommt jedoch insoweit eine Strafbarkeit nach § 202a sowie nach § 269 in Betracht.
135 Vgl. dazu oben Rn. 22.
136 Vgl. *Hilgendorf*, JuS 1996, 890 (891).

durch Bestandsverletzung war bislang auf Urkunden beschränkt, § 274 I Nr. 1[137].

Beispiele für das **Löschen** von Daten sind das Überschreiben von Daten[138] sowie das Herbeiführen eines Computerabsturzes mit einem Verlust der Daten im Arbeitsspeicher[139]. Ein Löschen in mittelbarer Täterschaft ist die Folge von Falschmeldungen über Viren („Hoax"), aufgrund derer gutgläubige Nutzer ein für den Betrieb ihres Rechners notwendiges Programm löschen. Bei Viren, Würmern und Trojanern liegt ein Löschen in mittelbarer Täterschaft vor, wenn die vom Nutzer unwissentlich heruntergeladenen Schadprogramme Daten auf seinem Computer zerstören[140]. Daten werden **unterdrückt**, indem z.B. eine Passwortsperre installiert wird sowie durch die Wegnahme des Datenträgers selbst[141]. Soweit ein „Phisher" [142] durch ein Keylogging-Programm verhindert, dass der Befehl zum Absenden von Daten nicht ausgeführt wird (um z.b. dem „Phisher" selbst zu ermöglichen, mit PIN und TAN auf das Konto des Opfers zuzugreifen), liegt darin ebenfalls ein Unterdrücken[143]. Das Abfangen einer E-Mail soll hingegen kein Unterdrücken darstellen[144]. Ein **Unbrauchbarmachen** der Daten liegt vor, wenn das Mailprogramm infolge von Spamming wegen Überlastung nicht mehr funktionsfähig ist[145]. Es soll auch vorliegen, wenn zusätzliche Programmbefehle eingefügt werden oder Verknüpfungen mit anderen Daten hergestellt oder aufgehoben werden[146]. Ein **Verändern** von Daten kann durch das Löschen und Einfügen von Daten (so durch die Änderung der Kontonummer auf einem Magnetstreifen oder im Chip einer Bankkundenkarte bzw. durch das Ausschalten einer SIM-Lock-Sperre[147]) vorgenommen werden[148]. Es erfolgt ebenso bei der als „Pharming"[149] bezeichneten Variante des „Phishing", bei der der Täter einen Rechner des Domain Name Systems oder die Host-Datei eines Rechners so manipuliert, dass bei der Eingabe einer WWW-Adresse im Klartext diese nicht in ihre korrekte IP-Adresse übersetzt wird, sondern in eine IP-Adresse des Täters, unter der er eine imitierte Seite der X-Bank unterhält, über die er dann die dort von Kunden der Bank eingegebenen PIN und TAN erfährt[150].

---

137 Dazu und zur entsprechenden Tathandlung gegen beweiserhebliche Daten in § 274 I Nr. 2 unten § 33 Rn. 30.
138 *Fischer*, § 303a Rn. 9; LK-*Wolff*, 12. Aufl., § 303a Rn. 23; *Matt/Renzikowski-Altenhain*, § 303a Rn. 7; SK-*Hoyer*, § 303a Rn. 8.
139 *Matt/Renzikowski-Altenhain*, § 303a Rn. 7.
140 *Matt/Renzikowski-Altenhain*, § 303a Rn. 7.
141 *Eisele*, BT II, Rn. 506; *Matt/Renzikowski-Altenhain*, § 303a Rn. 8; NK/*Zaczyk*, § 303a Rn. 8; *Popp*, JuS 2011, 385 (388); SK-*Hoyer*, § 303a Rn. 9.
142 Siehe zum „Phishing" *Goeckenjan*, wistra 2009, 47; *Popp*, MMR 2006, 84.
143 *Matt/Renzikowski-Altenhain*, § 303a Rn. 8.
144 Im einzelnen str. vgl. *Matt/Renzikowski-Altenhain*, § 303a Rn. 8 sowie zum Phänomen des „Spamming", der „Spam-Filter" und der „Denial-of-Service-Attacken"; siehe zur DoS-Attacke und „Onlinedemonstration" auch OLG Frankfurt, StV 2007, 244 (248 f.); *Kelker*, GA 2009, 86; *Kitz*, ZUM 2006, 730 (733 ff.); LK-*Wolff*, 12. Aufl., § 303a Rn. 33; ausführlich zum Abfangen von E-Mails *Jüngel/Schwan/Neumann*, MMR 2005, 820.
145 *Matt/Renzikowski-Altenhain*, § 303a Rn. 9.
146 *Fischer*, § 303a Rn. 11; LK-*Wolff*, 12. Aufl., § 303a Rn. 26; NK/*Zaczyk*, § 303a Rn. 9.
147 AG Göttingen, MMR 2011, 626 (627); zu dem Problem auch *Eisele*, Jura 2012, 922 (931); *Rengier*, BT I, § 26 Rn. 10; *Schuhr*, ZIS 2012, 441 (452).
148 *Matt/Renzikowski-Altenhain*, § 303a Rn. 10; zum Wiederaufladen des Speicherchips einer abtelefonierten Telefonkarte, *Rengier*, BT I, § 26 Rn. 10; zum in Verkehr bringen von manipulierten Dialer-Programmen *Buggisch*, NStZ 2002, 178 (180).
149 Siehe zum „Pharming" *Popp*, MMR 2006, 84.
150 *Matt/Renzikowski-Altenhain*, § 303a Rn. 10.

c) Versuch und Vorbereitung, Antragserfordernis, Konkurrenzen

Anders als der versuchte Datendiebstahl, § 202a, ist die **versuchte Datenveränderung** – entsprechend der Regelung für die Sachbeschädigung in § 303 III – strafbar. Die Bedenken gegen die Versuchsstrafbarkeit der Sachbeschädigungsdelikte[151] richten sich verstärkt gegen die durch das 41. StrÄndG[152] angeordnete Pönalisierung von **Vorbereitungshandlungen** der Datenveränderung, § 303a III. Dort wird auf den für § 202a geschaffenen Vorbereitungstatbestand § 202c verwiesen, auf den bereits oben[153] näher eingegangen wurde[154]. 50

Auch für das **Antragserfordernis** (vgl. § 303c) gilt prinzipiell dasselbe wie für § 303. Allerdings ist das Vorbereitungsdelikt nach § 303a III i. V. m. § 202c[155] vom Antragserfordernis ausgenommen, weil es sich dabei um ein abstraktes Gefährdungsdelikt handelt, durch das noch kein Einzelner verletzt ist[156]. 51

Das mit der Einfügung des § 303a verfolgte Ziel, Unsicherheiten der Anwendung des § 303 auf die Beeinträchtigung nicht unmittelbar wahrnehmbarer Daten auszuräumen, würde verfehlt, wenn in Einzelfällen, z. B. beim Löschen von Magnetbändern, doch wieder auf § 303 zurückgegriffen würde[157]. § 303a enthält vielmehr eine **den § 303 ausschließende Sonderregelung** aller Datenbeeinträchtigungen, die ohne Substanzverletzung von Datenverarbeitungsanlagen oder Datenträgern (Hardware) erfolgen[158]. – Erfolgt die Datenveränderung durch **Beschädigung oder Zerstörung der Hardware**, so liegt Tateinheit nach §§ 303, 303a, 52 vor, denn der verletzende Eingriff in die Trägersubstanz wird durch § 303a nicht erfasst[159]. Handelt es sich bei den beeinträchtigten Tatobjekten um **beweiserhebliche Daten**, so geht § 274 I Nr. 2 als speziellere Norm dem § 303a vor[160]. Werden durch einen **Computerbetrug**, § 263a[161] zugleich Daten verändert, so stehen §§ 263a und 303a in Tateinheit (§ 52)[162]. 52

3. Computersabotage, § 303b

a) Rechtsgut

Charakteristisch für die hergebrachten **Sabotagetatbestände** der §§ 88, 109e und 316b ist die Bedeutung der angegriffenen Tatobjekte für die Allgemeinheit, im Kernbereich für die Versorgung der Bevölkerung mit lebenswichtigen Gütern und Leistungen. Nicht geschützt sind Interessen 53

---

151 Vgl. oben Rn. 30.
152 Vgl. oben Rn. 41.
153 Vgl. oben § 8 Rn. 69 ff.
154 Zum Rücktritt von der Vorbereitung, der nach § 202c II entsprechend § 149 II und III möglich ist, vgl. unten. § 34 Rn. 27.
155 Vgl. dazu vorstehend Rn. 50.
156 Dazu BT-Drucks. 16/3656, S. 12.
157 So aber weitgehend *Haft*, NStZ 1987, 6 (10), teilweise auch *S/S/Stree/Hecker*, § 303a Rn. 14, § 303 Rn. 25.
158 So auch *Hilgendorf*, JuS 1996, 890 (897); *Lackner/Kühl*, § 303a Rn. 7; MüKo-*Wieck-Nood*, 2. Aufl., § 303a Rn. 22.
159 So z. B. auch *Hilgendorf*, JuS 1996, 890 (894); LK-*Wolff*, 12. Aufl., § 303a Rn. 45; a. M. *Haft*, NStZ 1987, 6 (10); zur entsprechenden Konkurrenzlösung von § 242 und § 202a vgl. oben § 8 Rn. 60.
160 So auch *Fischer*, § 303a Rn. 18; LK-*Wolff*, 12. Aufl., § 303a Rn. 45; MüKo-*Wieck-Noodt*, 2. Aufl., § 303a Rn. 22; SK-*Hoyer*, § 303a Rn. 15; vgl. auch unten § 33 Rn. 35.
161 Vgl. dazu unten § 21 Rn. 26 ff.
162 So z. B. BayObLG, wistra 1993, 304 (306); *Fischer*, § 303a Rn. 18; *Lackner/Kühl*, § 303a Rn. 7; *Matt/Renzikowski-Altenhain*, § 303a Rn. 14; *S/S/Stree/Hecker*, § 303a Rn. 14.

einzelner Privatpersonen[163]. Auf dieser Linie liegend erfasste auch § 303b bisher nur Störungen der Datenverarbeitung von Betrieben, Unternehmen und Behörden, weil durch sie „das Eigentum an der Hardware bzw. das in den Daten vorhandene Vermögen oftmals nur in zweiter Linie betroffen sein wird und die Störung des Betriebes viel gravierendere Auswirkungen bis hin zum Ruin des Unternehmens haben kann"[164]. – Das 41. StrÄndG[165] durchbricht mit dem neuen § 303b I, wo nunmehr störende Angriffe auf Computer- und Informationssysteme von **Privatpersonen** unter Strafe gestellt sind, diese Systematik, sodass insoweit schwerlich noch von einem klassischen Sabotagetatbestand gesprochen werden kann. Demgemäß reicht auch das durch § 303b I geschützte **Rechtsgut** nicht über das des § 303 (Eigentum, im Hinblick auf § 303b I Nr. 3) und des § 303a (Verfügungsbefugnis des Berechtigten über die Daten[166], im Hinblick auf § 303b I Nr. 1 und 2) hinaus.

54 Nur noch § 303b II, der – nunmehr als Qualifikation des Abs. 1 – Angriffe auf die Datenverarbeitung von fremden **Betrieben** und **Unternehmen** sowie von **Behörden** erfasst, schützt ein **Rechtsgut**, das über die Integrität von Soft- und Hardware (§§ 303a und 303) hinausgreift, nämlich das **Interesse von Wirtschaft und Verwaltung am störungsfreien Ablauf ihrer Datenverarbeitung**[167]. Die u. U. wirtschaftlich ruinösen Funktionsbeeinträchtigungen von Datenverarbeitungsanlagen sowie die tatbestandliche Ausklammerung von Bagatellfällen rechtfertigen die gegenüber §§ 303 und 303a erheblich gesteigerte Strafdrohung des 303b II: Freiheitsstrafe bis zu fünf Jahren gegenüber zwei Jahren. Mit der Ausscheidung von Bagatellen lässt sich auch die erhöhte Strafdrohung in § 303b I begründen[168].

b) Tatbestände

55 Der **Grundtatbestand** der Computersabotage in § 303b I enthält in seiner **Nr. 1** eine **Qualifikation** des § 303a[169]. – Die **Nr. 3** (vor dem 41. StrÄndG: Nr. 2) enthält zwar – neben anderen Sabotageakten – mit der Zerstörung und Beschädigung die Tathandlungen des § 303, stellt aber gleichwohl **keine bloße Qualifikation der Sachbeschädigung** dar, weil u. U. auch Angriffe auf die eigene Hardware tatbestandsmäßig sind, nämlich dann, wenn sie zur Störung der Datenverarbeitung in einem fremden Unternehmen oder einer Behörde führen[170]. Darüber hinaus enthält die Nr. 3

---

163 Vgl. zu den Sabotagedelikten auch unten § 37 Rn. 88. Auch der in § 179 AE vorgeschlagene allgemeine Tatbestand der Wirtschaftssabotage verlangt Störungen von Wirtschaftsbetrieben.
164 *Haft*, NStZ 1987, 6 (10).
165 Vgl. oben. Rn. 41.
166 Vgl. oben Rn. 44.
167 Vgl. z. B. *S/S/Stree/Hecker*, § 303b Rn. 1.
168 Vgl. dazu unten Rn. 55.
169 Vgl. dazu oben Rn. 44 ff.
170 So BT-Drucks. 10/5058, S. 36 und z. B. auch *S/S/Stree/Hecker*, § 303b Rn. 8. Dies gilt jedenfalls dann, wenn das fremde Unternehmen etc. die Daten auf der tätereigenen Hardware selbst verarbeitet; vgl. dazu i. E. *Lenckner/Winkelbauer*, CR 1986, 828 (831).

die Merkmale des Unbrauchbarmachens, Beseitigens oder Veränderns. Ein Beseitigen liegt vor, wenn die in Nr. 3 bezeichneten Gegenstände aus dem Verfügungs- und Gebrauchsbereich des Berechtigten entfernt werden[171]. Verändern ist das Herbeiführen eines Zustands, der vom bisherigen abweicht[172]. – Mit der durch das 41. StrÄndG eingefügten **Nr. 2**[173] soll die missbräuchliche Vornahme der an sich neutralen Handlungen „Eingeben" und „Übermitteln" erfasst werden, die zu erheblichen Störungen eines Computersystems führen kann.

Beispiele im Bereich des § 303b I Nr. 2 bilden die „Denial-of-Service-Attacken", d. h. die Belastung des Servers mit so vielen Anfragen, dass der Zugang für berechtigte Kontaktaufnahmen mit dem Server blockiert oder zumindest erschwert wird[174]. Zur Datenverarbeitungsanlage im Sinne des § 303b I Nr. 3 gehören z.B. Server, Bildschirm und Drucker, während zu den Datenträgern insbesondere die Festplatte, Diskette, CD-ROM, Smartcard wie der USB-Stick zählen[175]. Da der Begriff des Beseitigen im Sinne von § 303b I Nr. 3 eine Ortsveränderung der Hardware erfordert, sind Fälle nicht erfasst, in denen der Berechtigte lediglich vom Zugang, z. B. zu der Datenverarbeitungsanlage, ausgeschlossen ist[176]. Als Beispiel für das Merkmal des Veränderns kommt der Umbau einer Datenverarbeitungsanlage oder die Umrüstung derselben unter Verwendung neuer Komponenten in Betracht[177].

Das subjektive Merkmal der **Nachteilsabsicht**[178] dient der Präzisierung missbräuchlicher Eingaben oder Übermittlungen. Unter **Datenverarbeitung** ist nicht nur der einzelne Datenverarbeitungsvorgang zu verstehen, sondern der Umgang mit Daten und deren Verwertung im weiteren Sinne[179]. Das gegenüber §§ 303a und 303 gesteigerte Unrecht liegt zum einen in der **wesentlichen Bedeutung** der Datenverarbeitung für den anderen. Hierzu führt der Gesetzgeber aus:

„Bei Privatpersonen als Geschädigte wird darauf abzustellen sein, ob die Datenverarbeitungsanlage für die Lebensgestaltung der Privatperson eine zentrale Funktion einnimmt. So wird eine Datenverarbeitung im Rahmen einer Erwerbstätigkeit, einer schriftstellerischen, wissenschaftlichen oder künstlerischen Tätigkeit regelmäßig als wesentlich einzustufen sein, nicht aber jeglicher Kommunikationsvorgang im privaten Bereich oder etwa Computerspiele"[180].

---

171 *Fischer*, § 303b Rn. 13; LK-*Wolff*, 12. Aufl., § 303b Rn. 22; NK/*Zaczyk*, § 303b Rn. 12.
172 LK-*Wolff*, 12. Aufl., § 303b Rn. 22; *Matt/Renzikowski-Altenhain*, § 303b Rn. 10; SK-*Hoyer*, § 303b Rn. 20.
173 Vgl. dazu und zum Folgenden BT-Drucks. 16/3656, S. 13.
174 Dazu *Eisele*, BT II, Rn. 514; *Fischer*, § 303b Rn. 12; *Kitz*, ZUM 2006, 730 (733 ff.); *Matt/Renzikowski-Altenhain*, § 303b Rn. 7; *Rengier*, BT I, § 26 Rn. 16; SK-*Hoyer*, § 303b Rn. 15.
175 *Eisele*, BT II, Rn. 514; LK-*Wolff*, 12. Aufl., § 303b Rn. 17; *Matt/Renzikowski-Altenhain*, § 303b Rn. 9.
176 LK-*Wolff*, 12. Aufl., § 303b Rn. 22; *Matt/Renzikowski-Altenhain*, § 303b Rn. 10; a. M. NK/*Zaczyk*, § 303b Rn. 12.
177 LK-*Wolff*, 12. Aufl., § 303b Rn. 22; teilweise wird allerdings vertreten, die Variante hätte keinen eigenständigen Anwendungsbereich, so *Matt/Renzikowski-Altenhain*, § 303b Rn. 10; NK/*Zaczyk*, § 303b Rn. 12.
178 Verwendet auch bei der Urkundenunterdrückung, § 274; dazu unten § 33 Rn. 34.
179 BT-Drucks. 10/5058, S. 35.
180 BT-Drucks. 16/3656, S. 13.

Zum anderen muss die Tathandlung eine **erhebliche Störung** der Datenverarbeitung herbeiführen, d. h. ihren reibungslosen Ablauf stark beeinträchtigen[181].

56 Die **Qualifizierung** der Störung von Datenverarbeitungen (§ 303b I) in § 303b II wird allein durch den Angriff auf das System eines fremden Betriebes, eines fremden Unternehmens oder einer Behörde begründet[182].

c) Besonders schwere Fälle, Versuch und Vorbereitung, Antragserfordernis, Konkurrenzen

56a Das Faible des Gesetzgebers für erhöhte Strafdrohungen in **besonders schweren Fällen** ist offenbar ungebrochen: Für besonders schwere Fälle der Computersabotage nach § 303b II ist in § 303b IV – wie bei einer ganzen Reihe von Eigentums- und Vermögensdelikten – eine Freiheitsstrafe von sechs Monaten bis zu zehn Jahren angedroht. Die drei erläuternden **Regelbeispiele** – Herbeiführung eines Vermögensverlusts großen Ausmaßes (Nr. 1), gewerbs- oder bandenmäßige Begehung (Nr. 2) sowie Beeinträchtigung der Versorgung der Bevölkerung oder der Staatssicherheit (Nr. 3) – sind angelehnt an § 263 III Nr. 1 und 2[183] sowie an § 316b III.

57 In § 303b III ist der **Versuch** unter Strafe gestellt. Für die Pönalisierung von **Vorbereitungshandlungen** in § 303b V gilt ähnliches wie zur entsprechenden Strafbarkeitsvorverlagerung bei der Datenveränderung (§ 303a III)[184].

58 Angesichts der u. U. weitreichenden Sabotagewirkungen und der darauf beruhenden beträchtlichen Strafdrohung in § 303b ist das **Antragserfordernis** (§ 303c) wenig einleuchtend[185].

59 § 303b verdrängt § 303a (Spezialität von § 303b I Nr. 1) und § 303 (Konsumtion durch § 303b I Nr. 3, da eine Sachbeschädigung zwar nicht unbedingt[186] aber regelmäßig mitbegangen wird)[187]. **Tateinheit** (§ 52) ist möglich mit den oben[188] genannten **Sabotagedelikten** nach §§ 88, 109e, 316b, die sich u. a. auch gegen Datenverarbeitungen richten können[189].

---

181 BT-Drucks. 16/3656, S. 13, spricht von einer „nicht unerheblichen Beeinträchtigung". Das dürfte dem Gesetzeswortlaut nicht gerecht werden. Denn „erheblich" ist mehr als „nicht unerheblich"; siehe zur erheblichen Störung auch *Matt/Renzikowski-Altenhain*, § 303b Rn. 4 f.
182 Vgl. dazu auch zum Wesen der Sabotage oben Rn. 53 f.
183 Vgl. dazu oben § 20 Rn. 134 f.
184 Vgl. dazu oben Rn. 50.
185 Kritisch. z. B. auch *Haft*, NStZ 1987, 6 (10), und *Möhrenschlager*, wistra 1986, 128 (142).
186 Vgl. dazu oben Rn. 55.
187 Ebenso *Fischer*, § 303b Rn. 27; *Lackner/Kühl*, § 303b Rn. 10; a. M. – Tateinheit mit § 303 – z. B. *Möhrenschlager*, wistra 1986, 128 (142); *S/S/Stree/Hecker*, § 303b Rn. 23.
188 Vgl. dazu oben Rn. 53.
189 *Matt/Renzikowski-Altenhain*, § 303b Rn. 16.

§ 13 Wegnahme des Eigentums: Einfacher Diebstahl, § 242; Antragserfordernisse, §§ 248a, 247; Sondertatbestände, insbesondere §§ 248b und 248c

Literaturhinweise: *Androulakis*, Objekt und Grenzen der Zueignung im Strafrecht, JuS 1968, 409; *Backmann*, Die Abgrenzung des Betrugs von Diebstahl und Unterschlagung, 1974; *Behrendt*, Der Begriff der Zueignung in den Tatbeständen des Diebstahls und der Unterschlagung, 1996; *Bloy*, Der Diebstahl als Aneignungsdelikt, JA 1987, 187; *Börner*, Zum Stand der Zueignungsdogmatik in den §§ 242, 246 StGB, Jura 2005, 389; *Brocker*, Das Passieren der Kasse mit „versteckter Ware", JuS 1994, 919; *Böse*, Der Irrtum über den Gegenstand von Wegnahme und Zueignung beim Diebstahl (§ 242 StGB), GA 2010, 249; *Ebel*, Die Zueignung von Geldzeichen, JZ 1983, 175; *Engel*, Die Eigentumsfähigkeit und Diebstahlstauglichkeit von Betäubungsmitteln, NStZ 1991, 520; *Eser*, Zur Zueignungsabsicht beim Diebstahl, JuS 1964, 477; *Fahl*, Diebstahl in mittelbarer Täterschaft, JA 2004, 287; *Fricke*, Wertminderung oder Teilfunktionsentzug als Voraussetzung der Enteignungskomponente bei der Zueignungsabsicht in § 242 StGB?, MDR 1988, 538; *Gehrmann*, Systematik und Grenzen der Zueignungsdelikte, 2002; *Geiger*, Zur Abgrenzung von Diebstahl und Betrug, JuS 1992, 834; *Geppert*, Die Abgrenzung von Betrug und Diebstahl, JuS 1977, 69; *Gössel*, Über die Vollendung des Diebstahls, ZStW 85 (1973), 591; *ders.*, Über den Gegenstand der strafbaren Zueignung und die Beeinträchtigung von Forderungsrechten, GA-FS 1993, S. 39; *Gribbohm*, Zur Problematik des Zueignungsbegriffes, JuS 1963, 106; *Gropp*, Die Codekarte: Der Schlüssel zum Diebstahl, JZ 1983, 487; *ders.*, Der Diebstahlstatbestand unter besonderer Berücksichtigung der Regelbeispiele, JuS 1999, 1041; *ders.*, Der „Moos-raus-Fall" und die strafrechtliche Irrtumslehre, Weber-FS 2004, S. 127; *Grunewald*, Die Rückveräußerung an den Eigentümer als Zueignungsproblem, GA 2005, 520; *Haffke*, Mitgewahrsam, Gewahrsamsgehilfenschaft und Unterschlagung, GA 1972, 225; *Heubel*, Grundprobleme des Diebstahlstatbestandes, JuS 1984, 445; *Herzberg*, Betrug und Diebstahl durch listige Sachverschaffung, ZStW 89 (1977), 367; *Hillenkamp*, Der Einkauf versteckter Ware: Diebstahl oder Betrug?, JuS 1997, 217; *Hirsch*, Eigenmächtige Zueignung geschützter Sachen, Rechtswidrigkeit und Irrtum bei Zueignungsbestimmungen, JZ 1963, 149; *Jäger*, Diebstahl nach dem 6. Strafrechtsreformgesetz – Ein Leitfaden für Studium und Praxis, JuS 2000, 651; *Jahn*, Zueignungsabsicht beim Diebstahl, JuS 2010, 362; *Jungwirth*, Bagatelldiebstahl und Sachen ohne Vermögenswert, NJW 1984, 954; *Kargl*, Diebstahl und elektronische Warensicherung, JuS 1996, 971; *Kindhäuser*, Gegenstand und Kriterien der Zueignung beim Diebstahl, Geerds-FS 1995, S. 665; *Kollenberg*, Besondere Probleme bei Geld als Angriffsobjekt im Rahmen von Eigentums- und Vermögensdelikten, 1978; *Lampe*, Eigentumsschutz im künftigen Strafrecht, in: *Müller-Dietz*, Strafrechtsdogmatik und Kriminalpolitik, 1971, S. 59; *Laubenthal*, Einheitlicher Wegnahmebegriff im Strafrecht?, JA 1990, 38; *Lenckner/Winkelbauer*, Strafrechtliche Probleme im modernen Zahlungsverkehr, wistra 1984, 83; *Ling*, Zum Gewahrsamsbruch beim Diebstahl, besonders in Selbstbedienungsläden, ZStW 110 (1998), 919; *Maiwald*, Der Zueignungsbegriff im System der Eigentumsdelikte, 1970; *Marcelli*, Diebstahl „verbotener" Sachen, NStZ 1992, 220; *H. Mayer*, Zum Begriff der Wegnahme, JZ 1962, 617; *Miehe*, Zueignung und Sachwert, Heidelberg-FS 1986, S. 481; *Mitsch*, Die Verwendung einer Codekarte durch einen Nichtberechtigten als Diebstahl, JuS 1986, 767; *ders.*, Strafbare Überlistung eines Geldspielautomaten, JuS 1998, 307; *Mohrbotter*, Rechtswidrigkeit von Zueignung und Bereicherung im Strafrecht, GA 1967, 199; *Neumann*, Unfaires Spielen am Geldspielautomaten, JuS 1990, 535; *Noak*, Drittzueignung und 6. StrRG, 1999; *Oglakcioglu*, Ein Tag im Supermarkt – Teil I, JA 2012, 902; *Otto*, Die Struktur des strafrechtlichen Vermögensschutzes, 1970; *ders.*, Die neuere Rechtsprechung zu den Vermögensdelikten, JZ 1985, 21; JZ 1993, 559, 652; *ders.*, Strafrechtliche Aspekte des Eigentumsschutzes, Jura 1989, 137, 200; *ders.*, Die neuere Rechtsprechung zu den Eigentumsdelikten, Jura 1997, 464; *ders.*, Die Erweiterung der Zueignungsmöglichkeiten in den §§ 242, 246 durch das 6. StrRG, Jura 1998, 550; *Paulus*, Der strafrechtliche Begriff der Sachzueignung, 1968; *Rengier*, Drittzueignung und allgemeiner Zueignungstatbestand: Zur Reform der §§ 242, 246, 249 StGB, Lenckner-FS 1998, S. 801; *Rheineck*, Zueignungsdelikte und Eigentümerinteresse, 1979; *Rönnau*, Die Drittzueignung als Merkmal der Zueignungsdelikte, GA 2000, 410; *Rotsch*, Zum Begriff der Wegnahme beim Diebstahl, GA 2008, 65; *Roxin*, Geld als Objekt von Eigentums- und Vermögensdelikten, H. Mayer-FS 1966, S. 467; *Rudolphi*, Der Begriff der Zueignung, GA 1965, 33; *Ruß*, Die Aneignungskomponente bei Wegnahme eines Behältnisses – Eine Würdigung der Rechtsprechung zum Handtaschendiebstahl(-raub) –, Pfeiffer-FS 1988, S. 61; *Samson*, Grundprobleme des Diebstahls (§ 242 StGB), JA 1980, 285; *Sax*, Bemerkungen zum Eigentum als strafrechtlichem Schutzgut, Laufke-FS 1971, S. 321; *Schaffstein*, Der Begriff der Zueignung bei Diebstahl und Unterschlagung, GerS 103 (1933), 292; *ders.*, Zur Abgrenzung von Diebstahl und Gebrauchsanmaßung, insbesondere beim Kraftfahrzeugdiebstahl, GA 1964, 97; *Schlüchter*, Zweckentfremdung von Geldspielgeräten durch Computermanipulation, NStZ 1988, 53; *dies.*, Bankomatenmissbrauch mit Scheckkarten-Blanketten, JR 1993, 493; *Schmidhäuser*, Über die Zueignungsabsicht als Merkmal der Eigentumsdelikte, Bruns-FS 1978, S. 345; *Schmid-Hopmeier*, Das Problem der Drittzueignung bei Diebstahl und Unterschlagung, 2000; *Schmitz*, Altes und Neues zum Merkmal der Zueignungsabsicht in § 242 StGB, Otto-FS 2007, S. 759; *U. Schmitz*, Der Ladendiebstahl, 2000; *Schramm*, Grundfälle zum Diebstahl, JuS 2008, 678, 773; *Schroth*, Der Diebstahl mittels Code-Karte, NJW 1981, 729; *Seelmann*, Grundfälle zu den Eigentumsdelikten, JuS 1985, 199, 288, 454; *Seelmann/Pfohl*, Gewahrsam bei Bewusstlosigkeit bis zum Eintritt des Todes?, JuS 1987, 199; *Seier*, Der Schutz vor Ladendiebstahl durch Sicherungsetiketten, JA 1985, 387; *Sonnen*, Der Diebstahl nach § 242 StGB, JA 1984, 569; *Steinhilper*, Ist die Bedienung von Bargeldautomaten unter missbräuchlicher Verwendung fremder Codekarten strafbar?, GA 1985, 114; *Stoffers*, Die entgeltliche Rückveräußerung einer gestohlenen Sache an deren Eigentümer durch einen Dritten, Jura 1995, 113; *Tenckhoff*, Der Zueignungsbegriff bei Diebstahl und Unterschlagung, JuS 1980, 723; *Tiedemann*, Computerkriminalität und Missbrauch von Bankomaten, WM 1983, 1326; *Toepel*, Zur Funktion des Einverständnisses bei der Wegnahme im Sinne der §§ 242, 249 StGB, Rudolphi-FS 2004, S. 581; *Ulsenheimer*, Der Zueignungsbegriff im Strafrecht, Jura 1979, 169; *Vitt*, Nochmals: Zur Eigentumsfähigkeit und Diebstahlstauglichkeit von Betäubungsmitteln, NStZ 1992, 221; *ders.*, Verstecken von Ware im Einkaufswagen, NStZ 1994, 133; *Wallau*, Sachbeschädigung als Zueignung, JA 2000, 248; *Wehrig*, Der Gewahrsam als räumliches Phänomen, 1983; *Wessels*, Zueignung, Gebrauchsanmaßung und Sachentziehung, NJW 1965, 1153; *Wiechers*, Strafrecht und Technisierung im Zahlungsverkehr, JuS 1979, 847; *Witthaus*, Probleme der Rechtswidrigkeit und Zueignung bei den Eigentumsdelikten der §§ 242, 246 StGB, 1981; *Zopfs*, Der Tatbestand des Diebstahls, ZJS 2009, 506, 649.

Speziell zu I 3 (Diebstahl im Bagatellbereich): AE-Gesetz gegen Ladendiebstahl, Tübingen 1974; AE-Gesetz zur Regelung der Betriebsjustiz, Tübingen 1975; *Baumann*, Bekämpfung oder Verwaltung der Kleinkriminalität?, Schröder-GS 1978, S. 523; *de Boor-Kohlmann*, Obsessionsdelikte, 1980; *Krümpelmann*, Die Bagatelldelikte, 1966; *Kudlich/Noltensmeier/Schuhr*, Die strafbedürftige geringwertige Tatobjekte im Strafrecht, JA 2010, 542; *Kunz*, Das strafrechtliche Bagatellprinzip, 1984; *Meurer*, Die Bekämpfung des Ladendiebstahls, 1976; *Rieß*, Zur (weiteren) Entwicklung der Einstel-

Übersicht §13

lungen nach § 153a StPO, ZRP 1983, 93; ZRP 1985, 212; *Rössner,* Bagatelldiebstahl und Verbrechenskontrolle, 1976; *Roos,* Entkriminalisierungstendenzen im Besonderen Teil des Strafrechts, 1981; Verhandlungen des 51. DJT 1976: „Empfiehlt es sich, in bestimmten Bereichen der kleinen Eigentums- und Vermögenskriminalität, insbesondere des Ladendiebstahls, die strafrechtlichen Sanktionen durch andere, zum Beispiel zivilrechtliche Sanktionen abzulösen, ggf. durch welche?" (*Deutsch* und *Naucke,* zivilrechtliches bzw. strafrechtliches Gutachten; *Satzger,* Sach- und Vermögenswertgrenzen im StGB, Jura 2012, 786; *Stoll* und *Arzt,* zivilrechtliches bzw. strafrechtliches Referat); *Wagner,* Staatliche Sanktionenpraxis beim Ladendiebstahl, 1979.

Übersicht

	Rn.
I. Kriminalpolitischer Hintergrund und Rechtsgut	1
1. Das Wesen des Diebstahls – Diebstahl als archetypischer Tatbestand?	1
2. Umfang der Diebstahlskriminalität, Tatsituationen und Täter	5
a) Umfang der Diebstahlskriminalität	5
b) Tatsituationen und Täter	13
3. Diebstahl im Bagatellbereich	19
a) Die Problematik des Bagatelldiebstahls	19
b) Die derzeitige Lösung (§ 248a StGB; §§ 153, 153a StPO)	22
c) Einzelheiten zu § 248a	27
4. Rechtsgut	30
a) Eigentum	30
b) Gewahrsam als untergeordnetes Rechtsgut	31
II. Objektiver Tatbestand des § 242	32
1. Fremde bewegliche Sache	32
2. Tathandlung: Wegnahme	37
a) Der Begriff des Gewahrsams	38
b) Bruch des Gewahrsams	53
c) Begründung neuen Gewahrsams	60
d) Besonderheiten bei mehreren Gewahrsamsinhabern	63
III. Subjektiver Tatbestand des § 242	66
1. Vorsatz im Hinblick auf die Wegnahme einer fremden beweglichen Sache	66
2. Zueignungsabsicht – Überblick	67
3. Zueignung nach der Substanztheorie – Grundlagen	74
4. Abgrenzung von Zueignung und Gebrauchsentwendung	79
a) Die quantitative Abgrenzung von Zueignung und Gebrauchsentwendung	81
b) Die Zerlegung der Zueignung in eine Aneignungs- und eine Enteignungskomponente	86
5. Zueignung nach der Sachwert- und der Vereinigungstheorie	92
a) Problemstellung	92
b) Die Lösung nach der Sachwert- und der Vereinigungstheorie	95
c) Stellungnahme	99
d) Ergebnis	109

6. Selbst- und Drittzueignung 114
7. Die Rechtswidrigkeit der Zueignung 122
8. Absicht 123

IV. Rechtswidrigkeit 127

V. Versuchsfragen 130

VI. Beteiligungsfragen 133

VII. Antragserfordernisse, Sondertatbestände und Konkurrenzen 139
1. Antragserfordernisse, §§ 248a, 247 139
2. Sondertatbestände 139a
   a) Unbefugter Gebrauch eines Kraftfahrzeugs, § 248b 140
   b) Unbefugter Gebrauch von Pfandsachen, § 290 148
   c) Entziehung elektrischer Energie, § 248c 149
   d) Erschleichen von Leistungen, § 265a 150
   e) Landesrechtliche Sonderregelungen 152
3. Konkurrenzen 153

I. Kriminalpolitischer Hintergrund und Rechtsgut

1. Das Wesen des Diebstahls – Diebstahl als archetypischer Tatbestand?

1   Das Wesen des Diebstahls besteht darin, dass der Täter eine Sache, die ihm nicht gehört, einem anderen wegnimmt. Obwohl der Täter durch die Wegnahme juristisch nicht Eigentümer wird, will er mit der Sache so verfahren, als ob er Eigentümer wäre, vgl. § 903 BGB. Die Diebstahlskriminalität überragt mit ihrem Anteil von 40,1 % an der angezeigten Kriminalität insgesamt (ohne Straßenverkehrsdelikte) und rund 7,8 % der Verurteilten (insgesamt) bzw. 13,7 % der Verurteilten (ohne Straßenverkehrsdelikte) alle anderen Erscheinungsformen der Kriminalität bei weitem[1]. Deshalb sollte man die Strafbestimmung nicht als etwas Selbstverständliches hinnehmen, sondern über ihre Wurzeln nachdenken. **Rechtsgut** des Diebstahls ist das **Sacheigentum**. Daher gibt es Diebe nur dort, wo es Eigentümer gibt[2]. Ob es Gesellschaften gegeben hat oder geben wird, denen Sacheigentum unbekannt ist oder war, kann dahinstehen. Für die Gegenwart und die absehbare Zukunft ist jedenfalls keine Alternative zum Sacheigentum in Sicht. Daher kann die Lösung des Problems des Diebstahls jedenfalls nicht durch die Beseitigung des Rechtsguts Eigentum erfolgen.

---

1   Vgl. dazu im Einzelnen unten Rn. 5 ff. Die genannten Zahlen entstammen der Polizeilichen Kriminalstatistik, Berichtsjahr 2011, S. 29, und der Strafverfolgungsstatistik, Berichtsjahr 2011, S. 25, 35.
2   Dies ist unabhängig von der Frage zu beurteilen, ob neben dem Eigentum auch der Gewahrsam durch § 242 geschützt wird, vgl. hierzu unten Rn. 31.

Das Eigentum als auch in Zukunft unverzichtbares Rechtsinstitut besagt jedoch noch nichts über die sachliche Gewichtung des Diebstahlverbots. Die gegenteilige Auffassung ist leider weit verbreitet. Die Vorstellung vom **Diebstahl als archetypischem Delikt** verschmilzt mit der Vorstellung, zu stehlen sei etwas besonders Böses, sei in sich zeitlos böse (mala in se) und nicht nur als in unserer Gesellschaft sozialschädlich vom Gesetzgeber mit Strafe bedroht (mala prohibita). 2

Dass der Diebstahl nicht nur gegen das Strafrecht, sondern auch gegen eines der „Zehn Gebote" verstößt, hat sicher zu dieser strengen Bewertung beigetragen, obwohl sich am Ehebruch die Relativierbarkeit der „Zehn Gebote" gezeigt hat. Zudem ist zweifelhaft, ob das biblische Verbot zu stehlen den Diebstahl von Sachen im Auge hatte oder nur den „Diebstahl" von Menschen[3]. – Auffallend ist jedenfalls, dass Versuche einer Entkriminalisierung von Teilbereichen des Diebstahls (konkret des Ladendiebstahls) emotionale Abwehrreaktionen hervorrufen. Man sieht das Wertesystem insgesamt bedroht, wenn Teilbereiche des Bagatelldiebstahls nicht mehr mit strafrechtlichen, sondern nur mit zivilrechtlichen Mitteln geahndet würden[4]. Auch die früheren Pläne des Bundesministeriums der Justiz zur Behandlung des Ladendiebstahls sehen keine zivilrechtliche Lösung vor[5]. Wohl aber wird verstärkt über die Prävention nachgedacht. 3

Gerade für den Diebstahl gilt jedoch, dass eine einzelne Tat nicht Ausdruck einer antisozialen Gesinnung, eines bösen Charakters oder dergleichen ist. Wäre es anders, würde die Massenhaftigkeit des Delikts[6] in der Tat bedeuten, dass wir nicht nur ein **Volk von Dieben,** sondern auch ein Volk mit antisozialer Gesinnung sind, das insgesamt einer Sozialisierung bedarf. In Wirklichkeit sind wir ein Volk von Dieben in dem Sinne, dass viele von uns einmal einen Bagatelldiebstahl begangen haben. Solche Diebstähle werden als Probe falsch verstandenen Mutes, in einer besonderen Versuchungssituation, einer besonderen Not oder „einfach so" begangen. Nur eine nach Tat- und Tätersituation differenzierende Betrachtung, die insbesondere den Bagatelldiebstahl vom übrigen Diebstahl absetzt, kann verhindern, dass unter Berufung auf den „Archetypus" Diebstahl der Diebstahl geringer Vermögenswerte überbewertet wird. Am Rande sei bemerkt, dass die Überbetonung des Diebstahls zugleich von der Wirtschaftskriminalität („white-collar-crime") ablenkt, die im Vermögensbereich zu wesentlich größeren Schäden führt und im Regelfall eine weitaus geschicktere Vorgehensweise erfordert, als der einfache „kleine" Diebstahl[7]. 4

---

3 *Alt,* Kleine Schriften zur Geschichte des Volkes Israel, München 1953, S. 333 ff. (freilich bleibt für Sachdiebstahl der Rückgriff auf die Generalklausel „Du sollst nicht begehren [...]").
4 Vgl. die emotionalen Stellungnahmen des Deutschen Richterbundes, DRiZ 1976, 176, und des 51. DJT, Verh. Bd. II N 88, 89 („bedenkliche Auswirkungen auf das ganze Wertsystem"). – Wer ausschließlich für zivilrechtliche Sanktion bei einem Ladendiebstahl durch den Ersttäter eintritt, wird der „bewusst oder unbewusst, anarchophilen Haltung" (oder Schlimmeren) verdächtigt, vgl. *Meier,* 51. DJT, Verh. Bd. II N 78.
5 Dazu näher unten Rn. 26.
6 Vgl. sogleich unten Rn. 5 ff.
7 Vgl. zu Begriff, Umfang und Ursachen der Wirtschaftskriminalität unten § 19.

2. Umfang der Diebstahlskriminalität, Tatsituationen und Täter

a) Umfang der Diebstahlskriminalität

aa) Polizeilich bekannt gewordene Kriminalität[8]

5   Knapp die Hälfte (40,1 %) der gesamten polizeilich bekannt gewordenen Kriminalität (ohne Straßenverkehrsdelikte) in der Bundesrepublik Deutschland ist Diebstahlskriminalität. 2011 sind der Polizei knapp 1,3 Mio. Fälle des einfachen Diebstahls nach § 242 (darunter ca. 385.500 Ladendiebstähle) und darüber hinaus ca. 1,1 Mio. Fälle des Diebstahls nach den §§ 243–244a (darunter: Fahrraddiebstähle ca. 329.750; Pkw-Aufbrüche ca. 242.500 und Wohnungseinbrüche ca. 132.500) bekannt geworden. Bei insgesamt knapp 6,0 Mio. Straftaten bedeutet dies einen Anteil an der Gesamtkriminalität von ca. 21,65 % (§ 242) bzw. ca. 18,6 % (§§ 243–244a).

Bis in die 80er-Jahre des 20. Jh. betrug der Anteil der Diebstahlskriminalität an der Gesamtkriminalität ungefähr zwei Drittel. Danach nahm ihr Anteil kontinuierlich ab, was anfangs allerdings weniger auf einen Rückgang der Diebstahlsdelikte als auf einen Anstieg der übrigen Kriminalität zurückzuführen war. So standen in den **Ländern der alten Bundesrepublik** im Jahr 1979 den ca. 3,53 Mio. insgesamt bekannt gewordenen Delikten ca. 2,29 Mio. Diebstähle gegenüber, während das Verhältnis für das Jahr 1998 ca. 5,1 Mio. (Delikte insgesamt) zu 2,6 Mio. (Diebstähle) bzw. für das Jahr 2006 ca. 6,3 Mio. (Delikte insgesamt) zu 2,5 Mio. (Diebstähle) betrug. Interessant ist jedoch der Trend, dass die Zahl der Fälle des Diebstahls ohne erschwerende Umstände im gesamten Bundesgebiet in den letzten 20 Jahren einigermaßen konstant blieb (jeweils ca. 1,3 bis 1,6 Mio.), während die Fälle des Diebstahls nach §§ 243–244a kontinuierlich abnahmen (1993: ca. 2,5 Mio. Fälle; 2000: ca. 1,5 Mio. Fälle; 2005: ca. 1,3 Mio. Fälle; 2011 ca. 1,1 Mio. Fälle).

Der einfache Diebstahl wird in der Regel nur angezeigt, wenn er vollendet ist (Anteil der Versuchsfälle knapp über 2 %), während bei den §§ 243–244a Versuchsfälle stärker ins Gewicht fallen (ca. 21,3 %). Dies rührt daher, dass z. B. ein misslungener Einbruch eher bemerkt und angezeigt wird als ein misslungener einfacher Diebstahl.

bb) Aufklärungsquote, Verurteilungen

6   Die **Aufklärungsquote** liegt beim einfachen Diebstahl bei 40,8 % (mit seit Jahren sinkender Tendenz), bei §§ 243–244a bei ca. 15 % (mit in etwa gleichbleibender Tendenz)[9]. Die Zahlen sind freilich nicht aussagekräftig. Die relativ hohe Aufklärungsquote bei § 242 hängt, wie eben bereits erwähnt, damit zusammen, dass das Opfer häufig nur anzeigt, wenn es den Dieb kennt. Die seit Jahren bei weit über 90 % liegende Aufklärungsquote für Ladendiebstahl zeigt besonders deutlich die Reduzierung der Anzeigen auf schon vom Opfer aufgeklärte Fälle. Würde der Ladendiebstahl entkriminalisiert, würde die statistische Aufklärungsquote für die verblei-

---

8   Die nachfolgenden Zahlen entstammen der Polizeilichen Kriminalstatistik, Berichtsjahr 2011; zu den Zahlen aus dem Jahr 2006 vgl. die Vorauflage.
9   Diese Zahlen stammen aus der Polizeilichen Kriminalstatistik, Berichtsjahr 2011, S. 80.

benden einfachen Diebstähle spürbar sinken. Andersherum ausgedrückt: Der Ladendiebstahl „verschönt" die an sich wesentlich niedrigere Aufklärungsquote für den einfachen Diebstahl. Informativ ist die Aufklärungsquote deshalb nur, wenn man den Diebstahl in einzelne Fallgruppen aufschlüsselt und für diese Gruppen getrennte Dunkelziffern und Aufklärungsquoten aufstellt.

Der **Anteil der Verurteilungen** wegen Diebstahls liegt mit ca. 7,8 % (Gesamtkriminalität) bzw. 13.7% (Gesamtkriminalität ohne Verkehrsdelikte) wesentlich niedriger, als es dem Anteil an der gesamten bekannt gewordenen Kriminalität entsprechen würde. Hier mag die beim Diebstahl (Ausnahme: Ladendiebstahl) im Vergleich zur Kriminalität insgesamt niedrigere Aufklärungsquote eine Rolle spielen, ebenso die häufige Einstellung nach §§ 153, 153a StPO i. V. m. § 248a StGB[10]. Die verhängten **Strafen** sind für Ersttäter **sehr niedrig**.

cc) Dunkelziffer

Pauschale Schätzungen der Dunkelziffer[11] für den Diebstahl sind nutzlos. So versteht es sich z. B. von selbst, dass nahezu jeder Diebstahl **von** Kraftfahrzeugen vom Opfer erstens bemerkt und zweitens auch angezeigt und damit der Polizei bekannt wird. Beim Diebstahl **aus** Kraftfahrzeugen ist es demgegenüber so, dass zwar fast jeder Diebstahl vom Opfer bemerkt werden dürfte, aber vielfach eine Anzeige (weil eine Ermittlung aussichtslos zu sein scheint) unterlassen wird. Insofern entsteht also bereits hier ein Dunkelfeld. Was Ladendiebstähle angeht, liegen die Dinge so, dass das Opfer zwar eine Inventurdifferenz bemerken wird, aber schon Mühe hat festzustellen, welcher Anteil des Schwundes auf Diebstahl zurückzuführen ist. Erst recht ist es nicht möglich, hier die Zahl der einzelnen Taten anzugeben. Polizeilich bekannt werden fast nur solche Ladendiebstähle, bei denen der Täter auf frischer Tat gefasst wird. Bereits aus diesen Überlegungen folgt, dass beim Diebstahl von bzw. aus Kraftfahrzeugen sowie beim Ladendiebstahl wegen der unterschiedlichen Tatsituationen ganz andere Dunkelziffern bestehen.

Die Zahl der nicht polizeilich bekannt werdenden Diebstähle (und damit die Dunkelziffer) verhält sich umgekehrt proportional zum Wert der gestohlenen Sache. Im Bagatellbereich ist die Dunkelziffer besonders groß. Deshalb sollte es nicht überraschen, wenn Täterbefragungen, die im Zusammenhang mit Dunkelfeldforschungen unternommen werden, ein hohes Maß an eingestandenen Diebstählen ans Licht bringen. Solange geringfügige, bei genauer Betrachtung gar nicht strafwürdige Handlungen (**Beispiel:** Der Wanderer pflückt Kirschen von einem erkennbar schon abgeernteten Baum oder er liest einen Apfel auf etc.) nicht ausgeschieden

---

10 Vgl. unten Rn. 22 ff.
11 Dazu allgemein oben § 1 Rn. 24 f.

werden, ergeben solche Täterbefragungen aber ein verzerrtes Bild, denn es übersteigt die vorhandene Kriminalität[12].

10 Dass eine einigermaßen zuverlässige **Aufhellung des Dunkelfeldes** unmöglich ist, zeigt das **Beispiel des Ladendiebstahls:** Geht man mit – allerdings stark schwankenden – Schätzungen von einem jährlichen Gesamtverlust durch Ladendiebstähle in Höhe etwa 1 Milliarde € aus und stellt in Rechnung, dass durch die polizeilich registrierten vollendeten rund 362.350 Fälle ein Gesamtschaden von ca. 26,0 Mio. €[13] verursacht wird (also pro Fall ca. 72 €), so gelangt man zur Annahme von über 13,9 Mio. Ladendiebstählen jährlich. – Dieser exorbitante Wert lässt sich durch keinen anderen Versuch[14] der Ermittlung der Dunkelziffer auch nur näherungsweise bestätigen.

dd) Folgeschäden

11 Auch wenn man das in solchen Schätzungen liegende spekulative Element außer Betracht lässt, ist der durch Diebstahl verursachte Schaden beträchtlich. Zwar liegt beim einfachen Diebstahl in etwa 20,7% der Fälle die Schadenshöhe unter 15 € (37% unter 50 €) und in nur knapp 15 % der Fälle beträgt der Schaden mehr als 500 €[15]. Dieses Bild ändert sich jedoch bei den Delikten nach §§ 243–244a deutlich. Hier liegt der Anteil der Taten mit Schäden unter 15 € nur noch bei 7,2% (11% unter 50 €), andererseits ist in ca. 41,4 % der Fälle ein Schaden über 500 € zu verzeichnen. – Versucht man den durch die Diebstahlskriminalität verursachten **Gesamtschaden** zu ermessen, ist natürlich zunächst die Summierung der – für sich genommen relativ niedrigen – Einzelbeträge zu einem volkswirtschaftlich bedeutenden Verlust zu beachten. Vor allem aber sind die **Folgeschäden des Massendelikts „Diebstahl"** empfindlich. Zu den gesellschaftlichen Folgen gehört die Sozialisierung der durch Kriminalität entstehenden Verluste, insbesondere durch die Verteuerung der Waren. Sowohl die Überwachungsmaßnahmen aller Art wie auch die Einschränkung der kostengünstigen Verkaufsform „Selbstbedienung" oder die für Diebstahlsversicherungen aufzuwendenden Prämien fließen in den Preis mit ein. Eine umfangreiche privatwirtschaftliche Sicherheitsindustrie lebt primär von den privaten Anstrengungen, Diebstähle zu verhüten. Der Staat fördert die **Sicherheitsmentalität** mit dem bezeichnenden *Slogan*, es sei besser, den Dieb auszusperren als ihn einzusperren[16].

---

12 Nachweise bei *Rössner*, Bagatelldiebstahl und Verbrechenskontrolle, 1976, S. 119 ff.; Tenor: Bagatelldiebstahl als gelegentliche Verfehlung des nicht registrierten Normaltäters.
13 Polizeiliche Kriminalstatistik, Berichtsjahr 2011, S. 79.
14 Z. B. Zunahme der festgestellten Taten bei gezielter schwerpunktmäßiger Überwachung; Relation der bei anderen Diebstahlskategorien ermittelten Dunkelziffer; Täterbefragungen. Wir wissen auch nicht, ob der Schwund dadurch entsteht, dass viele gelegentlich stehlen oder wenige oft.
15 Diese und die folgenden Zahlen aus der Polizeilichen Kriminalstatistik, Berichtsjahr 2011, S. 79, 179, 187.
16 Näher dazu beim Einbruchsdiebstahl unten § 14 Rn. 7 f., für den die Verbindung des Angriffs auf das Eigentum mit der Bedrohung des persönlichen Sicherheitsgefühls charakteristisch ist.

Tatsituationen und Täter § 13 Rn. 12–16

Weitere mittelbare Rechtsgutseinbußen können in einem Abbau von Dienstleistungen liegen. Werden z. B. Warenautomaten zu oft aufgebrochen, wird diese Möglichkeit, außerhalb der Ladenöffnungszeiten einzukaufen, als wirtschaftlich uninteressant beseitigt. Wie beim Vandalismus kann vermehrter Diebstahl zu einer Einbuße an Lebensqualität führen. Solche mittelbaren Verluste bleiben bei einer rein dogmatischen, sich auf das Rechtsgut Eigentum beschränkenden Perspektive von vornherein außer Betracht. 12

b) Tatsituationen und Täter

Schon aus dem StGB ergeben sich Aufschlüsselungen des Diebstahls, und zwar nach der **Begehungsweise** (Einbruch: § 243 I 2 Nr. 1, § 244 I Nr. 3; Ausnutzung der Hilflosigkeit: § 243 I 2 Nr. 6; Diebstahl mit Waffen: § 244 I Nr. 1), nach dem **Tatobjekt** (geringwertige Sachen: § 248a; Sachen für Gottesdienste: § 243 I 2 Nr. 4; Sachen aus öffentlichen Ausstellungen: § 243 I 2 Nr. 5) und nach dem **Täter** (gewerbsmäßiger Diebstahl: § 243 I 2 Nr. 3; Bandendiebstahl: § 244 I Nr. 2, § 244a). 13

Die Polizeiliche Kriminalstatistik (PKS) verfeinert diese Aufschlüsselung sowohl nach der Begehungsweise als auch nach dem Tatobjekt oder nach den Tätern. Bei der **Begehungsweise** wird insbesondere nach dem Tatort detailliert aufgeschlüsselt (aus Wohnräumen, Rohbauten, Keller- und Bodenräumen, Warenhäusern, Kiosken, Kraftfahrzeugen usw.). Über dieses Tatort-Feinraster wird dann das allgemeine, gröbere Raster der Tatortverteilung von der Großstadt bis zur Kleinstadt gelegt. – Beim **Tatobjekt** wird aufgeschlüsselt in Diebstahl von Kraftwagen, Fahrrädern und unbaren Zahlungsmitteln, aus Kraftfahrzeugen, von Schusswaffen, Antiquitäten, Kunst- und sakralen Gegenständen usw. – Sowohl die Unterteilung der Begehungsweisen als auch der Tatobjekte wird mit der vom StGB vorgenommenen Unterteilung in den „einfachen" und den „schweren" Diebstahl (§ 242 bzw. §§ 243–244a) kombiniert. 14

Darüber hinaus gibt die PKS Auskunft über die Täter (Alter, Geschlecht, Staatsangehörigkeit). Der **Anteil der Kinder und Jugendlichen** ist besonders hoch[17]: Bei § 242 liegt er bei 26,7 % und bei §§ 243–244a bei 23,1 % aller Tatverdächtigen. Über 41% der von männlichen und 63,2% der von weiblichen Kinder begangenen Straftaten sind einfache Diebstähle (bei Jugendlichen: 29,4% bzw. 48,1%)[18]. Auch bei der Kriminalität der alten Menschen tritt der besonders hohe Anteil des Diebstahls hervor. Es dominiert der einfache Diebstahl nach § 242: 25,3 % aller über 60 Jahre alten Männer und 42,1 % aller über 60 Jahre alten Frauen, die einer Straftat verdächtig sind, werden des einfachen Diebstahls beschuldigt. Meist handelt es sich dabei um Ladendiebstahl. Dagegen sinkt die Zahl bei Taten nach §§ 243–244a auf 1,4 bzw. 0,8%[19]. 15

Rechtspolitisch wäre es angesichts der großen Bedeutung der Diebstahlskriminalität unerträglich, würden die extrem weitreichenden Unterschiede in der Tat-Täter-Opfer-Situation auch künftig hinter der abstrakten Fassung der §§ 242 ff. verborgen. Sonderregelungen mit dem Ziel einer **sektoralen Entkriminalisierung** des 16

---

17 Diese und die folgenden Zahlen aus der Polizeilichen Kriminalstatistik, Berichtsjahr 2011 (jeweils ohne Straßenverkehr), S. 178, 185.
18 Zahlen aus der Polizeilichen Kriminalstatistik, Berichtsjahr 2011, S. 105.
19 Zahlen aus der Polizeilichen Kriminalstatistik, Berichtsjahr 2011, S. 108.

Diebstahls, wie sie der Alternativ-Entwurf für den Ladendiebstahl und den Diebstahl am Arbeitsplatz vorgeschlagen hat, sind daher zu begrüßen[20].

17 Die Erforschung der **Ursachen des Diebstahls** markiert zugleich den Beginn der sozialwissenschaftlichen Kriminologie. *G. v. Mayr* hatte 1865 eine „den jungen Statistiker geradezu erfreuende Regelmäßigkeit der Beeinflussung der Verfehlichkeit durch die Roggenpreise"[21] festgestellt. Sein **Getreidepreisgesetz** hatte er dahin formuliert, „dass in der Periode 1835/61 so ziemlich jeder Sechser, um den das Getreide im Preis gestiegen ist, auf je 100.000 Einwohner im Gebiete (des Königreichs Bayern) diesseits des Rheins einen Diebstahl mehr hervorgerufen hat, während andererseits das Fallen des Getreidepreises um einen Sechser je einen Diebstahl bei der gleichen Zahl von Einwohnern verhütet hat"[22]. Schon *G. v. Mayr* hatte also auf die **Bedeutung der wirtschaftlichen Situation** für die Entwicklung der Diebstahlskriminalität hingewiesen und deshalb später vom „Gesetz des Parallelismus von Nahrungserschwerung und Diebstählen" gesprochen[23]. Spätere Untersuchungen haben die Korrelationen zwischen der Vermögenskriminalität und der Entwicklung des Reallohns bzw. der Arbeitslosigkeit erhärtet[24]. Die Häufigkeit der Eigentums- und Vermögensdelikte und die wirtschaftliche Lage, in der sich eine Gesellschaft befindet, stehen also nicht unverbunden nebeneinander!

18 **Heute** sind solche Zusammenhänge verwischt. Das Motiv der Not spielt eine weitaus geringere Rolle als früher, sodass der Gesetzgeber geglaubt hat, den Tatbestand der **Notentwendung** (§ 248a StGB i. d. F. bis zum 31.12.1974, Strafdrohung bis zu 3 Monaten Freiheitsstrafe) beseitigen zu können. Ob heute wirklich Diebstähle überwiegend zur **Wohlstandskriminalität** gehören, ist jedoch zweifelhaft. Dass Schüler unter den Ladendieben am stärksten vertreten sind, spricht eher dagegen. Die Garantie eines Existenzminimums (und insoweit: die Beseitigung existenzieller Not), ändert nichts daran, dass es für den Einzelnen bedrückend ist, unter dem in einer Gesellschaft als „normal" angesehenen Niveau zu leben. Ob der Abstand zwischen „reich" und „arm" sowie zwischen Wunsch und Wirklichkeit je so weit verringert werden kann, dass die Überbrückung der Unterschiede nicht mehr mit strafbaren Handlungen erstrebt wird, ist allerdings zu bezweifeln.

3. Diebstahl im Bagatellbereich

a) Die Problematik des Bagatelldiebstahls

19 Sondertypen des Diebstahls waren dem deutschen Strafrecht von jeher bekannt. So gab es Sonderregelungen für den Feld- und Forstdiebstahl, der lange dem Landesrecht zur Regelung überlassen war[25]. Bis 1974 kannte man zudem die „Notentwendung", § 248a a. F. und den „Mundraub",

---

20 AE-Gesetz gegen den Ladendiebstahl, 1974; AE-Gesetz zur Regelung der Betriebsjustiz 1975. – Zum Ladendiebstahl vgl. auch die Verhandlungen des 51. DJT 1976 (Gutachten von *Deutsch* und *Naucke*, Referate von *Stoll* und *Arzt*).
21 *G. v. Mayr*, Statistik und Gesellschaftslehre, Bd. 3, Tübingen 1917, S. 949.
22 *G. v. Mayr*, Statistik und Gesellschaftslehre, Bd. 3, Tübingen 1917, S. 950 (wörtliches Zitat aus der Publikation von 1867). – Lesenswert zur Sozialgeschichte Preußens vor 1848 *Blasius*, Bürgerliche Gesellschaft und Kriminalität, Göttingen 1976, dessen Beurteilung der Resonanz *v. Mayrs* (S. 11) vielleicht anders ausgefallen wäre, wenn er dessen hier zitiertes Hauptwerk, in dem sich *v. Mayr* mit dem Echo auf seine früheren Veröffentlichungen befasst, mit berücksichtigt hätte.
23 *G. v. Mayr*, Statistik und Gesellschaftslehre, Bd. 3, Tübingen 1917, S. 952.
24 *Renger*, Kriminalität, Preis und Lohn (Kriminalistische Abhandlungen, herausgegeben von *Exner*, Heft 19), Leipzig 1933.
25 Vgl. hierzu unten Rn. 152.

Diebstahl im Bagatellbereich § 13 Rn. 20–22

§ 370 Nr. 5 a. F., der als bloße Übertretung ausgestaltet war (Versuch und Beihilfe waren hier straflos). Diese Vorschriften wurden ersatzlos gestrichen. Dennoch erscheint eine solche **Sonderregelung des Bagatellbereichs** aus folgenden Gründen unausweichlich:

Materiell-rechtlich ist der Diebstahl als Wegnahme fremden Eigentums so definiert, dass auch die Wegnahme ganz geringfügiger Werte bzw. sogar **wertloser Sachen** erfasst wird. Darin liegt der Unterschied etwa zur Körperverletzung, bei welcher schon über die materiell-rechtliche Definition der Misshandlung unerhebliche Rechtsgutverletzungen ausgeschieden werden[26]. – Das vom Dieb angegriffene Rechtsgut Eigentum unterliegt zwar der **Sozialbindung** (vgl. Art. 14 II GG: „Eigentum verpflichtet. Sein Gebrauch soll zugleich dem Wohle der Allgemeinheit dienen."). Diese Sozialbindung besteht aber nach heutigem Verständnis nur gegenüber dem Staat. Anderseits ist die allgemeine „Fürsorge" heute eine staatliche Aufgabe, die der Staat mit Steuermitteln abdeckt (die sich wiederum teilweise aus der Sozialpflichtigkeit des Eigentums ergeben). Dies führt aber dazu, dass sich der einzelne Diebstahlstäter nicht (etwa im Wege eines allgemeinen Korrektivs der „Sozialadäquanz") auf eine Sozialpflichtigkeit des Eigentümers berufen kann[27]. Eine Straflosigkeit lässt sich in diesen Bereichen also nur durch eine Sonderregelung des Not- bzw. Bagatelldiebstahls erreichen. 20

Über eine solche materiell-rechtliche Sonderregelung hinaus, kann aber auch eine Einschränkung der Strafverfolgung im Bagatellbereich mithilfe des Prozessrechts erreicht werden, denn das Geringfügigkeitsprinzip ist nicht auf das materielle Recht beschränkt[28]. Ein Verfolgungszwang gem. § 152 II StPO (Legalitätsprinzip) ist im Bagatellbereich unangemessen. 21

b) Die derzeitige Lösung (§ 248a StGB; §§ 153, 153a StPO)

Während der Gesetzgeber im Jahre 1974 die „Übertretungen" aus dem StGB ausgegliedert und in den meisten Fällen – unter sachlicher Beibehaltung des Verbotstatbestandes – als Ordnungswidrigkeit ausgestaltet hat (vgl. §§ 111 ff. OWiG), schlug er bei den Privilegierungen des Diebstahls einen anderen Weg ein: Die Übertretung des Mundraubs (§ 348 a. F.) und der Privilegierungstatbestand der Notentwendung (§ 248a a. F.) wurden ersatzlos gestrichen! Stattdessen wurde der geringfügige Diebstahl generell in § 248a n. F. geregelt – was zu einer erheblichen Verschärfung im Bagatellbereich geführt hat, da § 248a lediglich ein Strafantragserfordernis enthält, nicht aber die Strafe mildert (oder gar von Strafe absieht)[29]. § 248a 22

---

26 Dazu oben § 6 Rn. 10, 46.
27 Vgl. dagegen 5 Moses 23, 25, 26: „Wenn Du in Deines Nächsten Weinberg gehst, so magst Du Trauben essen nach Deinem Willen, bis Du satt hast; aber Du sollst nichts in Dein Gefäß tun. [...] Wenn Du in die Saat Deines Nächsten gehst, so magst Du mit der Hand Ähren abrupfen; aber mit der Sichel sollst Du nicht darin hin und her fahren."
28 Vgl. oben § 1 Rn. 22.
29 Da § 248a a. F. maximal 3 Monate Freiheitsstrafe angedroht hatte, § 248a n. F. jedoch keinen besonderen Strafrahmen mehr enthält, ist der Strafrahmen für Notdiebstahl durch die „Reform" von bis zu 3 Monaten auf bis zu 5 Jahren Freiheitsstrafe heraufgesetzt worden. – Die Aufwertung des Mundraubs von der Übertretung (§ 370 I Nr. 5 a. F.) zum Vergehen (§ 242) hat zur Folge, dass nunmehr auch eine Beihilfe (§ 27) strafbar ist, die nach früherem Recht bei Übertretungen straflos war. BVerfGE 50, 205 hat jedoch die Verfassungsmäßigkeit der Regelung bestätigt.

StGB ist dabei aber im **Zusammenhang mit der zunehmenden Lockerung des Legalitätsprinzips** seit 1975 durch die §§ 153, 153a StPO zu sehen[30].

23 Nach § 248a wird der Diebstahl geringwertiger Sachen von Amts wegen nur noch bei Vorliegen eines **besonderen öffentlichen Interesses** verfolgt. Die Bedeutung des § 248a ist aber nicht darin zu sehen, dass die Strafverfolgung erst auf die Initiative des Geschädigten hin in Gang kommt. Auch bei wertvollen Sachen erfährt die Polizei regelmäßig erst durch die Anzeige des Geschädigten (§ 158 StPO) von der Tat. Trotz der Unterschiede zwischen bloßer Anzeige (Mitteilung eines Straftatverdachts) und Strafantrag (Erklärung des Antragsberechtigten, d. h. regelmäßig des Verletzten, § 77 I, dass er die Strafverfolgung wünscht) wird mit der Anzeige der Straftat durch den Verletzten meist der Strafantrag verbunden. Die Entlastung der Polizei, der Staatsanwaltschaft und vor allem der Gerichte wird deshalb nicht materiell-rechtlich durch § 248a, sondern prozessrechtlich durch die auf § 248a zugeschnittenen besonderen Einstellungsmöglichkeiten erreicht.

24 Aus § 248a StGB und den §§ 153, 153a StPO ergibt sich im Hinblick auf eine Nichtverfolgung im Bereich des Bagatelldiebstahls folgendes **3-Stufen-Schema: 1. Stufe:** Geht es um eine geringwertige Sache und liegt weder ein Antrag des Verletzten noch ein besonderes öffentliches Interesse an der Strafverfolgung vor, so findet keine Verfolgung statt, § 248a StGB. – **2. Stufe:** Geht es um eine (absolut) geringwertige Sache und liegt zwar ein Antrag des Verletzten, nicht jedoch ein öffentliches Interesse an der Strafverfolgung vor, so kommt es regelmäßig zur Einstellung des Verfahrens durch die Staatsanwaltschaft (eine Beteiligung des Richters ist nicht erforderlich!), §§ 248a StGB, 153 I 1, 2 StPO (Tatfolgen gering) – **3. Stufe:** Geht es um eine (relativ) geringwertige Sache[31] und liegt entweder ein Antrag des Verletzten oder ein besonderes öffentliches Verfolgungsinteresse vor, wird das Verfahren durch die Staatsanwaltschaft eingestellt (wiederum ohne den Richter, § 153a I 6 i. V. m. § 153 I 2), nachdem der Verdächtige die von der Staatsanwaltschaft verhängten Auflagen und Weisungen i. S. des § 153a I 1 StPO (z. B. eine Geldzahlung an die Staatskasse) erfüllt hat, durch die das öffentliche Interesse an der Verfolgung entfallen ist, §§ 248a StGB, 153a I StPO[32].

25 Diese letzte Stufe der Nichtverfolgung ist auf heftige und teilweise berechtigte Kritik gestoßen: Dem Schuldigen wird ein **Freikauf** *(Schmidhäuser)*[33] ermöglicht, bei dem der Preis zwischen ihm und der Staatsanwaltschaft (ohne Einschaltung der Ge-

---

30 Näher hierzu BVerfGE 50, 205 (214); *Dreher*, Welzel-FS 1974, S. 917 (934 ff.); *Krümpelmann*, Die Bagatelldelikte, 1966, passim.
31 Vgl. zu den Begriffen „absolute" und „relative" Geringfügigkeit noch unten Rn. 27.
32 Zur großen Bedeutung und zur Handhabung des § 153a StPO in der Praxis vgl. z. B. *Rieß*, ZRP 1983, 93; *ders.*, ZRP 1985, 212.
33 *Schmidhäuser*, JZ 1973, 529; kritisch auch *Arzt*, JuS 1974, 693 (695); *ders.*, JZ 1976, 54; *Hanack*, Gallas-FS 1973, S. 339; *Hirsch*, ZStW 92 (1980), 218 (224 ff.); *Weber* in: Elster/Lingemann/Sieverts/Schneider, Handwörterbuch der Kriminologie, Bd. 5, 2. Aufl. 1998, S. 40 (48 ff.). – Positiv zu § 153a StPO *Dreher*, Welzel-FS 1974, S. 917 (935 f.). – Weitere Nachw. bei *Meyer-Goßner*, StPO, 56. Aufl. 2013, § 153a Rn. 2. – Zusammenfassend *Kunz*, Das strafrechtliche Bagatellprinzip, 1984, S. 57 ff.

richte) ausgehandelt wird. – Der Unschuldige, der Angst hat, seine Unschuld nicht „beweisen" zu können, wird oft angesichts eines unsicheren Prozessausganges bzw. der Strapazen, die ein Strafverfahren mit sich bringt, faktisch zur **Unterwerfung** *(Dencker)*[34] gezwungen. Hat der Täter mehrere Straftaten begangen, werden ihm aber darüber hinaus noch weitere Taten vorgeworfen, die er nicht begangen hat, kann es für ihn günstiger sein, pauschal „alles zu gestehen", um dadurch eine Einstellung zu erreichen (ein vergleichbares Problem stellt sich – sogar in noch verschärfter Form – im Rahmen der Absprachenpraxis im Strafverfahren, dem sog. „Deal", § 257c StPO). – Letztlich handelt es sich bei den nach § 153a StPO eingestellten Verfahren um **Verdachtsstrafen**[35], die vom Staatsanwalt formal im Wege der Auflagen und Weisungen verhängt werden.

Überzeugender erscheint dagegen der Weg einer **sektoralen Entkriminalisierung** 26 durch Nutzbarmachung bzw. Aktivierung der materiell-rechtlichen und prozessualen Möglichkeiten des Zivilrechts. Statt strafrechtlicher Sanktionen könnte z. B. der Ladendiebstahl bei Ersttätern eine Schadensersatzpauschale nach sich ziehen, die dem Geschädigten zusteht und von ihm zivilrechtlich durchzusetzen ist[36].

c) Einzelheiten zu § 248a

§ 248a erfordert das Vorliegen einer „geringwertigen Sache". Eine absolute Geringwertigkeit ist bis etwa 50 € anzunehmen[37]. Der Wert ist objektiv, d. h. ohne Rücksicht auf die Verhältnisse des Täters oder des Opfers zu bestimmen[38]. Das ist zwar streitig, dieser Streit ist jedoch deshalb nahezu bedeutungslos, weil bei der Entscheidung über die Einstellung auf das öffentliche Strafverfolgungsinteresse abzustellen ist und **dabei** die besonderen Verhältnisse von Täter und Opfer unzweifelhaft mit zu berücksichtigen sind.

---

34 *Dencker*, JZ 1973, 144 (149).
35 Solange eine richterliche Entscheidung aussteht, kann die Auflage nur an eine Verdachtslage anknüpfen. Zu beachten ist freilich, dass § 153a I, der im Gegensatz zu § 153 I StPO („Schuld [...] als gering anzusehen wäre") nicht konjunktivisch gefasst ist, theoretisch voraussetzt, dass die Staatsanwaltschaft durchermittelt hat; sie muss den Sachverhalt also an sich als geklärt ansehen (im Sinne einer Schuld des Beschuldigten); hierzu *Kunz*, Das strafrechtliche Bagatellprinzip, 1984, S. 53, 71.
36 Darauf läuft auch der Vorschlag des Entwurfs eines Gesetzes gegen Ladendiebstahl (AE-GLD, 1974) hinaus. – Die amtlichen Reformüberlegungen sehen dagegen eine zivilrechtliche Lösung der Ladendiebstahlsproblematik nach wie vor nicht vor. Gedacht wird vielmehr an „die Einziehung normierter Strafgelder [neuartige Sanktion?] durch die Polizei zum Zweck der Bekämpfung gerade der bei uns praktisch straffreien [?] Alltagskriminalität im Bereich von Ladendiebstahl und vergleichbaren Delikten [...]"; vgl. *Däubler-Gmelin*, ZRP 1999, 81 (83); kritisch dazu *Heitmann*, ZRP 1999, 230 (232); *Sauter*, Recht und Politik 1999, 19; zum pauschalierten Schadensersatz bei Ladendiebstahl (Berücksichtigung von Bearbeitungskosten, Kosten für Überwachungsmaßnahmen, Fangprämien etc.) vgl. auch BGHZ 75, 230.
37 OLG Frankfurt a.M., NStZ-RR 2008, 311 (mit Besprechung *Jahn*, JuS 2008, 1024); OLG Zweibrücken, NStZ 2000, 536; *Lackner/Kühl*, § 248a Rn. 3; *MüKo-Hohmann*, 2. Aufl., § 248a Rn. 6; *Satzger*, Jura 2012, 786 (794); a. M. aber OLG Oldenburg, NStZ-RR 2005, 111; *Fischer*, § 248a Rn. 3a: höchstens 30 €. – Eine „Dynamisierung" entsprechend der allgemeinen Wertauffassung und der Geldentwertung ist selbstverständlich. Nicht auf den konkreten Euro-Betrag, sondern auf „Art und Wert der Tatobjekte" abstellend *S/S/Eser/Bosch*, § 248a Rn. 10.
38 Anders *Lackner/Kühl*, § 248a Rn. 3.

Da bei **absoluter Geringwertigkeit** nach § 153 StPO einzustellen ist – und zwar ohne den Täter durch Auflagen zu belasten – folgt aus der Stufung zwischen § 153 StPO und § 153a StPO entgegen der h. M. zwingend, dass es einen Bereich **relativer Geringfügigkeit** i. S. des § 153a StPO geben muss. Reicht die Geringfügigkeit, die eine selbstständige Einstellung der Staatsanwaltschaft nach § 153 I 2 ermöglicht, bis etwa 50 €, dürfte Geringfügigkeit i. S. des § 153a I 7 StPO bis etwa 75,– € reichen[39], denn bei § 153a StPO wird der mutmaßliche Täter durch Auflagen etc. spürbar belastet. Deshalb nimmt § 153a I 7 StPO auf die geringen Folgen i. S. des § 153 I 2 StPO nur „entsprechend" Bezug.

28 Obwohl die Geringfügigkeit für den Umfang der Schuld relevant ist, führt die irrige Annahme des Täters, eine objektiv wertvolle Sache sei geringwertig, nicht zur Anwendung des § 248a[40]. Über das Strafantragserfordernis entscheidet die **objektive Sachlage,** denn auch die Wegnahme geringwertiger Sachen stellt einen tatbestandsmäßigen, rechtswidrigen und schuldhaften Diebstahl dar[41].

29 Das Strafantragsrecht ist in den §§ 77 ff. näher geregelt. Antragsberechtigt ist bei § 248a nur der Eigentümer. Dies folgt zwingend aus dem Rechtsgut des § 242 welches, wie noch zu zeigen sein wird, ausschließlich im Eigentum zu sehen ist[42].

4. Rechtsgut

a) Eigentum

30 § 242 knüpft eine Bestrafung an die Wegnahme einer fremden beweglichen Sache[43]. **Fremd** ist eine Sache, wenn sie in fremdem Eigentum steht. § 242 schützt somit (wie § 303 und § 246) das **Eigentum.** Zur Beurteilung der Eigentumslage kann auf das BGB-Sachenrecht verwiesen werden. Die Eigentumsordnung des BGB liegt dem strafrechtlichen Schutz des Eigentums zugrunde („Zivilrechtsakzessorietät")[44].

b) Gewahrsam als untergeordnetes Rechtsgut

31 § 242 schützt das Eigentum gegen einen bestimmten Angriff, nämlich gegen Wegnahme. Da diese den Bruch fremden Gewahrsams, d. h. einer

---

39 Anders allerdings die h. M.; vgl. *Meyer-Goßner*, StPO, 56. Aufl. 2013, § 153a Rn. 9, der davon ausgeht, dass durch die Verweisung auf § 153 I 2 StPO deutlich werde, dass hier die gleiche Grenze gelten soll.
40 *Fischer*, § 248a Rn. 6; MüKo-*Hohmann*, 2. Aufl., § 248a Rn. 14; NK-*Kindhäuser*, § 248a Rn. 8.
41 Wie sich aus § 16 I 1 ergibt, entlastet den Täter nur der Irrtum über Tatbestandsmerkmale, nicht aber über Antragserfordernisse und deren Voraussetzungen; vgl. z. B. *Baumann/Weber/Mitsch*, § 20 Rn. 19 und § 21 Rn. 23. – Jedoch ist die irrige Annahme der Geringwertigkeit bei der Strafzumessung zu berücksichtigen. Deshalb ist der Irrtum über die Geringwertigkeit bei § 243 II zu beachten, vgl. unten § 14 Rn. 31.
42 Vgl. unten Rn. 30 f.
43 Zum Begriff der Sache vgl. oben § 12 Rn. 11 ff. (zu § 303) sowie unten Rn. 32.
44 *Bruns,* Die Befreiung des Strafrechts vom zivilistischen Denken, Berlin 1938, hat gezeigt, dass ein eigener strafrechtlicher Eigentumsbegriff nicht zu empfehlen ist.

fremden tatsächlichen Sachherrschaft voraussetzt, wird teilweise angenommen, dass neben dem Eigentum als weiteres Rechtsgut auch der Gewahrsam durch § 242 geschützt sei[45]. Der Streit ist unfruchtbar[46]. Immer dann, wenn der Gesetzgeber die Art des Angriffs gegen ein Rechtsgut näher umschreibt, ergibt sich ein mittelbarer und zugleich unselbstständiger Schutz gegen das zur Verletzung des primären Rechtsguts eingesetzte Mittel. Praktische Konsequenzen hat die Frage zudem allein[47] im Hinblick auf das **Antragsrecht** nach §§ 247, 248a: Soll dieses Recht – sofern Eigentümer und Gewahrsamsinhaber auseinanderfallen – nur dem Eigentümer oder auch dem Gewahrsamsinhaber, möglicherweise sogar gegen den Willen des Eigentümers, zustehen? Angesichts der Dominanz des Rechtsguts „Eigentum" ist ein Antragsrecht des Gewahrsamsinhabers abzulehnen. Insoweit kann es dahinstehen, ob man dieses Ergebnis darauf stützt, dass nur das Eigentum von § 242 geschützt wird, oder ob man den Gewahrsam zwar als ebenfalls geschütztes, gegenüber dem Eigentum aber nur sekundäres Rechtsgut ansieht.

II. Objektiver Tatbestand des § 242

1. Fremde bewegliche Sache

Kaum Probleme wirft das Merkmal der beweglichen Sache auf. Der **Sachbegriff** folgt dem Zivilrecht (§ 90 BGB: „körperliche Gegenstände") mit der Maßgabe, dass jedenfalls im Strafrecht auch Tiere (vgl. § 90a BGB) als Sachen anzusehen sind[48]. Erfasst sind auch wertlose Sachen, was daraus folgt, dass der Diebstahl in erster Linie ein Eigentums- und kein Vermögensdelikt ist. Da es gerade um die Körperlichkeit des Gegenstandes geht, gibt es insoweit keinen durch § 242 geschützten „geistigen Diebstahl", etwa an dem in einem urheberrechtlich geschützten Werk (Buch, Musik-CD) enthaltenen „geistigen Eigentum". Zwar umfasst Art. 14 GG nicht nur das körperliche, sondern auch das geistige Eigentum, der Diebstahlstatbestand reicht indes nicht so weit, da ausweislich des Wortlauts eben nur das Eigentum an „Sachen" geschützt wird. Das Gleiche gilt für elekt-

---

[45] BGHSt 10, 400 (401); BGHSt 29, 319 (323); LK-*Ruß*, 11. Aufl., Vor § 242 Rn. 3; *Rengier*, BT I, § 2 Rn. 1; a. M. (Rechtsgut sei ausschließlich das Eigentum) *Eisele*, BT II, Rn. 8; *Fischer*, § 242 Rn. 2; *Mitsch*, BT 2/1, § 1 Rn. 5 f.; MüKo-*Schmitz*, 2. Aufl., § 242 Rn. 9; S/S/*Eser/Bosch*, § 242 Rn. 1/2.
[46] So auch LK-*Vogel*, 12. Aufl., Vor §§ 242 ff. Rn. 60.
[47] Unstreitig ist, dass auch ein Dieb „bestohlen" werden kann. Auch in diesen Fällen wird jedoch das Eigentumsrecht des wahren Eigentümers erneut verletzt.
[48] Im Ergebnis besteht hierüber Einigkeit, nicht jedoch in der Begründung. So begründen *Lackner/Kühl*, § 242 Rn. 2; S/S/*Eser/Bosch*, § 242 Rn. 9, eine Einbeziehung über eine strikte Zivilrechtsakzessorietät, und überwinden die Hürde der an sich verbotenen Analogie (da nach § 90a BGB Tiere gerade nicht als Sachen anzusehen sind und die Vorschriften lediglich „entsprechend anzuwenden" sind) mit dem Argument, es handele sich hier gerade um eine gesetzliche Gleichstellung; dagegen wollen *Eisele*, BT II, Rn. 16; LK-*Vogel*, 12. Aufl., § 242 Rn. 4, 8; *Rengier*, BT I, § 2 Rn. 4 einen eigenen strafrechtlichen Sachbegriff verwenden.

rische Energie oder für die in einem Computersystem gespeicherten Daten. Der Gesetzgeber hat diesbezüglich aber teilweise Spezialregelungen erlassen, §§ 248c[49], 303a StGB, § 106 UrhG.

Die Sache muss **beweglich** sein, d. h. tatsächlich von einem Ort an einen anderen gebracht werden können, wobei es ausreicht, wenn die Sache erst zum Zwecke des Fortschaffens beweglich gemacht wird (z. B. beim Pflücken von Blumen).

33 Bei der Beurteilung der **Fremdheit** kann ebenfalls auf das Zivilrecht verwiesen werden[50]. Hiernach ist eine Sache dann fremd, wenn sie nicht im (Allein-)Eigentum des Täters steht und auch nicht herrenlos ist. Für die Beurteilung der Strafbarkeit kann es dabei oftmals offen bleiben, wer Eigentümer der Sache ist, feststehen muss nur, dass jedenfalls der Täter nicht Alleineigentümer ist.

Beispiel (1)[51]: T nimmt einen auf einem fremden Grab liegenden Blumenstrauß an sich. – Hier kann es offen bleiben, ob der Niederlegende das Eigentum an dem Strauß behält oder ob es auf den Grabberechtigten oder auf die Friedhofsverwaltung übergeht. Für eine Strafbarkeit des T reicht es aus, festzustellen, dass der Strauß jedenfalls nicht herrenlos wurde. Dies aber scheidet aus, „denn es widerspricht jeder Lebenserfahrung, daß der Niederlegende den niedergelegten Grabschmuck dem freien Zugriffe jedes Beliebigen zugänglich machen wollte"[52].

Beispiel (2)[53]: T entwendet eine Kommode, die O als „Sperrmüll" vor seine Türe gestellt hat, damit sie von der Müllabfuhr abgeholt werden kann. – O gab hier mit der Bereitstellung der Kommode zur Müllabfuhr den Besitz an ihr in der Absicht auf, auf das Eigentum zu verzichten (= Dereliktion, § 959 BGB)[54]. Diebstahl und Unterschlagung, § 246, durch Sperrmüllschnüffler scheiden deshalb aus[55]. – Anders ist der Fall jedoch zu beurteilen, wenn T, dem Aufruf einer Wohltätigkeitsorganisation folgend, einen Sack mit alten Kleidern auf der Straße bereitstellt[56], denn hier ist davon auszugehen, dass er das Eigentum auf die Organisation übertragen und nicht die Kleider jedem Beliebigen zur Verfügung stellen wollte.

34 Die Abhängigkeit der Eigentumsverhältnisse von den Regeln des bürgerlichen Rechts hat zur Folge, dass auch die Übereignungsvorschriften

---

49 Vgl. dazu unten Rn. 149.
50 Vgl. hierzu bereits oben Rn. 30; vgl. zur Frage des Eigentumsübergangs beim Fernabsatzverkehr unter Geltung des § 241a BGB *Otto*, Jura 2004, 389.
51 Fall nach BayObLGSt 1926, 173.
52 BayObLGSt 1926, 173 (174); zur Frage des Gewahrsams trotz schwacher tatsächlicher Sachherrschaft vgl. unten Rn. 40.
53 Fall nach OLG Stuttgart, JZ 1978, 691.
54 Das OLG Hamm, JuS 2011, 755, lehnte hingegen eine Dereliktion bei einem Bankangestellten ab, der eine (zurück gegebene) EC-Karte in den Abfalleimer wirft. Wegen der auf der Karte gespeicherten Daten sei eine Eigentumsaufgabe nur mit Annahme der Karte durch den Abfallentsorger zur Vernichtung anzunehmen.
55 Das Durchstöbern von Müll kann allerdings nach abfallrechtlichen Vorschriften als Ordnungswidrigkeit geahndet werden; vgl. zur Problematik derartiger Bußgeldtatbestände *Weber*, JZ 1978, 691.
56 OLG Saarbrücken, NJW-RR 1987, 500 (Altkleidersammlung); vgl. ferner BayObLG, JZ 1986, 967 (Altpapier).

der §§ 929 ff. BGB bei der Frage der Fremdheit des Tatobjekts zu berücksichtigen sind.

Beispiel (1)[57]: T fährt an eine Selbstbedienungstankstelle, tankt seinen Pkw und fährt, wie er es von Anfang an vorhatte, ohne zu bezahlen davon. – Es stellt sich die Frage, ob T auf fremdes Eigentum zugreift oder ob ihm das Benzin zugleich mit der Gewahrsamserlangung (Einfüllen des Benzins in den Tank) nach § 929 S. 1 BGB übereignet wurde (in diesem Fall würden § 242 und § 246 ausscheiden). Hier wird vielfach eine zivilrechtliche Übereignung erst mit der Bezahlung des Benzins an der Kasse bzw. eine Übereignung unter Eigentumsvorbehalt angenommen[58], sodass eine Fremdheit vorliegen würde[59].

Beispiel (2)[60]: T entwendet seiner Freundin F die durch einen Magnetstreifen codierte EC-Karte, nachdem er deren Geheimnummer in Erfahrung gebracht hat. Daraufhin hebt er ohne Einverständnis der F an einem Geldautomaten der X-Bank 500 € ab, die er für sich verwendet. – Auch hier ist fraglich, ob dem T das Geld seitens der Bank nach § 929 S. 1 BGB übereignet wurde[61]. Der BGH verneint dies mit dem Argument, dass die Bank nur an den Berechtigten übereignen, i. Ü. aber Eigentümerin bleiben wolle[62]. Die Frage spielt aber in der Praxis nach der Schaffung des § 263a keine Rolle mehr, da diese Vorschrift als lex specialis den Diebstahl oder die Unterschlagung auch dann verdrängt, wenn man die Fremdheit annimmt[63].

Beispiel (3)[64]: T kauft bei H ein Kilo Kokain und bezahlt dieses. Später nimmt er das bezahlte Geld heimlich wieder an sich. – Zwar hatte T dem H das Geld nach § 929 BGB übereignet. Das zugrunde liegende Rechtsgeschäft (Kauf von Kokain) war jedoch nichtig (§ 134 BGB). Zu beachten ist hier zwar der zivilrechtrechtliche Grundsatz, dass die Nichtigkeit des Grundgeschäfts (des schuldrechtlichen Vertrags) wegen Gesetzeswidrigkeit (§ 134 BGB) oder Sittenwidrigkeit (§ 138 BGB) das Erfüllungsgeschäft (die sachenrechtliche Übereignung) an sich unberührt lässt. Im Einzelfall kann dies aber durchaus auch einmal anders sein. So nahm der BGH im vorliegenden Fall auch die Nichtigkeit der Übereignung des Geldes an (mit der Folge, dass T noch Eigentümer war und daher keinen Diebstahl begehen konnte)[65]. Problematisch ist es hingegen, wenn H sich im Gegenzug das Heroin bei T zurück-

---

57 Fall nach OLG Köln, NJW 2002, 1059; vgl. ferner OLG Düsseldorf, JR 1982, 343 (hier wurde allerdings ein Eigentumsübergang angenommen).
58 *Dölling/Duttge/Rössner-Duttge*, § 246 Rn. 5; *Ernst*, Jura 2013, 454 (458); *Mitsch*, BT 2/1, § 2 Rn. 12; *S/S/Eser/Bosch*, § 246 Rn. 7; *SSW-Kudlich*, § 246 Rn. 6.
59 Vgl. zum „Selbsttanken" noch ausführlich unten Rn. 54 sowie § 15 Rn. 15 und § 20 Rn. 37.
60 Fall nach BGHSt 35, 152 – Codekarten-Missbrauch durch Nichtberechtigten; vgl. hierzu noch unten § 21 Rn. 38.
61 Vgl. zum Bankomatenmissbrauch noch ausführlich unten Rn. 56, 151; § 15 Rn. 16; § 21 Rn. 36 ff.; von der unbefugten Entnahme von Bargeld mittels der EC-Karte ist die Frage des Diebstahls an der EC-Karte allerdings zu trennen; vgl. hierzu unten Rn. 93, 102.
62 BGHSt 35, 152 (161) – dagegen wurde eine Gewahrsamsübertragung am Geld angenommen, da es sich hierbei um einen tatsächlichen Vorgang und nicht um ein Rechtsgeschäft handele; hierzu noch unten Rn. 56.
63 Der BGH nahm vor Inkrafttreten des § 263a StGB das Vorliegen einer Unterschlagung an; vgl. BGHSt 35, 152 (158); ebenso OLG Stuttgart, NJW 1987, 666; anders noch BayObLG, NJW 1965, 665; BayObLG, NJW 1987, 663; OLG Koblenz, wistra 1987, 261 (Diebstahl); OLG Hamburg, NJW 1987, 336 (straflos); dagegen wollte das OLG Düsseldorf, NStE Nr. 14 zu § 242 StGB wegen Diebstahls an der EC-Karte (auch wenn diese wieder an das Opfer zurückgegeben werden sollte) verurteilen, sah die späteren Geldabhebungen aber ebenfalls als straflos an.
64 Fall nach BGHSt 31, 145.
65 BGHSt 31, 145 (147 f.); BGH, NStZ-RR 2000, 234; ebenso *Hecker*, JuS 2001, 228 (231); *Rengier*, BT I, § 2 Rn. 7.

holt. Obwohl auch hier die sachenrechtliche Übereignung nach denselben Grundsätzen nichtig war, dürfte das Heroin wohl kaum im Eigentum des H gestanden haben, da auch dessen Erwerb denselben Rechtsfehler aufweisen dürfte. Dennoch sieht die h. M. Drogen als „verkehrsfähige" Sachen an[66].

35 Das Vollrecht „Eigentum" wird auch dann angegriffen, wenn der **Täter** selbst **teilberechtigt** ist, sich aber das Alleineigentum anmaßt. Fremd ist die Sache also auch dann, wenn der Täter Miteigentümer oder Mitglied der Gesamthand ist, in deren Alleineigentum die Sache steht.

36 Im Hinblick auf den **formalen Eigentumsbegriff** stellen sich insbesondere zwei weitere Fragen: (1) Wie können wirtschaftliche Positionen, die noch nicht zum Vollrecht „Eigentum" erstarkt sind (z. B. die Anwartschaft des Abzahlungskäufers) geschützt werden? – (2) Ist der strafrechtliche Schutz einer formalen Rechtsposition (ohne Beeinträchtigung wirtschaftlicher Interessen) vernünftig? – Beide Fragen entwickeln aber erst bei § 246 ihre volle Schärfe[67].

Beispiel[68]: A ist Alleingesellschafter und Geschäftsführer einer Einmann-GmbH. Er nimmt Gegenstände, die er für die GmbH gekauft hat, mit nach Hause, um sie dort für sich zu verwenden. – Aus dem formal zu beurteilenden Eigentumsbegriff folgt, dass A hier trotz wirtschaftlicher Identität seiner eigenen Interessen und der Interessen der Gesellschaft einen Diebstahl bzw. eine Unterschlagung an den Sachen begehen kann, wenn diese im Eigentum der Gesellschaft stehen[69].

2. Tathandlung: Wegnahme

37 § 242 bedroht die Wegnahme einer fremden Sache mit Strafe. **Wegnahme** ist der Bruch fremden und die Begründung neuen Gewahrsams[70]. Normalerweise wird der Täter dabei neuen **eigenen** Gewahrsam begründen. Ausnahmsweise reicht es aber auch aus, wenn er neuen **fremden** Gewahrsam begründet[71].

a) Der Begriff des Gewahrsams

38 Wegnahme setzt somit eine Klärung des Begriffs des Gewahrsams voraus. Gewahrsam bedeutet das Innehaben der **tatsächlichen Sachherrschaft**, getragen von einem (mindestens) generellen **Sachherrschaftswillen**, besteht also aus einer objektiven und einer subjektiven Komponente[72].

---

66 Vgl. BGH, NJW 1982, 708; BGH, NJW 1982, 1337; BGH, NJW 2006, 72; NK-*Kindhäuser*, § 242 Rn. 20; *S/S/Eser/Bosch*, § 242 Rn. 19; *Vitt*, NStZ 1992, 221; a. M. *Engel*, NStZ 1991, 520; MüKo-*Schmitz*, 2. Aufl., § 242 Rn. 14; kritisch auch *Fischer*, § 242 Rn. 5a.
67 Zum Schutz von Rechten, die eine weniger starke Position vermitteln als das Vollrecht Eigentum, vgl. unten § 16 Rn. 2 f., 24 ff.
68 Fall nach RGSt 42, 278.
69 RGSt 42, 278 (283); RGSt 71, 353 (355). Die Entscheidungen argumentieren nicht rein formal, denn das RG bemüht sich gerade um eine (auch) wirtschaftliche, auf die Interessen der Gesellschaftsgläubiger abstellende Begründung. Der Alleingesellschafter könne das Gesellschaftsvermögen, „welches allein den Gesellschaftsgläubigern haftete [...] nur im Wege der Liquidation in sein Eigentum überführen" (RGSt 42, 278 [283]).
70 Vgl. z. B. LK-*Vogel*, 12. Aufl., § 242 Rn. 49; *S/S/Eser/Bosch*, § 242 Rn. 22.
71 Vgl. hierzu unten Rn. 61 f.
72 Zur tatsächlichen Sachherrschaft vgl. unten Rn. 39 ff., zum Gewahrsamswillen unten Rn. 49 ff.

Sachherrschaft und Sachherrschaftswille sind „natürlich" zu betrachten (nicht „unnatürlich", d. h. durch einseitiges Abstellen auf die tatsächliche Beherrschungsmöglichkeit). Dabei sind allerdings soziale Wertungen zu berücksichtigen. Entscheidend ist daher eine **natürliche Betrachtungsweise unter Berücksichtigung der Verkehrsauffassung.**

Es besteht weitgehend Einigkeit darüber, dass der zivilrechtliche Begriff des **Besitzes** für die Gewahrsamsverhältnisse und damit für die Wegnahme nicht maßgebend ist, da dieser zwar zumeist, aber nicht immer eine tatsächliche Sachherrschaft erfordert. So fingiert § 857 BGB den Besitz des Erben und auch der mittelbare Besitz nach § 868 BGB stellt einen Besitz ohne tatsächliche Sachherrschaft, d. h. ohne Gewahrsam, dar. Andererseits kann ein bloßer Besitzdiener, der zivilrechtlich keinen Besitz hat (§ 855 BGB), strafrechtlich sehr wohl Gewahrsam haben[73]. Auf die Verletzung des Besitzes ist bezüglich der Frage, ob fremder Gewahrsam gebrochen wurde, also nicht abzustellen[74].

Oftmals ist eine exakte Bestimmung des Gewahrsams bzw. des Zeitpunkts des Gewahrsamsbruchs nicht möglich. Ehe man sich jedoch mit detaillierten Abgrenzungsfragen beschäftigt, sollte man sich die rechtlichen Konsequenzen verdeutlichen, die aus der Betrachtung der Gewahrsamsverhältnisse folgen (und die Fragen dann nur insoweit klären, wie es tatsächlich für die rechtliche Bewertung erforderlich ist). Dabei sind folgende drei Punkte entscheidend: (1) Zu untersuchen ist zunächst, ob der Täter (vor der Tat) die Sache in seinem Alleingewahrsam hatte. Denn (nur) in diesem Fall scheidet eine Wegnahme mangels Gewahrsamsbruchs und damit ein Diebstahl aus. Zu prüfen bleibt dann eine Unterschlagung. Dagegen kommt ein Diebstahl in Betracht, wenn der Täter lediglich Mitgewahrsam hatte[75]. – Zweifel, ob der Täter keinen Gewahrsam oder Mitgewahrsam hatte, müssen also nicht entschieden werden. Für die Prüfung des § 242 genügt die Feststellung, dass der Täter „jedenfalls" keinen Alleingewahrsam besaß[76]. (2) Weiter hängt es von der Beurteilung der Gewahrsamsverhältnisse ab, ob der Täter die Wegnahme und damit den Diebstahl erst vorbereitet oder schon versucht hat – dabei ist zu prüfen, ob und wodurch er unmittelbar zum Gewahrsamsbruch ansetzt. (3) Schließlich sind die Gewahrsamsfragen dafür entscheidend, ob der Täter den Diebstahl erst versucht oder schon vollendet hat (hier ist festzustellen, ob der Gewahrsamswechsel bereits stattgefunden hat).

aa) Tatsächliche Sachherrschaft

Eine tatsächliche Sachherrschaft liegt dann vor, wenn der Berechtigte auf eine Sache unter normalen Umständen unmittelbar zugreifen kann. Maßgebend ist dabei, wie bereits erwähnt, eine **natürliche Betrachtungsweise** unter Berücksichtigung der **Verkehrsauffassung.** Diese Formel führt dazu, dass das Kriterium der tatsächlichen Beherrschungsmöglichkeit abgeschwächt, d. h. nicht allein entscheidend ist. Trotz

---

73 Vgl. hierzu noch näher unten Rn. 46 ff.
74 Vgl. zur Unterscheidung von Gewahrsam und Besitz näher LK-*Vogel*, 12. Aufl., § 242 Rn. 60; MüKo-*Schmitz*, 2. Aufl., § 242 Rn. 49; *S/S/Eser/Bosch*, § 242 Rn. 31.
75 Zum Bruch des Mitgewahrsams vgl. unten Rn. 63 ff.
76 Zur „Jedenfalls"-Argumentation *Arzt*, Die Strafrechtsklausur, 7. Aufl. 2006, § 8 I, Beispiel 54.

schwacher tatsächlicher Zugriffsmöglichkeiten wird der Gewahrsam oftmals mit Rücksicht auf soziale (vielfach rechtliche) Wertungen „zugeschrieben"[77].

So führte der BGH aus[78]: „Gewahrsam ist zwar tatsächliche Sachherrschaft. Ob sie vorliegt, hängt aber nicht in erster Linie, jedenfalls nicht allein von der körperlichen Nähe zur Sache und nicht von der physischen Kraft ab, mit der die Beziehung zur Sache aufrechterhalten wird oder aufrechterhalten werden kann. Vielmehr kommt es für die Frage der Sachherrschaft entscheidend auf die Anschauungen des täglichen Lebens an. Der Gewahrsamsbegriff ist wesentlich durch die Verkehrsauffassung bestimmt".

40 Entscheidend ist somit nicht das Erlernen von Formeln[79], sondern die Entwicklung eines Judizes. So vermeiden Rspr. und h. M. mit Recht den „Krieg der lateinischen Vokabeln"[80] und formelhaft starre Festlegungen. Der elastische Maßstab der natürlichen Betrachtungsweise unter Berücksichtigung der Verkehrsanschauung führt regelmäßig zu brauchbaren Ergebnissen[81]. Anhand von Einzelfällen und Beispielgruppen sollte versucht werden, ein Rechtsbewusstsein zu entwickeln:

So ist – trotz schwacher tatsächlicher Sachherrschaft – in folgenden Fällen durchweg ein Alleingewahrsam anzunehmen: (1) Der **Pflug auf dem Feld** – auch wenn das Feld nicht durch Zäune abgetrennt ist und Spaziergänger wesentlich schneller auf den Pflug zugreifen könnten als der zu Hause weilende Bauer[82]; (2) das **auf der Straße geparkte Auto** – selbst wenn der Fahrzeughalter z. B. für ein paar Wochen im Ausland weilt. Bei natürlicher Betrachtung schreibt ihm die Rechtsgemeinschaft dennoch die Sachherrschaft zu[83]; (3) Gegenstände in einem **Warenlager** – auch wenn es (ohne Mauer und Zaun) an eine öffentliche Straße grenzt[84]; (4) eingeworfene Münzen in einem **öffentlichen Fernsprecher** – Gewahrsam der Deutschen Telekom[85]; (5) **Haustiere** – auch wenn der Eigentümer nicht weiß, wo sich seine Katze oder seine Hühner gerade aufhalten; maßgebend ist deren Rückkehrgewohnheit; fehlt sie, wie beim entflogenen Wellensittich, ist das Tier „verloren", d. h. gewahr-

---

77 So versucht z. B. *Gössel*, ZStW 85 (1973), 591 (620 ff.), die soziale Komponente des Gewahrsams durch den Gedanken der Schutzsphäre zu verdeutlichen, d. h. er will den Gewahrsam durch Einordnung der Sache in eine sozial manifeste, gegen Eingriffe rechtlich geschützte Persönlichkeitssphäre begründet sehen. – Dem ist zuzustimmen, doch ist dadurch für die Entscheidung konkreter Sachverhalte nicht viel gewonnen. So bleibt z. B. zweifelhaft, ob der Dieb ein Auto manifest in seine Sphäre überführt hat, wenn er drin sitzt, es aber noch nicht in Gang gesetzt hat, erst wenn der Motor läuft oder (so *Gössel*, a. a. O. S. 644) erst dann, wenn er sich anschickt, sich in den fließenden Verkehr einzuordnen.
78 BGHSt 16, 271 (273) – Selbstbedienungsladen.
79 Gegen die Anwendung „starrer" Formeln auch BGHSt 41, 198 (205 f.).
80 *Gössel*, ZStW 85 (1973), 591 (604 ff.). – Gemeint sind letztlich die im Rahmen des Diebstahls in Selbstbedienungsläden entwickelten Theorien: Kontrektationstheorie, Illationstheorie, Apprehensionstheorie und Ablationstheorie.
81 Vgl. auch BGHSt 23, 254 (255); *Bachmann*, NStZ 2009, 267.
82 Dieses Beispiel wird erwähnt in BGHSt 16, 271 (273) – Selbstbedienungsladen.
83 Zum Gewahrsam in Wohnungen, Amtsräumen, auf Bahnhöfen, Bahnsteigen etc. kraft generellen Beherrschungswillens und bei schwankender Intensität der tatsächlichen Sachherrschaft vgl. noch unten Rn. 49 ff.
84 Vgl. BGH, JZ 1968, 307 mit Anm. *R. Schmitt*, betreffend das Abstellen von gelieferten Waren vor einer Ladentür vor Geschäftsöffnung.
85 Vgl. OLG Düsseldorf, NJW 1983, 2153.

§ 242: Wegnahme § 13 Rn. 41–42

samslos; **(6) Holz** im Wald – hier hat der Eigentümer des Waldstücks Gewahrsam, selbst wenn Spaziergänger regelmäßig den Wald durchqueren; **(7)** das **Schließfach** im Tresorraum einer Bank – hier hat der Kunde Alleingewahrsam, auch wenn er weder zu beliebiger Zeit noch ohne den zweiten Schlüssel der Bank an das Fach gelangen kann[86]; nach der sozialen Bedeutung der Schließfachmiete überlässt die Bank hier den Kunden eine „Enklave" innerhalb ihrer Räume zur ausschließlichen Verfügung[87].

Mithilfe des Maßstabes der natürlichen Betrachtungsweise unter Berücksichtigung der Verkehrsanschauung sind **Interessenkonflikte bezüglich der Gewahrsamszuschreibung** insbesondere dann zu entscheiden, wenn sich mehrere Gewahrsamssphären überschneiden. Im Folgenden sollen exemplarisch zwei dieser Konflikte behandelt werden: die körperliche Nähesphäre und die soziale Abhängigkeit. Dabei sind allerdings stets zwei Fragen voneinander zu trennen: (1) Wer hatte ursprünglich Gewahrsam? (2) Wann und wodurch findet möglicherweise ein Gewahrsamswechsel statt? 41

Fallgruppe „körperliche Nähesphäre": Musterbeispiel hierfür stellt die **Wegnahme in Selbstbedienungsläden** dar[88]. Natürlich wünschen sich die Geschäftsinhaber eine juristische Konstruktion, mit deren Hilfe unredliche Kunden möglichst früh und möglichst intensiv (also wegen versuchten statt bloß vorbereiteten oder wegen vollendeten statt bloß versuchten Diebstahls) erfasst werden können[89]. Eine Vorverlagerung der Strafbarkeit (Gewahrsamsbruch nicht erst nach Verlassen des Kassenbereichs, sondern bereits im Verkaufsraum) kann damit begründet werden, dass Gewahrsam stets in der körperlichen Nähesphäre einer Person zu bejahen ist, also an denjenigen Sachen, die eine Person am Körper oder in einer Tasche bei sich trägt und auf der Geschäftsinhaber insoweit nicht (mehr) ohne Weiteres zugreifen kann (Gewahrsamsenklave). Da der Geschäftsinhaber zuvor fraglos Gewahrsam hatte, läge ein Gewahrsamswechsel (und insoweit auch ein Gewahrsamsbruch) bereits dann vor, wenn der Kunde die Ware in eine solche Gewahrsamsenklave verbringt. Die natürliche Betrachtung unter Einbeziehung der Verkehrsauffassung verträgt jedoch auch hier keine allzu starren Einordnungen. Erforderlich ist ein flexibler Maßstab: (1) Der Kunde im Selbstbedienungsladen, der eine Dose Ölsardinen mit Zueignungsabsicht in die Hosentasche steckt, erlangt Alleingewahrsam, und zwar auch bei Beobachtung durch das Personal[90] – es liegt also bereits im Verkaufsraum eine Wegnahme und daher ein vollendeter Diebstahl 42

---

86 Für Mitgewahrsam (bzw. mehrstufigen Gewahrsam) von Bank und Schließfachkunden *Lackner/Kühl*, § 242 Rn. 13.
87 Hauptsächliches Kriterium ist hiernach, dass es sich um ein ortsfestes (verschlossenes) Behältnis handelte; im Fall eines beweglichen „Münzfernsehers", der sich in der Wohnung des Kunden befindet und den dieser nach Einwurf entsprechender Geldstücke bedienen kann, wurde in BGHSt 22, 180 hingegen Alleingewahrsam des Kunden am eingeworfenen Geld angenommen, auch wenn lediglich der Aufsteller des Fernsehers einen Schlüssel für die Geldkassette besaß; ähnlich auch RGSt 5, 222 (223) – Kirchenkasten; vgl. hierzu auch *Rengier*, BT I, § 2 Rn. 15; *S/S/Eser/Bosch*, § 242 Rn. 34; a. M. *Wessels/Hillenkamp*, BT 2, Rn. 108 (Alleingewahrsam des Schlüsselinhabers, wenn er jederzeit ungehinderten Zugang hat).
88 Grundlegend BGHSt 16, 271; ferner RGSt 52, 75; BGHSt 41, 198; *B. Heinrich*, Jura 1997, 366; *Ling*, ZStW 110 (1998), 919.
89 Das Interesse war früher bei Lebensmitteln besonders groß, weil bei geringer Menge nur die Übertretung „Mundraub" infrage kam und der Versuch bei Übertretungen straflos war; vgl. hierzu oben Rn. 19, 22.
90 Vgl. hierzu noch näher unten Rn. 58.

vor[91]. Denn bei besonders kleinen und handlichen Gegenständen genügt bereits das Ergreifen bzw. Verbergen in der Tasche[92]. (2) Der Käufer, der im selben Laden einen Sturzhelm aufsetzt und vorhat, mit ihm „offen", als wäre er der eigene, an der Kasse vorbeizumarschieren, erlangt Gewahrsam erst mit dem Passieren der Kasse[93]. Gleiches gilt bei sonstigen großen und schwer fortzuschaffenden Gegenständen, die der Täter nicht unter seiner Kleidung verbergen kann[94]. (3) Dagegen ist Gewahrsam des Kunden (und daher ein Gewahrsamsbruch) zu bejahen, wenn er z. B. in einer Konfektionsabteilung in Zueignungsabsicht ein neues Sakko anzieht und es unter dem übergestreiften Mantel verbirgt[95], oder wenn das Kleidungsstück zwar offen getragen wird, aber alle Hinweise auf seine Herkunft (Preisschilder und dergleichen) beseitigt werden[96]. (4) Dagegen ist noch kein Gewahrsam des Kunden begründet, wenn er eine Sache, z. B. eine CD, in seinem Einkaufswagen unter einem Salatblatt versteckt[97] oder Waren in der Verpackung einer anderen Ware verbirgt (z. B. mehrere CDs in einem Karton mit Windeln versteckt), die er dann im Einkaufswagen transportiert[98].

43 An dieser Beurteilung der Gewahrsamsfragen bei Diebstählen in Selbstbedienungsläden ändern auch neue Sicherungsmaßnahmen nichts. Sind die Waren z. B. mit Sicherungsetiketten versehen, die beim Verlassen des Ladens optische oder akustische Zeichen auslösen und so eine leichtere Feststellung des Täters ermöglichen, so ist der Diebstahl gleichwohl bereits mit dem Einstecken der Waren oder dem vorstehend geschilderten Anziehen der Kleidung vollendet, nicht erst mit Verlassen des Geschäfts[99]. Einer anderen Bewertung steht schon der Umstand entgegen, dass auch eine Beobachtung des Täters beim Einstecken, die gleichfalls die Gefahr eines endgültigen Verlusts der Sache beträchtlich mindert, eine Wegnahme nicht ausschließt[100]. Folgende Beispiele sollen die Problematik der „körperlichen Nähesphäre" abrunden:

---

91 BGHSt 16, 271 (273 f.) – Selbstbedienungsladen: Alleingewahrsam läge vor, „weil eine intensivere Herrschaftsbeziehung zur Sache kaum denkbar ist, vor allem der Ausschluß anderer besonders deutlich zum Ausdruck kommt"; vgl. aber auch OLG Köln, NJW 1986, 392 (kein neuer Gewahrsam, wenn der Kunde aus einer Flasche trinkt, die er danach wieder in den Einkaufswagen zurücklegt).
92 Vgl. BGH, NStZ 2011, 36, wonach bei einem Mobiltelefon ein Ergreifen desselben genügt.
93 OLG Köln, StV 1989, 156 (hier hatte die Kundin eine Bratpfanne an sich genommen und die Haushaltsabteilung des Kaufhauses verlassen und sich – innerhalb des Kaufhauses – in eine andere Abteilung begeben).
94 BGHSt 16, 271 (276) – Selbstbedienungsladen; OLG Karlsruhe, NStZ-RR 2005, 140 (141); vgl. auch BGH NStZ 2008, 624 (625) m. abl. Anm. *Bachmann*, NStZ 2009, 267: Täter ergreift einen Laptop und verlässt vor den Augen des Geschäftsinhabers den Laden. Dies gilt selbst dann, wenn der Inhaber ihm nachfolgt und ihm die Sache auf der Straße wieder abnimmt; a.M. BayObLG, NJW 97, 3326; OLG Köln, StV 89, 156; OLG Düsseldorf, NJW 86, 2266.
95 OLG Düsseldorf, NJW 1990, 1492.
96 So z. B. OLG Düsseldorf, OLGSt a. F. § 242, S. 27; OLG Frankfurt a. M., MDR 1993, 671; OLG Köln, OLGSt a. F. § 242, S. 55.
97 OLG Köln, NJW 1984, 810 (im Hinblick auf eine Jacke).
98 Anders noch *Arzt/Weber*-Arzt, 1. Aufl., § 13 Rn. 42 mit dem Argument, dass die Chancen des Berechtigten, den endgültigen Verlust der Sachen zu verhindern, hier so stark herabgesetzt sind, dass der Gewahrsam bereits zu diesem Zeitpunkt dem Kunden zuzuordnen sei; hierzu auch *Vitt*, NStZ 1994, 133 (134); *Wessels/Hillenkamp*, BT 2, Rn. 639; zur Frage, ob an der Kasse in diesen Fällen ein Diebstahl oder ein Betrug anzunehmen ist vgl. noch unten Rn. 54.
99 Vgl. LG Stuttgart, NStZ 1985, 28; OLG Stuttgart, NStZ 1985, 76 (hierzu *Kadel*, JR 1985, 386; *Seier*, JA 1985, 387); BayObLG, NJW 1995, 3000 (3001); kritisch dazu *Kargl*, JuS 1996, 971; anders allerdings *Ling*, ZStW 110 (1998), 919 (942); *S/S/Eser/Bosch*, § 242 Rn. 40.
100 Vgl. hierzu unten Rn. 58.

Beispiel (1)[101]: T und K brechen nachts in eine Gaststätte ein. Als die Polizei sie im 44
Schankraum stellt, hat K einen Teil des aus einem Automaten erbeuteten Münzgeldes bereits in die Jacken- und Hosentasche gesteckt. Der Rest befindet sich noch in einem Geldsack neben ihm auf dem Boden. – Nach Ansicht des BGH war hier der Diebstahl hinsichtlich der eingesteckten Münzen vollendet. Entscheidend sei, „ob der Täter die Herrschaft über die Sache derart erlangt, daß er sie ohne Behinderung durch den alten Gewahrsamsinhaber ausüben kann. Ob das der Fall ist, richtet sich nach den Anschauungen des täglichen Lebens [...]. Bei unauffälligen, leicht beweglichen Sachen [...] läßt die Verkehrsauffassung für die vollendete Wegnahme schon ein Ergreifen und Festhalten [...] genügen [...]. Der Annahme eines Gewahrsamswechsels steht in diesen Fällen nicht entgegen, daß sich der erbeutete Gegenstand wie etwa bei Festnahme des Täters am Tatort noch im Gewahrsamsbereich des Berechtigten befindet. Die Tatvollendung setzt keinen gesicherten Gewahrsam voraus."[102].

Beispiel (2): Die Frau, die auf einem fremden Feld Spargel sticht, erlangt Alleingewahrsam am Spargel schon dann, wenn sie ihn in ihren Korb legt, obwohl sie sich noch am Tatort (und auf dem fremden Feld) aufhält. 45

Beispiel (3): Der maskierte und bewaffnete Bankräuber, der Angestellte und Kunden in Schach hält und seine Einkaufstasche voll Geld stopft, erlangt nicht erst mit Verlassen der Bank, sondern bereits mit dem Einpacken des Geldes Alleingewahrsam. – Natürlich spielen die körperliche Nähe und die faktische Sachbeherrschung für die Beurteilung der Gewahrsamsverhältnisse eine Rolle, jedoch nur als **ein** Faktor unter anderen im Rahmen der natürlich-sozialen Betrachtung[103].

Fallgruppe „Soziale Abhängigkeit": Bei natürlicher Betrachtung unter Einbeziehung der Verkehrsauffassung sind auch soziale Abhängigkeitsverhältnisse bei der Entscheidung über den Gewahrsam mit zu berücksichtigen. Dies kann zur Ablehnung des Gewahrsams trotz intensiver faktischer Zugriffsmöglichkeit führen. In diesem Bereich ist jedoch noch vieles ungeklärt. Besonders problematisch ist, inwieweit Kontrollbefugnisse von Vorgesetzten einen Alleingewahrsam des Untergebenen ausschließen und inwieweit Besitzdiener Alleingewahrsam haben können. – Zu erinnern ist zunächst noch einmal daran, dass beim Diebstahl der Gewahrsam und nicht der **Besitz** entscheidend ist und daher der **Besitzdiener** (dem in § 855 BGB zivilrechtlich der Besitz abgesprochen wird, weil er sozial abhängig ist) grundsätzlich **Gewahrsam**, möglicherweise sogar Alleingewahrsam haben kann[104]. Da aber auch beim Besitzdiener die soziale Abhängigkeit in die Beurteilung mit einfließt, **kann** es Fälle geben, in denen ein solcher Alleingewahrsam des Besitzdieners abzulehnen ist. Die Klärung dieses Problems ist wichtig, da Besitzdiener in vielen Bereichen des täglichen Lebens anzutreffen sind und sich daher häufig die Frage stellt, ob sie einen Diebstahl an ihnen zugänglichen Sachen des Dienstherren begehen können. Als Beispiele sind die Beamten zu nennen (Einrichtung des Dienstzimmers, Dienstge- 46

---

101 Fall nach BGH, MDR 1970, 601.
102 BGH, MDR 1970, 601 (602); vgl. auch BGH, NStZ 2008, 624 (625).
103 Formale, einzelne Faktoren zu stark betonende Lösungen der Gewahrsamsfragen (z. B. *Wimmer*, NJW 1962, 609) sind abzulehnen. RGSt 12, 353 (355) hält es sogar für möglich, dass Landarbeiter fremden Gewahrsam brechen und eigenen dadurch begründen, dass sie einen Sack Erbsen in der Scheune des Bauern verstecken, um ihn später „abzuholen". Der Bauer behält also keinen Gewahrsam kraft genereller Beherrschung der Sachen in seiner Scheune! Das RG hält es jedoch für näher liegend, dass das Verstecken nur den ersten Schritt zur Erlangung der Verfügungsgewalt bildet hat und der Täter erst mit dem „Abholen" eigenen Gewahrsam begründet.
104 Vgl. hierzu bereits oben Rn. 38.

genstände etc.). Auch bei Arbeitnehmern ist vielfach eine bloße Besitzdienerschaft (am Handwerkszeug und Material des Arbeitgebers etc.) anzunehmen.

47 **Beispiel**[105]: Eine Platzanweiserin findet in einem Kino einen Brillantring und steckt ihn (in Zueignungsabsicht) ein. – Der BGH ließ hier offen, ob der im Kino „verlorene" Ring wirklich besitzlos war. Jedenfalls erlange der Inhaber des Kinos **zivilrechtlich** Besitz in dem Moment, in dem die Platzanweiserin ihn aufhebe. Wegen der Betriebsordnung habe die Platzanweiserin „die tatsächliche Gewalt an dem Ring als Besitzdienerin i. S. des § 855 BGB für die Klägerin [d. h. die Arbeitgeberin] ergriffen [...] und damit dieser den unmittelbaren Besitz verschafft"[106]. Auf den Willen der Besitzdienerin komme es nicht an: „Für die Wirkung in die Besitzdienerschaft ist es unerheblich, ob der Besitzdiener im Einzelfall für den Besitzherrn handeln will, wenn er nur tatsächlich aufgrund des Abhängigkeitsverhältnisses handelt"[107]. Bei der **strafrechtlichen** Beurteilung der Gewahrsamsverhältnisse spielen zwei Faktoren eine besondere Rolle: (1) die soziale Abhängigkeit und (2) die generelle Beherrschung bestimmter Räume durch den Berechtigten. – Was die soziale Abhängigkeit angeht, ist diese zwar auch beim Gewahrsam von Bedeutung. Im Gegensatz zum Besitz schließt diese Abhängigkeit jedoch den Gewahrsam des Besitzdieners nicht aus[108]. Im Kinofall sprechen für einen alleinigen Gewahrsam der Platzanweiserin nach dem Ergreifen des Rings der Wille[109], die durch das Einstecken begründete körperliche Nähesphäre, die geringe Größe des Gegenstandes und der Umstand, dass der Ring nicht – wie z. B. Handwerkszeug[110] – dem Besitzdiener vom Arbeitgeber übergeben worden ist. Da ein Gewahrsam des Arbeitgebers zum Zeitpunkt des Einsteckens des Rings auch nicht wegen seiner generellen Beherrschung des Raums angenommen werden kann[111], der Ring also zu diesem Zeitpunkt gewahrsamslos war, ist im Beispielsfall ein Diebstahl abzulehnen, wenn die Platzanweiserin den Ring für sich behält. Zu prüfen ist dann allerdings § 246.

48 In anderen Situationen kann die Gesamtwürdigung (Größe der Sache, Intensität der Überwachung durch den Besitzherrn etc.) zur Ablehnung des Alleingewahrsams des Besitzdieners führen. So liegt ein Diebstahl vor, wenn die Putzfrau aus dem Theater Stühle mit nach Hause nimmt (sie hat hier keinen Alleingewahrsam). – Der Professor, der einen universitätseigenen Computer verkauft, begeht einen Diebstahl (selbst wenn er das Gerät erlaubterweise schon seit geraumer Zeit zu Hause benutzt hat), weil die Kontrollbefugnis des Präsidenten bzw. Kanzlers zumindest einen Mitgewahrsam der Universität begründet. Dagegen ist im Dienstzimmer Alleingewahrsam bezüglich eines Bleistifts anzunehmen (es liegt also nur eine Unterschlagung vor, wenn der Stift zu privaten Zwecken mit nach Hause genommen wird). Diese Kriterien zeigen, dass der **Arbeitnehmer am Gerät und Material des Arbeitgebers nur ausnahmsweise Alleingewahrsam erlangt.** Dasselbe gilt auch für im Eigentum Dritter stehende Sachen, mit denen der Arbeitnehmer weisungsgemäß zu verfahren hat[112].

---

105 Fall nach BGHZ 8, 130.
106 BGHZ 8, 130 (132).
107 BGHZ 8, 130 (133); dagegen verneint BGHSt 16, 271 (274) den Alleingewahrsam einer Haushälterin an dem Geld, welches ihr von der Hausfrau mitgegeben wurde, um Waren einzukaufen, mit dem Argument, dass die Angestellte „nicht nur abhängig ist, sondern auch abhängig sein will" – und stellt insoweit auf den Willen ab.
108 Vgl. *Baur/Stürner*, Sachenrecht, 18. Aufl. 2008, § 7 Rn. 11.
109 Vgl. hier wiederum BGHSt 16, 271 (274) – Selbstbedienungsladen.
110 Bei vom Arbeitgeber übergebenen Werkzeugen wird überwiegend Alleingewahrsam des Arbeitgebers angenommen.
111 Näher dazu unten Rn. 49 ff.
112 So für einen Postbediensteten im Hinblick auf Wertpakete BGH, wistra 1989, 18 (19).

§ 242: Wegnahme § 13 Rn. 49

Problematisch ist in diesem Zusammenhang die von der Rspr. entwickelte Rechtsfigur des **über- und untergeordneten Gewahrsams**[113]. So soll z. B. ein Kassierer in einem Supermarkt lediglich untergeordneten, der Geschäftsinhaber hingegen übergeordneten Gewahrsam haben. Im Gegensatz zu „gleichrangigem" Mitgewahrsam, soll hier ein Gewahrsamsbruch nur von „unten nach oben" möglich sein, also nur dann, wenn der Kassierer der Kasse Geld entnimmt, nicht aber von „oben nach unten", d. h. wenn eine Geldentnahme seitens des Geschäftsinhabers stattfindet. Anderes soll dann gelten, wenn der Kassierer für das verwaltete Geld allein verantwortlich ist, beliebige Eingriffe des Vorgesetzten nicht zu dulden braucht und zum Ersatz eventueller Verluste verpflichtet ist[114]. – Die Rechtsfigur des über- und untergeordneten Gewahrsams ist jedoch verzichtbar, denn es ist in den Fällen des „untergeordneten" Gewahrsams nicht erforderlich, dem Besitzdiener überhaupt Gewahrsam zuzusprechen[115].

bb) Gewahrsamswille

Nach ganz h. M. setzt Gewahrsam einen mindestens generellen Sachherrschaftswillen voraus. **Musterfälle** eines solchen generellen Sachherrschaftswillens sind der Briefkasten oder die Wohnung. – Im **Zivilrecht** wird bei der Beurteilung der **Besitz**verhältnisse von einem extrem weiten Besitzbegriff aufgrund eines fiktiv-generellen Beherrschungswillens ausgegangen. Deshalb besitzt z. B. der Staat alles, was in staatlichen, dem Publikum zugänglichen Räumen „verloren" wird (ein Fund in Amtsgebäuden scheidet daher aus, da ein solcher nur bei verlorenen, d. h. besitzlosen Sachen möglich ist, § 965 BGB). Eine solche Wertung muss nicht zwingend auf den strafrechtlichen **Gewahrsam** übertragen werden. Der im Rathaus „verlorene" 50-€-Schein mag im Besitz der Stadt stehen und damit nicht dem Fundrecht unterliegen. Er kann trotzdem gewahrsamslos sein mit der Folge, dass der „Finder", der ihn nicht abliefert, eine Unterschlagung und keinen Diebstahl begeht. Vor allem die Literatur, abge-

49

---

113 So BGHSt 10, 400, für das Verhältnis des Wohnungsinhabers zur Haushälterin.
114 BGH, NStZ-RR 2001, 268: Das generelle Kontroll- und Weisungsrecht des Dienstherrn gegenüber seinem Bediensteten begründet nicht ohne Weiteres den Mitgewahrsam des Dienstherrn; vgl. zum Gewahrsam bei sozialer Abhängigkeit auch *Baumann/Arzt/Weber*, Strafrechtsfälle und Lösungen, 6. Aufl. 1986, Fall 28.
115 So auch *Lackner/Kühl*, § 242 Rn. 13; *Zopfs*, ZJS 2009, 506 (509); vgl. in diesem Zusammenhang auch die besonders umstrittenen Transportfälle: Bei der Zustellung von Briefen und Paketen wird überwiegend Alleingewahrsam des Briefträgers angenommen, so *S/S/Eser/Bosch*, § 242 Rn. 33; OLG Bremen, NJW 1962, 1455 (sogar Alleingewahrsam eines Postschalterbeamten in einer großen Schalterhalle; die allgemeine Dienstaufsicht stehe dem nicht entgegen). – Bei Transportfahrten mit einem Lkw nimmt der BGH ebenfalls Alleingewahrsam an (BGHSt 2, 317), während die Literatur zutreffend auf den Einzelfall abstellt: Bei kürzerer Strecke und Einhaltung des vorgeschriebenen Weges scheidet ein Gewahrsam des Fahrers aus (oftmals wird hier „untergeordneter Gewahrsam" angenommen, was im Ergebnis nichts ändert); vgl. LK-*Ruß*, 11. Aufl., § 242 Rn. 29; *Wessels/Hillenkamp*, BT 2, Rn. 103; für Mitgewahrsam hingegen LK-*Vogel*, 12. Aufl., § 242 Rn. 80; *Rengier*, BT I, § 2 Rn. 19; a. M. *Krey/Hellmann/M. Heinrich*, BT 2, Rn. 28, die eine solche Differenzierung angesichts der heutigen Verkehrsverhältnisse als lebensfremd ansehen, da auch bei kurzen Fahrten keine Zugriffsmöglichkeit des Geschäftsherrn bestehe. Bei Fernfahrten wird dagegen regelmäßig Alleingewahrsam des Fahrers angenommen, vgl. OLG Düsseldorf, MDR 1985, 427; *Otto*, JZ 1985, 21 (23); *Rengier*, BT I, § 2 Rn. 19; *S/S/Eser/Bosch*, § 242 Rn. 33; so auch LK-*Vogel*, 12. Aufl., § 242 Rn. 80, es sei denn, dass Zugriffsmöglichkeit des Arbeitgebers durch GPS oder Mobilfunk jederzeit sichergestellt ist.

schwächt auch die Rechtsprechung, hat sich aber leider in solchen Fällen vom Zivilrecht beeinflussen lassen und einen Gewahrsam des Staates an den in Amtsräumen „verlorenen" Sachen bejaht[116].

50 **Beispiel (1)**[117]: Beim Verladen auf einen Zug bleibt ein Paket liegen. Der Bahnsteig steht dabei unter besonderer Bewachung des Militärs. – Hier nahm das RG zutreffend einen Diebstahl mit der Begründung an, das Prinzip des Gewahrsams des Wohnungsinhabers sei „entsprechend auf jede Örtlichkeit, z. B. auf einen umschlossenen Hofraum, anwendbar, vorausgesetzt, daß sie eine ausschließliche Beherrschung zuläßt und erleidet". Eine derartige Beherrschung kann nach Auffassung des RG trotz des Zutritts Fremder vorliegen, wenn eine „gewisse Kontrolle" besteht. Dies konnte im konkreten Fall angenommen werden, die Entscheidung ist jedoch nicht verallgemeinerungsfähig (und kann vor allem auf moderne Bahnsteige, bei denen die Überwachung viel lockerer ist, nicht übertragen werden).

Beispiel (2)[118]: Dem Fahrer F eines Firmenwagens wird eine Mappe entwendet, die er ständig im offenen Fach seines Wagens mit sich führt. Der Täter A hat sie dabei „außerhalb des Wagens unmittelbar neben dessen rechter Tür auf dem Hof" seines Schwiegervaters, bei welchem F beschäftigt ist, auf dem Boden liegend bemerkt und an sich genommen. – Der BGH lehnte zunächst Gewahrsam des F ab. Wie konkret zu argumentieren ist, zeigt die Erwägung, man steige in der Regel von links in ein Auto ein, die Mappe habe aber neben der rechten Tür gelegen. Dann wird ein Gewahrsam des Schwiegervaters geprüft und verneint, wenn der Hof „auch Personen offen [stand], die zum Betrieb keine Beziehung hatten"[119]. – Beide Entscheidungen sprechen insoweit eher gegen als für die Ansicht, dem Dienstherrn sei Gewahrsam an allen in Diensträumen verlorenen Sachen zuzusprechen.

51 Zu beachten ist bei juristischen Personen noch das Folgende: Da grundsätzlich nur natürliche Personen überhaupt einen Sachherrschaftswillen bilden können, ist immer dann, wenn der Gewahrsam einer juristischen Person (z. B. der Bahn, einer Behörde etc.) angesprochen ist, auf den Gewahrsam des gesetzlichen Vertreters, Geschäftsinhabers oder Verwaltungsleiters abzustellen.

52 Fälle bloß faktischer Sachherrschaft bei fehlendem Gewahrsamswillen sind nahezu bedeutungslos. Praktisch von marginaler Bedeutung, im Examen aber beliebt, ist die Frage nach dem Gewahrsam **Schlafender**, **Bewusstloser** und **Sterbender**. Was die **Gewahrsamserlangung** angeht, gilt – wie für die Besitzerlangung –, dass im Vergleich zum Gewahrsamsverlust ein **Mehr** an tatsächlicher Gewalt erforderlich ist[120]. Was den Gewahrsamsverlust betrifft, behalten Schlafende unstreitig Gewahrsam. Bei Bewusstlosen ist genauso zu entscheiden, und zwar auch dann, wenn sie später sterben, ohne das Bewusstsein wiedererlangt zu haben[121]. – Tote haben hingegen keinen Gewahrsam mehr. Obwohl der Übergang des Besitzes auf die Erben gem. § 857 BGB für den Gewahrsam nicht gilt, werden die Sachen eines Toten aber nur

---

116 Die Literatur beruft sich zur Begründung dieser Wertung zumeist auf die nachfolgend referierten Entscheidungen RGSt 54, 231 und BGH, GA 1969, 25, die jedoch jeweils Sonderfälle betreffen.
117 Fall nach RGSt 54, 231.
118 Fall nach BGH, GA 1969, 25.
119 Zutreffend wird in BGH, GA 1969, 25 (26), auch angenommen, dass auch im Treppenhaus eines Mietshauses verlorene Sachen gewahrsamslos sind.
120 *Baur/Stürner*, Sachenrecht, 18. Aufl. 2008, § 7 Rn. 15, mit dem Beispiel des Rosenstraußes der schönen Schläferin. – Zum Grabstrauß vgl. oben Rn. 33.
121 BGH, NJW 1985, 1911; *S/S/Eser/Bosch*, § 242 Rn. 30.

selten gewahrsamslos. Nach der Verkehrsanschauung erlangen i. d. R. die Angehörigen (Erben) mit dem Todesfall Gewahrsam[122]. **Ausnahmen** (Tod im Seitengraben einer einsamen Landstraße und/oder dann, wenn der Tote keine nahen Angehörigen besitzt) sind allerdings denkbar (und examenswichtig).

Der Gewahrsam endet, wenn der Gewahrsamsinhaber die tatsächliche Sachherrschaft entweder bewusst **aufgibt** (z. B. sich der Sache entledigt) oder die Sache außerhalb seiner eigenen Herrschaftssphäre **verliert** (dagegen bleibt der Gewahrsam bei verlorenen Sachen innerhalb des eigenen Haushaltes bestehen). Bei **vergessenen** Sachen bleibt der Gewahrsam so lange erhalten, wie der Gewahrsamsinhaber weiß, wo sich die Sache befindet. Weiß er dies nicht mehr, so ist die Sache „verloren". 52a

Insgesamt sollte man sich jedoch davor hüten, zu schnell eine Gewahrsamsaufgabe bzw. eine Gewahrsamsübertragung anzunehmen. So lässt sich eine Tendenz erkennen, dem Gewahrsamsinhaber möglichst lange den Gewahrsam zu belassen, was sich an der weitgehenden Akzeptanz bloßer **Gewahrsamslockerungen** erkennen lässt (Beispiel: Der Gebrauchtwagenverkäufer, der sich während einer Probefahrt dazu überreden lässt, außerhalb des Pkw das vermeintliche Kaufvertragsformular auszufüllen, lockert lediglich seinen Gewahrsam und überträgt ihn nicht auf den noch im Pkw sitzenden Täter, der deswegen einen Diebstahl begeht, wenn er die Chance nutzt und mit dem Pkw davonfährt). Dies führt zu einer gewollten Ausweitung der Diebstahlsstrafbarkeit im Vergleich zu Betrug und Unterschlagung, was einerseits auf die weiter gefächerten Sanktionsmöglichkeiten (Qualifikationen) andererseits aber auch auf Opferschutzgesichtspunkte (Diebstahlsversicherungen!) zurückzuführen ist.

b) Bruch des Gewahrsams

Der Bruch fremden Gewahrsams setzt bereits begrifflich ein Handeln **gegen den Willen** des Gewahrsamsinhabers voraus. Gibt dieser den Gewahrsam bewusst auf (indem er sich der Sache entledigt oder über sie verfügt) oder ist er damit einverstanden, dass ein anderer die Sache an sich nimmt, scheidet eine Wegnahme aus. Es handelt sich somit bei der freiwilligen Aufgabe des Gewahrsams um ein tatbestandsausschließendes Einverständnis und nicht um eine – erst auf Rechtswidrigkeitsebene zu berücksichtigende – Einwilligung[123]. 53

Maßgebend ist, dass der Gewahrsamsinhaber seinen Gewahrsam wirklich aufgeben will. Das entsprechende Einverständnis muss also **freiwillig** sein. Da unter

---

122 Nicht erst mit Kenntnis des Todesfalles, denn ein wechselseitiges Einstehen füreinander in Ausnahmesituationen ist unter Angehörigen selbstverständlich. Das genügt, um im Todesfall einen generellen Sachherrschaftswillen der nahen Angehörigen zu bejahen.
123 Vgl. zur Abgrenzung von Einverständnis und Einwilligung *Baumann/Weber/Mitsch*, § 17 Rn. 93 ff.; *B. Heinrich*, AT, Rn. 440 ff. *Rotsch*, GA 2008, 65 (71 ff.), hat zutreffend herausgearbeitet, dass Bezugspunkt des entgegenstehenden Willens des Opfers nur der Verlust des eigenen Gewahrsams ist, d. h. nur in dieser Hinsicht wirkt das Einverständnis tatbestandsausschließend. Systematisch ist der Bruch daher – wie hier – vor der Begründung des neuen Gewahrsams zu prüfen.

dem Gewahrsamswillen der „natürliche" Wille, die tatsächliche Sachherrschaft auszuüben, zu verstehen ist, dürfen an die Aufgabe dieses Willens nicht die zivilrechtlichen Maßstäbe eines Rechtsgeschäfts angelegt werden. **Beispiel:** Ein Kind kann den Gewahrsam freiwillig aufgeben (obwohl es die Sache nicht wirksam verschenken und übertragen kann, weil sich die Übereignung nach den Grundsätzen des Rechtsgeschäfts vollzieht)[124]. – Eine weitere Folge des Abstellens auf den natürlichen Willen ist die Unbeachtlichkeit einer Täuschung: Auch derjenige, der eine Sache täuschungsbedingt herausgibt, verfügt freiwillig über seinen Gewahrsam[125].

54 Das Personal in **Selbstbedienungstankstellen** ist mit dem Einfüllen des Benzins durch den Kunden in den Tank seines Wagens einverstanden, überträgt also dem Kunden den Gewahrsam. Ist der Kunde von vornherein entschlossen, nicht zu zahlen, so ist das Einverständnis zwar erschlichen, gleichwohl aber freiwillig und damit wirksam. Fährt der Kunde davon, ohne zu bezahlen, so scheidet § 242 jedenfalls mangels Wegnahme aus[126]. Zu erinnern ist allerdings daran, dass hier auch bereits die Fremdheit der Sache problematisch ist[127]. Sieht man im Einfüllen des Benzins in den Tank bereits eine wirksame Übereignung, stellt sich die Frage der Wegnahme gar nicht erst.

Bei **Selbstbedienungsläden,** bei denen der Kunde die Waren aus dem Regal nimmt, in seinen Einkaufswagen legt und anschließend bei einem Kassierer am Ausgang des Geschäfts bezahlt, kommt es darauf an, ob der Kunde die Ware am Kassierer vorbei schmuggelt (dann Diebstahl) oder ob der Kassierer (irrtumsbedingt) über die Ware verfügt (dann Betrug). Ein Diebstahl liegt vor, wenn der Kunde die Ware im Einkaufswagen unter einem Salatblatt, einem Kleidungsstück[128], einem Werbeprospekt[129] oder einer Getränkekiste[130] „versteckt", sodass der Kassierer sie nicht wahrnimmt[131]. – Dagegen liegt – nach allerdings umstrittener Ansicht – ein Betrug vor, wenn der Täter Waren, die er nicht bezahlen möchte, in einer Verpackung einer anderen Ware versteckt, welche er dann ordnungsgemäß „aufs Band legt" und bezahlt, wenn er also etwa eine CD in einem Windelkarton versteckt oder Zubehör im Karton der Hauptsache verstaut[132]. Denn hier verfügt der Kassierer über den gesamten

---

124 Vgl. zu den zivilrechtlichen Anforderungen an die Besitzaufgabe BGHZ 4, 10 (34 ff.); dies ist wichtig für das Abhandenkommen, § 935 BGB.
125 Vgl. *B. Heinrich*, AT, Rn. 447.
126 BGH, NJW 1983, 2827; OLG Düsseldorf, JR 1985, 207 (hier wird zudem ein Eigentumsübergang angenommen); *Herzberg*, JA 1980, 385 (391); *ders.*, NJW 1984, 896; *Schroeder*, JuS 1984, 846; a. M. *Mitsch*, BT 2/1, § 2 Rn. 12; vgl. zum Selbsttanken ohne Bezahlung auch unten § 15 Rn. 15 (zur Unterschlagung) sowie § 20 Rn. 37 (zum Betrug); vgl. auch die Beispielfälle bei *Lange/Trost*, JuS 2003, 961.
127 Vgl. hierzu bereits oben Rn. 34 sowie unten § 15 Rn. 15.
128 OLG Köln, NJW 1984, 810.
129 BGHSt 41, 198; OLG Zweibrücken, NStZ 1985, 448.
130 OLG Düsseldorf, NJW 1993, 1497.
131 BGHSt 41, 198; Eisele, BT II, Rn. 55, 564; *Lackner/Kühl*, § 263 Rn. 26; *MüKo-Hefendehl*, 2. Aufl., § 263 Rn. 292 f.; NK-*Kindhäuser*, § 263 Rn. 224; *Rengier* BT I, § 13 Rn. 86; *Otto*, BT, § 40 Rn. 36; *Roßmüller/Rohrer*, Jura 1994, 469 (471 f.); SSW-*Satzger*, § 263 Rn. 172; S/S-*Eser/Bosch*, § 242 Rn. 36; S/S-*Perron*, § 263 Rn. 63a; *Schmitz*, JA 1993, 350 (351); SK-*Hoyer*, § 242 Rn. 49, § 263 Rn. 168; *Stoffers*, JR 1994, 205 (207); *Vitt*, NStZ 1994, 133 (134); *Wessels/Hillenkamp*, BT 2, Rn. 639; *Zopfs*, NStZ 1996, 190; a. M. OLG Düsseldorf, NJW 1993, 1407; vgl. zu den Gewahrsamsverhältnissen bereits oben Rn. 42.
132 OLG Düsseldorf NJW 1988, 922; OLG Hamm, 1978, 2209; *Fahl*, JuS 2004, 885 (889); *Hohmann/Sander*, BT I, § 11 Rn. 103; NK-*Kindhäuser*, § 263 Rn. 224; *Otto*, § 40 Rn. 36; *Rengier*, BT I, § 13 Rn. 88; a. M. *Dölling/Duttge/Rössner-Duttge*, § 263 Rn. 29; *Eisele*, BT II, Rn. 55, 564; MüKo-*Hefendehl*, 2. Aufl., § 263 Rn. 296; *Roßmüller/Rohrer*, Jura 1994, 469 (476); S/S-*Eser/Bosch*, § 242 Rn. 36; S/S-*Perron*, § 263 Rn. 63a; SK-*Hoyer*, § 242 Rn. 49, § 263 Rn. 169; SSW-*Satzger*, § 263 Rn. 172; *Vitt*, NStZ 1994, 133 (134); *Wessels/Hillenkamp*, BT 2, Rn. 639.

Kartoninhalt und nicht nur über diejenigen Gegenstände, die sich „üblicherweise" in dem betreffenden Karton befinden. – Ebenfalls ein Betrug (sowie eine Urkundenfälschung) liegt vor, wenn der Kunde zuvor die Preisetiketten austauscht und der Kassierer infolgedessen die Ware, über die er verfügt, falsch berechnet[133]. – Wird der menschliche Kassierer durch eine Selbstbedienungskasse ersetzt, so ist in entsprechender Weise eine Abgrenzung von Diebstahl und Computerbetrug vorzunehmen[134].

Nach h. M.[135] kann das **Einverständnis an eine Bedingung geknüpft** werden (Beispiel: Bei Warenautomaten soll das Einverständnis des Aufstellers im Hinblick auf die Entnahme der Ware an die Bedingung geknüpft sein, dass der Kunde sich ordnungsgemäß verhält, d. h. die entsprechenden Geldstücke einwirft). Das ist problematisch, weil dadurch ein Betrug weitgehend in einen Diebstahl uminterpretiert wird, was die h. M. sonst regelmäßig vermeiden will. Man stelle sich nur vor, der Täter würde mit dem Falschgeld nicht den Automat bedienen, sondern den Verkäufer in einem Kiosk bezahlen – im zweiten Fall läge zweifellos ein Betrug vor. „Täuscht" der Täter nun aber einen Automaten, ist bei Vorhandensein eines elektronischen Münzprüfers § 263a anwendbar. Ist dies nicht der Fall, so können § 265a und § 246 eingreifen (im Gegensatz zur Gewahrsamsübertragung ist es bei der Eigentumsübertragung unproblematisch, diese an eine Bedingung zu knüpfen, da die Eigentumsübertragung ein rechtliches Konstrukt darstellt, während man beim Gewahrsam mehr auf die tatsächlichen Verhältnisse abstellt)[136]. Der Konstruktion eines Diebstahls aus Warenautomaten bedarf es also nicht (anders stellt sich die Sachlage selbstverständlich dann dar, wenn man den Automaten aufbricht). 55

Die Frage, inwieweit das Einverständnis mit der Wegnahme an Bedingungen geknüpft werden kann, spielt auch in den Fällen des **Missbrauchs von EC-Karten** eine Rolle. Ausgehend von dem Grundsatz, dass – auf der Grundlage der h. M. – die Weggabe des Geldes an die Bedingung geknüpft werden kann, dass der Geldautomat ordnungsgemäß bedient wird, stellt sich die Frage, ob eine solche ordnungsgemäße Bedienung auch in denjenigen Fällen noch angenommen werden kann, in denen ein Nichtberechtigter unter Verwendung von Karte und Geheimnummer (sei es mit oder sei es ohne den Willen des berechtigten Karteninhabers) den Automaten bedient. Ferner ist fraglich, ob eine ordnungsgemäße Bedienung auch dann noch 56

---

133 OLG Düsseldorf, NJW 1982, 2268; OLG Düsseldorf, NJW 1986, 2266; *Brocker*, JuS 1994, 919 (922); vgl. ferner OLG Hamm, NJW 1968, 1894.
134 Vgl. hierzu noch unten § 21 Rn. 34.
135 LK-*Vogel*, 12. Aufl., § 242 Rn. 114; *Mitsch*, BT 2/1, § 1 Rn. 77; NK-*Kindhäuser*, § 242 Rn. 49; *Ranft*, JA 1984, 1 (6); *Rengier*, BT I, § 2 Rn. 34; SK-*Hoyer*, § 242 Rn. 54; *S/S/Eser/Bosch*, § 242 Rn. 36a; *Wessels/Hillenkamp*, BT 2, Rn. 119 f.; a. M. AG Lichtenfels, NJW 1980, 2206; *Dreher*, MDR 1952, 563 (564).
136 Für einen „Gleichlauf von Gewahrsamsübertragung und Eigentumsübertragung" jedoch *Wessels/Hillenkamp*, BT 2 Rn. 184; zur eigenen Lösung (§ 246) und zur Abgrenzung zu § 265a vgl. unten Rn. 150 f. und § 21 Rn. 14 f.; dem Einwurf „falscher" Geldstücke steht es gleich, wenn richtige Geldstücke eingeführt werden, die an einem Klebestreifen befestigt sind und die nach Auslösen des Ausgabemechanismus wieder herausgezogen werden; vgl. OLG Düsseldorf, NJW 2000, 158 = NStZ 2000, 424 mit Anm. *Biletzki; Kudlich*, JuS 2001, 20.

vorliegt, wenn der berechtigte Karteninhaber Geld abhebt, obwohl er dadurch sein Konto oder den ihm eingeräumten Kreditrahmen überzieht. Überwiegend wird hier darauf abgestellt, dass die Bank das Einverständnis in die Preisgabe des Gewahrsams nur von der in mechanischer Hinsicht ordnungsgemäßen Bedienung und nicht von der Berechtigung des Kontoinhabers abhängig machen kann[137], sodass jedenfalls ein Diebstahl **an dem entnommenen Geld** in diesen Fällen ausscheidet[138]. Umstritten ist ferner, ob auch die Verwendung einer gefälschten EC-Karte noch eine „ordnungsgemäße Bedienung" darstellt. Auch dies wird von der h. M. angenommen[139], die sich dann jedoch fragen lassen muss, worin der qualitative Unterschied zwischen einer gefälschten EC-Karte und gefälschtem Geld (in den Warenautomatenfällen) liegen soll. – Je nach Sachverhalt ist aber ein Diebstahl an der EC-Karte zu prüfen. So liegt ein Gewahrsamsbruch vor, wenn dem Berechtigten die **EC-Karte zum Zwecke des unbefugten Abhebens** entwendet wird. Dagegen scheidet die Zueignungsabsicht aus, wenn der Täter die Karte nach dem Abheben des Geldes wieder zurückgeben will[140].

57 **Beobachtet das Opfer die „Wegnahme",** so sind **zwei Fragen** zu unterscheiden: (1) Lässt die mit der Beobachtung meist verbundene Zugriffsmöglichkeit des Opfers **dessen** Gewahrsam fortbestehen, d. h. scheidet bereits der Gewahrsamswechsel bei einer Beobachtung aus? – (2) Liegt in der Beobachtung durch das Opfer ein Einverständnis, das die Unfreiwilligkeit des Gewahrsamsbruchs und damit die Wegnahme tatbestandlich entfallen lässt, sofern das Opfer die Möglichkeit zum Eingreifen hat?

58 **Beispiel zu (1)**[141]**:** Der Täter entnimmt in einem Selbstbedienungsladen aus einem Regal eine Dose Ölsardinen im Wert von 2 € und steckt diese in Zueignungsabsicht in seine Hosentasche. Dabei wird er von einem Verkäufer beobachtet und an der Kasse von der Filialleiterin gestellt, die ihm die Dose wieder abnimmt. – Bereits im Einstecken der Ware liegt hier ein Gewahrsamswechsel, da der Täter die Ware in seine körperliche Nähesphäre verbringt[142]. Da Diebstahl keine heimliche Tat ist, ändert auch die Beobachtung durch den Verkäufer nichts und zwar selbst dann nicht, wenn

---

137 Vgl. z. B. BGHSt 35, 152 (160 ff.); *Lackner/Kühl*, § 242 Rn. 14; LK-*Ruß*, 11. Aufl., § 242 Rn. 36; NK-*Kindhäuser*, § 242 Rn. 51; *Otto*, Jura 1989, 137 (142); *Rengier*, BT I, § 2 Rn. 35; SK-*Hoyer*, § 242 Rn. 58; *Steinhilper*, GA 1985, 114 (119 ff.); *Wessels/Hillenkamp*, BT 2, Rn. 184; a. M. AG Gießen, NJW 1985, 2283; AG Kulmbach, NJW 1985, 2282 m. abl. Bspr. *Huff*, NStZ 1985, 438; *Gropp*, JZ 1983, 487 (491); *Lenckner/Winkelbauer*, wistra 1984, 83 (86); *Mitsch*, BT 2/1, § 1 Rn. 77; *ders.*, JuS 1986, 767 (769 ff.); *ders.*, JZ 1994, 877 (879); *S/S/Eser/Bosch*, § 242 Rn. 36a; vgl. auch rechtsvergleichend den Franz. Kassationshof wistra 1985, 156.
138 Zur Frage der Unterschlagung vgl. unten § 15 Rn. 16; zur Strafbarkeit nach § 263a (Computerbetrug) und § 266b (Scheck- und Kreditkartenmissbrauch) unten § 21 Rn. 36 ff. und § 23 Rn. 49.
139 BGHSt 38, 120 (122 ff.); NK-*Kindhäuser*, § 242 Rn. 51; *Otto*, JZ 1993, 561; SK-*Hoyer*, § 242 Rn. 58; a. M. *Rengier*, BT I, § 2 Rn. 35.
140 BGHSt 35, 152 (156 ff.); vgl. dazu unten Rn. 93, 102.
141 Fall nach BGHSt 16, 271 – Selbstbedienungsladen. Die Problematik des Falles lag hier insbesondere darin, dass die Tat damals lediglich als Übertretung („Mundraub", § 370 I Nr. 5 StGB a. F.) strafbar, der Versuch bei Übertretungen aber straflos war; vgl. hierzu oben Rn. 19, 22. – Insoweit könnte man heute die kriminalpolitische Notwendigkeit einer so weiten Vorverlagerung der Vollendungsstrafbarkeit auch durchaus bezweifeln. Ob ein solches Bedürfnis früher bestanden hat, ist allerdings ebenfalls fraglich. Die dogmatischen Schwierigkeiten, beim beobachteten Diebstahl im Selbstbedienungsladen zu einer Strafbarkeit zu kommen, hätten zur Entkriminalisierung und Verlagerung der Prävention ins Zivilrecht genutzt werden sollen; vgl. hierzu bereits oben Rn. 3, 26.
142 Vgl. hierzu ausführlich oben Rn. 42.

es aufgrund der Lebenserfahrung ausgeschlossen ist, dass der Täter mit der Beute entkommen kann. Denn der Verkäufer ist – anders als in der sogleich noch zu erörternden Konstellation der „Diebesfalle" – beim gewöhnlichen Ladendiebstahl mit dem Gewahrsamswechsel nicht einverstanden. Es liegt also ein vollendeter und nicht nur ein versuchter Diebstahl vor[143].

Beispiel zu (2)[144]: Um einen Taschendieb zu überführen, legt eine Kriminalbeamtin in einem Supermarkt ihren Geldbeutel auf die gefüllte Einkaufstasche. Der Dieb greift zu und steckt den Geldbeutel in seine Hosentasche. – Der BGH nahm hier nur versuchten Diebstahl an. Soweit diese Ansicht mit dem angesichts der Beobachtung fortbestehenden Gewahrsam des Opfers begründet wurde, ist die Entscheidung heute nicht mehr haltbar[145]. Der BGH verwies jedoch darüber hinaus auf das Einverständnis des Opfers mit der Wegnahme. Im Unterschied zu der im Beispiel (1) erörterten Beobachtung im Selbstbedienungsladen war der Kriminalbeamtin hier gerade daran gelegen, dass der Taschendieb den Geldbeutel an sich nahm. Wegen dieses Einverständnisses konnte der Dieb den Gewahrsam nicht „brechen". Da ihm das Einverständnis jedoch nicht bekannt war und er das Tatbestandsmerkmal der „Wegnahme" erfüllen wollte, liegt ein Diebstahlsversuch vor[146]. Daneben beging er eine vollendete Unterschlagung, die allerdings hinter dem versuchten Diebstahl zurücktritt[147]. 59

c) Begründung neuen Gewahrsams

Es besteht Einigkeit darüber, dass die Wegnahme i. S. des § 242 erst komplett ist, wenn der Täter neuen Gewahrsam begründet hat[148]. Probleme können dabei entstehen, wenn er die Sache noch innerhalb der Gewahrsamssphäre des ursprünglichen Gewahrsamsinhabers versteckt. Auch hier ist die Verkehrsanschauung maßgeblich. Wenn der Täter fremdes Hausrecht verletzen muss, um die Ware abzutransportieren und dabei Gefahr läuft, entdeckt zu werden, genügt das Verstecken der Beute noch nicht für die Begründung neuen Gewahrsams[149]. 60

Normalerweise begründet der Alleintäter **eigenen Gewahrsam**, Mittäter begründen zumeist Mitgewahrsam. Ausnahmsweise kann ein Alleintäter oder Mittäter aber auch einer dritten Person Gewahrsam verschaffen. Denn ein Gewahrsamsbruch setzt lediglich die Begründung neuen, nicht aber die Begründung eigenen Gewahrsams voraus[150]. Die Neubegründung 61

---

143 BGHSt 16, 271 (273 f.). – Selbstbedienungsladen; BGH, NStZ 1987, 71; BGH, NStZ 2008, 624 (625); LG Potsdam, NStZ 2007, 336 (336); *Fischer*, § 242 Rn. 21; *Lackner/Kühl*, § 242 Rn. 16; LK-*Vogel*, 12. Aufl., § 242 Rn. 104; *Mitsch*, BT 2/1, § 1 Rn. 64; *Rengier*, BT I, § 2 Rn. 25; *Wessels/Hillenkamp*, BT 2, Rn. 126 f.; a. M. *S/S/Eser/Bosch*, § 242 Rn. 40.
144 Fall nach BGHSt 4, 199 – Diebesfalle.
145 Diese Rspr. ist seit BGHSt 16, 271 (274), überholt.
146 So z. B. auch BayObLG, NJW 1979, 729; OLG Celle, JR 1987, 253; OLG Düsseldorf, NJW 1988, 83 (84); OLG Düsseldorf, NStZ 1992, 237 (mit krit. Anm. *Janssen* und zust. Anm. *Hefendehl*, NStZ 1992, 544).
147 So auch *Jäger*, JuS 2000, 1167 (1170 f.); *Otto*, Jura 1989, 200 (204); a. M. (Idealkonkurrenz) *Geppert*, Jura 2002, 278 (282); *Rengier*, BT I, § 2 Rn. 12.
148 Für Vorschläge de lege ferenda vgl. *Lampe*, GA 1966, 225 (231 ff.).
149 BGH, Beschl. v. 11. 11. 2010 – 5 StR 423/10 (juris); vgl. zum Problem des Versteckens der Beute auch *Rengier*, BT I, § 2 Rn. 29.
150 *S/S/Eser/Bosch*, § 242 Rn. 42; kritisch *Lampe*, GA 1966, 225 (232), der aber für die Wegnahme grundsätzlich keine Begründung neuen Gewahrsams verlangt.

eigenen oder fremden Gewahrsams ist allerdings von der Frage der Eigen- oder Drittzueignung zu trennen[151].

62 **Beispiel**[152]: T, der W etwas Geld schuldet, bricht das Schloss des Gatters einer Gänsebucht auf, in dem sich fünf in fremdem Eigentum stehende Gänse befinden. Als der gutgläubige W vorbeikommt, sagt T zu ihm: „Wenn du die fünf Gänse haben willst, dann nimm sie dir". W öffnet die Tür des Gatters, an der jetzt das Schloss lose hängt, nimmt die Gänse heraus und lässt sie durch einen Freund wegtreiben. Gegenüber T äußert er: „So, nun sind wir glatt", worauf dieser erwidert: „Ist gut". – Hier hat T dem Eigentümer durch W (als sein gutgläubiges Werkzeug) die Gänse weggenommen, um durch deren gleichzeitige Überlassung an W an Erfüllungs statt diese seinem Vermögen zuzuführen[153]. Dabei kann es keine Rolle spielen, ob er die Gänse zuvor selbst an sich nimmt, um sie W zu übergeben (dann läge die Begründung eigenen Gewahrsams vor) oder ob er, wie hier, veranlasst, dass sich W die Gänse selbst nimmt (Begründung fremden Gewahrsams).

d) Besonderheiten bei mehreren Gewahrsamsinhabern

63 Bei **mehreren Gewahrsamsinhabern** müssen grundsätzlich alle mit dem Gewahrsamswechsel einverstanden sein. Ist dies nicht der Fall, liegt eine Wegnahme in Form des Bruchs von Mitgewahrsam vor. Insoweit kann auch ein Mitgewahrsamsinhaber selbst Täter sein, wenn er den Mitgewahrsam eines anderen bricht. Allerdings erfährt dieser Grundsatz eine Ausnahme: Das Einverständnis **eines** Mitgewahrsamsinhabers genügt, wenn er die **Befugnis** hat, über den Mitgewahrsam der anderen Gewahrsamsinhaber zu verfügen.

64 **Beispiel (1)**[154]: W ist Wächter in einer Sammelgarage und hat einen Zündschlüssel (Zweitschlüssel) zum Pkw der Eigentümerin E. Er darf den Schlüssel (und damit den Gewahrsam am Pkw) an Dritte mit Einwilligung der E herausgeben. T täuscht W vor, dass E mit der Herausgabe des Schlüssels (und damit des Wagens) einverstanden sei. Der gutgläubige W gibt den Schlüssel heraus und lässt T mit dem Auto davonfahren. – Hier hatten W und E Mitgewahrsam am Pkw, da beide im Besitz eines Schlüssels waren. Da W berechtigt war, den Wagen herauszugeben, scheidet eine Wegnahme (und daher ein Diebstahl) aus. Vielmehr liegt ein Betrug, § 263, vor[155].

---

151 Vgl. zu dieser Frage unten Rn. 114 ff., 121.
152 Fall nach RGSt 48, 58 – Gänsebucht; vgl. hierzu *Fahl*, JA 1995, 845; *ders.*, JA 2004, 287, und den Übungsfall bei *Thoss*, JuS 1996, 816.
153 RGSt 48, 58 (60); vgl. auch BGH bei *Dallinger*, MDR 1954, 398: Schwarzverkauf von im Wald lagerndem Holz durch Forstbeamten an gutgläubigen Landwirt, der es dann abholt; ferner RGSt 47, 147; RGSt 57, 166 (168 f.); RGSt 70, 212.
154 Fall nach BGHSt 18, 221 – Sammelgarage.
155 BGHSt 18, 221 (223 f.), stellt statt auf die Befugnis allerdings auf das faktische Näheverhältnis ab: Es komme „allein auf die Willensentschließung des gutgläubigen Mitgewahrsamsinhabers an [...], der der Sache am nächsten stehend die unmittelbar räumliche Einwirkungsmöglichkeit hat und der deshalb über die Sache, unabhängig vom Willen der anderen Mitgewahrsamsinhaber, tatsächlich verfügen kann". Dies träfe aber nur dann zu, wenn W Alleingewahrsam hätte. Stellt man statt der Befugnis auf das tatsächliche Näheverhältnis ab, müsste man nämlich auch dann einen Diebstahl ablehnen, wenn W sich die Sache selbst zueignet oder mit Wissen um die fehlende Genehmigung die Sache einem Dritten herausgibt (vgl. zu der dann vorliegenden Drittzueignung unten Rn. 114 ff.). Maßgebend ist also die Befugnis und nicht die tatsächliche Herausgabemöglichkeit (so auch *Gössel*, Fälle und Lösungen, Strafrecht, 8. Aufl. 2001, S. 177 f., im Hinblick auf das Abheben von Geld unter Missbrauch einer EC-Karte); vgl. zum Ganzen auch *Otto*, ZStW 79 (1967), 59 (84 f.); zur Problematik des Betruges in der hier vorliegenden Konstellation vgl. unten § 20 Rn. 83.

Beispiel (2)[156]: Der Junggeselle E lernt im Urlaub die T kennen. Die Wohnung des 65 E, in der sich auch der dem E gehörende Schmuck befindet, wird von seiner Haushälterin H gehütet. E bittet nun T, den Schmuck unter Vortäuschung eines Einbruchs zu holen, damit er ihn ihr einerseits „schenken", zugleich aber dessen Wert von der Diebstahlsversicherung ersetzt erhalten könne. – Hier ist es entbehrlich, die Gewahrsamsverhältnisse zu untersuchen, denn für E war die Sache nicht fremd und T handelte offensichtlich nicht mit der Absicht rechtswidriger Zueignung. – **Abwandlung:** Der Schmuck gehört nicht E, sondern seinem seit Jahrzehnten im Ausland lebenden Bruder O. Auch hier begehen E und T keinen Diebstahl, denn O hat den Schmuck nicht in Gewahrsam, und H ist zwar Inhaberin des Mitgewahrsams, kann diesen aber nicht gegen den Willen des E aufrechterhalten, d. h. E kann über den Mitgewahrsam der H verfügen. Es liegt hier also lediglich § 246 vor[157].

III. Subjektiver Tatbestand des § 242

1. Vorsatz hinsichtlich der Wegnahme einer fremden beweglichen Sache

Eine Strafbarkeit nach § 242 setzt Vorsatz im Hinblick auf sämtliche objektiven Tatbestandsmerkmale voraus. Der Täter muss also wissen, dass die bewegliche Sache nicht in seinem Alleineigentum steht, also fremd ist. Ferner muss er Kenntnis über die Gewahrsamsverhältnisse haben und fremden Gewahrsam brechen wollen. Dabei genügt allerdings jeweils dolus eventualis. 66

2. Zueignungsabsicht – Überblick

Darüber hinaus verlangt § 242 die „Absicht [...], die Sache sich oder einem Dritten rechtswidrig zuzueignen". Im Gegensatz zu § 246, bei dem die Zueignung als objektives Tatbestandsmerkmal ausgestaltet ist und die Tatvollendung somit den Erfolg der Zueignung voraussetzt, genügt bei § 242 eine hierauf gerichtete **Absicht**. Insoweit wird häufig von einer „überschießenden Innentendenz" im subjektiven Tatbestand des § 242 oder vom Diebstahl als „kupiertem Erfolgsdelikt" gesprochen. Dabei kommt es – im Gegensatz zur früheren Rechtslage – nicht mehr darauf an, ob der Täter die Sache **sich oder einem Dritten** zueignen will, da beide Fallgruppen inzwischen vom Tatbestand erfasst werden[158]. 67

Da der vollendete Diebstahl den erfolgreichen Gewahrsamsbruch (und damit die Begründung neuen Gewahrsams) voraussetzt, sind Fälle selten, in denen jemand in Zueignungsabsicht eine fremde Sache wegnimmt und trotz des eingetretenen Wegnahmeerfolges der Zueignungserfolg (noch) aussteht. Es ist sogar streitig, ob solche **Ausnahmefälle** überhaupt denkbar sind. 68

---

156 Fall in Anlehnung an BGHSt 10, 400.
157 Kritisch zur Bewertung der Mitgewahrsamsverletzung als Diebstahl *Haffke*, GA 1972, 225.
158 Der Streit, inwieweit eine Drittzueignung notwendigerweise voraussetzt, dass sich der Täter die Sache zuvor selbst zueignet, hat sich daher – seit der gesetzlichen Änderung durch das 6. StrRG im Jahre 1998 – erledigt. Dies ist insbesondere beim Lesen älterer Urteile oder Literaturbeiträge zu berücksichtigen.

Beispiel: T bricht bei O ein und entwendet einen Fotoapparat, Geld und Lebensmittel. – Eine Zueignung liegt unproblematisch vor, wenn T die Kamera veräußert, das Geld ausgibt und die Lebensmittel verbraucht.

Die juristische Verfeinerung des Zueignungsbegriffs geht von der Unterschlagung aus und hat zu einer zunehmenden **Formalisierung** geführt. Gefragt wird, ob sich T die Sachen bereits zueignet, d. h. sich eine Eigentümerstellung anmaßt, wenn er sie aus dem Haus des O fort trägt oder ob ein zusätzlicher, sich nach außen manifestierender Zueignungsakt erforderlich ist. Für den Diebstahl kann es aber offen bleiben, ob die Zueignung bereits zu diesem Zeitpunkt vollendet ist, denn da der Diebstahl lediglich eine entsprechende Absicht voraussetzt, ist es unerheblich, wenn T kurz nach Verlassen des Hauses gestellt wird und die Sachen nicht wie geplant veräußern oder verbrauchen kann. Für die Unterschlagung ist diese Frage hingegen entscheidend.

69 Nach einer in der Literatur verbreiteten Auffassung ist **Diebstahl Zueignung durch Wegnahme**[159]. Die im Gesetzestext enthaltene Beschränkung auf die Absicht, die Sache (sich oder einem Dritten) zuzueignen, ist hiernach bedeutungslos. Weil die Zueignungsabsicht in der Wegnahme zum Ausdruck komme, liege in jeder Wegnahme auch eine Zueignung (und insoweit eine Manifestation der Zueignungsabsicht).

Problematisch wird dies aber in denjenigen Fällen, in denen der Täter einem (gutgläubigen oder bösgläubigen) Dritten Gewahrsam verschafft, ohne selbst zuvor eigenen Gewahrsam begründet und sich oder dem Dritten die Sache bereits zugeeignet zu haben. Instruktiv sind hierbei die Fälle mittelbarer Täterschaft: Wenn A seinen gutgläubigen Freund B auf dem Bahnhof anweist, „seinen" Koffer, der allein in einer Ecke steht, mitzunehmen und ihm in den nächsten Tagen vorbeizubringen, es sich dabei aber in Wirklichkeit um den Koffer des in unmittelbarer Nähe stehenden O handelt, so bricht B (als gutgläubiges Werkzeug) den Gewahrsam des O, ohne sich die Sache dabei zuzueignen (er möchte sie ja lediglich verwahren). Auch der mittelbare Täter A würde erst bei der späteren Übergabe Gewahrsam erlangen (sofern er bis dahin, z. B. mangels Kenntnis, wo sich die Sache befindet, nicht die Möglichkeit besitzt, jederzeit auf die Sache zuzugreifen) und sich die Sache auch erst dann zueignen.

70 Die Praxis tut allerdings gut daran, sich mit der Zueignungs**absicht** des Täters zu begnügen[160]. Es mag nicht bedeutsam erscheinen, ob der Zueignungserfolg **regelmäßig** (insoweit unstreitig) oder **immer** mit dem Wegnahmeerfolg zusammenfällt. Zu bedenken ist jedoch, dass gegen die bei der Unterschlagung von der h. M. vorgenommene weitgehende Gleichsetzung von Zueignung mit Manifestation der Zueignungsabsicht verstärkt ernst zu nehmende Bedenken vorgetragen werden[161]. Es besteht aber kein Anlass, den formalen Zueignungsbegriff der Unterschlagung mitsamt seinen Unsicherheiten in den Diebstahl hineinzutragen. Wer für den Diebstahl eine Zueignung (und nicht nur eine entsprechende Absicht) verlangt, **scheint** die Strafbarkeit einzuschränken. In Wahrheit wird sie aber ausgedehnt, weil dann regel-

---

159 So insbesondere *Welzel,* LB, § 48; ferner auch *Börner,* Jura 2005, 389 (393); *Hirsch,* JZ 1963, 149 (Fn. 8); *Ling,* ZStW 110 (1998), 919 (934 f.); LK-*Jagusch,* 8. Aufl., § 242 Bem. III 2; *Otto,* Die Struktur des strafrechtlichen Vermögensschutzes, 1970, S. 126 ff.; eingehend zu dieser Problematik *Maiwald,* Der Zueignungsbegriff im System der Eigentumsdelikte, 1970, S. 171 ff.; *Paulus,* Der strafrechtliche Begriff der Sachzueignung, 1968, S. 188.
160 Vgl. für die h. M. auch MüKo-*Schmitz,* 2. Aufl., § 242 Rn. 110 ff.
161 Vgl. unten § 15 Rn. 23 ff.

mäßig auch der Begriff der Zueignung im Sinne des § 246 übernommen wird, der den Eintritt des Zueignungserfolges weit nach vorne verlagert.

Festzuhalten bleibt also, dass beim Diebstahl die Zueignungs**absicht** 71 zum Zeitpunkt der Wegnahme vorliegen muss. Das bei der Unterschlagung zentrale Problem, wann und wie sich diese Zueignungsabsicht **manifestiert**, ist für den Diebstahl nicht entscheidend. Eine Zueignung selbst liegt vor (d. h. die Zueignungs**absicht** manifestiert sich), wenn der Täter mit der Sache so verfährt, wie es nur der Eigentümer darf. Zueignung ist insoweit das Auftreten als Quasi-Eigentümer (**se ut dominum gerere**). Darauf muss sich beim Diebstahl die entsprechende Absicht richten. Nicht entschieden ist damit aber die Frage nach dem materiellen Zueignungsbegriff: Durch welches Verhalten geriert sich der Täter als „dominus", also als Eigentümer (und nicht nur als Fremdbesitzer)? Dem ist im Folgenden nachzugehen.

Dieb ist nur derjenige, der sich die Sache zueignen, d. h. den Eigentümer 72 intensiv durch Aneignung beeinträchtigen will. Dieb ist nicht, wer den Eigentümer schwächer (z. B. durch eine kurzfristige Gebrauchsentwendung, furtum usus) oder anders (z. B. durch Vernichtung der Sache, § 303) beeinträchtigt. Die Abgrenzung zwischen einem (bestimmten) starken Angriff auf den Eigentümer (Zueignung) und schwächeren oder anderen Beeinträchtigungen (furtum usus, Sachbeschädigung) ist das primäre Problem, das es mithilfe des Zueignungsbegriffs zu lösen gilt. Dabei geht es oftmals auch um die Grenze zwischen strafbarem und straffreiem Verhalten, denn die Gebrauchsentwendung ist nur in Sonderfällen strafbar[162] und die Annahme einer Sachbeschädigung läuft auf einen im Vergleich zum Diebstahl milderen Vorwurf hinaus[163].

Abgesehen vom Begriff des Schadens i. S. des § 263 ist die Grenzziehung im Vermö- 73 gensstrafrecht nirgends so umstritten wie beim Zueignungsbegriff. **Ein** Grund liegt in dem allzu weit getriebenen Abstraktionsgrad der „Sache". Dadurch müssen höchst unterschiedliche Sachverhalte unter den Begriff der Sachzueignung subsumiert werden. Ein anderer Grund liegt in einer das Analogieverbot und die fragmentarische Natur des Strafrechts gefährdenden Ausdehnung des Strafrechts unter Berufung auf ein (oft nur imaginäres) Strafbarkeitsbedürfnis. Gerade am Zueignungsbegriff zeigt sich jedoch die Notwendigkeit und der Wert begrifflicher (= genereller) Festlegung gegenüber intuitiven, an den Erfordernissen der Praxis orientierten individuellen Entscheidungen[164]. Eine am Einzelfall ausgerichtete Judikatur dehnt die Grenzen der Strafbarkeit nämlich allmählich immer weiter aus.

---

162 Vgl. §§ 248b, 290; dazu unten Rn. 140 ff. und Rn. 148.
163 Vgl. dazu oben § 12 Rn. 1 ff.
164 Dies insbesondere auch deswegen, weil zuweilen behauptet wird, gerade beim Zueignungsbegriff sei eine dogmatisch stimmige Definition praktisch nicht erreichbar. In diese Richtung RGSt 26, 151 (152 f.); BGHSt 14, 38 (47); LK-*Heimann-Trosien*, 9. Aufl. 1974, § 242 Rn. 34.

3. Zueignung nach der Substanztheorie – Grundlagen

74 Es wurde bereits gezeigt[165], dass im Auftreten als Eigentümer das Wesen des formalen Zueignungsbegriffs liegt. Da der Täter durch den Diebstahl natürlich nicht wirklich Eigentümer wird (vgl. § 935 I 1 BGB), kann er sich nur als Eigentümer „gerieren", d. h. **wie** ein Eigentümer auftreten, ohne es aber zu sein. Der materielle Zueignungsbegriff muss die Frage lösen, unter welchen Voraussetzungen man vom Auftreten als Quasi-Eigentümer sprechen kann. Insoweit ging die früher ausschließlich vertretene **Substanztheorie** davon aus, Zueignung sei die Einordnung der Sache ihrer Substanz nach in den eigenen Herrschaftsbereich i. S. eines Quasi-Eigentums (vgl. § 903 BGB). Die **Substanztheorie** gab dabei das **Zentrum des Zueignungsbegriffs** ebenso zutreffend wieder wie das **Zentrum der Sachbeschädigung** i. S. des § 303[166]. Von dieser Substanztheorie ist daher im Folgenden auszugehen, erst im Anschluss daran soll aufgezeigt werden, wie die (vermeintlichen) Schwächen der Substanztheorie mithilfe einer später für Sonderfälle entwickelten **Sachwerttheorie** behoben werden sollten und wie die inzwischen h. M. diese beiden Ansätze in einer **Vereinigungsformel** zu erfassen versucht[167].

75 Musterfälle der Anmaßung einer Eigentümerstellung sind der **Verzehr** und der (sonstige) **Verbrauch** einer Sache sowie die entgeltliche **Veräußerung**. Auch beim **Verschenken** maßt sich der Täter die nach § 903 S. 1 BGB dem Eigentümer vorbehaltene Herrschaftsmacht an[168]. Beim **Veräußern** wird die Zueignung allerdings mitunter als problematisch empfunden, wenn der Täter die Sache an den Eigentümer rückveräußert.

76 **Beispiel:** Der Täter entwendet nachts vom Hof eines Schrotthändlers Schrottteile und aus einem Getränkemarkt leere Bierkisten, die er tags darauf an den Schrotthändler verkaufen bzw. dem Getränkehändler unter Entgegennahme des „Pfandgeldes" zurückgeben möchte. – Zwar soll hier keine dauerhafte Enteignung des Schrott- bzw. Getränkehändlers stattfinden. Vor der Rückerlangung liegt jedoch die vollständige Verdrängung des Eigentümers durch den Täter „der die fremde Sache unter Anmaßung einer eigentümerähnlichen Verfügungsgewalt für eigene Rechnung verwertet"[169]. Der Täter geriert sich hier also als Eigentümer, ein Diebstahl liegt vor[170].

---

165 Vgl. oben Rn. 71.
166 Vgl. dazu oben § 12 Rn. 16 ff.
167 Vgl. hierzu unten Rn. 92 ff.
168 Vgl. dazu und zur abzulehnenden Drittzueignung (selbst bei anonymer Spende) auch unten Rn. 117 f.
169 *Wessels*, NJW 1965, 1153 (1157); im Ergebnis auch *Krey/Hellmann/M. Heinrich*, BT 2, Rn. 88 f.; *Ranft*, JA 1984, 277 (282 f.); *Rengier*, BT I, § 2 Rn. 62 (jedenfalls bzgl. des Schrotts; bzgl. der Pfandflaschen differenzierend in Rn. 62a); a. M. *Mitsch*, BT 2/1, § 1 Rn. 115; *Seelmann*, JuS 1985, 288 (290); vielfach wird dieses Ergebnis allerdings mithilfe der Sachwerttheorie begründet. Selbst bei einer Veräußerung an Dritte wird zuweilen (so vom RG im Gänsebucht-Fall, vgl. oben Rn. 62) die Zueignung durch den Verkäufer nicht auf die Substanztheorie gestützt, scheint doch der Käufer die Substanz, der Verkäufer aber den Sachwert zu haben. – Der Fehlschluss liegt auf der Hand: Der Käufer erlangt zwar die Substanz (und den Sachwert!), zuvor hatte der Verkäufer jedoch die Sache der Substanz nach in seinen ausschließlichen Herrschaftsbereich eingeordnet; so auch *Bloy*, JA 1987, 187 (189); *Paulus*, Der strafrechtliche Begriff der Sachzueignung, 1968, S. 172.
170 Zur Frage, ob hier eine Selbst- oder eine Drittzueignung vorliegt, vgl. unten Rn. 116.

Als Kehrseite dieser Zueignung (durch Einbeziehung in die Herrschaftssphäre des Täters) steht zugleich der Verlust der Sache auf der Seite des Eigentümers fest. Es handelt sich nicht um einen Verlust de jure (das Eigentum bleibt bestehen), sondern um den Verlust der Möglichkeit, die Rechtsmacht des § 903 BGB faktisch auszuüben. In diesen **Normalfällen** geschieht die **Zueignung** also **einaktig**[171]. Der Verlust der Herrschaftsmacht des einen wird durch die Erlangung der Herrschaftsmacht des anderen herbeigeführt. Dennoch trennt die h. M. stets zwischen der Enteignung des Opfers und der Aneignung seitens des Täters (oder eines Dritten), für die im subjektiven Bereich zudem auch noch unterschiedliche Anforderungen gelten sollen[172]. Dieser Weg ist gangbar, wenn er auch, wie zu zeigen sein wird, problematisch ist, weil er zu einer Ausweitung des Zueignungsbegriffs führen kann. Zudem muss man sich darüber im Klaren sein, dass eine solche Aufspaltung nichts daran ändert, dass sich die Zueignung regelmäßig einaktig vollzieht. 77

Auch **Sachzerstörung** (§ 303) und **Sachentziehung** (Fliegenlassen eines Vogels[173]) sind Ausdruck einer dem Eigentümer vorbehaltenen Verfügungsmacht. Deshalb sieht eine Minderansicht in der Literatur (formale Theorie) auch darin Zueignungshandlungen, sodass die §§ 242, 246 bei Vorliegen der sonstigen Tatbestandsmerkmale (neuer Gewahrsam!) § 303 vorgehen[174]. Nach h. M. fehlt es aber in diesen Fällen an einer Zueignung, weil der Täter die Sache durch Entziehung und Zerstörung nicht in den eigenen Herrschaftsbereich einordnet (so auf der Grundlage der Substanztheorie) oder weil der Täter sich den Sachwert nicht zueignet (so auf der Grundlage der Sachwerttheorie)[175]. 78

4. Abgrenzung von Zueignung und Gebrauchsentwendung

Die Schwierigkeiten der Substanztheorie liegen auf zwei gänzlich verschiedenen Ebenen. Einerseits ist die Zueignung abzugrenzen vom bloßen Gebrauch einer Sache, andererseits sind diejenigen Fälle problematisch, in denen der Täter (und auch der Rechtsverkehr) weniger Interesse an der reinen Sachsubstanz als vielmehr an dem in einer (oder durch eine) Sache ver- 79

---

171 Mit *Bloy*, JA 1987, 187 (188), kann man auch von einem einheitlichen Zueignungsakt sprechen, der die Enteignung des Eigentümers und die Aneignung durch den Täter herbeiführt.
172 Vgl. hierzu noch ausführlich unten Rn. 86 ff.
173 Vgl. oben § 12 Rn. 27 f.
174 *Schaffstein*, GerS 103 (1933), 292 (313): „Denn da Verbrauch, Zerstörung und Beschädigung sämtlich in den Kreis der Befugnisse fallen, welche dem Eigentümer kraft seines Eigentumsrechts zustehen und andererseits ein dauernder Ausschluss des Eigentümers von der Sache oder ihrem Wert damit verbunden ist, so sind die Erfordernisse des Zueignungsbegriffs in positiver und negativer Richtung bei ihnen erfüllt." – Vgl. aber auch *Schaffstein*, GA 1964, 97 (102, 106): Entscheidend für die Abgrenzung des Diebstahls von der Sachbeschädigung und -entziehung ist die Absicht, die Sache eigentümergleich zu nutzen.
175 Vgl. dazu unten Rn. 92 ff.; eine Zusammenfassung der Begründungsdivergenzen bietet *Wessels*, NJW 1965, 1153 (1154). Schon *Binding*, Lehrbuch des Gemeinen Deutschen Strafrechts, Besonderer Teil, Bd. 1, 2. Aufl. 1902, S. 268, hat die Vernichtung als „das Gegenteil der Aneignung" bezeichnet. Das „Recht des Eigentümers, seine Sache zu vernichten", existiert nur in unklaren Köpfen".

körperten Wert besitzt. Letzteres ist insbesondere dann der Fall, wenn es sich bei der Sache um Wertträger (Geld), Inhaberpapiere (Spieljetons, Biermarken), Legitimationspapiere (Sparbücher, Garderobenmarken) oder Nachrichtenträger (Brief) handelt[176].

80 Zuerst soll die Zueignung vom bloßen Gebrauch einer Sache abgegrenzt werden. Es geht dabei um die Ausgrenzung der Fälle, in denen der Täter die Sache (der Substanz nach) nicht in seine **ausschließliche** Herrschaftssphäre einordnen will, sondern trotz der Anmaßung von Herrschaftsmacht die übergeordnete Stellung des Eigentümers anerkennt. Der Täter tritt nicht als „dominus" auf, sondern als schwächer Berechtigter (Entleiher, Mieter etc.). Sieht man den Diebstahl zutreffend als ein **Eigentumsverschiebungsdelikt** an, dann muss aber der einen Seite das genommen werden, was der anderen zuwächst (bzw. zuwachsen soll). Die bloße Gebrauchsentwendung kann daher keinen Diebstahl darstellen, da § 242 das Eigentum und nicht reine Gebrauchsmöglichkeiten schützt. Dies sieht auch der Gesetzgeber so, da er z. B. mit § 248b einen eigenständigen Gebrauchsentwendungstatbestand geschaffen hat. – Bei der Abgrenzung handelt es sich dabei um ein **quantitatives** Problem (da das Eigentumsrecht das Gebrauchsrecht umfasst)[177]. Die h. M. versucht allerdings zusätzlich eine Lösung mithilfe der Zerlegung der Zueignung in zwei Akte (Aneignung/Enteignung) zu erreichen, trennt also die Zueignungsabsicht in eine **negative und eine positive Komponente**[178].

a) Die quantitative Abgrenzung zwischen Zueignung und Gebrauchsentwendung

81 Wie soeben dargelegt, scheiden die Zueignungsdelikte der §§ 242, 246 dann aus, wenn sich der Täter nicht als Eigentümer geriert, sondern als schwächer Berechtigter auftritt und sich lediglich ein Gebrauchsrecht anmaßt. Diese Gebrauchsentwendung, das sog. **furtum usus**, ist **regelmäßig straflos,** sofern keine Sonderbestimmungen existieren, wie dies bei der Gebrauchsentwendung eines Kfz oder Fahrrads (§ 248b) oder beim Gebrauch von Pfandsachen durch öffentliche Pfandleiher (§ 290) der Fall ist[179].

82 Die **Grenze** zwischen Gebrauchsentwendung und Zueignung ist fließend. Denn auch und gerade das Eigentumsrecht eröffnet die Möglichkeit zum dauerhaften Gebrauch. Dieser ist oft „endlich", da die wenigsten Sachen von dauerhafter Existenz sind, also mit der Zeit „verbraucht" werden. Insoweit muss eine Zueignung dann vorliegen, wenn angesichts der Dauer des Gebrauchs (bzw. des Maßes der Entwertung der Sache infolge des Gebrauchs) die Grenze vorübergehender Nutzung überschritten ist. Wer z. B. einen Pkw entwendet, um mit diesem von Tübingen aus nach In-

---

176 Vgl. dazu unten Rn. 92 ff.
177 Vgl. dazu anschließend Rn. 81 ff.
178 Vgl. dazu unten Rn. 86 ff.
179 Vgl. dazu unten Rn. 140 ff., 148.

dien zu fahren, „verbraucht" diesen[180]. Dagegen wird der Pkw lediglich „gebraucht", wenn er zu einer Spritztour von Tübingen nach Ulm genutzt wird. Schon dieses Beispiel zeigt, dass die Abgrenzung von Zueignung und Gebrauchsentwendung kein qualitativer Sprung ist, sondern sich nach **quantitativen Gesichtspunkten** vollzieht[181]. Für die Abgrenzung interessant sind folgende Fälle aus der Rechtsprechung[182]:

Beispiel (1)[183]: Dem Göttinger Philosophiestudenten P wird von einem befreundeten Jurastudenten erzählt, dass die Wegnahme eines Buches in der Absicht, es zu lesen und nach kurzer Zeit wieder zurückzugeben, eine straflose Gebrauchsanmaßung sei. P macht die Probe aufs Exempel. Er holt sich in einem Kaufhaus einen Krimi, den er ohne zu bezahlen mitnimmt und nach der Lektüre zurückbringen will. P wird noch im Laden gestellt. – Das OLG Celle verurteilte ihn wegen Diebstahls mit dem Argument, er habe sich zwar nicht das Buch, wohl aber das **Buch als neues Buch** zueignen wollen[184].

Beispiel (2)[185]: Die A schuldet dem K 50,- €, hat aber trotz wiederholter Aufforderung nicht bezahlt. Als K sie das nächste Mal trifft, beschließt er, ihr das Geld gewaltsam wegzunehmen und zerrt sie in sein Auto. Da A aber kein Geld dabei hat, verlangt er als „Sicherheit" ihre Uhr und ihre Kleider. A händigt ihm u. a. Halskette, Pullover, Rock und Schuhe aus. Dann zwingt er sie zur Unterzeichnung eines Schreibens, dass sie ihm 80,- € (!) schulde und „dass die Pfandgegenstände in sein Vermögen übergehen würden, wenn sie nicht bezahle." – Nach Ansicht des BGH soll die bloße eigenmächtige Inpfandnahme in der Regel nicht in Zueignungsabsicht geschehen mit der Folge, dass weder ein Diebstahl, noch ein Raub vorliegt[186].

Beispiel (3)[187]: T entwendet seiner (Ex-)Geliebten G und ihrem neuen Liebhaber L in Ibiza Sachen des persönlichen Lebensbedarfs und ihre Pässe in der Absicht, diese

---

180 Dabei hilft es dem Täter auch nichts, wenn er sich verbal gegen seine de-facto-Eigentümerstellung verwahrt („protestatio facto contraria"). Entwendet er das Auto des Opfers, um damit nach Indien zu fahren, liegt somit auch dann ein Diebstahl vor, wenn der Täter sich unterwegs immer nur als „Entleiher" bezeichnen und dem Opfer von jeder Station eine Ansichtskarte schicken würde, mit der Versicherung, er respektiere sein Eigentum und werde ihm den Wagen nach Gebrauch zurückbringen.
181 Für diejenigen, die bei einer Zueignung stets zwischen der Aneignung (die auch eine nur vorübergehende sein kann) und der Enteignung (die eine dauerhafte sein muss) trennen, stellt sich hier allein die Frage, ab wann der Eigentümer durch einen länger dauernden Gebrauch „dauerhaft enteignet" ist; vgl. exemplarisch *Rengier*, BT I, § 2 Rn. 46.
182 Vgl. hierzu auch BGHSt 34, 309 (312): Benutzung von Maschinen über einen Zeitraum von mehr als zwei Jahren.
183 Fall nach OLG Celle, NJW 1967, 1921 m. Anm. *Deubner*.
184 Natürlich kann man daran zweifeln, ob das Buch wirklich seinen Charakter als neues Buch verloren hatte. Man sollte die viel besprochene Entscheidung (Zusammenfassung bei *Eser*, Strafrecht IV, 4. Aufl. 1983, Fall 3) nicht überanalysieren. Die Richter wollten dem Studenten an Scharfsinn nicht nachstehen. Die Strafe betrug 40,- DM. Bemerkenswert ist, dass dem Täter sogar ein Verbotsirrtum abgesprochen wurde.
185 Fall nach BGH, LM Nr. 15 zu § 249 = NJW 1955, 1764 (LS).
186 Es verwundert etwas, dass der BGH „bei der besonderen Lage des Falles und den sehr erheblichen Straffolgen, die sich aus einer Verurteilung wegen schwerer räuberischer Erpressung ergeben", auch am Vorsatz des K zweifelt, A einen Vermögensnachteil zuzufügen (was dazu führt, dass auch eine Strafbarkeit nach § 255 ausscheidet); ebenso BGH, StV 1983, 329: Kein Enteignungsvorsatz, wenn das „Pfand" zunächst als Druckmittel benutzt werden soll; vgl. zu Einzelfragen *Bernsmann*, NJW 1982, 2214; *Mohrbotter*, NJW 1970, 1857 (1858).
187 Fall nach BGH, NJW 1985, 812 = JR 1985, 517 m. Anm. *Gropp*.

Sachen nach Deutschland zu verbringen. Er will dadurch deren neue Beziehung stören, G zur Rückkehr bewegen und L, einen flüchtigen Straftäter, in Schwierigkeiten bringen. Die Sachen will T vorerst behalten und später entscheiden, wie mit ihnen verfahren werden soll. Nachdem er sich mit G später tatsächlich wieder ausgesöhnt hat, gibt er ihr die Sachen zurück. – Hier nahm der BGH einen Diebstahl an, da A die Gegenstände den Berechtigten nicht nur kurz entziehen wollte. Es könne „schon in der Besitzergreifung und dem Wegschaffen der Sache ein endgültiger Eingriff in das fremde Eigentum, also eine Zueignung liegen. Daß es dem Täter in einem solchen Fall nicht gerade darauf ankommt, dem Berechtigten die Sache für immer vorzuenthalten, ist unter diesen Umständen nicht entscheidend. Eine spätere, wenn auch von Anfang an als möglich vorgestellte Rückgewähr wäre in einem solchen Fall nur Wiedergutmachung des durch den Diebstahl angerichteten Schadens"[188].

84 Die Schwierigkeit der quantitativen Betrachtung liegt hier (und stärker noch anschließend bei der Sachwerttheorie) darin, den Charakter des Diebstahls als Eigentums(verschiebungs)delikt vor einer Verfälschung in ein Vermögens(verschiebungs)delikt zu bewahren. Da auch der Gebrauch zu den dem Eigentümer vorbehaltenen Verfügungsmöglichkeiten zählt, ist es aber durchaus legitim, in Grenzfällen wirtschaftliche Gesichtspunkte mit zu berücksichtigen. Mangels eines Vermögensbezuges fällt die quantitative Betrachtung aber dort besonders schwer, wo es um Sachen ohne (unmittelbaren) wirtschaftlichen Wert geht, wie bei der Entwendung von Briefen, Dokumenten etc., die der Täter nach Kenntnisnahme zurückgeben will[189].

85 **Leitsatzartig** fasste *Wessels*[190] die quantitative Abgrenzung wie folgt zusammen: „Keine bloße Gebrauchsanmaßung, sondern Zueignung liegt vor, a) wenn der unbefugte Gebrauch dem Verbrauch der Sache oder ihrer wirtschaftlichen Verwertung gleichkommt, b) wenn der unbefugte Gebrauch in der Weise erfolgen soll, daß er eine wesentliche Substanzveränderung oder Wertminderung[191] der Sache zur Folge hat, c) wenn der Täter bei der Wegnahme oder Ingebrauchnahme mit dem Willen handelt, die Sache nach zeitweiligem Gebrauch irgendwo preiszugeben und es dem Zufall zu überlassen, ob, wann und in welchem Zustand der Eigentümer sie zurückbekommt[192], d) wenn der unbefugte Gebrauch eine solche Dauer erreichen soll, daß ein objektiver Betrachter den Verlust der Sache für den Eigentümer als endgültig ansehen und eine Ersatzbeschaffung für unvermeidbar halten muß."

---

188 Anders urteilte hingegen das OLG Köln, NJW 1997, 2611, in einem vergleichbaren Fall: Kein Diebstahl, wenn der Täter seiner Geliebten Schmuck wegnimmt, um ein von dieser eingegangenes Verhältnis zu stören, dabei allerdings fest an die „Wiedergewinnung" seiner Geliebten glaubt und ihr in diesem Fall den Schmuck zurückgeben will.
189 Will der Täter die Dokumente nach Einsichtnahme vernichten, wird die Grenze zu § 303 problematisch, vgl. hierzu unten Rn. 91.
190 *Wessels*, NJW 1965, 1153 (1158).
191 Entgegen dem gut gemeinten Präzisierungsversuch von *Fricke*, MDR 1988, 538 (540), dürfte es unmöglich sein, die wesentliche, zur Zueignung führende Wertminderung exakt ab einer Einbuße von mehr als 50 % des Sachwerts anzunehmen.
192 Dazu anschließend Rn. 86 ff.

Subjektiver Tatbestand des § 242 § 13 Rn. 86–88

b) Die Zerlegung der Zueignung in eine Aneignungs- und eine Enteignungskomponente

Auch bei der schwierigen quantitativen Abgrenzung zwischen Zueignung und Gebrauchsentwendung vollzieht sich die Zueignung im Normalfall einaktig, d. h. der Zueignung des Täters entspricht der Verlust des Eigentümers[193]. Probleme ergeben sich aber daraus, dass es Fälle geben kann, in denen der Täter dem Eigentümer die Sache zwar dauerhaft entziehen, selbst aber nur einen vorübergehenden Nutzen daraus ziehen will. 86

> **Beispiel:** T entwendet ein Buch des O, um auf einer Parkbank ein paar Seiten zu lesen. Anschließend lässt er das Buch wie geplant auf der Parkbank liegen, wo es ein Opfer des nächsten Regens wird.

Obwohl sich auch in diesem Fall eine bloße Gebrauchsentwendung aufdrängt, hat die h. M. hier einen eleganten Weg gefunden, dennoch zu einer Strafbarkeit wegen eines Diebstahls zu gelangen, indem sie strikt zwischen der „**Enteignung**" des Opfers und der „**Aneignung**" durch den Täter trennt und hierfür unterschiedliche subjektive Anforderungen stellt. Hiernach soll die Zueignungsabsicht aus dem „wenigstens bedingten Vorsatz hinsichtlich einer dauerhaften Enteignung" des Opfers und der „Absicht der wenigstens vorübergehenden Aneignung" durch den Täter bestehen[194]. Betrachtet man diese – aus dem Gesetzeswortlaut nicht ableitbare – Konstruktion genauer, so führt sie zu dem Ergebnis, dass aus einer Kombination von § 303 (Zerstörung als „Enteignungs"-Komponente) und an sich straflosem furtum usus (als „Aneignungs"-Komponente) eine Zueignung i. S. des § 242 konstruiert wird. Diese Gleichung führt letztlich zu einer sachwidrigen, dem Rechtsempfinden der Bevölkerung widersprechenden Ausdehnung des Zueignungsbegriffs und damit des Diebstahls. 87

Die Zerlegung der Zueignung in eine negative Enteignungskomponente und eine positive Aneignungskomponente lässt sich bis ins 19. Jahrhundert zurückverfolgen. Da auch der Gebrauch dem Eigentümer vorbehalten ist, war es denkbar, in jeder Gebrauchsentwendung begrifflich einen Diebstahl zu sehen. Bei *Binding*[195] diente deshalb die Enteignungskomponente zuerst dazu, den Bereich des **straflosen furtum usus zu sichern** (weil bei der Gebrauchsentwendung der Eigentümer nicht dauernd enteignet werde). Die insoweit beabsichtigte Einschränkung der Strafbar- 88

---

[193] Vgl. hiezu bereits oben Rn. 77.
[194] Vgl. nur *Rengier*, BT I, § 2 Rn. 40.
[195] *Binding*, Lehrbuch des Gemeinen Deutschen Strafrechts, Besonderer Teil, Bd. 1, 2. Aufl. 1902, S. 264. – Mit Blick auf den Gebrauch von Sparbüchern etc., also zur Begrenzung des Zueignungsbegriffs, heißt es dort (S. 269): „jeder Gebrauch ohne Restitutionsabsicht" sei Diebstahl. – Mit derselben Formel wird heute der Zueignungsbegriff ausgedehnt, ohne dass sich bei *Binding*, auf den man sich meist beruft, entsprechende Beispiele finden lassen. Betrachtet man z. B. den Fall, dass jemand eine fremde Uhr in den Fluss wirft (a. a. O. S. 271 f.), würde die jetzt h. M. Diebstahl annehmen, wenn der Täter vorher die Zeitanzeige mit der eigenen Uhr vergleichen würde, da der Täter die fremde Uhr immerhin kurzzeitig bestimmungsgemäß – zum Zeitablesen – benutzt hat.

keit durch die Aufspaltung des Zueignungsbegriffs hat sich in der Zwischenzeit allerdings in ihr Gegenteil verkehrt. Heute spielt die Zweiaktigkeit der Zueignung in der Praxis besonders bei der Entwendung von (Kraft-)Fahrzeugen eine große Rolle. Selbst bei nur kurzfristigem Gebrauch soll hier ein Diebstahl vorliegen, wenn der Täter nach dem Gebrauch einen Totalverlust für den Eigentümer herbeiführen möchte oder jedenfalls mit einem solchen rechnet und diesen billigend in Kauf nimmt.

89 **Beispiel (1)**[196]: T besteigt ohne Wissen und Wollen des Eigentümers E dessen am Flussufer liegendes Boot und lässt sich darin zwei Stunden lang stromabwärts treiben. Danach lässt er das Boot am Ufer zurück. – Das RG ging davon aus, dass eine bloße Gebrauchsanmaßung dann vorliege, wenn T glaubte, „der Eigentümer würde das Boot, wenn es von der Strompolizei gefunden und als gefundenes gemeldet würde, sicher bald zurückerhalten haben" und sofern er „jenen Erfolg als sicher vorausgesehen und gewollt habe". Dagegen läge ein Diebstahl vor, wenn „seine Ansicht aber dahin [ging], das Boot [...] zu benutzen, dann jedoch es an beliebiger Stelle zurückzulassen und dem Zugriffe jedes Dritten preiszugeben".

Beispiel (2)[197]: T entwendet O einen Pkw, um eine Spritztour ins nahe gelegene Dorf zu unternehmen. Dort stellt er den Pkw auf einem abgelegenen Waldparkplatz unverschlossen ab. – Die Rspr. würde hier einen Diebstahl annehmen, da der Pkw dem beliebigen Zugriff Dritter preisgegeben wurde und daher ein Rückführungswille nicht feststellbar ist[198].

90 **Beispiel (3)**[199]: T befindet sich aufgrund einer längeren Gefängnisstrafe in Haft. Er schlägt den Aufseher nieder, nimmt ihm die Schlüssel ab, schließt die Zelle auf und flieht. Die Schlüssel wirft er an unbekannt gebliebener Stelle fort. – Nach Ansicht des BGH können die Schlüssel „je nach der Gestaltung des Tatplans Gegenstand bloß unbefugten Gebrauchs oder des Diebstahls bzw. des Raubs sein". Im vorliegenden Fall wurde eine Zueignungsabsicht angenommen: „Der Beschwerdeführer hat selbst zugegeben, er habe an eine Rückgabe nach Gebrauch nicht gedacht. Daraus konnte der Tatrichter folgern, daß der Angeklagte zur Zeit der gewaltsamen Wegnahme der Schlüssel auch nicht vorhatte, diese bei Verlassen der Haftanstalt in der letzten von ihm aufgeschlossenen Tür stecken zu lassen oder sie sonst im Gefängnisbereich niederzulegen. Dies und das spätere Wegwerfen auf freiem Felde, rechtfertigte die Annahme der Zueignungsabsicht [...]. An den Aneignungswillen sind überdies bei solch gesellschaftsfeindlichen Tätern, wie sie der Angekl. darstellt, und angesichts der spannungsgeladenen, erregenden Situation eines gewaltsamen Ausbruchs keine allzu hohen Anforderungen zu stellen"[200].

91 **Beispiel (4)**[201]: T bricht in das Gerichtsgebäude ein, um eine ihn betreffende Strafbefehlsakte zu entwenden. Dabei wird er festgenommen. – Der BGH prüfte die Zu-

---

196 Fall nach RG, DJZ 1924, 740.
197 Fall in Anlehnung an BGHSt 22, 45; BGH, NStZ 1982, 420; BGH, JR 1987, 342 m. Anm. *Keller*; BGH, NStZ 1996, 38.
198 So auch aus der Literatur *Rengier*, BT I, § 2 Rn. 60.
199 Fall nach BGH, LM Nr. 16 zu § 249.
200 Vgl. auch BGH, NStZ 1981, 63: Hier ging es ebenfalls um die Wegnahme eines Schlüssels zum Zweck des Entweichens aus der Strafanstalt, jedoch misslang hier die Flucht; ferner ließ sich nicht klären, was nach gelungener Flucht mit dem Schlüssel hätte geschehen sollen. Der BGH führte aus: „Das bloße Fehlen des Willens, die eigenmächtig in Gebrauch genommene Sache dem Eigentümer wieder zurückzugeben, vermag den Nachweis des auf dauernde Enteignung gerichteten Vorsatzes nicht zu ersetzen."
201 Fall nach BGH, NJW 1977, 1460 (Aktenbeseitigung) = JR 1978, 171 m. Anm. *Geerds*; hierzu *Ulsenheimer*, Jura 1979, 169 (174).

eignungsabsicht. Maßgeblich sei der Wille, „das Tatobjekt der Substanz oder dem Sachwert nach dem eigenen Vermögen[202] einzuverleiben". Die Wegnahme, um zu zerstören, ist „kein Akt der Zueignung, weil sie auf den Bestand des Tätervermögens ohne Einfluß ist". – Damit kommt es aber zu einer lebensfremden Differenzierung: keine Zueignungsabsicht, wenn T die Akten verschwinden lassen will „durch Vernichten (Verbrennen, Zerreißen, Wegwerfen)"; Zueignungsabsicht hingegen, wenn er sie verschwinden lassen will „durch Einbringen in seine Habe". So oder so geht es T nur um das Verschwindenlassen der Akten[203]! Der Sachverhalt ist u. a. deshalb lehrreich, weil die Bestrafung des T von der Bejahung der Zueignungsabsicht abhängt (dann versuchter Diebstahl; §§ 303, 274 sind erst vorbereitet, d. h. die Schwelle eines strafbaren Versuches ist hier noch nicht erreicht).

Beispiel (5)[204]: T entwendet O mit Gewalt dessen Handy, um darauf gespeicherte Fotos anzusehen und diese auf sein eigenes Telefon zu übertragen. Ob O das Mobiltelefon zurückerlangt, ist T gleichgültig. – Der BGH lehnte eine Zueignungsabsicht ab, da T die Substanz der Sache nicht seinem Vermögen zuführen wollte. Auch sei der kurzzeitige Gebrauch nicht in einen Verbrauch der Sache umgeschlagen. – Dieses Ergebnis ist aus der Sicht der bisherigen Rechtsprechung des BGH überraschend und im Ergebnis inkonsequent. Denn bei den Kfz-Fällen – wie in Beispiel (2) – genügt regelmäßig schon ein kurzzeitiger Gebrauch, wenn der Täter billigend in Kauf nimmt, dass das Opfer das Kfz nicht zurückerlangt. Ähnliches galt auch für den Gefängnisschlüssel in Beispiel (4). Der einzige Unterschied zu den vorigen Fällen könnte darin liegen, dass das Betrachten und Abspeichern von Fotos einen „völlig untypischen" Gebrauch eines Handys darstellen könnte, was aber einerseits nicht zutrifft und worauf es andererseits auch nicht ankommen kann. Dass hier dennoch ein Unterschied gemacht wurde, könnte auf eine Annäherung an quantitative Gesichtspunkte hindeuten. Letztlich liegt der Fall aber nicht anders als beim Durchlesen eines Briefes. Wandelt man den Fall dahin gehend ab, dass O das Handy zurückbekommen sollte und auch zurückerhält, wäre eine Ablehnung des Diebstahls (oder Raubs) hingegen eindeutig.

5. Zueignung nach der Sachwert- und der Vereinigungstheorie

a) Problemstellung

Wie bereits angesprochen[205], hat die Substanztheorie dort Probleme, wo eine Sache lediglich **Symbolcharakter** hat und die Substanz selbst letztlich bedeutungslos ist. Beabsichtigt der Täter diesen Symbolcharakter oder den Wert der Sache für sich zu nutzen und anschließend die Substanz (als bloße

---

202 Die Grenze zum Vermögensdelikt wird dadurch verwischt, denn der BGH setzt für Zueignungsabsicht voraus, „dass der Wille des Täters auch auf Änderung des Bestandes seines Vermögens gerichtet sein muss" (zugleich wird betont, die Erhöhung des Wertes des Vermögens sei nicht erforderlich). Entscheidend ist jedoch nicht die Einordnung ins Vermögen, sondern in den Herrschaftsbereich eines Quasi-Eigentümers. In der Vernichtung dokumentiert sich die Einordnung in diesen eigentümerischen Herrschaftsbereich. Der BGH macht sich die Abgrenzung zu § 303 jedoch durch die Erwägung leicht, durch Vernichtung einer fremden Sache ändere sich nichts am Vermögensbestand des Täters; ebenso OLG Düsseldorf, JR 1987, 520 m. Anm. *Keller* (zur Abgrenzung von §§ 246 und 303). – Vgl. hierzu bereits oben Rn. 78.
203 Vgl. die ähnlichen Sachverhalte bei RG, JW 1922, 293 m. Anm. *Wach*; OLG Köln, NJW 1950, 959 m. Anm. *Feldmann;* OLG Celle, JR 1964, 266 m. Anm. *Schröder* (Vernichtung eines Briefes nach dem Durchlesen).
204 Fall nach BGH, NStZ 2012, 627 (Handyspeicher); hierzu *Dittmer/Hartenstein*, famos 11/2012; *Jäger*, JA 2012, 709.
205 Vgl. oben Rn. 79.

"Hülle") wieder zurückzugeben, so ist fraglich, wie und ob eine Zueignungsabsicht auf Grundlage der Substanztheorie begründet werden kann. Für diese Konstellationen wurde ursprünglich die **Sachwerttheorie** entwickelt, die statt auf die Zueignung der Sache ihrer Substanz nach auf die Zueignung des in der (bzw. durch die) Sache verkörperten Wertes (Sachwert) abstellte. In der Literatur konnte sich die (reine) Sachwerttheorie allerdings nicht durchsetzen. Heute wird überwiegend eine Vereinigungslehre vertreten[206], die Elemente der Substanz- und der Sachwerttheorie in sich aufnimmt, die aber nur verstanden werden kann, wenn man sich die Grundlagen der Sachwerttheorie an den folgenden Fällen verdeutlicht:

93   **Sparbuch-Fall**[207]: T nimmt das O gehörende Sparbuch heimlich an sich. Er geht zur Bank und erreicht die Auszahlung eines Teils des Guthabens durch Vorlage des Sparbuches. Dieses gibt er O anschließend wieder zurück. – Eine Zueignung der Forderung scheidet hier mangels Sachqualität der Forderung aus. Ein Diebstahl am ausgezahlten Geld scheitert daran, dass T nach § 929 S. 1 BGB Eigentum daran erwirbt, denn T will erwerben und die Bank will ihm auch das Eigentum übertragen. Da das Sparbuch § 808 I 1 BGB ein qualifiziertes Legitimationspapier („hinkendes Inhaberpapier") darstellt, kann die Bank an T auch mit befreiender Wirkung leisten, sofern sie (bzw. der Angestellte) nicht positiv weiß, dass der Inhaber nicht berechtigt ist oder eine entsprechende Unkenntnis auf grober Fahrlässigkeit beruht[208]. Diebstahlsobjekt kann somit allein das Sparbuch an sich sein, welches das Guthaben verkörpert und die Möglichkeit eröffnet, über das Geld zu verfügen[209]. Dieses wird aber der Substanz nach später wieder an den Eigentümer zurückgeführt, nachdem es „gebraucht" wurde.

Biermarken-Fall[210]: T ist Kellner in der Wirtschaft des O. Von O bekommt er gegen Geld Biermarken. Gegen Eintausch dieser Biermarken erhält er am Ausgabeschalter Bier, welches er dann den Gästen verkauft. T entwendet aus der Kassette des O einige Biermarken. Diese löst er später ein, erhält dafür Bier, welches er verkauft, um das eingenommene Geld für sich zu behalten. – Stellt man hier allein auf die „Substanz" der entwendeten Biermarken ab, so gelangen diese wie beabsichtigt am Ende wieder in den Herrschaftsbereich des O zurück[211].

---

206 Vgl. hierzu noch ausführlich unten Rn. 95 ff.
207 Vgl. hierzu aus der Rspr. RGSt 10, 369; RGSt 2, 2; spätere Entscheidungen, wie RGSt 43, 17, betreffen von der normalen Konstellation abweichende Sachverhalte. Es gibt keinen Sparbuch-Fall, der eindeutig mit der Sachwerttheorie entschieden worden ist; zu den Sparbuchfällen aus der Literatur *Krey/Hellmann/M. Heinrich*, BT 2, Rn. 50 ff.; *Mitsch*, BT 2/1, § 1 Rn. 144; *Rengier*, BT I, § 2 Rn. 48; *Wessels/Hillenkamp*, BT 2, Rn. 174 f.
208 BGHZ 28, 368 (370 f.), lässt Letzteres offen, doch entspricht die im Text vertretene Ansicht der im Zivilrecht h. M.; vgl. *Palandt/Sprau*, BGB, 72. Aufl. 2013, § 808 Rn. 4.
209 Ähnlich ist die Situation z. B. bei Telefonkarten, die nach dem Verbrauch des Guthabens wieder zurückgegeben werden.
210 Vgl. hierzu aus der Rspr. RGSt 40, 10; ferner RGSt 24, 22 – in diesem „ersten Biermarkenfall" lag der Sachverhalt aber anders.
211 Biermarken können wie Spieljetons Inhaberzeichen gem. § 807 BGB sein, wenn der Gast z. B. statt mit Geld mit solchen Marken sein Bier „bezahlen" kann. Soweit Biermarken jedoch wie hier nur der Abrechnung zwischen Wirt und Personal dienen, sind sie bloße Beweiszeichen, die in der Regel im Eigentum des Gläubigers stehen, § 952 BGB. Dennoch werden sie zumeist im Zusammenhang mit § 807 BGB genannt, ohne dass zur Ausgestaltung der tatsächlichen und rechtlichen Verhältnisse Näheres gesagt wird, vgl. *Erman/Wilhelmi*, BGB, 13. Aufl. 2011, § 807 Rn. 5; MüKo-BGB-*Habersack*, 6. Aufl. 2013, § 807 Rn. 12; *Soergel/Welter*, BGB, 13. Aufl. 2011, § 807 Rn. 7; *Zöllner*, Wertpapierrecht, 14. Aufl. 1987, § 27 III. – Zutreffende Differenzierung hingegen bei *Otto*, Die Struktur des strafrechtlichen Vermögensschutzes, 1970, S. 186 f. Fn. 342.

EC-Karten-Fall[212]: T entdeckt während einer Party bei O dessen auf einem Tisch abgelegte EC-Karte sowie auf einem daneben liegenden Zettel die dazugehörige Geheimzahl. Er nimmt die EC-Karte an sich und hebt mit ihr unter Verwendung der Geheimzahl aus einem Geldautomaten der Bank vom Konto des O 1.000 € ab. Die EC-Karte legt er beim nächsten Besuch wie zuvor beabsichtigt wieder auf den Tisch zurück. – Hier ist zwischen der Zueignung hinsichtlich des Geldes und der Zueignung hinsichtlich der EC-Karte zu unterscheiden. Letztere wird ihrer Substanz nach vollständig in den Herrschaftsbereich des O zurückgeführt.

Parkschein-Fall: T bedient einen Parkscheinautomaten mit billigen Metallplättchen statt mit Geld und erlangt auf diese Weise um 14 Uhr einen Parkschein mit dem Aufdruck „Parkgebühr bezahlt bis 16 Uhr". Diesen legt er in sein Auto. Als er um 16 Uhr zurückkommt, klebt er den Parkschein, wie von Anfang an geplant, zurück an den Parkautomaten (lässt ihn also in den Gewahrsamsbereich des Automatenaufstellers zurückgelangen). – Geht man mit der h. M. davon aus, dass es sich beim Parkscheinautomaten um einen „Warenautomaten" handelt, dann muss hier ein Diebstahl geprüft werden, da die Entnahme des Parkscheins nicht dem Willen des Automatenaufstellers entsprach[213] (und insoweit die Wegnahme einer Sache vorlag)[214]. Auch in diesem Fall kehrt die Sache (der Parkschein) der Substanz nach aber an den Berechtigten zurück.

Die Schwierigkeiten der Substanztheorie liegen in diesen Fällen in dem fehlenden Eingriff in die Substanz der entwendeten Gegenstände. Denn Sparbuch, Biermarken, EC-Karte und Parkschein werden dem Opfer bald zurückgegeben (eine Zueignung der Substanz ist selbstverständlich dann zu bejahen, wenn keine Rückgabe erfolgen soll). 94

b) Die Lösung nach der Sachwert- und der Vereinigungstheorie

Im Folgenden sollen kurz die Lösungsansätze aufgezeigt werden, die für diese besonderen Fallgruppen entwickelt wurden und die von der **Sachwerttheorie** ausgehend zu der heute wohl herrschenden **Vereinigungsformel** geführt haben. 95

Das RG nahm eine Zueignung des **Sparbuchs** der Substanz nach mithilfe eines extensiven formalen Zueignungsbegriffs an. Mit der beabsichtigten Vorlage des Buches geriere sich T als Eigentümer und verfüge über die Substanz. Eine Zueignung läge daher immer „dann vor, wenn der Wegnehmende beabsichtigt hatte, über die Sache auch nur eine einzelne Verfügung zu treffen, welche aber als zur ausschließlichen Zuständigkeit des Eigentümers gehörig betrachtet werden muß"[215]. Das Abheben von Geld sei aber typischerweise dem Eigentümer vorbehalten. – In einer anderen Entscheidung des RG heißt es, das Sparbuch sei eine Beweisurkunde, „so daß von diesem Gesichtspunkte aus Buch und Einlage sich identifizieren"[216]. Die Wegnahme zur Abhebung eines Teils des Guthabens erfolge in der Absicht, „einen bestimmten Teil des Sparkassenbuches, nämlich seiner vermögensrechtlichen Subs- 96

---

212 Vgl. den bereits oben in Rn. 34 genannten Fall; zu diesem Fall ferner unten § 21 Rn. 38.
213 Vgl. zur – hier vertretenen – Gegenansicht oben Rn. 55.
214 Ähnlich ist die Situation z.B. bei Theaterkarten, die nach der Vorstellung wieder zurück gegeben werden.
215 RGSt 10, 369 (371).
216 RGSt 22, 2 (3).

tanz, sich zuzueignen". Deshalb kann nach dieser Ansicht das Buch immer wieder gestohlen werden, „denn im Ganzen ergriff [der Täter] auch den Teil".

Im **Biermarken-Fall** stand das RG[217] dem Argument gegenüber, wegen des zeitlich kurzen Gebrauchs der dem Wirt entwendeten Marken und wegen der unversehrten Zurückerlangung der Substanz der Marke durch den Wirt (keine Enteignung auf Dauer) liege nur furtum usus vor. – Das RG wies dieses Argument zurück. Wesentlich für die Zueignung sei, „daß der Täter die Sache ihrem Sach(Substanz)werte nach für sich ausnutzen will"[218]. Die Substanztheorie bedeute nicht, dass es nur auf den Stoffwert ankomme. So sei nicht daran zu zweifeln, dass derjenige, der dem Eigentümer Geld stiehlt und dann mit diesem Geld bei ihm einkauft, sich das Geld zueigne.

97 Diese Entscheidungen wurden in der Folgezeit von der wohl h. M.[219] zur Begründung der **Sachwerttheorie** herangezogen: Komme es dem Täter (und auch dem Rechtsverkehr) nicht auf die Substanz der Sache, sondern auf den in ihr verkörperten Sachwert an, so sei in der Zueignung dieses Sachwertes die für § 242 erforderliche Zueignung zu erblicken. Die Sachwerttheorie wird dabei insbesondere zur Begründung der **Aneignungskomponente** herangezogen, also zur quantitativen Abgrenzung vom furtum usus[220].

98 Dabei sollte man allerdings nie aus den Augen verlieren, dass es sich bei der Sachwerttheorie von vornherein nur um einen **Annex** zur Substanztheorie handeln sollte, der diese nur für bestimmte Fallgruppen ergänzt. Eine Verdrängung der Substanztheorie durch die Sachwerttheorie in der Masse der Normalfälle war nicht beabsichtigt. Eine Gleichberechtigung zwischen Substanz- und Sachwerttheorie wäre auch abzulehnen, weil sie die Zueignungsdelikte zu Vermögensdelikten verfälschen würde. Eine geradezu groteske Ausweitung der Strafbarkeit wäre die Folge[221]. Dennoch ist es auffallend, dass schon das RG die Sachwerttheorie mit der Substanztheorie zu einer „Vereinigungsformel" verband, die wie folgt lautet: „Das Wesen der Zueignung besteht darin, daß die Sache selbst, oder doch der in ihr verkörperte

---

217 RGSt 40, 10.
218 RGSt 40, 10 (12 f.).
219 BGH, GA 1969, 306, zitiert zunächst die Zueignungsformel der Vereinigungstheorie („die Sache selbst oder doch den in ihr verkörperten Sachwert") und fährt dann fort: „Auf den ‚in der Sache verkörperten Sachwert' kommt es bei Legitimationspapieren und dergleichen an, bei denen der Stoffwert der Sache an sich unwesentlich ist (z. B. bei Sparkassenbüchern, Biermarken und dergleichen)." Im konkreten Fall ging es aber um eine Landkarte, mehrere Dosen Öl etc., bei denen der BGH die Zueignung mithilfe der Substanztheorie begründete. Weil es dem Täter möglicherweise darum ging, ins Gefängnis zu kommen, wird weitere Sachverhaltsaufklärung verlangt.
220 In diesem Sinne schon das RG im Brotmarken-Fall in RGSt 51, 97 (98): „Nur für die Feststellung der Aneignungsabsicht kann es u. U. darauf ankommen, ob die Sache einen ihren geringen Stoffwert überschreitenden weiteren Sachwert besitzt, dann nämlich, wenn die Frage der Klarstellung bedarf, ob der Täter die Absicht hatte, die Sache lediglich zu vorübergehendem Zwecke zu gebrauchen oder vielmehr ihren Sach(Substanz)wert für sich auszunutzen und zu verwerten".
221 Vgl. hierzu noch unten Rn. 100 ff.; treffend heißt es bei *Maurach/Schröder*, BT 1 (6. Aufl. 1977), § 34 III C 1 c, bb, die Sachwerttheorie sei nur ein „ergänzendes Prinzip", ihre „sekundäre Verwertung" dürfe „nicht dazu verführen, daß man jede Gewinnziehung aus einem vorübergehend weggenommenen Gegenstand mit ihrer Hilfe als Diebstahl wertet". Kritisch auch *Maurach/Schroeder/Maiwald*, 10. Aufl. 2009, § 33 Rn. 43 ff. (46, 49 f.).

Sachwert, vom Täter dem eigenen Vermögen einverleibt wird"[222]. Diese Formel hat der BGH übernommen[223].

Die Definition hat zu der gängigen Interpretation der Vereinigungstheorie i. S. einer **Alternativtheorie** beigetragen: Lässt sich Zueignung mithilfe der Substanztheorie nicht begründen, muss man die Begründung über die Sachwerttheorie suchen. Für das RG[224] ist jedoch eine ganz andere Tendenz charakteristisch: Der Zueignungsbegriff nach der Substanztheorie sollte gerade nicht erweitert werden, auch nicht durch die Sachwerttheorie. Vielmehr wurde der Sachwert-Gedanke zur Einschränkung des weiten Begriffs der Substanzzueignung (kombiniert mit dem formalen Zueignungsbegriff des se ut dominum gerere) herangezogen[225].

c) Stellungnahme

Betrachtet man die oben angeführten Begründungen des RG näher, so wird deutlich, dass bei der Beurteilung der Sparbuch- und Biermarkenfälle gerade nicht die Sachwerttheorie bemüht wird, sondern die Substanztheorie[226] i. V. m. dem – freilich extensiv eingesetzten – formalen Zueignungsbegriff des se ut dominum gerere herangezogen wird. Insbesondere im Sparbuchfall wird allein darauf abgestellt, ob der Täter über die Substanz der Sache eine Verfügung trifft, welche in die ausschließliche „Zuständigkeit des Eigentümers" fällt oder ob er die Sache wie ein Nichteigentümer, z. B. wie ein Entleiher oder Mieter benutzt[227]. Ein Teil der Literatur fordert zutreffend eine Rückkehr zu dieser Argumentation. Dies soll im Folgenden begründet werden: 99

Die **kriminalpolitische Bedeutung** – und auch die Gefahr – der herrschenden Argumentation liegt in der **Vorverlagerung der Strafbarkeit**. Mithilfe des weiten Zueignungsbegriffs verwandelt man nämlich den bloß vorbereiteten Betrug in einen vollendeten Diebstahl. Das RG[228] bemerkte dazu im zweiten Biermarken-Fall: 100

---

222 So erstmals RGSt 61, 228 (233); vgl. ferner RGSt 64, 414 (415); RGSt 67, 334 (335).
223 Vgl. BGHSt 4, 236 (238 f.); auffallend ist aber, dass hierin das – auf Subsidiarität des Sachwerts hindeutende – „doch" fehlt (welches in BGH, GA 1969, 306 dann aber wieder auftaucht); vgl. ferner BGHSt 24, 116 (119); BGHSt 35, 152 (157); BGH, NJW 1977, 1460; BGH, NJW 1985, 812; BGH, StV 1983, 329 (330).
224 RGSt 61, 228 (232 f.).
225 *Maiwald*, Der Zueignungsbegriff im System der Eigentumsdelikte, 1970, S. 77, sieht die Vereinigungstheorie als „Addition von Substanz- und Sachwerttheorie". Darin kommt das gängige Missverständnis vorzüglich zum Ausdruck (die Addition der Kriterien für die Zueignung würde den Zueignungsbegriff einschränken, so in der Tat die Rspr.) – *Maiwald* meint jedoch nicht Addition von, sondern Alternativität zwischen Substanz- und Sachwerttheorie.
226 Vgl. deutlich RGSt 10, 369 (370). – Auch RGSt 40, 10 (11), spricht davon, Gegenstand der Zueignungsabsicht könne nur „die körperliche Sache selbst" sein. Die Entscheidung darf (nach umstrittener Ansicht) nicht für die Sachwerttheorie in Anspruch genommen werden, a. M. *Grunewald*, GA 2005, 520 (520 f.); *Welzel*, LB, § 46, 2; vgl. auch *Maiwald*, Der Zueignungsbegriff im System der Eigentumsdelikte, 1970, S. 55, Fn. 114, der die Terminologie in der genannten Entscheidung als „verwirrend" bezeichnet. In der Tat spricht das RG hier in Leitsatz 4 auch von der Möglichkeit, dass der „Sach(Substanz)wert" einer Sache den „Stoffwert" übersteigen könne.
227 RGSt 10, 369 (371).
228 RGSt 40, 10 (14).

"Wollte man für Fälle der vorliegenden Art die Zueignungsabsicht leugnen und annehmen, es könne lediglich Betrug in Frage kommen, so würde sich daraus eine weitgehende Schutzlosigkeit des Eigentums ergeben. Versuchte oder vollendete Wegnahme solcher Marken, auch wenn diese unter den in [§ 242] vorausgesetzten Umständen erfolgte, müßte, soweit nicht etwa Hausfriedensbruch oder Sachbeschädigung vorläge, straflos bleiben. Denn im Verhältnisse zum Tatbestande des Betrugs wären dies alles nur Vorbereitungshandlungen. Bestrafung könnte erst eintreten, wenn mindestens mit der Verausgabung **einer** Marke begonnen worden wäre, dann aber auch nur insoweit, nicht hinsichtlich der vielleicht großen Menge gleichzeitig zum selben Zwecke weggenommener Marken."

101 Kommt es nach der Wegnahme des Sparbuches (bzw. der Biermarken) zur tatsächlichen Geltendmachung des vermeintlichen Anspruchs gegen die Bank (bzw. zur Einlösung der Marken), dann kann hierin zwar ein Betrug, § 263, gesehen werden[229], dieser würde dann aber hinter dem Diebstahl des Sparbuchs (oder der Marke) im Wege der mitbestraften Nachtat zurücktreten[230]. Bestraft würde somit aus einem Eigentumsdelikt, obwohl es sich vom Grundsatz her um ein Vermögensdelikt handelt.

102 Auch in den Fällen der Entwendung von **EC-Karten** bei beabsichtigter Rückgabe nach Bargeldabhebung[231] würde mit der Anwendung des § 242 eine Vorverlagerung der Strafbarkeit gegenüber § 263a (Computerbetrug) erreicht. Eine Strafbarkeit nach § 242 wird hier allerdings durch die h. M. abgelehnt[232]: Anders als das Sparbuch verkörpert die EC-Karte (zusammen mit der Geheimzahl) nicht den wirtschaftlichen Wert des Kontos. Sie ist lediglich eine Art („Tresor"-)Schlüssel zu dem vom Automaten abgegebenen Geld, ebenso wie etwa der einem Werksangehörigen kurzfristig entwendete Ausweis, mit dem es dem Träger gelingt, das Werksgelände zu betreten und dort Sachen zu entwenden[233].

103 Entscheidendes Merkmal der Zueignungsabsicht muss also sein, dass der Täter mit der Sache (und zwar ihrer Substanz nach) so umgehen will, wie es sonst nur der Eigentümer darf[234]. Dagegen ist bei einer extensiven Anwendung der Sachwerttheorie die Versuchung groß, auf dieses formale Element des „se ut dominum gerere" zu verzichten. Die folgenden Fälle zeigen indes, dass die Rspr. sehr wohl auch unter Berücksichtigung der Sachwerttheorie (bzw. der Vereinigungsformel) zumeist darauf abstellt, ob

---

229 Vgl. dazu unten § 20 Rn. 57.
230 BGH, StV 1992, 272.
231 Vgl. hierzu den EC-Karten-Fall in Rn. 34 und 93.
232 BGHSt 35, 152 (156 ff.); *Eisele/Fad*, Jura 2002, 305 (306); *Mitsch*, BT 2/1, § 1 Rn. 145; *Rengier*, BT I, § 2 Rn. 54; *Stein*, JuS 1990, 914 (915 f.); *Wessels/Hillenkamp*, BT 2, Rn. 177 ff.; a. M. *Schroth*, NJW 1981, 729 (da er Diebstahl von Geldkarte und spätere Geldabhebung als Einheit betrachtet); *Seelmann*, JuS 1985, 288 (289).
233 Zur Frage des Diebstahls an dem mit der EC-Karte aus dem Automaten entnommenen Geld vgl. oben Rn. 34 und 56; zur Unterschlagung unten § 15 Rn. 16; zum Automatenmissbrauch unten Rn. 151; zum Computerbetrug (§ 263a) unten § 21 Rn. 36 ff.; zum Scheckkartenmissbrauch (§ 266b) unten § 23 Rn. 49.
234 Hierauf abstellend auch RGSt 5, 218 (220); RGSt 22, 175 (177); *Jäger*, JuS 2000, 651; *Sinn*, NStZ 2002, 64 (67); *Wolfslast*, NStZ 1994, 542 (544); kritisch im Hinblick auf das Abstellen auf die Formel des „se ut dominum gerere" *Grunewald*, GA 2005, 520 (523 f.); MüKo-*Schmitz*, 2. Aufl., § 242 Rn. 115.

sich der Täter eine (Quasi-)Eigentümerstellung anmaßt, da andernfalls der Betrug zum Zueignungsdelikt verfälscht würde.

Beispiel (1)[235]: Soldat S hat einen Ausrüstungsgegenstand (seine „Dienstmütze") verloren und ist der Bundeswehr schadensersatzpflichtig. Er entwendet einem Kameraden einen derartigen Gegenstand und gibt ihn bei der Abmusterung als „seinen" zurück. – Nach zutreffender Ansicht des BGH liegt hier ein Betrug, § 263, und kein Diebstahl, § 242, vor. Weil die Ausrüstung Eigentum der Bundeswehr blieb und von S der Substanz nach auch in den Besitz der Armee zurückgeführt werden sollte, respektierte er fremdes Eigentum, obwohl er wirtschaftlich die Bundeswehr um den Sachwert jedenfalls dann gebracht hat, wenn der bestohlene Kamerad seinerseits nicht ersatzpflichtig ist[236]. Der BGH führte zutreffend aus, dass der Wille des Täters hier auf eine Täuschung und nicht auf eine Zueignung gerichtet war. Nimmt man hingegen die Sachwerttheorie ernst, läge die Versuchung nahe, hier eine Zueignung anzunehmen. 104

Beispiel (2)[237]: A entwendet bei der Firma B ein für die Kundin K bestimmtes Warenpaket mit quittierter, noch nicht bezahlter Rechnung. A bringt es K, kassiert (angeblich für die Firma B) das Geld und verbraucht es für sich. – Nach der Ansicht des BayObLG beging A hier einen Diebstahl am Paket, weil er sich dieses selbst zugeeignet habe. Dies ist abzulehnen. Es fehlt am „se ut dominum gerere", weil A erkennbar unter Respektierung des fremden Eigentums auftrat[238]. 105

Beispiel (3)[239]: A weiß, dass B einen entlaufenen Pudel gefunden und in seinem Stall eingesperrt hat. Als A erfährt, dass die Eigentümerin E eine hohe Belohnung für das Wiederbringen des Pudels ausgesetzt hat, bricht er die Stalltüre des B auf, entwendet den Pudel, bringt ihn E zurück und kassiert die Belohnung. – Auch wenn E hier ein Mehrfaches des „Sachwerts" ihres Pudels als Belohnung ausgelobt hat, gerierte sich A dennoch lediglich als ehrlicher Finder unter Anerkennung des Eigentums der Berechtigten. Dass er den ihm an sich nicht zustehenden „Sachwert" aus dem Pudel herausgeholt hat, ist kein Grund, die Grenze zwischen Betrug und Diebstahl in Richtung auf den Diebstahl zu verschieben (und damit zu einer Vorverlagerung der Strafbarkeit zu kommen)[240]. A ist vielmehr strafbar wegen eines (Dreiecks-)Betruges durch Täuschung der E zulasten des B. 106

Wird insoweit in den genannten Urteilen deutlich, dass die Rspr. bemüht ist, die Substanztheorie mithilfe der Sachwerttheorie einzuschränken, werden in der Literatur die Sachwerttheorie und die Vereinigungstheorie vielfach als die Substanztheorie nicht beschränkende, sondern 107

---

235 BGHSt 19, 387 – Dienstmütze.
236 Ebenso OLG Stuttgart, NJW 1979, 277, in einem Fall, in dem der Täter die weggenommenen Ausrüstungsgegenstände bei der Abmusterung nicht selbst zurückgab, sondern durch einen Kameraden zurückgeben ließ; vgl. auch *Rengier*, BT I, § 2 Rn. 56; *Rudolphi*, JR 1985, 252 f.
237 BayObLG, JR 1965, 26 – Pseudo-Bote.
238 So im Ergebnis auch *Krey/Hellmann/M. Heinrich*, BT 2, Rn. 92 f.; *Rudolphi*, JR 1985, 252 (253); *S/S/Eser/Bosch*, § 242 Rn. 50; *Schröder*, JR 1965, 27; *Thoss*, JuS 1996, 816 (817); a. M. *Mitsch*, BT 2/1, § 1 Rn. 123; *Otto*, Jura 1996, 383 (385); *Tenckhoff*, JuS 1980, 723; *Wessels*, NJW 1965, 1153 (1157); vgl. hierzu auch *Rengier*, BT I, § 2 Rn. 58 (der eine Drittbereicherungsabsicht zugunsten der K bei der Wegnahme für gegeben hält).
239 Fall nach RGSt 55, 59 – Pudel; zu diesem Fall auch *Rengier*, BT I, § 2 Rn. 57; *Wessels/Hillenkamp*, BT 2, Rn. 186 ff.
240 Wie bei den Biermarken- und Sparbuch-Fällen gezeigt wurde, führt die Verfälschung des Betruges in einen Diebstahl dazu, dass ein vielleicht erst vorbereiteter Betrug schon als vollendeter Diebstahl geahndet werden könnte. Dem Täter wird dann u. a. die Rücktrittsmöglichkeit verbaut.

erweiternde Theorien aufgefasst. Damit der Zueignungsbegriff nach der Sachwerttheorie aber nicht alle Konturen verliert, sucht man zwischen dem unmittelbaren Sachwert (Zueignung) und dem mittelbaren Sachwert zu differenzieren. Auf *Bockelmann*[241] geht die herrschend gewordene Unterscheidung zwischen lucrum ex re (Vorteil aus der Sache selbst: Zueignung) und lucrum ex negotio cum re (Vorteil aus einem Geschäft mit der Sache, Gebrauchswert: keine Zueignung) zurück[242]. Diese Bemühungen um eine begriffliche Unterscheidung können jedoch nicht überzeugen.

108 § 903 BGB unterscheidet nicht, wie es *Bockelmann* und andere befürworten, zwischen Verfügungen, die auf den „spezifischen" Sachwert abzielen, und dem ex negotio cum re erlangten, angeblich unspezifischen Sachwert. Wer einen Ausweis mit umfassender und dadurch natürlich unspezifischer Legitimationswirkung (Personalausweis) gebraucht, den Eigentümer schädigt und den Ausweis zurückgibt, soll nach *Bockelmann* bloß ein „negotium cum re" vorgenommen haben. Wer einen Ausweis mit einer beschränkten und damit spezifischen Legitimationswirkung (Sparbuch) gebraucht, soll ein „lucrum ex re" erzielt haben. Die Tatsache, dass das Sparbuch im Vergleich zum Personalausweis vernünftigerweise nur zu ganz bestimmten Transaktionen eingesetzt werden kann, ändert jedoch nichts daran, dass es wie beim Ausweis des negotium cum re bedarf, um dem Täter den Vorteil zu verschaffen.

d) Ergebnis

109 Die Vielfalt der in der **Literatur** vertretenen Ansichten ist groß, es dominiert allerdings die Vereinigungstheorie. Freilich wird nicht immer klar, ob damit die von der Rspr. ganz überwiegend praktizierte Einengung der Substanztheorie mithilfe des Sachwertgedankens gemeint ist (**restriktive Vereinigungstheorie**) oder eine Erweiterung des Zueignungsbegriffs mithilfe des Sachwertgedankens angestrebt wird (**Alternativtheorie**).

110 Die Diskussion leidet darunter, dass über die Definition der Substanz- und Sachwerttheorie (und damit auch der Vereinigungstheorie) letztlich keine Einigkeit besteht[243]. Die Ergebnisse der vorstehenden Erörterungen lassen sich wie folgt zusammenfassen:

---

241 *Bockelmann*, ZStW 65 (1953), 569 (575 – Besprechung des Buches von *Mezger*, Strafrecht II, Besonderer Teil). *Paulus*, Der strafrechtliche Begriff der Sachzueignung, 1968, S. 210, bezeichnet den unmittelbaren Sachwert als „Zwecknutzen", ähnlich *Eser*, JuS 1964, 477 (481), und *S/S/Eser/Bosch*, § 242 Rn. 49. Vgl. auch *Bockelmann*, BT 1, § 3 II 2b: „Sachwert nicht der Geldwert, [...] sondern ein Wert, den man, ohne die Substanz aufzubrauchen oder weiterzugeben, aus der Sache ziehen kann wie den Kern einer Frucht aus der Schale."
242 Vgl. für die h. M. *Rengier*, BT I, § 2 Rn. 51; *Schramm*, JuS 2008, 773 (774).
243 So auch SK-*Hoyer*, § 242 Rn. 72; weitgehend i. S. einer Substanztheorie, bei der Sachwertgedanke nicht oder nur zur Restriktion des Zueignungsbegriffs herangezogen wird, u. a. *Maurach/Schroeder/Maiwald*, BT 1, § 33 Rn. 43 ff.; *Rudolphi*, GA 1965, 33; *Welzel*, § 46, 2; vgl. ferner *Blei*, BT, 52 II 2. – Die Sachwerttheorie i. S. einer Ergänzung der Substanztheorie, besonders bei Sachen mit Symbolfunktion, wird u. a. vertreten von *Bockelmann*, BT 1, § 3 II 2 b; *Eser*, JuS 1964, 477 (480 f.); *Paulus*, Der strafrechtliche Begriff der Sachzueignung, 1968, passim; vgl. ferner *Tenckhoff*, JuS 1980, 723 (725); *Ulsenheimer*, Jura 1979, 169 (174 ff.); deutlich für eine Vereinigungstheorie hingegen RGSt 61, 228 (233); *Krey/Hellmann/M. Heinrich*, BT 2, Rn. 66; *Lackner/Kühl*, § 242 Rn. 21 ff.; *S/S/Eser/Bosch*, § 242 Rn. 48 ff. (aber für Einschränkung der Sachwertkomponente); *Wessels/Hillenkamp*, BT 2, Rn. 146 f.; ferner *Mitsch*, BT 2/1, § 1 Rn. 141 (aber für deutliches Übergewicht der Substanztheorie gegenüber Sachwertgedanken); für eine Verzichtbarkeit der Sachwerttheorie *Kindhäuser*, § 242 Rn. 88 f.; MüKo-*Schmitz*, 2. Aufl., § 242 Rn. 128 f.

(1) Die **Abgrenzung der Zueignung von der Gebrauchsanmaßung** 111
ist nur **quantitativ** möglich. Sie richtet sich nach ganz h. M. nicht nur nach
dem Maß an Herrschaftsmacht, das der Täter erlangen (und damit dem Eigentümer entziehen) will. Auch eine etwaige die Aneignung übersteigende
Enteignung des Eigentümers ist zu berücksichtigen. Daraus folgt in
Grenzfällen die Notwendigkeit, die Zueignungsabsicht in eine Aneignungs- und Enteignungskomponente zu zerlegen.

(2) Die **Definition der Zueignung** nach der in der Rspr. herrschenden 112
und wohl auch im Schrifttum überwiegenden Vereinigungstheorie lautet:
Eine Zueignung liegt dann vor, „wenn die Sache selbst, oder doch der von
ihr verkörperte Sachwert, vom Täter dem eigenen Vermögen einverleibt
wird"[244]. Die Definition bringt aber nur unvollkommen zum Ausdruck,
dass der Sachwertgedanke zur Einschränkung des Zueignungsbegriffs herangezogen wird. Letztlich entscheidend ist, dass der Täter sich eine (Quasi-)Eigentümerstellung anmaßt und Handlungen vollzieht, die an sich dem
Eigentümer vorbehalten sind.

Abschließendes Beispiel zur „Kontrolle": T entwendet O einen Fotoapparat, den 113
er an K verkaufen will (und alsbald auch verkauft). – Im Hinblick auf die Zueignung(sabsicht) lautet die Begründung der **Substanztheorie** wie folgt: T hat O den
Apparat weggenommen, um ihn zu veräußern. Er wollte also gleich einem Eigentümer über die Sache verfügen. In einer solchen Verfügung über die Substanz liegen
das Sich-Zueignen (hier die dahin gehende Absicht bei der Wegnahme) und die entsprechende Verdrängung des Eigentümers. Die Veräußerung ist ein Musterfall der
Zueignung der Substanz. Dass am Ende K die Sache erlangt, steht dem nicht entgegen. Im Gegenteil: K erlangt sie von T und gerade darin liegt die vorherige Zueignung durch diesen. – Dagegen lautet die Begründung der **Sachwerttheorie:** T wollte
den Apparat verkaufen, also wie ein Eigentümer auftreten und durch Veräußerung
den Sachwert erlangen. Darin liegt die Absicht, sich den Sachwert zuzueignen, und
der entsprechende Verlust des Sachwertes durch O. – **Richtig** ist nur die Begründung auf der Grundlage der Substanztheorie: T bringt hier den Eigentümer zweifelsfrei um die Substanz (und damit natürlich um den Sachwert), nicht aber um
einen vom Substanzwert unterscheidbaren Sachwert. Auf den ersten Blick mag es
so aussehen, als erlange K die Substanz, T den Sachwert. Diese Spaltung ist jedoch
widersinnig, denn K erlangt natürlich auch den mit dem Substanzwert identischen
Sachwert. – Wer Schwierigkeiten hat, sollte sich damit trösten, dass selbst die
Rspr.[245] gelegentlich bei solch simplen Fällen der Substanzzueignung mit der Sachwerttheorie argumentiert hat.

6. Selbst- und Drittzueignung

Während der Tatbestand des Diebstahls (ebenso wie derjenige der Un- 114
terschlagung) früher voraussetzte, dass der Täter die Sache **sich zueignen
will**, reicht seit dem 6. StrRG für beide Tatbestände auch eine **Drittzueignung** aus. Letztere ist dadurch gekennzeichnet, dass sich der Täter die

---

244 RGSt 61, 228 (233).
245 So RGSt 57, 199 – Getreidespeicher (Sonderfall des Verkaufs an den Eigentümer; hierzu noch
    unten Rn. 116); RGSt 48, 58 (60) – Gänsebucht.

Herrschaftsmacht des Eigentümers i. S. des § 903 BGB nicht selbst anmaßt, sondern sie einem Dritten verschafft[246]. Wann dies der Fall ist, hängt von der Definition der Zueignung ab. Auf der Grundlage der hier im Anschluss an die Rspr. vertretenen Dominanz der Substanztheorie (i. V. m. dem Zueignungselement des Auftretens als Quasi-Eigentümer) ergeben sich folgende, sogleich erörterte, Konsequenzen: (1) Bei weitem nicht alle Fälle fehlender Selbstzueignung können der Drittzueignung zugeschlagen werden. (2) Bei einer Selbstzueignung kommt einer eventuell zusätzlich vorliegenden Drittzueignung keine Bedeutung zu. (3) Einzelne Fallgestaltungen, in denen eine Selbstzueignung bislang zutreffend abgelehnt oder in Überspannung des Sich-Zueignens verfehlt angenommen wurde, sind nunmehr als (inzwischen strafbare!) Drittzueignung zu bewerten.

115 (1) Fälle der **Gebrauchsentwendung,** in denen mithilfe der oben[247] dargelegten quantitativen Abgrenzung ein Sich-Zueignen abgelehnt wurde, unterfallen (auch) nicht der Drittzueignungs-Alternative des § 242. Eine Drittzueignung ist auch in den Kfz-Fällen abzulehnen, in denen der Täter das weggenommene Fahrzeug nach Gebrauch stehen lässt (und insoweit – entgegen der h. M. – keine Selbstzueignung vorliegt) und es dem Zugriff eines beliebigen Dritten preisgibt[248]. Dafür ist der Dritte, der möglicherweise auf das Kfz zugreifen wird, noch zu unbestimmt. Falls es tatsächlich zur Aneignung durch einen Dritten kommt, verschafft sich im Übrigen dieser selbst und nicht der Täter ihm die Herrschaftsgewalt über die Sache.

Die Rspr., die in den Kfz-Fällen – gefolgt von einem großen Teil der Literatur – mithilfe der Zerlegung der Zueignung in eine Enteignungs- und Aneignungskomponente zur Selbstzueignung gelangt[249], dürfte auch künftig von einem Sich-Zueignen (Aneignung der Gebrauchsmöglichkeit) ausgehen.

116 Probleme bereiteten lange Zeit die Fälle, in denen der Täter eine Sache wegnimmt, um sie anschließend dem Eigentümer zum **(Rück-)Kauf** anzubieten (Beispiel: Der Täter entwendet aus einem Speicher Getreide und verkauft es am nächsten Tag dem gutgläubigen Eigentümer zurück[250] oder: Der Täter entwendet leere Pfandflaschen aus einem Getränkemarkt und löst tags darauf das „Pfand" im selben Markt ein[251]). In diesen Fällen strebt der Täter gerade keine dauernde Enteignung des Eigentümers an. Die Fälle

---

246 Zu der bereits 1975 in den Hehlereitatbestand (§ 259) aufgenommenen Variante der Drittverschaffung (und Drittbereicherungsabsicht) vgl. unten § 28 Rn. 27.
247 Rn. 81 ff.
248 Vgl. dazu oben Rn. 87, 89.
249 Vgl. oben Rn. 87.
250 So im Fall RGSt 57, 199 – Getreidespeicher; vgl. zu einer ähnlichen Fallkonstellation bereits oben Rn. 76.
251 Vgl. hierzu OLG Hamm, NStZ 2008, 154; AG Flensburg, NStZ 2006, 101; *Hellmann*, JuS 2001, 353 (354); *Schmitz/Goeckenjahn/Ischebeck*, Jura 2006, 821; vgl. hierzu ebenfalls bereits oben Rn. 76.

sind auf der Grundlage der bei der Selbstzueignung gewonnenen Ergebnisse zu lösen: Geriert sich der Täter bei der Rückveräußerung als Eigentümer, nimmt er also eine Handlung vor, die an sich nur dem Eigentümer zusteht und leugnet er damit die Eigentümerstellung des Berechtigten, so liegt eine Selbstzueignung vor[252]. Maßt sich der Täter bei Rückführung der Sache keine eigentümerähnliche Herrschaftsmacht an, sondern erkennt die Eigentümerstellung des Berechtigten an[253], so scheidet eine Strafbarkeit wegen Diebstahls aus. Eine Drittzueignung liegt hier nicht vor, denn der Eigentümer ist nicht Dritter i. S. des § 242[254], weil durch die Rückgewinnung der Sache nur seine rechtmäßige Sachherrschaft wiederhergestellt wird.

(2) Wird der Schwerpunkt der Zueignung – wie hier – bei der Substanzzueignung gesehen, so bleibt es auch nach Einführung der Drittzueignungs-Alternative dabei, dass im **Verschenken** der Sache eine **Selbstzueignung** liegt[255]. Der für die Zueignung neben der Anmaßung von Eigentümerbefugnissen erforderliche Vorteil für den Täter liegt in der Ermöglichung eines Geschenks ohne Antastung des eigenen Vermögens. Die Annahme einer zusätzlichen Drittzueignung an den Beschenkten ist gleichermaßen überflüssig wie die Annahme einer zur Selbstzueignung hinzutretenden Drittzueignung an einen Käufer der Sache[256]. Jedenfalls aber würde eine derartige Drittzueignung hinter der vorausgehenden Selbstzueignung zurücktreten.

Von einer Selbstzueignung ist auch bei einer **anonymen Spende** auszugehen. Ein „se ut dominum gerere" setzt nämlich kein ausdrückliches oder

---

252 So *Krey/Hellmann/M. Heinrich*, BT 2, Rn. 88 f.; *Ranft*, JA 1984, 277 (282); *Rengier*, BT I, § 2 Rn. 62; *Tenckhoff*, JuS 1980, 723 (724); *Ulsenheimer*, Jura 1979, 169 (179): a. M. *Maiwald*, Der Zueignungsbegriff im System der Eigentumsdelikte, 1970, S. 111 ff.; vgl. ferner zu der abweichenden Konstellation der Rückveräußerung der gestohlenen Sache an den Eigentümer durch einen Dritten *Stoffers*, Jura 1995, 113.
253 Vgl. hierzu u. a. den Dienstmützenfall, oben Rn. 104, sowie den Pudel-Fall, oben Rn. 106; auch im Biermarkenfall, oben Rn. 93, sollen die Biermarken am Ende wieder in die Herrschaftsmacht des Eigentümers zurück gelangen. Beim Flaschenpfand differenziert das OLG Hamm, NStZ 2008, 155, recht spitzfindig: Bei Leergut eines ganz bestimmten Herstellers bleibt dieser stets Eigentümer, der Täter maßt sich daher keine Eigentümerstellung an und begeht somit eine Pfandkehr, § 289 I Alt. 2. Bei „standarisiertem" Leergut wie z.B. Eurobierflaschen oder Leergut einer organisierten Herstellergruppe erwirbt der Käufer hingegen stets Eigentum, der Täter würde sich daher bei der Rückgabe eine Eigentümerstellung anmaßen und beginge daher einen Diebstahl.
254 Vgl. dazu auch *Mitsch*, ZStW 111 (1999), 65 (69).
255 So z. B. auch *Kindhäuser*, BT II, § 2 Rn. 112; *Krey/Hellmann/M. Heinrich*, BT 2, Rn. 100 f. (hier deutlich: Zueignung der Substanz und nicht nur des Sachwerts durch ersparte Aufwendungen!); *Maurach/Schröder/Maiwald*, BT 1, § 33 Rn. 41; *Mitsch*, BT 2/1, § 1 Rn. 134; *ders.*, ZStW 111 (1999), 65 (67) NK-*Kindhäuser*, § 242 Rn. 106; *Wessels/Hillenkamp*, BT 2, Rn. 168; vgl. dazu auch oben Rn. 75.
256 So z. B. auch *Wessels/Hillenkamp*, BT 2, Rn. 168 f. – Zutreffend für einen gegenseitigen Ausschluss von Selbst- und Drittzueignung *Kindhäuser*, BT II, § 2 Rn. 111; NK-*Kindhäuser*, § 242 Rn. 105. – Für die Möglichkeit eines Nebeneinanders beider Zueignungsvarianten *Dencker*, in: Dencker/Struensee/Nelles/Stein, Einführung in das 6. StrRG, 1998, 1. Teil, Rn. 42; *Krey/Hellmann/M. Heinrich*, BT 2, Rn. 101; *Rengier*, BT I, § 2 Rn. 73 f.

konkludentes Vorspiegeln der Eigentümerstellung voraus, sondern es genügt die schlichte Vornahme einer Handlung (u. a. Verschenken), die dem Eigentümer vorbehalten ist[257]. An der Anmaßung von Befugnissen des Eigentümers ändert sich selbst dann nichts, wenn der Verfügende seine fehlende Eigentümerposition ausdrücklich betont.

Beispiel: Wer die von ihm entwendete Sache unter Offenlegung der Wegnahme an einen Hehler veräußert, erweckt nicht den Anschein, er sei Eigentümer, sondern legt im Gegenteil sein fehlendes Eigentum offen. Gleichwohl ist an der Selbstzueignung nicht zu zweifeln. Nichts anderes kann für die anonyme Spende gelten, bei der die Eigentumsverhältnisse nicht einmal zur Sprache kommen. – Ein Sich-Zueignen läge sogar dann vor, wenn der Täter die entwendete Sache unter dem Namen des Eigentümers, den er als notorischen Geizkragen ärgern möchte, spenden würde. Auch in diesem Fall liegt eine – besonders freche – Anmaßung von Eigentümerbefugnissen vor, mit der der Täter eigene Aufwendungen erspart, also einen Vorteil erlangt.

119 (3) Wie oben[258] dargelegt, hat bereits das RG den **Sachwertgedanken** (zutreffend) zur **Einschränkung** des weiten Begriffs der Substanzzueignung herangezogen: Trotz Anmaßung einer dem Eigentümer vorbehaltenen Befugnis liegt keine Zueignung vor, wenn der Täter keinen Vorteil erlangt.

Beispiel[259]: Gerichtsvollzieher G führt Zahlungen verschiedener Schuldner nicht an deren Gläubiger A, sondern an den Gläubiger B ab, der ihn bedrängt. – Im Gegensatz zum Schenker der entwendeten Sache, dessen Vorteil in der Vermeidung eigener Aufwendungen für den Kauf des Geschenks besteht, erlangte G durch Zahlung an den „falschen" Gläubiger keinen Vorteil.

Der BGH hat an der Einschränkung der Substanztheorie mit dem Sachwertgedanken festgehalten. So führte er im „Benzinmarkenfall"[260] aus: „Die eigenmächtige Verfügung als solche reicht für die Zueignung durch Diebstahl oder Unterschlagung nicht aus". In der unentgeltlichen Zuwendung an einen Dritten liegt lediglich dann ein Sich-Zueignen, wenn der Täter „davon einen Nutzen im weitesten (!) Sinne, wenn auch nur mittelbar hat, zum mindesten in **eigenem** Namen über die Sache verfügt"[261].

Beispiel[262]: Mitglieder der politischen Führung der DDR und der Führungsebene des Ministeriums für Staatssicherheit der DDR (MfS) erteilten eine Weisung an nachgeordnete Dienststellen, aus Postsendungen Geld zu entnehmen, welches die Führungskräfte dann dem Staatshaushalt zuführten[263]. – Der BGH lehnte hier eine Selbstzueignung ab und stellte im Hinblick auf unentgeltliche Zuwendungen an Dritte (hier an den Staat) klar, mit „Nutzen oder Vorteil im **weitesten** Sinne" sei

---

257 Vgl. *Mitsch*, BT 2/1, § 1 Rn. 103; NK-*Kindhäuser*, § 242 Rn. 83 f.
258 Rn. 98.
259 Fall nach RGSt 61, 228 – Gerichtsvollzieher.
260 BGHSt 4, 236 (239).
261 BGHSt 4, 236 (238); ebenso BGHSt 17, 87 (92); BGH, NJW 1985, 812 (813).
262 BGHSt 41, 187 – MfS.
263 Der 4. Strafsenat, BGHSt 40, 8 (17 ff.), lehnte eine Selbstzueignung ab. Für Selbstzueignung dagegen der 3. Strafsenat, BGH, NStZ 1994, 542 (m. zust. Anm. *Wolfslast* auf der Grundlage der Auffassung, jede Drittzueignung sei zwangsläufig eine vorherige Selbstzueignung), und der 5. Strafsenat, BGH, JR 1995, 120 (121 f.); vgl. hierzu *Schroeder*, JR 1995, 95.

„nicht gemeint, daß jeder, auch ein ideeller Zweck genügt"[264], z. B. die dem Täter willkommene Stärkung von Staat und Gesellschaft der DDR oder der Dienst an der Idee des Sozialismus. „Vielmehr muß der erstrebte Vorteil regelmäßig wirtschaftlicher Art sein und unmittelbar oder mittelbar mit der Nutzung der Sache zusammenhängen"[265]. Eine schenkungsweise Zuwendung des den Postsendungen entnommenen Geldes an die DDR (die als Zueignung zu bewerten wäre[266]) wird insoweit zutreffend abgelehnt[267]. – Nach der heutigen Gesetzeslage ist in diesen Fällen nunmehr unproblematisch eine Drittzueignung anzunehmen[268].

120 Ebenso wie die Drittbereicherungsabsicht beim Betrug[269] dürfte die Drittzueignungsabsicht beim Diebstahl in folgenden Fällen eine (geringe) praktische Rolle spielen, da hier kein mit Selbstzueignungsabsicht Handelnder an der Tat mitwirkt:

Beispiel (1): Zueignung an eine **juristische Person,** da diese als solche nicht handeln kann[270]. Auch wenn das Organ einer juristischen Person dieser fremde Sachen zueignet, ohne davon einen eigenen Nutzen zu haben, liegt eine Drittzueignung vor. Denn der Selbstzueignungswille ist kein besonderes persönliches Merkmal, sodass es nicht möglich ist, von einem Sich-Zueignen der juristischen Person auszugehen und diese Selbstzueignung nach § 14 I Nr. 1 auf das Organ zu abzuwälzen[271].

Beispiel (2): Verfügungen von **Arbeitnehmern** zum Vorteil ihres Arbeitgebers, ohne dabei eigene Vorteile anzustreben[272]. – Ist der **Arbeitgeber** mit Selbstzueignungsabsicht an der Tat beteiligt, so kommt ihm die Täterrolle zu, für den Arbeitnehmer liegt dann bloße Beihilfe nahe[273].

121 **Gewahrsamsbegründung bei einem Dritten** und **Drittzueignung** sind strikt auseinander zu halten. Erlangt der Täter durch die Wegnahme keinen eigenen Gewahrsam, sondern wird Gewahrsam eines Dritten begründet[274], so ist damit keinesfalls entschieden, dass es sich dabei um eine Drittzueignung i. S. des § 242 handelt. Vielmehr ist unabhängig von der Gestaltung der Gewahrsamsverhältnisse darüber zu entscheiden, ob eine Selbst- oder eine Drittzueignung vorliegt.

---

264 BGHSt 41, 187 (194).
265 BGHSt 41, 187 (194).
266 Vgl. oben Rn. 75 und 117.
267 BGHSt 41, 187 (195).
268 So auch *Otto,* Jura 1998, 550 (551). Wegen des Rückwirkungsverbots (Art. 103 II GG; dazu *Baumann/Weber/Mitsch,* § 9 Rn. 23 ff. und 35; *B. Heinrich,* AT, Rn. 31 ff.) ist dies allerdings in den MfS-Fällen nicht möglich.
269 Vgl. dazu unten § 20 Rn. 127.
270 Vgl. dazu *B. Heinrich,* AT, Rn. 198.
271 BGHSt 40, 8 (19); BGHSt 41, 187 (198); vgl. zur Funktion und zum Anwendungsbereich des § 14 auch *Baumann/Weber/Mitsch,* § 29 Rn. 18 ff.
272 Vgl. RGSt 62, 15 (17) – betrifft den Prokuristen einer Bank, der Wertpapiere der Kunden im Namen seiner Bank einer anderen verpfändete; ähnlicher Fall in RGSt 74, 1, wo allerdings eine Selbstzueignung angenommen wurde, weil der Prokurist an der Lebenskraft seiner Gesellschaft „starkes eigenes Interesse" hatte. – Ein derartiges Eigeninteresse liegt besonders nahe, wenn der Gesellschafter einer Einmann-GmbH zugunsten seiner Gesellschaft handelt.
273 Zu Täterschaft und Teilnahme bei unterschiedlichen Absichten von Tatbeteiligten näher unten Rn. 133 ff.
274 Zu dieser seltenen Konstellation der Wegnahme oben Rn. 62.

Sowohl im **Gänsebucht-Fall**[275] als auch im **Förster-Fall**[276], bei welchen die Wegnahme durch einen gutgläubigen Dritten (Tatmittler) zu dessen unmittelbarer Gewahrsamserlangung führte, maßte sich der Täter Befugnisse an, die dem Eigentümer vorbehalten waren, und erstrebte dadurch einen eigenen Vorteil (Begleichung seiner Schuld bzw. Erlangung des Kaufpreises). Es lag also jeweils eine Selbstzueignung vor.

Nur wenn sich der Täter mit der unbefugten Verfügung keinen eigenen Vorteil verschaffen will, ist – nicht anders als bei der Begründung tätereigenen neuen Gewahrsams – bei unmittelbarer Gewahrsamserlangung des Dritten eine Drittzueignung anzunehmen, wie z. B. bei einer entsprechenden Gestaltung der Gewahrsamsverhältnisse im **MfS-Fall**[277].

7. Die Rechtswidrigkeit der Zueignung

122 Rechtswidrig ist die Zueignung, wenn sie gegen die Eigentumsordnung verstößt. Insoweit stellt die Rechtswidrigkeit der Zueignung ein **objektives Merkmal** dar, welches allerdings im **subjektiven Tatbestand** zu prüfen ist, da die Zueignung selbst nicht vollendet, sondern nur beabsichtigt sein muss. Nicht zu verwechseln ist die Rechtswidrigkeit der Zueignung mit der Frage, ob der Diebstahl insgesamt rechtswidrig ist (was bei Vorliegen eines Rechtfertigungsgrundes ausscheidet[278]).

Die Rechtswidrigkeit der Zueignung entfällt insbesondere dann, wenn der Täter einen **fälligen und einredefreien Anspruch** auf Übereignung gerade der weggenommenen **bestimmten** Sache besitzt.

Beispiel[279]: W trifft auf der Straße den G, der ihm seit langem 20 € schuldet: Er fordert ihn mit den Worten „Moos raus" dazu auf, seine Schulden zu begleichen. Als G sich weigert, hält W ihn fest, zieht aus dessen Manteltasche die Geldbörse und entnimmt dieser einen 20-€-Schein. – Da W einen fälligen Anspruch auf das Geld hatte, könnte die Rechtswidrigkeit der Zueignung entfallen. Problematisch war hier nur, dass W keinen Anspruch auf eben diesen Geldschein hatte, da es sich bei Geld um eine Gattungsschuld handelt und dem Schuldner nach § 243 BGB grundsätzlich eine vorherige Konkretisierungsbefugnis zusteht. Daher ging der BGH von einer Rechtswidrigkeit der Zueignung aus[280], nahm aber einen Tatbestandsirrtum an, da W sich zur Wegnahme berechtigt glaubte und daher über die Rechtswidrigkeit der Zueignung irrte. Nach zutreffender Ansicht[281] ist die Rechtswidrigkeit der Zueignung jedoch abzulehnen, da Geld keine typische Gattungsschuld darstellt (und es unsinnig wäre, dem Schuldner hier ein Recht zu gewähren, nach § 243 BGB eine „Sache von mittlerer Art und Güte" auszuwählen).

---

275 RGSt 48, 58 (59 f.) – Gänsebucht; vgl. dazu oben Rn. 62; vgl. ebenso RGSt 47, 147 (149); RGSt 57, 166 (168).
276 BGH, bei *Dallinger*, MDR 1954, 398.
277 Vgl. hierzu oben Rn. 119. In BGHSt 41, 187, wurde die Zueignungsproblematik im Hinblick auf § 246 (Unterschlagung) erörtert.
278 Vgl. zur Rechtswidrigkeit noch unten Rn. 127 ff.
279 Fall nach BGHSt 17, 87 – „Moos-raus"-Fall; dazu *Eser*, Strafrecht IV, 4. Aufl. 1983, Fall 4; *Hirsch*, JZ 1963, 149.
280 BGHSt 17, 87 (88 f.) – „Moos-raus"-Fall; so auch *Fischer*, § 242 Rn. 50.
281 So auch *Eisele*, BT II, Rn. 90; *Otto*, BT, § 40 Rn. 81 ff.; *Rengier*, BT I, § 2 Rn. 90; *S/S/Eser/Bosch*, § 242 Rn. 59; *Wessels/Hillenkamp*, BT 2, Rn. 202.

Über die Rechtswidrigkeit der **Drittzueignung**[282] entscheidet regelmäßig[283] die Gläubigerstellung des Dritten, dem zugeeignet wird. Steht dem Dritten ein fälliger Anspruch auf Übereignung der entwendeten Sache zu, so mag der Handelnde zwar mit der Wegnahme verbotene Eigenmacht (§ 858 BGB) ausüben. Dies führt jedoch ebenso wenig zur Rechtswidrigkeit der Zueignung, wie wenn der Gläubiger selbst die geschuldete Sache wegnimmt[284].

8. Absicht

Im Hinblick auf die Zueignung verlangt § 242 **Absicht**. Der Absichtsbegriff ist hier – wie sonst auch[285] – unklar. Bei *Maurach*[286] heißt es, „die Zueignung muß mithin Motiv der Wegnahme sein". Nach wohl überwiegender Ansicht ist Absicht hier mit direktem Vorsatz (dolus directus 1. Grades[287]) gleichzusetzen, dolus eventualis genügt also nicht.

Beispiel: Beim in Gefängniskleidung fliehenden Gefangenen T ist das Fehlen der Zueignungsabsicht (das von den meisten gefühlsmäßig als korrekt empfundene Resultat) außerordentlich schwer zu begründen. Die Berufung darauf, T wolle die Kleidung alsbald loswerden, da sie ihm unerwünscht sei[288], ist schon vom Sachverhalt her fragwürdig. T will schließlich nicht nackt fliehen. Er nimmt die Anstaltskleidung mit, weil sie besser ist als nichts. Wenn er auf der Flucht Zivilkleidung von der Wäscheleine gestohlen hätte, käme niemand auf den Gedanken, an einer Zueignung zu zweifeln, nur weil die Kleidung ihm eigentlich nicht gefällt oder nicht gut passt und er sie sobald als möglich gegen passendere Kleidung „umtauschen" will. – Die richtige Lösung führt über die quantitative Abgrenzung zur Gebrauchsanmaßung, nicht über den Absichtsbegriff. T will nur einen kurzen Gebrauch erlangen (zudem kann je nach Art der Kleidung das Eigentum der Anstalt so offenbar sein, dass sich T gar nicht als Eigentümer gerieren kann). Erst der unglücklichen negativen Enteignungskomponente ist es zu „verdanken", dass wegen des fehlenden Rückgabewillens das furtum usus in eine Zueignung umgedeutet wird.

Für die h. M., welche die Zueignung in eine Enteignungs- und eine Aneignungskomponente zerlegt[289], eröffnet sich die Möglichkeit, die **Absicht**

---

282 Vgl. hierzu oben Rn. 114 ff.
283 Es ist allerdings auch die Konstellation denkbar, dass dem Täter ein Anspruch gegenüber dem Opfer zusteht, er selbst aber auch Schuldner eines Dritten ist. Nimmt er dann weg, um die Sache sogleich dem Dritten zuzueignen, kommt es – nimmt man in diesen Fällen nicht ohnehin eine zuvor erfolgte Selbstzueignung an – selbstverständlich darauf an, ob der Täter einen fälligen Anspruch gegen das Opfer hat.
284 So die h. M., vgl. *Mitsch*, ZStW 111 (1999), 65 (69 f.); *Wessels/Hillenkamp*, BT 2, Rn. 200 f.; a. M. MüKo-*Schmitz*, 2. Aufl., § 242 Rn. 162.
285 Vgl. *Baumann/Weber/Mitsch*, § 20 Rn. 41 ff., insbes. Rn. 44 f.; zu Absichten und Motiven des Mörders vgl. oben § 2 Rn. 58.
286 *Maurach*, BT, 1. Aufl. 1953, § 26 III C 1a.
287 Vgl. z. B. *Mitsch*, BT 2/1, § 1 Rn. 97 m. w. N.
288 Vgl. hierzu *Fischer*, § 242 Rn. 41a – BGH, LM Nr. 16 zu § 249 = MDR 1960, 689 meint, deshalb „mag (!) die Zueignungsabsicht fast (!) immer fehlen". Der BGH weist aber zugleich darauf hin, dass im immer wieder für diese Auffassung beanspruchten Urteil RG Rechtspr. 6, 443, sich der Angeklagte unwiderlegt dahin eingelassen hatte, er habe den Gefangenenanzug vor Übersteigen der Gefängnismauer ablegen wollen.
289 Vgl. oben Rn. 86 ff.

auf die Aneignung zu beschränken. Nach überwiegender Ansicht soll bezüglich der „Enteignung" dann dolus eventualis ausreichen[290].

125 Eine **Ausdehnung der Strafbarkeit** und eine **Umgehung des in dubio pro reo-Prinzips** durch entsprechende materiell-rechtliche Konstruktionen werden hier augenfällig. Schon objektiv führt die Berücksichtigung der Enteignung zu einer bedenklichen Ausdehnung des Diebstahls zulasten strafloser Gebrauchsanmaßung[291]. Solange man bezüglich der Enteignung am Absichtserfordernis festhält, bleiben die Fälle, in denen es dem Täter gleichgültig ist, ob eine über den kurzen Gebrauch hinausgehende Einbuße des Eigentümers eintritt, jedoch noch im Bereich des furtum usus. – Der BGH[292] geht jedoch noch einen Schritt weiter, weil er bei der Entwendung eines Kfz den (positiv festzustellenden!) Enteignungswillen mit der Abwesenheit des Rückführungswillens gleichsetzt. „Beweisanzeichen für den **Mangel** des Rückführungswillens"[293] ist das Fehlen von Beweisanzeichen *für* einen Rückführungswillen. So wird dem Täter eine Art Einlassungs„last" aufgebürdet[294].

Die Reduzierung der Absicht auf die Aneignungskomponente entspricht inzwischen aber der h. M. Es bleibt zu hoffen, dass wenigstens die (noch nicht einheitliche) Rspr. auf diese Ausdehnung der Strafbarkeit verzichtet[295].

126 Die Absicht braucht sich nicht auf die **Rechtswidrigkeit** der Zueignung zu beziehen, insoweit genügt nach allgemeiner Ansicht dolus eventualis. Nimmt der Täter irrig an, er habe einen Anspruch auf Übereignung der konkret weggenommenen Sache, geht er also von einer rechtmäßigen Zueignung aus, so befindet er sich in einem vorsatzausschließenden Tatbestandsirrtum (§ 16 I 1) über die Rechtswidrigkeit der Zueignung. Geht er hingegen davon aus, er dürfe sich wegen seiner Forderung aus der Gattung befriedigen, unterliegt er (sofern es sich nicht um Geld handelt, da nach der

---

290 Vgl. hierzu bereits oben Rn. 87.
291 Vgl. oben Rn. 86 ff.
292 BGHSt 22, 45 (46).
293 BGHSt 22, 45 (46).
294 Vgl. in diesem Sinne auch BGH, NStZ 1982, 420; BGH, NJW 1985, 812; BGH, JR 1987, 342 m. Anm. *Keller*. Mit der Gefängnisschlüssel-Entscheidung BGH, NStZ 1981, 63 (oben Rn. 90), ist diese Judikatur zu den Kfz-Fällen kaum vereinbar. Die Literatur geht z. T. noch weiter. Nicht nur fehlender Rückführungswille soll zu § 242 führen, sondern Diebstahl soll auch dann vorliegen, „wenn eine Entäußerung des Wagens unter Umständen erfolgen soll, die nicht gewährleisten, dass der Wagen an den Berechtigten zurückkommt"; so *S/S/Eser/Bosch*, § 242 Rn. 54. Umstände, bei denen der Rückführungswille des Angeklagten zweifelhaft ist (und bei denen in dubio pro reo Rückführungswille anzunehmen wäre), werden damit zu Umständen, bei denen die Rückführung nicht sicher ist. Weil der Täter die Rückführung „gewährleisten" muss, wirkt nun der Zweifel zu seinem Nachteil! Eingehend zur Abgrenzung von § 242 und § 248b *Schaffstein*, GA 1964, 97; weiter *Rudolphi*, GA 1965, 33 (50); *Seelmann*, JuS 1985, 288, 454 f. (wie hier kritisch zur h. M.).
295 Im Verbindungskappen-Fall, BGH bei *Holtz*, MDR 1982, 810, fehlte es bereits an der Aneignungsabsicht: Studenten nahmen einem korporierten Kommilitonen seine Mütze weg und warfen sie sich gegenseitig zu, um ihn zu ärgern. Die Mütze verschwand und wurde nicht mehr aufgefunden.

hier vertretenen Ansicht eine Zueignung dann bereits objektiv nicht rechtswidrig ist) einem – in der Regel vermeidbaren – Verbotsirrtum[296].

IV. Rechtswidrigkeit

Als häufigste **Rechtfertigungsgründe** sind die Einwilligung und die mutmaßliche Einwilligung[297] zu nennen. Andere gängige Rechtfertigungsgründe wie die Notwehr spielen dagegen kaum keine Rolle. Zwar kann oft die **Wegnahme** (z. B. der Waffe des Räubers) durch Notwehr gerechtfertigt sein[298], eine Rechtfertigung des Diebstahls wegen Notwehr scheidet jedoch regelmäßig dann aus, wenn diese Wegnahme in Zueignungsabsicht erfolgt, da eine solche (beabsichtigte) Zueignung kaum einmal als erforderliche Verteidigungshandlung anzusehen sein wird. 127

Insbesondere beim Griff in die von ihm verwaltete Kasse (oft § 246, nicht § 242) beruft sich mancher Täter auf eine mutmaßliche Einwilligung des Eigentümers. So verweist der Täter oft auf seine Bereitschaft, den Fehlbetrag bald oder jederzeit, also auch sofort, auszugleichen. – Die Gerichte halten auch bei einer jederzeitigen Ersatzbereitschaft eine Zueignung für gegeben. Sonst wäre die Verlockung groß, es unter Berufung auf eine solche Ersatzbereitschaft auf die Entdeckung eines Fehlbetrags ankommen zu lassen. Außerdem würde auch dem, der nicht ersatzfähig ist, die Schutzbehauptung eröffnet, er sei ersatzwillig gewesen und habe seine Ersatzfähigkeit im Zeitpunkt der Zueignung irrig angenommen (also keinen Vorsatz i. S. des § 246 bzw. keine Absicht i. S. des § 242 gehabt). 128

Auch **Geld** wird nach ganz h. M. als Sache behandelt. Eine stärkere Berücksichtigung des Wertgedankens wird allerdings sowohl im Sachenrecht als auch im Strafrecht erwogen[299]. Im Strafrecht geht es vor allem darum, durch eine Betonung des Gedankens der Wertsumme (statt bestimmter Geldscheine) die durch das *Wechseln* von Banknoten entstehenden Probleme zu bewältigen. In diesem Fall könnte dann aber bereits die Absicht rechtswidriger Zueignung abgelehnt werden, der Annahme einer mutmaßlichen Einwilligung bedürfte es nicht mehr. 129

V. Versuchsfragen

Zum Diebstahl setzt unmittelbar an (§ 22), wer zur Wegnahme ansetzt. Eine **davor** liegende Manifestation der Zueignungsabsicht fällt ins Vorbereitungsstadium. 130

---

296 BGHSt 17, 87 (90 f.); *Gropp*, Weber-FS 2004, S. 127 (131 ff.).
297 Hierzu *Baumann/Weber/Mitsch*, § 17 Rn. 92 ff. und 114 ff.; *B. Heinrich*, AT, Rn. 453 ff, 474 ff.
298 Zum tatbestandsausschließenden Einverständnis im Hinblick auf die Wegnahme vgl. oben Rn. 53 ff.
299 *Roxin*, H. Mayer-FS 1966, S. 467 (469 ff.); *ders.*, Welzel-FS 1974, S. 447 (462 f.). Im Ergebnis ebenso *Sax*, Laufke-FS 1971, S. 321 (330 ff.); *ders.*, JZ 1975, 137 (144): keine rechtsgutsverletzende Tatbestandserfüllung; ausführlich *Ebel*, JZ 1983, 175. – Zum Zivilrecht bereits *Heck*, Grundriß des Sachenrechts, 1930, § 62, 3.

§ 13 Rn. 131   Einfacher Diebstahl, § 242

Beispiel (1): T sagt zu X, falls er an einem Gemälde des O interessiert sei, könne er es ihm kurzfristig durch einen Einbruch besorgen. – Hier liegt kein versuchter Diebstahl vor, obwohl die Zueignungsabsicht des T nach außen hervortritt.

Beispiel (2): T, der ein Auto für eine Spritztour sucht, rüttelt an den Vorderrädern des Pkw des O um zu sehen, ob das Lenkrad versperrt ist oder nicht. – Der BGH[300] bejahte hier einen Versuch nach § 248b. Maßgebend für § 22 sei, „ob er mit dem Willen zur Wegnahme bereits den Gewahrsam [...] gefährdet hat. [...] Die Gefährdung des Gewahrsams [...] ergibt sich auch aus dem engen zeitlichen Zusammenhang zwischen dem Rütteln und der geplanten anschließenden Entwendung"[301]. Da sich das Rütteln an den Rädern und das Aufbrechen des Pkw jedoch deutlich trennen lassen, ist in Ersterem lediglich eine Vorbereitungshandlung zu sehen.

Beispiel (3)[302]**:** T beschafft sich in diebischer Absicht einen Nachschlüssel für ein Kfz. – Er setzt damit noch nicht unmittelbar zur Wegnahme des Kfz an.

Beispiel (4)[303]**:** A versteckt hochwertige Werkzeuge, die im Inneren eines Baumarktes zum Verkauf ausgestellt sind, in einer Regentonne, die sich auf dem lediglich durch einen drei Meter hohen Maschendrahtzaun gesicherten Außengelände („Gartenmarkt") befindet. Er beabsichtigt, die Ware in der Nacht abzuholen. – Das LG Potsdam[304] nahm hier bereits einen versuchten Diebstahl an, da im nächtlichen Übersteigen oder Zerschneiden des Zauns kein „wesentlicher Zwischenakt" mehr zu sehen sei. Dem ist entgegen zu halten, dass A hierzu jedenfalls eine neue Straftat (Hausfriedensbruch, Sachbeschädigung) begehen müsste, um die Werkzeuge zu erlangen.

131 Relativ häufig ist die Konstellation des **enttäuschten Täters,** der mit einer anderen Beute gerechnet hatte. Bei der Lösung schwankt man zwischen Vollendung, Versuch und bloßer Vorbereitung[305].

Wer eine Kassette um eines vermuteten, bestimmten Inhalts willen wegnimmt, soll nach einer Ansicht weder bezüglich der Kassette selbst Zueignungsabsicht haben noch bezüglich eines etwaigen anderen vom Erwarteten abweichenden Inhalts. Der enttäuschte Täter soll also (lediglich) einen **Versuch** am untauglichen Objekt (mutmaßlicher Inhalt) begehen[306]. Dies ist jedoch zweifelhaft, weil die Wegnahme der Kassette von dem Motiv getragen war, sich den erhofften (dem Täter aber unbekannten) Inhalt zuzueignen. Das Zueignungsobjekt ist durch die es umschließende Kassette hinreichend konkretisiert, auch wenn der Täter den Inhalt nicht kennt. Es liegt insoweit lediglich ein unbeachtlicher error in obiecto vor[307]. Hinzu kommt, dass die Tathandlung des Diebstahls sich in der Wegnahme erschöpft, die Zueignung der Sache aber nur beabsichtigt sein muss. Problematisch wird dies jedoch dann,

---

300 BGHSt 22, 80 – ablehnend (nur Vorbereitung) *S/S/Eser,* § 22 Rn. 45; kritisch auch MüKo-*Schmitz,* 2. Aufl., § 242 Rn. 180 („bedenklich weit"); dem BGH zustimmend allerdings *Fischer,* § 22 Rn. 11; *Lackner/Kühl,* § 22 Rn. 5; vgl. auch LK-*Hillenkamp,* 12. Aufl., § 22 Rn. 47.
301 BGHSt 22, 80 (81 f.).
302 BGHSt 28, 162 (163 f.).
303 Fall nach LG Potsdam, NStZ 2007, 336.
304 LG Potsdam, NStZ 2007, 336.
305 Vgl. dazu *Baumann/Arzt/Weber,* Strafrechtsfälle und Lösungen, 6. Aufl. 1986, Fall 22; *Böse,* GA 2010, 249.
306 BGH, NStZ 2006, 686 (687); BGH, GA 1962, 144 (145); BGH StV 1983, 460; BGH, StV 1987, 245; BGH, NStZ 2004, 333; BGH, NStZ 2000, 531; BGH, NStZ-RR 2000, 343; OLG Celle, NJW 1970, 1139 (1140); vgl. bereits RGSt 54, 227.
307 LG Düsseldorf, NStZ 2008, 155 (156); ebenso *Böse,* GA 2010, 249 (250 ff.); vgl. ausführlich zum error in persona *B. Heinrich,* AT, Rn. 1099 ff.

wenn der Täter einen bestimmten Inhalt in der Kassette vermutet, diese aber nur wertlose Sachen enthält, die der Täter sogleich wegwirft[308]. Zu diskutieren ist allerdings, ob sich der Täter nicht jedenfalls das Behältnis zueignen will, sofern er dies für den Abtransport der Beute benötigt und sich insoweit gerade wie ein Eigentümer verhält[309]. Hinsichtlich des Diebstahls von Behältnissen, die der Aufbewahrung von Gegenständen dienen, auf die sich die Zueignungsabsicht in erster Linie bezieht, kann zudem darauf abgestellt werden, ob der Täter den Gegenstand z.B. als Transportmittel benötigt, sodass er insofern einen Nutzen daraus zieht – in diesen Fällen liegt jedenfalls ein vollendeter Diebstahl an dem betreffenden Behältnis vor[310].

Lediglich eine **Vorbereitung** soll vorliegen, wenn der Täter sich dahin gehend einlässt, er habe keinen bestimmten Inhalt erwartet, sondern einfach sehen wollen, was sich in der weggenommenen Kassette befinde. Den endgültigen Wegnahmevorsatz habe er sich noch vorbehalten. Hätte also im genannten Radrüttler-Fall[311] der Angeklagte erklärt, er habe sich die Wahl zwischen mehreren Fahrzeugen vorbehalten und deshalb an mehreren Vorderrädern gerüttelt (bzw. rütteln wollen), „um einen für sein Vorhaben besonders geeigneten, leicht zu entwendenden Kraftwagen herauszufinden", läge nach h. M. nur eine Vorbereitungshandlung vor[312]. – Freilich müsste die h. M. wohl im Kassetten-Fall den vorbereiteten in einen vollendeten Diebstahl umschlagen lassen, wenn der Täter bezüglich eines ihm nicht passenden Inhalts keinen Rückgabewillen haben sollte und insoweit ein Vorsatz dauernder Enteignung vorlag. 132

VI. Beteiligungsfragen

Da Täter eines Absichtsdelikts nur sein kann, wer mit der tatbestandlich geforderten Absicht handelt[313], kommt bei einer Ausführung eines Diebstahls durch mehrere Personen eine **täterschaftliche** Verantwortlichkeit von vornherein nur für solche Tatbeteiligte in Betracht, die mit **Zueignungsabsicht** handeln. Dies gilt selbstverständlich auch für den **mittelbaren Täter** und den **Mittäter**. 133

Bevor also in Fällen der Mitwirkung mehrerer am Diebstahl auf die allgemeinen Regeln zur Abgrenzung von Täterschaft und Teilnahme zurückgegriffen werden kann, ist jeweils eine **Selbst-** oder **Drittzueignung** zu erörtern. Fehlt es daran bei einem Tatbeteiligten, so kann dieser von vornherein nur Teilnehmer (Anstifter oder Gehilfe) sein.

Da auch die **Drittzueignungsabsicht** als Absicht i. S. eines dolus directus 1. Grades zu verstehen ist[314], genügt dafür nicht das bloße Wissen eines Tatbeteiligten, dass ein anderer mit Zueignungsabsicht handelt. Vielmehr muss es ihm gerade darauf ankommen, dass sich der Dritte die 134

---

308 So im Fall BGH, NStZ 2006, 686.
309 So jedenfalls das OLG Düsseldorf, NStZ 2008, 155.
310 Vgl. dazu *Jahn*, JuS 2010, 362.
311 BGHSt 22, 80.
312 Zur Kritik vgl. *Arzt*, JZ 1969, 54 (59 f.); vgl. ferner *Roxin*, Maurach-FS 1972, S. 213 (217).
313 Vgl. z. B. *Baumann/Weber/Mitsch*, § 29 Rn. 16 f.; *B. Heinrich*, AT, Rn. 1198.
314 Vgl. zur Absicht oben Rn. 123 ff.

Sache zueignet³¹⁵. Andernfalls bleibt es bei seiner bloßen Teilnehmerrolle.

135 Ist für einen Tatbeteiligten eine Selbst- oder Drittzueignungsabsicht festgestellt, so ist er jedenfalls dann Täter, wenn die übrigen Tatbeteiligten absichtslos handeln.

> **Beispiel (1):** Eine unmittelbare Alleintäterschaft des mit Selbst- oder Drittzueignungsabsicht handelnden Täters liegt vor, wenn ein weiterer Beteiligter zwar in Kenntnis der Sachlage, aber ohne Absicht mitwirkt und deshalb Teilnehmer (Anstifter oder Gehilfe) ist.
>
> **Beispiel (2):** Mittelbare (Allein-)Täterschaft des mit Zueignungsabsicht handelnden Täters liegt vor, wenn er sich zur Wegnahme eines gutgläubigen (vorsatzlos handelnden) Tatmittlers bedient (vgl. hierzu den klassischen **Gänsebucht-Fall**³¹⁶).
>
> **Beispiel (3)**³¹⁷: Bauer B sagt zu seinem Knecht K, er wolle die Gänse des Nachbarn haben. K solle sie ihm in seine Gänsebucht treiben. Dies geschieht. – Handelt K (insoweit als bösgläubiges Werkzeug) zwar in Kenntnis der Zueignungsabsicht des B, fehlt ihm dabei aber (allerdings wenig nahe liegend) die Absicht, diesem die Gänse zuzueignen, so kann er nicht Täter sein. Täter ist vielmehr B, und zwar (auch hier) als mittelbarer Täter, der sich des K als sog. **absichtslos-doloses Werkzeug**³¹⁸ bei der Wegnahme bedient. K ist nur Gehilfe³¹⁹.

136 Handelt ein Tatbeteiligter (A) mit **Selbst-**, ein anderer (B) mit **Dritt**zueignungsabsicht, so ist jedenfalls A Täter³²⁰. Für B allein deshalb Täterschaft anzunehmen, weil er ebenfalls mit der von § 242 geforderten Absicht handelt, wäre verfehlt. Vielmehr ist nach den allgemeinen Kriterien für die Abgrenzung von Täterschaft und Teilnahme über seine Beteiligtenrolle zu entscheiden. Spielt B im Gesamtgeschehen nur eine Randrolle, z. B. als Schmieresteher, so ist er Gehilfe³²¹.

> **Beispiel:** Nimmt man im eben genannten Beispiel 3 (modifizierter Gänsebucht-Fall) bei K eine Drittzueignungsabsicht an, so kommt man infolge des steuernden Ein-

---

315 Zutreffende Betonung des Absichtsmerkmals auch bei der Drittzueignung bei *Dencker*, in: Dencker/Struensee/Nelles/Stein, Einführung in das 6. StrRG, 1998, 1. Teil, Rn. 38.
316 RGSt 48, 58 – Gänsebucht, referiert oben Rn. 62; vgl. zur mittelbaren Täterschaft bei unvorsätzlich handelndem Tatmittler z. B. *Baumann/Weber/Mitsch*, § 29 Rn. 133 ff.; *B. Heinrich*, AT, Rn. 1249.
317 Abwandlung des „klassischen" Gänsebucht-Falles; hierzu *Baumann*, JuS 1963, 85 (95); *Baumann/Weber/Mitsch*, § 29 Rn. 129; *Fahl*, JA 2004, 287; *Otto*, Jura 1998, 550.
318 Zum gleichen Ergebnis kommt man, wenn B dem K vortäuscht, er wolle den Nachbarn nur ärgern und diesem wenige Tage später die Gänse wieder zurückgeben. Auch hier handelt K im Hinblick auf die Wegnahme „dolos"; abweichend *Jäger*, JuS 2000, 651 (652): absichtslos-undolos; weiteres Fallbeispiel bei *Krüger*, Jura 1998, 616.
319 *Baumann/Weber/Mitsch*, § 29 Rn. 128 f.; *Fahl*, JA 2004, 287 (289); LK-*Schünemann*, 12. Aufl., § 25 Rn. 140 (der jedoch davon ausgeht, dass wegen der neu eingeführten Drittzueignungsabsicht hierfür nur noch kriminalpolitisch marginale Konstellationen übrig bleiben); *Rengier*, BT I, § 2 Rn. 82; a. M. (mit allerdings unterschiedlichen Konsequenzen) *Lesch*, JA 1998, 474 (476 – Mittäterschaft des Vordermannes); LK-*Roxin*, 11. Aufl., § 25 Rn. 141 (Täterschaft des Vordermannes, Anstiftung des Hintermannes).
320 Vgl. *Baumann/Weber/Mitsch*, § 29 Rn. 38 ff.
321 Ebenso z. B. *Rengier*, BT I, § 2 Rn. 97.

flusses des B zu Mittäterschaft³²² (was auf dem Boden der Tatherrschaftslehre allerdings nicht unbestritten ist, wenn man die alleinige Herrschaft des K über das tatsächliche Geschehen annimmt³²³).

Wenn alle Tatbeteiligten mit **Selbstzueignungsabsicht** handeln, liegt Mittäterschaft nahe. Zwingend ist dieses Ergebnis jedoch nicht. Vielmehr können einzelne Tatbeteiligte auch bloße Gehilfen sein, wenn ihr Interesse an der weggenommenen Sache gering ist. 137

Beispiel: Die Eheleute A und B entwenden gemeinsam ihrem Freund O ein fremdsprachliches Buch, welches fortan in der gemeinsamen Wohnung stehen soll. Das Buch ist allerdings nur für B von Interesse, da nur sie dieses Buch lesen kann (hier kommt bei A, je nach Sachlage, sowohl eine Selbstzueignungsabsicht als auch eine Drittzueignungsabsicht infrage, dennoch wird man ihn in beiden Fällen nur als Gehilfen ansehen können). – Ein Einbrecherduo entwendet wertvollen Schmuck, wobei ein Beteiligter sich vorbehält, bei der anschließenden Beuteverteilung seinem Komplizen den Schmuck großzügigerweise ganz zu überlassen. Vergleichbar den Schenkungsfällen³²⁴ eignet er sich die Sache dadurch zwar zu, dennoch ist sorgfältig zu prüfen, ob hier nicht möglicherweise eine bloße Beihilfe nahe liegt³²⁵.

Die Rspr. sieht häufig den am intensivsten am Erwerb der Sache interessierten Beteiligten „nur" als Gehilfen oder Anstifter zum Diebstahl an. Das ist für den betreffenden Beteiligten aber nicht unbedingt vorteilhaft, denn auf diese Weise fällt die spätere Erlangung der Beute unter den Tatbestand der Hehlerei. 138

Im **Schrotthändler-Fall**³²⁶ hilft der Schrotthändler S den von ihm angeregten Diebstahlstätern beim Abtransport der Beute und stellt seinen Lkw zur Verfügung. Der BGH sah ihn „nur" als Anstifter zu § 242 an, weshalb er dann zusätzlich als Hehler bestraft werden konnte. – Den Wunsch des S, man möge ihn doch als Mittäter bei § 242 betrachten, wies der BGH zurück. Die Täter hätten am Schrott auf dem Lkw des S Gewahrsam erlangt (§ 242 vollendet), dann erst hätten sie S den Schrott überlassen. Die „logische Sekunde" kostete S einige Monate Freiheitsstrafe, denn sie ermöglichte die Annahme des § 259 (und damit auch des § 260 mit bis zu 10 Jahren Freiheitsstrafe!) als Anschlusstat³²⁷.

VII. Antragserfordernisse, Sondertatbestände und Konkurrenzen

1. Antragserfordernisse, §§ 248a, 247

Der wichtige § 248a (Antragserfordernis bei geringwertigen Sachen) wurde bereits oben³²⁸ im Zusammenhang mit der Frage der Entkriminalisierung des Diebstahls im Bagatellbereich ausführlich behandelt. 139

---

322 Baumann/Weber/Mitsch, § 29 Rn. 128 f.; so auch – auf der Grundlage der subjektiven Teilnahmetheorie – die Arzt/Weber-Arzt, 1. Aufl., § 13 Rn. 136.
323 So Rengier, BT I, § 2 Rn. 77, der hier eine Anstiftung des B annimmt.
324 Vgl. oben Rn. 75, 117.
325 So auch LK-Vogel, 12. Aufl., § 242 Rn. 188.
326 BGHSt 13, 403.
327 Näher zur schwierigen Abgrenzung von § 242 und § 259 unten § 28 Rn. 13, 38.
328 Vgl. oben Rn. 27 ff.

Das Antragserfordernis beim Haus- und Familiendiebstahl (§ 247) schützt die Familie sowie häusliche Gemeinschaften[329] gegen unerwünschte Einmischung des Staates in interne Probleme. Deshalb entscheidet die objektive Sachlage, nicht die Vorstellung des Täters[330]. – Während § 248a nur den einfachen Diebstahl nach § 242 privilegiert, gilt § 247 für den Diebstahl schlechthin, also auch für die §§ 243–244a (nicht aber für das **Raub**delikt nach § 252).

2. Sondertatbestände

139a Anders als Art. 139 StGB **(Schweiz)** verlangt das deutsche Recht für den Diebstahl keine **Bereicherungs-**, sondern lediglich eine **Zueignungsabsicht**. Deshalb bedarf es im deutschen Recht nur weniger Sondertatbestände.

a) Unbefugter Gebrauch eines Fahrzeugs, § 248b

140 Die **praktische Bedeutung** des § 248b ist in den letzten Jahren wegen des zunehmenden Einbaus von Wegfahrsperren in Kraftfahrzeugen erheblich zurückgegangen: Während in den achtziger Jahren jährlich ca. 1500 Verurteilungen zu verzeichnen waren, belief sich die Zahl 2005 nur noch auf 573. Da Jugendliche und Heranwachsende viel seltener als Erwachsene über ein eigenes Auto verfügen, verwundert ihr hoher Anteil (ca. 43, 1 %) an den Verurteilten nicht[331].

141 **Tatobjekte** des § 248b sind Kraftfahrzeuge (Legaldefinition in Abs. 4) und Fahrräder. Der Berechtigte ist nicht unbedingt identisch mit dem Eigentümer des Fahrzeugs. Vielmehr sind auch dinglich (z. B. als Nießbraucher) oder obligatorisch (z. B. als Mieter, Leasingnehmer) zum Gebrauch Befugte berechtigt i. S. von § 248b, mit der Folge, dass auch der Eigentümer Täter des Delikts sein kann, etwa wenn er das Kfz gegen den Willen des Mieters in Gebrauch nimmt[332]. – Der jeweils **Berechtigte** ist als Verletzter (§ 77 I) zur Stellung des nach § 248b III erforderlichen Strafantrags befugt.

142 Den Kernbereich der **Ingebrauchnahme**, d. h. der Nutzung des Fahrzeugs als Fortbewegungsmittel, gegen den Willen des Berechtigten bilden Fälle, in denen sich der Täter das Fahrzeug durch Wegnahme verschafft hat. Erfasst ist aber auch der Gebrauch ohne Gewahrsamsbruch, z. B. die Spritztour eines Mechanikers, dem das Fahrzeug zur Inspektion überge-

---

329 Vgl. dazu BGHSt 29, 54.
330 Zur Unanwendbarkeit des § 16 auf Prozessvoraussetzungen, wie das Antragserfordernis in § 247, *Baumann/Weber/Mitsch*, § 20 Rn. 19 und § 21 Rn. 23. – Zur übereinstimmenden Rechtslage bei § 248a vgl. oben Rn. 28.
331 Die Zahlen sind jeweils entnommen aus der Strafverfolgungsstatistik 2011, S. 34 f.
332 H. M., so z. B. BGHSt 11, 47 (51); *Fischer*, § 248b Rn. 6; *Wessels/Hillenkamp*, BT 2, Rn. 433; a. M. *S/S/Eser/Bosch*, § 248b Rn. 1. – Es wäre aber höchst unbefriedigend, wenn z. B. der Halter eines unter Eigentumsvorbehalt gekauften oder eines an eine Bank sicherungsübereigneten Kfz durch § 248b nicht geschützt wäre.

ben wurde³³³ oder des Angestellten, der mit dem Geschäftswagen statt direkt zur Dienststelle zurück zu fahren noch einen „Abstecher" zu seiner im Nachbarort wohnenden Freundin unternimmt. Der Wortlaut – „in Gebrauch **nimmt**" – sowie das Gebot der Beschränkung des Anwendungsbereichs der Vorschrift auf strafwürdige Fälle verbieten jedoch die Subsumtion bloßer Vertragsverletzungen (z. B. bei Überschreitung der eingeräumten Nutzungsintensität und nicht rechtzeitiger Rückgabe des Kfz nach Ablauf der Mietzeit) unter das Tatbestandsmerkmal der Ingebrauchnahme, wenn der Berechtigte das Fahrzeug dem Benutzer überlassen hat³³⁴.

Theoretisch ist der Tatbestand wegen der **quantitativen Abgrenzung zur Zueignung** interessant. Alle wesentlichen dogmatischen Fragen sind deshalb schon im Rahmen des § 242 behandelt worden. Insbesondere ist daran zu erinnern, dass eine Aneignung i. S. bloßer Gebrauchsanmaßung von der ganz h. M. zu § 242 aufgewertet wird, wenn der Täter eine über seine Aneignung hinausgehende „Enteignung" des Eigentümers für möglich hält oder – noch weiter gehender – die Möglichkeit einer Enteignung des Eigentümers nicht sicher ausgeschlossen hat³³⁵. 143

Da § 248b die praktisch wichtigen Fälle des furtum usus unter Strafe stellt und der Strafrahmen hinter dem des § 242 nicht wesentlich zurückbleibt, entstünde durch eine restriktive Interpretation der Zueignung auch keine Strafbarkeitslücke. Was die Gerichte trotzdem dazu veranlasst, das „Schwarzfahren" im Zweifel als Diebstahl und nicht als Gebrauchsentwendung anzusehen, ist rätselhaft. Es mag sein, dass ein Bedürfnis besteht, Schwarzfahrten nicht straflos zu lassen. Deshalb ist es verständlich (wenn auch nicht richtig), dass man vor Einführung des § 248b (durch Notverordnung, 1932) das Strafbedürfnis durch extensive Interpretation des § 242 befriedigt hatte. Unbegreiflich ist jedoch, dass man seit 1932 nicht zu einer Restriktion des Zueignungsbegriffs gekommen ist. 144

Aus § 248b folgt zwingend, dass die Gebrauchsanmaßung eines Kfz nicht über den Umweg eines Diebstahls des im Tank befindlichen, vom Täter verfahrenen Benzins in einen Diebstahl umgedeutet werden darf. Der Verbrauch des Benzins ist bereits tatbestandlich von § 248b erfasst³³⁶. Dass darin überhaupt ein Problem gesehen wird, zeigt, wie groß das Bedürfnis ist, den Bereich bloßer Gebrauchsentwendung einzuschränken. 145

---

333 So die h. M.; vgl. BGHSt 11, 47; *Maurach/Schroeder/Maiwald*, BT 1, § 37 Rn. 9; *Rengier*, BT I, § 6 Rn. 7; a. M. – Gewahrsamsbruch erforderlich – z. B. *Schmidhäuser*, NStZ 1986, 460 (461).
334 So z. B. auch *Krey/Hellmann/M. Heinrich*, BT 2, Rn. 211 f.; *Maurach/Schroeder/Maiwald*, BT 1, § 37 Rn. 9; MüKo-*Hohmann*, 2. Aufl., § 248b Rn. 18; *Otto*, § 48 Rn. 4 ff.; a. M. *Fischer*, § 248b Rn. 4 m. w. N.; *Rengier* , BT II, § 6 Rn. 7; vgl. zum Streitstand auch *Küper*, BT, S. 220 f.
335 Vgl. oben Rn. 86 ff. und 124 f.
336 Richtig BGHSt 14, 386 (388); BGH, GA 1960, 182 (182 f.).

146 Mit § 248b verfolgt der Gesetzgeber erklärtermaßen das Ziel, den Gerichten die Möglichkeit zu eröffnen, eine **Verdachtsstrafe wegen Diebstahls** zu verhängen[337].

147 In § 248b wird eine ausdrückliche gesetzliche **Subsidiarität** angeordnet („[...] wenn die Tat nicht in anderen Vorschriften mit schwererer Strafe bedroht ist")[338]. Wie bei der Unterschlagung ist hier fraglich, ob dies nur in Bezug auf andere Vermögensdelikte oder allgemein hinsichtlich sämtlicher durch dieselbe Tat begangenen Delikte gilt. Der Streit ist im Sinne der zuletzt genannten Ansicht zu entscheiden[339].

b) Unbefugter Gebrauch von Pfandsachen, § 290

148 § 290 stellt einen weiteren Sonderfall der Gebrauchsanmaßung unter Strafe. – Wenn sich der öffentliche Pfandleiher die ihm übergebene Sache zueignet, tritt § 290 hinter § 246 zurück.

c) Entziehung elektrischer Energie, § 248c

149 § 248c ist die gesetzgeberische Reaktion auf die Rspr. des RG[340], das die Subsumtion von Energie unter den Sachbegriff nur mithilfe eines unzulässigen Analogieschlusses für möglich gehalten hatte[341]. § 248c I entspricht § 242, § 248c IV dem § 303.

> Das RG[342] führte hierzu aus: „Der [...] in den Rücksichten auf Rechtssicherheit und persönliche Freiheit begründete Satz nulla poena sine lege bildet für den Richter eine streng zu wahrende Schranke, über welche ihn auch das Bestreben, einem sittlichen Rechtsgefühle, einer Anforderung des Verkehrslebens auf Schutz gegen Beeinträchtigungen von Rechtsgütern gerecht zu werden, nicht hinwegtragen darf. Das gewiß nicht zu verkennende Rechtsschutzbedürfnis der elektrischen Betriebe und Industrien kann strafrichterlich eben nur insoweit berücksichtigt werden, als das bestehende Gesetz es gestattet. Auch der Zweck des Gesetzes kann für dessen Anwendung nicht allein maßgebend sein."

---

337 Vgl. dazu allgemein oben § 1 Rn. 20 f.; ferner *Wagner* (Oberregierungsrat im Reichsjustizministerium), JR 1932, 253 (253 f.): „So verfolgt die neue VO, wenn sie den unbefugten Gebrauch von Kraftfahrzeugen und Fahrrädern mit empfindlicher Strafe bedroht, nicht allein den Zweck, den Täter dann, wenn es sich tatsächlich nur um Schwarzfahrten im eigentlichen Sinne handelt, mit Rücksicht auf den schweren Bruch der Rechtsordnung und wegen der mit Schwarzfahrten häufig genug verbundenen Gefahren für die Verkehrssicherheit der verdienten Strafe zuzuführen, sie dient zu einem wesentlichen Teil auch dazu, um in allen Fällen, in denen eine diebische Absicht zwar wahrscheinlich, aber nicht nachweisbar ist, die bisher bestehenden Beweisschwierigkeiten aus dem Weg zu räumen und bequeme Ausreden abzuschneiden".
338 Vgl. zur formellen Subsidiarität als Unterfall der Gesetzeskonkurrenz *B. Heinrich*, AT, Rn. 1439.
339 *Lackner/Kühl*, § 248b Rn. 6.
340 RGSt 29, 111; RGSt 32, 165.
341 Vgl. dazu auch *Baumann/Weber/Mitsch*, § 9, Ausgangsfall f, sowie Rn. 88, 90, 95.
342 RGSt 32, 165 (186).

d) Erschleichen von Leistungen, § 265a

§ 265a stellt nach h. M. keinen Sondertatbestand zu § 242 dar (sondern einen Auffangtatbestand zu § 263). Wer durch Falschgeldeinwurf einem Automaten eine Ware „abnimmt", begeht nach h. M. einen Diebstahl, § 242, wer hingegen eine Dienstleistung „abnimmt", begeht § 265a. Daher soll für die Erlangung von Geld aus Spielautomaten mittels eines technischen Tricks („Überlisten") § 242 gelten[343]. Zutreffender Ansicht nach liegt jedoch bei Erschleichen der Ware bzw. des Geldes nicht § 242, sondern allenfalls § 246 vor, der den mitverwirklichten § 265a verdrängt.

150

> Die h. M. begründet den Gewahrsamsbruch und die Anwendung des § 242 damit, der Aufsteller des Automaten sei mit der Wegnahme nur bedingt (nur bei Einwurf von „richtigem" Geld) einverstanden. Aber ob ein Verkäufer auf Falschgeld hereinfällt und die Ware weggibt (unstreitig kein Gewahrsamsbruch) oder der Automat dieser „Täuschung" unterliegt, sollte bezüglich der Freiwilligkeit der Herausgabe aber an sich keinen Unterschied machen[344]. Wegen der **Subsidiarität** des § 265a läuft dies nach der hier vertretenen Ansicht bei Warenautomaten im Ergebnis auf den gegenüber § 265a schwereren § 246 hinaus, sofern nicht ohnehin, weil der Automat einen elektronischen Münzprüfer enthält, § 263a anwendbar ist. – Die missbräuchliche Benutzung von Bankautomaten mittels EC-Karte wird von § 265a nicht erfasst. Denn der Automat wird ordnungsgemäß bedient, die Leistung also nicht erschlichen. Außerdem stellen die Geldinstitute diesen Service ihren Kunden kostenlos zur Verfügung, sodass es an der von § 265a geforderten Entgeltlichkeit der Leistung fehlt[345].

151

e) Landesrechtliche Sonderregelungen

Frühere landesrechtliche Sonderregelungen des Diebstahls zum Schutze von Feld und Forst haben seit Inkrafttreten des EGStGB von 1974 nur noch insoweit Bestand, als das Landesrecht bestimmen darf, „dass eine Tat in bestimmten Fällen, die unbedeutend erscheinen, nicht strafbar ist oder nicht verfolgt wird", Art. 4 IV EGStGB.

152

---

343 So z. B. BayObLG, NJW 1981, 2826 mit Anm. *Meurer*, JR 1982, 292; OLG Stuttgart, NJW 1982, 1659 mit Anm. *Albrecht*, JuS 1983, 101, und *Seier*, JR 1982, 509; *Rengier*, BT I, § 16 Rn. 4; a. M. (Anwendbarkeit des § 265a) AG Lichtenfels, NJW 1980, 2206 mit abl. Anm. *Schulz*, NJW 1981, 1351, und *Seier*, JA 1980, 681.
344 Vgl. hierzu bereits oben Rn. 55 f. Der hier vertretenen Ansicht folgen *Bockelmann*, BT 1, § 15 I, und *Dreher* (Anm. zu BGH, MDR 1952, 563), die beim Automatenmissbrauch eine Wegnahme und damit § 242 ablehnen und entgegen der h. M. § 265a nicht nur auf Leistungs-, sondern auch auf Warenautomaten anwenden. *Ranft*, JA 1984, 1 (6), räumt zwar ein, man könne eine Sache nur übergeben oder nicht übergeben, schließt also zutreffend eine Übergabe unter Vorbehalt aus. Dagegen soll das Einverständnis zur Selbstverschaffung des Gewahrsams unter Vorbehalt, z. B. unter der Bedingung ordnungsmäßiger Bedienung des Automaten, möglich sein. Es läge also ein Diebstahl vor, wenn die Bedingung nicht erfüllt wird; ebenso *Lenckner/Winkelbauer*, wistra 1984, 83 (87).
345 Vgl. z. B. *S/S/Perron*, § 265a Rn. 2; ferner zu § 265a unten § 21 Rn. 6 ff. – Zur Anwendung des § 263a (Computerbetrug) auf den EC-Karten-Missbrauch und das computergestützte Leerspielen von Geldspielautomaten vgl. unten § 21 Rn. 36 ff. und 44 ff.

3. Konkurrenzen

153 Das Verhältnis des § 242 zu **anderen Eigentumsdelikten** wie den §§ 243–244a, 246, 249 wird bei den entsprechenden Vorschriften behandelt[346].

---

[346] Zur Grenzziehung zwischen Diebstahl und den Vermögensdelikten, insbesondere § 263, vgl. unten § 20 Rn. 69 ff. – Zur Mehrmaligkeit der Zueignung vgl. unten § 15 Rn. 43 ff.

§ 14 Der besonders schwere Fall des Diebstahls (§ 243) und der qualifizierte Diebstahl (§§ 244, 244a)

Literaturhinweise: Zu II (Besonders schwerer Fall des Diebstahls, § 243): *Arzt*, Die Neufassung der Diebstahlsbestimmungen, JuS 1972, 385, 515, 576; *Blei*, Die Regelbeispieltechnik der schweren Fälle und §§ 243, 244 StGB, Heinitz-FS 1972, S. 419; *Braunsteffer*, Strafzumessung bei Zusammentreffen von Regelbeispiel und Milderungsgrund, NJW 1976, 736; *Bruns*, Über Strafrahmenänderungen bei unterschiedlich Beteiligten an unbenannten Falldifferenzierungen, GA 1988, 339; *Calliess*, Die Rechtsnatur der besonders schweren Fälle und Regelbeispiele im Strafrecht, JZ 1975, 112; *ders.*, Der Rechtscharakter der Regelbeispiele, NJW 1998, 929; *Degener*, Strafgesetzliche Regelbeispiele und deliktisches Versuchen, Stree/Wessels-FS 1993, S. 305; *Dölling*, Diebstahl in einem besonders schweren Fall bei Ausschaltung einer Alarmanlage in einem Kaufhaus?, JuS 1986, 688; *Eisele*, Die Regelbeispielsmethode im Strafrecht, 2004; *ders.*, Die Regelbeispielsmethode: Tatbestands- oder Strafzumessungslösung, JA 2006, 309; *Fabry*, Der besonders schwere Fall der versuchten Tat, NJW 1986, 15; *Gössel*, Die Strafzumessung im System des Strafrechts, Tröndle-FS 1989, S. 357; *ders.*, Über die sog. Regelbeispielstechnik und die Abgrenzung zwischen Straftat und Strafzumessung, Hirsch-FS 1999, S. 183; *Graul*, „Versuch eines Regelbeispiels", JuS 1999, 852; *Gropp*, Der Diebstahlstatbestand unter besonderer Berücksichtigung des Regelbeispiels, JuS 1999, 1041; *Kastenbauer*, Die Regelbeispiele im Strafzumessungsvorgang, 1986; *Kindhäuser*, Zur Anwendbarkeit der Regeln des Allgemeinen Teils auf den besonders schweren Fall des Diebstahls, Triffterer-FS 1996, S. 123; *Kudlich/Noltensmeier/Schuhr*, Die Behandlung geringwertiger Tatobjekte im Strafrecht, JA 2010, 542; *Küper*, Deliktsversuch, Regelbeispiel und Versuch des Regelbeispiels, JZ 1986, 518; *ders.*, Die Geringwertigkeitsklausel des § 243 II StGB als gesetzestechnisches Problem, NJW 1994, 349; *Laubenthal*, Der Versuch des qualifizierten Delikts einschließlich des Versuchs im besonders schweren Fall bei Regelbeispielen, JZ 1987, 1065; *Lieben*, Gleichstellung von „versuchtem" und „vollendetem" Regelbeispiel?, NStZ 1984, 538; *Maiwald*, Bestimmtheitsgebot, tatbestandliche Typisierung und die Technik der Regelbeispiele, Gallas-FS 1973, S. 137; *ders.*, Zur Problematik der „besonders schweren Fälle" im Strafrecht, NStZ 1984, 433; *Mitsch*, Die Vermögensdelikte im Strafgesetzbuch nach dem 6. StrRG, ZStW 111 (1999), 65 (71 ff.); *Otto*, Die neuere Rechtsprechung zu den Vermögensdelikten, JZ 1985, 21 (24 f.); *ders.*, Strafrechtliche Aspekte des Eigentumsschutzes (II), Jura 1989, 200; *Schmitt*, Juristische „Aufrichtigkeit" am Beispiel des § 243 StGB, Tröndle-FS 1989, S. 313; *Seier*, Der Schutz vor Ladendiebstählen durch Sicherungsetiketten, JA 1985, 387; *Sternberg-Lieben*, Versuch und § 243, Jura 1986, 183; *Stree*, Beginn des Versuchs bei qualifizierten Straftaten, Peters-FS 1974, S. 179; *Wessels*, Zur Problematik der Regelbeispiele für „schwere" und „besonders schwere Fälle", Maurach-FS 1972, S. 295; *ders.*, Zur Indizwirkung der Regelbeispiele für besonders schwere Fälle einer Straftat, Lackner-FS 1987, S. 423; *Zieschang*, Besonders schwere Fälle und Regelbeispiele – ein legitimes Gesetzgebungskonzept?, Jura 1999, 561; *Zipf*, Dogmatische und kriminalpolitische Fragen bei § 243 Abs. 2 StGB, Dreher-FS 1977, S. 389; *Zopfs*, Der besonders schwere Fall des Diebstahls (§ 243 StGB); Jura 2007, 421.

Zu III und IV (Diebstahlsqualifikationen, §§ 244, 244a): *Altenhain*, Die Mitwirkung eines anderen Bandenmitglieds, ZStW 113 (2001), 112; *ders.*, Der Beschluss des Großen Senats für Strafsachen zum Bandendiebstahl, Jura 2001, 836; *Bachmann*, Zur Problematik des gemischt genutzten Gebäudes bei § 244 I Nr. 3 und § 306a I StGB,

§ 14   Erschwerte Diebstahlsfälle

NStZ 2009, 667; *Becker,* Waffe und Werkzeug als Tatmittel im Strafrecht, 2003; *Behm,* Zur Auslegung des Merkmals „Wohnung" im Tatbestand des § 123 und § 244 Abs. 1 Nr. 3 StGB, GA 2002, 153; *Boetticher/Sander,* Das erste Jahr des § 250 StGB n.F. in der Rechtsprechung des BGH, NStZ 1999, 292; *Dessecker,* Zur Konkretisierung des Bandenbegriffs im Strafrecht, NStZ 2009, 184; *Ellbogen,* Zu den Voraussetzungen des täterschaftlichen Bandendiebstahls, wistra 2002, 8; *Engländer,* Die Täterschaft beim Bandendiebstahl, GA 2000, 578; *Erb,* Die Qualifikationstatbestände der Bandenhehlerei (§§ 260 I Nr. 2, 260a StGB) – ein spezifisches Instrument zur Bekämpfung der „Organisierten Kriminalität"?, NStZ 1998, 537; *ders.,* Die Neuinterpretation des Bandenbegriffs und des Mitwirkungserfordernisses beim Bandendiebstahl, NStZ 2001, 561; *ders.,* Schwerer Raub nach § 250 II Nr. 1 StGB durch Drohen mit einer geladenen Schreckschusspistole, JuS 2004, 653; *Eser,* „Scheinwaffe" und „Schwerer Raub" (§ 250 I Nr. 2, II StGB), JZ 1981, 761; *Fischer,* Waffen, gefährliche und sonstige Werkzeuge nach dem Beschluss des Großen Senats, NStZ 2003, 569; *Flemming,* Die bandenmäßige Begehung – Eine umfassende Darstellung der Bandenmäßigkeit unter besonderer Berücksichtigung der Beteiligung von Kindern, 2014; *Flemming/Reinbacher,* „Die unausgeführte Bande" – Zur Vorfeldstrafbarkeit bei Bandendelikten, NStZ 2013, 136; *Foth,* Zur Problematik des Taschenmessers als gefährliches Werkzeug i.S.d. § 244 I Nr. 1a StGB, NStZ 2009, 93; *Geppert,* Zur „Scheinwaffe" und anderen Streitfragen zum „Bei-Sich-Führen" einer Waffe im Rahmen der §§ 244 und 250, Jura 1992, 496; *ders.,* Zum „Waffen"-Begriff, zum Begriff des „gefährlichen Werkzeugs", zur „Scheinwaffe" und zu anderen Problemen im Rahmen der neuen §§ 250 und 244 StGB, Jura 1999, 599; *Hardtung,* Das gefährliche Beisichführen eines Werkzeugs beim Diebstahl, StV 2005, 399; *Hellmich,* Zum „neuen" Wohnungsbegriff des § 244 I Nr. 3 StGB, NStZ 2001, 511; *Hilgendorf,* Körperteile als „gefährliche Werkzeuge", ZStW 112 (2000), 811; *Jäger,* Diebstahl nach dem 6 Strafrechtsreformgesetz – Ein Leitfaden für Studium und Praxis, JuS 2000, 651; *Jesse,* Das Pfefferspray als alltägliches gefährliches Werkzeug, NStZ 2009, 364; *Jooß,* Beisichführen eines Taschenmessers als Diebstahl mit Waffen?, Jura 2008, 777; *Kargl,* Verwenden einer Waffe als gefährliches Werkzeug nach dem 6. StrRG, StraFo 2000, 7; *Kasiske,* Das Taschenmesser als „anderes gefährliches Werkzeug" im Sinne des § 244 Abs. 1 Nr. 1 lit. a 2. Alt. StGB, HRRS 2008, 378; *Katzer,* Der Diebstahl mit Schusswaffe (§ 244 Abs. 1 Nr. 1 StGB), NStZ 1982, 236; *Krüger,* Neue Rechtsprechung zum „Beisichführen eines gefährlichen Werkzeugs" in §§ 244 I Nr. 1a, 250 I Nr. 1a StGB – Bestandsaufnahme und Ausblick, Jura 2002, 766; *ders.,* Neues vom „gefährlichen Werkzeug" in § 244 StGB, JA 2009, 190; *ders.,* Neue Rechtsprechung und Gesetzgebung zum gefährlichen Werkzeug in §§ 113, 224, 244 StGB, Jura 2011, 887; *Kudlich,* Zum Stand der Scheinwaffenproblematik nach dem 6. StrRG, JR 1998, 357; *Küper,* Verwirrungen um das neue „gefährliche Werkzeug" (§§ 244 I Nr. 1a, 250 I Nr. 1a, II Nr. 1 StGB), JZ 1999, 187; *Ladiges,* Einbruch in gemischt genutzte Gebäude, JR 2008, 493; *Lanzrath/Fieberg,* Waffen und (gefährliche) Werkzeuge im Strafrecht, Jura 2009, 348; *Lesch,* Waffen, (gefährliche) Werkzeuge und Mittel beim schweren Raub nach dem 6. StrRG, JA 1999, 30; *ders.,* Diebstahl mit Waffen nach dem 6. StrRG, GA 1999, 365; *Maatsch,* Das gefährliche Werkzeug im neuen § 244 StGB, GA 2001, 75; *Magnus,* Das Mitsichführen von Waffen – sogar bei ortsfesten „Selbstschussanlagen"?, JR 2008, 410; *Mitsch,* Die Vermögensdelikte nach dem 6. StrRG, ZStW 111 (1999), 65 (76 ff.); *Möhrenschlager,* Das OrgKG – eine Übersicht nach amtlichen Materialien, wistra 1992, 281; *K. Müller,* Die Konvergenz der Bandendelikte, GA 2002, 318; *Rath,* Bandenmitgliedschaft durch Zusage späterer Gehilfentätigkeit, GA 2003, 823; *Rengier,* Das Taschenmesser als gefährliches Werkzeug des Diebes, Schöch-FS, 2010, 549; *Rieß,* Neue Gesetze zur Bekämpfung der organisierten Kriminalität, NJ 1992, 491; *Seier,* Der Wohnungseinbruchsdiebstahl (§ 244 I Nr. 3 StGB), Kohlmann-FS 2003, S. 295; *Schild,* Der strafrechtsdogmatische Begriff der Bande, GA 1982, 55; *Schlothauer/Sättele,* Zum Begriff des „gefährlichen Werkzeugs" in den §§ 177 Abs. 3 Nr. 1, 244 Abs. 1 Nr. 1a, 250 Abs. 1 Nr. 1a StGB i.d.F. des 6. StrRG, StV 1998, 505; *Schmid,* Das gefährliche Werkzeug unter besonderer Berücksichtigung des § 250 StGB, 2003; *Schröder,* Diebstahl und

Übersicht § 14

Raub mit Waffen (§§ 244, 250 StGB), NJW 1972, 1833; *Seier*, Der Wohnungseinbruchsdiebstahl (§ 244 I Nr. 3 StGB), Kohlmann-FS 2003, S. 295; *Sowada*, Der Bandendiebstahl (§ 244 Abs. 1 Nr. 2 StGB) im Spiegel der aktuellen Rechtsprechung des Bundesgerichtshofs, Schlüchter-GS 2002, S. 383; *Streng*, Die „Waffenersatzfunktion" als Spezifikum des „anderen gefährlichen Werkzeugs" (§ 244 Abs. 1 Nr. 1a, § 250 Abs. 1 Nr. 1a StGB), GA 2001, 359; *Sya*, Der Bandenbegriff im Wandel, NJW 2001, 343; *Toepel*, Zur Architektur der Bandendelikte, ZStW 115 (2003), 60; *Zopfs*, Der schwere Bandendiebstahl nach § 244a StGB, GA 1995, 320; *ders.*, Examinatorium zu den Qualifikationstatbeständen des Diebstahls (§§ 244, 244a StGB), Jura 2007, 510.

Übersicht

	Rn.
I. Kriminalpolitischer Hintergrund	1
1. Überblick über die schweren Diebstahlsfälle – Gesetzestechnik	1
2. Begründung der Strafschärfung gegenüber § 242	3
3. Strafdrohungen und Strafzumessung	10
II. Der besonders schwere Fall des Diebstahls, § 243	14
1. Die Gesetzgebungstechnik der Regelbeispiele	14
a) Problemstellung	14
b) Die Technik der Regelbeispiele (Grundlagen)	17
c) Die Nähe der Regelbeispiele zu qualifizierenden Tatbestandsmerkmalen	19
d) Die Durchbrechung der Regelwirkung: Atypischer § 243, atypischer § 242; Geringwertigkeit, § 243 II	22
e) Regelbeispiele und Fragen des AT	32
f) Hinweis zur Klausurtechnik	42
2. § 243 im Einzelnen	43
a) § 243 I 2 Nr. 1	44
b) § 243 I 2 Nr. 2	47
c) § 243 I 2 Nr. 3	50
d) § 243 I 2 Nr. 4–7	51
e) Konkurrenzen	52
III. Diebstahl mit Waffen, Bandendiebstahl und Wohnungseinbruchsdiebstahl, § 244	53
1. Diebstahl mit Waffen, § 244 I Nr. 1	53
2. Bandendiebstahl, § 244 I Nr. 2	60
3. Wohnungseinbruchsdiebstahl, § 244 I Nr. 3	63
4. Konkurrenzen	66
IV. Schwerer Bandendiebstahl, § 244a	67

I. Kriminalpolitischer Hintergrund

1. Überblick über die schweren Diebstahlsfälle – Gesetzestechnik

1 Traditionellerweise unterscheidet der Gesetzgeber den „einfachen" und den „schweren" Diebstahl. Bis 1969 waren die den Diebstahl erschwerenden Umstände abschließend in **qualifizierten Tatbeständen** erfasst (§§ 243, 244 a. F). Im 1. StrRG (1969) hat der Gesetzgeber einen „besonders schweren Fall" des Diebstahls eingefügt und den größten Teil der früheren Qualifikationen des Diebstahls in **Regelbeispiele** für besonders schwere Fälle des Diebstahls umgewandelt[1]. In § 244 blieben einige wenige echte Qualifikationen erhalten, denen durch das 6. StrRG (1998) der Wohnungseinbruchsdiebstahl hinzugefügt wurde; vgl. § 244 I Nr. 3 (dieser war zuvor im Regelbeispiel des § 243 2 I Nr. 1 mit enthalten). Das OrgKG (1992) hat mit § 244a einen weiteren qualifizierten Diebstahlstatbestand geschaffen, der die erschwerenden Umstände der §§ 243 und 244 I Nr. 1, 3 mit der bandenmäßigen Begehung zu einer „Superqualifikation" (Verbrechen!) kombiniert.

2 Der **Rückfalldiebstahl**, früher ein besonders wichtiger Fall des qualifizierten Diebstahls, war 1969 in der allgemeinen Rückfallregelung des § 48 aufgegangen. Diese Vorschrift wurde 1986 aufgehoben, sodass der Rückfall nun nur noch bei der Bemessung der Strafe nach der allgemeinen Strafzumessungsregel in § 46 zu berücksichtigen ist[2].

2. Begründung der Strafschärfung gegenüber § 242

3 Die ein erhöhtes Unrecht begründenden Merkmale der §§ 243 bis 244a beruhen auf unterschiedlichen **kriminalpolitischen Erwägungen:**

4 Beim **Diebstahl mit Waffen** (§ 244 I Nr. 1) ist maßgebend die durch den möglichen Einsatz der mitgeführten Gegenstände begründete (abstrakte) **Gefährlichkeit** der Tatbegehung für andere Rechtsgüter als das durch § 242 geschützte Eigentum, nämlich für Gesundheit, Leben und Willensfreiheit von Menschen.

Die entsprechende Qualifikation des Raubes findet sich in § 250 I Nr. 1[3]. Die Konkretisierung und Verwirklichung der Gefahr ist in den Raubqualifikationen des § 250 II Nr. 1 und 3 sowie des § 251 erfasst[4].

Auf demselben Gedanken beruht das 1989 eingeführte Regelbeispiel in § 243 I 2 Nr. 7 (Diebstahl von Waffen oder Sprengstoff), nur dass hier die Gefährdung von Menschen nicht unmittelbar aus der Tatbegehung nach § 242 resultiert, sondern aus der möglichen späteren verbrecherischen Verwendung der gestohlenen Gegenstände, z. B. durch Terroristen[5].

---

1 Näher zum gesetzgebungstechnischen Unterschied unten Rn. 14 ff.
2 Zur Frage der Anwendbarkeit des § 243 vgl. unten Rn. 24.
3 Dazu unten § 17 Rn. 28.
4 Dazu unten § 17 Rn. 28 f. und 30 ff.
5 Vgl. dazu BT-Drucks. 11/2834, S. 10.

Für den **Bandendiebstahl** (§§ 244 I Nr. 2 und 244a) wird die Gefähr- 5
lichkeit der gegenseitigen Bindung und die erhöhte Gefährlichkeit der
gemeinsam begangenen Einzeltat ins Feld geführt[6]. **§ 244a** (Verbrechen) soll die wirksamere Bekämpfung der vom Gesetzgeber als besonders gefährlich eingeschätzten **organisierten Kriminalität** ermöglichen[7].

Was die praktische Bedeutung der den Diebstahl erschwerenden Um- 6
stände anbelangt, so dominiert der **Einbruch** (§ 243 I 2 Nr. 1, § 244 I
Nr. 3).

> 2011 wurden 110.932 Personen nach § 242 verurteilt, wegen Diebstahls unter erschwerenden Umständen (§§ 243–244a) insgesamt 25.098 Personen. Darunter finden sich allein 14.824 wegen Einbruchsdiebstahls (§ 243 I 2 Nr. 1, § 244 I Nr. 3) Verurteilte[8].

Entscheidend für den gegenüber § 242 gesteigerten Unrechts- und
Schuldgehalt des Einbruchs ist die **Missachtung der sozialen Übereinkunft**, bestimmte Schranken zu respektieren, selbst wenn die tatsächliche Barriere nahezu nur Symbolcharakter hat[9]. Schlösser und sonstige
Sicherungen sind mit oft geradezu lächerlich geringer Mühe zu knacken.

Zwar beinhaltet schon das Rechtsgut „Eigentum" ganz allgemein einen 7
Anspruch auf Achtung durch Dritte. Wer jedoch einbricht (§ 243 I 2 Nr. 1,
§ 244 I Nr. 3) oder Sicherungen in Gestalt verschlossener Behältnisse überwindet (§ 243 I 2 Nr. 2), setzt sich nicht nur über die im Rechtsgut „Eigentum" angelegte abstrakte, sondern auch über die in Sicherungen etc. ausgedrückte **besondere** Zuordnung hinweg. Mit dem **Wohnungseinbruch**
(§ 244 I Nr. 3) dringt der Täter überdies in die **Privatsphäre** der Opfer ein,
was zu ernsten psychischen Störungen – z. B. langwierigen Angstzuständen – führen kann[10]. Schließlich greift der Einbruchsdiebstahl neben dem
Eigentum auch das allgemeine **Sicherheitsgefühl der Bevölkerung** an[11].

---

6 RGSt 66, 236 (241 f.); BGHSt 8, 205 (209); BGHSt 23, 239 (240); vgl. dazu auch unten Rn. 60 ff.
7 Vgl. zur Zielsetzung des OrgKG, BT-Drucks. 12/989, S. 20 ff., speziell zu § 244a S. 25; zum Begriff der organisierten Kriminalität vgl. auch *Möhrenschlager*, wistra 1992, 281 (282); ferner BGHSt 32, 115 (120).
8 Quelle: Strafverfolgungsstatistik, Berichtsjahr 2011, S. 24 f., 34 f.
9 Bei § 243 I 2 Nr. 1 (auch Nr. 2) und § 244 I Nr. 3 geht es um die Verletzung einer „verstärkten Besitzsphäre". Die Rechtsprechung neigt freilich dazu, die „Verstärkung" rein physisch (nicht psychisch oder symbolisch) zu sehen. Beim Steigen über einen Zaun wird deshalb § 243 I 2 Nr. 1 (Einsteigen) angewendet, wenn der Zaun 1 m hoch war, und verneint, wenn er nur 60 cm hoch war. Es ist jedoch abwegig, wenn dieses Ergebnis damit begründet wird, das Übersteigen habe den Täter „erheblich geringere körperliche Anstrengungen als etwa die für das Besteigen eines Fahrrads" gekostet; vgl. OLG Frankfurt, OLGSt § 243 StGB, S. 5 (6). Richtig ist nur, dass eine rein symbolische Barriere für §§ 243 I 2 Nr. 1 und 244 I Nr. 3 nicht genügt.
10 So BT-Drucks. 13/8587, S. 43, zur Begründung der Heraufstufung des Wohnungseinbruchs vom Regelbeispiel für einen besonders schweren Fall (§ 243 I 2 Nr. 1) zur echten Qualifikation in § 244 I Nr. 3; vgl. auch BGH, NStZ 2008, 514 (515).
11 Gegen die finanziellen Folgen des Verlustes von Eigentum können Diebstahlsversicherungen perfekt schützen, dagegen ist das Sicherheitsgefühl nicht versicherbar.

§ 14 Rn. 8 Erschwerte Diebstahlsfälle

Einbruchsdiebstahl, Straßenraub und vielleicht noch Vergewaltigung bilden **die** drei Deliktsgruppen, die im Gesamtsyndrom „Kriminalitätsfurcht" eine dominierende Rolle spielen[12]. Es ist deshalb richtig, dass der Gesetzgeber den Einbruch in § 243 I 2 Nr. 1 und § 244 I Nr. 3 besonders herausgehoben und gegenüber dem einfachen Diebstahl mit schärferer Strafe bedroht hat. Ein Ansteigen speziell der Einbruchskriminalität ist wegen der Fernwirkungen (Bedrohung des Sicherheitsgefühls, Kriminalitätsverhütung durch private Sicherungsindustrie, Sozialisierung der Verluste über Versicherungen) außerordentlich unerfreulich.

8   Die §§ 243 I 2 Nr. 1, § 244 I Nr. 3 bilden den Schlüssel zum Verständnis (nicht zur Lösung!) einer grundsätzlichen **kriminalpolitischen Weichenstellung.** Die Polizei bemüht sich mit Recht nicht nur um Repression, sondern auch um Prävention, z. B. durch verstärkte Streifengänge, denen ein Rückgang der Einbruchsdiebstähle zugeschrieben wird. Für eine bessere Kriminalitätsverhütung scheint der viktimologische Ansatz, und hier speziell das in einer mangelhaften Sicherung liegende Verschulden des Opfers, vielversprechende Möglichkeiten zu eröffnen. In amtlichen Aufklärungskampagnen wird deshalb zu stärkerer physischer Sicherung aufgefordert: „Es ist besser, den Dieb auszusperren, als ihn einzusperren"[13]. Diese Sicherheitsmentalität setzt auf physisch perfekte Barrieren statt auf in sozialer Übereinkunft liegende, weitgehend symbolische Schranken. Langfristig wird aus einer offenen, vertrauensvollen (gelegentlich auch zu vertrauensseligen) eine geschlossene, von gegenseitigem Misstrauen geprägte Gesellschaft. Eine Gesellschaft der offenen Türen ist jedoch **auch** ein verteidigenswertes Rechtsgut. Es dürfen nicht nur das Eigentum und die sonstigen, durch verschlossene Türen gesicherten Güter in die Erwägung mit einbezogen werden. Zudem wird durch die verstärkten Sicherungsbemühungen das Opferrisiko auf die schwächeren Mitglieder der Gesellschaft verlagert. Im Zeichen einer Kriminalpolitik der **Vorbeugung** ist Kriminalitätsbekämpfung längst nicht mehr als Kampf aller gegen wenige Außenseiter zu begreifen, sondern als Kampf aller gegen alle um die Verteilung des **Opferrisikos.** Hinzu kommt, dass eine allgemein (also auch von den Schwächeren) erreichte Verbesserung der Sicherung zwar zu einem quantitativen Rückgang der Kriminalität führen kann. Dieser Rückgang ist jedoch gegen die qualitative Zunahme der die Sicherungsmaßnahmen durchbrechenden Kriminalität abzuwägen. So hat die verstärkte Sicherung der Banken zwar zum Rückgang der Raubkriminalität geführt, zugleich aber zu einer Verlagerung der Raubüberfälle auf Supermärkte und Tankstellen und zu quanti-

---

12 Näheres zu Ursachen und Folgen der Kriminalitätsfurcht Arzt, Der Ruf nach Recht und Ordnung, 1976.
13 Vgl. oben § 13 Rn. 11 (Folgeschäden durch Diebstahl).

Kriminalpolitischer Hintergrund § 14 Rn. 9–12

tativ geringeren, qualitativ aber gesteigerten Taten gegen Banken (Geiselnahmen)[14].

Die strafschärfende Wirkung der (in ihrer praktischen Bedeutung weit hinter dem Einbruch zurückbleibenden[15]) **übrigen Regelbeispiele** wird folgendermaßen begründet: **Nr. 3:** erhöhte Gefährlichkeit des Täters[16], **Nr. 4** und **Nr. 5:** Bedeutung der Tatobjekte für die Religionsausübung und das kulturelle Leben[17], **Nr. 6:** Ausnutzung von herabgesetzten Abwehrmöglichkeiten. 9

3. Strafdrohungen und Strafzumessung

In § 242 ist zwar Freiheitsstrafe von einem Monat (§ 38 II) bis zu fünf Jahren angedroht. Gleichwohl überwiegen Verurteilungen zu (der wahlweise angedrohten) Geldstrafe: 10

2011 wurden von den insgesamt 93.547 nach allgemeinem Strafrecht[18] Verurteilten 76.841 (= 82,1 %) zu einer Geldstrafe und weitere 16.085 (= 17,2 %) zu Freiheitsstrafe von einem Jahr oder weniger verurteilt. Lediglich bei 620 Tätern 0,7 % wurde eine Freiheitsstrafe von über einem Jahr verhängt[19].

Das Mindestmaß der Freiheitsstrafe ist in § 243 – verhältnismäßig geringfügig – auf drei Monate angehoben. Geldstrafe ist nicht angedroht, kann aber in relativ leichten Fällen über § 47 II verhängt werden. Gleichwohl ist der Anteil der zu Geldstrafe Verurteilten gegenüber § 242 drastisch reduziert: 11

2011 wurden von den insgesamt 12.906 nach allgemeinem Strafrecht Verurteilten nur 3.420 (= 26,5 %) zu einer Geldstrafe und 9.486 zu einer Freiheitsstrafe verurteilt, davon jedoch 6.780 (= 52,5 %) nur zu Freiheitsstrafe von einem Jahr oder weniger verurteilt. Eine Freiheitsstrafe über zwei Jahren wurde hingegen nur bei 550 Personen (= 4,3 %) verhängt. – Nach oben wird der Strafrahmen also ebenso wenig ausgeschöpft wie bei § 242.

In § 244 I ist Freiheitsstrafe von sechs Monaten bis zu zehn Jahren angedroht. Das angedrohte Mindestmaß verbietet die Verhängung einer 12

---

14 Näheres (u. a. Angaben zur Zunahme des Opferrisikos bei abnehmendem Einkommen) bei *Arzt*, Kriminalistik 1976, 433 ff., und zur Privatisierung der Kriminalitätskontrolle *Arzt*, Der Ruf nach Recht und Ordnung, 1976, hier besonders das 2. Kapitel. Vgl. weiter *Eisenberg*, Kriminologie, 6. Auflage 2005, § 50 Rn. 87 m. w. N. – Zutreffend sieht *Rengier*, MschrKrim 68 (1985), 104 ff., in der Eskalation und Verlagerung der Kriminalität die beiden „wunden Punkte" der Bekämpfung der Kriminalität durch technische Prävention (exemplifiziert am Bankraub).
15 Vgl. zur Dominanz des Einbruchsdiebstahls oben Rn. 6; zu § 243 I 2 Nr. 2 oben Rn. 7; zu § 243 I 2 Nr. 7 oben Rn. 4.
16 Vgl. zu den besonderen persönlichen Eigenschaften des Täters als Strafschärfungsgrund *Baumann/Weber/Mitsch*, § 3 Rn. 86.
17 Zum im Allgemeininteresse liegenden Schutz derartiger Tatobjekte gegen Beschädigung durch § 304 vgl. oben § 12 Rn. 34 f.
18 Das heißt Fälle, in denen die in der Regel milderen Sanktionen des JGG verhängt worden sind, sind ausgeschieden.
19 Quelle (ebenso für die folgenden, in Rn. 11 ff. angegebenen Zahlen): Strafverfolgungsstatistik, Berichtsjahr 2011, S. 152 f., 162 f., 186 f., 202 f.

Geldstrafe, § 47. In minder schweren Fällen beträgt der Strafrahmen gemäß § 244 III allerdings drei Monate bis zu fünf Jahren, sodass die Verhängung einer Geldstrafe über § 47 möglich ist.

2011 wurden von den insgesamt 3.267 nach allgemeinem Strafrecht Verurteilten 3.053 zu einer Freiheitsstrafe verurteilt, davon 2.053 (= 67,2 %) zu einer Freiheitsstrafe von einem Jahr oder weniger und 272 (= 9 %) zu einer Freiheitsstrafe von über zwei Jahren.

13 § 244a I sieht eine Normalstrafe von einem Jahr bis zu zehn Jahren Freiheitsstrafe vor (Verbrechen, vgl. § 12 I). Für minder schwere Fälle ist in § 244a II Freiheitsstrafe von sechs Monaten bis zu fünf Jahren angedroht. Auch hier können infolge § 47 keine Geldstrafen verhängt werden.

2011 wurden von den insgesamt 574 nach allgemeinem Strafrecht Verurteilten nur 29 Personen (= 5,0 %) zu einer Freiheitsstrafe von einem Jahr oder weniger verurteilt. Dagegen wurden bei 278 Personen (= 48,4,0 %) eine Freiheitsstrafe über zwei Jahren verhängt. Auffallend ist, dass bei den verbleibenden 264 zu einer Freiheitsstrafe zwischen einem und zwei Jahren Verurteilten in 227 Fällen (= 86,0 %) eine Strafaussetzung zur Bewährung gewährt wurde!

II. Der besonders schwere Fall des Diebstahls, § 243

1. Die Gesetzgebungstechnik der Regelbeispiele

a) Problemstellung

14 Üblicherweise bezeichnet man Tatbestand, Rechtswidrigkeit und Schuld als Voraussetzungen der Strafbarkeit, Strafen und Maßnahmen hingegen als die Rechtsfolgen[20]. Dabei ist zu beachten, dass sich Letztere nicht einfach aus den Voraussetzungen ableiten lassen, sondern zwischen Voraussetzungen und Folgen ein Zweckzusammenhang besteht. Durch die Gesetzgebungstechnik der qualifizierenden (schärfenden) Tatbestandsmerkmale (z. B. § 224 gegenüber § 223) erreicht der Gesetzgeber eine Präzisierung der Strafrahmen. Obwohl z. B. für einen Totschlag in einem besonders schweren Fall nach § 212 II eine lebenslange Freiheitsstrafe angedroht ist, hängt die lebenslange Freiheitsstrafe nicht von allgemeinen Strafzumessungsüberlegungen nach § 212 II, sondern nahezu völlig von der Erfüllung besonderer qualifizierender Tatbestandsmerkmale nach § 211 ab. Schon oben[21] wurde der Satz von *Schröder* zitiert: „Gesetzliche Qualifizierungen und Privilegierungen sind nichts weiter als antezipierte Strafzumessung".

15 Der **Nachteil** qualifizierender oder privilegierender Tatbestandsmerkmale liegt in der sich unvermeidbar herausbildenden **Kasuistik** mit ihren ebenfalls unvermeidbaren Ungereimtheiten. Solche Ungereimtheiten wie-

---

20 Vgl. zur Struktur der strafrechtlichen Norm *Baumann/Weber/Mitsch*, § 8 Rn. 1 ff.; *B. Heinrich*, AT, Rn. 81 ff., 87 ff.
21 Vgl. oben § 1 Rn. 17 mit Verweis auf *Schröder*, Mezger-FS 1954, S. 415 (426).

gen umso schwerer, je stärker der Strafrahmen durch qualifizierende Tatbestandsmerkmale modifiziert wird[22]. Wegen der Häufigkeit des Diebstahls hat im Laufe der Zeit § 243 a. F. mit seinen Qualifikationen zu zahlreichen uneinsichtigen Differenzierungen geführt.

So etwa die Einschätzung von *Maurach* in seinem „Besorgten Brief an einen künftigen Verbrecher" (zu § 243 a. F.)[23]: „[...] Freilich wirst Du nicht so töricht sein und etwa die Seitentür oder das Fenster eines Autos aufbrechen oder einschlagen, um die Sachen herauszunehmen, die sich im Fahrgastraum der Limousine befinden – hier rettet Dich, falls Du Dich nicht gerade in fröhlicher Nehmerlaune auf eine Flasche Sekt beschränkst, nichts vor Verbrechensstrafe. Du mußt aber bedenken, daß sich die lohnendsten Objekte meist im Kofferraum (auch in solchen von Volkswagen) befinden. Und hier ist das Verfahren höchst einfach: man erbreche (ruhig mit Gewalt) eine Entlüftungsscheibe, löse durch einen Griff ins Wageninnere den Verschluß des vorderen Kofferraumdeckels [...] und nehme alles mit, was sich im vorderen Kofferraum befindet. Die Prozedur erscheint nur auf den ersten Blick kompliziert; in Wahrheit liegt nur ein einfacher Diebstahl vor [...]".

Der Gesetzgeber hat im E 1962 nach einem Kompromiss zwischen einer derartig kasuistischen Modifizierung der Strafrahmen einerseits und einer allgemeinen und damit unbestimmten Modifizierung mithilfe „unbenannter" schwerer Fälle andererseits gesucht. Die Gesetzgebungstechnik der **Regelbeispiele** stellt einen solchen **Kompromiss** dar. Die besonders schweren Fälle werden dadurch zwar **tatbestandsähnlich** ausgestaltet, bleiben aber dennoch systematisch **Strafzumessungsregeln**[24].

Die Regelbeispielstechnik hat seit 1962 ständig an Boden gewonnen[25]. Nach dem 6. StrRG, das u. a. eine Erläuterung der besonders schweren Fälle des Betrugs (§ 263 III), der Untreue (§ 266 II) und der Urkundenfälschung (§ 267 III) durch Regelbeispiele gebracht hat, finden sich unbenannte besonders schwere Fälle nur noch in den praktisch fast bedeutungslosen §§ 102 I, 106 III, 107 I, 108 I, 109e IV sowie in § 212 II[26].

b) Die Technik der Regelbeispiele (Grundlagen)[27]

Die Technik der **qualifizierenden Tatbestandsmerkmale** zur Bestimmung des Strafrahmens beruht auf einer relativ einfachen ja/nein-Denkweise: Schärfendes Tatbestandsmerkmal verwirklicht = schärferer Strafrahmen; schärfendes Tatbestandsmerkmal nicht verwirklicht = Strafrahmen lediglich des (verwirklichten) Grundtatbestands. Die Technik der **Regelbeispiele** ersetzt dieses simple Schema zur Bestimmung des Strafrahmens durch ein elastischeres (freilich auch komplizierteres) Regel/Ausnahme-Verhältnis: (1) Regelbeispiel verwirklicht = i. d. R. schärferer

---

22 Zwingt die Qualifizierung zur Verhängung der lebenslangen Freiheitsstrafe (§ 211), ist die sich herausbildende Kasuistik besonders unerfreulich, vgl. oben § 2 Rn. 15.
23 *Maurach*, JZ 1962, 380.
24 BGHSt 23, 254 (256); BGHSt 26, 104 (105).
25 Der Gesetzgeber selbst bezeichnet die Regelbeispieltechnik als eine „in der modernen Strafgesetzgebung bevorzugte Technik"; vgl. BT-Drucks. 13/7164, S. 36.
26 Zum durch § 211 bedingten Leerlauf des § 212 II vgl. unten. Rn. 14.
27 Vgl. dazu auch *Baumann/Weber/Mitsch*, § 8 Rn. 89 ff.; *B. Heinrich*, AT, Rn. 184.

Strafrahmen, im Ausnahmefall aber lediglich Strafrahmen des Grundtatbestandes. – (2) Regelbeispiel nicht verwirklicht = i. d. R. Strafrahmen lediglich des (verwirklichten) Grundtatbestands, im Ausnahmefall aber schärferer Strafrahmen.

> Die Verwirklichung eines qualifizierten Tatbestands führt also zwingend, die Verwirklichung eines Regelbeispiels nur in der Regel zu einem schärferen Strafrahmen. Umgekehrt schließt die Nichtverwirklichung eines qualifizierten Tatbestands den höheren Strafrahmen immer, die Nichtverwirklichung eines Regelbeispiels den höheren Strafrahmen nur in der Regel aus.

18 Die Regelbeispiele indizieren also lediglich die Anwendung des schärferen Strafrahmens. Im Wesen einer Indizwirkung liegt es, dass Ausnahmen erlaubt sind, aber einer **besonderen** Begründung bedürfen[28]. Für die §§ 242, 243 bedeutet dies: (1) Ist ein Regelbeispiel verwirklicht, ist – atypisch – ein Fall des § 242 nur dann anzunehmen, wenn der Sachverhalt **erheblich** leichter wiegt als der Durchschnitt der praktisch vorkommenden Fälle des § 243. – (2) Ist kein Regelbeispiel verwirklicht, ist – atypisch – ein unbenannter schwerer Fall des § 243 nur anzunehmen, wenn der Sachverhalt **erheblich** schwerer wiegt als der Durchschnitt der praktisch vorkommenden Fälle des § 242[29].

> Die Zunahme von besonders schweren und minder schweren Fällen durch die Verwendung von Regelbeispielen ist nicht umstritten. Vielfach wird hierin ein Verstoß gegen verfassungsrechtliche Grundsätze (Bestimmtheitsgrundsatz, Analogieverbot) gesehen[30]. Dem wurde entgegen gehalten, dass eine Strafschärfung für besonders schwere Fälle an sich zulässig sein müsse und die Verwendung von Regelbeispielen dieses Merkmal gerade näher konkretisiere[31]. Dennoch ist der Kritik insoweit zuzugeben, dass eine völlige Ersetzung der bisherigen Qualifikationen und Privilegierungen durch ein ausuferndes System der besonders schweren und minder schweren Fälle den verfassungsrechtlichen Rahmen des Bestimmtheitsgrundsatzes sprengen würde. Die derzeitige gesetzliche Lage ist indes dann nicht zu beanstanden, wenn man, wie im Folgenden noch gezeigt wird[32], die Merkmale unter strikter Anwendung des Analogieverbotes auslegt.

c) Die Nähe der Regelbeispiele zu qualifizierenden Tatbestandsmerkmalen

19 Der Gesetzgeber ist davon ausgegangen, die Elastizität der Regelbeispiele mache eine exakte Grenzziehung überflüssig, verhindere also eine komplizierte Kasuistik. Die Regelbeispiele sind im Gesetzgebungsverfahren als Appell zur Bewertung vergleichbarer Fälle als besonders schwer

---

28 Vgl. hierzu auch *Graul*, JuS 1999, 852 (853); *Mitsch*, BT 2/1, § 1 Rn. 225 f.
29 Ein Beispiel eines solchen atypischen Falles aus der Rechtsprechung findet sich in BGHSt 29, 319 (322 ff.).
30 Vgl. *Zieschang*, Jura 1999, 561 (563); vgl. auch *Dietmeier*, ZStW 110 (1998), 393 (408 ff.); *Eisele*, Die Regelbeispielsmethode im Strafrecht, 2004, S. 383 ff.; MüKo-*Schmitz*, 2. Aufl., § 1 Rn. 59.
31 Die Verwendung von Regelbeispielen ist daher auch nach BVerfGE 45, 363, verfassungsgemäß.
32 Vgl. unten Rn. 19 ff.

aufgefasst worden[33]. – Diese mit der Regelbeispielstechnik verfolgten Ziele hat der Gesetzgeber indes nicht erreicht. Man ist sich heute einig, dass die Regelbeispiele (§ 243 n. F.) im Vergleich zu Tatbestandsmerkmalen (§ 243 a. F.) nur geringfügig elastischer sind. Der Grund liegt in ihrer Indizwirkung (Regelwirkung). Die Verwirklichung des Regelbeispiels indiziert den besonders schweren Fall, also die Anwendung des Strafrahmens des § 243. Zugleich indiziert das **Nichtvorliegen** des Regelbeispiels den Strafrahmen des § 242. Wegen dieser umgekehrten Indizwirkung gilt das **Analogieverbot auch für Regelbeispiele**[34]. Das heißt: Wird ein Fall vom Regelbeispiel zwar nicht erfasst, liegt er aber „ähnlich", darf der Richter **allein** auf diese Ähnlichkeit die Annahme eines atypischen Falles des § 243 nicht stützen[35]. Andernfalls würde die Indizwirkung des Regelbeispiels zum Nachteil des Angeklagten auf analoge Fälle erstreckt und zugleich die umgekehrte Indizwirkung des Nichtvorliegens des Regelbeispiels zum Nachteil des Angeklagten verkürzt. Daher ist es wichtig, die Reichweite des Regelbeispiels exakt zu bestimmen. Hierin liegt auch der Grund, warum sich bei der Subsumtion der Sachverhalte unter die Regelbeispiele (fast) dieselbe Kasuistik entwickelt hat wie bei der Subsumtion unter qualifizierende Tatbestandsmerkmale.

Die Nähe des § 243 I zu einem qualifizierenden Tatbestand zeigt sich deutlich auch daran, dass die Regelbeispiele durch das 1. StrRG (1969) nicht weniger präzise[36] umschrieben worden waren als **Tatbestandsmerkmale**. Dies hatte zur Folge, dass sie ohne Weiteres – als Tatbestandsmerkmale! – in den § 244a übernommen werden konnten[37]. Auch der Wohnungseinbruchsdiebstahl wurde nahezu wörtlich vom Regelbeispiel (§ 243 I 2 Nr. 1) zur Qualifikation (§ 244 I Nr. 3)[38] transformiert. 20

Die Geltung des Analogieverbots für die Regelbeispiele steht der Annahme eines atypischen (sonstigen) besonders schweren Falles nach § 243 I indes nicht vollständig entgegen. Es müssen dazu jedoch erhebliche erschwerende Umstände vorliegen, die keine Ähnlichkeit 21

---

33 Nachweise bei *Arzt*, JuS 1972, 515 (516 in Fn. 4).
34 Ebenso NK-*Hassemer/Kargl*, § 1 Rn. 75 f. – Die h. M. hält zwar eine Analogie für zulässig (vgl. *Fischer*, § 46 Rn. 93; LK-*Vogel*, 12. Aufl., § 243 Rn. 5; NK-*Kindhäuser*, § 243 Rn. 4; S/S/*Eser/Hecker*, § 1 Rn. 29), sie bejaht jedoch zugleich die Gegenschlusswirkung des Nichtvorliegens eines Regelbeispiels (so z. B. *Fischer*, § 46 Rn. 94) und gerät so in einen unauflösbaren Widerspruch. Man sollte § 243 n. F. nicht so auslegen, als sei zu § 243 a. F. der Satz hinzugefügt worden: Das im GG garantierte Analogieverbot wird für § 243 aufgehoben.
35 Verfehlt deshalb OLG Stuttgart, JR 1985, 385 (mit abl. Anm. *Kadel*). – Da sich die Masse der § 243-Fälle in der Schwere nicht wesentlich von den § 242-Fällen unterscheidet, wird vielfach trotz der Ähnlichkeit mit einem Regelbeispiel der Sachverhalt nicht erheblich schwerer wiegen als der Durchschnitt der § 242-Fälle, sodass es beim Strafrahmen des § 242 sein Bewenden haben muss (zu diesem Maßstab vgl. oben Rn. 17 f.).
36 Und unter Beseitigung der oben in Rn. 15 geschilderten Ungereimtheiten des § 243 a. F.
37 Dazu unten Rn. 67 ff.
38 Dazu oben Rn. 1 sowie unten Rn. 63.

mit einem in § 243 I 2 ausdrücklich formulierten Regelbeispiel aufweisen[39].

d) Die Durchbrechung der Regelwirkung: Atypischer § 243, atypischer § 242; Geringwertigkeit, § 243 II

22 Bereits oben[40] wurde ausgeführt, dass ein Fall **erheblich** leichter wiegen muss, wenn trotz Verwirklichung eines Regelbeispiels nur § 242 angenommen werden soll. Umgekehrt muss für die Annahme eines nicht benannten atypischen besonders schweren Falles im Sinne des § 243 der Sachverhalt **erheblich** schwerer wirken als der durchschnittliche § 242. Ob eine erhebliche Abweichung vom Durchschnitt der praktisch vorkommenden Fälle vorliegt, „ist jeweils unter Abwägung aller Zumessungstatsachen auf Grund einer Gesamtbewertung der wesentlichen tat- und täterbezogenen Umstände zu entscheiden"[41].

23 Entgegen (dem nicht Gesetz gewordenen) § 62 E 1962, der für die Annahme eines besonders schweren Falles **(atypischer § 243)** eine wesentliche Unrechts- **und** Schuldsteigerung verlangen wollte, lässt die Rechtsprechung mit der Einbeziehung täterbezogener Umstände in die Gesamtbewertung auch eine **bloße Schuldsteigerung** genügen. Dem ist zuzustimmen[42]. Denn Unrechts- und Schuldsteigerung lassen sich nicht immer sauber auseinanderhalten[43] und mit dem Regelbeispiel der Gewerbsmäßigkeit in § 243 I 2 Nr. 3 hat der Gesetzgeber selbst einen schuldbezogenen Umstand zur Begründung eines besonders schweren Falles herangezogen.

24 Als **Beispiele** für atypische § 243-Fälle sind zu nennen: Diebstahl einer Sache, die dem Täter als Amtsträger anvertraut oder zugänglich war; Diebstahl einer besonders wertvollen Sache[44]; Unentbehrlichkeit der entwendeten Sache für das Opfer (für einen Behinderten speziell angefertigter Rollstuhl); Diebstahl einer wichtigen Maschine, sodass der ganze Betrieb gestört oder gefährdet wird. – Wegen des Analogieverbots[45] unzulässig ist aber z. B. die Annahme eines atypischen § 243 I, wenn

---

39 Vgl. in diesem Zusammenhang auch NK-*Hassemer/Kargl*, § 1 Rn. 73. – Zweifelnd hinsichtlich der Möglichkeit einer Differenzierung zwischen verbotener analoger Anwendung der Regelbeispiele und zulässiger Heranziehung andersartiger erschwerender Umstände *S/S/Eser/Hecker*, § 1 Rn. 29. *Callies*, JZ 1975, 112 (117 f.), hält die Annahme eines besonders schweren Falles für unzulässig, wenn kein Regelbeispiel erfüllt ist, leugnet also die Möglichkeit eines atypischen § 243; vgl. auch *ders.*, NJW 1998, 929 (935); ähnlich SK-*Hoyer*, § 243 Rn. 10 ff. – Mit der gesetzgeberischen Konzeption des durch Regelbeispiele erläuterten besonders schweren Falles und dem Wortlaut des § 243 I ist diese Auffassung aber nicht vereinbar; vgl. bereits oben Rn. 17 und näher unten Rn. 22 ff.
40 Vgl. oben Rn. 18.
41 BGHSt 23, 254 (257); BGHSt 28, 318 (319).
42 Ebenso z. B. *Maurach/Schroeder/Maiwald*, BT 1 § 33 Rn. 67, die allerdings eine „wesentlich" erhöhte Schuld fordern; a. M. OLG Düsseldorf, NJW 2000, 158 (159); *Rengier*, BT I, § 3 Rn. 4.
43 So ist z. B. bei den besonderen Merkmalen i. S. des § 28 teilweise unklar, ob sie unrechts- oder schuldbezogen sind; vgl. dazu *Baumann/Weber/Mitsch*, § 32 Rn. 7 m. w. N. Gerade auch die Mordmerkmale lassen sich nur schwer dem Unrecht oder der Schuld zuweisen, dazu oben § 2 Rn. 28 ff. Und obwohl die Verwerflichkeit des Täterhandelns primär der Schuld zuzuordnen ist, zeigt § 240 II, dass sie das Unrecht mit prägt.
44 BGHSt 29, 319 (322 f.); dass für den besonders schweren Fall des Betrugs in § 263 III Nr. 2 und Nr. 4 entsprechende Regelbeispiele angeführt sind, steht der Annahme eines sonstigen (atypischen) besonders schweren Falles nach § 243 I nicht entgegen; a. M. SK-*Hoyer*, § 243 Rn. 10.
45 Vgl. oben Rn. 19.

zur Tatbegehung ein „richtiger", aber gestohlener Schlüssel verwendet wird (diese Konstellation wird nämlich von § 243 I 2 Nr. 1 gerade nicht erfasst)[46]. Der bloße Rückfall begründet wegen seiner das Analogieverbot auslösenden Nähe zur Gewerbsmäßigkeit (§ 243 I 2 Nr. 3) und wegen der Aufhebung der Rückfallvorschrift des § 48 a. F.[47] ebenfalls keinen atypischen § 243[48].

Nicht zweifelhaft ist, dass eine Schuldminderung **allein** zur Begründung eines **atypischen** § 242 genügen kann[49]. Darüber hinaus werden beim minder schweren Fall aber „auch andere Umstände als solche, die das Unrecht oder die Schuld mindern, zu berücksichtigen sein"[50]. Dabei geht es insbesondere um Entwicklungen nach der Tat (Schadenswiedergutmachung durch den Täter etc.). 25

Die zur Ermittlung des atypischen Falles erforderliche Gesamtbewertung aller unrechts- und schuldrelevanten Umstände führt zu einer unerfreulichen, aber unvermeidlichen **Doppelverwertung:** Erst werden diese Umstände herangezogen, um den Strafrahmen (§ 242 oder § 243) zu bestimmen, und dann richtet sich innerhalb des so gefundenen Strafrahmens die Strafzumessung gemäß § 46 II nach denselben Umständen. 26

Eine allgemeine Doppelverwertung ist nach h. M. unvermeidlich[51]. Lebhaft umstritten ist nur die Zulässigkeit der Doppelverwertung **besonderer** Strafzumessungsfaktoren, so §§ 13 II, 17, 21, 35 II[52]. Aus dem Gebot einer Gesamtbewertung ist zu schließen, dass einzelne Faktoren nicht künstlich ausgeklammert werden dürfen. 27

Beispiel: T begeht einen Diebstahl im Zustand verminderter Schuldfähigkeit und verwirklicht dabei ein Regelbeispiel. – Hier darf und muss der Richter die verminderte Schuldfähigkeit nach der hier vertretenen Auffassung schon bei der Frage berücksichtigen, ob deshalb insgesamt gesehen die Indizwirkung des Regelbeispiels durchbrochen und vom Strafrahmen des § 242 auszugehen ist[53]. Umstritten ist, ob dann die Strafe (aus § 242) gemäß §§ 21, 49 I gemildert werden kann[54] oder ob dem das Doppelverwertungsverbot des § 50 entgegensteht[55]. Eine dritte Ansicht möchte dagegen die verminderte Schuldfähigkeit aus der Abwägung zwischen § 243 und § 242 ausklammern, also gegebenenfalls lediglich eine Milderung des Strafrahmens des § 243 gem. §§ 21, 49 I vornehmen[56].

---

46 A. M. *Fischer*, § 243 Rn. 23, mit einem weiteren Nachweis aus der Rechtsprechung.
47 Vgl. oben Rn. 2.
48 Zurückhaltend z. B. auch *Fischer*, § 46 Rn. 38c.
49 Schon § 63 E 1962 definierte den minder schweren Fall i. S. einer wesentlichen Minderung von „Unrecht oder Schuld"!
50 BGHSt 26, 97 (98) m. Anm. *Zipf*, JR 1976, 24, unter Berufung auf die amtliche Begründung des EGStGB, BT-Drucks. 7/550, S. 212.
51 Vgl. z. B. *Arzt*, JuS 1972, 515 (519); *S/S/Stree/Kinzig*, § 46 Rn. 49 m. w. N.
52 Zu Teilnahme und Versuch vgl. unten Rn. 34 f. und 36 ff.
53 Ebenso z. B. BGH, NJW 1986, 1699 (1700); BGH, NStZ 1986, 368 (für § 31 BtMG); *Lackner/Kühl*, § 46 Rn. 17; offengelassen von *Wessels*, Maurach-FS 1972, S. 295 (302).
54 So *Arzt*, JuS 1972, 515 (519).
55 So BGH, NJW 1986, 1699 (1700); *Lackner/Kühl*, § 46 Rn. 17.
56 So BGHSt 33, 370 (377); *Braunsteffer*, NJW 1976, 736 (739); *Fischer*, § 46 Rn. 104; SK-*Horn*, § 46 Rn. 73, 77.

28 Einen **Sonderfall des Ausschlusses der Indizwirkung der Regelbeispiele** – mit Ausnahme der Nr. 7 des § 243 I 2 – aufgrund unwiderleglicher gesetzlicher Vermutung enthält § 243 II. Die Bestimmung soll die in der Beschränkung des Täters auf geringwertige Sachen liegende Geringfügigkeit des Unrechts und der Schuld gegen eine „Aufwertung" durch Regelbeispiele sichern und damit den Anwendungsbereich des § 248a gegen § 243 I abschirmen[57].

29 **Geringwertigkeit** ist wie bei § 248a bis zu einem Verkehrswert von gegenwärtig ca. 50,– € anzunehmen[58]. Hat der Täter nichts weggenommen, z. B. weil er die begehrte Sache in dem Raum, in den er eingebrochen ist (§ 243 I 2 Nr. 1), nicht vorgefunden hat (**Versuch**), so ist für die Anwendung von § 243 II auf den Wert der in Aussicht genommenen Sache abzustellen und nicht etwa § 243 II mit der Begründung zu bejahen, da nichts gestohlen worden sei, sei allemal Geringwertigkeit anzunehmen[59].

30 Soweit Sachen überhaupt keinen in Geld messbaren Wert haben, scheidet eine Anwendung von § 243 II aus. So ist z. B. bei der Entwendung von Strafbefehlsakten mittels eines Einbruchs in das Gerichtsgebäude § 243 I 2 Nr. 1 nicht nach § 243 II ausgeschlossen[60].

31 Während für die Geringwertigkeit im Hinblick auf das Antragserfordernis nach § 248a allein die objektive Sachlage maßgebend ist[61], kann hinsichtlich § 243 II die subjektive **Vorstellung des Täters** nicht unbeachtlich sein[62]. Vielmehr gebietet es das Schuldprinzip, dass dem Einsteigedieb (§ 243 I 2 Nr. 1), der eine wertvolle Sache entwendet, die er irrtümlich für geringwertig hält, § 243 II in entsprechender Anwendung von § 16 II zugutekommt, er also nur nach § 242 zu verurteilen ist[63]. – Da die Gering-

---

57 Die Ausschlusswirkung des § 243 II gilt auch für die Annahme eines sonstigen besonders schweren Falls (atypischer § 243; dazu oben Rn. 22 ff.); so eindeutig die ursprüngliche Fassung („besonders schwerer Fall ist ausgeschlossen"). Daran hat auch die seit 1989 geltende (unglückliche) Fassung des § 243 II („in den Fällen des Absatzes 1 Satz 2 Nr. 1 bis 6 ist ein besonders schwerer Fall ausgeschlossen") nichts geändert. So zutreffend *Küper*, NJW 1994, 349; anders hingegen *Mitsch*, BT 2/1, Rn. 213; *ders.*, ZStW 111 (1999), 65 (74 ff.).
58 Vgl. oben. § 13 Rn. 27.
59 Wie hier *S/S/Eser/Bosch*, § 243 Rn. 54. – Zur Problematik des Versuchs nach §§ 242, 243, 22 und zu den Fällen des Vorsatzwechsels näher unten Rn. 36 ff.
60 BGH, NJW 1977, 1460 (1461); vgl. auch BayObLG, JR 1980, 299 (betr. Personalausweise, Scheckkarten, Scheckformulare). – Ein messbarer objektiver Wert liegt dagegen bei einem Firmenstempel und bei Briefbögen mit Firmenkopf vor; § 243 II ist nicht deshalb ausgeschlossen, weil der Täter diese Gegenstände später für ein einen hohen Gewinn versprechendes Vermögensdelikt verwenden möchte, maßgeblich bleibt der Verkehrswert, BGH, NStZ 1981, 62 (62 f.).
61 Vgl. oben § 13 Rn. 28.
62 So aber *Braunsteffer*, NJW 1975, 1570 (1571).
63 *Jescheck/Weigend*, § 29 V 5c; *Maurach/Schroeder/Maiwald*, BT 1, § 33 Rn. 102; im Ergebnis ebenso *Fischer*, § 243 Rn. 26; *S/S/Eser/Bosch*, § 243 Rn. 53; ferner NK-*Kindhäuser*, § 243 Rn. 57, der allerdings § 16 I direkt anwenden möchte. – *Zipf*, Dreher-FS 1977, 389 (397 f.), hingegen möchte § 243 II nur anwenden, wenn der Irrtum des Täters nicht auf Fahrlässigkeit beruht (Folge der Einordnung des § 243 II in den Strafzumessungsbereich); a. M. *Wessels/Hillenkamp*, BT 2, Rn. 251, die aber unter Umständen die Indizwirkung des Regelbeispiels entfallen lassen wollen.

Der besonders schwere Fall des Diebstahls, § 243

wertigkeit des Diebstahlsobjekts andererseits aber das Unrecht mindert, kann hingegen die irrtümliche Annahme des Täters, eine geringwertige Sache sei wertvoll, die Anwendung des § 243 II nicht beseitigen[64].

e) Regelbeispiele und Fragen des AT

aa) Vorsatz

Regelbeispiele sind keine Tatbestandsmerkmale, stehen jedoch Tatbestandsmerkmalen nahe. Da sich der Vorsatz auf Tatbestandsmerkmale beziehen muss, kann man streng genommen nicht von einer vorsätzlichen Verwirklichung eines Regelbeispiels sprechen. Es besteht jedoch Einigkeit darüber, dass die Regelbeispiele des § 243 I wissentlich und willentlich verwirklicht werden müssen, also ein sog. **Quasivorsatz** erforderlich ist[65]. – Mit dem Quasivorsatz verbinden sich alle weiteren Vorsatzprobleme (Vorsatzwechsel, Irrtum). Wer nicht zur Ausführung eines Diebstahls, sondern zu einer Vergewaltigung in einen Geschäftsraum „einbricht" und sich dann dort zu einem Diebstahl entschließt, verwirklicht das Regelbeispiel des § 243 I 2 Nr. 1 nicht. 32

Ein Quasivorsatz ist grundsätzlich auch bezüglich der **Umstände** zu fordern, die im Rahmen der Gesamtbewertung einen **atypischen** besonders schweren Fall begründen[66], etwa hinsichtlich des besonders hohen Werts der entwendeten Sache. Etwas anderes gilt dann, wenn es sich bei den einen atypischen Fall des § 243 begründenden Umständen um **besondere Folgen der Tat** handelt, auf die der Rechtsgedanke des § 18 (hier ist Fahrlässigkeit ausreichend)[67] zutrifft, und die Heranziehung der für die Strafzumessung **allgemein** geltenden Regel des § 46 II gerechtfertigt ist: „Die verschuldeten Auswirkungen der Tat" sind insoweit auch die fahrlässig herbeigeführten[68]. 33

Beispiel[69]: Der Rentner R, dem der Täter T die ganzen Ersparnisse gestohlen hat, nimmt sich das Leben. Es liegt hier kein Regelbeispiel (insbesondere keine Hilflosigkeit nach Nr. 6) vor. Trotzdem ist ein atypischer schwerer Fall anzunehmen, wenn die schwere Folge (Tod des R) für T vorhersehbar war.

---

64 *Baumann/Weber/Mitsch*, § 21 Rn. 26; *Zipf*, Dreher-FS 1977, 389 (397 f.). – Für Ausschluss des § 243 II z. B. *Gribbohm*, NJW 1975, 1153 f.; so auch *Lackner/Kühl*, § 243 Rn. 5; S/S/*Eser/Bosch*, § 243 Rn. 53; *Wessels/Hillenkamp*, BT 2, Rn. 251, die davon ausgehen, dass wegen des erheblich geminderten Erfolgsunwerts ein besonders schwerer Fall in der Regel – aber insoweit erst im Rahmen einer Gesamtwürdigung von Tat und Täter – ausgeschlossen sein könne; anders NK-*Kindhäuser*, § 243 Rn. 57.
65 Vgl. z. B. *Baumann/Weber/Mitsch*, § 20 Rn. 38 m. w. N.
66 So *Jescheck/Weigend*, § 29 II 3c; NK-*Kindhäuser*, § 243 Rn. 42; S/S/*Sternberg-Lieben/Schuster*, § 15 Rn. 29/30;*Wessels*, Maurach-FS 1972, S. 295 (300); *Wessels/Hillenkamp*, BT 2, Rn. 220; a. M. LK-*Gribbohm*, 11. Aufl., § 46 Rn. 151 m. w. N; zum atypischen besonders schweren Fall vgl. oben Rn. 22 ff.
67 Vgl. zu § 18 *Baumann/Weber/Mitsch*, § 8 Rn. 70 ff.
68 *Jescheck/Weigend*, § 29 II 3c; *Maurach/Gössel/Zipf*, AT 2, § 63 Rn. 41 f.; SK-*Rudolphi/Stein*, § 16 Rn. 9 (jeweils m. w. N.).
69 *Arzt*, JuS 1972, 515 (520).

bb) Teilnahme

34 Da die Regelbeispiele keine Tatbestandsmerkmale darstellen, gibt es streng genommen bei § 243 auch keine Teilnahme, denn eine Teilnahme setzt eine Haupttat i. S. einer Tatbestandsverwirklichung voraus. Ebenso wie man für die Regelbeispiele des § 243 I Quasivorsatz verlangt[70], ist jedoch von einer **quasiakzessorischen Haftung des Teilnehmers** sowie deren Durchbrechung nach § 28 auszugehen. Mit „Quasiakzessorietät" wird insbesondere auch zum Ausdruck gebracht, dass allein der Vorsatz eines Beteiligten hinsichtlich des von einem anderen verwirklichten Regelbeispiels – anders als bei qualifizierenden Tatbestandsmerkmalen – für ihn nicht ohne Weiteres zur Bejahung eines besonders schweren Falles führt. Vielmehr ist für jeden Beteiligten (auch den Mittäter) eine Gesamtbewertung[71] vorzunehmen, die zu einem atypischen § 242-Fall (aber auch zu einem atypischen § 243-Fall) führen kann[72].

35 Während der Beteiligte für tatbezogene Regelbeispiele und tatbezogene Erschwerungsgründe in den vorstehend genannten Grenzen quasiakzessorisch einzustehen hat, gilt für **täterbezogene** Regelbeispiele (§ 243 I 2 Nr. 3) sowie für täterbezogene (erschwerende und mildernde) Umstände § 28 II entsprechend[73].

Beispiel[74]: T verwirklicht durch einen Einbruch in ein Bürogebäude das Regelbeispiel des § 243 I 2 Nr. 1. A hatte ihm den Tipp zur Tat gegeben. Die mäßige (aber eine Geringwertigkeit i. S. der §§ 248a, 243 II übersteigende) Beute und das schwere Schicksal des T veranlassen den Richter, hier einen atypischen einfachen Diebstahl anzunehmen. Für die Beurteilung der Strafbarkeit des A als Anstifter ist zunächst maßgebend, dass T das – tatbezogene – Regelbeispiel verwirklicht hat. Die Indizwirkung gilt auch für A (Quasiakzessorietät). Die Faktoren, die bei T diese Indizwirkung aufgehoben hatten, sind teils tatbezogen (mäßige Beute – insoweit wirken sie auch für A), teils täterbezogen (schweres Schicksal des T – insoweit helfen sie A nichts, § 28 II gilt entsprechend). Falls nicht besondere mildernde Umstände auch in der Person des A vorliegen, gilt für A als Anstifter der Strafrahmen des § 243. – Wegen der für jeden Tatbeteiligten gebotenen Gesamtbewertung wurde vorgeschlagen, hier terminologisch von einem besonders schweren Fall der Anstiftung (Beihilfe) zum Diebstahl zu sprechen[75]. Dies ist indes problematisch, da dann die Akzessorietät im Hinblick auf die Haupttat weiter gelockert wird als bei den üblichen Qualifikationen oder Privilegierungen.

---

70 Vgl. oben Rn. 32 f.
71 Dazu oben Rn. 22 ff.
72 Vgl. aus der Rspr. BGHSt 29, 239 (243 f.); BGH, NStZ 1983, 217; BGH, StV 1992, 372 f.
73 BGH, StV 1996, 87; *Kindhäuser*, Trifferer-FS 1996, S. 123 (128 ff.); *S/S/Eser/Bosch*, § 243 Rn. 47.
74 *Arzt*, JuS 1972, 576 (577).
75 *Arzt/Weber-Weber*, 1. Aufl., § 14 Rn. 35.

cc) Versuch, Vorsatzwechsel

36 Beide Elemente des Versuchs, das subjektive (Tatentschluss) und das objektive (unmittelbares Ansetzen) beziehen sich auf den **Tatbestand**[76]. Da die Regelbeispiele – und erst recht die Umstände, die zur Begründung eines sonstigen besonders schweren Falles (atypischer § 243) führen können[77] – **keine Tatbestandsmerkmale** sind, gibt es streng genommen auch keinen Versuch des besonders schweren Falles[78]. Es kann deshalb nur darum gehen, ob es einen **versuchten Diebstahl in einem besonders schweren Fall** (§§ 242, 243, 22) gibt. Dies ist mit der h. M. **grundsätzlich** zu bejahen[79]. Die (fakultative) Strafmilderung für den Versuch (§ 23 II) kann dem ebenso wenig entgegenstehen wie die (zwingende) Strafmilderung für die Beihilfe (§ 27 II 2) eine Beihilfe zum besonders schweren Fall des Diebstahl ausschließt[80].

37 Fraglich und umstritten ist allerdings, in welchen Konstellationen ein versuchter Diebstahl in einem besonders schweren Fall anzunehmen ist. Insoweit sind folgende Fallgestaltungen denkbar: **(1)** Der Diebstahl (§ 242) ist vollendet, ein Regelbeispiel des § 243 I nur versucht[81]. **(2)** Ein Regelbeispiel ist verwirklicht, § 242 nur versucht. **(3)** Weder ist § 242 vollendet noch ein Regelbeispiel verwirklicht; der Täter wollte aber beides verwirklichen.

Beispiel: T will in ein Bürogebäude mittels eines falschen Schlüssels eindringen, § 243 I 2 Nr. 1: (1) T bemerkt beim Aufschließen, dass die Tür offen steht (= kein Eindringen). Er tritt ein und stiehlt; (2) T dringt mit dem Nachschlüssel ein, findet aber keine lohnende Beute und nimmt daher nichts mit; (3) T bemerkt beim Aufschließen, dass die Tür offen steht. Er tritt ein, findet dann aber nichts zum Mitnehmen.

38 Weil die Regelbeispiele keine Tatbestandsmerkmale sind, kann das unmittelbare Ansetzen zu ihrer Verwirklichung keine Versuchsstrafbarkeit nach §§ 242, 243, 22 begründen. Die Indizwirkung entfaltet ein Regelbeispiel nur dann, wenn es ganz verwirklicht ist[82].

Zum oben[83] genannten **Beispiel:** (1) Vollendet der Täter den Diebstahl und versucht dabei ein Regelbeispiel, liegt lediglich ein Diebstahl nach § 242, nicht aber daneben

---

76 Vgl. dazu z. B. *Baumann/Weber/Mitsch*, § 26 Rn. 27 und 43.
77 Vgl. oben Rn. 22 ff.
78 Vgl. hierzu nur *Fischer*, § 46 Rn. 97 m. w. N.
79 A. M. *Arzt*, JuS 1972, 515 (517 f.); i. E. auch *Degener*, Stree/Wessels-FS 1993, S. 305; *Noll*, Gesetzgebungslehre, 1973, S. 267.
80 Vgl. dazu oben. Rn. 34.
81 Schon begrifflich nicht denkbar ist der Versuch des täterbezogenen Regelbeispiels des § 243 I 2 Nr. 3, da gewerbsmäßiges Handeln entweder vorliegt oder nicht, aber nicht versucht werden kann.
82 *Baumann/Weber/Mitsch*, § 26 Rn. 52; *Gössel*, Tröndle-FS 1989, S. 357 (365); *ders.*, Hirsch-FS 1999, S. 183 (193); *Lackner/Kühl*, § 46 Rn. 15; *Lieben*, NStZ 1984, 538 (539 ff.); LK-*Ruß*, 11. Aufl., § 243 Rn. 36; *Otto*, JZ 1985, 21 (24); *ders.*, Jura 1989, 200 (201); S/S/*Eser/Bosch*, § 243 Rn. 44; *Sternberg-Lieben*, Jura 1986, 183 (187 f.); *Wessels/Hillenkamp*, BT 2, Rn. 212, 216; a. M. *Fischer*, § 46 Rn. 101.
83 Vgl. oben Rn. 37.

noch ein Diebstahlsversuch nach §§ 242, 243, 22 vor[84]; (2) Versucht der Täter einen Diebstahl und verwirklicht dabei das Regelbeispiel des § 243 I 2 Nr. 1, so liegt ein versuchter Diebstahl in einem besonders schweren Fall vor[85]. Dasselbe gilt z. B. für den Diebstahlsversuch eines gewerbsmäßig handelnden Täters nach § 243 I 2 Nr. 3; (3) Versucht der Täter einen Diebstahl und versucht dabei ein Regelbeispiel, liegt nur ein versuchter Diebstahl nach §§ 242, 22 vor, da allein das Ansetzen zur Tat nicht die Indizwirkung des Regelbeispiels entfalten kann[86].

Voraussetzung für eine Versuchsstrafbarkeit ist allerdings, dass neben der Vollverwirklichung des Regelbeispiels auch zur Wegnahme unmittelbar angesetzt wurde (§§ 242, 22)[87]. Dies wird beim Einbrechen und den anderen Tatmodalitäten des § 243 I 2 Nr. 1 in aller Regel der Fall sein. Etwas anderes gilt aber dann, wenn T zwar in ein Gebäude eingebrochen ist, im Gebäudeinneren aber weitere Hindernisse (z. B. mehrere verschlossene Türen) überwinden muss, um zu der begehrten Sache zu gelangen.

39 Der **BGH**[88] verlangt demgegenüber keine vollständige Verwirklichung des Regelbeispiels und nimmt eine Strafbarkeit wegen eines versuchten Diebstahls in einem besonders schweren Fall (§§ 242, 243, 22) bereits dann an, wenn – wie im vorgenannten Fall (3) – zur Verwirklichung des Regelbeispiels unmittelbar angesetzt wurde[89]. Dies ist in der Literatur zu Recht überwiegend auf Ablehnung gestoßen, weil der BGH die Regelbeispiele wegen ihrer Tatbestandsähnlichkeit[90] wie Tatbestandsmerkmale behandelt und damit gegen das Verbot täterbelastender Analogie verstößt[91].

Für die Konstellation (1) hat der BGH[92] den Versuch eines besonders schweren Falls allerdings abgelehnt. Nach der hier vertretenen Auffassung – §§ 242, 243, 22 nur bei voller Verwirklichung des Regelbeispiels – verdient dies Zustimmung. Vom Standpunkt des BGH hätte aber im Wege des Erst-Recht-Schlusses die Anwendung des §§ 242, 243, 22 nahe gelegen[93]. Denn ansonsten erschiene es unbillig, wenn der Täter,

---

84 § 243 I kann allerdings dann zur Anwendung gelangen, wenn ein sonstiger schwerer Fall (atypischer § 243) vorliegt, z. B. wenn T eine besonders wertvolle Sache entwendet (dazu oben Rn. 22 ff.); dann liegt aber eine Vollendung des atypischen besonders schweren Falles vor (§§ 242, 243). Nicht zulässig ist die Begründung eines atypischen § 243 damit, T habe ein Regelbeispiel versucht.
85 BayObLG, JZ 1980, 418; OLG Düsseldorf, NJW 1983, 2712; OLG Stuttgart, NStZ 1981, 222; ferner die oben in Fn. 82 genannten Autoren.
86 Eine Anwendung des §§ 242, 243, 22 kann nicht damit begründet werden, T habe es auf eine besonders wertvolle Sache abgesehen. Denn ebenso wie die Regelbeispiele können sonstige straferhöhende Umstände nur dann zur Begründung des § 243 herangezogen werden, wenn sie der Täter verwirklicht hat, nicht aber bereits dann, wenn er sie nur verwirklichen wollte.
87 Vgl. *Wessels/Hillenkamp*, BT 2, Rn. 219.
88 BGHSt 33, 370 (373 ff.).
89 Im hier entschiedenen Fall handelte es sich um einen versuchten Einbruchsdiebstahl nach § 243 I 2 Nr. 1, bei dem es nicht zu einer Wegnahme kam. – Dem BGH folgend BayObLG, NStZ 1997, 442; *Fabry*, NJW 1986, 15 (20); *Kindhäuser*, Trifferer-FS 1996, S. 123 (133 f.); *Laubenthal*, JZ 1987, 1065 (1069); LK-*Vogel*, 12. Aufl., § 243 Rn. 72; *Maurach/Schroeder/Maiwald*, BT 1, § 33 Rn. 107; NK-*Kindhäuser*, § 243 Rn. 48; *Schäfer*, JR 1986, 522 (523).
90 Vgl. dazu oben Rn. 19.
91 *Küper*, JZ 1986, 518 (524 f.); weiter *Graul*, JuS 1999, 852 (854 f.) m. w. N.
92 BGH, NStZ-RR 1997, 293 (zum Regelbeispiel des § 176 III Nr. 1 a. F., jetzt Qualifikation nach § 176a II Nr. 1 n. F.); in BGHSt 33, 370, hat der BGH diese Konstellation offengelassen; vgl. dazu den Übungsfall bei *Kreß/Baenisch*, JA 2006, 707 (713).
93 Vgl. dazu *Graul*, JuS 1999, 852 (856 f.) m. w. N.

der § 242 vollendet und § 243 nur versucht hat, nur wegen § 242, der Täter, der beides nur versucht hat, aber wegen eines versuchten besonders schweren Falles gemäß den §§ 242, 243, 22 bestraft würde (vgl. den höheren Strafrahmen!).

Oben[94] wurde bereits festgestellt, dass die **Geringwertigkeitsgrenze** **40** **des § 243 II** der Annahme eines Diebstahlsversuchs in einem besonders schweren Fall (§§ 242, 243, 22) nicht entgegensteht, wenn es der Täter beim Einbruch (§ 243 I 2 Nr. 1) auf wertvolle Sachen abgesehen hatte, diese aber nicht vorgefunden und daher nichts weggenommen hat. – Nimmt T nach diesem Fehlschlag der Wegnahme wertvoller Sachen immerhin geringfügige Sachen weg, so liegt neben dem vollendeten Diebstahl nach § 242 (beachte die Sperre des § 243 II wegen Geringfügigkeit) – hinsichtlich der wertvollen Sachen – konstruktiv (zusätzlich) ein Versuch nach §§ 242, 243, 22 vor. Der **BGH**[95] bejaht hier insgesamt allerdings eine Strafbarkeit wegen eines vollendeten Diebstahls in einem besonders schweren Fall, weil es ausreiche, dass „sich die Tat (in ihrem Versuchsstadium) auf mehr als eine geringwertige Sache bezieht".

Findet T nach dem Einbruch zwar die wertvollen Sachen vor, verzichtet er aber **freiwillig** auf deren Wegnahme und nimmt nur geringwertige Sachen mit (**Vorsatzwechsel hin zur Geringfügigkeit**), so ist der Rücktritt des T zu honorieren (sog. **Teilrücktritt**[96]) und unter Anwendung von § 243 II eine Strafbarkeit nur nach § 242 (§ 248a) anzunehmen[97]. – Nimmt der Täter hingegen entgegen seiner ursprünglichen Absicht im Rahmen eines Einbruchs eine wertvolle Sache weg (**Vorsatzwechsel hin zur Nichtgeringfügigkeit**), liegt wegen der Sperre des § 243 II konstruktiv Versuch eines einfachen Diebstahls (§§ 242, 22) und (objektiv) ein besonders schwerer Fall vor. Im Ergebnis ist der Täter hier nach §§ 242, 243 zu bestrafen, auch wenn sich sein Vorsatz im Zeitpunkt der Verwirklichung des Regelbeispiels lediglich auf eine geringwertige Sache richtete. Denn im Vollendungsstadium bezieht sich die Tat auf eine mehr als geringwertige Sache, sodass eine Gesamtbetrachtung zum Diebstahl in einem besonders schweren Fall führt[98].

Wird ein Diebstahlsversuch in einem besonders schweren Fall angenommen, so ist vom **Strafrahmen** des § 243 auszugehen und die Strafmilderungsmöglichkeit nach §§ 23 II, 49 I zu berücksichtigen[99]. **41**

f) Hinweis zur Klausurtechnik

Obwohl Regelbeispiele vertypte Strafzumessungserwägungen und keine Tatbestandsmerkmale sind, müssen sie in Klausuren behandelt werden. Der Satz, dass in Klausuren keine allgemeinen Strafzumessungserwägun- **42**

---

94 Vgl. oben Rn. 29.
95 BGHSt 26, 104 (105) – Baubude; vgl. ferner BGH, NStZ 1987, 71; *S/S/Eser/Bosch*, § 243 Rn. 55.
96 Vgl. dazu *Baumann/Weber/Mitsch*, § 27 Rn. 29 ff.
97 *S/S/Eser/Bosch*, § 243 Rn. 55; *Krey/Hellmann/M. Heinrich*, BT 2, Rn. 153 (jeweils m. w. N.); offengelassen in BGHSt 26, 104 (105 f.); a. M. *Wessels/Hillenkamp*, BT 2, Rn. 259.
98 *Krey/Hellmann/M. Heinrich*, BT 2, Rn. 154; *S/S/Eser/Bosch*, § 243 Rn. 55; *Wessels/Hillenkamp*, BT 2, Rn. 259; a. M. (nur § 242) *Kindhäuser*, BT II, § 3 Rn. 51; SK-*Hoyer*, § 243 Rn. 53.
99 BGHSt 33, 370 (377); *S/S/Eser/Bosch*, § 243 Rn. 46; a. M. (kein Raum für Strafmilderung bei Bejahung eines Versuchs in einem besonders schweren Fall) *Dreher*, MDR 1974, 57.

gen erwartet werden, ist auf Regelbeispiele also nicht anwendbar. Dagegen wird im Allgemeinen keine Veranlassung bestehen, bei Verwirklichung eines Regelbeispiels einen atypischen einfachen Diebstahl zu prüfen. Der umgekehrte Fall – Prüfung eines atypischen Falles des § 243, wenn kein Regelbeispiel einschlägig ist – kann hingegen durchaus einmal vorkommen.

Hierbei empfiehlt es sich, § 243 in den Prüfungsaufbau des § 242 zu integrieren und dadurch darauf hinzuweisen, dass es sich nicht um einen eigenständigen Qualifikationstatbestand handelt. Wichtig ist dabei allerdings, dass eine Prüfung erst nach der Schuld erfolgt, da auf diese Weise gezeigt werden kann, dass es bei § 243 letztlich um eine Frage der Strafzumessung geht.

2. § 243 im Einzelnen

43   Die Kasuistik des § 243 tritt in der Examensbedeutung deutlich hinter den allgemeinen Verständnisfragen zurück, die sich aus den verwischten Grenzen zwischen Tatbestandsmerkmalen und Strafzumessungserwägungen ergeben[100]. Reine Wissensfragen spielen in der Prüfung mit Recht nur eine Nebenrolle[101].

a) § 243 I 2 Nr. 1

44   Geschützt sind bestimmte Räumlichkeiten, in die eingebrochen, eingestiegen oder eingedrungen werden muss. Diese Tathandlungen lassen deutlich von der „Wegnahme" trennen und können gegenseitig zugerechnet werden[102]. Mittäter aufgrund eines arbeitsteiligen Zusammenwirkens oder mittelbarer Täter unter Zurechnung des vom Werkzeug durchgeführten Einsteigens etc. kann also auch derjenige sein, der nicht selbst einbricht, einsteigt oder den falschen Schlüssel umdreht.

45   Oberbegriff ist der **umschlossene Raum**. Hierunter versteht man – im Unterschied zum Behältnis – ein (zumindest auch) zum Betreten durch Menschen bestimmtes Raumgebilde (mit oder ohne Dach), das mit (mindestens teilweise künstlichen) Vorrichtungen umgeben ist, die das Eindringen von Unbefugten abwehren sollen[103]. **Ver**schlossen muss der Raum nicht sein, entscheidend ist nur, dass er **um**schlossen ist. § 243 I 2 Nr. 1 ist also erfüllt, wenn T durch ein Fenster in einen Raum einsteigt, obwohl die Tür nicht abgeschlossen ist. Die Vorrichtungen müssen dabei das Eindringen jedenfalls nicht unerheblich erschweren. Wer ein Grundstück durch ein Loch im Zaun betritt, erfüllt § 243 nicht, wer sich unter einem schadhaften Zaun hindurchzwängt, hingegen schon.

---

100 Vgl. dazu oben Rn. 19 ff.
101 Vgl. dazu Arzt, Die Strafrechtsklausur, 7. Aufl. 1997, insbes. § 1.
102 Insofern erfordern weder die Wegnahme noch das Einsteigen etc. eine Eigenhändigkeit; vgl. dazu oben § 13 Rn. 62 und 121.
103 BGHSt 1, 158 (164); Wessels/Hillenkamp, BT 2, Rn. 223.

Der besonders schwere Fall des Diebstahls, § 243 § 14 Rn. 46

Entgegen der Rechtsprechung des RG[104], welches am Erfordernis eines abgegrenzten Teils der Erdoberfläche festgehalten hatte, nimmt der BGH[105] inzwischen zutreffend an, dass auch Kraftfahrzeuge (bzw. Wohnwagen) vom Begriff des umschlossenen Raumes erfasst sind. – **Gebäude**[106] sowie **Dienst- und Geschäftsräume** sind markante Beispiele des Oberbegriffs „umschlossener Raum".

Einbrechen ist das gewaltsame Öffnen der schützenden Umschließung. Nicht notwendig ist eine Substanzverletzung. Die Annahme von Gewalt erfordert aber dennoch die Anwendung nicht unerheblicher körperlicher Kraft. Der BGH lehnte etwa eine Gewaltanwendung in einem Fall ab, in dem der Täter ein bewegliches Zaunstück lediglich zur Seite schob[107]. Auch das mit einer geringen Kraftentfaltung verbundene Aufdrücken eines Fensters oder einer Tür erfüllt das Merkmal des Einbrechens noch nicht[108]. – Nicht erforderlich ist, dass der Täter in den Raum hinein gelangt. Ein Hineingreifen und Herausholen der Sache genügt, wenn der Raum zuvor gewaltsam geöffnet wurde[109]. Nicht notwendig ist schließlich, dass **aus** dem umschlossenen Raum gestohlen wird. Möglich ist auch, dass das **ganze Raumgebilde** entwendet wird (Beispiel: Kfz-Diebstahl).   46

Einsteigen ist das Eindringen in den Raum auf nicht vorgesehenem Wege unter Überwindung von Hindernissen, die den Zugang nicht unerheblich erschweren (neben dem Übersteigen ist z. B. auch das Hineinkriechen und Hindurchzwängen durch enge Öffnungen denkbar)[110]. Anders als beim Einbruch genügt für das Einsteigen nicht das Hineingreifen und Herausholen von Sachen[111].

Ein **falscher Schlüssel** liegt dann vor, wenn das Opfer diesen noch nicht oder nicht mehr als Zubehör zum Schloss betrachtet, d. h. den Schlüssel nicht oder nicht mehr als zur Öffnung des Verschlusses bestimmt ansieht. Der zuerst genannte Fall liegt etwa dann vor, wenn der Schlüssel ohne Wissen des Opfers nachgemacht wird[112]. Im zweiten Fall wird ein richtiger Schlüssel falsch, wenn der Berechtigte ihn entwidmet. Da die Entwidmung einen bewussten Akt voraussetzt, sind gestohlene oder verlorene Schlüssel erst dann als falsch anzusehen, wenn das Opfer den Verlust bemerkt hat[113]. – Der Einsatz eines Werkzeugs, welches das Schloss zerstört, ist Einbruchsdiebstahl, der Einsatz eines Werkzeugs, das im Wesentlichen wie ein Schlüssel funktioniert, ist Nachschlüsseldiebstahl. Als Schlüssel sind auch

---

104 Vgl. RGSt 70, 360 (361 f.); RGSt 71, 198.
105 BGHSt 1, 158 (164 ff.); vgl. auch BGHSt 2, 214 (215); BGHSt 4, 16 (16 f.).
106 Definition in BGHSt 1, 158 (163).
107 BGH, NStZ 2000, 143 (143 f.); vgl. auch OLG Karlsruhe, NStZ-RR 2005, 140 (142).
108 Anders noch *Arzt/Weber-Weber*, 1. Aufl., § 14 Rn. 46.
109 BGH, NStZ 1985, 217 m. krit. Anm. *Arzt*, StV 1985, 104; BGH, StraFo 2014, 215; vgl. auch OLG Düsseldorf, MDR 1984, 961.
110 BGHSt 10, 132; BGH, StV 1984, 204; BGH, StraFo 2014, 215.
111 Vgl. im Einzelnen BGHSt 10, 132 (132 f.); BGH, NJW 1968, 1887; OLG Hamm, NJW 1960, 1359.
112 *Rengier*, BT I, § 3 Rn. 16.
113 BGHSt 21, 189 (190). – Ein Täter unbefugterweise überlassener Schlüssel ist nicht falsch, BGH, StV 1998, 204.

Chipkarten etc. anzusehen, die zur Öffnung von Räumlichkeiten bestimmt sind.

Ein **Sich-Verborgenhalten** i. S. der letzten Alternative der Nr. 1 liegt auch dann vor, wenn der Täter rechtmäßig in den Raum gelangt ist, etwa der Kunde oder der Angestellte eines Supermarktes, der sich bei Geschäftsschluss versteckt und einschließen lässt, um ungestört stehlen zu können.

Aus dem Merkmal „**zur Ausführung der Tat**" folgt, dass bei sämtlichen Alternativen der Diebstahlsvorsatz bereits im Zeitpunkt der Verwirklichung des Regelbeispiels vorgelegen haben muss. Wer also z. B. aus anderen Gründen als zur Verwirklichung eines Diebstahls in ein Haus einbricht und sich erst später spontan zu einem Diebstahl entschließt oder erst **nach Beendigung** des Diebstahls einbricht, verwirklicht § 243 StGB nicht[114].

Handelt es sich bei dem umschlossenen Raum um eine Wohnung, so ist daneben auch § 244 I Nr. 3 StGB erfüllt, der die §§ 242, 243 I 2 Nr. 1 im Wege der Gesetzeskonkurrenz verdrängt[115].

b) § 243 I 2 Nr. 2

47   Behältnisse und (andere) Schutzvorrichtungen sind klar vom umschlossenen Raum i. S. des § 243 I 2 Nr. 1 abzugrenzen. Wie bereits oben[116] dargestellt, liegt der Unterschied darin, dass Schutzvorrichtungen und Behältnisse nicht dazu bestimmt sind, von Menschen betreten zu werden.

Behältnis ist daher jedes zur Aufnahme von Sachen dienende Raumgebilde, das nicht dazu bestimmt ist, von Menschen betreten zu werden[117]. Das Behältnis muss **verschlossen** sein, wobei der Verschluss dazu dienen muss, den Gegenstand vor einem Zugriff von außen zu schützen. Daher reicht ein verschlossener Safe, bei dem der Schlüssel steckt oder erkennbar daneben hängt, nicht aus. **Schutzvorrichtungen** sind von Menschenhand geschaffene Einrichtungen, die ihrer Art nach dazu geeignet und bestimmt sind, die Wegnahme zu erschweren (Schlösser, Wegfahrsperren, Ketten etc.)[118]. Bei beiden Varianten ist es erforderlich, dass gerade eine Sicherung **gegen Wegnahme** bezweckt ist und die Schutzvorrichtung nicht lediglich zur Aufbewahrung oder Transportsicherung dient (wie z. B. bei einem nicht abgeschlossenen, aber zugeschraubten Tankdeckel oder einem zugeklebten Postpaket). Es ist jedoch nicht notwendig, dass das verschlossene Behältnis am Tatort geöffnet wird.

---

114 *Rengier*, BT I, § 3 Rn. 19 f.
115 *Fahl*, NJW 2001, 1699 (1670); *Hörnle*, Jura 1998, 169 (171); *Mitsch*, ZStW 111 (1999), 65 (72). – Nach a. M. fällt der Wohnungseinbruchsdiebstahl gar nicht mehr unter § 243 I 2 Nr. 1; vgl. etwa *Schroth*, BT, S. 121; dies führt jedoch dann zu Problemen, wenn der Täter eine Wohnung irrtümlich „nur" für einen Geschäftsraum hält.
116 Vgl. oben Rn. 45.
117 Definition in BGHSt 1, 158 (163); zum Kofferraum eines Pkw BGHSt 13, 81 (82).
118 Definition in OLG Stuttgart, NStZ 1985, 76.

Beispiel[119]: T nimmt eine Nussglocke (ein beweglicher Gegenstand, welcher früher oft auf Tischen in Restaurants stand und in welchem sich Nüsse befanden, die nach dem Einwurf von Geldstücken freigegeben wurden) aus einer Diskothek mit, um sie zu Hause zu öffnen und das Geld zu entnehmen. – Hier ist § 243 I 2 Nr. 2 bereits mit Wegnahme der Nussglocke vollendet. Nicht entscheidend ist, dass die Nussglocke erst im Anschluss an ihre Wegnahme an einem anderen Ort aufgebrochen und das Geld dort entnommen werden soll.

Auch nach der jetzigen Fassung kann unter das Regelbeispiel jedoch nicht der Fall subsumiert werden, dass es der Täter auf die Sache samt Behältnis abgesehen hat, da in Nr. 2 davon die Rede ist, eine Sache zu stehlen „die [...] gesichert ist"[120].

Wie bereits oben[121] dargelegt, unterfallen der Missbrauch von Warenautomaten und Geldspielgeräten sowie der Codekartenmissbrauch bei der Bargeldabhebung aus Bankomaten nicht dem Diebstahlstatbestand. Wer demgegenüber in diesen Fällen Diebstahl bejaht, muss § 243 I 2 Nr. 2 prüfen – und am Ende ablehnen[122]. Denn die Behältnisse schützen nicht gegen eine ordnungswidrige Bedienung. Die §§ 242, 243 I 2 Nr. 2 sind aber dann erfüllt, wenn der Warenautomat oder das Geldspielgerät zum Zwecke der Wegnahme von Waren oder Geld aufgebrochen wird. 48

Ebenso wie Behältnisse unterfallen **andere Schutzvorrichtungen** nur dann der Nr. 2, wenn sie, wie z. B. Fahrradschlösser und Lenkradschlösser im Kfz, geeignet sind, die **Wegnahme physisch** zu erschweren. Daran fehlt es bei Vorrichtungen, die lediglich den späteren Gebrauch der entwendeten Sache erschweren, wie z. B. die Codierung von Autoradios (sie stellt nur eine nur psychische, nicht aber eine physische Wegnahmesperre dar). Nicht gegen eine Wegnahme schützen auch Vorrichtungen, die nur das spätere Auffinden gestohlener Sachen erleichtern sollen. – Klassisches Beispiel hierfür sind elektromagnetische **Sicherungsetiketten**, die in Selbstbedienungsgeschäften an Waren, z. B. Kleidungsstücken, angebracht sind und die bei Passieren der Ladenkasse ein akustisches Signal auslösen, wenn sie nicht – nach Zahlung des Kaufpreises – entfernt wurden. Geht man zutreffend davon aus, dass eine Wegnahme, z. B. durch das Verbergen der Waren in mitgebrachten Taschen oder unter Kleidungsstücken, bereits im Geschäft selbst vollendet ist[123], hindern die Sicherungsetiketten zwar die (materielle) Beendigung, nicht aber die Vollendung des Diebstahls[124]. Insofern stellen sie hinsichtlich der Vollendung des Diebstahls, auf welche hier abzustellen ist, lediglich eine psychische Wegnahmesicherung dar. Eine Bestrafung nach §§ 242, 243 I 2 Nr. 2 scheidet also aus[125]. Auch die Annahme eines unbenannten Falles verbietet sich, da § 243 I 2 Nr. 2 diese Konstellation gerade nicht erfasst und daher das Analogieverbot entgegensteht[126]. 49

---

119 Nach BGHSt 24, 248 – Nussglocke.
120 So wohl auch BGHSt 24, 248; vgl. hierzu auch *Fischer*, § 243 Rn. 17; *Lackner/Kühl*, § 243 Rn. 17.
121 Vgl. oben § 13 Rn. 55 f. zu § 242.
122 So z. B. *Lackner/Kühl*, § 243 Rn. 17 m. w. N., auch der Gegenansicht.
123 Vgl. dazu oben § 13 Rn. 42.
124 Zur Unterscheidung von Vollendung und Beendigung vgl. *Baumann/Weber/Mitsch*, § 28 Rn. 4; *B. Heinrich*, AT, Rn. 707 ff., 713 ff.
125 So auch OLG Stuttgart, NStZ 1985, 76; OLG Düsseldorf, NJW 1998, 1002; *Lackner/Kühl*, § 243 Rn. 16; *Fischer*, § 243 Rn. 15; *Mitsch*, BT 2/1, § 1 Rn. 196; *MüKo-Schmitz*, 2. Aufl., § 243 Rn. 34; *Wessels/Hillenkamp*, BT 2, Rn. 237; a. M. LG Stuttgart, NStZ 1985, 28 (29); *Seier*, JA 1985, 387 (391); *S/S/Eser/Bosch*, § 243 Rn. 24; sowie *Arzt/Weber-Weber*, 1. Aufl., § 14 Rn. 49.
126 Anders allerdings OLG Stuttgart, NStZ 1985, 76.

c) § 243 I 2 Nr. 3

50 **Gewerbsmäßigkeit** liegt vor, wenn der Täter aus dem Stehlen ein Gewerbe machen **will**. Erforderlich ist also, dass er sich durch die Begehung von Diebstählen eine fortlaufende Einnahmequelle von einigem Umfang und einer gewissen Dauer verschaffen möchte[127]. Theoretisch kann also schon der erste Diebstahl unter § 243 I 2 Nr. 3 fallen[128]. Beweisen wird man dieses Merkmal in aller Regel jedoch erst dann können, wenn der Täter aus dem Stehlen ein Gewerbe gemacht **hat**. – Die Gewerbsmäßigkeit ist täterbezogen. Auf nicht gewerbsmäßig handelnde Beteiligte ist also § 28 II **entsprechend** anzuwenden[129].

d) § 243 I 2 Nr. 4–7[130]

51 Beim Kirchendiebstahl und beim Diebstahl aus Sammlungen durchbricht der Täter die Übereinkunft, die Gegenstände trotz ihrer öffentlichen „Zugänglichkeit" unberührt zu lassen, wobei die Tatobjekte eng umschrieben sind (dem Gottesdienst gewidmet sind z. B. nicht die Gebets- und Gesangbücher, da sie nur mittelbar der Religionsausübung dienen; die aus einer Sammlung entwendeten Gegenstände müssen „bedeutend" sein). – Auch bei § 243 I 2 Nr. 6 geht es um eine psychische Schranke gegen den Zugriff auf Eigentum, dessen tatsächlicher Schutz infolge einer Notlage herabgesetzt ist. Strafbar macht sich hiernach nicht nur derjenige, der unmittelbar die verunglückte Person bestiehlt, sondern auch wer die Tat zum Nachteil desjenigen begeht, der dem Verunglückten zur Hilfe eilt[131].

e) Konkurrenzen

52 Da es sich bei § 243 nicht um einen Tatbestand, sondern um eine Strafzumessungsregel handelt[132], sollte man § 243 nie allein, sondern stets zusammen mit § 242 anführen. Mangels Tatbestandsqualität kann er im strengen Sinne auch nicht mit anderen Tatbeständen in Konkurrenz treten. Trotzdem ist anzunehmen, dass die §§ 242, 243 I 2 Nr. 1 den § 123 und die §§ 242, 243 I 2 Nr. 1, Nr. 2 den § 303 konsumieren, wenn es sich vom Tatbild her um eine typische Begleittat handelt (z. B. Zerstörung der Tür oder des Schlosses) und der Wert der zerstörten Sache im Vergleich zum Wert

---

127 BGHSt 1, 383; BGH, NStZ 1996, 285 (286); BGH, StraFo 2014, 215; *Wessels/Hillenkamp*, BT 2, Rn. 239.
128 RGSt 56, 90 (91); RGSt 66, 236 (238); BGHSt 49, 177 (181); a. M. *Dessecker*, NStZ 2009, 184 (189); NK-*Kindhäuser*, § 243 Rn. 26; *ders.*, StV 2006, 526 (528).
129 BGH, StV 1996, 87; vgl. hierzu bereits oben Rn. 35.
130 Zum erhöhten Unrechtsgehalt des Diebstahls bei Verwirklichung der Regelbeispiele der Nrn. 4–6 vgl. oben Rn. 9, zu Nr. 7 oben Rn. 4.
131 Vgl. BGH, NStZ 1985, 215 f.; OLG Hamm, NStZ 2008, 218; MüKo-*Schmitz*, 2. Aufl., § 243 Rn. 53; NK-*Kindhäuser*, § 243 Rn. 37.
132 Vgl. oben Rn. 16, 32, 34, 36.

der entwendeten Sache nicht außer Verhältnis steht[133]. Dies gilt allerdings nicht, wenn der Diebstahl lediglich versucht, der Hausfriedensbruch oder die Sachbeschädigung hingegen vollendet sind. – Werden gleichzeitig mehrere Regelbeispiele verwirklicht, so liegt insgesamt nur **ein** besonders schwerer Fall des Diebstahls vor. Die §§ 242, 243 I 2 Nr. 1 treten jedoch, wie bereits ausgeführt hinter dem Wohnungseinbruchsdiebstahl, § 244 I Nr. 3, zurück[134].

III. Diebstahl mit Waffen, Bandendiebstahl und Wohnungseinbruchsdiebstahl, § 244

1. Diebstahl mit Waffen, § 244 I Nr. 1

Die zur Qualifikation des einfachen Diebstahls führende besondere Gefährlichkeit des Mitführens von Waffen[135] wird vom Gesetzgeber – konzeptionell zutreffend – in zwei Fallgestaltungen angenommen: Den in **Nr. 1a** genannten Gegenständen (Waffe oder anderes gefährliches Werkzeug) haftet per se die Gefahr ihres körperverletzenden Einsatzes an (klassischer Fall: Schusswaffe), sodass ihr bloßes Beisichführen ein gesteigertes Unrecht begründet. Demgegenüber sind die in **Nr. 1b** angeführten Gegenstände (sonstiges Werkzeug oder Mittel) nicht schon als solche gefährlich, sodass eine Unrechtssteigerung nur dann eintritt, wenn zum Beisichführen das Vorhaben des Täters hinzukommt, den Gegenstand erforderlichenfalls zur Verhinderung oder Überwindung von Widerstand durch Gewalt oder Drohung zu verwenden. 53

Die frühere Gesetzesfassung beschränkte sich auf das Beisichführen von **Schusswaffen**. Über diesen eindeutigen Fall einer ohne Weiteres zu bejahenden Tatgefährlichkeit hinaus wurden durch das 6. StrRG im Jahre 1997 in **Nr. 1a** einerseits **Waffen** schlechthin, andererseits aber darüber hinaus auch noch **andere gefährliche Werkzeuge** aufgenommen und diese Qualifikationsvorschrift damit erheblich erweitert. Der Waffenbegriff wird im Wesentlichen durch das Waffengesetz bestimmt. Weniger eindeutig ist jedoch, was unter einem anderen gefährlichen Werkzeug zu verstehen ist. Die Differenzierung ist zwar für § 244 nicht relevant, da hier beide Kategorien gleichgestellt sind, erlangt jedoch im Rahmen von § 250 II 54

---

133 BayObLG, NJW 1991, 3292 (3293); *Dölling*, JuS 1986, 688 (693); *Geppert*, Jura 2000, 651 (655); *Jescheck/Weigend*, § 69 II 3b; *Kühl*, AT, § 21 Rn. 60; *Lackner/Kühl*, § 243 Rn. 24; *S/S/Eser/Bosch*, § 243 Rn. 59; LK-*Rissing-van Saan*, 12. Aufl., Vor § 52 Rn. 146; SK-*Hoyer*, § 243 Rn. 58; *Wessels/Beulke/Satzger*, AT, Rn. 791; vgl. auch *Fahl*, GA 1996, 476 (483); a. M. (Idealkonkurrenz) *Gössel*, Tröndle-FS 1989, 357 (366); *Kargl/Rüdiger*, NStZ 2002, 202; *Krey/Hellmann/M. Heinrich*, BT 2, Rn. 146; *Maurach/Schroeder/Maiwald*, BT 1, § 33 Rn. 109; *Rengier*, JuS 2002, 850 (854); *Schmitt*, Tröndle-FS 1989, 313 (316); *Seher*, JuS 2004, 482 (483); *Sternberg-Lieben*, JZ 2002, 514 (516); *Zieschang*, Jura 1999, 561 (566); ist der Wert des gestohlenen Gutes gering, so wird in BGH, NStZ 2001, 642 allerdings eine Idealkonkurrenz angenommen.
134 Vgl. oben Rn. 46.
135 Vgl. dazu oben Rn. 4.

Nr. 2 Bedeutung, da hier nur „Waffen" nicht aber „andere gefährliche Werkzeuge" erfasst sind.

55 Mit „Waffen" sind Waffen **im technischen Sinne** gemeint[136], d. h. nur solche Gegenstände, die ihrer Natur nach oder jedenfalls nach allgemeiner Anschauung dazu bestimmt sind, durch ihre mechanische oder körperliche Wirkung Menschen körperlich zu verletzen[137]. Eine wichtige Untergruppe bilden die **Schusswaffen** nach § 1 II Nr. 1 WaffG, d. h. Gegenstände, bei denen Geschosse durch einen Lauf getrieben werden. Waffen im technischen Sinne sind weiter die **Hieb- und Stoßwaffen** nach § 1 II Nr. 2 WaffG, d. h. Gegenstände, die ihrem Wesen nach dazu bestimmt sind, unter unmittelbarer Ausnutzung der Muskelkraft durch Hieb, Stoß, Stich, Schlag oder Wurf Verletzungen beizubringen[138]. Schließlich unterfallen dem technischen Waffenbegriff auch **Gaspistolen,** wenn sie geeignet und allgemein dazu bestimmt sind, Menschen auf mechanischem oder chemischem Wege zu verletzen[139]. Das Gleiche gilt jedenfalls nach Ansicht des BGH auch für **Schreckschusswaffen,** da auch diese bei auf der Körperoberfläche aufgesetzten Schüssen eine verletzende oder sogar tödliche Wirkung haben können[140]. Problematisch an dieser Ansicht ist allerdings, dass Schreckschusswaffen hierzu zwar „geeignet" sein mögen, an sich aber nur dazu „bestimmt" sind, einen Knall zu erzeugen und in der Regel nicht dazu dienen sollen, einen Menschen zu verletzen.

56 Da die besondere Gefährlichkeit einer Waffe hinsichtlich der möglichen Zufügung von Verletzungen (nicht hinsichtlich der Willensbeugung durch Drohung) die Strafschärfung trägt, muss es sich um eine „richtige", d. h. **gebrauchsbereite und funktionsfähige Waffe** handeln[141]. Nicht erfasst sind also bloße Scheinwaffen, die unter § 244 I Nr. 1b zu subsumieren sind[142]. Eine Schusswaffe ist gebrauchsbereit, „wenn sie ohne erheblichen Zeitverlust ihrer Bestimmung gemäß verwendet werden kann, so z. B. dann, wenn sie nur noch entsichert zu werden braucht"[143]. Es genügt, wenn der Täter die Waffe bei sich führt. Keiner der Beteiligten muss den Vorsatz haben, die Waffe „gegebenenfalls" einzusetzen.

---

136 BGHSt 52, 257 (261); *Küper,* BT, S. 434 ff.; *Lackner/Kühl,* § 244 Rn. 3a; *Wessels/Hillenkamp,* BT 2, Rn. 265.
137 RGSt 74, 281 (282); BGHSt 4, 125 (127); vgl. auch BGHSt 52, 257 (261).
138 Die Definitionen finden sich in Nr. 1 der Anlage 1 Abschnitt 1 Unterabschnitt 2 zum WaffG. Ob eine Bestimmung „der Natur nach" vorliegt, kann im Einzelfall fraglich sein. Zutreffend wird dies in BGHSt 43, 366 (267 ff.), abgelehnt für das bei Wanderern gebräuchliche „Schweizer Offiziersmesser"; vgl. auch OLG München, NStZ-RR 2006, 342.
139 BGHSt 24, 136 (139); BGHSt 45, 92 (93 f.); BGH, NStZ 2002, 31 (33).
140 BGHSt 48, 197 (201 ff.); *Kindhäuser,* LPK, § 244 Rn. 4; a. M. BGH, NJW 2002, 2889; *Baier,* JA 2004, 13 (15); *Erb,* JuS 2004, 653 (654 ff.); *Fischer,* § 244 Rn. 8; *ders.,* NStZ 2003, 569 (571); *Lackner/Kühl,* § 244 Rn. 3a; *Wessels/Hillenkamp,* BT 2, Rn. 266; *Zopfs,* Jura 2007, 510 (518).
141 OLG Hamm, NStZ 2007, 473.
142 Vgl. hierzu unten Rn. 58.
143 BGHSt 31 105 (105 f.); BGHSt 42, 368; BGHSt 43, 8 (16); BGH, NStZ 1981, 301; BGH, NStZ 1997, 137; BGH, NStZ 1998, 354; BGH, NStZ 2001, 88 (89); BGH, NStZ 2004, 111 (112); BGH, LM Nr. 2 zu § 243 Abs. 1 Ziff. 5; *Zopfs,* Jura 2007, 510 (517).

Insoweit ist auch bei einem im Dienst stehenden Polizeibeamten, der zum Tragen einer Schusswaffe verpflichtet ist (= berufsmäßiger Waffenträger), keine Einschränkung des § 244 I Nr. 1a angebracht[144]. Der Polizist weiß regelmäßig, dass er eine Waffe bei sich trägt[145], und er kann sie im Bedarfsfall in gleicher Weise einsetzen wie eine andere Person.

Den Waffen im technischen Sinne sind in Nr. 1a **andere gefährliche Werkzeuge** gleichgestellt. Sie bilden insoweit („andere") den auch die Waffen umfassenden Oberbegriff. Damit hat der Gesetzgeber des 6. StrRG die bereits für die gefährliche Körperverletzung (§ 224 I Nr. 2) geltende Umschreibung in die Diebstahlsqualifikation übernommen[146]. – Dieser Ansatz ist jedoch verfehlt[147]. Denn über die Gefährlichkeit des Werkzeugs entscheidet bei der Körperverletzung seine konkrete Verwendung[148], ein Umstand, der zur Bestimmung der Gefährlichkeit des Werkzeugs i. S. des § 244 I Nr. 1a gerade nicht herangezogen werden kann, weil hier das bloße Beisichführen unter erhöhte Strafe gestellt ist. Die gleiche Problematik stellt sich im Übrigen bei § 250 I Nr. 1a, wobei hier die Rechtsprechung zu § 250 II Nr. 1[149] nicht übertragen werden kann, weil Letzterer wiederum eine „Verwendung" voraussetzt[150].

57

Beispiel: Ein Ledergürtel, mit dem das Opfer ausgepeitscht oder gewürgt wird, unterfällt als gefährliches Werkzeug problemlos § 224 I Nr. 2. Ist dem Täter im Rahmen eines Diebstahls zwar bewusst, dass er einen solchen Gürtel trägt, denkt er aber nicht daran, dass dieser als taugliches Nötigungsmittel im Rahmen des Diebstahls eingesetzt werden kann, wäre ein solches Verhalten dennoch vom Wortlaut des § 244 I Nr. 1a erfasst, da dieser eben keine Gebrauchsabsicht erfordert.

---

144 So auch BGHSt 30, 44; OLG Hamm, NStZ 2007, 473 (474); OLG Köln, NJW 1978, 652; vgl. auch BVerfG, NStZ 1995, 76; *Fischer*, § 244 Rn. 12; *Geppert*, Jura 1992, 496 (498); *Hettinger*, GA 1982, 525 (542); *Jesse*, NStZ 2009, 364 (368 f.); *Lackner/Kühl*, § 244 Rn. 3a; *Lanzrath/Fieberg*, Jura 2009, 348 (352); LK-*Vogel*, 12. Aufl., § 244 Rn. 29; *Lenckner*, JR 1982, 424 (425 ff.); MüKo-*Schmitz*, 2. Aufl., § 244 Rn. 27; NK-*Kindhäuser*, § 244 Rn. 23; *Rengier*, BT I, § 4 Rn. 57; SK-*Sinn*, § 250 Rn. 24; *S/S/Eser/Bosch*, § 244 Rn. 6; *Seelmann*, JuS 1985, 454 (457); *Wessels/Hillenkamp*, BT 2, Rn. 270; a. M. *Grebing*, Jura 1980, 91 (93); *Hruschka*, NJW 1978, 1338; *Kotz*, JuS 1982, 97; *Schünemann*, JA 1980, 349 (355); *Seier*, JA 1999, 666 (672). – *Lenckner*, JR 1982, 424 (427), sieht in § 244 I Nr. 1 a. F. (Nr. 1a n. F.) eine widerlegbare Gefährlichkeitsvermutung, die dann widerlegt sei, wenn die Gefahr des Waffengebrauchs erfahrungsgemäß ausgeschlossen war; vgl. auch *Hettinger*, GA 1982, 525 (542).
145 Einschränkend OLG Hamm, NStZ 2007, 473 (474).
146 Vgl. BT-Drucks. 13/9064, S. 17 f.
147 Vgl. nur *Erb*, JR 2001, 206; *Fischer*, § 244 Rn. 15; *ders.*, NStZ 2003, 569; *Hardtung*, StV 2004, 399 (400); *Küper*, JZ 1999, 187 (189); *Maatsch* GA 2001, 75 (76); *Mitsch*, BT 2/1, § 1 Rn. 236; *ders.*, ZStW 111 (1999), 65 (79); NK-*Kindhäuser*, § 244 Rn. 9; *Otto*, BT, § 41 Rn. 52; *Schlothauer/Sättele*, StV 1998, 505 f.; SK-*Hoyer*, § 244 Rn. 9 f.; vgl. auch die deutliche Kritik des BGH an der derzeitigen Gesetzesfassung in BGHSt 52, 257 (262, 266); ebenso OLG Hamm, NStZ 2004, 212 (213).
148 Vgl. oben § 6 Rn. 54.
149 BGHSt 45, 249 (250); BGH, NStZ-RR 1998, 358; BGH, NStZ 1999, 135 (136); BGH, NStZ 1999, 301 (302).
150 Vgl. hierzu BGHSt 44, 103; BGH, NJW 1998, 3130; BGH, NJW 1998, 3131; BGH, NStZ 1999, 135 (135 f.).

§ 14 Rn. 57a   Erschwerte Diebstahlsfälle

57a   Es wird daher versucht, § 244 I Nr. 1a auf verschiedene Weise einzuschränken. So wird einerseits gefordert, den Begriff des gefährlichen Werkzeugs auf Gegenstände zu beschränken, die (ähnlich wie Waffen im technischen Sinn[151]) kraft ihrer objektiven Beschaffenheit abstrakt geeignet sind, erhebliche Verletzungen zuzufügen, und deren Verwendung gegen Menschen, die den Täter beim Diebstahl stören, nahe liegt[152], wie dies z.B. bei Taschenmessern der Fall ist[153] (objektivierende Einschränkungskriterien). Dabei werden teilweise typische Einbruchswerkzeuge („Stemmeisen") ausdrücklich ausgenommen, da sonst § 243 I 2 Nr. 1 leer liefe[154]. Eine taugliche Abgrenzung ist auf diese Weise jedoch kaum möglich und führt lediglich zu einer nicht mehr überschaubaren Kasuistik[155]. Teilweise wird auch darauf verwiesen, dass – ausgehend von einer objektiven Begriffsbestimmung – eine subjektive Einschränkung (lediglich) über das Merkmal des Beisichführens erreicht werden könne, welches dann zum Tragen komme, wenn der Täter einen Gebrauchsgegenstand des täglichen Lebens in „sozialadäquater Weise" bei sich führe[156]. Andere verlangen – entgegen dem Wortlaut – eine Verwendungsabsicht, d. h. eine Absicht, von dem

---

151 Insoweit auch ausdrücklich auf die „Waffenähnlichkeit" bzw. „Waffenersatzfunktion" abstellend *Streng*, GA 2001, 359 (365 ff.), der für die Beurteilung die allgemeine Lebenserfahrung heranziehen will; vgl. hierzu auch *Eisele*, BT II, Rn. 198; *Fischer*, § 244 Rn. 23; *Mitsch*, BT 2/1, § 1 Rn. 236; *ders.*, ZStW 111 (1999), 65 (79); *ders.*, JuS 1999, 643; MüKo-*Schmitz*, 2. Aufl., § 244 Rn. 15.
152 *Fischer*, § 244 Rn. 24; *Jesse*, NStZ 2009, 364 (367 f.); *Joecks*, § 244 Rn. 17; *Jooß*, Jura 2008, 777 (779); *Kindhäuser*, LPK, § 244 Rn. 12; *Krüger*, Jura 2002, 766 (770 f.); *Lanzrath/Fieberg*, Jura 2009, 348 (351); MüKo-*Schmitz*, 2. Aufl., § 244 Rn. 15 ff.; *Otto*, BT, § 41 Rn. 53; *Schlothauer/Sättele*, StV 1998, 505 (508); S/S/*Eser/Bosch*, § 244 Rn. 5 f.; *Schroth*, NJW 1998, 2861 (2864); in diese Richtung auch jüngst BGH, NStZ 2012, 571 (m. Anm. *Kudlich*, JA 2012, 792); BGHSt 52, 267 (267 ff.) mit zust. Anm. *Deiters*, ZJS 2008, 424 (426), *Mitsch*, NJW 2008, 2865; *Peglau*, JR 2009, 162; ablehnend hingegen *Foth*, NStZ 2009, 93; *Kasiske*, HRRS 2008, 378 [380 ff.]); so auch BGH, NJW 2002, 2889 (2290); BGH, NStZ-RR 2007, 245 (266); ferner BayObLG, NStZ-RR 2001, 202; OLG Hamm, NJW 2000, 3510; OLG Hamm, NStZ 2004, 212 (213 f.); OLG Stuttgart, NJW 2009, 2756 (2758). Zu stark einschränkend *Lesch* JA 1999, 30 (34); *ders.*, GA 1999, 365 (376), der nur Gegenstände erfassen will, die – wie Waffen – nach dem Gesetz nicht frei verfügbar sind, d. h. erlaubnispflichtig, sind.
153 BGHSt 52, 257 (270), jedenfalls für solche „mit einer längeren Klinge"; so auch *Deiters*, ZJS 2008, 424 (426); ohne Einschränkung BayObLG, NStZ-RR 2001, 102; BayObLG, NStZ-RR 2009, 342; KG, StraFo 2008, 340; LG Oldenburg, StV 2002, 146 (Elektroschocker); einschränkend OLG Braunschweig, NJW 2002,1735 (1736); OLG Hamm, StV 2001, 352; offengelassen bei BGH, NStZ-RR 2005, 340; zu dieser Problematik auch *Jooß*, Jura 2008, 777.
154 OLG Stuttgart, NJW 2009, 2756 (Schraubendreher), sofern kein Einsatz gegen das Tatopfer „drohe"; *Jäger*, JuS 2000, 651 (653 ff.); *Kindhäuser*, StV 2001, 352 (353); *Kindhäuser/Wallau*, StV 2001, 18; *Krüger*, Jura 2002, 766 (770 f.); *Schlothauer/Sättele*, StV 1998, 505 (506).
155 Zutreffend werfen *Deiters*, ZJS 2008, 424 (426 f.); *Foth*, NStZ 2009, 93 (94); *Jäger*, JuS 2000, 651 (653) insoweit auch die Frage auf, ob die Vorschrift noch dem Bestimmtheitsgebot des Art. 103 II GG und § 1 StGB entspricht.
156 BGH, NStZ-RR 2003, 12 (13); BGH, NStZ-RR 2005, 340; KG, StraFo 2008, 340; OLG Celle, StV 2005, 336 (zusammengeklappte Taschenmesser: Täter muss Bewusstsein haben, funktionsbereites Werkzeug bei sich zu tragen); OLG Frankfurt, StraFo 2006, 467; OLG Schleswig, NStZ 2004, 212 (214); vgl. auch *Krüger*, Jura 2002, 766 (771); *ders.*, JA 2009, 190 (194), der davon ausgeht, ein „Beisichführen" erfordere im Gegensatz zum „Beisichhaben" gerade ein subjektives Element, welches aber von der Verwendungsabsicht zu unterscheiden sei; ferner *Jesse*, NStZ 2009, 364 (369 f.).

Gegenstand erforderlichenfalls Gebrauch zu machen oder jedenfalls einen „Verwendungsvorbehalt" (subjektivierende Einschränkungskriterien)[157]. Dies verbietet sich aber schon deshalb, weil dann die dem § 244 I Nr. 1 zugrunde liegende Gefährlichkeitskonzeption gesprengt würde, nach der es eben nur bei Nr. 1b auf den Verwendungswillen ankommt[158].

Abgesehen davon, dass dem Gesetzgeber anzuraten ist, die durch das 6. StrRG vorgenommene – verfehlte – Erweiterung auf das Mitsichführen anderer gefährlicher Werkzeuge ohne Verwendungsabsicht wieder zu streichen, da über den Strafrahmen der §§ 242, 243 hinaus kein wirkliches Strafbedürfnis besteht[159] (beachte insoweit nach geltendem Recht aber auch die Milderungsmöglichkeit nach § 244 III[160]), bietet sich im Hinblick auf die Gesamtkonzeption des § 244 I Nr. 1 folgende Lösung an[161]: Neben der grundsätzlich erforderlichen objektiven Gefährlichkeit des Gegenstandes im Hinblick auf eine bestimmte Anwendungsart (insoweit: Parallele zu § 224 I Nr. 2) muss der Täter den Gegenstand zu irgendeinem Zeitpunkt (d. h. im Unterschied zu § 244 I Nr. 1b nicht im Hinblick auf die konkrete Tat) dazu bestimmt („gewidmet") haben, ihn als Angriffs- oder Verteidigungsmittel gegen Menschen einzusetzen. Erforderlich ist also eine generelle, vom konkreten Lebenssachverhalt losgelöste Bestimmung eines Gegenstandes zur Verwendung gegen Menschen.

Beispiel: Beschließt der Täter zu irgendeinem Zeitpunkt, seinen Ledergürtel dazu einzusetzen, Menschen damit zu schlagen oder zu würgen, hat er diesen als „waffenähnlichen" Gegenstand gewidmet. Trägt er ihn im Rahmen des Diebstahls und ist er sich dessen bewusst, kommt es nicht mehr darauf an, ob er ihn im konkreten Fall einsetzen will. Eine „Entwidmung" ist dann nicht mehr möglich. – Beispiele für gefährliche Werkzeuge können insoweit sein: ein Beil, ein großer Hammer, Baseballschläger, Tapeziermesser[162], aber auch Holzlatten. Wie bei § 224 I Nr. 2 StGB scheiden aber auch hier Körperteile als gefährliche Werkzeuge aus[163].

---

157 *Erb*, JR 2001, 206 (207); *Geppert*, Jura 1999, 599 (602); *Graul*, Jura 2000, 204 (205 f.); *Küper*, BT, S. 455 f.; *ders.*, JZ 1999, 187 (192); *ders.*, Hanack-FS, 1999, S. 569 (586); *Lackner/Kühl*, § 244 Rn. 3; *Wessels/Hillenkamp*, BT 2, Rn. 275 f.; *Zopfs*, Jura 2007, 510 (519 f.). Wendungen des BGH, in den Entscheidungen NJW 1998, 2915 (2916); NJW 1998, 3130; NJW 1998, 3131; JR 1999, 33, deuten zwar auf eine Berücksichtigung der Täterabsicht hin, sind aber deshalb wenig aussagekräftig, weil sie sich auf § 250 II Nr. 1 (Verwendung des Werkzeugs) bzw. auf § 250 I Nr. 1b (Ausschluss von Scheinwaffen) beziehen und sich unnötigerweise auch zu (dem mit § 244 I Nr. 1a übereinstimmenden) § 250 I Nr. 1a äußern; vgl. dazu *Lackner/Kühl*, § 244 Rn. 3; vgl. aber BayObLG, NStZ-RR 2001, 202 (m. Anm. *Kindhäuser/Wallau*, StV 2001, 18), welches die Formulierungen des BGH für § 244 aufgreift.
158 Vgl. oben Rn. 53 und unten 58.
159 So auch *Mitsch*, NJW 2008, 2865.
160 Vgl. hierzu *Krüger*, Jura 2011, 887 (890).
161 In diese Richtung auch BGH, NStZ 1999, 301 (302); OLG Braunschweig, NJW 2002, 1735 (1736); OLG Frankfurt, StV 2002, 145 (146); OLG Frankfurt, StraFo 2006, 467; *Hilgendorf*, ZStW 112 (2000), 811, 812 f., 832; *Kasiske*, HRRS 2008, 378 (382); *Maatsch*, GA 2001, 75 (83); *Rengier*, BT I, § 4 Rn. 38 ff.; *ders.*, Schöch-FS 2010, 549 (562).
162 Letzteres angeführt in BT-Drucks. 13/9064, S. 18.
163 *Rengier*, BT II, § 14 Rn. 14; a. M. *Hilgendorf*, ZStW 112 (2000), 811 (822 ff.).

58 § 244 I Nr. 1b bezieht andere (nicht per se gefährliche und vom Täter auch nicht als solche gewidmete) Werkzeuge und Mittel ein, verlangt dafür aber den Vorsatz, sie im **konkreten Fall** zur Überwindung von Widerstand einzusetzen (nicht ausreichend ist hier insoweit eine allgemeine „Widmung"). Streitig ist bezüglich des Werkzeugs oder Mittels, ob hier – wie in Nr. 1a – die Gefährlichkeit bzgl. der **Zufügung von Verletzungen** gemeint ist oder ob die Gefährlichkeit hinsichtlich einer **Beugung des Willens** durch Drohung genügt. Es geht also um die Frage, ob der Täter nur wegen der durch die Waffe gegebenen Gefahr der Eskalation des Diebstahls zur Körperverletzung oder schon wegen der evtl. beabsichtigten Willensbeugung schärfer bestraft werden soll. Der BGH[164] folgte der letztgenannten Ansicht in einem Fall, in dem der Täter eine ungeladene Pistole in der Absicht mit sich führte, den Widerstand eines sich möglicherweise Entgegenstellenden durch Drohung mit Gewalt zu überwinden. Dieser Standpunkt führt konsequenterweise zur **Einbeziehung bloßer Scheinwaffen** in Nr. 1b[165]. – In der Literatur überwog früher die erstgenannte Auffassung[166].

Der Gesetzgeber des 6. StrRG wollte die Rechtsprechung zur Scheinwaffe bestätigen.[167] Wie Entscheidungen zu Nr. 1b des § 250 I zeigen[168], hat die Rechtsprechung dieses Anliegen bereitwillig akzeptiert. Dass der gesetzgeberische Wille in der Neufassung der Nr. 1b der §§ 244 I und 250 I einen auch die bisher abweichende Literaturmeinung restlos überzeugenden Niederschlag gefunden hat, wird allerdings bezweifelt[169].

> Unter Scheinwaffen versteht man solche Gegenstände, die nach der Art ihrer konkreten Verwendung (zur Drohung beim Opfer) den Anschein erwecken sollen, eine Waffe (oder ein gefährliches Werkzeug) zu sein. Beispiele bilden ungeladene Schusswaffen und Gaspistolen, Platzpatronenpistolen und Waffenattrappen (etwa Spielzeugpistolen), sofern sie einer echten Waffe täuschend ähnlich sehen[170].

> Soll die täuschende Wirkung nicht von dem Gegenstand als solchem ausgehen, da dieser für sich betrachtet erkennbar ungefährlich ist und nur in der konkreten Anwendungsart für das Opfer gefährlich erscheinen soll (z. B.: der Täter hält dem Opfer einen Bleistift in den Rücken und will damit die Spitze eines Messers vortäu-

---

164 BGHSt 24, 339.
165 So auch die ständige Rspr. zum gleichlautenden § 250 I Nr. 1b (= Nr. 2 a. F.).
166 Vgl. insbesondere *Eser*, JZ 1981, 761; *Hillenkamp*, JuS 1990, 454 (457 f.) m. w. N.
167 BT-Drucks. 13/9064, S. 18.
168 BGH, NJW 1998, 2914 (2915); BGH, NJW 1998, 3130; BGH, NStZ 2007, 332 (333); vgl. aus der Literatur *Eisele*, BT II, Rn. 207.
169 Vgl. dazu *Kreß*, NJW 1998, 633 (643); *Lackner/Kühl*, § 244 Rn. 4; *Mitsch*, ZStW 111 (1999), 65 (102); gegen eine Einbeziehung von Scheinwaffen nach geltendem Recht *Kindhäuser/Wallau*, StV 2001, 18 (19); NK-*Kindhäuser*, § 244 Rn. 28 ff.; zur Kritik auch *Fischer*, § 244 Rn. 26.
170 Da entscheidend das Beisichführen in Verwendungsabsicht ist, gilt dies auch dann, wenn das Opfer bei Verwendung des Gegenstandes (Spielzeugpistole) die Unechtheit erkennt, BGH, JZ 1990, 552 m. abl. Anm. *Herzog*, StV 1990, 547.

schen), so greift Nr. 1b nicht ein[171]. Denn in diesem Fall steht in erster Linie die Täuschung und nicht – wie erforderlich – die Drohung im Vordergrund. Dies gilt erst recht, wenn es sich überhaupt nicht um einen Gegenstand handelt, sondern der Täter z. B. mit dem ausgestreckten Zeigefinger unter der Jacke den Eindruck einer Waffe hervorrufen will[172]. Gegenstände, die nach ihrem äußeren Erscheinungsbild aus der Sicht eines objektiven Beobachters offensichtlich ungefährlich sind, scheiden demnach aus (z.b. ein Labello-Lippenpflegestift[173]). Jüngst bejahte der BGH hingegen eine Strafbarkeit nach § 250 I Nr. 1b bei einer Sporttasche, weil der Täter erklärt hatte, darin befinde sich eine Bombe und ein objektiver Beobachter die Sachlage nicht einschätzen könne.[174] Problematisch ist hierbei jedoch, dass auch bei einer Sporttasche der Schwerpunkt auf der Täuschung durch die Erklärung des Täters liegt und nicht durch den Gegenstand selbst erzeugt wird.

58a Neben den Scheinwaffen werden von § 244 I Nr. 1b aber auch Gegenstände erfasst, die der Täter zwar (in Form der Gewaltanwendung) gegen Menschen einsetzen will, die aber zu keiner Gefährdung von Leib oder Leben des Opfers führen sollen (wie z.B. ein Seil oder Paketklebeband, mit dem das Opfer lediglich gefesselt werden soll)[175].

59 Im Unterschied zu Nr. 1a ist für Nr. 1b eine konkrete Gebrauchsabsicht erforderlich. Nach dem Wortlaut des Gesetzes muss sich diese Absicht indes nur auf die Überwindung eines Widerstandes aufseiten des Opfers beziehen. Außerdem ist es ausreichend, wenn der Täter sich eine Verwendung nur im Bedarfsfalle vorbehält. Die Gebrauchsabsicht ist daher i. S. eines bedingten Einsatzwillens zu interpretieren. Wenn sich der Täter vorbehält, die Entscheidung über den Einsatz der Waffe erst später zu treffen, steckt hierin zugleich der die Anwendung des § 244 I Nr. 1b begründende Wille, die Waffe bei sich zu führen, um sie „gegebenenfalls" einzusetzen[176].

59a In sämtlichen Varianten des § 244 I Nr. 1 ist es erforderlich, dass der Täter die Waffe während des Diebstahls bei sich führt. Da auch derjenige, der eine Waffe am Tatort findet oder die Waffe entwendet, diese auf gefährliche Weise einsetzen kann, ist auch in diesem Falle § 244 I Nr. 1a er-

---

171 Nicht erfasst ist z. B. ein kleines, gebogenes, 3 cm starkes Plastikrohr, BGHSt 38, 116, (117 ff. – dazu *Geppert*, Jura 1992, 501; *Grasnick*, JZ 1993, 268; *Graul*, JR 1992, 297; *Kelker*, NStZ 1992, 539). Ferner ein Labello-Stift, der dem Täter in den Rücken gehalten wird, BGH, NStZ 1997, 184 m. Anm. *Hohmann*; hierzu *Saal*, JA 1997, 859; vgl. ferner BGH, NStZ-RR 1996, 356 (Holzstück); BGH, NStZ-RR 1997, 129 (Bombenattrappe); BGH, NStZ 1998, 38 (Schrotpatrone); BGH, NStZ 2007, 332 (metallischer Gegenstand); BGH, NStZ-RR 2008, 311; BGH, NStZ 2009, 95 – In BT-Drucks. 13/9064, S. 18, werden diese Einschränkungen gebilligt.
172 BGH, NStZ 1985, 547 (548).
173 BGH, NStZ 1997, 184.
174 BGH, NStZ 2011, 278.
175 BGH, NJW 1989, 2549; BGH NStZ 2007, 332 (334); *Fischer*, § 244 Rn. 25; vgl. auch *Eisele*, BT II, Rn. 208 f.; *Zopfs*, Jura 2007, 510 (520); kritisch *Kindhäuser*, LPK, § 244 Rn. 24; *Lackner/Kühl*, § 244 Rn. 4; *S/S/Eser/Bosch*, § 244 Rn. 15.
176 Näher *Arzt*, JuS 1972, 578, dort auch zu den Konsequenzen für die Abgrenzung dolus eventualis/bedingtes Wollen allgemein. – Wer Absicht hier i. S. eines zielgerichteten Willens, die Waffe zu gebrauchen, interpretiert, fordert dem Richter eine allzu „freie" Beweiswürdigung zum Nachteil des Täters ab oder verzichtet der Sache nach auf § 244 Nr. 1b, weil die Voraussetzungen kaum je beweisbar sein werden.

füllt[177]. Entgegen der Ansicht des BGH[178] ist § 244 I Nr. 1 jedoch dann nicht erfüllt, wenn der Täter die Waffe (oder das Werkzeug) erst nach der Vollendung, jedoch noch vor der Beendigung der Tat bei sich führt[179]. Ein Beisichführen ist darüber hinaus bei fest installierten Gegenständen (z.B. Selbstschussanlagen etc.) abzulehnen[180].

2. Bandendiebstahl, § 244 I Nr. 2

60   Eine Bande war nach der früheren Auffassung der Rechtsprechung[181] und teilweise auch der Literatur[182] die Verbindung von mindestens **zwei Personen,** die sich zu den in § 244 I Nr. 2 genannten Zwecken zusammengeschlossen haben. Dagegen wurde von anderen Literaturstimmen schon früh – insbesondere mit dem Hinweis, dass sonst auch ein Ehepaar eine Bande darstellen könne – gefordert, eine Bande müsse mindestens **drei** Mitglieder haben[183]. Der BGH[184] berief sich hingegen auf die „Erfahrung [...], daß gerade bei den Zweiergruppen von Spezialisten (Taschendiebe, Trickdiebe, Tresorbrecher) [eine] solche gegenseitige Bindung besteht [...]". Nicht in der Vielzahl allein liege die wesentliche Ursache der besonderen Gefährlichkeit der Bande, „sondern vor allem in der engen Bindung, die die Mitglieder für die Zukunft eingehen und die einen ständigen Anreiz für die Fortsetzung bildet". Inzwischen hat der Große Strafsenat des BGH diese Meinung aber zu Recht verworfen und nimmt nun auch eine Bande erst dann an, wenn mindestens **drei Mitglieder** beteiligt sind[185]. Dem ist zuzustimmen, denn bereits vom Wortsinn her lässt die Bezeichnung „Bande" auf einen größeren Personenkreis schließen.

---

177 BGHSt 13, 259 (260); BGHSt 29, 184 (185); BGH, NStZ 2001, 88 (89); *Rengier,* BT I, § 4 Rn. 51; a. M. *Kindhäuser,* LPK, § 244 Rn. 17; *Lanzrath/Fieberg,* Jura 2009, 348 (352).
178 BGHSt 20, 194 (197).
179 *Kindhäuser,* LPK, 3 244 Rn. 20; *Lackner/Kühl,* § 244 Rn. 2; *Lanzrath/Fieberg,* Jura 2009, 348 (351); *Rengier,* BT I, § 4 Rn. 49; differenzierend *S/S/Eser/Bosch,* § 244 Rn. 7; vgl. hierzu noch unten § 17 Rn. 17a.
180 BGH, NJW 2008, 386; kritisch hierzu *Magnus,* JR 2008, 410 (412 ff.).
181 BGHSt 23, 239; BGHSt 28, 147 (150); BGHSt 38, 26 (27 f.); BGHSt 42, 255 (257 f.); BGH, NStZ 1986, 408; BGH, NJW 1998, 2913.
182 *Corves,* JZ 1970, 156 (158); *Miehe,* StV 1997, 247 (250); *Schröder,* JR 1970, 388 (389); so heute noch *Küper,* BT, S. 45 f.; *S/S/Eser/Bosch,* § 244 Rn. 24; *Wessels/Hillenkamp,* BT 2, Rn. 298 f.
183 *Dreher,* NJW 1970, 1802; *Erb,* NStZ 1998, 537 (542); *Geilen,* Jura 1979, 445 (446); LK-*Ruß,* 11. Aufl., § 244 Rn. 11; *Otto,* Jura 1989, 200 (203); *ders.,* JZ 1993, 559 (566); *Schmidhäuser,* BT, 8/37; *Schünemann,* JA 1980, 393 (395); *Seelmann,* JuS 1985, 454 (457); *Tröndle,* GA 1973, 321 (328); *Volk,* JR 1979, 426 (428 f.).
184 BGHSt 23, 239 (240); nach BGH bei *Dallinger,* MDR 1967, 369, konnte auch ein Ehepaar eine Bande bilden.
185 BGHSt 46, 321 (325 ff.); BGH, NStZ 2009, 35; dem folgend die h. M. in der Literatur; vgl. *Dessecker,* NStZ 2009, 184 (186); *Eisele,* BT II, Rn. 214; *Ellbogen,* wistra 2002, 8 (10); *Engländer,* JZ 2000, 630; *Krey/Hellmann/M. Heinrich,* BT 2, Rn. 193; *Lackner/Kühl,* § 244 Rn. 6; *Maurach/-Schroeder/Maiwald,* BT 1, § 33 Rn. 128; *Mitsch,* BT 2/1, § 1 Rn. 254; MüKo-*Schmitz,* 2. Aufl., § 244 Rn. 38 ff.; NK-*Kindhäuser,* § 244 Rn. 36; *Otto,* BT, § 41 Rn. 62; *Rengier,* BT I, § 4 Rn. 91; *Sowada,* Schlüchter-GS, 383 (387 ff.); ausführlich zum Bandenbegriff *Toepel,* ZStW 115 (2003), 60.

Zudem werden die Abgrenzungsprobleme zur (bloßen) Mittäterschaft auf diese Weise verringert.

Insoweit versteht die Rechtsprechung heute unter einer Bande „den Zusammenschluss von mindestens drei Personen [...], die sich mit dem Willen verbunden haben, künftig für eine gewisse Dauer mehrere selbstständige, im Einzelnen noch ungewisse Straftaten des im Gesetz genannten Deliktstyps zu begehen. Ein ,gefestigter Bandenwille' oder ein ,Tätigwerden in einem übergeordneten Bandeninteresse' ist nicht erforderlich"[186]. Daher liegt eine Bande auch dann vor, wenn ihre Mitglieder ausschließlich Eigeninteressen verfolgen und sich nur zum Zwecke einer risikolosen und effektiven Tatausführung zusammengeschlossen haben. Dabei reicht im Hinblick auf die Bandenabrede eine konkludente Vereinbarung aus, die sich jedoch auf eine mehrfache Tatbegehung richten muss[187]. Liegt eine solche Bandenabrede vor, ist es unschädlich, wenn sich auf ihrer Grundlage die einzelnen Bandenmitglieder jeweils spontan und in wechselnder Zusammensetzung zur Tatbegehung entschließen[188]. Dagegen scheidet eine bandenmäßige Begehung aus, wenn mehrere Personen – ohne dass dies zuvor vereinbart worden wäre – jeweils auf der Grundlage eines neuen spontanen Entschlusses Straftaten begehen. Auch fehlt es an einer Bande, wenn mehrere Personen sich zwar zur Begehung mehrerer Delikte zusammenschließen, diese Delikte aber schon im Einzelnen feststehen und insoweit nicht mehr „ungewiss" sind[189].

60a

Mitglied einer Bande kann auch eine Person sein, der nach der Bandenabrede nur Aufgaben zufallen, die im Hinblick auf die jeweiligen Taten lediglich eine Gehilfenrolle begründen[190], was nicht nur für die Strafbarkeit des konkreten Beteiligten, sondern auch für den Begriff der Bande an sich (wegen der hierfür erforderlichen Personenzahl) eine entscheidende Rolle spielen kann. Auch schuldunfähige Kinder können insoweit als Bandenmitglieder zählen, selbst wenn sie im Hinblick auf ihre Mitwirkung nicht bestraft werden können[191].

60b

---

[186] BGHSt 46, 321 (325); BGHSt 47, 214 (215 f.); BGH, NStZ 2002, 375; BGH, NStZ 2006, 574; BGH, NStZ 2009, 35; BGH, NJW 2013, 883 (887); *Eisele*, BT II, Rn. 213; *Fischer*, § 244 Rn. 35 f.; NK-*Kindhäuser*, § 244 Rn. 37; *Toepel*, ZStW 115 (2003), 60 (76 ff.); vgl. auch *Dessecker*, NStZ 2009, 184 (188 f.), der allerdings eine „geschäftsähnliche Organisation" fordert; kritisch *Kindhäuser*, StV 2006, 526 (527 f.); *Schild*, GA 1982, 55 (66 f.); *Sowada*, Schlüchter-GS, 383 (391).
[187] BGH, NStZ 2009, 35 (36); *Eisele*, BT II, Rn. 218.
[188] BGH, NStZ 2009, 35 (36).
[189] BGH NStZ 1996, 442; *Eisele*, BT II, Rn. 219.
[190] BGHSt 47, 214 m. Anm. *Erb*, JR 2002, 338; BGH, StraFo 2006, 340 (341); *Rengier*, BT I, § 4 Rn. 92; *Toepel*, StV 2002, 540; *Weißer*, JuS 2005, 620 (622); differenzierend *Zopfs*, Jura 2007, 510 (513); ablehnend *Gaede*, StV 2003, 78 (80); MüKo-*Schmitz*, 2. Aufl., § 244 Rn. 42; *Rath*, GA 2003, 823; ausführlich zur Mitwirkung des Bandenmitglieds *Müller*, GA 2002, 318.
[191] Vgl. ausführlich zur Beteiligung von Kindern an Bandendelikten *Flemming*, Die bandenmäßige Begehung, S. 160 ff.

§ 14 Rn. 61

Beispiel: A und B haben sich darauf spezialisiert, vor Autohäusern abgestellte Neuwagen zu entwenden und ins Ausland zu verschieben. C hat die Aufgabe, im Vorfeld geeignete Objekte auszukundschaften und erhält für jeden „Tipp" 100 €. – A, B und C sind als Bande anzusehen, auch wenn C im Hinblick auf die jeweiligen Taten nur als Gehilfe zu verurteilen ist. Dies gilt selbst dann, wenn C erst 13 Jahre alt ist und daher selbst nicht bestraft werden kann.

61 Die **Beteiligungsfragen** sind bei § 244 I Nr. 2 allerdings sehr umstritten. Dies hat Gründe, die über die unklaren Formulierungen des Tatbestandes weit hinaus- und in den AT hineinreichen[192].

Dies wird am Beispiel des **Bandenchefs** deutlich, der das Tatgeschehen steuert und sich zugleich, wie Chefs dies zu tun pflegen, im Hintergrund hält[193]. Während die subjektive Tätertheorie hier keine großen Schwierigkeiten hat, den Bandenchef als (Mit-)Täter anzusehen[194], ist diese Frage im Rahmen der in der Literatur herrschenden Tatherrschaftslehre umstritten. Während einige dem Bandenchef lediglich eine Beteiligtenrolle zuweisen wollen, sofern er im Ausführungsstadium des jeweiligen Deliktes nicht wesentlich mitwirkt[195], wird er von der h. M. zutreffend als Mittäter angesehen, da für die Begründung der Mittäterschaft ein wesentlicher Tatbeitrag im Vorbereitungsstadium ausreicht[196]. Auch darüber hinaus ist innerhalb der mitwirkenden Bandenmitglieder jeweils nach allgemeinen Regeln zu entscheiden, wer Täter oder Teilnehmer ist. Insbesondere führt nicht jede Mitwirkung eines Bandenmitglieds notwendig zur Täterschaft[197]. Da der Grund der Strafschärfung – wie oben[198] dargelegt wurde – die Gefährlichkeit i. S. eines aus der Verbindung folgenden Anreizes zu neuen Taten ist, handelt es sich bei der Bandenmitgliedschaft (überwiegend) um eine täterbezogene Qualifikation, sodass Nichtmitgliedern § 28 II zugute kommt. Wer sich also – ohne Bandenmitglied zu sein – an einem Bandendiebstahl beteiligt, ist wegen Anstiftung oder Beihilfe zu § 242 (gegebenenfalls i. V. mit § 243), nicht aber nach den §§ 244, 26 bzw. 27 zu bestrafen[199].

---

192 Vgl. zu diesem Problemkreis *B. Heinrich*, AT, Rn. 1226 ff.
193 Vgl. in diesem Zusammenhang ausführlich zum Einsatz von Kindern durch Hintermänner *Flemming*, Die bandenmäßige Begehung – Eine umfassende Darstellung der Bandenmäßigkeit unter besonderer Berücksichtigung der Beteiligung von Kindern, 2014, S. 276 ff.
194 So insbesondere die Rechtsprechung; vgl. BGHSt 46, 138 (140); aus der Literatur *Baumann/Weber/Mitsch*, § 29 Rn. 46.
195 *Bottke*, GA 2001, 463 (472); *Herzberg*, ZStW 99 (1987), 49 (58); LK-*Schünemann*, 12. Aufl., § 25 Rn. 182 ff.; *Roxin*, AT II, § 25 Rn. 198 ff., 210; *Zieschang*, ZStW 107 (1994), 361 (381).
196 *B. Heinrich*, AT, Rn. 1228; *Jescheck/Weigend*, § 61 V 3 b; 63 III 1; *Kühl*, § 20 Rn. 110 f.; S/S/*Heine/Weißer*, § 25 Rn. 67; *Wessels/Beulke/Satzger*, Rn. 517, 529.
197 Seit BGHSt 8, 205 (207 ff.) allgemeine Meinung; vgl. auch BGH NStZ 2011, 637. Ist ein Täter zwar Mitglied einer Bande, aber mangels unmittelbaren Mitwirkens nicht Mittäter des von anderen Bandenmitgliedern begangenen Bandendiebstahls, so kann sein Tatbeitrag aber unter Umständen den Tatbestand des Diebstahls (im besonders schweren Fall) erfüllen; vgl. die Konstellation in BGHSt 33, 50 (52 ff.); dazu *Hassemer*, JuS 1985, 417; *Jakobs*, JR 1985, 342; *J. Meyer*, JuS 1986, 189.
198 Vgl. oben Rn. 5 und Rn. 60 unter Berufung auf BGHSt 23, 239 (240).
199 BGH, NStZ 2012, 102 (103); BGHSt 46, 120 (128); BGH, NStZ 1996, 128 (129); *Arzt*, JuS 1972, 576 (580); *Fischer*, § 244 Rn. 44; *Lackner/Kühl*, § 244 Rn. 7; LK-*Vogel*, 12. Aufl., § 244 Rn. 71; MüKo-*Schmitz*, 2. Aufl., § 244 Rn. 63; *Wessels/Hillenkamp*, BT 2, Rn. 296; *Zopfs*, Jura 2007, 510 (514); a. M. (noch) BGHSt 8, 205 (208); LK-*Roxin*, 11. Aufl., § 28 Rn. 73; NK-*Kindhäuser*, § 244 Rn. 48; SK-*Hoyer*, § 244 Rn. 35; S/S/*Eser/Bosch*, § 244 Rn. 28/29.

Während der BGH in seiner richtungsweisenden Entscheidung im Jahre 2001[200] die Anforderungen an eine Bande durch die Anhebung der erforderlichen Personenzahl auf drei erhöht hat, hat er die weiteren Voraussetzungen des § 244 I Nr. 2, insbesondere das Erfordernis, dass der Täter „unter Mitwirkung eines anderen Bandenmitgliedes" stehlen muss, abgesenkt. Entgegen einer in der Literatur und in der früheren Rechtsprechung vertretenen Meinung[201] ist nach zutreffender Auffassung des BGH hierfür eine körperliche Anwesenheit und Mitwirkung am **Tatort** nicht erforderlich[202]. Das Gesetz weist mit dieser Formulierung nur darauf hin, dass sich die in der Bandenbildung steckende Arbeitsteilung in der Einzeltat niederschlagen muss. Somit ist ein zeitliches und räumliches Zusammenwirken mehrerer Bandenmitglieder **am Tatort** nicht notwendig. Dies hat nicht nur zur Folge, dass sich der im Hintergrund wirkende Bandenchef wegen § 244 I Nr. 2 strafbar machen kann, sondern auch, dass ein Bandendiebstahl selbst dann vorliegen kann, wenn nur ein Täter am Tatort anwesend ist. Dabei muss es sich bei diesem Täter nicht einmal um ein Bandenmitglied handeln[203]. Es kommt also entscheidend auf die „Organisationsgefahr" und nicht auf eine darüber hinausgehende „Ausführungsgefahr" an. 62

3. Wohnungseinbruchsdiebstahl, § 244 I Nr. 3[204]

Die Ausgestaltung des Wohnungseinbruchs zum qualifizierenden Tatbestandsmerkmal hat zur Folge, dass sowohl die Geringwertigkeitsklausel des § 243 II[205] nicht anwendbar ist als auch eine Versuchsstrafbarkeit bereits dann eintritt, wenn der Täter zur Verwirklichung der qualifizierenden Tatbestandsmerkmale unmittelbar ansetzt[206]. 63

Bei der Interpretation des Merkmals „**Wohnung**" in § 244 I Nr. 3 kann prinzipiell auf den Wohnungsbegriff des § 123 (Hausfriedensbruch) zurückgegriffen werden. 64

---

200 BGHSt 46, 321 (325 ff).
201 BGHSt 8, 205 (206 f.); BGHSt 25, 18; BGHSt 33, 50 (51); LK-*Ruß*, 11. Aufl., § 244 Rn. 13; *Miehe*, StV 1997, 248; *Otto*, JZ 1993, 559 (566); *Volk*, JR 1979, 426 (428).
202 So auch die h. M. in der Literatur; vgl. *Altenhain*, ZStW 113 (2001), 112 (129 f.); *ders.*, Jura 2001, 836 (842); *Eisele*, BT II, Rn. 226; *Ellbogen*, wistra 2002, 8 (9 ff.); *Fischer*, § 244 Rn. 42; *Kindhäuser*, LPK, § 244 Rn. 34 f.; *K. Müller*, GA 2002, 318 (323 ff.); *Rengier*, BT I, § 4 Rn. 98 ff.; *Toepel*, ZStW 115 (2003), 60 (85 ff.); a. M. allerdings auch heute noch *Erb*, NStZ 2001, 561 (564 f.); *Engländer*, JZ 2000, 630 (632); *ders.*, JR 2001, 78 (79); LK-*Vogel*, 12. Aufl., § 244 Rn. 70; MüKo-*Schmitz*, 2. Aufl., § 244 Rn. 48; *Wessels/Hillenkamp*, BT 2, Rn. 301; *Zopfs*, Jura 2007, 510 (515 f.).
203 BGHSt 46, 321 (338).
204 Zur Umgestaltung des Wohnungseinbruchs vom Regelbeispiel (§ 243 I 2 Nr. 1 a. F.) zur (echten) Qualifikation in § 244 I Nr. 3 vgl. oben Rn. 1; zum kriminalpolitischen Hintergrund oben Rn. 6 f.
205 Dazu oben Rn. 28 ff.
206 Vgl. dazu z. B. *Mitsch*, BT 2/1, § 1 Rn. 263. – Zum Versuchsbeginn bei Regelbeispielen vgl. oben Rn. 36 ff.

Ob dies allerdings für alle dem weit auszulegenden Wohnungsbegriff des § 123[207] zugeschlagenen Räumlichkeiten gilt, erscheint angesichts des spezifischen Unrechtsgehalts des § 244 I Nr. 3 (aus dem Eindringen in die Privatsphäre des Opfers resultierende psychische Beeinträchtigungen[208]), der hohen Strafdrohung und des Ausschlusses der Geringwertigkeitsklausel des § 243 II fraglich[209]. Einigkeit lässt sich wohl darüber erzielen, dass eine vom Wohngebäude abgesetzte Garage nicht erfasst ist. Wo aber im Übrigen die Grenzen der Nr. 3 zu ziehen sind, ist unklar[210]. Problematisch können aber mitunter gemischt genutzte Gebäude sein.

Beispiel:[211] A bricht in einen Büroraum ein und gelangt über diesen – ohne weitere Hindernisse überwinden zu müssen – in eine im selben Gebäudekomplex liegende, von den Büroräumen völlig abgetrennte Wohnung, in der er, wie von Anfang an geplant, Gegenstände entwendet. – Der BGH lehnte hier unter Berufung auf den Wortlaut eine Anwendung des § 244 I Nr. 3 ab, da A in einen Büroraum und eben nicht in eine Wohnung eingebrochen sei[212]. Im umgekehrten Fall (Einbruch in eine Wohnung, um von dort aus in angrenzende Büroräume zu gelangen) soll § 244 I Nr. 3 hingegen vorliegen, wobei umstritten ist, ob dies nur dann gilt, wenn der Täter (auch) aus der Wohnung Gegenstände entwendet[213] oder ob es ausreicht, wenn er ausschließlich in den Geschäftsräumen Gegenstände wegnimmt[214]. Diese Differenzierung ist vom Schutzgedanken her allerdings kaum zu rechtfertigen und führt zu problematischen Abgrenzungsschwierigkeiten (ist die Werkstatt im Keller eines Handwerkers oder das Besprechungszimmer eines „Wohnzimmeranwalts" noch Wohnung oder schon Geschäftsraum?)[215].

65 Die Tathandlungen des § 244 I Nr. 3 stimmen mit denen des § 243 I 2 Nr. 1 überein[216].

4. Konkurrenzen

66 § 244 ist gegenüber § 242 lex specialis. Auch die §§ 242, 243 werden von § 244 verdrängt, weil § 244 die schwerere Unrechtsstufe darstellt[217]. Ist

---

207 Vgl. oben § 8 Rn. 8.
208 Vgl. oben Rn. 7.
209 Einschränkend auch OLG Schleswig, NStZ 2000, 479; AG Saalfeld, NStZ-RR 2004, 141; *Hellmich*, NStZ 2001, 511 (513); MüKo-*Schmitz*, 2. Aufl., § 244 Rn. 58; *Seier*, Kohlmann-FS, 295 (302); *Wessels/Hillenkamp*, BT 2, Rn. 290; *Zopfs*, Jura 2007, 510 (521 f.); ausführlich dazu *Behm*, GA 2002, 153.
210 Zu weit allerdings *Wessels/Hillenkamp*, BT 2, Rn. 290, wonach eine Beschränkung auf den inneren Kern des Wohnungsbegriffes erfolgen soll und z. B. Außenflure, Keller- und Bodenräume in großen Miethäusern sowie nur vorübergehend gemietete Hotelzimmer nicht dazu gehören sollen.
211 Fall nach BGH, NStZ 2008, 514.
212 BGH, NStZ 2008, 514; so auch *Eisele*, BT II, Rn. 236; *v. Heintschel-Heinegg*, JA 2008, 742 (744); *Jahn*, JuS 2008, 927 (929); a. M. *Ladies*, JR 2008, 493 (494 f.).
213 *Eisele*, BT II, Rn. 237; *Maurach/Schroeder/Maiwald*, BT 2, § 33 Rn. 124; vgl. auch *Wessels/Hillenkamp*, BT 2, Rn. 291.
214 BGH, NStZ 2001, 533; *Fischer*, § 244 Rn. 48; *Joecks*, § 244 Rn. 43; *Ladiges*, JR 2008, 493 (494); MüKo-*Schmitz*, 2. Aufl., § 244 Rn. 58; *Schall*, Schreiber-FS, 423 (435); *S/S/Eser/Bosch*, § 244 Rn. 30; *Zopfs*, Jura 2007, 510 (521).
215 So im Ergebnis auch *Jäger*, JuS 2000, 651 (658); *Ladiges*, JR 2008, 493 (494 f.); ähnlich auch *Zopfs*, Jura 2007, 510 (521).
216 Vgl. dazu oben Rn. 46.
217 BGHSt 33, 50 (53).

§ 244 nur versucht, sind aber die §§ 242, 243 vollendet, so ist Tateinheit anzunehmen[218]. Liegt nur eine Teilnahme (Anstiftung oder Beihilfe) an § 244 I Nr. 2 vor, so besteht Tateinheit mit den täterschaftlich begangenen §§ 242, 243[219]. – § 248a ist nicht anzuwenden. Dies ergibt sich schon aus dem Wortlaut des § 248a und einem Gegenschluss aus § 243 II[220]. Dagegen ist § 247 anwendbar[221].

IV. Schwerer Bandendiebstahl, § 244a

Der durch das OrgKG 1992 eingefügte Tatbestand[222] kombiniert den Bandendiebstahl des § 244 I Nr. 2[223] mit den Qualifikationen des § 244 I Nr. 1 und Nr. 3 (Diebstahl mit Waffen und Wohnungseinbruch[224]) und den Regelbeispielen nach § 243 I 2 Nr. 1–7[225]. Da Personen, die sich „zur fortgesetzten Begehung von Raub oder Diebstahl verbunden haben", regelmäßig auch gewerbsmäßig (§ 243 I 2 Nr. 3) handeln werden, liegt bei einem Bandendiebstahl der Qualifikationstatbestand des § 244a stets nahe. 67

Tritt zum Bandendiebstahl nach § 244 I Nr. 2 einer dieser Erschwerungsgründe hinzu, greift § 244a ein. Die Regelbeispiele des § 243 I 2 haben hier die Qualität von Tatbestandsmerkmalen, sodass die Anwendung des § 244a nicht mit der Begründung abgelehnt werden kann, es liege ein atypischer Fall des § 242 vor[226]. Dies kann dann zu Ungereimtheiten führen, wenn eine isolierte Prüfung der §§ 242, 243 I 2 dazu führen würde, den besonders schweren Fall abzulehnen, weil ausnahmsweise die Indizwirkung des Regelbeispiels entkräftet wird. Auf der anderen Seite ist die Annahme des § 244a ausgeschlossen, wenn kein „Regelbeispiel", sondern ein unbenannter Fall des § 243 I 1 vorliegt[227]. Obwohl die Zielrichtung dieses Verbrechenstatbestandes die Bekämpfung der Organisierten Kriminalität war, ist ein solcher Bezug in § 244a nicht erforderlich, sodass auch lediglich regional beschränkt agierende Jugendbanden, die regelmäßig nur geringe Summen bei Einbrüchen erbeuten, von der Strafnorm erfasst werden[228]. In diesen Fällen ist jedoch an einen minder schweren Fall zu denken, der nach § 244a II zu einer obligatorischen Strafmilderung führt. – Die Geringwer- 68

---

218 *Lackner/Kühl*, § 244 Rn. 13; *S/S/Eser/Bosch*, § 244 Rn. 36.
219 BGHSt 33, 50 (53).
220 So auch OLG Köln, MDR 1978, 335 – Kasernen-Fall.
221 Vgl. auch § 13 Rn. 139. Zur Abgrenzung des § 244 I Nr. 1b von den §§ 249, 252 vgl. unten § 17 Rn. 13.
222 Vgl. oben Rn. 1.
223 Vgl. dazu oben Rn. 60 ff.
224 Vgl. dazu oben Rn. 53 ff. und 63 ff.
225 Vgl. dazu oben Rn. 43 ff.
226 Vgl. zu diesen atypischen Fällen im Rahmen des § 243 oben Rn. 18, 22, 25.
227 Zur Möglichkeit eines atypischen besonders schweren Falles nach § 243 I vgl. oben Rn. 18, 22 ff.
228 BGH NStZ-RR 2000, 343 (344); BGH NStZ 2008, 625; vgl. dazu ausführlich *Flemming*, Die bandenmäßige Begehung – Eine umfassende Darstellung der Bandenmäßigkeit unter besonderer Berücksichtigung der Beteiligung von Kindern, 2014, S. 185 ff.

tigkeitsklausel des § 243 II[229] und § 248a gelten hier allerdings ebenso wenig wie für § 244, wohl aber gilt § 247[230].

69 Da § 244a ein **Verbrechen** enthält, ist der **Versuch** ohne Weiteres strafbar, § 23 I. Für die **Konkurrenzen** gilt das oben[231] zu § 244 Gesagte entsprechend: § 244a verdrängt die §§ 242, 243 sowie § 244. Etwas anderes gilt dann, wenn § 244a nur versucht wurde.

---

[229] Die ursprünglich in § 244a IV enthaltene Geringwertigkeitsklausel wurde durch das 6. StrRG mit Recht gestrichen; vgl. auch *Mitsch*, ZStW 111 (1999), 65 (85).
[230] Vgl. oben Rn. 66.
[231] Vgl. oben Rn. 66.

§ 15 Veruntreuung anvertrauten Eigentums und sonstige Unterschlagung: § 246

Literaturhinweise: *Ambos*, Gewahrsamslose „Zueignung" als Unterschlagung, GA 2007, 127; *Basak*, Die Neufassung des Unterschlagungstatbestandes – Ein untauglicher Versuch des Gesetzgebers, in: Irrwege der Strafgesetzgebung, Frankfurter kriminalwissenschaftliche Studien, Bd. 69, 1999, S. 173; *ders.*, Die Tathandlung der Unterschlagung – Die Diskussion um den Zueignungsbegriff seit der Neufassung des § 246 StGB, GA 2003, 109; *Birk*, Die Unterschlagung nach dem 6. Strafrechtsreformgesetz, 2003; *Cantzler/Zauner*, Die Subsidiaritätsklausel in § 246 StGB, Jura 2003, 483; *Charalambakis*, Der Unterschlagungstatbestand de lege lata und de lege ferenda, 1985; *ders.*, Die Nichtbezahlung beim Selbstbedienungstanken – Eine kritische Diskussionsübersicht, MDR 1985, 975; *Cramer*, Unterschlagung von Daten und Datenträgern, CR 1997, 693; *Degener*, Der Zueignungsbegriff des Unterschlagungstatbestandes, JZ 2001, 388; *Dencker*, Zueignungsabsicht und Vorsatz der Zueignung, Rudolphi-FS 2004, S. 425; *Duttge/Fahnenschmidt*, § 246 StGB nach der Reform des Strafrechts: Unterschlagungstatbestand oder unterschlagener Tatbestand?, ZStW 110 (1998), 884; *Duttge/Sotelsek*, „Freifahrtschein" für Unterschlagungstäter?, NJW 2002, 3756; *dies.*, Die vier Probleme bei der Auslegung des § 246 StGB – Eine Bestandsaufnahme vier Jahre nach dem 6. Strafrechtsreformgesetz, Jura 2002, 526; *Ernst*, „Schwarztanken" an Selbstbedienungstankstellen – Plädoyer für eine Strafbarkeit wegen Unterschlagung, Jura 2013, 454; *Fahl*, „Drittzueignung", Unterschlagung und Irrtum über die eigene Täterschaft, JuS 1998, 24; *Freund/Putz*, Materiellrechtliche Strafbarkeit und formelle Subsidiarität der Unterschlagung (§ 246 StGB) wörtlich genommen, NStZ 2003, 242; *Friedl*, Die Veruntreuung gemäß § 246 Abs. 2 StGB nach dem StrRG 1998, wistra 1999, 206; *Hecker*, Strafrecht BT: Abgrenzung zwischen Diebstahl und Unterschlagung, JuS 2010, 740; *ders.*, Strafrecht BT: Abgrenzung zwischen Diebstahl und Unterschlagung, JuS 2011, 374; *Jäger*, Unterschlagung nach dem 6. Strafrechtsreformgesetz – Ein Leitfaden für Studium und Praxis, JuS 2000, 1167; *Jahn*, Gesetzgebung im Putativnotwehrexzeß – Zur verfassungskonformen Auslegung des § 246 n. F., in: Irrwege der Strafgesetzgebung, Frankfurter kriminalwissenschaftliche Studien, Bd. 69, 1999, S. 195; *Kargl*, Gesinnung und Erfolg im Unterschlagungstatbestand, ZStW 103 (1991), 136; *Kindhäuser*, Zum Tatbestand der Unterschlagung (§ 246 StGB), Gössel-FS 2002, S. 451; *Kretschmer*, Tatbestands- oder Konkurrenzlösung: eine typische Argumentation im Strafrecht, JuS 2013, 24; *Kudlich*, Zueignungsbegriff und Restriktion des Unterschlagungstatbestandes, JuS 2001, 767; *Küper*, Das Gewahrsamserfordernis bei mittäterschaftlicher Unterschlagung, ZStW 106 (1994), 354; *Lange/Trost*, Strafbarkeit des „Schwarztankens" an der SB-Tankstelle, JuS 2003, 961; *Lotz/Reschke*, Die harmonische Abgrenzung der Beendigungsphasen von § 246 StGB und § 242 StGB – zugleich ein Beitrag zur Beendigung der Unterschlagung, JR 2013, 59; *Maiwald*, Unterschlagung durch Manifestation des Zueignungswillens?, Schreiber-FS 2003, S. 315; *Mikolajczyk*, Der Zueignungsbegriff des Unterschlagungstatbestandes, 2004; *Mitsch*, Die Vermögensdelikte im Strafgesetzbuch nach dem 6. Strafrechtsreformgesetz, ZStW 111 (1999), 65 (86); *Murmann*, Ungelöste Probleme des § 246 StGB nach dem 6. StrRG, NStZ 1999, 14; *Mylonopoulos*, Die Endgültigkeit der Enteignung als Merkmal des Unterschlagungstatbestandes – Versuch einer dispositionellen Erklärung, Roxin-FS 2001, 917; *Otto*, Die neuere Rechtsprechung zu den Eigentumsdelikten, Jura 1997, 464; *ders.*, Unterschlagung: Manifestation des Zueignungswillens oder der Zueignung?, Jura 1996, 383; *ders.*, Die Erweiterung der Zueignungsmöglichkeiten in den §§ 242, 246 StGB durch das 6. StrRG, Jura 1998, 550; *ders.*, Zum Bankautomatenmissbrauch nach Inkrafttreten des 2. WiKG, JR 1987, 221; *Ranft*, Der Ban-

§ 15   Unterschlagung, § 246

komatenmissbrauch, wistra 1987, 79; *Rengier*, Drittzueignung und allgemeiner Zueignungstatbestand – Zur Reform der §§ 242, 246, 249 StGB, Lenckner-FS 1998, S. 801; *Samson*, Grundprobleme des Unterschlagungstatbestandes (§ 246 StGB), JA 1990, 5; *Schenkewitz*, Die Tatsituation der drittzueignenden Unterschlagung, NStZ 2003, 17; *Schmid*, Zur Frage der Unterschlagung durch Unterlassen, MDR 1981, 806; *Schünemann*, Die Stellung der Unterschlagungstatbestände im System der Vermögensdelikte, JuS 1968, 114; *Schulz*, § 246 StGB – Tatbestand und Konkurrenz, Lampe-FS 2003, S. 653; *Seelmann*, Grundfälle zu den Eigentumsdelikten, 4. Teil, Unterschlagung (§ 246 StGB), JuS 1985, 699; *Sinn*, Der Zueignungsbegriff bei der Unterschlagung, NStZ 2002, 64; *Tenckhoff*, Die Unterschlagung (§ 246 StGB), JuS 1984, 775; *Wagner*, Zur Subsidiaritätsklausel in § 246 neuer Fassung, Grünwald-FS 1999, S. 797.

Übersicht

		Rn.
I.	Kriminalpolitische Vorbemerkung	1
	1. Ausdehnung des Unterschlagungstatbestands durch das 6. StrRG	1
	a) Verzicht auf Gewahrsam des Täters	1
	b) Pönalisierung der Drittzueignung	2
	2. Unterschlagungssituationen und Opferverschulden	4
	3. Umfang der Unterschlagungskriminalität	8
II.	Die Stellung des § 246 im System der Eigentumsdelikte	9
III.	§ 246 im Einzelnen	14
	1. Grundsatz: Parallele zu § 242	14
	a) Rechtsgut „Eigentum"	14
	b) Gewahrsamsfragen	17
	c) Selbst- und Drittzueignung, Gebrauchsentwendung	19
	d) Rechtswidrigkeit der Zueignung	20
	2. Die Zueignung	21
	a) Der Zueignungserfolg	21
	b) Die Lösung nach der „Manifestationstheorie"	23
	c) Eigene Lösung	29
	d) Manifestation und Zeitpunkt der Zueignung	32
	3. Drittzueignung	34
	4. Qualifikation „anvertraut", § 246 II	35
IV.	Versuchs- und Beteiligungsfragen	38
	1. Versuchsfragen	38
	2. Beteiligungsfragen	39
V.	Antragserfordernisse, Sondertatbestände	40
	1. Antragserfordernisse, §§ 248a, 247	40
	2. Sondertatbestände, §§ 248b, 290, 248c	41
VI.	Konkurrenzen	42
	1. § 246 bei Tatbestandsmäßigkeit der Zueignungshandlung (auch) nach anderen Vorschriften	42
	2. § 246 bei mehrmaliger Zueignung	43

I. Kriminalpolitische Vorbemerkung

1. Ausdehnung des Unterschlagungstatbestands durch das 6. StrRG

a) Verzicht auf Gewahrsam des Täters

Als Unterschlagung ist seit der Neufassung des § 246 durch das 6. StrRG 1998 **jede rechtswidrige Zueignung** fremder beweglicher Sachen anzusehen. § 246 I a. F. war dagegen beschränkt auf die Zueignung von Sachen, die der Täter in Besitz oder **Gewahrsam** hatte. Die Zueignungsdelikte Diebstahl und Unterschlagung schlossen sich demnach gegenseitig aus: Der Dieb verschafft sich (zum Zwecke der Zueignung) Gewahrsam; der Täter der Unterschlagung hatte Gewahrsam (und eignete sich die Sache zu). Nach dem Wegfall des Gewahrsamserfordernisses in § 246 unterfallen nunmehr alle Zueignungen, auch die Zueignung mittels Gewahrsamsbruchs, dem Unterschlagungstatbestand. Dennoch ist § 246 nicht als Grundtatbestand aller Zueignungsdelikte zu verstehen, sondern vielmehr als Auffangtatbestand[1]. Die Anwendung des § 246 auf den Diebstahl wird erst auf der Konkurrenzebene durch die Subsidiaritätsklausel in § 246 I ausgeschlossen[2].

Der Verzicht auf die Innehabung des Gewahrsams durch den Täter der Unterschlagung hat aber vor allem die – vom Gesetzgeber des 6. StrRG erwünschte[3] – Folge, dass es zwischen §§ 242 und 246 keine Strafbarkeitslücke mehr gibt: Alle rechtswidrigen Zueignungen mit Gewahrsamsbruch sind nach § 242, alle Zueignungen ohne Gewahrsamsbruch nach § 246 strafbar[4].

b) Pönalisierung der Drittzueignung

Die zweite Änderung des Unterschlagungstatbestands durch das 6. StrRG besteht darin, dass nunmehr in § 246, ebenso wie in § 242, auch die **Drittzueignung** unter Strafe gestellt ist[5].

Insbesondere durch die Loslösung der Zueignung von der Innehabung des Gewahrsams wird der mögliche Anwendungsbereich des Unterschlagungstatbestands derart ausgedehnt, dass die Herausarbeitung von Kriterien geboten ist, welche die Ausscheidung nicht strafwürdiger und nicht strafbedürftiger Fälle ermöglichen. Dabei kann dann auch wieder das vom Gesetzgeber gestrichene Gewahrsamserfordernis eine Rolle spielen[6].

---

1 Vgl. BT-Drucks. 13/8587, S. 43; *Ambos*, GA 2007, 127 (128); *Eisele*, BT II, Rn. 245; *Lackner/Kühl*, § 246 Rn. 1; *Rengier*, BT I, § 5 Rn. 3; *Wessels/Hillenkamp*, BT 2, Rn. 307; a. M *Otto*, BT, § 39 Rn. 8 und § 42 Rn. 25.
2 Vgl. unten Rn. 42.
3 BT-Drucks. 13/8587, S. 43.
4 Zur früheren Lücke zwischen § 242 und § 246 a. F. und den Versuchen der Lückenschließung durch eine „berichtigende Auslegung" vgl. Rn. 9 f.
5 Vgl. hierzu unten Rn. 19; zur Drittzueignung beim Diebstahl vgl. oben § 13 Rn. 67 und 114 ff.
6 Vgl. unten Rn. 26 ff.

2. Unterschlagungssituationen und Opferverschulden

4 Über den neuen Problemen, die die Ausweitung des Unterschlagungstatbestands mit sich gebracht hat, dürfen die (nicht erledigten) Fragen nach der **kriminalpolitischen Berechtigung bereits des alten § 246** nicht vergessen werden: Sehr viel schärfer als beim Diebstahl stellt sich bei der Unterschlagung die Frage der Verantwortlichkeit des Berechtigten für seine Rechtsgüter (Opferverschulden). Denn in der Regel entscheidet der Eigentümer frei darüber, ob er seine Sache aus der Hand geben und damit die Möglichkeit einer Unterschlagungssituation schaffen will.

Eine freiwillige Aufgabe des Gewahrsams führt im **Zivilrecht** zur Zurücksetzung des Erhaltungsinteresses des Eigentümers hinter die Interessen des lauteren Rechtsverkehrs: Ein **gutgläubiger Erwerb** des Eigentums vom Nichtberechtigten (§§ 932–934 BGB) ist auch dann möglich, wenn der Veräußerer mit der Verfügung eine Unterschlagung begeht[7]. Nur bei unfreiwilligem Gewahrsamsverlust, z. B. durch Diebstahl, ist ein gutgläubiger Erwerb ausgeschlossen, § 935 I BGB. – Obwohl ein gutgläubiger Erwerb auch dann ausscheidet, wenn die Sache dem Eigentümer verloren gegangen ist, kann angesichts der Nachlässigkeit des Eigentümers allerdings an der Kriminalisierung der Fundunterschlagung gezweifelt werden.

5 Auf der anderen Seite schlägt das Zivilrecht mit der Anerkennung des Instituts des **Eigentumsvorbehalts** voll auf das Strafrecht durch[8]. Infolge der Anbindung der §§ 242, 246 an den zivilrechtlichen Eigentumsbegriff[9] ist das Strafrecht hier einer zivilrechtlichen Konstruktion in mechanischer Konsequenz gefolgt. Der Eigentumsvorbehalt bei Massengeschäften hat dazu geführt, dass in die Millionen gehende potenzielle Unterschlagungssituationen geschaffen worden sind. Das ist deshalb besonders bedenklich, weil es sich für jeden wirtschaftlich denkenden Eigentümer (Verkäufer unter Eigentumsvorbehalt) verbietet, die Vertrauenswürdigkeit der Kunden näher zu untersuchen. Denn ein solcher Kontrollaufwand wäre teurer als die dadurch ersparten Verluste (Unterschlagungen) und würde zudem auch Kunden abschrecken bzw. zur Konkurrenz treiben, die ihren Ratenzahlungsverpflichtungen nachkommen können und wollen.

6 Das Strafrecht kann und darf auf eine eigenständige Bestimmung der Grenzen der Strafbarkeit aber nicht verzichten. Der Eigentumsvorbehalt stellt einen Musterfall für eine mögliche **Reduktion des Strafrechts** im Kernbereich der Vermögensdelikte dar. Massenhaftigkeit, die besondere Versuchungssituation beim Täter, ein Abbau von Kontrollen durch das Opfer, der besondere Präventiveffekt des Zivilrechts (der so scharf ausgefallen ist, dass der Gesetzgeber mit dem damaligen Abzahlungsgesetz – ab 1991: VerbraucherkreditG, jetzt §§ 491 ff. BGB – mäßigend eingreifen musste!)

---

7 Kritisch zu dieser Diskrepanz von Zivil- und Strafrecht *Binding*, Die Ungerechtigkeit des Eigentums-Erwerbs vom Nicht-Eigentümer nach BGB, 1908.
8 Zur Geschichte des Eigentumsvorbehalts bis zur Einführung des BGB vgl. *Maaß*, Die Geschichte des Eigentumsvorbehalts, insbesondere im 18. und 19. Jahrhundert, 2000.
9 Vgl. oben § 13 Rn. 33 ff.

und die Zumutbarkeit der Aufwendung privater Sach- und Personalmittel zur Tataufklärung sprechen hier für einen Rückzug des Strafrechts[10].

Kriminalpolitisch ist die historische **Wurzel** des § 246 unvermindert aktuell: Ein Strafbedürfnis besteht jedenfalls bei der Unterschlagung des vom Eigentümer **anvertrauten** Eigentums (§ 246 II). Gibt der Eigentümer das Eigentum dagegen ohne begründetes Vertrauen aus der Hand, ist das Strafbedürfnis außerordentlich zweifelhaft[11]. Eine entsprechende restriktive Auslegung des § 246 auf die Fälle des begründeten Anvertrauens[12] ist angesichts der Ausweitung des Unterschlagungstatbestands durch das 6. StrRG aber leider nicht mehr zu erwarten.

3. Umfang der Unterschlagungskriminalität

Die soeben betonte Vermehrung der Unterschlagungssituationen durch Anerkennung des Eigentumsvorbehalts im Zivilrecht hat sich in der Verurteilungsziffer **nicht** niedergeschlagen. Im Gegenteil: Im Jahre 1900 betrug die Verurteilungsziffer (Verurteilte auf 100.000 strafmündige Einwohner) für Diebstahl 241, für Unterschlagung 52; im Jahre 1973 für Diebstahl 277, für Unterschlagung 13. – Eine plausible Erklärung steht aus. Es mag sein, dass die Anzeigebereitschaft zurückgegangen ist und die Fälle des Alleingewahrsams seltener geworden sind, u. a. deshalb, weil an die Kriterien, von denen die Annahme des Alleingewahrsams abhängt, strengere Anforderungen gestellt werden. – Die erweiterte Neufassung des § 246 hat wegen der gebotenen restriktiven Interpretation[13] und der Nichtanzeige von Fällen im Randbereich der Unterschlagung nicht zu einer Zunahme der Verurteilungen geführt. So betrugen die Verurteilungen im Jahre 1998 rund 7.800, im Jahre 2001 rund 7.300, im Jahre 2005 rund 7.600 und im Jahre 2011 insgesamt 6.874[14]. Im Vergleich dazu ist jedoch die Zahl der polizeilich erfassten Fälle gestiegen. So wurden 1998 rund 78.300, 2001 rund 92.300, 2005 rund 103.900 Fälle und 2011 rund 105.800 Fälle von Unterschlagung erfasst[15].

---

10 Näher *Arzt*, 51. DJT, Verh. Bd. II N 55 ff., dort auch zur Wertgrenze (damals vorgeschlagen: ca. 300,- DM), die sich aus diesen Kriterien (Massengeschäfte, minimale Kontrolle etc.) mittelbar ergibt. – Vgl. auch *Peters/Lang-Hinrichsen-Peters*, Grundfragen der Strafrechtsreform, 1959, S. 34: „Dort, wo im Wege des Zivilrechtes oder des Verwaltungsrechtes oder des Prozessrechtes oder des Disziplinarrechtes einem Unrecht oder einer Ordnungswidrigkeit in hinreichender Weise begegnet werden kann oder begegnet werden sollte, scheidet das Strafrecht aus. Unser heutiges Strafrecht ist weitgehend der Büttel für die Klärung rein zivilrechtlicher Lebensvorgänge und ihrer Durchsetzung geworden". – Eingehende Kritik an den aus der Anbindung des Strafrechts an das Zivilrecht sich ergebenden Möglichkeiten, mit zivilrechtlichen Konstruktionen Strafrechtsschutz zu erlangen, bei *Baumann*, ZStW 68 (1956), 522.
11 Deshalb ist in der Überschrift zu § 15 die Veruntreuung (§ 246 II) in den Vordergrund gerückt.
12 Dafür *Arzt*, 51. DJT, Verh. Bd. II N 57: § 246 II soll nur begründetes Vertrauen erfassen, § 246 I nur Fälle ohne Beziehung zwischen Täter und Eigentümer, sodass ein Überlassen des Gewahrsams ohne wirkliches Vertrauen unter keine der beiden Varianten des § 246 fallen würde.
13 Vgl. unten Rn. 26 ff., 29 ff.
14 Quelle: Strafverfolgungsstatistiken 1998, 2001, 2005, 2011 (S. 24 f.).
15 Polizeiliche Kriminalstatistik, Berichtsjahr 1998, S. 39; Berichtsjahr 2001, S. 37; Berichtsjahr 2005, S. 39; Berichtsjahr 2011, S. 44.

II. Die Stellung des § 246 im System der Eigentumsdelikte

9 Unter der Geltung des § 246 a. F. bestand eine Lücke zwischen § 242 und § 246: Da § 242 (nur) Zueignungen mittels Gewahrsamsbruchs erfasst und § 246 a. F. voraussetzte, dass der Täter die fremde Sache bei der Zueignung in Gewahrsam **hatte**, waren Zueignungshandlungen ohne Gewahrsamsbruch und ohne Innehabung des Gewahrsams nicht tatbestandsmäßig. Diese Lücke versuchte man damals mittels einer („kleinen" bzw. „großen") berichtigenden Auslegung des § 246 a. F. in – im Hinblick auf das Analogieverbot, Art. 103 II GG – höchst bedenklicher Weise zu schließen[16]. Der Gesetzgeber hat durch das 6. StrRG die damalige „große berichtigende Auslegung", die auf das Erfordernis des Gewahrsams nahezu vollständig verzichtete, legalisiert und § 246 nunmehr als umfassendes Zueignungsdelikt ausgestaltet.

10 Heute reicht der von der Innehabung des Gewahrsams losgelöste Zueignungsbegriff derart weit, dass § 246 n. F. Gefahr läuft, mit einem anderen in Art. 103 II GG enthaltenen Grundsatz in Konflikt zu geraten, nämlich dem **Bestimmtheitsgebot**[17]. Dies gilt umso mehr, als der Wortlaut des Tatbestands die Subsumtion von Fallgestaltungen zulässt, die über diejenigen hinausreichen, die mit der berichtigenden Auslegung erfasst werden sollten[18].

11–13 Der umfassende strafrechtliche Schutz des Eigentums ist aber, wie es *Hellmuth Mayer*[19] bezüglich des umfassenden Untreuetatbestands formuliert hat, „ein Kind des doktrinären Naturrechts, welches nicht aus kriminalpolitischem, sondern aus systematischem Bedürfnis ein System der möglichen strafbaren Verletzungen von Privatrechten konstruierte". – „Das totale Vermögensstrafrecht liegt [...] auf dem Wege zum totalen Staat"[20].

III. § 246 im Einzelnen

1. Grundsatz: Parallele zu § 242

a) Rechtsgut „Eigentum"

14 Bei § 242 und § 246 treten weitgehend dieselben Fragen auf, sodass auf die Ausführungen zu § 242 verwiesen werden kann.[21] Dies gilt insbesondere hinsichtlich des geschützten Rechtsguts des Eigentums, welches strikt zivilrechtsakzessorisch ausgestaltet ist, sich also nach den Vorschriften des BGB richtet[22]. Dabei ist zu beachten, dass Gegenstand der

---

16 Vgl. zur damaligen Diskussion nur *Arzt/Weber*, LH 3, 2. Aufl. 1986, Rn. 251 ff.; *S/S/Eser*, 25. Aufl. 1997, § 246 Rn. 1.
17 So auch *Duttge/Fahnenschmidt*, ZStW 110 (1998), 884 (915 f.); vgl. zum Bestimmtheitsgebot *Baumann/Weber/Mitsch*, § 9 Rn. 6 ff.; *B. Heinrich*, AT, Rn. 28 ff.
18 Vgl. dazu und zur gebotenen restriktiven Interpretation unten Rn. 26 ff.
19 *Hellmuth Mayer*, Die Untreue, Materialien zur Strafrechtsreform Bd. 1, 1954, S. 333 ff.
20 *Hellmuth Mayer*, Die Untreue, Materialien zur Strafrechtsreform Bd. 1, 1954, S. 339.
21 Vgl. hierzu oben § 13 Rn. 32 ff.
22 Vgl. dazu § 13 Rn. 33 ff.; zu der daraus folgenden Vermehrung der potenziellen Unterschlagungssituationen infolge der zivilrechtlichen Anerkennung des Eigentumsvorbehalts siehe oben Rn. 5.

Unterschlagung nur Sachen sein können, die ihrer Individualität nach bestimmt sind[23].

Beispiel (1): Beim **Selbsttanken** wird dem Kunden mit der Gestattung des Einfüllens des Benzins in den Tank der Gewahrsam am Kraftstoff übertragen, sodass ein **Diebstahl** (§ 242) wegen fehlenden Gewahrsamsbruchs ausscheidet, wenn der Kunde ohne Bezahlung wegfährt[24]. – Problematisch ist hingegen, ob der Kunde mit dem Einfüllen des Benzins in den Tank bereits Eigentum an demselben erlangt (dann läge keine Unterschlagung vor). Ein solcher Eigentumserwerb infolge Vermischung mit dem Restbenzin auf der Grundlage der §§ 947, 948 BGB scheidet dabei aus, da dies lediglich zu Miteigentum führt[25]. Ein Eigentumsübergang scheidet auch dann aus, wenn ausdrücklich ein Eigentumsvorbehalt vereinbart wurde[26]. Ist dies nicht der Fall, so ist es streitig, ob das Eigentum am Benzin schon beim Einfüllen nach § 929 S. 1 BGB auf den Kunden übergeht, da der Betreiber der Tankstelle bereits zu diesem Zeitpunkt den auf Übereignung gerichteten Antrag des Kunden annimmt (§ 151 BGB)[27], oder ob der Kaufvertrag und die dingliche Einigung erst an der Kasse zustande kommen, da erst dann, d. h. nach Abschluss des Tankens, Art und Menge des übereigneten Kraftstoffs feststehen würden und hinreichend bestimmt seien[28]. Letzteres kann jedoch deswegen nicht überzeugen, weil die Sache als körperlicher Gegenstand (= das in den Tank fließende Benzin) bereits in dem Moment hinreichend bestimmt ist, in dem es in den Tank fließt. Ob und wie viel weiteres Benzin in den Tank fließt spielt hinsichtlich des bereits eingefüllten Benzins keine Rolle. Zudem ist das Abstellen auf den Bezahlungsvorgang insoweit willkürlich, da Art und Menge des getankten Benzins nicht erst dann, sondern bereits mit Einhängen des Zapfhahnes feststehen. Fährt der Betreffende nach dem Tanken also weg, ohne zu bezahlen, so fehlt es am Zugriff auf eine fremde Sache und eine Strafbarkeit wegen **Unterschlagung** (§ 246) kommt nicht in Betracht. – Im Falle des von vornherein zur Nichtzahlung entschlossenen Kunden bleibt (versuchter) **Betrug** zu prüfen, sofern der Täter vom jeweils anwesenden Personal wahrgenommen wird (oder er jedenfalls damit rechnet, dass dies der Fall sein könnte)[29].

---

23 *Wessels/Hillenkamp*, BT 2, Rn. 308.
24 Vgl. oben § 13 Rn. 54; vgl. BGH, NJW 1983, 2827; OLG Düsseldorf, JR 1985, 207; *Eisele*, BT II, Rn. 251; *Herzberg*, JA 1980, 385 (391 f.); *ders.*, NJW 1984, 896; *Lange/Trost*, JuS 2003, 961 (962 f.); *Schroeder*, JuS 1984, 846; a. M. *Mitsch*, BT 2/1, § 2 Rn. 12 (die Gewahrsamsaufgabe stehe unter der Bedingung der Zahlungsbereitschaft des Kunden).
25 *Eisele*, BT II, Rn. 251.
26 So ist es den Mineralölgesellschaften bzw. den Tankstellenpächtern z. B. möglich, einen schriftlichen Hinweis anzubringen, das Eigentum am Benzin gehe erst mit vollständiger Zahlung des Kaufpreises auf den Kunden über (§§ 455, 158 I BGB).
27 So auch OLG Düsseldorf, NStZ 1982, 249; OLG Düsseldorf, JR 1985, 207 m. Anm. *Herzberg*; ferner *Baier*, JA 1999, 364 (366 f.); *Herzberg*, JA 1980, 385 (389 ff.); *ders.*, NJW 1984, 896; *ders.*, NStZ 1983, 251 (252); dem an sich zustimmend auch das OLG Hamm, NStZ 1983, 266 (267), das aber grundsätzlich davon ausgeht, die dingliche Einigungserklärung des Tankstelleninhabers stelle die Übereignung stets unter einen Eigentumsvorbehalt, auch wenn dieser nicht ausdrücklich vereinbart wurde, sodass das Eigentum erst bei der Bezahlung in der Kasse übergehe.
28 *Borchert/Hellmann*, NJW 1983, 2799 (2802); *Eisele*, BT II, Rn. 251; *Mitsch*, BT 2/1, § 2 Rn. 12; NK-*Kindhäuser*, § 242 Rn. 17; *Otto*, JZ 1985, 21 (22); *Ranft*, JA 1984, 1 (4 f.); S/S/*Eser/Bosch*, § 246 Rn. 7; *Streng*, JuS 2002, 454 (454 f.).
29 § 263 ist bei Beobachtung durch den Kassierer zu bejahen; vgl. BGH, JZ 1984, 145; BGH, NStZ 2009, 604; BGH, NStZ 2012, 324; LK-*Ruß*, 11. Aufl., § 246 Rn. 8; S/S/*Eser/Bosch*, § 246 Rn. 7; dazu auch unten § 20 Rn. 37.

16 **Beispiel (2):** Auch beim **Missbrauch von EC-Karten** ist ein Gewahrsamsbruch hinsichtlich des aus dem Automaten entnommenen Geldes abzulehnen[30]. Da es beim Codekartenmissbrauch – anders als in den Normalfällen des Selbsttankens ohne Bezahlung – am täuschenden Einwirken auf einen Menschen fehlt, scheidet auch ein Betrug (§ 263) des **Nichtberechtigten** aus. Die Tatbestandsmäßigkeit nach § 246 hängt davon ab, ob auch demjenigen, der den Automaten **unbefugt** bedient, das Geld übereignet wird (§ 929 S. 1 BGB). Mit dem BGH[31] ist eine Beschränkung des Übereignungsangebots der Bank auf den rechtmäßigen Karteninhaber anzunehmen, sodass mit dem unbefugten Kartenbenutzer kein Übereignungsvertrag zustande kommt und damit die Bank Eigentümerin des entnommenen Geldes bleibt. Dem steht nicht entgegen, dass gleichzeitig eine Gewahrsamsübertragung angenommen wird und deshalb ein Diebstahl zu verneinen ist. Denn der Gewahrsamsbruch ist ein tatsächlicher Vorgang, die Übertragung hingegen ein Rechtsgeschäft[32]. Entnimmt der Nichtberechtigte das freigegebene Geld mit Zueignungswillen aus dem Bankomaten, so liegt darin eine nach § 246 I tatbestandsmäßige Zueignung[33]. – Die Frage hat ihre praktische Bedeutung allerdings inzwischen verloren, weil in der Regel eine Tatbestandsmäßigkeit nach § **263a (Computerbetrug)** anzunehmen ist und § 263a eine den 246 verdrängende (Spezial-)Regelung enthält[34]. – Da dem **berechtigten** Inhaber der EC-Karte das vom Bankomaten freigegebene Geld übereignet wird, kommt für ihn eine Strafbarkeit nach §§ 242 oder 246 hingegen nicht in Betracht. Dies gilt auch dann, wenn er mit der Bargeldabhebung das ihm eingeräumte Kreditvolumen überschreitet[35].

b) Gewahrsamsfragen

17 § 246 setzt zwar auf Täterseite keinen Gewahrsam mehr voraus[36], gleichwohl wäre die Annahme verfehlt, die für den Diebstahl behandelten Gewahrsamsfragen[37] spielten bei der Unterschlagung keine Rolle mehr. Denn in seinem Kernbereich erfasst § 246 nach wie vor Zueignungshandlungen von Personen, die, z. B. als Arbeitnehmer, über eine tatsächliche Zugriffsmöglichkeit auf die Sache verfügen[38]. Dann stellt sich die Frage, ob die Herrschaft über die Sache so ausgestaltet ist, dass sie im Alleingewahrsam des Täters steht. Denn nur dann ist die Tat nach § 246 strafbar, andernfalls ist infolge des Bruchs des Mitgewahrsams anderer der vorrangige § 242 anwendbar[39].

---

30 Vgl. oben § 13 Rn. 56.
31 BGHSt 35, 152 (161 ff.); vgl. hierzu schon oben § 13 Rn. 34.
32 BGHSt 35, 152 (161).
33 So auch *Lackner/Kühl*, § 242 Rn. 23; *Ranft*, JA 1984, 1 (7 f.); *ders.*, JR 1989, 162 (165 f.); *Weber*, Krause-FS 1990, S. 427 (429 f.); a. M. (Geld wird auch an den unberechtigten Kartenbenutzer wirksam übereignet, sodass § 246 ausscheidet) *Steinhilper*, Jura 1983, 401 (409); *ders.*, GA 1985, 114 (119 ff.; 128 f.); *Otto*, Bankentätigkeit und Strafrecht, 1983, S. 145; *Wessels/Hillenkamp*, BT 2, Rn. 184.
34 Vgl. unten § 21 Rn. 36 ff. m. w. N.
35 Vgl. zur Anwendbarkeit der §§ 263a und 266b in diesem Fall unten § 21 Rn. 42 ff. und § 23 Rn. 49.
36 Vgl. oben Rn. 1, 9.
37 Vgl. oben § 13 Rn. 38 ff.
38 Vgl. unten Rn. 18.
39 Vgl. zur Subsidiarität des § 246 unten Rn. 42; zu den Gewahrsamsverhältnissen bei sozialer Abhängigkeit die Beispiele oben § 13 Rn. 46 ff.

Beispiel[40]: Der für Fehlbestände verantwortliche Kassierer entnimmt Geld aus der **18**
Kasse seines Arbeitgebers. – Hier hat der Kassierer trotz der Kassenaufsicht und der
Weisungsrechte seines Chefs oder Vorgesetzten Alleingewahrsam am Geld[41]. Der
BGH führt aus: „Die alleinige Verantwortung setzt voraus, dass niemand gegen den
Willen des Kassierers Geldbeträge aus der Kasse entnehmen darf. [...] Der Geschäftsinhaber oder Vorgesetzte hat zwar ein Weisungsrecht, darf aber [...] selbst
keine Beträge aus der Kasse entnehmen, sondern bedarf dazu der Mitwirkung des
Kassierers"[42]. – Bei verbeamteten Kassenverwaltern ist daran zu erinnern, „daß die
allgemeine Dienstaufsicht über einen Beamten dessen Alleingewahrsam an den ihm
anvertrauten Sachen an sich nicht beeinträchtigt"[43]. Kommt dagegen die Aufsicht
des Vorgesetzten (entpersonalisiert: der Verwaltung) in **konkreten** Maßnahmen
zum Ausdruck, erlangt der Beamte bloßen Mitgewahrsam[44].

Die Abgrenzung zwischen Diebstahl und Unterschlagung ist daher im
Einzelfall anhand der Gewahrsamsverhältnisse vorzunehmen. Sie kann
insbesondere auch im Hinblick auf Anschlusshandlungen bedeutsam sein.
So setzt z. B. § 252 als Vortat einen Diebstahl voraussetzt, eine Unterschlagung reicht hierfür nicht aus.

Beispiel[45]: T nimmt O dessen Handy weg und verlangt 20 Euro für die Rückgabe.
Weil O dies ablehnt, entschließt sich T spontan, das Telefon zu behalten. Als O ihm
folgt und die Herausgabe verlangt, schlägt ihm T ins Gesicht. Der BGH verneint
hier zu Recht einen räuberischen Diebstahl gemäß § 252, da T die Zueignungsabsicht erst fasste als er schon Gewahrsam an dem Handy erlangt hatte. Damit scheidet § 242 als Vortat aus, es liegt lediglich eine Unterschlagung vor.

c) Selbst- und Drittzueignung, Gebrauchsentwendung

§ 246 verlangt allerdings – im Gegensatz zu § 242 – einen Zueignungs- **19**
erfolg. Subjektiv reicht diesbezüglich jedoch Eventualvorsatz aus, eine
Absicht ist – wiederum im Gegensatz zu § 242 – nicht erforderlich[46]. Im
Übrigen besteht bezüglich des Zueignungsbegriffs[47] und der Abgrenzung von Zueignung und Gebrauchsentwendung[48] aber zwischen §§ 242
und 246 Problemidentität. Wie in § 242 ist in § 246 neben der Selbstzueignung die **Drittzueignung** unter Strafe gestellt[49]. Wie der Gebrauchs-

---

40 Fall nach BGHSt 8, 273.
41 BGH, NStZ-RR 2001, 268; vgl. schon oben § 13 Rn. 48.
42 BGHSt 8, 273 (275); die Formulierung ist insofern missverständlich, als der Chef natürlich
gegen den Willen des Kassierers Geld aus der Kasse nehmen kann und darf. Entscheidend für
den Alleingewahrsam des Kassierers ist, dass der Chef quittieren muss, damit ihre Kasse stimmt.
43 BGH, LM Nr. 5 zu § 350; vgl. auch zum Alleingewahrsam des Briefträgers oben § 13 Rn. 48,
Fn. 115.
44 RGSt 67, 230 (231) – der Fall betraf die (heute privatisierte!) Bahnpost: der Verschluss der Briefbeutel durch Plomben verschaffe der Postverwaltung „i. V. mit den einschlägigen Dienstvorschriften" den Mitgewahrsam.
45 Fall nach BGH, NStZ 2011, 36 mit Anm. *Hecker*, JuS 2011, 374.
46 *Eisele*, BT II, Rn. 270; *Hecker*, JuS 2010, 740 (741); *Lackner/Kühl*, § 246 Rn. 9; *Rengier*, BT I,
§ 5 Rn. 18.
47 Vgl. oben § 13 Rn. 67 ff.
48 Vgl. oben § 13 Rn. 79 ff.
49 Vgl. dazu oben § 13 Rn. 114 ff.; vgl. zum alten Rechtszustand BGHSt 41, 187; zum Zueignungsbegriff des § 246, insbes. zum Zueignungserfolg, vgl. unten Rn. 21 ff.

diebstahl ist auch die **Gebrauchsunterschlagung** grundsätzlich nicht strafbar[50].

d) Rechtswidrigkeit der Zueignung

20   Maßgeblich ist hier – wie bei § 242 – der Verstoß gegen die Eigentumsordnung[51]. Die Rechtswidrigkeit stellt daher ein streng normativ geprägtes Tatbestandsmerkmal dar.

> **Beispiel:** Ein Kassierer in einem Supermarkt wechselt einen Geldschein in der Kasse, da er Kleingeld braucht. – Formal liegt auch hier – sofern man nicht ausschließlich auf den Wertsummengedanken abstellt – eine Zueignung vor. Diese ist auch rechtswidrig, weil der Kassier keinen Anspruch auf eben diese Geldstücke hat. Die Tat ist jedoch wegen der fehlenden wirtschaftlichen Beeinträchtigung des Eigentümers durch eine (mutmaßliche) Einwilligung gerechtfertigt[52].

2. Die Zueignung

a) Der Zueignungserfolg

21   Wie bereits ausgeführt, setzt § 246 – anders als § 242 – voraus, dass der Täter die Sache sich oder einem Dritten zueignet, verlangt also den Eintritt des **Zueignungserfolgs**. Die Zueignung ist somit ein Element des objektiven Tatbestandes[53]. Beim Diebstahl begnügt sich das Gesetz dagegen mit der entsprechenden Absicht, weil eine nach außen tretende Handlung in Gestalt der Wegnahme vorliegt. § 242 ist demnach ein kupiertes Erfolgsdelikt (Delikt mit überschießender Innentendenz), § 246 ein Erfolgsdelikt.

22   Eine praktikable **Definition des Zueignungserfolgs** ist für § 246 von entscheidender Bedeutung. Eine befriedigende Begriffsbestimmung ist jedoch noch nicht gelungen. Der materielle Zueignungsbegriff basiert auf der de facto Verdrängung des de jure Eigentümers aus der Macht über die Sache (Sachsubstanz) auf **Dauer**. Vom Verzehr und sonstigen Verbrauch sowie von der Veräußerung an einen gutgläubigen Dritten[54] abgesehen, ist es jedoch unmöglich, den Eintritt eines solchen „Dauererfolgs" abzuwarten, denn Dauer weist immer in die Zukunft.

---

50   Vgl. zur wichtigen Ausnahme des § 248b oben § 13 Rn. 140 ff.; zum zweiten Ausnahmetatbestand § 290 oben § 13 Rn. 148; vgl. auch unten Rn. 41.
51   Vgl. oben § 13 Rn. 122, 127 ff.
52   Vgl. *B. Heinrich*, AT, Rn. 478; ferner *S/S/Eser/Bosch*, § 246 Rn. 22 und § 242 Rn. 6, wo die Problematik vom Geld vorsichtig auf (andere) vertretbare Sachen übertragen wird.
53   Allerdings ist die Zueignung als objektives Tatbestandsmerkmal subjektiv dadurch geprägt, dass als wesentliches Merkmal der Zueignung der Zueignungswille (= subjektiv) eine wesentliche Rolle spielt; Vgl. hierzu auch *Eisele*, BT II, Rn. 253; nach *Hecker*, JuS 2010, 740 (741), ist aufgrund dieser stark subjektiven Prägung des Tatbestandsmerkmals auf die Trennung zwischen objektivem und subjektivem Tatbestand gänzlich zu verzichten und zuerst der Zueignungswille und danach die äußerliche Betätigung desselben zu prüfen.
54   Gutgläubiger Erwerb ist auch von einem Veräußerer möglich, der die Sache unterschlägt, vgl. § 935 I BGB; vgl. hierzu schon oben. Rn. 4.

Beispiel: Unterschlägt Toni Schmuck, welcher Berta gehört, tritt der Erfolg i. S. einer dauernden (!) Verdrängung Bertas nicht ein, solange diese lebt, es sei denn, ein Dritter erwirbt gutgläubig Eigentum nach §§ 932 ff. BGB oder ersitzt die Sache, § 937 BGB[55].

b) Die Lösung nach der „Manifestationstheorie"

Die h. M. hat eine Lösung der Problematik des Zueignungserfolgs mithilfe des formalen Zueignungsbegriffs des se ut dominum gerere gesucht und gefunden: **Zueignungserfolg i. S.** des § 246 ist das nach außen erkennbare **Auftreten als Eigentümer**, worunter neben dem ausdrücklichen oder konkludenten Vorspiegeln der Eigentümerstellung auch die offene Anmaßung von Befugnissen zu verstehen ist, die ausschließlich dem Eigentümer vorbehalten sind[56]. Umstritten ist hierbei lediglich, ob jede, also z. B. auch eine mehrdeutige, sich nach außen manifestierende Handlung ausreicht (weite Manifestationstheorie)[57] oder ob verlangt werden muss, dass ein objektiver Betrachter, der die Umstände des Falles kennt, auch ohne Berücksichtigung des Willens des Täters **eindeutig** auf den Zueignungsvorsatz schließen kann (enge Manifestationstheorie)[58]. Folge dieser Ansätze ist, dass es zu einer fast völligen Deckung von Manifestation des auf Zueignung gerichteten Willens mit dem Zueignungserfolg kommt: Tritt der Wille, die Sache sich oder einem Dritten zuzueignen, nach außen hervor, liegt darin schon der formale Zueignungserfolg i. S. des Auftretens als Eigentümer. Der Unterschlagungsversuch wird damit weitgehend[59] zu einer vollendeten Unterschlagung. Doch damit nicht genug: Man hat Mühe, eine wahndeliktische „Unterschlagung" von einer echten vollendeten Unterschlagung zu unterscheiden.

23

Beispiel: Die Vorverlagerung des Zueignungserfolgs wird bei der **Verkaufsofferte** besonders deutlich. Nach h. M. liegt (konsequenterweise) darin ein Auftreten als Quasi-Eigentümer und damit bereits eine vollendete Unterschlagung[60].

Die h. M. ging freilich schon unter Geltung des § 246 a. F., also beim Gewahrsam des Täters, nicht so weit, das bloße Auftreten als (Quasi-)Eigentümer auch dann als tatbestandsmäßig anzusehen, wenn dieses Auftreten für den Eigentümer weder wirtschaftlich noch rechtlich nachteilig war[61].

24

---

55 Dem Eigentumsverlust gleichzustellen ist die (nach 30 Jahren eintretende, § 197 BGB) Verjährung des Herausgabeanspruchs nach § 985 BGB.
56 Vgl. oben § 13 Rn. 118.
57 In diese Richtung RGSt 55, 145 (146); RGSt 58, 230; RGSt 73, 253 (254); BGHSt 14, 38 (41); BGHSt 24, 115 (119); *Bockelmann*, ZStW 65 (1953), 569 (588 f.); LK-*Ruß*, 11. Aufl., § 246 Rn. 13.
58 In diese Richtung BGHSt 34, 309 (312); *Eisele*, BT II, Rn. 254; *Küper*, Jura 1996, 205 (206 f.); *Rengier*, BT I, § 5 Rn. 2 ff.; *S/S/Eser/Bosch*, § 246 Rn. 11; *Wessels/Hillenkamp*, BT 2, Rn. 311 f.
59 Zu §§ 246, 22 kommt man dann, wenn das Objekt untauglich ist (z. B. wenn die Sache dem Täter gehört).
60 RGSt 58, 230; NK-*Kindhäuser*, § 246 Rn. 20; *S/S/Eser/Bosch*, § 246 Rn. 16; a. M. *Mitsch*, BT 2/1, § 2 Rn. 41.
61 Zur verstärkten Bedeutung des Kriteriums der Nachteiligkeit im Hinblick auf § 246 n. F. vgl. unten Rn. 26 ff.

Beispiel (1): Tina leiht sich den Schmuck ihrer Freundin Frida für einen Abend (mit oder ohne deren Zustimmung) und sagt auf die entsprechende Frage ihrer Bekannten Berta, der sie imponieren will, der Schmuck gehöre ihr. – In diesem Verhalten liegt zwar ein Auftreten als Eigentümerin, trotzdem ist § 246 abzulehnen. Aus dem Auftreten als Quasi-Eigentümer muss sich ein Nachteil für den wirklichen Eigentümer ergeben (oder der Nachteil muss drohen, so z. B. bei der Verkaufsofferte). Wie schon bei der quantitativen Abgrenzung zwischen Zueignung und furtum usus[62] lässt sich auch hier eine Grenze nur mithilfe des **Vermögensnachteils** ziehen[63].

25 **Beispiel (2)**[64]: T übereignet die in seinem unmittelbaren Besitz (und Gewahrsam) verbleibende Sache dem Gläubiger A zur Sicherung, § 930 BGB. Nach einiger Zeit schließt er über dieselbe Sache einen ähnlichen Vertrag mit dem Gläubiger B (Fall der mehrfachen Sicherungsübereignung). – Klar ist hier, dass sich T gegenüber B als Eigentümer geriert. B kann jedoch kein Eigentum erwerben, vgl. §§ 930, 933 BGB (Voraussetzung wäre, dass T dem B den unmittelbaren Besitz verschaffen würde!). Der Eigentümer A ist deshalb von der Transaktion weder rechtlich noch wirtschaftlich in seiner Stellung als Eigentümer berührt. Da hier kein Nachteil für den Eigentümer ersichtlich ist, fehlt es am Zueignungserfolg. Kennt T die zivilrechtliche Lage und weiß er, dass er sich die Sache nicht zueignen kann, scheidet auch ein Versuch des § 246 aus (es liegt aber ein Betrug, § 263, gegenüber B vor). Kennt T die zivilrechtliche Lage nicht, sondern nimmt er an, er könne B Eigentum verschaffen und mithin einen Zueignungserfolg herbeiführen, liegt ein untauglicher Versuch (an der Grenze zum Wahndelikt) vor, T ist also nach §§ 246, 22 zu bestrafen[65].

26 Vollends fragwürdig, ja unhaltbar, wird die Gleichsetzung des Zueignungserfolgs mit dem Auftreten als Eigentümer[66] dann, wenn der Täter **keinerlei Sachherrschaft** über den fremden Gegenstand ausübt[67] – eine nach Verzicht auf das Gewahrsamserfordernis in § 246 n. F.[68] an sich unterschlagungsgeeignete Konstellation. An diesem Beispiel wird deutlich, dass man eine **Entziehungsbeziehung** fordern muss, d. h. eine Stellung, die es dem Täter ermöglicht, einen Herrschaftsverlust beim Berechtigten herbeizuführen. Dies erkennt auch die h. M. an, wenn sie für den Eintritt des Zueignungserfolgs zumindest die Gefahr eines rechtlichen oder tat-

---

62 Vgl. oben § 13 Rn. 81 ff.
63 Eine Scheinlösung ist die Formel, nur ein solches Auftreten als Eigentümer begründe den Zueignungserfolg i. S. des § 246, bei der der Wille zum Ausdruck komme, den Eigentümer dauernd zu enteignen und die Sache dem eigenen Vermögen einzuverleiben; vgl. BGHSt 1, 262 (264); *Lackner/Kühl*, § 246 Rn. 4. Dieser Wille kommt im Auftreten als Eigentümer stets zum Ausdruck. Gerade BGHSt 1, 262 zeigt, dass es nicht am Verdrängungswillen, sondern am Verdrängungserfolg fehlt. Wie hier z. B. *Mitsch*, BT 2/1, § 2 Rn. 41.
64 Fall nach BGHSt 1, 262.
65 So auch *Mitsch*, BT 2/1, § 2 Rn. 41; *Rudolphi*, GA 1965, 33 (38 f.). – Für vollendete Unterschlagung *S/S/Eser/Bosch*, § 246 Rn. 13, 17, mit dem Argument, rechtlich wirkungslose Maßnahmen reichten zur Zueignung aus, erforderlich sei „jedoch, dass die Zueignung auf Beeinträchtigung der Eigentümerstellung in ihrer wirtschaftlichen Funktion ausgerichtet ist", eine Voraussetzung, die im vorliegenden Beispiel gegeben wäre. Ebenso z. B. *Lackner/Kühl*, § 246 Rn. 5; LK-*Vogel*, 12. Aufl., § 246 Rn. 39.
66 Vgl. oben Rn. 23.
67 Vgl. dazu *Ambos*, GA 2007, 127.
68 Vgl. oben Rn. 1, 3, 9.

§ 246 im Einzelnen § 15 Rn. 27–29

sächlichen Eigentumsverlusts des Berechtigten verlangt, die in der Regel nur dann eintritt, wenn eine Herrschaftsbeziehung zu der Sache besteht[69]. In folgenden Fällen scheidet daher eine Zueignung aus:

Beispiel (1): T prahlt wahrheitswidrig damit, der gerade vorbeifahrende „Maybach 57 S" gehöre ihm und werde von seinem Chauffeur gesteuert. Noch weniger als im Schmuckfall[70] kann hier von einer Gefährdung der Eigentümerinteressen die Rede sein. Befindet sich die Sache im Gewahrsam des Eigentümers und soll sich daran durch den „Zueignungsakt" auch nichts ändern, scheidet § 246 aus[71]. 27

Beispiel (2): An einer unmittelbar nachteiligen Einwirkung auf fremdes Eigentum und damit einer tatbestandsmäßigen Zueignung fehlt es auch dann, wenn T zu X sagt, er (X) könne auf dem Nachbargrundstück Äpfel ernten[72]. Greift X den Tipp auf, so ist T nach §§ 242, 26 strafbar, andernfalls straflos.

Beispiel (3): Nicht (Dritt-)Zueignung, sondern Anstiftung zur Unterschlagung liegt dann vor, wenn T den X auf eine auf dem Gehsteig liegende, offensichtlich verloren gegangene Sache mit der Bemerkung hinweist, er könne sie sich nehmen.

In derartigen Fällen fehlender Sachherrschaft liegt nicht einmal ein Unterschlagungsversuch vor. Denn die Verdrängung des Eigentümers aus seiner Position erfordert noch zu viele weitere Schritte, sodass noch nicht von einem unmittelbaren Ansetzen zur Tatbestandsverwirklichung gesprochen werden kann[73]. Erforderlich ist in **Beispiel (1)** und **(2)** noch die Wegnahme des Pkw bzw. der Äpfel, im **Beispiel (3)** die Zueignung durch X. Mit einer Anwendung der §§ 246, 22 in den Fällen (2) und (3) würden auch die Teilnahmeregeln unterlaufen. Insbesondere würde dabei die gesetzliche Wertung übergangen, dass die erfolglose Aufforderung an einen Dritten, die Sache zu nehmen, im Rahmen des § 30 nur bei einem Verbrechen bestraft werden könnte[74]. 28

c) Eigene Lösung

Obwohl die von § 246 a. F. geforderte Innehabung des Gewahrsams eine solide Grundlage für die sich anschließende Zueignungshandlung darstellte, war die Kritik am damaligen weiten Zueignungsbegriff der h. M.[75] 29

---

69 So auch *Dencker* in: Dencker/Struensee/Nelles/Stein, Einführung in das 6. Strafrechtsreformgesetz 1998, 1. Teil, Rn. 50 ff. insbes. 56 (die Handlung müsse einen „tauglichen, beendeten Versuch der dauerhaften Enteignung" darstellen); *Duttge/Fahnenschmidt*, ZStW 110 (1998), 884 (907 ff.); *Eisele*, BT II, Rn. 258 („sachenrechtsähnliche Herrschaftsbeziehung […], die spätestens zum Zeitpunkt der Manifestation der Zueignung begründet werden muss"); *Mitsch*, ZStW 111 (1999), 65 (88 ff.); *Sinn*, NStZ 2002, 64 (68).
70 Vgl. oben Rn. 24.
71 *Mitsch*, ZStW 111 (1999), 65 (89 f.); NK-*Kindhäuser*, § 246 Rn. 8 f.
72 Ebenso für vergleichbare Fälle ohne Sachherrschaft *Ambos*, GA 2007, 127 (145); *Rengier*, Lenckner-FS 1998, S. 801 (810 f.).
73 Siehe zum unmittelbaren Ansetzen z. B. *Baumann/Weber/Mitsch*, § 26 Rn. 46 ff., insbes. 54 f.; *B. Heinrich*, AT, Rn. 700 ff., insbes. 721 ff.
74 Siehe zu § 30 näher *Baumann/Weber/Mitsch*, § 32 Rn. 39 ff.; *B. Heinrich*, AT, Rn. 1364 ff.; zu Ausnahmefällen einer erfolgreichen und versuchten Zueignung trotz fehlenden Tätergewahrsams unten Rn. 31.
75 Vgl. oben Rn. 23 ff.

nie verstummt[76]. So wird z. B. im Anbieten einer Sache zum Kauf von einem Teil der Literatur ein **Versuch** des § 246 gesehen[77]. Alle Bemühungen kreisen somit um eine Definition des Zueignungserfolgs[78]. Leider haben diese Bemühungen noch nicht zu einer befriedigenden Lösung geführt[79]. Im Ergebnis ist aber die Innehabung des Gewahrsams oder eine vergleichbare „Herrschaftsbeziehung" zum entsprechenden Gegenstand zu fordern.

30 **Beispiel:** E hat dem T ein Stillleben und einen Spaten geliehen. E stirbt, Erbe ist O. Nach h. M. läge § 246 vor, wenn der Zueignungswille des T sich manifestieren würde, sei es, indem er das Bild oder den Spaten dem X zum Kauf anbietet, sei es, dass er zu seiner Frau sagt: „Das Bild und den Spaten geben wir nicht zurück". – Gibt T hingegen keine Erklärung ab, sondern benutzt er den Spaten weiter (aktives Handeln) und lässt er das Bild weiter bei sich hängen (Unterlassen), kommt irgendwann damit konkludent zum Ausdruck, dass er den Gebrauch der Gegenstände nicht als ausgedehnte Leihe ansieht, sondern sich als Eigentümer geriert (und damit liegt nach h. M. eine Zueignung vor)[80]. Mit der obigen Formel (die auch dahin ausgedrückt wird, der Täter müsse objektiv eine Lage schaffen, „die die **Rückkehr der Sache** zum Eigentümer zufällig erscheinen lässt") lässt sich zwar die Verkaufsofferte als lediglich versuchte Zueignung behandeln (T muss noch mehr tun), doch schon bei der Erklärung gegenüber der Ehefrau kommt man in Schwierigkeiten, die sich bei schlichter Weiterbenutzung noch vergrößern[81].

31 Am fehlenden Zueignungserfolg scheitert die Unterschlagungsstrafbarkeit regelmäßig dann, wenn derjenige, der einen Selbst- oder Drittzueignungswillen zum Ausdruck bringt, **keinen Gewahrsam** an der Sache hat[82]. **Ausnahmen** ergeben sich allerdings aus den zivilrechtlichen Vorschriften

---

76 Eingehend zu den (auch einschränkenden) Zueignungslehren *Kargl*, ZStW 103 (1991), 136. *Kargl* selbst verlangt ebenfalls einen (objektiven) Zueignungserfolg (vgl. insbes. S. 181 ff.).
77 So von *Frank*, § 246 Bem. V, mit dem Argument, die Verwertung habe damit begonnen, aber die darauf gerichtete Handlung sei noch nicht abgeschlossen. Ebenso *Mitsch*, BT 2/1, § 2 Rn. 41.
78 Einige Vertreter stellen dabei auf eine objektiv vorgenommene Aneignung ab; so *Lackner/Kühl*, § 246 Rn. 4; *Samson*, JA 1990, 5 (7 ff). Dagegen betonen andere mehr die Enteignungskomponente, wie z. B. *Maiwald*, Der Zueignungsbegriff im System der Eigentumsdelikte, 1970, S. 191 ff.; SK-*Hoyer*, § 246 Rn. 20 ff.; zuweilen werden auch beide Elemente gefordert; vgl. LK-*Vogel*, 12. Aufl. § 246 Rn. 28 ff.; zum Streitstand siehe auch *Basak*, GA 2003, 109 (114 ff.).
79 Besonders gefördert wurde die Diskussion von *Maiwald*, Der Zueignungsbegriff im System der Eigentumsdelikte, 1970, S. 199, der die Formel aufstellte, dass die Zueignung erst mit der Schaffung einer Lage von einer gewissen Endgültigkeit vollendet ist. – Gerade bei den kritischen Fällen des allmählichen Verbrauchs oder des Gebrauchs (Entzug ohne Abnutzung) auf Dauer hilft diese Formel jedoch nicht weiter.
80 Zum Sonderproblem der Manifestation der Zueignung durch Unterlassen *Maiwald*, Der Zueignungsbegriff im System der Eigentumsdelikte, S. 200 ff. – Die h. M. bejaht die Möglichkeit einer Zueignung durch Unterlassen; vgl. *Lackner/Kühl*, § 246 Rn. 4; *Lagodny*, Jura 1992, 659 (664 f.); LK-*Ruß*, 11. Aufl., § 246 Rn. 13, 17, 20; *Maurach/Schroeder/Maiwald*, BT 1, § 34 Rn. 31; *Mitsch*, BT 2/1, § 2 Rn. 47; NK-*Kindhäuser*, § 246 Rn. 15; *Otto*, JZ 1985, 21 (25); *Schmid*, MDR 1981, 806; a. M. OLG Hamm, JR 1952, 204; OLG Hamm, wistra 1999, 112. – Speziell zur Duldung der Pfändung einer fremden Sache *Meyer*, MDR 1974, 809; ferner *Schmid*, MDR 1981, 806.
81 Vgl. auch *Baumann*, GA 1971, 306 (310). Zutreffend OLG Düsseldorf, StV 1990, 164: Keine Zueignung bei schlichter Weiterbenutzung eines Kfz nach Ablauf der Mietzeit. Zur ebenfalls (abzulehnenden) Strafbarkeit nach § 248b vgl. oben § 13 Rn. 142.
82 Vgl. dazu die Beispiele oben Rn. 27 f.

über den **gutgläubigen Erwerb,** in denen teilweise auf die Innehabung des Gewahrsams des Veräußerers verzichtet wird:

> **Beispiel (1):** Erblasser E hat dem L ein wertvolles Buch geliehen. Nach dem Tod des E veräußert sein Sohn S das Buch an den K und weist den L an, dem K das Buch herauszugeben, was dieser auch tut. S war jedoch, was zwar er selbst, nicht jedoch die anderen Beteiligten wussten, nicht Erbe geworden, sondern von seinem Vater E enterbt worden. – Ein gutgläubiger Erwerb nach § 932 I 1 BGB ist auch dann möglich, wenn der Veräußerer (hier der Sohn S) die Sache dem Erwerber (hier: dem K) nicht selbst übergibt, sondern die Übergabe auf seine Weisung durch den Gewahrsamsinhaber (hier: durch L) erfolgt, sog. **Geheißerwerb.** Die im weisungsgemäßen Handeln des Gewahrsamsinhabers zum Ausdruck kommende Herrschaftsgewalt des Veräußerers wird zur Legitimation des gutgläubigen Erwerbs der unmittelbaren Sachherrschaft durch den Veräußerer gleichgestellt. Daher begeht S hier eine vollendete Unterschlagung, da L gutgläubig erwirbt. – Ein Versuch (§§ 246, 22) ist gegeben, wenn der Gewahrsamsinhaber (hier: der L) der Weisung des Veräußerers nicht nachkommt. Grob unverständig ist der Versuch (§ 23 III) dann, wenn der Veräußerer über keinerlei Einwirkungsmöglichkeit auf den Gewahrsamsinhaber verfügt, welche die Erfüllung seiner Weisung erwarten lässt.

> **Beispiel (2):** T hat X ein dem E gehörendes Fahrrad geliehen. Dabei hat er ihm vorgespiegelt, er sei Eigentümer des Rades. Gegen Bezahlung von 50 € einigt sich T später mit dem gutgläubigen X über den Eigentumsübergang, sog. **Übereignung „kurzer Hand".** – Bei einem Eigentumserwerb des X nach § 932 I 2 BGB liegt ebenfalls eine vollendete Unterschlagung vor. Wurde X der Gewahrsam jedoch nicht von T eingeräumt, so ist T nach §§ 246, 22 (23 III) jedenfalls dann strafbar, wenn er meint, wirksam übereignen zu können.

> **Beispiel (3):** T hat X ein dem E gehörendes Fahrrad geliehen. Er veräußert nun dieses Rad an K und weist X an, es dem K herauszugeben. Dabei gehen sowohl X als auch K davon aus, das Rad gehöre dem T. – T ist hier mittelbarer Besitzer einer dem E gehörenden Sache. K erwirbt hier gutgläubig Eigentum, da ihm T seinen **Herausgabeanspruch** gegen den unmittelbaren Besitzer abtritt, § 934 BGB. T hat damit eine Unterschlagung (§ 246) begangen. Ebenso liegt der Fall, wenn T zwar nicht mittelbarer Besitzer der veräußerten Sache ist, aber K deshalb Eigentum erwirbt, weil er aufgrund des Veräußerungsgeschäfts doch noch Besitz erlangt. Andernfalls ist T nach §§ 246, 22 (23 III) strafbar.

d) Manifestation und Zeitpunkt der Zueignung

Zueignung ist nach h. M.[83] die Betätigung des Zueignungswillens in objektiv erkennbarer Weise. Die Frage ist, ob damit eine Zueignung immer erst zum Zeitpunkt der Manifestation vorliegt oder ob sich eine **frühere Zueignung später manifestieren** kann (und dann eine Zueignung zum früheren Zeitpunkt anzunehmen ist).

> **Beispiel**[84]**:** Ein Bankangestellter entdeckt in „seiner" Kasse einen Fehlbetrag, den er zu ersetzen hat. Da er im Moment kein Geld hat, geht er folgendermaßen vor: Bei Kunden, die bei Geldüberweisungen Bareinzahlungen vornehmen, legt er das eingezahlte Geld zwar in die Kasse, sodass diese wieder ausgeglichen ist, verbucht das Geld jedoch nicht gleich in der von ihm zu führenden Einzahlungsliste und hält die

32

---
83 Vgl. oben Rn. 23 ff.
84 Fall nach BGHSt 9, 348; ähnlich BGHSt 24, 115.

zur Weiterleitung des Geldes erforderlichen Originalbelege einige Tage zurück, bis er den Fehlbetrag aus eigenen Mitteln ausgleichen kann. – Der BGH bejahte hier eine Zueignung des Geldes und somit § 246 bereits zu dem Zeitpunkt, indem der Täter das Geld in die Kasse legte, unabhängig davon, wann die Falschbuchung vorgenommen wurde[85]: „Der Angeklagte beseitigte die Verfügungsbefugnis des Eigentümers und brachte das Geld in das eigene Vermögen, indem er es wie ein Eigentümer dazu benutzte, um die von ihm sonst aus eigenen Mitteln zu erstattenden Fehlbeträge zu beseitigen. Dies kam in dem Zurückhalten der Zahlkartenabschnitte und in dem Unterlassen der vorgeschriebenen Buchungen zum Ausdruck"[86]. Hiergegen wurde eingewandt, dass eine „Zueignung erst dann anzunehmen [ist], wenn der Täter die Falschbuchung nach Empfang und vor Einlegen des Geldes in die Kasse vornimmt, da nur dann der auf das vereinnahmte Geld gerichtete Zueignungswille und dessen objektive Manifestation [...] zeitlich zusammenfallen"[87]. Andere wiederum gehen davon aus, dass nicht die in die Kasse eingelegten Gelder, sondern lediglich die zurückbehaltenen Zahlungsbelege Gegenstand der Manipulation waren, sodass allenfalls § 263[88] bzw. § 266[89] hier einschlägig sein könne.

33 Der Streit geht also **nicht** um die Manifestation des Zueignungswillens in objektiv erkennbarer Weise. Diese Manifestation, die der BGH und seine Kritiker gleichermaßen verlangen, liegt im vorstehenden Beispiel im falschen (oder unterlassenen)[90] Buchen (d. h. im Zurückhalten der Belege und der Nichteintragung in die Einzahlungsliste), nicht aber bereits im Einlegen des Geldes in die Kasse, denn dieser Vorgang entsprach äußerlich genau dem Verhalten, welches vom Täter gefordert wurde. Fraglich ist nur, ob die spätere Manifestation auf den früheren inneren Zueignungswillen (zur Zeit der Entgegennahme des Geldes) zurückbezogen werden kann. Der BGH[91] bejaht dies. Man wird jedoch eine **Zueignung erst zum Zeitpunkt der Manifestation** annehmen können[92]. Im genannten Beispiel ist

---

85 Im Ausgangsfall handelte es sich um einen Postbeamten, der hierdurch eine Amtsunterschlagung, § 350 a. F. beging; die Vorschrift wurde durch das EGStGB v. 2.3.1974 aufgehoben.
86 BGHSt 9, 348 (349); BGHSt 24, 115 (120); zustimmend *Rudolphi*, GA 1965, 33 (43 ff.); *Tenckhoff*, JuS 1984, 775 (778); vgl. aber auch RGSt 11, 68; RGSt 61, 228 (233 f.); RGSt 62, 173; RGSt 63, 130; RGSt 64, 414; RGSt 66, 155.
87 *S/S/Eser/Bosch*, § 246 Rn. 12 m. w. N. – *S/S* (17. Aufl., 1974), § 350 Rn. 16, fahren in diesem Zusammenhang fort: „Erfolgt dagegen die unrichtige Buchung erst nach Abführen des Geldes zur Kasse, so fehlt es an einer Zueignung, da der Täter dadurch das Geld nicht gegenständlich in sein Vermögen bringt, die Zueignung von Werten aber nicht möglich ist".
88 So *Deubner*, NJW 1971, 1469; *Otto*, Jura 1996, 383 (386).
89 So *Krey/Hellmann/M. Heinrich*, BT 2, Rn. 255.
90 Zur Manifestation durch Unterlassen vgl. oben Rn. 30.
91 BGHSt 9, 348; vgl. ferner BGHSt 24, 115 (121) – in dieser Entscheidung befasst sich das Gericht vor allem mit der Frage, ob sich der Beamte Geld zueignen könne, wenn er es in die Kasse des Dienstherrn legt, in die es gehört. Diese Frage bejaht der BGH mit der zutreffenden Begründung, der Beamte lege dem Dienstherrn gehörendes Geld so in die Kasse, wie er sein eigenes Geld in die Kasse legen müsse, um den Fehlbetrag zu decken. „Damit will er zunächst einmal die Verfügungsgewalt des Eigentümers über diesen Geldbetrag beseitigen und eine eigene eigentümergleiche Verfügungsmacht errichten". – Dem ist zuzustimmen. BGHSt 24, 115 (122) weist zutreffend auf den Unterschied zu BGHSt 19, 387 (Dienstmützen-Fall) hin: „Dort brauchte der Täter zur Erreichung seines Zieles gar keine angemaßte Eigentumsmacht auszuüben, also auch nicht die Rechte des Eigentümers an der Sache zu leugnen"; vgl. zum Bundeswehr-Fall oben § 13 Rn. 104.
92 So u. a. auch *S/S/Eser/Bosch*, § 246 Rn. 12.

zu dieser Zeit das Zueignungsobjekt (Geld) jedoch in der Kasse „verschwunden". Das Objekt der Zueignung war zur Zeit der Manifestation des Zueignungswillens nicht mehr individualisierbar, deshalb lag keine Zueignung des Geldes vor[93].

3. Drittzueignung

Durch das 6. StrRG 1998 wurde auch die Drittzueignung in den Tatbestand mit aufgenommen. Obwohl dies von Teilen der Literatur schon lange gefordert wurde, dürfte die Entscheidung letztlich auch auf die Rechtsprechung des BGH[94] in den Postbeschlagnahmefällen durch Mitarbeiter des MfS in der ehemaligen DDR zurückzuführen sein[95]. Hier wurde eine Strafbarkeit der Handelnden abgelehnt, da sie sich die Sache nicht selbst zueigneten, sondern der Staatskasse zukommen lassen wollten.

Nach der heutigen Tatbestandsfassung sind nunmehr die rein altruistischen Drittzueignungen vollständig erfasst[96]. Eine Mitwirkung oder das Einverständnis des Dritten ist für die Vollendung der Unterschlagung nicht notwendig[97]. Festzuhalten ist allerdings, dass nur solche Handlungen als „Drittzueignung" anzusehen sind, die nicht bereits eine Selbstzueignung darstellen. Hat also der Täter z. B. die Sache zuvor dem eigenen Vermögen einverleibt, um dann freigiebig zu erscheinen (wie z. B. im Falle einer Schenkung), liegt keine Drittzueignung, sondern eine vorherige Selbstzueignung vor[98].

Beispiel: T lässt ein Buch des L auf einer Parkbank liegen. Dabei geht er davon aus, dass ein Spaziergänger das Buch finden und mitnehmen wird. – Hier scheidet eine Unterschlagung aus. Selbst wenn T hier im Hinblick auf eine Drittzueignung bedingt vorsätzlich handeln wollte, muss er dem Dritten doch eine gewisse Herrschaftsmacht verschaffen, denn die bloße Ermöglichung einer Zueignung durch einen Dritten reicht nicht aus (sog. „Quasi-Dereliktion"). Es kommt lediglich eine Beihilfe zu einer fremden Selbstzueignung in Betracht, wenn sich ein Spaziergänger das Buch tatsächlich einverleibt[99].

4. Qualifikation „anvertraut", § 246 II

In § 246 II ist die **veruntreuende** Unterschlagung geregelt. Was systematisch als echte Qualifikation der einfachen Unterschlagung erscheint,

---

93 *Baumann/Arzt/Weber*, Strafrechtsfälle und Lösungen, 6. Aufl. 1986, Fall 26 m. w. N. besonders zur parallelen Problematik der Zueignung durch den ungetreuen Beauftragten.
94 BGHSt 41, 187; vgl. hierzu bereits oben § 13 Rn. 119.
95 So auch *Lackner/Kühl*, § 246 Rn. 8; *Schenkewitz*, NStZ 2003, 17 (17 f.).
96 *Schenkewitz*, NStZ 2003, 17 (21); *S/S/Eser/Bosch*, § 246 Rn. 21; *Wessels/Hillenkamp*, BT 2, Rn. 315.
97 So *Duttge/Sotelsek*, Jura 2002, 526 (532); *Hohmann/Sander*, BT 1, § 3 Rn. 24; *S/S/Eser/Bosch*, § 246 Rn. 21, 26; *Wessels/Hillenkamp*, BT 2, Rn. 313; a. M. *Mitsch*, ZStW 111 (1999), 65 (86 f.); *Rengier*, Lenckner-FS, 1998, S. 801 (805).
98 *Schenkewitz*, NStZ 2003, 17 (20 f.); zur erforderlichen Manifestation des Zueignungswillens vgl. oben Rn. 21 ff.; zur Problematik der einer Selbstzueignung nachfolgenden Drittzueignung vgl. noch unten Rn. 47.
99 *Schenkewitz*, NStZ 2003, 17 (19 f.); *S/S/Eser/Bosch*, § 246 Rn. 21.

bildet kriminalpolitisch die eigentliche Basis des § 246. Dagegen ist die kriminalpolitische Existenzberechtigung der einfachen Unterschlagung zu bezweifeln[100].

Nach dem BGH[101] bedeutet anvertraut i. S. des § 246 II „nicht mehr, als dass Besitz oder Gewahrsam in dem Vertrauen eingeräumt werden, die Gewalt über die Sache werde nur im Sinne des Einräumenden ausgeübt werden. Hierfür genügt es, daß Besitz oder Gewahrsam kraft eines Rechtsgeschäftes mit der Verpflichtung erlangt sind, sie zurückzugeben oder zu einem bestimmten Zwecke zu verwenden". Dem ist zuzustimmen. Im Gegensatz zu § 266 ist also keine **besondere** Treuepflicht zu fordern[102]. Allerdings ist immer dann, wenn ein Fall des § 246 II vorliegt, auch an § 266 zu denken und zu fragen, ob den Täter über das Anvertrautsein hinaus eine Vermögensbetreuungspflicht trifft[103].

Die intensivste Form des Anvertrauens ist die zweckgebundene **Übertragung des Gewahrsams** an der Sache. Ausreichend ist aber auch die anderweitige Einräumung einer Herrschaftsbefugnis, namentlich des mittelbaren Besitzes, die es dem Täter ermöglicht, (zweckwidrig, aber) wirksam über die fremde Sache zu verfügen[104].

Man wird jedoch ein unbegründetes, ohne Prüfung der Vertrauenswürdigkeit des Partners erfolgendes „Anvertrauen" nicht als Basis für eine Strafverschärfung ansehen dürfen. Deshalb erfüllt der Käufer, der unter Eigentumsvorbehalt erworben hat, nicht bei jeder Verletzung einer entsprechenden vertraglichen Pflicht die Voraussetzungen des § 246 II[105]. Diese Qualifikation verdient gerade deshalb besonderes Interesse, weil sie den Weg zu einer rechtspolitisch **angemessenen** dogmatischen Begründung für eine **Reduktion des** § 246 weist[106].

36 Der **BGH** wendet in zweifelhafter Weise auch bei **sittenwidrigem** Anvertrauen § 246 II an (Beispiel: Der Eigentümer O gibt dem T Geld zur Beschaffung von Falschgeld; T unterschlägt das Geld)[107]. – Dagegen scheidet eine veruntreuende Unterschlagung unproblematisch aus, wenn der (nicht mit dem Eigentümer identische) Anvertrauende gegen die Interessen des Eigentümers handelt (Beispiel: Der Dieb D bringt ein gestohlenes

---

100 Vgl. oben Rn. 7.
101 BGHSt 9, 90 (91); a. M. SK-*Hoyer*, § 246 Rn. 46, wonach dem Täter der Gewahrsam gerade ohne Nutzungsbefugnis überlassen worden sein muss.
102 So auch *Lackner/Kühl*, § 246 Rn. 13; NK-*Kindhäuser*, § 246 Rn. 40.
103 Vgl. hierzu unten § 22 Rn. 46 ff., 68; zur Konkurrenz von §§ 246 und 266 vgl. unten § 22 Rn. 86 ff.
104 So z. B. auch *Eisele*, BT II, Rn. 272; *Küper*, BT, S. 26; *Wessels/Hillenkamp*, BT 2, Rn. 321; weitergehend *Mitsch*, ZStW 111 (1999), 65 (93 f.). – Zur Möglichkeit eines gutgläubigen Erwerbs, welcher den Zueignungserfolg begründet, vgl. oben Rn. 31 Beispiel (3).
105 Anders allerdings BGHSt 16, 280.
106 Vgl. oben Rn. 4 ff.; kritisch dazu *Hillenkamp*, Vorsatztat und Opferverhalten, 1981, S. 48 ff., 50.
107 BGH, NJW 1954, 889; dem BGH zustimmend *Eisele*, BT II, Rn. 273; *Wessels/Hillenkamp*, BT 2, Rn. 322; ablehnend SK-*Hoyer*, § 246 Rn. 47; *S/S/Eser/Bosch*, § 246 Rn. 30. – Zur entsprechenden Problematik bei der Untreue vgl. unten § 22 Rn. 55.

Versuchs- und Beteiligungsfragen § 15 Rn. 37–39

Auto zum Autohändler A, der es neu lackieren soll. A unterschlägt das Auto)[108].

Die veruntreuende Unterschlagung beruht auf der besonderen persönlichen Beziehung des Täters zum Anvertrauenden. Daher ist § 28 II anzuwenden[109]. 37

IV. Versuchs- und Beteiligungsfragen

1. Versuchsfragen

In § 246 III ist die versuchte Unterschlagung unter Strafe gestellt. Die Gleichsetzung des Zueignungserfolgs mit der Manifestation des Zueignungswillens durch die h. M.[110] führt zur frühzeitigen Vollendung der Unterschlagung und macht die Strafbarkeit wegen Versuchs weitgehend illusorisch. Relevant wird der Versuch dann fast nur noch in den Fällen des untauglichen Versuchs, in denen sich der Täter über die Verwirklichung eines Tatbestandsmerkmals irrt[111]. Demgegenüber sichert die Forderung nach einem materiellen Zueignungserfolg der Versuchsstrafbarkeit eine praktische Bedeutung[112]. 38

2. Beteiligungsfragen

Weil § 246 a. F. Gewahrsam des Täters vor der Zueignung voraussetzte[113], war streitig, ob Mittäter einer Unterschlagung nur sein konnte, wer Mitgewahrsam oder Mitbesitz an der Sache hatte[114]. Nach dem Verzicht auf das Gewahrsamserfordernis in § 246 n. F. lassen sich Täterschaft und Teilnahme bei der Unterschlagung nun ausschließlich nach den allgemeinen Regeln abgrenzen[115]. – Für Täterschaft und Teilnahme bei Mitwirkung von Beteiligten mit Selbst- und Drittzueignungswillen gelten die Ausführungen zum Diebstahl entsprechend[116]. Dabei ist insbesondere darauf zu achten, dass eine Beihilfe nicht über die Drittzueignung vorschnell zur Täterschaft aufgewertet wird[117]. 39

---

108 So RGSt 40, 222; *Eisele*, BT II, Rn. 273; *Mitsch*, BT 2/1, § 2 Rn. 64; *Rengier*, BT I, § 5 Rn. 62; *Wessels/Hillenkamp*, BT 2, Rn. 322; a. M. *Otto*, BT, § 42 Rn. 29.
109 *Eisele*, BT II, Rn. 272; MüKo-*Hohmann*, 2. Aufl., § 246 Rn. 57; *Rengier*, BT I, § 5 Rn. 63; S/S/ *Eser/Bosch*, § 246 Rn. 29; *Wessels/Hillenkamp*, BT 2, Rn. 323.
110 Vgl. oben Rn. 23 ff.
111 MüKo-*Hohmann*, 2. Aufl., § 246 Rn. 58; NK-*Kindhäuser*, § 246 Rn. 43; vgl. auch LK-*Vogel*, 12. Aufl., § 246 Rn. 68.
112 Vgl. oben Rn. 29 ff.
113 Vgl. oben Rn. 1.
114 Bejahend BGHSt 2, 317; ablehnend früher *Arzt/Weber*, LH 3, 2. Auflage, Rn. 285 f. m. w. N.
115 So z. B. auch *Dencker* in: Dencker/Struensee/Nelles/Stein, Einführung in das 6. Strafrechtsreformgesetz 1998, 1. Teil, Rn. 49; *Lackner/Kühl*, § 246 Rn. 12; MüKo-*Hohmann*, 2. Aufl., § 246 Rn. 56; *Rengier*, Lenckner-FS 1998, S. 801 (808 f.). – Zur Abgrenzung von Täterschaft und Teilnahme vgl. nur Baumann/Weber/Mitsch, § 29 Rn. 27 ff.; *B. Heinrich*, AT, Rn. 1203 f.
116 Vgl. oben § 13 Rn. 136; zur Anwendbarkeit von § 28 II in Fällen der Veruntreuung siehe oben Rn. 37.
117 So *Wessels/Hillenkamp*, BT 2, Rn. 315; vgl. hierzu auch die Beispiele in Rn. 27.

V. Antragserfordernisse, Sondertatbestände

1. Antragserfordernisse, §§ 248a, 247

40 Die Strafantragsregelungen in § 248a (Geringwertigkeit des Tatobjekts) und § 247 (Deliktsbegehung im Familien- sowie im häuslichen Bereich) gelten nicht nur für den Diebstahl, sondern auch für die Unterschlagung[118].

2. Sondertatbestände, §§ 248b, 290, 248c

41 Da die §§ 248b und 290[119] keinen Gewahrsamsbruch verlangen, erfassen sie auch den nicht mit einer Wegnahme einhergehenden unbefugten Sachgebrauch, d. h. „Unterschlagungen" ohne Zueignungswillen. – § 248c I (Entziehung elektrischer Energie[120]) ist auch dann erfüllt, wenn über die Zueignungsabsicht hinaus ein Zueignungserfolg eintritt und damit die Parallelität zum Erfolgsdelikt „Unterschlagung"[121] hergestellt ist.

VI. Konkurrenzen

1. § 246 bei Tatbestandsmäßigkeit der Zueignungshandlung (auch) nach anderen Vorschriften

42 Der Verzicht auf den Gewahrsam als Voraussetzung für eine nach § 246 n. F. tatbestandsmäßige Zueignungshandlung[122] führt zu einer Vermehrung von Fällen des Zusammentreffens der Unterschlagung mit anderen Delikten. Dies gilt nicht nur für den Diebstahl und den die Zueignungskomponente enthaltenden Raub (§ 249), sondern auch für die Vermögensdelikte Untreue (§ 266), Erpressung (§§ 253, 255), Betrug (§ 263) und Computerbetrug (§ 263a). Relevant wird dies in denjenigen Fällen, in denen das Opfer dem Täter nicht das Eigentum an dem Tatobjekt überträgt[123]. Wenn der Vortäter nicht bereits Eigentum erworben hat, ist auch die hehlerische Sachverschaffung (§ 259 I, 1. Alt.) tatbestandsmäßig eine Unterschlagung. Kraft der in § 246 I 2 n. F. ausdrücklich angeordneten **Subsidiarität** tritt die Unterschlagung im Wege der Gesetzeskonkurrenz hinter die anderen genannten Vorschriften zurück[124]. Unter dem Begriff der „Tat" ist in § 246

---

118 Vgl. zu § 248a oben § 13 Rn. 23 ff., 139, zu § 247 oben § 13 Rn. 139; § 248a gilt, anders als für die erschwerten Diebstahlsfälle (vgl. oben § 13 Rn. 139), auch für die Qualifikation des § 246 II (Veruntreuung).
119 Vgl. oben § 13 Rn. 140 ff. und 148.
120 Vgl. oben § 13 Rn. 149.
121 Vgl. oben Rn. 21 ff.
122 Vgl. oben Rn. 1, 3.
123 Wird das Eigentum übertragen, scheitert Unterschlagung an der fehlenden Fremdheit der Sache.
124 Dagegen sehen *Krey/Hellmann/M. Heinrich*, BT 2, Rn. 243 f. im Anschluss an BGHSt 14, 38 (46 f.) eine Zueignung schon als tatbestandlich ausgeschlossen an und scheiden § 246 demnach nicht erst auf Konkurrenzebene aus. Dies ist mit der gesetzgeberischen Konzeption des § 246 als umfassendem (Auffang-)Tatbestand, „der alle Formen rechtswidriger Zueignung fremder

Konkurrenzen § 15 Rn. 42

der materiell-rechtliche Tatbegriff i. S. der Konkurrenzlehre zu verstehen und nicht der weitere prozessuale Tatbegriff[125]. Umstritten ist jedoch, ob sich die Subsidiaritätsklausel nur auf Zueignungsdelikte i. w. S. oder auf alle schwereren tateinheitlich verwirklichten Delikte bezieht (Beispiel: Der Täter begeht einen Mord und nimmt in diesem Zusammenhang – was er zuvor nicht geplant hatte – Sachen des Toten an sich[126]). Zwar wollte der Gesetzgeber mit § 246 lediglich einen **Auffangtatbestand für alle Zueignungsdelikte** schaffen[127], eine Einschränkung der Subsidiaritätsklausel lässt sich dem Wortlaut jedoch nicht direkt entnehmen und gerät daher in Konflikt mit Art. 103 II GG[128]. Dennoch wird man eine solche Einschränkung als noch mit dem Wortlaut vereinbar ansehen können, wenn man den Begriff der „Tat" als die konkrete „Zueignungstat" versteht[129]. Andernfalls würde das Unrecht des Vermögensdelikts im Schuldspruch nicht mehr zur Geltung kommen[130]. Dass § 246 im Rahmen der Subsidiaritätsklausel nicht auf bestimmte Normen verweist (wie z. B. § 265) ist dabei unschädlich, da die Subsidiarität gegenüber einer Vielzahl von Vermögensdelikten besteht, deren Auflistung sich im Tatbestand selbst verbot[131].

---

beweglicher Sachen umfaßt" (BT-Drucks. 13/8587, S. 43), nicht vereinbar und würde die Subsidiaritätsklausel weitgehend leer laufen lassen; so auch *Cantzler/Zauner*, Jura 2003, 483; *Dencker* in: Dencker/Struensee/Nelles/Stein, Einführung in das 6. Strafrechtsreformgesetz 1998, 1. Teil, Rn. 49; *Jäger*, JuS 2000, 1167 (1170); *Wessels/Hillenkamp*, BT 2, Rn. 326. Zur Subsidiarität als Erscheinungsform der Gesetzeskonkurrenz vgl. *Baumann/Weber/Mitsch*, § 36 Rn. 10 f.; *B. Heinrich*, AT, Rn. 1438 ff. – Zum Verhältnis von § 246 und § 266 siehe BGH, NJW 2012, 3046 (veruntreuende Unterschlagung nach § 246 II tritt hinter § 266 zurück; ebenso *Eisele*, BT II, Rn. 278); vgl. auch unten § 22 Rn. 86 ff.
125 Vgl. nur *Rengier*, BT I, § 5 Rn. 65.
126 So im Fall BGHSt 47, 47, hinzuweisen ist, dass hier an sich nicht „dieselbe Tat" im materiellrechtlichen Sinne vorlag, da eine eindeutige Zäsur zwischen Tötungshandlung und Zueignungshandlung vorlag. Der BGH konnte auf die hier streitige Frage nur deswegen eingehen, weil nicht sicher feststand, ob der Täter bereits zuvor in Zueignungsabsicht handelte. Unter doppelter Anwendung des Grundsatzes „in dubio pro reo" musste er hier sowohl den Raub als auch die Zäsur ablehnen, weshalb die Beurteilung aufgrund derselben Tat möglich wurde.
127 Vgl. BT-Drucks. 13/8587 S. 43 f., dort werden die §§ 242, 249, 253, 259, 263, 266 genannt. So auch *Hoyer*, JR 2002, 516 (517); *Wessels/Hillenkamp*, BT 2, Rn. 327.
128 Eine Einschränkung auf die Zueignungsdelikte lehnen daher ab: BGHSt 47, 243; *Lackner/Kühl*, § 246 Rn. 14; MüKo-*Hohmann*, 2. Aufl., § 246 Rn. 61; *Otto*, BT, § 42 Rn. 25; *ders.*, NStZ 2003, 87 (88); *Sander/Hohmann*, NStZ 1998, 273 (276 Fn. 73); *Wagner*, Grünwald-FS 1999, S. 797 (799 ff). – Nach *Freund/Putz*, NStZ 2003, 242 (245), stellt die Subsidiaritätsklausel nur eine „überflüssigerweise dem Strafgesetz beigefügte Konkurrenzregel" dar, die keine strafbarkeitseinschränkende Funktion habe, sodass die Wortlautschranke des Art. 103 II GG nicht gelte; vgl. in diesem Zusammenhang ferner BGHSt 43, 237 (238 f.).
129 So auch im Ergebnis *Cantzler/Zauner*, Jura 2003, 483 (484 ff.); *Duttge/Sotelsek*, NJW 2002, 3756 (3758); *Eisele*, BT II, Rn. 276; *Fischer*, § 246 Rn. 23a; *Hoyer*, JR 2002, 517 (518); *Küpper*, JZ 2002, 1115; *Mitsch*, ZStW 111 (1999), 65 (95 f.); NK-*Kindhäuser*, § 246 Rn. 45; *Rengier*, BT I, § 5 Rn. 66 f.; *S/S/Eser/Bosch*, § 246 Rn. 32; SK-*Hoyer*, § 246, Rn. 48; *Wessels/Hillenkamp*, BT 2, Rn. 327; vgl. ferner *Rudolphi*, JZ 1998, 470 (471 f.), zur Subsidiaritätsklausel in § 125.
130 *Duttge/Sotelsek*, NJW 2002, 3756 (3758); *Hoyer*, JR 2002, 517; *S/S/Eser/Bosch*, § 246 Rn. 32.
131 Hierauf weisen auch *Cantzler/Zauner*, Jura 2003, 483 (485), und *Küpper*, JZ 2002, 1115 (1115 f.), zutreffend hin; vgl. allerdings auch den Formulierungsvorschlag in § 240 E 1962.

Generell ist jedoch zu beachten, dass die Subsidiaritätsklausel nur eingreift, sofern die ebenfalls verwirklichten Delikte eine schwerere Strafe androhen[132]. Dies kann insbesondere bei einem Zusammentreffen mit § 246 II relevant werden. Abzustellen ist dabei auf den abstrakten Strafrahmen. Ist dieser Strafrahmen gleich hoch, ist Tateinheit möglich[133].

In **schriftlichen Arbeiten** sind zunächst die §§ 242, 249 usw. zu erörtern. Sind diese Strafnormen anwendbar, ist eine nähere Prüfung der Unterschlagung wegen der explizit angeordneten Subsidiarität des § 246 nicht mehr geboten.

2. § 246 bei mehrmaliger Zueignung

43 Vom Wortlaut her, der nur auf dieselbe Tat im materiell-rechtlichen Sinne abstellt, gilt die Subsidiaritätsklausel des § 246 nur für die vorstehend behandelten Fälle, in denen die (erstmalige) Zueignung zugleich andere Tatbeständen erfüllt. Die Problematik der Mehrmaligkeit der Zueignung wurde also durch die Subsidiaritätsregelung **nicht** gelöst[134].

44 Die h. L. sieht nach wie vor in jeder Betätigung des Zueignungswillens eine erneute Zueignung[135]. Jeder Biss in den gestohlenen Apfel und jede neue Fahrt im einmal unterschlagenen Kfz stellt insoweit eine neue Unterschlagung dar, da sich hierin der Zueignungswille erneut nach außen manifestiert. Die damit verbundene Vervielfältigung der Unterschlagungshandlungen wird regelmäßig auf Konkurrenzebene mithilfe der Rechtsfigur der mitbestraften Nachtat wieder ausgeschieden. Bestraft wird letzten Endes also nur wegen der **ersten** Zueignung – alles andere ist straflose Nachtat.

45 Der **BGH** hat demgegenüber die Konkurrenzprobleme auf die Tatbestandsebene vorverlagert[136]. Hiernach soll nur die erstmalige strafbare (!)

---

132 Freilich ist der Gesetzestext hier nicht präzise. Es kommt nicht nur darauf an, ob die Tat in einer anderen Vorschrift mit schwererer Strafe „bedroht" ist, sondern darauf, ob der Täter hiernach auch „bestraft" werden kann; vgl. auch *Mitsch*, ZStW 111 (1999), 65 (96 f.).
133 MüKo-*Hohmann*, 2. Aufl., § 246 Rn. 61; vgl. auch *Cantzler/Zauner*, Jura 2003, 483 (486); *Duttge/Sotelsek*, Jura 2002, 526 (533). – Ob zu § 248b Tateinheit besteht ist umstritten. *Lackner/Kühl*, § 246 Rn. 14, bejahen dies aufgrund der wechselseitigen Subsidiaritätsklauseln. Dagegen wendet MüKo-*Hohmann*, 2. Aufl., § 246 Rn. 61 ein, dass die von § 246 geforderte Zueignung die Gebrauchsanmaßung mit umfasst.
134 So auch *Dencker* in: Dencker/Struensee/Nelles/Stein, Einführung in das 6. Strafrechtsreformgesetz 1998, 1. Teil, Rn. 57; *Fischer*, § 246 Rn. 15; *Küper*, BT, S. 488; *Lackner/Kühl*, § 246 Rn. 7; *Mitsch*, ZStW 111 (1999), 65 (92); *Rengier*, BT I, § 5 Rn. 65; zweifelnd *Wessels/Hillenkamp*, BT 2, Rn. 328; anders *Eckstein*, JA 2001, 25 (30); *Gropp*, JuS 1999, 1041 (1045); *Murmann*, NStZ 1999, 14 (17).
135 *Cantzler/Zauner*, JURA 2003, 483 (487 f.); *Eckstein*, JA 2001, 25 (29 f.); *Eisele*, BT II, Rn. 264 ff.; *Gropp*, JuS 1999, 1041 (1045); *Joecks*, § 246 Rn. 32; *Mitsch*, BT 2/1, § 2 Rn. 53; *ders.*, JuS 1998, 307, (312); *ders.*, ZStW 111 (1999), 65 (92 f.); *S/S/Eser/Bosch*, § 246 Rn. 19; *Tenckhoff*, JuS 1984, 775 (778 f.); *Wessels/Hillenkamp*, BT 2, Rn. 328; so früher auch die Rechtsprechung, vgl. BGHSt 3, 370 (372); BGHSt 6, 314 (316).
136 BGHSt 14, 38. Dem BGH folgen *Krey/Hellmann*, BT 2, Rn. 246; *Lackner/Kühl*, § 246 Rn. 7; LK-*Ruß*, 11. Aufl., § 246 Rn. 11; *Maurach/Schroeder/Maiwald*, BT 1, § 34 Rn. 22; MüKo-*Hohmann*, 2. Aufl., § 246 Rn. 41; NK-*Kindhäuser*, § 246 Rn. 37; *Rengier*, BT I, § 5 Rn. 54.

Zueignung tatbestandsmäßig sein, denn Zueignung sei die **Herstellung** einer eigentümerähnlichen Herrschaft über eine Sache, nicht aber die bloße Ausnutzung dieser Herrschaftsstellung. Aus dem Sinnzusammenhang der Tatbestände wird gefolgert, dass derjenige, der eine Sache durch einen Diebstahl, einen Raub, einen Betrug, eine Erpressung oder eine Untreue erlangt, weder durch diesen Akt[137] noch durch eine spätere Benutzung der Sache[138] eine (erneute) Zueignung i. S. des § 246 begehen kann. „Jeder Dieb, Räuber, Erpresser und Betrüger nimmt regelmäßig mit seiner Beute Handlungen vor, die sich nach bereits vollzogener Zueignung als weitere Äußerung seines Herrschaftswillens darstellen. Alle diese Handlungen als immer neue Verwirklichungen des Tatbestands der Unterschlagung zu beurteilen, deren strafrechtliche Selbständigkeit nur unter Konkurrenzgesichtspunkten ausgeschaltet werden könnte, ist verfehlt. Schon dem Wortsinn nach ist Zueignung Herstellung der Herrschaft über die Sache oder erstmalige Verfügung über sie, nicht bloße Ausnutzung dieser Herrschaftsstellung; Zueignung ist mit anderen Worten (schuldhafte und strafbare) Begründung des Eigenbesitzes unter Ausschluss des Berechtigten"[139]. Darüber muss sich die Konkurrenzlösung entgegenhalten lassen, dass durch die sich ständig wiederholenden Zueignungshandlungen die Verjährungsfrist stets neu zu laufen begänne[140]. Kann die erstmalige Zueignung wegen Verjährung nicht mehr bestraft werden, leben die späteren Zueignungen gleichsam wieder auf, da sie nur dann als mitbestrafte Nachtaten zurücktreten, wenn wegen der Vortat tatsächlich bestraft werden kann. Unterschlagung würde hiernach also nie verjähren.

Dem BGH ist ohne Weiteres zuzugeben, dass es legitim ist, Konkurrenzerwägungen in den Tatbestand vorzuverlagern. Natürlich ist es wünschenswert, dass Überschneidungen möglichst schon durch einen entsprechenden Zuschnitt der Tatbestände vermieden werden. Wenn jedoch der Tatbestand als Begriff eine ordnende Funktion haben soll, dürfen Tatbestandsmerkmale nicht von systematisch später anzustellenden Strafbarkeitserwägungen abhängen. Man kann aber die Zueignung auf der Tatbestandsebene nicht – wie es der BGH tut – als „schuldhafte und strafbare Begründung des Eigenbesitzes" definieren[141]. **46**

---

137 BGHSt 14, 38 (46 f.).
138 BGHSt 14, 38 (43 ff.).
139 BGHSt 14, 38 (43).
140 BGHSt 14, 38 (46); *Maurach/Schroeder/Maiwald*, BT 1, § 34 Rn. 22; NK-*Kindhäuser*; § 246 Rn. 38; *Rengier*, BT I, § 5 Rn. 54.
141 Wer gutgläubig Eigenbesitz erwirbt und sich als Eigentümer geriert, begeht § 246, wenn er nach Kenntnis vom Eigentum eines Dritten sich erstmals wieder als Eigentümer geriert. Die frühere Zueignung war nicht strafbar, so konsequent eine bei *Lackner/Kühl*, § 246 Rn. 7, angeführte unveröffentlichte Entscheidung des BGH v. 29.11.1966 – 1 StR 488/66. – Wer Fremdbesitz betrügerisch erlangt hat, kann später zusätzlich § 246 begehen, BGHSt 16, 280; dies ist zutreffend, denn auch im Hinblick auf einen Betrug, § 263, liegt ein neuer Schaden vor.

47 Dem mit viel Aufwand geführten Streit zwischen BGH und h. L. kommt für den Täter im Ergebnis (sieht man von der angesprochenen Verjährungsfrage ab) heute **keine wesentliche Bedeutung** mehr zu[142]. Relevant kann die Divergenz zwischen BGH und h. L. lediglich bei einer Beteiligung anderer Personen (nur) an der Nachtat werden: Hier kommt nach Ansicht des BGH mangels einer tatbestandsmäßigen Haupttat keine strafbare Beteiligung an der Unterschlagung, sondern höchstens eine Begünstigung, § 257, oder eine Hehlerei, § 259, infrage[143]; nach h. L gelangt man zu einer Strafbarkeit des Teilnehmers, denn die erneute Zueignung ist tatbestandsmäßig und rechtswidrig und nur für den Vortäter aus Konkurrenzerwägungen nicht strafbar.

> **Beispiel:** T hat O einen Apfel gestohlen. Er will ihn seiner Frau A schenken. A lehnt ab und sagt zu T: „Iss den Apfel doch selbst." T isst ihn. – T erfüllt § 242 und nach h. L. zusätzlich § 246 (Schenkungsangebot an A) und noch einmal § 246 (Essen) als mitbestrafte Nachtat. Im Ergebnis ist T nach § 242 strafbar (zum gleichen Ergebnis kommt der BGH, der aber das Schenkungsangebot und das Essen schon nicht als tatbestandsmäßig i. S. des § 246 ansieht). – Bei der Beurteilung der Strafbarkeit der A als Anstifterin bzgl. des Essens des Apfels wirkt sich der Streit jedoch aus: Nach Ansicht des BGH bleibt sie mangels tatbestandsmäßiger Haupttat straflos, nach der h. M. liegt eine Strafbarkeit gemäß §§ 246, 26 vor (Essen als Haupttat).

Relevant werden kann – und insoweit ist der h. L. zu folgen – der Streit auch dann, wenn der erste Zueignungsakt unvorsätzlich war oder in schuldunfähigem Zustand vorgenommen wurde und der Täter nach Kenntnis seines Irrtums bzw. Wiedererlangen der Schuldfähigkeit die Sache behält. Denn der BGH würde den ersten Akt nicht als strafbare Zueignung werten, den zweiten Akt aber infolge der bereits stattgefundenen Zueignung tatbestandlich nicht als Unterschlagung ansehen. – Die geschilderte Problematik ist übertragbar auf die einer Selbstzueignung nachfolgende Drittzueignung (Beispiel: Der Dieb schenkt die entwendete Perlenkette später seiner Ehefrau)[144].

---

142 Anders hingegen nach früherem Recht, welches die Amtsunterschlagung in § 350 a. F. noch als Qualifikation der Unterschlagung mit einer höheren (Mindest-)Strafe bedroht hatte.
143 Eine Hehlerei ist bei vorliegender Bereicherungsabsicht insbesondere in der Form der Absatzhilfe denkbar; vgl. hierzu auch NK-*Kindhäuser*, § 246 Rn. 38; *Rengier*, BT I, § 5 Rn. 53. – Zur Abgrenzung von Teilnahme an der Vortat (z. B. nach §§ 246, 26, 27) und §§ 257 bzw. 259 vgl. unten § 27 Rn. 20 und § 28 Rn. 13.
144 Vgl. zu dieser Problematik auch *Rengier*, BT I, § 5 Rn. 55 ff.; *Wessels/Hillenkamp*, BT 2, Rn. 331.

§ 16 Straftaten gegen sonstige Vermögensrechte

Literaturhinweise: Zu II (Wilderei, § 292): *Furtner,* Wie lange kann ein jagdbares Tier Gegenstand der Wilderei sein?, JR 1962, 414; *ders.,* Kann sich der nicht jagdberechtigte Eigentümer in seinem befriedeten Besitztum der Jagdwilderei schuldig machen?, MDR 1963, 98; *Geppert,* Straf- und zivilrechtliche Fragen zur Jagdwilderei (§ 292 StGB), Jura 2008, 599; *Vollmar,* Die Jagdwilderei, 2004; *Waider,* Strafbare Versuchshandlungen der Jagdwilderei, GA 1962, 176; *Wessels,* Probleme der Jagdwilderei und ihrer Abgrenzung zu den Eigentumsdelikten, JA 1984, 221.

Zu III (Pfandkehr, § 289): *Bock,* Pfandkehr als Gewahrsamsverschiebungsdelikt, ZStW 121 (2009), 548; *Geppert,* Vollstreckungsvereitelung (§ 288 StGB) und Pfandkehr (§ 289 StGB), Jura 1987, 427; *Hellmann,* Zur Strafbarkeit der Entwendung von Pfandleergut und der Rückgabe dieses Leerguts unter Verwendung eines Automaten, JuS 2001, 353; *Küchenhoff,* Dogmatik, historische Entwicklung und künftige Ausgestaltung der Strafvorschriften gegen die Pfandkehr, 1985; *Laubenthal,* Einheitlicher Wegnahmebegriff im Strafrecht?, JA 1990, 38; *Otto,* Der Wegnahmebegriff in §§ 242, 289, 168, 274 Abs. 1 Nr. 3 StGB, § 17 Abs. 2 Nr. 1c UWG, Jura 1992, 666; *Schmitz/Goeckenjahn/Ischebeck,* Das (zivilrechtliche) Mysterium des Flaschenpfandes – strafrechtlich betrachtet, Jura 2006, 821; *Seher,* Kann die Wegnahme fremden Leergutes Pfandkehr sein?, JuS 2002, 104.

Zu IV 2 (Vollstreckungsvereitelung, § 288): *Berghaus,* Der strafrechtliche Schutz der Zwangsvollstreckung, 1967; *Hermann Bruns,* Gläubigerschutz gegen Vollstreckungsvereitelung, ZStW 53 (1934), 457; *Geppert,* Vollstreckungsvereitelung (§ 288 StGB) und Pfandkehr (§ 289 StGB), Jura 1987, 427; *Haas,* Vereiteln der Zwangsvollstreckung durch Betrug und Unterlassen, GA 1996, 117; *Kühn,* Vollstreckungsvereitelung – die unbekannte Beraterfalle?, NJW 2009, 3610; *Rimmelspacher,* Strafrechtliche Organ-, Vertreter- und Verwalterhaftung, erörtert am Beispiel der Vollstreckungsvereitelung, JZ 1967, 472; *Rudolf Schmitt,* Die strafrechtliche Organ- und Vertreterhaftung, JZ 1967, 698; JZ 1968, 123; *Schöne,* Das Vereiteln von Gläubigerrechten, JZ 1973, 446 (448); *Umhauser,* Das strafbare Vereiteln der Zwangsvollstreckung in Forderungen, ZStW 35 (1914), 208; *Wach,* Der § 288 des StGB, in: Vergleichende Darstellung des Deutschen und Ausländischen Strafrechts, BT, Bd. VIII, 1906, S. 55.

Zu IV 3 (Insolvenzstraftaten, §§ 283 ff.): *Achenbach,* Zivilrechtsakzessorietät der insolvenzstrafrechtlichen Krisenmerkmale?, Schlüchter-GS 2002, S. 257; *Ahrens,* Die Bestimmung der Zahlungsunfähigkeit im Strafrecht, wistra 2007, 450; *App,* Gläubigerbenachteiligende Vermögensverschiebungen, wistra 1989, 13; *Arloth,* Zur Abgrenzung von Untreue und Bankrott bei der GmbH, NStZ 1990, 570; *Bieneck,* Die Zahlungseinstellung in strafrechtlicher Sicht, wistra 1992, 89; *Bittmann,* Insolvenzstrafrecht, 2004; *ders.,* Zahlungsunfähigkeit und Überschuldung nach der Insolvenzordnung, wistra 1998, 321; wistra 1999, 10; *Brand,* Untreue und Bankrott in der KG und GmbH & Co KG, 2010; *ders.,* Abschied von der Interessentheorie – und was nun?, NStZ 2010, 9; *Brand/Reschke,* Die Firmenbestattung im Lichte des § 283 Abs. 1 Nr. 8 StGB, ZIP 2010, 2134; *Brand/Sperling,* Die Bedeutung des § 283d StGB im GmbH-Strafrecht, ZStW 121 (2009), 281; *Dannecker/Knierim/Hagemeier,* Insolvenzstrafrecht, 2. Aufl. 2011; *Degener,* Die „Überschuldung" als Krisenmerkmal von Insolvenzstraftatbeständen, Rudolphi-FS 2004, S. 405; *Dehne-Niemann,* Ein Abgesang auf die Interessentheorie bei der Abgrenzung von Untreue und Bankrott, wistra 2009, 417; *Dohmen,* Verbraucherinsolvenz und Strafrecht, 2007; *Erdmann,* Die Krisenbegriffe der Insolvenztatbestände (§§ 283 ff. StGB), 2007; *Hager,* Der Bankrott durch Organe juristischer Personen, 2007; *Hillenkamp,* Impossibilium nulla obligato – oder doch) – Anmerkungen zu § 283 Abs. 1 Nrn. 5 und 7 StGB, Tiedemann-FS 2008, S. 949; *Höfner,* Die Überschuldung als Krisenmerkmal des Konkursstrafrechts, 1999; *Krüger,* Zur Anwendbarkeit des Bankrottdelikts beim Privatkonkurs, wistra 2002, 52; *Lindemann,* Die strafrechtliche Verantwortlichkeit des faktischen Geschäftsführers, Jura 2005, 305; *Maurer,* Strafbewehrte Handlungspflichten des GmbH-Geschäftsführers in der Krise, wistra 2003, 174; *Natale/Bader,* Der Begriff der Zahlungsunfähigkeit im Strafrecht, wistra 2008, 413; *Ogiermann/Weber,* Insolvenzstrafrecht in Deutschland – status quo und Perspektiven, wistra 2011, 206; *Otto,* Der Zusammenhang zwischen Krise, Bankrotthandlung und Bankrott im Konkursstrafrecht, Rudolf-Bruns-GS 1980, S. 265; *Pelz,* Strafrecht in der Krise und Insolvenz, 2004; *Penzlin,* Strafrechtliche Auswirkungen der Insolvenzordnung, 2000; *Plathner,* Der Einfluss der Insolvenzordnung auf den Bankrotttatbestand (§ 283 StGB), 2002; *Radtke,* Die strafrechtliche Organ- und Vertreterhaftung (§ 14 StGB) vor der Neuausrichtung?, JR 2010, 233; *Röhm,* Zur Abhängigkeit des Insolvenzstrafrechts von der Insolvenzordnung, 2002; *Schlüchter,* Der Grenzbereich zwischen Bankrottdelikten und unternehmerischen Fehlentscheidungen, 1977; *Schöne,* Das Vereiteln von Gläubigerrechten, JZ 1973, 446 (449); *Schramm,* Kann ein Verbraucher einen Bankrott (§ 283 StGB) begehen?, wistra 2002, 55; *Schwarz,* Die Aufgabe der Interessenformel des BGH – Alte Besen kehren gut?, HRRS 2009, 341; *Stahlschmidt,* Die Begriffe Zahlungsunfähigkeit, drohende Zahlungsunfähigkeit und Überschuldung und die Methoden ihrer Feststellung, JR 2002, 89; *Tiedemann,* Objektive Strafbarkeitsbedingungen und die Reform des deutschen Konkursstrafrechts, ZRP 1975, 129; *ders.,* Grundfragen bei der Anwendung des neuen Konkursstrafrechts, NJW 1977, 777; *ders.,* Die Überschuldung als Tatbestandsmerkmal des Bankrotts, Schröder-GS 1978, S. 289; *Thilow,* Die Gläubigerbegünstigung im System des Insolvenzrechts, 2001; *Trüg/Habetha,* § 283 Abs. 6 StGB und der „tatsächliche Zusammenhang", wistra 2007, 365; *Uhlenbruck,* Strafrechtliche Aspekte der Insolvenzrechtsreform 1994, wistra 1996, 1; *Vormbaum,* Probleme der Gläubigerbegünstigung, GA 1981, 101; *Wegener,* Aktuelle Entwicklungen im Insolvenzstrafrecht, HRRS 2009, 32; *Weyand/Diversy,* Insolvenzdelikte, 8. Aufl., 2010; *Wilhelm,* Strafbares Verhalten und objektive Strafbarkeitsbedingung bei § 283b I Nr. 3b, NStZ 2003, 511; *Wilk/Stewen,* Die Insolvenz der Limited in der deutschen Strafrechtspraxis, wistra 2011, 161; *Winkelbauer,* Strafrechtlicher Gläubigerschutz im Konkurs der KG und der GmbH & Co. KG, wistra 1986, 17. – Vgl. auch die unten zu § 19 angeführten Beiträge zum 1. WiKG, durch das auch die Insolvenzdelikte neu gestaltet worden sind.

Übersicht

	Rn.
I. Schutz schwächerer Rechte als des Eigentums – Überblick	1
II. Wilderei, §§ 292, 293	6
1. Kriminalpolitische Vorbemerkung	6
2. Jagdwilderei, § 292	10
a) Tatobjekt und Rechtsgut	10
b) Tathandlungen	13
c) Vorsatzprobleme	17
3. Fischwilderei, § 293	22
III. Pfandkehr, § 289	24
1. Der Kernbereich des § 289	24
2. Der Randbereich des § 289	27

IV. Vereitelung von Gläubigerrechten 30
   1. Der kriminalpolitische Hintergrund 30
      a) Stärkung der Gläubigerstellung in Vollstreckungssituationen 30
      b) Umfang der Vollstreckungs-, insbesondere der Insolvenzkriminalität 31
   2. Vollstreckungsvereitelung, § 288 32
      a) Rechtsgut 32
      b) Tatobjekt: Bestandteile des Vermögens 33
      c) Gläubigerstellung 34
      d) Schuldnerstellung: Drohende Zwangsvollstreckung 36
      e) Tathandlungen 40
      f) Vereitelungsabsicht und Tatvorsatz 43
      g) Antragserfordernis, Täterschaft und Teilnahme (Sonderdelikt), Handeln für einen anderen, Konkurrenzen 45
   3. Insolvenzstraftaten, §§ 283–283d 50
      a) Gesetzesgeschichte 50
      b) Problematik der strafrechtlichen Erfassung unternehmerischer Fehlentscheidungen 51
      c) Überblick über die einzelnen Tatbestände, §§ 283–283d 55
      d) Versuch, Täterschaft und Teilnahme, Handeln für einen anderen .. 66

I. Schutz schwächerer Rechte als des Eigentums – Überblick

Neben dem umfassend geschützten dinglichen Vollrecht „Eigentum"[1] **1** genießen auch einzelne Rechte im Range unter dem Eigentum strafrechtlichen Schutz:

Dem **Aneignungsrecht des Jagd- und Fischereiberechtigten,** das mit **2** seiner Ausübung zum Eigentum erstarkt und damit eine Vorstufe zum dinglichen Vollrecht darstellt, wird in den **§§ 292, 293 (Wilderei)** ein vergleichbar umfassender Schutz gewährt wie dem Eigentum, namentlich gegen **Zueignung** und **Beschädigung** der geschützten Objekte[2]. Die Aufnahme dieses Tatbestands in das StGB war deshalb notwendig, weil wilde Tiere herrenlos sind und daher mangels Fremdheit keine tauglichen Tatobjekte im Sinne des § 242 darstellen.

Beschränkt dingliche Rechte an beweglichen Sachen, nämlich der **3** Nießbrauch (§§ 1030 ff. BGB) und das Pfandrecht (§§ 1204 ff., 1257 BGB) sind in **§ 289 (Pfandkehr)** gegen **Wegnahme** zugunsten des Inhabers des belasteten Vollrechts des Eigentümers geschützt. – Wer dem Pfandgläubiger die Pfandsache in Zueignungsabsicht wegnimmt, ist selbstverständlich wegen Diebstahls strafbar. In § 289 wird der Strafrechtsschutz über dingliche Rechte hinaus erstreckt auf **schuldrechtlich** begründete **Gebrauchsrechte,** z. B. des Mieters (§§ 535 ff. BGB), des Pächters (§§ 581 ff. BGB) und des Entleihers (§§ 598 ff. BGB). Ferner findet eine Erstreckung auf

---

1 Vgl. dazu oben § 11 Rn. 2 sowie im Einzelnen §§ 12–15 und 17.
2 Vgl. dazu näher unten Rn. 6 ff.

Zurückbehaltungsrechte statt – und zwar auch hier nicht nur auf dingliche (§ 1000 BGB), sondern auch auf schuldrechtlich begründete (z. B. nach § 273 BGB)³.

4   Schlichte **schuldrechtliche Ansprüche** genießen dagegen grundsätzlich keinen spezifischen strafrechtlichen Schutz, etwa gegen bloße Nichterfüllung. Sie unterliegen nur dem Schutz, der dem Vermögen schlechthin gegen besonders gravierende Angriffe, z. B. durch Täuschung (§ 263) oder Nötigung (§§ 253, 255) zuteil wird⁴. Auch das Nichtbegleichen **öffentlich-rechtlicher Forderungen** ist als solches nicht strafbar. § 370 AO (**Steuerhinterziehung**) verlangt vielmehr über die Steuerverkürzung hinaus betrügerische oder betrugsähnliche Handlungen, enthält also ein Spezialdelikt des Betrugs (§ 263). Ausnahmen bestehen in der Einzel- und der Gesamtvollstreckung, wo bestimmte vollstreckungsvereitelnde Handlungen unter Strafe gestellt sind, welche die Erfüllung auch schuldrechtlicher Ansprüche vereiteln sollen: in § 288 für die **Einzelzwangsvollstreckung**⁵, in §§ 283 ff. für die **Gesamtvollstreckung** bei Insolvenz des Schuldners⁶.

5   Ergänzend zum Schutz obligatorischer Ansprüche ist auf § 170 hinzuweisen, welcher die Nichterfüllung existenzwichtiger Forderungen (Unterhalt) unter Strafe stellt⁷, sowie auf § 266a I, der die Nichterfüllung von Ansprüchen der Sozialversicherungsträger gegen den Arbeitgeber pönalisiert⁸.

II. Wilderei, §§ 292, 293

1. Kriminalpolitische Vorbemerkung

6   Das **Jagdrecht** war in Deutschland bis 1848 ein **Privileg des Landesherrn** (nach 1945 der Besatzungsmächte). Von daher erklärt sich die früher sehr harte Bestrafung der Wilderei: Der Angriff des Wilderers richtete sich gegen den Landesherrn, Wilderei stellte eine besondere Form des Widerstandes gegen die Staatsgewalt dar.

7   Noch heute besteht in Wäldern und Fluren, auch soweit sie im Eigentum der öffentlichen Hand stehen, kein allgemeines Jagdrecht, sondern ein Jagdmonopol des Staates als Eigentümer. Das Töten des Wildes ist somit heute ein exklusives Hobby. Solche Exklusivität tut in einer dicht besiedelten Landschaft Not, sonst wäre das Wild bald ausgerottet. Andererseits führt eben diese Exklusivität dazu, dass Wild mehr und mehr als privates Eigentum des Jagdberechtigten betrachtet, wie Nutzvieh behandelt und entsprechend „gehegt" wird, teilweise auch mit durchaus negativen Be-

---

3   Zu § 289 näher unten Rn. 24 ff.
4   Vgl. dazu den Überblick über den strafrechtlichen Vermögensschutz unten § 11 Rn. 5 ff.
5   Vgl. dazu unten Rn. 32 ff.
6   Vgl. dazu unten Rn. 50 ff.
7   Vgl. dazu bei den Delikten gegen die Familie oben § 10 Rn. 34 ff.
8   § 266a wird im Zusammenhang mit der Untreue (§ 266) bei den Vermögensdelikten, unten § 23 Rn. 1 ff., behandelt. – Zur Nichtherausgabe von Urkunden (§ 274) vgl. unten § 33 Rn. 30.

gleiterscheinungen (Ausrottung des „unnützen" Raubwildes, Forstschäden durch Überhege des Rotwildes). Wie das von § 292 gemalte Bild der Jagd als „dem Wilde nachstellen" veraltet ist (es dominiert der Abschuss vom bequemen Hochsitz), so antiquiert ist das Bild vom Wilderer aus Jagdleidenschaft (unter Auflehnung gegen die Obrigkeit). Moderne Wilderei ist überwiegend eine lukrative Sonderform des Viehdiebstahls, die häufig bandenmäßig betrieben wird.

2011 wurden 909 Fälle der Jagdwilderei (Fischwilderei: 2.732) polizeilich erfasst. Dagegen wurden 2011 nur 412 Personen wegen Wilderei verurteilt, davon 388 wegen Fischwilderei und nur 24 wegen Jagdwilderei (was durchaus dem Trend der letzten Jahre entspricht)[9]. 8

Da Wilderei keine schwerere Straftat ist als Diebstahl, ist die Gleichstellung von Versuch und Vollendung verfehlt[10], ebenso das Fehlen einer Geringwertigkeitsklausel[11]. 9

2. Jagdwilderei, § 292

a) Tatobjekt und Rechtsgut

Rechtsgut des § 292 ist das **Aneignungsrecht** am Wild (= wild lebende 10
Tiere, die dem Jagdrecht unterliegen, § 1 BJagdG[12]) und sonstigen dem Jagdrecht unterliegenden Sachen (z. B. tote Tiere, abgeworfene Geweihe, Eier)[13].

Das BGB regelt die Voraussetzungen, unter denen Wild herrenlos (= in niemandes Eigentum stehend) ist. Herrenlos ist das in Freiheit befindliche Wild, § 960 I 1 BGB; nicht herrenlos ist z. B. der Karpfen im privaten Fischteich, § 960 I 2 BGB, oder Fasane in einem abgezäunten Gehege[14]. Das Eigentum an herrenlosen Sachen wird durch Aneignung erworben. Als Aneignung definiert § 958 I BGB das Nehmen in Eigenbesitz. Allerdings führt nur die **berechtigte** Aneignung zum Eigentumserwerb, denn § 958 II BGB schließt einen Eigentumserwerb aus, „wenn durch die Besitzergreifung das Aneignungsrecht eines anderen verletzt wird". Das gewilderte Wild bleibt somit in der Hand des Wilderers herrenlos (kann ihm also nicht gestoh-

---

9   Quellen: Polizeiliche Kriminalstatistik, Berichtsjahr 2011, S. 47 f.; Strafverfolgungsstatistik, Berichtsjahr 2011, S. 38 f.
10 Vgl. hierzu unten Rn. 15.
11 Vgl. hierzu unten Rn. 16.
12 In § 2 BJagdG findet sich ein Katalog entsprechender Tierarten, der aber durch landesrechtliche Regelungen noch erweitert werden kann.
13 Zum Teil wird als geschütztes Rechtsgut neben dem Aneignungsrecht auch das öffentliche Interesse an der Hege des Wildes angesehen; so RGSt 70, 220 (222): „das geschützte Rechtsgut, nämlich die Pflege und Erhaltung von Wild und Jagd". – Dem ist nicht zu folgen. Jede Verletzung eines privaten Rechtsguts berührt mittelbar öffentliche Interessen. So verletzt jeder Ladendiebstahl das öffentliche Interesse an einer kostengünstigen Verkaufsform, trotzdem ist ausschließlich das Privateigentum verletztes Rechtsgut. Es besteht kein Anlass, gerade beim Jagdrecht solche mittelbaren öffentlichen Interessen als selbstständiges Rechtsgut zu betrachten. Wie hier *S/S/Heine/Hecker*, § 292 Rn. 1; a. M. *Krey/Hellmann/M. Heinrich*, BT 2, Rn. 384; LK-*Schünemann*, 12. Aufl., § 292 Rn. 2 ff.; MüKo-*Zeng*, 2. Aufl., § 292 Rn. 1.
14 Zu § 960 II BGB vgl. BayObLG, JR 1987, 128 m. Anm. *Keller* (dem Eigentümer entlaufene Wildschweine).

len werden, weil ein Diebstahl die Verletzung fremden Eigentums voraussetzt), doch greift nach h. M. beim „Diebstahl" gewilderten Wildes § 292 I Nr. 1 (Alt. „zueignet") ein. – Manche sind allerdings der Auffassung, durch seine Besitzergreifung verschaffe der Wilderer dem Aneignungsberechtigten das Eigentum[15].

11 Das BJagdG regelt wer Jagdberechtigter ist. Hierfür kommen der Grundstückseigentümer (dingliches Jagdrecht; § 3 BJagdG) und der Jagdpächter (Jagdausübungsrecht; §§ 10, 11 BJagdG) infrage. In § 1 BJagdG wird ferner der Inhalt des Jagdrechts näher umschrieben. Fallen dingliches Jagdrecht und Jagdausübungsrecht auseinander, geht Letzteres vor – insoweit kann auch der Grundstückseigentümer eine Wilderei begehen[16], wenn er auf seinem Grundstück Tiere erlegt. Bei der Beurteilung der Verletzung des fremden Jagd- oder Jagdausübungsrechts ist immer auf den Standort des Wildes und nicht auf den Standort des Täters abzustellen[17].

12 Das Aneignungsrecht ist ein absolutes dingliches Recht, das dem vollen Eigentum nahe kommt. Deshalb bestehen enge Parallelen zu § 242 und § 246.

b) Tathandlungen

13 Im Vordergrund der Tathandlungen des § 292 I Nr. 1 steht die Zueignung, einschließlich der Drittzueignung[18]. Meist wird der Zueignungswille durch Erlegen oder Fangen verwirklicht. – Wenn § 292 I Nr. 1 das **Erlegen** (also die Tötung) ausdrücklich nennt, ist damit die Tötung ohne Zueignungsabsicht gemeint. Insoweit erstreckt § 292 den Schutz des § 303 auf Sachen, die dem Aneignungsrecht unterliegen.

14 **Fangen** ist die Begründung des Gewahrsams am lebenden Tier, eine Alternative, die – wie das Erlegen – bei Zueignungsabsicht überflüssig wäre, weil im Fangen mit Zueignungsabsicht zugleich ein Zueignen liegt. Praktisch wichtig wird diese Tathandlung daher nur bei fehlender (oder nicht nachweisbarer) Zueignungsabsicht, z. B. wenn der Täter das gefangene Tier töten oder quälen will, sein Vorsatz also § 303, nicht § 242 entspricht.

15 Das **Nachstellen** ist die interessanteste Alternative, weil sie sowohl den Versuch als auch einen Teilbereich der Vorbereitung der sonstigen Tathandlungen (Fangen, Erlegen, Zueignung) umfasst. Mit der Einbeziehung eines Teils der Vorbereitungshandlungen geht § 292 also über die echten Unternehmenstatbestände hinaus, weil solche Tatbestände zwar den Versuch der Vollendung gleichstellen, sich aber nicht auf das Vorbereitungsstadium erstrecken (vgl. die Definition in § 11 I Nr. 6). Die Literatur bemüht sich, dieser Einbeziehung des Vorbereitungsstadiums enge Grenzen

---

15 So z. B. *Baur/Stürner*, Sachenrecht, 18. Aufl. 2009, § 53 Rn. 73 – Zur h. M. LK-*Schünemann*, 12. Aufl., § 292 Rn. 36; NK-*Wohlers/Gaede*, § 292 Rn. 18.
16 *Krey/Hellmann/M. Heinrich*, BT 2, Rn. 382; *S/S/Heine/Hecker*, § 292 Rn. 3.
17 NK-*Wohlers/Gaede*, § 292 Rn. 8; MüKo-*Zeng*, 2. Aufl., § 292 Rn. 17; *S/S/Heine/Hecker*, § 292 Rn. 7.
18 Vgl. dazu oben § 13 Rn. 67 ff., 114 ff. bei der Behandlung des Diebstahls.

zu ziehen[19]. Strittig ist auch, inwieweit der Begriff des „Nachstellens" auf **untaugliche** Vorbereitungs- bzw. Versuchshandlungen zu erstrecken ist. Vernünftigerweise wird man die Verurteilung wegen „Nachstellens" nicht vom kaum je zu erbringenden Nachweis abhängig machen können, dass der Täter in die Nähe (welche?) des Wildes gekommen ist[20].

§ 292 I Nr. 2 betrifft sonstige dem Jagdrecht unterliegende Sachen (verendetes Wild, Geweihe, Eier). Diese muss der Täter sich oder einem Dritten **zueignen, beschädigen oder zerstören**. Noch deutlicher als bei § 292 I Nr. 1 wird also hier auf die Merkmale des Diebstahls bzw. der Sachbeschädigung zurückgegriffen. 16

§ 292 II regelt besonders schwere Fälle mit teilweise problematischen Regelbeispielen[21]. – Eine Privilegierung bei geringwertigem Schaden entsprechend § 248a hat der Gesetzgeber unbegreiflicherweise nicht vorgesehen (vgl. die Antragsregelung in § 294, die sich nur auf §§ 292 I, 293 bezieht). Dieser Wille des Gesetzgebers ist nicht zu beachten, weil die Ungleichbehandlung der Wilderei im Vergleich zum Diebstahl Art. 3 GG widersprechen würde. Die **analoge Anwendung des § 248a** ist geboten[22].

c) Vorsatzprobleme

Examenswichtig ist weniger die vorstehend besprochene Auslegung der Tatbestandsmerkmale des § 292 als die Abgrenzung der Aneignung (§ 292) von der Zueignung (§§ 242, 246), insbesondere bei Fehlvorstellungen der Beteiligten. Der Zugang zu diesen Irrtumsproblemen setzt freilich zivilrechtliche Kenntnisse zu §§ 958 ff., 932 BGB voraus. Die Besitzergrei- 17

---

19 Vgl. etwa die knappe Formel bei *Lackner/Kühl*, § 292 Rn. 2: „Nachstellen ist die unmittelbare Vorbereitung dieser [Fangen, Erlegen] Handlungen." S/S/*Heine/Hecker*, § 292 Rn. 12, bezeichnen das Nachstellen als „unechtes Unternehmensdelikt"; LK-*Schünemann*, 12. Aufl., § 292 Rn. 42, will die Frage, wann ein Nachstellen vorliegt, nicht in Parallele zu § 22 beantworten und nennt in Rn. 47 einige Beispiele (z. B. Durchstreifen des Jagdbezirks mit schussbereitem oder sofort schussfertig zu machendem Gewehr), die zeigen, dass tatsächlich ein Teilbereich dessen, was nach den zu § 22 entwickelten Kriterien lediglich eine Vorbereitung wäre, insoweit mit einbezogen wird.
20 „Nachstellen" erstreckt sich auch auf sonstige (z. B. wegen Untauglichkeit der Jagdwaffe) untaugliche Versuchs- und Vorbereitungshandlungen des Erlegens, Zueignens usw.; so auch LK-*Schünemann*, 12. Aufl., § 292 Rn. 49; *Waider*, GA 1962, 176 (181); wie hier für Einbeziehung untauglicher Mittel, aber gegen Einbeziehung untauglicher Objekte (kein Wild) S/S/*Heine/Hecker*, § 292 Rn. 12; *Schröder*, Kern-FS 1968, S. 457 (464 f. – strafloser untauglicher Versuch).
21 So ist es z. B. verfehlt, vom Wilderer weidmännisches Verhalten zu erwarten (Nr. 2). Geradezu abwegig wäre es, wenn ein Fehlverhalten, das für den Jagdberechtigten keine Konsequenzen nach sich zöge oder nur eine Ordnungswidrigkeit nach BJagdG darstellen würde, beim Wilderer den besonders schweren Fall einer Straftat begründen könnte; richtig BayObLGSt 1959, 312. – Wenn Gewohnheitsmäßigkeit (Nr. 1) beim Diebstahl nicht zur Strafrahmenänderung führt, sollte es sich bei der Wilderei nicht anders verhalten. Der E 1962 wollte solchen Bedenken Rechnung tragen.
22 So auch *Maurach/Schroeder/Maiwald*, BT 1, § 38 Rn. 22; S/S/*Heine/Hecker*, § 292 Rn. 21, § 294 Rn. 3; SK-*Hoyer*, § 294 Rn. 1; a. M. *Krey/Hellmann/M. Heinrich*, BT 2, Rn. 384; LK-*Schünemann*, 12. Aufl., § 294 Rn. 1; MüKo-*Zeng*, 2. Aufl., § 294 Rn. 10; NK-*Wohlers* § 294 Rn. 2; SSW-*Kudlich*, § 294 Rn. 1; *Wessels/Hillenkamp*, BT 2, Rn. 461.

fung durch den Wilderer verschafft weder ihm noch dem Aneignungsberechtigten das Eigentum, das Wild bleibt herrenlos[23].

18 **Beispiel (1)**[24]: Holzsammler T findet in einer Schlinge ein Reh. Er macht sich damit in der Annahme davon, einen unbekannten Wilderer zu prellen. In Wirklichkeit hatte der Jagdberechtigte zuvor das Reh gefunden, aber in die Schlinge zurückgelegt, um den Wilderer zu stellen. Beim Auflauern war der Jagdberechtigte jedoch eingeschlafen und hatte deshalb T nicht bemerkt. – Nimmt der Täter irrig an, die (objektiv fremde) Sache sei herrenlos, verwirklicht er subjektiv den Tatbestand der Wilderei, objektiv liegt ein Diebstahl (je nach Sachverhalt u. U. auch eine Unterschlagung) vor. Im Ergebnis ist hier konstruktiv lediglich eine versuchte Wilderei anzunehmen, die ebenso wenig strafbar ist wie der gleichzeitig verwirklichte fahrlässige Diebstahl[25].

19 **Beispiel (2):** Holzsammler T findet im Wald unter Reisig ein geschossenes Reh, von dem er annimmt, dass der Jagdberechtigte es versteckt hat, um es alsbald zu holen. T macht sich damit davon. In Wirklichkeit hatte ein Wilderer das Reh geschossen und versteckt. – Nimmt der Täter irrig an, die (objektiv herrenlose) Sache sei fremd, so verwirklicht er subjektiv den Tatbestand des Diebstahls, objektiv liegt eine Wilderei vor. Hier liegt im Ergebnis eine vollendete Wilderei vor, weil die **Zu**eignungsabsicht die Verletzung des **An**eignungsrechts als Minus mit umfasst. Es ist also nicht nur wegen eines versuchten Diebstahls zu bestrafen[26].

20 **Beispiel (3):** T kauft ein Reh von X in der Annahme, X habe es gewildert. In Wirklichkeit hat X das vom Jagdberechtigten erlegte Reh gestohlen. – T begeht hier immer (sowohl objektiv als auch subjektiv) eine Hehlerei nach § 259, denn Wilderei und Diebstahl sind beides geeignete Vortaten i. S. des § 259.

21 Der Begriff „Wild" bietet auch Gelegenheit, die Grenze zwischen einem Tatbestandsirrtum und einem Verbotsirrtum zu prüfen, da die h. M. hier ein sog. „normatives Tatbestandsmerkmal" erblickt[27].

3. Fischwilderei, § 293

22 Die Ausführungen zu § 292 gelten bei der Fischwilderei entsprechend. Allerdings wird seit dem 6. StrRG in § 293 auf eine Strafschärfung in besonders schweren Fällen verzichtet[28].

---

23 Vgl. oben Rn. 10.
24 Vgl. *Arzt*, Die Strafrechtsklausur, Beispiel 32, S. 57.
25 Obwohl § 292 I Nr. 1 in der Alt. „Nachstellen" sogar Vorbereitungshandlungen zur Zueignung einbezieht! – Die klare Lücke wird von einer Minderheit in der Lit. mit gewagten Konstruktionen geschlossen und eine Strafbarkeit nach §§ 242 oder § 292 angenommen; vgl. *Jakobs*, 8/56 (vollendeter Diebstahl); *Welzel*, § 52 I 3; *Maurach/Schroeder/Maiwald*, BT 1, § 38 Rn. 20 (vollendete Wilderei) wie hier z. B. *Krey/Hellmann/M. Heinrich*, BT 2, Rn. 388; *MüKo-Zeng*, 2. Aufl., § 292 Rn. 39; *Rengier*, BT I, § 29 Rn. 9; *SSW-Kudlich*, § 292 Rn. 17; *Wessels*, JA 1984, 221 (224); *Wessels/Hillenkamp*, BT 2, Rn. 459; vgl. die Zusammenstellung des Meinungsstandes bei *Fischer*, § 292 Rn. 16 f.; LK-*Schünemann*, 12. Aufl., § 292 Rn. 69.
26 Wie hier *Lackner/Kühl*, § 292 Rn. 5; *Maurach/Schroeder/Maiwald*, BT 1, § 38 Rn. 20; a. M. (versuchter Diebstahl) RGSt 39, 427 (433); *Krey/Hellmann/M. Heinrich*, BT 2, Rn. 396; MüKo-*Zeng*, 2. Aufl., § 292 Rn. 40; *Otto*, BT, § 50 Rn. 30, 30; *Wessels/Hillenkamp*, BT 2, Rn. 460.
27 Vgl. dazu *Baumann/Weber/Mitsch*, § 20 Rn. 19–22, § 21 Rn. 4–9, 34–36 und – speziell zum Mauswiesel-Fall – Rn. 56; *B. Heinrich*, AT, Rn. 1081 ff.
28 Vgl. ergänzend zur durch § 295 ermöglichten Einziehung (§§ 74 ff.) *Baumann/Weber/Mitsch*, § 35 Rn. 13, 15.

Schwerwiegender als Wildereidelikte nach § 293 sind in der Regel Ge- 23
wässerverunreinigungen, z. B. durch chemische Betriebe, die häufig
nicht nur den gesamten Bestand an Nutzfischen, sondern auch an sonstigen Wassertieren vernichten und u. U. sogar Menschen in Gesundheits-
und Lebensgefahr bringen. Sie werden, auch bei **fahrlässigem** Handeln,
von § 324, in schweren Fällen von § 330 I Nr. 3. II Nr. 1 sowie von § 330a
erfasst[29]. – § 293 (Alternative „beschädigt oder zerstört") könnte nur bei
einem – kaum nachweisbaren – **vorsätzlich** herbeigeführten Fischsterben
eingreifen.

III. Pfandkehr, § 289

1. Der Kernbereich des § 289

In seinem Kern ist § 289 durch eine **Parallele zu** § 242 einfach zu erfas- 24
sen: Da § 242 nur das Eigentum schützt, ist die Verletzung anderer dingli-
cher Rechte, z. B. des Pfandrechts, nicht unter § 242 zu subsumieren. § 289
schützt nun aber solche dinglichen Rechte gegen eine rechtswidrige Verletzung gerade durch den Eigentümer oder zugunsten des Eigentümers[30].

Abgesehen davon, dass es sich nicht um das Eigentum, sondern um ein 25
anderes dingliches oder quasidingliches Recht handelt, ist § 289 wie § 242
auszulegen. **Wegnahme** bedeutet – jedenfalls in seinem Kernbereich – Gewahrsamsbruch[31]; **rechtswidrige Absicht** bedeutet Absicht dauernder
„Entrechtung". Auch hinsichtlich des Absichtsbegriffs kann auf die Ausführungen bei § 242[32] verwiesen werden. Der Täter muss gerade in der Absicht handeln, ein fremdes Recht zu verletzen. Dagegen genügt im Hinblick auf das Bestehen des Pfandrechts sowie der Rechtswidrigkeit der
Wegnahme – wie bei § 242 – dolus eventualis[33].

Geschützt werden durch § 289 Nutznießungsrechte (z. B. §§ 1030 ff., 26
1649 BGB), gesetzliche und vertragliche Pfandrechte (z. B. §§ 562, 647
BGB), Gebrauchsrechte und Zurückbehaltungsrechte (z. B. § 273 BGB,
§ 369 HGB). Nicht ausdrücklich aufgeführt ist in § 289 das **Pfändungspfandrecht,** dessen Einbeziehung insoweit auch umstritten ist. Es unterfällt jedenfalls dann § 289, wenn der **Gläubiger Gewahrsam** nach
§ 809 ZPO erlangt[34]. Ist dies nicht der Fall, verbleibt also die Sache im

---

29 Vgl. zu diesen Straftaten gegen die Umwelt unten § 41 Rn. 59, 83 ff., 89 ff.
30 Vgl. bereits oben. Rn. 3.
31 Zum Randbereich vgl. unten Rn. 27 ff.
32 Vgl. hierzu oben § 13 Rn. 123 ff.
33 So OLG Braunschweig, NJW 1961, 1274; *Krey/Hellmann/M. Heinrich*, BT 2, Rn. 404; LK-
Schünemann, 12. Aufl., § 289 Rn. 25; NK-*Wohlers/Gaede*, § 289 Rn. 15; *Wessels/Hillenkamp*,
Rn. 472; vgl. hierzu auch *Bock*, ZStW 121 (2009), 548 (558 f.).
34 So die h. M. vgl. *Bock*, ZStW 121 (2009) 548 (550); *Krey/Hellmann/M. Heinrich*, BT 2, Rn. 406;
Mitsch, BT 2/2, § 5 Rn. 122; *S/S/Heine/Hecker*, § 289 Rn. 6; a. M. *Lackner/Kühl*, § 289 Rn. 1.

Gewahrsam des Schuldners, wird aber vielfach § 136 als ausreichend angesehen[35].

2. Der Randbereich des § 289

27 Die Parallele zu § 242 erschöpft (leider) die Reichweite des § 289 nicht. Zunächst ergibt der Gesetzeswortlaut zweifelsfrei, dass auch **obligatorische Gebrauchsrechte** geschützt sind, z. B. das Gebrauchsrecht des Mieters[36].

> Da der Gebrauchsberechtigte gegen **Wegnahme** geschützt wird, wird letztlich nicht ein obligatorisches Recht, sondern der berechtigte unmittelbare Besitz geschützt („Besitzrechtsstörung"). Im Zivilrecht ist streitig, ob der Besitz als ein subjektives Recht bezeichnet werden kann; sicher steht der Besitz einem dinglichen Recht nahe[37]. Insofern bleibt auch bei obligatorischen Gebrauchsrechten die oben[38] gezogene Parallele zum Eigentumsschutz bestehen[39].

28 Nicht mehr haltbar ist die Parallele zu § 242 erst, wenn man Wegnahme i. S. des § 289 nicht als Gewahrsamsbruch interpretiert, also auch besitzlose Rechte dem Schutz des § 289 unterstellt, so das Vermieterpfandrecht nach §§ 559, 580 BGB (vgl. ferner auch die Pfandrechte des Verpächters und des Gastwirts, §§ 592, 704 BGB).

> **Beispiel:** Der sich mit der Mietzahlung im Verzug befindende Mieter M zieht heimlich unter Mitnahme seiner Sachen aus, um dem Vermieter die Verwertung seines Vermieterpfandrechts unmöglich zu machen. – Das Pfandrecht erlischt zwar nicht (§ 560 BGB), wird aber wirtschaftlich entwertet. Legt man Wegnahme als Gewahrsamsbruch aus, greift § 289 nicht ein (denn der Vermieter hatte keinen Gewahrsam).

29 Ob die Wegnahme bei § 289 weiter als bei § 242 auszulegen ist, ist von jeher umstritten. Während die h. M. dies annimmt und auch „gewahrsamsähnliche Verhältnisse" wie das Vermieterpfandrecht mit einbezieht[40], betont die Gegenansicht die Parallele zu § 242[41] und verlangt für die Wegnah-

---

35 RGSt 64, 77 (78); *Maurach/Schroeder/Maiwald*, BT 1, § 37 Rn. 16; *S/S/Heine/Hecker*, § 289 Rn. 6; für eine Einbeziehung des Pfändungspfandrechts auch in diesen Fällen allerdings *Geppert*, Jura 1987, 427 (432 f.); LK-*Schünemann*, 12. Aufl., § 289 Rn. 6, 13; NK-*Wohlers/Gaede*, § 289 Rn. 6; *Rengier*, BT I, § 28 Rn. 8; SK-*Hoyer*, § 289 Rn. 4; zu § 136 vgl. unten § 45 Rn. 79 ff., insbesondere Rn. 81.
36 Vgl. auch oben Rn. 3.
37 Vgl. *Baur/Stürner*, Sachenrecht, 18. Aufl. 2009, § 3 Rn. 24; § 9 Rn. 31.
38 Vgl. oben Rn. 24 f.
39 Im Anschluss an *Frank*, § 289 Bem. I, „Besitzrechtsstörung", *Binding*, Lehrbuch des Gemeinen Deutschen Strafrechts, Besonderer Teil, Bd. 1, 2. Aufl. 1902, S. 317, hat die missverständliche Bezeichnung „Pfandkehr" wiederbelebt.
40 RGSt 38, 174; BayObLG, JR 1982, 31; *Fischer*, § 289 Rn. 4; *Krey/Hellmann/Heinrich*, BT 2, Rn. 403; *Gössel*, BT 2, § 18 Rn. 113; *Lackner/Kühl*, § 289 Rn. 3; LK-*Schünemann*, 12. Aufl., § 289 Rn. 14; *Mitsch*, BT 2/2, § 5 Rn. 126; MüKo-*Maier*, 2. Aufl., § 289 Rn. 8; *Rengier*, BT I, § 28 Rn. 15; *Wessels/Hillenkamp*, BT 2, Rn. 471; *Geppert*, Jura 1987, 427 (433 f.).
41 *Frank*, § 289 Bem. III: „Ein durchlangender Grund, weshalb der Begriff des Wegnehmens anders verstanden werden sollte als in § 242, ist nicht ersichtlich"; *Kohlrausch/Lange*, § 289 Bem. III: „Die Gegenmeinung [...] pönalisiert auch da, wo Zivilsanktionen ausreichen"; vgl. auch *Arzt/Weber-Arzt*, 1. Aufl., § 16 Rn. 29.

Vereitelung von Gläubigerrechten § 16 Rn. 30–31

me einen Gewahrsamsbruch[42]. Begründet wird dies damit, dass die im Vergleich zu den §§ 288, 136 I erhöhte Strafdrohung nur dann gerechtfertigt sei, wenn (zusätzlich) eine Verletzung fremden Gewahrsams erfolge. Für die h. M. spricht, dass gerade derjenige, der ein besitzloses Pfandrecht inne hat, hier besonders geschützt werden muss, da er im Gegensatz zum Besitzpfandrecht kaum eigene Sicherungsvorkehrungen treffen kann. Der Schutz des § 288, der voraussetzt, dass die Zwangsvollstreckung „droht", setzt hier zu spät ein, sodass insoweit erhebliche Strafbarkeitslücken verbleiben würden.

IV. Vereitelung von Gläubigerrechten

1. Der kriminalpolitische Hintergrund

a) Stärkung der Gläubigerstellung in Vollstreckungssituationen

Die prinzipielle strafrechtliche Schutzlosigkeit des Gläubigers schuldrechtlicher Ansprüche[43] endet, wenn es um die zwangsweise Durchsetzung – **Zwangsvollstreckung** – seiner Ansprüche geht. Sein Befriedigungsinteresse ist nun derart evident und verfestigt, dass ein strafrechtlicher Schutz angebracht erscheint. Das Strafrecht knüpft dabei an das prozessuale Begriffspaar „**Einzelvollstreckung/Gesamtvollstreckung**" an: § 288 (Vollstreckungsvereitelung) schützt das Recht des Gläubigers auf Befriedigung in der Einzelzwangsvollstreckung[44], §§ 283 ff. (Insolvenzdelikte) schützen sein Recht auf (anteilsmäßige) Befriedigung in der Gesamtvollstreckung, im Insolvenzverfahren[45]. 30

Wer § 288 und die Insolvenzstraftaten zutreffend erfassen will, tut wegen der „Prozessrechtsabhängigkeit" dieser Tatbestände gut daran, sich zunächst einen Überblick über das Zwangsvollstreckungs- und Insolvenzrecht zu verschaffen. Dieser kann hier nicht gegeben werden.

b) Umfang der Vollstreckungs-, insbesondere der Insolvenzkriminalität

Das **Vereiteln der Einzelzwangsvollstreckung** spielt in der Kriminalstatistik keine nennenswerte Rolle: Im Jahre 2011 erfolgten lediglich 137 Verurteilungen gemäß §§ 288 und 289[46]. Auch die 1.420 **insolvenzstrafrechtlichen** Verurteilungen im gleichen Jahr nach den §§ 283–283d[47] neh- 31

---

42 *Bock*, ZStW 121 (2009) 548 (550); *Bohnert*, JuS 1982, 256 (260); *Joecks*, § 289 Rn. 3; *Joerden*, JuS 1985, 20 (23); *Laubenthal*, JA 1990, 38 (40 ff.); *Maurach/Schroeder/Maiwald*, BT 1, § 37 Rn. 16; NK-*Wohlers* § 289 Rn. 11 f.; *Otto*, BT, § 50 Rn. 6 ff.; *ders.*, Jura 1992, 666 (667); S/S/*Heine/Hecker*, § 289 Rn. 9; SK-*Hoyer*, § 289 Rn. 8 ff.
43 Vgl. oben Rn. 4.
44 Vgl. dazu unten Rn. 32 ff.
45 Vgl. unten Rn. 50 ff.
46 Quelle: Strafverfolgungsstatistik, Berichtsjahr 2011. S. 38 f.; die Verurteilungen nach §§ 288 und 289 sind in der Statistik zusammengefasst.
47 Quelle: Strafverfolgungsstatistik, Berichtsjahr 2011. S. 38 f.

men sich bescheiden aus, wenn man sich vor Augen hält, dass es in Deutschland im Jahre 2012 insgesamt 159.518 Insolvenzverfahren gab (die durch die Einführung der „Privatinsolvenz" in den letzten Jahren jedenfalls bis zum Jahre 2010 stetig anstiegen und erst in den letzten beiden Jahren wieder leicht rückläufig waren, im Jahre 2011 waren insgesamt 103.289 Verbraucherinsolvenzverfahren zu verzeichnen)[48]. Im Gegensatz zu § 288, wo jeweils nur ein einzelner Gläubiger Opfer ist, werden indessen durch Insolvenzdelikte in der Regel eine ganze Reihe von Gläubigern – nicht selten Hunderte oder Tausende – geschädigt (z. B. im Herstatt- und Schneider-Fall), und zwar in beträchtlicher Höhe[49]. Hinzu kommt, dass bei drohender oder eingetretener Insolvenz neben den eigentlichen Bankrotthandlungen[50] häufig noch andere Delikte begangen werden, z. B. die Ausgabe ungedeckter Wechsel oder Schecks, mehrfache Sicherungsübereignungen, Veräußerung sicherungsübereigneter Sachen, Unterschlagung von Depot-, Kommissions- und Eigentumsvorbehaltswaren. Die durch die Insolvenzkriminalität verursachten Gesamtschäden dürften mittlerweile jährlich zwischen 30 und 40 Milliarden Euro (dies ist die Summe der geltend gemachten Forderungen) betragen, die Vernichtung der Unternehmenswerte und Arbeitsplätze nicht eingeschlossen[51]. Die vielfachen materiellen und immateriellen Folgewirkungen (Schäden bei den Gläubigern, d. h. Zulieferern und Abnehmern der Insolvenzgläubiger, die nicht selten zu deren wirtschaftlichem Zusammenbruch führen; Vertrauensverluste in der Kreditwirtschaft) weisen die Insolvenzdelikte als klassische **Wirtschaftsstraftaten** aus[52].

2. Vollstreckungsvereitelung, § 288

a) Rechtsgut

32 **Ziel** des § 288 ist es, dem Gläubiger die Befriedigung aus dem Vermögen des Schuldners zu sichern[53].

Geschützt wird also nur die Durchsetzung **vermögensrechtlicher** Ansprüche. Nicht erfüllt ist § 288 also, wenn der durch ein Strafgericht Verurteilte die Vollstreckung einer Geldstrafe vereitelt. Denn die Beitreibung einer Geldstrafe dient nicht vermögensrechtlichen Interessen des Staates, sondern der Verwirklichung

---

48 Quelle: Statistisches Jahrbuch für die Bundesrepublik Deutschland 2012, S. 514 (Tabelle 20.4.1); vgl. für das Jahr 2006 insgesamt: 130.000 Insolvenzverfahren, Quelle: Statistisches Jahrbuch für die Bundesrepublik Deutschland 2006, S. 491 (Tabelle 19.4.2).
49 Allein die im Jahre 2011 zu verzeichnenden 30.099 Unternehmensinsolvenzen betrafen über 140.000 Arbeitnehmer und offene Forderungen in Höhe von über 2 Milliarden Euro; Quelle: Statistisches Jahrbuch für die Bundesrepublik Deutschland 2012, S. 515 (Tabelle 20.4.3).
50 Vgl. dazu unten Rn. 55.
51 Vgl. hierzu auch LK-*Tiedemann*, 12. Aufl., Vor § 283 Rn. 12 unter Berufung auf das Statistische Jahrbuch für die Bundesrepublik Deutschland 2008, S. 502 (für die Zeiträume 2004 bis 2007).
52 Vgl. auch unten § 19 Rn. 15.
53 BGHSt 16, 330 (334); vgl. auch oben Rn. 30.

Vereitelung von Gläubigerrechten　　　　　　　　　　§ 16 Rn. 33–34

des dem Täter zugedachten Strafübels⁵⁴. Eine Strafbarkeit nach § 288 würde überdies der Straflosigkeit der Selbstbegünstigung nach §§ 257, 258 zuwiderlaufen⁵⁵.

b) Tatobjekt: Bestandteile des Vermögens

Tatobjekte der Vollstreckungsvereitelung sind dementsprechend **alle** **Vermögensgegenstände, die der Zwangsvollstreckung unterliegen.** 33

Der Zwangsvollstreckung wegen Geldforderungen (§§ 803–882a ZPO) unterliegen neben beweglichen Sachen (§§ 808–827 ZPO) auch Forderungen und andere Vermögensrechte (§§ 828–863 ZPO) sowie unbewegliche Sachen, insbesondere Grundstücke (§§ 864–871 ZPO). § 288 reicht also schon von den Gegenständen der Tat her gesehen weit über § 289 (welcher nur bewegliche Sachen umfasst⁵⁶) hinaus.

Nicht gepfändet werden dürfen bestimmte, z. B. für den persönlichen Gebrauch oder die Berufsausübung des Schuldners unentbehrliche Sachen (§ 811 ZPO) sowie bestimmte Ansprüche, etwa das unterhalb der Pfändungsgrenze liegende Arbeitseinkommen des Schuldners (§§ 850 ff. ZPO). Diese Vermögensbestandteile werden, weil sie nicht der Zwangsvollstreckung unterliegen, auch nicht von § 288 erfasst. Anders ist es aber, wenn nicht wegen der Befriedigung von Geldforderungen des Gläubigers vollstreckt wird, sondern die **Zwangsvollstreckung** der **Erwirkung der Herausgabe von Sachen** dient (§§ 883 ff. ZPO).

Beispiel: Der Träger des Bundesverdienstkreuzes T schuldet D die Rückzahlung eines Darlehns von 1.000 €. Versteckt T das Bundesverdienstkreuz, um es der von D betriebenen Zwangsvollstreckung zu entziehen, so scheidet § 288 aus, da der Orden nach § 811 Nr. 11 ZPO **bei der Vollstreckung wegen Geldforderungen** (Darlehensforderung des D) unpfändbar ist. Dagegen ist § 288 erfüllt, wenn T den Orden dem Sammler S verkauft hat und ihn nun der Vollstreckung des Übergabe- und Übereignungsanspruchs aus § 433 I BGB gemäß §§ 883 I, 894 I ZPO entzieht, denn § 811 ZPO gilt nicht für die **Zwangsvollstreckung zur Erwirkung der Herausgabe von Sachen.**

c) Gläubigerstellung

Für § 288 ist Voraussetzung, dass ein **materiell-rechtlich begründeter** 34 **Anspruch** des die Zwangsvollstreckung Betreibenden besteht. Mit „Gläubiger" ist somit in § 288 der materiell Berechtigte, nicht der formell-vollstreckungsrechtlich Befugte (= Vollstreckungsgläubiger) gemeint⁵⁷.

§ 288 kommt also nicht in Betracht, wenn aus Urteilen oder sonstigen Titeln (§ 794 ZPO) vollstreckt wird, die nicht mit der materiellen Rechtslage übereinstimmen, sondern z. B. vom Vollstreckungsgläubiger erschlichen worden sind. – Eingriffe in

---

54 Obwohl sie entsprechend den zwangsvollstreckungsrechtlichen Vorschriften der ZPO vollstreckt wird; vgl. § 459 StPO i. V. m. § 6 Justizbeitreibungsordnung.
55 Vgl. dazu unten § 27 Rn. 16 und § 26 Rn. 17.
56 Vgl. oben Rn. 24 ff.
57 RG, JW 1937, 1336 (Nr. 41); so auch die ganz h. M. im Schrifttum; vgl. *Geppert*, Jura 1987, 427 (428); *Krey/Hellmann/M. Heinrich*, BT 2, Rn. 413; *Mitsch*, BT 2/2, § 5 Rn. 93; *S/S/Heine/Hecker*, § 288 Rn. 5 ff.; SSW-*Kudlich*, § 288 Rn. 2; *Wessels/Hillenkamp*, BT 2, Rn. 475; vgl. auch BGH, NJW 1991, 2420; ferner NK-*Wohlers*, § 288 Rn. 2 (Schutzzweck des § 288 sei die verfahrensrechtlich entstandene Rechtsposition des Gläubigers); a. M. SK-*Hoyer*, § 288 Rn. 4 ff. (der eine drohende Zwangsvollstreckung unabhängig vom Bestehen eines Anspruchs genügen lassen will).

§ 16 Rn. 35–40   Straftaten gegen sonstige Vermögensrechte

die **öffentliche Verstrickung,** die auch bei materiell-rechtlich nicht gerechtfertigten Vollstreckungsmaßnahmen eintritt, werden hingegen von § 136 I erfasst[58].

35   Die **materiell-rechtliche Sicht des § 288** hat zwangsläufig zur Folge, dass der Strafrichter nicht an ein zivilgerichtliches Urteil gebunden ist, sondern nachprüfen kann (und muss), ob dieses mit der materiellen Rechtslage in Einklang steht (§ 262 StPO[59]).

d) Schuldnerstellung: Drohende Zwangsvollstreckung

36   Maßgebend ist das **Drohen der Zwangsvollstreckung.** Dies ist sicher anzunehmen, wenn der – materiell berechtigte[60] – Gläubiger einen Vollstreckungstitel besitzt, aber auch schon dann, wenn er Klage erhoben hat (die ja zur Erlangung eines vollstreckbaren Titels führen soll). Die Zwangsvollstreckung kann aber auch schon vor Klageerhebung drohen, „sofern nur nach den besonderen Umständen des Falles **objektiv** die Zwangsvollstreckung sich als nahe bevorstehende darstellt"[61].

37   Im letzteren Fall ist aber das Drohen der Zwangsvollstreckung besonders sorgfältig zu prüfen, insbesondere ist zu fragen, ob nicht erst das Wegschaffen von Vermögensgegenständen die Gläubiger aufgeschreckt hat (Vertauschen von Ursache und Wirkung). Denn „es reicht zur Anwendung des Gesetzes [...] nicht hin, wenn die vom Täter vorgenommene Handlung erst die Ursache bildet, aus welcher demnächst ein Anspruch entsteht, wegen dessen eine künftige Zwangsvollstreckung stattfinden kann"[62].

38   Auf der anderen Seite droht die Zwangsvollstreckung auch dann noch, wenn bereits Vollstreckungsmaßnahmen eingeleitet worden sind, das Vollstreckungsverfahren aber noch nicht abgeschlossen ist[63].

39   Mit dem Merkmal der „**ihm** drohenden Zwangsvollstreckung" bringt der Gesetzgeber zum Ausdruck, dass Täter des § 288 nur der Vollstreckungsschuldner sein kann (**Sonderdelikt**)[64].

e) Tathandlungen

40   § 288 schützt den Gläubiger umfassend gegen rechtsgeschäftliche („**veräußert**") und tatsächliche („**beiseite schafft**") Vereitelungshandlungen. – Unter den Begriff des **Veräußerns** fallen nicht nur die Übereignung von beweglichen Sachen (§§ 929 ff. BGB) und Grundstücken (§§ 873 I, 925 BGB) an Dritte sowie die Abtretung von Forderungen (§ 398 BGB) –

---

58   Vgl. dazu § 45 Rn. 82. – Zu den Konkurrenzfragen unten Rn. 49.
59   Vgl. dazu BayObLGSt 52, 224; abweichend allerdings LK-*Schünemann*, 11. Aufl., § 288 Rn. 3 f.; SK-*Hoyer*, § 288 Rn. 5.
60   Vgl. dazu oben Rn. 34.
61   RGSt 31, 22 (24); BGH, bei *Holtz*, MDR 1977, 638; vgl. auch RGSt 63, 341 (342 f.); BGH, NJW 1991, 2420.
62   RGSt 31, 22 (24).
63   RGSt 35, 62 (63).
64   Dazu allgemein *Baumann/Weber/Mitsch*, § 8 Rn. 31 f.; *B. Heinrich*, AT, Rn. 173 f. und 1196 – Zur Teilnahme sowie zur Ausdehnung der Täterhaftung über § 14 StGB vgl. unten Rn. 46 ff.

also Rechtsgeschäfte, durch die Vermögensgegenstände vollständig aus dem Vermögen des Vollstreckungsschuldners ausgeschieden werden –, sondern alle Verfügungen, die zu einer Schmälerung des haftenden Schuldnervermögens führen, insbesondere auch die Belastung mit beschränkt dinglichen Rechten wie z. B. die Bestellung von Hypotheken (§§ 873, 1113 BGB), die Verpfändung von beweglichen Sachen (§ 1204 BGB) und Forderungen (§ 1273 BGB).

Für den Gläubiger ist z. B. die Belastung des Grundstücks mit Hypotheken „bis zum Schornstein" nicht weniger schädlich als die Veräußerung des Grundstücks (vgl. §§ 879 BGB, 866 ZPO, 91 ZVG).

Da § 288 die Befriedigung des Gläubigers aus dem Schuldnervermögen sicherstellen will[65], sind wegen fehlender Schutzzweckverletzung solche Veräußerungen nicht tatbestandsmäßig, welche die Vollstreckungsmöglichkeiten des Gläubigers nicht beeinträchtigen, z. B. weil dem Schuldnervermögen aus der Veräußerung ein gleichwertiger Vorteil zufließt[66].

Entsprechend dem Schutzzweck des § 288[67] wird auch das Merkmal „beiseite schafft" weit ausgelegt, sodass nicht nur die räumliche Entfernung von Sachen (Unterbringung bei Freunden, Verstecken im eigenen Haus) erfasst wird, sondern auch deren Zerstörung[68].

Umstritten ist, ob auch die Beschädigung ohne vollständigen Substanzverlust (also die nur teilweise Zerstörung[69]) tatbestandsmäßig ist. Der Schutzzweck des § 288 spricht dafür, denn beschädigte Sachen lassen sich für den pfändenden Gläubiger schwerer verwerten als unversehrte. Außerdem ließe sich argumentieren, wenn die rechtsgeschäftliche Vereitelungshandlung „Veräußern" auch die Belastung und damit die Erschwerung der Befriedigung des Gläubigers erfasse, so müsse konsequenterweise die tatsächliche Vereitelungshandlung ähnlich weit ausgelegt werden. Gleichwohl ist im Ergebnis der Gegenansicht[70] zuzustimmen, denn die natürliche Wortbedeutung verbietet es, unter das Beiseiteschaffen auch Handlungen zu subsumieren, die den Vollstreckungszugriff auf die Sache nicht ausschließen. Hierin ist kein Widerspruch zum angenommenen Beiseiteschaffen durch Zerstörung zu sehen, denn bei dieser wird die Sache dem Zugriff des Gläubigers endgültig entzogen[71].

---

65 Vgl. oben Rn. 32.
66 BGH, NJW 1953, 1152; vgl. ferner RGSt 71, 227 (230 f.), und *Geppert*, Jura 1987, 427 (429), auch zu der – zu verneinenden – Frage der Anwendbarkeit des § 288, wenn der Schuldner andere Gläubiger befriedigt, ohne sie zu bevorzugen.
67 Vgl. oben Rn. 32.
68 RGSt 19, 25 (Verbrennen von Hundertmarkscheinen); RGSt 27, 122 (Zerstören von Bauwerken); *Fischer*, § 288 Rn. 10; LK-*Schünemann*, 12. Aufl. § 288 Rn. 31; *Otto*, BT, § 50 Rn. 19; *Rengier*, BT I, § 27 Rn. 16; a. M. NK-*Wohlers/Gaede*, § 288 Rn. 13; *S/S/Heine/Hecker*, § 288 Rn. 14; SK-*Hoyer*, § 288 Rn. 15.
69 Vgl. zum Begriff oben § 12 Rn. 16 ff. zu § 303.
70 RGSt 42, 62 (63); *Fischer*, § 288 Rn. 10; LK-*Schünemann*, 12. Aufl., § 288 Rn. 32; *Otto*, BT, § 50 Rn. 19; *Rengier*, BT I, § 27 Rn. 16; *S/S/Heine/Hecker*, § 288 Rn. 14; a. M. NK-*Wohlers/Gaede*, § 288 Rn. 13; SK-*Hoyer*, § 288 Rn. 15.
71 Vgl. hierzu LK-*Schünemann*, 12. Aufl., § 288 Rn. 32; MüKo-*Maier*, 2. Aufl., § 288 Rn. 31; – Zur natürlichen Wortbedeutung als Auslegungsgrenze *Baumann*, MDR 1958, 394; *Baumann/Weber/Mitsch*, § 9 Rn. 84 ff.; *B. Heinrich*, AT, Rn. 143.

f) Vereitelungsabsicht und Tatvorsatz

43 § 288 enthält ein **schlichtes Tätigkeitsdelikt**, d. h. es reicht für die Verwirklichung des objektiven Tatbestands die Vornahme der oben[72] geschilderten Handlungen aus. Die Herbeiführung eines Erfolges – die tatsächliche Vereitelung der Befriedigung des Gläubigers – wird nicht verlangt[73]. Es genügt die darauf gerichtete Absicht des Täters (**Absichtsdelikt; kupiertes Erfolgsdelikt**)[74]. Hinsichtlich der sonstigen objektiven Tatbestandsmerkmale genügt bedingter Vorsatz.

Eine eigenständige Pönalisierung des Versuchs erübrigt sich, da dieser begrifflich im Vollendungstatbestand mit enthalten ist.

44 Die Absicht ist in § 288 nach einhelliger Auffassung als **Wissentlichkeit** (dolus directus 2. Grades) zu verstehen, d. h. der Täter muss sich die Vereitelung der Befriedigung des Gläubigers nicht „zum Endzweck seines Tuns gesetzt haben […]; vielmehr genügt es, wenn er ihn (sc. den Vereitelungserfolg) als notwendige und unvermeidliche Folge seines Tuns vorausgesehen und in seinen Willen mit aufgenommen hat"[75].

Bei der **Vollstreckung von Geldforderungen**[76] kommt also § 288 nicht zum Zuge, wenn es dem Vollstreckungsschuldner nur darauf ankommt, eine ihm lieb gewordene Sache dem Gläubigerzugriff zu entziehen, und er davon ausgeht, dass andere pfändbare Vermögensgegenstände zur Befriedigung des Gläubigers ausreichen[77]. Anders ist es aber wiederum, wenn dem Vollstreckungsschuldner der Gläubiger gerade diese Sache schuldet und dieser die Zwangsvollstreckung zur Erwirkung der **Herausgabe dieser Sache**[78] betreibt. In jedem Fall genügt auch die auf zeitweilige Vereitelung der Gläubigerbefriedigung gerichtete Absicht[79].

g) Antragserfordernis, Täterschaft und Teilnahme (Sonderdelikt), Handeln für einen anderen, Konkurrenzen

aa) Antragserfordernis

45 Die Vollstreckungsvereitelung ist ein absolutes Antragsdelikt, § 288 II. Ihre Verfolgung ist daher nur bei Vorliegen eines entsprechenden Antrags des Verletzten möglich.

---

72 Vgl. oben Rn. 40 ff.
73 Insoweit ist die amtliche Überschrift „Vereiteln der Zwangsvollstreckung" ungenau. Zum Begriffspaar „schlichte Tätigkeitsdelikte – Erfolgsdelikte" vgl. *Baumann/Weber/Mitsch*, § 8 Rn. 39 ff.; *B. Heinrich*, AT, Rn. 158 ff.
74 Vgl. *Baumann/Weber/Mitsch*, § 8 Rn. 19 ff.; *B. Heinrich*, AT, Rn. 160.
75 RGSt 59, 314 (315); vgl. auch RGSt 29, 241; *S/S/Heine/Hecker*, § 288 Rn. 17; *Wessels/Hillenkamp*, BT 2, Rn. 481; anders LK-*Schünemann*, 12. Aufl., § 288 Rn. 37, der einen dolus directus 1. Grades fordert: dem Täter müsse es gerade auf den Vereitelungserfolg ankommen; so auch SK-*Hoyer*, § 288 Rn. 17.
76 Vgl. dazu oben Rn. 33.
77 Vgl. zum Ganzen auch den Fall 35 bei *Wessels/Hillenkamp*, BT 2, Rn. 474, 484.
78 Vgl. hierzu bereits oben Rn. 33.
79 BayObLGSt n.F. 1952, 224 (225).

bb) Täterschaft und Teilnahme

§ 288 ist ein **Sonderdelikt;** Täter – auch mittelbarer – kann nur derjenige 46
sein, dem die Zwangsvollstreckung droht[80]. Alle anderen Tatbeteiligten
können nur Teilnehmer (d. h. Anstifter, § 26, oder Gehilfen, § 27) sein.
Hier kann sich die aus dem Allgemeinen Teil bekannte Problematik des
„qualifikationslos-dolosen" Werkzeuges stellen, sofern der Schuldner Bestandteile seines Vermögens durch einen (bösgläubigen) Dritten veräußern
lässt[81]. Der Dritte selbst ist kein tauglicher Täter des § 288, kann also
höchstens Gehilfe der durch den Schuldner begangenen Tat sein. Für den
Schuldner selbst kommt in dieser Konstellation indes eine Strafbarkeit
nach § 288 durchaus in Betracht, da er als mittelbarer Täter, § 25 I 2. Alt,
kraft **normativer** Tatherrschaft[82] (bzw. nach anderer Ansicht[83] aufgrund
der Verletzung einer bei einem „Pflichtdelikt" wie § 288 bestehenden Sonderpflicht) fungiert und daher eine Tatherrschaft im eigentlichen Sinne
entbehrlich ist[84].

Schon aus dem Umstand heraus, dass die Zwangsvollstreckung auch ei- 47
ner juristischen Person drohen kann (hier ist dann § 14 zu beachten[85]),
folgt, dass es sich bei der Schuldnereigenschaft **nicht** um ein **besonderes
persönliches Merkmal** i. S. von § 28 I, sondern nur um ein tatbezogenes
Merkmal handeln kann[86].

cc) Handeln für einen anderen

Trotz der in §§ 14 I und 28 I gleichlautenden Terminologie („besondere 48
persönliche Merkmale") herrscht Einigkeit darüber, dass § 14 im Rahmen
des § 288 anwendbar ist[87].

> Dies ist von besonderer Bedeutung, wenn das vertretungsberechtigte Organ einer
> juristischen Person oder der vertretungsberechtigte Gesellschafter einer Personengesellschaft (§ 14 I Nr. 1 und Nr. 2) zugunsten einer Personenvereinigung handelt,
> der die Zwangsvollstreckung droht. Denn ohne die Anwendung des § 14 könnte der

---

80 Vgl. oben Rn. 39.
81 Vgl. allgemein zur Figur des qualifikationslos-dolosen Werkzeuges *Jakobs,* 21/104; *Jescheck/Weigend,* § 62 II 7; *Kühl,* AT, § 20 Rn. 56b; *Lackner/Kühl,* § 25 Rn. 4; *Wessels/Beulke/Satzger,* Rn. 537.
82 Vgl. *Rengier,* BT I, § 27 Rn. 4; LK-*Schünemann,* 12. Aufl., § 288 Rn. 41.
83 So etwa *Roxin,* AT II, § 25 Rn. 275 ff.
84 Diese beiden Konstruktionen ablehnend und daher für eine Straflosigkeit *Geppert,* Jura 1987, 427 (430); *Herzberg,* JuS 1974, 374 (377); *Mitsch,* BT 2/2, § 5 Rn. 108; NK-*Wohlers,* § 288 Rn. 4; *Otto,* Jura 1987, 256; *Wessels/Hillenkamp,* BT 2, Rn. 480; so im Ergebnis auch *Krey/Hellmann/Heinrich,* BT 2, Rn. 415 ff.; *Kühn,* NJW 2009, 3610 (3612); vgl. hierzu auch den Übungsfall bei *Mitsch,* JuS 2004, 323 (324 f.).
85 Vgl. hierzu sogleich noch unten Rn. 48.
86 Im Ergebnis ebenso *Lackner/Kühl,* § 288 Rn. 7; LK-*Roxin,* 11. Aufl., § 28 Rn. 56; *Maurach/Schroeder/Maiwald,* BT 1, § 47 Rn. 11; MüKo-*Maier,* 2. Aufl., § 288 Rn. 48; S/S/*Heine/Hecker,* § 288 Rn. 18; *Wessels/Hillenkamp,* BT 2, Rn. 480; a. M. *Fischer,* § 288 Rn. 14; LK-*Schünemann,* 12. Aufl., § 288 Rn. 44.
87 Vgl. z. B. MüKo-*Maier,* 2. Aufl., § 288 Rn. 44; S/S/*Heine/Hecker,* § 288 Rn. 3; zu dieser sich aus der unglücklichen Gesetzesfassung des § 14 ergebenden Diskrepanz vgl. insbesondere *Herzberg,* ZStW 88 (1976), 68 (110 ff.).

Handelnde weder als Täter (ihm selbst droht nicht die Zwangsvollstreckung) noch – mangels Haupttat – als Gehilfe bestraft werden (die juristische Person bzw. die Gesellschaft können mangels Handlungs- bzw. Schuldfähigkeit[88] nicht Täter sein)[89].

dd) Konkurrenzen

49 Da Vollstreckungsvereitelung auch noch möglich ist, wenn Zwangsvollstreckungsmaßnahmen bereits getroffen worden sind[90], kann § 288 in Tateinheit mit § 136 I treten[91].

> **Beispiel:** Bei T wird ein Schrank gepfändet. Dieser bleibt – so der Normalfall – im Gewahrsam des T (§ 808 II ZPO). Veräußert T das Möbelstück, so verletzt er zugleich das Befriedigungsinteresse des Gläubigers (§ 288) und die durch die Pfändung herbeigeführte hoheitliche Verstrickung (§ 136 I).

3. Insolvenzstraftaten, §§ 283–283d

a) Gesetzesgeschichte

50 Die Konkursdelikte, die im Reichsstrafgesetzbuch von 1871 im 24. Abschnitt „Bankerutt" (§§ 281–283) geregelt waren, wurden 1877[92] als §§ 239–244 in die Konkursordnung übernommen. Durch das 1. WiKG von 1976[93] wurden sie wieder – als §§ 283–283d – ins StGB eingestellt, weil „Tatbestände, die von allgemeiner Bedeutung sind und einen schwerwiegenden Unrechtsgehalt haben, grundsätzlich in das Strafgesetzbuch aufgenommen werden sollten"[94]. Durch das EinführungsG zur Insolvenzordnung (EGInsO) vom 5.10.1994[95] wurden die §§ 283 ff. terminologisch der InsO angepasst (statt „Konkursverfahren" heißt es nun „Insolvenzverfahren" etc.). Erhebliche sachliche Änderungen der Strafvorschriften sind nicht erfolgt[96].

b) Problematik der strafrechtlichen Erfassung unternehmerischer Fehlentscheidungen

51 Obwohl Insolvenzdelikte von jedermann begangen werden können, ebenso wie über das Vermögen jeder natürlichen oder jeder juristischen Person ein Insolvenzverfahren eröffnet werden kann (§ 11 I InsO)[97], kom-

---

88 Dazu *Baumann/Weber/Mitsch*, § 13 Rn. 15, § 18 Rn. 27, § 29 Rn. 18 ff.; *B. Heinrich*, AT, Rn. 198.
89 Vgl. zur Möglichkeit der Verhängung einer Geldbuße gegen die juristische Person oder Personenvereinigung in diesem Falle § 30 OWiG.
90 Vgl. oben Rn. 38.
91 Vgl. RGSt 17, 42 (43) – der dort angeführte § 137 ist nunmehr § 136; zu § 136 vgl. oben Rn. 34 sowie näher unten § 45 Rn. 79 ff.
92 Mit Wirkung vom 1.10.1879.
93 Dazu § 19 Rn. 2.
94 BR-Drucks. 5/75, S. 34.
95 BGBl. 1994 I, S. 2911.
96 Vgl. aber auch *Wessels/Hillenkamp*, 33. Auflage 2010, BT 2, Rn. 457, sowie ausführlich zur Reform *Uhlenbruck*, wistra 1996, 1 (2 f.).
97 Darauf, dass §§ 283 ff. auch Privatinsolvenzen erfasst, wird in BGHSt 55, 107 (112) zutreffend hingewiesen.

Vereitelung von Gläubigerrechten § 16 Rn. 52

men als Täter praktisch nur Unternehmer in Betracht. „Unternehmerische Entscheidungen sind aber stets mit Risiko und Wagnis behaftet. Wo [derartige] Entscheidungen getroffen werden, da liegt auch die Fehlentscheidung schon in der Luft"[98]. Eine Pönalisierung der schlichten unternehmerischen Fehlentscheidung brächte also zwangsläufig die Gefahr mit sich, unternehmerisches Handeln schlechthin strafrechtlich zu erfassen. Sie hat deshalb zu unterbleiben. Eine freiheitliche Wirtschaftsordnung muss in Kauf nehmen, dass unternehmerische Tätigkeit zur Insolvenz führt. Für das Strafrecht folgt daraus, dass die **Insolvenz als solche nicht bestraft** werden kann, auch dann nicht, wenn sie beträchtliche Schäden herbeiführt[99]. Ansatz für eine strafrechtliche Regelung können vielmehr **nur grob unwirtschaftliche Handlungen** sein (vgl. die Bankrotthandlungen in § 283 I Nr. 1–8). Doch selbst diese sind für sich genommen noch kein strafwürdiges Unrecht. Der unwirtschaftliche Umgang mit dem eigenen Vermögen wird – von gewissen in § 283b erfassten abstrakt gefährlichen Verhaltensweisen[100] einmal abgesehen – erst dann strafwürdig, wenn er zu einer Schädigung der Gläubiger führen kann, wenn sich der Schuldner mit anderen Worten in einer wirtschaftlichen **Krisensituation befindet**, die in § 283 I mit Überschuldung oder drohender oder eingetretener Zahlungsunfähigkeit umschrieben wird, oder wenn er durch sein Verhalten eine solche **Krisensituation herbeiführt** (§ 283 II).

Soll das Strafrecht nicht zu spät kommen, so müsste man eigentlich erwarten, dass es eingreift, wenn Bankrotthandlungen in oder mit der Folge einer Krise vorliegen, zumal ja die Insolvenz als solche wie dargestellt[101] nicht unrechtsbegründend wirkt. Gleichwohl konnte sich der Gesetzgeber nicht zu einem Verzicht auf die **Zahlungseinstellung,** die **Eröffnung des Insolvenzverfahrens** oder die **Ablehnung der Eröffnung des Insolvenzverfahrens mangels Masse** als Voraussetzung der Strafbarkeit entschließen (§ 283 VI). Maßgebend dafür war einmal die Überlegung, dass bei einem Verzicht auf dieses Strafbarkeitserfordernis „für viele wirtschaftlich schwache Unternehmer die ständige Gefahr (bestünde), angezeigt und in ein Strafverfahren verwickelt zu werden, was möglicherweise erst die wahre Ursache für ihren wirtschaftlichen Ruin wäre"[102]. Zum anderen glaubte man auch aus Beweisgründen auf diese Voraussetzungen nicht verzichten zu können, „denn diese sind im Allgemeinen geeignet, das Vorhandensein einer Krise bei einer bestimmten Bankrotthandlung zu erhärten"[103]. – Die Entscheidung des Gesetzgebers ist zu billigen, denn in der Tat verliert das Strafbedürfnis an Erheblichkeit, wenn es dem Schuldner trotz Krisensitu-

52

---

98 *Schlüchter,* Der Grenzbereich zwischen Bankrottdelikten und unternehmerischen Fehlentscheidungen, 1977, S. 10.
99 Vgl. oben Rn. 31.
100 Dazu unten Rn. 60.
101 Vgl. die vorstehende Rn. 51.
102 BR-Drucks. 5/75, S. 33.
103 BR-Drucks. 5/75, S. 33.

ation und Bankrotthandlungen doch noch gelingt, die Zahlungseinstellung oder ein Insolvenzverfahren abzuwenden (strafrechtseinschränkende Wirkung)[104].

53 **Dogmatisch** sind Zahlungseinstellung usw. **objektive Bedingungen der Strafbarkeit**[105], d. h. sie stehen außerhalb des Unrechtstatbestandes, mit der praktisch bedeutsamen Folge, dass sich Vorsatz und Fahrlässigkeit auf sie nicht zu beziehen brauchen. Maßgebend ist allein ihr objektives Vorliegen[106].

Es liegt also z. B. kein vorsatzausschließender Irrtum nach § 16 vor, wenn der Täter irrtümlich annimmt, seine Bankrotthandlung i. S. von § 283 I oder II werde nicht zur Eröffnung des Insolvenzverfahrens führen. Die Verfahrenseröffnung ist kein „Umstand [...], der zum gesetzlichen Tatbestand gehört" (§ 16!). – Desgleichen kommt keine Befreiung von der Fahrlässigkeitshaftung nach § 283 IV oder V in Betracht, wenn die Unkenntnis der Verfahrenseröffnung nicht auf Fahrlässigkeit beruht. Gegenstand der Fahrlässigkeit sind ebenfalls nur Tatbestandsmerkmale.

Umgekehrt kann es nicht zu einer Versuchsstrafbarkeit (§§ 283 III, 22) führen, wenn T mit seinem Verhalten ein – dann tatsächlich nicht eröffnetes – Insolvenzverfahren herbeiführen will oder jedenfalls mit einem solchen rechnet und dieses billigend in Kauf nimmt. Denn § 22 verlangt ein Ansetzen zur Verwirklichung des **Tatbestandes**. Entscheidend ist also allein, ob sich der Wille des Täters auf die Verwirklichung der Tatbestandsmerkmale i. S. von § 283 I oder II erstreckt.

54 Über § 283 hinaus arbeitet der Gesetzgeber auch bei allen anderen Insolvenzdelikten mit der Rechtsfigur der objektiven Bedingung der Strafbarkeit; vgl. §§ 283b III, 283c III, 283d IV.

c) **Überblick über die einzelnen Tatbestände, §§ 283–283d**

aa) Bankrott, §§ 283, 283a

55 § 283 hat eine doppelte Schutzrichtung: Neben dem Schutz des gesamtwirtschaftlichen Systems soll vor allem auch die etwaige Insolvenzmasse vor einer unwirtschaftlichen Verringerung zum Nachteil der Gläubiger geschützt werden[107]. Die Tathandlungen (**Bankrotthandlungen**) sind im Gesetz (§ 283 I Nr. 1–8) im Einzelnen nachzulesen und müssen hier nicht wiederholt werden[108]. Hinzuweisen ist lediglich darauf, dass das in Nr. 8

---

104 Vgl. dazu BGH, JZ 1979, 75 (77); BGH, JZ 1979, 274 (275); *S/S/Heine/Schuster*, § 283 Rn. 59; LK-*Tiedemann*, 12. Aufl., Vor § 283 Rn. 86 ff., 90; *ders.*, NJW 1977, 777 (783).
105 Vgl. dazu BR-Drucks. 5/75, S. 33. – Gesetzestechnisch wird dies dadurch zum Ausdruck gebracht, dass sie von der tatbestandlichen Umschreibung der unrechtsbegründenden Umstände in einem eigenen Absatz deutlich abgesetzt sind; vgl. § 283 VI.
106 Zur Rechtsnatur der objektiven Bedingungen der Strafbarkeit allgemein *Baumann/Weber/Mitsch*, § 25 Rn. 1 ff.; *B. Heinrich*, AT, Rn. 133 ff.
107 BGHSt 28, 371 (373); BGHSt 55, 107 (115).
108 Vgl. aus der neueren Rechtsprechung zum „Beiseiteschaffen" i. S. der Nr. 1 BGHSt 55, 107 (113 ff.): Ein Beiseiteschaffen liegt vor, wenn ein Schuldner einen zu seinem Vermögen gehörenden Gegenstand dem alsbaldigen Gläubigerzugriff entzieht oder den Zugriff zumindest erheblich erschwert. Dies sei bei einer Überweisung eines Geldbetrages von einem dem Gläubiger bekannten auf ein diesem nicht bekanntes eigenes Konto noch nicht zwingend der Fall, da ein Insolvenzverwalter eine solche Transaktion in der Regel nachvollziehen könnte.

generalklauselartig umschriebene Verhalten unter dem Gesichtspunkt des Bestimmtheitsgebots (Art. 103 II GG) Bedenken erweckt[109]. Jedenfalls ist eine restriktive Interpretation der Bestimmung geboten[110].

Diese Handlungen sind jedoch nur dann strafbar, wenn sie in bestimmten **Krisensituationen** erfolgen (§ 283 I) oder diese herbeiführen (§ 283 II). Als Krisensituationen nennt das Gesetz die **Überschuldung** (= das Passivvermögen übersteigt das Aktivvermögen) und die **Zahlungsunfähigkeit** (= wer seinen fälligen Zahlungsverpflichtungen über längere Zeit ganz oder im Wesentlichen nicht nachkommen kann), in § 283 I auch bereits die **drohende Zahlungsunfähigkeit**. Das Strafrecht knüpft mit diesen Begriffen an das Insolvenzrecht an[111], wobei bei der Auslegung allerdings strafrechtsspezifische Besonderheiten zu berücksichtigen sind[112]. Neben der Vornahme der Bankrotthandlung in der Krisensituation fordert § 283 VI als objektive Strafbarkeitsbedingung die **Zahlungseinstellung**, die **Eröffnung des Insolvenzverfahrens** oder die **Ablehnung der Eröffnung des Insolvenzverfahrens mangels Masse**[113]. 56

Der Vorsatz des Täters (bedingter Vorsatz genügt) muss sich sowohl auf die Bankrotthandlung als auch auf das Vorliegen der Krisensituation beziehen, nicht aber auf die objektive Strafbarkeitsbedingung. § 283 IV enthält eine **Vorsatz-Fahrlässigkeits-** (bzw. **Leichtfertigkeits-)Kombination**; § 283 V stellt **fahrlässiges** bzw. leichtfertiges **Verhalten** bei besonders gravierenden Bankrotthandlungen schlechthin unter Strafe[114]. 57

Problematisch ist, ob und welcher **Zusammenhang zwischen den Bankrotthandlungen** nach § 283 I, II, IV und V **und der objektiven Bedingung der Strafbarkeit** nach § 283 VI bestehen muss. Sicher ist § 283 anwendbar, wenn sich ein Kausalzusammenhang zwischen der Bankrotthandlung und der objektiven Bedingung nachweisen lässt. Andererseits besteht Einigkeit darüber, dass § 283 ausscheidet, wenn ein Zusammenhang auszuschließen ist, etwa wenn sich der Täter nach der Bankrotthandlung wirtschaftlich wieder vollständig erholt hat und dann erneut in eine Krise gerät. Denn dann besteht ebenso wenig ein Strafbedürfnis, wie wenn die Eröffnung des Insolvenzverfahrens völlig ausgeblieben wäre[115]. Für den zwischen diesen beiden Extremkonstellationen liegenden Bereich bedient sich die Rechtsprechung so wenig griffiger Umschreibungen wie 58

---

109 Vgl. insbesondere *Schöne*, JZ 1973, 446 (450); vgl. ferner *Tiedemann*, ZStW 87 (975), 253 (288).
110 *Lackner/Kühl*, § 283 Rn. 21; *S/S/Heine/Schuster*, § 283 Rn. 49; vgl. hierzu auch BGH StV 2010, 25.
111 Vgl. die Legaldefinitionen in §§ 17 II, 18 II und 19 II InsO.
112 So auch *S/S/Heine/Schuster*, § 283 Rn. 50a; vgl. hierzu auch *Fischer*, Vor § 283 Rn. 6.
113 Vgl. hierzu BGHSt 28, 231 (234); *Fischer*, Vor § 283 Rn. 12 ff.; ferner bereits oben Rn. 52 f.
114 Solche Vorsatz-Fahrlässigkeitskombinationen finden sich sonst vor allem in den Gefährdungstatbeständen, z. B. in § 315c III Nr. 1; näher dazu unten § 35 Rn. 105 f.; allgemein zu den Vorsatz-Fahrlässigkeits-Kombinationen *Baumann/Weber/Mitsch*, § 8 Rn. 72 f., § 20 Rn. 5 und § 30 Rn. 19; *B. Heinrich*, AT, Rn. 1057 ff.
115 Vgl. hierzu LK-*Tiedemann*, 12. Aufl., Vor § 283 Rn. 92 (mit Hinweis auf mögliche Strafbarkeitsvorverlagerungen durch die InsO in Rn. 88); *S/S/Heine/Schuster*, § 283 Rn. 59; SK-*Hoyer*, Vor § 283 Rn. 18.

„irgendeine Beziehung"[116]. Im Ergebnis dürfte es für § 283 – und die übrigen Insolvenzdelikte – genügen, dass ein Zusammenhang zwischen den Bankrotthandlungen und der Strafbarkeitsbedingung nicht ausgeschlossen ist[117].

59 § 283a stellt **besonders schwere Fälle** des vorsätzlichen Bankrotts, die durch **Regelbeispiele** erläutert werden, unter erhöhte Strafdrohung.

Bemerkenswert ist die Regelung in § 283a S. 1, dass auch bei versuchtem Bankrott (§ 283 III) ein besonders schwerer Fall vorliegen kann. Dies ist in vergleichbaren Fällen, insbesondere bei § 243, durchaus umstritten[118], durch den Verweis in § 283a S. 1 für den Bankrott aber gesetzlich entschieden[119]. Das Regelbeispiel Nr. 2 knüpft an die für die Wirtschaftskriminalität typische Breitenwirkung auf der Opferseite an[120].

bb) Verletzung der Buchführungspflicht, § 283b

60 § 283b erfasst als **abstraktes Gefährdungsdelikt** die Tathandlungen der Nr. 5, Nr. 6 und Nr. 7 des § 283 bereits dann, wenn sich der Täter (noch) nicht in einer wirtschaftlichen Krise befindet. Er richtet sich somit nur an Vollkaufleute, die zur Führung von Handelsbüchern verpflichtet sind. Liegt eine Krisensituation vor, so greift ausschließlich § 283 ein. § 283b ist dann als Vorfeldtatbestand subsidiär. Auch im Rahmen des § 283b ist jedoch die objektive Strafbarkeitsbedingung des § 283 VI anwendbar (vgl. § 283b III)[121].

cc) Gläubigerbegünstigung, § 283c

61 Auch der Schuldner, der einen Gläubiger **bevorzugt**, indem er ihm eine **„inkongruente Deckung"**[122] gewährt, verletzt das durch die Insolvenztatbestände geschützte Recht aller Gläubiger auf **gleichmäßige** Befriedigung. Da der Schuldner im Gegensatz zu den Fällen des § 283 I Nr. 1–8 aber den Gläubigern das haftende Vermögen nicht schlechthin entzieht, wird die Gläubigerbegünstigung in einem Sonderdelikt milder bestraft.

Der privilegierende § 283c muss – entgegen der wohl h. M. – auch demjenigen Schuldner (bzw. seinem Vertreter i. S. des § 14) zugute kommen, der zugleich Insolvenzgläubiger ist und sich eine inkongruente Befriedigung gewährt[123].

---

116 BGH, JZ 1979, 274 (275); vgl. auch BGHSt 28, 231 (234); BGH NStZ 2008, 401 f.
117 So die §§ 192 II, 193 III, 195 II AE Wirtschaft und *Tiedemann*, NJW 1977, 777 (782); vgl. auch OLG Düsseldorf, NJW 1980, 1292 (1293); OLG Hamburg, NJW 1987, 1342 (1343 f.); kritisch zu dieser „Beweislastumkehr" *Lackner/Kühl*, § 283 Rn. 29; NK-*Kindhäuser*, Vor §§ 283 bis 283d Rn. 110.
118 Vgl. oben § 14 Rn. 36 ff.
119 Zur Regelbeispielstechnik allgemein *Baumann/Weber/Mitsch*, § 8 Rn. 84 ff., insbesondere 89 ff.; *B. Heinrich*, AT, Rn. 184.
120 Näher zu diesem Merkmal der Wirtschaftskriminalität unten § 19 Rn. 15.
121 Vgl. hierzu und zum erforderlichen Zusammenhang von Tathandlung und Strafbarkeitsbedingung oben Rn. 52 f., 58.
122 Insolvenzanfechtungsgrund nach § 131 InsO.
123 *Weber*, StV 1988, 16 (18); *Winkelbauer*, JR 1988, 33 (35 f.); a. M. BGHSt 34, 221 (226); LK-*Tiedemann*, 12. Aufl., § 283c Rn. 10; *S/S/Heine/Schuster*, § 283c Rn. 12.

Der die Vergünstigung annehmende Gläubiger ist notwendiger Teilnehmer[124], bleibt also straflos, wenn er sich auf das zur Tatbestandserfüllung durch den Schuldner Unerlässliche beschränkt. Im Gegensatz zu § 291 (Wucher[125]) schützt aber § 283c nicht den Geschäftspartner des Täters, sondern die übrigen Gläubiger. Deshalb gelangt man hier zu einer Strafbarkeit nach den §§ 283c, 26, wenn der Gläubiger über die notwendige Teilnahme hinausgeht und z. B. den Schuldner zur Gewährung einer inkongruenten Deckung veranlasst[126].

dd) Schuldnerbegünstigung, § 283d

§ 283d I stellt dieselben **Bankrotthandlungen** unter Strafe wie § 283 I Nr. 1, nur der **Täterkreis** ist hier ein anderer: § 283 I Nr. 1 erfasst Bankrotthandlungen des sich in einer wirtschaftlichen Krise befindenden **Schuldners** („wer [...] Bestandteile seines Vermögens [...] beiseite schafft [...]"). § 283d betrifft hingegen Bankrotthandlungen eines Dritten („wer [...] Bestandteile des Vermögens **eines anderen** [...] beiseite schafft [...]"), die mit Einwilligung des Schuldners oder zu dessen Gunsten vorgenommen werden. **62**

Ein außenstehender Dritter trägt allerdings „nicht dieselbe Verantwortung für die Befriedigung der Gläubigerschaft [...] wie der Schuldner selbst"[127]. Aus diesem Grunde stellt § 283d – bei identischer Strafdrohung – in verschiedener Hinsicht **strengere Strafbarkeitsvoraussetzungen** auf als § 283: **(1)** Als Krisensituation wird eine drohende Zahlungsunfähigkeit oder eine tatsächliche Zahlungseinstellung gefordert, eine Überschuldung genügt im Gegensatz zu § 283d I Nr. 1 und Nr. 2 nicht. **(2)** Nicht erfasst wird – im Gegensatz zu § 283 II[128] – eine Bankrotthandlung, die die Krise erst herbeiführt. **(3)** Der Täter muss die Krisensituation des Schuldners kennen = direkter Vorsatz (§ 283d I Nr. 1), oder er muss vorsätzlich (vgl. § 15) in einem Stadium handeln, in dem die Krise des Schuldners evident geworden ist (§ 283d I Nr. 2). Es fehlt also an der für den Schuldner in § 283 IV Nr. 1 vorgesehenen Fahrlässigkeitsstrafbarkeit. **63**

Das in § 283d vorausgesetzte Handeln mit Einwilligung[129] oder zugunsten des Schuldners hat naturgemäß zur Folge, dass der Täter des § 283d häufig zugleich unter die §§ 283 I Nr. 1, 26 oder 27 fallende **Teilnahme- 64**

---

124 Zur notwendigen Teilnahme allgemein *Baumann/Weber/Mitsch*, § 32 Rn. 65 ff.; *B. Heinrich*, AT, Rn. 1375 ff.
125 Vgl. dazu unten § 24 Rn. 25.
126 H. M.; vgl. RGSt 65, 416 (417 – zur Anstiftung); RGSt 61, 314 (315 – zur Beihilfe); *S/S/Heine/Schuster*, § 283c Rn. 21.
127 BR-Drucks. 5/75, S. 39.
128 Vgl. dazu oben Rn. 56.
129 Der Grund, warum der Gesetzgeber die „Einwilligung" ausdrücklich im Tatbestand aufführt, liegt darin, dass dann, wenn der Dritte mit Willen des Schuldners Sachen, die zur Insolvenzmasse gehören, beschädigt oder zerstört, schwerlich von einem Handeln zugunsten des Schuldners gesprochen werden kann. Daher wurde diese Variante mit aufgenommen, um diese für die Gläubiger in gleicher Weise wie das Beiseiteschaffen schädlichen Verhaltensweisen zweifelsfrei zu erfassen; vgl. BR-Drucks. 5/75, S. 39; ferner *Mitsch*, BT 2/2, § 5 Rn. 160, sowie den Übungsfall bei *Jordan*, Jura 1999, 304 (307).

handlungen begeht. Auf der anderen Seite liegt häufig eine Teilnahme des Schuldners an § 283d vor.

Beispiel: Der außenstehende Dritte schafft im Einvernehmen und gemeinschaftlich mit dem Schuldner handelnd eine wertvolle Maschine in seinen abgelegenen Schuppen. Der Dritte ist hier strafbar nach § 283d I. Fraglich ist, ob daneben eine Strafbarkeit wegen Beihilfe zum Bankrott, §§ 283 I Nr. 1, 27, in Betracht kommt. – Der Schuldner ist strafbar nach § 283 I Nr. 1. Fraglich ist, ob er daneben auch wegen Beihilfe zur Schuldnerbegünstigung, §§ 283d, 27, zu bestrafen ist.

Im Ergebnis ist hier für beide Beteiligten auf eine (zusätzliche) Beihilfestrafbarkeit zu verzichten. Für den Schuldner folgt dies aus der Überlegung, dass er sich im Falle des § 283 I Nr. 1 häufig der Mitwirkung Dritter bedienen wird. Der darin liegende Unrechtsgehalt wird von § 283 I Nr. 1 mit erfasst. Die Situation ähnelt hier dem des Diebstahlstäters: Auch der auf Absatz der Verbrechensbeute bedachte Dieb wird ja neben § 242 nicht noch wegen einer Teilnahme an der Hehlerei, §§ 259, 26 oder 27, bestraft.

Im Gegensatz zum früheren Recht, wo der Bankrott mit schwererer Strafe bedroht war als die Schuldnerbegünstigung, fällt nunmehr angesichts der übereinstimmenden Strafdrohung in den §§ 283 und 283d eine zusätzliche Verurteilung des Dritten nach den §§ 283 I Nr. 1, 27 nicht mehr ins Gewicht, sodass auch von ihr – jedenfalls auf Konkurrenzebene – abzusehen ist[130]. – Andererseits ist der Schuldner aber wegen einer Teilnahme an der Schuldnerbegünstigung, §§ 283d, 26 oder 27, zu bestrafen, wenn er nicht zugleich Täter nach § 283 I Nr. 1 ist, also wenn ihm z. B. die erforderliche Tatherrschaft hierzu nicht nachzuweisen ist. Ebenso ist eine Strafbarkeit des Dritten nach den §§ 283 I Nr. 1, 26 oder 27 anzunehmen, wenn er nicht zugleich Täter nach § 283d ist, was im Hinblick auf die erhöhten Strafbarkeitsanforderungen des § 283d[131] nicht selten der Fall sein wird. § 283d enthält nämlich kein Sonderdelikt, sodass eine Beteiligung an Bankrotthandlungen des Schuldners nicht nur dann strafbar ist, wenn die Schwelle des § 283d überschritten ist[132].

Auch ein Gläubiger kann Dritter und insoweit Täter des § 283d sein[133]. Fordert er den Schuldner nach eingetretener Zahlungsunfähigkeit jedoch mit Erfolg dazu auf, ihm Wertgegenstände zu übereignen oder Forderungen abzutreten, liegt lediglich eine Beihilfe zu § 283 I vor[134].

65 Die in § 283d III unter erhöhte Strafdrohung gestellten besonders schweren Fälle werden durch dieselben Regelbeispiele erläutert wie die besonders schweren Bankrottfälle in § 283a[135].

---

130 So auch LK-*Tiedemann*, 12. Aufl., § 283d Rn. 26; *Lackner/Kühl*, § 283 Rn. 25 ; S/S/*Heine/Schuster*, § 283d Rn. 15; hierzu ferner *Fischer*, § 283d Rn. 2.
131 Dazu oben Rn. 63.
132 Vgl. BR-Drucks. 5/75, S. 39.
133 BGHSt 35, 357 (358); LK-*Tiedemann*, 12. Aufl., § 283d Rn. 5; S/S/*Heine*, § 283d Rn. 12.
134 BGHSt 35, 357 (359), für den Fall eines Rechtsanwalts, der die Geschäfte des Schuldners abwickelt und sich im Hinblick auf den ihm zustehenden Vorschuss Gegenstände des Schuldners übereignen lässt.
135 Vgl. oben Rn. 59.

d) Versuch, Täterschaft und Teilnahme, Handeln für einen anderen

aa) Versuch

Mit Ausnahme des die Strafbarkeit ohnehin vorverlagernden abstrakten Gefährdungsdelikts § 283b[136] ist für alle Insolvenzstraftaten der Versuch unter Strafe gestellt; vgl. §§ 283 III, 283c II, 283d II. Auch der Versuch ist jedoch nur bei Vorliegen der objektiven Strafbarkeitsbedingungen strafbar[137].

bb) Täterschaft und Teilnahme

Mit Ausnahme der Schuldnerbegünstigung (§ 283d), die von jedem außenstehenden Dritten begangen werden kann[138], sind die Insolvenzstraftaten, ebenso wie die Vollstreckungsvereitelung, § 288[139], **Sonderdelikte**[140]. Wie nur derjenige Täter des § 288 sein kann, dem die Zwangsvollstreckung droht, kann auch nur der Schuldner selbst Täter der §§ 283–283c sein. Alle anderen Tatbeteiligten können nur Teilnehmer (Anstifter, § 26, oder Gehilfen, § 27) sein, sofern sie nicht wegen spezifischer Förderungshandlungen zugunsten des Schuldners als Täter nach § 283d anzusehen sind[141].

Aus demselben Grunde wie bei § 288[142] ist die Schuldnerposition bei den Insolvenzdelikten kein besonderes persönliches Merkmal i. S. von § 28 I, sodass eine Strafmilderung für den Teilnehmer nicht in Betracht kommt[143].

cc) Handeln für einen anderen

Im Hinblick auf den beträchtlichen Anteil juristischer Personen und Personenhandelsgesellschaften am Insolvenzgeschehen ist die Erstreckung der insolvenzstrafrechtlichen Täterhaftung auf Vertreter solcher Personengemeinschaften von größter praktischer Bedeutung. Die grundsätzliche Anwendbarkeit des § 14 ist hier ebenso einhellig anerkannt wie bei § 288[144].

Eine nach § 30 OWiG gegen die juristische Person verhängte Geldbuße dürfte im Hinblick auf deren wirtschaftlichen Zusammenbruch allerdings kaum einmal beigetrieben werden können (vgl. auch § 39 I Nr. 3 InsO).

---

136 Dazu oben Rn. 60.
137 Dazu bereits Rn. 53 mit Beispielen.
138 Vgl. oben. Rn. 62 ff.
139 Vgl. dazu oben. Rn. 46.
140 BGHSt 58, 115 (117); *Eisele*, BT II Rn. 939.
141 Vgl. dazu und zum Verhältnis des § 283d zur Teilnahme an Bankrotthandlungen des Schuldners oben Rn. 64.
142 Vgl. dazu oben Rn. 47.
143 Ebenso *Lackner/Kühl*, § 283 Rn. 25; *Maurach/Schroeder/Maiwald*, BT 1, § 48 Rn. 19; S/S/ *Heine/Schuster*, § 283 Rn. 65; a. M. BGHSt 58, 115 (118); LK-Tiedemann, 12. Aufl., § 283 Rn. 228 m. w. N.; MüKo-*Radtke/Petermann*, 2. Aufl., § 283 Rn. 80; SSW-*Bosch*, § 283 Rn. 41; nach Abs. 1 und Abs. 2 differenzierend *Fischer*, § 283 Rn. 38.
144 Vgl. näher Rn. 48.

§ 16 Rn. 69 Straftaten gegen sonstige Vermögensrechte

69 Im Rahmen der strafrechtlichen Haftung der Vertreter und Organe ist allerdings die Abgrenzung der §§ 283 ff. zum Tatbestand der Untreue nach § 266 problematisch. Insoweit ist, insbesondere wenn der Vertreter oder das Organ aus eigennützigen Motiven heraus handelt, umstritten, wann noch eine Zurechnung nach § 14 erfolgen kann.

Beispiel: A ist Geschäftsführer einer GmbH, in der neben ihm noch weitere Familienmitglieder beschäftigt sind. Nachdem die GmbH in eine wirtschaftliche Krise geraten ist und absehbar ist, dass aufgrund eines von der B-Bank gekündigten Kredites alsbald Zahlungsunfähigkeit eintreten würde, veräußert A das noch vorhandene Betriebsvermögen weit unter Wert an die anderen Familienmitglieder, um einen „Neustart" zu ermöglichen. Zwei Tage später stellt die B-Bank einen Insolvenzantrag, der mangels Masse abgewiesen wird. – Das Verhalten des A stellt einerseits eine Untreue nach § 266 dar, andererseits liegen die Voraussetzungen des § 283 I Nr. 1 vor. Umstritten ist dabei, ob A „als Organ" der GmbH nach § 14 I Nr. 1 gehandelt hat.

Teilweise wird in der Literatur[145] auf die Funktion des Handelnden (**Funktionstheorie**) abgestellt. Danach liegt ein Handeln als Organ bzw. Vertreter vor, wenn die konkrete Handlung nach objektiven Kriterien als Wahrnehmung der Vertretungsbefugnis erscheint. Nach der früheren Rechtsprechung des BGH[146] kann allerdings nur derjenige Vertreter bzw. Organ des Schuldners sein, der bei wirtschaftlicher Betrachtungsweise zumindest auch im Interesse des Schuldners, hier also der GmbH, handelt (sog. **Interessentheorie**). Wer hingegen, wie im genannten Beispiel, aus ausschließlich eigennützigen Motiven handele, könne lediglich nach § 266, nicht aber wegen Bankrotts bestraft werden. Die Interessentheorie des BGH wurde in der Literatur[147] vielfach kritisiert, weil sich eine entsprechende Einschränkung weder aus dem Gesetzeswortlaut noch aus dem Sinn und Zweck des § 283 bzw. des § 14 ergebe. Vielmehr werde durch diese Theorie der Anwendungsbereich der Insolvenzdelikte zuungunsten des Gläubigerschutzes zu stark begrenzt. Dies folge sich schon daraus, dass die in § 283 I Nr. 1 genannten Handlungen in aller Regel gerade dem wirtschaftlichen Interesse der Gesellschaft widersprechen würden. Hingewiesen wurde ferner auf die möglichen Strafbarkeitslücken, wenn in Fällen des eigennützigen Handelns der Vermögensschaden zulasten der Gesellschaft im Rahmen der Untreue nicht nachgewiesen werden kann. Nunmehr hat der BGH die Interessentheorie aufgegeben und möchte sich künftig dem **Zurechnungsmodell**[148] anschließen.[149] Dieses Modell stellt – orientiert am

---

145 Vgl. *Arloth*, NStZ 1990, 570 (574 f.); S/S/*Perron*, § 14 Rn. 26; SSW-*Bosch*, Vor §§ 283 ff. Rn. 6.
146 BGHSt 6, 314 (316 f.); BGHSt 28, 371; BGHSt 30, 127 (128); BGHSt 34, 221 (223); BGH, NStZ 2000, 206 (207).
147 Vgl. nur LK-Tiedemann, 12. Aufl., Vor § 283 Rn. 79 f.; MüKo-*Radtke/Petermann*, 2. Aufl., Vor §§ 283 ff. Rn. 59; SK-*Hoyer*, § 283 Rn. 103.
148 Dieses Modell wurde bislang in der Literatur vertreten, vgl. dazu MüKo-*Radtke/Petermann*, 2. Aufl., Vor §§ 283 ff. Rn. 60 f.; LK-Tiedemann, 12. Aufl., Vor § 283 Rn. 85.
149 BGHSt 57, 229; vgl. bereits BGH, NStZ 2009, 437; BGH, wistra 2011, 436; BGH, NStZ-RR 2009, 373; BGH, wistra 2012, 113; BGH, wistra 2012, 191; BGH, NStZ 2012, 89, m. Anm. *Radtke/Hoffmann*; zustimmend *Eisele*, BT II, Rn. 956.

Wortlaut des § 14 I 1 Nr. 1 – darauf ab, ob der Vertreter „als vertretungsberechtigtes Organ einer juristischen Person", d. h. im Geschäftskreis des Vertretenen tätig geworden ist. Insoweit ist neben der Organstellung lediglich erforderlich, dass er auch in seiner Eigenschaft als Organ gehandelt hat[150]. Dies ist bei rechtsgeschäftlichem Handeln dann gegeben, wenn der Vertreter entweder im Namen des Vertretenen auftritt oder letzteren aufgrund der im Außenverhältnis bestehenden Vertretungsmacht die Rechtswirkungen des Geschäfts unmittelbar treffen[151]. Bei faktischem Handeln hingegen kann eine Zurechnung in der Regel nur erfolgen, wenn eine Zustimmung des Vertretenen vorliegt[152]. Mit diesem Modell kann der eigennützig handelnde Vertreter häufiger als bisher wegen Bankrotts in Tateinheit mit Untreue verurteilt werden.[153]

---

150 BGHSt 57, 229 (233, 237).
151 BGHSt 57, 229 (237); so bereits BGH, NJW 2009, 2225 (2228); BGH, NStZ 2012, 89 (91).
152 BGHSt 57, 229 (233, 238); so bereits BGH, NStZ 2012, 89 (91).
153 BGH NStZ 2009, 437; kritisch *Brand*, NStZ 2010, 9 (10 f.); vgl. hierzu auch *Ogiermann/Weber*, wistra 2011, 206 (207 f.); *Radtke*, JR 2010, 233 (238).

§ 17 Raub und räuberischer Diebstahl, §§ 249–252; Räuberischer Angriff auf Kraftfahrer, § 316a

Literaturhinweise: Allgemeines und zu I, II, III, IV: *Arzt*, Zwischen Nötigung und Wucher, Lackner-FS 1987, S. 641; *Biletzki*, Der Zusammenhang zwischen Nötigungshandlung und Wegnahme beim Raub, JA 1997, 385; *Boetticher/Sander*, Das erste Jahr des § 250 n. F. in der Rechtsprechung des BGH, NStZ 1999, 292; *Brand*, Die Abgrenzung von Raub und räuberischer Erpressung am Beispiel der Forderungserpressung, JuS 2009, 899; *Brandts*, Der Zusammenhang von Nötigungsmittel und Wegnahme beim Raub. Zugleich ein Beitrag zu den Grenzen und Schwierigkeiten der Kausallehre, 1990; *Dehne-Niemann*, Wissenswertes zum räuberischen Diebstahl (§ 252 StGB), Jura 2008, 742; *ders.*, Tatbestandslosigkeit der Drittbesitzerhaltungsabsicht und Beteiligungsdogmatik, JuS 2008, 589; *Dölling*, Über die Strafzumessung beim Raub, Zipf-GS 1999, S. 177; *Dreher*, Die Malaise mit § 252 StGB, MDR 1976, 529; *ders.*, Im Gestrüpp des § 252, MDR 1979, 529; *Erb*, Schwerer Raub nach § 250 II Nr. 1 StGB durch Drohen mit einer geladenen Schreckschusspistole, JuS 2004, 653; *ders.*, Zur Bedeutung der Vermögensverfügung für den Tatbestand der Erpressung und dessen Verhältnis zu Diebstahl und Raub, Herzberg-FS 2008, S. 177; *Fischer*, Waffen, gefährliche und sonstige Werkzeuge nach dem Beschluss des Großen Senats, NStZ 2003, 569; *Geilen*, Raub und Erpressung (§§ 249–256 StGB), Jura 1979, 53, 109, 165, 221, 277, 333, 389, 445, 501, 557, 613, 669; Jura 1980, 43; *Geppert*, Zu einigen immer wiederkehrenden Streitfragen im Rahmen des räuberischen Diebstahls (§ 252 StGB), Jura 1990, 554; *ders.*, Zum „Waffen"-Begriff, zum Begriff des „gefährlichen Werkzeugs", zur „Scheinwaffe" und zu anderen Problemen im Rahmen der neuen §§ 250 und 244 StGB, Jura 1999, 599; *Geppert/Kubitza*, Zur Abgrenzung von Raub (§ 249 StGB) und räuberischer Erpressung (§§ 253 und 255 StGB), Jura 1985, 276; *Graul*, Überfall in der Tiefgarage, Jura 2000, 204; *Günther*, Der Zusammenhang zwischen Raub und Todesfolge, Hirsch-FS 1999, S. 543; *Haas*, Der Tatbestand des räuberischen Diebstahls als Beispiel für die fragmentarische Natur des Strafrechts, Maiwald-FS 2003, 145; *Hannich/Kudlich*, Verwendung einer Waffe bei ungeladener Pistole und mitgeführter Munition, NJW 2000, 3475; *Hauf*, Zur Scheinwaffenproblematik des § 250 I Nr. 2 StGB, GA 1994, 319; *Hefendehl*, Der Raub mit Todesfolge an seinen Grenzen, StV 2000, 107; *Hellmann*, Schwerer Raub wegen der Gefahr einer schweren Gesundheitsschädigung und Verhältnis von Raub und räuberischem Diebstahl, JuS 2003, 17; *Herzberg*, Zum Merkmal „durch den Raub" in § 251 StGB und zum Rücktritt vom tödlichen Raubversuch, JZ 2007, 615; *Hillenkamp*, Schwerer Raub durch Fesselung und Knebelung, JuS 1990, 454; *Ingelfinger*, Fortdauernde Zwangslagen als Raubmittel, Küper-FS 2007, S. 197; *Jakobs*, Zur Kritik der Fassung des Raubtatbestandes, Eser-FS 2005, S. 323; *Klesczewski*, Raub mit Scheinwaffe?, Zur Neufassung des § 250 StGB durch das 6. StrRG, GA 2000, 257; *Kratzsch*, Das „Räuberische" am räuberischen Diebstahl, JR 1988, 397; *Küper*, Verwirrungen um das neue „gefährliche Werkzeug" (§§ 244 Abs. 1 Nr. 1a, 250 Abs. 1 Nr. 1a, Abs. 2 Nr. 1 StGB), JZ 1999, 187; *ders.*, Vollendung und Versuch beim räuberischen Diebstahl (§ 252 StGB), Jura 2001, 21; *ders.*, Besitzerhaltung, Opfertauglichkeit und Ratio legis beim räuberischen Diebstahl, JZ 2001, 730; *Lesch*, Waffen (gefährliche) Werkzeuge und Mittel beim schweren Raub nach dem 6. StrRG, JA 1999, 30; *Maier/Percic*, Aus der Rechtsprechung des BGH zu den Raubdelikten, NStZ-RR 2010, 129; *Mitsch*, Raub mit Waffen und Werkzeugen, JuS 1999, 640; *Natus*, Probleme der Deliktsstruktur und der Anstiftung beim räuberischen Diebstahl (§ 252 StGB), JA 2014, 772; *Otto*, Die neuere Rechtsprechung zu den Vermögensdelikten, JZ 1985, 21, 69; *Per-

Übersicht § 17

ron, Schutzgut und Reichweite des räuberischen Diebstahls, GA 1989, 145; *Rengier*, Die „harmonische" Abgrenzung des Raubes von der räuberischen Erpressung entsprechend dem Verhältnis von Diebstahl und Betrug, JuS 1981, 654; *ders.*, Kriminologische Folgen der Bekämpfung des Bankraubes durch technische Prävention, MSchrKrim 1985, 104; *ders.*, Tödliche Gewalt im Beendigungsstadium des Raubes, JuS 1993, 460; *ders.*, Raub ohne Nötigung?, Maurer-FS 2001, S. 1195; *Schmitt*, Nehmen oder Geben, ist das hier die Frage?, Spendel-FS 1992, S. 575; *Schünemann*, Raub und Erpressung, JA 1980, 349, 393, 486; *Schwarzer*, Zum Merkmal des Betreffens bei § 252 StGB, ZJS 2008, 265; *Seelmann*, Grundfälle zu den Eigentums- und Vermögensdelikten, 1988; *Seier*, Probleme der Abgrenzung und der Reichweite von Raub und räuberischem Diebstahl, JuS 1979, 336; *ders.*, Die Abgrenzung des räuberischen Diebstahls von der räuberischen Erpressung, NJW 1981, 2152; *Walter*, Raubgewalt durch Unterlassen?, NStZ 2005, 240; *Weigend*, Der altruistische räuberische Diebstahl, GA 2007, 274; *Zöller*, Der räuberische Diebstahl (§ 252 StGB) beim Raub als Vortat, JuS 1997, L 89.

Zu V: *Bosch*, Der räuberische Angriff auf Kraftfahrer (§ 316a StGB) – Anmerkungen zu einer ungeeigneten Norm, JURA 2013, 1234; *Dehne-Niemann*, Zur Neustrukturierung des § 316a StGB: Der räuberische Angriff auf „Noch-nicht-Kraftfahrer", NStZ 2008, 319; *Duttge/Nolden*, Die rechtsgutsorientierte Interpretation des § 316a StGB, JuS 2005, 193; *Ch. Fischer*, Der räuberische Angriff auf Kraftfahrer nach dem 6. StrRG, Jura 2000, 433; *Geppert*, Räuberischer Angriff auf Kraftfahrer, Jura 1995, 310; *Große*, Einfluß der nationalsozialistischen Gesetzgebung auf das heutige StGB am Beispiel des § 316a, NStZ 1993, 525; *Günther*, Der „Versuch" des räuberischen Angriffs auf Kraftfahrer, JZ 1987, 16; *ders.*, Der räuberische Angriff auf „Fußgänger" – ein Fall des § 316a StGB?, JZ 1987, 369; *Hübsch*, Der Begriff des Angriffs in § 316a StGB, 2007; *Ingelfinger*, Zur tatbestandlichen Reichweite der Neuregelung des räuberischen Angriffs auf Kraftfahrer und zur Möglichkeit strafbefreienden Rücktritts vom Versuch, JR 2000, 225; *Jesse*, § 316a StGB: unverhältnismäßig, überflüssig – verfassungswidrig?, JZ 2008, 1083; *ders.*, Der räuberische Angriff auf Kraftfahrer (§ 316a StGB): Ein bestimmt unbestimmter Tatbestand, JR 2008, 448; *Mitsch*, Der neue § 316a, JA 1999, 662; *Roßmüller/Rohrer*, Der Angriff auf Kraftfahrer, NZV 1995, 253; *Sowada*, Im Labyrinth des § 316a StGB, Otto-FS 2007, S. 799; *ders.*, Der räuberische Angriff auf einen „Nocht-nicht-Kraftfahrer", HRRS 2008, 136; *Wolters*, „Neues" vom räuberischen Angriff auf Kraftfahrer?, GA 2002, 303.

Zur Examensbedeutung: Raub und Erpressung gehören zu den Tatbeständen, die für das Examen von besonderer Bedeutung sind. Dies betrifft nicht nur die zentralen Fragen der Abgrenzung zueinander und zum Betrug, sondern (leider) auch Details zu den Qualifikationen. – Es empfiehlt sich, erst den Betrug in § 20 durchzuarbeiten und erst danach die §§ 17, 18. In den §§ 17, 18 wird die Grenzziehung zwischen Eigentums- und Vermögensdelikten i. e. S. problematisch. Da der Grundbegriff „Vermögen" (bzw. Vermögensschaden) beim Betrug näher erörtert wird, erscheint der Vorgriff auf § 263 ratsam.

Übersicht

	Rn.
I. Rechtsgut und kriminalpolitischer Hintergrund	1
1. Angriff auf Individualrechtsgüter und auf die allgemeine Sicherheit...	1
2. Umfang der Raubkriminalität, Tatsituationen und Täter	3
II. Raub, § 249, und die Abgrenzung zur räuberischen Erpressung, § 255	5
1. Das Diebstahlselement des § 249	5
2. Das Nötigungselement des § 249	6
a) Die speziellen Nötigungsmittel	6
b) Die finale Verknüpfung von Nötigungsmittel und Nötigungsziel	10
3. Besonderheiten bei Versuch und Teilnahme	13

4. Die Abgrenzung von § 249 und §§ 253, 255 15
  5. Vollendung und Beendigung 17a
III. Räuberischer Diebstahl, § 252 18
  1. Ratio legis 18
  2. Abgrenzung zum Raub 19
  3. Betreffen auf frischer Tat 20
  4. Die Absicht, sich im Besitz des gestohlenen Gutes zu erhalten 24
  5. Teilnahmeprobleme 26
IV. Raubqualifikationen, §§ 250, 251 28
  1. § 250 28
  2. § 251 30
V. Räuberischer Angriff auf Kraftfahrer, § 316a 34
VI. Konkurrenzen 36

I. Rechtsgut und kriminalpolitischer Hintergrund

1. Angriff auf Individualrechtsgüter und auf die allgemeine Sicherheit

1 Der Raub stellt konstruktiv eine historisch gewachsene **Verschmelzung eines Angriffs** auf einen **Persönlichkeitswert** (Gewalt gegen eine Person) und das Eigentum als **Sachwert** dar, denn das Ziel der Gewaltanwendung ist die Wegnahme des Eigentums. Es ist richtig, dass der Gesetzgeber für solche Taten besondere Tatbestände geschaffen hat und sie nicht lebensfremd erst in ihre Bestandteile (Diebstahl/Nötigung oder Diebstahl/Körperverletzung) zerlegt und dann wieder mithilfe der Idealkonkurrenz zusammensetzt. Da sich der Raub gegen das Eigentum (nicht gegen das Vermögen) richtet, erfasst er **theoretisch** auch die gewaltsame Wegnahme wertloser Sachen. **Praktisch** geht es dem Räuber jedoch fast immer um wirtschaftlich wertvolles Eigentum[1].

2 Als **typische Raubsituationen** lassen sich der **Straßenraub** und die **Beraubung von Tankstellen** oder sonstigen Geschäften anführen. Der spektakuläre **Bankraub** ist dagegen keine „typische" Situation des § 249 (und wird sich zumeist auch als räuberische Erpressung, §§ 253, 255, und nicht als Raub darstellen). Sein Anteil an den insgesamt begangenen Raubdelikten beträgt nur 0,7%[2]! Insbesondere beim Straßenraub ist sowohl der Wert der Beute als auch das Maß der Gewaltanwendung in vielen Fällen niedrig (man denke nur an die typischen Fälle des „Entreißens" von Handtaschen).

Wie beim Einbruchsdiebstahl ist jedoch zu beachten, dass der Räuber über das verletzte Individualrechtsgut „Eigentum" (und die Willensfreiheit bzw. körperliche

---
1 Vgl. dazu näher oben § 11 Rn. 5 ff.
2 In absoluten Zahlen ausgedrückt: Von 48.021 Raubdelikten insgesamt wurden nur 324 durch Raubüberfälle auf Geldinstitute verübt; Quelle: Polizeiliche Kriminalstatistik, Berichtsjahr 2011, S. 38, 65, 157 (Einzeldarstellung 3.3. Raubdelikte, Tabelle 108).

Unversehrtheit) hinaus das **allgemeine Gefühl der Sicherheit** auf der Straße bzw. in den Geschäften angreift. Daher stimmt der Blick auf die ausschließliche Verletzung von Individualrechtsgütern nur so lange, wie Raubüberfälle nur vereinzelt vorkommen. Bei einer wachsenden Häufigkeit solcher Taten tritt jedoch rechtspolitisch der Aspekt der allgemeinen Unsicherheit in den Vordergrund. Schon oben[3] wurde darauf hingewiesen, dass „die Besonderheit" z. B. der Räuber im Spessart gerade darin lag, dass sie einen ganzen Landstrich unsicher gemacht haben. Man versuche sich einmal vorzustellen, die Raubkriminalität würde sich in den nächsten Jahren verzehnfachen: Das Unsicherheitsgefühl, die privaten Schutzvorkehrungen und die Forderungen an die staatliche Kriminalitätskontrolle würden eine grundlegende Veränderung des rechtspolitischen Klimas bewirken[4]. In der Bevölkerung nimmt in der Skala der Angstgründe die Furcht vor einem „Überfall" den ersten Rang ein[5]. Dies hat zur Folge, dass dann, wenn sich der Staat nicht als Garant der Sicherheit seiner Bürger gegen Verbrechen erweist, alsbald eine **Privatisierung der Sicherheitssysteme**[6] zu verzeichnen ist. Damit bestehen ausreichende Gründe, der Kriminalitätsentwicklung beim Einbruchsdiebstahl und Raub besondere Aufmerksamkeit zu schenken. Es ist zwar richtig, wenn *Kaiser*[7] „Mord und Totschlag, sowie Raub und Erpressung neben der Vergewaltigung [als] die kennzeichnenden Ausdrucksformen der Gewaltkriminalität" ansieht. Es ist aber auch richtig, dass der **Wohnungseinbruchsdiebstahl** als latente Gewaltkriminalität erlebt wird. Ein entsprechendes Bedrohungsgefühl (falls es zur Konfrontation mit dem Täter gekommen wäre) beruht nicht auf Einbildung, sondern hat eine rationale Basis.

2. Umfang der Raubkriminalität, Tatsituationen und Täter

Im folgenden Überblick werden Raub, räuberischer Diebstahl, räuberische Erpressung und räuberischer Angriff auf Kraftfahrer zusammengezogen. Zu beobachten ist hierbei ein deutlicher Anstieg der polizeilich bekannt gewordenen Straftaten bis etwa in das Jahr 2003. Seit 2004 ist allerdings ein signifikanter Rückgang zu verzeichnen[8]. Der Anteil an der Gesamtkriminalität liegt bei 0,8 %, die Aufklärungsquote bei 52,7 % und der Anteil von Versuchstaten bei 20,5 %[9].

3

---

3 Vgl. oben § 1 Rn. 31.
4 *Arzt*, Der Ruf nach Recht und Ordnung, 1976, 1. Kap. III 5 (speziell zum Raub) und zu den gesellschaftlichen und rechtlichen Veränderungen 2.–4. Kap. – Gerade beim Raub werden die Ärmsten überdurchschnittlich häufig zu Opfern. Amerikanische Viktimisierungsstudien zeigen, dass Bürger der niedrigsten Einkommenskategorie mit dem höchsten Opferrisiko belastet sind und Bürger mit den höchsten Einkommen das niedrigste Opferrisiko trifft, vgl. *Arzt*, a. a. O., S. 41; *Kerner*, Kriminalitätseinschätzung und innere Sicherheit, 1980, S. 184.
5 *Stephan*, Die Stuttgarter Opferbefragung, 1976, S. 103; zu neueren Untersuchungen der Kriminalitätsfurcht und ihrer Ursachen zusammenfassend *Kaiser*, Kriminologie, 3. Aufl. 1996, § 33 Rn. 21 ff., dort auch zur Furcht vor Gewaltkriminalität; vgl. ferner *Kerner*, Kriminalitätseinschätzung und innere Sicherheit, 1980, S. 191 ff., 383.
6 *Arzt* in: Wiegand (Hrsg.), Rechtliche Probleme der Privatisierung, 1998 S. 313 und oben § 1 Rn. 31.
7 *Kaiser*, Kriminologie, 3. Aufl. 1996, § 58 Rn. 53.
8 Die folgenden Zahlen sind jeweils der Polizeilichen Kriminalstatistik entnommen, zuletzt aus der Polizeilichen Kriminalstatistik, Berichtsjahr 2011, S. 157, Einzeldarstellung 3.3. Raub und Tabelle 108.
9 Quelle: Polizeiliche Kriminalstatistik, Berichtsjahr 2011, S. 34 ff.; vgl. zu näheren Einzelheiten auch *Eisenberg*, Kriminologie, 6. Aufl. 2005, § 45 Rn. 39 ff.; *Kaiser*, Kriminologie, 3. Aufl. 1996, § 60 Rn. 2 ff.

Im früheren Bundesgebiet waren 1955 insgesamt 3.685 Raubtaten zu verzeichnen, was eine Häufigkeitsziffer (Straftaten auf 100.000 Einwohner) von 7,1 bedeutete. Bereits 1965 lag die absolute Zahl der Taten bei 7.655 (Häufigkeitsziffer 13,0). Die Zahlen stiegen dann rasch an: Im Jahr 1975 waren 20.362 Fälle zu verzeichnen (Häufigkeitsziffer 32,9), im Jahr 1985 schon 29.685 (Häufigkeitsziffer 48,7) und im Jahr 1990 insgesamt 35.111 Fälle (Häufigkeitsziffer 56). Nach der Wende stieg im Jahr 1995 die Zahl der Raubdelikte auf 51.154 (früheres Bundesgebiet) bzw. 63.470 (ganz Deutschland), was einer Häufigkeitsziffer von 76 (bzw. 78) entspricht. Ihren bisherigen Höhepunkt erreichte die Raubkriminalität im Jahr 1997 mit 57.513 (früheres Bundesgebiet) bzw. 69.569 Fällen (ganz Deutschland), was einer Häufigkeitsziffer von jeweils 85 entspricht. Danach sanken die Zahlen wieder bis zum Jahr 2000 mit 49.943 Fällen (früheres Bundesgebiet) bzw. 59.414 Fällen (ganz Deutschland), was einer Häufigkeitsziffer von 73 bzw. 72 entspricht, um bis zum Jahr 2004 wieder leicht anzusteigen. Inzwischen gehen die Zahlen wieder zurück und beliefen sich im Jahr 2006 (nunmehr bezogen auf das gesamte Bundesgebiet) auf 53.696 Fälle (Häufigkeitsziffer 65) und im Jahre 2011 auf nur noch 48.021 Fälle (Häufigkeitsziffer 59). Gegenüber dem Jahr 2010 sind die Raubdelikte somit im Jahr 2011 erneut um 0,3% gesunken. Die Raubdelinquenz erreichte damit ihren niedrigsten Stand seit 1993.

4 „Der männlich-kriegerische Charakter des Raubes" *(Brauneck)*[10] wird dadurch deutlich, dass der Anteil der männlichen Tatverdächtigen im Jahre 2011 bei 93,3% liegt. Der Anteil der Kinder, Jugendlichen und Heranwachsenden hat in den letzten Jahren allerdings auf hohem Niveau weiter zugenommen und beträgt heute 53,9 % der Verurteilten. Dabei ist allerdings zu beachten, dass junge Täter an leichten Formen des Raubs, so etwa am Handtaschenraub, überproportional häufig beteiligt sind. Bei den nach allgemeinem Strafrecht Verurteilten liegt der Anteil der Vorbestraften mit 76,2 % außerordentlich hoch. Nach allgemeinem Strafrecht wurden im Jahr 2011 wegen Raubes, räuberischen Diebstahls, räuberischer Erpressung und räuberischen Angriffen auf Kraftfahrer insgesamt 4.742 Personen verurteilt (insgesamt, also unter Einbeziehung der nach Jugendstrafrecht Verurteilten, belief sich die Zahl auf 10.183 Personen)[11].

Zur Erklärung der zunehmenden Bereitschaft zur Gewaltanwendung **(Brutalisierung)** kann hier auf die in den kriminologischen Lehrbüchern dargestellten Hypothesen verwiesen werden. Dabei sollte man Hinweisen auf Gewaltdarstellungen in Massenmedien als wesentliche Ursache der Gewaltkriminalität mit Skepsis begegnen. Es fällt schwer, an Kriminalitätsursachen zu glauben, deren Beseitigung nichts kostet und (fast) niemandem wehtut. Zu den Zielen der 1990 publizierten Gutachten der sog. **Gewaltkommission**[12] gehörte es, das Thema „Gewaltkriminalität" gegen parteipolitische Ausschlachtung zu schützen.

---

10 *Brauneck*, Allgemeine Kriminologie, 1974, S. 81 f., (auch mit der zweifelhaften These, Raub sei fast immer ein Delikt des sozialen Fernraums).
11 Quelle: Strafverfolgungsstatistik, Berichtsjahr 2011, S. 24 f., 34 f., 88 f., 98 f., 404, 414 f. (Tabellen 2.1, 2.3, 7.1).
12 Vgl. *Schwind/Baumann* u. a. (Hrsg.), Ursachen, Prävention und Kontrolle von Gewalt, 4 Bände, 1990.

II. Raub, § 249, und die Abgrenzung zur räuberischen Erpressung, § 255

1. Das Diebstahlselement des § 249

Der Raub ist ein „mit Gewalt gegen eine Person oder unter Anwendung von Drohungen mit gegenwärtiger Gefahr für Leib oder Leben" durchgeführter Diebstahl. § 249 ist dabei allerdings als selbstständiges Delikt und nicht als Qualifikation des Diebstahls anzusehen[13]. Was das Diebstahlselement in § 249 angeht, kann uneingeschränkt auf § 242 verwiesen werden. Wie bei § 242 genügt (seit dem 6. StrRG 1998) eine Drittzueignungsabsicht. Wie bei § 242 ist auch keine Bereicherungsabsicht erforderlich (Rechtsgut ist das Eigentum, nicht das Vermögen). Da die bloße Gebrauchsentwendung nicht unter § 242 fällt, ist auch ein gewaltsamer furtum usus kein Raub.

Beispiel[14]: T befindet sich aufgrund einer längeren Gefängnisstrafe in Haft. Er schlägt den Aufseher nieder, nimmt ihm die Schlüssel ab, schließt die Zelle auf und flieht. Die Schlüssel wirft er an unbekannt gebliebener Stelle fort. – Nach Ansicht des BGH können die Schlüssel „je nach der Gestaltung des Tatplans Gegenstand bloß unbefugten Gebrauchs oder des Diebstahls bzw. des Raubs sein". Lehnt man hier die Zueignungsabsicht ab, entfällt nicht nur § 242, sondern auch § 249[15].

Zu beachten ist auch beim Raub, dass die Wegnahme erst dann vollendet ist, wenn der Täter (oder ein Dritter) neuen Gewahrsam erlangt. Nimmt der Täter dem Opfer mittels Gewalt eine Sache „weg" und gibt sie ihm in unmittelbarem Anschluss wieder zurück, weil sie ihm nicht gefällt, so liegt lediglich ein Versuch vor[16].

2. Das Nötigungselement des § 249

a) Die speziellen Nötigungsmittel

§ 249 setzt eine spezifische Nötigung i. S. des § 240 voraus. Gegenüber § 240 nennt § 249 allerdings sowohl spezielle Nötigungsmittel als auch ein spezielles Nötigungsziel.

Zunächst ist die Anwendung von **Gewalt gegen eine Person** in Form einer physischen Zwangswirkung erforderlich. Eine rein psychische Zwangswirkung genügt also ebenso wenig wie Gewalt gegen Sachen. Bei Letzterer ist aber anders zu entscheiden, wenn sie in Einzelfällen als Folgewirkung die Gewalt gegen eine Person nach sich zieht.

---

13 BGHSt 20, 235 (237 f.); *Fischer*, § 249 Rn. 2; *Rengier*, BT I, § 7 Rn. 1; *Wessels/Hillenkamp*, BT 2, Rn. 344.
14 Fall nach BGH, LM Nr. 16 zu § 249 StGB; hierzu bereits oben § 13 Rn. 90.
15 Zur Frage, ob bei furtum usus mit Raubmitteln § 255 zur Anwendung kommt, vgl. unten Rn. 15 ff.
16 BGH, NStZ 2007, 332 (für den Fall einer Erpressung).

Beispiel (1): A zersägt einen Balken, der einige Holzstämme sichert. Diese lösen sich, rollen einen Hügel hinunter und begraben einen Spaziergänger unter sich, den A nunmehr ausraubt.

Beispiel (2)[17]**:** Während B sich im Keller befindet, sperrt A die Kellertüre zu, um den erwarteten Widerstand des B zu brechen und in Ruhe die Wohnung durchsuchen und Wertgegenstände entwenden zu können. – Diese Konstellation der mittelbaren Gewaltanwendung ist äußerst problematisch. Der BGH hat hier eine Gewaltanwendung angenommen[18]. Eine unmittelbare Einwirkung auf den Körper des Opfers sei nicht erforderlich. Dagegen erfüllt das „Aussperren" des Opfers das Merkmal der Gewalt nicht.

Beispiel (3): A dringt in die Wohnung der W ein und bedroht diese mit einer Schusswaffe, um während dieser Zeit einige Wertgegenstände an sich zu nehmen. – Wegen der mit der Drohung mit einer Schusswaffe verbundenen aktuellen Zwangswirkung nimmt der BGH hier bereits eine Gewaltanwendung (vis compulsiva) an[19]. Dem ist zu widersprechen, denn das „Bedrohen" mit einer Waffe stellt die Ankündigung eines künftigen Übels und daher keine Gewalt, sondern eine Drohung, also ein anderes Nötigungsmittel, dar[20].

7 Die Gewaltanwendung braucht Leib oder Leben des Opfers nicht in gegenwärtige Gefahr zu bringen[21]. Der BGH[22] hat zwar wegen der empfindlichen Strafdrohung zutreffend eine „erhebliche Einwirkung" verlangt, doch schützt die Judikatur auch nahezu wehrlose, betrunkene, bewusstlose oder schlafende Opfer, indem auch die Beseitigung ihres geringfügigen Widerstandes als Gewalt angesehen wird[23].

Beispiel: A nähert sich der Rentnerin R von hinten mit dem Fahrrad und entreißt deren Handtasche, die diese lose über der Schulter hängen hat, mit einem kräftigen Ruck. – Auch in diesen Fällen legt der BGH den Gewaltbegriff zuweilen sehr weit aus und nimmt eine Gewaltanwendung bereits dann an, wenn der Täter, um den erwarteten Widerstand zu verhindern, mehr Kraft aufwendet als „das zur bloßen Wegnahme (durch Überwindung des Schwergewichts) erforderliche Maß"[24]. Andererseits wird eine Gewaltanwendung abgelehnt, wenn es dem Täter gerade darauf ankommt, einem erwarteten Widerstand durch List, Schnelligkeit und Geschick-

---

17 Fall nach BGHSt 20, 194; vgl. ferner RGSt 73, 343 (344 f.). – Eingehend zum Gewaltbegriff oben § 9 Rn. 55 ff.
18 BGHSt 20, 194 (195); vgl. ferner BGHSt 1, 145 (146 f. – hier wird allerdings noch ein „unmittelbar auf dessen Körper einwirkendes Mittel" gefordert); vgl. hierzu auch *Wessels/Hillenkamp*, BT 2, Rn. 348 f.
19 BGHSt 23, 126 (127); vgl. ferner (Abgabe von Schreckschüssen als Gewalt) RGSt 60, 157 (158); RGSt 66, 353 (355); BGH, GA 1962, 145.
20 So auch LK-*Vogel*, 12. Aufl., § 249 Rn. 6; *Rengier*, BT I, § 7 Rn. 16; *Wessels/Hillenkamp*, BT 2, Rn. 347.
21 BGHSt 18, 75 (76).
22 BGHSt 16, 316 (318).
23 BGHSt 4, 210 (212); BGHSt 16, 341 (342 f.); vgl. auch BGHSt 25, 237 (238); einschränkend *Schünemann*, JA 1980, 349 (350).
24 BGHSt 18, 329 (331); BGH, NJW 1955, 1404 (mit beiden Händen festgehaltene Tasche); BGH, LM Nr. 14 zu § 249 StGB; vgl. auch zum Abreißen einer Halskette OLG Hamm, MDR 1975, 772; so auch *S/S/Eser/Bosch*, § 249 Rn. 4a; differenzierend NK-*Kindhäuser*, § 249 Rn. 14: Gewalt, wenn das Opfer die Handtasche mit beiden Händen festhält, keine Gewalt, wenn durch das schnelle Wegreißen die Wegnahme vollendet ist, bevor das Opfer Widerstand leisten kann.

lichkeit gerade zuvorzukommen[25]. Die Abgrenzung des Entreißdiebstahls vom Raub ist von erheblicher praktischer Bedeutung, weil der Handtaschenraub rund 8 % aller Raubfälle ausmacht[26].

Die **Drohung**, d. h. das Inaussichtstellen eines Übels, auf dessen Eintritt 8 der Drohende Einfluss zu haben vorgibt, muss sich auf eine **gegenwärtige Gefahr für Leib oder Leben** beziehen. Sie ist daher ein besonders gravierendes Nötigungsmittel, weil auf die Willensfreiheit des Opfers massiv eingewirkt wird. Nicht erforderlich ist, dass Leib oder Leben des Opfers wirklich in die entsprechende Gefahr gebracht werden, sodass es unschädlich ist, wenn entweder das Drohmittel untauglich ist oder der Täter die Drohung nicht ernstlich umsetzen möchte. Denn entscheidend ist die vom Opfer empfundene psychische Zwangswirkung. Daher reicht auch die Drohung mit **Scheinwaffen** grundsätzlich aus. Dies bedeutet aber nicht, dass zwangsläufig jede Scheinwaffe von den Qualifikationstatbeständen der §§ 244, 250 erfasst wird[27]. Solche Scheinwaffen oder Drohmittel, denen offensichtlich keine Gefährlichkeit anhaftet, sind allerdings auszuscheiden. Da die Opfersicht maßgebend ist, scheidet eine (vollendete) Drohung zudem dann aus, wenn das Opfer die nicht ernstlich gemeinte Drohung tatsächlich auch nicht ernst nimmt oder die Drohung gar nicht bemerkt[28].

Der Anwendungsbereich des § 249 ist unproblematisch eröffnet, wenn 9 sich die **Gewalt** oder **Drohung** gegen das Raubopfer, d. h. gegen den Genötigten selbst richtet. Fraglich ist, ob § 249 auch dann anwendbar ist, wenn die Gewalt gegenüber einem Dritten ausgeübt wird (dieses Problem stellt sich allerdings bevorzugt im Rahmen der räuberischen Erpressung, denn es sind nur wenige Fälle einer Wegnahme denkbar, in denen sich die Gewalt nicht gegen den Gewahrsamsinhaber, sondern gegen einen Dritten richtet). Teilweise wird verlangt, dass der Dritte zum Schutz des Gewahrsams bereit sein oder jedenfalls im Lager des Opfers stehen müsse[29], teilweise wird ein persönliches Näheverhältnis gefordert[30]. Andere wiederum sehen in der Gewaltanwendung gegenüber einem Dritten stets nur eine Drohung (mit weiterer Gewaltanwendung) gegenüber dem Gewahrsamsinhaber, die nur dann relevant sei, wenn dieser die Drohung selbst als Übel empfinde[31]. Wiederum andere wollen weder Gewaltanwendung noch

---

25 BGH, StV 1986, 61; BGH, StV 1990, 205 (206); BGH, StV 1990, 262; vgl. ferner BGH bei *Dallinger*, MDR 1975, 22, wonach eine im Wesentlichen durch Schnelligkeit und Geschicklichkeit (nicht durch Kraftentfaltung) gelungene Wegnahme nicht unter § 249 fallen soll. Dies widerspricht der Ansicht der sonstigen Rechtsprechung, wonach auch prophylaktisch angewendete Gewalt § 249 unterfällt; zudem lag im genannten Fall mindestens ein Raubversuch vor.
26 Vgl. die Polizeiliche Kriminalstatistik, Berichtsjahr 2011, 3.3 Raub, S. 157: im Jahr 2006 7,3% (im Jahr 2006 betrug die Quote noch 8,1 %).
27 Vgl. auch BGHSt 23, 294 (295 f.), wo der Täter im Rahmen einer räuberischen Erpressung lediglich vortäuscht, der Entführer eines entführten Kindes zu sein; zu § 244 vgl. oben § 14 Rn. 53 ff.
28 BGH, NJW 2004, 3437; LK-*Vogel*, § 249 Rn. 19; NK-*Kindhäuser*, Vor § 249 Rn. 24; *Rengier*, BT I, § 7 Rn. 18; a. M. *Wessels/Hillenkamp*, BT 2, Rn. 353.
29 Vgl. *Rengier*, BT I, § 7 Rn. 17, 21.
30 *Mitsch*, BT 2/1, § 3 Rn. 36 m. w. N.
31 *Wessels/Hillenkamp*, BT 2, Rn. 351.

Drohung gegenüber einem Dritten ausreichen lassen[32]. Da der Wortlaut („Gewalt gegen eine Person") jedoch eine weite Auslegung deckt, sind keine Gründe ersichtlich, warum eine Gewaltanwendung gegenüber Dritten ausscheiden sollte, zumal Opferschutzgesichtspunkte und ein Vergleich mit den §§ 239a, 239b[33] diese Lösung nahe legen. Auch auf ein besonderes Näheverhältnis ist daher zu verzichten. Lediglich die Kausalität von Gewaltanwendung und Wegnahme könnte hier fraglich sein (duldet der Gewahrsamsinhaber die Wegnahme tatsächlich wegen der Gewaltanwendung?)[34].

Beispiel (1): Als T gerade dabei ist, den Pkw des O zu „knacken", kommt der Passant P vorbei, der sich lautstark anschickt, dies zu verhindern. Durch einen kräftigen Faustschlag streckt T ihn nieder, um danach in Ruhe den Pkw zu öffnen und wegzufahren. – Auch wenn P hier nicht in einem Näheverhältnis zum Gewahrsamsinhaber O steht, liegt hier ein Raub mittels Gewaltanwendung vor. Gleiches würde auch für eine Drohung (gegenüber P) gelten.

Beispiel (2): Wie in Beispiel 1 ist T gerade dabei ist, den Pkw des O zu „knacken". Da eilt O lautstark auf ihn zu, um dies zu verhindern. T schnappt sich den gerade vorbeikommenden Schüler S und hält ihm ein Messer an den Hals. Mit der gegenüber O ausgesprochenen Drohung „Keine Bewegung, sonst steche ich ihn ab", veranlasst er O zum Stillhalten. T bricht den Pkw auf, lässt S los und fährt davon. – Auch hier kommt ein Raub infrage, wenn O die Tötung des Jungen als Übel empfunden hätte und deswegen T gewähren lässt[35].

b) Die finale Verknüpfung von Nötigungsmittel und Nötigungsziel

10 Ziel des Einsatzes der Nötigungsmittel muss die **Wegnahme** in Zueignungsabsicht sein (also § 242). § 249 setzt voraus, dass der Täter das Nötigungsmittel „zielbezogen" einsetzt, also um den speziellen Nötigungserfolg zu erreichen (**finaler Zusammenhang** zwischen Nötigungsmittel und Wegnahmeerfolg). Deshalb ist eine Gewaltanwendung **nach** Vollendung der Wegnahme kein Raub[36] (meist aber räuberischer Diebstahl[37]). Eine Gewaltanwendung **vor** der Wegnahme, die nicht auf diese Wegnahme **abzielt**, ist ebenfalls kein Raub[38]. Problematisch kann dies dann werden, wenn der Täter in verschiedenen Stadien des Raubes unterschiedliche Gewaltmittel einsetzt.

Beispiel[39]: Landstreicher T übernachtet im Gartenhaus des O. Als O unerwartet vorbeikommt, schlägt T ihn mit einer Sprudelflasche (gefährliches Werkzeug i. S.

---

32 *Arzt/Weber-Arzt*, 1. Aufl., § 17 Rn. 9.
33 Zur Frage der Anwendbarkeit von §§ 239a, 239b vgl. unten § 18 Rn. 34 ff.
34 Zur Kausalität vgl. noch unten Rn. 11 f.
35 So auch MüKo-*Sander*, 2. Aufl., § 249 Rn. 23; *S/S/Eser/Bosch*, § 249 Rn. 5.
36 Ebenso SK-*Sinn*, § 249 Rn. 33.
37 Vgl. hierzu unten Rn. 18 ff.
38 Vgl. BGHSt 32, 88 (92); BGHSt 48, 365 (368); BGH, NStZ 2009, 325; BGH, NStZ-RR 2013, 45 f.; ferner die Grenzfälle BGHSt 20, 32 (ursprünglich zu sexueller Belästigung eingesetzte Gewalt wird zur Wegnahme einer Uhr benutzt) und BGHSt 41, 123 (Messerstiche aus Verärgerung, dann Wegnahme unter Ausnutzung der Verletzung). Im ersten Fall hat der BGH einen Raub angenommen, im zweiten Fall hingegen abgelehnt.
39 Fall nach BGHSt 48, 365.

des § 250 I Nr. 1a, II Nr. 1) nieder und fesselt ihn mit einem Strick (sonstiges Werkzeug i. S. des § 250 I Nr. 1b). Erst danach fast T den Entschluss, das Auto des O und weitere Gegenstände zu entwenden. – Der BGH bejahte hier einen schweren Raub nach § 250 I Nr. 1b, nicht aber nach § 250 II Nr. 1. Zwar hatte T zum Zeitpunkt der Gewaltanwendung noch keinen Wegnahmevorsatz, die Fesselung (nicht aber der Schlag mit der Sprudelflasche[40]) wirkte aber fort und T war sich dieser Wirkung im Zeitpunkt der Wegnahme auch bewusst und nutzte gerade diese Wirkung aus. Der BGH zieht hier in Erwägung, dass T hier körperlich wirkenden Zwang durch Unterlassen ausgeübt haben könnte (pflichtwidriges Aufrechterhalten der physisch wirkenden Zwangslage)[41], lässt dies im Ergebnis aber offen. Es spricht jedoch nichts dagegen, hier eine Gewaltanwendung durch Unterlassen anzunehmen, sofern der Täter, wie hier infolge Ingerenz, rechtlich verpflichtet war, Abhilfe zu schaffen.

Umstritten ist, ob auch ein **kausaler Zusammenhang** erforderlich ist, also nachgewiesen werden muss, dass gerade die Nötigung den Wegnahmeerfolg bewirkt hat. Normalerweise liegt es auf der Hand, dass der Täter dem Opfer die Sache nur wegnehmen konnte, weil er mit Gewalt oder Drohungen vorgegangen ist. Es sind aber Ausnahmefälle denkbar, insbesondere wenn die vom Täter eingesetzte Gewalt im Einsperren des Opfers besteht. Abgesehen davon, dass das Einsperren eine atypische und auf den Raub kaum passende Form der Gewaltanwendung darstellt, wirkt sich zusätzlich die bereits oben[42] kritisierte Ansicht aus, nach welcher eine Freiheitsberaubung auch dann vorliegen soll, wenn das Opfer keinen auf eine Ortsveränderung gerichteten Willen hat. Wegen solcher Ausnahmefälle will die überwiegende Ansicht auf den kausalen Zusammenhang von Nötigung und Wegnahmeerfolg verzichten[43]. Dem ist nicht zu folgen, denn für Raub und Erpressung ist die besondere Zweck-Mittel-Relation charakteristisch, die nicht nur in der Vorstellung des Täters, sondern auch objektiv bestehen muss[44]. 11

Beispiel: Der Einbrecher R schließt sicherheitshalber die Tür zum Schlafzimmer ab, in welchem der Wohnungseigentümer E schläft und entwendet im Wohnzimmer eine Uhr. E bemerkt erst beim Aufwachen, dass er eingeschlossen worden ist. – Hier besteht zwar ein finaler, aber kein kausaler Zusammenhang zwischen dem Ein- 12

---

40 War O zum Zeitpunkt der Wegnahme infolge des Schlages mit der Sprudelflasche noch bewusstlos, hätte der BGH allerdings auch das Fortwirken dieser Gewalt prüfen müssen. Problematisch wäre dann aber die Kausalität, da nicht die Bewusstlosigkeit, sondern die Fesselung das Einschreiten des O verhindert hätte.
41 BGHSt 48, 365 (368 ff.); so auch *Eser*, NJW 1965, 377 (379); *Jakobs*, JR 1984, 385 (386); *Lackner/Kühl*, § 249 Rn. 4; LK-*Vogel*, § 249 Rn. 25; MüKo-*Sander*, 2. Aufl., § 249 Rn. 32; *Schünemann*, JA 1980, 349 (351 f.); S/S/*Eser/Bosch*, § 249 Rn. 6b; *Seelmann*, JuS 1986, 201 (203); a. M. BGHSt 32, 88 (92); *Eisele*, BT II, Rn. 327; *Fischer*, § 249 Rn. 12b; *Graul*, JURA 2000, 204 (205); *Joerden*, JuS 1985, 20, (26); *Krey/Hellmann/M. Heinrich*, BT 2, Rn. 273; *Küper*, JZ 1981, 568 (571); *Otto*, JZ 1985, 21 (26); *Rengier*, BT I, § 7 Rn. 32; SK-*Sinn*, § 249 Rn. 34; *Wessels/Hillenkamp*, BT 2, Rn. 363 f.: hier würde nicht weiter Gewalt (durch Unterlassen) *ausgeübt*, sondern lediglich die *Wirkungen* einer früheren Gewaltausübung ausgenutzt; zur Problematik des Raubes durch Unterlassen auch *Streng*, GA 2010, 671.
42 Vgl. § 9 Rn. 13 f. zu § 239.
43 Vgl. etwa BGHSt 4, 210 (212); auch BGHSt 41, 123 (124), und BGH, NStZ 1982, 380, prüfen nur die finale Verknüpfung, nicht aber die Kausalität; vgl. auch *Rengier*, BT I, § 7 Rn. 22; *Wessels/Hillenkamp*, BT 2, Rn. 350. Für eine objektiv-subjektive Sinneinheit *Streng*, GA 2010, 671 (682 f.): Kausalität ist nicht erforderlich, es muss sich allerdings die Gewalt oder Drohung objektiv realisiert haben und subjektiv zum Zwecke der Durchführung des Diebstahls eingesetzt worden sein.
44 So auch NK-*Kindhäuser*, § 249 Rn. 10 ff.; *Seelmann*, JuS 1986, 201 (203 f.); SK-*Sinn*, § 249 Rn. 29.

schließen und der Wegnahme⁴⁵. Es liegt also neben dem vollendeten Diebstahl nur ein versuchter Raub und – wenn man eine Vollendung des § 239 trotz des fehlenden Willens zur Ortsveränderung bejaht – eine vollendete Freiheitsberaubung schon vor dem Aufwachen vor.

3. Besonderheiten bei Versuch und Teilnahme

13   Dem Zweckzusammenhang zwischen Nötigung und Wegnahme und dem Sinn der Regelung des § 244 I Nr. 1b kann „entnommen werden, dass die – gewaltlose – Wegnahme durch einen notfalls zur Gewaltanwendung entschlossenen Täter noch keinen versuchten Raub [...] darstellt" (sondern nur § 244 I Nr. 1 vorliegt)⁴⁶. Daraus folgt, dass der Raubversuch nicht schon mit der Wegnahme, sondern erst mit dem Ansetzen zur Nötigung beginnt. Zwar ist der Raub ein zusammengesetztes Delikt aus den Elementen Wegnahme und Gewaltanwendung bzw. Drohung, sodass man annehmen könnte, dass das Ansetzen zur jeweiligen Komponente genügt. Das hier vertretene Ergebnis ist jedoch eine logische Konsequenz aus der oben⁴⁷ festgestellten „Zielbezogenheit" des Nötigungsmittels. Kann die Anwendung des Nötigungsmittels der Wegnahme nicht nachfolgen, so wäre es inkonsequent, beim Versuch zu einem anderen Ergebnis zu gelangen.

14   Für die subjektive Teilnahmetheorie ist es selbstverständlich, dass **Mittäter** bei einem Raub (oder einer Erpressung) auch ein Beteiligter sein kann, der selbst nicht gewalttätig wird und der nicht einmal am Tatort bei der von Komplizen vorgenommenen Drohung bzw. Gewaltanwendung anwesend ist⁴⁸. Nach der strengen Tatherrschaftslehre ist für eine Mittäterschaft stets eine Mitwirkung im Ausführungsstadium erforderlich, der Beteiligte müsste also immerhin mit dem Gewaltanwendenden in Kontakt stehen⁴⁹. Nach der vorzugswürdigen gemäßigten Tatherrschaftslehre kann hingegen auch eine Mitwirkung im Vorbereitungsstadium genügen, wenn das „Minus" bei der Tatausführung durch ein besonderes „Plus" in der Planungsphase ausgeglichen wird⁵⁰.

---

45   Selbstverständlich muss man die Kausalitätsfrage richtig stellen. Schlägt T den O zusammen und nimmt er dessen Sachen weg, so ist diese Gewalt kausal geworden, auch wenn der Erfolg hypothetisch mit geringerer Gewalt oder schon bei bloßer Drohung erreichbar gewesen wäre und der konkrete Gewalteinsatz „überflüssig" erscheint; insofern unklar BGHSt 4, 210.
46   *Arzt*, JuS 1972, 576 (578); *Lackner/Kühl*, § 249 Rn. 7; LK-*Vogel*, 12. Aufl., § 249 Rn. 58 (anders noch LK-*Baldus*, 9. Aufl. § 249 Rn. 18); *Rengier*, BT I, § 7 Rn. 41; vgl. auch die Klausurlösung bei *Berz*, Jura 1982, 317 (320 f.); a. M. *Fischer*, § 249 Rn. 17, zumindest bei Vorliegen eines direkten Vorsatzes hinsichtlich der Gewaltanwendung. Zu den aus dem Verhältnis des § 244 zu den §§ 249, 22 für den Beginn des Versuchs bei qualifizierten und zusammengesetzten Delikten allgemein zu ziehenden Folgerungen vgl. *Arzt*, JuS 1972, 576 (578); *Stree*, Peters-FS, 1974, S. 179.
47   Vgl. oben Rn. 10.
48   BGHSt 28, 346 (348 f.), zum Rücktritt im Vorbereitungsstadium.
49   Vgl. *Bottke*, GA 2001, 463 (472); *Herzberg*, ZStW 99 (1987), 49 (58); LK-*Roxin*, 11. Aufl., § 25 Rn. 181 f.
50   Vgl. *B. Heinrich*, AT, Rn. 1228; *Kühl*, § 20 Rn. 110 f.; *Wessels/Beulke/Satzger*, AT, Rn. 528.

Da § 249 (inzwischen) auch die Drittzueignungsabsicht ausdrücklich erfasst, kann Mittäter nun auch derjenige sein, der die Absicht seines Komplizen, sich die Sache zuzueignen, kennt (§ 16), sofern daraus die Absicht folgt, diesem Komplizen die Sache als einem Dritten zuzueignen[51].

4. Die Abgrenzung von § 249 und §§ 253, 255

Wegnahme i. S. des § 242 bedeutet Gewahrsamsbruch, also einen unfreiwilligen Gewahrsamsübergang. Der Täter kann den Gewahrsam des Opfers aber auch dadurch brechen, dass er das Opfer zur Herausgabe zwingt. Dies macht ein einfaches Beispiel deutlich: Der Täter sagt zum Opfer mit vorgehaltener Pistole: „Geld oder Leben!", woraufhin ihm das Opfer den Geldbeutel übergibt. Damit stellt sich die Frage nach der Abgrenzung von § 249 zu §§ 253, 255. Denn auch die räuberische Erpressung fordert eine mit qualifizierten Nötigungsmitteln (Gewalt gegen eine Person oder Drohung mit gegenwärtiger Gefahr für Leib oder Leben) erzwungene Vermögensverschiebung (Nötigung zu einer Handlung, Duldung oder Unterlassung, die zu einer Vermögensschädigung führt). Zu fragen ist daher, (1) ob einerseits jede Wegnahme durch den Räuber zugleich eine räuberische Erpressung darstellt, weil der Täter die Duldung der Wegnahme erzwingt oder (2) ob andererseits eine mit Nötigungsmitteln erzwungene Herausgabe durch das Opfer zugleich einen Raub darstellt, weil angesichts der Unfreiwilligkeit der Transaktion ein Gewahrsamsbruch vorliegt. 15

Die Abgrenzungsfrage hat auch praktische Relevanz, weil § 249 als Eigentumsdelikt im subjektiven Bereich die Absicht verlangt, sich die Sache rechtswidrig zuzueignen, während die §§ 253, 255 als Vermögensdelikt „lediglich" eine Bereicherungsabsicht fordern, die auch dann vorliegen kann, wenn der Täter aus dem bloßen Gebrauch einer Sache einen Nutzen ziehen will.

Beispiel[52]: A möchte schnellstmöglich in die benachbarte Stadt kommen, hat aber kein Geld mehr. Er geht daher zu einem auf einem abgelegenen Parkplatz stehenden Taxi, zerrt den völlig überraschten Fahrer F aus dem Fahrzeug, bedroht ihn mit seinem Revolver und fährt mit dem Taxi davon. An seinem Zielort angekommen benachrichtigt er die Taxizentrale vom Standort des Fahrzeugs, um zu gewährleisten, das F das Taxi unbeschadet zurückerhält, was auch geschieht. – Hier scheidet ein Raub, § 249, mangels Zueignungsabsicht aus (es liegt lediglich eine nach § 248b strafbare Gebrauchsanmaßung in Kombination mit einer Nötigung vor). Dagegen könnte eine räuberische Erpressung, §§ 253, 255, angenommen werden, da bereits der kurzfristige Verlust des Taxis (sowie das verbrauchte Benzin) eine Vermögensschädigung darstellt und A diesbezüglich auch mit Bereicherungsabsicht handelte.

Um eine Überschneidung des Anwendungsbereichs von § 249 und §§ 253, 255 zu vermeiden, bemüht sich die Literatur schon lange, eindeutige Abgrenzungskriterien zu entwickeln. Eine Differenzierung kann dabei richtigerweise nur im Gesamtzusammenhang der Eigentums- und Ver- 16

---

51   Vgl. oben § 13 Rn. 133 ff.; vgl. zur Mittäterschaft bei Absichtsdelikten *B. Heinrich*, AT, Rn. 1198.
52   Fall in Anlehnung an BGHSt 14, 386; vgl. zu dieser Problematik ausführlich *Geppert/Kubitza*, Jura 1985, 276 (277 f.); *Hillenkamp*, BT, 33. Problem.

§ 17 Rn. 16a   Raub, räuberischer Diebstahl, §§ 249–252, 316a

mögensdelikte erfolgen: Während die Eigentumsdelikte Diebstahl und Raub eine **Wegnahme** von Sachen in Zueignungsabsicht erfordern (= Fremdschädigungsdelikte), verlangen die Vermögensdelikte Betrug und (räuberische) Erpressung eine (durch Täuschung oder Nötigung bewirkte) **Vermögensverfügung** des Opfers (= Selbstschädigungsdelikte)[53]. Wegnahme und Vermögensverfügung unterscheiden sich dadurch, dass das Opfer bei der Wegnahme nicht aktiv mitwirken, sondern diese lediglich dulden muss, während das Opfer bei der Vermögensverfügung selbst tätig wird und diese jedenfalls insoweit „freiwillig" vollzieht, als ihm noch eine Wahl bleibt, die Vermögensverfügung notfalls auch zu unterlassen (allerdings unter Inkaufnahme der angedrohten Konsequenzen). Eben dies wird in der Redewendung „Geld **oder** Leben" nur allzu deutlich.

16a Dagegen steht die Rechtsprechung sowie eine in der Literatur zunehmend vertretene Ansicht auf dem Standpunkt, die (räuberische) Erpressung verlange lediglich ein vermögensrelevantes Handeln oder Unterlassen des Opfers, welches auch in einer bloßen Duldung der Wegnahme bestehen könne[54]. Dies führe notwendigerweise zu einer Überschneidung von § 249 und §§ 253, 255, welche dadurch aufgelöst werden könne, dass die (räuberische) Erpressung als Grundtatbestand und der Raub als eine Spezialnorm für den Fall der Wegnahme (lex specialis) angesehen wird. Nur auf diese Weise könne durch das Vermögensstrafrecht ein lückenloser Rechtsschutz gegen sämtliche in Bereicherungsabsicht (gewaltsam) herbeigeführten Vermögensschädigungen erreicht werden. Es dürfe letztlich keine Rolle spielen, ob der Täter sich den Besitz gewaltsam dadurch verschafft, dass er die Sache wegnimmt oder sie sich geben lässt. Auch sei nur dadurch eine Parallele zu § 240 möglich, wo – bei gleichem Wortlaut – auch eine mit vis absoluta durchgeführte Nötigung tatbestandsmäßig ist.

Diese Ansicht wirkt gekünstelt. Schon von der systematischen Stellung der Delikte wäre es äußerst fraglich, warum der Gesetzgeber den Spezialtatbestand (Raub) vor dem Grundtatbestand regelt und bei den Rechtsfolgen des Grundtatbestandes auf den Spezialtatbestand verweist (über die Wendung „gleich einem Räuber zu bestrafen" wird nicht nur auf den Strafrahmen des Raubes, sondern auch auf die Qualifikationen der §§ 250, 251 verwiesen). Da die Delikte auch denselben Strafrahmen

---

53 *Biletzki*, Jura 1995, 635 (637); *Eisele*, BT II, Rn. 770; *Hohmann*, JuS 1994, 860 (864); *Joecks*, § 255 Rn. 6; *Krack*, JuS 1996, 493 (497); *Lackner/Kühl*, § 253 Rn. 3; *Maurach/Schoeder/Maiwald*, BT 1, § 42 Rn. 5 ff.; MüKo-*Sander*, 2. Aufl., § 253 Rn. 13 ff.; *Noak/Sengbusch*, Jura 2005, 494 (495 f.); *Otto*, ZStW 79 (1967), 59 (86); *Rengier*, BT I § 11 Rn. 13 ff.; ders., JuS 1981, 654 (659 ff.); *S/S/Eser/Bosch*, § 253 Rn. 8; *Schott*, GA 2002, 666 (678); *Wessels/Hillenkamp*, BT 2, Rn. 730.
54 RGSt 4, 429 (432); RGSt 25, 435 (437); RGSt 55, 239 (240); BGHSt 7, 252 (254); BGHSt 14, 386 (390); BGHSt 25, 224 (228); BGHSt 32, 88 (89 f.); BGHSt 41, 123 (125); BGH, NStZ 2002, 31 (32); *Böse/Keiser*, JuS 2005, 440 (443 f.); *Geilen*, Jura 1980, 43 (51); *Graul*, JuS 1999, 562 (564); *Hecker*, JA 1998, 300 (305); *Kindhäuser*, LPK, § 253 Rn. 20 f.; *Krey/Hellmann/M. Heinrich*, BT 2, Rn. 433; LK-*Herdegen*, 11. Aufl., § 249 Rn. 24; *Lüderssen*, GA 1968, 257; *Mitsch*, BT 2/1, § 6 Rn. 40; NK-*Kindhäuser*, Vor § 249 Rn. 44 ff., 56; *Schünemann*, JA 1980, 486; *Seelmann*, JuS 1982, 914; SK-*Sinn*, § 249 Rn. 9 ff.; § 253 Rn. 16; so auch noch *Arzt/Weber-Arzt*, 1. Aufl., § 17 Rn. 16; § 18 Rn. 14 ff., 25.

aufweisen, wäre § 249 zudem schlicht überflüssig⁵⁵. Durch das Bestreben, vermeintliche Lücken des Gesetzes zu schließen, wird ferner die Entscheidung des Gesetzgebers missachtet, die gewaltsame Wegnahme ohne Zueignungsabsicht eben nicht der Raubstrafe zu unterwerfen. Dem Gesetzgeber steht es aber frei, bestimmte Angriffe auf das Vermögen mit einer geringeren Strafe zu versehen oder straffrei zu lassen (fragmentarischer Charakter des Strafrechts). – Zieht man insoweit bei der Abgrenzung von Raub und räuberischer Erpressung eine Parallele zur Abgrenzung von Diebstahl und Betrug (Fremdschädigungsdelikt/Selbstschädigungsdelikt) und verlangt man insoweit sowohl für den Betrug als auch für die (räuberische) Erpressung eine (bewusste) Selbstschädigung, ist es allerdings fraglich, ob dies nur für Sachen oder auch für Forderungen gilt, da für einen Forderungsbetrug (im Gegensatz zum Sachbetrug) gerade kein Verfügungsbewusstsein zu verlangen ist⁵⁶.

Aus der grundsätzlichen Abgrenzung von Raub und (räuberischer) Erpressung ergibt sich auch die Lösung der Frage, welche Anforderungen an die **Wegnahme** beim Raub zu stellen sind. Da die Rechtsprechung die räuberische Erpressung als Grundtatbestand des Raubes ansieht und dadurch Strafbarkeitslücken ausschließt (lehnt man eine Wegnahme ab, so greift jedenfalls der Grundtatbestand der räuberischen Erpressung ein), kann sie es sich bei einer Abgrenzung leicht machen. So wird nach dieser Ansicht zur Differenzierung zwischen Raub und räuberischer Erpressung schlicht auf das **äußere Erscheinungsbild** abgestellt: Nimmt der Täter die Sache an sich, liegt eine Wegnahme vor, gibt das Opfer sie heraus, liegt eine Erpressung vor⁵⁷. 17

Beispiel: A hält der B eine Waffe an die Schläfe und droht damit, sie umzubringen, wenn er nicht ihr Geld erhalte. Greift A nun in die Manteltasche der B und zieht den Geldbeutel heraus, liegt ein Raub vor, lässt er sich den Geldbeutel geben, soll eine räuberische Erpressung anzunehmen sein. Unklar bleibt die Beurteilung, wenn B dabei ist, den Geldbeutel herauszuziehen und A ihr ungeduldig diesen entreißt. Absurd wird die Abgrenzung, wenn A von B nicht den sich in ihrer Manteltasche befindenden Geldbeutel, sondern deren Handtasche verlangt. Soll hier die Beurteilung der Strafbarkeit davon anhängen, ob B die Handtasche unter dem Eindruck der Drohung leicht anhebt und auf A zu bewegt, bevor dieser die Tasche entgegen nimmt (dann räuberische Erpressung) oder ob A ihr die Tasche sogleich aus der Hand reißt (dann Raub)?

Auf der Grundlage der hier vertretenen sauberen Abgrenzung von Raub und (räuberischer) Erpressung ist dagegen eine wertende Abgrenzung der Merkmale „Wegnahme" und „Vermögensverfügung" unter dem Aspekt der (bewussten) Selbstschädigung erforderlich. Welche Anforderungen hieran zu stellen sind, ist allerdings unter den Vertretern dieser Ansicht umstritten. So wird eine Wegnahme von einigen zutreffend dann angenommen, wenn es in der Zwangslage subjektiv für den Genötigten

---

55 Lediglich bei wertlosen Sachen, die von §§ 253, 255 nicht erfasst werden, verbliebe dem § 249 ein eigener Anwendungsbereich.
56 Für eine entsprechende Differenzierung daher *Brand*, JuS 2009, 899 (902); *Eisele*, BT II, Rn. 772; *Rengier*, JuS 1981, 654 (661); zum Forderungsbetrug vgl. unten § 20 Rn. 73 ff.
57 Vgl. nur BGHSt 7, 252 (254 f.): „Wird die Herausgabe einer Sache mit den Mitteln des Raubes erzwungen, so liegt mithin räuberische Erpressung vor"; ferner BGHSt 41, 123 (126); BGH, NStZ 1999, 350 (351).

gleichgültig ist, wie er sich verhält, da die Sache unabhängig von seiner Mitwirkung dem Zugriff des Täters preisgegeben ist, es also nicht zwingend einer Mitwirkung seinerseits bedarf[58]. Denn bleibt dem Opfer letztlich keine Wahl, bzw. kann er den Verlust des Gegenstandes ohnehin nicht verhindern, kann kaum von einer (bewussten) Selbstschädigung gesprochen werden. Andere stellen hingegen darauf ab, ob das Opfer willentlich, d. h. mit seinem faktischen Einverständnis den Gewahrsam überträgt[59]. Letzteres ist problematisch, denn die Konstruktion eines wenn auch nur „faktischen" Einverständnisses wirkt unnatürlich, da kaum einmal ein Opfer mit dem Vermögensverlust „einverstanden" sein wird. Vielmehr kann (und muss) auf die Abgrenzung zurückgegriffen werden, die auch bei der Unterscheidung von (Trick-)Diebstahl und (Sach-)Betrug vorgenommen wird[60]. Danach erfüllt eine „unfreiwillige" Weggabe den Tatbestand der (räuberischen) Erpressung mangels einer Vermögensverfügung nicht. Vielmehr ist in diesen Fällen § 249 einschlägig (Gewahrsamsbruch).

Beispiel: Wenn A der B eine Waffe an die Schläfe hält und damit droht, sie umzubringen, wenn er nicht ihr Geld erhalte, so liegt stets Raub vor, wenn A den Erhalt des sich in der Manteltasche befindenden Geldbeutels erstrebt. Wenn B den Verlust des Geldbeutels nicht verhindern kann (gibt sie ihn nicht heraus, wird er durch A heraus genommen), liegt auch dann keine „freiwillige" Vermögensverfügung vor, wenn sie dem A zuvorkommt und ihm den Geldbeutel überreicht. Deutlich wird dies im zuvor angeführten Fall der Handtasche – hier kann es nicht darauf ankommen, ob B die Handtasche leicht auf A zu bewegt oder nicht. Anders liegt der Fall, wenn A von B verlangt, den Safe zu öffnen oder ihm das Versteck des Geldes zu nennen. Dann kann sich B entscheiden, ob sie der Forderung von A nachkommt oder nicht. Tut sie dies und übergibt ihm anschließend das Geld, so liegt eine „freiwillige" Vermögensverfügung und damit eine räuberische Erpressung vor. Insofern handelt es sich aus der Sicht des Opfers um einen unerlässlichen Mitwirkungsakt[61]. Zwar wirkt das Opfer auch bei der Herausgabe des Geldbeutels im oben genannten Fall am Vermögensverlust mit, dieser könnte aber auch ohne Weiteres durch den Täter (durch Griff in die Manteltasche) selbst herbeigeführt werden. Umstritten sind hier allerdings diejenigen Fälle, in denen der Täter sich nach Preisgabe der Safekombination bzw. des Verstecks das Geld selbst nimmt. Zwar liegt in der Preisgabe der Safekombination bereits eine Vermögensgefährdung, der endgültige Vermögensschaden wird allerdings erst durch die Wegnahme des Geldes erreicht, weshalb es bei der Preisgabe der Kombination an der Unmittelbarkeit von Vermögensverfügung und -schaden fehlt (insoweit: keine räuberische Erpressung durch Abnötigen der Safekombination, sondern Raub durch spätere Wegnahme des Geldes, sofern die Gewalt oder Drohung zu diesem Zeitpunkt noch fortwirkt)[62]. Andere hingegen gehen davon aus, dass in der Eröffnung der faktischen Zugriffsmöglichkeit auf das Geld bereits eine schadensgleiche Vermögensgefährdung zu sehen ist, mithin die

---

58 Vgl. *Eisele*, BT II, Rn. 764; *Küper*, BT, S. 410; *Lackner/Kühl*, § 255 Rn. 2; MüKo-*Sander*, 2. Aufl., § 253 Rn. 21; *Otto*, ZStW 79 (1967), 59 (86); *Wessels/Hillenkamp*, BT 2, Rn. 714, 730.
59 Vgl. *Biletzki*, Jura 1995, 635 (637); *Rengier*, BT I, § 11 Rn. 37; *ders.*, JuS 1981, 654 (655); *S/S/Eser/Bosch*, § 253 Rn. 8.
60 Vgl. hierzu unten § 20 Rn. 45, 78.
61 *Lackner/Kühl*, § 253 Rn. 3.
62 So im Ergebnis *Heinz*, Maurer-FS 2001, 1111 (1122); *Hellmann*, JuS 1996, 522 (524); *Hillenkamp*, JuS 1990, 454 (456); *Rengier*, BT I, § 11 Rn. 38; *Wessels/Hillenkamp*, BT 2, Rn. 714.

Vermögensverfügung bereits zu einem Schaden führt und eine spätere Entnahme des Geldes keine Wegnahme mehr darstellt (insoweit nur §§ 253, 255)[63]. Schließlich wäre eine Lösung auf Konkurrenzebene denkbar mit der Folge, dass sowohl eine räuberische Erpressung als auch ein nachfolgender Raub angenommen werden könnte.

Problematisch wird die hier vorgeschlagene Lösung allerdings in manchen Fällen des Irrtums. Wenn A glaubt, B habe eine Geldbörse in der Manteltasche und sie auffordert, ihm „das Geld" zu geben, erstrebt er eine unfreiwillige Herausgabe und insofern einen Raub, § 249 StGB. Wenn B daraufhin überraschend zum Schreibtisch geht und das Geheimfach öffnet, in welchem sich ihr Geld befindet, so liegt objektiv eine freiwillige Vermögensverfügung und daher eine räuberische Erpressung, §§ 253, 255, vor (denn A hätte sich das Geld in Unkenntnis des Verstecks nicht nehmen können). Konsequenz der geschilderten Ansicht ist hier eine Bestrafung lediglich wegen eines versuchten Raubes, §§ 249, 22.

5. Vollendung und Beendigung

Wie der Diebstahl, so ist auch der Raub vollendet, wenn der Täter neuen Gewahrsam an der Beute begründet hat. Eine Beendigung ist dagegen erst bei einer endgültigen Gewahrsamssicherung anzunehmen. Entgegen einer weit verbreiteten, insbesondere von der Rechtsprechung vertretenen Auffassung[64] ist eine Qualifikation des Raubes nach den §§ 250, 251 nur bis zum Zeitpunkt seiner Vollendung möglich[65]. Denkbar ist aber in der Phase zwischen Vollendung und Beendigung die Annahme eines räuberischen Diebstahls, § 252[66]. Dies folgt zum einen aus den Formulierungen „bei sich führt" und „durch die Tat", welche jeweils auf eine Koinzidenz mit der eigentlichen Tatausführung hindeuten, zum anderen aber daraus, dass für die Qualifikation in der Nachtatphase die Spezialregelung des § 252 in Verbindung mit den §§ 250, 251 greift. Die Gegenauffassung führt zu kaum lösbaren Konkurrenzfragen. Die Rechtsprechung geht inzwischen sogar so weit, eine dem vollendeten Raub nachfolgende qualifizierte Nötigungshandlung, die der Verwirklichung eines neuen Raubes dienen soll, der jedoch im Versuch stecken bleibt, als Qualifikation der Gesamttat zu werten[67].

17a

---

63 *Graul*, Jura 2000, 204 (208); *Küper*, BT, S. 411; *ders.*, Lenckner-FS 1998, 495 (506 ff.); *Lackner/Kühl*, § 253 Rn. 3; *Tenckhoff*, JR 1974, 489 (491).
64 BGHSt 20, 194 (197); BGHSt 52, 376; BGHSt 53, 234 (236); BGHSt 55, 79 (80 f.); *Fischer*, § 250 Rn. 26; *S/S/Eser/Bosch*, § 250 Rn. 23.
65 Wie hier *Eisele*, BT II, Rn. 360; LK-*Vogel*, 12. Aufl., § 250 Rn. 23; SK-*Sinn*, § 250 Rn. 20; *Wessels/Hillenkamp*, BT 2, Rn. 370.
66 Vgl. dazu unten Rn. 18 ff.
67 BGH, NStZ 2010, 327 mit abl. Anm. von *Kraatz*, StV 2010, 630; *Piazena*, famos 10/2010, S. 6; zustimmend *v. Heintschel-Heinegg*, JA 2010, 471.

III. Räuberischer Diebstahl, § 252

1. Ratio legis

18 Der Einsatz von Gewalt oder Drohung, um zu stehlen oder um einen Vermögensvorteil zu erlangen, führt zur Raubstrafe, §§ 249, 255. – Auch § 252 ist ein raubähnliches Sonderdelikt, denn ihm liegt der Gedanke zugrunde, dass ein auf frischer Tat betroffener **Dieb**, der Gewalt anwendet, **genauso gefährlich** ist wie ein Räuber, „weil es naheliegt, dass er dieselbe Gewalt angewendet hätte, wenn er vor Vollendung des Diebstahls betroffen worden wäre"[68]. Das Diebstahlsopfer ist bei Entdeckung und Abwehr des Diebstahls gegen eine solche latente Gewaltbereitschaft des Diebes besonders schutzbedürftig[69]. Durch diese Gleichstellung von Raub und räuberischem Diebstahl ist es auch nur konsequent, dass § 252 dieselben **Nötigungsmittel** nennt wie § 249.

> **Beispiel**[70]: A dringt in eine Wohnung ein und entwendet mehrere Wertgegenstände. In seiner Aktentasche führt er einen 30 cm langen Holzknüppel mit, den er aber im Zusammenhang mit dem Einbruch nach eigener Einlassung nicht einsetzen will, sondern den er „als Pannenhilfe stets bei sich führe", d. h. er hat in zwar stets bei sich, hat ihn aber nicht eigens zu dem Zweck der Begehung des Einbruchsdiebstahls eingesteckt. Als A das Haus verlassen will, stellt sich ihm unerwartet der Hauseigentümer E entgegen, den er mit dem Knüppel niederschlägt, um mit der Beute fliehen zu können. – Der Tatrichter hat die Einlassung des A, den Knüppel nur als „Pannenhilfe" mit sich zu führen, für unwiderlegbar gehalten, was ihm wohl deshalb leicht gefallen ist, weil der Angeklagte trotzdem über § 252 „gleich einem Räuber" bestraft werden konnte.

2. Abgrenzung zum Raub

19 Wichtig ist es, sich den Zeitraum zu verdeutlichen, in welchem der Anwendungsbereich des § 252 eröffnet ist. Dabei ist § 252 zuerst vom Raub abzugrenzen, also zu fragen, zu welchem Zeitpunkt der Gewaltanwendung (noch) ein Raub oder (schon) ein räuberischer Diebstahl anzunehmen ist. Dies ist insbesondere dann umstritten, wenn im Zeitraum zwischen Vollendung und Beendigung eines Diebstahls (oder eines Raubes) ein (qualifizierendes) Raubmittel angewendet wird.

> **Beispiel (1):** A dringt in die Geschäftsräume des B ein und steckt einige Wertgegenstände in seine mitgebrachte Aktentasche (= §§ 242, 243 I 2 Nr. 1). Als er gerade dabei ist, die Räumlichkeiten zu verlassen, kommt B überraschend hinzu und stellt sich dem A in den Weg. A schlägt B mit einer Eisenstange, die er auf dem Boden gefunden hat, nieder, um mit der Beute zu entkommen. – Fraglich ist, ob hier noch ein qualifizierter Diebstahl nach § 244 I Nr. 1b, ein schwerer Raub nach § 250 II Nr. 1 oder bereits ein schwerer räuberischer Diebstahl nach §§ 252, 250 II Nr. 1 vorliegt.

---

68 BGHSt 26, 95 (96); zum Unrechtsgehalt des § 252 vgl. auch *Zöller*, JuS 1997, L 89 f.
69 Vgl. zu § 211 (Verdeckungsabsicht) oben § 2 Rn. 62 ff. – Näher *Perron*, GA 1989, 145, der diese ineinander übergehenden Deutungen des § 252 isoliert. Unrichtig *Kratzsch*, JR 1988, 397 (399, Fn. 21), weil die an der Typizität orientierte ratio legis als „Verdachtsstrafe" kritisiert wird.
70 BGHSt 26, 95 – Pannenhilfe.

Beispiel (2): A schlägt B auf der Straße nieder und entwendet dessen Geldbörse (= § 249). B rappelt sich wieder auf und verfolgt den A. Dieser läuft zu seinem ca. 1 km entfernt abgestellten Pkw, in welchem er eine Pistole verwahrt hat. Dort angekommen, nimmt er die Waffe an sich und schießt auf B, der daraufhin seine Verfolgung abbricht. – Auch hier ist fraglich, ob das Verwenden der Pistole den einfachen Raub noch zum schweren Raub, § 250 II Nr. 1, qualifizieren kann oder ob das Verhalten bereits einen schweren räuberischen Diebstahl, §§ 252, 250 II Nr. 1, darstellt.

Geht man davon aus, dass der Diebstahl (und damit auch der Raub) auch noch nach seiner Vollendung, d. h. nach Abschluss der Wegnahme, qualifiziert werden kann, so müsste konsequenterweise auch eine als Diebstahl zu bewertende Tat noch nach der Vollendung zu einem Raub werden können, sobald der Täter Nötigungsmittel zur Gewahrsamssicherung einsetzt (obwohl der Raub selbst keine Qualifikation des Diebstahls darstellt!)[71]. Dann aber bliebe für § 252 kaum Raum, da dieser nur eingreift, wenn der Dieb „auf frischer Tat betroffen" wird – also regelmäßig gerade im Zeitraum zwischen Vollendung und Beendigung. Zudem würde die Entscheidung des Gesetzgebers unterlaufen, die Gewaltanwendung nach einem Diebstahl nur dann einer Raubstrafe zuzuführen, wenn der Täter gerade in Besitzerhaltungsabsicht handelt (und die Gewalt z. B. nicht nur zur Ermöglichung der Flucht einsetzt). Daher ist der Ansicht zu folgen, welche eine „Umwandlung" des Diebstahls in einen Raub nur bis zum Zeitpunkt der Vollendung der Wegnahme als möglich ansieht, wenn also die Gewalt gerade zur Gewahrsams**erlangung** und nicht zur Gewahrsams**erhaltung** eingesetzt wird. Ist die Gewahrsamserlangung dagegen vollendet, so ist ausschließlich § 252 und nicht § 249 anzuwenden[72]. In Beispiel (1) hat A sich daher wegen eines schweren räuberischen Diebstahls, §§ 252, 250 II Nr. 1, strafbar gemacht. Damit macht § 252 die Entscheidung schwieriger Gewahrsamsfragen erforderlich, insbesondere wann ein Dieb in der Wohnung des Opfers Gewahrsam erlangt.

Als Vortat des § 252 kommt neben dem Diebstahl, § 242, allerdings auch ein Raub, § 249, in Betracht, da § 242 vollständig in § 249 enthalten ist[73]. Wird also nach Vollendung des Raubes erneut Gewalt angewendet, so liegt zusätzlich § 252 vor. Dieser tritt zwar im Wege der mitbestraften Nachtat auf Konkurrenzebene zurück, kann aber dann eigenständige Bedeutung erlangen, wenn zusätzliche Qualifikationsmerkmale erfüllt sind, wie dies im obigen Beispiel (2) der Fall ist. Der (einfache) Raub tritt in diesem Fall hinter dem anschließend begangenen schweren räuberischen Diebstahl zurück.

Problematisch ist dies allerdings deshalb, weil der Raubtäter dann im Schuldspruch nicht wegen eines schweren **Raubes,** sondern wegen eines schweren räuberischen

---

71 Vgl. zu diesem Streit bereits oben Rn. 17a.
72 BGHSt 28, 224 (225 f.); dagegen will *Dreher*, MDR 1976, 529, den § 252 nicht schon bei Vollendung, sondern erst bei Beendigung des § 242 anwenden (davor soll der vollendete Diebstahls in einen Raub umschlagen können), näher LK-*Vogel*, 12. Aufl., § 252 Rn. 51 ff.
73 BGHSt 21, 377 (380); BGH, NJW 2002, 2043 (2044 f.).

Diebstahls zu verurteilen ist. Da dies weder dem Angeklagten noch der Bevölkerung zu vermitteln sei, wurde vorgeschlagen, eine später verwirklichte Qualifikation lediglich bei der Strafzumessung nach § 249 zu berücksichtigen aber nicht nach §§ 252, 250 zu bestrafen[74]. Dies ist zwar insofern vertretbar, als die §§ 249 und 250 dieselbe Strafobergrenze haben (15 Jahre, § 38 II), führt aber dann zu untragbaren Ergebnissen, wenn das Opfer des Raubes erst durch eine Gewaltanwendung nach Tatvollendung stirbt.

Beispiel: A schlägt den B auf der Straße nieder und nutzt dessen kurzfristige Benommenheit aus, um ihm die Geldbörse aus der Jackentasche zu ziehen. B kommt wieder zu sich und verfolgt den A. Um sich die Beute zu sichern nimmt A einen Stein und wirft ihn auf B. Dieser wird dadurch so unglücklich getroffen, dass er stirbt. – Hier ist A wegen eines räuberischen Diebstahls mit Todesfolge, §§ 252, 251, zu bestrafen. Der ursprünglich begangene (einfache) Raub tritt dahinter zurück. Den Täter hier nur wegen eines Raubes in Tateinheit mit fahrlässiger Tötung zu bestrafen, befriedigt nicht (Raub mit Todesfolge scheidet aus, da die todbringende Gewalt erst nach Vollendung der Wegnahme stattfand).

19a Dennoch ist darauf zu achten, dass als Vortat nur eine Tat in Betracht kommt, die wenigstens auch die Merkmale des § 242 erfüllt. Eine Unterschlagung genügt hierfür nicht.

Beispiel[75]**:** A überredet B, ihm sein Mobiltelefon zu zeigen. Sobald er es in den Händen hält, verlangt er infolge eines spontan gefassten Entschlusses für die Rückgabe 20 Euro, wobei es ihm zu diesem Zeitpunkt nur auf das Geld ankommt. Als B sich weigert, fasst A den Entschluss, das Telefon zu behalten, und steckt es in die Hosentasche. Da B nun vehement die Rückgabe fordert, schlägt ihm A ins Gesicht. Daraufhin gibt B auf. – Der BGH erkannte hier zu Recht, dass A schon mit der Übergabe des Telefons Gewahrsam erlangte. Da ihm zu diesem Zeitpunkt aber noch die Zueignungsabsicht fehlte (vgl. die Lösegeldfälle) und er diese erst später fasste, liegt kein Diebstahl, sondern eine Unterschlagung vor. Diese bildet keine geeignete Vortat zum räuberischen Diebstahl, sodass § 252 trotz der Anwendung von Gewalt ausscheidet[76].

3. Betreffen auf frischer Tat

20 Der Täter muss bei einem Diebstahl „auf frischer Tat" betroffen werden. Durch das Erfordernis der „frischen Tat" wird die Zeitspanne, in welcher der Täter durch eine Gewaltanwendung einen räuberischen Diebstahl begehen kann, stark eingeschränkt. Einerseits folgt bereits aus dem Betreffen „bei einem Diebstahl", dass die Vortat, also der Diebstahl (oder Raub), nicht beendet sein darf[77]. Nach der Beendigung ist die Tat naturgemäß auch nicht mehr „frisch"[78]. Doch die Tatfrische schränkt den Zeitraum noch weiter ein: Notwendig ist nach h. M. ein **enger zeitlicher und räumlicher Zusammenhang** mit der Tat[79]. Dies setzt voraus, dass sich der Täter

---

74 So *Arzt/Weber-Arzt*, 1. Aufl., § 17 Rn. 23.
75 Fall nach BGH, NStZ 2011, 36.
76 Zustimmend auch *Hecker*, JuS 2011, 374 (375).
77 Verfehlt daher BGHSt 21, 377 – Schwiegermutter.
78 BGHSt 28, 224 (229); *Rengier*, BT I, § 10 Rn. 6 (allerdings im Hinblick auf das Merkmal „bei einem Diebstahl"); *S/S/Eser/Bosch*, § 252 Rn. 3; a. M. *Lackner/Kühl*, § 252 Rn. 4.
79 BGHSt 28, 224 (229 f.); BGH, NJW 1987, 2687 (2688); *Rengier*, BT I, § 10 Rn. 7.

Räuberischer Diebstahl, § 252 § 17 Rn. 21

noch in unmittelbarer Nähe des Tatorts befindet und alsbald dort angetroffen wird[80]. Insoweit deckt sich die Frische der Tat mit dem **gegenwärtigen Angriff** i.S.d. § 32 StGB[81].

Die Tat ist noch frisch genug, solange der Täter in der Nähe des Tatorts betroffen oder vom Tatort aus verfolgt wird, also noch keinen gesicherten Gewahrsam erlangt hat. Entgegen der Auffassung der Rechtsprechung[82] kann eine Tat ihre „Frische" erst verlieren, wenn dem Täter die Trennung von seinem Opfer gelingt[83]. Das **„Betroffensein"** ist aus der Täterperspektive heraus zu beurteilen, muss aber einen objektiven Kern i. S. eines möglichen – bevorstehenden – Bemerkens der Tat oder des Täters aufweisen. Deshalb scheidet eine Vollendung des § 252 aus, wenn der Einbrecher den vermeintlichen Entdecker der Tat niederschlägt, es sich in Wahrheit aber um seinen Gehilfen handelt, dem das bloße Schmierestehen zu langweilig geworden war[84].

Fraglich ist, ob der Täter auch dann auf frischer Tat „betroffen" ist, 21
wenn das Opfer ihn noch gar nicht bemerkt hat, der Täter dem Bemerktwerden vielmehr gerade durch die Gewaltanwendung zuvorkommt. Dies wird teilweise mit dem Argument bestritten, dass der Täter hier nicht „betroffen" wird, sondern dies durch seine Gewaltanwendung gerade verhindert (Wortlautgrenze; Analogieverbot)[85]. Dies ergibt sich jedoch nicht zwingend aus dem Wortlaut, da ein „Betroffenwerden" nicht notwendigerweise eine tatsächliche Kenntnis des Opfers verlangt. Vielmehr muss hier ein raum-zeitliches Zusammentreffen von Täter und Opfer genügen[86]. Es kann nicht darauf ankommen, ob das Opfer den Täter vor der Gewaltanwendung (kurzzeitig) wahrnimmt. Ferner ist das Opfer, das ausgeschaltet wird, bevor es den Diebstahl bemerkt, nicht weniger schutzwürdig[87]. § 252 erfasst mithin jede Gewaltanwendung, die sich zeitlich und räumlich an die Begehung eines Diebstahls anschließt und der Beutesicherung dient.

---

80 BGHSt 28, 224 (229 f.); BGH, NJW 1987, 2687 (2688); *Rengier*, BT I, § 10 Rn. 7.
81 Dies wurde in BGH, StV 2013, 445 z. B. abgelehnt, wenn der Täter in einem fahrenden Zug aus mehreren Abteilen Sachen entwendet und an anderer Stelle zwischenlagert und später beim Abtransport im Zug kontrolliert wird; zu diesem Fall auch *Jauernik/Steinert*, famos 10/2013.
82 BGHSt 28, 224 (227) – hier bemerkte der Mitfahrer in einem Pkw den Diebstahl erst nach einer Fahrtstrecke von ca. 50 km. Der Täter war indes immer noch im Wagen.
83 So auch *Rengier*, BT I, § 10 Rn. 7.
84 Vgl. auch das Beispiel in Rn. 21.
85 So *Dreher*, MDR 1976, 529; *Fezer*, JZ 1975, 609; *Geppert*, Jura 1990, 554 (556 f.); *Krey*, ZStW 101 (1989), 838 (849); LK-*Vogel*, 12. Aufl., 252 Rn. 28; *Mitsch*, BT 2/1, § 4 Rn. 31 f.; MüKo-*Sander*, 2. Aufl., § 252 Rn. 11; *Schnarr*, JR 1979, 314; *Seelmann*, JuS 1986, 201 (206); *Wessels/Hillenkamp*, BT 2, Rn. 401.
86 BGHSt 26, 95 (97); *Eisele*, BT II, Rn. 409; *Fischer*, § 252 Rn. 6; *Geilen*, Jura 1980, 43; *Krey/Hellmann/M. Heinrich*, BT 2, Rn. 311; *Lackner/Kühl*, § 252 Rn. 4; LK-*Herdegen*, 11. Aufl., § 252 Rn. 12; *Maurach/Schroeder/Maiwald*, BT 1, § 35 Rn. 41; *Otto*, BT, § 46 Rn. 55; NK-*Kindhäuser*, § 252 Rn. 8 ff.; *Perron*, GA 1989, 145 (163); *Rengier*, BT I, § 10 Rn. 8; *S/S/Eser/Bosch*, § 252 Rn. 4; *Schünemann*, JA 1980, 398 (399); SK-*Sinn*, § 252 Rn. 11.
87 BGHSt 26, 95 (97); *Eisele*, BT II, Rn. 409.

22 **Beispiel**[88]: Der Dieb A hatte in der Wohnung der O Schmuck etc. in einer mitgebrachten Aktentasche verpackt. Als er gerade dabei war, die Wohnung zu verlassen, „hörte er, wie die Wohnungstür aufgeschlossen wurde. Er versteckte sich hinter einer Zimmertür und nahm den Knüppel in die Hand". Als die nichts ahnende O eintrat, schlug A sie mit dem Knüppel nieder und flüchtete mit der Beute. „Aus Angst vor Entdeckung entledigte er sich später in einem Park der Beute". – Bejaht man hier eine Gewahrsamserlangung des A bereits durch das Einpacken des Schmucks in der Wohnung der O, so kommt man über § 252 im Ergebnis zu einer Bestrafung als Räuber[89]. Dies setzt jedoch voraus, dass man mit der zutreffenden h. M. ein „Betreffen" auch dann annimmt, wenn das Opfer den Dieb noch gar nicht bemerkt hat und dieser dem Bemerktwerden durch seine Gewaltanwendung zuvorkommt. Es genügt also ein raum-zeitliches Zusammentreffen.

23 Mit der „frischen Tat" bringt § 252 also zum Ausdruck, dass ein enger Zusammenhang zwischen Wegnahme und Gewalt bestehen muss. Aus § 252 ist ferner zu folgern, dass zwischen Nötigung und Wegnahme nicht nur ein finaler (und kausaler[90]) Zusammenhang bestehen muss, sondern eine raum-zeitliche Einheit zwischen Gewalt und Wegnahme[91].

4. Die Absicht, sich im Besitz des gestohlenen Gutes zu erhalten

24 Die in § 252 genannte Absicht ist „eine dem ‚Sachstand' angepasste Zueignungsabsicht"[92]. – Anders als bei den §§ 242, 249 hat das 6. StrRG (1998) bei § 252 keine Ausdehnung auf die der **Drittzueignungsabsicht** parallele Situation vorgenommen, dass Gewalt angewandt wird, um einem **Dritten** die Beute zu sichern. Das ist zwar unstreitig[93], doch sind bei der **Teilnahme** dadurch neue Probleme entstanden[94].

25 Jeder halbwegs clevere Täter versucht, § 252 dadurch zu entgehen, dass er behauptet, er habe z. B. auf den Verfolger nur geschossen, um nicht ins Gefängnis zu kommen, aber nicht, um sich im Besitz der Beute zu erhalten. Der BGH[95] hat dazu bemerkt, es genüge, dass die in § 252 bezeichnete Absicht „einer unter mehreren Beweggründen ist". Diese Auffassung läuft faktisch (nicht rechtlich) auf eine **Beweislastumkehr** hinaus. Denn wenn sich aus den Umständen nicht ergibt, dass es dem Täter nur an dem Entkommen (und nicht auch an der Beute) gelegen war, wird man von einem Motivbündel ausgehen und § 252 anwenden können. So kann es dazu kommen, dass eine Verurteilung aus § 252 selbst dann erfolgt, wenn der

---

88 Fall nach BGHSt 26, 95 – Pannenhilfe; vgl. hierzu schon oben Rn. 18.
89 In BGHSt 20, 194 (196), werden die Gewahrsamsfragen offengelassen, was aber nur deswegen möglich ist, weil der BGH einen Raub auch bei einer Gewaltanwendung (erst) nach der Wegnahme zulässt.
90 Vgl. oben Rn. 11.
91 Näher *Schünemann*, JA 1980, 393 (398); *Seier*, NJW 1981, 2152 (Abgrenzung zu § 255). – Macht T den O durch Gift bewusstlos und kommt er erst nach Stunden zurück, um dem hilflosen O die Wertsachen abzunehmen, so liegt dagegen kein Raub, sondern nur Körperverletzung in Realkonkurrenz mit Diebstahl vor; vgl. auch BGE 101 IV 154 (Opfer wird betrunken gemacht).
92 LK-*Herdegen*, 11. Aufl., § 252 Rn. 17.
93 Vgl. nur *Wessels/Hillenkamp*, BT 2, 33. Aufl., Rn. 360.
94 Vgl. unten Rn. 26.
95 So im Fall BGHSt 13, 64 (65).

Täter nach der Gewaltanwendung die Beute wegwirft (was an sich ein Indiz dafür darstellt, dass er die Gewalt nur angewendet hat, um zu entkommen, nicht aber um die Beute zu sichern)[96].

5. Teilnahmeprobleme

Da § 252 ebenso wie § 249 das Diebstahlselement enthält, kann Mittäter 26 des räuberischen Diebstahls nur sein, wer Mittäter des der Gewaltanwendung vorangegangenen Diebstahls war, insofern also auch Zueignungsabsicht hatte[97]. Gehilfen der Vortat scheiden daher als Täter des § 252 selbst dann aus, wenn sie inzwischen im Besitz der Beute sind und diese mit der Absicht verteidigen, sich den Besitz zu erhalten[98]. Liegt eine täterschaftliche Verwirklichung der Vortat vor, so kann (Mit-)Täter nach § 252 auch sein, wer selbst nicht im Besitz der Beute ist, denn über § 25 II wird ihm der Besitz eines anderen Tatbeteiligten zugerechnet[99].

> **Beispiel:** A, B und C plündern einen Automaten aus. A steckt das Geld ein, später soll geteilt werden. Als O sie überrascht, rennen alle weg, wobei C auf den sie verfolgenden O schießt. – Sind A, B und C Mittäter nach § 242, so gilt dasselbe für § 252, gleichgültig, wer auf O schießt, wenn nur alle mit der Gewaltanwendung einverstanden sind. – War der „Schmiere" stehende C nur Gehilfe an der Vortat (§§ 242, 27), so wird er auch dann nicht zum Mittäter nach § 252, wenn er selbst auf O schießt. Dies gilt selbst dann, wenn ihm A mittlerweile das gestohlene Geld übergeben hat. Vielmehr leistet C wiederum nur Beihilfe zum räuberischen Diebstahl, §§ 252, 27 (vorausgesetzt, A und B waren mit der Gewaltanwendung des C einverstanden und sind deshalb mittelbare Täter nach §§ 252, 25 I 2. Alt.).

Zweifelhaft ist jedoch, ob nach § 252 auch Täter sein kann, wer in **Dritt-** 27 **zueignungsabsicht** Mittäter des Diebstahls war und anschließend **als Beutebesitzer** gegen einen Verfolger Gewalt anwendet. Wer die Beuteerhaltung als modifizierte (Sich-)Zueignungsabsicht ansieht, dürfte in diesem Fall eigentlich § 252 nicht anwenden, weil letztlich die Beuteerhaltung lediglich in (Dritt-)Zueignungsabsicht erfolgt und diese in § 252 explizit nicht mit aufgenommen wurde. Im Ergebnis kann § 252 hier aber dennoch bejaht werden, da für § 242 Drittzueignungsabsicht und für § 252 wiederum die Absicht genügt, „sich" im Besitz der Beute zu halten, unabhängig davon, wem dieselbe zugeeignet werden soll. Dies funktioniert allerdings dann nicht mehr, wenn der Mittäter der Vortat lediglich Drittzueignungsabsicht hatte und nun, ohne im Besitz der Sache zu sein, gegen einen Verfolger Gewalt anwendet, um seinem Komplizen die Flucht mit der Beute zu ermöglichen[100]. Auch der Komplize begeht hier aber keinen § 252, da er

---

96 BGHSt 26, 95.
97 *Lackner/Kühl*, § 252 Rn. 6; LK-*Vogel*, 12. Aufl., § 252 Rn. 71; *Geilen*, Jura 1980, 43 (46); *Rengier*, BT II, § 10 Rn. 25; *Schünemann*, JA 1980, 393 (399); *Seier*, NJW 1981, 2152. – Dagegen soll nach BGHSt 6, 248; *Otto*, BT, § 46 Rn. 64, SK-*Sinn*, § 252 Rn. 25: Täter nach § 252 auch sein können, wer nur als Teilnehmer am Diebstahl mitwirkte und nun seinen Mitbesitz verteidigt.
98 *Eisele*, BT II, Rn. 422; *Wessels/Hillenkamp*, BT 2, Rn. 407 – a. A aber BGHSt 6, 248 (250).
99 *Eisele*, BT II, Rn. 418; *Wessels/Hillenkamp*, BT 2, Rn. 407.
100 Hierzu *Wessels/Hillenkamp*, BT 2, Rn. 408.

selbst keine Gewalt anwendet und ihm die Gewalt des anderen mangels dessen Mittäterschaft (an § 252) nicht nach § 25 II zugerechnet werden kann.

IV. Raubqualifikationen, §§ 250, 251

1. § 250

28 Bei den §§ 250, 251 handelt es sich um echte Qualifikationen. Zu beachten ist, dass auch die §§ 252, 255 wegen der darin vorgesehenen Bestrafung „gleich einem Räuber" auf die §§ 250, 251 verweisen. Dies wird in Klausuren häufig übersehen. Der Täter ist dann z. B. wegen eines schweren räuberischen Diebstahls, §§ 252, 250, oder eines räuberischen Diebstahls mit Todesfolge, §§ 252, 251, zu bestrafen.

Einzelheiten: Hinsichtlich der Qualifikationsmerkmale in § 250 I Nr. 1a, Nr. 1b, Nr. 2 kann auf die Ausführungen zu § 244[101] verwiesen werden. Unter § 250 I Nr. 1b fallen somit auch hier die Scheinwaffen, es sei denn es handelt sich um nach ihrem äußeren Erscheinungsbild offensichtlich ungefährliche Gegenstände, sodass die Zwangswirkung beim Opfer maßgeblich durch die Täuschung hervorgerufen wird[102]. – Zu § 250 I Nr. 1c (Gefahr einer schweren Gesundheitsbeschädigung) hat sich schon bei der Vorläuferbestimmung (§ 250 I Nr. 3 a. F.) die Auffassung durchgesetzt, dass der Täter die Gefahr vorsätzlich herbeigeführt haben muss[103]. Eine besondere Konstitution des Opfers (Krankheit, Gebrechlichkeit) ist zu berücksichtigen, wobei sich der Vorsatz des Täters auch hierauf zu erstrecken hat.

§ 250 II Nr. 1 ist bezüglich des Merkmals Waffe bzw. gefährliches Werkzeug bedeutungsgleich mit § 250 I Nr. 1a. Die Eskalation liegt im Einsatz („Verwenden"). Nicht erfasst ist hingegen die Verwendung eines sonstigen Werkzeugs oder Mittels[104]. Der Täter muss die Waffe bzw. das gefährliche Werkzeug auch gerade als Droh- oder Gewaltmittel (und nicht nur zur Wegnahme) verwenden[105]. Dabei stellt bereits die Ankündigung des Einsatzes, d. h. die Drohung mit der Waffe, eine Verwendung dar[106], wobei der Bedrohte die Drohung aber bemerken und ernst nehmen muss[107]. Die Abgrenzung zu einem bloßen **sichtbaren Mitsichführen** kann dabei schwierig sein[108]. Im Übrigen muss das gefährliche Werkzeug im konkreten Fall des Einsatzes geeignet sein, eine erhebliche Körperverletzung herbeizuführen[109]. § 250

---

101 Vgl. dazu oben § 14 Rn. 53 ff., 60 ff. (zu § 244).
102 BGH, NStZ 2007, 332 mit Bespr. *Bosch*, JA 2007, 469; *Jahn*, JuS 2007, 583; *Kudlich*, JR 2007, 381. BGH, NStZ 2011, 278, bejahte indessen bei einer Sporttasche § 250 I Nr. 1b, weil das Opfer die Gefährlichkeit „überhaupt nicht einschätzen" konnte; zu diesem Fall *Beck/Konstantinou*, famos 9/2011; BGH, NStZ 2011, 703, lehnte § 250 I Nr. 1b hingegen ab bei einer „grellbunten Spielzeugpistole"; vgl. hierzu bereits oben § 14 Rn. 58.
103 Vgl. nur BGHSt 26, 244 (244 f.); zur schweren Gesundheitsschädigung vgl. auch § 221 II Nr. 2, 225 III Nr. 1.
104 Vgl. z. B. zur Verwendung von „K.O.-Tropfen" lediglich als „sonstiges Werkzeug" BGH, NStZ 2009, 505.
105 *Mitsch*, ZStW 111, (1999), 65 (104).
106 BGHSt 45, 92 (94 f.); BGH, JR 1999, 33 mit Anm. *Dencker*; BGH, NStZ-RR 1999, 102.
107 BGH, NJW 2004, 3437; BGH, NStZ 2012, 389; in diesem Punkt zustimmend *Jäger*, JA 2012, 308.
108 Vgl. hierzu BGH, NStZ 2013, 37; BGH, NStZ-RR 2004, 169.
109 BGH, NStZ 2009, 505, verneinte § 250 II Nr. 1 daher bei K.O.-Tropfen die dem Opfer verabreicht wurden und „nur" zu dessen Bewusstlosigkeit führten; ablehnend *Bosch*, JA 2009, 737 (738 f.).

II Nr. 2 kombiniert die Merkmale „Waffe" und „Bande". Bei § 250 II Nr. 3a bringt die „schwere Misshandlung" die jeder quantitativen Steigerung inhärenten Abgrenzungsschwierigkeiten mit sich.

Nach der – hier nicht geteilten – Ansicht der Rechtsprechung kann die Qualifikation auch noch in der Phase zwischen Vollendung und Beendigung erfolgen[110]. Neuerdings macht der BGH aber immerhin die Einschränkung, dass das Merkmal „bei der Tat" in § 250 II Nr. 3a voraussetzt, dass auch die Qualifikationshandlungen noch vom Vorsatz zur Begehung des Grunddelikts getragen sein müssen (und nicht aus anderen Gründen erfolgen dürfen)[111]. Daraus folgt, dass auch die Misshandlungen des Opfers weiterhin mit Zueignungsabsicht bzw. mit Beutesicherungsabsicht erfolgen müssen. Dies wird nach der hier vertretenen Ansicht, dass nach Vollendung der Wegnahme die §§ 252, 250 (und nicht, wie der BGH annimmt, die §§ 249, 250) gelten, wesentlich einfacher dadurch erreicht, dass der Täter nur dann nach § 252 bestraft werden kann, wenn er die Gewalt mit Beuteerhaltungsabsicht vornimmt. Somit decken sich die Ansichten im Ergebnis, der BGH erreicht dies aber nur dadurch, dass er die Voraussetzung des § 252 bei einer Gewaltanwendung in der Phase nach der Vollendung in die §§ 249, 255 „hineinliest"[112] – was aber gekünstelt wirkt und daher eher als zusätzliches Argument für die Richtigkeit der hier vertretenen Lösung spricht.

Unerfreulich ist § 250 II Nr. 3b, also die Beibehaltung der Qualifikation der **Lebensgefahr** (diese war schon in § 250 I Nr. 3 a. F. enthalten). Die Lebensgefahr muss **konkret** und **unmittelbar** sein. Wird z. B. eine geladene Schusswaffe auf das Opfer gerichtet, ist die Gefahr selbst dann zu bejahen, wenn der Täter nicht abdrücken möchte (weil die Gefahr auch im situationsbedingten Risiko des Umbesinnens bzw. einer „unfreiwilligen" Schussabgabe liegen kann). Polizeieinsatz oder Gegenwehr, die sich als für andere Opfer oder Unbeteiligte lebensgefährlich darstellen, sind erfasst, wenn der Räuber sie einkalkuliert oder die Tat trotz einer solchen Gegenwehr fortführt. Dass aufseiten der Tatbeteiligten eine Lebensgefahr entsteht, genügt nicht, denn Tatbeteiligte sind vom Schutzzweck nicht erfasst. Andererseits muss die Lebensgefahr „durch die Tat" entstehen, sodass sich auch diese Qualifikationshandlung noch als „Teil der Tat" darstellen muss[113]. Insoweit muss sie noch vom ursprünglichen Tatvorsatz gedeckt sein, was etwa dann nicht der Fall ist, wenn es dem Täter nur noch darum geht, den Tatort zu verlassen und sich zu diesem Zweck den Weg „freischießt"[114]. 29

2. § 251

§ 251 enthält eine Erfolgsqualifikation[115]. Die „wenigstens leichtfertige" Tötung eines anderen „durch den Raub" führt zu einer Strafschärfung, die besonders im Vergleich zur vorsätzlichen Tötung nach § 212 außerordentlich empfindlich ausgefallen ist. 30

---

110 Vgl. oben Rn. 17a.
111 BGHSt 53, 234 (236 f.); zustimmend *Jahn*, JuS 2009, 754; im Ergebnis zustimmend auch *Dehne-Niemann*, ZIS 2009, 377; *Fischer*, § 250 Rn. 26; *Mitsch*, JR 2009, 298; ferner BGH, NStZ 2011, 158; zustimmend *Hecker*, JuS 2011, 565 (567); vgl. auch BGHSt 52, 376.
112 Kritisch *Dehne-Niemann*, ZIS 2009, 377 (378); *Waszczynski*, HRRS 2010, 111 (112 f.).
113 BGHSt 55, 79 (80).
114 BGHSt 55, 79 (81); in diesem Punkt zustimmend *Kudlich*, NStZ 2011, 518 ; *Kühl*, JZ 2010, 1131 (1132).
115 Vgl. zum Prüfungsaufbau *B. Heinrich/Reinbacher*, Jura 2005, 743 (747).

Der Begriff der Leichtfertigkeit beschreibt einen besonders gesteigerten Grad an Fahrlässigkeit, welcher der groben Fahrlässigkeit im Zivilrecht entspricht[116]. Leichtfertig handelt, „wer die sich ihm aufdrängende Möglichkeit eines tödlichen Verlaufs aus besonderem Leichtsinn oder aus besonderer Gleichgültigkeit außer Acht läßt"[117]. Mit der vom BGH zu § 227 vertretenen Ansicht wird man auch bei § 251 den Vorwurf der Sorgfaltspflichtwidrigkeit weitgehend aus der vorsätzlichen Verwirklichung des Grundtatbestandes (§ 249) ableiten können, sodass sich die Leichtfertigkeitsprüfung weitgehend auf die besondere Vorhersehbarkeit des Erfolgs reduziert. Das leichtfertige Verhalten muss sich dabei auf die Raubhandlung beziehen, sodass – obwohl der Wortlaut „durch den Raub" dies an sich zuließe – jedenfalls ein Verhalten nach einem **vollendeten** Raub (Freischießen des Fluchtweges) nicht genügt[118]. Hier werden aber zumeist die §§ 252, 251 eingreifen, wenn der Täter in Beuteerhaltungsabsicht handelt. Dagegen genügt ein leichtfertiges Verhalten nach einem **beendetem** Raub, insbesondere ein leichtfertiges Unterlassen der Hilfe, nicht[119], da es dann zu diesem Zeitpunkt am erforderlichen Grunddelikt fehlt. – Man hüte sich im Übrigen auch vor dem Anfängerfehler, dem Täter vorzuwerfen, dass er nicht hinreichend sorgfältig geraubt habe!

31   Mit der zum jetzigen § 227 vertretenen Ansicht[120] ist auch bei § 251 eine gegenüber der Bedingungstheorie „engere Beziehung" zwischen dem Raub und dem Tod zu fordern. Notwendig – und dies ist weitgehend unstreitig – ist ein **„spezifischer Gefahrzusammenhang"**[121]. Wie dieser jedoch beschaffen sein muss und welche Fälle auszuschließen sind, ist völlig unklar. Nimmt man die Lehre von der objektiven Zurechnung ernst, nach welcher bereits die objektive Zurechenbarkeit eines Erfolges (und damit auch § 222!) insbesondere bei atypischen Kausalverläufen und eigenverantwortlicher Selbstschädigung bzw. -gefährdung ausscheidet[122], so bleiben für den Ausschluss des spezifischen Gefahrzusammenhangs kaum Fälle übrig. Beschränkt man hingegen den Gefahrzusammenhang auf Fälle, in denen bereits die mit der Raubhandlung verbundene Gewalt lebensgefährlich war, so fallen jedenfalls die umstrittenen Fälle, in denen der Tod des Opfers (oder eines Dritten) durch die Flucht des Opfers[123] oder die Verfolgung des Täters durch das Opfer[124] eintritt, aus dem Anwendungsbereich der Erfolgsqualifikation heraus[125]. Ebenfalls auszuscheiden sind

---

116 Ausdrücklich BGHSt 33, 66 (67) – zu § 30 BtMG; so auch *B. Heinrich/Reinbacher*, Jura 2005, 743 (747).
117 BGHSt 14, 240 (255); BGHSt 33, 66 (67); vgl. hierzu auch *B. Heinrich*, AT, Rn. 1004 f.
118 Vgl. *B. Heinrich/Reinbacher*, Jura 2005, 743 (750 mit Fn. 71); *Hohmann*, JuS 1994, 860 (863); *Kühl*, § 17a Rn. 20 f.; *Rengier*, BT I, § 9 Rn. 8; a. M. BGHSt 38, 295 (297 f.); BGH, NJW 1999, 1039; so auch noch *Arzt/Weber-Arzt*, 1. Aufl., § 17 Rn. 30; zweifelnd nunmehr aber BGHSt 55, 79 (81).
119 So BGHSt 33, 66 (68 f.) zu § 30 BtMG.
120 Vgl. hierzu BGHSt 32, 25; *B. Heinrich/Reinbacher*, Jura 2005, 743.
121 *B. Heinrich/Reinbacher*, Jura 2005, 743; vgl. auch *Rengier*, BT I, § 9 Rn. 3 f. (spezieller Gefahrverwirklichungszusammenhang); vgl. zu § 251 auch BGH, NJW 1999, 1039 (1040) – Diazepan-Fall (Bekräftigung von BGHSt 38, 295): „qualifikationsspezifischer Gefahrzusammenhang".
122 Hierzu ausführlich *B. Heinrich/Reinbacher*, Jura 2005, 743; ferner allgemein *B. Heinrich*, AT, Rn. 249, 251.
123 Vgl. *B. Heinrich/Reinbacher*, Jura 2005, 743 (750).
124 *Rengier*, BT I, § 9 Rn. 4; SK-*Sinn*, § 251 Rn. 14.
125 Anders noch *Arzt/Weber-Arzt*, 1. Aufl., § 17 Rn. 31; vgl. auch BGHSt 22, 362.

Fälle, in denen der Tod nicht eine Folge des Nötigungs-, sondern des Wegnahmeelements ist (Raub eines Schlafsacks mit der Folge, dass das Opfer erfriert), da dies keine typische Folge des Raubes ist, sondern vielmehr auch eine Folge eines einfachen Diebstahls sein könnte[126].

Führt der Täter den Tod **vorsätzlich** herbei, so ist § 251 dank der Formulierung durch das 6. StrRG („wenigstens leichtfertig") ebenfalls anwendbar. Dies gilt ferner dann, wenn zweifelhaft ist, ob Vorsatz oder nur Leichtfertigkeit vorliegt[127]. Der insoweit begangene Totschlag bzw. (zumeist) Mord und § 251 stehen dann in Tateinheit. 32

Im Hinblick auf den **Versuch** und die **Teilnahme** (Beispiel: Der Raub wird vereitelt, dabei tritt die Qualifikation ein; der Täter handelt nicht leichtfertig, wohl aber der Anstifter) gelten die Ausführungen zu § 227[128]. – Auch **nach** Erfolgseintritt bleibt ein Rücktritt vom Versuch des § 251 möglich (z. B. wenn die Wegnahme aufgegeben wird, nachdem ein tödlicher Schuss fiel)[129]. 33

V. Räuberischer Angriff auf Kraftfahrer, § 316a

Mit § 316a hatte der Gesetzgeber im Jahre 1938 zu den §§ 249, 252, 255 einen **Unternehmenstatbestand i. S.** des § 11 I Nr. 6 geschaffen: § 316a war mit dem (ggf. untauglichen) Versuch eines Angriffs auf einen Kraftfahrer vollendet. Das 6. StrRG (1998) hat die Formulierung „Angriff [...] unternimmt" durch „Angriff [...] verübt" ersetzt. Das Unternehmen genügt seitdem nicht mehr zur Vollendung, freilich ist das Tatbestandsmerkmal „verübt" vom Versuch des Verübens schwer abzugrenzen. – Mit dem Beginn des Angriffs tritt stets[130] zugleich auch die Tat nach den §§ 249, 252, 255 ins Versuchsstadium. 34

§ 316a setzt einerseits einen Angriff auf den **Führer eines Kraftfahrzeugs** und andererseits die **Ausnutzung** der besonderen Verhältnisse des (motorisierten) **Straßenverkehrs** voraus. Unter Letzterer hat man ursprünglich nur die „**Autofalle**" (locken des Autos in eine „Falle", z. B. durch Blockieren der Straße mit einem Baumstamm, um den Fahrer an einer einsamen Stelle berauben zu können) verstanden. Hier lag in der Tat eine besondere – und besonders gefährliche – Situation des motorisierten Verkehrs vor. Nachdem die Judikatur lange Zeit § 316a extensiv interpre-

---

126 *Günther*, Hirsch-FS, 1999, S. 543 (546 f.); *Rengier*, BT I, § 9 Rn. 4; *S/S/Eser/Bosch*, § 251 Rn. 4; *Wessels/Hillenkamp*, BT 2, Rn. 388; a. M. *Geilen*, Jura 1979, 501 (502); *Krey/Hellmann*, BT 2, Rn. 202; *Küpper*, Der „unmittelbare" Zusammenhang zwischen Grunddelikt und schwerer Folge beim erfolgsqualifizierten Delikt, 1982, S. 100 f.
127 Dies war im Hinblick auf die alte Fassung streitig; vgl. (bejahend) BGHSt 39, 100; (verneinend) BGHSt 26, 175; offengelassen in BGHSt 35, 257 mit Anm. *Arzt*, StV 1989, 57 (Sinn der Qualifikation sei, dem Räuber maßvolle, vorsichtige Gewaltanwendung einzuschärfen).
128 Vgl. oben § 6 Rn. 65, 70, 79.
129 BGHSt 42, 158 (160 f.); *B. Heinrich*, AT, Rn. 846; LK-*Lilie/Albrecht*, 12. Aufl., § 24 Rn. 316; a. M. *Jäger*, NStZ 1998, 161 (163 f.); *Wolter*, JuS 1981, 168 (178).
130 Nach BGHSt 25, 373 „jedenfalls in aller Regel".

tierte[131], fand – insbesondere im Hinblick auf die hohe Strafdrohung – inzwischen eine Kehrtwende statt[132]. Als Führer eines Kraftfahrzeuges ist nicht mehr anzusehen, wer das Kfz verlassen hat. Bei einem nicht mehr verkehrsbedingten Halt (z. B. bei Einfahrt in eine Parkbucht) kommt es darauf an, ob und inwieweit das Opfer noch oder schon mit der Bewältigung von Verkehrsvorgängen beschäftigt ist. Indiz hierfür soll z. B. der laufende Motor sein[133]. Taxifahrern, die besonders häufig Opfer des § 316a werden, ist daher anzuraten, bei laufendem Motor abzukassieren und das Taxi nicht zu verlassen, da nur dann § 316a mit der wesentlich höheren Strafdrohung eingreifen würde.

35 § 316a III ist parallel zu § 251 konstruiert[134].

VI. Konkurrenzen

36 § 249 verdrängt die §§ 240, 242 im Wege der Spezialität. Man hüte sich jedoch davor, statt § 249 erst § 242, dann § 240 zu prüfen und schließlich im Wege der Konkurrenz diese Tatbestände zu § 249 zusammenzusetzen[135]! Im Gegenteil: Gerade weil die §§ 240, 242 ohnehin hinter § 249 zurücktreten, ist die Prüfung mit dem Raub zu beginnen. – Soweit andere Rechtsgüter als die Willensfreiheit oder das Eigentum in Mitleidenschaft gezogen werden (§ 223, § 211), besteht zwischen § 249 und den entsprechenden Tatbeständen Tateinheit.

37 § 249 und § 255 stehen nach der hier vertretenen Ansicht in einem Exklusivitätsverhältnis.

38 Gegenüber § 242 ist § 252 die speziellere Vorschrift. Da § 252 auch nach einem Raub anzuwenden ist[136], ist im Hinblick auf die Konkurrenz folgendermaßen zu entscheiden: Im Normalfall ist § 252 als mitbestrafte Nachtat des § 249 StGB anzusehen[137]. Dies gilt jedoch dann nicht, wenn hier zusätzliche (schwerere) Qualifikationen erfüllt sind; dann verdrängen die schwereren §§ 252, 250 (251) den § 249.

39 § 251 konsumiert als schwerere Unrechtsstufe § 250. Zwischen § 251 und den §§ 211, 212 besteht Idealkonkurrenz[138].

40 Bzgl. des **Verhältnisses des** § 316a zu den §§ 249 ff. folgt aus der hier in Übereinstimmung mit der Rspr. vertretenen Ansicht, wonach der Angriff i. S. des § 316a notwendigerweise den Beginn eines Versuchs nach den §§ 249 ff. markiert, dass § 316a im Verhältnis zum Versuch der §§ 249, 252,

---

131 *Roth-Stielow*, NJW 1969, 303; vgl. auch *Meurer-Meichsner*, Untersuchungen zum Gelegenheitsgesetz im Strafrecht, 1974, S. 47 ff.; Ansätze zur Einengung finden sich in BGHSt 22, 114 (117), wegen der „sehr hohen Strafdrohung".
132 Vgl. BGHSt 49, 8; BGHSt 50, 169.
133 Vgl. *Rengier*, BT I, § 12 Rn. 19.
134 Vgl. dazu oben 30–33.
135 *Arzt*, Die Strafrechtsklausur, 7. Aufl. 2006, § 19 I, S. 218.
136 Vgl. hierzu oben. Rn. 19.
137 Anders wohl BGHSt 21, 377 (380).
138 Vgl. bereits oben Rn. 32.

255 lex specialis ist. – § 316a geht auch dem Versuch des § 250 vor (Konsumtion, § 316a ist die gegenüber § 250 schwerere Unrechtsstufe). – Tateinheit liegt zwischen § 316a und vollendetem Raub etc. vor. Bei **Tötungsvorsatz** besteht zwischen § 316a III und den §§ 211, 212 Tateinheit.

Es ist ohne Weiteres denkbar, dass die Beute eines Eigentums- oder Vermögensdelikts mit Mitteln i. S. der §§ 249, 252, 255 gesichert wird, ohne dass § 252 erfüllt ist (Beispiel: Der nicht auf frischer Tat, sondern erst später vom Opfer gestellte Dieb droht dem Opfer mit einer Körperverletzung, falls es auf Herausgabe der gestohlenen Sache beharre). In solchen Fällen ist nur § 240 (und gegebenenfalls die §§ 223 ff.) anzuwenden, während die §§ 253, 255 nach den Regeln der straflosen Nachtat ausscheiden (**Sicherungserpressung**[139]).

Beispiel[140]: T entwendet in einem Nachtzug Bargeld, Mobiltelefone und Ausweise von schlafenden Fahrgästen, bringt diese Gegenstände in ein Gepäckabteil und versteckt sie dort. Bei einem seiner Beutezüge durch einen Schlafwagen wird er vom Zugbegleiter O bemerkt, der ihn schon seit einiger Zeit beobachtet hat und ihn auf seine Fahrkarte anspricht. Da T keine Fahrkarte besitzt, folgt ihm O in das Gepäckabteil. Als O sich nicht mit „Ausreden" zufrieden geben will, zieht T die Notbremse des Zuges, um mit der Beute flüchten zu können. Da O ihn daran hindern will, bedroht er diesen mit einem Messer, woraufhin es ihm gelingt, den Zug samt Diebesgut zu verlassen. – Der BGH lehnte eine hinreichende Frische der Tat und damit § 252 ab, da zwischen den einzelnen Diebstählen und der Entdeckung eine zu lange Zeitdauer lag. Immerhin hatte O den T „längere Zeit" beobachtet und der genaue Zeitpunkt der Diebstähle ließ sich im Nachhinein nicht mehr bestimmen. In Betracht kommt daher nur § 240. Es ist jedoch zusätzlich an die §§ 253, 255 zu denken, sofern es T auch darum ging, den Anspruch auf das Fahrtentgelt zu vereiteln.

Die §§ 249 ff. sind auch bei **Geringwertigkeit** der weggenommenen Sache anzuwenden, weil eine dem § 243 II entsprechende Vorschrift fehlt.

---

139 Vgl. hierzu unten § 18 Rn. 23.
140 Fall nach BGH StV 2013, 445.

§ 18 Einfache und räuberische Erpressung, §§ 253, 255; Erpresserischer Menschenraub und Geiselnahme, §§ 239a, 239b

Literaturhinweise: Zu I, II, III (§§ 253, 255): *Arzt,* Zur Strafbarkeit des Erpressungsopfers, JZ 2001, 1052; *Bauer,* Die Rechtswidrigkeit des Vermögensnachteils bei § 253 StGB und der possessorische Besitzschutzanspruch des § 861 BGB, Jura 2008, 851; *Brand,* Die Abgrenzung von Raub und räuberischer Erpressung am Beispiel der Forderungserpressung, JuS 2009, 899; *Busch,* Erpressung und Betrug: ein Versuch der Abgrenzung beider Delikte gegeneinander, 1922; *Ebel,* Das Näheverhältnis beim Dreiecksbetrug und bei der Dreieckserpressung, Jura 2008, 256; *Eggert,* Chantage – Ein Fall der Beschränkung des Notwehrrechts?, NStZ 2001, 225; *Geilen,* Raub und Erpressung (§§ 249–256 StGB), Jura 1979, 53, 109, 165, 221, 613, 669; Jura 1980, 43; *Günther,* Zur Kombination von Täuschung und Drohung bei Betrug und Erpressung, ZStW 88 (1976), 960; *Hecker,* Die Strafbarkeit des Ablistens oder Abnötigens der persönlichen Geheimnummer, JA 1998, 300; *Herzberg,* Konkurrenzverhältnisse zwischen Nötigung und Erpressung, JuS 1972, 570; *Joerden,* „Mieterrücken" im Hotel, JuS 1985, 20; *Kaspar,* Gewaltsame Verteidigung gegen den Erpresser, GA 2007, 36; *Krack,* Die Voraussetzungen der Dreieckserpressung, JuS 1996, 493; *Krause,* Gedanken zur Nötigung und Erpressung durch Rufgefährdung (Chantage), Spendel-FS 1992, S. 547; *Küper,* Erpressung ohne Verfügung, Leckner-FS 1998, S. 495; *ders.,* Drohung und Warnung, GA 2006, 439; *Liegl,* Die Drohung mit einem an sich rechtmäßigen Verhalten, 2001; *Lüderssen,* Kann gewaltsame Wegnahme von Sachen Erpressung sein?, GA 1968, 257; *Mitsch,* Erpresser versus Betrüger, JuS 2003, 122; *Moseschus,* Produktpressung, 2004; *Otto,* Zur Abgrenzung von Diebstahl, Betrug und Erpressung bei der deliktischen Verschaffung fremder Sachen, ZStW 79 (1967), 59; *Nestler,* Überlegungen zur „nachträglichen" schweren Erpressung gem. §§ 253, 255, 250 Abs. 2 Nr. 3 lit. a StGB, JR 2010, 100; *Rengier,* Die „harmonische" Abgrenzung des Raubes von der räuberischen Erpressung, JuS 1981, 564; *ders.,* „Dreieckserpressung" gleich „Dreiecksbetrug"?, JZ 1985, 565; *Röckrath,* Die Zurechnung von Dritthandlungen bei der Dreieckserpressung, 1991; *Rönnau,* „Der Lösegeldbote" – Täter- oder Opfergehilfe bei der Erpressung?, JuS 2005, 481; *ders.,* Grundwissen – Strafrecht: Abgrenzung von Raub und räuberischer (Sach-)Erpressung, JuS 2012, 888; *Schaffstein,* Vom Crimen vis zur Nötigung. Eine Studie zur Tatbestandsbildung im Gemeinen Strafrecht, Lange-FS 1976, S. 983; *Schima,* Erpressung und Nötigung, 1973; *Schott,* Der Verzicht der Rechtsprechung auf die Vermögensverfügung des Erpressers, GA 2002, 666; *Schröder,* Über die Abgrenzung des Diebstahls von Betrug und Erpressung, ZStW 60 (1941), 33; *Schünemann,* Raub und Erpressung, JA 1980, 349, 393, 486; *Seelmann,* Grundfälle zu den Eigentums- und Vermögensdelikten, 1988; *Seesko,* Notwehr gegen Erpressung durch Drohung mit erlaubtem Verhalten, 2004; *Tausch,* Die Vermögensverfügung des Genötigten, 1995; *Swoboda,* Betrug und Erpressung im Drogenmilieu: Abschied von einem einheitlichen Vermögensbegriff, NStZ 2005, 476; *Tenckhoff,* Die Vermögensverfügung des Genötigten als ungeschriebenes Merkmal der §§ 253, 255 StGB, JR 1974, 489; *Trunk,* Der Vermögensschaden nach § 253 StGB beim Rückverkauf des gestohlenen Gutes an den Eigentümer, JuS 1985, 944; *Wallau,* Der „Mensch" in §§ 240, 241, 253 StGB und die Verletzung der Rechte juristischer Personen, JR 2000, 312.

Zu IV (§§ 239a, 239b): *Backmann,* Geiselnahme bei nicht ernst gemeinter Drohung, JuS 1977, 444; *Blei,* Erpresserischer Menschenraub und Geiselnahme (§§ 239a, 239b),

Übersicht § 18

JA 1975, 163; *Brambach*, Probleme der Tatbestände des erpresserischen Menschenraubes und der Geiselnahme, 2000; *Eidam*, Die Straftaten gegen die persönliche Freiheit in der strafrechtlichen Examensklausur, JuS 2010, 963; *Elsner*, §§ 239a, 239b in der Fallbearbeitung – Deliktsaufbau und (bekannte und weniger bekannte) Einzelprobleme, JuS 2006, 784; *Fahl*, Zur Problematik der §§ 239a, b StGB bei der Anwendung auf „Zwei-Personen-Verhältnisse", Jura 1996, 456; *Forster*, Die Zwei-Personen-Verhältnisse beim Erpresserischen Menschenraub und der Geiselnahme, 2002; *Hansen*, Tatbild, Tatbestandsfassung und Tatbestandsauslegung beim erpresserischen Menschenraub (§ 239a StGB), GA 1974, 353; *B. Heinrich*, Zur Notwendigkeit der Einschränkung des Tatbestandes der Geiselnahme, NStZ 1997, 365; *Immel*, Die Gefährdung von Leben und Leib durch Geiselnahme (§§ 239a, 239b StGB), 2001; *ders.*, Zur Einschränkung der §§ 239a I, 239b I StGB in Fällen „typischer" Erpressung/Nötigung im Drei-Personen-Verhältnis, NStZ 2001, 67; *Müller-Dietz*, Der Tatbestand der Geiselnahme in der Diskussion, JuS 1996, 110; *Nikolaus*, Zu den Tatbeständen des erpresserischen Menschenraubs und der Geiselnahme, 2004; *Rengier*, Genügt die „bloße" Bedrohung mit (Schuß-) Waffen zum „Sichbemächtigen" im Sinne der §§ 239a, 239b StGB?, GA 1985, 314; *Renzikowski*, Erpresserischer Menschenraub und Geiselnahme im System des Besonderen Teils des Strafgesetzbuchs, JZ 1994, 492; *Rheinländer*, Erpresserischer Menschenraub und Geiselnahme (§§ 239a, 239b StGB), 2000; *Satzger*, Erpresserischer Menschenraub (§ 239a StGB) und Geiselnahme (§ 239b StGB) im Zweipersonenverhältnis, Jura 2007, 114; *Tenckhoff/Baumann*, Zur Reduktion der Tatbestände des erpresserischen Menschenraubs und der Geiselnahme, §§ 239a, 239b, JuS 1994, 836; *Zöller*, Erpresserischer Menschenraub, Geiselnahme und das Zwei-Personen-Verhältnis in der Fallbearbeitung, JA 2000, 476; *Zschieschak*, Geiselnahme und erpresserischer Menschenraub (§§ 239a, 239b) im Zwei-Personen-Verhältnis, 2001.

Übersicht

	Rn.
I. Rechtsgut und kriminalpolitischer Hintergrund	1
II. Einfache Erpressung, § 253	6
1. Das Nötigungselement als Erpressungsmittel	6
2. Vermögensschaden als Erpressungserfolg	8
3. Vermögensschaden bei Drohung mit Unterlassen oder erlaubtem Handeln	11
4. Der Zusammenhang zwischen Erpressungsmittel und Erpressungserfolg (Vermögensverfügung)	14
5. Die Zweck-Mittel-Relation, § 253 II	18
6. Dreieckserpressung	19
7. Schutz des Opfers; Notwehrbefugnisse; Opfer als Teilnehmer	20
8. Konkurrenzen	22
III. Die Qualifikation der räuberischen Erpressung, § 255	24
1. Besonders schwere Nötigung als Erpressungsmittel	24
2. Abgrenzung zum Raub	25
3. Rechtsfolge „gleich einem Räuber"	28
IV. Erpresserischer Menschenraub und Geiselnahme, §§ 239a, 239b	29
1. Kriminalpolitischer Hintergrund und Rechtsgut	29
2. Erpresserischer Menschenraub, § 239a	34
a) Grundtatbestand, Dreierbeziehung	34

b) Grundtatbestand, Zwei-Personen-Verhältnis 37
c) Qualifikation, § 239a III 38
d) Tätige Reue, § 239a IV 39
e) Konkurrenzen 40
3. Geiselnahme, § 239b 41

I. Rechtsgut und kriminalpolitischer Hintergrund

1   Wie der Raub, so ist auch die Erpressung durch die Kombination eines **Angriffs** auf einen **Sachwert** und einen **Persönlichkeitswert** charakterisiert. Beim Sachwert geht es hier aber um das „Vermögen" (= Vermögensverschiebungsdelikt), während es beim Raub um das „Eigentum" geht (= Eigentumsverschiebungsdelikt). Der Persönlichkeitswert lässt sich – wie bei § 240 – als Willensfreiheit bezeichnen[1]. Im Gegensatz zum Betrug wird die Vermögensverschiebung bei der Erpressung also durch eine Nötigung (und nicht durch eine Täuschung) erreicht.

> Der erpresserische Angriff auf das Vermögen kann nur funktionieren, wenn zugleich ein wertvolleres Rechtsgut als das Vermögen bedroht wird (z. B. „Geld oder Leben"!), wobei der Täter seinem Opfer die Abwendung dieser Bedrohung durch Hinnahme eines Vermögensschadens als dem kleineren Übel ermöglicht. Die Erpressung tangiert also i. d. R. **drei Rechtsgüter:** (1) Das **Vermögen** als eigentliches Ziel des Täters; (2) alternativ ein **wertvolleres Rechtsgut** (vom guten Ruf bis hin zum Leben); (3) die **Willensfreiheit**, weil das Opfer durch die Drohung mit der Beeinträchtigung des wertvolleren Rechtsgutes zur Hinnahme eines (Vermögens-)Schadens veranlasst werden soll. – Der Tatbestand des § 253 erfasst somit den Angriff auf das Vermögen und den Angriff auf die Willensfreiheit[2]. Nicht unmittelbar beeinträchtigt ist die Bedrohung des oben unter (2) genannten wertvolleren Rechtsguts. Falls die Bedrohung dieses wertvolleren Rechtsguts ausnahmsweise schon einen versuchten Angriff auf dieses Rechtsgut darstellt (z.B. eine versuchte Tötung als „Druckmittel"), besteht mit § 253 Tateinheit.

2   Die denknotwendige Mitwirkung des Erpressungsopfers ist dogmatisch leicht zu bewältigen (**notwendige Teilnahme**, Lagertheorie)[3]. **Rechtspolitisch** besteht hier indes eine einmalige Situation: Die Straftat der Erpressung ist nur deshalb möglich, weil sich die potenziellen Opfer „unsolidarisch" bzw. „egoistisch" verhalten. Denn könnte eine Rechtsgemeinschaft glaubhaft dartun, dass sich ab sofort keines ihrer Mitglieder mehr einer Erpressung beugen wird, würde diese Kriminalität rasch so unattraktiv, dass sie erlöschen würde[4]. Kidnapping würde aufhören, wenn niemand die Opfer freikaufen würde. Weil eine konsequente Opfersolida-

---

1   Näher zur Abgrenzung der Erpressung vom Raub vgl. oben § 17 Rn. 15 ff.
2   Vgl. zum Rechtsgut des § 253 auch BGHSt 19, 342 (343); BGHSt 41, 123 (125).
3   Vgl. dazu unten Rn. 21 im Kontext der Schutzgelderpressung.
4   Vgl. hierzu näher *Arzt*, Straftatopfer und Strafrecht, insbes. bei Nötigung und Wucher, in Haesler: (Hrsg.), Viktimologie, 1986, S. 461 ff.; *ders.*, ZStrR 100 (1983), 257 ff. (270); hier finden sich auch Nachweise zur Terrorismusdebatte (Erpressbarkeit des Staates) und zu Versuchen, Opfersolidarität durch Zwangsmaßnahmen gegenüber Opfern durchzusetzen (Vermögensbeschlagnahme bei Opfern von Entführungsfällen).

Rechtsgut und kriminalpolitischer Hintergrund § 18 Rn. 3–5

rität dem betroffenen Individuum jedoch kaum zumutbar ist (und auf Solidarität der anderen Opfer nicht ernsthaft vertraut werden kann), lässt sich diese Einsicht praktisch nur bei einigen besonderen Opfern (Verkehrsbetriebe, Lebensmittelindustrie etc.) umsetzen. Dies gilt insbesondere für den **Staat**[5], der sich nicht erpressen lassen darf.

Die Skala erpresserischer Verhaltensweisen reicht von fast noch sozialadäquatem, im Geschäftsleben üblichem und erlaubtem Druck bis hinein in die Schwerstkriminalität (Kindesentführung, Menschenraub). Das liegt an der oben[6] beschriebenen Rechtsgutkombination, also daran, dass der Erpresser zwar auf das Vermögen zielt, der erpresserische Angriff sich aber zugleich auf andere Rechtsgüter richtet (bis hin zum Angriff auf das Leben). Bei der **räuberischen Erpressung** des § 255 besteht kriminologisch oder kriminalpolitisch kein Unterschied zum Raub. 3

Die besonders schweren Formen der Erpressung, nämlich Erpresserischer Menschenraub und Geiselnahme (§§ 239a, 239b) sind dagegen selten, nehmen aber zu: im Jahr 1975 gab es 34 Verurteilte, im Jahr 1985 insgesamt 66 Verurteilte (jeweils alte Bundesländer), im Jahr 2005 dann 171 und im Jahr 2011 insgesamt 186 Verurteilte[7]. Es sind besonders spektakuläre, die Öffentlichkeit erregende und das Sicherheitsgefühl der Bevölkerung[8] besonders beeinträchtigende Straftaten. Sie eignen sich daher besonders zur Ausbeutung durch sensationelle Berichterstattung, die nicht immer auf das Leben eines entführten Kindes oder einer Geisel Rücksicht nimmt[9]. 4

Was die **einfache Erpressung**, § 253, betrifft, fällt sie nach der Verurteilungsstatistik zahlenmäßig nicht ins Gewicht (655 Verurteilte im Jahr 1997; 525 Verurteilte im Jahr 2005[10]; 566 Verurteilte im Jahr 2011[11]; niedrige Strafen). Was ihre Rolle in der Wirklichkeit angeht, wird in der kriminologischen Literatur[12] darauf hingewiesen, dass man eine grobe Unterteilung in eine – zahlenmäßig seit Beginn der 1990er-Jahre im Vordergrund stehende – **Schweigegelderpressung (Chantage)** und eine **Bedrohungserpressung** vornehmen kann. Verstöße des Erpressungsopfers insbesondere gegen die herrschende Sexual- und Steuermoral machen es für eine Schweigegelderpressung anfällig. Hier ist eine geringe Anzeigebereitschaft[13] zu vermuten und damit eine hohe Dunkelziffer. Die Bedrohungserpressung dürfte dagegen noch vor wenigen Jahren häufig angezeigt worden sein, wenn man von der **Zuhälterei** als einem 5

---

5 Zur Nötigung der Regierung vgl. BGHSt 32, 165 mit Anm. *Arzt*, JZ 1984, 428 (Startbahn West). – Zum Fall Schleyer vgl. BVerfGE 46, 160; ferner *Küper*, Darf sich der Staat erpressen lassen?, 1986. Der Nachteil der von *Küper* (zusammenfassend a. a. O. 141 f.) befürworteten differenzierenden Lösung liegt in der Entwertung derjenigen Opfer, die dank der Unnachgiebigkeit des Staates ihr Leben verloren haben.
6 Vgl. oben Rn. 1.
7 Quelle für 2011: Strafverfolgungsstatistik, Berichtsjahr 2011, S. 34 f.
8 Vgl. hierzu bereits oben § 17 Rn. 2.
9 Vgl. die Schilderung des Falles Luhmer durch *Schreiber*, Kriminalistik 1971, 225. – Die Medien und die Bundesregierung haben den Ausnahmecharakter der Nachrichtensperre im Falle Schleyer betont, als ob es nicht selbstverständlich wäre, dass die Freiheit der Berichterstattung keine lebensgefährlichen Folgen haben darf.
10 Quelle: Strafverfolgungsstatistik, Berichtsjahr 2005, S. 34 f.
11 Quelle: Strafverfolgungsstatistik, Berichtsjahr 2011, S. 36 f.
12 *Geerds*, in: Elster/Lingemann/Sieverts, Handwörterbuch der Kriminologie, 2. Aufl., Band 1, 1966 S. 179 (181 ff.), der hier zwar in der Terminologie, nicht in der Sache abweicht; *Schima*, Erpressung und Nötigung, 1973, S. 105 ff., S. 116 ff.
13 Zu Versuchen, die Anzeigebereitschaft zu verbessern, vgl. unten Rn. 20.

Heinrich 553

alten Prototyp der modernen Schutzgelderpressung absieht. Weil es der Polizei in aller Regel gelungen ist, den Bedrohungserpresser zu überführen[14], ist die Bedrohung sicherer durch Anzeige des Erpressers als durch Erfüllung erpresserischer Forderungen abzuwenden. Im Bereich der Schutzgelderpressung könnte im Hinblick auf die Anzahl der Delikte im Zeichen der organisierten Kriminalität ein Wandel eingetreten sein[15], was sich in einem kontinuierlichen Anstieg der (einfachen) Erpressungen[16] nach der Polizeilichen Kriminalstatistik bis etwa ins Jahr 2000 zeigte (1980 = 3.154 Fälle; 1990 = 2.680 Fälle; 1992 = 3.956 Fälle; 1994 = 5.679 Fälle; 1996 = 6.791 Fälle; 1998 = 7.026 Fälle). Der Trend nimmt mittlerweile allerdings wieder etwas ab (2004 = 6.127; 2005 = 5.862 Fälle; 2006 = 5.838 Fälle; 2008 = 5.185; 2010 = 5.528 Fälle[17]). Im Jahre 2011 ist die Zahl jedoch wieder auf 7.149 gestiegen[18]. Auffallend niedrig ist, wie erwähnt, aber die Zahl der Verurteilten (vgl. die einleitend genannten Zahlen), steht doch mit der Anzeige, also in fast allen Fällen, die polizeilich bekannt werden, ein Tatverdächtiger fest. Der **Versuchsanteil** liegt bei den polizeilich bekannt gewordenen Erpressungen weit über 50 % (im Jahre 2011 standen der Verurteilung von 196 vollendeten Taten insgesamt 370 Versuchstaten gegenüber[19]). An sich wäre sogar ein noch höherer Versuchsanteil plausibel, weil eine Anzeige statt einer Zahlung vernünftiger ist als eine Anzeige nach einer Zahlung.

II. Einfache Erpressung, § 253

1. Das Nötigungselement als Erpressungsmittel

6   § 253 schützt das Vermögen gegen eine besondere Art des Angriffs, nämlich gegen Zwang (§ 263 schützt dagegen gegen List). Mittel der Erpressung ist eine Nötigung i. S. des § 240. Der Täter muss sein Ziel „mit Gewalt oder durch Drohung mit einem empfindlichen Übel" erreichen. Die Merkmale sind hierbei weitgehend identisch mit denen des § 240[20]. Wer allerdings, wie hier, für das Vorliegen einer Erpressung in Abgrenzung zum Raub eine (freiwillige) Vermögensverfügung verlangt[21], muss vis absoluta als Nötigungsmittel ausschließen. Unabhängig von dieser Frage ist § 253 lex specialis gegenüber § 240. Der Einsatz besonders schwerwiegender Nötigungsmittel kann zu § 255 führen mit der Folge, dass der Täter „gleich einem Räuber" bestraft wird[22].

---

14 Freilich führen auffällig wenige der polizeilich aufgeklärten Erpressungen auch zur Verurteilung des Täters. Ein Teil des Schwundes dürfte damit zu erklären sein, dass den Erpressern die Ernsthaftigkeit ihrer Bereicherungsabsicht nicht nachgewiesen werden kann und daher nur eine Verurteilung nach den §§ 240, 241 erfolgt; vgl. Schima, Erpressung und Nötigung, 1973, S. 41.
15 Die Schutzgelderpressung verdankt ihre Ausbreitung u. a. der Verwischung der Grenzen zur Schweigegelderpressung: Im Milieu z. B. der Gaststätten hat das Erpressungsopfer oft Einiges zu verbergen (vom Drogendeal bis zur illegalen Beschäftigung von Ausländern), näher hierzu unten Rn. 20.
16 Quelle: Polizeiliche Kriminalstatistik der entsprechenden Jahre, jeweils Tabelle 1, letztmals 1990 ohne neue Bundesländer.
17 Quelle: Polizeiliche Kriminalstatistik der entsprechenden Jahre, jeweils Tabelle 1.
18 Quelle: Polizeiliche Kriminalstatistik, Berichtsjahr 2011, S. 45, Ziffer 610000.
19 Quelle: Strafverfolgungsstatistik, Berichtsjahr 2011, S. 132 f.
20 Vgl. oben § 9 Rn. 47 ff.
21 Vgl. hierzu oben § 17 Rn. 15 ff. und unten Rn. 14 ff.
22 Vgl. hierzu unten Rn. 24 ff., 28 ff.

Normalerweise verknüpft der Erpresser seine Drohung mit der „Freikaufchance" seines Opfers. Geht dagegen ausnahmsweise einmal die Initiative vom Opfer aus, etwa wenn das Opfer eine Zahlung anbietet, um so einer bedrohlichen Situation zu entgehen, scheidet § 253 dagegen aus[23].

Zuweilen kann das Nötigungsmittel der **Drohung** auch mit einer gleichzeitig verwirklichten **Täuschung** zusammentreffen, etwa wenn der Täter nur vortäuscht, die Mittel zur Zufügung eines empfindlichen Übels zur Hand zu haben. In diesen Fällen stellt sich die Frage nach dem Konkurrenzverhältnis der §§ 253 und 263. Hierzu entschied bereits das RG[24]: „Betrug kann neben Erpressung vorliegen, wenn neben den sonstigen Voraussetzungen der Entschluß zu der Vermögensverfügung teils auf dem Einfluß der Furcht vor der Drohung, teils auf dem selbständigen Einfluß der Täuschung beruht [...]. Stellt dagegen der Drohende die falsche Behauptung nur auf, um das in Aussicht gestellte Übel, die Macht oder den Willen des Drohenden, die Drohung auszuführen und dergleichen mehr in einem möglichst gefährlichen Licht erscheinen zu lassen, so beabsichtigt er nicht, den Bedrohten auch durch die Täuschung zu bestimmen, sondern er will seine Drohung nur wirksamer erscheinen lassen." – Der BGH[25] führte weiter aus: „In einem solchen Falle ist die Irrtumserregung wesentlicher Bestandteil der Drohung, so daß allein Erpressung und nicht Betrug vorliegt"[26]. Dies trifft im Ergebnis zu, jedoch ist ein Tatbestandsausschluss abzulehnen, der Betrug tritt hier lediglich im Wege der Gesetzeskonkurrenz zurück[27]. 7

2. Vermögensschaden als Erpressungserfolg

§ 253 setzt den Eintritt eines Vermögensnachteils voraus. Dieser entspricht dem **Vermögensschaden i. S. des** § 263[28]. Dies hat u. a. zur Folge, dass eine **Ganovenerpressung** mit dem Ziel, eine Beuteteilung, eine Schmiergeldzahlung oder ähnliche auf Straftaten beruhende Vereinbarungen durchzusetzen, nicht unter § 253 fällt, weil (so der BGH) „bei der gebotenen wirtschaftlichen Gesamtbetrachtung mitzuberücksichtigen" sei, dass der Zufluss beim unter Druck gesetzten Komplizen von vornherein mit dem Teilungs- oder Schmiergeldversprechen belastet sei[29]. An einem Vermögensschaden fehlt es auch dann, wenn eine Geldübergabe im Rahmen einer Erpressung von der Polizei überwacht wird, sodass dem Täter 8

---

23 Vgl. *Arzt*, Lackner-FS 1987, S. 641 (654 f.), mit Nachweisen und Abgrenzung zum Wucher.
24 RG, HRR 1941 Nr. 169 (Werbung für Zeitschrift „NS-Frauenwarte" mit der Drohung, wer nicht abonniere, werde der Parteidienststelle gemeldet).
25 BGHSt 23, 294 (296); vgl. auch BGHSt 11, 66 (67).
26 Eingehend zu dieser Abgrenzung *Günther*, ZStW 88 (1976), 960; *Puppe*, Idealkonkurrenz und Einzelverbrechen, 1979, S. 350 ff.; vgl. ferner BGHSt 7, 197.
27 *B. Heinrich*, Jura 1997, 366 (373); *Rengier*, BT I, § 11 Rn. 75; a. M. *Küper*, NJW 1970, 2253 (2254); vgl. auch *Günther*, ZStW 88 (1976), 960.
28 BGHSt 34, 394 (395); vgl. zum Vermögensschaden beim Betrug ausführlich unten § 20 Rn. 87 ff., 115 ff.
29 BGHSt 44, 251 (254) – Opel-Schmiergelder.

keine Möglichkeit bleibt, mit dem Geld zu entkommen[30]. Hier liegt lediglich ein Versuch vor.

Erpresst der Täter vom Opfer die Bankkarte samt dazugehöriger PIN, so kann dies bereits einen Vermögensschaden darstellen, sofern mit wirtschaftlichen Nachteilen jedenfalls ernstlich zu rechnen ist[31]. Ferner ist Voraussetzung einer räuberischen Erpressung, dass die entsprechende Vermögensposition überhaupt (schon) besteht, was nach Auffassung des BGH etwa bei der Erpressung einer Prostituierten erst dann der Fall ist, „wenn die Leistung in Erwartung des zuvor vereinbarten Entgelts erbracht" worden sei, da die Forderung nach § 1 S. 1 ProstG erst dann entsteht[32].

Ferner muss das Erpressungsmittel für den Erpressungserfolg kausal werden[33]. Im Gegensatz zum Raub ist die Notwendigkeit eines solchen Kausalzusammenhangs bei der Erpressung völlig unstreitig[34].

9 Für die **Absicht rechtswidriger Bereicherung** gelten die Ausführungen zur Vorteilsabsicht bei § 263 ohne Einschränkung[35]. Deshalb scheidet § 253 aus, wenn ein materiell-rechtlicher Anspruch mit unerlaubtem Druck durchgesetzt werden soll[36]. Darunter fällt auch der Besitz nach § 861 BGB[37]. Trotz der Rechtmäßigkeit des Ziels kann das eingesetzte Druckmittel jedoch unerlaubt sein, dann greift (lediglich) § 240. Der Täter muss dabei handeln, um sich **zu Unrecht** zu bereichern. Wer fälschlicherweise glaubt, einen Anspruch zu haben, unterliegt dabei einem vorsatzausschließenden Tatbestandsirrtum[38].

10 **Gegenleistungen des Täters** stellen keinen saldierungsfähigen Vorteil für das Opfer dar, wenn (!) der Täter zu einem entsprechenden Verhalten ohne Gegenleistung verpflichtet gewesen wäre (z. B. Freigabe des entführten Kindes; Herausgabe eines vorher entwendeten Gegenstandes).

Beispiel[39]: T entwendet O ein teures Kunstwerk. Später bietet er dem O dieses Kunstwerk für ein „Lösegeld" von 10.000 € an und droht ihm mit der Vernichtung

---

30 BGH, StV 1998, 80; BGH, StV 1998, 661; BGH, StV 1999, 94.
31 Dies ist etwa dann nicht der Fall, wenn das Konto nicht gedeckt ist; vgl. BGH, NStZ 2011, 212.
32 BGH, NStZ 2011, 278 mit Besprechung von *Hecker*, JuS 2011, 944.
33 Einzelfragen zur Kausalität lassen sich durch einen Rückgriff auf die zur Anstiftung entwickelten Grundsätze lösen, weil der Erpresser sein Opfer „anstiften" will, an der Vollendung der Erpressung mitzuwirken, sog. notwendige Teilnahme (vgl. *Baumann/Weber/Mitsch*, § 32 Rn. 71 ff., Begegnungsdelikt).
34 Vgl. zum entsprechenden Streit im Rahmen des Raubes oben § 17 Rn. 11 f.
35 BGHSt 48, 322 (325); vgl. zu § 263 unten § 20 Rn. 122 ff.
36 RGSt 64, 379 (384); BGH, NStZ 1988, 216; BGH, NStZ-RR 1998, 235 (236); BGH, NStZ 2010, 391.
37 BGH, NStZ 2009, 37 (durch den Dieb mit Gewalt erpresste Rückgabe des von einem Dritten entwendeten Diebesgutes); BGH, StV 2009, 354 m. Anm. *Kindhäuser*; vgl. ferner *Bauer*, JURA 2008, 851.
38 BGHSt 48, 322 (328 f.); BGH, NStZ 2002, 481 (482); vgl. aber auch BGH, NStZ 2008, 636: Ein Irrtum liegt nicht vor, wenn sich der Täter nur „nach den Anschauungen der einschlägig kriminellen Kreise als berechtigter Inhaber eines Zahlungsanspruchs gegen das Opfer" fühlt.
39 Fall nach BGHSt 26, 346.

Einfache Erpressung, § 253   § 18 Rn. 11

oder dem sonstigen Verschwindenlassen des Kunstwerks, wenn O nicht zahle. O zahlt. – Hier liegt auch dann ein Vermögensschaden (und somit § 253) vor, wenn T weniger als den Marktpreis verlangt, denn er war „ohnehin nach §§ 861, 985 BGB zur alsbaldigen unentgeltlichen Rückgabe [...] verpflichtet"[40]. Genau betrachtet liegt hier eine Einschränkung der wirtschaftlich-objektiven Betrachtung des Vermögens durch rechtliche Erwägungen vor[41]. Zweifelhaft ist, wie weit das auch bei der Rückgabe an eine Versicherung gilt, um einen von der Versicherung ausgelobten Betrag zu erlangen. Mit der Auslobung eines Betrages, der auch dem Dieb zugute kommen soll, bewegt sich die Versicherung am Rande des § 257[42].

3. Vermögensschaden bei Drohung mit Unterlassen oder erlaubtem Handeln

Droht der Täter mit dem Unterlassen einer Handlung, zu der er nicht verpflichtet ist (z. B. dem Abschluss eines Vertrages), scheidet § 253 aus[43]. Denn es steht dem Täter hier frei, für seine Handlung einen Preis zu fordern (**Autonomieprinzip**) bzw. das Opfer hat nach dem **Selbstverantwortungsprinzip** zu entscheiden, ob es den geforderten Preis bezahlen möchte oder nicht. Unter Berufung auf diese beiden fast deckungsgleichen Prinzipien kann man entweder die Verwerflichkeit der Zweck-Mittel-Relation leugnen oder bereits den Schaden ablehnen, weil das Opfer, geht es auf die Forderungen des Täters ein, durch dessen Leistung ein saldierungsfähiges Äquivalent erhalten hat. Es geht hier lediglich um Ausprägungen der Vertragsfreiheit, selbst wenn dabei Notlagen des Vertragspartners ausgenutzt werden. Die gröbsten Auswüchse einer solchen Ausbeutung des Opfers sind nicht mit § 253, sondern mit der Strafbestimmung gegen **Wucher**, § 291, zu ahnden. Etwas anderes gilt selbstverständlich, wenn der Handelnde zu einem entsprechenden Tun **verpflichtet** ist (z.B. wenn ein Amtsträger damit droht, den Antrag solange unbearbeitet zu lassen, bis er vom Antragsteller 1.000 Euro erhält, hier liegt dann neben §§ 331, 332 auch § 253 vor)[44].

11

---

40   BGHSt 26, 346 (347); *Rengier*, BT I, § 11 Rn. 45; *Seelmann*, JuS 1982, 914 (916); *Stoffers*, Jura 1995, 113 (118 f.); *Wessels/Hillenkamp*, BT 2, Rn. 717; a. M. OLG Hamburg, JZ 1975, 101 m. Anm. *Mohrbotter*, JZ 1975, 102, und *Jakobs*, JR 1974, 474; ebenso *Trunk*, JuS 1985, 944; vgl. hierzu auch die Falllösungen bei *Graul*, JuS 1999, 562 (565 f.); *Mitsch*, JA 1999, 388.
41   Näher dazu unten § 20 Rn. 116 ff., 124 ff.
42   Vgl. dazu noch näher unten § 27 Rn. 12. – Eine Auslobung, die auf den Dieb zielt, ist normalerweise keine wirklich freiwillige Leistung, doch ist eine Erpressung deshalb zweifelhaft, weil die Initiative zur Zahlung vom Opfer (Versicherung) ausgeht, vgl. dazu oben Rn. 6.
43   So im Ergebnis auch BGHSt 44, 68 (74 ff.); ferner BGHSt 44, 251 (255), allerdings mit der Einschränkung (a. a. O. S. 252), dass der Erpressungs- oder Nötigungstatbestand jedenfalls dann in Betracht komme, wenn der Bedrohte aufgrund der Unterlassung in existenzielle wirtschaftliche Not gerät und gerade diese Notlage ausgenutzt werde, was jedenfalls bei länger andauernden Geschäftsverbindungen möglich sei; ferner LK-*Herdegen*, 11. Aufl., § 253 Rn. 4; *Rengier*, BT I, § 11 Rn. 10; SK-*Sinn*, § 253 Rn. 15.
44   Zum Kriterium der Handlungspflicht des mit einem Unterlassen drohenden Täters vgl. *Hillenkamp*, BT, Problem Nr. 7 (zu § 240). Dieses einer Garantenstellung ähnliche Kriterium ist wegen der „halben" Pflichtstellung problematisch, näher *Arzt*, Lackner-FS 1987, S. 641 (647 f.).

Beispiel (1): Regisseur R „droht" der Filmdiva F damit, keine Hauptrolle in seinem nächsten Film zu geben, wenn sie nicht geschlechtlich mit ihm verkehre oder ihm 10.000 € zahle (oder: Vermieter V macht den Abschluss des Mietvertrages mit der Studentin S von selbigem Umstand abhängig). – Hier scheiden §§ 240, 253 aus. R und V können ihre Vertragsfreiheit bis zur Grenze des § 291 ausnutzen, auch wenn die „unseriöse" oder „überteuerte" Gegenleistungen fordern.

Beispiel (2)[45]: A wollte aus der ehemaligen DDR ausreisen und wandte sich an den „offiziellen", d. h. von den zuständigen Organen der DDR damit beauftragten Vermittler V. Dieser macht seine (insoweit wirksame!) Hilfeleistung von der staatlich vorgegebenen „üblichen" Bedingung abhängig, dass A sein Grundstück einer „vom Staat begünstigten Person" übereigne. Da das DDR-Recht seinen Bürgern keinen Anspruch auf eine Ausreisegenehmigung gewährte, geht A darauf ein. Das Grundstück wird von den zuständigen staatlichen Organen der DDR dem V selbst zugeteilt. – Der BGH führte hier aus, die Drohung mit dem Unterlassen einer Handlung, auf die der Bedrohte keinen Anspruch habe (hier: Ausreise aus der DDR), könne selbst dann, wenn der Täter hier eine unangemessene Gegenleistung fordern bzw. erwirken würde, lediglich Wucher oder Bestechlichkeit sein, „eine Strafbarkeit wegen Nötigung oder Erpressung liegt hingegen eher fern"[46].

12 Andererseits kann der Täter aber auch damit drohen, ein ihm an sich **erlaubtes Handeln** vorzunehmen, wenn ihm das Opfer nicht gewisse Leistungen oder Dienste zukommen lässt, auf die der Täter keinen Anspruch hat.

Beispiel: Der Ladeninhaber L hat die O bei einem Diebstahl ertappt. L droht nun damit, gegen O eine Strafanzeige zu erstatten, wenn diese ihm nicht einen bestimmten Betrag zahle (oder sexuell mit ihm verkehren würde). Wie nahe hier Tun und Unterlassen beisammen liegen, lässt sich daraus ersehen, dass L der O hier auch „anbieten" kann, von einer Strafanzeige abzusehen (= Unterlassen), wenn sie ihm nicht die entsprechenden Leistungen zuwende. Dass diese Differenzierung hier müßig ist, zeigt sich aber schon daran, dass letztlich bei jeder Erpressung beide Sichtweisen angelegt werden könnten (auch derjenige, der dem Opfer androht, seine Wohnung zu zerstören, wenn dieser nicht bezahle, droht einerseits mit einem Tun [= Zerstörung] und bietet gleichzeitig ein Unterlassen [= Nichtzerstörung] an). Entscheidend ist hier, dass der Erpresser das „Übel" gerade durch seine Handlung (und eben nicht durch die Unterlassung) erreichen könnte und er zur Vornahme dieser Handlung (= Erstattung der Strafanzeige) auch grundsätzlich berechtigt (aber nicht verpflichtet) ist. – Wie schon bei § 240 kann aber auch hier die Drohung mit einer an sich erlaubten Handlung dann zu einer Strafbarkeit führen, wenn die Zweck-Mittel-Relation verwerflich ist[47]. Auch ein Schaden liegt vor, da das Unterlassen der Strafanzeige keinen saldierungsfähigen Vermögensvorteil für das Opfer darstellt, wenn die Verknüpfung des Unterlassens mit der Forderung nach Geld die Verwerflichkeit der Zweck-Mittel-Relation begründet.

13 Dass ein angedrohtes Tun (§ 253) und angedrohtes Unterlassen (Straflosigkeit) oft eng beieinander liegen zeigen allerdings folgende Fälle:

Beispiel (1): L hat im gerade genannten Beispiel den Strafantrag bereits gestellt, wozu er auch berechtigt war. Nun unterbreitet er O das „Angebot", diesen Strafan-

---

45 Fall nach BGHSt 44, 68 – Vogel; hierzu die Anm. v. *Lagodny/Hesse*, JZ 1999, 313; *Sinn*, NStZ 2000, 195.
46 BGHSt 44, 68 (74).
47 *Eisele*, BT II, Rn. 757.

trag gegen Zahlung einer bestimmten Summe wieder zurückzunehmen. – Auch hier ist L zur Rücknahme des Strafantrages nicht verpflichtet, sondern nur berechtigt und lässt sich dieses Verhalten „versilbern". Dennoch droht er hier lediglich mit einem (berechtigten) Unterlassen und kann daher nach dem eben Gesagten nicht nach § 253 bestraft werden[48].

Beispiel (2)[49]: Erweitert man das genannte Beispiel dahin, dass L gerade dabei ist, die Strafanzeige zu fertigen (= Tun) und sein Vorgesetzter V tritt an O heran mit der Bemerkung, durch eine Zahlung von 1.000 € könne er (was zutrifft) im Wege einer Ermessensentscheidung die Strafanzeige aufhalten, die sonst ohne sein weiteres Zutun an die Polizei gelange, droht V mit einem Unterlassen einer Handlung, zu der er zwar berechtigt, aber nicht verpflichtet ist. – Nach den genannten Grundsätzen müsste dies zu einer Straflosigkeit führen. Anders hingegen entschied der BGH in einer früheren Entscheidung, in der er ausführte, eine generelle Ausklammerung der Ankündigung rechtmäßigen Verhaltens würde bei verwerflichem Verhalten zu einer unzulässigen Privilegierung führen. Auch diese Fälle seien daher in die Zweck-Mittel-Relation einzustellen und könnten dann zu einer Strafbarkeit führen, wenn das „angedrohte" Unterlassen den Handlungsspielraum des Opfern nicht „erweitere" (wie bei einem angebotenen Vertragsschluss), sondern sich dieses bereits in einer Notsituation befände, dass von ihm nicht mehr erwartet werden könne, dass er „der Bedrohung in besonnener Selbstbehauptung standhält"[50].

4. Der Zusammenhang zwischen Erpressungsmittel und Erpressungserfolg (Vermögensverfügung)

§ 253 sieht zwischen der Nötigung und der Schädigung als Zwischenerfolg eine Handlung, Duldung oder Unterlassung des Opfers vor. „Dadurch" muss der Vermögensschaden eintreten. Wie bereits oben ausgeführt, ist dieser Zwischenerfolg (Handlung, Duldung, Unterlassung) i. S. einer **Vermögensverfügung** parallel zu § 263 zu interpretieren[51]. Nur dadurch kann eine saubere Abgrenzung zwischen den Delikten Raub und Erpressung gewährleistet werden und nur dadurch wird auch die Entscheidung des Gesetzgebers respektiert, eine gewaltsame Wegnahme ohne Zueignungsabsicht nicht der Raubstrafe zu unterwerfen. Der auch von der Rechtsprechung vertretenen Ansicht, auch die Duldung einer Wegnahme reiche für § 253 aus, § 249 sei in diesem Falle lediglich die speziellere Vorschrift, ist daher aus den genannten Gründen nicht zu folgen. Wird eine – mehr oder weniger „freiwillige" – Vermögensverfügung des Erpressungsopfers gefordert, wird auch deutlich, dass im Rahmen des Nötigungsmit-

---

48 Anders aber *Rengier*, BT I, § 11 Rn. 10.
49 BGHSt 31, 195.
50 BGHSt 31, 195 (201); vgl. zum Prinzip der Erweiterung des Freiheitsbereichs auch *Eisele*, BT II, Rn. 757; zur Frage, ob dies auch dann gelten würde, wenn der V zu einem Eingreifen nicht berechtigt wäre, er also eine rechtswidrige Einflussnahme anböte, *Eisele*, BT II, Rn. 757; *Kudlich*, JA 2008, 901 (902); *Mitsch*, BT 2/1, § 6 Rn. 27; *Rengier*, BT 1, § 11 Rn. 10 (jeweils eine Strafbarkeit ablehnend); OLG Oldenburg NStZ 2008, 691 (692); *Sinn*, ZJS 2010, 447 (448 f.) (jeweils eine Strafbarkeit annehmend).
51 Vgl. oben § 17 Rn. 15 ff.; ob diese Differenzierung, die für den Sachbetrug bzw. die Sacherpressung eine sinnvolle Abgrenzung mit sich bringt, auch für den Forderungsbetrug bzw. die Forderungserpressung ebenfalls zu fordern ist, ist fraglich; vgl. hierzu oben § 17 Rn. 16a a. E.

tels „Gewalt" lediglich vis compulsiva, nicht aber vis absoluta infrage kommt[52].

15 Bei der Auseinandersetzung um die Erforderlichkeit einer Vermögensverfügung geht es im Grunde nicht um § 253, sondern um § 255. Verlangt man für die Erpressung (und damit auch für die räuberische Erpressung) eine Vermögensverfügung, so lassen sich § 255 und § 249 leicht voneinander abgrenzen: § 249 ist Einsatz von Raubmitteln zum Gewahrsamsbruch (Ziel: Zueignung), § 255 ist Einsatz von Raubmitteln zur Erreichung einer Vermögensverfügung, z. B. einer Gewahrsamsübertragung (Ziel: Vermögensvorteil). Wichtigste Konsequenz ist eine **Lücke zwischen § 249 und § 255:** Der Einsatz von Raubmitteln zum Gewahrsamsbruch mit dem Ziel der Erlangung eines Vermögensvorteils, aber ohne das Ziel einer Zueignung (insbesondere ist hier an eine gewaltsame Gebrauchsanmaßung zu denken), fällt weder unter § 249 (da keine Zueignung beabsichtigt ist) noch unter § 255 (da keine Vermögensverfügung vorliegt). Es verbleibt eine Strafbarkeit nach § 240 und eventuell den §§ 223, 248b. Obwohl dies kriminalpolitisch nur schwer verständlich ist, ist dies dennoch eine gesetzgeberische Entscheidung, die hingenommen werden muss.

16 Vom Gegenstandpunkt – insbesondere der Rechtsprechung[53] – aus ist § 249 nur ein Sonderfall der (räuberischen) Erpressung, weil das Opfer eines Raubes zur Duldung des Gewahrsamsbruchs gezwungen wird[54]. § 255 ist lex generalis gegenüber § 249. Es entsteht keine Lücke zwischen § 255 und § 249. Die mit Raubmitteln durchgeführte Gebrauchsentwendung fällt dann unter § 255, denn das Opfer verfügt zwar nicht über sein Vermögen, wird aber zur Duldung der Entwendung genötigt.

17 Bei der Prüfung der Vermögensverfügung kann insoweit auch nicht auf die Abgrenzung der Rechtsprechung zurückgegriffen werden, die auf das äußere Erscheinungsbild abstellt (Geben = Verfügung; Nehmen = Wegnahme). Vielmehr ist – wie bei der Abgrenzung von Trickdiebstahl und Betrug[55] – darauf abzustellen, ob das Opfer die Sache „freiwillig" herausgibt. Dies ist nur dann anzunehmen, wenn es davon ausgeht, dass seine Mitwirkung erforderlich ist und durch das Inkaufnehmen der angedrohten Repressalien der Vermögensnachteil abgewendet werden könnte. Insoweit liegt auch bei der Weggabe einer Sache eine Wegnahme (und keine Vermögensverfügung) vor, wenn es in der Zwangslage subjektiv für den Genötigten gleichgültig ist, wie er sich verhält, da die Sache unabhängig von seiner

---

52 Vgl. hierzu bereits oben Rn. 6.
53 RGSt 4, 429 (432); RGSt 25, 435 (437); RGSt 55, 239 (240); BGHSt 7, 252 (254); BGHSt 14, 386 (390); BGHSt 25, 224 (228); BGHSt 32, 88 (89 f.); BGHSt 41, 123 (125); BGH, NStZ 2002, 31 (32); aus der Literatur *Böse/Keiser*, JuS 2005, 440 (443 f.); *Geilen*, Jura 1980, 43 (51); *Graul*, JuS 1999, 562 (564); *Hecker*, JA 1998, 300 (305); *Kindhäuser*, LPK, § 253 Rn. 20 f.; *Krey/Hellmann/ M. Heinrich*, BT 2, Rn. 433; LK-*Herdegen*, 11. Aufl., § 249 Rn. 24; *Lüderssen*, GA 1968, 257; *Mitsch*, BT 2/1, § 6 Rn. 40; NK-*Kindhäuser*, Vor § 249 Rn. 44 ff., 56; *Schünemann*, JA 1980, 486; *Seelmann*, JuS 1982, 914; SK-*Sinn*, Vor § 249 Rn. 5 ff.; § 253 Rn. 16; so auch noch *Arzt/Weber-Arzt*, 1. Aufl., § 17 Rn. 16; § 18 Rn. 14 ff., 25.
54 Vgl. dazu ausführlich oben § 17 Rn. 16a.
55 Vgl. hierzu unten § 20 Rn. 77.

5. Die Zweck-Mittel-Relation, § 253 II

Wie § 240, so enthält auch § 253 einen sog. „offenen Tatbestand". Die **18** Erfüllung des Tatbestandes indiziert die Rechtswidrigkeit des Verhaltens ausnahmsweise nicht, vielmehr muss diese nach den Grundsätzen des § 253 II (Verwerflichkeitsprüfung; Zweck-Mittel-Relation[57]) konkret festgestellt werden. Die Prüfung des § 253 II erfolgt im Anschluss an die Feststellung, dass kein allgemeiner Rechtfertigungsgrund greift. Denn es wäre absurd, ein Verhalten durch einen allgemeinen Rechtfertigungsgrund zu rechtfertigen, wenn zuvor die Verwerflichkeit des Verhaltens nach § 253 II festgestellt worden wäre. Andererseits wäre es auch nicht sinnvoll, die Frage des Vorliegens eines Rechtfertigungsgrundes in die Verwerflichkeitsprüfung zu integrieren. Diese Verwerflichkeit (i. S. eines gesteigerten Unrechts) zu bestimmen, fällt bei der Erpressung allerdings leichter als bei der Nötigung: Weil der Erpresser ein unerlaubtes Ziel (die rechtswidrige Bereicherung) verfolgt, liegt der mangelnde Konnex zwischen Zweck und Mittel meist auf der Hand. Die Fälle, auf die § 240 II eigentlich gemünzt ist (Verwerflichkeit trotz eines erlaubten Zwecks infolge des Einsatzes eines inadäquaten Mittels), treten bei § 253 II trotz wörtlicher Übereinstimmung gar nicht auf. Die Rechtswidrigkeit des Zwecks indiziert die Verwerflichkeit.

6. Dreieckserpressung

Genötigter und Geschädigter brauchen nicht identisch zu sein, wie auch **19** bei § 263 Getäuschter und Geschädigter nicht identisch sein müssen. Wie bei § 263 ist bei § 253 allerdings ein **Näheverhältnis** des Genötigten zum geschädigten Drittvermögen zu verlangen. Der BGH[58] hat dieses Näheverhältnis dahin präzisiert, „daß das Nötigungsopfer spätestens im Zeitpunkt der Tatbegehung auf der Seite des Vermögensinhabers steht". Für diese **Dreieckserpressung** ist charakteristisch, „daß der Täter die von einem Dritten im Interesse des Vermögensinhabers wahrgenommene Schutzfunktion aufhebt"[59].

> **Beispiel (1):** T zwingt den Bankangestellten B, den Tresor zu öffnen und ihm das Geld in eine Tüte zu packen und zu übergeben. – Hier erleidet die Bank (und nicht B) einen Vermögensnachteil. Da B auf der Seite der Bank steht, liegt eine Erpressung vor.
>
> **Beispiel (2):** T zwingt den Passanten P mit Waffengewalt, in eine Bank einzubrechen, den Tresor zu öffnen und ihm das Geld in eine Tüte zu packen und zu über-

---

56 Vgl. hierzu näher oben § 17 Rn. 17.
57 Zur Verknüpfung der Drohung mit der „Freikaufchance" des Opfers vgl. oben Rn. 6.
58 BGHSt 41, 123 (126).
59 BGHSt 41, 123 (126).

geben. – Hier steht P nicht aufseiten der Bank, sondern wirkt, wenn auch unter Druck, als Beteiligter an der Vermögensstraftat (Einbruchsdiebstahl) mit. Je nach Stärke des Drucks ist P durch einen Nötigungsnotstand entschuldigt, T wäre dann insoweit mittelbarer Täter). Der unter Druck gesetzte Beteiligte an einer Vermögensstraftat wird aber jedenfalls nicht zum Erpressungstäter[60].

Nach h. M. sind auf die Dreieckserpressung die Regeln des Dreiecksbetrugs **entsprechend** anzuwenden[61]. Dabei sind nach der vom BGH vertretenen Ansicht, die bei § 253 auf eine Verfügung mit Restfreiwilligkeit verzichtet, die Dreiecksbetrugsregeln (Näheverhältnis) in Nuancen anders zu modifizieren als nach der hier vertretenen Ansicht, die bei § 253 eine restfreiwillige Vermögensverfügung fordert[62]. Eine Spielart des Näheverhältnisses ist die **Sympathiebeziehung** zwischen dem Vermögensinhaber und dem Genötigten[63].

Genötigter und Verfügender müssen jedoch identisch sein. Dabei gilt es zu beachten, dass auch dann, wenn ein Dritter konkret bedroht wird, die Drohung sich gleichzeitig auch als solche gegenüber dem Verfügenden darstellen kann. Auf diese Weise kann das Dreieck auch zu einem Viereck werden. Entscheidend ist, dass der Genötigte die Drohung gegenüber dem Dritten ebenfalls als Übel empfindet.

Beispiel: T bedroht in einer Bank den Kunden K mit einer Pistole und verlangt vom Bankangestellten B das Öffnen des Tresors. Empfindet B das Drohen gegenüber K auch als selbst als Drohung, so bleibt es bei der Lösung von Beispiel (1): Auch in diesem Viereck erfüllt T die §§ 253, 255.

7. Schutz des Opfers; Notwehrbefugnisse; Opfer als Teilnehmer

20 Häufig benutzt der Erpresser unmoralisches oder strafbares Verhalten des Opfers als Druckmittel, um dieses zu erpressen. Man spricht in diesen Fällen von einer „**Chantage**" (Schweigegelderpressung). Um die Opfer zur Anzeige zu ermutigen und so der Täter habhaft zu werden, ermöglicht § 154c StPO das Absehen von der Verfolgung des Erpressungsopfers, „wenn nicht wegen der Schwere der Tat eine Sühne unerlässlich ist". – Darüber hinaus kann sich das Opfer selbstverständlich gegen den erpresserischen Angriff im Rahmen der Notwehr zur Wehr setzen. Bei der Gegenwärtigkeit des Angriffs und der Erforderlichkeit der Verteidigung i. S. des

---

60 Seit BGHSt 41, 123 – vgl. auch die beiläufige Bemerkung in BGHSt 41, 368 (371) – ist die Literatur zur Dreieckserpressung massiv angeschwollen. Diese neuere Literatur (Besprechungen von BGHSt 41, 123 durch *Mitsch*, NStZ 1995, 499; *Otto*, JZ 1995, 1020; vgl. weiter *Ingelfinger*, JuS 1998, 531 [537]; *Jahn*, JuS 2011, 1131; *Krack*, JuS 1996, 493) sollte man sich nicht ohne vorherigen Rückgriff auf *Rengier*, JZ 1985, 565 (568), und *Schünemann*, JA 1980, 486 (489), erarbeiten.
61 *Krey/Hellmann/M. Heinrich*, BT 2, Rn. 436; *Rengier*, BT 1, § 11 Rn. 30.
62 Vgl. hierzu oben Rn. 17 sowie oben § 17 Rn. 17; Darstellung des Meinungsstandes auch bei *Fischer*, § 253 Rn. 11.
63 Vgl. dazu *Mitsch*, BT 2/1, § 6 Rn. 45 (dieser lehnt das Näheverhältnis ab und fordert ein Mitbetroffensein des Vermögensinhabers durch das dem Dritten angedrohte Übel i. S. einer Leidensgenossenschaft).

§ 32 muss man jedoch nach den bedrohten Rechtsgütern Vermögen, Willensfreiheit und dem vom Nötigungsmittel alternativ angegriffenen Gut unterscheiden, weil sich entsprechend unterschiedliche Abwehrbefugnisse ergeben können.

Beispiel: Der Erpresser T droht, Beweismittel bezüglich einer von O begangenen Straftat der Polizei zu übergeben, wenn O nicht 1.000 € zahle. – Das Rechtsgut „Vermögen" kann hier unproblematisch durch bloßes Nichtzahlen verteidigt werden. Die im Nötigungsmittel liegende Bedrohung gibt O ebenfalls kein Notwehrrecht, weil O kein Recht hat, nicht angezeigt zu werden. Daher kann die Gegenwehr (z. B. Wegnahme der Beweismittel; notfalls Tötung des T, um ihn an der Anzeige zu hindern) nur auf die Beeinträchtigung der Willensfreiheit des O gestützt werden. Hier ist fraglich, ob der Angriff auf die Willensfreiheit mit dem Ausspruch der Drohung abgeschlossen ist[64] oder noch solange gegenwärtig ist, wie der psychische Zwang aufrechterhalten wird[65]. Zwar wird mit § 154c StPO dem Opfer eine Möglichkeit gegeben, sich den Behörden zu offenbaren (weshalb die Gefahr i. S. des § 34 „anders abwendbar" wäre), dies schließt jedoch die Gegenwärtigkeit des Angriffes auf die Willensfreiheit und daher das Notwehrrecht, § 32, nicht aus. Zu berücksichtigen ist allerdings, dass das Notwehrrecht aber deswegen zumindest eingeschränkt ist, weil der Erpresste die Notwehrlage selbst verschuldet hat[66].

Die Teilnahme des Opfers ist Voraussetzung für die Vollendung der Erpressung[67]. Weil die Rechtsgüter des Opfers nicht gegen das Opfer geschützt werden sollen, bleibt das Opfer straflos, es liegt eine **„notwendige" Teilnahme** vor[68]. Werden Mittelsmänner zwischen Erpressungstäter und Erpressungsopfer eingeschaltet, so ist nicht zweifelhaft, dass die im Lager des Erpressers stehenden Personen § 253 **unmittelbar** fördern. Die im Lager des Opfers stehenden Personen fördern die Tat **mittelbar**. Nicht aus den §§ 25 ff., sondern aus dem Sinn des § 253 ergibt sich, dass die vom Lager des Opfers aus erbrachte mittelbare Förderung nicht unter die §§ 253, 27 fällt.

Die **Schutzgelderpressung** zeigt, dass diese Straffreiheit problematischer ist, als gemeinhin angenommen wird. Je nach Fallkonstellation

---

64 So *Arzt*, MDR 1965, 344; *Baumann*, MDR 1965, 346; *Müller*, NStZ 1993, 366; *ders.*, Schroeder-FS 2006, 323(333 ff.); dagegen lehnt *Fahl*, ZJS 2009, 63 (63 f.) erst die Erforderlichkeit mit Hinblick auf § 154c StPO ab; ferner zu § 154c StPO *Krause*, Spendel-FS, 1992, 547 (551 ff.); umfassend zum Problem *Kroß*, Notwehr gegen Schweigegelderpressung, 2004.
65 So *Eggert*, NStZ 2001, 225 (231); *Kaspar*, GA 2007, 36 (42); *B. Heinrich*, AT, Rn. 345 Bsp. (4); *Seesko*, Notwehr gegen Erpressung durch Drohung mit erlaubtem Verhalten, 2004, S. 112.
66 In dieser Richtung auch *Amelung*, GA 1982, 381 (402); *ders.*, NStZ 1998, 70; *Krey/Hellmann/M. Heinrich*, BT 2, 468; *Roxin*, AT I, § 15 Rn. 100 ff.; *Wessels/Beulke/Satzger*, AT, Rn. 348a.
67 Eine Ausnahme ist nur dann zu machen, wenn man – entgegen der hier vertretenen Ansicht – eine Erpressung auch bei vis absoluta zulässt; vgl. dazu schon oben Rn. 6, 14.
68 Vgl. zur notwendigen Teilnahme allgemein *B. Heinrich*, AT, Rn. 1375 ff., sowie die gleichzeitig erschienenen, deshalb aufeinander nicht Bezug nehmenden Monografien von *Sowada*, Die „notwendige Teilnahme" als funktionales Privilegierungsmodell im Strafrecht, 1992 (wo § 253 nicht näher erörtert wird) und *Gropp*, Deliktstypen mit Sonderbeteiligung, 1992 (wo auf S. 139 ff. bei Angriffen auf die Willensfreiheit die Straflosigkeit des Opfers auf dessen Dispositionsbefugnis gestützt wird).

kommt hier nämlich eine Strafbarkeit der Opfer (und der im Opferlager stehenden Personen) als **Unterstützungstäter** nach § 129 infrage[69].

8. Konkurrenzen

22 § 253 ist lex specialis gegenüber § 240; § 255 ist lex specialis gegenüber § 253[70]. Soll das spätere Erpressungsopfer durch eine vorausgegangene Brandstiftung eingeschüchtert werden, ist nach der Rechtsprechung die Qualifikation des (jetzt) § 306b II Nr. 2 nicht erfüllt, es fehlt der „erforderliche sehr nahe zeitliche, sachliche und räumliche Zusammenhang"[71]. – Eine die erpresserische Drohung unterstützende **Täuschung** erfüllt zwar regelmäßig den Straftatbestand des Betrugs, dieser tritt jedoch auf Konkurrenzebene zurück[72].

23 Dient die Erpressung der Sicherung eines durch andere Straftaten (z. B. durch die §§ 242, 263) erlangten Vermögensvorteils, so ist nicht wegen Erpressung, sondern nur wegen Nötigung zu bestrafen. Der Angriff auf das Vermögen stellt eine straflose Nachtat dar, **Sicherungserpressung**[73].

III. Die Qualifikation der räuberischen Erpressung, § 255

1. Besonders schwere Nötigung als Erpressungsmittel

24 Der Erpresser wird wie ein Räuber bestraft, wenn er die in § 255 beschriebenen, dem Raub entsprechenden Nötigungsmittel einsetzt. Der erpresserische Angriff tangiert eben nicht nur das Vermögen[74].

2. Abgrenzung zum Raub

25 Oben[75] wurde bereits ausgeführt, dass für § 253 und § 255 eine dem Betrug entsprechende Vermögensverfügung des Genötigten zu verlangen ist, während die Wegnahme i. S. des § 249 einen Gewahrsamsbruch, also einen unfreiwilligen Gewahrsamsübergang, erfordert.

26 Es wurde ebenfalls bereits ausgeführt, dass die Abgrenzung von Wegnahme und Vermögensverfügung nicht allein nach dem äußeren Erscheinungsbild vorgenommen werden kann[76]. Denn dies hätte zur Konsequenz, dass ein Gewahrsamsbruch in Form der erzwungenen Herausgabe entge-

---

69 Dazu (auch zur Notstandsproblematik) *Arzt* in: *Schmid* (Hrsg.), Kommentar Einziehung, Organisiertes Verbrechen, Geldwäscherei, Bd. 1, 2. Aufl. 2007, Art. 260ter Rn. 195 ff., ferner unten § 44 Rn. 17. Zur Bestrafung des Opfers einer erpresserischen Bestechlichkeit als Täter einer Bestechung vgl. unten § 49 Rn. 48.
70 Zu § 316a vgl. oben § 17 Rn. 34 f., 40.
71 BGHSt 38, 309 (311).
72 Vgl. dazu oben Rn. 7.
73 BGH, NStZ 2012, 95 mit Besprechung *Jäger*, JA 2011, 950; *Schröder*, SJZ 1950, 94 (98 f.); einschränkend *Seier*, NJW 1981, 2152; vgl. bereits oben § 17 Rn. 40.
74 Vgl. oben Rn. 1. Einzelheiten zu den Nötigungsmitteln siehe bei § 249, oben § 17 Rn. 6 ff.
75 Vgl. oben Rn. 14 ff.; vgl. auch § 17 Rn. 15 ff.
76 Vgl. oben Rn. 17; vgl. auch § 17 Rn. 17.

gen den Regeln zu § 242 nicht zu § 249, sondern zu § 255 führen würde[77]. Vielmehr ist – wie bei der Abgrenzung von Trickdiebstahl und Betrug[78] – darauf abzustellen, ob das Opfer die Sache „freiwillig" herausgibt. Dies liegt nur dann vor, wenn das Opfer davon ausgeht, dass seine Mitwirkung erforderlich ist und durch das Inkaufnehmen der angedrohten Repressalien der Vermögensnachteil abgewendet werden könnte.

Der **österreichische** § 142 StGB definiert Raub lakonisch dahin, „wer mit Gewalt gegen eine Person oder durch Drohung mit gegenwärtiger Gefahr gegen Leib und Leben" einem anderen eine Sache „wegnimmt oder abnötigt". Eine einfache Lösung, freilich ist Raub auf die Zueignung von Sachen beschränkt (und daher ein Eigentumsdelikt). – Die **Schweiz** kennt seit 1.1.1995 eine räuberische Erpressung, Art. 156 Ziff. 3 StGB. 27

3. Rechtsfolge „gleich einem Räuber"

Die Formulierung verweist nicht nur auf den Strafrahmen des § 249, sondern führt auch zu einer entsprechenden Anwendbarkeit der §§ 250, 251. Dies ist ein beliebtes Randproblem in Klausuren. 28

IV. Erpresserischer Menschenraub und Geiselnahme, §§ 239a, 239b

1. Kriminalpolitischer Hintergrund und Rechtsgut

Das **Kidnapping**, d. h. die Entführung von Kindern, um von den Eltern Lösegeld zu erpressen, ist ein Delikt, das die Öffentlichkeit schon seit jeher besonders erregt. Wie im amerikanischen Recht, das seit dem **Lindbergh-Fall** einen (mit Todesstrafe bedrohten) Sondertatbestand für Kidnapping kennt, wurde auch im deutschen Recht 1936 in § 239a a. F. ein Sondertatbestand geschaffen[79]. In der Folge sind dann aber vermehrt auch Erwachsene Opfer erpresserischer Entführungen geworden, z. B. bei Flugzeugentführungen (dort ist der Zusammenhang mit § 316c zu beachten!). Außerdem gab es Fälle von Geiselnahmen insbesondere im Zusammenhang mit Überfällen auf Banken. Obwohl diese Verhaltensweisen mit traditionellen Straftatbeständen erfasst werden können (Freiheitsberaubung, Erpressung), hat der Gesetzgeber im Jahre 1971 das neue Tatbild in besonderen Tatbeständen zu fassen versucht. Für das **neue Tatbild** kennzeichnend ist ein **Drei-Personen-Verhältnis**. Der Täter entführt ein Kind (oder einen Erwachsenen oder er nimmt eine Geisel), um einen **Dritten** unter Druck zu setzen (z. B. die Eltern des Kindes oder – bei politisch motivierten Geiselnahmen – den Staat). Insoweit ging auch im Rahmen der **Reform** 29

---

77 Vgl. zu den Versuchen, diesen „Schönheitsfehler" zu korrigieren, *Schünemann*, JA 1980, 486 (491).
78 Vgl. hierzu unten § 20 Rn. 77.
79 § 239a a. F.: (1) Wer ein fremdes Kind entführt oder der Freiheit beraubt, um für dessen Herausgabe ein Lösegeld zu verlangen, wird mit Zuchthaus nicht unter drei Jahren bestraft. (2) Kind i. S. dieser Vorschrift ist der Minderjährige unter 18 Jahren.

1971 der Sondertatbestand der Kindesentführung im erpresserischen Menschenraub auf.

30 Als geradezu unsinnig hat sich die durch die **Reform 1989** erfolgte Ausdehnung der §§ 239a, 239b auf die **Zwei-Personen-Verhältnisse** zwischen Täter und Entführungsopfer (bei gleichzeitiger Erhöhung der angedrohten Freiheitsstrafe auf nicht unter fünf Jahren[80]) erwiesen. Durch diese Ausweitung sind die §§ 239a, 239b um ihr eigentliches Rechtsgut gebracht worden[81].

31 Das Verbrechen der Geiselnahme, § 239b, ist auch auf den verbesserten Schutz der Banken gegen Überfälle zurückzuführen. Stärkere Selbstschutzmaßnahmen für die Opfer mögen einige potenzielle Täter abschrecken, andere werden auf weniger gut geschützte Opfer abgelenkt, wieder andere Täter überwinden die Schutzmaßnahmen durch Eskalation, beispielsweise durch Geiselnahme. So wird die Abnahme der Raubüberfälle auf Banken mit einer Zunahme der entsprechenden Taten in Supermärkten und Tankstellen sowie durch eine Zunahme der Geiselnahmen teuer erkauft. An § 239b wird so die ganze Problematik einer Kriminalpolitik deutlich, die die Opfer zu verstärkten Selbstschutzmaßnahmen aufruft[82]. Die Täter lernen, „dass das schwächste Glied in der Kette der Geldbewachung zur Zeit der Mensch ist"[83].

32 Beim **Drei-Personen-Verhältnis** als der ursprünglichen Konzeption der §§ 239a, 239b waren die außerordentlich hohen Strafdrohungen mit dem **Rechtsgut „Lebensgefahr"** zu rechtfertigen. Bei § 239a und § 239b wird der Entführte bzw. die Geisel einem lebensgefährlichen Risiko ausgesetzt. Gerade weil sich der Täter mit seinen Drohungen an einen **Dritten** wendet, besteht für die in der Gewalt des Täters befindliche Person die Gefahr, dass sich der Dritte nicht beugt (und sich der Täter dann zur Tötung des Entführten bzw. der Geisel entschließt oder dass es zu lebensgefährlichen Befreiungsaktionen kommt)[84].

33 Bei der 1989 erfolgten Ausweitung der §§ 239a, 239b auf die **Zwei-Personen-Verhältnisse** zwischen dem Täter und dem Opfer der Freiheitsberaubung fällt diese für die Dreierbeziehung charakteristische **Lebensgefährlichkeit**, jedenfalls soweit diese gerade aus der Verwicklung Dritter in die Entscheidung über die Lösegeldforderung resultiert, fast ganz weg. Damit ist die Gleichsetzung des Strafrahmens für Taten in Zweier- und Dreierbeziehungen unerklärlich geworden. Das Schrifttum zeigt sich mit

---

80 Zutreffend kritisch im Hinblick auf die Erhöhung der Mindestfreiheitsstrafe *Bohlander*, NStZ 1993, 439 (440); *Renzikowski*, JZ 1994, 492 (498); a. M. *Keller*, JR 1994, 428 (429).
81 Vgl. zur Problematik des Zwei-Personen-Verhältnisses noch unten Rn. 33, 37.
82 Dazu oben § 13 Rn. 11; § 14 Rn. 8.
83 *Brauneck*, Allgemeine Kriminologie, 1974, S. 81.
84 Wie hier als geschütztes Rechtsgut die Unversehrtheit der Geisel annehmend MüKo-*Renzikowski*, 2. Aufl., § 239a Rn. 3 ff.; näher zur Geiselnahme als gemischt konkret-abstraktem Lebensgefährdungsdelikt *Arzt*, ZStrR 100 (1983), 257 (262 f., 267 f.). – Nach einer a. M. (vgl. *S/S/Eser/Eisele*, § 239a Rn. 2) steht das Vermögen bzw. die Willensfreiheit des Erpressten neben der Freiheit des Entführten im Vordergrund. Nach einer weiteren Meinung (vgl. LK-*Träger/Schluckebier*, 11. Aufl., § 239a Rn. 1) geht es primär um den Schutz der Freiheit der Geisel. Es sollte auf der Hand liegen, dass die Strafdrohung zum Schutze solcher Rechtsgüter unverhältnismäßig hoch wäre. Meistens jedoch werden mehrere Schutzgüter aufgeführt; vgl. *Fischer* § 239a Rn. 2.

Recht über den Pfusch des Gesetzgebers von 1989 ebenso konsterniert wie über das Unterbleiben einer Korrektur anlässlich des 6. StrRG (1998)[85].

2. Erpresserischer Menschenraub, § 239a

a) Grundtatbestand, Dreierbeziehung

§ 239a kombiniert einen Sonderfall der Freiheitsberaubung (§ 239) mit einem Sonderfall der Erpressung. Der Tatbestand setzt im **Drei-Personen-Verhältnis** zwei Opfer voraus: Das Opfer der Freiheitsberaubung und das Opfer der Erpressung. Der Druck auf den Erpressten besteht in der Ausnutzung seiner „Sorge [...] um das Wohl des Opfers" der Freiheitsberaubung. 34

Der Täter muss sein Opfer **entführen** oder sich des Opfers **bemächtigen**. Entführen und Sichbemächtigen stellen sich überschneidende Mittel einer Freiheitsberaubung dar. Das Entführen setzt eine Ortsveränderung voraus, das Sichbemächtigen nicht. Beides muss zu einer hilflosen Lage des Opfers, d. h. einer Situation führen, in der das Opfer in der konkreten Situation dem ungehemmten Einfluss des Täters preisgegeben ist. Dabei kann der Täter sowohl mit Gewalt, als auch mit den Mitteln der Drohung oder der List vorgehen. Die h. M.[86] bejaht dabei ein Sichbemächtigen auch ohne Freiheitsberaubung, z. B. durch Bedrohen mit einer Waffe. Hierdurch werden allerdings Abgrenzungsschwierigkeiten gegenüber „einfachen" Bedrohungen geschaffen, die angesichts der drastischen Strafdrohung durchaus problematisch sind. Weil es sich um einen Sonderfall der Freiheitsberaubung handelt, scheiden Entführungen mit Willen des „Opfers", also vorgetäuschte Entführungen, aus. Damit darf nicht die Frage verwechselt werden, ob bei Personen, die sich freiwillig als Ersatz-, Austausch- oder Garantiegeiseln in die Gewalt des Täters begeben, § 239a vorliegt[87]. 35

Beispiel[88]: T lebt mit seiner Frau F und seiner fünf Monate alten Tochter K zusammen. Als die Polizei T aufgrund eines Haftbefehls in seiner Wohnung festnehmen will, ergreift T auf Anraten der F die K, hält ihr ein Brotmesser an den Hals und

---

85 Vgl. nur *Fahl*, Jura 1996, 456 (461); *Fischer*, § 239a Rn. 1, 6 ff.; *Geerds*, JR 1993, 424; *B. Heinrich*, NStZ 1997, 365; ferner zum 6. StrRG *Freund*, ZStW 109 (1997), 455 (481); für die Abschaffung der Ausdehnung der Strafbarkeit auf Zwei-Personen-Verhältnisse auch *Brambach*, Probleme der Tatbestände des erpresserischen Menschenraubes und der Geiselnahme, 2000, S. 244 ff.
86 BGH, NStZ 1999, 509; BGH, NStZ 2002, 31 (32); vgl. näher *Rengier*, GA 1985, 314.
87 Zutreffend eine Strafbarkeit bei Ersatzgeiseln annehmend, BGHSt 26, 70 (72); *Backmann*, JuS 1977, 444 (449, Fn. 60); SK-*Horn/Wolters*, § 239a Rn. 5; *Wessels/Hettinger*, BT 1, Rn. 455; dagegen ablehnend *Lackner/Kühl*, § 239a Rn. 3. – Die berechtigte Kritik an BGHSt 17, 359 (dort geht es um die Einwilligung eines Seelsorgers in die fahrlässige Körperverletzung durch Ansteckung, wenn er sich in eine Quarantänestation begibt; der BGH lehnte eine Einwilligung ab, da diese sich jedenfalls nicht auf das in der Vergangenheit liegende Verhalten des Angeklagten – die Ansteckung der betroffenen Patienten – beziehen konnte) legt jedoch die Verneinung des § 239a bei Austauschgeiseln etc. nahe.
88 Fall nach BGHSt 26, 70.

droht den Beamten, K umzubringen, wenn sie ihn nicht entkommen lassen, woraufhin die Beamten das Haus tatsächlich verlassen. – Auch wenn es sich beim Opfer der Freiheitsberaubung um ein „willensunfähiges Kleinkind" handelt, liegt nach Ansicht des BGH[89] ein Sichbemächtigen i. S. des § 239b (und des § 239a) vor, und zwar auch dann, wenn der Täter selbst personensorgeberechtigt ist oder mit Einverständnis des Personensorgeberechtigten handelt.

§ 239a scheidet dagegen aus bei sog. **Trittbrettfahrern**, also Tätern, die bei einer von Dritten vorgenommenen Entführung vorgeben, sie hätten das Opfer in ihrer Gewalt. Hier liegt regelmäßig nur § 253 (nicht aber § 263!) vor, wenn der Trittbrettfahrer ein Lösegeld kassiert[90].

36 § 239a I enthält zwei Tatvarianten, die sich im Hinblick auf die Erpressung wesentlichen voneinander unterscheiden: Die 1. Alt. des § 239a I ist bereits dann vollendet, wenn der Täter die Freiheitsberaubung vorgenommen hat. Erforderlich ist lediglich, dass er dabei – subjektiv – in der Absicht gehandelt hat, diese Situation für eine Erpressung auszunutzen. Diese muss also lediglich beabsichtigt sein. Dagegen nutzt der Täter in der 2. Alt. eine bereits bestehende Zwangslage des Opfers, die er (oder ein anderer) ohne (nachweisbaren) Erpressungsvorsatz herbeigeführt hat, zu einer Erpressung aus. Hier muss also neben der Freiheitsberaubung auch die Erpressung objektiv vorliegen, wobei der Versuch einer Erpressung ausreicht[91]. Insoweit handelt es sich hier also um ein zweiaktiges Delikt.

Da die Freiheitsberaubung ein Dauerdelikt ist, ist diese Differenzierung verfehlt. Denn in dem Moment, in dem der Täter bei vorliegender Zwangslage des Opfers einen entsprechenden Erpressungsvorsatz fasst, ist die 1. Alt. des § 239a erfüllt. Es muss daher nicht abgewartet werden, bis der Täter die beabsichtigte Erpressung auch tatsächlich versucht (2. Alt.). Da eine erpresserische Entführung zudem nur Erfolg haben kann, wenn der Täter erwartet, dass sich jemand um den Entführten sorgt, ist die Absicht zur Ausnutzung der Sorge des Opfers oder eines Dritten in dem entsprechenden Vorsatz der Freiheitsberaubung zwecks Erpressung notwendig enthalten.

§ 239a (und ebenso § 239b) erfordert schließlich einen zeitlichen Zusammenhang von Freiheitsberaubung und Erpressung (bzw. Nötigung). Dieser entfällt, wenn die abgepresste Handlung erst nach Beendigung der Freiheitsberaubung erfolgen soll (z. B. wenn das Lösegeld aus Furcht vor einer erneuten Entführung erst nach der Freilassung übergeben werden soll)[92].

b) Grundtatbestand, Zwei-Personen-Verhältnis

37 Beim **Zwei-Personen-Verhältnis** liegt eine Kombination von Freiheitsberaubung und Erpressung desselben Opfers vor. Das dem Opfer angedrohte Übel ist die Fortdauer der Freiheitsentziehung, je nach Situation wird das Opfer häufig mindestens konkludent zusätzlich mit seiner Tö-

---

89 BGHSt 26, 70.
90 Vgl. oben Rn. 7.
91 BGH, StV 1987, 483; LK-*Träger/Schluckebier*, 11. Aufl., § 239a Rn. 20; *S/S/Eser/Eisele*, § 239a Rn. 24; a. M. (Vollendung erforderlich) *Maurach/Schroeder/Maiwald*, BT I, § 15 Rn. 24; MüKo-*Renzikowski*, 2. Aufl., § 239a Rn. 63; SK-*Horn/Wolters*, § 239a Rn. 15.
92 Vgl. hierzu BGH, NStZ-RR 1997, 100; BGH StV 2014, 284.

tung bedroht. Weil hier, anders als im **Drei-Personen-Verhältnis**, die hohe Strafdrohung unerklärlich ist[93] und es zudem zu einer nicht nachvollziehbaren Vorverlagerung der Strafbarkeit kommt, hat es verständliche Bemühungen um einschränkende Interpretationen gegeben (bis hin zur Annahme einer Verdrängung des § 239a durch die milderen §§ 239, 253, 52).

> **Beispiel:** T dringt in die Wohnung des ihm körperlich weit unterlegenen O ein, schließt die Tür ab und droht ihm mit einer Tracht Prügel, falls O nicht den Tresor öffne und ihm das Geld in eine Tasche packe. O weigert sich. – Hier liegt jedenfalls eine versuchte räuberische Erpressung, §§ 253, 255, vor (Strafrahmen: Freiheitsstrafe nicht unter einem Jahr). Sieht man in dieser Situation zugleich eine Bemächtigungslage, so liegt daneben auch ein vollendeter (!) erpresserischer Menschenraub vor (hierfür muss die Erpressung ja lediglich beabsichtigt sein!), der zu einer Freiheitsstrafe nicht unter fünf Jahren führt.

Der BGH[94] nimmt eine Einschränkung wie folgt vor: Die 2. Alt. des § 239a I sei als ein zweiaktiges Delikt konzipiert, bestehend aus dem Schaffen einer Erpressungs- oder Bemächtigungssituation und dem Ausnutzen dieser Lage. Daher müsse auch § 239a I 1. Alt. als (unvollkommen) zweiaktiges Delikt angesehen werden, bei dem der Täter die von ihm geschaffene Lage zu einer weitergehenden Nötigung ausnutzen will (insoweit sei der zweite Akt der Deliktsverwirklichung zwar in den subjektiven Tatbestand verlagert, dies ändere aber an der Zweiaktigkeit nichts). Dies führe aber dazu, dass § 239a I 1. Alt. dann entfallen müsse, wenn die beiden Akte des Sichbemächtigens und des Erpressens in einem einheitlichen Akt zusammenfallen, wie dies aber bei dem Bedrohen des Opfers mit einer Schusswaffe und gleichzeitig stattfindendem Erpressungsversuch der Fall sei. Insofern müsse also eine „stabilisierte Zwangslage" gegeben sein, aus der heraus die Erpressung stattfinden könne[95].

> Diese Einschränkung kann jedoch nicht genügen, denn hiernach wären z. B. Fälle, in denen ein Täter sein Opfer gewaltsam in sein Auto zerrt, um es in einen nahe gelegenen Wald zu fahren und dort zu erpressen (§ 239a) oder zu vergewaltigen (§ 239b) auch weiterhin erfasst. Es muss daher gefordert werden, dass der Täter dem Opfer ein Verhalten abnötigt bzw. abnötigen will, welches eine aktive Rolle des Opfers verlangt. Die bloße (erzwungene) Duldung eines Verbrechens kann hierfür nicht ausreichen[96]. Nur dadurch wird auch ein Gleichklang des Zwei- mit dem Drei-Personenverhältnis erreicht, da auch hier der Dritte nicht nur eine Straftatbegehung zu dulden hat, sondern zu einem darüber hinaus gehenden Tun oder Unterlassen genötigt wird.

c) Qualifikation, § 239a III

Abs. 3 enthält eine Erfolgsqualifikation bei wenigstens leichtfertiger Verursachung des Todes des Opfers. Als Opfer ist hier das Opfer der Freiheits- 38

---

[93] Vgl. oben Rn. 33.
[94] BGHSt 40, 350 (zu § 239b).
[95] BGH, NStZ 1999, 509; BGH, NStZ 2010, 516 mit Besprechung von *Jahn*, JuS 2010, 174.
[96] Vgl. hierzu B. *Heinrich*, NStZ 1997, 365 (369 f.).

beraubung (bei Drei-Personen-Verhältnissen also nicht das Erpressungsopfer) anzusehen. Die Qualifikation ist nicht erfüllt, wenn z. B. ein Polizeibeamter beim Versuch, das seiner Freiheit beraubte Opfer zu befreien, getötet wird[97].

d) Tätige Reue, § 239a IV

39 Im Interesse des Entführten wird dem Täter eine großzügige „Rücktrittsmöglichkeit" im Wege der tätigen Reue eröffnet. § 239a IV macht eine solche trotz der bei § 239a sehr früh eintretenden Vollendung möglich. Dabei hat der Gesetzgeber auf die sonst (§§ 24, 31) für einen Rücktritt konstitutive Freiwilligkeit verzichtet. Gerade in einer für den Täter aussichtslosen Lage besteht die Gefahr, dass dieser den Entführten tötet. Dem sucht § 239a IV dadurch entgegenzuwirken, dass auch der unfreiwillige Rücktritt prämiert wird[98]. Auch der „Verzicht auf die erstrebte Leistung" braucht nicht freiwillig zu sein. Selbst wenn der Täter z. B. überzeugt ist, sein Ziel nicht mehr erreichen zu können, kommt ihm § 239a IV zugute, wenn er sein Opfer freigibt.

e) Konkurrenzen

40 Falls zugleich § 235 vorliegt (vgl. § 235 IV Nr. 2), wird er von § 239a konsumiert, obwohl § 235 an sich ein anderes Rechtsgut schützt, nämlich das Personensorgerecht. Kommt es zur versuchten oder vollendeten Erpressung nach den §§ 253, 255, so steht die Erpressung zum erpresserischen Menschenraub in der Dreierbeziehung in Tateinheit[99]. Die §§ 239, 240 werden von § 239a als lex specialis verdrängt. – In der Zweierbeziehung konsumiert § 239a die §§ 239, 253[100], 255.

3. Geiselnahme, § 239b

41 § 239b unterscheidet sich von § 239a dadurch, dass es dem Täter nicht um das spezielle Ziel der erpresserischen Bereicherung, sondern in der **Dreierbeziehung** um beliebige andere Handlungen, Duldungen oder Unterlassungen des genötigten Dritten geht, z. B. dem Unterlassen der Festnahme des Täters[101]. Entsprechend geht es in der **Zweierbeziehung** auch nicht um eine Erpressung der Geisel, sondern um andere Handlungen, Duldungen oder Unterlassungen (z. B. im Bereich der sexuellen Integrität)[102]. Systematisch stellt § 239b einen Spezialfall der Nötigung dar, § 239a einen Spezialfall der Erpressung. – Im Vergleich zu § 239a setzt § 239b außerdem eine besondere, schwere Bedrohung der Geisel (mit eine Freiheits-

---

97 Zu Leichtfertigkeit, § 18, und zur Teilnahme vgl. oben. zu § 251, § 17 Rn. 30 ff.
98 Vgl. hierzu BGH, NStZ 2001, 532 m. Anm. *B. Heinrich,* JR 2002, 161.
99 So BGHSt 26, 24 (28).
100 Dass der Schuldspruch nach § 239a offen lässt, ob es zu einer vollendeten Erpressung gekommen ist, steht dem nicht im Wege; anders SK-*Horn/Wolters,* § 239a Rn. 19.
101 BGHSt 26, 70.
102 Zur grundsätzlichen Problematik der Zweierbeziehung vgl. oben Rn. 33, 37 unter Hinweis auf BGHSt 40, 350.

beraubung von über einer Woche oder mit dem Tod oder einer schweren Körperverletzung, § 226) voraus.

Soweit es um das **Ziel** des Täters geht, ist also § 239a spezieller, soweit es um das eingesetzte **Nötigungsmittel** geht, ist § 239b spezieller. Mit der Rechtsprechung[103] ist trotzdem nicht Tateinheit, sondern Subsidiarität des § 239b gegenüber § 239a anzunehmen: „Soweit die Geiselnahme zu dem Zweck vorgenommen wird, durch Bedrohung des Opfers eine unrechtmäßige Bereicherung zu erlangen, ist allein § 239a anzuwenden." Idealkonkurrenz ist dagegen dann anzunehmen, „wenn die Geiselnahme sowohl dem Ziel der Bereicherung als auch anderen Zielen dient"[104]. Diese anderen Ziele müssen jedoch gegenüber der Bereicherung eine gewisse Selbstständigkeit aufweisen, ein die Bereicherung bloß unterstützendes Ziel rechtfertigt die Anwendung des § 239b nicht[105]. 42

Im Übrigen gelten die Ausführungen zu § 239a entsprechend. Auch bei § 239b I 1. Alt. ist im Zweierverhältnis eine stabilisierte Zwangslage erforderlich, wobei die bloße Duldung einer Handlung des Täters auch hier nicht ausreicht. – Richtet sich bei § 239b die Nötigung gegen Verfassungsorgane, besteht zwischen § 239b und den §§ 105, 106 Tateinheit.

---

103 BGHSt 25, 386 (387).
104 BGHSt 25, 386 (387).
105 Richtig BGHSt 25, 386 (eine Nötigung des schutzbereiten Dritten, sich in einer § 239a-Situation auf den Boden zu legen, führt nicht zu einer tateinheitlichen Verwirklichung des § 239b).

Teil III: Vermögensdelikte, insbesondere Betrug, Untreue, Wirtschaftskriminalität

§ 19 Vermögensdelikte, Wirtschaftskriminalität und Wirtschaftsstrafrecht

Literaturhinweise: *Achenbach*, Das Zweite Gesetz zur Bekämpfung der Wirtschaftskriminalität, NJW 1986, 1835; *ders.*, Zur aktuellen Lage des Wirtschaftsstrafrechts in Deutschland, GA 2004, 559; *ders.*, Das Strafrecht als Mittel der Wirtschaftslenkung, ZStW 119 (2007), 789; *ders.*, „Ordnungsfaktor Wirtschaftsstrafrecht", StV 2008, 324; *Achenbach/Ransiek*, Handbuch Wirtschaftsstrafrecht, 3. Aufl., 2012; *Alwart*, Wirtschaftsstrafrecht im Übergang, JZ 2006, 546; *Baumann*, Zum Ärgernis Submissionsbetrug, Oehler-FS 1985, S. 291; *ders.*, Strafrecht und Wirtschaftskriminalität – Eine wegen des Entwurfs eines 2. WiKG notwendige Erwiderung, JZ 1983, 935; *Beck/ Valerius*, Fälle zum Wirtschaftsstrafrecht, 2009; *Berz*, Das Erste Gesetz zur Bekämpfung der Wirtschaftskriminalität, BB 1976, 1435; *Bottke*, Täterschaft und Teilnahme im deutschen Wirtschaftskriminalrecht – de lege lata und de lege ferenda, JuS 2002, 320; *ders.*, Das Wirtschaftsstrafrecht in der Bundesrepublik Deutschland – Lösungen und Defizite, wistra 1991, 1, 52; *Braum*, Das „Corpus Iuris" – Legitimität, Erforderlichkeit und Machbarkeit, JZ 2000, 493; *Dieners*, Selbstkontrolle der Wirtschaft zur Verhinderung der Korruption, JZ 1998, 181; *Frommel*, Das Zweite Gesetz zur Bekämpfung der Wirtschaftskriminalität, JuS 1987, 667; *Geerds*, Wirtschaftsstrafrecht und Vermögensschutz, 1990; *Göhler/Wilts*, Das Erste Gesetz zur Bekämpfung der Wirtschaftskriminalität, DB 1976, 1609, 1657; *Granderath*, Das Zweite Gesetz zur Bekämpfung der Wirtschaftskriminalität, DB 1986, Beil. 18, 1; *Haft*, Das Zweite Gesetz zur Bekämpfung der Wirtschaftskriminalität (2. WiKG), NStZ 1987, 6; *Gropp* (Hrsg.), Wirtschaftskriminalität und Wirtschaftsstrafrecht in einem Europa auf dem Weg zu Demokratie und Privatisierung, 1998; *Hassemer*, Die Basis des Wirtschaftsstrafrechts, wistra 2009, 169; *Hefendehl*, Enron, Worldcom und die Folgen: Das Wirtschaftsstrafrecht zwischen kriminalpolitischen Erwartungen und dogmatischen Erfordernissen, JZ 2004, 18; *Heinz*, Die Bekämpfung der Wirtschaftskriminalität mit strafrechtlichen Mitteln – unter besonderer Berücksichtigung des 1. WiKG, GA 1977, 193, 225; *ders.*, Wirtschaftskriminologische Forschungen in der Bundesrepublik Deutschland, wistra 1983, 128; *ders.*, Konzeption und Grundsätze des Wirtschaftsstrafrechts (einschließlich Verbraucherschutz), Kriminologischer Teil, ZStW 96 (1984), 417; *ders.*, System und Gliederung der Wirtschaftsstraftaten im deutschen Recht, in: Eser/Kaiser (Hrsg.), Zweites deutsch-ungarisches Kolloquium über Strafrecht und Kriminologie, 1995, S. 155; *Hellmann/Beckemper*, Wirtschaftsstrafrecht, 3. Aufl. 2010; *dies.*, Fälle zum Wirtschaftsstrafrecht, 2. Aufl. 2010; *Husemann*, Die Beeinflussung des deutschen Wirtschaftsstrafrechts durch Rahmenbeschlüsse der Europäischen Union, wistra 2004, 447; *Jung*, Das Erste Gesetz zur Bekämpfung der Wirtschaftskriminalität (1. WiKG), JuS 1976, 757; *Krekeler/Tiedemann/Ulsenheimer/Weinmann* (Hrsg.), Handwörterbuch des Wirtschafts- und Steuerstrafrechts, Loseblattsammlung; *Lampe/Lenckner/Stree/Tiedemann/Weber*, Alternativ-Entwurf eines Strafgesetzbuches, Besonderer Teil, Straftaten gegen die Wirtschaft, 1977; *Lüderssen*, Entkriminalisierung des Wirtschaftsrechts, 1998; *Mitsch*, Rechtsprechung zum Wirtschaftsstrafrecht nach dem 2. WiKG, JZ 1994,

877; *Möhrenschlager*, Das Zweite Gesetz zur Bekämpfung der Wirtschaftskriminalität (2. WiKG), wistra 1986, 123; *Momsen/Grützner* (Hrsg.), Wirtschaftsstrafrecht, Handbuch für die Unternehmens- und Anwaltspraxis, 2013; *Müller-Emmert/Maier*, Das 1. WiKG, NJW 1976, 1657; *Müller-Gugenberger/Bieneck* (Hrsg.), Wirtschaftsstrafrecht – Handbuch des Wirtschaftsstraf- und -ordnungswidrigkeitenrechts, 5. Aufl., 2011; *Müller/Wabnitz/Janovsky*, Wirtschaftskriminalität. Eine Darstellung der typischen Erscheinungsformen mit praktischen Hinweisen zur Bekämpfung, 4. Aufl., 1997; *Nöckel*, Grund und Grenzen eines Marktwirtschaftsstrafrechts, 2012; *Opp*, Soziologie der Wirtschaftskriminalität, 1975; *Ott/Schäfer* (Hrsg.), Die Präventivwirkung zivil- und strafrechtlicher Sanktionen, 1999; *Otto*, Konzeption und Grundsätze des Wirtschaftsstrafrechts (einschließlich Verbraucherschutz), Dogmatischer Teil I, ZStW 96 (1984), 339; *ders.*, Die Tatbestände gegen Wirtschaftskriminalität im Strafgesetzbuch – Kriminalpolitische und damit verbundene rechtsdogmatische Probleme von Wirtschaftsdelikten, Jura 1989, 24; *Ransiek*, Unternehmensstrafrecht. Strafrecht, Verfassungsrecht, Regelungsalternativen, 1996; *Reck/Hey*, Die neue Qualität der Wirtschaftsstraftaten in den Neuen Bundesländern unter besonderer Berücksichtigung der GmbH, GmbHR 1996, 658; *Rönnau/Samson* (Hrsg.), Wirtschaftsstrafrecht aus Sicht der Strafverteidigung, 2003; *Schlüchter*, Zweites Gesetz zur Bekämpfung der Wirtschaftskriminalität, Kommentar mit einer kriminologischen Einführung, 1987; *Schubarth*, Das Verhältnis von Strafrechtswissenschaft und Gesetzgebung im Wirtschaftsstrafrecht, ZStW 92 (1980), 80; *Schünemann*, Strafrechtsdogmatische und kriminalpolitische Grundfragen der Unternehmenskriminalität, wistra 1982, 41; *ders.*, Alternative Kontrolle der Wirtschaftskriminalität, Armin Kaufmann-GS, 1989, S. 629; *Schünemann/Suárez Gonzaléz* (Hrsg.), Bausteine des europäischen Wirtschaftsstrafrechts, Madrid-Symposium für Klaus Tiedemann, 1984; *Sutherland*, White-Collar Criminality, American Sociological Review, Bd. 5, 1940, S. 1; *ders.*, White Collar Crime, 1949 (Neuausgabe 1961); *Tiedemann*, Entwicklung und Begriff des Wirtschaftsstrafrechts, GA 1969, 71; *ders.*, Welche strafrechtlichen Mittel empfehlen sich für eine wirksamere Bekämpfung der Wirtschaftskriminalität? (Gutachten), Verh. des 49. DJT (1972), Bd. I, Teil C; *ders.*, Der Entwurf eines Ersten Gesetzes zur Bekämpfung der Wirtschaftskriminalität, ZStW 87 (1975), 253; *ders.*, Erscheinungsformen der Wirtschaftskriminalität und Möglichkeiten ihrer strafrechtlichen Bekämpfung, ZStW 88 (1976), 231; *ders.*, Plädoyer für ein neues Wirtschaftsstrafrecht, ZRP 1976, 49; *ders.*, Wirtschaftskriminalität und Wirtschaftsstrafrecht, Bd. 1: Allgemeiner Teil 1976; Bd. 2: Besonderer Teil 1976; *ders.*, Wirtschaftskriminalität und Wirtschaftsstrafrecht in den USA und in der Bundesrepublik Deutschland, 1978; *ders.*, Die Bekämpfung der Wirtschaftskriminalität durch den Gesetzgeber – Ein Überblick aus Anlaß des Inkrafttretens des 2. WiKG am 1.8.1986, JZ 1986, 865; *ders.*, Stichwort „Wirtschaftsstrafrecht" in: Staatslexikon, 7. Aufl., Bd. 5, 1989; *ders.*, Wirtschaftsstrafrecht – Einführung und Übersicht, JuS 1989, 689; *ders.*, Das deutsche Wirtschaftsstrafrecht im Rahmen der Europäischen Union, Miyazawa-FS 1995, S. 673; *ders.* (Hrsg.), Wirtschaftsstrafrecht in der Europäischen Union, Freiburg-Symposium, 2002; *ders.*, Wirtschaftsstrafrecht, Einführung und Allgemeiner Teil, 3. Aufl. 2010; *ders.*, Wirtschaftsstrafrecht, Besonderer Teil, 3. Aufl. 2011; *Volk*, Strafrecht und Wirtschaftskriminalität – Kriminalpolitische Probleme und dogmatische Schwierigkeiten, JZ 1982, 85; *M. Vormbaum*, Schutz der Rechtsgüter von EU-Staaten durch das deutsche Strafrecht, 2005; *Weber*, Konzeption und Grundsätze des Wirtschaftsstrafrechts (einschließlich Verbraucherschutz), Dogmatischer Teil II: Das Wirtschaftsstrafrecht und die allgemeinen Lehren und Regeln des Strafrechts, ZStW 96 (1984), 376; *ders.*, Das Zweite Gesetz zur Bekämpfung der Wirtschaftskriminalität (2. WiKG), NStZ 1986, 481; *Wabnitz/Janovsky* (Hrsg.), Handbuch des Wirtschafts- und Steuerstrafrechts, 3. Aufl. 2007; *Weinmann*, Gesetzgeberische Maßnahmen zur Bekämpfung der Wirtschaftskriminalität: Besteht nach dem 1. und 2. WiKG ein weiterer Regelungsbedarf?, Pfeiffer-FS 1988, S. 87; *Wittig*, Wirtschaftsstrafrecht, 2. Aufl. 2011; *Zirpins/Terstegen*, Wirtschaftskriminalität, 1963.

Zugang zur Wirtschaftskriminalität § 19 Rn. 1–2

Übersicht

		Rn.
I.	Zugang zur Wirtschaftskriminalität über die „klassischen" Vermögensdelikte	1
II.	Wesen und Begriff der Wirtschaftskriminalität und des Wirtschaftsstrafrechts	8
	1. Definitionsansatz bei den Tätern (white collar crime)	8
	2. Definitionsansatz beim Rechtsgut „Wirtschaft"	11
	3. Kein numerus clausus der Wirtschaftsstraftaten	17
	a) Einbeziehung von klassischen Vermögensdelikten	17
	b) § 74c GVG und die Rechtspraxis	18
	4. Ergebnis	19
III.	Der Umfang der Wirtschaftskriminalität	22
IV.	Ursachen der Wirtschaftskriminalität	23

I. Zugang zur Wirtschaftskriminalität über die „klassischen" Vermögensdelikte

Studierende haben erfahrungsgemäß keine klaren Vorstellungen von Wirtschaftskriminalität und Wirtschaftsstrafrecht, und manche machen einen Bogen um diese Materien. Dies ist nicht verwunderlich, denn beide Begriffe sind nicht gesetzlich definiert, wissenschaftlich nicht völlig geklärt und umfassen überdies eine ganze Reihe von Verhaltensweisen, die nicht im Kernstrafrecht (d. h. im StGB), sondern im Nebenstrafrecht unter Strafe gestellt sind[1]. Das Interesse dürfte jedoch zunehmen, wenn man bedenkt, dass die Materie nicht nur in der Praxis äußerst relevant ist, sondern inzwischen auch in den juristischen Fakultäten im Rahmen der Schwerpunktausbildung zunehmend vertieft wird.   1

Am besten nähert man sich dem Wirtschaftsstrafrecht von dem bekannteren Terrain des klassischen Vermögensstrafrechts her[2]. Dafür spricht einmal, dass im Umfeld der hergebrachten Vermögensdelikte Betrug und Untreue (§§ 263, 266) eine ganze Reihe von Tatbeständen angesiedelt wurden, deren Zugehörigkeit zum Wirtschaftsstrafrecht deshalb nahe liegt, weil sie überwiegend durch die beiden Gesetze zur Bekämpfung der **Wirtschaftskriminalität** (1. WiKG 1976 und 2. WiKG 1986) in das StGB eingestellt wurden[3].   2

---

1 Zu den Bemühungen um eine begriffliche Erfassung der Wirtschaftskriminalität und des Wirtschaftsstrafrechts vgl. unten Rn. 8 ff.; zur historischen Entwicklung des Wirtschaftsstrafrechts siehe z. B. die Ausführungen bei *Müller-Gugenberger/Bieneck-Richter*, Wirtschaftsstrafrecht, 5. Aufl. 2011, § 2 Rn. 1 ff; *Tiedemann*, Wirtschaftsstrafrecht, Einführung und Allgemeiner Teil, 3. Aufl. 2010, Rn. 48 ff.
2 Allerdings können neben den Vermögensdelikten auch andere Deliktsgruppen wirtschaftskriminelle Züge aufweisen; vgl. dazu unten Rn. 16.
3 Allerdings weisen nicht alle durch das 1. und 2. WiKG geschaffenen Vorschriften einen eindeutig wirtschaftsstrafrechtlichen Gehalt auf; vgl. dazu unten Rn. 5 ff.

§ 19 Rn. 3–7 Wirtschaftskriminalität

Zum anderen ist daran zu erinnern, dass konventionelle Vermögensdelikte, namentlich der Betrug, schon per se geeignet sein können, über die Schädigung Einzelner hinaus das **Wirtschaftssystem zu beeinträchtigen**[4].

3 Gerade dieser im Angriff auf die **Wirtschaftsordnung** liegende überindividuelle Unrechtsgehalt des Täterverhaltens ist ein wesentliches Kriterium der Wirtschaftskriminalität[5]. Namentlich die dem § 263 benachbarten Tatbestände des Subventionsbetrugs (§ 264), des Kapitalanlagebetrugs (§ 264a) und des Kreditbetrugs (§ 265b) verdanken ihre Einfügung in das StGB der Einschätzung, dass § 263 nicht geeignet ist, dem über den individuellen Vermögensschutz hinausgreifenden Allgemeininteresse am Schutz wichtiger Bereiche des Wirtschaftslebens, z. B. des Subventionswesens (§ 264), hinreichend Rechnung zu tragen.

4 In Teil III dieses Lehrbuchs werden Betrug und Untreue wegen ihrer großen Examensbedeutung in den §§ 20 und 22 eingehend dargestellt. Vor diesem Hintergrund werden in den §§ 21 und 23 die betrugs- und untreueähnlichen Delikte behandelt. Dabei wird jeweils herausgestellt, worauf das Versagen der §§ 263 und 266 bei der Kriminalitätsbekämpfung beruht, sodass Spezialtatbestände erforderlich wurden.

5 Dabei wird sich zeigen, dass – obwohl durch das 2. WiKG eingefügt – nicht alle Sondertatbestände wirtschaftsstrafrechtlicher Natur sind und dass sie deshalb nötig geworden sind, weil der Betrugstatbestand beim Schutz des Vermögens Einzelner teilweise nicht greift.

6 Ein **Beispiel** bildet der Computerbetrug (§ 263a), der deshalb erforderlich wurde, weil § 263 die Täuschung eines Menschen voraussetzt, die bei der unlauteren vermögensschädigenden Beeinflussung eines Datenverarbeitungsvorgangs fehlt. Tatsächlich gelangt § 263a nun aber in der Praxis auch überwiegend bei eher bagatellartigen Angriffen gegen fremdes Vermögen zur Anwendung (vgl. nur den Bankomatenmissbrauch), welche die Wirtschaftsordnung nicht beeinträchtigen[6].

7 Auch andere **Computerdelikte** weisen, obwohl ihre Regelung als Kernstück des 2. WiKG 1986 bezeichnet wird, in der Regel keine wirtschaftskriminellen Dimensionen auf. Vielmehr sind diese neuen Spezialvorschriften deshalb erforderlich geworden, weil das hergebrachte Strafrecht für die Bekämpfung von Missbräuchen der Computertechnik nicht gerüstet war.

Mit dem Begriff „Computerkriminalität" darf also nicht die Vorstellung der Beeinträchtigung eines einheitlichen gesamtwirtschaftlichen Rechtsguts verbunden werden. Vielmehr wird mit „Computerkriminalität" lediglich die Art der Tatbegehung umschrieben, die sich gegen ganz unterschiedliche Rechtsgüter, nicht nur gegen das Vermögen, richten kann. Als Beispiel sei hier auf § 202a (Ausspähen von EDV-gespei-

---

4 Vgl. oben § 11 Rn. 16 f. sowie unten Rn. 17.
5 Vgl. unten Rn. 12 f.
6 Vgl. zu § 263a unten § 21 Rn. 26 ff.

cherten Daten) hingewiesen, der mit der „Verfügungsbefugnis über besonders geschützte Informationen" eine eher diffuse Schutzrichtung aufweist[7].

II. Wesen und Begriff der Wirtschaftskriminalität und des Wirtschaftsstrafrechts

1. Definitionsansatz bei den Tätern (white collar crime)

Wirtschaftskriminalität und Wirtschaftsstrafrecht sind, jedenfalls bislang, keine eindeutig abgrenzbaren Begriffe wie etwa Tötungskriminalität, Sexualstrafrecht, Staatsschutzstrafrecht oder Verkehrsstrafrecht. Diese **Unsicherheit in der Begriffsbestimmung** ist vor allem darauf zurückzuführen, dass die moderne Kriminologie weniger an die Taten als an die Täter anknüpft. Bezeichnend ist der Terminus „white collar crime", der auf eine bestimmte Personengruppe, die „Leute mit den weißen Krägen", abzielt und der häufig mit „Wirtschaftskriminalität" gleichgesetzt wird. Von diesem kriminologischen Ansatz[8] ausgehend rückte später immer mehr die Störung der Wirtschaftsordnung bzw. das überindividuelle Opfer in den Mittelpunkt der Betrachtung.

Der Schöpfer des Begriffs „white collar crime", der amerikanische Kriminologe *Edwin H. Sutherland*[9], verstand unter einem Wirtschaftsdelikt ein Verbrechen, das von dem Angehörigen einer hohen sozialen Schicht im Rahmen seines Berufes begangen wird[10]. Das regelmäßig gegebene Handeln im Rahmen eines Unternehmens hat *Sutherland* zur Betrachtung der Wirtschaftskriminalität als **Organisationskriminalität** geführt[11]. Mit dieser Definition wird in der Tat ein Täterkreis erfasst, der uns gemeinhin vorschwebt, wenn von Wirtschaftskriminalität die Rede ist: Industrielle, Bankiers oder Manager, die Steuern hinterziehen, Subventionen erschleichen, Kapitalanleger um ihre Ersparnisse bringen usw. Aber soll auch der Arzt, der ja nicht nur einen weißen Kragen, sondern sogar einen weißen Kittel trägt, Wirtschaftsstraftäter sein, wenn er um einer Erbschaft willen einem Patienten die tödliche Spritze gibt? – Von ärztlicher Wirtschaftsdelinquenz würde man doch eher sprechen, wenn ein Mediziner überhöhte Honorare kassiert, sich durch Bestechung zum Einsetzen viel zu teurer künstlicher

---

7   Vgl. oben § 8 Rn. 47 ff.; zu den anderen Computertatbeständen und den durch sie geschützten Rechtsgütern vgl. den Überblick oben § 8 Rn. 43.
8   Neben diesem kriminologischen Ansatz gibt es heute auch vermehrt kriminalsoziologische, kriminal- und verfahrenstaktische sowie rechtsdogmatische Ansätze; vgl. hierzu *Dessecker*, in: Momsen/Grützner, Wirtschaftsstrafrecht, 2013, 1. Kap. B. Rn. 1 ff.; *Otto*, ZStW 96 (1983), 339 (341 f.); *Tiedemann*, Wirtschaftsstrafrecht, Einführung und Allgemeiner Teil, 3. Aufl. 2010, Rn. 40 ff.
9   *Sutherland*, White Collar Crime, 1949, S. 9.
10 „White collar crime may be defined approximately as a crime committed by a person of respectability and high social status in the course of his occupation"; vgl. *Sutherland*, White Collar Crime, 1949, S. 9.
11 „White collar crime is organized crime"; vgl. *Sutherland*, White Collar Crime, 1949, S. 217.

Herzklappen verleiten lässt[12] oder im Zusammenwirken mit Apothekern und „Patienten" durch Rezeptschwindel die Krankenkassen schädigt. – Und soll andererseits der Arbeiter oder Hausmeister in einem chemischen Betrieb, der einen blauen (oder gar keinen) Kragen trägt, keine Wirtschaftsstraftat begehen, wenn er im Auftrag einer ausländischen Konkurrenzfirma Formeln eines neuen Arzneimittels oder kosmetischen Produkts ablichtet und weitergibt, also Betriebsspionage betreibt? Die Beispiele zeigen, dass die Umschreibung von *Sutherland* einerseits zu weit (Erfassung des die Todesspritze verabreichenden Arztes), andererseits aber auch zu eng ist (Nichterfassung des Arbeiters oder Hausmeisters).

10 Unter diesem Mangel müssen zwangsläufig alle Versuche leiden, Wirtschaftskriminalität und Wirtschaftsstrafrecht vom Täterkreis her zu bestimmen. Sie sind für unser Strafrechtssystem aber auch und vor allem deshalb nicht akzeptabel, weil das deutsche Strafrecht kein Täter-, sondern ein Tatstrafrecht ist[13]. Damit soll nicht die Fruchtbarkeit täterbezogener Ansätze für empirisch-kriminologische Forschungen bestritten werden; dies umso weniger, als wirtschaftsstrafrechtliche Tatbestände häufig eine bestimmte Täterqualität fordern, etwa nur Handlungen von Kaufleuten, Organen von Personenvereinigungen etc. erfassen. Genauso wenig aber wie der Gesetzgeber die Strafbarkeit wegen eines Mordes, eines Diebstahls oder eines Betrugs anhand eines Tätertyps[14] bestimmen kann, ist es möglich, bei der Schaffung wirtschaftsrechtlicher Strafnormen auf die Zugehörigkeit zu einer bestimmten Bevölkerungsschicht oder Berufsgruppe abzustellen. Wie auch sonst im Strafrecht hat der Gesetzgeber nicht den Tätertyp, sondern die Tat zu erfassen – und zwar in einer Weise, die dem Bestimmtheitsgebot des Art. 103 II GG genügt[15].

2. Definitionsansatz beim Rechtsgut „Wirtschaft"

11 Ein weiterer – und im Ergebnis zutreffender – Ansatzpunkt für die Begriffsbestimmung der „Wirtschaftskriminalität" ist das zu schützende Rechtsgut[16]. Wenn man von Tötungs-, Körperverletzungs-, Eigentums- oder Vermögenskriminalität spricht, so denkt man an die hinter den §§ 211 ff., 223 ff., 242 ff., 253, 263 ff. stehenden Rechtsgüter. In gleicher Weise ist es geboten, Wirtschaftskriminalität und Wirtschaftsstrafrecht vom geschützten Rechtsgut her zu bestimmen, also beim Rechtsgut „Wirtschaft" anzusetzen. Unter Wirtschaftsstrafrecht wären dann die Strafvorschriften

---

12 Vgl. die Konstellationen in BGHSt 47, 295; BGHSt 48, 44.
13 Siehe dazu *Baumann/Weber/Mitsch*, § 3 Rn. 80 ff.
14 Zur Lehre vom Tätertyp *Baumann/Weber/Mitsch*, § 3 Rn. 103 ff. Zur Typologie der Wirtschaftskriminellen *Schlüchter*, Zweites Gesetz zur Bekämpfung der Wirtschaftskriminalität, 1987, S. 15 ff.
15 So auch *Tiedemann*, Wirtschaftsstrafrecht, Einführung und Allgemeiner Teil, 3. Aufl. 2010, Rn. 44.
16 Zur rechtsgüterschützenden Funktion des Strafrechts *Baumann/Weber/Mitsch*, § 3 Rn. 10 ff.; *B. Heinrich*, AT, Rn. 3 ff.; vgl. dagegen *Alwart*, JZ 2006, 546 (547), der gerade im Wirtschaftsstrafrecht mehr auf die Regelverletzung als auf die Rechtsgutsverletzung abstellen möchte.

zu verstehen, welche die Wirtschaft schützen, und Wirtschaftskriminalität wären alle Handlungen, die gegen solche Strafvorschriften verstoßen. Mit dieser rechtsgutorientierten Begriffsbestimmung sind jedoch keineswegs alle definitorischen Schwierigkeiten ausgeräumt, und zwar deshalb nicht, weil „Wirtschaft" ein sehr weiter Begriff ist. Der Wirtschaft wird nämlich alles zugerechnet, was der Befriedigung der materiellen Bedürfnisse des Menschen dient, also jede wirtschaftliche Betätigung, insbesondere die Erzeugung, Herstellung und Verteilung von Gütern sowie die Erbringung und Entgegennahme von Leistungen des wirtschaftlichen Bedarfs. Dementsprechend rechnet das BVerfG[17] zum Recht der Wirtschaft im Sinne der Gesetzgebungskompetenz des Art. 74 I Nr. 11 GG alle Normen, die das wirtschaftliche Leben und die wirtschaftliche Betätigung als solche regeln, insbesondere die vorstehend genannten Tätigkeiten.

Es liegt auf der Hand, dass eine Anknüpfung an diesen umfassenden Begriff der Wirtschaft dem Wirtschaftsstrafrecht eine nahezu uferlose Reichweite verschaffen würde. Dann wären nämlich praktisch alle Eigentums- und Vermögensdelikte Wirtschaftsstraftaten, etwa der Ladendiebstahl, weil er in die Güterverteilung eingreift, der Obstdiebstahl, weil er die landwirtschaftliche Produktion beeinträchtigt, der Zechbetrug, weil er das Gaststättengewerbe schädigt etc. Man bemüht sich deshalb um eine Definition, die Taten, welche sich ausschließlich oder doch vorwiegend gegen **individuelle Rechtsgüter** richten, aus der Wirtschaftskriminalität und dem Wirtschaftsstrafrecht heraushält. Das entscheidende Kriterium wird in der Beeinträchtigung der Gesamtwirtschaft gesehen. **Wirtschaftsstrafrecht im engeren Sinne** ist demnach die Summe der Strafgesetze, deren **Schutzobjekt** zumindest auch die **Gesamtwirtschaft** oder funktionell wichtige Zweige und Einrichtungen der Gesamtwirtschaft sind. Zur Wirtschaftskriminalität zählen daher Taten, die gegen solche Strafgesetze verstoßen[18].

Zum Kernbereich der Wirtschaftskriminalität gehören somit jedenfalls Verstöße gegen Normen, die der Aufrechterhaltung der Funktionsfähigkeit der Gesamtwirtschaft dienen, etwa Verstöße gegen das **Marktordnungsrecht,** z. B. im Bereich der Europäischen Gemeinschaften, gegen **Sicherstellungsvorschriften** (vgl. §§ 1, 2 WiStG) und **Preisregelungen** (§§ 3–5 WiStG)[19]. Ein funktionell wichtiger Zweig der Gesamtwirtschaft, die **Sozialversicherung,** wird beeinträchtigt durch die Beitragsvorenthal-

---

17 BVerfGE 8, 143 (148 f.).
18 Vgl. in diesem engeren Sinne besonders *Rudolf Schmitt*, Ordnungswidrigkeitenrecht, dargestellt für den Bereich der Wirtschaft, 1970, S. 18 f.; weiter z. B. *Bottke*, JuS 2002, 320 (321); *Otto*, BT, § 60 Rn. 2 (unter Hervorhebung des Vertrauens in die Wirtschaftsordnung und ihre Institute); vgl. ferner *Gössel/Dölling*, BT 1, § 54 Rn. 1. – Eine vorzügliche systematische Gliederung des deutschen Wirtschaftsstrafrechts nach der Angriffsrichtung des kriminellen Verhaltens findet sich bei *Heinz*, System und Gliederung der Wirtschaftsstraftaten im deutschen Recht, in Eser/Kaiser (Hrsg.), Zweites deutsch-ungarisches Kolloquium über Strafrecht und Kriminologie, 1995, S. 155 (167 ff.).
19 Vgl. zum Sozialwucher unten § 24 Rn. 33 ff.

tung (§ 266a)[20]. Weiter sind hierzu **wettbewerbsbeschränkende** Straftaten (Ausschreibungsbetrug, § 298)[21] und Ordnungswidrigkeiten (§ 81 GWB)[22] zu rechnen, denn das Kartellrecht will primär den Wettbewerb der freien Marktwirtschaft als solchen und nicht einzelne Mitbewerber schützen[23]. Ferner zählen hierzu die **Steuerstraftaten** (§§ 369 ff. AO), denn durch sie werden dem Staat die für die Erfüllung gesamtwirtschaftlicher Aufgaben erforderlichen Mittel entzogen[24]. Ebenfalls fällt darunter der Subventionsbetrug (§ 264)[25], denn er schafft zumindest die Gefahr, dass öffentliche Mittel entgegen gesamtwirtschaftlichen Belangen vergeben werden. Überdies ist erfahrungsgemäß in diesem Bereich die **Spiralwirkung** besonders groß, d. h. der Subventionsschwindel ruft eine bei der Wirtschaftskriminalität häufig zu beobachtende typische Folgekriminalität Dritter hervor, die durch Urkundenfälschung, Ausstellen unrichtiger Belege, Bestechlichkeit und ähnliche Tätigkeiten wirtschaftskriminelles Verhalten fördern[26]. – Das **Bestechungsunwesen,** das im Zusammenhang mit dem sich verschärfenden internationalen Wettbewerb anzuwachsen scheint, ist inzwischen ebenfalls dem Kernbereich der Wirtschaftskriminalität zuzurechnen. Denn Schmiergeldzahlungen größeren Umfangs erfolgen vornehmlich zur Erlangung privater und öffentlicher Aufträge, sodass der Wettbewerb verfälscht und Mitbewerber entweder in den Ruin getrieben oder zum Mitmachen veranlasst werden[27]. Der Gesetzgeber hat der wirtschaftskriminellen Dimension der Korruption dadurch Rechnung getragen, dass Bestechung und Bestechlichkeit im geschäftlichen Verkehr (zusammen mit den wettbewerbsbeschränkenden Absprachen, § 298) durch das KorruptionsbekämpfungsG 1997 als §§ 299, 300 in den 26. Abschnitt der BT (Straftaten gegen den Wettbewerb) eingestellt wurden[28]. Es versteht sich, dass auch die §§ 331 ff. dann einen wirtschaftskriminellen Gehalt aufweisen, wenn sie sich gegen das wettbewerbsrelevante öffentliche Vergabewesen richten.

14   Da die Europäische Union zunehmend den **europäischen Wettbewerb** reguliert und zur Wirtschaftslenkung in großem Umfang Subventionen

---

20 Vgl. unten § 23 Rn. 1 ff.
21 Vgl. unten § 21 Rn. 103 ff.
22 Vgl. unten § 24 Rn. 36.
23 Vgl. etwa *Bechtold*, GWB, 6. Aufl. 2010, Einführung Rn. 41. Allerdings lassen sich GWB und UWG in ihrer Schutzrichtung nicht scharf voneinander abgrenzen (siehe z. B. *Müller-Gugenberger/Bieneck-Müller-Gugenberger*,Wirtschaftsstrafrecht, 5. Aufl. 2011, § 57 Rn. 6 f.), sodass die Strafvorschriften im UWG dem Wirtschaftsstrafrecht im weiteren Sinne zuzurechnen sind; vgl. unten Rn. 15.
24 Vgl. zum Schutzgut der §§ 369 ff. AO z. B. *Franzen/Gast/Joecks*, Steuerstrafrecht, 7. Aufl. 2009, Einleitung Rn. 8 ff.; *Wattenberg*, in: *Achenbach/Ransiek* (Hrsg.), Handbuch Wirtschaftsstrafrecht, 3. Aufl. 2012, Kap. IV 2 Rn. 9 ff.
25 Vgl. unten § 21 Rn. 62 ff.
26 Vgl. dazu z. B. *Tiedemann*, Wirtschaftsstrafrecht und Wirtschaftskriminalität, Bd. 1, 1976, S. 26.
27 Siehe dazu z. B. *Müller-Gugenberger/Bieneck-Blessing*, Wirtschaftsstrafrecht, 5. Aufl. 2011, § 53 Rn. 1.
28 § 299 wird zusammen mit den (Amtsträger-)Bestechungsdelikten behandelt; vgl. unten § 49 Rn. 51 ff.

vergibt, sind europäische Institutionen, insbesondere der EU-Haushalt, in besonderem Maße anfällig gegen Manipulationen zur Erlangung ungerechtfertigter Vorteile[29]. Vor diesem Hintergrund sind Bemühungen um die Schaffung eines **gesamteuropäischen Wirtschaftsstrafrechts** zu sehen, was in absehbarer Zukunft allerdings im Wesentlichen nur in Gestalt einer Harmonisierung der nationalen Strafrechtsordnungen durch EU-Richtlinien zu erwarten ist[30]. Art. 325 I, IV AEUV sieht nämlich inzwischen zumindest eine Kompetenz zum Erlass von Richtlinien vor, um das Recht der Mitgliedstaaten zu harmonisieren und diese zum Erlass von entsprechenden Strafvorschriften anzuweisen. Die wohl h. M. entnimmt dieser Vorschrift darüber hinaus aber sogar eine Kompetenz zum Erlass echter Strafnormen in Form von Verordnungen[31]. Die Kommission hat allerdings kürzlich den Weg einer Richtlinie beschritten[32].

Erste Niederschläge dieser Bestrebungen im deutschen Recht sind die Ausdehnung des § 264 (Subventionsbetrug) zum Schutz der finanziellen Interessen der Europäischen Gemeinschaften[33] sowie die Erstreckung der Bestechungstatbestände auf Amtsträger der EU[34]. Ebenso stellt § 299 III (Bestechlichkeit und Bestechung im geschäftlichen Verkehr) nunmehr klar, dass § 299 auf Handlungen im ausländischen Wettbewerb anwendbar ist[35].

Auf eine weitere Vereinheitlichung des europäischen Wirtschaftsstrafrechts zielt das sog. „**Corpus Juris**" ab, ein auf Expertenebene erarbeiteter Modellvorschlag zur Harmonisierung des materiellen und formellen Strafrechts der Mitgliedstaaten[36]. Zum Schutz der finanziellen Interessen der EU werden Vorschriften zur „Bekämpfung" von Betrug zum Nachteil des Gemeinschaftshaushalts, von Ausschreibungs-

---

29 Reiches Anschauungsmaterial mit teilweise geradezu abenteuerlichen Fallgestaltungen bieten die Ausführungen bei *Tiedemann*, Subventionskriminalität in der Bundesrepublik, 1974; *ders.*, ZStW 86 (1974), 897. Zu weit verbreiteten Schein- und Umgehungshandlungen zum Zwecke der Erlangung von Subventionen vgl. *Vogel*, in: *Schünemann/Suárez González* (Hrsg.), Bausteine des europäischen Wirtschaftsstrafrechts, Madrid-Symposium für Klaus Tiedemann, 1984, S. 151.
30 Siehe dazu näher *Sieber*, in: *Schünemann/Suárez González* (Hrsg.), Bausteine des europäischen Wirtschaftsstrafrechts, Madrid-Symposium für Klaus Tiedemann, 1984, S. 349 (352 ff.); zu den europäischen Einflüssen auf das deutsche Wirtschaftsstrafrecht auch *Achenbach*, GA 2004, 559 (566 ff.).
31 *Ambos*, Internationales Strafrecht, 3. Aufl. 2011, § 9 Rn. 8; *Fromm*, StraFo 2008, 358 (365); *Hecker*, Europäisches Strafrecht, 4. Aufl. 2012, § 4 Rn. 82, § 14 Rn. 44; *Krüger*, HRRS 2012, 311 (317); *Mansdörfer*, HRRS 2010, 11 (18); MüKo-*Ambos*, 2. Aufl., Vor § 3 Rn. 7; *Rosenau*, ZIS 2008, 9 (16); *Safferling*, Internationales Strafrecht, 2011, § 10 Rn. 41; *Satzger*, Internationales und Europäisches Strafrecht, 5. Aufl. 2011, § 8 Rn. 25 ff.; *Sieber*, ZStW 121 (2009), 1 (59); *Zimmermann*, JURA 2009, 844 (846); vgl. auch *Heger*, ZIS 2009, 406, 4, der dies allerdings von der Einrichtung einer europäischen Staatsanwaltschaft abhängig macht – a. A. *Böse*, in: Schwarze, EU-Kommentar, 3. Aufl. 2012, Art. 83 EUV Rn. 31; *Sturies*, HRRS 2012, 273 (276 ff.).
32 Vorschlag für eine Richtlinie über die strafrechtliche Bekämpfung von gegen die finanziellen Interessen der Europäischen Union gerichtetem Betrug vom 11.7.2012, KOM (2012) 363 endg.
33 Vgl. unten § 21 Rn. 68, 70.
34 Vgl. unten § 49 Rn. 23.
35 Vgl. zu weiteren Beispielen *Achenbach*, GA 2004, 559 (567 f.); *Müller-Gugenberger/Bieneck-Müller-Gugenberger*, Wirtschaftsstrafrecht, 5. Aufl. 2011, § 5 Rn. 78 ff.
36 Abgedruckt bei *Sieber* in: *Delmas-Marty* (Hrsg.), Corpus Juris der strafrechtlichen Regelungen zum Schutz der finanziellen Interessen der Europäischen Union, 1998; siehe dazu kritisch *Braum*, JZ 2000, 493 ff.

betrug, Bestechlichkeit und Bestechung, Missbrauch von Amtsbefugnissen, Amtspflichtverletzung, Verletzung des Amtsgeheimnisses, Geldwäsche und Hehlerei sowie von kriminellen Vereinigungen vorgeschlagen. Die darin genannten Vorschläge zum Strafverfahrensrecht hatten zur Folge, dass die Europäische Kommission am 11. Dezember 2001 ein „Grünbuch zum strafrechtlichen Schutz der finanziellen Interessen der Europäischen Gemeinschaften und zur Schaffung einer Europäischen Staatsanwaltschaft" vorgelegt hat[37]. Ergänzt wird dieses um ein „Grünbuch über Verfahrensgarantien in Strafverfahren innerhalb der Europäischen Union" vom 19. Februar 2003[38].

15   Neben dem bereits skizzierten Kernbereich des Wirtschaftsstrafrechts[39] gibt es aber eine ganze Reihe von Strafvorschriften, die zwar ihrer ursprünglichen dogmatischen Konzeption nach individuelle Rechtsgüter schützen, deren Verletzung aber typischerweise oder doch in bestimmten Fällen Beeinträchtigungen auch des gesamtwirtschaftlichen Gefüges nach sich zieht. Man spricht insoweit vom **Wirtschaftsstrafrecht im weiteren Sinne**[40]. Zu nennen sind insbesondere die Insolvenzstraftaten (§§ 283 ff.)[41], die über eine Beeinträchtigung der betroffenen Gläubiger hinaus jedenfalls bei Insolvenzen großer Betriebe die Gesamtwirtschaft tangieren (wirtschaftliche Folgeschäden bei den Insolvenzgläubigern, Erschütterung des für die Kreditwirtschaft unerlässlichen Vertrauens, z. B. der Sparer und Anleger durch den Zusammenbruch der Herstatt-Bank und von IOS). Vergleichbare Beispiele bilden der Kapitalanlagebetrug (§ 264a)[42], das Aktienstrafrecht (§§ 399 ff. AktG) sowie das Bank-, Depot-, Börsen- und Insiderstrafrecht (siehe z. B. § 34 f. DepotG, § 49 BörsenG, § 38 WpHG). – Im Gegensatz zum GWB verfolgt das Gesetz gegen den unlauteren Wettbewerb (UWG) zwar primär den Schutz der Mitbewerber vor unlauteren Wettbewerbshandlungen[43], wie z. B. der Werbung mit irreführenden Angaben (§ 5 UWG) oder dem Verrat von Geschäfts- oder Betriebsgeheimnissen (§ 17 UWG)[44]. Aber solche Machenschaften benachteiligen erfahrungsgemäß nicht nur das konkret betroffene Opfer, sondern sind geeignet, ganz allgemein einen Sittenverfall im Wettbewerb herbeizuführen. Hier ist nämlich die Gefahr besonders groß, dass die Mitbewerber des Täters zu denselben Me-

---

37 KOM (2001) 715 endg.; hierzu *Radtke*, GA 2004, 1.
38 KOM (2003) 75 endg.
39 Vgl. oben Rn. 13.
40 Vgl. z. B. *Gössel/Dölling*, BT 1, § 54 Rn. 1; *Tiedemann*, GA 1969, 71 (80); *ders.*, Verh. 49. DJT (Gutachten), 1972, S. C 30.
41 Vgl. oben § 16 Rn. 30 f., 50 ff.
42 Vgl. unten § 21 Rn. 78 ff.
43 Vgl. § 1 UWG: „Dieses Gesetz dient dem Schutz der Mitbewerber, der Verbraucherinnen und der Verbraucher sowie der sonstigen Marktteilnehmer vor unlauterem Wettbewerb. Es schützt zugleich das Interesse der Allgemeinheit an einem unverfälschten Wettbewerb". Vgl. hierzu *Köhler/Bornkamm*, Gesetz gegen den unlauteren Wettbewerb UWG, 31. Aufl. 2013, § 1 UWG, Rn. 1 ff.
44 Die früher in § 12 UWG a. F. geregelte Angestelltenbestechung wurde durch das KorruptionsbekämpfungsG 1997 als § 299 ins StGB eingestellt; vgl. dazu oben Rn. 13 und näher unten § 49 Rn. 51 ff.

thoden greifen, um wirtschaftlich zu überleben oder verlorenen Boden wieder gutzumachen. Dies führt aber letztlich zum Schaden der Verbraucher, also der Allgemeinheit (**Sog- oder Ansteckungswirkung**[45]). Gerade die Beeinträchtigung auch ideeller Güter, etwa des Vertrauens in die Lauterkeit des Wettbewerbs, ist ein Charakteristikum der Wirtschaftskriminalität[46].

Sicher liegt der Schwerpunkt der Wirtschaftskriminalität bei der Beeinträchtigung vermögensrechtlicher Belange. Jedoch weisen auch die Straftaten gegen die Umwelt wirtschaftsdeliktische Züge auf. Denn die gravierenden Delikte der §§ 324 ff.[47] werden in der Regel aus Profitstreben im Rahmen von Betrieben und Unternehmen begangen und schädigen oder gefährden eine unbestimmte Zahl von Einzelnen sowie die überindividuellen ökologischen Güter. Auch dadurch wird das Vertrauen in die geltende Wirtschaftsordnung erschüttert[48]. 16

3. Kein numerus clausus der Wirtschaftsstraftaten

a) Einbeziehung von klassischen Vermögensdelikten

Unter dem Gesichtspunkt der Gefährdung gesamtwirtschaftlicher Interessen können auch die klassischen Vermögensdelikte des StGB wie **Betrug** (§ 263) und **Untreue** (§ 266) **Wirtschaftsdelikte** sein[49]. Wer wertlose „Wertpapiere" unter falschen Behauptungen in großer Menge unter das anlagewillige Publikum bringt, betrügt zwar unmittelbar nur den jeweiligen Anleger, aber er zerstört auch ganz allgemein das Vertrauen in den Wertpapierverkehr und beeinträchtigt damit mittelbar auch gesamtwirtschaftliche Belange. Hält man sich die Folgewirkungen vor Augen, so kann man sogar den Ladendiebstahl der Wirtschaftskriminalität zurechnen, denn verletzt wird nicht allein das Eigentum des jeweils bestohlenen Ladeninhabers, sondern infolge der Massenhaftigkeit des Delikts wird die ganze Branche „Selbstbedienungsläden" gezwungen, den eintretenden Schwund bei der Preiskalkulation zu berücksichtigen und auf die Verbraucher, also die Allgemeinheit, abzuwälzen. 17

b) § 74c GVG und die Rechtspraxis

Diese Sicht der Dinge – kein numerus clausus der Wirtschaftsstraftaten – liegt auch § 74c GVG zugrunde, der die Zuständigkeit der Wirtschaftsstrafkammern bei den Landgerichten regelt. Ihnen können nach § 74c I Nr. 6 GVG Betrugs-, Untreue-, Wucher- und Bestechungssachen zugewiesen 18

---

45 Dazu *Zirpins-Terstegen*, Wirtschaftskriminalität, 1963, S. 32, 98 ff.; *Tiedemann*, Wirtschaftsstrafrecht und Wirtschaftskriminalität, Bd. 1, 1976, S. 25.
46 Zur Verletzung des Vertrauens in die geltende Wirtschaftsordnung oder in einzelne ihrer Institute als Merkmal wirtschaftsdeliktischen Verhaltens siehe insbesondere *Otto*, ZStW 96 (1984), 339 ff.
47 Vgl. unten § 41.
48 Siehe zum wirtschaftskriminellen Gehalt der Umweltdelikte *Müller-Gugenberger/Bieneck-Pfohl*, Wirtschaftsstrafrecht, 5. Aufl. 2011, § 54 Rn. 1 f.; *Weber*, ZStW 96 (1984), 376 m. w. N.
49 So z. B. auch *Otto*, BT, § 60 Rn. 4.

werden, „soweit zur Beurteilung des Falles besondere Kenntnisse des Wirtschaftslebens erforderlich sind". Dies ist u. a. dann der Fall, wenn das Delikt nicht auf eine greifbare Schädigung des konkreten Opfers beschränkt ist.

Auch die **Rechtspraxis** folgt einer nicht auf das geschützte Rechtsgut fixierten Sicht des Wirtschaftsstrafrechts, sondern knüpft – insoweit in Übereinstimmung mit dem kriminologischen Definitionsansatz[50] – bei den Tätern an und versteht unter Wirtschaftsstrafrecht die „Summe der Strafnormen, die den ‚Unternehmer' im Hinblick auf seine **wirtschaftliche Betätigung typischerweise** angehen"[51].

4. Ergebnis

19   Man sollte offen zugeben, dass weder vom Täterkreis noch von der Schutzrichtung der tangierten Norm her eine absolut scharfe Umschreibung der Wirtschaftskriminalität und des Wirtschaftsstrafrechts möglich ist. Mit der Hinnahme der **relativen Offenheit** der Begriffe wird auch der nicht von der Hand zu weisenden Gefahr vorgebeugt, immer neue überindividuelle Rechtsgüter zu postulieren, die zum Ziel haben, unter Berufung auf Interessen der Allgemeinheit (an der Vertrauenswürdigkeit von Institutionen der Gesamtwirtschaft) neue Strafvorschriften zu schaffen, ohne dass hinreichend geprüft ist, ob nicht das hergebrachte strafrechtliche Instrumentarium zur Erfassung strafwürdiger Verhaltensweisen ausreicht[52].

20   Da Wirtschaftskriminalität im Wesentlichen **Unternehmenskriminalität** ist[53], sollte der Schwerpunkt der Examensvorbereitung auf die für ihre strafrechtliche Bewältigung maßgebenden Regelungen des Allgemeinen Teils gelegt werden: Täterschaft und Teilnahme, strafrechtliche Verantwortlichkeit von Organen, Vertretern und Beauftragten (§ 14), Rechtsfolgen bei juristischen Personen und Personenvereinigungen (§ 30 OWiG) sowie Aufsichtspflichtverletzungen in Betrieben und Unternehmen (§ 130 OWiG)[54].

21   **Prozessual** geht es um Maßnahmen für eine sachgerechte Bewältigung einschlägiger Strafverfahren (Bildung von Schwerpunktstaatsanwaltschaften für die Verfolgung von Wirtschaftsdelikten; Einrichtung besonderer Spruchkörper, § 74c GVG). Ins-

---

50 Vgl. oben Rn. 8 ff.
51 So *Müller-Gugenberger/Bieneck-Richter*, Wirtschaftsstrafrecht, 5. Aufl. 2011, § 3 Rn. 31. – Auch *Sutherland* standen nicht nur „große Fälle" vor Augen; vgl. etwa das hübsche Beispiel in White Collar Crime, S. 237: Schuhverkauf im Einzelhandel nach der Devise: „Wir sind nicht dazu da, Kunden das zu verkaufen, was sie wollen, sondern das, was wir haben" (ggf. also Schuhe, die nicht passen, altmodisch sind etc.).
52 Zur Gefahr der Kreation immer neuer überindividueller Rechtsgüter mit der Folge einer Ausuferung des Strafrechts siehe z. B. *Lampe*, Stichwort „Wirtschaftsstrafrecht" in: Handwörterbuch der Wirtschaftswissenschaft, Bd. 9, S. 310 f.; ferner *Herzog*, Gesellschaftliche Unsicherheit und strafrechtliche Daseinsvorsorge, 1991, S. 116 ff.
53 So auch *Gössel/Dölling*, BT 1, § 54 Rn. 1.
54 Siehe dazu z. B. *Baumann/Weber/Mitsch*, § 13 Rn. 15 ff., § 29 Rn. 18 ff., sowie unten § 41 Rn. 32 ff. zur Umweltkriminalität, die häufig ebenfalls Unternehmenskriminalität ist.

besondere müssen prozessuale Möglichkeiten zur besseren Bewältigung von Großverfahren geschaffen werden[55], zu denen sich Wirtschaftsstrafsachen häufig auswachsen. Der derzeitigen Tendenz, Wirtschaftsstrafverfahren mit Schäden in Millionenhöhe letztlich nach § 153a StPO gegen Zahlung eines (hohen) Geldbetrages einzustellen[56], weil man eine überlange Dauer des Verfahrens mit der entsprechenden zeitlichen und personellen Inanspruchnahme der Ermittlungsbehörden fürchtet, ist entschieden entgegenzutreten, da dies auf einen „Freikauf" von der strafrechtlichen Verantwortlichkeit hinausläuft.

Schließlich ist es nur bei Zugrundelegung eines relativ weiten Begriffs der Wirtschaftskriminalität möglich, das dringend notwendige **außerstrafrechtliche Instrumentarium** zur Verhinderung einschlägiger Taten zu verbessern oder überhaupt erst zu schaffen (z. B. verstärkte Wettbewerbs- und Gewerbeaufsicht, staatliche Kontrolle des Zugangs zu bestimmten Tätigkeitsbereichen wie Anlageberatung oder Baubetreuung).

III. Der Umfang der Wirtschaftskriminalität

Nachdem es keine scharfe Begriffsbestimmung gibt, ist es nicht verwunderlich, dass es bisher auch nicht annähernd gelungen ist, den Umfang der Wirtschaftskriminalität festzustellen. Zuverlässigen Schätzungen steht auch das noch nicht erforschte Dunkelfeld entgegen. Auch bei vorsichtiger Schätzung kann jedoch von einem jährlichen **Schaden von mehreren Milliarden Euro** in der Bundesrepublik Deutschland ausgegangen werden[57]. 22

Tiedemann[58] hielt bereits 1978 10–15 Milliarden DM für keineswegs übertrieben, einzelne Milliardenskandale (wie den Herstatt-Fall) nicht mitgerechnet. Nach Untersuchungen des Freiburger Max-Planck-Instituts für ausländisches und internationales Strafrecht betrug bereits in den Jahren 1976 und 1977 allein der Schaden, der Gegenstand von Ermittlungsverfahren gegen Wirtschaftsstraftäter gewesen ist, jeweils über 4 Milliarden DM[59]. Für 2006 weist die Kriminalitätsstatistik für einen Teilbereich der Wirtschaftskriminalität einen Schaden von rund 4,1 Milliarden Euro aus[60]. Einigkeit herrscht darüber, dass der durch Wirtschaftsdelikte verursachte Schaden höher zu veranschlagen ist als der durch alle anderen Straftaten insgesamt herbeigeführte[61].

---

55 Vgl. zu den das Verfahren vereinfachenden Maßnahmen u. a. §§ 25, 29 II; 154 und 154a; 222a und 222b i. V. m. 338 Nr. 1; 249 II StPO.
56 Vgl. nur die Diskussionen um den „Mannesmann-Fall", der nach einer Zurückverweisung durch den BGH (BGHSt 50, 331) nach § 153a StPO gegen Zahlung einer Geldauflage von 5,8 Millionen Euro eingestellt wurde.
57 So z. B. *Otto*, ZStW 96 (1984), 339.
58 *Tiedemann*, Wirtschaftskriminalität und Wirtschaftsstrafrecht in den USA und in der Bundesrepublik Deutschland, 1978, S. 14 f. m. w. N.
59 Vgl. Referentenentwurf eines 2. WiKG, BT-Drucks. 10/5058, Einleitung S. 11 f.
60 Polizeiliche Kriminalstatistik, Berichtsjahr 2011, Tabellenanhang 7, S. 13. Die Kriminalstatistik erfasst dabei jedoch keine Vergehen nach der Abgabenordnung und Ordnungswidrigkeiten. Ebenfalls sind keine Angaben zu den Wirtschaftsstraftaten enthalten, die von Schwerpunktstaatsanwaltschaften oder den Finanzbehörden unmittelbar ohne Beteiligung der Polizei ermittelt werden; vgl. dazu *Müller-Gugenberger/Bieneck-Richter*, Wirtschaftsstrafrecht, 5. Aufl. 2011, § 7 Rn. 25. Vgl. zu den Statistiken und Schätzungen *Eisenberg*, Kriminologie, § 47 Rn. 18 ff.
61 Siehe z. B. *Eisenberg*, Kriminologie, § 47 Rn. 18; *Heinz*, Stichwort „Wirtschaftskriminalität", in: *Kaiser/Kerner/Sack/Schnellhoss* (Hrsg.), Kleines kriminologisches Wörterbuch, 3. Aufl. 1993, S. 592.

§ 19 Rn. 23   Wirtschaftskriminalität

Nicht in Zahlen ausdrücken lassen sich naturgemäß die immateriellen Schäden der Wirtschaftsdelinquenz, vor allem die Sogwirkung auf Mitbewerber, die Erschütterung des Vertrauens der Bevölkerung in den wirtschaftlichen Verkehr sowie die Legitimationsverluste bei der Verfolgung kleiner Diebstähle und Betrügereien.

IV. Ursachen der Wirtschaftskriminalität[62]

23   Die **Motivation von Wirtschaftsstraftätern** ist regelmäßig dieselbe wie die von gewöhnlichen Kriminellen, etwa Dieben oder Betrügern: die individuelle Bereicherung.

Neben gewinnsüchtigen, ohne Rücksicht auf die Schädigung anderer handelnden Charaktertätern, die z. B. von vornherein Scheinfirmen (Briefkastenfirmen) gründen, gibt es allerdings Konflikttäter, die mit ihrem seriösen Unternehmen in finanzielle Schwierigkeiten geraten und zur Rettung des Betriebes Straftaten begehen, etwa keine Beiträge zur Sozialversicherung mehr abführen (§ 266a)[63].

Allerdings ist die Grenze zwischen erlaubter und unerlaubter Bereicherung im Wirtschaftsverkehr schwerer zu ziehen als bei der allgemeinen Kriminalität[64]. Da Gewinnerzielung, Wachstumssteigerung, Überflügelung der Mitbewerber sowie ganz allgemein „Erfolg haben" in unserem Wirtschaftssystem erwünscht sind und in der Gesellschaft bewundert werden, ist es schwierig, ein Bewusstsein dafür zu schaffen, dass die Erreichung dieser erwünschten Ziele nicht den Einsatz aller Mittel rechtfertigt. Der Entwicklung eines präzisen **Unrechtsbewusstseins** der Täter, der Bevölkerung und des Gesetzgebers steht auch die Verschwommenheit des Rechtsguts „Wirtschaft"[65] im Wege. Das traditionelle Strafrecht ist an der Verletzung individueller Rechtsgüter (und somit der Zufügung greifbarer Schäden) orientiert. Je unklarer die Lokalisierung des Schadens ist, desto eher ist man geneigt, strafwürdiges Verhalten zu verneinen. Die wirtschaftliche Schädigung eines Einzelnen wird als gravierender empfunden als z. B. die Schädigung einer Versicherungsgesellschaft, die für den Individualschaden aufzukommen hat („die Versicherung bezahlt ja alles")[66]. Auch Steuerstraftaten werden häufig als „Kavaliersdelikt" eingestuft. Die Schädigung des Staates oder der Allgemeinheit wird häufig schon gar nicht als eigentliche Rechtsgutsverletzung gewertet. Der **Gesetzgeber** kam dieser

---

62   Vgl. dazu insbesondere *Tiedemann*, Wirtschaftsstrafrecht und Wirtschaftskriminalität, Bd. 1, 1976, S. 19 f., 23 ff.
63   Dazu näher und zutreffend zwischen den verschiedenen Persönlichkeitsbildern differenzierend *Schlüchter*, Zweites Gesetz zur Bekämpfung der Wirtschaftskriminalität, 1987, S. 15 ff.
64   Zur Schwierigkeit beim Betrug, die Grenze zwischen erlaubten und unerlaubten Tricks zu ziehen, vgl. bereits oben § 11 Rn. 4 und unten § 20 Rn. 7 ff.
65   Vgl. oben Rn. 11 ff.; vgl. in diesem Zusammenhang auch *Alwart*, JZ 2006, 546 (547), der nicht nur auf das Rechtsgut als Strafwürdigkeitskriterium abstellen möchte, sondern meint, es obliege der Strafrechtswissenschaft, „das traditionelle Rechtsgutsschema um ein modernes Regelmodell zu ergänzen und die wirtschaftsstrafrechtliche Konstellation in den materiellen Verbrechensbegriff zu integrieren."
66   Vgl. oben § 11 Rn. 1 zur Entpersonalisierung der Täter-Opfer-Beziehung.

Denkweise lange Zeit entgegen, indem er z. B. auch schwerste Kartellrechtsverstöße lediglich als Ordnungswidrigkeiten einstufte[67]. Geradezu als Aufforderung, nur noch eine gewisse „Grenzmoral" einzuhalten, wirken **unklare Regelungen** im Steuer- und Subventionsrecht, die sich insbesondere bei europarechtlichen Regelungen zu einem undurchsichtigen Gestrüpp entwickelt haben. Schließlich darf als eine der Ursachen der Wirtschaftskriminalität die **Leichtgläubigkeit** der Opfer nicht außer Acht gelassen werden, etwa der Geldanleger, die sich eine rasche Kapitalvermehrung erhoffen[68].

---

[67] Vgl. oben Rn. 13. – Erst mit dem KorruptionsbekämpfungsG 1997 wurde mit § 298 ein Tatbestand des Ausschreibungsbetrugs ins StGB eingefügt; dazu unten § 21 Rn. 103 ff.; vgl. zu dieser Diskussion auch *Achenbach*, GA 2004, 559 (570 f.).

[68] Vgl. § 20 Rn. 2 ff.

§ 20 Schädigung des Vermögens durch Täuschung: Betrug, § 263

Literaturhinweise: *Abraham/Schwarz*, Nichtzahlung des Entgelts für „Telefonsex" – Vollendeter Betrug, untauglicher Versuch oder Wahndelikt?, JURA 1997, 355; *Ahn*, Das Prinzip der Schadensberechnung und die Vollendung des Betruges bei zweiseitigen Vertragsverhältnissen, 1995; *Albrecht*, Vorspiegeln von Bonität und Schadensbestimmung beim Betrug, NStZ 2014, 77; *Arzt*, Schadensberechnungsprobleme beim Betrug, Noll-GS 1984, S. 169; *ders.*, Lehren aus dem Schneeballsystem, Miyazawa-FS 1995, S. 519; *ders.*, Bemerkungen zum Überzeugungsopfer – insbes. zum Betrug durch Verkauf von Illusionen, Hirsch-FS 1999, S. 431; *ders.*, Betrug mit bio und öko, Lampe-FS 2003, S. 673; *ders.*, Arbeitszeitkontrolle aus strafrechtlicher Sicht, Blomeyer-GS 2004, S. 5; *ders.*, Betrug durch massenhafte plumpe Täuschung, Tiedemann-FS 2008, S. 595; *Backmann*, Die Abgrenzung des Betrugs von Diebstahl und Unterschlagung, 1974; *Behm*, Nichtzahlung des Lohns für „Telefonsex": Betrug, versuchter Betrug oder Wahndelikt?, NStZ 1996, 317; *Biletzki*, Die Abgrenzung von Diebstahl und Betrug, JA 1995, 857; *Bockelmann*, Zum Begriff des Vermögensschadens beim Betrug, JZ 1952, 461; *ders.*, Betrug verübt durch Schweigen, Eb. Schmidt-FS 1961, S. 437; *Bohnenberger*, Betrug durch Vertragserschleichung, 1990; *Bommer*, Grenzen des strafrechtlichen Vermögensschutzes bei rechts- und sittenwidrigen Geschäften, 1996; *Boog*, Die Rechtsprechung des Bundesgerichts zum Begriff des Vermögensschadens beim Betrug, 1991; *Brandt/Fett*, Erberschleichung und Betrug, JA 2000, 211; *Brandt/Reschke*, Die Bedeutung der Stoffgleichheit im Rahmen betrügerischer Telefonanrufe, NStZ 2011, 379; *Brocker*, Das Passieren der Kasse mit „versteckter Ware", JuS 1994, 919; *Budde*, Der Anstellungsbetrug, 2005; *Bung*, Konkludente Täuschung? Von der fehlenden zur Fehlvorstellung beim Betrug, GA 2012, 354; *Busch*, Erpressung und Betrug, 1922; *Cherkeh*, Betrug (§ 263 StGB), verübt durch Doping im Sport, 2000; *Cramer*, Vermögensbegriff und Vermögensschaden im Strafrecht, 1968; *ders.*, Die Grenzen des Vermögensschutzes im Strafrecht, JuS 1966, 472; *ders.*, Zur Strafbarkeit von Preisabsprachen in der Bauwirtschaft – Der Submissionsbetrug, 1995; *Dencker*, Zum subjektiven Tatbestand des Betruges, Grünwald-FS 1999, S. 75; *Ebel*, Das Näheverhältnis beim Dreiecksbetrug und bei der Dreieckserpressung, Jura 2008, 256; *Eisele*, Der strafrechtliche Schutz von Erbaussichten durch den Betrugstatbestand, Weber-FS 2004, S. 271; *ders.*, Wissenszurechnung im Strafrecht – dargestellt am Straftatbestand des Betruges, ZStW 116 (2004), 15; *ders.*, Zur Strafbarkeit von sog. Kostenfallen im Internet, NStZ 2010, 193; *Ellmer*, Betrug und Opfermitverantwortung, 1986; *Eser*, Die Beeinträchtigung der wirtschaftlichen Bewegungsfreiheit als Betrugsschaden, GA 1962, 389; *Fahl*, Vermögensschaden beim Betrug, JA 1995, 198; *ders.*, Prozeßbetrug und „Lagertheorie", Jura 1996, 74; *ders.*, Strafbarkeit der „Lastschriftreiterei" nach § 263 StGB, JURA 2006, 733; *Fock/Gerhold*, Zum Dreiecksbetrug bei Forderungen, JA 2010, 511; *Freund/Bergmann*, Betrügerische Schädigung des Auftraggebers eines Mordes, JR 1991, 357; *Frisch*, Funktion und Inhalt des „Irrtums" im Betrugstatbestand, Bockelmann-FS 1979, S. 647; *ders.*, Konkludentes Täuschen, Jakobs-FS 2007, S. 97; *ders.*, Grundfragen der Täuschung und des Irrtums beim Betrug, Herzberg-FS 2008, S. 729; *Gaede*, Die objektive Täuschungseignung als Ausprägung der objektiven Zurechnung beim Betrug, Roxin-FS 2011, S. 967; *Gallas*, Der Betrug als Vermögensdelikt, Eb. Schmidt-FS 1961, S. 401; *Gauger*, Die Dogmatik der konkludenten Täuschung, 2001; *D. Geerds*, Schadensprobleme beim Betrug, Jura 1994, 309; *F. Geerds*, Versicherungsmissbrauch. Strafrechtliche, kriminologische und kriminalistische Probleme dieser sozialbetrügerischen Praktiken, 1991; *Geh-*

Literaturhinweise § 20

rig, Der Absichtsbegriff in den Straftatbeständen des Besonderen Teils des StGB, 1986; *Geiger,* Zur Abgrenzung von Diebstahl und Betrug, JuS 1992, 834; *Geppert,* Die Abgrenzung von Betrug und Diebstahl, insbesondere in den Fällen des sogenannten „Dreiecks-Betrugs", JuS 1977, 69; *ders.,* Zur Strafbarkeit des Anstellungsbetruges, insbes. bei Erschleichung einer Amtsstellung, Hirsch-FS 1999, S. 525; *Gerhold,* Zweckverfehlung und Vermögensschaden, 1988; ; *Gockenjan,* Gefälschte Banküberweisung: Betrug, Computerbetrug oder Ausnutzung einer Strafbarkeitslücke?, JA 2006, 758; *Günther,* Zur Kombination von Täuschung und Drohung bei Betrug und Erpressung, ZStW 88 (1976), 960; *Hansen,* Der objektive Tatbestand des Betruges (§ 263 StGB) – viergliedrig oder dreigliedrig?, JURA 1990, 510; *Hardwig,* Beiträge zur Lehre vom Betruge, GA 1956, 6; *Hartbort,* Die Bedeutung der objektiven Zurechnung beim Betrug, 2010; *Hartmann,* Das Problem der Zweckverfehlung beim Betrug, 1988; *Hartmann/ Niehaus,* Zur strafrechtlichen Einordnung von Wettmanipulationen im Fußball, JA 2006, 432; *R. Hassemer,* Schutzbedürftigkeit des Opfers und Strafrechtsdogmatik, 1981; *Hauf,* Dreiecksbetrug, JA 1995, 458; *Hecker,* Betrügerische Schädigung des Auftraggebers eines Mordes?, JuS 2001, 228; *Hefendehl,* Vermögensgefährdung und Exspektanzen, 1994; *B. Heinrich,* Die Arbeitsleistung als betrugsrelevanter Vermögensbestandteil, GA 1997, 24; *Hernandez Basualto,* Täuschung und Opferschutzniveau beim Betrug – Zwischen Kriminalpolitik und Dogmatik, Tiedemann-FS 2008, S. 605; *Herzberg,* Betrug und Diebstahl durch listige Sachverschaffung, ZStW 89 (1977), 367; *Hilgendorf,* Tatsachenaussagen und Werturteile im Strafrecht, 1998; *Hillenkamp,* Vorsatz und Opferverhalten, 1981; *Hoffmann,* Täuschung trotz Erklärung der Wahrheit im Betrugsstrafrecht, GA 2003, 610; *Hoyer,* Testaments- und Erbfallerschleichung als Betrug, Schroeder-FS 2006, S. 497; *Idler,* Zweckverfehlung und Vermögensschaden bei Subventionsvergabe, JuS 2007, 904; *Jäger,* Die drei Unmittelbarkeitsprinzipien beim Betrug, JuS 2010, 761; *Jahn/Maier,* Der Fall Hoyzer – Grenzen der Normativierung des Betrugstatbestandes, JuS 2007, 215; *Jerouschek,* Strafrechtliche Aspekte des Wissenschaftsbetrugs, GA 1999, 416; *Jerouschek/Koch,* Zur Neubegründung des Vermögensschadens bei „Amtserschleichung", GA 2001, 273; *Joecks,* Zur Vermögensverfügung beim Betrug, 1982; *Kargl,* Der strafrechtliche Vermögensbegriff als Problem der Rechtseinheit, JA 2001, 714; *ders.,* Die Tathandlung beim Betrug, Lüderssen-FS 2002, S. 613; *ders.,* Die Bedeutung der Entsprechensformel beim Betrug durch Schweigen, ZStW 119 (2007) 250; *Kasiske,* Die konkludente Täuschung bei § 263 StGB zwischen Informationsrisiko und Informationsherrschaft, GA 2009, 360; *Kindhäuser,* Täuschung und Wahrheitsanspruch beim Betrug, ZStW 103 (1991), 398; *ders.,* Betrug als vertypte mittelbare Täterschaft, Bemmann-FS 1997, S. 339; *ders.,* Zum Vermögensschaden beim Betrug, Lüderssen-FS 2002, S. 635; *ders.,* Zum strafrechtlichen Schutz strafbar erworbenen Vermögens, Heinze-GS 2005, S. 447; *ders.,* Zur Vermögensverschiebung beim Betrug, Dahs-FS 2005, S. 65; *ders.,* Konkludentes Täuschen, Tiedemann-FS 2008, S. 579; *Kindhäuser/Nikolaus,* Der Tatbestand des Betrugs (§ 263 StGB), JuS 2006, 193, 293; *dies.,* Sonderfragen des Betrugs (§ 263 StGB), JuS 2006, 590; *Klein,* Das Verhältnis von Eingehungs- und Erfüllungsbetrug, 2003; *Koch,* Betrug bei der Sportwette, 2007; *Kölbel,* Abrechnungsbetrug im Krankenhaus, NStZ 2009, 312; *Kraatz,* Versuchter Prozessbetrug in mittelbarer Täterschaft, Jura 2007, 531; *Krack,* List als Straftatbestandsmerkmal. Zugleich ein Beitrag zu Täuschung und Irrtum beim Betrug, 1994; *ders.,* Sind Bestellungen zu Belästigungszwecken eine Betrugskonstellation? Puppe-FS 2011, 1205; *Kühl,* Umfang und Grenzen des strafrechtlichen Vermögensschutzes, JuS 1989, 505; *Kühne,* Geschäftstüchtigkeit oder Betrug?, 1978; *Küper,* Der sog. Erfüllungsbetrug – Bemerkungen zu Begriff, Methode und Konstruktion, Tiedemann-FS 2008, S. 617; *Kurth,* Das Mitverschulden des Opfers beim Betrug, 1984; *Lampe,* Der Kreditbetrug (§§ 263, 265b StGB), 1980; *ders.,* Personales Unrecht im Betrug, Otto-FS 2007, S. 623; *Lenckner,* Vermögensschaden und Vermögensgefährdung beim sog. Eingehungsbetrug, JZ 1971, 320; *ders.,* Computerkriminalität und Vermögensdelikte, 1981; *Lenckner/Winkelbauer,* Strafrechtliche Probleme im modernen Zahlungsverkehr, wistra 1984, 83; *Loch,* Der Adressbuch- und Anzeigenschwindel, 2008; *Maaß,* Betrug verübt durch Schweigen, 1982; *Merkel,* Die Lehre vom strafbaren Betrug, Krim.

Abh. II, 1867; *Merz,* „Bewusste Selbstschädigung" und die Betrugsstrafbarkeit nach § 263 StGB, 1999; *Miehe,* Unbewusste Verfügungen. Zur Spannung zwischen Unrechtsgehalt und Tatbild des Betruges, 1987; *Mohrbotter,* Grenzen des Vermögensschutzes beim Betrug, GA 1975, 41; *Müller-Christmann,* Problematik des Vermögensschadens beim Betrug im Falle eines vereinbarten Rücktrittsrechts, JuS 1988, 108; *Muñoz Conde,* Über den sogenannten Kreditbetrug, Tiedemann-FS 2008, S. 677; *Naucke,* Zur Lehre vom strafbaren Betrug, 1964; *ders.,* Der Kausalzusammenhang zwischen Täuschung und Irrtum beim Betrug, Peters-FS 1974, S. 109; *ders.,* Der Kleinbetrug, Lackner-FS 1987, S. 695; *Nestler,* Churning. Strafbarkeit der Spesenschinderei nach deutschem Recht, 2009; *Niehaus,* Zur strafrechtlichen Einordnung von Wettmanipulationen im Fußball, JA 2006, 432; *Norouzi,* Betrugsschaden des Verkäufers trotz Lieferung unter Eigentumsvorbehalt, JuS 2005, 786; *Offermann-Burckart,* Vermögensverfügungen Dritter im Betrugstatbestand, 1994; *Oppermann,* Betrug im Rahmen manipulierter Fußballwetten, JA 2006, 69; *Otto,* Die Struktur des strafrechtlichen Vermögensschutzes, 1970; *ders.,* Zur Abgrenzung von Diebstahl, Betrug und Erpressung bei der deliktischen Verschaffung fremder Sachen, ZStW 79 (1967), 59; *ders.,* Bargeldloser Zahlungsverkehr und Strafrecht, 1978; *ders.,* Die neuere Rechtsprechung zu den Vermögensdelikten – Teil II, JZ 1985, 69; *ders.,* Vermögensgefährdung, Vermögensschaden und Vermögenswertminderung, JURA 1991, 494; *ders.,* Betrug bei rechts- und sittenwidrigen Rechtsgeschäften, Jura 1993, 424; *Pawlik,* Das unerlaubte Verhalten beim Betrug, 1999; *Peters,* Betrug und Steuerhinterziehung trotz Erklärung wahrer Tatsachen, 2010; *Plümacher,* Schuldnerschutz und Betrug, 2006; *Popp,* Strafbarkeit des regelwidrigen Mitbietens bei so genannten Internetauktionen?, JuS 2005, 689; *Protzen,* Der Vermögensschaden beim sog. Anstellungsbetrug, 2000; *Radtke,* Sportwettenbetrug und Quotenschaden, Jura 2007, 445; *Ranft,* Kein Betrug durch arglistige Inanspruchnahme einer Fehlbuchung, JuS 2001, 854; *ders.,* Grundfälle aus dem Bereich des Betrugstatbestandes, Jura 1992, 66; *Rengier,* Die Unterscheidung von Zwischenzielen und unvermeidlichen Nebenfolgen bei der Betrugsabsicht, JZ 1990, 321; *ders.,* Betrug im elektronischen Lastschriftverfahren bei unbekannter Zahlungsgarantie, Gössel-FS 2002, S. 469; *Riemann,* Vermögensgefährdung und Vermögensschaden, 1989; *Rinne,* Vermögensbegriff im Strafrecht, 2008; *Rötsch,* Der Vermögensverlust großen Ausmaßes bei Betrug und Untreue, ZStW 117 (2005), 577; *Rotsch,* Betrug durch Wegnahme – Der lange Abschied vom Bestimmtheitsgrundsatz, ZJS 2008, 132; *Roßmüller/Rohrer,* Diebstahl und Betrug im Selbstbedienungsladen, Jura 1994, 469; *Rudolphi,* Das Problem der sozialen Zweckverfehlung beim Spendenbetrug, Klug-FS, Bd. 2 1983, S. 315; *Runte,* Straftatsystematische Probleme des „Betruges durch Unterlassen" (§§ 263, 13 StGB), JURA 1989, 128; *Saliger,* Die Normativierung des Schadensbegriffs in der neueren Rechtsprechung zu Betrug und Untreue, Samson-FS 2010, S. 455; *Samson,* Grundprobleme des Betrugstatbestandes, JA 1978, 469, 564, 625; *Satzger,* Der Submissionsbetrug, 1994; *ders.,* Probleme des Schadens beim Betrug, Jura 2009, 518; *Schaffstein,* Das Delikt des Stellionatus in der gemeinrechtlichen Strafrechtsdoktrin, Wieacker-FS 1978, S. 281; *Schattmann,* Betrug des Leistungssportlers im Wettkampf: Zur Einführung eines Straftatbestandes im sportlichen Wettbewerb, 2008; *Schauer,* Grenzen der Preisgestaltungsfreiheit im Strafrecht, 1989; *Schlösser,* Zum Schaden beim betrügerisch veranlassten Eingehen eines Risikogeschäfts, NStZ 2009, 663; *ders.,* Vom Quotenschaden über den Erfüllungsschaden zum Dispositionsschutz beim Wettbetrug, NStZ 2013, 629; *Schmidhäuser,* Der Zusammenhang von Vermögensverfügung und Vermögensschaden beim Betrug (§ 263 StGB), Tröndle-FS 1989, S. 305; *Schmoller,* Ermittlung des Betrugsschadens bei Bezahlung eines marktüblichen Preises, ZStW 103 (1991), 92; *ders.,* Betrug bei bewusst unentgeltlichen Leistungen, JZ 1991, 117; *ders.,* Fehlüberweisung und Fehlbuchung im Strafrecht, Weber-FS 2004, S. 251; *Schröder,* Über die Abgrenzung des Diebstahls von Betrug und Erpressung, ZStW 60 (1941), 33; *ders.,* Zur Abgrenzung der Vermögensdelikte, SJZ 1950, 94; *ders.,* Grenzen des Vermögensschutzes beim Betrug, NJW 1962, 721; *ders.,* Zum Vermögensbegriff bei Betrug und Erpressung, JZ 1965, 513; *Schröder/Thiele,* „Es ist machbar!" – Die Betrugsrelevanz von Telefon-Gewinnspielen im deutschen Fernsehen, JURA 2007, 814; *Schuhr,* Mehraktige

Übersicht	§ 20

Vermögensdispositionen beim Betrug und die Grenzen des sachgedanklichen Mitbewusstseins, ZStW 122 (2011), 517; *Seelmann,* Grundfälle zu den Eigentums- und Vermögensdelikten, 1988; *Seier,* Der Kündigungsbetrug, 1989; *ders.*, Prozessbetrug durch Rechts- und ungenügende Tatsachenbehauptungen, ZStW 102 (1990), 563; *Seyfert,* Vermögensschaden und Schadensrelation beim Betrug des Verkäufers, JuS 1997, 29; *Sickor,* Die sog. schadensgleiche Vermögensgefährdung bei Betrug und Untreue, JA 2011, 10; *Smettan,* Kriminelle Bereicherung in Abhängigkeit von Gewinnen, Risiken, Strafen und Moral. Eine empirische Untersuchung, 1992; *Stöckel,* Der strafrechtliche Schutz der Arbeitskraft, 1993; *Tenckhoff,* Eingehungs- und Erfüllungsbetrug, Lackner-FS 1987, S. 677; *Thomma,* Die Grenzen des Tatsachenbegriffs, insbesondere bei der betrügerischen Täuschungshandlung, 2003; *Tiedemann,* Der Subventionsbetrug, ZStW 86 (1974), 897; *ders.,* Der Vergleichsbetrug, Klug-FS Bd. 2 1983, S. 405; *ders.,* Das Betrugsstrafrecht in Rechtsprechung und Wissenschaft, BGH-FG 2000, S. 551; *Triffterer,* Abgrenzungsprobleme beim Betrug durch Schweigen, JuS 1971, 181; *Trüg/Habetha,* Zur Rechtsfigur des Betrugs durch schlüssiges Verhalten – Der Fall Hoyzer, JZ 2007, 878; *Valerius,* Täuschungen im normalen Zahlungsverkehr, JA 2007, 514, 778; *Varwig,* Zum Tatbestandsmerkmal des Vermögensschadens (§ 263 StGB), 2011; *Vogel,* Betrug durch konkludente Täuschung, Keller-GS 2003, S. 313; *Wahl,* Die Schadensbestimmung beim Eingehungs- und Erfüllungsbetrug, 2007; *Walter,* Die Kompensation beim Betrug (§ 263 StGB), Herzberg-FS 2008 S. 763; *Waszczynski,* Klausurelevante Problemfelder des Vermögensschadens bei § 263 StGB, JA 2010, 215; *Weber,* Strafrechtliche Aspekte der Sportwette, in *Pfister* (Hrsg.), Rechtsprobleme der Sportwette, 1989, S. 39; *ders.,* Rücktritt beim vermögensgefährdenden Betrug, Tiedemann-FS 2008, S. 637; *Weißer,* Betrug zum Nachteil hierarchisch strukturierter arbeitsteilig tätiger Organisationen, GA 2011, 333; *Welzel,* Zum Schadensbegriff bei Erpressung und Betrug, NJW 1953, 652; *Wittig,* Das tatbestandsmäßige Verhalten des Betrugs, 2005; *Zaczyk,* Der Versuchsbeginn beim Prozessbetrug, Krey-FS 2010, S. 485; *Zieschang,* Der Einfluss der Gesamtrechtsordnung auf den Umfang des Vermögensschutzes durch den Betrugstatbestand, Hirsch-FS 1999, S. 831.

Übersicht

		Rn.
I.	Kriminalpolitische Vorbemerkung	1
	1. § 263 als modernes, vom Gesetzgeber geschaffenes Kunstprodukt	1
	2. Opfermitverschulden als Charakteristikum des Betrugs	2
	3. Strafbarer Betrug oder nicht strafbare Geschäftstüchtigkeit	7
	4. Vermögensbegriff und Marktwert	9
	5. Ausstrahlung des Betrugstatbestandes ins Zivilrecht und ins öffentliche Recht	11
	6. Der Umfang der Betrugskriminalität und des Schadens durch Betrügereien	13
II.	Rechtsgut „Vermögen" (nicht „Wahrheit")	15
	1. Wirtschaftlicher Vermögensbegriff mit individueller und juristischer Schadenskomponente (h. M.)	15
	2. Andere Vermögens- und Schadenskonzeptionen	24
	3. Zur „Wahrheit" als Rechtsgut	26
III.	Grundriss des Betrugs als eines Selbstschädigungsdeliktes	28
IV.	Täuschungshandlung	32
	1. Grundlegung und Normalfälle der Täuschung	32
	a) Täuschung über Tatsachen	32

b) Täuschung über innere Tatsachen 33
c) Definition der Täuschungshandlung über ihren Erfolg
 (Irrtumserregung) 35
d) Sozialadäquate Täuschungen 36
e) Täuschung durch konkludentes Tun 37
2. Wichtige Sonderfälle der Täuschung 39
 a) Täuschung durch Wahrheit 39
 b) Täuschung durch Unterlassen 41
 c) Täuschung ohne kommunikative Einwirkung 45
3. Einschränkungsversuche, insbesondere die leicht durchschaubare
 Täuschung 49

V. Irrtumserregung 50
1. Grundlegung und Normalfälle des Irrtums 50
 a) Die drei Normalfälle des Irrtums 50
 b) Fehlvorstellung – fehlende Vorstellung 52
2. Wichtige Sonderfälle des Irrtums 56
 a) Irrtum bei beschränkter Prüfungspflicht 56
 b) Prozessbetrug 63
 c) Täuschung durch Programmierung eines Computers, § 263a 64
3. Einschränkungsversuche, insbesondere der Zweifel als Irrtum 65

VI. Vermögensverfügung 69
1. Grundlegung und Normalfälle der Verfügung 69
 a) Definition, Unmittelbarkeit 69
 b) Die vier Normalfälle der Verfügung 71
 c) Unbewusste und unfreiwillige Verfügungen 73
2. Wichtige Sonderfälle der Verfügung 79
 a) Die Unmittelbarkeit der Vermögensverfügung 79
 b) Die Verfügung zum Nachteil eines Dritten (Dreiecksbetrug) ... 81
 c) Im Wirtschaftsverkehr anerkannte Schädigungsgelegenheiten 84
3. Einschränkungsversuche bei der Verfügung 86

VII. Der Vermögensschaden 87
1. Grundlegung und Normalfälle des Schadens 87
 a) Grundsatz: Wirtschaftlicher, nicht juristischer oder
  personaler Vermögensbegriff 87
 b) Individueller (personaler) Schadenseinschlag 92
 c) Eingehungs- und Erfüllungsbetrug 94
 d) Die Vermögensgefährdung als Vermögensschaden 97
2. Wichtige Sonderfälle des Schadens 103
 a) „Weiche" wirtschaftliche Betrachtung des
  Täter-Opfer-Verhältnisses 103
 b) Risikogeschäfte 105
 c) Vermögensbegriff bei juristischen Personen 107
 d) Anstellungsbetrug, Asylbetrug 109
 e) Spenden- und Subventionsbetrug, immaterielle Illusionen,
  soziale Zweckverfehlung 111

Kriminalpolitische Vorbemerkung § 20 Rn. 1–2

    f) Juristischer Schadenseinschlag, insbesondere bei nichtigen
       Ansprüchen und gesetzwidriger Arbeit 115
    g) Staatliche Sanktionen 120e
  3. Einschränkungsversuche beim Schaden 121

VIII. Der Vermögensvorteil 122
  1. Grundlegung und Normalfälle 122
    a) Stoffgleichheit zwischen Vorteil und Schaden 122
    b) Rechtswidrigkeit des Vorteils 124
  2. Wichtige Sonderfälle 127
    a) Der Vorteil für einen Dritten 127
    b) Vervielfachung der Betrugskonstruktionen 129
  3. Einschränkungsversuche, insbesondere die Vorteilsabsicht 131

IX. Besonders schwere Fälle, Antragserfordernisse, Sondertatbestände
    und Konkurrenzen 134
  1. Qualifikation und besonders schwere Fälle 134
  2. Antragserfordernisse 140
  3. Sondertatbestände 141
  4. Konkurrenzen 142

I. Kriminalpolitische Vorbemerkung

1. § 263 als modernes, vom Gesetzgeber geschaffenes Kunstprodukt

Der Betrug nach § 263 entspricht ganz grob dem laienhaften Vorverständnis: Der Täter erlangt durch Täuschung auf Kosten des Opfers einen rechtswidrigen Vermögensvorteil. Es geht also um den **Schutz des Vermögens gegen** einen spezifischen Angriff **(Täuschung)**. Auf die Einzelheiten ist später einzugehen. Anders als der Diebstahl und der Raub ist der Betrug ein vom Gesetzgeber im 19. Jahrhundert geschaffenes Kunstprodukt. 1

> Betrug hat sich aus dem Fälschungsverbrechen **(crimen falsi)** entwickelt. Noch heute sind besonders gefährliche Fälschungshandlungen (Urkundenfälschung, § 267; Fälschung technischer Aufzeichnungen, § 268; Geld- und Wertzeichenfälschung, §§ 146 ff.) in besonderen Straftatbeständen erfasst. Diese Tatbestände stellen oft (aber nicht immer, weil nicht jeder Fälscher auf eine Vermögensschädigung abzielt) eine Verhaltensweise unter Strafe, die der Vorbereitung eines Betruges dient. Für den modernen Betrugsbegriff ist also das von der spezifischen Täuschungshandlung abstrahierende Denken in der Kategorie des **Erfolgsdelikts** charakteristisch: Nicht bestimmte Täuschungshandlungen, sondern der – auf welche listige Weise auch immer – erreichte Täuschungserfolg ist maßgebend.

2. Opfermitverschulden als Charakteristikum des Betrugs

Rechtspolitisch schillert der Tatbestand wie kein anderer. Einerseits ist der Betrugstatbestand aus unserem Rechtssystem nicht mehr wegzudenken. Das moderne Strafrecht bemüht sich sogar um eine Ausdehnung und 2

Verbesserung des Schutzes gegen Betrüger durch neue, an § 263 angelehnte Tatbestände wie den Subventionsbetrug und Kreditbetrug, §§ 264, 265b, eingeführt 1976 durch das 1. WiKG; den Missbrauch von Scheck- und Kreditkarten, § 266b, und andere durch das 2. WiKG 1986 eingeführte Straftaten, bis hin zum Versicherungsmissbrauch gem. § 265, eingeführt durch das 6. StrRG (1998), die im Wesentlichen eine Vorverlagerung der Betrugsstrafbarkeit bewirken. – Andererseits genießt der Betrüger von jeher eine gewisse Sympathie. Man bewundert die in der List steckende Fantasie des Täters. Angesichts der häufig festzustellenden Dummheit, oft auch Gier des Opfers, ist das Bedauern mit einem kräftigen Schuss Schadenfreude durchsetzt. Im Wort vom **betrogenen Betrüger**[1] steckt, gelehrt gesagt, die viktimologisch interessante Tatsache, dass § 263 vielfach (natürlich nicht immer!) einem Opfer zu Hilfe kommt, das seinerseits auf eine Vermögensvermehrung auf mehr oder weniger wunderbare Weise (weil ohne adäquate Gegenleistung) aus war.

3   In der **schönen Literatur** hat die Figur des Schwindlers eine positive Färbung. In älteren Darstellungen wird der Teufel gern als betrogener Betrüger gezeichnet. Die Variationsmöglichkeiten des Stoffes sind unerschöpflich. Sie reichen von *Shylock* (*Shakespeare*, Der Kaufmann von Venedig) über die Kalendergeschichten von *Johann Peter Hebel* bis in den Wirtschaftsteil unserer Tageszeitungen. Unser Alltag steckt voller Betrugssituationen, im Großen wie im Kleinen.

Auf dem Jahrmarkt kann Otto dem Slogan des Losverkäufers „jede Nummer gewinnt", nicht widerstehen. Otto lernt dabei, dass es einen Gewinn ohne Risiko nicht gibt, wenn nämlich sein Los gerade keine Nummer trägt, sondern mit den Buchstaben „Niete" gekennzeichnet ist[2]. – In den 60er-Jahren sind auf *Bernie Cornfield*[3] und die von dessen Wertpapierfonds IOS in ganzseitigen Anzeigen versprochene wundersame Geldvermehrung dem Vernehmen nach sogar Strafrechtsprofessoren hereingefallen. In den 90er-Jahren wurden von Warentermingeschäften oder Derivaten, Hedge Fonds etc. ähnliche Wunder erwartet. Warum auch sollten sich gewöhnliche Bürger mit den niedrigen Zinsen für Staatsanleihen begnügen, wenn man im Club der Europäischen Könige reich werden kann?[4] – Andere Leute erliegen der Verlockung primitiverer, aber ähnlich wunderbarer Geldvermehrung. So gab ein pfiffiger Täter 1977 vor, pro Schein echten Geldes könne er durch Bügeln auf mit Wachs überzogenes Seidenpapier, Einnähen in einen schwarzen Sack und sonstige Zutaten einen täuschend ähnlichen Schein Falschgeld produzieren. Sein Opfer borgte 21.000 DM in großen Scheinen zusammen und fand, nachdem der Täter zur Beschaffung weiterer Zutaten die Wohnung verlassen hatte und nicht zurückkam, den Sack leer vor. Bemer-

---

1   Ein Fall zum „betrogenen Betrüger" aus der Rechtsprechung findet sich etwa in BGHSt 2, 364.
2   Zur Täuschung mit (wortwörtlicher) Wahrheit u. a. *Shakespeare*, Der Kaufmann von Venedig; Eulenspiegel und *Johann Peter Hebel*, vgl. hierzu näher unten Rn. 39 f.
3   Vgl. *Flubacher*, Flugjahre für Gaukler, 1992; *Raw/Page/Hodgson*, Gebt uns Euer Geld, wir machen Euch reich. Die Geschichte der IOS, 1971 (zum Zusammenhang mit Volksaktionären vgl. auch dort S. 204).
4   Zum European Kings Club BGHSt 43, 149 mit Anm. *Arzt*, JR 1999, 79.

kenswert ist der Fall deshalb, weil das (der Sache nach auch betrügerische) Verhalten des Opfers diesem eine Anklage gem. §§ 146, 22 eingebracht hat. Das Gericht hat unter Berufung auf groben Unverstand gem. § 23 III und die empfindliche Selbstschädigung allerdings von Strafe abgesehen[5]. – Beim **Schneeballsystem**[6] entsteht eine Pyramide, bei der jede Opferschicht zu einer neuen Täterschicht aufrückt.

Mögen Fälle groben Unverstands des Opfers selten sein, Mitverschulden ist beim Betrogenen hingegen häufig festzustellen. Man hat deshalb von jeher gefragt, ob der Betrogene den strafrechtlichen Schutz überhaupt verdient. In seiner klassischen Abhandlung über den Betrug hat *Merkel*[7] diese Frage aber schon im Jahre 1867 mit dem Satz bejaht: „Weder für das Strafrecht noch für das Civilrecht gilt der Grundsatz, dass der dolus des Verletzenden durch die culpa des Verletzten purgirt werde". – Auch in der Gegenwart würde ein genereller **Verzicht auf den Betrugstatbestand** als unerträglicher **Anreiz zur Ausbeutung** unserer Schwächen wirken. Heiratsschwindel oder die Ausnutzung der Leichtgläubigkeit (und Einsamkeit) alter Leute, um sie um ihre Ersparnisse zu bringen (Umtausch angeblich verfallender Banknoten etc.) verursachen so viel Leid, dass ein sozialer Staat die Opfer nicht nur zivilrechtlich, sondern intensiver[8], also strafrechtlich, zu schützen hat.

Das **zentrale** kriminalpolitische und dogmatische **Problem** des Betrugs liegt in der Frage, wie der Gedanke der Mitverantwortung oder **Selbstverantwortung des Opfers** für den Schutz seiner Rechtsgüter auch bei § 263 nutzbar gemacht werden kann und wie arglistige Täuschung (mit zivilrechtlichen Folgen, vgl. § 123 BGB) von betrügerischer Täuschung (mit strafrechtlichen Folgen) abzugrenzen ist. Wie eine Restriktion des § 263 dogmatisch erreichbar ist und wie sich dieses kriminalpolitische Ziel mit der neueren Tendenz zur **Ausweitung des § 263** mithilfe von **Sondertatbeständen**[9] verträgt, ist weithin ungeklärt[10].

---

5 Süddeutsche Zeitung vom 23.6.1977, S. 12. – Wiederholt hat sich der Fall 1999 in Zürich mit 100.000 Franken und einer speziellen Jodtinktur eines Äthiopiers, NZZ v. 13./14.11.1999, S. 49. Beide Fälle zeigen auch die kriminalpolitisch enge Verwandtschaft zwischen Betrug und Trickdiebstahl, vgl. dazu unten Rn. 45, 78.
6 Zum Pilotenspiel *Arzt*, Miyazawa-FS 1995, S. 519.
7 *Merkel*, Die Lehre vom strafbaren Betrug, 1867, S. 261. – Vgl. zum Mitverschulden auch § 254 BGB.
8 Die strafrechtliche Sanktion schützt deshalb besser, weil sie schärfer, folglich generalpräventiv wirksamer ist. Sicher schützt die strafrechtliche Sanktion aber deshalb besser, weil dem Opfer die Täterermittlung abgenommen wird und die Strafe spezialpräventiv der Schadensersatzverpflichtung überlegen ist.
9 Zusammenfassend vgl. unten Rn. 141.
10 Zur Viktimologie und zur Opferselbstverantwortung als ein den ganzen BT beherrschendes Auslegungsprinzip vgl. oben § 1 Rn. 32.

6 Die neuere Diskussion[11] hat der Opferverantwortung reihum bei allen Betrugsmerkmalen eine wichtige Rolle zugewiesen. So wird z. B. bei der **Täuschung** die Beschränkung auf raffinierte Irreführungen befürwortet oder es wird ein **Irrtum** abgelehnt, wenn das Opfer zweifelt. Auch wird der **Schaden** verneint, wenn das Opfer den Verlust leicht rückgängig machen könnte. Schließlich finden sich Überlegungen, die objektive Zurechnung unter Zuhilfenahme der Rechtsfigur der eigenverantwortlichen Selbstgefährdung einzuschränken[12]. Diese und andere Restriktionsvorschläge werden im Zusammenhang mit den einzelnen Betrugsmerkmalen erörtert[13]. – Zusammenfassend lässt sich sagen, dass die Versuche gescheitert sind, die Opferverantwortung als Instrument für eine Grobsteuerung des § 263 (oder auch nur eines der zentralen Betrugsmerkmale) einzusetzen. Erreichbar dürfte nur eine Feinsteuerung sein, die bei allen Tatbestandsmerkmalen und ihren Unterbegriffen die Opferverantwortung innerhalb des dogmatischen Systems bewusst macht und zur Problemlösung heranzieht.

3. Strafbarer Betrug oder nicht strafbare Geschäftstüchtigkeit

7 Die zuvor angesprochene Sympathie für den Betrüger steht sicherlich in Zusammenhang mit der problematischen Grenzziehung zwischen dem Betrug und den im Geschäftsleben verbreiteten erlaubten oder jedenfalls nicht kriminellen Praktiken. In einem Wirtschaftssystem, welches darauf aufbaut, mit möglichst minimalem Einsatz maximale Gewinne zu erzielen, in dem volkswirtschaftliche (maximaler Nutzen für alle) und betriebswirtschaftliche Interessen (maximaler Nutzen für den einzelnen Gewerbetreibenden) zumeist auseinanderfallen, und in dem es darauf ankommt, sich auf dem Markt gegenüber den anderen Konkurrenten (die in gleicher – und geduldeter – Weise grenzwertige Praktiken anwenden) durchzusetzen, was in aller Regel heißt, bei gleichwertigen Ressourcen oder Produkten mehr umzusetzen als andere, können Täuschungen und Irreführungen nicht ausbleiben (wer seine Ware mit dem Argument anpreist, diese sei

---

11 Eingehend *Ellmer*, Betrug und Opfermitverantwortung, 1986 (mit dem Akzent auf Einschränkungen bei der Täuschungshandlung), dort auch umfangreiche Nachweise zu Einschränkungen beim Irrtum, beim Zusammenhang zwischen Täuschung und Irrtum sowie beim Schaden; vgl. auch die Übersicht über die unterschiedlichen Lösungsansätze bei *Schünemann*, NStZ 1986, 439, mit einer polemisch-erfrischenden Verteidigung der Thesen des eigenen Doktoranden (*R. Hassemer*). Alle Ansätze sind angreifbar, weil sie in den Gesetzestext sehr viel hinein interpretieren (was nur erträglich ist, weil es um Strafbarkeitseinschränkung geht). Einen Ansatz, nämlich den bei der Täuschung, hält *Schünemann*, NStZ 1986, 439 (442) unter Berufung auf eine „Wortlautunterschreitung" für indiskutabel. – Die ausführliche Formulierung der Täuschungsvariante in § 263 ist jedoch nichts anderes als eine Auffächerung der „arglistigen" Täuschung in § 123 BGB. In die „Arglist" kann man den Unterschied zwischen einfacher Lüge und arger List hineinlesen, so die schweizerische Praxis in Anlehnung an das französische Recht (dazu unten Rn. 49a). Die neuere Diskussion ist wesentlich durch *Naucke*, Zur Lehre vom strafbaren Betrug, 1964, angestoßen worden. Dessen Vorschlag, § 263 auf den Stand des 19. Jh. mithilfe historischer Auslegung zu beschränken, wird von der ganz h. M. entschieden abgelehnt, vgl. *S/S/Eser/Hecker*, § 1 Rn. 42.

12 *Harborth*, Die Bedeutung der objektiven Zurechnung beim Betrug, 2010; *Kurth*, Das Mitverschulden des Opfers beim Betrug, 1984; hierzu auch AnwK-*Gaede*, § 263 Rn. 3; *Gaede*, Roxin-FS 2011, S. 967; dagegen *Loos/Krack*, JuS 1995, 204 (207 f.); *Protzen*, wistra 2003, 208 (209 ff.).

13 Zur Einschränkung der Täuschung unten Rn. 49a; zur Schutzlosstellung von Opfern, die sich auf verbotene Deals eingelassen haben unten Rn. 115 ff.

auch nicht besser als andere, wird bald vom Markt verschwinden). Erlaubte Geschäftspraktiken und strafbarer Betrug unterscheiden sich daher zumeist nicht durch qualitative, sondern lediglich durch quantitative Kriterien: Welche Irreführung ist noch erlaubt und welche schon verboten? Wie groß muss das Kleingedruckte sein und wie tief dürfen verfängliche Klauseln im Dickicht der Allgemeinen Geschäftsbedingungen versteckt werden? Welche Verhaltensweisen stellen bereits einen strafbaren Betrug und welche (nur) eine Verletzung wettbewerbsrechtlicher Vorschriften dar? Der gleitende Übergang von verbreiteten, bloß üblen Geschäftspraktiken bis zu klar kriminellen (und auch häufigen!) Praktiken ist beim **Baubetrug** besonders gut dokumentiert[14]. – Beim Diebstahl treten solche Abgrenzungsfragen nicht auf. „Ziel der Bestrafung des Diebstahls ist [...] die Bildung eines Gemeinschaftsurteils, das ‚den' Diebstahl verpönt. Für den Betrug ist dieses Ziel unerreichbar"[15]. Ein „bisschen wegnehmen" geht nicht, ein „bisschen täuschen" hingegen schon. Ein wichtiger Grund für die unsichere Antwort auf die Frage „Geschäftstüchtigkeit oder Betrug?"[16] liegt daher im Wettbewerbsmodell unserer Wirtschaft. Einen „ehrlichen" Anlageberater wird man kaum finden[17] und insbesondere die jüngste Finanzkrise und die sich in deren Folge offenbarenden Abgründe haben deutlich gezeigt, dass die Tätigkeit der Banken von bestimmten Formen organisierter Kriminalität nicht allzu weit entfernt ist, wäre das gesamte System nicht staatlich legitimiert und durch Normen rechtlich abgesichert. Insofern „fängt" man durch die Strafnorm des Betruges nur diejenigen ein, die den Bogen etwas zu sehr überspannen (und die dann zumeist überrascht sind, warum jetzt gerade sie und nicht der Konkurrent, der doch ähnliche Praktiken anwendet, vor dem Strafrichter stehen) oder schlicht unvorsichtig sind. Mitunter mag es auch das eine oder andere „Bauernopfer" in der strafgerichtlichen Rechtsprechung geben.

Insofern wird der Vorwurf eines „Zweiklassen-Strafrechts" gerade im Bereich des Betruges besonders deutlich. Als Allgemeindelikt ziehen sich betrügerische Verhaltensweisen durch sämtliche Schichten, nehmen dabei allerdings andere Formen an (wiederum im Gegensatz zum Diebstahl, der daher auch nicht zur klassischen „Wirtschaftskriminalität" zu zählen ist). Während der Arbeitslose, der eine Arbeitsaufnahme der Behörde nicht anzeigt und deshalb weiterhin Arbeitslosengeld kassiert (oder der die Arbeitsaufnahme zwar anzeigt, aber sich nicht dagegen wehrt, weiterhin

7a

---

14 *Geerds*, NStZ 1991, 57.
15 *Naucke*, Zur Lehre vom strafbaren Betrug, 1964, S. 159. – Zur Privilegierung der im Geschäftsleben begangenen Betrügereien vgl. auch *Hall*, Theft, Law and Society, 2. Aufl. 1952, S. 76.
16 So die Fragestellung bei *Kühne*, Geschäftstüchtigkeit oder Betrug, 1978, insbes. S. 64 f., dazu noch unten. Rn. 36.
17 Vgl. exemplarisch BGHSt 48, 331 – Anlagebetrug; BGHSt 49, 177 – Bandenbetrug; BGHSt 50, 10 – Fondsanlagen; BGHSt 53, 199 – Risikogeschäfte; BGH, NStZ 2008, 96; bedauerlicherweise sind in diese unseriösen Geschäftspraktiken nur allzu häufig auch Berater an sich „seriöser" Banken verwickelt, die dadurch kräftig Provisionen kassieren, strafrechtlich aber nur selten zur Verantwortung gezogen werden.

Geld überwiesen zu bekommen, da in der Behörde „geschlampt" wurde) mit an Sicherheit grenzender Wahrscheinlichkeit mit einer strafrechtlichen Verurteilung wegen Betruges (durch Unterlassen) rechnen muss, trifft eine solche strafrechtliche Verfolgung den Bankangestellten, der einem Rentner eine höchst riskante Anlage als „sichere Altersvorsorge" vermittelt, höchst selten.

7b Weitere Konsequenzen der Marktwirtschaft sind ferner die (zulässige) Befriedigung einer an sich völlig „unvernünftigen" Nachfrage sowie der Aspekt der Preisgestaltungsfreiheit. Deshalb gehört es auch zum Alltag, dass von manchen (durchaus seriösen) Unternehmen den Kunden für ihr gutes Geld Schund geliefert wird oder Dienstleistungen zu weit überteuerten Preisen angeboten werden. Lässt sich in diesem Zusammenhang keine Täuschung feststellen, liegt auch kein strafbares Verhalten vor. Jedem steht das Recht zu, sich für das zehnfache des üblichen Preises die Haare bei ausgewählter klassischer Musik in einem Haarstudio schneiden zu lassen, in dem er aufgrund des hohen Preises unter „Seinesgleichen" ist – und jedem steht in gleicher Weise das Recht zu, eine solche überteuerte Dienstleistung anzubieten. In einem solchen Modell ist zudem auch und gerade die **Ausnutzung eines Wissens- oder Informationsvorsprungs** grundsätzlich legitim, weil sonst kein Anreiz bestünde, sich entsprechende Informationen zu verschaffen[18].

8 Dennoch setzt auch die Rechtsprechung „pfiffigen" Geschäftsideen mitunter Grenzen, selbst wenn im Einzelfall nur die Dummheit und Leichtgläubigkeit und weniger die Unerfahrenheit des Geschäftspartners ausgenutzt wir. So wurde es als Betrug angesehen, wenn jemand einen Badezusatz (Frischzellenextrakt) mit dem Versprechen vertreibt, bereits einmaliges zehnminütiges Baden mit diesem Zusatz mache mindestens fünf Jahre jünger (und der Effekt nicht eintritt)[19]. Auch der Verkauf eines „Haarverdickers", der das Haar binnen zehn Minuten verdopple (und gleichzeitig noch Schuppen und Flechten beseitige) führte ebenso zur Strafbarkeit wie derjenige von (wirkungslosen) Schlankheitspillen, nach deren Einnahme man sogar mehr essen müsste, „damit die ungeheure Fettabschmelzungskraft mit genügen Nahrung ausgeglichen" werde[20]. Das Ganze war zudem deswegen brisant, weil der Verkäufer den Kunden innerhalb von 14 Tagen ein Rückgaberecht mit voller Geldrückgabegarantie versprach, wenn sie mit dem Produkt nicht zufrieden waren (und dies bei den etwa 10% „Rückläufern" auch anstandslos gewährte) – Was aber trennt diesen Badezusatz und den Haarverdicker von der populär gewordenen „Wellness" oder von Weltfirmen, die im Grenzbereich zu den Arzneimitteln Stärkungspräparate aller Art verkaufen, sowie Haarwuchsmittel oder wunderbare, die Spannkraft angeblich wiederherstellende Tonika absetzen? Die Aufzählung ließe sich beliebig verlängern.

---

18 Ein erster Zugang zur Literatur über den Informationswettbewerb und seine juristischen Konsequenzen ermöglicht *A. I. Ogus/C. G. Veljanovski* (Hrsg.), Readings in the Economics of Law and Regulation, Oxford 1984. Die Hrsg. merken an, dass die Wirtschaftswissenschaft „erst vor relativ kurzer Zeit ihre Aufmerksamkeit der Informationsproblematik zugewandt habe" (S. 293). – Zur Verzahnung der wirtschaftswissenschaftlichen mit der juristischen Problematik vgl. ebenda den Beitrag von *Trebilcock*, S. 182 (190).
19 BGHSt 34, 199.
20 Ebenfalls BGHSt 34, 199.

4. Vermögensbegriff und Marktwert

Es hängt mit dem Begriff des Vermögens zusammen, dass der **Schutz des Käufers** (des Kunden bei Dienstleistungen) **schwächer** ausfällt **als der des Verkäufers** (Dienstleistenden). Der Wert einer Ware oder Dienstleistung richtet sich nach der Vereinbarung der Vertragsparteien. Soweit ein **Marktpreis** existiert, wird normalerweise dieser vereinbart. Oft kann der Wert auch nicht aus objektiven Kriterien erschlossen werden. Der Käufer von Schund ist jedenfalls dann nahezu schutzlos, wenn die Sachen schon der Gattung nach nichts taugen. Bei qualitativ einwandfreien Sachen ist es heute dem Käufer nicht mehr möglich, den Wert und damit den Preis (z. B. eines Anzugs) anhand objektiver Kriterien (Material, Verarbeitung etc.) zu kontrollieren. Die Kalkulation des Herstellers bzw. Verkäufers hängt von so vielen Faktoren ab, dass die früher selbstverständliche Relation zwischen Qualität und Preis heute in weiten Bereichen außer Kraft ist. Man kauft **Prestige statt Qualität**. So kaufen z. B. **Bierbrauer** ihren Hopfen nicht nach Qualität, sondern nach Herkunft, wobei die „oft sehr stark voneinander abweichenden Preise für den Hopfen verschiedener Herkunft nicht ihre Begründung in Unterschieden nach Güte und Beschaffenheit und auch nicht nach dem chemischen Gehalte finden"[21]. Insoweit führt eine Täuschung über die Herkunft des Hopfens zu einem Vermögensschaden (Marktpreis!), selbst wenn keine Qualitätsunterschiede festgestellt werden können[22]. 9

Der Markt macht Manipulationen zum Nachteil der Kunden möglich, die mit § 263 nicht zu fassen sind. So ist es z. B. gängige Praxis, mithilfe einer Reihe von besonders herausgestellten Billigangeboten beim Käufer die Illusion zu wecken, in diesem Geschäft kaufe er generell besonders preiswert ein.

Diese mit der **freien Marktwirtschaft** zusammenhängende Verflüssigung der Grenze zwischen Betrug und üblichen geschäftlichen Praktiken wird vielfach zur Kritik am kapitalistischen System benutzt. So fragt schon *Mackie Messer* in Brechts Dreigroschenoper „was ist ein Einbruch in eine Bank gegen die Gründung einer Bank?" – Die Unsicherheit einer Grenzziehung zwischen legalem und illegalem Handeln wird jedoch mit steigender staatlicher Beeinflussung der Wirtschaft um ein Vielfaches vermehrt. Was ist ein Subventionsbetrug gegen die Ungereimtheiten und Unwirtschaftlichkeit der – allerdings staatlich „legitimierten" – Subventionierung insgesamt? Daneben trägt eine zunehmende Verstaatlichung (Vergesellschaftung) der Wirtschaft die Gefahr in sich, zu einer Art Planwirtschaft zu führen. Nach allen Erfahrungen der Vergangenheit und der Gegenwart gibt es aber **keine Planwirtschaft ohne Schwarzmarkt**. Da am Schwarzmarkt regelmäßig weite Kreise der Bevölkerung teilnehmen, schafft sich ein planwirtschaftliches System mit der Kriminalisierung des Schwarzmarktes zugleich ein Repressionsinstrument gegenüber der eigenen Bevölkerung. – Andererseits haben aber auch die umfangreichen Privatisierungen ehemals staatlicher Betriebe und die Abschaffung der Monopole in den letz- 10

---

21 BGHSt 8, 46 (47); zum Schutz des Aberglaubens der Bierbrauer *Arzt*, Hirsch-FS 1999, 431 (436).
22 Vgl. zum Abstellen auf den vom Gericht zu ermittelnden Marktwert auch BGHSt 12, 347 (353).

ten Jahren nicht nur zu einer Abnahme der Qualität der Leistungen bei gleichzeitig steigenden Preisen geführt (wo früher volkswirtschaftlich hätte gedacht werden sollen, wir heute betriebswirtschaftlich gedacht) sondern auch neue Kriminalitätsfelder eröffnet.

5. Ausstrahlung des Betrugstatbestandes ins Zivilrecht und ins öffentliche Recht

11 Die Mitverantwortung des Opfers muss auch deshalb betont werden, weil der Schutz gegen Betrug im Zivilrecht und besonders im öffentlichen Recht zu rechtspolitisch durchaus unerfreulichen Entwicklungen geführt hat. Übermächtige Partner, zu denen auch der Staat gehören kann, machen in zunehmendem Maße Leistungen an einen schwächeren Partner von umfassenden Erklärungen abhängig. Über § 263 (verstärkt §§ 264, 265b) wird nun oft eine strafrechtlich sanktionierte Pflicht zu wahrheitsgemäßen Bekundungen gegenüber dem Staat und Privatpersonen erreicht. Diese Pflicht kennt keine der Beschränkungen, an die die Pflicht zur wahrheitsgemäßen Aussage eines Zeugen vor Gericht gebunden ist. Mit dieser Wahrheitspflicht gegenüber Privaten wird vom Wahrheitspflichtigen ein Handeln gegen seine eigenen Interessen verlangt – ohne Einschränkungen, wie sie sich aus Zeugnisverweigerungsrechten und § 55 StPO ergeben. Zudem erspart sich der übermächtige Vertragspartner die im Grunde ihm obliegende Ermittlung des Sachverhalts. Eine mächtige Vertragspartei kann dem Lieferanten **Zertifikate** abverlangen, z. B. die Erklärung, dass die Lebensmittel Bio-Produkte[23] seien, die Ware ohne Kinder- oder Schwarzarbeit angefertigt oder die Offerte nicht mit anderen Wettbewerbern abgesprochen sei[24]. Wird in solchen Fällen eine unrichtige Erklärung abgegeben, liegt darin eine Täuschung. Je nach Ausdehnung des Vermögens- bzw. Schadensbegriffes sind auch die übrigen Betrugsvoraussetzungen erfüllt.

12 Tradition hat diese Pflicht zu wahrheitsgemäßen, den eigenen Interessen entgegengesetzten Bekundungen im Zoll- und Steuerrecht. Im Gegensatz zu einer unter Laien verbreiteten Ansicht erforscht der Staat nicht den Sachverhalt, auf dem der staatliche Zahlungsanspruch (Abgabe) beruht (z. B. durch Kontrollen seitens eines Zollbeamten). Wer Zollgut einführt, ist vielmehr erklärungspflichtig (Gestellungs- bzw. Anmeldepflicht)[25]. Der Staat bürdet dem Importeur also eine Wahrheitspflicht auf, verbunden mit einer betrugsähnlichen Sanktion (§ 370 AO). – Nach diesem Muster wird die Pflicht zur Mitteilung selbstschädigender Tatsachen auf immer neue Sachverhalte erstreckt. Dem „Betrüger" wird von seinem „Opfer" eine umfassende Erklärungspflicht zugemutet (man denke hier auch an die schlichte Frage „Jemand zugestiegen" in den Zügen des Fernverkehrs). Gleichzeitig baut das Opfer seine Kontrollen ab. Scheck- und Kreditkarten werden großzügig ausgegeben, Kredite großzügig gewährt. Oft wird mit einem Verzicht auf Kontrollen sogar gewor-

---

23 Zum Betrug mit bio und öko *Arzt*, Lampe-FS 2003, 673.
24 Vgl. hierzu § 298, unten § 21 Rn. 103 ff. ; vgl. ferner unten Rn. 141.
25 Vgl. hierzu auch Art. 87 II Zollkodex der EU, VO Nr. 2913/92/EWG des Rates vom 12.10.1992; zur Festlegung des Zollkodex der Gemeinschaften zu Einzelheiten und Abmilderungen im Reiseverkehr vgl. z. B. Art. 190 ff. der Zollkodex-Durchführungsverordnung (ZK-DVO), VO Nr. 2454/93/EWG vom 2. 7. 1993.

ben („keine lästigen Formalitäten"). Zugleich wird der Vertragsgegner (d. h. der potenzielle Betrüger) formularvertragsmäßig mit Anzeigepflichten belastet.

6. Der Umfang der Betrugskriminalität und des Schadens durch Betrügereien

Der durch Betrügereien angerichtete **Schaden** lässt sich nicht einmal grob schätzen. Insbesondere im Rahmen der Diskussion über die **Wirtschaftskriminalität** (besonders im Bereich des Subventions- und Kreditbetrug) wird gern mit runden Zahlen von mehreren Milliarden jährlich operiert[26]. Gerade hier darf jedoch das Mitverschulden der Opfer (des Staates bzw. der Banken) nicht übersehen werden. Bei § 264 liegt dieses Mitverschulden im System der Subventionierung, in den laxen Kontrollen und den sonstigen Missbrauchsmöglichkeiten, die wesentlich durch einen bürokratischen Dschungel geschaffen werden. *Tiedemann*[27] spricht in diesem Zusammenhang von der „kriminogenen Wirkung der Subventionierung". Auch ist gegenüber dem verbreiteten Wunsch, endlich die Großen zu hängen, auf die großen mittelbaren Schäden durch Delikte des kleinen Profits *(Göppinger)*[28] hinzuweisen (u. a. Verdrängung des redlichen Wettbewerbers). 13

Bei insgesamt 807.815 Verurteilten im Bundesgebiet entfallen auf den Betrug nach § 263 (ohne die Betrugsähnlichen Sondertatbestände) insgesamt 99.042 (= 12,26 %)[29]. Noch vor wenigen Jahren waren im Vergleich mit einfachem Diebstahl eine auffällige Vorstrafenbelastung und die Konzentration auf erwachsene Täter betrugstypisch. Inzwischen zeigt die Strafverfolgungsstatistik[30] eine Nivellierung. 14

II. Rechtsgut „Vermögen" (nicht „Wahrheit")

1. Wirtschaftlicher Vermögensbegriff mit individueller und juristischer Schadenskomponente (h. M.)

§ 263 schützt den Einzelnen gegen Schädigung seines Vermögens. **Rechtsgut** ist also das **Vermögen**[31]. Weil dieses Rechtsgut außerordentlich 15

---

26 Vgl. hierzu auch bereits oben § 19 Rn. 22.
27 *Tiedemann*, Subventionskriminalität in der Bundesrepublik Deutschland, 1974, S. 13, dort auch zu legalen Umgehungsgeschäften.
28 *Göppinger*, Kriminologie, 6. Aufl. 2008, S. 432.
29 Die Zahlen stammen aus der Strafverfolgungsstatistik, Berichtsjahr 2011, S. 34 ff.
30 Zu älteren statistischen Angaben vgl. die 1. Aufl., Neue Zahlen nach Strafverfolgungsstatistik, Berichtsjahr 2011 (in Klammern die Zahlen von 2005), S. 34 ff. (S. 36 f., 404): a) § 242 StGB: Abgeurteilte insgesamt 136.188 (135.664), davon 69 % (70 %) männlich, unter den Abgeurteilten waren insgesamt 76 % (76 %) Erwachsene; verurteilt wurden dabei 81 % (82 %), von den Verurteilten waren 65 (50 %) bereits vorbestraft. b) § 263 StGB: Abgeurteilte insgesamt 117.275 (119.602), davon 67%. (71 %) männlich, unter den Abgeurteilten waren insgesamt 92 % (92 %) Erwachsene; verurteilt wurden dabei 80 % (79 %), von den Verurteilten waren 50 % (43 %) bereits vorbestraft.
31 Vgl. nur BGHSt 3, 99; BGHSt 7, 197 (198); BGHSt 16, 220 (221); vgl. auch ausführlich aus schweizer Sicht BSK-*Arzt*, Art. 146 Rn. 12 ff.

umfassend ist (im Vergleich mit dem Eigentum), wird es nur gegen bestimmte Angriffshandlungen geschützt: durch § 253 gegen Drohung; durch § 266 gegen Vertrauensmissbrauch und durch § 263 gegen Täuschung.

In Übereinstimmung mit der h. L. und der BGH-Praxis ist dabei von einem **wirtschaftlichen Vermögensbegriff** auszugehen. Was Vermögen ist, d. h. was positiv als Vermögensvorteil bzw. was mit umgekehrtem Vorzeichen negativ als **Vermögensschaden** anzusehen ist, ist durch wirtschaftliche Betrachtung zu ermitteln. Soweit ein **Markt** (ggf. ein Schwarzmarkt[32]) existiert, steht dabei bei wirtschaftliche Betrachtung der Marktwert im Zentrum[33]. Die folgenden Ausführungen werden später im Rahmen der Erörterung des Vermögensschadens noch vertieft[34], ein Überblick ist aber bereits an dieser Stelle wichtig, um das Rechtsgut exakt bestimmen bzw. abgrenzen zu können.

16 Die beiden wichtigsten Konsequenzen des objektiv-wirtschaftlichen Vermögensbegriffs sind die **Saldierung**[35] und die verschwimmende Grenze zwischen Vermögensschaden und Vermögensgefährdung. Auch Risiken verringern das Vermögen, d. h. bei wirtschaftlicher Betrachtung kann auch eine **Vermögensgefährdung** schon einen Vermögensschaden darstellen. Das ist leicht einzusehen und war deshalb auch lange unbestritten. Jeder Geschäftsmann berichtigt durch „Abschreibungen" und „Rückstellungen" sein Vermögen mit Blick auf Risiken. Eine Forderung über 1 Million ist, wirtschaftlich gesehen, wenig wert, wenn der Schuldner in wirtschaftliche Schwierigkeiten gerät. Erst in jüngster Zeit ist die Terminologie etwas durcheinander geraten[36], da es auf den ersten Blick seltsam anmutet, eine Gefährdung bereits als Schaden anzusehen.

17 Ebenfalls in Übereinstimmung mit der **h. L.** und der **BGH-Praxis** wird im Folgenden der wirtschaftliche Vermögensbegriff durch Anleihen sowohl beim individuellen Vermögensbegriff als auch beim juristischen Vermögensbegriff modifiziert, **objektiv-wirtschaftlicher Vermögensbegriff mit individuellem bzw. juristischem „Schadenseinschlag"**[37].

18 Der **individuelle Schadenseinschlag** mildert die Konsequenzen, die sich aus der (vom objektiv-wirtschaftlichen Vermögensbegriff aus prinzipiell selbstverständlichen!) **Saldierung** ergeben. Grundsätzlich wird der

---

32 Vgl. dazu unten Rn. 22.
33 So deutlich BGHSt 45, 1 (4): „Der Vermögensschaden beim Betrug ist nach ständiger Rechtsprechung des Bundesgerichtshofs durch einen Vermögensvergleich mit wirtschaftlicher Betrachtungsweise zu ermitteln"; zur Unterscheidung zwischen Eingehungs- und Erfüllungsbetrug, mit deren Hilfe eine über den durchschnittlichen Marktwert hinausgehende vorteilhafte Aushandlung individueller Ansprüche geschützt wird, vgl. unten Rn. 94 f.
34 Unten Rn. 87 ff.
35 Vgl. BGHSt 3, 99 (102); BGHSt 53, 199 (201); BGHSt 57, 95 (113 f.); BGHSt 58, 102 (111); BGHSt 58, 205 (208); hierzu unten Rn. 18.
36 Seit BGHSt 53, 199 (202, 203); vgl. hierzu noch unten Rn. 97 ff.
37 Vgl. hierzu noch ausführlich unten Rn. 87 ff.

Rechtsgut „Vermögen" § 20 Rn. 19–21

Abfluss beim Opfer mit Zuflüssen verrechnet, die diesem durch das Geschäft mit dem Täter zukommen. Nach dem subjektiven Schadensbegriff wäre dagegen ein dem Opfer unerwünschter Vermögenszufluss kein Äquivalent für das abgeflossene Geld (weil und wenn das Opfer den unerwünschten Wert nicht zum Einstandspreis weiterveräußern kann). **Objektiv** begründet dagegen die Unmöglichkeit, einen unerwünschten Zufluss wieder zum Einstandspreis weiterveräußern zu können, keinen Schaden, weil Handelsstufen und damit Preisunterschiede (Einkauf/Weiterverkauf) in der Natur des Marktes[38] liegen. Auch ohne jede Täuschung erworbene und willkommene Kaufobjekte kann der Käufer nicht zum Einstandspreis wieder- bzw. weiterverkaufen!

Beispiel (Waschmaschine)[39]: Frau O erklärt dem Waschmaschinenvertreter T, es sei hoffnungslos, ihr eine Maschine aufreden zu wollen. T sagt zu O, er sehe das ein, doch solle O ihm unterschreiben, dass er bei ihr vorgesprochen hat, damit er einen Arbeitsnachweis gegenüber seiner Firma habe. O unterschreibt und übersieht dabei, dass ihr T statt des Arbeitsnachweises ein Bestellformular vorlegt. – Wenn man die Gültigkeit des Vertrages einmal unterstellt[40], fühlt sich O zwar subjektiv geschädigt, bei objektiv-wirtschaftlicher Betrachtung ist sie dies jedoch nicht: Sie „verliert" Geld, „gewinnt" aber eine Waschmaschine, die genau dieses Geld wert ist. Per saldo bleibt ihr Vermögen somit objektiv-wirtschaftlich betrachtet unverändert: „Die Tatsache allein, dass schon die Unterschrift erschlichen worden ist und der Getäuschte in Wahrheit nichts bestellen wollte, reicht nicht aus, um einen Vermögensschaden ohne weiteres zu bejahen"[41]. 19

Wie weit man hier dem Schutzbedürfnis der potenziellen Opfer durch einen individuellen Einschlag beim Vermögensbegriff entgegenkommen kann, ist lebhaft umstritten (z. B. wenn im vorstehenden Beispiel Frau O schon eine Waschmaschine hat oder ihr Geld lieber für einen Fernseher ausgeben wollte – und insoweit an sich nur ihre Dispositionsfreiheit durch die Täuschung betroffen ist). Über das Prinzip herrscht jedoch Einigkeit: Der Charakter des § 263 als Vermögensdelikt steht und fällt mit dem objektiv-wirtschaftlichen Vermögensbegriff und der saldierenden Betrachtung des Vermögens, d. h. zu diskutieren ist nur über **Ausnahmen**[42]. 20

Was den juristischen Schadenseinschlag betrifft, ist zunächst zu beachten, dass der juristische Vermögensbegriff teils enger, teils jedoch auch weiter ist als der wirtschaftliche. **Weiter** ist er, weil er es erlaubt, einen Be- 21

---

38 Deshalb überrascht es, dass *Otto*, BT, § 51 Rn. 54, 61 seinen personalen Vermögensbegriff wesentlich auf das Argument stützt, die Handelsstufen zeigten, dass es keinen tauglichen objektiv-wirtschaftlichen Maßstab gebe.
39 Fall nach BGHSt 22, 88 – Waschmaschine.
40 Vgl. das heutige Widerrufsrecht bei Haustürgeschäften, §§ 312 ff. BGB bzw. bei Verbraucher-(Darlehens)-Verträgen, §§ 355 ff., 358, 491 BGB. Ein solches Widerrufsrecht ist erstmals 1974 für Abzahlungsgeschäfte (damals im AbzG) geschaffen worden (es bestand zur Zeit der Entscheidung BGHSt 22, 88 daher noch nicht). – Das Anfechtungsrecht des Getäuschten nach § 123 BGB führt nach ganz h. M. (ungeachtet der zivilrechtlichen Rückwirkung) nur zu einer Art Wiedergutmachung. Es stellt den Schaden nicht infrage, sondern setzt ihn voraus.
41 So BGHSt 22, 88 (89).
42 Vgl. hierzu ausführlich unten Rn. 87 ff.

trug schon dann anzunehmen, wenn über die infolge einer Täuschung hervorgerufene irrtumsbedingte Vermögensverfügung ein Schaden i. S. des bloßen Verlustes eines Vermögensrechts (oder einer Belastung des Vermögens mit einer Verbindlichkeit) eingetreten ist, ohne dass es eine Rolle spielt, ob dieser durch einen Vermögensvorteil ausgeglichen worden ist. Mit einer derart isolierten Schadensbetrachtung (also unter Außerachtlassung von saldierungsfähigen Vorteilen) käme der juristische Vermögensbegriff z. B. im eben genannten Waschmaschinen-Fall[43] ohne Weiteres zur Annahme des Betrugs.

22 Weil diese Sachverhalte aber auch im Rahmen des wirtschaftlichen Vermögensbegriffs unter dem Aspekt des individuellen Schadenseinschlags diskutiert werden und zu einer Ausweitung des Vermögensschadens auf diese Konstellationen führen können, konzentriert sich das Interesse auf die **Einengungen,** die eine juristische Betrachtung im Vergleich mit dem wirtschaftlichen Vermögensbegriff bringen kann. Dies betrifft vor allem die Bereiche **Schwarzmärkte,** illegalen Dienstleistungen und illegale Warenlieferungen. Wie beim individuellen Schadenseinschlag ist dabei mit der h. M. prinzipiell am objektiv-wirtschaftlichen Vermögensbegriff festzuhalten; zu diskutieren sind auch im Zeichen eines juristischen Schadenseinschlages nur gewisse Ausnahmen.

23 *Beispiel (gedungener Mörder):* T verspricht O 10.000 €, falls er X umbringe, was O daraufhin auch tut. T zahlt jedoch das vereinbarte „Honorar (!)" nicht. – Konsequent wirtschaftlich betrachtet wird O von T um seine Arbeitsleistung betrogen, wenn man annimmt, T habe von Anfang an vorgehabt, die Dienste des O nicht zu honorieren[44].

2. Andere Vermögens- und Schadenskonzeptionen

24 Vom Boden der hier skizzierten h. M. aus, also unter Zugrundelegung des objektiv-wirtschaftlichen Vermögensbegriffs mit individuellem und juristischem Schadenseinschlag, sind sowohl viele Details umstritten als auch relativ grundlegende Fragen offen, insbesondere wie man die „Anleihen" an die juristische bzw. individuelle Betrachtung zu begründen hat (und wie weit man dabei gehen möchte). Das wird im Folgenden näher erörtert[45]. Darüber hinaus gibt es mehr oder weniger **prinzipiell abweichende Vermögens- und Schadenskonzeptionen.** Dabei ist schon die begriffliche Gleichsetzung des Vermögens mit wirtschaftlichen Vor- und Nachteilen (Vermögensvorteil bzw. Vermögensschaden) umstritten. So wird z. T.[46] auch wertloses Eigentum als Vermögensbestandteil angesehen. Der Streit ist banal, denn er läuft auf einen definitorischen Zirkel hinaus.

---

43 BGHSt 22, 88; vgl. oben Rn. 19.
44 Vgl. zu dieser Problematik noch näher unten Rn. 115 ff.
45 Vgl. unten Rn. 87 ff.
46 *Kindhäuser,* BT II, § 26 Rn. 13, 17; *Maurach/Schroeder/Maiwald,* BT 1, § 40 Rn. 3; § 41 Rn. 86 ff.

Selbst wenn man wertloses Eigentum als Vermögensbestandteil ansieht, muss man am Ende dennoch zu dem Ergebnis kommen, dass die Zerstörung wirtschaftlich wertlosen Eigentums keine wirtschaftliche Schädigung gem. § 263 auslöst und die Ablistung solchen Eigentums keinen Schaden i. S. des § 263 verursacht. Die Ergebnisse bleiben sich gleich.

Andere Vermögensbegriffe (personale[47], materiale[48], dynamische[49], funktionale[50] etc.) bemühen sich entweder vom Boden des herrschenden wirtschaftlichen Vermögensbegriffs aus um die Konkretisierung des Maßstabes, der bei der wirtschaftlichen Betrachtung anzulegen ist[51], oder sie verlagern den Schutz mehr oder weniger vom Vermögen auf die **Dispositionsfreiheit** über das Vermögen[52]. Damit würde das Rechtsgut „Willensbetätigungsfreiheit", das durch § 240 nur gegen Gewalt oder Drohung geschützt ist, durch § 263 in einem Ausschnitt (= Disposition über Vermögen) gegen List geschützt. Mit Recht schreibt dazu *Maurach*[53]: „Wenn das Gesetz als Nötigungsmittel nur Zwang und Drohung, nicht aber List zuließ, so liegt darin eine gewollte Beschränkung, deren Umgehung auf dem Wege des § 263 verbotene Analogie bedeutet"[54]. – Angesichts der Fülle der Publikationen zum Vermögensschaden ist bemerkenswert, dass alle Ansichten im Spannungsfeld zwischen objektivwirtschaftlicher, individueller und juristischer Betrachtung des Schadens gefangen bleiben.

25

3. Zur „Wahrheit" als Rechtsgut

Seit es den Betrug als Kunstprodukt des modernen Gesetzgebers gibt, wird die Frage erörtert, ob der das Rechtsgut „Vermögen" schädigende Angriff durch das Mittel der Täuschung ein weiteres Rechtsgut verletzt. Dieses zusätzliche Rechtsgut hat man als „Wahrheit" oder „Freiheit" (d. h. Freiheit von Irrtum) beschrieben. Zusammenfassend heißt es bei *Frank* (1931)[55], die Behauptung, Betrug sei nicht nur ein Vermögensdelikt, sondern „gleichzeitig ein Delikt gegen die Freiheit", sei „durchaus zutreffend; nur faßt man dann den Begriff der Freiheit etwas anders" (sc. als bei § 240). Die ganz h. M. hat sich jedoch dahin entwickelt, den in der Täuschung liegenden Freiheitsangriff gegenüber dem Ziel der Vermögensschädigung

26

---

47 *Alwart*, JZ 1986, 563 (565); *Bockelmann*, JZ 1952, 461; ders., Kohlrausch-FS 1944, 226; *Geerds*, Jura 1994, 309 (311); *Otto*, BT, § 51 Rn. 54.
48 *Cramer*, Vermögensbegriff und Vermögensschaden im Strafrecht, 1968, S. 100 ff.
49 *Eser*, GA 1962, 289.
50 *Kindhäuser*, BT II, § 26 Rn. 16 f.; NK-*Kindhäuser*, § 263 Rn. 275 ff.; SK-*Hoyer*, § 263 Rn. 115 ff.; *Weidemann*, MDR 1973, 992.
51 Dazu MüKo-*Hefendehl*, 2. Aufl., § 263 Rn. 497 (Modellcharakter des Bilanzrechts; ebenda Rn. 391 ff.: ein „herrschaftsorientierter" Begriff der Exspektanz, vgl. auch unten Rn. 85, 97).
52 Zu solchen Tendenzen im Rahmen des juristischen Vermögensbegriffs schon oben Rn. 21; zum individuellen Schadenseinschlag als Ausnahme oben Rn. 18 ff.
53 *Maurach*, BT, § 38 II B 4b.
54 Eine vergleichbare Argumentation findet sich in BGHSt 16, 321 (325) – Melkmaschine; hierzu unten Rn. 90, 92.
55 *Frank*, 18. Aufl. 1931, § 263 Bem. I, ebenda zu § 263 als „Missbrauch der Persönlichkeit".

nicht zu verselbstständigen, also nur das Vermögen als Rechtsgut zu betrachten[56].
Gegen diese auch hier vertretene und nach wie vor ganz h. M. ist in letzter Zeit ein **Kontrastmodell** entwickelt worden, das besonders *Kindhäuser* und *Pawlik* zu verdanken ist. Statt dem Rechtsgut „Vermögen" allenfalls die Art der Verletzung als Adjektiv beizugeben („täuschungsbedingte Vermögensschädigung"), wird das Adjektiv zum Substantiv – und das Substantiv der ganz h. M. zum Adjektiv: „Betrug ist ein vermögensschädigendes Freiheitsdelikt"[57]. Diese Akzentverlagerung taucht alte Probleme in neues Licht, vor allem die „sozialadäquaten Täuschungen" und die Täuschungen durch Unterlassen. *Kindhäuser*[58] ist insoweit beizupflichten, dass die Strafbarkeit des **Spendenbetrugs** vom Schadensbegriff der h. M. aus nicht schlüssig begründet werden kann. Daraus sollte freilich die Konsequenz der Straflosigkeit gezogen werden[59]. Dass die Strafbarkeit des Spendenbetrugs durch ein Changieren zu einem Freiheitsdelikt leicht begründbar ist, spricht letztlich nicht für, sondern gegen die Konzeption des § 263 als eines Freiheitsdelikts.

27 Nicht überzeugen kann die *Kindhäuser, Pawlik* und auch *Jakobs* verbindende Argumentation mit normtheoretischen Evidenzerlebnissen, wann rechtlich garantierte Freiheit oder wann ein Recht auf Wahrheit besteht (und wann nicht)[60].

Beispiele: Wenn der „Betrüger", wie bereits zuvor beabsichtigt, dem gedungenen Mörder nach erfüllter Arbeit den Lohn nicht ausbezahlt, kann man § 263 kurzerhand mit dem Argument ablehnen, dass dem Mörder kein Recht auf Wahrheit zustehe[61]. – Gegenüber der Argumentation der h. M., die ihre Lösung erst beim Vermögen ansiedelt[62], ist das ein Rückschritt. Wo in der Illegalität, z. B. des **Schwarzmarktes**, ein Recht auf Wahrheit anfangen soll, wird mit dem kurzschlüssigen Argument der „Schutzwürdigkeit" nicht erhellt, sondern verdunkelt.

Beim Verkauf eines Gebrauchtwagens, bei dem der Verkäufer falsche Angaben macht, die der Käufer jedoch aufgrund seines Sonderwissens als Ingenieur durchschaut, wird bisher überwiegend und zu Recht die Täuschung als misslungen ange-

---

56 Deutlich BGHSt 16, 220 (221).
57 *Kindhäuser*, ZStW 103 (1991), 398. – *Pawlik*, Das unerlaubte Verhalten beim Betrug, 1999, S. 105 (vgl. auch S. 80, wo die Brücke zum vorstehenden Zitat von *Frank* geschlagen wird) unterscheidet sich von *Kindhäuser* insofern, als er als unmittelbares Schutzgut nur das Vermögen sieht. Das Vermögen wiederum interpretiert er von der Freiheitsverwirklichung her und rückt damit das Recht auf Wahrheit wie bei *Kindhäuser* ins Zentrum. Ähnlich auch *Bergmann/ Freund*, JR 1988, 189; *Zieschang*, Hirsch-FS 1999, S. 831.
58 *Kindhäuser*, ZStW 103 (1991), 398 (409 f.).
59 Vgl. hierzu unten Rn. 111 f.
60 „Recht des Opfers auf Wahrheit", *Kindhäuser*, ZStW 103 (1991), 398 (402); rechtlich garantierte Freiheit des Opfers, *Pawlik*, Das unerlaubte Verhalten beim Betrug, 1999, S. 103 f. in Auseinandersetzung mit *Bergmann* und *Krack*; ablehnend zum Rechtsgut der „Wahrheit" auch BSK-Arzt, Art. 146 Rn. 15.
61 *Pawlik*, Das unerlaubte Verhalten beim Betrug, 1999, S. 147; vgl. auch *Freund/Bergmann*, JR 1991, 357.
62 Zur Verlagerung alter Probleme auf neue Ebenen vgl. auch *Gössel*, BT 2, § 21 Rn. 2.

Grundriss des Betrugs § 20 Rn. 28

sehen, es fehlt also am Irrtum. *Pawlik*[63] greift hier auf den (wohl richtigen) Satz zurück: „Als Strafrechtsnorm soll § 263 dazu beitragen, eine Organisation sozialer Kommunikation zu garantieren, die individuelle Freiheit ermöglicht". Er meint, wenn der Käufer, des Herumlaufens müde, das Auto trotzdem kaufe, liege „naturalistisch" betrachtet kein Irrtum vor, dagegen sei der Käufer nach der gebotenen normativen Zurechnungsfunktion des Irrtumsmerkmals einem betrugsrelevanten Irrtum erlegen, weil sein Sonderwissen außer Betracht bleiben müsse. Dem kann jedoch nicht zugestimmt werden.

Normlogische Ableitungen aus Grundbegriffen wie Freiheit und Wahrheit führen schnell in elementare Zirkel- oder Kurzschlüsse. So ist der Versuch von *Jakobs*[64] gescheitert, „Freiheit" bei § 240 normlogisch so zu definieren, dass sich die Wechselbezüglichkeit der Opferfreiheit zur Täterfreiheit auflöst[65]. Selbst wenn das Opfer dem Täter gegenüber zu einer Handlung (z. B. zur Zahlung eines bestimmten Geldbetrags) rechtlich verpflichtet ist, behält es eine rechtlich geschützte Freiheit zur Rechtsverletzung (hier: der Nichtzahlung) – deshalb bleibt es gegen eigenmächtige Durchsetzung der gegenüber dem Täter bestehenden Verpflichtung geschützt.

III. Grundriss des Betrugs als eines Selbstschädigungsdeliktes

Wollte man auf jede vorsätzliche und rechtswidrige Vermögensschädigung mit Mitteln des Strafrechts reagieren, würden weite Regelungsbereiche des Zivilrechts vom Strafrecht überlagert und erdrückt. „Das totale Vermögensstrafrecht liegt also auf dem Wege zum totalen Staat" *(Hellmuth Mayer)*[66]. Der Gesetzgeber hat daher mit Recht nur bestimmte rechtswidrige vorsätzliche Schädigungen pönalisiert, so durch Drohung und Gewalt (§§ 253, 255), durch Missbrauch besonderer Vertrauensstellungen (§ 266) und durch Täuschung (§ 263). Als Betrug sehen wir nur die Vermögensschädigung an, die sich das Opfer selbst (durch eine von einem Irrtum beeinflusste Vermögensverfügung) zufügt. Das Verhalten des Täters besteht in der Täuschung, d. h. in der Herbeiführung dieses Irrtums. – Darüber hinaus setzt § 263 voraus, dass die Schädigung des Opfers zu einem entsprechenden Vorteil des Täters führen soll. Man verlangt **Stoffgleichheit** zwischen dem Vermögensschaden des Opfers und dem angestrebten Vermögensvorteil des Täters.

§ 263 setzt sich also aus **fünf** (z. T. ungeschriebenen) **Tatbestandsmerkmalen** zusammen, zwischen denen ein durchlaufender ursächlicher Zusammenhang bestehen muss: (1) **Täuschungshandlung** → (2) **Irrtumserregung** → (3) **Vermögensverfügung** → (4) **unmittelbarer Schaden** → (5)

28

---
63 *Pawlik*, Das unerlaubte Verhalten beim Betrug, 1999, S. 232 (das Beispiel mit dem Gebrauchtwagen auf S. 233).
64 *Jakobs*, Peters-FS 1974, S. 69 ff.
65 *Pawlik*, Das unerlaubte Verhalten beim Betrug, S. 103 f. beruft sich auf *Jakobs*, Peters-FS 1974, S. 69 (zu § 240). Zur Brüchigkeit der Prämissen, u. a. durch Changieren der Freiheit als echte Freiheit in § 240 zur „wohlverstandenen" Freiheit bei Wucher *Arzt*, Lackner-FS 1987, S. 641 ff.
66 *Hellmuth Mayer*, Die Untreue, Materialien zur Strafrechtsreform, Bd. 1, 1954, S. 333 (339).

(angestrebter[67]) stoffgleicher Vermögensvorteil. Das gehört zum auswendig zu lernenden Grundwissen. Den Sinn dieser komplizierten Folgewirkungen der Täuschungshandlung sieht man im Charakter des Betrugs als eines Selbstschädigungsdeliktes. Der Täter bringt sein Opfer dazu, dass es sich selbst Schaden zufügt. Konstruktiv bestehen Parallelen zur mittelbaren Täterschaft. Das Opfer wird „Werkzeug" des Täters. Es ist jedoch nicht sinnvoll, solche Parallelen weiter zu verfolgen, weil die Eigengesetzlichkeit der Tatbestandsabgrenzung des § 263 unbestritten ist und von den Regeln der mittelbaren Täterschaft unbeeinflusst bleibt. Weil sich die Interpretation des Zusammenhangs von Täuschungshandlung → Irrtumserregung → Vermögensverfügung → Vermögensschaden → (angestrebter) Vermögensvorteil an der Selbstschädigung orientiert, werden die fünf Bausteine des § 263 so zurechtgerückt, dass eine Fremdschädigung (z. B. durch Diebstahl) sich mit dem Betrugstatbestand nicht überschneiden kann.

29   Beispiel (Gasmann)[68]: Zur Witwe O kommt der vermeintliche Gasmann T in blauer Arbeitskleidung. Er gibt vor, im Auftrag des Gaswerks die Leitung überprüfen zu müssen. T schickt O im Laufe der „Prüfung" aus der Wohnung mit der Bitte, seinen Kollegen im vor dem Haus um die Ecke geparkten Pkw zu alarmieren, weil er ein Leck entdeckt habe. O stürmt sogleich aus dem Haus. T durchsucht derweil die Wohnung und findet im Küchenschrank Bargeld. O sucht das Fahrzeug vergebens. Nach ihrer Rückkehr ist T mit dem Geld verschwunden. – Hier führt die Täuschungshandlung zur Schädigung. Da jedoch der „eigentliche" Schaden nicht im Alleinlassen des Täters in der Wohnung, sondern im Zugriff des Täters auf das Geld zu sehen ist, liegt keine Selbstschädigung, sondern eine Fremdschädigung (Wegnahme = Diebstahl) vor. Dieses Ergebnis muss nun mit einem der fünf Tatbestandsmerkmale begründet werden. Weil die Merkmale in innerem Zusammenhang stehen, überrascht es nicht, dass es verschiedene konstruktive Möglichkeiten gibt, zum gewünschten Ergebnis zu gelangen. Man kann sagen, dass sich O zwar geirrt, aber durch das Verlassen der Wohnung nicht über ihr Vermögen verfügt habe. – Man kann stattdessen aber auch in der Gewahrsamslockerung (Alleinlassen des T in der Wohnung) eine Verfügung sehen, jedoch den unmittelbaren Zusammenhang mit dem Schaden leugnen. Denn Verlust des Geldes ist noch nicht durch das Verlassen der Wohnung, sondern unmittelbar erst durch Zugriff des T (= Gewahrsamsbruch) eingetreten. – Schließlich kann man sowohl die Vermögensverfügung als auch den unmittelbaren Zusammenhang mit einer Vermögensgefährdung bejahen. Die Verfügung liegt in der Gewahrsamslockerung. Diese Verfügung führt zwar nicht unmittelbar zum Verlust des Geldes, jedoch unmittelbar zu einer Vermögensgefährdung (Zugriffsmöglichkeit des T). Da man im Ergebnis § 263 an der mangelnden Selbstschädigung scheitern lassen will, weil man weiß, dass hier ein klassischer Diebstahl, also eine Fremdschädigung vorliegt, würde man dann § 263 mit der Begründung ablehnen, dass diese Vermögensgefährdung bei wirtschaftlicher Betrachtung noch keinen Vermögensschaden darstellt.

---

67   Der Vermögensvorteil braucht nicht eingetreten zu sein. Es genügt entsprechende Absicht. Praktisch ist das nahezu bedeutungslos, weil ein Täter, der den Schädigungserfolg erreicht, fast immer zugleich den stoffgleichen Vorteil erlangt. Man kann deshalb die Verflüchtigung des Vorteils zur Vorteilsabsicht zunächst vernachlässigen, näher unten Rn. 131 ff.
68   Zu einem vergleichbaren Fall bereits *Frank*, 18. Aufl. 1931, § 263 Bem. IV. – Vgl. hierzu noch unten Rn. 70.

Das **Ineinandergreifen der fünf Bausteine** des § 263 führt dazu, dass 30
Probleme nicht immer eindeutig einem Merkmal zugeordnet werden können. Die Lehre vom Betrug als Selbstschädigungsdelikt beruht auf einer in
den Tatbestand des § 263 vor verlagerten Konkurrenzüberlegung: Unter
andere Tatbestände fallende Vermögensschädigungen sollen nicht zugleich
unter § 263 subsumiert werden. Der Sache nach läuft dies auf eine weitgehende Subsidiarität des § 263 gegenüber sonstigen Vermögensdelikten
(insbesondere dem Diebstahl) hinaus.

§ 263 ist in der Praxis und im Examen von zentraler Bedeutung. Weil 31
das Rechtsgut „Vermögen" bis in seinen Kern hinein unsicher ist und sowohl das Ob als auch das Wie einer restriktiven Auslegung des § 263 mit
Blick auf die Opfermitverantwortung und auf die zulässige Geschäftstüchtigkeit umstritten sind[69], steht man einer wirklich unüberschaubaren Fülle
von unterschiedlichen Meinungen, Aufsätzen und Entscheidungen zu
Einzelfragen gegenüber. Die Gefahr ist groß, dass man sich beim Studium
in solchen Details verliert. Das ist doppelt verhängnisvoll: Einmal kann
man sich solche Einzelfragen (z. B. Anstellungsbetrug, Scheckkartenbetrug oder Betrug bei nichtigen Forderungen) nicht erarbeiten, ohne sich
bezüglich der Grundlagen sicher zu sein. Zum anderen wird die Bedeutung dieser Spezialfragen von den Studierenden überschätzt. In vielen Examensfällen geht es – wie oft in der Praxis – ganz einfach darum, juristisch
nicht problematisches Grundwissen zu § 263 auf einen Sachverhalt anzuwenden. Solche „**Sachverhaltsprobleme**"[70] sind sehr viel schwieriger als
man gemeinhin annimmt. Im Folgenden werden daher zunächst die einzelnen „Bausteine" des Betrugs anhand von **Normalfällen** erörtert. Diese
Normalfälle bilden die Basis für die wichtigsten **Sonderfälle** und Einzelfragen. Sie werden hier deutlich getrennt vom Grundwissen in einer
zweiten Stufe dargestellt. Am Ende jedes Bausteines wird auf die Restriktionsbemühungen eingegangen, die sich am Prinzip der **Opfermitverantwortung** orientieren.

IV. Täuschungshandlung

1. Grundlegung und Normalfälle der Täuschung

a) Täuschung über Tatsachen

Während § 123 BGB nur von arglistiger Täuschung spricht, umschreibt 32
§ 263 StGB die Täuschungshandlung ausführlich: „*Wer [...] durch Vorspiegelung falscher oder durch Entstellung oder Unterdrückung wahrer
Tatsachen einen Irrtum erregt oder unterhält*". Die Erregung eines Irrtums
fällt danach nur unter § 263, wenn es sich um einen Irrtum über **Tatsachen**
handelt. Der bei §§ 185 ff. ausführlich erörterte Unterschied zwischen Tat-

---
[69] Vgl. hierzu bereits oben Rn. 2 ff., 7 ff. sowie § 11 Rn. 3.
[70] Eingehend *Arzt*, Die Strafrechtsklausur, 7. Aufl. 2006, § 8.

sachenbehauptung und **Werturteil** ist deshalb auch für § 263 wichtig. Wie bei §§ 185 ff. geht es auch bei § 263 darum, dass Tatsachen im Gegensatz zu Werturteilen dem Beweis zugänglich sind[71]. Die Kasuistik lässt erkennen, dass sich die Praxis bei der Abgrenzung des Werturteils von der Täuschung über (innere) Tatsachen am Gedanken der **Opferselbstverantwortung** orientiert. Vertrauenswürdige Werturteile werden als innere Tatsachen behandelt und so in den Schutz des § 263 einbezogen. Marktschreierische Anpreisungen werden dagegen als Werturteil behandelt und aus § 263 ausgeschlossen[72].

> **Beispiel (Gasthaus):** Wer sich durch das Schild „gutbürgerliche Küche, reelle Weine, zivile Preise" in ein teures Gasthaus mit miesem Wein und schlechtem Essen locken lässt, mag sich getäuscht fühlen. Geworben wird häufig, so auch hier, gerade deshalb mit Werturteilen, damit die Werbung nicht in den Bereich des § 263 gerät[73].

b) Täuschung über innere Tatsachen

33 Jede Irrtumserregung stellt eine Täuschungshandlung dar[74], vorausgesetzt, der Irrtum bezieht sich auf Tatsachen[75]. Was eine **Tatsache** ist, ist evident (und daher an sich keiner Definition bedürftig[76]). In diesem Zusammenhang wird der Gesetzgeber kritisiert, weil er von „falschen" Tatsachen spricht. Solche gibt es begrifflich nicht, falsch kann nur die Tatsachenbehauptung sein. Aber Vorsicht: Tatsachen sind zwar stets wahr – trotzdem kann aber auch die Äußerung einer (nur scheinbar vorliegenden Absicht) eine Tatsache sein. Es handelt sich dann um eine „**innere Tatsache**", wie ganz allgemein bei Ansichten und Absichten. Ein großer Teil der Täuschungen bezieht sich auf solche inneren Tatsachen. **Musterbeispiel** ist die eigene **Zahlungsbereitschaft**. Erklärungen über beabsichtigte künftige Handlungen (z. B. den Kaufpreis in Raten bezahlen zu wollen) enthalten zugleich die Behauptung einer gegenwärtigen inneren Tatsache (die gegenwärtige Bereitschaft, in Zukunft eine Verpflichtung zu erfüllen). Deshalb

---

71 Vgl. oben § 7 Rn. 12 ff.
72 Wie das im Text anschließende Beispiel zeigt, handelt ein Opfer, das seine Entscheidung im Vertrauen auf Werturteile des Täters trifft, vielfach besonders leichtfertig, ausführlich *Ellmer*, Betrug und Opfermitverantwortung, 1986, S. 90 ff. Mit dieser Überlegung kollidiert BGHSt 48, 331 (344 f.), weil dort Werturteilen ein „eigenständiger Tatsachenkern" ausgerechnet dort beigemessen wird, wo der Täter *nur* mit Werturteilen operiert (sichere Anlage). Vgl. aber *Fischer*, § 263 Rn. 10, der hinter dem „scheinbaren Werturteil" eine wichtige Tatsache sieht. Zu „übersinnlichen" Pseudo-Tatsachen *Thomma*, Die Grenzen des Tatsachenbegriffs, 2003.
73 Bei der Anwendung des § 263 auf Reklamesprüche zeigt sich eine fatale Tendenz, die Kleinen zu hängen und die Großen laufen zu lassen. OLG Köln, OLGSt § 263 StGB S. 126 hat beim Vertrieb einer Massagebürste für 24,80 DM in der Werbung („verblüffender amerikanischer Apparat") das Unterdrücken der Tatsache gesehen, dass es sich „im Prinzip um eine einfache Massagebürste handelte"(!).
74 Vgl. hierzu unten Rn. 35.
75 Vgl. hierzu oben Rn. 32.
76 Vgl. die nicht sehr viel weiter führende „Definition" in BGHSt 47, 1 (3): „Als Tatsache in diesem Sinne ist nicht nur das tatsächlich, sondern auch das angeblich Geschehene oder Bestehende anzusehen, sofern ihm das Merkmal der objektiven Bestimmtheit und Gewißheit eigen ist".

ist der Satz, künftige Verhaltensweisen oder Geschehnisse seien keine Tatsachen, in dieser Pauschalität unzutreffend.

So formulierte der BGH in einem, einen Kreditbetrug betreffenden Fall[77]: „Eine als Grundlage des Betrugsvorwurfs mögliche anfängliche Täuschungshandlung ist nämlich in der von der Strafkammer festgestellten Tatsache zu finden, daß der Angeklagte von vornherein nicht willens war, das Darlehen durch eigene Bemühungen zurückzuzahlen, daß er aber durch Annahme des Darlehensbetrages seine Zahlungsbereitschaft, also eine ‚falsche Tatsache' vorgespiegelt hat." Das Hauptproblem des konkreten Falles lag insoweit erst beim Schaden, der von der Bonität der Forderung abhängt[78]. Für den **Kreditbetrug** ist die Täuschung über die Zahlungswilligkeit oder die Täuschung über die **voraussichtliche Rückzahlungsfähigkeit** charakteristisch. Der Nachweis, dass der Kreditnehmer bei Kreditaufnahme damit gerechnet hat, dass er zur Rückzahlung außerstande sein und der Kreditgeber zu Schaden kommen werde, ist jedoch schwer zu führen. Diese Beweisschwierigkeiten haben wesentlich zur Schaffung des Sondertatbestandes des **Kreditbetrugs**, § 265b beigetragen[79]. 34

c) Definition der Täuschungshandlung über ihren Erfolg (Irrtumserregung)

§ 263 umschreibt die Täuschung über Tatsachen näher als Vorspiegelung, Entstellung oder Unterdrückung[80]. Das ist deshalb weitgehend bedeutungsleer, weil die „Täuschungshandlung" keine bestimmte Tätigkeit ist. Vielmehr ist jede Tätigkeit, die den Erfolg „Irrtum" herbeiführt, eine Täuschungshandlung[81]. Deshalb bedarf es keiner näheren Subsumtion, also keiner Entscheidung, ob die Täuschung durch Vorspiegelung oder Entstellung oder auf sonstige Weise erfolgt ist[82]. 35

Beispiel (neuer Motor): Der Käufer O eines Gebrauchtwagens fragt den Verkäufer T, ob das Auto einen neuen Motor habe. T sagt, er habe erst vor zwei Wochen einen neuen Motor einbauen lassen. T hält es für unangebracht zu erwähnen, dass es sich dabei um den Scheibenwischermotor gehandelt hat. – Hier ist es müßig, näher zu untersuchen, ob T vorgespiegelt hat, der Motor (in dem Sinne, wie O dies meinte; vgl. hierzu mit Blick auf das Zivilrecht §§ 133, 157, 242 BGB) sei neu, oder ob er die Tatsache, dass ein neuer Motor eingebaut worden ist, entstellt hat, oder ob er gar unterdrückt hat, dass es sich nur um den Scheibenwischermotor gehandelt hat. Maßgebend ist allein, dass er einen Irrtum über eine Tatsache herbeigeführt und in diesem Sinne getäuscht hat.

---

77 Nach BGHSt 15, 24 (26 f.); vgl. auch BGHSt 58, 205 (208).
78 Vgl. hierzu unten Rn. 97.
79 Vgl. hierzu näher unten § 21 Rn. 92 f.
80 Vgl. die nicht sehr viel weiter führende „Definition" in BGHSt 47, 1 (3): „[…] ist die Täuschung jedes Verhalten, das objektiv irreführt oder einen Irrtum unterhält und damit auf die Vorstellung eines anderen einwirkt"; ebenso BGHSt 49, 17 (21).
81 *Mahnkopf/Sonnberg*, NStZ 1997, 187; vorsichtiger BGHSt 47, 1 (5): „Dies schließt aus, die Täuschung bereits aus dem Irrtum als solchem herzuleiten"; so auch *Garbe*, NJW 1999, 2868 (2869); vgl. ausführlich zum Begriff der Täuschungshandlung BGH NJW 2014, 2595.
82 Ganz h. M.; anders jedoch *Kargl*, ZStW 119 (2007) 250 (268), der auf Basis einer vom Normalfall des Begehens abweichenden Ansicht den Sonderfall eines „entsprechenden" Unterlassens lösen will. Zur begrifflichen Begrenzung der Täuschung auf kommunikative Einwirkung vgl. unten Rn. 45.

d) Sozialadäquate Täuschungen

36 Angesichts der begrifflichen Weite der Täuschungshandlung erfasst § 263 jede auf Schädigung eines anderen zielende Irrtumserregung. **Ausnahmen** können sich daraus ergeben, dass man Täuschungen als verkehrsüblich (sozialadäquat) aus § 263 herausnimmt oder dass der durch Täuschung zugefügte Schaden und der erstrebte Vorteil als erlaubter Preis der Teilnahme am Geschäftsverkehr betrachtet wird. Solche Ausnahmen beruhen letztlich auf dem Gedanken der **Opferselbstverantwortung.** Das Ausnutzen besseren Wissens zur Gewinnerzielung kann die Rechtsordnung grundsätzlich nicht verbieten, weil es sonst nicht mehr interessant wäre, sich um Wissen (Wissensvorsprünge) zu bemühen[83].

> Die konsistente dogmatische Erfassung der in Betracht kommenden Fallgruppen hat *Lackner*[84] wesentlich gefördert. Nach *Lackner* ergibt sich aus der „allgemeinen Verkehrsanschauung" über die für die verschiedenen Geschäftstypen charakteristischen Risikoverteilungen" unter anderem: „In normalen, namentlich auch spekulativen Geschäftsbeziehungen hat jeder Beteiligte für sich selbst zu sorgen und sich vor Benachteiligung zu schützen [...] Gerade wo es um die Wertschätzung von Gegenständen und um künftige Entwicklungen geht, ist der Teilnehmer am Geschäftsverkehr nicht gehalten, seine besseren Informationen und seine überlegene Sachkenntnis dem Partner zugute kommen zu lassen; er darf sie grundsätzlich zu seinem Vorteil ausnutzen [...] Es muss stets ein besonderer Grund vorliegen, damit die Verkehrsanschauung dem Partner das mit diesem Grundsatz verbundene Orientierungsrisiko ganz oder teilweise abnimmt."

e) Täuschung durch konkludentes Tun

37 Wie man lügen kann, obwohl man buchstäblich genommen die Wahrheit sagt[85], so kann man auch durch konkludentes Verhalten täuschen[86]. Hier liegt der Täuschungsgehalt darin, dass man nicht explizit, sondern implizit (in aller Regel „stillschweigend"), die Unwahrheit zum Ausdruck bringt (wortlose Erklärung[87]). Entscheidend ist, dass der Täter ein Verhalten an den Tag legt, dem von der Rechtsgemeinschaft („nach der Verkehrsanschauung"[88]) ein bestimmter Erklärungswert beigemessen wird, der Täter dies auch weiß und er insoweit auch genau diesen Umstand ausnutzen möchte.

---

83 Vgl. hierzu bereits oben Rn. 7b; zu den Versuchen, die Wahrheit als zentrales Rechtsgut des § 263 anzusehen, vgl. oben Rn. 26 f.
84 LK-*Lackner*, 10. Aufl., § 263 Rn. 29 (besonders im Zusammenhang mit der konkludenten Täuschung); vgl. jetzt auch LK-*Tiedemann*, 12. Aufl., § 263 Rn. 34 ff. – Was im Sinne einer Äußerung als wahr anzusehen ist (Auslegung), sollte mit dem (angeblichen) „Recht auf Wahrheit" nicht verwechselt werden, vgl. hierzu oben Rn. 26 f.; so wohl auch *Frisch*, Herzberg-FS 2008, S. 729.
85 Vgl. hierzu bereits oben Rn. 35 und ausführlich unten Rn. 40.
86 Vgl. hierzu aus der Rechtsprechung BGHSt 8, 289; BGHSt 24, 386 (389); BGHSt 29, 165 (167); BGHSt 47, 1 (3); BGHSt 47, 83 (86 f.); BGHSt 48, 331 (344); BGHSt 51, 165 (168 ff.); BGHSt 54, 69 (121); BGHSt 57, 95 (101); BGHSt 58, 102 (106 ff.); BGH, NJW 2013, 883 (884); vgl. zum schweizer Recht BSK-*Arzt*, Art. 146 Rn. 42 ff.
87 *Mitsch*, BT 2/1, § 7 Rn. 26.
88 BGHSt 47, 1 (3); BGHSt 48, 331 (344); BGHSt 49, 17 (21); BGH, NJW 2013, 883 (884).

Beispiel (1) Zechprellerei: Mit den zwei Worten „ein Bier" bringt der Gast konkludent zum Ausdruck, dass er bezahlen kann und bezahlen will und zwar bereits in der Wirtschaft bald nach dem Konsum. Ganz allgemein lässt sich sagen: Wer einen Vertrag abschließt, erklärt damit konkludent seine Erfüllungsfähigkeit und seine Erfüllungsbereitschaft[89].

Beispiel (2) Selbsttanken[90]**:** Der Autofahrer bringt mit dem Tanken stillschweigend seine Zahlungswilligkeit zum Ausdruck. Bei Selbstbedienungstankstellen hängt die Erfüllung des § 263 weiter davon ab, ob das Zulassen des Einfüllens seitens des Tankstelleninhabers (bzw. seines Angestellten) eine Vermögensverfügung (oder eine bloße Gewahrsamslockerung[91]) darstellt. Eine Vermögensverfügung ist jedenfalls dann zu bejahen, wenn der Täter beim Tanken beobachtet wird (andernfalls ist jedenfalls ein Versuch möglich)[92]. Da nach der hier vertretenen Ansicht (entgegen der h. M.) in aller Regel mit dem Einfüllen des Benzins auch das Eigentum auf den Autofahrer übergeht, entfallen §§ 242, 246[93].

Beispiel (3) Gulasch: Auf der Speisekarte steht „vorzüglicher Gulasch". O bestellt und erhält eine Portion. Der Wirt hat seine Unkosten dadurch gesenkt, dass er dem Gulasch einen wesentlichen Teil Pferdefleisch zusetzt. – Eine Täuschung liegt nicht etwa deswegen vor, weil das Gulasch nicht „vorzüglich" ist (Werturteil), sondern weil die Willenserklärung des Gastes und des Wirtes nach §§ 157, 133, 242 BGB dahin auszulegen sind, dass mit „Gulasch" konkludent zum Ausdruck gebracht wird, dass es aus Rind und/oder Schwein, jedenfalls nicht aus Pferd besteht[94]. Deshalb liegt im „stillschweigenden" Vorsetzen des Gerichts eine Täuschung durch konkludentes Tun.

Beispiel (4) Fehlbuchung[95]**:** Eine Bank schreibt (infolge einer Verwechslung der Filialnummer) 12 Mio. € einem falschen Konto gut. Der Kontoinhaber verfügt über dieses Geld durch mehrere Überweisungen. Hier wird eine Täuschung durch die konkludente Behauptung, eine Deckung des Kontos (d. h. ein entsprechendes Guthaben) sei vorhanden, abgelehnt. Ein solcher Erklärungswert kommt dem bloßen Überweisungsauftrag nicht zu[96]. Zudem muss die Deckung auch ohne eine entsprechende Behauptung regelmäßig seitens der Bank geprüft werden und schließlich ist ein entsprechendes Guthaben zum Zeitpunkt der Überweisung ja tatsächlich vorhanden[97]. Es liegt allenfalls eine Täuschung durch Unterlassen des Hinweises auf eine Stornobefugnis der Bank vor[98].

---

89 BGHSt 15, 24 (26).
90 Grundlegend *Herzberg,* JA 1980, 385; vgl. auch *ders.,* NStZ 1983, 251; ferner oben § 13 Rn. 54. – *Herzberg* hat dargelegt, dass der zunächst redliche Kunde, der den Entschluss, nicht zu zahlen, erst nach dem Einfüllen fasst, konsequenterweise weder wegen Betrugs noch wegen eines Eigentumsdelikts bestraft werden kann. Zur Frage eines Eigentumsvorbehalts bis zur Zahlung vgl. *Schroeder,* JuS 1984, 846 (gegen *Herzberg*).
91 Vgl. hierzu unten Rn. 79 f.
92 BGH, NJW 2012, 1092; so auch bereits BGH, MDR 1983, 772.
93 Vgl. hierzu bereits oben § 13 Rn. 34, 54; § 15 Rn. 15.
94 Für denjenigen, der das Beispiel (3) weiter durchdenkt: Zweifelhaft ist allerdings der Schaden, denn das Essen könnte objektiv durchaus seinen Preis wert gewesen sein. Doch selbst wenn die nicht der Fall wäre (wenn es nämlich einen „Marktpreis" für mit Pferdefleisch versetztes Gulasch gäbe, was zweifelhaft ist, und dieser tiefer läge), ist es im Zeichen der Vertragsfreiheit allein dem Wirt überlassen, seine Preise festzusetzen. Zu prüfen ist also, ob der Gast ein Äquivalent für das Geld erhalten hat. Die Antwort ergibt sich aus dem Unterschied zwischen Eingehungs- und Erfüllungsbetrug, vgl. hierzu unten Rn. 94 f.
95 Fall nach BGHSt 46, 196.
96 BGHSt 46, 196 (198).
97 BGHSt 46, 196 (199 ff.).
98 Vgl. hierzu noch unten Rn. 44a.

Beispiel (5) Marktüblicher Preis: Im Anbieten einer Ware oder einer Leistung ist nicht die konkludente Erklärung zu sehen, es handle sich dabei um den marktüblichen Preis. Da jeder Verkäufer den Preis eigenständig festlegen kann (Preisgestaltungsfreiheit) kann er auch das Doppelte verlangen wie sein Konkurrent, ohne auf dessen billigeres Angebot hinweisen zu müssen.

Beispiel (6) Ping-Anrufe[99]**:** Bei O klingelt das Handy ein Mal und bricht dann ab. Auf dem Display erscheint eine unbekannte Nummer. O ruft aus Höflichkeit zurück und landet in der Warteschleife eines Mehrwertdienstanbieters M, der für diesen Anruf 2 € von O erhält. Da M dieses „Verfahren" automatisiert betreibt, streicht er erhebliche Gewinne ein. – Obwohl an der kriminellen Energie von M nicht zu zweifeln ist, liegt § 263 nur dann vor, wenn man in dem Umstand, ein fremdes Telefon ein Mal klingeln zu lassen („pingen") die konkludente Erklärung erblickt „Ich möchte ein Gespräch mit Dir führen", was jedoch zweifelhaft ist[100].

38 **Vier Faustregeln: (1)** Die konkludente Täuschung wird als „Täuschung durch aktives Tun" angesehen und unterscheidet sich von der Täuschung durch Unterlassen insoweit, als es zur Strafbarkeit keiner Garantenpflicht bedarf. Daher sollte man nie eine Täuschung durch Unterlassen prüfen, ehe man eine Täuschung durch konkludentes Tun eingehend untersucht (und abgelehnt) hat!

(2) Bei der Entscheidung, ob im Verhalten eine Täuschung zu sehen ist, sind die zivilrechtlichen Regeln über die Auslegung einer Willenserklärung, insbesondere die Rücksicht auf die Verkehrssitte, mit heranzuziehen, §§ 133, 157, 242 BGB.

(3) Insbesondere bei der Täuschung durch unvollständige Erklärungen und durch Teilwahrheiten kann man Wissen zum verwandten Problem der falschen (weil unvollständigen) Aussage nutzbar machen[101].

(4) Der Übergang zwischen ausdrücklicher und stillschweigender Erklärung ist fließend[102]. Der Tendenz der Rechtsprechung, den Bereich der konkludenten Täuschungen zulasten der Täuschung durch Unterlassen (die bei bloßen Vertragsverhältnissen oftmals mangels Garantenpflicht nicht strafbar ist) auszudehnen[103], ist dabei mit Skepsis zu begegnen[104].

---

99 Fall nach BGH NJW 2014, 2054; vgl. auch OLG Oldenburg, wistra 2010, 453; LG Hildesheim, MMR 2005, 130; LG München, MMR 2004, 42.
100 Eine konkludente Täuschung allerdings annehmend BGH NJW 2014, 2054; *Brand/Reschke*, NStZ 2011, 379 (381); *Eiden*, Jura 2011, 863 (865 f.); *Erb*, ZIS 2011, 368 (369); *Kölbel*, JuS 2013, 193 (196); *Rengier*, § 13 Rn. 14b.
101 Vgl. hierzu unten § 47 Rn. 33 f.
102 Mit Recht hervorgehoben von *Gössel*, BT 2, § 21 Rn. 22.
103 Vgl. z. B. BGHSt 29, 165 (167); BGHSt 51, 165 (168 ff.) – Fall Hoyzer; BGH, NJW 2013, 883 (884): Wer einen Wettvertrag eingeht, soll schlüssig erklären, dass er nicht beabsichtigt, den Wettgegenstand (hier: durch Bestechung des Schiedsrichters) zu manipulieren; bestätigt durch BGHSt 58, 102 (106); hierzu noch unten Rn. 54a, 105; BGHSt 54, 69 (121): Wer einen Lebensversicherungsvertrag abschließt, soll schlüssig erklären, dass er nicht beabsichtigt, sich durch einen fingierten Totenschein die Versicherungsprämie zu erschleichen; hierzu noch unten Rn. 101.
104 Kritisch auch *Trüg/Habetha*, JZ 2007, 878 (879 ff.).

2. Wichtige Sonderfälle der Täuschung

a) Täuschung durch Wahrheit

Für das moderne Recht reduziert sich die Täuschung durch Wahrheit 39
auf die Banalität, dass man wortwörtlich die Wahrheit sagen und doch
gleichzeitig täuschen, d. h. lügen kann. Einer Erklärung ist nach moderner
Auffassung nicht ihre wortwörtliche Bedeutung beizulegen, sondern die
Bedeutung ergibt sich aus der Auslegung des Wortes in seinem **Sinnzusammenhang**[105]. Die häufigen konkludenten Erklärungen[106] entziehen
sich von vornherein dem Maßstab einer wortwörtlichen Wahrheit, weil
der Akzent ganz auf dem Sinn liegt, der stillschweigend (!) erklärt wird.
Dabei soll es nach h. M. entscheidend darauf ankommen, dass die Täuschung „planmäßig" eingesetzt wird und die Irrtumserregung nicht nur
eine bloße Folge (sondern eben primärer Zweck) des Handelns darstellt[107],
während andere die Abgrenzung, ob eine Täuschung vorliegt, nicht subjektiv, sondern objektiv nach (normativen) Risikosphären vornehmen
wollen[108].

Beispiel (1) Kalendergeschichten[109]: In einem Restaurant wird erzählt, dass jemandem, der bei einer Schlägerei verletzt worden sei, ein erhebliches Schmerzensgeld 40
zugesprochen worden sei. In diesem Kontext bemerkt Otto (O), ein solches
Schmerzensgeld sei leicht und schnell verdientes Geld. Das hört Theo (T), der O
nicht mag und sagt: Du kannst dir ein Schmerzensgeld verdienen; nach dem dritten
Stockschlag von mir auf dein Gesäß erhältst du 1.000 €. – Die Anwesenden sind
Zeugen der Vereinbarung. T schlägt einmal zu; nach einiger Zeit ein zweites Mal.
Auf die Bemerkung des O, er wolle das Ganze hinter sich bringen und T solle ihm
den dritten Schlag versetzen, erwidert T, auf den dritten Schlag könne O lange warten, er (T) sei nicht so dumm, ihm diesen zu versetzen, denn **nach** diesem Schlag
müsste er ihm 1.000 € zahlen. – Im Gegensatz zu *Hebel* würden wir sinngemäß auslegen und in die Erklärung des T dessen Bereitschaft hineinlesen, den dritten Schlag
zu versetzen. Trotzdem kommen wir zum selben Resultat wie die listige wortwörtliche Auslegung[110].

---

105 Näher *Arzt*, Einführung in die Rechtswissenschaft, 1996, § 3 III, S. 98 unter Hinweis u. a. auf *Shakespeare*, Der Kaufmann von Venedig, und die Märchen, in denen Gerechtigkeit durch wortwörtliche Interpretation erzielt wird. – Zu Sonderfällen, z. B. einer korrekten Erklärung in der Erwartung, dass das Opfer die Konsequenzen nicht durchschaut (geometrische Progression beim Pilotenspiel) *Arzt*, Miyazawa-FS 1995, S. 519 (525).
106 Vgl. hierzu oben Rn. 37 f.
107 BGHSt 47, 1 (5); *Otto*, Jura 2002, 606 (607); *S/S/Perron*, § 263 Rn. 12.
108 *Eisele*, BT II, Rn. 526; *Erb*, ZIS 2011, 368 (377); *Wessels/Hillenkamp*, BT 2, Rn. 499.
109 Vgl. hierzu die „Kalendergeschichten" von *Johann Peter Hebel*. Dieser hat hier das Thema mehrfach variiert, vgl. nur „Wie einmal ein schönes Ross um 5 Prügel feil gewesen ist"; „Schlechter Gewinn"; „Der Zirkelschmied". – Zur Neuausgabe 1971 der Ausgabe 1842 mit den Lithografien von *Dambacher* bemerkt der Aufbau-Verlag, Berlin, politisch korrekt auf dem Klappentext: Hebel „war nicht der Mann, das Dämonische im bürgerlichen Erwerbsleben zu übersehen".
110 Der sinngemäß ausgelegte Vertrag ist nichtig, § 138 BGB, d. h. das Problem steckt nicht in der arglistigen Täuschung, sondern im Schaden bei vorgespiegelter Erfüllungsbereitschaft bei nichtigen Forderungen, vgl. hierzu unten Rn. 116 f. – Im Rahmen des § 223 ist zu prüfen, ob die insoweit „erschlichene" Einwilligung rechtfertigend wirken kann, da kein rechtsgutsbezogener Irrtum vorliegt; zu diesem Problem *B. Heinrich*, AT, Rn. 468 ff.

Beispiel (2) Todesanzeigen[111]: T versendet unmittelbar nach Todesfällen an die nächsten Angehörige Angebote für die Veröffentlichung einer Todesanzeige im Internet. Das Angebotsschreiben ist allerdings aufgemacht wie eine Rechnung, lediglich aus dem Kleingedruckten geht hervor, dass es sich (nur) um ein Angebot handelt. Eine Vielzahl der Empfänger geht davon aus, es handle sich um die Rechnung einer in einer anderen Zeitung veröffentlichten Anzeige und zahlt. – Zutreffend hat der BGH hier eine Täuschung angenommen, da für den Empfänger der Eindruck einer Zahlungspflicht entstand und der Angebotscharakter völlig in den Hintergrund trat.

Beispiel (3) Abofallen[112]: T stellt auf seiner Internetseite kostenlose Kochrezepte zur Verfügung. Zudem wirbt er mit einer kostenlosen Teilnahme an einem Gewinnspiel, wozu der Nutzer seine persönlichen Daten eingeben und bestätigen muss, dass er die zehnseitigen AGB gelesen hat. Hierin findet sich lediglich ein kurzer Hinweis, dass der Nutzer nach Bestätigung fortan für 99 € monatlich weitere Kochrezepte zu beziehen hat (die andernorts kostenlos zu erhalten sind). – Auch hier ist eine Täuschung anzunehmen, da kaum ein Nutzer die AGB lesen bzw. den Hinweis finden wird.

b) Täuschung durch Unterlassen

41 Eine Täuschung durch Unterlassen ist möglich. Maßgebend ist, ob den Täter eine Pflicht zur Aufklärung des Irrtums trifft. Ziel der Aufklärung kann es entweder sein, einen drohenden Irrtum zu verhindern oder einen bestehenden Irrtum auszuräumen.

Beispiel (1) Gebrauchtwagen: Händler T verkauft O ein Auto, ohne zu erwähnen, dass es sich um einen sog. Unfallwagen handelt. Nach der Rechtsprechung der Zivilgerichte trifft den T hier eine Aufklärungspflicht[113]. T täuscht daher durch Unterlassen.

Beispiel (2) Warenterminoptionen[114]: Wer Warenterminoptionen mit Aufschlag verkauft, täuscht durch Tun, wenn er vorspiegelt, er verlange keinen Aufpreis. Wird über den Aufpreis nichts gesagt, ist eine Täuschung durch Unterlassen zu bejahen, denn aus „dem Auftreten der Firma des Angeklagten als fachmännischer Vermittlerin [...] ergibt sich ein Vertrauensverhältnis zu den auf dem Gebiet des Optionshandels nicht versierten Kunden, das eine Rechtspflicht zur Offenbarung der für die Kaufentscheidung maßgebenden Umstände zur Folge hat"[115].

---

111 Fall nach BGHSt 47, 1 – Todesanzeigen; vgl. näher hierzu *Arzt*, Tiedemann-FS, 2008 S. 59.
112 Fall nach OLG Frankfurt, NJW 2011, 398 – Abofallen; vgl. näher hierzu *Eisele*, NStZ 2010, 193.
113 BGHZ 29, 148 (150); BGH, LM Nr. 10 zu § 123 BGB; BayObLG, NJW 1994, 1078. – Das ist materiell-rechtlich nicht überzeugend. Der mündige Bürger O soll T gefälligst fragen, ob es sich um einen Unfallwagen handelt. – Aber das materielle Zivil- und Strafrecht wird auf Beweis(last)fragen hin zugeschnitten. Ist der Richter, wie oft, überzeugt, dass O keinen Unfallwagen gekauft hätte, kann dem T möglicherweise weder im Zivil- noch im Strafprozess bewiesen werden, dass O ihn gefragt und er O belogen hat. Der Richter kann jedoch Gewissheit darüber erlangen, dass „jedenfalls" T den O nicht auf den Unfall des Wagens aufmerksam gemacht hat. Das genügt für eine Täuschung durch Unterlassen, während eine Täuschung durch Tun nicht nachweisbar ist.
114 Fall nach BGHSt 30, 177.
115 BGHSt 30, 177 (181 f.).

Täuschungshandlung § 20 Rn. 42–44

Der von der Praxis ganz selbstverständlich bejahte Betrug durch Unterlassen bereitet in der theoretischen Konstruktion **vier Schwierigkeiten:** (1) Vereinzelt wird bereits die Möglichkeit eines Unterlassungsvorsatzes oder einer Unterlassungsabsicht bezweifelt[116]. – **(2)** Wenn man Täuschung durch Unterlassen prinzipiell für möglich hält, kommt man beim **Irrtum** in Schwierigkeiten. Eine Minderheit[117] will Täuschung durch Unterlassen nur in den seltenen Fällen anerkennen, in denen der Garant durch Intervention das Entstehen eines Irrtums verhindern könnte. Wenn der Garant (wie meist) einen bereits entstandenen Irrtum bemerkt, soll die unterlassene Beseitigung dieses Irrtums nicht erfasst sein, weil insoweit keine Parallele zum Handeln vorliege. – Nach h. M. genügt dagegen der Sinnzusammenhang zwischen Irrtum und Täuschung, um den Garanten zur Intervention i. S. der Beseitigung auch eines solchen Irrtums zu verpflichten. 42

(3) Vor allem wird bei Unterlassungsfällen die Abgrenzung zwischen fehlender Vorstellung und fehlerhafter Vorstellung besonders problematisch. Die Täuschung durch Tun führt dagegen meist zu einem Irrtum, der sich einfach als Spiegelbild der Täuschung begreifen lässt. 43

Sagt im vorstehenden Beispiel[118] der Gebrauchtwagenverkäufer T, er biete ein unfallfreies Auto an, spiegelt sich diese Täuschung in einem entsprechenden konkreten Irrtum des O wider. – Schweigt T, lässt sich nicht eindeutig sagen, ob O irrig angenommen hat, keinen Unfallwagen vor sich zu haben (Fehlvorstellung) oder ob er sich darüber schlicht und einfach keine Gedanken machte (keine Vorstellung). Die h. M., die Täuschung durch Unterlassen bejaht, hat Mühe, in solchen Fällen die fehlende Vorstellung in eine fehlerhafte Vorstellung umzudeuten[119].

(4) Bejaht man Täuschung durch Unterlassen, gelten für die „**Garantenstellung**" Besonderheiten. Weil der Betrug eine spezifische Angriffsart (Täuschung) pönalisiert, muss den Täter (nur) eine spezielle Wahrheitspflicht treffen. Eine allgemeine Schutzpflicht gegenüber dem Rechtsgut „Vermögen" ist also weder erforderlich, noch würde sie ausreichen[120]. 44

Die Frage nach den Garantenstellungen speziell bei § 263 ist in den letzten Jahren intensiv diskutiert worden. Dabei ist einerseits die begrenzte Leistungsfähigkeit der im AT entwickelten Garantenkriterien deutlich geworden[121]. Andererseits ist die Rechtsunsicherheit beträchtlich, die mit der weitgehenden Abwendung von den re-

---

116 *Armin Kaufmann*, Die Dogmatik der Unterlassungsdelikte, 1959, S. 66 ff. (zum Vorsatz); *Grünwald*, H. Mayer-FS 1966, S. 289 f. (zur Absicht). Eingehend *Lampe*, Grünwald-FS 1999, S. 307 ff. (Unterlassungsvorsatz als Unrechtsverwirklichungsvorsatz strukturell nicht verschieden vom Handlungsvorsatz).
117 *Bockelmann*, BT 1, § 11 A II 1c.
118 Vgl. oben Rn. 41.
119 Vgl. hierzu eingehend unten Rn. 45 ff.
120 Vgl. näher *Bockelmann*, Eb. Schmidt-FS 1961, S. 437; wie hier *Fischer*, § 263 Rn. 39 m. w. N. – *Kargl*, ZStW 119 (2007) 250 rückt die (gegenüber der Garantenstellung viel unsicherere) Entsprechensklausel ins Zentrum, dazu oben Rn. 35.
121 Vgl. hierzu oben § 1 Rn. 15 zum Vorrang des BT gegenüber dem AT.

lativ festen Regeln des AT verbunden ist[122]. Werden Lösungen aus den Besonderheiten des Problemfeldes „Betrug" entwickelt, kommen rechtspolitische Wertungen, insbesondere die **Selbstverantwortung des Opfers**, dogmatisch ungefiltert zum Durchbruch. Da § 263 durch die Spannung zwischen Opfermitverschulden und Schutzbedürftigkeit auch und gerade der Schwachen charakterisiert ist, wird eine rechtspolitisch widerspruchsfreie Bildung von Fallgruppen der Aufklärungspflicht außerordentlich schwierig. Gewiss, je seltener man eine Garantenstellung bei § 263 annimmt, desto geringer wiegen die mit der Entscheidung über das Bestehen einer Aufklärungspflicht verbundenen Unsicherheiten. Das mag ein Grund dafür sein, dass die im Schrifttum h. M. die Aufklärungspflichten radikal restriktiv interpretieren möchte. Um unbefriedigende Strafbarkeitslücken zu vermeiden, wird dann aber gleichzeitig eine Täuschung durch konkludentes Tun unangemessen weit ausgedehnt[123]. Dieser **Zusammenhang zwischen Konkludenz und Aufklärungspflicht** ist evident. *Volk*[124] hat zutreffend darauf hingewiesen, dass die Entscheidung über die Täuschung durch stillschweigendes (!) Tun nach Regeln getroffen wird, die strukturell mit der Problematik der Garantenstellungen mindestens verwandt sind. Stillschweigendes Tun wird dort angenommen, wo sonst eine Aufklärung nach garantenähnlichen Regeln erwarten würde[125]. Wenn sich aber die Konkludenz der Täuschung nur aus der Verkehrssitte und dem nicht weniger unbestimmten Grundsatz Treu und Glauben erschließen lässt, kann an sich in gleicher Weise auch eine Aufklärungspflicht aus den zivilrechtlichen Konkretisierungen von Treu und Glauben angenommen werden[126].

44a   Am wenigsten problematisch sind die Garantenpflichten, die auf gesetzlich normierten **Aufklärungs- und Auskunftspflichten** beruhen (z. B. § 666 BGB beim Auftrag, § 138 ZPO [Wahrheitspflicht im Zivilprozess], § 60 I Nr. 2 SGB I [Änderungen von Verhältnissen, die für erbrachte Sozialleistungen erheblich sind], § 19 VVG beim Versicherungsvertrag). Daneben ist an Garantenpflichten aus **Ingerenz** zu denken, insbesondere in denjenigen Fällen, in denen der Vertragspartner zuvor fahrlässig falsch informiert und dieser Umstand später erkannt wurde[127]. Durchweg problematisch sind die Fälle der Garantenpflicht aus Vertrag. Denn hier kommt der genannte Konflikt zum Tragen, inwieweit die bereits bei der konkludenten Täuschung herausgearbeitete „Verkehrssitte" und der Grundsatz

---

122 *Maaß*, Betrug verübt durch Schweigen, 1982, S. 134 ff., 147 will beim Unfallwagenverkauf (vgl. oben Rn. 41) die Aufklärungspflicht von einer Fülle komplizierter Details abhängig machen. Dabei verschwimmen materiell-rechtliche und beweisrechtliche Kriterien. So wird u. a. darauf abgestellt, ob der Kaufinteressent sein Informationsbedürfnis „deutlich erkennbar gezeigt" habe; ähnlich kompliziert *Kühne*, Geschäftstüchtigkeit oder Betrug?, 1978, S. 38, 55. – Monografisch *Seibert*, Die Garantenpflichten beim Betrug, 2006.
123 *Maaß*, Betrug verübt durch Schweigen, 1982, S. 146 f.
124 *Volk*, JuS 1981, 880 anlässlich des Überzahlungsfalles OLG Köln, NJW 1980, 2366. Zum sachverwandten Fall BGHSt 39, 392 anschließend im Text.
125 So im oben genannten Gulasch-Fall, Rn. 37.
126 Vgl. hierzu sogleich noch unten Rn. 44a.
127 OLG Stuttgart, NJW 1969, 1975; instruktiv für den Übergang einer Garantenstellung aus vorangegangenem Tun in eine auf § 242 BGB gestützte Garantenstellung ist der angebliche Eigenbedarf des Vermieters, sog. Kündigungsbetrug; hierzu BayObLG, JZ 1987, 626 mit Anm. *Otto*, JZ 1987, 626; *Hillenkamp*, JR 1988, 299; dazu im Kontext „Prozessbetrug" *Eisenberg*, Salger-FS 1995, S. 15; vgl. auch *Seier*, Der Kündigungsbetrug, 1989. Zum Übergang der Ingerenz (unvorsätzliches Mitwirken an einer Täuschung) zu einer dienstrechtlichen Straftatverhinderungspflicht vgl. BGH, NStZ 2000, 147.

Täuschungshandlung § 20 Rn. 45

von „Treu und Glauben" auch für die Begründung einer Garantenpflicht herangezogen werden können[128]. Grundsätzlich ist davon auszugehen, dass ein reines Vertragsverhältnis keine Garantenpflicht zur Aufklärung des Vertragspartners begründen kann[129]. Erforderlich ist vielmehr ein besonderes Vertrauensverhältnis, welches sich aus einer lang andauernden Vertragsbeziehung ergeben kann[130]. Wie bereits erwähnt, ist auch eine anhand von Umständen des Einzelfalles zu entwickelnde Aufklärungspflicht nach Treu und Glauben anzuerkennen (§ 242 BGB), z. B. im Rahmen von Vertragsverhandlungen[131]. Schließlich kann die Aufklärungspflicht auch vertraglich vereinbart werden, wobei jedoch fraglich ist, ob dies durch „versteckte" Klauseln in den AGB geschehen kann.

Beispiel (Fehlbuchung)[132]: Von der Bank A wird bei einer Kontoauflösung versehentlich zweimal das gesamte Guthaben auf ein Konto des Täters bei der Bank B überwiesen. B hebt den Gesamtbetrag in Kenntnis des Versehens ab. – Hier liegt weder ein Betrug gegenüber der Bank B durch die konkludente Behauptung vor, ihm stünde der gesamte Betrag zu[133], noch ist ein Betrug gegenüber der Bank A durch Unterlassen anzunehmen, da das bloße Unterhalten eines Girokontos ohne Vorliegen eines besonderen Vertrauensverhältnisses zu keiner Rechtspflicht führt, die Bank über ihren Irrtum aufzuklären: „Das bloße Schweigen nach Entgegennahme einer Zuvielleistung stellt in aller Regel als reine Ausnutzung eines bereits vorhandenen Irrtums keine strafbare Handlung dar"[134]. Das geforderte Vertrauensverhältnis lässt sich hiernach auch nicht auf eine nur auf AGB gestützte Aufklärungspflicht des Kunden stützen[135].

c) Täuschung ohne kommunikative Einwirkung

Oben[136] wurde die Täuschung als die Erregung eines Irrtums (auf welche Weise auch immer) definiert, ein Irrtum wiederum ist die falsche Vorstellung über Tatsachen. Kombiniert man diese weiten Definitionen der Täuschung und des Irrtums mit der von der h. M. bejahten Möglichkeit einer Täuschung durch Unterlassen und einer Vermögensverfügung durch Unterlassen, verschwimmt die Abgrenzung zum heimlichen Diebstahl oder **Trickdiebstahl**.

45

---

128 Vgl. oben Rn. 44a.
129 Vgl. auch BGHSt 16, 120 (122).
130 BGHSt 33, 244 (246 f.) in einem „atypischen" Kreditkartenfall, in welchem es sich aufdrängte, dass der Kartennehmer schon bei der Beantragung der Karte um seine Kreditunwürdigkeit wusste; vgl. auch unten Rn. 85; zu „typischen" Kreditkartenfällen unten Rn. 60.
131 BGHSt 30, 177 (181 f.) in dem in Rn. 41 erwähnten Fall der Warenterminoptionen; BGHSt 33, 244 (246 f.) bei der Beantragung einer Kreditkarte; BGHSt 39, 392 (400 f.); BayObLG, NJW 1994, 950 (951) in dem in Rn. 41 erwähnten Gebrauchtwagenfall; *Eisele*, BT II, Rn. 539.
132 BGHSt 39, 392 – Fehlüberweisungen; insoweit bekräftigt durch BGHSt 46, 196 (202 f.) im Fall einer Fehlbuchung.
133 BGHSt 39, 392 (395 ff.); vgl. hierzu bereits oben Rn. 37. Was für eine Fehlbuchung gilt (nämlich das eine Guthaben auf dem Konto tatsächlich vorhanden ist) gilt auch bei der Fehlüberweisung.
134 BGHSt 39, 392 (398).
135 BGHSt 46, 196 (203); dies ist indes streitig, teilweise wird auf die Höhe des der Bank durch Nichtaufklärung drohenden Verlustes abgestellt.
136 Vgl. oben Rn. 35 f.

Beispiel (Trickdiebstahl): Der Taschendieb T, der heimlich die Handtasche der O mit einem scharfen Messer aufschlitzt und den Inhalt stiehlt, verbirgt durch sein geschicktes Verhalten die Beschädigung der Tasche (und den Diebstahl) für einige Zeit. Diese Täuschung erregt in O den entsprechenden Irrtum (die Tasche sei unversehrt, das Geld befinde sich noch darin); dieser Irrtum führt zu einer Vermögensverfügung (Nichtgeltendmachen von Schadensersatz- und Herausgabeansprüchen) und zu einem entsprechenden Schaden. Würde O den Anspruch unmittelbar nach Vollendung des Diebstahls geltend machen, hätte sie die Chance, dass T festgehalten und den Anspruch erfüllen würde. Das bedeutet aber wiederum, dass der Schaden der O (und auch der Vorteil des T) nicht deckungsgleich ist mit dem Diebstahl, sodass der Fall sogar unter Konkurrenzgesichtspunkten problematisch wird: Der Diebstahl führt zum Verlust der Sache, die mit ihm verbundene Täuschung zu einer weiteren Einbuße, nämlich der wirtschaftlichen Verschlechterung des juristisch bestehenden Herausgabeanspruchs.

46 Um in solchen Fällen § 263 ausschließen zu können, wurde eine begriffliche Begrenzung der Irrtumserregung (und damit der Täuschungshandlung) entwickelt: Als Täuschung soll nur die Einwirkung auf die Vorstellung des Opfers und nicht auf den Gegenstand dieser Vorstellung angesehen werden[137]. Ein Irrtum hingegen ist eine falsche Vorstellung über Tatsachen, nicht aber eine ursprünglich richtige Vorstellung, die konstant bleibt, aber durch Veränderung der Tatsachen, auf die sie sich bezieht, unrichtig wird. – Solche begrifflichen Einschränkungen des Irrtums und der Täuschung werden im Schrifttum in vielen Variationen vorgetragen[138]. Sie sind nicht überzeugend. Betrug ist **kein Äußerungsdelikt**, d. h. auf die Vorstellung des Opfers kann auch anders als durch Äußerungen eingewirkt werden, etwa durch Veränderung von Gegenständen.

Beispiel (Rotamint)[139]: Um die Gewinnchancen besonders geschickter Spieler („Automatenschreck") zu verringern, bringt der Aufsteller T eines Rotamint-Glücksspielautomaten ohne Kontakt an, durch den er beim Auftauchen eines „Automatenschrecks" die Bremse (die die Gewinnchance bei besonders geschickten Spielern erhöht) unwirksam machen kann. Automatenschreck O erscheint und gewinnt mehrmals. T setzt daraufhin die Bremse außer Funktion, O spielt weiter, bemerkt dann den Abschaltknopf und zeigt T an. T beruft sich auf rechtfertigenden Notstand (!). – Das OLG Hamm sieht hier eine Täuschung darin, dass T in O den Irrtum erregt habe, es handele sich um normale Spielgeräte. Der Geldeinwurf stelle eine Vermögensverfügung dar, der Schaden sei die nicht spielvertragsgerechte (weil verkürzte) Gewinnchance. Der Vorteil des T sei in der Erlangung des vollen Einsatzes ohne vertragsgemäße Gegenleistung zu sehen. Zweifelhaft sei nur, ob sich T der Rechtswidrigkeit des erstrebten Vorteils bewusst sei. – Die Entscheidung wird nur vereinzelt (so von *Bockelmann*[140]) mit dem Argument angegriffen, T habe zwar Tatsachen verändert, aber nicht auf die Vorstellung des O eingewirkt. Überwiegend wird die Entscheidung jedoch gebilligt[141] – und das selbst von denjenigen Autoren,

---

137 RGSt 42, 40; LK-*Tiedemann*, 12. Aufl., § 263 Rn. 23; *Wessels/Hillenkamp*, BT 2, Rn. 510 f.
138 Ausführlich für eine solche Beschränkung *Bockelmann*, Eb. Schmidt-FS 1961, S. 437; *Kargl*, Lüderssen-FS 2002, S. 613; *Pawlik*, Das unerlaubte Verhalten beim Betrug, S. 109 (Betrug als „verhaltensgebundenes Delikt"); in gleichem Sinne LK-*Tiedemann*, 12. Aufl., § 263 Rn. 23.
139 OLG Hamm, NJW 1957, 1162 – Rotamint.
140 *Bockelmann*, Eb. Schmidt-FS 1961, S. 437 (439).
141 Ausdrücklich für die Entscheidung *S/S/Perron*, § 263 Rn. 16e.

Täuschungshandlung § 20 Rn. 47–48

die theoretisch zwischen Einwirkung auf die Vorstellung (= Täuschung) und bloßer (!) Veränderung von Tatsachen unterscheiden.

Die These, eine bloße Veränderung von Tatsachen sei begrifflich keine 47 Täuschung, soll zudem der Grund dafür sein, dass Schwarzfahren und die übrigen Fälle des § 265a nicht unter § 263 fallen (denn sonst liefe § 265a leer, weil § 263 vorgehen würde[142].

Beispiel (Blinder Passagier)[143]: Denkt der Schaffner, alles ist in Ordnung, und es steigt nun jemand heimlich in den Zug, nimmt z. B. *Frank*[144] eine nunmehr falsche Vorstellung des Schaffners an, „er befindet sich also in einem Irrtum; aber durch das heimliche Einsteigen ist dieser nicht erregt, sondern nur die Vorstellung des Schaffners zu einer falschen gemacht worden". – Ähnlich löst *Bockelmann*[145] den Fall: „Ein Verhalten, welches die Vorstellungen eines anderen lediglich dadurch unrichtig macht, dass es ihren Gegenstand verändert, ist keine Täuschung". – Dem ist entgegenzuhalten, dass die Unterscheidung zwischen heimlicher „Objektveränderung" (keine Täuschung) und einer „gegen die Vorstellungsbildung gerichteten Handlung" (Täuschung) unmöglich ist[146]. Über die Objektveränderung wird – wie bei sonstiger Manipulation von und mit Gegenständen – der Erfolg „Irrtum" erreicht und so auf die Vorstellung eingewirkt. Dass der Schwarzfahrer nicht den Schaffner täuscht, sondern nur das Objekt „Straßenbahnwagen" verändert, ist eine lebensfremde Konstruktion. – *Maurach*[147] bemerkt zum Schwarzfahren zunächst, „die vage Vorstellung des Schaffners [...] ist in Wahrheit Mangel an Vorstellung überhaupt". Da ein pflichteifriger Schaffner sich jedoch durchaus vorstellen kann, dass kein Schwarzfahrer im Zug ist, ist so das Problem nicht zu lösen. *Maurach* lehnt deshalb den Irrtum mit einer Hilfsbegründung ab, indem er einfach die „Vorstellungsmöglichkeit über die konkret-maßgeblichen Tatsachen" leugnet.

Die theoretisch komplexe Diskussion über Objektveränderung bzw. 48 Einwirkung auf die Vorstellung lässt sich praktisch auf eine einfache **Faustregel** reduzieren: § 265a ist zu entnehmen, dass das bloße Schwarz-

---

142 Vgl. hierzu unten Rn. 141.
143 Vgl. zu diesem Beispiel ferner unten Rn. 52, 55.
144 *Frank*, § 263 Bem. III vor 1.
145 *Bockelmann*, BT 1 § 11 II 2a; *ders.*, Eb. Schmidt-FS 1961, S. 437.
146 Für eine solche Unterscheidung aber LK-*Lackner*, 10. Aufl., § 263 Rn. 18 unter Berufung u. a. auf *Bockelmann* und *Frank*. *Lackner* ist selbstverständlich darin zuzustimmen, dass eine bloße Tatsachenveränderung ohne den Vorsatz des Täters, auf diese Weise mittelbar auf die Vorstellung des Opfers einzuwirken, nicht unter § 263 fällt (es fehlt der Vorsatz, einen Irrtum zu erregen). Die Kontroverse beschränkt sich demnach darauf, ob die Tatsachenveränderung nur dann eine Täuschungshandlung ist, wenn die mittelbare Einwirkung auf die Vorstellung des Opfers vom Täter beabsichtigt ist (*Lackner* spricht hier von der „subjektiven Zwecksetzung", vgl. auch *ders.*, a. a. O. Rn. 26 mit Fn. 43: Täuschungs*absicht*). Eine solche subjektive Differenzierung zwischen einer unmittelbaren Einwirkung auf die Vorstellung eines anderen (bei der ein bedingter Vorsatz genügt, um auf diese Weise einen Irrtum herbeizuführen) und einer mittelbaren Einwirkung (bei der eine Absicht gefordert wird, auf diese Weise einen Irrtum zu erregen) ist möglich, doch fehlt dafür jede Begründung; vgl. aber in diesem Zusammenhang auch BGHSt 47, 1 zur absichtlichen Täuschung mit Wahrheit. – LK-*Tiedemann*, 12. Aufl., § 263 Rn. 22 f. versucht dem Problem durch eine Flucht nach vorne beizukommen: der Betrug sei ein Kommunikationsdelikt (vgl. dazu schon oben Rn. 35).
147 *Maurach*, BT, 5. Aufl. 1969, § 38 II B 2a. – *Maurach/Schroeder/Maiwald*, BT 1, § 41 Rn. 58 hält dieses Ergebnis aufrecht, verweist aber (in Rn. 59) auf das für den Irrtum genügende „Mitbewusstsein beim Getäuschten".

fahren etc. noch nicht unter § 263 fällt. § 263 greift erst ein, wenn eine über das bloße Erschleichen des Zutritts etc. hinausgehende Täuschung erfolgt. – Im Übrigen sind alle heimlich begangenen Straftaten, insbesondere heimliche Diebstähle, nicht zugleich Betrug, auch wenn dies konstruktiv schwer zu begründen ist. Der Sache nach handelt es sich auch hier um **Konkurrenzüberlegungen,** die in die Tatbestandsmerkmale Täuschung bzw. Irrtum vorverlagert werden. Liegt kein anderer Tatbestand, insbesondere kein heimlicher Diebstahl vor, führt die Erregung eines Irrtums auch dann zu § 263, wenn unmittelbar auf den Gegenstand der Vorstellung (und durch ihn nur mittelbar auf die Vorstellung selbst) eingewirkt wird. Selbstverständlich bedarf es in diesen Fällen dann aber auch eines entsprechenden Vorsatzes des Täters.

3. Einschränkungsversuche, insbesondere die leicht durchschaubare Täuschung

49 Nach ganz h. M. erfasst § 263 jede Täuschung, nicht nur die listigen („arglistigen") Täuschungen. Dies wird nur vereinzelt frontal angezweifelt, häufig aber peripher bekämpft. So wird hauptsächlich kritisiert, dass bei leicht durchschaubaren Täuschungen angesichts der **Selbstverantwortung des Opfers**[148] kein Anlass zu strafrechtlichem Einschreiten bestehe. Sowohl bei sozialadäquaten Täuschungen[149] als auch bei den Begrenzungen der Täuschung durch Unterlassen[150] geht es darum, dass die Täuschung verneint wird, weil das Opfer den Erklärungen des Täters nicht vertrauen durfte bzw. nicht erwarten durfte, vom Täter zutreffend informiert zu werden.

49a Einen **Frontalangriff auf die h. M. und die bisherige Judikatur** scheint (!) der Todesanzeigenfall zu starten[151]: „Allerdings gehört es nicht zum vom Betrugstatbestand geschützten Rechtsgut, sorglose Menschen gegen die Folgen ihrer eigenen Sorglosigkeit zu schützen". Im konkreten Fall geht es jedoch nur um den **Sonderfall** einer Täuschung durch Wahrheit (absichtlich provoziertes Missverständnis einer Offerte als Rechnung)[152]. Über solche Sonderfälle hinausgehende **echte Frontalangriffe auf die h. M.** finden sich insbesondere bei *Naucke*[153] und *Ellmer*[154]. Der Sache

---

148 Vgl. hierzu die Nachweise oben Rn. 5 f.
149 Vgl. oben Rn. 36.
150 Vgl. oben Rn. 41 ff.
151 BGHSt 47, 1 (4); hierzu oben Rn. 40 in Beispiel (2).
152 Vgl. hierzu oben Rn. 39 f.
153 *Naucke*, Peters-FS 1974, S. 109 ff. – *Naucke* sucht die Lösung nicht bei der Täuschung, sondern beim Zusammenhang zwischen Täuschung und Irrtum. Damit wird die Opferverantwortung besonders scharf hervorgehoben, doch lässt sich der aus dem AT entnommene Begriff der Adäquanz nicht derart modifizieren, vgl. *Ellmer*, Betrug und Opfermitverantwortung, 1986, S. 157 f. – *Kurth*, Das Mitverschulden des Opfers beim Betrug, 1984, S. 151 ff. will den Ansatz von *Naucke* in den „Schutzbereich" übertragen (und z. B. Opfern von Spekulationsgeschäften den Schutz versagen, S. 181).
154 *Ellmer*, Betrug und Opfermitverantwortung, 1986, S. 281 ff. mit umfassenden Nachweisen. Zum Problem des schwachen Opfers ebenda S. 283, zu Sonderfragen (Verfügender/Geschädigter sind nicht identisch) S. 290 ff.

nach wird eine **Übernahme des schweizerischen Rechtszustandes** gefordert, so z. B. von *Hilgendorf*[155]. Das Schweizerische Bundesgericht[156] hat die Ausscheidung leicht durchschaubarer Täuschungen so begründet: „Wer allzu leichtgläubig auf eine Lüge hereinfällt, wo er sich mit einem Mindestmaß an Aufmerksamkeit durch Überprüfung der falschen Angaben selbst hätte schützen können, soll nicht den Strafrichter anrufen". – Die weit reichende Formulierung ändert jedoch nichts daran, dass auch die schweizerische Judikatur eine Täuschung nur ganz ausnahmsweise als nicht arglistig bewertet. In den letzten Jahren hat das Schweizerische Bundesgericht die wenigen Ausnahmen noch weiter reduziert. Auch in der Schweiz wird die Schutzbedürftigkeit dummer, gierig-leichtgläubiger oder oberflächlich-leichtfertiger Leute bejaht[157]. Weil die Opferselbstverantwortung so zu handhaben ist, dass schwache Opfer nicht schutzlos gestellt werden, kann und will die Ausscheidung leicht durchschaubarer Täuschungen aus § 263 keine drastische Einschränkung des Tatbestandes erreichen. Deshalb ändert sich auch nichts an der oben[158] hervorgehobenen Notwendigkeit einer „Feinsteuerung" aller § 263-Elemente mithilfe des Opferselbstverantwortungsprinzips. Nicht falsch, aber auch nicht hilfreich, ist die Auflösung der Opferverantwortung in noch allgemeineren Prinzipien, insbesondere im Rahmen der objektiven (Nicht-)Zurechnung, nach dem Motto, es könnten „beim Betrug die schönsten Verlockungen nicht tatbestandsmäßig sein, wenn vom Opfer erwartet werden kann, dass es ihnen in besonnener Selbstbehauptung entsagt" (*Kindhäuser*)[159]. Das mönchische Leben ist kein für das Strafrecht taugliches Modell. Dogmatisch funktioniert der Rekurs auf die eigenverantwortliche Selbstgefährdung im Rahmen der objektiven Zurechnung deswegen nicht, weil die Eigenverantwortlichkeit gerade eine „freie" (d. h. nicht durch Täuschung bedingte!) Entscheidung des Rechtsgutsträgers voraussetzt, sich selbst bzw. seine Rechtsgüter zu gefährden[160].

V. Irrtumserregung

1. Grundlegung und Normalfälle des Irrtums

a) Die drei Normalfälle des Irrtums

Ein **Irrtum** ist die **Fehlvorstellung über Tatsachen**. – Da bei § 263 der Irrtum in einem Sinnzusammenhang zu seiner Folge (Vermögensverfügung, Vermögensschaden) steht, reduziert sich die an sich unendlich große Zahl denkbarer Fehlvorstellungen auf **drei Normalfälle**: (1) Der Getäuschte merkt nicht, dass er eine Vermögensverfügung trifft (einen Vermögenswert aufgibt). – (2) Der Getäuschte merkt nicht, welches Ausmaß

50

---

155 *Hilgendorf*, Tatsachenaussagen und Werturteile im Strafrecht, 1998, S. (202).
156 BGE 72 IV 126, 128 (1946) mit dem Zusatz: „Einen Freibrief, auf die Gutgläubigkeit und Unvorsichtigkeit des Gegners zu spekulieren, gibt aber diese Rechtsprechung nicht". Zur neueren Judikatur vgl. die folgende Fn.
157 Ausführlich zum case law *Arzt*, Tiedemann-FS 2008 S. 595; *Thommen*, ZStrR 2008, 17.
158 Vgl. oben Rn. 5 f.
159 *Kindhäuser*, Heinze-GS 2005, S. 447 (451); zur Lösung von Betrugsdetails über Zurechnungszusammenhang auch *Rengier*, Roxin-FS 2001, S. 811 ff., 819 ff.; ähnlich *Krey/Hellmann/M. Heinrich*, BT 2, Rn. 543. Mit Recht ablehnend *Wessels/Hillenkamp*, BT 2, Rn. 487. Nach *Lackner/Kühl*, § 263 Rn. 54a sind „Tragweite [...] und Anwendungsfälle noch nicht geklärt". Zum Kontext der Argumentation mit Opferverantwortung beim Betrug und der Einwilligungs-Doktrin (Selbstgefährdung im Straßenverkehr, statt Einwilligung ins Risiko) *Arzt*, recht 2000, 114.
160 Vgl. hierzu *B. Heinrich*, AT, Rn. 1048.

seine Vermögensverfügung hat (d. h. wie viel er aufgibt). – **(3)** Der Getäuschte merkt nicht, wie wenig er als Gegenleistung erhält. – Dabei kommen die Fälle (1) und (3) häufiger vor, als zu Fälle zu (2).

51 **Beispiel (Fallgruppe 1)**[161]: Frau O glaubt, sie unterschreibe nur eine Bestätigung, dass sich der Vertreter T um einen Vertragsabschluss zum Kauf einer Waschmaschine vergebens bemüht habe. In Wirklichkeit unterzeichnet sie ein Bestellformular (= O merkt nicht, dass sie eine Vermögensverfügung trifft, nämlich einen Vertrag abschließt).

Beispiel (Fallgruppe 2): Die in Not geratene Frau O bringt eine ererbte Kette zum Juwelier T. T sagt ihr, dass es sich leider nur um eine billige Kette mit Halbedelsteinen handelt, obwohl er erkennt, dass er ein sehr teures Stück mit Edelsteinen vor sich hat. Frau O geht daraufhin auf das niedrige Gebot des T ein (= O merkt nicht, dass sie eine wertvolle Sache aus der Hand gibt).

Beispiel (Fallgruppe 3)[162]: Im vorgenannten Beispiel (2) bestätigt T, dass es sich um eine teure Kette mit Edelsteinen handelt und bietet O einen angemessenen Preis, bezahlt sie dann aber mit Falschgeld (= O merkt nicht, wie wenig sie von T erhält).

b) Fehlvorstellung – fehlende Vorstellung

52 Der Irrtum steht nicht nur im Zusammenhang mit den nachfolgenden Betrugsmerkmalen, insbesondere der Vermögensverfügung, sondern auch mit der vorausgegangenen Täuschung. Normalerweise ist der **Irrtum** einfach das **Spiegelbild der Täuschung**. Insofern führen Problemfälle der Täuschung meist zu problematischen Irrtumsfällen. Deshalb ist es dogmatisch unbefriedigend, dass die zu den Täuschungsproblemen entwickelten Argumentationsmechanismen sich nicht immer spiegelbildlich auf die entsprechenden Irrtumsprobleme übertragen lassen.

Beispiel (Blinder Passagier)[163]: Was bei der Täuschung als Einwirkung auf die Vorstellung im Gegensatz zu bloßer Veränderung der Wirklichkeit diskutiert wird, führt in einem Teil der Fälle zu einer spiegelbildlichen Argumentation beim Irrtum. Das allgemeine Gefühl, alles sei (wie bisher) in Ordnung, soll kein Irrtum im Sinne einer konkreten Vorstellung sein, wenn sich der blinde Passagier einschleicht. – Diese Harmonie zwischen Täuschungs- und Irrtumsargumentation ist jedoch leicht zu zerstören. Schöpft der Kapitän Verdacht und veranlasst er eine sorgfältige Durchsuchung seines Schiffes (die ergebnislos bleibt, weil der blinde Passagier die verdächtige Spur verwischt und sich ein raffiniertes Versteck sucht), liegt der Irrtum des Kapitäns in einer ganz konkreten und falschen Vorstellung, es sei kein blinder Passagier an Bord.

53 Ausgangspunkt ist die Definition des Irrtums als einer Fehlvorstellung. Dagegen ist das **Fehlen einer Vorstellung** (sog. ignorantia facti) gerade

---

161 Nach BGHSt 22, 88 – Waschmaschine; hierzu bereits oben Rn. 19.
162 BGH, LM Nr. 1 zu § 146 StGB; vgl. auch BGHSt 54, 347 (350, 352): Auslandsbutter statt deutscher Markenbutter; ferner BGH bei *Dallinger*, MDR 1970, 197 (Abschluss eines Exklusivvertrages, obwohl der Täter mit einer anderen Zeitschrift zuvor über dieselbe Sensation schon einen ähnlichen Vertrag geschlossen hatte).
163 Vgl. zu diesem Fall schon oben Rn. 47; ferner unten Rn. 55.

Irrtumserregung § 20 Rn. 54–54a

kein Irrtum. – Allerdings interpretiert die h. M.[164] die fehlende Vorstellung in äußerst extensiver Weise in eine Fehlvorstellung (falsche Vorstellung) um. Die oben genannten Normalfälle[165] sind mit Bedacht zunächst negativ formuliert i. S. einer fehlenden Vorstellung („merkt nicht ..."), statt positiv („nimmt irrtümlich an ..."). Die Umdeutung ist in allen diesen Fällen leicht möglich. Man verwendet zwei unterschiedliche Argumentationen.

(1) Am einfachsten ist die Umpolung von negativ („merkt nicht" = keine Vorstellung) zu positiv („nimmt irrtümlich an" = falsche Vorstellung) bei konkreten Täuschungen. Im Waschmaschinenfall[166] „nimmt O irrtümlich an", einen Arbeitsnachweis zu unterschreiben, also keine Vermögensverfügung zu treffen. Im Rückblick auf die entsprechenden Beispiele bei der Täuschung liegt bei einer konkreten Vorstellung, die nicht mit der Wirklichkeit übereinstimmt, auch dann ein Irrtum vor, wenn das Opfer an den wahren Sachverhalt überhaupt nicht denkt. Man spricht hier zuweilen auch vom **sachgedanklichen Mitbewusstsein** oder einem **ständigen Begleitwissen**[167]. 54

> **Beispiel (1) Gulasch**[168]: Wer Gulasch isst, ohne an Pferdefleisch zu denken („merkt nicht ..."), irrt sich ebenso, wie jemand, dem der Geschmack auffällt, der sich aber auf die entsprechende Frage mit der Erklärung des Wirtes zufrieden gibt, es handle sich um ein besonders gewürztes Schweinefleisch.
>
> **Beispiel (2) Gebrauchtwagen**[169]: Wer ein Auto kauft, ohne an ein Unfallfahrzeug zu denken, macht sich eine Vorstellung, in der die Eigenschaft **„Unfallfahrzeug"** nicht enthalten ist (= nimmt irrtümlich an, ein unfallfreies Fahrzeug zu kaufen). Er unterliegt dann einer positiven Fehlvorstellung, nicht einer fehlende Vorstellung über das Merkmal „Unfallfahrzeug".

(2) Diese Umpolung wird ausgedehnt auf die **allgemeine Vorstellung, alles** laufe **normal** ab, alles sei in Ordnung. Das ist grundsätzlich (Ausnahme anschließend) eine positive Fehlvorstellung, wenn die Dinge eben gerade nicht in Ordnung sind. – Die Begründung ergibt sich – wie bei der Täuschung durch konkludente (stillschweigende) Erklärung – daraus, dass unser Miteinander von einer Fülle „selbstverständlicher" Verhaltensmuster und Verhaltenserwartungen geprägt ist. In solchen Erwartungen kann 54a

---

164 Deshalb darf der Gegensatz zwischen falscher und fehlender Vorstellung nicht überschätzt werden. So genügt nach LK-*Lackner*, 10. Aufl., § 263 Rn. 77 für einen Irrtum „ein unreflektierter Bewusstseinsinhalt" (mit Parallelen zum „Mitbewusstsein" bei der Vorsatzlehre). Zudem teilt die Rechtsprechung weitgehend den Standpunkt, das allgemeine (unrichtige) Gefühl, alles sei in Ordnung, reiche für einen Irrtum aus. Dagegen führt die mit der Etikettierung des § 263 zu einem Kommunikationsdelikt verbundene Einschränkung bei der Täuschung (vgl. oben Rn. 46) zu einer spiegelbildlichen Reduktion des Irrtums.
165 Vgl. oben Rn. 49.
166 BGHSt 22, 88; vgl. hierzu oben Rn. 19.
167 BGHSt 51, 165 (174); BGHSt 57, 95 (112); BGHSt 58, 102 (106 f.); BGH, NJW 2012, 2132; BGH, NJW 2013, 883 (884); *Eisele*, BT II, Rn. 543; MüKo-*Hefendehl*, 2. Aufl., § 263 Rn. 231; S/S/*Perron*, § 263 Rn. 39.
168 Vgl. oben Rn. 37.
169 Vgl. oben Rn. 41.

auch derjenige getäuscht werden, dem die Erwartungen – wie meist – so selbstverständlich sind, dass sie nicht mehr aktuell ins Bewusstsein gehoben werden. Das gilt in besonderem Maße vom Empfänger (Abnehmer) von Massenleistungen. – Wer **Geld** entgegennimmt, denkt nicht „das ist kein Falschgeld"; denkt aber auch nicht, „das ist echtes Geld". Die Erwartung, es mit echtem Geld zu tun zu haben, ist heute so selbstverständlich, dass entsprechende Überlegungen weder positiv noch negativ angestellt werden (anders früher: Beißen auf Goldmünzen). – Ebenso selbstverständlich assoziieren wir mit dem Gast die Zahlungsfähigkeit und Zahlungswilligkeit, ohne zu denken, „das ist kein Zechpreller".

Beispiel (1) Rollgeld[170]: Der Inhaber eines bahnamtlichen Speditionsunternehmens berechnet den Frachtgutempfängern höhere als die im amtlichen Tarif vorgeschriebenen Rollgeldsätze. Der BGH führt hierzu aus: „Das Fordern einer bestimmten Vergütung enthält nämlich nicht schon die Zusicherung, dass die verlangte Vergütung üblich und angemessen sei [...]. Es ist in der Regel Sache des Vertragsgegners, abzuwägen sich zu entschließen, ob er die geforderte Vergütung aufwenden will oder nicht. Anders ist jedoch die Rechtslage im vorliegenden Falle zu beurteilen. Da eine bestimmte Vergütung nicht ausdrücklich vereinbart war, hatte nach dem Gesetz die tarifmäßige Vergütung als vereinbart zu gelten (vgl. § 632 II BGB). Berechnet der Angekl. ein bestimmtes Rollgeld, so erregte er bei den Empfängern des Frachtguts durch schlüssiges Handeln den Anschein, es sei das tarifmäßige Rollgeld berechnet"[171].

Beispiel (2) Spätwette[172]: Wettanbieter X nimmt bei Pferderennen sog. „Spätwetten" entgegen, d. h. Wetten über auswärtige Rennen, die schon begonnen haben aber noch nicht beendet sind. A erfährt telefonisch vom verfrühten Ausgang eines solchen Rennens und platziert eine solche Wette. – Auch hier denkt X nicht daran, dass A den Rennausgang bereits kennt, weil die entsprechende Erwartung als selbstverständlich nicht reflektiert wird. Der BGH folgert daraus für die Täuschungshandlung zutreffend, die Wettvertragspartner „haben keinen Anlass, sich diese selbstverständliche Unkenntnis gegenseitig zuzusichern"[173]. Fraglich ist lediglich, ob A mit Abschluss der Wette solche Selbstverständlichkeiten mit erklärt (konkludente Täuschung), was der BGH ablehnte[174].

---

170 BGH, LM Nr. 5 zu § 263 – Rollgeld.
171 An der Entscheidung fällt auf, dass der Schutz durch § 263 ausgerechnet dort gewährt wird, wo ihn der Kunde kaum nötig hat (weil ihm der Tarif eine Kontrolle ermöglicht). – OLG Stuttgart, NJW 1966, 990 hat im Fordern eines weit überhöhten Preises für ein Pferd keine Täuschung gesehen. – OLG Celle, OLGSt § 263 StGB S. 21 (Fernseherreparatur) hat eine Täuschung durch eine überhöhte Forderung damit begründet, „dass der Vertragsgegner wegen fehlender Sachkunde zur Überprüfung außerstande ist".
172 BGHSt 16, 120 – Spätwette.
173 BGHSt 16, 120 (121).
174 BGHSt 16, 120; anders RGSt 62, 415; *Bockelmann*, NJW 1961, 1934; *Fischer*, § 263 Rn. 30 zu Gewinnchancen; *Weber*, in Pfister (Hrsg.), a. a. O. S. 58 ff. differenziert zwischen Spätwette (keine Täuschung) und Bestechung (Täuschung); ebenda S. 66 ff. zu illegalen Wetten; auch der BGH scheint dies so zu sehen, wenn er bei der Manipulation des Spielgeschehens eine konkludente Täuschung annimmt; vgl. BGHSt 29, 165 (171): Bestechung des Jockeys bei Pferderennen; BGHSt 51, 165 (168 ff.), BGH, NJW 2013, 883 (884): Bestechung des Schiedsrichters beim Fußball; BGHSt 58, 102; zum Vermögensschaden in diesen Fällen vgl. unten Rn. 105; zum Doping unten Rn. 133a.

(3) Ausnahmsweise darf die vorstehend[175] beschriebene Umpolung 55
nicht vorgenommen werden, d. h. die fehlende Vorstellung (bzw. die allgemeine Vorstellung, alles ist in Ordnung) darf nicht in eine Fehlvorstellung umgedeutet werden, wenn es sich um den Erbringer von **Massenleistungen** handelt (der z. B. durch einen blinden Passagier „getäuscht" wird). Diese Ausnahme lässt sich dogmatisch nicht befriedigend begründen, ist aber kriminalpolitisch geboten: Wer Massenleistungen erbringt, soll sich gegen missbräuchliche Inanspruchnahme konkret schützen. § 263 ist nicht dazu da, den Abbau der Kontrollen (z. B. der Bahnsteigsperren) aufzufangen[176].

Beispiel (**Blinder Passagier**)[177]: Die allgemeine Vorstellung, alle Fahrgäste haben bezahlt, enthält nicht zugleich die falsche Vorstellung, ein konkreter Passagier sei kein Schwarzfahrer. – Die allgemeine Durchsage, „Fahrgäste ohne Fahrschein bitte melden", könnte sonst zur Basis einer allgemeinen Fehlvorstellung (alle haben Fahrkarten, alles ist in Ordnung) werden. Das Schwarzfahren würde so – mindestens über die Unterlassungskonstruktion – unter § 263 subsumiert werden. Das ist kriminalpolitisch nicht erwünscht, der mildere § 265a reicht aus. Über das Ergebnis (kein § 263) herrscht Einigkeit, eine klare dogmatische Begründung fehlt jedoch. Deshalb will man auch beim Schaffner oder Kapitän, der sich konkret vorstellt, Schwarzfahrer seien nicht vorhanden, keinen Irrtum annehmen. – Die Schädigung liegt im entgangenen Entgelt; dass der Bahn durch die Beförderung des Schwarzfahrers kein Mehraufwand entstanden ist, ist irrelevant.

2. Wichtige Sonderfälle des Irrtums

a) Irrtum bei beschränkter Prüfungspflicht

aa) Vorlage von Legitimations- und Inhaberpapieren durch den Nichtberechtigten

Der Reiz der Problematik besteht in der Kombination von Wertpapierrecht und Strafrecht. Die Lösung einschlägiger Sachverhalte muss misslingen, wenn Grundkenntnisse zu §§ 793 ff. BGB fehlen. Leider haben die Kenntnisse im Wertpapierrecht trotz der Zunahme des bargeldlosen Zahlungsverkehrs abgenommen. Deshalb folgen einige knappe Hinweise auch zum Zivilrecht[178]. Bei der Vorlage eines Wertpapiers durch den nicht berechtigten Inhaber ist zu unterscheiden: 56

Beim **echten Inhaberpapier** (§§ 793 ff. BGB, z. B. Aktien, Schuldverschreibungen) und beim **kleinen Inhaberpapier** (§ 807 BGB, z. B. Fahrkarten, Eintrittskarten, Spieljetons) wird der Schuldner auch dann frei, wenn er an den nicht berechtigten Inhaber leistet. Eine Ausnahme wird unter Berufung auf § 242 BGB allerdings dann gemacht, wenn der Schuldner die Nichtberechtigung kennt und (!) sie beweisen kann. – Daraus folgt für das **Strafrecht**: (1) Weil dem Schuldner durch Leistung an den Nichtberechtigten kein Schaden entsteht (der Schuldner wird frei), macht er

---

175 Vgl. oben Rn. 54a.
176 Vgl. oben Rn. 36 die Formel von LK-*Lackner*, 10. Aufl., § 263 Rn. 29.
177 RGSt 42, 41; vgl. hierzu bereits oben Rn. 47, 52.
178 Zur Problematik der Zueignung eines Legitimationspapiers vgl. oben § 13 Rn. 92 ff.

sich regelmäßig über die Berechtigung des Inhabers keine Gedanken – und er muss das auch nicht tun; (2) weil sich der Schuldner über die Berechtigung keine Gedanken macht, liegt in der Vorlage des Inhaberpapiers nicht – auch nicht stillschweigend – die Behauptung, berechtigter Inhaber zu sein. (3) Daher fehlt es bei der Vorlage eines solchen Papiers durch den Nichtberechtigten (schon) an der Täuschung[179].

57 Beim **qualifizierten Legitimationspapier** bzw. hinkenden Inhaberpapier (§ 808 I 1 BGB, z. B. dem Sparbuch) und beim **einfachen Legitimationspapier** (z. B. Garderobenmarke, Reparaturschein, Schließfachschlüssel) wird der Schuldner zwar durch Leistung an den nicht berechtigten Inhaber frei. Da der Schuldner jedoch gegenüber dem Inhaber nicht zur Leistung verpflichtet (sondern nur berechtigt) ist[180], wird er nicht frei, wenn er dessen mangelnde Berechtigung kannte. Ist dem Schuldner die mangelnde Berechtigung des Inhabers aufgrund grober Fahrlässigkeit verborgen geblieben, wird er ebenfalls nicht frei[181]. – Daraus folgt für das **Strafrecht:** (1) Weil der Schuldner sich wenigstens oberflächlich um die Berechtigung des Inhabers kümmern muss, wenn er frei werden will, macht er sich über die Berechtigung des Inhabers Gedanken (er kann sich also auch irren); (2) weil der Schuldner sich Gedanken macht, kann er vom Inhaber über seine Berechtigung getäuscht werden. – Allerdings ist es streitig, ob sich daraus ergibt, dass in der Vorlage eines Legitimationspapiers konkludent die Behauptung enthalten ist, Gläubiger (Berechtigter) zu sein (mit der Folge eines entsprechenden Irrtums beim Getäuschten)[182] oder ob eine solche Behauptung nur in solchen Ausnahmefällen angenommen werden kann, in denen die Berechtigung so zweifelhaft ist, dass der Schuldner über pro et contra nachdenken muss und dann i. d. R. den Inhaber zu weiteren Erklärungen über seine Berechtigung veranlasst.

---

179 Kennt der Schuldner hingegen die mangelnde Berechtigung, könnte er über seine Beweischancen getäuscht werden (weil der Schuldner davon die Leistung abhängig machen muss, denn er wird nicht frei, wenn er trotz leichter Beweisbarkeit der Nichtberechtigung an den Inhaber leistet). – Trotzdem scheidet § 263 auch hier aus: Denn entweder misslingt die Täuschung über die Beweissituation, dann leistet der Schuldner nicht und erleidet auch keinen Schaden; oder die Täuschung gelingt, dann wird der Schuldner frei, weil ihm die Beweisbarkeit nicht bekannt wird, d. h. der Schuldner erleidet in keinem Fall einen Schaden, sodass beim Täter der Schädigungsvorsatz fehlen muss (es liegt daher auch kein Betrugsversuch vor!). Schwierig wird der Fall nur, wenn der Täter nicht rechtskundig ist, vgl. die ähnlichen Komplikationen bei § 246 und der mehrfachen Sicherungsübereignung oben § 15 Rn. 25.
180 Verpflichtet ist der Schuldner zur Leistung gegenüber dem wahren Gläubiger. – Sein Recht, an den Inhaber eines einfachen Legitimationspapieres zu leisten, folgt aus der Vertragsfreiheit, also nicht aus §§ 405–410 BGB (Bestimmungen, die an eine wirkliche Abtretung anknüpfen).
181 Die Einzelheiten sind zivilrechtlich allerdings umstritten; vgl. hierzu auch § 13 Rn. 92 ff.
182 So auch *Eisele*, BT II, Rn. 544; *Maurach/Schroeder/Maiwald*, BT 1, § 41 Rn. 63; *Otto*, BT, § 51 Rn. 26; *S/S/Perron*, § 263 Rn. 16b, 48; anders jedoch RGSt 26, 151 (154); OLG Düsseldorf, NJW 1989, 2003 (2004); *Fischer*, § 263 Rn. 58; LK-*Tiedemann*, 11. Aufl., § 263 Rn. 88. – Nach h. M., die auch solche Täuschungen § 263 unterstellt, die das Opfer bei zumutbarer Kontrolle hätte durchschauen müssen (vgl. oben Rn. 49 f.), gilt folgendes: Bei grober Fahrlässigkeit des Schuldners (also ungeschickter Täuschung!) würde die Vermögensverfügung des Schuldners (z. B. Zahlung an den nicht berechtigten Inhaber eines Sparbuchs) ihn selbst (d. h. die Bank) schädigen; sonst (also bei geschickter Täuschung!) würde der Schuldner zwar frei, würde aber zum Nachteil des Vermögens des wahren Berechtigten verfügen. Zur Frage eines Betrugs zum Nachteil des Schuldners und des Gläubigers vgl. unten Rn. 102, Inkasso-Fall. – BGHSt 24, 386 (389) hat sogar aus den noch schwächeren Prüfungspflichten des Verfügenden geschlossen, der die Verfügung erstrebende Täter spiegele konkludent seine Berechtigung vor, vgl. unten Rn. 59 zum obsolet gewordenen Scheckkartenbetrug.

bb) Scheck- und Scheckkartenbetrug, Kreditkartenbetrug

Bei der Vorlage eines Legitimationspapiers oder der Begebung eines Wertpapiers durch den Berechtigten ist der Umfang der damit ausdrücklich oder konkludent abgegebenen Erklärungen zweifelhaft. 58

Beispiel (1) Scheckbetrug: In der Begebung eines Schecks durch den Aussteller liegt ein ausdrückliches Versprechen gegenüber dem Schecknehmer, der Scheck werde bei Vorlage eingelöst. Daraus folgt allerdings nur eine Deckungszusage zum Zeitpunkt der Vorlage selbst, nicht auch schon eine Deckungszusage bei Ausstellung (genauer: Begebung) des Schecks[183]. Damit wird aber dem Aussteller eines ungedeckten Schecks die Möglichkeit eröffnet, seinen Betrugsvorsatz in Abrede zu stellen. Seine Einlassung, er habe mit Geldeingängen, also mit der Deckung zur Zeit der Scheckvorlage sicher gerechnet, ist zwar meist wenig glaubhaft, aber schwer zu widerlegen. Allerdings kann die Unsicherheit, ob der Täter die für die Deckung erforderlichen Mittel in der Zeit zwischen Begebung und Vorlage des Schecks heranschaffen kann, so groß sein, dass man zur Zeit der Begebung von einer schadensgleichen Vermögensgefährdung sprechen könnte[184]. Dann würde das Vertrauen des Täters auf einen glücklichen Ausgang seiner Bemühungen zwar seinen Vorsatz hinsichtlich einer endgültigen Schädigung ausschließen, aber am Gefährdungsvorsatz nichts ändern[185]. Die Vorverlagerung des objektiven Tatbestandsmerkmals „Schaden" in „Gefährdung" ermöglicht so die Bestrafung bei bloßem Verdacht des Schädigungsvorsatzes (weil jedenfalls ein Gefährdungsvorsatz sicher nachgewiesen werden kann)[186].

Beispiel (2) Debitkarten (Bankkarten, ec-card) und die (inzwischen obsolet gewordene) Scheckkarte[187]**:** Durch die Entwicklung des Zahlungsverkehrs ist die Zahlungsgarantie bei Vorlage einer Scheckkarte abgelöst worden durch Debitkarten. Der missbräuchliche Einsatz einer Debitkarte durch den berechtigten Inhaber wird durch eine elektronische Sperre bei fehlender Deckung verhindert (das neue Phänomen des **Identitätsdiebstahls** in Form des Einsatzes der Karte durch einen Nichtberechtigten, ist kein Betrugsproblem). Auch wenn die Frage obsolet geworden ist, ob der Nehmer eines ungedeckten, aber durch Vorlage einer Scheckkarte **garantierten Schecks** sich über die Deckung Gedanken macht (und gegebenenfalls irrt und zum Schaden der ausstellenden und die Zahlung garantierenden Bank den Scheck akzeptiert – dann läge ein Betrug vor[188]), soll sie hier zur Abrundung erwähnt werden. Weil nach h. M. der Scheckkartenmissbrauch in eine Strafbarkeitslücke zwischen § 263 und § 266 gefallen ist, hat der Gesetzgeber diese Lücke durch § 266b StGB i. F. des 2. WiKG 1986 geschlossen[189]. 59

---

183 *Otto*, Zahlungsverkehr S. 53 ff., ebenda S. 41 f. auch Material zum Umfang der ungedeckten Schecks.
184 Vgl. zu dieser – inzwischen – umstrittenen Rechtsfigur noch unten Rn. 97 ff.
185 Bezeichnend der Hinweis in BGHSt 3, 69, die Schädigung sei „Tatfrage".
186 Vgl. dazu oben § 1 Rn. 21.
187 BGHSt 47, 160; vgl. hierzu unten § 21 Rn. 43.
188 So BGHSt 24, 386 (388 ff.); vgl. auch BGHSt 33, 244 (249); der Hinweis auf die Pflicht zur Bonitätsprüfung im Scheckverkehr überzeugt im Übrigen nicht, weil die Scheckkarte dem Schecknehmer gerade dieses Überprüfungsrisiko ersparen sollte; vgl. näher hierzu *Arzt/Weber-Arzt*, 1. Aufl., § 20 Rn. 59.
189 Vgl. hierzu noch unten Rn. 62 und zum Zwei-Partner-System bei Kundenkarten BGHSt 47, 160 (165), dazu unten Rn. 61 und § 21 Rn. 43.

60 **Beispiel (3) Kreditkartenbetrug im Drei-Partner-System**[190]: Die Parallele zwischen der Scheckkarte und der Kreditkarte (Visa, Mastercard etc.) besteht in der **Garantiewirkung**. Dabei ist jedoch zu beachten, dass früher jeder berechtigt war, einen durch Scheckkarte garantierten Scheck zu nehmen. Die Garantiewirkung einer Kreditkarte ist dagegen auf Unternehmen beschränkt, die mit der die Kreditkarte ausstellenden Organisation in vertraglichen Beziehungen stehen, aufgrund derer sie als „Vertragsunternehmen" berechtigt sind, die Kreditkarte zu „honorieren". Der Aussteller der Kreditkarte (das Kreditkarteninstitut) kann deshalb „seinen" die Karte akzeptierenden Vertragsunternehmen bestimmte Vorsichtsmaßnahmen gegen einen Kreditkartenmissbrauch vorschreiben. So ist es denkbar, alle Vertragsunternehmen an einen zentralen Computer anzuschließen und sie so zu befähigen (und zu verpflichten), vor jeder Leistung auf Kredit anzufragen, ob der Karteninhaber sein Kreditlimit überzogen hat. Der typische Kreditkartenmissbrauch besteht darin, dass der zahlungsunfähige Karteninhaber die Karte gebraucht, um von den Vertragsunternehmen Waren oder Dienstleistungen zu erhalten. Der Schaden entsteht bei der Kreditkartenorganisation, weil diese den Vertragsunternehmen den dem Karteninhaber kreditierten Rechnungsbetrag (unter Abzug einer Provision) vergüten muss, wohingegen ihr Anspruch gegen den zahlungsunfähigen Karteninhaber auf den Rechnungsbetrag wirtschaftlich wertlos oder minderwertig ist. – Dieser typische Fall ist straflos: „Der Vertrag zwischen dem Kreditkartenherausgeber und dem Vertragsunternehmer verlangt von diesem nur die Prüfung der genannten formellen Voraussetzungen (Gültigkeit der Karte, Identität des Karteninhabers usw.), nicht jedoch auch – wie der Scheckverkehr – der Bonität des Karteninhabers. Er stellt damit das Vertragsunternehmen vom Risiko einer Nichterfüllung der durch den Kauf oder die Inanspruchnahme der Dienstleistung entstandenen Forderung frei. Die wirtschaftlichen Verhältnisse des Kreditkarteninhabers, insbesondere dessen Bonität, können dem Vertragsunternehmen somit gleichgültig sein"[191]. – § 266 lehnt der BGH wie beim Scheckkartenfall[192] ab. Zu beachten ist aber, dass der Antragsteller bereits mit Beantragung einer Karte zumindest konkludent behauptet wird, er sei kreditwürdig[193].

61 **Beispiel (4) Kreditkartenbetrug im Zwei-Partner-System**[194]: Neben den „echten" Kreditkarten gibt es Kundenkarten, die der Karteninhaber nur gegenüber dem Kartenaussteller einsetzen kann, insbesondere um von diesem Waren oder Dienstleistungen statt gegen Barzahlung durch Belastung des Kontos zu beziehen (**Stundungsfunktion**). Der Kartenaussteller spart sich den Aufwand, die Kreditwürdigkeit des Kunden bei Vorlage der Karte im Einzelfall zu prüfen. Stattdessen wird die Kreditwürdigkeit bei Ausstellung der Karte und danach periodisch kontrolliert. Ein **Betrug** kann hier vorliegen, wenn der Kunde die Ausstellung der Karte mit falschen Angaben über die Kreditwürdigkeit erreicht (wobei zweifelhaft

---

190 BGHSt 33, 244; vgl. hierzu Otto, JZ 1985, 1008; ähnlich wie der BGH schon der frühere Grundsatzentscheid zum schweizerischen Recht BGE 110 IV 20 = recht 1985, 95 mit Anm. *Buser*. Die Schweiz hat seit 1.1.1995 einen Sondertatbestand, Art. 148 StGB, Check- und Kreditkartenmissbrauch, mit einer objektiven Straflosigkeitsbedingung bei Unterbleiben der „zumutbaren Maßnahmen gegen den Missbrauch der Karte" durch den Aussteller und das Vertragsunternehmen; dazu BGE 125 IV 260 mit Anm. *Arzt*, recht 2000, 114.
191 BGHSt 33, 244 (249); in der Entscheidung werden ferner auch einige der vielen weiteren denkbaren atypischen Kreditkartenmissbrauchsfälle erörtert.
192 BGHSt 24, 381.
193 Vgl. hierzu oben Rn. 44a und zum Schaden mit Aushändigung der Karte vor deren Einsatz unten Rn. 100. – Zum wichtigsten Sonderfall (Zwei-Partner-System) vgl. unten Rn. 61 und zur Schließung der beim typischen Kreditkartenmissbrauch bestehenden Strafbarkeitslücke durch das 2. WiKG unten Rn. 62
194 BGHSt 38, 281.

ist, ob schon darin eine schadensgleiche Vermögensgefährdung des Ausstellers zu sehen ist oder ob der Schaden erst durch den Einsatz der Karte eintritt[195]). **Kein Betrug** liegt hingegen im bloßen vertragswidrigen Einsatz der Karte, also wenn der bei Ausstellung der Karte kreditwürdige Kunde mithilfe der Karte Waren oder Dienstleistungen bezieht, obwohl ihm bewusst ist, dass sein Kartenkonto nicht gedeckt ist und er auch über keine Mittel zur Deckung verfügt[196].

Im **Viereck** Patient/Arzt/Apotheker/Kasse hat der Apotheker lediglich eine beschränkte Prüfungspflicht (in pharmazeutisch/pharmakologischer Hinsicht). Zur Kontrolle der sachlichen Richtigkeit einer Verschreibung ist er nicht verpflichtet. So entstehen bei missbräuchlichem Zusammenwirken des Arztes mit dem Patienten zum Nachteil der Kasse dem Kartenmissbrauch vergleichbare Probleme: Es liegt kein Betrug des Patienten durch Täuschung des Apothekers, sondern Untreue des Arztes gegenüber der Kasse vor[197]. 61a

cc) Scheckkarten- und Kreditkartenmissbrauch nach § 266b

Weil beim typischen Scheckkarten- und Kreditkartenmissbrauch nach h. L. weder § 263 noch § 266 eingreifen, hat das 2. WiKG 1986 die beiden Strafbarkeitslücken durch § 266b geschlossen. § 266b stellt die Beziehung Karteninhaber/Kartenaussteller den in § 266 geregelten Treueverhältnissen gleich[198]. 62

b) Prozessbetrug

Es entspricht heute der allgemeinen Meinung, dass eine Partei durch unrichtiges Vorbringen im Prozess einen Prozessbetrug begehen kann[199]. Im Unterschied zum **Beweismittelbetrug**[200] zielt der Prozessbetrug auf einen (auch) materiell rechtswidrigen Prozessausgang. Die Täuschungshandlung liegt in der unrichtigen Tatsachenbehauptung (durch Parteivorbringen, Zeugenaussage, gefälschte Urkunden etc.)[201]. – Beim Richter wird ein entsprechender Irrtum erregt (je nach der Beweislast und dem Grad der Überzeugung des Richters hält er das unrichtige Vorbringen für richtig oder für nicht widerlegt, d. h. er hält es für möglich, dass das unrichtige Vorbringen richtig sein könnte). – Aufgrund dieses Irrtums verfügt der Richter (meist durch Urteil) zum Nachteil der Partei, deren materielles Recht verkürzt wird. 63

Die meisten konstruktiven Bedenken gegen den Prozessbetrug gelten heute als überwunden: (1) Ebenso wenig wie bei der Freiheitsberaubung in mittelbarer Täter-

---

195 Vgl. hierzu unten Rn. 85.
196 Vgl. BGHSt 38, 281; BGHSt 47, 160 (165 f.); hier wird die Schließung dieser Lücke durch Rückgriff auf § 266b bei Zwei-Partner-Karten abgelehnt, näher zu § 266b unten Rn. 62.
197 BGHSt 49, 17.
198 Vgl. hierzu ausführlich unten § 23 Rn. 34 ff.
199 BGHSt 14, 170 (172); vgl. auch BGHSt 3, 160; *Eisele*, BT II, Rn. 572.
200 Vgl. hierzu unten Rn. 125.
201 Anstiftung zur Falschaussage steht mit (versuchtem) täterschaftlichem Prozessbetrug der Partei in Tateinheit, BGHSt 43, 317.

schaft stößt man sich beim Prozessbetrug an der Vorstellung vom Richter als „Werkzeug"[202]. – (2) Die Trennung von Prozessrecht und materiellem Recht ist im Zivilrecht scharf ausgebildet. Damit ist eine gespaltene Beurteilung der Rechtswidrigkeit möglich: Ein Urteil kann materiell-rechtlich rechtswidrig und trotzdem kann die Vollstreckung gerechtfertigt sein (es besteht insofern also kein Notwehrrecht gegenüber dem vollstreckenden Gerichtsvollzieher, weil das materiell rechtswidrige Urteil sein Vorgehen rechtfertigt, vorausgesetzt, das Urteil ist ordnungsmäßig, d. h. unter Beachtung prozessualer Mindestanforderungen, zustande gekommen). – (3) Geklärt ist jedenfalls seit 1933, dass die Partei im Zivilprozess kein „Recht auf Lüge" hat, § 138 ZPO. Freilich trifft die Partei keine Pflicht zur neutralen Sachdarstellung (insoweit besteht ein Recht auf Einseitigkeit). Auch ist die grundsätzlich bestehende Pflicht zur vollständigen Sachdarstellung restriktiv zu interpretieren. So braucht eine Partei z. B. Tatsachen, aus denen die Gegenpartei Einwendungen oder Einreden herleiten kann, nicht vorzutragen. Im Strafprozess fällt hingegen die Abwendung einer Geldstrafe (oder des Verfalls einer Kaution) durch Lügen nicht unter den Schutzzweck des § 263, es fehlt hier allerdings an einem relevanten Vermögensschaden[203]. – (4) Nach früher h. M. konnte ein Prozessbetrug auch durch unrichtiges Vorbringen im Säumnis- und Mahnverfahren begangen werden[204]. Man wird jedoch parallel zum Scheckkartenfall den Sinn der einfachen zivilprozessrechtlichen Regelung des Säumnis- bzw. Mahnverfahrens darin zu sehen haben, dass Richter bzw. Rechtspfleger sich über die Richtigkeit des entscheidungsrelevanten Vorbringens keine Gedanken zu machen brauchen. Damit scheidet § 263 in diesen Fällen mangels Irrtums aus[205].

c) Täuschung durch Programmierung eines Computers, § 263a

64 Die mit der unrichtigen Programmierung von Computern zusammenhängenden Fragen sind praktisch von großer Bedeutung. Die bei der rechtlichen Bewältigung im Rahmen des § 263 auftretenden interessanten Schwierigkeiten können im Studium vernachlässigt werden, weil Details zum Ablauf der elektronischen Datenverarbeitung in Prüfungsfällen kaum vermittelt werden können. – Der als **Computerbetrug** bezeichnete Sondertatbestand des § 263a stellt auf die Beeinflussung des Ergebnisses eines „Datenverarbeitungsvorgangs" ab. Damit wird eine Strafbarkeitslücke geschlossen, die insbesondere infolge der Automatisierung droht, da hier kein „normaler" Betrug über eine Täuschung der Kontrollperson (und deren Irrtum etc.) konstruiert werden kann[206].

---

202 Wobei umstritten ist, ob hier ein Betrug in mittelbarer Täterschaft oder nicht vielmehr ein „normaler" Dreiecksbetrug (vgl. hierzu unten Rn. 90) vorliegt, bei dem der Richter kraft Gesetz über das Vermögen einer Partei verfügen kann; hierzu *S/S/Perron*, § 263 Rn. 69 f.
203 BGHSt 38, 345 (351 f.); vgl. auch BGHSt 43, 381 (405); zu dieser Frage vgl. ferner unten Rn. 120e.
204 RGSt 72, 113 (115) – Säumnisverfahren; BGHSt 24, 257 (260 f.) – Mahnverfahren.
205 So die inzwischen h. L.; vgl. *Giehring*, GA 1973, 1 (24); *Lackner/Kühl*, § 263 Rn. 17; *S/S/Perron*, § 263 Rn. 73; anders *Eisele*, BT II, Rn. 545 (Richter dürfe dem Antrag nicht stattgeben, wenn er das Vorbringen für bewusst wahrheitswidrig hält); *Krey/Hellmann/M. Heinrich*, BT 2, Rn. 597 (für das Säumnisverfahren unter Hinweis auf die Wahrheitspflicht); *Otto*, BT, § 51 Rn. 139;. Dass § 263 jedenfalls im automatisierten Mahnverfahren nach §§ 688 ff. ZPO ausscheidet, entspricht der einhelligen Ansicht, vgl. nur *Krey/Hellmann/M. Heinrich*, BT 2, Rn. 599.
206 Vgl. hierzu näher unten § 21 Rn. 27, 32 ff.

3. Einschränkungsversuche, insbesondere der Zweifel als Irrtum

Wer eine Tatsache (nur) für „möglich" (oder „wahrscheinlich") hält, irrt 65
sich, denn Tatsachen „sind". Die im Zweifel implizierte Möglichkeit, es
könnte eine andere als die wirklich gegebene Tatsache vorliegen, ist falsch.
Kurz: **Wer zweifelt, irrt**[207]. – Mit dem Zweifel in Bezug auf Tatsachen ist
nicht zu verwechseln der Zweifel selbst. Er kann eine innere – und sichere!
– Tatsache sein.

Beispiel (Deputatkohle)[208]: Der Bergmann T ist berechtigt, direkt von der Zeche (knappe) Kohle als „Deputatkohle" zum eigenen Verbrauch zu beziehen. Der Verkauf ist ihm verboten. T, der einen Teil der Kohle weiterverkaufen will, bezieht Deputatkohle vom Zechenverwalter O. Diesem ist bekannt, dass der verbotene Verkauf von Deputatkohle an Dritte weit verbreitet ist. – Hier zweifelt O, ob T die Absicht hat, die Kohle vertragsgemäß zu verwenden oder auf dem Schwarzmarkt zu verkaufen. Dennoch liegt ein Irrtum des O vor, denn seine Vorstellung, T werde sich vielleicht vertragstreu verhalten, ist falsch.

Kein Irrtum liegt dagegen vor, (1) wenn das Opfer (trotz der Täu- 66
schung) die wahre Sachlage kennt, sie aber nicht beweisen kann und daher
die vom Täter erstrebte nachteilige Vermögensverfügung vornimmt oder
(2) wenn dem Opfer die wahre Sachlage gleichgültig ist.

Wenn im vorgenannten Fall (Deputatkohle) die Missbräuche so verbreitet sind, dass der Zechenbeamte O sich sagt, auch T wird – trotz seiner gegenteiligen Erklärung – die Kohle ganz oder zu einem Teil auf dem Schwarzmarkt verkaufen, liegt kein Irrtum vor. Es liegt daher kein Betrug vor, wenn O die Kohle dennoch herausgibt, da er T dessen Absicht nicht beweisen kann. – Besonders bei der Vorlage eines Inhaberpapiers durch einen Nichtberechtigten kann es so sein, dass dieser seine Berechtigung nicht vorzutäuschen braucht (oder der Schuldner trotz Kenntnis der Nichtberechtigung leistet), weil der Schuldner durch Leistung an den (nicht berechtigten) Inhaber auch dann frei wird, wenn er dessen Nichtberechtigung kennt (aber nicht beweisen kann)[209].

Beim **Bettelbetrug** wird häufig über die Bedürftigkeit bzw. die Verwendung der 67
Spende getäuscht, z. B. wenn der Bettler vorgibt, er wolle sich für das Geld eine Suppe kaufen, es in Wirklichkeit aber vertrinken will. Vielfach zweifelt der Spender nicht nur daran, ob die Geschichte des Bettlers zutrifft (dann Irrtum), sondern er gibt ihm etwas, um ihn loszuwerden. Im letztgenannten Fall fehlt es am Irrtum. Die Täuschung wird also für die Verfügung nicht kausal[210].

---

207 BGHSt 47, 83 (88); vgl. auch BGHSt 57, 95 (113); *Eisele*, BT II, Rn. 548; *Krey/Hellmann/M. Heinrich*, BT 2, Rn. 542; LK-*Tiedemann*, § 263 Rn. 84 ff.; *S/S/Perron*, § 263 Rn. 40. – Zum Sonderfall des Vergleichsbetrugs, wo die Ungewissheit gewiss ist, *Tiedemann*, Klug-FS a. a. O. (411). – Zu abweichenden Ansichten vgl. unten Rn. 68.
208 Fall nach BGHSt 2, 325.
209 Vgl. oben Rn. 56.
210 Es liegt auch kein versuchter Betrug vor, wenn man – wie meist – zugunsten des Täters davon ausgeht, dass er annimmt, der Angebettelte würde nicht aufgrund des aufgetischten Märchens, sondern deswegen spenden, um ihn loszuwerden (es liegt hier kein Vorsatz vor, die Vermögensverfügung gerade durch die Täuschung herbeizuführen). Im Übrigen ist der Schaden zweifelhaft, vgl. hierzu unten Rn. 111 f. zur sozialen Zweckverfehlung. Zum Antragserfordernis unten Rn. 140.

68 **Bedenken** gegen die hier in Übereinstimmung mit der h. M. vertretene Bewertung des Zweifels als Irrtum i. S. des § 263 kommen aus der **Opferselbstverantwortung:**[211] Ein Opfer, das trotz seiner Zweifel an der Richtigkeit der vom Täter vorgebrachten Tatsachen verfügt, hat den Schaden wesentlich sich selbst zuzuschreiben. Die Schutzwürdigkeit des Opfers und damit das Strafbarkeitsbedürfnis sind hier zweifelhaft. Insofern sind die Bestrebungen verständlich, den Zweifel nicht oder nur unter besonderen Voraussetzungen als Irrtum anzusehen. – Die kriminalpolitischen Prämissen sind jedoch fragwürdig, denn die Mitverantwortung eines Opfers, das das Vorbringen des Täters bezweifelt und trotzdem verfügt, ist kaum größer als die eines Opfers, das so leichtgläubig ist, dass es nicht einmal zweifelt. Überdies steht eine überzeugende dogmatische Begründung der Straflosigkeit aus. Doch selbst wenn man einen Irrtum verneint, bleibt es in der Regel bei der Strafbarkeit des Täters wegen eines Betrugsversuchs[212]. Was für das zweifelnde Opfer gilt muss schließlich auch denjenigen gelten, der leichtfertig nicht erkennt, dass er „hereingelegt" wird[213].

VI. Vermögensverfügung

1. Grundlegung und Normalfälle der Verfügung

a) Definition, Unmittelbarkeit

69 Die Vermögensverfügung i. S. des § 263 steht in engem **Zusammenhang mit** ihrem Resultat, dem **Vermögensschaden als Selbstschädigung**[214]. Man spricht deshalb auch von „vermögensvermindernder Verfügung". Die Vermögensverfügung ist ferner in ihrem Zusammenhang zum (erstrebten) Vermögensvorteil beim Täuschenden (oder einem Dritten) zu sehen. Sie muss geeignet sein, einen Vermögensnachteil beim Verfügenden (oder einem Dritten) zu bewirken und zugleich einen Vermögensvorteil beim Täter (oder einem Dritten) herbeizuführen. Bloße Vermögensvernichtung ist – weil es an dem (erstrebten) Vermögensvorteil fehlt – keine Vermögensverfügung.

Ist man sich dieser beiden Zusammenhänge mit der Schädigung und der Vorteilsherbeiführung bewusst, kann man die Vermögensverfügung definieren als jedes vermögensbeeinträchtigende Verhalten (Handeln, Dulden

---

211 Vgl. hierzu bereits oben Rn. 49 ff.
212 Die Gegenansicht, die den Zweifel allgemein oder unter bestimmten Voraussetzungen aus dem Irrtumsbegriff ausnehmen möchte, wird in vielen Nuancen vertreten; vgl. *Amelung*, GA 1977, 1 (4 ff.); *Schünemann*, NStZ 1986, 439 (440); auch *R. Hassemer*, Schutzbedürftigkeit des Opfers und Strafrechtsdogmatik, 1981, S. 166 f., kommt zum Resultat, „bei konkretem Zweifel des Opfers entfällt die Schutzbedürftigkeit und damit der Irrtum, wenn ein solches Opfer verfügt, obwohl ihm vorsorgliches Absehen von der Verfügung oder Einholen weiterer Informationen zumutbar war". Zur Verteidigung der h. M. *Arzt*, GA 1982, 522 f. (speziell zu *Hassemer*); LK-*Tiedemann*, 12. Aufl., § 263 Rn. 86 und eingehend *Ellmer*, Betrug und Opfermitverantwortung, 1986, S. 145 ff.
213 *Eisele*, BT II, Rn. 449.
214 Vgl. hierzu oben Rn. 28 ff.

Vermögensverfügung § 20 Rn. 70

oder Unterlassen). – Diese Begriffsbestimmung ist allerdings uferlos. Die h. M. hilft sich dadurch, dass sie den Kreis der Vermögensverfügungen durch das Merkmal der Unmittelbarkeit einschränkt. **Vermögensverfügung** ist jedes das Vermögen **unmittelbar** beeinträchtigende Verhalten[215]. Es handelt sich dabei um einen Vorgriff auf das nächste Tatbestandsmerkmal, den Vermögensschaden. Man kann die Unmittelbarkeit ebenso gut zum Schaden wie zur Vermögensverfügung schlagen. Neuere begriffsjuristische Bemühungen[216] trennen die Verfügung vom Schaden allerdings sauberer voneinander. Zum Teil dienen solche Bemühungen der Wiederbelebung des juristischen Vermögensbegriffs. Ein sinnvolles Ergebnis wird dann erzielt, wenn in der Vermögensverschiebung ein unmittelbar vermögensminderndes Verhalten gesehen wird, welches dann zum Vermögensschaden führt, wenn es nicht durch andere Vermögenszuflüsse kompensiert wird (Saldierung)[217].

Beispiel (Gasmann-Fall)[218]: Wenn die Witwe W den vermeintlichen Gasmann T in der Wohnung alleine lässt, könnte man eine Vermögensverfügung mit dem Argument ablehnen, dass dieses Verhalten den Vermögensschaden nicht unmittelbar herbeiführe (so wohl die h. M.). Man kann jedoch genauso gut die Vermögensverfügung bejahen, aber § 263 am Tatbestandsmerkmal des unmittelbaren Schadens scheitern lassen (weil die Verfügung eben nur eine bloße Gefährdung durch die Eröffnung einer Zugriffschance des falschen Gasmanns bewirkt). Schließlich könnte man selbst den Schaden hier bejahen aber feststellen, dass sich T nicht unmittelbar durch diese Verfügung, sondern erst durch eine Wegnahme als weiteren deliktischen Akt (= Diebstahl) bereichern wollte. Gängig und für Klausuren wie revisionssichere Urteile zu merken ist die Formulierung: „Es fehlt an der Unmittelbarkeit des Zusammenhangs zwischen Verfügung und Schaden." Damit bleibt offen, ob es schon an der Vermögensverfügung, erst am Schaden oder an einem zwischen Verfügung und Schaden anzusiedelnden unmittelbaren Zusammenhang fehlt.

70

Sinn der Vermögensverfügung ist, sicherzustellen, dass der Charakter des § 263 als Selbstschädigungsdelikt gewahrt bleibt[219]. Das läuft auf eine Vorverlagerung von Konkurrenzerwägungen in das Tatbestandsmerkmal

---

215 BGHSt 14, 170 (171) – Erschleichen von Untersuchungshaft; BGHSt 50, 174 (178) – 0190-Nummern.
216 Wer die Schadensfolge aus der Verfügungsdefinition eliminieren möchte (als „Zwitterhaftigkeit", *Schmidhäuser*, Tröndle-FS 1989, S. 305 (308), ähnlich *Maurach/Schroeder/Maiwald*, BT 1, § 41 Rn. 72; *Mitsch*, BT 2/1, § 7 Rn. 64), muss die Verfügung als ein das Vermögen (per saldo) nicht (!) beeinflussendes Verhalten definieren. Das ist wenig sinnvoll. – Die umgekehrte Spitzfindigkeit ist wegen ihrer Konsequenzen interessanter: Weil Vermögen als Verfügungsfreiheit erscheint, soll ohne eine solche Verfügungsfreiheit kein Vermögen vorliegen, z. B. soll Geld schon nicht zum Vermögen gehören, wenn es nur zu rechtswidrigen Zwecken eingesetzt werden soll, weil insoweit keine Verfügungsfreiheit bestehe, vgl. *Bommer*, Grenzen des strafrechtlichen Vermögensschutzes bei rechts- und sittenwidrigen Geschäften, 1996, S. 113 ff. m. w. N. Wie hier die h. M., *Gössel*, BT 2, § 21 Rn. 125 f.; *Lackner/Kühl*, § 263 Rn. 22 mit Hinweisen auf neuere Gegenmodelle zur Exklusivität zwischen Fremd- und Selbstschädigung. Das Paradox, dass bei fehlendem Schaden „eigentlich" schon keine Verfügung vorliegt, behandelt *Rengier*, BT 1, § 13 Rn. 72 ff. Hieraus ergibt sich in juristischen Klausuren ein Aufbauproblem!
217 *Eisele*, BT II, Rn. 554; *Rengier*, BT 2, § 13 Rn. 72.
218 Vgl. oben Rn. 29; vgl. die ähnliche Problematik in BGHSt 50, 174.
219 Vgl. hierzu oben Rn. 28.

„Verfügung" hinaus. Ist Diebstahl (Fremdschädigung) zu bejahen, scheidet § 263 (Selbstschädigung) schon auf der Tatbestandsebene aus[220].

b) Die vier Normalfälle der Verfügung

71 Die unbegrenzte Vielfalt vermögensrelevanter Verhaltensweisen lässt sich auf vier Grundmuster zurückführen:
(1) Das Eingehen einer Verbindlichkeit;
(2) Das Erfüllen einer Verbindlichkeit;
(3) Die Annahme eines Gegenstandes als Erfüllung;
(4) Die Nichtgeltendmachung eines Anspruchs.

72 **Beispiel:** T schuldet O 300,– €. O verlangt am Tag der Fälligkeit von T sein Geld zurück. Da T knapp bei Kasse ist, schwindelt er O vor, er könne jetzt zwar nicht zahlen, wohl aber in einem Monat, weil er dann eine Erbschaft antrete. In Wirklichkeit will sich T ins Ausland absetzen. O erklärt sich damit einverstanden, noch einen Monat zu warten. – Eine Täuschung (mit entsprechender Irrtumserregung) könnte sich sowohl auf die momentane Zahlungsunfähigkeit als auch auf das Versprechen, bald zahlen zu können, beziehen[221]. Dem Sachverhalt ist im Übrigen nicht zu entnehmen, dass T bei Fälligkeit tatsächlich nicht bezahlen kann. – Es wäre nun unjuristisch, als Vermögensverfügung das Zuwarten des O bzw. das Einverständnis des O mit dem Aufschub anzunehmen. Die Vermögensverfügung liegt in der Stundung (Nichtgeltendmachung der Forderung bei Fälligkeit). Obwohl O seine Forderung hier nicht verliert, kann bei wirtschaftlicher Betrachtung in der erschwerten oder vereitelten Durchsetzbarkeit ein Schaden gesehen werden. Ob die Stundung einen solchen Schaden (i. S. einer konkreten Gefährdung) herbeigeführt hat, hängt davon ab, wie man die Chancen des O bei sofortiger Eintreibung der Forderung beurteilt. Der Sachverhalt ist in diesem entscheidenden Punkt vage. – Es kann sein, dass angesichts des weiten Vermögensbegriffs nicht alle Verfügungen einem dieser vier Grundfälle zugeordnet werden können. Man sollte sich jedoch um eine solche Zuordnung bemühen, weil dadurch der Übergang zur Schadensproblematik vorbereitet wird. Es ist ein Fehler, statt einer Subsumtion des Sachverhalts unter das ungeschriebene Tatbestandsmerkmal der Vermögensverfügung einfach den Sachverhaltssplitter nachzuerzählen, aus dem sich das vermögensrelevante Verhalten des Getäuschten ergibt.

c) Unbewusste und unfreiwillige Verfügungen

73 Verfügungen können bewusst oder **unbewusst** vorgenommen werden[222]. Besonders häufig sind unbewusste Vermögensverfügungen in Form der Nichtgeltendmachung einer Forderung, deren Existenz dem Gläubiger (infolge der Täuschung) nicht bekannt ist[223].

---

220 So die herrschende Exklusivitätstheorie vgl. BGHSt 17, 205 (209); anders *Miehe*, Unbewusste Verfügungen, 1987, S. 55; vgl. auch den Gasmannfall, oben Rn. 70.
221 Hier ist zu beachten: Die Zukunft ist keine Tatsache. Allerdings sind Zukunftserwartungen (gegenwärtige) innere Tatsachen, vgl. hierzu oben Rn. 33.
222 BGHSt 14, 170 (172); auch im Waschmaschinen-Fall, BGHSt 22, 88 (hierzu oben Rn. 19) hat die Hausfrau z. B. unbewusst einen Kaufvertrag abgeschlossen (Eingehen einer Verbindlichkeit).
223 Vgl. z. B. BGHSt 32, 236 – Arbeitnehmeranteile zur Sozialversicherung.

Beispiel: O hat T 300,– € geliehen. Als er T ihn an die Rückzahlung erinnert, sagt T, „Ich habe Dir das Geld doch schon vorige Woche zurückgezahlt". O erwidert: „Ach so." – Hat T das Geld nicht zurückgezahlt, täuscht er dem O die Tilgung vor, der einem entsprechenden Irrtum unterliegt. Die Vermögensverfügung liegt im unbewussten Nichtgeltendmachen der Darlehensforderung – unbewusst, da O nicht weiß, dass die Forderung noch besteht. Ein Verzicht oder eine Stundung wären dagegen bewusste Verfügungen! Der Schaden liegt auch hier nicht etwa im Verlust der Forderung (diese bleibt bestehen!), sondern darin, dass bei wirtschaftlicher Betrachtung bares Geld mehr wert ist als eine entsprechende Forderung, von der der Gläubiger nichts weiß.

Hinsichtlich der unbewussten Verfügungen gilt allerdings eine wichtige **74** **Ausnahme:** Ein unbewusster **Gewahrsamstransfer** („Sachbetrug") ist keine Verfügung i. S. des Betrugs (sondern in aller Regel ein Gewahrsamsbruch, d. h. ein unfreiwilliger Gewahrsamsverlust i. S. des Diebstahls)[224]. Mit der Ablehnung der unbewussten Verfügung über Sachgewahrsam wird die Konkurrenz zwischen Fremdschädigungsdelikten (insbesondere Diebstahl) und Betrug in den Tatbestand des § 263 vorverlagert. Dogmatisch ist dieser gespaltene Verfügungsbegriff unbefriedigend, doch ist bei § 263 ohne einen bis in die Wurzeln der Tatbestandsmerkmale reichenden Pragmatismus nicht auszukommen.

Beispiel[225]: Im Supermarkt versteckt T eine Tafel Schokolade in seinem Einkaufswagen unter einem Werbeprospekt. An der Kasse bezahlt er lediglich eine Haarspange und schiebt den Wagen durch. – Hier „verfügt" die Kassiererin zwar unbewusst über den Gewahrsam an der Schokolade (und dadurch, dass sie die Kaufpreisforderung nicht geltend macht!), dennoch wird hier infolge des Exklusivitätsverhältnisses Diebstahl und nicht Betrug angenommen.

Nach ganz h. M. sollen ferner nur **freiwillige Verfügungen**[226] unter den **75** Begriff der Vermögensverfügung i. S. des § 263 subsumiert werden können, der Betrug ist ein Selbstschädigungsdelikt[227]. Die „Freiwilligkeit" der Verfügung ist schon deshalb problematisch, weil bei einer auf Irrtum beruhenden Verfügung von echter Freiwilligkeit **nie** gesprochen werden kann. Auch bei der rechtfertigenden Einwilligung wird Freiwilligkeit gefordert (und dort zutreffend verneint, wenn der Einwilligende von irrigen Voraussetzungen ausgeht!). Wer z. B. irrig davon ausgeht, einem anderen Geld zu schulden, hat keine echte Wahl, zu zahlen oder nicht zu zahlen. In solchen Fällen mag man noch von freiwilliger Erfüllung der (vermeintlichen) Pflicht sprechen, d. h. rechtlich schließen sich Obligation und Freiwilligkeit

---

224 BGHSt 41, 198 (202 f.); eingehend hierzu *Miehe*, Unbewusste Verfügungen, 1987, S. 41 ff. (zur Gewahrsamslockerung) und S. 71 ff. (Beschlagnahmefälle) mit dem Ziel, einen für Sach- und Forderungsbetrug einheitlichen Maßstab eines (geringen!) Minimums an „personaler Beteiligung" des Getäuschten zu entwickeln.
225 Fall nach BGHSt 41, 198; vgl. aber auch OLG Düsseldorf, NJW 1993, 1407; hierzu auch oben § 13 Rn. 42.
226 BGHSt 7, 252 (255); BGHSt 18, 221 (223); OLG Düsseldorf, NJW 1988, 922 (923); kritisch hierzu *Rengier*, BT 1, § 13 Rn. 77.
227 *Eisele*, BT II, Rn. 555; *Lackner/Kühl*, § 263 Rn. 22; *Rengier*, BT 1, § 13 Rn. 31; vgl. zum Betrug als Selbstschädigungsdelikt auch oben Rn. 28.

der Erfüllung nicht aus. Ganz unklar wird das Merkmal der Freiwilligkeit jedoch, wenn man die Identität des Vermögensverfügungsbegriffs bei § 253 und § 263 postuliert, also von einer „Freiwilligkeit" der Vermögensverfügung unter dem Eindruck von Drohung und Zwang spricht[228].

76 Vor allem ist es insoweit inkonsequent, unbewusste Verfügungen unter § 263 zu subsumieren (auf die der Gegensatz freiwillig/unfreiwillig nicht anwendbar ist, hier läge eher eine Unfreiwilligkeit nahe!), wenn man in ähnlichen Situationen bewusste Verfügungen bei fehlender Freiwilligkeit nicht unter § 263 subsumiert. Die Erklärung für diesen merkwürdigen Begriff der „Freiwilligkeit" der Vermögensverfügung liegt erneut in der Vorverlagerung einer Konkurrenzüberlegung auf die Tatbestandsebene. Was Diebstahl (oder Raub) ist, soll (möglichst) schon tatbestandsmäßig nicht auch Betrug sein. Ist eine Gewahrsamsübertragung i. S. des § 242 unfreiwillig, sodass ein Gewahrsamsbruch und somit eine Wegnahme zu bejahen ist, soll nicht gleichzeitig eine Vermögensverfügung i. S. des § 263 angenommen werden. Insoweit gilt die **Faustregel:** Im Zweifel erst § 242 prüfen. Liegt ein Gewahrsamsbruch vor, ist eine Vermögensverfügung (durch Gewahrsamsübertragung) abzulehnen. Man kann dies mit der mangelnden „Freiwilligkeit" der Vermögensverfügung begründen – sollte im Übrigen aber diesem Kriterium möglichst aus dem Wege gehen[229].

77 **Beispiel (1) Beschlagnahme durch einen falschen Polizeibeamten**[230]**:** Der 15-jährigen Kassenbote W transportiert für eine Bank 17.000,- €. Beim Verlassen der Bank tritt ihm W, ein falscher Kriminalbeamter, in den Weg. Er berichtet W, „im Geschäft seien Unterschlagungen vorgekommen, der Chef wisse Bescheid, W müsse mit auf das Polizeipräsidium, das Geld werde sichergestellt". Dort angekommen erreicht T im Hausflur des Präsidiums „die Herausgabe der Geldtasche mit der Erklärung, das Geld sei sichergestellt". T verschwindet mit der Tasche. – Da die Bank zwar gegen Diebstahl, nicht aber gegen Betrug versichert war, stellte sich auf den Standpunkt, T habe das Geld gestohlen. Die Versicherung meinte demgegenüber, die Bank habe das Geld infolge eines Betrugs verloren. Der BGH nahm einen Diebstahl an. Es fehle an einer freiwilligen Vermögensverfügung, „wenn der Verletzte zu seinem Verhalten unter dem Druck der Vorstellung veranlasst wird, dass ein Widerstand gegen die Aufforderung des angeblichen Polizeibeamten nicht zulässig und zwecklos sei, sodass ihm für einen eigenen freien Willensentschluss gar kein Raum mehr bleibt"[231]. Diese Voraussetzungen sieht die neuere Rechtsprechung und Rechtslehre in den Fällen der Beschlagnahme durch einen angeblichen Polizeibeamten in aller Regel als gegeben an".

Beispiel (2)[232:] T gibt sich gegenüber O, einem Straßenpassanten, als Kriminalbeamter aus, indem er ihm ein Abzeichen unter seinem Mantelaufschlag zeigt. Er fordert O auf, ihm zur Aufklärung eines angeblich gegen ihn erhobenen Diebstahlsverdachts zu folgen. Unterwegs verlangt er von O die Geldbörse, erhält sie ausgehändigt, und verschwindet. – Zutreffend geht hier der BGH davon aus: „Dieser Sachverhalt steht dem Tatbestand des Betruges näher als dem Diebstahl". Einer Kollision

---
228 Vgl. eingehend hierzu oben § 17 Rn. 16 und § 18 Rn. 14 ff.
229 Ebenso *Rengier*, BT 1, § 13 Rn. 77 ff., 81 („absolute Ausnahmekonstellation").
230 Fall nach BGHZ (!) 5, 365; vgl. auch BGHSt 18, 221 (223).
231 BGHZ 5, 365 (369).
232 Fall nach BGH, GA 1965, 107.

Vermögensverfügung § 20 Rn. 78–79

mit anderen Urteilen, die § 242 angenommen hatten, weicht er dadurch aus, dass er die Schuldlosigkeit des O betont (und die Tatsache, dass er „nichts zu befürchten" hatte). Man fragt sich, warum O hier die Geldbörse herausgegeben hat, wenn nicht in der irrigen Annahme, dass für einen Verdächtigen Widerstand zwecklos sei.

Wer in solchen Fällen entgegen der hier angebotenen Faustregel zuerst § 263 prüft, läuft Gefahr, den Tatbestand zu bejahen, ohne überhaupt ein Problem zu sehen. Es liegen eine Täuschung und ein entsprechender Irrtum über die amtliche Beschlagnahme vor. In der Übergabe bzw. dem Einverständnis mit der Mitnahme ist eine Vermögensverfügung zu sehen (Erfüllung einer vermeintlichen öffentlich-rechtlichen Verpflichtung). Der Schaden liegt im Besitzverlust. – Wer dagegen § 242 (oder je nach der Intensität des Drucks §§ 255, 249) zuerst prüft, erkennt, dass T möglicherweise weggenommen hat, weil ein (freiwilliges) Einverständnis des O mit dem Gewahrsamsübergang zumindest zweifelhaft ist. Bejaht man einen Gewahrsamsbruch (und damit § 242), ist bezüglich des Betrugs das Ergebnis vorgezeichnet. Man muss § 263 möglichst schon auf der Tatbestandsebene ablehnen und kann dies mithilfe der fehlenden Freiwilligkeit der Vermögensverfügung mehr schlecht als recht begründen[233]. 78

2. Wichtige Sonderfälle der Verfügung

a) Die Unmittelbarkeit der Vermögensverfügung

Schon bei der Definition des Verfügungsbegriffs[234] wurde dargelegt, dass das Merkmal der Unmittelbarkeit zur Verfügung oder zum Schaden gezogen werden kann. Man kann die Unmittelbarkeit auch zwischen Verfügung und Schaden ansiedeln (= unmittelbarer Zusammenhang zwischen Verfügung und Schaden). Die Ergebnisse bleiben dieselben. – Der Grund dafür, dass das Merkmal des unmittelbaren Zusammenhangs zwischen Vermögensverfügung und Vermögensschaden so schwer zu fassen ist, liegt im Schadensbegriff. Wie beim Vermögensschaden noch auszuführen sein wird[235], begreift die h. M. mithilfe der wirtschaftlichen Betrachtungsweise mehr und mehr bloße Vermögensgefährdungen als Vermögensschaden. Für den Zusammenhang von Verfügung und Schaden bedeutet das: Ein lediglich **mittelbarer** Zusammenhang zwischen **Verfügung und Schaden** kann vielfach als **unmittelbarer** Zusammenhang zwischen **Verfügung und Vermögensgefährdung** konstruiert werden. Der Gasmann-Fall[236] könnte z. B. auch so konstruiert werden, dass man in der Einräumung der Zugriffsmög- 79

---

233 Die Exklusivitätsverhältnis von Betrug und Diebstahl wird in BGHSt 17, 205 (209) besonders scharf betont, wobei aber auch hier nicht begründet wird, warum eine Abgrenzung bereits auf Tatbestands- und nicht erst auf Konkurrenzebene erfolgen soll. Auch in BGH, LM Nr. 5 zu § 242 (Wegnahme aufgrund vorgetäuschter Beschlagnahme) wird lediglich ausgeführt: „Der Unrechtsgehalt der Tat erfordert daher die Bestrafung […] wegen Diebstahls, nicht wegen Betrugs".
234 Vgl. hierzu oben Rn. 69 f.
235 Vgl. hierzu unten Rn. 97 ff.
236 Vgl. hierzu oben Rn. 70.

lichkeit (Alleinlassen des falschen Gasmanns in der Wohnung) eine Vermögensgefährdung sieht. Dann bestünde fraglos zwischen dem Alleinlassen als Verfügung und dieser Vermögensgefährdung ein **unmittelbarer** Zusammenhang. Zwischen Alleinlassen und Vermögensschaden (Wegnahme durch den Gasmann) besteht dagegen nur ein mittelbarer Zusammenhang.

80 Wie schon für die Freiwilligkeit, so gilt auch für die Unmittelbarkeit, dass eine saubere konstruktive Lösung nicht möglich ist, weil Konkurrenzfragen auf der Tatbestandsebene vorentschieden werden. Die Unmittelbarkeit dient bei näherem Zusehen einer vom Ergebnis her konstruierten Abgrenzung des § 263 von § 242. Es gilt daher dieselbe **Faustregel** wie zur Freiwilligkeit: Zuerst muss § 242 geprüft werden. Wird dieser Tatbestand bejaht, lässt sich § 263 fast immer entweder über die Freiwilligkeit oder die Unmittelbarkeit ablehnen. Dieses erwünschte Ergebnis würde fragwürdig, wenn man den bloß mittelbaren Zusammenhang zwischen Verfügung und Schaden als unmittelbaren Zusammenhang zwischen Verfügung und Gefährdung deuten würde. Man übergehe daher getrost diese Möglichkeit – die h. M.[237] tut es auch.

Beispiel (Schließfach)[238]: Der angeklagte Gastarbeiter T erklärt im Münchener Hbf. seinem frisch in Deutschland eingetroffenen Landsmann O wahrheitswidrig, im ordentlichen Deutschland dürfe man sich nicht mit seinem Gepäck in den Wartesaal aufhalten. O müsse die Koffer in ein Schließfach legen. T geht mit O zu den Schließfächern und legt dessen Koffer in das das Fach Nr. 692, händigt ihm dann aber den Schlüssel zu Fach 693 aus, welchen er zuvor abgezogen hatte. T verabschiedet sich von O und leert dann mit dem zurückbehaltenen Schlüssel das Fach 692. – Die Vorinstanz verurteilte wegen § 263, der BGH hingegen nach § 242. O habe keinen Gewahrsam übertragen, „sondern das Tun des Angekl. nur geduldet, ohne sich bewusst zu sein, dass der Angekl. damit schon seinen Gewahrsam lockerte und die Wegnahmehandlung begann". Der BGH nahm hier im Übrigen den Bruch des Gewahrsams des O und die Begründung eigenen Gewahrsams bereits mit der Übergabe des falschen Schlüssels an[239]. Andere bejahen diesen erst mit Abholen des Koffers[240].

---

237 Wie sehr vom Ergebnis her argumentiert wird, wird selten zugegeben. Mit erfreulicher Klarheit heißt es bei LK-*Lackner*, 10. Aufl., § 263 Rn. 103: „Diese Abgrenzung [...] soll erreichen, dass es zwischen der Vermögensverfügung auf der einen und der Wegnahme auf der anderen Seite keinen Überschneidungsbereich gibt, dass also immer nur entweder ein Geben oder ein Nehmen angenommen und dadurch zwischen Betrug und Diebstahl ein Ausschlussverhältnis hergestellt wird [...]. Das Erfordernis einer so verstandenen Unmittelbarkeit ist zwar nicht zwingend, [...] sollte als Ergebnis einer jahrzehntelangen – zugegebenermaßen mit einem unverhältnismäßigen dogmatischen Aufwand geführten [...] – Diskussion nicht ohne Not preisgegeben werden."
238 Fall nach BGH, GA 1966, 212; vgl. auch BGH, JZ 1968, 637.
239 BGH, GA 1966, 212.
240 *Eisele*, BT II, Rn. 560; *Wessels/Hillenkamp*, BT 2, Rn. 629; ein Betrug, § 263, scheitert daran, dass die unbewusste Verfügung i. S. einer Gewahrsamslockerung durch die Annahme des falschen Schlüssels (und des gleichzeitigen Unterlassens der Geltendmachung des Anspruchs auf Übergabe des richtigen Schlüssels) den Schaden durch den Verlust der Koffer nicht unmittelbar herbeigeführt hat. Erst der spätere Zugriff des T schädigt den O. – Gerade das ist jedoch zweifelhaft, weil der BGH die Wegnahme schon mit Übergabe des falschen Schlüssels als vollendet ansieht. Der Fall zeigt, wie sehr vom Ergebnis her argumentiert wird. Weil man weiß, dass § 242 vorliegt, lehnt man § 263 – konstruktiv mühsam – ab. – Zur unbewussten Verfügung speziell über den Gewahrsam vgl. oben Rn. 74.

Vermögensverfügung § 20 Rn. 81–81a

b) Die Verfügung zum Nachteil eines Dritten (Dreiecksbetrug)
Der Schaden braucht nicht den Verfügenden selbst zu treffen, sondern 81
kann auch bei einem Dritten eintreten[241]. Dagegen ist es erforderlich, dass
Getäuschter und Verfügender identisch sein müssen, denn die Täuschung
zielt auf eine Verfügung aufgrund des erregten Irrtums. – Verfügungen
über Drittvermögen stellen keine seltenen Ausnahmefälle dar, sondern gehören
zum Alltag. Streng genommen liegt zwar bei der Schädigung eines
Dritten kein Selbstschädigungsdelikt vor. Der Sache nach kann man aber
trotzdem von einer Selbstschädigung des Dritten sprechen, weil er dem
Verfügenden rechtlich oder faktisch die Verfügungsmöglichkeit eingeräumt
hat[242].

Beispiel: Eine Verkäuferin verfügt nicht über eigenes Vermögen, sondern über das
Eigentum des Geschäftsinhabers (oft einer juristischen Person). Wer mit Falschgeld
bezahlt, erregt bei der Verkäuferin (Kassiererin) einen Irrtum. Die Kassiererin verfügt
(durch Annahme als Erfüllung bzw. durch Nichtgeltendmachung des Anspruchs
auf echtes Geld) über Drittvermögen (den Anspruch des Geschäftsinhabers).
Bei diesem Dritten tritt auch der Schaden ein.

Bei der Verfügung über Drittvermögen stellt die **Wissenszurechnung**[243] 81a
dann ein Problem dar, wenn einer der Beteiligten (Getäuschter oder Geschädigter)
die Täuschung durchschaut. Als Basis sollte man von einer juristischen
Person ausgehen, deren Vertreter getäuscht wird (und zum
Nachteil der juristischen Person verfügt). Die Annahme eines Betruges ist
hier an sich unproblematisch, auch wenn ein anderer Vertreter oder ein
Organ der juristischen Person den wahren Sachverhalt kennt. Maßgebend
ist der Irrtum beim Verfügenden[244]. Schwierig wird es allerdings, wenn die
auf der Seite des Opfers informierte Person die Täuschung bemerkt und
die Verfügung blockieren könnte oder eine Verfügung von mehreren Personen
beschlossen wird. Kennen einige die wahre Sachlage, kann ihre Mitwirkung
an der schädigenden Verfügung auch oder nur unter § 266 fallen[245].
– Im umgekehrten Fall scheidet ein Betrug jedenfalls dann aus, wenn
die Hilfsperson in Kenntnis der wahren Sachlage verfügt, da es dann schon
am Irrtum des Verfügenden mangelt[246]. – Noch schwieriger als die Wissenszurechnung
ist die **Leichtsinnszurechnung,**[247] wenn man der Ansicht

---

241 RGSt 73, 382 (384); BGHSt 18, 221 (223).
242 Aus dieser Überlegung folgt auch das Erfordernis eines bestimmten Näheverhältnisses von Verfügendem und Geschädigtem; vgl. hierzu noch unten Rn. 82.
243 Vgl. hierzu *Eisele*, BT II, Rn. 551 ff.; *ders.*, ZStW 116 (2004), 15; *Wessels/Hillenkamp*, BT 2, Rn. 527 f. m. w. N. auch zu anderen Fallgruppen.
244 Vgl. hierzu BGH, NJW 2003, 1198; BGH, NStZ 2006, 623; BGH, NStZ 2008, 339.
245 Hier wird teilweise die objektive Zurechnung aufgrund einer eigenverantwortlicher Selbstschädigung abgelehnt; vgl. *Eisele*, BT II, Rn. 552; *ders.*, ZStW 116 (2004), 15 (22 ff.); *Rengier*, BT 1, § 13 Rn. 54; *S/S/Perron*, § 263 Rn. 41a.
246 Hierzu *Eisele*, BT II, Rn. 553; *Rengier*, BT 1, § 13 Rn. 58.
247 Warum sollte ein Versagen eines Vertreters die juristische Person schutzwürdig machen? Vgl. BSK-*Arzt*, Art. 146 Rn. 59.

ist, dass grobes Opferverschulden die Verantwortung des Täters beseitigt[248].

82 Wie bei Vermögensverfügungen allgemein, so kann auch die Verfügung zum Nachteil eines Dritten **unbewusst** erfolgen. – Auch **unberechtigte** Verfügungen über Drittvermögen werden erfasst, z. B. wenn die Verkäuferin in einem Lederwarengeschäft nicht auf Kredit verkaufen darf, sie aber trotzdem eine Tasche weggibt, weil ihr die Kundin verspricht, sie werde das Geld am nächsten Tag vorbeibringen. Nicht unter den Vermögensverfügungsbegriff fallen jedoch solche unberechtigten „Verfügungen" über Drittvermögen, bei denen der Verfügende vor der Verfügung weder in einer rechtlichen noch in einer tatsächlichen Beziehung zum Drittvermögen stand. In diesem Fall liegt regelmäßig kein Betrug, sondern ein Diebstahl (in mittelbarer Täterschaft) vor. Wie das „**Näheverhältnis**" des Verfügenden zum betroffenen Vermögen im Einzelnen aussehen muss, ist umstritten[249]. Am engsten ist die Ansicht, die eine **rechtliche Befugnis** zur Verfügung über fremdes Vermögen (aus Gesetz, behördlichem Auftrag oder Rechtsgeschäft) verlangt[250]. Andere wiederum lassen ein **faktisches Näheverhältnis** ausreichen, es genüge, dass der Getäuschte rein faktisch in der Lage sei, über das Drittvermögen zu verfügen, was in der Regel dann der Fall sei, wenn er Gewahrsam über die Sache ausübe oder dieser jedenfalls näher stehe als der Täter[251]. Eine vermittelnde Lösung stellt hingegen auf ein **normatives Näheverhältnis** ab und prüft, in wessen „Lager" der Getäuschte steht.[252] Aus § 263 lässt sich eine stringente Lösung der Grenzfälle nicht ableiten, weil auch diese Ausnahme vom Verfügungsbegriff auf einer auf die Tatbestandsebene vorverlagerten Abgrenzung zum Diebstahl beruht[253]. Wie schon bei der Freiwilligkeit und Unmittelbarkeit gilt auch für unberechtigte Verfügungen zum Nachteil eines Dritten die **Faustregel: Erst Diebstahl** (hier meist in mittelbarer Täterschaft) **prüfen**. Liegt § 242 vor, kann die Ablehnung des § 263 mit der fehlenden Beziehung des Verfügenden zum Drittvermögen begründet werden.

83 **Beispiel (1) Erdbeerfeld-Fall:** In der Lokalzeitung annonciert O „Erdbeeren für Selbstpflücker", mit einer Beschreibung des Weges zu seinem Erdbeerfeld. Sein

---

248 Ablehnend oben Rn. 49, 49a.
249 Anders allerdings *Ebel*, Jura 2008, 256; zum vergleichbaren Problem bei der Dreieckserpressung oben § 18 Rn. 19.
250 *Krey/Hellmann/M. Heinrich*, BT 2, Rn. 591; *Mitsch*, BT 2/1, § 7 Rn. 74; *MüKo-Hefendehl*, 2. Aufl., § 263 Rn. 329 ff.; die erhoffte Rechtssicherheit wird hierdurch allerdings kaum erreicht werden, wie das bei *Mitsch* genannte Beispiel der Freundin, die einen Wohnungsschlüssel ihres Freundes besitzt, zeigt: Es leuchtet nicht ein, dass diese nicht wenigstens stillschweigend befugt sein soll, ein Buch, das ihr Freund sich von einem Dritten geliehen hatte, dem Verleiher in Abwesenheit ihres Freundes zurück zu geben).
251 BGHSt 18, 221 (223 f.); BGH, NStZ 1997, 32 (33); OLG Hamm, NJW 1969, 620; *Kindhäuser*, BT II, § 27 Rn. 53.
252 Die „Lagertheorie" wurde maßgeblich begründet von *Lenckner*, JZ 1966, 320 (321); vgl. heute *Eisele*, BT II, Rn. 569; LK-*Tiedemann*, 12. Aufl., § 263 Rn. 116; *Rengier*, JZ 1985, 565; *S/S/Perron*, § 263 Rn. 66; *Wessels/Hillenkamp*, BT 2, Rn. 645.
253 Ganz h. M., vgl. nur LK-*Tiedemann*, 12. Aufl., § 263 Rn. 116.

Nachbar T weiß, dass O an einem bestimmten Tag wegen eines Trauerfalles nicht auf dem Feld sein wird. T begibt sich dorthin, erlaubt den Kunden das Selbstpflücken und kassiert das Geld. – Hätte T selbst gepflückt, läge ein Diebstahl vor. Hier aber pflücken die Kunden. Diese haben keinen Wegnahmevorsatz. Vielmehr liegt seitens des T ein Diebstahl in mittelbarer Täterschaft vor. Dass die Erdbeeren ihrer Substanz nach zu den Selbstpflückern gelangen, ändert nichts daran, dass T sie sich (der Substanz nach!) zueignet, weil er hierüber anschließend durch Veräußerung zum eigenen Vorteil verfügt. – Was den Betrug zum Nachteil des O angeht, täuscht T den Kunden vor, Eigentümer zu sein. Aufgrund des entsprechenden Irrtums pflücken diese die Erdbeeren und nehmen sie mit. Man könnte deshalb an eine Verfügung der getäuschten Kunden zum Nachteil des Vermögens des O denken (und zwar über den Besitz, nicht das Eigentum, denn O bleibt zivilrechtlich Eigentümer der Beeren). Diese Betrugskonstruktion scheitert aber am fehlenden „Näheverhältnis" des Verfügenden zum Drittvermögen. – Dagegen liegt (tateinheitlich) ein Betrug zum Nachteil der Kunden vor. Diese zahlen in der Annahme, dazu verpflichtet zu sein und dafür Eigentum an den Erdbeeren als Gegenleistung zu erhalten. Beides ist irrig. Der Schaden beruht auf einer Kombination dieser Irrtümer. Die Kunden erlangen kein wirtschaftliches Äquivalent für ihr Geld, denn sie müssen die Beeren dem Eigentümer herausgeben, § 985 BGB.

Beispiel (2): Im **Sammelgaragen-Fall**[254] ist – wie stets – zuerst § 242 zu prüfen. Entscheidet man sich gegen § 242 (weil das Einverständnis des Pförtners die Wegnahme die ausschließt[255]), wird man § 263 mit dem Argument bejahen, der verfügende W habe in einem ausreichenden Näheverhältnis zum Vermögen der betroffenen Autoeigentümerin E gestanden. – Entscheidet man sich für § 242 (Annahme eines Gewahrsamsbruchs trotz Herausgabe durch W, weil dessen Gewahrsamsstellung im Vergleich zu der Gewahrsamsstellung der E so schwach ist, dass es nur auf die – fehlende – Disposition der E ankommt), wird man § 263 mit dem Argument ablehnen, es fehle an einer Verfügung des P, weil er in keinem ausreichenden Näheverhältnis zum Vermögen der E gestanden habe.

c) Im Wirtschaftsverkehr anerkannte Schädigungsgelegenheiten

Wie bereits[256] ausgeführt, dient der unmittelbare Zusammenhang zwischen Verfügung und Schaden der Charakterisierung des § 263 als eines Selbstschädigungsdeliktes (und der Grenzziehung zu § 242). Auch zwischen Schaden und erstrebtem Vorteil wird ein unmittelbarer Zusammenhang gefordert, Stoffgleichheit[257]. Als **Faustregel** kann man davon ausgehen, dass zwischen der vom Täter durch Täuschung erlangten Gelegenheit zur Schädigung seines Opfers und der späteren Schädigung nur ein mittelbarer Zusammenhang besteht. Unmittelbar geht der Schaden auf die spätere, die Schädigungsgelegenheit ausnutzende Handlung des Täters zurück[258].

Auf die Grenzen dieser Faustregel stößt man bei im Wirtschaftsverkehr „anerkannten" Schädigungsgelegenheiten, wie z. B. dem **Blankoakzept**. Dabei handelt es sich um die Verpflichtung, für eine offen gelassene Sum-

84

85

---

254 BGHSt 18, 221; vgl. zum Sachverhalt oben § 13 Rn. 63.
255 Vgl. hierzu oben § 13 Rn. 63.
256 Vgl. oben Rn. 70.
257 Vgl. hierzu noch näher unten Rn. 121 f.
258 Vgl. hierzu bereits den Gasmann-Fall, oben Rn. 29, 70.

me wechselmäßig zu haften. Die Situation ist vergleichbar mit dem Blankoscheck. Hier sieht man bereits in der Einräumung solcher im Wirtschaftsverkehr anerkannten Schadensgelegenheiten eine Verfügung, die den Schaden (i. S. schadensgleicher Gefährdung) unmittelbar herbeiführt. Der eigentliche Schaden entsteht zwar erst durch ein späteres Verhalten des Täters (z. B. durch die Einsetzung eines abredewidrigen Betrages), doch besteht zwischen der Verfügung (Blankounterschrift) und dem Schaden (i. S. einer Gefährdung durch Einräumung der Möglichkeit abredewidriger Komplettierung) ein unmittelbarer Zusammenhang. Diese Fälle sind von Interesse, weil sich beim Opfer die vermögenswerte Chance als Exspektanz (vielleicht) begrifflich mit dem vermögensmindernden Risiko deckt. Dass dieses Risiko beim Opfer einer deckungsgleichen Exspektanz des Täters entspricht, ist dagegen nicht nötig[259].

Zu bejahen ist eine unmittelbare schadensgleiche Gefährdung bei Aushändigung eines Blankowechsels oder **Blankoschecks** an einen Täter, der seinen Willen zur abredegemäßen Komplettierung vortäuscht. Dies entspricht der Situation bei Aushändigung einer **Kreditkarte**[260]. Auch die Ausstellung einer ec-card (Bankkarte) kann schon eine konkrete Vermögensgefährdung begründen[261]. Ob eine Schädigung auch schon in der **Vollmachtserteilung** an einen Täter liegt, der seine Bereitschaft, sich an die Bindungen im Innenverhältnis zu halten, vortäuscht, ist zweifelhaft. – Noch umstrittener ist die Behandlung des Fälschungsrisikos als einer schadensgleichen Gefährdung, wenn der Täter eine Rechtsbeziehung, die keinen Spielraum lässt, durch Verfälschung zu seinen Gunsten verändern will, z. B. ein vom Opfer ausgefülltes (nicht blanko unterschriebenes!) Bestellformular durch Einsetzen größerer Mengen verfälscht.[262]

3. Einschränkungsversuche bei der Verfügung

86   Die Unmittelbarkeit wirkt als ein den Betrug einschränkendes Merkmal. Im Unterschied zu den oben[263] bei Täuschung und Irrtum erörterten Restriktionsbemühungen geht es jedoch nicht um eine Reduktion der

---

259 Dazu MüKo-*Hefendehl*, 2. Aufl., § 263 Rn. 663: bloße „Verhaltensoption eines Gewinnes" beim Täter soll noch keinen Schaden des Opfers begründen.
260 Vgl. BGHSt 33, 244 (246); hierzu bereits oben Rn. 60; ferner BGHSt 47, 160 (167); hierzu *Eisele*, BT II, Rn. 581; LK-*Tiedemann*, 12. Aufl., § 263 Rn. 110.
261 BGHSt 47, 160 (166 f.); hierzu bereit oben Rn. 59 und unten § 21 Rn. 43; zur anderen Rechtslage bei bloßer Kundenkarte im Zwei-Partner-System oben Rn. 61; zur Ablehnung einer konkreten Gefährdung bei Abschluss des Vertrages auch BGHSt 50, 174 (178) – 0190-Nummern.
262 § 263 dürfte mit dem Argument abzulehnen sein, dass das Fälschungsrisiko (anders als das Risiko abredewidriger Komplettierung) keine typische Schädigungsgelegenheit sei, also keine Selbstschädigung des Opfers (durch Einräumen der Fälschungsgelegenheit) vorliegt, so auch OLG Celle, NJW 1975, 2218 unter Aufgabe der in NJW 1959, 399 publizierten Entscheidung, in der die schadensgleiche Gefährdung noch vor dem Verfälschen des vom Kunden ausgefüllten Bestellformulars unter Hinweis auf die Beweislast des Kunden bejaht worden war. Die Unterschriftserschleichung darf also nicht als ein einheitliches Problem betrachtet werden; vgl. *Maurach/Schroeder/Maiwald*, BT 1, § 41 Rn. 127, 124; monografisch *Bohnenberger*, Betrug durch Vertragserschleichung, 1990; *Riemann*, Vermögensgefährdung und Vermögensschaden, 1989, S. 66, 121 ff. („doppelte Unmittelbarkeit", S. 127).
263 Vgl. hierzu oben Rn. 49 f., 68.

Strafbarkeit, sondern nur um Abgrenzung zwischen verschiedenen Tatbeständen, insbes. zwischen § 263 und § 242.

VII. Der Vermögensschaden

1. Grundlegung und Normalfälle des Schadens

a) Grundsatz: Wirtschaftlicher, nicht juristischer oder personaler Vermögensbegriff

Die meisten Entscheidungen zu § 263 befassen sich mit Schadensproblemen. Dabei herrscht über das **Prinzip** Einigkeit: Maßgebend ist die **objektiv-wirtschaftliche Betrachtung**[264]. Der wirtschaftliche Vermögensbegriff ist aus der Auseinandersetzung mit dem juristischen Vermögensbegriff hervorgegangen. Das Verhältnis beider Vermögensbegriffe zueinander entspricht dem Bild zweier sich schneidender Kreise: **Der juristische Vermögensbegriff** ist **teils enger, teils weiter** als der wirtschaftliche Begriff.

Der juristische Vermögensbegriff ist insofern **enger** als der wirtschaftliche, als zum Vermögen nur Vermögensrechte zählen sollen. Damit schließt der juristische Vermögensbegriff Positionen aus, die zwar einen wirtschaftlichen Wert haben (und deshalb dem wirtschaftlichen Vermögensbegriff unterfallen), die aber nicht zu einem Vermögensrecht erstarkt sind (z. B. Chancen, die noch keine Anwartschaften[265] sind; Gewinnaussichten; Faktoren, die die Durchsetzbarkeit oder Beweisbarkeit eines Anspruchs beeinflussen; Risiken). – Da ein Recht seinem Inhaber von Rechts wegen zusteht, schließt der juristische Vermögensbegriff ferner rechtswidrige Positionen vom Vermögensbegriff aus (z. B. „Ansprüche" aus sitten- oder rechtswidrigen Verträgen). Vom wirtschaftlichen Begriff aus besitzt dagegen z. B. auch der **rechtswidrige Besitz** Vermögenswert[266]. Auch in diesen Fällen ist also der juristische Vermögensbegriff **enger** als der wirtschaftliche. Das schlägt sich in dem Slogan nieder: „Für den wirtschaftlichen Vermögensbegriff gibt es kein gegen Betrug ungeschütztes Vermögen". Diese Behauptung beruht jedoch auf einem offenkundigen Zirkelschluss, denn auch für den juristischen Vermögensbegriff gibt es kein gegen Betrug ungeschütztes Vermögen. Dies liegt daran, dass sich der Schutz des § 263 sowohl beim juristischen als auch beim wirtschaftlichen Vermögensbegriff nach der Definition des Vermögens bestimmt – nach beiden Ansätzen ist aber genau das (und auch nur das), was unter den Begriff des Vermögens subsumiert wird „lückenlos"

---

264 BGHSt 2, 364 (365); *Gössel*, BT 2, § 21 Rn. 120; *Fischer*, § 263 Rn. 90 („ökonomisch-juristischer Vermögensbegriff"); *Lackner/Kühl*, § 263 Rn. 33 ff.; *Rengier*, BT 1, § 13 Rn. 121 ff.; LK-*Tiedemann*, 12. Aufl., § 263 Rn. 127 ff., 133 ff. sowie Vor § 263 Rn. 18 ff.; *Wessels/Hillenkamp*, BT 2, Rn. 534. Für den wirtschaftlichen Vermögensbegriff *Krey/Hellmann/M. Heinrich*, BT 2, Rn. 607, 613 ff.; für einen starken juristischen Schadenseinschlag *S/S/Perron*, § 263 Rn. 82 ff.; SK-*Hoyer*, § 263 Rn. 131 ff.; im Ergebnis auch *Kindhäuser*, BT II, § 26 Rn. 16 f.; § 27 Rn. 61 ff. – Vgl. auch die Rechtsprechungsnachweise im Kontext der kritischen Fallgruppen (Vermögensgefährdung, juristischer bzw. individueller Schadenseinschlag) ab Rn. 93. – Zu diesem Problem vgl. bereits oben Rn. 15 ff., hier auch zu den mehr oder weniger prinzipiell abweichenden Meinungen, Rn. 24 ff.
265 Zum vermögensrechtlichen Schutz von Anwartschaften vgl. BGHSt 17, 147 (149); BGHSt 19, 37 (42); BGHSt 34, 379 (390 f.).
266 Vgl. dazu vertiefend unten Rn. 115a.

geschützt[267]. In gleicher Weise ist auch die zuweilen stattfindende Diskussion über einen faktischen oder einen normativen Schadensbegriff nicht gewinnbringend: Jeder Schadensbegriff bei § 263 ist normativ. Ebenso wie es keinen Vermögensbegriff gibt, der Vermögen im Sinne seiner Definition ungeschützt lässt, operiert jeder Vermögensbegriff mit einem im Sinne seiner Definition normativen Tatbestandsmerkmal des Vermögens[268].

89 Umgekehrt reicht der Schutz des juristischen Vermögensbegriffs **weiter** als der durch den wirtschaftlichen Vermögensbegriff gewährte Schutz, weil bei wirtschaftlicher Betrachtung ein dem Opfer zugefügter Nachteil durch Gegenleistungen des Täters ausgeglichen werden kann. Eine solche **Saldierung**, bei der auch dem Opfer unerwünschte Zuflüsse berücksichtigt werden, ist dem juristischen Vermögensbegriff fremd[269]. Dagegen führt die objektiv–wirtschaftliche Betrachtung zur saldierenden Ermittlung des Schadens. Dieselbe wirtschaftliche Bewertung zieht dieser Saldierung allerdings auch ihre Grenzen: Insbesondere wird die Hingabe von Geld oder anderen konkreten Werten durch Ansprüche (Versprechungen), deren Erfüllung zweifelhaft ist, nicht ausgeglichen. Es versteht sich auch, dass der dem Opfer eines Betrugs zustehende Schadensersatzanspruch (§ 823 II BGB i. V. mit § 263 StGB; § 826 BGB) kein Äquivalent darstellt, denn Schadensersatz setzt Schädigung voraus[270].

90 Nach dem **objektiv-wirtschaftlichen Vermögensbegriff** sind grundsätzlich alle dem Opfer durch denselben Lebensvorgang zufließenden Vorteile saldierungsfähig[271]. Das führt dazu, dass ein Täter, der durch Täuschung des Kunden schwer absetzbare Wirtschaftsgüter zum Marktpreis umsetzt, sich nicht wegen Betrugs strafbar macht (beeinträchtigt ist insoweit lediglich die Dispositionsfreiheit, nicht aber das Vermögen[272]). Beliebteste Täuschungsmittel sind die Vorspiegelung, das Opfer müsse den fraglichen Gegenstand erwerben (Feuerlöscher, Schullexikon, Nährzucker)[273],

---

267 Vgl. hierzu bereits früh LH 3, 1. Aufl. 1978, S. 142; ferner *Maurach/Schroeder/Maiwald*, BT 1, § 41 Rn. 100; vom Boden eines juristischen Vermögensbegriffs aus *Bommer*, Grenzen des strafrechtlichen Vermögensschutzes bei rechts- und sittenwidrigen Geschäften, 1996, S. 54 f.
268 Auch der sog. wirtschaftliche Vermögensbegriff ist letztlich juristisch geprägt; so zutreffend *Pawlik*, Das unerlaubte Verhalten beim Betrug, 1999, S. 255; vgl. auch den Hinweis auf die hinter der wirtschaftlichen Betrachtung steckenden Tauschregeln bei *Nelles*, Untreue, S. 401; die Diskussion erinnert an die (angebliche) Differenzierung zwischen deskriptiven und normativen Tatbestandsmerkmalen, die in gleicher Weise untauglich ist: Jedes Tatbestandsmerkmal ist mehr oder weniger normativ; vgl. *B. Heinrich*, AT, Rn. 127; vertiefend *ders.*, Roxin-FS 2011, S. 449.
269 *Binding*, BT I, S. 360 schreibt vom Boden des juristischen Vermögensbegriffs aus: „Es ist also ohne jede Rücksicht auf den Wert der Gegenleistung geschädigt, wer in den Bauernhof statt eines Wirtshauses, ein Solinger statt eines englischen Messers usw. usw. gekauft hat, – stets unter der Voraussetzung, dass die Vorspiegelung der falschen Eigenschaft bestimmend oder mitbestimmend für den Abschluss des Vertrags gewirkt hat."
270 *Eisele*, BT II, Rn. 574; MüKo-*Hefendehl*, 2. Aufl., § 263 Rn. 518.
271 So steht im Fall BGHSt 22, 88 (Waschmaschine; hierzu oben Rn. 19) der Zahlungsverpflichtung der Frau eine objektiv gleichwertige Leistungsverpflichtung (Maschine) gegenüber; vgl. zur Saldierung mittels Gegenforderungen auch BGH, wistra 2014, 313.
272 Vgl. hier oben Rn. 20, 25.
273 Im Nährzuckerfall OLG Köln, OLGSt § 263 StGB S. 53 spiegelte der Angeklagte vor, er komme im Auftrag des Gesundheitsamtes und die Kinder brauchten den Zucker „unbedingt". Kein Betrug, weil der Zucker zwar nicht nötig, aber doch brauchbar und damit in zumutbarer Weise verwertbar war.

Der Vermögensschaden § 20 Rn. 91

oder der geforderte Preis liege weit unter dem Marktpreis (Einführungsabonnement, Sonderangebot etc.).

Beispiel (1) Melkmaschine[274]: Der Vertreter T verkauft Melkmaschinen zum Listenpreis, gibt aber vor, der Preis sei im Rahmen einer Werbeaktion besonders günstig bzw. er könne einen besonderen Preisnachlass gewähren, da er ein „internationaler Propagandist" sei und Musteranlagen weit unter dem normalen Preis verkaufe. In Wirklichkeit verlangt er den normalen Marktpreis.

Beispiel (2) Zellwollhose[275]: Der Händler T verkauft im Rahmen einer Werbeaktion angeblich aus Konkursmasse stammende vermeintliche Wollhosen zu einem besonders günstigen Preis. Es handelt sich jedoch um (billigere) Zellwollhosen. Für diese Zellwollhosen ist der Preis jedoch angemessen, reine Wollhosen wären wesentlich teurer gewesen.

Beispiel (3) Zeitschriftenwerbung[276]: Der Zeitschriftenwerber T wirbt für das Abonnement einer Fachzeitschrift (zum regulären Preis) mit der Vorspiegelung, es handele sich um eine allgemeinbildende Zeitschrift.

Beispiel (4) (Schulbuch)[277]: T überredet die Eltern zur Bestellung von „Schulbüchern" für ihre Kinder, in Wirklichkeit sind diese Bücher in der betreffenden Schule nicht eingeführt[278]. Er verkauft die Bücher aber zum normalen Marktpreis.

Zusammenfassend zeigt der Vergleich mit dem juristischen Vermögensbegriff zwei Schwächen des objektiv-wirtschaftlichen Vermögensbegriffs. Er schützt einerseits rechtswidrige Positionen zu weitgehend und andererseits die individuelle Werthaltigkeit der Vermögenswerte für das (potenzielle) Opfer nicht weitgehend genug. Statt deshalb grundsätzlich vom wirtschaftlichen Vermögensbegriff abzugehen, behilft sich die h. M. mit zwei Korrekturen, nämlich einem „individuellen"[279] und einem „juristischem" Einschlag[280]. Das Dilemma von derartigen pragmatischen Korrekturen liegt darin, dass die stärkere Berücksichtigung individueller Gesichtspunkte zu einer Ausdehnung, die stärkere Berücksichtigung juristischer Bewertungen dagegen zu einer Einschränkung des objektiv-wirtschaftlichen Vermögensbegriffs führt. Als Basis ist jedoch mit der h. M. an dem „in der Rspr. fest verankerten und im Großen und Ganzen auch bewährten wirtschaftlichen Vermögensbegriff" festzuhalten[281]. Wegen der Konzessionen an den juristischen Vermögensbegriff wird die h. M. auch als **juristisch-ökonomische Vermittlungslehre** etikettiert.

91

---

274 Fall nach BGHSt 16, 321.
275 Fall nach BGHSt 16, 220.
276 Fall nach BGHSt 23, 300.
277 Fall nach OLG Köln, JR 1957, 351.
278 Zur Lösung vgl. unten Rn. 93.
279 Hierzu sogleich unten Rn. 92.
280 Vgl. hierzu unten Rn. 115 ff.
281 So LK-*Lackner*, 10. Aufl., § 263 Rn. 123; weitere Nachweise zur h. M. oben Rn. 87.

b) Individueller (personaler) Schadenseinschlag

92 Die sich aus dem wirtschaftlichen Vermögensbegriff, insb. durch Saldierung ergebenden Möglichkeiten, auf listige Weise dem Käufer unerwünschte Ware anzudrehen, ohne ihn im Sinne des § 263 zu schädigen, würden zu unerträglichen Resultaten führen, wenn man sich die vorstehenden Beispiele (Waschmaschine, Zeitschriftenwerbung, Schulbuch) vor Augen führt. Hier hilft die Rechtsprechung durch eine Milderung des objektiv-wirtschaftlichen Vermögensbegriffs mithilfe des individuellen Schadenseinschlags. Die h. L. billigt die Ergebnisse, obwohl eine bruchlose Ableitung aus **einem** Vermögensbegriff nicht möglich ist[282].

Im **Melkmaschinenfall**[283] fasst der BGH seine Grundsätze zum individuellen Schadenseinschlag in folgenden Leitsätzen zusammen: „Wer sich auf Grund einer Täuschung zu einer Leistung verpflichtet und dafür eine gleichwertige Gegenleistung erhalten soll, ist allein durch die Beeinträchtigung seiner wirtschaftlichen Bewegungsfreiheit nicht ohne weiteres im Sinne des Betrugstatbestandes an seinem Vermögen geschädigt. Ein Vermögensschaden ist in diesem Falle nur gegeben, wenn weitere Umstände hinzutreten. Diese können insbesondere dann vorliegen, wenn der Erwerber a) die angebotene Leistung nicht oder nicht in vollem Umfange zu dem vertraglich vorausgesetzten Zweck oder in anderer zumutbarer Weise verwenden kann oder b) durch die eingegangene Verpflichtung zu vermögensschädigenden Maßnahmen genötigt wird oder c) infolge der Verpflichtung nicht mehr über die Mittel verfügen kann, die zur ordnungsgemäßen Erfüllung seiner Verbindlichkeiten oder sonst für eine seinen persönlichen Verhältnissen angemessene Wirtschafts- oder Lebensführung unerlässlich sind."

93 Das bedeutet für die **Lösung** der vorstehenden Beispiele: Im **Melkmaschinen-Fall**[284] kann ein Betrug entweder bei schlechten wirtschaftlichen Verhältnissen der betroffenen Bauern oder dann vorliegen, wenn die Bauern zur Anschaffung einer für ihre Zwecke unbrauchbaren Anlage überredet werden (z. B. einem kleinen Bauern eine Großanlage angedreht wird – oder umgekehrt). – Im **Waschmaschinen-Fall**[285] liegt ein Betrug vor, wenn die Hausfrau mit der Maschine nichts anfangen kann, z. B. weil sie schon eine hat oder wenn die anderen Kriterien (wirtschaftliche Bedrängnis) gegeben sind. Andernfalls scheidet ein Betrug aus: „Die Tatsache allein, daß [...] der Getäuschte in Wahrheit nichts bestellen wollte, reicht nicht aus, um einen Vermögensschaden ohne weiteres zu bejahen"[286]. – Im **Zellwollhosen-Fall**[287] scheidet dagegen ein Betrug aus. Wer eine Wollhose braucht, hat stattdessen auch für eine Zellwollhose eine zumutbare Verwendung. Das Argument, dem Opfer sei vom Täter ein „aliud" geliefert worden, muss durch die Argumentation mit der Unbrauchbarkeit dieser Leistung (unter Berücksichtigung der Lage des Opfers) ergänzt werden[288]. – Im **Zeitschriftenwerbungsfall**[289] liegt wiederum ein vollendeter Eingehungsbetrug vor, denn der Laie ist durch eine Fachzeitschrift überfordert. Ein

---

282 Vgl. hierzu insbesondere den von *Bockelmann*, JZ 1952, 461; *ders.*, Kohlrausch-FS 1944, S. 226, geförderten personalen Vermögensbegriff.
283 BGHSt 16, 321; wegen der Stoffgleichheit vgl. noch unten Rn. 123.
284 BGHSt 16, 321.
285 BGHSt 22, 88.
286 BGHSt 22, 88 (89); vgl. hierzu bereits oben Rn. 19.
287 BGHSt 16, 220; vgl. hierzu oben Rn. 90; zu beachten ist, dass der Leitsatz der Entscheidung mit den Entscheidungsgründen hier nicht überein stimmt!
288 Vgl. hierzu auch BGHSt 50, 10 (16) – Fondsanlagen.
289 BGHSt 23, 300; vgl. hierzu oben Rn. 90.

Studium dieses Fachgebietes, um so die Zeitschrift nutzen zu können, ist nicht zumutbar. Im **Schulbuch-Fall**[290] ist ebenfalls ein Betrug gegeben. Eine sinnvolle Verwendung der Bücher ist den getäuschten Eltern nicht möglich.

c) Eingehungs- und Erfüllungsbetrug

Der objektiv-wirtschaftliche Vermögensbegriff findet an der Vertragsfreiheit seine Schranke. Maßstab für die Angemessenheit von Leistung und Gegenleistung ist nicht der objektive Wert, sondern die vertragliche Vereinbarung. Mit anderen Worten: Der vertragliche Anspruch gehört zum Vermögen. Sein Wert bestimmt den Wert des Vermögens. Erhält der Schuldner später eine andere als die geschuldete Leistung, die er infolge einer Täuschung behält, liegt ein **Erfüllungsbetrug** vor. 94

Beispiel (Zellwollhose, Abwandlung)[291]: Der Händler T sagt dem Käufer O, er verkaufe Wollhosen zu einem Preis, zu dem man anderswo nur Zellwollhosen bekomme. O probiert eine solche Hose an (es handelt sich wirklich um eine Wollhose), findet sie „halb geschenkt" und kauft sie für 26,– €. T packt ihm jedoch eine der Wollhose täuschend ähnliche Zellwollhose ein, die 26,- € wert ist. – Hier ist § 263 gegeben. Zwar scheint es so, als erleide O bei saldierender Betrachtung keinen Nachteil, denn er bekommt für seine 26,- € ein Äquivalent. Das ist jedoch deshalb kurzschlüssig, weil zum Vermögen des O sein Anspruch auf eine Wollhose gehört. Gibt ihm T stattdessen eine weniger wertvolle Hose, schädigt er O, denn O erhält weniger, als ihm gebührt (kein volles Äquivalent). Es liegt ein Erfüllungsbetrug vor[292].

Der Erfüllungsbetrug wurde bereits vom RG[293] im Jahre 1887 wie folgt definiert: „Bei der Erfüllung eines Vertrages kommt es […] auf den Wert des vom Getäuschten vor der Täuschung erworbenen Vertragsrechts gegenüber dem Werte derjenigen Leistung an, welche der Täuschende gibt und die Getäuschte als Erfüllung infolge des in ihm erregten Irrtums annimmt. – Der Getäuschte kann also bei der Erfüllung beschädigt sein, ungeachtet (sc. dass) seine eigene Leistung durch den Wert der tatsächlich erfolgten nichtvertragsgemäßen Gegenleistung gedeckt ist."

Täuscht der Täter dagegen nicht erst bei der Erfüllung, sondern bereits 95
bei der Eingehung eines Vertrages, ist der Nachteil durch einen Vergleich des objektiven Wertes der vom Täter versprochenen Leistung mit der vom Opfer eingegangenen Verbindlichkeit zu ermitteln. Ist ein solcher Nachteil gegeben, liegt ein **Eingehungsbetrug** vor[294].

Beispiel (Zellwollhose)[295]: Der Händler T sagt dem Käufer O, er könne ihm eine Wollhose für 26,- € anbieten, also zu einem Preis, für den man sonst nur eine Zellwollhose bekomme. In Wirklichkeit handelt es sich bei der präsentierten Ware um eine Zellwollhose. O kauft sie in der Annahme, besonders günstig zu einer Wollhose

---

290 OLG Köln, JR 1957, 351; vgl. hierzu oben Rn. 90.
291 Fall nach BGHSt 16, 220; vgl. hierzu oben Rn. 90.
292 So auch deutlich BGHSt 32, 211 (213) – Fassadenbauer.
293 RGSt 16, 1 (10 f.).
294 Vgl. aus der Rechtsprechung BGHSt 16, 220 (221); BGHSt 21, 384 (385 f.); BGHSt 23, 300 (302); BGHSt 45, 1 (4); BGHSt 51, 165 (174 ff.); BGHSt 54, 69 (122); BGHSt 58, 102 (111 f.); BGHSt 58, 205; BGH, NStZ 2014, 318.
295 BGHSt 16, 220; vgl. hierzu oben Rn. 90.

zu kommen. Die Hose ist 26,– € wert. – O hat nach Kaufrecht diese konkrete Hose erworben[296], kann also keine fiktive Wollhose beanspruchen. Eben diese Hose hat er auch erhalten, es liegt also keine (neue) Täuschung bei der Vertragserfüllung vor. Die Täuschung fand vielmehr bereits vor Vertragsabschluss statt. Vergleicht man die Verpflichtung des T (die konkrete Hose) mit der Verpflichtung des O (26,– €), erhält O ein volles Äquivalent. Ein Betrug liegt also nur in den genannten Ausnahmefällen des individuellen Schadenseinschlages vor[297].

Der Eingehungsbetrug wurde vom RG in der bereits genannten Entscheidung wie folgt definiert[298]: „Vor Abschluss des Vertrages hatte der Getäuschte noch kein Recht erworben, gehörte also der Wert eines solchen Rechts noch nicht zu seinem Vermögen [...]. Dort kommt es daher, soweit es sich bloß um unmittelbaren Schaden handelt, auf den Wert der vom Getäuschten übernommenen Verpflichtung und der von ihm gemachten Leistung gegenüber dem Werte der Gegenverpflichtung oder Gegenleistung des Täuschenden an, und zwar so, dass der Getäuschte infolge der Täuschung sich eine Gegenleistung von zu geringem Werte hatte geben oder versprechen lassen, oder dass er seinerseits eine Leistung von zu großem Werte gegeben oder versprochen hat, zu gering oder zu groß wegen des Wertverhältnisses zwischen Leistung und Gegenleistung." – Hinsichtlich der enttäuschten Gewinnerwartung wurde betont, zu berücksichtigen sei „auch ein entgangener Gewinn, vorausgesetzt, dass er mit Sicherheit würde gemacht worden sein, wenn die Täuschungshandlung nicht vorgekommen wäre, und dass der Getäuschte ein Recht besaß, in diejenige Lage versetzt zu werden, welche für ihn den Gewinn ermöglichte, nicht schon dann, wenn er, ohne solchen Rechtsanspruch, nur gehofft hatte und für den Fall, wenn seine Vorstellungen über ein Geschäft oder über eine Leistung des Täuschenden tatsächlich richtig gewesen wären, auch mit Grund hatte erwarten können, das Geschäft oder die Leistung werde ihm einen Gewinn eintragen"[299].

96 Diese Definitionen des Eingehungs- bzw. Erfüllungsbetrugs (die man heute freilich verständlicher formulieren würde) entsprechen nach wie vor der h. M. Der Unterschied zwischen Eingehungs- und Erfüllungsbetrug ist deshalb so wichtig, weil an unterschiedliche Vermögensmassen angeknüpft wird. – Als **Faustregel** kann man davon ausgehen: Liegt kein Eingehungsschaden vor, begründet die Fortsetzung derselben Täuschung auch keinen Erfüllungsbetrug. Dagegen ist die Frage von sekundärer Bedeutung, ob im Falle eines Eingehungsbetrugs die Vollendung des § 263 schon mit Vertragsabschluss anzunehmen ist oder ob der Betrug erst vollendet ist, wenn das Opfer den nachteiligen Vertrag erfüllt hat[300].

---

296 Die Hose ist mangelhaft, doch auch über die Sachmängelansprüche kommt O nicht zu einer Wollhose; vgl. aber *Lenckner*, NJW 1962, 59; *Schönfeld*, JZ 1964, 206.
297 So auch MüKo-*Hefendehl*, 2. Aufl., § 263 Rn. 554 ff.; *Rengier*, BT 1, § 13 Rn. 171 f.; anders *Eisele*, BT II, Rn. 591; S/S/*Perron*, § 263 Rn. 138; vgl. hierzu auch oben Rn. 92 f.
298 RGSt 16, 1 (10).
299 RGSt 16, 1 (5 f.).
300 Vgl. hierzu unten Rn. 100.

Der Vermögensschaden § 20 Rn. 97

Beispiel Bestellung[301]: T bestellt beim Versandhaus V einen Radiowecker, der mitsamt einer später zu bezahlenden Rechnung geliefert werden soll. Dabei hat der überschuldete T von Anfang an nicht vor, den Wecker zu bezahlen. – Hier täuscht T konkludent über die innere Tatsache der Zahlungsbereitschaft. Da der Mitarbeiter des V an diese Bereitschaft glaubt (Irrtum) nimmt er eine Vermögensverfügung durch den Vertragsabschluss vor. Zwar erwirbt V dadurch einen Anspruch auf Zahlung des Kaufpreises, dieser ist wirtschaftlich aber nichts wert, da T weder zahlungsfähig noch zahlungswillig ist. Dennoch würde ein Schaden hier ausscheiden, wenn V nur Zug-um-Zug gegen Zahlung des Kaufpreises leisten müsste[302]. Da im vorliegenden Fall V aber vorleistungspflichtig ist, liegt ein Schaden bereits im Abschluss der Verbindlichkeit.

Im Hinblick auf den entgangenen Gewinn ist an dieser Stelle jedoch anzumerken, dass ein Vermögensschaden immer dann abzulehnen ist, wenn der Getäuschte durch die Vorspiegelung, ein besonders lukratives Geschäft zu machen, einen Gegenstand erwirbt, der „lediglich" sein Geld wert ist. Die enttäuschte Erwartung, ein besonders gutes Geschäft gemacht zu haben, ist insoweit strafrechtlich nicht geschützt[303].

d) Die Vermögensgefährdung als Vermögensschaden

Die Lehre von der schadensgleichen konkreten Vermögensgefährdung[304], die auch von der Rechtsprechung lange Zeit anerkannt wurde[305], ist – ebenso wie die saldierende Betrachtung des Schadens – an sich eine wichtige Konsequenz des wirtschaftlichen Vermögensbegriffs. Ein wirtschaftlich denkender Mensch sieht sein Vermögen schon dann als gemindert an, wenn es mit Risiken behaftet ist. Niemand wird z. B. einem Gläubiger einen Anspruch zum Nominalwert abkaufen, wenn der Schuldner mit Zahlungsschwierigkeiten zu kämpfen hat. Für den **Kreditbetrug** ist (neben der Vorspiegelung des Rückzahlungswillens[306]) die Täuschung über

97

---

301 Vgl. hierzu auch den Übungsfall bei *B. Heinrich*, JURA 1999, 585.
302 BGH, NStZ 1998, 85; OLG Köln, JZ 1967, 576; *Eisele*, BT II, Rn. 584; *S/S/Perron*, § 263 Rn. 132.
303 BGHSt 16, 321 (325): Der Vertreter hatte damit geworben, die Ware „ausschließlich heute" weit unter dem Marktpreis verkaufen zu können.
304 Hierzu aus der Literatur *Eisele*, BT II, Rn. 577 ff.; *Rengier*, BT 1, § 13 Rn. 184 ff.
305 Vgl. nur BGHSt 6, 115 (116 f.); BGHSt 21, 112 (113); BGHSt 34, 394 (395); BGHSt 45, 1 (11 f.); BGHSt 48, 331 (346); BGHSt 48, 354 (356); BGHSt 52, 323 (336, 338); BGHSt 58, 119 (130);. In BGHSt 51, 165 (177) wird ausgeführt: „Diese Gefährdung muss aber nach wirtschaftlicher Betrachtungsweise bereits eine Verschlechterung der gegenwärtigen Vermögenslage bedeuten. Die täuschungsbedingte Gefahr des endgültigen Verlusts eines Vermögensbestandteils muss zum Zeitpunkt der Verfügung so groß sein, dass sie schon jetzt eine Minderung des Gesamtvermögens zur Folge hat […]. Eine derartige konkrete Gefährdung, die bereits einem Schaden entspricht, kann nur dann anerkannt werden, wenn der Betrogene ernstlich mit wirtschaftlichen Nachteilen zu rechnen hat"; vgl. nunmehr aber BGHSt 53, 199 (203 f.): „verschleiernde Bezeichnung"; insoweit zustimmend *Rübenstahl* NJW 2009, 2392; kritisch hierzu *Küper*, JZ 2009, 800 (802 f.).
306 Vgl. hierzu oben Rn. 33 f.

die **Bonität** charakteristisch[307]. In keiner **Bilanz**[308] werden voraussichtlich nicht einbringbare Außenstände mit ihrem Nennwert angesetzt. Freilich wird man eine schadensgleiche Gefährdung nicht nur dann annehmen können, wenn sie sich **in Geld beziffern lässt**[309]. Der Begriff der „schadensgleichen Vermögensgefährdung" ist in den letzten Jahren allerdings etwas in Verruf geraten, da er dahin gehend missverstanden werden kann, aus dem Betrug als Verletzungsdelikt ein bloßes Gefährdungsdelikt zu machen[310]. Ohne dass dies sachlich zu Änderungen führen würde[311], wird daher heute oft von einer „schädigenden (konkreten) Vermögensgefährdung"[312] bzw. von einem „Gefährdungsschaden" gesprochen[313]. Unabhängig von dieser Begriffskosmetik bleibt allerdings festzuhalten, dass der Schaden im Urteil in wirtschaftlich nachvollziehbarer Weise dargelegt wird, wozu auch eine – insoweit auch für die konkrete Strafzumessung bedeutsame – Bezifferung der Schadenshöhe erforderlich ist[314].

98 **Beispiel (gutgläubiger Erwerb):** T, Filialleiter eines Selbstbedienungsladens der X-AG, bleibt gelegentlich nach Ladenschluss allein im Geschäft zurück, um Abrechnungen zu erledigen. Als er in Geldschwierigkeiten gerät, nimmt er dabei wiederholt einige Kartons Spirituosen mit nach Hause. Er verkauft sie unter dem Ladenpreis an den mit ihm befreundeten Gastwirt O, dem er sagt, als Filialleiter habe er besonders günstige Bezugsquellen, die er für private Zwecke nutzen, an denen er aber auch gute Freunde teilhaben lassen könne. – Unproblematisch ist hier, dass sich

---

307 Vgl. hierzu BGHSt 50, 147 zum Kreditbetrug in der Sonderform der Lastschriftreiterei und BGHSt 48, 331 (346) zum Anlagebetrug durch Bonitätstäuschung.
308 *Hefendehl*, Vermögensgefährdung und Exspektanzen, 1994, konkretisiert die betrugsrechtliche Gefährdung mithilfe des Bilanzrechts. So werden die von der h. M. (und hier) vertretenen Ergebnisse für die Fälle des gutgläubigen Erwerbs und des schwachen Prozessrisikos untermauert (a. a. O. S. 350 ff.). – Zu den Stärken dieser Sichtweise vgl. unten Rn. 99 bei der Unmittelbarkeit; zu den Schwächen gehört die Selbstverständlichkeit, dass die Aussagekraft einer bilanzrechtlichen Bewertung umso mehr abnimmt, je weiter sich die Beteiligten vom legalen Markt entfernen; insofern ist *Hefendehl* den Befürwortern eines starken rechtlichen „Einschlags" zuzurechnen, vgl. MüKo-*Hefendehl*, 2. Aufl., § 263 Rn. 468 ff., 485 ff.
309 Die Gleichsetzung des Vermögens mit Geldwert (und des Schadens mit einem geldmäßig bezifferbaren Verlust) ist grundsätzlich richtig, aber mit Blick auf den individuellen Schadenseinschlag undurchführbar (vgl. oben Rn. 92 f.); rein wirtschaftlich können liquide Mittel mit nicht liquiden Werten nicht gleichgesetzt werden und Risiken können ein realer wirtschaftlicher Nachteil sein, auch wenn sie nicht bezifferbar sind; zum Vermögen als Tauschwert und damit Geldwert besonders *Nelles*, Untreue, S. 388, 430 ff.
310 Insoweit wird auch in BGHSt 53, 199 (202, 203 f.) von einer „verschleiernden Bezeichnung" bzw. davon gesprochen, der Begriff sei „entbehrlich"; in BGH, NStZ 2011, 160 wird der Begriff aber weiterhin verwendet; auch in BVerfGE 126, 170 (221) wird die Anerkennung einer Gefährdung (allerdings im Rahmen des § 266) gebilligt; ebenso nunmehr zu § 263 BVerfGE 130, 1.
311 BGH, NStZ 2008, 457 (zur Untreue) dürfte von dieser nahezu unbestrittenen Ansicht wohl nicht abgehen, vgl. die Kritik von *Fischer*, § 263 Rn. 157 f.
312 MüKo-*Hefendehl*, 2. Aufl., § 263 Rn. 622.
313 BGHSt 58, 119 (127, 129); *Eisele*, BT II, Rn. 578; LK-*Tiedemann*, 12. Aufl., § 263 Rn. 168.
314 BVerfGE 126, 170 (211); BVerfGE 130, 1; vgl. auch BGHSt 30, 388 (390); BGHSt 53, 199 (203); BGHSt 54, 69 (125): Erforderlich sind jedenfalls durch Schätzung zu ermittelnde Mindestfeststellungen; anders freilich BGHSt 51, 165 (175): „Ein derartiger Quotenschaden muss nicht beziffert werden"; abweichend davon wiederum BGHSt 58, 102 (111 ff.); BGH, NJW 2013, 883 (884); vgl. auch BGH NJW 2012, 2370 (2371).

T die der X-AG gehörenden Spirituosen der Substanz nach zugeeignet hat. Insoweit liegt § 242 vor, wenn T keinen Alleingewahrsam hatte, sonst ist § 246 gegeben[315]. – Fraglich ist allerdings, ob auch ein Betrug, § 263, zum Nachteil von O vorliegt. Hierzu ist zu bemerken, dass derjenige, der kraft guten Glaubens Eigentum erwirbt (§ 932 BGB), juristisch vollgültiges Eigentum erlangt. Der Erwerb des O ist jedoch zweifelhaft, weil (1) die Sachen abhanden gekommen sind, wenn T sie gestohlen haben sollte, (2) weil sogar bei einer Unterschlagung ein Abhandenkommen angenommen werden kann, wenn man T als bloßen Besitzdiener der X-AG betrachtet und (3) weil der gute Glaube des O hier fragwürdig ist. – Ist, wie hier, nach den konkreten Umständen des Einzelfalls zweifelhaft, ob der getäuschte Käufer wirklich gutgläubig erworben hat, liegt im **Prozessrisiko** des Opfers eine schadensgleiche Gefährdung. Die zivilrechtliche Rechtslage braucht bei § 263 also nicht endgültig geklärt zu werden. Die Unklarheit der endgültigen zivilrechtlichen Lösung (und damit der Entscheidung im Zivilprozess) begründet die schadensgleiche Gefährdung i. S. des § 263[316]. Das Prozessrisiko besteht mit Blick auf die zweifelhafte Aufklärung des Sachverhalts. Viel fragwürdiger ist die Annahme eines Prozessrisikos, wenn sich dieses (nur) auf die **unsichere Rechtslage** stützt[317].

Die Anerkennung der Vermögensgefährdung (schon) als Schaden trägt in § 263 allerdings schwerwiegende **Spannungen** hinein, die sich an **drei Fallgruppen** zeigen: (1) Oben[318] wurde bereits dargelegt, dass das Kriterium der **Unmittelbarkeit** hierdurch entwertet werden kann, da die Vorverlagerung des Schadens ins Gefährdungsstadium bereits mittelbare Zusammenhänge zwischen der Verfügung und dem Schaden zu unmittelbaren Zusammenhängen zwischen der Verfügung und der Gefährdung aufwertet. – (2) Vor allem wird die Abgrenzung zwischen einem erst bevorstehenden Schaden und einem schon eingetretenen „**Gefährdungsschaden**" erforderlich, weil davon u. a. die Grenze zwischen dem **Versuch** und der Vollendung des Betrugs abhängt. Ob man die Konsequenzen dieser Vorverlagerung mildern kann, indem man die Rücktrittsmöglichkeiten ausdehnt, ist zweifelhaft[319]. – (3) Schließlich kann die Vorverlagerung des

99

---

315 Vgl. hierzu oben § 13 Rn. 48.
316 Vgl. BGHSt 15, 83; BGH, JR 1990, 517 (518); BGH, wistra 2003, 230; BGH, wistra 2011, 387; ferner bereits RGSt 73, 61; BGHSt 1, 92; BGHSt 3, 370; so auch *Mitsch*, BT 2/1, § 7 Rn. 105; *Wessels/Hillenkamp*, BT 2, Rn. 577; strenger *Eisele*, BT II, Rn. 570, 612; *Rengier*, BT 1, § 13 Rn. 206. – Da das Prozessrisiko beim gutgläubigen Erwerb von den Umständen des konkreten Falles abhängt, lässt sich keine Regel dahin aufstellen, dass für den gutgläubigen Erwerber regelmäßig ein Prozessrisiko bestehe oder gerade nicht bestehe (so aber *Krey/Hellmann/M. Heinrich*, BT 2, Rn. 667). – Als überholt sind Versuche anzusehen, den Schaden bei gutgläubigem Erwerb anders zu begründen (sittlicher Makel, „Makeltheorie"; bereits offengelassen in BGHSt 15, 83 [87]). Das extrem kleine Risiko, dass sich der gutgläubige Erwerber gegenüber dem ursprünglichen Eigentümer aus ganz bestimmten Gründen nicht auf den Schutz berufen möchte, begründet für den Erwerber keinen Schaden (auch wenn dieses Risiko dann tatsächlich eintritt; anders allerdings *Mitsch*, BT 2/1, § 7 Rn. 105). – Weil in der Literatur meist das Prozessrisiko nur mit Blick auf den guten Glauben erörtert wird, ist das obige Beispiel so gebildet, dass zusätzlich zweifelhaft ist, ob auch ein Abhandenkommen vorliegt.
317 Zu einem zivilrechtlich zweifelhaften Fall im Zusammenhang mit gutgläubigem Erwerb BGE 121 IV 26 (29).
318 Vgl. hierzu oben Rn. 79.
319 Dazu *Weber*, Tiedemann-FS 2008, S. 637.

Schadens in das Gefährdungsstadium zu einer **Vervielfachung** der Betrugskonstruktionen führen[320].

100 Im Zentrum des Interesses steht die Fallgruppe (2), d. h. die Frage des **Gefährdungsschadens**. Dabei ist zu beachten, dass alle übrigen Tatbestandsmerkmale (Täuschung/Irrtum/Vermögensverfügung) gegeben sein müssen. So besteht nämlich schon bei der bloßen Vornahme der Täuschung die „Gefahr", dass das Opfer dieser Täuschung erliegen und über sein Vermögen eine nachteilige Verfügung treffen könnte. Dies kann aber selbstverständlich bereits deshalb keine relevante Vermögensgefährdung (und damit keinen vollendeten Betrug) darstellen, weil hier die Tatbestandsmerkmale der Irrtumserregung und der Vermögensverfügung noch gar nicht vorliegen. – Relevant werden können insoweit nur schadensgleiche Risiken, die sich aus einer Verfügung des Getäuschten ergeben. Oft geht es hierbei um Fälle, in denen sich ein Risiko noch zum Schaden auswachsen kann. Als schadensgleiches Risiko werden jedoch auch Fälle angesehen, in denen die Ungewissheit, ob ein Schaden entstanden ist, endgültig ist.

Beispiel (1) Falscher Schmuck: Juwelier T verkauft dem Kunden O ein angeblich „mit echten Diamanten" versehenes Schmuckstück, welches jedoch nur aus künstlichen Steinen besteht und insofern weit überteuert ist. Da O noch eine Änderung des Schmuckstückes wünscht, will er es erst in drei Tagen abholen und dann bezahlen. – Hier liegt ein Eingehungsbetrug vor: O verpflichtet sich durch den Abschluss des Vertrages zu einem wirtschaftlich nachteiligen Verhalten. Das ist (bereits) eine schadensgleiche Gefährdung, obwohl nach der Vorstellung des T der Schaden durch die spätere Erfüllung noch intensiviert werden soll (Eingehen eines Risikos, das sich noch vertiefen kann). Mit Recht führt der BGH aus: „Denn beim Eingehungsbetrug bleibt die Anfechtbarkeit des Geschäfts außer Betracht. Sonst gäbe es diese Art des Betruges gar nicht"[321].

Beispiel (2) Submissionsbetrug[322]: Die Firmen A und B bewerben sich regelmäßig um Bauaufträge öffentlich ausgeschriebener Bauvorhaben. Auf der Grundlage vorheriger Absprachen reichen sie regelmäßig überhöhte Angebote ein und stellen dabei sicher, dass sie abwechselnd die Angebote erhalten. Zudem verpflichtet sich die Firma, die tatsächlich den Zuschlag erhält, der anderen Firma eine Präferenzzahlung in Höhe von 5% des Auftragsvolumens zu zahlen. – Der BGH sieht den Schaden des Ausschreibers in der Differenz zwischen dem vereinbartem, durch wettbe-

---

320 Vgl. hierzu unten Rn. 129.
321 BGHSt 21, 384 (386) – Provisionsvertreter. – Während die h. M. beim Eingehungsbetrug vollendeten Betrug (schadensgleiche Gefährdung) annimmt, hat insbesondere *Schröder* die Auffassung vertreten, der Eingehungsbetrug stelle grundsätzlich erst einen Betrugsversuch dar, so noch *S/S*, 17. Aufl. § 263 Rn. 91; abschwächend *S/S/Perron*, § 263 Rn. 131, 145; sich der Ansicht *Schröders* wieder annähernd LK-*Tiedemann*, 12. Aufl., § 263 Rn. 175 f. – Im Sonderfall BGHSt 31, 178 (182 f.) – Makler, soll ein Versuchsbeginn erst dann vorliegen, wenn der bei Abschluss des Maklervertrags zahlungsunfähige Auftraggeber „Handlungen vornimmt, die nach seiner Vorstellung unmittelbar zum Abschluss des (sc. vom Makler) nachgewiesenen oder vermittelten Geschäfts führen". Die Eingehung des Maklervertrags soll wegen § 652 BGB noch keine Aufwendung des Maklers sein, die einen vollendeten oder versuchten (!) Betrug begründen könne. Näher hierzu *Arzt* in der 1. Aufl., § 20 Rn. 100 Fn. 115.
322 Fall nach BGHSt 38, 186; vgl. auch BGHSt 16, 367; BGHSt 41, 385; BGHSt 47, 83; hierzu *Eisele*, BT II, Rn. 599 ff.

Der Vermögensschaden § 20 Rn. 101

werbsbeschränkende Absprachen beeinflusstem Preis und dem an sich erzielbaren Wettbewerbspreis (Fall der endgültigen Ungewissheit). Ob eine solche Differenz feststellbar ist, oder ob der Ausschreibende ohne verbotene Absprachen nur eine **Chance** hätte, günstigere Angebote zu erhalten ist dabei zumeist ungewiss, da ein „Marktpreis" für eben diese konkrete Baumaßnahme nicht existiert und dessen Bildung durch die Absprache gerade verhindert wurde (Fall der endgültigen Ungewissheit). Ob der Verlust dieser Chance als ein schadensgleiches Risiko angesehen werden kann, ist allerdings lebhaft umstritten. – Der Gesetzgeber hatte augenscheinlich aber wenig Vertrauen in die Lösung des BGH, der hier einen Betrug annahm[323] und schuf daher mit § 298 einen eigenen Tatbestand[324].

Beispiel (3) Lebensversicherungen[325]: T schließt mit einer Versicherungsgesellschaft eine Lebensversicherung ab, wobei er sowohl Vorerkrankungen verschweigt als auch von Anfang an vorhat, durch einen später fingierten Unfall im Ausland und der entsprechenden Ausstellung eines Totenscheins seitens eines befreundeten Arztes die Versicherungsprämien zu kassieren. – Der BGH nahm hier einen vollendeten Betrug bereits mit Abschluss des Versicherungsvertrages an, da er davon ausgeht, dass die Versicherungsprämie bei Kenntnis der Vorerkrankungen sowie der entsprechenden Absicht des fingierten Unfalles wesentlich höher gewesen wäre. Während dem BGH im Hinblick auf die verschwiegenen Vorerkrankungen zugestimmt werden kann, stellt die Einbeziehung der bloßen Absicht, sich später nicht vertragsgemäß zu verhalten, eine bedenkliche Vorverlagerung dar[326], da der Schaden allein an eine innere Tatsache geknüpft, dem Täter die Rücktrittsmöglichkeit abgeschnitten und die Tatsache negiert wird, dass mit dem fingierten Todesfall, der Ausstellung des Totenscheins und der Einreichung der Schadensmeldung noch weitere wesentliche Zwischenschritte erforderlich sind. Auch wird die Regelung des § 265 umgangen, die für eine Bestrafung (im Vorfeld des Betruges!) wenigstens eine Einwirkung auf die Sache verlangt und den bloßen Abschluss des Vertrages eben gerade noch nicht ausreichen lässt.

Die Grenze der Vorverlagerung des Schadens in eine schadensgleiche Gefährdung ist mit dem BGH dahin zu bestimmen, dass schadensgleich nur solche Gefährdungen sind, bei denen mit dem Eintritt des Schadens „ernstlich zu rechnen" ist[327]. Demnach ist beim **Rentenbetrug** eine Vollendung des § 263 schon mit der in der Rentenbewilligung liegenden Vermögensgefährdung anzunehmen (d. h. bereits vor Auszahlung der ersten Rente)[328].

Beispiel (Zeitschriftenwerbung)[329]: Der Zeitschriftenwerber T wirbt für das Abonnement einer Fachzeitschrift (zum regulären Preis) mit der Vorspiegelung, es handele sich um eine allgemeinbildende Zeitschrift. Dabei räumte der Verlag den Abonnenten ein Rückgaberecht bei Nichtgefallen ein. – Dieser Fall zeigt die flüssige Grenze zwischen einer Gefährdung (mit dem Risiko, dass ein endgültiger Schaden

101

---

323 BGHSt 38, 186 (190 ff.); vgl. auch BGHSt 47, 83 (88); die Lösung des BGH ablehnend *S/S//Perron*, § 263 Rn. 137a.
324 Vgl. zu § 298 noch näher unten § 21 Rn. 110 ff.
325 Fall nach BGHSt 54, 69; hierzu auch BVerfGE 130, 1; vgl. bereits RGSt 48, 186.
326 Vgl. auch *Eisele*, BT II, Rn. 580; *Fischer*, § 263 Rn. 176c; *Joecks*, wistra 2010, 179 (180); in BGHSt 51, 165 (171) wird hingegen zutreffend ausgeführt, die „allgemeine Erwartung, der andere werde sich redlich verhalten", reiche für die Annahme einer konkludenten Täuschung jedenfalls nicht aus.
327 BGHSt 21, 112 (113) – Mietwagen.
328 BGHSt 27, 342 (343). – Zu Kreditkarten, Kundenkarten, Blankovollmachten etc. vgl. oben Rn. 85.
329 Fall nach BGHSt 23, 300; vgl. hierzu bereits oben Rn. 90.

eintritt) und einer Schädigung (mit der Chance, dass durch das Rückgaberecht bzw. der Geltendmachung von Schadensersatz ein endgültiger Schaden vermieden werden kann). Die Bereitschaft des Betrügers, den Schaden sofort „anstandslos" zu ersetzen, **wenn** der Betrogene die Täuschung bemerkt und reklamiert, stellt lediglich die Bereitschaft dar, Schadensersatz zu leisten, setzt also eine Schädigung voraus. Der BGH hat deshalb zutreffend einen Betrug bejaht[330], trotz der Praxis des Verlags, jedes Abonnement auf bloße Beanstandung des Bestellers rückgängig zu machen. Wer dagegen in dieser Situation erst eine Gefährdung des Vermögens des Getäuschten annimmt, muss weiter prüfen, ob der Getäuschte intelligent ist und energisch sein Recht wahrnimmt, weil dann „nicht ernstlich" damit zu rechnen wäre, dass es zur Schädigung kommt (insoweit also keine schadensgleiche Gefährdung vorliegt). Sogar das dem Kunden eingeräumte bedingungslose Recht auf Rückerstattung des Kaufpreises bei Nichtgefallen bzw. Stornierung des Vertrages ist nach der hier vertretenen Ansicht lediglich eine Wiedergutmachung, setzt also Schädigung voraus[331]. Letztlich geht es hier einmal mehr um die Feinjustierung von Betrugsmerkmalen unter Heranziehung der **Opferselbstverantwortung.**

102   Die Vorverlagerung des Schadens in die Gefährdung kann ferner zur **Vervielfachung des Schadens** und damit der Betrugskonstruktionen führen. Weil Risiken bei mehreren Personen eintreten können (das Prozessrisiko trifft z. B. den Kläger und den Beklagten oft in gleicher Weise), kann der Täter, der nur **einen** Vorteil erstrebt, wegen mehrfachen Betrugs bestraft werden, wenn der im Risiko liegende Nachteil sich auf mehrere Personen verteilt. Dieser Vervielfachungseffekt ist Charakteristikum der Fallgruppe (3)[332].

Beispiel (Inkasso)[333]**:** Der Kunststofftechniker T ist damit beauftragt, Kunden zu beraten, Arbeit an Baustellen zu beaufsichtigen und Warenbestellungen anzunehmen. Inkassovollmacht hat er nicht. T entwendet seiner Firma Rechnungsformulare, kassiert über einen längeren Zeitraum bei einer Reihe von Kunden Geld und verwendet dieses für sich. – Hier ist am **Anfang** seiner unerlaubten Inkassotätigkeit zweifelsfrei der Kunde geschädigt, denn er hat an T als Vertreter ohne Vertretungsmacht geleistet und ist gegenüber der Firma als der Gläubigerin nicht frei geworden. Am **Ende** der unerlaubten Inkassotätigkeit des T ist dagegen die Firma geschädigt. Der Gebrauch ihrer Formulare und das Zeitelement führen dazu, dass sich nun die betroffenen Kunden auf eine „Anscheinsvollmacht" berufen können. Die vertretene Firma hätte „bei pflichtgemäßer Sorgfalt das Verhalten des Vertreters [...] erken-

---

330 Ablehnend aber *Lenckner*, JZ 1971, 320. – Zu erinnern ist daran, dass nach h. M. auch plumpe Täuschungen unter § 263 fallen (vgl. hierzu oben Rn. 49).
331 Ebenso BGHSt 23, 300 (303); BGHSt 34, 199 (204); BGHSt 53, 199 (204); hierzu oben Rn. 8; anders allerdings das OLG Köln im „Wunderbürstenfall", OLGSt § 263 StGB, S. 126 – hier wurde eine einfache Massagebürste als „verblüffender amerikanischer Apparat" für 24,80 DM mit vollem Rücktrittsrecht vertrieben, wobei der Täter erfolgreich darauf spekulierte, dass die geprellten Kunden den relativ geringen Schaden hinnehmen, statt sich die Mühe der Rücksendung zu machen; zur Unbeachtlichkeit der „bedingungslosen" Widerrufs- oder Rücktrittsrechte auch LK-*Tiedemann*, 12. Aufl., § 263 Rn. 166 mit Nachweisen pro et contra. Nach der Gegenansicht soll keine Belastung des Vermögens des Kunden entstehen, wenn (!) nach der Persönlichkeit des Kunden davon auszugehen sei, dass er sich mit dem Vertrag nicht abfinden werde. – Auch diese engere Ansicht läuft aber fast immer auf eine Strafbarkeit hinaus, mindestens wegen Versuchs (weil der täuschende Täter mit der Resignation des Opfers rechnet und diese jedenfalls billigend in Kauf nimmt); vgl. auch differenzierend *Eisele*, BT II, Rn. 584.
332 Vgl. zu dieser Fallgruppe oben Rn. 99.
333 Fall nach BGH, LM Nr. 71 zu § 263.

Der Vermögensschaden § 20 Rn. 103–104

nen müssen und verhindern können" und die Kunden durften „nach Treu und Glauben annehmen, der Vertretene kenne und dulde das Verhalten des für ihn auftretenden Vertreters"[334]. – Greift man einen in der **Mitte** der Inkassotätigkeit liegenden Fall heraus, ist zivilrechtlich sehr zweifelhaft, ob schon eine Anscheinsvollmacht vorliegt und insoweit der Schaden bei der Firma eintritt oder (noch) bei dem Kunden. Hier führt der von T erlangte **einmalige** Vorteil zu einem schadensgleichen Prozessrisiko für die Firma und den Kunden und damit zu **zwei** Betrugstaten (zum Nachteil des Kunden und der Firma)[335]. Der BGH begründet die Schädigung (auch) der Firma hier zutreffend damit, diese hätte „angesichts der besonderen Umstände doch damit rechnen [müssen], daß ihren Forderungen der Einwand der Erfüllung entgegengesetzt würde. Sie hatte also mit erheblichen Schwierigkeiten in der Beitreibung ihrer Forderungen zu rechnen. Ihre Ansprüche waren [...] zumindest so gefährdet, dass es einer unmittelbaren Vermögensschädigung gleichkam".

2. Wichtige Sonderfälle des Schadens

a) „Weiche" wirtschaftliche Betrachtung des Täter-Opfer-Verhältnisses

Der Schaden ist wirtschaftlich zu betrachten. Da Ansprüche wirtschaftlichen Wert haben, müssen vor der wirtschaftlichen Betrachtung die Rechtsbeziehungen der Beteiligten geklärt werden. 103

Beispiel (Schenkungsbetrug): Variante 1: T schenkt seiner Freundin O angeblich ein Diamanthalsband. In Wirklichkeit handelt es sich, wie T weiß, um weniger wertvolle synthetische Steine. – Variante 2: T verspricht schriftlich seiner Freundin O, ihr binnen eines Jahres ein Diamanthalsband zu schenken. Das Versprechen wird notariell beurkundet. Nach Ablauf des Jahres schenkt T der O ein angebliches „Diamanthalsband", welches in Wirklichkeit aber aus billigen synthetischen Steinen besteht. – In beiden Varianten hat O das Halsband umsonst bekommen, sodass man bei wirtschaftlicher Betrachtung zunächst eine Schädigung durch „Schenkungsbetrug" für unmöglich halten könnte. Die juristische Betrachtung zeigt, dass bei Variante 1 ein Betrug abzulehnen, bei Variante 2 § 263 hingegen zu bejahen ist. Der Fall macht im Übrigen dem Unterschied zwischen dem Eingehungsbetrug (ein geschenktes „billigeres" Halsband ist immer noch mehr wert als gar keines, eine bloße Gewinnerwartung wird nicht geschützt) und dem Erfüllungsbetrug (die tatsächliche Leistung blieb hinter der geschuldeten zurück) deutlich[336].

Da die juristische Interpretation der Täter-Opfer-Beziehung ihrerseits wieder von dem von den Parteien angestrebten wirtschaftlichen Erfolg ab- 104

---

334 Vgl. BGHZ 5, 111 (116).
335 Die Isolierung des ersten, des letzten und des zeitlich in der Mitte liegenden Betrugs dient der Klärung der § 263-Konstruktionen. Über Konkurrenzerwägungen kann diese Isolierung unter Umständen wieder aufgehoben werden (es liegt dann ein in natürlicher Handlungseinheit begangener Betrug zum Nachteil der Kunden und der Firma vor); zum Provisionsbetrug vgl. unten Rn. 129.
336 In Variante 2 gehört der Anspruch aus dem gültigen Schenkungsversprechen gemäß § 518 BGB zum Vermögen der O, d. h. sie wird durch Schlechterfüllung wie sonst beim Erfüllungsbetrug geschädigt. – Bei Variante 1 ergeben die Regeln der Handschenkung gemäß § 518 II BGB, dass kein schuldrechtlicher Anspruch auf Erfüllung besteht. Wie beim Eingehungsbetrug ist O nicht geschädigt, weil sie sich zu keiner Gegenleistung verpflichtet, sodass sich ein Saldo zu ihren Gunsten ergeben muss; näher *Arzt*, Noll-GS 1984, S. 169.

hängt, muss man zwischen scharfer juristischer und weicher wirtschaftlicher Betrachtung balancieren.

Beispiel (Hausmarke)[337]: In einer Bar steht auf einer Getränkekarte unter der Rubrik Sekt/Schaumwein eine Hausmarke für 60,– €, gefolgt von Markensekten für 90,– €. Die den biertrinkenden Gästen Gesellschaft leistenden Tischdamen bestellen mit Einverständnis der Gäste Sekt, und zwar die Hausmarke. Dabei handelt es sich um belgischen Apfelwein, etikettiert als „Cidre Mousseux". Er hat den Vorteil relativ geringen Alkoholgehalts. – Prüft man, ob der von der Polizei (nicht von einem der Gäste) angezeigte Gastwirt einen Betrug begangen hat, sind schwierige Fragen zu beantworten: Die Kenntnis der Tischdamen von der minderen Qualität des Getränks entlastet den Wirt (im Verhältnis zu den Gästen) nicht, sondern macht die Damen vielmehr zu Teilnehmerinnen, falls dem Wirt ein Betrug anzulasten ist. – Fraglich ist hier, ob die zahlenden Gäste getäuscht wurden, z. B. durch die konkludente Erklärung, bei der Hausmarke handle es sich um Sekt aus Trauben und nicht aus Äpfeln. Einerseits muss hier geprüft werden, ob eine Täuschung trotz des korrekten fremdsprachigen Etiketts vorliegt (die „Wahrheit" wurde hier lediglich auf Französisch, die Lüge hingegen auf Deutsch erklärt)[338], andererseits muss der Vermögensschaden geprüft werden, was davon abhängt, ob der „Apfelsekt" angesichts der Vertragsfreiheit sein Geld wert war. Der Schaden könnte dabei auch darin liegen, dass die Gäste möglicherweise die zwar teureren, aber im Vergleich zu Apfelsekt immer noch preiswerten Markensekte bestellt hätten. – Betrachtet man die wechselseitigen vertraglichen Verpflichtungen zwischen den Gästen und dem Wirt nicht streng juristisch, sondern wirtschaftlich, lösen sich diese Fragen auf: Die Gäste erkaufen sich die Gesellschaft der Tischdamen. Die Bezahlung von deren Zeit erfolgt zwar unter dem Etikett „Sekt", doch ist den Gästen „dabei die Beschaffenheit der von den Bardamen gewünschten Getränke weniger wichtig". Bei dieser vom OLG vorgenommenen wirtschaftlichen Betrachtung sind die Gäste selbst dann auf ihre Kosten gekommen, wenn sie streng juristisch genommen zu kurz gekommen sind, weil Apfelsekt als (wertvollerer) echter Sekt ausgegeben worden ist.

b) Risikogeschäfte

105 Bei **Spiel-, Wett-** und sonstigen **Risikogeschäften** ist es besonders wichtig, dass vor der wirtschaftlichen Betrachtung die Rechtsfragen geklärt werden. Auch der Anbieter von Chancen kann im Zeichen der Vertragsfreiheit denjenigen Preis fordern, den der Markt hergibt oder den der konkrete Kunde zu zahlen bereit ist. Ob der Erwerber solcher Chancen wirtschaftlich vernünftig handelt, ist irrelevant. Auch bei normalen Austauschgeschäften kann sich das Strafrecht nicht anmaßen, über die wirtschaftliche Vernunft des Marktpreises zu urteilen oder den Marktteilnehmer gegen seine eigene wirtschaftliche Unvernunft zu schützen[339]. Der Verkäufer von Chancen ist mit § 263 erst zu fassen, wenn er die verspro-

---

337 OLG Köln, OLGSt § 263 StGB, S. 150.
338 Zur Problematik der Täuschung durch Wahrheit vgl. bereits oben Rn. 39 f.
339 Dass § 263 nicht zur Kontrolle des Marktes auf dessen wirtschaftliche Vernunft legitimiert, ist unstreitig. Dagegen ist die Ausnutzung individueller wirtschaftlicher Unvernunft, insbesondere durch die Forderung eines gegenüber dem Marktpreis überhöhten Preises, dann mit § 263 zu erfassen, wenn durch konkludentes Verhalten der geforderte Betrag als üblich oder marktgerecht hingestellt wird, vgl. oben Rn. 54a und für den Warenterminhandel BGHSt 31, 115 (angeblich kein Aufschlag zum Börsenpreis). – Auch § 291 zeigt, dass dem wirtschaftlich unvernünftig handelnden Opfer nur ein minimaler strafrechtlicher Schutz zuteil wird.

chene Chance gar nicht oder in geringerem Umfang liefert[340] oder wenn er die versprochene Chance zu schlechteren als den vereinbarten Konditionen liefert. Der Käufer von Chancen ist mit § 263 zu fassen, wenn er nicht das vertragsgemäße, sondern nur ein geringeres Risiko eingeht. Der BGH entwickelte in diesem Zusammenhang im Hinblick auf den Wettbetrug die Rechtsfigur des bereits beim Abschluss eines Wettvertrages eingetretenen „Quotenschadens"[341]: Die von einem Wettanbieter mit festen Gewinnquoten angebotene „Quote" stelle den „Verkaufspreis" der Wettchance dar. Wird durch eine Manipulation (Bestechung der Spieler, des Schiedsrichters etc.) das Wettrisiko verschoben, so entspreche die angebotene Quote nicht mehr dem ursprünglich ermittelten Risiko, die vom Wettkunden erkaufte „Chance" sei daher wesentlich mehr wert, als er dafür bezahlt habe[342]. – Mithilfe dieser einfachen Grundsätze lassen sich alle **Spekulationsgeschäfte** beurteilen. Die Fülle der Entscheidungen zum Warenterminhandel[343] belegt, dass es auf den individuellen Fall ankommt, also darauf, welche Chance zu welchen Konditionen dem Spekulanten für sein Geld versprochen und geliefert worden ist.

Mithilfe der Lehre vom **individuellen Schadenseinschlag** kann ein Betrug bei Spekulationsgeschäften auch dann angenommen werden, wenn das **Opfer kein Spekulant** ist und über den spekulativen Charakter seiner Investitionen getäuscht wird. Obwohl bei objektiv-wirtschaftlicher Betrachtung das Vermögen des Opfers unverändert geblieben ist, weil das Opfer die Spekulationswerte zum Marktpreis erworben hat, kann sich aus den individuellen Verhältnissen die Unbrauchbarkeit spekulativer Geldanlage ergeben[344]. „Klassisch" sind hierbei die Fälle, in denen hochspekulative Fondsanlagen als wertbeständige Kapitalanlagen zur Alterssicherung ausgewiesen werden, um damit unerfahrene Anleger zu „ködern". 106

c) Vermögensbegriff bei juristischen Personen

Bei natürlichen Personen folgt aus der subjektiven Schadenskomponente, dass die subjektive Risikobereitschaft das Vermögen mitbestimmt. 107

Beispiel (hehlerischer Erwerb): Wer eine gestohlene Sache hehlerisch ankauft und dafür gutes Geld ausgibt, fügt sich selbst keinen Vermögensschaden zu. Im Gegen-

---

340 OLG Hamm, NJW 1957, 1162 – Rotamint; vgl. hierzu oben Rn. 46.
341 BGHSt 51, 165 (175 ff.) – Fall Hoyzer; ergänzt durch BGHSt 58, 102; hierzu *Lehmann/Zerbe*, famos 8/2013; anders noch BGHSt 29, 165 (168); inzwischen scheint der BGH von der Rechtsfigur des „Quotenschadens aber wieder Abstand zu nehmen, so vertritt im 4. Senat in NJW, 2013, 883 (886) die Ansicht, statt eines Quotenschadens sei auf die „Verlustgefahr" abzustellen; krit. hierzu *Schiemann*, NJW 2013, 888; vgl. auch BGH, NStZ 2014, 317; vgl. zur Rennwette bereits oben Rn. 54a; zum Doping vgl. unten Rn. 133a.
342 BGHSt 58, 102 (110 f.).
343 So wurde im Fall BGHSt 30, 177 (181) den Kunden vorgespiegelt, „sie handelten sich eine nahezu sichere Gewinnerwartung ein", also eine bessere als die dann gelieferte Chance; vgl. ferner BGHSt 31, 115; BGHSt 32, 22; zum Übergang eines „echten" Schadens in bloßen Gefährdungsschaden vgl. den Fondsanlagefall BGHSt 50, 10 und oben Rn. 97.
344 BGHSt 50, 10 (16) – Fondsanlagen; vgl. auch BGHSt 53, 199 – Risikogeschäfte.

teil, er handelt mit Vermögensvorteilsabsicht, obwohl er kein Eigentum, sondern nur den Besitz erhält. Es liegt insoweit ein **Risikogeschäft** vor, bei dem das Risiko wesentlich in der Illegalität liegt. – Wenn hingegen ein Vertreter für seinen redlichen Auftraggeber etwas hehlerisch ankauft und mit dem Geld des Auftraggebers bezahlt, ist das aus der Sicht des redlichen Auftraggebers für dessen Vermögen nachteilig. Denn rechtlich mangelhafte Ware ist wirtschaftlich betrachtet für redliche Leute kein Äquivalent für deren gutes Geld, weil die Risikobereitschaft in die wirtschaftliche Betrachtung einfließt[345].

108   Bei **juristischen Personen** folgt aus deren Satzung, dass sie keine Risikobereitschaft haben dürfen, die ihnen einen strafbaren Einsatz ihres Vermögens als vorteilhaft erscheinen lässt. **Juristische Personen sind gezwungenermaßen redlich.** Daraus folgt, dass weder ein Vertreter noch ein Organ einer juristischen Person mit der Absicht handeln kann, der juristischen Person einen Vermögensvorteil zu verschaffen, wenn der Vertreter oder das Organ Vermögenswerte der juristischen Person zu strafbaren Handlungen einsetzt, z. B. zum hehlerischen Ankauf von Waren. Konsequenzen hat das vor allem bei § 266[346]. Je stärker der legale Markt von einem illegalen **Schwarzmarkt** überwuchert wird, desto unrealistischer ist allerdings die Erwartung, die juristische Person könne ohne Schwarzmarktgeschäfte überleben. Die Vertuschung solcher Schwarzmarktgeschäfte bedingt eine „doppelte Buchführung" (Stichwort „schwarze Kassen"). Die BGH-Judikatur, die eine Schädigung schon in der Bildung solcher Kassen sieht, ignoriert dabei das Dilemma der betroffenen Firmen[347]. – Die einfache Wahrheit, dass die juristische Person durch den Einsatz ihrer Vermögenswerte zu Straftaten gleichzeitig das Opfer eines Angriffs auf ihr Vermögen wird (und nicht Täterin der mit ihrem Vermögen begangenen Tat ist!), ist allerdings nicht gerade populär. Populär ist hingegen ein **Unternehmensstrafrecht**[348], und das muss die juristische Person als Täterin der von ihrem Vertreter/Organ begangenen Tat fingieren.

d) Anstellungsbetrug, Asylbetrug

109   Beim **Anstellungsbetrug** liegt die Problematik in der Ambivalenz von grober wirtschaftlicher und feiner juristischer Betrachtung. Wer seine Berufung in das Beamtenverhältnis erschleicht (z. B. mithilfe gefälschter Examenszeugnisse), den Aufgaben seiner Stellung aber gewachsen ist und sein Amt jahrelang ohne Beanstandung erfüllt, verschafft bei grob wirtschaftlicher Betrachtung dem Dienstherrn ein Äquivalent für die Besoldung. – Trotzdem wird eine Schädigung bejaht, denn für einen Bewerber, der die Einstellungsvoraussetzungen nicht erfüllt, ist angesichts der Mo-

---

345 Die Problematik darf mit „rechtsmangelfreiem" Erwerb kraft guten Glaubens nicht verwechselt werden, vgl. dazu oben Rn. 98.
346 Vgl. hierzu unten § 22 Rn. 72 f.
347 Zum Fall Siemens und zur Parteispendenvertuschung im Fall Kanther, BGHSt 51, 100, vgl. unten § 22 Rn. 75a, b
348 Der geschilderte Ansatz ist anhand der Verfallsanordnung gegen juristische Personen näher entwickelt bei *Arzt*, Zipf-GS 1999, S. 165 ff.; zu den Interessenkonflikten zwischen dem Unternehmen und dessen Vertreter in einem System, das eine Unternehmensstrafbarkeit eingeführt hat, vgl. *Arzt*, SZW 2004, 357.

nopolstellung des Staates „der Preis am Markt gleich Null"[349]. Das ist grundsätzlich richtig. Die Beamtenbesoldung ist nur in Umrissen leistungsorientiert, wird aber im Übrigen von Laufbahnvorschriften und sozialen Momenten (Alter, Ehe, Kinder) bestimmt.

Beispiel (Anstellungsbetrug)[350]: Anlässlich seiner Weiterbeschäftigung bei der Berliner Polizei im Jahre 1990 füllte T den obligatorischen Personalfragebogen nur unvollständig aus. Er verschwieg dabei seine frühere Tätigkeit als inoffizieller Mitarbeiter des Ministeriums für Staatssicherheit der DDR. Daraufhin wurde von der Personalauswahlkommission seine „persönliche Eignung" für eine Weiterbeschäftigung festgestellt, was unterblieben wäre, wenn er seine frühere Spitzeltätigkeit pflichtgemäß offenbart hätte. Nachdem diese fünf Jahre später bekannt wurde, schied er aus seinem bis dahin ordnungsgemäß verrichteten Dienst aus. – Fraglich ist hier allein der Vermögensschaden in Form der geleisteten Beamtenbezüge. Der BGH nimmt hierbei einen Eingehungsbetrug an[351] und vergleicht den Wert des entstandenen Anspruchs „auf Amtsführung" mit demjenigen auf Besoldung (berücksichtigt also nicht die konkret geleistete Arbeit) und unterscheidet wie folgt: (1) Bei einer Täuschung über die (formelle) **fachliche Qualifikation** (fehlende Ausbildung) liege stets ein Schaden vor, selbst wenn die fachliche Leistung zufriedenstellend sei (juristischer Schadenseinschlag, es fehlt die Gewähr für die fachliche Qualifikation)[352]. Gleiches gelte (2) für eine Täuschung über gehaltsrelevante persönliche Merkmale (z. B. Alter). Auch sie führe stets zum Schaden (Verpflichtung zur Zahlung eines zu hohen Gehalts)[353]. (3) Eine Täuschung über die persönliche Eignung (Zuverlässigkeit, „charakterliche oder sittliche Mängel", Vorstrafen, politische „Belastungen") führe jedenfalls dann zum Schaden, wenn der eingestellte Beamte persönlich so unzuverlässig sei, dass das diesbezügliche Einstellungsermessen „auf Null reduziert" war[354], wie dies bei einer früheren Stasitätigkeit der Fall sei[355]. – Sowohl diese Differenzierung zwischen fachlicher Qualifikation und persönlicher Zuverlässigkeit[356] als auch das Ergebnis (Ausblendung der Frage, ob der über seine Qualifikation täuschende Beamte seine Dienste ordnungsgemäß erbringt)[357] sind sicherlich angreifbar. Im Ergebnis wird man dem BGH aber zustimmen können: Der Staat kann durch Einstellungsvoraussetzungen auf zweifelsfrei ordnungsgemäße Dienste hinarbeiten; er braucht sich nicht auf eine Diskussion darüber einzulassen, ob in dubio pro reo der nicht Qualifizierte vielleicht (!) einigermaßen ordentlich gearbeitet hat.

---

349 *Sarstedt*, JR 1952, 308; vgl. auch BGHSt 45, 1 (9).
350 BGHSt 45, 1 – Stasi; vgl. auch BGHSt 1, 13; BGHSt 5, 358; BGHSt 17, 254 (256); BGH, GA 1956, 121; BGH, NJW 1961, 2027.
351 BGHSt 45, 1 (4); zustimmend *Eisele*, BT II, Rn. 614; *Heghmanns*, Rn. 1255; vgl. aber auch (zum privaten Anstellungsvertrag) BGHSt 17, 254 (256), wo – insoweit widersprüchlich – davon ausgegangen wird, „bei längerer Dauer des Arbeitsverhältnisses [könne] die tatsächliche Leistung des Verpflichteten zugrunde gelegt werden".
352 BGHSt 45, 1 (5 f.); dies gelte jedenfalls dann, wenn der Betreffende „wegen des Fehlens solcher fachlichen Voraussetzungen schlechthin nicht angestellt" hätte werden dürfen; vgl. auch BGH, NJW 1962, 1521.
353 BGHSt 45, 1 (6).
354 BGHSt 45, 1 (9, 11, 13); vgl. zur persönlichen Eignung auch BVerfGE 92, 140 (151); BVerfGE 96, 189 (197).
355 BGHSt 45, 1 (10 ff.); vgl. auch BVerfG, NStZ 1998, 506.
356 Die der BGH freilich selbst nicht strikt durchhält, wenn er in BGHSt 45, 1 (12) die „versprochene [fachlich] einwandfreie Amtsführung" im Rahme der persönlichen Eignung verwertet.
357 *Geppert*, Hirsch-FS 1999, S. 525 (540 f.), der allerdings einen Betrug bei nicht leistungsbezogenen sozialen Faktoren annimmt; ausführlich *Budde*, Der Anstellungsbetrug, 2005, mit Rezension *Duttge*, JR 2005, 526.

Diese strengen Voraussetzungen sollen bei privatrechtlichen Arbeits- und Angestelltenverhältnissen nicht gelten, hier soll vielmehr auf den Wert der tatsächlich geleisteten Arbeit abgestellt werden[358]. Zu beachten ist jedoch, dass auch hier bei der Entlohnung zunehmend leistungsfremde soziale Momente wie Alter und Familienstand berücksichtigt werden. Trotz gleicher Leistung kann z. B. der besser ausgebildete Arbeitnehmer Anspruch auf höhere Bezahlung haben. Deshalb liegt heute in der ordnungsgemäßen Arbeitsleistung allein in der Regel kein ausreichendes Äquivalent, wenn die für die Höhe des Entgelts maßgebenden sonstigen Faktoren nicht vorliegen. – Nur in Ausnahmefällen zu berücksichtigen ist eine Täuschung über Vorstrafen. Obwohl der BGH auch hier eine Vermögensgefährdung bejaht, wenn der wegen Vermögensdelikten vorbestrafte Arbeitnehmer entsprechende „anfällige" Positionen bekleidet[359], fehlt hier dennoch die Unmittelbarkeit, da es zum Schadenseintritt eines weiteren deliktischen Aktes bedarf[360].

110 Während ein **Sozialhilfebetrug** unproblematisch vorliegt, wenn Leistungen durch falsche Angaben über Anspruchsvoraussetzungen erlangt werden, macht der Sonderfall des **Asylbetrugs**[361] Schwierigkeiten. Geht es dem Täter primär um eine Aufenthaltsberechtigung in Deutschland, dann kann der an diesen Status von Gesetzes wegen geknüpfte Anspruch auf Sozialleistungen diese Statuserschleichung nicht zum Betrug machen. Freilich ist die Vorteils**absicht** schwieriger als in Teilbereichen des Anstellungsbetruges abzulehnen, weil ein besseres Leben, der Aufenthalt in Deutschland und die damit verbundenen Sozialleistungen untrennbar miteinander verknüpft sind[362].

e) Spenden- und Subventionsbetrug, immaterielle Illusionen, soziale Zweckverfehlung

111 Am **Spendenbetrug** tritt ein Saldierungsproblem zutage, das Rechtsprechung und Literatur mit der Lehre von der sozialen Zweckverfehlung mehr schlecht als recht bewältigen: Wer spendet, erwartet keinen materiellen Gegenwert, weiß also, dass er sich objektiv wirtschaftlich schädigt. Insoweit ist eine Täuschung an sich nicht möglich und § 263 nicht anwendbar.

Beispiel: T gibt vor, für die unterdrückten Völker dieser Erde zu sammeln. O gibt ihm für diesen guten Zweck 5 €. In Wirklichkeit will sich T mit dem Geld einen schönen Urlaub machen. – Hier liegt zwar eine Täuschung des O über den Zweck der Spende, nicht aber darüber vor, dass er eine für ihn wirtschaftlich nachteilig Verfügung trifft.

---

358 BGHSt 17, 254 (256); BGH, NJW 1961, 2027; BGH, NJW 1978, 2042.
359 BGHSt 17, 254 (258 f.): bei Innehabung einer besonderen Vertrauensstellung oder wenn die Vergütung mit Rücksicht auf die Vorstrafenfreiheit besonders hoch festgesetzt worden wäre; BGH, NJW 1978, 2042 (2043).
360 So auch *Eisele*, BT II, Rn. 616; *Heghmanns*, Rn. 1256; *S/S/Perron*, § 263 Rn. 154.
361 *Krehl*, NJW 1991, 1397.
362 Vgl. zur Absicht noch näher unten Rn. 131 ff.

Überwiegend wird hier ein Strafbarkeitsbedürfnis im Hinblick auf die **soziale Zweckverfehlung** der Spende bejaht und § 263 angenommen[363]. Dies läuft darauf hinaus, dass ausnahmsweise die materielle Leistung des Opfers mit einer vom Täter versprochenen **immateriellen Gegenleistung** saldiert wird. Der Schaden liegt im Ausbleiben dieser Gegenleistung. Mit der Lehre von der sozialen Zweckverfehlung werden allerdings die engen Grenzen des subjektiven Schadenseinschlags gesprengt. Dogmatisch wie kriminalpolitisch ist die Zweckverfehlungslehre selbst verfehlt[364]. Die **landesrechtlichen Sammlungsgesetze** mit ihren Ordnungswidrigkeitstatbeständen stellen einen hinreichenden Schutz schon gegen das Sammeln durch unzuverlässige Personen (und die missbräuchliche Spendenverwendung) dar.

Wie die mühsam errichteten Schranken des subjektiven Schadenseinschlags[365] beiseite geschoben werden, wird deutlich, wenn man die soziale Zweckverfehlung vom Spendenbetrug auf Fälle ausdehnt, in denen das Opfer zwar wirtschaftlich eine gleichwertige Gegenleistung erhält, mit seiner Leistung aber, wie bei einer Spende, immaterielle Interessen verfolgt hat (und darin getäuscht wird). Eine solche Ausdehnung kann weder mit begrifflichen noch mit kriminalpolitischen Erwägungen verhindert werden. Der Zeitungsabonnent, der zur Finanzierung des Studiums des Abonnentenwerbers beitragen will; die Hausfrau, die den Besen kauft, um dem Blindenwerk zu helfen; der Gast, der den Rehbraten bestellt, um dazu beizutragen, dass die Wildschäden im deutschen Wald abnimmt; sie alle verfehlen mit ihrer Leistung den Zweck, wenn der Abonnentenwerber nie studieren will, die Besen von Sehenden hergestellt und das Reh tiefgefroren aus dem Ausland geliefert worden ist. – Der soziale Zweck richtet sich aber stets nach dem Motiv des Getäuschten, sodass eine völlige Auflösung des wirtschaftlichen Schadensbegriffs droht.

Beim **Subventionsbetrug** liegt die Parallele zum Spendenbetrug darin, dass der Subventionsgeber vom Subventionsempfänger keine gleichwertige materielle Gegenleistung erwartet. Deshalb begründet die h. M. die

---

363 So BGH, NJW 1992, 2167; BGH, NJW 1995, 539; *S/S/Perron*, § 263 Rn. 102; kritisch aber *Mitsch*, BT 2/1, § 7 Rn. 38 f.; NK-*Kindhäuser*, § 263 Rn. 287 f.; ablehnend *Gutmann*, MDR 1963, 1; *Lampe*, Otto-FS 2007, S. 623 (644); MüKo-*Hefendehl*, 2. Aufl., § 263 Rn. 717 ff., 734 f.; *Seelmann*, Grundfälle zu den Eigentums- und Vermögensdelikten, 1988, S. 80 f. Eine Analyse der verschiedenen Spielarten der Zweckverfehlungslehre findet sich bei LK-*Tiedemann*, 12. Aufl., § 263 Rn. 181 ff.
364 Vgl. hierzu bereits oben Rn. 26. – LK-*Lackner*, 10. Aufl., § 263 Rn. 166 bemerkt zu diesen, bereits von *Arzt* in LH 1, 1. Aufl., S. 165, erhobenen Einwänden, dass das Opfer durch die Täuschung auch zu einer bewussten Selbstschädigung motiviert werden könne, weshalb die Täuschung beim Spendenbetrug evident sei. – Demgegenüber ist zu unterstreichen, dass beim Spendenbetrug insoweit von einer Täuschung keine Rede sein kann, da es nicht um die Hervorrufung eines Irrtums über die Vermögensschädlichkeit der Verfügung selbst geht. Deshalb ist die Zweckverfehlung nur zu halten, wenn man, wie *Lackner*, zugleich die These aufstellt, es komme nicht darauf an, „ob sich die Täuschung gerade auf die Schädlichkeit der Vermögensverfügung bezieht". Wenn § 263 mithilfe der Zweckverfehlungslehre bejaht wird, obwohl nicht über die Schädlichkeit der Verfügung an sich getäuscht wird und sich folglich das Opfer nicht über die Schädlichkeit der Verfügung irrt, bleibt aber vom funktionalen Zusammenhang der Betrugselemente nicht mehr seht viel übrig.
365 Vgl. dazu oben Rn. 92 f.

Schädigung des Staates bei der Täuschung über die Subventionsvoraussetzungen ebenfalls mit der Zweckverfehlungslehre. Die damit verbundenen Unsicherheiten haben wesentlich zur Schaffung des Sondertatbestandes des § 264 beigetragen[366]. Hierdurch lassen sich Strafbarkeitsbedürfnisse beim Subventionsbetrug so umfassend befriedigen, dass die Heranziehung des § 263 über die dogmatisch dubiose Zweckverfehlungslehre überflüssig ist[367].

Eine Subventionserschleichung kann unter zwei Voraussetzungen unter § 263 subsumiert werden, ohne dass es der Zweckverfehlungslehre bedarf: (1) Wenn – wie meist! – ein Subventionsanspruch vorgespiegelt wird, kann der Schaden des Staates damit begründet werden, dass geleistet wird, ohne dass eine entsprechende Leistungsverpflichtung bestand[368]. Dies gilt in gleicher Weise auch bei Parteienfinanzierung, wenn die Partei Spenden unter Verstoß gegen das Gesetz über die politischen Parteien verschleiert (und diese bei Offenlegung die Finanzierungsbeiträge geringer ausgefallen wären)[369]. – (2) Wenn die Subventionsmittel beschränkt sind, kann § 263 zu bejahen sein, weil andere Subventionsberechtigte leer ausgehen und insofern geschädigt werden[370].

114 Die h. M., die unter Berufung auf soziale bzw. asoziale Zweckverfehlung den Spenden- und Subventionsbetrug unter § 263 subsumieren möchte, müsste einen Betrug auch bei den massenhaften Fällen des **Verkaufs immaterieller Illusionen** annehmen. Dienstleistungen wie Wahrsagen und der Verkauf von Wundermitteln aller Art wären von § 263 erfasst, denn der materiellen Leistung des Getäuschten steht eine illusionäre Gegenleistung des Täters gegenüber. Während die Lieferung einer materiellen Illusion einen typischen Betrug darstellt (die versprochene Geldanlage ist wertlos), kann die Befriedigung immaterieller Illusionen eine Leistung des Täters sein, die den vom Opfer aufgewandten Preis wert sein kann[371].

---

366 Vgl. hierzu näher unten § 21 Rn. 62 ff.; hier auch zu Abgrenzung von § 263 und § 264.
367 Vgl. allerdings auch BGHSt 44, 233 (242 f.): Hier werden die Schwächen des § 264 aufgezeigt, die es erforderlich erscheinen lassen, § 263 subsidiär zur Geltung zu bringen.
368 So zutreffend BGHSt 2, 325 (327) – Deputatkohle (hierzu bereits oben Rn. 65); BGHSt 31, 93 (96) – Daimler-Benz; ferner BGHSt 19, 37 (44 ff.); BGH, NStZ 2006, 624; *Wessels/Hillenkamp*, BT 2, Rn. 553.
369 Vgl. BGHSt 49, 275 (299 ff.).
370 BGHSt 19, 37 (42 f.) – VW-Aktien; vgl. auch BGHSt 18, 317; hierzu unten § 21 Rn. 66.
371 Insoweit ist die Entscheidung BGHSt 34, 199 (Haarverdicker etc.) verfehlt. Eingehend hierzu *Arzt*, Hirsch-FS 1999, S. 431 ff. (440, 448): Dem Opfer darf nicht im Zeichen des Schutzes seines Vermögens eine ihm unerwünschte Desillusionierung gesellschaftlich verordnet werden. Deshalb wurde früher die Ausnutzung des Aberglaubens und die Bekämpfung des Okkultismus, des Geisterbeschwörens und Tischrückens etc. spezialgesetzlich auf der niederen Stufe der Polizeiübertretung geahndet, nicht aber mit der Keule des § 263. *Hillenkamp*, Schreiber-FS 2003, S. 135 ff. schlägt beim Aberglauben die Brücke vom Betrug zur Körperverletzung.

Der Vermögensschaden § 20 Rn. 115

f) Juristischer Schadenseinschlag, insbesondere bei nichtigen Ansprüchen und gesetzwidriger Arbeit

aa) Ausbleibende rechtswidrige Gegenleistungen

Eine Konsequenz des primär wirtschaftlichen Vermögensbegriffs ist der 115
Schutz des Vermögens auch dann, wenn es zu rechtswidrigen oder unsittlichen Zwecken eingesetzt wird. Diese Konsequenz wird von der Rspr. seit langem gezogen und ist in der Praxis erst seit kurzer Zeit (vor allem unter dem Eindruck der unterschiedlichen Behandlung des Käufers im Vergleich zum Verkäufer von Betäubungsmitteln) umstritten[372].

Beispiel (1) Abtreibungsmittel[373]: T spiegelt O vor, ihr ein taugliches Abtreibungsmittel zu besorgen. O bezahlt T im Voraus. T verschwindet mit dem Geld und liefert nichts. – Hier erleidet O durch den Verlust des Geldes einen Schaden, der nicht durch ein Äquivalent ausgeglichen wird: Das gesetzwidrige Ziel nimmt dem Geld nicht seinen Vermögenswert.

Beispiel (2) Schwarzmarkt[374]: T erlangt von O auf dem Schwarzmarkt 100.000 englische Zigaretten, die er später jedoch nicht, wie vereinbart, bezahlt. – Die Rechtswidrigkeit des Geschäfts bzw. die rechtswidrige Erlangung der Zigaretten durch O ändert nichts am Vermögenswert der Zigaretten. Dieser Wert richtet sich bei wirtschaftlicher, die Tatsache „allgemeiner Warenverknappung" einbeziehender Betrachtung nicht nach dem niedrigen „den Preisvorschriften entsprechenden Geldwert", sondern nach dem Schwarzmarktwert. Hierher gehören auch die aktuellen Fälle im Zusammenhang mit **Betäubungsmitteln**: Prellt der Käufer den Lieferanten um das Rauschgift (indem er nicht oder mit Falschgeld bezahlt), fügt er dem Verkäufer bei wirtschaftlicher Betrachtung an sich einen Schaden zu[375]. Umgekehrt kann es sein, dass der Verkäufer das Rauschgift nicht (oder in schlechter Qualität) liefert und so den Käufer um das Geld prellt[376]. Auf beiden Seiten geht es um Vermögen i. S. des § 263. Dabei ist der wirtschaftliche Wert des Rauschgiftes entsprechend dem vorstehenden Schwarzmarktfall nicht nach dem legalen Markt, sondern nach dem illegalen Markt zu bestimmen. Die Nichtigkeit des obligatorischen Grundgeschäfts und der dinglichen Rechtsübertragung[377] ändert an dieser Konsequenz des wirtschaftlichen Vermögensbegriffs nichts[378].

Zur Kategorie der Schädigung, die durch die ausbleibende Gegenleistung bei rechtswidrigen Austauschverhältnissen entsteht, gehört ganz generell auch das Prellen um Geld durch die Vortäuschung, illegale Dienst- oder Arbeitsleistungen zu erbringen oder verbotene (nicht verkehrsfähige) Waren zu liefern. Beispiele sind hier sowohl

---

372 Vgl. die Nachweise zum objektiv-wirtschaftlichen Vermögensbegriff mit individuellem und juristischem Einschlag o. Rn. 87. Die Judikatur zur Ganovenuntreue bei § 266 taugt angesichts des Einflusses nationalsozialistischer Vorstellungen über „Treue" nicht als Stütze des juristischen Vermögensbegriffs, vgl. aber *Kindhäuser*, Heinze-GS 2005, S. 447 (457).
373 Fall nach RGSt 42, 230 (aus dem Jahre 1910).
374 Fall nach OLGSt 2, 359.
375 Vgl. hierzu (offen lassend) BGHSt 48, 322 (326); BGH, NJW 2002, 2117; hierzu *Wessels/Hillenkamp*, BT 2, Rn. 564 f.
376 Vgl. hierzu den Sachverhalt in BGH, NJW 2002, 2117.
377 BGHSt 31, 145; BGHSt 48, 322 (326).
378 Ob der Schadensersatzforderung des geprellten Lieferanten ebenfalls ein Vermögenswert zuzusprechen ist, wird unten Rn. 120d erörtert.

die **vorgetäuschte Bestechlichkeit**[379] als auch die vorgetäuschten Bereitschaft, einen **Auftragsmord**[380] durchzuführen.

Beispiel (Zuhälter)[381]: Der wegen Zuhälterei und Betrug vorbestrafte T, der erst vor zwei Tagen aus der Strafhaft entlassen wurde, sitzt mit einem 2,7-Promille-Rausch in einer Altstadtgaststätte und sagt zu O, er könne ihm für 20 € eine Frau besorgen. O handelt T auf 15 € herunter und lässt sich von ihm „zur Sicherheit dafür, dass dieser sein Versprechen wirklich wahr mache, Namen und Anschrift auf einen Bierdeckel schreiben". Nachdem O die 15 € bezahlt hat, weigert sich T, ihm ein Frau zuzuführen oder die 15 € zurück zu zahlen. – Entsprechend dem Abtreibungsmittelfall liegt auch hier ein Betrug vor. Es „liegt kein Rechtsfehler darin, dass die Strafkammer zum Schuldspruch nicht weiter darauf eingegangen ist, dass die 15,– [€] dazu dienen sollten, eine strafbare Handlung [damals: eigennützige Kuppelei, § 180 I a. F.; heute unter Umständen Teilnahme an einer Zuhälterei] zu erwirken".

115a Zu dem Vermögen, das auch dann geschützt bleibt, wenn es in Verfolgung rechtswidriger oder unsittlicher Zwecke hingegeben wird, gehört auch der durch Straftaten erlangte **rechtswidrige Besitz**[382]. Der Schutz des rechtswidrigen Besitzes sollte sich im Übrigen auch auf der Grundlage des juristischen Vermögensbegriff ergeben, weil mit der These, der unredliche Besitzer erleide bei Besitzentziehung keinen „Schaden im Rechtssinne"[383] § 848 BGB übersehen wird. Unschlüssig ist auch die in der Literatur[384] auf die **Verfalls- und Einziehungsvorschriften** gestützte Leugnung des Vermögenswertes (und der Schutzwürdigkeit) des Geldes, das zu illegalen Zwecken eingesetzt werden soll. Wie das Interesse des rechtswidrigen Besitzers infolge **seiner Rückgabepflicht** legitim ist, ist das Interesse des Eigentümers von Geldbeträgen legitim, notfalls damit Verfalls- oder Einziehungsansprüche des Staates zu befriedigen. Das ist – wenn er das Geld schon nicht wie geplant verbrecherisch einsetzen kann – allemal besser, als es sich einfach ablisten zu lassen. Dieses legitime Interesse kann nicht von Details des Wertersatzverfalls oder der Wertersatzeinziehung abhängen.

bb) Nichtige Forderungen

116 Umstritten ist jedoch die Umkehrung der vorstehend behandelten Fälle, also ob ein nichtiger, insbesondere gesetzwidriger oder sittenwidriger

---

379 Vgl. hierzu BGHSt 9, 245; BGHSt 15, 88: Spiegelt der Beamte vor, er werde gegen ein Bestechungsgeld pflichtwidrig handeln, prellt er den Bürger um sein Geld. Subtiler wird es, wenn er verspricht, gegen ein Bestechungsgeld eine bestimmte Entscheidung zu treffen, diese auch trifft, aber vorspiegelt, sie sei pflichtwidrig. Hier kommt es bei Ermessensentscheidungen zu unlösbaren Beweisschwierigkeiten, zudem wird die Grenze zur (versteckten) Erpressung kritisch. Das Angebot enthält immerhin die konkludente Drohung, die (pflichtgemäße!) Entscheidung ohne das Bestechungsgeld nicht zu treffen; näher hierzu unten § 49 Rn. 47, dort auch zum Sonderfall BGHSt 29, 300.
380 KG, NJW 2001, 86 hat mit Recht den um das Honorar geprellten Auftraggeber als Betrugsopfer gesehen, ebenso *Wessels/Hillenkamp*, BT 2, Rn. 565; vgl. zum umgedrehten Beispiel oben Rn. 23.
381 Fall nach OLG Köln, OLGSt § 263 S. 91.
382 Vgl. hierzu schon oben Rn. 88; gegen den Schutz des rechtswidrigen Besitzes *Binding*, BT I, S. 343 (klassischer juristischer Vermögensbegriff); *Cramer*, Vermögensbegriff und Vermögensschaden im Strafrecht, 1968, S. 225 ff.; *Bommer*, Grenzen der strafrechtlichen Vermögensschutzes bei rechts- und sittenwidrigen Geschäften, 1996, S. 146 ff.
383 *Cramer*, Vermögensbegriff und Vermögensschaden im Strafrecht, 1968, S. 225 ff.
384 *Fischer*, § 263 Rn. 101 ff. m. w. N.; vgl. hierzu bereits oben Rn. 88.

Der Vermögensschaden § 20 Rn. 117

(§§ 134, 138 BGB) **Anspruch** oder die gesetzes- bzw. sittenwidrige **Arbeit** einen Vermögenswert besitzt[385]. – Nach der älteren Judikatur[386] sollte der Vermögenswert nichtiger Ansprüche von einer faktischen Erfüllungschance abhängen, was in nachfolgenden Entscheidungen zunehmend infrage gestellt wurde[387]. Die Literatur will überwiegend weder dem nichtigen Anspruch noch der gesetz- bzw. sittenwidrigen Arbeitsleistung Vermögenswert beimessen[388], doch ist zweifelhaft, ob bei verbotenen Diensten eine einheitliche Lösung angemessen ist.

Beispiel (Enttäuschter Freier)[389]: Freier O bezahlt die Prostituierte T, die jedoch den Geschlechtsverkehr verweigert und mehr Geld verlangt. O lehnt ab, worauf T sich weigert, ihm das Geld zurück zu geben. – Dieser Fall zeigt die Grenzen der Lehre von der faktischen Erfüllungschance: Entsprach das Vorgehen einem vorgefassten Plan der T liegt im Verlust des Geldes unproblematisch ein Vermögensschaden des O[390]. Hat T den Vorsatz, das Geld nicht zurückzuzahlen, allerdings erst nach der Zahlung gefasst, „enttäuscht" sie O, „täuscht" ihn aber nicht. Das OLG hatte sich im vorliegenden Fall allerdings nicht mit einem Betrug sondern mit einer Erpressung seitens der T zu befassen. Das bei § 255 und § 263 identische Schadensproblem lag darin, ob der durch eine Gewaltanwendung der T (und zweier Zuhälter) erreichte Verzicht des O auf seine nach § 134 BGB nichtige, jedenfalls nach § 817 S. 2 BGB rechtlich nicht durchsetzbare Forderung auf Rückzahlung des Geldes, für O einen Vermögensnachteil bedeutet. Das hängt davon ab, ob die „Forderung [...] auf Wiedererlangung des Restes vom Hurenlohn als Vermögenswert anzusehen war"[391]. Auf der Grundlage der Theorie von der faktischen Erfüllungschance[392] fragt das OLG, ob die Prostituierte „aus einem Rest von Anstandsgefühl heraus [...] bereit [war], auf Zureden oder Lärmen" das Geld zurückzuzahlen. – Die Formulierung „auf Zureden oder Lärmen" zeigt, dass die Erfüllungsbereitschaft des Schuldners von den Zwangsmitteln (außerhalb der Rechtsordnung) abhängt, die der Gläubiger einer nichtigen Forderung einzusetzen bereit und fähig ist, bzw. auf die Mittel des Schuldners, solchen Zwang abzuwehren. Im Falle des OLG Hamburg kamen auf das Lärmen des Gläubigers zwei Zuhälter, aus deren Verhalten der Gläu- 117

---

385 Dass bei wirtschaftlicher Betrachtung die Arbeit zu legalen Zwecken Vermögenswert hat, ist selbstverständlich. Dabei ist bedeutungslos, ob der um seine Arbeitsleistung Geprellte die Arbeitskraft anderweitig gewinnbringend hätte einsetzen können; vgl. zu diesem Problemkreis *B. Heinrich*, GA 1997, 24; es bestehen diesbezüglich Parallelen zum Beförderungsbetrug, vgl. oben Rn. 55.
386 BGHSt 2, 364 (366 f.) – Drehbank; näher hier *Arzt* in der 1. Aufl.
387 BGH, JR 1988, 125; BGH, NStZ 2001, 534.
388 LK-*Tiedemann*, 12. Aufl., § 263 Rn. 151; MüKo-*Hefendehl*, 2. Aufl., § 263 Rn. 478; *Wessels/Hillenkamp*, BT 2, Rn. 569 f.; einschränkend jedoch *Heghmanns*, Rn. 1260; *Krey/Hellmann/Heinrich*, BT II, Rn. 615; eingehend *Cramer*, Vermögensbegriff und Vermögensschaden im Strafrecht, 1968, S. 94 ff. (nach dem Nichtigkeitsgrund differenzierend).
389 OLG Hamburg, NJW 1966, 1525; dazu *Cramer*, JuS 1966, 472; *Mitsch*, BT 2/1, § 7 Rn. 43; *Seelmann*, Grundfälle zu den Eigentums- und Vermögensdelikten, 1988, S. 72; ihnen ist zuzugeben, dass der Sachverhalt Parallelen zum Spendenbetrug aufweist, weil der Freier weiß, dass er für die Zahlung keinen Anspruch auf Arbeit der Prostituierten erhält. Aus dem wirtschaftlichen Vermögensbegriff folgt jedoch, dass (anders als beim Spendenbetrug) in der Hingabe von Vermögenswerten in der Erwartung rechtswidriger Gegenleistungen keine bewusste wirtschaftliche Selbstschädigung liegt.
390 Diese Variante entspricht dem oben in Rn. 115 dargestellten Zuhälterbeispiel.
391 OLG Hamburg, NJW 1966, 1525; die Entscheidung ergibt im Übrigen nicht, warum die Forderung nur auf einen (welchen?) „Rest" des Lohns gehen soll.
392 BGHSt 2, 364 (366 f.).

biger klar erkennen konnte, dass seine Forderung trotz „Lärmens" keine faktische Erfüllungschance hatte.

118 **Zusammenfassend** spricht gegen die Lehre vom Vermögenswert nichtiger Forderungen (bei faktischer Erfüllungschance) sowohl die Kollision mit der rechtlichen Bewertung als „nichtig" (die zugleich eine wirtschaftliche Entscheidung gegen die Durchsetzbarkeit solcher Forderungen bedeutet) als auch die „Zwickmühle" zwischen § 263 und § 253: Gerade durch das eben angesprochene „Lärmen", das dem Gläubiger die faktische Erfüllungschance und damit den Schutz des § 263 verschafft, macht er sich nach § 253 strafbar, denn er hat keinen Rechtsanspruch auf das, was er lärmend verlangt[393].

cc) Gesetz- oder sittenwidrige Arbeit

119 Nach der Rspr. hat die Arbeitsleistung für gesetz- und sittenwidrige Zwecke grundsätzlich keinen Vermögenswert, doch spielt hier wohl auch das Maß des hinter den verbotenen Diensten steckenden Unrechts eine Rolle. Die nur steuer- und sozialversicherungsrechtlich verbotene, insofern quasi-betrügerische **Schwarzarbeit**[394] ist ihren Lohn i. S. des § 263 wert (sie dient keinem verbotenen Zweck). Praktisches Musterbeispiel für gesetzwidrige bzw. sittenwidrige Arbeit ist im Übrigen nicht die drastische Situation des gedungenen Mörders[395], sondern der **Menschenschmuggel**, Arbeitsleistungen im Milieu des **Sexgewerbes**[396] und korrupte Praktiken (**Bestechung**, illegale Wetten)[397].

Beispiel (Freier)[398]: T nimmt die Dienste der Prostituierten O in Anspruch und bezahlt diese mit Falschgeld. – Der BGH lehnt hier – vor Inkrafttreten des ProstG – einen Betrug ab, vermengt dabei allerdings den Eingehungs- und den Erfüllungsbetrug. Wenn man der Prämisse folgt, eine Arbeitsleistung zu sittenwidrigen Zwecken stelle keinen Vermögenswert[399] dar, ist damit nur der Eingehungsbetrug des T gegenüber O ausgeschlossen. Da O etwas verspricht, das wirtschaftlich betrachtet (jedenfalls damals) einen Wert von Null hat, wird sie nicht geschädigt, wenn das Zahlungsversprechen des T wirtschaftlich betrachtet ebenfalls nichts wert ist (z. B. weil

---

393 Diese „Schaukel" zwischen § 263 und § 253 darf nicht verwechselt werden mit den Fällen des Betrugsopfers als Erpressungstäter (in denen tatsächlich eine Betrugsstrafbarkeit vorliegt!), vgl. hierzu unten Rn. 120d.
394 *Krey/Hellmann/M. Heinrich*, BT 2, Rn. 615 schließen unzutreffend von der Schwarzarbeit auf den Vermögenswert auch massiv-illegaler Arbeit; näher *B. Heinrich*, GA 1997, 24 (32 ff.).
395 Vgl. hierzu oben Rn. 23, 115.
396 Das ProstG hat mit Wirkung zum 1.1.2002 einen Teilbereich der Prostitution legalisiert, am Problem verbotener bzw. strafbarer sexueller Dienste hat sich dadurch natürlich *grundsätzlich* nichts geändert; zu Telefonsex und ProstG *Fischer*, § 263 Rn. 107 f.
397 In diesem Zusammenhang ist auch die Ansicht des BGH zum „Abrechnungsbetrug" bei Ärzten relevant, vgl. BGHSt 57, 95 (118): Rechnet der Arzt eine Leistung ab, die nicht er, sondern ein „Strohmann" erbracht hat, soll ein Betrug vorliegen. Da ihm eine solche Abrechnung gesetzlich untersagt ist, erleide der Patient (oder die Krankenkasse) einen Schaden, selbst wenn er eine ordnungsgemäße „Gegenleistung" erhalten habe.
398 BGHSt 4, 373.
399 Bekräftigt durch BGH, JZ 1987, 407 (mit Rezension *Bergmann/Freund*, JR 1988, 189); BGH, wistra 1989, 142; dagegen *Krey/Hellmann/M. Heinrich*, BT 2, Rn. 619.

Der Vermögensschaden § 20 Rn. 120–120a

T zahlungsunfähig ist). Ein Erfüllungsbetrug bleibt jedoch möglich, denn wenn die O Anspruch auf Bezahlung hat, wird sie durch nicht korrekte Erfüllung (Bezahlung mit Falschgeld) geschädigt, ohne dass es darauf ankommt, was O aufgewandt hat[400]. Wenn dieser Anspruch der O allerdings nichtig ist (wie es zur Zeit der BGH-Entscheidung der Fall war, § 138 BGB) sind die Fälle des Erfüllungsbetruges im Rahmen der Bezahlung für gesetzwidrige Arbeit nicht zur Rubrik „Vermögenswert der gesetz- bzw. sittenwidrigen Arbeit" zu rechnen, sondern zur zuvor behandelten Rubrik „Vermögenswert nichtiger Forderungen"[401].

dd) Ergebnis

Die **Bereinigung der Wertungswidersprüche** zwischen den vorstehend[402] erörterten drei Fallgruppen könnte theoretisch dadurch erfolgen, dass man auch bei abgelisteter Hingabe von Geld und sonstigen Vermögenswerten den Schutz des § 263 versagt, wenn das Opfer mit dieser Hingabe ein Gegenversprechen des Täters erlangen wollte und erlangt hat, das rechtlich nicht saldierungsfähig ist (Abtreibungsmittel, strafbare sexuelle Dienste – z. B. Kindersex –, Arbeit des Mörders). In der **deutschen Literatur** zeichnet sich eine solche Wiederbelebung des juristischen Vermögensbegriffs im Zeichen der **Umpolung des Betrugs zum Freiheitsdelikt** ab[403]. Geld soll dann nicht zum als Freiheit verstandenen „Vermögen" gehören, wenn es für das Anheuern eines Mörders oder für Telefonsex ausgegeben wird. 120

Eine konsequente Wiederbelebung des juristischen Vermögensbegriffs im **schweizerischen Betrugsstrafrecht** findet sich bei *Bommer*[404] unter Berufung auf die „Einheit der Rechtsordnung", weil das Strafrecht die zivilrechtliche Entscheidung für die Nichtigkeit (und damit gegen Rückgabeansprüche aus §§ 812 ff. BGB, vgl. § 817 BGB) nicht über § 263 StGB i. V. mit § 823 BGB konterkarieren dürfe. Im **schweizerischen Recht** mag eine einheitliche Betrachtung i. S. von *Bommer* erreichbar sein, weil das schweizerische Zivilrecht **keine abstrakte Übereignung** kennt. Im deutschen Recht wird § 817 BGB als Singularität empfunden, an der man nicht die Einheit der Rechtsordnung ausrichten sollte[405]. 120a

---

400 Vgl. hier die Parallele zum Schenkungsbetrug, oben Rn. 103, Variante 2.
401 Vgl. oben Rn. 116; zustimmend *Kühl*, JuS 1989, 505. – In BGHSt 6, 377 (Dirnenlohn-Fall) hatte der Freier nach dem Geschlechtsverkehr das Geld der Prostituierten gewaltsam wieder abgenommen. Hier lag § 249 vor, weil trotz § 138 BGB die Prostituierte Eigentum am Geld erlangt hatte.
402 Vgl. oben Rn. 115 ff.
403 Vgl. oben Rn. 26.
404 *Bommer*, Grenzen des strafrechtlichen Vermögensschutzes bei rechts- und sittenwidrigen Geschäften, 1996.
405 *Zieschang*, Hirsch-FS 1999, 831 (832, 836) stützt seine Wiederbelebung des juristischen Vermögensbegriffs auf die verfassungsrechtliche Wertordnung und auf *Bommer* sowie auf die Entscheidung BGE 117 IV 139. In letzterer wird zwar definiert: „Unter ‚Vermögen' i. S. des [Betruges] ist Vermögen zu verstehen, das zivilrechtlich geschützt ist". Ebenda wird jedoch der Drogenkäufer, dem gestreckte Drogen – statt wie versprochen reine Drogen – für gutes Geld verkauft werden, als Betrugsopfer gesehen, d. h. der zivilrechtliche Schutz durch einen Schadensersatzanspruch wegen unerlaubter Handlung ist hier gegeben, wenn ein Betrug vorliegt – und nicht umgekehrt; zur Rechtsentwicklung in der Schweiz BSK-*Arzt*, Art. 146 Rn. 111 ff.

120b Umgekehrt könnten die Widersprüche dadurch ausgeräumt werden, dass man nicht nur dem nichtigen Anspruch mit der Rspr. Vermögenswert bei faktischer Erfüllungschance zuspricht, sondern auch der Arbeit für gesetz- oder sittenwidrige Zwecke (jedenfalls bei faktischer Entlohnungschance). – Wollte man dem Einsatz der Arbeitskraft zu illegalen Zwecken den Schutz des § 263 generell gewähren, käme es aber nicht nur mit § 253, sondern auch mit Wucher, § 291, zu Kollisionen[406]. Zudem könnte in diesen Fällen der Schutz des § 263 nur durch Anerkennung der Vertragsfreiheit gerade bei der kriminellen Übereinkunft erreicht werden: Wie sollte der Richter z. B. bei einem Mordkontrakt Geld und Leistung saldieren?

120c Im Ergebnis überzeugt keine der beiden einheitlichen Lösungen. Die besonders starke Versuchung, menschlichen Schwächen auszubeuten, indem der Täter verbotene Leistungen verspricht, um das Geld des Opfers zu erlangen, rechtfertigt die Subsumtion solchen Verhaltens unter § 263. – Dagegen ist die Versuchung weniger stark, verbotene Arbeitsleistungen in Anspruch zu nehmen, und dann das „Honorar" nicht zu bezahlen. Die Prostituierte oder der gedungener Mörder, d. h. die Erbringer der Arbeitsleistung oder des „Werkes", werden nur in der Theorie zur Vorleistung bereit sein. Treffend bezeichnet *Tiedemann*[407] dies als „sachbedingte Asymmetrie". – Unverkennbar gerät der hier mit der noch h. M. vertretene Pragmatismus zunehmend unter den Druck anspruchsvollerer Lehrmeinungen. Diese behaupten, aus dem Freiheitsbegriff, dem Schutzzweck der Norm, ihrer Normtheorie oder dem Grundgesetz einheitliche, in sich konsequente Lösungen erarbeiten zu können. Hier wird ein Richtungskampf spürbar, der über § 263 hinausgeht. Resultate werden dabei oft mit Anrufung umfassender Prinzipien (objektive Zurechnung etc.) erklärt. Auch eine radikale (und deshalb widerspruchsfreie) Reduktion des § 263 mit dem viktimodogmatischen Prinzip der Selbstverantwortung ist unerreichbar. Ebenso unerreichbar sind widerspruchsfreie Konsequenzen für den Schutz der Arbeitskraft des gedungenen Mörders oder den Schutz des vorleistenden Auftraggebers aus der Einsicht, dass das Recht (bis hinauf zur Verfassung) mit der Freiheit, auch der in Eigentum und Vermögen „geronnenen" Freiheit, die Entfaltung und nicht den Verfall der Persönlichkeit bezweckt.

ee) Exkurs: Betrugsopfer als Erpressungstäter

120d Wenn in den vorstehend besprochenen Fallgruppen der verbotenen Leistungen beim um Geld geprellten **Abnehmer** oder beim um die verbotene Leistung geprellten **Anbieter** ein Vermögensschaden und damit ein Betrug bejaht wird, folgt aus § 263 StGB i. V. mit § 823 II BGB ein Anspruch des Betrugsopfers auf Schadensersatz. Die Rechtsprechung[408] hat diese Konsequenz (nur) für den um Geld geprellten Abnehmer (z. B den Drogenkäufer) gezogen. Wird dieser Anspruch vom Betrugsopfer gegen den Betrugstäter nun mit Druck durchgesetzt, liegt keine Erpressung vor, denn der erstrebte Vorteil ist rechtmäßig. Allerdings hat derselbe Senat des BGH wenig später dem um die verbotene Leistung geprellten **Anbieter** (z. B. dem Drogenverkäufer) einen Anspruch auf Schadensersatz (Zahlung des Kaufpreises oder Rückgabe der verkehrsunfähigen Ware) unter Beru-

---

406 Zu § 253 vgl. bereits oben Rn. 117 f. und unten Rn. 120d. Da der Schwarzmarktpreis bei Drogen auf der Ausnutzung der Sucht beruht, dürfte er oft per se wucherisch sein.
407 LK-*Tiedemann*, 11. Aufl., § 263 Rn. 138.
408 BGH, NJW 2002, 2117; bestätigend BGHSt 48, 322 (329 f.); offengelassen noch in BGH, NStZ 2002, 597 (598); ablehnend *Kindhäuser/Wallau*, NStZ 2003, 152.

fung auf Treu und Glauben (!) abgesprochen[409]. Der „Schadensersatzanspruch" des Betrugsopfers wird hier wie ein nichtiger Anspruch behandelt und als wirtschaftlich wertlos angesehen. Dadurch entsteht ein Wertungswiderspruch zwischen dem Schutz des Abnehmers (dieser zahlt mit „gutem Geld") und der Schutzlosigkeit des Anbieters (dieser erbringt eine „verbotene Dienst- oder Warenleistungen), der innerhalb des § 263 aus dem wirtschaftlichen Vermögensbegriff mit juristischem „Einschlag" entwickelt wurde[410]. Dieser Wertungswiderspruch wird insoweit auch auf § 253 übertragen.

g) Staatliche Sanktionen

Wird durch Täuschung von staatlichen Repräsentanten erreicht, dass der Staat an sich rechtmäßige Sanktionen wie Geldstrafen, Buß- oder Verwarnungsgelder, den Verfall oder die Einziehung von Vermögensgegenständen oder den Verfall einer Kaution nicht geltend macht, liegt mangels relevantem Vermögensschaden kein Betrug vor[411]. Denn diese Sanktionen weisen regelmäßig keine Beziehung zum Wirtschaftsverkehr auf, sodass eine wirtschaftliche Zweckbestimmung hier nicht zu erblicken ist[412].

120e

Beispiel (Falschparker): T fälscht einen Parkschein und legt diesen in sein Auto. Wie beabsichtigt fällt die kontrollierende Politesse auf diesen „Trick" herein und sieht von der Erhebung eines Verwarnungsgeldes ab. – Neben § 267 liegen hier an sich auch die Voraussetzungen des § 263 vor. Da bei den Kontrollen jedoch regelmäßig nicht die nicht entrichteten Parkgebühren nachgefordert, sondern ein Verwarnungs- oder Bußgeld verhängt wird, welches ausschließlich Sanktionscharakter hat, fehlt es an einem betrugsrelevanten Vermögensschaden.

3. Einschränkungsversuche beim Schaden

Was immer bei Täuschung und Irrtum mit viktimodogmatischem „Finetuning" erreicht werden kann[413], es ist wenig im Vergleich mit den im Schadensbegriff steckenden Möglichkeiten. Je stärker der individuelle Schadenseinschlag, desto expansiver wird der Anwendungsbereich des § 263; je stärker der juristische Einschlag beim Vermögenseinsatz zu rechtswidrigen Zwecken oder rechtswidriger Arbeit etc., desto restriktiver wird der Anwendungsbereich des § 263. Beide Fallgruppen sind „viktimo-

121

---

409 BGHSt 48, 322 (326 ff.), wobei er ausdrücklich offen lässt, ob der Drogenkäufer, der von Anfang an vorhat, die Ware nicht zu bezahlen, einen Betrug begeht!); der BGH stützt sich auf *Zieschang*, Hirsch-FS 1999, S. 831 (833); dazu Rn. 120a. Umfassende Nachweise zur dadurch neu entfachten Diskussion bei *Fischer*, § 263 Rn. 108 f.; zum Grundsatz von Treu und Glauben auch BGHSt 29, 165 (167).
410 Vgl. oben Rn. 120c.
411 RGSt, 71, 280; RGSt 76, 276 (279); BGHSt 38, 345 (351 f.); vgl. auch BGHSt 43, 381 (405); so auch *Eisele*, BT II, Rn. 602; *S/S/Perron*, § 263 Rn. 78a; zu dieser Frage vgl. bereits oben Rn. 63.
412 Vgl. auch BGHSt 49, 275 (303) für die staatliche Abschöpfung von nach § 25 II PartG unzulässiger Parteispenden.
413 Vgl. hierzu oben Rn. 49, 68.

dogmatisch" orientiert, insbesondere durch den Verwirkungsgedanken bei der Verfolgung illegaler Zwecke.

VIII. Der Vermögensvorteil

1. Grundlegung und Normalfälle

a) Stoffgleichheit zwischen Vorteil und Schaden

122 § 263 verlangt keinen Eintritt eines Vorteils, sondern begnügt sich mit der entsprechenden Absicht des Täters („Delikt mit überschießender Innentendenz")[414]. § 263 setzt allerdings den Eintritt des Vermögensschadens beim Opfer voraus. Da der Täter meist gleichzeitig auch den angestrebten Vorteil erlangt, können die mit der Vorverlagerung des Vorteils in die bloße Vorteilsabsicht verbundenen Fragen zunächst zurückgestellt werden[415]. – Der Charakter des Betrugs als eines Vermögensverschiebungsdelikts wird dadurch gesichert, dass man den **Vorteil** als **„Kehrseite"** des **Schadens** interpretiert. Zwischen Schaden und Vorteil muss also eine Stoffgleichheit bestehen[416]. Das, was der Betrüger (für sich oder einen anderen) erlangen will, muss mit dem Schaden des Betrugsopfers identisch sein.

> **Beispiel:** X hat es satt, wie O mit seiner neuen Uhr angibt. Er verspricht T 10 €, wenn dieser den O durch einen Trick dazu bringe, dass O seine Uhr ruiniere. T redet O daraufhin ein, er könne durch Fallenlassen auf den Steinboden die Stoßfestigkeit seiner neuen Uhr demonstrieren. O lässt die Uhr fallen, sie geht kaputt, wie es T erwartet hatte. X zahlt daraufhin die versprochenen 10 € an T. – Eine Täuschungshandlung des T und eine Irrtumserregung liegen bei O ebenso vor wie ein Vermögensschaden. T hat für die Täuschung und Schädigung des O auch einen Vorteil erlangt (10 €). Dieser Vorteil ist jedoch wirtschaftlich nicht die Kehrseite des Schadens des O. Es besteht keine Stoffgleichheit. Zu prüfen ist bei T und X jedoch § 303 (mit diffizilen Problemen bezüglich der Einwilligung des O in das Risiko – und damit bezüglich seiner Stellung als „Werkzeug", denn es liegt diesbezüglich eine mittelbare Täterschaft vor).

Das vorstehende simple Beispiel zeigt, dass man statt von Stoffgleichheit zwischen Vorteil und Schaden auch davon sprechen könnte, dass der **Vorteil unmittelbar aus dem Vermögen des Geschädigten** stammen muss[417]. Fehlt die Stoffgleichheit, liegt keine Vermögensverschiebung vor. Deshalb ist häufig, so wie im genannten Beispiel, schon das Tatbestandsmerkmal „Vermögensverfügung" zweifelhaft. Das Fallenlassen einer Uhr ist keine vermögensverschiebende Verfügung.

123 Wie der Schaden ist auch der Vorteil durch saldierende Betrachtung zu ermitteln. Die **Stoffgleichheit** bezieht sich dabei nur auf diesen **Saldo** zwischen Leistung und Gegenleistung, nicht auf die einzelnen zu saldierenden

---

414 BGHSt 32, 236 (242 f.).
415 Vgl. hierzu unten Rn. 131 ff.
416 BGHSt 6, 115 (116); vgl. zur Stoffgleichheit auch BGHSt 34, 379 (391 f.); BGHSt 49, 17 (23).
417 In BGHSt 34, 379 (391) ist auch davon die Rede, dass der „Vermögensvorteil und der Vermögensschaden […] durch dieselbe Vermögensverfügung vermittelt" werden müssen.

Der Vermögensvorteil § 20 Rn. 123

Rechnungsposten[418]. Das ist hervorzuheben, weil bei einer die Rechnungsposten isolierenden Betrachtung häufig kein korrespondierender (stoffgleicher) Vorteil festgestellt werden könnte. Das wird besonders beim **individuellen Schadenseinschlag** wichtig, aber auch dann, wenn man den Schaden mit der sozialen Zweckverfehlung begründet.

Beispiel (Melkmaschine)[419]: Hier wird der Schaden des Bauern O mithilfe des individuellen Schadenseinschlags begründet, also damit, dass O zur Erfüllung seiner Verpflichtungen seine Lebenshaltung einschränken oder einen Kredit aufnehmen müsse oder eine für seine Zwecke zu kleine (oder zu große) Anlage gekauft habe. Der Schaden liegt darin, dass die Anlage wegen dieser zusätzlichen Belastungen (oder der für seine Zwecke eingeschränkten Tauglichkeit) per saldo kein volles Äquivalent für den Kaufpreis darstellt. – Was den Vorteil angeht, erlangt T bezüglich des den Schaden begründenden einzelnen Rechnungspostens, z. B. der Zinsaufwendungen des O, keinen stoffgleichen Vorteil. Per Saldo entspricht der Vorteil des T trotzdem dem Schaden des O: Der Vorteil liegt im (vollen) Kaufpreis, ohne dass T dafür dem O einen (vollen) Gegenwert liefert[420].

Beispiel (Mietwagen)[421]: T, dem die Fahrerlaubnis entzogen wurde, mietet bei O ein Auto und versichert diesem, er habe seinen Führerschein zu Hause vergessen. O glaubt ihm und händigt ihm das Auto aus. – Hier liegt der Schaden des O in einem dreifach gestuften Risiko: (1) dem Unfallrisiko, wenn T die Fahrerlaubnis gerade deshalb entzogen wurde, weil er ein besonders schlechter Fahrer ist); (2) dem Risiko, dass ihm infolgedessen seine Versicherung den Versicherungsschutz erfolgreich verweigert, weil er den Wagen nach den Versicherungsbedingungen nur an Mieter mit Fahrerlaubnis vermieten darf und (3) dem Risiko, dass er infolgedessen für die Unfallschäden selbst aufkommen muss, weil er von T keinen Ersatz erlangen kann, sofern dieser nicht genügend Geld hat oder ein Mitverschulden des O geltend macht. – Angenommen, T wäre sich dieser Risiken bewusst[422], dann wären zwei weitere Fragen zu lösen: Ist dieses dreifach gestufte Risiko hinreichend konkret (d. h.: ist mit einem Vermögensschaden das O „ernstlich zu rechnen"[423]?) und entspricht der durch Täuschung erlangte Vorteil ihm jener Gefährdung[424]? Letzteres ist anzunehmen: T bringt O dazu, für den normalen Mietpreis ein höheres als das normale Risiko einzugehen. O erhält also kein (ausreichendes) Äquivalent, und der stoffgleiche Vorteil des T gerade liegt darin, dass er nur den normalen Mietpreis bezahlt. Insofern wäre es kurzsichtig zu argumentieren, ein Unfall bringe auch T nur Nachteile, sodass dem Nachteil (Unfallrisiko) des O kein Vorteil des T entspreche.

---

418 So jetzt auch *Dencker*, Grünwald-FS 1999, S. 75 (85 ff.).
419 BGHSt 16, 321; hierzu bereits oben Rn. 90, 92 f.
420 Wie hier *Rengier*, BT 1 § 13 Rn. 253; LK-*Tiedemann*, 12. Aufl., § 263 Rn. 263. Im Schrifttum wird in diesen Fällen z. T. die Stoffgleichheit bezweifelt (*Schröder*, NJW 1962, 721; *Schmoller*, ZStW 103, 92 [113]), z. T. (*Eser*, GA 1962, 290) der unmittelbare Zusammenhang zwischen Verfügung und Schaden (weil der eigentliche Schaden nicht unmittelbar auf dem betrügerischen Geschäft beruhe, sondern auf späteren, dadurch veranlassten Maßnahmen des Getäuschten, z. B. im Melkmaschinen-Fall auf der Kreditaufnahme). NK-*Kindhäuser*, § 263 Rn. 367 sucht den wirtschaftlichen Vermögensbegriff zu Fall zu bringen, weil danach die Stoffgleichheit zu verneinen sei; ähnlich MüKo-*Hefendehl*, 2. Aufl., § 263 Rn. 786 f.
421 Fall nach BGHSt 21, 112 (hier leicht abgewandelt).
422 Dafür genügt es nicht, dass T lediglich weiß, dass O nur an Personen mit Führerschein vermieten will. T muss darüber hinaus auch wissen, dass O in diesem Falle ein Vermögensrisiko trägt, wobei T die rechtlichen Zusammenhänge nicht im Einzelnen zu durchschauen braucht; zutreffend daher BGHSt 21, 112 (115).
423 BGHSt 21, 112 (113).
424 BGHSt 21, 112 (114) spricht hier von „Substanzgleichheit" und lässt diese Frage letztlich offen.

b) Rechtswidrigkeit des Vorteils

124 Die Rechtswidrigkeit des erstrebten Vorteils ist als objektives Merkmal Bestandteil des **Tatbestandes** und daher nicht erst auf Rechtswidrigkeitsebene zu berücksichtigen. Maßgebend ist, ob der Vorteil im Ergebnis materiell-rechtlich rechtswidrig ist. Der Zusammenhang zwischen der **Rechtswidrigkeit des Vorteils** und dem **Schaden** liegt auf der Hand: Ist der Vorteil nicht rechtswidrig, weil der Täter einen Anspruch auf die Leistung hat, ist schon der Schaden zweifelhaft, selbst wenn die Erfüllung dieses Anspruchs durch eine Täuschung erreicht wird. Der Verlust des Opfers wird durch die Befreiung von der entsprechenden Verbindlichkeit gegenüber dem Täter ausgeglichen[425]. – Trotzdem ist es ratsam, diese Fälle erst unter dem Stichwort der Rechtswidrigkeit des Vorteils zu erörtern. Man kann sich so komplizierte Überlegungen zum Schaden ersparen: Ein Anspruch ist (vielleicht) wirtschaftlich weniger wert als die Innehabung der beanspruchten Sache. Bringt der Gläubiger den Schuldner mit List dazu, zu bezahlen, „verliert" der Schuldner bares Geld und „gewinnt" dafür nur die Befreiung von einer Verbindlichkeit, d. h. der Schuldner – als Opfer eines **Selbsthilfebetruges** seines Gläubigers – erlangt bei streng wirtschaftlicher Betrachtung keinen vollen Ausgleich.

125 Nicht entscheidend und nicht genügend für die Annahme eines rechtswidrigen Vorteils ist, dass er lediglich nicht auf diese Weise herbeigeführt werden durfte. Nach h. M. soll deshalb der materiell Berechtigte keinen **Selbsthilfe-** oder **Beweismittelbetrug** begehen können. Wer in einer kritischen Beweissituation dem materiellen Recht durch Täuschung (Urkundenfälschung, falsche Aussage etc.) zum Sieg verhelfe, soll nicht unter § 263 fallen, weil der erstrebte Vorteil dem materiellen Recht entspreche[426]. Dies überzeugt nicht, da das Problem ja gerade darin liegt, dass die materielle Rechtslage zweifelhaft ist. Daher kann von einem „Sieg" des materiellen Rechts hier nicht gesprochen werden. Ferner ist zu beachten, dass es nach dem Grundsatz „In dubio pro reo" genügt, dass nicht ausgeschlossen werden kann, dass der Täter materiell-rechtlich im Recht war[427] – insoweit gefährdet die h. M letztlich sogar die Durchsetzung des materiellen Rechts.

Beispiel (gefälschte Krankenunterlagen)[428]: Arzt T behandelt O an der Niere und klärt sie zuvor (was infolge der geringen Verlustwahrscheinlichkeit aber auch nicht erforderlich gewesen wäre, was er jedoch nicht weiß) nicht darüber auf, dass die Behandlung zum Verlust der Niere führen kann. Nachdem bei O später (aus anderen

---

425 BGHSt 20, 136 (137 f.); so schon *Welzel*, NJW 1953, 652.
426 BGHSt 3, 160 (162 f.); BGHSt 20, 136 (137); BGHSt 42, 268 (271 f.); *S/S/Perron*, § 263 Rn. 173; anders noch RGSt 72, 133.
427 Vgl. hierzu BGHSt 42, 268 (271) m. Anm. *Arzt*, JR 1997, 469; selbst wenn feststeht, dass der Täter die Beweislage manipuliert hat und darüber hinaus feststeht, dass der Täter auch materiell-rechtlich im Unrecht war, setzt der Nachweis des Betrugsvorsatzes die Widerlegung der (Schutz-)behauptung des Täters voraus, er habe geglaubt, materiell-rechtlich im Recht zu sein und deshalb die Beweise gefälscht; instruktiv auch insoweit BGHSt 3, 160; grundsätzlich zustimmend *Tiedemann*, BGH-FG 2000, S. 551 (561); *Mitsch*, JuS 2003, 122 (125).
428 Fall nach BGHSt 42, 268.

Der Vermögensvorteil   § 20   Rn. 126–128

Gründen) die Niere entfernt werden musste, fälscht T die Dokumentation über den Umfang der Aufklärung, weil er Nachteile im Schadensersatzprozess befürchtet. – Hier nahm der BGH (lediglich) einen versuchten Betrug an[429], da T mit gefälschten Beweismitteln sein Recht durchsetzen wollte, allerdings mit dolus eventualis damit rechnete, dass er vielleicht doch im Unrecht ist. Im konkreten Fall war im Übrigen zur Zeit des Urteils im Strafverfahren noch unklar, ob T oder O im Recht waren. Das zeigt, dass eine Beweismittelfälschung letztlich den Anspruch (hier der Patientin) zu Unrecht entwertet. Daher kann es auf die Rechtmäßigkeit des Anspruchs nicht ankommen, es liegt also ein vollendeter Beweismittelbetrug vor.

Das **Vorgehen gegen den ertappten Ladendieb** stellt einen praktisch wichtigen Fall dar, in dem die Rechtswidrigkeit des (vom Geschäftsinhaber erstrebten) Vorteils zweifelhaft ist. Zivilrechtlich ist umstritten, ob der Ladendieb zum Ersatz der Fangprämie (h. M. ja, „in angemessenem Umfang"[430]) und der Bearbeitungsgebühr (h. M. nein) verpflichtet ist oder ob gegen den Dieb ein in der Form einer „Vertragsstrafe" gekleideter Anspruch auf anteiligen Ersatz der allgemeinen Deliktsbekämpfungskosten begründet werden kann (h. M. nein). Werden entsprechende Forderungen geltend gemacht, kommt als Täuschung die Behauptung in Betracht, wenn der Dieb die Forderungen erfülle, werde er nicht angezeigt (hierin kann unter Umständen sogar Drohung gesehen werden, die zu § 253 führen kann) oder die Behauptung, dass der Anspruch zweifelsfrei bestehe.   126

2. Wichtige Sonderfälle

a) Der Vorteil für einen Dritten

Während bei § 263 Drittvorteilsabsicht von je her genügt hat, war bei § 242 die Drittzueignungsabsicht bis zum 6. StrRG (1998) nicht erfasst. Ein (rein) fremdnütziger Diebstahl kommt allerdings nur in extremen Sonderfällen vor. Auch ein altruistischer Betrug ist sehr selten, doch erstrebt der Täter häufig für sich selbst (nur) einen mittelbaren Vorteil, der mit dem Schaden nicht stoffgleich ist. Der Täter erlangt diesen mittelbaren Vorteil dadurch, dass er einem Dritten einen unmittelbaren Vermögensvorteil verschafft, der i. S des § 263 mit dem Schaden stoffgleich ist.   127

Beispiele: Die Mutter T des nichtehelichen D behauptet wahrheitswidrig, der vermögende O sei der Erzeuger. Vom wahren Erzeuger X wäre, wie T weiß, nichts zu holen. – Da der Unterhaltsanspruch D (nicht T!) zusteht, liegt konstruktiv ein fremdnütziger Betrug vor. Trotzdem handelt T nicht rein altruistisch, sondern sie erlangt mittelbar Vermögensvorteile[431].

Die Einbeziehung des Drittvorteils schließt eine Strafbarkeitslücke, die sonst bestünde, wenn der Dritte selbst an der Tat nicht beteiligt ist. Für die allgemeine Teilnahmelehre ist die Einbeziehung des fremdnützigen Betrugs durch § 263 ohne Bedeutung[432]. Bei mehreren Beteiligten wird regel-   128

---

429 So auch BGHSt 42, 268 (272 f.); vgl. hierzu auch *Arzt*, Jescheck-FS 1985, S. 391 ff.; *ders.*, Rudolphi-FS 2004, S. 3 ff.
430 BGHZ 75, 230.
431 Diese früher häufigen Fälle sind heute durch die Möglichkeit eines positiven Vaterschaftsnachweis überholt; zum vergleichbaren Fall beim Provisionsvertreter vgl. unten Rn. 129.
432 Zur Abgrenzung Täterschaft/Beihilfe vgl. BGHSt 40, 299 (Vortäuschung, das Raubopfer sei einverstanden).

mäßig derjenige, der den Vorteil für **sich** erstrebt, Täter sein. Die fremdnützig handelnden Beteiligten werden dagegen oft nur Teilnehmer (Gehilfen) sein. – Ist der Vorteilsempfänger an der Tat nicht beteiligt, hat der Gesetzgeber mithilfe eines konstruktiv täterschaftlichen fremdnützigen Betrugs der Sache nach die Pönalisierung eines lediglich einen mittelbaren Vorteil erstrebenden eigennützigen Verhaltens erreicht. Dasselbe Resultat hätte der Gesetzgeber allerdings auch durch einen weiteren Vorteilsbegriff erreichen können[433].

b) Vervielfachung der Betrugskonstruktionen

129 Der **Provisionsvertreterbetrug** bildet die praktische wichtigste Fallgruppe, bei der die Stoffgleichheit zweifelhaft ist.

> **Beispiel (Zigarettenautomaten)[434]:** T verkauft als Provisionsvertreter der Firma F Zigarettenautomaten. Dem Kunden O spiegelt er vor, es handele sich nicht um einen Kauf-, sondern nur um einen Automaten-Aufstellungsvertrag. O unterschreibt daraufhin den Kaufvertrag. T legt diesen bei seiner Firma vor und lässt sich die vereinbarte Provision auszahlen, obwohl er eine Anfechtung durch O für möglich hält. Als O seinen Irrtum bemerkt, weigert er sich, den Automaten abzunehmen. – Zunächst muss gesehen werden, dass wir es hier möglicherweise mit zwei Betrugsopfern (F und O) zu tun haben: (1) Beim Betrug gegenüber F liegt die Täuschungshandlung darin, dass T einen „mit einem Makel behafteten Vertrag" als „einen scheinbar ordnungsgemäß" zustande gekommenen Vertrag zum Zwecke der Provisionsauszahlung einreicht[435]. Der entsprechende Irrtum führt zur Provisionsauszahlung (Vermögensverfügung), der mit dem dafür vermittelten, aber anfechtbaren Kaufvertrag kein volles Äquivalent gegenübersteht (Vermögensschaden). – Die Stoffgleichheit ist hier unproblematisch zu bejahen. Problematisch ist hingegen der Schädigungsvorsatz, denn T wird behaupten, er habe O so geschickt getäuscht, dass dieser nicht anfechten werde bzw. dass seine Anfechtung erfolglos bleiben werde. – (2) Beim Betrug gegenüber O zum Vorteil des T ist die Vermögensverfügung des getäuschten O im Abschluss des Vertrages zu sehen, es liegt also ein Eingehungsbetrug vor (Eingehen einer nachteiligen Verpflichtung). Dieser Nachteil ist problematisch, denn O bekommt für sein Geld einen Automaten zum Marktpreis. Vielfach wird aber mithilfe des individuellen Schadenseinschlags der Nachteil bejaht werden können[436]. Dagegen ist unproblematisch, dass die Anfechtbarkeit nach § 123 BGB am Schaden nichts ändern kann[437]. Steht danach der Schaden des O fest, kommt man zum Kernproblem der stoffgleichen Vorteils. Eine solche Stoffgleichheit zwischen dem Schaden des O und dem Vermögensvorteil des T ist jedoch abzulehnen[438], denn der von T erstrebte Vorteil (= Provision) rührt nicht unmittelbar aus dem Schaden des O (= Belastung mit einer nachteiligen Verbindlichkeit), sondern stammt aus dem Vermögen des F, über welches dieser durch die Auszahlung der Provision (d. h. durch eine weitere Vermögensverfügung!) verfügt. – (3) Möglich ist jedoch die An-

---

433 Vgl. zur gleichen Problematik bei § 255 auch BGHSt 27, 10 (12).
434 BGHSt 21, 384; vgl. zu weiteren Fällen BGHSt 6, 115; BGH, NJW 1961, 684; OLG Düsseldorf, NJW 1974, 1833.
435 BGHSt 21, 384 (385); OLG Celle, NJW 1959, 399; hierzu auch *Eisele*, BT II, Rn. 640; *S/S/Perron*, § 263 Rn. 169.
436 Vgl. zur Rechtsfigur des individuellen Schadenseinschlags oben Rn. 92 ff.
437 BGHSt 21, 384 (386); BGHSt 22, 88 (89); BGHSt 23, 300 (302 ff.); bei älteren Urteilen ist die Veränderung der zivilrechtlichen Rechtslage zu beachten, vgl. zu Rückgabe- und Widerrufsrechten bereits oben Rn. 101.
438 So bereits BGH, NJW 1961, 684.

nahme eines Betruges gegenüber O zum Vorteil des F: Aus der eben genannten Argumentation folgt, dass T der Firma F einen rechtswidrigen Vorteil verschafft, der die Kehrseite des Schadens des O ist. Zwar „waren die anfechtbaren Verträge für die Firma F [...] nicht die dafür gezahlten Provisionen wert, aber wirtschaftlich nicht gänzlich wertlos. Denn es bestand die Möglichkeit, dass die Anfechtung [...] erfolglos war oder überhaupt unterblieb, weil der Besteller keine ausreichenden Beweismittel hatte oder zu haben glaubte. Er konnte sich aus einem solchen Grunde auch bereitfinden, eine Abstandssumme zu zahlen"[439]. – Für die **Vorteilsabsicht** genügt es, dass T den Vorteil für F als notwendiges Mittel zur Erlangung der Provision erstrebt. – Das eigentlich Befremdliche dieser Konstruktion liegt darin, das T durch den Abschluss des Vertrages mit O gleichzeitig (!) zum Nachteil und zum Vorteil von F handelt. Auflösen lässt sich dies damit, dass man durch das „Einreichen" des Vertrages gegenüber F in der Konstellation (1) eine neue Handlung des T erblickt[440].

Da eine Vorteils**absicht** genügt, ist die Stoffgleichheit auf den erstrebten Vorteil zu beziehen. Hieraus wurde die Konsequenz gezogen, dass bei einer Schädigung des Opfers und der irriger Annahme des Täters, es trete ein stoffgleicher Vorteil bei einem bestimmten Dritten ein (während in Wirklichkeit der Vorteil bei einem anderen Dritten eingetreten ist), ein vollendeter Betrug vorliege[441]. Dem ist beizutreten. – Wenn sich die Absicht des Täters auf einen stoffgleichen Vorteil bezieht (bzw. der Vorsatz des Täters auf einen Schaden gerichtet ist, der als Kehrseite einen stoffgleichen Vorteil aufweist), kann § 263 vollendet sein, selbst wenn ein stoffgleicher Vorteil im konkreten Fall überhaupt nicht eintreten kann[442]. Ein **Wahndelikt** liegt erst vor, wenn der Täter meint, auch die auf einen nicht stoffgleichen Vorteil gerichtete Absicht begründe einen Betrug.

3. Einschränkungsversuche, insbesondere die Vorteilsabsicht

Während bei den bisher erörterten Tatbestandsmerkmalen die Restriktion insb. anhand der **Opferselbstverantwortung** als Leitmotiv erfolgt ist, zielt der Gesetzgeber mit der Vorteils**absicht** auf atypische Situationen auf der Täterseite. Die h. M. operiert dabei mit einem **betrugsspezifischen Absichtsbegriff**. Schlüsse vom Absichtsbegriff bei § 211[443] können nicht gezogen werden. Ganz generell lässt sich menschliches Handeln als ein Geflecht einer Zweck/Mittel-Relationen begreifen. Deshalb sind aus der Sicht von Fernzielen (Kunstgenuss) die Nahziele (z. B. Geld für Theaterkarte) bloße Motive. Umgekehrt ist aus Sicht eines Nahziels (Geld) der Kunstgenuss das Motiv[444]. Erstrebt der Täter den Vermögensvorteil, ist eine Absicht zu bejahen, ohne dass es auf die Fernziele ankommt. Besteht

---

439 BGHSt 21, 384 (386).
440 Seit der fast völligen Aufgabe des Fortsetzungszusammenhangs durch BGHSt 40, 138 lässt sich daher, da in diesen beiden natürlichen Handlungen kaum mehr eine natürliche Handlungseinheit zu sehen ist, nur noch eine Realkonkurrenz annehmen; so auch *Eisele*, BT II, Rn. 640; zweifelnd noch die Voraufl.
441 BGHSt 32, 236 (240 ff.) – Arbeitnehmeranteile zur Sozialversicherung.
442 BGHSt 32, 236 (242 f.).
443 Vgl. hierzu oben § 2 Rn. 57 f.
444 *Arzt*, Welzel-FS 1974, S. 823.

ein Junktim zwischen dem Vorteil und einer anderen Handlungsfolge auf gleicher Stufe, ist also die Bereicherung nicht das alleinige und ausschließliche Handlungsziel, ist eine Absicht anzunehmen, wenn der Täter den Vorteil „als sichere und erwünschte Folge"[445] betrachtet. Keine Absicht liegt vor, wenn der Täter den Vorteil „als peinliche oder lästige Folge" ansieht.

132 Die Differenzierung zwischen einem erwünschten und einem unerwünschten Ziel befriedigt mit Blick auf das Willenselement. Bei sicherem Wissen um den Eintritt einer Folge versagt sie jedoch[446].

133 Die **neuere Rechtsprechung**[447] verneint bei einer im Kontext der Verfolgung anderer Ziele „unvermeidbaren" Bereicherung eine Bereicherungsabsicht trotz sicheren Wissens um die Bereicherung, wenn diese an sich unerwünscht war. So soll das Lösegeld bei einer Täterin „unerwünscht" sein, die sich als **angebliche Entführerin** nur wichtig machen wollte[448]; beim **Spion**, der sich gemäß seiner Legende älter gemacht hatte, soll ein Gehalt, bei dem eine Alterszulage eine Rolle spielt, in dieser Höhe unerwünscht sein[449]; beim **Bauern**, dessen Kühe immer die höchste Milchleistung hatten und der aus Prestigegründen, als die Leistung nachlässt, Wasser in die Milch schüttet, soll ein gezwungenes Akzeptieren der höheren Bezahlung vorliegen[450].

133a Auffallend ist die Ausdehnung dieser Argumentation, die einen Betrug mangels Absicht verneint, von skurrilen Einzelfällen auf praktisch wichtige Fallgruppen. Beim **Doping** geht es dem Sportler primär um Ruhm; ebenso dem Forscher beim **Wissenschaftsbetrug**. Zweifelhaft ist, ob die Absicht auf die mit dem Ruhm notwendig verbundenen (meist willkommenen!) finanziellen Vorteile gerichtet ist. Unter dem Aspekt der Unmittelbarkeit sind die Siegprämie und die mittelbaren Vorteile (Sponsor) getrennt zu untersuchen, beim Sponsor ist zu beachten, dass für ihn nicht die sportliche Leistung, sondern das Image maßgebend ist[451]. Unproblematisch ist die Absicht, wenn das Doping (wie im Pferdesport) primär die Wettgewinnchancen beeinflussen soll.

---

445 BGHSt 16, 1.
446 Vgl. *Dencker*, Grünwald-FS 1999, S. 75 (89); *Rengier*, JZ 1990, 321. – LK-*Tiedemann*, 12. Aufl., § 263 Rn. 253 billigt diese Judikatur. *Tiedemann*, BGH-FG 2000, S. 551 (562) sieht die Vorteilsabsicht als BT-Problem. Sein Hinweis auf die Gewinnsucht führt jedoch nicht weiter, denn Sucht kann (anders als die Vorteilsabsicht) nicht auf Dritte bezogen sein.
447 Seit BGHSt 16, 1.
448 OLG Köln, NJW 1987, 2095 – Lösegeld; dazu – und zu weiteren Fällen – bemerkt *Rengier*, JZ 1990, 321 (323), dass man auch sagen könne, der Vermögensvorteil müsse eben deshalb erwünscht sein, weil sonst das eigentliche Ziel unerreichbar bleibe.
449 BGE 101 IV 177 (207) – Spion.
450 Vgl. hierzu BSK-*Arzt*, Art. 146 Rn. 126.
451 Die Materie ist von einer verfolgungseifrigen Stimmung getragen, vgl. *Schattmann*, Betrug des Leistungssportlers im Wettkampf, 2008 (auch zu Gesetzgebungsprojekten). Wie wenig sich mit § 263 in den typischen Fällen ausrichten lässt, zeigt die Häufigkeit des Dopings bei rein privater sportlicher Betätigung. Am 1. November 2007 ist das „Gesetz zur Verbesserung der Bekämpfung des Dopings im Sport" in Kraft getreten, BGBl. I, S. 2510. Hierdurch wurde insbesondere das Arzneimittelgesetz geändert. Gemäß § 6a Abs. 2a ArzneimittelG ist nun sogar der Besitz der im Anhang genannten Stoffe in nicht geringer Menge zu Zwecken des Dopings im Sport verboten. In § 95 Abs. 1 Nr. 2b ArzneimittelG wird ein Verstoß gegen diese Vorschrift auch strafrechtlich sanktioniert.

Besonders schwere Fälle § 20 Rn. 134–135

IX. Besonders schwere Fälle, Antragserfordernisse, Sondertatbestände und Konkurrenzen

1. Qualifikation und besonders schwere Fälle

Die Qualifikation des § 263 V kombiniert gewerbsmäßige und bandenmäßige Begehung entsprechend § 244a[452]. Die besonders schweren Fälle des Betrugs, § 263 III, sind seit dem 6. StrRG (1998) durch Regelbeispiele erläutert[453].

§ 263 III 2 Nr. 2 erfasst **Großbetrüger** und **Massenbetrüger**. Wie schon bei § 263 III 2 Nr. 1 Var. 2 ist bei § 263 III 2 Nr. 2 Var. 2 der Hinweis auf **fortgesetzte Begehung** hervorzuheben. Dagegen ist in den Normalfällen des § 263 die Annahme von Fortsetzungszusammenhang ausgeschlossen[454]. Dabei ist freilich die Wiederauferstehung des Fortsetzungszusammenhangs als „uneigentliches Organisationsdelikt" im Auge zu behalten[455]. Die Schadenshöhe bei § 263 III 2 Nr. 2 Var. 1 ist objektiv zu bestimmen[456] und beginnt ab etwa € 50.000[457]. Der Täter kann sich dabei nicht darauf berufen, dass für sein Opfer, eine Großbank, der Verlust von ein paar Millionen nach eigener Betrachtung „peanuts" seien. Bei der erforderlichen Anzahl in § 263 III 2 Nr. 2 Var. 2 werden Zahlen zwischen 10[458], 20[459] und 50 Personen[460] veranschlagt. Obwohl Regelbeispiele keine echten Tatbestandsmerkmale sind, muss sich der Quasi-Vorsatz darauf beziehen. Wenig glücklich ist die ambivalente Verwendung des „Verlustes" als Tatbestandsmerkmal in den beiden Alternativen der Nr. 2.

Beispiel: T zieht mit Komplizen ein betrügerisches Schneeballsystem im Sinne des European Kings Club[461] auf. Noch bevor eine Vielzahl von Opfern in dessen Strudel geraten, wird T verhaftet. – § 263 III 2 **Nr. 2 Var. 2** ist erfüllt, denn hier genügt eine entsprechende **Absicht**. Man wird jedoch, wie beim Normalfall des § 263, den Verlust beim Opfer als stoffgleichen Vorteil beim Täter (oder einem Dritten) zu interpretieren haben. – Anders ist dies bei § 263 III 2 **Nr. 2 Var. 1**. Hier ist Verlust vom Gewinn für den Täter abgekoppelt und als **volkswirtschaftliche Wertvernichtung** zu verstehen. Es muss sich dabei um einen endgültigen Verlust handeln, ein bloßes Verlustrisiko (im Sinne eines Gefährdungsschadens) genügt für das Vorliegen dieses

---

452 Vgl. dazu oben § 14 Rn. 67 f.; vgl. auch BGHSt 49, 177.
453 Die mit der Technik der Regelbeispiele verbundenen allgemeinen Fragen sind eingehend beim Diebstahl erörtert, vgl. oben § 14 Rn. 14 ff. – Die Regelbeispiele des § 263 2 III Nr. 1 sind im Kontext der §§ 243 I 2 Nr. 3, 244 I Nr. 2 behandelt; zur Gewerbsmäßigkeit oben § 14 Rn. 50; zur bandenmäßigen Begehung oben § 14 Rn. 60 ff.
454 Seit BGHSt 40, 138.
455 BGHSt 48, 331 (341 ff.); ferner BGHSt 49, 177 (180, 183 f.), hier wird allerdings klar gestellt, dass die Annahme einer derartigen Tateinheit weder eine Gewerbsmäßigkeit noch eine bandenmäßige Begehung ausschließt.
456 BGHSt 48, 360 (362).
457 BGHSt 48, 360 (361); BGH, NJW 2013, 883 (887); vgl. auch BT-Drs. 13/8587, S. 43.
458 LK-*Tiedemann*, 12. Aufl., § 263 Rn. 299; *Rengier*, BT 1, § 13 Rn. 280.
459 *Maurach/Schroeder/Maiwald*, BT 1, § 41 Rn. 155b; MüKo-*Hefendehl*, 2. Aufl., § 263 Rn. 854; *S/S/Perron*, § 263 Rn. 188d.
460 *Heghmanns*, Rn. 1285.
461 Vgl. BGHSt 43, 149.

Merkmals nicht[462]. – Erreicht T durch die Vorlage gefälschter Zeugnisse seine Anstellung in der Firma O und ist ihm klar, dass durch seine Unfähigkeit der O Aufträge verloren gehen werden, an denen O sehr viel verdient hätte, dann erreicht T als Vorteil die Anstellung bzw. Lohnzahlung, mit einem entsprechenden stoffgleichen Schaden für O. Dass dem weitergehenden mittelbaren Verlust des O kein stoffgleicher Vorteil bei T entspricht, hindert die Anwendung des § 263 III 2 Nr. 2 Var. 1 an sich nicht. Der Sinn des Regelbeispiels liegt jedoch im gesamtwirtschaftlichen Verlust. Fällt daher ein konkreter Auftrag statt der O der Firma X zu, tritt eine solche gesamtwirtschaftliche Wertvernichtung nicht ein. – Die Gegenansicht würde § 263 III 2 Nr. 2 Var. 1 dazu missbrauchen, die „arglistige Vermögensschädigung" dann unter Strafe zu stellen, wenn sie in Kombination mit einem echten Betrug auftritt. Anders als z. B. Art. 151 StGB **(Schweiz)** kennt das deutsche Strafrecht aber keinen „Auffangtatbestand" der böswillig-arglistigen Vermögensschädigung.

136 § 263 III 2 Nr. 3 gehört zu den bitteren Früchten des 6. StrRG. Die Bestimmung bringt vor allem Mehraufwand für die Staatsanwaltschaft, die Tatgerichte und die Studierenden. Die an den Wucher, § 291 II 2 Nr. 1[463] angelehnte Bestimmung zielt auf die individuellen Auswirkungen der Schädigung beim Opfer[464] und bringt beim Betrug gerade dort typischerweise eine Schärfung, wo die Tatbestandsverwirklichung zweifelhaft ist, nämlich bei illegalen Geschäften, z. B. wenn der **Schlepper** sich bezahlen lässt, ohne sein Versprechen einlösen zu wollen, den Flüchtling über die Grenze zu schmuggeln. Problematisch ist auch, dass in Fällen des individuellen Schadenseinschlages[465] die Schaffung einer wirtschaftlichen Notlage nicht nur die Strafbarkeit nach § 263 erst begründet, sondern zugleich auch die Regelwirkung auslöst.

137 § 263 III Nr. 4 ist eine im Ansatz sinnvolle Strafschärfung, weil das Opfer von solchen Tätern an sich gerade keine Täuschung erwartet (und auch nicht erwarten darf). Freilich ist die Vortäuschung einer entsprechenden Amtsstellung nicht erfasst.

138 § 263 III Nr. 5 wird unten[466] im Kontext des Versicherungsmissbrauchs nach § 265 ausführlich behandelt.

139 Trotz Vorliegens der Voraussetzungen eines Regelbeispiels kann in atypischen Fällen auf den Grundtatbestand zurückgegriffen werden. Ein solcher **atypischer einfacher Fall** wird insbesondere im Hinblick auf die **Opfermitverantwortung** anzunehmen sein. Auch und gerade bei Massenbetrügern wird § 263 III Nr. 2 Var. 2 oft an der hohen Mitverantwortung der Opfer scheitern. Abzustellen ist auf das bei diesem konkreten Massenbetrug **typische Opfer**.

---

462 BGHSt 48, 354 (356); vgl. auch BGH, NStZ 2002, 547; BGH, NJW 2005, 3650 (3653); *Eisele*, BT II, Rn. 652; *Rengier*, BT 1, § 13 Rn. 278.
463 Bei § 291 ist das Regelbeispiel problematisch, weil die Opfer meist schon in Not sind. Ob die Vertiefung der Not ausreicht, ist dabei zweifelhaft.
464 BGHSt 48, 360 (362).
465 Vgl. oben Rn. 92 ff.
466 Vgl. unten § 21 Rn. 138 ff.

Besonders schwere Fälle   § 20 Rn. 140–142

2. Antragserfordernisse

Bezieht sich der Betrug auf einen Schaden von geringem Wert, wird er 140
nur auf Antrag verfolgt, es sei denn, an der Strafverfolgung besteht ein besonderes öffentliches Interesse; § 263 IV i. V. mit § 248a[467].

3. Sondertatbestände

Als Sondertatbestände sind hier § 265, Versicherungsmissbrauch (vgl. 141
auch § 263 III Nr. 5)[468] sowie § 263a, Computerbetrug[469] zu nennen, der die Lücke beim Irrtum schließt. – § 265a, das Erschleichen von Leistungen (insb. der Automaten- und Beförderungsbetrug) schließt die im Zusammenhang mit dem blinden Passagier diskutierten Lücken[470]. Leider hat sich der Gesetzgeber hier nicht zu einem echten Sondertatbestand durchringen können, sondern nur einen Tatbestand mit Subsidiaritätsklausel geschaffen. Deshalb ist jedes Mal zu prüfen, ob der schwerere § 263 zur Anwendung kommt[471]. – §§ 264, 264a, 265b, der Subventions-, Kapitalanlage- und Kreditbetrug sind wirtschaftsstrafrechtliche Sondertatbestände zu § 263[472]. Wichtig ist, dass man zunächst prüfen muss, ob § 263 erfüllt ist[473]. § 266b, der Missbrauch von Scheck- und Kreditkarten, klärt trotz seiner Zuordnung zu § 266 umstrittene Betrugsfragen[474]. – § 266a, das Vorenthalten und Veruntreuen von Arbeitsentgelt, ergänzt den teilweise schon durch § 263 gewährleisteten Schutz[475]. – Die Strafnorm des § 298 hat der Gesetzgeber zwar durch das 1. KorrBG 1997 vom Rechtsgut her der Korruption zugeordnet. Mindestens gleichgewichtig ist jedoch die Ergänzungsfunktion zu § 263, wenn beim **Submissionsbetrug** insbesondere der Schaden infolge illegaler Wettbewerbsabsprachen zweifelhaft bleibt[476]. – § 370 AO, die Steuerhinterziehung, stellt einen wichtigen Sonderfall des Betrugs dar. Soweit diese Strafnorm Lücken lässt, ist ein Rückgriff auf § 263 allerdings ausgeschlossen[477].

4. Konkurrenzen

Die Abgrenzung des § 263 von § 242 ist in die einzelnen Tatbestands- 142
merkmale des § 263 vorverlagert[478].

---

467 Zu den Einzelheiten vgl. oben 13 Rn. 23 ff., 139.
468 Vgl. hierzu unten § 21 Rn. 117, 138 ff.
469 Vgl. hierzu oben Rn. 64 und unten § 21 Rn. 26 ff.
470 Vgl. hierzu oben Rn. 47, 52, 55.
471 Näher, auch zum Unterschied zwischen Leistungsautomaten und Warenautomaten, vgl. unten § 21 Rn. 12 ff.
472 Zu § 264 vgl. unten § 21 Rn. 62 ff.; zu § 264a vgl. unten § 21 Rn. 78 ff. und zu § 265b vgl. unten § 21 Rn. 92 ff.
473 Vgl. bereits oben Rn. 113 f. (Subventionsbetrug) und Rn. 97, 34 (Kreditbetrug).
474 Vgl. hierzu oben Rn. 58 ff. und unten § 23 Rn. 34 ff.
475 Zum „betrugsähnlichen Unterlassen" in § 266a II vgl. unten § 23 Rn. 22.
476 Vgl. hierzu oben Rn. 100 zu BGHSt 38, 186 sowie unten § 21 Rn. 103 ff.
477 Vgl. BGHSt 43, 381 (400); ferner § 373 AO (Schmuggel).
478 Zu diesen über Gebühr examenswichtigen Fragen vgl. oben Rn. 48, 70, 76, 78, 80, 83 f.

143 Vielfach sind besondere Formen der Täuschung unter Strafe gestellt (Falschaussage, Urkundenfälschung etc.). Dann kann Tateinheit mit § 263 bestehen. – Die Geld- und Wertzeichenfälschung (§§ 146, 148) greift öffentliche Interessen an, nicht nur das Vermögen desjenigen, der das gefälschte Objekt als echt akzeptiert, sodass auch hier Idealkonkurrenz mit § 263 besteht. – Soll eine Täuschung den Druck einer erpresserischen Drohung verstärken, kommt nur § 253 zur Anwendung[479].

144 Schwierigkeiten macht die Gesetzeskonkurrenz: Soweit ein nachfolgender Betrug nur denjenigen Vorteil sichern soll, den der Täter durch ein früheres strafbares Verhalten (sei es nach § 263 oder einem anderen Tatbestand, z. B. § 242!) erlangt hat, tritt § 263 als straflose Nachtat zurück. Das gilt auch dann, wenn ein zuvor erlangter Vorteil lediglich „gesichert" wird, z. B. der Dieb den auf ihn gefallenen Verdacht ableugnet: Der **Sicherungsbetrug** ist eine straflose Nachtat[480].

145 Einer Vervielfachung der Betrugskonstruktionen (etwa durch eine Realkonkurrenz zwischen dem Eingehungs- und dem Erfüllungsbetrug) lässt sich durch eine großzügige Annahme einer natürlichen Handlungseinheit begegnen. Vielfach liegen eine Fülle von Täuschungshandlungen und eine entsprechende Vielfalt von Irrtumserregungen vor. Es empfiehlt sich, hier immer den Versuch zu unternehmen, zu einem täuschenden Gesamtverhalten mit einem entsprechenden Irrtum zu gelangen, wenn der Täter einen „Gesamtschaden" herbeiführt. Die in der Konsequenz des Eingehungsbetrugs liegende Fortsetzung der Täuschung bei der Erfüllung führt in Anwendung dieses Grundsatzes zur Annahme eines einheitlichen, mit der Vertragseingehung beginnenden und mit der Erfüllung endenden Betrugs. Kommt es nicht zur Erfüllung, wird die Frage relevant, ob in der Eingehung schon ein vollendeter Betrug zu sehen ist[481].

---

[479] Vgl. oben § 18 Rn. 7, 22.
[480] Die in einer Sicherung bei wirtschaftlicher Betrachtung stets liegende Vertiefung des Schadens gilt als durch die Vortat mit bestraft, während eine sonstige Schadensvertiefung durch die Vortat nicht abgegolten ist, vgl. BGH, StraFo 2014, 298; *Baumann/Weber/Mitsch*, § 36 Rn. 13. – Zur Umkehrung (§ 246 als mitbestrafte Nachtat gegenüber § 263) vgl. oben § 15 Rn. 43 ff.
[481] Vgl. hierzu oben Rn. 100.

§ 21 Betrugsähnliche Delikte, §§ 263a–265b (und § 298)

Literaturhinweise: Speziell zu II (Erschleichen von Leistungen, § 265a): *Alwart*, Über die Hypertrophie eines Unikums (§ 265a StGB), JZ 1986, 563; *Ellbogen*, Strafbarkeit des einfachen „Schwarzfahrens", JuS 2005, 20; *Falkenbach*, Die Leistungserschleichung (§ 265a StGB), 1983; *Fischer*, „Erschleichen" der Beförderung bei freiem Zugang?, NJW 1988, 1828; *Hagemann*, Rechtliche Probleme des Schwarzfahrens in öffentlichen Verkehrsmitteln, 2008; *Hauf*, Schwarzfahren im modernen Massenverkehr – strafbar nach § 265a StGB?, DRiZ 1995, 15; *Hefendehl*, Vorne einsteigen, bitte!, NJW 2004, 494; *Hinrichs*, Die verfassungsrechtlichen Grenzen der Auslegung des Tatbestandsmerkmals „Erschleichen" in § 265a I Alt. 3 StGB („Schwarzfahren"), NJW 2001, 932; *Krause/Wuermeling*, Mißbrauch von Kabelfernsehanschlüssen, NStZ 1990, 526; *Lenckner/Winkelbauer*, Strafrechtliche Probleme im modernen Zahlungsverkehr, wistra 1984, 83; *Oglakcioglu*, Eine „schwarze Liste" für den Juristen, JA 2011, 588; *Preuß*, Praxis- und klausurrelevante Fragen des „Schwarzfahrens", ZJS 2013, 257, 355; *Putzke/Putzke*, Schwarzfahren als Beförderungserschleichung, JuS 2012, 500; *Ranft*, Strafrechtliche Probleme der Beförderungserschleichung, Jura 1993, 84; *Schall*, Der Schwarzfahrer auf dem Prüfstand des § 265a StGB, JR 1992, 1; *Schienle*, Die Leistungserschleichung, 1938; *Stiebig*, „Erschleichen" i. S. d. § 265a Abs. 1 Alt. 3 StGB, Jura 2003, 699.

Speziell zu III (Computerbetrug, § 263a): *Achenbach*, Die „kleine Münze" des sog. Computer-Strafrechts – Zur Strafbarkeit des Leerspielens von Geldspielautomaten, Jura 1991, 225; *ders.*, Strukturen des § 263a StGB, Gössel-FS 2002, S. 481; *Altenhain*, Der strafbare Mißbrauch kartengestützter elektronischer Zahlungssysteme, JZ 1997, 752; *Arloth*, Computerstrafrecht und Leerspielen von Geldspielautomaten, Jura 1996, 354; *Berghaus*, § 263a und der Codekartenmißbrauch durch den Kontoinhaber selbst, JuS 1990, 981; *Brand*, Missbrauch eines Geldausgabeautomaten durch den berechtigten EC-Karteninhaber, JR 2008, 496; *Bühler*, Die strafrechtliche Erfassung des Mißbrauchs von Geldspielautomaten, 1995; *ders.*, Ein Versuch, Computerkriminellen das Handwerk zu legen: Das Zweite Gesetz zur Bekämpfung der Wirtschaftskriminalität, MDR 1987, 448; *ders.*, Zum Konkurrenzverhältnis zwischen § 263a und § 266b beim Scheck- und Kreditkartenmißbrauch, MDR 1989, 22; *ders.*, Geldspielautomatenmißbrauch und Computerstrafrecht, MDR 1991, 14; *Deider*, Mißbrauch von Scheck und Kreditkarte durch den berechtigten Karteninhaber, 1989; *Duttge*, Vorbereitung eines Computerbetruges: Auf dem Weg zu einem „grenzenlosen" Strafrecht, Weber-FS 2005, S. 285; *Ehrlicher*, Der Bankomatenmißbrauch – seine Erscheinungsformen und seine Bekämpfung, 1988; *Eisele/Fad*, Strafrechtliche Verantwortlichkeit beim Missbrauch kartengestützter Zahlungssysteme, Jura 2002, 305; *Etter*, Noch einmal: Systematisches Entleeren von Glücksspielautomaten, CR 1988, 1021; *ders.*, Neuere Rechtsprechung zu § 263a StGB, CR 1991, 484; *Füllkrug/Schall*, Zur Strafbarkeit des Spielens an Geldspielautomaten bei Verwendung von Kenntnissen über den Programmablauf, wistra 1988, 177; *Gogger*, Die Erfassung des Scheck-, Kredit- und Codekartenmißbrauchs nach Einführung der §§ 263a, 266b StGB durch das Zweite Gesetz zur Bekämpfung der Wirtschaftskriminalität, 1991; *Hilgendorf*, Grundfälle zum Computerstrafrecht, JuS 1997, 130; *ders.*, Scheckkartenmißbrauch und Computerbetrug, JuS 1999, 542; *Huff*, Die mißbräuchliche Benutzung von Geldautomaten, NJW 1987, 815; *Kempny*, Überblick zu den Geldkartendelikten, JuS 2007, 1084; *Kleb-Braun*, Codekartenmißbrauch und Sparbuchfälle aus „Volljuristischer" Sicht, JA 1986, 249; *Kraatz*, Der Computerbetrug (§ 263a StGB), Jura 2010, 36; *Kudlich*, Computerbetrug und

§ 21 Betrugsähnliche Delikte

Scheckkartenmissbrauch durch berechtigten Karteninhaber, JuS 2003, 537; *Meier*, Strafbarkeit des Bankautomatenmißbrauchs, JuS 1992, 1017; *Mühlbauer*, Ablisten und Verwenden von Geldautomatenkarten als Betrug und Computerbetrug, NStZ 2003, 650; *ders.*, Die Betrugsähnlichkeit des § 263a Abs. 1 Var. 3 StGB anhand der „Geschäftsgrundlagen" beim Geldautomatengebrauch, wistra 2003, 244; *Neumann*, Unfaires Spielen an Geldautomaten, JuS 1990, 535; *Otto*, Probleme des Computerbetrugs, Jura 1993, 612; *ders.*, Zum Bankomatenmißbrauch nach Inkrafttreten des 2. WiKG, JR 1987, 221; *Ranft*, Der Bankomatenmißbrauch, wistra 1987, 79; *ders.*, „Leerspielen" von Glücksspielautomaten, JuS 1997, 19; *Scheffler/Dressel*, „Unbefugtes" Verwenden von Daten beim Computerbetrug, NJW 2000, 2645; *Schlüchter*, Zweckentfremdung von Geldspielgeräten durch Computermanipulation, NStZ 1988, 53; *dies.*, Entschlüsselte Spielprogramme, CR 1991, 105; *Schulz/Tscherwinka*, Probleme des Codekartenmißbrauchs, JA 1991, 119; *Thaeter*, Die unendliche Geschichte „Codekarte", JA 1988, 547; *ders.*, Zur Struktur des Codekartenmißbrauchs, wistra 1988, 339; *Valerius*, Täuschungen im modernen Zahlungsverkehr, JA 2007, 514, 778; *Weber*, Probleme der strafrechtlichen Erfassung des Eurocheck- und Euroscheckkartenmißbrauchs nach Inkrafttreten des 2. WiKG, JZ 1987, 215; *ders.*, Aktuelle Probleme bei der Anwendung des Zweiten Gesetzes zur Bekämpfung der Wirtschaftskriminalität, Krause-FS 1990, 427; *Westphal*, Strafbarkeit des systematischen Entleerens von Glücksspielautomaten, CR 1987, 515; *Zahn*, Die Betrugsähnlichkeit des Computerbetrugs (§ 263a StGB), 2000.

Speziell zu IV 2 (Subventionsbetrug, § 264): *Baumann*, Die Subventionskriminalität, NJW 1974, 1364; *Eberle*, Der Subventionsbetrug nach § 264 StGB – ausgewählte Probleme einer verfehlten Reform, 1983; *Götz*, Recht der Wirtschaftssubventionen, 1966; *ders.*, Bekämpfung der Subventionserschleichung, 1974; *Hack*, Probleme des Tatbestands Subventionsbetrug, § 264 StGB, unter dem Blickwinkel allgemeiner strafrechtlicher Lehren, 1982; *Henke*, Das Recht der Wirtschaftssubventionen als öffentliches Vertragsrecht, 1979; *Hentschel*, Verjährt der Subventionsbetrug nach § 264 I Nr. 3 StGB nie, wenn er sich auf eine Subvention bezieht, für welche die AO entsprechend gilt?, wistra 2000, 81; *Kaiser*, Anschluß- und Vertiefungsuntersuchungen zur bundesweiten Erfassung von Wirtschaftsstraftaten nach einheitlichen Gesichtspunkten, Bd. II: Subventions- und Kreditbetrug, 1984; *Kindhäuser*, Zur Auslegung des Merkmals „vorteilhaft" in § 264 Abs. 1 Nr. 1, JZ 1991, 492; *Koenig/Müller*, Der strafrechtliche Subventionstatbestand des § 264 VII StGB am Beispiel langfristiger staatlicher Ausfuhrgewährleistungen (sog. Hermes-Deckungen), NStZ 2005, 607; *Lüderssen*, Das Merkmal „vorteilhaft" in § 264 Abs. 1 S. 1 StGB, wistra 1988, 43; *Lührs*, Subventionen, Subventionsvergabepraxis und Strafverfolgung, wistra 1999, 89; *Meine*, Der Vorteilsausgleich beim Subventionsbetrug, wistra 1988, 13; *Ranft*, Täterschaft beim Subventionsbetrug i. S. des § 264 I Nr. 1 StGB, JuS 1986, 445; *ders.*, Die Rechtsprechung zum sog. Subventionsbetrug (§ 264 StGB), NJW 1986, 3163; *Schmid*, Die Vergabe von Wirtschaftssubventionen und strafrechtliche Verantwortlichkeit gem. § 264 StGB (Subventionsbetrug), 1994; *Schultze*, Die Betrugsnatur des Subventionsbetrugs: zur Auslegung des Merkmals „vorteilhaft" in § 264 Abs. 1 Nr. 1 StGB, 2006; *Stoffers*, Der Schutz der EU-Finanzinteressen durch das deutsche Straf- und Ordnungswidrigkeitenrecht, EuZW 1994, 304; *Tenckhoff*, Das Merkmal der Vorteilhaftigkeit in § 264 StGB, Bemmann-FS 1994, S. 465; *Tiedemann*, Subventionskriminalität in der Bundesrepublik: Erscheinungsformen, Ursachen, Folgerungen, 1974; *ders.*, Der Subventionsbetrug, ZStW 86 (1974), 897; *Zuleeg*, Die Rechtsform der Subventionen, 1965.

Speziell zu IV 3 (Kapitalanlagebetrug, § 264a): *Cerny*, § 264a – Kapitalanlagebetrug, gesetzlicher Anlegerschutz mit Lücken, MDR 1987, 271; *Fichtner*, Die börsen- und depotrechtlichen Strafvorschriften und ihr Verhältnis zu den Eigentums- und Vermögensdelikten des StGB, 1993; *Flanderka/Heydel*, Strafbarkeit des Vertriebs von Bauherren-, Bauträger- und Erwerbermodellen gem. § 264a StGB, wistra 1990, 256; *Gallandi*, § 264a StGB – Der Wirkung nach ein Mißgriff?, wistra 1987, 316; *Jacobi*, Der Straftatbestand des Kapitalanlagebetrugs (§ 264a StGB), 2000; *Joecks*, Anleger- und Verbraucherschutz durch das 2. WiKG, wistra 1986, 142; *Knauth*, Kapitalanlagebetrug und Börsendelikte im zweiten Gesetz zur Bekämpfung der Wirtschaftskriminalität, NJW 1987, 28; *Martin,* Aktuelle Probleme bei der Bekämpfung des Kapitalanlageschwindels, wistra 1994, 127; *Mutter,* § 264a StGB: ausgewählte Probleme rund um ein verkanntes Delikt, NStZ 1991, 421; *Otto,* Neue und erneut aktuelle Formen betrügerischer Anlageberatung und ihre strafrechtliche Ahndung, Pfeiffer-FS 1988, 69; *Richter,* Strafbare Werbung beim Vertrieb von Kapitalanlagen, wistra 1987, 117; *Schmidt-Lademann,* Zum neuen Straftatbestand „Kapitalanlagebetrug" (§ 264a StGB), WM 1986, 1241; *Theile,* Die Bedrohung prozessualer Freiheit durch materielles Wirtschaftsstrafrecht am Beispiel der §§ 264a, 265b StGB, wistra 2004, 121; *v. Ungern-Sternberg,* Wirtschaftskriminalität beim Handel mit ausländischen Aktien, ZStW 88 (1976), 653; *Worms,* Anlegerschutz durch Strafrecht. Eine kritische Analyse des neuen Tatbestandes „Kapitalanlagebetrug" (§ 264a StGB), 1987; *ders.,* § 264a – ein wirksames Remedium gegen den Anlageschwindel, wistra 1987, 242, 271.

Speziell zu IV 4 (Kreditbetrug, § 265b): *Bockelmann,* Kriminelle Gefährdung und strafrechtlicher Schutz des Kreditgewerbes, ZStW 79 (1967), 28; *D. Geerds,* Wirtschaftsstrafrecht und Vermögensschutz, 1991; *Kaiser,* Anschluss- und Vertiefungsuntersuchungen zur bundesweiten Erfassung von Wirtschaftsstraftaten nach einheitlichen Gesichtspunkten, Bd. II: Subventions- und Kreditbetrug, 1984; *Kießner,* Kreditbetrug – § 265b StGB. Eine Untersuchung zur Einführung und Anwendung des Sondertatbestandes zur Bekämpfung der betrügerischen Erschleichung von Krediten, 1985; *Lampe,* Der Kreditbetrug (§§ 263, 265b StGB), 1980; *Otto,* Probleme des Kreditbetrugs, des Scheck- und Wechselmißbrauchs, Jura 1983, 16; *ders.,* Die strafrechtliche Bekämpfung unseriöser Geschäftstätigkeit, 1990; *Prost,* „Krediterschleichung", ein Vorfeldtatbestand des Betruges, sowie verstärkte Prophylaxe im Gesetz über das Kreditwesen als Mittel zur Bekämpfung der Wirtschaftskriminalität, JZ 1975, 18; *Tiedemann/Sasse,* Delinquenzprophylaxe, Kreditsicherung und Datenschutz in der Wirtschaft, 1973.

Speziell zu IV 5 (Wettbewerbsbeschränkende Absprachen, § 298): *Achenbach,* Pönalisierung von Ausschreibungsabsprachen und Verselbständigung der Unternehmensgeldbuße durch das Korruptionsbekämpfungsgesetz 1997, WuW 1997, 958; *Dahs* (Hrsg.), Kriminelle Kartelle? Zur Entstehungsgeschichte des neuen § 298 StGB, 1998; *Grützner,* Die Sanktionierung von Submissionsabsprachen, 2003; *Kleinmann/Berg,* Änderungen des Kartellrechts durch das „Gesetz zur Bekämpfung der Korruption" vom 13.8.1997, BB 1998, 277; *König,* Neues Strafrecht gegen die Korruption, JR 1997, 397 (401 ff.); *Korte,* Bekämpfung der Korruption und Schutz des freien Wettbewerbs mit den Mitteln des Strafrechts, NStZ 1997, 513; *Lüderssen,* Sollen Submissionsabsprachen zu strafrechtlichem Unrecht werden?, BB, Beilage 11 zu Heft 25/1996; *Oldiges,* Möglichkeit und Grenzen der strafrechtlichen Bekämpfung von Submissionsabsprachen, 1998; *Rotsch,* Mythologie und Logos des § 298 StGB, ZIS 2014, 579; *Satzger,* Der Submissionsbetrug, 1994; *Walter,* § 298 StGB und die Lehre von den Deliktstypen, GA 2001, 131; zur Problematik der Erfassung des Submissionsbetrugs durch den Betrugstatbestand sowie zu früheren Reformforderungen vgl. die Nachw. bei *S/S/Perron,* § 263 Rn. 137a.

Speziell zu V (Versicherungsmissbrauch, § 265): *Geerds,* Versicherungsmissbrauch (§ 265 StGB), Welzel-FS 1974, S. 841; *ders.,* Betrügerische Absicht i. S. des § 265 StGB, Jura 1989, 294; *ders.,* Versicherungsmißbrauch, 1991; *Geppert,* Versicherungsmißbrauch (§ 265 StGB n. F.), Jura 1998, 382; *Kohlhaas,* Versicherungsbetrug des § 265 StGB, VersR 1955, 465; *ders.,* Der Betrug in der Versicherung, VersR 1965, 1; *Kreutzhage,* Der Versicherungsbetrug, Versicherungswirtschaft 1947, 189; *Krets,* Strafrechtliche Erfassung des Versicherungsmissbrauchs und des Versicherungsbetrugs nach dem Sechsten Strafrechtsreformgesetz, 2001; *Küper,* Zur Problematik der „betrügerischen Absicht" (§ 265 StGB) in Irrtumsfällen, NStZ 1993, 313; *Meurer,* Betrügerische Absicht und Versicherungsbetrug (§ 265 StGB), JuS 1985, 443; *Ranft,* Grundprobleme beim sog. Versicherungsbetrug (§ 265 StGB), Jura 1985, 393; *Rönnau,* Der neue Straftatbestand des Versicherungsmißbrauchs – eine wenig geglückte Gesetzesregelung, JR 1998, 441; *Schröder*, Versicherungsmißbrauch – § 265 StGB, 2000; *Seier*, Zum Rechtsgut und zur Struktur des Versicherungsbetrugs (§ 265 StGB), ZStW 105 (1993), 321; *Suchan*, Versicherungsmißbrauch – Erscheinungsformen und Strafrechtsreform, in *Tiedemann* (Hrsg.), Die Verbrechen in der Wirtschaft, 1972, S. 83; *Wagner*, Subjektiver Tatbestand des Versicherungsbetrugs (§ 265 StGB) – Repräsentantenhaftung, JuS 1978, 161; *Waider*, Wirtschaftsstrafrecht und Versicherungsbetrug, 2003; *Weber*, Die strafrechtliche Erfassung des Versicherungsmißbrauchs nach dem 6. StrRG von 1998, H. Baumann-FS 1999, S. 345; *Wolff*, Die Neuregelung des Versicherungsmißbrauchs (§ 265, § 263 Abs. 3 Satz 2 Nr. 5 StGB), 2000; *Zopfs*, Erfordert der Schutz des Versicherers den strafrechtlichen Tatbestand des Versicherungsmißbrauchs (§ 265 StGB)?, VersR 1999, 265.

Übersicht

	Rn.
I. Überblick – Fehlende volle Tatbestandserfüllung des § 263	1
II. Erschleichen von Leistungen, § 265a	6
1. Der kriminalpolitische Hintergrund	6
2. Der Tatbestand des § 265a I	9
a) Die Gegenstände der Erschleichung	9
b) Der Automatenmissbrauch, § 265a I 1. Alt.	12
c) Die Beförderungserschleichung, § 265a I 3. Alt.	17
d) Der Zutritt zu einer Veranstaltung oder Einrichtung, § 265a I 4. Alt.	21
e) Der subjektive Tatbestand	22
3. Versuch, Antragserfordernisse und Konkurrenzen	23
a) Versuch	23
b) Antragserfordernisse	24
c) Konkurrenzen	25
III. Computerbetrug, § 263a	26
1. Kriminalpolitisches Bedürfnis für einen Sondertatbestand	26
2. Der Tatbestand des § 263a	30
a) Teilidentität mit § 263: Schaden und Bereicherungsabsicht	30
b) Abweichung von § 263: Ersatz der Täuschungshandlung, Irrtumserregung und Vermögensverfügung	32
3. Vorsatz	35
4. Speziell zum Codekarten-Missbrauch	36
5. Speziell zum computerunterstützten Leerspielen von Geldspielautomaten	44
6. Versuch, besonders schwere Fälle und Qualifikation, Antragserfordernisse	49
7. Konkurrenzen	50
IV. Subventions-, Kapitalanlage- und Kreditbetrug, §§ 264, 264a, 265b; wettbewerbsbeschränkende Absprachen, § 298	54
1. Gemeinsamkeiten der Vorschriften	54
a) Kriminalpolitische Rechtfertigung der Sondertatbestände	54
b) Tatbestände im Vorfeld des Betrugs, § 263	56

c) Abstrakte Gefährdungsdelikte 58
d) Ausgleich der Strafbarkeitsvorverlagerung:
    Rücktritt vom vollendeten Delikt 59
2. Subventionsbetrug, § 264 62
    a) Kriminalpolitisches Bedürfnis für einen Sondertatbestand 62
    b) Der Tatbestand des § 264 68
    c) Vorsatz und Leichtfertigkeit, § 264 IV 73
    d) Besonders schwere Fälle und Qualifikation, § 264 II und III 74
    e) Verhältnis des § 264 zum Betrug 75
3. Kapitalanlagebetrug, § 264a 78
    a) Kriminalpolitisches Bedürfnis für einen Sondertatbestand 78
    b) Der Tatbestand des § 264a 82
    c) Vorsatz 90
    d) Verhältnis des § 264a zum Betrug 91
4. Kreditbetrug, § 265b 92
    a) Kriminalpolitisches Bedürfnis für einen Sondertatbestand 92
    b) Der Tatbestand des § 265b 96
    c) Vorsatz 101
    d) Verhältnis des § 265b zum Betrug 102
5. Wettbewerbsbeschränkende Absprachen, § 298 103
    a) Kriminalpolitisches Bedürfnis für einen Sondertatbestand 103
    b) Der Tatbestand des § 298 110
    c) Vorsatz 113
    d) Rücktritt vom vollendeten Delikt, § 298 III 114
    e) Konkurrenzen 115

V. Versicherungsmissbrauch, § 265 117
1. Kriminalpolitisches Bedürfnis für einen Sondertatbestand 117
2. Der Tatbestand des § 265 125
3. Vorsatz und Absicht der Leistungsverschaffung 128
4. Versuch 135
5. Verhältnis des § 265 zum Betrug 136
6. Versicherungsbetrug als schwerer Fall des Betrugs, § 263 III Nr. 5 138

I. Überblick – Fehlende volle Tatbestandserfüllung des § 263

In den §§ 263a–265b werden Angriffe auf fremdes Vermögen unter **1**
Strafe gestellt, die den Betrugstatbestand nicht voll erfüllen, aber gleichwohl für strafbedürftig gehalten werden.

Unter dem Gesichtspunkt fehlender voller Tatbestandserfüllung i. S. **2**
des § 263 lassen sich die genannten Tatbestände in **drei Gruppen** einteilen:

(1) Das Täterverhalten führt zwar einen Vermögensschaden herbei, so- **3**
dass der Erfolg des § 263 vorliegt, weist aber nicht die Qualität einer irrtumserregenden Täuschungshandlung auf. Derartige Schädigungsdelikte

ohne betrugsspezifische Täuschung enthalten § 265a (**Erschleichen von Leistungen**) und § 263a (**Computerbetrug**)[1].

4 (2) Der Täter nimmt eine Täuschungshandlung vor, die der Gesetzgeber bereits als solche für ausreichend ansieht, um die Vollendungsstrafbarkeit zu begründen. Auf ihre Folgen (Irrtumserregung usw.) und auf den Erfolg (Vermögensschaden) kommt es also nicht an. Derartige – die Strafbarkeit vorverlagernde – Gefährdungsdelikte enthalten die §§ 264 (**Subventionsbetrug**), 264a (**Kapitalanlagebetrug**) und 265b (**Kreditbetrug**)[2]. Obwohl im 26. Abschnitt des BT „Straftaten gegen den Wettbewerb" angesiedelt, enthält der 1997 ins StGB eingeführte § 298 (**Wettbewerbsbeschränkende Absprachen bei Ausschreibungen**) nach seiner Entstehungsgeschichte und seinem zu erwartenden praktischen Anwendungsbereich in gleicher Weise einen Gefährdungstatbestand im Vorfeld des Betrugs[3].

5 (3) Der Täter täuscht weder i. S. des § 263, noch führt sein Verhalten bereits einen Vermögensschaden herbei. Der Bezug zu § 263 wird allein durch die – in der Regel betrügerische – Absicht hergestellt, sich oder einem Dritten Leistungen (z. B. aus der Versicherung) zu verschaffen. Ein so gestaltetes Delikt im Vorfeld des Betrugs enthält in seinem Kernbereich § 265 (**Versicherungsmissbrauch**)[4].

II. Erschleichen von Leistungen, § 265a

1. Der kriminalpolitische Hintergrund

6 Der auf ein Gesetz von 1935 zurückgehende § 265a schließt Strafbarkeitslücken, welche dadurch entstehen, dass es bei der unlauteren Inanspruchnahme massenhaft erbrachter Leistungen (Hauptfälle: Schwarzfahren in öffentlichen Verkehrsmitteln und Automatenmissbrauch) häufig bereits an einer Täuschungshandlung, jedenfalls aber an einer Irrtumserregung i. S. des § 263 fehlt, weil eine Kontrollperson entweder gar nicht anwesend ist oder jedenfalls keiner hinreichend konkreten Fehlvorstellung unterliegt[5]. Der Eintritt eines Vermögensschadens ist in diesen Fällen nicht zweifelhaft. Dieser besteht beim Schwarzfahren in dem Beförderungsentgelt, welches dem Verkehrsunternehmen entgeht.

---

1   Dazu und zur kriminalpolitischen Rechtfertigung dieser Tatbestände vgl. unten Rn. 6 ff. (zu § 265a) und Rn. 26 ff. (zu § 263a).
2   Dazu und zur kriminalpolitischen Rechtfertigung dieser Tatbestände vgl. unten Rn. 54 ff. sowie Rn. 62 ff. (zu § 264), Rn. 78 ff. (zu § 264a) und Rn. 92 ff. (zu § 265b).
3   Dazu und zur über das Vermögen hinausgreifenden Schutzrichtung des § 298 vgl. unten Rn. 108 f.; de lege ferenda werden teilweise weitere wettbewerbs- und vermögensschützende Vorfeldtatbestände gefordert, etwa im Hinblick auf die Kommerzialisierung des Leistungssports ein Dopingtatbestand; vgl. *Momsen-Pflanz*, Die sportethische und strafrechtliche Bedeutung des Dopings, 2005; zum Dopingverbot als Mittel des Gesundheitsschutzes vgl. oben § 6 Rn. 33, 37.
4   Dazu unten Rn. 117 ff.
5   Zum Fall des blinden Passagiers oben § 20 Rn. 47 und 52.

Allerdings hat sich der Gesetzgeber nicht zu einem echten Sondertatbestand durchringen können, sondern hat mit § 265a nur einen Tatbestand mit **Subsidiaritätsklausel**[6] geschaffen. Deshalb ist stets zu prüfen, ob nicht vorrangig der schwerere § 263 zur Anwendung kommt[7]. 7

Leistungserschleichungen sind stark verbreitet, wobei das Schwarzfahren klar dominiert. 2011 wurden 246.944 Fälle des § 265a polizeilich registriert, was einem Anteil von rund 26 % an der gesamten Betrugskriminalität entspricht. 2011 wurden 65.513 Personen verurteilt (davon 9.936 Heranwachsende und Jugendliche)[8]. 8

2. Der Tatbestand des § 265a I

a) Die Gegenstände der Erschleichung

§ 265a enthält vier Varianten der Leistungserschleichung: (1) die Erschleichung der Leistung eines Automaten und – als Unterfall – (2) eines öffentlichen Zwecken dienenden Telekommunikationsnetzes, (3) die Erschleichung der Beförderung durch ein Verkehrsmittel und (4) den Zutritt zu einer Veranstaltung oder Einrichtung. 9

Aus der von § 265a geforderten Absicht, das Entgelt nicht zu entrichten, ergibt sich, dass nur die Erschleichung **entgeltlicher** Leistungen objektiv tatbestandsmäßig ist[9]. 10

Eine Strafbarkeit nach dieser Vorschrift scheidet also von vornherein aus, wenn sich z. B. jemand unbefugt Zutritt zu einer geschlossenen – aber kostenfreien – Gesellschaft verschafft oder einen gebührenfreien Geldwechselautomaten bedient[10].

In der Praxis spielen der **Automatenmissbrauch** und vor allem die **Beförderungserschleichung** die Hauptrollen. Diese beiden Begehungsformen sind auch im Examen beliebt, der Automatenmissbrauch wegen des umstrittenen Verhältnisses von § 265a zu den Eigentumsdelikten[11], die Beförderungserschleichung wegen der umstrittenen Anforderungen an das Erschleichen[12]. 11

---

6 Zur Subsidiarität als Unterfall der Gesetzeskonkurrenz vgl. *Baumann/Weber/Mitsch*, § 36 Rn. 10 f.; *B. Heinrich*, AT, Rn. 1438 ff.
7 Vgl. OLG Düsseldorf, JR 1983, 428 m. Anm. *Puppe* (Vorzeigen eines Mehrfahrtenausweises, dessen Entwerterfeld mit einem durchsichtigen Klebeband überklebt wurde; dies wurde als Betrugsversuch gewertet).
8 Quelle: Polizeiliche Kriminalstatistik, Berichtsjahr 2011, S. 43; Strafverfolgungsstatistik, Berichtsjahr 2011, S. 36 f.
9 *Rengier*, BT I, § 16 Rn. 2; *Wessels/Hillenkamp*, BT 2, Rn. 672.
10 OLG Düsseldorf, NJW 2000, 158 (der Geldwechselautomat wird hier als Warenautomat eingestuft und deshalb § 265a abgelehnt!); *Kudlich*, JuS 2001, 20 (22).
11 Vgl. dazu unten Rn. 12 ff.
12 Vgl. dazu unten Rn. 17 ff.

b) Der Automatenmissbrauch, § 265a I 1. Alt.

12 Aus der ratio des § 265a, Lücken des § 263 zu schließen[13], sowie aus seiner systematischen Stellung schloss die jedenfalls früher h. M.[14], dass nur **Leistungsautomaten**, nicht aber Warenautomaten erfasst seien. Als Maßstab der Abgrenzung soll das Zivilrecht weiterhelfen: Der Leistungsautomat erbringt eine Dienstleistung oder ein Werk im Sinne des Dienst- oder Werkvertragsrechts des BGB (z. B. beim Wiege- oder Schuhputzautomat oder bei der Musikbox). Der Warenautomat hingegen erbringt die Leistung eines Verkäufers im Sinne eines Kaufvertrages nach § 433 I BGB (durch die Übergabe und Übereignung von **Sachen**).

13 Diese Differenzierung ist jedoch zweifelhaft und führt zu kaum lösbaren Abgrenzungsproblemen. Denn natürlich liegt in der Übergabe von Waren gleichzeitig auch eine Leistung. Unklar ist die Zuordnung daher z. B. bei Fotokopierautomaten oder Geldspielautomaten. Bei Letzteren wird vielfach ein Doppelcharakter angenommen: Es liegt ein Leistungsautomat hinsichtlich der verschafften Spielfreude und ein Warenautomat hinsichtlich des möglichen Geldgewinnes vor[15]. Auch vom Wortlaut her können problemlos beide Typen unter den Begriff des „Automaten" gefasst werden, sodass auf eine Unterscheidung zu verzichten ist.[16]

14 Wie oben[17] dargelegt, erblickt die h. M. in der missbräuchlichen Inanspruchnahme eines Warenautomaten, also in der unbefugten Entnahme von Sachen, allerdings einen Diebstahl, § 242[18], sodass § 265a entweder bereits tatbestandlich nicht gegeben ist oder jedenfalls als subsidiär zurücktritt[19]. In dieser Allgemeinheit trifft dies jedoch nicht zu. Zwar liegt unzweifelhaft ein Gewahrsamsbruch vor, wenn der Täter z. B. einen Zigarettenautomaten aufbricht und Zigarettenpackungen entnimmt. In diesem Fall fehlt es auch am betrugsverwandten Erschleichen. Wenn aber der Automat mit Falschgeld oder gelddähnlichen Metallplättchen bedient wird, der Täter also an sich funktionsgerecht, aber täuschungsähnlich auf den Mechanismus einwirkt, erfolgt eine Herausgabe der Ware ebenso freiwillig wie wenn der Täter im Laden Zigaretten mit Falschgeld bezahlt, sodass

---

13 Vgl. zu den zuvor bestehenden Strafbarkeitslücken mangels Täuschung eines Menschen RGSt 68, 65; vgl. dazu bereits oben Rn. 3.
14 OLG Düsseldorf, NJW 1999, 3208 (3209); OLG Düsseldorf, NJW 2000, 158; *Lackner/Kühl*, § 265a Rn. 2; *Matt/Renzikowski-Gaede*, § 265a Rn. 5; NK-*Hellmann*, § 265a Rn. 19 ff.; S/S/ *Perron*, § 265a Rn. 4.
15 Vgl. hierzu *Bühler*, Missbrauch von Geldspielautomaten, 1995, S. 66 f.
16 So auch *Eisele*, BT II, Rn. 709; *Kindhäuser*, LPK, § 265a Rn. 16; *Mitsch*, BT 2/2, § 3 Rn. 144 ff.; *ders.*, JuS 1998, 307 (313); MüKo-*Wohlers/Mühlbauer*, 2. Aufl., § 265a Rn. 13 ff.; *Otto*, BT, § 52 Rn. 14 f.; *Rengier*, BT I, § 6 Rn. 3; SK-*Hoyer*, § 265a Rn. 13; SSW-*Saliger*, § 265a Rn. 8; *Wessels/Hillenkamp*, BT 2, Rn. 678; vgl. auch LK-*Tiedemann*, 12. Aufl., § 265a Rn. 20 ff.
17 Vgl. oben § 13 Rn. 55, 150 f.
18 OLG Düsseldorf, NJW 2000, 158; LK-*Ruß*, 11. Aufl., § 242 Rn. 36; *Mitsch*, BT 2/1, § 1 Rn. 77; NK-*Kindhäuser*, § 242 Rn. 49; *Ranft*, JA 1984, 1 (6); *Rengier*, BT I, § 2 Rn. 34; S/S/*Eser/Bosch*, § 242 Rn. 36a; SK-*Hoyer*, § 242 Rn. 54; *Wessels/Hillenkamp*, BT 2, Rn. 120.
19 Ausdrücklich für eine Subsidiarität *Bühler*, Missbrauch von Geldspielautomaten, 1995, S. 68; *Wessels/Hillenkamp*, BT 2, Rn. 120, 678.

kein Gewahrsamsbruch, sondern ein betrugsähnliches Erschleichen i. S. des § 265a anzunehmen ist[20]. Nichts anderes gilt für Geldspielautomaten, wenn es dem Täter gelingt, unter Einsatz von Falschgeld Gewinne zu erzielen[21]. Auch hier ist nicht § 242, sondern § 265a anwendbar.

Nimmt man in diesen Fällen hinsichtlich der erlangten Waren oder Geldstücke zwar eine Freigabe des Gewahrsams, aber keine wirksame Übereignung an, weil diese vom Automatenaufsteller an die Bedingung ordnungsgemäßer Bedienung des Geräts geknüpft wird[22], so begeht der Täter mit seinem Zugriff auf diese Gegenstände eine Unterschlagung. § 265a tritt dann als subsidiär hinter dem strengeren § 246 zurück. – Beim Missbrauch von Geldspielgeräten durch **computergestützte Manipulationen** ist zudem der Vorrang des § 263a zu beachten[23].

§ 265a I 2. Alt., die Erschleichung der Leistung eines öffentlichen Zwecken dienenden Telekommunikationsnetzes (z. B. Fernsprechnetz, Internet), stellt lediglich einen Sonderfall des Automatenmissbrauchs dar. Die „Leistung" ist hierbei die Herstellung der Verbindung, sodass ein bloßes „Anklingeln" nach vorheriger Verabredung nicht erfasst ist[24].

c) Die Beförderungserschleichung, § 265a I 3. Alt.

Unter **Erschleichen** ist – ebenso wie bei den anderen Begehungsformen des § 265a – auch beim Schwarzfahren ein **täuschungsähnliches** Verhalten zu verstehen.

> **Beispiele** sind das Sichverbergen des „blinden Passagiers", die Umgehung von Kontrolleinrichtungen, das Ausweichen beim Erscheinen von Kontrollpersonen sowie die Manipulation an einem ungültigen Fahrausweis, um bei eventuellen Kontrollen gewappnet zu sein (wird der manipulierte Fahrausweis dann allerdings einem Kontrolleur vorgelegt, liegt, je nachdem, ob dieser die Täuschung erkennt oder nicht, versuchter oder vollendeter Betrug vor).

Auf der anderen Seite liegt kein Erschleichen vor, wenn jemand, z. B. aus Protest gegen Gebührenerhöhungen, offen zum Ausdruck bringt, das Entgelt nicht entrichten zu wollen[25].

> **Beispiel**[26]: T benutzt den öffentlichen Personennahverkehr ohne im Besitz einer Fahrkarte zu sein. Er trägt dabei eine Plakette in der Größe einer Scheckkarte mit der Aufschrift „Für freie Fahrt in Bus und Bahn" und „Ich zahle nicht". – Dem KG reichte dies für eine offen nach außen zu Tage tretende Kundgabe allerdings nicht

---

20 So auch AG Lichtenfels NJW 1980, 2206; *Dreher*, MDR 1952, 563 (564); vgl. ferner SK-*Hoyer*, § 265a Rn. 13 ff., wo zutreffend auf die Abgrenzung von Diebstahl und Betrug hingewiesen wird.
21 So auch SK-*Hoyer*, § 265a Rn. 13.
22 Vgl. hierzu oben § 13 Rn. 150 f.
23 Vgl. dazu unten. Rn. 44 ff.
24 *Mitsch*, BT 2/2, § 3 Rn. 149; *S/S/Perron*, § 265a Rn. 10; *Wessels/Hillenkamp*, BT 2, Rn. 675; a. M. LG Hamburg, MDR 1954, 630; *Brauner/Göhner*, NJW 1978, 1469; W. *Herzog*, GA 1975, 257 (261).
25 BayObLG, NJW 1969, 1042 (1043).
26 Fall nach KG, NJW 2011, 2600.

aus, da ein objektiver Beobachter die (kleine) Plakette nur in wenigen Fällen überhaupt bemerken würde (vor allem dann, wenn er T nur von hinten wahrnimmt) und selbst dann, wenn er die Plakette wahrnehme nur in wenigen Fällen den Inhalt erfassen würde. Selbst in diesen Fällen sei zudem nicht klar, ob T tatsächlich keinen Fahrschein besitzt oder nur provozieren möchte. Diese Anforderungen erscheinen allerdings überspannt und sind Ausdruck des Bemühens der Rechtsprechung, in dem politisch sensiblen Bereich des „Schwarzfahrens" keine Strafbarkeitslücken zuzulassen (obwohl es sich hierbei um typische Fälle des „Verwaltungsunrechts" handelt, bei denen eine Sanktionierung durch eine Ordnungswidrigkeit vollauf genügen würde)[27].

19 Nachdem Zugangskontrollen zu öffentlichen Verkehrsmitteln kaum mehr und Fahrausweiskontrollen zumindest im öffentlichen Nahverkehr nur noch sporadisch stattfinden, erscheint der täuschungsähnliche Charakter des Verhaltens der meisten Schwarzfahrer fraglich. Denn sie verhalten sich zumindest äußerlich in gleicher Weise wie zahlende Fahrgäste. Die überwiegende Rechtsprechung[28] und Teile der Literatur[29] sehen ein Erschleichen indes allein schon darin, dass sich der Täter als zahlender Fahrgast geriert und damit den Anschein der Ordnungsmäßigkeit hervorruft[30]. Der Wortlaut der Norm setze „weder das Umgehen noch das Ausschalten vorhandener Sicherungsvorkehrungen oder regelmäßiger Kontrollen voraus"[31]. Es reiche daher „jedes der Ordnung widersprechende Verhalten [aus], durch das sich der Täter in den Genuss der Leistung bringt und bei welchem er sich mit dem Anschein der Ordnungsmäßigkeit umgibt"[32].

20 Damit wird im Ergebnis dem „Erschleichen" die Bedeutung eines strafbarkeitsbegründenden und -begrenzenden objektiven Tatbestandsmerkmals genommen und § 265a zu einem Delikt der schlichten unentgeltlichen Inanspruchnahme von Leistungen verändert, wie es sonst im Kriminalstrafrecht nicht anzutreffen ist. – Zu folgen ist deshalb der Auffassung, die für die Anwendbarkeit des § 265a ein betrugsähnliches Erschleichen fordert[33]. – **Rechtspolitisch** ist, wie bereits erwähnt, eine Ahndung des schlichten Schwarzfahrens als **Ordnungswidrigkeit** zu erwägen und

---

27 Kritisch zur Entscheidung des KG *Jahn*, JuS 2011, 1042 (1043); *Putzke/Putzke*, JuS 2012, 500 (504 f.).
28 BGHSt 53, 122 (m. abl. Anm. *Alwart*, JZ 2009, 478; *Bosch*, JA 2009, 469 [470 f.]; *Zschieschack/Rau*, JR 2009, 244 f.); OLG Düsseldorf, NStZ 1992, 84; OLG Düsseldorf, NJW 2000, 2120; OLG Frankfurt, NStZ-RR 2001, 269; OLG Hamburg, NStZ 1991, 587 (588 – m. abl. Anm. *Schall*, JR 1992, 1, und *Alwart*, NStZ 1991, 587); OLG Hamm, NStZ-RR 2011, 206; OLG Koblenz, NStZ-RR 2011, 246 (247); OLG Stuttgart, NJW 1990, 924 (m. abl. Anm. *Fischer*, NStZ 1991, 41 [42]); anders aber AG Hamburg NStZ 1988, 221, aufgehoben durch OLG Hamburg, NStZ 1988, 221 mit abl. Anm. *Albrecht*.
29 *Maurach/Schroeder/Maiwald*, BT 1, § 41 Rn. 223; *Otto*, BT, § 52 Rn. 19; *Rengier*, BT I, § 16 Rn. 6; *Stiebig*, Jura 2003, 699.
30 Selbst darauf möchte *Hauf*, DRiZ 1995, 15 (18 ff.), verzichten und jede unbefugte Inanspruchnahme einer Beförderungsleistung dem § 265a unterstellen.
31 BGHSt 53, 122 (125).
32 BGHSt 53, 122 (125); so bereits BVerfG NJW 1998, 1135 (1136).
33 So insbesondere *Albrecht*, NStZ 1988, 222 (224); *Alwart*, JZ 1986, 563 (567 ff.); *Ellbogen*, JuS 2005, 20; *Fischer*, § 265a Rn. 21; *ders.*, NJW 1988, 1828 (1829); *Ingelfinger*, StV 2002, 429 (430); *Matt/Renzikowski-Gaede*, § 265a Rn. 15; MüKo-*Wohlers/Mühlbauer*, 2. Aufl., § 265a Rn. 61 ff.; *Putzke/Putzke*, JuS 2012, 500 (504); SSW-*Saliger*, § 265a Rn. 7, 17; S/S/*Perron*, § 265a Rn. 11; SK-*Hoyer*, § 265a Rn. 21; *Wessels/Hillenkamp*, BT 2, Rn. 676.

d) Der Zutritt zu einer Veranstaltung oder Einrichtung, § 265a I 4. Alt.

Als **Veranstaltung** kommen (entgeltliche) Theateraufführungen, Filmvorführungen im Kino[36], Fußballspiele oder Konzerte in Betracht. Zu den **Einrichtungen** zählen Museen, Schwimmbäder oder durch eine Schranke gesicherte Parkhäuser (nicht hingegen Parkplätze mit einer Parkuhr)[37]. 21

e) Der subjektive Tatbestand

Ebenso wie § 263 enthält § 265a ein **Vorsatz**delikt. Der Bereicherungsabsicht des § 263[38] entspricht in § 265a die **Absicht**, das Entgelt nicht zu entrichten. Hieran fehlt es z. B. bei demjenigen, der außerhalb der Öffnungszeiten in ein Schwimmbad eindringt – und zwar selbst dann, wenn er nur deswegen nachts eindringt, weil er tagsüber bemerkt würde und dass Entgelt bezahlen müsste (durch das nächtliche Eindringen liegt aber § 123 vor). 22

3. Versuch, Antragserfordernisse und Konkurrenzen

a) Versuch

Vollendet ist das Delikt mit der – auch nur teilweisen – Erbringung der Leistung. Ein nach § 265a II strafbarer **Versuch** liegt z. B. im Einwerfen von Falschgeld in den Automaten (ohne dass dieser die gewünschte Leistung erbringt) und im Einsteigen in das Verkehrsmittel. 23

b) Antragserfordernisse

Die Antragserfordernisse des § 265a III – Verweis auf §§ 247 und 248a – entsprechen denen des Betrugs in § 263 IV[39]. 24

c) Konkurrenzen

Die Subsidiaritätsklausel in § 265a I[40] bezieht sich – entgegen ihrer umfassenden Formulierung – nur auf Delikte mit einem der Leistungserschleichung vergleichbaren vermögensschädigenden Unrechtsgehalt, also 25

---

34 Vgl. oben Rn. 17.
35 So ein Gesetzesentwurf des Bundesrats von 1995 (BT-Drucks. 13/374). Vgl. dazu und zu weiteren Reformüberlegungen *S/S/Perron*, § 265a Rn. 1.
36 Vgl. hierzu den Beispielsfall bei *Oglakcioglu*, JA 2011, 588 (590).
37 Die Parkuhr ist auch kein Waren- bzw. Leistungsautomat. Sie erbringt weder eine Leistung noch ermöglicht sie den Zugang zu einem Parkplatz; vgl. OLG Saarbrücken, DAR 1989, 233 (234); BayObLG, JR 1991, 433 (434) m. Anm. *Graul*; SK-*Hoyer*, § 265a Rn. 25; *Wessels/Hillenkamp*, BT 2, Rn. 679.
38 Dazu vgl. § 20 Rn. 131 ff.
39 Dazu vgl. § 20 Rn. 140 und näher § 13 Rn. 23 ff.
40 Vgl. oben Rn. 7.

auf Betrug (§ 263) und Eigentumsdelikte[41]. Zu andersartigen Straftaten, etwa nach §§ 123 und 267, steht § 265a in Tateinheit (§ 52).

III. Computerbetrug, § 263a

1. Kriminalpolitisches Bedürfnis für einen Sondertatbestand

26 § 263a wurde durch das 2. WiKG – zusammen mit den Computertatbeständen der §§ 202a, 269 sowie den §§ 303a und 303b – zur Schließung von Strafbarkeitslücken (Erfassung vermögensschädigender Computermanipulationen) in das StGB eingefügt[42].

27 § 263a schließt die sich aus der Personenbezogenheit des § 263 ergebende Strafbarkeitslücke. Der Betrugstatbestand setzt die Täuschung eines Menschen voraus, die zu einer irrtumsbedingten schädigenden Vermögensverfügung führen muss, sodass § 263 nicht anwendbar ist, wenn ein Vermögensschaden durch unlautere Beeinflussung des Ergebnisses einer Datenverarbeitung ohne Einwirkung auf das Vorstellungsbild eines Menschen herbeigeführt wird[43]. Dabei ist der **Datenbegriff** weiter als derjenige des § 202a II: Er umfasst in § 263a alle codierten und codierbaren Informationen unabhängig vom Verarbeitungsgrad[44].

28 Obwohl im Zusammenhang mit der Bekämpfung der Wirtschaftskriminalität ins StGB eingefügt, liegt die bisherige praktische Bedeutung des § 263a nicht im Kernbereich der Wirtschaftskriminalität[45]. Vielmehr haben sich die Gerichte überwiegend mit eher bagatellartigen Angriffen auf fremdes Vermögen zu befassen, die gesamtwirtschaftliche Belange nicht tangieren: **Codekarten-Missbrauch** bei der Bargeldabhebung aus Geldautomaten und **Leerspielen von Glücksspielautomaten**[46].

29 2011 wurden 26.723 Fälle polizeilich erfasst und 2.797 Personen nach § 263a verurteilt[47].

2. Der Tatbestand des § 263a

a) Teilidentität mit § 263: Schaden und Bereicherungsabsicht

30 Da durch § 263a ausschließlich Fallgestaltungen erfasst werden sollen, in denen § 263 mangels Vorliegens einer Täuschungshandlung ver-

---

41 NK-*Hellmann*, § 265a Rn. 50; *Rengier*, BT I, § 16 Rn. 1; SSW-*Saliger*, § 265a Rn. 22; S/S/*Perron*, § 265a Rn. 14; *Wessels/Hillenkamp*, BT 2, Rn. 671; a. M. *Lackner/Kühl*, § 265a Rn. 8; zu § 246 vgl. oben Rn. 15.
42 Vgl. dazu auch die Ausführungen zu § 202a, oben § 8 Rn. 43 ff.
43 Zur tatbestandlichen Struktur des § 263a, welche eben diesem Manko Rechnung trägt, vgl. unten Rn. 30 ff.
44 *Rengier*, BT I, § 14 Rn. 3; vgl. auch SK-*Hoyer*, § 263a Rn. 11.
45 Vgl. dazu oben § 19 Rn. 6.
46 Zu diesen beiden (auch examenswichtigen) Begehungsformen des Computerbetrugs vgl. näher unten Rn. 36 ff. und Rn. 44 ff.
47 Quelle: Polizeiliche Kriminalstatistik, Berichtsjahr 2011, S. 43; Strafverfolgungsstatistik, Berichtsjahr 2011, S. 36 f.

sagt[48], ist die Tatbestandsfassung des Computerbetrugs weitgehend an die des Betrugs angelehnt. Völlige Identität der §§ 263 und 263a besteht zum einen hinsichtlich des Eintritts eines **Vermögensschadens**[49], zum anderen hinsichtlich der **Bereicherungsabsicht**[50]. Ebenso wie § 263 enthält also § 263a ein **Erfolgs-** und ein **Vermögensverschiebungsdelikt** mit dem Erfordernis der Stoffgleichheit zwischen (beabsichtigtem) Vorteil und Schaden[51].

Geschütztes Rechtsgut auch des § 263a ist ausschließlich das **Vermögen**. Ebenso wenig wie die Täuschungshandlung den Betrug zu einem Delikt (auch) gegen Treu und Glauben im Rechtsverkehr macht, führt die von § 263a geforderte Einwirkung auf einen Datenverarbeitungsvorgang dazu, dass neben dem Vermögen die Funktionstüchtigkeit von Computersystemen geschützt ist[52]. 31

b) Abweichung von § 263: Ersatz der Täuschungshandlung, Irrtumserregung und Vermögensverfügung

Die gegenüber Computern nicht mögliche **Täuschungshandlung** wurde in § 263a durch vier der Computertechnik angepasste Tathandlungen ersetzt: 32

(1) **Unrichtige Gestaltung des Programms** (sog. Programm-Manipulation). Unrichtig ist die Programmgestaltung dann, wenn sie Ergebnisse herbeiführt, die nach der zugrunde liegenden Aufgabenstellung und den Beziehungen zwischen den Beteiligten der materiellen Rechtslage widersprechen[53]. Entscheidend ist hierbei nicht der Wille des Verfügungsberechtigten, sondern eine objektive Betrachtung[54]. Die Programm-Manipulation stellt lediglich einen Spezialfall der nachstehend genannten Input-Manipulation dar[55].

(2) **Verwendung unrichtiger oder unvollständiger Daten** (sog. Input-Manipulation)[56]. Hier gibt der Täter falsche Daten in den Datenverarbeitungsprozess ein (mit der Folge, dass unrichtige Ergebnisse erzielt wer-

---

48 Vgl. dazu oben Rn. 3 und 27.
49 Dazu oben § 20 Rn. 87 ff.
50 Dazu oben § 20 Rn. 122 ff.
51 Dazu oben § 20 Rn. 122 ff.
52 BGHSt 40, 331 (334); LK-*Tiedemann/Valerius*, 12. Aufl., § 263a Rn. 13; *Mitsch*, BT 2/2, § 3 Rn. 6; vgl. auch *Fischer*, § 263a Rn. 2 („allenfalls mittelbar"); *Lackner/Kühl*, § 263a Rn. 1 (nur „Schutzreflex"); NK-*Kindhäuser*, § 263a Rn. 2 (lediglich Schutzreflex); SSW-*Hilgendorf*, § 263a Rn. 1 („lediglich mittelbar").
53 *Haft*, NStZ 1987, 6 (7); *Hilgendorf*, JuS 1997, 130 (131).
54 *Hilgendorf*, JuS 1997, 130 (131); *Lackner/Kühl*, § 263a Rn. 7; *Matt/Renzikowski-Altenhain*, § 263a Rn. 6; *Rengier*, BT I, § 14 Rn. 7; SSW-*Hilgendorf*, § 263a Rn. 5; *Wessels/Hillenkamp*, BT 2, Rn. 609; a. M. *Kindhäuser*, BT II, § 28 Rn. 12 f.; NK-*Kindhäuser*, § 263a Rn. 14; *S/S/Perron*, § 263a Rn. 5.
55 *Fischer*, § 263a Rn. 6; *Hilgendorf*, JuS 1997, 130 (131); LK-*Tiedemann/Valerius*, 12. Aufl., § 263a Rn. 27; *Rengier*, BT I, § 14 Rn. 7; *Wessels/Hillenkamp*, BT 2, Rn. 609.
56 Vgl. dazu BGHSt 58, 119 (125): Bühler, MDR 1987, 448 (450); *Haft*, NStZ 1987, 6 (8); *Hilgendorf*, JuS 1997, 130 (131); *Kraatz*, Jura 2010, 36 (40 f.); *Möhrenschlager*, wistra 1986, 128 (132).

den). Diese Variante ist allerdings nur erfüllt, wenn die Angabe falscher Daten gegenüber einem Menschen zu einer Betrugsstrafbarkeit führen würde. Hieran fehlt es z. B. bei der Geltendmachung einer nicht existierenden Forderung im automatisierten Mahnverfahren, da im (nicht-automatisierten) Mahnverfahren der den Mahnbescheid erlassende Rechtspfleger die entsprechenden Angaben nicht auf ihre inhaltliche Richtigkeit zu prüfen hat[57].

(3) **Unbefugte Verwendung von Daten.** Diese Begehungsalternative ist examenswichtig, da sie insbesondere auf den Missbrauch von Codekarten bei der Bargeldabhebung aus Geldautomaten gemünzt ist[58]. Umstritten ist in dieser Tatvariante erstens, ob eine Eingabe von Daten in den Datenverarbeitungsprozess erforderlich ist (so die zutreffende h. M.)[59] oder jegliche (unbefugte) Nutzung von Daten erfasst wird[60]. Zweitens ist das – als Tatbestandselement zu begreifende – Merkmal der **Unbefugtheit** umstritten. Aus der betrugsnahen Auslegung des § 263a muss hier auch eine betrugsspezifische Interpretation folgen[61]: Es ist zu fragen, ob die Verwendung der Daten gegenüber einer natürlichen Person Täuschungscharakter hätte[62]. Nach der Gegenansicht[63] ist hingegen eine subjektivierende Auslegung vorzuziehen. Hiernach ist jede Datenverwendung unbefugt, die dem wirklichen oder mutmaßlichen Willen des Verfügungsberechtigten widerspricht, was zu einer uferlosen Ausweitung des Tatbestandes und letztlich zu einer Strafbarkeit bloßer Vertragsverletzungen führen würde. Schließlich findet sich teilweise auch eine rein computerspezifische Auslegung, die entweder eine irreguläre Einwirkung auf den Datenverarbeitungsprozess fordert[64] oder aber auf die Überwindung einer im Programmablauf selbst installierten Sicherung (Überprüfung der Berechtigung durch Ab-

---

57 *Rengier*, BT I, § 14 Rn. 9; *S/S/Perron*, § 263a Rn. 6; *Wessels/Hillenkamp*, BT 2, Rn. 610; a. M. *Kindhäuser*, BT II, § 28 Rn. 17 f.; LK-*Tiedemann/Valerius*, 12. Aufl., § 263a Rn. 39, 68; NK-*Kindhäuser*, § 263a Rn. 18; *Otto*, BT, § 52 Rn. 37; vgl. hierzu auch *Münker* Der Computerbetrug im automatisierten Mahnverfahren, 2000.
58 Vgl. dazu näher unten Rn. 36 ff.; ferner sollen mit dieser Begehungsform des Computerbetrugs Missbräuche des Btx-Systems, etwa beim Home-Banking, erfasst werden; dazu und zu weiteren Anwendungsbereichen näher *Möhrenschlager*, wistra 1986, 128 (133).
59 *Kindhäuser*, BT II, § 28 Rn. 20 f.; *Rengier*, BT I, § 14 Rn. 10; *S/S/Perron*, § 263a Rn. 8.
60 BayObLG, JR 1994, 289 (290 f.); *Hilgendorf*, JuS 1997, 130 (131); *Lampe*, JR 1990, 347 (348); *Mitsch*, JZ 1994, 877 (883 f.).
61 So auch die h. M.; vgl. BGHSt 38, 120 (121 f.); BGHSt 47, 160 (162 f.); BGHSt 58, 119 (125); *Eisele/Fad*, Jura 2002, 305 (306 f.); *Fischer*, § 263a Rn. 11; *Meier*, JuS 1992, 1017 (1019); *Rengier*, BT I, § 14 Rn. 14; *S/S/Perron*, § 263a Rn. 2, 9 ff.; SK-*Hoyer*, § 263a Rn. 19 f.; *Wessels/Hillenkamp*, BT 2, Rn. 613; *Zielinski*, CR 1992, 223; ders., JR 2002, 342.
62 BGHSt 38, 120 (121 f., 124); BGHSt 47, 160 (162 f.); BGHSt 58, 119 (125); LK-*Tiedemann/Valerius*, 12. Aufl., § 263a Rn. 44, 46 ff.; *S/S/Perron*, § 263a Rn. 2, 9 ff.
63 BayObLG, JR 1994, 289 (291); *Bühler*, MDR 1991, 14 (16 f.); *Gössel*, BT 2, § 22 Rn. 13; *Hilgendorf*, JuS 1997, 130 (131 f.); *Kindhäuser*, BT II, § 28 Rn. 23; *Mitsch*, BT 2/2, § 3 Rn. 21 ff.; ders., JZ 1994, 877 (883 f.); NK-*Kindhäuser*, § 263a Rn. 27; *Otto*, BT, § 52 Rn. 40; SSW-*Hilgendorf*, § 263a Rn. 10, 14; vgl. auch BGHSt 40, 331 (334 f.).
64 *Arloth*, Jura 1996, 354 (357 f.); *Neumann*, JuS 1990, 535 (537); vgl. auch *Lenckner/Winkelbauer*, CR 1986, 654 (657).

fragen eines Codes) abstellt⁶⁵, was wiederum den Tatbestand zu sehr einschränkt.

(4) Sonstige unbefugte Einwirkung auf den Ablauf eines Datenverarbeitungsvorganges (sog. Ablaufmanipulation). Bei dieser Variante handelt es sich um einen das Bestimmtheitsgebot (Art. 103 II GG) tangierenden generellen Auffangtatbestand⁶⁶, der u. a. für die Bekämpfung heute noch nicht bekannter Manipulationstechniken gedacht ist.

Die „Täuschungshandlungen" müssen das **Ergebnis eines Datenverarbeitungsvorganges beeinflussen.** Mit dieser computerspezifischen Formulierung in § 263a soll den Betrugsmerkmalen „**Irrtum**" und „**Vermögensverfügung**" entsprochen werden: „Dem irrigen Denk- und Entscheidungsvorgang [Irrtum] entspricht der determinierte Datenverarbeitungsvorgang, der beim Einsatz der im Tatbestand genannten Mittel technisch zu einem ‚falschen' Ergebnis führt, das der [...] ‚Vermögensverfügung' entspricht"⁶⁷. 33

Gleichermaßen wie beim Betrug ist beim Computerbetrug ein **unmittelbarer** Zusammenhang zwischen „Verfügung" und Schaden erforderlich⁶⁸. Aus dem Unmittelbarkeitserfordernis ergeben sich Schwierigkeiten bei der Abgrenzung zwischen den §§ 263a und 263, wenn zwischen dem Ergebnis des Datenverarbeitungsvorgangs und der Vermögensdisposition noch ein menschliches Verhalten eingeschaltet ist. Die Unmittelbarkeit zwischen dem Ergebnis des Datenverarbeitungsvorganges und dem Schaden wird allerdings dann nicht aufgehoben, wenn die eingeschaltete Person keine Inhaltskontrolle vornimmt, sondern das Ergebnis ohne Weiteres vermögensschädigend umsetzt oder in eine weitere EDV-Anlage einspeichert. In diesen Fällen liegt § 263a vor. Dagegen fehlt es an der Unmittelbarkeit der Beziehung zwischen Datenergebnis und Vermögensschaden, wenn eine Kontrollperson im Anschluss an den Datenverarbeitungsvorgang noch eigenständig tätig wird. Denn dann wird zudem noch diese Person in einen Irrtum versetzt und trifft ihrerseits die unmittelbar schädigende Verfügung, sodass § 263 eingreift⁶⁹. 34

Aktuell wird dieses Problem insbesondere in den Fällen des Einsatzes von Selbstbedienungskassen in Supermärkten, wenn der Täter den Strichcode einer anderen, günstigeren Ware einscannt, (nur) diesen Preis bezahlt und anschließend den Laden verlässt. Entgegen der Ansicht des OLG Hamm⁷⁰ muss eine Übertragung der oben

---

65 *Achenbach*, JR 1994, 293 (295); *ders.*, Gössel-FS 2002, S. 481 (494).
66 BGHSt 40, 331.
67 BT-Drucks. 10/318, S. 19. – Dagegen bestreitet *Haft*, NStZ 1987, 6 (8), die Integration des Irrtumsmerkmals in den § 263a, sodass an zentraler Stelle von Betrugsgrundsätzen abgewichen werde.
68 BGHSt 58, 119 (123), hier insbesondere zu den Besonderheiten des Abbuchungsauftragsverfahrens im Lastschriftverfahren; vgl. zur Unmittelbarkeit beim Betrug oben § 20 Rn. 69 f.
69 So z. B. auch *S/S/Perron*, § 263a Rn. 21; a. M. *Lackner/Kühl*, § 263a Rn. 18: Bereits das unlauter beeinflusste Datenergebnis führe zu einer schadensgleichen konkreten Vermögensgefährdung, sodass § 263a anwendbar sei.
70 OLG Hamm, wistra 2014, 36; ablehnend auch *Darvish/Kaufholf*, famos 11/2013, S. 5 f.

gewonnenen Abgrenzung von Diebstahl und Betrug an einer mit einem Menschen besetzten Kasse[71] dazu führen, dass in Fällen des Austauschs von Preisetiketten oder dem Verstecken von Ware in der Verpackung einer anderen hier kein Diebstahl, sondern ein Computerbetrug angenommen wird, da bei einem äußerlich ordnungsgemäß vorgenommenen Bezahlvorgang eine unmittelbare „Verfügung" anzunehmen ist. Anders hingegen ist der Fall zu beurteilen, wenn vor dem Verlassen noch eine Schranke passiert werden muss, an welcher ein Mitarbeiter des Unternehmens den Durchgang individuell gestattet. Hat dieser ausreichende Kontrollbefugnisse hinsichtlich der abtransportierten Waren, dann verfügt er über diese und es ist ein Betrug anzunehmen.

Schließlich ist der Computerbetrug – und auch insoweit in Parallele zum Betrug – in der Weise denkbar, dass derjenige, dessen Datenverarbeitung beeinflusst wird und derjenige, bei dem er Schaden eintritt, personenverschieden sind, wobei es auch hier darauf ankommt, ob diese in einem Näheverhältnis stehen (Lagertheorie)[72].

3. Vorsatz

35 Ebenso wie § 263 verlangt § 263a auf der subjektiven Tatseite neben der Bereicherungsabsicht[73] Vorsatz hinsichtlich aller objektiven Tatbestandsmerkmale.

Geht der den Datenverarbeitungsvorgang manipulierende Täter davon aus, die „Vermögensverfügung" werde unmittelbar durch einen Computer vorgenommen, während in Wirklichkeit noch eine Kontrollperson eingeschaltet ist[74], so ändert dies nichts an der Strafbarkeit wegen eines vollendeten Computerbetrugs (§ 263a): Es handelt sich um eine im Hinblick auf die bloß technisch-organisatorisch abweichende Gestaltung des schädigenden Vorganges unerhebliche Abweichung der Tätervorstellung vom tatsächlichen Geschehensablauf. – Geht der Täter umgekehrt verfehlt von der Letztverfügung einer Kontrollperson aus, entscheidet jedoch der Computer selbstständig, so liegt ebenfalls eine unerhebliche Abweichung vor. Insoweit ist auch hier ein vollendeter Computerbetrug, § 263a, anzunehmen[75].

4. Speziell zum Codekarten-Missbrauch

36 Beim Codekarten-Missbrauch, dem derzeit praktisch bedeutsamsten Anwendungsfall des § 263a[76], handelt es sich um die unbefugte Entnahme von Bargeld aus Geldautomaten der Kreditinstitute (sog. Bankomaten) unter Verwendung der als Codekarte fungierenden Scheckkarte (EC-Karte) und der Codenummer[77]. Er unterfällt der Tatbestandsalternative „das Ergebnis eines Datenverarbeitungsvorgangs [...] durch unbefugte Verwendung von Daten [...] beeinflusst" im Sinne der 3. Alternati-

---

71 Vgl. hierzu oben § 13 Rn. 54.
72 BGHSt 58, 119 (127 f.).
73 Vgl. oben Rn. 30.
74 Vgl. die vorstehende Rn. 34.
75 Ebenso LK-*Tiedemann/Valerius*, 12. Aufl., § 263a Rn. 73; *S/S/Perron*, § 263a Rn. 28; SK-*Hoyer*, § 263a Rn. 54. – Näher zu den Irrtumsfällen *Lenckner/Winkelbauer*, CR 1986, 654 (660 f.).
76 Vgl. oben Rn. 28.
77 Zu den Fällen von Codekarten-Missbrauch vgl. auch *Kraatz*, Jura 2010, 36 (42 ff.).

ve[78], die eigens zu seiner Ahndung am Ende des Gesetzgebungsverfahrens in § 263a I eingefügt wurde[79]. – „**Daten**" sind dabei die dem Kontoinhaber zugeteilte Geheimnummer sowie die in die Karte magnetisch eingespeicherten Informationen. – Dabei ist zu beachten, dass die **Beeinflussung eines Datenverarbeitungsvorgangs** nicht voraussetzt, dass sich dieser bereits in Gang befindet, sondern dass eine solche Beeinflussung auch dann vorliegt, wenn der Vorgang (wie bei der Bedienung des Geldautomaten) erst in Gang gesetzt wird[80].

Da § 263a lediglich die Funktion hat, Lücken der Betrugsstrafbarkeit zu schließen[81], ist sein Anwendungsbereich beschränkt auf Codekarten-Missbräuche, die ein betrugsähnliches Unrecht aufweisen. Das Merkmal der „unbefugten Verwendung von Daten" ist daher betrugsnah auszulegen. Dies ist klassischerweise dann der Fall, wenn ein **Nichtberechtigter** eine Karte, die er z. B. entwendet hat, zur Bargeldabhebung aus einem Geldautomaten benutzt. 37

Beispiel[82]: T entwendet seiner Freundin F die durch einen Magnetstreifen codierte und von der X-Bank ausgestellte EC-Karte, nachdem er deren Geheimnummer in Erfahrung gebracht hat. Daraufhin hebt er ohne Einverständnis der F an einem Geldautomaten der X-Bank 500 € ab, die er für sich verbraucht. Die X-Bank belastet das Konto der F mit dem abgehobenen Betrag. – T ist strafbar nach § 263a I 3. Alt. wegen einer unbefugten Verwendung von (richtigen) Daten. Dies folgt aus der betrugsspezifischen Auslegung des Merkmals „unbefugt"[83]. Denn wenn es T gelungen wäre, das Geld mittels einer Täuschung des Bankangestellten, etwa durch Vorlage der EC-Karte, am Schalter ausgezahlt zu erhalten, so läge ein Betrug (§ 263) vor, wobei offen bleiben kann, ob der Schaden im Ergebnis die F träfe (Verfügung zum Nachteil eines Dritten[84]) oder, wegen der Unsorgfältigkeit des auszahlenden Angestellten, die X-Bank. Im Beispielsfall ist lediglich an die Stelle der Täuschungshandlung die unbefugte Verwendung von Daten und an die Stelle des Irrtums und der Vermögensverfügung die Beeinflussung eines Datenverarbeitungsvorgangs getreten[85], sodass die Schließung der Strafbarkeitslücke, die § 263 aufweist, mit der Anwendung des § 263a erfolgen kann[86]. 38

---

78 Dies ist inzwischen nahezu unbestritten; abweichend allerdings *Kleb-Braun*, JA 1986, 249 (259); dagegen zutreffend *Möhrenschlager*, wistra 1986, 128 (133, Fn. 49).
79 BT-Drucks. 10/5058, S. 30; vgl. zum Gesetzgebungsverfahren *Achenbach*, Gössel-FS 2002, S. 481 (482 ff.).
80 BGHSt 38, 120 (121); *Eisele/Fad*, Jura 2002, 305 (306); *Fischer*, § 263a Rn. 20; LK-*Tiedemann/ Valerius*, 12. Aufl., § 263a Rn. 26, 69; *Otto*, JR 1987, 221 (224); *S/S/Perron*, § 263a Rn. 18; *Weber*, Krause-FS 1990, S. 427 (432); a. M. LG Wiesbaden, NJW 1989, 2551 (2552); *Jungwirth*, MDR 1987, 537 (542 f.); *Kleb-Braun*, JA 1986, 249 (259); *Ranft*, wistra 1987, 79 (83).
81 Vgl. oben Rn. 3, 27 und 30.
82 Fall nach BGHSt 35, 152 – Codekarten-Missbrauch durch Nichtberechtigten; vgl. bereits oben § 13 Rn. 34, 93; vgl. ferner BGHSt 47, 160 (162): Obwohl T hier unter Täuschung über ihre Identität bei verschiedenen Banken ein Konto eröffnete, wobei sie beabsichtigte, die Konten jeweils unter Verwendung der EC-Karte zu überziehen, sah der BGH sie hier als berechtigte Karteninhaberin an.
83 BayObLG, JR 1994, 289 (290 f.); *Hilgendorf*, JuS 1997, 130 (134).
84 Vgl. dazu oben § 20 Rn. 81 ff.
85 Vgl. auch oben Rn. 32, 33.
86 Daneben liegt auch eine Strafbarkeit wegen Fälschung beweiserheblicher Daten, §§ 269, 270, vor; vgl. *Eisele/Fad*, Jura 2002, 305 (307); ferner unten § 32 Rn. 10.

38a In ähnlicher Weise sind die Fälle des sog. „Phishing" zu lösen, in welchen sich der Täter durch Täuschung des Kontoinhabers dessen Kontodaten sowie PIN- und TAN-Nummer verschafft[87].

Beispiel: T sendet an O eine E-Mail, in welcher er diesen unter der Behauptung, im Auftrag der X-Bank zu handeln, auffordert, seine Kundendaten, Passwort, PIN und TAN mitzuteilen. Diese soll er in einer per Link erreichbaren Maske auf einer Internet-Seite einzutragen, welche wiederum den Eindruck erweckt, sie werde seitens der X-Bank betrieben. Nachdem O dieser Aufforderung Folge geleistet hat, nutzt T die Daten und überweist per Online-Banking vom Konto des O hohe Geldbeträge auf sein eigenes Konto. – T handelt hier im Sinne der betrugsspezifischen Auslegung „unbefugt", da er bei einem entsprechenden Vorgang am Schalter den Bankangestellten über seine Identität täuschen würde. Das Versenden der E-Mail erfüllt den Tatbestand indessen noch nicht, da es insofern an einer Unmittelbarkeit zwischen der Tathandlung und dem Vermögensschaden fehlt, insbesondere muss T noch die Überweisung auf sein eigenes Konto durchführen. Auch ein Versuch des § 263a scheidet aus, da T durch das Versenden der E-Mail zur Beeinflussung des Datenverarbeitungsvorgangs selbst noch nicht unmittelbar angesetzt hat[88].

39 Wegen des betrugsähnlichen Vorgehens ist eine Strafbarkeit nach § 263a auch dann anzunehmen, wenn der Täter mithilfe eines Codiergeräts unechte Codekarten herstellt und diese unter Verwendung von Kontendaten und Geheimzahlen von Bankkunden zur Bargeldabhebung an Geldautomaten verwendet[89].

40 Dasselbe gilt, wenn der Codekarten-Inhaber die Karte einem anderen zweckgebunden zu einer bestimmten Bargeldabhebung überlassen hat, dieser aber zweckwidrig die ihm eingeräumte Befugnis überschreitet.

Beispiel[90]**:** Die EC-Karteninhaberin C überlässt dem T ihre EC-Karte und teilt ihm die Geheimnummer mit, damit er für sie während eines Krankenhausaufenthalts die erste Rate einer fälligen Geldstrafe in Höhe von 150 € begleichen kann. T hebt absprachewidrig sechs Mal 400 € ab. 2.250 € verwendet er für sich, mit dem Restbetrag tilgt er die Geldstrafe der C. – Hätte T einen ihm von C überlassenen Barscheck durch Einsetzen eines höheren Betrages gefälscht und bei der Bank eingelöst, so hätte er sich wegen Betrugs strafbar gemacht. Ebenso läge der Fall, wenn er dem Bankangestellten gegenüber eine unbeschränkte Vollmacht zum Abheben des Geldes vorgetäuscht hätte[91]. Die abredewidrige Verwendung der Codekarte weist einen vergleichbaren betrügerischen Unrechtsgehalt auf, sodass die Anwendung des § 263a I 3. Alt. gerechtfertigt ist[92]. Dagegen ist § 266b auf das Verhalten des T nicht

---

87 Vgl. zum „Phishing" etwa *Eisele*, BT II, Rn. 687; *B. Heinrich*, HFR 2006, 125 (126).
88 KG, StV 2013, 515; hierzu *Jahn*, JuS 2012, 1135.
89 BGHSt 38, 120; *Eisele/Fad*, Jura 2002, 305 (309); daneben liegt durch die Herstellung der Karten auch eine Strafbarkeit nach § 152b und möglicherweise nach § 267, durch das spätere Abheben des Geldes zudem eine solche nach §§ 269, 270 vor; vgl. hierzu unten § 32 Rn. 10.
90 Fall nach OLG Köln, NJW 1992, 125 – Zweckwidrige Verwendung überlassener Codekarte.
91 Zutreffenderweise stellt die Übergabe der Karte samt Geheimnummer keine Erteilung einer unbeschränkten Vollmacht dar, wenn der Karteninhaber konkrete – beschränkende – Anweisungen trifft; vgl. nur *Rengier*, BT I, § 14 Rn. 20.
92 So auch *Eisele/Fad*, Jura 2002, 305 (310); *Rengier*, BT I, § 14 Rn. 20; zu diesem Ergebnis gelangt (selbstverständlich) auch die subjektivierende Auffassung, die grundsätzlich. auf den Willen des Berechtigten abstellt; vgl. etwa *Hilgendorf*, JuS 1997, 130 (134); *ders.*, JZ 1994, 877 (881 f.); *Otto*, BT, § 52 Rn. 44; *ders.*, JR 1992, 252 (254); *Mitsch*, BT 2/2, § 3 Rn. 23; SSW-*Hilgendorf*, § 263a

anwendbar, weil es sich einerseits bei der EC-Karte nach der geltenden Rechtslage nicht mehr um eine „Scheckkarte" handelt und § 266b zudem ein auf Handlungen des Karteninhabers beschränktes untreueähnliches Sonderdelikt darstellt[93].

Die Entnahme des Bargeldes aus dem Geldautomaten stellt daneben zwar tatbestandsmäßig auch eine Unterschlagung dar[94]. Entsprechend dem Willen des Gesetzgebers ist jedoch davon auszugehen, dass § 263a eine gegenüber § 246 (und § 242) abschließende Regelung der Abhebung von Bargeld aus Geldautomaten mittels Codekarte und Geheimzahl enthält[95]. 41

An der Verwirklichung betrugsähnlichen Unrechts fehlt es jedoch, wenn der **berechtigte** Karteninhaber aus dem Geldautomaten Geld abhebt, obwohl sein Konto keine Deckung aufweist. 42

Beispiel[96]: T hebt mit seiner EC-Karte (genauer: Maestro-Karte oder V-Pay-Karte) unter Verwendung der ihm zugeteilten Geheimnummer innerhalb weniger Tage sowohl bei seiner Hausbank als auch bei verschiedenen anderen Kreditinstituten mehrmals Bargeld ab, obwohl ihm bekannt ist, dass sein Konto nicht gedeckt und er zur Rückführung des Sollsaldos nicht in der Lage ist. Dabei bewegt er sich bei den ersten Abhebungen noch innerhalb seines ihm von der Bank zugestandenen Kreditrahmens, überschreitet diesen jedoch bei den späteren Abhebungen. – Die vorliegenden Fallkonstellationen sind weitgehend umstritten und sollten in der Prüfung daher auseinandergehalten werden. Zu prüfen ist einerseits, ob zwischen den Abhebungen bei der Hausbank und bei den fremden Kreditinstituten differenziert werden muss. Andererseits ist zu fragen, ob sich an der strafrechtlichen Beurteilung ab dem Zeitpunkt etwas ändert, in dem T den ihm zugestandenen Kreditrahmen überschreitet. 43

Eine Strafbarkeit nach § 263a ist jedenfalls solange zu verneinen, wie sich T noch innerhalb seines ihm zugestandenen Kreditrahmens bewegt – und zwar unabhängig davon, ob er das Geld bei seiner Hausbank oder bei einer Fremdbank abhebt. Denn hätte T das Geld nicht am Geldautomaten, sondern unter Vorlage der Karte am Schalter abgehoben, hätte sich der Bankangestellte über die Kreditwürdigkeit und den Rückzahlungswillen des T infolge des ihm zugestandenen Kreditrahmens keine Gedanken gemacht. Insoweit würde es bei dem Bankangestellten an einem Irrtum fehlen, weshalb nach der betrugsspezifischen Auslegung auch § 263a nicht

---

Rn. 16; a. M. BGH, wistra 2004, 299 (300); OLG Düsseldorf, NStZ-RR 1998, 137; OLG Köln, NJW 1992, 125 (126 f.); LK-*Tiedemann/Valerius*, 12. Aufl., § 263a Rn. 50; *S/S/Perron*, § 263a Rn. 12; SK-*Hoyer*, § 263a Rn. 39.

93 Vgl. hierzu unten § 23 Rn. 51; es kommt allerdings noch eine Strafbarkeit nach §§ 269, 270 infrage; vgl. *Eisele/Fad*, Jura 2002, 305 (310).

94 Vgl. dazu oben § 13 Rn. 55 f. und § 15 Rn. 16; BGHSt 35, 152 (158 ff.); *Weber*, Krause-FS 1990, S. 427 (429 f.). Für Diebstahl (§ 242) z. B. *Ranft*, JuS 1997, 19 (22 f.).

95 BGHSt 38, 120 (124 f.); *S/S/Perron*, § 263a Rn. 42; *Weber*, JZ 1987, 215 (216); a. M. (§§ 263a, 242, 52) *Ranft*, JuS 1997, 19 (23). – Zum Verhältnis von Eigentumsdelikten bezüglich der Codekarte und § 263a vgl. unten Rn. 52.

96 Fall in Anlehnung an BGHSt 47, 160 – Codekarten-Missbrauch durch Berechtigten; zu beachten ist jedoch, dass aufgrund des ab dem 31.12.2001 nicht mehr geltenden Euroscheckverfahrens mit Garantiezusage rechtlich teilweise eine andere Beurteilung erforderlich ist; vgl. ferner OLG Stuttgart, NJW 1988, 981.

greift⁹⁷. – Umstritten sind hingegen die Fälle, in denen T das Geld unter Überschreitung seines ihm von seiner Hausbank zugestandenen Kreditrahmens abhebt. Mit dem Argument, der Angestellte der Bank hätte in diesem Falle wegen der Überschreitung des Kreditrahmens nachgefragt und das Auszahlungsbegehren überprüft, sodass eine Auszahlung nur durch eine Täuschung hätte erreicht werden können, will hier eine Ansicht § 263a zur Anwendung bringen⁹⁸. Dem ist jedoch aus folgenden Gründen zu widersprechen⁹⁹: Hätte sich T das Bargeld unter Verwendung seiner EC- bzw. Maestro- oder V-Pay-Karte am Schalter der Kreditinstitute auszahlen lassen, so wäre er zwar entsprechend dem Scheckkarten-Urteil des BGH¹⁰⁰ bis zum Inkrafttreten des 2. WiKG 1986 wegen Betrugs (§ 263) verurteilt worden. Dieser in der Literatur überwiegend abgelehnten Betrugslösung des Scheckkartenmissbrauchs¹⁰¹ ist jedoch das 2. WiKG nicht gefolgt. Mit § 266b I 1. Alt. wurde vielmehr ein Spezialtatbestand im Umfeld der Untreue geschaffen, der neben dem Missbrauch von Kreditkarten gezielt den Missbrauch von Scheckkarten durch den berechtigten Karteninhaber erfasste. § 266b schloss daher als exklusive Sonderregelung für den Scheckkartenmissbrauch den Rückgriff auf § 263 bzw. § 263a aus¹⁰². Wies somit der Scheckkartenmissbrauch kein Betrugsunrecht (mehr) auf, so musste dies auch für den Missbrauch einer Scheckkarte als Codekarte bei der Bargeldabhebung aus Geldautomaten gelten. Denn der Unrechtsgehalt des Verhaltens des T wird nicht allein deshalb ein anderer, weil er sich das Geld im Beispielsfall auf technisch anderem Wege als durch Abhebung am Bankschalter verschafft¹⁰³. Wurde § 266b grundsätzlich für anwendbar gehalten, so wurde regelmäßig differenziert: Hob T das Geld von einer Fremdbank ab (**Drei-Partner-System**), so lag § 266b vor, da hier eine rechtliche Verpflichtung der Hausbank gegenüber der Fremdbank zur Zahlung bestand¹⁰⁴. Hob T hinge-

---

97 *Eisele*, BT II, Rn. 683; *Rengier*, BT I, § 14 Rn. 22; vgl. auch BGHSt 47, 160 (162 f.).
98 *Eisele/Fad*, Jura 2002, 305 (311); *Lackner*, Tröndle-FS 1989, S. 41 (53 f.); LK-*Tiedemann/Valerius*, 12. Aufl., § 263a Rn. 51; NK-*Kindhäuser*, § 263a Rn. 47; *Otto*, BT, § 52 Rn. 44; *Wessels/Hillenkamp*, BT 2, Rn. 615.
99 So im Ergebnis auch BGHSt 47, 160 (163); *Fischer*, § 263a Rn. 14a; *Krey/Hellmann/M. Heinrich*, BT 2, Rn. 735; *Rengier*, BT I, Rn. 23; SK-*Hoyer*, § 263a Rn. 35.
100 BGHSt 24, 386; vgl. dazu oben § 20 Rn. 59.
101 Vgl. oben § 20 Rn. 59; ferner *Weber*, NStZ 1986, 481 (484).
102 BGHSt 47, 160 (163 f.); BGH, NStZ 1987, 120; SK-*Hoyer*, § 263a Rn. 35; *Weber*, NStZ 1986, 481 (484); *ders.*, JZ 1987, 215 (216); vgl. auch *Krey/Hellmann/M. Heinrich*, BT 2, Rn. 735; S/S/*Perron*, § 263a Rn. 11; ferner unten § 23 Rn. 53.
103 Dies war allerdings auch nicht unstreitig. So lehnten viele die Anwendung des § 266b mit der Begründung ab, die EC-Karte würde hier gerade nicht in ihrer Funktion als Kreditkarte, sondern nur als Codekarte und somit gleichsam lediglich als „Schlüssel" verwendet; vgl. hierzu *Eisele/Fad*, Jura 2002, 305 (311); *Lackner/Kühl*, § 266b Rn. 3.
104 BGHSt 47, 160 (164 f.); OLG Stuttgart, NJW 1988, 981; *Huff*, NJW 1987, 815 (818); *Joecks*, § 266b Rn. 17 f.; *Kudlich*, JuS 2003, 537 (540); *Meier*, JuS 1992, 1017; *Mitsch*, JZ 1994, 877 (881); *Schulz/Tscherwinka*, JA 1991, 119 (124 f.); *Weber*, JZ 1987, 215 (217 f.); *Zielinski*, CR 1992, 223 (227); jedenfalls für einen Vorrang des neben § 263a vorliegenden § 266b NK-*Kindhäuser*, § 263a Rn. 49; die rechtliche Verpflichtung ergab sich bis zum 31.12.2001 aus Garantievertrag im Rahmen des Euroscheckverfahrens; an dessen Stelle ist inzwischen eine Vereinbarung der deutschen Bankverbände über ein institutsübergreifendes Geldautomatensystem getreten.

gen das Geld bei seiner Hausbank ab, so war der an anderer Stelle[105] noch auszuführende Streit zu entscheiden, ob § 266b auch im **Zwei-Partner-System** anzuwenden ist[106]. Eine Anwendbarkeit des § 263a schied jedenfalls in beiden Konstellationen aus. Dies galt auch dann, wenn man annahm, § 266b gelte im Zwei-Partner-System nicht. Denn es wäre nicht zu rechtfertigen gewesen, im Zwei-Partner-System den höheren Strafrahmen des § 263a nur deshalb zur Geltung zu bringen, weil § 266b nicht eingreift[107].

Dieser Streit hat sich bei den nunmehr verwendeten Maestro- und V-Pay-Karten erledigt, da durch den Wegfall des Euroscheckverfahrens zum 31. 12. 2001, auf welchen § 266b I 1. Alt. zugeschnitten war, die genannten Karten nicht mehr als „Scheckkarten" anzusehen ist (Wortlautgrenze!)[108], sodass auf § 266b nicht mehr zurückgegriffen werden kann. Dies kann aber nicht dazu führen, dass nunmehr § 263a gleichsam als schwerere Norm wieder auflebt. Denn die Grundsatzentscheidung des Gesetzgebers bleibt zutreffend: Der Täter, der Geld unter Überschreitung seines Kreditrahmens von seinem Konto abhebt, verwirklicht Untreueunrecht und kein Betrugsunrecht. Denn würde der Täter das Geld statt am Geldautomaten am Schalter abheben, so könnte hierin nur schwerlich eine konkludente Täuschung des Bankangestellten über die Liquidität des Kontoinhabers gesehen werden, § 263 schiede also aus. Insoweit handelt der berechtigte Kontoinhaber hier aber auch nicht „unbefugt" i. S. des § 263a I 3. Alt. 43a

Es ist daher im Hinblick auf § 263a auch keine Differenzierung danach zu treffen, ob das Geld bei der Hausbank oder einer Fremdbank abgehoben wird. In beiden Fällen verwirklicht T an sich typisches Untreueunrecht, welches derzeit jedenfalls im Hinblick auf Geldabhebungen mittels einer Kreditkarte bei der Hausbank (insoweit: als bloße Vertragsverletzung) nicht und bei der Abhebung bei einer Fremdbank nur unter besonderen Umständen unter Strafe gestellt ist[109]. Eine Unterschlagung des abgehobenen Geldes scheitert im Übrigen an der mangelnden Fremdheit. Zwar kann die Bank die Übereignung an die Bedingung knüpfen, nur an den wirklichen Kontoinhaber zu leisten[110], eine Bedingung derart, dass sie an den berechtigten Karteninhaber aber nur dann übereignen will, wenn dieser seinen Kreditrahmen nicht überschreitet, ist hingegen nicht möglich. Die hierdurch entstehende Strafbarkeitslücke kann nur vom Gesetzgeber durch Anpassung des § 266b I behoben werden, wobei fraglich bleibt, ob die strafrechtliche Sanktion einer derartigen Vertragsverletzung überhaupt notwendig ist. Zudem schwindet die praktische Relevanz dieser Fallkonstellation proportional zur Zunahme der technischen Effizienz der Online-Überprüfung des Kreditrahmens bei der Abhebung an Geldautomaten.

---

105 Näher zu § 266b und seiner – umstrittenen – Anwendung auf den Codekarten-Missbrauch durch den berechtigten Karteninhaber unten § 23 Rn. 47 ff.
106 Für eine Anwendbarkeit *Weber*, JZ 1987, 215 (218); gegen eine Anwendbarkeit im Zwei-Partner-System BGHSt 38, 281; BGHSt 47, 160 (165 f.); *Fischer*, § 266b Rn. 10a; *Zielinski*, JR 2002, 342 (343) und unten § 23 Rn. 48a.
107 Auch die damals vorgeschlagene Lösung, § 263a zu Anwendung zu bringen, aber den Strafrahmen des § 266b anzuwenden, konnte hier zu keiner befriedigenden Lösung führen.
108 *Lackner/Kühl*, § 266b Rn. 3; *Rengier*, BT I, § 19 Rn. 2; *Wessels/Hillenkamp*, BT 2, § 13 Rn. 616; vgl. hierzu unten § 23 Rn. 44a f.; auch die Einordnung als Kreditkarte ist problematisch, vgl. hierzu unten § 23 Rn. 49b.
109 Vgl. hierzu noch ausführlich unten § 23 Rn. 49.
110 Vgl. hierzu oben § 13 Rn. 34.

43b Dieses für die Barabhebung am Geldautomaten entwickelte Ergebnis muss aber in gleicher Weise auch dann gelten, wenn der berechtigte Karteninhaber beim **electronic-cash-Zahlungsverfahren**[111] Waren statt mit Bargeld mit der EC-Karte oder der Kreditkarte „bezahlt", da aufgrund der Garantieerklärung des Kreditinstituts der Verkäufer keinem Irrtum unterliegt[112]. Dagegen liegt bei der Bezahlung im **elektronischen Lastschriftverfahren**, bei welchem dem Händler lediglich eine Ermächtigung zum Einzug der Forderung erteilt wird, ein Betrug, § 263, vor, weil der Händler das Risiko der Durchsetzbarkeit der Forderung trägt[113].

5. Speziell zum computerunterstützten Leerspielen von Geldspielautomaten

44 Wie oben[114] dargelegt, unterfallen gewinnbringende **mechanische** Manipulationen – z. B. durch das Einwerfen von Falschgeld etc. – von Geldspielautomaten dem § 265a, der dann jedoch als subsidiär hinter dem strengeren § 246 zurücktritt. Auch **computerunterstützte** Manipulationen erfüllen zwar den Tatbestand des § 265a, hier gilt indes der Vorrang des ebenfalls verwirklichten § 263a.

45 **Beispiel**[115]**:** S erwirbt auf illegale Weise ein Computerprogramm, mit dem sich der Spielverlauf bei bestimmten Geldspielautomaten berechnen lässt. Mit dem Programm und einem tragbaren Computer begibt er sich in eine Gaststätte, in der ein nach diesem Programm ablaufender Geldspielautomat aufgestellt ist. Zunächst absolviert er einige Spiele am Automaten und gibt die gewonnenen Erkenntnisse in den mitgeführten Computer ein, um so herauszufinden, in welchem Spielstand sich das Programm befindet. Dieses Wissen bietet ihm die Möglichkeit, durch gezieltes Drücken der Risikotaste den Spielverlauf so zu beeinflussen, dass er im Laufe des Abends 105 € „gewinnt".

46 Die illegale Beschaffung und Verwendung des Programms eines Geldspielgeräts ist als Verrat von Geschäftsgeheimnissen nach § 17 II Nr. 1a und Nr. 2 UWG strafbar[116]. Das Kopieren des Programms kann überdies als Urheberrechtsverletzung nach § 106 UrhG strafbar sein[117].

---

111 Oder auch „point-of-sale-Verfahren" (POS); vgl. hierzu auch den Überblick bei *Eisele/Fad*, Jura 2002, 305.
112 BGHSt 47, 160 (171); *Eisele*, BT II, Rn. 681; *Eisele/Fad*, Jura 2002, 305 (312); *Fischer*, § 263a Rn. 15; *Rengier*, BT I, § 14 Rn. 27; *Krey/Hellmann/M. Heinrich*, BT 2, Rn. 751; a. M. (§ 263a) *Lackner/Kühl*, § 263a Rn. 14; vgl. auch LK-*Tiedemann/Valerius*, 12. Aufl., § 263a Rn. 52; zur Anwendung des § 266b unten § 23 Rn. 49b.
113 *Eisele/Fad*, Jura 2002, 305 (312); *Rengier*, BT I, § 14 Rn. 28.
114 Vgl. oben Rn. 14 f.
115 Fall nach BGHSt 40, 331 – Geldspielautomat.
116 Vgl. BayObLG, NJW 1991, 438 (439); *Bühler*, Missbrauch von Geldspielautomaten, 1995, S. 172 ff., 192 f.; *Weber*, Krause-FS 1990, S. 427 (433 f.); vgl. ferner *Mitsch*, JZ 1994, 877 (993); a. M. *Herzog*, StV 1991, 215 (217 f.).
117 Dazu z. B. *Bühler*, Missbrauch von Geldspielautomaten, 1995, S. 181 ff.; *B. Heinrich*, Die Strafbarkeit der unbefugten Vervielfältigung und Verbreitung von Standardsoftware, 1993; *Reinbacher*, Die Strafbarkeit der Vervielfältigung urheberrechtlich geschützter Werke zum privaten Gebrauch nach dem Urheberrechtsgesetz, 2007, S. 241 ff., 302.

Was den **Computerbetrug** anbelangt, so verdient die vom BGH bejahte 47
Anwendung des § 263a I im Ergebnis Zustimmung[118]. Fraglich ist lediglich, ob der Täter durch die Kenntnis des Computerprogramms und das insoweit gezielte Einsetzen der Risikotaste unbefugt „Daten verwendet" (3. Alt.)[119] oder ob hier der Auffangtatbestand der „sonstigen unbefugten Einwirkung auf den Ablauf" (4. Alt.)[120] einschlägig ist. Die bloße Kenntnis von Daten stellt jedoch noch keine Verwendung derselben dar. Das Drücken der Risikotaste stellt seinerseits auch keine Eingabe von Daten in den Datenverarbeitungsvorgang dar, sondern die bloße Ausnutzung einer möglichen Programmfunktion entsprechend der zuvor erlangten Kenntnis. Auch hierin liegt also keine Verwendung von Daten, sodass im Ergebnis ein Fall der 4. Alt. vorliegt. Infolge der illegalen Programmverschaffung ist diese sonstige Einwirkung auf den Ablauf auch unbefugt[121]. Zudem weist das Täterverhalten betrugsverwandtes Unrecht auf[122]: Der Automatenaufsteller, auf dessen Willen als Träger des Rechtsguts „Vermögen" es ankommt[123], würde den Täter nicht zum Spiel zulassen, wenn ihn dieser bei einem persönlichen Gegenübertreten nicht konkludent darüber hinwegtäuschen würde, dass er kraft Programmkenntnis in der Lage ist, das Zufallselement auszuschalten[124]. § 263 wäre in diesem Falle ebenso erfüllt wie z. B. durch den Teilnehmer an einem Kartenspiel, der mittels einer raffinierten Spiegelvorrichtung stets das Blatt seiner Mitspieler kennt, ohne dass diese davon etwas ahnen[125].

Kein (computer)betrugsrelevantes Verhalten liegt dagegen dann vor, wenn jemand 48
trotz Hausverbots ordnungsgemäß an Automaten spielt. Es kommt nur eine Strafbarkeit wegen Hausfriedensbruchs (§ 123) in Betracht[126].

---

118 Dagegen eine Strafbarkeit ablehnend OLG Celle, NStZ 1989, 367 (368); *Achenbach*, JR 1994, 293 (294); *Arloth*, Jura 1996, 354 (356 f.); *Maurach/Schröder/Maiwald*, BT 1, § 41 Rn. 234; MüKo-*Wohlers/Mühlbauer*, 2. Aufl., § 263a Rn. 58, 62; *Neumann*, CR 1989, 717 (719 f.); *ders.*, JuS 1990, 535 (537); *Schlüchter*, NStZ 1988, 53 (59).
119 BayObLG, NJW 1991, 438 (440); BayObLG, NStZ 1994, 287 (288); *Bühler*, Missbrauch von Geldspielautomaten, 1995, S. 134 ff. (140); *ders.*, MDR 1991, 14 (16); *ders.*, NStZ 1991, 343 (343 f.); *Hilgendorf*, JuS 1997, 130 (132); *Lackner/Kühl*, § 263a Rn. 14a; SK-*Hoyer*, § 263a Rn. 45; offengelassen in BGHSt 40, 331 (334); kritisch zum methodischen Vorgehen des BGH, *Arloth*, Jura 1996, 354 (355).
120 *Eisele*, BT II, Rn. 689; *Mitsch*, BT 2/2, § 3 Rn. 25; *Rengier*, BT I, § 14 Rn. 32; S/S/*Perron*, § 263a Rn. 8; *Wessels/Hillenkamp*, BT 2, Rn. 617.
121 Vgl. BayObLG, NJW 1991, 438 (440); zur illegalen Programmverschaffung vgl. auch oben Rn. 46.
122 Zur gebotenen betrugsparallelen Auslegung des § 263a vgl. oben Rn. 30, 32, 37 ff.
123 Vgl. BGHSt 40, 331 (334 ff.); *Mitsch*, JZ 1994, 877 (883); *Hilgendorf*, JuS 1997, 130 (132), die allerdings der rein subjektivierenden Auffassung folgen; vgl. oben Rn. 32. Neben dem entgegenstehenden Willen muss jedoch noch ein täuschungsgleiches Verhalten des Täters hinzukommen.
124 *Lackner/Kühl*, § 263a Rn. 14a. – Kritisch zu dieser betrugsspezifischen Auslegung z. B. *Arloth*, Jura 1996, 354 (357); *Ranft*, JuS 1997, 19 (21 f.).
125 Vgl. *Weber*, Krause-FS 1990, S. 427 (434 f.).
126 Vgl. *Weber*, Krause-FS 1990, S. 427 (434).

6. Versuch, besonders schwere Fälle und Qualifikation, Antragserfordernisse

49 Die Konkordanz des Computerbetrugs mit dem Betrug wird vervollständigt durch den Verweis in § 263a II auf § 263 II-VII: Auch beim Computerbetrug ist der **Versuch** strafbar, sind durch Regelbeispiele erläuterte **besonders schwere Fälle** (mit der Geringfügigkeitsschranke des § 243 II) unter erhöhte Strafe gestellt[127], ist gewerbsmäßiges Handeln durch ein Bandenmitglied in einem qualifizierten Tatbestand erfasst[128], gelten die **Antragserfordernisse** der §§ 247 und 248a (Delikte gegen Angehörige und Delikte mit geringem Schaden[129]), kann **Führungsaufsicht** angeordnet werden und ist die Verhängung der Vermögensstrafe sowie die Anordnung des erweiterten Verfalls möglich.

Eine Sonderregelung hingegen enthält der erst durch das 35. StrÄndG vom 22. Dezember 2003[130] ins Gesetz aufgenommene Vorfeldtatbestand des § 263a III, wonach bereits die Herstellung oder das Verschaffen, Feilhalten, Verwahren bzw. Überlassen von Computerprogrammen, die zu einer Tat nach § 263a I verwendet werden sollen, unter Strafe gestellt sind[131].

7. Konkurrenzen

50 Ebenso wie § 263 häufig mit Vorschriften zusammentrifft, die besondere Formen der Täuschung unter Strafe stellen (vgl. z. B. § 267[132]), werden mit dem Computerbetrug nicht selten zugleich Straftaten begangen, welche die Erlangung eines Vermögensvorteils i. S. des § 263a I ermöglichen oder doch erleichtern sollen. Es werden z. B. beweiserhebliche Daten manipuliert, § 269 I, oder es wird durch störende Einwirkung auf den Aufzeichnungsvorgang zugleich eine unechte technische Aufzeichnung hergestellt, § 268 III. Da die §§ 268, 269 überindividuelle Rechtsgüter schützen[133], stehen sie zum Vermögensdelikt des § 263a im Verhältnis der Tateinheit, § 52[134].

51 Werden durch eine Tathandlung nach § 263a[135] zugleich Daten gelöscht oder verändert, so besteht Tateinheit zwischen § 263a und § 303a, eventuell auch § 303b[136].

---

127 Vgl. dazu oben § 20 Rn. 134 ff.
128 Vgl. dazu oben § 20 Rn. 134.
129 Vgl. dazu oben § 20 Rn. 140.
130 BGBl. 2003 I, S. 2838.
131 Vgl. hierzu *Husemann*, NJW 2004, 104 (107); ferner kritisch *Duttge*, Weber-FS 2004, S. 285.
132 Vgl. dazu oben § 20 Rn. 143.
133 Vgl. dazu unten § 30 Rn. 1.
134 Dazu näher, besonders auch zu den unglücklichen Überschneidungen des § 263a mit § 268 *S/S/Perron*, § 263a Rn. 43.
135 Vgl. Zu den Tathandlungen des § 263a oben Rn. 32.
136 *Fischer*, § 263a Rn. 39; *S/S/Perron*, § 263a Rn. 43; zur Exklusivität des § 263a gegenüber den Eigentumsdelikten (§§ 242, 246) bei der Abhebung von Bargeld aus Geldautomaten mit Codekarte vgl. oben Rn. 41.

Hat sich der Täter des Codekarten-Missbrauchs die fremde **Codekarte** 52
zugeeignet (was i. d. R. dann vorliegt, wenn er keinen Rückgabewille besitzt[137]), so liegt neben § 263a je nach den Gewahrsamsverhältnissen tatbestandsmäßig § 242 oder § 246 hinsichtlich der Karte vor. Der darin liegende Zugriff auf fremdes Eigentum ist durch die Bestrafung nach § 263a nicht mit abgegolten, sodass insoweit keine straflose Vortat vorliegt, sondern eine Strafbarkeit nach den §§ 242 oder 246, 263a, 53 anzunehmen ist[138].

Dass § 266b beim Codekarten-Missbrauch durch den berechtigten Karteninhaber zudem ein Sonderdelikt gegenüber § 263a darstellt, wurde bereits oben[139] ausgeführt. 53

IV. Subventions-, Kapitalanlage- und Kreditbetrug, §§ 264, 264a, 265b; wettbewerbsbeschränkende Absprachen, § 298

1. Gemeinsamkeiten der Vorschriften

a) Kriminalpolitische Rechtfertigung der Sondertatbestände

Mit den durch das 1. WiKG 1976 (§§ 264 und 265b) und das 2. WiKG 54
1986 (§ 264a) ins StGB eingefügten Vorschriften sollen Hindernisse ausgeräumt werden, die der befriedigenden Erfassung der Erschleichung bestimmter Leistungen mit dem Betrugtatbestand (§ 263) entgegenstanden. Als problematisch erwies sich in diesen Bereichen insbesondere der für eine Verurteilung nach § 263 erforderliche Nachweis einer vorsätzlichen Vermögensschädigung. Aber auch das Vorliegen anderer Betrugsmerkmale erschien oft zweifelhaft[140].

Auch bei wettbewerbsrechtlich unzulässigen Absprachen über Angebote bei Ausschreibungen stieß bereits die objektive Feststellung eines Vermögensschadens i. S. des § 263 auf Beweisschwierigkeiten. Um diese auszuräumen wurde durch das Korruptionsbekämpfungsgesetz 1997 ein neuer § 298 ins StGB eingestellt[141].

Da die Überwindung von Beweisschwierigkeiten allein die Schaffung 55
zusätzlicher Strafvorschriften nicht zu rechtfertigen vermag, werden die
betrugsähnlichen Tatbestände mit dem Schutz überindividueller Rechtsgüter legitimiert, die neben dem konkret beeinträchtigten Individualvermögen durch die Tathandlung – sogar primär – betroffen sind[142]: § 264

---

137 Bei vorhandenem Rückgabewillen fehlt es an der Zueignung; vgl. oben § 13 Rn. 94, 102 sowie *Weber*, Krause-FS 1990, S. 427 (429).
138 Vgl. *Weber*, JZ 1987, 215 (217), sowie AG Kulmbach, NJW 1985, 2282 m. Anm. *Mitsch*, JuS 1986, 767; a. M. (Zurücktreten der §§ 242 oder 246 im Wege der Gesetzeskonkurrenz) *S/S/Perron*, § 263a Rn. 23, 42 m. w. N. – Die hier vertretene Annahme von Realkonkurrenz dürfte insbesondere dann einleuchten, wenn die fremde Codekarte unter den Voraussetzungen des § 243 oder gar der §§ 244, 244a gestohlen wird.
139 Vgl. oben Rn. 42 ff. sowie unten § 23 Rn. 53.
140 Dazu näher unten Rn. 64 ff.
141 Dazu näher unten Rn. 103 ff.
142 Vgl. hierzu *Rengier*, BT I, § 17 Rn. 2; *Tiedemann*, JuS 1989, 689 (691).

schützt das Allgemeininteresse an einer wirkungsvollen staatlichen Wirtschaftsförderung durch Subventionen[143], § 264a das Vertrauen der Allgemeinheit in den Kapitalmarkt[144], § 265b die Kreditwirtschaft als solche[145] und § 298 den freien Wettbewerb[146].

b) Tatbestände im Vorfeld des Betrugs, § 263

56 Die Schwierigkeiten bei der Anwendung des § 263[147] werden gesetzestechnisch dadurch ausgeräumt, dass die tatbestandliche Umschreibung des strafwürdigen Unrechts in den §§ 264 I, 264a I und 265b I **auf eine Täuschungshandlung beschränkt** wird. Eine solche wird in der Regel auch bei der Abgabe von unlauteren Angeboten nach § 298 I vorgenommen, wird aber von diesem Tatbestand nicht unbedingt gefordert[148]. Verzichtet wird also durchweg auf die Merkmale „Irrtumserregung", „Vermögensverfügung" und „Vermögensschaden" des Betrugstatbestandes § 263[149] und damit auch auf einen dahin gehenden Vorsatz sowie die den Betrug im Subjektiven kennzeichnende Bereicherungsabsicht.

57 Umstritten ist, ob die wesentlichen Lücken im Schutz des Vermögens gegen täuschungsbedingte Schädigungen statt mit neuen Tatbeständen entsprechend dem für den Einsatz des Strafrechts geltenden Subsidiaritätsprinzip[150] nicht auch durch außerstrafrechtliche Maßnahmen hätten geschlossen werden können: statt Schaffung des § 264 durch eine präzisere Umschreibung der Subventionsvergabevoraussetzungen, wie dies durch das 1. WiKG im Subventionsgesetz[151] tatsächlich auch geschehen ist; statt § 264a durch eine Umsetzung des im Entwurfsstadium stecken gebliebenen Gesetzes über den Vertrieb von Anteilen an Vermögensanlagen[152], das

---

143 OLG Hamburg, NStZ 1984, 218; *Eisele*, BT II, Rn. 725; *Lackner/Kühl*, § 264 Rn. 1; LK-*Tiedemann*, 12. Aufl., § 264 Rn. 23 ff.; *Mitsch*, BT 2/2, § 3 Rn. 37; *S/S/Perron*, § 264 Rn. 4; *Wessels/Hillenkamp*, BT 2, Rn. 684. – Anders (lediglich Schutz des Vermögens) *Krey/Hellmann/M. Heinrich*, BT 2, Rn. 757; *Krack*, NStZ 2001, 505 (506); *Maurach/Schroeder/Maiwald*, BT 1, § 41 Rn. 165; NK-*Hellmann*, § 264 Rn. 10.
144 OLG Köln, NJW 2000, 598 (600); *Eisele*, BT II, Rn. 746; *Fischer*, § 264a Rn. 2; LK-*Tiedemann/Vogel*, 12. Aufl., § 264a Rn. 25; *Mitsch*, BT 2/2, § 3 Rn. 87; *Otto*, BT, § 61 Rn. 38; *S/S/Perron*, § 264a Rn. 1; *Tiedemann*, JZ 1986, 865 (872); *Weber*, NStZ 1986, 481 (486); *Wessels/Hillenkamp*, BT 2, Rn. 696. – Anders (lediglich Schutz des Vermögens der Kapitalanleger) *Krey/Hellmann/M. Heinrich*, BT 2, Rn. 774; *Joecks*, wistra 1986, 142 (143 f.); NK-*Hellmann*, § 264a Rn. 9; ausführlich zum Streit um das Rechtsgut des § 264a SK-*Hoyer*, § 264a Rn. 1 ff.
145 OLG Stuttgart, NStZ 1993, 545; *Eisele*, BT II, Rn. 749; LK-*Tiedemann*, 12. Aufl., § 265b Rn. 10; *S/S/Perron*, § 265b Rn. 3; *Wessels/Hillenkamp*, BT 2, Rn. 699; ähnlich *Lackner/Kühl*, § 265b Rn. 1 („Allgemeininteresse an der Verhütung von Gefahren für die Wirtschaft"). – Anders (lediglich Schutz des Individualvermögens des Kreditgebers) *Fischer*, § 265b Rn. 3; *Kindhäuser*, BT II, § 31 Rn. 1; *ders.*, JR 1990, 520 (522); *Krey/Hellmann/M. Heinrich*, BT 2, Rn. 768 f.; NK-*Hellmann*, § 265b Rn. 9; SK-*Hoyer*, § 265b Rn. 6 ff. – Am Rechtsgut des Schutzes der Kreditwirtschaft zweifelnd BGH, JZ 1989, 452.
146 Vgl. BT-Drucks. 13/5584, S. 13.
147 Vgl. oben Rn. 54.
148 Vgl. hierzu unten Rn. 109.
149 Vgl. auch oben Rn. 4.
150 Vgl. zum Subsidiaritätsprinzip BVerfGE 39, 1 (47); *Baumann/Weber/Mitsch*, § 3 Rn. 19 ff.; *B. Heinrich*, AT, Rn. 11; *Roxin*, JuS 1966, 377 (382); *Volk*, JZ 1982, 85 (88).
151 BGBl. I 1976, S. 2037.
152 BT-Drucks. 8/1405, S. 4 ff.

Subventions-, Kapitalanlage- und Kreditbetrug § 21 Rn. 58–59

eine umfassende Prospektpflicht sowie einen genauen Prospektinhalt und eine eingehende fachkundige Prospektprüfung vorschreibt; statt § 265b durch verstärkte Prüfung der Bonität der Kreditnehmer durch die Kreditgeber, insbesondere die Banken.

Wie die Erfahrung – besonders deutlich im Straßenverkehrsrecht[153] – zeigt, können jedoch selbst die umfassendsten Präventivmaßnahmen strafwürdige Rechtsgutsverletzungen und -gefährdungen durch eigensüchtige Täter nicht verhindern. Außerstrafrechtliche Prävention und strafrechtliche Repression stehen deshalb nicht im Verhältnis des Entweder-oder, sondern des Sowohl-als-auch[154]. Dabei haben Präventivregelungen als blankettausfüllende Normen zugleich die Funktion, den Straftatbeständen eine dem Art. 103 II GG genügende Bestimmtheit zu verschaffen[155].

c) Abstrakte Gefährdungsdelikte

Da die Straftaten nach den §§ 264, 264a, 265b und 298 mit der Vornahme der Tathandlung vollendet sind, also anders als § 263 keinen weiteren Erfolg verlangen, handelt es sich um schlichte Tätigkeitsdelikte[156] und **abstrakte Gefährdungsdelikte**[157]: Die Tatbestände verzichten nicht nur auf einen Verletzungserfolg, sondern sogar auf einen Gefährdungserfolg im Sinne einer konkreten Vermögensgefährdung[158]. Auch im Hinblick auf die durch diese Vorschriften ebenfalls geschützten Rechtsgüter der Allgemeinheit[159] handelt es sich um abstrakte Gefährdungen. Denn die jeweilige Einzeltat ist nicht geeignet, die Funktionsfähigkeit der Gesamtwirtschaft spürbar zu beeinträchtigen (so kann z. B. von einer Tat nach § 264 nicht gesagt werden, sie bringe die wirkungsvolle staatliche Wirtschaftsförderung durch Subventionen ins Wanken).   58

d) Ausgleich der Strafbarkeitsvorverlagerung: Rücktritt vom vollendeten Delikt[160]

Wie allgemein mit Gefährdungstatbeständen wird auch mit den §§ 264, 264a, 265b und 298 die Vollendungsstrafbarkeit ins Vorfeld der Rechtsgutsverletzung ausgedehnt. Die Vornahme einer Täuschungshandlung ohne einen weiteren Erfolg, die beim Betrug lediglich zur Versuchsstraf-   59

---

153 Vgl. dazu oben § 38 Rn. 6 ff.
154 Näher dazu *Weber*, ZStW 96 (1984), 376 (379 ff.).
155 Dazu näher unten Rn. 85 ff. – Zum eine Tatbestandsbestimmtheit gewährleistenden Zusammenspiel von Verwaltungsrecht und Strafrecht bei den Delikten gegen die Umwelt (§§ 324 ff.) vgl. unten § 41 Rn. 13 ff.
156 Zur Einteilung der Delikte allgemein *Baumann/Weber/Mitsch*, § 8 Rn. 30 ff.; *B. Heinrich*, AT, Rn. 157 ff.
157 *Krey/Hellmann/M. Heinrich*, BT 2, Rn. 758 (bzgl. § 264), Rn. 774 (bzgl. § 264a), Rn. 770 (bzgl. § 265b) – Anders aber in Rn. 776 im Hinblick auf § 298: Verletzungsdelikt; ferner *Maurach/Schroeder/Maiwald*, BT 1, § 41 Rn. 159; NK-*Hellmann*, § 264 Rn. 11 (bzgl. § 264); *Rengier*, BT I, § 17 Rn. 2; *Weber*, NStZ 1986, 481 (485).
158 Die übrigens von der h. M. bereits als Schaden i. S. des § 263 bewertet würde; vgl. oben § 20 Rn. 97 ff.
159 Vgl. oben Rn. 55.
160 Allgemein zum Rücktritt vom vollendeten Gefährdungsdelikt unten § 35 Rn. 113 ff.

barkeit nach den §§ 263, 22 führt, begründet bei den genannten Tatbeständen bereits eine Vollendungsstrafbarkeit.

60 Die Vorverlagerung der Vollendungsstrafbarkeit hat zwei gesetzgeberische Konsequenzen: Zum einen kann auf die Strafbarkeit des Versuchs verzichtet werden, denn eine solche Versuchsstrafbarkeit würde zu einer unerträglich weitreichenden Pönalisierung von Vorbereitungshandlungen führen (Bestrafung des „Versuchs des Versuchs"). Zum anderen müssen gesonderte Rücktrittsmöglichkeiten vom vollendeten Delikt geschaffen werden, da § 24 nur den Rücktritt vom Versuch erfasst. Denn es muss dem Gesetzgeber daran gelegen sein, dass es letztlich nicht zur Gewährung der vom Täter erstrebten Leistung und dem damit verbundenen Schadenseintritt kommt. Es ist also kriminalpolitisch erwünscht, dem Täter die Möglichkeit zu geben, diesen schädlichen Erfolg zu verhindern und sich damit Straffreiheit zu verschaffen (sog. tätige Reue). Entsprechende Rücktrittsvorschriften wurden daher auch in den §§ 264 V[161], 264a III, 265b II und 298 III geschaffen. Sie entsprechen in ihren Voraussetzungen § 24 I 1, 2. Alt. bzw. § 24 I 2[162].

61 Die Rücktrittsregelung in § 264 V gilt auch für den leichtfertigen Subventionsbetrug nach § 264 IV[163], denn der fahrlässig Handelnde darf naturgemäß bei gelungener Erfolgsabwendung nicht schlechter gestellt werden als der Vorsatztäter.

2. Subventionsbetrug, § 264

a) Kriminalpolitisches Bedürfnis für einen Sondertatbestand

aa) Kriminogene Faktoren des Subventionswesens

62 Die ungerechtfertigte Inanspruchnahme von Finanzhilfen des Staates, der Kommunen und der Europäischen Union bilden einen wichtigen Sektor der Wirtschaftskriminalität. „Der Anreiz, staatliche Finanzhilfen unberechtigt in Anspruch zu nehmen, ist angesichts der hohen Summen, die durch Manipulationen ohne Einsatz eigener Leistungen erlangt werden können, beträchtlich"[164]. Solche finanziellen Hilfen dienen der Gewährleistung oder Wiederherstellung gleicher Wettbewerbsbedingungen. Sie werden auf zweierlei Art vergeben: als direkte Subventionen (d. h. als Leistungen aus öffentlichen Mitteln) und als indirekte Subventionen (d. h. als Begünstigungen bei der Bemessung öffentlicher Abgaben – Steuervergünstigungen).

---

161 Vgl. hierzu BGH, NStZ 2010, 327 (329).
162 Zu Grundlagen und Voraussetzungen des § 24 vgl. *Baumann/Weber/Mitsch*, § 27 Rn. 13 ff.; *B. Heinrich*, AT, Rn. 756 ff.
163 Vgl. dazu u. Rn. 73.
164 Entwurf eines 1. WiKG (BR-Drucks. 5/75, S. 15). Umfangreiche Nachweise der tatsächlichen Erscheinungsformen der Subventionserschleichung bei *Tiedemann*, Subventionskriminalität.

Beispiele für direkte Subventionen: Zinsbegünstigte Kredite für Investitionen von Betrieben mit Standortnachteilen; Zulagen für Investitionen in den neuen Bundesländern nach dem InvZulG 1993; Zuschüsse zur Aufrechterhaltung eines international konkurrenzfähigen Preises bestimmter inländischer, vor allem landwirtschaftlicher Erzeugnisse (bedeutsam vor allem im gemeinsamen europäischen Markt).

Beispiel für indirekte Subventionen: Steuervergünstigungen bei Investitionen in förderungswürdige Objekte, etwa in den neuen Bundesländern errichtete Wohnungen.

bb) Unzureichende Erfassung durch das klassische Vermögensstrafrecht

Der **indirekte Subventionsbetrug**, d. h. die Erschleichung von Steuervergünstigungen, wird von § 370 AO als Steuerhinterziehung erfasst (Spezialtatbestand im Vergleich zu § 263). Das Steuerstrafrecht stellte seit jeher nicht nur die vorsätzliche Verkürzung geschuldeter Steuern durch betrügerische Manipulationen, sondern auch die Erlangung nicht gerechtfertigter Steuervorteile unter Strafe. Entsprechende Spezialvorschriften fehlten bis zum 1. WiKG für die **Erschleichung direkter Subventionen.** Das bereits oben[165] festgestellte Versagen des Betrugstatbestandes § 263 in Fällen der Leistungserschleichung wurde für die Subventionserschleichung als besonders gravierend eingeschätzt[166]. 63

Beispiel: T behauptete gegenüber der für die Bewilligung der Subvention zuständigen Behörde, er wolle im (früheren) Zonenrandgebiet eine Zweigniederlassung seiner Maschinenfabrik gründen. Er dachte dabei an ein Einmann-Büro, das Aufträge für das in einem industriellen Ballungsraum liegende Hauptwerk hereinholen sollte. Die Behörde ging von der Errichtung einer arbeitsplatzschaffenden Produktionsstätte aus und gewährte eine namhafte Investitionszulage.

(1) In Fällen wie diesem kann bereits das objektive Vorliegen einer **Täuschungshandlung** zweifelhaft sein, nämlich dann, wenn die Subventionsvoraussetzungen nicht eindeutig umschrieben sind, also etwa nicht expressis verbis gesagt ist, dass nur die Errichtung von Produktionsstätten subventioniert wird. Noch schwieriger ist es in derartigen Fällen, dem T einen Täuschungsvorsatz nachzuweisen („Ich habe angenommen, es brauche nicht produziert zu werden"). 64

(2) Schwierigkeiten bereitet nicht selten auch das Merkmal der **Irrtumserregung** u. a. dann, wenn sich die vergebende Stelle keine konkreten Vorstellungen über die Verwendung der Subvention gemacht hat, sondern nur das allgemeine Gefühl hat, es sei alles in Ordnung. Die Problematik ist dieselbe wie im **Deputatkohlefall**[167]. Auch bei noch so weiter Auslegung 65

---

165 Vgl. oben Rn. 54.
166 Vgl. dazu und zum Folgenden BR-Drucks. 5/75, S. 15 ff. unter Berufung auf *Tiedemann*, Subventionskriminalität, sowie Bericht und Antrag des Sonderausschusses für die Strafrechtsreform zum 1. WiKG, BT-Drucks. 7/5291, S. 3 f. – In einem gewissen Gegensatz dazu steht allerdings die relativ bescheidene Rolle, die § 264 in der Verurteilungsstatistik spielt; vgl. dazu unten Rn. 67.
167 BGHSt 2, 325; vgl. dazu oben § 20 Rn. 65.

des Merkmals „Irrtumserregung" lassen sich mit § 263 – anders als im Deputatkohlefall – jedenfalls diejenigen Fälle nicht mehr erfassen, in denen wegen der großen Zahl an pauschalierten Vergabeverfahren eine Prüfung der einzelnen Vergabevoraussetzungen nicht oder nur mithilfe des Einsatzes von Daten verarbeitenden Einrichtungen stattfindet (getäuscht werden kann nur ein Mensch, nicht ein Computer[168]).

66 (3) Zweifel sind weiter laut geworden, ob durch die Gewährung ungerechtfertigter Subventionen das Tatbestandsmerkmal „**Vermögensschaden**" des § 263 erfüllt wird. Von einer **Schädigung anderer Subventionsinteressenten** kann allenfalls in den Fällen ausgegangen werden, in denen die Subventionsmittel beschränkt sind, wie etwa seinerzeit die VW-Aktien, die nach einem bestimmten Verteilungsschlüssel zu einem unter dem Verkehrswert liegenden Ausgabekurs zugeteilt wurden[169]. Gegen eine **Schädigung des Fiskus** ließe sich einwenden, dass dieser ja gerade keine materielle Gegenleistung erwartet; überdies steht seiner Schädigung der Umstand entgegen, dass die gewährte Finanzhilfe auf jeden Fall einem anderen Subventionsnehmer zugeflossen wäre. Wie oben[170] dargelegt, begegnet die Lehre von der sozialen Zweckverfehlung, mit der die h. M. solche Fälle zu erfassen sucht[171], Bedenken, weil sie die Gefahr einer Auflösung des wirtschaftlichen Vermögensbegriffs herbeiführt. In den Materialien zum 1. WiKG[172] wird diese Lehre sogar als systemsprengend abgelehnt und der Subventionserschleichung ein vermögensschädigender Charakter abgesprochen. Tangiert werde aber das Allgemeininteresse an einer wirksamen staatlichen Wirtschaftsförderung, das seit 1976 durch § 264 geschützt ist[173].

cc) Umfang der Subventionskriminalität

67 § 264 spielt im Verhältnis zur allgemeinen Betrugskriminalität eine bescheidene Rolle; im Jahre 2011 wurden lediglich 531 Fälle polizeilich erfasst und lediglich 130 Personen verurteilt[174]. Die Verurteilungszahlen werden zudem noch dadurch relativiert, dass nach den Untersuchungen des Freiburger Max-Planck-Instituts[175] die meisten Fälle vorsätzlicher Tatbegehung bei Zugrundelegung der Lehre von der sozialen Zweckverfeh-

---

168 Zum Computerbetrug, § 263a, vgl. oben Rn. 26 ff.
169 Vgl. BGHSt 19, 37 (42 f.): Schädigung der ehrlichen Aktienzeichner, die infolge unzulässiger Mehrfachanträge auf Zuteilung von Aktien weniger Aktien erhielten. Dazu kritisch insbesondere *Maurach*, NJW 1961, 625 (628), sowie – speziell unter dem Gesichtspunkt des Subventionsbetrugs – *Tiedemann*, ZStW 86 (1974), 897 (907).
170 Vgl. oben § 20 Rn. 111 ff.
171 Vgl. dazu auch die VW-Aktienentscheidung BGHSt 19, 37 (45): „Der Staat ist geschädigt, weil die zweckgebundenen Mittel verringert worden sind, ohne dass hierdurch der erstrebte Zweck erreicht worden ist".
172 Schriftlicher Bericht des Sonderausschusses, BT-Drucks. 7/5291, S. 3.
173 Vgl. oben Rn. 55.
174 Quelle: Polizeiliche Kriminalstatistik, Berichtsjahr 2011, S. 43 (Ziff. 514200); Strafverfolgungsstatistik, Berichtsjahr 2011, S. 36 f.
175 Anschluss- und Vertiefungsuntersuchungen, Bd. II, 1984, S. 33 ff., 107 (Zusammenfassung).

lung[176] durch § 263 hätten erfasst werden können. Eine gewisse praktische Bedeutung hat damit im Ergebnis nur der Leichtfertigkeitstatbestand des § 264 IV erlangt[177].

b) Der Tatbestand des § 264

aa) Subventionsbegriff

§ 264 ist ein Instrument zur Bekämpfung der Wirtschaftskriminalität. **68** Diese ist neben der Beeinträchtigung überindividueller Rechtsgüter auch dadurch gekennzeichnet, dass die fraglichen Delikte typischerweise beträchtliche Schäden herbeiführen und eine **Sogwirkung** ausüben, also z. B. Mitbewerber zu denselben Delikten veranlassen, um „mithalten" zu können. Diese Wirkung wird im Hinblick auf die Erschleichung wirtschaftsfördernder Subventionen bejaht, nicht jedoch für Subventionen anderer Art, etwa zur Förderung von Forschung, Technologie oder kulturellen Einrichtungen (Theater, Museen, Privatschulen)[178].

In § 264 VII findet sich eine **Legaldefinition** der Subvention im strafrechtlichen Sinne. Diese war notwendig, weil der öffentlich-rechtliche und der wirtschaftswissenschaftliche Subventionsbegriff derart umstritten sind, dass ihre Zugrundelegung dem Bestimmtheitsgebot des Art. 103 II GG nicht genügt hätte[179].

§ 264 VII Nr. 1 beschränkt den Anwendungsbereich auf Leistungen aus öffentlichen Mitteln nach Bundes- oder Landesrecht, die wenigstens zum Teil der **Förderung der Wirtschaft** dienen sollen und „ohne marktmäßige Gegenleistung gewährt" werden. Ebenfalls der Begrenzung des Anwendungsbereichs der Vorschrift auf wirtschaftsfördernde Subventionen dient das zusätzliche Erfordernis in § 264 VII Nr. 1, dass die Subvention für **Betriebe oder Unternehmen** bestimmt sein muss. Dadurch werden Sozialsubventionen (Sozialhilfe, Wohnungs- und Kindergeld, Ausbildungsbeihilfen), deren Empfänger die unterstützungsbedürftige Einzelperson ist, ebenso aus dem Subventionsbetrug ausgeschieden wie Subventionen für sonstige soziale und kulturelle Zwecke (z. B. Theatersubventionen)[180]. Deutlich wird auch, dass nur direkte Subventionen erfasst werden sollen. Für indirekte Subventionen gilt § 370 AO abschließend[181].

Entsprechend dem Übereinkommen von 1995 über den Schutz der finanziellen Interessen der Europäischen Gemeinschaften, das die Mitgliedstaaten zu einem umfassenden strafrechtlichen Schutz der EG-Haushalte

---

176 Vgl. dazu oben Rn. 66 sowie unten Rn. 75.
177 Vgl. dazu unten Rn. 73.
178 Bericht und Antrag des Sonderausschusses für die Strafrechtsreform zum 1. WiKG, BT-Drucks. 7/5291, S. 10 f. Anders insoweit der AE-Wirtschaft, § 201 V und Begr. dazu S. 105 f.; Filmförderung ist Wirtschaftsförderung, BGHSt 34, 111 (113).
179 Vgl. zum allgemeinen Subventionsbegriff S/S/Perron, § 264 Rn. 7 m. w. N.
180 BT-Drucks. 7/5291, S. 12.
181 LK-Tiedemann, 12. Aufl., § 264 Rn. 41, 185 f.; NK-Hellmann, § 264 Rn. 17; Rengier, BT I, § 17 Rn. 4; vgl. hierzu bereits oben Rn. 63.

verpflichtet, wird in § 264 VII Nr. 2 i. d. F. des EG-FinanzschutzG 1998 für EG-Subventionen auf den Zweck der Wirtschaftsförderung und die Leistungsgewährung an Betriebe oder Unternehmen verzichtet, sodass auch Subventionen und Beihilfen z. B. im Sozial- und Umweltbereich erfasst werden, also der Kernbereich des Wirtschaftsstrafrechts verlassen wird.

bb) Subventionserhebliche Tatsachen

69 Der Tatbestandsbestimmtheit dient auch die Definition der **subventionserheblichen Tatsachen** in § 264 VIII, die in § 264 I Nr. 1, Nr. 3 und Nr. 4 als Tatbestandsmerkmal genannt werden[182]. Entscheidend ist, dass entweder der Subventionsgeber (Nr. 1) oder das Gesetz (Nr. 2) eine Tatsache als solche bezeichnet. Ergänzt wird diese Bestimmung durch § 2 SubventionsG[183]. Wird der Subventionsbewerber aufgrund dieser Vorschriften genau über die Konditionen der Subvention belehrt, so bekommt seine Täuschungshandlung i. S. von § 264 I klare Konturen, d. h. die oben[184] geschilderten Beweisschwierigkeiten bei der Strafverfolgung werden weitgehend ausgeräumt und der Raum für strafrechtsrelevante Tatumstands- oder Verbotsirrtümer des Täters wird auf ein Minimum beschränkt.

cc) Tathandlungen

70 Als Täuschungshandlung, deren Vornahme ohne Weiteres zur Vollendungsstrafbarkeit führt[185], kommt neben den aktiven Begehungsformen der Nrn. 1 und 4 des § 264 I **auch ein Unterlassen** infrage, wenn der Täter den Subventionsgeber entgegen den Rechtsvorschriften über die Subventionsvergabe über subventionserhebliche Tatsachen in Unkenntnis lässt (Nr. 3). Es handelt sich um ein echtes Unterlassungsdelikt, d. h. die Tat kann nur durch Unterlassen begangen werden, Voraussetzungen der Strafbarkeit sind im Gesetz abschließend umschrieben und § 13 muss nicht herangezogen werden. Allerdings gilt die Besonderheit, dass sich die Pflicht zum Tätigwerden nicht – wie etwa bei den §§ 138 und 323c – unmittelbar aus der Strafbestimmung, sondern aus außerstrafrechtlichen Normen ergibt, nämlich aus den einzelnen Subventionsgesetzen und der generellen Vorschrift in § 3 SubventionsG. Weiter enthält die Nr. 3 ein Sonderdelikt, das täterschaftlich nur derjenige begehen kann, der nach den Vergabevorschriften zu Angaben verpflichtet ist[186].

Die ebenfalls durch das EG-FinanzschutzG 1998[187] eingefügte – aber nicht auf EG-Subventionen beschränkte – Nr. 2 stellt die schlichte gegen

---

182 Vgl. hierzu BGHSt 44, 233.
183 Art. 2 des 1. WiKG, BGBl. I 1976, S. 2037.
184 Vgl. oben Rn. 54, 64.
185 Vgl. oben Rn. 58.
186 *Eisele*, BT II, Rn. 736; *Fischer*, § 264 Rn. 28.
187 Dazu oben Rn. 68 a. E.

Subventions-, Kapitalanlage- und Kreditbetrug § 21 Rn. 71–73

eine Beschränkung verstoßende Verwendung von Gegenständen und Geldleistungen unter Strafe, die als Subvention gewährt wurden. Infolge des Verzichts auf täuschendes Verhalten handelt es sich insoweit nicht mehr um Subvention**betrug**, sondern um „Subventions**untreue**"[188].

Täter nach § 264 I Nr. 1 kann auch ein **Amtsträger** sein, der falsche Angaben des Subventionsnehmers gegenüber seinem die Subvention bewilligenden Vorgesetzten bestätigt[189]. Dagegen kommen diejenigen Amtsträger, die über die Subventionsvergabe entscheiden, als Täter nicht in Betracht, weil sie „nicht täuschen, sondern nur getäuscht werden können"[190]. **71**

Dass § 264 I nur erfüllt ist, wenn sich die Täuschungshandlung[191] auf **vorteilhafte**, also der Subventionserlangung förderliche Tatsachen bezieht, folgt bereits aus einer rechtsgutsorientierten Auslegung der Vorschrift, sodass die Erwähnung der Vorteilhaftigkeit in § 264 I Nr. 1 praktisch überflüssig ist[192]. – Eine den vermögensschützenden Charakter des § 264 I[193] berücksichtigende Auslegung muss auch zu dem Ergebnis gelangen, dass keine vom Tatbestand erfassten unrichtigen vorteilhaften Angaben vorliegen, wenn die Subvention bereits aus anderen Gründen zu gewähren ist[194], obwohl der Gegenansicht hier zuzugestehen ist, dass allein durch die falschen Angaben das Allgemeininteresse an der sachgerechten Wahrnehmung der Wirtschaftsförderung mit Steuergeldern betroffen sein kann[195]. **72**

c) Vorsatz und Leichtfertigkeit, § 264 IV

§ 264 I verlangt auf der subjektiven Seite Vorsatz (vgl. § 15). § 264 IV stellt jedoch die leichtfertige Begehungsweise nach Abs. 1 Nrn. 1 bis 3[196] ausdrücklich unter Strafe. Eine Ahndung der Fahrlässigkeit war bislang **73**

---

188 Vgl. zur Enttäuschung entgegengebrachten Vertrauens als Charakteristikum der Untreue unten § 22 Rn. 1.
189 BGHSt 32, 203 (208); OLG Hamburg, NStZ 1984, 218; *Maurach/Schroeder/Maiwald*, BT 1, § 41 Rn. 172; *Ranft*, JuS 1986, 445; *Wessels/Hillenkamp*, BT 2, Rn. 692; a. M. *Otto*, BT, § 61 Rn. 20.
190 *Ranft*, JuS 1986, 445 (450); ebenso z. B. LK-*Tiedemann*, 12. Aufl., § 264 Rn. 37; S/S/*Perron*, § 264 Rn. 77.
191 Vgl. hierzu oben Rn. 70.
192 So LK-*Tiedemann*, 12. Aufl., § 264 Rn. 100.
193 Vgl. dazu oben Rn. 55.
194 So auch OLG Karlsruhe, NJW 1981, 1383 f.; AnwK/*Gercke*, § 264 Rn. 19; *Eisele*, BT II, Rn. 734; *Kindhäuser*, BT II, § 29 Rn. 12; *Maurach/Schroeder/Maiwald*, BT 1, § 41 Rn. 174; *Mitsch*, BT 2/2, § 3 Rn. 56; NK-*Hellmann*, § 264 Rn. 87; *Ranft*, NJW 1986, 3163 (3166); *Rengier*, BT I, § 17 Rn. 5; SSW-*Saliger*, § 264 Rn. 26; S/S/*Perron*, § 264 Rn. 47; *Wessels/Hillenkamp*, BT 2, Rn. 693; vgl. auch *Kindhäuser*, JZ 1991, 492, der zutreffend ausführt, dass die Ausgestaltung des § 264 I als abstraktes Gefährdungsdelikt [dazu o. Rn. 58] der in der Lit. herrschenden restriktiven Interpretation nicht entgegensteht.
195 Daher wird eine Strafbarkeit angenommen von BGHSt 34, 265 (268 – m. zust. Anm. *Achenbach*, JR 1988, 251); BGHSt 32, 373 (374 ff.); *Meine*, wistra 1988, 13; MüKo-*Wohlers/Mühlbauer*, 2. Aufl., § 264 Rn. 86 f.; *Otto*, BT, § 61 Rn. 19; zum konkludenten Erklärungsinhalt eines Subventionsantrages vgl. auch BGH, NJW 2014, 2295.
196 Zur Nichteinbeziehung von § 264 I Nr. 4 in die Leichtfertigkeitsregelung vgl. S/S/*Perron*, § 264 Rn. 63.

im Vermögensstrafrecht nicht anzutreffen[197]. Sie ist auch deswegen äußerst problematisch, weil das dem Gefährdungsdelikt des § 264 entsprechende Verletzungsdelikt des § 263 nur vorsätzlich begangen werden kann. In den Gesetzgebungsarbeiten war der Gesichtspunkt maßgebend, dass derjenige, der öffentliche Mittel (teilweise) unentgeltlich für sich in Anspruch nehme, gegenüber der Allgemeinheit eine erhöhte Verantwortung habe[198]. Sicher hat aber auch der Gedanke der Überwindung von **Beweisschwierigkeiten** hinsichtlich der subjektiven Voraussetzungen der Täuschungshandlung[199] eine Rolle gespielt, ein Argument, das allerdings infolge der Präzisierung der Täuschungshandlung[200] erheblich an Gewicht verloren hat, ganz abgesehen davon, dass allein Schwierigkeiten beim Nachweis vorsätzlichen Handelns die Fahrlässigkeitsahndung nicht rechtfertigen können[201]. Bedenklich ist die Ausdehnung der Leichtfertigkeitshaftung auf die untreueähnliche Nr. 2 und das Unterlassungsdelikt der Nr. 3 des § 264 I. Sie wird deshalb im AE-Wirtschaft abgelehnt[202].

d) Besonders schwere Fälle und Qualifikation, § 264 II und III

74 § 264 II sieht – nur bei vorsätzlichem Handeln, § 264 I – eine Strafschärfung für besonders schwere Fälle vor, die durch Regelbeispiele erläutert werden[203]. § 264 III übernimmt den qualifizierten Tatbestand des § 263 V (gewerbsmäßige Tatbegehung durch ein Bandenmitglied[204]).

e) Verhältnis des § 264 zum Betrug

75 Sieht man mit der h. M.[205] in der sozialen Zweckverfehlung, die bei der Gewährung ungerechtfertigter Subventionen zu bejahen ist, einen Vermögensschaden i. S. von § 263, so liegt in jedem vorsätzlichen Unterbreiten unrichtiger Angaben nach § 264 I zugleich ein versuchter Betrug nach den §§ 263, 22. Kommt es zur Subventionsgewährung, so liegt sogar ein vollendeter Betrug vor. Es fragt sich, wie sich in diesen Fällen die §§ 263 (22) und 264 zueinander verhalten.

76 Der Gesetzgeber hat § 264 als eine dem § 263 vorgehende und diesen verdrängende **Sonderregelung** konzipiert[206], d. h. der Subventionsbetrug soll ausschließlich nach § 264 beurteilt werden. Dies gilt nicht nur für das Verhältnis zum versuchten, sondern auch zum vollendeten Betrug. Zwar

---

197 Vgl. allgemein zum Begriff der Leichtfertigkeit *Baumann/Weber/Mitsch*, § 22 Rn. 65 f. und 70; *B. Heinrich*, AT, Rn. 1005; *B. Heinrich/Reinbacher*, JURA 2005, 743 (747).
198 BT-Drucks. 7/5291, S. 8.
199 Vgl. dazu oben Rn. 54, 64.
200 Vgl. dazu oben Rn. 69.
201 Vgl. etwa BR-Drucks. 5/75, S. 18, weiter die Kontroverse von *Tiedemann* und *Grünwald* auf dem 49. DJT (1972): Gutachten S. C 48 ff. und Verhandlungen, S. M 113 ff., 118 f., 123.
202 Vgl. § 201 II und Begr. S. 105.
203 Dazu *Baumann/Weber/Mitsch*, § 8 Rn. 89 ff.; *B. Heinrich*, AT, Rn. 184, sowie – zur praktisch wichtigsten Vorschrift dieser Art (§ 243) – oben § 14 Rn. 14 ff.
204 Vgl. dazu oben § 20 Rn. 134.
205 Vgl. oben Rn. 66.
206 BT-Drucks. 7/5291, S. 6.

enthält § 264 hinsichtlich des Schutzes des subventionsvergebenden Vermögensträgers ein Gefährdungsdelikt im Vorfeld des § 263[207]. Gleichwohl gilt für § 264 nicht die Regel der Subsidiarität des Gefährdungsdelikts gegenüber dem Verletzungsdelikt[208]. Denn § 264 schützt über das Individualvermögen hinaus und sogar in erster Linie das Allgemeininteresse an der sachgerechten Wahrnehmung der Wirtschaftsförderung mit Steuergeldern[209], sodass § 264 nicht hinter § 263 zurücktritt. Vielmehr verdrängt § 264 entsprechend der gesetzgeberischen Intention als abschließende Sonderregelung des Subventionsbetrugs gerade umgekehrt den § 263[210]. Für die ausschließliche Anwendung des § 264 spricht auch Folgendes: Aus § 264 II 2 Nr. 1 (**Erlangung** einer Subvention großen Ausmaßes) und aus der Rücktrittsvorschrift in § 264 V[211] folgt, dass die Vorschrift auch die Fälle erfasst, in denen die Subvention gewährt worden ist. Die Strafdrohung des § 264 ist dieselbe wie in § 263. Aufgrund von § 264 VI können gegen den Täter sogar Nebenfolgen verhängt werden, die in § 263 nicht vorgesehen sind.

Vom Konkurrenzverhältnis scharf zu trennen ist die Frage, ob die betrügerische Erlangung solcher Subventionen, die nicht von § 264 erfasst werden, etwa weil sie nicht wirtschaftsfördernder Natur sind (z. B. Sozial- und Kulturförderung[212]), nach § 263 strafbar ist, oder ob § 264 eine die Anwendung des allgemeinen Betrugstatbestandes schlechthin ausschließende, d. h. abschließende Sonderregelung des Subventionsschwindels darstellt. Sie ist mit der h. M. im Hinblick auf den Willen des Gesetzgebers[213] und die Theorie der sozialen Zweckverfehlung zugunsten der Anwendbarkeit des § 263 zu beantworten[214]. 77

3. Kapitalanlagebetrug, § 264a

a) Kriminalpolitisches Bedürfnis für einen Sondertatbestand

Der wirksame Schutz von – häufig unerfahrenen – Anlegern gegen unrichtige Angaben bei der Werbung für Kapitalanlagen durch § 263 scheitert zumeist einerseits an dem schwierigen Vorsatznachweis hinsichtlich des Vermögensschadens[215], andererseits aber in der Regel auch daran, dass 78

---

207 Vgl. hierzu oben Rn. 58.
208 Vgl. dazu *Baumann/Weber/Mitsch*, § 36 Rn. 11; *B. Heinrich*, AT, Rn. 1440, sowie u. § 35 Rn. 132.
209 Vgl. dazu oben Rn. 55.
210 BGHSt 32, 203 (206, 208); BGHSt 44, 233 (243); AnwK-*Gercke*, § 264 Rn. 43; *Fischer*, § 264 Rn. 5, 54a; *Kindhäuser*, BT II, § 29 Rn. 25; *Lackner/Kühl*, § 264 Rn. 30; LK-*Tiedemann*, 12. Aufl., § 264 Rn. 185; *Otto*, BT, § 61 Rn. 27; *Rengier*, BT I, § 17 Rn. 8; SSW-*Saliger*, § 264 Rn. 43; *S/S/Perron*, § 264 Rn. 87; *Wessels/Hillenkamp*, BT 2, Rn. 695. Für Tateinheit (§§ 264, 263, 52) *Achenbach*, JR 1988, 251 (254); *Berz*, BB 1976, 1435 (1438); *Maurach/Schroeder/Maiwald*, BT 1, § 41 Rn. 176; SK-*Hoyer*, § 264 Rn. 109 (jedenfalls dann, wenn beide Delikte vollendet sind). Differenzierend NK-*Hellmann*, § 264 Rn. 173; *Krey/Hellmann/M. Heinrich*, BT 2, Rn. 766: § 264 tritt hinter dem vollendeten § 263 zurück, dagegen liegt Tateinheit mit den §§ 263, 22 vor.
211 Vgl. dazu oben Rn. 60 f.
212 Vgl. dazu oben Rn. 68.
213 BR-Drucks. 5/75, S. 23.
214 BGHSt 44, 233 (243); BGH, NJW 1982, 2453; *Lackner/Kühl*, § 264 Rn. 31; SK-*Hoyer*, § 264 Rn. 108; *Wessels/Hillenkamp*, BT 2, Rn. 695.
215 Vgl. oben Rn. 54.

die Strafverfahren wegen Betrugs zu spät kommen, weil sich die verantwortlichen Anbieter und Vermittler von unseriösen Geldanlagen längst ins Ausland abgesetzt haben, wenn sich die Wertlosigkeit der erworbenen Kapitalanteile herausstellt[216].

> Aus demselben Grund – und weil nach dem wirtschaftlichen Zusammenbruch des Unternehmens nichts mehr zu holen ist – lassen sich in vielen Fällen auch Schadensersatzansprüche aufgrund der zivilrechtlichen Prospekthaftung[217] nicht durchsetzen.

79 Tatbestände im Vorfeld des Betrugs, die im Interesse eines wirksamen Anlegerschutzes bereits das Unterbreiten falscher Angaben über anlageerhebliche Umstände, also die schlichte Vornahme einer Täuschungshandlung, unter Strafe stellen, waren bereits vor 1986 im Nebenstrafrecht enthalten, insbesondere in den §§ 399 I Nr. 3, 400 I AktienG[218]. Diese Vorschriften gelten jedoch nur für bundesdeutsche Kapitalgesellschaften, nicht aber für den sog. „grauen" Kapitalmarkt oder den Kapitalnebenmarkt. Bei Letzterem handelt es sich neben Kommanditabschreibungsgesellschaften „insbesondere um ausländische Aktien und Obligationen, [...] Euro-Anleihen sowie geschlossene Fonds, welche die einkommenden Gelder nicht nur in Immobilien, sondern auch in anderen Objekten wie Flugzeugen, Schiffen, Containern, Kunstwerken usw. anlegen"[219].

Den strafrechtlichen Vorfeldschutz der Anleger auf diesem Markt soll der durch das 2. WiKG ins StGB eingefügte § 264a, der Kapitalanlagebetrug, gewährleisten, der darüber hinaus das allgemeine Vertrauen in den Kapitalmarkt schützt[220].

80 Die Vorschrift hat jedoch bislang kaum praktische Bedeutung erlangt. Seit seiner Einführung 1986 wurden jährlich nie mehr als 10 Personen nach § 264a verurteilt, 2011 nur 5[221].

81 Ergänzend ist auf den 2002 neu geschaffenen § 38 II WpHG i. V. mit § 39 I Nr. 2 und § 20a I Nr. 3 WpHG hinzuweisen[222], der Täuschungshandlungen zum Zwecke der Einwirkung auf den Börsen- und Marktpreis von Finanzinstrumenten erfasst und der sich derart weitgehend mit dem Anlagebetrug überlappt, dass die kriminalpolitische Berechtigung des § 264a inzwischen zweifelhaft erscheint[223].

---

216 Vgl. hierzu auch *Tiedemann*, JZ 1986, 865 (872).
217 Vgl. hierzu v. *Morgen*, NJW 1987, 474.
218 Vgl. weiter §§ 331, 332 HGB und § 82 GmbHG.
219 Entwurf eines 2. WiKG, BT-Drucks. 10/318, S. 21.
220 Zu den überindividuellen Rechtsgütern der wirtschaftsstrafrechtlichen Vorschriften vgl. oben Rn. 55.
221 Quelle: Strafverfolgungsstatistik, Berichtsjahr 2011, S. 36 f.
222 § 38 WpHG löste den ebenfalls durch das 2. WiKG reformierten § 88 BörsenG a. F. ab; zu § 88 BörsenG a. F. vgl. *Weber*, NStZ 1986, 481, (486), auch zu § 89 BörsenG a. F., der die Verleitung zur Börsenspekulation unter Strafe stellte.
223 Zustimmend zur Überschneidung von §§ 264a und 88 Nr. 1 BörsenG a. F. *Schlüchter*, Zweites Gesetz zur Bekämpfung der Wirtschaftskriminalität, 1987, S. 157. – Zum Verhältnis des § 264a zu § 88 BörsenG a. F. vgl. auch *Fichtner*, Die börsen- und depotrechtlichen Strafvorschriften, 1993, S. 78 ff.

Subventions-, Kapitalanlage- und Kreditbetrug § 21 Rn. 82–86

b) Der Tatbestand des § 264a

Auch im Rahmen des § 264a führt allein die Vornahme der Täuschungshandlung zur Vollendungsstrafbarkeit, im Gegensatz zum Betrug verlangt § 264a weder einen Irrtum noch eine Vermögensverfügung, einen Vermögensschaden oder eine Bereicherungsabsicht[224]. 82

Die **Täuschungshandlung** wird in § 264a I näher umschrieben („wer [...] unrichtige vorteilhafte Angaben macht oder nachteilige Tatsachen verschweigt"). Der Begriff der „Angaben" ist weiter als derjenige der „Tatsachen" und umfasst auch Bewertungen und Prognosen.

Die Täuschung muss sich auf die in § 264a I Nr. 1 oder Nr. 2 genannten **Anlageobjekte** beziehen. Dort sind Wertpapiere (z. B. Aktien), Bezugsrechte und Unternehmensanteile (z. B. Kommanditanteile) aufgeführt. In Einzelfragen weist § 264a allerdings Unklarheiten hinsichtlich der geschützten Anlagen auf. Nicht erfasst sind z. B. Spekulationsgeschäfte (z. B. Warenterminoptionsgeschäfte) und Bauherren-, Bauträger- und Erwerbermodelle[225].

Die Täuschung muss in **Prospekten, Darstellungen** oder **Übersichten über den Vermögensstand** erfolgen[226]. Als Prospekt ist jedes Schriftstück anzusehen, das die für die Beurteilung der Geldanlage erheblichen Angaben enthält oder den Eindruck eines solchen Inhalts erwecken soll[227]. Darstellungen und Übersichten über den Vermögensstand müssen zumindest die Vorstellung einer gewissen Vollständigkeit hervorrufen. Darstellungen sind auch mündliche Angaben[228], was allerdings zu Beweisschwierigkeiten hinsichtlich des täuschenden Verhaltens führt[229]. 83

Im Übrigen wird mit gewichtigen Argumenten bestritten, dass § 264a die besonders gefährlichen Vertriebsarten, bei denen auf „Darstellungen oder Übersichten über den Vermögensstand" verzichtet wird, überhaupt erfasst. Hier ist dann aber jedenfalls an § 16 UWG (strafbare unlautere Werbung) zu denken[230]. 84

Abgesehen von Unklarheiten hinsichtlich der erfassten Anlagemöglichkeiten und Vertriebsarten[231] ist der Tatbestand auch ansonsten kein Musterbeispiel für **Gesetzesbestimmtheit** im Sinne des Art. 103 II GG: 85

(1) Es ist nicht ohne Weiteres ersichtlich, welche Umstände für den Erwerb oder die Erhöhung von Kapitalanlagen **erheblich** sind. Mit einem 86

---

224 Vgl. hierzu bereits oben Rn. 4, 56.
225 *Kindhäuser*, BT II, § 30 Rn. 5; *Mutter*, NStZ 1991, 421 (422); *Otto*, BT, § 61 Rn. 42; *Tiedemann*, JZ 1986, 865 (873); vgl. ferner *Flanderka/Heydel*, wistra 1990, 256.
226 Vgl. hierzu auch BHG, VersR 2014, 1095 – Weiterverwendung nachträglich unrichtig gewordener Werbemittel.
227 Vgl. *Fischer*, § 264a Rn. 12.
228 BT-Drucks. 10/318, S. 23.
229 *Weber*, NStZ 1986, 481 (485).
230 § 16 UWG löste mit Wirkung zum 8.4.2004 den früheren § 4 UWG a. F. ab; zu § 16 UWG vgl. *Finger*, ZRP 2006, 159; *Kemof/Schilling*, wistra 2007, 41; *Olesch*, WRP 2007, 908; zu § 4 UWG a. F. vgl. *Otto*, Pfeiffer-FS 1988, S. 69 (82 ff.); zur damals im Entwurfsstadium stecken gebliebenen Reform des § 4 UWG auch *Weber*, NStZ 1986, 481 (486).
231 Vgl. oben Rn. 82 und 84.

Verweis auf die **Rechtsprechung**[232], wonach maßgebend sein soll, was von einem verständigen, durchschnittlich vorsichtigen Kapitalanleger für erheblich gehalten wird, lässt sich die fehlende **Gesetzes**bestimmtheit schwerlich kompensieren[233]. Einwandfrei wäre dem Bestimmtheitserfordernis nur durch die oben[234] geforderte präzise außerstrafrechtliche Umschreibung der anlageerheblichen Umstände Rechnung getragen.

87 (2) Besonderen Bedenken begegnet die **Unterlassungsalternative** des Verschweigens nachteiliger anlageerheblicher Tatsachen (echtes Unterlassungsdelikt), weil im Gegensatz zum Unterlassen beim Subventionsbetrug, § 264[235], nicht auf Rechtsvorschriften verwiesen wird, welche die relevanten Offenbarungspflichten normieren. Da die Täuschung durch Unterlassen eine Betrugsstrafbarkeit nur dann begründet, wenn den Täter eine Pflicht zur Aufklärung trifft, § 13[236], wird der Gefährdungstäter nach § 264a sogar – bedenklich – strenger behandelt als der Verletzungstäter nach § 263[237].

88 (3) Zwar ist das tatbestandliche Erfordernis des Handelns „**gegenüber einem größeren Kreis von Personen**" insoweit zu begrüßen, als es der überindividuellen Schutzrichtung des § 264a[238] Rechnung trägt[239]. Ebenso wie z. B. die „Menschenmenge" in § 125[240], die „große Zahl von Menschen" in § 330 II Nr. 1 oder die „nicht geringe Menge" (von Betäubungsmitteln) in § 30 I Nr. 4 BtMG[241] weist jedoch der „größere Kreis von Personen" Bestimmtheitsmängel auf.

Ob die Definition in den Gesetzesmaterialien[242] wesentlich zur Präzisierung beiträgt, erscheint zweifelhaft: „Unter dem ,größeren Kreis von Personen' sind [...] eine solch große Zahl potentieller Anleger zu verstehen, daß deren Individualität gegenüber dem sie zu einem Kreis verbindenden potentiell gleichen Interesse an der Kapitalanlage zurücktritt". Als **Beispiele** werden neben der öffentlichen Bekanntgabe gegenüber einem unbestimmten Personenkreis, z. B. in einer Zeitungsannonce, auch das systematische Von-Tür-zu-Tür-Gehen von Verkäufern und das gezielte Ansprechen von Angehörigen einer bestimmten Berufsgruppe, z. B. von Ärzten in einer bestimmten Region, angeführt.

89 § 264a II dehnt den Anwendungsbereich der Vorschrift auf zwischen Unternehmen und Anlegern bestehende **Treuhandverhältnisse** aus[243].

---

232 Vgl. BGHSt 30, 285 (293) zu § 265b; ferner BGH, NJW 2005, 2242 (2244 f.); vgl. auch unten Rn. 98.
233 Bedenken z. B. auch bei *S/S/Perron*, § 264a Rn. 32 m. w. N.
234 Vgl. oben Rn. 57.
235 Vgl. hierzu oben Rn. 70.
236 Dazu oben § 20 Rn. 41 ff.
237 Näher zu den Bedenken gegen die pauschale Pönalisierung des Verschweigens *Weber*, NStZ 1986, 481 (485); *Schlüchter*, Zweites Gesetz zur Bekämpfung der Wirtschaftskriminalität, 1987, S. 142, 162.
238 Vgl. oben Rn. 55.
239 *Weber*, NStZ 1986, 481 (486).
240 Vgl. dazu unten § 44 Rn. 23.
241 Dazu BGHSt 26, 355.
242 Entwurf eines 2. WiKG, BT-Drucks. 10/318, S. 23.
243 Dazu näher BT-Drucks. 10/318, S. 23; *Fischer*, § 264a Rn. 19; *S/S/Perron*, § 264a Rn. 34.

Subventions-, Kapitalanlage- und Kreditbetrug   § 21 Rn. 90–92

c) Vorsatz

Strafbar ist nur die vorsätzliche Tat, § 15. – Da bei der Übernahme von Kapitalanlagen keine öffentlichen Mittel in Anspruch genommen werden, wurde in § 264a von der Erfassung leichtfertiger Täuschungshandlungen – anders als beim Subventionsbetrug (§ 264 IV[244]) – abgesehen. 90

d) Verhältnis des § 264a zum Betrug

Aus der niedrigeren Strafdrohung in § 264a gegenüber § 263 (höchstens drei Jahre Freiheitsstrafe gegenüber fünf Jahren für den Normalfall des Betrugs; Verzicht auf eine Strafschärfung für besonders schwere Fälle) lässt sich entnehmen, dass § 264a – anders als § 264[245] – keine abschließende, den § 263 verdrängende Sonderregelung enthält. Hat also die nach § 264a I, II tatbestandsmäßige Täuschungshandlung den Eintritt der objektiven Betrugsmerkmale zur Folge und handelt der Täter überdies in Bereicherungsabsicht, so besteht Tateinheit (§ 52) zwischen § 264a und § 263[246]. Dasselbe gilt im Verhältnis von § 264a zum Betrugsversuch (§§ 263, 22). Der Annahme von Subsidiarität des § 264a steht das durch den Kapitalanlagebetrug über das konkrete Anlegervermögen hinaus geschützte Rechtsgut des Vertrauens der Allgemeinheit in den Kapitalmarkt[247] entgegen. 91

4. Kreditbetrug, § 265b

a) Kriminalpolitisches Bedürfnis für einen Sondertatbestand

Auch die Einfügung des § 265b in das StGB (durch das 1. WiKG) wurde mit Schwierigkeiten in der Strafrechtspraxis begründet, die Kredit-, insbesondere Darlehensbetrügereien mit dem klassischen Betrugstatbestand, § 263, befriedigend zu erfassen. Die Vorschrift erfasst Täuschungshandlungen im Zusammenhang mit der Stellung von Kreditanträgen. 92

Beispiel: Der in finanzielle Bedrängnis geratene Unternehmer T ersucht die Bank O um Gewährung eines Darlehens von 100.000 €. Er bringt wahrheitswidrig vor, er rechne mit einer günstigen Geschäftsentwicklung in den nächsten Monaten und habe insbesondere die Begleichung hoher Außenstände zu erwarten, sodass er das Darlehen nach einem halben Jahr sicher zurückzahlen könne und wolle. Er erhält den Kredit, kann ihn aber nicht zum vereinbarten Termin zurückgewähren.

Die künftige Begleichung von Außenständen und die termingerechte Rückzahlung eines Darlehens sind, weil in der Zukunft liegend, keine Tat-

---

244 Vgl. dazu oben Rn. 73.
245 Dazu oben. Rn. 76.
246 So auch AnwK/*Gercke*, § 264a Rn. 33; *Eisele*, BT II, Rn. 746; LK-*Tiedemann/Vogel*, 12. Aufl., § 264a Rn. 110; *Maurach/Schroeder/Maiwald*, BT 1, § 41 Rn. 184; *Otto*, BT, § 61 Rn. 67; *Rengier*, BT I, § 17 Rn. 11; SSW-*Bosch*, § 264a Rn. 24; *S/S/Perron*, § 264a Rn. 41; SK-*Hoyer*, § 264a Rn. 48; *Wessels/Hillenkamp*, BT 2, Rn. 697; a. M. (Subsidiarität des § 264a) *Fischer*, § 264a Rn. 24; *Kindhäuser*, BT II, § 30 Rn. 13 (aber Tateinheit, wenn beide Delikte nur versucht); NK-*Hellmann*, § 264a Rn. 82. – Für Tateinheit des § 264a mit dem nur versuchten Betrug *Knauth*, NJW 1987, 28 (32).
247 Vgl. dazu oben Rn. 55.

sachen, können also nicht Gegenstand einer Täuschungshandlung i. S. des § 263 sein. Wie oben[248] dargelegt, erfasst § 263 zwar auch die Täuschung über innere Tatsachen, hier: die Überzeugung des T von seiner Rückzahlungsmöglichkeit sowie seine Rückzahlungsbereitschaft. Aber es gelingt den Strafverfolgungsbehörden und Gerichten häufig nicht, dem Täter mit hinreichender Sicherheit zu widerlegen, dass er trotz einer objektiv bedrohlichen wirtschaftlichen Situation angenommen habe, es werde doch noch alles gut gehen und er könne das Darlehen fristgerecht zurückzahlen oder dass er jedenfalls davon aus ging, der Darlehensgläubiger könne sich aus den ihm gewährten Sicherheiten befriedigen[249].

93 Allein **Beweisschwierigkeiten** hätten aber auch hier eine neue Strafvorschrift nicht hinreichend legitimieren können[250]. Zusätzlich wurde deshalb für die Einführung des § 265b[251] ins Feld geführt, durch die Erschleichung von Krediten im Wirtschaftsverkehr werde nicht nur der Kreditgeber in seinem Vermögen verletzt oder gefährdet, sondern auch die – mitunter sehr zahlreichen – Personen, die mit den am Kreditgeschäft unmittelbar Beteiligten in rechtlichen und wirtschaftlichen Beziehungen stehen. Diese für Wirtschaftsdelikte typische Schadensvervielfältigung führt überdies durch Vertrauensverlust zu einer Erschütterung des für die Volkswirtschaft besonders wichtigen Kreditwesens insgesamt[252].

Beispiel (BUM-Pleite): Der im Frühjahr 1979 in Konkurs gegangenen Düsseldorfer Großfirma „Beton und Monierbau-AG" wurden im Stadium der wirtschaftlichen Krise noch beträchtliche Bankkredite gewährt, die das Unternehmen jedoch nicht mehr retten konnten. Geschädigt ist in solchen Fällen nicht nur die kreditgebende Bank O, die das Darlehen nicht zurückerhält, zumindest gefährdet ist darüber hinaus auch das Vermögen der Sparer, die ihr Geld bei dieser Bank angelegt haben. Dies gilt jedenfalls dann, wenn die Bank einen Kredit gegeben hat, der an der Grenze ihrer wirtschaftlichen Leistungsfähigkeit liegt und dessen Nichtrückzahlung folglich zu ihrem eigenen Zusammenbruch führen kann. Betroffen sein können aber auch die Geschäftspartner des Kreditnehmers, die diesem infolge der ungerechtfertigten Kreditgewährung durch O ihrerseits weitere Kredite geben, sei es in Gestalt von Darlehen oder kreditierten Warenlieferungen.

94 § 265b hat eine gewisse praktische Bedeutung bei der Begründung eines Anfangsverdachts erlangt, der die Anwendung von Zwangsmitteln (Durchsuchung und Beschlagnahme) im strafprozessualen Ermittlungsverfahren ermöglicht. Soweit dann tatsächlich Verurteilungen erfolgen, werden diese fast ausschließlich auf § 263 gestützt, weil der objektive und subjektive Betrugstatbestand nachgewiesen werden kann. Seit 1977 sind

---

248 Vgl. oben § 20 Rn. 33 f.
249 Dazu BGHSt 30, 285 (286).
250 BR-Drucks. 5/75, S. 18.
251 Zum – praktisch bedeutungslosen – Vorläufer des § 265b, dem § 50, später § 48 KreditwesenG, der 1961 aufgehoben wurde, vgl. BR-Drucks. 5/75, S. 18.
252 Zur Schadensausuferung und zum immateriellen Schaden als Charakteristika der Wirtschaftskriminalität vgl. oben § 19 Rn. 15, 22.

nach § 265b jährlich nie mehr als 20 Verurteilungen erfolgt, 2011 lediglich 18[253].

Ein wesentlicher Grund für die bescheidene Rolle des Kreditschwindels in der Verurteilungsstatistik dürfte auch im chronisch zurückhaltenden Anzeigeverhalten der Banken liegen[254]. Kein berufsmäßig mit Geldangelegenheiten Befasster gibt gerne öffentlich zu, auf einen Schwindler hereingefallen zu sein, zumal dieses Eingeständnis bei den Bankkunden den geschäftsschädigenden Eindruck hervorruft, es werde nicht sorgfältig genug mit ihren Einlagen umgegangen. Den Banken schmeichelt deshalb der Slogan „Eine Bank kann man nicht betrügen". 95

b) Der Tatbestand des § 265b

aa) Beschränkung des Begünstigten- und des Opferkreises

Da die für Wirtschaftsstraftaten charakteristische Deliktswirkung über das individuell betroffene Rechtsgut hinaus[255] bei Privatkrediten in der Regel fehlt, ist der Anwendungsbereich der Vorschrift beschränkt auf Kredite, bei denen sowohl der **Nehmer** als auch der **Geber** ein Betrieb oder Unternehmen ist, wobei auf der Nehmerseite auch ein vorgetäuschter Betrieb genügt[256]. **Täter** des Kreditbetrugs kann jedoch jedermann sein, nicht etwa nur der Unternehmer selbst. § 265b enthält also kein Sonderdelikt. 96

Legaldefinitionen der Begriffe „Betrieb", „Unternehmen" und „Kredit" finden sich in § 265b III. Unter den Begriff des Kredits fällt auch der Warenkredit, also eine Warenlieferung unter Stundung des Kaufpreises. – Um nur wirklich gravierende Fälle wirtschaftsdeliktischer Natur zu pönalisieren, wurde in § 187 AE-Wirtschaft überdies ein Kreditvolumen von mehr als 20.000 DM vorgeschlagen. Dem ist der Gesetzgeber jedoch nicht gefolgt[257]. 97

bb) Tathandlung

Auch im Rahmen des § 265b führt allein die Vornahme der Täuschungshandlung zur Vollendungsstrafbarkeit, im Gegensatz zum Betrug verlangt § 265b weder einen Irrtum noch eine Vermögensverfügung, einen Vermögensschaden oder eine Bereicherungsabsicht[258]. 98

Die **Täuschungshandlung** wird in § 265b I näher umschrieben: „wer [...] unrichtige oder unvollständige Unterlagen [...] vorlegt oder [...] schriftlich unrichtige oder unvollständige Angaben macht [oder] Verschlechterungen [...] nicht mitteilt [...]", wobei die (Nicht-)Erklärungen

---

253 Quelle: Strafverfolgungsstatistik, Berichtsjahr 2011, S. 36 f.; vgl. zur geringen praktischen Bedeutung des § 265b auch die Anschluss- und Vertiefungsuntersuchungen des Max-Planck-Instituts, Bd. II, 1984, S. 111 ff., 185 ff. (Zusammenfassung).
254 So auch *Krey/Hellmann/M. Heinrich*, BT 2, Rn. 767.
255 Vgl. dazu oben § 19 Rn. 3, 12 ff.
256 Nicht erfasst sind hingegen erst noch zu gründende Unternehmen; vgl. BayObLG, NStZ 1990, 439.
257 Dazu kritisch *S/S/Perron*, § 265b Rn. 20/21.
258 Vgl. hierzu bereits oben Rn. 4, 56.

für den jeweiligen Kreditantrag erheblich sein müssen. Wegen der Unbestimmtheit der Merkmale „unrichtig", „unvollständig" und „erheblich" wurde geltend gemacht, § 265b I sei mit Art. 103 II GG nicht vereinbar[259]. Der BGH[260] hat jedoch einen Verstoß gegen das Bestimmtheitsgebot verneint[261].

99 § 265b I Nr. 1 erfasst nur Täuschungshandlungen, die durch Vorlage von Unterlagen oder durch **schriftliche** Angaben begangen werden. Damit sollen die Ermittlungsbehörden Schwierigkeiten bei der Feststellung dessen enthoben werden, was der Beschuldigte zum Zwecke der Krediterlangung behauptet hat[262]. Zugleich wird auf den Kreditgeber ein Zwang ausgeübt, sich nicht mit blumigen mündlichen Beteuerungen des Kreditsuchenden zu begnügen. Obwohl § 265b theoretisch auch **Warenkredite** erfasst[263], bleiben diese praktisch außerhalb des Anwendungsbereichs der Vorschrift, da ihre Gewährung in der Regel keine schriftlichen Angaben voraussetzt.

100 Ebenso wie § 264 I Nr. 3 und § 264a I, 2. Alt.[264] enthält § 265b I Nr. 2 ein **echtes Unterlassungsdelikt**.

Der Kreditnehmer ist allerdings nur zur Mitteilung von Verschlechterungen der wirtschaftlichen Verhältnisse verpflichtet, die sich bis zur Vorlage der Unterlagen oder schriftlichen Angaben herausstellen. Verschlechterungen nach diesem Zeitpunkt, also z. B. wenn der Kredit bereits gewährt wurde, sind nicht mitteilungspflichtig[265]. Die praktische Bedeutung von § 265b I Nr. 2 dürfte sich im Übrigen in engen Grenzen halten, da der Täter mit Einreichen seiner Unterlagen und schriftlichen Angaben, auch wenn diese nicht neuesten Datums sind, i. d. R. konkludent behaupten wird, sie gäben auch seine gegenwärtigen wirtschaftlichen Verhältnisse zutreffend wieder[266].

c) Vorsatz

101 Auch im Rahmen des § 265b ist nur vorsätzliches Verhalten strafbar, § 15. Da sich der Kreditbetrug – ebenso wie der Kapitalanlagebetrug, § 264a[267] – nicht auf öffentliche Mittel bezieht, wurde auch in § 265b von einer dem § 264 III entsprechenden Leichtfertigkeitspönalisierung abgesehen.

---

259 Vgl. insbesondere *Lampe*, Der Kreditbetrug, 1980, S. 50, 54 f.; *Haft*, ZStW 88 (1976), 365 (369).
260 BGHSt 30, 285 (287 ff.).
261 Zur vergleichbaren Bestimmtheitsproblematik des § 264a vgl. oben Rn. 85 ff.
262 BR-Drucks. 5/75, S. 30.
263 Vgl. oben Rn. 97.
264 Dazu oben Rn. 70 und 87.
265 Jedoch kommt insoweit, wenn die übrigen Voraussetzungen des § 263 vorliegen und es insbesondere zum Schadenseintritt gekommen ist, ein durch Unterlassen (§ 13) begangener Betrug in Betracht (unechtes Unterlassungsdelikt); vgl. *Fischer*, § 265b Rn. 36; *S/S/Perron*, § 265b Rn. 47.
266 Zur häufigen Entbehrlichkeit des Rückgriffs auf Unterlassungen beim Betrug infolge der weitreichenden „Täuschung durch konkludentes Tun" vgl. § 20 Rn. 37 f.
267 Vgl. oben Rn. 90.

d) Verhältnis des § 265b zum Betrug

Ein Strafrahmenvergleich zwischen den §§ 265b und 263 zeigt, dass **102** § 265b keine den § 263 verdrängende abschließende Sonderregelung der Krediterschleichung enthält. Es gilt dasselbe wie für den Kapitalanlagebetrug, § 264a[268]. Da § 265b über das Vermögen des Kreditgebers hinaus gleichfalls ein überindividuelles Rechtsgut schützt, nämlich die Kreditwirtschaft als solche[269], stehen auch die §§ 265b und 263 bzw. 263, 22 bei Zusammentreffen in Tateinheit, § 52[270].

5. Wettbewerbsbeschränkende Absprachen, § 298

a) Kriminalpolitisches Bedürfnis für einen Sondertatbestand

Bei Ausschreibungen von Waren und Leistungen, insbesondere im Zu- **103** sammenhang mit großen Bauvorhaben der öffentlichen Hand, sprechen sich die für die Auftragserteilung infrage kommenden Unternehmen erfahrungsgemäß immer wieder dahin gehend ab, dass nur solche Angebote abgegeben werden, die sich auf einem für die Branche günstigen Preisniveau bewegen, nicht aber solche, die auf selbstständiger Kalkulation beruhen.

Beispiel: Das Unternehmen A ist mit der Ausführung des ausgeschriebenen Bauvorhabens turnusgemäß an der Reihe. Es wird vereinbart, dass A das „günstigste" Angebot abgibt und die anderen in der Branche tätigen Unternehmen ungünstigere Angebote unterbreiten.

Derartige **Submissionsabsprachen** oder -kartelle und entsprechend aufeinander abgestimmte Verhaltensweisen verstoßen gegen § 1 GWB und sind in § 81 II Nr. 1 GWB[271] als Ordnungswidrigkeiten mit erheblichen Geldbußen bedroht.

Die frühere Rechtsprechung[272] hat im Submissionsbetrug der oben ge- **104** schilderten Art keinen Betrug i. S. des § 263 gesehen, weil es an der Zufügung eines Vermögensschadens fehle. Die Täuschung über das Zustandekommen des Angebots besage unmittelbar nichts darüber, dass die vom Handelnden angebotene Leistung der geforderten Gegenleistung nicht gleichwertig sei[273].

---

268 Dazu oben Rn. 91.
269 Vgl. oben Rn. 55.
270 So auch *Eisele*, BT II, Rn. 749; LK-*Tiedemann*, 12. Aufl., § 265b Rn. 113; *Matt/Renzikowski-Schröder/Bergmann*, § 265b Rn. 44; *Otto*, BT, § 61 Rn. 37; *Rengier*, BT I, § 17 Rn. 13; SSW-*Saliger*, § 265b Rn. 19; *S/S/Perron*, § 265b Rn. 51; *Wessels/Hillenkamp*, BT 2, Rn. 699. – Für Subsidiarität des § 265b BGHSt 36, 130; *Fischer*, § 265b Rn. 3, 41; *Krey/Hellmann/M. Heinrich*, BT 2, Rn. 773. – Differenzierend (Subsidiarität des Kreditbetrugs gegenüber vollendetem Betrug, Tateinheit mit versuchtem Betrug) *Kindhäuser*, JR 1990, 520 (522 f.); *ders.*, LPK, § 265b Rn. 18; *Lackner/Kühl*, § 265b Rn. 10; SK-*Hoyer*, § 265b Rn. 48.
271 Bis zum 1. Juli 2005: § 81 I Nr. 1 GWB a. F.
272 BGHSt 16, 367 (372 ff.) aus dem Jahre 1961.
273 Vgl. zur Schadensproblematik näher *S/S/Perron*, § 263 Rn. 137a m. w. N.

105 Der Unrechtsgehalt von Submissionsabsprachen wurde jedoch in der Reformdiskussion überwiegend als derart schwerwiegend eingestuft, dass ihre kriminalstrafrechtliche Ahndung ohne Rücksicht auf die Nachweisbarkeit eines Vermögensschadens gefordert wurde. Demgemäß enthielt bereits der E 1962 – übrigens als damals einzige Vorschrift zur Bekämpfung der Wirtschaftskriminalität – in § 270 einen auf das Schadenserfordernis verzichtenden Tatbestand der unlauteren Einflussnahme auf Versteigerungen und Vergaben[274]. Dieser und spätere Anläufe zur Pönalisierung unlauterer Verhaltensweisen bei Ausschreibungen sind jedoch bis 1997 gescheitert, vor allem am erfolgreichen Widerstand der Wirtschaft[275].

106 Die zur Bekämpfung wettbewerbswidrigen Verhaltens im Zusammenhang mit Ausschreibungen unterbreiteten Gesetzesvorschläge waren allerdings in ihrer tatbestandsmäßigen Struktur nicht einheitlich: § 270 E 1962 und § 175 AE-BT Straftaten gegen die Wirtschaft wollten bereits die im Vorfeld der Angebotsabgabe liegende unlautere Einflussnahme auf potenzielle Mitbewerber, z. B. durch Belohnung oder Drohung, unter Strafe stellen. Spätere Entwürfe, z. B. der vom Bundesrat 1995 vorgeschlagene § 264b[276], knüpften erst an die täuschende Abgabe eines abgesprochenen Angebots an, hatten also, ebenso wie die §§ 264, 264a und 265b, betrugsähnlichen Charakter.

107 Der 1997 durch das Korruptionsbekämpfungsgesetz[277] eingeführte § 298 kam insofern zu spät, als der BGH in einer Entscheidung von 1992[278] seine frühere Rechtsprechung[279] aufgegeben hatte und nunmehr eine Strafbarkeit des Anbieters nach § 263 annahm, wenn das die Preisabsprache verschleiernde Angebot die Bildung eines niedrigeren Wettbewerbspreises verhinderte. Ausreichend für die Bejahung eines Vermögensschadens sei die Überzeugung des Tatrichters auf der Grundlage von Indizien, aus denen sich mit hoher Wahrscheinlichkeit ergebe, dass der Auftraggeber ohne die Absprache und die Täuschung durch den Auftragnehmer ein nur geringeres Entgelt hätte versprechen und zahlen müssen.

108 Trotz dieses Wandels der Rechtsprechung wurde in den Beratungen des Korruptionsbekämpfungsgesetzes ein fortbestehendes Bedürfnis für eine spezielle Vorschrift gegen die Bildung von Submissionskartellen bejaht: Zum einen bestünden nach wie vor Probleme bei der Beweisbarkeit des Vermögensschadens i. S. des § 263, zum anderen gehe es weniger um Vermögensschutz gegen eine Täuschung als um den Schutz des freien Wettbewerbs als solchem[280].

109 Entsprechend dieser primär wettbewerbsrechtlichen Schutzrichtung wird in § 298 nicht nur auf den Eintritt eines Vermögensschadens, sondern auch auf die Vornahme einer Täuschungshandlung verzichtet. Der Tatbestand ist auch dann erfüllt, wenn nicht vorgespiegelt wird, das An-

---

274 Ähnlich § 175 AE-BT Straftaten gegen die Wirtschaft.
275 Vgl. dazu auch *Baumann*, Oehler-FS 1985, S. 91; *Weber*, NStZ 1986, 481; ferner die Dokumentation bei *Dahs* (Hrsg.), Kriminelle Kartelle? Zur Entstehungsgeschichte des neuen § 298 StGB, 1998, S. 67 ff.
276 BT-Drucks. 13/3353, 5.
277 Vom 13.8.1997, BGBl. I, S. 2038.
278 BGHSt 38, 186 (190 ff.); vgl. auch weitergehend BGHSt 47, 83 (88).
279 Vgl. oben Rn. 104.
280 BT-Drucks. 13/5584, S. 13; insoweit ist der Schutz des freien Wettbewerbs als Rechtsgut auch anerkannt; vgl. *Mitsch*, BT 2/2, § 3 Rn. 195; *S/S/Heine/Eisele*, Vorbem. §§ 298 ff. Rn. 4; vgl. auch SK-*Rogall*, § 298 Rn. 4 (der allerdings ausschließlich den Wettbewerb als geschützt ansieht).

gebot beruhe auf einem freien Wettbewerb. Erfasst werden sollen damit auch Fälle, in denen der Bieter kollusiv mit dem in die Preisabsprache eingeweihten Mitarbeiter des Veranstalters der Ausschreibung zusammenwirkt[281]. – In der Praxis dürften allerdings nach wie vor Täuschungsfälle dominieren[282], sodass es sich bei § 298, gemessen an dessen tatsächlichem Anwendungsbereich, doch um ein betrugsähnliches Delikt[283] handelt, das sich auch gegen das Vermögen des Veranstalters richtet, eventuell aber auch gegen das Vermögen potenzieller Mitbewerber, falls diese durch Täuschung von der Abgabe von Angeboten abgehalten werden[284].

b) Der Tatbestand des § 298

§ 298 I setzt eine **Ausschreibung über Waren oder gewerbliche Leistungen** voraus[285]. Darunter fallen auch Ausschreibungen von privaten Unternehmen[286]. 110

Tathandlung ist die Abgabe eines auf einer rechtswidrigen Absprache beruhenden Angebots (d. h. nicht die Absprache als solche)[287]. Die Absprache muss mit einem anderen Unternehmen getroffen werden, mit dem man (an sich) im Wettbewerb steht. Die Rechtswidrigkeit der Absprache bestimmt sich nach dem Kartellrecht, d. h. nach § 1 GWB[288]. Täter des § 298 kann somit jeder sein, der sich an der Absprache beteiligt, nicht nur derjenige, der am Ende den Zuschlag erhält. 111

(Auch) öffentliche Aufträge können nach den maßgebenden Verdingungsordnungen ausnahmsweise ohne vorangegangene förmliche Ausschreibung **freihändig vergeben** werden, z. B. wenn es sich um geringfügige Nachbestellungen handelt. Auch im Hinblick auf freihändige Vergaben kann allerdings eine öffentliche Aufforderung jedenfalls dahin gehend erfolgen, sich um eine Teilnahme zu bewerben. Hat ein solcher **Teilnahmewettbewerb** stattgefunden, wird die freihändige Vergabe in § 298 II der Ausschreibung i. S. des Abs. I gleichgestellt, weil auch in die- 112

---

281 BT-Drucks. 13/5584, S. 14; BGH NStZ 2013. 41; LK-*Tiedemann*, 12. Aufl., § 298 Rn. 14; *Wolters*, JuS 1998, 1100 (1102).
282 Es ist sogar zu bezweifeln, ob es überhaupt Fälle des § 298 gibt, in denen keine Täuschung vorliegt. Denn namentlich bei der Vergabe von Aufträgen durch die öffentliche Hand wird es in aller Regel so sein, dass trotz voller Kenntnis des zuständigen Sachbearbeiters vorgesetzte Amtsträger oder Kontrollbeamte in einen Irrtum versetzt werden. Vgl. zu dieser Fallgestaltung beim Subventionsbetrug (§ 264) oben Rn. 71.
283 Anders *Krey/Hellmann/M. Heinrich*, BT 2, Rn. 775.
284 Eine Pönalisierung schlicht wettbewerbswidrigen Verhaltens i. S. des § 1 GWB müsste auch auf Bedenken stoßen, da ein gegenüber der Ordnungswidrigkeit nach § 81 II Nr. 1 GWB gesteigerter Unrechtsgehalt schwerlich erkennbar wäre. Zum Verhältnis des § 298 zu § 263 vgl. unten. Rn. 116.
285 Zum kartellrechtlich bestimmten Begriff der Ausschreibung vgl. näher *Lackner/Kühl*, § 298 Rn. 2.
286 BGH, NStZ 2003, 548; anders noch § 270 I Nr. 2 E 1962, der auf Ausschreibungen der öffentlichen Hand beschränkt war.
287 Zum Verzicht auf täuschendes Verhalten vgl. oben Rn. 109.
288 BGHSt 49, 201 (205); BGH, NStZ 2013, 41; vgl. dazu oben Rn. 103.

sem Falle „der Veranstalter und die Wettbewerber in besonderem Maße auf die Kräfte des freien Wettbewerbs vertrauen dürfen"[289].

c) Vorsatz

113 Strafbar ist auch im Rahmen des § 298 nur vorsätzliches Handeln, § 15. Für die Ordnungswidrigkeit nach § 81 II Nr. 1 GWB reicht hingegen Fahrlässigkeit aus, sodass dem Bußgeldtatbestand (auch) eine Auffangfunktion bei nicht nachweisbarem vorsätzlichen Handeln zukommt.

d) Rücktritt vom vollendeten Delikt, § 298 III

114 § 298 III ermöglicht dem Täter – insoweit übereinstimmend mit den Regelungen für die Delikte im Vorfeld des Betrugs[290] – den strafbefreienden Rücktritt vom vollendeten Delikt (tätige Reue). Erforderlich ist die freiwillige Verhinderung der Annahme des wettbewerbswidrigen Angebots oder der Gegenleistung des Veranstalters.

e) Konkurrenzen

115 Der mit der Straftat nach § 298 zugleich erfüllte **Bußgeldtatbestand** des § 81 II Nr. 1 GWB tritt im Wege der Gesetzeskonkurrenz (Subsidiarität) zurück, § 21 OWiG.

116 Folgt man der neueren Rechtsprechung des BGH zum Submissionsbetrug[291], so kann § 298 mit § 263 zusammentreffen. Wegen der unterschiedlichen Schutzrichtung beider Tatbestände – Freiheit des Wettbewerbs einerseits und Vermögen andererseits – ist in diesem Falle Tateinheit (§ 52) anzunehmen[292].

V. Versicherungsmissbrauch, § 265

1. Kriminalpolitisches Bedürfnis für einen Sondertatbestand

117 Die ungerechtfertigte Inanspruchnahme von Versicherungsleistungen ist weit verbreitet.

Beispiel: Zerstörung oder Beiseiteschaffung eigener Sachen, um auf Kosten der Sachversicherung neue beschaffen zu können. Inbrandsetzung des eigenen Hauses, um in den Genuss der Brandversicherungssumme zu kommen. Verschiebung des eigenen Kraftfahrzeuges ins Ausland in der Absicht, das Kfz der Diebstahlsversicherung als gestohlen zu melden und die Versicherungssumme zu erlangen. – Häufig führt der Versicherte den „Schadensfall" nicht selbst herbei, sondern bedient sich dazu, etwa bei der Verschiebung von Kraftfahrzeugen, eines oder mehrerer Komplizen.

---

289 Vgl. dazu BT-Drucks. 13/5584, S. 14.
290 Dazu oben Rn. 60 f.
291 Dazu oben Rn. 107.
292 BT-Drucks. 13/5584, S. 14; *Kindhäuser*, BT II, § 44 Rn. 11; *Korte*, NStZ 1997, 513 (516); *Krey/Hellmann/M. Heinrich*, BT 2, Rn. 775; LK-*Tiedemann*, 12. Aufl., § 298 Rn. 50 f. (bei nur versuchtem Betrug aber Vorrang des § 298); SSW-*Bosch*, § 298 Rn. 20; *Wessels/Hillenkamp*, BT 2, Rn. 703; a. M. *Wolters*, JuS 1998, 1100 (1102 – Vorrang des § 298).

Versicherungsmissbrauch, § 265   § 21 Rn. 118–122

Bei vorsätzlicher (und grob fahrlässiger) Herbeiführung des Versiche- **118**
rungsfalles durch den Versicherten (allein oder im Zusammenwirken mit
anderen) wird der Versicherer von der Verpflichtung zur Leistung frei,
§ 81 VVG. Wird die Versicherungssumme wahrheitswidrig mit der Behauptung geltend gemacht, die versicherte Sache sei ohne Beteiligung des
Versicherungsnehmers zerstört worden, in Brand geraten oder abhanden
gekommen, so macht sich der Versicherungsnehmer wegen vollendeten
Betrugs (§ 263) strafbar, wenn die Täuschung gelingt und die Versicherungssumme ausbezahlt wird. Scheitert die Täuschung oder kommt es aus
anderen Gründen nicht zur Auszahlung der Versicherungssumme, liegt
ein strafbarer versuchter Betrug (§§ 263, 22) vor.

Da ein unmittelbares Ansetzen zur Tatbestandsverwirklichung i. S. der **119**
§§ 263, 22 den Beginn einer täuschenden Einwirkung auf den Versicherer
voraussetzt, stellt die vorsätzliche Herbeiführung des Versicherungsfalles
noch keinen Betrugsversuch dar, sondern ist im Hinblick auf § 263 lediglich eine straflose Vorbereitungshandlung. Sie wird in dem durch das 6.
StrRG grundlegend neu gefassten Sondertatbestand des § 265 unter Strafe
gestellt, wenn sie in der Absicht vorgenommen wird, sich oder einem Dritten Leistungen aus der Versicherung zu verschaffen.

Kriminalpolitisch ist umstritten, ob ein unabweisbares Bedürfnis für einen derarti- **120**
gen Vorbereitungstatbestand besteht. Dagegen wird insbesondere geltend gemacht,
der vermögensstrafrechtliche Schutz der Versicherungen und mittelbar der Versichertengemeinschaft setze früh genug an. Es reiche aus, wenn bei der betrügerischen
Geltendmachung eines Leistungsanspruches die §§ 263 (22) eingriffen[293].

Einigkeit in der Reformdiskussion bestand allerdings darüber, dass § 265 a. F., der **121**
das in betrügerischer Absicht erfolgende Inbrandsetzen einer feuerversicherten Sache sowie das Sinken- oder Strandenlassen eines versicherten Schiffes mit Verbrechensstrafe bedrohte, aus verschiedenen Gründen nicht mehr sachgerecht war. Der
Tatbestand beinhaltete eine unbefriedigende Beschränkung auf die Feuer- und Seeversicherung, die heute keineswegs mehr die wichtigsten Versicherungszweige sind.
Ferner gab es keine überzeugende Begründung für die hohe Strafdrohung, welche
erheblich über die des § 263 für den eigentlich schadensauslösenden Betrug hinausging[294].

Soweit nicht ein Verzicht auf einen Vorbereitungstatbestand gefordert wurde[295], **122**
wurde deshalb die Umgestaltung des § 265 in eine alle wichtigen Versicherungssparten schützende Vorschrift vorgeschlagen, deren Strafdrohung auf die des § 263
abgestimmt ist[296]. Auf dieser Linie lag auch § 256 E 1962, der in Abs. 1 den Versi-

---

293 So der AE-BT Straftaten gegen die Wirtschaft, S. 125; dort auch weitere Argumente gegen einen
    derartigen Tatbestand.
294 Zum „Weiterleben" des alten § 265 bei den besonders schweren Fällen des Betrugs (Regelbeispiel des § 263 III Nr. 5) vgl. unten Rn. 138 ff.
295 Vgl. oben Rn. 120.
296 Vgl. insbesondere *Geerds*, Welzel-FS 1974, S. 841 (853 ff.); *ders.*, Versicherungsmißbrauch,
    1991, S. 97 ff. (mit dem weitgehenden Vorschlag der Schaffung eines umfassenden Tatbestandes,
    der als abschließende Sonderregelung gegenüber § 263 auch die Vortäuschung eines Schadensfalles gegenüber der Versicherung erfassen soll).

cherungsmissbrauch durch Körperverletzungen, in Abs. 2 den Versicherungsmissbrauch durch Einwirkung auf Sachen mit Vergehensstrafe bedrohte und für den Fall der betrügerischen Geltendmachung der Versicherungsleistung eine Subsidiarität der Bestimmung gegenüber § 263 anordnete.

123   § 265 i. d. F. des 6. StrRG übernimmt diese Konzeption, wird allerdings der Forderung nach einer Einbeziehung aller wichtigen Versicherungszweige nicht gerecht: Im Gegensatz zum E 1962 wird der Missbrauch von Personenversicherungen durch Körperverletzungen (z. B. durch Selbstverletzungen u. a.) nicht erfasst, sondern nur missbräuchliches Verhalten gegenüber Sachversicherungen. Auch Haftpflicht-, Lebens- und Unfallversicherungen wurden nicht mit einbezogen.

124   In Übereinstimmung mit § 256 E 1962 und abweichend von § 265 a. F. verlangt § 265 auf der subjektiven Tatseite aber kein Handeln in betrügerischer Absicht mehr, sondern lässt, zur Schließung angeblicher Strafbarkeitslücken, die schlichte Absicht genügen, sich oder einem Dritten Leistungen aus der Versicherung zu verschaffen[297].

2. Der Tatbestand des § 265

125   **Tatobjekte** sind Sachen – auch Grundstücke und Gebäude –, die gegen Untergang, Beschädigung, Beeinträchtigung der Brauchbarkeit, Verlust oder Diebstahl versichert sind. Dabei kommt es auf die Eigentumsverhältnisse nicht an.

126   **Versichert** sind Sachen, über die ein förmlicher Versicherungsvertrag abgeschlossen worden ist, auch wenn dieser nichtig oder anfechtbar ist, die Versicherung die Leistung also letztlich nicht zu erbringen braucht. Dies gilt auch dann, wenn die Versicherung nach den §§ 37 II, 38 II VVG von ihrer Leistungspflicht frei geworden ist, weil der Versicherte mit der Prämienzahlung in Verzug ist[298].

Beispiel: T versichert sein Haus in betrügerischer Absicht weit über dem wirklichen Wert und zündet es danach an. – Trotz der Nichtigkeit des Vertrages gemäß § 74 II VVG ist die Sache versichert und damit geeignetes Tatobjekt für § 265[299]. Erst recht steht natürlich die Leistungsfreiheit des Versicherers nach § 81 VVG (schuldhafte Herbeiführung des Versicherungsfalles) der Anwendbarkeit des § 265 nicht entgegen.

127   Die **Tathandlungen** (Beschädigen, Zerstören etc.) sind auf die verschiedenen Sparten der Sachversicherung abgestimmt und entsprechen den Möglichkeiten der Vorbereitung der Geltendmachung von Leistungsansprüchen gegen die Versicherung[300]. Die Merkmale der **Beschädigung** und **Zerstörung** entsprechen dabei § 303. Die **Beeinträchtigung der Brauch-**

---

297 Zur damit verbundenen problematischen Ausdehnung des Strafbarkeitsbereichs vgl. unten Rn. 131 f.
298 *Wessels/Hillenkamp*, BT 2, Rn. 657; a. M. *Kindhäuser*, BT II, § 32 Rn. 3; *Otto*, BT, § 61 Rn. 2; *Ranft*, StV 1989, 300 (301); SSW-*Saliger*, § 265 Rn. 4; vgl. auch S/S/*Perron*, § 265 Rn. 6; differenzierend NK-*Hellmann*, § 265 Rn. 21; differenzierend nach dem Grund der Nichtigkeit LK-*Tiedemann*, 12. Aufl., § 265 Rn. 10.
299 BGHSt 8, 343 (345); *Eisele*, BT II, Rn. 698.
300 Vgl. die Beispiele oben Rn. 117.

barkeit der Sache hat neben der Sachbeschädigung oder -zerstörung keinerlei eigenständige Bedeutung[301]. Unter einem **Beiseiteschaffen** ist entweder das körperliche Entfernen der Sache aus dem Zugriffsbereich der Versicherung oder das Verbergen im eigenen Herrschaftsbereich zu verstehen, wenn dies den Eindruck erweckt, die Sache sei abhanden gekommen[302]. Hierbei kann der Täter sich durchaus auch dritter Personen bedienen, so etwa wenn A mit B vereinbart, dass dieser eine dem A gehörige Sache „stehlen" solle, damit A die Versicherungssumme bekommt. Die Sache wird schließlich dann **einem anderen überlassen,** wenn diesem einverständlich die tatsächliche Sachherrschaft eingeräumt wird[303]. Dies kann auch durch ein Dulden des „Ansichnehmens" der Sache durch einen Dritten geschehen.

Beispiel: A beauftragt B, während seiner Urlaubsabwesenheit seinen in der Garage abgestellten Pkw zu entwenden, um dies anschließend seiner Versicherung zu melden. B tut dies. – B macht sich hier strafbar wegen eines Beiseiteschaffens (sofern man aus der Kenntnis der Umstände auf die Absicht schließen kann, A dadurch Leistungen aus der Versicherung zu verschaffen[304]). A verwirklicht die Tatbestandsalternative des Überlassens.

3. Vorsatz und Absicht der Leistungsverschaffung

§ 265 enthält ein **Vorsatz**delikt, § 15. Der Vorsatz muss sich auf die oben[305] angeführten objektiven Tatbestandsmerkmale beziehen. 128

Darüber hinaus wird die **Absicht (dolus directus I.)** verlangt, sich oder einem Dritten Leistungen aus der Versicherung zu verschaffen. 129

Im **Regelfall** wird der Täter in **betrügerischer** Absicht handeln, also mit dem Bestreben, dem Versicherungsnehmer mittels Täuschung der Versicherung Leistungen zu verschaffen, auf welche dieser keinen Anspruch hat (Eigen- oder Drittbereicherungsabsicht i. S. des § 263 I)[306]. 130

Da § 265 I jedoch insoweit keine **betrügerische Absicht** verlangt[307], sind auch Handlungen strafbar, welche auf die Erlangung einer Versicherungsleistung abzielen, auf die der Versicherte einen Anspruch hat. 131

Beispiel: S setzt das landwirtschaftliche Anwesen seines Vaters V ohne dessen Wissen in Brand, um V mit der Brandversicherungssumme die Errichtung eines modernen Betriebs zu ermöglichen, der später auch dem S als Hoferben das Wirtschaften erleichtern würde. – V steht hier die Brandversicherungssumme zu. Denn die Ver-

---

301 Vgl. insbesondere *S/S/Perron*, § 265 Rn. 8: „gesetzgeberischer Fehlgriff".
302 *Fischer,* § 265 Rn. 6; Geppert, Jura 1998, 382 (384, Fn. 22); *Kindhäuser,* BT II, § 32 Rn. 7; *Rengier,* BT I, § 15 Rn. 3; *Wessels/Hillenkamp,* BT 2, Rn. 658; a. M. (nur erste Variante) *Lackner/Kühl,* § 265 Rn. 3; *Mitsch,* BT 2/2, § 3 Rn. 123.
303 *Fischer,* § 265 Rn. 7; *Rengier,* BT I, § 15 Rn. 4; *Wessels/Hillenkamp,* BT 2, Rn. 658.
304 So *Rengier,* BT I, § 15 Rn. 7; *Wessels/Hillenkamp,* BT 2, Rn. 659; a. M. *Rönnau,* JR 1998, 441 (443 ff.).
305 Vgl. oben Rn. 125 ff.
306 Vgl. die Beispiele oben Rn. 117.
307 Vgl. oben Rn. 124.

sicherung wird nach § 81 VVG von der Leistungspflicht nur dann frei, wenn der Versicherungsnehmer (V) den Versicherungsfall vorsätzlich (oder grob fahrlässig) herbeigeführt hat. S hat also insoweit nicht mit betrügerischer Absicht, aber jedenfalls in der Absicht gehandelt, einem Dritten (dem V) Leistungen aus der Versicherung zu verschaffen, sodass er nach § 265 strafbar ist.

132 Damit entfernt sich der Versicherungsmissbrauch dogmatisch von einem Delikt im Vorfeld des Betrugs und wird zu einem selbstständigen Tatbestand, der das Vermögen der Versicherungsgesellschaften gegen die vorsätzliche Herbeiführung von Versicherungsfällen schützt[308]. – Zur Vermeidung von Strafbarkeitslücken wäre diese Ausdehnung des § 265 zudem nicht erforderlich gewesen. Denn ohne Wissen und Wollen des Versicherten erfolgende Angriffe auf dessen Sachen sind nach anderen Vorschriften strafbar, etwa nach § 303 (Sachbeschädigung) oder §§ 306 ff. (Brandstiftung)[309].

133 Der Zweck des § 265 a. F. mit seiner hohen Strafdrohung[310] wurde in der Verhütung des allgemeinen sozialen Schadens gesehen, der droht, wenn die Feuerversicherung und die Schiffsunfallversicherung ungerechtfertigt in Anspruch genommen werden[311]. Deshalb wurde ein Handeln in betrügerischer Absicht nur angenommen, wenn es dem Täter darauf ankam, sich durch Brandstiftung oder Herbeiführung eines Schiffsuntergangs Leistungen gerade aus der Feuer- oder Schiffsunfallversicherung zu verschaffen. Es musste also insoweit eine **Deckungsgleichheit** bestehen.

Beispiel[312]: A versenkt ein Schiff in der Absicht, der Versicherung einen Diebstahl vorzuspiegeln. – Hier läge kein Versicherungsbetrug nach § 265 a. F. vor, da die in dieser Absicht vorgenommene Tat nicht das geschützte Rechtsgut gefährdete.

134 Da § 265 n. F. nicht mehr auf den Schutz der früher als besonders wichtig eingestuften Versicherungsarten beschränkt ist, sondern gleichmäßig alle Sachschadensversicherungen umfasst, ist der Grund für das Erfordernis der Deckungsgleichheit weggefallen[313]. Im genannten Beispiel wäre daher eine Strafbarkeit nach § 265 n. F. anzunehmen.

---

308 *Otto*, BT, § 61 Rn. 1 (Geschütztes Rechtsgut sei die soziale Leistungsfähigkeit der Versicherer); für eine doppelte Schutzrichtung (Vermögen und Schutz des Versicherungswesens) *Eisele*, BT II, Rn. 695; *Lackner/Kühl*, § 265 Rn. 1; *Mitsch*, BT 2/2, § 3 Rn. 111; *S/S/Perron*, § 265 Rn. 2; *Wessels/Hillenkamp*, BT 2, Rn. 656; a. M. (nur Vermögensdelikt im Vorfeld des Betruges) *Bussmann*, StV 1999, 613 (617); *Geppert*, Jura 1998, 382 (383); *Kindhäuser*, BT II, § 32 Rn. 1; NK-*Hellmann*, § 265 Rn. 15; *Rengier*, BT I, § 15 Rn. 2; SSW-*Saliger*, § 265 Rn. 1.
309 Vgl. dazu AE-BT Straftaten gegen die Wirtschaft, S. 125.
310 Vgl. oben Rn. 121.
311 Vgl. BGHSt 25, 261 (262) m. w. Rspr.-Nachw.
312 Fall in Anlehnung an BGHSt 25, 261.
313 A. M. *Schlüchter/Klipstein*, Bochumer Erläuterungen zum 6. StrRG, 1998, S. 86.

4. Versuch

In § 265 II ist der Versuch unter Strafe gestellt. Da der Versicherungsmissbrauch an sich schon im Vorfeld des Betrugs angesiedelt ist, ist diese zusätzliche Strafbarkeitsvorverlagerung übertrieben.

135

5. Verhältnis des § 265 zum Betrug

Wenn die von § 265 geforderte Absicht der Leistungsverschaffung betrügerischen Charakter aufweist (so der Regelfall[314]) und der Versicherung auch tatsächlich ein Versicherungsfall vorgetäuscht wird, tritt § 265 kraft gesetzlich angeordneter Subsidiarität hinter § 263 bzw. den §§ 263, 22 zurück.

136

Tritt der Täter strafbefreiend (§ 24) vom Betrugsversuch gegenüber der Versicherung zurück, wird erwogen, es bei der Strafbarkeit nach § 265 zu belassen[315]. Diese im Hinblick auf den Betrugsversuch rücktrittshemmende Auffassung ist abzulehnen und eine Straffreiheit insgesamt zu anzunehmen[316]. Insoweit ist auch eine analoge Anwendung der Vorschriften über die tätige Reue (vgl. §§ 264 V, 264a III, 265b II; ferner §§ 306e, 320) im Rahmen des § 265 zu befürworten, wenn es gar nicht erst zu einem Betrugsversuch kommt[317].

137

6. Versicherungsbetrug als schwerer Fall des Betrugs, § 263 III Nr. 5

Vollständig konnte sich der Gesetzgeber des 6. StrRG vom alten § 265[318] nicht trennen. Vielmehr wurde[319] der Regelungsgehalt des § 265 a. F. im Wesentlichen[320] in das Regelbeispiel des § 263 III Nr. 5 zur Begründung eines besonders schweren Betrugsfalles übernommen.

138

Da der Feuer- und Schiffsversicherung in § 265 n. F. gegenüber anderen Versicherungsarten – zu Recht – kein herausgehobener Schutz mehr zugebilligt wird[321], ist

139

---

314 Vgl. oben Rn. 130.
315 E 1962, Begründung zu § 256, S. 428.
316 Es kann hier schwerlich etwas anderes gelten als für den Rücktritt von einem Verbrechensversuch, z. B. nach den §§ 212, 22, dem eine Vorbereitungshandlung nach § 30, z. B. die Verabredung eines Totschlags nach den §§ 212, 30 II, vorangegangen ist: Der wirksame Rücktritt nach § 24 I hebt auch die Strafbarkeit wegen der Verbrechensverabredung auf; vgl. BGHSt 14, 378 (380); *Baumann/Weber/Mitsch*, § 32 Rn. 58.
317 So auch *Geppert*, Jura 1998, 382 (385); *Kindhäuser*, LPK, § 265 Rn. 9; *Maurach/Schroeder/Maiwald*, BT 1, § 41 Rn. 204; *MüKo-Wohlers/Mühlbauer*, 2. Aufl., § 265 Rn. 34; *S/S/Perron*, § 265 Rn. 15; a. M. *Lackner/Kühl*, § 265 Rn. 5; *Mitsch*, BT 2/2, § 3 Rn. 131; *ders.*, ZStW 111 (1999), 65 (119); *Rengier*, BT I, § 15 Rn. 9 f.; *Rönnau*, JR 1998, 441 (446); *SSW-Saliger*, § 265 Rn. 14; *Wessels/Hillenkamp*, BT 2, Rn. 660 f.
318 Vgl. dazu oben Rn. 121.
319 Ebenfalls in Anknüpfung an den E 1962, der in § 253 Nr. 5b ein entsprechendes Regelbeispiel vorsah.
320 Im Gegensatz zu § 265 a. F. wird allerdings die Inbrandsetzung einer Sache von bedeutendem Wert gefordert.– Zur Bedeutung des Regelbeispiels für den Vergleich von § 265 a. F. und § 265 n. F. unter dem Gesichtspunkt des mildesten Gesetzes (§ 2 III) vgl. BGH, NStZ 1999, 32 (33); BGH, NStZ 1999, 556.
321 Vgl. oben Rn. 121 ff.

aber nicht einzusehen, warum ihre täuschende Inanspruchnahme das Betrugsunrecht gegenüber dem Normalfall steigern soll.

140   Die **Verwirklichung des Regelbeispiels** vollzieht sich in zwei Etappen: Der Täter muss (1) eine Sache von bedeutendem Wert in Brand setzen oder durch Brandlegung[322] ganz oder teilweise zerstören[323] oder ein Schiff zum Sinken oder Stranden bringen und danach (2) einen Versicherungsfall vortäuschen.

Da das Regelbeispiel einen besonders schweren Fall des Betrugs indiziert, muss die Vortäuschung (2) den Tatbestand des § 263 erfüllen oder zumindest einen Betrugsversuch (§§ 263, 22) darstellen[324]. Da die Inbrandsetzung usw. (1) ein Handeln zu diesem Zweck, d. h. zur Begehung eines Betrugs im Sinne von (2) erfordert, muss bereits das Inbrandsetzen usw. vom Betrugsvorsatz und der Bereicherungsabsicht (betrügerische Absicht i. S. des § 265 a. F.) getragen sein[325].

141   **Beispiel:** Wenn im oben[326] genannten Beispiel der Sohn S ohne Wissen seines Vaters V den Bauernhof anzündet, liegt kein Betrug des V gegenüber der Brandversicherung vor, sodass eine Anwendung des Regelbeispiels von vornherein ausscheidet. Daran ändert sich auch dann nichts, wenn S aufgrund fehlerhafter rechtlicher Wertung davon ausgeht, V habe keinen Anspruch auf die Versicherung. Denn § 263 III Nr. 5 setzt unabdingbar einen gegenüber der Versicherung begangenen Betrug(sversuch) voraus. – Es bleibt bei der Strafbarkeit des S nach § 265.

142   Nachdem der Feuer- und Schiffsversicherung in § 263 III Nr. 5 – wenn auch sachwidrig[327] – doch wieder ein erhöhter Schutz eingeräumt wird, ist es geboten, für die Erfüllung des Regelbeispiels am Erfordernis der Deckungsgleichheit festzuhalten[328].

143   Da die Erfüllung des Regelbeispiels nach § 263 III Nr. 5 bereits in der ersten Etappe, ebenso wie § 265 a. F., ein Handeln in betrügerischer Absicht voraussetzt[329], bleibt auch ein Rechtsinstitut von Bedeutung, das für die Anwendung von § 265 a. F. eine Rolle gespielt hat, nämlich die sog. **Repräsentantenhaftung.** Es handelt sich dabei um ein Institut des Versicherungsrechts: Die Brandstiftung oder Schiffsversenkung durch einen Dritten wird, wenn dieser **Repräsentant** des Versicherten ist, dem Versicherten wie eigenes Handeln zugerechnet, mit der Folge, dass die Versicherung nach § 81 VVG von ihrer Leistungspflicht frei wird.

---

322 Vgl. zu diesen Begehungsformen der Brandstiftung unten § 37 Rn. 17 ff.
323 Vgl. zu diesen Merkmalen oben § 12 Rn. 16 ff., 31 (zum Sachbeschädigungsdelikt nach § 305).
324 Vgl. zur Versuchsproblematik bei Regelbeispielen oben § 14 Rn. 36 ff.
325 Vgl. dazu oben Rn. 121.
326 Vgl. oben Rn. 131.
327 Vgl. oben Rn. 139.
328 Vgl. dazu und zum Verzicht auf Deckungsgleichheit bei § 265 oben Rn. 133 f.
329 Vgl. hierzu oben Rn. 140.

Dazu führte der BGH aus[330]: „Repräsentant eines versicherten Unternehmens ist [...] derjenige, der befugt ist, selbstständig in einem gewissen, nicht ganz unbedeutenden Umfang für den Betriebsinhaber zu handeln und dabei auch dessen Rechte und Pflichten als Versicherungsnehmer wahrzunehmen."

Strafrechtlich hat die Leistungsfreiheit des Versicherers zur Folge, dass der als Repräsentant des Versicherten handelnde Dritte bei der Brandstiftung oder Schiffsversenkung in betrügerischer Absicht handelt, wenn es ihm auf die täuschungsweise Geltendmachung der Versicherungsleistung ankommt. Damit ist dann die Anwendbarkeit des § 263 I, III Nr. 5 eröffnet, wenn es zur Inanspruchnahme der Versicherung mittels Täuschung kommt (2. Etappe des Regelbeispiels). 144

Beispiel[331]: Die Ehefrau E des T ist zwar formal Alleininhaberin eines Schuhgeschäfts (und damit formal Versicherte), in Wirklichkeit ist aber T zumindest deshalb Mitinhaber, weil er die unter dem Namen der E laufenden Geschäfte mit ihr betreibt. Er teilt mit ihr auch die Geschäftsleitung, wobei beide je nach Bedarf im Einkauf der Waren, im Verkauf und als Aufsicht abwechselnd tätig sind. T ist insoweit also Repräsentant. Er setzt die versicherten Schuhbestände in Brand, um der E als Versicherungsnehmerin die Versicherungssumme zu verschaffen. – T hat den Tatbestand des § 265 erfüllt, und zwar ohne dass es insoweit auf seine Stellung als Repräsentant ankommt. Denn für den Versicherungsmissbrauch genügt die schlichte Absicht, dem Versicherten (der E) Leistungen aus der Versicherung zu verschaffen[332]. Sein durch die Repräsentantenstellung begründetes Handeln in betrügerischer Absicht bei der Brandstiftung führt darüber hinaus zur Anwendung des § 263 I, III Nr. 5, wenn T mittels Täuschung der Versicherung zugunsten der E die Brandversicherungssumme geltend macht. Hinter dem Betrug (in einem besonders schweren Fall) tritt § 265 als subsidiär zurück[333]. Gleichfalls macht sich E nach § 263 I, III Nr. 5 strafbar, wenn sie in Kenntnis der durch T begangenen Brandstiftung die Versicherungsleistung beansprucht. Auf ihre Kenntnis zum Zeitpunkt der Brandlegung kommt es dabei nicht an. 145

---

330 BGH, NJW 1976, 2271 – Repräsentant; vgl. dazu die Besprechungen von *Blei*, JA 1977, 46; *Gössel*, JR 1977, 391; *Hassemer*, JuS 1977, 195; *Wagner*, JuS 1978, 161 – jeweils m. w. N. Zur immer wieder schwankenden Rechtsprechung zur strafrechtlichen Repräsentantenhaftung vgl. aus der Rspr. weiter BGH, NStZ 1987, 505; BGH, NStE § 265 Nr. 4; BGH, NJW 1989, 1861; BGH, NJW 1992, 1635.
331 Fall nach BGH, NJW 1976, 2271.
332 Vgl. hierzu oben Rn. 124, 131.
333 Vgl. oben Rn. 122 f.

§ 22 Untreue, § 266

Literaturhinweise: *Alternativ-Entwurf eines Strafgesetzbuches, Besonderer Teil, Straftaten gegen die Wirtschaft,* 1977, S. 127; *Anders,* Das französische Recht der Untreue zum Nachteil von Kapitalgesellschaften insbesondere im Konzern, ZStW 114 (2002), S. 467; *Arloth,* Zur Abgrenzung von Untreue und Bankrott, NStZ 1990, 570; *Arzt,* Zur Untreue durch befugtes Handeln, Bruns-FS 1978, S. 365; *Auer,* Gläubigerschutz durch § 266 StGB bei der einverständlichen Schädigung einer GmbH, 1991; *Bauer,* Untreue durch Cash-Pooling im Konzern, 2008; *Baumann,* Der strafrechtliche Schutz bei den Sicherungsrechten des modernen Wirtschaftsverkehrs, 1956; *Bernsmann,* Alles Untreue? Skizzen zu Problemen der Untreue nach § 266 StGB, GA 2007, 219; *ders.,* Untreue und Korruption – Der BGH auf Abwegen, GA 2009, 296; *Beulke,* Wirtschaftslenkung im Zeichen des Untreuetatbestands, Eisenberg-FS 2009, S. 245; *Bittmann,* Das BGH-Urteil im sog. „Bugwellenprozess" – das Ende der Haushaltsuntreue?, NStZ 1998, 495; *ders.,* Das Ende der Interessentheorie – Folgen für § 266 StGB?, wistra 2010, 8; *ders.,* Risikogeschäft – Untreue – Bandenkrise, NStZ 2011, 361; *ders.,* Dogmatik der Untreue, NStZ 2012, 57; *du Bois-Pedain,* Die Strafbarkeit untreueartigen Verhaltens im englischen Recht: „Fraud by abuse of position" und andere einschlägige Strafvorschriften, ZStW 122 (2010), 325; *Bringewat,* Finanzmanipulation im Ligafußball – ein Risikogeschäft?, JZ 1977, 667; *Brammsen,* Vorstandsuntreue, wistra 2009, 85; *Brand/Sperling,* Unreue zum Nachteil von Idealvereinen, JR 2010, 473; *Brands/Seier,* Zur Untreue des Vertragsarztes, Herzberg-FS 2008, S. 811; *Bruns,* Untreue im Rahmen rechts- oder sittenwidriger Geschäfte?, NJW 1954, 857; *Burger,* Untreue (§ 266 StGB) durch das Auslösen von Sanktionen zu Lasten von Unternehmen, 2007; *Busch,* Konzernuntreue, 2004; *Clemente,* Sicherungsgrundschuld und Untreue, wistra 2010, 249; *Cappel,* Grenzen auf dem Weg zu einem europäischen Untreuestrafrecht, 2009; *Corsten,* Pflichtverletzung und Vermögensnachteil bei der Untreue, wistra 2010, 206; *ders.,* Erfüllt die Zahlung von Bestechungsgeldern den Tatbestand der Untreue? HRRS 2011, 247; *Dierlamm,* Untreue. – Ein Auffangtatbestand?, NStZ 1997, 534; *ders.,* Neue Entwicklungen bei der Untreue – Loslösung des Tatbestandes von zivilrechtlichen Kategorien?, StraFo 2005, 397; *Dittrich,* Die Untreuestrafbarkeit von Aufsichtsratsmitgliedern bei der Festsetzung überhöhter Vorstandsvergütungen, 2007; *Dörfel,* Beihilfe zur Untreue ohne Haupttat oder „Strafbarkeitslücke", Jura 2004, 113; *Dunkel,* Erfordernis und Ausgestaltung des Merkmals „Vermögensbetreuungspflicht" im Rahmen des Missbrauchstatbestands der Untreue, 1976; *Eisele,* Untreue in Vereinen mit ideeller Zielsetzung, GA 2001, 377; *Edlbauer/Irrgang,* Die Wirkung der Zustimmung und ihrer Surrogate im Untreuetatbestand, JA 2010, 786; *Fabricius,* Strafbarkeit der Untreue im öffentlichen Dienst, NStZ 1993, 414; *Faust,* Zur möglichen Untreuestrafbarkeit im Zusammenhang mit Parteispenden, 2006; *Feigen,* Untreue durch Kreditvergabe, Rudolphi-FS 2004, S. 445; *Fischer,* Der Gefährdungsschaden bei § 266 StGB, StraFo 2008, 269; *ders.,* Strafbarer Gefährdungsschaden oder strafloser Untreueversuch – Zur Bestimmtheit der Untreue-Rechtsprechung, StV 2010, 95; *Foffani,* Die Untreue im rechtsvergleichenden Überblick, Tiedemann-FS 2008, S. 767; *ders.,* Untreuestrafbarkeit im französischen und italienischen Strafrecht, ZStW 122 (2010), 374; *Franzheim,* Zur Untreue-Strafbarkeit von Rechtsanwälten wegen falscher Behandlung von fremden Geldern, StV 1986, 409; *Gallandi,* Die Untreue von Bankverantwortlichen im Kreditgeschäft, wistra 2001, 281; *D. Geerds,* Zur Untreuestrafbarkeit von Aufsichtsratsmitgliedern kommunaler Gesellschaften, Otto-FS 2007, S. 561; *Gerkan,* Untreue und

Literaturhinweise § 22

objektive Zurechnung, 2008; *Golaschinski,* untreue des Aufsichtsrates bei Gewährung eines „appreciation award", 2008; *Gribbohm,* Untreue zum Nachteil der GmbH, ZGR 1990, 1; *Güntge,* Untreueverhalten durch Unterlassen, wistra 1996, 84; *H.-L. Günther,* Die Untreue im Wirtschaftsrecht, Weber-FS 2004, S. 311; *Haas,* Die Untreue, 1997; *Hanft,* Bewilligung kompensationsloser Anerkennungsprämien durch den Aufsichtsrat einer Aktiengesellschaft als Untreue – Fall Mannesmann, Jura 2007, 58; *Heinitz,* Zur neueren Rechtsprechung über den Untreuetatbestand, H. Mayer-FS 1966, S. 433; *Hellmann,* Verdeckte Gewinnausschüttungen und Untreue des GmbH-Geschäftsführers, wistra 1989, 214; *ders.,* Risikogeschäfte und Untreustrafbarkeit, ZIS 2007, 433; *Hillenkamp,* Risikogeschäft und Untreue, NStZ 1981, 161; *Höf,* Untreue im Konzern, 2006; *Holzmann,* Bauträgeruntreue und Strafrecht, 1981; *Chr. Jäger,* Untreue durch Auslösung von Schadensersatzpflichten und Sanktionen, Otto-FS 2007, S. 593; *Jakobs,* Bemerkungen zur subjektiven Tatseite der Untreue, Dahs-FS 2006, S. 49; *Kargl,* Die Missbrauchskonzeption der Untreue (§ 266 StGB). – Vorschlag de lege ferenda, ZStW 113 (2001), 565; *Kaufmann,* Organuntreue zum Nachteil von Kapitalgesellschaften, 1999; *Keller,* Strafbare Untreue und Gemeinwohlbindung von Gesellschaftsvermögen, Puppe-FS 2011, S. 1189; *Kempf,* Bestechende Untreue, Hamm-FS 2008, S. 255; *Keuffel-Hospach,* Die Grenzen der Strafbarkeit wegen Untreue (§ 266 StGB) aufgrund eines (tatsächlichen) Treueverhältnisses, 1997; *Kiefner,* Zur zivilrechtlichen Genealogie des Missbrauchstatbestands, Stree/Wessels-FS 1993, S. 1205; *Kindhäuser,* Pflichtverletzung und Schadenszurechnung bei der Untreue (§ 266 StGB), Lampe-FS 2003, S. 709; *Kohlmann,* Wider die Furcht vor § 266 StGB, JA 1980, 288; *Kohlmann/Brauns,* Zur strafrechtlichen Erfassung der Fehlleitung öffentlicher Mittel, 1979; *Knauer,* Die Strafbarkeit der Bankvorstände für missbräuchliche Kreditgewährung, NStZ 2002, 399; *Kraatz,* „Kick-Back"-Zahlungen als strafbare Untreue. Versuch einer dogmatischen Konkretisierung und Systematisierung, ZStW 122 (2010), 521; *ders.,* Der Untreuetatbestand ist verfassungsgemäß – gerade noch!, JR 2011, 434; *Kraatz,* Zur „limitierten Akzessorietät" der strafbaren Untreue – Überlegungen zur Strafrechtsrelevanz gesellschaftsrechtlicher Pflichtverletzungen im Rahmen des § 266 StGB anhand von Beispielen zur „GmbH-Untreue", ZtW 123 (2011), 447; *Krause,* Konzerninternes Cash-Management. – Der Fall Bremer Vulkan, JR 2006, 51; *Krell,* Zur Bedeutung der „Drittnorm" für die Untreue, NStZ 2014, 62; *Krüger,* Zum Risikogeschäft im Untreuestrafrecht und seinen Risiken, NJW 2002, 1178; *Kubiciel,* Gesellschaftsrechtliche Pflichtwidrigkeit und Untreuestrafbarkeit, NStZ 2005, 353; *Kühl,* Umfang und Grenzen des strafrechtlichen Vermögensschutzes, JuS 1989, 505 (512); *Kutzner,* Einfache gesellschaftsrechtliche Pflichtverletzungen als Untreue, NJW 2006, 3541; *Labsch,* Untreue (§ 266 StGB), Grenzen und Möglichkeiten einer neuen Deutung, 1983; *ders.,* Grundprobleme des Missbrauchstatbestands der Untreue, Jura 1987, 343, 411; *Laskos,* Die Strafbarkeit wegen Untreue bei der Kreditvergabe, 2001; *Lassmann,* Stiftungsuntreue, 2008, *ders.,* Untreue zu Lasten gemeinnütziger Stiftungen – Strafbarkeitsrisiken im Non-Profit-Bereich, NStZ 2009, 473; *Lichtenwimmer,* Untreueschutz der GmbH gegen den übereinstimmenden Willen der Gesellschaft, 2008; *Livonius,* Untreue wegen existenzgefährdenden Eingriffs – Rechtsgeschichte?, wistra 2009, 91; *Loeck,* Strafbarkeit des Vorstands der Aktiengesellschaft wegen Untreue, 2006; *Lüderssen,* „Nützliche Aufwendungen" und strafrechtliche Untreue, Müller-Dietz-FS 2001, S. 467; *ders.,* Zur Konkretisierung der Vermögensbetreuungspflicht in § 266 StGB durch § 87 Abs. 1 S. 1 AktienG, Schroeder-FS 2006, S. 569; *Luzón Pena/Roso Canadillas,* Untreustrafbarkeit im spanischen Strafrecht, ZStW 122 (2010), 354; *Mansdörfer,* Die Vermögensgefährdung als Nachteil im Sinne des Untreuetatbestandes, JuS 2009, 114; *Martin,* Bankuntreue 2000; *Marwedel,* Der Pflichtwidrigkeitsvorsatz bei § 266 StGB – Jagd nach einem weißen Schimmel, ZStW 123 (2011), 548; *Matt,* Missverständnisse zur Untreue, NJW 2005, 389; *Hellmuth Mayer,* Die Untreue im Zusammenhang der Vermögensverbrechen, 1926; *ders.,* Die Untreue, Materialien zur Strafrechtsreform, 1. Bd. 1954, S. 333; *Mitsch,* Die Untreue – Keine Angst vor § 266 StGB!, JuS 2011, 97; *Mölter,* Untreuestrafbarkeit von Anlageberatern unter spezieller Betrachtung der Vermögensbetreuungspflicht, wistra 2010, 53; *Momsen*, Neue Akzente für den Untreuetatbestand? – Der Fall „Bremer Vulkan" im Lichte der Abwendung der neueren Rechtsprechung von der „Interessentheorie", Schöch-FS 2010, S. 567; *Munz*, Haushaltsuntreue. Die zweckwidrige Verwendung öffentlicher Mittel als strafbare Untreue gem. § 266 StGB, 2001; *Murmann*, Untreue (§ 266) und Risikogeschäfte, Jura 2010, 561; *Nack*, Untreue im Bankbereich durch Vergabe von Großkrediten, NJW 1980, 1599; *Nelles*, Untreue zum Nachteil von Gesellschaften, 1991; *Nettesheim*, Können sich Gemeinderäte der „Untreue" schuldig machen?, BayVBl. 1989, 161; *Neye*, Untreue im öffentlichen Dienst, 1981; *ders.*, Die „Verschwendung" öffentlicher Mittel als strafbare Untreue, NStZ 1981, 369; *Nuß*, Untreue durch Marketingkommunikation, 2006; *Otto*, Die neuere Rechtsprechung zu den Vermögensdelikten – Teil 2, JZ 1993, 652 (659 ff.); *ders.*, Untreue durch Übernahme der mit einem Strafverfahren verbundenen Aufwendungen für Unternehmensangehörige durch ein Unternehmen, Tiedemann-FS 2008, S. 693; *ders.*, Dolus eventualis und Schaden bei der Untreue, § 266 StGB, Puppe-FS 2011, S. 1247; *Park/Rütters*, Untreue und Betrug durch Handle mit problematischen Verbriefungen, StV 2011, 434; *Perron*, Bemerkungen zum Gefährdungsschaden bei der Untreue, Tiedemann-FS 2008, S. 737; *ders.*, Probleme und Perspektiven des Untreuetatbestandes, GA 2009, 219; *ders.*, Die Untreue nach der Grundsatzentscheidung des Bundesverfassungsgerichts, Heinz-FS 2012, S. 796; *Poseck*, Die strafrechtliche Haftung der Mitglieder des Aufsichtsrats einer Aktiengesellschaft, 1997; *Radtke/Hoffmann*, Gesellschaftsrechtsakzessorietät bei der strafrechtlichen Untreue zu Lasten von Kapitalgesellschaften? – oder: „Trihotel" und die Folgen, GA 2008, 535; *Ransiek*, Untreue im GmbH-Konzern, Kohlmann-FS 2003, S. 207; *ders.*, Risiko, Pflichtwidrigkeit und Vermögensnachteil bei der Untreue, ZStW 116 (2004), 634; *ders.*, Untreue durch Vermögenseinsatz zu Bestechungszwecken?, StV 2009, 321; *ders.*, „Verstecktes" Parteivermögen und Untreue, NJW 2007, 1727; *Rentrop*, Untreue und Unterschlagung. Reformdiskussion seit dem 19. Jahrhundert, 2007; *Rönnau*, „kick-backs": Provisionsvereinbarungen als strafbare Untreue, Kohlmann-FS 2003, S. 239; *ders*, Untreue als Wirtschaftsdelikt, ZStW 119 (2007), 887; *ders.*, Einrichtung „schwarzer" (Schmiergeld-)Kassen in der Privatwirtschaft – eine strafbare Untreue?, Tiedemann-FS 2008, S. 713; *ders.*, Untreue zu Lasten juristischer Personen und Einwilligungskompetenz für Gesellschafter, Amelung-FS 2009, S. 247; *ders.*, (Rechts-)Vergleichende Überlegungen zum Tatbestand der Untreue, ZStW 122 (2010), 299; *ders.*, Die Zukunft des Untreuetatbestands, StV 2011, 753; *Rönnau/Hohn*, Die Festsetzung (zu) hoher Vorstandsvergütungen durch den Aufsichtsrat, NStZ 2004, 1131; *Safferling*, Bestimmt oder nicht bestimmt? Der Untreuetatbestand vor den verfassungsrechtlichen Schranken, NStZ 2011, 376; *Saliger*, Wider die Ausweitung des Untreuetatbestands, ZStW 112 (2000), 563; *ders.*, Parteiengesetz und Strafrecht, 2005; *ders.*, Parteienuntreue durch schwarze Kassen und unrichtige Rechenschaftsberichte, NStZ 2007, 545; *ders.*, Rechtsprobleme des Untreuetatbestandes, JA 2007, 326; *ders.*, Das Untreuestrafrecht auf dem Prüfstand der Verfassung, NJW 2010, 3195; *ders.*, Schutz der GmbH-internen Willensbildung durch Untreuestrafrecht, Roxin-FS II, 2011, S. 1053; *Satzger*, Die Untreue des Vermieters im Hinblick auf eine Mietkaution, Jura 1998, 470; *Sax*, Überlegungen zum Treubruchtatbestand des § 266 StGB, JZ 1977, 663, 702, 743; *Schäfer*, Die Strafbarkeit der Untreue zum Nachteil einer KG, NJW 1983, 2850; *Scheja*, Das Verhältnis zwischen Rechtsanwalt und Mandant im Hinblick auf den Straftatbestand der Untreue gemäß § 266 StGB, 2006; *H. Schmidt*, Die zweckwidrige Verwendung von Fremdgeldern durch einen Rechtsanwalt, NStZ 2013, 498; *K. Schmidt*, Untreue – Strafbarkeit bei der GmbH & Co. KG: Kompliziert oder einfach? JZ 2014, 878; *Schramm*, Untreue durch Insolvenzverwalter, NStZ 2000, 398; *ders.*, Untreue und Konsens, 2005; *Schramm/Hinderer*, Die Untreue-Strafbarkeit eines Limited-Directors, § 266 StGB, insbesondere im Lichte des Europäischen Strafrechts, ZIS 2010, 494; *Schreiber/Beulke*, Untreue durch Verwendung von Vereinsgeldern zu Bestechungszwecken, JuS 1977, 656; *Schröder*, Konkurrenzprobleme bei Untreue und Unterschlagung, NJW 1963, 1958; *Schünemann*, Organuntreue. Das Mannesmann-Verfahren als Exempel?, 2004; *ders.*, Die „gravierende Pflichtverletzung" bei der Untreue: dogmatischer Zauberhut oder taube Nuss?, NStZ 2005, 473; *ders.*, Der Bundesgerichtshof im Gestrüpp des Untreuetatbestandes, NStZ 2006, 196; *ders.*, Zur Quadratur des Kreises in der Dogmatik des Gefährdungsschadens, NStZ 2008, 430; *Schüppen*, Transaction – Boni für Vorstandsmitglieder der Zielgesellschaft: Business-Judgement oder strafbare Untreue?, Tiedemann-FS 2008, S. 749; *Schwinge/Siebert*, Das neue Untreuestrafrecht, 1933; *Seelmann*, Grundfälle zu den Straftaten gegen das Vermögen als Ganzes, JuS 1982, 914 (916 ff.) und JuS 1983, 32; *Seier*, die Untreue (§ 266 StGB) in der Rechtspraxis, Bochumer Beiträge zu aktuellen Strafrechtsthemen, 2003, S. 145; *Seiler*, Die Untreuestrafbarkeit des Wirtschaftsprüfers, 2007; *Soyka*, Untreue zum Nachteil von Personengesellschaften, 2008; *ders.*, Die „Goldfüller.Gier": Untreue zu Lasten der Bundesrepublik durch Abgeordnete des Deutschen Bundestags?, JA 2011, 566; *Stoffers*, Untreue durch Zusage der Übernahme von Geldsanktionen und Verteidigerkosten, JR 2010, 239; *Thomas*, Untreue in der Wirtschaft, Rieß-FS 2002, 795; *Tiedemann*, Untreue bei Interessenkonflikten, Tröndle-FS 1989, S. 319, *ders.*, Der Untreuetatbestand. – Ein Mittel zur Begrenzung von Managerbezügen? (Mannesmann), Weber-FS 2004, S. 319; *Volhard*, Die Untreuemode, Lüderssen-FS 2002, S. 675; *Volk*, Bewirtschaftung öffentlicher Mittel und Strafrecht, 1979; *ders.*, Untreue und Gesellschaftsrecht, Hamm-FS 2008, S. 803; *Wagner*, Die Untreue des Gesellschafters in der einfachen und konzernierten Einmann-GmbH, 2005; *Waßmer*, Untreue bei Risikogeschäften, 1997; *U. Weber*, Überlegungen zur Neugestaltung des Untreuestrafrechts, Dreher-FS 1977, S. 555; *ders.*, Können sich Gemeinderatsmitglieder durch ihre Mitwirkung an Abstimmungen der Untreue (§ 266 StGB) schuldig machen?, BayVBl. 1989, 166; *ders.*, Strafrechtliche Aspekte der Sportwette, in Recht und Sport, Bd. 10, 1989, S. 39; *ders.*, Untreue durch Verursachung straf- und bußgeldrechtlicher Sanktionen gegen den Vermögensinhaber?, Seebode-FS 2008, S. 437; *ders.*, Zum bedingten Vorsatz bei der vermögensgefährdenden Untreue, Eisenberg-FS 2009, S. 371; *Wegenast*, Missbrauch und Treubruch. Zum Verhältnis der Tatbestände des § 266 StGB, 1994; *Weimann*, Die Strafbarkeit der Bildung sog. schwarzer Kassen gem. § 266 StGB (Untreue), 1996; *Wittig*, Konsequenzen der Ausgleichsfähigkeit und Ausgleichsbereitschaft des Täters für die Untreuestrafbarkeit, I. Roxin-FS 2012, S. 375; *Wittig/Reinhart*, Untreue beim verlängerten Eigentumsvorbehalt, NStZ 1996, 467; *Wodicka*, Die Untreue zum Nachteil der GmbH bei vorheriger Zustimmung aller Gesellschafter, 1993; *G. Wolf*, Die Strafbarkeit der rechtswidrigen Verwendung öffentlicher Mittel, 1998; *Wolf*, Die Strafbarkeit des ehemaligen CDU-Vorsitzenden Dr. Helmut Kohl nach § 266 StGB, Krit. J. 2000, 531; *Zech*, Untreue durch Aufsichtsratsmitglieder einer Aktiengesellschaft, 2007; *Zieschang*, Strafbarkeit des Geschäftsführers einer GmbH wegen Untreue trotz Zustimmung sämtlicher Gesellschafter?, Kohlmann-FS 2003, S. 351; *Zwiehoff*, Untreue durch den Aufsichtsrat bei nichtorganschaftlichem Handeln?, Eisenhardt-FS 2007, 573; *dies.*, Untreue und Betriebsverfassung – Die VW-Affaire, Puppe-FS 2011, S. 1357.

Übersicht

	Rn.
I. Der kriminalpolitische Hintergrund	1
1. Die Nähe zu §§ 263, 246	1
2. Die Entwicklung eines selbstständigen Untreuetatbestands	4
3. Umfang der Untreuekriminalität, Tatsituationen und Täter	6
II. Zwei Tatbestände: Missbrauch und Treubruch, §§ 266 I, 1. und 2. Alt.	9
III. Der Missbrauchstatbestand, § 266 I, 1. Alt.	12
1. Anwendungsbereich: nur rechtsgeschäftliches Handeln	12
2. Wirksamkeit des Rechtsgeschäfts für fremdes Vermögen (Außenverhältnis)	13

		a) Vertretungsmacht, § 164 BGB	15
		b) Sonstige Wirksamkeitsregelungen	18
	3.	Bindung im Innenverhältnis	28
	4.	Konflikt Außen- und Innenverhältnis: Missbrauch	31
IV.	Der Treubruchstatbestand, § 266 I, 2. Alt.		37
	1.	Funktion (erfasste Tathandlungen)	37
		a) Tatsächliches Einwirken auf fremdes Vermögen	38
		b) Verhältnis zu §§ 242, 246, 303	39
		c) Verletzung von Kontrollpflichten	40
		d) Treupflichtverletzung durch Unterlassen	41
		e) Auffangnorm im Verhältnis zum Missbrauch	43
	2.	Pflicht zur Wahrnehmung fremder Vermögensinteressen (sog. Treupflicht)	46
		a) Treupflicht kraft Gesetzes, behördlichen Auftrags und Rechtsgeschäfts	48
		b) Treupflicht kraft (tatsächlichen) Treueverhältnisses	50
		c) Uferlosigkeit des Treubruchstatbestandes; Restriktionsversuche ..	56
V.	Gemeinsames zum Missbrauchs- und Treubruchstatbestand		68
	1.	Vermögensbetreuungspflicht	68
	2.	Pflichtwidrigkeit und Rechtswidrigkeit; Risikogeschäft	69
		a) Pflichtwidrigkeit als Tatbestandsmerkmal	69
		b) Einfluss von Einwilligung und mutmaßlicher Einwilligung	70
		c) Besonderheiten hinsichtlich der Untreue zum Nachteil einer GmbH	71a
		d) Die besondere Problematik der sog. Risikogeschäfte	72
		e) Rechtswidrigkeit	74
	3.	Vermögensschaden	75
	4.	Vorsatz	78
VI.	Verhältnis von Missbrauchs- und Treubruchstatbestand		79
VII.	Besonders schwere Fälle, Antragserfordernisse, Täterschaft und Teilnahme (Sonderdelikt), Konkurrenzen		81
	1.	Besonders schwere Fälle	81
	2.	Antragserfordernisse	82
	3.	Täterschaft und Teilnahme (Sonderdelikt)	83
	4.	Konkurrenzen	86
		a) Verhältnis des § 266 zu den Eigentumsdelikten	86
		b) Verhältnis des § 266 zu anderen Delikten	89

I. Der kriminalpolitische Hintergrund

1. Die Nähe zu §§ 263, 246

1   Die Untreue ist mit dem Betrug in einem Abschnitt des BT geregelt. Als Erfolg verlangt § 266 ebenso wie § 263 die Zufügung eines **Vermögensschadens**. Der „Nachteil" in § 266 I ist identisch mit Vermögensschaden in

Der kriminalpolitische Hintergrund § 22 Rn. 2–3

§ 263 I[1], sodass diesbezüglich auf die Ausführungen zum Betrug[2] verwiesen werden kann[3]. Die Untreue ist also wie der Betrug ein **Vermögensdelikt**. Nur die Art des Angriffs auf fremdes Vermögen ist verschieden: Beim Betrug erfolgt die Schädigung durch Erweckung von Vertrauen mittels Täuschung, die zu einer Selbstschädigung des Opfers führt[4], bei der Untreue nutzt der Täter hingegen das ihm bereits eingeräumte Vertrauen zur Vermögensschädigung des Opfers aus. **Geschütztes Rechtsgut** ist aber wie in § 263 auch in § 266 ausschließlich das **Vermögen**[5]. Erschleichung bzw. Missbrauch fremden Vertrauens charakterisieren nur den Angriff auf dieses Rechtsgut, führen aber nicht zum strafrechtlichen Schutz von Treu und Glauben. Insoweit besteht diesbezüglich in beiden Tatbeständen kein neben dem Vermögen eigenständiges Rechtsgut[6]. Auch das bloße Dispositionsinteresse oder das Befriedigungsinteresse der Gläubiger werden von § 266 nicht geschützt[7].

Im Gegensatz zu den oben[8] dargestellten Vermögensdelikten Erpressung (§§ 253, 255) und Betrug (§ 263) reicht für die Untreue die schlichte Schädigung des Opfers aus. Eine auf **Bereicherung** gerichtete Täterabsicht wird also **nicht** verlangt. Unter diesem Gesichtspunkt ist die Untreue mit der Sachbeschädigung (§ 303) vergleichbar[9], nur dass sich dort die Tat gegen eine ganz konkrete Sache (Eigentumsdelikt), bei § 266 hingegen gegen das Vermögen schlechthin richtet[10]. Anders als bei der Sachbeschädigung, wo der Vandalismus, also die Zerstörung fremder Sachen ohne wirtschaftlichen Eigennutz, eine beträchtliche Rolle spielt[11], handelt aber der Untreue-Täter, abgesehen von Racheakten, z. B. gegenüber dem Arbeitgeber, in der Regel zum Zwecke der Bereicherung, d. h. er möchte sich oder einem Dritten einen Vermögensvorteil verschaffen. 2

Wegen des Missbrauchs eingeräumten Vertrauens lässt sich die Untreue von der Täterposition her mit der Unterschlagung vergleichen, die in ihrem kriminalpolitisch unstreitigen Bereich dadurch gekennzeichnet ist, dass der Eigentümer seine Sache einem anderen anvertraut[12]. In früheren Gesetzen, etwa in der Carolina, wurden die Unterschlagung und die Untreue insoweit auch nicht unterschieden (vgl. z. B. Art. 170 CCC). 3

---

1 RGSt 71, 155 (158); BGHSt 43, 293 (297); Rengier, BT I, § 18 Rn. 49; S/S/Perron, § 266 Rn. 39b; *Wessels/Hillenkamp*, BT 2, Rn. 775; in BGHSt 58, 205 (210) wird allerdings darauf hingewiesen, dass lediglich der Schadensbegriff identisch sei, bei der konkreten Schadensbestimmung aber Unterschiede gemacht werden könnten.
2 Vgl. oben § 20 Rn. 87 ff.
3 Zu den Abweichungen vgl. unten Rn. 75 ff.
4 Vgl. oben § 20 Rn. 28 f.
5 BGHSt 43, 293 (297); BGHSt 55, 288 (300); *Eisele*, BT II, Rn. 855; MüKo-*Dierlamm*, 2. Aufl., § 266 Rn. 1; S/S/Perron, § 266 Rn. 1.
6 Vgl. zum Betrug oben § 20 Rn. 26 f., zur Untreue *Maurach/Schroeder/Maiwald*, BT 1, § 45 Rn. 1; *Nelles*, Untreue zum Nachteil von Gesellschaftern, 1991, S. 283 ff. (305); S/S/Perron, § 266 Rn. 1.
7 S/S/Perron, § 266 Rn. 1.
8 Vgl. oben §§ 18, 20.
9 Vgl. zur Sachbeschädigung oben § 12.
10 Zum Verhältnis Vermögen und Eigentum vgl. oben § 11 Rn. 5 ff.
11 Vgl. oben § 12 Rn. 6.
12 Dazu oben § 15 Rn. 7, 35.

2. Die Entwicklung eines selbstständigen Untreuetatbestandes

4   Erst die Ausgestaltung von Diebstahl und Unterschlagung als Zueignung fremder Sachen im heutigen Sinne durch das Naturrecht ließ das Bedürfnis eines eigenständigen Untreuetatbestandes entstehen, denn nunmehr konnten **Treubrüche**, die nicht in einer Zueignung, also Vermögensverschiebung bestanden, nicht mehr mit diebstahls- oder unterschlagungsähnlichen Vorschriften (furtum) geahndet werden[13]. Die Entwicklung ging dahin, über die schon im Mittelalter und in der beginnenden Neuzeit anzutreffenden Sonderbestimmungen gegen ungetreue Amtsträger und Vormünder hinaus die nachteilige Einwirkung auf fremdes Vermögen durch Vertrauenspersonen zu erfassen. Ebenso wie bereits in dem von *Johann Paul Anselm Feuerbach* geschaffenen bayerischen StGB von 1813[14] geschah dies im preußischen StGB von 1851 sowie in § 266 Nr. 1 und Nr. 3 des RStGB von 1871 durch eine kasuistische Umschreibung des Täterkreises der Untreue: Die Nr. 1 des § 266 a. F. erfasste den Treubruch in besonders bedeutsamen Treueverhältnissen (u. a. Vormünder, Massenverwalter, Vollstrecker letztwilliger Verfügungen, Verwalter von Stiftungen), Nr. 3 die Verletzung besonderer Gewerbepflichten, z. B. durch Feldmesser und Versteigerer.

5   Die Anwendung dieser beiden Ziffern des alten § 266 hat nie besondere Probleme aufgeworfen[15]. Schwierigkeiten bereitete erst die gegenüber dem preußischen StGB neue Nr. 2 des alten § 266 RStGB, die aus konkretem Anlass[16] ins Gesetz aufgenommen wurde und schlechthin „Bevollmächtigte" mit Strafe bedrohte, „welche über Forderungen oder andere Vermögensstücke des Auftraggebers absichtlich zum Nachtheile desselben verfügen". An dieser Bestimmung entzündete sich nämlich der Streit zwischen der sog. **Missbrauchstheorie**[17] und der sog. **Treubruchstheorie**[18]: Sollte nur derjenige dem § 266 Nr. 2 unterfallen, der rechtsgeschäftlich wirksam

---

13 Zur historischen Entwicklung *Hellmuth Mayer*, Die Untreue im Zusammenhang der Vermögensverbrechen, S. 1 ff.; sowie in Materialien zur Strafrechtsreform, 1. Bd. 1954, S. 333 ff.; ferner *Maurach/Schroeder/Maiwald*, BT 1, § 45 Rn. 6 ff.

14 Art. 398–400. Dort wird auch die Untreue deutlich von den Eigentumsdelikten sowie vom Betrug abgegrenzt. – Zur Bedeutung Feuerbachs für die Schaffung eines in sich geschlossenen Strafrechtssystems mit genau umschriebenen Tatbeständen vgl. z. B. *Jescheck/Weigend*, AT, § 10 VI.

15 *Hellmuth Mayer*, Die Untreue im Zusammenhang der Vermögensverbrechen, S. 122 ff.

16 Wie heute beim Toto- oder Lottospiel taten sich mehrere Personen zum gemeinsamen Ankauf eines Loses in der preußischen Klassenlotterie zusammen, wobei einer der Beteiligten als Losinhaber auftrat und den etwaigen Gewinn auszahlt erhielt. Verteilte er den Gewinn nicht an die anderen Mitspieler, so war die Anwendung des Unterschlagungstatbestandes, obwohl weiter gefasst als der geltende § 246, zumindest fraglich (vgl. *Hellmuth Mayer*, Materialien zur Strafrechtsreform, Bd. 1, 1954, S. 335 f.); heute wäre sie ausgeschlossen, da der Losinhaber mit der Auszahlung des Gewinnes Eigentum an dem Geld erlangt. – Vgl. zur Untreue (§ 266) in Tipp-Gemeinschaften *U. Weber*, Strafrechtliche Aspekte der Sportwette, S. 65 f.

17 Begründet von *Binding*, Lehrbuch des gemeinen deutschen Strafrechts, Band 1, 2. Aufl. 1902, § 92 II; vgl. auch *Frank*, Das Strafgesetzbuch für das Deutsche Reich, 18. Aufl. 1931, § 266 Anm. 1.

18 Damals h. M.; vgl. nur RGSt 1, 172 (174); RGSt 71, 155 (156 f.).

Der kriminalpolitische Hintergrund   § 22 Rn. 6–7

über fremde Vermögensstücke verfügte (Missbrauchstheorie), oder auch derjenige, der in anderer Weise nachteilig auf das Vermögen des Auftraggebers einwirkte (Treubruchstheorie)[19]? Diesen Streit beendete der Gesetzgeber im Jahre 1933 dadurch, dass er in § 266 n. F. beide Theorien zur Geltung brachte, indem er die Vorschrift in einen Missbrauchs- und einen Treubruchstatbestand aufspaltete und gleichzeitig auf die als antiquiert empfundene kasuistische Umschreibung des Täterkreises der Untreue in Nr. 1 und Nr. 3 des ursprünglichen § 266 verzichtete[20]. So salomonisch diese Lösung auf Anhieb auch erscheinen mag, so viele neue Probleme hat sie aber bei der Anwendung des geltenden § 266 mit sich gebracht, wie insbesondere die Behandlung der sog. Treupflicht[21], aber auch der Einzelfragen des Missbrauchstatbestandes[22] zeigen wird.

3. Umfang der Untreuekriminalität, Tatsituationen und Täter

Der Anteil der Untreue an der Gesamtkriminalität liegt unter 0,2 %. **6** 2007 wurden 12.761 Fälle, 2011 insgesamt 10.697 Fälle polizeilich erfasst[23]. Die hohe Steigerungsrate ab Mitte der 90er-Jahre des 20. Jh. (1994 gab es lediglich 6.228 erfasste Fälle) wird auf komplexe Ermittlungsvorgänge mit zahlreichen Einzelfällen zurückgeführt[24]. Die sehr hohe Aufklärungsquote von 98,2 %[25] – beim Diebstahl nach § 242 ca. 40,8%, nach §§ 243, 244 sogar nur rd. 15 %[26] – ist darauf zurückzuführen, dass § 266 ein Vertrauensverhältnis zwischen dem Täter und dem Opfer voraussetzt (Vermögensbetreuungspflicht des Täters), das Opfer also den Täter kennt. – Nach § 266 wurden im Jahre 2011 insgesamt 2.438 Personen abgeurteilt, davon 1.713 verurteilt[27]. Bei dieser an sich schon niedrigen Zahl ist noch zu berücksichtigen, dass zusammen mit der Untreue häufig auch andere Straftatbestände erfüllt werden, insbesondere Diebstahl und Unterschlagung, aber auch Betrug und Urkundenfälschung[28].

Gleichwohl kann auf den Untreuetatbestand nicht verzichtet werden. **7** Andernfalls könnten Vermögensschädigungen durch einflussreiche Personen, z. B. Manager in privaten und öffentlichen Unternehmen, die es kraft ihrer Machtbefugnisse gar nicht nötig haben, zu den vergleichsweise plum-

---

19 Vgl. dazu *U. Weber*, Dreher-FS 1977, S. 557 f. m. w. N.
20 Dazu *U. Weber*, Dreher-FS 1977, S. 558 f.
21 Vgl. unten Rn. 46 ff.
22 Vgl. unten Rn. 18 ff., 68.
23 Quelle: Polizeiliche Kriminalstatistik, Berichtsjahr 2007, S. 38; Berichtsjahr 2011, S. 44; interessant ist, dass in denselben Zeiträumen mehr Fälle des untreueähnlichen Delikts nach § 266a (Vorenthalten und Veruntreuen von Arbeitsentgelt) registriert wurden (2007: 20.051 Fälle; 2011: 15.971 Fälle); zu § 266a vgl. unten § 23 Rn. 1 ff.
24 Vgl. dazu die Polizeiliche Kriminalstatistik Berichtsjahr 1995, S. 211, Tabelle 01.
25 Vgl. dazu die Polizeiliche Kriminalstatistik Berichtsjahr 2011, S. 213.
26 Vgl. dazu die Polizeiliche Kriminalstatistik Berichtsjahr 2011, S. 80; dazu bereits oben § 13 Rn. 6.
27 Vgl. Strafverfolgungsstatistik 2012, S. 36 f.
28 Vgl. unten Rn. 86 ff.

pen Mitteln der Wegnahme oder Unterschlagung von Sachen zu greifen, nicht geahndet werden.

Beispiel (Stadtreinigungsskandal): Der Direktor eines Stadtreinigungsbetriebes veranlasst den Einsatz von Maschinen und Arbeitskräften zum Bau des aufwendigen Vereinsheimes eines Anglersportvereins e. V., dem neben ihm fast ausnahmslos andere leitende Herren des städtischen Betriebes angehören. Der Bau wird auf einem stadteigenen Grundstück errichtet. – Der Einsatz von Arbeitskräften und Maschinen kann nicht mit §§ 242, 246 erfasst werden, ebenso wenig der Bau auf dem fremdem Grundstück. Ein Betrug (§ 263) gegenüber den Aufsichtsorganen ist zweifelhaft und jedenfalls dann ausgeschlossen, wenn es dort als richtig empfunden wird, dass derartige Erholungsstätten mit betriebseigenen Mitteln geschaffen werden.

Beispiel (Neue Heimat): Die Anwendung der genannten Tatbestände versagt auch gegenüber Praktiken, die im Neue-Heimat-Skandal bekannt geworden sind: Ein Vorstandsmitglied der „Neuen Heimat" bezieht für Neubauten der Gesellschaft Antennen zu überhöhten Preisen von einer Antennen-Vertriebsgesellschaft, an der er als gewinnberechtigter Gesellschafter beteiligt ist.

Weitere **Fälle**, die weder dem Diebstahls- oder Unterschlagungstatbestand noch dem Betrugstatbestand unterfallen, sind der **Fall Mannesmann**[29] (Bewilligung kompensationsloser Anerkennungsprämien für Vorstandsmitglieder der AG durch den Aufsichtrat) sowie der Fall **Hartz/VW**[30] (rechtsgrundlose Zuwendungen an den Betriebsratsvorsitzenden und dessen Geliebte).

8   Die Rechtstatsachen sprechen für Reformbestrebungen, den Untreuetatbestand auf Täter mit besonderen Machtbefugnissen zu beschränken. Damit würden Fälle aus seinem Anwendungsbereich ausgeschieden, die mit den Eigentumsdelikten sowie mit § 263 befriedigend erfasst werden können. § 266 würde dann, was zu begrüßen wäre, auch kriminologisch zu einem echten Wirtschaftsdelikt, nämlich einem Delikt, das von Angehörigen einer hohen sozialen Schicht im Rahmen ihres Berufes begangen wird (*Sutherland*)[31].

II. Zwei Tatbestände: Missbrauch und Treubruch, § 266 I, 1. und 2. Alt.

9   Für die zutreffende Anwendung der Untreuevorschrift ist die Erkenntnis von entscheidender Bedeutung, dass § 266 I zwei – historisch erklärbare[32] – Tatbestände enthält, den Missbrauchstatbestand und den Treubruchstatbestand.

10 **Missbrauchstatbestand (§ 266 I, 1. Alt.):** „Wer die ihm durch Gesetz, behördlichen Auftrag oder Rechtsgeschäft eingeräumte Befugnis, über fremdes Vermögen zu verfügen oder einen anderen zu verpflichten, missbraucht […] und dadurch dem, dessen Vermögensinteressen er zu betreuen hat, Nachteil zufügt […]"

---

29 BGHSt 50, 331.
30 BGHSt 54, 148.
31 Zu Wesen und Begriff der Wirtschaftskriminalität vgl. oben § 19 Rn. 8 ff.
32 Vgl. oben Rn. 4 f.

Der Missbrauchstatbestand, § 266 I, 1. Alt. § 22 Rn. 11–12

Treubruchstatbestand (§ 266 I, 2. Alt.): „Wer [...] die ihm kraft Gesetzes, behörd- 11
lichen Auftrags, Rechtsgeschäfts oder eines Treueverhältnisses obliegende Pflicht,
fremde Vermögensinteressen wahrzunehmen, verletzt, und dadurch dem, dessen
Vermögensinteressen er zu betreuen hat, Nachteil zufügt [...]"

Schon bei der ersten Lektüre des § 266 I fällt die Verwendung zahlreicher Begriffe auf, die außerstrafrechtlichen Gebieten entstammen, nämlich dem Verwaltungsrecht („behördlicher Auftrag") und vor allem dem Zivilrecht („Rechtsgeschäft", „Befugnis", „fremdes Vermögen", „fremde Vermögensinteressen", „verfügen" und „verpflichten"). Der Untreuetatbestand ist also stark akzessorisch gestaltet. Kaum ein Tatbestand des Besonderen Teil verlangt intensivere zivilrechtliche Kenntnisse als § 266! – Wie für andere akzessorisch ausgestaltete Tatbestände stellt sich allerdings auch für die Untreue mitunter die Frage der Durchbrechung der strengen Akzessorietät.

Im Folgenden wird zunächst der griffigere Missbrauchstatbestand[33], dann der Treubruchstatbestand[34] dargestellt. Anschließend folgt Gemeinsames zu beiden Tatbeständen[35], bevor dann kurz auf das Verhältnis von Missbrauchs- und Treubruchstatbestand einzugehen ist[36].

III. Der Missbrauchstatbestand, § 266 I, 1. Alt.

1. Anwendungsbereich: nur rechtsgeschäftliches Handeln

Mit der 1. Alternative des § 266 I wollte der Gesetzgeber der Miss- 12
brauchstheorie[37] Rechnung tragen, d. h. es sollen ausschließlich Fälle wirksamen rechtsgeschäftlichen Handelns des Täters erfasst werden[38]. Im Gesetz wird dies mit den Worten **„verfügen"** und **„verpflichten"** zum Ausdruck gebracht. Diese Begriffe sind der zivilrechtlichen Terminologie entnommen.

Unter einer *Verfügung* versteht man ein Rechtsgeschäft, das unmittelbar darauf gerichtet ist, auf ein bestehendes Recht einzuwirken, es zu übertragen, zu belasten, inhaltlich zu verändern oder aufzuheben[39]. Unter einer *Verpflichtung* hingegen versteht man ein Rechtsgeschäft, durch das eine Person gegenüber einer anderen eine bestimmte Verpflichtung eingeht (= Begründung eines Schuldverhältnisses[40]). Es wird hierdurch also eine schuldrechtliche Belastung mit einer Verbindlichkeit begründet.

---

33 Vgl. unten Rn. 12–36.
34 Vgl. unten Rn. 37–67.
35 Vgl. unten Rn. 68–78.
36 Vgl. unten Rn. 79 f.
37 Vgl. dazu oben Rn. 5.
38 Vgl. hierzu auch *Eisele*, BT II, Rn. 358.
39 Vgl. dazu BGHZ 1, 294 (304); BGHZ 101, 24 (26); *Wolf/Neuner*, BGB AT, 10. Aufl. 2012, § 29 Rn. 31; *Medicus*, BGB AT, 10. Aufl. 2010, Rn. 208.
40 Vgl. dazu *Wolf/Neuner*, BGB AT, 10. Aufl. 2012, § 29 Rn. 28; *Flume*, BGB AT II, § 11, 5a.

2. Wirksamkeit des Rechtsgeschäfts für fremdes Vermögen (Außenverhältnis)

13 Die Wirkungen der **Verfügung** müssen bei dem fremden, vom Täter betreuten Vermögen eintreten, also Außenwirkung besitzen. Dies setzt z. B. bei der Übereignung (§ 929 BGB) einer dem betreuten Vermögen des O zugehörigen beweglichen Sache durch T voraus, dass diese dem O gegenüber wirksam ist. O muss also das Eigentum an der Sache tatsächlich verlieren. Desgleichen muss ein von T vorgenommenes **Verpflichtungsgeschäft**, etwa der Kaufvertrag (§ 433 BGB) über ein dem O gehörendes Grundstück dem O gegenüber wirksam sein, d. h. diesen schuldrechtlich (wirksam) zur Leistung verpflichten.

14 Das Zivilrecht enthält verschiedene Rechtsinstitute, die dem rechtsgeschäftlichen Handeln einer Person Wirksamkeit für eine andere Person beilegen. Praktisch besonders bedeutsam ist die Stellvertretung, §§ 164 ff. BGB[41]. Weitere Zurechnungsregelungen, die ebenfalls wirksames rechtsgeschäftliches Handeln für einen anderen i. S. des Missbrauchstatbestandes begründen können, z. B. § 185 BGB, werden anschließend dargestellt[42].

a) Vertretungsmacht, § 164 BGB

15 Steht dem T Vertretungsmacht zu, so wirkt eine Willenserklärung des T, etwa die bewegliche Sache des O übereignen oder dessen Grundstück verkaufen zu wollen, unmittelbar für und gegen den O, und zwar in gleicher Weise, wie wenn O diese Erklärung selbst abgeben würde (§ 164 I 1 BGB). Wenn auf der Gegenseite der Verhandlungspartner D des T erklärt, er wolle das Eigentum an der Sache erwerben bzw. das Grundstück kaufen, so sind die Rechtswirkungen nach § 164 III BGB dieselben, wie wenn D diese Willenserklärung unmittelbar gegenüber dem O abgeben würde, d. h. die Übereignung der beweglichen Sache (§ 929 BGB) und der Verkauf eines Grundstücks (§ 433 BGB) ist dem O gegenüber wirksam.

16 Kennzeichnend für den Missbrauchstatbestand ist also ein rechtsgeschäftliches Handeln (Verfügungs- oder Verpflichtungsgeschäft) des Täters mit der aus seiner Vertretungsmacht fließenden Wirkung für das Opfer.

17 Grundsätzlich anders sieht dies allerdings *Arzt*[43], der zwar am Erfordernis rechtsgeschäftlichen Handelns des Täters festhält, aber im Gegensatz zur h. M. kein für das Opfer wirksames rechtsgeschäftliches Handeln verlangt. Im Ergebnis läuft diese Auffassung bereits de lege lata auf den de lege ferenda **vorgeschlagenen Verzicht** auf eine Differenzierung der Untreue in einen Missbrauchs- und Treubruchstatbestand hinaus.

---

41 Vgl. dazu nachstehend Rn. 15 ff.
42 Vgl. unten Rn. 18 ff.
43 *Arzt*, Bruns-FS 1978, S. 365 (S. 375 ff.).

Der Missbrauchstatbestand, § 266 I, 1. Alt. § 22 Rn. 18–20

b) Sonstige Wirksamkeitsregelungen

aa) Verfügungsmacht, § 185 I BGB

Im Gegensatz zu der in den §§ 164 ff. BGB geregelten direkten oder unmittelbaren Stellvertretung[44] tritt der rechtsgeschäftlich Handelnde bei § 185 BGB nicht im Namen des Hintermannes, sondern in eigenem Namen auf. Handelt er mit Einwilligung des Hintermannes, d. h. wird er von diesem zu der Verfügung ermächtigt, so ist die Verfügung nach § 185 I BGB wirksam, d. h. es tritt im Ergebnis dieselbe Rechtswirkung ein wie beim Handeln des Vertreters[45]. Auch die Verfügungsermächtigung schafft also eine Befugnis i. S. des Missbrauchstatbestandes und damit die Voraussetzung für die Anwendung von § 266 I, 1. Alt.[46]. 18

Praktisch bedeutsam ist dies insbesondere für die Untreue des Kommissionärs und anderer „verdeckter Stellvertreter"[47]. Denn der Kommissionär (§ 383 HGB), dem der Verkauf von Waren übertragen ist, ist nach § 185 I BGB ermächtigt, über diese Waren in eigenem Namen mit Wirkung für den Kommittenten zu verfügen. 19

bb) Rechtsmacht des Boten?

Im Gegensatz zum Stellvertreter, der selbst eine Erklärung – anstelle des Vertretenen – abgibt, übermittelt der Bote nur eine Willenserklärung seines Auftraggebers, d. h.: nur der Hintermann, nicht der Bote, gibt eine Willenserklärung ab. Der Bote hat bei seiner Übermittlungstätigkeit keinen Spielraum und keinerlei Entscheidungsmacht[48]. Übermittelt er eine Erklärung falsch, so kann sie der Auftraggeber als seine Erklärung nach §§ 120, 119 BGB anfechten. Verändert der Bote absichtlich die Erklärung, die er übermitteln soll, so liegt überhaupt keine wirksame Erklärung des Auftraggebers vor; dieser braucht also nicht einmal anzufechten[49]. Dem Boten fehlt m. a. W. die für den Missbrauchstatbestand charakteristische Möglichkeit, den Hintermann nach außen in einer Weise rechtsgeschäftlich zu binden, die dessen Wollen im Innenverhältnis zuwiderläuft[50]. Er scheidet damit als geeigneter Täter des Missbrauchstatbestandes aus[51]. 20

---

44 Vgl. dazu vorstehend Rn. 15 ff.
45 Vgl. zur Verfügungsermächtigung und zu ihrem Verhältnis zur Stellvertretung *Flume,* BGB AT II, § 57, 1a; *Wolf/Neuner,* BGB AT, 10. Aufl. 2012, § 49 Rn. 65.
46 Vgl. z. B. *Eisele,* BT II, Rn. 872; *Fischer,* § 266 Rn. 18; LK-*Schünemann,* 12. Aufl., § 266 Rn. 31; *Welzel,* LB, § 56 A 1b.
47 Vgl. dazu *Flume,* BGB AT II, § 43, 1 und § 44 I; *Wolf/Neuner,* BGB AT, 10. Aufl. 2012, § 49 Rn. 57 ff.
48 Vgl. z. B. *Wolf/Neuner,* BGB AT, 10. Aufl. 2012, § 49 Rn. 13.
49 *Medicus,* BGB AT, 10. Aufl. 2010, Rn. 748.
50 Vgl. zum den Missbrauch begründenden Konflikt von Außen- und Innenverhältnis unten Rn. 31 ff.
51 So z. B. auch OLG Hamm, NJW 1972, 298 (299); *Eisele,* BT II, Rn. 876; *Labsch,* Untreue (§ 266), 1983, S. 308; MüKo-*Dierlamm,* 2. Aufl., § 266 Rn. 38; NK-*Kindhäuser,* § 266 Rn. 85; S/S/*Perron,* § 266 Rn. 5; vgl. auch LK-*Schünemann,* 12. Aufl., § 266 Rn. 42 f.; a. M *Blei,* JA 1971, 305 und 1972, 790; *Schröder,* JZ 1972, 707 (708), ebenfalls m. w. N.

cc) Vorschriften zum Schutz des redlichen Rechtsverkehrs (Gutglaubensregelungen)?

21 Das deutsche Zivilrecht hat das Interesse des Berechtigten an der Erhaltung seines Rechts in bestimmten Bereichen dem Verkehrsinteresse an einem reibungslosen Güterumlauf untergeordnet[52]. Das bürgerliche und das Handelsrecht enthalten demgemäß eine ganze Reihe von Bestimmungen, nach denen der **redliche (gutgläubige) Erwerber** Eigentum oder beschränkt dingliche Rechte an Sachen auch dann erlangt, wenn die Sache nicht dem Verfügenden gehört und diesem vom Berechtigten auch keine Verfügungsbefugnis eingeräumt ist.

Beispiele: § 407 BGB (Rechtshandlungen gegenüber dem bisherigen Gläubiger aus Schuldnerschutzgesichtspunkten)[53], §§ 892, 893 und 932 ff.[54], 1207 BGB (Erwerb vom Nichtberechtigten im Liegenschafts- und Fahrnisrecht), § 2366 BGB (Erwerb – auch von Forderungen – vom Erbscheinserben), § 56 HGB (Gutglaubensschutz hinsichtlich der Vertretungsmacht des Angestellten im Laden oder Warenlager), § 366 HGB (Fahrniserwerb vom nicht berechtigten Kaufmann bei gutem Glauben an dessen Verfügungsbefugnis und Vertretungsmacht[55]).

Dem Verfügenden wird in diesen Fällen sozusagen von Gesetzes wegen – als Reflex des gutgläubigen Erwerbs – die Befugnis eingeräumt, über fremdes Vermögen zu verfügen. Diese Verfügungsbefugnis genügt jedoch **nicht** den Anforderungen des Missbrauchstatbestandes. Von der Befugnis i. S. des § 266 I 1. Alt., über fremdes Vermögen zu verfügen, „kann vielmehr nur bei einer Rechtsmacht die Rede sein, die ihren Ursprung in dem rechtlichen Verhältnis zwischen ihrem Träger und demjenigen hat, zu dessen Lasten sie wirksam werden kann"[56].

Beispiel: Überträgt also der Besitzer einer fremden beweglichen Sache nach §§ 929, 932 BGB das Eigentum auf einen Dritten, so begeht er zwar eine Unterschlagung (§ 246), verwirklicht aber **nicht** den **Missbrauchstatbestand** des § 266 I. Das Verhalten wird allerdings vom **Treubruchstatbestand** (§ 266 I 2. Alt.) erfasst, wenn dessen Voraussetzungen im Übrigen (Pflicht, fremde Vermögensinteressen wahrzunehmen) vorliegen.

22 Ebenso wie die Vorschriften über den Erwerb vom Nichtberechtigten[57] dienen die Vorschriften der §§ 169–173 BGB über die **Wirkungsdauer der Vollmacht** dem Schutz des redlichen Rechtsverkehrs: Die an sich erloschene Vollmacht gilt „gegenüber dem gutgläubigen Dritten nur unter dem Gesichtspunkt des Vertrauensschutzes oder des Rechtsscheins als

---

52 Vgl. z. B. *Heinz Hübner*, Der Rechtsverlust im Mobiliarsachenrecht, 1955, S. 41.
53 Vgl. *Eisele*, BT II, Rn. 874; *Fischer*, § 266 Rn. 20.
54 BGHSt 5, 61.
55 Vgl. dazu *Baumbach/Hopt*, HGB, 36. Aufl. 2014, § 366 Rn. 5; *Medicus/Petersen*, Bürgerliches Recht, 24. Aufl., 2013; Rn. 567 m. w. N.
56 BGHSt 5, 61 (63); ferner auch BGH, wistra 1988, 191. In diesem Sinne auch die einhellige Meinung in der Literatur; vgl. z. B. *Wegenast*, Missbrauch und Treubruch. Zum Verhältnis der Tatbestände des § 266 StGB, 1994, S. 152 ff.
57 Vgl. dazu bereits oben Rn. 21.

weiter bestehend"[58]. Es ist keine „echte" Vertretungsmacht, „sondern nur eine Reflexwirkung des Vertrauensschutzes des Dritten gegeben"[59]. Auch hier fehlt es also an dem entscheidenden Erfordernis des Missbrauchstatbestandes, dass nämlich die Rechtsmacht des Verfügenden vom Vermögensinhaber herrührt, d. h. ihm von diesem eingeräumt ist[60]. Nichts anderes gilt für die **Anscheinsvollmacht**[61].

Auch in diesen Fällen greift bei Bestehen eines Vermögensbetreuungsverhältnisses allerdings der Treubruchstatbestand als Auffangnorm ein[62].

dd) Sicherungsrechte des modernen Wirtschaftsverkehrs

Die Sicherungsrechte des modernen Wirtschaftsverkehrs, die **Sicherungsübereignung** und der **Eigentumsvorbehalt**[63], werfen zahlreiche vermögensstrafrechtliche Probleme auf[64], vor allem hinsichtlich § 246 (Unterschlagung) und § 266. 23

(1) Im Rahmen des Missbrauchstatbestandes interessiert die Frage, ob der **Sicherungsnehmer** und der **Vorbehaltsverkäufer** tatbestandsmäßig i. S. von § 266 I 1. Alt. handeln können. – Das ist zu verneinen, denn der Missbrauchstatbestand verlangt eine Verfügung(sbefugnis) über **fremdes Vermögen**, und **fremd** bestimmt sich auch hier – ebenso wie in §§ 242 und 246[65] – nach den **zivilrechtlichen Eigentumsverhältnissen**[66]. Da der Vorbehaltsverkäufer selbst dann noch formal Eigentümer der verkauften Sache ist, wenn nur noch die Bezahlung einer winzigen Kaufpreisrate aussteht, verfügt er nicht über fremdes Vermögen, wenn er die Sache vertragswidrig (§ 433 I 1 BGB) einem Dritten übereignet. Dasselbe gilt für den Sicherungsneh- 24

---

58 *Flume*, BGB AT II, § 51, 9.
59 *Flume*, BGB AT II, § 51, 9.
60 So zutreffend *Krey/Hellmann/M. Heinrich*, BT 2, Rn. 804 f.; *Maurach/Schroeder/Maiwald*, BT 1, § 45 Rn. 17; a. M. die wohl h. M.: OLG Koblenz, NStZ 2012, 330 f.; OLG Stuttgart, NStZ 1985, 365 (366); *Fischer*, § 266 Rn. 20; LK-*Schünemann*, 12. Aufl., § 266 Rn. 39; *Rengier*, BT I, § 18 Rn. 8; *S/S/Perron*, § 266 Rn. 4.
61 *Krey/Hellmann/M. Heinrich*, BT 2, Rn. 805; MüKo-*Dierlamm*, 2. Aufl., § 266 Rn. 34; *S/S/Perron*, § 266 Rn. 4; *Wegenast*, Missbrauch und Treubruch. Zum Verhältnis der Tatbestände des § 266 StGB, 1994, S. 152 ff.; a. M. *Labsch*, Untreue (§ 266), 1983, S. 307. – Dagegen wird bei der Duldungsvollmacht nach zutreffender Ansicht (z. B. von *Flume*, BGB AT II, § 49, 3) rechtsgeschäftlich (konkludent) eine Vollmacht erteilt, sodass den Anforderungen des Missbrauchstatbestandes genügt ist. Anders ist es aber dann zu entscheiden, wenn man mit der zivilrechtlichen Gegenmeinung (z. B. *Medicus*, BGB AT, 10. Aufl. 2010, Rn. 930) auch in der Duldungsvollmacht eine reine Rechtsscheinsvollmacht erblickt.
62 Zum Treubruchstatbestand vgl. näher unten Rn. 37 ff.
63 Dazu z. B. *Baur/Stürner*, Sachenrecht, 18. Aufl. 2009, § 57 und § 59.
64 Vgl. insbesondere *Baumann*, Der strafrechtliche Schutz bei den Sicherungsrechten des modernen Wirtschaftsverkehrs, 1956; dazu *Wegenast*, Missbrauch und Treubruch. Zum Verhältnis der Tatbestände des § 266 StGB, 1994, S. 119 ff.
65 Vgl. oben § 13 Rn. 30 ff. und § 15 Rn. 14 ff. – Bedenken gegen diese von der wirtschaftlichen Zuordnung absehende formell-dingliche Betrachtungsweise bei *Baumann*, Der strafrechtliche Schutz bei den Sicherungsrechten des modernen Wirtschaftsverkehrs, 1956; vgl. insbesondere die S. 214 ff. vorgeschlagene Lösungsmöglichkeit.
66 BGHSt 1, 186 (187 f.) sowie die h. M. in der Literatur; vgl. z. B. *Eisele*, BT II, Rn. 862; *Labsch*, Jura 1987, 343 (347); *S/S/Perron*, § 266 Rn. 6; a. M. *Blei*, BT, § 65 III 1b.

mer, auch wenn das durch die Übereignung der Sache gesicherte Darlehen bis auf einen kleinen Restbetrag zurückbezahlt ist.

25 (2) Raum für den Missbrauchstatbestand ist aus diesem Grunde – keine formelle Eigentümerstellung – auf der anderen Seite beim Sicherungsgeber und Vorbehaltskäufer vorhanden, denn sie verfügen, wenn sie die Kaufsache oder den übereigneten Gegenstand veräußern oder belasten, über **fremdes** Vermögen. Häufig werden der Vorbehaltskäufer und der Sicherungsgeber ermächtigt (§ 185 BGB[67]), im Rahmen eines ordentlichen Geschäftsbetriebes über die Sicherungsobjekte, vor allem Waren, zu verfügen. Wird von dieser Verfügungsbefugnis abredewidrig Gebrauch gemacht, so liegt an sich die vom Missbrauchstatbestand geforderte Tathandlung – rechtsgeschäftliches Handeln mit Wirkung für den anderen Teil – vor. Die h. M. lehnt jedoch sowohl beim Eigentumsvorbehalt als auch bei der Sicherungsübereignung zutreffend ein Vermögensbetreuungsverhältnis ab[68]. Vorbehaltskäufer und Sicherungsgeber haben zwar das fremde Eigentum zu achten, aber sie trifft – wenn im Einzelfall keine besonderen Umstände hinzutreten – keine über die bloße Rücksichtnahme hinausgehende Pflicht zur Vermögensfürsorge.

26 Abredewidrige Zugriffe des Vorbehaltskäufers und des Sicherungsgebers auf die im formellen Eigentum des Vertragspartners stehenden Sachen werden also im Regelfall ausschließlich als Unterschlagungen (§ 246) erfasst, und zwar nach der Rechtsprechung in Gestalt der Veruntreuung[69].

27 Auch umgekehrt trifft den Sicherungsnehmer und den Vorbehaltsverkäufer – Fallgestaltung (1) – zwar die allgemeine Pflicht, auf die wirtschaftlichen Belange des Vertragspartners Rücksicht zu nehmen, aber keine darüber hinausgehende fremdnützige Vermögensbetreuungspflicht. Daran scheitert die Anwendung des Treubruchstatbestandes, wenn Sicherungsnehmer oder Vorbehaltsverkäufer z. B. abredewidrig das Sicherungsgut verwerten[70].

So gekünstelt das Abstellen des Strafrechts auf die formalen zivilrechtlichen Eigentumsverhältnisse wirken mag, eine unvertretbare Strafbarkeitslücke entsteht dadurch nicht. Der formelle Vollrechtsinhaber kann zwar auch keine Unterschlagung begehen, jedoch ist das **Gebrauchsrecht** des Vorbehaltskäufers und des Sicherungsgebers nach § 289 geschützt[71].

3. Bindung im Innenverhältnis

28 Die Vertretungsmacht besteht nicht um ihrer selbst willen, sondern ihr liegt trotz ihrer Abstraktheit in der Regel ein bestimmtes Rechtsverhältnis zugrunde, in Einklang mit dem die Vertretungsmacht auszuüben ist[72]. Nicht anders liegen die Dinge bei der Verfügungsermächtigung nach § 185

---

67 Vgl. dazu oben Rn. 18 f.
68 *Eisele*, BT II, Rn. 862; *Fischer*, § 266 Rn. 12; vgl. auch die Nachweise in LK-*Schünemann*, 12. Aufl., § 266 Rn. 138 (zum Eigentumsvorbehalt) und Rn. 155 (zur Sicherungsübereignung); speziell zum Eigentumsvorbehalt BGHSt 22, 190; zur Vermögensbetreuungspflicht näher unten Rn. 46 ff., 68.
69 BGHSt 16, 280 (282). – Bedenken dagegen oben § 15 Rn. 5 f., 35.
70 Vgl. hierzu auch oben Rn. 35 a. E.
71 Näher zu § 289 oben § 16 Rn. 24 ff.
72 Vgl. dazu *Flume*, BGB AT II, § 50, 1.

Der Missbrauchstatbestand, § 266 I, 1. Alt.   § 22 Rn. 29–31

I BGB. Das Strafrecht setzt in § 266 I mit den Worten „durch Gesetz, behördlichen Auftrag oder Rechtsgeschäft" stets eine bestimmte **Rechtsgrundlage der Vertretungs- und Verfügungsmacht** voraus. Sie ist hier auch unentbehrlich, weil nur anhand eines der Vertretungs- und Verfügungsbefugnis zugrunde liegenden Rechtsverhältnisses eine Aussage darüber möglich ist, ob die Vertretungsmacht missbraucht wurde[73].

Einzelheiten: Eindeutige Fälle **gesetzlich eingeräumter Befugnis** sind die Vertretung des Kindes durch die Eltern oder durch einen Elternteil (§§ 1626, 1626a, 1629 BGB), weiter die Möglichkeit des einen Ehegatten, den anderen im Rahmen des § 1357 BGB zu verpflichten. Im Unterschied dazu entstehen die Befugnisse des Vormunds (§ 1793 BGB), des Betreuers (§§ 1896, 1902 BGB), des Pflegers (§§ 1909 ff., 1915 BGB), des Insolvenz-, Nachlass- und Zwangsverwalters (§§ 80 I InsO, 1985 BGB, 152 ZVG) sowie des Gerichtsvollziehers (§ 753 ZPO) nicht unmittelbar kraft Gesetzes, sondern aufgrund eines behördlichen oder gerichtlichen Bestellungsaktes. Dasselbe gilt für Organe öffentlich-rechtlicher Körperschaften, etwa den Bürgermeister einer Gemeinde. Stellt man in diesen Fällen auf die gesetzlich abschließend geregelte und unbeschränkbare Rechtsmacht dieser Personen ab, so sind ihnen ihre Befugnisse durch Gesetz eingeräumt. Hebt man dagegen auf den Bestellungsakt ab, so handelt es sich um Befugnisse aufgrund **behördlichen Auftrags**. Eindeutig letzteren zuzuordnen sind die für einen Einzelfall zur Erledigung eines behördlichen Auftrags eingeräumten Befugnisse. – Ähnlich unsicher ist die Zuordnung privatrechtlicher Befugnisse zu den Gruppen „durch Gesetz" oder durch „**Rechtsgeschäft**", denn einerseits sind etwa die Befugnisse der Organe juristischer Personen im Gesetz abschließend und unabänderlich umschrieben (vgl. § 26 BGB für den Vereinsvorstand, § 35 I GmbHG für den Geschäftsführer der GmbH, § 78 AktG für den Vorstand der Aktiengesellschaft), was für eine gesetzliche Befugnis spricht, andererseits müssen diese Organe bestellt werden, was auf eine Befugnis aufgrund Rechtsgeschäfts hindeutet. Klare Fälle rechtsgeschäftlicher Befugnis sind dagegen Aufträge, Dienstverträge und dergleichen, die mit einer Vollmacht (§§ 164 ff. BGB), Prokura (§§ 48 ff. HGB) oder Handlungsvollmacht[74] (§§ 54 HGB) verbunden sind. Die Zuordnung zu der einen oder anderen Gruppe ist nicht entscheidend[75].   29

Hinweis zur Klausurtechnik: Wichtig ist die präzise Angabe einer Vorschrift, aus der sich die Vertretungs- oder Verfügungsmacht des Täters ergibt. Sodann ist stets § 164 oder § 185 BGB anzuführen, die die Wirkungen der Rechtsmacht regeln. Eine präzise Subsumtion unter Gesetz etc. ist dagegen nicht wesentlich.   30

4. Konflikt Außen- und Innenverhältnis: Missbrauch

Ein von der 1. Alternative des § 266 I erfasster Missbrauch ist dann gegeben, wenn T ein den O kraft Vertretungs- oder Verfügungsmacht bindendes Rechtsgeschäft (Verfügung oder Verpflichtung) vornimmt, das er nach dem der Vertretungs- oder Verfügungsmacht zugrunde liegenden Rechtsverhältnis nicht vornehmen durfte. „Missbrauch liegt vor, wenn die Handlung vorgenommen werden konnte, aber nicht vorgenommen wer-   31

---

73 Vgl. zum Missbrauch unten Rn. 31 ff.
74 BGH, NStZ 2011, 280, 281.
75 Vgl. LK-*Schünemann*, 12. Aufl., § 266 Rn. 32.

den durfte"[76]. Der Missbrauchstatbestand lebt m. a. W. von der zivilrechtlichen Möglichkeit, im Außenverhältnis mehr zu können (eine größere Rechtsmacht zu besitzen), als im Innenverhältnis erlaubt ist[77].

32 Typische Fälle solch überschießender äußerer Rechtsmacht bieten die im Interesse des Rechtsverkehrsschutzes standardisierten zivilrechtlichen Vertretungsregelungen.

Nach § 49 I HGB ermächtigt die Prokura zu allen Arten von gerichtlichen und außergerichtlichen Geschäften und Rechtshandlungen, die der Betrieb eines Handelsgewerbes mit sich bringt. Ausgenommen ist nach § 49 II HGB die Veräußerung und Belastung von Grundstücken. Eine Beschränkung des Umfangs der Prokura ist **Dritten gegenüber unwirksam** (§ 50 HGB).

In gleicher Weise umfassend und unbeschränkbar ist z. B. die Vertretungsmacht des Vorstandes einer Aktiengesellschaft (§§ 78 I, 82 I AktG) und des Geschäftsführers einer GmbH (§§ 35 I, 37 II GmbHG).

33 Selbstverständlich kann es aber den genannten Personen im Innenverhältnis durch Weisungen oder zusätzliche Vereinbarungen untersagt sein, bestimmte Rechtsgeschäfte vorzunehmen. So ist der Geschäftsführer der GmbH nach § 37 I GmbHG der Gesellschaft gegenüber verpflichtet, die Beschränkungen einzuhalten, die durch den Gesellschaftsvertrag oder durch die Beschlüsse der Gesellschaft festgesetzt sind. Vergleichbares gilt nach § 82 II AktG für den Vorstand der Aktiengesellschaft.

Ist es beispielsweise dem Prokuristen im Innenverhältnis untersagt, für den Geschäftsherrn Wechselverbindlichkeiten einzugehen, tut er das aber gleichwohl, so wird der Geschäftsherr wegen der Unbeschränkbarkeit der Prokura nach außen wechselmäßig verpflichtet. Der Prokurist hat jedoch seine Vertretungsmacht durch den Verstoß gegen die Weisung im Innenverhältnis missbraucht. – Dasselbe gilt für die Organe öffentlich-rechtlicher Körperschaften, die gesetz- oder satzungswidrig über Gelder verfügen.

Beispiel[78]: Asta-Vertreter verwenden Gelder zur Wahrnehmung eines den Asten nicht eingeräumten allgemein-politischen Mandats.

34 Wer als **Vertreter ohne Vertretungsmacht** handelt, fällt grundsätzlich nicht unter den Missbrauchstatbestand. Wenn sich rechtliches Können und Dürfen, also Vertretungsmacht (nach außen) und zugrunde liegendes Rechtsverhältnis (Innenverhältnis) decken, hat eine Zuwiderhandlung gegen interne Weisungen zwangsläufig immer auch eine Überschreitung der Vertretungsmacht zur Folge, mit dem Ergebnis, dass das Rechtsgeschäft dem Vertretenen gegenüber unwirksam ist (nach § 164 I BGB wird der Vertretene nur verpflichtet, wenn der Vertreter innerhalb der ihm zustehenden Vertretungsmacht handelt). Der Missbrauchstatbestand scheidet

---

76 *Schwinge/Siebert*, Das neue Untreuestrafrecht, 1933, S. 27; a. M. *Arzt*, Bruns-FS 1978, S. 375 ff. (dazu bereits oben Rn. 17).
77 BGHSt 5, 61 (63): Dem Täter ist „ein rechtliches Können gewährt […], das über das rechtliche Dürfen hinausgeht".
78 Fall nach BGHSt 30, 247.

aus, weil er immer ein für das Opfer wirksames Rechtsgeschäft voraussetzt[79].

Beispiele: Der Prokurist veräußert ein Grundstück des Geschäftsherrn, was ihm von diesem streng untersagt ist. Da die Prokura nach § 49 II HGB gerade nicht zur Veräußerung von Grundstücken ermächtigt, ist dieses Rechtsgeschäft unwirksam (Überschreitung der Vertretungsmacht nach § 164 I BGB; zivilrechtliche Konsequenz: § 179 BGB). – Das Ergebnis ist dasselbe, wenn der Privatmann O den T bevollmächtigt (§§ 166 II, 167 BGB), seine (des O) Briefmarkensammlung zu verkaufen, T aber stattdessen die Münzsammlung des O veräußert.

Nicht zum Zuge kommt der Missbrauchstatbestand auch dann, wenn T zwar an sich Vertretungsmacht besitzt, der Geschäftsgegner D aber erkennt, dass T diese Vertretungsmacht zum Nachteil des vertretenen O bewusst missbraucht[80]. 35

Beispiel: D weiß, dass der Prokurist T im Innenverhältnis nicht zur Eingehung von Wechselverbindlichkeiten des O berechtigt ist. Gleichwohl überredet er T zur Ausstellung eines auf O lautenden Wechsels.

Fraglich ist, ob derartige Fälle vom Treubruchstatbestand aufgefangen werden[81]. 36

IV. Der Treubruchstatbestand, § 266 I, 2. Alt.

1. Funktion (erfasste Tathandlungen)

Der oben[82] geschilderte Missbrauchstatbestand erfasst mit den für das Opfer nachteiligen Rechtsgeschäften nur einen Ausschnitt der Möglichkeiten, im Rahmen eingeräumten Vertrauens schädigend auf fremdes Vermögen einzuwirken. 37

a) Tatsächliches Einwirken auf fremdes Vermögen

Der Prokurist kann seinen Geschäftsherrn nicht nur dadurch benachteiligen, dass er abredewidrig riskante Wechselverbindlichkeiten eingeht. Er kann Schäden auch dadurch herbeiführen, dass er die Buchhaltung schlampig führt oder Mitarbeiter des Betriebes zum Bummeln anhält. 38

Weitere Beispiele: Das Vorstandsmitglied einer Aktiengesellschaft oder der Geschäftsleiter eines Berliner Eigenbetriebes setzt Arbeiter und Maschinen des Unternehmens zweckwidrig für den Bau seines Privathauses oder eines Vereinsheimes ein. Der Geschäftsführer einer GmbH forciert die Herstellung eines Produkts, das nicht abgesetzt werden kann, oder er verkauft Waren mit Verlust.

---

79 Vgl. oben Rn. 13 ff.
80 Zur zivilrechtlichen Unwirksamkeit des Rechtsgeschäfts in Missbrauchs- und Kollusionsfällen vgl. im Einzelnen z. B. MüKo-BGB-*Schramm*, 6. Aufl., § 164 Rn. 106 ff.; *Flume*, BGB AT II, § 45 II 3.
81 Vgl. unten Rn. 44; zum Verhältnis Missbrauchs- und Treubruchstatbestand allgemein unten Rn. 79; zur Vermögensbetreuungspflicht als Merkmal auch des Missbrauchstatbestandes vgl. unten Rn. 68, zum Erfordernis des Schadenseintritts unten Rn. 75 ff.
82 Vgl. oben Rn. 12 ff.

In diesen Fällen tatsächlichen Einwirkens auf fremdes Vermögen hat der Treubruchstatbestand eigenständige Bedeutung auch insofern, als die genannten Verhaltensweisen nicht durch andere Straftatbestände, etwa die Eigentumsdelikte Diebstahl und Unterschlagung, erfasst werden[83].

b) Verhältnis zu §§ 242, 246, 303

39 Andererseits wird aber der Treubruchstatbestand nicht dadurch ausgeschlossen, dass der Täter mit seinen nicht rechtsgeschäftlichen Einwirkungen auf das fremde Vermögen zugleich §§ 242, 246 oder 303 erfüllt.

Beispiel: Der ungetreue Buchhalter eignet sich Geld aus der Betriebskasse zu; der Vormund verwendet Geld des Mündels für sich; der sich von seinem Arbeitgeber zurückgesetzt fühlende Abteilungsleiter schneidet die Stromleitung ab, um die Produktion lahmzulegen.

§ 266 tritt dann zu §§ 242, 246, 303 in Konkurrenz[84].

c) Verletzung von Kontrollpflichten

40 Ein wichtiges Anwendungsfeld des Treubruchstatbestandes liegt bei den Personengruppen, die nicht selbst zum rechtsgeschäftlichen Handeln für einen anderen, sondern zur **Kontrolle des Handelnden** bestellt sind, wie der Gegenvormund (§§ 1792, 1799 BGB) und die gesellschaftsrechtlichen Aufsichtsorgane, etwa der Aufsichtsrat einer Aktiengesellschaft (§ 111 AktG[85]).

Beispiel: Der Aufsichtsrat billigt oder duldet die Fehlleitung der Produktion einer AG durch den Vorstand. – Vertritt allerdings der Aufsichtsrat gemäß § 112 AktG die AG gegenüber den Vorstandsmitgliedern, z.B. beim Abschluss von Dienstverträgen oder bei der Gewährung von Vergütungen, handelt also der Aufsichtsrat rechtsgeschäftlich wirksam, so ist auf ihn der Missbrauchstatbestand anzuwenden[86].

d) Treupflichtverletzung durch Unterlassen

41 Mithilfe des Treubruchstatbestandes ist es auch möglich, Unterlassungen des Vermögensbetreuungspflichtigen zu erfassen; insoweit enthält § 266 ein **echtes Unterlassungsdelikt**[87]. Dies führt aber nicht dazu, dass dem Täter die Strafmilderungsmöglichkeit nach § 13 II nicht zugute kommt, denn auch hier kann die Unterlassung der Abwendung des tatbestandsmäßigen Erfolges weniger schwer wiegen als die aktive Herbeiführung desselben[88].

---

83 Vgl. dazu auch die oben in Rn. 7 wiedergegeben Fälle.
84 Vgl. dazu unten Rn. 86 ff.
85 Dazu *Tiedemann*, Tröndle-FS 1989, S. 320 (322 ff.).
86 So z.B. BGHSt 50, 331 (341 f.) – Mannesmann.
87 So z. B. *Baumann/Weber/Mitsch*, AT, § 15 Rn. 8; *S/S/Stree/Bosch*, Vorbem. §§ 13 ff. Rn. 136 f.; a. M. (unechtes Unterlassungsdelikt) z. B. *Lackner/Kühl*, § 266 Rn. 2. – Offengelassen in BGHSt 36, 227 (228).
88 Vgl. allgemein hierzu *B. Heinrich*, AT, Rn. 877 und speziell zu § 266 BGHSt 36, 277; LK-*Schünemann*, 12. Aufl., § 266 Rn. 202; NK-*Kindhäuser*, § 266 Rn. 28; anders *Baumann/Weber/Mitsch*, AT, § 15 Rn. 13; *S/S/Perron*, § 266 Rn. 35, 53; SSW-*Saliger*, § 266 Rn. 33; sowie die Voraufl.

Der Treubruchstatbestand, § 266 I, 2. Alt. § 22 Rn. 42–44

Beispiele: Der Vormund unterlässt entgegen §§ 1806, 1807 BGB die sichere und zinsbringende Anlage von Mündelgeld; der Pfleger unterlässt den Abschluss eines für den Pflegling günstigen Geschäfts[89]; der mit der Beitreibung einer Forderung beauftragte Rechtsanwalt unternimmt nichts, sodass der Anspruch verjährt[90]; der Zwangsverwalter unterlässt die Einforderung des Mietzins bzw. der Nutzungsentschädigung sowie der Betriebskosten beim Schuldner[91]; der Rechtspfleger hält den Zwangsverwalter nicht dazu an, bei ihm selbst als Schuldner den Mietzins bzw. die Nutzungsentschädigung und die Betriebskosten einzufordern[92].

In diesem Zusammenhang darf allerdings nicht übersehen werden, dass Unterlassungen auch zur Verwirklichung des Missbrauchstatbestandes führen können: Gemeint sind vor allem Fälle, in denen Schweigen einen Vertragsabschluss oder eine Vertragsverlängerung bewirkt, in denen also rechtsgeschäftlich mit Wirkung für den Vertretenen gehandelt (= unterlassen) wird. **42**

Beispiele: Schweigen des Prokuristen unter den Voraussetzungen des § 362 HGB oder auf ein kaufmännisches Bestätigungsschreiben; Unterlassen der Kündigung eines für den Geschäftsherrn lästigen Dauerschuldverhältnisses mit der Folge des Weiterbestehens des Vertrages[93].

e) Auffangnorm im Verhältnis zum Missbrauch

Schließlich fungiert der Treubruchstatbestand als Auffangnorm für Fälle, in denen der Täter zwar rechtsgeschäftlich handelt, also **eine** Voraussetzung des Missbrauchstatbestandes erfüllt[94], in denen aber das rechtsgeschäftliche Handeln ohne Rechtswirkung für den Vermögensträger bleibt (Fehlen der oben genannten weiteren Voraussetzung des Missbrauchstatbestandes[95]), diesem aber faktisch ein Schaden entsteht. **43**

Beispiel (Überschreitungen der Vertretungsmacht): Entgegen seiner Vollmacht verkauft und übereignet T nicht nur die Briefmarken-, sondern auch die Münzsammlung des O. Die Veräußerung der Münzsammlung ist zwar dem O gegenüber unwirksam, da die Voraussetzungen des § 164 BGB nicht vorliegen[96]. Eine Anwendung des Missbrauchstatbestandes entfällt damit. Aber O hat immerhin den Besitz an der Münzsammlung verloren, also einen Vermögensschaden i. S. von § 266 I erlitten.

Zum anderen sind die oben[97] behandelten **Missbrauchs- und Kollusionsfälle** bei der Stellvertretung zu nennen, in denen das abgeschlossene Rechtsgeschäft nichtig ist und deshalb der Missbrauchstatbestand ausscheidet. **44**

---

89 So im Falle OLG Bremen, NStZ 1989, 228 f., wo zu Unrecht der Missbrauchstatbestand angenommen wurde; für Treubruch auch *S/S/Perron*, § 266 Rn. 16.
90 So im Fall BGH, NJW 1983, 461.
91 So im Fall BGH, NJW 2011, 2819.
92 So im Fall BGH, NJW 2011, 2819 (2820).
93 Weitere Beispiele und Nachweise der Rspr. in LK-*Schünemann*, 12. Aufl., § 266 Rn. 53.
94 Vgl. oben Rn. 12.
95 Vgl. oben Rn. 13 ff.
96 Vgl. bereit die Beispiele oben Rn. 34.
97 Vgl. oben Rn. 35.

Auch wenn der Geschäftsherr bei Kollusion des Prokuristen mit dem Dritten wechselmäßig nicht verpflichtet wird, läuft er doch Gefahr, in Anspruch genommen zu werden, was im Hinblick auf seine Beweisschwierigkeiten einen Vermögensschaden begründet[98], sodass der Treubruchstatbestand erfüllt ist.

45 **Zusammenfassend** ist festzustellen, dass der Treubruchstatbestand von der Tathandlung her – der Gesetzgeber begnügt sich mit dem farblosen Terminus „verletzt" – eine nahezu **uferlose** Weite besitzt, anders als der Missbrauchstatbestand, der immerhin auf rechtsgeschäftliches Handeln beschränkt ist. Im Folgenden ist unter dem Gesichtspunkt des Bestimmtheitsgebots (Art. 103 II GG[99]) darauf zu achten, ob der Treubruchstatbestand wenigstens durch andere Merkmale einigermaßen feste Konturen erhält.

2. Pflicht zur Wahrnehmung fremder Vermögensinteressen (sog. Treupflicht)

46 Die oben[100] angeführten Tathandlungen erfüllen den Treubruchstatbestand (§ 266 I, 2. Alt.) dann, wenn der Täter mit ihnen seine Pflicht verletzt, „fremde Vermögensinteressen wahrzunehmen" (und dadurch dem Opfer Schaden zufügt).

47 § 266 nennt vier Wurzeln, aus denen sich diese Betreuungspflicht ergeben kann: **Gesetz, behördlichen Auftrag, Rechtsgeschäft, Treueverhältnis.**

a) Treupflicht kraft Gesetzes, behördlichen Auftrags und Rechtsgeschäfts

48 Diese drei treupflichtbegründenden Umstände sind identisch mit den entsprechenden Tatbestandsmerkmalen des Missbrauchstatbestandes[101]. Es leuchtet auch ohne Weiteres ein, dass derjenige, dem Rechtsmacht nach außen eingeräumt ist, nicht nur gehalten ist, den Vermögensträger mit schädlichen Rechtsgeschäften zu verschonen (= seine Vertretungs- und Verfügungsmacht nicht zu missbrauchen), sondern dass er auch die oben[102] geschilderten Einwirkungen auf das Vermögen zu unterlassen hat. Nichts anderes gilt für Personen, die keine Vertretungsmacht zu eigenem rechtsgeschäftlichen Handeln besitzen, sondern die zur Überwachung anderer bestellt sind (Aufsichtsrat, Gegenvormund[103]).

Beispiele: Die Pflicht zur Wahrnehmung fremder Vermögensinteressen kann sich ausdrücklich aus gesetzlichen Vorschriften ergeben, z. B. für die Eltern aus § 1626 I

---

98 Zur Vermögensgefährdung als Vermögensschaden vgl. unten. Rn. 75 ff. sowie – zum Betrug – oben § 20 Rn. 97 ff.
99 Dazu *Baumann/Weber/Mitsch*, AT, § 9 Rn. 6 ff.; *B. Heinrich*, AT, Rn. 28 ff.
100 Vgl. oben Rn. 37 ff.
101 Heute allgemein anerkannt; vgl. LK-*Schünemann*, 12. Aufl., § 266 Rn. 60; *S/S/Perron*, § 266 Rn. 30; vgl. dazu oben Rn. 28 f.
102 Vgl. oben Rn. 37 ff.
103 Vgl. dazu oben Rn. 40.

2 BGB, für den Vormund aus § 1793 BGB, für den Gegenvormund aus § 1799 BGB, für die Vorstandsmitglieder einer AG aus § 93 AktG, für den GmbH-Geschäftsführer aus § 43 GmbHG, für den Handelsvertreter aus § 86 I HGB. – Auch wenn ausdrückliche Vorschriften fehlen, kann sich die Vermögensbetreuungspflicht aus dem Wesen des zwischen Täter und Opfer bestehenden Rechtsverhältnisses ergeben, z. B. für den Prokuristen aus der ihm erteilten Prokura, für den Nachlassrichter aus seiner Pflicht (§ 1960 BGB), im Interesse der Erben den Nachlass zu sichern und zu erhalten[104].

Häufig bleibt – trotz gesetzlicher, behördlicher oder rechtsgeschäftlicher Bindung des Täters – unklar, ob die von § 266 geforderte Vermögensbetreuungspflicht Gegenstand des Rechtsverhältnisses ist. **Alle Rechtsverhältnisse werden nämlich von dem Grundsatz von Treu und Glauben (§ 242 BGB) beherrscht**, d. h. jedermann hat in Ausübung seiner Rechte und Erfüllung seiner Pflichten auch die (Vermögens-)Interessen anderer zu berücksichtigen. Es liegt auf der Hand, dass diese allgemeine Pflicht zur Rücksichtnahme nicht identisch sein kann mit der Pflicht, fremde Vermögensinteressen wahrzunehmen. Andernfalls gelangte man zu dem **unerträglichen** und von niemandem gewollten **Ergebnis**, nahezu **jede Vertragsverletzung** sei zugleich strafbare **Untreue**[105]. 49

b) Treupflicht kraft (tatsächlichen) Treueverhältnisses[106]

Besondere Schwierigkeiten bereitet die zutreffende Erfassung des vierten Merkmals in der Treubruchsalternative des § 266, das zu einer Wahrnehmung fremder Vermögensinteressen verpflichten kann, des Treueverhältnisses. Denn hier ist, im Gegensatz zum Gesetz, behördlichen Auftrag und Rechtsgeschäft, schon unklar, was unter diesem Begriff zu verstehen ist. Da mit Gesetz, behördlichem Auftrag und Rechtsgeschäft die **Rechtsgründe**, aus denen sich eine Wahrnehmungspflicht ergeben kann, abschließend aufgezählt sind, wird häufig gesagt, mit „Treueverhältnis" würden **tatsächliche** Beziehungen zwischen Täter und Opfer erfasst[107]. Die **Parallele zu den garantenpflichtbegründenden Umständen** beim unechten Unterlassungsdelikt drängt sich auf. Auch dort wird ja neben Gesetz und Rechtsgeschäft u. a. die Lebens- und Gefahrengemeinschaft[108] als pflichtbegründend i. S. des § 13 angesehen[109]. Ebenso wie dort – zu beachten das Wort „rechtlich" in § 13 – ist jedoch im Untreuebereich Zurückhaltung in 50

---

104 BGHSt 35, 224 (226 f.).
105 Die hier ansetzenden Versuche einer sachgerechten Restriktion des Treubruchstatbestandes werden unten Rn. 56 ff. zusammenfassend dargestellt.
106 Eingehend dazu und weitgehend i. S. der nachfolgenden Ausführungen *Keuffel-Hospach*, Die Grenzen der Straffreiheit wegen Untreue (§ 266 StGB) aufgrund eines (tatsächlichen) Treueverhältnisses, Diss. Tübingen 1997.
107 Vgl. z. B. RGSt 69, 15 (16); BGHSt 6, 67 f.
108 Dazu z. B. *B. Heinrich*, AT, Rn. 936 ff. und – allerdings kritisch – *Baumann/Weber/Mitsch*, AT, § 15 Rn. 73 ff.
109 Zutreffend macht *Welzel*, LB, § 56 B, auf die ganz generell bestehende Strukturverwandtschaft zwischen unechtem Unterlassungsdelikt und Treubruchstatbestand aufmerksam; vgl. auch *Maurach/Schroeder/Maiwald*, BT, § 45 Rn. 27, und *Schöne*, Unterlassene Erfolgsabwendungen und Strafgesetz, 1974, S. 226 f.

der Anerkennung tatsächlicher Beziehungen zwischen den Beteiligten als pflichtbegründend geboten.

51 Deshalb ist eine Pflicht zur Wahrung fremder Vermögensinteressen dann abzulehnen, wenn die Beteiligten eine **rechtliche** Begründung gerade **nicht wollen.**

Beispiel: Eheähnliche Lebensgemeinschaft[110]. – Falls deren Partner Vermögensfürsorgepflichten begründen wollen, können sie einen dahin gehenden Vertrag abschließen. Auch das konkludente Zustandekommen einer solchen Vereinbarung ist denkbar.

Auch Angehörigenverhältnisse, z. B. zwischen Geschwistern und Verschwägerten, die – anders als die Ehe (§ 1353 I BGB)[111] und das Eltern-Kind-Verhältnis (§ 1626 I 2 BGB)[112] – keine Rechts-, sondern allenfalls sittliche Pflichten begründen, dürfen nicht über das (faktische) Treueverhältnis in den Anwendungsbereich des § 266 I, 2. Alt. einbezogen werden[113].

52 Im Interesse der von Art. 103 II GG gebotenen Berechenbarkeit der Untreuestrafbarkeit ist der Anwendungsbereich des Treueverhältnisses vielmehr auf Fallgruppen zu beschränken, in denen **(1)** ein fürsorgepflichtiges **Rechtsverhältnis bestanden** hat, aber **erloschen** ist, oder **(2)** in denen ein solches Verhältnis **beabsichtigt** war, aber in seiner rechtlichen Begründung **gescheitert** ist.

Beispiele für erloschene Rechtsverhältnisse: (1) Der Vormund verwendet nach Beendigung der Vormundschaft Mündelgelder für sich[114]. – **(2)** Die eigennützige Einziehung von Forderungen nach Beendigung eines Auftrages und Erlöschen der damit verbundenen Vollmacht[115]. – **(3)** Die vermögensschädigende Verwendung von Geschäftsunterlagen des früheren Arbeitgebers durch leitende Angestellte nach Beendigung des Arbeitsverhältnisses[116]. – In derartigen Fällen bedarf es im Übrigen mitunter gar nicht des Rückgriffs auf das tatsächliche Treueverhältnis, weil eine sinnvolle Auslegung des ursprünglich bestehenden Rechtsverhältnisses zu dem Ergebnis führt, dass den Verantwortlichen rechtliche Pflichten auch noch im Abwicklungsstadium treffen.

53 Bei der zweiten Fallgruppe – **beabsichtigtes, aber fehlgeschlagenes Rechtsverhältnis** – wird ein (faktisches) Treueverhältnis jedenfalls dann begründet, wenn die rechtliche Unwirksamkeit, z. B. der gewollten Bestellung zum Vorstandsmitglied einer AG oder zum Geschäftsführer einer GmbH, auf Willensmängeln oder der Verletzung von Formvorschriften beruht.

---

110 Ähnlich zurückhaltend hinsichtlich einer Garantenpflicht i. S. von § 13 *Baumann/Weber/Mitsch*, AT, § 15 Rn. 73 ff.
111 Wegen der rechtlichen Verpflichtung der Ehegatten war es überflüssig, dass RGSt 70, 205 (207) noch auf ein tatsächliches Treueverhältnis zurückgegriffen hat.
112 Dazu oben Rn. 48.
113 Ähnlich zurückhaltend z. B. *Lackner/Kühl*, § 266 Rn. 10; *S/S/Perron*, § 266 Rn. 30.
114 RGSt 45, 434.
115 BGHSt 8, 149.
116 OLG Stuttgart, JZ 1973, 739 m. abl. Anm. *Lenckner*, JZ 1973, 794.

Fehlt es an der Absicht der Begründung eines Rechtsverhältnisses, nimmt also z. B. jemand nur tatsächlich die Aufgaben eines Organs wahr (sog. **faktisches Organ**), so begründet dies allein kein fürsorgerisches Treueverhältnis[117]. Dies ist vielmehr erst dann der Fall, wenn die faktische Organtätigkeit von den Gesellschaftern oder dem maßgebenden Gesellschaftsgremium geduldet wird[118]. 54

Besonders problematisch sind die Fälle, in denen die beabsichtigte rechtliche Begründung einer Vermögensfürsorgepflicht wegen **Gesetzes- oder Sittenverstoßes** (§§ 134, 138 I BGB) gescheitert ist (sog. „Ganovenuntreue"). – Einigkeit herrscht darüber, dass hier kein Treueverhältnis dergestalt vorliegen kann, dass der „Beauftragte" verpflichtet wäre, den gesetz- oder sittenwidrigen Auftrag durchzuführen. Es liegt also keine Untreue vor, wenn der Hehler vereinbarungswidrig beim Absatz der Diebesbeute nicht mitwirkt oder der als Falschgeldverteiler in Aussicht Genommene nicht tätig wird[119]. Umstritten ist dagegen, ob ein Treueverhältnis dahin gehend besteht, dass der „Beauftragte" zu weisungs- oder vereinbarungsgemäßem Verhalten verpflichtet ist, **wenn (!) er tätig wird**[120]. 55

Beispiel (1)[121]: Der im Absatz mitwirkende Hehler rechnet über die erzielten Erlöse nicht mit dem Dieb ab, sondern verbraucht die Erlöse für sich.

Beispiel (2)[122]: Rechtsanwalt R verwendet Gelder, die er unter Verstoß gegen devisenrechtliche Vorschriften für seinen Auftraggeber ins Ausland zu verbringen hat, für sich.

Beispiel (3)[123]: Ein FDJ-Funktionär nimmt Geld, das „zu illegalen Zwecken, für Westarbeit" dienen sollte, auf seiner Flucht aus der DDR mit in die Bundesrepublik Deutschland.

Die **Lösung** derartiger Fälle wird wesentlich vom strafrechtlichen **Schadensbegriff** mitbestimmt. Im Anschluss an die oben[124] herausgearbeiteten Gesichtspunkte ist in den **Beispielfällen (2) und (3)** in Übereinstimmung mit den angeführten Entscheidungen **Untreue zu bejahen,** denn in beiden Fällen hat der Täter vom Opfer etwas erhalten[125]. – Im **Falle (1)** dagegen erfüllt der Täter eine nichtige For-

---

117 In diese Richtung aber z. B. BGHSt 21, 101. – Zur vergleichbaren Problematik beim faktischen Organ i. S. von § 14 III vgl. z. B. *S/S/Perron*, § 14 Rn. 42/43, mit zutreffender, dem Gesetzeswortlaut entsprechender Beschränkung des Anwendungsbereichs auf rechtlich fehlgeschlagene Bestellungsakte. – Eine entsprechende Beschränkung sah § 263 III E 1962 für die Untreue vor.
118 So auch *Eisele*, BT II, Rn. 886; *S/S/Perron*, § 266 Rn. 30.
119 Vgl. z. B. *Fischer*, § 266 Rn. 45; *S/S/Perron*, § 266 Rn. 31; *Wessels/Hillenkamp*, BT 2, Rn. 774; ferner RGSt 70, 7 (9 f.); BGHSt 20, 143 (146).
120 Ein solches sowie eine Strafbarkeit nach § 266 annehmend *Rengier*, BT I, § 18 Rn. 32 ff.; *Wessels/Hillenkamp*, BT 2, Rn. 774; ablehnend hingegen *Eisele*, BT II, Rn. 888; *S/S/Perron*, § 266 Rn. 31; differenzierend SSW-*Saliger*, § 266 Rn. 28.
121 RGSt 70, 7 (9).
122 RGSt 73, 157.
123 BGHSt 8, 254.
124 § 20 Rn. 115 ff.
125 Hier lässt sich eine Parallele zu RGSt 44, 230 ziehen.

derung nicht, sodass auch bei „faktischer Erfüllungschance" kein Vermögensschaden besteht[126].

c) Uferlosigkeit des Treubruchstatbestandes; Restriktionsversuche

56 In den Fällen gesetzlicher Begründung ist die Pflicht zur Wahrnehmung fremder Vermögensinteressen in aller Regel klar umschrieben[127]. Dasselbe gilt für eine Pflichtbegründung kraft behördlichen Auftrags. Häufig bleibt jedoch unsicher, ob ein zwischen den Beteiligten abgeschlossenes Rechtsgeschäft (Vertrag) eine derartige Fürsorgepflicht begründet. – Zwar wird von den Studierenden keine Kenntnis der kaum noch überschaubaren kasuistischen Rechtsprechung erwartet, wohl aber die Erfassung der übergreifenden Kriterien, die zur Konkretisierung der Vermögensfürsorgepflicht herausgearbeitet wurden.

57 Von **grundlegender Bedeutung** ist insoweit eine ein Jahr nach der Neufassung des Untreuetatbestandes im Jahre 1933[128] ergangene Entscheidung des **RG**[129]. Sie nennt bereits die **drei Kriterien**, die bis heute zur Begrenzung der Pflicht zur Wahrung fremder Vermögensinteressen herangezogen werden: (1) Vermögensbetreuung als Hauptpflicht; (2) Selbstständigkeit des Treupflichtigen; (3) Umfang und Dauer der Treupflicht.

Die Entscheidung[130] lässt auch schon erkennen, dass alle genannten Umstände letztlich nur **Indizien** sein können, also durch andere Umstände ihrer Wirkung pro oder contra Vermögensfürsorgepflicht wieder beraubt werden können. Immer kommt es also entscheidend auf die Gesamtumstände des jeweiligen Falles an[131].

aa) Vermögensfürsorge als Hauptpflicht

58 Nur solche Rechtsbeziehungen begründen Vermögensbetreuungspflichten nach § 266, bei denen die Wahrnehmung fremder Vermögensinteressen den **Hauptgegenstand** bildet[132]. Die Vermögensbetreuungspflicht muss also den typischen und wesentlichen Inhalt des rechtlich begründeten oder faktisch bestehenden Treueverhältnisses bilden und nicht eine bloße Nebenpflicht darstellen[133]. – Damit werden aus dem Anwendungsbereich des § 266 zunächst Rechtsverhältnisse **ausgeschieden**, die primär, d. h. ihrem Hauptgegenstand nach, der Wahrung eigener Vermögensinteressen dienen (**eigennützige** Rechtsverhältnisse), also Aus-

---

126 Hier lässt sich eine Parallele zu BGHSt 2, 364 – Drehbank ziehen, wo zu Unrecht ein Betrug angenommen wurde; auch in RGSt 70, 157 wird – nach dem hier vertretenen Standpunkt zutreffend – in dem vergleichbaren „Untreue"-Fall die Anwendbarkeit des § 266 abgelehnt.
127 Vgl. die oben in Rn. 48 angeführten zivilrechtlichen Vorschriften.
128 Zur Entstehungsgeschichte von § 266 n. F. vgl. oben Rn. 4 f.
129 RGSt 69, 58.
130 Zum – nur begrenzten – Erkenntniswert der genannten Kriterien vgl. auch BGHSt 13, 315 (317).
131 RGSt 69, 58.
132 RGSt 69, 58 (61 f.); BGHSt 1, 186 (188 f.); BGHSt 22, 190 (191); BGHSt 55, 288 (298). – Skeptisch gegenüber der Brauchbarkeit dieses Kriteriums S/S/Perron, § 266 Rn. 24.
133 BGHSt 55, 288 (297 f.); BGH, NStZ 2013, 40 f.

tauschverträge wie Kauf und Miete[134], bei denen es jedem Beteiligten in erster Linie darauf ankommt, das **eigene Vermögen** zu erhalten oder zu mehren, und bei denen die das Vermögen des anderen Teils berührende eigene Leistung nur deshalb erbracht wird, um die Gegenleistung des anderen zu erhalten. Die Nichterbringung oder nicht ordnungsgemäße Erbringung der eigenen Leistung erfüllt dann nicht den Tatbestand des § 266. Das gilt für Hauptpflichten und (erst recht) für bloße Nebenpflichten bei derartigen Austauschverhältnissen.

Auch das Arbeitsverhältnis als solches ist ein schlichtes Austauschverhältnis, das weder den Arbeitnehmer[135], noch den Arbeitgeber[136] zur Wahrnehmung von Vermögensinteressen des anderen Teiles verpflichtet. Es liegt also keine Untreue vor, wenn der Arbeitnehmer „krank feiert" oder der Arbeitgeber den Lohn nicht bezahlt (beides Verstöße gegen § 611 I BGB). – Obwohl den Arbeitnehmer aus dem Arbeitsverhältnis die (Neben-)Pflicht trifft, auf Vermögensinteressen des Arbeitgebers Rücksicht zu nehmen, macht er sich nicht nach § 266 strafbar, wenn er z. B. Ersatzteile für seinen Privatbedarf verwendet (es liegt vielmehr ausschließlich eine Strafbarkeit nach §§ 242 oder 246 vor)[137]; ebenso wenig liegt § 266 umgekehrt beim Arbeitgeber vor, wenn dieser die arbeitsvertragliche (Neben-)Pflicht verletzt, für den Arbeitnehmer Urlaubsmarken zu kleben[138]. – Trotz Fehlens einer Vermögensbetreuungspflicht ist allerdings das Vorenthalten und Veruntreuen von Arbeitsentgelt durch den Arbeitgeber in § 266a unter Strafe gestellt[139]. 59

Positiv lässt sich umgekehrt feststellen, dass ein die Anwendung des Treubruchstatbestandes rechtfertigendes **Betreuungsverhältnis** i. d. R. zu bejahen ist, wenn zivilrechtlich die **Besorgung fremder Geschäfte**[140] Gegenstand des Rechtsverhältnisses ist, vgl. § 675 BGB. 60

Der **BGH**[141] definiert Geschäftsbesorgung als eine „selbständige Tätigkeit wirtschaftlicher Art, für die ursprünglich der Geschäftsherr selbst zu sorgen hatte, die ihm aber durch einen anderen (den Geschäftsführer) abgenommen wird. Dieser muss also bereits bestehende Obliegenheiten des Geschäftsherrn wahrzunehmen haben, wie z. B. die Prozessführung, die Vermögensverwaltung und Ähnliches. Dagegen fehlt es an dem Merkmal der Geschäftsbesorgung für einen anderen, wenn der Aufgabenkreis des Geschäftsherrn mit Hilfe des Vertragspartners überhaupt erst geschaffen werden soll." – Kennzeichnend ist also die **Fremdnützigkeit**. Sie wird

---

134 Zur Vermögensbetreuungspflicht bei Mietkautionen vgl. *Rengier*, BT I, § 18 Rn. 26; *Wessels/Hillenkamp*, BT 2, Rn. 771; eine strafbare Untreue bei Mietkautionen allerdings annehmend BGHSt 41, 224 (227 ff.); BGHSt 52, 182 (184).
135 BGHSt 3, 289 (294); 4, 170 (172); 5, 187 (188 f.).
136 BGHSt 6, 314 (318).
137 Siehe auch OLG Celle, NStZ 2011, 218 (219), wo die missbräuchliche Verwendung einer Tankkarte, die dem Kraftfahrer von seinem Arbeitgeber zur Betankung der Arbeitsfahrzeuge überlassen wird, nicht als Verletzung einer qualifizierten Vermögensbetreuungspflicht angesehen wird.
138 Weitere Beispiele aus der Rspr. bei *S/S/Perron*, § 266 Rn. 26.
139 Vgl. dazu unten § 23 Rn. 1 ff.
140 So LK-*Schünemann*, 12. Aufl., § 266 Rn. 74. – Freilich sind Ausnahmen (insbesondere bei geringem Spielraum des Geschäftsführers und geringer Bedeutung des Geschäfts) leicht vorstellbar; Beispiel Fall 26 bei *Baumann/Arzt/Weber*.
141 BGHZ 45, 223 (229).

nicht dadurch ausgeschlossen, dass der Betraute für seine Tätigkeit eine Vergütung erhält.

Beispiele aus der Rechtsprechung: Unter § 266 fallen etwa der Architekt, der nicht auf die Bauplanung und Bauaufsicht beschränkt ist, sondern der darüber hinaus mit der Ausschreibung und Vergabe der Bauarbeiten sowie mit der Schlussabrechnung betraut ist[142]; der Gerichtsvollzieher[143], Rechtspfleger[144] und Zwangsverwalter[145] gegenüber den Gläubigern; der geschäftsführende Gesellschafter einer Personengesellschaft[146]; der Geschäftsführer einer GmbH[147]; der für eine Tippgemeinschaft Tätige („Geschäftsführer")[148]; der Insolvenzverwalter gegenüber dem Gemeinschuldner und den Insolvenzgläubigern[149]; der Kommissionär, § 383 HGB[150]; der Landrat gegenüber dem Landkreis[151]; der alleinbeauftragte Makler[152]; der Rechtsanwalt gegenüber dem Mandanten[153]; der Notar gegenüber seinen Mandanten[154]; der Leiter einer Sparkasse dieser gegenüber[155]; der Testamentsvollstrecker (§§ 2197 ff., 2205 BGB) gegenüber den Erben und Vermächtnisnehmern[156]; der Nachlassrichter und der Nachlassrechtspfleger[157]; der Vereinsvorstand gegenüber dem Verein[158].

61 Auch das **öffentliche Recht,** insbesondere das Haushaltsrecht, begründet zahlreiche **fremdnützige** Rechtsverhältnisse, bei denen die Vermögensbetreuungspflicht Hauptpflicht ist[159].

62 Eine nach § 266 I tatbestandsmäßige Pflichtverletzung liegt selbstverständlich nur dann vor, wenn gerade gegen die fremdnützige Vermögensfürsorgepflicht verstoßen wird. Eine Untreue scheidet daher auch, wenn

---

142 BGH bei *Dallinger*, MDR 1969, 534; BGH bei *Dallinger*, MDR 1975, 23; BayObLG, NJW 1996, 268 (271).
143 BGH, NStZ 2011, 281 (282).
144 BGH, NJW 2011, 2819.
145 BGH, NJW 2011, 2819 (2820).
146 RGSt 73, 300.
147 BGHSt 30, 127; BGHSt 34, 379 (382 ff.); BGHSt 35, 333.
148 BayObLG, NJW 1971, 1664.
149 BGHSt 15, 342.
150 OLG Hamm, NJW 1957, 1041.
151 BGH, wistra, 2006, 307.
152 BGH, GA 1971, 209 (210).
153 RGSt 72, 283; BGH, NJW 1960, 1629; BGH, NJW 1983, 461; vgl. aber auch BGH, NStZ 2013, 407 (408), wo eine selbstständige Vermögensbetreuungspflicht des Anwalts verneint wurde.
154 BGHSt 13, 330 (333).
155 RGSt 61, 211.
156 RGSt 75, 242.
157 BGHSt 35, 224 (227 f.); m. Anm. *Otto*, JZ 1988, 883.
158 BGH, NJW 1975, 1234: Verwendung von Vereinsgeldern zur Bestechung von Spielern eines anderen Vereins zwecks Beeinflussung des Spielausganges; weitere Nachweise bei *Fischer*, § 266 Rn. 36a; *S/S/Perron*, § 266 Rn. 25; LK-*Schünemann*, 12. Aufl., § 266 Rn. 137 ff.; *Maurach/Schroeder/Maiwald*, BT 1, § 45 Rn. 32. – Speziell zur Untreue bei Sportwetten *U. Weber*, Strafrechtliche Aspekte des Sportwette, S. 63 ff. und 68 f.
159 Vgl. z. B. BGH, NJW 1995, 603 (Regierungsdirektor verlagert sonst verfallende Haushaltsmittel auf eine andere Behörde); BGH, NJW 1998, 913 (Haushaltsüberschreitung durch Generalintendanten bei zwecksentsprechender Mittelverwendung; fraglich ist hier allerdings der Vermögensschaden); OLG Koblenz, GA 1975, 122 (Polizeibeamter führt vereinnahmte Verwarnungsgelder nicht ab). Zahlreiche weitere Rspr.-Nachw. bei *Neye*, Untreue im öffentlichen Dienst, 1981, S. 11 ff.; zur Vermögensbetreuungspflicht von ehrenamtlichen Gemeinderatsmitgliedern *U. Weber*, BayVBl. 1989, 166 (167 f.).

Der Treubruchstatbestand, § 266 I, 2. Alt.   § 22 Rn. 63–64

der Treupflichtige nicht seine fürsorgerische Hauptpflicht, sondern lediglich Pflichten verletzt, die jeden Schuldner treffen[160].

bb) Selbstständigkeit des Treupflichtigen

Fremdnützig (für den Auftraggeber) tätig werden auch „der Überbringer einer Quittung, der Kellner, Lohnkutscher, Hausverwalter, Milchmann sowie der Bäckerjunge, die für ihren Geschäftsherrn Gelder einnehmen"[161]. Schon das RG[162] sah es im Hinblick auf den Zweck des neuen § 266, „Schiebertum" und „Korruption" wirksamer zu bekämpfen, als verfehlt an, die nicht rechtzeitige Ablieferung der für den Geschäftsherrn eingenommenen Gelder durch Bäckerjungen usw. dem § 266 zu unterwerfen. Es hat deshalb für die Annahme eines Treueverhältnisses verlangt, dass der Verpflichtete für die Erfüllung seiner Pflichten „einen gewissen Spielraum, eine gewisse Bewegungsfreiheit oder Selbständigkeit hat"[163]. – Auch hier zeigt sich übrigens die Fruchtbarkeit der Anbindung des strafrechtlichen Treubegriffes an die zivilrechtliche Geschäftsbesorgung[164], die ja ebenfalls eine selbstständige Tätigkeit voraussetzt. Schließlich lässt sich für dieses Kriterium ins Feld führen, dass der Missbrauchstatbestand durch die Rechtsmacht des Täters (d. h. hier der Bewegungsfreiheit nach außen) gekennzeichnet ist[165], sodass es folgerichtig erscheint, für die Strafwürdigkeit des Treubruchstäters ebenfalls eine gewisse Selbstständigkeit vorauszusetzen[166].

63

Leider wird mit dem Selbstständigkeitserfordernis, so brauchbar es als Treuekriterium an sich wäre, in der Judikatur selten einmal wirklich Ernst gemacht („bis zur Bedeutungslosigkeit abgewertet"[167]). Vielmehr werden nur ganz untergeordnete und unbedeutende Tätigkeiten aus dem Treubruchstatbestand ausgeschieden, und auch das nur in der Regel.

64

Die **Selbstständigkeit** wurde **verneint** für das Verladen und Abliefern von Gabenpaketen für mildtätige Zwecke[168], bei einer Behördenschreibkraft die von Antragstellern Geld für die Beschaffung von Stempelmarken entgegen nimmt[169], bei einem Kreditsachbearbeiter, der Kreditanträge schematisch mithilfe eines automatischen Programms bearbeitet[170] und bei einem Vorarbeiter, der Arbeiter und Fahrzeuge an den Arbeitsplätzen einsetzt und die Art der Beschäftigung bestimmt[171].

---

160 Vgl. dazu BGH, NStZ 1986, 361 (362) und 1995, 233 (234); BGH, NJW 1991, 1069; LK-*Schünemann*, 12. Aufl., § 266 Rn. 101; *S/S/Perron*, § 266 Rn. 23.
161 RGSt 69, 60.
162 RGSt 69, 60 (62).
163 Ebenso BGHSt 13, 315 (317); BGHSt 55, 288 (298). – Gemeint ist dabei eine rechtliche (nicht faktische) Bewegungsfreiheit; vgl. auch BGH, NJW 1991, 2574.
164 Vgl. dazu oben Rn. 60.
165 Vgl. dazu oben Rn. 13 ff.
166 So z. B. *S/S/Perron*, § 266 Rn. 23b.
167 *S/S/Perron*, § 266 Rn. 24.
168 RGSt 69, 279.
169 BGHSt 3, 289.
170 BGH, NStZ 2013, 40 (41).
171 BGHSt 4, 170.

Die **Selbstständigkeit** wurde hingegen **bejaht** bei einem Postbeamten, der einkassierte Rundfunkgebühren nicht abführt[172], einer Zweigstellenangestellten einer Kreissparkasse, die von Kunden eingezahlte Geldbeträge, die sie entgegenzunehmen hat, in die eigene Tasche steckt[173], bei einer mit den Kassengeschäften eines Ortsausschusses des DGB beauftragten Gewerkschaftsangestellten, die eingezogene Mitgliedsbeiträge für sich verwendet[174] und bei einem am Fahrkartenschalter beschäftigten Unterassistent der Bahn, der Geldbeträge aus der Schalterkasse nimmt[175].

65 Die Heranziehung des Untreuetatbestandes in den vorstehenden Beispielen muss auf umso gewichtigere Bedenken stoßen, als die Taten durchweg befriedigend mit den Eigentumsdelikten (§§ 242 oder 246 – Unterschlagung in der erschwerten Form der veruntreuenden Unterschlagung) erfasst werden können[176]. Solange der Untreuetatbestand nicht im Wege der Reform besser umgrenzt ist, sollten sich die Gerichte hier eine größere Zurückhaltung auferlegen.

Angesichts der sehr weitreichenden Rechtsprechung empfiehlt es sich indessen, bei der Anfertigung schriftlicher Arbeiten nach Bejahung einer veruntreuenden Unterschlagung nach § 246 II immer auch – zumindest gedanklich – § 266 in Gestalt des Treubruchstatbestandes zu prüfen.

cc) Umfang und Dauer der Treupflicht

66 Durch das RG[177] wurde aus dem Begriff „Vermögensinteressen" in Verbindung mit den Ausdrücken „betreuen" und „wahrnehmen" noch entnommen, „dass an Pflichten oder Pflichtenkreise gedacht ist, die sich ihrer **Dauer** nach über eine gewisse Zeit oder ihrem **Umfang** nach über bloße Einzelfälle hinaus erstrecken". Es liegt auf der Hand, dass die Indizwirkung dieser Umstände, wenn sie überhaupt zu bejahen ist[178], nur sehr schwach sein und allenfalls zur Abrundung des Gesamtbildes des jeweils infrage stehenden Falles dienen kann. Denn einerseits gibt es eindeutige Treueverhältnisse, die sich nur auf die Erledigung eines Einzelauftrages erstrecken, andererseits gibt es auch solche, die nur Kleinbeträge zum Gegenstand haben, was sich wiederum eindeutig aus dem in § 266 II vorgenommenen Verweis auf § 248a ergibt.

Beispiele: (1) Ein Emigrant betraut einen Geschäftsmann G mit der einmaligen sicheren Anlage seines Barvermögens. G verwendet das Geld für eigene Zwecke. (2) V wird die Vormundschaft über ein praktisch mittelloses Mündel übertragen. – In beiden Fällen ist eine Vermögensfürsorgepflicht i. S. des § 266 zu bejahen.

---

172 RGSt 73, 235.
173 RGSt 74. 171.
174 BGHSt 2, 324.
175 BGHSt 13, 315.
176 Bedenken vor allem auch bei *Heinitz*, H. Mayer-FS 1966, S. 433 (443); *Sax*, JZ 1977, 663 ff.
177 RGSt 69 (58 (61 f.); ferner BGHSt 13, 315 (317); BGH, wistra 1992, 66.
178 Dagegen z. B. NK-*Kindhäuser*, § 266 Rn. 35; *S/S/Perron*, § 266 Rn. 23a.

In der Rechtsprechung werden denn auch die fehlende Dauer und der geringe Umfang des Pflichtverhältnisses kaum zur Einengung des Treubruchstatbestandes herangezogen. Vielmehr wird umgekehrt (und bedenklich) mit dem Argument der längeren Dauer und dem Umstand, dass beträchtliche Vermögenswerte durch die Hände des Täters gehen, häufig das Fehlen des oben[179] behandelten Selbstständigkeitskriteriums überspielt.

Zusammenfassend lässt sich zum Treubruchstatbestand sagen, dass die Rechtsprechung mit den von ihr entwickelten Kriterien zur Konkretisierung des extrem normativen Tatbestandsmerkmals „Pflicht, fremde Vermögensinteressen wahrzunehmen" kaum wirklich Ernst gemacht hat. Daher es nicht verwunderlich, dass im Schrifttum immer wieder Bedenken laut geworden sind, ob der Treubruchstatbestand dem Bestimmtheitserfordernis des Art. 103 II GG genügt[180]. Das BVerfG hat diesen Bedenken aber erst jüngst eine Absage erteilt[181]. Dieses Ergebnis wurde damit begründet, dass „[d]er Untreuetatbestand [...] eine konkretisierende Auslegung zu[lasse], die die Rechtsprechung in langjähriger Praxis umgesetzt und die sich in ihrer tatbestandsbegrenzenden Funktion als tragfähig erwiesen" habe[182]. Daher sei die „gefestigte Rechtsprechung [...] in diesem Bereich geeignet, den Anwendungsbereich des Untreuetatbestands im Sinne der dahinterstehenden Schutzkonzeption zu begrenzen", sodass auf ihrer Grundlage ein großer Teil von Lebenssituationen von vornherein nicht für den Untreuetatbestand in Betracht komme[183]. Einigkeit herrscht allerdings darüber, dass die Vorschrift **dringend reformbedürftig** ist und mit ihrer restriktiven Auslegung Ernst gemacht werden muss[184]. 67

V. Gemeinsames zum Missbrauchs- und Treubruchstatbestand

1. Vermögensbetreuungspflicht

Bereits bei der Gegenüberstellung von Missbrauchs- und Treubruchstatbestand[185] wurde davon ausgegangen, dass der Satzteil am Ende des 68

---

179 Vgl. oben Rn. 63 ff.; als Beispiel ist auf den dort in Rn. 64 genannten Fall des Unterassistenten am Fahrkartenschalter (BGHSt 13, 315) zu verweisen; ferner sind die Kassiererinnen in Ladengeschäften, insbesondere auch Selbstbedienungsläden, zu nennen (OLG Hamm, NJW 1973, 1809).
180 Grundlegend *Hellmuth Mayer*, Die Untreue, 1954, insbes. S. 337; zur neueren Literatur siehe den Überblick bei *Dittrich*, Die Untreuestrafbarkeit von Aufsichtsratsmitgliedern, 2007, S. 27 ff.; ferner *Matt*, NJW 2005, 389 (m. w. N. in Fn. 6).
181 BVerfGE 126, 170; zu dieser Entscheidung vgl. *Beckemper*, ZJS 2011, 88; *Becker*, HRRS 2010, 383; *Böse*, Jura 2011, 617; *Krüger*, NStZ 2011, 369; *Kudlich*, JA 2011, 66; *Kuhlen*, JR 2011, 246; *Leuschner/Nicolai*, famos 1/2011.
182 BVerfGE 126, 170 (208).
183 BVerfGE 126, 170 (209).
184 So schon *Hellmuth Mayer*, Die Untreue, 1954, S. 337; aus neuerer Zeit vgl. nur *Dittrich*, Die Untreuestrafbarkeit von Aufsichtsratsmitgliedern, 2007, S. 27 ff.; *Tiedemann*, Weber-FS 2004, S. 319 (325 ff.).
185 Vgl. oben Rn. 10 f.

§ 266 I „[…] und dadurch dem, dessen Vermögensinteressen er zu betreuen hat […]" sich auch auf den Missbrauchstatbestand bezieht. Dies entspricht der heute h. M.[186], für die neben philologischen Argumenten[187] der Umstand ins Feld zu führen ist, dass Untreue auch bei Missbrauch einer Verfügungs- oder Verpflichtungsbefugnis[188] nur im Rahmen einer Vermögensbetreuungspflicht denkbar ist[189]. Diese Pflicht hat auch für beide Tatbestände des § 266 I denselben Inhalt[190], ist also für den Treubruchstatbestand nicht gesteigert bzw. für den Missbrauchstatbestand abgeschwächt[191].

2. Pflichtwidrigkeit und Rechtswidrigkeit; Risikogeschäft

a) Pflichtwidrigkeit als Tatbestandsmerkmal

69 Beide Begehungsformen des § 266 I, der Missbrauch und der Treubruch, sind nach dem vorstehend[192] Gesagten durch eine Verletzung der Pflicht, fremde Vermögensinteressen zu betreuen, gekennzeichnet. Die Treupflichtverletzung ist damit ein (normatives) **Tatbestandsmerkmal** der Untreue[193].

Wer über die aus dem Innenverhältnis fließenden Grenzen seiner Verpflichtungs- oder Verfügungsbefugnis oder über den Inhalt seiner Vermögensbetreuungspflicht irrt, befindet sich in einem vorsatzausschließenden Tatumstandsirrtum (§ 16), sofern sich der Irrtum auf tatsächliche Umstände bezieht. In diesem Falle ist er, da § 266 lediglich ein Vorsatzdelikt enthält[194], straflos. Liegt dem Irrtum hingegen eine

---

186 Vgl. z. B. RGSt 69, 58 (59); BGHSt 24, 386 (387); *Hübner*, JZ 1973, 407 (410 f.); *Krey/Hellmann/M. Heinrich*, BT 2, Rn. 793; *Lackner/Kühl*, § 266 Rn. 4; *Maurach/Schroeder/Maiwald*, BT 1, § 45 Rn. 18; *Rengier*, BT I, § 18 Rn. 14; *S/S/Perron*, § 266 Rn. 2; *Wegenast*, Missbrauch und Treubruch. Zum Verhältnis der Tatbestände des § 266 StGB, 1994, S. 136 f.; *Wessels/Hillenkamp*, BT 2, Rn. 750.
187 Dazu insbes. *Hübner*, JZ 1973, 407 (410 f.).
188 Zum Missbrauch vgl. oben Rn. 31 ff.
189 A. A. – der genannte Satzteil beziehe sich nur auf den Treubruchstatbestand und diene im Übrigen lediglich der Bezeichnung dessen, dem ein Schaden zugefügt werden muss – z. B. *Bockelmann*, BT 1, § 18 III 1; *Schröder*, JZ 1972, 707 f.
190 So die h. M.; vgl. RGSt 69, 58 (59); BGHSt 24, 386 (387); BGH, NStZ 2013, 40; *Hübner*, JZ 1973, 407 (410 f.); *Eisele*, BT II, Rn. 889; *Fischer*, § 266 Rn. 6a; *Krey/Hellmann/M. Heinrich*, BT 2, Rn. 794; *Maurach/Schroeder/Maiwald*, BT 1, § 45 Rn. 18; *Wessels/Hillenkamp*, BT 2, Rn. 750.
191 So aber z. B. Bringewat, GA 1973, 383 ff.; Holzmann, Bauträgeruntreue und Strafrecht, 1981, S. 126, 131 f.; *Mitsch*, BT 2/1, § 8 Rn. 19; *Otto*, JZ 1988, 884 und JK § 266 Nr. 9; *Seelmann*, Grundfälle bei den Eigentums- und Vermögensdelikten, 1988, S. 101 f.; S/S/Perron, § 266 Rn. 2, die aus dem Merkmal der Treubruchsalternative „Pflicht, fremde Vermögensinteressen wahrzunehmen" eine gegenüber der für beide Tatbestände erforderlichen Vermögensbetreuungspflicht intensivere (und nur für den Treubruchstatbestand geltende) Pflichtenstellung ableiten; ähnlich Wegenast, Missbrauch und Treubruch, zum Verhältnis der Tatbestände des § 266 StGB, 1994, insbes. S. 142 ff.; zu den Konsequenzen für das Verhältnis der beiden Tatbestände zueinander vgl. unten Rn. 79.
192 Vgl. oben Rn. 68.
193 Vgl. z. B. BGHSt 3, 23 (24); BGHSt 55, 288 (300).
194 Vgl. hierzu unten Rn. 78.

falsche rechtliche Bewertung eines vom tatsächlichen her zutreffend erkannten Sachverhalts zugrunde, ist ein Verbotsirrtum gegeben.[195]

Da die Vermögensbetreuungspflicht in außerstrafrechtlichen, vor allem zivilrechtlichen Normen begründet wird[196], bemisst sich zwangsläufig auch die **Pflichtverletzung** nach diesen Normen. Nach neuerer Rechtsprechung[197] ist eine Normverletzung aber nur dann i. S. des § 266 pflichtwidrig, wenn die verletzte Rechtsnorm zumindest mittelbar vermögensschützenden Charakter aufweist (was hinsichtlich der Verstöße gegen das ParteienG abgelehnt wurde)[198]. 69a

Beispiel (Mannesmann)[199]: Der Aufsichtsrat der AG schließt im Namen der Gesellschaft die Dienstverträge mit den Vorstandsmitgliedern ab und setzt deren Bezüge fest, vgl. §§ 112, 84 I, 87 I 1 AktG. Dabei trifft die Aufsichtsratsmitglieder dieselbe Sorgfaltspflicht wie den Vorstand der AG, §§ 116, 93 I AktG, und sie haben das Angemessenheitsgebot des § 87 I 1 AktG zu beachten. Verstoßen sie dagegen, liegt eine Verletzung der Vermögensbetreuungspflicht vor[200].

Gemäß § 262 I StPO hat der Strafrichter im Hinblick auf die Anwendung von § 266 StGB auch über die vorstehend genannten aktienrechtlichen Fragen selbstständig zu entscheiden, und zwar nach den für den Beweis in Strafsachen geltenden Vorschriften, also namentlich unter Anwendung des Zweifelsatzes „in dubio pro reo" und ohne Rücksicht auf zivilrechtliche Beweislastregeln, wenn sich die Tatsachen nicht sicher feststellen lassen, die den aktienrechtlichen Verstoß begründen. An einschlägige zivilrechtliche Entscheidungen, etwa über die Schadensersatzpflicht von Aufsichtsratsmitgliedern nach §§ 116 S. 1, 93 II AktG ist der Strafrichter nicht gebunden, nicht einmal dann, wenn er das Strafverfahren im Hinblick auf ein zivilgerichtliches Urteil nach § 262 II StPO ausgesetzt hatte[201]. Der Gefahr abweichender Entscheidungen derselben Rechtsfragen 69b

---

195 Anders hingegen diejenigen, die auf der Grundlage der Lehre von den normativen Tatbestandsmerkmalen auch bei einem Irrtum über die rechtliche Bewertung im Rahmen der Vermögensbetreuungspflicht einen Tatbestandsirrtum sehen; vgl. BGHSt 9, 358 (360); vgl. allgemein zur Anwendbarkeit des § 16 auf alle (auch normative) Tatumstände *Baumann/Weber/Mitsch*, AT, § 21 Rn. 2 ff. (auch zum sog. Subsumtionsirrtum); dagegen *B. Heinrich*, AT, 1087; *ders.*, Roxin-FS 2011, S. 449 (465).
196 Vgl. hierzu insbes. oben Rn. 33, 40, 41, 48.
197 BGHSt 55, 288 (299 ff.); BGHSt 56, 203 (211) m. Anm. *Brandt*, NJW 2011, 1751; anders soll dies hingegen dann sein, wenn die Parteien selbst durch Satzung bestimmen, dass die Beachtung der entsprechenden Vorschriften für die Funktionsträger der Partei als selbstständige Hauptpflicht anzusehen ist.
198 Unabhängig vom Verstoß gegen Rechtsnormen kann die untreuerelevante Verletzung einer Vermögensbetreuungspflicht aber auch in der Begleichung einer nichtigen Forderung liegen, vgl. BGH, NJW 2013, 401 (403).
199 BGHSt 50, 331.
200 Ebenfalls eine Treuepflichtverletzung ist bei einem Verstoß gegen § 43 I GmbHG, § 93 I S. 1 AktG und § 239 II HGB zu sehen; vgl. BGHSt 55, 266 (275 ff.); vgl. auch BGHSt 54, 148 (158).
201 Vgl. dazu z. B. *U. Weber*, Freiheit und Bindung des Strafrichters bei der Beurteilung bürgerlicher Rechtsverhältnisse, Trusen-FS 1994, S. 591 (592), und *Rönnau*, ZStW 119 (2007), 887 (913), jeweils m. w. N.

durch Zivil- und Strafgerichte ist durch eine Vorlage an die Vereinigten Großen Senate zu begegnen, § 132 II GVG.

69c In der **Mannesmann-Entscheidung**[202] hat der BGH in der Bewilligung von im Dienstvertrag nicht vereinbarten kompensationslosen nachträglichen Sonderzahlungen an Vorstandsmitglieder durch den Aufsichtsrat zutreffend einen Verstoß gegen das Angemessenheitsgebot des § 87 I 1 AktG und damit eine Treupflichtverletzung i. S. des § 266 I bejaht[203] – Zustimmung verdient auch die Klarstellung[204], dass § 266 I auch bei unternehmerischen Entscheidungen keine „gravierende" Verletzung der Vermögensbetreuungspflicht verlangt[205]. Der BGH hat das freisprechende Urteil des LG Düsseldorf aufgehoben und die Sache an eine andere Kammer des LG Düsseldorf zurückverwiesen. Das neue Verfahren wurde gegen Zahlung von 5,8 Millionen Euro gemäß § 153a StPO eingestellt[206].

b) Einfluss von Einwilligung und mutmaßlicher Einwilligung

70 Da sich die Pflichten des Vermögensbetreuungspflichtigen nach den Interessen, also der Willensrichtung des Vermögensträgers richten, scheidet eine Pflichtverletzung aus, wenn der Vermögensträger mit dem Vorgehen des Betreuungspflichtigen einverstanden ist. Der Betreuungspflichtige handelt also bei Vorliegen einer **Einwilligung** des Geschäftsherrn bereits nicht tatbestandsmäßig i. S. von § 266[207]. Es handelt sich um einen Fall des sog. tatbestandsausschließenden **Einverständnisses**[208].

Voraussetzung ist naturgemäß, dass das infrage stehende Rechtsverhältnis überhaupt Raum für eine Einwilligung lässt. Das ist der Fall bei vertraglich begründeten Geschäftsbesorgungsverhältnissen, nicht oder nur in engen Grenzen dagegen bei gesetzlichen und behördlich angeordneten Betreuungsverhältnissen (Eltern – Kind, Vormund – Mündel)[209]. – Anders als z. B. das die Wegnahme i. S. des § 242 ausschließende Einverständnis des Gewahrsamsinhabers mit dem Zugriff auf die Sache[210] setzt allerdings ein tatbestandsausschließendes Einverständnis i. S. des § 266 I – vergleichbar mit der Einwilligung – die Einwilligungsfähigkeit und die Freiheit von Willensmängeln seitens des Vermögensinhabers voraus. Denn die Vermögensbetreuungspflicht und damit ihre Verletzung sind normativer und nicht rein tatsächli-

---

202 BGHSt 50, 331; vgl. hierzu bereits oben Rn. 69a.
203 BGHSt 50, 331 LS 1, 336 ff.; zustimmend z. B. *Vogel* und *Hocke* in ihrer Anm. JZ 2006, 568 (569 f.) m. w. N., auch der a. A. (insbes. in Fn. 1).
204 Diese Klarstellung bezog sich auf BGHSt 47, 148 (150); BGHSt 47, 187. In diesen beiden Entscheidungen hatte der BGH darauf abgestellt, für § 266 würde nicht jede Pflichtverletzung ausreichen, vielmehr müsse die Pflichtverletzung „gravierend" sein; erwähnt auch noch in BGHSt 56, 203 (213).
205 Vgl. dazu eingehend *Dittrich*, Die Untreuestrafbarkeit von Aufsichtsratsmitgliedern, 2007, S. 201 ff. (m. w. N.), wo auch der Forderung einer über die Feststellung der zivilrechtlichen Pflichtverletzung hinausgehenden strafwürdigen Pflichtverletzung die gebührende Absage erteilt wird.
206 Hierzu *Götz*, NJW 2007, 419.
207 S. z. B. BGHSt 3, 23 (25); BGHSt 55, 266 (278); S/S/Perron, § 266 Rn. 21, 38.
208 Dazu *Baumann/Weber/Mitsch*, AT, § 17 Rn. 93; *B. Heinrich*, AT, Rn. 440 ff.
209 Zur Einwilligungszuständigkeit bei Kapitalgesellschaften vgl. *Tiedemann*, Weber-FS 2004, S. 319 (321 m. w. N.).
210 Vgl. dazu § 13 Rn. 53 ff.

cher Natur[211]. – Der Wirksamkeit des Einverständnisses steht es jedoch nicht entgegen, dass die freigegebenen Mittel zu rechts- oder sittenwidrigen Zwecken, z. B. zu Bestechungen (§§ 333, 334 oder § 299) verwendet werden sollen[212]. Da § 266 ausschließlich das Vermögen schützt, läge andernfalls eine unzulässige Rechtsgutvertauschung vor[213]. Eine nachträgliche Genehmigung durch den Geschäftsherrn schließt die Strafbarkeit jedoch nicht aus, da eine Rückwirkung im Strafrecht – anders als im Zivilrecht – nicht anzuerkennen ist[214].

Ebenso wie das ausdrücklich erklärte Einverständnis wirkt auch die **mutmaßliche Einwilligung** (hier in der Form des mutmaßlichen Einverständnisses)[215] im Rahmen des § 266 tatbestandsausschließend. Wer dem zu vermutenden Willen des Geschäftsherrn gemäß handelt, begeht keine Pflichtwidrigkeit. 71

c) Besonderheiten hinsichtlich der Untreue zum Nachteil einer GmbH

Problematisch ist das tatbestandsausschließende Einverständnis jedoch in denjenigen Fällen, in denen die Gesellschafter einer GmbH dem Geschäftsführer gestatten, das Vermögen der GmbH zu schmälern, obwohl die GmbH zu diesem Zeitpunkt bereits gem. § 19 InsO überschuldet ist. In diesen Fällen ist zunächst davon auszugehen, dass die Gesellschaft als juristische Person Inhaberin des Vermögens ist (§ 13 I GmbHG), sodass das Gesellschaftsvermögen sowohl für den Geschäftsführer (§§ 6, 35 GmbHG) als auch für die Gesellschafter (§§ 3, 14, 45 ff. GmbHG) i. S. von § 266 fremd ist. Nach der gesetzlichen Konzeption sind die Gesellschafter allerdings befugt, frei über das Gesellschaftsvermögen zu verfügen. Sie können also dem Geschäftsführer im Rahmen eines tatbestandsausschließenden Einverständnisses auch gestatten, vermögensschädigende Verfügungen vorzunehmen. Nach h. M.[216] sind hierbei jedoch bestimmte Grenzen zu beachten, die mit der eigenen Rechtspersönlichkeit der GmbH zusammenhängen. Danach ist das Einverständnis der Gesellschafter nicht wirksam – und insoweit nur bei der Strafzumessung zu berücksichtigen –, wenn Vermögensverfügungen getätigt werden, die das Stammkapital der Gesellschaft (§ 30 GmbHG) beeinträchtigen oder sonst die wirtschaftliche Existenz der Gesellschaft konkret gefährden (sog. existenzgefährdender Eingriff), z. B. durch Herbeiführung oder Vertiefung einer Überschuldung oder durch Gefährdung der Liquidität. Dies soll auch für die Fälle des geschäftsführenden Alleingesellschafters gelten[217]. Die zutreffende Gegenan- 71a

---

211 In diesem Sinne z. B. auch *Eisele*, BT II, Rn. 865; LK-*Rönnau*, 12. Aufl., Vor § 32 Rn. 158; *S/S/Lenckner/Sternberg-Lieben*, Vorbem. §§ 32 ff. Rn. 32a; *Wessels/Hillenkamp*, BT 2, Rn. 758 ff. – Zur vergleichbaren Problematik der Einwilligung in die Verwertung fremder Urheberrechte vgl. *U. Weber*, Der strafrechtliche Schutz des Urheberrechts, 1976, S. 273 ff.
212 Vgl. z. B. *Rönnau*, ZStW 119 (2007), 887 (923 f.); *U. Weber*, Seebode-FS 2008, S. 437 (441/442).
213 Vgl. dazu *Sternberg-Lieben*, Die objektiven Schranken der Einwilligung, 1997, S. 512 ff.
214 *Eisele*, BT II, Rn. 866; *S/S/Perron*, § 266 Rn. 21.
215 Vgl. dazu *Baumann/Weber/Mitsch*, AT, § 17 Rn. 114 ff.
216 BGHSt 49, 147 (157 ff.); BGHSt 54, 52 (57 ff.); BGH, NStZ 2009, 153 (154); BGH, NJW 2012, 2366 (2369); *Rengier*, BT I, § 18 Rn. 43.
217 BGHSt 49, 147 (157).

sicht[218] bejaht hingegen die Wirksamkeit des Einverständnisses und beruft sich dabei auf den Schutzzweck des § 266. Geschütztes Rechtsgut ist ausschließlich das Vermögen[219]. Damit dient § 266 allein dem Schutz der Interessen der Gesellschafter, die wirtschaftliche Eigentümer der GmbH sind. Durch die Anerkennung einer Strafbarkeit wegen eines existenzgefährdenden Eingriffs würde man hingegen auch Gläubigerinteressen in den Schutzzweck mit einbinden, die jedoch allein über die §§ 283 ff. abgesichert sind. Allerdings ist zu beachten, dass das Einverständnis nur dann wirksam ist, wenn sich die Gesamtheit der Gesellschafter, also auch die Minderheitsgesellschafter, als maßgebliches Willensbildungsorgan mit der jeweiligen in Rede stehenden Vermögensverfügung befasst hat[220]. Außerdem ist zu berücksichtigen, dass ein zuständiges Organ nicht den eigenen pflichtwidrigen Handlungen zustimmen kann[221].

d) Die besondere Problematik der sog. Risikogeschäfte

72 Auch die Risikogeschäfte lassen sich befriedigend über die relativ griffigen Rechtsfiguren des Einverständnisses und der mutmaßlichen Einwilligung erfassen, die die tatbestandsmäßige Pflichtwidrigkeit i. S. von § 266 entfallen lassen. Beim Missbrauchstatbestand ergibt sich das schon daraus, dass bei Einverständnis des Vermögensinhabers mit dem riskanten Geschäft kein Überschreiten des rechtlichen Dürfens im Innenverhältnis angenommen werden kann[222]. Einer Bemühung der demgegenüber vergleichsweise unscharfen und ganz verschiedene Gesichtspunkte berücksichtigenden Lehre vom erlaubten Risiko[223] bedarf es nicht[224].

Wer als Auftraggeber dem Geschäftsführer erlaubt, mit seinen Aktien gewagte Geschäfte einzugehen, **willigt** in die Spekulation **ein**, mit der Folge, dass der Beauftragte nicht pflichtwidrig handelt, auch wenn sich die Spekulation später als Fehlschlag erweist und die Beteiligten damit gerechnet haben, also dolus eventualis hinsichtlich des Vermögensschadens hatten. Denn es fehlt hier an einer Pflichtverletzung – und diese ist ein selbstständiges Tatbestandsmerkmal des § 266. Ihr Fehlen kann also nicht mit der Feststellung überspielt werden, das Handeln des Beauftragten habe sich im Ergebnis als schädlich erwiesen. – Wer als bekannt verwegener Börsenspekulant Geld zur Anlage mit Höchstgewinn erhält, darf von dem Willen seines Auftraggebers zum Abschluss auch riskanter Geschäfte ausgehen. Hier liegt jedenfalls eine mutmaßliche Einwilligung vor. – Besteht allerdings im Zeitpunkt der Tathandlung überhaupt keine Chance der Vermögensvermehrung, so ist für eine die Pflicht-

---

218 *Eisele*, BT II, Rn. 868; *Fischer*, § 266 Rn. 99; *Kasiske*, JR 2011, 235 ff.; *S/S/Perron*, § 266 Rn. 21b; SSW-*Saliger*, § 266 Rn. 86.
219 Vgl. oben Rn. 1.
220 BGHSt 55, 266 (279 f.).
221 BGHSt 55, 266 (281).
222 Vgl. *Lackner/Kühl*, § 266 Rn. 7; *S/S/Perron*, § 266 Rn. 20, 21.
223 Kritisch dazu z. B. *Baumann/Weber/Mitsch*, AT, § 17 Rn. 116 ff., sowie – speziell im Hinblick auf § 266 – *Hillenkamp*, NStZ 1981, 161 (164), der zutreffend auch die Brauchbarkeit der Lehre von der Sozialadäquanz bestreitet; zum erlaubten Risiko vgl. auch *B. Heinrich*, AT, Rn. 245.
224 Wie hier *Arzt*, Bruns-FS 1978, S. 365 (376 f.) und weitgehend *Hillenkamp*, NStZ 1981, 161 (164 ff.); *Maurach/Schroeder/Maiwald*, BT 1, § 45 Rn. 48 ff.; zu den Risikogeschäften vgl. auch *Murmann*, Jura 2010, 561 ff.

§ 266: Vermögensschaden § 22 Rn. 73–75

widrigkeit ausschließende Hinnahme des Risikos kein Raum. Eine Maßnahme ist also jedenfalls dann pflichtwidrig, wenn sie sicher einen Schaden herbeiführt[225].

Ist das riskante Vorgehen des Geschäftsführers nicht durch ein ausdrückliches oder mutmaßliches Einverständnis gedeckt und damit objektiv pflichtwidrig, kann der **Schaden im Risiko** liegen (subjektiver Schadenseinschlag)[226]. 73

e) Rechtswidrigkeit

Obwohl ansonsten typische Rechtfertigungsgründe wie Einwilligung und mutmaßliche Einwilligung in § 266 tatbestandsausschließend wirken, darf die Pflichtwidrigkeit nicht allgemein mit der Rechtswidrigkeit gleichgesetzt werden. Vielmehr sind durchaus Fälle denkbar, in denen trotz Pflichtwidrigkeit die Rechtswidrigkeit der Untreuehandlung fehlen kann. Zwar sind Notwehrfälle im Rahmen des § 266 kaum denkbar, in Betracht kommen jedoch Fälle des rechtfertigenden Notstandes (§ 34). 74

Beispiel (Auslandstournee)[227]: Der Verwaltungsleiter einer staatlichen Musikakademie verpfändet vorschriftswidrig (= pflichtwidrig) ein Sparguthaben mit Geldbeträgen der Musikakademie, um den für eine – letztlich mit einem finanziellen Verlust endende – Auslandstournee erforderlichen Kredit zu erhalten. Die Reise wäre ohne das Vorgehen des Verwaltungsleiters im letzten Augenblick gescheitert. Dadurch wäre „ein großer finanzieller Schaden entstanden" und hätte „das Ansehen des Deutschtums im Ausland einen schweren Schlag erlitten".

3. Vermögensschaden

Sowohl der Missbrauchs- als auch der Treubruchstatbestand verlangen als Erfolg der Tathandlung, dass dem, dessen Vermögensinteressen der Täter zu betreuen hat, Nachteil zugefügt wird[228]. Anders als in § 274[229], wo unter Nachteil auch andere als vermögensrechtliche Opferbeeinträchtigungen verstanden werden, erfasst der Begriff in § 266 nur den **Vermögens**nachteil, und zwar im Sinne eines Vermögensschadens, d. h. der Nachteil in § 266 ist gleichbedeutend mit Vermögensschaden in § 263[230]. Nach h. M.[231] ist auch bei der Gesamtsaldierung im Rahmen der Untreue ein **Unmittelbarkeitszusammenhang** zwischen der Pflichtwidrigkeit und dem Vermögensnachteil erforderlich, da umgekehrt auch nur unmittelbare 75

---

225 Vgl. dazu *Rönnau*, ZStW 119 (2007), 887 (917 f.) m. w. N.
226 Wer die Ersparnisse der Oma gegen ihren Wunsch nicht in Pfandbriefen, sondern in Lotterielosen anlegt, schädigt sie (obwohl die Chancen zum Marktpreis erworben waren), vgl. *Arzt*, Bruns-FS 1978, S. 365 (376 f.). – Im Ergebnis ebenso, aber mit Bedenken gegen die Heranziehung der Lehre vom individuellen Schadenseinschlag, *Hillenkamp*, NStZ 1981, 161 (166). – Zum Schadensbegriff des § 266 auch unten Rn. 75 ff.
227 BGHSt 12, 299 (303 ff.) m. Anm. *Bockelmann*, JZ 1959, 495; ferner BGH, NJW 1976, 680 und dazu *Küper*, JZ 1976, 515; vgl. auch *Hillenkamp*, NStZ 1981, 161 (168) mit Hinweisen auf weitere Rechtfertigungssituationen.
228 Vgl. hierzu auch BGH, NStZ 2014, 517.
229 Vgl. hierzu näher unten § 33 Rn. 34.
230 Vgl. dazu bereits oben Rn. 1.
231 BGH, NJW 2009, 3173 (3175); OLG Celle, NStZ-RR 2013, 13; *Eisele*, BT II, Rn. 909; NK-*Kindhäuser*, § 266 Rn. 107; SSW-*Saliger*, § 266 Rn. 62; anders jedoch BGHSt 56, 203 (220 f.).

Vermögensvorteile als Kompensation berücksichtigt werden[232]. Ferner werden alle Unsicherheiten und Ausuferungen (z. B. der „individuelle Schadenseinschlag" und die „schadensgleiche konkrete Vermögensgefährdung"[233]) des Schadensbegriffes in den § 266 hineingetragen. Das ist angesichts der Uferlosigkeit des Treubruchstatbestandes auch hinsichtlich der übrigen Tatbestandsmerkmale[234] doppelt misslich.

75a Instruktives Anschauungsmaterial für die Bewertung von **Vermögensgefährdungen** als Vermögensschaden i. S. des § 266 bietet der **Fall Kanther**[235]: Eine schadensgleiche konkrete Vermögensgefährdung wird einmal in der Bildung einer „**schwarzen Kasse**" gesehen: Hier gib es konkret um die Anlage von Geldern des CDU-Landesverbands Hessen auf verdeckten Konten, um sie der Kontrolle nach dem ParteienG zu entziehen. Anschließend wurden diese Gelder auf schweizerische Konten verlagert und schließlich in eine Stiftung liechtensteinischen Rechts eingebracht. Da der CDU-Landesverband als Vermögensträger keinerlei Kontrollmöglichkeiten hatte, ja von der Stiftung überhaupt nichts wusste, sodass die Treupflichtigen nach eigenem Gutdünken über die Verwendung der Mittel bestimmen konnten, ist – wenn man diese Strafbarkeitsvorverlagerung überhaupt anerkennt – die Bejahung eines Gefährdungsschadens zu billigen[236]. – Im **Fall Siemens**[237] sieht der BGH in der Bildung „schwarzer Kassen" (zur Bereitstellung von Bestechungsgeldern) sogar einen endgültigen Vermögensschaden[238]. Eine schadensverhindernde Kompensation durch die später erlangten Gewinne soll in diesen Fällen ausscheiden, da eine „vage Chance" auf einen möglichen späteren Gewinn zum Zeitpunkt der Verschleierung der Schwarzgelder nicht ausreiche[239]. – Im Wesentlichen bejaht wird im **Fall Kanther** auch eine schadensgleiche Vermögensgefährdung wegen der **Gefahr des Verlusts staatlicher Zuwendungen aus der Parteienförderung** und der **Rückforderung** derartiger in der Vergangenheit gewährter Zuwendungen[240]. – Da der Eintritt von Sanktionen nach dem ParteienG unsicher ist, dürfte hier eine **konkrete** Vermögensgefährdung eher abzulehnen sein[241]. –

75b Die **Auslösung von Sanktionen** gegen den Inhaber des betreuten Vermögens durch rechtswidriges, insbesondere strafbares Verhalten des Treupflichtigen, reicht im Übrigen weit über die Parteispenden-Fälle[242] hinaus[243].

---

232 Siehe nur BGHSt 55, 288 (305); BGH, NStZ 2010, 330 (331); BGH NJW 2011, 3528 (3529); SSW-*Saliger*, § 266 Rn. 57 m. w. N.
233 Vgl. dazu BGH, wistra 1988, 26 f.; BGH, NJW 1995, 603 (606); *Mansdörfer*, JuS 2009, 114 ff.; ferner bereits oben § 20 Rn. 92 ff.
234 Vgl. dazu oben Rn. 45, 67.
235 BGHSt 51, 100.
236 So auch BGHSt 51, 100 (111 f.); zustimmend z. B. auch *Ransiek*, NJW 2007, 1727 (1728); *Lackner/Kühl*, § 266 Rn. 17a. – Umfassend zur Problematik *Weimann*, Die Strafbarkeit der Bildung sog. schwarzer Kassen gemäß § 266 StGB, 1996.
237 BGHSt 52, 323.
238 Siehe auch BGHSt 55, 266 (282 ff.); BGHSt 56, 203 (221); ablehnend jedoch *Satzger*, NStZ 2009, 297 (302 f.); *Rönnau*, StV 2009, 246 (248 ff.).
239 BGHSt 52, 323 (337 f.).
240 BGHSt 51, 100 (116 ff.); zur ähnlichen Problematik im Fall Dr. Kohl vgl. LG Bonn, NStZ 2001, 375. Das Verfahren wurde gemäß § 153a StPO eingestellt.
241 So insbesondere *Bernsmann*, GA 2007, 219 (230); *Ransiek*, NJW 2007, 1727 (1729); *Saliger*, NStZ 2007, 545 (551); vgl. auch *U. Weber*, Eisenberg-FS 2009, S. 371 (374).
242 Vgl. zu den Parteispendefällen allgemein vor allem *Saliger*, Parteiengesetz und Strafrecht.
243 Eine vollständige Behandlung der möglichen Sanktionen findet sich bei *Stefan Burger*, Untreue (§ 266 StGB) durch das Auslösen von Sanktionen zu Lasten von Unternehmen, 2007.

Beispiel (1) – Bundesligaskandal[244]: Hier bestand die Gefahr des Lizenzentzugs wegen Bestechung von Spielern der gegnerischen Mannschaft.

Beispiel (2) – AStA[245]: Hier bestand die Gefahr der Verhängung von Ordnungsgeldern wegen verbotener allgemeinpolitischer Betätigung.

Beispiel (3) – Siemens[246]: Hier bestand die Gefahr der Verursachung von Geldbußen gegen den Konzern durch kriminelles Verhalten von Managern, insbesondere Bestechungshandlungen nach § 299 II.

Abgesehen vom Zweifel an einer hinreichend konkreten Vermögensgefährdung steht bei **strafähnlichen Sanktionen** (Geldbuße nach § 30 OWiG und Verfall nach §§ 73 ff. StGB) einer Untreuestrafbarkeit des Treupflichtigen der Umstand entgegen, dass diese Rechtsfolgen gerade die juristische Person treffen sollen und insoweit nicht auf die Manager abgewälzt werden dürfen, weshalb eine Schadenszufügung i. S. des § 266 zumindest fraglich erscheint[247].

Da es dem Betreuungspflichtigen nicht nur verboten ist, das vorhandene Vermögen zu dezimieren, sondern weil er i. d. R. auch verpflichtet ist, das betreute Vermögen zu mehren – günstige Anlage von Bargeld; Abschluss vorteilhafter Geschäfte für den Geschäftsherrn[248] –, besteht der Schaden bei der Untreue nicht selten in einem **entgangenen Gewinn** (§ 252 BGB). Immer muss es sich jedoch um den Entgang konkreter Erwerbsmöglichkeiten und nicht um bloß mehr oder minder unsicherer Aussichten handeln; letztere stellen (noch) keinen Vermögenswert dar.

Beispiel (1)[249]: Der Geschäftsreisende G schließt vertragswidrig Geschäfte mit Stammkunden des Geschäftsinhabers für eigene statt für Rechnung des Geschäftsinhabers ab. Der Vermögensschaden liegt hier in der Beeinträchtigung des Kundenkreises.

Beispiel (2)[250]: Der Leiter des Auslieferungslagers der Firma O verweist Gelegenheitskunden wegen bestimmter Artikel auf die Konkurrenzfirma, an der er als stiller Gesellschafter beteiligt ist. Ein Vermögensschaden liegt hier nur dann vor, wenn ein sicher bevorstehender Geschäftsabschluss vereitelt wurde, er scheidet hingegen aus, wenn z. B. die Firma O den gewünschten Artikel gar nicht auf Lager hatte und deshalb nicht auszuschließen war, dass sich der Gelegenheitskunde ohnehin anderweitig eingedeckt hätte.

Beispiel (3)[251]: Der Täter schließt für den Treugeber einen Vertrag mit einem Dritten, wobei er von diesem ein Schmiergeld erhält. Hierin liegt zumeist ein Unterlassen eines für den Treugeber günstigeren Vertragsschlusses zum eigenen Vorteil, denn die

---

244 BGH, NJW 1975, 1234.
245 OLG Hamm NJW 1982, 190 (192).
246 BGHSt 52, 323; hierzu *Marxen/Andrzejewski/Tegtmeier*, famos 2/2009.
247 Vgl. dazu *U. Weber*, Seebode-FS 2008, S. 437 (455 ff.).
248 OLG Bremen, NStZ 1989, 228 f.
249 RGSt 71, 333.
250 BGHSt 20, 143.
251 BGHSt 31, 232.

dem Treupflichtigen zugeflossenen Schmiergelder wären bei korrektem Verhalten mit Sicherheit dem Treugeber zugeflossen.

Die Bewertung der Vereitelung konkreter Erwerbsmöglichkeiten als Schaden ist keine Besonderheit des § 266. Entsprechende Fallgestaltungen ergeben sich auch bei § 263[252].

Beispiel (Betrugsfall)[253]: Kaufmann O hat in einem bestimmten Bezirk eine feste Kundschaft, die er jährlich einmal von seinen Vertretern zum Zwecke der Entgegennahme von Bestellungen aufsuchen lässt. Kaufmann T grast diesen Bezirk ab und behauptet gegenüber den Kunden wahrheitswidrig, er sei ein Vertreter des O; die getäuschten Kunden schließen daraufhin ihm ab. – Hier liegt ein Vermögensschaden (lucrum cessans) bei O vor.

77 In der Regel fehlt es allerdings an einem Schaden, wenn der Treupflichtige zum Ausgleich nachteiliger Einwirkung auf das betreute Vermögen bereit ist und dafür ständig flüssige Mittel bereithält[254].

4. Vorsatz

78 § 266 enthält ein Vorsatzdelikt (vgl. § 15). Hinsichtlich aller objektiven Tatbestandsmerkmale reicht bedingter Vorsatz aus[255]. Bei gewagten Geschäften, die den dynamischen und optimistischen Unternehmer kennzeichnen („Es wird schon alles gut gehen") bedarf vor allem der Schädigungsvorsatz – ebenso wie beim Betrug[256] – einer besonders sorgfältigen Prüfung[257]. Dies gilt insbesondere dann, wenn der Täter nicht eigennützig gehandelt hat[258].

Wird der Vermögensschaden in einer konkreten **Vermögensgefährdung** erblickt[259], so braucht sich der (bedingte) Vorsatz konsequenterweise nur auf diese Gefährdung zu beziehen (Kongruenz von objektivem Tatbestand und Vorsatz)[260]. Der BGH verlangt allerdings im **Fall Kanther**[261] bei schwachen Gefährdungen darüber hinaus die **Billigung** der Realisierung der Gefahr, also (auch) das voluntative Vorsatzelement hinsichtlich des **endgültigen Schadenseintritts**. Dies ist zwar dogmatisch brüchig,

---

252 Zur Erfassung von Chancen und Gewinnaussichten durch den wirtschaftlichen Vermögensbegriff vgl. auch § 20 Rn. 88.
253 RGSt 26, 227.
254 BGHSt 15, 342 (344); BGH, wistra, 1990, 21; BGH, NStZ 1995, 233 (234); a. M. (nur die Strafbarkeit nicht berührender Ersatz des bereits eingetretenen Schadens) z. B. S/S/Perron, § 266 Rn. 42 m. w. N; kritisch Wittig, I. Roxin-FS 2012, 375 (382 ff.).
255 RGSt 75, 75 (85); BGH, NJW 1975, 1234 (1236). – Zum dolus eventualis und zu seiner Abgrenzung von der bewussten Fahrlässigkeit vgl. Baumann/Weber/Mitsch, AT, § 20 Rn. 48 ff.; B. Heinrich, AT, Rn. 298 ff.
256 Vgl. z. B. S/S/Perron, § 263 Rn. 165 m. w. N.
257 Zur Frage, inwieweit ein Irrtum über die Pflichtwidrigkeit die Pflichtwidrigkeit ausschließt, vgl. oben Rn. 69.
258 RGSt 68, 371 (374); BGHSt 3, 23 (25); BGH, NJW 1983, 461; kritisch LK-Schünemann, 12. Aufl., § 266 Rn. 190; S/S/Perron, § 266 Rn. 50.
259 Vgl. oben Rn. 75 ff.
260 Vgl. z. B. BGHSt 47, 148 (157).
261 BGHSt 51, 100 (121); BGHSt 52, 182 (190); ebenso BGH, NStZ 2007, 704 m. Anm. Schlösser, NStZ 2008, 397; ferner BGH NJW 2010, 1764; vgl. andererseits aber auch BGHSt 56, 203 (221 f.); BGH, NStZ 2008, 457.

aber als Bemühen um eine Einschränkung der bei Vermögensgefährdungen weit vorverlagerten Untreuestrafbarkeit immerhin verständlich. Als alternative Lösungsmöglichkeit wird stattdessen auch die Ausscheidung nur schwacher Vermögensgefährdungen bereits aus dem objektiven Schadensmerkmal des § 266 vorgeschlagen[262].

VI. Verhältnis von Missbrauchs- und Treubruchstatbestand

Da Missbrauch und Treubruch gleichermaßen die Zufügung eines Vermögensschadens verlangen[263] und beide Tatbestände die identische Pflicht voraussetzen, fremde Vermögensinteressen zu betreuen[264], unterscheiden sich beide Tatbestände lediglich im Täterhandeln: Beim Missbrauchstatbestand ist ein rechtsgeschäftliches Handeln mit nachteiliger Wirkung für den Träger des betreuten Vermögens erforderlich[265], der Treubruchstatbestand erfordert dagegen sonstige schädigende Einwirkungen auf das zu betreuende Vermögen[266]. Wegen der farblosen Umschreibung der Treubruchshandlung („Pflicht, fremde Vermögensinteressen wahrzunehmen, verletzt")[267] lassen sich alle Missbrauchsfälle auch unter den Treubruchstatbestand subsumieren. 79

In allen angeführten Konstellationen stellt der Missbrauch der nach außen bestehenden Rechtsmacht immer auch die Verletzung der Pflicht dar, fremde Vermögensinteressen wahrzunehmen, etwa wenn der Prokurist, der im Rahmen seiner Vertretungsmacht, aber entgegen seiner Bindung im Innenverhältnis einen für den Geschäftsherrn nachteiligen Vertrag abschließt.

Erfüllt aber der Täter des Missbrauchstatbestandes mit seinem Handeln zugleich immer auch den Treubruchstatbestand, so ist der Missbrauch ein durch die präziser umschriebene Treupflichtverletzung (rechtsgeschäftlich wirksames Handeln für den Inhaber des betreuten Vermögens) spezialisierter Fall des Treubruchs. Es liegt eine Gesetzeskonkurrenz in Gestalt der Spezialität vor[268]; der Missbrauchstatbestand ist lex specialis im Verhältnis zum Treubruchstatbestand[269]. Eine mitbestrafte Nachtat liegt hingegen vor, wenn der nach einer vollendeten Un-

---

262 Vgl. dazu *U. Weber*, Eisenberg-FS 2009, S. 371 (374) m. w. N.; zustimmend zur Vorsatzlösung der Kanther-Entscheidung *Fischer*, § 266 Rn. 181 ff.
263 Vgl. oben Rn. 75 ff.
264 Vgl. oben Rn. 68.
265 Vgl. oben Rn. 31 ff.
266 Vgl. oben Rn. 37 ff.
267 Vgl. oben Rn. 45.
268 Zur Spezialität vgl. *Baumann/Weber/Mitsch*, AT, § 36 Rn. 7 ff.; *B. Heinrich*, AT, Rn. 1437.
269 Für Spezialität des Missbrauchstatbestandes die h. M.; vgl. z. B. BGHSt 50, 331, 432 (Mannesmann); OLG Hamm, NJW 1968, 1940; *Eisele*, BT II, Rn. 856; *Krey/Hellmann/M. Heinrich*, BT 2, Rn. 793; *Lackner/Kühl*, § 266 Rn. 21; *Maurach/Schroeder/Maiwald*, BT 1, § 45 Rn. 11; *NK-Kindhäuser*, § 266 Rn. 26; *Wessels/Hillenkamp*, BT 2, Rn. 749; a. M. konsequent diejenigen, die die Identität der Pflichtenstellung für den Missbrauch und den Treubruch leugnen; vgl. z. B. *Kargl*, ZStW 113 (2001), 565 (589); *Labsch*, NJW 1986, 104 (107 f.); *S/S/Perron*, § 266 Rn. 2; zu diesem Streit vgl. bereits oben Rn. 68.

treue bereits eingetretene Schaden durch eine weitere Untreuehandlung lediglich vertieft wird[270].

80 **Hinweis zur Klausurtechnik:** In schriftlichen Arbeiten ist zunächst der präzisere Missbrauchstatbestand zu untersuchen. Wird er bejaht, so erübrigt sich eine Prüfung des Treubruchstatbestandes. Wird der Missbrauchstatbestand verneint, so ist stets auch der Treubruchstatbestand zu prüfen, zumal dieser bei „fehlgeschlagenem" rechtsgeschäftlichem Handeln des Täters als Auffangnorm fungiert[271].

VII. Besonders schwere Fälle, Antragserfordernisse, Täterschaft und Teilnahme (Sonderdelikt), Konkurrenzen

1. Besonders schwere Fälle

81 § 266 II i. V. m. § 263 III sieht für besonders schwere Fälle Freiheitsstrafe von sechs Monaten bis zu zehn Jahren vor[272]. Für § 263 III Nr. 4 (Missbrauch von Amtsträgerbefugnissen) ist bei der Untreue das Verbot der Doppelverwertung in § 46 III zu beachten, das der Annahme eines besonders schweren Falles entgegensteht, wenn gerade die Amtsträgerstellung erst die Strafbarkeit nach § 266 I begründet, weil sie dem Täter die Verfügungsbefugnis i. S. des Missbrauchstatbestandes verschafft oder ihn zur Vermögensbetreuung verpflichtet[273]. Die Untreue bleibt auch in einem besonders schweren Fall Vergehen (§ 12 III[274]), sodass der **Versuch** mangels ausdrücklicher Pönalisierung (vgl. § 23 I) **straflos** ist. Bei geringfügigem Schaden darf kein besonders schwerer Fall angenommen werden, auch wenn der Täter ein Regelbeispiel erfüllt hat (§ 266 II i. V. m. § 243 II).

2. Antragserfordernisse

82 Gemäß § 266 II sind auch die §§ 247 und 248a auf die Untreue entsprechend anwendbar, d. h. die „Haus- und Familienuntreue" ist absolutes, die Untreue mit geringer Schadensfolge ist relatives Antragsdelikt (Verfolgung von Amts wegen nur bei besonderem öffentlichen Interesse[275]).

3. Täterschaft und Teilnahme (Sonderdelikt)

83 Die Untreue ist Sonderdelikt[276]. Täter, also auch Mittäter (§ 25 II) oder mittelbarer Täter (§ 25 I, 2. Alt.), kann nicht jedermann sein, sondern nur

---

270 BGH, NStZ 2011, 160 (161).
271 Vgl. oben Rn. 43 f.
272 Zu den Regelbeispielen des § 263 III vgl. oben § 20 Rn. 134 ff.; zur Nr. 5 (die bei der Untreue allerdings kaum eine praktische Bedeutung erlangen dürfte), vgl. oben § 21 Rn. 138 ff.
273 Scharfe Kritik an der Übernahme der Regelbeispiele des § 263 III für die Untreue bei LK-*Schünemann*, 12. Aufl., § 266 Rn. 219.
274 Vgl. dazu *Baumann/Weber/Mitsch*, AT, § 11 Rn. 6 ff.; *B. Heinrich*, AT, Rn. 150 ff.
275 Dazu näher oben § 13 Rn. 27 ff., 139.
276 *Eisele*, BT II, Rn. 855; zur Rechtsnatur des Sonderdelikts allgemein *Baumann/Weber/Mitsch*, AT, § 8 Rn. 31 f.; *B. Heinrich*, AT, Rn. 172 ff.; zum Ausschluss jeder Form der Täterschaft bei Fehlen geforderter Täterqualität *Baumann/Weber/Mitsch*, AT, § 29 Rn. 13 f.; *B. Heinrich*, AT, Rn. 1196.

derjenige, dem die Vermögensbetreuungspflicht obliegt[277]. Ein Vermögensbetreuungspflichtiger ist im Übrigen auch dann als Täter zu bestrafen, wenn er lediglich Dritte dazu veranlasst, pflichtwidrige Handlungen zulasten des betreuten Vermögens vorzunehmen[278].

Beispiel[279]: Dem Angestellten eines Arbeitsamtes, T, gelingt es gemeinsam mit B und C, die sich mittels verfälschter Ausweispapiere Konten fiktiver Personen bei verschiedenen Banken eingerichtet hatten, über eineinhalb Jahre hinweg den Computer der Bundesanstalt für Arbeit in Nürnberg zur Überweisung unrechtmäßiger Kindergeldzahlungen in Höhe von insgesamt ca. 150.000,– DM zu veranlassen. – Nur T ist Täter nach § 266, B und C können lediglich Gehilfen (§ 27) sein, auch wenn sie nach allgemeinen Kriterien (Tatherrschaft, Wille zur Tatherrschaft, Interesse am Taterfolg) Mittäter wären. Das Vermögensbetreuungsverhältnis des T zur Bundesanstalt ist ein strafbegründendes persönliches Merkmal (= Verhältnis) i. S. des § 28 I[280].

Ob die Strafe des Gehilfen außer nach § 28 I zusätzlich auch noch nach § 27 II 2 zu mildern ist (Doppelmilderung), hängt davon ab, ob allein das Fehlen des besonderen persönlichen Merkmals „Vermögensbetreuungspflicht" zur Einstufung als Gehilfe führt (dann nur Milderung nach § 28 I), oder ob der Beteiligte auch nach den allgemeinen Kriterien eine bloße Gehilfenrolle spielte (dann Doppelmilderung)[281]. 84

Obliegt die Vermögensbetreuungspflicht einer **juristischen Person** oder einer **Personenhandelsgesellschaft,** etwa einer Vermögensverwaltungs- oder Baubetreuungsgesellschaft, so wird dieses täterschaftsbegründende Merkmal über § 14 I dem für die Gesellschaft handelnden vertretungsberechtigten Organ oder Gesellschafter zugerechnet. Er wird als Täter nach § 266 bestraft[282]. 85

4. Konkurrenzen[283]

a) Verhältnis des § 266 zu den Eigentumsdelikten

Wie die Ausführungen zur Funktion des Treubruchstatbestandes[284] ergeben haben, erfasst § 266 auch tatsächliche Einwirkungen auf fremdes Vermögen, die zugleich Eigentumsdelikte darstellen. Aber auch der Missbrauchstatbestand kann in Konkurrenz mit den Eigentumsdelikten treten, etwa wenn der Prokurist weisungswidrig, aber nach außen wirksam eine Sache des Geschäftsherrn veräußert (§ 246). 86

---

277 So z. B. BGHSt 13, 330 (331); *Eisele,* BT II, Rn. 855; *Maurach/Schroeder/Maiwald,* BT 1, § 45 Rn. 54.
278 Vgl. *Eisele,* BT II, Rn. 914; *Mitsch,* JuS 2011, 97 (103).
279 Fall nach OLG München, JZ 1977, 408 m. Anm. *Sieber* – Kindergeldfall.
280 H. M.; vgl. z. B. BGHSt 26, 53; *Eisele,* BT II, Rn. 855; *Fischer,* § 266 Rn. 185; *Lackner/Kühl,* § 266 Rn. 2; *Maurach/Schroeder/Maiwald,* BT 1, § 45 Rn. 54; a. M. *S/S/Perron,* § 266 Rn. 52.
281 Vgl. BGHSt 26, 53; dazu auch *Baumann/Weber/Mitsch,* AT, § 32 Rn. 29.
282 Vgl. zu § 14 näher *Baumann/Weber/Mitsch,* AT, § 29 Rn. 18 ff.
283 Zum Verhältnis von Missbrauchs- und Treubruchstatbestand oben Rn. 79 f.
284 Vgl. oben Rn. 37, insbes. Rn. 39.

87 Einigkeit herrscht darüber, dass § 266 **nicht von gleichzeitig verwirklichten Eigentumsdelikten verdrängt wird**. Andernfalls würde im Schuldspruch nicht das treuwidrige Verhalten des Täters zum Ausdruck kommen.

88 Vielmehr tritt umgekehrt kraft der in § 246 ausdrücklich angeordneten Subsidiarität die Unterschlagung hinter § 266 zurück[285]. Ob § 242 neben § 266 zur Anwendung zu bringen ist, hängt entscheidend davon ab, wie stark man das Zueignungselement, das ja dem schlichten Schädigungsdelikt Untreue fehlt, ins Gewicht fallen lässt[286]. Stellt man allein auf die dogmatische Konstruktion des § 266 als reines Schädigungsdelikt ab, so wird man den Zueignungswillen durch eine tateinheitliche Verurteilung des Täters nach §§ 266, 242, 52 zum Ausdruck bringen[287]. Berücksichtigt man dagegen, dass die Untreue zumeist eigennützig begangen wird[288] und der weite Strafrahmen des § 266 ausreichend Raum für die Bewertung der Zueignungsabsicht des Täters bietet, so spricht das entscheidend für ein generelles Zurücktreten des § 242 hinter § 266, und zwar ohne Rücksicht darauf, ob § 266 und § 242 durch eine Handlung verwirklicht werden oder ob der spezielle Zueignungsakt der Untreue nachfolgt[289]. – Wer der generellen Verdrängung der Eigentumsdelikte, die erst recht (mangels eines Zueignungselementes) für die Sachbeschädigung (§ 303) anzunehmen ist, nicht zu folgen vermag, hat bei der Untreue nachfolgenden Zueignungshandlungen auf alle Fälle die Rechtsprechung des BGH[290] zum Problem der wiederholten Zueignung zu beachten, muss also, wenn er diese Entscheidung für zutreffend hält, § 246 bereits mangels Tatbestandsmäßigkeit ablehnen, andernfalls in § 246 eine straflose Nachtat erblicken[291].

b) Verhältnis des § 266 zu anderen Delikten

89 Betrug und Untreue stehen in Tateinheit (§ 52), wenn die Untreue mit den Mitteln des § 263 begangen wird[292]. Dient der Betrug lediglich der Sicherung des zuvor durch eine Untreue erlangten Vermögensvorteils, so ist er – wie auch im Verhältnis zu anderen Vermögens- und Eigentumsdelikten – straflose Nachtat; anders, wenn der Täter durch die Untreue noch keinen Vermögensvorteil erstrebt hat[293]. Umgekehrt ist die Untreue straflose Nachtat, wenn sie nur auf Sicherung des betrügerisch erlangten Vorteils abzielt[294].

---

285 Dies gilt jedenfalls für das Grunddelikt nach § 246 I. Ob auch die Veruntreuung, für die in § 246 II dieselbe Strafe angedroht ist wie in § 266 I, hinter die Untreue zurücktritt, richtet sich nach den folgenden zum Diebstahl angestellten Überlegungen.
286 Dazu *Schröder*, NJW 1963, 1958 (1960).
287 So BGHSt 17, 360 (361 f.); übereinstimmend *Maurach/Schroeder/Maiwald*, BT 1, § 45 Rn. 59.
288 Vgl. oben Rn. 2.
289 So insbes. *Schröder*, NJW 1963, 1958 (1960); ferner *Lenckner*, JZ 1973, 796 mit Rspr.-Nachweisen.
290 BGHSt 14, 38.
291 Vgl. dazu oben § 15 Rn. 43 ff. – Vor BGHSt 14, 38 hat die Rechtsprechung insoweit die Unterschlagung als straflose Nachtat der Untreue angesehen; vgl. BGHSt 6, 314 (316) und 8, 254 (260); siehe auch *Rengier*, BT I, § 18 Rn. 73; S/S/Perron, § 266 Rn. 55; a. M. *Maurach/Schroeder/Maiwald*, BT 1, § 45 Rn. 59.
292 Vgl. den Beispielsfall bei BGHSt 8, 254 (259 f.); ferner BGH, wistra 1991, 218 (219).
293 BGH, NJW 1955, 508. – Allgemein zur straflosen Nachtat *Baumann/Weber/Mitsch*, AT, § 36 Rn. 12 f.; *B. Heinrich*, AT, Rn. 1443 f.
294 BGHSt 6, 67.

§ 23 Untreueähnliche Delikte, §§ 266a, 266b, § 34 DepotG

Literaturhinweise: Speziell zu I (Vorenthalten und Veruntreuen von Arbeitsentgelt, § 266a): *Bente*, Die Strafbarkeit des Arbeitgebers wegen Beitragsvorenthaltung und Veruntreuung von Arbeitsentgelt (§ 266a StGB), 1992; *ders.*, Strafbarkeit des Arbeitgebers gemäß § 266a StGB auch bei unterbliebener Lohnauszahlung?, wistra 1992, 177; *Bittmann*, Keine Strafbarkeit nach § 266a Abs. 1 StGB ohne Lohnzahlung, wistra 1999, 441; *Bollacher*, Das Vorenthalten von Sozialversicherungsbeiträgen, 2006; *Branz*, Das Vorenthalten von Arbeitnehmerbeiträgen zur Sozialversicherung (§ 266a Abs. 1 StGB) in der Unternehmenskrise, 2002; *Fisseler*, Die Strafbarkeit der Nichtzahlung von Beiträgen zur sozialen Sicherung, 1985; *Fritz*, Die Selbstanzeige im Beitragsstrafrecht gemäß § 266a Absatz 5 StGB, 1997; *Heger*, § 266a StGB: Strafrecht im Gewande zivilgerichtlicher Judikatur – BGHZ 134, 304, JuS 1998, 1090; *Ignor/Rixen*, Europarechtliche Grenzen des § 266a StGB, wistra 2001, 201; *Ischebeck*, Vorenthalten von Sozialversicherungsbeiträgen i. S. v. § 266a Abs. 1 StGB während der materiellen Insolvenz der GmbH, 2009; *Jacobi/Reufels*, Die strafrechtliche Haftung des Arbeitgebers für den Arbeitnehmeranteil an den Sozialversicherungsbeiträgen, BB 2000, 771; *Jaeger*, Die Möglichkeit der Gebotserfüllung als Voraussetzung strafbaren Unterlassens. Tatsächliche und rechtliche Grenzen normgemäßen Verhaltens, 2006; *Leimenstoll*, Vorenthalten von Sozialversicherungsbeiträgen, HRRS 2009, 442; *Martens*, Zur Reform des Beitragsstrafrechts in der Sozialversicherung, wistra 1985, 51; *ders.*, Das neue Beitragsstrafrecht der Sozialversicherung, wistra 1986, 154; *Ranft*, „Vorenthalten" von Arbeitnehmerbeiträgen § 266a Abs. 1 StGB, DStR 2001, 132; *Renzikowski*, Strafbarkeit nach § 266a Abs. 1 StGB bei Zahlungsunfähigkeit wegen Vorverschuldens?, Weber-FS 2004, S. 333; *Rönnau*, Die Strafbarkeit des Arbeitgebers gemäß § 266a I StGB in der Krise des Unternehmens, wistra 1997, 13; *Rönnau/Kirch-Heim*, Das Vorenthalten von Arbeitgeberbeiträgen in der Sozialversicherung, wistra 2005, 321; *Schäfer*, Die Strafbarkeit des Arbeitgebers bei Nichtzahlung von Sozialversicherungsbeiträgen für versicherungspflichtige Arbeitnehmer, wistra 1982, 96; *ders.*, Die Strafbarkeit des unerlaubt handelnden Verleihers wegen Nichtzahlung von Sozialversicherungsbeiträgen, wistra 1984, 6; *Steinberg*, Nicht intendierte strafmildernde Wirkung des § 266a StGB, wistra 2009, 55; *Tag*, Das Vorenthalten von Arbeitnehmerbeiträgen zur Sozial- und Arbeitslosenversicherung sowie das Veruntreuen von Arbeitsentgelt: Untersuchungen zu § 266a, 1994; *dies.*, Haftung des GmbH-Geschäftsführers bei Nichtabführung der Arbeitnehmerbeiträge zur Sozialversicherung, BB 1997, 1115; *Wegner*, Neue Fragen bei § 266a Abs. 1 StGB – eine systematische Übersicht, wistra 1998, 283; *Winkelbauer*, Die strafbefreiende Selbstanzeige im Beitragsstrafrecht (§ 266a Abs. 5 StGB), wistra 1988, 16; *Wittig*, Zur Auslegung eines missglückten Tatbestandes, HRRS 2012, 63.

Speziell zu II (Missbrauch von Scheck- und Kreditkarten, § 266b): *Altenhain*, Der strafbare Missbrauch kartengestützter elektronischer Zahlungssysteme, JZ 1997, 752; *Baier*, Konsequenzen für das Strafrecht bei Abschaffung der Euroscheckverkehrs, ZRP 2001, 454; *Bandekow*, Strafbarer Missbrauch des elektronischen Zahlungsverkehrs, 1989; *Bernsau*, Der Scheck- oder Kreditkartenmissbrauch durch den berechtigten Karteninhaber, 1990; *Brand*, EC-Kartenmissbrauch und untreuespezifische Auslegung, WM 2008, 2194; *ders.*, Missbrauch eines Geldausgabeautomaten durch den berechtigten EC-Karteninhaber, JR 2008, 496; *Bringewat*, Der Missbrauch von Kreditkarten – straflose oder strafbare Vermögensschädigung?, JA 1984, 347; *ders.*, Der Kreditkartenmissbrauch – eine Vermögensstraftat!, NStZ 1985, 535; *Bühler*, Zum Konkurrenzverhältnis zwischen § 263a und § 266b beim Scheck- und Kreditkartenmissbrauch, MDR

§ 23 Untreueähnliche Delikte

1989, 22; *Deider*, Missbrauch von Scheck- und Kreditkarte durch den berechtigten Karteninhaber, 1989; *Eckert*, Die strafrechtliche Erfassung des Check- und Kreditkartenmissbrauchs, 1991; *Eisele/Fad*, Strafrechtliche Verantwortlichkeit beim Missbrauch kartengestützter Zahlungssysteme, Jura 2002, 305; *Flöge*, Zur Kriminalisierung von Missbräuchen im Scheck- und Kreditkartenverfahren nach § 266b StGB, 1989; *Geppert*, Ein heikles Problem zum neuen § 266b StGB, Jura 1987, 162; *Gogger*, Die Erfassung des Scheck-, Kredit- und Codekartenmißbrauchs nach Einführung der §§ 266a, 266b durch das 2. WiKG, 1991; *Hadding*, Zahlung mittels Universalkreditkarte, Pleyer-FS 1986, S. 17; *Heinz*, Der strafrechtliche Schutz des kartengestützten Zahlungsverkehrs, Maurer-FS 2001, S. 1111; *Hilgendorf*, Grundfälle zum Computerstrafrecht, JuS 1997, 130; *Knauth*, Die Verwendung einer nicht gedeckten Kreditkarte als Straftat, NJW 1983, 1287; *Küpper*, Die Kreditkartenentscheidung des BGH unter Geltung des § 266b StGB n. F., NStZ 1988, 60; *Labsch*, Der Kreditkartenmissbrauch und das Untreuestrafrecht, NJW 1986, 104; *Lieb*, Zum Missbrauch der Scheckkarte, Pleyer-FS 1986, S. 77; *Löhnig*, Unberechtigte Bargeldabhebung mit eurocheque-Karte und Geheimnummer an defektem Geldautomaten, JR 1999, 362; *Offermann*, Nachruf auf einen Meinungsstreit – Zur strafrechtlichen Erfassung des Scheck- und Kreditkartenmissbrauchs, wistra 1986, 50; *Otto*, Missbrauch von Scheck- und Kreditkarten sowie Fälschung von Vordrucken für Euroschecks und Eurocheckkarten, wistra 1986, 150; *Ranft*, Der Kreditkartenmissbrauch (§ 266b Alt. 2 StGB), JuS 1988, 673; *Rossa*, Missbrauch beim electronic cash, CR 1997, 219; *Schlüchter*, Zur unvollkommenen Kongruenz zwischen Kredit- und Scheckkartenmissbrauch, JuS 1984, 675; *Schulz/Tscherwinka*, Probleme des Codekartenmissbrauchs, JA 1991, 119; *Steinhilper*, Missbrauch von Eurocheckkarten in strafrechtlicher Sicht, Jura 1983, 401; *Steinke*, Mit der kleinen Karte an das große Geld, Kriminalistik 1987, 12; *Vormbaum*, Die strafrechtliche Beurteilung des Scheckkartenmissbrauchs, JuS 1981, 18; *U. Weber*, Probleme der strafrechtlichen Erfassung des Euroscheck- und Eurocheckkartenmissbrauchs nach Inkrafttreten des 2. WiKG, JZ 1987, 215; *ders.*, Artikel „Missbrauch von Scheck- und Kreditkarten", Lexikon des Rechts, Strafrecht, Strafverfahrensrecht, 2. Aufl. 1996; *Yoo*, Codekartenmissbrauch im POS-Kassen-System, 1997. – Zum Codekartenmissbrauch bei der Bargeldabhebung aus Bankomaten vgl. auch die Literaturangaben zu § 263a bei § 21.

Speziell zu III (Depotunterschlagung, § 34 DepotG): *Fichtner*, Die börsen- und depotrechtlichen Strafvorschriften und ihr Verhältnis zu den Eigentums- und Vermögensdelikten des StGB, 1993.

Übersicht

		Rn.
I.	Vorenthalten und Veruntreuen von Arbeitsentgelt, § 266a	1
	1. Der kriminalpolitische Hintergrund	1
	a) Entstehungsgeschichte des § 266a, Versagen des § 266	1
	b) Geschützte Rechtsgüter	7
	2. Tatbestände	9
	a) Vorenthalten von Sozialversicherungsbeiträgen des Arbeitnehmers, § 266a I (i. V. m. Abs. 5)	9
	b) Vorenthalten von Sozialversicherungsbeiträgen des Arbeitgebers, § 266a II (i. V. m. Abs. 5)	17
	c) Nichtzahlung sonstiger Teile des Arbeitsentgelts, § 266a III (i. V. m. Abs. 5)	18
	3. Vorsatz	26
	4. Besonders schwere Fälle, Täterschaft und Teilnahme (Sonderdelikt), Rücktritt	26a
	a) Besonders schwere Fälle, § 266a IV	26a

b) Täterschaft und Teilnahme (Sonderdelikt) 27
c) Rücktritt vom vollendeten Delikt, § 266a VI 31
II. Missbrauch von Scheck- und Kreditkarten, § 266b 34
1. Der kriminalpolitische Hintergrund 34
   a) Entstehungsgeschichte des § 266b, Versagen der §§ 266 und 263 .. 34
   b) Geschützte Rechtsgüter 42
2. Tatbestand 44
   a) Tatmittel: Scheck- oder Kreditkarte 44a
   b) Tathandlung: Missbrauch der Möglichkeit, den Aussteller zu einer Zahlung zu verlassen 45
   c) Taterfolg: Schädigung 50
3. Täterschaft und Teilnahme (Sonderdelikt), Antragserfordernis, Konkurrenzen 51
   a) Täterschaft und Teilnahme (Sonderdelikt) 51
   b) Antragserfordernis 52
   c) Konkurrenzen 53
III. Depotunterschlagung, § 34 DepotG 55

I. Vorenthalten und Veruntreuen von Arbeitsentgelt, § 266a

1. Der kriminalpolitische Hintergrund

a) Entstehungsgeschichte des § 266a, Versagen des § 266

Der durch das 2. WiKG 1986 ins StGB eingestellte und 2002[1] sowie 2004[2] novellierte § 266a enthält in seinem **Absatz 1** (der hinsichtlich des Täterkreises durch Abs. V ergänzt wird) einen Tatbestand, der zuvor im **Sozialversicherungsrecht**, z. B. in § 529 RVO a. F., enthalten war[3]. Die Regelung der sog. sozialversicherungsrechtlichen Untreue im Kernstrafrecht ist zu begrüßen, weil sie geeignet ist, der weit verbreiteten Nichtabführung von Beiträgen zur Sozialversicherung mit erheblichen Schadensfolgen für die Versichertengemeinschaft[4] den Anstrich eines bloßen Kavaliersdelikts zu nehmen[5]. Die Beitragsvorenthaltung weist eindeutig

1

---

1 Durch das Gesetz zur Erleichterung der Bekämpfung von illegaler Beschäftigung und Schwarzarbeit vom 23.7.2002, BGBl. I, S. 2787.
2 Durch das Gesetz zur Intensivierung der Bekämpfung der Schwarzarbeit vom 23.7.2004, BGBl. I, S. 1842.
3 Siehe dazu näher *U. Weber,* Dreher-FS 1977, S. 555 ff.
4 Die Zahl der jährlichen Verurteilungen nach § 266a I ist ständig gestiegen, von 4.441 im Jahre 1997 auf 7.364 im Jahre 2006 und auf 7.373 im Jahre 2011. Sie liegt also weit höher als die Zahl der Verurteilungen nach dem allgemeinen Untreuetatbestand, § 266 (2006: 1.925; 2011: 1.713); hierzu: Strafverfolgungsstatistik, Berichtsjahr 2011, S. 36 f.; zu den Verurteilungsziffern in früheren Jahren vgl. den Entwurf eines 2. WiKG, BT-Drucks. 10/318, S. 25. Dort wird auch plausibel vermutet, dass die tatsächliche Deliktsbegehung höher liegt als die statistisch registrierte. – Zum Schadensumfang vgl. *Fisseler,* Nichtzahlung von Beiträgen, S. 1 ff. m. w. N.
5 Vgl. zur Tendenz der Verharmlosung von Verhaltensweisen, durch die nicht bestimmte Einzelne, sondern anonyme Gemeinschaften geschädigt werden, oben § 19 Rn. 23 sowie § 11 Rn. 1.

wirtschaftskriminelle Züge auf. Denn zum einen beeinträchtigt sie in Gestalt der Sozialversicherung einen funktionell wichtigen Zweig der Gesamtwirtschaft[6], zum anderen geht von ihr eine Sogwirkung auf andere Arbeitgeber aus, die aus Wettbewerbsgründen in Versuchung geraten, gleichfalls Lohnnebenkosten „einzusparen"[7].

1a Seit 2004 ist in § 266a II erstmals das Vorenthalten von **Arbeitgeberanteilen** an den Beiträgen zur Sozialversicherung unter Strafe gestellt. Da sich die Tat, anders als die nach Abs. 1, nicht auf fremde Beiträge (nämlich solche des Arbeitnehmers), sondern auf selbst geschuldete Beiträge bezieht, begeht der Arbeitgeber in diesem Fall **kein untreueartiges Delikt**[8].

1b **Besonders schwere Fälle** der Beitragsvorenthaltung nach Abs. 1 und 2 sind in § 266a IV – durch Regelbeispiele erläutert – unter erhöhte Strafe gestellt[9]. Damit weichen die Regelbeispiele deutlich von denen in § 263 III 2 ab mit der Folge, dass z. B. eine Strafschärfung bei Gewerbsmäßigkeit nicht angezeigt ist. Auch ein unbenanntes Regelbeispiel kommt bei gewerbsmäßigem Handeln nicht in Betracht, da es sich bei der Gewerbsmäßigkeit gerade um ein dem Tatbestand des § 266a StGB immanentes Merkmal handelt[10].

2 § 266a III betrifft nicht Sozialversicherungsbeiträge, sondern stellt die pflichtwidrige und dem Arbeitnehmer verheimlichte Nichtzahlung von **anderen Teilen des Arbeitsentgelts** durch den Arbeitgeber an Dritte unter Strafe[11].

3 Hinzuweisen ist darauf, dass die in Abs. 1 und Abs. 3 erfassten Fälle der Nichtabführung von Teilen des Arbeitsentgelts[12] vom klassischen Vermögensstrafrecht, namentlich von § 266, nicht, jedenfalls nicht zweifelsfrei erfasst sind:

4 Die **Nichtabführung von Sozialversicherungsbeiträgen** (§ 266a I) stellt aus zwei Gründen keine nach § 266 strafbare Untreue des Arbeitgebers gegenüber dem Arbeitnehmer dar: (1) Das Arbeitsverhältnis begründet für den Arbeitgeber keine Pflicht zur Wahrnehmung von Vermögensinteressen des Arbeitnehmers[13]. (2) Dem Arbeitnehmer wird in der Regel durch die Beitragsvorenthaltung kein Vermögensschaden zugefügt, denn er braucht für die Durchsetzung seiner Sozialversicherungsansprüche nur nachzuweisen, dass er sich in einem versicherungspflichtigen Beschäftigungsverhältnis befunden hat[14]. – Auch eine Untreue des Arbeitgebers ge-

---

6 Vgl. dazu oben § 19 Rn. 13.
7 Vgl. dazu z. B. *U. Weber*, NStZ 1986, 481 (487). – Zur Sog- oder Ansteckungswirkung der Tatbegehung als Kriterium der Wirtschaftskriminalität vgl. oben § 19 Rn. 15.
8 Vgl. dazu unten Rn. 17.
9 Vgl. dazu auch unten Rn. 26a.
10 BGH, NStZ 2007, 527.
11 Vgl. dazu auch unten Rn. 18 ff.
12 Vgl. dazu oben Rn. 1 und Rn. 2.
13 Vgl. dazu oben § 22 Rn. 59.
14 Vgl. *U. Weber*, NStZ 1986, 481 (487) m. w. N.

Vorenthalten u. Veruntreuen von Arbeitsentgelt, § 266a § 23 Rn. 5–9

genüber der Sozialversicherung scheidet aus. Dem Versicherungsträger wird zwar durch die Beitragsvorenthaltung ein Vermögensschaden zugefügt[15], den Arbeitgeber trifft aber diesem gegenüber ebenfalls keine für die Anwendbarkeit des § 266 ausreichende Treuepflicht[16].

Durch die **Nichtzahlung von sonstigen Teilen des Arbeitsentgelts** 5 (§ 266a III) erleidet der Arbeitnehmer zwar einen Vermögensschaden. Für die Untreuestrafbarkeit fehlt es jedoch auch insoweit an einer die Anwendung des § 266 rechtfertigenden Vermögensbetreuungspflicht des Arbeitgebers.

Das in § 266a III enthaltene Täuschungselement (Unterlassen der Unterrichtung 6 des Arbeitnehmers von der Nichtzahlung) erscheint im Normalfall zu schwach für die Begründung einer Unterlassungsstrafbarkeit des Arbeitgebers nach § 263 (Betrug). – Vergleichbar der Steuerhinterziehung (§ 370 AO) setzt die Strafbarkeit nach § 266a II die Vornahme von **Täuschungshandlungen** voraus. Der tatbestandsmäßig vorliegende Betrug (§ 263) tritt jedoch hinter dem speziellen § 266a II zurück[17]. Zu beachten ist ferner, dass gemäß § 2 III für vor 2004 begangene Taten das dem Täter günstigere Gesetz, hier § 266a II anzuwenden ist, was insbesondere im Hinblick auf § 263 III 2 für den Täter eine mildere Strafe bewirkt[18]. Generell ist an dieser Stelle das paradoxe Ergebnis festzustellen, dass § 266a eine im Vergleich zur früheren Rechtslage mildere Bestrafung bewirkt, obwohl der Gesetzgeber mit der Schaffung des § 266a gerade eine Sanktionsverschärfung herbeiführen wollte[19].

b) Geschützte Rechtsgüter

§ 266a I und II (jeweils i. V. m. **Abs. 5**) schützen das Interesse der Soli- 7 dargemeinschaft an der Sicherstellung des Sozialversicherungsaufkommens[20].

§ 266a III schützt dagegen das Vermögen des betroffenen Arbeitneh- 8 mers[21].

2. Tatbestände

a) Vorenthalten von Sozialversicherungsbeiträgen des Arbeitnehmers, § 266a I (i. V. m. Abs. 5)

Die **Pflicht des Arbeitgebers** zur Entrichtung von Beiträgen zur So- 9 zialversicherung ergibt sich aus den Sozialgesetzen, z. B. aus § 28e SGB IV.

---

15 Insoweit stellt § 266a I auch ein Schutzgesetz i. S. d. § 823 II BGB zugunsten des Sozialversicherungsträgers dar; BGH, NJW 1992, 177 (178).
16 Vgl. *U. Weber*, NStZ 1986, 481 (487); *S/S/Perron*, § 266a Rn. 2.
17 Vgl. BGH, NStZ 2007, 527; *S/S/Perron*, § 266a Rn. 28.
18 BGH, NStZ 2012, 510.
19 *Steinberg*, wistra 2009, 55.
20 BT-Drucks. 10/318, S. 31 und 15/2573, S. 28; OLG Celle, NJW 1992, 190; *Fischer*, § 266a Rn. 2; *S/S/Perron*, § 266a Rn. 2; *Wessels/Hillenkamp*, BT 2, Rn. 787.
21 Vgl. z. B. KG, NStZ 1991, 287; OLG Celle, NJW 1992, 190; *S/S/Perron*, § 266a Rn. 2; *Wessels/Hillenkamp*, BT 2, Rn. 787.

10 Die Beiträge zur Sozialversicherung umfassen auch die ausdrücklich genannten Beiträge zur Arbeitsförderung[22].

11 Gegenüber dem früher geltenden (Nebenstraf-)Recht[23] wird in Abs. 1 auf das Erfordernis verzichtet, dass der Arbeitgeber die vorenthaltenen Beiträge zunächst vom Lohn des Arbeitnehmers einbehalten hat. Dem liegt die sozialrechtliche Betrachtungsweise zugrunde, dass selbst bei ausdrücklicher Nettolohnabrede an den Arbeitnehmer immer eine Bruttogehaltszahlung vorliegt, d. h. die Zahlung stets abzüglich der Beiträge zur Sozialversicherung erfolgt[24]. – Da die Pflicht des Arbeitgebers zur Beitragsabführung lediglich eine versicherungspflichtige Beschäftigung des Arbeitnehmers voraussetzt, war es konsequent, § 266a auch dann anzuwenden, wenn der Arbeitgeber dem Arbeitnehmer überhaupt keinen Lohn zahlte, obwohl er dazu in der Lage war[25]. Eine ausdrückliche Regelung in diesem Sinne (sog. Lohnpflichttheorie) ist nunmehr in § 266a I enthalten. – Änderungen des ArbeitnehmerüberlassungsG durch das 2. WiKG 1986 stellen sicher, dass auch illegale Verleiher von Arbeitnehmern dem § 266a unterfallen[26].

12 Zunächst muss festgestellt werden, welche Beträge der Arbeitgeber tatsächlich schuldet. Hierbei sind zwei Problemfelder hervorzuheben. Zum einen ist es häufig schwierig, die tatsächlich geschuldeten Beträge in ihrer Höhe zu bestimmen. Bei illegalen Beschäftigungsverhältnissen ist nach § 14 II 2 SGB IV der ausgezahlte Barlohn als Nettolohn zu behandeln[27] (wohingegen bei geringfügigen Beschäftigungen § 249b S. 1 SGB V gilt[28]). Sollte eine dahin gehende tatsächliche Feststellung z. B. durch eine mangelnde Buchführung unmöglich sein, können die ausgezahlten Lohnsummen geschätzt werden[29]. Zur Berechnung der nach § 266a vorenthaltenen Sozialversicherungsbeträge in Fällen illegaler Beschäftigung wird eine solche Schätzung des Lohns nach der branchenüblichen Nettolohnquote vorgenommen, die z. B. im Baugewerbe bei 60 % des Nettoumsatzes des Unternehmers liegt[30].

Zum anderen sind Besonderheiten bei Sachverhalten mit Auslandsbezug zu berücksichtigen. Hier gibt es sog. Entsendebescheinigungen, die

---
22 Vgl. dazu z. B. *Fischer*, § 266a Rn. 9.
23 Vgl. dazu oben Rn. 1.
24 Dazu z. B. BGHSt 30, 265 m. Anm. *Martens*, NStZ 1982, 471. – Keine Nettolohnabrede ist allerdings dann anzunehmen, wenn Arbeitgeber und Arbeitnehmer kollusiv zusammenwirken; so auch BGHSt 38, 285 (287); BGHSt 39, 146 (157); dazu *Franzheim*, JR 1993, 75; anders noch BGHSt 34, 166.
25 KG, NStZ 1991, 188 f.; OLG Düsseldorf, NJW-RR 1993, 1448; *Mitsch*, JZ 1994, 877 (888); dies ist aber umstritten.
26 Vgl. §§ 9 Nr. 1, 10 III 2 AÜG; dazu näher *U. Weber*, NStZ 1986, 481 (488) mit Nachweis der Gesetzesmaterialien.
27 BGHSt 53, 71 m. Anm. *Joecks*, JZ 2009, 531.
28 BGH, NStZ 2010, 376.
29 BGH, NStZ 2010, 635.
30 BGHSt 53, 71 (74); zustimmend *Bader*, wistra 2010, 121; *Klemme/Schubert*, NStZ 2010, 606; kritisch hingegen *Joecks*, JZ 2009, 531.

abhängig vom Ausstellerstaat unterschiedliche Rechtsfolgen nach sich ziehen. Während eine solche Bescheinigung eines EU-Staates (E 101-Bescheinigung) das deutsche Sozialversicherungsrecht und damit eine Strafbarkeit nach § 266a zwingend ausschließt[31], befreit eine solche Bescheinigung aufgrund eines bilateralen Sozialversicherungsabkommens mit Nicht-EU Staaten nicht zwangsläufig von der Sozialversicherungspflicht. Wenn dem entsendenden Unternehmen die Weiterbeschäftigung der angeworbenen Arbeitnehmer nach Beendigung der vermeintlichen Entsendung nicht möglich ist und das inländische Unternehmen nicht in der Lage ist, den Auftrag eigenverantwortlich durchzuführen, ist die Entsendebescheinigung unbeachtlich[32]. So mangelt es auch an einer wirksamen Entsendung im Sinne von § 5 SGB IV, wenn es sich bei dem entsendenden Unternehmen um eine Scheinfirma handelt und die Beschäftigten in Wirklichkeit dem inländischen Unternehmen zuzuordnen sind[33].

Der Einzugsstelle **vorenthalten** sind die Beiträge dann, wenn sie nicht spätestens am Fälligkeitstag vollständig bezahlt werden[34]. Es handelt sich also um ein **echtes Unterlassungsdelikt**[35]. Der Sozialversicherungsbeitrag ist gemäß § 23 I SGB IV spätestens am drittletzten Bankarbeitstag des Monats fällig. **13**

Da strafrechtlich relevantes Unterlassen die tatsächliche und rechtliche Möglichkeit zum Handeln voraussetzt[36], handelt derjenige Arbeitgeber nicht tatbestandsmäßig, der zur rechtzeitigen Zahlung faktisch (z. B. wegen Krankheit) oder rechtlich (z. B. wegen Verlusts der Verfügungsbefugnis über sein Vermögen infolge Eröffnung des Insolvenzverfahrens, § 80 InsO) nicht in der Lage ist. Allerdings hat die sozialrechtliche Abführungspflicht Vorrang vor der Erfüllung zivilrechtlicher Verbindlichkeiten, sodass ein Unterlassen i. S. des § 266a I vorliegt, wenn der Pflichtige statt der Beitragsabführung solche andere Verbindlichkeiten **14**

---

31 BGHSt 51, 124.
32 BGHSt 52, 67.
33 BGHSt 51, 224.
34 BGH, wistra 1990, 353; BGH, NJW 1992, 177 (178). – Entspricht der abgeführte Gesamtbetrag nicht der Summe von Arbeitgeber- und Arbeitnehmeranteil, so ist nach § 2 I 3 der Beitragsverfahrensverordnung eine anteilige Tilgung anzunehmen, wenn der Arbeitgeber keine – auch keine konkludente – Tilgungsbestimmung trifft; vgl. BGH, NJW 1998, 1484 (1485); *Lackner/Kühl*, § 266a Rn. 6 – Die Frage, ob im Zweifel Arbeitnehmer- oder Arbeitgeberanteile getilgt werden, hat an Bedeutung verloren, nachdem in § 266a II auch die Nichtabführung von Arbeitgeberbeiträgen unter Strafe gestellt ist; vgl. oben Rn. 1a sowie unten Rn. 17. Allerdings ergeben sich im Hinblick auf den Erstattungsanspruch des § 64 S. 1 GmbHG Unterschiede, sodass bei Insolvenzreife der GmbH eine Tilgungsbestimmung dahin gehend abgegeben werden sollte, dass Teilzahlungen vorrangig auf die Arbeitnehmerbeiträge angerechnet werden sollen, vgl. *Esser/Keuten*, wistra 2010, 161.
35 BGHSt 57, 175 (180); BGH, wistra 1992, 23.
36 So die h. M.; vgl. BGH, NJW 1997, 133 (134); OLG Frankfurt, StV 1999, 32; *Baumann/Weber/Mitsch*, § 15 Rn. 15 ff.; *B. Heinrich*, AT, Rn. 897 ff.; a. M. für § 266a OLG Celle, NStZ 1998, 303: jedermann hat für seine finanzielle Leistungsfähigkeit einzustehen; kritisch dazu *Heger*, JuS 1998, 1090 (1094); diese Ansicht gab das OLG Celle allerdings in NJW 2001, 2985 ausdrücklich auf.

erfüllt³⁷. Hat der Arbeitgeber seine **Zahlungsunfähigkeit** im Zeitpunkt der Fälligkeit zuvor **schuldhaft herbeigeführt,** so kann seine Strafbarkeit nach den Regeln der **omissio libera in causa**³⁸ durch Rückgriff auf das vorwerfbare Vorverhalten begründet werden³⁹.

Der abweichenden, unlängst pointiert von *Renzikowski*⁴⁰ vorgetragenen Auffassung ist dabei nicht zu folgen. Insbesondere schließt die exakte zeitliche Bestimmung der Handlungspflicht durch die Fälligkeit der Beitragszahlung⁴¹ den Rückgriff auf früheres Verhalten nicht aus. Warum sollte für die Beitragsvorenthaltung durch den Arbeitgeber etwas anderes gelten als für den ein Eisenbahnunglück herbeiführenden Schrankenwärter, der die Schranke im exakt festgelegten Zeitpunkt nicht schließen konnte, weil er sich zuvor vorwerfbar handlungsunfähig gemacht hatte?

Der Arbeitgeber hat mithin vor Fälligkeit nicht nur Handlungen zu unterlassen, die seine Leistungsfähigkeit beeinträchtigen, etwa die Verschleuderung von Vermögenswerten oder die inkongruente Befriedigung anderer Gläubiger, sondern er hat auch durch angemessene Maßnahmen seine Leistungsfähigkeit sicherzustellen, z. B. sich abzeichnende Liquiditätsengpässe abzuwenden⁴².

15 Liegt nicht bereits eine tatbestandsausschließende Unmöglichkeit der rechtzeitigen Beitragsentrichtung vor, so kann dem Täter immer noch die Strafbefreiungsvorschrift des § 266a VI zugute kommen⁴³.

16 § 266a V erstreckt den Täterkreis des Abs. 1 auf Personen, die sozialversicherungsrechtlich den Arbeitgebern gleichgestellt sind (Auftraggeber eines Heimarbeiters oder Hausgewerbetreibenden etc.).

b) Vorenthalten von Sozialversicherungsbeiträgen des Arbeitgebers, § 266a II (i. V. m. Abs. 5)

17 In § 170, Verletzung der Unterhaltspflicht⁴⁴, ist **ausnahmsweise** die schlichte Nichtzahlung von Schulden unter Strafe gestellt, weil die Tat den

---

37 BGHZ 134, 304 (301 ff.); BGHSt 47, 318 (321 f.); *Lackner/Kühl*, § 266a Rn. 10; kritisch M. *Wessels/Hillenkamp*, BT 2 Rn. 789; *Renzikowski*, Weber-FS 2004, S. 333 (340 f.).

38 Die omissio libera in causa knüpft entsprechend den Grundsätzen der actio libera in causa an ein Vorverhalten an, das für sich allein nicht strafbar ist, aber zu der späteren Unmöglichkeit der Erfolgsabwendung geführt hat; vgl. hierzu *Baumann/Weber/Mitsch*, § 15 Rn. 21, 28 ff.; *B. Heinrich*, AT, Rn. 874; *Kühl*, § 18 Rn. 12, 22, 32.

39 BGHSt 47, 318 (320 ff.); *Heger*, JuS 1998, 1090 (1093); *Jaeger*, Die Möglichkeit der Gebotserfüllung als Voraussetzung strafbaren Unterlassens, 2006, S. 188 f.; *Matt/Renzikowski-Matt*, § 266a Rn. 44 ff.; *MüKo-Radtke*, 2. Aufl., § 266a Rn. 67; *S/S/Perron*, § 266a Rn. 10; *Mitsch*, BT 2/2, § 4 Rn. 19; *Wessels/Hillenkamp*, BT 2 Rn. 789; a. M. *Dehne-Niemann*, GA 2009, 150, der einer Vorverlagerung der Strafbarkeit aufgrund der Verhaltensgebundenheit der Norm widerspricht; kritisch auch SSW-*Saliger*, § 266a Rn. 18.

40 *Renzikowski*, Weber-FS 2004, S. 333 (341 ff.); ähnlich z. B. bereits *Frister*, JR 1998, 63 f.

41 Vor allem darauf hebt *Renzikowski*, Weber-FS 2004, S. 333 (342) ab.

42 Zu den dem Arbeitgeber im Einzelnen obliegenden und nicht obliegenden Vorkehrungen vgl. z. B. BGHSt, 47, 318 (322 f.); *S/S/Perron*, § 266a Rn. 10.

43 Vgl. dazu unten Rn. 31.

44 Vgl. hierzu unten § 10 Rn. 36 ff.

Lebensbedarf des Gläubigers gefährdet und man sogar von einem abstrakten Lebensgefährdungsdelikt sprechen könnte⁴⁵. Ansonsten wird das schlichte **Nichtbegleichen** von eigenen **Verbindlichkeiten** vom Gesetzgeber **nicht als strafwürdig** angesehen. Deshalb wird auch in § 266a II, der im Gegensatz zu § 266a I keinen untreueartigen Unrechtsgehalt aufweist⁴⁶, sondern eine ureigene Verbindlichkeit betrifft, außer der (mit Abs. 1 identischen) Beitragsvorenthaltung⁴⁷ für die Strafbarkeit ein **täuschendes Verhalten** des Arbeitgebers verlangt. Die **Täuschungshandlungen** sind ähnlich umschrieben wie beim Subventionsbetrug in § 264 I⁴⁸: Unterbreitung unrichtiger oder unvollständiger Angaben über erhebliche Tatsachen als **aktives Tun** (in der jeweiligen Nr. 1 des § 266a II und des § 264 I) sowie Nichtaufklärung über erhebliche Tatsachen als **Unterlassen** (§ 266a II Nr. 2 und § 264 I Nr. 3). Entsprechende Täuschungshandlungen sind auch bei der Steuerhinterziehung, bei der es, wie in § 266a II, um die Nichtzahlung von (Steuer-)Schulden geht, in § 370 I Nr. 1 und 2 AO unter Strafe gestellt. Da es sich bei § 266a II Nr. 1 um ein Erfolgsdelikt handelt, welches an ein aktives Tun anknüpft, finden die bei § 266a I geltenden Grundsätze zur Unmöglichkeit der Zahlung keine Anwendung. Anderes gilt für § 266a II Nr. 2 (echtes Unterlassungsdelikt), jedenfalls bezogen auf die Erfüllung der Handlungspflicht (d. h. der sozialversicherungsrechtlichen Meldepflichten)⁴⁹.

c) Nichtzahlung sonstiger Teile des Arbeitsentgelts, § 266a III (i. V. m. Abs. 5)

18 Im Rahmen von Arbeitsverhältnissen ist es üblich, dass der Arbeitgeber aufgrund einer Vereinbarung mit dem Arbeitnehmer Teile vom Lohn einbehält und damit Gläubiger des Arbeitnehmers befriedigt.

> Wichtige **Beispiele** bilden steuerbegünstigte vermögenswirksame Leistungen, etwa auf Arbeitnehmer abgeschlossene Bauspar- und Lebensversicherungsverträge, sowie Zahlungen an sonstige Gläubiger des Arbeitnehmers, denen dieser Teile seiner Lohnforderung gegen den Arbeitgeber abgetreten hat (§ 398 BGB).

19 Zwangsweise tritt eine entsprechende Konstellation ein, wenn ein Gläubiger des Arbeitnehmers einen Teil von dessen Lohn pfändet. Der Arbeitgeber darf dann als Drittschuldner den gepfändeten Lohnanteil nicht mehr an den Arbeitnehmer auszahlen, sondern er muss ihn einbehalten und an den Vollstreckungsgläubiger abführen, §§ 829, 835 ZPO.

---

45 Vgl. oben § 10 Rn. 36.
46 Vgl. hierzu oben Rn. 1a.
47 Vgl. hierzu oben Rn. 13 ff.
48 Vgl. hierzu oben § 21 Rn. 70.
49 BGH, NJW 2011, 3047. Ob diese Argumentationsstruktur auf § 266a I übertragen werden kann, wie dies vom BGH in dieser Entscheidung in einem obiter dictum festgehalten wird, muss hingegen kritisch gesehen werden, vgl. *Bittmann*, NJW 2011, 3048; *Wittig*, HRRS 2012, 63.

20 Die Verletzung der Pflicht des Arbeitgebers, die **Lohnsteuer** als Teil des Arbeitsentgelts einzubehalten und an das Finanzamt abzuführen, ist bereits durch die Straf- und Bußgeldtatbestände der Abgabenordnung lückenlos erfasst[50]. Sie wird deshalb in § 266a III 2 aus dem Anwendungsbereich der Vorschrift ausgeschlossen.

21 Zahlt der Arbeitgeber an den **Dritten** nicht oder nicht rechtzeitig, so ist einerseits dessen Befriedigung zumindest gefährdet. Andererseits erleidet aber auch der **Arbeitnehmer** einen Vermögensnachteil. Denn obwohl ein Teil seines Lohnes einbehalten wurde, wird er von seiner Verbindlichkeit gegenüber dem Dritten nicht frei.

22 Die Beeinträchtigung des Vermögens des **Dritten** durch die Nichtzahlung seitens des Arbeitgebers ist jedoch nicht strafwürdig, da es sich – anders als im Falle des § 266a I und II – nicht um öffentlich-rechtliche Ansprüche der Sozialversicherung, sondern um privatrechtliche Forderungen handelt. Die beim **Arbeitnehmer** durch die Nichtzahlung des einbehaltenen Lohnanteils an den Dritten herbeigeführte Vermögensbeeinträchtigung weist zwar untreueartiges Unrecht auf, das dem Gesetzgeber aber ebenfalls als solches noch nicht strafwürdig erschien. **Kriminelles**, in § 266a III erfasstes Unrecht gegenüber dem Arbeitnehmer liegt jedoch dann vor, wenn zu der untreueartigen Unterlassung der Zahlung an den Dritten ein **betrugsähnliches** Unterlassen des Arbeitgebers hinzutritt, wenn es dieser nämlich „unterlässt, den Arbeitnehmer spätestens im Zeitpunkt der Fälligkeit oder unverzüglich danach über das Unterlassen der Zahlung an den anderen zu unterrichten".

23 § 266a III enthält somit ein **doppeltes Unterlassungsdelikt,** das eine **Untreue-** und eine **Betrugskomponente** aufweist (Unterlassen der Zahlung und Unterlassen der Unterrichtung). Erst beide Komponenten zusammengenommen begründen die Strafbarkeit.

24 Die Tatbestandsmäßigkeit der Nichtzahlung (kaum einmal die der Nichtunterrichtung) kann auch in den Fällen des § 266a III infolge Unmöglichkeit ausgeschlossen sein[51].

25 Auch für die Tat nach § 266a III gilt die Erweiterung des Täterkreises in § 266a V.

3. Vorsatz

26 Ebenso wie § 266[52] enthalten § 266a I–III Vorsatzdelikte. Hinsichtlich aller objektiven Tatbestandsmerkmale reicht bedingter Vorsatz aus[53], der auch hier sorgfältiger Prüfung bedarf[54]. Im Hinblick auf die in § 266a I–III vorausgesetzte Leistungspflicht (einschließlich der Fälligkeit der Zahlung) ist zu differenzieren: Beruht der Irrtum auf einer falschen Einschätzung der Tatsa-

---

50 Vgl., BT-Drucks. 10/318, S. 29 f.
51 Vgl. hierzu oben Rn. 14.
52 Vgl. hierzu oben § 22 Rn. 78.
53 BGH, NJW 1992, 177 (178 f.); *Fischer*, § 266a Rn. 23.
54 KG, wistra 1991, 188 (189).

chen, liegt ein den Vorsatz ausschließender Tatbestandsirrtum vor (§ 16 I 1). Beruht der Irrtum hinsichtlich der Leistungspflicht hingegen auf einer fehlerhaften rechtlichen Bewertung ist ein Verbotsirrtum anzunehmen[55].

4. Besonders schwere Fälle, Täterschaft und Teilnahme (Sonderdelikt), Rücktritt

a) Besonders schwere Fälle, § 266a IV

26a
Mit der 2002 in § 266a IV eingeführten[56] erhöhten Strafdrohung für besonders schwere Fälle nach **Abs. 1 und 2** (Freiheitsstrafe von 6 Monaten bis zu zehn Jahren) soll dem Umstand Rechnung getragen werden, dass das Vorenthalten von Beiträgen zur Sozialversicherung „Dimensionen eines Massendelikts oder einen Umfang annehmen [kann], wie dies auch bei der Steuerhinterziehung möglich ist"[57]. Die Strafdrohung in Abs. 4 entspricht folglich derjenigen in § 370 III AO für besonders schwere Fälle der Steuerhinterziehung. Auch die Regelbeispiele in § 266a IV Nr. 1 bis Nr. 3 sind der genannten steuerstrafrechtlichen Vorschrift entnommen. Ähnliche Regelbeispiele finden sich in § 264 III Nr. 1 und Nr. 3[58].

b) Täterschaft und Teilnahme (Sonderdelikt)

27
Ebenso wie die Untreue, § 266[59], enthalten alle in § 266a I-III unter Strafe gestellten Taten, **Sonderdelikte**[60]. Die Sonderdeliktsnatur wird hier begründet durch die Beschränkung des Täterkreises auf Arbeitgeber[60a] und die ihnen in Abs. V gleichgestellten Personen.

28
Grundsätzlich ist unter dem Begriff Arbeitgeber der Dienstberechtigte i. S. des § 611 BGB zu verstehen. Handelt es sich beim Arbeitgeber um eine juristische Person oder Personenhandelsgesellschaft, so wird deren Organen nach § 14 I die Täterqualität zugerechnet. Dasselbe gilt nach § 14 II für Betriebsleiter u. dgl.[61]. An die Beauftragung nach § 14 II Nr. 2 stellt der BGH strenge Anforderungen, um die Gleichstellung mit Betriebsleitern in Nr. 1 zu rechtfertigen und fordert eine zweifelsfreie Beauftragung und die sachliche Notwendigkeit einer Übertragung[62].

29
Andere Tatbeteiligte können nur Anstifter oder Gehilfen (§§ 26, 27) sein. Da die Arbeitgebereigenschaft ein strafbegründendes besonderes per-

---

55 So auch *Fischer*, § 266a Rn. 23 (der diesen Irrtum als in der Regel vermeidbar ansieht); LK-*Möhrenschlager*, 12. Aufl., § 266a Rn. 80; a. M. *Lackner/Kühl*, § 266a Rn. 16; *S/S/Perron*, § 266a Rn. 17 sowie auch *Arzt/Weber/Heinrich/Hilgendorf-Weber*, 2. Aufl., § 23 Rn. 25.
56 Vgl. oben Rn. 1 Fn. 1.
57 BT-Drucks. 14/8221, S. 18.
58 Vgl. hierzu oben § 21 Rn. 74.
59 Vgl. hierzu oben § 22 Rn. 83 ff.
60 *Lackner/Kühl*, § 266a Rn. 2; MüKo-*Radtke*, 2. Aufl., § 266a Rn. 8; *Wessels/Hillenkamp*, BT 2, Rn. 788.
60a BGH, NJW 2014, 1975.
61 Näher zu § 14 *Baumann/Weber/Mitsch*, § 29 Rn. 18 ff.
62 BGHSt 58, 10.

sönliches Merkmal ist, kommt den anderen Tatbeteiligten die Strafmilderung des § 28 I zugute[63].

30 Da der Arbeitnehmer durch § 266a III selbst geschützt und demgemäß durch das Delikt verletzt wird[64], scheidet für ihn eine strafbare Teilnahme aus. Dies gilt jedoch nicht für die Beitragsvorenthaltung nach § 266a I und II, da durch sie nicht der einzelne Arbeitnehmer, sondern die Versichertengemeinschaft geschädigt wird[65].

c) **Rücktritt vom vollendeten Delikt, § 266a VI**

31 In § 266a VI wird dem in Liquiditätsschwierigkeiten befindlichen Arbeitgeber sowie den in Abs. 5 Gleichgestellten noch nach vollendeter Vorenthaltung der Beiträge zur Sozialversicherung nach Abs. 1 und 2 sowie nach der Nichtzahlung sonstiger Teile des Arbeitsentgelts nach Abs. 3[66] eine „goldene Brücke" gebaut: Nach § 266a VI 1 **kann von einer Bestrafung abgesehen werden,** wenn der Täter spätestens im Zeitpunkt der Fälligkeit oder unverzüglich danach der Einzugsstelle schriftlich die Höhe der vorenthaltenen Beiträge mitteilt und ihr die Gründe für die Unmöglichkeit fristgerechter Zahlung trotz ernsthaften Bemühens darlegt. – **Eine obligatorische Strafbefreiung (Strafaufhebung)** tritt nach § 266a VI 2 ein, wenn über die Unterrichtung der Einzugsstelle hinaus die Beiträge innerhalb einer von der Einzugsstelle bestimmten angemessenen Frist nachentrichtet werden[67].

32 § 266a VI ist zwar seinem Wortlaut nach nur auf den Arbeitgeber anwendbar. Ebenso wie bei § 158[68] ist jedoch eine analoge Ausdehnung der Rücktrittsmöglichkeit auf Teilnehmer geboten[69].

33 Die Regelung berücksichtigt einerseits Zwangslagen auf Täterseite, die zur Unrechts- und Schuldminderung führen, verfolgt aber andererseits auch das Anliegen, durch eine weite Hinausschiebung strafrechtlicher Sanktionen das Beitragsaufkommen der Sozialversicherungsträger zu sichern. Insoweit weist § 266a VI eine deutliche Parallele zur strafbefreienden Selbstanzeige im Steuerstrafrecht (§ 371 AO) auf.

---

63 Ebenso *Fischer*, § 266a Rn. 3; SK-*Hoyer*, § 266a Rn. 18; MüKo-*Radtke*, 2. Aufl., § 266a Rn. 98; SSW-*Saliger*, § 266a Rn. 5; a. M. *Lackner/Kühl*, § 266a Rn. 2; *Maurach/Schroeder/Maiwald*, BT 1, § 45 Rn. 66; S/S/*Perron*, § 266a Rn. 20.
64 Vgl. hierzu oben Rn. 8.
65 Vgl. hierzu oben Rn. 7.
66 Von der Nichtzahlung sonstiger Teile des Arbeitsentgelts (jetzt Abs. 3) konnte vor 2004 nicht zurückgetreten werden. Verständliche Zweifel, ob mit § 266a VI 3 wirklich eine dahin gehende Rücktrittsmöglichkeit geschaffen werden sollte, finden sich bei *Fischer*, § 266a Rn. 30a.
67 Eine schlichte Nachentrichtung führt nicht zur Strafaufhebung; BGH, wistra 1990, 353.
68 Vgl. hierzu unten § 47 Rn. 124.
69 So auch *Fischer*, § 266a Rn. 34; S/S/*Perron*, § 266a Rn. 27; *Winkelbauer*, wistra 1988, 16 (18 f.).

II. Missbrauch von Scheck- und Kreditkarten, § 266b

1. Der kriminalpolitische Hintergrund

a) Entstehungsgeschichte des § 266b, Versagen der §§ 266 und 263

§ 266b stellt den Missbrauch von Scheck- und Kreditkarten unter Strafe. Während die praktische Relevanz der Norm für Kreditkarten weiterhin ungeschmälert besteht, ist der Anwendungsbereich im Hinblick auf die Scheckkarten fraglich geworden. Hintergrund ist, dass bis zum 31.12.2001 das Kreditinstitut, das seinem Kontoinhaber eine (Euro-)**Scheckkarte** überlassen hatte, die Einlösung eines unter Vorlage dieser Scheckkarte ausgestellten Schecks garantierte (jedenfalls bis zu einem bestimmten Betrag). Dieses Euroscheck-Verfahren wurde allerdings mit Wirkung zum 1.1.2002 abgeschafft. Seither wird diskutiert, ob damit § 266b im Hinblick auf die Alternative der „Scheckkarte" seine Bedeutung verloren hat oder ob weiterhin Fälle denkbar sind, die hiervon erfasst werden[70]. 34

Ähnlich wie bei der (früheren) Scheckkarte läuft das Verfahren bei den auch heute noch relevanten Kreditkarten: Das Kreditkartenunternehmen, der sog. Kreditkartenausgeber (z. B. Diners Club, American Express, VISA), der seinem Kunden eine **Kreditkarte** überlassen hat, garantiert seinen Vertragsunternehmen (z. B. Hotels, Fluggesellschaften, Einzelhandelsgeschäften, Kfz-Vermietern) den Ausgleich von Verbindlichkeiten, die der Kunde unter Vorlage der Kreditkarte eingegangen ist[71]. 35

Der Inhaber der Kreditkarte (Gleiches galt für die Scheckkarte) ist allerdings im Innenverhältnis verpflichtet, von der Garantiewirkung nur Gebrauch zu machen, soweit er beim Kartenausgeber ein Guthaben aufweist oder ihm von diesem Kredit eingeräumt ist[72]. 36

Der **Missbrauch** der Kreditkarte (Gleiches galt wiederum für die Scheckkarte) besteht darin, dass der Karteninhaber sein **rechtliches Können** (= das die Karte ausgebende Institut aufgrund der Garantieerklärung rechtswirksam zu verpflichten), im **Widerspruch** zu seinem **rechtlichen Dürfen** (= Verbindlichkeiten, die der Kartengarantie unterfallen nur bis zu der im Innenverhältnis verabredeten Kreditgrenze einzugehen) ausübt. Es handelt sich also um ein **Handeln i. S. des Missbrauchstatbestandes der Untreue, § 266 I 1. Alt.**[73] – Kann der Kunde den Sollsaldo beim Kreditkartenherausgeber nicht vereinbarungsgemäß ausgleichen, so liegt auch ein **Vermögensschaden** i. S. des § 266 vor[74]. 37

---

70 Vgl. hierzu noch näher unten Rn. 44 a ff.
71 Zur Bedeutung und zur zivilrechtlichen Konstruktion des Kreditkartengeschäfts näher *Hadding*, Pleyer-FS 1986, S. 17 ff.
72 Zur entsprechenden Ausgangslage für den Missbrauchstatbestand des § 266 vgl. oben § 22 Rn. 28 ff.
73 Vgl. hierzu oben § 22 Rn. 31 ff.
74 Vgl. hierzu oben § 22 Rn. 75 ff.

38 Die Schaffung des § 266b erschien dem Gesetzgeber erforderlich, da die Rechtsprechung die Anwendbarkeit des § 266 auf den Scheck- und Kreditkartenmissbrauch deshalb abgelehnt hatte, weil den Karteninhaber keine Pflicht treffe, die Vermögensinteressen des die Karte ausgebenden Instituts zu betreuen[75].

39 Im Falle des **Scheckkartenmissbrauchs** hatte der BGH allerdings einen Betrug angenommen[76]. Dagegen wurde die Anwendung des § 263 für den Normalfall des **Kreditkartenmissbrauchs** abgelehnt[77].

40 Wohl in erster Linie die damit für den Kreditkartenmissbrauch zutage getretene Strafbarkeitslücke, möglicherweise aber auch die von der Literatur[78] ganz überwiegend abgelehnte Betrugslösung für den Scheckkartenmissbrauch, hat den Gesetzgeber des 2. WiKG 1986 veranlasst, mit **§ 266b eine Spezialvorschrift zur Erfassung des Scheck- und Kreditkartenmissbrauchs** ins StGB einzufügen.

41 Die praktische Bedeutung der Vorschrift ist allerdings bislang im Verhältnis zur weiten Verbreitung von Scheck- und Kreditkarten gering geblieben: 2007 gab es 4.263, 2011 insgesamt 2.651 polizeilich erfasste Taten[79]. Im Jahre 2006 wurden dagegen nur 55, im Jahre 2011 insgesamt 40 Personen verurteilt[80].

b) Geschützte Rechtsgüter

42 § 266b schützt zweifellos das Vermögen des die Karte ausgebenden Instituts, darüber hinaus aber auch das überindividuelle Rechtsgut der Funktionsfähigkeit weitverbreiteter Arten des bargeldlosen Zahlungsverkehrs[81].

43 Die kriminalpolitische Berechtigung des § 266b ist stark angefochten, weil die Kartenaussteller sich durch eine schärfere Prüfung der Kreditwürdigkeit ihrer Kunden selbst schützen könnten und sollten und der Kunde lediglich seine Vertragspflichten gegenüber dem Kreditinstitut verletze[82]. – Immerhin hatte aber die Vorschrift auf der Grundlage der bisherigen Rechtsprechung den Vorteil, dass der Scheckkartenmissbrauch nicht mehr mit den gegenüber § 266b strengeren §§ 263, 263a geahndet werden konnte[83].

---

75 BGHSt 24, 386 für die Scheckkarte und BGHSt 33, 244 für die Kreditkarte.
76 BGHSt 24, 386.
77 BGHSt 33, 244; vgl. zum Ganzen auch oben § 20 Rn. 59, 60.
78 Vgl. die Nachw. bei *U. Weber*, NStZ 1986, 481 (483 f.).
79 Quelle: Polizeiliche Kriminalstatistik, Berichtsjahr 2011, S. 44.
80 Quelle: Strafverfolgungsstatistik, Berichtsjahr 2011, S. 36 f.
81 BT-Drucks. 10/5058, S. 32; BGH, NStZ 1993, 283; *Lackner/Kühl*, § 266b Rn. 1; *U. Weber*, Dreher-FS 1977, S. 555 (563); a. M. – nur Schutz des Individualvermögens mit bloßem Schutzreflex für den Zahlungsverkehr – *Fischer*, § 266b Rn. 2; *Lackner/Kühl*, § 266b Rn. 1; *Ranft*, JuS 1988, 673 (675); dagegen stellt SK-*Hoyer*, § 266b Rn. 3 allein auf den Individualschutz ab.
82 So insbesondere *Schubarth*, ZStW 92 (1980), 80 (92 ff.).
83 Vgl. dazu näher unten Rn. 53 sowie (zu § 263a) bereits oben § 21 Rn. 42 f.

2. Tatbestand

44 § 266b I ist an den **Missbrauchstatbestand** des § 266 I, 1. Alt. angelehnt[84]. – Abweichend von § 266 wird allerdings in § 266b nicht an die durch Rechtsgeschäft eingeräumte Befugnis angeknüpft, einen anderen zu verpflichten, sondern an die durch die Überlassung der Karte eingeräumte **Möglichkeit, den Aussteller zu einer Zahlung zu veranlassen.** Die abweichende Formulierung soll sicherstellen, dass § 266b auch auf Fälle Anwendung findet, in denen das der Kartenausgabe zugrunde liegende Rechtsgeschäft nichtig ist, z. B. wegen Geschäftsunfähigkeit des Karteninhabers[85].

a) Tatmittel: Scheck- oder Kreditkarte

44a Im Hinblick auf das Tatmittel ist fraglich, ob neben der unstreitig noch erfassten **Kreditkarte** auch die **Scheckkarte** noch einen Anwendungsbereich aufweist, da das klassische Euroscheck-Verfahren, auf das die Schaffung dieser Alternative des § 266b abzielte, mit Wirkung zum 1.1.2002 abgeschafft wurde[86]. Daher wird heute vielfach die Ansicht vertreten, dass es überhaupt keine **Scheckkarten** mehr gebe und das Tatobjekt „Scheckkarte" in § 266b daher obsolet sei[87]. Hiergegen wurde eingewandt[88], die heute gebräuchliche EC-Bankkarten wie V-Pay oder Maestro, spielten zwar keine Rolle mehr in Verbindung mit der Begebung von Schecks, hätten aber Funktionen der früheren Euroscheckkarte beibehalten, namentlich die Verwendung zur Bargeldabhebung aus Bankomaten[89]. Im Alltagssprachgebrauch würde die BankCard auch immer noch als Scheckkarte[90] bezeichnet, sodass eine Subsumtion unter dem entsprechenden Begriff im Tatbestand des § 266b StGB noch möglich wäre[91]. Hiervon würden auch diejenigen ausgehen, die erörtern, ob die missbräuchliche Kartenverwendung in einzelnen Maestro-Zahlungssystemen dem § 266b unterfalle[92]. Wer also als rechtmäßiger Karteninhaber mittels einer der genannten Bankkarten am Bankomaten – zumindest

---

[84] Vgl. dazu oben Rn. 37; dies gilt insbesondere für das Schadenserfordernis.
[85] Vgl. auch *U. Weber*, NStZ 1986, 481 (484).
[86] Vgl. auch *U. Weber*, NStZ 1986, 481 (484).
[87] *Baier*, ZRP 2001, 454 (458); LK-*Möhrenschlager*, 12. Aufl., § 266b Rn. 8; MüKo-*Radtke*, 2. Aufl., § 266b Rn. 12; *Rengier*, Gössel-FS 2002, 469 (479); *ders.*, BT 1, § 19 Rn. 2; *Krey/Hellmann/M. Heinrich*, BT 2, Rn. 831; *Wessels/Hillenkamp*, BT 2, Rn. 795; im Ergebnis auch *Lackner/Kühl*, § 266b Rn. 3; *S/S-Perron*, § 266b Rn. 4, die zwar grundsätzlich davon ausgehen, dass der Scheckkartenbegriff auch für andere Formen als dem Euroschecksystem offen stehe, diese aber stets die Existenz eines „Schecks" voraussetzen würden, an der es bei den derzeit gebräuchlichen Systemen fehle.
[88] So insbesondere *Weber* in der Vorauflage Rn. 48a.
[89] Zur Bargeldabhebung bei Banken mittels einer Kreditkarte vgl. noch näher unten Rn. 49 ff.
[90] Obwohl „ec" nicht mehr für „eurocheque Card", sondern für „electronic cash" stehen soll; vgl. *Fischer*, § 266b Rn. 6.
[91] So im Ergebnis auch *Brand*, WM 2008, 2194, der die Maestro-Karte als Kreditkarte bewertet.
[92] Vgl. *Fischer*, § 266b Rn. 6a ff.; vgl. zur Bargeldabhebung mittels EC-Karte ausführlich oben, § 21 Rn. 43 f.

einer Fremdbank[93] – Bargeld abhebe, könne weiterhin § 266b in der Alternative des Scheckkartenmissbrauchs begehen. Dies rechtfertige sich schon daraus, dass sonst der strengere § 263 (bzw. § 263a) zur Anwendung kommen könne, was zu kaum tragbaren Diskrepanzen führe[94].

44b Dieser vom Sinn und Zweck der Norm her durchaus nachvollziehbaren Argumentation steht aber der eindeutige Wortlaut der Vorschrift entgegen. Wenn das Gesetz von „Scheckkarte" spricht und dabei letztlich dem Modell des seit dem 1.1.2002 geregelten Euroscheck-Verfahrens folgt, ist es erforderlich, dass neben der zum Einsatz kommenden Bankkarte ein „Scheck" existiert – ein solches System ist in der heutigen Rechtspraxis jedoch unbekannt. Obwohl die damalige Scheckkarte auch zur Abhebung von Bargeld an Bankautomaten eingesetzt werden konnte und somit eine ähnliche Funktionen wie die heutigen EC-Karten aufwies[95], muss durch den Begriff „Scheck"karte dennoch ein Bezug zur grundsätzlichen Verwendung der Karte zusammen mit einem Scheck gegeben sein, der bei einer gewöhnlichen EC-Karte (aber auch sonstigen gängigen Zahlungskarten) gerade fehlt[96]. Somit hat die Tatbestandsalternative des Scheckkartenmissbrauchs ihren Anwendungsbereich verloren[97]. Ob eine solche EC-Karte möglicherweise als Kreditkarte angesehen werden kann, ist an späterer Stelle zu prüfen[98].

Dass in diesem Bereich Handlungsbedarf des Gesetzgebers besteht, ist kaum zu bestreiten[99]. Wie schwierig die Zuordnung im Einzelnen ist, zeigt sich im Übrigen auch daran, dass einige Autoren die ausdrückliche Bezeichnung der EC-Karte als Scheck- oder Kreditkarte vermeiden[100].

b) Tathandlung: Missbrauch der Möglichkeit, den Aussteller zu einer Zahlung zu veranlassen

45 Von § 266b erfasst ist nur der **spezifische,** den Kartenausgeber zu einer Zahlung veranlassende **Missbrauch der Karte.** Andere unbefugte Handlungen des Karteninhabers, etwa die unberechtigte Weitergabe der Karte an einen Dritten zu betrügerischen Zwecken, unterfallen nicht dem

---

93 Zur Frage, ob § 266b nur im Drei-Personen- oder auch im Zwei-Personen-Verhältnis anwendbar ist vgl. noch unten Rn. 46 ff.
94 Vgl. zum Ganzen auch *U. Weber*, JZ 1987, 215 (217 f.); dass § 263 bzw. § 263a hier jedoch gerade nicht zur Anwendung gelangt, wurde oben, § 21 Rn. 43 f. bereits ausgeführt.
95 Insoweit war es allerdings bereits zur Zeit der Geltung des Euroscheck-Systems umstritten, ob diese Bargeldabhebung – ohne Verwendung eines Schecks – dem § 266b unterfallen konnte; vgl. hierzu *S/S/Lenckner-Perron*, 26. Aufl. 2001, § 266b Rn. 4.
96 LK-*Möhrenschlager*, 12. Aufl., § 266b Rn. 15; MüKo-*Radtke*, 2. Aufl., § 266b Rn. 11; auch die Gesetzesbegründung geht bei einer Scheckkarte gerade von der Hingabe eines Schecks aus, vgl. BT-Drucks. 10/5058, S. 32.
97 Vgl. schon oben Rn. 44a mit Literaturnachweisen.
98 Vgl. hierzu unten Rn. 49b.
99 So auch LK-*Möhrenschlager*, 12. Aufl. § 266b Rn. 3, 15; MüKo-*Radtke*, 2. Aufl., § 266b Rn. 32.
100 *Fischer*, § 266b Rn. 6 ff.; NK-*Kindhäuser*, § 266b Rn. 6 ff.

§ 266b, sind aber für den Karteninhaber wegen Beteiligung an den von dem Dritten begangenen Delikten (§§ 263, 267) strafbar[101].

Für den **Kreditkartenmissbrauch** ist insbesondere umstritten, ob § 266b neben dem Missbrauch von Kreditkarten im klassischen sog. **Drei-Parteien-System** (Universal-Kreditkarten)[102] auch für den Missbrauch von Kreditkarten im sog. **Zwei-Parteien-System (Spezialkreditkarten** oder **Kundenkarten)** gilt, bei welchem den Kunden des Ausstellers lediglich ein für alle seine Filialen gültiger Kundenkredit eingeräumt wird[103]. 46

Die Rechtsprechung beschränkt den Anwendungsbereich des § 266b auf das Drei-Parteien-System[104], weil es im Zwei-Parteien-System an der Veranlassung des Ausstellers zu einer Zahlung fehlt. Unter Zahlung i. S. des § 266b sei nämlich nur die Erstattung an das Vertragsunternehmen, das dem Karteninhaber Kredit gewährt hat, zu verstehen. Im Zwei-Parteien-System leiste das ausstellende Unternehmen hingegen nur Waren oder Dienstleistungen, sodass bereits der Wortlaut gegen eine Erfassung von Kundenkarten spreche[105], denn Leistung sei etwas anderes als Zahlung[106]. Bei einer Identität von Kartenaussteller und die Leistung erbringendem Unternehmen komme daher die Garantiefunktion der Karte nicht zum Tragen. Deshalb spreche auch der Gesetzeszweck gegen eine Anwendung des § 266b auf Kundenkarten, da § 266b das Kreditkartengeschäft schützen möchte, das der Konstruktion einer Scheckkarte gleicht, bei Kundenkarten hingegen die Stundungsfunktion der Kaufpreiszahlung im Vordergrund stehe[107]. Eine Strafbarkeitslücke, die § 266b habe schließen wollen, entstehe nicht, da in solchen Fällen i. d. R. § 263 Platz greife. 47

Dieser Ansicht wird jedoch entgegengehalten, dass auch im Zwei-Parteien-System der Kunde das rechtliche Können durch Enttäuschung des ihm entgegengebrachten Vertrauens missbrauche[108]. – Die Tatsache, dass beim Missbrauch der Spezialkarte keine Zahlung i. e. S. erfolgt, stehe dem nicht entgegen. Unter Zahlung sei nämlich nicht nur die Hingabe von Geld, sondern sind auch eine Hingabe von Geld**leistungen** im Verrech- 48

---

101 BGH, NStZ 1992, 278 f.; dazu *Mitsch*, JZ 1994, 877 (887).
102 Vgl. hierzu bereits oben Rn. 34.
103 In den Gesetzesmaterialien findet sich im Hinblick auf das Zwei-Parteien-System nur ein kurzer, im Ergebnis aber kaum ergiebiger Hinweis; vgl. BT-Drucks. 10/5058, S. 32: „Daneben ist auch das Zwei-Partner-System gebräuchlich. Hierbei räumt der ein Unternehmen mit der Kreditkartenausgabe seinem Kunden lediglich einen für alle Filialen gültigen Kundenkredit ein". – Die Verwendung des Wortes „lediglich" könnte allerdings dafür sprechen, dass hier gerade kein Fall des § 266b vorliegen soll.
104 BGHSt 38, 281 – „Air-Plus-Kreditkarte der Lufthansa; so auch *Lackner/Kühl*, § 266b Rn. 4; LK-*Möhrenschlager*, 12. Aufl., § 266b Rn. 35 f.; *Maurach/Schroeder/Maiwald*, BT 1, § 45 Rn. 77; *Mitsch*, JZ 1984, 877 (885); *ders.*, BT 2/2, § 4 Rn. 70; NK-*Kindhäuser*, § 266b Rn. 7 ff.; S/S/*Perron*, § 266b Rn. 5 ff.
105 NK-*Kindhäuser*, § 266b Rn. 8 f.; S/S/*Perron*, § 266b Rn. 5b.
106 MüKo-*Radtke*, 2. Aufl., § 266b Rn. 27.
107 LK-*Möhrenschlager*, 12. Aufl., § 266b Rn. 36.
108 So z. B. BT-Drucks. 10/5058, S. 32; *Hilgendorf*, JuS 1997, 130 (135); *Otto*, wistra 1986, 150; *ders.*, JZ 1992, 1139 f.; *Ranft*, JuS 1988, 678 (680 f.); *Schlüchter*, 2. WiKG, S. 112.

nungswege zu verstehen, sodass der Begriff „Zahlung" an den der „Leistung" angeglichen sei[109]. Daher sei das **Veranlassen zu einer Zahlung** in § 266b in einem weiten Sinn zu deuten, sodass sich darunter auch die Einräumung eines Waren- oder Dienstleistungskredits subsumieren lässt. Dass von § 152b kraft der Legaldefinition in § 152b IV nur Zahlungskarten im Drei-Parteien-System erfasst sind, stehe einer weiten Auslegung des § 266b nicht entgegen[110]. Anderenfalls würde auch ein nicht zu rechtfertigender Wertungswiderspruch bei Karten auftreten, die sowohl im Drei- als auch Zwei-Parteien-System verwendbar sind (wie dies bei nahezu allen Kreditkarten sowie bei den „EC"-Bankkarten der Fall ist)[111]. Bei Missbrauch im Drei-Parteien-System würde sich die Strafbarkeit im Übrigen nur nach dem milderen § 266b richten, während im Zwei-Parteien-System auf die strengere Betrugslösung zurückgegriffen werden müsste[112].

48a   Im Ergebnis ist eine Anwendung des § 266b auf Zwei-Personen-Verhältnisse abzulehnen. Eine Auslegung, die den Begriff „Zahlung" als „Leistung" versteht, überdehnt den Wortlaut der Norm. Auch der Zweck dieser Strafnorm, der in der Gesetzesbegründung deutlich gerade im Schutz des Drei-Parteien-Systems gesehen wurde, ist ein gewichtiger Grund gegen die Erfassung des Zwei-Parteien-Systems durch § 266b. Das von der Gegenansicht vorgebrachte Argument der Strafrahmendiskrepanz zwischen dem Betrug und § 266b lässt sich dadurch entkräften, dass diesem nicht zwingend durch eine Erweiterung des Tatbestandes Rechnung getragen werden muss. Es kann vielmehr dadurch entschärft werden, dass auf Rechtsfolgenseite der Strafrahmen des § 266b angewendet wird[113]. Insgesamt sprechen also die besseren Gründe dafür, dass § 266b Zwei-Parteien-Systeme in der Form von Spezialkreditkarten oder Kundenkarten nicht erfasst.

49   Ein Sonderproblem stellt sich dann, wenn mittels einer Kreditkarte eine **Bargeldabhebung** an einem **Bankomaten** vorgenommen wird[114]. Lehnt man, wie hier, eine Anwendung des § 266b im Zwei-Personen-Verhältnis ab, greift dieser nur bei Bargeldabhebungen bei **fremden** Kreditinstituten[115]. Denn nur in diesem Fall wird der Aussteller zu einer tatbe-

---

109 Dazu *Ranft*, JuS 1988, 678 (680 f.); *Otto*, JZ 1992, 1139 f.
110 Vgl. zu § 152b IV unten § 34 Rn. 37.
111 Vgl. zu diesen „Mischformen" LK-*Möhrenschlager*, 12. Aufl., § 266b Rn. 38; NK-*Kindhäuser*, § 266n Rn. 10.
112 Wobei allerdings fraglich ist, ob im Zwei-Parteien-System tatsächlich eine Strafbarkeit nach § 263 bzw. § 263a vorliegt; vgl. hierzu § 21 Rn. 42 ff.
113 In diese Richtung auch LK-*Möhrenschlager*, § 266b Rn. 37; NK-*Kindhäuser*, § 266b Rn. 9; dagegen *Fischer*, § 266b Rn. 10a; MüKo-*Radtke*, 2. Aufl., § 266b Rn. 28.
114 Vgl. hierzu bereits oben § 21 Rn. 43a im Hinblick auf die Bargeldabhebung mittels normaler Bankkarten; dazu, ob diese auch als Kreditkarten angesehen werden können, sogleich unten Rn. 49b.
115 Wobei allerdings darauf hinzuweisen ist, dass hier das oben in Rn. 48a genannte Argument, dass statt einer „Zahlung" eine „Leistung" erfolgt, selbstverständlich nicht gelten kann; vgl. hierzu noch näher unten Rn. 49a.

standsmäßigen **Zahlung veranlasst,** da durch die Abhebung die Garantie im **Drei-Parteien-System** ausgelöst wird[116]: Wird an einer Fremdbank Geld abgehoben, kommt zwischen dieser und dem die Karte ausgebenden Institut ein Garantievertrag zustande, aufgrund dessen das die Karte ausstellende Institut über die zentrale Verrechnungsstelle mit dem abgehobenen Betrag belastet und damit zu einer Zahlung veranlasst wird. Ebenso wie im Rahmen der Nutzung der Karte im POS-System ergeben sich allerdings dann Bedenken, wenn eine Online-Abfrage an das kartenausgebende Bankinstitut erfolgt. Denn hier wird das Kreditinstitut nicht durch den Inhaber der Karte verpflichtet, sondern der Kartenaussteller verpflichte sich durch die erklärte Zahlungsautorisierung letztlich selbst[117]. Insoweit ist es stets Tatfrage, ob zuvor eine Autorisierung stattgefunden hat oder nicht[118].

Für Bargeldabhebungen aus Bankomaten des kontoführenden Instituts muss dagegen Straflosigkeit angenommen werden[119]. Allerdings ist der Wortlaut an dieser Stelle nicht zwingend, da das die Karte ausgebende Institut hier tatsächlich eine (Aus-)Zahlung an den Karteninhaber vornimmt. Dennoch ist § 266b in diesen Fällen abzulehnen, da gerade nicht die „typische" Funktion der Kreditkarte genutzt wird, die der Schaffung des § 266b zugrunde lag. Denn hier wird die Kreditkarte nicht als solche, sondern lediglich in ihrer Funktion als „Codekarte" verwendet. Insoweit wird daher gerade nicht die für den § 266b typische Garantiefunktion ausgelöst[120]. Ferner ist hier auch das Vorliegen eines „Missbrauchs" der Möglichkeit, den Aussteller zur Zahlung zu veranlassen, zweifelhaft, da Können und Dürfen im Zwei-Parteien-System einander entsprechen und das kartenausgebende Institut ohne eine dahin gehende Verpflichtung zahlt[121].

49a

Fraglich ist schließlich noch, ob die oben[122] genannten EC-Bankkarten wie V-Pay oder Maestro, deren Einordnung als „Scheckkarte" abgelehnt wurde[123], als Kreditkarte eingeordnet werden können mit der Folge, dass sowohl bei Ihrem Einsatz im elektronischen Zahlungsverfahren als auch

49b

---

116 BGHSt 47, 160 (165 f.); *Brand,* JR 2008, 496 (500 ff.); *Fischer,* § 266b Rn. 9; *Maurach/Schroeder/Maiwald,* BT 1, § 45 Rn. 78; *Rengier,* BT 1, § 19 Rn. 24 ff.; *S/S/Perron,* § 266b Rn. 8; offengelassen vom OLG Stuttgart, NJW 1988, 981 (982); vgl. auch die Nachweise oben § 21 Rn. 43.
117 MüKo-*Radtke,* 2. Aufl., § 266b Rn. 61 ff.; SK-*Hoyer,* § 266b Rn. 17; SSW-*Hilgendorf,* § 266b Rn. 12. – LK-*Möhrenschlager,* 12. Aufl., § 266b Rn. 13 f. scheint diese Konsequenz nicht zu ziehen.
118 MüKo-*Radtke,* 2. Aufl., § 266b Rn. 64.
119 BGHSt 47, 160 (166); anders hingegen *Bühler,* MDR 1989, 22 (25); *Huff,* NJW 1987, 815 (817 f.); *Mitsch,* JZ 1994, 877 (881), da sie § 266b auch im Zwei-Partner-System anwenden wollen.
120 *Fischer,* § 266b Rn. 8; *S/S/Perron,* § 266b Rn. 8.
121 NK-*Kindhäuser,* § 266b Rn. 22; SK-*Hoyer,* § 266b Rn. 15.
122 Vgl. oben Rn. 44a.
123 Vgl. oben Rn. 44b.

bei einer Bargeldabhebung an Fremdbanken § 266b zur Anwendung kommen kann.
Eindeutig zu verneinen ist dies für die Verwendung als **Geldkarte**. Denn hier ist ein untreueähnlicher Missbrauch[124] von vornherein ausgeschlossen: solange die Karte ein Guthaben aufweist deshalb, weil mit den Bezahlungen keine Befugnisschranken im Innenverhältnis überschritten werden, nach Erschöpfung des Guthabens deshalb, weil Zahlungen dann gar nicht mehr möglich sind[125]. – Weiter ist nach einhelliger Meinung die Anwendung des § 266b im früheren **POZ-System**[126] sowie dem heute an seine Stelle getretenen System des „**elektronischen Lastschriftverfahrens**" abzulehnen[127]. Denn bei diesem elektronischen Verfahren wird dem Erbringer der Leistung vom die Karte ausstellenden Institut die Erfüllung seiner Forderung nicht garantiert, sondern nur der Lastschrifteinzug ermöglicht. – Eine Einlösungsgarantie erfolgt dagegen im **POS-System**[128]. Für diese Fälle ist – ebenso wie bei der Bargeldabhebung aus Bankomaten einer Fremdbank – die Frage entscheidend, ob man die genannten Karten als „Kreditkarten" i. S. des § 266b ansieht. Dies ist indes abzulehnen[129]: Der wesentliche Unterschied zur Kreditkarte liegt hier darin, dass eine Maestro-Karte das Konto umgehend belastet, bei einer Kreditkarte hingegen monatlich abgerechnet wird[130].

Selbst wenn man das Merkmal der „Kreditkarte" für diese Karten annehmen würde, käme man jedoch nur schwerlich zu einer Anwendung des § 266b. Denn bei den genannten hier relevanten Zahlungsvorgängen erfolgt in der Regel eine Autorisierung im Online-Verfahren und somit eine Freigabe im Einzelfall, der keine „systembedingte Wehrlosigkeit" des Ausstellers zugrunde liegt[131]. Sollte bei dieser Überprüfung auch die Deckung des Kontos überprüft werden und trotz fehlender Deckung eine Zahlungszusage des Ausstellers erteilt werden, ist die Zahlung gerade nicht durch die Außenrechtsmacht des Karteninhabers herbeigeführt worden, sondern durch eine Selbstverpflichtung des Kartenausstellers[132].

---

124 Vgl. dazu oben Rn. 37.
125 Zur einhelligen Ablehnung des § 266b vgl. nur LK-*Möhrenschlager*, 12. Aufl., § 266b Rn. 31; MüKo-*Radtke*, 2. Aufl., § 266b Rn. 33.
126 Point-of-sale-Verfahren ohne Zahlungsgarantie.
127 *Fischer*, § 266b Rn. 6a; MüKo-*Radtke*, 2. Aufl., § 266b Rn. 67; *S/S/Perron*, § 266b Rn. 5a; SSW-*Hilgendorf*, § 266b Rn. 8.
128 Point-of-sale-Verfahren mit Zahlungsgarantie; vgl. dazu *Altenhain*, JZ 1997, 752 m. w. N.
129 So auch *Altenhain*, JZ 1997, 752 (758 f.); *Lackner/Kühl*, § 266b Rn. 4; LK-*Möhrenschlager*, 12. Aufl., § 266b Rn. 30; *S/S/Perron*, § 266b Rn. 5a; *Wessels/Hillenkamp*, BT 2 Rn. 796; im Ergebnis auch *Fischer*, § 266b Rn. 6a; MüKo-*Radtke*, 2. Aufl., § 266b Rn. 32; a. M. *Brand*, WM 2008, 2194 (2200 f.); *ders.*, JR 2008, 496; *Gogger*, Scheck-, Kredit- und Codekartenmissbrauch, 1991, S. 180; NK-*Kindhäuser*, § 266b Rn. 17, 21; *Rengier*, BT I, § 19 Rn. 23, 25 ff.
130 *S/S/Perron*, § 266b Rn. 5a; so auch im Ergebnis LK-*Möhrenschlager*, 12. Aufl., § 266b Rn. 30 *Wessels/Hillenkamp*, BT 2 Rn. 796.
131 *Fischer*, § 266b Rn. 6a f.; SSW-*Hilgendorf*, § 266b Rn. 10.
132 MüKo-*Radtke*, 2. Aufl., § 266b Rn. 66; vgl. hierzu auch bereits oben Rn. 49.

c) Taterfolg: Schädigung

Mit der in § 266b I verlangten **Schädigung** des Ausstellers der Karte ist **50** die Zufügung eines **Vermögensschadens** gemeint, der mit dem entsprechenden Merkmal in §§ 263 und 266 identisch ist[133].

3. Täterschaft und Teilnahme (Sonderdelikt), Antragserfordernis, Konkurrenzen

a) Täterschaft und Teilnahme (Sonderdelikt)

Ebenso wie § 266a[134] enthält § 266b ein durch das Erfordernis einer bestimmten Täterqualität begründetes **Sonderdelikt:** Täter kann nur derjenige sein, dem die Karte vom Aussteller überlassen wurde, d. h. der **rechtmäßige Karteninhaber**[135]. Andere Tatbeteiligte können nur Anstifter oder Gehilfen (§§ 26, 27) sein. Da die unrechtsbegründende Beziehung zwischen Kartenaussteller und -inhaber ein personenbezogenes Vertrauensverhältnis darstellt, kommt dem Teilnehmer die Strafmilderung des § 28 I zugute[136]. **51**

b) Antragserfordernis

In § 266b II wird, wie z. B. auch in § 266 II, auf § 248a verwiesen, sodass **52** bei der Zufügung eines nur geringen Schadens für die Strafverfolgung grundsätzlich ein Antrag des Verletzten erforderlich ist[137].

> De facto enthält § 266b ohnehin ein Antragsdelikt, denn die Tat wird in aller Regel nur dem geschädigten Kartenaussteller bekannt, sodass ihre Verfolgung von dessen Strafanzeige abhängt. Er wird eine Anzeige nur dann erstatten, wenn die Drohung mit ihr den Täter nicht zum Schadensausgleich bewegen konnte.

c) Konkurrenzen

§ 266b enthält eine **abschließende,** die Anwendung des § 263 (und des **53** § 266) ausschließende **Sonderregelung** des Scheck- und Kreditkartenmissbrauchs[138]. Dasselbe gilt für das Verhältnis des § 266b zu § 263a.

---

133 Vgl. dazu oben § 22 Rn. 1, 75 ff.; ferner BT-Drucks. 10/5058, S. 33, mit der begrüßenswerten einschränkenden Tendenz, gelegentliche Überschreitungen der eingeräumten Kreditgrenze noch nicht als Schaden zu bewerten, sofern der Täter bereit und in der Lage ist, die Überziehung unverzüglich auszugleichen; in diesem Sinne z. B. auch *Ranft*, JuS 1988, 673 (678); vgl. hierzu ferner SK-*Hoyer*, § 266b Rn. 23; sowie *S/S/Perron*, § 266b Rn. 10; SSW-*Hilgendorf*, § 266b Rn. 20, die jedoch klar stellen, dass auch Bagatellschäden von § 266b erfasst werden, da sonst der in § 266b II vorgenommene Verweis auf § 248a überflüssig wäre.
134 Vgl. dazu oben Rn. 27.
135 *Lackner/Kühl*, § 266b Rn. 2; *S/S-Perron*, § 266b Rn. 7; *U. Weber*, NStZ 1986, 481 (484); *ders.*, JZ 1987, 215 (217).
136 Ebenso *Fischer*, § 266b Rn. 21; *Lackner/Kühl*, § 266b Rn. 2; *Maurach/Schroeder/Maiwald*, BT 1, § 45 Rn. 75; *Schlüchter*, 2. WiKG, S. 109; *U. Weber*, NStZ 1986, 481 (484); a. M. *S/S/Perron*, § 266b Rn. 13.
137 Zu § 248a näher oben § 13 Rn. 23 ff.
138 BGH, NStZ 1987, 120; BGHSt 47, 160 (163/164); *U. Weber*, NStZ 1986, 481 (484); *ders.*, JZ 1987, 215 f.

54 Hat der spätere Täter i. S. des § 266b die Kreditkarte durch einen gegenüber dem Kartenaussteller begangenen Betrug, etwa mittels unrichtiger Angaben über seine Vermögensverhältnisse, erlangt, so ist Tatmehrheit i. S. der §§ 263, 266b, 53 anzunehmen[139]. § 266b ist hier nicht bloß eine straflose Nachtat[140]. Denn erst durch den Missbrauch der Karte wird der eigentlich greifbare Vermögensschaden beim Kartenaussteller herbeigeführt. Überdies würde durch eine Verurteilung allein nach § 263 nicht die Verletzung des von § 266b mitgeschützten überindividuellen Rechtsguts[141] zum Ausdruck gebracht[142].

III. Depotunterschlagung, § 34 DepotG

55 Nach § 34 I Nr. 1 DepotG wird ein Kaufmann (**Sonderdelikt!**) mit Freiheitsstrafe bis zu fünf Jahren oder mit Geldstrafe bestraft, der eigenen oder fremden Vorteils wegen rechtswidrig über Wertpapiere verfügt, die ihm anvertraut worden sind oder die er als Kommissionär in Besitz hat. § 34 I Nr. 2 DepotG bedroht entsprechende rechtswidrige Verfügungen über den Sammelbestand von Wertpapieren mit derselben Strafe. – Die Tatbestände verlangen keinen Vermögensschaden. Es handelt sich also um **Gefährdungsdelikte** im Vorfeld des § 266, vergleichbar den §§ 264, 264a und 265b im Verhältnis zu § 263[143].

Im **subjektiven Tatbestand** unterscheidet sich die Depotunterschlagung vom schlichten Erfolgsdelikt des § 266[144] durch das Erfordernis des Handelns in **Vorteilsabsicht**. – Führt die Handlung des Kaufmanns einen Vermögensschaden herbei, so ist § 34 DepotG kraft ausdrücklicher Anordnung **subsidiär gegenüber § 266** (und § 246).

---

139 So auch *Lackner/Kühl*, § 266b Rn. 9; für Tateinheit (§ 52) BGHSt 47, 160 (167 f.); differenzierend *Fischer*, § 266b Rn. 24; das Vorliegen eines Betruges mangels Vermögensschaden in diesen Fällen verneinend SK-*Hoyer*, § 266b Rn. 28.
140 So aber *Schlüchter*, 2. WiKG, S. 117; S/S/*Perron*, § 266b Rn. 14. – Für § 263 als mitbestrafte Vortat *Mitsch*, JZ 1994, 877 (884).
141 Vgl. dazu oben Rn. 42.
142 Vgl. zur entsprechenden Konkurrenzlösung für das Verhältnis §§ 242, 246 zu § 263a oben § 21 Rn. 52.
143 Vgl. dazu oben § 21 Rn. 56, 58.
144 Vgl. dazu oben § 22 Rn. 2.

§ 24 Wucher (insbesondere § 291), Glücksspiel (§§ 284 ff.) und Verweis auf sonstige Fälle „strafbaren Eigennutzes"

Literaturhinweise: Zu I (Individualwucher, § 291): Vgl. zum 1. WiKG, das u. a. eine Neufassung des Wucherstrafrechts gebracht hat, das oben zu § 19 angegebene Schrifttum. Speziell zu § 291 (früher § 302a): *Ackermann*, Unerfahrenheits-Wucher als neuartiges Wirtschaftsdelikt, Tiedemann-FS 2008, S. 1163; *Arzt*, Zwischen Nötigung und Wucher, Lackner-FS 1987, S. 641; *Bernsmann*, Zur Problematik der Mißverhältnisklausel beim Sachwucher – eine Untersuchung zu einem „dogmatischen Dunkelfeld", GA 1981, 141; *Böggemann*, Arbeitsgerichtliche Rechtsprechung zum Lohnwucher, NZA 2011, 493; *Dilcher*, Die Zins-Wucher-Gesetzgebung in Deutschland im 19. Jahrhundert, 2002; *Franke*, Lohnwucher – auch ein arbeitsrechtliches Problem, 2003; *Haberstroh*, Wucher im vermittelten Kreditgeschäft, NStZ 1992, 265; *Heinsius*, Das Rechtsgut des Wuchers. Zur Auslegung des § 302a, 1997; *Hohendorf*, Das Individualwucherstrafrecht nach dem ersten Gesetz zur Bekämpfung der Wirtschaftskriminalität 1976, 1982; *Isopescul-Grecul*, Das Wucherstrafrecht. Der Kredit- und Barwucher in vergleichender dogmenhistorischer, dogmatischer und kriminalpolitischer Darstellung, 1906; *Kindhäuser*, Zur Struktur des Wuchertatbestandes, NStZ 1994, 105; *Kohlmann*, Wirksame strafrechtliche Bekämpfung des Kreditwuchers, 1974; *Laufen*, Der Wucher (§ 291 Abs. 1 Satz 1 StGB), 2004; *Löw*, Lohnwucher – Unangemessene Entgeltvereinbarungen und ihre Folgen, MDR 2004, 734; *Metz*, Strafbarkeit bei untertariflicher Bezahlung, NZA 2011, 782; *Meyer im Hagen*, Die deutsche Wuchergesetzgebung 1880–1976, 1991; *Nack*, § 302a – ein Faraday'scher Käfig für Kredithaie?, MDR 1981, 621; *Nägele*, Wucher – ein arbeitsrechtliches Problem, BB 1997, 2162; *Otto*, Neue Tendenzen in der Interpretation der Tatbestandsmerkmale des Wuchers beim Kreditwucher, NJW 1982, 2745; *Rühle*, Das Wucherverbot – effektiver Schutz des Verbrauchers vor überhöhten Preisen?, 1978; *Scheffler*, Zum Verständnis des Wuchers gem. § 302a, GA 1992, 1; *Schmidt-Futterer*, Die neuen Vorschriften über den Mietwucher in straf- und zivilrechtlicher Sicht, JR 1972, 133; *ders.*, Die Wuchermiete für Wohnraum nach neuem Recht, NJW 1972, 135; *Sickenberger*, Wucher als Wirtschaftsstraftat, 1985; *Sturm*, Die Neufassung des Wuchertatbestandes und die Grenzen des Strafrechts, JZ 1977, 84.

Zu II (Sozialwucher, §§ 3–6 WiStG): *Bohnert*, Beteiligung an notwendiger Beteiligung am Beispiel der Mietpreisüberhöhung (§ 5 WiStG), Karlheinz Meyer-GS 1990, S. 519; *Dähn*, Das neugefaßte Wirtschaftsstrafgesetz, JZ 1975, 617; *ders.*, Das Wirtschaftsstrafgesetz und das Preisstrafrecht, in: *Baumann/Dähn*, Studien zum Wirtschaftsstrafrecht, 1972, S. 56; *Ebisch/Nadler*, Wirtschaftsstrafgesetz (Kommentar), Loseblattsammlung, Stand Dezember 1981; *Gericke*, Strafrechtliche Sanktionen für Fehlverhalten von Mietvertragsparteien, NJW 2013, 1663; *Lampe*, Gesetz zur weiteren Vereinfachung des Wirtschaftsstrafrechts (Wirtschaftsstrafgesetz 1954), in: *Erbs/Kohlhaas*, Strafrechtliche Nebengesetze, Bd. IV, W 98, Stand: November 2008; *Langenberg*, Zur Anwendung des § 5 WiStG auf Sonderobjekte, ZMR 2005, 97.

Zu III (Glücksspiel, Lotterie, §§ 284 ff.): *Barton/Gercke/Janssen*, Die Veranstaltung von Glücksspielen durch ausländische Anbieter per Internet unter besonderer Berücksichtigung der Rechtsprechung des EuGH, wistra 2004, 321; *Beckemper/Janz*, Rien ne va plus – Zur Strafbarkeit wegen des Anbietens privater Sportwetten nach der

§ 24　　　　Wucher, Glücksspiel, sonstiger strafbarer Eigennutz

Sportwettenentscheidung des BVerfG v. 28.3.2006, ZIS 2008, 31; *Belz*, Das Glücksspiel im Strafrecht, 1993; *Berberich*, Das Internet-Glücksspiel, 2004; *Brandl*, Spielleidenschaft und Strafrecht, 2003; *Dehmne-Niemann*, „Alea iacta est" – Straflosigkeit der Vermittler privater Sportwetten?, wistra 2008, 361; *Diegmann/Hoffmann*, „Der Tanz um´s goldene Lotto-Kalb" – Zur Forderung einer Liberalisierung des öffentlichen Glücksspiels, NJW 2004, 2642; *Dietlein*, Anordnung gegen ungenehmigte Glücksspielvermittlung, WRP 2005, 1001; *Duesberg*, Die Strafbarkeit des Online-Pokers, JA 2008, 270; *Feldmann*, Die Strafbarkeit privater Sportwettenanbieter gemäß § 284 StGB, 2010; *Fruhmann*, Das Spiel im Spiel – Strafbarkeit gewerblicher Spielveranstaltungen, MDR 1993, 822; *Glöckner/Towfigh*, Geschicktes Glücksspiel – Die Sportwette als Grenzfall des Glücksspiels, JZ 2010, 1027; *Heine*, Oddset-Wetten und § 284 StGB, wistra 2003, 441; *ders.*, Zum Begriff des Glücksspiels aus europäischer Perspektive, Amelung-FS 2009, S. 414; *Hofmann/Mosbacher*, Finanzprodukte für den Fußballfan: strafbares Glücksspiel?, NStZ 2006, 249; *Holznagel*, Poker – Glücks- oder Geschicklichkeitsspiel?, MMR 2008, 439; *Horn*, Zum Recht der gewerblichen Veranstaltung und Vermittlung von Sportwetten, NJW 2004, 2047; *Hund*, Beteiligung Verdeckter Ermittler am unerlaubten Glücksspiel, NStZ 1993, 571; *Janz*, Rechtsfragen der Vermittlung von Oddset-Wetten in Deutschland, NJW 2003, 1694; *Kolb*, Die Veranstaltung von Glücksspielen, 2009; *Kühne*, Einige Bemerkungen zu Fragen des Glücksspiels bei Sportwetten, Schroeder-FS 2006, S. 545; *Lesch*, Sportwetten via Internet – Spiel ohne Grenzen?, wistra 2005, 241; *Lüderssen*, Aufhebung der Straflosigkeit gewerblicher Spielvermittler durch den neuen Staatsvertrag zum Glücksspielwesen in Deutschland, NStZ 2007, 15; *Meurer/Bergmann*, Tatbestandsalternativen beim Glücksspiel, JuS 1983, 668; *Meyer*, Sportwetten als illegales Glücksspiel? – Zur Anwendbarkeit des § 284 StGB auf Sportwetten, JR 2004, 447; *Mintas*, Glücksspiele im Internet, 2009; *dies.*, Die Strafbarkeit bei Hausverlosungen im Internet, ZfWG 2009, 82; *Mosbacher*, Ist das ungenehmigte Veranstalten und Vermitteln von Sportwetten noch strafbar?, NJW 2006, 3529; *Odenthal*, Gewinnabschöpfung und illegales Glücksspiel, NStZ 2006, 14; *Otto*, Gewerbliche Lottospielgemeinschaft als Lotterie, Jura 1997, 385; *ders.*, Keine Strafdrohungen für gewerbliche Spielvermittler, NJW 2007, 1514; *Petropoulos*, Die Strafbarkeit des Sportwettens mit festen Gewinnquoten, wistra 2006, 332; *Pfister*, Rechtsprobleme der Sportwette, 1989; *Rotsch/Heisler*, Internet-„Auktionen" als strafbares Glücksspiel, ZIS 2010, 403; *Rüping*, Strafrechtliche Fragen staatlich genehmigter Lotterien, JZ 2005, 234; *Schneider*, Finanzprodukte für den Fußballfan: strafbares Glücksspiel?, NStZ 2006, 249; *Schoene*, Zum Begriff der „Veranstaltung" i. S. des § 286 StGB, NStZ 1991, 469; *Wrage*, Allgemeine Oddset-Sportwetten: Zur Strafbarkeit des Buchmachers gemäß § 284 StGB, JR 2001, 404.

Zu IV (Gefährdung von Schiffen, Kraft- und Luftfahrzeugen durch Bannware, § 297): *Krack*, § 297 neue Fassung – Eine gelungene Norm des modernen Wirtschaftsstrafrechts?, wistra 2002, 81; *Schroeder*, Das einzige Eigentumsdelikt, ZRP 1978, 12.

Übersicht

		Rn.
I.	Der Individualwucher, § 291	1
	1. Individualwucher – Sozialwucher	1
	2. Wesen des Individualwuchers und kriminalpolitischer Hintergrund	2
	a) Geschütztes Rechtsgut des § 291 – Vergleich mit anderen Vermögensdelikten	2
	b) Der Zusammenhang von Wucher und freier bzw. sozialer Marktwirtschaft	4
	c) Praktische Bedeutung des Wucherstrafrechts	7
	3. Der Tatbestand des § 291 I 1	9

Der Individualwucher, § 291 § 24 Rn. 1

      a) Schwächesituation beim Opfer 9
      b) Tathandlung 15
  4. Besonders schwere Fälle, § 291 II 21
      a) Nr. 1: Wirtschaftliche Not des Opfers 22
      b) Nr. 2: Gewerbsmäßige Tatbegehung 23
      c) Nr. 3: Wucherische Vermögensvorteile durch Wechsel 24
  5. Beteiligung, „Additionsklausel" (§ 291 I 2) 25
      a) Beteiligung auf der Opferseite 25
      b) Beteiligung mehrerer auf Ausbeuterseite 27
  6. Vorsatz 29
  7. Konkurrenzen 30
      a) Verhältnis von Versprechen- und Gewährenlassen von Vermögensvorteilen 30
      b) Verhältnis des § 291 zu anderen Delikten 31
II. Der Sozialwucher 33
  1. Wesen des Sozialwuchers 33
  2. Wichtige Vorschriften zur Bekämpfung des Sozialwuchers 34
      a) WiStG 35
      b) GWB 36
  3. Zusammentreffen von Individual- und Sozialwucher 37
III. Glücksspiel, §§ 284 ff. 38
  1. Geschütztes Rechtsgut 38
  2. Umfang der Glücksspielkriminalität 39
  3. Unerlaubte Veranstaltung eines Glücksspiels, § 284 .... 39a
      a) Tatbestand 39a
      b) Die Qualifikation des Abs. 3 .... 39f
  4. Beteiligung am unerlaubten Glücksspiel, § 285 .... 39g
  5. Unerlaubte Veranstaltung einer Lotterie oder einer Ausspielung, § 287 .... 39h
  6. Konkurrenzen 39i
IV. Verweis auf sonstige Fälle „strafbaren Eigennutzes" 40

I. Der Individualwucher, § 291

1. Individualwucher – Sozialwucher

§ 291[1] erfasst den sog. **Individualwucher**, d. h. die wirtschaftliche Aus-   **1** beutung des sich in einer ganz bestimmten Schwächesituation (Zwangslage, Unerfahrenheit usw.) befindlichen **Einzelnen**. Demgegenüber ist der **Sozialwucher** durch die Ausnutzung **allgemeiner** Mangellagen gekenn-

---

[1] Früher § 302a. Die Umnummerierung (ohne sachliche Änderung) erfolgte durch das KorruptionsbekämpfungsG 1997.

zeichnet, ohne dass eine Schwächesituation beim konkreten Opfer vorzuliegen braucht[2].

2. Wesen des Individualwuchers und kriminalpolitischer Hintergrund

a) Geschütztes Rechtsgut des § 291 – Vergleich mit anderen Vermögensdelikten

2   Im Gegensatz zu §§ 253, 263 und 266 enthält § 291 als tatbestandliche Voraussetzung nicht das Vorliegen eines „Vermögensschadens". Gleichwohl ist der Wucher ein **Vermögensdelikt**, denn § 291 dient in erster Linie dem Vermögensschutz[3]. Dem im Wuchertatbestand umschriebenen Streben nach Vermögensvorteilen durch den Täter entspricht nämlich zwangsläufig eine Vermögensminderung beim Opfer. Diese braucht allerdings nicht tatsächlich einzutreten – vgl. die Tatbestandsalternative „versprechen lässt" in § 291 I 1 –, sodass es sich bei § 291 jedenfalls teilweise um ein **Vermögensgefährdungsdelikt** handelt[4]. Ebenso wenig wie die §§ 263 und 266 neben dem Vermögen noch das Vertrauen im Rechtsverkehr schützen, schützt § 291 zusätzlich die Freiheit der Willensentschließung des sich in einer besonderen Schwächesituation befindenden Opfers[5]. Vielmehr charakterisiert die Ausbeutung der misslichen Opferlage nur die spezifische in § 291 erfasste Richtung des Angriffes auf fremdes Vermögen und ist daher tatcharakterisierend und nicht rechtsgutsbestimmend[6].

3   Von der **Opfersituation** aus betrachtet weist der Wucher im Übrigen deutliche Parallelen zur Erpressung und zum Betrug auf: Die Zwangslage in § 291 lässt sich mit der Nötigungssituation des § 253 vergleichen. Dagegen ähnelt die Unerfahrenheit und der Mangel an Urteilsvermögen in § 291 der Befangenheit in einem Irrtum bei § 263, nur dass der Täter bei der Erpressung und beim Betrug diese Opferlagen selbst (durch Nötigung bzw. Täuschung) herbeiführt, während er sie beim Wucher bereits vorfindet[7]. Unter dem letztgenannten Gesichtspunkt lässt sich der Wucher mit der Untreue (§ 266) vergleichen, wo für den Täter ebenfalls bereits eine günstige

---

2   Vgl. zu den beiden Erscheinungsformen des Wuchers BGHSt 11, 182 (183, 188). Zu den im Wirtschaftsstrafgesetz 1954 als Ordnungswidrigkeiten ausgestalteten Fällen des Sozialwuchers sowie zum Verhältnis beider Wuchertypen zueinander vgl. unten Rn. 35 und 37.
3   So auch *Joecks*, § 291 Rn. 1; *Lackner/Kühl*, § 291 Rn. 1; LK-*Wolff*, 12. Aufl., § 291 Rn. 3; *Maurach/Schroeder/Maiwald*, BT 1, § 43 Rn. 8; *Mitsch*, BT 2/2, § 5 Rn. 49; vgl. auch *Scheffler*, GA 1992, 1 (13 f.), der jedoch die Freiheit der Willensentschließung und -betätigung ergänzend hinzunimmt; abweichend *Arzt*, Lackner-FS 1987, S. 641 (653 – „oktroyierter Vermögensschutz" und „oktroyierter Freiheitsschutz"); a. M. *Kindhäuser*, NStZ 1994, 105; NK-*Kindhäuser*, § 291 Rn. 2 ff. („Vertragsfreiheit"); *Otto*, BT, § 61 Rn. 124 („Vertrauen in das ordnungsgemäße Funktionieren der Wirtschaft" als neben dem Vermögen geschütztes Rechtsgut).
4   *Fischer*, § 291 Rn. 3; LK-*Wolff*, 12. Aufl., § 291 Rn. 3; *Mitsch*, BT 2/2, § 5 Rn. 54; vgl. aber auch *Maurach/Schroeder/Maiwald*, BT 1, § 43 Rn. 10, wo darauf hingewiesen wird, dass die Vermögensgefährdung, ähnlich wie beim Betrug, auch als Vermögensschaden angesehen werden kann; a. M. *Gössel*, BT 2, § 32 Rn. 2; SK-*Hoyer*, § 291 Rn. 3.
5   So aber z. B. *Scheffler*, GA 1992, 1 (13 f.).
6   Vgl. z. B. *Maurach/Schroeder/Maiwald*, BT 1, § 43 Rn. 8 m. w. N., auch zur Gegenansicht.
7   Eingehend zum Grenzbereich von Nötigung (und Erpressung) und Wucher *Arzt*, Lackner-FS 1987, S. 641; *ders.*, Riklin-FS 2007, S. 17 (27 ff.). Zu den Konsequenzen der Nähe des § 291 zur Erpressung vgl. unten Rn. 31.

Lage für seinen Angriff auf das fremde Vermögen besteht, nämlich die Möglichkeit, durch rechtsgeschäftliches oder tatsächliches Handeln auf das betreute Vermögen zuzugreifen[8].

b) Der Zusammenhang von Wucher und freier bzw. sozialer Marktwirtschaft

aa) Mehr Freiheit durch §§ 291 StGB, 138 II BGB?

Für eine streng liberale Auffassung ist der (in der Besorgung seiner Angelegenheiten nicht beeinträchtigte) Bürger, der auf wucherische Forderungen eingeht, selbst schuld und nicht schutzwürdig. Für eine soziale Marktwirtschaft ist es dagegen konsequent, die Ausbeutung individueller Schwächen zu begrenzen. Rechtspolitisch problematisch sind §§ 291 StGB, 138 II BGB allerdings in den Fällen, in denen das gegen den Wucher erfolgreich geschützte Opfer die begehrte Leistung zu angemessenen Bedingungen nicht anderweitig erhält, sondern zum Verzicht gezwungen wird. So zwingt § 291 wirtschaftlich schwache Bevölkerungsschichten z. B. zum Verzicht auf Kredite. Denn die Kreditinstitute können nicht dazu gezwungen werden zu „angemessenen" Bedingungen zu kontrahieren. Überdies sind – pointiert gesagt – vielfach die wucherischen Konditionen „angemessen", weil die wirtschaftliche Lage der Kreditnehmer so schlecht ist, dass der Kreditgeber ein extrem hohes Ausfallrisiko eingeht, das durch den üblichen Zins nicht zu decken ist. Insofern funktioniert § 291 wie eine teilweise Entmündigung des Bewucherten und bewirkt einen **Teilausschluss vom Geschäftsverkehr**[9]. Auch das mag die geringe Anzeigebereitschaft mit erklären[10].

bb) Das Reichsstrafgesetzbuch von 1871[11]

Das RStGB war ein Kind des wirtschaftlichen Hochliberalismus der zweiten Hälfte des 19. Jahrhunderts. Nachdem im Norddeutschen Bund 1867 alle Zinsbeschränkungen zugunsten der Vertragsfreiheit aufgehoben worden waren[12], sah der Strafgesetzgeber keine Veranlassung, mit einer Wucherbestimmung in das freie Spiel der Kräfte auf dem Gebiet der Kreditwirtschaft einzugreifen. Das StGB für den Norddeutschen Bund von 1870, das 1871 als Reichsstrafgesetzbuch übernommen wurde, **verzichtete** demgemäß auf eine **Pönalisierung des Wuchers**. Gravierende Missstände bei der Kreditaufnahme durch die kleinen Grundbesitzer und Gewerbetreibenden in der Gründerzeit führten jedoch bereits 1880 zur sog. **Wu-**

---

8 Vgl. dazu *Maurach/Schroeder/Maiwald*, BT 1, § 43 Rn. 8.
9 Zu diesem Aspekt der Entmündigung vgl. auch *Arzt*, Riklin-FS 2007, S. 17 (26 f.).
10 Vgl. hierzu unten Rn. 8.
11 Zur älteren, kulturhistorisch sehr aufschlussreichen Entwicklung des deutschen Wucherstrafrechts, die wesentlich vom kanonischen Recht beeinflusst wurde (Verbot des Zinsnehmens für Christen, Privilegien für die Juden), vgl. *Neumann*, Geschichte des Wuchers in Deutschland bis zur Begründung der heutigen Zinsengesetze (1654), 1865; gestraffte Darstellungen bei *Blei*, BT, § 66 I; *Maurach/Schroeder/Maiwald*, BT 1, § 43 Rn. 3 ff.; *Sturm*, JZ 1977, 84 (85).
12 Auch das BGB enthält keine Zinsbeschränkungen. § 246 BGB, der 4 % Jahreszins vorsieht, gilt nur subsidiär, soweit die Parteien nichts anderes bestimmt haben. Verboten sind lediglich Zinseszinsen nach § 248 I BGB.

§ 24 Rn. 6–7   Wucher, Glücksspiel, sonstiger strafbarer Eigennutz

chernovelle[13], die in §§ 302a–d StGB a. F. den **Kreditwucher** (dieser betraf Darlehen und die Stundung von Geldforderungen) unter Strafe stellte – dieser ist heute als besonders markante Wucherform in § 291 I 1 Nr. 2 hervorgehoben. Eine weitere Novelle von 1893 brachte neben einer Erweiterung der Bestimmungen über den Kreditwucher auf darlehensähnliche Geschäfte (Zweck war die Erfassung von Umgehungen des Kreditwucherverbots) die Einfügung eines § 302e ins StGB, der der Bekämpfung anderer wucherischer Geschäfte dienen sollte (sog. **Sachwucher**) – der nunmehr unter § 291 I 1 Nr. 3 fällt. Schließlich wurde 1971 mit § 302f a. F. eine Sondervorschrift zur besseren Bekämpfung des (Wohnungs-)Mietwuchers geschaffen – dieser findet sich heute noch in § 291 I 1 Nr. 1.

cc) Das 1. WiKG

6   Durch das 1. WiKG[14] von 1976 wurden die zuvor reichlich unübersichtlich in selbstständigen Tatbeständen geregelten Erscheinungsformen des Wuchers – Kredit-, Sach- und Mietwucher – in einer Vorschrift, § 302a (seit 1997: § 291) zusammengefasst. Das Gesetz geht von einem einheitlichen Wucherbegriff, dem **Leistungswucher**, aus: § 291 I 1 Nr. 3 („für eine sonstige Leistung") erfasst alle Vorgänge, die Gegenstand des Wuchers sein können; die Vermietung von Wohnräumen (Nr. 1), die Kreditgewährung (Nr. 2) und die Vermittlung einer Leistung (Nr. 4) haben keine selbstständige strafbegründende Bedeutung, sondern werden als in der Praxis häufige Erscheinungsformen des Wuchers ausdrücklich genannt, um die Vorschrift anschaulicher zu gestalten[15].

c) **Praktische Bedeutung des Wucherstrafrechts**

aa) Kriminalstatistik

7   Verurteilungen wegen Wuchers führen in der Kriminalstatistik seit jeher ein Schattendasein. Von 1957 bis 1975 erfolgten nie mehr als 30 Verurteilungen im Jahr, zumeist weniger als zwanzig, manchmal unter zehn[16]. Bemerkenswert ist, dass sich das Bild auch nach Einfügung der Spezialvorschrift gegen Mietwucher (§ 302f StGB a. F.) im Jahre 1971[17] nicht geändert hat, obwohl allenthalben Klage über die starke Zunahme des Mietwuchers, vor allem gegenüber ausländischen Arbeitnehmern, geführt wurde. Schließlich blieb auch die bessere gesetzestechnische Fassung des Wucherstrafrechts durch das 1. WiKG[18] ohne nennenswerten Einfluss auf die Ver-

---

13 Vgl. dazu sowie zu den verschiedenen Entwürfen *Kohlmann*, Wirksame strafrechtliche Bekämpfung des Kreditwuchers, 1974, S. 11 ff.
14 Dazu oben § 19 Rn. 2.
15 Vgl. BR-Drucks. 5/75, S. 40 (ausdrücklich zu § 291 I Nr. 4); *Maurach/Schroeder/Maiwald*, BT 1, § 43 Rn. 14. Unter die „sonstige Leistung" der Nr. 3 fällt z. B. die Arbeitsleistung, BGHSt 43, 53 (59 – zur wucherischen Ausbeutung ausländischer Maurer durch einen Bauunternehmer).
16 Vgl. die Wiedergabe der Verurteilungsstatistik bei *Sturm*, JZ 1977, 84 (85, Fn. 10). Zur – kaum anders aussehenden – Verurteilungsstatistik von 1882–1902 *Kohlmann*, Wirksame strafrechtliche Bekämpfung des Kreditwuchers, 1974, S. 8 Fn. 12.
17 Dazu oben Rn. 5.
18 Vgl. oben Rn. 6.

Der Individualwucher, § 291   § 24 Rn. 8–9

urteilungsstatistik. Vielmehr erfolgten auch seither jährlich nie mehr als 40 Verurteilungen nach § 302a (jetzt § 291)[19].

bb) Gründe für die niedrigen Verurteilungszahlen

Einigkeit herrscht darüber, dass die Verurteilungsstatistik die tatsächliche Wucherkriminalität auch nicht annähernd widerspiegelt und demnach das Dunkelfeld besonders groß ist. **8**

Die Hauptursache für die wenig effektive Ahndung von Wucherdelikten ist mit hoher Wahrscheinlichkeit im Opferbereich angesiedelt[20]. Da sich wucherische Geschäfte in aller Regel nicht vor den Augen der Öffentlichkeit abspielen, hängt ihre strafrechtliche Verfolgung weitestgehend von der Anzeigebereitschaft der Opfer ab, und diese ist offenbar aus verschiedenen Gründen recht gering: Ein beträchtlicher Teil der Bewucherten bemerkt vermutlich – ähnlich wie viele Betrogene – überhaupt nicht oder erst viel später, dass er hereingefallen ist. Wird dem Bewucherten seine Opferrolle bewusst, so dürfte ihn oft die Scheu von einer Anzeige abhalten, in einem öffentlichen Strafverfahren einräumen zu müssen, er habe sich in einer Zwangslage befunden, sei unerfahren, sein Urteilsvermögen sei nur mangelhaft ausgebildet oder er weise eine erhebliche Willensschwäche auf. Nicht selten hat auch der Wucherer sein Opfer in der Hand, so der Vermieter von Unterkünften an Ausländer, die keine Aufenthaltsgenehmigung besitzen, oder der Kredithai, dem der stark verschuldete Kreditsuchende unwahre Angaben über seine Vermögensverhältnisse gemacht hat (Drohung des Wucherers mit Strafanzeige wegen Betruges). – Hinzu kommt die zwangsläufig wenig griffige Fassung des § 291, der ebenso wie seine Vorläufer eine ganze Reihe unbestimmter (normativer) Tatbestandsmerkmale[21] aufweist: auffälliges Missverhältnis, Zwangslage, Unerfahrenheit, Mangel an Urteilsvermögen, erhebliche Willensschwäche, Ausbeuten. Es ist zu vermuten, dass die Staatsanwaltschaften mit Anklagen zurückhaltend sind, weil sie befürchten, dem Beschuldigten könne – insbesondere im Hinblick auf den Vorsatz – die Tat nicht mit der für eine Verurteilung erforderlichen Sicherheit nachgewiesen werden. In der Tat ist die Zahl der Einstellungen und Freisprüche in Wucherstrafverfahren auffällig hoch: 2011 standen den 20 Verurteilungen 26 Freisprüche und Einstellungen gegenüber[22]. Wenn man sich vor Augen hält, dass § 291 mit einer typischen zivilrechtlichen Generalklausel, nämlich § 138 II BGB, übereinstimmt[23], kann dies nicht verwundern.

3. Der Tatbestand des § 291 I 1

a) Schwächesituation beim Opfer

Das Opfer muss sich in einer der in § 291 I 1 abschließend aufgezählten Situationen (Zwangslage, Unerfahrenheit, mangelndes Urteilsvermögen, Willensschwäche) befinden. Diese Situationen kann man zusammenfas- **9**

---

19 So wurden 2005 lediglich 21 Personen und 2011 nur 20 Personen nach § 291 verurteilt; vgl. die Strafverfolgungsstatistik, Berichtsjahr 2005, S. 38 f., Berichtsjahr 2011, S. 38 f.
20 Dazu und zum Folgenden *Kohlmann*, Wirksame strafrechtliche Bekämpfung des Kreditwuchers, 1974, S. 9 f.; ferner *Sturm*, JZ 1977, 84 (85).
21 Dazu allgemein *Baumann/Weber/Mitsch*, § 8 Rn. 16 f. und § 9 Rn. 9 ff., insbesondere 13 ff.; *Heinrich*, AT, Rn. 125 ff.
22 Strafverfolgungsstatistik, Berichtsjahr 2011, S. 38 f., 70 f.
23 Der Wortlaut des § 138 II BGB wurde durch das 1. WiKG dem (jetzigen) § 291 I 1 StGB angeglichen. – Über Generalklauseln und Rechtsanwendung im Strafrecht vgl. die gleichnamige Schrift von *Naucke*, Recht und Staat, Heft 417 (1973).

send mit dem in § 291 I 2 verwendeten Begriff der „Schwäche" umschreiben. Allerdings werden heutzutage zahllose Rechtsgeschäfte unter Ausnutzung einer solchen Schwäche eines Beteiligten abgeschlossen. Ein Großteil der Werbung zielt gerade auf die mangelnde Widerstandsfähigkeit ihrer Adressaten. Es kann jedoch in einer Gesellschaft, die die Entscheidungsfreiheit des Einzelnen zu ihren obersten Grundsätzen erklärt hat (Art. 2 I GG), nicht Aufgabe des Strafrechts sein, den begehrlichen Bürger vor dem Erwerb überteuerter Wirtschaftsgüter zu schützen. Aus diesem Grunde begnügt sich z. B. § 291 I nicht mit der – weit verbreiteten – **Willensschwäche** schlechthin, sondern verlangt eine **erhebliche**, d. h. den anderen Schwächen im Gewicht gleichkommende[24], Willensschwäche.

10 Als erstes wird in § 291 I 1 die **Zwangslage** genannt. Hierunter versteht man ein dringendes Bedürfnis nach der wucherischen Leistung[25]. Ausreichend ist dafür jedes aufgrund äußerer Umstände eintretende zwingende Sach- oder Geldbedürfnis[26]. Dabei findet keine Begrenzung auf eine objektiv vorliegende wirtschaftliche Bedrängnis statt[27], wie dies noch bei dem bis zum 1. WiKG verwandten Begriff der „Notlage" der Fall war[28]. Erfasst ist auch die ernste persönliche Bedrängnis[29] sowie die psychische Bedrängnis[30]. Es muss also keine Existenzvernichtung drohen[31]. Den Unterschied kann man wie folgt deutlich machen:

Beispiel[32]: Ein vermögensloser, sängerisch offenbar begabter Tischler wollte sich zum Opernsänger ausbilden lassen und versprach für die Gewährung von Mitteln für die ihm unerschwingliche Ausbildung erhebliche Vermögensvorteile. – Das RG verneinte hier eine Notlage, da der verfolgte Zweck „nicht in der Abwendung eines […] drohenden Übels [bestand], sondern in der Erlangung eines Gewinns […]. Die Eventualität, einem solchen Gewinn […] entsagen zu müssen, fällt nicht unter den Begriff einer Notlage, ebenso wie eine solche darin erblickt werden kann, daß ein Erfinder sich aus gleichartigen Gründen nicht in der Lage sieht, seine Erfindung zur vollen Entwicklung zu bringen oder die zur Erreichung von Patentschutz erforderlichen Schritte vorzunehmen." Dagegen würde eine Zwangslage nach § 291 n. F. hier durchaus vorliegen.

11 Die dem zitierten Urteil zugrunde liegende statische Auffassung von der Notlage, die vom Betroffenen den Verzicht auf Schritte in eine bessere Zukunft verlangt, weil sie quasi erst die Notlage herbeiführen würden, war

---

24 *Fischer*, § 291 Rn. 13; *Otto*, BT, § 61 Rn. 138; S/S/*Heine/Hecker*, § 291 Rn. 27.
25 *Maurach/Schroeder/Maiwald*, BT 1, § 43 Rn. 21; MüKo-*Pananis*, 2. Aufl., § 291 Rn. 14.
26 BT-Drucks. 7/3441, S. 40 f.; NK-*Kindhäuser*, § 291 Rn. 19; SSW-*Saliger*, § 291 Rn. 8.
27 *Fischer*, § 291 Rn. 10; MüKo-*Pananis*, 2. Aufl., § 291 Rn. 14; S/S/*Heine/Hecker*, § 291 Rn. 23. Dies ergibt sich im Umkehrschluss auch aus dem Regelbeispiel des § 291 II Nr. 1.
28 RGSt 76, 193; BGHSt 11, 182 (185 f.).
29 BGHSt 42, 399 (400).
30 BGH, NJW 2003, 1860 (1861).
31 *Fischer*, § 291 Rn. 10; *Mitsch*, BT 2/2, § 5 Rn. 57; NK-*Kindhäuser*, § 291 Rn. 19; S/S/*Heine/Hecker*, § 291 Rn. 23.
32 Fall nach RG, Seufferts' Archiv Bd. 61 (1906), S. 439; vgl. ferner RG, Das Recht 1913, Nr. 3316 (hier hatte das Opfer das Darlehen lediglich zu dem Zweck aufgenommen, ihrem Sohn die Erlangung einer vorteilhaften Stellung zu ermöglichen).

Der Individualwucher, § 291 § 24 Rn. 12

vom Schrifttum frühzeitig kritisiert worden[33], und bereits der Entwurf *Radbruchs* 1922[34] hatte in seinem § 299 den Begriff „Zwangslage" (statt der „Notlage") vorgeschlagen.

Beispiel: So befindet sich der Familienvater in einer Zwangslage, der in einer anderen Stadt eine besser bezahlte Stellung in Aussicht hat, die er aber sinnvollerweise nur dann antreten kann, wenn er eine erschwingliche Wohnung erhält, oder die Eltern, die die Ausbildung eines Kindes finanzieren müssen und dafür dringend ein Darlehen benötigen[35]. – Da das Opfer in derartigen Fällen häufig kein Darlehen zu nicht wucherischen Konditionen erhalten wird, wird es durch § 291 zwar vor einem Vermögensverlust geschützt, ihm aber zugleich versagt, sich aus der Zwangslage zu befreien[36].

Infolge der Ersetzung der stark personenbezogenen „Notlage" durch die neutralere „Zwangslage" gerieten nunmehr aber auch wirtschaftliche Vorgänge ins Blickfeld des § 291, die nicht durch eine persönliche, sondern eine **geschäftliche Schwächesituation** des Opfers gekennzeichnet sind. 12

Beispiel: Zu nennen sind hier Fälle der Sperrung oder Erschwerung des Zugangs zum Markt, wie der folgende: Der „Newcomer" muss für die Aufnahme seines neuen Produkts in das Sortiment einer potenten Supermarkt- oder Einzelhandelskette einen hohen Preis bezahlen, etwa in Form einer „Regalmiete". – Es erscheint hier zumindest fraglich, ob derartige Fälle über die Tatbestandsmerkmale „auffälliges Missverhältnis" oder „Ausbeuten" vom Anwendungsbereich des § 291 fern gehalten werden können, wie es dem Gesetzgeber offenbar vorschwebte[37].

Dabei ist es unerheblich, ob das Opfer die Zwangslage verschuldet hat.[38] Verkennt das Opfer die Zwangslage, scheidet § 291 mangels einer Ausbeutung allerdings aus.[39] Geht das Opfer hingegen irrtümlich vom Bestehen einer Zwangslage aus, insbesondere weil es einen bestehenden Ausweg aus

---

33 Vgl. dazu *Kohlmann*, Wirksame strafrechtliche Bekämpfung des Kreditwuchers, 1974, S. 31 ff.
34 *Radbruch*, Entwurf eines Allgemeinen deutschen Strafrechts (1922), Tübingen 1954.
35 Vgl. zu diesen Fällen *Sturm*, JZ 1977, 84 (86). – Allerdings wäre es verfehlt, eine Zwangslage stets anzunehmen, wenn gewinnbringende Projekte ohne Kreditgewährung zu scheitern drohen; siehe BGH, NJW 1994, 1275 (1276) zum umfangreichen Bauvorhaben einer Bauträger-GmbH. Keine Zwangslage begründet auch die bloße Unzufriedenheit mit den gegenwärtigen, z. B. politischen, Verhältnissen. – In der Regel kam deshalb Wucher eines Fluchthelfers gegenüber einem DDR-Bürger nicht in Betracht, BGH, NJW 1980, 1574 (1575 f.).
36 Näher zu dieser Problematik des „Freiheitsdelikts" Wucher *Arzt*, Lackner-FS 1987, S. 641 (651 ff.).
37 Vgl. E 1962, Begr. zu § 265, S. 439 (im Hinblick auf das „Ausbeuten") sowie BT-Drucks. 7/3441, S. 41. – Vgl. zur Wettbewerbswidrigkeit (Verstoß gegen § 1 UWG) von „Eintrittsgeldern" auch BGH, NJW 1977, 1242; zu den Schwierigkeiten einer kartellstrafrechtlichen Erfassung AE-Wirtschaft, Begr. zu § 173, S. 31 f. – Zur Nähe dieser Fälle zu §§ 240, 253 vgl. OLG Düsseldorf, WRP 1973, 223. Das Hauptproblem ist hier: Stellt das Drohen mit Unterlassen (Nichtaufnahme des neuen Produkts in das Sortiment) ein Drohen mit einem empfindlichen Übel dar? Vgl. dazu oben § 9 Rn. 51 (Nötigung) und § 18 Rn. 11 ff. (Erpressung). Zur Auffangfunktion des § 291 für diese Delikte vgl. unten Rn. 31.
38 BGHSt 11, 182, 186; *Fischer*, § 291 Rn. 10; *S/S/Heine/Hecker*, § 291 Rn. 24; SK-*Hoyer*, § 291 Rn. 13.
39 *Fischer*, § 291 Rn. 10, *S/S/Heine/Hecker*, § 291 Rn. 24; SSW-*Saliger*, § 291 Rn. 8.

der bedrängenden Lage nicht sieht, so ist § 291 anwendbar, wenn der Täter dies erkennt und bewusst ausnutzt.[40]

13 Unter der Schwächesituation „**Unerfahrenheit**" versteht die Rechtsprechung[41] „eine dem Menschen anhaftende Eigenschaft, die auf einem Mangel an Geschäftskenntnis und Lebenserfahrung im Allgemeinen oder auf beschränkten Gebieten des menschlichen Wirkens beruht und ihrem Wesen nach eine Einschränkung der Befähigung zur Wahrnehmung oder richtigen Beurteilung von Zuständen und Geschehnissen irgendwelcher Art zur Folge hat".

Die Definition („auf beschränkten Gebieten") gewährleistet den Schutz auch solcher Personen, die zwar allgemein gebildet und erfahren sind, denen aber der Einblick in bestimmte Gebiete fehlt. Kein Fall der Unerfahrenheit liegt dagegen vor, wenn der Hereingefallene auf dem fraglichen Gebiet generell bewandert ist und lediglich keine genaue Kenntnis von der Dimension des konkreten Geschäftsgegenstandes hat[42].

Beispiel[43]: Ein im Holzhandel Erfahrener kauft einen Wald, von dessen Wert er keine sichere Kenntnis hatte, weil er ihn zuvor nicht besichtigte. Eine solche bloße Unkenntnis stellt keine Unerfahrenheit dar.

14 Der „**Mangel an Urteilsvermögen**" bedeutet die weitgehende Unfähigkeit, sich durch vernünftige Beweggründe leiten zu lassen und die beiderseitigen Leistungen und die wirtschaftlichen Folgen des Geschäftsabschlusses richtig zu bewerten[44].

Beispiel: Verstandesschwäche, die jedoch noch nicht die Grenze zum Schwachsinn i. S. von § 20 erreicht haben muss[45].

Als letztes Merkmal nennt § 291 die **erhebliche Willensschwäche**. Hierunter ist allgemein eine mangelnde Widerstandsfähigkeit gegenüber psychischen Reizen zu verstehen[46].

Beispiel: Alkohol- und Drogenabhängigkeit.

b) Tathandlung

15 Die Tathandlung des Wuchers besteht in der **Ausbeutung** der vorstehend geschilderten Schwächesituation des Opfers durch den Täter. Der

---

40 So LK-*Wolff*, 12. Aufl., § 291 Rn. 15; MüKo-*Pananis*, 2. Aufl., § 291 Rn. 16; *S/S/Heine/Hecker*, § 291 Rn. 24; a. M. *Fischer*, § 291 Rn. 10; *Lackner/Kühl*, § 291 Rn. 8; *Mitsch*, BT 2/2, § 5 Rn. 59; SK-*Hoyer*, § 291 Rn. 11; SSW-*Saliger*, § 291 Rn. 8.
41 Vgl. BGHSt 11, 182 (186) mit Nachweisen der Judikatur des RG; vgl. ferner *Fischer*, § 291 Rn. 11.
42 BGHSt 13, 233; *Fischer*, § 291 Rn. 11.
43 Fall nach RGSt 37, 205.
44 BT-Drucks. 7/3441, S. 41; *Maurach/Schroeder/Maiwald*, BT 1, § 43 Rn. 21; *Otto*, BT, § 61 Rn. 137; *Sturm*, JZ 1977, 84 (86).
45 *Fischer*, § 291 Rn. 12; SK-*Hoyer*, § 291 Rn. 16.
46 *Lackner/Kühl*, § 291 Rn. 8; *Mitsch*, BT 2/2, § 5 Rn. 62; *Otto*, BT, § 61 Rn. 138.

Gesetzgeber umschreibt diese Ausbeutung näher dergestalt, dass der Täter für eine Leistung „sich oder einem Dritten [...] Vermögensvorteile versprechen oder gewähren lässt, die in einem auffälligen Missverhältnis zu seiner eigenen Leistung stehen".

Wenn es an der von § 291 I vorausgesetzten eigenen Leistung fehlt, begeht derjenige keinen Wucher, der sich lediglich von einem willensschwachen „Opfer" Geschenke gewähren oder sich zum Erben einsetzen lässt[47]. – Strafrechtlich fassbar wird dieses (u. U. moralisch anstößige) Verhalten erst dann, wenn die Zuwendung mittels Druck (§ 253) oder Täuschung (§ 263) erlangt wird.

aa) Leistungsbegriff

§ 291 I verwendet einen umfassenden Leistungsbegriff[48], der entgegen dem Vorschlag des AE[49] auch nicht-wirtschaftliche Leistungen („Leistungen" im Rahmen von Drogengeschäften, Fluchthilfe, Lebensrettung eines Ertrinkenden) erfasst, was wegen des fehlenden Marktwertes solcher Leistungen zu Schwierigkeiten bei der Feststellung des „auffälligen Missverhältnisses" führen muss[50]. – Dass der Täter seine eigene Leistung tatsächlich erbringt, ist nicht erforderlich; es genügt, dass er sie in Aussicht stellt[51]. Desgleichen genügt auf der anderen Seite, dass das Opfer den Vermögensvorteil verspricht (insoweit liegt eine dem Eingehungsbetrug vergleichbare Situation vor[52]). – Das Geschäft braucht nicht rechtsverbindlich zu sein, und ist es in aller Regel auch nicht, § 138 II BGB[53].

bb) Auffälliges Missverhältnis

Das Tatbestandsmerkmal des auffälligen Missverhältnisses zwischen der Leistung des Täters und den von diesem erlangten oder erstrebten Vermögensvorteilen ist wegen seiner **Unbestimmtheit** problematisch.

Absolute Tatbestandsbestimmtheit könnte nur durch einen zahlenmäßig fixierten Prozentsatz erreicht werden, etwa wenn die Vermögensvorteile des Täters den Wert seiner Leistung um 30 % übersteigen. Eine solche Fixierung hätte jedoch den kriminalpolitisch unerwünschten Nachteil, „dass sie geradezu als eine Aufforderung wirken müsste, wenige Bruchteile von Prozenten unter der festen Grenze zu bleiben"[54].

Ob ein „auffälliges", d. h. dem Kundigen – gegebenenfalls nach Aufklärung des Sachverhalts – „ins Auge springendes"[55] Missverhältnis vorliegt,

---

47 BGE 111 IV 139 (Entscheidung des Schweizerischen Bundesgerichts zu Art. 157 StGB).
48 Vgl. bereits oben Rn. 6.
49 AE-Wirtschaft § 203, Begr. S. 113.
50 Zum Fehlen des Marktpreises vgl. auch *Krey/Hellmann/M. Heinrich*, BT 2, Rn. 787 ff.
51 *Fischer*, § 291 Rn. 4.
52 Vgl. oben § 20 Rn. 95 f.
53 *Fischer*, § 291 Rn. 4; MüKo-*Pananis*, 2. Aufl., § 291 Rn. 6.
54 Vgl. AE-Wirtschaft, Begr. S. 113. – Unschädlich wäre die Heranziehung eines bestimmten Prozentsatzes (z. B. 50 %) aber für die Bildung eines Regelbeispiels zur Erläuterung besonders schwerer Wucherfälle; so § 203 III Nr. 4 AE-Wirtschaft.
55 BGHSt 43, 53 (60); *Fischer*, § 291 Rn. 16; *Lackner/Kühl*, § 291 Rn. 3.

ist mithin für jeden Einzelfall gesondert und unter Berücksichtigung aller Gesichtspunkte zu untersuchen[56]. Das bedeutet, dass kaum einmal ein Umstand allein zur Bejahung eines wucherischen Geschäfts führen kann. Das gilt auch für ein an sich so markantes Kriterium wie den **Zinssatz** für ein Darlehen[57].

Beispiel[58]: Gewährung eines Darlehens von 60 Mark am 20. Juli 1880, das am 8. August 1880 mit 66 Mark zurückzuzahlen war. Obwohl das einen Jahreszinsfuß von 210 % ergeben würde, hat das RG das auf folgende Erwägungen gestützte freisprechende Urteil des LG gebilligt: Der Gläubiger müsse „eine Entschädigung für die Mühe des Hingebens und Rückforderns eines so kleinen Darlehns haben, die durch den normalen Zinsfuß nicht gedeckt werde, da 60 M zu 5 % in 14 Tagen nur etwa 12 Pfg. Zinsen geben. Es erscheine daher eine Entschädigung von 6 M auf 60 M nicht zu hoch, zumal von pünktlicher Rückzahlung dieser Summe keine Rede gewesen sei."

Ebenso wenig wie ein extrem hoher Zinssatz für sich genommen Wucher begründen kann, vermag ein normaler oder nur geringfügig über dem üblichen Zinsfuß liegender Satz allein von der Strafbarkeit nach § 291 zu befreien. Vielmehr sind in die Betrachtung die **Nebenleistungen** (z. B. Provisionen, Bearbeitungsgebühren, Versicherungskosten)[59] einzubeziehen, was oftmals zu einer beträchtlichen Überschreitung des üblichen **effektiven Jahreszinses** führt und ein auffälliges Missverhältnis begründen kann, aber nicht muss. So fällt etwa zugunsten sog. Kreditthaie nicht selten ins Gewicht, dass sie es mit Darlehensnehmern zu tun haben, die infolge starker Verschuldung und mangels jeglicher Sicherheiten keinen Bankkredit mehr erhalten. Wer sich das bei solchen Schuldnern besonders hohe Rückzahlungsrisiko angemessen vergüten lässt, handelt nicht wucherisch.

19   Instruktives Anschauungsmaterial für die Schwierigkeiten bei der Feststellung des auffälligen Missverhältnisses bietet auch der **Mietwucher** (§ 291 I Nr. 1).

Beispiel[60]: T mietet für 10 Monate ein verwohntes, zum Abbruch anstehendes altes Einfamilienhaus für monatlich 900 € zuzüglich Nebenkosten. Um sämtliche Räume im Haus untervermieten zu können, lässt er verschiedene Waschbecken, die fehlende elektrische Installation und eine Zählertafel anbringen sowie eine zusätzliche Toilette einrichten. Weiterhin möbliert er sämtliche Zimmer mit teils gebrauchten, teils neuen Möbeln (Gesamtkosten für Installation und Möbel ca. 2.000 €). Sodann vermietet er die Räume an sieben Saisonarbeiter und erzielt Mieteinnahmen von insgesamt 1.420,– € monatlich. Die örtliche Vergleichsmiete liegt für entsprechenden Wohnraum bei 740 €. – Stellt man auf die **ortsübliche Vergleichsmiete** ab, so läge ein auffälliges Missverhältnis vor, denn diese wurde um fast 100% überschritten.

---

56   So bereits RGSt 4, 390 (392); vgl. ferner BayObLG, NJW 1985, 873 mit Anm. *Otto*, JR 1985, 169 (Getränkepreise in einer Bar); BGHSt 43, 53 (59 f. – Entlohnung ausländischer Arbeitnehmer); BGH, JZ 2001, 194 m. Anm. *Singer* (Verkauf von Sondermünzen).
57   Das im alten Kreditwuchertatbestand (§ 302a a. F.) neben dem auffallenden Missverhältnis enthaltene Merkmal „Überschreitung des üblichen Zinsfußes" hat auch in der Judikatur vor Anfang an keine entscheidende Rolle gespielt und wurde auf der Grundlage der Vorschläge in früheren Reformentwürfen durch das 2. WiKG gestrichen; vgl. dazu *Kohlmann*, Wirksame strafrechtliche Bekämpfung des Kreditwuchers, 1974, S. 16 ff.
58   Fall nach RGSt 3, 218.
59   Zur Bewältigung von Fällen, in denen die vom Schuldner zu erbringende Gesamtleistung in mehrere Einzelleistungen aufgefächert wird, vgl. unten Rn. 28.
60   Fall nach OLG Köln, NJW 1976, 119 (Abbruchhausvermietung an Gastarbeiter).

Der Individualwucher, § 291 § 24 Rn. 20–21

Ein auffälliges Missverhältnis scheidet dagegen bei Zugrundelegung der **Kostenmiete** (= der zur Deckung der laufenden Aufwendungen des Vermieters erforderlichen Miete) aus, denn T hatte seinerseits 900 € Monatsmiete zu zahlen und konnte seine Aufwendungen mit ca. 200 € monatlich amortisieren, sodass sein monatlicher Nettogewinn lediglich 320 € betrug. Dennoch stellt die h. M.[61] auf die ortsübliche Vergleichsmiete ab und nimmt ein auffälliges Missverhältnis an, wenn die Vergleichsmiete um mindestens 50 % überschritten wird. Dafür spricht auch, dass der Gesetzgeber bei der ordnungswidrigkeitenrechtlichen Erfassung der Mietpreisüberhöhung als Sozialwucher in § 5 II WiStG[62] diesen Maßstab zugrunde legt. Das leuchtet bei der Altbauvermietung ein. Insbesondere kann es nicht hingenommen werden, dass der Vermieter wucherische Forderungen, die er selbst zu erfüllen hat, auf seine Mieter abwälzt. Zu beachten ist allerdings, dass die ortsüblichen Mieten nur dann als Maßstab herangezogen werden können, wenn sie selbst nicht unangemessen sind[63].

cc) Ausbeuten

Der bereits in den früheren Wucherbestimmungen verwandte Begriff 20 „ausbeutet" wurde in der Rechtsprechung als bewusste Ausnutzung, als Missbrauch der bedrängten Lage des anderen zur Erlangung (übermäßiger) Vermögensvorteile verstanden[64]. Eine im Vordringen befindliche Auffassung[65] möchte demgegenüber das Ausbeuten enger auslegen und verlangt ein besonders anstößiges Vorgehen des Täters, weil der Terminus im Gegensatz zu dem in § 291 I 2 gebrauchten Ausnutzen ein negatives moralisches Urteil über Gegenstand und Ausgestaltung des wucherischen Geschäfts sowie über die persönlichen Verhältnisse der Parteien enthalte.

Es ist allerdings zu bezweifeln, ob dem in der Umschreibung der Opfersituation und des auffälligen Missverhältnisses normativ-unbestimmten Tatbestand ausgerechnet dadurch festere Konturen verliehen werden können, dass das Ausbeutungsmerkmal moralisch aufgeladen wird.

4. Besonders schwere Fälle, § 291 II

§ 291 II droht für besonders schwere Fälle eine erhöhte Strafe an. Während in § 291 I 1 eine Höchststrafe von 3 Jahren Freiheitsstrafe vorgesehen ist, ordnet § 291 II eine Freiheitsstrafe von 6 Monaten bis zu 10 Jahren an (was insbesondere im Hinblick auf § 47 I bedeutsam ist). Dies entspricht der Strafdrohung in §§ 263 III, 266 II. Für besonders schwere Fälle werden drei Regelbeispiele genannt[66]:

---

61 Vgl. OLG Köln, NJW 1976, 119; LG Darmstadt, NJW 1975, 549; *Krey/Hellmann/M. Heinrich*, BT 2, Rn. 785; *Mitsch*, BT 2/2, § 5 Rn. 73; vgl. ferner BGHSt 11, 182 (184); BGHSt 30, 280 (281 f. – Ausbeutung von Asylbewerbern).
62 Dazu näher unten Rn. 35.
63 BGHSt 11, 182 (184); *Krey/Hellmann/Heinrich*, BT 2, Rn. 785.
64 RGSt 53, 285 (286); BGHSt 11, 182 (187). So nach wie vor *Fischer*, § 291 Rn. 14; *Maurach/Schroeder/Maiwald*, BT 1, § 43 Rn. 22; MüKo-*Pananis*, 2. Aufl., § 291 Rn. 20; *Otto*, BT, § 61 Rn. 133; SSW-*Saliger*, § 291 Rn. 10.
65 Vgl. z. B. *Lackner/Kühl*, § 291 Rn. 8; *Mitsch*, BT 2/2, § 5 Rn. 70; *S/S/Heine/Hecker*, § 291 Rn. 29; *Sturm*, JZ 1977, 84 (86).
66 Zur Technik der Regelbeispiele vgl. oben § 14 Rn. 14 ff.

a) Nr. 1: Wirtschaftliche Not des Opfers

22 Nicht ausreichend ist, dass die Tat „eine schon bei Geschäftsabschluss bestehende Not des Bewucherten lediglich verschärft hat. Zu verlangen ist vielmehr, daß der Bewucherte als Folge der Tat in eine Mangellage gerät, die im geschäftlichen Bereich seine Daseinsgrundlage gefährdet oder aufgrund derer im persönlichen Bereich der notwendige Lebensunterhalt ohne Hilfe Dritter nicht mehr gewährleistet ist"[67].

b) Nr. 2: Gewerbsmäßige Tatbegehung

23 Gewerbsmäßigkeit bedeutet die Absicht, sich durch wiederholte Tatbegehung eine fortlaufende Einnahmequelle von einigem Umfang und einer gewissen Dauer zu verschaffen[68].

c) Nr. 3: Wucherische Vermögensvorteile durch Wechsel

24 Der Grund für die Strafschärfung liegt hier darin, dass diese Art der Gegenleistung für das Opfer besonders gefährlich ist[69]. Wechsel können leicht weitergegeben werden (Art. 11 WechselG) und der Verpflichtete kann einem gutgläubigen Dritten nicht entgegenhalten, dem Wechsel liege ein wucherisches und damit nach § 138 II BGB nichtiges Rechtsgeschäft zugrunde (Art. 17 WechselG).

5. Beteiligung, „Additionsklausel" (§ 291 I 2)

a) Beteiligung auf der Opferseite

aa) Beteiligung des Opfers

25 Wer sich in wirtschaftlicher Bedrängnis befindet (Opfersituation „Zwangslage" i. S. des § 291 I 1), wird in aller Regel selbst die Initiative ergreifen, um an Geld zu kommen und sich beispielsweise an den „Kredithai" mit einem Darlehensgesuch wenden. Zu fragen ist, ob dies zu einer Strafbarkeit wegen Anstiftung zum Wucher (§§ 291, 26) führen kann.

Die Deliktbegehung nach § 291 setzt notwendig zwei Personen voraus, den Wucherer und sein Opfer. Der Wucher ist demnach ein **Begegnungsdelikt**, also eine Erscheinungsform der **notwendigen Teilnahme**[70]. § 291 schützt denjenigen, der sich in der Schwächesituation befindet. Aus dem Schutzzweck der Norm folgt, dass der Bewucherte nicht nur dann straflos ist, wenn er sich auf das zur Tatbestandserfüllung Notwendige, also auf den Abschluss des vom Wucherer diktierten Geschäfts beschränkt, sondern auch dann, wenn die Initiative von ihm ausgeht.

---

67 BT-Drucks. 6/1549, S. 10; vgl. auch *Mitsch*, BT 2/2, § 5 Rn. 82; *S/S/Heine/Hecker*, § 291 Rn. 43.
68 Vgl. zum entsprechenden Merkmal in § 243 I 2 Nr. 3 oben § 14 Rn. 50.
69 *Mitsch*, BT 2/2, § 5 Rn. 84.
70 Vgl. dazu *Baumann/Weber/Mitsch*, § 32 Rn. 65, 71 ff.; *B. Heinrich*, AT, Rn. 1375 ff.

bb) Beteiligung Dritter auf Opferseite

26 Nicht so eindeutig lässt sich eine strafbare Teilnahme ausschließen, wenn Dritte dem Opfer die Möglichkeit zum Abschluss des wucherischen Geschäfts eröffnen, denn sie unterstützen damit zwangsläufig zugleich den Wucherer.

> **Beispiel:** Der sich in einer Zwangslage befindende Student S mietet zu einem wucherischen Zins von W ein Zimmer. Sein Freund F hat ihn auf den Vermieter W hingewiesen, seine begüterte Freundin E schenkt ihm Geld, damit er die wucherische Miete bezahlen kann. – Handeln F und E hier mit direktem Vorsatz (2. Grades)[71], weil sie genau wissen, dass ein wucherischer Mietvertrag zustande kommt und dass sie (auch) dem W Hilfe leisten, liegt an sich eine Beihilfe vor, §§ 291, 27. Dieses unerwünschte Ergebnis lässt sich nur dadurch vermeiden, dass man den Gedanken der notwendigen (und damit straflosen) Teilnahme auf alle Beteiligten ausdehnt, die im **Lager des Opfers** stehen[72].

b) Beteiligung mehrerer auf der Ausbeuterseite

aa) Anwendung der allgemeinen Regeln

27 Wirken an der Bewucherung des Opfers mehrere Personen mit, so ist ihre Tatbeteiligung nach den allgemeinen Regeln (§§ 25–27) zu beurteilen. Ebenso wie beim Betrug führt das Gewähren- oder Versprechenlassen des Vermögensvorteils an einen Dritten nicht stets zur Mittäterschaft, obwohl der Beteiligte den Tatbestand voll erfüllt. Auch hier hat die Einbeziehung des Drittvorteils in den Tatbestand nur die Funktion der Schließung einer Strafbarkeitslücke für den Fall, dass der Empfänger des Vermögensvorteils nicht an der Tat beteiligt ist[73].

> Deshalb wird der Darlehensvermittler, obwohl er weiß und will, dass der Darlehensgeber einen wucherischen Vermögensvorteil erlangt, in aller Regel nicht Mittäter, sondern lediglich Gehilfe des Kreditwucherers (§ 291 I Nr. 2) sein[74]. Täterschaft – nach § 291 I Nr. 4 – liegt allerdings dann vor, wenn er für die Vermittlung selbst einen wucherischen Vermögensvorteil erhält oder sich versprechen lässt.

bb) Die Bedeutung der Additionsklausel, § 291 I 2

28 Bei der Einfügung der sog. Additionsklausel durch das 1. WiKG 1976 hatte der Gesetzgeber Fälle wie den folgenden im Auge:

> Der Kreditnehmer O erhält von A ein Darlehen, dessen Zinsfuß knapp unter dem auffälligen Missverhältnis des § 291 I 1 Nr. 2 bleibt. In das Kreditgeschäft sind weiter ein Kreditvermittler B sowie ein Versicherungsagent C (Rückzahlungsversicherung) eingeschaltet, die mit ihren Gebühren ebenfalls knapp unterhalb der Wuchergrenze bleiben. Rechnet man jedoch die Forderungen von A, B und C zusammen,

---

71 Vgl. *Baumann/Weber/Mitsch*, § 20 Rn. 46 f; *B. Heinrich*, AT, Rn. 280.
72 Zur Lagertheorie beim Betrug (§ 263 ist nur dann erfüllt, wenn der über fremdes Vermögen verfügende Getäuschte im Lager des Geschädigten steht) vgl. *Lenckner*, JZ 1966, 320 (321) sowie oben § 20 Rn. 82 f.
73 Vgl. oben § 20 Rn. 127 f.
74 Vgl. z. B. RGSt 35, 111 (114).

so sieht sich O insgesamt Kreditkosten gegenüber, die in einem auffälligen Missverhältnis zu den an ihn erbrachten Gegenleistungen stehen[75].

Bei einer derartigen Auffächerung der dem Opfer erbrachten Leistungen entsteht zwar keine Strafbarkeitslücke, wenn den Beteiligten A, B und C ein bewusstes und gewolltes Zusammenwirken nachgewiesen werden kann. Dann kann nämlich problemlos eine Mittäterschaft nach § 25 II angenommen werden, da sich jeder den zum auffälligen Missverhältnis führenden Tatbeitrag des anderen als eigenen zurechnen lassen muss. Eine Strafbarkeitslücke würde aber dann entstehen, wenn die Voraussetzungen der Mittäterschaft nicht vorliegen oder – was häufig der Fall ist – nicht nachgewiesen werden können, denn dann blieben A, B und C straflos.

Allerdings genügt es nicht, dass es insgesamt zu einem groben Missverhältnis kommt, sondern es wird nur derjenige Mitwirkende – A, B oder C – bestraft, der die Schwächesituation seinerseits zur Erzielung eines **übermäßigen Vermögensvorteils ausnutzt**. Übermäßig ist naturgemäß weniger als in einem auffälligen Missverhältnis stehend, denn andernfalls würde die Additionsklausel leer laufen. Ausnutzen ist weniger verwerflich als Ausbeuten[76].

Im Hinblick auf diese weiche Fassung der Additionsklausel, die überwiegend kritisch beurteilt wird[77], kann mit Fug und Recht bezweifelt werden, ob der rechtstechnische Aufwand, den sie mit sich bringt, in einem angemessenen Verhältnis zu ihrem kriminalpolitischen Ertrag steht[78].

6. Vorsatz

29 Der Täter muss vorsätzlich handeln, wobei bedingter Vorsatz genügt. Eine besondere Bereicherungs- oder Nachteilszufügungsabsicht ist nicht erforderlich.

7. Konkurrenzen

a) Verhältnis von Versprechen- und Gewährenlassen von Vermögensvorteilen

30 Ähnlich wie beim Eingehungs- und Erfüllungsbetrug im Rahmen des § 263[79] stellt sich bei § 291 die Frage, in welchem Verhältnis das Sich-Versprechenlassen und das nachfolgende Sich-Gewährenlassen von Vermögensvorteilen stehen. Auch hier verschmelzen beide Begehungsmodalitäten zu einer **einheitlichen Tat**, die allerdings beim Wucher eindeutig (Gesetzeswortlaut) bereits mit dem Versprechenlassen, also der Eingehung

---

75 Vgl. dazu *Sturm*, JZ 1977, 84 (87) mit Nachweis der Gesetzesmaterialien.
76 Zum Ausbeuten vgl. oben Rn. 20.
77 Vgl. z. B. *Lackner/Kühl*, § 291 Rn. 9 (lediglich unanständiges Verhalten wird nur deshalb über die Strafbarkeitsschwelle gehoben, weil sich andere ebenso verhalten); *Kindhäuser*, NStZ 1994, 105 (108 – Verstoß gegen den Bestimmtheitsgrundsatz).
78 In diesem Sinne z. B. *Maurach/Schroeder/Maiwald*, BT 1, § 43 Rn. 20.
79 Vgl. oben § 20 Rn. 96, 100, 145.

des wucherischen Geschäfts **vollendet** ist. **Beendet** (wichtig für den Beginn der Verjährung; vgl. § 78a) ist die Tat dagegen erst mit der Gewährung des Vorteils[80].

b) Verhältnis des § 291 zu anderen Delikten

Beschränkt sich der Täter nicht auf die schlichte Ausbeutung der Schwächesituation des Opfers, sondern veranlasst er dieses zum Abschluss des wucherischen Geschäfts durch Täuschung oder durch Drohung bzw. Gewaltanwendung, so stehen §§ 291 und 263 oder 253 in Tateinheit (§ 52)[81]. 31

Die Nähe des Wuchers zur **Erpressung** und **Nötigung**[82] wird bei Fallgestaltungen relevant, in denen § 253 ausscheidet und § 291 eine **Auffangfunktion** zukommt.

Beispiel: Der Regisseur R macht die Übertragung der Hauptrolle in einem Film an die aus dem Geschäft gekommene Schauspielerin S davon abhängig, dass diese ihm die Hälfte ihrer Gage überlässt. – Da R keine Rechtspflicht zur Beschäftigung der S hat, sondern nach dem aus der **Vertragsfreiheit** fließenden **Autonomieprinzip** für seine Handlung (= Vergabe der Rolle an S) einen Preis verlangen kann, fehlt es an einer tatbestandsmäßigen Drohung mit einem Unterlassen, jedenfalls aber an der Verwerflichkeit der Zweck-Mittel-Relation i. S. des § 253 II. Befand sich S in einer Zwangslage, so ist R jedoch nach § 291 strafbar[83].

Eine Strafbarkeit wegen Erpressung kann auch daran scheitern, dass der Empfänger der Leistung dem Opfer nicht droht, sondern das Opfer von sich aus Vermögensvorteile anbietet und leistet, um ein empfindliches Übel abzuwenden.

Beispiel: F wird vom Detektiv D beim Ladendiebstahl ertappt. Um eine Strafanzeige abzuwenden, zahlt F an D 500 €. – Hat D nicht wenigstens konkludent mit einer Anzeige gedroht, falls F nicht zahle, scheidet § 253 aus. Dann kommt § 291 als Auffangtatbestand zur Anwendung, wenn sich F in einer Zwangslage befand, z. B. Gefahr lief, bei einer Strafanzeige die Lehrstelle zu verlieren.

Nicht mit § 291 können dagegen Fälle erfasst werden, in denen kein Vermögensvorteil erstrebt wird.

Beispiel: Im obigen Falle verlangt R von S nicht Geld, sondern die Hingabe zum Geschlechtsverkehr während der Dreharbeiten. – § 240 scheitert am Autonomieprinzip[84], § 291 daran, dass sich R keinen Vermögensvorteil versprechen lässt.

Aus der Nähe des Wuchers zum **Betrug**[85] folgt, dass § 291 auch eine Auffangrolle gegenüber § 263 spielen kann. 32

---

80 *Fischer,* § 291 Rn. 15.
81 RG, LZ 1917, 1173 (zu § 343); RG, GA 46 (1898/99), 318 (zu § 253); MüKo-*Pananis,* 2. Aufl., § 291 Rn. 49; differenzierend *Lackner/Kühl,* § 291 Rn. 12.
82 Vgl. oben Rn. 3 sowie oben § 18 Rn. 11 ff. und § 9 Rn. 51.
83 Siehe auch den Hinweis auf § 291 in BGHSt 44, 68 (74).
84 Vgl. oben § 9 Rn. 49, 51.
85 Vgl. oben Rn. 3.

Beispiel: Der von vornherein fest von der Wirksamkeit derartiger Apparate überzeugte O kauft von T zu einem horrenden Preis ein objektiv nutzloses Gerät zur Abwehr schädlicher Erdstrahlen. § 263 entfällt wegen Fehlens einer Täuschungshandlung des T (er hatte auch keine Rechtspflicht zur Aufklärung über die Unwirksamkeit des Erdstrahlengeräts). Dagegen liegt § 291 vor, wenn sich O in einer Schwächesituation befindet, etwa unter „Mangel an Urteilsvermögen" leidet und T dies erkennt.

II. Der Sozialwucher

1. Wesen des Sozialwuchers

33 § 291 erfasst die Ausbeutung konkreter Einzelpersonen, die sich in ganz bestimmten Schwächesituationen befinden[86]. Es widerspricht nicht der freien Marktwirtschaft, sondern wird im Gegenteil von ihr geradezu geboten, darüber hinaus ganz generell und ohne Rücksicht auf Notlagen bestimmter Einzelner gegen Preisgestaltungen einzuschreiten, die nicht aus einem freien Wettbewerb resultieren, sondern die auf eine Beschränkung des Wettbewerbs, die Ausnutzung einer wirtschaftlichen Machtstellung oder einer Mangellage zurückzuführen sind (Sozialwucher). Ein staatliches Einschreiten gebietet überdies das Sozialstaatsprinzip (Art. 20 I, 28 I 1 GG), das in dem Begriff „soziale Marktwirtschaft" zum Vorschein kommt. Durch unangemessene Preisüberhöhungen werden ja gerade die sozial Schwachen am nachhaltigsten beeinträchtigt[87]. Diese Beeinträchtigung kann so weit gehen, dass die Voraussetzungen des § 291 vorliegen[88]. Daraus ergibt sich im Übrigen, dass das Preisstrafrecht nicht nur der Aufrechterhaltung des freien Wettbewerbs, sondern auch dem Schutz des Verbrauchers dient[89]. Individual- und Sozialwucher lassen sich nicht scharf voneinander trennen, sondern gehen ineinander über[90] – ein anschaulicher Beleg auch dafür, dass sich die Wirtschaftskriminalität nicht lupenrein nach dem geschützten Rechtsgut abgrenzen lässt[91].

2. Wichtige Vorschriften zur Bekämpfung des Sozialwuchers

34 Die wichtigsten Bestimmungen gegen den Sozialwucher finden sich im Gesetz zur weiteren Vereinfachung des Wirtschaftsstrafrechts (Wirtschaftsstrafgesetz 1954 – **WiStG**) und im Gesetz gegen Wettbewerbsbeschränkungen (**GWB**).

---

86 Vgl. oben Rn. 1.
87 Vgl. zur Verfassungsmäßigkeit von Preisregelungen – kein Verstoß gegen Art. 2 I GG – BayObLG, JR 1967, 68.
88 Dessen Anwendbarkeit keineswegs dadurch ausgeschlossen wird, dass eine Mangellage für einen größeren Personenkreis besteht, BGHSt 11, 182 (183); zum tateinheitlichen Zusammentreffen von Individual- und Sozialwucher vgl. unten Rn. 37.
89 OLG Frankfurt, NJW 2014, 166 (168); dazu auch *Dähn* in: *Baumann/Dähn*, Studien zum Wirtschaftsstrafrecht, 1972, S. 64 m. w. N.
90 So z. B. auch *Fischer*, § 291 Rn. 3.
91 Vgl. oben § 19 Rn. 11 ff., 19.

a) WiStG

Die §§ 3–5 WiStG erfassen Preisverstöße als **Ordnungswidrigkeiten**[92]. 35
Die **Blankettnorm**[93] des § 3 WiStG lässt die Ahndung von Zuwiderhandlungen gegen bestimmte Preisregelungen (z. B. Höchstpreise) zu, die in anderen (die Blankettnorm ausfüllenden) Vorschriften enthalten sind. Die §§ 4 und 5 gewährleisten darüber hinaus einen Preisschutz für Gegenstände und Leistungen, für die keine besonderen gesetzlichen Preisregelungen bestehen. Anstelle der für § 291 charakteristischen Schwächesituation beim individuellen Opfer wird hier auf **bestimmte Marktsituationen** abgestellt: Beschränkung des Wettbewerbs, wirtschaftliche Machtstellung und Mangellage bei der Preisüberhöhung in Beruf oder Gewerbe (§ 4), geringes Angebot bei der Mietpreisüberhöhung (§ 5)[94]. Die Schwelle des Sozialwuchers liegt niedriger als die des Individualwuchers. Mit „**unangemessen hoch**" werden schon weniger krasse Missverhältnisse zwischen Leistung und Gegenleistung erfasst als mit „auffällig" in § 291[95]. Auch insofern werden an die Tathandlung geringere Anforderungen gestellt, als der Gesetzgeber auf den stark negativen Terminus „ausbeutet" verzichtet und sich mit der neutraleren „**Ausnutzung**" begnügt[96]. Es solches Ausnutzen liegt allerdings dann nicht vor, wenn beim Mietwucher der Mieter eine objektiv bestehende Ausweichmöglichkeit nicht wahrnimmt und die geforderte Miete ohne Weiteres und aus persönlichen Gründen zu zahlen bereit ist[97]. Im Einzelfall genau zu prüfen ist ferner, ob ein Ausnutzen auch dann vorliegen kann, wenn der Mieter den Mietpreis von dritter Seite (Sozialhilfe) erstattet bekommt[98]. Schließlich ist auch fahrlässiges Handeln, allerdings nur in der schweren Form der **Leichtfertigkeit**, bußgeldbedroht.

Den §§ 4 und 5 WiStG kommt wegen der weniger strengen Anforderungen im objektiven und subjektiven Tatbestand eine Auffangfunktion im Verhältnis zum Individualwucher (§ 291) zu, dessen Voraussetzungen – vor allem was den Tätervorsatz anbelangt – erfahrungsgemäß nur schwer nachzuweisen sind[99].

---

92 Zum Verhältnis von (Kriminal-)Strafrecht und Ordnungswidrigkeitenrecht siehe z. B. *Baumann/Weber/Mitsch*, § 4 Rn. 8 ff.; *B. Heinrich*, AT, Rn. 11, 52.
93 Zu diesem Begriff z. B. *Baumann/Weber/Mitsch*, § 8 Rn. 100 ff.; *B. Heinrich*, AT I, Rn. 113; eingehend *Tiedemann*, Tatbestandsfunktionen im Nebenstrafrecht, 1969, S. 239 ff.; zum Bestimmtheitsgrundsatz bei Blankettnormen vgl. auch *Raabe*, Der Bestimmtheitsgrundsatz bei Blankettstrafgesetzen am Beispiel der unzulässigen Marktmanipulation, 2007.
94 Zu § 5 WiStG vgl. OLG Frankfurt, NJW 2014, 166; ferner BGH, NJW 2004, 1740.
95 Vgl. oben Rn. 17 ff.; für die Mietpreisüberhöhung wird die Unangemessenheit in § 5 II WiStG festgelegt auf eine Überschreitung der ortsüblichen Vergleichsmiete von mehr als 20 %. – Für § 291 hingegen gilt die Grenze von 50 %; vgl. oben Rn. 19.
96 Zum Tatbestandsmerkmal des „Ausnutzens" vgl. OLG Frankfurt, NJW 2014, 166 (168).
97 BGH, NJW 2004, 1740 (1741); BGH, NJW 2005, 2156; OLG Frankfurt, NJW 2014, 166 (168).
98 Hierzu ausführlich OLG Frankfurt, NJW 2014, 166 (168 f.).
99 Vgl. oben Rn. 8.

b) GWB

36 Zuwiderhandlungen gegen das Verbot wettbewerbsbeschränkender Vereinbarungen (sog. „Kartellverbot" – § 1 GWB) haben zwar nicht notwendiger-, aber doch typischerweise Preisüberhöhungen zur Folge. Sie tangieren also nicht nur das marktwirtschaftliche Gefüge als solches, sondern wirken sich in der Regel auch nachteilig auf die Verbraucher aus und lassen sich somit dem Sozialwucher zurechnen. Sie werden in § 81 II Nr. 1 GWB als Ordnungswidrigkeiten erfasst und können mit beträchtlichen Bußgeldern geahndet werden. § 81 II Nr. 1 GWB ist einerseits enger als § 4 WiStG, der ja u. a. ebenfalls an eine Beschränkung des Wettbewerbs anknüpft[100], weil nur Wettbewerbsverstöße von Unternehmen und Unternehmensvereinigungen tatbestandsmäßig sind (vgl. § 1 GWB), andererseits weiter, weil er keine Beschränkung auf Gegenstände oder Leistungen des lebenswichtigen Bedarfs enthält.

Sind § 4 WiStG und § 81 II Nr. 1 GWB erfüllt, liegt Tateinheit (§ 19 OWiG) vor.

Eine spezifische Erscheinungsform wettbewerbsbeschränkenden Verhaltens, der sog. **Submissionsbetrug**, wurde durch das KorruptionsbekämpfungsG 1997 in **§ 298** zur Straftat aufgewertet[101].

3. Zusammentreffen von Individual- und Sozialwucher

37 Wer z. B. die Zwangslage eines Wohnungssuchenden ausbeutet, erfüllt die Tatbestände des § 291 StGB und des § 5 WiStG. Besteht ein auffälliges Missverhältnis zwischen Leistung und Gegenleistung, so liegt allemal auch ein unangemessen hohes Entgelt vor. Nach der allgemeinen Regel in § 21 OWiG tritt die Ordnungswidrigkeit nach § 5 WiStG als subsidiär hinter die Straftat zurück.

III. Glücksspiel, §§ 284 ff.

1. Geschütztes Rechtsgut

38 Das deutsche Glücksspielstrafrecht führte lange Zeit ein Schattendasein, rückte dann aber in den letzten Jahren vermehrt in den Blickpunkt der Öffentlichkeit. Grund war die Zunahme von Glücksspielangeboten über das Medium des Internet[102] insbesondere seitens ausländischer Anbieter, aber auch infolge der Zulassung privater Glücksspielanbieter auf dem Gebiet der ehemaligen DDR kurz vor der Wiedervereinigung. Nicht zuletzt geriet das deutsche Glücksspielrecht auch aufgrund europarechtlicher Vorgaben in die Diskussion. In dem „Bwin-Urteil"[103] hat die Große Kammer des EuGH im Jahre 2010 festgestellt, dass das staatliche Wettmo-

---

100 Vgl. oben Rn. 35.
101 Vgl. oben § 21 Rn. 103 ff.
102 Vgl. hierzu *Mintas*, Glücksspiele im Internet, 2009.
103 EuGH NJW 2009, 3221; vgl. auch EuGH NVwZ 2010, 1409; EuGH NVwZ 2010, 1422.

nopol in Deutschland gegen die europäische Niederlassungsfreiheit nach Art. 43 EG (jetzt Art. 49 AEV) verstößt.[104] In seinen Ausführungen macht die Kammer jedoch deutlich, dass ein staatliches Glücksspielmonopol grundsätzlich zulässig sein kann, sofern es der Bekämpfung von Spiel- und Wettsucht dient und dieses Ziel auch widerspruchsfrei und ernsthaft verfolgt wird. In Deutschland sei Letzteres nicht der Fall, da der Staat eine umfangreiche und intensive Werbung für das Glückspiel betreibt, wohingegen die Maßnahmen der Suchtbekämpfung überwiegend nur Alibicharakter besitzen. Auch hinsichtlich des neuen GlüStV, der seit dem 1.7.2012 gültig ist, wurden bereits seitens der EU-Kommission Bedenken geäußert – insbesondere bezüglich der Nichtzulassung von Casino-Spielen und Online-Poker[105].

Die Veranstaltung eines Glücksspiels (§ 284) und einer Lotterie (§ 287) weisen deutliche **Parallelen zum Wucher**[106] auf: In aller Regel stehen Einsatz und Gewinnchance in einem auffälligen Missverhältnis i. S. von § 291, und die Spielleidenschaft, die sich, wie der Hang zum Alkohol, bis zur Suchtkrankheit steigern kann, lässt sich mit den im Wuchertatbestand umschriebenen Schwächesituationen des Opfers vergleichen, insbesondere mit der erheblichen Willensschwäche. Demgemäß wird als **geschütztes Rechtsgut** der §§ 284 ff. überwiegend das Vermögen des Spielers[107] oder die „wirtschaftliche Ausbeutung der natürlichen Spielleidenschaft"[108] angesehen. Die Strafwürdigkeit der Vermögensgefährdung durch das Glücksspiel ist jedoch äußerst zweifelhaft, weil der Staat in beträchtlichem Umfang Spielbanken konzessioniert und selbst Lotto, Toto sowie Klassenlotterien betreibt, die vergleichbar vermögensgefährdend auf das Publikum wirken wie entsprechende private Veranstaltungen. Da diese vom Staat getragenen Veranstaltungen jedoch eine behördliche Erlaubnis besitzen, sind sie von der Strafbarkeit nach §§ 284 ff. ausgenommen. Auch wäre die Pönalisierung des Spielers in § 285 ungereimt, wenn es nur um seinen Schutz ginge. Zweck der Strafvorschriften kann also nur die Gewährleistung staatlicher Kontrolle des Glücksspiels sein[109]. Da staatliche Ausnutzung der Spielleidenschaft zulässig ist, schrumpft im Ergebnis der Unrechtsgehalt des unerlaubten Glücksspiels auf einen Verstoß gegen die

---

104 Hierzu ausführlich *Streinz/Kruis*, NJW 2010, 3745; vgl. auch NJW 2009, 3221.
105 Vgl. hierzu *Fischer*, § 284 Rn. 2c.
106 Vgl. oben Rn. 1 ff.
107 *Eisele*, BT II, Rn. 1031; *Joecks*, § 284 Rn. 1; *Lampe*, JuS 1994, 737 (740 f.); *Meurer/Bergmann*, JuS 1983, 668 (671 f.); *Mitsch*, BT 2/2, § 5 Rn. 164; *Otto*, BT, § 55 Rn. 1; vgl. auch. *Hofmann/Mosbacher*, NStZ 2006, 249 (250): „Glücksspiel wäre kein Strafrechtsproblem, wenn man dabei nicht viel Geld verlieren könnte.".
108 BGHSt 11, 209 (210); *Lackner/Kühl*, § 284 Rn. 1; SSW-*Rosenau*, § 284 Rn. 2.
109 So RGSt 65, 194 (195): „Zweck des Gesetzes ist, die wirtschaftliche Ausbeutung der natürlichen Spielleidenschaft des Publikums unter obrigkeitliche Kontrolle und Zügelung zu nehmen"; ähnlich BGHSt 11, 209 (210) und BVerfGE 28, 119 (148), wo überdies angeführt wird, „die Gewinne aus dem Spielbankbetrieb sollen nicht illegal in die Taschen von Privatleuten fließen, sondern zum wesentlichen Teil für gemeinnützige Zwecke abgeschöpft werden"; ferner BayObLG, NJW 1993, 2820 (2821); *Hund*, NStZ 1993, 571; *Kindhäuser*, BT II, § 42 Rn. 1.

§ 24 Rn. 39–39a   Wucher, Glücksspiel, sonstiger strafbarer Eigennutz

staatlichen Konzessionsvorschriften zusammen. Private Glücksspiel- und Lotterieveranstaltungen werden damit zu bloßem Verwaltungsunrecht und sollten als Bußgeldtatbestände dem Ordnungswidrigkeitenrecht zugewiesen werden[110]. Eine Strafandrohung wäre allenfalls dann gerechtfertigt, wenn man über die Gewährleistung der staatlichen Kontrolle hinaus auch die hierdurch gesicherte „Gewährleistung einer manipulationsfreien Spielchance" zum eigenständigen Rechtsgut erheben würde[111]. Sofern damit allerdings gemeint ist, dass der einzelne Spieler „vor betrügerischen Machenschaften seitens der Wettanbieter" zu schützen ist[112], käme man wieder zum Vermögensschutz, der durch § 263 allerdings ausreichend gesichert ist[113].

Die Ausgestaltung der §§ 284 ff. erinnert an Delikte gegen die Organisierte Kriminalität[114]: typische Beihilfehandlungen, wie das Bereitstellen von Räumen (§ 284 I) oder das Werben (§§ 284 IV, 287 II), und auch die Beteiligung am Glücksspiel (§ 285) sind zu täterschaftlichen Begehungsformen aufgewertet[115].

2. Umfang der Glücksspielkriminalität

39   Der Anteil des verbotenen Glücksspiels an der Gesamtkriminalität beträgt unter 0,1 %; 2011 wurden 1.139 Fälle polizeilich erfasst (davon lediglich 52 Fälle mit Internetbezug)[116], was sicher auch eine Folge der umfassenden staatlichen Befriedigung des Spieltriebes ist. Verurteilt nach §§ 284, 285 und 287 wurden 2011 ganze 155 Personen[117], wobei jedoch von einer hohen Dunkelziffer auszugehen sein dürfte[118].

3. Unerlaubte Veranstaltung eines Glücksspiels, § 284

a) Tatbestand

39a   Ein **Glücksspiel** liegt vor, wenn die Beteiligten über den Gewinn oder Verlust eines nicht ganz unbeträchtlichen Vermögenswertes nach Leistung eines Einsatzes ein ungewisses Ereignis entscheiden lassen, dessen Eintritt nicht wesentlich von Aufmerksamkeit, Fähigkeiten und Kenntnissen der

---

110 In diesem Sinne *Göhler*, NJW 1974, 825 (833 Fn. 127); *Lampe*, GA 1977, 33 (55); *Lange*, Dreher-FS 1977, S. 573; *Otto*, BT, § 55 Rn. 2.
111 So etwa *Heine*, wistra 2003, 441 (442); *Lampe*, JR 1987, 383 (384); *ders.*, JuS 1994, 737 (741 f.); *Maurach/Schroeder/Maiwald*, BT 1, § 44 Rn. 3; MüKo-*Hohmann*, 2. Aufl., § 284 Rn. 1; NK-*Wohlers/Gaede*, § 284 Rn. 4; S/S/*Heine/Hecker*, § 284 Rn. 5.
112 BVerfG, NJW 2006, 1261 (1263).
113 So auch *Kindhäuser*, BT II, § 42 Rn. 1.
114 Vgl. BT-Drucks. 12/989, S. 24, 28; *Kindhäuser*, BT II, § 42 Rn. 2; *Maurach/Schroeder/Maiwald*, BT 1, § 44 Rn. 4; *Sieber*, JZ 1995, 758 (763 ff.).
115 *Kindhäuser*, BT II, § 42 Rn. 2.
116 Polizeiliche Kriminalstatistik, Berichtsjahr 2011, S. 47 sowie Ziff. 661000 der Grundtabelle; ausweislich der PKS wurden in den letzten Jahren jährlich etwa 1.500 Straftaten nach §§ 284, 285 und 287 erfasst, wobei die Zahlen zwischen 1.193 Fällen (im Jahre 2011) und 2.282 Fällen (im Jahre 2000) schwanken. Die Aufklärungsquote lag bei weit über 90 %.
117 Strafverfolgungsstatistik, Berichtsjahr 2011, S. 38 f.
118 *Maurach/Schroeder/Maiwald*, BT 1, § 44 Rn. 4.

Spieler, sondern vom Zufall abhängt (vgl. § 3 I 1 GlüStV)[119]. Dabei ist auf die Fähigkeiten und Erfahrungen eines Durchschnittsspielers abzustellen[120].

Beispiel: Roulette[121], Würfeln um Geld[122] und nach h. M. auch Oddset-Wetten (= Sportwetten zu festen Gewinnquoten)[123].

Abzugrenzen sind die **Glücksspiele** von den **Unterhaltungsspielen,** denn dort ist kein oder ein nur unerheblicher Gewinn möglich[124]. Auch die sog. **Kettenbriefaktionen** sind keine Glücksspiele, denn hier fehlt es regelmäßig am Spieleinsatz[125]. Als unerheblicher Einsatz sind Aufwendungen für **Brief- oder Postkartenporto** und **Telefongebühren** anzusehen[126]. Ferner scheiden **Geschicklichkeitsspiele** aus, bei denen es im Wesentlich auch auf die Aufmerksamkeit sowie auf besondere Fähigkeit und Kenntnisse der beteiligten Durchschnittsspieler ankommt[127]. Hierzu zählen z. B. Skat, Billard und Kegeln[128]. Zu beachten ist allerdings, dass bereits geringfügige Abwandlungen der Spielregeln eine Änderung des Spielcharakters zur Folge haben können.[129] In diesem Sinne ist auch beim Pokern zu unterscheiden, welche Untervariante gespielt wird. Für die Spielvariante als Turnierpoker (wohl auch beim „Texas Hold'em") ist die Eigenschaft als Geschicklichkeitsspiel zu bejahen, wohingegen beim sog. „Cash Game" eher ein Glücksspiel vorliegt[130]. Ist es dem Durch-

---

119 BGHSt 34, 171 (175 f.); BGHSt 36, 74 (80); OLG Braunschweig, NJW 1954, 1777 (1778); *Eisele*, BT II, Rn. 1035; *Kindhäuser*, BT II, § 42 Rn. 3; *Lackner/Kühl*, § 284 Rn. 2; LK-*Krehl*, 12. Aufl., § 284 Rn. 7; MüKo-*Hohmann*, 2. Aufl., § 284 Rn. 5 ff.; *Wrage*, JR 2001, 405 (406); vgl. auch BGHSt 2, 274 (276); BGHSt 11, 209
120 BGH NStZ 2003, 372 (373); *Fischer*, § 284 Rn. 4.
121 RGSt 14, 28 (30); LG Bochum, NStZ-RR 2002, 170.
122 RGSt 10, 254 (252).
123 So BGH, JZ 2003, 858 mit Anm. *Wohlers*; *Fischer*, § 284 Rn. 10; *Maurach/Schroeder/Maiwald*, BT 1, § 44 Rn. 6; *Meyer*, JR 2004, 447 (448). Für die Einordnung als Geschicklichkeitsspiel noch AG Karlsruhe-Durlach, NStZ 2001, 254 mit Anm. *Wrage*; LG Bochum, NStZ-RR 2002, 170. – *Wrage*, JR 2001, 405 (406), geht in Abgrenzung zum Geschicklichkeitsspiel davon aus, dass bei dem konkreten Wettangebot stets eine einzelfallbezogene Prüfung dahin gehend zu erfolgen habe, ob der Zufall überwiege oder nicht; in diesem Sinne auch *Glöckner/Towfigh*, JZ 2010, 1027 (1034), die die Sportwette als ein „gemischtes Spiel" bezeichnen. Zum Begriff der Oddset-Wette vgl. *Janz*, NJW 2003, 1694 (1695); *Meyer*, JR 2004, 547.
124 Nach RGSt 6, 70 (74) steht hier die „harmlose Unterhaltung" im Vordergrund; vgl. auch *Kindhäuser*, BT II, § 42 Rn. 4; *Lackner/Kühl*, § 284 Rn. 7; *Maurach/Schroeder/Maiwald*, BT 1, § 44 Rn. 7; MüKo-*Hohmann*, 2. Aufl., § 284 Rn. 10.
125 BGHSt 34, 171 (175 ff.) mit Anm. *Lampe*, JR 1987, 383; OLG Stuttgart, NJW 1964, 365; *Kindhäuser*, BT II, § 42 Rn. 4; *Maurach/Schroeder/Maiwald*, BT 1, § 44 Rn. 5; *Richter*, wistra 1987, 276; S/S/*Heine/Hecker*, § 284 Rn. 8; *Sonnen*, JA 1987, 108. Kettenbriefe, die sich durch ein System von progressiver Kundenwerbung auszeichnen (sog. Schneeballsysteme), und die mit § 287 nur unzureichend erfasst werden konnten (dazu näher *Lampe*, GA 1977, 33 ff.), sind seit 1986 in dem durch das 2. WiKG eingefügten § 16 UWG unter Strafe gestellt. Siehe dazu S/S/*Heine/Hecker*, § 287 Rn. 8; *Weber*, NStZ 1986, 481 (487). Eingehend zum Ganzen *Bläse*, Die strafrechtliche Erfassung von Schneeballsystemen, insbesondere Kettenbrief- und System der progressiven Kundenwerbung, 1997.
126 *Fischer*, § 284 Rn. 5, der auch darauf hinweist, dass etwas anders bei hohen Telefonkosten durch längere Hotline-Verbindungen gilt, die für die Teilnahme am Gewinnspiel Voraussetzung sind; ebenso LK-*Krehl*, 12. Aufl., § 284 Rn. 12a.
127 BGHSt 2, 274 (276); *Lackner/Kühl*, § 284 Rn. 5; MüKo-*Hohmann*, 2. Aufl., § 284 Rn. 5, 7 f.; *Otto*, BT, § 55 Rn. 3; *Wrage*, JR 2001, 405 (406).
128 LK-*Krehl*, 12. Aufl., § 284 Rn. 9.
129 So z. B. beim „Preisskat", vgl. LK-*Krehl*, 12. Aufl., § 284 Rn. 14.
130 So *Kretschmer*, ZfWG 2007, 93 (98 ff.); *Schmidt/Wittig*, JR 2009, 45 (46 f.); S/S/*Heine/Hecker*, § 284, Rn. 10; anders *Fischer*, § 284 Rn. 8, der Poker wohl stets als Glücksspiel sieht.

schnittsspieler beim sog. **Hütchenspiel** aufgrund der regelmäßig praktizierten Spielbedingungen nicht möglich, den Ausgang des Spiels durch seine Fähigkeiten zu beeinflussen, liegt auch hier ein Glücksspiel vor[131]. Auch Lotterien und Ausspielungen sind als Glücksspiele anzusehen, sie werden jedoch nach § 287 gesondert erfasst[132]. Abzugrenzen ist das Glücksspiel ferner von der **Wette**[133]. Die Abgrenzung erfolgt nach dem Vertragszweck: Zweck des Spieles ist die Unterhaltung oder der Gewinn, der Zweck der Wette liegt in der Bekräftigung eines ernsthaften Meinungsstreites[134]. Entgegen der Bezeichnung sind Sport„wetten" daher zumeist Glücksspiele[135]. Kein Glückspiel hingegen sind „Auktionen" über Internet-Plattformen wie eBay oder Swoopo[136]

39b Ferner muss das Glücksspiel **öffentlich** sein (vgl. hierzu § 3 II GlüStV). Dies ist der Fall, wenn die Beteiligung in erkennbarer Weise beliebigen Personen offen steht. Es darf also nicht auf einen geschlossenen, durch konkrete und außerhalb des Spielzwecks liegende Interessen verbundenen, Personenkreis beschränkt sein[137]. § 284 II erweitert den Begriff der Öffentlichkeit auf **gewohnheitsmäßig veranstaltete** Glücksspiele in Vereinen oder geschlossenen Gaststätten. Gewohnheitsmäßigkeit liegt vor, sofern der relevante Personenkreis aufgrund eines durch Übung ausgebildeten Hanges zum Glücksspiel zusammenkommt (Beispiel: die an jedem Freitagabend stattfindende private Pokerrunde)[138].

39c Als **Tathandlung** gilt nicht das Spielen selbst (vgl. § 285), sondern das Veranstalten, Halten oder Bereitstellen der Spieleinrichtung. Ein Glücksspiel **veranstaltet**, wer dem Publikum die Gelegenheit zum Spiel eröffnet[139]. Dazu muss der Veranstalter verantwortlich und organisatorisch den äußeren Rahmen für die Abhaltung des Glücksspiels schaffen[140]. Das Zustandekommen von Spielverträgen ist jedoch nicht erforderlich[141], genau so wenig, wie die Beteiligung des Veranstalters selbst am Spiel[142].

---

131 BGHSt 36, 74 (79 f.); *Kindhäuser*, BT II, § 42 Rn. 4; MüKo-*Hohmann*, 2. Aufl., § 284 Rn. 9; NK-*Wohlers/Gaede*, § 284 Rn. 10; hingegen nur für eine Strafbarkeit nach § 263 *Lackner/Kühl*, § 284 Rn. 5. Zu den verschiedenen Konstellationen, in denen Betrug relevant wird, vgl. NK-*Wohlers/Gaede*, § 284 Rn. 11.
132 Vgl. hierzu unten Rn. 39h; zu „Hausverlosungen" im Internet vgl. *Mintas*, ZfWG 2009, 82 ff.
133 Zwar werden Spiel und Wette im Zivilrecht einheitlich behandelt (beide begründen nur unvollkommene Verbindlichkeiten, § 762 BGB), strafbar ist aber nur das (unerlaubte) Glücksspiel (mit der zivilrechtlichen Nichtigkeitsfolge des § 134 BGB).
134 RGSt 6, 172 (175 f.); RGSt 6, 421 (425); *Lackner/Kühl*, § 284 Rn. 6; *S/S/Heine/Hecker*, § 284 Rn. 6; *Weber*, Strafrechtliche Aspekte der Sportwette, in: *Pfister*: Rechtsprobleme der Sportwette, 1989, S. 39 (41 f.).
135 *Kindhäuser*, BT II, § 42 Rn. 4; *Lackner/Kühl*, § 284 Rn. 6.
136 Hierzu vgl. *Rotsch/Heissler*, ZIS 2010, 403 ff.
137 RGSt 63, 44 (45); BGHSt 9, 39 (42); *Kindhäuser*, BT II, § 42 Rn. 5; *Lackner/Kühl*, § 284 Rn. 10; NK-*Wohlers/Gaede*, § 284 Rn. 15.
138 RGSt 56, 246; *Kindhäuser*, BT II, § 42 Rn. 5; NK-*Wohlers/Gaede*, § 284 Rn. 16; *Otto*, BT § 55 Rn. 5; *S/S/Heine/Hecker*, § 284 Rn. 13.
139 MüKo-*Hohmann*, 2. Aufl., § 284 Rn. 24; NK-*Wohlers/Gaede*, § 284 Rn. 17; *S/S/Heine/Hecker*, § 284 Rn. 15.
140 BGH, NStZ 2003, 372 (373); BayObLG, NJW 1993, 2820; *Fischer*, § 284 Rn. 18; MüKo-*Hohmann*, 2. Aufl., § 284 Rn. 24; NK-*Wohlers/Gaede*, § 284 Rn. 17; *Otto*, BT, § 55 Rn. 7; *S/S/Heine/Hecker*, § 284 Rn. 15.
141 *Fischer*, § 284 Rn. 18; *SK-Hoyer*, § 284 Rn. 23.
142 MüKo-*Hohmann*, 1. Aufl., § 284 Rn. 24; *S/S/Heine/Hecker*, § 284 Rn. 15; *SK-Hoyer*, § 284 Rn. 23.

Fraglich ist jedoch, wie das **Vermitteln** von Glücksspielen zu bewerten ist. Dies wird besonders im Bereich der Sportwetten relevant, wenn hinter dem deutschen Wettannahmebüro ein **ausländischer Wettanbieter** steht. Da die Übermittlung der Wettdaten und des Gewinnsaldos an den (ausländischen) Wettanbieter dem (deutschen) Publikum die Spielaufnahme erst ermöglicht, stellt auch die Vermittlung ein Veranstalten dar[143]. Dafür spricht ferner die weitgehende Gleichstellung des Vermittelns mit dem Veranstalten in § 3 IV-VI GlüStV[144]. Da in diesem Fall dann auch der Veranstaltungsort in Deutschland liegt, ist deutsches Strafrecht anwendbar[145].

Das **Halten** eines Spieles setzt voraus, dass das Spiel tatsächlich begonnen hat[146]. Der Halter muss das Spiel leiten und/oder den äußeren Ablauf des eigentlichen Spielverlaufs eigenverantwortlich überwachen[147].

Beispiel: Verwaltung von Spieleinsätzen, Auszahlung von Spielgewinnen (Beispiel: der Croupier einer Spielbank[148]). Nicht erforderlich sind wirtschaftliche Interessen oder ein Mitspielen des Halters selbst[149].

Das **Bereitstellen von Einrichtungen** zum Glücksspiel erfasst die Vorbereitungshandlung des Zur-Verfügung-Stellens von Spieleinrichtungen[150]. Zu den Spieleinrichtungen können neben Gegenständen, die ihrer **Natur** nach dazu bestimmt sind, zu Glücksspielen benutzt zu werden (z. B. Spieltische), auch neutrale Gegenstände zählen. Diese müssen dann aber **konkret** dazu bestimmt sein, dem Glücksspiel zu dienen (z. B. Räume, Tische und Stühle)[151].

Beispiel: In einem Restaurant veranstaltet eine Gruppe ein Glücksspiel. Stellt der Wirt seine Räumlichkeiten der Gruppe in dem Bewusstsein zur Verfügung, dass sie dort Glücksspiele durchführen, hat er seine Räumlichkeiten i.S. von § 284 **bereitgestellt**. Duldet er hingegen nur das Glücksspiel, stellt er dadurch noch keine Einrichtungen bereit[152]. Hier kommt jedoch eine Beihilfe nach § 285 in Betracht.

§ 284 IV erweitert die Strafbarkeit auf das **Werben** für ein öffentliches Glücksspiel. Hier werden Verhaltensweisen im Vorfeld der Tathandlungen nach Abs. 1 oder 2 erfasst und mit einer geringeren Strafe (Höchststrafe ein

---

143 So *Fischer*, § 284 Rn. 18a; *Lackner/Kühl*, § 284 Rn. 11; *Wohlers*, JZ 2003, 858 (862); einschränkend *Heine*, wistra 2003, 441 (445); a. M. AG Karlsruhe-Durlach, NStZ 2001, 254; *Wrage*, JR 2001, 405 (406); ferner *Janz*, NJW 2003, 1684 (1700), wonach unter Beachtung des Analogieverbots ein Vermitteln kein Veranstalten darstellen kann; vgl. auch *Meyer*, JR 2004, 447 (449), der jedoch ein Bereitstellen von Einrichtungen bejaht.; differenzierend *S/S/Heine/Hecker*, § 284 Rn. 16.
144 Siehe *Fischer*, § 284 Rn. 18a; a. M. SSW-*Rosenau*, § 284 Rn. 12.
145 *Meyer*, JR 2004, 447 (450 f.); *Wohlers*, JZ 2003, 858 (862).
146 MüKo-*Hohmann*, 2. Aufl., § 284 Rn. 25; NK-*Wohlers/Gaede*, § 284 Rn. 19; SK-*Hoyer*, § 284 Rn. 25; *S/S/Heine/Hecker*, § 284 Rn. 18.
147 BayObLG, NJW 1993, 2820 mit Anm. *Lampe*, JuS 1994, 737 (741); MüKo-*Groeschke/Hohmann*, 1. Aufl., § 284 Rn. 16; NK-*Wohlers/Gaede*, § 285 Rn. 19; *S/S/Heine/Hecker*, § 284 Rn. 18.
148 BayObLG, NJW 1993, 2820 (2821); *S/S/Heine/Hecker*, § 284 Rn. 18; SK-*Hoyer*, § 284 Rn. 25.
149 SK-*Hoyer*, § 284 Rn. 25; SSW-*Rosenau*, § 284 Rn. 13.
150 MüKo-*Hohmann*, 2. Aufl., § 284 Rn. 26; NK-*Wohlers/Gaede*, § 284 Rn. 20.
151 RGSt 56, 117; OLG Köln, NStZ 2006, 225, 226; MüKo-*Hohmann*, 2. Aufl., § 284 Rn. 26; NK-*Wohlers/Gaede*, § 284 Rn. 20; SK-*Hoyer*, § 284 Rn. 25; a. M. *Lampe*, JuS 1994, 737 (740); SSW-*Rosenau*, § 284 Rn. 14.
152 Vgl. dazu MüKo-*Hohmann*, 2. Aufl., § 284 Rn. 26; NK-*Wohlers/Gaede*, § 284 Rn. 20; *S/S/Heine/Hecker*, § 284 Rn. 21.

§ 24 Rn. 39d   Wucher, Glücksspiel, sonstiger strafbarer Eigennutz

Jahr Freiheitsstrafe) bedroht[153]. Abs. 4 wurde durch das 6. StrRG 1998 eingeführt und soll vor allem ausländische Anbieter erfassen, die im Inland werben[154]. Daher ist es nicht entscheidend, ob eine Spielbeteiligung vom Inland aus möglich ist, denn in diesem Fall wäre bereits Abs. 1 einschlägig[155]. Werben ist jede Aktivität, die darauf abzielt, einen anderen zur Beteiligung am Spiel zu verlocken, wobei die bloße informative Ankündigung einer Gelegenheit zum Glücksspiel genügt[156]. Die Strafbarkeit ist von der tatsächlichen Durchführung des beworbenen Glücksspiels unabhängig[157].

39d Die Tathandlungen müssen **ohne behördliche Erlaubnis** vorgenommen werden. Das Fehlen der Erlaubnis ist (negatives) Tatbestandsmerkmal[158]. Dabei kommt es nicht auf die materielle Rechtmäßigkeit, sondern nur auf die formelle Wirksamkeit der Erlaubnis an[159].

Für Spielbanken gelten die **Spielbankgesetze der Länder**[160]. Bei Spielgeräten und anderen Spielen mit Gewinnmöglichkeiten sowie Spielhallen finden die §§ **33c–33i GewO** Anwendung. Für Pferderennwetten gilt das bundesrechtliche **Rennwett- und Lotteriegesetz**[161]. Ansonsten gelten **landesrechtliche Sportwettengesetze,** wobei die Sportwetten derzeit ausschließlich staatlichen Anbietern vorbehalten sind[162].

Zu beachten ist allerdings, dass im Jahre 1990 einige Konzessionen aufgrund des **DDR-Gewerbegesetzes** in den neuen Bundesländern vor dem Beitritt erteilt wurden (insbesondere für **Oddset-Wetten**). Nach h. M. sind solche Genehmigungen als Verwaltungsakte der DDR nach Art. 19 S. 1 Einigungsvertrag auch nach dem Beitritt wirksam[163].

---

153 Vgl. *Kindhäuser*, BT II, § 42 Rn. 10; *Mitsch*, BT 2/2, § 5 Rn. 175.
154 BT-Drucks. 13/8587, S. 67 f.; *Maurach/Schroeder/Maiwald*, BT 1, § 44 Rn. 20; S/S/*Heine/Hecker*, § 284 Rn. 34; vgl. zur Veranstaltung von Glücksspielen durch ausländische Anbieter per Internet *Barton/Gercke/Janssen*, wistra 2004, 321.
155 So SK-*Hoyer*, § 284 Rn. 38; vgl. auch RGSt 42, 430 (433); *Schoene*, NStZ 1991, 469; a. M. LK-*Krehl*, 12. Aufl., § 284 Rn. 25; MüKo-*Hohmann*, 2. Aufl., § 284 Rn. 27; NK-*Wohlers/Gaede*, § 284 Rn. 25; SSW-*Rosenau*, § 284 Rn. 14.
156 So SK-*Hoyer*, § 284 Rn. 37; vgl. auch *Maurach/Schroeder/Maiwald*, BT 1, § 44 Rn. 20. Enger z. B. *Lackner/Kühl*, § 284 Rn. 15; LK-*Krehl*, 12. Aufl., § 284 Rn. 25; MüKo-*Hohmann*, 2. Aufl., § 284 Rn. 27; NK-*Wohlers/Gaede*, § 284 Rn. 25; SSW-*Rosenau*, § 284 Rn. 15, die auf propagandistische, Gewinn versprechende Ankündigungen und Anpreisungen abstellen.
157 *Fischer*, § 284 Rn. 24; MüKo-*Hohmann*, 2. Aufl., § 284 Rn. 20.
158 *Fischer*, § 284 Rn. 13; *Lackner/Kühl*, § 284 Rn. 12; NK-*Wohlers/Gaede*, § 284 Rn. 21; a. M. *Maurach/Schroeder/Maiwald*, BT 1, § 44 Rn. 9. Der Tatbestand ist somit *verwaltungsakzessorisch* ausgestaltet; vgl. zum Begriff „Verwaltungsakzessorietät" *Baumann/Weber/Mitsch*, § 16 Rn. 8, § 17 Rn. 125.
159 So *Kindhäuser*, BT II, § 42 Rn. 6; MüKo-*Hohmann*, 2. Aufl., § 284 Rn. 17; *Otto*, BT, § 55 Rn. 9; SK-*Hoyer*, § 284 Rn. 27; ähnlich *Lackner/Kühl*, § 284 Rn. 12.
160 Vgl. S/S/*Heine/Hecker*, § 284 Rn. 26.
161 Gesetz vom 8. April 1922, RGBl. 1922 I, 335 (393); vgl. hierzu *Wrage*, JR 2001, 405.
162 Zur Unterscheidung von Glücksspiel und Wette und der rechtlichen Einordnung der Sport„wette" als Glücksspiel vgl. oben Rn. 39a; hierzu auch *Janz*, NJW 2003, 1694 (1698).
163 So ThürOVG, GewArch 2000, 118 (119); *Heine*, wistra 2003, 441; *Horn*, NJW 2004, 2047 (2049 f.); *Janz*, NJW 2003, 1694 (1698); a. M. OVG Münster, NVwZ-RR 2003, 352 (353); MüKo-*Hohmann*, 2. Aufl., § 284 Rn. 22; *Schmidt*, WRP 2004, 1145 (1155). Jedoch ist im August 2006 im Freistaat Sachsen die Konzession für den größten dieser Anbieter widerrufen worden, vgl. dazu *Tröndle/Fischer*, 54. Aufl., § 284 Rn. 14.

Umstritten ist die Handhabung von **Genehmigungen von EU-Mitgliedstaaten.** Überwiegend wird davon ausgegangen, dass diese keine Erlaubnisse i. S. des § 284 darstellen[164]. Auch der EuGH geht in seinem „Bwin-Urteil"[165] davon aus, dass die Mitgliedstaaten nicht verpflichtet sind, erteilte Erlaubnisse eines anderen Mitgliedstaates anzuerkennen. Allerdings hatte der EuGH schon in seiner Gambelli-Entscheidung[166] festgestellt (und durch das Bwin-Urteil nun bestätigt), dass derartige Beschränkungen nur dann mit EU-Recht vereinbar sind, sofern sie „wirklich dem Ziel dienen, die Gelegenheiten zum Spiel zu vermindern, und die Finanzierung sozialer Aktivitäten mit Hilfe einer Abgabe auf die Einnahmen aus genehmigten Spielen nur eine erfreuliche Nebenfolge, nicht aber der eigentliche Grund der betriebenen restriktiven Politik" sind. Genau dies dürfte aber (immer noch) fraglich sein[167].

§ 284 setzt zumindest bedingten Vorsatz voraus[168]. Problematisch ist insbesondere ein Irrtum über die Einordnung des Spiels als „Glücksspiel". So ist die irrige Annahme, der Ausgang des Spieles sei von Geschicklichkeit und nicht vom Zufall abhängig, dann als vorsatzausschließender Tatbestandsirrtum anzusehen, wenn der Täter tatsächliche Umstände falsch wahrnimmt[169]. Misslingt aber dem Täter trotz Kenntnis der tatsächlichen Umstände die Bewertung als Glücksspiel, liegt ein Subsumtionsirrtum vor, der als Unterform des Verbotsirrtums nur bei Unvermeidbarkeit die Schuld, nicht aber den Vorsatz ausschließt[170]. Die irrige Annahme, eine Erlaubnis liege vor, ist Tatbestandsirrtum, wobei ein Irrtum über die Erlaubnispflicht selbst lediglich einen Verbotsirrtum darstellt[171]. 39e

b) Die Qualifikation des Abs. 3

Der Qualifikatstatbestand sieht für die **gewerbsmäßige** (Nr. 1) oder **bandenmäßige** (Nr. 2) Tatbegehung eine Freiheitsstrafe von 3 Monaten bis zu 5 Jahren vor. Die Vorschrift wurde 1992 zur Bekämpfung der Organisierten Kriminalität eingeführt[172]. Sie ist dem § 260 nachgebildet[173]. Die in Nr. 1 aufgeführte Gewerbsmäßigkeit stellt ein besonderes persönliches Merkmal i. S. von § 28 II dar[174]. 39f

---

164 BGH, NJW 2002, 2175 (2176); BGH, NJW 2004, 2158 (2160); OVG NRW, GewArch 2003, 164; *Matt/Renzikowski-Wietz*, § 284 Rn. 15; MüKo-*Hohmann*, 2. Aufl., § 284 Rn. 21; *Rüping*, JZ 2005, 234 (239); *Wohlers*, JZ 2003, 860 (861); a. M. *Lackner/Kühl*, § 284 Rn. 12; differenzierend *S/S/Heine/Hecker*, § 284 Rn. 30; SSW-*Rosenau*, § 284 Rn. 20.
165 EuGH NJW 2009, 3221; vgl. auch EuGH, NVwZ 2010, 1409 (1416 f.); EuGH, NVwZ 2010, 1422.
166 EuGH, NJW 2004, 139 (140).
167 Vgl. hierzu auch oben Rn. 38.
168 *Fischer*, § 284 Rn. 25; *Lackner/Kühl*, § 284 Rn. 13.
169 *Fischer*, § 284 Rn. 25; NK-*Wohlers/Gaede*, § 284 Rn. 23.
170 LK-*Krehl*, 12. Aufl., § 284 Rn. 23; *S/S/Heine/Hecker*, § 284 Rn. 31; vgl. zum Subsumtionsirrtum *B. Heinrich*, AT, Rn. 1078 ff.
171 *Fischer*, § 284 Rn. 25; *S/S/Heine/Hecker*, § 284 Rn. 31; SK-*Hoyer*, § 284 Rn. 34.
172 BT-Drucks. 12/989, S. 20, 29; SK-*Hoyer*, § 284 Rn. 35.
173 *S/S/Heine/Hecker*, § 284 Rn. 33; vgl. hierzu unten § 28 Rn. 36.
174 *Fischer*, § 284 Rn. 23; *Mitsch*, BT 2/2, § 5 Rn. 173.

4. Beteiligung am unerlaubten Glücksspiel, § 285

39g Am Glücksspiel beteiligt sich, wer selbst daran als **Spieler** teilnimmt[175]. Folglich muss das Spiel bereits begonnen haben[176]. Beteiligter ist auch, wer in Vertretung oder als Beauftragter eines anderen auf dessen Rechnung spielt[177]. Für **verdeckte Ermittler** gelten die allgemeinen Regeln, die Teilnahme kann also durchaus den Tatbestand des § 285 erfüllen.[178]

> Zu beachten ist, dass beim „professionellen" Spieler oftmals eine Spielsucht vorliegen wird, die bei Erreichen der Grenze des § 20 die Schuld ausschließt.

5. Unerlaubte Veranstaltung einer Lotterie oder einer Ausspielung, § 287

39h Aus historischen Gründen werden die Lotterie und die Ausspielung als spezielle Glücksspiele in § 287 geregelt[179]. **Lotterie** und **Ausspielung** unterscheiden sich vom Glücksspiel dadurch, dass nach einem vom Unternehmer einseitig festgelegten Spielplan gespielt wird[180]. Demnach zeichnen sich Lotterie und Ausspielung dadurch aus, dass einer Mehrzahl von Personen die Möglichkeit eröffnet wird, gegen einen bestimmten Einsatz und nach einem bestimmten Plan, ein vom Zufall abhängiges Recht auf Gewinn zu erwerben[181], wobei bei der Lotterie der Gewinn stets in Geld und bei Ausspielungen in geldwerten Sachen oder Leistungen besteht (vgl. § 3 III GlüStV)[182]. Eine Ausspielung liegt z. B. bei einer „Hausverlosung" im Internet vor[183].

Wie bei § 284 muss es sich auch hier um **öffentliche** Lotterien und Ausspielungen handeln, wobei keine Erweiterung i. S. von § 284 II gegeben ist[184]. Auch hier ist das Verhalten nur strafbar, wenn **keine behördliche Erlaubnis** vorliegt. Die Zuständigkeit richtet sich nach den entsprechenden Lotteriegesetzen der Länder[185].

Abs. 1 nennt als **Tathandlung** das **Veranstalten,** also die Eröffnung der Möglichkeit zur Beteiligung am Spiel nach festgelegtem Spielplan[186]. Der

---

175 *Fischer,* § 285 Rn. 2; *Otto,* BT, § 55 Rn. 13; *S/S/Heine/Hecker,* § 285 Rn. 3.
176 *S/S/Heine/Hecker,* § 285 Rn. 2.
177 So LK-*Krehl,* 12. Aufl., § 285 Rn. 2; MüKo-*Hohmann,* 2. Aufl., § 285 Rn. 9; *S/S/Heine/Hecker,* § 285 Rn. 3; für eine Beihilfe in diesen Fällen *Fischer,* § 285 Rn. 3.
178 So auch *Fischer,* § 285 Rn. 2; LK-*Krehl,* 12. Aufl., § 285 Rn. 3; NK-*Wohlers,* § 285 Rn. 5; a. M. *Lackner/Kühl,* § 285 Rn. 1; *S/S/Heine/Hecker,* § 285 Rn. 6, wonach es hier an einer Beeinträchtigung staatlicher Kontrollinteressen fehlt.
179 Vgl. *Maurach/Schroeder/Maiwald,* BT 1, § 44 Rn. 13; *Otto,* BT, § 55 Rn. 14. Durch das 6. StrRG wurde die Vorschrift (§ 286 a. F.) neu gefasst und neu nummeriert, vgl. *S/S/Heine/Hecker,* § 287 Rn. 1.
180 *Lackner/Kühl,* § 287 Rn. 1; MüKo-*Hohmann,* 2. Aufl., § 287 Rn. 8; SK-*Hoyer,* § 287 Rn. 4.
181 *Fischer,* § 287 Rn. 2; *Otto,* BT, § 55 Rn. 15.
182 *Lackner/Kühl,* § 287 Rn. 4; *Otto,* BT, § 55 Rn. 15.
183 Hierzu vgl. BGH, NStZ 2011, 401; *Fischer,* § 287 Rn. 9; *Mintas,* ZfWG 2009, 82.
184 SSW-*Rosenau,* § 287 Rn. 9; vgl. zu § 284 II schon Rn. 39b.
185 Vgl. dazu NK-*Wohlers,* § 287 Rn. 8; *S/S/Heine/Hecker,* § 287 Rn. 14.
186 *Lackner/Kühl,* § 287 Rn. 6; *Otto,* BT, § 55 Rn. 16; *S/S/Heine/Hecker,* § 287 Rn. 11; a. M. SK-*Hoyer,* § 287 Rn. 8, der eine Betätigung als Unternehmer fordert.

Spieler selbst wird nicht bestraft[187]. Die durch das 6. StrRG eingefügten Beispiele des Anbietens des Abschlusses oder der Annahme von Angeboten zum Abschluss von Spielverträgen haben nur klarstellende Bedeutung[188]. So unterfällt auch das Übersenden von Teilnahmebedingungen[189] oder der selbstständige Abschluss von Spielverträgen auf eigene Rechnung im Rahmen einer von einem anderen abgehaltenen Lotterie dem Veranstalten[190]. – Abs. 2, der durch das 6. StrRG 1998 eingeführt wurde, stellt das **Werben** für Veranstaltungen nach Abs. 1 unter Strafe[191].

6. Konkurrenzen

Nimmt der Täter des § 284 zugleich nach § 285 am Spiel teil, tritt § 285 zurück[192]. § 284 IV tritt zurück, falls der Täter nach § 284 I strafbar ist[193]. Jedoch wird §§ 285, 26 von § 284 IV verdrängt[194]. § 287 verdrängt als lex specialis § 284[195]. Tateinheit zwischen §§ 284 ff. und § 263 ist möglich[196].

IV. Verweis auf sonstige Fälle „strafbaren Eigennutzes"

Der 25. Abschnitt des BT (§§ 284–297) enthält ein Sammelsurium von Strafvorschriften, die recht unterschiedliche Rechtsgüter schützen: In § 290 (unbefugter Gebrauch von Pfandsachen) wird ein Sonderfall der Gebrauchsanmaßung erfasst. Der Tatbestand wird deshalb im Zusammenhang mit dem unbefugten Gebrauch von Fahrzeugen (§ 248b) im Anschluss an den Diebstahl erwähnt[197]. Die §§ 292 und 293 (Wilderei) sowie § 289 (Pfandkehr) schützen gegenüber dem Eigentum schwächere, spezialisierte Vermögensrechte[198]. § 288 (Vollstreckungsvereitelung) will die Befriedigung des Gläubigers aus dem Schuldnervermögen sicherstellen[199].

Der noch nicht in anderem sachlichen Zusammenhang behandelte § 297 (Gefährdung von Schiffen, Kraft- und Luftfahrzeugen durch Bannware) stellte ursprünglich nur die **Vermögensgefährdung** des gutgläubigen Schiffseigners durch die Schaffung von Beschlagnahme- oder Einziehungsvoraussetzungen unter Strafe (Schiffsgefährdung). Durch das 6. StrRG 1998 wurde der Tatbestand in verschiedene Richtungen ausgeweitet: (1) Verursachung der Gefahr einer **Bestrafung** des Schiffseigners

---

187 Vgl. *Fischer*, § 287 Rn. 11.
188 Vgl. BT-Drucks. 13/9064, S. 21; *Fischer*, § 287 Rn. 11.
189 *S/S/Heine/Hecker*, § 287 Rn. 11.
190 *Fischer*, § 287 Rn. 11; *S/S/Heine/Hecker*, § 287 Rn. 11.
191 Vgl. oben Rn. 39c.
192 *Fischer*, § 284 Rn. 26; LK-*Krehl*, 12. Aufl., § 284 Rn. 26; NK-*Wohlers*, § 284 Rn. 26; a. M. (Tateinheit) *S/S/Heine/Hecker*, § 284 Rn. 36; SK-*Hoyer*, § 284 Rn. 36.
193 *Fischer*, § 284 Rn. 26; MüKo-*Hohmann*, 2. Aufl., § 284 Rn. 34.
194 MüKo-*Hohmann*, 2. Aufl., § 284 Rn. 34.
195 BGHSt 34, 171 (179); *Fischer*, § 287 Rn. 16; *Lackner/Kühl*, § 287 Rn. 9.
196 *Fischer*, § 284 Rn. 26, § 287 Rn. 16; *S/S/Heine/Hecker*, § 284 Rn. 36, § 285 Rn. 7, § 287 Rn. 19.
197 Vgl. oben § 13 Rn. 148.
198 Vgl. oben § 16 Rn. 6 ff. und 24 ff.
199 Vgl. oben § 16 Rn. 32 ff.

§ 24 Rn. 41　　　Wucher, Glücksspiel, sonstiger strafbarer Eigennutz

oder des Schiffsführers (§ 297 I Nr. 2) – insoweit schützt die Vorschrift, vergleichbar § 344, Unschuldige gegen Verfolgung, enthält also ein Freiheitsgefährdungsdelikt. (2) Im Hinblick auf die Gefahr der Bestrafung des Schiffsführers kann auch der **Schiffseigner Täter** sein, § 297 II. (3) Ausdehnung des Anwendungsbereichs auf **Kraft- und Luftfahrzeuge**, § 297 IV.

Beispiel: Im Kfz des harmlosen Auslandsurlaubers A wird von Rauschgifthändlern Heroin versteckt. A läuft Gefahr, dass an der deutschen Grenze sein Fahrzeug beschlagnahmt und gegen ihn ein Strafverfahren wegen Einfuhr von Betäubungsmitteln eingeleitet wird.

Teil IV:
Verletzung öffentlicher und privater Interessen durch Anschluss an Straftaten: Strafvereitelung, Begünstigung, Hehlerei und Geldwäsche, §§ 257–262

§ 25 Einführung;
insbes. zum kriminalpolitischen Hintergrund und zu den Rechtsgütern

Literaturhinweise (zu den Anschlussdelikten allgemein): *Altenhain*, Das Anschlussdelikt. Grund, Grenzen und Schutz des staatlichen Strafanspruchs und Verfallrechts nach einer individualistischen Strafrechtsauffassung, 2002; *ders.*, Begünstigung und Hehlerei. Zur kriminologischen Problematik der §§ 257, 259, 260 StGB und zu daraus zu ziehenden strafrechtlichen Konsequenzen, GA 1988, 243; *Geerds*, Begünstigung und Hehlerei, GA 1988, 243; *Hörnle*, Anschlussdelikte als abstrakte Gefährdungsdelikte – Wem sind die Gefahren durch verbotene Märkte zuzurechnen?, Schroeder-FS 2006, S. 477; *Lüderssen*, Aus der grauen Zone zwischen staatlichen und individuellen Interessen. Zur Funktion der Strafverteidigung in einer freien Gesellschaft, Sarstedt-FS 1981, S. 145; *Neumann*, Reform der Anschlussdelikte – Reformdiskussion und Gesetzgebung seit 1870, 2007; *Schittenhelm*, Alte und neue Probleme der Anschlußdelikte im Lichte der Geldwäsche, Lenckner-FS 1998, S. 519; *Seel*, Begünstigung und Strafvereitelung durch Vortäter und Vortatteilnehmer, 1999; *Stree*, Begünstigung, Strafvereitelung und Hehlerei. Betrachtungen zu der Neuregelung, JuS 1976, 137; *Wilbert*, Begünstigung und Hehlerei, 2007; *Wolff*, Begünstigung, Strafvereitelung und Hehlerei, 2002.

Übersicht

		Rn.
I.	Rechtsgüterschutz durch Anschlussdelikte	1
	1. Das Verbot der Teilnahme nach der Tat	1
	2. Teilnahme vor und Teilnahme nach der Tat	3
	3. Die Vermischung öffentlicher und privater Interessen bei den Anschlusstaten	6
II.	Umfang der Kriminalität, Tatsituationen und Täter	7
	1. Allgemeines	7
	2. Umfang der Kriminalität (§§ 257–262)	8
	3. Spezielle Erscheinungsformen der Hehlerei	9
	4. Geldwäsche	13

I. Rechtsgüterschutz durch Anschlussdelikte

1. Das Verbot der Teilnahme nach der Tat

1   Vor der Neufassung der §§ 257 ff. durch das EGStGB ab dem 1.1.1975 bezeichnete man **Strafvereitelung** i. S. des heutigen § 258 als **persönliche Begünstigung** (§ 257 I 1. Alt. a. F.). Die **Begünstigung** i. S. des heutigen § 257 bezeichnete man als **sachliche Begünstigung** (§ 257 I 2. Alt. a. F.)[1]. – Wenn im Folgenden vom **Täter** gesprochen wird, ist der Täter der §§ 257 ff. gemeint. **Vortäter** hingegen ist derjenige, an dessen Straftat sich der Täter anschließt.

2   Das Strafrecht, das wichtige Rechtsgüter mithilfe von Strafdrohungen zu schützen sucht, zielt dort, wo es die Straftat nicht verhindern kann, auf Minimalisierung des Schadens und **Isolierung des Rechtsbrechers**. Die Strafdrohungen auch gegen Teilnehmer sollen die Gewinnung von Komplizen erschweren. Das alte Rechtssprichwort „mitgegangen, mitgefangen, mitgehangen" gibt dieses Streben nach Isolierung des Täters eindringlich wieder.

Für die in §§ 257 ff. geregelten **Anschlussstraftaten** ist der Gedanke entscheidend, dass die Isolierung des Täters auch für die Zeit nach der Tatbegehung erstrebenswert ist. Ein Verbot der **Teilnahme nach der Tat** stärkt die generalpräventive Wirkung der Strafdrohung[2]. Dementsprechend pönalisieren die §§ 257 ff. drei „typische" Formen und eine „untypische" Form der Unterstützung des Täters nach der Tat: (1) die Hilfe mit dem Ziel, dem Täter die Vorteile seiner Tat zu sichern = **Begünstigung**, § 257; (2) die Hilfe mit dem Ziel, die Bestrafung des Täters zu vereiteln = **Strafvereitelung**, § 258; (3) die Hilfe mit dem Ziel, dem Täter den Absatz seiner durch ein Vermögensdelikt erlangten Beute zu ermöglichen = **Hehlerei**, § 259 und schließlich (4) die Hilfe mit dem Ziel, unrechtmäßig erlangtes Vermögen in den legalen Finanz- und Wirtschaftskreislauf einzuschleusen = **Geldwäsche**, § 261. Im letzteren Fall liegt eine moderne, eher atypische und diffuse Unterstützung des Vortäters vor[3].

2. Teilnahme vor und Teilnahme nach der Tat

3   Nur wenn man die Regeln der echten Teilnahme[4] (an der Vortat) beherrscht, kann man die Unterschiede zur **Pseudo-Teilnahme nach der Tat**

---

1   An dieser Terminologie wird auch heute noch festgehalten; vgl. *Fischer*, § 257 Rn. 1, § 258 Rn. 2; *Lackner/Kühl*, § 257 Rn. 1.
2   Besonders betont von *Miehe*, Honig-FS 1970, S. 91 (104 f.), der diese Wurzel der §§ 257 ff. für die Lösung von Zweifelsfragen nutzbar zu machen sucht; ferner *Vogler*, Dreher-FS 1977, S. 405 (§ 27 und § 257 verwenden die gleiche Formulierung „Hilfe leistet", dazu unten § 27 Rn. 8). Historisch zu dieser Ablösung der Strafvereitelung und der „Verwandlung" in ein eigenständiges Delikt *Ebert*, Zeitschrift der Savigny-Stiftung für Rechtsgeschichte (German. Abt.) 110 (1993), 1. – „Selbstverantwortung" macht weder eine Teilnahmebestrafung illegitim, noch die Unterdrückung einer Anschlusstat (z. B. Hehlerei), weil diese zu neuen Vortaten anreizt, vgl. *Schittenhelm*, Lenckner-FS 1998, S. 519 (525).
3   Vgl. hierzu noch näher unten Rn. 13 ff.
4   Vgl. allgemein zur Teilnahme *Baumann/Weber/Mitsch*, § 28 Rn. 1 ff.; *B. Heinrich*, AT, Rn. 1269 ff.

Rechtsgüterschutz durch Anschlussdelikte § 25 Rn. 4

in Form der §§ 257–262 begreifen. Die Entwicklung der Anschlusstaten der Strafvereitelung, Begünstigung und Hehlerei ist dabei unlösbar verbunden mit der Entwicklung der Teilnahmelehre. Für das ältere Rechtsdenken waren die Teilnahme vor der Tat (heute: echte Teilnahme) und die Teilnahme nach der Tat (heute: Anschlusstaten, §§ 257 ff.) Spielarten eines einheitlichen Teilnahmebegriffs[5]. Der verfeinerte moderne Teilnahmebegriff kann jedoch diese Anschlusstaten (oft) nicht mehr als Teilnahme an der Vortat erfassen.

> **Beispiel (1):** T hilft dem V, von dem er nur weiß, dass er irgendein Verbrechen begangen hat, sich dem Zugriff der Polizei durch Flucht ins Ausland zu entziehen. Danach erfährt T, dass V einen Mord begangen hatte. – Hier kann T schon allein deshalb[6] nicht wegen Beihilfe zum Mord, §§ 211, 27 bestraft werden, weil die Teilnahme einen Teilnahmevorsatz zum Zeitpunkt der Hilfeleistung verlangt. Da T aber nicht wusste, welches Verbrechen V begangen hatte, ist sein Vorsatz, einen Mord zu fördern, kaum nachweisbar. Beim Anschlusstäter werden also oft **Vorsatzprobleme bezüglich der Haupttat** auftreten.

Freilich gilt mit Blick auf die echte Teilnahme der §§ 26, 27, dass ein Teilnehmer mit vagem Vorsatz sich meist die konkrete Haupttat zurechnen lassen muss.

> **Beispiel (2):** V leiht sich von T dessen Pistole, „um ein Ding zu drehen". – T ist Teilnehmer eines Totschlages, bzw. Mordes, §§ 212, 211, 27, wenn V einen Menschen tötet bzw. ermordet; er ist hingegen Teilnehmer am Raub, §§ 249, 27, wenn V einen Raub begeht. Dies folgt daraus, dass die Anforderungen hinsichtlich des Vorsatzes bei der Beihilfe – im Gegensatz zur Anstiftung – wesentlich geringer sind und der Vorsatz des T hier so allgemein ist, dass er die konkrete Tat des V deckt,[7].

Wirkliche Schwierigkeiten entstehen bezüglich der Teilnahme also erst 4 dann, wenn sich der Teilnehmer eine **konkrete** Haupttat vorstellt, der Täter aber eine andere Tat begeht.

> **Beispiel (3):** Im vorgenannten Beispiel rechnet T mit einem Raub oder einem Mord, V benutzt die Waffe aber zu einer Vergewaltigung. – Hier scheitert die Bestrafung des T aus §§ 177, 27 am fehlenden Teilnahmevorsatz.

Die Anschlusstaten der §§ 257 ff. sind so konzipiert, dass sie diese Probleme weitgehend ausräumen, und zwar zum Nachteil des Anschlusstäters. Versteckt T im Beispiel (1) den flüchtigen Mörder V in der Annahme, V sei wegen einer Vergewaltigung oder eines Raubes auf der Flucht, ermöglicht § 258 durch die allgemeine Formulierung („wegen einer rechtswidrigen Tat") die Verurteilung des T aus § 258. Für eine Beihilfe (zum Mord) nach der Tat würde nach den eben genannten Grundsätzen bereits der Vorsatz fehlen, gerade einen Mord zu unterstützen. – Hieran sieht

---

5 Vgl. *Binding*, Lehrbuch des Gemeinen Deutschen Strafrechts, Besonderer Teil, Bd. 1, 2. Aufl. 1902, S. 381 f.
6 Darüber hinaus scheidet eine Beihilfestrafbarkeit auch deswegen aus, weil eine solche nach Vollendung der Haupttat nicht mehr möglich ist.
7 Dagegen fordert BGHSt 34, 63 eine genaue Kenntnis des Anstifters von der Haupttat.

man, dass Vorsatzprobleme bezüglich der Vortat zwar nicht völlig bedeutungslos sind, sie sind aber nicht die eigentliche Erklärung dafür, dass die Anschlusstaten nicht als Teilnahme an der Vortat erfasst werden können. Die wichtigste Erklärung liegt in der – aus dem Strafgrund der Teilnahme folgenden[8] – Mitverwirklichung des Unrechts der Haupttat durch den Teilnehmer (**Akzessorietät der Teilnahme**). Versteckt T den flüchtigen V, trägt er damit zu dem von V begangenen Mord nichts bei (die Tat ist ja bereits vollendet), deshalb ist die „Teilnahme" des T nach der Tat des V keine echte Teilnahme i. S. der §§ 26, 27.

5   Die moderne Abgrenzung der echten Teilnahme (vor und während der Tat) von der Anschlusstat, also der Pseudo-Teilnahme nach der Tat, ist im Prinzip klar. Es gibt jedoch zahlreiche Übergangsprobleme, sodass zu vermuten ist, dass in der alten Rechtsfigur der Teilnahme vor und nach der Tat mehr an innerer Sachgerechtigkeit steckt, als wir heute wahrhaben möchten. Ein Fall, in dem die Abgrenzung zwischen Vortat und Anschlusstat total verwischt, ist die **Zusage der Anschlusstat** vor oder bei der Vortat. Hier liegt mindestens eine psychische Beihilfe zur Vortat vor, z. B. wenn der Täter im Beispiel (1) vor Begehung des Mordes dem V verspricht, ihm später bei der Flucht beizustehen[9]. Auffallend sind auch die Wahlfeststellungs- und Rechtskraftprobleme, in denen sich die Spannung niederschlägt, die durch die moderne Trennung zwischen Vortat und Anschlusstat entstanden ist[10]. Der Gesetzgeber hat schließlich den 1992 eingeführten Tatbestand der **Geldwäsche** 1998 so geändert, dass der Vortäter auch Täter des § 261 sein kann, d. h. der Vortäter kann sein eigener Geldwäscher sein[11].

3. Die Vermischung öffentlicher und privater Interessen bei den Anschlusstaten

6   Es versteht sich von selbst, dass die Verfolgung von Straftätern, die **Rechtsgüter der Allgemeinheit** verletzt haben (z. B. durch Landesverrat oder Bestechlichkeit, §§ 94, 332), primär im öffentlichen Interesse liegt. Daraus folgt, dass die Behinderung der Strafrechtspflege (durch Strafvereitelung, § 258 oder/und durch Meineid, § 154) bei solchen gegen öffentliche Interessen gerichteten „Vortaten" ihrerseits wieder das öffentliche Interesse an einer funktionierenden Rechtspflege verletzt. Letztlich handelt es sich um das Interesse an der Stärkung der generalpräventiven Wirkung der durch den Vortäter verletzten Norm. – Private Interessen werden in solchen Fällen nur sehr mittelbar berührt: In einem Gemeinwesen, das für

---

8 Vgl. hierzu allgemein *B. Heinrich*, AT, Rn. 1269 ff.
9 Zur Abgrenzung der Teilnahme an der Vortat von der späteren Anschlusstat vgl. unten § 26 Rn. 22, § 27 Rn. 20.
10 Vgl. dazu unten § 26 Rn. 24, § 27 Rn. 21, § 28 Rn. 32 f., § 29 Rn. 58 f.
11 Zu diesem Bruch zwischen § 261 und den echten Anschlussdelikten der §§ 257–260a vgl. unten § 29 Rn. 30 f., 59.

seine Bürger da ist, trifft die Verletzung öffentlicher Interessen mittelbar immer auch die Einzelnen.

Die Schwierigkeit bei der Erfassung der Rechtsgüter der §§ 257 ff. liegt darin, dass wir auch bei Straftätern, die **Individualrechtsgüter** verletzt haben (z. B. durch eine Körperverletzung oder einen Diebstahl, §§ 223, 242), die Strafverfolgung primär als im öffentlichen Interesse liegend betrachten. Die Behinderung der Strafrechtspflege verletzt also auch dann (primär) das öffentliche Interesse, wenn der Vortäter Rechtsgüter eines Einzelnen verletzt hat. Diese für §§ 257–262 charakteristische **Gemengelage öffentlicher und privater Interessen** löst die h. M. wie folgt auf: (1) die **Strafvereitelung, § 258**, verletzt schwerpunktmäßig das öffentliche Interesse an einer funktionierenden Rechtspflege[12]; (2) die **Hehlerei, § 259**, verletzt schwerpunktmäßig das Individualrechtsgut Eigentum bzw. das Vermögen, indem der durch die Vortat geschaffene rechtswidrige Zustand gefestigt wird, Perpetuierungstheorie[13]; (3) die **Begünstigung, § 257**, verletzt sowohl das öffentliche Interesse daran, dass dem Vortäter die durch die Vortat erlangten Vorteile entzogen werden (insoweit entsprechend § 258), als auch das private Wiedergutmachungsinteresse des Opfers der Vortat (insoweit entsprechend § 259), Restitutionsvereitelungstheorie[14]; (4) die **Geldwäsche, § 261**, ist primär als Angriff auf öffentliche Strafverfolgungsinteressen und damit auf die Strafrechtspflege zu sehen (wobei in § 261 II aber auch das durch die Vortrat geschützte Rechtsgut in das Blickfeld rückt)[15]. Die Abgrenzung sowohl zur Strafvereitelung als auch zur Begünstigung ist allerdings diffus. Überlappungen mit § 259 sind häufig (und sinnwidrig).

II. Umfang der Kriminalität, Tatsituationen und Täter

1. Allgemeines

Der vorstehend[16] dargelegte Zusammenhang zwischen den Anschlusstaten der §§ 257–262 und der Teilnahme an der Vortat erklärt die relative **Seltenheit der einschlägigen Taten**. Der Teilnehmer an der Vortat kann nicht zusätzlich wegen Strafvereitelung oder Begünstigung bestraft werden (§§ 257 III, 258 V – für § 259 gilt, dass der Hehler auch Teilnehmer an der Vortat sein kann, nicht aber der Täter bzw. Mittäter der Vortat[17]). Deshalb kommen als Täter einer Anschlusstat fast nur Außenstehende in Betracht. Zusätzlich werden die Angehörigen des Vortäters von der Strafbar-

7

---

12 Vgl. *Fischer*, Vor § 257 Rn. 2; *Lackner/Kühl*, § 258 Rn. 1; vgl. hierzu noch unten § 26 Rn. 1.
13 Vgl. BGHSt 27, 46; BGHSt 33, 50 (52); *Fischer*, § 259 Rn. 2; *Wessels/Hillenkamp*, BT 2, Rn. 823 f.; vgl. hierzu noch unten § 28 Rn. 1 ff.
14 Vgl. *Lackner/Kühl*, § 257 Rn. 1; *Mitsch*, BT 2/1, § 9 Rn. 4; *S/S/Stree/Hecker*, § 257 Rn. 1; vgl. hierzu noch unten § 27 Rn. 1.
15 Vgl. MüKo-*Neuheuser*, 2. Aufl., § 261 Rn. 6 ff.; *Otto*, Jura 1993, 329 (330, 331); *S/S/Stree/Hecker*, § 261 Rn. 2; vgl. hierzu ausführlich unten § 261 Rn. 8.
16 Vgl. oben Rn. 3 ff.
17 Vgl. hierzu noch unten § 28 Rn. 38.

keit jedenfalls nach § 258 ausgenommen, § 258 VI. Andere Personen werden jedoch nur selten zu einer Anschlusstat bereit sein[18]. – Anschlusstätern wird zudem vielfach, gerade weil sie Außenstehende sind, nicht nachzuweisen sein, dass sie von der Vortat Kenntnis hatten[19].

2. Umfang der Kriminalität (§§ 257–262)

8   Im Jahre 2011 wurden in Deutschland ca. 6,0 Mio. Straftaten erfasst (ohne Verkehrs- und ohne Staatsschutzdelikte, aber mit Verstößen gegen strafrechtliche Nebengesetze)[20]. Davon entfielen auf Begünstigung, Strafvereitelung, Hehlerei und Geldwäsche (§§ 257–262) zusammen 28.759 Straftaten. Die Hehlerei überwiegt mit 16.337 Taten gegenüber §§ 257–258, 261 bei weitem (gefolgt von der Geldwäsche mit 8.569 Taten)[21]. Im Jahr 2011 gab es insgesamt 4.974 Verurteilungen nach den §§ 257–261, worunter 2.858 Verurteilungen auf die Hehlerei, §§ 259, 260, und 903 Verurteilungen auf die Geldwäsche entfielen (darunter allein 504 Verurteilungen wegen leichtfertiger Geldwäsche)[22].

Bei der **Hehlerei** vermutet man ein besonders großes **Dunkelfeld**. Insoweit ist es trügerisch, wenn die klassischen Anschlusstaten der §§ 257–260a mit einer **Aufklärungsquote von fast 100 %** an der Spitze aller Straftaten liegen[23]. Die **Geldwäsche** als modernes Anschlussdelikt weist ebenfalls eine hohe Aufklärungsquote auf[24], zahlenmäßig spielte sie in den 90er Jahren des letzten Jahrhunderts eher eine untergeordnete Rolle (durchschnittlich 500 Taten pro Jahr), stieg dann aber deutlich an (2.997 erfasste Fällen im Jahre 2006, 8.569 erfasste Fälle im Jahre 2011)[25].

---

18   Zu dem Sonderproblem derer, die sich berufsmäßig mit Straftätern befassen und dabei in die Nähe der §§ 257, 258 geraten, wie z. B. Strafverteidiger, vgl. unten § 26 Rn. 11; zur Geldwäsche vgl. unten § 29 Rn. 48a.
19   Diese Beweisschwierigkeiten sind bei der Hehlerei seit langem bekannt. Zu Versuchen, die Verurteilung eines dringend verdächtigen Anschlusstäters zu erleichtern, vgl. unten § 26 Rn. 7, § 28 Rn. 23; zur Verzweiflungstat des Gesetzgebers, bei der Geldwäsche schon die Leichtfertigkeit zu pönalisieren, unten § 29 Rn. 37.
20   Polizeiliche Kriminalstatistik, Berichtsjahr 2011, S. 30.
21   Polizeiliche Kriminalstatistik, Berichtsjahr 2011, S. 46, 220, wobei die Angaben die Strafvereitelung im Amt nicht mit einbeziehen. Auswertung des Zahlenmaterials 1971–1983 bei *Kreuzer/ Oberheim*, Praxistauglichkeit des Hehlereitatbestandes, 1986, S. 40 ff.
22   Strafverfolgungsstatistik, Berichtsjahr 2011, S. 36 f.
23   Polizeiliche Kriminalstatistik, Berichtsjahr 2011, S. 46 (= 95%). Die Grund für die besonders hohe Aufklärungsquote ist derselbe wie beim Ladendiebstahl, vgl. oben § 13 Rn. 6; wiederholt lag sie sogar über (!) 100 %. Ein solcher Überschuss kommt zustande, wenn mehr Taten (aus dem laufenden Jahr und den Vorjahren) aufgeklärt worden sind als im laufenden Jahr (= Berichtszeitraum) bekannt werden; dazu und zu Erfassungsfehlern *Kreuzer/Oberheim*, Praxistauglichkeit des Hehlereitatbestandes, 1986, S. 43.
24   Auffallend ist hier, dass die Aufklärungsquote in den Jahren 2003 und 2004 bei knapp 100 % lag, im Jahre 2005 hingegen auf 80 % fiel. Im Jahre 2006 stieg die Aufklärungsquote hingegen wieder auf über 90 %, 2011 betrug sie 90,5%.
25   Polizeiliche Kriminalstatistik, Berichtsjahr 2006, S. 202, Berichtsjahr 2011, S. 30; vgl. hierzu noch unten Rn. 16.

3. Spezielle Erscheinungsformen der Hehlerei

Musterfall der Hehlerei ist der (u. U. gewerbsmäßige) Ankauf der Diebesbeute in Kenntnis der Vortat. Diebstahl ist die bei weitem häufigste Vortat, an die sich die Hehlerei anschließt (über 80 %, wahrscheinlich über 90 % der Hehlereifälle)[26]. Bei dieser Anschlusstat treten die allgemein erörterten Probleme der Teilnahme nach der Tat besonders häufig auf[27]. Darüber hinaus verdient die Hehlerei deshalb besondere Aufmerksamkeit, weil (1) es sich um die am meisten verbreitete Form der Unterstützung des Täters nach der Tat handelt, und (2) die Absatzmöglichkeit über den Hehler die Vortat (meist Diebstahl) erst attraktiv macht. Deshalb ist der „Hehler schlimmer als der Stehler"[28]. 9

> BGHSt 7, 134 (142): „Der Hehler ist besonders gefährlich, weil seine Bereitschaft zur Abnahme strafbar erlangter Sachen einen ständigen Anreiz zur Verübung von Vermögensdelikten bildet. Das trifft vor allem für den Diebstahl zu [...]. Nicht zu Unrecht wird der Hehler als der Zuhälter der Diebe bezeichnet. Das alles gilt nicht nur beim gewerbs- und gewohnheitsmäßigen Hehler. Die Strafen und Maßregeln, die das Gesetz gegen den Hehler vorsieht, sollen also gleichzeitig die Vortaten verhindern"[29].

Der Hehler kann in unserer **Überflussgesellschaft** mit regulärer Ware nur über den Preis konkurrieren. Bei einem entsprechenden **Wohlstandsgefälle**, das beispielsweise an der Bildung von Slums in Großstädten sichtbar wird, kann national und erst recht international eine Massennachfrage nach billiger (illegaler) Ware entstehen. Die Befriedigung dieser Nachfrage (und Abschwächung des Wohlstandsgefälles) durch den Hehler verteilt die Kosten gesamtgesellschaftlich relativ „fair", weil die Schäden durch die entsprechenden massenhaften Vortaten (meist Diebstähle) durch Hausrats- und Autodiebstahlversicherungen etc. meist „sozialisiert" werden. Deutlich wird dies z. B. bei dem über Versicherungsprämien der Kfz-Halter finanzierten Wohlstandstransfer von West- nach Osteuropa: In Westeuropa war zu Anfang der 90er-Jahre des letzten Jahrhundert eine spektakuläre Welle von Autodiebstählen zu verzeichnen, diese Fahrzeuge wurden anschließende nach Osten verschoben. Dieser Transfer war vielleicht kostengünstiger, als es eine mit der Bürokratie der Geberländer belastete und über Steuern finanzierte „Entwicklungshilfe" gewesen wäre[30]. 10

---

26 Hinweise auf entsprechende Zahlen aus älteren Aktenuntersuchungen bei *Rehberg*, in: Elster/Lingemann, Handwörterbuch der Kriminologie, 2. Aufl., Bd. 1, 1966, S. 375.
27 Vgl. oben Rn. 3 ff.
28 Wenn man die Nähe der Hehlerei (als Teilnahme nach der Tat) zur Teilnahme an der Vortat betont, ist dieser Satz erklärungsbedürftig; vgl. dazu *Oellers*, GA 1967, 6 (13 ff.), hier auch zur ambivalenten Einstellung des Normalbürgers, der Hehlerei scharf verurteilt, weil er – anders als bei der Beteiligung an der Vortat – selbst die Verlockung spürt. Diese Verlockung zeigt aber zugleich den gegenüber der Vortat geringeren kriminellen Gehalt des § 259.
29 Ebenso BGHSt 42, 196 (200) unter ausdrücklicher Bezugnahme auf BGHSt 7, 142; vgl. ferner unten § 28 Rn. 3.
30 *Arzt*, Kaiser-FS 1. Halbband 1998, S. 495 (501).

Zu einer wirklichen Entfaltung der Hehlerei kommt es allerdings erst in einer **Mangelgesellschaft**, in der reguläre Ware nicht oder nur schwer erhältlich ist. Sind z. B. Arznei- oder Lebensmittel knapp, ist ein großer Teil der Bevölkerung auch zum illegalen Erwerb bereit (**Schwarzmarkt**): Die Hehlerei blüht[31]. So erklärt sich das auf den ersten Blick paradoxe Phänomen, dass gerade „sozialistische" Regime wie z. B. die ehemalige **DDR** von massenhaft-alltäglicher Wirtschaftskriminalität geprägt wurden.

11   Im Hinblick auf die „Lieferanten" des Hehlers spielt das **Betäubungsmittelproblem** eine zunehmend wichtigere Rolle. Uhren, Kameras etc. werden gestohlen oder geraubt, um über den Beuteabsatz Geld für Rauschgift zu beschaffen. Eine Zurückdrängung dieser **Beschaffungskriminalität** ist nur durch die Bekämpfung der Drogenabhängigkeit zu erreichen[32].

12   Was die **Absatzchancen** des Hehlers angeht, ist zwischen gutgläubigen und bösgläubigen Kunden zu unterscheiden. Insbesondere für hochwertige Güter (Pelze, Schmuck, Autos) finden sich zunehmend bösgläubige Käufer im Ausland. Durch das Verschieben über die Landesgrenzen hinweg ist das Risiko, das der (bösgläubige) Erwerber (oft ein Zwischenhändler) eingeht, recht gering. Das Gesetz sieht zwar auch denjenigen als Hehler an, der vom Dieb zum Eigenverbrauch erwirbt. Gefährlicher ist jedoch der **verschiebende Hehler**[33], denn er erleichtert dem Dieb den Beuteabsatz in besonderem Maße.

4. Geldwäsche

13   Seit 1980 sind, von den **USA** ausgehend, weltweit die Bemühungen verstärkt worden, den Rauschgifthandel, aber auch andere Erscheinungsformen der organisierten Kriminalität dadurch zu bekämpfen, dass man intensiveren Gebrauch von den Maßregeln der **Einziehung** und des **Verfalls** macht, d. h. man bemüht sich insbesondere um die Abschöpfung verbrecherisch erlangter Gewinne. Die Gegenstrategie der Straftäter muss auf Verschleierung solcher Gewinne (z. B. durch deren Investition in legale Unternehmen) gerichtet sein. Die USA haben mithilfe des Steuer-, Bank- und Zollrechts ein so engmaschiges Datennetz insbesondere für Bargeldgeschäfte errichtet, dass die Einschleusung der verbrecherisch erlangten Einnahmen in den normalen Zahlungsverkehr schwieriger geworden ist. Werden strafbar erlangte Werte als „sauber" hingestellt (besonders durch

---

31 Richtig *Rehberg*, in: Elster/Lingemann, Handwörterbuch der Kriminologie, 2. Aufl., Bd. 1, 1966, S. 376 (zum sprunghaften Ansteigen der Hehlerei 1916–1923 und zur Verwandtschaft zum Schwarzmarkt).
32 *Tathe*, Kriminalistik 1975, 494 (497): „Nach Schätzungen und Studien geschehen in Washington und New York 50 Prozent aller Raubüberfälle auf offener Straße durch Rauschgiftsüchtige". Relativiert wird die Bedeutung der Beschaffungskriminalität bei *Kaiser*, Kriminologie, 3. Aufl. 1996, § 55 Rn. 35 ff.
33 Zu diesem Unterschied *Geerds*, GA 1958, 129 (138 ff. – Verbraucher, Raffer, Schieber); vgl. auch *ders.*, GA 1988, 243 (247 f. – Schieber unterteilt in „Beutehändler" bzw. „kriminelle Makler").

das Umgehen des den Zahlungsverkehr kontrollierenden Datenrasters), spricht man von **Geldwäsche,** money laundering.

Deutschland hat den Tatbestand der Geldwäsche (§ 261) erst durch das (1.) OrgKG 1992 auf amerikanischen Druck[34] und nach schweizerischem Vorbild eingeführt. § 261 hat eine kleine Masche[35] geschlossen, die im Netz der §§ 257, 258, 259 offen geblieben war und deren praktische Bedeutung mit dem Anstieg der Betäubungsmittelkriminalität gestiegen ist: die Annahme von Vermögenswerten, die aus Betäubungsmittelkriminalität (oder aus sonstigen, nicht gegen das Vermögen gerichteten Straftaten) erlangt worden sind, war bis dahin straflos. Unter Umständen war es sogar straflos, den Vortäter gegen den Verfall solcher Vermögenswerte zu schützen. Dies hat im Wesentlichen drei Gründe: (1) die Hehlerei greift nicht ein, wenn jemand von einem Vortäter deliktisch erlangte Vermögensvorteile annimmt, die nicht aus einer gegen Vermögensinteressen gerichteten Vortat stammen. Zudem läuft die Hehlerei leer, wenn es sich bei den Vorteilen nicht um Sachen (sondern um reine Vermögenswerte, Buchgeld = Geldforderungen) handelt[36]. – (2) Die gegeneinander nicht leicht abzugrenzenden Tatbestände der Strafvereitelung und Begünstigung (§§ 258, 257) erfassen zwar über § 258 I „prinzipiell" auch die Vereitelung des Verfalls (Maßnahmenvereitelung). Sobald der Vereitelungstäter jedoch eigennützig handelt, liegt i. d. R. das in § 258 eingebaute **Absichtserfordernis** nicht vor[37]. – (3) Zwar fällt „an sich" jeder unter § 257, der dem Vortäter die durch die Vortat erlangten Vorteile sichert. Doch greift § 257 nach der Rechtsprechung des BGH[38] nur ein, „soweit dem Vortäter dadurch die **unmittelbaren** Vorteile der Tat gesichert werden sollen". Hier zeichnet sich ein Problem ab, das auch bei § 258 bei der Bestimmung des Verfallsobjekts auftritt (Stichwort: **Ersatzverfall**)[39]. Außerdem ist auch in § 257 ein **Absichtserfordernis** eingebaut, das bei eigennützig handelnden Begünstigungstätern i. d. R. nicht gegeben ist[40].

Da die bei §§ 257, 258, 259 skizzierten Lücken sachlich begründet waren (und sind), ist die Schließung schwierig. Der Gesetzgeber hat diese Schwierigkeiten durch Schaffung eines Tatbestandes „**Geldwäsche**" zu lösen versucht, dessen **Rechtsgut** so **diffus** ist, dass es alle Strafbarkeitsbedürfnisse befriedigen kann: Wenn sich aber das Rechtsgut der Geldwäsche nicht konkreter erfassen lässt als ein nicht näher konturierbares öffentli-

---

34 Zu Recht kritisch zur unkritischen Umsetzung US-amerikanischer Vorgaben *Fischer*, § 261 Rn. 4, der sich auch in Rn. 4a kritisch zur kriminalpolitischen Konzeption der Geldwäschegesetzgebung in Deutschland äußert.
35 Nähere Beschreibung bei *Arzt*, NStZ 1990, 1.
36 Zur Ersatzhehlerei vgl. unten § 28 Rn. 6 f.
37 Vgl. dazu unten § 26 Rn. 7, § 27 Rn. 11.
38 BGH, NStZ 1987, 22; vgl. auch schon RGSt 39, 236 (237).
39 *Arzt*, JZ 1993, 913. Ob diese Schwierigkeiten mithilfe des Geldwäsche-Tatbestandes überhaupt behebbar sind, ist eine andere Frage, dazu unten § 29 Rn. 14, 16.
40 Vgl. unten § 27 Rn. 11.

ches Interesse an Strafverfolgung, dann ist ein Tatbestand ohne Herz und Hirn entstanden, nämlich ein Tatbestand ohne Rechtsgut[41].

Der **rechtstheoretisch-rechtsstaatliche Fehlschlag der Geldwäsche-Gesetzgebung** ist auch an der beispiellosen Häufigkeit der „Nachoperationen" am Tatbestand des § 261 abzulesen. Hervorzuheben ist die in mehreren Stufen erfolgte Ausweitung des Vortatenkataloges und die 1998 erfolgte Ausdehnung des Tatbestandes auf den Vortäter[42]. Insoweit kann heute der Täter der Vortat sein eigener Geldwäscher sein – ein fundamentaler Bruch mit der Konzeption der Anschlusstaten der §§ 257, 258, 259. Darüber hinaus ist 1993 ein spezielles „Gesetz über das Aufspüren von Gewinnen aus schweren Straftaten" erlassen worden, das kurz als Geldwäsche-Gesetz (GwG) bezeichnet wird[43]. Es schafft zum Teil strafbewehrte Dokumentations- und Meldepflichten, insbesondere für Kreditinstitute.

16 Der **praktische Fehlschlag der Geldwäsche-Gesetzgebung** ergibt sich aus einem einfachen Vergleich zwischen Aufwand und Ertrag[44]. Die Bundesregierung rechtfertigte die rechtsstaatlich problematische Geldwäsche-Gesetzgebung mit einer notstandsähnlichen Situation im Drogenhandel, dessen Jahresumsatz sie in Deutschland im Jahre 1989 auf 1,5 Mrd. DM schätzte[45]. Die nach dem GwG entstandene Melde-Bürokratie hat zwar zu einer Aufdeckung einer Vielzahl verdächtiger Transaktionen pro Jahr geführt, die Zahl der aus Beschlagnahme von aus Drogengeschäften stammender Gelder war jedoch verschwindend gering[46]. **Zusammenfassend** lässt sich sagen: „Der dogmatische Aufwand und die literarische Präsenz des Tatbestands stehen in krassem Missverhältnis zu seiner Effektivität"[47]. Es wird immer wieder übersehen, dass hinter dem amerikanischen Druck in Richtung Transparenz der Geldbewegungen die Entdeckung von **Schwarzgeld (Steuerhinterziehung)** steht. Die Entdeckung schmutzigen Geldes ist ein gutes Mittel, um dieses Ziel zu erreichen, denn wie kann Schwarzgeld unsichtbar bleiben, wenn Zuflüsse schmutziger Gelder sichtbar werden?

---

41 Zu den Folgen vgl. unten § 29 Rn. 5 ff.
42 Durch Gesetz zur Verbesserung der Bekämpfung der Organisierten Kriminalität v. 4.5.1998, BT-Drucks. 13/9644.
43 Vgl. hierzu auch die jeweiligen Jahresberichte des Bundeskriminalamtes, Financial Intelligence Unit (FIU), Deutschland.
44 Näher hierzu *Arzt*, in: Diederichsen/Dreier (Hrsg.), Das missglückte Gesetz, 1997, S. 17 (30 f.); *Fischer*, § 261 Rn. 4b f.; *Hoyer/Klos*, Regelungen zur Bekämpfung der Geldwäsche und ihre Anwendung in der Praxis, 1998, S. 224; *Kaiser*, wistra 2000, 121; *Kilching*, wistra 2000, 241 (245 f.); *Kreß*, wistra 1998, 121; *Oswald*, wistra 1997, 328 (329 ff.); vgl. auch *Hefendehl*, StV 2005, 156 (161).
45 BT-Drucks. 11/5525, S. 16; vgl. *van Duyne*, Geldwäscherei: nebulöse Umfangschätzungen, Krim. Bulletin 1994, 28.
46 Vgl. hierzu näher *Arzt/Weber-Arzt*, 1. Aufl., § 25 Rn. 16.
47 *Tröndle/Fischer*, 49. Aufl., § 261 Rn. 3a; vgl. ferner *Fischer*, § 261 Rn. 4b: „Das Konzept hat sich als eklatant unwirksam erwiesen".

§ 26 Strafvereitelung, §§ 258, 258a

Literaturhinweise: *Beulke*, Zwickmühle des Verteidigers – Strafvereitelung und Strafverteidigung im demokratischen Rechtsstaat, Roxin-FS 2001, S. 1173; *Beulke/Ruhmannseder*, Die Strafbarkeit des Verteidigers, 2. Aufl. 2010; *Bosch*, Die Rechtsstellung des Strafverteidigers, Jura 2012, 938; *Burhoff/Stephan*, Strafvereitelung durch Strafverteidiger, 2008; *Dessecker*, Strafvereitelung und Strafverteidigung: ein lösbarer Konflikt?, GA 2005, 142; *Dusch/Rommel*, Strafvereitelung (im Amt) durch Unterlassen am Beispiel von Finanzbeamten, NStZ 2014, 188; *Ebert*, Die Strafvereitelung. Zu ihrer strafrechtlichen Entwicklung und ihrer gegenwärtigen Konzeption, Zeitschrift der Savigny-Stiftung für Rechtsgeschichte (German. Abt.) 110 (1993), 1; *Fahl*, Rechtsmissbrauch im Strafprozess, 2004; *Ferber*, Strafvereitelung – Zur dogmatischen Korrektur einer mißglückten Vorschrift, 1997; *Frank*, Gedanken zur Strafvereitelung durch staatsanwaltschaftliches Handeln, Schlüchter-GS 2002, S. 275; *Geerds*, Kriminelle Irreführung der Strafrechtspflege, Jura 1985, 617; *Grunst*, Strafrechtlich relevante Pflicht von Amtsträgern außerhalb der Strafverfolgungsorgane zur Anzeige bzw. Verhinderung von Straftaten innerhalb der Behörde?, StV 2005, 453; *Gubitz/Wolters*, Vortatbeteiligung und Strafvereitelung, NJW 1999, 764; *U. Günther*, Das Unrecht der Strafvereitelung (§ 258 StGB), 1998; *Hoffmann/Wißmann*, Die Erstattung von Geldstrafen, Geldauflagen und Verfahrenskosten im Strafverfahren durch Wirtschaftsunternehmen gegenüber ihren Mitarbeitern, StV 2001, 249; *Jahn*, Kann „Konfliktverteidigung" Strafvereitelung (§ 258 StGB) sein? ZRP 1998, 103; *Jahn/Palm*, Die Anschlussdelikte – Strafvereitelung (§§ 258, 258a StGB), JuS 2009, 408; *Jerouschek/Schröder*, Die Strafvereitelung: Ein Tatbestand im Meinungsstreit, GA 2000, 51; *Kappelmann*, Die Strafbarkeit des Strafverteidigers, 2006; *Kargl*, Das Unrecht der Strafvereitelung, Hamm-FS 2008, S. 235; *Keim*, Beteiligung am straflosen Selbstschutz als strafbare Strafvereitelung?, 1990; *Klein*, Die Aussageerzwingung bei rechtskräftig verurteilten Straftätern – Strafrechtspflege im Spannungsfeld von Verfolgungsgebot und Rechtsstaatlichkeit, StV 2006, 338; *Kranz*, Bezahlung von Geldstrafen durch das Unternehmen – § 258 StGB oder § 266 StGB?, ZJS 2008, 471; *Kudlich*, Die Unterstützung fremder Straftaten durch berufsbedingtes Verhalten, 2004; *Küper*, Zulässige „Rechtsrückbildung" oder unzulässige „Rechtsfortbildung"? – Zur Verhaltensform der Strafvereitelung, Schroeder-FS 2006, S. 555; *Küpper*, Strafvereitelung und „sozialadäquate" Handlungen, GA 1987, 385; *Laubenthal*, Privates Wissen und strafrechtliche Verantwortlichkeit von Polizeibeamten, Weber-FS 2004, S. 109; *Lenckner*, Zum Tatbestand der Strafvereitelung, Schröder-GS 1978, S. 339; *Müller-Dietz*, Strafverteidigung und Strafvereitelung, Jura 1979, 242; *Ostendorf*, Strafvereitelung durch Strafverteidigung, NJW 1978, 1345; *Otto*, „Vorgeleistete Strafvereitelung" durch berufstypische oder alltägliche Verhaltensweisen als Beihilfe, Lenckner-FS 1998, S. 193; *Reichling/Döring*, Strafvereitelung durch Unterlassen – der Zeuge als Garant für die Strafrechtspflege, StraFo 2001, 82; *Peglau*, Strafvollstreckungsvereitelung durch Mitwirkung beim Erschleichen von Freigang, NJW 2003, 3256; *Plümer*, Das Verhältnis zwischen Strafvereitelung und Beihilfe zur Vortat, 1979; *Satzger*, Grundprobleme der Strafvereitelung, Jura 2007, 754; *Popp*, Strafvereitelung durch Schweigen – der Zeuge als Garant für die Verwirklichung straf- und maßregelrechtlicher Sanktionsbefugnisse, JR 2014, 418; *Schneider*, Zur Anzeigepflicht nichtsteuerlicher Straftaten durch Finanzbeamte als Hilfsbeamte der Staatsanwaltschaft, wistra 2004, 1; *Scholl*, Die Bezahlung einer Geldstrafe durch Dritte, NStZ 1999, 599; *A. Schröder*, Vortat und Tatobjekt der Strafvereitelung § 258 StGB, 1999; *Seebode*, Die Abhängigkeit der Strafvereitelung von der Vortat, 2000; *Seel*, Begünstigung und Strafvereitelung durch Vortäter und Vortatteilnehmer,

1999; *Siepmann*, Abgrenzung zwischen Täterschaft und Teilnahme im Rahmen der Strafvereitelung, 1988; *Stumpf*, Zur Strafbarkeit des Verteidigers gemäß § 258 StGB, wistra 2001, 123; *Verrel*, Der Anstaltsleiter als Garant für die Verfolgung von Straftaten während des Strafvollzugs?, GA 2003, 595; *Vormbaum*, Strafvereitelung auf Zeit – ein zeitloses Thema, Küper-FS 2002, S. 663; *Wappler*, Der Erfolg der Strafvereitelung (§ 258 Abs. 1 StGB), 1998; *Weber*, Probleme der Strafvereitelung (§ 258 StGB) im Anschluss an Urheberstraftaten (§§ 106 ff. UrhG), Meyer-GS 1990, S. 633; *Weidemann*, Aussageverweigerung bei Vernehmung durch Polizeibeamte als Strafvereitelung?, JA 2008, 532.

Übersicht

	Rn.
I. Systematik und Rechtsgut	1
II. Vereitelung der Strafe oder Maßnahme, § 258 I	3
1. Das Tatbestandsmerkmal der Vereitelung	3
2. Vorsatz- und Absichtsprobleme	7
3. Strafvereitelung durch Unterlassen	8
4. Strafvereitelung durch Alltagshandlungen bzw. im Rahmen beruflicher Tätigkeit	10
III. Vollstreckungsvereitelung, § 258 II	12
IV. Teilnehmer- und Angehörigenprivileg, § 258 V, VI	13
V. Teilnahme an § 258 und Teilnahme an einer „Selbstbegünstigung"	17
VI. Abgrenzung von § 258 und Teilnahme an der Vortat	21
VII. Qualifikation (§ 258a)	23
VIII. Wahlfeststellung, Versuch und Konkurrenzen	24

I. Systematik und Rechtsgut

1 § 258 unterscheidet zwischen der Verfolgungsvereitelung (Abs. 1) und der Vollstreckungsvereitelung (Abs. 2). Für Amtsträger sieht § 258a eine Qualifikation vor (Mindestfreiheitsstrafe: sechs Monate).

Nach ganz h. M.[1] stellt die Tathandlung, nämlich die Vereitelung der Bestrafung eines anderen wegen einer rechtswidrigen Tat (bzw. seiner Unterwerfung unter eine Maßnahme), einen **Angriff auf die deutsche innerstaatliche (Straf-)Rechtspflege** dar. Dem ist zu folgen. Zweifelsfrei ist dies allerdings nur bei § 258 II, denn hier kommt es nicht darauf an, ob der Vortäter tatsächlich eine (rechtswidrige) Tat begangen hat. In den ordnungsgemäßen Ablauf der Rechtspflege greift auch derjenige ein, der die Vollstreckung der Strafe gegen einen (wirklich oder vermeintlich) Unschuldigen

---

1 BGHSt 43, 82 (84); BGHSt 45, 97 (101); *Eisele*, BT II, Rn. 1102; *Fischer*, Vor § 257 Rn. 2; *Rengier*, BT I, § 21 Rn. 1; *S/S/Stree/Hecker*, § 258 Rn. 1; *Wessels/Hettinger*, BT 1, Rn. 719; abweichend SK-*Hoyer*, § 258 Rn. 2 f. – Zu den Rechtsgütern und zum kriminalpolitischen Hintergrund der Anschlussdelikte der §§ 257 ff. vgl. oben § 25.

vereitelt. Auch der Unschuldige darf sich nur mit den im Strafprozess vorgesehenen Mitteln wehren, und ihm darf nur im Rahmen des Rechts, insbesondere der Wiederaufnahme des Verfahrens nach §§ 359 ff. StPO, geholfen werden.

Von dieser Rechtsgutsbestimmung aus betrachtet ist es **nicht konsequent,** dass § 258 I vom Wortlaut her eine **rechtswidrige Vortat**[2] voraussetzt. Dem Täter des § 258 wird damit die Einlassung offen gehalten, er habe an die Unschuld des Vortäters geglaubt. Die Rechtspflege greift aber auch derjenige an, der die Klärung von Schuld und Unschuld im rechtsstaatlichen Verfahren behindert, also z. B. die Festnahme eines dringend Verdächtigen vereitelt. Nach der geltenden Rechtslage scheidet hingegen § 258 I dann aus, wenn der Vortäter tatsächlich unschuldig ist (denn dann liegt der objektive Tatbestand nicht vor) oder der Täter an die Unschuld des Vortäters glaubt (Vorsatzausschluss). Obwohl § 258 als eigenständiges Delikt ausgestaltet ist, gelten insoweit also im Wesentlichen die gleichen (Akzessorietäts-)Grundsätze[3] wie bei der Teilnahme an der Vortat[4]. – Dagegen wird in der **Schweiz**[5] als „Begünstigung" schon der Angriff auf eine rechtmäßige Verfolgung (und rechtmäßig ist eine Verfolgung schon bei Verdacht) angesehen. – Im Gegensatz zu § 258 bürdet dagegen § 261 in der Tatvariante der Leichtfertigkeit der Sache nach dem Geldwäscher, der irrig davon ausgeht, das verdächtige Geld sei sauber, das Risiko einer solchen Fehleinschätzung auf[6].

Plausible Erklärungen für die unterschiedliche Bewertung der Vereitelung der Bestrafung eines Unschuldigen (nicht strafbar nach Abs. 1, strafbar nach Abs. 2) fehlen. *Wessels/Hettinger*[7] begründen die Straflosigkeit nach § 258 I damit, dass bei Unschuld des Vortäters die Vereitelungshandlung „sich nicht gegen ein wirklich bestehendes Ahndungsrecht des Staates richtet". Das ist richtig, doch bleibt dann

2

---

2 Entgegen dem Wortlaut muss die Tat nach ganz h. M. nicht nur rechtswidrig sein, sondern es müssen alle gesetzlichen Bedingungen erfüllt sein, die zur Verhängung der Strafe oder zur Anordnung einer Maßnahme notwendig sind, vgl. *Rengier*, BT I, § 21 Rn. 4; *S/S/Stree/Hecker*, § 258 Rn. 3. So setzt die Vereitelung einer Strafe eine schuldhaft begangene Straftat voraus, der weder Strafausschließungs- oder Strafaufhebungsgründe noch endgültige Verfolgungshindernisse entgegenstehen. Zur Verhängung einer Maßnahme ist es allerdings oftmals nicht erforderlich, dass der Täter schuldhaft gehandelt hat (z. B. §§ 63, 64, 69); vgl. *Wessels/Hettinger*, BT 1, Rn. 723.
3 Vgl. oben § 25 Rn. 3 ff.; zur Abgrenzung der Teilnahme an der Vortat von § 258 vgl. unten Rn. 21 f.
4 Anders bei den Aussagedelikten (§§ 153 ff.), die auch solche Falschaussagen erfassen, die im Ergebnis zu einem richtigen Urteil führen, z. B. zum Freispruch eines tatsächlich Unschuldigen. Einen Meineid kann also auch derjenige leisten, der zugunsten eines Unschuldigen falsch schwört – eine Strafvereitelung scheidet in diesem Fall dagegen aus.
5 Zum Standpunkt des deutschen Rechts heißt es bei *Trechsel*, Schweizerisches Strafgesetzbuch, 1997, Art. 305 Rn. 2: „Es kann auch nicht geduldet werden, dass einzelne gestützt auf ihre Überzeugung die Strafverfolgung [...] vereiteln. Vor allem würde die abweichende (sc. dem deutschen Recht entsprechende) Lösung zum Missbrauch [...] geradezu einladen, – meist dürfte es schwierig sein, die Behauptung zu widerlegen, der Täter habe den Verfolgten für unschuldig gehalten". § 299 StGB (Österreich) stimmt dagegen mit dem deutschen Ansatz überein, indem es heißt: „(1) Wer einen anderen, der eine mit Strafe bedrohte Handlung begangen hat, der Verfolgung oder der Vollstreckung der Strafe oder vorbeugenden Maßnahme absichtlich ganz oder zum Teil entzieht".
6 Vgl. unten § 29 Rn. 37.
7 *Wessels/Hettinger*, BT 1, Rn. 722; zur Zerlegung der „Rechtspflege" in verschiedene Rechtsgüter und zu § 258 als „Strafverhängungsvereitelung" *Vormbaum*, Der strafrechtliche Schutz des Strafurteils, 1987, S. 112 ff.

§ 258 II erklärungsbedürftig, es sei denn, man nimmt an, dass die Rechtskraft eines Fehlurteils ein Ahndungsrecht zum Entstehen bringe[8].

Mit der materiell-rechtlichen Frage, ob eine rechtswidrige Vortat vorliegen muss, ist die **Bindung** im Verfahren nach § 258 **an die Rechtskraft der Verurteilung** (oder des Freispruchs) **des Vortäters** nicht zu verwechseln. Eine solche prozessuale Bindungswirkung besteht nicht. Dies führt zu folgender Konsequenz für § 258 I: Da Tatbestandsmerkmal eine rechtswidrige (Vor-)Tat ist, kann der Angeklagte im Verfahren nach § 258 I mit der Begründung freigesprochen werden, eine Vortat sei nicht gegeben, selbst wenn der Vortäter rechtskräftig verurteilt ist (bei irriger Annahme einer Vortat ist an eine Versuchsstrafbarkeit zu denken, §§ 258 I, IV, 22). Umgekehrt kann aus § 258 I verurteilt werden, selbst wenn der Vortäter in einem anderen Verfahren freigesprochen worden ist[9]. – Für § 258 II gilt dagegen folgende Konsequenz: Da Tatbestandsmerkmal die „verhängte Strafe" (nicht die „zu Recht verhängte Strafe") ist, ist die Rechtmäßigkeit der früheren Verurteilung für die Tatbestandserfüllung des § 258 II nicht relevant[10].

II. Vereitelung der Strafe oder Maßnahme, § 258 I

1. Das Tatbestandsmerkmal der Vereitelung

3   Der Täter muss die Bestrafung eines anderen „ganz oder zum Teil" vereiteln, wobei sich die Variante der „Teilvereitelung" auf einzelne Tatteile und nicht auf die zeitliche Dimension der Strafverfolgung bezieht (eine Verzögerung der Strafverfolgung ist also keine „teilweise", sondern – eine entsprechende Dauer vorausgesetzt – eine vollständige Vereitelung)[11]. Die Strafvereitelung ist somit ein Erfolgsdelikt[12]. Eine bloße Behinderung der Strafverfolgung ist also nur dann tatbestandsmäßig, wenn sie nachweisbar zu einer wesentlichen Verzögerung des Strafverfahrens geführt hat[13].

Ganz vereitelt kann entgegen der natürlichen Wortbedeutung nicht heißen, dass der Vortäter der Bestrafung bzw. Verhängung der Maßnahme auf Dauer entzogen wird. Denn abgesehen von Fällen der Verjährung oder der unerreichbaren Auslieferung läge § 258 I sonst nur vor, wenn die Tat des Vortäters (zumindest zu dessen Lebzeiten) sowie die Strafvereitelung

---

8   Dazu *Roxin/Schünemann*, Strafverfahrensrecht, 26. Aufl. 2009, § 52 Rn. 9: „Die früher vielfach vertretene materiell-rechtliche Rechtskrafttheorie, nach der die Rechtskraft unabhängig von der sachlichen Richtigkeit des Urteils einen neuen Strafanspruch selbst schaffen soll, wird heute allgemein abgelehnt". – Selbst wer annimmt, dass ein Fehlurteil einen nach dem materiellen Recht nicht bestehenden Strafanspruch zum Entstehen bringt, kann § 258 dahin interpretieren, dass solche Strafansprüche nicht geschützt sind; vgl. hierzu *Binding*, Lehrbuch des Gemeinen Deutschen Strafrechts, Besonderer Teil, 2. Bd., 2. Abt. 1905, S. 647 ff. – SK-*Hoyer*, § 258 Rn. 6, fordert dagegen, dass auch im Rahmen des § 258 II eine rechtswidrige Vortat vorliegen muss.
9   RGSt 58, 290; vgl. auch *S/S/Stree/Hecker* § 258 Rn. 9.
10 Eine vergleichbare Konstellation findet sich bei der Teilnahme: Ein Freispruch des Täters bindet den Richter eines späteren Verfahrens gegen den Gehilfen nicht; näher (und teilweise abweichend) *Zaczyk*, GA 1988, 356.
11 Vgl. hierzu noch unten Rn. 6.
12 BGHSt 44, 52 (56); dies kann insbesondere dann eine Rolle spielen, wenn ein Ausländer im Ausland handelt und den Vortäter dadurch der Strafverfolgung in Deutschland entzieht: Nach §§ 3, 9 StGB tritt der Tatererfolg in Deutschland ein, sodass deutsches Strafrecht anwendbar ist; vgl. BGHSt 45, 97 (100).
13 Vgl. zur Kausalitätsproblematik noch unten Rn. 5.

unentdeckt blieben (mit der Folge, dass die Strafvereitelung dann aber auch nicht verfolgt werden könnte). Deshalb ist unter Vereitelung nur zu verstehen, dass der Strafanspruch bzw. die Verhängung der Maßnahme „für geraume Zeit nicht verwirklicht worden ist"[14]. Die zeitliche Dimension ist allerdings streitig. So soll eine Verzögerung um etwa zehn Tage reichen[15], andere hingegen fordern in Anlehnung an § 229 I StPO eine Zeit von drei Wochen[16]. Sechs Tage sollen hingegen nicht genügen[17].

Unter **Bestrafung** ist die Verhängung von Kriminalstrafe zu verstehen, also insbesondere nicht die Geldbuße wegen einer Ordnungswidrigkeit. – Der Strafe werden die in § 11 I Nr. 8 aufgeführten **Maßnahmen** gleichgestellt (§§ 61 ff., 73 ff.). Das ist mit Blick auf **Einziehung** und **Verfall** deshalb problematisch, weil hierdurch die Sicherung der Tatvorteile gegen Einziehung und Verfall unter § **257** und § **258** fällt[18], eine wenig sinnvolle Idealkonkurrenz! Aus dieser Doppelspurigkeit zwischen § 258 und § 257 ist seit 1992 eine Dreispurigkeit geworden: Die **Geldwäsche** (§ 261) zielt im Kern ebenfalls auf die Gefährdung staatlicher Verfallsansprüche[19]. 4

Typische Vereitelungshandlungen sind das Verstecken des Vortäters oder die Erleichterung der Flucht (durch Verschaffen gefälschter Ausweise, falsche Angaben gegenüber den Strafverfolgungsorganen etc.)[20]. – Die Ausgestaltung des § 258 I als **Erfolgsdelikt** (Vereitelungserfolg!) macht allerdings **Kausalitätsüberlegungen** notwendig. 5

Beispiel (1): Vortäter V wird freigesprochen, weil unabhängig voneinander zwei Zeugen (T 1 und T 2) ihn durch falsche Aussagen decken. – In solchen Fällen wird sich häufig nicht feststellen lassen, wie die Entscheidung ausgefallen wäre, wenn **einer** der Zeugen den V wahrheitsgemäß belastet hätte. Folge: T 1 und T 2 sind daher beide nur wegen Versuchs, §§ 258 I, IV, 22, zu bestrafen[21].

Beispiel (2)[22]: Am 1. März 2013 tötet T die O. Der S hilft ihm, die Leiche und sonstige Spuren am Tatort verschwinden zu lassen. Daher werden erst am 13. März 2013

---

14 BT-Drucks. 7/550, S. 249; vgl. auch BGHSt 45, 97 (100); *Fischer*, § 258 Rn. 8; *Jerouschek/Schröder*, GA 2000, 51 (58); *Lackner/Kühl*, § 258 Rn. 4; LK-*Walter*, 12. Aufl., § 258 Rn. 35 f.; MüKo-*Cramer/Pascal*, 2. Aufl., § 258 Rn. 23 f.; *Rengier*, BT I, § 21 Rn. 6; *S/S/Stree/Hecker*, § 258 Rn. 14. Dies ist allerdings nicht unstreitig. So wird teilweise – im Hinblick auf Art. 103 II GG – bestritten, dass eine bloße zeitliche Verzögerung unter das „Vereiteln" subsumiert werden kann, so *Hardtung*, JuS 1998, 719 (720); NK-*Altenhain*, § 258 Rn. 49 f.; *Schittenhelm*, Lenckner-FS 1998, S. 519 (532 ff.); *Seebode*, JR 1998, 338 (341 f.); SK-*Hoyer*, § 258 Rn. 17; *Vormbaum*, Der strafrechtliche Schutz des Strafurteils, 1987, S. 394 ff.; *Wappler*, Der Erfolg der Strafvereitelung, 1998, S. 170 ff.
15 OLG Stuttgart, NJW 1976, 2084.
16 *Eisele*, BT II, Rn. 1117, *Fischer*, § 258 Rn. 8; *S/S/Stree/Hecker*, § 258 Rn. 14.
17 BGH, NJW 1959, 495; der BGH nimmt hier nur einen Versuch nach Abs. 4 an; vgl. auch KG, NStZ 1988, 178 (eine Woche reicht nicht).
18 Vgl. zu diesem Problem auch *Stree*, JuS 1976, 137 (140).
19 Vgl. unten § 29 Rn. 4.
20 Zum Sonderfall der Aufnahme von Terroristen in der ehemaligen DDR vgl. BGHSt 44, 52. – Zum Unterlassen vgl. unten Rn. 8 f.
21 Näher zu den Kausalitätsproblemen *Lenckner*, Schröder-GS 1978, S. 339 (347 ff.); *Schroeder*, NJW 1976, 980.
22 Fall nach BGH, wistra 1995, 143.

die Ermittlungen gegen T aufgenommen. Dieser wird gut ein Jahr später, am 21. März 2014, wegen der Tötung (und anderer Straftaten) verurteilt. – Hier wurden durch S die Ermittlungen um zwölf Tage verzögert. Es ist jedoch fraglich, ob dadurch auch die relevante Aburteilung der Tat zwölf Tage früher erfolgt wäre. Gerade wenn der Vortäter noch wegen weiterer Delikte verurteilt wurde, wird sich schwer feststellen lassen, wie sich die Vereitelungshandlung im Einzelnen auf den Zeitpunkt der Bestrafung ausgewirkt hat. Trotz absichtlichem Handeln erfüllt S daher nur §§ 258 I, IV, 22.

6 **Zum Teil vereiteln** bedeutet die gänzliche Vereitelung eines Teils, also z. B. die Bestrafung aus dem Grunddelikt statt aus einer Qualifikation oder die Verurteilung wegen eines Vergehens statt eines Verbrechens. Der Gesetzgeber wollte dagegen nicht die versuchte gänzliche Vereitelung als vollendete teilweise Vereitelung erfassen. Eine Verzögerung um sechs Tage ist also eine versuchte gänzliche Vereitelung[23] und keine vollendete teilweise Vereitelung.

2. Vorsatz- und Absichtsprobleme

7 Die **Vereitelung** muss „absichtlich oder wissentlich" angestrebt werden. Bedingter Vorsatz genügt also im Hinblick auf die Tathandlung und den Vereitelungserfolg nicht. Nach h. M. genügt dagegen ein solcher bedingter Vorsatz im Hinblick auf das Vorliegen der **Vortat**[24]. Hat der Vortäter die Vortat „Diebstahl" begangen, geht der Täter des § 258 aber von der Vortat „Totschlag" aus, ist dieser Irrtum unbeachtlich, denn § 258 verlangt nur die (beliebige) rechtswidrige Tat. Oft (nicht immer!) wird **Wissentlichkeit** bzw. Absicht hinsichtlich der Vereitelung der Strafe beim ausschließlich egoistisch (z. B. aus finanziellen Motiven) handelnden Strafvereiteler verneint werden können[25].

3. Strafvereitelung durch Unterlassen

8 Strafvereitelung durch **Unterlassen** kann nur bei einer entsprechenden Garantenstellung begangen werden, § 13. Eine solche trifft – im Hinblick auf das Rechtsgut der staatlichen Rechtspflege – im Wesentlichen nur **Amtsträger** (§ 11 I Nr. 2), insbesondere die Strafverfolgungsbehörden, vgl. § 258a und §§ 160, 163, 152 II StPO. Auch soweit das Legalitätsprinzip des § 152 II StPO durchbrochen ist, also kein Verfolgungszwang gegeben ist, besteht jedenfalls eine Pflicht zur ermessensfehlerfreien Entscheidung über die Strafverfolgung. Andererseits muss gerade die Strafverfolgung zum Aufgabenkreis des untätig bleibenden Amtsträgers gehören, sodass eine Strafbarkeit des Leiters einer Justizvollzugsanstalt ausscheidet, der eine zwischen Häftlingen stattgefundene Schlägerei oder Misshand-

---

23 Vgl. bereits oben Rn. 3; zum Versuchsbeginn vgl. unten Rn. 25.
24 BGHSt 45, 97 (100); BGHSt 46, 53 (58); *Fischer*, § 258 Rn. 33; *S/S/Stree/Hecker*, § 258 Rn. 24; vgl. auch LK-*Walter*, 12. Aufl., § 258 Rn. 113.
25 Zum Zusammenhang der Absichtsprobleme mit Problemen der Restriktion des Tatbestands vgl. näher unten Rn. 10.

Vereitelung der Strafe oder Maßnahme, § 258 I   § 26 Rn. 9

lung nicht meldet[26]. – **Dienstrechtlich** kann der Staat Vorgesetzte bei einer Straftatbegehung von Untergebenen oder Beamten ganz generell verpflichten, entsprechende Straftaten zu melden, die diese in ihrem Zuständigkeitsbereich wahrgenommen haben. Ob bei Verletzung einer solchen Dienstpflicht § 258 durch Unterlassen vorliegt, ist allerdings umstritten. Bei **Privatpersonen** kommt regelmäßig eine **Garantenstellung durch vorangegangenes Tun** in Betracht.

Beispiel: Der Tankwart T erkennt beim Bezahlen, dass am Steuer des Autos der gesuchte Vortäter V sitzt. – Da das Tanken die Flucht fördert, diese Förderung aber nicht vom Vorsatz des § 258 I getragen war, wäre hier §§ 258 I, 13 zu prüfen, wenn T untätig bleibt. – Die **Lösung** hängt von den Anforderungen ab, die man allgemein an die Garantenstellung, insbesondere kraft vorangegangenen (gefährlichen bzw. rechtswidrigen) Tuns stellt[27].

Zweifelhaft ist, ob auch eine **Garantenstellung aus Vertrag** (Übernahme) in Betracht kommt, sei es, dass eine Privatperson gegenüber einer anderen Privatperson eine Verpflichtung zur Anzeige eingegangen ist oder sei es, dass nur eine Verpflichtung zur Information des Vertragspartners besteht (der dann seinerseits zumeist die Strafverfolgungsbehörde verständigt).   9

Beispiel: Der Detektiv T eines Warenhauses wird durch Dienstvertrag mit der Warenhaus-AG verpflichtet, jeden Ladendieb zur Anzeige zu bringen. Trotzdem unterlässt er es, den von ihm beim Diebstahl ertappten V anzuzeigen, um V eine Strafverfolgung zu ersparen. Die Motive des T können von Mitleid bis zur Habgier reichen, z. B. wenn er sich von V bestechen lässt. – Zum Teil[28] wird hier die Garantenstellung (Vertrag) als unproblematisch angesehen. Dem steht entgegen, dass § 258 nur die Verletzung des öffentlichen Interesses an der Strafverfolgung pönalisiert. Die Verletzung eines privaten Interesses an der Strafverfolgung (hier: durch die gegenüber einer Privatperson begangene Pflichtverletzung) genügt nicht[29].

---

26 Insbesondere im Strafvollzug erhalten Bedienstete oft Hinweise auf Straftaten, die entweder von Gefangenen im Vollzug (Betäubungsmittelkonsum!) oder von Kollegen gegenüber Gefangenen (und umgekehrt) begangen werden; doch selbst bei einer Nichtmeldung von durch Anstaltsbedienstete gegenüber Gefangenen begangenen Straftaten wurde eine Garantenpflicht verneint; vgl. BGHSt 43, 82; dazu *Eisele*, BT II, Rn. 1114; *Klesczewski*, JZ 1998, 313; *Rudolphi*, NStZ 1997, 599; *Seebode*, JR 1998, 338.
27 Die „kategorische" Ablehnung einer Garantenstellung bei rechtmäßigem Vorverhalten (vgl. hierzu *Heinrich*, AT, Rn. 957 ff.) wird bestritten von *Arzt*, JA 1980, 553 ff.; 647 ff.; 712 ff. (715 f.). Der Beispielsfall zeigt, dass die objektiv vorliegende Vereitelungshandlung nicht sinnvoll auf ihre Rechtswidrigkeit hin geprüft werden kann, weil das Absichtselement fehlt. Wer den Verkauf von Benzin als rechtmäßige übliche (alltägliche) Berufstätigkeit ansieht, sollte sich fragen, ob die Rechtsordnung dabei von der Erwartung ausgeht, dass bei nachträglicher Kenntnis von Gefahren, die durch diese Tätigkeit ausnahmsweise geschaffen worden sind, Gegenmaßnahmen zu treffen sind. – Zur Frage der Strafvereitelung durch Alltagshandlungen vgl. unten Rn. 10.
28 *Binding*, Lehrbuch des Gemeinen Deutschen Strafrechts, Besonderer Teil, 2. Bd., 2. Abt. 1905, S. 656. Je stärker man § 258 als Teilnahme nach der Tat betrachtet, desto mehr spricht im Beispiel für Bejahung der Garantenstellung.
29 BGH, NStZ 1992, 541; MüKo-*Cramer/Pascal*, 2. Aufl., § 258 Rn. 22; *S/S/Stree/Hecker*, § 258 Rn. 17.

Die allgemeine Pflicht zur Zeugenaussage begründet keine Garantenpflicht kraft Gesetzes, speziell an der Strafverfolgung mitzuwirken. Deshalb ist der mit Strafvereitelungsabsicht renitente (d. h. grundlos die Aussage verweigernde) Zeuge nicht wegen Strafvereitelung durch Unterlassen strafbar[30]. Dieses ergibt sich auch schon aus § 70 StPO, der die möglichen Sanktionen abschließend regelt[31].

4. Strafvereitelung durch Alltagshandlungen bzw. im Rahmen beruflicher Tätigkeit

10 Besondere Probleme entstehen bei Alltagshandlungen bzw. im Rahmen beruflicher Tätigkeit. Denn alles, was dem Vortäter das Leben außerhalb des Zugriffs der Strafverfolgungsbehörden ermöglicht, trägt letztlich zugleich zur Strafvereitelung bei.

Der Verkauf von Lebensmitteln und Benzin, die Beförderung, die normale Beherbergung (also nicht nur das Verstecken), das Auszahlen eines Sparguthabens usw. sind objektiv zumeist auch Vereitelungshandlungen. Die Praxis verneint bei solchen Unterstützungen regelmäßig den direkten Vereitelungsvorsatz[32]. In Wahrheit geht es jedoch nicht um Absicht oder Vorsatz, sondern um ein Problem der Restriktion des Tatbestandes[33]. Das zeigt der Vergleich sowohl mit der Teilnahme an der Vortat als auch mit der Geldwäsche[34]. Dort treten theoretisch dieselben Fragen auf, können aber nur über die objektiven Einschränkungskriterien gelöst werden (weil bei § 27 bzw. § 261 anders als bei § 258 bedingter Vorsatz, bei § 261 sogar Leichtfertigkeit genügt).

Beispiel: Der Wirt hört zufällig mit, dass seine Gäste (1) in der kommenden Nacht noch einen anstrengenden Einbruch vor sich haben bzw. (2) nach einem anstren-

---

30 Richtig BGE 106 IV 276; LG Itzehoe, NStZ-RR 2010, 10; MüKo-*Cramer/Pascal*, 2. Aufl., § 258 Rn. 22; *Rengier*, BT I, § 21 Rn. 15; a. M. OLG Köln, NStZ-RR 2010, 146 (LS) = BeckRS 2010, 02388; LG Ravensburg, NStZ-RR 2008, 177 (178); NK-*Altenhain*, § 258 Rn. 46; *S/S/Stree/Bosch*, § 13 Rn. 31, § 258 Rn. 17.
31 *Rengier*, BT I, § 21 Rn. 15.
32 Vgl. aber BGHSt 4, 107 (hier wird eine Strafvereitelungsabsicht des Taxifahrers bejaht, der Diebe gegen den üblichen Fahrlohn mit ihrer Beute abholt).
33 *Schröder*, NJW 1962, 1037 (1040) nimmt in solchen Fällen extrem weitgehend eine Strafvereitelung an; vgl. aber jetzt *S/S/Stree/Hecker*, § 258 Rn. 22: Der Ladeninhaber, der „im Rahmen der üblichen Tätigkeit" eine verfolgte Lebensmittel verkauft, falle ebenso wenig unter den Strafbereich des § 258 wie der Bankangestellte, der dem Täter Geld wegen dessen Konto aushändigt oder der Vermieter eines Hotelzimmers (Begründung: der Schutzzweck der Norm sei nicht tangiert; der Unterschied zum Taxifahrer in BGHSt 4, 107 wird dabei allerdings nicht deutlich). – *Lenckner*, Schröder-GS 1978, S. 339 (354 ff.), sieht die Probleme, verteidigt aber die Lösung in erster Linie über den subjektiven Tatbestand mit dem Argument, die von § 258 verbotene Solidarisierung sei eine Frage des inneren Tatbestandes; dazu auch *Küpper*, GA 1987, 385 (401 f.). Aber: Wer vorsätzliche Strafvereitelung begeht, handelt notwendig mit Solidarisierungswillen, oder es liegt eine leere protestatio facto contraria vor. *Arzt/Weber-Arzt*, 1. Aufl., § 26 Rn. 10 schlägt noch eine Lösung über die Rechtfertigungsebene vor. – Zum seltenen Sonderfall einer Beherbergung, die „von Geboten der christlichen Ethik getragen" ist, siehe *Schubarth*, Schultz-FG 1977, S. 158 (161). Nach OLG Stuttgart, NJW 1981, 1569 mit Anm. *Frisch*, JuS 1983, 915, ist jede „normale" Beherbergung eines Straftäters eine Strafvereitelung. Zur Übertragung des Regressverbotes in den Vorsatzbereich siehe *Schumann*, Strafrechtliches Handlungsunrecht und das Prinzip der Selbstverantwortung der Anderen, 1986.
34 Vgl. zur Geldwäsche unten § 29 Rn. 39 ff.

genden Ausbruch auf der Flucht sind. – Bestellen danach die Gäste eine Schweinshaxe, liegt im Servieren eine vorsätzliche Hilfe (§§ 242, 244, 27 bzw. § 258 II)[35]. Problematisch ist eine Bestrafung des Wirts deshalb, weil er den Rahmen der „normalen Ausübung seines Gewerbes" nicht überschreitet. Diese Fragen sind bei § 261 weiter zu verfolgen, weil sie dort nicht (wie oft bei § 258) in den subjektiven Tatbestand verdrängt werden können (denn § 261 pönalisiert auch leichtfertiges Verhalten)[36].

Berufsspezifische Probleme treten vor allem[37] für den **Strafverteidiger** auf[38]. Für die Verteidigung eines schuldigen Mandanten gelten die folgenden sieben Leitlinien, durch deren Verletzung sich der Strafverteidiger theoretisch nach § 258 strafbar machen kann. Praktisch wird die Bestrafung freilich vielfach schon an Beweisproblemen (insbesondere im Hinblick auf den subjektiven Bereich) scheitern[39]. Grundgedanke ist dabei, dass eine Strafvereitelung jedenfalls dann tatbestandlich ausscheiden muss, wenn sich der Anwalt auf prozessual zulässige Maßnahmen beschränkt[40].

(1) Der Verteidiger darf – unter Berufung auf den Grundsatz in dubio pro reo und bei Zweifeln am Ergebnis der Beweisaufnahme – einen Freispruch seines schuldigen Mandanten beantragen, denn es ist „nach dem Ergebnis der Verhandlung" zu urteilen, § 264 I StPO. – Der Verteidiger darf aber nicht seine angebliche Überzeugung von der Unschuld herausstellen. Der Verteidiger „darf nicht wider besseres Wissen die Unschuld seines Mandanten positiv behaupten oder gar lauthals heraustönen"[41].

(2) Der Verteidiger darf Zeugen kritisch befragen und versuchen, sie in Widersprüche zu verwickeln, selbst wenn er weiß, dass sie die Wahrheit sagen. Dieses Recht zur Verunsicherung besteht, „denn auf die Aussage unsicherer Zeugen darf keine Verurteilung gegründet werden"[42]. – Der Verteidiger darf aber keine Beweisquellen

---

35 Auf die Kausalität kann nicht ausgewichen werden, denn im Erfolg (Einbruch bzw. Strafvereitelung) steckt die Stärkung durch die Schweinshaxe, ohne dass es darauf ankommt, ob – hätte der Wirt das Essen nicht serviert – die Gäste anderswo Würstchen bekommen hätten.
36 Der bei § 261 (unten § 29 Rn. 40) behandelte Zirkelschluss steckt bei *Lackner/Kühl*, § 258 Rn. 3, in der Formulierung, was „lediglich eine berechtigte Inanspruchnahme des jedermann gewährleisteten Freiheitsspielraums bedeutet" (was ist „berechtigt"?). Der gleiche Zirkel findet sich im hier genannten Beispiel (was versteht man unter „normaler Ausübung seines Gewerbes"?).
37 Auch Medienschaffende können durch (zu) rasche Publikation eines Skandals die an dieser Straftat Beteiligten wissentlich warnen. Hier ist neben der Frage der berufsspezifischen Probleme auch zu beachten, dass Grundrechte beeinträchtigt sein können.
38 Vgl. zu dieser Problematik BGHSt 46, 53; S/S/Stree/Hecker, §258 Rn. 19 f.; umfassend *Beulke/Ruhmannseder*, Die Strafbarkeit des Verteidigers, 2. Aufl. 2010.
39 BGHSt 46, 53 (58 ff.); bei der Verteidigung von Mitgliedern krimineller Vereinigungen läuft der Anwalt zudem Gefahr, die Vereinigung i. S. des § 129 zu unterstützen. – BGHSt 31, 16 hat im Leitsatz ausgesprochen, dass „Hilfe bei der Abgabe und die Weitergabe einer der Verteidigung dienenden straflosen Prozesserklärung des Angeklagten durch den Verteidiger [...] keine rechtswidrige Unterstützung einer kriminellen Vereinigung" ist. Zu § 129 vgl. unten § 44 Rn. 16.
40 BGHSt 46, 53 (54).
41 *Dahs*, Handbuch des Strafverteidigers, 7. Aufl. 2005, Rn. 76. – Mit *Ostendorf*, NJW 1978, 1345 (1348), ist anzunehmen, dass der Anwalt wegen der Unschuldsvermutung nur selten von der Schuld seines Mandanten überzeugt sein darf; man sollte aber auch nicht so tun, als gäbe es den um die Schuld des Mandanten wissenden Verteidiger nicht. Zur Frage der Zulässigkeit des Antrags auf Freispruch beim schuldigen Angeklagten allgemein *Beulke/Ruhmannseder*, Die Strafbarkeit des Verteidigers, 1989, Rn. 108 ff.
42 *Baumann*, Grundbegriffe und Verfahrensprinzipien des Strafprozessrechts, 3. Aufl. 1979, S. 129.

trüben⁴³. Die Grenzen sind hier hauchdünn, denn worin liegt der Unterschied zwischen verbotener Trübung und erlaubten Angriffen auf belastendes Beweismaterial? (3) Der Verteidiger darf die Möglichkeit der Wahrheit der Aussage von „faulen Zeugen", die für den Angeklagten günstig aussagen, selbst dann hervorheben, wenn er weiß, dass diese lügen. Entsprechend darf er die **Möglichkeit**, dass eine Urkunde echt ist, selbst dann hervorheben, wenn er weiß, dass die Urkunde gefälscht ist. – Der Verteidiger darf jedoch nicht Zeugen benennen, von denen er weiß, dass sie zum Meineid bereit sind (durch eine solche Benennung begeht er zudem eine Anstiftung zum Meineid)⁴⁴. Er darf auch keine Urkunden vorlegen, von denen er weiß, dass sie gefälscht sind⁴⁵. Dagegen muss er gegen einen Meineid, den er kommen sieht, nur einschreiten, wenn er zuvor eine entsprechende prozessinadäquate Gefahr geschaffen hat⁴⁶.

(4) Der Verteidiger darf durch Ausschöpfung der Möglichkeiten der StPO den Richter „verunsichern". Nach der hier vertretenen Auffassung darf er ihn durch entsprechende Anträge zu einem Verfahrensfehler provozieren, um so zu erreichen, dass das materiell richtige Urteil wegen dieses Fehlers aufgehoben wird und nochmals verhandelt werden muss. Der Zeitgewinn schlägt sich meist in größerer Unsicherheit bei einer neuen Sachverhaltsfeststellung nieder – und damit vergrößert sich die Chance für den Angeklagten, freigesprochen zu werden. Das ist eine beliebte Taktik der Verteidiger, zumal sie ohne langwieriges Aktenstudium angewandt werden kann. – Der Verteidiger darf dagegen nach der wohl h. M. nicht den Richter durch eine „gezielte Querfrage" von einem für den Angeklagten gefährlichen Punkt ablenken⁴⁷. Auch hier sind die Grenzen kaum sicher bestimmbar.

(5) Der Verteidiger darf den Angeklagten und die Zeugen auf Rechte hinweisen, insbesondere auf das Schweigerecht, und sie veranlassen, von diesem Recht Gebrauch zu machen⁴⁸. – Der Verteidiger darf aber nicht die Entscheidungsfreiheit des Zeugen mit verbotenen Mitteln oder mittels „Bestechung" beeinträchtigen⁴⁹ oder den Angeklagten zu einer falschen, ihm jedoch günstigen und schwer zu widerlegenden Einlassung anstiften⁵⁰.

---

43 *Dahs*, Handbuch des Strafverteidigers, 7. Aufl. 2005, Rn. 75; vgl. auch BGHSt 46, 53 (55, 57). – Nach BGHSt 9, 20 (22) hat der Verteidiger „zwar die vordringliche Aufgabe, die den Angeklagten entlastenden Umstände hervorzuheben; ihm sind aber insofern Grenzen gesetzt, als er sich in keinem Fall der Wahrheitserforschung hindernd in den Weg stellen darf".
44 BGHSt 29, 99 (107); BGHSt 46, 53 (56); BGH, NStZ 1983, 503.
45 BGHSt 38, 345 erörtert den Konflikt zwischen § 258 (direkter Vorsatz) und § 267, bei dem dolus eventualis genügt, speziell für den Verteidiger (und löst ihn durch strenge Anforderungen an die Annahme des bedingten Vorsatzes); vgl. unten § 31 Rn. 38.
46 So die neuere Judikatur zur Garantenstellung bei §§ 153, 154; vgl. unten § 47 Rn. 146 ff.
47 So ausdrücklich *Dahs*, Handbuch des Strafverteidigers, 7. Aufl. 2005, Rn. 70; zum Missbrauch des Frage- und Antragsrechts *Beulke/Ruhmannseder*, Die Strafbarkeit des Verteidigers, 2010, Rn. 98.
48 So BGHSt 10, 393.
49 Vgl. BGHSt 10, 393 (394). Welche Mittel verboten sind, richtet sich – anders als bei gerichtlichen Vernehmungen, vgl. § 69 StPO – nicht unmittelbar nach § 136a StPO. Der Verteidiger ist hieran nicht unmittelbar gebunden, vgl. *Löwe/Rosenberg-Gleß*, StPO, 26. Aufl. 2007, § 136a Rn. 9.
50 Der alte und für den Beschuldigten selbst weithin bedeutungslose Streit, ob er ein Recht zur Lüge habe (oder ob die Lüge zwar verboten sei, aber ohne nachteilige Folgen bleibe), ist für Dritte wegen § 258 von großer Bedeutung. Hätte der Angeklagte ein Recht zur Lüge, könnte ihn der Verteidiger entsprechend belehren. Nach ganz h. M. darf der Verteidiger den Mandanten zwar auf die Straflosigkeit von dessen Lügen hinweisen, doch ist das Mitwirken an Lügen (Erfinden von Lügen) verboten; vgl. *Beulke/Ruhmannseder*, Die Strafbarkeit des Verteidigers, 2010, Rn. 17 ff. – Für ein Recht zur Lüge *Fezer*, Stree/Wessels-FS 1993, S. 663; *Ostendorf*, NJW 1978, 1345 (1349).

(6) Der Verteidiger darf den Verletzten zur Rücknahme des Strafantrages bewegen oder von der Erstattung der Anzeige abhalten. Er darf aber zu diesem Zweck nicht mit einer Täuschung oder Drohung arbeiten. Auch insoweit hilft die vom BGH[51] gezogene Analogie zu § 136a StPO weiter, wobei freilich die kritischen Fälle ungelöst bleiben: Ist das „Erkaufen" der Rücknahme des Strafantrages zulässig oder als verbotene „Bestechung" im Rahmen des § 258 strafbar, oder: Darf der Anwalt dem Geschädigten im Auftrag seines Mandanten eine Schmerzensgeldzahlung anbieten, wenn dieser dafür seine Aussage „abschwächt"[52]?

(7) Der Verteidiger darf auch gegen eine materiell richtige Verurteilung seines Mandanten Rechtsmittel und sonstige Rechtsbehelfe (Wiederaufnahme!) einlegen.

Auch wenn das Verhalten des Verteidigers nach diesen Leitlinien verboten ist, ist bei der Subsumtion unter § 258 dennoch stets die umstrittene Abgrenzung zwischen (strafbarer) Strafvereitelung und (strafloser) Unterstützung der „Selbstbegünstigung" des Vortäters zu beachten[53].

III. Vollstreckungsvereitelung, § 258 II

Im Gegensatz zu § 258 I kommt es bei der Vollstreckungsvereitelung auf Schuld oder Unschuld des Vortäters nicht an[54]. – Im Übrigen gelten die Ausführungen zu § 258 I entsprechend[55]. 12

In der **Bezahlung einer Geldstrafe** für den Verurteilten liegt keine Vereitelung der Vollstreckung. Zwar wird „die Realisierung des zuerkannten Strafübels" (i. S. eines **persönlichen** Übels) verhindert[56]. Angesichts der Vertretbarkeit von Geld hat der BGH[57] jedoch mit Recht in der Bezahlung durch Dritte keine Vereitelung gesehen, u. a. mit dem Argument, eine persönliche Betroffenheit sei nicht vollstreckbar. Dass z. B. der Arbeitgeber durch Bezahlung der Geldstrafen seiner Arbeitnehmer diese der Sache nach zu Straftaten anstiftet (z. B. Fahrtenschreiber zu manipulieren), ist bedauerlich. Man sollte jedoch die schwer beweisbare Anstiftung nicht über extensive Auslegung des § 258 II bestrafen[58].

---

51 BGHSt 10, 393.
52 Vgl. hierzu BGHSt 46, 53.
53 Eingehend dazu unten Rn. 17 ff.
54 Vgl. oben Rn. 1 f.
55 Vgl. oben Rn. 3 ff.
56 Mit dieser Begründung hatte die ältere Judikatur seit RGSt 30, 232 (235) eine Vereitelung bejaht; so auch aus der Literatur *v. d. Decken*, ZStW 12 (1892), 97; *Hillenkamp*, Lackner-FS 1987, 455 (466 f.); *ders.*, JR 1992, 74; LK-*Ruß*, 11. Aufl., § 258 Rn. 24a; *Zipf*, MDR 1965, 632 (633); vgl. auch *Mitsch*, JA 1993, 304 f., der darin eine strafbewehrte Täuschung sieht, wodurch die Strafvollstreckungsbehörden von Vollstreckungsmaßnahmen (z. B. §§ 459c, 459e StPO) gegen den Verurteilten abgehalten werden.
57 BGHSt 37, 226; aus der Literatur *Engels*, Jura 1981, 581; *Fischer*, § 258 Rn. 32; *Hoffmann/Wißmann*, StV 2001, 249; *Krey/Hellmann/M. Heinrich*, BT 1, Rn. 840; *Lackner/Kühl*, § 258 Rn. 13; *Müller-Christmann*, JuS 1992, 379 (381 f.); MüKo-*Cramer/Pascal*, 2. Aufl., 258 Rn. 35; *Noak*, StV 1990, 113; *Otto*, BT, § 96 Rn. 16; *Rengier*, BT I, § 21 Rn. 18 ff.; SK-*Hoyer*, § 258 Rn. 21; differenzierend LK-*Walter*, 12. Aufl., § 258 Rn. 47; S/S/Stree/Hecker, § 258 Rn. 29.
58 Zur Problematik der Wahlfeststellung zwischen § 258 und Teilnahme an der Vortat vgl. unten Rn. 24.

IV. Teilnehmer- und Angehörigenprivileg, § 258 V, VI

13 § 258 I, II spricht von einem **anderen**. Daraus ergibt sich, dass der **Vortäter**, der seine eigene Bestrafung verhindert, nicht unter den Tatbestand des § 258 fällt[59]. Freilich kann sein Verdeckungsverhalten andere Straftatbestände erfüllen, z. B. § 211 (Verdeckungsabsicht), vgl. ferner §§ 121, 145d, 142.

14 § 258 V erstreckt diesen Grundgedanken auf alle **Teilnehmer** an der Vortat. Wer die Bestrafung eines Teilnehmers (und insoweit also: eines anderen!) vereitelt, handelt zwar tatbestandsmäßig, ist aber nach § 258 V nicht strafbar, wenn er zugleich die eigene Bestrafung vereiteln will. § 258 V ist ein in das Gewand eines persönlichen Strafausschließungsgrundes eingekleideter Schuldausschließungsgrund (**Notstandsähnlichkeit**)[60]. Angesichts des verständlichen Strebens nach Selbstschutz ist die damit verbundene Unterstützung anderer nicht nach § 258 I strafbar. Das Privileg gilt auch hier selbstverständlich nur für die Strafvereitelung und nicht für die zur Erreichung dieses Ziels eingesetzten Mittel (Tötung des Polizeibeamten mit Verdeckungsabsicht; Urkundenfälschung; Diebstahl der zur Flucht benutzten Kleidung etc.)[61]. Abs. 5 gilt auch dann, wenn die Befürchtung einer Strafverfolgung unbegründet ist[62].

15 Die Rechtsprechung[63] will das Privileg des § 258 V allerdings dann versagen, wenn die Teilnahme an der Vortat gerade in der Zusage der späteren Vereitelungshandlung besteht. Diese (scheinbare) Ausnahme zeigt aber, dass die Zusage der Vereitelungshandlung **nur** als Teilnahme an der Vortat und nicht **auch** als Tat nach § 258 angesehen werden sollte[64].

Nach ganz h. M.[65] muss die Tat, die der Begünstigende begangen hat und wegen der er Sanktionen befürchtet und die Tat bezüglich derer er eine

---

59 BGHSt 11, 268 (271) zu § 211; BGHSt 26, 358 (361) zu § 259; vgl. aber auch § 257 III 2, dazu unten § 27 Rn. 18.
60 Es ist müßig, sich darüber zu streiten, ob konstruktiv ein Schuldausschließungsgrund vorliegt (so die hier vertretene Ansicht, ebenso BGHSt 43, 356 [358]: „persönlicher Strafausschließungsgrund, der seine Grundlage im Schuldbereich hat"; so auch *S/S/Stree/Hecker*, § 258 Rn. 37) oder ein Strafausschließungsgrund (letzteres h. M., vgl. *Fischer*, § 258 Rn. 34; *Lackner/Kühl*, § 258 Rn. 16; *Rengier*, BT I, § 21 Rn. 23).
61 Umstritten ist jedoch, ob die Strafe einer gleichzeitigen Begünstigung auch nach § 258 V, VI entfällt. Um die Privilegien des § 258 V, VI nicht zu umgehen, sollte auch die Strafe des § 257 entfallen, sofern der Täter den Vereitelungserfolg nach seiner Vorstellung nicht ohne die Begünstigung erreichen kann, vgl. *Fischer*, § 258 Rn. 40; *Rengier*, BT I, § 21 Rn. 28; a. M. MüKo-*Cramer/Pascal*, 2. Aufl., § 258 Rn. 55; vgl. auch LK-*Walter*, 12. Aufl., § 258 Rn. 142.
62 Etwa, wenn der Täter nur irrig annimmt, Beteiligter einer Vortat zu sein, so *Fischer*, § 258 Rn. 34; *Rengier*, BT I, § 21 Rn. 23; vgl. ferner *S/S/Stree/Hecker*, § 258 Rn. 37. Dagegen greift Abs. 5 nicht ein, wenn der Strafvereiteler bereits wegen der Vortat rechtskräftig verurteilt worden ist, denn das Ziel, sich selbst der strafrechtlichen Verfolgung zu entziehen, kann dann nicht mehr erreicht werden, womit die Zwangslage entfällt; so auch BayObLG, NStZ 1996, 497; *Fischer*, § 258 Rn. 35; vgl. auch *Klein*, StV 2006, 338 (340).
63 BGHSt 43, 356.
64 Vgl. unten Rn. 21 f.
65 So z. B. BGH, NJW 1995, 3264; *Rengier*, BT I, § 21 Rn. 23; NK-*Altenhain*, § 258 Rn. 69; *S/S/Stree/Hecker*, § 258 Rn. 37.

Strafvereitelung begeht, nicht identisch sein. Sinnvoll ist das nicht, doch ist angesichts des Wortlauts des § 258 V der h. M. zu folgen.

Beispiel: V kommt nach einem Raubüberfall zu seiner Freundin T und bittet sie, ihn einige Zeit zu verstecken. T weigert sich zunächst, versteckt V aber doch, weil V ihr droht, sie sonst wegen eines von ihr früher begangenen Diebstahls anzuzeigen. – T erfüllt hier § 258 I. Nach allgemeinen Regeln (§ 35) wäre diese Tat und die so erreichte Abwendung der Gefahr für ihre Freiheit nicht entschuldigt, weil T die Gefahr durch den von ihr begangenen Diebstahl selbst verursacht hat. Zugunsten der T greift jedoch § 258 V ein. Der Wortlaut ist nicht auf die Fälle beschränkt, in denen V und T an derselben Vortat beteiligt waren. Auch im genannten Beispiel kommt die Hilfe für den anderen zugleich dem Hilfeleistenden selbst zugute.

§ 258 VI beruht wie § 258 V auf dem Grundgedanken einer notstandsähnlichen Konfliktsituation. Zu den Angehörigen gehört nach § 11 I Nr. 1 u. a. auch der/die Verlobte (im vorstehenden Beispiel käme man also auch über § 258 VI zu einer Straflosigkeit der T, wenn sie mit V verlobt wäre)[66]. Für das Angehörigenverhältnis kommt es – infolge der notstandsähnlichen Lage – auf die Vorstellung des Täters, nicht auf die wirkliche Lage an[67].

V. Teilnahme an § 258 und Teilnahme an einer „Selbstbegünstigung"

Eine Teilnahme an § 258 ist eine mittelbare Form der Vereitelung und deshalb schwer von einer Täterschaft abzugrenzen. Der **Kollision von zwei** elementaren dogmatischen **Prinzipien** stehen Lehre wie Praxis ziemlich hilflos gegenüber: **(1)** Betrachtet man § 258 formell und materiell als eigenständigen Tatbestand, läuft er im Hinblick auf die Teilnahme weitgehend leer. Da der Vortäter, der seine eigene Bestrafung vereitelt, den Tatbestand des § 258 unstreitig nicht erfüllt (es fehlt am „anderen"), sind „Anstifter" und „Gehilfen" mangels einer tatbestandsmäßigen Haupttat straflos. Nach den allgemeinen Regeln der Teilnahmelehre ist eine täterschaftliche Strafvereitelung selten, denn meist wird nur eine Beihilfe oder Anstiftung zu einer nicht tatbestandsmäßigen „Selbstbegünstigung" des Vortäters vorliegen. – **(2)** Betrachtet man § 258 nur konstruktiv als eigenständigen Tatbestand, der aber der Sache nach als Teilnahme (nach der Tat) zu behandeln ist, wird das, was konstruktiv nur Teilnahme an § 258 ist, zur Täterschaft aufgewertet. Nach den allgemeinen Regeln der Teilnahmelehre steht mittelbare Beihilfe (also Beihilfe zur Beihilfe) der unmittelbaren Beihilfe gleich. Auch eine solche Beihilfe zur Strafvereitelung wäre danach zur Täterschaft i. S. des § 258 aufzuwerten, weil es sich bei § 258 der Sache nach um eine Teilnahme nach der Tat handelt. Zugleich würde die (straflose) versuchte Teilnahme zur (strafbaren) versuchten Täterschaft nach § 258 aufgewertet[68].

---

66 Eine analoge Erweiterung auf nicht von § 11 I Nr. 1 erfasste nahestehende Personen i. S. des § 35 I ist abzulehnen, vgl. *Lackner/Kühl*, § 258 Rn. 17; *S/S/Stree/Hecker*, § 258 Rn. 41.
67 So *Fischer*, § 258 Rn. 39; *Lackner/Kühl*, § 258 Rn. 17; *Rengier*, BT I, § 21 Rn. 32; *S/S/Stree/Hecker*, § 258 Rn. 41; a. M. *Baumann/Weber/Mitsch*, § 24 Rn. 6; *Otto*, BT, § 96 Rn. 19.
68 Vgl. dazu nachstehende Rn. 18 und zu § 259 unten § 28 Rn. 18.

Da niemand Prinzip (1) oder Prinzip (2) rein verwirklichen will, finden sich recht unterschiedliche Mittelmeinungen, die alle dogmatisch wie kriminalpolitisch inkonsequent sind. Die folgenden Beispiele informieren über das Dilemma.

18 **Beispiel (1):** Vortäter V ist auf der Flucht. Sein Freund A beherbergt ihn nicht, doch überredet A seine Freundin T, den V zu verstecken. – T erfüllt § 258 I (ansonsten läge lediglich eine straflose Beihilfe zur Vereitelungstat des V vor). Nach Prinzip (1) ist A Anstifter einer Strafvereitelung, begangen durch T, §§ 258 I, 26, nach Prinzip (2) ist A Täter des § 258 I. In der Literatur wird gern mit dem Satz operiert, die Abgrenzung Täterschaft/Teilnahme folge „den allgemeinen Regeln"[69]. Insoweit wäre A nach §§ 258 I, 26 strafbar, wenn man § 258 formell und materiell als eigenständigen Tatbestand ansieht. Die Problematik dieser Lösung wird aus den folgenden Abwandlungen sichtbar.

Beispiel (2): A weist V auf seine leichtgläubige Freundin T hin und diese beherbergt den V in Unkenntnis der Vortat, wie es A und V erhofft hatten. Nach den allgemeinen Regeln handelt T ohne Vorsatz bezüglich § 258 I. Dies führt dazu, dass A mangels vorsätzlicher Haupttat nicht nach §§ 258 I, 26 (oder § 27) bestraft werden könnte. Die Versuchung ist hier groß, den Hinweis des A auf die leichtgläubige T als Strafvereitelung in mittelbarer Täterschaft zu bestrafen.

Beispiel (3): Der Vortäter V ist auf der Flucht. Zu seinem Freund A sagt er, er wolle sich der Polizei stellen, ein Entkommen sei ja doch aussichtslos. A meint, V sei dumm, denn wenn er sich den Bart abrasiere, werde ihn beim Überqueren der Grenze doch niemand erkennen. V setzt sich, dem Rat des A folgend, ins Ausland ab. – Bei A liegt hier eine Anstiftung zur von V begangenen Strafvereitelung vor. Da die Tat des V nicht strafbar ist (der Norm des § 258 V bedarf es hier nicht, denn es fehlt bereits am Tatbestandsmerkmal des „anderen"), hängt die Bestrafung des A davon ab, wieweit man den dem V erteilten Rat zu einer von A begangenen täterschaftlichen Strafvereitelung aufwertet. Die Problematik entspricht insofern der in Beispiel (2). Im Ergebnis liegt die Versuchung nahe, im Beispiel (1) A nur als Teilnehmer zu bestrafen, also Prinzip (1) anzuwenden, in Beispiel (3) dagegen Prinzip (2) anzuwenden und A als Täter zu betrachten.

Die Bemühungen um die Lösung dieses Dilemmas reißen nicht ab. Leider besteht nicht einmal darüber Einigkeit, dass § 258 ein untaugliches Objekt ist, um die Richtigkeit bzw. Unrichtigkeit von Teilnahmetheorien zu demonstrieren. Vielleicht hilft hier wirklich nur die Schaffung eines Sondertatbestandes der Beteiligung an der „Selbstbegünstigung" des Vortäters (entsprechend § 120) weiter[70].

19 § 258 V, VI sind als persönliche Strafausschließungsgründe konzipiert und dem Wortlaut nach auf die täterschaftliche Begehung zugeschnitten. Nach h. M. sind sie jedoch sinngemäß **auf eine Teilnahmehandlung zu er-**

---

69 Vgl. dazu besonders *Lenckner*, Schröder-GS 1978, S. 339 (350 ff.); *S/S/Stree/Hecker*, § 258 Rn. 34 ff. Die Praxis wertet vielfach eine Teilnahme an § 258 zur Täterschaft auf, was dazu führt, dass die Teilnahmeregeln unterlaufen werden; vgl. BGHSt 27, 74: Zusage einer Falschaussage zur Unterstützung des Vortäters ist – versuchte – täterschaftliche Strafvereitelung; hierzu auch *Lenckner*, JR 1977, 74 (75), der eine Täterschaft mithilfe des Merkmals der Unmittelbarkeit von der Teilnahme als bloße mittelbare Einwirkung trennen will, vgl. aber im Text zu Prinzip (2).
70 *Rudolphi*, Kleinknecht-FS 1985, S. 379 (395). Auch *Ebert*, Savigny-Zeitschrift 110 (1993), 1 (63) befürwortet einen Sondertatbestand entsprechend § 120.

strecken⁷¹. So ist der Angehörige nach § 258 VI auch straflos, wenn er nicht selbst vereitelt, sondern nur einen Dritten (Nichtangehörigen) zur Strafvereitelung anstiftet.

Beispiel: Vortäter V ist auf der Flucht. Auf sein Drängen hin überredet sein Freund A, der an der Vortat beteiligt war, seine Freundin F, dem V Unterschlupf zu gewähren. A glaubt, dadurch auch einer eigenen Strafverfolgung zu entkommen. – T ist hier Täterin des § 258 I; A ist Anstifter gem. §§ 258 I, 26, aber straflos nach § 258 V. – V ist schon nach § 258 I straflos, weil die Tat der T, zu der V letztlich mittelbar anstiftet, auf die Person des V bezogen ist und sich nicht gegen einen „anderen" richtet (Mangel am Tatbestand)⁷².

Da es sich um persönliche Strafausschließungsgründe handelt, sind **Dritte als Teilnehmer** an der nach § 258 V, VI nicht strafbaren Haupttat **strafbar**. Das ergibt sich aus der persönlichen Natur der Strafausschließungsgründe und § 28 II. 20

Beispiel: Der flüchtige V versucht, seinen Bruder A zu überreden, ihn zu verstecken. A weigert sich zunächst, lässt sich jedoch erweichen, als ihm seine Freundin T zuredet, er solle V helfen. – A erfüllt § 258 I, bleibt aber aufgrund des § 258 VI straflos. T macht sich hingegen nach §§ 258 I, 26 strafbar (§ 258 VI gilt für T nicht, eine vorsätzliche und rechtswidrige Haupttat liegt vor). V ist wiederum straflos, da für ihn § 258 bereits tatbestandlich ausgeschlossen ist.

VI. Abgrenzung von § 258 und Teilnahme an der Vortat

Mit der Verfeinerung der Teilnahmelehre ist die Strafvereitelung nicht mehr als Teilnahme nach der Tat, sondern als selbstständiges tatbestandliches Unrecht begriffen worden⁷³. – Freilich wurde diese Verselbstständigung nicht restlos durchgeführt, wie sich bei § 258 III zeigt. Die Höchststrafe der Strafvereitelung wird durch die Strafdrohung der Vortat limitiert. 21

Für die Abgrenzung der Teilnahme an der Vortat zur Strafvereitelung gilt die einfache **Faustregel: Teilnahme an der Vortat geht immer der Strafvereitelung vor** (dies folgt bereits zwingend aus § 258 V). 22

Beispiel: V plant einen erpresserischen Menschenraub. T erklärt sich dazu bereit, ihm für seine Flucht gefälschte Papiere zu verschaffen, falls er diese benötige. Diese Zusage hält T später ein. – Nach der hier vertretenen Auffassung liegt in diesem Fall nur eine Teilnahme an der Vortat, nicht auch eine Strafvereitelung vor, wenn mit der Zusage zu spätere Vereitelungshandlungen zugleich die Vortat gefördert wird (wie in hier genannten Beispiel; es liegt hier psychische Beihilfe vor). Unabhängig von dem Streit, ob eine (sukzessive) Beihilfe nach Tatvollendung (bis zur Beendigung der Tat) möglich ist⁷⁴, liegt die taugliche Beihilfehandlung (= Zusage)

---

71 Vgl. NK-*Altenhain*, § 258 Rn. 71; *Rengier*, BT I, § 21 Rn. 23, 25.
72 Vgl. hierzu bereits oben, Rn. 18, Beispiel (3). – Im dortigen Beispiel (1) wäre bezüglich der Strafbarkeit des V genauso zu entscheiden. – Dieses Ergebnis ist jetzt angesichts der Neufassung des § 258 nicht mehr streitig. BGHSt 17, 236 ist nach allgemeiner Meinung überholt.
73 Vgl. oben § 25 Rn. 3 ff.
74 Für eine sukzessive Beihilfe nach Tatvollendung BGHSt 3, 40 (43 f.); BGHSt 19, 323 (325); *Baumann/Weber/Mitsch*, § 31 Rn. 25; differenzierend *S/S/Heine/Weißer*, § 27 Rn. 20; dagegen *B. Heinrich*, AT, Rn. 1324; *Kühl*, § 20, Rn. 236 ff.; LK-*Schünemann*, 12. Aufl., § 27 Rn. 42 ff.; MüKo-*Joecks*, 2. Aufl., § 27 Rn. 19 ff.

hier noch vor der Vollendung der Tat vor (dass die zugesagte Handlung dann erst nach der Tatvollendung erfolgen soll, ist unbeachtlich). Dieser Vorrang der Teilnahme ist damit zu begründen, dass für eine unechte Teilnahme „nach der Tat" in Form des § 258 dort kein Raum ist, wo auch oder noch eine echte Teilnahme nach §§ 26, 27 eingreift.

Der hier vertretene Vorrang der echten Teilnahme ist in der Literatur umstritten. Der Gesetzgeber hatte in § 257 III a. F. ausdrücklich angeordnet, dass eine vor der Tat zugesagte Vereitelung als Beihilfe zu bestrafen sei. Zum Teil[75] wird aus dem Wegfall dieses Passus in der neuen Fassung gefolgert, Beihilfe zur Vortat und § 258 stünden in Tatmehrheit, wenn die Zusage eingehalten wird. Praktisch ist das bedeutungslos, weil die mühsam konstruierte Strafvereitelung im Ergebnis dann regelmäßig wegen § 258 V straflos bleiben müsste[76].

VII. Qualifikation (§ 258a)

23 § 258a ist eine Qualifikation für zur Mitwirkung an dem entsprechenden Verfahren berufene Amtsträger (unechtes Amtsdelikt). Der Amtsträger ist Garant. Deshalb kann er § 258a auch durch Unterlassen verwirklichen[77]. Zur Anzeige aufgrund privat erworbenen Wissens ist ein Amtsträger freilich nur bei schweren Straftaten verpflichtet[78].

Für Beteiligte, die nicht Amtsträger sind, gilt § 28 II: Sie sind nicht wegen Teilnahme zu § 258a, sondern nur zu § 258 strafbar. – Nach § 258a III gelten die Abs. 3 bis 6 des § 258 auch hier.

VIII. Wahlfeststellung, Versuch und Konkurrenzen

24 Zwischen § 258 und Teilnahme an der Vortat ist **Wahlfeststellung** zulässig. Zwar greift § 258 ein anderes Rechtsgut als die Vortat an (nämlich die Rechtspflege), doch ist trotz dieser Verselbstständigung der Gedanke der Teilnahme (vor bzw. nach der Tat) stark genug, um die rechtsethische und psychologische Vergleichbarkeit[79] zu bejahen[80].

25 Bei § 258 besteht zwischen **Konkurrenz-** und **Versuchsproblemen** ein enger Zusammenhang. Ob in der Zusage einer Strafvereitelung (z. B. durch eine Falschaussage) bereits der Versuch einer Strafvereitelung liegt, hängt

---

75 S/S/Stree/Hecker, § 258 Rn. 44.
76 Vgl. allerdings zum entgegengesetzten Standpunkt der Rechtsprechung (Versagung des Privilegs des § 258 V) oben Rn. 15.
77 Vgl. Schneider, wistra 2004, 1, zur Strafbarkeit von Finanzbeamten als Hilfsbeamte der Staatsanwaltschaft bei Unterlassen der Anzeige nichtsteuerlicher Straftaten. – Zur Garantenstellung des Bürgers vgl. oben Rn. 8 f.
78 BGHSt 38, 388 (392); Lackner/Kühl, § 258a Rn. 4; S/S/Stree/Hecker, § 258a Rn. 11.
79 BGHSt 9, 390 (393); vgl. zu den Voraussetzungen der Wahlfeststellung im Einzelnen B. Heinrich, AT, Rn. 1463 ff.
80 BGHSt 30, 77 (ablehnend dazu Günther, JR 1982, 81) lehnt eine Wahlfeststellung zwischen § 258 und Teilnahme an der Vortat dagegen mir dem Argument, es seien verschiedene Rechtsgüter betroffen, ab; so auch BGH bei Holtz, MDR 1989, 109 (111 f.). Da BGHSt 23, 360 eine Wahlfeststellung zwischen (dem jetzigen) § 257 und dem Diebstahl als Vortat aber zugelassen hat und die ganz h. M. eine Wahlfeststellung zwischen § 257 und § 258 zulässt, ist zu hoffen, dass BGHSt 30, 77 alsbald korrigiert werden wird. – Vgl. oben § 25 Rn. 3 ff.

von den Umständen des Einzelfalles ab[81]. – Da § 159 die versuchte Anstiftung eines Zeugen zur Falschaussage nur unter einschränkenden Voraussetzungen unter Strafe stellt, will der BGH[82] im Stadium des § 159 noch keinen Versuch des § 258 annehmen: Der Versuch des § 258 soll erst vorliegen, wenn der vom Strafvereiteler angestiftete Zeuge seinerseits zur Falschaussage ansetzt. Dieses Ergebnis ist jedoch nur durch Verbiegungen der Teilnahme- und Versuchslehre erreichbar[83].

Eine Strafe oder Maßnahme wird nicht schon dann vereitelt, wenn die Freiheitsentziehung rechtswidrig angenehmer gestaltet wird, als es das Gesetz vorsieht (z. B. wenn dem Strafgefangenen nächtliche Feiern mit Alkohol und Freundinnen ermöglicht werden). Deshalb pönalisiert § 323b einen Sonderfall der Zweckvereitelung ohne Vereitelung der Freiheitsentziehung[84].

---

81 BGHSt 30, 332 wird oft zu Unrecht für die Behauptung in Anspruch genommen, dass die Zusage eine bloße Vorbereitungshandlung sein müsse.
82 BGHSt 31, 10.
83 Näher *Beulke*, NStZ 1982, 330; *ders.*, NStZ 1983, 504.
84 Dies ist allerdings streitig; zum Teil wird eine unangemessene Erleichterung des Strafvollzugs unter § 258 II subsumiert; vgl. auch § 115 OWiG. – Vom hier vertretenen Standpunkt aus kann zwischen § 258 II und § 323b normalerweise keine Tateinheit bestehen, so auch SK-*Wolters*, § 323b Rn. 13. – Zum Verhältnis zu § 257 vgl. unten § 27 Rn. 22. – Zur Strafvorschrift des § 120 siehe unten § 45 Rn. 55 ff. – Zu §§ 153 ff. siehe unten § 47 Rn. 156. – Zur Subsidiarität des § 145d vgl. § 145d I am Ende; zu Spannungen zwischen § 258 und § 145d vgl. unten § 48 Rn. 28.

§ 27 Begünstigung, § 257

Literaturhinweise: *Amelung*, Vorteilssicherung und Angehörigenprivileg, JR 1978, 227; *Backes*, Versicherung gegen Strafverfolgung oder Beihilfe zur Haupttat?, Brauneck-Ehrengabe 1999, S. 239; *Bockelmann*, Über das Verhältnis der Begünstigung zur Vortat, in: Strafrechtliche Untersuchungen, 1957, S. 192; *Cramer*, Zur Anwendbarkeit der persönlichen Strafausschließungsgründe gemäß § 258 V und VI auf die Begünstigung (§ 257 StGB), NStZ 2000, 246; *Dehne-Niemann*, Probleme der Begünstigung, ZJS 2009, 142, 248, 309; *Furtner*, Verhältnis von Beihilfe und Begünstigung, MDR 1965, 431; *Geppert*, Begünstigung (§ 257 StGB), Jura 1980, 269, 327; *ders.*, Zum Verhältnis von Täterschaft/Teilnahme an der Vortat und anschließender Begünstigung (§ 257 StGB), Jura 1994, 441; *ders.*, Zum Begriff der „Hilfeleistung" im Rahmen von Beihilfe (§ 27 StGB) und sachlicher Begünstigung (§ 257 StGB), Jura 2007, 589; *Hruschka*, Hehlerei und sachliche Begünstigung, JR 1980, 221; *Horn*, Das Verhältnis von Begünstigung, Strafvereitelung und Hehlerei zur Vortat aus materieller Sicht, JA 1995, 218; *Jahn/Reichart*, Die Anschlussdelikte – Begünstigung (§ 257 StGB), JuS 2009, 309; *Janson*, Begünstigung und Hehlerei vor dem Hintergrund des Rückerwerbs der Diebesbeute, 1992; *Laubenthal*, Zur Abgrenzung zwischen Begünstigung und Beihilfe an der Vortat, Jura 1985, 639; *Miehe*, Die Schutzfunktion der Strafdrohung gegen Begünstigung und Hehlerei, Honig-FS 1970, S. 91; *Przybyla*, Das Verhältnis von Beihilfe und Begünstigung, 1999; *Puls*, Untersuchung zu den vorgeleisteten Begünstigungen durch neutrale Handlungen, 2001; *Rabe von Kühlewein*, Strafrechtliche Haftung bei vorsätzlichen Straftaten anderer, JZ 2002, 1139; *Rudolphi*, Täterschaft und Teilnahme bei der Selbstbegünstigung, Kleinknecht-FS 1985, S. 379; *Seel*, Begünstigung und Strafvereitelung durch Vortäter und Vortatteilnehmer, 1999; *Seelmann*, Grundfälle zu den Straftaten gegen das Vermögen als Ganzes, JuS 1983, 32; *Vahrenbrink*, Die vorgeleistete Begünstigung, 1997; *Vogler*, Die Begünstigungshandlung. Zum Begriff „Hilfe leisten" im § 257 StGB, Dreher-FS 1977, S. 405; *Weisert*, Der Hilfeleistungsbegriff bei der Begünstigung, 1999; *Zipf*, Begünstigung durch Mitwirkung am Rückkauf der gestohlenen Sache, JuS 1980, 24.

Übersicht

	Rn.
I. Rechtsgut	1
II. Hilfeleistung zwecks Vorteilssicherung	2
1. Objektiver Tatbestand	2
a) Vorteil und Vortat	2
b) Hilfeleisten	5
2. Subjektiver Tatbestand	11
3. Rechtspflicht-, Schutzzweck- und Rechtfertigungsprobleme	14
III. Teilnehmerprivileg, § 257 III, und „Selbstbegünstigung"	16
IV. Abgrenzung § 257 und Teilnahme an der Vortat	19
V. Wahlfeststellung und Konkurrenzen	21

I. Rechtsgut

Die **Tathandlung** der (sachlichen) Begünstigung besteht in der **Restitu-** 1
tionsvereitelung, d. h. in der Sicherung der Vorteile, die der Vortäter aus
der Vortat erlangt hat. Damit greift die Begünstigung, wie auch die Strafvereitelung, die **Rechtspflege** an[1]. Denn der Begünstigende sorgt durch
sein Verhalten letztlich dafür, dass sich für den Haupttäter die Straftat
„lohnt". Der Haupttäter soll aber gerade nicht im Genuss der Vorteile seiner Tat bleiben. Aufgabe der staatlichen Rechtspflege ist es daher, den gesetzmäßigen Zustand wieder herzustellen. Diese Aufgabe wird durch den
Begünstigenden vereitelt. Zugleich wird jedoch auch die Stellung des Opfers der Vortat durch eine funktionierende Rechtspflege geschützt. Denn
nur hierdurch kann das Opfer seine je nach Sachlage entstandenen Rückgabe- und Wiedergutmachungsansprüche durchsetzen. Wo sich die Vortat
– wie oft – gegen das Vermögen richtet, ist durch eine Begünstigung des
Vortäters also auch das Individualrechtsgut „Vermögen" betroffen, weil
die Wiedergutmachungsansprüche des Opfers vereitelt werden. Überschneidungen bestehen dabei zu § 258: Die Vereitelung von Einziehungs-
und Verfallsmaßnahmen begünstigen den Vortäter und verhindern zugleich staatliche Sanktionen[2].

Die Zusammenfassung der Verletzung öffentlicher und privater Interessen im Begriff der „**Restitutionsvereitelung**" geht maßgebend auf *Schröder*[3] zurück. Ihm hat
sich die überwiegende Ansicht im Schrifttum[4] angeschlossen. – Dagegen rückt die
Perpetuierungstheorie[5] das verletzte Individualinteresse „Vermögen" in den Vordergrund. Die Verletzung des Rechtsguts Vermögen werde durch die Begünstigung
verlängert, „perpetuiert". Damit wird § 257 an die Hehlerei angenähert. – Umgekehrt wird von verschiedenen Autoren der Akzent stark auf das öffentliche Interesse an einer funktionierenden Rechtspflege gelegt[6]. Sieht man die Rechtspflege als
durch die Strafnorm zumindest mit geschützt an, so hat dies Auswirkungen auf eine
mögliche Einwilligung des Verletzten.

Die Rechtsprechung schwankt, kann aber im Ergebnis für die hier vertretene Restitutionsvereitelungstheorie in Anspruch genommen werden. In BGHSt 23, 360 (361)
neigt der Senat zwar noch „der Auffassung des Entwurfs 1962 zu, der [...] die (sachliche) Begünstigung den Straftaten gegen das Vermögen zuordnet und nur die per-

---

1   Zu den Rechtsgütern und zum kriminalpolitischen Hintergrund der Anschlussdelikte der
    §§ 257 ff. vgl. oben § 25.
2   Vgl. hierzu auch oben § 26 Rn. 4 und zur Geldwäsche oben § 25 Rn. 14.
3   *Schröder*, MDR 1952, 68: „Die sachliche Begünstigung ist also Restitutionsvereitelung insofern,
    als ihr Ziel die Verhinderung der Entziehung von Vorteilen ist, die durch Delikt erlangt sind.
    Der Anspruch auf Wiederherstellung eines rechtmäßigen Zustandes wird an seiner Realisierung
    gehindert"; vgl. ferner *Schröder*, Rosenfeld-FS 1949, S. 161 (162 ff.).
4   *Eisele*, BT II, Rn. 1075; *Lackner/Kühl*, § 257 Rn. 1; *MüKo-Cramer/Pascal*, 2. Aufl., § 257 Rn. 3;
    Rengier, BT I, § 20 Rn. 2; *S/S/Stree/Hecker*, § 257 Rn. 1; *Wessels/Hillenkamp*, BT 2, Rn. 804.
5   *Binding*, Lehrbuch des Gemeinen Deutschen Strafrechts, Besonderer Teil, Bd. 2, 2. Abt., 1905,
    S. 642 f.; *Bockelmann*, NJW 1951, 620 (621); *Welzel*, § 58 I; vgl. auch *Otto*, BT, § 57 Rn. 1.
6   LK-*Ruß*, 11. Aufl., § 257 Rn. 2 m. w. N.; vgl. auch *Altenhain*, Das Anschlussdelikt, 2002, S. 269;
    dagegen sehen *Maurach/Schroeder/Maiwald*, BT 2, § 101 Rn. 2 „die Geltung des Strafrechts
    schlechthin" als Schutzgut an; vgl. auch *Schroeder*, Die Straftaten gegen das Strafrecht, 1985,
    S. 14 f; ähnlich LK-*Walter*, 12. Aufl., § 257 Rn. 9, der § 257 StGB als „Verstärker (...) (primärer)
    Verhaltensnormen" einordnet.

sönliche Begünstigung (Strafvereitelung) als Gefährdung der Rechtspflege kennzeichnet". – In BGHSt 24, 166 (167) heißt es dann aber: „Das Wesen der Begünstigung liegt in der Hemmung der Rechtspflege, die [...] dadurch bewirkt wird, daß der Täter die Wiederherstellung des gesetzmäßigen Zustandes verhindert, der sonst durch ein Eingreifen der Verletzten oder von Organen des Staates gegen den Vortäter wiederhergestellt werden könnte"[7].

II. Hilfeleistung zwecks Vorteilssicherung

1. Objektiver Tatbestand

a) Vorteil und Vortat

2   Bei der **Vortat** muss es sich um eine „rechtswidrige Tat" (vgl. § 11 I Nr. 5) handeln. Der Vortäter („ein anderer") muss demnach tatbestandsmäßig und rechtswidrig, jedoch nicht notwendiger Weise schuldhaft gehandelt haben[8]. Vorteile stammen auch dann aus der Vortat (und fallen unter § 257), wenn die Vollendung der Vortat ohne Eintritt des Vorteils möglich ist, wie z. B. beim Betrug, § 263. – Was die möglichen Vortaten angeht, wird der Streit um das Rechtsgut des § 257 praktisch bedeutsam. Nach h. M. braucht die Vortat kein Vermögensdelikt zu sein[9]. Vermögensvorteile kann der Vortäter z. B. auch durch Verstöße gegen §§ 331, 332 oder das BtMG erlangt haben (also ohne Angriff auf das Individualrechtsgut „Vermögen" des Opfers). Freilich wird hier das auf Entziehung solcher Vorteile gerichtete Rechtspflegeinteresse schon durch § 258 geschützt. – Neben den Vermögensvorteilen können aber auch noch andere Vorteile der Tat, die den Täter wirtschaftlich, rechtlich oder tatsächlich besser stellen, erfasst sein[10]. So soll unter § 257 insbesondere die Sicherung der durch Fälschung hergestellten Urkunde fallen. Auch die Sicherung einer rechtswidrigen Baugenehmigung, die durch § 333 erlangt wurde, dürfte ausreichen, ebenso Vorteile aus Straftaten aus dem Nebenstrafrecht[11]. Die Vortat muss allerdings nicht nur nach deutschem Strafrecht strafbar, sondern auch nach deutschem Recht verfolgbar sein[12].

3   Zum Zeitpunkt der Begünstigungshandlung muss beim Vortäter noch ein restitutionspflichtiger **Tatvorteil** vorhanden sein[13].

---

7   Vgl. auch die Entscheidung BGHSt 36, 277 (280 f.), in der als Ziel der Rechtspflege die Restitution angesehen wird; ferner BGHSt 57, 56 (58 f.).
8   *Fischer*, § 257 Rn. 3; MüKo-*Cramer/Pascal*, 2. Aufl., § 257 Rn. 8; *Rengier*, BT I, § 20 Rn. 5.
9   *Fischer*, § 257 Rn. 2; *Rengier*, BT I, § 20 Rn. 5; *Wessels/Hillenkamp*, BT 2, Rn. 803, 805.
10 BGHSt 57, 56 (60); LK-*Walter*, 12. Aufl., § 257 Rn. 25; NK-*Altenhain*, § 257 Rn. 16.
11 Zu Verstößen gegen das UrhG als Vortat *Weber*, K. Meyer-GS 1990, S. 633 ff.; zur Steuerhinterziehung als Vortat BGHSt 46, 107 (116 f.) – Zur rechtswidrigen Tat i. S. v § 259 vgl. unten § 28 Rn. 9.
12 MüKo-*Cramer/Pascal*, 2. Aufl., § 257 Rn. 7; NK-*Altenhain*, § 257 Rn. 11; SK-*Hoyer*, § 257 Rn. 7; SSW-*Jahn*, § 257 Rn. 8; a. M. LK-*Walter*, 12. Aufl., § 257 Rn. 19; differenzierend *S/S/Stree/Hecker*, § 257 Rn. 8: Nur bei der Verletzung von Individualrechtsgütern wird eine Verfolgbarkeit nach deutschem Strafrecht nicht vorausgesetzt.
13 Vgl. BGHSt 24, 166; BGHSt 36, 277 (281); *Rengier*, BT I, § 20 Rn. 6.

Hilfeleistung zwecks Vorteilssicherung § 27 Rn. 3a

Beispiel[14]: A schenkt seiner Freundin F eine durch einen Einbruch erbeutete Perlenkette. Als F wenig später von der deliktischen Herkunft der Kette erfährt, will sie diese dem Eigentümer zurückgeben. A überredet sie jedoch, die Kette an ihn zurückzugeben, damit er sie gewinnbringend veräußern kann. – Hier macht sich F weder wegen Hehlerei (kein Vorsatz bei der Entgegennahme) noch wegen Begünstigung (der Tatvorteil war bei A nicht mehr vorhanden) strafbar.

Weiterhin muss der Vorteil **unmittelbar** aus der Vortat stammen[15]. Im Austausch für den unmittelbaren Vorteil erlangte Ersatzvorteile (**Surrogate**; z. B. ein vom geraubten Geld gekauftes Auto) genügen – wie auch bei der Hehlerei, § 259 – grundsätzlich nicht[16]. Insoweit scheiden also – im Gegensatz zur Geldwäsche – mittelbare Vorteile aus[17]. Im Gegensatz zur Hehlerei sind jedoch bei der Begünstigung ausnahmsweise auch Vorteile erfasst, die die Form ihrer Verkörperung gewechselt haben:

Beispiel (1)[18]: Ein Betrüger erlangt von seinen Opfern Vermögenswerte in Form von Verrechnungsschecks. Er reicht diese bei seiner Bank ein und erlangt eine Gutschrift. – Diese Gutschrift stammt „bei der gebotenen wirtschaftlichen Betrachtungsweise" unmittelbar aus der Vortat. Gleiches soll bei Überweisung auf ein anderes Konto auch für die dortige Gutschrift gelten. Auch für die Anlage der Gutschrift in gängige Wertpapiere soll dies gelten, was jedoch zweifelhaft ist[19].

Beispiel (2): Dieb V erbeutet Geld, welches der Begünstigende B auf sein Konto einzahlt. – Hier kann das Guthaben des B „wohl noch" als Vorteil des V angesehen werden. Die Begünstigung durch B liegt daher nicht nur in der Durchführung der Einzahlung, sondern kann auch noch in der Verschleierung dieses Guthabens liegen[20]. Ob aber bei weiteren Überweisungen auf andere Konten auch diese Guthaben noch als Vorteil des V anzusehen sind, sieht der BGH mit Recht als außerordentlich zweifelhaft an.

Nach der Rechtsprechung ist auch der vom Vortäter erhaltene Tatlohn 3a als „Vorteil" anzusehen, da § 257 nicht voraussetze, dass der Vorteil „aus" der Tat stamme[21], ein „für" die Tat erlangter Vorteil reiche also aus. Dies gelte allerdings nicht für den dem Vortäter lediglich versprochenen Tatlohn[22]. Wenn man allerdings das Wesen der Begünstigung in der Restitutionsvereitelung sieht[23], ist dies kaum haltbar, denn das Opfer der Vortat hat

---

14 Fall in Anlehnung an BGHSt 24, 166.
15 BGHSt 24, 166 (168); BGHSt 36, 277 (281); BGHSt 46, 107 (117); BGHSt 57, 56 (58); *Fischer*, § 257 Rn. 6; MüKo-*Cramer/Pascal*, 2. Aufl., § 257 Rn. 11; *Rengier*, BT I, § 20 Rn. 7.
16 *Rengier*, BT I, § 20 Rn. 8; a. M. LK-*Ruß*, 11. Aufl., § 257 Rn. 11.
17 Zu den dadurch bei der Geldwäsche entstehenden Verlängerungs- und Verdünnungsproblemen vgl. unten § 29 Rn. 14 ff. – Zum Ersparnis von Aufwendungen als Vorteil vgl. NK-*Altenhain*, § 257 Rn. 16.
18 Fall nach BGHSt 36, 277; vgl. hierzu auch BGHSt 46, 107 (117 f.); *Eisele*, BT II, Rn. 1090; *Mitsch*, BT 2/1, § 9 Rn. 53; *Rengier*, BT I, § 20 Rn. 9; S/S/*Stree/Hecker*, § 257 Rn. 18.
19 Vgl. hierzu BGHSt 36, 277 (282). Welche Wertpapiere als „Kettenzwischenglieder" anzusehen wären, bei denen die Unmittelbarkeit des Konnexes zur Vortat nach dem BGH zweifelhaft wäre, bleibt in der Entscheidung allerdings unklar.
20 BGH, NStZ 1987, 22.
21 BGHSt 57, 56 (58); zustimmend *Jahn*, JuS 2012, 566 (567); a. M. *Altenhain*, JZ 2012, 913 (914).
22 BGHSt 57, 56 (60).
23 Vgl. hierzu oben Rn. 1.

gegenüber dem Vortäter in aller Regel keinen Anspruch auf Herausgabe dieses Tatlohnes[24].

Beispiel: V hilft dem A bei Betrugshandlungen gegenüber dem O und erhält dafür von A 10.000 €. Als alles auffliegt, hilft ihm T dabei, die 10.000 € zu verstecken, damit sie bei einer Durchsuchung nicht aufgefunden werden. – Zwar hilft T dem V, die Vorteile zu sichern, die dieser „für die Tat", d. h. für seine Unterstützungshandlungen erhalten hat. Da O aber gegenüber V keinen Anspruch auf dieses Geld besitzt, kann dieser Anspruch auch durch T nicht vereitelt werden.

4   Auch wenn der Vortäter durch die Vortat ein **Vollrecht** erworben hat, kann er begünstigt werden (Schutz gegen Restitutionsansprüche, §§ 123, 142 I, 812, 823 BGB!). Problematisch ist hieran allerdings, dass die Unterscheidung des Zivilrechts zwischen anfechtbaren und nichtigen Rechtsgeschäften dadurch strafrechtlich unterlaufen wird.

Beispiel: T lackiert ein durch V gestohlenes Fahrrad um. – T begeht unproblematisch § 257. Hat V das Fahrrad hingegen nicht durch einen Diebstahl, sondern durch einen Abzahlungsbetrug erlangt, soll T sich ebenfalls nach § 257 strafbar machen, obwohl V in diesem Falle „Eigentümer" wurde, er aber nach §§ 823 II, 249, 123, 142 I, 812 BGB zur Herausgabe verpflichtet ist[25].

b) Hilfeleisten

5   Anders als bei § 258 verlangt § 257 keinen Begünstigungserfolg. Allerdings genügt auch nicht jedes Handeln mit Vorteilssicherungsabsicht. Das Gesetz verlangt vielmehr das Leisten von **„Hilfe"**. Bei der Aufgabe, ein sich in concreto als Hilfe eignendes Handeln von ungeeigneter Hilfe abzugrenzen, steht man allerdings vor einem unlösbaren Problem, das etwa dem Verlangen vergleichbar wäre, den tauglichen vom untauglichen Versuch abzugrenzen.

Beispiel (1): V hat durch einen Einbruch in eine Gemäldegalerie wertvolle Gemälde erbeutet und ist mit ihnen auf der Flucht. Seine Freundin T rechnet damit, dass sich V an sie mit der Bitte um Hilfe wenden wird. Sie richtet deshalb auf dem Speicher ihres Hauses ein Versteck für die Bilder ein. – Erscheint nun V bei T und benutzt das Versteck, ist sie unproblematisch nach § 257 strafbar. – Erscheint er zwar bei ihr, findet aber das Versteck gänzlich ungeeignet, weil die Bilder durch die Hitze nur verderben würden, und zieht er darauf mit den Bildern weiter, ist fraglich, ob das Verhalten der T für eine Strafbarkeit nach § 257 bereits ausreicht oder ob nur ein (strafloser) Versuch vorliegt. – Baut T hingegen das Versteck zu einer Zeit, zu der V bereits gefasst ist und die Bilder sich im Gewahrsam der Polizei befinden, ist zu fragen, ob hierin nicht eher ein untauglicher (und damit wiederum: strafloser) Versuch gesehen werden kann.

Beispiel (2): Nach einem Einbruch in eine Gemäldegalerie verdächtigt die Polizei X, Y und V. Sie überwacht deshalb die den Verdächtigen nahe stehenden Personen, darunter auch die T. Aus dem auffälligen Ausbau des Speichers und der Anschaffung eines Klimakontrollgerätes durch T schließt die Polizei zutreffend auf eine Täterschaft des V. Als V mit den Gemälden bei T erscheint, wird er festgenommen. Die

---

24   So auch *Altenhain*, JZ 2012, 913 (914 f.).
25   Zur verwandten Frage der Hehlerei in solchen Fällen vgl. unten § 28 Rn. 4.

Gemälde werden noch im Wohnzimmer der T sichergestellt, ehe sie den Speicher erreichen. V regt sich später über das auffällige und ungeschickte Verhalten der T auf. Ist T trotzdem nach § 257 strafbar?

Um diese Abgrenzungsschwierigkeiten zu vermeiden, sieht eine **Min-** **6** **deransicht** § 257 als **Tendenzdelikt** an. Danach ist jedes von der Begünstigungstendenz getragene Verhalten „Hilfe" i. S. des § 257[26]. Schon *Binding*[27] hat dem entgegengehalten, dass sich dann der Abergläubische, „der dem Verbrecher den Daumen hält, dass er entkomme", wegen Strafvereitelung strafbar mache. Solche Fälle ließen sich jedoch durch die analoge Anwendung des „Dummenprivilegs" des § 23 III im Rahmen des § 257 – mit der Folge der Straffreiheit – lösen. Dennoch wird nach dieser Ansicht die Strafbarkeit zu weit ausgedehnt, insbesondere im Vergleich zum Versuch, der bei § 257 nicht strafbar ist. Auch vom Boden der Lehre vom Tendenzdelikt liegt allerdings nur ein (strafloser) Versuch vor, wenn T dem V Hilfe leistet in der irrigen Annahme, V habe eine Straftat begangen, oder wenn T irrig annimmt, V habe einen Vorteil erlangt[28].

Die h. M. lehnt die Interpretation als Tendenzdelikt allerdings ab. Hilfe **7** i. S. des § 257 setzt danach ein Verhalten voraus, das **objektiv** in der konkreten Situation zur Restitutionsvereitelung **geeignet** ist und subjektiv in Hilfeleistungstendenz vorgenommen wird[29].

So sei die Begünstigung nach Ansicht des BGH zwar „eine zur selbständigen Straftat erhobene Versuchshandlung"[30], woraus folge, dass es nicht erforderlich sei, „daß der Begünstiger seine Absicht [...] tatsächlich erreicht; die Vollendung im Sinne des § 257 StGB ist vielmehr schon in der Handlung zu sehen, mit der dieses Ziel verfolgt wird". Der BGH fährt dann aber fort: „Deshalb kann aber andererseits die bloße Absicht [...] nicht genügen. Diese Handlung muß auch an sich geeignet sein, das beabsichtigte Ziel zu erreichen, weil sie nur in diesem Falle ein wirkliches Beistandleisten im Sinne des äußeren Tatbestandes ist"[31]. Daher scheidet nach dieser Ansicht eine objektive Eignung aus, wenn der Vortäter nicht mehr im Besitz des Vorteils ist[32].

---

26 *Bockelmann* in: Strafrechtliche Untersuchungen, 1957, S. 192 ff. (198 ff.); *Schröder*, NJW 1962, 1037; *Seelmann*, JuS 1983, 32 (34); *Welzel*, § 58 I 1 b („jede auf Vorteilssicherung zielende Versuchshandlung"); dagegen *Vogler*, Dreher-FS 1977, S. 405.
27 *Binding*, Lehrbuch des Gemeinen Deutschen Strafrechts, Besonderer Teil, Bd. 2, 2. Abt., 1905, S. 655.
28 BGHSt 24, 166 (167 f.). – Ob der Vorteil nach objektivem Urteil (oder nach Ansicht des Vortäters?) der Sicherung bedarf, ist vom Boden des Tendenzdelikts aus irrelevant. Die h. M. hält diese Frage dagegen für relevant, kann sie aber nicht befriedigend beantworten.
29 *Geppert*, Jura 2007, 589 (592); *Kindhäuser*, § 257 Rn. 12; *Lackner/Kühl*, § 257 Rn. 3; *Mitsch*, BT 2/1, § 9 Rn. 32; MüKo-*Cramer/Pascal*, 2. Aufl., § 257 Rn. 6, 16 f.; *Rengier*, BT I, § 20 Rn. 10; S/S/*Stree/Hecker*, § 257 Rn. 11; SSW-*Jahn*, § 257 Rn. 14; *Stoffers*, Jura 1995, 113 (122); ähnlich *Küper*, BT, S. 203 („verselbstständigtes objektiviertes Versuchsdelikt"). – Die Rspr. lässt sich nicht eindeutig einer Auffassung zuordnen; vgl. BGHSt 4, 122; BGHSt 4, 221 (vgl. hierzu sogleich im Text); ferner die Übersicht bei *Hillenkamp*, BT, 37. Problem.
30 BGHSt 4, 221 (224).
31 BGHSt 4, 221 (224 f.).
32 BGHSt 24, 166 (167 f.): „Beistandleisten, das einer Sicherung des Vorteils [...] dient, setzt mit anderen Worten das Noch-vorhanden-sein des Vorteils beim Vortäter voraus"; vgl. ferner BGH, JZ 1985, 299; BGH, NStZ 1994, 187.

Das unlösbare Dilemma[33] dieser Abgrenzung nach der „Eignung zur Restitutionsvereitelung" liegt darin, dass der objektive Charakter der „Eignung" davon abhängt, welche Faktoren man in die Betrachtung mit einbezieht. Bezieht man alle Umstände mit ein, ist ein geeigneter Beistand nur eine Unterstützung, die den Betroffenen tatsächlich besser stellt. Bezieht man dagegen nur einige Faktoren in die Betrachtung mit ein, stellt sich das Hilfeleisten (als tatsächlich zur Unterstützung geeignete Handlung) als jedes Handeln mit Hilfstendenz dar (vgl. dazu die vorstehenden Beispiele). Ist das Errichten eines Verstecks für die Beute objektiv geeignet, dem Vortäter zu helfen? Sicher ja, wenn man von der Hitze und dem drohenden Verderb der Gemälde absieht. Ebenso ist zu urteilen, wenn man davon absieht, dass es gar nichts mehr zu verstecken gibt etc. – Ganz konkret gesehen läuft die Eignung also auf den Eintritt eines Begünstigungserfolgs hinaus, ganz abstrakt gesehen ist aber fast jedes von einer Begünstigungstendenz getragene Verhalten in irgendeiner Weise hilfsgeeignet. Wo die von der „Eignung zur Hilfe" gewünschte mittlere Linie zwischen den beiden Extremen laufen soll, bleibt unklar. Der BGH[34] ist z. B. der Ansicht, wenn ein Rechtsanwalt dem Vortäter Tipps zur Beutesicherung gibt, hänge es von der Qualität der Ratschläge ab, ob der Anwalt aus § 257 bestraft werde. In § 257 wird also auch vom BGH das **Dummenprivileg** des **§ 23 III** hineininterpretiert.

8 Verschiedentlich wird zur Bestimmung der „geeigneten Hilfe" eine Anlehnung bei der **Beihilfe** gesucht[35]. Damit wird eine Unbekannte durch eine andere ersetzt, denn die Anforderungen an die physische Beihilfe sind ebenfalls umstritten[36]. Bei der Beihilfe kann man bei einer problematischen physischen Förderung der Tat häufig auf psychische Beihilfe ausweichen. Dass neuerdings bei der Beihilfe diese **psychische Solidarisierung** in den Vordergrund[37] gerückt wird, macht deutlich, dass es auch bei § 257 um Isolierung des Vortäters geht. Diesem Gedanken trägt die Lehre vom Tendenzdelikt Rechnung. Insofern ist der Vorschlag konsequent, kritische Beihilfefälle in Anlehnung an die Absichtskomponente in § 257 dadurch zu lösen, dass in Teilbereichen, insbesondere bei **Alltagshandlungen**, bei § 27 dolus directus gefordert wird[38].

9 Weil die „Hilfe" i. S. des § 257 objektiv kaum begrenzbar ist, ist die **subjektive Richtung** wichtig: Erforderlich ist eine Handlung zur „Sicherung" (gegen Entziehung zugunsten des Restitutionsberechtigten). Damit sind Handlungen, die der **Sacherhaltung** oder dem Schutz der Sache vor

---

33 Eine dogmatisch-begriffliche Lösung (Unternehmensdelikt, § 11 I Nr. 6) scheitert, „weil sie voraussetzt, was es zu beweisen gilt", so *Vogler*, Dreher-FS 1977, S. 405 (406).
34 Vgl. hierzu BGHSt 2, 375.
35 So *Vogler*, Dreher-FS 1977, S. 405; ausführlich *Weisert*, Der Hilfeleistungsbegriff bei der Begünstigung, 1999, S. 152 ff.; *Wessels/Hillenkamp*, BT 2, Rn. 808. – Speziell bei Alltagshandlungen sucht *Otto*, Lenckner-FS 1999, S. 193 (200 ff.), nach einer Koordination der Lösung bei der Begünstigung mit der Beihilfe.
36 Vgl. *Geppert*, Jura 2007, 589 (591).
37 Näher dazu im Kontext des § 261 unten § 29 Rn. 40 ff. mit Nachweisen.
38 *Otto*, Lenckner-FS 1999, S. 193 (200 ff.). – Über die von *Otto* angeführten Belege hinaus ist an die im älteren Schrifttum als logische Pflichtenkollision bezeichneten Fälle zu erinnern; vgl. *Schönke/Schröder*, 17. Aufl. 1974, Vorbem § 51 Rn. 67: „Ebenso wenig vermag eine zivilrechtliche Herausgabepflicht die Ermöglichung einer strafbaren Handlung zu rechtfertigen; dies folgt schon daraus, daß in solchen Fällen nach dem BGB in Wahrheit gar keine Herausgabepflicht besteht [...]; daher macht sich wegen Beihilfe strafbar, wer dem Eigentümer die Sache zur offensichtlichen Verwendung bei einer strafbaren Handlung herausgibt.".

dem Untergang dienen, von § 257 nicht erfasst. Sie sollen zwar die Stellung des Vortäters verbessern, schmälern aber nicht die Restitutionschance des Berechtigten³⁹.

Beispiel⁴⁰: V hat ein Auto gestohlen. T nimmt in Kenntnis des Diebstahls an diesem Auto einen Ölwechsel vor (tankt es voll, repariert es usw.). – T hilft V, verschlechtert aber damit nicht die Stellung des Berechtigten (er leistet also keine Hilfe i. S. einer Sicherung gegen Restitution). Anders ist der Fall dann zu beurteilen, wenn T das Fahrzeug umlackiert oder die Nummern ändert.

Wer dem Vortäter bei der Verwertung hilft, erschwert oder verhindert damit in aller Regel die Wiedererlangung durch den Berechtigten und leistet Hilfe i. S. des § 257 (Beispiel: die Verarbeitung gestohlenen Stoffs⁴¹). Hilfe i. S. des § 257 liegt auch vor, wenn dem Vortäter die Verwertung durch **Rückgabe an den Berechtigten** gegen Entgelt ermöglicht wird. Zwar erhält der Berechtigte dann die Sache zurück, V wird dadurch aber gegen den Anspruch des Berechtigten auf **unentgeltliche Restitution** geschützt⁴². Anders ist hingegen der Fall zu beurteilen, wenn jemand – im Lager des Opfers der Vortat stehend – eine schadensminimierende Rückerlangung vermittelt⁴³.   10

2. Subjektiver Tatbestand

Auf subjektiver Ebene muss jedenfalls bedingter Vorsatz hinsichtlich der objektiven Tatbestandsmerkmale (insbesondere der rechtswidrigen Vortat und dem Hilfeleisten) vorliegen. Hinsichtlich der Vortat sind dabei geringe Anforderungen zu stellen, sodass eine Kenntnis des Täters oder des konkreten Delikts nicht erforderlich ist⁴⁴. Hinzukommen muss aber, dass der Täter in der **Absicht** handelt, dem Vortäter die Vorteile der Tat zu sichern. Das subjektive Merkmal der Vorteilssicherungsabsicht dient allerdings bereits der begrifflichen Einschränkung des objektiven Merkmals der „Hilfe"⁴⁵. Dem Täter muss es gerade darauf ankommen, die Restitutionsaussichten des Opfers zu beeinträchtigen⁴⁶. Die Absicht i. S. des § 257 ist dabei **fremdnützig**. Bei Eigennützigkeit wird meist § 259 vorliegen.   11

Da die Begünstigung mit **lauteren Motiven** verbunden sein kann, werden die mit der Einschränkung des Tatbestands (Schutzzweck etc.) bzw. mit der Rechtfertigung zusammenhängende Probleme durch das Absichtserfordernis entschärft. So fehlt es an einer Absicht, den Vortäter zu   12

---

39   *Rengier*, BT I, § 20 Rn. 12; *Wessels/Hillenkamp*, BT 2, Rn. 810.
40   Vgl. dazu RGSt 60, 273 (278); vgl. ferner RGSt 76, 31 (33).
41   Ablehnend in der Fallgestaltung bei RGSt 26, 119.
42   OLG Düsseldorf, NJW 1979, 2320; *Geppert*, Jura 1980, 327 (328 f.); *Rengier*, BT I, § 20 Rn. 16; *Stoffers*, Jura 1995, 113 (123 f.); a. M. SK-*Hoyer*, § 257 Rn. 30; zu vergleichbaren Problemen bei § 259 vgl. unten § 28 Rn. 16.
43   Vgl. hierzu noch näher unten Rn. 12.
44   BGHSt 4, 221 (224); vgl. bereits RGSt 76, 31 (33 f.).
45   Vgl. oben Rn. 9. – Die mit der Abgrenzung Absicht/Motiv (Nahziel/Fernziel) zusammenhängenden Probleme sind beim Betrug erörtert, unten § 20 Rn. 131 ff.
46   Was z. B. in BGH, NStZ 2000, 31 nicht der Fall war.

begünstigen, wenn primär das Interesse des Opfers der Vortat an der Restitution wahrgenommen werden soll. Dabei steht hinter dem Absichtsmerkmal die allgemeinere Erwägung, dass bei den Anschlusstaten der §§ 257 ff. – wie auch bei der Erpressung – nach der **Lagertheorie**[47] zu entscheiden ist, ob jemand im Lager des Vortäters oder im Lager des Opfers der Vortat steht.

Beispiel (1)[48]: V hat den Inhaber A einer Supermarktkette entführt. Bischof T bringt V im Auftrag der Familie des Entführten das Lösegeld. Vom Wunsch getragen, das Leben des Entführten zu retten, verschafft T dem V auch den Fluchtwagen. – Zwar hilft T hier in erster Linie dem A, es profitiert hiervon aber auch der Entführer V. Wegen des Vorrangs der Teilnahme an der Vortat gegenüber der Begünstigung[49], ist zunächst Beihilfe zu §§ 253, 255, 239, 239a, 239b zu prüfen. Das Erpressungsopfer macht sich, wenn es der Erpressung nachgibt, selbst nicht wegen Beihilfe strafbar[50]. Man kann diesen Gedanken auf diejenigen erstrecken, die – wie hier T – primär dem Opfer der §§ 253, 255 helfen, also im Lager des Opfers stehen (**Lagertheorie**). – Auch bei § 257 (der hier an sich nicht zu untersuchen ist, da von einem Vorrang der Teilnahme an der Vortat vor einer Begünstigung auszugehen ist) ist zu unterscheiden, ob die objektiv dem Vortäter geleistete Hilfe von jemandem erbracht wird, der im Lager des Vortäters oder im Lager des Opfers der Vortat steht[51]. Problematisch ist es allerdings, ob bei T eine Begünstigungs**absicht** vorliegt. Sein Hauptmotiv war die Lebensrettung des A[52]. Wenn ein guter Zweck jedoch nur über ein verbotenes Mittel zu erreichen ist, ist am absichtlichen Einsatz dieses Mittels an sich nicht zu zweifeln. Dem guten Motiv ist somit nicht mithilfe des Absichtsbegriffs beizukommen.

Beispiel (2)[53]: Ein Detektiv kauft Juwelen, die aus einem Einbruch stammen, von den Dieben im Auftrag des Eigentümers zurück. – Das RG bejahte hier zwar den Sicherungserfolg und den Sicherungsvorsatz, lehnte aber die erforderliche Sicherungsabsicht ab[54]. Eine Kriminalisierung nach § 257 „könnte [...] zu schwerer Schädigung und Gefährdung berechtigter Eigentumsinteressen führen. Denn es müßte alsdann der durch Diebstahl geschädigte Eigentümer Bedenken tragen, selbst oder durch Mittelspersonen an sich geeignete, unter Umständen vielleicht allein Erfolg versprechende Schritte zur Wiedererlangung des Gestohlenen zu unternehmen". Anderseits könnten insbesondere geschäftsmäßige Rückkäufe (durch Versicherungen, Detektive etc.) „tatsächlich als Anreiz zur Begehung von Diebstählen wirken. Allein mit Bestimmungen des allgemeinen Strafrechts kann ihnen nach dem

---

47 Vgl. oben § 18 Rn. 2, 21.
48 Fall in Anlehnung an die sog. „Albrecht Entführung"; hierzu Der Spiegel 1971, Nr. 52, S. 27 ff.; Bischof Hengsbach überbrachte das Lösegeld. Das Verschaffen des Fluchtautos ist hier hinzugefügt worden, um die Grenze zwischen Teilnahme an der Vortat und § 257 zu verwischen.
49 Vgl. unten Rn. 20.
50 Der Hinweis auf notwendige Teilnahme ist nichtssagend, primär kommt es auf die Auslegung jedes einzelnen Tatbestands an. Aus § 253 ergibt sich, dass Vermögen und Willensfreiheit nicht gegen den Inhaber dieser Rechtsgüter zu schützen sind. Daher muss das Opfer straflos sein.
51 Schadensminimierender Rückkauf im Interesse des Opfers, dazu auch bei § 259, unten § 28 Rn. 16.
52 Eine Begünstigungsabsicht wird daher abgelehnt in OLG Düsseldorf, NJW 1979, 2320 (2321); wohl auch *Rengier*, BT I, § 20 Rn. 17.
53 Fall nach RGSt 40, 15.
54 So auch *Erdsiek*, NJW 1963, 1048 (1049); vgl. ferner die schwankende Argumentation bei OLG Düsseldorf, NJW 1979, 2320. – Der hier vertretene Absichtsbegriff liegt BGHSt 4, 107 (zum jetzigen § 258) zugrunde.

derzeitigen Stande der Gesetzgebung nicht begegnet werden"[55]. Auch hier können aber mit der Lagertheorie sinnvolle Ergebnisse erzielt werden. – Bietet dagegen der Detektiv als neutraler Vermittler beiden Parteien seine Dienste an, so steht er in keinem Lager und handelt zumindest auch mit einer Vorteilssicherungsabsicht zugunsten des Vortäters[56].

Beispiel (3)[57]: *Henri Nannen* (der Chefredakteur des *Stern*) hat 1962 in einer Anzeige für die Wiederbeschaffung des in Volkach gestohlenen Kunstwerks „Madonna im Rosenkranz" von Tilman Riemenschneider 100.000,– DM in bar versprochen (§ 657 BGB) mit dem Schlusssatz: „Die Kirchenräuber von Volkach haben mein Wort, dass ich sie der Polizei nicht verraten werde". Das Kunstwerk konnte so wiederbeschafft werden. Ein Strafverfahren gegen *Henri Nannen* wegen § 257 wurde eingestellt. *Erdsiek*[58] zweifelt nicht, dass „den Tätern der Erfolg ihres Verbrechens gesichert" wurde (zudem liegt hier § 258 vor!), aber „die Absicht des Auslobenden war – abgesehen von dem voraussehbaren Werbeerfolg – auf die Wiederbeschaffung [...] gerichtet, wobei die mit der Auslobung unvermeidlich verbundene objektive Begünstigung der Täter in Kauf genommen wurde". – Die Begründung überzeugt nicht. Der gute Zweck ist über die Vorteilssicherung zugunsten der Vortäter als Mittel erreicht worden, eine absichtliche Einsetzung dieses Mittels ist somit zu bejahen. Die Herausnahme solcher Fälle eines schadensminimierenden Rückkaufs aus § 257 kann somit auch hier nur über die Lagertheorie erklärt werden.

Hinzuweisen ist schließlich noch darauf, dass **Teilnehmer** an der Begünstigung akzessorisch haften, wenn sie die Absicht des Täters der Begünstigung kennen, § 16 I; § 28 I ist nicht anzuwenden. 13

3. Rechtspflicht-, Schutzzweck- und Rechtfertigungsprobleme

Die Hilfeleistung kann auch in einem **Unterlassen** bestehen[59]. Dazu muss jedoch gem. § 13 eine Garantenstellung vorliegen, die gerade im Hinblick auf die Wahrung der Restitutionsinteressen besteht[60]. Die Unterlassensstrafbarkeit ist hier weniger problematisch als bei § 258, weil das Rechtsgut des § 257 stärker an die Vortat angenähert ist. Insoweit kann man davon ausgehen, dass in der Regel dieselbe Garantenstellung, auf die gegebenenfalls eine Bestrafung wegen Teilnahme an der Vortat durch Unterlassen gestützt werden könnte, auch eine Bestrafung aus §§ 257, 13 trägt[61]. 14

---

55 RGSt 40, 15 (20).
56 So im Ergebnis auch *Geppert*, Jura 1980, 327 (328 f.); *Rengier*, BT I, § 20 Rn. 17; *Seelmann*, JuS 1983, 32 (35); *Zipf*, JuS 1980, 24 (27).
57 Fall nach BGH, NJW 1965, 294 (Madonna im Rosenkranz).
58 *Erdsiek*, NJW 1963, 1048 (1049); vgl. ferner *Janson*, Begünstigung und Hehlerei vor dem Hintergrund des Rückerwerbes von Diebesbeute, 1992, S. 1, 155 f. und zur Absicht S. 262 ff., 294 f.
59 *Eisele*, BT II, Rn. 1085; *Lackner/Kühl*, § 257 Rn. 3; *Mitsch*, BT 2/1 § 9 Rn. 45; *Rengier*, BT I, § 20 Rn. 13; *Wessels/Hillenkamp*, BT 2, Rn. 811.
60 *Rengier*, BT I, § 20 Rn. 13. Garanten können somit neben den Strafverfolgungsbehörden auch Privatpersonen sein, die gem. § 13 gegenüber dem Vortatverletzen verpflichtet sind.
61 Beim Warenhausdetektiv, der einen Diebstahl beobachtet und nicht einschreitet, sind §§ 242, 27, 13 zu bejahen. – Bemerkt der Detektiv den Dieb erst, nachdem dieser den Diebstahl vollendet hat, und schreitet er dann nicht ein, ist (bei Vorteilssicherungsabsicht) §§ 257 I, 13 anzunehmen (die Garantenstellung folgt aus einer Schutzpflicht gegenüber Vermögen des Dienstherrn, hier also des Inhabers des Warenhauses).

15 Wie vorstehend dargelegt, lassen sich bei § 257 (wie schon bei § 258[62]) Bedürfnisse nach einer Tatbestandseinschränkung (z. B. unter Berufung auf den Schutzzweck) oder nach einer Rechtfertigung oft befriedigen, indem man die Begünstigungsabsicht leugnet. Das gilt auch für Vorteilssicherung durch Alltagshandlungen und durch übliche Geschäftstätigkeit[63].

III. Teilnehmerprivileg, § 257 III, und „Selbstbegünstigung"

16 „Selbstbegünstigung" ist nicht strafbar. Sie ist bereits nicht tatbestandsmäßig, denn es fehlt am Tatbestandsmerkmal des „anderen". Insofern besteht kein Unterschied zu § 258. Es stellen sich hier die gleichen Probleme im Hinblick auf die Abgrenzung von Fremdbegünstigung und strafloser Unterstützung des Vortäters bei seiner Selbstbegünstigung (Teilnahme an der nicht tatbestandsmäßigen Tat der Selbstbegünstigung als täterschaftliche Fremdbegünstigung nach § 257)[64].

17 Teilnehmer an der Vortat können sich straflos wechselseitig begünstigen, § 257 III 1. Das Gesetz lässt diese **mittelbare Selbstbegünstigung** straflos. Zwar liegt, anders als bei § 258, keine notstandsähnliche Lage vor, denn die Aufgabe des Vorteils ist dem Vortäter zumutbar (deshalb kennt § 257 anders als § 258 auch kein Angehörigenprivileg). Die Straflosigkeit der mittelbaren Selbstbegünstigung ist aber ein gesetzlich fixierter Sonderfall der mitbestraften Nachtat. Insofern ist es erforderlich, dass der Begünstigende wegen der Vortatbeteiligung auch tatsächlich bestraft werden kann[65]. Im Unterschied zu § 258 ist bei § 257 jedoch nicht jede Drittbegünstigung, die zugleich der Selbstbegünstigung dient, straflos. Der Täter des § 257 ist nur straffrei, wenn er an der Vortat des Begünstigten beteiligt war. – Das gilt nicht nur für täterschaftliche Begünstigung, sondern auch für die Teilnahme an der Begünstigung[66].

> **Beispiel:** A, B und V haben gemeinsam einen Bilderdiebstahl begangen. A und B haben ihre Beuteanteile abgesetzt. A versteckt aber auf Drängen des B die Bilder, die auf V entfallen, um diesem zu helfen. – A erfüllt § 257, ist aber straffrei nach § 257 III 1. – B begeht §§ 257, 26, doch gilt die Straffreiheit nach § 257 III 1 auch für die Teilnahme an einer Begünstigung (§ 257 III 2 greift hier nicht).

18 § 257 III 2 beschränkt allerdings die Straffreiheit der mittelbaren Selbstbegünstigung. Der Vortäter ist nämlich dann strafbar, wenn er einen Außenstehenden zu § 257 anstiftet.

---

62 Vgl. dazu oben § 26 Rn. 10.
63 Vgl. *Otto*, Lenckner-FS 1998, S. 193. – Näher dazu bei § 261, weil dort der Ausweg über die Absicht verbaut ist, vgl. unten § 29 Rn. 39 f.
64 Vgl. oben § 26 Rn. 17 f.
65 Vgl. hierzu *Geppert*, Jura 1994, 441 (444); *Wessels/Hillenkamp*, BT 2, Rn. 819.
66 Näher dazu bei § 258, oben § 26 Rn. 19.

Abgrenzung § 257 und Teilnahme an der Vortat § 27 Rn. 19–20

§ 257 III 2 wird als „systemwidrige und sachlich nicht gerechtfertigte Anleihe bei der Schuldteilnahmelehre"[67] kritisiert. Ohne diese Bestimmung wäre die mittelbare Selbstbegünstigung immer straflos, also auch in der Form, dass der Vortäter V den Außenstehenden T anstiftet, die Tatbeute zu verstecken und ihn (V) damit zu begünstigen. Mit Blick auf V fehlt es an der Begünstigung eines „anderen"[68]. Erst aus § 257 III 2 ergibt sich, dass V trotzdem zu bestrafen ist.

IV. Abgrenzung § 257 und Teilnahme an der Vortat

Nach § 257 II darf die Strafe für die Begünstigung nicht schwerer sein als diejenige, die für die Vortat angedroht ist (vgl. auch § 258 III). – § 248a (Strafantrag des Verletzten bei geringwertigen Sachen) gilt nach § 257 IV 2 „sinngemäß". Das ist unproblematisch, wenn die Vortat selbst auf geringwertige Sachen gerichtet ist und daher dem § 248a unterfällt[69]. Dies muss aber auch und gerade dann gelten, wenn der Begünstigende dem Vortäter nur geringwertige materielle oder immaterielle Vorteile (dies müssen im Übrigen weder Sachen noch Vermögensvorteile sein) sichert auch wenn die Vortat sich insgesamt auf eine nicht geringwertige Sache bezogen hat[70]. 19

Eine Teilnahme an der Vortat geht der Begünstigung vor. Dies ergibt sich schon aus § 257 III 1. Damit kehrt die (examenswichtige!) Streitfrage aus dem AT, bis zu welchem Stadium der Haupttat eine Teilnahme möglich ist, als Abgrenzungsfrage zu § 257 wieder. Anstatt hier in der Zeit zwischen Vollendung und Beendigung der Tat sowohl Beihilfe als auch Begünstigung zuzulassen und mit dem BGH[71] bei der Abgrenzung nach dem – kaum jemals feststellbaren – Willen des Handelnden zu fragen, ist eine eindeutige Abgrenzung (keine Beihilfe nach Vollendung der Tat!) zu befürworten[72]. 20

---

67 *Herzberg*, JuS 1975, 792 (795); ähnlich *Wessels/Hillenkamp*, BT 2, Rn. 819; vgl. auch LK-*Roxin*, 11. Aufl., Vor § 26 Rn. 40; LK-*Walter*, 12. Aufl., § 257 Rn. 86.
68 Dieses formale Argument mit dem „anderen" ist auf sachlich unterschiedliche Wurzeln zurückzuführen. Zum Teil (so bei §§ 212, 223, dazu BGHSt 11, 268) ist der Rechtsgutinhaber nicht gegen sich selbst geschützt, zum Teil (so bei § 258) wird mithilfe des Tatbestandsmerkmals „anderer" der Bereich zumutbaren Gehorsams abgesteckt, zum Teil (so bei §§ 257, 258, zu § 259 BGHSt 26, 358) wird der Bereich schon durch die Bestrafung wegen der Vortat abgegolten. Deshalb war der Umfang der Straflosigkeit der mittelbaren Selbstbegünstigung vor dem EGStGB (also vor der Präzisierung im jetzigen § 257 III 2) lebhaft umstritten; überholt BGHSt 17, 236. Näher *Schneider*, Grund und Grenzen des strafrechtlichen Selbstbegünstigungsprinzips, 1991, S. 175 ff. (für straflose Nachtat).
69 *Otto*, BT, § 57 Rn. 16, betont jedoch, dass es nicht darauf ankommt, „dass die Vortat selbst unter § 248a fällt, denn der Bezug zur Strafe der Vortat wird bereits durch § 257 Abs. 2 hergestellt".
70 So auch *Lackner/Kühl*, § 257 Rn. 10; LK-*Ruß*, 11. Aufl., § 257 Rn. 27; *Mitsch*, BT 2/1, § 9 Rn. 65; NK-*Altenhain*, § 257 Rn. 42; *Otto*, § 57 Rn. 16; *Wessels/Hillenkamp*, BT 2, Rn. 821; a. A. LK-*T. Walter*, 12. Aufl., § 257 Rn. 97.
71 BGHSt 4, 132 (133); OLG Köln, NJW 1990, 587 (588); aus der Literatur *Baumann/Weber/Mitsch*, § 28 Rn. 4 f., § 31 Rn. 25.
72 So auch *B. Heinrich*, AT, Rn. 1324; *Mitsch*, BT 2/1, § 9 Rn. 40; a. M. (stets Beihilfe) S/S/Stree/Hecker, § 257 Rn. 7; *Seelmann*, JuS 1983, 32 (33).

Wenn (!) eine vor Begehung der Vortat dem Vortäter zugesagte Begünstigung als psychische Beihilfe zur Vortat anzusehen ist, geht sie somit ebenfalls der in der Einlösung der Zusage liegenden Begünstigung vor. Leider nehmen in der Teilnahmelehre die Bedenken gegen die psychische Gehilfenschaft zu. Statt diese psychische Gehilfenschaft erst an ihrer Peripherie als problematisch zu behandeln (nämlich bei der Abgrenzung zur bloßen – straflosen – Billigung einer Straftat), wird ihr Kern infrage gestellt (dies betrifft insbesondere die anstiftungsnahe Bestärkung des Tatvorsatzes)[73]. Damit wird die Isolation des Rechtsbrechers als ein die Teilnahmeverbote des AT und die Anschlussdelikte des BT verbindender Grundgedanke[74] unnötig geschwächt.

V. Wahlfeststellung und Konkurrenzen

21 Zwischen **Teilnahme an der Vortat** und § 257 ist **Wahlfeststellung** zulässig[75]. Das ist deshalb weniger problematisch als zwischen Teilnahme an der Vortat und § 258[76], weil die von § 257 erfasste Restitutionsvereitelung die Schädigung des von der Vortat betroffenen Rechtsguts „unmittelbar verstärkt und vertieft"[77].

22 § 257 trifft häufig mit § 258 tateinheitlich zusammen. Dabei schlägt nach h. M.[78] die Straflosigkeit des Vortäters, der zu § 258 anstiftet, auf die Anstiftung eines Außenstehenden zu § 257 durch (entgegen dem Wortlaut des § 257 III 2), wenn die Vorteilssicherung unselbstständiges „Anhängsel" einer primär auf Strafvereitelung (§ 258) gerichteten Sicherung darstellt. Freilich führt diese These bei der Vereitelung von Maßnahmen, die auf Vorteilsentziehung gerichtet sind, zu Schwierigkeiten[79].

23 Bei eigennützigem Handeln wird i. d. R. § 259 vorliegen, doch hat der Gesetzgeber des EGStGB eine Abgrenzung zwischen § 257 und § 259 nach Fremd- und Eigennützigkeit dadurch verbaut, dass in § 259 die Variante der fremdnützigen Hehlerei aufgenommen worden ist. Deshalb ist eine unsinnige regelmäßige Idealkonkurrenz zwischen § 257 und § 259 nicht zu vermeiden[80].

---

73 Zur Kritik an der richtigen Entscheidung BGHSt 31, 136 vgl. die Hinweise bei *Otto*, Lenckner-FS 1998, S. 193 (198 f. – auch zu den Beweisproblemen, die entstehen, wenn man eine in der psychischen Stärkung liegende Risikoerhöhung verlangt). – Ausführlich mit Beispielen zu vorgeleisteter Begünstigung *Mitsch*, BT 2/1, § 9 Rn. 42.
74 Vgl. oben § 25 Rn. 2 f.
75 BGHSt 23, 360.
76 Vgl. oben § 26 Rn. 24.
77 BGHSt 23, 360 (361).
78 *Eisele*, BT II, Rn. 1098; LK-*Ruß*, 11. Aufl., § 258 Rn. 34.
79 Vgl. oben § 26 Rn. 4 zum Verfall.
80 Zum Verhältnis zu § 261 vgl. unten § 29 Rn. 57.

§ 28 Hehlerei, §§ 259, 260, 260a, 262

Literaturhinweise: *Arzt*, Fremdnützige Hehlerei, JA 1979, 574; *ders.*, Die Hehlerei als Vermögensdelikt, NStZ 1981, 10; *Berz*, Grundfragen der Hehlerei, Jura 1980, 57; *Dencker*, Der Hehler als „Verkaufskommissionär", Küper-FS 2007, S. 9; *Geerds*, Zum Tatbestand der Hehlerei aus der Sicht der Kriminologen, GA 1958, 129; *Geppert*, Zum Verhältnis von Täterschaft/Teilnahme an der Vortat und anschließender Hehlerei (§ 259 StGB), Jura 1994, 100; *B. Heinrich*, Die Entgegennahme raubkopierter Software als Hehlerei?, JZ 1994, 938; *Hruschka*, Hehlerei und sachliche Begünstigung, JR 1980, 221; *Jahn/Palm*, Die Anschlussdelikte – Hehlerei (§§ 259-260a StGB), JuS 2009, 501; *Janson*, Begünstigung und Hehlerei vor dem Hintergrund des Rückerwerbs der Diebesbeute, 1992; *Knaut*, Hehlerei an durch Scheckeinreichung erlangtem Bargeld?, NJW 1984, 2666; *Kreuzer*, Aspekte der Phänomenologie, Gesetzgebung und Strafverfolgung von Hehlerei, Die Polizei 78 (1987), 163; *Kreuzer/Oberheim*, Praxistauglichkeit des Hehlereistraftatbestands (BKA-Forschungsreihe), 1986; *Kudlich*, Neuere Probleme bei der Hehlerei (§ 259 StGB), JA 2002, 672; *Küper*, Die Merkmale „absetzt" und „absetzen hilft" im neuen Hehlereitatbestand, JuS 1975, 633; *ders.*, Probleme der Hehlerei bei ungewisser Vortatbeteiligung, 1989; *ders.*, Über das „zeitliche Verhältnis" der Hehlerei zur Vortat, Stree/Wessels-FS, 1993, S. 467; *Lenz*, Die Vortat der Hehlerei, 1994; *Martens*, Mittelbarer Besitz des Betrügers und Hehlerei, JA 1996, 248; *Matthies*, Studien zur Hehlerei als Vermögensdelikt, 2004; *Oellers*, „Der Hehler ist schlimmer als der Stehler", GA 1967, 6; *Otto*, Hehlerei, § 259 StGB, Jura 1985, 148; *Rose*, Die Anforderungen an die Vortat der Hehlerei – Auswirkungen der Eigentums- und Besitzlage des Vortäters, JR 2006, 109; *Roth*, Eigentumsschutz nach der Realisierung von Zueignungsunrecht. Eine Neuorientierung im System der Vermögensdelikte, 1986; *ders.*, Ablösung der Perpetuierungstheorie zur Hehlerei für bestimmte Fallgruppen?, NJW 1985, 2242; *ders.*, Grundfragen der Hehlereitatbestände, JA 1988, 193, 258; *Rudolphi*, Grundprobleme der Hehlerei, JA 1981, 1, 90; *Schramm*, Zum Verhältnis von (gewerbsmäßiger) Hehlerei (§§ 259, 260 StGB) und Geldwäsche (§ 261 StGB), wistra 2008, 245; *Schwabe/Zitzen*, Probleme der Absatzhilfe bei § 259 I StGB, JA 2005, 193; *Seelmann*, Grundfälle zur Hehlerei (§ 259 StGB), JuS 1988, 39; *Sippel*, Hehlerei an durch Scheckeinreichung erlangtem Bargeld?, NStZ 1985, 348; *Stoffers*, Die entgeltliche Rückveräußerung einer gestohlenen Sache an deren Eigentümer durch einen Dritten, Jura 1995, 113; *Trechsel*, Zum Tatbestand der Hehlerei, ZStrR 91 (1975), 385; *Wagner*, Zum Merkmal des „Sichverschaffens" bei der Hehlerei, ZJS 2010, 77; *Walder*, Die Hehlerei gemäss StrGB Art. 144 – Kasuistik und Lehren, ZStrR 103 (1986), 233; *Weber*, Sind die Urheberdelikte (§§ 106 ff. UrhG) für die Hehlerei (§ 259 StGB) geeignete Vortaten?, Locher-FS 1990, S. 431; *Zieschang*, Jüngere Entwicklungen in der Rechtsprechung zu den Merkmalen „Absetzen" und „Absatzhilfe" im Rahmen des § 259 StGB, Schlüchter-GS 2002, 403; *Zöller/Frohn*, Zehn Grundprobleme des Hehlereitatbestandes (§ 259 StGB), Jura 1999, 378.

Übersicht

	Rn.
I. Rechtsgut und Deliktsnatur	1
1. Wertungswidersprüche zum Zivilrecht	4
2. Notwendigkeit des einverständlichen unmittelbaren Erwerbs	5
3. Straflosigkeit der Ersatzhehlerei	6

II. Der objektive Tatbestand	8
1. Sache	8
2. Die rechtswidrige Vortat	9
3. Die Tathandlungen	10
a) Das einverständliche Sich-Verschaffen	10
b) Abgeleiteter Erwerb und Mitwirkung an der Vortat	13
c) Einem Dritten verschaffen	14
d) Ankaufen	15
e) Absetzen und Hilfe beim Absetzen	16
III. Der subjektive Tatbestand	22
1. Vorsatz und Vorsatznachweis	22
2. Bereicherungsabsicht	25
a) Anwendung der Regeln über den Vermögensvorteil beim Betrug	25
b) Sonderproblem Drittvorteilsabsicht	27
c) Sonderprobleme Stoffgleichheit und Rechtswidrigkeit des Vorteils	28
d) Teilnehmer ohne Bereicherungsabsicht	31
IV. Wahlfeststellung	32
V. Versuch	34
VI. Privilegierungen (§ 259 II) und Qualifikationen (§§ 260, 260a)	35
VII. Konkurrenzen	37

I. Rechtsgut und Deliktsnatur

1 Nach h. M. hält der Hehler den vom Vortäter durch ein Eigentums- oder Vermögensdelikt geschaffenen rechtswidrigen Zustand aufrecht. In dieser Aufrechterhaltung (Vertiefung) liegt ein (erneuter) Angriff auf das Eigentum/Vermögen, **Perpetuierungstheorie**[1]. Alleiniges Rechtsgut ist daher das Vermögen.

Deshalb ist das Opfer der Vortat auch Opfer der Hehlerei. Da jedoch die Hehlerei die Stellung des Opfers nicht notwendig verschlechtert, kann § 259 nur als **abstraktes Vermögensgefährdungsdelikt**[2] angesehen werden.

---

1 BGHSt 7, 134 (137); BGHSt 27, 45; BGHSt 33, 50 (52); BGHSt 42, 196 (198); BGH, NJW 1979, 2621; *Fischer*, § 259 Rn. 2; *Geppert*, Jura 1994, 100; *Rengier*, BT I, § 22 Rn. 1; *Wessels/Hillenkamp*, BT 2, Rn. 823 f.; *Zöller/Frohn*, Jura 1999, 378 (379); zu den Rechtsgütern und zum kriminalpolitischen Hintergrund der Anschlussdelikte vgl. §§ 257 ff. vgl. oben § 25, speziell zur Hehlerei § 25 Rn. 9 ff.

2 So *Arzt*, NStZ 1981, 10 (11); *Küper*, Stree/Wessels-FS 1993, S. 467 (487 – Perpetuierung meint die „potenziell nachteiligen Wirkungen" für den Berechtigten, d. h. das Opfer der Vortat); abweichend allerdings *Altenhain*, Das Anschlussdelikt, 2002, S. 269.

In der Masse der Fälle ist Hehlerei ein **Sonderfall der Unterschlagung** (lex specialis **2** gegenüber § 246), mit im Vergleich zu § 246 höherer Strafandrohung besonders bei Gewerbsmäßigkeit, §§ 260, 260a. Dass die Aufrechterhaltung schärfer bestraft werden kann als die Herstellung des rechtswidrigen Vermögenszustandes, ist sprichwörtlich: **„Der Hehler ist schlimmer als der Stehler"**[3]. Der Strafgrund der Hehlerei liegt in der eigennützigen Ausbeutung der Vortat durch den Hehler. Diese **Nutznießungs-(Ausbeutungs)theorie**[4] kann jedoch, orientiert man daran die Auslegung des Tatbestandes, zu einer unangemessenen Ausdehnung der Strafbarkeit führen, insbesondere im Bereich mittelbarer Vorteile (Ersatzhehlerei). Deshalb orientiert sich die h. M. mit Recht an der Perpetuierungstheorie, wenn es um die Interpretation des Tatbestandes geht. Auch der Gesetzgeber des EGStGB von 1974 sieht „mit der Rspr. [...] das Wesen der Hehlerei nicht in der Beteiligung an dem verwerflichen, durch die Vortat erlangten Gewinn, sondern in der Aufrechterhaltung der durch die Vortat geschaffenen rechtswidrigen Vermögenslage"[5].

Dass die Hehlerei als abstraktes Vermögensgefährdungsdelikt mit gleicher (z. T. sogar mit schärferer) Strafe bedroht wird wie Eigentums- oder **3** Vermögensverletzungsdelikte, gehört zum hinzunehmenden Spielraum des Gesetzgebers. Auf eine Scheinerklärung dieses Phänomens läuft es hinaus, wenn man bei § 259 nach **Sicherheitsinteressen**[6] als zusätzlichem Rechtsgut sucht. Natürlich steckt in der Hehlerei ein Anreiz zu neuen Vermögensdelikten, doch ist dieses Sicherheitsrisiko nur ein anderer Ausdruck für eine noch abstraktere Vermögensgefährdung.

1. Wertungswidersprüche zum Zivilrecht

Hehlerei ist insofern ein kurioses Vermögensdelikt, als § 259 gerade **4** nicht an das Vermögen, sondern (wie die Eigentumsdelikte) an die vom Vortäter erlangte **Sache** (i. S. eines körperlichen Gegenstandes) anknüpft. Die naheliegende Reduktion der Hehlerei vom Vermögens- auf ein Eigentumsdelikt kann die ganz h. M. aber nicht vornehmen, weil sie auch denjenigen als Hehler bestrafen will, der die Sache vom berechtigten Eigentümer (!) erwirbt. Damit werden empfindliche **Wertungswidersprüche zum Zivilrecht** aufgerissen.

Beispiel: V erreicht auf betrügerische Weise, dass ihm O das Eigentum an einer Sache überträgt. In Kenntnis des Betruges kauft H dem V diese Sache billig ab. – V be-

---

3 Vgl. oben § 25 Rn. 9.
4 Vgl. zu dieser Ansicht *Geerds*, GA 1958, 129 (130 ff.), der allerdings von Eigennutz- oder Ausnutzungstheorie spricht.
5 BT-Drucks. 7/550, S. 252.
6 „Angriff auf die innere Sicherheit", *Maurach/Schroeder/Maiwald*, BT 1, § 39 Rn. 5; so auch *Mitsch*, BT 2/1, § 10 Rn. 3 (Rechtspflegedelikt); SK-*Hoyer*, § 259 Rn. 2 f. (auch Schutz des Vermögens „mögliche Opfer künftiger Vermögensdelikte"; „Kollektivrechtsgut"); vgl. ferner BGHSt 42, 196 (199): Neben „dem durch die Vortat bereits verletzten Eigentum oder Vermögen" schützt § 259 die „allgemeinen Sicherheitsinteressen"; so auch *Hecker*, JuS 2011, 1041 (1042); *Lenckner*, JZ 1973, 794 (795); MüKo-*Maier*, 2. Aufl., § 259 Rn. 3; *Rengier*, BT I, § 22 Rn. 1; *Rudolphi*, JA 1981, 1 (4 f.); *Seelmann*, JuS 1988, 39; *S/S/Stree/Hecker*, § 259 Rn. 3; ablehnend *Geppert*, Jura 1994, 100 (100 f.); NK-*Altenhain*, § 259 Rn. 2 f.; SSW-*Jahn*, § 259 Rn. 1 – Das Interesse an Isolierung des Rechtsbrechers (= Vortäters) das oben, § 25 Rn. 2, 9, als Charakteristikum aller Anschlusstaten betont wird, fokussiert den vagen Hinweis auf die innere Sicherheit.

geht einen Betrug, § 263, gegenüber O. Er erwirbt das Eigentum, welches aber nach § 123 I BGB anfechtbar ist. H ist auf der Grundlage der h. M. nach § 259 strafbar[7]. Strafrechtlich ist vom Rechtsgut „Eigentum" aus gesehen am Verhalten des H nichts zu beanstanden: H erwirbt Eigentum vom berechtigten Eigentümer V. Dem O stehen gegen V Schadensersatzansprüche gem. § 823 II BGB i. V. m. § 263 StGB zu, nach Anfechtung auch Herausgabeansprüche nach § 985 BGB (wenn nicht nur das schuldrechtliche Grundgeschäft, sondern auch die sachenrechtliche Einigung nach § 929 BGB anfechtbar war; bei Anfechtbarkeit nur des Grundgeschäfts ergeben sich Rückabwicklungsansprüche nach § 812 BGB). Deshalb betrachtet die h. M. den Sachverhalt vom Rechtsgut „Vermögen" aus und hält H vor, er habe die von V herbeigeführte rechtswidrige Vermögensposition „perpetuiert". Zivilrechtlich kann jedoch von einem „Veräußerungsverbot" des V und von einem „Erwerbsverbot" des H keine Rede sein, denn der (neue) Eigentümer V kann – bis zur Anfechtung – gemäß § 903 BGB nach Belieben über die Sache verfügen. Die Erklärung für diese Ungereimtheiten ist in dem Gedanken der Teilnahme nach der Tat und im Interesse der Rechtsgemeinschaft an der Isolierung des Rechtsbrechers zu sehen[8].

2. Notwendigkeit des einverständlichen unmittelbaren Erwerbs

5   Aus der Perpetuierungstheorie wird das Erfordernis des **einverständlichen Zusammenwirkens** zwischen **Vortäter** und **Hehler** zur Aufrechterhaltung des durch die Vortat geschaffenen rechtswidrigen Zustandes abgeleitet[9]. Dieses ungeschriebene Merkmal des einverständlichen Zusammenwirkens lässt sich jedoch viel plausibler mit dem Gedanken der Teilnahme nach der Tat erklären[10].

Die hehlerische Kette kann lang sein. Bei Bösgläubigkeit aller Beteiligten ist der hehlerische Ersterwerber, der weitergibt, vom Zweiterwerber aus betrachtet selbst Vortäter, sodass kein Rückgriff auf den ursprünglichen Vortäter (z. B. Dieb) nötig ist. Wenn § 259 Vortat gegenüber der nächsten Hehlerei ist, spricht man von **„Kettenhehlerei"**. – Bei Zwischenschaltung einer gutgläubigen Mittelsperson (M) liegt Hehlerei nur dann vor, wenn ein Einverständnis zwischen dem Vortäter V und dem Hehler H – möglicherweise auch vermittelt durch den gutgläubigen M – vorliegt[11]. Bei schlichtem Erwerb von einer gutgläubigen Mittelsperson scheidet dagegen § 259 aus (anders die h. M., die § 259 nur dann ablehnt, wenn die

---

7   *Fischer*, § 259 Rn. 4; *Roth*, NJW 1985, 2242 (2243); *ders.*, JA 1988, 193 (199); MüKo-*Maier*, 2. Aufl., § 259 Rn. 42; jedenfalls bis zum Ablauf der Anfechtungsfrist: LK-*Walter*, 12. Aufl., § 259 Rn. 24, 28; NK-*Altenhain*, § 259 Rn. 16; S/S/*Stree*, § 259 Rn. 7. – Der h. M. ist vorzuhalten, dass sie sogar künftige Ansprüche des Anfechtungsberechtigten schützt und es ungereimt ist, dass V die Sache ungestraft vernichten darf (oder H – gestützt auf die Erlaubnis des V – eine Sache ungestraft zerstören darf), dass aber – wenn V die Sache verkauft – der Erwerber H aus § 259 bestraft werden soll; näher *Arzt*, NStZ 1981, 10 (11). – Die Kritik an der h. M. nimmt zu, z. T. wird jedoch mit zivilrechtlich nicht haltbaren Konstruktionen gearbeitet, vgl. BayObLG, NJW 1979, 2218; zur vergleichbaren Situation bei § 257 vgl. oben § 27 Rn. 4.
8   Vgl. oben § 25 Rn. 2.
9   *Wessels/Hillenkamp*, BT 2, Rn. 823; vgl. auch BGHSt 27, 45 (45 f.).
10 Vgl. oben § 25 Rn. 1 ff. – Zu den Grenzfällen des Einverständnisses vgl. unten Rn. 12.
11 Der Grund liegt darin, dass nur die Aufrechterhaltung einer rechtswidrigen Vermögenslage kriminalisiert werden soll, vgl. *Waider*, GA 1963, 321 (327).

gutgläubige Mittelsperson auch gutgläubig unanfechtbares Eigentum erlangt hat)[12].

Beispiel (1): V verschenkt einen gestohlenen Ring an die gutgläubige M. Als H bei V anfragt, ob er nicht heiße Ware zu verkaufen habe, sagt V, derzeit habe er nichts. Vielleicht werde aber M günstig den Ring verkaufen, den er gestohlen und ihr geschenkt habe. H kauft von der gutgläubigen M den Ring. – H ist Hehler.

Beispiel (2)[13]**:** V verschenkt einen gestohlenen Ring an die gutgläubige M. Diese schenkt ihn ohne Wissen des V an H weiter, der vom Diebstahl des V wusste. – H wurde hier vom OLG Düsseldorf nach § 259 verurteilt. Eine Strafbarkeit nach § 259 ist hier aber abzulehnen, weil es am einverständlichen Zusammenwirken des H mit dem Vortäter V fehlt[14]. Es liegt allerdings § 246 vor.

3. Straflosigkeit der Ersatzhehlerei

Aus der Perpetuierungstheorie wird auch die **Straflosigkeit der Ersatz-** 6 **hehlerei**[15] abgeleitet. Dies bedeutet, dass die Sache **unmittelbar** aus der Vortat stammen muss, weil nur dann die durch die Vortat geschaffene rechtswidrige Vermögenslage perpetuiert wird. Daher können z. B. durch Umtausch oder Wechseln des gestohlenen Geldes erlangte „Surrogate" nicht Gegenstand der Hehlerei sein. **Praktisch bedeutsam** wird die Straflosigkeit der Ersatzhehlerei nur bei **Bargeld**, weil sonst i. d. R. der „Umtausch" der durch die Vortat erlangten Sachen eine neue strafbare Handlung darstellt, die dann ihrerseits Vortat für § 259 sein kann.

Beispiel: T hat eine Digitalkamera und einen 100-€-Schein gestohlen. Die Kamera verkauft er für 50 € an den gutgläubigen O, den 100-€-Schein wechselt er bei einer Bank in zwei 50-€-Scheine. Seiner Freundin H, die über alles Bescheid weiß, schenkt T 50 €. Variante 1: Es sind die 50 € aus dem Erlös für die Kamera. Variante 2: Die 50 € stammen aus dem Wechseln des 100-€-Scheines. – H ist nur in **Variante 1** nach § 259 strafbar. Zwar stammen die 50 € nicht unmittelbar aus dem Diebstahl, sind also als Erlös für die Kamera nur Surrogat und können insoweit nicht Gegenstand der Hehlerei sein. Aber T hat durch den Absatz der Kamera einen Betrug, § 263, gegenüber O begangen, der als taugliche Vortat zählt. H verschafft sich also 50 €, die unmittelbar aus der Vortat § 263 stammen. – Bei **Variante 2** stammen die 50 € ebenfalls nur mittelbar aus § 242. Das Wechseln, durch das T die Geldscheine unmittelbar erlangt, stellt hier jedoch keine strafbare Handlung dar. Die Bank wird

---

12 Wie hier auch *Kindhäuser*, BT II, § 47 Rn. 20; *Mitsch*, BT 2/1, § 10 Rn. 39; *Rudolphi*, JA 1981, 1 (6); *Walder*, ZStrR 103 (1986), 233 (260); vgl. auch SK-*Hoyer*, § 259 Rn. 32; a. M. OLG Düsseldorf, NJW 1978, 713; *Eisele*, BT II, Rn. 1152; *Otto*, § 58 Rn. 16; *S/S/Stree/Hecker*, § 259 Rn. 7, 37; vgl. zum Ausschluss von § 259, wenn die Mittelsperson gutgläubig Eigentum erworben hat RGSt 44, 249; BGHSt 15, 53 (57); LK-*Walter*, 12. Aufl., § 259, Rn. 38.
13 Fall nach OLG Düsseldorf, NJW 1978, 713.
14 So auch *Rengier*, BT I, § 22 Rn. 22; *Rudolphi*, JA 1981, 1 (6); *Seelmann*, JuS 1988, 39 f.; bezeichnenderweise bestand im Falle des OLG Düsseldorf der Verdacht, dass M nicht gutgläubig war, also ihrerseits Hehlerin war. Wäre das nachzuweisen gewesen, bestünden keine Zweifel an der Verurteilung der H aus § 259 (denn dann wäre die Hehlerei der M als taugliche Vortat anzusehen).
15 RGSt 58, 117; BGHSt 9, 137 (139); BGH, NJW 1969, 1260 (1261); *Fischer*, § 259 Rn. 7; *Mitsch*, BT 2/1, § 10 Rn. 30; *Rengier*, BT I, § 22 Rn. 11; *Wessels/Hillenkamp*, BT 2, Rn. 835 ff.; *Zöller/Frohn*, Jura 1999, 378 (381).

zwar getäuscht (T spiegelt vor, Eigentümer des 100-€-Scheines zu sein), aber nicht geschädigt, denn im Gegensatz zur Digitalkamera in Variante 1 erwirbt die Bank kraft guten Glaubens Eigentum am gestohlenen Geldschein, §§ 935 II, 932 BGB.

Die Straflosigkeit der Ersatzhehlerei erscheint in Einzelfällen höchst unvernünftig. Zu beachten ist jedoch, dass eine Bestrafung der Ersatzhehlerei zu kaum lösbaren Abgrenzungsschwierigkeiten führen würde. So wäre z. B. zu fragen, ob auch eine Ersatzersatzhehlerei strafbar wäre. Es ist also weniger die Perpetuierungstheorie als die mit Ersatzhehlerei verbundene Rechtsunsicherheit, die für die ganz h. M. spricht, die Ersatzhehlerei de lege lata und de lege ferenda straffrei zu lassen.

7 Auch für **Bargeld** ist eine Ausnahme von der Straflosigkeit der Ersatzhehlerei aufgrund des eindeutigen Wortlauts des § 259 nicht anzuerkennen[16]. Als **Buchgeld**, d. h. in Form von Geldforderungen („Guthaben"), ist Geld schon deswegen nicht hehlereifähig, weil hier die Körperlichkeit und damit die Sacheigenschaft fehlt. Im Übrigen würde die Annahme einer Ersatzhehlerei, auch bei einer Beschränkung auf Geld, die Wertungswidersprüche zum Zivilrecht verschärfen[17]. Bei Geld fehlt normalerweise auch das wichtigste Indiz für den Hehlereivorsatz, nämlich der billige Preis für die heiße Ware[18].

Die Straflosigkeit der Ersatzhehlerei ist mit dem Erfordernis der **Unmittelbarkeit bei § 257** verwandt, aber schon deshalb nicht deckungsgleich, weil der Vorteilsbegriff in § 257 nicht nur Sachen erfasst, sondern auch Werte (Buchgeld!). Einen katastrophalen konzeptionellen Bruch hat der Gesetzgeber jedoch mit § 261 geschaffen. **Geldwäsche** ist häufig eine Form der Ersatzhehlerei, wobei in § 261 aber die Beschränkung auf Sachen aufgegeben worden ist[19].

II. Der objektive Tatbestand

1. Sache

8 Der Sachbegriff des § 259 ist mit demjenigen des § 242 identisch. Erforderlich ist ein körperlicher Gegenstand, Forderungen oder Rechte schei-

---

16 *Krey/Hellmann/M. Heinrich*, BT 2, Rn. 857; *Maurach/Schroeder/Maiwald*, BT 1, § 39 Rn. 11 f.; MüKo-*Maier*, 2. Aufl., § 259 Rn. 54 f.; NK-*Altenhain*, § 259 Rn. 13 f.; *Otto*, Jura 1985, 148 (153); *Rengier*, BT I, § 22 Rn. 14; *Roth*, JA 1988, 193 (198); *S/S/Stree/Hecker*, § 259 Rn. 13; *Trechsel*, ZStrR 91 (1975), 385 (394 f.); *Wessels/Hillenkamp*, BT 2, Rn. 836; *Zöller/Frohn*, Jura 1999, 378 (381); a. M. *Roxin*, H. Mayer-FS 1966, S. 467 (472 ff.); *Rudolphi*, JA 1981, 1 (4). – Im Ergebnis macht BGH, NJW 1958, 1244 zu § 259 ein Zugeständnis an die Wertsummentheorie (Geldvermischungsfall). – Im schweizerischen Recht ist BGE 116 IV 193 die Ersatzhehlerei beim Wechseln von Bargeld in gleiche Währung (im Gegensatz zum Wechseln in fremde Währung) anerkannt, jedoch in freier Rechtsfindung diese Hehlereisituation an ein spezielles Vorsatzerfordernis beim Hehler geknüpft (Wissentlichkeit). – Das österreichische Recht hat die Ersatzhehlerei 1993 beseitigt (Überführung in den Tatbestand der Geldwäscherei).
17 Vgl. oben Rn. 4.
18 Vgl. dazu unten Rn. 23.
19 Näher unten § 29 Rn. 12, 23.

den daher aus. Im Gegensatz zu § 242 muss die Sache jedoch weder fremd noch beweglich sein[20].

2. Die rechtswidrige Vortat

Bei der Vortat muss es sich gem. § 11 I Nr. 5 um eine Straftat handeln, eine Ordnungswidrigkeit genügt demnach nicht. – „Gegen fremdes Vermögen gerichtet" sind nicht nur Vermögensdelikte i. e. S., sondern alle Taten, die Vermögensinteressen beeinträchtigen, insbesondere §§ 267, 268[21]. Dabei genügt die Rechtswidrigkeit der Vortat, d. h. die Hehlerei kann an eine Vortat anknüpfen, deren Täter mangels Schuld, wegen Vorliegens eines Strafausschließungsgrundes, mangels eines Strafantrages oder wegen Verjährung nicht bestraft werden kann. Auch genügt es, wenn der Täter in einem vermeidbaren oder unvermeidbaren Verbotsirrtum gehandelt hat[22]. – Auch an eine fahrlässige Vortat, wie sie der Gesetzgeber vereinzelt im Nebenstrafrecht geschaffen hat, kann sich Hehlerei anschließen[23].

Dagegen kann kein Hehler sein, wer sich an eine mangels Vorsatzes des Vortäters nicht strafbare Vortat anschließt. Da die normale Teilnahme eine vorsätzliche Haupttat voraussetzt, wäre es völlig unangemessen, wollte man bei § 259 anders entscheiden. In den meisten Fällen kommt hier aber hinzu, dass zugleich weitere unrechtsbegründende subjektive Merkmale wie die Zueignungsabsicht beim Diebstahl fehlen und damit der Unrechtstatbestand der Vortat ohnehin nicht komplett ist.

Beispiel: V verwechselt in einem Restaurant versehentlich seinen Mantel mit dem des X. Kurze Zeit später verkauft V den Mantel billig an seinen Freund H, immer noch ohne die Verwechselung bemerkt zu haben. H erkennt, dass dies nicht der Mantel des V ist, kauft ihn aber trotzdem. – Geht H von einer fahrlässigen Verwechselung durch V aus, wäre es falsch, als „Vortat" einen rechtswidrigen, aber nicht vorsätzlichen Diebstahl anzunehmen (und zu erörtern, ob Hehlerei nach rechtswidriger, aber unvorsätzlicher Vortat möglich ist). Mangels Zueignungsabsicht des V fehlt es schon an der rechtswidrigen Vortat. Damit begeht H lediglich eine Unterschlagung, § 246.

Die Sache muss ferner durch die rechtswidrige Vortat **erlangt** worden sein. Problematisch sind hier die Fälle, in denen Vortat und Hehlerei ein einheitliches Geschehen bilden.

---

20 Vgl. ergänzend zum Sachbegriff die Ausführungen zur Ersatzhehlerei, oben Rn. 6 f.
21 So mit Recht *Maurach/Schroeder/Maiwald*, BT 1, § 39 Rn. 20. – Zur abzulehnenden Frage, ob sich die Hehlerei an eine Urheberrechtsverletzung als Vortat anschließen kann, *B. Heinrich*, JZ 1994, 938; *Weber*, Locher-FS 1990, S. 431.
22 BGHSt 1, 47 (50); *Fischer*, § 259 Rn. 6 (allerdings ausdrücklich nur für den unvermeidbaren Verbotsirrtum); LK-*Walter*, 12. Aufl., § 259 Rn. 14; *S/S/Stree/Hecker*, § 259 Rn. 9; *Zöller/Frohn*, Jura 1999, 378 (379); a. M. *Otto*, BT, § 56 Rn. 12 f.; *ders.*, Jura 1985, 148 (149); ähnlich auch OLG Hamburg, NJW 1966, 2226 (2228). – Die Erörterung von Streitfragen des AT an dieser Stelle darf von den Studierenden nicht erwartet werden, denn die Problematik liegt ganz im BT (wenn z. B. § 259 über einverständliches Zusammenwirken hinaus „Kollusion" voraussetzt, dann genügt eine fahrlässige Vortat nicht, so konsequent *Bockelmann*, BT 1, § 22 II 2b).
23 BGHSt 4, 76 (78).

Beispiel[24]: L verkauft und übergibt dem bösgläubigen H, die von X geliehene Kettensäge. – Erst durch den Erwerb des H hat L die Vortat, eine Unterschlagung, verwirklicht[25]. Richtigerweise kann jedoch nur dann von der Aufrechterhaltung einer rechtswidrigen Vermögenslage gesprochen werden, wenn die Vortat bereits vollendet ist, also die Hehlerei der Vortat **zeitlich nachfolgt**[26]. Somit begeht H keine Hehlerei, sondern in aller Regel entweder eine mittäterschaftliche Unterschlagung, §§ 246, 25 II oder eine Beihilfe zu dieser, §§ 246, 27. – Die Rechtsprechung stellt hier allerdings mitunter sehr geringe Anforderungen an die zeitliche Zäsur, sodass sich die Hehlerei an die Vortat auch unmittelbar anschließen kann[27]. Hier stellen sich dann meist Probleme der Abgrenzung zur Beteiligung an der Vortat.

3. Die Tathandlungen

a) Das einverständliche Sich-Verschaffen

10   Im Zentrum des § 259 steht die Alternative „sich [...] verschafft". Darunter ist die Erlangung tatsächlicher Verfügungsmacht durch einverständliches Zusammenwirken mit dem Vortäter zu verstehen. Es geht hier also um einen **„derivativen Erwerb"**[28].

Tatsächliche Verfügungsgewalt ist nicht identisch mit Sachherrschaft i. S. des Gewahrsams[29]. Als quasi-rechtliche Komponente wird die vom Vortäter abgeleitete Befugnis gefordert, als ein **Quasi-Berechtigter**[30] über die Sache zu verfügen. Ein solches Verfügungsrecht besteht bei Einräumung des Quasi-Eigentums, doch genügt auch die Einräumung eines Quasi-Pfandrechts. – Der **Verzehr** einer Sache bedeutet hingegen regelmäßig keine Herstellung einer eigenen Verfügungsmacht, weshalb eine Heh-

---

24 Vgl. auch den Fall BGH, NStZ-RR 2011, 245, hier übergab der Leasingnehmer den von ihm geleasten Pkw dem Angeklagten, damit dieser das Fahrzeug im Ausland verkaufen sollte; ebenso BGH, NStZ 2012, 510; BGH, NJW 2012, 3736.
25 Sofern man nicht schon mit der Verkaufsofferte den Zueignungserfolg und somit eine vollendete Unterschlagung bejaht; so *Hecker*, JuS 2011, 1040 (1041); *Rengier*, BT I, § 22 Rn. 6; *S/S/ Stree/Hecker*, § 259 Rn. 12, 14; vgl. hierzu oben § 15 Rn. 23, 30.
26 RGSt 55, 145 (146); RGSt 59, 128 (129); BGHSt 13, 403 (405); BGH, NStZ-RR 2011, 245 (246); BGH, NStZ 2012, 510; BGH, NJW 2012, 3736; OLG Stuttgart, NStZ 1991, 285; *Geppert*, Jura 1994, 100 (101 ff.); *Hecker*, JuS 2011, 1040 (1041); *Krey/Hellmann/M. Heinrich*, BT 2, Rn. 867; *Mitsch*, ZStW 111 (1999), 65 (87 f.); MüKo-*Maier*, 2. Aufl., § 259 Rn. 47, 49; NK-*Altenhain*, § 259 Rn. 15 f.; *Rengier*, BT I, § 22 Rn. 6; *Roth*, JA 1988, 193 (199 f.); *S/S/Stree/Hecker*, § 259 Rn. 14; *Wessels/Hillenkamp*, BT 2, Rn. 830 ff.; *Zöller/Frohn*, Jura 1999, 378 (380); a. M. *Küper*, Stree/Wessels-FS 1993, S. 467; *ders.*, Jura 1996, 205 (212); *Lackner/Kühl*, § 259 Rn. 6; *Otto*, § 58 Rn. 8; *ders.*, Jura 1985, 148 (151); *Rudolphi*, JA 1981, 1 (7); *Stree*, NStZ 1991, 285 (286 f.); vgl. hierzu auch noch näher unten Rn. 13.
27 BGHSt 13, 403 – Aluhandel; BGH, NJW 1959, 1377 – Tanklager.
28 Vgl. oben Rn. 5.
29 Dazu oben § 13 Rn. 39 ff.
30 Der Vortäter kann dem (bösgläubigen!) Hehler i. d. R. keine Verfügungsbefugnis verschaffen, vgl. §§ 932, 935 BGB. Zu Ausnahmen vgl. oben Rn. 4. – Doch auch das Merkmal des derivativen Erwerbs ist nicht mehr völlig unbestritten, vgl. *Roth*, Eigentumsschutz nach der Realisierung von Zueignungsunrecht. Eine Neuorientierung im System der Vermögensdelikte, 1986, S. 116 ff.

Der objektive Tatbestand § 28 Rn. 11

lerei durch den Mitverzehr gestohlener oder gewilderter Beute ausscheidet[31].

Eine Mitverfügungsmacht[32] genügt, wenn mehrere in der Form handeln können, dass jeder für sich allein verfügen kann oder wenn mehreren Erwerbern eine Stellung eingeräumt wird, die sich zu einer vollen gemeinsamen Verfügungsmacht addiert. Dagegen reicht eine Verfügungsmacht, die gewissermaßen vom Veto des Vortäters abhängig bleibt, für einen hehlerischen Erwerb nicht aus.

Das einverständliche Zusammenwirken mit dem Vortäter muss sich auf 11 die Herstellung nicht nur der Sachherrschaft, sondern auch dieser Verfügungsbefugnis beziehen[33]. – Zweifelhaft ist nur, ob der Hehler eine solche tatsächliche **Verfügungsgewalt** haben kann, **ohne** gleichzeitig **Gewahrsam** zu erlangen.

Beispiel[34]**:** T erlangt durch einen Diebstahl einen Farbfernseher. Er „versetzt" ihn im Augsburger städtischen Leihamt. Den Pfandschein gibt er seinem in alles eingeweihten Freund H. **Variante 1:** H erhält den Pfandschein von T geschenkt. Bevor H den Apparat auslösen kann, findet die Polizei den Schein bei einer Hausdurchsuchung. **Variante 2:** H soll den Schein nur einige Zeit für T aufbewahren, weil T eine Hausdurchsuchung befürchtet. H gibt jedoch den Schein billig an X weiter. – In **Variante 1** hat V dem H die tatsächliche eigentümerähnliche Verfügungsmacht über den Fernseher übertragen. Zweifelhaft ist nur, ob H die tatsächliche Verfügungsgewalt schon innehat, ehe er den Gewahrsam erlangt, denn H ist als Inhaber des Pfandscheins nur mittelbarer Besitzer. Der BGH bejaht diese Frage, denn „der Erwerber von Pfandscheinen" rückt „abredegemäß in eine Stellung, die ihm nicht nur gegenüber Außenstehenden, sondern auch im Verhältnis zur Pfandleihanstalt die tatsächliche, allein durch die Bedingung des Verpfändungsvertrages beschränkte Verfügungsgewalt gewährt"[35]. Bei **Variante 2** sind die faktischen Möglichkeiten des H zwar dieselben wie in Variante 1. T hat aber H nur den Gewahrsam am Schein

---

31 BT-Drucks. 7/550, S. 252; BGHSt 9, 137 (138); BGH, NStZ 1992, 36; *Krey/Hellmann/M. Heinrich*, BT 2, Rn. 875; *Mitsch*, BT 2/1, § 10 Rn. 37; *Otto*, BT, § 58 Rn. 15; *Rengier*, BT I, § 22 Rn. 24; *Wessels/Hillenkamp*, BT 2, Rn. 852; *Zöller/Frohn*, Jura 1999, 378 (382); a. M. *Maurach/Schroeder/Maiwald*, BT I, § 39 Rn. 31; *Roth*, JA 1988, 193 (203); NK-Altenhain, § 259 Rn. 33; S/S/Stree/Hecker, § 259 Rn. 22; vgl. in diesem Zusammenhang auch RGSt 55, 281 (Vortäter spritzt dem „Empfänger" Morphium); BGH, wistra 1998, 264 (Wohnen in einer mit gestohlenen Möbeln ausstaffierten Wohnung; problematisch ist hingegen die Annahme des BGH, dies treffe auch beim Waschen eigener Wäsche mit gestohlenem Waschpulver zu – es leuchtet nicht ein, dass hier nur eine „Mitnutzung" und kein Sich-Verschaffen vorliegen soll). – Dem alten Streit liegt das Bestreben zugrunde, Familienangehörigen die Bestrafung wegen Hehlerei zu ersparen, deshalb wird bei Bejahung des Sich-Verschaffens mitunter über die Ablehnung des Vorsatzes bzw. des Vorteils „geholfen".
32 Dazu BGHSt 35, 172; ferner *Zöller/Frohn*, Jura 1999, 378 (382).
33 Vgl. nur *Rengier*, BT I, § 22 Rn. 23.
34 Fall nach BGHSt 27, 160 – Augsburger Leihamts-Fall.
35 BGHSt 27, 160 (164); so auch *Berz*, Jura 1980, 57 (63); *Lackner/Kühl*, § 259 Rn. 11; LK-*Walter*, 12. Aufl., § 259 Rn. 47; MüKo-*Maier*, 2. Aufl., § 259 Rn. 82; *Rengier*, BT I, § 22 Rn. 25; SK-*Hoyer*, § 259 Rn. 24; S/S/Stree/Hecker, § 259 Rn. 19; a. M. OLG Schleswig, NJW 1975, 2217; *Blei*, JA 1976, 34 f.; *Schall*, JuS 1977, 179 (180); *ders.*, NJW 1977, 2221; ferner § 259 bezüglich des Scheines zu prüfen. Hierbei ist zu klären, ob V den Schein durch eine Straftat, etwa § 263, (unmittelbar) erlangt. Dies ist zu verneinen, da es am Vermögensschaden der Leihanstalt fehlt. Diese erwirbt zwar trotz guten Glaubens kein Pfandrecht (vgl. § 1207 BGB i. V. m. §§ 932, 935 BGB), wird aber durch Art. 94 EGBGB i. V. m. den jeweiligen landesrechtlichen Vorschriften wirtschaftlich so gestellt, als hätte sie kraft guten Glaubens ein Pfandrecht erworben.

und nicht seine Ansprüche gegenüber der Leihanstalt übertragen. H hatte also auch nicht die Stellung eines Quasi-Eigentümers, daher scheidet § 259 aus, es liegt vielmehr § 246 vor.

12 Das ausdrückliche oder stillschweigende Einverständnis zwischen dem Vortäter und dem Erwerbshehler bezieht sich auf die Übertragung der Verfügungsgewalt[36]. Wird die Sache hingegen durch Diebstahl, Unterschlagung oder Raub erlangt, scheidet eine Hehlerei aus[37]. Zweifelhaft ist, ob ein Einverständnis auch in den Fällen eines **Betruges** (Erlangung der Sache durch Täuschung) oder einer **Erpressung** (Erlangung der Sache durch Nötigung) angenommen werden kann. Im Kern geht es also um die Frage der „Freiwilligkeit" des Zusammenwirkens bzw. darum, ob neben dem einverständlichen auch ein kollusives Zusammenwirken erforderlich ist. Während manche ein durch **Täuschung** beeinflusstes Einverständnis ausreichen lassen, eine durch **Nötigung** beeinflusstes Einverständnis hingegen ausschließen[38], fordert die inzwischen wohl h. M.[39] im Anschluss an die Rechtsprechung[40] durchweg ein kollusives Zusammenwirken mit dem Argument, dass die Gefährlichkeit des Hehlers gerade darin gesehen wird, dem Vortäter durch die gezeigte Abnahmebereitschaft einen Anreiz zur Tatbegehung zu liefern, was in den genannten Fällen gerade nicht gegeben ist[41]. Eine vermittelnde Ansicht will auf die Intensität der Drohung abstellen und § 259 zwar in den Fällen der Erlangung eigener Verfügungsgewalt durch § 253 oder § 240 anwenden, im Fall der qualifizierten Gewaltanwendung oder Drohung (§ 255) jedoch ablehnen[42].

---

36 Zweifelhaft ist, ob das Einverständnis auch durch eine letztwillige Verfügung des Vortäters hergestellt werden kann (Annahme des Erbes als Hehlerei); vgl. hierzu *Walder*, ZStrR 103 (1986), 233 (262).
37 Ganz h. M., vgl. nur *Krey/Hellmann/M. Heinrich*, BT 2. Rn. 879 ; *S/S/Stree/Hecker*, § 259 Rn. 37; a. M. allerdings *Hruschka*, JZ 1996, 1135 (1136); *Roth*, JA 1988, 193 (207).
38 *Fischer*, § 259 Rn. 15; *Krey/Hellmann/M. Heinrich*, BT 2, Rn. 881; *Lackner/Kühl*, § 259 Rn. 10; *Maurach/Schroeder/Maiwald*, BT 1, § 39 Rn. 24.
39 *Mitsch*, BT 2/1, § 10 Rn. 38; *Rengier*, BT I, § 22 Rn. 21a; *Rudolphi*, JA 1981, 1 (6); *Seelmann*, JuS 1988, 39 f.; *S/S/Stree/Hecker*, § 259 Rn. 37; LK-*Walter*, 12. Aufl., § 259 Rn. 34 ff.; *Wessels/Hillenkamp*, BT 2, Rn. 854; *Zöller/Frohn*, Jura 1999, 378 (381 f.); a. M. LK-*Ruß*, 11. Aufl., § 259 Rn. 17.
40 BGHSt 42, 196 entgegen der früheren Rechtsprechung; vgl. RGSt 35, 278 (281 f.); auffallend ist es allerdings, dass der BGH dies nicht auf das wortgleiche Merkmal in § 261 überträgt; vgl. BGHSt 55, 36 (49 ff.).
41 BGHSt 42, 196 (200): „Die Aussicht, die erhoffte Beute durch Erpressung oder Nötigung zu verlieren, schafft keinen Anreiz zu Vermögensstraftaten"; problematisch ist allerdings, wenn dies mit dem (zusätzlichen) Rechtsgut einer Beeinträchtigung öffentlicher Sicherheitsinteressen begründet wird, vgl. hierzu bereits oben Rn. 3.
42 So noch *Arzt/Weber-Arzt*, 1. Aufl., § 28 Rn. 12; hier werden gegen die inzwischen wohl h. M. auch Probleme im Bereich der Wahlfeststellung angeführt: Bleibe unklar, ob H den V beim Erwerb der gestohlenen Sache überlistet hat, könne die zuerst genannte Ansicht nach dem Grundsatz in dubio pro reo unproblematisch nach § 259 (statt nach §§ 259, 263, 52) bestrafen, während die dem BGH folgende Ansicht zwischen §§ 259, 263 wählen müsse (und womöglich nur zu einer Bestrafung nach § 246 komme).

Der objektive Tatbestand § 28 Rn. 13

Beispiel[43]: A nötigt B durch die Drohung, ihn sonst umzubringen, ihm fortgesetzt Geld zu zahlen. Nach einiger Zeit erkennt A, dass B sich das Geld durch Unterschlagungen, § 246, beschafft. – Hier wird deutlich, dass jedenfalls bei schweren Drohungen kaum mehr von einem für § 259 ausreichenden „einverständlichen Zusammenwirken" zwischen Erpressungsopfer und Erpresser gesprochen werden kann. Dies ergibt sich auch aus der diffizilen Grenzziehung zwischen § 249 und § 255. Denn es ist nicht einzusehen, warum A, der den Vortäter B räuberisch erpresst, gleich einem Räuber und zugleich wegen § 259 zu bestrafen sein soll, während A dann, wenn er B beraubt hätte, zweifelsfrei nur als Räuber und nicht zugleich als Hehler bestraft werden könnte. Akzeptiert man diese Konsequenz, so wird man aber auch die einfache Nötigung i. S. der §§ 240, 253 zur Ablehnung des Hehlereitatbestandes ausreichen lassen müssen, denn die Argumentation der h. M. (nur bei einem kollusiven Zusammenwirken werde dem Vortäter ein Anreiz zur Straftatbegehung gegeben) greift auch hier. Zudem hilft die Überlegung, dass bei einer deliktischen Erlangung der Sache durch den „Hehler" eine Bestrafung wegen §§ 240, 253, 263 ausreicht und nicht einzusehen ist, warum das Unrecht der Tat höher sein soll, wenn der Erpresser bzw. Betrüger vom Opfer eine von diesem seinerseits gestohlene Sache erlangt.

Anders als die Erwerbshehlerei ist **Absatzhehlerei** mit den Mitteln der Täuschung und/oder Drohung allerdings problemlos zu bejahen[44].

b) Abgeleiteter Erwerb und Mitwirkung an der Vortat

Ein für die Hehlerei erforderlicher abgeleiteter Erwerb ist ein „Zweiterwerb", setzt also begrifflich den „Ersterwerb" durch den Vortäter voraus. Das führt zu der schwierigen Abgrenzung in denjenigen Fällen, in denen unklar ist, ob zuerst der Vortäter und anschließend der Hehler erwerben oder ob beide gemeinsam (gleichzeitig) erwerben, oder ob nicht vielmehr allein der Hehler (mit Unterstützung des Vortäters) erwirbt[45].

13

Beispiel (1)[46]: M verwaltet ein Tanklager der Post. Er verschafft sich auf folgende Weise ein Nebeneinkommen: Er überredet H, der für die Post tankt, dazu, über mehr Treibstoff zu quittieren, als H tankt. Auf diese Weise bleibt im Tanklager ein Überschuss. M bietet dem Mineralölhändler S unter dem Großhandelspreis Treibstoff an, und zwar mengenmäßig im Betrage des mithilfe des H erlangten Überschusses. S denkt sich, dass der Treibstoff auf strafbare Weise von M erlangt worden ist, lässt aber trotzdem seine Fässer durch M füllen und holt sie später ab. – Hier begehen M und H einen gemeinschaftlichen Betrug, §§ 263, 25 II, und eine gemeinschaftliche Untreue, §§ 266, 25 II (Missbrauchstatbestand) zum Nachteil der Post. Bei der Abgabe des Überschusses beginnen nun aber die Schwierigkeiten. Wäre es derselbe Treibstoff, der betrügerisch erlangt wurde, läge in der Abgabe nach Ansicht des BGH bereits tatbestandsmäßig keine Unterschlagung mehr[47]. Da aber erst mit der Abgabe der konkret zugeeignete Treibstoff körperlich bestimmt wird (vorher liegt nur eine mengenmäßige Bestimmung vor), ist eine Unterschlagung durch M tatbestandsmäßig möglich. Prüft man den Gewahrsam, ist es vertretbar, vor Aus-

---

43 BGHSt 42, 196.
44 Zum Sonderfall des Absatzes an das Opfer der Vortat vgl. unten Rn. 16.
45 Näher hierzu *Küper*, Stree/Wessels-FS 1993, S. 467, wonach Koinzidenz zwischen Erlangen in zweiter Hand und Besitzerlangung/Aneignung durch den „Vor"-Täter genügt (zum Tanklager ebenda S. 476); vgl. auch *Hillenkamp*, BT, 38. Problem; hierzu bereits oben Rn. 9.
46 Fall nach BGH, NJW 1959, 1377 – Tanklager.
47 BGHSt 14, 38; vgl. dazu oben § 15 Rn. 45.

sonderung Gewahrsam des M, nach Aussonderung (im Fass) Gewahrsam des S anzunehmen. Dies hätte zur Folge, dass M möglicherweise keine täterschaftliche Unterschlagung begeht, weil mit der Manifestation der Zueignungsabsicht und Konkretisierung des Zueignungsobjekts durch Aussonderung die Gewahrsamserlangung des S zusammenfällt. Dann läge lediglich eine Unterschlagung des S und eine Teilnahme hieran durch M vor, §§ 246, 26, 27. – Der BGH findet jedoch einen Weg, einen Ersterwerb durch M und einen Zweiterwerb durch S zu konstruieren. M erlange „eigene Verfügungsgewalt an der betr. Einzelmenge Kraftstoff spätestens in dem Augenblick [...], in dem der Treibstoff auf seine Veranlassung aus den Behältern [...] gepumpt wurde oder sonst herausfloß [...]. Erst danach brachte [S] die Treibstoffmengen dadurch an sich, daß er sie in seine Fässer einfüllen ließ, selbst wenn dies, wie nicht unwahrscheinlich, in stetigem Fluss durch dieselbe Leitung geschah, die auch zur Entnahme [...] benutzt wurde"[48]. Der BGH konstruiert von hier aus weiter: Es läge nun eine Zueignung durch Entnahme und damit § 246 bei M vor. Die Unterschlagung sei zwar gegenüber § 263 straflose Nachtat, aber das schließe nicht aus, dass die straflose Nachtat des M zugleich eine Vortat i. S. der Hehlerei des S darstelle. S bringe den Kraftstoff also hehlerisch an sich, § 259. Wie brüchig diese Konstruktion ist, macht die abschließende Bemerkung des BGH klar: „Eine andere rechtliche Betrachtungsweise würde den Tatsachen des Lebens nicht gerecht werden und dem Angekl. selbst unverständlich sein"[49].

Beispiel (2)[50]: Schrotthändler A arbeitet mit Schrottdieben eng zusammen. A stellt seinen Wagen zur Verfügung, hilft beim Aufladen des Schrottes und fährt den Schrott dann zu seinem Lager. – Der BGH sieht A nur als Gehilfen des Diebstahls an, §§ 242, 27, und ermöglicht dadurch eine zusätzliche Bestrafung wegen Hehlerei, § 259, die dann insbesondere wegen § 260 eine höhere Bestrafung ermöglicht als eine Verurteilung wegen eines mittäterschaftlich begangenen Diebstahls, §§ 242, 25 II.

c) Einem Dritten verschaffen

14 Diese Variante ist seit dem 1.1.1975 durch das EGStGB neu geschaffen worden. Sie ist im Zusammenhang mit der Absicht, einen Dritten zu bereichern, zu sehen. Der Gesetzgeber hat damit die einfache Abgrenzung zwischen fremdnütziger Begünstigung (§ 257) und eigennütziger Hehlerei über den Haufen geworfen. Die **fremdnützige Hehlerei** bildet ein lehrreiches Beispiel für die Schwierigkeiten, die bei der dogmatisch sauberen Bewältigung eines Strafbarkeitsbedürfnisses entstehen können[51].

Das sich hinter der fremdnützigen Hehlerei verbergende Strafbarkeitsbedürfnis lässt sich auf das Schlagwort der Hehlerei des Gewerbe- bzw. Handlungsgehilfen verkürzen. Der vom Chef H zum Ankauf bevollmächtigte Angestellte G kauft für die Firma gestohlene Ware billig ein. In aller Regel besteht zwischen H und G au-

---

48 BGH, NJW 1959, 1377.
49 BGH, NJW 1959, 1377 (1378).
50 Fall nach BGHSt 13, 403 – Aluhandel. Der u. a. von *Küper*, Stree/Wessels-FS 1993, S. 467, verfochtenen Mindermeinung, die es als ausreichend für § 259 ansieht, wenn hehlerischer Erwerb „mit dem Erlangen durch den Vormann zusammenfällt", ist zuzugeben, dass auch diese Situation vom Sinn des Perpetuierungsverbotes des § 259 gedeckt sein kann. Das ändert aber nichts daran, dass bei Gleichzeitigkeit der normale Fall des Erlangens in Mittäterschaft vorliegt (meist §§ 242, 25 II oder §§ 246, 25 II)) und deshalb § 259 ausscheidet.
51 Ausführlich zur fremdnützigen Hehlerei *Arzt*, JA 1979, 574 (auch dazu, dass es um die Hehlerei von Handlungs-, nicht Gewerbegehilfen geht).

genzwinkerndes Einverständnis, doch ist dieses Einverständnis bzw. ein entsprechendes Wissen dem H oft nicht nachzuweisen. Um hier wenigstens G bestrafen zu können, wurde durch die jetzige Fassung in § 259[52] die fremdnützige Hehlerei als neue Variante aufgenommen. Der Preis für diese Lösung liegt in der Verfälschung des Vorteilsbegriffs[53] und in der systemwidrigen Umwandlung einer Teilnahme in eine Täterschaft. Bei Beweisschwierigkeiten bestrafen wir härter, als wenn solche Schwierigkeiten nicht bestehen würden! Ist nämlich dem Chef H ein entsprechender Vorsatz nachzuweisen, ist er Täter nach § 259 und G nach den allgemeinen Regeln über die Abgrenzung Täterschaft/Teilnahme (nur) wegen Beihilfe zu dessen Hehlerei zu bestrafen[54]. Können wir H seinen Vorsatz nicht nachweisen, bestrafen wir G als Täter einer fremdnützigen Hehlerei, obwohl genau genommen nicht mehr vorliegt als ein Verdacht, als Gehilfe an einer eigennützigen Hehlerei des H mitgewirkt zu haben.

d) Ankaufen

Ankaufen setzt als Unterfall des Sich-Verschaffens die Übergabe der Sache an den Käufer voraus. Der Abschluss des Kaufvertrages genügt nicht, weil der Erwerber dadurch noch keine tatsächliche Verfügungsgewalt erlangt[55].   15

e) Absetzen und Hilfe beim Absetzen

Absetzen ist die selbstständige wirtschaftliche **Verwertung** der Sache im Interesse des Vortäters. Vernichten bzw. Verbrauchen (z. B. der gemeinsame Konsum von Alkoholika, die von einem Beteiligten entwendet wurden) ist keine Verwertung. Entgegen der h. M., die eine entgeltliche Weitergabe fordert[56], ist auch ein **Verschenken** als Verwertung anzusehen[57]. Die Sache kann auch in veränderter Form abgesetzt werden. Werden allerdings z. B. gestohlene Scheckformulare ausgefüllt und eingelöst, soll jedoch die Veränderung so schwer wiegen, dass nicht mehr vom Absatz der Blankette gesprochen werden könne[58].   16

Problematisch ist der Fall des **Rückkaufs** einer Sache **durch das Opfer,** wenn hierzu ein Vermittler eingeschaltet wird. Hier ist zu differenzieren: Steht der Vermittler im Lager des Opfers, kann dieser nicht wegen Hehle-

---

52 Vgl. BT-Drucks. 7/550, S. 253: Diese Gesetzesänderung „hat zum Ziel, den Gewerbegehilfen z. B. auch dann wegen Hehlerei bestrafen zu können, wenn er den Vermögensvorteil nicht für sich, sondern für seinen Geschäftsherrn erstrebt".
53 Vgl. unten Rn. 27.
54 Denn die fremdnützige täterschaftliche Hehlerei kann sowenig wie fremdnütziger Betrug bedeuten, dass fremdnützige Teilnahme an eigennütziger Haupttat zur Täterschaft aufzuwerten ist, vgl. oben § 20 Rn. 128; ferner *Küper,* BT, S. 277; *Maurach/Schroeder/Maiwald,* BT 1, § 39 Rn. 27.
55 RGSt 73, 104 (105); *Rengier,* BT I, § 22 Rn. 27; *Wessels/Hillenkamp,* BT 2, Rn. 856.
56 BGH, NJW 1976, 1950; *Eisele,* BT II, Rn. 1560; *Fischer,* § 259 Rn. 15; LK-T. *Walter,* 12. Aufl., § 259 Rn. 51, 53; MüKo-*Maier,* 2. Aufl., § 259 Rn. 110 f.; *Rengier,* BT I, § 22 Rn. 29; *S/S/Stree,* § 259 Rn. 32; SSW-*Jahn,* § 259 Rn. 23; *Wessels/Hillenkamp,* BT 2, Rn. 865, 868; *Zöller/Frohn,* Jura 1999, 378 (383).
57 So auch *Kindhäuser,* LPK, § 259 Rn. 23; *ders.,* BT II, § 47 Rn. 23; NK-*Altenhain,* § 259 Rn. 50; *Roth,* JA 1988, 193 (204).
58 Vgl. zu dieser Problematik auch BGHSt 35, 172; *Fischer,* § 259 Rn. 16.

rei bestraft werden, da eine schadensminimierende Restitution keine durch § 259 verbotene Perpetuierung sein kann[59]. Dieses Ergebnis wird aber überwiegend auch dann angenommen, wenn der Vermittler im Lager des Vortäters steht, da beim Rückkauf keine rechtswidrige Besitzlage perpetuiert werde[60]. Wäre dies richtig, müsste aber konsequenterweise ein Hehlereivorsatz (Perpetuierungswille) schon dann entfallen, wenn der Vortäter zur Rückgabe unter (noch so erpresserischen[61]) Bedingungen an das Opfer der Vortat bereit wäre. Betrachtet man den Rückkauf unter wirtschaftlichen Gesichtspunkten, so muss man in diesen Fällen aber ein Absetzen annehmen, weil der Vermittler letztlich an der wirtschaftlichen Verwertung des Hehlereiobjektes mitwirkt[62]. Anders ist hingegen in den Fällen des Rückkaufs der Sache durch den Vortäter zu entscheiden[63].

17   **Absatzhilfe** ist die unterstützende, unselbstständige bzw. weisungsgebundene Mitwirkung bei einer Verwertung durch den Vortäter, z. B. durch die Vermittlung von Verkaufsangeboten. Ob die Unterstützung des Absatzes durch den Vortäter nach den Regeln des AT Beihilfe, Anstiftung oder Mittäterschaft wäre, ist unerheblich. Aus dem BT ergibt sich, dass in allen diesen Fällen eine „Absatzhilfe" vorliegen kann[64]. – Davon zu unterscheiden ist Anstiftung oder **Beihilfe zum Absetzen** bzw. Anstiftung oder **Beihilfe zur Absatzhilfe.** – Die diffizilen Abgrenzungen sind lebhaft umstritten und **über Gebühr examenswichtig.** Die anschließende Darstellung folgt der Rspr. des BGH.

Den Schlüssel für das Verständnis der Varianten Absetzen und Absatzhilfe bildet der **Absatz durch den Vortäter.** Der Vortäter, der absetzt, erfüllt § 259 nicht, weil er nicht die Beute eines anderen absetzt[65]. In Betracht kommt allenfalls eine Anstiftung des Erwerbers zu dessen Hehlerei (Sich-Verschaffen), wenn dieser bösgläubig ist. Daraus folgt, dass derjenige, der den Vortäter beim Absatz unterstützt, mangels Haupttat nicht wegen Beihilfe zu § 259 bestraft werden kann. Der Gesetzgeber hat deshalb als gleichrangige täterschaftliche (!) Begehungsmodalitäten des § 259 Abset-

---

59   Vgl. zur Lagertheorie oben § 27 Rn. 12. Ein schönes Beispiel für einen Vermittler, dessen Zuordnung zum Lager der Vortäter oder des Opfers der Vortat absichtlich verwischt worden war, findet sich in BGE 117 IV 441 bzw. 445 (Chagall).
60   *Kindhäuser*, LPK, § 259 Rn. 23; LK-*Walter*, 12. Aufl., § 259 Rn. 52; *Mitsch*, BT 2/1, § 10 Rn. 48; MüKo-*Maier*, 2. Aufl., § 259 Rn. 112 ff.; NK-*Altenhain*, § 259 Rn. 51; *Otto*, Jura 1985, 148 (153); *Rengier*, BT I, § 22 Rn. 30; *S/S/Stree/Hecker*, § 259 Rn. 30; *Stoffers*, Jura 1995, 113 (115); *Wessels/Hillenkamp*, BT 2, Rn. 865; vgl. auch zu verdeckt ermittelnden Polizeibeamten BGHSt 43, 110 (111); BGH, NStZ 1999, 351. Deshalb soll sogar dort, wo dem Opfer verborgen bleibt, dass es eine eigene Sache erwirbt, kein hehlerisches Absetzen vorliegen. – Da das Opfer beim Rückkauf keine rechtswidrige Lage perpetuiert, ist es nicht Täter (durch Sich-Verschaffen) nach § 259. Zu dieser Problematik vgl. *Stoffers*, Jura 1995, 113 (115); ferner bereits oben § 27 Rn. 12.
61   Zur Nötigung und der Differenzierung zwischen Erwerbs- und Absatzhehlerei vgl. oben Rn. 12.
62   So auch RGSt 30, 401 (403); ferner RGSt 54, 124 (124 f.) für die Fälle, in denen das Opfer nicht erkennt, dass es sein Eigentum zurückkauft; *Zöller/Frohn*, Jura 1999, 378 (384).
63   So im Ergebnis auch *Otto*, Jura 1985, 148 (152); *Roth*, JA 1988, 194 (200); *Zöller/Frohn*, Jura 1999, 378 (384); a. M. *Geppert*, Jura 1994, 100 (103 f.); *Rudolphi*, JA 1981, 1 (5).
64   Der Vortäter braucht die Absatzhilfe nicht zu bemerken, z. B. wenn er davon ausgeht, dass der Absatzhelfer gutgläubig am Absatz mitwirkt.
65   BGHSt 26, 358 (361 f.); BGHSt 33, 44 (47).

Der objektive Tatbestand   § 28 Rn. 18–19

zen und Absatzhilfe geschaffen, ein weiterer Beleg für den Charakter der §§ 257 ff. als Form der Teilnahme nach der Tat. – „Absetzen ist [...] das selbständige[66], Absetzenhelfen das unselbständige, an Weisungen gebundene Unterstützen des Vortäters"[67]. – Ob bezüglich der Absicht des Hehlers, einen Dritten zu bereichern, auch der Vortäter als „Dritter" gilt, ist allerdings streitig[68].

Bei solchen zur Täterschaft aufgewerteten Teilnahmehandlungen muss gefragt werden, wieweit Beihilfe zum Absetzen oder zur Absatzhilfe möglich ist oder wieweit auch solche entfernteren Unterstützungshandlungen zu Täterschaft aufzuwerten sind[69]. Nach der Rechtsprechung[70] haftet der Gehilfe des Absetzers nur aus §§ 259, 27 (und nicht wegen täterschaftlicher Absatzhilfe). „Wird der Absatzhelfer nicht[71] für den Vortäter [...], sondern für den Absetzer tätig, so liegt in dieser Mitwirkung nur eine Beihilfe zur Hehlereihandlung des Absetzers"[72]. Entsprechendes gilt für den Gehilfen des Absatzhelfers. **18**

Umstritten ist ferner, ob es für ein vollendetes Absetzen bzw. Absetzenhelfen erforderlich ist, dass ein **Absatzerfolg** eintritt oder ob eine auf den Absatz gerichtete Tätigkeit ausreicht. Während die h. L. den Eintritt eines Absatzerfolgs verlangt[73] hat der BGH, unterstützt durch einige wenige Stimmen im Schrifttum, eine vollendete Hehlerei bisher auch beim erfolglosen Absatzversuch angenommen[74]. Dabei genüge jede „vom Absatzwillen getragene vorbereitende, ausführende oder helfende Tätigkeit, die **19**

---

66 Die Selbstständigkeit bzw. Unselbstständigkeit des Absatzes richtet sich nach dem Innenverhältnis zwischen Vortäter und Absetzendem (Auftrag), nicht danach, wie selbstständig der Absetzende im Außenverhältnis auftritt und auftreten darf (Vollmacht). Tritt der Absetzende im eigenen Namen auf (verdeckte Stellvertretung, Verkaufskommissionär), wird ihm jedoch meist im Innenverhältnis eine so freie Stellung eingeräumt worden sein, dass von Selbstständigkeit auszugehen ist, also ein Absetzen und kein Absetzenhelfen vorliegt.
67 BGHSt 27, 45 (48) mit Verweis auf die Amtliche Begründung zum Entwurf eines EGStGB, BT-Drucks. 7/550, S. 253.
68 Vgl. hierzu näher unten Rn. 27.
69 Insoweit gleicht die Problematik hier derjenigen bei § 258; vgl. hierzu oben § 26 Rn. 17.
70 BGHSt 26, 358 (362); BGHSt 27, 45 (52); vgl. auch BGHSt 33, 44 (48 f.); BGH, NStZ 1994, 486; BGH, NStZ 1999, 351.
71 Gemeint ist: „nicht unmittelbar", denn die unmittelbare Unterstützung des Absetzenden erfolgt mittelbar auch zugunsten des Vortäters. In dieser Unterscheidung mittelbar/unmittelbar Unterstützung liegt die Abweichung von den allgemeinen Regeln, nach denen Beihilfe zur (unmittelbaren) Beihilfe als (mittelbare) Beihilfe bestraft wird, also nicht nach mittelbarer und unmittelbarer Unterstützung differenziert wird, vgl. *Baumann/Weber/Mitsch*, § 31 Rn. 40; *B. Heinrich*, AT, Rn. 1346.
72 BGHSt 26, 358 (362), bestätigt von BGHSt 33, 44 (49); BGH bei *Holtz*, MDR 1989, 682; anders die frühere Rechtsprechung, vgl. BGH, NJW 1976, 1698 (1699).
73 *Bergmann/Freund*, JuS 1991, 221 (224); *Berz*, Jura 1980, 57 (65 f.); *Fischer*, § 259 Rn. 22 f.; *Joecks*, § 259 Rn. 30, 36; *Kindhäuser*, LPK, § 259 Rn. 27; *Krack*, NStZ 1998, 462; *Krey/Hellmann/M. Heinrich*, BT 2, Rn. 889 ff.; *Lackner/Kühl*, § 259 Rn. 13; LK-*Walter*, 12. Aufl., § 259 Rn. 56; MüKo-*Maier*, 2. Aufl., § 259 Rn. 106 ff.; NK-*Altenhain*, § 259 Rn. 47 ff.; *Rengier*, BT I, § 22 Rn. 35; *S/S/Stree/Hecker*, § 259 Rn. 29; *Schwabe/Zitzen*, JA 2005, 193 (195 f.); *Zöller/Frohn*, Jura 1999, 378 (383); ferner auch *Mitsch*, BT 2/1, § 10 Rn. 52; vgl. zu dieser Streitfrage auch *Hillenkamp*, BT, 40. Problem.
74 BGHSt 26, 358; BGHSt 27, 45 (47 ff.); BGHSt 29, 239 (242); BGH, NJW 1978, 2042; BGH, NJW 1990, 2897, 2898; BGH, NStZ 1994, 395; so bereits RGSt 5, 241 (242 f.); RGSt 40, 199; RGSt 55. 58 (59); RGSt 56, 191 (191 f.): aus der Literatur *Arzt/Weber-Weber*, 1. Aufl., § 259 Rn. 19; *Meyer*, MDR 1975, 721; *ders.*, JR 1977, 80 (80 f.); *Rosenau*, NStZ 1999, 352 (352 f.); *Weisert*, Der Hilfeleistungsbegriff bei der Begünstigung, 1999, S. 195; ebenso, wenn auch relativierend, *Wessels/Hillenkamp*, BT, Rn. 864; vgl. auch BGHSt 26, 358 (entschieden nur für das Absetzenhelfen).

geeignet ist, den Vortäter in seinen Bemühungen um wirtschaftliche Verwertung der ‚bemakelten' Sache zu unterstützen"[75]. Beim „Absetzen" und beim „Absetzenhelfen" sei also auf die bloße Tätigkeit (und eben nicht auf den Erfolg derselben) abzustellen. Teilweise wird auch nur für das Absetzen ein Erfolg gefordert, während das Absetzenhelfen sich in der bloßen Tätigkeit erschöpfen soll[76]. Inzwischen ist der BGH jedoch umgeschwenkt: Nach einem Anfragebeschluss des 3. Strafsenats, in welchem dieser die Aufgabe seiner bisherigen Rechtsprechung ankündigte[77] hatten die anderen Strafsenate mitgeteilt, sie würden an ihrer entgegenstehenden Rechtsprechung ebenfalls nicht länger festhalten[78], sodass sich eine Anrufung des Großen Senats erübrigte.

Für die bisherige Rechtsprechung wurde angeführt, dass diese der früheren Gesetzesfassung entspräche, denn hier war lediglich eine Mitwirkung zum Absatz – und daher kein Erfolg – erforderlich. Der Gesetzgeber wollte hieran durch die neu gewählte Formulierung aber nichts ändern[79]. Gegen diese historische Betrachtung wird allerdings nicht nur die Wortlautgrenze angeführt, sondern es ist auch insbesondere einzuwenden, dass die früher auftretenden Strafbarkeitslücken durch die im Jahre 1943 in Abs. 3 eingeführte Versuchsstrafbarkeit nicht mehr zu befürchten sind. Auch dürfte die Versuchsstrafbarkeit bei einer weiten Auslegung des Absetzens bzw. Absetzenhelfens weitgehend leer laufen, was der Gesetzgeber wohl kaum beabsichtigt hat. Andererseits sind aber durchaus auch Vorbereitungshandlungen denkbar, wie z. B. das Umlackieren des gestohlenen Pkw oder das Anbringen unechter Autokennzeichen[80], um diesen anschließend besser verkaufen zu können, durch welche die Schwelle des Versuchs noch nicht überschritten wird, die aber im Hinblick auf das geschützte Rechtsgut durchaus Relevanz besitzen können (wobei gerade hier fraglich ist, ob diese Tätigkeiten schon vom Hehlereitatbestand erfasst sein sollen). Auch könnte die Überlegung, dass es sich zumindest bei der Tathandlung des Absetzenhelfens um eine zur Täterschaft aufgewertete Teilnahmehandlung handelt, für einen Verzicht auf das Vollendungserfordernis sprechen. Dann aber könnte für das Merkmal des Absetzens nichts anderes gelten. Man müsste dann aber jedenfalls verlangen, dass die Handlung zumindest objektiv geeignet sein muss zu einer wirtschaftlichen Verwertung der „bemakelten" Sache beizutragen[81]. Die Auslegung entspräche

---
75 BGH, NStZ-RR 2000, 266.
76 *Geerds*, GA 1988, 243 (256 f.); in diese Richtung auch noch BGH, NJW 1976, 1698 (1699).
77 BGH, NStZ 2013, 584; vgl. hierzu *Krogmann/Wittmer*, famos 2/2014; der 3. Strafsenat hat zuvor schon obiter dicta Zweifel an der bisherigen Rspr. durchschimmern lassen, vgl. BGH, wistra 2010, 229.
78 BGH, Beschl. v. 21.8.2013 – 1 ARs 6/13; BGH, Beschl. v. 15.8.2013 – 2 ARs 299/13; BGH, Beschl. v. 8.10.2013 – 4 ARs 7/13; BGH, Beschl. v. 20.8.2013 – 5 ARs 34/13.
79 BT-Drucks. 7/550, S. 253; vgl. auch BGHSt 26, 358 (360); BGHSt 27, 45 (49).
80 Hier wurde eine vollendete Hehlerei bejaht; vgl. BGH, NJW 1978, 2042.
81 So auch BGHSt 43, 110 (lediglich Versuch bei Übergabe einer Sache an einen V-Mann der Polizei); BGH, NStZ 2008, 152; ähnlich BGH, NStZ 1999, 83 (84) im Fall Zlof/Oetker für die parallele Problematik bei § 261 I S. 1 („gefährdet").

Der objektive Tatbestand § 28 Rn. 20

dann auch derjenigen bei § 257 (Hilfeleistung)[82], bei der ebenfalls zwischen einer Hilfe i. S. eines Verhaltens mit Hilfstendenz und einer Hilfe i. S. einer objektiven Besserstellung des Vortäters eine mittlere Linie gefunden werden muss. Die Frage wird auch bei der Beihilfe, § 27, lebhaft diskutiert, da es hier umstritten ist, ob für die Tatbestandserfüllung bereits ein bloßes Tätigwerden ausreicht oder ob dieses Tätigwerden für den Erfolg der Haupttat in irgendeiner Weise kausal geworden sein muss[83].

Dennoch sprechen – in Abweichung zu der in der Vorauflage vertretenen Ansicht – die besseren Gründe dafür, der neueren Rechtsprechung und der h. M. zu folgen. Zwar ist der „eindeutige Wortlaut" hier nicht so eindeutig wie er scheint[84], ein bloßes Abstellen auf eine auf den Absatz gerichtete Tätigkeit führt aber zu kaum nachvollziehbaren Konsequenzen: Wirken bei den Verhandlungen über den Verkauf von Diebesgut auf beiden Seiten Hilfspersonen mit und scheitern die Verkaufsbemühungen, würde auf Verkäuferseite bereits eine vollendete Hehlerei vorliegen während auf der „Käuferseite" höchstens ein Versuch vorläge, da ein vollendetes „Sich-Verschaffen" stets einen Erfolg voraussetzt[85]. Dies mag – was das Strafmaß angeht – noch keine gravierenden Folgen haben, führt aber, wenn die Beteiligten einvernehmlich und freiwillig von der Tat zurücktreten zu Dissonanzen: Während die „Käuferseite" straflos zurücktreten könnte, wäre dies der „Verkäuferseite" verwehrt, da hier bereits ein vollendetes Delikt vorliegt. Auch müsste bei einer weiten Auslegung des Absetzens bzw. Absetzenhelfens wiederum „nach unten" abgegrenzt werden zwischen einer (nicht strafbaren) „Hilfe bei der Vorbereitung künftigen Absatzes"[86] (eine solche liegt immer dann vor, wenn die Hilfeleistung im Vorfeld eines im Einzelnen noch nicht absehbaren und auch noch nicht konkret geplanten Absatzes erfolgt) und einer (strafbaren) Absatztätigkeit, die dann vorläge, wenn sich die Hilfstätigkeit in einen bereits festgelegten Absatzplan fördernd einfügt und aus der Sicht des Vortäters den Beginn des Absatzvorganges darstellt[87]. Diese Fälle lassen sich jedoch mit den üblichen Versuchsregeln adäquat lösen. Im Ergebnis ist also dem BGH zu folgen: Ein vollendetes Absetzen setzt einen Absatzerfolg voraus.

Täterschaftliche Hehlerei in Form des Absetzens oder Absetzenhelfens 20 einerseits und Teilnahme an der Hehlerei durch Mitwirken auf der Seite des Erwerbers andererseits ist mithilfe der **Lagertheorie** abzugrenzen. Verschaffen und Ankaufen (und Teilnahme daran) betreffen das Lager des

---

82 So ausdrücklich BGHSt 26, 358 (362); vgl. zum „Hilfeleisten" im Rahmen des § 257 unten § 27 Rn. 5 ff.
83 Vgl. zu diesem Streit *B. Heinrich*, AT, Rn. 1325 ff.
84 Die Berufung auf den Wortlaut wurde daher von BGHSt 27, 45 (50) auch zurück gewiesen; dagegen wird in BGH, NStZ 2013, 584 (585) ausdrücklich auf den Wortlaut der Norm abgestellt.
85 Vgl. hierzu oben Rn. 10 („Erlangung tatsächlicher Verfügungsmacht") und Rn. 15.
86 Dazu BGH, NJW 1989, 1490; BGH, NStZ 2008, 152 m. Anm. *Bosch*, JA 2008, 231; hierzu auch *Stree*, JR 1989, 384.
87 BGH, NStZ 2008, 152 (153).

Erwerbers, während Absetzen/Absetzenhelfen (und die Teilnahme daran) das Lager des Vortäters betreffen. Auch hier kommt als Vortat eine Hehlerei in Betracht (durch Sich-Verschaffen)[88].

Beispiel (1): T hat mehrere Gemälde gestohlen. Er bittet seinen Freund H, mit den Bildern bei verschiedenen am Erwerb interessierten und in den Diebstahl eingeweihten Kunden (K 1, K 2 usw.) vorzusprechen und die Beute bestmöglich zu verkaufen. H soll 10 % des Erlöses erhalten. H veräußert demgemäß an K 1 und K 2. – K 1 und K 2 sind strafbar nach § 259 (Ankauf). H begeht ebenfalls § 259 in der Form des Absetzens. § 259 durch Sich-Verschaffen liegt bei H nicht vor, weil er keine eigene Verfügungsmacht erlangt[89].

Beispiel (2): T hat mehrere Gemälde gestohlen. K, der am Erwerb interessiert ist, bittet seinen Freund H, er solle bei T einige Bilder für ihn (K) ankaufen. H, der von der Herkunft der Bilder weiß, erwirbt und übergibt an K. – K ist strafbar nach § 259 (Ankaufen, jedenfalls Sich-Verschaffen)[90]. H verschafft sich die Bilder nicht (keine eigene Verfügungsgewalt)[91]. Er setzt auch nicht ab und hilft auch nicht beim Absatz, sondern hilft K bei dessen Erwerb, also §§ 259, 27.

21   **Geld** kann nur in Ausnahmefällen (insbesondere wenn es z. B. anhand der Nummern identifizierbar ist) Gegenstand des Absetzens oder der Absatzhilfe sein. Normalerweise bedarf der Vortäter keiner Hilfe beim Absatz gestohlenen Geldes. Wer z. B. durch Mitverprassen hilft, dass das gestohlene Geld ausgegeben wird, ist kein Hehler[92].

Absatzhilfe setzt (bei Geld und generell) eine Unterstützung des Vortäters bei der **Restitutionsvereitelung** voraus. Sowenig wie z. B. die Reparatur eines gestohlenen Autos (vor dessen Verkauf) eine Absatzhilfe ist (sie stellt vielmehr eine allgemeine Werterhaltungsmaßnahme dar), sowenig ist bei Geld eine normale Anlageberatung Absatzhilfe (sie kann aber u. U. eine Geldwäsche darstellen, § 261)[93].

---

88 Zu dieser Lagertheorie BGHSt 33, 44 (48) mit Anm. *Arzt*, JR 1985, 212.
89 Man muss die Verfügungsmacht wirtschaftlich, nicht rechtlich sehen, d. h. maßgebend ist das „Innenverhältnis" zwischen dem Vortäter und dem möglichen Hehler. Es kommt also nicht darauf an, ob H als direkter Stellvertreter des T auftritt (und insoweit auch rechtlich im Außenverhältnis keine eigene Verfügungsgewalt hat) oder ob er als indirekter Stellvertreter des T auftritt (und insoweit nach außen eigene Verfügungsgewalt hat), vgl. oben Rn. 17.
90 Sicher liegt ein Ankaufen des K dann vor, wenn H offen als Stellvertreter für K auftritt. Bei verdeckter Stellvertretung, also wenn H in eigenem Namen als Käufer auftritt, mag ein Ankaufen durch K zweifelhaft sein, sodass man auf die Alternative des Sich-Verschaffens ausweichen sollte.
91 Gleichgültig, ob er nach außen in eigenem Namen erwirbt oder offen als Stellvertreter des K auftritt, vgl. die vorangehende Fn. – Zur Frage des Einem-Dritten-Verschaffens vgl. oben Rn. 14.
92 BGHSt 9, 137. Beim Mitverzehr kommt die h. M. mit anderer Begründung zum gleichen Ergebnis, vgl. oben Rn. 10.
93 Deshalb sind die bei LK-*Ruß*, 11. Aufl., § 259 Rn. 31 genannten Beispiele teilweise problematisch (Geldanlageberatung als Absatzhilfe!); zur Geldwäsche im Rahmen der beruflichen Tätigkeit vgl. unten § 29 Rn. 39.

III. Der subjektive Tatbestand

1. Vorsatz und Vorsatznachweis

§ 259 fordert vorsätzliches Handeln[94]. Der Täter muss also bezüglich der rechtswidrigen Vortat und des einverständlichen Zusammenwirkens mindestens bedingten Vorsatz aufweisen. Hierbei sind zwei Fälle streng zu trennen: (1) Der Täter erlangt vom Vortäter die objektive Verfügungsgewalt und ist sich dieser auch bewusst. Er hat aber keine Kenntnis von der rechtswidrigen Vortat. (2) Der Täter erhält vom Vortäter lediglich objektiv die Verfügungsgewalt übertragen, ohne sich dieser bewusst zu sein.

Beispiel (1)[95]: V übergibt dem H als Fuhrlohn einen bestimmten Geldbetrag. H nimmt das Geld entgegen, ohne zu wissen, dass es aus einem Diebstahl des V herrührt. Davon erfährt er erst später. Trotzdem verwendet er das Geld für eigene Zwecke. – H ist nicht nach § 259 strafbar. Nach h. M.[96] genügt es für den Tatbestand der Hehlerei nicht, wenn der Täter eine Sache, die er sich ohne Kenntnis der rechtswidrigen Vortat verschafft hat, nach Kenntniserlangung weiterhin behält, weil im Zeitpunkt der Vornahme der tatbestandsmäßigen Handlung (= sich verschaffen) der Vorsatz hinsichtlich der Vortat fehlt („mala fides superveniens" genügt nicht)[97]. In Betracht kommt lediglich § 246, der aber dann ausscheidet, wenn H die Geldscheine bereits – wegen § 935 Abs. 2 BGB wirksam – gutgläubig erworben hatte, als er deren deliktische Herkunft bemerkte.

Beispiel (2): V steckt dem H, von diesem unbemerkt, aus einem Diebstahl des V stammendes Geld zu. Erst nach einiger Zeit entdeckt H das Geld bei sich. Obwohl er davon ausgeht, dass V das Geld durch einen Diebstahl erlangt hat, behält er es. – Hier erfüllt H § 259. Denn mit der zunächst rein objektiven Gewahrsamserlangung hat sich H das Geld noch nicht i. S. des § 259 verschafft. Denn Sich-Verschaffen setzt voraus, dass der Täter sich seiner Verfügungsgewalt auch bewusst ist[98]. Ein Sich-Verschaffen durch H liegt daher erst vor, als er das Geld bei sich entdeckt und beschließt, es zu behalten. Zu diesem Zeitpunkt ist aber H – anders als im Beispiel (1) – auch bereits bösgläubig hinsichtlich der Vortat.

Es ist oft **schwierig**, dem Hehler den **Vorsatz** bezüglich der rechtswidrig-strafbaren Herkunft der Sache **nachzuweisen**. Umstände, aus denen man normalerweise auf eine strafbare Erlangung der Ware durch den Verkäufer (= Vortäter) schließt, sind z. B. ein auffallend niedriger Preis, eine Diskrepanz zwischen den Verhältnissen des Verkäufers und den von ihm zum Verkauf angebotenen Sachen (Stadtstreicher mit wertvollem Fotoapparat) etc. Aus solchen Umständen kann der Richter im Wege der freien

---

[94] Eine Fahrlässigkeitsstrafbarkeit ist nur im Rahmen des § 148b GewO bei der Hehlerei von Edelmetallen und Edelsteinen strafbar.
[95] Fall nach RGSt 64, 326 – Fuhrlohn.
[96] Vgl. BGH, GA 1967, 315; LK-*Walter*, 12. Aufl., § 259 Rn. 74.
[97] RGSt 55, 220 (221). Es ist auch nicht möglich, bei nachträglich eintretender Bösgläubigkeit ein Sich-Verschaffen durch Unterlassen anzunehmen, vgl. BGHSt 2, 135 (138).
[98] RGSt 55, 220; RGSt 64, 326 (327); BGHSt 5, 47 (49). – Anders wird man aber das Einem-Dritten-Verschaffen interpretieren müssen (Kenntnis des Dritten von seiner Verfügungsgewalt ist nicht erforderlich), vgl. *Arzt*, JA 1979, 574 (578).

Beweiswürdigung folgern, dass der Täter den Schluss auf die strafbare Herkunft der Sache so gezogen hat, wie ihn jeder Durchschnittsbürger gezogen hätte.

In dubio pro reo (Art. 6 II EMRK) bedeutet, dass der Richter, wenn er zweifelt, zugunsten des Angeklagten entscheiden muss. Aus diesem Grundsatz ergibt sich jedoch nicht, wann ein Richter zu zweifeln hat. § 259 i. d. F. bis 31. 12. 1974 hatte den Richter auf sein Recht und seine Pflicht hingewiesen, dann den Vorsatz des Hehlers im Wege der freien Beweiswürdigung – zweifelsfrei! – festzustellen, wenn der Täter „den Umständen nach annehmen muss", dass die Sache aus einer Straftat stammte. Art. 160 StGB (Schweiz) verwendet eine ähnliche Formulierung. Wieweit es sich um eine rein deklaratorische „Erinnerung" an den Grundsatz der freien Beweiswürdigung nach § 261 StPO gehandelt hat[99] oder ob eine widerlegbare Beweisregel zungunsten des Angeklagten vorlag, war im deutschen Recht streitig und ist noch heute im schweizerischen Recht umstritten[100]. Das EGStGB hat diese Beweisregel zwar wegen ihres Verstoßes gegen den Grundsatz in dubio pro reo beseitigt, sie aber im gleichen Atemzug für weitgehend überflüssig erklärt, weil man heute „vielfach" mit dolus eventualis arbeiten könne, wo man früher mit der Beweisregel operiert habe[101].

24 Steht fest, dass der Täter von der strafbaren Herkunft der Sache gewusst hat, sieht man sich bei der Verurteilung aus § 259 oft einem anderen Beweisproblem gegenüber: Der Täter ist vielleicht deshalb nicht Hehler, weil er Täter (Mittäter) der Vortat ist. Hier kommt man zur Verurteilung mithilfe einer **Wahlfeststellung** zwischen § 259 und Täterschaft/Teilnahme an der Vortat[102].

2. Bereicherungsabsicht

a) Anwendung der Regeln über den Vermögensvorteil beim Betrug

25 Der Gesetzgeber sieht die vorsätzliche Schädigung des Opfers (durch Perpetuierung einer rechtswidrigen Vermögenslage) erst dann als strafwürdig an, wenn der Hehler mit Vorteilsabsicht handelt („um sich oder einen Dritten zu bereichern"). Das ist richtig, denn die vorsätzliche Schadenszufügung allein genügt auch bei anderen vergleichbaren Vermögensdelikten nicht, vgl. §§ 263, 253. Anders als beim Eigentum, vgl. § 303, erscheint die Schädigung des Vermögens nur strafwürdig bei einer besonderen Pflichtenstellung (§ 266) oder einer Vorteilsabsicht. – **Bereicherung** ist als Vermögensvorteil zu verstehen. Grundsätzlich gilt seit dem EGStGB von 1974 derselbe Vermögensbegriff **wie bei § 263**[103]. – Zwischen

---

99 Vgl. dazu Schönke/Schröder, 17. Aufl., 1974, § 259 Rn. 49 f.
100 Vgl. *Stratenwerth/Jenny/Bommer*, Schweizerisches Strafrecht, BT 1, 7. Aufl. 2010, § 20 Rn. 19: für eine „gegen naheliegende Ausreden gerichtete" Beweisregel.
101 BT-Drucks. 7/550, S. 253; vgl. ferner *Kreuzer/Oberheim*, Praxistauglichkeit des Hehlereistraftatbestands, 1986, S. 33 ff. (praktische Auswirkungen des Wegfalls der Formel werden auf S. 35, S. 112 bezweifelt); weitergehende Überlegungen bei *Arzt/Weber-Arzt*, 1. Aufl., § 28 Rn. 23.
102 Vgl. unten Rn. 32.
103 Dazu oben § 20 Rn. 15 ff., 107.

dem Hehlereiobjekt und der Bereicherung muss ein **unmittelbarer** Zusammenhang bestehen[104].

Der **wirtschaftliche Vermögensbegriff** (mit seinem bei § 263 dargestellten individuellen Einschlag und den Konzessionen an den juristischen Vermögensbegriff) bereitet bei § 259 besondere Schwierigkeiten. Zweifelhaft ist insbesondere die Beurteilung der Fälle, in denen die angekaufte illegale (z. B. gestohlene) Ware nicht billiger ist als legale Ware oder in denen auf einem legalen Markt kein vergleichbarer Preis für die (illegale) Ware existiert (z. B. bei Heroin).

26

Beispiel (1): H bietet für eine gestohlene Madonna einen Preis, der um 20 % unter dem üblichen Marktpreis liegt, der auf dem legalen Markt für Statuen dieser Art zu bezahlen ist.

Beispiel (2): Wie (1), doch bietet H den vollen Preis, weil er sich als Sammler diese Statue nicht entgehen lassen will.

Beispiel (3): H kauft für den Eigenkonsum Heroin zum üblichen Schwarzmarktpreis. Er ist sich darüber im Klaren, dass das Heroin illegal eingeführt worden ist, und zwar ohne dass der „Importeur" Zoll bezahlt hat. Da die Vortat (Steuerhinterziehung nach § 370 AO) auch bei Waren begangen werden kann, deren Einfuhr verboten ist (!), liegt bei H eine Steuerhehlerei nach § 374 AO vor, wenn H in Vorteilsabsicht gehandelt hat.

Bei der **Lösung** derartiger Fälle sind Vorteil, Rechtswidrigkeit des Vorteils und Vorteilsabsicht getrennt zu betrachten[105]. Bei der Bestimmung des Vermögensvorteils ist die saldierende Betrachtung von Leistung und Gegenleistung gegenüber § 263 allerdings in mehrfacher Hinsicht zu modifizieren[106]: (1) Von einem dem Hehler bekannten Rechtsmangel und seinen Konsequenzen muss abgesehen werden. Eine Vorteilsabsicht entfällt daher nicht deshalb, weil der Hehler weiß, dass er an der gestohlenen Sache kein Eigentum erwerben kann. (2) Die Aussicht auf den „normalen" Gewinn beim Weiterverkauf stellt für den Hehler schon einen Vermögensvorteil dar. (3) Erst wenn das illegale Geschäft im Vergleich zu einem ohne größere Mühe möglichen legalen Geschäft mit vergleichbaren Sachen wirtschaftlich ungünstiger ist, entfällt der Vermögensvorteil. (4) Soweit ein legales Geschäft mit vergleichbarer Ware nicht in Betracht kommt, liegt bereits im Verkauf und im Ankauf zum „normalen" Schwarzmarktpreis ein Vermögensvorteil. Da die Ware auf legalem Wege nicht erhältlich ist, wird bei dieser Sachlage beim Käufer aber i. d. R. die Vermögensvorteilsabsicht fehlen[107]. – So ist im Beispiel (3) Ziel des H der Erwerb der

---

104 Kauft der Täter einen vom Vortäter gefälschten Ausweis, um ihn bei einem Betrug einzusetzen, reicht dies noch nicht aus, um einen durch den Ankauf der Ausweise unmittelbar erlangten Vermögensvorteil zu bejahen, richtig *Otto*, BT, § 58 Rn. 25 (gegen BGH bei *Holtz*, MDR 1996, 118).
105 Diese Trennung der Frage, ob das Geschäft dem Täter einen Vermögensvorteil gebracht hat, von der Frage, ob es dem Täter auf diesen Vorteil ankam, wird auch bei § 263 relevant; vgl. § 20 Rn. 131.
106 Näher *Arzt*, NStZ 1981, 10 (14 f.).
107 Sehr streitig; jedenfalls entspricht es der h. M., dass im Erwerb eines legal nicht erhältlichen Gegenstandes (Rauschgift, Waffen) noch nicht per se ein Vermögensvorteil liegt (sondern eine am Schwarzmarktpreis auszurichtende Saldierung erforderlich ist); so OLG Stuttgart, NJW 1977, 770; OLG Düsseldorf, NJW 1978, 600. – Wer Sonderangebote auf dem Schwarzmarkt wahrnimmt oder in Erwartung steigender Preise auf Vorrat kauft, soll nach BGH, MDR 1979, 773 in Vorteilsabsicht handeln. Dies ist aber sehr zweifelhaft, weil ein solcher Vermögensvorteil für das Rechtsgut des § 259 und die Strafwürdigkeit der Perpetuierung irrelevant ist.

Ware, nicht die Erzielung wirtschaftlicher Vorteile. Beim Verkäufer wird in der gleichen Situation dagegen i. d. R. Vorteilsabsicht gegeben sein.

b) Sonderproblem Drittvorteilsabsicht

27 Ausreichend ist es, wenn der Hehler handelt, um einen Dritten zu bereichern. Fraglich ist, ob dieser „Dritte" auch der Vortäter sein kann (Beispiel: H hilft seinem Freund D, ein von diesem gestohlenes Gemälde zum üblichen Marktpreis an einen Kunden zu verkaufen). Hier wird eine **Drittvorteilsabsicht** von der h. M. mit dem (Wortlaut-)Argument abgelehnt, das Gesetz bezeichne den Vortäter als „anderen" und gerade nicht als „Dritten"[108]. Zudem liege in diesen Fällen zumeist eine Begünstigung, § 257, vor[109]. Dem kann jedoch nicht gefolgt werden, da gerade die typischen Fälle der Absatzhilfe in aller Regel den Vortäter bereichern sollen[110].

Üblicherweise wird bei wirtschaftlich wertvollen Sachen der angestrebte Vorteil mit der in der Tathandlung liegenden Erschwerung der Restitution zusammenfallen[111]. Eine **Drittvorteilsabsicht** kann wegen der vorstehend dargelegten Modifikation des Vermögensbegriffs im Vergleich zu §§ 263, 266 kurioserweise **mit Schädigungsvorsatz zusammenfallen.**

Beispiel: Der Handlungsgehilfe H kauft für seinen Geschäftsherrn G gegen dessen Willen gestohlene Ware billig an. Er will sie ohne Wissen des G, aber in dessen Namen und auf dessen Rechnung mit Gewinn für G wieder veräußern. H handelt so uneigennützig, weil er sich vom Blühen der Geschäfte des G eine Festigung seines Arbeitsplatzes verspricht. – Da die Handlungsvollmacht des H solche Geschäfte nicht deckt, liegt § 266 vor (Treubruchstatbestand). Der Schaden besteht darin, dass H Geld des G für rechtsmangelhafte Ware ausgibt (an der G kein Eigentum erlangt, § 935 BGB; beim Erwerb unterschlagener Waren gilt § 166 I BGB). Dass H diesen Schaden später (!) wirtschaftlich durch ein neues strafbares Geschäft (§ 263 gegenüber den Kunden des G) ausgleichen will, ist unerheblich. Gleichzeitig ist aber § 259 (Drittvorteilsabsicht) zu bejahen, weil beim hehlenden H bezüglich der Vorteilsbestimmung, auch hinsichtlich des Drittvorteils, der Rechtsmangel außer Ansatz bleibt. – Anzumerken ist, dass ein eigener Vermögensvorteil von H nicht angestrebt wird, die Festigung des Arbeitsverhältnisses ist eine zu vage Aussicht, um Vermögenswert zu haben.

---

108 Für die h. M. BGH, NStZ 1995, 595; *Fischer*, § 259 Rn. 27; *Lackner/Kühl*, § 259 Rn. 17; LK-*Walter*, 12. Aufl., § 259 Rn. 82; *Maurach/Schroeder/Maiwald*, BT 1, § 39 Rn. 41; MüKo-*Maier*, 2. Aufl., § 259 Rn. 153 ff.; NK-*Altenhain*, § 259 Rn. 71; *Paeffgen*, JR 1996, 346 (348 f.); *Rengier*, BT I, § 22 Rn. 38; SK-*Hoyer*, § 259 Rn. 45; *Wessels/Hillenkamp*, BT 2, Rn. 873.
109 Dies betont auch BGH, JR 1996, 344.
110 So BGH, NJW 1979, 2621; *Eisele*, BT II, Rn. 1167; *Mitsch*, BT 2/1, § 10 Rn. 62; *ders.*, JuS 1999, 372 (376); *S/S/Stree/Hecker*, § 259 Rn. 44; *Zöller/Frohn*, Jura 1999, 378 (384 f.).
111 Der Besitz von Sachen ohne Marktwert (Ausweise!) ist nicht per se ein Vermögensvorteil (sondern nur ein Beweisvorteil), so BGH bei *Holtz*, MDR 1983, 92; BGH, GA 1986, 559.

c) Sonderprobleme Stoffgleichheit und Rechtswidrigkeit des Vorteils

Eine **Stoffgleichheit** des angestrebten Vorteils mit dem beim Opfer entstandenen Schaden ist – entgegen der h. M.[112] – erforderlich[113]. In aller Regel wird eine solche Stoffgleichheit auch vorliegen. Wer gegen Lohn hehlt, handelt zwar nicht im Hinblick auf diesen Lohn mit einer stoffgleichen Bereicherungsabsicht, zugleich liegt aber meist auch ein Handeln zugunsten eines Dritten und um dessen stoffgleichen Vorteils willen vor. Kann auch der Vortäter „Dritter" sein[114], ist Hehlen gegen Belohnung somit auch dann erfasst, wenn man Stoffgleichheit verlangt[115].

Auch die **Rechtswidrigkeit des Vorteils** ist wie bei §§ 253, 263 erforderlich[116]. Die abweichende h. M.[117] kann sich zwar auf den Wortlaut des § 259 stützen (in §§ 263, 253 ist „rechtswidrig" ausdrücklich genannt). Sie beantwortet die zivilrechtlichen Vorfragen jedoch falsch und bestimmt den Vorteil unrichtig, außerdem verkennt sie den engen Zusammenhang zwischen Vorteil und Rechtswidrigkeit.

Im „normalen" Gewinn liegt ein Vorteil[118]. Dieser Vorteil ist auch rechtswidrig. Mit gestohlener Ware darf gar nicht gehandelt werden, von einem Anspruch auf den üblichen Gewinn kann also keine Rede sein. Der Hehler erstrebt einen rechtswidrigen – nicht etwa einen rechtmäßigen – Vorteil auch dann, wenn er einen Anspruch auf Geld oder andere vertretbare Sachen hat und dieser vom Schuldner mit gestohlenem Geld oder gestohlenen Sachen erfüllt wird.

Erstrebt der Hehler wirklich nur einen rechtmäßigen Vorteil, ist eine Bestrafung aus § 259 verfehlt, weil sich der Fall nicht vom Handeln aus Gefälligkeit (ohne Vorteilsabsicht) unterscheidet.

Beispiel: H hat gegen S eine fällige Forderung über einen hohen Betrag. S will nur zahlen, wenn H ihm dabei behilflich ist, einen Kunden für von S gestohlene Pelze zu finden. H kann gegen S natürlich auf Leistung klagen, doch hilft ihm ein Prozess mit einem nach Jahren rechtskräftigen Urteil nicht aus einer hier und jetzt gegebenen Liquiditätskrise. Deshalb geht H auf das Verlangen des S ein und vermittelt das Pelzgeschäft zwischen S und dem bösgläubigen Dritten X. – Hier erstrebt H für sich keinen rechtswidrigen Vorteil, und zwar weder im Verhältnis zu S noch im Verhältnis zum Opfer der Hehlerei, dem Eigentümer der gestohlenen Pelze. Aus der saldierenden Betrachtung des Vermögens ergibt sich ein enger Zusammenhang zwischen Vorteil und Rechtswidrigkeit. H erhält Geld, und dafür erlischt sein

---

112 BGH bei *Holtz*, MDR 1977, 282 (283); BayObLG, NJW 1979, 2218 (2219); *Fischer*, § 259 Rn. 28; LK-*Walter*, 12. Aufl., § 259 Rn. 78; *Maurach/Schroeder/Maiwald*, BT 1, § 39 Rn. 40; MüKo-*Maier*, 2. Aufl., § 259 Rn. 149; NK-*Altenhain*, § 259 Rn. 69; *Otto*, Jura 1985, 148 (155); *S/S/Stree/Hecker*, § 259 Rn. 42; SK-*Hoyer*, § 259 Rn. 44; *Wessels/Hillenkamp*, BT 2, Rn. 874.
113 So auch *Arzt*, NStZ 10 (13 f.); *Seelmann*, JuS 1988, 39 (41).
114 Vgl. vorstehend Rn. 27.
115 Inkonsequent *Mitsch*, BT 2/1, § 10 Rn. 65, 62.
116 *Arzt*, NStZ 1981, 10 (12 f.); vgl. auch *Roth*, JA 1988, 258 (259 f.). – *Seelmann*, JuS 1988, 39 (41), hält (zu recht) die Streitfrage „nur von geringer praktischer Bedeutung".
117 *Lackner/Kühl*, § 259 Rn. 17; LK-*Walter*, 12. Aufl., § 259 Rn. 78; *Maurach/Schroeder/Maiwald*, BT 1, § 39 Rn. 40; MüKo-*Maier*, 2. Aufl., § 259 Rn. 150; NK-*Altenhain*, § 259 Rn. 69; *S/S/Stree/Hecker*, § 259 Rn. 43; SK-*Hoyer*, § 259 Rn. 43; *Wessels/Hillenkamp*, BT 2, Rn. 874.
118 Vgl. oben Rn. 26 Beispiel (2).

Anspruch, sodass man sogar den Vorteil (nicht nur die Rechtswidrigkeit des Vorteils) bestreiten kann[119]. H begeht also keine eigennützige, wohl aber fremdnützige Hehlerei in Form der Absatzhilfe.

Das vorstehende Beispiel zeigt, dass die unglückliche Einbeziehung der fremdnützigen Hehlerei in § 259 die bedenkliche Konsequenz hat, dass das Erfordernis der Absicht einer rechtswidrigen Bereicherung so gut wie immer vorliegt. Handeln aus Gefälligkeit ist zwar nicht von der Absicht, sich zu bereichern, getragen, aber es liegt i. d. R. die Absicht vor, einen Dritten zu bereichern. Per saldo ist es dem Gesetzgeber[120] trotz seiner guten Absichten nicht gelungen, mit der Bereicherungsabsicht „der im Volksbewußtsein lebendigen Vorstellung vom Hehler" zu entsprechen und „eine zu weite Ausdehnung der Strafbarkeit" zu verhindern.

d) Teilnehmer ohne Bereicherungsabsicht

31 **Teilnehmer** ohne Bereicherungsabsicht haften akzessorisch (vorausgesetzt, die Absicht des Täters ist ihnen bekannt, § 16 I), § 28 I ist nicht anzuwenden.

IV. Wahlfeststellung

32 Eine **Wahlfeststellung** zwischen **Hehlerei** und **Teilnahme an der Vortat** ist zulässig. Es handelt sich um das praktisch wichtigste Anwendungsgebiet der Wahlfeststellung[121]. Das Erfordernis der rechtsethischen und psychologischen Gleichwertigkeit wahldeutiger Tatvorwürfe[122] „ist nach der schon vom Reichsgericht vertretenen und seitdem in Rechtsprechung und Rechtslehre einhellig anerkannten Auffassung zwischen Diebstahl und Hehlerei erfüllt, weil die Tat des Hehlers nach allgemeiner Rechtsüberzeugung die gleiche sittliche Mißbilligung verdient wie die des Diebes und weil auch die seelische Verfassung dieser beiden Täter, deren Verfehlungen in gleichem Maße gegen fremdes Eigentum gerichtet sind, nicht wesentlich verschieden ist"[123]. Angesichts des Rechtsguts des § 259[124] ist eine Wahlfeststellung zwischen § 259 und einem **Betrug** als Vortat mindestens ebenso unproblematisch wie zwischen § 259 und Diebstahl als Vortat[125].

Wahlfeststellung ist auch zwischen § 259 und Vortaten zulässig, die nicht unmittelbar gegen das Eigentum oder Vermögen gerichtet sind, z. B. zwischen § 267 und § 259[126]. Dem naheliegenden Einwand, diese Delikte würden verschiedene Rechtsgüter schützen, ist entgegenzuhalten, dass sich unter dem Aspekt der Teilnahme nach der Tat § 259 an § 267 annähert.

---

119 Vgl. dazu § 263 oben § 20 Rn. 124 f.
120 BT-Drucks. 7/550, S. 253.
121 Vgl. zur Wahlfeststellung allgemein *B. Heinrich*, AT, Rn. 1463 ff.
122 Zu diesem Kriterium vgl. BGHSt 9, 390 (392 ff.); BGHSt 11, 26 (28); BGHSt 21, 152 (153); BGHSt 25, 182 (183 f.).
123 BGHSt 11, 26 (28); ebenso BGHSt 12, 386 (388); BGHSt 15, 63.
124 Vgl. oben Rn. 1.
125 Zweifelnd insoweit BGH, NStZ 1989, 266. Ob ein Sich-Verschaffen durch List oder Drohung Erwerbshehlerei sein kann, wurde oben Rn. 12 erörtert; dort in Fn. 41 auch zur Wahlfeststellung, wenn zweifelhaft bleibt, wie sich der Nachtäter die Sache verschafft hat.
126 Vgl. die Ausführungen zu § 258 oben § 26 Rn. 24.

Insbesondere bei der Hehlerei ist jedoch scharf zwischen einer wahldeutigen Verurteilung und einer eindeutigen Verurteilung nach § 259 im Wege der Postpendenzfeststellung[127] zu unterscheiden. Da der Mittäter an der Vortat tatbestandsmäßig nicht Hehler sein kann[128], kommt diese Rechtsfigur dann zum Tragen, wenn die Beteiligung an der Vortat unklar bleibt, aber definitiv feststeht, dass der Täter die Sache abgesetzt hat[129].

Die verschiedenen Tathandlungen des § 259 machen mitunter auch eine **Wahlfeststellung zwischen verschiedenen Varianten der Hehlerei** erforderlich – und zwischen solchen nur wahldeutig feststellbaren Varianten und den verschiedenen wahldeutigen Möglichkeiten der Beteiligung an der Vortat. Es ist eine Art Denksportaufgabe geworden, sich dabei eine durch Wahlfeststellung nicht zu schließende Lücke auszudenken, durch die der Täter entkommen kann[130].

Auffallend ist die Häufung der Entscheidungen, die sich mit dem Zusammenhang zwischen **Wahlfeststellung** und **Rechtskraft** befassen. Hier ist von dem Grundsatz auszugehen, dass die Zulässigkeit einer Wahlfeststellung noch nicht bedeutet, dass die zur Wahl stehenden Lebenssachverhalte als ein und dieselbe Tat im prozessualen Sinne anzusehen sind[131]. Der Vorwurf, als Mittäter der Vortat die Sache strafbar erlangt zu haben, bezieht sich auf einen anderen Lebenssachverhalt als der Vorwurf, die vom Vortäter auf strafbare Weise erlangte Sache hehlerisch erworben zu haben. Werden nicht beide Lebenssachverhalte wahldeutig angeklagt, ist der Übergang von einem zum anderen nur über eine Nachtragsanklage, § 266 StPO, möglich. Da der prozessuale Tatbegriff normalerweise auch die Reichweite der Rechtskraft bestimmt, bleibt eine Verfolgung wegen des einen Lebenssachverhalts zulässig, obwohl das Verfahren bezüglich des anderen Lebenssachverhalts rechtskräftig erledigt ist und zwischen beiden Wahlfeststellung zulässig wäre. So hat der BGH[132] eine Verurteilung wegen mittäterschaftlicher räuberischer Erlangung einer Sache gebilligt, obwohl der Täter schon in einem früheren Verfahren wegen hehlerischen Erwerbs eben dieser Sache verurteilt worden war. – Die Folgeprobleme, die diese Entscheidung nach sich gezogen hat, sind erheblich (Wiederaufnahme des früheren Verfahrens, Anrechnung der früheren Strafe etc.). Es wäre wohl das kleinere Übel gewesen, die Rechtskraftwirkung in solchen Fällen auf den Umfang der zulässigen Wahlfeststellung zu erstrecken, also ausnahmsweise über den prozessualen Tatbegriff i. S. der Abgrenzung des § 264 StPO von § 266 StPO hinauszugehen. Zu unterstreichen ist, dass sich hier einmal mehr die Schwierigkeit zeigt, die echte Teilnahme von der Pseudo-Teilnahme nach der Tat zu unterscheiden. 33

V. Versuch

Nach § 259 III ist auch der Versuch strafbar. Sein Anwendungsbereich ist jedoch sehr beschnitten, wenn man, wie oben vertreten[133], beim Abset- 34

---

127 Vgl. hierzu allgemein *B. Heinrich*, AT, Rn. 1454 ff.
128 Vgl. oben Rn. 17 und unten Rn. 38.
129 Beispiele BGHSt 35, 86; BGH, NStZ 1989, 266; eingehend *Küper*, Probleme der Hehlerei bei ungewisser Vortatbeteiligung, 1989.
130 Vgl. hierzu BGHSt 33, 44 mit Anm. *Arzt*, JR 1985, 212; ferner BGHSt 35, 86; BGH, NStZ 1989, 266 (zur Postpendenzfeststellung).
131 BGHSt 32, 146; vgl. auch BGHSt 35, 80 für das Verhältnis der mittäterschaftlichen Beteiligung an der Vortat und Begünstigung.
132 BGHSt 35, 60.
133 Vgl. oben Rn. 19.

zen und Absetzenhelfen die Ansicht vertritt, dass ein Absatzerfolg nicht zu fordern ist. Liegt insoweit noch kein Absetzen vor, so wird es sich zumeist um eine bloße Vorbereitungshandlung und daher auch noch nicht um ein unmittelbares Ansetzen handeln. Daher bleiben in aller Regel nur Fälle des untauglichen Versuches im Rahmen des Abs. 3 übrig[134].

VI. Privilegierungen (§ 259 II) und Qualifikationen (§§ 260, 260a)

35 § 259 II verweist bei **Geringwertigkeit** auf § 248a und bei einer gegen **Verwandte** gerichteten Tat auf § 247.

36 § 260 stellt gegenüber § 259 einen qualifizierten Tatbestand dar. Bestraft wird die gewerbsmäßig begangene (Abs. 1 Nr. 1) und die Bandenhehlerei (Abs. 1 Nr. 2)[135]. Im Gegensatz zu § 244 I Nr. 2 ist es bei Letzterer nicht erforderlich, dass der Täter unter Mitwirkung eines anderen Bandenmitgliedes gehandelt hat. Zu Wertungswidersprüchen mit § 244 kommt es insbesondere bei „gemischten Banden" dann, wenn zwei Diebe und ein Hehler zusammenwirken, da § 244 I Nr. 2 für die Diebe ausscheidet (der Hehler gehört nicht zur Diebesbande), § 260 I Nr. 2 für den Hehler aber greift[136]. § 260a kumuliert Gewerbsmäßigkeit und Bande. Nach § 262 kann Führungsaufsicht angeordnet werden.

VII. Konkurrenzen

37 **Konkurrenzen innerhalb des § 259** sind mithilfe der **Lagertheorie**[137] zu lösen bzw. zu vermeiden. Der erwerbende Hehler und alle, die in seinem Lager stehen, sind nach dem Sinn der verschiedenen Alternativen des § 259 nicht zugleich Teilnehmer der Absatzhehlerei. Umgekehrt sind der Absatzhehler und alle, die in seinem Lager stehen, nicht zugleich Teilnehmer der Erwerbshehlerei. – Das gilt auch für den Vortäter. Dass er schon tatbestandsmäßig nicht Absatzhehler sein kann, ändert nichts daran, dass er nach der Lagertheorie nicht im Lager des Erwerbers steht, also auch nicht als Teilnehmer (Anstifter) an der Erwerbshehlerei beteiligt sein kann[138].

38 Der **Täter (Mittäter) der Vortat** kann bereits tatbestandlich nicht Hehler sein („die ein anderer gestohlen [...] hat"). Dies gilt auch im Falle der Beuteteilung. Wegen der wechselseitigen Zurechnung der jeweiligen Tatbeiträge, ist die gesamte Beute durch die jeweiligen Täter, also nicht durch einen „anderen", erlangt, sodass an fremden Beuteanteilen keine Hehlerei

---

134 Vgl. BGHSt 43, 110; BGH bei *Holtz*, MDR 1992, 18; BGH, wistra 1993, 264.
135 Zur Gewerbsmäßigkeit und zur Bande vgl. § 244, hierzu oben § 14 Rn. 50, 60 ff. (auch zur Anwendung des § 28 II auf Teilnehmer).
136 Vgl. hierzu auch BGH, NStZ 2007, 33.
137 Dazu oben Rn. 20.
138 Vgl. aber BayObLG, NJW 1958, 1597. Hier wurde zwar eine Anstiftung zur Erwerbshehlerei durch den Vortäter angenommen, die dann aber im Wege der mitbestraften Nachtat zurücktrat.

Konkurrenzen §28 Rn. 39–40

begangen werden kann[139]. Häufig ist der Täter der Vortat Anstifter zur Hehlerei durch Absetzen oder Absatzhilfe. Diese Verwertungstat wird als straflose Nachtat angesehen[140]. In den seltenen Fällen des **Rückerwerbs** der gestohlenen Sache vom Hehler durch den Vortäter (Hehlerei ist eine taugliche Vortat des § 259!) ist § 259 zwar vom Wortlaut her einschlägig, es fehlt aber an einer (erneuten) Rechtsgutsverletzung, sodass hier eine mitbestrafte Nachtat vorliegt[141].

Dagegen können **Teilnehmer an der Vortat** (Anstifter oder Gehilfen) uneingeschränkt wegen Hehlerei bestraft werden, wenn sie einen Beuteanteil an sich bringen[142]. Meist wird Tatmehrheit zwischen Teilnahme an der Vortat und § 259 vorliegen, doch kann beides so eng zusammenrücken, dass Tateinheit (natürliche Handlungseinheit) anzunehmen ist[143]. – Ist die Vortat ein Sonderdelikt, ist Vorsicht geboten: Die Anstiftung zur Vortat schließt eine Hehlerei dann aus, wenn der Anstifter nur deshalb nicht als Mittäter an der Vortat bestraft werden kann, weil ihm ein persönliches strafbegründendes Merkmal fehlt[144].

Bei fremdnütziger Hehlerei ergibt sich eine unglückliche Tateinheit zwischen § 259 und § 257[145]. Regelmäßig liegt im Sich-Verschaffen eine Zueignung (dies gilt ausnahmsweise dann nicht, wenn die Verfügungsmacht des sich verschaffenden Hehlers nur die Stellung eines Pfandgläubigers umfasst[146]). Dann geht § 259 als lex specialis dem § 246 vor. 39

Geldwäsche (§ 261) trifft bei Bargeld (Sache!) dann mit Hehlerei tateinheitlich zusammen, wenn die Vortat sowohl den Anforderungen des § 261 als auch des § 259 genügt[147]. 40

---

139 Vgl. nur LK-*Walter*, 12. Aufl., § 259 Rn. 91; *Rengier*, BT I, § 22 Rn. 42; *S/S/Stree/Hecker*, § 259 Rn. 50.
140 *Geppert*, Jura 1994, 100 (103); *Lackner/Kühl*, § 259 Rn. 18; *Zöller/Frohn*, Jura 1999, 378 (380); teilweise wird die Anstiftung zur Absatzhehlerei aber auch schon als tatbestandlich ausgeschlossen angesehen; vgl. MüKo-*Maier*, 2. Aufl., § 259 Rn. 59; *Rengier*, BT I, § 22 Rn. 42. Zum Vortäter als Anstifter zur Erwerbshehlerei vorstehend Rn. 37.
141 Es liegt zumindest eine mitbestrafte Nachtat vor, vgl. *Krey/Hellmann/ M. Heinrich*, BT 2, Rn. 861; *Lackner/Kühl*, § 259 Rn. 18; *S/S/Stree/Hecker*, § 259 Rn. 50; *Wessels/Hillenkamp*, BT 2, Rn. 883; a. M. *Geppert*, Jura 1994, 100 (103 f.); *Kindhäuser*, LPK, § 259 Rn. 6; LK-*Walter*, 12. Aufl., § 259 Rn. 90; *Rengier*, BT I, § 22 Rn. 43; *Rudolphi*, JA 1981, 1 (5).
142 BGHSt 7, 134; BGHSt 8, 390; BGHSt 13, 403; BGHSt 33, 50 (52); *S/S/Stree/Hecker*, § 259 Rn. 51; *Wessels/Hillenkamp*, BT 2 Rn. 881; *Zöller/Frohn*, Jura 1999, 378 (380); a. M. *Roth*, JA 1988, 193 (202 – mitbestrafte Nachtat); *Seelmann*, JuS 1988, 39 (42 – bereits tatbestandlich ausgeschlossen).
143 So BGHSt 22, 206.
144 So BGHSt 33, 50.
145 Vgl. oben § 27 Rn. 23. – Ob § 259 bei betrügerischem oder erpresserischem „einverständlichen" Verschaffen vorliegen kann, wurde oben in Rn. 12 behandelt.
146 Vgl. oben Rn. 10.
147 Diese Idealkonkurrenz ist unsinnig, aber angesichts der Fehlkonzeption des § 261 unausweichlich. – Auf die schweren Wertungswidersprüche zwischen § 259 und § 261, die der Gesetzgeber dadurch geschaffen hat, dass er im Gewand der Geldwäsche Verhaltensweisen pönalisiert hat, die er bei § 259 als Ersatzhehlerei und Werthehlerei aus guten Gründen straffrei gelassen hatte, ist anschließend, § 29 Rn. 14, 23 ff., im Kontext des § 261 einzugehen.

§ 29 Geldwäsche, § 261

Literaturhinweise (neben den oben vor § 25 genannten Beiträgen zu den Anschlussdelikten allgemein): *Ackermann*, Geldwäscherei – Money Laundering. Eine vergleichende Darstellung des Rechts und der Erscheinungsformen in den USA und der Schweiz, 1992; *Ambos*, Internationalisierung des Strafrechts am Beispiel der „Geldwäsche", ZStW 114 (2002), 236; *Arzt*, Das schweizerische Geldwäschereiverbot im Lichte amerikanischer Erfahrungen, ZStrR 106 (1989), 160; *ders.*, Einziehung und guter Glaube, Gauthier-FS (= ZStrR 114) 1996, S. 89; *ders.*, Geldwäscherei – Eine neue Masche zwischen Hehlerei, Strafvereitelung und Begünstigung, NStZ 1990, 1; *ders.*, Geldwäsche und rechtsstaatlicher Verfall, JZ 1993, 913; *ders.*, Das missglückte Strafgesetz – am Beispiel der Geldwäsche, in *Diederichsen/Dreier* (Hrsg.), Das missglückte Gesetz, 1997, S. 17; *ders.*, Die kommende Strafbarkeit der Bank als juristischer Person: Sand im Getriebe der Geldwäschereibekämpfung, in *Wiegand* (Hrsg.), Banken und Bankrecht im Wandel (Berner Bankrechtstag 2003) 2004, S. 75; *ders.*, Neue Wirtschaftsethik, neues Wirtschaftsstrafrecht, neue Korruption, Wiegand-FS 2005, S. 739; *Barton*, Das Tatobjekt der Geldwäsche, NStZ 1993, 159; *ders.*, Sozial übliche Geschäftstätigkeit und Geldwäsche, StV 1993, 156; *ders.*, Verteidigerhonorar und Geldwäsche, JuS 2004, 1033; *Bauer*, Der Geldwäschetatbestand gem. § 261 StGB einschließlich der Probleme seiner Anwendung, Maiwald-FS 2003, S. 127; *Bernsmann*, Geldwäsche (§ 261 StGB) und Vortatkonkretisierung, StV 1998, 46; *ders.*, Überlegungen zum Verhältnis von materiellem und Prozess-Recht bei der Geldwäsche, Amelung-FS 2009, S 381; *Bittmann*, Die gewerbs- oder bandenmäßige Steuerhinterziehung und die Erfindung des gegenständlichen Nichts als geldwäscherelevante Infektionsquelle, wistra 2003, 161; *Bottermann*, Untersuchungen zu den grundlegenden Problematiken des Geldwäschetatbestandes, 1995; *Bottke*, Teleologie und Effektivität der Normen gegen Geldwäsche, wistra 1995, 87, 121; *Burger/Peglau*, Geldwäsche durch Entgegennahme „kontaminierten" Geldes als Verteidigerhonorar, wistra 2000, 161; *Burr*, Geldwäsche. Eine Untersuchung zu § 261 StGB, 1995; *Dionyssopoulou*, Der Tatbestand der Geldwäsche, 1999; *Egger Tanner*, Die strafrechtliche Erfassung der Geldwäscherei – Ein Rechtsvergleich zwischen der Schweiz und der Bundesrepublik Deutschland, 1999; *Fahl*, Grundprobleme der Geldwäsche (§ 261 StGB), JURA 2004, 160; *Fischer*, Ersatzhehlerei als Beruf und rechtsstaatliche Strafverteidigung, NStZ 2004, 473; *Fabel*, Geldwäsche und tätige Reue, 1997; *Fernandez/B. Heinrich*, Die Strafbarkeit des Strafverteidigers wegen Geldwäsche durch Annahme des Honorars nach südafrikanischem und deutschem Recht, ZStW 126 (2014), 382; *Fertig*, Grenzen einer Inkriminierung des Wahlverteidigers wegen Geldwäsche, 2007; *Flattern*, Zur Strafbarkeit von Bankangestellten bei der Geldwäsche, 1996; *Gentzig*, Die Europäisierung des deutschen und englischen Geldwäschestrafrechts, 2002; *Graber*, Geldwäscherei. Ein Kommentar zu Art. 305bis und 305ter StGB, Bern 1990; *Hamm*, Geldwäsche durch Annahme von Strafverteidigerhonorar, NJW 2000, 636; *Hecker*, Die gemeinschaftsrechtlichen Strukturen der Geldwäschestrafbarkeit, Kreuzer-FS 2008, S 216; *Helmers*, Zum Tatbestand der Geldwäsche (§ 261 StGB): Beispiel einer rechtsprinzipiell verfehlten Strafgesetzgebung, ZStW 121 (2009), 509; *Hetzer*, Der Geruch des Geldes-Ziel, Inhalt und Wirkung der Gesetze gegen Geldwäsche, NJW 1993, 3298; *ders.*, Bekämpfung der organisierten Kriminalität durch Unterbindung der Geldwäsche, wistra 1993, 286; *Höreth*, Die Bekämpfung der Geldwäsche unter Berücksichtigung einschlägiger ausländischer Vorschriften und Erfahrung, 1996; *Hombrecher*, Der Tatbestand der Geldwäsche (§ 261) – Inhalt, Aufbau, Problemstellungen, JA 2005, 67; *Jacsó-Potyka*, Bekämpfung der Geldwäscherei in Europa, 2007;

Übersicht § 29

Jahn/Ebner, Die Anschlussdelikte – Geldwäsche (§§ 261–262 StGB), JuS 2009, 597; *Klippl,* Geldwäscherei, 1994; *Knorz,* Der Unrechtsgehalt des § 261 StGB, 1996; *Kreß,* Das neue Recht der Geldwäschebekämpfung, wistra 1998, 121; *Krey/Dierlamm,* Gewinnabschöpfung und Geldwäsche, JR 1992, 353; *Lampe,* Der neue Tatbestand der Geldwäsche (§ 261 StGB), JZ 1994, 123; *Leip,* Der Straftatbestand der Geldwäsche. Zur Auslegung des § 261 StGB, 1995; *Leip/Hardke,* Der Zusammenhang zwischen Vortat und Gegenstand der Geldwäsche unter besonderer Berücksichtigung der Vermengung von Giralgeld, wistra 1997, 281; *Löwe/Krahl,* Die Strafbarkeit von Bankangestellten wegen Geldwäsche nach § 261 StGB, wistra 1993, 123; *Maiwald,* Auslegungsprobleme im Tatbestand der Geldwäsche, Hirsch-FS 1999, S. 631; *Mehlhorn,* Der Strafverteidiger als Geldwäscher – Probleme bei der Annahme bemakelter Verteidigerhonorare, 2004; *Ch. Müller,* Geldwäscherei: Motive – Formen – Abwehr. Eine betriebswirtschaftliche Analyse, 1992; *Niemann,* „e-Geldwäsche", 2004; *Oswald,* Die Maßnahmen zur Bekämpfung der Geldwäsche – eine kriminologisch-empirische Untersuchung, wistra 1997, 328; *Otto,* Geldwäsche § 261 StGB, Jura 1993, 148; *Pieth* (Hrsg.), Bekämpfung der Geldwäscherei. Modellfall Schweiz?, 1992; *ders.,* Korruptionsgeldwäsche, Schmid-FS 2001, S. 437; *Prittwitz,* Die Geldwäsche und ihre strafrechtliche Bekämpfung oder: Zum Einzug des Lobbyismus in die Kriminalpolitik, StV 1993, 498; *Pütter,* Geldwäsche und die Achillesferse des „organisierten Verbrechens", KJ 1995, 257; *Ranft,* Verteidigerhonorar und Geldwäsche – die Entscheidung des BVerfG vom 30.3.2044, Jura 2004, 759; *Remmers,* Die Entwicklung der Gesetzgebung zur Geldwäsche, 1998; *Rüping,* Der Steuerberater als „Organ der Steuerrechtspflege" im System staatlicher Kontrollen, Kohlmann-FS 2003, S. 499; *Salditt,* Der Tatbestand der Geldwäsche, StV-Forum 1992, 122; *Samson,* Geldwäsche nach Steuerhinterziehung? Gedanken zur Halbwertszeit von Strafgesetzen, Kohlmann-FS 2003, S. 263; *Schittenhelm,* Alte und neue Probleme der Anschlussdelikte im Licht der Geldwäsche, Lenckner-FS 1998, S. 519; *Schramm,* Zum Verhältnis von (gewerbsmäßiger) Hehlerei (§§ 259, 260 StGB) du Geldwäsche (§ 261 StGB), wistra 2008, 245; *Schubarth,* Geldwäscherei – Neuland für das traditionelle kontinentale Strafrechtsdenken, Bemmann-FS 1997, S. 430; *Siska,* Die Geldwäscherei und ihre Bekämpfung in Österreich, Deutschland und der Schweiz, 1999; *Trechsel* (Hrsg.), Geldwäscherei; Prävention und Maßnahmen zur Bekämpfung, 1997; *Vogel,* Geldwäsche – ein europaweit harmonisierter Straftatbestand, ZStW 109 (1997), 335; *Voß,* Die Tatobjekte der Geldwäsche, 2007; *Woywadt,* Geldwäschebekämpfung. Neue Waffe gegen organisierte Kriminalität, 1995; mehr zu **Österreich** bei *Kirchbacher/Presslauer,* §§ 165, 165a StGB, in *Höpfel/Ratz* (Hrsg.), StGB (Wiener Kommentar), 2. Aufl., 97. Lieferung 2013; mehr zur **Schweiz** bei *BSK-Pieth,* Art. 305bis StGB.

Übersicht

	Rn.
I. Zum kriminalpolitischen Hintergrund und Rechtsgut	1
1. Geldwäsche in der Realität	1
2. Geldwäsche als Verfallsgefährdung (echte Geldwäsche)	4
3. Geldwäsche als diffuses Rechtspflegedelikt	5
4. Geldwäsche als Werthehlerei bzw. Ersatzhehlerei (unechte Geldwäsche)	8
II. Der objektive Tatbestand	9
1. Vortaten (Katalogtaten) als Quelle schmutziger Wäsche	9
2. Vermögensgegenstände und ihr Konnex zur Vortat	12
3. Sonderfälle: Verlängerung, Verdünnung, Vervielfachung	14
a) Verlängerung	14
b) Verdünnung	15
c) Vervielfachung	17

4.	Tathandlungen	20
	a) Echte Geldwäsche („Verschleierungstatbestand"), § 261 I S. 1	20
	b) Unechte Geldwäsche („Isolierungstatbestand"), § 261 II	23
5.	Teilnahme- und Angehörigenprivileg	30
III.	Der subjektive Tatbestand und sein Nachweis	34
1.	Vorsatz- und Irrtumsprobleme	34
2.	Vorsatznachweis und Leichtfertigkeit	37
IV.	Privilegierung bestimmter Personengruppen oder Institutionen	39
1.	Privilegierung üblicher Geschäftstätigkeit	39
2.	Privilegierung des Gläubigers in Ausnahmefällen	45
3.	Privilegierung des Strafverteidigers	48a
4.	Angehörigenprivileg	50
V.	Versuch, Rücktritt und Fahndungserleichterung	52
VI.	Besonders schwere Fälle, Einziehung, Verfall, Führungsaufsicht	54
VII.	Konkurrenzen und Wahlfeststellung	57

I. Zum kriminalpolitischen Hintergrund und Rechtsgut

1. Geldwäsche in der Realität

1   Zu den Rechtsgütern und zum kriminalpolitischen Hintergrund der Anschlussdelikte der §§ 257 ff. wurde oben bereits Stellung genommen.[1] – Die amerikanische phänomenologische **Definition** lautet: „Als Geldwäscherei bezeichnet man die Mittel, mit denen man die Existenz, die illegale Quelle oder die illegale Verwendung von Einkommen verbirgt und dann dieses Einkommen so bemäntelt, dass es aus einer legalen Quelle zu stammen scheint"[2]. – Nach dieser Definition rückt allerdings schon die **Steuerhinterziehung** in die Nähe einer anschließenden Geldwäsche, womit auch ein zentrales rechtspolitisches Problem angesprochen ist.[3]

Der Waschvorgang lässt sich in drei Stadien zerlegen[4]: Placement, layering und (re-)integration. Mit **placement** ist der erste Schritt gemeint, die

---

[1] Vgl. oben § 25 Rn. 1 ff.; speziell zur Geldwäsche oben § 25 Rn. 13 ff.
[2] President's Commission on Organized Crime, The Cash Connection: Organized Crime, Financial Institutions, and Money Laundering, Washington D.C. 1985, S. VII und S. 7 (eigene Übersetzung). – Näher hierzu (auch hinsichtlich der Wiedergabe des englischen Originaltextes) *Arzt*, ZStrR 106 (1989), 160 (167).
[3] Vgl. hierzu näher unten Rn. 3.
[4] Vorzüglich *Ackermann*, Geldwäscherei, – Money Laundering. Eine vergleichende Darstellung des Rechts und der Erscheinungsformen in den USA und der Schweiz, 1992, S. 8 ff.; ausführlich *Ch. Müller*, Geldwäscherei: Motive – Formen – Abwehr. Eine betriebswirtschaftliche Analyse, 1992, S. 113 ff.; kurz *Pieth*, in: Pieth (Hrsg.), Bekämpfung der Geldwäscherei. Modellfall Schweiz?, 1992, S. 5 (13).

Umwandlung des (in der Regel) als Bargeld anfallenden Erlöses z. B. aus Drogengeschäften in eine Geldforderung (Buchgeld). **Layering** ist der eigentliche Waschvorgang. Das Buchgeld wird durch verschiedene Schichten des nationalen (und oft internationalen) Finanzsystems transferiert (Waschzyklen vergleichbar!). Das **scheinbar** (!) saubere Endprodukt wird dann in den legalen Geldverkehr geschleust (**integration**).

Hinter der Bekämpfung der Geldwäsche steckt eine in ihrer Simplizität außerordentlich attraktive kriminalpolitische Überlegung: Gelänge es, die Einschleusung der Gewinne aus dem Drogenhandel in den legalen Kapitalverkehr zu verhindern, würden die Drogenbosse in der Flut ihres schmutzigen Geldes ertrinken. Eine Unterbindung der Geldwäsche trifft das „Lebensblut" der organisierten Kriminalität. Da eine effektive Bekämpfung der Geldwäsche jedoch nicht möglich ist, ohne den Finanzverkehr einer umfassenden Aufsicht zu unterstellen und mit einem engmaschigen Datennetz zu überziehen, eröffnen sich zwei zusätzliche verlockende Perspektiven: (1) Man kann die Aufsicht und dieses Datennetz auch zur Bekämpfung der **Steuerhinterziehung** benutzen, und (2) man braucht nicht mehr Drogenhändlern nachzuspüren, sondern man kann mithilfe elektronischer Programme aus dem Zahlungsverkehr Auffälligkeiten „ausfiltern" und den **paper trail** von solchen Auffälligkeiten zu den Drogenhändlern zurückverfolgen (statt vom Drogenhändler ausgehend seinen Gewinnen nachzuspüren!).

Solche Hoffnungen sind jedoch weitgehend illusionär. Die Errichtung eines internationalen Datennetzes ist so lange politisch nicht durchsetzbar, als das amerikanische System niedriger Steuern, verbunden mit umfassenden Meldepflichten der Finanzinstitute an die Steuerbehörde, mit dem europäischen System hoher Steuern kollidiert, das verbunden ist mit einer zur Steuerhinterziehung geradezu ermunternden lückenhaften Kontrolle[5]. Vor allem aber muss eine **Suchtbekämpfung** scheitern, **die nicht bei den Konsumenten ansetzen will**, sondern die Last der Repression ins Ausland (sei es zu Produzenten, Großhändlern oder ausländischen Banken) verlagern möchte. Als wesentliches Motiv für eine solche Verlagerung sind die egoistischen Interessen der Suchtbekämpfungsbürokratie im Auge zu behalten. Es ist allemal befriedigender, im Ausland bei Banken zu ermitteln oder als staatlicher agent provocateur den Versuch zu machen, Bankangestellte zu korrumpieren, als im inländischen Slum Endverbraucher zu observieren. „Nach rationalen Maßstäben ist das Konzept gescheitert"[6]. Die Dreistigkeit, mit der eine internationale Bürokratie an ihren abergläubi-

---

[5] BVerfGE 84, 239 (1991); Hinweise auf erste Gesetzesentwürfe zwecks „Verfolgen von Geldbewegungen" finden sich bei *Arzt*, NStZ 1990, 1 (6). Daraus sind Entwürfe von „Gewinnaufspürungsgesetzen" hervorgegangen, die schließlich zum „Geldwäschegesetz" (GwG) v. 25.10.1993 geführt haben; vgl. hierzu unten Rn. 7.
[6] *Fischer*, § 261 Rn. 4b; zur kriminalpolitischen Fragwürdigkeit des § 261 vgl. auch *Eisele*, BT II, Rn. 1172; NK-*Altenhain*, § 261 Rn. 11.

schen Rezepten festhält, ist auch eine Bankrotterklärung des rechtspolitischen Gewichts der Strafrechtswissenschaft[7].

2. Geldwäsche als Verfallsgefährdung (echte Geldwäsche)

4   Wer den durch das (1.) OrgKG 1992 eingeführten Tatbestand der Geldwäsche verstehen will, muss §§ 257, 258, 259 verstanden haben. § 261 ist **nicht per se examenswichtig** (in manchen Bundesländern ist er sogar nicht einmal mehr Prüfungsgegenstand) er unterstreicht aber die Bedeutung der §§ 257, 258, 259 (auch) für das Examen, weil § 261-Probleme erst durch Vergleich mit §§ 257, 258, 259 verständlich werden.

Geldwäsche liegt vor, wenn der Geldwäscher Vermögenswerte, die der Vortäter (insbesondere) durch Drogenhandel erwirtschaftet hat, erwirbt oder (sonst) dem Vortäter behilflich ist, solche Werte zu verschleiern. Dieses Verhalten wird von § 261 I, der „echten" Geldwäsche erfasst, die gemeinhin auch als „Verschleierungstatbestand" bezeichnet wird. Derartige Verhaltensweisen fallen nicht unter § 259, weil die Hehlerei als **Vermögensdelikt** konzipiert ist (und der Erwerber von Drogen vom Drogenhändler nicht in seinen Vermögensinteressen geschädigt wird). § 258 erfasst auf den ersten Blick die durch § 261 kriminalisierten Handlungen, weil die Vereitelung des Verfalls unstreitig unter § 258 zu subsumieren ist (§§ 258 I, 11 I Nr. 8, 73 ff.). Es entstehen dabei jedoch Probleme bei der Bestimmung des Verfallsobjekts (Stichwort „Ersatzobjektverfall"). Zudem fehlt es meist an der **Vereitelungsabsicht**. Für **§ 257** (Sicherung der Vorteile der Tat) gilt dies entsprechend. – Diese Lücke[8] schließt § 261, indem er auch **mittelbar** aus der Vortat stammende Vorteile erfasst und auf ein Absichtsmerkmal verzichtet.

3. Geldwäsche als diffuses Rechtspflegedelikt

5   Wird Geldwäsche als Verfallsgefährdung angesehen, lässt sich das wie bei § 258 als **Angriff auf die Strafrechtspflege** ausdrücken. Weil der Geldwäscher relativ konkrete Kenntnisse über eine Katalogtat als Quelle des schmutzigen Geldes haben muss, nimmt das Unrecht der Geldwäsche als Anschlusstat zusätzlich etwas vom Unrecht der Vortat in sich auf.[9]

6   Die Schließung der kleinen Lücke im strafrechtlichen Schutz der staatlichen Verfallsansprüche ist sinnvoll. Die praktische Bedeutung war und ist allerdings nahezu vollständig auf die Drogenkriminalität als Quelle der dem Verfall unterworfenen Gelder beschränkt. Aus diesem vernünftigen Ansatz ist unter dem Beschäftigungsdrang internationaler Bürokratien ein

---

7   Detailliert zur Unterhöhlung des Rechtsstaats *Arzt*, in Diederichsen/Dreier, Das missglückte Gesetz, 1997, S. 17; zum Paradox einer Expansion des untauglichen Konzepts *Arzt*, in Wiegand (Hrsg.), Banken und Bankrecht im Wandel, 2004, S. 78 und *Fischer*, § 261 Rn. 4c; Zur Kontrollrechnung, mit der man feststellen kann, ob sich die mit § 261 verbundenen gesetzgeberischen Hoffnungen erfüllt haben, vgl. oben § 25 Rn. 16.
8   Näher zum Verhältnis zwischen Strafvereitelung, Begünstigung und Hehlerei *Arzt*, NStZ 1990, 1.
9   Vgl. hierzu noch näher unten Rn. 8; zur Teilnahme nach der Tat vgl. oben § 25.

Tatbestand ohne sinnvoll eingrenzbares Rechtsgut hervorgegangen, also ein Tatbestand **ohne Herz und Hirn**. Man sieht § 261 schon rein äußerlich an, dass es sich um einen Fremdkörper handelt, der sich durch eine nur schwer eingrenzbare Breite auszeichnet. Der Gesetzgeber hat eine Art **Flucht nach vorne** ergriffen. Durch immer neue Nachbesserungen ist der Tatbestand immer weiter ausgedehnt worden (insbesondere auf immer dubiosere Vortaten)[10].

Das Geldwäschegesetz **(GwG)** hat 1993 ergänzend zu § 261 StGB im Bereich der Finanzdienstleistungen eine Datensammlungs- und Meldebürokratie geschaffen. Mit dem Gesetz zur Verbesserung der Bekämpfung der Organisierten Kriminalität von 1998 ist sogar der Grundsatz über Bord geworfen worden, dass der Täter der Vortat nicht auch Täter der Anschlusstat sein kann: Der Vortäter kann seit dieser Novellierung sein eigener Geldwäscher sein (!)[11].

Gerade weil das GwG dasselbe Rechtsgut wie § 261 schützt – der Schutz ist nur vorverlagert und noch abstrakter –, wird die **drohende Banalisierung des Rechtsguts der Geldwäsche** deutlich: Vom Schutz der Verfallsansprüche erst hinab zum Schutz der Rechtspflege und dann weiter hinab zum staatlichen Interesse an der Überwachung des Finanzverkehrs wegen der erhofften Präventionseffekte bei Straftaten generell oder speziell mit Blick auf die **Organisierte Kriminalität.** Der vage Hinweis auf die Organisierte Kriminalität ignoriert die simple Tatsache, dass ein am staatlichen Verfallsanspruch orientiertes konkreteres Rechtsgut[12] das Bedürfnis nach Bekämpfung der Organisierten Kriminalität mit abdecken würde. Was bliebe von mafiösen Strukturen, wenn dem Staat eine effiziente Abschöpfung erzielter Einnahmen gelänge?

In der Literatur mehren sich die Stimmen, die den fast totalen Verlust des Rechtsguts durch Annahme eines fast totalen Rechtsguts, durch ein „Globalrechtsgut"[13], kaschieren möchten. Ein solches Rechtsgut ohne Konturen ist gefährlicher als gar kein Rechtsgut. Die **„neue Welt" der Kriminalitätsbekämpfung**[14] schreibt Privaten die Sammlung von Daten in ungeheurem Ausmaß vor – und erschließt diese Daten mittelbar für Straf-

---

10 Nahezu unveränderter Text der 1. Aufl., der gesetzgeberische Pfusch hat sich seitdem fortgesetzt; vgl. zu dieser immer weiter betriebenen Ausdehnung des Tatbestandes, mit der man (vergeblich) hofft, ihn endlich effektiv zu machen, *Fischer*, § 261 Rn. 4c.
11 Zu beachten ist allerdings der persönliche Strafausschließungsgrund in Abs. 9 S. 2; hierzu noch näher unten Rn. 31.
12 Vgl. hierzu oben Rn. 4.
13 *Knorz*, Der Unrechtsgehalt des § 261 StGB, 1996, S. 125.
14 Dazu näher *Arzt*, in Diederichsen/Dreier (Hrsg.), Das missglückte Gesetz, 1997, S. 17, dort auch zum Übergang von staatlicher Überwachung zur Selbstüberwachung (vom staatlichen V-Mann zum privaten compliance officer); zur Abkehr vom liberalen Prinzip einer Grenzmoral und zur Verkehrung insbesondere der Banken von Opfern zu Tätern; dies wird klar gesehen von *Knorz*, Der Unrechtsgehalt des § 261 StGB, 1996, S. 217 f. Grundsätzliche Kritik auch bei *Hassemer*, WM-Sonderbeilage St. 20 ff. Auf Darstellungen der (raschen Änderungen unterworfenen) Vorschriften zur compliance, Selbstregulierung (hinter der sich eine immer oktroyierte Fremdregulierung versteckt!) und Wirtschaftsaufsicht kann hier nicht eingegangen werden.

verfolgungszwecke. Ganze Berufsgruppen werden als Hilfspolizisten herangezogen (Meldung von Verdachtsfällen etc.). Falls diese Privatpersonen zur Kooperation nicht bereit sein sollten, hängt ihnen der Gesetzgeber den Geldwäscheverdacht an. Die zahlreichen Datenschützer haben diese alarmierende Entwicklung verschlafen oder die Augen bewusst verschlossen.

> **Beispiel:** Für Rechtspflege, Strafverfolgung, Bekämpfung der Organisierten Kriminalität etc. wäre es nützlich, wenn alle Beherbergungsbetriebe eine Identitätsprüfung ihrer Gäste anhand amtlicher Dokumente vornehmen und die erhobenen Daten einer privaten Zentralstelle übermitteln müssten, die sie ihrerseits mindestens 10 Jahre zu speichern hätte. – Kombiniert mit einer Meldepflicht verdächtiger Personen, entstünde eine für die Strafverfolgung (einschließlich der Durchsetzung von Verfall und Einziehung) nützliche Datenbank. Wer § 261 i. S. eines globalen Verfolgungsinteresses interpretiert, kann eine Beherbergung ohne Identifizierung als für die Ermittlung der Herkunft verbrecherischer Einkünfte gefährliche Handlung ansehen. Von einem solchen Verständnis des § 261 aus ist es nur logisch, die **Datenzuhälterei** vom Finanzsektor auf das Beherbergungs- und Beförderungswesen auszudehnen.

4. Geldwäsche als Werthehlerei bzw. Ersatzhehlerei (unechte Geldwäsche)

8   Ganz überwiegend wird davon ausgegangen, § 261 schütze die „innerstaatliche Rechtspflege" mit ihrer Aufgabe, die Wirkungen von Straftaten zu beseitigen[15]. Dabei steht insbesondere auch der Schutz des staatlichen Einziehungs- und Verfallsanspruchs im Mittelpunkt, der in erster Linie durch den Verschleierungstatbestand des § 261 I geschützt wird („echte Geldwäsche"). Daneben ist, der Konzeption der Anschlussdelikte folgend, insbesondere im Rahmen des Abs. 2 auch noch das durch die Vortat geschützte Rechtsgut als geschützt anzusehen[16]. Hier findet sich eine Regelung der „unechten Geldwäsche", die auch als „Isolierungstatbestand" bezeichnet wird. Will nämlich § 259 die **Sachhehlerei** strafrechtlich sanktionieren, zielt § 261 II dagegen auf eine **Werthehlerei** ab und bezieht dabei auch Surrogate ein, die nicht nach § 73 II 2 der Einziehung oder Verfall unterliegen[17]. Ein derartiges **duales Konzept** findet sich in verschiedenen Ansätzen mit jeweils unterschiedlicher Akzentsetzung im Schrifttum[18].

---

15 BT-Drucks. 12/989, S. 27; *Eisele*, BT II, Rn. 1172; Müko-*Neuheuser*, 2. Aufl., § 261 Rn. 7; *Rengier*, BT I, § 23 Rn. 4; *S/S/Stree/Hecker*, § 261 Rn. 2; *Wessels/Hillenkamp*, BT 2 Rn. 891.
16 BGHSt 55, 36 (49); *Eisele*, BT II, Rn. 1172; *Fischer*, § 261 Rn. 2,3; MüKo-*Neuheuser*, 2. Aufl., § 261 Rn. 12; *Rengier*, BT I, § 23 Rn. 4; SK-*Hoyer*, § 261 Rn. 1; *S/S/Stree/Hecker*, § 261 Rn. 2; *Wessels/Hillenkamp*, BT 2, Rn. 891; a. M. *Otto*, BT, § 96 Rn. 27; *ders.*, Jura 1993, 331; vgl. auch NK-*Altenhain*, § 261 Rn. 14: „Abs. 2 hat insoweit kein Schutzobjekt, sondern zielt auf eine Verstärkung der abschreckenden Wirkung der Vortatstraftatbestände"; ferner näher *Arzt*, JZ 1993, 913; *Barton*, StV 1993, 156; *Dionyssopoulou*, Der Tatbestand der Geldwäsche, 1999, S. 72 ff. (dazu *Arzt*, JR 2000, 175); *Leip*, Der Straftatbestand der Geldwäsche, 1995, S. 53.
17 NK-*Altenhain*, § 261 Rn. 14.
18 Betont werden insbesondere die Unterschiede zwischen § 261 II (abstrakt gefährlich) und § 261 I (relativ konkret gefährlich); teilweise werden aber auch noch weitere Rechtsgüter mit ins Spiel gebracht, so die „innere Sicherheit" bei LK-*Schmidt/Krause*, 12. Aufl., § 261 Rn. 4 bzw. das Vertrauen in die Solidität und Sauberkeit des legalen Finanz- und Wirtschaftssystems, so *Lampe*, JZ 1994, 125; *Schittenhelm*, Lenckner-FS 1988, S. 519 (528 f.); *Vogel*, ZStW 109 (1997), 350.

Der objektive Tatbestand § 29 Rn. 9

Die hier vertretene duale Konzeption geht von der echten Geldwäsche aus. Der die Geldwäschegesetzgebung auch international prägende Gedanke, dass der Geldwäscher zum Schutz des Vortäters gegen den Verfall des durch die Straftat Erlangten beiträgt, wird insoweit zugespitzt. Durch das (erweiterte) Verbot auch der unechten Geldwäsche (Werthehlerei) werden verbrecherische Einnahmen in der Hand des Vortäters entwertet. Die „Beute" wird in der Hand des Vortäters materiell wertlos. Dass der Staat sie dem Vortäter qua Verfall wegnimmt, ist gewissermaßen nur noch Formsache.

Rechtstatsächliche Voraussetzung für eine solche Konzeption ist eine Beute, die der Vortäter nicht einfach selbst konsumieren, sondern die er nur dank Absatzes genießen kann; Musterbeispiel Geld. – **Rechtliche Voraussetzung** für eine solche Entwertung verbrecherisch erzielter Einnahmen ist eine sich gegen den „Abnehmer" richtende Strafdrohung. Die Erweiterung gegenüber der echten Geldwäsche liegt darin, dass sich der Abnehmer strafbar macht, selbst wenn sein Verhalten den staatlichen Verfallsanspruch nicht tangiert (wie meist, wenn dem Vortäter ein gleichwertiges Äquivalent zufließt, sodass sich der gegen den Vortäter richtende Verfall nur zum Ersatzobjektverfall changiert).

Mit dieser unechten Geldwäsche dehnt § 261 II die Sachhehlerei nach § 259 auf eine Werthehlerei aus und beseitigt zugleich die in § 259 enthaltene Beschränkung auf Vermögensstraftaten als Vortaten. Akzentuiert wird der bei der „normalen" Hehlerei im Hintergrund stehende Gedanke des durch den Hehler geschaffenen Anreizes zu neuen Vortaten: Unechte Geldwäsche (Werthehlerei) schafft die abstrakte Gefahr der Begehung neuer Katalogtaten[19].

Dieses duale Konzept fokussiert die Kollision des Geldwäscheverbotes mit den Interessen des redlichen Geschäftsverkehrs auf die unechte Geldwäsche[20]. Zugleich werden die Uferlosigkeit eines Globalrechtsguts und die Vagheit eines sich an staatlichen Verfolgungsinteressen orientierenden Rechtsguts vermieden.

II. Der objektive Tatbestand

1. Vortaten (Katalogtaten) als Quelle schmutziger Wäsche

Zur Terminologie: Da das schmutzige „Geld" die „Wäsche" ist und überdies der Tatbestand typischerweise das Betreiben einer von der Vortat getrennten „Waschanstalt" erfassen will, ist die schweizerische und österreichische Bezeichnung „Geldwäscherei" klarer (und weckt die Assoziation zur Hehlerei)[21]. Als **Katalogtaten** werden die in § 261 aufgelisteten geldwäschefähigen Vortaten bezeichnet.

9

---

19 Vgl. dazu unten Rn. 24 f.
20 Vgl. unten Rn. 39 ff.
21 Zur Differenzierung zwischen echter Geldwäsche nach § 261 I 1 und unechter Geldwäsche nach § 261 II vgl. unten Rn. 20 ff., 23 ff.

Die ursprüngliche Konzeption der echten Geldwäsche ist in der Tathandlung „den Verfall [...] gefährdet" in § 261 I S. 1 i. V. mit § **261 I Nr. 2b** am deutlichsten sichtbar. Danach können alle wichtigen Vergehen nach dem BtMG (ergänzend auch nach dem GrundstoffüberwachungsG) Vortaten der Geldwäsche sein. Außer den Drogendelikten hatte der Gesetzgeber von Anfang an in § **261 I Nr. 1** alle **Verbrechen** als Vortaten genannt (erfasst werden sollte z. B. der Lohn für einen gedungenen Mörder). Praktisch war (und ist) § 261 I Nr. 1 weitgehend bedeutungslos, aber unschädlich, denn mit der Grundkonzeption (Verfallsvereitelung) ist diese Variante vereinbar. – Zur Verfallsbehinderung passt schließlich auch noch § **261 I Nr. 5** (Vergehen von Mitgliedern einer kriminellen Vereinigung, § 129).

10   Die nach und nach eingefügten Erweiterungen des Vortatenkataloges haben zu einem **konzeptionellen Bruch innerhalb des** § 261 geführt. Neben die Verfallsbehinderung tritt als zweites Rechtsgut die **Werthehlerei** (Ersatzhehlerei). Dieser Aspekt wird besonders deutlich bei der Handlungsmodalität des **Sich-Verschaffens** (§ 261 II Nr. 1) i. V. mit **Vermögensstraftaten** als Vortaten (vgl. den Katalog in § **261 I Nr. 4a**). Freilich ist die Beschränkung auf gewerbs- und bandenmäßige Begehung solcher Vortaten von einem derartigen Rechtsgutsverständnis aus wenig sinnvoll.

11   Die sonstigen in § **261 I Nr. 4a** genannten Vortaten stehen in engem Zusammenhang mit der **Organisierten Kriminalität**. Mittelbar besteht ein Zusammenhang mit Organisierter Kriminalität auch bei den Drogendelikten (§ **261 I Nr. 2b**) und deutlicher bei § **261 I Nr. 5** (Vergehen von Mitgliedern einer kriminellen Vereinigung). Der Gedanke, es bedürfe eines Sonderrechts zur Bekämpfung der Organisierten Kriminalität, hat auch bei einigen neueren Ergänzungen des Kataloges der Vortaten mitgespielt, so beim Sexmilieu und bei der Abfallentsorgung (beides geregelt in § 261 I Nr. 4a). Das gilt auch bei Verstößen gegen das Ausländer- und Asylrecht (§ 261 I Nr. 4b – Schlepper!).

Der deutsche Gesetzgeber hat es jedoch vermieden, den Katalog der Vortaten auf die Organisierte Kriminalität zu fixieren[22]. Der schon kriminologisch schwer fassbare Begriff der „Organisierten Kriminalität" taugt weder zu einer Umsetzung in Tatbestandsmerkmale noch zur Entwicklung von Sorgfaltsregeln im Kontext der Geldwäsche[23]. Auch die **Schweiz** und **Österreich** haben ihre Geldwäschereitatbestände nicht speziell auf Vortaten aus dem Bereich der Organisierten Kriminalität zugeschnitten, vgl. Art. 305bis StGB (Schweiz), § 165 StGB (Österreich). Freilich haben

---

22   BGH, NStZ 1998, 622 (623) betont, dass „§ 261 alle dort genannten Vortaten in gleicher Weise und unabhängig davon erfasst, ob sie organisierter Kriminalität zuzurechnen sind" (Folgeentscheid zu BGHSt 43, 149, EKC/Call-Master).
23   Vgl. dazu oben Rn. 7; im deutschsprachigen Schrifttum hat zuerst *Stratenwerth* gefordert, die Geldwäscherei auf Quellentaten der organisierten Kriminalität zuzuschneiden, näher *Stratenwerth*, Geldwäscherei – ein Lehrstück der Gesetzgebung, in Pieth (Hrsg.), Bekämpfung der Geldwäscherei. Modellfall Schweiz, 1992, S. 97 ff.

beide Nachbarländer spezielle Vorschriften erlassen, die auf das Vermögen krimineller Organisationen zielen[24].

2. Vermögensgegenstände und ihr Konnex zur Vortat

Neben Bargeld und anderen Sachen geht es um Rechte, also insbesondere um Forderungen (**Buchgeld**). Schon aus der Bezeichnung des Tatbestandes als „Geldwäsche" folgt eine Beschränkung auf **Vermögensgegenstände**. So sind instrumenta sceleris ohne Vermögenswert kein Objekt der Geldwäsche. Sie können zwar eingezogen werden (§ 74), rühren aber nicht aus der Vortat her.

> **Beispiele:** Wer nach erfolgreich abgeschlossener Geiselnahme dem Vortäter hilft, die Kiste zu zerlegen, in der er das Opfer gefangen gehalten hatte, ist kein Geldwäscher. Je nach Sachlage kann § 257 oder § 258 eingreifen. – Angesichts des weiten wirtschaftlichen Vermögensbegriffes sind **Drogen** allerdings Tatobjekt gemäß § 261 (obwohl das wenig sinnvoll ist).

Der **Zusammenhang** der zu waschenden Gegenstände **mit der Vortat** betrifft den kritischsten Punkt. Erklärtes Ziel des § 261 ist es, mit dem Wort „herrührt" auch **mittelbar** aus der Vortat stammende Gegenstände zu erfassen. Das führt zu einer Fülle von Problemen, auf die sogleich noch näher einzugehen ist[25].

3. Sonderfälle: Verlängerung, Verdünnung, Vervielfachung

a) Verlängerung

Da Geldwaschen nie zur Sauberkeit führt, entsteht durch die vorstehend beschriebene und prinzipiell vom Gesetzgeber beabsichtigte Einbeziehung mittelbar aus der Vortat stammender Werte eine unendliche Kaskade immer mittelbarer werdender **Ersatzvorteile**. Der Gesetzgeber hat mit § 261 bewusst ein **Perpetuum mobile**[26] des Verfalls und der Einziehung geschaffen.

> **Beispiel:** Vortäter V hat aus Drogengeschäften 1 Mio. in bar eingenommen. Er kauft dafür von A Goldbarren. A kauft seinerseits für diese 1 Mio. von B Diamanten. B kauft für diese 1 Mio. von C ein Haus. – Alle Beteiligten kennen den Hintergrund der Transaktionen. – Hier begeht erst A, dann B und schließlich C Geldwäsche (Sich-Verschaffen).

Das vorstehende Beispiel zeigt die Möglichkeit einer theoretisch ins Unendliche reichenden Verlängerung des „Herrührens". Praktisch ist diese Verlängerung nur erträglich, wenn man Herrühren auf Vermögensgegenstände bezieht, die dem Verfall bzw. der Einziehung unterworfen sind

---

24 Zu Österreich vgl. § 20b StGB (Verfall) und § 165 V StGB (qualifizierte Geldwäscherei bei An-Sich-Bringen etc. von Vermögenswerten einer kriminellen Organisation bzw. terroristischen Vereinigung); zur Schweiz vgl. die besondere Einziehungsvorschrift in Art. 72 StGB.
25 Vgl. unten Rn. 14 ff.
26 Näher (mit Beispielen) *Arzt*, JZ 1993, 913 ff. – Zur Verfallsanordnung gegen juristische Personen *Arzt*, Zipf-GS, 1999, S. 165 ff.

– und dabei die staatlichen Verfalls- und Einziehungsansprüche **analog § 936 BGB** beurteilt. Die Kette des schmutzigen Geldes wird durch jeden gebrochen, der Werte erwirbt und dabei gutgläubig davon ausgeht, dass sie nicht der Einziehung oder dem Verfall unterliegen. Das ist mit § 261 VI gemeint[27]. Obwohl § 261 VI ausdrücklich nur auf § 261 II Bezug nimmt, führt ein Zwischenerwerb in Unkenntnis bestehender staatlicher Verfallsansprüche zur Sauberkeit des betreffenden Wertes, weshalb der Vermögenswert – nach allerdings umstrittener Ansicht – nun auch kein geeignetes Objekt nach § 261 I mehr sein kann[28].

b) Verdünnung

15 Zusätzlich zu den Verlängerungsproblemen führt die Ausdehnung auf mittelbar aus der Vortat herrührende **Ersatzvorteile** zu einer fortschreitenden Verflüchtigung des ursprünglichen schmutzigen Gegenstandes.

Beispiel: Fließen auf ein Konto des V mit 100.000 € sauberem Geld 100.000 € schmutziges Geld, so fragt sich, ob so 200.000 € schmutziges Buchgeld entstehen. Kauft der Kontoinhaber nacheinander je einen Diamanten zu je 50.000 € von A, B, C und D, so fragt sich, ob alle (oder nur die beiden letzten oder nur die beiden ersten) Verkäufer der Diamanten als Wäscher (Sich-Verschaffen) anzusehen sind. – Kauft V für 200.000 € ein Mehrfamilienhaus, so stellt sich unter anderem die Frage, ob die hieraus erzielten Mieteinnahmen zu 100 %, zu 50 % oder gar nicht kontaminiert sind. – Verfallsrechtlich wird V so behandelt, als würde das schmutzige Geld in solchen Vermischungsfällen zuletzt abfließen („last out"-Prinzip)[29]. Dies bedeutet aber nicht, dass die Abflüsse unter Geldwäschegesichtspunkten so lange als sauber angesehen werden können, bis der Rest wertmäßig zu 100 % „schmutzig" ist. – Das Schrifttum greift nach irgendeinem Mindestgehalt an Schmutz, will also nach quantitativen Gesichtspunkten entscheiden, wann das gesamte Bankguthaben „verseucht" ist[30]. Wegen der Konsequenzen bei der subjektiven Tatseite[31] ist das allenfalls dann hilfreich,

---

27 Vgl. dazu, dass die Privilegierung des § 261 VI nicht eingreift, wenn das inkriminierte Geld über ein Anderkonto eines gutgläubigen Rechtsanwaltes transferiert wird vgl. BGHSt 55, 36 (56).
28 *Eisele*, BT II, Rn. 1124; *Rengier*, BT I, § 23 Rn. 14; *S/S/Stree/Hecker*, § 261 Rn. 21; *Wessels/Hillenkamp*, BT 2 Rn. 901; a. M. *Fischer*, § 261 Rn. 28; *Lackner/Kühl*, § 261 Rn. 6; LK-*Schmidt/Krause*, 12. Aufl., § 261 Rn. 24; NK-*Altenhain*, § 261 Rn. 86; SSW-*Jahn*, § 261 Rn. 45; so auch BGHSt 47, 68 (80), wenn (!) das Surrogat der Sicherstellung nach § 111b I, II, V StPO unterliegt; die Gegenansicht hat allerdings zur Folge, dass § 261 VI weitgehend leer läuft.
29 Aus § 73 I 1 folgt, dass im genannten Beispiel nach Ausgabe von 50.000 € für die Diamanten von A und B die verbliebenen 100.000 € dem Verfall zu 100 % unterworfen sind. Wer hier allerdings anderer Ansicht sein sollte, kommt praktisch über § 73a S. 1 (Verfall des Wertersatzes) zum gleichen Resultat.
30 Über Adäquanz und Signifikanz kommt *Barton*, NStZ 1993, 159 (165) zu einer Sauberkeit, wenn der Schmutzgehalt unter 5 % fällt; *Leip*, Der Straftatbestand der Geldwäsche, 1995, S. 105 ff. (111) nennt 25 %; *Salditt*, StraFo1992, 122 (124) und SSW-*Jahn*, § 261 Rn. 30 fordern hingegen einen Anteil von über 50%; nach *Burr*, Geldwäsche S. 68 ff. (76) fließen in Vermischungsfällen vom Konto so lange nur saubere Werte ab, als der geschuldete Verfallsbetrag vom Bodensatz des Kontos gedeckt ist.
31 Lässt W sich für eine von V gelieferte Ware oder Leistung bezahlen und weiß W, dass V sein Konto sowohl für Drogengeschäfte als auch für saubere Geschäfte nutzt, ist kaum eine Sachverhaltsgestaltung denkbar, bei der W nicht in Kauf nimmt, dass der auf dem Konto des W verbleibende „Rest" nicht (!) zur Deckung der von W dem Staat geschuldeten Verfallsbeträge ausreicht. Dies hätte zur Konsequenz, dass jedenfalls eine versuchte Geldwäsche vorliegt, auch wenn sich W objektiv sauberes Geld verschafft. Zum Zusammenhang zwischen „adäquatem" Verhalten und dem in dolus eventualis angelegten Verzicht auf vielleicht erlaubtes Verhalten *Arzt*, Rudophi-FS 2004, S. 3; *Wessels/Hillenkamp*, BT 2, Rn. 902.

Der objektive Tatbestand § 29 Rn. 16–19

wenn man den Mindestgehalt an Schmutz hoch ansetzt. Konsequenter wäre es sicherlich, sich nicht auf unsichere Quoten einzulassen und das gesamte Vermögen als „verseucht" anzusehen[32] – was freilich einmal mehr die Untauglichkeit des § 261 zeigt, da es dann alsbald kaum mehr „sauberes" Geld auf dem Markt gäbe.

Obwohl auf diese im vorstehenden Beispiel illustrierte Problematik im Schrifttum seit langem hingewiesen wird (sie ist ein Grund für die Ablehnung der Ersatzhehlerei[33]), hat der Gesetzgeber geglaubt, sich über entsprechende Bedenken hinwegsetzen zu können. Betrachtet man nicht § 261, sondern nur den **Verfall**, kann beim Vortäter auf **mittelbar** aus der Vortat stammende Gegenstände jedenfalls über die Anordnung von Wertersatzverfall zugegriffen werden, § 73a (u. U. auch durch Ersatzobjektverfall nach § 73 II 2). Damit wird zugleich eine wertmäßige Begrenzung auf den ursprünglichen Vorteil erreicht, wie sie bei § 261 gerade nicht erreichbar ist. 16

c) **Vervielfachung**

Die lästigste Konsequenz der Einbeziehung mittelbarer Vorteile liegt im Vervielfachungseffekt. 17

Im oben genannten **Beispiel**[34] rührt die dem C zugeflossene 1 Mio €. mittelbar aus der Vortat des V – und ist nach § 261 VII einzuziehen. In paralleler Weise unterlag die A und B zugeflossene 1 Mio. € der Einziehung – ist das Geld ausgegeben, ist nach § 74c Wertersatzeinziehung anzuordnen. Dabei liegt es nahe, diese Wertersatzeinziehung (wie nach h. M. den Verfall) brutto zu bemessen, d. h. unberücksichtigt zu lassen, dass A, B und C für die 1 Mio. jeweils einen sauberen Gegenwert geliefert haben. – Diese vertikale Vervielfachung läuft durch Bildung von Seitenlinien letztlich auf eine geometrische Progression hinaus. Wenn im Beispiel A die von B gekauften Diamanten für 1,2 Mio. an X verkauft, erwirbt X einen mittelbar aus der Vortat des V stammenden Vermögenswert (Diamanten); X ist Wäscher in der Seitenlinie, „seine" Diamanten werden eingezogen, § 261 VII.

§ 261 VII ordnet diese Vervielfachung expressis verbis an, denn Geldwäsche bezieht sich auf das schmutzige Geld (das der Wäscher erlangt) – zusätzlich stammt der Gegenwert, den der Vortäter erhält, mittelbar aus der Vortat (und unterliegt dem Ersatzobjektverfall beim Vortäter, § 73 II 2). **Geldwäsche** kann zwar **nicht Vortat** einer neuen Geldwäsche sein, doch wird trotzdem ein der Kettenhehlerei vergleichbares Resultat dadurch erreicht, dass es genügt, wenn Vorteile, die mittelbar aus der Vortat stammen (weil sie z. B. schon einmal gewaschen worden sind), erneut gewaschen werden (Verlängerung). 18

Der Vervielfachung der dem Verfall bzw. der Einziehung unterliegenden Werte kann man kaum ausweichen. Im Normalfall (der Vortäter zahlt schmutziges Bargeld oder Buchgeld auf ein Konto ein, der Bankier weiß um die Herkunft des Geldes) bleibt der Vortäter Inhaber des schmutzigen Wer- 19

---

32 So MüKo-*Neuheuser*, 2. Aufl., § 261 Rn. 56 (eine niedere „Makelquote" soll hiernach erst bei der Strafzumessung zu berücksichtigen sein); ähnlich LK-*Schmidt/Krause*, 12. Aufl., § 261 Rn. 12; NK-*Altenhain*, § 261 Rn. 77.
33 Vgl. oben § 28 Rn. 6.
34 Vgl. oben Rn. 14.

tes (und der Verfall muss sich gegen **ihn** richten); aus der Wäscherei rührt nur der Wäscherlohn (und nur der Lohn unterliegt beim Bankier[35] dem Verfall). Anders liegt es im atypischen Fall, in dem der Geldwäscher als Treuhänder für den Täter rechtlicher Inhaber des schmutzigen Geldes wird. – Neben diese verfallsrechtlichen Konsequenzen tritt jedoch die Einziehung der „Wäsche" als „Beziehungsgegenstand" nach § 261 VII. Im Beispiel ist es das Bargeld, das der Geldwäscher vom Vortäter erhalten hat. Ist es nicht mehr vorhanden (vermischt etc.), kommt es zur Wertersatzeinziehung[36].

4. Tathandlungen

a) Echte Geldwäsche („Verschleierungstatbestand"), § 261 I S. 1

20 § 261 I S. 1 regelt die echte Geldwäsche und enthält den sog. „Verschleierungstatbestand". Der Geldwäscher muss den aus der Vortat herrührenden Gegenstand verbergen, dessen Herkunft verschleiern oder die Rückgewinnung in sonstiger Weise vereiteln oder gefährden. Die letzten beiden Varianten beziehen sich dabei – was das Gesetz etwas umständlich zum Ausdruck bringt – auf „die Ermittlung der Herkunft, das Auffinden, den Verfall, die Einziehung oder die Sicherstellung". Gerade die Vereitelung (als Erfolg) oder die Gefährdung (zu verstehen als „konkrete Gefährdung" des Verfalls stellt dabei den ursprünglichen Kern der Geldwäsche dar. Mangels einer konkreten Gefährdung ist dabei – ebenso wie bei § 259 (Absatzhilfe) – nur wegen Versuchs zu bestrafen, wer den Absatz eines schmutzigen Wertes an einen nur vermeintlichen Geldwäscher vermittelt, der sich jedoch als V-Mann entpuppt[37]. Die in § 261 I S. 1 im Gefahrerfolg liegende Begrenzung läuft jedoch meist deshalb leer, weil die in § 261 II geregelten Varianten der unechten Geldwäsche einen solchen Gefahrerfolg gerade nicht voraussetzen.

> **Beispiel:** Bankier B nimmt von V Bargeld entgegen, von dem er weiß, dass es aus Drogengeschäften stammt und schreibt den entsprechenden Betrag dem Konto des V gut. – Die Erfolgsaussichten der Maßnahme „Verfall/Einziehung" werden dadurch paradoxerweise gerade nicht gefährdet, sondern erleichtert, denn es entsteht ein **paper trail**: das Auffinden eines Kontos (und der behördliche Zugriff) ist im Regelfall nämlich leichter als das Auffinden von Bargeld[38]. § 261 I S. 1 liegt daher mangels einer konkreten Gefährdung nicht vor, allerdings greift § 261 II Nr. 1.

---

35 Die einziehungs- bzw. verfallsrechtliche Wissenszurechnung im Verhältnis Bankier/Bank ist ansatzweise in § 75 geregelt, näher *Arzt*, Zipf-GS 1999, S. 165, dort auch zur Rollenvertauschung (Bank als Täter, statt als Opfer ihres Organs bzw. ihres Angestellten). Zur Bedeutung des § 261 VII näher *Arzt*, JZ 1993, 913 ff.; zum Verfall gegen Drittbegünstigte BGH, NJW 2000, 297.
36 Vgl. dazu schon vorstehend Rn. 18.
37 Vgl. hierzu BGH, NStZ 1999, 83 – Fall Zlof/Oetker; zu § 259 vgl. oben § 28 Rn. 19.
38 Obwohl der schweizerische Tatbestand der Geldwäscherei keine konkrete Gefährdung des Verfalls fordert, sind die Tatvarianten als für den Verfall abstrakt gefährlich umschrieben. Die Einzahlung schmutzigen Bargeldes auf ein inländisches Konto derselben Person wird deshalb nach ganz h. M. in der Schweiz nicht erfasst, vgl. nur BGE 124 IV 274, 279; 128 IV 117, 131. Ob derjenige eine Verfallsvereitelung begeht, der bewirkt, dass statt des Erlangten ein Surrogat (oder der Wertersatz) als verfallen zu erklären ist, hängt von den Verfallsregeln ab, die leider mit § 261 nicht synchronisiert sind, näher NK-*Altenhain*, § 261 Rn. 56 ff., 108 f.

Den **anderen Varianten des § 261 I S. 1** kommt kaum eine selbststän- 21
dige Bedeutung zu. Es handelt sich nur um Beispiele für Waschhandlungen, die den Verfall konkret gefährden. Die weitschweifige Formulierung geht auf die Wiener Uno-Konvention Against Illicit Traffic in Narcotic Drugs and Psychotropic Substances von 1988 zurück. Es mag sein, dass in dieser Konvention bei den Varianten des Verbergens und Verschleierns (vgl. die Definition in Art. 3 § 1 [b] [II]) der Gedanke der Behinderung der Strafverfolgung von Betäubungsmitteltaten eine Rolle gespielt hat. Dieser Bereich ist jedoch in Deutschland ausreichend durch § 258 erfasst[39].

Freilich hat die ständige Ausdehnung der Katalogtaten in § 261 I S. 2, 21a
auf die § 261 I S. 1 Bezug nimmt, zur Geldwäschefähigkeit eines Nichts geführt (als Beispiel sind nur ersparte Aufwendungen im Kontext von bestimmten oder eher unbestimmten Fällen der Steuerhinterziehung zu nennen). Da die Ersparnis auf alles durchschlägt, was man legal besitzt, droht eine Kontamination des ganzen Vermögens. Dieser Schwierigkeit „abhelfen" (z. B. durch eine rationale Auslegung seitens des Richters) kann man in einem irrationalen System nur schwer[40].

Die konkrete Gefährdung des staatlichen Verfallsanspruches liegt auch 22
dann vor, wenn schmutziges Geld schmutzig bleiben soll, d. h. nur gegenüber der Strafverfolgungsbehörde verborgen werden soll. Obwohl es den Geldwäschern nicht um „integration"[41] geht, weil die Re-Investition in kriminelle Geschäfte und nicht in die legale Wirtschaft geplant ist, hat der BGH[42] beim Transport von Drogengeldern mit dem Ziel einer Neuanlage in Drogengeschäfte ohne Weiteres § 261 angenommen.

b) Unechte Geldwäsche („Isolierungstatbestand"), § 261 II

In § 261 II ist die unechte Geldwäsche unter Strafe gestellt. Man be- 23
zeichnet diese Norm auch als „Isolierungstatbestand", weil sie letztlich dazu dienen soll, den aus einer der in Abs. 1 genannten Straftaten erlangten Gegenstand – oder ein entsprechendes Surrogat – verkehrsunfähig zu machen und den Täter insoweit zu „isolieren"[43].

Bei der in § 261 II Nr. 1 genannten Alternative des **Sich-Verschaffens** werden schmutzige Werte in den Umlauf gebracht. Diese Variante kann nicht mit einer konkreten Gefährdung des Verfalls erklärt werden. Denn die Weitergabe eines inkriminierten Gegenstandes (die zumeist gegen Entgelt erfolgt) vermehrt letztlich sogar die Zahl der Personen, die Einziehungs- bzw. Verfallsansprüchen ausgesetzt sind. Zudem ist der dem Vortäter im Regelfall zufließende Ersatzvorteil seinerseits – statt des ursprünglichen (abgeflossenen) Vorteils – dem Verfall (und zwar dem Ersatz-

---

39 Anders die Befürworter eines Globalrechtsguts, vgl. oben Rn. 6 f.
40 Vgl. hierzu *Bittmann*, wistra 2003, 161; *Rüping*, Kohlmann-FS 2003, S. 499; *Samson*, Kohlmann-FS 2003, S. 263.
41 Vgl. hierzu oben Rn. 1.
42 BGHSt 43, 158 mit Anm. *Arzt*, JR 1999, 80.
43 BGHSt 55, 36 (49); BGH NStZ-RR 2010, 53 (54).

objektverfall, § 73 II 2!) unterworfen. Im Regelfall (so bei der Annahme von Bargeld aus Drogengeschäften und Erteilung einer entsprechenden Gutschrift auf dem Konto[44]) kann nicht einmal von einer abstrakten Gefährdung des Verfallsanspruchs gesprochen werden. Dennoch ist § 261 II (als abstraktes Gefährdungsdelikt!) hier anwendbar. Man sollte infolgedessen allerdings nicht der Versuchung unterliegen, ungefährliche Verhaltensweisen als gefährlich zu fingieren.

24 Will man § 261 II wenigstens als abstraktes Gefährdungsdelikt „retten", gilt es, das Rechtsgut der unechten Geldwäsche mithilfe des allen Anschlussdelikten gemeinsamen Grundgedankens der **Isolierung des Rechtsbrechers** zu konkretisieren. Nimmt man dem aus krimineller Quelle stammenden Geld (und sonstigen Werten) die **Umlauffähigkeit,** wird für den Vortäter die Frucht seiner kriminellen Anstrengungen weitgehend ungenießbar – die Vortat lohnt sich nicht mehr[45]. Das Problem dieser auf den ersten Blick bestechenden gesetzgeberischen Idee liegt allerdings in der Kollision mit den Interessen eines redlichen und reibungslosen Geschäftsverkehrs[46].

25 Auch wenn die vorstehend beschriebene Isolierung des Rechtsbrechers das hinter der unechten Geldwäsche stehende Rechtsgut theoretisch befriedigend erklären sollte, lehrt § 259, dass die praktischen Schwierigkeiten meist unüberwindbar sind, wenn es um den Nachweis der Kenntnis der deliktischen Herkunft des Gegenstandes geht. Wenn der Vortäter dem Hehler „heiße Ware" billig anbietet, ist die Kenntnis des Hehlers bezüglich der kriminellen Herkunft der Ware über den verdächtig günstigen Preis nachzuweisen. Mit kriminellen Methoden erlangtes Geld ist dagegen unauffällig[47] und wird eben deshalb vom Vortäter auch nicht besonders günstig angeboten. Deshalb ist mit Erfolgen dank des Geldwäsche-Tatbestandes allenfalls beim „placement" hoher Beträge, gewissermaßen an der Eingangstür ins Bankensystem, zu rechnen.

26 **Verschaffen** ist parallel zu § 259 zu interpretieren (derivativer Erwerb; Einräumung einer Verfügungsmacht)[48]. Zu Täuschung oder Drohung gelten dieselben Regeln wie bei § 259[49]: Es ist gerade ein kollusives Zusammenwirken von Geldwäscher und Vortäter erforderlich. Dagegen stellt der BGH in einer neueren Entscheidung – gerade in bewusster Abkehr zur

---

44 Vgl. hierzu das oben genannte Beispiel in Rn. 20.
45 Vgl. hierzu oben Rn. 8.
46 Vgl. hierzu unten Rn. 39 ff.
47 Ist Geld ausnahmsweise auffällig (z. B. weil die Nummern der Geldscheine polizeibekannt sind), erhält es der Erwerber mit „Rabatt" – und ist Hehler, § 261 ist in diesen Fällen überflüssig, so auch im Falle *Zlof/Oetker*, BGH, NStZ 1999, 83 (wo der BGH die Nichtanwendung des § 259 rügt); hierzu bereits oben Rn. 20.
48 Ebenso *Eisele*, BT II, Rn. 1187; *Gössel/Dölling*, BT 1, § 68 Rn. 36; SK-*Hoyer*, § 261 Rn. 18; *S/S/Stree/Hecker*, § 261 Rn. 18; a. M. NK-*Altenhain*, § 261 Rn. 114, der auf das einverständliche Zusammenwirken verzichten will; vgl. zur Auslegung dieses Merkmals bei der Hehlerei oben § 28 Rn. 10 ff.
49 Vgl. hierzu oben § 28 Rn. 12; so auch SK-*Hoyer*, § 261 Rn. 15.

Der objektive Tatbestand § 29 Rn. 27–30

neueren Rechtsprechung bei der Hehlerei[50] – darauf ab, der Geldwäscher müsse die Verfügungsgewalt über den inkriminierten Gegenstand lediglich „im Einvernehmen" mit dem Vortäter erlangt haben[51]. Dabei reiche aber eine Übertragung der Verfügungsgewalt infolge Täuschung oder Nötigung aus[52].

Anders als bei § 259 ist eine **Vorteilsabsicht** des Geldwäschers jedoch nicht erforderlich. Damit ist auch derjenige Geldwäscher, der für den Gegenstand, den er sich verschafft, Zug um Zug eine saubere und vollwertige Gegenleistung erbringt.

Beispiele: Uhrengroßhändler T lässt sich seine dem Uhreneinzelhändler V gelieferten Uhren mit Geld bezahlen, das V mit Drogenhandel verdient hat[53]. – Bei der Gutschrift von Drogenbargeld auf dem Konto des Drogenhändlers[54] verschafft sich der Bankier das Drogengeld. Es ist irrelevant, dass er Zug um Zug dem Vortäter eine Forderung aus dem Kontenführungsvertrag einräumt.

Einem-Dritten-Verschaffen ergänzt (wie bei § 259) das Sich-Verschaf- 27 fen. Dritter kann hier auch eine juristische Person sein.

§ 261 II Nr. 2 ergänzt die Verschaffensfälle durch die Einbeziehung des 28 **Verwendens**. Auf diese Weise wird auch der Mitverzehr (z. B. bei einem bandenmäßigen Ladendiebstahl als Vortat) in sinnwidriger Weise zur Geldwäsche, obwohl der Mitverzehr nach h. M. von § 259 nicht erfasst ist[55].

Beim **Verwahren** wird die Ausleierung des § 261 I S. 1 durch den Ver- 29 gleich zum Verbergen oder Verschleiern augenfällig.

5. Teilnahme- und Angehörigenprivileg

Der schmutzige Gegenstand musste nach der ursprünglichen Fas- 30 sung des § 261 aus der Vortat eines „*anderen*" herrühren. Damit war klar, dass der Vortäter ebenso wenig Geldwäscher sein kann wie er Hehler sein kann. Diejenigen, die sich als Gehilfen und Anstifter an der Vortat beteiligten, wollte der Gesetzgeber jedoch als Geldwäscher erfassen. Das musste zu bizarren Verteidigungsstrategien, Irrtums- und Beweisproblemen führen. Statt einer **Wahlfeststellung** zwischen der Geldwäsche und der Mitwirkung an der Vortat zuzulassen[56], hat der

---

50 BGHSt 42, 196.
51 BGHSt 55, 36 (48); so auch MüKo-*Neuheuser*, 2. Aufl., § 261 Rn. 68; SK-*Hoyer*, § 261 Rn. 15; a. M. *Lackner/Kühl*, § 261 Rn. 8; *Mitsch*, BT 2/2, § 5 Rn. 33; NK-*Altenhain*, § 261 Rn. 114; *Otto*, BT, § 96 Rn. 34.
52 BGHSt 55, 36 (49 ff.); MüKo-*Neuheuser*, 2. Aufl., § 261 Rn. 66; zur Ablehnung des Tatbestands der Geldwäsche bei einem Raum der inkriminierten Gegenstände vgl. BGH NStZ-RR 2010, 53 (54).
53 BGE 115 IV 175. – Der Fall European Kings Club/Call-Master BGHSt 43, 149 mit Anm. *Arzt*, JR 1999, 79 weist die Besonderheit auf, dass der Verdacht bestand, dass die Annahme des vom Vortäter betrügerisch erlangten Geldes durch den Geldwäscher dem Vortäter zur Werbung für dessen betrügerisches System dienen sollte.
54 Vgl. hierzu oben das Beispiel in Rn. 20.
55 Vgl. hierzu oben § 28 Rn. 10, 21.
56 Vgl. dazu unten Rn. 58 f.

Gesetzgeber 1998 eingegriffen und § 261 so geändert, dass theoretisch auch der Vortäter als Geldwäscher bestraft werden kann. Denn es kommt allein darauf an, dass sich die Geldwäschehandlung auf einen Gegenstand bezieht, „der aus einer in Satz 2 genannten rechtswidrigen Tat herrührt", ohne dass es darauf ankommt, wer diese Tat begangen hat.

Beispiel: Der Räuber wird, wenn er seine Beute im Wald versteckt, als Geldwäscher angesehen (§ 261 I Nr. 1, „verbirgt"). – Wenn er die Beute in seinem Wohnzimmer offen herumliegen lässt, wird er vielleicht sogar von der Alternative „verwahrt" nach § 261 II Nr. 2 erfasst.

31 Das vorstehende Beispiel zeigt, dass die Subsumtion des Vortäters unter § 261 ebenso unsinnig wie ungerecht ist. Der Gesetzgeber hat durch die Kreation eines persönlichen Strafausschließungsgrundes[57] (!) in § 261 IX S. 2 die theoretische Absurdität praktisch wieder zurückgenommen: Eine Bestrafung wegen einer Vortatbeteiligung (als Täter, Anstifter oder Gehilfe) schützt unter Berücksichtigung des Gedankens der „mitbestraften Nachtat" gegen eine (zusätzliche) Bestrafung wegen Geldwäsche. Der Gesetzgeber normiert insoweit „in der Sache eine Konkurrenzregel", die eine Doppelbestrafung wegen Geldwäsche und Vortat verhindern soll[58]. Anders ausgedrückt: die Geldwäsche ist zum **Auffangtatbestand für Verdachtsfälle**[59] geworden, wenn der Verdacht der Beteiligung an der Vortat nicht nachweisbar ist (möglich ist insoweit heute also eine Postpendenzfeststellung[60], da eine ansonsten erforderliche Wahlfeststellung nach h. M. nicht zulässig war). Diese jetzt Gesetz gewordene Konstruktion ist rechtsstaatlich weniger erträglich, als es die Zulassung einer Wahlfeststellung zwischen einer Vortatbeteiligung und der Begehung der Anschlusstat gewesen wäre. Praktisch bedeutsam ist die Regelung allerdings in denjenigen Fällen, in denen ein Außenstehender den Vortäter zu dessen „eigener" Geldwäsche anstiftet oder diesem dabei hilft. Da für den Außenstehenden § 261 IX nicht anwendbar ist, macht er sich wegen einer Beteiligung an § 261 strafbar (was sonst mangels einer Haupttat nicht möglich wäre)[61].

Darauf hinzuweisen ist lediglich, dass es im Hinblick auf die Vortatbeteiligung ausschließlich auf eine Strafbarkeit nach deutschem Recht ankommt. Hat sich der Täter

---

57 BGHSt 48, 240 (245); BGHSt 53, 205 (207); *Eisele*, BT II, Rn. 1203; MüKo-*Neuheuser*, 2. Aufl., § 261 Rn. 112; SK/*Hoyer*, § 261 Rn. 34;
58 BT-Drucks. 13/8651, S. 11; BGHSt 48, 240 (245); BGHSt 53, 205 (207).
59 Theoretisch denkbar ist auch eine entschuldigte Mitwirkung an der Vortat (z. B. Nötigungsnotstand bei Unterstützung einer kriminellen Vereinigung, vgl. § 261 I Nr. 5). Praktisch wird es kaum vorkommen, dass der entschuldigte Teilnehmer anschließend unentschuldigt zum Wäscher avanciert. Kurios BGH, NStZ 2008, 465: Weil der Vortatgehilfe nicht über eine ersuchte Beihilfe hinausgekommen war, aber zugleich schon Waschen versucht hatte, wurde er vom BGH wegen versuchter Geldwäsche verurteilt.
60 Vgl. zu dieser Rechtsfigur *Heinrich*, AT, Rn. 1455 f.
61 MüKo-*Neuheuser*, 2. Aufl., § 261 Rn. 112; S/S/Stree/Hecker, § 261 Rn. 7.

im Ausland wegen einer Katalogtat des § 261 II strafbar gemacht und wäscht er „sein" Geld später in Deutschland, greift § 261 IX nicht ein[62].

Ein **Angehörigenprivileg** ist im Gesetz nicht vorgesehen. Es ergibt sich auch nicht durch eine Analogie zu § 258 IV. Zwar wiegt das Unrecht des § 258 (Angriff auf die Sanktion „Strafe") grundsätzlich schwerer als das Unrecht des § 261 (Angriff auf gegenüber der „Strafe" sekundäre Rechtspflegeinteressen). Man kann es jedoch leichter ertragen, wenn einem Angehörigen Vermögensvorteile aus Straftaten weggenommen werden, als wenn ein Angehöriger bestraft wird. Deshalb lässt sich die Schlechterstellung der Geldwäsche zugunsten eines Angehörigen im Vergleich zur Vereitelung der einem Angehörigen drohenden Strafe prinzipiell rechtfertigen[63]. 32

Ob Angehörige, die mit dem Vortäter zusammenleben und insoweit fast unausweichlich dessen schmutziges Geld mitverbrauchen, aus § 261 ausgenommen werden können, ist ein anderes Güterabwägungsproblem, das man schon auf der Tatbestandsebene (Sozialadäquanz, Schutzzweck) erörtern kann, spätestens jedoch im Hinblick auf eine mögliche Rechtfertigung erörtern sollte. Hierauf soll an späterer Stelle noch genauer eingegangen werden[64]. Sowohl im Umfeld des Vortäters (Freundeskreis) als auch bei kleinen Alltagsgeschäften wären viele Probleme gar nicht erst entstanden, wenn der Gesetzgeber wenigstens **Bagatellbeträge** generell von § 261 ausgenommen hätte. Vorbildlich war insoweit die österreichische Regelung, die mit einer Wertgrenze operiert hatte[65]. 33

III. Der subjektive Tatbestand und sein Nachweis

1. Vorsatz- und Irrtumsprobleme

Die Beschränkung der Vortaten auf Verbrechen und bestimmte Vergehen kann zu unerfreulichen **Irrtumsproblemen** führen. Einige unsinnige Konsequenzen kann man dadurch vermeiden, dass man die einzelnen **Varianten** des objektiven Tatbestandes des § 261 als **unselbstständig** ansieht. Das heißt, es handelt sich um gleichwertige und austauschbare Angriffe. Daraus folgt, dass ein Geldwäscher, der irrig annimmt, das schmutzige Geld stamme aus einem Drogenhandel, während es der Vortäter in Wirklichkeit durch einen gewerbsmäßigen Betrug erlangt hat, wegen vollende- 34

---

62 BGHSt 53, 205 (207 f.): A nahm für ihren Bruder, einem ausländischen Amtsträger, Bestechungsgelder in Deutschland entgegen (§§ 332, 27, in Deutschland aber nicht strafbar, da es sich nicht um einen deutschen Amtsträger handelte) und leitete diese dann an ihren Bruder im Ausland weiter (§ 261 I 1, 2 Nr. 2a, II Nr. 2). Als Vortat wurde hier nicht die in Deutschland nicht strafbare Bestechlichkeit, § 332, sondern die Bestechung, § 334 i. V. m. dem IntBestG angesehen.
63 Dass § 258 das Angehörigenprivileg für Strafen und Maßnahmen vorsieht, ist damit zu erklären, dass bei § 258 den Maßnahmen nur eine marginale Rolle zugedacht war. Für eine analoge Anwendung des § 258 VI auf § 261 NK-*Altenhain*, § 261 Rn. 119.
64 Vgl. unten Rn. 39 ff., 50, dort auch zur Problematik des Privilegs des Wahlverteidigers.
65 Sie ist unter dem Druck der FATF-Bürokratie beseitigt worden.

ter Geldwäsche nach § 261 I Nr. 1 zu bestrafen ist (und nicht lediglich wegen einer versuchten Tat nach § 261 I Nr. 2b!). Es liegt eine unerhebliche Abweichung der Vortat von der Vorstellung des Geldwäschers über die Vortat vor.

35 Ein vorsatzausschließender **Irrtum** liegt dagegen dann vor, wenn der Geldwäscher annimmt, das schmutzige Geld (das objektiv aus einer Katalogtat stammt), komme aus Straftaten, die im Katalog des § 261 nicht aufgezählt sind. In solchen Fällen darf nicht mehr oder weniger automatisch auf Leichtfertigkeit nach § 261 V geschlossen werden!

36 **Dolus eventualis** genügt, doch wird in aller Regel bei einem direktem „Vorsatz", sauberes Geld entgegenzunehmen, Straflosigkeit gegeben sein, weil ein daneben bestehendes Kalkulieren mit der Möglichkeit, das Geld sei schmutzig, keinen echten Fall des dolus eventualis bildet[66].

2. Vorsatznachweis und Leichtfertigkeit

37 Den **Vorsatznachweis** hat der Gesetzgeber theoretisch nicht erleichtert. Praktisch ermöglicht der besondere **Leichtfertigkeitstatbestand** des § 261 V jedoch eine Bestrafung schon bei dringendem Vorsatzverdacht. Man beachte, dass sich die Leichtfertigkeit dem Wortlaut nach nur auf den „besonderen" Schmutz bezieht, also auf die besonderen, in § 261 I genannten Vortaten. Im Übrigen bleibt es beim **Vorsatzerfordernis**, so etwa bezüglich des Verbergens des Gegenstandes[67].

> Der Leichtfertigkeitstatbestand ist in mehrfacher Hinsicht systemwidrig. Es ist unvernünftig, eine Anschlusstat auf Leichtfertigkeit auszudehnen, wenn die Vortat nur vorsätzlich begangen werden kann. Ebenso unvernünftig ist es, bei §§ 257, 258, 259 am Vorsatzerfordernis festzuhalten (und sogar zusätzliche Absichten zu verlangen), bei § 261 hingegen den Schritt auf die rechtsstaatlich schiefe Ebene der Leichtfertigkeit zu unternehmen. Zur gesetzgeberischen Freiheit gehört (wie zu jeder Freiheit!) jedoch auch die Freiheit zur Unvernunft. Die Leichtfertigkeitsklausel darf nicht einfach richterrechtlich mit der Keule der Verfassungswidrigkeit totgeschlagen werden. Der BGH[68] hat deshalb zutreffend die Leichtfertigkeitsklausel als mit dem Schuldprinzip und dem Bestimmtheitsgrundsatz vereinbar angesehen.

38 Hinter der Leichtfertigkeitsklausel steht die **Auferlegung unbestimmter Sorgfaltspflichten** (unter Strafdrohung bei leichtfertiger Missachtung). Richtig ist dagegen der vom Gesetzgeber mit dem GwG von 1993 eingeschlagene Weg, (auch und gerade) der Kreditwirtschaft zur Erkennung schmutzigen Geldes **bestimmte Sorgfaltspflichten** aufzuerlegen. – Die Missachtung solcher konkreten Sorgfaltspflichten wird im GwG mit

---

66 Dazu allgemein *Arzt*, Rudolphi-FS 2004 S. 3 ff. und speziell zur Geldwäscherei *ders.*, SJZ 1990, 189 ff. Der Sache nach ebenso § 165 II StGB (Österreich), weil bezüglich der schmutzigen Quelle im Kontext mit der Annahme von Vermögenswerten im normalen Geschäftsverkehr Wissentlichkeit gefordert wird. Zu Sorgfaltspflicht und zur Verdachtsanzeige in Österreich §§ 39 ff. BankwesenG; vgl. zu dieser Problematik noch unten Rn. 40.
67 Näher hierzu *Arzt*, JZ 1993, 913 (915).
68 BGHSt 43, 158 mit Anm. *Arzt*, JR 1999, 80.

Bußgeld bedroht[69]; leider auch hier nicht nur bei Vorsatz, sondern in Teilbereichen auch bei Leichtfertigkeit.

IV. Privilegierung bestimmter Personengruppen oder Institutionen

1. Privilegierung üblicher Geschäftstätigkeit

Die mithilfe des Absichtsmerkmals bei §§ 257, 258 weitgehend verdrängten Rechtfertigungsprobleme schlagen auf § 261 voll durch. Für Finanzinstitute gehört die Erfüllung von Überweisungsaufträgen etc. zur **alltäglichen Geschäftstätigkeit**. Der deutsche Gesetzgeber[70] wollte ursprünglich den Gläubiger, der zwecks Befriedigung seines Anspruchs im Rahmen von Warenlieferung oder Dienstleistung des täglichen Bedarfs bzw. des notdürftigen Unterhalts vom Schuldner (= Vortäter) schmutziges Geld entgegennimmt, aus § 261 ausdrücklich herausnehmen. Damit hätte man dem Vortäter die Verwertung seiner verbrecherisch erlangten Einnahmen relativ weitgehend ermöglicht. Die schließlich in § 261 II getroffene Regelung verhindert zwar theoretisch jede Verwertung, macht jedoch den Umgang insbesondere mit Bargeld und Buchgeld zu einer ungebührlich riskanten Geschäftstätigkeit. Richtig ist jedoch das Prinzip, dass die Annahme schmutzigen Geldes durch einen Anspruch auf sauberes Geld nicht zu rechtfertigen ist[71]. Weil § 261 die Annahme schmutzigen Geldes verbietet, ist ein solches Handeln keine übliche Geschäftstätigkeit mehr. 39

Das Problem ist hier vergleichbar mit der Diskussion über die „neutrale" Beihilfe bzw. die „Beihilfe durch neutrale Handlungen"[72], mit den allerdings entscheidenden Unterschieden, dass es im Rahmen des § 261 einerseits nicht um eine Beihilfe, sondern um die täterschaftliche Begehung einer Geldwäsche geht und andererseits die Einschränkungsmodelle, die auf eine Erhöhung der subjektiven Anforderungen abzielen (Ausschluss des dolus eventualis, Erforderlichkeit eines Tatförderungswillens, Lehre vom deliktischen Sinnbezug) hier nicht wirklich weiter helfen, da § 261 in Abs. 5 – sinnwidrig[73] – ein Leichtfertigkeitstatbestand enthalten ist. Insofern muss im Rahmen des § 261 eine eigenständige Beurteilung erfolgen. Festzuhalten bleibt hier als erstes, dass das Argument, die „übliche Geschäftstätigkeit" müsse zu einem Strafausschluss führen, dann nicht greifen kann, wenn der Täter mit direktem Vorsatz handelt, denn eine vor- 40

---

69 Zu bank- und spielbankrechtlichen Identifizierungs- und Meldepflichten vgl. §§ 2 ff. GwG; Bußgeldvorschriften finden sich in § 17 GwG.
70 Vgl. § 261 III i. F. BT-Drucks. 11/7663 (Bundesrats-E v. 10.8.1990), dort sollte auch die Annahme schmutziger Werte ausgenommen werden, wenn der Vortäter damit eine von ihm „kraft Gesetzes geschuldete oder anfallende Leistung" bezahlen wollte (z. B. Unterhalt!); vgl. dazu unten Rn. 50.
71 Zu den Ausnahmen vgl. aber unten Rn. 45 und 50.
72 Vgl. hierzu ausführlich *Heinrich*, AT, Rn. 1330 ff.; ferner *Geppert*, JURA 1999, 266 (269 ff.); *Kretschmer*, JURA 2008, 265 (268 ff.); *Rotsch*, JURA 2004, 14; *Seher*, JuS 2009, 793 (795 f.).
73 Vgl. hierzu oben Rn. 37.

sätzliche Geldwäsche gehört gerade nicht zu den „üblichen Geschäftstätigkeiten" eines ansonsten legal arbeitenden Unternehmens[74].

Ein Bankier, der die Einzahlung eines Kunden dessen Konto gutschreibt oder einen Zahlungsauftrag seines Kunden ausführt, im Wissen darum, dass der Kunde das Geld durch Katalogtaten nach § 261 erlangt hat, begeht daher eine Geldwäsche, denn die Geldwäsche gehört nicht zur üblichen Geschäftstätigkeit deutscher Banken.

41 Der Topos der „übliche Geschäftstätigkeit" wird allerdings dann bedeutsam, wenn man ihn in Verbindung mit dem subjektiven Tatbestand setzt. Wer primär (quasi mit dolus directus) legalen Geschäften nachgehen möchte, sollte nicht deshalb zum Verzicht gezwungen werden, weil er mit der Möglichkeit rechnet, eventuell zu kriminellen Handlungen beizutragen. Ein solcher Verzicht hätte oft den Verlust nicht nur eines einzelnen Geschäfts, sondern der Kundenbeziehung an sich zur Folge. Darüber hinaus setzt ein Verdacht gegenüber einem Kunden Informationen voraus. Solche Informationen über Kunden muss (und will) der Erbringer jedenfalls von Massendienstleistungen oder der Lieferant alltäglicher Waren normalerweise nicht haben. Auch der Kunde, der ein Pflanzenschutzmittel kauft, muss vor dem Kauf dem Drogisten keine Bescheinigung vorlegen, dass er glücklich verheiratet und/oder Besitzer eines Gartens ist (und deshalb nicht verdächtig ist, das Gift zur Tötung seiner Ehefrau zu verwenden).

42 Konsequenterweise setzt hier die **Reglementierung von** mehr oder weniger **unüblichen oder jedenfalls potenziell gefährlichen Dienstleistungen oder Warenlieferungen** (z. B. beim Waffenhandel) an. Hier hat der Gesetzgeber eigen Informations- und Nachweispflichten (und teilweise auch Meldepflichten) geschaffen, um die entsprechenden Gefahren in Grenzen zu halten. So ist es auch sinnvoll, wenn im Finanzsektor vom Bankier verlangt wird, dass er seinen Kunden identifiziert und bei hohen Beträgen von diesem verlangt, dass er plausibel macht, dass er das Geld legal erlangt hat: „**Know your customer; know your customer's customers**". Dies hat der Gesetzgeber durch die Schaffung des Geldwäschegesetzes getan[75].

43 § 261 begründet keine Pflicht, schmutziges Geld anzunehmen und dann eine Anzeige nach § 261 IX 1 Nr. 1 zu erstatten. – Insbesondere für **Banken** ist wichtig, dass keine **Zwickmühle** entstehen darf. Ein Bankier kann also nicht „wählen" müssen, ob er sich entweder dadurch strafbar macht, dass er eine Kundenbeziehung nach der Schöpfung eines Verdacht fort-

---

74 Zu diesem „Zirkelschluss" vgl. *Arzt,* NStZ 1990, 1 (3); zustimmend *Fuchs,* Öst. JZ 1990, 544 (549); *Otto,* Lenckner-FS S. 193 (202). – Für eine Herausnahme alltäglicher Geschäfte aus § 261 *Barton,* NStZ 1993, 159; ihm folgend *Maurach/Schroeder/Maiwald,* BT 2, § 101 Rn. 37; vgl. vertiefend *Arzt,* Rudolphi-FS 2004, S. 3 ff.

75 Vgl. hierzu bereits oben Rn. 6.; zur Frage, ob sich Bankangestellte, die Kunden beim Kapitaltransfer ins Ausland unterstützen, der Beihilfe zur Steuerhinterziehung schuldig machen, vgl. BGHSt 46, 107.

Privilegierung bestimmter Personengruppen § 29 Rn. 44–47

führt, oder aber dadurch, dass er bei einem Abbruch der Geschäftsverbindung die Einziehung gefährdet, weil der Vortäter samt dem Geld aus dem Blickfeld der Bank und damit der Strafverfolgungsbehörde verschwindet.

Die mit der neuen prozessualen Zwangsmaßnahme der **Überwachung** 44
von Kontenbewegungen[76] verbundenen Fragen sollen an dieser Stelle nicht vertieft werden.

2. Privilegierung des Gläubigers in Ausnahmefällen

§ 261 verlangt keine Vorteilsabsicht. Schon deshalb kann ein **Anspruch** 45
auf sauberes Geld grundsätzlich die Annahme schmutzigen Geldes nicht rechtfertigen[77]. Dem entspricht auch, dass die Zahlung des Schuldners mit „schmutzigem" Geld objektiv keine Erfüllung darstellt, denn der Anspruch des Gläubigers richtet sich seit dem Inkrafttreten des § 261 auf „sauberes"[78].

Eine **erste Ausnahme** im Hinblick auf § 261 wird man jedoch zugunsten des **Opfers** der Vortat machen müssen. Wenn der Vortäter sein Opfer 46
mit Vermögenswerten entschädigt, die eben deshalb „schmutzig" sind, weil sie unmittelbar oder mittelbar vom Opfer stammen, können weder der Vortäter noch sein Opfer unter § 261 fallen. Angesichts des unklaren Rechtsguts des § 261 ist diese Ausnahme allerdings viel schwieriger zu konstruieren als bei den Rückerwerbsfällen nach §§ 259, 257[79].

Dieses **Opferprivileg** endet jedoch schon dann, wenn die zur Entschädigung verwendeten Beträge nicht mehr von diesem konkreten Opfer stammen (sondern beispielsweise von anderen Opfern). Der rasche Zugriff eines Geschädigten (wenn bei vielen Opfern das Vermögen z. B. eines Massenbetrügers nicht zur Entschädigung aller Opfer ausreicht) wird insoweit durch § 261 sanktioniert und ist daher für das Opfer uninteressant[80].

Weder die **Kirche**[81] noch den **Staat** wird man aus § 261 herausnehmen 47
können (z. B. wenn der Pfarrer zugunsten der Kirche vom reuigen Sünder/ Vortäter Vermögenswerte i. S. des § 261 als Geschenk annimmt). Andererseits versteht es sich von selbst, dass die gesetzlich vorgesehenen Maßnahmen des Verfalls bzw. der Einziehung, die ebenfalls zu einem „Verschaf-

---

76 Die Bestrebungen, die Banken zu Lockvogeldiensten zu zwingen, sind im Fluss. In Deutschland wird vor allem die Frage diskutiert, ob das im Zuge der Beobachtung der Kontenbewegungen erfolgende Entlassen schmutziger Gelder aus dem Zugriffsbereich der Behörde eine gerechtfertigte Geldwäsche ist, vgl. hierzu *Arzt/Weber-Arzt*, 1. Aufl., § 29 Rn. 44 Fn. 37.
77 Vgl. oben Rn. 39.
78 Die zivilrechtlichen Konsequenzen können hier nicht weiter verfolgt werden; vgl. zum Verfall und dem zivilrechtlichem Schutz des guten Glaubens *Arzt*, Gauthier-FS (ZStrR 114), 1996, S. 89
79 Vgl. dazu oben § 28 Rn. 16.
80 Zu diesem Einbruch des § 261 ins Zwangsvollstreckungsrecht vgl. *Arzt*, in Trechsel (Hrsg.), Geldwäscherei, 1997, S. 25 ff. (36).
81 Anders *Goethe*, Faust I: „Die Kirch' allein, meine lieben Frauen, kann ungerechtes Gut verdauen".

fen" durch den Staat führen, nicht unter § 261 fallen und jedenfalls durch die Anordnung der Maßnahme gerechtfertigt ist.

48 Darüber hinaus ist als weitere Ausnahme an die **Steuerbehörde** zu denken. Werden Einkünfte aus Katalogtaten versteuert, muss der Finanzbeamte „schmutziges" Geld i. S. des § 261 für die fällige Steuerschuld entgegennehmen dürfen. Der Steuerpflichtige kann seine Steuerschuld aus schmutzigen Geschäften schließlich nur mit schmutzigem Geld bezahlen!

3. Privilegierung des Strafverteidigers

48a Ob der **Wahlverteidiger**[82] berechtigt ist, vom Beschuldigten schmutziges Geld für die Kosten seiner Verteidigung anzunehmen, ist lebhaft umstritten[83]. Für die Zulässigkeit der Annahme auch bemakelter Gelder durch den Strafverteidiger spricht das Recht des Beschuldigten auf freie Wahl eines Verteidigers seines Vertrauens (§ 137 I StPO). Da ein Rechtsanwalt regelmäßig nur gegen ein Honorar tätig werden wird und der Beschuldigte ihm dieses Honorar – obwohl er Geld besitzt – im Falle einer geldwäschetauglichen Vortat nicht bezahlen darf (bzw. der Verteidiger dieses Geld nicht annehmen darf, weil er sonst in den Verdacht einer Geldwäsche gerät), wird der Beschuldigte auch nur schwer einen entsprechenden Rechtsanwalt seines Vertrauens finden. Dieses Problem wird noch dadurch verstärkt, das das schmutzige Geld regelmäßig das saubere Geld „kontaminiert", sofern der Beschuldigte seine Vermögensmassen nicht strikt trennt („Verdünnung"[84]). Ferner wird das Vertrauensverhältnis zwischen dem Strafverteidiger und dem Mandanten nicht unerheblich belastet, wenn der Verteidiger bereits im Vorfeld, um dem Verdacht der

---

82 Nachdrücklich zu betonen ist, dass sich die folgende Diskussion ausschließlich auf den Strafverteidiger bezieht, der einen Beschuldigten im strafrechtlichen Ermittlungsverfahren oder einen Angeklagten im Strafverfahren vor Gericht vertritt. Wird ein Rechtsanwalt für einen Mandanten dagegen in einem zivilrechtlichen Verfahren tätig und hilft er ihm dabei, sei es vorsätzlich oder leichtfertig, die Herkunft von Vermögenswerten, welche aus einer geldwäschetauglichen Straftat stammen, zu verschleiern oder entsprechendes Vermögen zu verschieben, so gelten für ihn keine Privilegien.

83 Vgl. aus der Rechtsprechung BVerfGE 110, 226; BVerfG NStZ 2005, 443; BVerfG NJW 2006, 2974; BGHSt 47, 68; OLG Frankfurt NJW 2005, 1727; OLG Hamburg, NJW 2000, 673; LG Gießen NJW 2004, 1966; aus der Literatur *Ambos*, JZ 2002, 70; *Barton*, JuS 2004, 1033; *Bermejo/Wirtz*, ZIS 2007, 398; *Bernsmann*, StV 2000, 40; *ders.*, StraFo 2001, 344; *Burger/Peglau*, wistra 2000, 161; *Dahs/Krause/Widmaier*, NStZ 2004, 261; *Fad*, JA 2002, 14 (16); *Fahl*, JA 2004, 704; *Fernandez/B. Heinrich*, ZStW 126 (2014), 382; *Fischer*, NStZ 2004, 476; *v. Galen*, StV 2000, 575; *dies.*, NJW 2004, 3304; *Gentzik*, Journal of Money Laundering Control, 2000, 78; *Grüner/Wasserburg*, GA 2000, 430; *Hamm*, NJW 2000, 636; *Hefendehl*, Roxin-FS 2001, S. 145; *Hetzer*, wistra 2000, 281; *Hombrecher*, Geldwäsche (§ 261) durch Strafverteidiger?, 2001; *Kargl*, NJ 2001, 57 (63); *Katholnigg*, NJW 2001, 2041; *ders.*, JR 2002, 30; *Keppeler*, DRiZ 2003, 97 (102); *Leitner* StraFo 2001, 388; *ders.*, StraFo 2004, 149; *Lüderssen*, StV 2000, 205; *Matt*, JR 2004, 57; *Matt*, GA 2002, 137; *ders.*, Rieß-FS 2002, 739; *Mühlbauer*, HRRS 2004, 132; *Müssig*, wistra 2005, 201; *Müther*, JURA 2001, 318; *Nestler*, StV 2001, 641; *Neuheuser*, NStZ 2001, 647; *Otto*, JZ 2001, 436; *Ranft*, JURA 2004, 759; *Reichert*, NStZ 2000, 316; *Peglau*, wistra 2001, 861; *Salditt*, StraFo 2002, 181; *Schaefer/Wittig*, NJW 2000, 1387; *Scherp*, NJW 2001, 3242; *Schmidt*, JR 2001, 448; *Wohlers*, StV 2001, 420 (424); *ders.*, JZ 2004, 678.

84 Vgl. hierzu oben Rn. 15.

Privilegierung bestimmter Personengruppen § 29 Rn. 48a

Leichtfertigkeit zu entgehen, klären muss, wie es mit den Vermögensverhältnissen seines Mandanten bestellt ist. Dies könnte, insbesondere wenn der Verteidiger später Verdacht schöpft, auch zu einem Rollenkonflikt führen, da er sich in diesem Fall eher um die Abwendung eines Strafverfahrens gegen ihn selbst als um die Interessen des Mandanten kümmern wird (man denke hier nur an § 261 IX 1, der hier zudem mit der Verschwiegenheitspflicht des Anwalts, § 203, kollidiert!). Legt er in diesem Falle sein Mandat nieder, kann dies bei Gericht eine fatale Signalwirkung mit belastender Tendenz für den Beschuldigten bzw. Angeklagten haben. Auch ist an eine Beeinträchtigung der Berufsfreiheit des Strafverteidigers zu denken, da er bestimmte Straftäter (nämlich solche, die eine Vermögenswerte aus einer Tat erlangt haben, die als taugliche Vortat einer Geldwäsche anzusehen ist) nicht mehr oder nur noch unter erschwerten Umständen verteidigen darf.

Gegen eine Privilegierung des Strafverteidigers spricht, dass für ihn die Strafgesetze in gleicher Weise Gültigkeit besitzen wie auch für andere Bürger. Insbesondere wenn man bedenkt, dass der Anwalt nicht nur Vertreter seines Mandanten, sondern darüber hinaus auch „Organ der Rechtspflege" ist, wäre es seltsam, wenn er sich bei Ausübung dieser Funktion mit schmutzigen Geld bezahlen ließe und sich dadurch zum „Komplizen" des Straftäters macht. Auch würden Straftäter, die sich mit bemakeltem Geld einen „teuren" Wahlverteidiger leisten können, im Vergleich zu solchen Straftätern bevorzugt, die einen solchen nicht bezahlen können (entweder weil die Katalogtat im Versuch stecken geblieben ist, oder weil sie aus der Tat, wie z. B. bei einem Mord, keine Vermögenswerte erlangt haben, die man „waschen" könnte) und daher oft, wenn sie nicht über ausreichende Mittel verfügen, auf eine Pflichtverteidigung angewiesen sind. Auch stünde der Mandant nicht schutzlos dar, denn auch ihm könnte ein Pflichtverteidiger zugeordnet werden, was keine Verteidigung „zweiter Güte" darstellen würde (die Realität sieht hier freilich oft ganz anders aus!)[85]. Schließlich ist auch anzumerken, dass es gerade ein wichtiges Ziel der amerikanischen Geldwäschereigesetzgebung war, den Beschuldigten am Beginn des Verfahrens so arm zu machen, dass er sich keinen guten Wahlverteidiger mehr leisten kann[86] und der deutsche Gesetzgeber in voller Kenntnis der Problematik keine Anwaltsprivilegien in § 261 eingebaut hat.

Der BGH[87] hat die Anwendbarkeit des § 261 II Nr. 1 jedenfalls auf den Strafverteidiger bejaht, der sich mit Geld honorieren lässt, von dem er sicher weiß, dass es aus einer Katalogtat nach § 261 I 2 stammt. Das

---

85 Näher zur Chancenungleichheit *Arzt*, Stree/Wessels-FS 1993, S. 49 ff. (64 f.).
86 Vgl. hierzu *Arzt*, ZStrR 106 (1989), 160 (163 f., 191 f.). Mit Recht heißt es bei *Tröndle/Fischer*, StGB, 23. Aufl. 1999 (also vor BVerfGE 110, 226), § 261 Rn. 15a: „Eine Auslegung, die etwa Rechtsanwälte von der Strafdrohung nach (sc. § 261 V) ausnimmt, würde den Tatbestand auf den Kopf stellen".
87 BGHSt 47, 68 – European Kings Club.

BVerfG[88] führte hierzu aus, dass der Straftatbestand des § 261 II 2 Nr. 1 StGB mit der Verfassung jedenfalls dann vereinbar sei, wenn eine Bestrafung auf diejenigen Fälle begrenzt werde, in denen der Strafverteidiger im Zeitpunkt der Annahme seines Honorars „sichere Kenntnis" von dessen illegaler Herkunft habe. Habe der Strafverteidiger hingegen keine Kenntnis davon, dass es sich um „schmutziges Geld" handele, dürfe eine Bestrafung nicht erfolgen. Damit scheidet für die Strafverteidiger eine Strafbarkeit wegen „leichtfertiger Geldwäsche" ebenso aus wie ein Handeln mit bedingtem Vorsatz (dolus eventualis). Indizien für eine solche „sichere Kenntnis" könnten beispielsweise in der außergewöhnlichen Höhe des Honorars oder in der Art und Weise der Erfüllung der Honorarforderung gesehen werden[89].

Im Ergebnis ist eine Einschränkung der Strafbarkeit im Hinblick auf den Strafverteidiger angebracht, da sonst jegliche Wahlverteidigung bei Personen, die einer Katalogtat verdächtig sind, zu unterbleiben hat. Dies ergibt sich schon daraus, dass infolge des erwähnten Verdünnungseffekts[90] im Regelfall dessen gesamtes Vermögen kontaminiert ist, der Strafverteidiger aber zumindest hiervon auszugehen hat (bedingter Vorsatz). Andererseits ist eine Strafbarkeit jedenfalls dann gerechtfertigt, wenn der Strafverteidiger genau weiß, dass das Geld, welches er entgegennimmt, gerade aus derjenigen Straftat stammt, die dem Mandanten vorgeworfen wird. Hierzu zwingt schon ein Vergleich mit der Hehlerei, bei der es unstreitig ist, dass der Strafverteidiger Gegenstände, die unmittelbar aus der Vortat stammen, nicht annehmen darf, wobei bei § 259 allerdings im subjektiven Bereich bereits bedingter Vorsatz ausreicht. Eben diese Lösung würde auch dem Interessenkonflikt gerecht, dem der Strafverteidiger ausgesetzt ist: Bedingter Vorsatz reicht nur dort aus, wo Anhaltspunkte dafür bestehen, dass gerade das übergebene Geld (aus dem Koffer mit nummerierten Scheinen) aus der Straftat stammt. Dagegen ist bedingter Vorsatz dort nicht ausreichend, wenn der Strafverteidiger lediglich damit rechnet, dass sein „Lohn" in irgendeiner Weise kontaminiert ist, wenn auch nur dadurch, dass der Vortäter das aus der Vortat Erlangte zuvor mit legal erworbenem Vermögen vermischt hat (Bankkonto u. a.).

49 Unproblematisch in diesem Zusammenhang ist aber, dass der Staat wenigstens durch vorläufige Beschlagnahme des Vermögens eines Beschuldigten zur Sicherung der staatlichen Verfallsansprüche auch Mittel blockieren kann, die der Beschuldigte gerne zur Bezahlung eines teuren Wahlverteidigers einsetzen würde.

---

88 BVerfGE 110, 226; zustimmend *Krey/Hellmann/M. Heinrich*, BT 2, Rn. 928.
89 Man bezeichnet diese Reduktion des Tatbestandes als „Vorsatzlösung"; vgl. hierzu allerdings die bittere Kritik bei *Fischer*, NStZ 2004, 473; vgl. ferner *ders.*, § 261 Rn. 36; NK-*Altenheim*, § 261 Rn. 128, die darauf hinweisen, der Gesetzgeber habe dieses Problem ausdrücklich erörtert, um dann bewusst keine Privilegierung zu schaffen; ablehnend ferner *Arzt/Weber/Heinrich/Hilgendorf-Arzt*, 2. Aufl., § 29 Rn. 48a.
90 Vgl. hierzu oben Rn. 15.

Besonders schwere Fälle   § 29 Rn. 50–54

4. Angehörigenprivileg

Zu bejahen ist schließlich ein **Angehörigenprivileg**[91] wenigstens in der Form, dass die Annahme schmutzigen Geldes dann erlaubt ist, wenn der Vortäter auf diesem Wege Unterhaltsansprüche eines Angehörigen erfüllt. Andernfalls wären Unterhaltsansprüche ohne die Erstattung einer Strafanzeige des Unterhaltsverpflichteten durch den Unterhaltsberechtigten faktisch nicht durchsetzbar.   50

Zusammenfassend ist darauf hinzuweisen, dass alle vorstehend behandelten Überlegungen auf einer Güterabwägung beruhen, die jedoch – würde man sie auf Rechtfertigungsebene ansiedeln – nicht den strengen Kriterien des § 34 genügten. Wenn der moderne Gesetzgeber den Tatbestand unbefriedigend bestimmt, kann man das Problem aber kaum auf die Rechtfertigungsebene verschieben[92], hier dann aber abweichende Maßstäbe anlegen. Die Behandlung der vorgenannten Probleme auf Tatbestandsebene (im Wege einer teleologischen Reduktion, dem Ausschluss „sozialadäquaten" Verhaltens oder der Berücksichtigung bei der objektiven Zurechnung [Schutzzweck der Norm, Selbstverantwortungsprinzip]), ist zwar im Ansatz stimmiger, führt aber letztlich auch kaum zu dogmatisch tragfähigen Konstruktionen.   51

V. Versuch, Rücktritt und Fahndungserleichterung

Die **Versuchsstrafbarkeit** ermutigt zu einer Fahndung nach amerikanischem Vorbild mithilfe polizeilicher **agents provocateur,** die der Kreditwirtschaft angebliches Drogengeld aufdrängen. – Auf die im (1.) OrgKG neu eingeführten, erweiterten oder legalisierten Fahndungsmethoden, z. B. § 110a StPO, wird an dieser Stelle nur kurz hingewiesen.   52

Das Gesetz eröffnet in § 261 IX 1 Nr. 1 eine **Rücktrittsmöglichkeit** (Rücktritt vom vollendeten Delikt = tätige Reue). Die früher in § 261 X geregelte und dem § 31 Nr. 1 BtMG nachgebildete „kleine Kronzeugenregelung" wurde vom Gesetzgeber im Zuge der Einführung des § 46b mit Wirkung zum 1.9.2009 wieder gestrichen.   53

VI. Besonders schwere Fälle, Einziehung, Verfall, Führungsaufsicht

§ 261 IV sieht für besonders schwere Fälle eine Strafschärfung vor. Als Regelbeispiele werden die gewerbsmäßige bzw. bandenmäßige Begehung genannt[93].   54

---

91 Gegen diese Ausnahme spricht allerdings die Gesetzgebungsgeschichte, vgl. oben Rn. 39.
92 In diese Richtung zwar *Arzt/Weber/Heinrich/Hilgendorf-Arzt*, 2. Aufl., § 29 Rn. 39 ff., der aber auch deutlich macht (a. a. O. Rn. 51), dass hier keine befriedigenden Lösungen gefunden werden können.
93 Zur Bande und zur Gewerbsmäßigkeit vgl. oben § 14 Rn. 50, 60 ff. (zu §§ 243, 244) und § 28 Rn. 36 (zu §§ 260, 260a).

55 § 261 VII regelt die **Einziehung**[94]. Auf Vermögenswerten aus Auslandstaaten, die im Inland gewaschen werden, zielt die Vorschrift des § 261 VIII ab. – Auch ist stets an den **Verfall** des Wäscherlohnes und den **Ersatzverfall** des dem Vortäter zugeflossenen Gegenwertes zu denken[95].

56 Nach § 262 ist es schließlich möglich, eine **Führungsaufsicht** anzuordnen.

VII. Konkurrenzen und Wahlfeststellung

57 Würden normale strafrechtsdogmatische Grundsätze gelten, wäre durch die Strafvereitelung (§ 258) auch die Vereitelung von Maßnahmen (Verfall etc.) mit abgegolten. Es sollte sich auch von selbst verstehen, dass derjenige, der absichtlich Geld oder andere Vermögensgegenstände „wäscht" und so die Maßnahme des Verfalls vereitelt, nur nach § 258 zu bestrafen ist (mit dem dort vorgesehenen Angehörigenprivileg und ohne Qualifikationen), weil dieses Erfolgsdelikt das bloße Gefährdungsdelikt des § 261 verdrängt. Klar sollte an sich auch sein, dass in der Hehlerei immer auch ein Stück Angriff auf die Rechtspflege mitschwingt und es deshalb unsinnig ist, denjenigen, der einen unmittelbar aus einem Vermögensverbrechen stammenden Gegenstand hehlerisch erwirbt, zusätzlich wegen Geldwäsche zu bestrafen.

Alle vorgenannten Prinzipien werden von § 261 umgestoßen. Es muss in den genannten Fällen daher von Idealkonkurrenz zwischen § 261 und §§ 257, 258, 259 ausgegangen werden[96]. Der BGH[97] hat (mit zwischen den Zeilen spürbar werdender Verwunderung) festgestellt, dass leichtfertige Hehlerei nun als Geldwäscherei kriminalisiert worden ist. Das ist so absurd, dass der BGH einen Verbotsirrtum immerhin erwähnt.

58 Nach der bis 1998 geltenden Fassung des § 261 konnte der Vortäter nicht sein eigener Geldwäscher sein[98]. Das hat zu einer Strafbarkeitslücke geführt, wenn die Mitwirkung an der Vortat zweifelhaft war. Weil die Vortat (z. B. der Drogenhandel) und die Geldwäsche unterschiedliche Rechtsgüter angreifen, war nach h. M. zwischen Vortat und Geldwäsche eine Wahlfeststellung ausgeschlossen. Daher hatte man sich bemüht, über eine sog. **Postpendenzfeststellung** dieser unliebsamen Konsequenz (Straflosigkeit!) auszuweichen. Die Verurteilung wegen der Nachtat sollte auch zulässig sein, wenn der Verurteilte die Nachtat tatbestandsmäßig vielleicht

---

[94] Vgl. oben Rn. 18 f.
[95] Vgl. hierzu oben Rn. 17 ff.
[96] Ebenso *Fischer*, § 261 Rn. 53 und BGH, NStZ 1999, 83 (*Zlof/Oetker*) für das Verhältnis § 261 und § 259. BGHSt 50, 347 (352 f.) wendet *nur* § 261 an, wenn die Hehlerei ihrerseits die Katalogtat im Sinne des § 261 war (d. h. bei einer gewerbsmäßig begangenen Hehlerei); dagegen für eine Sperrwirkung dergestalt, dass bei Vorliegen einer Hehlerei § 261 stets ausgeschlossen sei *Schittenhelm*, Lenckner-FS 1998, S. 519 (528 f.).
[97] BGHSt 50, 347 (353 ff.).
[98] Vgl. hierzu schon oben Rn. 30.

Konkurrenzen und Wahlfeststellung § 29 Rn. 59

nicht (und nur deshalb nicht) verwirklichen konnte, weil er an der Vortat beteiligt war.

Statt dieses Schleichwegs zur Umgehung der Wahlfeststellungsprinzipi- 59
en hat der Gesetzgeber 1998 eingegriffen und den Vortäter[99] und den Vortatteilnehmer als tauglichen Täter auch der Geldwäsche definiert. Praktisch wird das nur bei einem **Verdacht** einer Vortatbeteiligung, denn nach § 261 IX 2 schließt die Bestrafung wegen der Vortatbeteiligung eine Bestrafung wegen Geldwäsche aus[100].

---

99 Vom Boden der h. M. aus beschränkt sich die praktische Bedeutung auf die mögliche Alleintäterschaft des Geldwäschers (weil in diesem Fall der Schleichweg der Postpendenz nicht gangbar ist), *Schittenhelm*, Lenckner-FS 1998, S. 519 (537 f.).
100 Vgl. hierzu oben Rn. 30 f.

Teil V: Verletzung des Vertrauens in Beweismittel: Urkundenfälschung, §§ 267 ff., § 348 und §§ 146 ff.

§ 30 Zum Rechtsgut und kriminalpolitischen Hintergrund

Literaturhinweise: *Beck*, Kopien und Telefaxe im Urkundenstrafrecht, JA 2007, 423; *Beckemper*, Die Urkundsqualität von Telefaxen, JuS 2000, 123; *Bettendorf*, Der Irrtum bei den Urkundendelikten, 1997; *Böse*, Rechtsprechungsübersicht zu den Urkundendelikten, NStZ 2005, 370; *Brockhaus*, Die Urkundenfälschung und die Straflosigkeit der „schriftlichen Lüge", ZIS 2008, 5566; *Buggisch*, Fälschung beweiserheblicher Daten durch Verwendung einer falschen E-Mail-Adresse?, NJW 2004, 3519; *Dörfler*, Urkundenfälschung und Zeichnen mit fremdem Namen, 1999; *Engert/Franzmann/Herschlein*, Fotokopien als Urkunden, § 267 StGB, JA 1997, 31; *Ennuschat*, Der Einfluss des Zivilrechts auf die strafrechtliche Begriffsbestimmung am Beispiel der Urkundenfälschung gem. § 267 StGB, 1998; *Erb*, Urkunde und Fotokopie, GA 1998, 571; *Freund*, Urkundenstraftaten, 1996; *ders.*, Grundfälle zu den Urkundsdelikten, JuS 1993, 731, 1016; JuS 1984, 30, 125, 207, 305; *Geppert*, Zum Verhältnis der Urkundendelikte untereinander, insbesondere zur Abgrenzung von Urkundenfälschung und Urkundenunterdrückung, Jura 1988, 158; *ders.*, Zur Urkundenqualität von Durchschriften, Abschriften und insbesondere Fotokopien, Jura 1990, 271; *Gerhold*, Zur Person des Ausstellers einer Urkunde in Fällen offener Stellvertretung, Jura 2009, 498; *Grimm*, Die Problematik der Urkundenqualität von Fotokopien, 1994; *Gustafsson*, Die scheinbare Urkunde, 1993; *B. Heinrich*, Mißbrauch gescannter Unterschriften als Urkundenfälschung, CR 1997, 622; *ders.*, Die zusammengesetzte Urkunde, JA 2011, 423; *Heinrichs*, Beweiszeichen und Kennzeichen, 1996; *Herbe*, Gesamturkunde, 2005; *Holzhauer*, Die eigenhändige Unterschrift, 1973; *Jakobs*, Urkundenfälschung, Revision eines Täuschungsdelikts, 2000; *Armin Kaufmann*, Die Urkunden- und Beweismittelfälschung im Entwurf 1959, ZStW 71 (1959), 409; *Kragl*, Urkundenverfälschung durch den Aussteller, JA 2003, 604; *Kienapfel*, Urkunden im Strafrecht, 1967; *ders.*, „Absichtsurkunden" und „Zufallsurkunden", GA 1970, 193; *ders.*, Urkunden und technische Aufzeichnungen, JZ 1971, 163; *ders.*, Neue Horizonte des Urkundenstrafrechts, Maurach-FS 1972, S. 431; *ders.*, Grundfragen des strafrechtlichen Urkundenbegriffs, JZ 1972, 394; *ders.*, Zur Abgrenzung von Urkundenfälschung und Urkundenunterdrückung, Jura 1983, 185; *Kucera*, Zur Urkundsqualität von Verkehrszeichen, JuS 2000, 208; *Meurer*, Urkundenfälschung durch Verwendung des eigenen Namens, NJW 1995, 1655; *Meyer*, Die öffentliche Urkunde im Strafrecht, Dreher-FS 1977, S. 425; *Nestler*, Zur Urkundenqualität von Fotokopien und (Computer-)Faxen, ZJS 2010, 608; *Obermair*, Die Abgrenzung der Beweiszeichen von den Kennzeichen beim Urkundenbegriff des § 267 StGB, 2000; *Otto*, Die Probleme der Urkundenfälschung (§ 267 StGB) in der neueren Rechtsprechung und Lehre, JuS 1987, 761; *Prechtel*, Urkundendelikte, 2005; *Puppe*, Die Fälschung technischer Aufzeichnungen, 1972; *dies.*, Urkundenfälschung, Jura 1979, 630; *dies.*, Erscheinungsformen der Urkunde, Jura 1980, 18; *dies.*, Unzulässiges Handeln unter fremden Namen als Urkundenfälschung, JR 1981, 441; *dies.*, Die neue Rechtsprechung zu den Fälschungsdelikten, JZ 1986, 938; JZ 1991, 447, 550, 609; JZ 1997, 490; *Radtke*, Neue Formen der Datenspeicherung und das Urkundenstrafrecht, ZStW 115 (2003), 26; *Ranft*, Strafrechtliche Probleme der Beförderungserschleichung, Jura 1993, 84; *Rheineck*, Fälschungsbegriff und Geistigkeitstheorie, 1979; *Roßnagel/Wilke*, Die rechtliche Bedeutung gescannter Dokumente, NJW 2006, 2145; *Samson*, Urkunde und Beweiszeichen, 1968; *ders.*, Grundprobleme der Urkundenfälschung, JuS 1970, 372; *ders.*, Grundprobleme der Urkundenfälschung, JA 1979, 526, 658; *Satzger*, Der Begriff der „Urkunde" im Strafgesetzbuch, Jura 2012, 106; *Sax*, Probleme des Urkundenstrafrechts, Peters-FS 1974, S. 137; *Schilling*, Reform der Urkundenverbrechen, 1971; *Schmitz*, Der Schutz des Beweisführungsinteresses im Urkundenstrafrecht, 2001; *Schroeder*, Die Herbeiführung einer Unterschrift durch Täuschung oder Zwang, GA 1974, 225; *ders.*, Urkundenstraftaten an entwerteten Fahrkarten, JuS 1991, 301; *Seier*, Der Gebrauch falscher Namen und unzutreffender Zusatzbezeichnungen, JA 1979, 133; *Sieber*, Computerkriminalität und Strafrecht, 2. Aufl. 1980; *Sieg*, Zur Strafbarkeit der Änderung von Betriebsratsprotokollen, Weber-FS 2004, S. 347; *Spernau*, Der Begriff der öffentlichen Urkunde im Strafrecht, 2005; *Stehling*, Zur Phänomenologie der Urkundenfälschung, ArchKrim 1974, 129; *Steinmetz*, Der Echtheitsbegriff im Tatbestand der Urkundenfälschung (§ 267 StGB), 1991; *Vormbaum*, Das Handeln „zur Täuschung im Rechtsverkehr", GA 2011, 167; *Weber*, Fälschungsdelikte in Beziehung auf den Führerschein, Jura 1982, 66; *Weiß*, Das abredewidrig ausgefüllte Blankett – echte oder unechte Urkunde?, Jura 1993, 288; *Welp*, Die Urkunde und ihr Duplikat, Stree/Wessels-FS 1993, S. 511; *Weiß*, Das abredewidrig ausgefüllte Blankett – echte oder unechte urkunde?, Jura 1993, 288; *Zaczyk*, „Kopie" und „Original" bei der Urkundenfälschung, NJW 1989, 2515; *Zielinski*, Urkundenfälschung durch Computer, Armin Kaufmann-GS 1989, S. 605; *ders.*, Urkundenfälschung durch den vollmachtlosen Vertreter, wistra 1994, 1; *ders.*, Urkundenfälschung durch Telefax, CR 1995, 286; *Zieschang*, Urkundenfälschung beim Missbrauch vorhandener Befugnisse, Paulus-FG 2009, S. 197.

Übersicht

	Rn.
I. Rechtsgut Vertrauensschutz; Zuschreibungs- und Inhaltsvertrauen	1
II. Zusammenhänge mit den Vermögensdelikten	4
III. Urkundenfälschungsdelikte als Gefährdung verschiedenartiger Rechtsgüter	5
IV. Urkunden und technische Aufzeichnungen	7
V. Zur Uferlosigkeit des Urkundenbegriffs	8
VI. Kriminalitätsumfang, Tatsituationen und Täter	9

I. Rechtsgut Vertrauensschutz; Zuschreibungs- und Inhaltsvertrauen

1 Die Urkundenfälschungsdelikte der §§ 267 ff.[1] schützen bestimmte Beweismittel gegen Manipulationen. Als **Rechtsgut** der Urkundenfälschung

---

1 Zur Terminologie: Urkundenfälschung i. w. S. sind alle im 23. Abschnitt zusammengefassten Tatbestände, darunter auch § 267, der hier als Urkundenfälschung i. e. S. bezeichnet wird. – Wenn im Folgenden von Urkundenfälschung gesprochen wird, ist im Regelfall die Urkundenfälschung i. e. S. gemeint; bei den kriminalpolitischen Ausführungen hingegen wird auf die Urkundenfälschung i. w. S. abgestellt. – Zum Sonderfall der Geld- und Wertzeichenfälschung nach §§ 146 ff. vgl. unten § 34.

Rechtsgut „Vertrauen" § 30 Rn. 1

i. e. S. des § 267 wird allgemein die **Sicherheit und Zuverlässigkeit des Rechtsverkehrs mit Urkunden** (i. S. eines Beweisverkehrs) genannt[2]. Sicherheit des Rechtsverkehrs heißt, dass man den Beweismitteln vertrauen kann. Letztlich geht es also (natürlich) nicht um den Schutz des Rechtsverkehrs an sich, sondern um den **Schutz des Vertrauens** von denjenigen, die am Rechtsverkehr teilnehmen[3].

Grundlage dieses Vertrauens ist die Rückführung einer Erklärung auf einen bestimmten Aussteller (**Zuschreibungsvertrauen**). Der Schutz dieses Zuschreibungsvertrauens bildet daher den Regelfall der Urkundendelikte. Nur in seltenen Fällen wird darüber hinaus auch das Vertrauen in die inhaltliche Richtigkeit einer Erklärung geschützt (**Inhaltsvertrauen**)[4]. Das erklärt sich daraus, dass die bloße (auch schriftliche) Lüge nicht strafbewehrt ist. Die Richtigkeitskontrolle einer Aussage bleibt normalerweise der Initiative der Teilnehmer am Rechtsverkehr überlassen (Gedanke der **Selbstverantwortung** potenzieller Opfer für den Schutz ihrer Rechtsgüter). Da nun aber die moderne Rechtsordnung weitgehend auf Formerfordernisse verzichtet, sie also im Regelfall Rechtsfolgen nicht erst an schriftliche, sondern schon an mündliche Erklärungen knüpft, sind die schriftliche und die mündliche Lüge normalerweise gleichzustellen (und werden vom deutschen Gesetzgeber[5] nicht für strafbar angesehen[6]). Der Teilnehmer am Rechtsverkehr bedarf nur in Ausnahmefällen eines besonderen urkundenstrafrechtlichen Schutzes gegen **schriftliche Lügen** (und zwar bei öffentlichen Urkunden, d. h. bei besonders verlässlichen Ausstellern, vgl. §§ 271, 348[7]). Voraussetzung dafür, dass eine solche Richtigkeitskontrolle seitens des Empfängers stattfinden kann, ist jedoch, dass eine Erklärung einer bestimmten Person **zugeschrieben** werden kann. Der Einzelne muss darauf vertrauen können, dass eine bestimmte Erklärung auch von einer bestimmten Person stammt. Daher ist das Zuschreibungsvertrauen notwendige Voraussetzung für die Kontrolle der inhaltlichen Richtigkeit – und daher zu schützen. Dieser die §§ 267 ff. beherrschende

---

2   Vgl. nur BGHSt 2, 50 (52); *S/S/Heine/Schuster*, § 267 Rn. 1; SSW-*Wittig*, § 267 Rn. 1; zum Rechtsgut vgl. noch unten Rn. 5 f.
3   Diesen individual-rechtlichen Aspekt betont auch *Jakobs*, Urkundenfälschung, S. 9, der einen Angriff auf den Teilnehmer am Beweisverkehr (statt auf den Beweisverkehr als Institution) annimmt; auch NK-*Puppe*, § 267 Rn. 6, sieht das „Interesse des einzelnen Teilnehmers am Rechtsverkehr an der Echtheit der Urkunden" als geschützt an; vgl. ferner MüKo-*Erb*, 2. Aufl., § 267 Rn. 2; SK-*Hoyer*, Vor § 267 Rn. 11 ff. („Schutz der individuellen Dispositionsfreiheit").
4   Weitgehend dieser Terminologie folgend *Freund*, Urkundenstraftaten, Rn. 23, mit dem zutreffenden Hinweis, dass das Zuschreibungsvertrauen sich als ein Ausschnitt aus dem Inhaltsvertrauen beschreiben lässt, wenn man die Erklärung über den Aussteller als Teil des Inhalts ansieht; wie hier *S/S/Heine/Schuster*, § 267 Rn. 1, 1a; in der Sache übereinstimmend auch *Jakobs*, Urkundenfälschung, S. 23 ff., 37.
5   Anders Art. 251 des schweizerischen StGB, wo in weitem Umfang die schriftliche Lüge als Falschbeurkundung mit Strafe bedroht wird.
6   Vgl. z.B. BGH, NStZ 2011, 91.
7   Vgl. hierzu näher unten § 33; zum Inhaltsvertrauen bei technischen Aufzeichnungen vgl. unten Rn. 7.

Unterschied zwischen Zuschreibungs- und Inhaltsvertrauen soll an einem **Beispiel** verdeutlicht werden.

2 **Beispiel**[8]: T verkauft an X Möbel. Diese gehören jedoch nicht ihm, sondern seiner Arbeitgeberin A. Um X zu überzeugen, dass er (und nicht A) Eigentümer ist, erstellt T auf folgende Weise einen Lieferschein: Er legt auf dem Original des Lieferscheins über das Feld mit dem Namen und der Anschrift der Firma A ein Stück Papier mit seiner eigenen Adresse, fotokopiert den so geänderten Lieferschein und zeigt X die Fotokopie, sodass dieser glaubt, die Möbel seien ursprünglich vom Lieferanten an T geliefert worden. – Hier kann X vernünftigerweise **kein Zuschreibungsvertrauen** dahin gehend haben, dass die Fotokopie von einem bestimmten Aussteller stammt. Ein Kopiergerät kann schließlich jedermann bedienen! **Anders** stellt sich der Fall hingegen dar, wenn T dem X das Original vorlegt, nachdem er vorher die Anschrift der Firma ausradiert und seine eigene eingesetzt hat. Hier kann X darauf vertrauen, dass die Erklärung, so wie sie sich aus der Urkunde ergibt (der Lieferant bekundet als Aussteller der Urkunde, dass die Möbel ordnungsgemäß an T geliefert wurden), vom tatsächlichen Lieferanten stammt. In diesem Zuschreibungsvertrauen wird X durch § 267 geschützt. – Hinter dem Zuschreibungsvertrauen i. S. der Rückführung einer Erklärung auf einen bestimmten Aussteller steckt letztlich die Grundlage für das Inhaltsvertrauen, also „die – einer Urkunde grundsätzlich eigene – Garantiefunktion für die Richtigkeit des Inhalts"[9].

Gelegentlich[10] wird behauptet, die h. M. unterliege einem Zirkelschluss, denn die Strafdrohung baue nicht auf dem Vertrauen auf, sondern das Vertrauen sei vielmehr erst eine Folge der Strafdrohung. Das wäre etwa so, wie wenn man das Vertrauen der Patienten in die Geheimhaltung durch den Arzt auf die Strafdrohung des § 203 zurückführen würde, statt umgekehrt[11]! Vor allem wird bei dieser Betrachtung der fundamentale Unterschied zwischen Zuschreibungs- und Inhaltsvertrauen verkannt. Gerade weil man schriftlichen und mündlichen Äußerungen derselben Person gleichermaßen vertraut, bedürfen nur schriftliche oder sonst verkörperte Erklärungen des strafrechtlichen Schutzes gegen falsche Zuschreibung. Bei mündlichen Erklärungen ist die Zuschreibung (unter Anwesenden!) normalerweise klar.

3 Vom Gedanken des Vertrauensschutzes aus wird auch der **Unterschied der Urkundendelikte zu den Aussagedelikten** der §§ 153 ff. verständlich. Sagt der Zeuge falsch aus, liegt darin zwar auch ein Angriff auf die Zuverlässigkeit des Rechtsverkehrs. Die Teilnehmer am Rechtsverkehr werden jedoch nur mittelbar betroffen (der Beklagte verlässt sich nicht auf die Aussage des für den Kläger – falsch – aussagenden Zeugen). Unmittelbar wird die Wahrheitsfindung in einem geordneten staatlichen Verfahren angegriffen. Deshalb werden §§ 153 ff. im Zusammenhang mit den Angriffen auf den Staat erörtert[12].

II. Zusammenhänge mit den Vermögensdelikten

4 Beweismittel werden regelmäßig zur Verfolgung eines weitergehenden Zieles verfälscht („zur Täuschung im Rechtsverkehr"). Dabei geht es zu-

---

8 Fall nach BGHSt 24, 140 – Fotokopie; Einzelheiten hierzu unten § 31 Rn. 12.
9 BGHSt 24, 140 (141).
10 Zusammenfassend *Gustafsson*, S. 88 f. (zu *Puppe* und *Samson*).
11 Zum privilegium odiosum vgl. oben § 8 Rn. 30.
12 Vgl. unten § 47.

meist um die Verfolgung wirtschaftlicher Zwecke. Die §§ 267 ff. sind insoweit oft im Vorfeld oder nach der Begehung eines Vermögensdelikts[13] anzutreffen. Ihnen kommt im Wesentlichen die Aufgabe zu, eine Qualifikation für die mit besonders gefährlichen Mitteln begangenen Vermögensdelikte zu schaffen und vor allem schon das **Vorbereitungsstadium** zu kriminalisieren.

Beispiel: T verkauft dem O vergoldete Bleibarren als Gold und begeht insoweit einen Betrug, § 263. – Verlangt O, dass ihm ein Gutachten des Sachverständigen S vorgelegt wird, der bestätigt, dass es sich wirklich um Goldbarren handelt, und fertigt T ein entsprechendes Gutachten an, indem er die Unterschrift des S fälscht, so ist in der Herstellung der unechten Urkunde (Sachverständigengutachten) eine Vorbereitung des Betruges zu sehen. Kommt es zur Vorlage des gefälschten Gutachtens, läge im Gebrauch der unechten Urkunde die (besonders gefährliche) Täuschungshandlung i. S. des § 263.

Insbesondere im Verhältnis zur Untreue bzw. Unterschlagung dient die Urkundenfälschung auch der **nachträglichen Sicherung** der durch das Vermögensdelikt erlangten Beute (z. B. ein Buchhalter begeht eine Unterschlagung und „frisiert" dann die Geschäftsbücher, um § 246 oder § 266 zu vertuschen).

III. Urkundenfälschungsdelikte als Gefährdung verschiedenartiger Rechtsgüter

Natürlich geht es im Rechtsverkehr nicht nur um das Rechtsgut „Vermögen", sondern um alle denkbaren privaten und öffentlichen Interessen, vom Leben bis hin zur Benotung von schulischen Leistungen.

5

Leben und Gesundheit stehen auf dem Spiel, (1) wenn T mit einem gefälschten Führerschein fährt (nachdem ihm die Fahrerlaubnis entzogen worden ist), oder (2) wenn T fürchtet, der TÜV werde sein Auto beanstanden, und sich deshalb mit einer selbst fabrizierten TÜV-Plakette behilft, oder (3) wenn T als Fernfahrer den Fahrtenschreiber manipuliert, um länger als erlaubt und ohne die gesetzlich in der EU vorgeschriebenen Pausen fahren zu können.

Öffentliche Interessen stehen auf dem Spiel, wenn Assessor T seine Einstellung in den Staatsdienst dadurch erreicht, dass er die Note in seinem Examenszeugnis fälscht (verbessert)[14], oder der Ehemann T feststellt, dass seine Frau in den Briefwahlunterlagen eine andere Partei angekreuzt hat, als es ihm (T) richtig erscheint, und er dies nun heimlich „berichtigt"[15].

---

13 *Stehling*, ArchKrim 1974, 129 (131): In über 50 % der Fälle liegt neben §§ 267 ff. auch § 263 vor; vgl. auch *ders.*, a. a. O., S. 131, 140 zur Verschleierung eines Vermögensdelikts mithilfe der Urkundenfälschung.
14 Gleichzeitig wäre ein Betrug zum Nachteil des (bekannten oder unbekannten) Bewerbers zu prüfen, dem T vorgezogen wird; dazu BGHSt 17, 147 (betrifft den Zuschlag bei Bauausschreibungen). – Ein Betrug zum Nachteil des Staates scheidet jedenfalls dann aus, wenn man davon ausgeht, dass T seinen Dienst vollwertig erfüllt (anders, wenn T gar kein Examen abgelegt hat, vgl. oben § 20 Rn. 109).
15 Dazu *Greiser*, NJW 1978, 927.

Beispiel[16]: Lehrer L hatte in einer Grundschulklasse Diktate übermäßig streng bewertet. Hierüber hatte sich Vater V beim Schulleiter beschwert und gebeten, ihm das Klassenarbeitsheft seines Sohnes zur Einsicht zu übersenden. L befürchtete nun eine Rüge des Schulleiters und Nachteile für seine Laufbahn. Daher veränderte er in zahlreichen Klassenarbeitsheften Wörter die richtig geschrieben waren und strich diese angeblichen Fehler rot an. Er rechnete dann alle wirklichen und scheinbaren Fehler zusammen und rechtfertigte so seine strenge Bewertung. Anschließend übergab er das „korrigierte" Heft an V zur Einsicht. – Zur Urkundenqualität der Diktatarbeiten führt der BGH aus: „In den Niederschriften der Schüler findet das Landgericht mit Recht deren Erklärung darüber, wie nach ihrer Ansicht die Wörter gemäß den Regeln der Rechtschreibung geschrieben werden müssen [...]. Dieser gedankliche Inhalt genügt, entgegen der Meinung der Revision, für eine Gedankenerklärung im Sinne des Urkundenbegriffs [...]. Die Rechtschreibungsarbeiten waren jedenfalls durch die Beschwerde, die ein Vater beim Schulleiter erhoben hatte, und durch sein Verlangen nach Einsicht in das Klassenarbeitsheft seines Sohnes von rechtlicher Bedeutung für das Dienstverhältnis des Angeklagten geworden."[17]

6   Die formell als Erfolgsdelikte („Herstellen" usw.) ausgestalteten §§ 267 ff. erweisen sich demnach als Delikte, die höchst unterschiedliche Rechtsgüter betreffen, welche (eben durch die Urkundenfälschung) in höchst unterschiedlichem Ausmaß gefährdet werden (von nur abstrakter Gefährdung, z. B. des Lebens durch eine gefälschte TÜV-Plakette, über die konkrete Gefährdung bis hin zur Verletzung, z. B. des Vermögens im Goldbarrenbeispiel[18]). Durch die Vielfalt der Rechtsgüter und Mannigfaltigkeit der Gefährdungsgrade erscheint § 267 als **Konglomerat von Taten mit höchst unterschiedlichem Unrechtsgehalt** (mit entsprechenden Schwierigkeiten bei der Strafzumessung).

IV. Urkunden und technische Aufzeichnungen

7   Geht man von dem genannten Unterschied zwischen dem Zuschreibungs- und dem Inhaltsvertrauen aus[19], stellt sich bei technischen Aufzeichnungen (z. B. der Darstellung der Geschwindigkeit durch eine Tachografenscheibe, der Aufnahme der Rotlichtsünder durch eine automatische Kamera) ein besonderes Problem: Sie sind verlässlicher als schriftliche Erklärungen eines Menschen, weil die Maschine keinen Willen (und damit auch keine Täuschungsabsicht) haben kann. Das ist banal, hat aber zu rechtspolitischen und dogmatischen Spannungen bei §§ 267 ff. geführt. Das große Inhaltsvertrauen in technische Aufzeichnungen ist nur gerechtfertigt, wenn Manipulationen bei der Bedienung ausgeschlossen sind. Auf der einen Seite stehen also menschliche Gedankenerklärungen (die natürlich mithilfe der Technik aufgezeichnet werden können). Hier geht es um das Zuschreibungsvertrauen (als Basis für eine Kontrolle, die dann zum Inhaltsvertrauen führt). Auf der anderen Seite stehen technische Aufzeichnungen (die natürlich bei aller Automatik von Menschen gesteu-

---

16   Fall nach BGHSt 17, 297 – Klassenarbeit.
17   BGHSt 17, 297 (298 f.).
18   Vgl. oben Rn. 4.
19   Vgl. hierzu oben Rn. 1.

ert sind). Hier gibt es ein naturwissenschaftlich begründetes Inhaltsvertrauen und gerade deshalb müssen diese Aufzeichnungen gegen menschliche Manipulationen geschützt werden. – Der Gesetzgeber hat daher in richtiger Erkenntnis dieser unterschiedlichen Ausgangslagen neben der Urkundenfälschung i. e. S. (§ 267) im Jahre 1969 den Tatbestand der Fälschung technischer Aufzeichnungen (§ 268) geschaffen[20]. Leider ist die Abschichtung der beiden Tatbestände voneinander völlig missglückt[21].

V. Zur Uferlosigkeit des Urkundenbegriffs

Die Rechtsprechung geht bei § 267 von einem weiten Begriff der „Urkunde" aus. Er ist so weit und so schwammig, dass schon *Binding*[22] (1904!) bemerkt hat: „Alles atmet die größte Unsicherheit." 77 Jahre später heißt es bei *Kienapfel*[23] zum Urkundenbegriff: „Es gibt kaum ein Tatbestandsmerkmal, zu dem so viele Monografien verfasst und gelehrte Aufsätze geschrieben worden sind. Das Ergebnis hat den Aufwand nicht gelohnt." – Die Erklärung für diesen unerfreulichen Zustand liegt darin, dass in unserer Rechtsordnung der **Grundsatz der freien Beweiswürdigung** gilt und Formerfordernisse mehr und mehr an Bedeutung verlieren. Damit fehlt weithin die Grundlage für eine herausgehobene Beweisbedeutung für bestimmte Kategorien von Beweismitteln (z. B. Schriftstücke im Vergleich zu bloßen Beweiszeichen). Ohne eine solche Abstufung in der Beweisbedeutung lässt sich aber die Forderung nach einer Restriktion des Urkundenbegriffs nicht plausibel machen[24].

VI. Kriminalitätsumfang, Tatsituationen und Täter

Im Jahre 2011 verzeichnet die Polizeiliche Kriminalstatistik für ganz Deutschland 68.087 Fälle der Urkundenfälschung i. w. S.[25], davon 1.282 Fälle der Fälschung technischer Aufzeichnungen nach § 268[26]. Dem stehen

---

20 Nach BGHSt 28, 300 (304); BGHSt 40, 26 (30) haben technische Aufzeichnungen eine besondere „Vermutung inhaltlicher Richtigkeit".
21 Vgl. zu den Einzelheiten unten § 32; zu elektronischen Urkunden vgl. § 269, ebenfalls unten § 32.
22 *Binding*, Lehrbuch des Gemeinen Deutschen Strafrechts, Besonderer Teil, Bd. 2, 1. Abt., 1904, S. 178.
23 *Kienapfel*, ZStrR 98 (1981), 25 (27).
24 In § 303 III des E 62 sollte der Urkundenbegriff noch eingeschränkt werden im Sinne einer „in einer Schrift verkörperten Erklärung". Allerdings sollten in § 304 des E 62 die Beweiszeichen (und Tonträger) den Urkunden gleich gestellt werden, was diese Restriktion wieder zunichte gemacht hätte.
25 Polizeiliche Kriminalstatistik, Berichtsjahr 2011, Ziff. 540000, S. 44; der Trend war seit Mitte der 90er Jahre des letzten Jahrhundert rückläufig, steig dann aber ab 2007 wieder leicht an und schwankte seitdem zwischen 62.000 und 68.000 (1996: 82.396 Fälle; 2000: 71.796 Fälle; 2004: 65.511 Fälle; 2005: 64.430 Fälle; 2006: 59.239 Fälle; 2007: 62.993 Fälle 2008: 66.461 Fälle; 2009: 62.136 Fälle; 2010: 67.627).
26 Polizeiliche Kriminalstatistik, Berichtsjahr 2011, Ziff. 54100, S. 44; auch hier sind die Zahlen, die im Jahr 2000 mit 4.092 ihren Höchststand erreicht haben, inzwischen rückläufig; in den meisten Fällen geht es hierbei um Manipulationen an Fahrtenschreibern; vgl. NK-*Puppe*, § 268 Rn. 4.

7.100 Fälle nach §§ 146 ff. (Geld- und Wertzeichenfälschung) gegenüber[27]. Während die Zahlen bei der Urkundenfälschung kontinuierlich zurückgehen, ist bei der Geldfälschung (auf allerdings niedrigerem Ausgangsniveau) ein kontinuierliches Ansteigen zu beobachten, vermutlich Dank der technischen Fortschritte bei den Farbkopierern.

Die **Aufklärungsquote** von derzeit 85 % bei der Urkundenfälschung (bei § 268 sogar über 95%) hängt damit zusammen, dass die Entdeckung der Tat im Regelfall gleichbedeutend ist mit der Entdeckung und Überführung des Täters[28]. Entdeckt z. B. die Verkehrspolizei die Manipulation eines Fahrtenschreibers, eines Führerscheins oder einer TÜV-Plakette, bedarf es schon einiger Fantasie, sich eine Fallgestaltung vorzustellen, bei der ein anderer als der Fahrer oder Halter des Kfz als Täter in Betracht kommt und jener der Tat nicht überführt werden kann.

Was die **Tatsituationen** angeht, ragt der schon dargelegte[29] Zusammenhang mit § 263 heraus, d. h. die Urkundenfälschung als Vorbereitung eines Betrugs bzw. als besonders gefährliche Form der Täuschung i. S. des § 263. – Weiter fällt der Zusammenhang mit §§ 266, 246 ins Gewicht, d. h. die Urkundenfälschung als eine die Unterschlagung oder Untreue verschleiernde Begleit- oder Nachtat. – Besondere Tatsituationen, die sich in Sondertatbeständen niedergeschlagen haben, liegen bei den Geldfälschungsdelikten und der Fälschung von Ausweispapieren vor. Insbesondere bei der letzten Kategorie sind Ausländer als Tätergruppe stark vertreten.

---

27 Polizeiliche Kriminalstatistik, Berichtsjahr 2011 Ziff. 550000, S. 44; die Zahlen steigen kontinuierlich an und fielen nur in den Jahren 2008 und 2011 leicht ab (1990: 556 Fälle; 1995: 2.775 Fälle; 2000: 3.526 Fälle; 2003: 6.068 Fälle; 2005: 7.873 Fälle, 2006: 7.923 Fälle; 2007: 9.087; 2008: 7.560 Fälle; 2009: 9.531 Fälle; 2010: 10.073 Fälle).
28 Polizeiliche Kriminalstatistik, Berichtsjahr 2011, S. 44; für die ebenfalls hohe Aufklärungsquote der Geldfälschung (nahezu 100% bei § 146, wesentlich niedriger allerdings bei §§ 152a, 152b) muss die Erklärung dagegen in den besonders intensiven Verfolgungsmaßnahmen gesucht werden.
29 Vgl. oben Rn. 4.

§ 31 Urkundenfälschung, § 267

Literaturhinweise: Vgl. die Angaben bei § 30.

Übersicht

	Rn.
I. Tatbestandsmerkmal „Urkunde"	1
1. Definition	1
2. Gedankenerklärung	4
a) Grundsatz	4
b) Mehrere Aussteller	6
c) Augenscheinsobjekte	7
d) Verständlichkeit	8
3. Körperlichkeit	9
4. Beweiseignung	10
a) Grundsatz; Absichts- und Zufallsurkunden	10
b) Anonymität	11
c) Durchschriften, Abschriften, Fotokopien	12
d) Fax und E-Mail	13
e) Gebrauch eines falschen Namens	14
f) Geistigkeitstheorie	15
5. Zusammengesetzte Urkunden und Gesamturkunden	20
6. Beweiszeichen, Kennzeichen, technische Aufzeichnungen	23
II. Herstellen, Verfälschen, Gebrauchmachen	29
III. Vorsatz und Täuschungsabsicht	37
IV. Besonders schwere Fälle, Qualifikationen und Konkurrenzen	41

I. Tatbestandsmerkmal „Urkunde"

1. Definition

Im Zentrum des § 267 steht der Begriff der Urkunde[1]. Dabei differenziert das Gesetz zwischen einer „echten" Urkunde, die man verfälschen und einer „unechten" Urkunde, die man herstellen kann[2]. 1

---

1 Zum Rechtsgut und dem kriminalpolitischen Hintergrund vgl. ausführlich oben § 30 Rn. 1 ff.
2 Zur Auffächerung des § 267 in die drei Alternativen (1) Herstellen einer unechten Urkunde, (2) Verfälschen einer echten Urkunde und (3) Gebrauchmachen von einer unechten oder verfälschten Urkunde vgl. unten Rn. 29 ff.

Unter einer **Urkunde** versteht man dabei eine **verkörperte beweisgeeignete Gedankenerklärung**. Diese Kurzdefinition enthält die drei zentralen Elemente: **(1) Gedankenerklärung, (2) Körperlichkeit und (3) Beweiseignung**[3]. Daraus lassen sich weitere Merkmale ableiten, die im Grunde keine selbstständige Bedeutung haben, die aber in den herkömmlichen langen Definitionen[4] mit erwähnt sind: **(4) Verständlichkeit, (5) Erkennbarkeit des Ausstellers** und **(6) Beweisbestimmung**.

2   Das Erfordernis der **Verständlichkeit** folgt aus (1) und (3), denn Unverstand ist der Gegensatz des Gedankens und Unverständliches ist nicht beweisgeeignet. – Die **Erkennbarkeit des Ausstellers** folgt aus dem Erfordernis der Beweiseignung. Ein Anonymus kann weder Zeuge noch sonst Teilnehmer am Rechtsverkehr sein. Anonymen Erklärungen ist deshalb die Beweiseignung[5] abzusprechen. – Die **Beweisbestimmung** schließlich ist gegenüber der Beweiseignung insofern sekundär, als zum Beweis bestimmte, aber nicht beweisgeeignete Erklärungen „zunächst" zwar keine Urkunden sind (z. B. ein entgegen der Formvorschrift des § 2247 I BGB maschinenschriftliches Testament). Es kann ihnen jedoch eine andere Beweiseignung als die vom ursprünglichen Aussteller intendierte zukommen (z. B. für den Versuch einer Testamentsfälschung!). Wenn umgekehrt eine Beweiseignung ohne Beweisbestimmung vorliegt, folgt die Beweisbestimmung spätestens aus dem subjektiven Element des Herstellens, Verfälschens oder Gebrauchmachens **zur Täuschung im Rechtsverkehr**[6].

Beispiel: Der verheiratete Politiker O schreibt der T einen Liebesbrief. T verkauft ihn an die Illustrierte S, die ihn als Wahlkampfmunition gegen O einsetzt. – Es wäre ebenso müßig zu fragen, ob ein beliebiger Liebesbrief vor einer solchen Verwendung beweisgeeignet ist, wie es müßig wäre, einen Stein als zur Tötung geeignetes Werkzeug zu definieren, ehe er entsprechend verwendet wird.

---

3   Dagegen trennt die wohl h. M. in die Funktionen (1) verkörperte menschliche Gedankenerklärung (Perpetuierungsfunktion), (2) Beweiseignung und Beweisbestimmung (Beweisfunktion) und (3) Ausstellererkennbarkeit (Garantiefunktion); vgl. *Eisele*, BT I, Rn. 786; *Rengier*, BT II, § 32 Rn. 1.

4   *Fischer*, § 267 Rn. 2: „Urkunde ist die Verkörperung einer allgemein oder für Eingeweihte verständlichen Gedankenerklärung, die den Erklärenden (den Aussteller) erkennen lässt und geeignet und bestimmt ist, im Rechtsverkehr Beweis zu erbringen"; ferner BGHSt 24, 140 (141): „Urkunden [...] sind [...] verkörperte Erklärungen, die ihrem gedanklichen Inhalt nach geeignet und bestimmt sind, für ein Rechtsverhältnis Beweis zu erbringen, und die ihren Aussteller erkennen lassen".

5   Vgl. hierzu noch unten Rn. 11. – Das heißt aber nicht, dass anonyme Erklärungen bedeutungslos sind. Sie können nach §§ 145d, 164, 185 ff. strafbar sein, weil sie „wirksam" sind und von den Behörden sowie den betroffenen Privatpersonen nicht ignoriert werden können. Zum Beweis der in ihnen enthaltenen Tatsachenbehauptung sind sie jedoch nicht geeignet. Beweisgeeignetes Material wird erst durch die – durch anonyme Beschuldigungen ausgelösten – Ermittlungen zutage gefördert.

6   Deshalb ist der Streit müßig, ob die Beweisbestimmung eine Frage des objektiven Tatbestandsmerkmals der „Urkunde" oder des subjektiven Tatbestandes ist; für Letzteres *Kienapfel*, Maurach-FS 1972, S. 431; zu den Absichts- und Zufallsurkunden vgl. noch unten Rn. 10.

Jedes der genannten Elemente des Urkundenbegriffs wirft Probleme 3
auf. Man sollte dabei stets im Auge behalten, dass sich die Sachfragen wegen des inneren Zusammenhangs dieser Elemente nicht immer eindeutig einem Merkmal zuordnen lassen.

2. Gedankenerklärung

a) Grundsatz

Im Zentrum des Urkundenbegriffs steht die schriftliche Willenserklä- 4
rung (**Beispiel:** Vertrag, Angebot, Annahme, Kündigung, Testament). Während einige den Urkundenbegriff auf Schriftstücke begrenzen wollen[7], geht die h. M. weiter und bezieht auch andere Objekte in den Urkundenbegriff mit ein, wobei allerdings anzumerken ist, dass an der Peripherie der verschiedenen Elemente des Urkundenbegriffs die Abgrenzungsschwierigkeiten zunehmen.

Gedankenerklärung ist jede verständliche Mitteilung von Mensch zu 5
Mensch. Schon in der Gedankenerklärung steckt die „**Begebung**" i. S. einer gewollten Außenwirkung[8]. Wo es dagegen an der Manifestation eines Begebungswillens[9] fehlt, scheidet eine Außenwirkung aus (**Beispiel:** nicht zur Teilnahme am Rechtsverkehr vorgesehene persönliche Aufzeichnungen, private Briefe, Erinnerungsnotizen). Es liegt eine Art „Selbstgespräch" und keine nach außen gerichtete Gedankenerklärung vor. Insoweit ist auch der (verkörperte) bloße **Entwurf** einer Urkunde noch keine Gedankenerklärung und stellt von daher noch keine Urkunde dar[10].

b) Mehrere Aussteller

Die Gedankenerklärung als Inhalt der Urkunde kann auf einem Zusam- 6
menwirken mehrerer Aussteller beruhen. Verhält bzw. erklärt sich dabei einer der Aussteller absprachewidrig in Relation zum anderen Aussteller, kann seine (straflose) schriftliche Lüge zugleich dem Mitaussteller eine Erklärung unterschieben, die dieser so nicht abgeben wollte (dann liegt eine strafbare Herstellung einer „teilweise" unechten Urkunde vor).

---

7 Vgl. hierzu noch näher unten Rn. 9.
8 Im Zivilrecht kommt bei der „Willenserklärung" die gewollte Außenwirkung durch das Erfordernis des „Erklärungsbewusstseins" zum Ausdruck. Freilich kann auch bereits der zurechenbare Anschein einer Willenserklärung zu rechtlichen Konsequenzen führen; vgl. *Palandt/Heinrichs/Ellenberger*, 72. Aufl. 2013, Einf. v. § 116 Rn. 17. – Im Wertpapierrecht wird grundsätzlich ein „Begebungsvertrag" gefordert, allerdings können auch hier Verpflichtungen bereits mit Schaffung eines Rechtsscheins entstehen; vgl. *Zöllner*, Wertpapierrecht, 14. Aufl. 1987, § 6 VI. – Auch BGHSt 3, 82 (85) setzt mit Recht den „Erklärungsgehalt" mit „Bestimmung zur Kenntnisnahme durch einen Dritten", also einer „Begebungshandlung" gleich.
9 Da schon das Herstellen, nicht erst der Gebrauch der Urkunde strafbar ist, ist die schwierige Grenze zwischen Entwurf (nicht strafbar) und einem sich in der Urkunde vor dem Gebrauch manifestierenden Gebrauchs-(Erklärungs-)willen zu ziehen. Nur im letzteren, regelmäßig schwer zu beweisenden Fall liegt § 267 I in der 1. Alt. (Herstellen) vor.
10 BGHSt 3, 82 (85); vielfach wird hier allerdings eine Gedankenerklärung angenommen und (erst) die Beweisbestimmung verneint.

Beispiel: In einem Supermarkt wird Obst so angeboten, dass der Kunde die Früchte selbst in einen Beutel füllt, auf die Waage legt, dort die entsprechende Taste drückt, das von der Waage gelieferte Etikett mit Preis- und Gewichtsangabe auf den Beutel klebt und dann an der Kasse bezahlt. Drückt der Kunde eine falsche Taste (billigere Ware) und klebt er dieses Etikett auf, so täuscht er den Kassier bezüglich des Inhalts, d. h. er stellt eine unwahre, aber echte Urkunde her, für welche er selbst als Aussteller anzusehen ist. – Zu fragen bleibt aber, ob auch der Inhaber des Supermarktes mithilfe seiner Waage und des Kunden eine entsprechende Erklärung abgibt. Nimmt man dies an, so will der Inhaber des Supermarktes unter den gegebenen Umständen diese Erklärung nicht abgeben, ihm wird also eine „falsche" Erklärung untergeschoben. Insoweit dürfte eine Urkundenfälschung hier mindestens vertretbar sein[11]. – Solche Sachverhalte mit möglicherweise mehreren Ausstellern haben infolge der allgemeinen Automatisierung sprunghaft zugenommen. Auch bei der Entwertung von Fahrkarten kann je nach Sachverhalt eine Kombination einer Erklärung des Fahrgastes und des Beförderungsunternehmens vorliegen[12].

c) Augenscheinsobjekte

7   Augenscheinsobjekte, welche als sachliche Beweismittel aufgrund ihrer Existenz und Beschaffenheit bestimmte Schlussfolgerungen ermöglichen und somit dem Beweis von Tatsachen dienen, stellen keine Mitteilung von Mensch zu Mensch und daher keine Gedankenerklärungen dar[13]. Die Abgrenzung kann dabei mithilfe des Kriteriums des Erklärungswillens gezogen werden.

Verdeutlichen lässt sich dies am Beispiel des **Fingerabdrucks:** Ein Dieb, der am Tatort einen Fingerabdruck zurück lässt, erklärt dadurch nicht, dass er am Tatort gewesen ist bzw. die Tat begangen habe[14]. Der Abdruck ist bloßes Augenscheinsobjekt, keine Urkunde[15]. So führte das RG aus: „Ein abgerissener Knopf, ein Blutfleck, Fußspuren, ein menschlicher Leichnam sind möglicherweise in Beziehung auf gewisse Thatsachen wichtige Beweismittel, also zum Beweise in hohem Grade geeignet, aber sie sind nicht Urkunden [...]. Urkunde als solche ist daher ein Produkt bewusster menschlicher Thätigkeit, die darauf ausgeht, oder, was dasselbe sagt, dazu bestimmt ist, in oder an einem Gegenstande Gedanken zum Ausdruck zu bringen, und zwar in der Art, daß der Gegenstand die Existenz und den Inhalt dieser Gedan-

---

11 Die in Warenkategorie, Gewicht und Preis liegende Gedankenerklärung entsteht erst mit Anbringen des Aufklebers auf einem bestimmten Beutel (zusammengesetzte Urkunde, vgl. unten Rn. 20 f.). – Würde der Kunde einen Verkäufer die Ware wiegen lassen und diesem gegenüber zum Inhalt oder Preis eine falsche Angabe machen, wäre der Verkäufer alleiniger Aussteller. Dass er getäuscht wird, ist urkundenstrafrechtlich irrelevant, vgl. unten Rn. 19.
12 Dazu *Ranft*, Jura 1993, 84; *Schroeder*, JuS 1991, 301.
13 *Rengier*, BT II, § 32 Rn. 2.
14 Wo – wie hier – typischerweise der Erklärungswille fehlt, bleibt ein ausnahmsweise doch vorhandener Wille versteckt und unverständlich, weil der Rechtsverkehr dem Fingerabdruck generell und damit auch in concreto nicht die „Funktion" beimisst, eine Gedankenerklärungen zu verkörpern; so im Ergebnis auch *Samson*, JA 1979, 526 (528). Deshalb stellt auch derjenige, der z. B. den Fingerabdruck eines Toten bewusst auf einer Waffe anbringt, um damit die „Erklärung" vorzutäuschen, der Tote habe die Waffe benutzt, keine Urkunde her, sondern ein irreführendes Augenscheinsobjekt; vgl. hierzu auch *S/S/Heine/Schuster*, § 267 Rn. 4.
15 Die Rspr. hat zur Verdeutlichung der Grenzziehung zwischen Urkunde und Augenscheinsobjekt mit der Formel gearbeitet, eine Urkunde sei auf den Beweis einer „außerhalb ihrer selbst liegenden Tatsache" gerichtet, erschöpfe sich also nicht in der Gedankenäußerung als solcher. – Zur Unbrauchbarkeit dieser Formel vgl. *S/S/Heine/Schuster*, § 267 Rn. 13.

ken erkennbar werden lässt, oder dafür beweisfähig wird"[16]. – Mangels einer solchen Gedankenerklärung kann dem Abdruck auch nicht von dritter Seite (Polizei) eine entsprechende Beweisbestimmung (der Dieb war am Tatort) beigelegt werden, d. h. der Abdruck kann auch nicht als Zufallsurkunde aufgefasst werden. Der Fingerabdruck kann aber Teil einer anderen Gedankenerklärung werden (z. B. der Gedankenerklärung, dass die Polizei diesen Abdruck am Tatort gefunden hat). Darauf ist im Zusammenhang mit den zusammengesetzten Urkunden zurückzukommen[17].

d) Verständlichkeit

Die Gedankenerklärung muss **verständlich** sein, wobei die Verständlichkeit zunächst auf wenige Personen beschränkt sein kann (wie z. B. bei der Verwendung eines Codes). Der Nachweis einer Fälschung ist aber nur zu führen, wenn der Code anderen als den zunächst Eingeweihten (insbesondere also auch den Richtern) verständlich gemacht werden kann. 8

3. Körperlichkeit

Notwendig ist ferner eine **Verkörperung**. Zwar sind auch mündliche Äußerungen beweiserheblich, doch führt erst die Fixierung oder **Perpetuierung** zu einer gesteigerten Beweisbedeutung[18]. Die Verkörperung muss nicht notwendigerweise in Schriftform stattfinden, sondern kann auch in anderer Weise geschehen. Man spricht in diesen Fällen von **Beweiszeichen** (welche nach h. M. von bloßen „Kennzeichen" zu unterscheiden sind, denen die Eigenschaft als Urkunde abzusprechen ist)[19]. 9

Beispiele für Beweiszeichen: Fleischbeschaustempel, Plombe am Elektrizitätszähler, Nummernschilder, Fahrgestell- und Motornummern, Striche auf dem Bierfilz.

Eine Beschränkung des Urkundenbegriffs auf die **Schriftlichkeit** als einer besonderen Form der Verkörperung einer Gedankenerklärung ist mit der h. M.[20] abzulehnen. Freilich muss sich die h. M. auf der Basis ihres extensiven Urkundenbegriffs mit der außerordentlich schwierigen Grenzziehung zwischen Beweiszeichen, Kennzeichen und technischen Aufzeichnungen auseinandersetzen[21].

Von der Beschränkung auf die Schriftlichkeit ist die Frage zu trennen, ob die Gedankenerklärung so verkörpert sein muss, dass sie **visuell** aufgenommen werden kann. Eine Aufnahme durch ein anderes Sinnesorgan (fühlen!) genügt (nur) dann, wenn

---

16 RGSt 17, 103 (106).
17 Vgl. unten Rn. 20 f.
18 Vgl. dazu BGHZ 27, 284 (287). – Zur Vergänglichkeit und Flüchtigkeit des gesprochenen Wortes im Vergleich zur Tonbandaufnahme, wobei freilich zu beachten ist, dass die Tonbandaufnahme gerade keine Urkunde darstellt, vgl. sogleich im Text.
19 Vgl. zu dieser Abgrenzung noch unten Rn. 23 f.
20 RGSt 64, 48 (49); BGHSt 9, 235; BGHSt 13, 235 (239); *Eisele*, BT I, Rn. 795; LK-*Zieschang*, 12. Aufl., § 267 Rn. 5; *Maurach/Schröder/Maiwald*, BT 2, § 65 Rn. 13 f.; MüKo-*Erb*, 2. Aufl., § 267 Rn. 40 ff.; *Rengier*, BT II, § 32 Rn. 13; *S/S/Heine/Schuster*, § 267 Rn. 7; a. M. *Kienapfel*, GA 1970, 193 (213 f.); *ders.*, JZ 1972, 394; *ders.*, Maurach-FS 1972, S. 431; *Otto*, JuS 1987, 761 (762); *Samson*, JuS 1970, 372; *ders.*, JA 1979, 526 (528). Die Diskussion um §§ 303, 304 E 62 hat im Übrigen gezeigt, dass eine Begrenzung des strafrechtlichen Schutzes auf Schriftstücke nicht plausibel zu machen ist; vgl. hierzu schon oben § 30 Rn. 8.
21 Vgl. unten Rn. 23 ff.

es um einen Schriftsatz (**Blindenschrift**) geht. – Generell genügt aber eine Lesbarkeit mit Hilfsmitteln, sodass z. B. Gedankenerklärungen auf Mikrofilm, Mikrofiche oder Mikrodot als Urkunden angesehen werden können, obwohl eine optische Kenntnisnahme nicht unmittelbar, sondern nur durch Zwischenschaltung eines Lesegerätes möglich ist. – Sind die Gedankenerklärungen jedoch so gespeichert, dass sie „übersetzt" werden müssen, damit eine optische Wahrnehmung möglich wird (**Tonband, Computermagnetband, Compact Disc**), liegt nach h. M.[22] keine Urkunde vor. Diese Einschränkung des Urkundenbegriffs ist vor allem historisch zu erklären. Doch hat der Gesetzgeber im 2. WiKG für **elektronische Urkunden** die Gleichstellung mit normalen Urkunden angeordnet[23]. Dagegen sind Tonträger den Urkunden nicht gleichgestellt worden[24]. – Die Verkörperung der Gedankenerklärung muss außerdem eine gewisse **Dauerhaftigkeit** besitzen, sodass nicht witterungsbeständige Schriftzeichen im Sand oder Schnee keine Urkunden sind.[25]

4. Beweiseignung

a) Grundsatz; Absichts- und Zufallsurkunden

10 Die Urkunde muss zum Beweis im Rechtsverkehr geeignet sein. Dabei ist es nicht erforderlich, dass durch sie allein der Beweis vollständig erbracht werden kann, es reicht aus, wenn sie zur Beweisfindung in irgendeiner Weise beitragen kann. – Regelmäßig ist eine zur Täuschung im Rechtsverkehr abgegebene Gedankenerklärung unproblematisch beweisrelevant (und beweisbestimmt). An der **Beweiseignung fehlt** es jedoch in den Fällen des Formmangels, in denen die wegen dieses Mangels nichtige Erklärung keine (auch keine abgeschwächten) Rechtsfolgen nach sich ziehen kann (Beispiel: nichtiges Testament)[26].

Ist eine Gedankenerklärung vom Aussteller von Anfang an zum Beweis im Rechtsverkehr bestimmt, spricht man von einer **Absichtsurkunde** (Beispiel: Vertrag). Dagegen liegt eine **Zufallsurkunde** vor, wenn einer Gedankenerklärung mit Außenwirkung erst später eine (ursprünglich nicht intendierte) Beweisbestimmung vom Aussteller (oder auch von einem Dritten) beigelegt wird. Mit der h. M.[27] ist davon auszugehen, dass solche Zufallsurkunden wie Absichtsurkunden unter § 267 fallen. Allerdings ist letztlich bereits die begriffliche Trennung in Absichts- und Zufallsurkun-

---

22 So u. a. auch LK-*Zieschang*, 12. Aufl., § 267 Rn. 10; *Rengier*, BT II, § 32 Rn. 3; *Wessels/Hettinger*, BT 1, Rn. 794.
23 Vgl. § 269; hierzu unten § 32 Rn. 6 ff.
24 Anders noch § 304 E 62; vgl. § 30 Rn. 8 und zur technischen Aufzeichnung (§ 268) auf Tonträger unten § 32 Rn. 1.
25 LK-*Zieschang*, 12. Aufl., § 267 Rn. 11; *Satzger*, Jura 2012, 106 (107).
26 *Ohr*, JuS 1967, 255 (Entscheidungsrezension zu OLG Düsseldorf, NJW 1966, 749). – Zum Versuch in solchen Fällen vgl. unten Rn. 37.
27 BGHSt 3, 82; BGHSt 13, 235 (238); BGHSt 13, 382 (385 f.); BGHSt 17, 297 (299); *Fischer*, § 267 Rn. 13; LK-*Zieschang*, 12. Aufl., § 267 Rn. 70; S/S/*Heine/Schuster*, § 267 Rn. 14. – Die Gegenansicht (vgl. *Schilling*, Reform der Urkundenverbrechen, 1971, S. 53; ferner auch *Jakobs*, Urkundenfälschung, Revision eines Täuschungsdelikts, 2000, S. 56) gewinnt an Boden. Im Rahmen der Gegenansicht ist jedoch zwischen einem nur begrifflichen Streit (*Maurach/Schroeder/Maiwald*, BT 2, § 65 Rn. 35: „originäre" und „nachträgliche" Urkunden) und den Befürwortern eines sachlich engeren Begriffs der Urkunde zu unterscheiden (für Letzteres SK-*Hoyer*, § 267 Rn. 39).

den unter sachlichen Gesichtspunkten verzichtbar bzw. nicht zwingend notwendig[28]. Auch ist der Begriff der „Absichtsurkunde" ungenau, fallen hierunter doch auch die sog. „Deliktsurkunden", also Schriftstücke, mit denen ein Delikt begangen wird oder werden soll (Beispiel: der beleidigende Brief, der in fremdem Namen verfasst wird).

Beispiel (1): Der verheiratete Politiker O schreibt der T einen Liebesbrief. T verkauft diesen an die Illustrierte S, die ihn als Wahlkampfmunition gegen O einsetzt. – In diesem Fall legen (erst) T und S den Gedankenerklärungen des O eine Beweisbestimmung bei, die von O nicht intendiert war (O hat mit seinem Brief nicht am Beweisverkehr teilnehmen wollen). Wenn T den Brief durch Radieren etc. inhaltlich verfälscht (um die Peinlichkeit für O und damit auch den von S gezahlten Preis zu erhöhen), verfälscht T eine echte Urkunde. Diese stammt von O, obwohl nicht dieser, sondern T ihr die entsprechende Beweisbestimmung beigelegt hat.

Beispiel (2): O macht ein Konzept seines Testaments, in dem er T zum Alleinerben einsetzt. Zur Kennzeichnung seiner Unschlüssigkeit steht als Überschrift auf dem Blatt „Entwurf". Dann stirbt O. T findet den Entwurf. Da er bei gesetzlicher Erbfolge nicht Alleinerbe wäre, schneidet T die Überschrift „Entwurf" ab und legt das vermeintliche Testament dem Nachlassgericht vor. – Das Testament ist hier als bloßer Entwurf eine Nichturkunde. Durch Abschneiden der Überschrift stellt T eine unechte Urkunde her (dem O wird eine von ihm in Wirklichkeit nicht formwirksam abgegebene Erklärung untergeschoben, nämlich die, dass der T Alleinerbe sein soll).

b) Anonymität

Ein **Zuschreibungsvertrauen**[29] setzt voraus, dass sich jemand die Gedankenerklärung zurechnen lassen will. Dies führt zur Notwendigkeit der **Erkennbarkeit des Ausstellers** als wesentlichem Merkmal der Beweiseignung. Aus der Urkunde muss sich eine natürliche oder juristische Person ergeben, die als (scheinbarer) Garant hinter der abgegebenen Erklärung steht. Dabei reicht es jedoch aus, wenn der Aussteller aus konkreten Umständen, die in der Urkunde selbst verkörpert sein müssen, für die Beteiligten eindeutig individualisierbar ist[30]. Fehlt es daran, fehlt auch die Beweisbedeutung. Anonyme Gedankenerklärungen sind daher keine Urkunden.

Die **Anonymität** kann mehr oder weniger „offen" bzw. „versteckt" sein. So fehlt es an der Urkundenqualität, wenn unterschrieben wird, „ein wohlmeinender Freund" oder „Donald Duck aus Entenhausen". Auch hinter Allerweltsnamen wie „Müller" kann sich ein Anonymus verstecken, es sei denn, es wird auf einen bestimmten „Müller" als Aussteller hingewiesen[31]. Entscheidend ist hierbei, ob aus dem Schriftstück erkenn-

---

28 *Freund*, Urkundenstraftaten, 2. Aufl. 2010, Rn. 109 f. (Unterscheidung „sachlich verfehlt"); S/S/*Heine/Schuster*, § 267 Rn. 15; *Wessels/Hettinger*, BT 1, Rn. 797 („terminologisch missverständlich und sachlich entbehrlich"); kritisch zur Zufallsurkunde auch *Erb*, Puppe-FS, 2011, S. 1107 ff.; NK-*Puppe*, § 267 Rn. 9 ff.
29 Welches die Grundlage des Inhaltsvertrauens darstellt; vgl. oben § 30 Rn. 1 f.
30 Vgl. hierzu BGHSt 5, 75 (78 f.).
31 Auch vom Sachverhalt her interessant ist der Grenzfall RGSt 46, 297 (Verwendung eines im Dorf häufigen Namens bei Eingabe an das Landratsamt; hier wurde § 267 bejaht); ähnlich auch BGHSt 5, 149; ausführlich hierzu auch *Seier*, JA 1979, 133 (134); vgl. auch *Satzger*, Jura 2012, 106 (108).

bar ist, dass eine bestimmte Person für die Erklärung einstehen will. – Schwierig ist die Grenzziehung zwischen einem „Schnörkel" (sog. „versteckte Anonymität"[32]) und einer bloß unleserlichen Unterschrift (die trotz Unleserlichkeit auf einen bestimmten Aussteller hinzudeuten scheint). So stellt z. B. derjenige eine unechte Urkunde her, der eine auf eine andere Person ausgestellte Empfangsbestätigung mit einem unleserlichen Kürzel unterschreibt, weil der Rechtsverkehr dem anderen dieses Kürzel als Unterschrift zuschreibt[33].

c) Durchschriften, Abschriften, Fotokopien

12 Im Gegensatz zur **Durchschrift**, die regelmäßig gleichzeitig mit dem Original vom selben Aussteller stammt und daher als Urkunde anerkannt wird, ist bei **Abschriften** und **Fotokopien** eine differenzierende Betrachtung erforderlich. Ist die Abschrift oder Kopie eindeutig als solche zu erkennen, ist ihr die Urkundeneigenschaft abzusprechen[34]. Denn regelmäßig ist hier nicht erkennbar, wer als Hersteller der Abschrift oder der Fotokopie für deren Richtigkeit (= d. h. für die Übereinstimmung mit dem Original, nicht hingegen für die inhaltliche Richtigkeit!) einstehen will bzw. hierfür i. S. des Zuschreibungsvertrauens als Garant angesehen werden soll[35]. Folglich kann die als solche erkennbare Abschrift nicht an der Garantie- und Beweisfunktion der Urschrift teilhaben. Der BGH führte hierzu aus: „Die […] Fotokopie […] enthält also ähnlich wie eine Abschrift lediglich die (bildliche) Wiedergabe der in einem anderen Schriftstück verkörperten Erklärung […]. Sie weist vor allem – anders als etwa die Durchschrift […] – ihren Aussteller nicht aus. Ihr kann daher auch die – einer Urkunde grundsätzlich eigene – Garantiefunktion für die Richtigkeit des Inhalts nicht schlechthin zuerkannt werden"[36].

Die genannte Grundsatzentscheidung des BGH aus dem Jahre 1971 muss jedoch im Hinblick auf die zunehmende Verwendung von Kopien im Rechtsverkehr modifiziert werden und kann nur für solche Abschriften

---

32 Vgl. RGSt 41, 425.
33 Zu diesem Fall *B. Heinrich*, Jura 1999, 585 (590).
34 *Welp*, Stree/Wessels-FS, 1993, S. 511 ff., will die vom Aussteller des Originals „legitimierten" Kopien als Urkunden ansehen. Wie der Beglaubigungsvermerk auf einer Kopie seinerseits eine Urkunde sein kann, kann natürlich der Aussteller des Originals eine Legitimierungserklärung abgeben, die dann ihrerseits eine Urkunde ist. Man kann jedoch (insoweit gegen *Welp*) eine Kopie nicht deshalb zur Urkunde machen, weil aus außerhalb dieses Schriftstücks liegenden Umständen eine „Legitimierung" durch den Aussteller des Originals mehr oder weniger zuverlässig erschlossen werden kann.
35 Insoweit ist also ein Beglaubigungsvermerk auf einer Kopie wichtig, durch den der Beglaubigende die Übereinstimmung der Kopie mit dem Original bestätigt; vgl. zur schweizerischen Praxis, die Fotokopien grundsätzlich wie Durchschriften behandelt, also als „Aussteller" den Aussteller des Originals ansieht BGE 114 IV 26; BGE 115 IV 51 (57). Ebenso zum deutschen Recht *Freund*, Urkundenstraftaten, 2. Aufl. 2010, Rn. 127 „entgegen noch immer verbreiteter Auffassung".
36 BGHSt 24, 140 (141); ähnlich schon BGHSt 5, 291 (293); BGHSt 20, 17 (18); vgl. auch BayObLG, NJW 1990, 3221; BayObLG, NJW 1992, 3311.

und Kopien gelten, die deutlich als solche zu erkennen sind. Wird hingegen eine Fotokopie im Rechtsverkehr als beweiserheblich anerkannt oder soll die Kopie den Anschein des Originals erwecken (was insbesondere bei nicht mehr handschriftlich signierten Schriftstücken der Fall sein kann), wird sie im Rechtsverkehr demjenigen zugeschrieben, der als Aussteller aus dem betreffenden Schriftstück hervorgeht. In diesem Fall ist ihr die Eigenschaft als Urkunde zuzusprechen[37]. – Zu beachten ist jedoch weiter, dass im Gebrauchmachen einer Kopie auch der mittelbare Gebrauch des Originals gesehen werden kann[38]. Diese Differenzierung ist für Kopien auch deswegen bedeutsam, weil sie nicht als technische Aufzeichnungen anzusehen sind[39].

d) Fax und E-Mail

Ein **Telefax** „entsteht" körperlich erst beim Empfänger. Je nach verwendeter Technik kann es sich um eine Art „Fernkopie" eines beim Versender körperlich vorhandenen Originals handeln. Bei diesem Original ist die Urkundenqualität jedoch deshalb problematisch, weil dieses Original nur mittelbar, eben via Fax, für den Rechtsverkehr bestimmt ist. Eine Faxmitteilung kann jedoch auch direkt aus dem elektronischen Speicher des Versenders übermittelt werden, d. h. ohne vorhergehenden Ausdruck des Originals (sog. Computerfax). In beiden Fällen wird man das Fax jedoch einem vom Versender als Aussteller stammenden Brief gleichstellen können und damit **Urkundenqualität bejahen** müssen.[40]

13

Folgende Differenzierung[41] bietet sich für das empfangene und ausgedruckte Telefax an: Soll das **Telefax** nach dem Willen des Ausstellers (= des Versenders) und nach der Verkehrsanschauung dazu geeignet und bestimmt sein, gleichwertig neben das Original (= die Faxvorlage) zu treten (so z. B. das Angebot und die Annahme beim Abschluss eines Vertrages per Fax) liegt eine (weitere) Urkunde vor. Druckt der Empfänger diese unter Veränderung oder Verschleierung des Originalausstellers aus, so ist dies als Herstellen einer unechten Urkunde gem. § 267 I Alt. 1 anzusehen[42]. – Soll durch den technischen Vorgang des Faxens lediglich eine andere Urkunde identisch übermittelt werden, so entspricht der Vorgang dem Vorgang des Fotokopierens. Folglich stellt das empfangene und ausgedruckte Telefax dann (als schlichte Kopie) keine Urkunde dar[43], sofern diese im Rechtsverkehr nicht den Anschein einer Originalurkunde erwecken soll. – Im Falle des **Computerfaxes** ist das Ausdru-

---

37 Verneint wurde dies beim Ausdruck eines Personalausweises, vgl. BGH NStZ-RR 2011, 213 f.; vgl. hierzu auch *Nestler*, ZJS 2010, 608 (609 f.); *Satzger*, Jura 2012, 106 (112).
38 BGHSt 24, 140 (142); vgl. näher unten Rn. 33.
39 BGHSt 24, 140 (142); vgl. näher unten § 32 Rn. 1 ff.
40 Wie hier SK-*Hoyer*, § 267 Rn. 21; S/S/*Heine/Schuster*, § 267 Rn. 43; anders jedoch OLG Oldenburg NStZ 2009, 391; *Fischer*, § 267 Rn. 21; LK-*Zieschang*, 12. Aufl., § 267 Rn. 125 f., die nur auf die Differenzierung bezüglich der Erscheinung als Original abstellen.
41 So auch *Beckemper*, JuS 2000, 123 ff.; *Rengier*, BT II, § 32 Rn. 28; *Satzger*, Jura 2012, 106 (113).
42 Hierzu vgl. auch BGH, NStZ 2010, 703 (704) mit Besprechung *Bosch*, JA 2010, 555; ferner den Übungsfall bei *Hellmann/Beckemper*, JA 2004, 891 (895 f.).
43 OLG Zweibrücken, NJW 1998, 2918; *Hohmann/Sander*, BT II, § 17 Rn. 31; hingegen den Urkundencharakter des Telefaxes auch in diesen Fällen annehmend *Freund*, Urkundenstraftaten, 2. Aufl. 2010, Rn. 128a; *Hardtung*, JuS 1998, 719 (722 f.); LK-*Zieschang*, 12. Aufl., § 267 Rn. 122; NK-*Puppe*, § 267 Rn. 21 f.; SK-*Hoyer*, § 267 Rn. 21 ff.

cken durch den Empfänger dann als Herstellen einer Urkunde durch den Versender anzusehen, wenn dieser den Ausdruck der Datei erwartet hat und dies auch unter den beteiligten Verkehrskreisen als üblich gilt[44].

Nach denselben Grundsätzen ist schließlich auch die Urkundenqualität von **E-Mails** zu beurteilen. Auch hier liegt eine stoffliche Fixierung erst durch das Ausdrucken durch den Empfänger vor. Zur Urkunde wird ein solcher Ausdruck – analog zum Computerfax – wenn der Versender den Ausdruck erwartet hat. Dies scheidet dann aus, wenn dem Versender der Ausdruck durch den Empfänger gleichgültig war und er die Täuschung bereits durch die optische Wahrnehmung des Gedankeninhalts per Bildschirm erreichen wollte[45]. Darüber hinaus kann aber auch eine Strafbarkeit nach § 269 in Betracht kommen[46].

e) **Gebrauch eines falschen Namens**

14   Auch beim **Gebrauch eines falschen Namens** kann die Identität des richtigen Ausstellers erkennbar sein, also eine echte Urkunde vorliegen. Eine solche Namenstäuschung (= Täuschung „über" den Namen) fällt dann nach überwiegender Ansicht nicht unter § 267 I Alt. 1[47], wobei die Begründung strittig ist. Nach einer Ansicht[48] entfällt mangels Identitätstäuschung bereits der objektive Tatbestand. Nach anderer Ansicht[49] fehlt es hingegen an der Täuschungsabsicht.

> **Beispiel:** Hotelgast K tritt, um die Chancen für eine Urlaubsbekanntschaft zu verbessern, als Baron von Waldhausen auf. Unter diesem Namen bucht er die Reise, trägt sich ins Gästebuch ein, lässt sich die Mahlzeiten servieren etc. – Hier schließt K zwar einen Vertrag unter falschem Namen ab, täuscht aber nicht über seine Identität[50]. Anders liegt die Sache jedoch dann, wenn K sich seine Ähnlichkeit mit dem bekannten Sänger „Waldhausen" zunutze macht, um unter dessen Namen auf Kredit im Hotel zu leben. Dann ist als Aussteller der Gedankenerklärung der echte Waldhausen erkennbar. So führte bereits das RG aus: „Denn nicht aus dem Gesichtspunkt der Verletzung eines fremden Namensrechts oder der ‚unbefugten Namensführung' ist die Urkundenfälschung strafbar, sondern nur dann, wenn durch den Gebrauch eines falschen Namens gleichzeitig wirksam und, der Absicht des Täters entsprechend, auch eine Täuschung über die Person des Ausstellers hervorgerufen wird oder werden kann, also innerhalb des Umfangs, in dem sich die Verwendung der Urkunde bewegt, mit Wissen des Ausstellers die Annahme entstehen kann, dass ein Dritter, nämlich der wirkliche Namensträger, die Urkunde unterzeichnet habe, der wahre Aussteller aber verborgen bleibt"[51].

---

44   LK-*Zieschang*, 12. Aufl., § 267 Rn. 128; hierzu vgl. auch *Nestler*, ZJS 2010, 608 (611 ff.).
45   LK-*Zieschang*, 12. Aufl., § 267 Rn. 133.
46   *Buggisch*, NJW 2004, 3519.
47   *Wessels/Hettinger*, BT 1, Rn. 828; kritisch jedoch NK-*Puppe*, § 267 Rn. 70; S/S/*Heine/Schuster*, § 267 Rn. 48 ff.
48   *Krey/Hellmann/M. Heinrich*, BT 1, Rn. 997 f.; *Otto*, BT, § 70 Rn. 43 ff.; *Rengier*, BT II, § 33 Rn. 15.
49   *Seier*, JA 1979, 133 (137); vgl. auch BGHSt 33, 159 (160 f.); OLG Celle, NJW 1986, 2772 (2773).
50   So RG, JW 1934, 3064 (die Freundin des Mieters M unterzeichnete den Mietvertrag als „Frau M", „um durch die Art der Unterschrift die Tatsache zu verdecken, dass sie als ledige Frauensperson mit dem verwitweten Angeklagten zusammenlebte").
51   RGSt 48, 238 (240).

Ebenfalls nicht von § 267 I Alt. 1 erfasst werden sollen die Fälle, in denen der Wahrheit der Namensangabe objektiv keine Bedeutung zukommt und der Adressat der Urkunde kein Interesse an einer richtigen Namensangabe hat[52]. Benutzt der Täter einen falschen Namen allerdings dazu, um sich die Möglichkeit offen zu halten, sich bei der späteren Inanspruchnahme aus seinen urkundlich geschlossenen Vertragsverpflichtungen mit dem Argument zu entziehen, er sei mit dem Unterzeichner nicht identisch, so liegt eine Identitätstäuschung und damit ein Fall des § 267 I Alt. 1 (= Täuschung „mit" dem Namen) vor. – Umgekehrt kann jemand seinen eigenen Namen aber auch so gebrauchen, dass der Anschein erweckt wird, ein anderer sei Aussteller.

Beispiel[53]: R bestellt bei verschiedenen Versandhäusern hochwertige Waren, ohne sie zu bezahlen. Weil er befürchtet, dass sein Name und seine weiteren Personendaten bei den entsprechenden Versandhäusern inzwischen bekannt sind und ihm daher künftige Bestellungen verweigert werden könnten, variiert er bei den Bestellungen seine Kundenangaben, indem er a) die Schreibweise seines Namens verändert, b) die Adresse einer angemieteten zweiten Wohnung angibt, c) ein anderes Geburtsdatum angibt und d) neben seinem Rufnamen zusätzlich seinen zweiten Vornamen angibt. Dadurch wird er seitens der Versandhäuser stets als „Neukunde" verbucht und bekommt die entsprechenden Waren zugesandt. – Neben dem hier jeweils vorliegenden Betrug, § 263, nahm der BGH in den Fällen a) und c) auch eine Urkundenfälschung an.

f) Geistigkeitstheorie

Probleme tauchen dann auf, wenn für den Aussteller ein **Vertreter** (sei es im eigenen Namen, mit dem Zusatz „in Vertretung" oder mit Namen des Vertretenen) unterzeichnet oder ein **Schreibgehilfe** die Gedankenerklärung zu Papier bringt. Zu prüfen ist, wem der Rechtsverkehr diese Gedankenerklärung zuschreibt, wer also durch das Zuschreibungsvertrauen geschützt wird. Die früher vertretene **Körperlichkeitstheorie** sah nur denjenigen als Aussteller an, der die Urkunde körperlich herstellte (und nahm daher bei der Unterzeichnung mit einem fremden Namen stets eine unechte Urkunde an). Dagegen schreibt die heute herrschende **Geistigkeitstheorie** die Urkunde demjenigen zu, der nach außen hin für die Urkunde als Garant einzustehen hat[54]. Die Urkunde ist also dann echt, wenn die Gedankenerklärung dem Vertretenen zuzurechnen ist. In diesem Fall nämlich stammt die Erklärung, die „körperlich" der Vertreter abgegeben (bzw. der Schreibgehilfe zu Papier gebracht) hat, geistig von dem Vertretenen, der als geistiger Aussteller bzw. Urheber erkennbar ist[55]. Diese Theorie schützt

15

---

52 BGHSt 33, 159 (160); kritisch SK-*Hoyer*, § 267 Rn. 57 („Wer einen falschen Namen verwendet, täuscht also stets über den Urkundenaussteller."); siehe hierzu auch unten Rn. 16 f.
53 Fall nach BGHSt 40, 203 (205 ff.); hierzu auch *Lackner/Kühl*, § 267 Rn. 19; *S/S/Heine/Schuster*, § 267 Rn. 52; einschränkend SK-*Hoyer*, § 267 Rn. 58 ff.; a. M. *Hohmann/Sander*, BT II, § 17 Rn. 41; *Sander/Fey*, JR 1995, 209 (210).
54 BGHSt 13, 382 (385); *Freund*, Urkundenstraftaten, 2. Aufl. 2010, Rn. 113 ff.
55 Zum Zusammenhang der Geistigkeitstheorie mit dem Recht der Vertretungsmacht *Rheineck*, Fälschungsbegriff und Geistigkeitstheorie, 1973, S. 16 ff.

also qua „Zuschreibungsvertrauen" ein Stück „Inhaltsvertrauen" – nämlich das Vertrauen in das Bestehen der Vertretungsmacht[56].

16 **Beispiel**[57]: Der Kunststofftechniker T hat Kunden in technischer Hinsicht zu beraten, Inkassovollmacht hat er nicht. Er entwendet seiner Firma X Rechnungsformulare sowie einen Firmenstempel und kassiert über einen längeren Zeitraum bei einer Reihe von Kunden das von diesen zu entrichtende Entgelt. Dabei verwendet er beim Quittieren den Firmenstempel X und unterschreibt „in Vertretung T". – Hier stellt T eine unechte Urkunde her. Denn nach der Geistigkeitstheorie wird die Quittung im Rechtsverkehr der Firma X als Gedankenerklärung des Inhalts „Schuld getilgt" zugeschrieben. Diese Erklärung hat die Firma X jedoch nicht abgegeben bzw. T war zur Abgabe einer entsprechenden Erklärung nicht befugt. Die Körperlichkeitstheorie würde dagegen die Urkunde als echt bezeichnen, weil sie körperlich vom unterzeichnenden T stammt. Sie sieht darin einen ausreichenden Ansatz für das Zuschreibungsvertrauen. Das Vertrauen in die Richtigkeit der Behauptung des T vom Bestehen seiner Vertretungsmacht wird von der Körperlichkeitstheorie – wie das Vertrauen in die inhaltliche Richtigkeit von Gedankenerklärungen allgemein – strafrechtlich durch § 267 aber grundsätzlich nicht geschützt.

Wesentliche (und gewollte) **Konsequenz der Geistigkeitstheorie** ist die **Umkehrbarkeit der Fälle**: Begeht T trotz Zeichnens mit eigenem Namen eine Urkundenfälschung, wenn sich aus den Umständen ein Handeln für einen Vertretenen (hier: X) ergibt (und T keine Vertretungsmacht hat), so begeht T trotz des Unterzeichnens mit einem fremden Namen (hier: X) keine Urkundenfälschung, wenn er die Firma X vertreten darf. Dabei spielt es keine Rolle, ob T offen oder verdeckt als Vertreter auftritt. – Ein **Strohmann** begeht deshalb keine Urkundenfälschung, wenn er mit dem Namen des wahren Firmeninhabers unterzeichnet. Umgekehrt begeht der wahre Inhaber keine Urkundenfälschung, wenn er mit dem Namen seines Strohmanns unterzeichnet[58]. – Auch bei Schriftstücken von Behörden oder allgemein von juristischen Personen ist es anerkannt, dass die Erklärung nicht dem unterzeichnenden Beamten oder Angestellten, sondern der Behörde oder juristischen Person zuzuschreiben ist[59].

17 Wie an den vorangehenden Beispielen zu sehen ist, ist die extensive Auslegung des § 267 durch die herrschende **Geistigkeitstheorie** deshalb **bedenklich**, weil der Umfang der Vertretungsmacht oft problematisch ist und deshalb keinen sicheren Ansatz für den objektiven Tatbestand des § 267 darstellt[60]. Weiter zeigt sich in der Praxis immer wieder das Bedürfnis, trotz (sicher oder nur vielleicht) bestehender Vertretungsmacht den Aussteller dann zu bestrafen, wenn dem Beweisverkehr aus irgendwelchen Gründen an Klarheit daran gelegen ist, von wem die Erklärung körperlich

---

56 Besteht Vertretungsmacht, ist der Vertreter normalerweise berechtigt, mit eigenem Namen (und Zusatz i. V. oder ähnlich) oder mit dem Namen des Vertretenen zu zeichnen. Die Körperlichkeitstheorie kommt hier in Schwierigkeiten, vgl. Holzhauer, Die eigenhändige Unterschrift, 1973, S. 282 ff.; instruktiv zu den Vertretungsfällen: BGHSt 17, 11 (Kommanditist ohne Handlungsvollmacht unterzeichnet Wechsel mit seinem Namen und drückt den Firmenstempel bei); ähnliche Fälle in BGHSt 7, 149; BGHSt 9, 44.
57 Fall in Anlehnung an BGH, LM Nr. 71 zu § 263.
58 Einschränkend BGHSt 33, 159 (160 ff.).
59 OLG Düsseldorf, wistra 1999, 233 (234); Rengier, BT II, § 32 Rn. 11.
60 Im obigen Beispiel ist fraglich, wie lange (!) das Verhalten des T unter § 267 fällt, weil nach den Regeln der Anscheinsvollmacht das spätere Kassieren tatsächlich der Firma zuzurechnen ist, vgl. § 20 Rn. 102 zu § 263.

stammt (und dies verwischt wird)⁶¹. Folgende Problemkonstellationen zeigen die Schwierigkeiten der Geistigkeitstheorie in der Praxis:

Vertretungsfälle: Derjenige, der als Vertreter für einen anderen in dessen Namen eine (schriftliche) Erklärung abgibt, stellt eine **echte Urkunde** her, wenn er (1) zur Vertretung rechtlich befugt ist (z. B. durch gesetzliche Vertretungsbefugnis oder rechtsgeschäftliche Vollmachtserteilung), (2) er den Vertretenen wirklich vertreten will und (3) der Vertretene sich seinerseits wirklich vertreten lassen will⁶². Fraglich ist, ob dies auch dann gilt, wenn der Vertreter seine ihm erteilte Vertretungsmacht überschreitet. Hier ist zu differenzieren: Wer als Vertreter auftritt und dabei im Außenverhältnis seine Vertretungsmacht überschreitet, gibt eine Erklärung ab, die geistig nicht dem (angeblich) Vertretenen zuzurechnen ist. Bei Schriftlichkeit liegt also die Herstellung einer unechten Urkunde vor⁶³. Ist die Erklärung dagegen nach außen für den Vertretenen bindend, ändert die Überschreitung der dem Vertreter im Innenverhältnis zum Vertretenen auferlegten Bindungen nichts daran, dass die Erklärung auch geistig dem Vertretenen zuzurechnen ist. Angesichts der Bindung des Vertretenen im Außenverhältnis greift der im Innenverhältnis abredewidrige Gebrauch der Vertretungsmacht bereits den Rechtsverkehr (Beweisinteresse) nicht an⁶⁴. Mit dem Rechtsgut (Schutz des Beweisverkehrs) wäre es nicht vereinbar, wenn man § 267 schon bejahen würde, wenn der Vertreter Bindungen gegenüber dem Vertretenen im Innenverhältnis missachtet. Diesem Grundsatz entsprechend ist auch bei der abredewidrigen Ausfüllung einer **Blankounterschrift** danach zu differenzieren, ob trotz Verstoßes gegen die Absprache zwischen Vertretenem und Vertreter im Innenverhältnis der Vertretene im Außenverhältnis wegen des ihm zuzurechnenden **Rechtsscheines** (= Vertretungsrisiko!) gebunden ist.

18

Täuschung oder Nötigung: Eine durch Täuschung veranlasste Unterschrift führt nur dann zur Unechtheit der Urkunde, wenn dem Unterzeichner infolge der Täuschung verschleiert bleibt, dass er eine Gedankenerklärung mit Außenwirkung abgibt⁶⁵. Wegen des fehlenden Erklärungsbewusstseins liegt schon keine Begebung seitens des Getäuschten vor⁶⁶. Eine Täuschung über den Inhalt der Erklärung – bei gegebenem Erklärungsbewusstsein – berührt dagegen die Echtheit der Urkunde nicht. – Entsprechend zu behandeln sind nach h. M.⁶⁷ die Fälle, in denen

19

---

61 Besonders deutlich zur Schwäche der Geistigkeitstheorie bei unsicheren Vertretungsverhältnissen und missbräuchlichem Verwischen der Vertretungsverhältnisse *Paeffgen*, JR 1986, 114 (zum Strohmann-Fall BGHSt 33, 159); dazu auch *Otto*, JuS 1987, 761 (766 f.) sowie *Puppe*, Jura 1986, 22.
62 RGSt 75, 46 (47); BGHSt 33,159 (161 f.); *Eisele*, BT I, Rn. 823; LK-*Zieschang*, 12. Aufl., § 267 Rn. 33; *Maurach/Schroeder/Maiwald*, BT 2, § 65 Rn. 50 f.; S/S/*Heine/Schuster*, § 267 Rn. 58; *Wessels/Hettinger*, BT 1, Rn. 829; kritisch NK-*Puppe*, § 267 Rn. 66 ff.; *dies.*, JR 1981, 441.
63 Inkonsequent abweichend allerdings BGH, wistra 1993, 266: bei „natürlichen" Personen soll für den Aussteller die Körperlichkeitstheorie gelten, nur bei Firmen und Behörden soll die Erklärung dem Vertretenen zugerechnet werden, also unecht sein, wenn sie dem Vertretenen nicht zugerechnet werden könne. – Zu dieser systematisch unbefriedigenden Beschränkung *Maurach/Schroeder/Maiwald*, BT 2, § 65 Rn. 54 im Anschluss an *Zielinski*, wistra 1994, 1 (5); vgl. hierzu auch *Gerhold*, Jura 2009, 498 ff.; *Satzger*, Jura 2012, 106 (108 f.).
64 *Eisele*, BT I, Rn- 824.
65 Vgl. RGSt 50, 179; RG, JW 1931, 2248; zur Frage der mittelbaren Täterschaft in solchen Fällen vgl. *Schroeder*, GA 1974, 225 (227 f.). – Ob sich der Aussteller durch Anfechtung wegen Täuschung oder Drohung von der Erklärung lösen kann, ist nach ganz h. M. unerheblich, anders aber *Freund*, Urkundenstraftaten, 2. Aufl. 2010, Rn. 156.
66 Zur Begebung vgl. oben Rn. 5 f.
67 So z. B. *Fischer*, § 267 Rn. 28; NK-*Puppe*, § 267 Rn. 71; MüKo-*Erb*, 2. Aufl., § 267 Rn. 115; S/S/ *Heine/Schuster*, § 267 Rn. 55.

jemand zu einer Unterzeichnung genötigt wird. Eine wirksame Begebung und damit die Echtheit der Urkunde ist erst dann zu verneinen, wenn vis absoluta angewendet wird.

Geistige Urheberschaft: Unerheblich für die Zuordnung der Erklärung zu ihrem Aussteller ist die Frage, ob jener diese Erklärung auch selbst im Sinne einer eigenen geistigen Urheberschaft bzw. schöpferischen Leistung entwickelt hat, denn gerade dies unterliegt nicht (mehr) dem Schutzzweck des § 267[68]. Entscheidend ist lediglich, wer sich zu der Gedankenerklärung bekennen, also „hinter ihr stehen" will. Regelmäßig kann man sich in diesem Sinne auch eine fremde geistige Leistung – beispielsweise durch Unterzeichnen mit dem eigenen Namen – zu eigen machen, sodass z. B. dann keine Urkundenfälschung vorliegt, wenn eine noch im Zustand des Urkundenentwurfs befindliche fremde Examensklausur mit dem eigenen Namen unterschrieben und abgegeben wird[69]. Denn hier will der betrügende Examenskandidat ja genau hinter dieser fremden Gedankenerklärung stehen und sich zu ihr bekennen.

5. Zusammengesetzte Urkunden und Gesamturkunden

20 Eine Gedankenerklärung, wie sie z. B. in einem Etikett oder einem Preisschild zum Ausdruck kommt, ist mitunter nur durch den Zusammenhang mit einem Gegenstand (z. B. der Ware) verständlich. Wenn der Zusammenhang gelöst wird, liegt mangels Gedankenerklärung keine Urkunde (mehr) vor. Das Etikett „nur 200 €, 2. Wahl, kein Umtausch" enthält eine (beweiserhebliche) Gedankenerklärung erst, wenn es im Bekleidungsgeschäft X an einem Mantel (= Bezugsobjekt) befestigt ist. In solchen Fällen spricht man gelegentlich von **zusammengesetzten Urkunden.** Es ist jedoch nicht nötig und nicht möglich, eine Grenze zwischen einfacher und zusammengesetzter Urkunde zu ziehen. Das Stichwort „zusammengesetzte Urkunde" sollte man nur als Hinweis darauf verstehen, dass die Gedankenerklärung u. U. erst durch den Zusammenhang mehrerer Objekte entsteht.

Beispiel: Preisschild und Ware[70]; Ausweis und Foto; Pfandsiegel und Pfandobjekt; TÜV-Plakette und Nummernschild[71]; Nummernschild und Kfz[72].

21 Eine Lösung dieses Zusammenhangs führt zur Urkundenvernichtung. Da ohne diesen Zusammenhang keine Urkunde vorliegt, folgt aus der Erforderlichkeit der Verkörperung der Gedankenerklärung, dass zwischen den mehreren Objekten, die erst in ihrem Zusammenhang die Gedankenerklärung ergeben, eine **feste (wenn auch trennbare) körperliche Verbin-**

---

68 Insoweit auch kritisch zum Begriff der „Geistigkeits-"theorie MüKo-*Erb*, 2. Aufl., § 267 Rn. 125; NK-*Puppe*, § 267 Rn. 63.
69 BayObLG, NJW 1981, 772.
70 OLG Köln, NJW 1979, 729.
71 OLG Celle, NJW 2011, 2983 (2984).
72 BGHSt 45, 197; vgl. zur Frage, ob ein Verkehrsschild und ein bestimmter Straßenraum eine „zusammengesetzte Urkunde" darstellen, OLG Köln, NJW 1999, 1042 (1043); hierzu *Baier*, JuS 2004, 56 (58); *Böse*, NStZ 2005, 370 (371); *Heinrich*, JA 2011, 423 (425); *Rengier*, BT II, § 32 Rn. 18a.

dung bestehen muss. Ob eine solche vorliegt, ist stets anhand des Einzelfalls zu beurteilen. Grundsätzlich ist jedoch dann von einer festen Verbindung auszugehen, wenn zu deren Lösung ein gewisser Kraftaufwand oder eine Substanzverletzung notwendig ist[73].

Beispiel (1)[74]: Dem N, der einen Unfall verursacht hat, wird von einem Arzt eine Blutprobe entnommen. Auf die Venüle mit dem Blut klebt der Arzt ein Stück Papier, auf welchem er in Druckbuchstaben den Namen des N notiert. Dann steckt er die Venüle zusammen mit dem Befundbericht (in dem er seinen äußeren Eindruck vom Verhalten des N schildert) in ein Holzkästchen und übergibt dieses einem Polizeibeamten zur Weiterleitung. Die Blutalkoholbestimmung sollte später durch das gerichtsmedizinische Institut vorgenommen werden. N schafft es dank seiner Beziehungen zum Leiter des Gesundheitsamtes, dass dieser die Venüle mit dem Blut des N durch eine andere Venüle mit fremdem Blut ersetzt, die er in das Holzkästchen legt. Das Originalfläschchen mit dem Blut des N wird vernichtet. Der auffallend niedrige Blutalkoholgehalt führt zur Aufdeckung der Manipulation. – Der Befundbericht ist eine Urkunde. Eine Verfälschung durch Auswechselung der Blutprobe lehnt der BGH ab, weil der Leiter des Gesundheitsamtes nicht die Urkunde (= den Bericht des Arztes), sondern „einen außerhalb der Urkunde liegenden Gegenstand ändert, auf den sich die Urkunde bezieht". Das Fläschchen mit der Aufschrift „N" ist selbst keine Urkunde, weil kein bestimmter Aussteller der Aufschrift erkennbar ist (infrage kommt neben dem Arzt einer der mitwirkenden Polizeibeamten). Deshalb ist die Vernichtung der Blutprobe keine Urkundenunterdrückung nach § 274. Es bleibt die Frage, ob die Venüle und der Befundbericht als eine zusammengesetzte Urkunde angesehen werden können (so die Vorinstanz). Der BGH lehnt dies ab. In der Regel sei erforderlich, dass die Teile „nicht nur lose zueinander gelegt, sondern mit einiger Festigkeit unter sich verbunden sind", woran es hier fehlt. Ausnahmsweise genüge „eine lose äußere Vereinigung", wenn die Teile „ersichtlich zu dem Zwecke zusammengefasst worden [sind], zusammen eine Erklärung zu bilden". Hier sei die Zusammenfügung nur „aus Gründen der Zweckmäßigkeit" erfolgt, der Arzt hätte genau so gut Bericht und Venüle gesondert an das gerichtsmedizinische Institut übersenden können.

Beispiel (2): A, der sein Kfz im Halteverbot abgestellt hat, entwendet einen, sich unter dem Scheibenwischer eines anderen Kfz befindenden „Strafzettel" und steckt diesen unter seinen eigenen Scheibenwischer, um bei einer möglichen Kontrolle beim Kontrolleur den Irrtum hervorzurufen, er sei bereits verwarnt worden. – Es liegt zwar ein Diebstahl am Papier, nicht aber eine Urkundenfälschung (oder -unterdrückung) vor, da es jedenfalls auch hier an einer festen Verbindung des „Strafzettels" mit dem Auto (= Bezugsobjekt) und daher an einer zusammengesetzten Urkunde fehlt. Ein bloßes Klemmen unter den Scheibenwischer reicht nicht aus.

Werden Urkunden mit anderen Urkunden zusammengesetzt, spricht man von einer **Gesamturkunde**. Eine solche liegt vor, wenn mehrere Einzelurkunden in ihrer körperlichen Zusammenfassung die Gedankenerklärung ergeben, die mehr oder etwas anderes ist als die bloße Addition der Gedankenerklärungen der einzelnen Urkunden. Praktisch

---

73 Vgl. *Heinrich*, JA 2011, 423 (425) mit einigen Beispielsfällen; hierzu siehe auch MüKo-*Erb*, 2. Aufl., § 267 Rn. 53 ff.
74 Fall nach BGHSt 5, 75 (Blutprobe und ärztlicher Befund).

steckt dieses „Mehr" in der Erklärung, die Zusammenfassung sei vollständig[75]. Daraus folgt, dass der Gesamturkunde auch ein dahin gehender Beweisgehalt zukommt, dass andere als die in ihr enthaltenen Rechtsvorgänge nicht erfolgt sind[76].

Beispiel: Bei Registern ist jeder Eintrag eine (Einzel-)Urkunde, darüber hinaus ist das Register insgesamt eine Gesamturkunde (i. S. einer vollständigen Wiedergabe aller Eintragungen). Diese Fälle sind selten und in einer Klausuraufgabe lassen sich kaum alle Voraussetzungen darstellen, aus denen sich die Vollständigkeitsgarantie des Registers ergibt[77].

6. Beweiszeichen, Kennzeichen, technische Aufzeichnungen

23 Während die Aussage, die in einer **Schrift** als Urkunde liegt, gelesen werden kann, werden Beweiszeichen zwar auch visuell aufgenommen, können jedoch nicht einfach gelesen, sondern müssen gedeutet werden. So enthält z. B. die Plombe an einem Elektrizitätszähler die gedankliche Erklärung, dass niemand sie verletzt und – unter Umgehung des Zählers – Strom entnommen hat. Als Aussteller ist das Elektrizitätswerk erkennbar. Während die h. M. die Beweiszeichen als (verkürzte) Urkunden anerkennt, wird dies bei bloßen „Kennzeichen", die lediglich zur Unterscheidung von Gegenständen dienen sollen, abgelehnt[78]. Beweis- und Kennzeichen sind begrifflich nicht eindeutig voneinander zu unterscheiden. Zur Abgrenzung ist eine unübersehbare, keineswegs immer überzeugende Kasuistik entstanden[79].

---

75 Der Strich des Kellners auf dem Bierfilz ist die abgekürzte Erklärung („Gast hat Bier erhalten"), also eine Urkunde. *Krey/Hellmann/M. Heinrich*, BT 1, Rn. 979 machen mit scharfsinniger Begründung daraus sogar eine Gesamturkunde. Folge: Radiert der Gast einen Strich weg, liegt nicht nur die Vernichtung des Strichs als Einzelurkunde (§ 274), sondern auch die Verfälschung der Gesamturkunde vor (§ 267). – Man sollte die Variationen dieses hübschen Falls durchdenken: Radiert der dreiste Gast den ersten Strich weg, ehe das zweite Bier kommt, gerät man mit § 267 schon in Nöte. – Ist gar der Kellner der Übeltäter, der einen Strich mehr auf dem Filz anbringt, als der Gast Bier getrunken hat, ist die Urkunde echt (es sei denn, man nimmt Kellner und Gast als gemeinsame Aussteller an, vgl. Rn. 6). Auch an ein Verfälschen durch den Kellner als alleinigen Aussteller ist zu denken, vgl. unten Rn. 32.
76 BGHSt 4, 60 (61); vgl. ferner BGHSt 12, 108 (112 – Briefwahlunterlagen); BGHSt 19, 20 (21 – Sparkassenbuch); BayObLG, NJW 1990, 264 (265); OLG Düsseldorf, NStZ 1981, 25 (26 – Personalakte); ferner OLG Hamm, NStZ-RR 1998, 331 (Reisepass keine Gesamturkunde).
77 Vgl. zu Briefwahlunterlagen als Gesamturkunde BGHSt 12, 108 (112); *Satzger*, Jura 2012, 106 (111).
78 *Rengier*, BT II, § 32 Rn. 13 ff.
79 *Lackner/Kühl*, § 267 Rn. 9; ausführlich (auch zur mangelnden Plausibilität der Abgrenzung) *Kienapfel*, Urkunden im Strafrecht, 1967, S. 127 ff.; dagegen soll nach NK-*Puppe*, § 267 Rn. 32 ff., 35 eine prinzipiell eindeutige Unterscheidung möglich sein; so auch *Obermair*, Die Abgrenzung der Beweiszeichen von den Kennzeichen beim Urkundenbegriff des § 267 StGB, 2000, S. 117 (vgl. aber die Ausdehnung, insbesondere bei Eigentümerzeichen, S. 137 ff.); vgl. hierzu auch *Satzger*, Jura 2012, 106 (109 f.), der bei der Unterscheidung letztlich auf die Beweiserheblichkeit der jeweiligen Zeichen im Rechtsverkehr abstellt.

Beispiel: RGSt 50, 191 (Plombe); RGSt 53, 165 (Fleischbeschaustempel)[80]; RG, DStR 16, 77 (Strich auf dem Bierfilz des Gastes); RGSt 76, 186 (Korkbrand); BGHSt 9, 235 (Fahrgestellnummer); BGHSt 16, 94 (Motornummer). 24

An **Kraftfahrzeugen** lässt sich besonders deutlich zeigen, dass Beweiszeichen und Kennzeichen kaum auseinanderzuhalten sind: Die Auswechslung des Motors ist keine Urkundenfälschung, weil das Fahrzeug insgesamt keine Urkunde ist[81]. Dagegen soll die Auswechslung des Fahrgestells eine Verfälschung einer Urkunde darstellen, weil die Fahrgestellnummer nicht nur – wie die Motornummer – besagt, das Werk habe diesen Rahmen erzeugt, sondern vielmehr darüber hinaus, dass das Werk genau dieses Fahrzeug mit genau diesem Rahmen erzeugt hat, deshalb soll insoweit eine zusammengesetzte Urkunde vorliegen[82]. Das hat mit dem Urkundenbegriff im Grunde nichts zu tun. Es geht vielmehr darum, dass die Auswechslung des Motors zwar auch zur Täuschung im Rechtsverkehr geschieht, insoweit aber nur Vermögenswerte auf dem Spiel stehen. Die Auswechslung des Fahrgestells wird – weil sie letztlich lebensgefährliche Mängel verbergen kann – dagegen strenger beurteilt, d. h. unter § 267 subsumiert[83].

Kennzeichen sollen dagegen – im Gegensatz zu Beweiszeichen – **keine Urkunden** darstellen. Die Rechtsprechung sieht insbesondere im Gebrauch eines Warenzeichens oder Herstellernamens nur ein „Unterscheidungsmerkmal" gegenüber Waren anderer Hersteller, aber keine Gedankenerklärung. Der logisch nicht widerlegbare Einwand, die Gedankenäußerung liege in der Kennzeichnung i. S. eines Hinweises auf den Hersteller, würde die Kennzeichen zu Urkunden machen und damit den Begriff zu weit ausdehnen. Dagegen ist die Signatur eines Künstlers auf seinem Werk Beweiszeichen für die Urheberschaft. 25

Beispiel: RGSt 17, 282 (Firmennamen auf einer Heringstonne sei keine Gedankenerklärung, sondern nur eine „leere Angabe" und bloßes „Unterscheidungsmerkmal"); RGSt 36, 15 (Brandzeichen auf einem Tier als bloße „Behauptung", nicht aber als „Mitteilung" einer Gedankenerklärung); BGHSt 2, 370 (Firmenzeichen auf Kopierstift). – Wie diese Beispiele zeigen, ist die Abgrenzung zumeist willkürlich und kaum mehr nachvollziehbar. 26

Technische Aufzeichnungen sind keine Urkunden. – Das ergibt der Gegenschluss aus § 268. An einer Urkunde fehlt es, weil die technische Aufzeichnung etwas fixiert, das gerade keine Gedankenerklärung darstellt (sondern die Messung von Werten durch einen Apparat). – Dagegen liegt unproblematisch eine Urkunde und keine technische Aufzeichnung vor, wenn Gedankenerklärungen mithilfe der Technik aufgezeichnet werden (was bei Schriftstücken an sich zwingend ist, da schon die Verwendung eines Bleistifts oder einer Schreibmaschine den Einsatz eines technischen Mittels erfordert). 27

---

80 Zum Fleischbeschaustempel RGSt 53, 165 (166): „Durch die Stempelung beurkundet demnach der Beschauer [...] die Tatsache, dass der Befund das Ergebnis seiner Untersuchung sei" (es liegt sogar eine öffentliche Urkunde vor, vgl. § 348 I; dazu unten § 33 Rn. 6 ff.).
81 BGH, LM Nr. 31 zu § 267 StGB.
82 BGHSt 9, 235.
83 So *Kohlhaas*, Anm. zu BGHSt 16, 84 in BGH, LM Nr. 31 zu § 267 StGB.

28 Das Vertrauen in die Richtigkeit technischer Aufzeichnungen kann auf zwei Wegen missbraucht werden: (1) Durch eine (nachträgliche) Fälschung technischer Aufzeichnungen[84] oder (2) durch eine Manipulation des Aufzeichnungsgerätes. – Gegen Letzteres kann durch Plomben, Prüf- oder Eichvermerke Vorsorge getroffen werden. Insoweit liegt dann je nach Sachlage die Gedankenerklärung vor: „Korrekte Einstellung des Gerätes" oder „Unterlassen des Eingriffs in den technischen Ablauf". Diese Gedankenerklärung bildet dann die Basis für einen strafrechtlichen Schutz nach § 267.

II. Herstellen, Verfälschen, Gebrauchmachen

29 Die dreifache Auffächerung der Tathandlung in § 267 reduziert sich letztlich auf das Herstellen und das Gebrauchmachen. **Herstellen einer unechten Urkunde** gemäß § 267 I Alt. 1 liegt vor, wenn über die Identität des Ausstellers der Gedankenerklärung getäuscht wird. Die Erklärung stammt in Wirklichkeit nicht von dem, der als Aussteller (scheinbar) erkennbar ist. – Zur Wiederholung: Es geht um die Identität, nicht den Namen, und es geht um den geistigen, nicht um den körperlichen Aussteller[85].

30 Eine unechte Urkunde kann man als scheinbar echte Urkunde bezeichnen. Dagegen ist es wenig sinnvoll, die Terminologie „unechte Urkunde" zu beanstanden, weil die unechte Urkunde keine Urkunde sei (sondern nur deren Schein), weshalb auch keine Urkundenfälschung, sondern nur eine „scheinbare Herstellung"[86] einer Urkunde vorliege. Wichtig ist nur, dass man sich von diesem definitorischen Geplänkel nicht dazu verführen lässt, die Fälschung auf andere Elemente als die Ausstelleridentität zu beziehen[87].

31 Ein **Verfälschen einer echten Urkunde** liegt vor, wenn dem Aussteller einer Gedankenerklärung eine inhaltlich abweichende Aussage untergeschoben wird und damit der Eindruck entsteht, dieser hätte die nunmehr veränderte Gedankenerklärung bereits von Anfang an in der nunmehr vorliegenden Form abgegeben. Insofern wird bei jedem Verfälschen einer echten Urkunde zugleich auch eine unechte Urkunde hergestellt, denn es wird über die Identität desjenigen getäuscht, dem die (abgeänderte) Erklärung zuzuschreiben ist. § 267 I Alt. 1 tritt in diesem Fall aber hinter Alt. 2 zurück. Wer allerdings nicht eine echte, sondern eine bereits unechte Urkunde (nochmals) verfälscht, stellt wiederum eine unechte Urkunde her und ist nur nach § 267 I Alt. 1 strafbar[88].

---

84 Vgl. § 268; hierzu unten § 32 Rn. 1 ff.
85 Vgl. oben Rn. 14 und 15 ff.
86 So *Binding*, Lehrbuch des Gemeinen Deutschen Strafrechts, Besonderer Teil, Bd. 2 Abt. 1, 1904, S. 230; vgl. auch *Gustafsson*, Die scheinbare Urkunde, 1993, passim.
87 So aber *Gustafsson*, Die scheinbare Urkunde, 1993, S. 167 (Urkundenfälschung bei nur scheinbarer Verkörperung); SK-*Hoyer*, § 267 Rn. 26 (es genüge der bloße Anschein einer dauerhaften Verkörperung).
88 Vgl. RGSt 68, 94 (96).

Herstellen, Verfälschen, Gebrauchmachen   § 31 Rn. 32–32b

Nach überwiegender Ansicht ist die Alternative „Verfälschen" daher grundsätzlich bedeutungslos (weil zugleich ein „Herstellen" vorliegt), es wird jedoch eine – allerdings zweifelhafte – **Ausnahme** zugelassen[89]: Ändert der Aussteller einer (echten) Urkunde seine (eigene) Gedankenerklärung, nachdem ein Dritter ein rechtliches Interesse daran erlangt hat, dass eine solche Änderung unterbleibt oder nachdem der Aussteller sonst seine Änderungsbefugnis verloren hat, soll zwar kein Herstellen einer unechten Urkunde, wohl aber ein Verfälschen einer echten Urkunde vorliegen. 32

Beispiel[90]: Der Inhaber U eines Fuhrbetriebs, der auf einer Tachografenscheibe den Namen des betreffenden Fahrers F angebracht hat, verändert diese von ihm stammende Gedankenerklärung[91] (nur F war Fahrer zu der eingetragenen Zeit), wenn er später den Namen eines weiteren Fahrers B einträgt. Wenn U diese Änderung vornimmt, nachdem die Staatsanwaltschaft durch Sicherstellungsanordnung ihr Beweisinteresse an der Scheibe deutlich gemacht hat, da sie (zu Recht) den Verdacht hegt, dass F die (früher geregelt in § 15a StVZO, dann in § 22 FPersV i. V. m. EWG-VO Nr. 3820/85; jetzt in EG-VO Nr. 561/2006) vorgeschriebenen Lenkzeiten überschritten hat, liegt nach der h. M. ein Verfälschen vor.

Hinsichtlich **zusammengesetzter Urkunden** ist zu beachten, dass ein Verfälschen bereits dadurch eintreten kann, dass die aus Beweiszeichen und Bezugsobjekt bestehende Beweiseinheit manipuliert wird, indem durch Austauschen des Bezugsobjekts die Beweisrichtung geändert wird. Dabei gilt auch hier, dass die Urkundeneigenschaft (insbesondere die Verkörperung durch eine feste und dauerhafte Verbindung) nicht aufgehoben werden darf. 32a

Beispiel: Überkleben des Originalpreisschildes an der Ware mit einem anderen Preisschild; Austauschen von gestempelten amtlichen Kfz-Kennzeichen am Fahrzeug.

Im Falle eines Eingriffs in den Gedankeninhalt einer **Gesamturkunde** ist zunächst der betroffene Bestandteil als eigenständige Einzelurkunde nach den allgemeinen Regeln zu behandeln. Regelmäßig wird aber die Manipulation an einer Einzelurkunde auch zu einer Veränderung der übergeordneten Beweisrichtung der Gesamturkunde führen, sodass diesbezüglich dann auch § 267 I Alt. 2 einschlägig ist. 32b

---

89 Vgl. RGSt 50, 420 (421 f.); BGHSt 13, 382 (386); BGH, GA 1963, 16 (17); *Fischer*, § 267 Rn. 34; *Lackner/Kühl*, § 267 Rn. 21; LK-*Zieschang*, 12. Aufl., § 267 Rn. 203 ff.; *Matt/Renzikowski/Maier*, § 267 Rn. 87 f.; *Rengier*, BT II, § 33 Rn. 24; *Wessels/Hettinger*, BT 1, Rn. 847 – Gegen die h. M. *Freund*, Urkundenstraftaten, 2. Aufl. 2010, Rn. 184 ff.; *Armin Kaufmann*, ZStW 71 (1959), 409 (411); *Kienapfel*, JR 1975, 515; *ders.*, Jura 1983, 185 (191, 193); MüKo-*Erb*, 2. Aufl., § 267 Rn. 189 ff.; *S/S/Heine/Schuster*, § 267 Rn. 68; SK-*Hoyer*, § 267 Rn. 83; SSW-*Wittig*, § 267 Rn. 77. Diese Autoren führen gegen die h. M. das Argument ins Feld, dass § 267 nur die Echtheit schütze, die hier nicht tangiert werde, da keine Identitätstäuschung vorliege; zumeist wird dann aber § 274 I Nr. 1 angewendet. – Zusammenstellung der Argumente pro et contra bei *Hillenkamp*, BT, 13. Problem; *Küper*, BT, S. 333 ff.
90 Fall nach OLG Stuttgart, NJW 1978, 715 – Tachografenscheibe.
91 Der Diagrammteil der Tachografenscheibe allein ist keine Urkunde, sondern eine technische Aufzeichnung. Durch den Namenseintrag wird jedoch ein zusätzlicher Beweisbezug hergestellt, der zur Urkundeneigenschaft führt.

Beispiel: Unberechtigte Entnahme eines einzelnen Zeugnisses aus der Personalakte. – Bezüglich des Zeugnisses als Einzelurkunde liegt eine Urkundenunterdrückung gemäß § 274 I Nr. 1 vor. Hinsichtlich der Personalakte als Gesamturkunde ist § 267 I Alt. 2 erfüllt, da (auch) nach der Entnahme des Zeugnisses der Anschein besteht, die Personalakte sei in ihrer derzeitigen Verfassung (weiterhin) vollständig.

33   Ein **Gebrauchmachen muss unmittelbar** physisch durch Vorlage der Urkunde erfolgen[92]. Regelmäßig muss dafür die **Fälschung**[93] dem zu täuschenden Dritten zugänglich gemacht werden. Dazu ist erforderlich, dass die Urkunde in der Weise in den Machtbereich des zu Täuschenden gebracht wird, dass dieser die Möglichkeit erhält, von dem Inhalt ohne Weiteres Kenntnis zu nehmen[94]. – Ein **mittelbarer Gebrauch** genügt nicht, etwa wenn sich der Täter auf die gefälschte Urkunde beruft, ohne sie körperlich vorzulegen[95].

Der BGH hat eine „besondere Form des Gebrauchmachens von der Urschrift" in den Fällen bejaht, in denen der Täter eine unechte Urkunde hergestellt, sie kopiert und die **Fotokopie** dem zu Täuschenden vorgelegt hat[96]. Auf diese Weise konnten Fotokopien teilweise in den Anwendungsbereich von § 267 einbezogen werden. Zu beachten ist aber, dass die Urschrift in diesen Fällen tatsächlich dauerhaft verändert worden sein muss, was dann ausscheidet, wenn lediglich Teile beim Kopiervorgang abgedeckt oder lose aneinandergelegt werden.[97]

34   Da das Herstellen als Vorbereitungshandlung gegenüber dem Gebrauchmachen anzusehen ist, liegt in den Fällen, in denen derselbe Täter die Urkunde herstellt, um sie später zu einem bestimmten Zweck zu gebrauchen (und er dies dann auch tut), meist **eine Tat** vor, die durch das Herstellen vollendet und durch das spätere Gebrauchen beendet wird[98]. Wenn sich der Täter aber zum Zeitpunkt der Herstellung noch keine konkreten Vorstellungen über den Gebrauch gemacht hat, kann jedoch der spätere Gebrauch mit der Herstellung nicht zu einer Tat zusammengezogen werden. Der BGH nimmt daher in Fällen, in denen der Täter bei der Herstellung die spätere Verwendung „nur in allgemeinen Umrissen plant"

---

92 Vgl. BGHSt 36, 64.
93 Kein Gebrauch der verfälschten Urkunde liegt vor, wenn der Täter nicht täuschen will, weil es im konkreten Fall nur um eine Beweisführung geht, die sich auf die unverfälschten Teile beschränkt; näher BGHSt 33, 105 (109 f.).
94 RGSt 66, 298 (313); BGHSt 2, 50 (52); BGHSt 36, 64 (65 f.); LK-*Zieschang*, 12. Aufl., § 267 Rn. 220 ff.; MüKo-*Erb*, 2. Aufl., § 267 Rn. 195.
95 *Eisele*, BT I, Rn. 837; vgl. hierzu auch die Ausführungen zur Täuschung bei der Steuerverkürzung bei BGHSt 31, 225.
96 Vgl. BGHSt 5, 291; BGHSt 24, 140 (142); *Rengier*, BT II, § 33 Rn. 35; a. M. SK-*Hoyer*, § 267 Rn. 88; *Wessels/Hettinger*, BT 1, Rn. 852; zur Urkundenqualität der Fotokopie vgl. bereits oben Rn. 12.
97 Hierzu vgl. den Beispielsfall bei *Eisele*, BT I, Rn. 837
98 BGHSt 3, 165; BGHSt 5, 291; BGHSt 17, 97 (98 f.); BGH, wistra 2014, 349; *Wessels/Hettinger*, BT 1, Rn. 853; teilweise wird auch angenommen, die Herstellung bzw. Verfälschung stelle im Vergleich zum von vorne herein geplanten Gebrauch eine mitbestrafte Vortat dar; vgl. *Niese*, DRiZ 1951, 177; SK-*Hoyer*, § 267 Rn. 114.; vgl. auch *Rengier*, BT II, § 33 Rn. 37: „deliktische Einheit".

zutreffend Tatmehrheit zwischen dem Herstellen und dem Gebrauchen an[99].

Fallen Hersteller und Benutzer der unechten Urkunde auseinander, sind beide wegen einer vollendeten Urkundenfälschung zu bestrafen. Insoweit wird über die Verselbstständigung des Herstellens einer unechten Urkunde eine unter Umständen nur versuchte Beihilfe zum Gebrauchmachen zur täterschaftlich-vollendeten Tat aufgewertet[100]. 35

§ 267 ist **kein eigenhändiges Delikt.** Mittäter des Herstellens oder Verfälschens kann also auch derjenige sein, der dem eigentlichen Fälscher das zu fälschende Dokument (oder das zur Fälschung benötigte Werkzeug) liefert und am Taterfolg besonders interessiert ist. Freilich ist es (jedenfalls auf der Basis der Tatherrschaftslehre) kaum vorstellbar, dass der am Fälschungserfolg Interessierte allein Täter und der gegen Bezahlung die Fälschung Durchführende nur Gehilfe ist[101]. 36

III. Vorsatz und Täuschungsabsicht

Bei der „Urkunde" handelt es sich um ein kompliziertes **normativ geprägtes Tatbestandsmerkmal.** Vorsatz setzt (natürlich) keine zutreffende juristische Subsumtion voraus. Maßgebend ist die Erfassung des Sinns kraft einer **Parallelwertung in der Laiensphäre.** – Kennt der Täter alle tatsächlichen Umstände, nimmt er aber irrig an, der hergestellte oder verfälschte Gegenstand erfülle die Merkmale einer Urkunde, bewegt sich der Täter im Grenzbereich zwischen untauglichem Versuch und Wahndelikt[102]. 37

Beispiel[103]: A fälscht Vordrucke von Bezugskarten, die zum (zollfreien) Bezug von bestimmten Waren berechtigen. Diese Karten können im Rechtsverkehr an sich nur verwendet werden, wenn in ihnen der Aussteller und der Bezugberechtigte eingetragen sind. In der Praxis werden sie aber oft auch ohne diese Eintragungen – und damit ohne Urkundenqualität – akzeptiert. Ohne die entsprechenden Eintragungen vorzunehmen, legt A die von ihm gefälschten Karten bei der jeweiligen Stelle vor und erhält tatsächlich die gewünschten Waren. Dabei nimmt er fälschlich an, auch die nicht ausgefüllten Bezugskarten würden Urkunden im Rechtssinne darstellen. –

---

99 BGHSt 17, 97: „Wer eine Urkunde fälschlich anfertigt oder verfälscht und später von ihr einmal oder in mehreren Fällen Gebrauch macht, begeht grundsätzlich rechtlich selbständige Handlungen, es sei denn, daß nach allgemeinen Grundsätzen zwischen einzelnen Fällen Fortsetzungszusammenhang begründet ist (in Ergänzung zu BGHSt 5, 291)." – Nach der Aufhebung der Rechtsfigur des Fortsetzungszusammenhangs durch BGHSt 40, 138 kann man nunmehr bei mehreren späteren Gebrauchshandlungen höchstens auf eine natürliche Handlungseinheit „ausweichen".
100 Zu dieser Vorverlagerung der Strafbarkeit vgl. oben § 30 Rn. 4.
101 Vgl. auch *Holtz*, MDR 1989, 305 (306).
102 Für die Annahme eines untauglichen Versuchs OLG Düsseldorf, NJW 2001, 167; OLG Düsseldorf, StV 2003, 558; für die Annahme eines Wahndelikts BGHSt 13, 235 (241); *Erb*, NStZ 2001, 317; *Lackner/Kühl*, § 267 Rn. 24; *LK-Zieschang*, 12. Aufl., § 267 Rn. 251; *S/S/Heine/Schuster*, § 267 Rn. 83.
103 Fall nach BGHSt 13, 235 – Kanadische Bezugskarten; hierzu ausführlich *Baumann/Arzt/Weber*, Strafrechtsfälle und Lösungen, 6. Aufl. 1986, Fall 19.

Der BGH nahm hier zutreffend ein Wahndelikt an: Ein untauglicher Versuch einer Urkundenfälschung läge nur dann vor, wenn A die den Urkundenbegriff begründenden Merkmale rechtlich richtig erfasst, ihr Vorliegen aber tatsächlich verkannt hätte, also irrig glaubte, der Aussteller sei auf den Formularen erkennbar. Ein Wahndelikt liegt dagegen vor, wenn A – wie hier – die Bezugskarten aufgrund einer irrigen rechtlichen Bewertung für Urkunden hielt (d. h. sie trotz der ihm bekannten mangelnden Erkennbarkeit des Ausstellers als Urkunden ansah)[104].

38 **Bedingter Vorsatz** bezüglich der Fälschung genügt. Dieser liegt jedoch nicht bereits dann vor, wenn man eine Urkunde, die man im Rechtsverkehr gebraucht, nur für „möglicherweise gefälscht" ansieht[105].

39 Die **Täuschungsabsicht** (dolus directus 2. Grades)[106] ist weit zu interpretieren. Das Abzielen auf irgendein rechtlich erhebliches Handeln oder Unterlassen genügt. Deshalb wird es an der Absicht nur in seltenen Fällen fehlen, etwa wenn die Änderung des Geburtsdatums nur aus Eitelkeit geschieht[107]. Insbesondere zum Zeitpunkt des Herstellens genügt die allgemeine Vorstellung des Täters, dass die Urkunde „irgendwie" in rechtserheblicher Weise eingesetzt werden wird[108]. – Dass durch Täuschung dem materiellen Recht zum Sieg verholfen werden soll, ändert am Vorliegen von § 267 nichts und stellt auch keinen Rechtfertigungsgrund dar[109].

40 Der **Absichtsbegriff** entspricht dem des § 263[110]. Ein bedingter Vorsatz bezüglich der Fälschung ist mit einer Täuschungsabsicht vereinbar. Selbstverständlich sollte jedoch sein, dass es dem Täter nicht auf die Täuschung im Sinne eines End- oder Hauptzweckes ankommen muss. Beim Täter steht meist nicht die Täuschung, sondern das mit der Täuschung verfolgte weitere Ziel (z. B. einen Vermögensvorteil zu erlangen) im Vordergrund. – An einer Absicht zur Täuschung im Rechtsverkehr mangelt es jedoch dann, wenn der Täter beispielsweise lediglich Angehörige beruhigen[111], einen Anderen zum bloßen Übernachten bestimmen[112] oder gegenüber dem Liebhaber jünger erscheinen[113] will. In derartigen Fällen ist nicht der

---
104 BGHSt 13, 235 (240 f.); anders noch BGHSt 7, 53 (58).
105 Vgl. BGHSt 38, 345 (350 f.): Ein Rechtsanwalt legt eine „verdächtige" Urkunde seines Mandanten dem Gericht vor; hierzu oben § 26 Rn. 11; vgl. ferner BGH, NStZ 1999, 619.
106 Noch weiter MüKo-*Erb*, 2. Aufl., § 267 Rn. 209; NK-*Puppe*, § 267 Rn. 103, die sogar dolus eventualis ausreichen lassen; enger hingegen *Vormbaum*, GA 2011, 167 (169 ff.), der dolus directus 1. Grades fordert.
107 So BayObLG, MDR 1958, 264; vgl. auch RGSt 64, 95 (96).
108 OLG Hamm, NJW 1976, 2222 (Führerscheinerweiterung): Täuschungsabsicht hinsichtlich des Verfälschens wird bejaht, wenn der Führerschein der Klasse 3 auf Klasse 2 „erweitert" wird, um bei Gelegenheit ein Fahrzeug der Klasse 2 zu führen; Täuschungsabsicht hinsichtlich des Gebrauchmachens wird in diesem Fall verneint, wenn der verfälschte Führerschein der Polizei vorgelegt wird und der Täter dabei ein Fahrzeug führt, für das er die ausreichende Fahrerlaubnis nach Klasse 3 besitzt; näher dazu *Weber*, Jura 1982, 66 (74 ff.).
109 Im Unterschied zu § 263 in der Auslegung durch die h. M., vgl. § 20 Rn. 125.
110 So BayObLG, OLGSt § 267 S. 3 (4); vgl. auch den „Kursbeginn-Fall" oben § 20 Rn. 131 f.
111 Vgl. RGSt 47, 199.
112 Vgl. RGSt 64, 95.
113 BayObLG, MDR 1958, 264.

Rechtsverkehr, sondern lediglich der zwischenmenschliche Bereich[114] betroffen[115].

IV. Besonders schwere Fälle, Qualifikationen und Konkurrenzen

Besonders schwere Fälle nach § 267 III sind seit dem 6. StrRG (1998) durch Regelbeispiele konkretisiert. Zusätzlich sieht § 267 IV eine Qualifikation für (vereinfacht gesagt) bandenmäßig-gewerbsmäßiges Handeln vor[116]. 41

Eine **Einziehung** ist unter den Voraussetzungen des § 282 II möglich. Ein **erweiterter Verfall** knüpft der Sache nach an § 267 III, IV an. Die komplizierte Regelung ergibt jedoch die Anwendbarkeit dieser Sanktionen auch dann, wenn trotz Vorliegens des Regelbeispiels der bandenmäßig-fortgesetzten Begehung ausnahmsweise § 267 III verneint wird. 42

In abgewandelter Form tritt die Problematik des Fortsetzungszusammenhanges auch bei § 267 III, IV auf. Wie bei § 243 ist fraglich, ob Einzeltaten durch den Begriff der Gewerbsmäßigkeit zu **einer** Tat zusammengefasst werden können[117]. 43

§ 267 ist in Form des Gebrauchmachens vielfach Ausführungshandlung eines Vermögensdelikts – insbesondere eines Betruges – und steht mit diesem dann in Tateinheit. Die regelmäßig in einer Verfälschung liegende teilweise Vernichtung der Urkunde (durch Ausradieren o. ä.) ist schon im Unrechtsgehalt des § 267 mit berücksichtigt. Es liegt dann keine Tateinheit zwischen § 267 und § 274 vor, vielmehr werden §§ 274, 303 nach den Regeln der Gesetzeskonkurrenz (Grundsatz der Subsidiarität!) verdrängt[118].

---

114 LK-*Zieschang*, 12. Aufl., § 267 Rn. 264 f.
115 Dazu auch weitere Beispiele bei *Fischer*, § 267 Rn. 43.
116 Zu Gewerbsmäßigkeit und Bande vgl. §§ 243, 244, oben § 14 Rn. 50 und 60 ff.
117 Vgl. oben § 14 Rn. 50. – Zum Verhältnis der einzelnen Varianten des § 267 zueinander vgl. bereits oben Rn. 34.
118 Zur Spezialität der §§ 146 ff. gegenüber § 267 vgl. unten § 34.

§ 32 Fälschung von technischen Aufzeichnungen, § 268, und von beweiserheblichen Daten, §§ 269, 270

Literaturhinweise: *Böse*, Rechtsprechungsübersicht zu den Urkundendelikten, NStZ 2005, 370; *Buggisch*, Fälschung beweiserheblicher Daten durch Verwendung einer falschen E-Mail-Adresse, NJW 2004, 3519; *Dornseif/Schumann*, Probleme des Datenbegriffs im Rahmen des § 269 StGB, JR 2002, 52; *Hecker*, Herstellung, Verkauf, Erwerb und Verwendung manipulierter Telefonkarten, JA 2004, 762; *Kienapfel*, Urkunden und technische Aufzeichnungen, JZ 1971, 163; *Lampe*, Fälschung technischer Aufzeichnungen, NJW 1970, 1079; *Möhrenschlager*, Das neue Computerstrafrecht, wistra 1986, 128; *Puppe*, Die Fälschung technischer Aufzeichnungen, 1972; *dies.*, Zur Frage der störenden Einwirkung auf den Aufzeichnungsvorgang i. S. d. § 268 Abs. 3 StGB, JR 1993, 330; *Radtke*, Neue Formen der Datenspeicherung und das Urkundenstrafrecht, ZStW 115 (2003), 26; *Schilling*, Fälschung technischer Aufzeichnungen, 1970; *ders.*, Reform der Urkundenverbrechen, 1971.

Übersicht

		Rn.
I.	Ausdehnung des Schutzes von Urkunden auf technische Aufzeichnungen bzw. Daten	1
	1. Technische Aufzeichnungen, § 268	1
	2. Beweiserhebliche Daten, §§ 269, 270	6
II.	Herstellen, Verfälschen, Gebrauchmachen	12
	1. Tathandlungen des § 268	12
	2. Tathandlungen der §§ 269, 270	18
III.	Vorsatz und Täuschungsabsicht	20
IV.	Besonders schwere Fälle, Qualifikationen und Konkurrenzen	21

I. Ausdehnung des Schutzes von Urkunden auf technische Aufzeichnungen bzw. Daten

1. Technische Aufzeichnungen, § 268

1 Auch § 268 schützt – wie schon § 267 – die Sicherheit und Zuverlässigkeit des Beweisverkehrs[1]. Tatobjekte sind hier jedoch nicht Urkunden, sondern technische Aufzeichnungen. Es geht hierbei um solche Gegenstände, denen – weil sie von einem Automaten „selbsttätig bewirkt" werden – im Gegensatz zur Urkunde gerade **keine menschliche Gedankenerklärung** zugrunde liegt und die daher auch keinen Aussteller erkennen

---

1 Zum Rechtsgut und kriminalpolitischen Hintergrund vgl. oben § 30 Rn. 7.

Ausdehnung des Schutzes von Urkunden § 32 Rn. 1

lassen. Geschützt wird demnach das Vertrauen darauf, dass ein solcher Gegenstand ohne Manipulation entstanden ist und deshalb die Vermutung der inhaltlichen Richtigkeit für sich hat[2]. § 268 dient damit auch der Sicherheit der Informationsgewinnung durch technische Geräte.

Die **Examensbedeutung** der §§ 268, 269 ist deshalb **gering**, weil die Rechtsfragen vom richtigen Vorverständnis der Informationstechnologie abhängen (und Letzteres nicht Prüfungsthema sein darf)[3].

Eine Legaldefinition der technischen Aufzeichnung findet sich in § 268 II. Erforderlich ist eine „Darstellung" bestimmter Vorgänge, sodass es auch bei der technischen Aufzeichnung einer dauerhaften Verkörperung bedarf. Für die **Körperlichkeit** reicht es im Unterschied zur Urkunde[4] aber bereits aus, dass der Inhalt der technischen Aufzeichnung nicht direkt visuell, sondern nur mittelbar, z. B. unter Zuhilfenahme von Entschlüsselungs- oder Abspielgeräten zugänglich ist. Auch reicht es, wenn die Information nicht mit den Augen, sondern (nur) mit anderen Sinnesorganen wahrgenommen werden kann (z. B. CD-ROM, Diskette, Tonband).

Hinsichtlich der **Dauerhaftigkeit** der Verkörperung ist zu beachten, dass die aufgezeichneten Informationen auf einem vom Aufzeichnungsgerät trennbaren Träger verkörpert sein müssen[5]. Eine bloße optische Anzeige ist keine Aufzeichnung, weil es an der Perpetuierung fehlt. Daher scheiden die sog. „Nur-Anzeige-Geräte", bei denen nach der Benutzung der Stand der Anzeige wieder auf die Ausgangsposition zurückgeht (z. B. die einfache Waage oder der Tachometer welche jeweils nach der Benutzung wieder „auf Null" zurückgehen) grundsätzlich aus[6]. Umstritten ist hingegen, wie solche „Nur-Anzeige-Geräte" zu behandeln sind, bei denen sich der Stand der Anzeige mit jeder Benutzung im Wege der Addition verändert, also gerade nicht mehr auf den Ursprungswert zurückgeht (z. B. die Gas-, Strom- oder Wasseruhr, der Kilometerzähler im Fahrzeug). Während die h. M.[7] – unter Berufung auf die mangelnde Trennbarkeit der Aufzeichnung vom Aufzeichnungsgerät – in solchen Geräten ebenfalls keine technischen Aufzeichnungen i. S. des § 268 sieht, wird von einer Mindermeinung[8] hier bereits eine

---

2 BGHSt 28, 300 (303 f.); BGHSt 40, 26 (30); OLG Karlsruhe, NStZ 2002, 652.
3 Wer das mit der Vernachlässigung der §§ 268, 269 im Examen verbundene Restrisiko scheut, findet bei NK-*Puppe*, § 268 Rn. 1 ff. eine Kommentierung, die mit Hinweisen verbunden ist, was „Information" bedeutet und worin die „selbsttätige" Leistung besteht. Eine gewisse Examensbedeutung kann jedoch den Fällen der sog. „Nur-Anzeige-Geräte", der Begriffsbestimmung der „technischen Aufzeichnung" und der „Selbsttätigkeit" sowie der Begehung des § 268 III durch Unterlassen zukommen.
4 Vgl. hierzu oben § 31 Rn. 9.
5 BGHSt 29, 204 (208); *Fischer*, § 268 Rn. 4; LK-*Zieschang*, 12. Aufl., § 268 Rn. 6; kritisch, i. E. aber zustimmend, *Wessels/Hettinger*, BT 1, Rn. 864.
6 Vgl. nur *Eisele*, BT I, Rn. 861; *Rengier*, BT II, § 34 Rn. 4.
7 BGHSt 29, 204; *Krey/Hellmann/M. Heinrich*, BT 1, Rn. 1029; *Lackner/Kühl*, § 268 Rn. 3; MüKo-*Erb*, 2. Aufl., § 268 Rn. 11; NK-*Puppe*, § 268 Rn. 24; *Rengier*, BT II, § 34 Rn. 5; *Wessels/Hettinger*, BT 1, Rn. 864.
8 OLG Frankfurt, NJW 1979, 118 m. Anm. *Sonnen*, JA 1979, 168; *Freund*, JuS 1994, 207 f.; S/S/*Heine/Schuster*, § 268 Rn. 9; SK-*Hoyer*, § 268 Rn. 10.

§ 32 Rn. 2 Fälschung von technischen Aufzeichnungen

hinreichende Perpetuierung der dargestellten Informationen angenommen, was dem Schutzzweck des § 268 eher entspricht.

Nach der Legaldefinition des § 268 II ist es außerdem erforderlich, dass das Aufzeichnungsgerät die entsprechende Aufzeichnung der Daten und Informationen **selbsttätig bewirkt**[9]. Umstritten ist, welche Anforderungen an die Selbsttätigkeit des Aufzeichnungsgeräts zu stellen sind. Nach überwiegender Ansicht[10] ist unter einem selbsttätigen Bewirken ein automatischer (Verarbeitungs-)Prozess zu verstehen, welcher **neue Informationen** hervorbringt. Nicht ausreichend ist daher die **bloße Reproduktion** bereits vorhandener, möglicherweise sogar zuvor in das Gerät eingegebener Daten und Informationen (z. B. eine schlichte Fotokopie, sowie eine einfache Ton- oder Bildaufnahme). Neue Informationen werden hingegen dann hervorgebracht, wenn z. B. die Fotografie eines „Rotlichtsünders" mithilfe einer automatischen Kamera auch über Ort und Zeit des Geschehens Auskunft gibt[11]. Unschädlich für die Selbsttätigkeit des Aufzeichnungsgeräts bei einem solchen (Verarbeitungs-)Prozess ist eine menschliche Mitwirkung, soweit diese den Inhalt der Aufzeichnung nicht bestimmt. Nach der Gegenansicht[12] soll es hingegen bereits ausreichen, dass das Aufzeichnungsgerät den **Aufzeichnungsvorgang lediglich mitbestimmt,** hinter selbigem aber letztlich die Entscheidung eines Menschen steht. Hiernach wären also auch schlichte – von Menschenhand ausgelöste – Fotokopien sowie Ton- oder Bildaufnahmen als technische Aufzeichnungen von § 268 erfasst.

Weiter ist eine **Beweisbestimmung** erforderlich, die entsprechend den zur Zufallsurkunde entwickelten Grundsätzen auch nachträglich erfolgen kann. Eine **Beweiseignung** wird vom Gesetz (im Unterschied zur allgemeinen Auffassung zur Urkunde) zwar bei technischen Aufzeichnungen nicht gefordert, doch wird über das Merkmal der **„Verständlichkeit"** (in § 268 II umschrieben als: „den Gegenstand der Aufzeichnung […] erkennen lässt") ein Minimum an Beweiseignung sichergestellt.

2   In der **Beweisbestimmung** liegt zugleich auch eines der schwierigsten Probleme des Begriffs der technischen Aufzeichnung, weil der **Bezug auf ein Beweisthema** vielfach **nicht automatisch,** sondern erst durch eine zusätzliche Gedankenerklärung bzw. Interpretation – je nach Beweisinteresse – hergestellt wird[13].

---

9   Hierzu ausführlich MüKo-*Erb*, 2. Aufl., § 268 Rn. 15 ff.; NK-*Puppe*, § 268 Rn. 18 ff.; ferner *Wessels/Hettinger*, BT 1, Rn. 867.
10 Vgl. BGHSt 24, 140 (142); *Eisele*, BT II, Rn. 866; *Fischer*, § 268 Rn. 10; *Krey/Hellmann/M. Heinrich*, BT 1, Rn. 1024; *Lackner/Kühl*, § 268 Rn. 4; LK-*Zieschang*, 12. Aufl., § 268 Rn. 15 ff.; *Rengier*, BT II, § 34 Rn. 6; *S/S/Heine/Schuster*, § 268 Rn. 16; *Wessels/Hettinger*, BT 1, Rn. 867.
11 NK-*Puppe*, § 268 Rn. 15; *Rahmlow*, JR 2000, 388; *Rengier*, BT II, § 34 Rn. 6; *Wessels/Hettinger*, BT 1, Rn. 868.
12 MüKo-*Erb*, 2. Aufl., § 268 Rn. 23; NK-*Puppe*, § 268 Rn. 21; *Schröder*, JR 1971, 469 (470); SK-*Hoyer*, § 268 Rn. 19 ff.
13 *Lackner/Kühl*, § 268 Rn. 5; LK-*Zieschang*, 12. Aufl., § 268 Rn. 20; *S/S/Heine/Schuster*, § 268 Rn. 19 ff.

Ausdehnung des Schutzes von Urkunden § 32 Rn. 3–4

Beispiel ("EKG-Fall"): Beim EKG des Patienten P kann der Bezug der automatisch fixierten Messwerte zu P dadurch hergestellt werden, dass (1) auf dem EKG eine die Identifizierung des P ermöglichende Codierung erscheint (Uhrzeit, EKG-Nr.)[14]. Der Beweisbezug kann auch dadurch hergestellt werden, dass (2) die Codierung nicht automatisch, sondern durch denjenigen erfolgt, der das EKG aufnimmt. (3) Der Beweisbezug kann ferner auch dadurch hergestellt werden, dass nachträglich der Name des P auf das EKG geschrieben wird. Schließlich kann ein Bezug dadurch hergestellt werden, dass das EKG der Krankheitsgeschichte des P (4) fest beigeheftet oder (5) lose beigelegt wird. – Im Fall (1) liegt zweifelsfrei eine beweisbestimmte technische Aufzeichnung vor. Im Fall (2) gibt derjenige, der das Gerät bedient und die Daten eingibt, mit maschineller Hilfe die Gedankenerklärung ab: „Die Daten des EKG sind die des Patienten P". Damit liegt eine Urkunde vor (mit der vom Schutzumfang her wichtigen Frage, ob zusätzlich auch eine technische Aufzeichnung zu bejahen ist). Im Falle (3) gibt die Person, die auf das EKG den Namen des P schreibt, eine entsprechende Gedankenerklärung ab: „Dieses EKG enthält die Daten des Patienten P". Insofern sind ebenfalls die Voraussetzungen des Urkundenbegriffs erfüllt[15] (zweifelhaft kann hierbei sein, ob der Aussteller erkennbar ist, also derjenige, der den Namen des P auf das EKG geschrieben hat). Auch hier ist zu fragen, ob zugleich eine technische Aufzeichnung angenommen werden kann. Im Falle (4) liegen die Dinge wie im Falle (3), angesichts der festen Verbindung ist eine (zusammengesetzte) Urkunde anzunehmen. Im Falle (5) fehlt es hingegen an der festen Verbindung, es liegt also keine Urkunde vor. Wie in den Fällen (2) und (3) ist auch in den Fällen (4) und (5) zu fragen, ob das EKG die Kriterien der technischen Aufzeichnung erfüllt.

In allen fünf Varianten des vorstehenden Beispiels ist das EKG beweisbestimmt. Während allein im Fall (1) unzweifelhaft eine technische Aufzeichnung vorliegt, liegt ebenso unzweifelhaft im Fall (5) keine technische Aufzeichnung vor, da es hier bereits hinsichtlich der Verkörperung an der dauerhaften und räumlich festen Verbindung zwischen der Darstellung der Messwerte und der Krankheitsgeschichte des P als Bezugsobjekt fehlt[16]. In den Fällen (2), (3) und (4) ist wiederum vom Vorliegen einer technischen Aufzeichnung auszugehen. Einerseits wird hier dem Körperlichkeitserfordernis genüge getan, andererseits aber auch dem Bedürfnis des Rechtsverkehrs an einer ordnungsgemäßen Beweisführung entsprochen, denn hierfür ist der von Menschenhand hergestellte Beweisbezug durch Individualisierung der aufgezeichneten Messwerte auf P grundsätzlich unschädlich[17].   3

Das eben genannte Beispiel verdeutlicht, dass sich technische Aufzeichnungen und Urkunden begrifflich insofern überdecken, als die automati-   4

---

14 So ergibt sich z. B. bei einer Radarmessung der Beweisbezug dadurch, dass mit dem Tempo zugleich das Kennzeichen „automatisch" festgehalten wird.
15 Vgl. *Puppe*, Die Fälschung technischer Aufzeichnungen, 1972, S. 198 f., zur Frage, ob die nachträgliche Veränderung des EKG deshalb (auch) eine Urkundenfälschung darstellt; vgl. ferner OLG Stuttgart, NJW 1978, 715 (Tachografenscheibe); hierzu bereits oben § 31 Rn. 32.
16 So auch *Lackner/Kühl*, § 268 Rn. 5; LK-*Zieschang*, 12. Aufl., § 268 Rn. 22; NK-*Puppe*, § 268 Rn. 26 f.; *S/S/Heine/Schuster*, § 268 Rn. 21; SK-*Hoyer*, § 268 Rn. 12 f.; SSW-*Hilgendorf*, § 268 Rn. 7.
17 Vgl. *Lackner/Kühl*, § 268 Rn. 5; LK-*Zieschang*, 12. Aufl., § 268 Rn. 22; NK-*Puppe*, § 268 Rn. 27; *S/S/Heine/Schuster*, § 268 Rn. 22; SK-*Hoyer*, § 268 Rn. 13; vgl. auch *Wessels/Hettinger*, BT 1, Rn. 869.

sche Fixierung von Messwerten kombiniert werden kann mit der Gedankenerklärung, dass diese Messwerte bei einer bestimmten Person (an einem bestimmten Ort oder Objekt oder zu einer bestimmten Zeit) erhoben worden sind. Diese zusätzliche Gedankenerklärung konkretisiert die Beweisbestimmung der technischen Aufzeichnung – zugleich kann die Gedankenerklärung aber auch den Erfordernissen des Urkundenbegriffs genügen. Ein Bedürfnis, in solchen Fällen auch § 268 anzuwenden, folgt aus der **Straflosigkeit der schriftlichen Lüge nach § 267.**

5   Beispiel: Wenn der Arzt T vorsätzlich auf das EKG des Patienten P den Namen eines anderen Patienten (X) schreibt, ist die Erklärung des T inhaltlich unrichtig, aber nicht „unecht" (denn sie stammt von T), sodass eine Strafbarkeit nach § 267 ausscheidet. § 268 I Nr. 1 hängt vom Zeitpunkt des Vermerks und davon ab, ob T als Bediener des Gerätes anzusehen ist[18].

2. Beweiserhebliche Daten, §§ 269, 270

6   Die tatbestandliche Umschreibung in § 269 I verweist ausdrücklich auf den Urkundenbegriff und stellt einen engen Zusammenhang mit der Urkundenfälschung i. S. des § 267 her. Gedankenerklärungen, die elektronisch (z. B. auf einer Computerfestplatte, CD-Rom oder einem Server) dauerhaft gespeichert und insoweit auch verkörpert sind (nicht ausreichend ist das Ablegen der Daten im Arbeitsspeicher des Computers da hier keine dauerhafte Speicherung erfolgt[19]), werden als **elektronische Urkunden** wie normale Urkunden geschützt, wenn sie allen übrigen Anforderungen an den Urkundenbegriff genügen. Den einzigen Unterschied zur normalen Urkunde sieht der Gesetzgeber in der bei § 269 fehlenden direkten **visuellen Wahrnehmbarkeit**[20]. Für solche visuell nicht unmittelbar wahrnehmbaren, elektronisch gespeicherten Gedankenerklärungen ordnet der Gesetzgeber in § 269 gewissermaßen eine Analogie zu § 267 an. Als beweiserhebliche Daten, die den Inhalt einer solchen elektronischen Urkunde bilden, gelten alle Informationen die sich codieren lassen, sowie die zu deren Verarbeitung erforderlichen Programme[21].

7   Es ist zweifelhaft, ob es des § 269 überhaupt bedurft hätte, also ob elektronische Urkunden nur durch eine dem Richter verbotene Analogie oder durch eine auch im Strafrecht erlaubte extensive Auslegung unter den normalen Urkundenbegriff hätten subsumiert werden könnten. In der **Schweiz** hat die Judikatur elektronische Urkunden durch eine solche extensive Auslegung dem allgemeinen Urkundenbegriff unterstellt. Die Begründung geht dahin, es sei für den Urkundenbegriff belanglos, ob die verkörperten Gedankenerklärungen unmittelbar oder „nur mit einem technischen Hilfsmittel gelesen werden können"[22].

---

18 Vgl. dazu noch unten Rn. 13.
19 *Möhrenschlager*, wistra 1986, 135; MüKo-*Erb*, 2. Aufl., § 269 Rn. 32; SK-*Hoyer*, § 269 Rn. 17; auf den subjektiven Horizont des Betrachters abstellend *Dornseif/Schumann*, JR 2002, 52 (55).
20 Vgl. dazu bereits oben § 31 Rn. 9.
21 *Wessels/Hettinger*, BT 1, Rn. 883; vgl. zum Datenbegriff des § 269 auch *Dornseif/Schumann*, JR 2002, 52.
22 BGE 111 IV 119 (Leitsatz).

Beispiel: Statt wie bisher von Hand oder mit der Schreibmaschine Krankheitsgeschichten zu schreiben, gibt der Arzt A die Informationen in den Computer ein (elektronische Datenspeicherung). Auch jedes EKG wird computermäßig gespeichert. Als der Patient P einen Behandlungsfehler des A rügt, verändert A die EKG-Daten (oder andere Daten der Krankheitsgeschichte bzw. fügt nachträglich Informationen ein, z. B. dass er den P über Behandlungsrisiken und alternative Therapiemöglichkeiten aufgeklärt habe). – Die auf einem Blatt Papier auf herkömmliche Weise festgehaltene Krankheitsgeschichte ist eine aus vielen Daten zusammengesetzte Gedankenerklärung, welche die Anforderungen des Urkundenbegriffs i. S. des § 267 erfüllt. **Folglich** ist ihre elektronische Speicherung gemäß § 269 I wie eine Urkunde geschützt. Da die Daten, auch wenn sie von P „erzeugt" werden, als Gedankenerklärungen des A anzusehen sind (A erklärt, bei P die entsprechenden Beobachtungen gemacht und an P Untersuchungen mit bestimmten Resultaten vorgenommen zu haben etc.), liegt eine elektronische Urkundenfälschung nur vor, wenn ausnahmsweise der Aussteller nicht mehr zur Abänderung seiner Urkunde befugt ist. Ein solcher Sonderfall des Verfälschens wäre hier entsprechend den zu § 267 entwickelten Kriterien[23] anzunehmen. Würde es hingegen P als Computerfachmann gelingen, sich Zugang zum Computer des A zu verschaffen und Konsultationsdaten zu löschen, um die Rechnung niedrig zu halten, läge der Normalfall des Verfälschens vor, weil dem A eine elektronisch gespeicherte Gedankenerklärung untergeschoben wird, die so nicht von ihm stammt[24].

Weil sich die elektronische Urkunde nach § 269 von der normalen Urkunde nach § 267 nur in der Art der Verkörperung (und damit der Lesbarkeit) der Gedankenerklärung unterscheidet, lassen sich **Zweifelsfälle** dadurch lösen, dass man sich die elektronisch gespeicherten Daten ausgedruckt vorstellt und annimmt, der Täter würde nicht die elektronisch gespeicherten Informationen, sondern deren Ausdruck verändern. Wäre die Veränderung des Ausdrucks eine Urkundenfälschung gemäß § 267, erfüllt die Veränderung der elektronischen Speicherung den Tatbestand des § 269. – Von dieser Parallele ausgehend ist § 269 wie § 267 zu interpretieren. Voraussetzung für eine elektronische Urkunde ist – wie bei der normalen Urkunde – die **Erkennbarkeit des Ausstellers**[25], also der Person, der die elektronisch gespeicherte Erklärung zuzurechnen ist. Wer sich daher bei einer Internetplattform wie eBay unter falschem Namen ein Mitgliedskonto anlegt, macht sich nach § 269 I Alt. 1 strafbar[26]. Hier liegt eine Identitätstäuschung des Täters gegenüber dem Betreiber der Auktionsplattform vor, die bei einer Übertragung auf den Tatbestand des § 267 I einer unechten Urkunde entsprechen würde[27]. Schließt der Täter mit diesem Account Rechtsgeschäfte mit anderen Plattformmitgliedern ab, so täuscht er hier allerdings nicht über seine Identität, da alle Plattformmitglieder bis

8

---

23   Vgl. oben § 31 Rn. 32.
24   Vgl. oben § 31 Rn. 31.
25   Zum (vom Gesetzgeber abgelehnten) Verzicht auf die Erkennbarkeit des Ausstellers *Möhrenschlager*, wistra 1986, 128 (134).
26   KG NStZ 2010, 576; anders jedoch OLG Hamm, MMR 2009, 775 (776); wohl auch *Fischer*, § 269 Rn. 5; hierzu ausführlich vgl. *Eisele*, Puppe-FS 2011, S. 1091 ff.; *Puppe*, JuS 2012, 961 (963 f.); *Singelstein*, JR 2011, 375 (376 f.); *Willer*, NStZ 2010, 553 ff.
27   KG NStZ 2010, 576 (578 f.).

§ 32 Rn. 9–11   Fälschung von technischen Aufzeichnungen

zum Zustandekommen des Rechtsgeschäfts lediglich mit ihren Fantasienamen auftreten[28].

Das Speichern unechter Daten entspricht dem Herstellen einer unechten Urkunde i. S. des § 267 I Alt. 1, während das Verändern bereits vorhandener beweiserheblicher Daten das Äquivalent zur Verfälschung einer echten Urkunde gemäß § 267 I Alt. 2 bildet. Da die nachträgliche unbefugte Veränderung elektronisch gespeicherter Daten durch den Aussteller viel schwerer nachweisbar ist als die nachträgliche unbefugte Veränderung einer Urkunde i. S. des § 267 durch ihren Aussteller, dürfte diese Tatvariante bei § 269 besondere Bedeutung erlangen[29].

9   Die **Geistigkeitstheorie** wird bei § 269 besonders wichtig, denn elektronische Urkunden sind dem Inhaber der Datenverarbeitungsanlage als „Aussteller" zuzurechnen. Bei der elektronischen Datenverarbeitung tritt jedoch die geistige Zurechnung noch stärker in den Vordergrund, weil ein Äquivalent für eine körperliche Identifizierung des Ausstellers mit den von seinen Hilfspersonen eingegebenen Daten fehlt. Während bei § 267 der Aussteller einer Erklärung sich (meist durch Unterschrift!) mit einer von seinen Hilfspersonen angefertigten Erklärung auch körperlich identifiziert und so körperlich zum Aussteller wird, ohne dass es eines Rückgriffs auf die Geistigkeitstheorie bedarf, müssen bei der elektronischen Datenverarbeitung vergleichbare Fälle der Einschaltung von Hilfspersonen ausschließlich über die Geistigkeitstheorie gelöst werden.

10   Wie bei § 267 muss auch die elektronische Urkundenfälschung zur **Täuschung des Rechtsverkehrs** erfolgen. § 270 stellt klar, dass ein solcher Rechtsverkehr schon im Dialog von Computern miteinander vorliegt. Bedeutsam wird die Norm in den Fällen, in denen eine EDV-Anlage selbsttätig rechtlich disponiert (z. B. der Geldautomat bei der Geldauszahlung, der Kartenfernsprecher beim Abbuchen der Zahlungseinheiten von der Telefonkarte). § 270 ist somit kein eigener Tatbestand, sondern (nur) eine Gleichstellungsregel.

11   Was das **Verhältnis zu § 268** betrifft, geht es bei § 268 um Erklärungen, die nicht von Menschen, sondern von Automaten stammen. Es ist klar, dass auch und gerade Computer zu solchen technischen Aufzeichnungen gemäß § 268 eingesetzt werden können[30]. § 268 hat sich jedoch als ein „Schlag ins Wasser" erwiesen, weil hinter den meisten automatischen technischen Aufzeichnungen ein menschlicher Urheber erkennbar wird und damit entweder eine normale Urkunde gemäß § 267 vorliegt oder bei elektronischer Speicherung eine elektronische Urkunde gemäß § 269.

---

28   KG NStZ 2010, 576 (578 f.); OLG Hamm, MMR 2009, 775 (776); *Willer*, NStZ 2010, 553 (554 ff.).
29   Vgl. zur entsprechenden Problematik bei § 267 oben § 31 Rn. 32; ferner das oben in Rn. 7 genannte Beispiel.
30   Zur Problematik der nicht optisch wahrnehmbaren Fixierung vgl. oben Rn. 1.

II. Herstellen, Verfälschen, Gebrauchmachen

1. Tathandlungen des § 268

Auch bezüglich der Tathandlungen schließen sich §§ 268, 269, 270 eng an § 267 an. Der Täter macht sich strafbar, wenn er eine unechte technische Aufzeichnung herstellt oder eine (echte) technische Aufzeichnung verfälscht (Nr. 1) oder eine unechte oder verfälschte technische Aufzeichnung gebraucht. Trotz der Parallele zu § 267 wirft die Interpretation des **Herstellens** einer unechten technischen Aufzeichnung besondere Probleme auf. Parallel zur unechten Urkunde könnte eine unechte technische Aufzeichnung dann vorliegen, wenn sie nicht oder nicht in der konkreten Form von dem Automaten stammt, der als „Aussteller" (scheinbar) erkennbar ist. Dies greift jedoch zu kurz, da dann die Herstellung einer unrichtigen Aufzeichnung durch einen missbräuchlichen Einsatz des Automaten nicht erfasst wäre (denn auch dann stammt die Erklärung ja von diesem, die Erklärung entspräche insoweit also der schriftlichen Lüge bei § 267). Im Rahmen des § 268 soll jedoch nicht – wie bei § 267 – das Zuschreibungsvertrauen i. S. eines Vertrauens auf den individuellen Urheber einer Gedankenerklärung, sondern vielmehr i. S. eines Vertrauens in das ordnungsgemäße Funktionieren eines individuellen Gerätes geschützt werden. Daher verleiht § 268 I Nr. 1 Alt. 1 dem Begriff der Unechtheit eine andere Bedeutung als § 267 I Alt. 1[31]. Unechtheit steht im Rahmen des § 268 I Nr. 1 Alt. 1 für eine Aufzeichnung, welche den falschen Eindruck erweckt, durch einen **ungestörten** – also von einem Menschen unbeeinflussten – selbsttätigen Aufzeichnungsvorgang entstanden zu sein.

Als unechte technische Aufzeichnung kommt daher zunächst eine bloße Imitation, welche gar nicht oder nur teilweise aus einem entsprechendem Aufzeichnungsvorgang stammt, in Betracht[32]. Außerdem gilt das Herstellen einer unechten technischen Aufzeichnung gemäß § 268 III – welcher gegenüber § 268 I Nr. 1 Alt. 1 nur klarstellende Bedeutung hat[33] – auch dann als verwirklicht, wenn störend auf den Aufzeichnungsvorgang eingewirkt wird und dadurch die Aufzeichnung nicht mehr mit dem inhaltlichen Ergebnis zustande kommt, wie es ohne die Beeinflussung der Fall gewesen wäre[34].

Beispiel („EKG-Fall")[35]: Der Arzt T hat versäumt, ein EKG des Patienten P anzufertigen. (1) T stellt ein „Fantasie-EKG" von Hand her. – Nach ganz h. M. liegt ein klarer (wenn auch faktisch so kaum vorstellbarer) Fall des Herstellens einer unechten technischen Aufzeichnung durch bloße Imitation vor. (2) T nimmt ein EKG des

---

31 Vgl. hierzu LK-*Zieschang*, 12. Aufl., § 268 Rn. 26; *Wessels/Hettinger*, BT 1, Rn. 870 f.
32 BGHSt 28, 300; LK-*Zieschang*, 12. Aufl., § 268 Rn. 28; *Rengier*, BT II, § 34, Rn. 7; a. M. *Lampe*, NJW 1970, 1097 (1101).
33 *Fischer*, § 268 Rn. 22; *Lackner/Kühl*, § 268 Rn. 8; *Rengier*, BT II, § 34, Rn. 7; *Wessels/Hettinger*, BT 1, Rn. 871.
34 SK-*Hoyer*, § 268 Rn. 29; vgl. zu § 268 III auch unten Rn. 15.
35 Vgl. dazu schon oben Rn. 2.

Patienten X und gibt es als dasjenige des P aus. – Nach h. M. liegt keine unechte technische Aufzeichnung vor, denn das EKG stammt von dem Gerät, von dem es zu stammen scheint und der Aufzeichnungsvorgang wurde auch nicht beeinflusst. (3) Wie im vorigen Fall nimmt T ein EKG des Patienten X und gibt es als solches des P aus. Allerdings handelt es sich bei P um einen im Krankenhaus behandelten Patienten, bei X um einen Privatpatienten, dessen EKG T mit einem in seiner Privatpraxis aufgestellten Gerät außerhalb des Krankenhauses aufgenommen hat. Das EKG stammt also von einem anderen Gerät. – Hier folgt zwar daraus, dass das EKG als ein solches des P ausgegeben wird, dass es zugleich einem anderen Gerät (nämlich dem im Krankenhaus aufgestellten Gerät) zugeschrieben wird als dem, von welchem es tatsächlich stammt. Dennoch würde die Annahme einer „Unechtheit" in Parallele zur Urkunde hier dem Schutzzweck des § 268 widersprechen: Apparate dieses Typs gelten als verlässlich und der Täter enttäuscht trotz seiner Manipulation nicht das Vertrauen in die Verlässlichkeit der Geräte dieses Typs. Deshalb fallen Täuschungen über die „Individualität" des herstellenden Automaten nicht unter den Tatbestand des Herstellens einer unechten technischen Aufzeichnung[36].

13 Es ist umstritten, ob auch technisch einwandfrei gefertigte, aber in einen täuschenden Beweisbezug eingeordnete Aufzeichnungen (Beispiel: der Arzt schreibt auf ein ordnungsgemäß erstelltes EKG den Namen eines anderen Patienten[37]) unter § 268 (Herstellen) zu subsumieren sind[38].

Die h. M.[39] bejaht den für den Begriff „technische Aufzeichnung" erforderlichen Beweisbezug nicht nur in den Fällen, in denen der Automat selbst den Beweisbezug zusammen mit der Datenaufzeichnung herstellt, sondern auch dann, wenn der Beweisbezug durch einen menschlichen Zusatz (also nicht automatisch) hergestellt wird. Dass die von Anfang an vorgenommene Herstellung eines falschen Beweisbezuges als Herstellen einer unechten technischen Aufzeichnung erfasst wird, wird mit dem Missbrauch der Verlässlichkeit des Automaten begründet. Dies wiege schwerer als der fehlende Eingriff in die automatisch aufgezeichneten Daten (obwohl sich das geschützte Vertrauen nur auf diese Daten bezieht, und nur auf die Zuverlässigkeit des Automaten!)[40].

14 Das **Verfälschen** liegt im Unterschieben einer inhaltlich von der echten Aufnahme abweichenden Aussage (Parallele zu § 267 I Alt. 2). Eine bereits vorhandene echte technische Aufzeichnung wird also dann verfälscht, wenn die vom Aufzeichnungsgerät selbsttätig hervorgebrachten Zeichen durch nachträgliche Änderung einen anderen Erklärungswert erhalten. In einer solchen Veränderung liegt zugleich das Herstellen einer unechten technischen Aufzeichnung, weil die konkrete Aufzeichnung ihrem konkreten Inhalt nach nicht (bzw. nicht mehr) von dem Automaten stammt, von dem sie zu stammen scheint.

---

36 So auch BGHSt 28, 300 (303 f.).
37 Vgl. dazu bereits oben Rn. 2, 5.
38 Vgl. den „EKG-Fall", Variante (2) und (3) oben Rn. 2 sowie den in Rn. 12 genannten Fall.
39 Ausdrücklich in diesem Sinne *Puppe*, Die Fälschung technischer Aufzeichnungen, 1972, S. 58 f.; *Lackner/Kühl*, § 268 Rn. 5; LK-*Zieschang*, 12. Aufl., § 268 Rn. 22; MüKo-*Erb*, 2. Aufl., § 268 Rn. 28; NK-*Puppe*, § 268 Rn. 27: *S/S/Heine/Schuster*, § 268 Rn. 22; SK-*Hoyer*, § 268 Rn. 13; SSW-*Hilgendorf*, § 268 Rn. 8: *Wessels/Hettinger*, BT 1, Rn. 869.
40 NK-*Puppe*, § 268 Rn. 27, erklärt den Verzicht auf eine automatische Individualisierung mit dem zu großen technischen Aufwand.

Der Herstellung (vgl. ausdrücklich § 268 III) bzw. dem (nachträglichen) **15** Verfälschen steht es gleich, wenn „durch störende Einwirkung auf den Aufzeichnungsvorgang" eine gewissermaßen von Anfang an verfälschte Aufzeichnung zustande kommt. Anerkannt ist, dass jedenfalls ein **menschlicher Eingriff in den Aufzeichnungsvorgang** als wesentliche Tatbestandsvoraussetzung des § 268 III anzusehen ist. Weitere **Einzelheiten zu § 268 III** sind jedoch umstritten, weil die Grenze zwischen der vom Tatbestand erfassten störenden Einwirkung auf den automatischen Ablauf[41] und der vom Tatbestand nicht erfassten Verfälschung des Ergebnisses mit anderen Mitteln, insbesondere durch Eingabe falscher Daten (**Input-Manipulation** oder auch sog. „**täuschende Beschickung**"[42]), nicht befriedigend zu ziehen ist[43].

Beispiel: Wer bei einem Gerät, das Temperaturschwankungen automatisch aufzeichnet, eine „Hitzewelle" dadurch erzeugt, dass er die Stromspannung kurzzeitig erhöht und so den Aufzeichnungsvorgang beeinflusst, handelt nach allgemeiner Ansicht tatbestandsmäßig (einen Beweisbezug vorausgesetzt, der aber leicht zu konstruieren ist, z. B. hängen obligatorische Arbeitspausen in einem Betrieb oder „hitzefrei" in der Schule oft vom Überschreiten einer bestimmten Temperatur ab). – Wer dagegen ein Streichholz ans Thermometer hält und auf diese Weise eine „Hitzewelle" auslöst, greift nicht in den automatischen Ablauf ein, sondern manipuliert nur die eingegebenen Daten. Eine solche Manipulation fällt nicht unter die störende Einwirkung, ebenso wenig wie die Aufzeichnung von Daten, die eine Bedienungsperson eingibt[44]. Gibt diese falsche Daten ein, wird zwar ein falsches Ergebnis produziert, der Aufzeichnungsvorgang verlief jedoch fehlerfrei, der „Automat" arbeitete korrekt (ebenso wie ein Vernehmungsprotokoll richtig ist, wenn es die Lügen des Zeugen korrekt wiedergibt[45]). – Ob eine **Umfeldmanipulation,** wie bei der genannten „Hitzewelle", als korrekte Aufzeichnung des manipulierten Umfeldes anzusehen ist, oder als Störung, ist allerdings zweifelhaft[46]. Weithin anerkannt ist hingegen der Fall des Verwendens einer **Gegenblitzanlage** bei Fahrzeugen. Hierbei gilt: Verhindert der Raser durch die Verwendung einer Gegenblitzanlage, dass im Rahmen der Radarverkehrsüberwachung eine automatische Kamera ein brauchbares Foto von ihm aufnimmt, so liegt hierin keine störende Einwirkung auf den Aufzeichnungsvorgang im Sinne von § 268 III, denn das entstandene Foto ist trotz seiner Unbrauchbarkeit eine echte technische Aufzeichnung[47].

Das vorsätzliche Verwenden eines unzuverlässigen (gestörten) Auf- **16** zeichnungsgeräts wird von § 268 III nicht erfasst, denn das bloße Verwen-

---

41 Dazu zählt auch die Schaffung einer Dissonanz zwischen dem Aufzeichnungsvorgang und dem Aufzeichnungsträger (z. B. durch Erlangen einer für den Gerätetyp ungeeigneten Tachografenscheibe, BGHSt 40, 26).
42 *Schilling,* Reform der Urkundenverbrechen, 1971, S. 50 f.
43 Vgl. hierzu *Hilgendorf/Valerius,* Computer- und Internetstrafrecht, 2. Aufl. 2012, Rn. 645; *S/S/Heine/Schuster,* § 268 Rn. 47; *SSW-Hilgendorf,* § 268 Rn. 12; zu Beispielen im Hinblick auf § 268 III siehe auch *Fischer,* § 268 Rn. 22 ff.
44 NK-*Puppe,* § 268 Rn. 37.
45 Vgl. dazu unten § 33 Rn. 12.
46 Für die Annahme einer Störung MüKo-*Erb,* 2. Aufl., § 268 Rn. 39; NK-*Puppe,* § 268 Rn. 36; a. M. *Schilling,* Reform der Urkundenverbrechen, 1971, S. 37.
47 LG Flensburg, NJW 2000, 1664 (hierzu *Martin,* JuS 2000, 822); *Lackner/Kühl,* § 268 Rn. 9; *Rengier,* BT II, § 34 Rn. 9; *Wessels/Hettinger,* BT 1, Rn. 875; a. M. AG Tiergarten, NStZ-RR 2000, 9 mit abl. Besprechung von *Rahmlow,* JR 2000, 388.

§ 32 Rn. 17   Fälschung von technischen Aufzeichnungen

den bzw. Ingangsetzen des Geräts stellt noch keinen Eingriff in den Aufzeichnungsvorgang als solchen dar. Daher ist auch der Garant, der nicht gegen das Ausnutzen eines „**Eigendefekts**" des Gerätes (seitens eines Dritten) einschreitet, nicht nach §§ 268 III, 13 strafbar[48]. Es entstehen hier zwar auch inhaltlich unrichtige, aber – da keine Manipulationshandlungen vorgenommen wurden – eben keine unechten technischen Aufzeichnungen.

Eine „Rechtspflicht zur Entstörung bzw. Reparatur" nach den allgemeinen Regeln des § 13 und somit eine **Strafbarkeit wegen Unterlassens** kann hingen dann entstehen, wenn ein „menschlicher Eingriff in den programmierten funktionellen Ablauf" die Störung verursacht hat. Ein solcher menschlicher Eingriff liegt vor, wenn die störende Wirkung auf den Aufzeichnungsprozess durch eigenes unvorsätzliches Handeln des Garanten entstanden ist und dieser, nachdem er von der störenden Wirkung seines Handelns Kenntnis erlangt hat, pflichtwidrig nicht für Abhilfe sorgt oder er den störenden Eingriff eines Dritten pflichtwidrig geschehen lässt[49]. Zu denken ist in diesem Zusammenhang insbesondere an eine Garantenstellung aus Ingerenz oder der Verantwortlichkeit für eine Gefahrenquelle im eigenen Herrschaftsbereich[50]. Das vorsätzliche Unterlassen der erforderlichen Reparatur führt in diesem Fall dazu, dass das Aufzeichnungsgerät seine ursprüngliche Widmung verliert[51]. Folglich ist eine Strafbarkeit nach §§ 268 III, 13 geboten, denn durch die unterlassene Reparatur bzw. Entstörung und der damit verbundenen Fehlerhaftigkeit des Geräts unterliegen die nachfolgenden Aufzeichnungsvorgänge jeweils einem störenden Eingriff. – Wer ein durch einen menschlichen Eingriff gestörtes Gerät allerdings in Kenntnis der Störung in Betrieb nimmt, begeht § 268 I Nr. 1 durch **aktives Tun**, insoweit bedarf es also des Rückgriffs auf §§ 268 III, 13 nicht[52]. – Dies folgt insbesondere daraus, dass nicht jede Manipulation durch Tun unter § 268 fällt und insoweit Strafbarkeitslücken entstünden, wenn das insoweit straflos manipulierte Gerät nun benutzt werden dürfte[53].

17   Das **Gebrauchmachen** gemäß § 268 I Nr. 2 entspricht § 267 I Alt. 3 und liegt vor, wenn die falsche Aufzeichnung (auch die i. S. des § 268 III) einem Dritten zugänglich gemacht wird. Nicht erforderlich ist, dass dieser Kenntnis von deren Inhalt genommen hat[54] bzw. die bezweckte Täuschung erreicht worden ist[55]. Fraglich ist, ob das Gebrauchmachen nur strafbar ist, wenn bereits die Fälschung i. S. des § 268 I, III vorsätzlich und rechtswidrig erfolgte[56]. Ein Vergleich mit § 267 kann hier gerade nicht gezogen werden, da eine unvorsätzliche Herstellung einer unechten Urkunde kaum

---

48 BGHSt 28, 300 (306); *Wessels/Hettinger*, BT 1, Rn. 879.
49 BGHSt 28, 300 (307).
50 Vgl. *Lackner/Kühl*, § 268 Rn. 9; *S/S/Heine/Schuster*, § 268 Rn. 56 ff.; *Wessels/Hettinger*, BT 1, Rn. 881.
51 SK-*Hoyer*, § 268 Rn. 34.
52 BGHSt 28, 300 (304); *Wessels/Hettinger*, BT 1, Rn. 878.
53 Ausführlich zu §§ 68 III, 13 auch *Wessels/Hettinger*, BT 1, Rn. 877 ff.
54 SK-*Hoyer*, § 268 Rn. 41.
55 *Fischer*, § 268 Rn. 28; LK-*Zieschang*, 12. Aufl., § 268 Rn. 55; *S/S/Heine/Schuster*, § 268 Rn. 66.
56 Es geht insbesondere um die Fälle, in denen ein gestörter Apparat unechte Aufzeichnungen produziert, der Verwender davon aber zuerst nichts weiß und lediglich nachträglich Kenntnis von der Störung erlangt und die Aufzeichnungen dennoch gebraucht. Eine Strafbarkeit wegen Herstellung dieser Aufzeichnungen nach § 268 III (bzw. §§ 268 III, 13) scheidet mangels Vorsatzes oder mangels Garantenstellung aus. – Schon im Gesetzgebungsverfahren sind insoweit konträre Ansichten vertreten worden.

denkbar ist. Läge aber ein solcher Fall vor (T übt zum Spaß fremde Unterschriften ohne Täuschungsabsicht und unterzeichnet dabei versehentlich einen Vertrag) müsste der Rechtsverkehr aber auch vor einem (nunmehr vorsätzlichen) entsprechenden Gebrauchmachen geschützt werden. Gleiches muss dann auch für § 268 gelten[57]. – Zum Verhältnis der verschiedenen Varianten des § 268 zueinander gelten die Ausführungen zu § 267 im Übrigen entsprechend[58].

2. Tathandlungen der §§ 269, 270

Wie bei § 268 sind auch die Tathandlungen des § 269 parallel zu § 267 umschrieben. Insbesondere für das **Speichern** – welches dem Herstellen einer unechten Urkunde (§ 267 I Alt. 1) entspricht – ist die zu § 267 entwickelte Geistigkeitstheorie wichtig[59]. 18

Beispiel: Bringt es P als Programmierer der X-AG fertig, in dem Computer ein Programm zu installieren – und somit zwangsläufig auch zu „speichern" –, das zu einem Abzweigen von Zahlungen zugunsten des P führt, stellt er eine unechte elektronische Urkunde her. Die entsprechende Gedankenerklärung ist nach den Grundgedanken der Geistigkeitstheorie der X-AG zuzurechnen. Dass allen Beteiligten klar ist, dass die Programme körperlich von P stammen, ändert nichts an der Unechtheit, weil die Vertretungsmacht fehlt. P durfte eben diese Programme nur „für" X in deren System installieren.

Von einer **Veränderung** von Daten spricht man, wenn deren Bestand derart umgestaltet wird, dass bei ihrer visuellen Darstellung ein anderes Ergebnis als das vom Betreiber der Anlage durch die Festlegung des Programms beabsichtigte erreicht wird, also praktisch ein „EDV-Falsifikat"[60] entsteht. Hierfür kann es in bestimmten Fällen bereits ausreichen, dass einzelne Daten gelöscht werden[61]. In jedem Fall erforderlich ist aber, dass die betroffenen Daten bereits vor der Veränderung in der EDV-Anlage gespeichert waren[62]. Das **Verändern** echter beweiserheblicher Daten gemäß § 269 I Alt. 2 lehnt sich an § 267 I Alt. 2 an, sodass hierfür das Gleiche gilt wie für § 268 I Nr. 1 Alt. 2[63]. 19

Beispiel[64]: Eine vollständig verbrauchte Telefonkarte enthält die auf ihr gespeicherte Information, dass das Guthaben 0,00 € beträgt. In dieser Information sind unproblematisch beweiserhebliche Daten zu sehen. Wird (vom Täter) auf diese Telefonkarte (in unerlaubter Weise) ein Guthabenbetrag aufgeladen, so werden beweiserhebli-

---

57 So auch LK-*Zieschang*, 12. Aufl., § 268 Rn. 44 ff.; MüKo-*Erb*, 2. Aufl., § 268 Rn. 46; differenzierend S/S/*Heine/Schuster*, § 268 Rn. 61 ff.; SK-*Hoyer*, § 268 Rn. 41; a. M. noch LK-*Tröndle*, 10. Aufl., § 268 Rn. 38.
58 Vgl. dazu bereits oben § 31 Rn. 34 ff. (auch zur Eigenhändigkeit).
59 Vgl. bereits oben Rn. 9 und § 31 Rn. 15 ff.
60 So S/S/*Heine/Schuster*, § 269 Rn. 17; ferner *Lackner/Kühl*, § 269 Rn. 9; LK-*Zieschang*, 12. Aufl., § 269 Rn. 11; *Wessels/Hettinger*, BT 1, Rn. 883.
61 So *Lackner/Kühl*, § 269 Rn. 9; S/S/*Heine/Schuster*, § 269 Rn. 17; a. M. SK-*Hoyer*, § 269 Rn. 9, der hier lediglich § 274 I Nr. 2 erfüllt sieht.
62 LK-*Zieschang*, 12. Aufl., § 269 Rn. 11; S/S/*Heine/Schuster*, § 269 Rn. 17.
63 Vgl. oben Rn. 14 zu § 268.
64 Fall nach BGH, NStZ-RR 2003, 265.

che Daten geändert. Dass die Telefonkarte dann regelmäßig nicht einem Menschen zu dessen Täuschung vorgelegt, sondern in einem, den Betrag selbsttätig abbuchenden Telefonapparat verwendet wird, steht einer Verwirklichung des § 269 I Alt. 2 nicht entgegen, denn nach § 270 steht der Täuschung des Rechtsverkehrs die fälschliche Beeinflussung einer Datenverarbeitung im Rechtsverkehr (hier also die Abbuchung des durch Veränderung beweiserheblicher Daten zustande gekommenen Guthabens) gleich[65].

Was das **Gebrauchmachen** angeht, muss die unechte oder verfälschte elektronische Urkunde unmittelbar gebraucht werden, genauso wie eine normale Urkunde unmittelbar gebraucht werden muss. Wie auch bei der normalen Urkunde liegt daher ein Gebrauchen vor, wenn ein Dritter Zugang zu den beweiserheblichen Daten erhält. Dies kann z. B. in der Weise erfolgen, dass der Täter dem zu täuschenden Dritten einen Ausdruck der unechten elektronischen Urkunde vorlegt[66]. Es genügt jedoch auch, dass dem Dritten die Daten elektronisch, z. B. per E-Mail übermittelt werden (und so in seine elektronische Datenverarbeitung eingehen). Eine **Kenntnisnahme des Dritten** ist auch bei normalen Urkunden nicht erforderlich. Es genügt der bloße Zugang, d. h. die **Möglichkeit** der Kenntnisnahme.

III. Vorsatz und Täuschungsabsicht

20 Die Ausführungen zu § 267 gelten für §§ 268, 269, 270 entsprechend.

IV. Besonders schwere Fälle, Qualifikationen und Konkurrenzen

21 § 267 III, IV gilt bei § 268 und §§ 269, 270 entsprechend. Im Hinblick auf die Konkurrenzen innerhalb der Urkundendelikte ist zu wiederholen, dass reine § 268-Fälle selten sind, weil technische Aufzeichnungen aus den genannten Gründen[67] oft auch von § 267 oder von §§ 269, 270 erfasst werden.

Wenn die Zuverlässigkeit der technischen Aufzeichnungen durch einen Eichvermerk oder die Plombierung etc. garantiert wird, können solche Vermerke als Beweiszeichen (verkürzte Urkunden!) unter § 267 fallen. Wird z. B. eine Plombe gelöst, um den Aufzeichnungsvorgang manipulieren zu können und dann später wieder angebracht, steht § 268 I, III in Tateinheit mit § 267[68]. Auch § 263a ist in diesem Zusammenhang zu beachten.

---

65 Hierzu auch *Böse*, NStZ 2005, 370 (374 f); *Hecker*, JA 2004, 762.
66 Anders jedoch MüKo-*Erb*, 2. Aufl., § 269 Rn. 40 und SK-*Hoyer*, § 269 Rn. 11, der in einem Ausdruck beweiserheblicher Daten – vergleichbar mit einer Fotokopie – lediglich das Ergebnis ihrer Übertragung in ein anderes Medium, nicht aber deren eigentliche Verwendung bzw. den Gebrauch als Daten sehen will.
67 Vgl. oben Rn. 11.
68 Ferner ist hier auch an eine zusätzliche Anwendung des § 274 durch das Lösen der Plombe zu denken.

§ 33 Falschbeurkundung und sonstige Urkundendelikte

Literaturhinweise: *Bohrer,* Notare – Ein Berufsstand der Urkundenvernichter, NJW 2007, 2019; *Claus,* Zur Reichweite des öffentlichen Glaubens der TÜV-Plakette; NStZ 2014, 66; *Dingler,* Die Gesetzeseinheit von § 303 Abs. 1 StGB im Verhältnis zu § 274 Abs. 1 Nr. 1 StGB, JA 2004, 810; *Freund,* Urkundenstraftaten, 2. Aufl. 2010; *Hecker,* Die mißbräuchliche Verwendung von Ausweispapieren und sonstigen ausweisgleichen Urkunden nach § 281 StGB, GA 1997, 525; *Hilgard,* Archivierung und Löschung von E-Mails im Unternehmen, ZIP 2007, 985; *Kienapfel,* Zur Abgrenzung von Urkundenfälschung und Urkundenunterdrückung, Jura 1983, 185; *Lampe,* Unterdrückung unechter Urkunden, JR 1964, 14; *Lindemann,* Zur systematischen Interpretation des § 274 Nr. 1 StGB im Verhältnis zum § 267 I Var. 2 StGB, NStZ 1998, 23; *Mankowski/Tarnowski,* Zum Umfang der besonderen Beweiskraft öffentlicher Urkunden, JuS 1992, 826; *Meyer,* Die öffentliche Urkunde im Strafrecht, Dreher-FS 1977, S. 425; *Reichert,* „Mein Pass gehört mir", StV 1998, 51; *Schmitt,* Täterschaft und Teilnahme am Beispiel des § 281 StGB, NJW 1977, 1811; *Schneider,* Zur Strafbarkeit des Vernichtens von Schaublättern eines Fahrtenschreibers, NStZ 1993, 16; *Wiedenbrüg,* Schutz ausländischer öffentlicher Urkunden durch §§ 271, 273 StGB?, NJW 1973, 301; *Winter,* Die grundlegenden Probleme der Falschbeurkundungstatbestände der §§ 271, 348 StGB; insbesondere die besondere Beweiskraft und der Inhalt öffentlicher Urkunden, 2004.

Übersicht

		Rn.
I.	Falschbeurkundung, §§ 348, 271; Ausstellen und Gebrauch unrichtiger Gesundheitszeugnisse, §§ 278, 279	1
	1. Schutz des Inhaltsvertrauens bei öffentlichen Urkunden und Gesundheitszeugnissen	1
	a) Inhaltsvertrauen allgemein	1
	b) Inhaltsvertrauen bei Gesundheitszeugnissen, § 278	2
	c) Öffentliche Urkunden, öffentliche Bücher und öffentliche Register	6
	2. Falschbeurkundung im Amt, § 348 I	15
	a) Tatbestand, Vorsatz und Versuch	15
	b) Teilnahme	16
	c) Konkurrenzen	18
	3. Mittelbare Falschbeurkundung, § 271	19
	a) Mittelbare Täterschaft, Irrtumsfälle	19
	b) Qualifikation, § 271 III	22
	c) Gebrauchmachen, § 271 II	24
	d) Versuch, Teilnahme und Konkurrenzen	25
	4. Ausstellen und Gebrauch unrichtiger Gesundheitszeugnisse, §§ 278, 279	26
II.	Urkundenunterdrückung, § 274	28
	1. Tatbestand und Rechtsgut	28

§ 33 Rn. 1   Falschbeurkundung und sonstige Urkundendelikte

    2. Vorsatz und Nachteilsabsicht 33
    3. Konkurrenzen 35

III. Sondervorschriften zum Schutz von amtlichen Ausweisen und ähnlichen
    Urkunden, §§ 273, 275, 276, 276a, 281 36
    1. Amtliche Ausweise und ausweisähnliche Urkunden.................... 36
    2. Der besondere Schutz der Ausweise und ausweisähnlichen Urkunden 38

I. Falschbeurkundung, §§ 348, 271; Ausstellen und Gebrauch unrichtiger Gesundheitszeugnisse, §§ 278, 279

1. Schutz des Inhaltsvertrauens bei öffentlichen Urkunden und Gesundheitszeugnissen

a) Inhaltsvertrauen allgemein

1   Die Vorschriften über die mittelbare Falschbeurkundung (§ 271), die Falschbeurkundung im Amt (§ 348) sowie das Ausstellen unrichtiger Gesundheitszeugnisse (§ 278) schützen – im Gegensatz zu §§ 267 ff. – nicht das **Zuschreibungsvertrauen** (= das Vertrauen dahin gehend, das die Urkunde von demjenigen stammt, der aus ihr als Aussteller hervorgeht), sondern das **Inhaltsvertrauen** (= das Vertrauen in die Wahrheit der beurkundeten Tatsache). Hier wird also ausnahmsweise die **schriftliche Lüge** mit Strafe bedroht. Beschränkt wird der Schutz dabei jedoch auf öffentliche Urkunden (§ 415 ZPO) und vergleichbare Dateien, Bücher und Register sowie auf Gesundheitszeugnisse, weil nur diese ein besonderes Vertrauen im Hinblick auf die „Wahrheit" der beurkundeten Tatsache genießen. § 348 I bedroht dabei den Amtsträger mit Strafe, der vorsätzlich eine inhaltlich unrichtige öffentliche Urkunde ausstellt. Entsprechend sieht § 278 eine Strafe für den Arzt vor, der ein inhaltlich unrichtiges Gesundheitszeugnis ausstellt. § 348 I spricht dabei (etwas unscharf) von der „Aufnahme" einer Urkunde (gemeint ist hier die Ausstellung einer solchen). Zu beachten ist insoweit, dass der „aufnehmende" Amtsträger tatsächlich **Aussteller** (i. S. des § 267) der Gedankenerklärung ist. Er beurkundet hier, dass der „aufgenommene" Vorgang sich auch tatsächlich so abgespielt hat. – § 271 bedroht dagegen denjenigen mit Strafe, der als mittelbarer Täter den Amtsträger dazu bringt, dass er eine inhaltlich unrichtige öffentliche Urkunde ausstellt, insbesondere also den Fall, dass der Amtsträger getäuscht wird. Neben das **Schutzgut des öffentlichen Vertrauens** in die inhaltliche Richtigkeit der Urkunde tritt hier also auch das der **Funktionsfähigkeit der Beurkundungsorgane**, welches speziell durch § 271 gewährleistet werden soll[1]. Für § 278 fehlt eine parallele Strafvorschrift der mittelbaren Falschbeurkundung[2].

---
[1] Vgl. auch *Eisele*, BT I, Rn. 917; *S/S/Heine/Schuster*, § 271 Rn. 1.
[2] Zu den Gründen vgl. unten Rn. 2 und 4.

Beispiel: Amtsträger A stellt seinem Freund E einen Erbschein aus, obwohl er genau weiß, dass dieser nicht Erbe geworden ist = § 348; wird er hingegen von E unter Vorlage eines falschen Testaments getäuscht, ist E strafbar nach § 271[3].

b) Inhaltsvertrauen bei Gesundheitszeugnissen, § 278

Statt von Vertrauen in die Richtigkeit des Inhalts einer Urkunde kann man auch kurz von der **Wahrheit** als geschütztem Rechtsgut sprechen. Fraglich ist dabei, welchen Maßstab man dabei an den Begriff der Wahrheit anzulegen hat. Im Vorgriff auf die objektive bzw. subjektive Aussagetheorie bei §§ 153 ff.[4] lässt sich Wahrheit auch im Urkundenstrafrecht **objektiv** oder **subjektiv** bestimmen. Darüber hinaus kann Bezugsgegenstand der Wahrheit einer Aussage entweder ihr **Inhalt** oder aber lediglich eine entsprechende **Behauptung** sein („A ist krank" – „Ich glaube/behaupte, dass A krank ist"). Vom Boden einer **Behauptungswahrheit** aus gibt es fast keine Lügen mehr. Eine Behauptung ist wahr, wenn sie der Behauptende tatsächlich so aufgestellt hat.

Beispiel: Student X reicht dem Dekan der Juristischen Fakultät ein ärztliches Zeugnis des Dr. T in **Sütterlinschrift** (= in Deutschland zu Beginn des 20. Jh. gebräuchliche Schreibschrift) ein, um den Abbruch der Prüfung aus medizinischen Gründen zu belegen. Das von Dr. T ausgestellte und unterschriebene Zeugnis lautet in etwa: „X leidet an einer schweren Durchfallerkrankung mit Erbrechen, die eine Fortsetzung der Prüfung ärztlicherseits als nicht angezeigt erscheinen lässt." – Das zweite Blatt, das X dem Dekan ebenfalls vorlegt (lesen konnte X die Sütterlinschrift nicht) lautet: „Lieber Kurt (Vater des X), ich habe Dir dieses Mal den Gefallen getan und es Deinem Filius ermöglicht, sich ohne Grund um das Examen zu drücken. Bitte schicke Deinen Sohn nicht noch einmal zu mir".

Bei § 278 ist der Bezugsgegenstand für die Wahrheit nicht objektiv als Gesundheit oder Krankheit des Patienten zu bestimmen, sondern **subjektiv** als die diesbezügliche Ansicht (**Diagnose**) des Arztes[5]. Im vorstehenden Beispiel liegt also ein vollendeter § 278 vor, auch wenn der Patient tatsächlich an Durchfall und Erbrechen gelitten haben sollte.

Damit ist auch klar, dass es bei § 278 keine **mittelbare Täterschaft** in der Form geben kann, dass ein Patient eine Erkrankung simuliert (und der Arzt ihm dann „gutgläubig" das entsprechende Leiden bescheinigt). Ein solches durch Täuschung erlangtes Zeugnis ist wahr, weil der Arzt die bescheinigte (falsche) Diagnose wirklich gestellt hat (subjektive Theorie).

Insoweit wird auch klar, dass ein Zeugnis nicht allein deshalb wahr ist, weil der Arzt behauptet, er habe eine (wenn auch bewusst unwahre) entsprechende Diagnose gestellt (dann gäbe es nämlich keine falschen Gesundheitszeugnisse, selbst das Zeugnis im genannten Beispiel wäre dann nämlich wahr!)[6].

---

3 Zum Erbschein als öffentliche Urkunde vgl. BGHSt 19, 87.
4 Vgl. hierzu unten § 47 Rn. 36 ff.
5 BGHSt 6, 90 (Krankenschein ohne Untersuchung ist falsch); vgl. auch BGH NStZ-RR 2007, 343.
6 Zu Urkunden, die sich an der Behauptungswahrheit orientieren, vgl. unten Rn. 10.

c) Öffentliche Urkunden, öffentliche Bücher und öffentliche Register

6 Detaillierte Kenntnisse zum Begriff der öffentlichen Urkunde dürfen in strafrechtlichen Klausuren vernünftigerweise nicht gefordert werden, weil es letztlich um Spezialwissen im betreffenden Teilbereich des Zivilrechts oder öffentlichen Rechts geht, in dem die Urkunde verwendet wird. Beispielsweise wird der Stempel des Fleischbeschauers auf dem Fleisch, nicht aber die Gewichtsangabe im Schlachtsteuerbescheid als öffentliche Urkunde angesehen. Nachstehend wird versucht, einige knappe allgemeine Leitlinien zu entwickeln und diese anhand einiger besonders wichtiger Anwendungsbeispiele zu erläutern. Festzuhalten ist vorab: Einen Anhaltspunkt für den Begriff der öffentlichen Urkunde bietet § 415 ZPO, jedoch ist zu beachten, dass es sich bei der Falschbeurkundung stets auch um eine Tatsache handeln muss, auf die sich der **öffentliche Glaube** der Urkunde **erstreckt**, was oft zweifelhaft ist. Da es sich bei der entsprechenden Beurteilung immer um eine Frage des konkreten Einzelfalls handelt, sind primär – sofern vorhanden – die gesetzlichen Regelungen heranzuziehen, die sich auf die Urkunde beziehen (z. B. §§ 892, 2365, 2366 BGB; § 274 StPO; §§ 59, 60 PStG). Sind direkte, die Beweiskraft der Urkunde regelnde Vorschriften nicht vorhanden, muss die Beweiskraft mittelbar aus den ansonsten zur Verfügung stehenden gesetzlichen Regelungen oder der Verkehrsanschauung abgeleitet werden[7].

(1) Öffentlicher Glaube und Zuständigkeit des Amtsträgers

7 Voraussetzung für den Schutz einer öffentlichen Urkunde ist der öffentliche Glaube[8], also die Beweiskraft für und gegen jedermann (= sog. „Beweisbestimmung für den Rechtsverkehr nach außen"[9]). Da Privaturkunden eine solche Beweisbestimmung für den Rechtsverkehr fehlt, werden diese von §§ 348, 271 nicht erfasst. Gleiches gilt für die sog. „schlicht-amtlichen" Urkunden[10], die ausschließlich für den internen Dienstbetrieb bestimmt sind (z. B. polizeiliche Vernehmungsprotokolle, Ermittlungsberichte). Insofern lehnt sich das Strafrecht an §§ 415, 417, 418 ZPO an[11], jedoch ohne sich von der Entscheidung zivilprozessrechtlicher Zweifelsfragen abhängig zu machen[12].

Wie eng die Anlehnung an §§ 415, 417, 418 ZPO dennoch ist, macht BGHSt 44, 186 deutlich: Bei einem notariellen Grundstückskaufvertrag falle die Angabe des Beurkundungsortes nicht unter den Schutz des § 348 I, weil sich darauf die „erhöhte Be-

---

7 BGHSt 22, 201 (203); BGHSt 42, 131 (131 f.); BGHSt 44, 186 (187 f.); zur diesbezüglich mittlerweile umfangreich entstandenen Kasuistik vgl. *Fischer*, § 271 Rn. 6; *Lackner/Kühl*, § 271 Rn. 2 f; SSW-*Wittig*, § 271 Rn. 15 f.
8 BGHSt 17, 66 (67); BGHSt 20, 186 (187); BGHSt 20, 309 (313 f.); OLG München, NStZ 2006, 575.
9 *Rengier*, BT II, § 37 Rn. 13; *Wessels/Hettinger*, BT 1, Rn. 907; kritisch hierzu NK-*Puppe*, § 271 Rn. 7 ff.
10 Hierzu LK-*Zieschang*, 12. Aufl., § 271 Rn. 24 ff.; NK-*Puppe*, § 348 Rn. 16 f.
11 BGHSt 19, 19 (21 f.); LK-*Zieschang*, 12. Aufl., § 271 Rn. 9.
12 Dazu *Meyer*, Dreher-FS 1977, S. 425.

Falschbeurkundung, §§ 348, 271 § 33 Rn. 8–9

weiskraft" der öffentlichen Urkunde nicht erstrecke[13]. – Weil die Ortsangabe für die zivilrechtliche Beweisfunktion solcher Urkunden normalerweise belanglos ist, genügt es demnach nicht, dass der Rechtsverkehr auf die Richtigkeit der Ortsangabe faktisch genauso vertraut wie auf die Richtigkeit der Kaufpreisangabe[14].

Diese „Beweiskraft" darf nicht mit „Fiktion" verwechselt werden. Es bleibt jedermann unbenommen, darzutun, dass der öffentliche Glaube nicht berechtigt und die Urkunde inhaltlich falsch ist. Die Bestrafung nach §§ 348, 271 setzt die Zulässigkeit eines solchen Gegenbeweises gedanklich voraus.

Die besondere Beweiskraft setzt voraus, dass ein **Amtsträger** (§ 11 I Nr. 2)[15] die Urkunde ausstellt. Der Amtsträger muss dabei jedenfalls **sachlich zuständig** sein. Verstöße gegen die innerdienstliche Geschäftsverteilung oder die Missachtung der verwaltungsrechtlichen Pflicht, das Geschäft nicht zu beurkunden, weil eigene Interessen des Urkundsbeamten betroffen sind, ändern dabei allerdings nichts an der Befugnis bzw. Zuständigkeit des Beamten. Darüber hinaus verlangen der BGH[16] und die h. M.[17] auch das Vorliegen der **örtlichen Zuständigkeit,** um eine Strafbarkeit nach § 348 I anzunehmen. Dies ist bedauerlich, da dieser Fehler an sich nicht gravierend genug ist, um die Urkunde aus dem Schutz des § 348 I auszunehmen. 8

(2) Inhalt der Urkunde: Objektive Theorie

Das Inhaltsvertrauen wird nur so weit geschützt, wie der öffentliche Glaube reicht[18]. Dabei ist – anders als beim Gesundheitszeugnis[19] – grundsätzlich von der **objektiven Theorie** auszugehen[20]. 9

---

13 Hintergrund ist die dienstrechtliche Bindung der Notare an einen Amtsbezirk. Amtshandlungen außerhalb dieses Bezirkes sind jedoch gültig. Selbst wenn örtliche Unzuständigkeit zur Ungültigkeit des Rechtsgeschäfts führen würde, begründet die Überschreitung des Amtsbezirkes keine solche örtliche Unzuständigkeit.
14 Entstünde beispielsweise nach Aufnahme der notariellen Urkunde gegen den Käufer ein Anfangsverdacht wegen irgendeines Verbrechens, das zur fraglichen Zeit am Ort X begangen worden ist, wäre der notarielle Vertrag mit der Ortsangabe Y ein den Käufer stärker entlastendes Indiz (Alibi), als ein normaler, d. h. nicht notariell beurkundeter Vertrag. – Für die h. M. (Herauslösung aller für die betreffende Urkunde gesetzlich nicht zwingend vorgeschriebenen Angaben aus dem Schutz des § 348) NK-*Puppe*, § 271 Rn. 11 und § 348 Rn. 4 f., die jedoch neben den „Muss"-Vorschriften auch die „Soll"-Vorschriften als erfasst ansieht; zur Schutzunfähigkeit von Ortsangaben auch BGH, wistra 1999, 26 (27).
15 Notare fallen unter § 11 I Nr. 2b; allerdings (zumindest noch derzeit) mit Ausnahme Baden-Württembergs, wo, abgesehen von den wenigen Anwaltsnotaren in Württemberg, § 11 I Nr. 2a anzuwenden ist.
16 BGHSt 12, 85 (86); BGHSt 37, 207 (211).
17 *Fischer*, § 348 Rn. 2; *Lackner/Kühl*, § 348 Rn. 3; LK-*Zieschang*, 12. Aufl., § 348 Rn. 9; SK-*Hoyer*, § 348 Rn. 4; a. M. *Maurach/Schroeder/Maiwald*, BT 2, § 66 Rn. 7; *Otto*, BT, § 71 Rn. 2; S/S/*Hecker*, § 348 Rn. 6; SSW-*Wittig*, § 271 Rn. 12.
18 SK-*Hoyer*, § 271 Rn. 18.
19 Vgl. oben Rn. 3.
20 Zu Ausnahmen (subjektiver Ansatz) vgl. unten Rn. 10.

Beispiel[21]: Der öffentliche (notarielle) **Beglaubigungsvermerk** auf einer Fotokopie beweist die Übereinstimmung der Kopie mit dem Original. Darauf bezieht sich die Beweiskraft (öffentlicher Glaube). Zur inhaltlichen Richtigkeit des Originals und damit auch der Kopie besagt der Beglaubigungsvermerk nichts. – Beglaubigt der Notar als Amtsträger die Übereinstimmung von Original und Kopie, ist diese öffentliche Urkunde dann falsch, wenn die Kopie vom Original abweicht.

Im Vorgriff auf die objektive bzw. subjektive Aussagetheorie bei §§ 153 ff.[22] bedeutet diese objektive Bestimmung des Inhalts der Urkunde, dass sich der öffentliche Glaube auf die Wirklichkeit bezieht. Unerheblich ist die Ansicht des Amtsträgers von der Wirklichkeit. Auch die Vollzugserwartungen eines Zollbeamten, die sich auf einen nach der Beurkundung stattfindenden Geschehensablauf bezieht, wird nicht konkludent mitbeurkundet[23]. Freilich ist es nicht immer leicht, die Wirklichkeit (und damit die Richtigkeit) zu bestimmen.

Hat der Notar A im gerade genannten Beispiel die Abweichung der Kopie vom Original nicht bemerkt, erfüllt er dennoch den objektiven Tatbestand des § 348 I, handelt aber nicht vorsätzlich. – Unterstellt man, dass der die Beglaubigung beantragende „Kunde" T den A abgelenkt hat und so die fehlerhafte Ansicht des A von der Übereinstimmung der Kopie mit dem Original herbeigeführt hat, führt T als mittelbarer Täter die inhaltlich falsche Beurkundung herbei und ist, § 271[24]. Niemand vertritt hier (vgl. aber das anschließende Beispiel[25]) die Ansicht, der Beglaubigungsvermerk besage nur, A sei überzeugt, Original und Kopie stimmten überein (und nur auf diese Überzeugung beziehe sich der öffentliche Glaube). Das hätte zur Folge, dass die Urkunde richtig wäre (denn A ist hier überzeugt, dass Original und Kopie übereinstimmen). Weil es am Tatbestand der inhaltlich falschen Beurkundung fehlen würde, könnte T dann nämlich auch nicht als mittelbarer Täter erfasst werden.

(3) Inhalt der Urkunde: Behauptungswahrheit

10 Häufig finden sich öffentliche Urkunden, deren Inhalt (und damit deren Richtigkeit) sich an der Behauptungswahrheit orientiert (sog. „**Dispositivurkunde**"[26]).

Beispiel: Der notariell beglaubigte **Grundstückskaufvertrag** beweist nur, dass vor dem Notar A der Käufer K und der Verkäufer V die entsprechenden Kaufvertragserklärungen abgegeben haben. Nicht bewiesen wird, dass die Vertragsparteien sich wirklich zu diesen Konditionen geeinigt haben. Deshalb ist schon der objektive Tatbestand des § 348 I nicht erfüllt (mit der Folge, dass auch keine mittelbare Falschbeurkundung nach § 271 möglich ist), wenn V und K z. B. den Kaufpreis zu niedrig

---

21 Vgl. hierzu §§ 39 ff., 42 BeurkG; ferner RGSt 46, 286 (288 f.).
22 Dazu unten § 47 Rn. 36 ff.
23 OLG Karlsruhe, NJW 2012, 869 (870).
24 Vgl. hierzu näher unten Rn. 20.
25 Vgl. Rn. 10.
26 NK-*Puppe*, § 348 Rn. 5. – Wie das hier im Text folgende Beispiel zeigt, kann § 271 nicht damit erklärt werden, dem Bürger werde eine eigene Wahrheitspflicht auferlegt; anders NK-*Puppe*, § 271 Rn. 3, 9 (vgl. aber ebenda Rn. 13 f., 19, 25).

angeben, um Steuern oder Notariatsgebühren zu sparen oder Höchstpreisvorschriften zu umgehen[27].

Der Begriff der Behauptungswahrheit ist nicht mit der subjektiven Theorie identisch. Maßstab für die Richtigkeit der öffentlichen Urkunde ist im Beispiel des Grundstückskaufvertrags nicht die Überzeugung des Notars bezüglich der von den Parteien abgegebenen Erklärungen, sondern die Erklärungen, wie sie die Parteien tatsächlich vor dem Notar abgegeben haben. Es gibt jedoch öffentliche Urkunden, deren Richtigkeit ausnahmsweise subjektiv (d. h. nach der Überzeugung des Amtsträgers) zu bestimmen ist[28].

(4) Inhalt der Urkunde: Rechtswidrige Genehmigungen als wahre Urkunden

Bei Genehmigungen, Bescheinigungen (Führerschein!), Entscheidungen in Rechtssachen etc. ist außerordentlich undurchsichtig, inwieweit sich die „Wahrheit" auf eine Behauptungswahrheit beschränkt, also darauf, dass der Amtsträger die entsprechende Bescheinigung ausgestellt hat. Solchen Urkunden stehen andere Urkunden gegenüber, bei denen zur Wahrheit die Voraussetzungen gehören, unter denen eine derartige Bescheinigung ausgestellt werden darf. Je nachdem kann es zu der paradoxen Situation kommen, dass trotz einer vom Beamten wissentlich „rechtsbeugend" erteilten Erlaubnis eine inhaltlich richtige Urkunde vorliegt (denn der Beamte hat die Erlaubnis wirklich ausgestellt!)[29]. – Wichtig ist vor allem, dass man die Einschätzung der Wirklichkeit durch den Beamten nicht mit der Realität verwechselt. 11

(5) Beispiele für öffentliche Urkunden

Strafurteile und Strafbefehle sind öffentliche Urkunden. Ihre Beweiskraft erstreckt sich auf die Verurteilung bzw. den Freispruch (nicht auf Schuld oder Unschuld!). Die Beweiskraft erstreckt sich nicht darauf, dass der Verurteilte mit dem in der Urkunde genannten Namensträger identisch ist[30]. – Vernehmungsprotokolle sind wahr, wenn sie die Aussagen (ggf. die Lügen!) korrekt wiedergeben (Behauptungs- 12

---

27 BGH, NStZ 1986, 550; BayObLG, NJW 1955, 1567; LK-*Zieschang*, 12. Aufl., § 271 Rn. 43; kritisch hierzu NK-*Puppe*, § 348 Rn. 10 f.; *Schumann*, JZ 1987, 523 (524); vgl. ferner aus der Rechtsprechung zu den notariellen Kaufverträgen BGHSt 44, 186; BGHSt 47, 39; OLG Zweibrücken, NStZ 2004, 334 (335).
28 Wenn ein amtlicher Fleischbeschauer die Verkehrsfähigkeit (vereinfacht: Trichinenfreiheit) des Fleisches durch seinen Stempel bestätigt, ist die Urkunde in Parallele zum Gesundheitszeugnis (oben Rn. 2) wahr, wenn er eine solche Diagnose gestellt hat. Allenfalls kann man zusätzlich als Inhalt der Urkunde die Aussage ansehen, die Diagnose beruhe auf (sorgfältiger?) Untersuchung; eingehend zu diesem Fall *Freund*, Urkundenstraftaten, 2. Aufl. 2010, Rn. 317 ff.; MüKo-*Freund*, 2. Aufl., § 348 Rn. 25 ff.
29 Zum Beispiel beim Führerschein BGHSt 33, 190 (191 ff.); BGHSt 37, 207 (209 ff.). – Gegenbeispiel TÜV-Plakette, so überzeugend *Puppe*, NStZ 1999, 576 gegen BayObLG, NStZ 1999, 575. Inhalt der Plakette ist nicht nur der nächste Termin, sondern (dem Gesundheitszeugnis vergleichbar, vgl. oben Rn. 2) eine nach einer Untersuchung gestellte Diagnose der Verkehrstüchtigkeit des Kfz; vgl. weiter NK-*Puppe*, § 348 Rn. 6 ff.; a. M. SSW-*Wittig*, § 271 Rn. 20; hierzu auch OLG Hamburg, NStZ 2014, 95.
30 RGSt 41, 201 (202 f.).

wahrheit). – Gerichtliche Verhandlungsprotokolle (im Straf- wie im Zivilverfahren) beweisen zwar die Einhaltung der vorgeschriebenen Förmlichkeiten, nicht aber die Richtigkeit der Angaben zur Person[31]. – Zu den öffentlichen Urkunden gehören auch die Pfändungsprotokolle der Gerichtsvollzieher, zu den öffentlichen Registern zählt das Vereins- und Handelsregister, über die Erwähnung der öffentlichen Bücher sind Eintragungen im Grundbuch erfasst, soweit diese die besondere Beweiskraft des Grundbuches genießen[32].

13 **Bei amtlichen Ausweisen** ist die Reichweite der Beweiskraft besonders genau zu prüfen: Der **Pass** beweist den Namen der abgebildeten Person ebenso wie ihr Recht, einen bestimmten Titel zu führen[33]. Beim **Führerschein** erstreckt sich der öffentliche Glaube auf die Fahrerlaubnis (nicht aber auf das Vorliegen der für die Erteilung erforderlichen gesetzlichen Voraussetzungen![34]), die erteilten Fahrerlaubnisklassen, den Namen und das Geburtsdatum, dagegen nicht auf den akademischen Grad[35]. Die Meldebestätigung der Meldebehörde beweist nicht, dass der Angemeldete tatsächlich an dem angegebenen Ort wohnt, sondern nur, dass er sich unter Angabe dieses Wohnorts bei der Meldebehörde angemeldet hat[36]. Ausländerrechtliche Duldungsbescheinigungen nach § 60a AufenthG erbringen Beweis über die dort aufgeführten Personalien, nicht jedoch darüber, dass der Ausländer nicht darüber hinaus noch eine weitere Staatsangehörigkeit besitzt[37]. Die Personalangaben genießen jedoch dann keinen öffentlichen Glauben, wenn in der Bescheinigung vermerkt wurde, dass die Angaben ausschließlich auf den eigenen Angaben des Ausländers beruhen[38].

Zu den öffentlichen Urkunden im Umfeld eines Kfz gehört z. B. die Fahrzeugzulassungsbescheinigung I (früher: Fahrzeugschein) und das amtliche Kennzeichen, soweit es gestempelt und mit dem Kfz verbunden ist. Hierdurch wird bewiesen, dass ein Fahrzeug unter einem bestimmten Kennzeichen zum Verkehr zugelassen worden ist[39]. In Verbindung mit der Hauptuntersuchungsplakette wird ferner bewiesen, wann das Fahrzeug zur nächsten Hauptuntersuchung vorgeführt werden muss[40]. Keinen Schutz hingegen genießen die Angabe zur Person des Zulassungsin-

---

31 RGSt 46, 112 (113); RGSt 59, 13 (19 f.); OLG Hamm, NJW 1977, 592 (593); anders jedoch RGSt 72, 226 (228) für den Fall des gerichtlichen Vergleichs; hierzu außerdem *Fischer*, § 271 Rn. 12; NK-*Puppe*, § 348 Rn. 11; S/S/*Heine/Schuster*, § 271 Rn. 23; vgl. aber auch *Maurach/Schroeder/Maiwald*, BT 2, § 66 Rn. 14.
32 Dazu RGSt 61, 410 (413).
33 Zum Namen vgl. BGH, GA 1967, 19; zum Titel BGH, NJW 1955, 839 (840); zur entsprechenden Problematik im Rahmen der Bescheinigung nach § 63 AsylVfG BGHSt 42, 131 (132); ferner OLG Brandenburg, StV 2002, 311; zusammenfassend NK-*Puppe*, § 348 Rn. 24.
34 BGHSt 37, 207 (209); OLG Düsseldorf, NZV 2000, 177 (178); OLG Hamm, NStZ 1988, 26.
35 BGHSt 34, 299 (301 f.); NK-*Puppe*, § 348 Rn. 24; teilweise abweichend *Freund*, JuS 1994, 305 (308 f.).
36 OLG Köln, NStZ 2007, 474 (475).
37 KG, NStZ 2009, 448 (449); hinzuweisen ist allerdings darauf, dass § 271 hier regelmäßig hinter den gleichzeitig verwirklichten § 95 II Nr. 2 AufenthG zurücktritt; vgl. BGHSt 54, 140 (145 ff.) m. krit. Anm. *Mosbacher*, NStZ 2010, 457 (458).
38 BGHSt 54, 140 (144 f.); KG, NStZ 2009, 448 (449).
39 BGHSt 20, 186 (188); BGHSt 53, 34 (35 f.); zu § 276a vgl. unten Rn. 37.
40 BGHSt 26, 9 (11 f.); BayObLG, NStZ 1999, 575 (576).

habers und die Richtigkeit der Fahrgestell- und Motornummer⁴¹. Die Fahrzeugzulassungsbescheinigung II (früher: Fahrzeugbrief) hingegen ist keine öffentliche, sondern eine schlicht-amtliche Urkunde⁴².

Wichtig ist schließlich noch, dass auch allgemeine Zeugnisurkunden (auch sog. „Alltagsurkunden"), d. h. **Routineurkunden in staatlichen Massenbetrieben,** öffentlichen Glauben genießen können. Es genügt, dass ein Amtsträger die Urkunde ausgestellt hat, obwohl der Unterschied zu einer wirtschaftlich parallelen Situation, aber mit einer Privatperson als Aussteller, wenig plausibel ist. Die Privatisierung staatlicher Betriebe führt konsequenterweise zu einer erfreulichen Reduktion solch problematischer öffentlicher Urkunden. 14

Beispiel: Fahrkarten der Bundesbahn waren früher öffentliche Urkunden⁴³; Fahrkarten der Deutschen Bahn-AG oder Flugscheine der Lufthansa AG sind hingegen keine öffentlichen Urkunden. – Einzahlungs- und Abhebungsvermerke im Sparbuch einer (öffentlichen) Sparkasse sind öffentliche Urkunden⁴⁴. Dagegen sind entsprechende Buchungsvermerke im Sparbuch einer Privatbank keine öffentlichen Urkunden.

2. Falschbeurkundung im Amt, § 348 I

a) Tatbestand, Vorsatz und Versuch

Der Amtsträger, der eine öffentliche Urkunde⁴⁵ mit unrichtigem Inhalt ausstellt, wird mit Strafe bedroht. Bedingter Vorsatz genügt⁴⁶. Eine Nachteils- oder Bereicherungsabsicht ist nicht erforderlich. – Der Versuch ist strafbar, § 348 II⁴⁷. Wie bei § 267 ist es ausreichend, wenn der Täter die Urkunde in der **Absicht** ausstellt, sie in den Rechtsverkehr gelangen zu lassen, eine Vollendung liegt also nicht erst dann vor, wenn er sich ihrer entäußert⁴⁸. 15

b) Teilnahme

§ 348 I ist ein echtes Amtsdelikt und daher **Sonderdelikt.** Für Teilnehmer, die nicht Amtsträger sind, gilt § 28 I. Wegen des Sonderdeliktscharakters kann ein Nicht-Amtsträger niemals Mittäter sein. Er ist lediglich als 16

---

41 BGHSt 20, 186; BGHSt 22, 201 (203 ff.).
42 BGH, VRS 5, 135.
43 RGSt 59, 384 (385 f.) – Reichsbahn.
44 So BGHSt 19, 19 (21); zu Recht kritisch zur dadurch hervorgerufenen Ungleichbehandlung *Puppe,* JZ 1997, 490 (497).
45 Vgl. oben Rn. 6 ff.
46 Zur Parallelwertung in der Laiensphäre vgl. oben § 31 Rn. 37.
47 Zum Versuch von Nicht-Amtsträgern vgl. *Eisele,* BT I, Rn. 944 f.
48 So auch *Eisele,* BT I, Rn. 947; MüKo-*Freund,* 2. Aufl., § 348 Rn. 45; a. M. *Fischer,* § 348 Rn. 8; *Lackner/Kühl,* § 348 Rn. 9; *Maurach/Schroeder/Maiwald,* BT 2, § 66 Rn. 15; NK-*Puppe,* § 348 Rn. 26; SK-*Hoyer,* § 348 Rn. 5; S/S/*Hecker,* § 348 Rn. 14; jeweils unter Berufung auf die missverständlich formulierte Entscheidung BGH, NJW 1952, 1064 (in der der BGH zur allein kritischen Phase zwischen Entwurf und Begebung, nämlich der Herstellung in Begebungsabsicht, keine Stellung nimmt).

Teilnehmer nach § 27 zu bestrafen („als ob" er nur Gehilfe wäre). Liegt also an sich, d. h. abgesehen von der Sonderstellung, Mittäterschaft nach allgemeinen Regeln vor, trägt die Abwertung zur Beihilfe schon dem Fehlen des strafbegründenden persönlichen Merkmals „Amtsträger" Rechnung, sodass § 28 I nicht zusätzlich anzuwenden ist. Anderenfalls – wenn der Gehilfe neben der fehlenden Amtsträgereigenschaft auch qualitativ nur Teilnehmer ist – kommt aber eine **doppelte Strafmilderung** nach § 28 I und § 27 allerdings in Betracht. Denn einerseits begeht der Teilnehmer mit seinem „schlichten" Tatbeitrag eine geringere Pflichtverletzung als der Amtsträger (§ 28 I), andererseits fehlt ihm bei einem vorsätzlichen Handeln des Amtsträgers die entsprechende Steuerungsmacht bzw. Tatherrschaft eines Täters hinsichtlich des Zustandekommens der Falschbeurkundung (§ 27)[49].

17 **Mittelbare Täterschaft** kommt **bei § 348** nur für den **Ausnahmefall** in Betracht, dass ein zuständiger Amtsträger einen anderen zuständigen Amtsträger als Werkzeug benutzt[50]. Die mittelbare Täterschaft eines Nicht-Amtsträgers ist infolge des Sonderdeliktscharakters ausgeschlossen. Da dies zu einer unangemessenen Privilegierung desjenigen führen würde, der einen Amtsträger bei der Ausstellung einer öffentlichen Urkunde täuscht, findet sich in § 271 ein eigener Straftatbestand, der diese Form der mittelbaren Täterschaft eigenständig regelt[51]. – Leider ergibt der Vergleich der Strafrahmen nach §§ 348 I, 26, 27, 28 I, 49 und nach § 271 unerfreuliche Diskordanzen[52].

c) **Konkurrenzen**

18 Während im Rahmen des § 267 bei der Herstellung einer unechten Urkunde über die Identität des Ausstellers getäuscht wird, gibt der richtige Aussteller in den Fällen der §§ 271, 348 I lediglich unwahre Erklärungen ab. Die Vorschriften schließen sich daher zwangsläufig aus. Soweit der Amtsträger allerdings eine inhaltlich richtige öffentliche Urkunde verfälscht, liegt § 348 I in Tateinheit mit § 267 vor[53]. Die Anstiftung zu § 348 I steht häufig in Tateinheit mit § 334.

---

49 BGHSt 26, 53 (54 f.); *S/S/Hecker*, § 348 Rn. 7; vgl. aber auch *Roxin*, AT II, § 27 Rn. 83, der für eine doppelte Strafmilderung in jedem Fall der Beihilfe eintritt; so auch NK-*Puppe*, § 348 Rn. 40.
50 LK-*Zieschang*, 12. Aufl., § 348 Rn. 35.
51 Vgl. unten Rn. 19.
52 Ein „Mittäter" ohne Sondereigenschaft nach § 348 I, der in der Absicht des § 271 III handelt, kann nur aus §§ 348 I, 27, 49 I bestraft werden (Höchststrafe 3 Jahre 9 Monate). Dem mittelbaren Täter dagegen droht § 271 III eine Höchststrafe von 5 Jahren an.
53 *Fischer*, § 348 Rn. 10; LK-*Zieschang*, 12. Aufl., § 348 Rn. 36; *S/S/Hecker*, § 348 Rn. 17; sehr einschränkend hingegen NK-*Puppe*, § 348 Rn. 42; a. M. SSW-*Wittig*, § 348 Rn. 19.

3. Mittelbare Falschbeurkundung, § 271

a) Mittelbare Täterschaft, Irrtumsfälle

§ 271 ist Falschbeurkundung (§ 348 I) in mittelbarer Täterschaft, die nach allgemeinen Regeln (§ 25 I Alt. 2) nicht erfasst werden kann, da dem Hintermann die Täterqualität als Amtsträger fehlt. Der Tatbestand ist examenswichtig, weil sich die Teilnahme am Sonderdelikt (samt Irrtumsfällen) daran exemplarisch entwickeln lässt. Gerade für die mittelbare Täterschaft ist es im Übrigen besonders wichtig, wie der Inhalt der Urkunde zu bestimmen ist, insbesondere ob Inhalt der Urkunde nur die Überzeugung des Amtsträgers ist[54].

Die wohl überwiegende Meinung[55] möchte „bewirkt" in § 271 von den Regeln der mittelbaren Täterschaft lösen (und weit auslegen). Angesichts der überzüchteten Lehre von der mittelbaren Täterschaft ist ein solcher Rückzug aus dem AT in die Eigenständigkeit des BT prinzipiell verständlich. Diese Ansicht kann dann jedoch das Problem nicht lösen, dass auch eine Anstiftung bzw. Beihilfe zu § 348 I prinzipiell möglich bleiben und aus einer solchen weiten Auslegung des „Bewirkens" ausgenommen werden müssen[56]. – Da eine solche Abgrenzung nicht gelingen kann, muss es dabei bleiben, dass das „Bewirken" im Rahmen des § 271 nur den Fall der mittelbaren Täterschaft zum Sonderdelikt des § 348 I erfassen kann. Insoweit ergeben sich folgende Fallkonstellationen:

Beispiel (1): Der beurkundende Amtsträger A handelt nicht vorsätzlich, der Hintermann H (der nicht Amtsträger ist)[57] weiß dies. – Hier liegt der klassische Fall einer mittelbaren Täterschaft vor, H ist nach § 271 zu bestrafen.

Beispiel (2): Der beurkundende Amtsträger A handelt vorsätzlich, aber ohne Unrechtsbewusstsein, der Hintermann H weiß dies. – Hier ist sehr zweifelhaft, ob bei H ebenfalls eine Überlegenheit vorliegt, die ihn zum mittelbaren Täter nach § 271 macht. Konstruktiv können auch §§ 348 I, 26 angenommen werden, denn bei A liegt die vorsätzliche Haupttat nach § 348 I vor, und jedenfalls bei einem vermeidbaren Verbotsirrtum des A ist die Überlegenheit des H zu bezweifeln (es handelt sich hierbei um ein Standardproblem des AT[58]!). Der Vergleich der Strafdrohung nach § 271 (Freiheitsstrafe bis zu drei Jahren oder Geldstrafe) mit §§ 348 I, 26, 28 I, 49 (Frei-

---

54 Vgl. oben Rn. 9 f.
55 BGHSt 8, 289 (294); *Fischer*, § 271 Rn. 15; *Lackner/Kühl*, § 271 Rn. 6; LK-*Gribbohm*, 11. Aufl., § 271 Rn. 74; *Rengier*, BT II, § 37 Rn. 8 ff.; SK-*Hoyer*, § 271 Rn. 22 (mit der insoweit konsequenten Lösung, dass eine Anstiftung zu § 348 auch als eine Form der Täterschaft nach § 271 anzusehen ist); einschränkend *Otto*, BT, § 71 Rn. 11 ff. – Erst wenn man § 271 wie hier auf die mittelbare Täterschaft beschränkt, kann man über die Konsequenzen nachdenken, die sich aus der Diskrepanz zwischen der milden Strafdrohung für den mittelbaren Täter und der härteren Strafdrohung für den Anstifter ergeben; vgl. dazu *Maurach/Schroeder/Maiwald*, BT 2, § 66 Rn. 21.
56 Wie hier *Fischer*, § 271 Rn. 16; LK-*Zieschang*, 12. Aufl., § 271 Rn. 74.
57 Ist der Hintermann ebenfalls ein zuständiger Amtsträger, kann § 348 I in mittelbarer Täterschaft vorliegen, denn die Urkundendelikte sind keine eigenhändigen Delikte; vgl. oben Rn. 17, sowie § 31 Rn. 36.
58 Vgl. dazu eingehend *B. Heinrich*, AT, Rn. 1258 ff.

heitsstrafe bis zu 3 Jahren und 9 Monaten oder Geldstrafe) ergibt eine unverständliche Privilegierung des mittelbaren Täters[59].

Beispiel (3): Der beurkundende Amtsträger A handelt vorsätzlich, aber nicht schuldhaft (§ 20), der Hintermann H weiß dies. – Auch hier ist H mittelbarer Täter, § 271.

21 **Beispiel (4):** Der beurkundende Amtsträger A handelt vorsätzlich, „Hintermann" H glaubt aber, er habe A erfolgreich getäuscht. – Hier sieht sich H subjektiv in der Rolle des mittelbaren Täters (§ 271), während er objektiv Anstifter (§§ 348 I, 26) ist. Manche nehmen hier eine vollendete mittelbare Täterschaft an, was teilweise mit einer entsprechenden Anwendung des § 160[60], teilweise mit der bereits geschilderten Argumentation begründet wird, das „Bewirken" in § 271 erfasse bereits jede Form der Urheberschaft bzw. Verursachung und beschränke sich nicht auf die Fälle der mittelbaren Täterschaft[61]. Andere wiederum nehmen lediglich einen Versuch des § 271 an[62]. Da der Vorsatz in Bezug auf die mittelbare Täterschaft jedoch den Anstiftervorsatz stets mit enthält, ist H hier wegen einer vollendeten Anstiftung, §§ 348 I, 26, zu bestrafen (wobei die Strafe nach dem ansonsten inkonsequent niedrigeren Strafrahmen des § 271[63] zu entnehmen ist)[64]. – Die Fragen sind im AT sehr umstritten, daher empfiehlt es sich – falls erforderlich – dort nachzuarbeiten, weil es hier nicht um spezielle Fragen des BT geht.

Beispiel (5): Der beurkundende Amtsträger A handelt nicht vorsätzlich, „Hintermann" H, der die Beurkundung veranlasst hat, glaubt aber, A begehe vorsätzlich eine Falschbeurkundung. – Hier will H lediglich zu einem (vorsätzlichen) § 348 I anstiften, objektiv hingegen liegt eine mittelbare Täterschaft (und insoweit eine Situation des § 271) vor. Im Hinblick auf § 271 fehlt H aber der Vorsatz. Teilweise wird hier lediglich eine versuchte Anstiftung angenommen mit der Folge, dass H straflos wäre, da die versuchte Anstiftung nach § 30 I nur bei einem Verbrechen strafbar ist und eine dem § 159 entsprechende Vorschrift fehlt. Dagegen sehen diejenigen, die eine Strafbarkeit nach § 271 nicht auf die Fälle der mittelbaren Täterschaft beschränken, weil das „Bewirken" weit auszulegen sei, hier eine Strafbarkeit wegen § 271 gegeben[65]. Dem ist jedoch aus den genannten Gründen nicht zu folgen[66]. Möglich wäre eine vollendete Anstiftung zu § 348 I, was daraus folgt, dass der Unrechtsgehalt der Anstiftung in der schwereren Form der mittelbaren Täterschaft (mit-)enthalten ist[67]. Diese kriminalpolitisch sicherlich wün-

---

59 Vgl. auch MüKo-*Freund*, 2. Aufl., § 348 Rn. 41.
60 In BGHSt 16, 116 wird eine vollendete mittelbare Täterschaft angenommen; vgl. näher § 47 Rn. 16, 126 ff.; so im Ergebnis auch *Arzt/Weber-Arzt*, 1. Aufl., § 33 Rn. 21.
61 *Fischer*, § 271 Rn. 15, 16; *Lackner/Kühl*, § 271 Rn. 6 f.; LK-*Gribbohm*, 11. Aufl., § 271 Rn. 74, 86 f.; MüKo-*Freund*, 2. Aufl., § 271 Rn. 36; *Otto*, BT, § 71 Rn. 11 ff.; *Rengier*, BT II, § 37 Rn. 9; SK-*Hoyer*, § 271 Rn. 24; *S/S/Heine/Schuster*, § 271 Rn. 30; SSW-*Wittig*, § 271 Rn. 22.
62 *Joecks*, § 271 Rn. 24; LK-*Zieschang*, 12. Aufl., § 271 Rn. 74, 88; *Maurach/Schroeder/Maiwald*, BT 2, § 66 Rn. 21; NK-*Puppe*, § 271 Rn. 41; vgl. auch – im Hinblick auf dieses allgemeine AT-Problem – *Gropp*, § 10 Rn. 77; *Joecks*, § 25 Rn. 62 ff.; *Maurach/Gössel/Zipf*, AT 2, § 48 Rn. 41; MüKo-*Joecks*, 2. Aufl., § 25 Rn. 160; SK-*Hoyer*, § 25 Rn. 144 ff.
63 Vgl. hierzu oben Rn. 20, Beispiel 2.
64 So auch – bezogen auf dieses allgemeine AT-Problem – *B. Heinrich*, AT, Rn. 1265; *Jescheck/Weigend*, § 62 III 1; *Kühl*, § 20 Rn. 83, 87; LK-*Schünemann*, 12. Aufl., § 25 Rn. 146 f.; *S/S/Heine/Schuster*, Vorbem. §§ 25 ff. Rn. 76; *Wessels/Beulke/Satzger*, Rn. 549.
65 *Fischer*, § 271 Rn. 15, 16; *Lackner/Kühl*, § 271 Rn. 7; LK-*Gribbohm*, 11. Aufl., § 271 Rn. 88; *Maurach/Schroeder/Maiwald*, BT 2, § 66 Rn. 21; MüKo-*Freund*, 2. Aufl., § 271 Rn. 36; *Rengier*, BT II, § 37 Rn. 10; SK-*Hoyer*, § 271 Rn. 24; SSW-*Wittig*, § 271 Rn. 23.
66 Vgl. oben Rn. 19.
67 So auch – bezogen auf dieses allgemeine AT-Problem – *B. Heinrich*, AT, Rn. 1266; *Jescheck/Weigend*, § 62 III 1; *Kühl*, § 20 Rn. 85; *S/S/Heine/Weißer*, Vorbem. §§ 25 ff. Rn. 76; *Wessels/Beulke/Satzger*, Rn. 546.

schenswerte Möglichkeit scheitert jedoch an dem eindeutigen gesetzlichen Wortlaut des § 26, der eine „vorsätzliche" Haupttat fordert[68]. A und H bleiben also straflos[69].

b) Qualifikation, § 271 III

Die Qualifikation des § 271 III (Handeln gegen Entgelt, bzw. in Bereicherungs- oder Schädigungsabsicht) liegt fast immer vor. Zum Vermögensvorteil und der entsprechenden **Bereicherungsabsicht** gelten die bereits im Rahmen des Betrugs erfolgten Ausführungen[70]. Zu beachten ist aber, dass es bei § 271 III keine Stoffgleichheit geben kann[71]. Im Unterschied zu § 263 verlangt § 271 III jedenfalls nicht ausdrücklich eine Rechtswidrigkeit des erstrebten Vermögensvorteils. Dennoch ist eine solche auch hier zu fordern, da sonst das erhöhte Strafmaß des § 271 III nicht zu rechtfertigen ist[72]. Die Absicht rechtswidriger Bereicherung fehlt z. B. dann, wenn der Täter durch die mittelbare Falschbeurkundung einen ihm tatsächlich zustehenden Anspruch durchsetzen will. 22

Es ist auch denkbar, dass der Vermögensvorteil in der Ersparnis der Auslagen für eine echte Urkunde liegt, der Vorteil also nicht erst durch den Gebrauch der unechten Urkunde erzielt werden soll[73]. Man sollte sich jedoch hüten, den vom Täter erstrebten Beweisvorteil schon deshalb in einen Vermögensvorteil umzumünzen, weil eine echte Urkunde nur gegen Gebühr ausgestellt wird[74]. Das Handeln gegen **Entgelt** (definiert in § 11 I Nr. 9) muss nicht mit einer Bereicherungsabsicht zusammenfallen. Es gibt auch entgeltliche Verlustgeschäfte.

Die **Schädigungsabsicht** kann sich nicht (nur) auf das Vermögen beziehen (sonst wäre sie die Kehrseite der Vermögensvorteilsabsicht und insoweit fast ganz überflüssig), sondern auch auf sonstige, z. B. immaterielle Nachteile. – Teilnehmer ohne eine entsprechende qualifizierende Absicht i. S. von § 271 III sind über § 28 II aus § 271 I, II zu bestrafen[75]. 23

c) Gebrauchmachen, § 271 II

Das **Gebrauchmachen** wird in § 271 II mit Strafe bedroht[76]. Nach h. M. wird jeder Gebrauch einer inhaltlich falschen öffentlichen Urkunde er- 24

---

68 Vgl. hierzu *B. Heinrich*, AT, Rn. 1266 m. w. N.
69 So im Ergebnis auch LK-*Zieschang*, 12. Aufl., § 271 Rn. 88; NK-*Puppe*, § 271 Rn. 42; S/S/*Heine/Schuster*, § 267 Rn. 30; vgl. auch *Maurach/Gössel/Zipf*, AT 2, § 48 Rn. 28 ff.
70 Vgl. dazu bereits oben § 20 Rn. 122 ff., 131 ff.
71 Vgl. auch oben § 28 Rn. 28 zu § 259.
72 So BayObLG, StV 1995, 29 zu § 272 a. F.; ferner *Lackner/Kühl*, § 271 Rn. 11; MüKo-*Freund*, 2. Aufl., § 271 Rn. 49; NK-*Puppe*, § 271 Rn. 61; *Rengier*, BT II, § 37 Rn. 27; S/S/*Heine/Schuster*, § 271 Rn. 42; SK-*Hoyer*, § 271 Rn. 34; a. M. *Fischer*, § 271 Rn. 23; LK-*Zieschang*, 12. Aufl., § 271 Rn. 95 f.; *Maurach/Schroeder/Maiwald*, BT 2, § 66 Rn. 22.
73 BGHSt 34, 299 (302 f.).
74 Insoweit darf die Entscheidung BGHSt 34, 299 nicht zu zu weit gehenden Folgerungen verleiten.
75 A. M. (akzessorische Haftung, keine Anwendung des § 28) LK-*Zieschang*, 12. Aufl., § 271 Rn. 108; NK-*Puppe*, § 271 Rn. 66; S/S/*Heine/Schuster*, § 271 Rn. 44; differenzierend SK-*Hoyer*, § 271 Rn. 36 (§ 28 II nur bei Bereicherungsabsicht).
76 Die Vorschrift befand sich bis zum 6. StrRG von 1998 in § 273.

§ 33 Rn. 25–26   Falschbeurkundung und sonstige Urkundendelikte

fasst. Genau wie bei § 267 I Alt. 3 umfasst der Begriff des Gebrauchens bereits jede Handlung, die dem zu Täuschenden die Möglichkeit der Kenntnisnahme verschafft[77]. Wie die inhaltlich falsche Urkunde zustande gekommen ist, ist unbeachtlich. Es ist also gleichgültig, ob eine Tat nach § 271 oder § 348 I vorliegt oder ob die Urkunde ohne Strafbarkeit irgendeines Beteiligten irrtümlich zustande gekommen ist[78].

d) Versuch, Teilnahme und Konkurrenzen

25 Der Versuch ist nach § 271 IV strafbar[79]. – Die Teilnahme an § 271 folgt den allgemeinen Regeln. Beihilfe und Anstiftung sind beim mittelbaren Täter genauso möglich wie beim unmittelbaren Täter. Auch können mehrere gemeinschaftlich mittelbare Täter sein (mittäterschaftliche mittelbare Täterschaft)[80]. – Im Verhältnis des „Herstellens" einer falschen öffentlichen Urkunde (nach § 271 I) zum Gebrauchmachen (nach § 271 II) gelten dieselben Regeln wie innerhalb der entsprechenden Varianten des § 267[81].

4. Ausstellen und Gebrauch unrichtiger Gesundheitszeugnisse, §§ 278, 279

26 § 278 betrifft die schriftliche Lüge, d. h. hier wird die Ausstellung eines inhaltlich unrichtigen Gesundheitszeugnisses unter Strafe gestellt[82]. Die Vorschrift enthält ein echtes Sonderdelikt (für Ärzte etc.) und entspricht insoweit § 348 I. Inhalt des Zeugnisses ist die subjektive Ansicht des Arztes[83]. Im Hinblick auf die unrichtige Ausstellung des Zeugnisses verlangt § 278 **Wissentlichkeit.** Das unrichtige Zeugnis muss zum Gebrauch bei einer Behörde oder einer Versicherungsgesellschaft (nicht erfasst ist hingegen der Gebrauch gegenüber dem Arbeitgeber!) bestimmt sein. Im Hinblick auf diesen Gebrauchszweck reicht allerdings bedingter Vorsatz aus.

§ 277 erweitert diesen Schutz, weil neben den unproblematisch schon von § 267 erfassten Fällen der Fälschung solcher Zeugnisse auch die schriftliche Lüge, der Aussteller sei Arzt (also ohne Identitätstäuschung!), mit einbezogen wird (§ 277 Alt. 1)[84]. Auf die Richtigkeit oder Unrichtigkeit der Angaben über die Diagnose (subjektiv) oder den Gesundheitszustand (objektiv) kommt es dabei nicht an. – Dagegen stellen die weiteren Konstellationen des § 277 nur Spezialfälle der Urkundenfälschung i. S. von

---

77 Vgl. auch S/S/*Heine/Schuster*, § 271 Rn. 34, § 267 Rn. 76 f., § 269 Rn. 21.
78 *Rengier*, BT II, § 37 Rn. 26.
79 Hierzu ausführlich mit Abgrenzung zum Wahndelikt LK-*Zieschang*, 12. Aufl., § 271 Rn. 104; NK-*Puppe*, § 271 Rn. 36 ff.; SK-*Hoyer* § 271 Rn. 37.
80 Vgl. hierzu LK-*Zieschang*, 12. Aufl., § 271 Rn. 107; S/S/*Heine/Schuster*, § 271 Rn. 29.
81 Vgl. dazu NK-*Puppe*, § 271 Rn. 55; S/S/*Heine/Schuster*, § 271 Rn. 37 f.; zu § 267 vgl. oben Rn. § 31 Rn. 34 f.
82 Vgl. zu § 278 den Übungsfall bei *Seier*, JuS 2000, L 85 ff.; sowie bereits oben Rn. 2 f.
83 Vgl. bereits oben Rn. 3.
84 Auch derjenige, der wahrheitswidrig vorgibt, von einem Arzt beauftragt oder bevollmächtigt zu sein, stellt gemäß § 277 Alt. 1 unberechtigt ein Gesundheitszeugnis unter dem Namen einer Medizinalperson aus, vgl. OLG Frankfurt, NStZ 2009, 700.

Urkundenunterdrückung, § 274   § 33 Rn. 27–29

§ 267 im Hinblick auf Gesundheitszeugnisse dar: § 277 Alt. 2 ist ein Spezialfall des § 267 I Alt. 2, die Vorschrift des § 277 Alt. 3 ist ein Spezialfall des § 267 I Alt. 3[85]. Insoweit ist es unverständlich warum abweichend von § 267 die Fälschung **und** das Gebrauchmachen gefordert und die Strafdrohung gegenüber § 267 ermäßigt wird[86]. Anders als bei § 267 ist bei § 277 auch der Versuch straflos.

§ 279 betrifft das Gebrauchmachen von Zeugnissen nach §§ 277, 278. Auch insoweit liegt eine unverständliche Privilegierung gegenüber § 267 vor, denn der Gebrauch eines gefälschten Gesundheitszeugnisses ist nur unter den engen Voraussetzungen des § 279 strafbar (z. B. nicht bei Vorlage gegenüber dem Arbeitgeber!). Von der Struktur her entspricht § 279 der Vorschrift des § 271 II[87]. Eine dem § 271 I entsprechende Sonderregelung hinsichtlich der mittelbaren Täterschaft existiert jedoch nicht.[88] 27

II. Urkundenunterdrückung, § 274

1. Tatbestand und Rechtsgut

§ 274 I Nr. 1 dient dem **Bestandsschutz** von echten (!) Urkunden i. S. des § 267 und technischen Aufzeichnungen i. S. des § 268. – **§ 274 I Nr. 2** erweitert diesen Schutz auf elektronische Urkunden i. S. des § 269. Da nach h. M. bei § 268 keine optisch lesbare Verkörperung verlangt wird, fallen elektronisch gespeicherte Daten teils unter Nr. 1, teils unter Nr. 2, teils unter beide Ziffern. Der Verweis auf § 202a II schließt unmittelbar optisch lesbare Datensammlungen vom Schutz des § 274 I Nr. 2 aus (z. B. ein Archiv in Form von Zeitungsausschnitten). Hier bleibt aber der Rückgriff auf § 303 möglich. **§ 274 I Nr. 3** schützt Grenzbezeichnungen und Wasserstandszeichen ohne Rücksicht auf die Eigentumsverhältnisse[89]. 28

Die in § 274 I Nr. 1 und Nr. 2 näher beschriebenen **Tathandlungen** können auf den gemeinsamen Nenner der **Beeinträchtigung der Beweisfunktion** gebracht werden. Von daher sind nur Zweifelsfälle zu entscheiden. Ob sich die Beeinträchtigung der Beweisfunktion vom **Rechtsgut** her gegen das individuelle Beweisführungsrecht des Einzelnen (nicht geschützt ist hingegen das Eigentum!) oder den generellen Anspruch der Allgemeinheit auf Beweismittelbestand richten muss, ist 29

---

85 Für das Gebrauchen i. S. des § 277 reicht jedoch die bloße Weitergabe an eine bösgläubige Mittelsperson nicht aus. Hinzu müssen die Voraussetzungen der Mittäterschaft oder mittelbaren Täterschaft gegeben sein, vgl. OLG Frankfurt, NStZ 2009, 700; LK-*Zieschang*, 12. Aufl., § 277 Rn. 14.
86 Vgl. hierzu *Fischer*, § 277 Rn. 1; LK-*Zieschang*, 12. Aufl., § 277 Rn. 1; NK-*Puppe*, § 277 Rn. 9; *Rengier*, BT II, § 38 Rn. 2; *S/S/Heine/Schuster*, § 277 Rn. 1.
87 Vgl. dazu oben Rn. 24.
88 Zu den Gründen vgl. oben Rn. 2 und 4.
89 Dazu, dass es auch bei den übrigen Alternativen des § 274 nicht auf die Eigentumsverhältnisse ankommt vgl. unten Rn. 31.

umstritten[90]. Man wird – insbesondere im Hinblick auf die Möglichkeit einer Einwilligung – von einer individual schützenden Wirkung ausgehen müssen.

30 Eine **Vernichtung** liegt vor, wenn auf die Urkunde derart eingewirkt wird, dass sie als Beweismittel untauglich wird. Für eine **Beschädigung** gemäß § 274 I Nr. 1 Alt. 2 genügt (anders als bei § 303) ein Eingriff in die Substanz der Urkunde nicht, wenn darunter nicht auch die Beweisfunktion leidet.

Unterdrücken liegt im Unzugänglichmachen durch **Tun,** also in jedem aktiven dauernden oder vorübergehenden Entziehen des Beweismittels (z. B. durch Verstecken). Ein Unterdrücken durch **Unterlassen** (= „Vorenthalten") ist anzunehmen, wenn eine Rechtspflicht zur Herausgabe besteht[91] und demjenigen, der die Herausgabe verlangen kann, der Anspruch unbekannt ist. Ist dem Berechtigten sein Anspruch jedoch bekannt, muss er ihn mit den Mitteln der ZPO verfolgen und durchsetzen. Es ist nicht Aufgabe des § 274, den Schuldner wegen der in der Inanspruchnahme der Zivilgerichte liegenden zeitlichen Verzögerung wegen „Unterdrückens durch Unterlassen" zu kriminalisieren.

31 „Nicht oder nicht ausschließlich gehört" die Urkunde bzw. technische Aufzeichnung dem Täter, wenn ein Dritter ein dingliches (Mit-)Verfügungsrecht oder einen obligatorischen Anspruch auf Beweisbenutzung[92] hat. Diese **Beweisführungsbefugnis** ist nicht gleichbedeutend mit dem Eigentum. Täter des § 274 kann also grundsätzlich auch der zivilrechtlich-dingliche Eigentümer der Urkunde oder technischen Aufzeichnung sein. Dies ist dann der Fall, wenn er (z. B. nach §§ 810 BGB, 431 ff. ZPO) verpflichtet ist, eine sich in seinem Eigentum befindende Urkunde für die Beweisführung eines anderen herauszugeben oder zur Einsicht bereit zu halten (z. B. ein gemeinschaftliches Testament, Vertragsdurchschriften)[93].

Obwohl es sich bei **amtlichen Ausweisen** (wie z. B. Personalausweisen, Pässen und Führerscheinen) um öffentliche Urkunden handelt, **gehören** diese **ausschließlich** ihrem **Inhaber** i. S. des § 274. Denn es liegt lediglich in **seinem (subjektiven) Beweisinteresse,** einen Nachweis über seine Identität oder seine Berechtigung zum Führen eines Fahrzeugs erbringen zu können[94]. Die an derartigen Dokumenten bestehende öffentlich-rechtliche Vorlagepflicht entspricht zwar den staatlichen Über-

---

90 Für individuelle Beweisführungsbefugnis (h. M.) LK-*Zieschang*, 12. Aufl., § 274 Rn. 1; MüKo-*Freund*, 2. Aufl., § 274 Rn. 3; NK-*Puppe*, § 274 Rn. 1, 15; *Rengier*, BT II, § 36 Rn. 1; *S/S/Heine/Schuster*, § 274 Rn. 2; *Wessels/Hettinger*, BT 1, Rn. 886; für allgemeinen Beweisverkehr *Kienapfel*, Jura 1983, 185 (188); LK-*Gribbohm*, 11. Aufl., § 274 Rn. 1.
91 Vgl. zur schlichten Nichtherausgabe von Schriftstücken *Fischer*, § 274 Rn. 6; NK-*Puppe*, § 274 Rn. 11; SK-*Hoyer*, § 274 Rn. 13; kritisch Müko-*Freund*, 2. Aufl., § 274 Rn. 48; *S/S/Heine/Schuster*, § 274 Rn. 9 f.
92 BGHSt 29, 192 (194 f.); *Lackner/Kühl*, § 274 Rn. 2; LK-*Zieschang*, 12. Aufl., § 274 Rn. 5; *Rengier*, BT II, § 36 Rn. 2.
93 BGHSt 29, 192 (194); BayObLG, NJW 1980, 1057 (1058); *Eisele*, BT I, Rn. 902.
94 *Eisele*, BT I, Rn. 902; *Rengier*, BT II, § 36 Rn. 4; *S/S/Heine/Schuster*, § 274 Rn. 5.

wachungsaufgaben, begründet jedoch nicht zugleich ein öffentliches Beweisführungsrecht[95]. Gegen Veränderungen (z. B. in Reisepässen) schützt aber § 273. Nach h. M. kann ein Beweisführungsrecht auch nur an echten Urkunden und technischen Aufzeichnungen bestehen. Denn es stünde im Widerspruch zu §§ 267 und 268, wenn § 274 dem Interesse des Inhabers einer unechten Urkunde oder technischen Aufzeichnung hinsichtlich der praktischen Beweisführung, also deren Verwendung im Rechtsverkehr, Schutz gewähren würde. Unechte Urkunden und technische Aufzeichnungen können daher lediglich als schlichte Augenscheinsobjekte zum Nachweis einer Tat nach §§ 267 oder 268 eingesetzt werden. Ein darüber hinausgehender Beweiswert – welcher ein individuelles Beweisführungsrecht nach § 274 begründen würde – ist jedoch abzulehnen[96].

Weil sich keine volle Deckungsgleichheit zwischen Eigentum i. S. des § 903 BGB und dem „Gehören" i. S. des § 274 herstellen lässt, ist das Verhältnis des § 274 zu §§ 303, 246, 242 umstritten[97]. Entsprechendes gilt für § 274 I Nr. 2 (Unterdrückung von Daten, über die der Täter „nicht oder nicht ausschließlich verfügen darf") im Verhältnis zu § 303a. 32

2. Vorsatz und Nachteilsabsicht

Vorsatz setzt – entsprechend den Ausführungen zu den Tathandlungen[98] – u. a. voraus, dass der Täter wissentlich und willentlich die Beweisfunktion beeinträchtigen will. 33

Die „**Absicht, einem anderen Nachteil zuzufügen**" entspricht bezüglich des Absichtsbegriffs dem § 267 („zur Täuschung im Rechtsverkehr"). Dolus directus 2. Grades i. S. eines sicheren Bewusstseins, die Tat werde einem anderen einen Nachteil zufügen, reicht aus[99]. Es kommt jedoch nicht darauf an, ob der Nachteil tatsächlich eintritt, sondern es genügt, dass der Täter die potenzielle Beweisbedeutung der Urkunde kennt und die Beeinträchtigung eines sich darauf beziehenden Beweisführungsrechts als notwendige Folge seines Handelns hinnimmt[100]. – Der Nachteil liegt zunächst in der Vereitelung oder Erschwerung des Anspruchs (im weitesten Sinne), um dessen Beweis es bei der betreffenden Urkunde geht (betroffen sind also nicht nur vermögensrechtliche Ansprüche[101]). Dagegen liegt nach zutreffender Ansicht eine entsprechende Absicht nicht vor, wenn ein staatli- 34

---

95 BayObLG, NJW 1997, 1592; NK-*Puppe*, § 274 Rn. 3; *Reichert*, StV 1998, 51 ff.; zu den diesbezüglich bestehenden Sondervorschriften vgl. unten Rn. 36 ff.
96 *Fischer*, § 274 Rn. 2; LK-*Zieschang*, 12. Aufl., § 274 Rn. 3; MüKo-*Freund*, 2. Aufl., § 274 Rn. 4; NK-*Puppe*, § 274 Rn. 5; *Rengier*, BT II, § 36 Rn. 1; S/S/*Heine/Schuster*, § 274 Rn. 4; SK-*Hoyer*, § 274 Rn. 6; *Wessels/Hettinger*, BT 1, Rn. 888; a. M. *Lampe*, JR 1964, 14.
97 Vgl. unten Rn. 35.
98 Vgl. vorstehend Rn. 29 f.
99 BayObLG, NJW 1968, 1896 (1897); *Fischer*, § 274 Rn. 9a; *Lackner/Kühl*, § 274 Rn. 7; *Rengier*, BT II, § 36 Rn. 8; S/S/*Heine/Schuster*, § 274 Rn. 15; SSW-*Wittig*, § 274 Rn. 20; *Wessels/Hettinger*, BT 1, Rn. 896; hingegen für dolus directus 1. Grades MüKo-*Freund*, 2. Aufl., § 274 Rn. 53 ff.; *Otto*, BT, § 72 Rn. 5 ff.; SK-*Hoyer*, § 274 Rn. 17; für dolus eventualis NK-*Puppe*, § 274 Rn. 12.
100 BGH, NStZ 2010, 332 (333).
101 BGHSt 29, 192 (196); LK-*Zieschang*, 12. Aufl., § 264 Rn. 58; S/S/*Heine/Schuster*, § 274 Rn. 16; vgl. außerdem bereits oben § 30 Rn. 1 f.

cher **Straf- oder Bußgeldanspruch** vereitelt wird[102]. Dies folgt jedenfalls daraus, dass hier eine Form der Selbstbegünstigung vorliegt, deren Pönalisierung unangemessen erscheint.

Zweifelhaft ist, ob als Nachteil auch der mit der Beschaffung eines Ersatznachweises verbundene Aufwand genügt (also § 274 im Ergebnis auch dann vorliegt, wenn das Opfer sicher Ersatz erlangen kann und der zu beweisende „Anspruch" durch die Vernichtung der Urkunde nicht gefährdet war).

Beispiel: T zerreißt den Führerschein des O, um diesen zu ärgern. – Da die Fahrerlaubnis des O registriert ist, ist nicht zweifelhaft, dass O auf Antrag einen Ersatzführerschein erhalten wird. Eine Gefährdung des materiellen Rechts, das durch den Führerschein bewiesen wird (= Fahrerlaubnis des O), liegt nicht vor. – Trotzdem kann man bei T den Vorsatz nach § 274 I Nr. 1 Alt. 1 (Vernichten) bejahen und die Nachteilsabsicht mit dem Aufwand für die Beschaffung eines Ersatzführerscheins begründen.

3. Konkurrenzen

35   Im Verhältnis zu §§ 267 (Verfälschen) und 268 ist § 274 subsidiär[103]. – Gegenüber § 303 ist § 274 I Nr. 1, Nr. 3 die speziellere Norm; entsprechend geht § 274 I Nr. 2 dem § 303a vor. – Im Verhältnis zu den Eigentumsdelikten der §§ 246, 242, 249 gilt der Grundsatz, dass die umfassende Verdrängung des Berechtigten durch Zueignung die Beeinträchtigung der Beweisinteressen des Opfers mit umfasst (daher gibt es einen Vorrang der §§ 246, 242, 249 gegenüber § 274), die Einzelheiten sind jedoch umstritten[104].

III. Sondervorschriften zum Schutz von amtlichen Ausweisen und ähnlichen Urkunden, §§ 273, 275, 276, 276a, 281

1. Amtliche Ausweise und ausweisähnliche Urkunden

36   „Deutsche [...] sind verpflichtet, einen Ausweis zu besitzen [...]. Sie müssen ihn auf Verlangen einer zur Feststellung der Identität berechtigten Behörde vorlegen." (§ 1 I 1, 2 des Gesetzes über Personalausweise). Nach § 32 dieses Gesetzes handelt u. a. ordnungswidrig, wer keinen Ausweis besitzt oder es unterlässt, seinen Ausweis auf Verlangen einer zuständigen Stelle vorzulegen. – Darüber hinaus handelt nach § 111 I OWiG ordnungswidrig: „[...] wer einer zuständigen Behörde, einem zuständigen Amtsträger oder einem zuständigen Soldaten der Bundeswehr über seinen Vor-, Familien- oder Geburtsnamen, den Ort oder Tag seiner Geburt [...] eine unrichtige Angabe macht oder die Angabe verweigert." – Allerdings besteht nach der Recht-

---

102 BGH, NStZ-RR 2011, 276 (277); BayObLG, NZV 1999, 213 (214); *Fischer*, § 274 Rn. 9a; *Lackner/Kühl*, § 274 Rn. 7; *S/S/Heine/Schuster*, § 274 Rn. 16; SSW-*Wittig*, § 274 Rn. 21; *Wessels/Hettinger*, BT 1, Rn. 895; a. M. BGH, NStZ-RR 2012, 343; *Krack*, NStZ 2000, 423 f.; MüKo-*Freund*, 2. Aufl., § 274 Rn. 52; NK-*Puppe*, § 274 Rn. 14; SK-*Hoyer*, § 274 Rn. 15; *Schneider*, NStZ 1993, 16 (18 f.).
103 Vgl. oben § 31 Rn. 43.
104 Zum Verhältnis zu §§ 133, 136 vgl. unten § 45 Rn. 96.

Sondervorschriften § 33 Rn. 37–38

sprechung keine Pflicht, sich **ohne Grund** ausweisen zu müssen, d. h. eine Identitätsprüfung als Selbstzweck ist unzulässig[105]. Diese „Ausweispflicht" führt u. a. dazu, dass nach deutschem Recht auch der **Angeklagte** verpflichtet ist, zur **Person** auszusagen (Schweigerecht nur bezüglich der Angaben „zur Sache", vgl. §§ 136 I 2; 243 II 2, IV 1 StPO), und bei Zweifeln über die Identität empfindliche „erkennungsdienstliche Maßnahmen" zulässig sind, vgl. §§ 163b, 81b StPO.

Amtliche Ausweise i. S. der §§ 273, 275, 276 sind bedeutungsgleich mit Ausweispapieren i. S. des § 281. Dagegen bezieht sich die Gleichstellung **ausweisähnlicher Urkunden** in § 281 II nur auf § 281, nicht auf § 275. § 276a erweitert den Anwendungsbereich der §§ 275, 276 auf Ausweise des **Ausländerrechts** und auf **Fahrzeugpapiere**[106]. – Amtliche Ausweise sind von staatlichen Stellen ausgestellte Urkunden, welche die Identität einer Person nachweisen (und darüber hinaus ggf. zusätzlich besondere Fähigkeiten oder Berechtigungen)[107]. 37

Beispiel: Reisepass und Personalausweis dienen dem Identitätsnachweis. – Führerschein und Waffenschein dienen neben dem Nachweis der Fahrerlaubnis bzw. einer Erlaubnis nach dem Waffengesetz ebenfalls dem Identitätsnachweis. – Die Promotionsurkunde dient dem Nachweis des Rechts, den Doktortitel zu führen, stellt aber nicht zugleich einen Identitätsnachweis dar. Promotionsurkunden sind daher keine amtlichen Ausweise.

Die **Abgrenzung gewöhnlicher Urkunden zu ausweisähnlichen Urkunden** gemäß § 281 II ist relativ einfach, wenn es sich um Urkunden handelt, die nicht von einer staatlichen Stelle ausgestellt worden sind. Auch wenn sie faktisch ausweisvertretende Funktion erfüllen (z. B. Kredit- oder Scheckkarten, Werksausweise, Bahn-Card), fallen sie nach h. M.[108] nicht unter § 281 II. – Schwierig und umstritten ist die Abgrenzung, wenn es sich um amtliche Dokumente handelt. So sollen z. B. Lohnsteuerkarten, der Kfz-Schein (Zulassungsbescheinigung Teil 1), Reisegewerbekarten oder Waffenbesitzkarten ausweisvertretend i. S. des § 281 II sein[109].

2. Der besondere Schutz der Ausweise und ausweisähnlichen Urkunden

Amtliche Ausweise sind Urkunden (Aussteller ist die Behörde), ihre Fälschung fällt unter § 267. Bei § 273 liegt fast immer zugleich Urkundenfälschung i. S. des § 267 vor, weil der ausstellenden Behörde mit der Verän- 38

---

105 BGHSt 25, 13 (17).
106 Vgl. dazu schon oben Rn. 13.
107 Vgl. auch *Hecker*, GA 1997, 525 (526 ff.); *Lackner/Kühl*, § 275 Rn. 1; NK-*Puppe*, § 275 Rn. 4; *Rengier*, BT II, § 38 Rn. 4; *S/S/Heine/Schuster*, § 275 Rn. 5.
108 So auch *Eisele*, BT I, Rn. 956; *Hecker*, GA 1997, 525 (529 ff.); *Otto*, BT, § 73 Rn. 3; *Rengier*, BT II, § 38 Rn. 6; a. M. (auch Papiere nicht öffentlicher Natur können ausweisvertretend sein) *Fischer*, § 281 Rn. 2; *Lackner/Kühl*, § 281 Rn. 2; NK-*Puppe*, § 281 Rn. 12 („Prinzipiell [...] jede Urkunde"); SK-*Hoyer*, § 281 Rn. 3.
109 Hierzu auch m. w. N. und Beispielen sowie sehr restriktiven Kriterien MüKo-*Erb*, 2. Aufl., § 281 Rn. 3 ff.; NK-*Puppe*, § 281 Rn. 12 f.

derung eine Erklärung untergeschoben wird, die sie so nicht abgegeben hat. Im Verhältnis zu §§ 267, 274 liegt einer der seltenen Fälle einer gesetzlichen Subsidiaritätsklausel vor.

§ 275 pönalisiert näher umschriebene Vorbereitungshandlungen zu § 267. § 275 III verweist auf die besondere Rücktrittsvorschrift des § 149. Werden die Fälschungsmittel gebraucht, ist an Idealkonkurrenz zu § 267 zu denken[110]. – Auch § 276 (Verschaffen von falschen amtlichen Ausweisen) ist als Kriminalisierung im Vorfeld des späteren Gebrauchs (z. T. auch als Verdachtsstrafe für eine Mitwirkung an der Herstellung des gefälschten Ausweises) anzusehen.

39 § 281 I stellt (von § 267 weit abweichend) den Gebrauch eines echten und (!) inhaltlich richtigen Ausweises unter Strafe, wenn dies zur Identitätstäuschung geschieht.

> **Beispiel:** Der Straftäter T nutzt seine Ähnlichkeit mit G aus, um sich mithilfe von dessen Ausweis ins Ausland abzusetzen. T macht sich hierdurch strafbar nach § 281 I 1 Alt. 1.
>
> Eine besondere Form der (ggf. erst versuchten) Beihilfe zum täuschenden Gebrauch eines echten und inhaltlich richtigen Ausweises wird in § 281 I 1 Alt. 2 zur Täterschaft aufgewertet (Überlassen eines Ausweises zur Täuschung). – Hat im vorstehenden Beispiel G dem T auf dessen Wunsch seinen Ausweis zur Täuschung überlassen, würde G aus § 281 I 1 Alt. 2 bestraft, selbst wenn T den Ausweis gar nicht gebraucht hätte. – T wiederum wäre dann Anstifter zu § 281 I Alt. 2 (gebraucht er den Ausweis später, geht aber § 281 I 1 Alt. 1 vor)[111].

Für die Annahme einer Täuschungsabsicht i. S. des § 281 darf sich der Wille des Täters jedoch nicht lediglich in der bloßen Identitätstäuschung erschöpfen, sondern muss sich auch darauf erstrecken, den Getäuschten zu einem rechtlich relevanten Verhalten zu bestimmen[112].

40 Weitere Vorschriften, die §§ 275, 281 ergänzen, finden sich im PaßG. Danach macht sich u. a. strafbar, wer über eine Auslandsgrenze ausreist, obwohl ihm ein Pass versagt worden ist (§ 24 I Nr. 1 PaßG). – Ordnungswidrig handelt u. a., wer sich durch unrichtige Angaben einen weiteren Pass ausstellen lässt; vgl. im Einzelnen § 25 PaßG.

---

110 NK-*Puppe*, § 275 Rn. 13; *S/S/Heine/Schuster*, § 275 Rn. 6; für ein Zurücktreten des § 275 in diesem Fall hingegen *Lackner/Kühl*, § 275 Rn. 4; LK-*Zieschang*, 12. Aufl., § 275 Rn. 15.
111 *Schmitt*, NJW 1977, 1811, will den „Gebraucher" nur nach § 281 I 1 Alt. 1 beurteilen. Dem ist nicht zu folgen, wenn damit die Straflosigkeit desjenigen postuliert werden sollte, der zum Überlassen anstiftet, dann aber das Ausweispapier nicht gebraucht.
112 *S/S/Heine/Schuster*, § 281 Rn. 8; SK-*Hoyer*, § 281 Rn. 6 („mindestens dolus eventualis").

§ 34 Geld- und Wertzeichenfälschung, Fälschung von Zahlungskarten und Euroscheckvordrucken, §§ 146–152a

Literaturhinweise: *Baier*, Konsequenzen für das Strafrecht bei Abschaffung des Eurocheckverkehrs, ZRP 2001, 454; *Bartholme*, Geld-, Wertzeichenfälschung und verwandte Delikte, JA 1993, 197; *Bohnert*, Briefmarkenfälschung, NJW 1998, 2879; *Chiampi*, Totalfälschung von Kreditkarten, 1999; *Cramer*, Sichverschaffen von Falschgeld im Sinne von § 146 Abs. 1 Nr. 2 auch bei bloßer Aufbewahrung für einen Dritten?, NStZ 1997, 84; *Dreher*, Aktuelle Probleme der Geldfälschung, JR 1978, 45; *Eisele*, Fälschung von Zahlungskarten, JA 2001, 747; *Eisele/Fad*, Strafrechtliche Verantwortlichkeit beim Missbrauch kartengestützter Zahlungssysteme, Jura 2002, 395; *Frister*, Das „Sich-Verschaffen" von Falschgeld, GA 1994, 553; *Geisler*, Der Begriff Geld bei der Geldfälschung, GA 1981, 497; *Hefendehl*, Zur Vorverlagerung des Rechtsgüterschutzes am Beispiel der Geldfälschungsdelikte, JR 1996, 535; *ders.*, Strafrechtliche Probleme beim Herstellen, beim Vertrieb und bei der Verwendung von wiederaufladbaren Telefonkartensimulatoren, NStZ 2000, 348; *Heger*, Fünf Jahre §§ 152a Abs. 2, 263a Abs. 3 StGB: Ein Plädoyer für die Korrektur handwerklicher Mängel bei der innerstaatlichen Umsetzung von EU-Vorgaben, ZIS 2008, 496; *Husemann*, Die Verbesserung des strafrechtlichen Schutzes des bargeldlosen Zahlungsverkehrs durch das 35. Strafrechtsänderungsgesetz, NJW 2004, 104; *Kröner*, Der Schutz des Euro durch die Geldfälschungstatbestände unter der besonderen Berücksichtigung des Tatbestandsmerkmals „Inverkehrbringen als echt" – mit Hinweisen zu den Geldfälschungstatbeständen in der Euro-Zone, 2009; *Landes*, Die Wertzeichenfälschung, 2007; *Mebesius/Kreußel*, Die Bekämpfung der Falschgeldkriminalität, 1979; *Otto*, Missbrauch von Scheck- und Kreditkarten sowie Fälschung von Vordrucken für Eurochecks und Euroscheckkarten, wistra 1986, 150; *Prittwitz*, Grenzen der am Rechtsgüterschutz orientierten Konkretisierung der Geldfälschungsdelikte, NStZ 1989, 8; *Prost*, Straf- und währungsrechtliche Aspekte des Geldwesens, Lange-FS 1976, S. 419; *Puppe*, Die neue Rechtsprechung zu den Fälschungsdelikten – Teil 2, JZ 1986, 992; *dies.*, Die neue Rechtsprechung zu den Fälschungsdelikten – Teil 3, JZ 1991, 609; *dies.*, Die neue Rechtsprechung zu den Fälschungsdelikten, JZ 1997, 490; *Schmiedl-Neuburg*, Die Fälschungsdelikte, 1968; *G. Schmidt*, Ist die Fälschung von sog. „Postwertzeichen" (§ 148 StGB) seit der Postprivatisierung straffrei (Art. 103 Abs. 2 GG)?, ZStW 111 (1999), 388; *Schnabel*, Telefon-, Geld-, Prepaidkarte und Sparcard, NStZ 2005, 18; *Schröder*, Die Einführung des Euro und die Geldfälschung, NJW 1998, 3179; *Stein/Onusseit*, Das Abschieben von gutgläubig erlangtem Falschgeld, JuS 1980, 104; *Stree*, Veräußerung einer nachgemachten Münze an einen Sammler, JuS 1978, 236; *Teumer*, Die Auswirkungen der Postreform auf das materielle Strafrecht, 2004; *Vogel*, Strafrechtlicher Schutz des Euro vor Geldfälschung, ZRP 2002, 7; *Weber*, Probleme der strafrechtlichen Erfassung des Euroscheck- und Euroscheckkartenmissbrauchs, JZ 1987, 215; *Wessels*, Zur Reform der Geldfälschungsdelikte und zum Inverkehrbringen von Falschgeld, Bockelmann-FS 1979, S. 669; *Westphal*, Geldfälschung und die Einführung des Euro, NStZ 1998, 555; *Zielinski*, Geld- und Wertzeichenfälschung nach dem Entwurf eines Einführungsgesetzes zum StGB, JZ 1973, 193.

Übersicht

		Rn.
I.	Der kriminalpolitische Hintergrund, insbes. der Geldfälschung	1
	1. Geldfälschung als Spezialfall der Urkundenfälschung, Rechtsgut	1
	2. Gegenüber § 267 verstärkter Strafrechtsschutz	3
	3. Kriminalitätsumfang	5
II.	Der Kernbereich der Geldfälschung, §§ 146, 147	6
	1. Die Geldfälschung, § 146	6
	a) Echtes und falsches Geld	6
	b) Tathandlungen	8
	c) Versuch	14
	d) Qualifikationen, § 146 II	15
	e) Konkurrenzen	16
	2. Inverkehrbringen von Falschgeld, § 147	17
III.	Der Kernbereich der Wertzeichenfälschung, § 148	18
	1. Der kriminalpolitische Hintergrund, Rechtsgut	18
	2. Der Tatbestand der Wertzeichenfälschung, § 148	19
	a) Tatobjekte „amtliche Wertzeichen"	19
	b) Tathandlungen	21
	c) Versuch, § 148 III	24
	d) Konkurrenzen	25
IV.	Vorbereitung der Fälschung von Geld und Wertzeichen, § 149	26
V.	Gleichstellung von Wertpapieren, § 151	28
VI.	Fälschung von Zahlungskarten und anderen Zahlungsmitteln, §§ 152a, 152b	29
	1. Der kriminalpolitische Hintergrund, Rechtsgut	29
	2. Der Tatbestand des § 152a	31
	a) Tatobjekte	31
	b) Tathandlungen	32
	c) Vorbereitung der Fälschung	34
	d) Qualifikationen	36
	3. Der Tatbestand des § 152b	37
	4. Konkurrenzen der §§ 152a und 152b	38

I. Der kriminalpolitische Hintergrund, insbes. der Geldfälschung

1. Geldfälschung als Spezialfall der Urkundenfälschung, Rechtsgut

1 „Geld im Rechtssinn ist jedes vom Staat oder von einer durch ihn ermächtigten Stelle als Wertträger beglaubigte und zum Umlauf im öffentlichen Verkehr bestimmte Zahlungsmittel ohne Rücksicht auf einen allge-

Der kriminalpolitische Hintergrund § 34 Rn. 2–4

meinen Annahmezwang."¹ Geldscheine und Münzen weisen zudem alle Merkmale einer **Urkunde**² auf: Gedankenerklärung³, Körperlichkeit, Beweiseignung und Beweisbestimmung, Erkennbarkeit des Ausstellers. Die Geldfälschung ist damit ein Sonderfall der Urkundenfälschung; § 146 geht § 267 als lex specialis vor⁴.

Geschütztes Rechtsgut der Vorschriften gegen Geldfälschung ist die Funktionsfähigkeit, Sicherheit und Zuverlässigkeit des Verkehrs mit der Urkunde „Geld"⁵, d. h. des nationalen und internationalen Geldverkehrs, also ebenso wie bei der Urkundenfälschung⁶ der **Schutz des Vertrauens**, und zwar in die **Echtheit des Geldes**. 2

2. Gegenüber § 267 verstärkter Strafrechtsschutz

Im Hinblick auf die überragend wichtigen Funktionen, die dem Geld und vergleichbaren Zahlungsmitteln im Wirtschaftsleben zukommen – Tauschmittel, allgemeine Recheneinheit, Wertaufbewahrungsmittel (Sparen)⁷ –, ist sein strafrechtlicher Schutz gegenüber dem Schutz anderer Urkunden beträchtlich verstärkt: **(1)** Gegenüber § 267 enthält § 146 I eine erhöhte Strafandrohung: Mindeststrafe ein Jahr Freiheitsstrafe (also Verbrechen, § 12 I), Höchststrafe 15 Jahre Freiheitsstrafe, § 38 II. **(2)** Zwingende Anordnung der Einziehung, § 150 II⁸. **(3)** Weitreichende Erfassung von Vorbereitungs- und Gefährdungshandlungen in §§ 149 I, 152b V und §§ 127, 128 OWiG. **(4)** Im Hinblick auf den Devisenverkehr: Einbeziehung von Geld fremder Währungsgebiete in den Strafrechtsschutz, § 152. **(5)** Geltung des Universalitätsprinzips (sog. „Weltrechtsgrundsatz") für die Geldfälschung und die Fälschungsdelikte nach § 152b⁹ (§ 6 Nr. 7). **(6)** Pflicht zur Anzeige geplanter Fälschungen, § 138 I Nr. 4. 3

Ergänzt werden die Geldfälschungstatbestände durch §§ 35 ff. BBankG, welche die Monopolstellung des Geldes als gesetzliches Zahlungsmittel gegen **Anmaßungen der Geldfunktion** schützen. Die Vorschrift des § 35 BBankG stellt die unbefugte Ausgabe und das Verwenden von Geldzeichen „die geeignet sind, im Zahlungsverkehr an Stelle der gesetzlich zugelassenen Münzen oder Banknoten verwendet zu werden" sowie von unverzinslichen Inhaberschuldverschreibungen unter Strafe. 4

---

1 BGHSt 23, 229 (231); vgl. auch BGHSt 12, 344 (345); RGSt 58, 255 (256); die Umlauffähigkeit fehlt z. B. dem südafrikanischen Krügerrand, da er keinen Nennwert, sondern nur die Angabe des Feingoldgehalts aufweist, BGHSt 32, 198.
2 Vgl. zum Urkundenbegriff oben § 31 Rn. 1 ff.
3 Vgl. zum Inhalt der Gedankenerklärung *Dreher*, JR 1976, 295 (297); *ders.*, JR 1978, 45 (48).
4 BGHSt 23, 229 (231 f.); BGHSt 27, 255 (258); zu den weitgehend mit der Urkundenfälschung übereinstimmenden Tathandlungen vgl. unten Rn. 8 ff.
5 BGHSt 42, 162 (169); *Eisele*, BT I, Rn. 959; *Wessels/Hettinger*, BT 1 Rn. 920.
6 Vgl. oben § 30 Rn. 1 ff.
7 Dazu *Lipfert*, Einführung in die Währungspolitik, 8. Aufl. 1974, S. 2 ff.
8 Vgl. demgegenüber die Kannvorschriften der §§ 74, 282 II 1. – Ein erweiterter Verfall ist bei gewerbs- oder bandenmäßiger Begehung von Geld- und Urkundenfälschung nach §§ 150 I und 282 I zulässig.
9 Durch das 35. StRÄndG ist § 152b an die Stelle des früheren § 152a getreten; vgl. dazu auch unten Rn. 29 ff.

§ 36 BBankG verpflichtet die feststellenden Geldinstitute zur Anhaltung des Falschgeldes bzw. der als Falschgeld verdächtigen Banknoten, sowie der Gegenstände nach § 35 I BBankG. Weiterhin müssen diese Objekte unverzüglich der Polizei übersandt bzw. der Deutschen Bundesbank zur Prüfung vorgelegt werden, § 36 II, III BBankG.

3. Kriminalitätsumfang

5 Der Anteil der Geld- und Wertzeichenfälschung, §§ 146–148, der Fälschung von Zahlungskarten, Schecks und Wechseln, § 152a, sowie der Fälschung von Zahlungskarten mit Garantiefunktion und Euroscheckvordrucken, § 152b, einschließlich der Vorbereitungsdelikte, §§ 149 I, 152a V, 152b V, an der polizeilich registrierten Gesamtkriminalität ist zwar gering, jedoch ist eine konstante Steigerung der Delikte zu beobachten. Während im Jahre 1989 noch 358 Fälle polizeilich erfasst wurden, waren es im Jahre 2006 bereits 7.923 Fälle[10] und im Jahre 2010 insgesamt 10.073 Fälle[11]. Allerdings knickte der Trend im Jahre 2011 mit insgesamt nur 7.100 Fällen wieder ein[12]. Dabei haben die Delikten nach §§ 152a, 152b (mit 4.590 Fällen) die Geld- und Wertzeichenfälschung, §§ 146–148 (mit 2.510 Fällen) inzwischen überholt[13]. Auffällig hoch ist der Anteil von Ausländern an der Zahl der Tatverdächtigen, der bei der Geldfälschung bei ca. 45,5 % und bei den Delikten nach §§ 152a, 152b sogar bei ca. 67 % liegt (im Vergleich: Durchschnitt aller Straftaten: 22,9 %)[14]. – 2005 wurden 557 Personen nach §§ 146–152b verurteilt[15].

II. Der Kernbereich der Geldfälschung, §§ 146, 147

1. Die Geldfälschung, § 146

a) Echtes und falsches Geld

6 Alle Begehungsmodalitäten der Geldfälschung verlangen als Handlungsobjekt falsches Geld. **Falsch** ist gleichbedeutend mit **unecht** i. S. von § 267, d. h. Geld ist falsch (= „Falschgeld"!), wenn über die Identität des Ausstellers getäuscht wird[16].

Banknoten werden von der Europäischen Zentralbank oder der Deutschen Bundesbank ausgegeben, § 14 I 1 BBankG, Art. 128 I AEUV. Münzen werden aufgrund eines amtlichen Prägeauftrages von den Münzstätten hergestellt und ebenfalls von der Deutschen Bundesbank in Verkehr ge-

---

10 Polizeiliche Kriminalstatistik, Berichtsjahr 2006, S. 198.
11 Polizeiliche Kriminalstatistik, Berichtsjahr 2006, S. 210.
12 Polizeiliche Kriminalstatistik, Berichtsjahr 2011, S. 216.
13 Im Rahmen der Geldfälschung ist dabei die Tendenz zu beobachten, dass neben Geldscheinen auch zunehmend Euro-Münzen nachgemacht werden; vgl. bereits den Jahresbericht des Landeskriminalamts Baden-Württemberg 2005, Falschgeldkriminalität in Baden-Württemberg.
14 Polizeiliche Kriminalstatistik, Berichtsjahr 2011, S. 30, 218.
15 Quelle: Strafverfolgungsstatistik, Berichtsjahr 2011, S. 28 f.
16 Vgl. dazu oben § 31 Rn. 29.

bracht, § 7 I MünzG. Nach der herrschenden **Geistigkeitstheorie**[17] ist es jedoch immer die Bundesrepublik Deutschland, die den Auftrag hierzu erteilt. Sie ist daher Aussteller. Da nur sie das Münzregal besitzt, ist jegliches Geld, das nicht mit ihrem Willen hergestellt wird, falsch.

> **Beispiel („Karlsruher Münzskandal")**[18]: Angestellte und Arbeiter der staatlichen Karlsruher Münze prägten ohne einen entsprechenden Auftrag in Sammlerkreisen begehrte Münzen vergangener Jahre nach, um diese an Münzsammler zu verkaufen. – Es handelt sich hier um Falschgeld, da kein Prägeauftrag der zur Ausstellung der Urkunde „Geld" allein befugten Bundesrepublik Deutschland vorlag, d. h. die in den Münzen verkörperte Erklärung rührte nicht von demjenigen her, der als ihr Aussteller (= Bundesrepublik Deutschland) benannt worden ist[19]. Dabei ist es gleichgültig, ob diese Münzen in der an sich hierfür zuständigen Münzprägestätte geprägt werden und ob sie in den Geldkreislauf gelangen oder in Sammlerkreisen verbleiben sollen. – Die **Körperlichkeitstheorie** müsste hingegen hier zur Verneinung einer Geldfälschung gelangen.

Da nur **gültigen Zahlungsmitteln** die entsprechenden Funktionen im Wirtschaftsleben[20] zukommen, sind durch Staatsakt außer Kurs gesetzte Banknoten und Münzen kein Geld mehr und genießen nicht mehr den Schutz des § 146[21]. 7

Außer Kurs gesetzte Münzen sind jedoch durch den Bußgeldtatbestand in § 12 III i. V. m. § 11 MünzG gegen das Nachmachen geschützt. – Werden außer Kurs gesetzte Münzen nachgeprägt, so liegt überdies ein Betrug, § 263, vor, wenn dem Sammler vorgespiegelt wird, es handele sich um (wertvolle) früher echte Zahlungsmittel. – Zu den gültigen Zahlungsmitteln gehört auch solches Geld, welches zwar bereits als Buchgeld, jedoch noch nicht als Bargeld im Umlauf ist, wie sich am Beispiel des Euro bis einschließlich zum 31.12.2001 zeigt[22].

b) Tathandlungen

(1) § 146 I Nr. 1 Alt. 1 erfasst zunächst das **Nachmachen** von Geld, entspricht also dem Herstellen einer unechten Urkunde (§ 267 I Alt. 1)[23]. 8

Nicht erforderlich ist, dass ganz neue Geldscheine hergestellt werden. Auch das Herstellen von sog. **Systemnoten** ist Nachmachen von Geld. (Beispiel: A zerschneidet echte Banknoten in Streifen und klebt diese nach einem System so zusammen, dass er aus jeweils neun Banknoten einen zusätzlichen Geldschein gewinnt[24]).

---

17 Vgl. dazu oben § 31 Rn. 15 ff.
18 Fall nach BGHSt 27, 255.
19 BGHSt 27, 255 (258).
20 Vgl. oben Rn. 3.
21 Zu Grenzfragen der Erlangung und des Erlöschens der Geldeigenschaft vgl. *Geisler*, GA 1981, 497.
22 *Fischer*, § 146 Rn. 2; LK-*Ruß*, 12. Aufl., § 146 Rn. 4b; *Schröder*, NJW 1998, 3179; *Westphal*, NStZ 1998, 555 (556); hingegen auf den Zeitpunkt der Emissionsbekanntmachung abstellend *Geisler*, NJW 1978, 708; *S/S/Sternberg-Lieben*, § 146 Rn. 2; die tatsächliche Emission fordert hingegen MüKo-*Erb*, 2. Aufl., § 146 Rn. 3, 12.
23 BGHSt 23, 229 (232); vgl. dazu oben § 31 Rn. 29.
24 Fall nach BGHSt 23, 229.

9 Ebenso wenig wie bei der Urkundenfälschung ist es erforderlich, dass das Falsifikat besonderen Anforderungen genügt. Es reicht aus, dass das nachgemachte Geld den Anschein eines gültigen Zahlungsmittels erweckt und im gewöhnlichen Geldverkehr Arglose zu täuschen vermag[25]. Auf die Erkenntnisfähigkeit bzw. -möglichkeit des ersten Empfängers des Falschgeldes kommt es also nicht an. Es ist nicht einmal die Imitation von wirklich im Verkehr befindlichen Noten oder Münzen erforderlich. Auch die Herstellung von 30-€-Scheinen fällt daher unter § 146 I Nr. 1 Alt. 1[26].

10 **Subjektiv** ist neben dem Vorsatz hinsichtlich aller objektiven Tatbestandsmerkmale erforderlich, dass der Täter in der **Absicht** handelt, dass das Geld als **echt** in den Verkehr gebracht oder ein Inverkehrbringen ermöglicht werde (Fall einer sog. „überschießenden Innentendenz"). Damit ist klar gestellt, dass der Hersteller nicht den Willen haben muss, das Falschgeld selbst in Verkehr zu bringen. Das Merkmal der Absicht ist hier als zielgerichteter Wille zu verstehen[27].

11 (2) Ebenso wie in § 267 I Alt. 2 wird in § 146 I Nr. 1 Alt. 2 neben dem Nachmachen (= Herstellen) das **Verfälschen** unter Strafe gestellt.

> **Beispiel:** T „vergoldet" ein 5-Cent-Stück, um ihm den Anschein eines 10-Cent-Stücks zu verleihen. – Dagegen ist ein Verfälschen abzulehnen, wenn eine 10-Cent-Münze breitgeklopft wird, um damit einen Automaten bedienen zu können, der nur 20-Cent-Stücke annimmt[28].

12 (3) Eine Strafbarkeitserweiterung gegenüber der Urkundenfälschung enthält § 146 I Nr. 2 Alt. 1: das **Sich-Verschaffen** von Falschgeld in Verbreitungsabsicht und in Kenntnis der Unechtheit. – Anders als bei der Hehlerei ist hier ein derivativer Erwerb nicht erforderlich. Demnach ist z. B. auch ein Fund tatbestandsmäßig, wenn der Finder beabsichtigt, das Falschgeld als echtes Geld in den Verkehr zu bringen[29]. Wird Falschgeld in Verbreitungsabsicht gestohlen, stehen §§ 146 und 242 in Tateinheit, § 52. – Andererseits stimmt aber § 146 I Nr. 2 Alt. 1 insoweit mit § 259 überein, als ein Verschaffen nur vorliegt, wenn der Täter **eigene Verfügungsgewalt** erlangt.

> Wer das Falschgeld lediglich als Bote zur Weiterleitung in Empfang nimmt (sog. **Verbreitungsgehilfe**), aber nicht den Willen zur eigenständigen Verfügung hat, ver-

---

25 BGHSt 23, 229 (231); BGH, NJW 1952, 311 (312); *Rengier*, BT II, § 39 Rn. 4; *S/S/Sternberg-Lieben*, § 146 Rn. 5; *Wessels/Hettinger*, BT 1, Rn. 926.
26 Vgl. BGHSt 30, 71; dazu *Otto*, NStZ 1981, 478; *Puppe*, JZ 1986, 992 (993); *Stree*, JR 1981, 427.
27 BGH, NJW 1952, 311 (312); BGHSt 35, 21 (22); *Lackner/Kühl*, § 146 Rn. 11.
28 RGSt 68, 65 (69).
29 So bereits RGSt 67, 294 zu § 148 StGB a.F. – Abschiebung von Falschgeld; ferner LK-*Ruß*, 12. Aufl., § 146 Rn. 20; *S/S/Sternberg-Lieben*, § 146 Rn. 15; SK-*Rudolphi/Stein*, § 146 Rn. 9; SSW-*Wittig*, § 146 Rn. 18; *Wessels/Hettinger*, BT 1, Rn. 928; anders jedoch MüKo-*Erb*, 2. Aufl., § 146 Rn. 29 f. und NK-*Puppe*, § 146 Rn. 25, welche ein kollusives Zusammenwirken für erforderlich halten.

schafft es sich also nicht. Er ist lediglich Gehilfe zu § 146 I Nr. 2 Alt. 1 oder Nr. 3 Alt. 3 oder § 147[30].

(4) Feilhalten gemäß § 146 I Nr. 2 Alt. 2 bedeutet das äußerlich als solches erkennbare Bereitstellen von Falschgeld zum Zweck des Verkaufs[31]. Nach der gesetzgeberischen Intention sollen hiervon insbesondere diejenigen Fälle erfasst werden, in denen die Absicht besteht, vorrätig gehaltenes Falschgeld Bösgläubigen zum Kauf anzubieten, um diesen das Inverkehrbringen zu ermöglichen[32].

(5) § 146 I Nr. 3, das **Inverkehrbringen**, entspricht der dritten Begehungsmodalität des § 267 I (Gebrauchen), allerdings mit der Besonderheit, dass der Täter zuvor nach § 146 I Nr. 1 oder 2 gehandelt haben muss. Nur dann erscheint es gerechtfertigt, ihn unter die hohe Mindeststrafdrohung des § 146 zu stellen (für das schlichte Inverkehrbringen verbleibt ansonsten § 147[33]).

Unter Inverkehrbringen ist „jeder Vorgang zu verstehen, durch den der Täter das Falschgeld in der Weise aus seinem Gewahrsam entläßt, daß ein anderer tatsächlich in die Lage versetzt wird, sich des falschen Geldes zu bemächtigen und mit ihm nach Belieben umzugehen, es insbesondere weiterzugeben"[34]. Nicht erfasst ist also die bloße interne Weitergabe an Mittäter oder Personen wie Boten oder Verwahrer, die keine eigene Verfügungsmacht haben und mit dem falschen Geld nicht eigenständig umgehen sollen, sodass kein nach außen tretender Wechsel der Verfügungsgewalt vorliegt[35].

Insofern ist ein Inverkehrbringen anzunehmen, wenn falsche Münzen in einen Münzautomaten geworfen werden[36]. Die Rechtsprechung hat demnach – im Ergebnis allerdings zu weitgehend – ein Inverkehrbringen auch dann angenommen, wenn Falschgeld in einen Abfalleimer geworfen wird, sofern hier die Gefahr besteht, dass Dritte das Geld dort finden und als echt weitergeben[37]. Auch die Übergabe falscher Münzen an Sammler stellt ein Inverkehrbringen dar, selbst wenn die Münzen niemals in den Geldkreislauf gelangen sollen[38]. – Beim (untauglichen) Versuch des § 146 I Nr. 3 bleibt es hingegen, wenn das Falschgeld an einen verdeckten Ermittler der Polizei weitergegeben wird, da es hier direkt in amtlichen Gewahrsam gelangt und somit dem allgemeinen Geldverkehr gerade entzogen wird[39].

---

30 Vgl. dazu LK-*Ruß*, 12. Aufl., § 146 Rn. 20; *S/S/Sternberg-Lieben*, § 146 Rn. 15; vgl. auch BGHSt 44, 62 (damit ist die in der Annahme eigener Verfügungsgewalt sehr weitgehende Entscheidung BGHSt 35, 21 überholt).
31 Zum Begriff des Feilhaltens BGHSt 23, 286 (288).
32 BT-Drucks. 10/5058, S. 27; BT-Drucks. 15/1720, S. 8; kritisch hierzu *Fischer*, § 146 Rn. 14.
33 Vgl. hierzu noch unten Rn. 17.
34 BGHSt 35, 21 (23); vgl. auch BGHSt 42, 162 (167 f.); BGH, NJW 1952, 311 (312).
35 BGHSt 42, 162 (168 f.), *Eisele*, BT I, Rn. 978; *Wessels/Hettinger*, BT 1, Rn. 931.
36 BGH, NJW 1952, 311 (312).
37 BGHSt 35, 21; so auch *Hauser*, NStZ 1988, 453; kritisch hingegen *Maurach/Schroeder/Maiwald*, BT 2, § 67 Rn. 26; NK-*Puppe*, § 146 Rn. 41.
38 BGHSt 27, 255 (259) – Karlsruher Münzskandal; a. M. *Dreher*, JR 1976, 295; vgl. hierzu bereits oben Rn. 6.
39 BGHSt 34, 108 (109); BGH, NStZ 2000, 530; BGH, NStZ-RR 2002, 302; SK-*Rudolphi/Stein*, § 146 Rn. 11.

Äußerst umstritten ist die Frage, ob nach § 146 I Nr. 3 nur die Weitergabe von falschem Geld an Gutgläubige erfasst wird, oder ob auch eine solche an einen „Eingeweihten", also einen bösgläubigen Abnehmer, strafbar ist. Nach Ansicht des BGH und der h. L.[40] ist § 146 I Nr. 3 weit auszulegen und erfasst auch die Weitergabe an Eingeweihte. Eine andere Auslegung führe zu folgendem Wertungswiderspruch im Rahmen des § 147: Derjenige, der, ohne dass er zuvor § 146 I Nr. 1 oder Nr. 2 erfüllt habe, das Geld an einen eingeweihten Dritten weitergibt, würde sich wegen einer Beihilfe zu dessen Tat nach §§ 146 I Nr. 2 und Nr. 3, 27 (= Beihilfe zum Verbrechen) strafbar machen, während er, wenn er das Geld selbst in Verkehr bringt, nur nach dem milderen § 147 (= Vergehen) zu bestrafen sei, der eben genau diesen Fall erfassen soll. Die Gegenmeinung[41] stellt hingegen strikt auf den Wortlaut der Vorschrift ab: Erforderlich sei, dass der Täter „falsches Geld [...] als echt in Verkehr bringt". Dies bedeute, dass die Verbreitung des Falschgeldes unter Vorspiegelung von dessen Echtheit stattfinden müsse, was aber bei einem bereits bösgläubigen Abnehmer regelmäßig nicht der Fall sein könne. Für eine solche enge Auslegung des § 146 I Nr. 3 – und damit auch des § 147 – spricht darüber hinaus auch die Systematik: Der Gesetzgeber stellt in § 146 I Nr. 1 und 2 das „Inverkehrbringen" sowie die „Ermöglichung des Inverkehrbringens" als unterschiedliche Alternativen gegenüber. In § 146 I Nr. 3 findet sich hingegen nur das „Inverkehrbringen", was darauf hindeutet, dass die bloße Ermöglichung des Inverkehrbringens durch Übergabe an einen bösgläubigen Dritten gerade nicht erfasst sein soll.

c) Versuch

14   Da die Geldfälschung ein Verbrechen ist, ist der Versuch gemäß § 23 I strafbar[42].

d) Qualifikationen, § 146 II

15   Der durch das 6. StrRG eingefügte § 146 II droht bei **gewerbsmäßigem** oder bei Handeln als Mitglied einer zur fortgesetzten Geldfälschung verbundenen **Bande** eine Mindeststrafe von zwei Jahren Freiheitsstrafe an[43].

---

40   BGHSt 29, 311 (312 ff.); BGHSt 42, 162 (168); BGH, NStZ 2002, 593; *Lackner/Kühl*, § 146 Rn. 8, § 147 Rn. 2; LK-*Ruß*, 12. Aufl., § 146 Rn. 24, § 147 Rn. 2 ff.; *Rengier*, BT II, § 39 Rn. 12; *S/S/ Sternberg-Lieben*, § 146 Rn. 22, § 147 Rn. 5; SSW-*Wittig*, § 146 Rn. 25.
41   OLG Stuttgart, NJW 1980, 2089; *Bartholme*, JA 1993, 197 (199 f.); MüKo-*Erb*, 2. Aufl., § 146 Rn. 46 ff.; NK-*Puppe*, § 146 Rn. 34 f.; *Otto*, BT, § 75 Rn. 11; *Prittwitz*, NStZ 1989, 8 (9 f.); SK-*Rudolphi/Stein*, § 146 Rn. 12 f., § 147 Rn. 4 ff.; *Wessels/Hettinger*, BT 1, Rn. 932 ff.
42   Zur Vorverlagerung der Strafbarkeit ins Vorbereitungsstadium vgl. unten Rn. 26 f.
43   Zur Gewerbsmäßigkeit vgl. oben § 14 Rn. 50; zur Bande § 14 Rn. 60 ff.

e) Konkurrenzen

Das Verhältnis der verschiedenen Begehungsmodalitäten des § 146 I zueinander beurteilt sich nach den bei der Urkundenfälschung zu § 267 I geltenden Regeln[44]. **16**

> Da das Inverkehrbringen nach § 146 I Nr. 3 in der Regel eine Einheit mit einer Vortat aus § 146 I Nr. 1 oder 2 bildet, kommt dieser Tatbestandsmodalität des § 146 I nur eine relativ geringe eigenständige Bedeutung zu. So ist dies z. B. dann der Fall, wenn die Vortat aus § 146 I Nr. 1 oder 2 bereits rechtskräftig abgeurteilt[45] worden oder verjährt ist und der Täter danach die Restbestände des Falschgeldes in Umlauf bringt. § 146 I Nr. 3 erlangt auch dann eigenständige Bedeutung – und tritt in Realkonkurrenz zu § 146 I Nr. 1 und 2 –, wenn nach erfolgter Vortat der Vorsatz hinsichtlich des Inverkehrbringens zwischenzeitlich entfallen und später neu gefasst worden ist[46].

Das Inverkehrbringen nach § 146 I Nr. 3 erfüllt in der Regel auch den Betrugstatbestand, § 263 I, denn das Opfer liefert eine Ware oder erbringt eine Leistung gegen wertloses Geld. Die h. M.[47] nimmt – wegen der Verschiedenheit der geschützten Rechtsgüter zu Recht – Tateinheit an. Nach einer Mindermeinung[48] soll § 263 I, weil regelmäßig mitbegangen, von § 146 konsumiert werden.

2. Inverkehrbringen von Falschgeld, § 147

Die Bestimmung erfasst vor allem den Fall, dass der Täter das Geld in **17** der Meinung empfangen hat, es sei echt, und es nun, nachdem er von seiner Unechtheit erfahren hat, weiterschiebt. Ferner dient die Vorschrift als Auffangtatbestand, wenn dem Täter nicht nachgewiesen werden kann, dass er das Falschgeld unter den Voraussetzungen des § 146 I Nr. 3[49] in den Verkehr gebracht hat. Denkbar ist damit u. a. auch der – heutzutage praktisch wohl eher seltene – Fall, dass jemand unvorsätzlich einen Geldschein nachzeichnet (objektiv § 146 I Nr. 1 Alt. 1), nach der Herstellung die große Übereinstimmung mit dem Original erkennt und daraufhin beschließt, mit diesem nachgemachten Geldschein einkaufen zu gehen[50]. Regelmäßig kommt § 147 damit die Bedeutung einer Privilegierung zu.

> Der bereits im Rahmen des § 146 I Nr. 3 angesprochene Streit, ob ein Inverkehrbringen von Falschgeld auch gegenüber bösgläubigen Empfängern verwirklicht werden kann[51], wird bei § 147 in gleicher Weise relevant.

---

44 Vgl. bereits oben § 31 Rn. 34.
45 LK-*Ruß*, 12. Aufl., § 146 Rn. 3, 23; a. M. NK-*Puppe*, § 146 Rn. 32.
46 BGHSt 35, 21 (27); LK-*Ruß*, 12. Aufl., § 146 Rn. 3, 23.
47 BGHSt 31, 380 m. Anm. *Kienapfel*, JR 1984, 162; *Fischer*, § 146 Rn. 33; *Lackner/Kühl*, § 146 Rn. 15; LK-*Ruß*, 12. Aufl., § 146 Rn. 35; S/S/*Sternberg-Lieben*, § 146 Rn. 29.
48 MüKo-*Erb*, 2. Aufl., § 146 Rn. 57; SK-*Rudolphi/Stein*, § 146 Rn. 19; an der h. M. zweifelnd auch *Krey/Hellmann/M. Heinrich*, BT 1, Rn. 1059.
49 Vgl. dazu oben Rn. 13.
50 Zu weiteren, praktisch weniger bedeutsamen Anwendungsfällen des § 147 S/S/*Sternberg-Lieben*, § 147 Rn. 5, 7 ff.
51 Vgl. dazu oben Rn. 13.

III. Der Kernbereich der Wertzeichenfälschung, § 148

1. Der kriminalpolitische Hintergrund, Rechtsgut

18 Die Wertzeichenfälschung wurde durch das EGStGB 1974 in den 8. Abschnitt des BT eingestellt, der bis dahin nur die Geldfälschung enthielt. Die Wertzeichenfälschung war zuvor in verstreuten Bestimmungen, teilweise auch außerhalb des StGB, geregelt. Die begrüßenswerte gesetzestechnische Vereinfachung führte andererseits zu einer beträchtlichen Strafbarkeitserweiterung. Dies zum einen deshalb, weil die Tathandlungen völlig denen der Geldfälschung angeglichen wurden[52], zum anderen deshalb, weil nunmehr Vorbereitungshandlungen zur Wertzeichenfälschung nach § 149 in gleicher Weise wie solche zur Geldfälschung unter Strafe gestellt worden sind.

Diese Angleichung des Strafrechtsschutzes muss auf Bedenken stoßen, weil das staatliche Vermögensinteresse und das Interesse der Allgemeinheit an der **Sicherheit und Zuverlässigkeit des Verkehrs mit amtlichen Wertzeichen**, das durch §§ 148, 149 geschützt wird, bei weitem nicht so groß ist wie das Interesse am ungestörten Geldverkehr[53].

2. Der Tatbestand der Wertzeichenfälschung, § 148

a) Tatobjekte „amtliche Wertzeichen"

19 Amtliche Wertzeichen sind vom Staat, von einer Gebietskörperschaft oder einer sonstigen Körperschaft des öffentlichen Rechts unter öffentlicher Autorität herausgegebene Marken oder ähnliche Zeichen, die einen bestimmten Geldwert verkörpern, öffentlichen Glauben genießen und die Zahlung von Steuern, Abgaben, Gebühren, Beiträgen und dergleichen erleichtern, sichern oder kenntlich machen[54].

Beispiel: Beitragsmarken zur Sozialversicherung, Steuerzeichen (z. B. die Steuerbanderolen auf Zigarettenpackungen), Gebührenmarken (z. B. Gerichtskostenmarken, Gebührenmarken der Verwaltung). Nach der Privatisierung der Post sind Briefmarken, die früher als amtliche Wertzeichen angesehen werden konnten, nicht mehr erfasst[55].

20 Wie durch die Geldfälschung nur (noch) in Kurs befindliches Geld geschützt wird[56], werden auch durch § 148 nur (noch) gültige Wertzeichen geschützt. Das Nachmachen ungültiger Briefmarken – früher als amtliche

---

52 Vgl. dazu unten Rn. 21.
53 Vgl. dazu *Zielinski*, JZ 1973, 193.
54 BGHSt 32, 68 (75 f.); *S/S/Sternberg-Lieben*, § 148 Rn. 2 m. w. N. aus der Rechtsprechung.
55 So auch *Bohnert*, NJW 1998, 2879 (2880 f.); *Fischer*, § 148 Rn. 2; *Lackner/Kühl*, § 148 Rn. 2; LK-*Ruß*, 12. Aufl., § 148 Rn. 2; MüKo-*Erb*, 2. Aufl., § 148 Rn. 2; NK-*Puppe*, § 148 Rn. 8; *Schmidt*, ZStW 111 (1999), 388 (403, 414); *S/S/Sternberg-Lieben*, § 148 Rn. 2; SK-*Rudolphi/Stein*, § 148 Rn. 3; *Wessels/Hettinger*, BT 1, Rn. 944; anders hingegen *Maurach/Schroeder/Maiwald*, BT 2, § 67 Rn. 33.
56 Vgl. dazu oben Rn. 7.

Wertzeichen anerkannt – wird nach § 49 I Nr. 9 PostG als Ordnungswidrigkeit geahndet.

b) Tathandlungen

aa) § 148 I Nr. 1 und 2

§ 148 I Nr. 1 und 2 pönalisieren weitgehend dieselben Tathandlungen wie § 146 I Nr. 1 und 2, sodass auf die dortigen Ausführungen verwiesen werden kann[57]. – Die beim Täter erforderliche **Absicht** ist jedoch gegenüber § 146 um eine Variante erweitert: die Absicht, die Wertzeichen als echt **zu verwenden**. Ihre Aufnahme in den Tatbestand war erforderlich, weil es bei Wertzeichen Möglichkeiten der Verwendung gibt, die kein Inverkehrbringen beinhalten. 21

Beispiel: Steuerzeichen, die der Täter an unverzollt eingeführten Waren anbringt, um bei einer eventuellen Kontrolle der Zollbehörde gewappnet zu sein.

bb) § 148 I Nr. 3

§ 148 I Nr. 3 enthält neben dem in § 146 I Nr. 3 allein erfassten Inverkehrbringen das Verwenden und das Feilhalten[58]. Dabei entspricht der Begriff des **Feilhaltens** dem des § 146 I Nr. 2 Alt. 2[59] (= erkennbares Bereitstellen zum Zweck des Verkaufs). Das Feilhalten wurde deshalb ins Gesetz aufgenommen, weil zweifelhaft ist, ob in ihm schon der Beginn des Inverkehrbringens zu erblicken ist, eine Frage, die sich auf die Versuchsstrafbarkeit nach § 148 III auswirkt. Wie bei § 146 I Nr. 2 Alt. 2 sollen also auch hier diejenigen Fälle erfasst werden, in denen vorrätig gehaltene falsche amtliche Wertzeichen Bösgläubigen zum Kauf angeboten werden, um diesen das Inverkehrbringen zu ermöglichen – Der perfektionistische Gesetzgeber hat wirklich an alles gedacht! 22

Weiter wird – im Gegensatz zu § 146 I Nr. 3 – in § 148 I Nr. 3 auf das Erfordernis verzichtet, dass der Täter das Wertzeichen selbst nachgemacht, verfälscht oder sich in der Absicht verschafft hat, es als echt zu verwenden oder in Verkehr zu bringen. § 148 I Nr. 3 hat also bei der Wertzeichenfälschung zugleich die Funktion, die bei der Geldfälschung § 147 erfüllt[60]. Der Grund hierfür ist der weitere Strafrahmen des § 148 (keine erhöhte Mindeststrafe), der es ermöglicht, den Fallgruppen mit unterschiedlichem Unrechtsgehalt bei der Strafzumessung gerecht zu werden.

cc) Wiederverwenden amtlicher Wertzeichen, § 148 II

In § 148 II wird das Wiederverwenden bereits verwendeter Wertzeichen unter Strafe gestellt. Da darin kein Nachmachen oder Verfälschen zu erbli- 23

---

57 Vgl. oben Rn. 8–12; lediglich das Feilhalten, § 146 I Nr. 2 Alt. 2, findet sich in § 148 I erst in Nr. 3 Alt. 2; vgl. hierzu sogleich unten Rn. 22.
58 Zum Verwenden vgl. oben Rn. 21.
59 Vgl. oben Rn. 12.
60 Vgl. dazu bereits oben Rn. 17.

cken ist, kann das Wiederverwenden nicht nach § 148 I Nr. 1 geahndet werden.

Häufigster Fall des § 148 II war das Wiederverwenden von Briefmarken, nachdem das Entwertungszeichen (= Poststempel) entfernt wurde. Dabei war § 148 II allerdings erst dann vollendet, wenn die Postsendung mit der „frisierten" Briefmarke durch Einwurf in den Briefkasten oder Abgabe am Postschalter in den Verkehr gebracht wurde. Dass § 148 II aber nicht nur solche Bagatellfälle erfasst, zeigt der Ende 1979 bekannt gewordene Skandal in der Berliner Bundesversicherungsanstalt für Angestellte: Mitarbeiter der BfA, Rentenberater und Privatpersonen (insgesamt über 70 Beteiligte) haben in großem Stil die Entwertungszeichen auf Versicherungsmarken entfernt und die Marken gegen Bargeld eingelöst.

c) Versuch, § 148 III

24   Der Versuch der Wertzeichenfälschung ist strafbar, § 148 III[61].

d) Konkurrenzen

25   Für das Verhältnis der einzelnen Begehungsmodalitäten zueinander gilt das zur Urkunden- und Geldfälschung Gesagte entsprechend[62]. – Der häufig durch das Verwenden und Inverkehrbringen mitbegangene Betrug, § 263 I, soll mit § 148 I Nr. 3 in Tateinheit, § 52, stehen[63], jedoch hinter § 148 II zurücktreten, da andernfalls der mildere Strafrahmen dieser Vorschrift unterlaufen würde[64] – eine Argumentation, die jedenfalls in Fällen vom Ausmaß des erwähnten Beitragsmarkenskandals in der BfA[65] nicht überzeugt.

IV. Vorbereitung der Fälschung von Geld und Wertzeichen, § 149

26   Die in der Strafdrohung im Vergleich zur Geld- und Wertzeichenfälschung abgestuften Vorbereitungshandlungen sind im Gesetz nachzulesen. Ergänzend hierzu treten §§ 127 und 128 OWiG, wo – jeweils in Abs. 2 – auch fahrlässiges Handeln mit Geldbuße bedroht ist.

Mit Gesetz vom 22.8.2002 wurde § 149 I Nr. 1 im Hinblick auf Computerprogramme erweitert sowie um eine Nr. 3 (= Hologramme) ergänzt.

27   § 149 II und III enthalten Regelungen des **Rücktritts** vom vollendeten Delikt **(tätige Reue)**, die in den Bußgeldtatbeständen der §§ 127 und 128 OWiG fehlen. Eine analoge Anwendung von §§ 149 II und III ist hier aber geboten. Jedenfalls sollte nach § 47 OWiG (Opportunitätsprinzip) von der Verfolgung abgesehen werden, wenn der Täter z. B. die fälschungsgeeigneten Gegenstände freiwillig vernichtet.

---

61   OLG Koblenz, NJW 1983, 1625, dehnt die Versuchsstrafbarkeit zu weit ins Vorfeld aus; zutreffend kritisch *Küper*, NJW 1984, 777; *Lampe*, JR 1984, 164; *Puppe*, JZ 1986, 992 (995).
62   Vgl. dazu bereits oben § 31 Rn. 34 und oben Rn. 16.
63   BGHSt 31, 380; *Fischer*, § 148 Rn. 10.
64   So z. B. *S/S/Sternberg-Lieben*, § 148 Rn. 26.
65   Vgl. oben Rn. 23.

V. Gleichstellung von Wertpapieren, § 151

§ 151 gewährt, im Hinblick auf ihr massenhaftes Vorkommen und ihre dem Papiergeld oftmals ähnliche Ausstattung, bestimmten Wertpapieren (= abschließende Aufzählung in § 151!) denselben Strafrechtsschutz wie dem Geld. 28

VI. Fälschung von Zahlungskarten und anderen Zahlungsmitteln, §§ 152a, 152b

1. Der kriminalpolitische Hintergrund, Rechtsgut

§ 152a, dessen Berechtigung angesichts des zunehmenden Ersatzes von Bargeld durch „Plastikgeld" nicht zu bezweifeln ist, war bei seiner Einführung durch das 2. WiKG 1986 beschränkt auf die Fälschung von Vordrucken für Eurochecks und Euroscheckkarten. Mit dem 6. StrRG erfolgte eine Erweiterung des Tatbestandes auf Zahlungskarten mit Garantiefunktion. Durch das 35. StrÄndG vom 22.12.2003 wurde der Schutzbereich des § 152a ein weiteres Mal (grundlegend!) verändert. Nunmehr sind Tatobjekte neben Zahlungskarten **ohne** Garantiefunktion (!) auch Scheck- und Wechselpapiere, während für Zahlungskarten **mit** Garantiefunktion und Euroscheckvordrucke § 152b geschaffen wurde. 29

Die Vorschriften der §§ 152a und 152b schützen, ebenso wie § 146[66], den **Zahlungsverkehr**, und zwar speziell die **Sicherheit und Funktionsfähigkeit des bargeldlosen Zahlungsverkehrs**[67]. 30

2. Der Tatbestand des § 152a

a) Tatobjekte

Tatobjekte sind in- und ausländische **Zahlungskarten** sowie **Schecks und Wechsel**. Trotz Verwendung des Plurals reicht es für die Tatbestandserfüllung aus, dass der Täter **eine** Karte manipuliert[68]. Für die Zahlungskarten enthält § 152a IV eine Legaldefinition. Als Zahlungskarten kommen somit nur solche Karten in Betracht, welche von einem Kredit- oder Finanzdienstleistungsinstitut herausgegeben werden, in besonderer Weise gegen Nachahmung gesichert sind und den Inhaber oder Benutzer in die Lage versetzen, Geld oder einen sonstigen monetären Wert zu übertragen[69]. 31

Nachdem der frühere § 152a bis zum 35. StrÄndG als Tatobjekte nur Zahlungskarten mit Garantiefunktion, also solche, die für den Einsatz im Drei-Partner-System bestimmt sind, erfasste, enthält der neue

---
66 Vgl. oben Rn. 2.
67 Vgl. dazu BT-Drucks. 13/8587, S. 29; *S/S/Sternberg-Lieben*, § 152a Rn. 1; a. M. NK-*Puppe*, § 152a Rn. 3 und § 152b Rn. 1.
68 So überzeugend BGHSt 46, 146 (150 ff.) m. zust. Anm. *Eisele*, JA 2001, 747 (749 f.); ferner *Rengier*, BT II, § 39 Rn. 27.
69 So BT-Drucks. 15/1720, S. 9.

§ 152b[70], welcher dem § 152a a. F. inhaltlich weitgehend entspricht, hierfür nunmehr eine Spezialregelung. Demnach ist § 152a in seiner aktuellen Form nur noch für **Zahlungskarten ohne Garantiefunktion** bedeutsam. Dies sind regelmäßig solche Zahlungskarten, die zum Einsatz in einem Zwei-Partner-System bestimmt sind.

> **Beispiel:** Bankkarten mit denen lediglich bei dem ausstellenden Finanzinstitut Geld abgehoben werden kann[71]. Nicht erfasst sind Telefonkarten und Kundenkarten, die einen bargeldlosen Einkauf ermöglichen, denn diese werden nicht von Kredit- oder Finanzdienstleistungsinstituten ausgegeben[72].

b) Tathandlungen

32   Die Umschreibung der Tathandlungen in § 152a I ist teilweise dem § 146 entnommen[73]: Nachmachen, Verfälschen[74] und Sich-Verschaffen[75] (Nr. 1 und Nr. 2 Alt. 1) und Feilhalten (Nr. 2 Alt. 2). Weiterhin sind das Überlassen an einen anderen (Nr. 2 Alt. 3) sowie das Gebrauchen (Nr. 2 Alt. 4) erfasst.

33   **Subjektiv** muss der Täter zur Täuschung im Rechtsverkehr[76] oder mit der Absicht handeln, einem Dritten eine solche Täuschung zu ermöglichen[77].

c) Vorbereitung der Fälschung

34   § 152a enthält in Abs. 2 eine eigenständige Versuchsstrafbarkeit. Dies war erforderlich, da es sich lediglich um ein Vergehen (§ 12 II) handelt. Der Versuch des Nachmachens von Zahlungskarten ist dann gegeben, wenn der Täter vorsätzlich und in der tatbestandsmäßigen Absicht mit der Fälschungshandlung selbst – also dem Herstellen der falschen Karte – beginnt[78]. Ein unmittelbares Ansetzen liegt jedoch nicht bereits vor, wenn lediglich Kartenrohlinge besorgt werden, die erst zu einem nicht feststehenden späteren Zeitpunkt manipuliert werden sollen[79]. Das Problem stellte sich in den letzten Jahren insbesondere beim sog. „**Skimming**", d. h. beim Anbringen einer Apparatur an fremden Geldautomaten (Lesegerät und Mikrokamera), mit deren Hilfe die Daten von Bankkarten und die Geheimnummer der Kunden ausgespäht wurde (insoweit betraf es hauptsächlich Zahlungskarten mit Garantiefunktion, § 152b[80]). Das Anbringen

---

70 Zu § 152b vgl. unten Rn. 37.
71 Vgl. u. a. MüKo-*Erb*, 2. Aufl., § 152a Rn. 3; NK-*Puppe*, § 152a Rn. 6.
72 *Eisele*, BT I Rn. 1000; 2. Aufl., § 152a Rn. 3.
73 Vgl. dazu oben Rn. 8 f., 11 und 12, 22.
74 Zu den denkbaren Möglichkeiten des Verfälschens vgl. z. B. *S/S/Sternberg-Lieben*, § 152a Rn. 5.
75 Weitergehend als in § 146 I Nr. 2 Alt. 1 ist auch die Drittverschaffung unter Strafe gestellt.
76 Vgl. dazu § 31 Rn. 39 f.
77 Siehe zur vergleichbaren Absichtsvariante in § 146 I Nr. 1 oben Rn. 10.
78 Vgl. BGH, NJW 2010, 623; BGH, NStZ 2011, 89; BGH, NStZ 2011, 517; NK-*Puppe*, § 152b Rn. 24.
79 BGH, NJW 2010, 623.
80 Vgl. dazu unten Rn. 37 ff.

der Apparatur und das Ausspähen der Daten stellt lediglich eine Vorbereitungshandlung dar, der Versuch beginnt erst, wenn der Täter mit der Fälschungshandlung selbst beginnt, d. h. damit beginnt, die Daten auf die Kartenrohlinge zu übertragen[81].

§ 152a V dehnt die Strafbarkeit – entsprechend § 149 I, mit der Rücktrittsmöglichkeit nach § 149 II und III[82] – ins Vorfeld des Versuchs auf **gefährliche Vorbereitungshandlungen** aus. Fraglich ist hierbei, ob das eben genannte „Skimming" diese Voraussetzungen erfüllt und wie gegebenenfalls das Konkurrenzverhältnis zu § 30 II zu beurteilen ist[83]. Ergänzend greift ferner § 127 I Nr. 1a OWiG ein. 35

d) Qualifikationen

Nach § 152a III führen dieselben Umstände wie in § 146 II[84] zur Qualifikation des Delikts. Zudem stellt im Hinblick auf die Zahlungskarten § 152b[85] eine Qualifikation des § 152a dar. 36

3. Der Tatbestand des § 152b

§ 152b entspricht im Wesentlichen § 152a a. F. Zugleich stellt § 152b eine Qualifikation zu § 152a dar, denn für die Zahlungskarten im Sinne von § 152b wird in Abs. 4 Nr. 1 – anders als in § 152a – die Möglichkeit gefordert, den Aussteller im Zahlungsverkehr zu einer **garantierten** Zahlung zu veranlassen. Damit wird der Anwendungsbereich des § 152b beschränkt auf Karten im **Drei-Partner-System**[86] (z. B. eine Kreditkarte von American Express). Zahlungskarten mit Garantiefunktion sind u. a. auch die von den Kreditinstituten ausgegebenen früheren EC- und heutigen Maestro-Karten[87]. Unter „sonstige Karten" mit Garantiefunktion im Sinne von § 152b IV fallen – nach gegenwärtigem Entwicklungsstand – bestimmte aufladbare Geldkarten (= sog. „elektronische Geldbörsen"). § 152b Abs. 4 Nr. 2 macht den Schutz der Karte weiterhin davon abhängig, dass diese durch ihre Ausgestaltung oder Codierung besonders gegen Nachahmung gesichert ist. Hinsichtlich der Tathandlungen nimmt § 152b I Bezug auf § 152a I.

Aufgrund des großen Vertrauens welches den Zahlungsmitteln mit Garantiefunktion von deren Nutzern entgegengebracht wird, stellt die Ver- 37

---

81 BGHSt 56, 170 (171); hierzu *Rasch/Selz*, famos 1/2012; vgl. auch BGH, NJW 2010, 623; BGH, NJW 2014, 1463 m. Anm. *Schiemann*, JR 2014, 303.
82 Vgl. dazu oben Rn. 27.
83 Offengelassen in BGHSt 56, 170 (171); nach BGH, NJW 2010, 623 (624); MüKo-*Erb*, 2. Aufl., § 140 Rn. 15 tritt die Norm gegenüber der Verbrechensverabredung, § 30 II, zurück.
84 Vgl. dazu oben Rn. 15.
85 Vgl. unten Rn. 37.
86 Vgl. oben § 23 Rn. 46 ff.; entscheidend ist die Verwendbarkeit der Karten im Drei-Partner-System, sodass § 152b auch anwendbar ist, wenn der Täter die Karte ausschließlich im Rahmen des elektronischen Lastschriftverfahrens verwenden möchte, wo die Garantiefunktion nicht zum Tragen kommt; vgl. BGHSt 46, 146 (148 ff.); *Eisele*, BT I, Rn. 1003.
87 Vgl. BGH, NStZ 2012, 318.

wirklichung einer der Begehungsalternativen des 152b, insbesondere die des Fälschens und Verfälschens, eine besonders hohe abstrakte Gefährdung für den allgemeinen Geld- und Zahlungsverkehr dar, sodass § 152b – entsprechend der Vorgängernorm des § 152a a. F. – als Verbrechen (§ 12 I) ausgestaltet wurde[88].

> Zum 1. Januar 2002 wurde im Zuge der EU-Währungsunion der garantierte Euroscheckverkehr abgeschafft. Die Nennung von Euroscheckkarten und -vordrucken in § 152b ist daher lediglich für (heute kaum mehr zu verzeichnende) Altfälle relevant. Der Begriff der Euroscheckkarte als solcher ist heute insoweit überholt. Auch wird das Kennzeichen „EC" heute nicht mehr als Kürzel für den Begriff des „Eurocheque", sondern für den des „Electronic Cash" verwendet[89].

4. Konkurrenzen der §§ 152a und 152b

38   Zwischen den Begehungsvarianten des Verschaffens und Gebrauchens gemäß § 152a I Nr. 2 besteht dasselbe Verhältnis wie zwischen den Alternativen des Sich-Verschaffens und Inverkehrbringens bei der Geldfälschung, § 146 I Nr. 2 Alt. 2 und Nr. 3[90], sodass auch hier in der Regel eine einheitliche Tat vorliegt. Das Nachmachen oder Verfälschen gemäß § 152a I Nr. 1 Alt. 1 verdrängt das Sich-Verschaffen nach Abs. 1 Nr. 2 Alt. 1 im Wege der Spezialität. Hinsichtlich der weiteren Alternativen des § 152a I Nr. 2 – also Feilhalten, Alt. 2, Überlassen, Alt. 3, und Gebrauchen, Alt. 4 – tritt Abs. 1 Nr. 1 nur hinter das Gebrauchen, nicht aber hinter das Feilhalten und Überlassen zurück, da diese Tathandlungen über einen eigenen Gefährdungsunrechtsgehalt verfügen und somit mit dem Nachmachen und Verfälschen, Abs. 1 Nr. 1, in Tateinheit, § 52, stehen.

> Macht der Täter der §§ 152a oder 152b von den Zahlungskarten oder den ihnen gleichgestellten Zahlungsmitteln Gebrauch und erfüllt er dadurch zugleich den Tatbestand der §§ 263 oder 263a, stehen diese in Tateinheit, § 52, mit §§ 152a oder 152b[91]. Im Gebrauchmachen liegt dann zugleich die (konkludente)Täuschungshandlung i. S. des § 263 I. – Überschneidet sich die Tat nach §§ 152a oder 152b mit § 267 und/oder § 269, so treten §§ 267, 269 im Wege der Spezialität hinter §§ 152a und 152b zurück[92].

---

88 Vgl. dazu BT-Drucks. 15/1720, S. 9.
89 *Husemann*, NJW 2004, 104 (108 f.).
90 Vgl. oben Rn. 16.
91 Vgl. BGH, NStZ 2012, 318; a. M. SK-*Rudolphi/Stein*, § 152a Rn. 16: regelmäßiges Zurücktreten des § 263 I im Wege der Konsumtion.
92 BGH, NStZ 2005, 329; MüKo-*Erb*, 2. Aufl., § 152a Rn. 16, § 152b Rn. 15 (der allerdings § 267 IV davon ausnimmt); NK-*Puppe*, § 152b Rn. 26; *Rengier*, BT II, § 39 Rn. 30; SK-*Rudolphi/Stein*, § 152a Rn. 16.

Teil VI: Gefährdungsdelikte

§ 35 Grundlagen der Strafbarkeit von Rechtsgutsgefährdungen

Literaturhinweise: *Ahn,* Zur Dogmatik abstrakter Gefährdungsdelikte, 1995; *Berz,* Formelle Tatbestandsverwirklichung und materieller Rechtsgutsschutz, 1986; *Bohnert,* Die Abstraktheit der abstrakten Gefährdungsdelikte, JuS 1984, 182; *Boldt,* Pflichtwidrige Gefährdung im Strafrecht, ZStW 55 (1936), 44; *Brehm,* Zur Dogmatik des abstrakten Gefährdungsdelikts, 1973; *Cramer,* Der Vollrauschtatbestand als abstraktes Gefährdungsdelikt, 1962; *Dedes,* Gemeingefahr und gemeingefährliche Straftaten, MDR 1984, 100; *Demuth,* Zur Bedeutung der konkreten Gefahr im Rahmen der Straßenverkehrsdelikte, VOR 1973, 436; *ders.,* Der normative Gefahrbegriff, 1980; *Finger,* Begriff der Gefahr und Gemeingefahr im Strafrecht, Frank-FG I 1930, S. 230; *Frey,* Die Sachgemeingefährdung, DAR 1957, 87; *Gallas,* Abstrakte und konkrete Gefährdung, Heinitz-FS 1972, S. 171; *Graul,* Abstrakte Gefährdungsdelikte und Präsumtionen im Strafrecht, 1991; *Hartung,* Gemeingefahr, NJW 1960, 1417; *Bernd Heinrich,* Der Erfolgsort beim abstrakten Gefährdungsdelikt, GA 1999, 72; *Henckel,* Der Gefahrbegriff im Strafrecht, 1930 (Strafrechtliche Abhandlungen, Heft 270); *Herzog,* Gesellschaftliche Unsicherheit und strafrechtliche Daseinsvorsorge; 1991; *Reinhard von Hippel,* Gefahrurteile und Prognoseentscheidungen in der Strafrechtspraxis, 1972; *H. J. Hirsch,* Gefahr und Gefährlichkeit, Arthur-Kaufmann-FS 1993, S. 545; *ders.,* Systematik und Grenzen der Gefahrdelikte, Tiedemann-FS 2008, S. 145; *Horn,* Der „einzelne" in Gemeingefahr?, JZ 1964, 646; *ders.,* Konkrete Gefährdungsdelikte, 1973; *Hoyer,* Die Eignungsdelikte, 1987; *ders.,* Zum Begriff der abstrakten Gefahr; JA 1990, 183; *Jähnke,* Fließende Grenzen zwischen abstrakter und konkreter Gefahr im Verkehrsstrafrecht, DRiZ 1990, 425; *Jescheck* (Hrsg.), Die Vorverlegung des Strafrechtsschutzes durch Gefährdungs- und Unternehmensdelikte, ZStW-Beiheft 1987; *Kindhäuser,* Gefährdung als Straftat, 1989; *ders.,* Rechtsgüterschutz durch Gefährdungsdelikte, Krey-FS 2010, S. 249; *Kitzinger-Ullmann,* Gemeingefährliche Verbrechen, VDB IX, S. 1; *Koriath,* Zum Streit um die Gefährdungsdelikte, GA 2001, 51; *Kratzsch,* Prinzipien der Konkretisierung von abstrakten Gefährdungsdelikten, JuS 1994, 372; *Lackner,* Das konkrete Gefährdungsdelikt im Verkehrsstrafrecht, 1967; *Martin,* Strafbarkeit grenzüberschreitender Umweltbeeinträchtigungen. Zugleich ein Beitrag zur Gefährdungsproblematik, 1989; *Marxen,* Strafbarkeitseinschränkung bei abstrakten Gefährdungsdelikten, 1991; *Meyer,* Die Gefährlichkeitsdelikte: Ein Beitrag zur Dogmatik der abstrakten Gefährdungsdelikte, 1992; *Müssig,* Schutz abstrakter Rechtsgüter und abstrakter Rechtsgüterschutz, 1993; *Niewenhuis,* Gefahr und Gefahrverwirklichung im Verkehrsstrafrecht, 1984; *Ostendorf,* Grundzüge des konkreten Gefährdungsdelikts, JuS 1982, 426; *Prittwitz,* Strafrecht und Risiko, 1993; *Rabl,* Der Gefährdungsvorsatz, 1933 (Strafrechtliche Abhandlungen, Heft 312); *Rotering,* Gefahr und Gefährdung im Strafgesetzbuche, GA Bd. 31 (1883), 266; *Schmidt,* Untersuchung zur Dogmatik und zum Abstraktionsgrad abstrakter Gefährdungsdelikte, 1999; *Schröder,* Abstrakt-konkrete Gefährdungsdelikte?, JZ 1967, 522; *ders.,* Die Gefährdungsdelikte im Strafrecht, ZStW 81 (1969), 7; *Schünemann,* Moderne Tendenzen in der Dogmatik der Fahrlässigkeits- und Gefährdungsdelikte, JA 1975, 435, 792; *Schwander,* Die Gefährdung als Tatbestandsmerkmal im schweiz. StGB, SchwZStr 1966, 440; *Siebenhaar,* Der Begriff der Gemeingefährlichkeit

§ 35　　　　　　　　　　　　　　Einführung in die Gefährdungsdelikte

und die gemeingefährlichen Delikte nach dem Reichsstrafgesetzbuche, ZStW 4 (1884), 245; *Velten*, Grenzüberschreitende Gefährdungsdelikte, Rudolphi-FS 2004, S. 329; *Volz*, Unrecht und Schuld abstrakter Gefährdungsdelikte, 1968; *U. Weber*, Die Vorverlegung des Strafrechtsschutzes durch Gefährdungs- und Unternehmensdelikte, ZStW-Beiheft 1987, 1; *Wohlers*, Deliktstypen des Präventionsstrafrechts. – Zur Dogmatik „moderner" Gefährdungsdelikte, 2000; *Jürgen Wolter*, Konkrete Erfolgsgefahr und konkreter Gefahrerfolg im Strafrecht, JuS 1978, 748; ders., Objektive und personale Zurechnung. – Gefahr und Verletzung in einem funktionalen Straftatsystem, 1981; *Zieschang*, Die Gefährdungsdelikte, 1998; ders., Der Gefahrbegriff im Recht, GA 2006, 1.

Übersicht

		Rn.
I.	Überblick	1
II.	Verletzungsverbote als unselbstständige Gefährdungsverbote	5
	1. Vorsätzliche Verletzungsdelikte und Gefährdungsverbot	5
	2. Fahrlässige Verletzungsdelikte und Gefährdungsverbot	12
III.	Notwendigkeit selbstständiger Gefährdungstatbestände	18
	1. Grenzen der Versuchsstrafbarkeit bei den Verletzungsdelikten	19
	a) Objektive Grenzen	19
	b) Subjektive Grenzen	21
	2. (Beweis-)Schwierigkeiten der Feststellung von Rechtsgutsverletzungen	22
	a) Zweifel an der vorwerfbaren Erfolgszurechnung	23
	b) Zweifel an der Rechtsgutverletzung	27
	3. Ausschaltung der dem fahrlässigen Verletzungsdelikt anhaftenden Zufallskomponente	31
	4. Gefährdungstatbestände zum Schutz wichtiger Personenwerte, insbesondere von Leib und Leben	34
	5. Gefährdungstatbestände zum Schutz anderer Rechtsgüter, insbesondere von Vermögenswerten	38
IV.	Abstrakte und konkrete, starke und schwache Gefährdungen	43
	1. Überblick über die Arten der Gefährdungen	43
	2. Abstrakte Gefährdungsdelikte	46
	a) Zusammenhang mit dem Polizeirecht – Schwache Gefährdungen = Ordnungswidrigkeiten	46
	b) Starke Gefährdungen = Straftaten	50
	c) Abstrakte Gefährdung und sichere konkrete Ungefährlichkeit	52
	3. Konkrete Gefährdungsdelikte	56
	a) Das kriminalpolitische Anliegen konkreter Gefährdungstatbestände	56
	b) Die Zufallskomponente des konkreten Gefährdungsdelikts	61
	c) Der Gefahrbegriff des konkreten Gefährdungsdelikts	64
	4. Straftaten im Grenzbereich von abstrakter und konkreter Gefährdung: Eignungsdelikte	81
	5. Individualgefahr, Gefährdung der Allgemeinheit und Gemeingefahr	88
	a) Individualgefahr und Gefährdung der Allgemeinheit	88
	b) Gefährdung unbestimmter Einzelner, Gefährdung vieler und Gemeingefahr	92

Überblick § 35 Rn. 1

V. Die subjektive Tatseite der Gefährdungsdelikte	96
1. Pönalisierung vorsätzlicher und (weitgehend auch) fahrlässiger Rechtsgutsgefährdungen	96
2. Einzelfragen zu Gefährdungsvorsatz und -fahrlässigkeit	99
a) Gegenstand des Vorsatzes und der Fahrlässigkeit	99
b) Gefährdungs- und Verletzungsvorsatz	101
c) Abstufung der Fahrlässigkeitshaftung; Vorsatz-Fahrlässigkeitskombinationen	105
VI. Qualifikationen und besonders schwere Fälle	107
1. Erfolgsqualifikationen und entsprechende Regelbeispiele	107
2. Sonstige typische Qualifikationen und entsprechende Regelbeispiele	111
VII. Vollendung und Versuch sowie Rücktritt vom Versuch und vom vollendeten Delikt	113
1. Vollendung und Rücktritt vom vollendeten Delikt	113
2. Versuch und Rücktritt vom Versuch	117
a) Der Versuch des Gefährdungsdelikts	117
b) Rücktritt vom Versuch	122
VIII. Täterschaft und Teilnahme	123
1. Geltung der allgemeinen Regeln	123
2. Hinweis auf einzelne Problemfelder	124
a) Eigenhändige Delikte und Sonderdelikte	124
b) Bedeutung des § 11 II (Vorsatz-Fahrlässigkeitskombinationen) für die Teilnahme	126
IX. Konkurrenzen	128
1. Verhältnis von Gefährdungs- und Verletzungsdelikten	128
a) Problemübersicht	128
b) Subsidiarität des Gefährdungsdelikts gegenüber dem Verletzungsdelikt bei Rechtsgutidentität	132
c) Tateinheit (§ 52) zwischen Verletzungs- und Gefährdungsdelikt bei Rechtsgutsverschiedenheit	133
2. Verhältnis von starken und schwachen Gefährdungen	138
a) Verhältnis Straftat/Ordnungswidrigkeit	139
b) Verhältnis der Gefährdungsstraftaten zueinander	140

I. Überblick

Den examenswichtigen Kernbereich der in diesem Abschnitt behandel- 1
ten Gefährdungsdelikte bilden die **Brandstiftungsdelikte, §§ 306–306f**
(dazu § 37 Rn. 6–69), und die Verkehrs-, insbesondere die **Straßenverkehrsdelikte, §§ 315b–316** (dazu § 38 Rn. 19 ff.). Gleichermaßen prüfungsrelevant sind die **§§ 221 (Aussetzung,** dazu § 36), **323c (Unterlassene Hilfeleistung,** dazu § 39 Rn. 1 ff.) und **323a (Vollrausch,** dazu und zum Zusammenhang dieses Delikts mit der actio libera in causa § 40).

2 Überwiegend als Gefährdungsdelikte ausgestaltet sind die **Straftaten gegen die Umwelt,** §§ 324–330d, zu denen im Pflichtfach Strafrecht jedenfalls Grundkenntnisse erwartet werden, die sich auch auf die für diese Deliktsgruppe charakteristische Verwaltungsakzessorietät zu erstrecken haben (dazu § 41).

3 Über die in §§ 36–41 behandelten Straftaten hinaus finden sich in nahezu allen Abschnitten des BT (sowie vor allem im Nebenstrafrecht und Ordnungswidrigkeitenrecht) neben Verletzungsdelikten auch Gefährdungsdelikte. Beispielshalber sei auf die meisten in § 21 dargestellten betrugsähnlichen Straftaten sowie auf die Aussagedelikte (dazu § 47) hingewiesen[1].

4 Die folgenden Ausführungen, gewissermaßen der **AT der Gefährdungsdelikte,** wollen das Verständnis für die Grundlagen der Gefährdungsstrafbarkeit fördern, das (auch hier) wichtiger ist als detaillierte Kenntnisse zu einzelnen Tatbestandsmerkmalen der Gefährdungsvorschriften.

II. Verletzungsverbote als unselbstständige Gefährdungsverbote

1. Vorsätzliche Verletzungsdelikte und Gefährdungsverbot

5 Das Strafrecht ist repressives Recht, d. h., es verhängt Rechtsfolgen für begangene Taten und blickt insoweit in die Vergangenheit.

> Auch dort, wo es in die Zukunft schaut und von gefährlichen Tätern drohende Taten mit Maßregeln der Besserung und Sicherung (§§ 61 ff.) verhindern will, also präventives Recht enthält, setzt es stets eine in der Vergangenheit liegende rechtswidrige Tat voraus[2].

6 Für ein am Rechtsgüterschutz orientiertes Strafrecht[3] ist die Rechtsguts**verletzung** ein eindeutiger, weil greifbarer Unrechtserfolg. Ältere Strafrechte, etwa das germanische, beruhen demgemäß ganz auf dem Gedanken der Erfolgshaftung[4]. Deshalb bilden die Verletzungsdelikte noch heute den Kernbereich des Kriminalstrafrechts[5].

Die in Teil 1 (§§ 1 ff.) behandelten Straftaten gegen die Person, also Beeinträchtigungen der Rechtsgüter Leben (§§ 211 ff.), körperliche Integrität (§§ 223 ff.), Leben der Leibesfrucht (§ 218), Ehre (§§ 185 ff.), Privat- und Geheimsphäre (§§ 123, 201 ff.) sowie Freiheit (§§ 239, 240), sind überwiegend Verletzungsdelikte. Dasselbe gilt für den Kernbereich der Eigentums- und Vermögensdelikte[6].

---

1 Zu weiteren Gefährdungsdelikten und allgemein zur Vorverlagerung des Strafrechtsschutzes ins Vorfeld der Rechtsgutsverletzung s. *U. Weber,* ZStW-Beiheft 1987, 1 ff.
2 S. dazu *Baumann/Weber/Mitsch,* § 3 Rn. 39 und § 35 Rn. 2 ff.
3 S. dazu *Baumann/Weber/Mitsch,* § 3 Rn. 10 ff.
4 S. *Eberhard Schmidt,* Einführung in die Geschichte der deutschen Strafrechtspflege, 3. Aufl. 1965, § 16. – „Die Tat tötet den Mann".
5 S. z. B. *Schröder,* ZStW 81 (1969), 7.
6 S. o. §§ 12–15, 20 und 22.

Bei zahlreichen Verletzungsdelikten ist jedoch in den neuzeitlichen 7
Strafrechten auch der **Versuch** unter Strafe gestellt[7], d. h., Strafe tritt auch
bei ausgebliebenem Verletzungserfolg ein.

Von den Straftaten gegen höchstpersönliche Rechtsgüter gilt dies namentlich für die Tötungsdelikte (§§ 211, 212 i. V. mit §§ 23 I, 12 I sowie § 216 II), die Körperverletzungsdelikte (z. B. § 223 II) und den Schwangerschaftsabbruch (§ 218 IV). Bei allen klassischen Eigentums- und Vermögensdelikten ist der Versuch strafbar (vgl. z. B. §§ 242 II, 246 III, 253 III, 263 II).

In ihrer praktischen Bedeutung kommt der Versuchsstrafbarkeit die 8
Funktion zu, Rechtsguts**gefährdungen** strafrechtlich zu erfassen.

Für die **objektive Versuchstheorie** ist die Rechtsgutsgefährdung sogar die einzige Legitimation der Versuchsstrafbarkeit[8]. – Der mit der h. L. auf dem Standpunkt der **subjektiven Versuchstheorie** stehende Gesetzgeber hat sich für die grundsätzliche Strafbarkeit auch des absolut untauglichen, d. h. für das angegriffene Rechtsgut ungefährlichen Versuchs entschieden[9]. In der Praxis dürften freilich taugliche Versuche im Vordergrund stehen. Außerdem trägt der Gesetzgeber dem Gefährdungsgesichtspunkt immerhin in § 23 III insofern Rechnung, als Extremfälle des untauglichen (= ungefährlichen) Versuchs von Strafe freigestellt werden können[10].

Allerdings ist die Eignung der Versuchsstrafbarkeit zur Ahndung von 9
Rechtsguts**gefährdungen** aus zwei Gründen begrenzt:

(1) An der objektiven Versuchsschranke (unmittelbares Ansetzen) scheitert die Bestrafung (z. B. nach §§ 211 ff., 22) von Vorbereitungshandlungen, obwohl sie das Rechtsgut schon in eine gewisse Gefahr bringen, wie z. B. die Beschaffung von Sprengstoff und Waffen zum Zwecke der Tötung von Menschen. **(2)** An der subjektiven Versuchsschranke (**Vorsatz**) scheitert die Bestrafung der Herbeiführung von Risiken, wenn der Täter dabei nicht nachweisbar mit Verletzungsvorsatz gehandelt hat.

Das strafrechtliche Verbot vorsätzlicher Rechtsgutsverletzung enthält also nur insoweit zugleich ein Verbot der vorsätzlichen Rechtsgutsgefährdung, als der Täter mit Verletzungsvorsatz handelt. Ist sein Vorsatz auf die Gefährdung beschränkt, so bleibt riskantes Verhalten unter dem Gesichtspunkt des Verletzungsverbotes unbeanstandet. 10

Beispiel, Verletzungsverbot und erlaubte Gefahrschaffung: § 263, Betrug, setzt grundsätzlich den Eintritt eines Vermögensschadens voraus, bloße Vermögensgefährdung genügt nicht; dazu o. § 20 Rn. 97 ff., wo auch dargelegt ist, dass dieser Grundsatz mithilfe der Lehre von der schadensnahen Gefährdung fast in sein Gegenteil verkehrt worden ist[11]. Ebenso setzt § 258, Strafvereitelung, den Vereitelungserfolg voraus, d. h. Risiken für den staatlichen Strafanspruch dürfen vorsätzlich (!)

---

7 Vgl. zur Versuchsstrafbarkeit als Kennzeichen moderner Strafrechte *U. Weber*, ZStW-Beiheft 1987, 1 (5 f.).
8 Dazu *Spendel*, Kritik der subjektiven Versuchstheorie, NJW 1965, 1881; *ders.*, Zur Neubegründung der objektiven Versuchstheorie, Stock-FS 1966, S. 89; *Jakobs*, ZStW 97 (1985), 758 ff.
9 Zum Strafgrund beim untauglichen Versuch s. *Baumann/Weber/Mitsch*, § 26 Rn. 14 ff. (18).
10 S. dazu *Baumann/Weber/Mitsch*, § 26 Rn. 32–37; *Heinrich*, Jura 1998, 393.
11 S. dazu auch *U. Weber*, ZStW-Beiheft 1987, 1 (3), sowie Tiedemann-FS 2008, S. 637 (640 f.).

geschaffen werden. – Wenn der Täter bei § 263 durch Täuschung etc. vorsätzlich sein Opfer einem Verlustrisiko aussetzt, oder der Täter bei § 258 den Staat dem Vereitelungsrisiko aussetzt, wird diese Gefährdung vom Verbot des § 263 bzw. § 258 nicht umfasst. Tritt der Verlust ein, fehlt es dem Täter jedenfalls am Verletzungsvorsatz (bloßer Gefährdungsvorsatz).

11   Diese Grenzen der Versuchsstrafbarkeit und die daraus resultierende Zulässigkeit vorsätzlicher Rechtsgutsgefährdungen sub specie Verletzungsdelikte ist **ein** gesetzgeberisches Motiv zur Schaffung von Gefährdungstatbeständen; s. u. Rn. 19 ff.

2. Fahrlässige Verletzungsdelikte und Gefährdungsverbot

12   Hochstehende Rechtsgüter wie Leib und Leben werden nicht nur gegen vorsätzliche, sondern auch gegen fahrlässige[12] Verletzung strafrechtlich geschützt (§§ 222, 229)[13]. Eine auf den Handlungsunwert des Fahrlässigkeitsdelikts abhebende Betrachtungsweise[14] wird in §§ 222, 229 auch ein Verbot der (vorsätzlichen) Gefährdung[15] der geschützten Rechtsgüter erblicken. Der Gesetzgeber kann die Herbeiführung eines Schadens durch menschliche Handlungen sinnvollerweise nur dadurch verhindern, dass er die Schaffung von Risiken verbietet.

In der Tat sind weite Bereiche der modernen Zivilisation nahezu perfekt durchnormiert mit Verhaltensvorschriften, die Risiken möglichst gering halten sollen.

Beispiele: Straßenverkehr → StVO und StVZO; **Arbeitsleben** → Arbeitsschutzvorschriften, z. B. im ArbeitsschutzG, Unfallverhütungsvorschriften, z. B. im ProduktsicherheitsG; **Verkehr mit Lebensmitteln** → Verbraucherschutzvorschriften, insbesondere im Lebensmittel-, Bedarfsgegenstände- und Futtermittelgesetzbuch.

Fehlen normierte Verhaltensregeln, so folgt die Pflicht zur Risikovermeidung unmittelbar aus dem Verbot der Rechtsgutsverletzung[16].

13   Aber risikoreiches Verhalten **als solches** wird eben von §§ 222, 229 nicht erfasst. Auch wenn man, wie manche Vertreter der finalen Handlungslehre[17], dem Erfolgseintritt konstitutive Bedeutung für das Unrecht der Fahrlässigkeit abspricht und ihm die Rolle einer bloßen objektiven Strafbarkeitsbedingung zuweist, setzt Strafbarkeit nach §§ 222, 229 allemal den Erfolgseintritt voraus. – Die (teilweise) Pönalisierung von Rechtsgutsgefährdungen über die Versuchsstrafbarkeit (dazu o. Rn. 7 f.) hilft beim fahr-

---

12   Zum Ausnahmecharakter der strafrechtlichen Fahrlässigkeitshaftung s. § 15 StGB sowie *Baumann/Weber/Mitsch*, § 22 Rn. 1.
13   Dazu o. § 4 und § 6 Rn. 2.
14   Namentlich die finale Handlungslehre, vgl. z. B. *Welzel*, § 18 I 2a.
15   Vorsätzliche Gefährdung = bewusste Fahrlässigkeit bezüglich der Verletzung. Näher zu dieser sehr problematischen Gleichung *Arzt*, ZStW 91 (1979), 857 (864 ff.).
16   S. dazu *Baumann/Weber/Mitsch*, § 22 Rn. 32 ff. (38).
17   Vgl. insbesondere *Horn*, Gefährdungsdelikte, S. 78 ff., 99, 100 f.; *Zielinski*, Handlungs- und Erfolgsunwert im Unrechtsbegriff, 1973, S. 143, 200, 208 ff. Dagegen z. B. *Baumann/Weber/Mitsch*, § 13 Rn. 73–78.

lässigen Verletzungsdelikt nicht weiter; denn ein Versuch des Fahrlässigkeitsdelikts ist nicht denkbar[18].

Das Verletzungserfordernis schafft also bei den Fahrlässigkeitsdelikten ein weites **künstliches Dunkelfeld,** in dem die gefährlichen Handlungen verborgen bleiben, bei denen der Erfolg ausgeblieben ist[19]. Im Prinzip ist dies zu begrüßen. Die Vorstellung der Bestrafung aller riskanten Verhaltensweisen verursacht Albträume[20]. „Leben ist immer – lebensgefährlich" *(Erich Kästner).* 14

> Für die Zivilisation als unvermeidbar angesehene Gefahrverursachungen, z. B. bei der Energieerzeugung, der industriellen Produktion und beim Massenverkehr, werden sogar als erlaubt (rechtmäßig) hingenommen. Verwirklicht sich das Risiko durch Schädigung, so trifft den Verursacher allenfalls eine zivilrechtliche Ersatzpflicht aus Gefährdungshaftung, vgl. § 1 ProdHaftG, §§ 1–3 HaftpflichtG, §§ 25 ff. AtomG, § 7 StVG, § 33 LuftverkehrsG.

Die Auslese, welche die Fahrlässigkeitsdelikte durch das Erfordernis des Erfolgseintritts aus dem Kreis gleich (!) gefährlicher Handlungen treffen, ist beunruhigend, weil das Wort von *Gustav Radbruch* zutrifft: „**Die Fahrlässigkeit ist verschämte Zufallshaftung**"[21]. Es sind einmal die Fälle, in denen ein nur geringfügig (!) fahrlässiges Verhalten („Das kann jedem einmal passieren!") eine erhebliche Rechtsgutsverletzung zur Folge hat, z. B. den Tod eines Menschen herbeiführt. Zur Vermeidung unbilliger Haftungsfolgen wurde im Arbeitsrecht für derartige Fallgestaltungen zunächst das Institut der gefahrgeneigten Arbeit entwickelt[22], später das Institut der betrieblich veranlassten Tätigkeit[23]. Für das Strafrecht hat § 16 II AE die Straflosigkeit geringfügig-fahrlässigen Verhaltens vorgeschlagen[24]. Praktisch wird dies insbesondere im Verkehrsstrafrecht[25]. 15

> Auf der anderen Seite stehen Fallgruppen, in denen trotz grober Sorgfaltswidrigkeit, u. U. bewusster Hinnahme von Rechtsgutsgefährdungen, ein Verletzungserfolg ausgeblieben ist.
>
> „Von zwei Personen, die mit Feuer und Licht genau gleich unvorsichtig umgehen und genau gleich fähig zur Voraussicht des daraus drohenden Unheils waren, wird derjenige, bei dem die ‚Tücke des Objekts' die Entstehung eines Brandes gewollt

---

18 Vgl. z. B. *Baumann/Weber/Mitsch,* § 22 Rn. 72. – *Brehm,* a. a. O. S. 137 sieht im Gefährdungsdelikt eine Art fahrlässigen Versuch; ebenso *Schünemann,* JA 1975, 798.
19 S. dazu § 1 Rn. 25.
20 Vgl. *Popitz,* Über die Präventivwirkung des Nichtwissens, Recht und Staat 350, 1968, S. 4, 9, 17; s. auch *Lüderssen,* Strafrecht und Dunkelziffer, Recht und Staat 412, 1972, S. 21 ff.
21 *Radbruch,* VDA (B) Bd. V, S. 201, Fn. 2. Zustimmend z. B. *Exner,* Das Wesen der Fahrlässigkeit, 1910, S. 10.
22 BGHZ 16, 111 (116 ff.).
23 BAG, NJW 1995, 210.
24 Noch weitergehend *Schlüchter,* Grenzen strafbarer Fahrlässigkeit, 1996, insbes. S. 89 f., 93: Offensichtliche und rücksichtslose Überschreitung des erlaubten Risikos.
25 S. u. § 38 Rn. 14.

§ 35 Rn. 16–18   Einführung in die Gefährdungsdelikte

hat, bestraft, während der andere frei ausgeht. Nicht die bei beiden ja gleiche Schuld, sondern der bei gleicher Schuld bald eintretende, bald ausbleibende, also zufällige Erfolg entscheidet über die Strafbarkeit"[26].

16 Risikoreiche Verhaltensweisen sind insbesondere im Straßenverkehr an der Tagesordnung.

Beispiele bilden riskantes Überholen, Vorfahrtsverletzungen, Fahren trotz Trunkenheit, Missachtung von Geschwindigkeitsbeschränkungen.

Gar nicht so selten dürften auch Fälle vorkommen wie der folgende von *Spendel*[27] berichtete: „Zwei Stammtischfreunde pflegen abends auf der Heimfahrt sich an einer Weggabelung mit ihren Kraftwagen zu trennen und trotz ihrer Trunkenheit in unzulässiger Geschwindigkeit nach Hause zu rasen; wer zuerst den für beide gleich langen Heimweg zurückgelegt und seinen Zechkumpanen zu Hause telefonisch angerufen hat, hat eine Flasche Sekt gewonnen. Bei einer dieser ‚Rennfahrten' verschuldet der eine Fahrer einen schweren Verkehrsunfall, der mehreren Menschen das Leben kostet."

Zu nennen sind auch riskante nächtliche Rennen junger Männer auf öffentlichen Straßen und Wegen.

Die tatsächliche Wirkung des Verbots fahrlässiger Verletzung als Gefährdungsverbot[28] ist also begrenzt, obwohl häufig nicht nur Fremd-, sondern auch Selbstverletzung droht. Der Verkehrsteilnehmer hofft eben auf sein Glück, geht davon aus, ihm werde schon nichts passieren.

17 Für den Gesetzgeber liegt es deshalb nahe, den Erfolgseintritt nicht abzuwarten, sondern bereits für das gefährliche Verhalten **als solches** strafrechtliche Sanktionen vorzusehen. Dies gilt umso mehr, als das **Zivilrecht** Rechtsgutsgefährdungen nicht wirksam vorzubeugen vermag, weil die Haftung für unerlaubten Handlungen (§ 823 BGB) und die Gefährdungshaftung (z. B. § 7 StVG für den Straßenverkehr) einen Schaden und damit Rechtsguts**verletzungen** voraussetzt.

III. Notwendigkeit selbstständiger Gefährdungstatbestände

18 Mit der Schaffung von Gefährdungstatbeständen will der Gesetzgeber einen möglichst umfassenden strafrechtlichen Schutz hochrangiger Rechtsgüter gewährleisten, der sich mit Verletzungstatbeständen aus verschiedenen Gründen nur unvollkommen erreichen lässt.

Bei disponiblen Individualrechtsgütern lässt sich der Schutz bereits gegen Gefährdungen auch damit begründen, dass die gefahrlose Verfügung über Güter ein Wert ist, der zwar vom Wert der substanziellen Integrität verschieden, gleichwohl aber schutzwürdig ist[29].

---

26 *Radbruch*, VDA (B) Bd. V; S. 201, Fn. 2.
27 *Spendel*, Zur Notwendigkeit des Objektivismus im Strafrecht, ZStW 65 (1953), 519 (529).
28 S. o. Rn. 12 ff.
29 So *Kindhäuser*, a. a. O. S. 19, 210.

1. Grenzen der Versuchsstrafbarkeit bei den Verletzungsdelikten

a) Objektive Grenzen

Wie o. Rn. 9 ausgeführt, bildet das Erfordernis des unmittelbaren An- 19
setzens zur Tatbestandsverwirklichung in § 22 ein Hindernis für die Versuchsstrafbarkeit auch gefährlicher **Vorbereitungshandlungen.**

Vorbereitungshandlungen werden in einer ganzen Reihe von Vorschrif- 20
ten des BT wegen der damit verbundenen Rechtsgutgefährdung selbstständig unter Strafe gestellt[30], s. z. B. § 310 (im Vorfeld der Explosions- und Strahlungsverbrechen) sowie §§ 149, 152a V und 275 (im Vorfeld besonders gefährlicher Fälschungsdelikte). – Zum Ausgleich der Strafbarkeitsvorverlagerung ins Vorfeld des Versuchs wird dem Täter der Rücktritt vom vollendeten Delikt eröffnet; s. §§ 314a III Nr. 2, 149 II und III; 152a V und 275 III.

> Teilweise wird sogar auf die für die Vorbereitungsdelikte geforderte Absicht späterer Begehung der eigentlich rechtsgutsverletzenden Tat verzichtet und die unerlaubte Herstellung, Verbreitung und der Besitz gefährlicher Gegenstände werden als solche mit Strafe oder Geldbuße bedroht; s. z. B. § 40 SprengG, §§ 52, 53 WaffG, § 128 OWiG.

b) Subjektive Grenzen

Handlungen, die sich objektiv als rechtsgutsgefährdende Ausführungs- 21
handlungen (unmittelbares Ansetzen) nach § 22 darstellen, können nicht selten deshalb nicht als versuchtes Verletzungsdelikt geahndet werden, weil dem Täter der Verletzungsvorsatz fehlt oder nicht nachweisbar ist[31]. Namentlich zum Schutz von Leben und Gesundheit werden besonders gefährliche „vorsatzlose Ausführungshandlungen" in verschiedenen Vorschriften unter Strafe gestellt.

> **Beispiele** bilden § 221 (Lebens- und Gesundheitsgefährdung) durch Aussetzung, dazu u. § 36), § 53 I Nr. 3 WaffG (unerlaubtes Schießen), Ordnungswidrigkeit.

2. (Beweis-)Schwierigkeiten der Feststellung von Rechtsgutsverletzungen

Über die vorstehend Rn. 19 ff. dargestellten Grenzen der Versuchsstraf- 22
barkeit hinaus gibt es eine Reihe weiterer Umstände, die der Bestrafung des Täters wegen eines Verletzungsdelikts entgegenstehen können.

a) Zweifel an der vorwerfbaren Erfolgszurechnung

Es handelt sich zunächst um Fälle, in denen ein Verletzungserfolg zwar 23
eingetreten ist, seine Zurechnung jedoch wegen Fehlens oder Nichtsweis-

---

30 S. zu den Vorbereitungsdelikten näher *U. Weber*, ZStW-Beiheft 1987, S. 1 (15 ff.).
31 Dazu o. Rn. 9.

lichkeit eines objektiven oder subjektiven Merkmals des fraglichen Delikts nicht möglich ist.

24 Ein klassischer Fall dieser Art ist die **Beteiligung an einer Schlägerei,** die den Tod eines Menschen oder eine schwere Körperverletzung zur Folge hat. Hier ist es häufig schon nicht möglich, die Ursächlichkeit des Verhaltens eines Beteiligten für diese Erfolge festzustellen, geschweige denn einen entsprechenden Vorsatz- oder Fahrlässigkeitsnachweis zu erbringen. Strafbarkeit nach §§ 223, 226, 227 scheidet damit aus. § 231 erfasst jedoch bereits die Beteiligung an der Schlägerei wegen ihrer Gefährlichkeit für menschliches Leben und Gesundheit. Die Bestimmung enthält also ein Gefährdungsdelikt; die schweren Folgen sind als objektive Bedingungen der Strafbarkeit ausgestaltet, also nicht unrechtsbegründend und damit auch für die subjektive Tatseite irrelevant[32].

25 Auf demselben Gedanken beruht § 186, der den Unrechtsgehalt der **üblen Nachrede** auf die ehrenrührige Tatsachenbehauptung beschränkt und dem Täter das Risiko der Beweisbarkeit (ebenfalls objektive Strafbarkeitsbedingung) aufbürdet[33].

26 Sieht man in der vom bis zur Schuldunfähigkeit Berauschten begangenen Tat den Erfolg – es braucht sich allerdings dabei nicht um ein Verletzungsdelikt zu handeln, ausreichend ist jede Straftat –, so ist auch der **Vollrauschtatbestand** § 323a hierher zu rechnen. Im Hinblick auf die feststehende oder nicht auszuschließende Schuldunfähigkeit des Täters ist der Erfolg – die Begehung einer rechtswidrigen Tat – als objektive Strafwürdigkeitsvoraussetzung ausgestaltet, und als eigentlich vorwerfbares Unrecht des Vollrausches bleibt nur die aus dem Sichbetrinken resultierende Gefährdung fremder Rechtsgüter übrig[34].

b) Zweifel an der Rechtsgutsverletzung

27 In zahlreichen Tatbeständen wird auf das Verletzungserfordernis deshalb verzichtet, weil eine Rechtsgutsverletzung entweder schon theoretisch schwer zu postulieren ist oder deren Feststellung doch im Einzelfall auf praktische Schwierigkeiten stößt. Dies gilt vor allem für Angriffe auf Rechtsgüter der Allgemeinheit.

28 So wird man schwerlich sagen können, dass **ein** Subventions-, Kapitalanlage- oder Kreditbetrug oder **eine** wettbewerbsbeschränkende Absprache die in §§ 264, 264a, 265b oder 298 geschützten **Interessen der Allgemeinheit,** etwa an einer wirksamen Wirtschaftsförderung durch die öffentliche Hand mit Subventionen[35] greifbar beeinträchtigt. Auch die (vorsätzliche) Zufügung von Vermögensschäden i. S. des § 263 durch diese

---

32 S. näher o. § 6 Rn. 90 f.
33 S. näher § 7 Rn. 18 f.
34 Dazu näher u. § 40 Rn. 10 ff.
35 S. o. § 21 Rn. 55.

Selbstständige Gefährdungstatbestände   § 35 Rn. 29–30

Delikte ist zweifelhaft[36]. Die genannten Verhaltensweisen werden deshalb mit (abstrakten) Gefährdungstatbeständen erfasst[37]. Auch diese Vorschriften enthalten als Ausgleich der weiten Vorverlagerung der Vollendungsstrafbarkeit Regelungen der tätigen Reue; s. §§ 264 V, 264a III, 265b II und 298 III[38].

Ein weiteres **Beispiel** bilden die **Aussagedelikte** (§§ 153 ff.), die sich gegen die Rechtspflege, also gleichfalls gegen ein Rechtsgut der Allgemeinheit richten[39]. Würde man für die Strafbarkeit nach §§ 153 ff. den Nachweis verlangen, dass die Falschaussage die Rechtspflege greifbar verletzt, d. h. zu einer Fehlentscheidung im fraglichen Verfahren geführt hat, so würde die wirksame Verfolgung von Falschaussagen erheblich beeinträchtigt, denn häufig könnte der Beschuldigte mit Erfolg einwenden, die getroffene Entscheidung sei überhaupt nicht nachweisbar unrichtig, falls doch, so sei jedenfalls seine Falschaussage für die Unrichtigkeit nicht ursächlich gewesen. Die **Aussagedelikte** sind deshalb als **Gefährdungsdelikte** ausgestaltet[40].   29

Aber auch wenn **Individualrechtsgüter** wie Leben und Gesundheit auf dem Spiele stehen, kann die Feststellung der Ursächlichkeit des Verhaltens **eines Einzelnen** für die eingetretene Verletzung auf Schwierigkeiten stoßen.   30

Beispiele bilden der Vertrieb nicht ausreichend geprüfter Arzneimittel und die Luftverunreinigung mit gesundheitsschädlichen Stoffen. Stirbt ein mit dem risikobehafteten Arzneimittel behandelter Patient oder bringt eine Schwangere, die das Medikament eingenommen hat, ein missgebildetes Kind zur Welt (Contergan), so ist häufig die Kausalität der Einnahme dieses Mittels für den Tod oder die körperliche Schädigung nicht mit Sicherheit nachweisbar, sodass die §§ 222, 229 nicht anwendbar sind. – Treten in einem industriellen Ballungsraum mit hoher Luftverunreinigung bei einer Smog-Wetterlage Erkrankungen der Atemwege auf und stirbt ein Asthmakranker, so scheitert in der Regel die zuverlässige Feststellung, dass gerade die Chemiefirma X, die nur einer unter 50 umweltbelasteten Betrieben in der Region ist, dafür eine Ursache gesetzt hat, und §§ 222, 229 kommen gleichfalls nicht zum Zuge.
Für beide Fallgestaltungen lag die Schaffung von Gefährdungstatbeständen – Inverkehrbringen ungeprüfter Arzneimittel, Überschreitung der zulässigen Immissionswerte – nahe; vgl. §§ 95, 96 AMG, §§ 325, 327 II Nr. 1 StGB[41].

---

36 S. o. § 21 Rn. 66 (zu § 264), Rn. 82 (zu § 264a), Rn. 92 (zu § 265b) und Rn. 108 (zu § 298).
37 S. o. § 21 Rn. 58; Umfassend zum geschützten Rechtsgut im Wirtschaftsstrafrecht und der daraus resultierenden Ausgestaltung der Wirtschaftsstraftaten als Gefährdungsdelikte *Otto*, ZStW 96 (1984), 339 m. w. N.
38 S. dazu o. § 21 Rn. 59–61.
39 Dazu u. § 47 Rn. 1 ff. Zur auch hier vorgesehenen Einschränkung der Gefährdungsstrafbarkeit durch Rücktrittsregelungen vgl. §§ 158 und 161 II und dazu u. § 47 Rn. 13, 118 ff.
40 S. u. § 47 Rn. 12.
41 Dazu näher u. § 41 Rn. 10, 62 ff.

3. Ausschaltung der dem fahrlässigen Verletzungsdelikt anhaftenden Zufallskomponente

31 *Radbruch*[42] hat im Hinblick auf die beunruhigende Rolle des Zufalls beim fahrlässigen Verletzungsdelikt (dazu o. Rn. 15) ausgeführt: „Man kann nun den hinsichtlich des Erfolges Glücklicheren, hinsichtlich der Schuld aber nicht weniger antisozialen Unvorsichtigen dadurch unter Strafe bringen, dass man die Fahrlässigkeitsdelikte durch vorsätzliche Gefährdungsdelikte ersetzt."

32 Dies ist in der Tat in großem Umfang – übrigens teilweise schon vor der *Radbruch*schen Stellungnahme – geschehen, und zwar in zwei Richtungen: **(1) Abstrakte Gefährdungsdelikte:** Ahndung sorgfaltswidriger Verhaltensweisen, die typischerweise für fremde Rechtsgüter (Einzelner oder der Allgemeinheit) gefährlich sind, ohne Rücksicht auf den Eintritt einer Rechtsgutsgefährdung im konkreten Fall[43].

Hauptbeispiele bilden die Bußgeldtatbestände des Ordnungswidrigkeitenrechts, z. B. im Straßenverkehrsrecht; vgl. den Katalog in § 49 StVO. Mitunter werden typischerweise gefährliche Verhaltensweisen aber auch als kriminelles Unrecht gewertet, s. z. B. § 316 (Trunkenheit im Verkehr) und § 306a I (schwere Brandstiftung).

(2) Konkrete Gefährdungsdelikte: Ahndung von Verhaltensweisen, die im konkreten Fall Rechtsgutsgefährdungen verursachen, also z. B. Leib oder Leben anderer in Gefahr bringen[44].

Hauptbeispiele in der Praxis bilden die Verkehrsgefährdungsdelikte nach §§ 315–315c („… und dadurch Leib oder Leben eines anderen … gefährdet …").

33 Bei den Deliktsgruppen (1) und (2) hat sich der Gesetzgeber allerdings nicht auf die Ahndung der vorsätzlichen Schaffung des Risikos beschränkt, sondern weitgehend auch fahrlässige Verhaltensweisen sanktioniert; mittlerweile ist die Verantwortlichkeit für Fahrlässigkeit sogar die Regel[45].

4. Gefährdungstatbestände zum Schutz wichtiger Personwerte, insbesondere von Leib und Leben

34 Nach den vorangegangenen Ausführungen steht die Legitimation des Gesetzgebers zum kriminalstrafrechtlichen Schutz von **Leib und Leben** bereits gegen Gefährdungen prinzipiell fest.

Zu erinnern ist allerdings daran, dass mit der Anerkennung der Hochrangigkeit eines Rechtsguts die Ausgestaltung des Strafrechtsschutzes im Einzelnen noch nicht feststeht und namentlich das Subsidiaritätsprinzip zu beachten ist[46]. Auf die nur begrenzte Legitimitätswirkung der Rechtsgutstheorie für die Schaffung von Strafvor-

---

42 *Radbruch*, VDA (B) V, S. 201 Fn. 2.
43 S. u. Rn. 44, 46 ff.
44 S. u. Rn. 45, 56 ff.
45 Zu den subjektiven Anforderungen an die Gefährdungsstrafbarkeit näher u. Rn. 96 ff.
46 S. dazu *Baumann/Weber/Mitsch*, § 3 Rn. 19.

schriften und speziell von Gefährdungstatbeständen hebt insbesondere *Wohlers* ab[47].

Im Hinblick auf die Bedeutung dieser Rechtsgüter ist nicht nur die Pönalisierung von Gefährdungen mit Verletzungsvorsatz, d. h. die Versuchsstrafbarkeit, geboten[48], sondern auch die der ohne – oder nicht nachweisbar mit – Verletzungswillen vorgenommenen Rechtsgutsgefährdung[49].

Entsprechende Tatbestände sind z. B. Aussetzung, § 221[50], Beteiligung an einer Schlägerei, § 231[51], Brandstiftung, § 306a I[52], die Explosions- und Strahlungsverbrechen, §§ 307 ff.[53], die Verkehrsdelikte, §§ 315–316[54], sowie die lebens- und gesundheitsgefährdenden Umweltstraftaten, etwa §§ 325, 325a, 330 und 330a[55]. – S. weiter §§ 219a und b, wo der Schutz des **werdenden Lebens** in den Gefährdungsbereich vorverlagert wird[56]. 35

Für das Rechtsgut Leben ist es sogar diskutabel, **jede** konkrete[57] Gefährdung mit Kriminalstrafe zu bedrohen, d. h. einen **allgemeinen Lebensgefährdungstatbestand** einzuführen, wie ihn Art. 129 schweiz. StGB sowie § 89 österr. StGB[58] kennen und § 243 der deutschen StGB-Entwürfe von 1927 und 1930 vorgesehen hat. – Zu den Bedenken gegen ein allgemeines Lebensgefährdungsdelikt, die zu seiner Ablehnung führen müssen, s. u. Rn. 63. 36

Ist der Einsatz des Kriminalstrafrechts zur Bekämpfung von Gesundheits- und Lebensgefährdungen legitim, so gilt dies erst recht für das **Ordnungswidrigkeitenrecht,** das hauptsächlich bei abstrakten Rechtsgutsgefährdungen eingreift[59]. 37

5. Gefährdungstatbestände zum Schutz anderer Rechtsgüter, insbesondere von Vermögenswerten

Was den Schutz von **Vermögensgütern** anbelangt, so ist die Pönalisierung von Rechtsgutsgefährdungen sicher dann berechtigt, wenn der Täter mit **Verletzungsvorsatz** handelt, d. h. ein Versuch vorliegt; s. zur weitgehenden Versuchsstrafbarkeit im vermögensdeliktischen Bereich o. Rn. 7. Rechtsgutsgefährdungen **ohne diese subjektive Verletzungskomponente** 38

---

47 *Wohlers*, Deliktstypen, S. 213 ff. und speziell 281 ff.
48 S. dazu o. Rn. 7 f.
49 S. zur Fahrlässigkeitsbestrafung u. Rn. 96 ff.
50 S. o. Rn. 21 u. näher u. § 36.
51 S. o. Rn. 24 und näher u. § 6 Rn. 86 ff.
52 S. o. Rn. 32 und näher u. § 37 Rn. 22 ff.
53 S. u. § 37 Rn. 70 ff.
54 S. o. Rn. 32 und näher u. § 38.
55 Dazu näher § 41 Rn. 62–69, 83–88 und 89 ff.
56 Dazu o. § 5 Rn. 38 ff.
57 Zur Rechtsnatur der konkreten Gefährdungsdelikte s. u. Rn. 56 ff.
58 Dort sogar erweitert auf die Herbeiführung einer „Gefahr … für die Gesundheit oder die körperliche Sicherheit eines anderen". Vgl. auch §§ 176, 177 österr. StGB, wo überdies – neben der Gefahr für Leib und Leben einer größeren Zahl von Menschen – die Gefahr „für fremdes Eigentum in großem Ausmaß" erfasst wird. Zur Frage der Zahl der gefährdeten Rechtsgüter – Gemeingefahr –, s. u. Rn. 88 ff.
59 S. o. Rn. 32 und u. Rn. 48. Zur Rechtsnatur der abstrakten Gefährdungsdelikte s. u. Rn. 46 ff.

werden dagegen vom klassischen Eigentums- und Vermögensstrafrecht – zutreffend – grundsätzlich nicht erfasst[60]. Der Träger des gefährdeten Rechtsguts ist insoweit durch die zivilrechtlichen Abwehrmöglichkeiten (vgl. insbesondere § 1004 BGB), die im Wege der Unterlassungsklage geltend zu machen und nach § 890 ZPO zu vollstrecken sind, in der Regel hinreichend geschützt. Strafrechtsschutz ist nur dann diskutabel, wenn zivilrechtliche Abwehrmöglichkeiten wegen der besonderen Situation der Gefährdung, insbesondere ihrer Plötzlichkeit, zwangsläufig versagen müssen. Hauptfälle bilden Gefährdungen im Straßenverkehr.

39 Die Gefährdungsdelikte der §§ 264, 264a, 265b und 298 (s. o. Rn. 28) lassen sich nicht als Vermögensgefährdungsdelikte im Vorfeld des § 263, sondern nur damit rechtfertigen, dass wichtige **Allgemeininteressen** beeinträchtigt werden (staatliche Wirtschaftsförderung bei § 264, Kapitalmarkt bei § 264a, Kreditwirtschaft bei § 265b, Freiheit des Wettbewerbs bei § 298)[61].

40 Zur Legitimation der Aussage- und Geldfälschungsdelikte als Gefährdungsdelikte s. bereits o. Rn. 29 und 20. Zur unterlassenen Hilfeleistung § 323c und zum unerlaubten Entfernen vom Unfallort, § 142 s. u. § 39 und § 38.

41 Wegen seiner in der Schwere hinter der Kriminalstrafe zurückbleibenden Rechtsfolge „Bußgeld" bestehen keine Bedenken, das **Ordnungswidrigkeitenrecht** auch gegen schlichte Sachgefährdungen und die Gefährdung anderer Rechtsgüter einzusetzen.

Beispiel: § 1 II i. V. m. § 49 I Nr. 1 StVO, wonach neben der – konkreten[62] – Gefährdung von Leib und Leben die Gefährdung von Sachen[63] – nicht nur solcher von bedeutendem Wert – mit Bußgeld geahndet werden kann. Mit den Tatbestandsmerkmalen „behindert" und „belästigt" werden ferner Verhaltensweisen im Vorfeld der Nötigung, d. h. Freiheitsgefährdungen, erfasst[64].

42 Illegitim wird der Einsatz des Ordnungswidrigkeitenrechts erst dann, wenn er nicht mehr dem Schutz von Rechtsgütern Einzelner (Leben und Gesundheit, Sachwerte) oder der Allgemeinheit (z. B. Verkehrssicherheit) dient, sondern wenn er sachfremd anstelle des Verwaltungszwanges nur den reibungslosen Ablauf der Behördentätigkeit sicherstellen soll[65].

---

60 Vgl. zur – bedenklichen – Auflockerung dieses Grundsatzes durch die Gleichstellung der Vermögensgefährdung mit dem Vermögensschaden beim Betrug (§ 263) oben Rn. 10.
61 Mit Recht kritisch auch *Wohlers*, Deliktstypen, S. 151 ff., 171 ff.
62 Zum Begriff der konkreten Gefährdung s. u. Rn. 64 ff.
63 Unter Gefährdung anderer ist nicht nur die Gefährdung von Leib und Leben anderer, sondern auch die Gefährdung von Sachen anderer zu verstehen, BGHSt 12, 282 (285 f.) und 22, 368; a. A. z. B. *Hentschel*, Straßenverkehrsrecht, 42. Aufl. 2013, § 1 StVO Rn. 38.
64 S. zum Verhältnis § 240 StGB/Ordnungswidrigkeiten im Straßenverkehr o. § 9 Rn. 41.
65 Zu Fallgestaltungen des sachfremden Einsatzes des Ordnungswidrigkeitenrechts näher *U. Weber*, Die Überspannung der staatlichen Bußgeldgewalt, ZStW 92 (1980), 313 (320 ff.).

IV. Abstrakte und konkrete, starke und schwache Gefährdungen

1. Überblick über die Arten der Gefährdungen

Es gibt zwei grundsätzlich verschiedene, an dem Grad der Gefährdung orientierte Möglichkeiten, Rechtsgutsgefährdungen zu bewältigen: 43

(1) Man knüpft die Sanktion – Kriminalstrafe oder ordnungswidrigkeitenrechtliche Geldbuße – bereits an typischerweise gefährliche Verhaltensweisen an, ohne die Gefahrschaffung zum Tatbestandsmerkmal zu erheben. Derartige Tatbestände, für welche die typischerweise aus dem umschriebenen Verhalten resultierende Rechtsgutsgefährdung **nur** gesetzgeberisches **Motiv, nicht** aber **Tatbestandsmerkmal** ist, werden als **abstrakte** Gefährdungstatbestände bezeichnet, die entsprechenden tatbestandsmäßigen Verhaltensweisen als **abstrakte Gefährdungsdelikte**[66]. 44

Beispiele: § 149 (Vorbereitung der Fälschung von Geld und Wertzeichen[67]), §§ 264, 264a, 265b und 298 (Subventions-, Kapitalanlage- und Kreditbetrug sowie wettbewerbsbeschränkende Absprachen[68]), § 153 ff. (Aussagedelikte[69]), § 306 I (schwere Brandstiftung[70]), § 316 (Trunkenheit im Verkehr[71]), die **Straßenverkehrsordnungswidrigkeiten** mit Ausnahme der §§ 1 II, 49 I Nr. 1 StVO, § 184 I Nrn. 2–5 (abstrakte Gefährdung Jugendlicher durch Pornografie[72]).

Näher zu den abstrakten Gefährdungsdelikten u. Rn. 46 ff.

(2) Man nimmt die Gefahrverursachung (meist als Folge eines näher umschriebenen Verhaltens)[73] in den Tatbestand auf, sodass die Anwendung der Norm die richterliche Feststellung einer Rechtsgutsgefährdung im Einzelfall voraussetzt. Solche Tatbestände nennt man **konkrete Gefährdungstatbestände**, die entsprechenden tatbestandsmäßigen Verhaltensweisen **konkrete Gefährdungsdelikte**. 45

Beispiele: Die Verkehrsdelikte nach §§ 315–315c[74], Explosionsverbrechen nach §§ 307, 308[75], die Umweltdelikte nach §§ 325a II, 328 III, 330 II Nr. 1, 330a[76], die Herbeiführung einer Überschwemmung nach § 313[77], und ferner §§ 1 II, 49 I Nr. 1 StVO[78].

---

66 Teilweise wird dafür der Begriff „Gefährlichkeitsdelikte" vorgeschlagen; s. *H. J. Hirsch*, Arthur-Kaufmann-FS 1993, S. 545 (550 f., 557 ff.); *Wessels/Hettinger*, BT 1, Rn. 950.
67 Dazu o. Rn. 20 und näher § 34 Rn. 26.
68 Dazu o. Rn. 28 und § 21 Rn. 58.
69 Dazu o. Rn. 29 und u. § 47 Rn. 12.
70 Dazu u. § 37 Rn. 22 ff.
71 Dazu u. § 38 Rn. 39 ff.
72 Dazu u. § 10 Rn. 23 ff.
73 Der Gesetzgeber arbeitet meist nicht mit einem umfassenden Gefährdungsverbot, sondern fixiert generell (abstrakt) gefährliches Verhalten und verlangt zusätzlich, dass dieses im Einzelfall den Gefahrerfolg herbeigeführt hat.
74 Dazu u. § 38 Rn. 19 ff.
75 Dazu u. § 37 Rn. 70 ff.
76 Dazu § 41 Rn. 68, 78, 86, 90.
77 Dazu u. § 37 Rn. 81 ff.
78 Dazu o. Rn. 41.

Näher zu den konkreten Gefährdungsdelikten u. Rn. 56 ff.
Zu Zwischenformen zwischen abstraktem und konkretem Gefährdungsdelikt s. u. Rn. 81 ff.

2. Abstrakte Gefährdungsdelikte

a) Zusammenhang mit dem Polizeirecht – Schwache Gefährdungen = Ordnungswidrigkeiten

46 Die Ahndung typischerweise gefährlicher Verhaltensweisen, abstrakter Rechtsgutsgefährdungen[79], ist gegenüber der Pönalisierung konkreter Rechtsgutsgefährdungen die ältere Erscheinungsform strafrechtlicher Gefahrbekämpfung. Die strafrechtliche Entwicklung steht insoweit in **engem Zusammenhang mit der des Polizeirechts.** Aufgabe der Polizei ist es bekanntlich, „von der Allgemeinheit oder dem Einzelnen Gefahren abzuwehren, durch die die öffentliche Sicherheit oder Ordnung bedroht wird"[80]. Neben der Postulierung der Gefahrabwehr als präventiver Aufgabe der Polizeibehörden enthielt das Polizeirecht stets – anfänglich sogar in erster Linie – auch **strafbewehrte** Vorschriften, die generell gefährliche Verhaltensweisen verboten, angefangen bei den Reichs- und Landespolizeiordnungen der beginnenden Neuzeit, etwa den Reichspolizeiverordnungen von 1530, 1548 und 1577, die z. B. gesundheitsgefährdende Nachlässigkeiten in Apotheken oder im Umgang mit Lebensmitteln pönalisierten[81], bis zu den Polizeistrafgesetzbüchern der süddeutschen Bundesstaaten im 19. Jahrhundert[82] und den (Polizei-)Übertretungen im 29. Abschnitt des Reichsstrafgesetzbuches von 1871[83].

47 Lebens- und gesundheitsschützende Vorschriften finden sich heute in zahlreichen Spezialgesetzen, namentlich im Straßenverkehrsrecht, im Arznei- und Betäubungsmittelrecht, im Lebensmittelrecht, im Menschen- und Tierseuchenrecht, im Immissionsschutzrecht, im Kernenergierecht und im Waffenrecht. Verstöße dagegen werden in der Regel als Ordnungswidrigkeiten gewertet und bei Vorsatz und Fahrlässigkeit mit Bußgeld bedroht; vgl. für den Straßenverkehr §§ 6, 24 StVG i. V. mit §§ 49 StVO, 69a StVZO, ferner z. B. 24a StVG[84]. – Soweit sie nicht in Spezialgesetzen unterzubringen waren, wurden Bußgeldtatbestände in den Dritten Teil des

---

79 S. o. Rn. 44.
80 § 14 Preuß. PolizeiverwaltungsG vom 1.6.1931 (PVG) sowie bereits § 10 II 17 ALR und noch heute die entsprechenden Vorschriften in den Polizeigesetzen der Bundesländer.
81 S. dazu *E. Schmidt,* Einführung in die Geschichte der deutschen Strafrechtspflege, 3. Aufl. 1965, § 126; *Herzog,* a. a. O. S. 74 ff. – Auf den damaligen umfassenden Polizeibegriff – nicht nur Gefahrenabwehr, sondern Sorge auf allen Lebensgebieten für Ordnung und gute Zustände – kann hier nicht eingegangen werden; s. dazu und zur geschichtlichen Entwicklung des Polizeibegriffes z. B. *Conrad,* Deutsche Rechtsgeschichte Bd. II, 1966, S. 257 ff.; *Götz,* Allgemeines Polizei- und Ordnungsrecht, 15. Aufl. 2013, § 2 Rn. 1–19.
82 Dazu z. B. *Drews/Wacke/Vogel/Martens,* Gefahrenabwehr, 9. Aufl. 1986, S. 7 f.
83 S. dazu und zur Entwicklung des Polizei- oder Verwaltungsunrechts zum heutigen Ordnungswidrigkeitenrecht *Baumann/Weber/Mitsch,* § 4 Rn. 8 ff.
84 Zur rechtsgüterschützenden Funktion des Straßenverkehrsrechts s. *U. Weber,* Jura 1982, 66.

OWiG, §§ 111–130, eingestellt; vgl. z. B. den abstrakten Gefährdungstatbestand § 121 OWiG (Halten gefährlicher Tiere).

Das Ordnungswidrigkeitenrecht ist heute das Hauptfeld, auf dem Prävention, d. h. Gefahrabwehr, in Gestalt der Repression (Geldbuße) betrieben wird. Typisch ist dabei die Erfassung generell gefährlicher Verhaltensweisen, ohne dass es der Feststellung einer konkreten Gefahr bedürfte, d. h. **Ordnungswidrigkeiten** sind zumeist **abstrakte Gefährdungsdelikte**[85]. 48

> So kann der in einer unübersichtlichen Rechtskurve überholende T auch dann mit einem Bußgeld belegt werden, wenn kein Gegenverkehr herrscht und damit eine konkrete Gefährdung anderer Verkehrsteilnehmer ausgeschlossen ist; vgl. §§ 5 II 1, 49 I Nr. 5 StVO i. V. mit §§ 24, 6 StVG.

Der Einsatz des Ordnungswidrigkeitenrechts zur Ahndung abstrakter Rechtsgutsgefährdungen ist legitim[86]. Dies gilt gerade auch für Massenerscheinungen wie den Straßenverkehr. Es wäre verfehlt, hier abstrakt gefährliche Verhaltensweisen mit der Begründung sanktionslos zu lassen, das Täterverhalten sei konkret ungefährlich gewesen, habe keine anderen Verkehrsteilnehmer gefährdet[87]. Es mag sein, „dass der vernünftige Bürger seine Befugnis, sich über ein unvernünftiges Gesetz[88] hinwegzusetzen, als Ausübung demokratischer Freiheit und Ausprägung eines liberalen Rechtsverständnisses begreift. Allerdings zeigt der Straßenverkehr auch, dass diese Einstellung notwendig dazu führt, dass unvernünftige Bürger vernünftige Gesetze missachten (weil sie sich als vernünftig und das Gesetz als unvernünftig einschätzen)"[89]. 49

b) Starke Gefährdungen = Straftaten

Die Gefahr ist nicht nur steigerungsfähig i. S. v. abstrakt oder konkret gefährlich[90], es gibt auch innerhalb der abstrakt gefährlichen Verhaltensweisen solche mit stärkerer und solche mit schwächerer Rechtsgutsgefährdung. 50

> **Beispiel:** Beim Führen eines Kraftfahrzeuges mit Alkohol im Blut ist die Unfallgefahr größer, wenn der Kfz-Führer fahruntüchtig ist, also z. B. in Schlangenlinien fährt, als wenn er zwar Alkohol getrunken hat, aber in seiner Steuerungsfähigkeit nicht erkennbar beeinträchtigt ist und unauffällig fährt.

---

85 Vgl. z. B. *Göhler,* Ordnungswidrigkeitengesetz, 16. Aufl. 2012, Vor § 1 Rn. 1.
86 Zu Fallgestaltungen des sachfremden Einsatzes des Ordnungswidrigkeitenrechts, vor allem als Mittel des Verwaltungszwanges zur Erreichung eines reibungslosen Ablaufes der Verwaltungstätigkeit, s. *U. Weber,* Die Überspannung der staatlichen Bußgeldgewalt, ZStW 92 (1980), 313 (320 ff.).
87 S. in diesem Sinne z. B. auch *Schünemann,* JA 1975, 787 (798).
88 Ganz genau geht es im hier gegebenen Zusammenhang um ein prinzipiell vernünftiges Gesetz, dessen Beachtung im Einzelfall aber unvernünftig erscheint.
89 *Arzt,* Der Ruf nach Recht und Ordnung, Ursachen und Folgen der Kriminalitätsfurcht, 1976, S. 44.
90 Zu den konkreten Gefährdungsdelikten s. u. Rn. 56 ff.

51 Da starke abstrakte Gefährdungen schwereres Unrecht als schwache enthalten, sind sie häufig als kriminelle Vergehen ausgestaltet; vgl. zum vorstehenden Beispiel – Trunkenheit im Verkehr – § 24a StVG einerseits (schwache abstrakte Gefahr, Ordnungswidrigkeit) und § 316 StGB (starke abstrakte Gefahr, Vergehen) andererseits. – Die für Leib und Leben in hohem Maße abstrakt gefährliche Brandstiftung ist in § 306a I sogar als Verbrechen unter Strafe gestellt, obwohl man durchaus der Auffassung sein kann, die Brandstiftung sei ein Polizeidelikt[91].

c) Abstrakte Gefährdung und sichere konkrete Ungefährlichkeit

52 Die Ahndung abstrakter Gefährdung als **Ordnungswidrigkeit** mit der ethisch neutralen Pflichtenmahnung Geldbuße ist auch dann nicht zu beanstanden, wenn eine konkrete Gefährdung anderer durch das Fehlverhalten schlechterdings ausgeschlossen war[92], z. B. wenn von einem Kfz-Fahrer in der menschenleeren nächtlichen City eine Rot zeigende Ampel überfahren wird. Da nie mit Sicherheit auszuschließen ist, dass trotz grundsätzlicher Verkehrsruhe doch einzelne Verkehrsteilnehmer unterwegs sind, bestehen auch keine Bedenken dagegen, starke, zum Vergehen aufgewertete abstrakte Gefährdungen – Trunkenheit im Verkehr, § 316 – selbst dann zu bestrafen, wenn im Einzelfall keine konkrete Gefahr geschaffen wurde.

53 Nur wenn das abstrakte Gefährdungsdelikt nicht in unberechenbare Massenerscheinungen wie den Straßenverkehr eingebettet ist und wenn weiter die Strafandrohung so hoch ist, dass sie eigentlich erst bei konkreter Gefährdung angemessen erscheint, ist es im Hinblick auf das Schuldprinzip[93] diskutabel, den abstrakten Gefährdungstatbestand bei sicherem Ausschluss konkreter Rechtsgutsgefährdung nicht anzuwenden.

54 Der unter diesem Gesichtspunkt praktisch problematische Tatbestand ist die schwere Brandstiftung, § 306a I, für die eine Strafe von einem Jahr Freiheitsstrafe (Verbrechen, § 12 I) bis zu 15 Jahren (§ 38 II) angedroht ist. Ist hier eine Gefährdung von Menschen – das gesetzgeberische Motiv für die hohe Strafdrohung – mit Sicherheit ausgeschlossen, so werden Versuche verständlich, die Bestrafung aus § 306a I zu vermeiden. Dies umso mehr, als für die abstrakt gleichermaßen gefährlichen Explosionsdelikte in §§ 307 und 308 die Herbeiführung einer konkreten Gefahr gefordert wird[94].

Der E 1962 hatte sogar die Tendenz verfolgt, ins StGB möglichst nur konkrete Gefährdungsdelikte aufzunehmen und die abstrakten Gefährdungsdelikte dem Ne-

---

91 Abwehr von Gefahren für menschliches Leben und Gesundheit; s. zum Polizeirecht o. Rn. 46. So *Binding*, Die Normen und ihre Übertretung, Bd. IV, 1919, S. 202.
92 S. o. Rn. 49.
93 S. dazu insbesondere *Arthur Kaufmann*, Das Unrechtsbewusstsein in der Schuldlehre des Strafrechts, 1949, S. 190, 196; *ders.*, JZ 1963, 425 (432).
94 Zu den verschiedenen dogmatischen Bemühungen um eine Restriktion des § 306a I s. u. § 37 Rn. 30 ff.

Konkrete Gefährdungsdelikte § 35 Rn. 55–58

benstrafrecht zu überlassen[95], eine Konzeption, die namentlich im Umweltstrafrecht, §§ 324 ff. (dazu u. § 41), weitgehend aufgegeben worden ist[96].

Dass trotz dieser Bedenken der Siegeszug der **abstrakten** Gefährdungsdelikte nicht nur im Ordnungswidrigkeitenrecht[97], sondern auch im Kriminalstrafrecht nicht aufzuhalten war, ist einmal darauf zurückzuführen, dass die konkreten Gefährdungsdelikte infolge des tatbestandlichen Erfordernisses einer Gefahrherbeiführung (Gefahr**erfolg**) ähnlich wie die Verletzungsdelikte mit einer Zufallskomponente belastet sind[98], zum anderen auf die Schwierigkeiten der zutreffenden begrifflichen Erfassung dieses Gefahrerfolges, der konkreten Gefährdung[99] und last but not least auf die Beweisschwierigkeiten bezüglich des Gefahrerfolgs (während abstrakt gefährliches Verhalten ungleich leichter zu beweisen ist). 55

3. Konkrete Gefährdungsdelikte

a) Das kriminalpolitische Anliegen konkreter Gefährdungstatbestände

Die abstrakten Gefährdungstatbestände greifen naturgemäß auch dann ein, wenn sich das typischerweise gefährliche Verhalten im Einzelfall zu einer konkreten Rechtsgutsgefährdung auswächst. 56

Beispiele: (1) Straßenverkehr: Das falsche Überholen ist selbstverständlich auch dann – man ist versucht zu sagen: erst recht – ordnungswidrig nach §§ 5 II, 49 I Nr. 5 StVO, wenn tatsächlich Gegenverkehr herrscht.

Dasselbe gilt etwa für das Überfahren einer vorfahrtsregelnden Ampel, wenn in der kreuzenden Fahrtrichtung ein Kfz naht und ein Zusammenstoß gerade noch vermieden werden kann; vgl. §§ 37 II Nr. 1, 49 III Nr. 2 StVO.

(2) Brandstiftung: § 306a I kommt auch dann zur Anwendung, wenn durch das Inbrandsetzen eines Gebäudes Menschenleben in konkrete Gefahr geraten sind, z. B. Bewohner der oberen Stockwerke dem Erstickungstod nur knapp durch den Sprung in ein von der Feuerwehr bereitgehaltenes Tuch entrinnen konnten.

Im Fall (2) wird dem Strafbedürfnis mit einer Verurteilung des Täters aus dem hohen Strafrahmen des § 306a I voll Genüge getan, ja Richter und Laien werden gerade in diesem Falle die hohe Strafe für Brandstiftung für angemessen halten. 57

Wird jedoch die abstrakte Gefährdung, wie im Straßenverkehrsrecht, lediglich als Ordnungswidrigkeit – früher Übertretung – bewertet, so ist unser Rechtsgefühl nicht befriedigt, wenn der Täter, der mit seinem Verkehrsverstoß Menschenleben konkret in Gefahr gebracht hat (Beispiele zu (1) vorstehend Rn. 56), mit einer Geldbuße, d. h. einer ethisch wertneutra- 58

---
95 E 1962, Begründung S. 496 l. Sp.
96 Zu Zwischenformen zwischen abstraktem und konkretem Gefährdungsdelikt, welche die Anstößigkeit abstrakter Gefährdungstatbestände im Hinblick auf das Schuldprinzip ausräumen sollen, s. u. Rn. 81 ff.
97 Dazu o. Rn. 48.
98 S. u. Rn. 61 f.
99 S. zum Gefahrbegriff u. Rn. 64 ff.

len Pflichtenmahnung davonkommt. Dass die Verletzung (§§ 222, 229) ausgeblieben ist, ist bei konkret gefährlichem Verhalten ein noch größerer Zufall als bei dem bloß abstrakt gefährlichen Sorgfaltsverstoß.

59 Der Erfolgsunwert des konkret gefährlichen Verstoßes reicht so nahe an den des Verletzungsdelikts heran, dass im Jahre 1952 durch das StraßenverkehrssicherungsG[100] die konkreten Straßenverkehrsgefährdungstatbestände ins StGB eingestellt worden sind (jetzt §§ 315b, 315c)[101].

60 Außerhalb des Straßenverkehrs hat das StGB im Übrigen von Anfang an konkrete Gefährdungsdelikte enthalten; nur ist bei ihnen das rationale Bestreben nach Schaffung einer spezifischen Ahndungsmöglichkeit für den Bereich zwischen abstrakt gefährlichem Verhalten einerseits und Rechtsgutsverletzung andererseits nicht so deutlich nachvollziehbar.

Vgl. etwa die Eisenbahntransportgefährdung, § 315 urspr. Fassung, heute §§ 315, 315a[102] und das Herbeiführen einer Überschwemmung, heute § 313[103].

b) Die Zufallskomponente des konkreten Gefährdungsdelikts

61 Im Gegensatz zu den abstrakten Gefährdungsdelikten[104], bei denen die Rechtsgutsgefährdung zwar gesetzgeberisches Motiv der Pönalisierung, aber nicht Tatbestandsmerkmal ist, verlangen die konkreten Gefährdungstatbestände in Gestalt der Lebens-, Leibes- oder Sachgefährdung einen **Erfolg**, den **Gefahrerfolg**; vgl. z. B. §§ 315b I, 315c I, 307 I, 308 I. Als Erfolgsdelikten[105] (Erfolg als Gefährdungseintritt) aber haftet ihnen, ähnlich wie den Verletzungsdelikten[106] (Erfolg als Verletzung), das Odium der **Zufallshaftung** an[107].

Beispiel: Ob für den falsch überholenden T Gegenverkehr oder für den rücksichtslos in eine Vorfahrtsstraße einfahrenden T Querverkehr herrscht, also eine konkrete Rechtsgutsgefährdung eintritt, hängt vom **Zufall** ab.

62 Der deutsche Gesetzgeber hat diesem Zufallsmoment der konkreten Gefährdungsdelikte dadurch viel von seiner Anstößigkeit genommen, dass er konkrete Gefährdungen nur dann unter Strafe gestellt hat, wenn das abstrakt gefährliche Verhalten **stark** gefährlich ist; § 315c nachlesen! Durch die Anknüpfung konkreter Gefährdungstatbestände an **starke** abstrakte Gefährdungen wird eine Umkehrung der Zufallshaftung erreicht: Das Ausbleiben der konkreten Gefährdung ist ein glücklicher Zufall!

---

100 Gesetz zur Sicherung des Straßenverkehrs vom 19.12.1952, BGBl. I, S. 832.
101 Zur Entstehungsgeschichte näher *Christian Mayr*, Die Tatbestände der Straßenverkehrsgefährdung in der Rechtsentwicklung, BGH-FG 1975, S. 273.
102 Dazu im Einzelnen u. § 38 Rn. 19 ff., 27 ff.
103 Dazu näher u. § 37 Rn. 81 ff.
104 S. o. Rn. 44, 46 ff.
105 Zur Rechtsnatur der konkreten Gefährdungsdelikte als Erfolgsdelikte s. z. B. *Horn*, Gefährdungsdelikte, S. 11 ff.; *U. Weber*, ZStW-Beiheft 1987, 1 (21).
106 Dazu o. Rn. 14 f.
107 Vgl. z. B. *Demuth*, VOR 1973, 436 (460).

Konkrete Gefährdungsdelikte: Gefahrbegriff § 35 Rn. 63–66

Dies ginge verloren, würde man ins deutsche Strafrecht einen **allgemeinen**, d. h. die **abstrakt** gefährliche Handlung überhaupt nicht beschreibenden, **Lebensgefährdungstatbestand**[108] einführen, wie ihn das schweizerische und das österreichische StGB enthalten[109] und wie er in § 243 der deutschen StGB-Entwürfe von 1927 und 1930 vorgesehen[110] war. Die Absage des E 1962 an einen allgemeinen Lebensgefährdungstatbestand[111] ist deshalb zu begrüßen. 63

c) Der Gefahrbegriff des konkreten Gefährdungsdelikts

aa) Die Rechtsgutsgefährdung als objektives Tatbestandsmerkmal

Da es sich bei den konkreten Gefährdungsdelikten – ebenso wie bei den Verletzungsdelikten – um Erfolgsdelikte handelt[112], muss auch bei ihnen Kausalität zwischen einem menschlichen Verhalten einerseits und dem eingetretenen (Gefahr-)Erfolg, z. B. der Lebensgefährdung eines Menschen nach § 221 I oder § 315c I, andererseits festgestellt werden[113]. 64

Beispiel fehlender Kausalität des Täterverhaltens für den Gefahreintritt: der Tumorfall u. § 36 Rn. 3.

Die eigentlichen Schwierigkeiten der Gefährdungsstrafbarkeit liegen jedoch weniger bei dieser Kausalitätsfeststellung als bei der Frage, ob sich ein bestimmtes Tatobjekt **in Gefahr befunden** hat, z. B. das Leben eines Menschen i. S. des § 315c I **konkret gefährdet** war. Erst wenn diese Frage bejaht wurde, hat es Sinn, die nach den allgemeinen Zurechnungskriterien zu beantwortende Frage nach der Ursächlichkeit des Täterverhaltens für diesen Gefahrerfolg zu stellen. 65

Schwierig ist das spezifische Gefahrurteil deshalb, weil es sich dabei um ein **Möglichkeitsurteil über einen mutmaßlichen Kausalverlauf**[114], hin zu einer möglichen Rechtsgutsverletzung handelt. Ergibt sich nämlich nachträglich (ex-post), dass eine Rechtsguts**verletzung** ausgeblieben ist, so neigt eine streng kausale Betrachtungsweise zu dem Schluss, dann sei dieses Rechtsgut eben auch **nicht wirklich** gefährdet gewesen; vielmehr sei Gefahr nur Ausdruck unserer **subjektiven** Ungewissheit[115]. 66

---

108 S. dazu auch *U. Weber*, ZStW-Beiheft 1987, 1 (29).
109 S. o. Rn. 36.
110 Strenge Anforderungen an die subjektive Tatseite – etwa „wissentliche und gewissenlose" Gefahrherbeiführung in § 243 E 1927/30 – könnten schwerlich zu praktikablen Einschränkungen führen.
111 Vgl. E 1962, Begr. S. 270.
112 S. o. Rn. 61.
113 S. z. B. *Baumann/Weber/Mitsch*, § 14 Rn. 1.
114 *Lackner*, a. a. O. S. 17.
115 So z. B. *Lammasch*, Das Moment objektiver Gefährlichkeit im Begriffe des Verbrechensversuches, 1879, S. 12; *v. Buri*, Über den Begriff der Gefahr und seine Anwendung auf den Versuch, in: Beiträge zur Theorie des Strafrechts und zum Strafgesetzbuch, 1894, S. 280. In diesem Sinne (zur Ungefährlichkeit des Versuchs) auch RGSt 8, 198 (202): „Denn hat die Handlung im konkreten Falle das Rechtsgut nicht verletzt, so beweist dies unwiderleglich, dass sie es im konkreten Falle nicht verletzen konnte, und war sie dazu außerstande, so war durch die Handlung das Rechtsgut objektiv nicht gefährdet."

67 Die subjektivierende Auffassung, das für gefährlich zu erklären, was als gefährlich empfunden wird, hat auf das geltende Recht starken Einfluss. Insbesondere ist es im Polizeirecht bis heute nicht gelungen, **echte Gefahren** von **Scheingefahren** befriedigend abzugrenzen[116]. Der Ansicht, die einen objektiven Gefahrbegriff **prinzipiell** leugnet, ist zuzugeben, dass die h. A. beim Zeitpunkt der Gefahrbeurteilung bzw. bei der Person desjenigen, von dessen Wissensstand bei dieser Beurteilung auszugehen ist, in **logisch unauflösbare Schwierigkeiten** gerät. Da es für einen Allwissenden keine Risiken, sondern nur Sicherheiten gibt, und für den ganz Dummen alles Risiko und nichts sicher ist, muss der Beurteiler irgendeinen mittleren Kenntnisstand aufweisen. Welche Faktoren er kennt, und welche er nicht kennt, bestimmt maßgebend die Reichweite des Gefahrbegriffs. Gefahr (Prognose!) erlangt eine ziehharmonikaartige Dehnbarkeit.

Beispiel: Der Räuber R hält dem Kassierer K eine Pistole vor und fordert Geld. – Lebensgefahr für K? – Die Beurteilung hängt davon ab, ob wir den Beurteiler für informiert halten über die Pistole: keine Gefahr, wenn Spielzeug; keine Gefahr, wenn ungeladen. – Wie, wenn die Pistole einen Defekt hat, der sicher zu einer Ladehemmung führen wird? – Angenommen, die Pistole ist funktionstüchtig, dann keine Gefahr, wenn K hinter schusssicherem Glas sitzt? – Angenommen, K ist nicht gesichert, sind dann subjektive Faktoren bei K und R einzubeziehen? Also z. B., dass R nicht schießen will, oder dass K so geschickt ist, dass er R die Waffe aus der Hand schlagen kann[117]?

68 Die ganz h. M. sieht es als selbstverständlich an, dass objektive Gefahrsituationen vorliegen können, ohne dass sie zunächst oder überhaupt (subjektiv) erkannt werden. Das entspricht allgemeiner Lebenserfahrung und dem Sprachgebrauch.

Beispiel: Der **Reiter über den** zugefrorenen und verschneiten **Bodensee** in dem bekannten Gedicht von *Gustav Schwab* hat sich in Lebensgefahr befunden, obwohl ihm bei seinem Ritt nicht bewusst war, dass „An den Schlund, an die Tiefe bodenlos, hat gepocht des rasenden Hufes Stoß!"

69 Mit einem Verzicht auf die objektive Bestimmung der konkreten Gefahr zugunsten einer Subjektivierung würde auch der Maßstab für die Fahrlässigkeitsdelikte preisgegeben[118].

Beispiel: Bemerkt ein Pkw-Fahrer F infolge Unaufmerksamkeit einen entgegenkommenden Motorradfahrer M nicht und überholt einen Lkw, sodass M einen Frontalzusammenstoß nur dadurch vermeiden kann, dass er in den Straßengraben fährt, so ist F wegen fahrlässiger Straßenverkehrsgefährdung nach § 315c I Nr. 2b, III Nr. 2 strafbar. – Da F den M überhaupt nicht gesehen hat, sich also der Gefährdung des M nicht bewusst war, müsste eine subjektive Betrachtungsweise bereits das objektive Merkmal der Gefahr für einen anderen leugnen und könnte nicht zur Fahrlässigkeitsbestrafung des F gelangen.

70 Ist der Gefahrbegriff demgemäß **objektiv** zu bestimmen, so erhebt sich die Frage, nach welchen Kriterien dies zu geschehen hat. Im Wesentlichen

---

116 Beispiel § 323c: Unglück und irrige Annahme eines Unglücks, s. u. § 39 Rn. 5 f., 19. – S. zur Gefahrproblematik im Polizeirecht *Hoffmann-Riem*, „Anscheingefahr" und „Anscheinverursachung" im Polizeirecht, Wacke-FS 1972, S. 327.
117 Vgl. dazu § 27 Rn. 5 ff. (zur Hilfeleistung bei der Begünstigung, § 257).
118 S. zum entsprechenden Manko der subjektiven Theorie bei den Aussagedelikten § 47 Rn. 43.

geht es um zwei Probleme: **(1)** Da Leben immer mehr oder weniger gefährlich (auch für andere!) ist (Autofahren, Fliegen, Drachensegeln), ist zu klären, was **unnötige** Gefahren sind, die den konkreten Gefährdungstatbeständen unterstellt werden können[119]. **(2)** Da man hinterher meist klüger ist als vorher, stellt sich die Frage, auf welchen Zeitpunkt für das Urteil darüber abzustellen ist, ob eine Rechtsgutsgefährdung vorgelegen hat: auf den Zeitpunkt der Vornahme der fraglichen Handlung (ex-ante-Betrachtung) oder (auch) auf den – späteren – Zeitpunkt der nachträglichen Beurteilung des Geschehens (ex-post-Betrachtung)[120].

bb) Wahrscheinlichkeit des Schadenseintritts

Basis des Gefahrbegriffs ist die **Möglichkeit** der Verletzung. 71

> „Von Gefahr sprechen wir allgemein dann, wenn ein Zustand oder ein Verhalten geeignet erscheint, einen bestimmten Schaden herbeizuführen, anders ausgedrückt: wenn objektiv eine Verletzungsmöglichkeit begründet ist"[121].

Die bloße Möglichkeit kann freilich nicht ausreichen. Damit kommen 72 wir zum kritischen Element der Gefahrdefinition, der **Wahrscheinlichkeit** des Schadenseintritts. Nach einer gängigen Definition ist unter **Gefahr ein ungewöhnlicher Zustand** zu verstehen, **in dem nach den konkreten Umständen der Eintritt eines Schadens naheliegt**[122].

> BGHSt 18, 271 (272 f.) – **Gefahr:** „Nach dem Sprachgebrauch besteht eine ‚Gefahr', wenn der Eintritt eines Schadens naheliegt. Das ist der Fall, wenn nicht nur die gedankliche Möglichkeit, sondern eine auf festgestellte tatsächliche Umstände gegründete Wahrscheinlichkeit eines schädigenden Ereignisses besteht. Die für die Besorgnis eines Schadens maßgeblichen Umstände können unterschiedliches Gewicht haben. Welches Gewicht ihnen im Einzelfall zukommt, lässt sich allenfalls schätzen, dagegen nicht rechnerisch sicher bestimmen, zumal wie, wie im Regelfall, eine Reihe von Umständen vorliegt, die auch in ihrem Zusammen- oder Gegeneinanderwirken bewertet werden müssen. ... Mithilfe von Prozentzahlen" – bei 49 % Lebensgefahr ist Gefahr i. S. von § 315c abzulehnen, bei 51 % zu bejahen – „kann ... der Begriff der Gefahr nicht bestimmt werden. Vielmehr kann entsprechend dem Sprachgebrauch nur einerseits von einer ‚entfernten', andererseits von einer ‚nahen' Möglichkeit eines schädigenden Ereignisses gesprochen werden. Mit der bei der Erörterung des Gefahrbegriffs in verschiedenen Urteilen des BGH[123] gebrauchten Wendung, ‚der Eintritt eines Schadens müsse wahrscheinlicher sein als dessen Ausbleiben', sollte nichts anderes zum Ausdruck gebracht werden, als dass zur Annahme einer' ... Gefahr ... nicht schon die entfernte, weit abliegende Gefahr genügt, sondern eine nach der allgemeinen Lebenserfahrung im Einzelfall zu beurteilende naheliegende Gefahr erforderlich ist, die auf einen unmittelbar bevorstehenden Unfall hindeutet, wenn keine plötzliche Wendung eintritt, etwa dadurch, dass der Bedrohte infolge eines mehr oder weniger gefühlsmäßigen Erahnens oder Wahrnehmens der Gefahr eine Schutzmaßnahme trifft."

---

119 Dazu nachstehend Rn. 71 ff.
120 Dazu u. Rn. 75 ff.
121 So *Spendel*, Zur Neubegründung der objektiven Versuchstheorie, Stock-FS 1966, S. 89 (101).
122 *Lackner*, a. a. O. S. 16.
123 Vgl. insbes. BGHSt 8, 28 (31); siehe auch *S/S/Heine/Bosch*, Vor §§ 306 ff. Rn. 5 ff. m.w.N.

In diesem Sinne auch die ständige Rechtsprechung des RG seit der grundlegenden Entscheidung RGSt 10, 173 (176)[124] sowie die Literatur[125].

73 Dieser Gefahrbegriff ist ziemlich unbestimmt[126]. **BGHSt 18, 271 (272)**[127]: „Der Begriff der ‚Gefahr' entzieht sich genauer wissenschaftlicher Umschreibung. Er ist nicht allgemein gültig bestimmbar und überwiegend tatsächlicher, nicht rechtlicher Natur".

Ob eine konkrete Rechtsgutsgefährdung vorgelegen hat, kann einigermaßen zuverlässig nur bei Berücksichtigung aller Umstände des Einzelfalles beurteilt werden. Eine wichtige Rolle spielt dabei der **Zufall:** Da die Gefährdungstatbestände die wesentliche Funktion haben, die den Verletzungsdelikten anhaftende Zufallskomponente auszuschalten[128], muss bei der Gefahrbeurteilung eben dem Zufall entscheidende Bedeutung beigemessen werden. Konkrete Gefahr ist dann anzunehmen, wenn sich das außergewöhnliche Geschehen derart zugespitzt hatte, dass alle Zeichen auf eine Rechtsgutsverletzung hindeuteten, diese aber wider Erwarten ausgeblieben ist, weil eine außergewöhnliche Wendung eintrat, auf die der Täter keinen Einfluss hatte[129], die also zufällig war[130].

74 Das bedeutet vor allem, dass die Fähigkeiten des konkreten Täters, den Geschehensablauf zu beherrschen, zu berücksichtigen sind[131].

Beispiele: (1) Das Abbrennen eines Feuerwerks oder die Zündung eines Blindgängers aus dem 2. Weltkrieg werden von einem ausgebildeten Pyrotechniker bzw. einem erfahrenen Sprengmeister in der Regel so beherrscht, dass eine Gefährdung anderer (§ 308 I) ausgeschlossen ist. Anders, wenn sich damit ein Laie befasst.

(2) Ein trainierter Rennfahrer beherrscht kritische Situationen im Straßenverkehr naturgemäß besser als ein Durchschnitts- oder gar Sonntagsfahrer. Seine besonderen Fähigkeiten sind bei der Frage der Gefahrherbeiführung zu berücksichtigen, allerdings nur insoweit, als er die Situation wirklich allein beherrscht. Provoziert er durch seine riskante Fahrweise verständliche Fehlreaktionen anderer, durchschnittlicher Verkehrsteilnehmer, so sind diese in der Regel von

---

124 Weitere Nachweise der reichsgerichtlichen Judikatur in BGHSt 18, 271 (273 f.).
125 *Baumann/Weber/Mitsch*, § 17 Rn. 47 f.; *Gallas*, Heinitz-FS 1972, S. 171 (175 f.); *Fischer*, § 34 Rn. 3; *Jescheck/Weigend*, § 26 II 2; *Lackner/Kühl*, § 315c Rn. 22; *Lackner*, a. a. O. S. 19, 19 f.; *S/S/Heine/Bosch*, Vor §§ 306 ff. Rn. 5 ff.; *Schröder*, ZStW 81 (1969), 7 (8 ff.).
126 Vgl. aus dem älteren Schrifttum z. B. *Binding*, Die Normen und ihre Übertretung, Bd. IV, 1919, S. 382 f.; *Max Ernst Mayer*, Der Allgemeine Teil des deutschen Strafrechts, 2. Aufl. 1923, S. 198 („Gefährlichkeit ist ein Merkmal, dem ... schier alle Krankheiten anhaften, die eine Strafvoraussetzung haben kann ..."). – *Demuth*, VOR 1973, 436 (457) weist zutreffend darauf hin, die Formel von der naheliegenden Schädigung werde in der Praxis weitgehend als Leerformel gebraucht.
127 Vgl. auch BGH, NStZ 2014, 85.
128 S. o. Rn. 31 ff.
129 Vgl. zum Gesichtspunkt der mangelnden Beherrschbarkeit des Geschehens durch den Täter insbes. *Cramer*, Straßenverkehrsrecht, Bd. 1, 2. Aufl. 1977, § 315c Bem. 51.
130 *Horn*, Gefährdungsdelikte, S. 193, spricht von einem „unerklärbaren Nichtursachensachverhalt".
131 S. dazu z. B. *Cramer*, a. a. O. (Fn. 129), § 315c Bem. 51; *S/S/Heine/Bosch*, Vor §§ 306 ff. Rn. 5/6; *Demuth*, VOR 1973, 436 (437).

ihm nicht mehr beherrschbar und ist konkrete Gefährdung (§ 315c I) zu bejahen[132].

cc) Zeitpunkt der Gefahrbeurteilung

Zur Vermeidung terminologischer Unklarheiten ist zunächst an die Selbstverständlichkeit zu erinnern, dass die Gerichte auch in Gefährdungsfällen, z. B. bei Anklagen wegen Straßenverkehrsgefährdung nach § 315c, ein in der **Vergangenheit** liegendes **abgeschlossenes Geschehen** zu beurteilen haben, nicht anders als in Verletzungsfällen, z. B. nach §§ 222, 229. Das bedeutet, dass der Richter die Gefahr stets ex-post beurteilen muss. 75

Problematisch ist dabei, ob sich der Richter in die Vergangenheit zurückzuversetzen und ausschließlich nach dem damaligen Erkenntnisstand zu beurteilen hat, ob der Eintritt eines Schadens nahelag (ex-ante-Betrachtung; nachträgliche Prognose), oder ob er dem Gefahrurteil auch nachträglich eingetretene Umstände und später gewonnene Erkenntnisse zugrunde zu legen hat (ex-post-Betrachtung). 76

Standen die früheren Vertreter des objektiven Gefahrbegriffes[133] auf dem Standpunkt, der Gefahrbeurteilung seien alle **zur Zeit der Tat** einem objektiven, sachkundigen Beobachter erkennbaren Tatsachen zugrunde zu legen, **unter Ausschluss aller erst später bekannt gewordenen Umstände,** so herrscht heute die Auffassung vor, dass auf die Einbeziehung erst nachträglich eingetretener Umstände und später gewonnener Erkenntnisse bei der Bestimmung der konkreten Gefährdung jedenfalls nicht vollständig verzichtet werden kann[134]. Die konkret erheblichen Umstände müssen daher im Rahmen einer objektiven nachträglichen Prognose i. S. einer ex-ante-Beurteilung gewürdigt werden[135]. 77

Eine Überdehnung der Strafbarkeit ist damit nicht verbunden, denn sie setzt neben der Feststellung einer **objektiv** vorliegenden Rechtsgutsgefährdung den Vorwurf voraus, dass der Täter **(subjektiv)** die Gefahr kannte (Vorsatz) oder infolge Sorgfaltswidrigkeit nicht kannte[136].

So ist aus der Verletzung eines Rechtsguts zwingend zu schließen, dass dieses zuvor konkret gefährdet war[137]. 78

---

132 Instruktiv zum Automobilrennfahrer Schweizerisches Bundesgericht BGE Bd. 105 (1979), 135 f.
133 S. insbesondere *Robert von Hippel*, Deutsches Strafrecht, II. Bd., 1930, S. 427 f.; *Hans Henckel*, a. a. O. S. 25 f., 37 f. – S. dazu näher und mit weiteren Nachweisen *Spendel*, Stock-FS 1966, S. 89 (104 ff.).
134 S. z. B. *Demuth*, VOR 1973, 436 (449 ff.); *Gallas*, Heinitz-FS 1972, S. 171 (178 ff.); *Horn*, a. a. O. S. 46 ff.; *Spendel*, Stock-FS 1966, S. 89 (104 ff.). – A. A. *Lackner*, a. a. O. S. 18.
135 Vgl. BGH, NJW 1995, 3131; NJW 1985, 1036; *Fischer*, § 315 c Rn. 15a.
136 S. dazu näher u. Rn. 100.
137 So bereits *Binding*, Die Normen und ihre Übertretung, Bd. IV, 1919, S. 293 f.; weiter z. B. *Demuth*, VOR 1973, 436 (451); *Horn*, a. a. O. S. 52; *Schröder*, ZStW 81 (1969), 7 (12); *Spendel*, Stock-FS 1966, S. 89 (104).

Beispiel (Contergan): Zunächst war die Eignung von Contergan zur Herbeiführung körperlicher Missbildungen nicht nur dem Hersteller unbekannt, sondern niemand wusste um die Gefährlichkeit dieses Mittels. Ist im Zeitpunkt der Urteilsfällung wissenschaftlich geklärt, dass die Einnahme von Contergan durch Schwangere Missbildungen der Leibesfrucht verursachen kann und weist das Kind einer Mutter, die das Mittel genommen hat, tatsächlich Missbildungen auf, so war dieses Kind im Mutterleib infolge der Einnahme des Medikaments auch konkret in seiner Gesundheit gefährdet[138].

In der verkehrsrechtlichen Praxis ist es sogar der Regelfall, dass konkrete Gefährdungen mit Rechtsgutsverletzungen (Tötung oder Verletzung von Menschen; Sachschäden) zusammentreffen, weil mit der Feststellung derartiger Schäden auch die Gefährdung bekannt wird.

79 Umgekehrt ist eine konkrete Rechtsgutsgefährdung ebenso sicher ausgeschlossen, wenn ein dafür geeignetes Tatobjekt überhaupt nicht vorhanden war[139].

Beispiele: (1) Keine Gefährdung einer Leibesfrucht durch Einnahme von Contergan durch die S, wenn diese entgegen ursprünglicher ärztlicher Annahme überhaupt nicht schwanger war.

(2) „Ein Schuss in das Bein eines Menschen erscheint sicher geeignet, eine erhebliche Verletzung zu verursachen. Trägt jedoch das Opfer eine Prothese, so ist die Gefährlichkeit für den Einzelfall ausgeschlossen"[140].

(3) Der Pkw-Fahrer T überholte bei Dunkelheit einen Lkw, obwohl er die Scheinwerfer eines auf der Gegenfahrbahn herannahenden Fahrzeugs wahrgenommen hatte. T war – wie jeder andere Fahrer in dieser Situation – davon ausgegangen, bei dem entgegenkommenden Fahrzeug handele es sich um ein Zivilfahrzeug. Tatsächlich war es ein Panzer der Bundeswehr, bei dem der Zusammenprall mit dem Pkw des T nur eine geringfügige Lackabschürfung hinterließ. – Keine konkrete Gefährdung (von Sachen) i. S. von § 315c I Nr. 2b; bei Verletzungsgefahr für die Panzerbesatzung, z. B. infolge plötzlichen Bremsens, allerdings Leibesgefahr.

(4) Eine konkrete Gefahr ist auch in folgendem Grenzfall abzulehnen: Der Pkw-Fahrer T überholte einen Lkw, obwohl er einen Sportwagen entgegenkam. Ein mit dem üblichen fahrerischen Können ausgestatteter Sportwagenfahrer hätte einen Frontalzusammenstoß nicht vermeiden können, wohl aber gelang dies im konkreten Fall dem Sportwagenfahrer S, weil er Berufsrennfahrer ist und derart prekäre Situationen stets spielend meistert.

80 Eintritt des Schadens auf der einen[141] und das Fehlen eines geeigneten Tatobjekts auf der anderen Seite[142] dürften aber die einzigen Umstände sein, die ex-post zur Gefahrbeurteilung herangezogen werden dürfen. So ist die Täterhandlung als etwas in einer ungewissen Entwicklung Begriffenes immer ex ante zu beurteilen. Will man den Begriff „Gefahr" nicht überhaupt leugnen (wie die o. Rn. 66 Genannten), so ist es vor allem unzulässig, aus dem Nichteintritt eines Erfolges schlechthin auf das Nicht-

---

138 Beispiel bei *Schröder*, ZStW 81 (1969), 7 (14).
139 S. dazu insbesondere *Spendel*, Stock-FS 1966, S. 89 (105).
140 Beispiel bei *Schröder*, ZStW 81 (1969), 7 (11).
141 S. o. Rn. 78.
142 Vorstehend Rn. 79.

Konkrete Gefährdungsdelikte: Eignungsdelikte   § 35 Rn. 81–83

vorhandensein einer Gefährdung zu schließen. Das bedeutet namentlich, dass Umstände außer Betracht bleiben müssen, die nach bereits eingetretener akuter Verletzungswahrscheinlichkeit den Verletzungseintritt doch noch verhindern. Eine einmal eingetretene Gefahr kann nicht nachträglich wieder beseitigt werden.

Beispiele[143]: **(1)** T hat mit seinem Pkw auf einer Landstraße den Fußgänger F angefahren und schwer verletzt. Um zu verhindern, dass F alsbald aufgefunden und T als Täter ermittelt wird, legt T den F in einen nahe gelegenen Wald. Wider Erwarten wird F kurz darauf von Pilzsammlern aufgefunden. – T = § 221 I Nr. 1.

(2) Monsieur X, der die Bundesbahn erpressen möchte, hat auf einer viel befahrenen D-Zug-Strecke die Schienen verbogen. Ein Streckenwärter entdeckt alsbald den Schaden und kann den herannahenden Zug noch rechtzeitig zum Stehen bringen. – T = § 315 I Nr. 1.

4. Straftaten im Grenzbereich von abstrakter und konkreter Gefährdung: Eignungsdelikte

Die **abstrakten Gefährdungstatbestände** greifen auch dann ein, wenn das Täterverhalten im konkreten Falle absolut ungefährlich war. Dies musste auf das Schuldprinzip gestützte Bedenken hervorrufen[144]. Auf der anderen Seite sind auch die **konkreten Gefährdungstatbestände** Einwendungen ausgesetzt: Bis zu einem gewissen Grade sind sie – wie die Verletzungsdelikte – mit der Zufallskomponente behaftet[145], und die Bestimmung des Gefahrbegriffs bereitet beträchtliche Schwierigkeiten[146]. Vor diesem Hintergrund werden Bemühungen um die Schaffung von Vorschriften verständlich, welche die Schwächen sowohl der abstrakten als auch der konkreten Gefährdungsdelikte zu vermeiden suchen.

So arbeiten z. B. die §§ 311 I, 325 I und 325a I mit einer **Kombination** der **abstrakten Gefährdung** (= Verstoß gegen verwaltungsrechtliche Pflichten) **mit der Eignung zur Schädigung**. Diese Schädigungseignung ist weniger als konkrete Gefährdung. Vielmehr reicht „eine ‚generelle Kausalität' hinsichtlich der Schädlichkeit für die Gesundheit des Menschen …" aus[147], genügt also eine hypothetisch-abstrakte Opferbetroffenheit[148].

Nach BGHSt 39, 371 (zu § 311 I) sind ionisierende Strahlen geeignet, Leib oder Leben eines anderen zu schädigen, wenn es nach den Umständen des Falles, insbesondere Herkunft, Intensität und Dauer der Strahlung bei genereller Betrachtung nicht

81

82

83

---
143 *Horn,* a. a. O. S. 46 (Fn. 49).
144 Dort auch zu den Korrekturversuchen bei der Brandstiftung.
145 S. o. Rn. 61–63.
146 S. o. Rn. 65 ff.
147 *Laufhütte/Möhrenschlager,* Umweltstrafrecht in neuer Gestalt, ZStW 92 (1980), 912 (918, 941 f.).
148 So *Hoyer,* a. a. O., insbesondere S. 107, 201. Auf fehlende konkret-reale Opferbezogenheit soll sich der Täter nach *Hoyer* allerdings dann berufen können, wenn er entsprechende Sicherheitsvorkehrungen getroffen hat.

fernliegt, (irgend-)eine Person könne gesundheitlich nicht ganz unerheblich beeinträchtigt werden.
Eine zur Gesundheitsschädigung geeignete Luftveränderung i. S. des § 325 I ist jedenfalls dann anzunehmen, wenn die festgestellte Veränderung nach naturwissenschaftlicher Erkenntnis bereits einmal Ursache für einen Gesundheitsschaden gewesen ist[149].

84 Der von *Schröder*[150] für Delikte dieser Art geprägte Terminus **abstrakt-konkrete Gefährdungsdelikte** konnte sich nicht durchsetzen, sondern in diesen Straftaten werden, weil sie keine konkrete Gefährdung voraussetzen, **besondere** abstrakte Gefährdungsdelikte gesehen[151], für die sich die Bezeichnungen **Eignungsdelikte**[152] oder **potenzielle Gefährdungsdelikte**[153] eingebürgert haben.

85 Zu beachten ist, dass der Eignungsbegriff nicht in allen Eignungstatbeständen i. S. einer „generellen Kausalität"[154] verstanden wird. So wird für die §§ 126, 130 und 166 („geeignet, den öffentlichen Frieden zu stören") auch die Auffassung vertreten[155], es handle sich um konkrete Gefährdungsdelikte.

86 Eine andere Begrenzung der Haftung für abstrakte Gefährdung bei Vermeidung der Schwächen der konkreten Gefährdungsdelikte wollte der Alternativ-Entwurf[156] in § 151 für die Brandstiftung, die Herbeiführung einer Explosion und ähnlich abstrakt gefährliche Verhaltensweisen mit der Formel erreichen, „**ohne dass im Zeitpunkt der Handlung eine Schädigung** anderer an Leib oder Leben **auszuschließen ist**"[157]. – Mit dieser negativen Wendung würde der Täter im Ergebnis schlechter gestellt als mit der positiven Formulierung der Eignung z. B. in § 325 I.

87 Für Fälle **nicht gesicherter naturwissenschaftlicher Kausalität** der Herstellung und des Vertriebs von Lebensmitteln für Gesundheitsschäden schlug der AE in § 157 ein weiteres **Risikodelikt** vor: „... nicht ausschließt, dass bei üblicher Verwendung Leib oder Leben anderer geschädigt werden ..."[158].

---

149 Vgl. *Tiedemann*, Die Neuordnung des Umweltstrafrechts, 1980, S. 21, 24; SK-*Schall*, § 325 Rn. 40. – Ob eine massenstatistisch begründete überwiegende Wahrscheinlichkeit genügt, ist umstritten; bejahend z. B. LK-*Steindorf*, § 325 Rn. 6 m. w. N.
150 *Schröder*, JZ 1967, 522; ZStW 81 (1969), 7 (18 ff.).
151 Vgl. z. B. *Gallas*, Heinitz-FS 1972, S. 171 (183 f.); SK-*Wolters*, Vor § 306 Rn. 18; *S/S/Heine/Bosch*, Vor § 306 Rn. 4.
152 So insbesondere die gleichnamige Schrift von *Hoyer*.
153 So z. B. BGHSt 39, 371 (372).
154 S. o. Rn. 82 f.
155 Vgl. z. B. *Gallas*, Heinitz-FS 1972, S. 171 (182). – A. A. = zutreffend die h. M.; s. z. B. *S/S/Sternberg-Lieben*, § 126 Rn. 9, § 130 Rn. 11 und *S/S/Lenckner/Bosch*, § 166 Rn. 12 jeweils m. w. N; vgl. auch BGHSt 46, 212 (219).
156 AE, BT, 2. Halbbd.: Straftaten gegen die Person, 1971.
157 Vgl. AE, a. a. O., Begründung zu § 151, S. 57.
158 S. zu derartigen Risikotatbeständen und zu anderen gesetzgeberischen Möglichkeiten der Erfassung von Fällen, in denen es nach dem heutigen Stande der Wissenschaft zweifelhaft bleibt, ob eine Rechtsgutsverletzung eintreten kann, z. B. *Armin Kaufmann*, Tatbestandsmäßigkeit und Verursachung im Contergan-Verfahren, JZ 1971, 569 (575 f.); *Horn*, a. a. O. S. 213 ff.

5. Individualgefahr, Gefährdung der Allgemeinheit und Gemeingefahr

a) Individualgefahr und Gefährdung der Allgemeinheit

Mit der Einteilung der Gefährdungsdelikte in abstrakte und konkrete (s. o. Rn. 43 ff.) hängt die Grenzziehung zwischen der Gefährdung einer bestimmten Person (oder mehrerer bestimmter Personen) und der Gefährdung unbestimmter (vieler) Einzelner sowie der Gefährdung von Interessen der Allgemeinheit eng zusammen. Schon in § 1 Rn. 26 f. ist auf die **Verwischung der Grenze zwischen Rechtsgütern der Allgemeinheit und einem in den Gefährdungsbereich vorverlagerten Schutz von Individualrechtsgütern** hingewiesen[159]. 88

Bei den **konkreten Gefährdungsdelikten** mit ihrem tatbestandlichen Erfordernis der Gefährdung von Leib oder Leben eines **anderen** oder von **fremden** Sachwerten steht die Gefährdung bestimmter einzelner Rechtsgutsträger im Vordergrund. Bei den **abstrakten Gefährdungsdelikten** fehlt diese sichtbare Gefährdung von Individuen, sodass die Annahme einer Beeinträchtigung von Interessen der Allgemeinheit naheliegt. 89

Beispiel, Trunkenheit im Verkehr: Beim **auffällig** betrunkenen Autofahrer, dem andere nur mit Mühe ausweichen und vor dem sich Fußgänger nur mit kühnen Sätzen in Sicherheit bringen können (konkrete Gefährdung, § 315c I Nr. 1a), sehen wir die **gefährdeten Individuen**.

Beim **unauffällig** betrunkenen Autofahrer (abstrakte Gefährdung, § 316) sehen wir die Gefährdung der anderen Verkehrsteilnehmer nicht so deutlich. Statt von abstrakter Gefährdung der anderen Verkehrsteilnehmer spricht man deshalb von einer Gefährdung der Verkehrssicherheit[160], also eines Rechtsgutes der Allgemeinheit. – Immer wenn es um „Verkehrssicherheit", „öffentliche Sicherheit" u. ä. geht, geht man von der Bedrohung unbestimmter Individuen zu einer Bedrohung der Allgemeinheit über.

Allerdings handelt es sich bei dieser Differenzierung der Gefährdungsdelikte nach bedrohten Rechtsgütern nur um eine Schwerpunktbildung und nicht um eine Ausschließlichkeitsthese dergestalt, dass konkrete Gefährdungstatbestände **nur** Individualinteressen schützten, abstrakte Gefährdungstatbestände **nur** Allgemeininteressen. 90

Beispiel (1), Brandstiftung: Die hohe Strafdrohung in § 306a I für das **abstrakte Gefährdungsdelikt** Brandstiftung lässt sich nicht mit der Beeinträchtigung der öffentlichen Sicherheit durch Brände, sondern nur mit der Bedrohung der Individualrechtsgüter Leib und Leben erklären[161]. Dass § 306a I Einzelne schützt, zeigen deutlich auch die Qualifikationen in §§ 306b II Nr. 1 und 306c, welche die Lebensgefährdung und Tötung eines Einzelnen mit erhöhter Mindeststrafe bedrohen. – Die Qualifikation in § 306b I weist eine individual- und allgemeinschützende Komponente auf: Opfer können **ein** Mensch oder eine **große Zahl** von Menschen sein.

---

159 S. auch § 42 Rn. 8.
160 S. z. B. *Lackner/Kühl*, § 316 Rn. 1.
161 S. o. Rn. 34 f. sowie u. § 37 Rn. 9.

Beispiel (2), **gefährliches Verhalten im Straßenverkehr:** Die **konkreten Gefährdungsdelikte** nach §§ 315b, c kriminalisieren zwar denjenigen, der im Straßenverkehr „Leib oder Leben eines anderen oder fremde Sachen von bedeutendem Wert gefährdet". Das Charakteristikum dieser Bestimmungen liegt jedoch in der näheren Umschreibung der gefährlichen Handlungen. Dem Gesetzgeber geht es weniger um ein sich gegen ein einzelnes Opfer richtendes Fehlverhalten, sondern mehr um typischerweise hochgefährliche Verhaltensweisen, welche die Verkehrssicherheit, also die Allgemeinheit, beeinträchtigen[162].

Im Tatbestand des § 315b wird sogar neben der konkreten Gefährdung des individuellen Opfers ausdrücklich auf die Beeinträchtigung der „Sicherheit des Straßenverkehrs" abgehoben[163], und das Delikt nach § 315c wird immerhin in der amtlichen Überschrift als „Gefährdung des Straßenverkehrs" bezeichnet.

91 Dass das deutsche Recht – im Unterschied zum schweizerischen und österreichischen Recht[164] – die konkreten Gefährdungsdelikte so umschreibt, dass mit der Gefährdung Einzelner zugleich Interessen der Allgemeinheit tangiert werden, hat die praktisch wichtige Konsequenz, dass das betroffene Individuum nicht wirksam in die Tat einwilligen kann, weil es über Rechtsgüter der Allgemeinheit, z. B. die Verkehrssicherheit, nicht verfügen kann; dazu näher bei der Trunkenheitsfahrt[165].

b) Gefährdung unbestimmter Einzelner, Gefährdung vieler und Gemeingefahr

92 Die Betroffenheit der Allgemeinheit durch die Gefährdung Einzelner lässt sich auf zwei prinzipiell unterschiedliche Wurzeln zurückführen: **(1)** Die Bedrohung **vieler** (und in *diesem* Sinne **unbestimmter**) Opfer. **(2)** Die Gefährdung eines **unbestimmten** (u. U. einzigen) Opfers, d. h., das gefährliche Verhalten hätte einen beliebigen anderen ebenso gut treffen können.

Beispiele: (1) **Brandstiftung (§ 306a I):** Die historische Erfahrung mit großen Bränden, die mitunter ganze Städte vernichtet haben, prägt das Bild von der Gefährlichkeit des Feuers. Brandstiftung ist in der Regel gemeingefährlich, weil unabsehbar viele Personen zu Schaden kommen können.

(2) **Beschädigung wichtiger Anlagen (§ 318):** Ein Steg über einen Gebirgsbach, den jeweils nur eine Person betreten kann, wird so angesägt, dass er beim Betreten durch den Nächstbesten zusammenbricht[166].

Der Steg kann nur einmal zusammenbrechen, und es kann nur eine Person verletzt oder getötet werden. Der angesägte Steg gefährdet aber über längere Zeit hinweg unbestimmt viele. Der eine, der dann Opfer wird, ist eine **Zufallsauslese** aus der Allgemeinheit. Das **Opfer** ist **„Repräsentant"** der Allgemeinheit, das Verhalten des Täters also gemeingefährlich.

---

162 S. z. B. *Lackner*, Das konkrete Gefährdungsdelikt, S. 12/13. – Str.; s. dazu näher u. § 38 Rn. 37.
163 Desgleichen in § 315 I auf die „Sicherheit des Schienenbahn-, Schwebebahn-, Schiffs- oder Luftverkehrs".
164 S. o. Rn. 36.
165 S. u. § 38 Rn. 43 f.
166 Beispiel in Anlehnung an *Welzel*, § 67 Vorbem.

Beispiel (1) steht als Typ für die erstgenannte Wurzel der Gefährdung der Allgemeinheit = Gemeingefahr i. S. einer Bedrohung unbestimmt vieler.

Beispiel (2) steht als Typ für die an zweiter Stelle genannte Wurzel der Gefährdung der Allgemeinheit = Gemeingefahr i. S. einer Gefährdung eines unbestimmten (zufälligen) einzigen Opfers.

An eine **dritte Betroffenheit** der Allgemeinheit, die aus der **Häufigkeit bestimmter** Delikte resultieren kann, sei erinnert: Die Zunahme von Raubüberfällen gefährdet das allgemeine Sicherheitsgefühl[167]. Auch beim Einbruchsdiebstahl kommt zur Eigentumsverletzung die Beunruhigung der in ihrer Sicherheit bedrohten Bevölkerung hinzu[168]. Anders als bei den Gefährdungsdelikten führt dies hier allerdings nicht zur Anerkennung eines überindividuellen Rechtsguts „Sicherheit der Allgemeinheit". 93

Die **abstrakten Gefährdungsdelikte,** etwa die schwere Brandstiftung nach § 306a I, sind gerade dadurch gekennzeichnet, dass die Gefahr – und damit auch die **Gemeingefahr – nicht** Tatbestandsmerkmal ist[169]. Damit sind neben der typischerweise gemeingefährlichen Brandstiftung auch atypische Brandstiftungen erfasst, die keine Gemeingefahr herbeiführen. 94

Beispiel: T setzt ein einsam stehendes Haus in Brand, das demnächst abgerissen werden soll, in dessen 2. Stock aber noch die gehbehinderte Frau O wohnt. – T = § 306a I, obwohl (atypisch) keine Gemeingefahr. Dies gilt selbst dann, wenn es T darauf ankommt, dass gerade die O im Feuer umkommt, weil sie seine Tante ist und er sie beerben möchte.

Von 1935 bis 1964 hatte der Gesetzgeber bei den konkreten Verkehrsgefährdungsdelikten über die konkrete Gefährdung des Einzelnen hinaus die Herbeiführung einer **Gemeingefahr** gefordert, § 315 III a. F. – Das hat sich wegen der komplizierten Abgrenzung (wann der Einzelne zugleich Repräsentant der Allgemeinheit war!)[170] nicht bewährt. Seit dem 2. StrVSichG 1964 reicht die Herbeiführung einer **schlichten** Individualgefahr aus; vgl. § 315c I: „Leib oder Leben eines anderen Menschen … gefährdet". 95

V. Die subjektive Tatseite der Gefährdungsdelikte

1. Pönalisierung vorsätzlicher und (weitgehend auch) fahrlässiger Rechtsgutsgefährdungen

Wie für alle im Besonderen Teil erfassten Straftaten gilt auch für die Gefährdungsdelikte die Regel des § 15: Wenn im Gesetz nichts anderes gesagt ist, ist nur die vorsätzliche Tatbegehung strafbar, fahrlässiges Verhalten lediglich dann, wenn die Strafbarkeit ausdrücklich angeordnet ist. Dasselbe gilt nach § 10 OWiG für die Ahndbarkeit von (Gefährdungs-)Ordnungs- 96

---

167 Vgl. § 17 Rn. 2.
168 Vgl. § 14 Rn. 7.
169 S. o. Rn. 44.
170 S. dazu BGHSt 11, 199; 14, 395.

widrigkeiten. Mit wenigen Ausnahmen – vgl. §§ 316a, b, c, 323b und c – ist für die in §§ 306 ff. erfassten gemeingefährlichen Straftaten auch die fahrlässige Begehung unter Strafe gestellt. Auch alle Umwelt(gefährdungs-)delikte (§§ 324 ff.) können fahrlässig begangen werden. – Im **Ordnungswidrigkeitenrecht** ist von der Regel des § 10 OWiG – Ahndung nur vorsätzlicher Zuwiderhandlungen – praktisch nichts übrig geblieben, vielmehr werden fast durchweg auch fahrlässige Verstöße mit Geldbuße bedroht. **Beispiel:** Verkehrsordnungswidrigkeiten, § 49 StVO.

97 Die Fahrlässigkeitsahndung ist unproblematisch, soweit auch die fahrlässige Verletzung unter Strafe gestellt ist (wichtige Rechtsgüter, §§ 222, 229).

98 Die Fahrlässigkeitsahndung ist jedoch bei der regelmäßig miterfassten Sachgefährdung (vgl. z. B. §§ 307, 308, 311, 313, 315–315c) problematisch, weil die fahrlässige Sachbeschädigung als Verletzungsdelikt straflos ist. Zu rechtfertigen ist die Pönalisierung der Fahrlässigkeit insoweit nur mit der Betroffenheit auch von Rechtsgütern der Allgemeinheit durch die Gefährdungsdelikte, z. B. der Verkehrssicherheit durch grobe Verkehrsverstöße nach § 315c, s. o. Rn. 90.

Sehr bedenklich ist die weitreichende Erfassung fahrlässiger Verhaltensweisen im Ordnungswidrigkeitenrecht, wo überdies in der Praxis die subjektive Fahrlässigkeitskomponente kaum beachtet wird[171].

2. Einzelfragen zu Gefährdungsvorsatz und -fahrlässigkeit

a) Gegenstand des Vorsatzes und der Fahrlässigkeit

99 Da die Gefahrherbeiführung bei den **abstrakten Gefährdungsdelikten** nicht Tatbestandsmerkmal ist[172], braucht sich darauf auch der Vorsatz (sowie die Fahrlässigkeit) des Täters nicht zu beziehen (arg. § 16 I).

100 Dagegen muss sich bei den **konkreten Gefährdungsdelikten** Vorsatz bzw. Fahrlässigkeit auf die Gefahrherbeiführung als Tatbestandsmerkmal erstrecken. Die Gefahrverursachung ist **nicht** etwa nur besondere Tatfolge i. S. von § 18, wonach Fahrlässigkeit stets genügen würde[173].

Die Richtigkeit des objektiven Gefahrbegriffs[174] wird dadurch bestätigt, dass ein Täter auch dann bestraft werden kann, wenn er zur Zeit der Handlung (z. B. Inverkehrbringen von Contergan) **als einziger** um die Gefährlichkeit wusste oder hätte wissen müssen. Ein auf **generelles** ex-ante-Wissen um die Gefahr abhebendes Urteil müsste dagegen in diesen Fällen zur Straflosigkeit des mit überlegenem Wissen ausgestatteten Täters gelangen.

---

171 S. dazu *U. Weber*, ZStW 92 (1980), 313 (334 ff.).
172 S. o. Rn. 44.
173 S. zu den von § 18 erfassten Erfolgsqualifikationen der Gefährdungsdelikte u. Rn. 107 ff.
174 Dazu o. Rn. 68 ff., 77.

Die subjektive Tatseite der Gefährdungsdelikte   § 35 Rn. 101–103

b) Gefährdungs- und Verletzungsvorsatz

Nachdem einhellig angenommen wird, ein verletztes Rechtsgut habe sich vor seiner Schädigung zwangsläufig in Gefahr befunden[175], ist auch der weitere, gleichermaßen einhellig gezogene Schluss zwingend, **wer mit Verletzungsvorsatz handle, habe auch Gefährdungsvorsatz**[176]. 101

> Desgleichen ist aus der Verletzungsfahrlässigkeit zwingend auf die Gefährdungsfahrlässigkeit zu schließen.

Umgekehrt geht die h. M. davon aus, der Gefährdungsvorsatz brauche nicht zugleich auf die Rechtsgutsverletzung gerichtet zu sein[177]. Dem ist zuzustimmen, denn wenn es objektiv Gefährdungen ohne Verletzung gibt[178], muss es[179] auch Wissen und Wollen der Gefährdung ohne Wollen der Verletzung geben. 102

> **Beispiel:** Der Apfelschuss in Friedrich Schillers Schauspiel „Wilhelm Tell" (3. Aufzug, 3. Szene). – Wilhelm Tell **wusste,** dass er das Leben seines Sohnes Walter mit Sicherheit gefährdet, und nahm diese Gefahr zwangsläufig hin, **wollte** also auch die Gefährdung. Er **wusste** sogar um die mögliche Verletzung (Tötung) seines Kindes, wie seine Äußerung gegenüber Geßler nach dem gelungenen Schuss zeigt:
>
> „Mit diesem zweiten Pfeil durchschoss ich – euch, wenn ich mein liebes Kind getroffen hätte."
>
> Aber Tell **wollte** sein Kind nicht töten. – Er handelte mit Gefährdungs-, aber ohne Verletzungsvorsatz[180].

Dem **bedingten Verletzungsvorsatz** und dem **Gefährdungsvorsatz** ist gemeinsam, dass der Täter die Möglichkeit (u. U. sogar die Wahrscheinlichkeit) des Eintrittes des Verletzungserfolges sieht (intellektuelles Vorsatzelement). Der Unterschied liegt in der Einstellung des Täters zum für möglich gehaltenen Eintritt der Verletzung (voluntatives Vorsatzelement). **Billigung** führt zur Bejahung des Verletzungsvorsatzes (dolus eventualis), **Vertrauen auf das Ausbleiben der Verletzung** führt zur Verneinung des Verletzungsvorsatzes, lässt aber den Gefährdungsvorsatz unberührt. – Die Problematik entspricht der der Abgrenzung von bedingtem Vorsatz (dolus eventualis) und bewusster Fahrlässigkeit (luxuria) beim Verletzungsdelikt. 103

> Auch dort ist die intellektuelle Komponente beider Schuldformen identisch: Der Täter rechnet mit dem Erfolgseintritt. Die Abgrenzung erfolgt nach der Willensrichtung: Billigt er die Verletzung, ist bedingter Vorsatz anzunehmen, vertraut er – wie Tell im vorstehenden Beispiel – auf ihr Ausbleiben, liegt bewusste Fahrlässigkeit vor[181].

---

175 S. o. Rn. 78.
176 Vgl. z. B. SK-*Wolters,* Vor § 306 Rn. 13; *Horn,* Gefährdungsdelikte, S. 204 m. w. N. in Fn. 12.
177 Vgl. z. B. BGHSt 22, 67 (73 f.); 26, 176 (179); *Küper,* NJW 1976, 543 (546 Fn. 27).
178 Dazu o. Rn. 66 ff.
179 Entgegen SK-*Wolters,* Vor § 306 Rn. 13 f. und näher *Horn,* Gefährdungsdelikte, S. 204 ff.
180 Ebenso *Sieg,* Jura 1986, 326 (328).
181 Vgl. auch BGHSt 7, 363 (368 f.), BGH, NStZ 1982, 506; BGH, NJW 1989, 781; S. dazu ebenfalls und zur für diese Abgrenzung maßgebenden Einwilligungstheorie *Baumann/Weber/Mitsch,* § 20 Rn. 48–58.

103a Für gewisse schadensgleiche Vermögensgefährdungen bei der Untreue (§ 266) fordert das Kanther-Urteil BGHSt 51, 100 (121) über den Gefährdungsvorsatz hinaus die Billigung der Realisierung der Gefahr, verlangt also das voluntative Vorsatzelement (auch) hinsichtlich der Rechtsgutverletzung[182]. Diese konstruktiv nicht überzeugende Rechtsprechung ist auf die Untreue beschränkt und kann nicht auf die Gefährdungsdelikte ausgedehnt werden[183].

104 Die materiell-rechtliche Abstufung zwischen Gefährdungs- und Verletzungsvorsatz hat für den **Vorsatznachweis** die Konsequenz, dass dringender **Verdacht des Verletzungsvorsatzes** in praxi weitgehend identisch ist mit vollem **Nachweis** des **Gefährdungs**vorsatzes. Zwischen Verletzungs- und Gefährdungsvorsatz besteht ein Stufenverhältnis[184], und die Verurteilung aus einem vorsätzlichen Gefährdungstatbestand fungiert häufig als **Verdachtsstrafe** für einen weitergehenden vorsätzlichen Verletzungstatbestand.

Beispiel BGH, NJW 1968, 465: T fuhr, um sich der Festnahme zu entziehen, mit seinem Kfz auf einen Polizeibeamten O in der Absicht zu, ihn zum Beiseitespringen und zur Freigabe des Fahrweges zu zwingen. – Tötungsvorsatz (Billigung der Tötung des O) war nicht nachweisbar, sodass §§ 211, 212, 22, 23 ausschieden. Aber Strafbarkeit des T nach § 315b I Nr. 3: nachweisbare vorsätzliche Herbeiführung einer Lebensgefahr für O.

Am weitesten verwischt die **Wahrscheinlichkeitstheorie**[185] die Unterscheidung von materiell-rechtlichen Anforderungen an den dolus eventualis bezüglich der Verletzung und dem Nachweis dieser materiell-rechtlichen Kriterien. Nach dieser Theorie soll bedingter Verletzungsvorsatz vorliegen, wenn der Täter den Eintritt der Verletzung als wahrscheinlich betrachtet (und trotzdem gehandelt) hat. **Theoretisch** ist scharf zu unterscheiden, ob man aus der großen Wahrscheinlichkeit des Erfolgseintritts folgert, dass der Täter den Erfolg auch gebilligt hat, oder ob man sich mit der dem Täter bekannten Wahrscheinlichkeit begnügt, also auf die Billigung verzichtet. **Praktisch** ist der Unterschied freilich nicht groß[186].

c) Abstufung der Fahrlässigkeitshaftung; Vorsatz-Fahrlässigkeitskombinationen

105 Die weitreichende Fahrlässigkeitsahndung im Gefährdungsstrafrecht[187] ist bei den **konkreten** Gefährdungsdelikten abgestuft: strengere Strafe bei vorsätzlichem Handeln und fahrlässiger Gefahrverursachung (sog. Vorsatz-Fahrlässigkeitskombination), mildere Strafe bei fahrlässigem Handeln und fahrlässiger Gefahrverursachung.

Beispiele: §§ 307 II und IV, 308 V und VI, 315 V und VI, 315a III Nr. 1 und 2, 315b IV und V, 315c III Nr. 1 und 2, 330a IV und V. Die Strafrahmen in den genannten

---

182 Ebenso BGH, NStZ 2007, 704.
183 S. *U. Weber*, Zum bedingten Vorsatz bei der vermögensgefährdenden Untreue, Eisenberg-FS 2009, S. 371 (372).
184 S. zu den Stufenverhältnissen *Baumann/Weber/Mitsch*, § 10 Rn. 4 ff.
185 S. dazu *Baumann/Weber/Mitsch*, § 20 Rn. 52.
186 S. *Baumann/Weber/Mitsch*, § 20 Rn. 55: beweismäßiger Schluss aus der vom Täter erkannten großen Gefährlichkeit seines Verhaltens auf die Billigung des Erfolgseintritts.
187 S. o. Rn. 96.

Vorschriften sind in der Regel entsprechend gestaffelt. Wo dies nicht der Fall ist, weil keine erhöhte Mindeststrafe angedroht ist, z. B. in § 315c III, sind die unterschiedlichen Fahrlässigkeitsgestaltungen bei der Strafzumessung im Einzelfall zu berücksichtigen.

Die **Vorsatz-Fahrlässigkeitskombination** wird in § 11 II als **Vorsatztat** bewertet, was für die Möglichkeit des versuchten Gefährdungsdelikts sowie für die Teilnahme an Gefährdungsdelikten von Bedeutung ist[188]. 106

VI. Qualifikationen und besonders schwere Fälle

1. Erfolgsqualifikationen und entsprechende Regelbeispiele

Da die Gefährdungstatbestände vornehmlich Leib und Leben schützen[189], liegt es nahe, Strafschärfung gegenüber dem Grunddelikt dann eintreten zu lassen, wenn diese Rechtsgüter als Folge des Täterverhaltens nicht nur gefährdet, sondern verletzt worden sind. Entsprechende **Erfolgsqualifikationen**[190] – insbesondere der Tod des Opfers – finden sich in der Tat bei zahlreichen Gefährdungsdelikten. 107

Beispiele: §§ 306b I, 306c, 307 III, 308 III, 309 IV, 312 IV, 316c III, 318 IV, 330 II Nr. 2, 330a II.

Für die **subjektive Tatseite** dieser Erfolgsqualifikationen gilt § 18. Soweit allerdings hinsichtlich der Erfolgsherbeiführung **Leichtfertigkeit**[191] gefordert wird, geht diese spezielle Regelung der allgemeinen in § 18 vor, d. h. einfache Fahrlässigkeit reicht nicht aus. Dagegen ist auch die **vorsätzliche** Erfolgsherbeiführung erfasst. Die Leichtfertigkeitsregelungen sind nunmehr durchweg dem § 18 (wenigstens fahrlässig) angeglichen: Wenigstens leichtfertig; s. z. B. § 306c. 108

Naturgemäß kann sich bei den **abstrakten Gefährdungsdelikten** die abstrakte Gefahr zur konkreten Gefährdung und diese zur Rechtsgutsverletzung verdichten. Erfolgsqualifikationen finden sich demgemäß auch bei abstrakten Gefährdungstatbeständen. 109

Beispiele: § 306c (auch für die abstrakt gefährliche Brandstiftung nach § 306a I), § 330 II Nr. 2 (auch für die abstrakt gefährlichen Umweltdelikte, z. B. nach § 327).

Liegt die Erfolgsqualifikation „Tod eines Menschen" vor, so ist bei Fahrlässigkeit zugleich § 222, bei Vorsatz des Täters zugleich § 212 erfüllt[192]. 110

---

188 Dazu näher u. Rn. 120 und 126 f.
189 S. o. Rn. 34 ff.
190 S. zu den erfolgsqualifizierten Delikten *Baumann/Weber/Mitsch*, § 8 Rn. 63–78.
191 S. zum Begriff der Leichtfertigkeit *Baumann/Weber/Mitsch*, § 22 Rn. 65, 70.
192 Zu den sich daraus ergebenden Konkurrenzfragen s. u. Rn. 129 f., 137.

2. Sonstige typische Qualifikationen und entsprechende Regelbeispiele

111 (1) Die **Gemeingefahr** ist zwar nicht mehr Tatbestandsmerkmal der Gefährdungsdelikte[193], wird jedoch teilweise noch als Qualifikation herangezogen.

> **Beispiel:** § 309 II (**unübersehbare** Zahl von Menschen). In Richtung Gemeingefahr weisen auch die Qualifikationen, die Gefährdung einer **großen** Zahl von Menschen fordern, z. B. § 330 II Nr. 1 und § 95 III 2 Nr. 1 AMG (Regelbeispiel). – Zu beachten ist, dass es sich bei derartigen Gefahrerfolgen **nicht** um **Erfolgs**qualifikationen i. S. von § 18 handelt, sodass nach der Grundregel in § 15 nur die vorsätzliche Herbeiführung strafbar ist, falls nicht ausdrücklich auch die Fahrlässigkeit pönalisiert wird[194].

112 (2) Weiter gibt es eine Reihe von Gefährdungstatbeständen, die durch besonders **verwerfliche** Absichten und Einstellungen des Täters qualifiziert werden.

> **Beispiele:** § 306b II Nr. 2 (Absicht der Straftatermöglichung oder -verdeckung); §§ 315 III Nr. 1 und 315b III (Absicht, einen Unglücksfall herbeizuführen oder eine andere Straftat zu ermöglichen oder zu verdecken), § 330 I 2 Nr. 4 (Handeln aus Gewinnsucht; Regelbeispiel).

VII. Vollendung und Versuch sowie Rücktritt vom Versuch und vom vollendeten Delikt

1. Vollendung und Rücktritt vom vollendeten Delikt

113 Mit den Gefährdungstatbeständen wird die Vollendungsstrafbarkeit ins Vorfeld der Rechtsgutsverletzung ausgedehnt. Dies wird besonders deutlich bei den Tatbeständen, die – vom Verletzungsdelikt aus gesehen – bereits Versuchshandlungen oder gar bloße Vorbereitungshandlungen als vollendete Delikte erfassen.

> **Beispiele** bilden die in Rn. 20 angeführten §§ 310, 149, 152a V und 275, weiter die Delikte im Vorfeld des Betruges (§§ 264, 264a, 265b und 298[195]); auch die Rechtspflegedelikte der §§ 153 ff. sind hierher zu rechnen[196].
>
> Aus dem Bereich der „gemeingefährlichen" Delikte sind in diesem Zusammenhang die **Unternehmensdelikte** (vgl. die Legaldefinition in § 11 I Nr. 6[197]) nach §§ 307 I, 309 I sowie der Vorbereitungstatbestand des § 310 zu nennen[198].

114 Um dem Täter die – nach § 24 nicht mehr gegebene – Möglichkeit zur Umkehr zu eröffnen und dem kriminalpolitischen Anliegen Rechnung zu tragen, dass sich das ins Werk gesetzte Geschehen nicht von der Rechts-

---

193 S. o. Rn. 94 f. und § 37 Rn. 1, 81.
194 S. dazu BGHSt 26, 176 (180 ff.); 26, 244 (245 ff.) sowie *Baumann/Weber/Mitsch*, § 8 Rn. 78.
195 Dazu o. Rn. 28.
196 S. o. Rn. 29.
197 Näher zu den Unternehmensdelikten und vergleichbaren Strafbarkeitsvorverlagerungen *U. Weber*, ZStW-Beiheft 1987, 1 (7 ff.).
198 Dazu näher u. § 37 Rn. 70 ff.

gutsgefährdung zur Rechtsgutsverletzung auswächst, ist für die genannten Straftaten der **Rücktritt vom vollendeten Delikt** vorgesehen, sog. **tätige Reue.**

Vgl. §§ 149 II und III, 152a V, 158, 264 V, 264a III, 265b II, 298 III, 314a.

Obwohl mit der Brandstiftung über die (abstrakte) Gefährdung hinaus bereits ein Erfolg herbeigeführt wird, die Inbrandsetzung bestimmter Objekte, kann auch hier der Täter wirksam noch vom vollendeten Delikt zurücktreten, wenn kein erheblicher Schaden entstanden ist, § 306e[199]. 115

Soweit die Gefährdungsdelikte die Funktion haben, die dem fahrlässigen Verletzungsdelikt anhaftende Zufallskomponente auszuschalten[200], wäre die Eröffnung einer Rücktrittsmöglichkeit vom vollendeten (Gefährdungs-)Delikt bis zum Verletzungseintritt offensichtlich verfehlt, denn damit würde das kriminalpolitische Anliegen dieser Tatbestände wieder unterlaufen, abgesehen davon, dass es sich hier regelmäßig um Augenblicksgefährdungen handelt, die abgeschlossen sind, bevor der Verursacher anderen Sinnes werden könnte. 116

Beispiele bilden die Verkehrsdelikte nach §§ 315a und 315c. Sieht man § 316 (auch) als Auffangtatbestand nicht nachweisbarer konkreter Gefährdungen[201], so besteht auch insoweit kein Rücktrittsbedürfnis.

2. Versuch und Rücktritt vom Versuch

a) Der Versuch des Gefährdungsdelikts

Eine gegenüber den vollendeten Gefährdungsdelikten weitere Strafbarkeitsvorverlagerung wird dadurch erreicht, dass in der Mehrzahl der in den §§ 306 ff. erfassten Vorsatztatbestände[202] auch der Versuch (§ 22) unter Strafe gestellt ist. 117

In den o. Rn. 113 erwähnten Unternehmenstatbeständen der §§ 307 und 309 ist der Versuch sogar der Vollendung gleichgestellt.

Bei den **Verbrechens**tatbeständen (§ 12 I) – z. B. §§ 306–306c, 308, 313, 314 – ist der Versuch stets strafbar (§ 23 I). Insoweit ist auch der Beteiligungsversuch unter Strafe gestellt, § 30. Für die meisten Gefährdungs**vergehen** ist die Versuchsstrafbarkeit ausdrücklich angeordnet, vgl. §§ 311 II, 312 II, 315 II, 315b II, 316b II, 317 II, 324 II, 325 I 2, 326 IV. – In §§ 315a II und 315c II ist die Versuchsstrafbarkeit auf die Fahrzeugführung im Zustand der Fahruntüchtigkeit beschränkt. 118

---

[199] Dazu näher u. § 37 Rn. 54 ff. – Vgl. auch § 320 (Rücktritt von weiteren vollendeten Gefährdungsdelikten).
[200] S. o. Rn. 31 ff.
[201] Dazu o. Rn. 55.
[202] Der Versuch eines Fahrlässigkeitsdelikts ist nicht möglich, s. *Baumann/Weber/Mitsch*, § 22 Rn. 72. – Zum Versuch bei Vorsatz-Fahrlässigkeitskombinationen s. u. Rn. 120.

119 Da der Versuch (§ 22) stets den vollen Tatvorsatz voraussetzt[203], ist Versuch eines konkreten Gefährdungsdelikts normalerweise nur dann gegeben, wenn der Täter nicht nur die Tathandlung will, sondern auch die Gefährdung anderer.

Beispiel: Strafbarkeit des betrunkenen T nach §§ 315c I Nr. 1a, II, 22 nur dann, wenn er beim Einschalten der Zündung zumindest damit rechnet (dolus eventualis), während der beabsichtigten Fahrt andere Verkehrsteilnehmer in konkrete Gefahr zu bringen. – Praktisch ist dies nicht nachweisbar.

Ist Gefährdungsvorsatz möglich, ohne dass zugleich Verletzungsvorsatz vorliegt[204], so gibt es auch den Versuch eines Gefährdungsdelikts ohne gleichzeitigen Verletzungsversuch.

120 Die Bewertung der **Vorsatz-Fahrlässigkeitskombinationen** als Vorsatzdelikte in § 11 II[205] führt darüber hinaus zur Denkbarkeit eines Versuchs dergestalt, dass vorsätzlich zu einer Tathandlung angesetzt wird, die im Falle ihrer Ausführung eine fahrlässige Gefährdung heraufbeschwören würde.

Beispiel: Würde im obigen (Rn. 119) Beispiel T, falls er den Wagen in Gang brächte, zwangsläufig eine in der Nähe stehende Menschengruppe gefährden, was er zwar nicht erkennt, aber erkennen müsste, so wäre er nach § 315c I Nr. 1a, II, III Nr. 1, § 22 zu bestrafen. In den meisten einschlägigen Vergehenstatbeständen, so auch in § 315c, ist jedoch die Regelung der Versuchsstrafbarkeit den Vorsatz-Fahrlässigkeitskombinationen vorangestellt, sodass von der Straflosigkeit des Versuchs in dieser Konstellation auszugehen ist[206].

Die Vorsatz-Fahrlässigkeitskombination z. B. in § 308 V ist – anders als die voll vorsätzliche Deliktsbegehung nach § 308 I – Vergehen. Da es an einer ausdrücklichen Versuchspönalisierung fehlt, ist auch hier der Versuch straflos.

121 Hinzuweisen ist auf die beiden Möglichkeiten des **Versuches erfolgsqualifizierter** Delikte[207], die auch im Gefährdungsstrafrecht eine Rolle spielen (s. o. Rn. 107 ff.).

(1) Bereits der Versuch des Grunddelikts führt den qualifizierenden Erfolg herbei. (2) Der Täter will nicht nur das Grunddelikt verwirklichen, sondern auch den qualifizierenden Erfolg herbeiführen, was ihm jedoch nicht gelingt.

Beispiele (versuchtes erfolgsqualifiziertes Delikt): (1) BGHSt 7, 37: T möchte mit Benzin als Zündstoff ein Gebäude in Brand setzen. Das brennende Benzin führt zwar keinen Gebäudebrand und keine Gebäudezerstörung herbei, tötet aber einen Menschen. – T = §§ 306a I Nr. 1, 306c, 22, 23.

---

203 S. *Baumann/Weber/Mitsch,* § 26 Rn. 24–27.
204 S. o. Rn. 102.
205 S. o. Rn. 106.
206 Vgl. z. B. *S/S/Eser/Hecker,* § 11 Rn. 66.
207 Dazu *Baumann/Weber/Mitsch,* § 8 Rn. 73 und § 26 Rn. 11, 41 f.

(2) T beabsichtigt, durch die Inbrandsetzung eines Wohnhauses seine dort wohnende Erbtante O zu töten. Das Haus gerät zwar in Brand, jedoch kann sich O retten. – T = §§ 306a I Nr. 1, 306c, 22, 23 (dazu in Tateinheit, § 52, §§ 211, 22, 23)[208].

b) Rücktritt vom Versuch

Für den Rücktritt vom Versuch des Gefährdungsdelikts gilt § 24. 122

Kann § 24 nicht eingreifen, weil die Tat bereits vollendet ist, so empfiehlt sich, wenn der Täter Gegenmaßnahmen ergriffen hat, stets die Prüfung, ob eine – bei den Gefährdungsdelikten häufige – Rücktrittsmöglichkeit vom vollendeten Delikt vorgesehen ist; dazu o. Rn. 114 ff.

VIII. Täterschaft und Teilnahme

1. Geltung der allgemeinen Regeln

Für die Beteiligung an Gefährdungsdelikten gelten die allgemeinen Vorschriften der §§ 25–31. 123

2. Hinweis auf einzelne Problemfelder

a) Eigenhändige Delikte und Sonderdelikte

Einige praktisch bedeutsame Gefährdungstatbestände enthalten **eigen-** 124
händige Delikte. So kann Täter der Verkehrsgefährdungsdelikte nach §§ 315a und 315c sowie § 316 nur der Fahrzeugführer sein[209]. Auch mittelbare Täterschaft (§ 25 I 2. Alt.) ist ausgeschlossen; Außenstehende können nur Anstifter (§ 26) oder Gehilfen (§ 27) sein[210].

Beispiele: (1) A überredet den infolge Alkoholgenusses fahruntüchtigen T, ihn nach Hause zu fahren. – T = § 316 I, bei vorsätzlicher konkreter Gefährdung § 315c I Nr. 1a. A = §§ 316 I, 26, bei vorsätzlicher konkreter Gefährdung §§ 315c I Nr. 1a, 26. Die Strafmilderung nach § 28 I kommt A nicht zugute, da die Eigenhändigkeit kein besonderes persönliches Merkmal ist[211].

(2) Wie Fall (1), jedoch weiß T nicht, dass er fahruntüchtig ist, weil A ihm heimlich Schnaps ins Bier gegossen hat. – T allenfalls (bei Fahrlässigkeit) § 316 II bzw. § 315c III Nr. 2 i. V. mit I Nr. 1a. A kann – wegen Eigenhändigkeit des Delikts – nicht als mittelbarer Täter nach § 316 I bzw. § 315c I Nr. 1a und – weil T nicht vorsätzlich handelte – auch nicht als Anstifter nach §§ 316 I, 26 bzw. §§ 315c I Nr. 1a, 26 erfasst werden[212].

Durch das Erfordernis der Betreibereigenschaft begründete **Sonderde-** 125
likte sind z. B. die Umwelt(gefährdungs-)straftaten nach §§ 325 I und 327

---

208 S. zu Konkurrenzfragen im Bereich der Gefährdungsdelikte näher u. Rn. 128 ff.
209 Vgl. z. B. BGHSt 18, 6 (zu § 315c I Nr. 1a). – Nach § 315a I Nr. 2 kann auch der sonst für die Sicherheit Verantwortliche Täter sein; vgl. z. B. OLG Dresden, NZV 2006, 440 (zu § 316).
210 S. dazu *Baumann/Weber/Mitsch*, § 29 Rn. 26.
211 Vgl. z. B. *S/S/Heine/Weißer*, § 28 Rn. 18; *S/S/Sternberg-Lieben/Hecker*, § 315c Rn. 43.
212 S. zu dieser unbefriedigenden Folge des Erfordernisses vorsätzlichen Handelns des Täters *Baumann/Weber/Mitsch*, § 30 Rn. 21, 24.

II[213]. Handelt der Betreiber ohne Vorsatz, ist er also allenfalls als Fahrlässigkeitstäter nach §§ 325 IV oder 327 III Nr. 2 strafbar, so scheitert auch hier, wie im vorstehenden Beispiel (2), eine Verantwortlichkeit des bösgläubigen Tatveranlassers als mittelbarer Täter oder Anstifter.

b) Bedeutung des § 11 II (Vorsatz-Fahrlässigkeitskombinationen) für die Teilnahme

126 Während § 11 II für die Versuchsstrafbarkeit ziemlich bedeutungslos ist[214], spielt er für die Teilnahme an Gefährdungsdelikten mit Vorsatz-Fahrlässigkeitskombinationen[215] vor allem im Straßenverkehrsrecht (§ 315c) eine erhebliche Rolle. Wegen des häufig unmöglichen Vorsatznachweises hinsichtlich der Gefahrverursachung ist namentlich die konkret gefährliche Trunkenheitsfahrt (§ 315c I Nr. 1a) sowohl für den Täter (Fahrzeugführer) als auch für den Teilnehmer in aller Regel nur als Vorsatz-Fahrlässigkeitskombination nach § 315c III Nr. 1 zu erfassen. § 11 II lockert im Hinblick darauf die Abhängigkeit der Teilnahme von der Haupttat (Akzessorietät) gegenüber §§ 26 und 27 dahin gehend, dass keine voll vorsätzliche Haupttat (kein Vorsatz hinsichtlich des Gefahrerfolges) erforderlich, sondern ausreichend ist, wenn der Haupttäter die **Handlung** vorsätzlich vornimmt.

Beispiel: A veranlasst den betrunkenen T zur gemeinsamen Heimfahrt im Pkw des T. Ein die Fahrbahn auf dem Zebrastreifen überquerender Fußgänger F, den T überhaupt nicht wahrgenommen hatte, kann sich nur durch einen kühnen Satz auf den Gehweg vor dem mit hoher Geschwindigkeit herannahenden T retten. – T = § 315c I Nr. 1a, III Nr. 1. A = §§ 315c I Nr. 1a, III Nr. 1 (§ 11 II!), 26.

Entscheidend für die Strafbarkeit des A ist, dass ihm selbst Fahrlässigkeit hinsichtlich der Gefahrherbeiführung zur Last fällt, er also hätte damit rechnen müssen und können, dass andere Verkehrsteilnehmer durch die Trunkenheitsfahrt des T konkret gefährdet werden. Ob auch T insoweit fahrlässig gehandelt hat, ist unerheblich, § 29.

127 § 11 II hat also für die Teilnahme an Delikten mit Vorsatz-Fahrlässigkeitskombinationen dieselbe akzessorietätslockernde Funktion wie § 18 für die Teilnahme am erfolgsqualifizierten Delikt. Auch insoweit genügt es ja für die Strafbarkeit des Teilnehmers, dass der Haupttäter das Grunddelikt vorsätzlich verwirklicht, der Teilnehmer dies weiß und will und ihm überdies hinsichtlich der schweren Folge Fahrlässigkeit zur Last fällt[216].

---

213 S. dazu u. § 41 Rn. 17.
214 S. o. Rn. 120.
215 S. zu den einschlägigen Tatbeständen o. Rn. 105.
216 S. dazu z. B. *Baumann/Weber/Mitsch*, § 8 Rn. 72, 74 sowie § 30 Rn. 19.

Konkurrenzen § 35 Rn. 128–132

IX. Konkurrenzen

1. Verhältnis von Gefährdungs- und Verletzungsdelikten

a) Problemübersicht

Ist ein Rechtsgut verletzt worden, so hat es sich zwangsläufig zuvor in Gefahr befunden (s. o. Rn. 78). Dementsprechend handelt der Täter, der verletzen will, immer auch mit Gefährdungsvorsatz[217], und Fahrlässigkeit hinsichtlich der Verletzung begründet zugleich Fahrlässigkeit hinsichtlich der Gefährdung[218]. Sind Rechtsgutsgefährdung und -verletzung unter Strafe gestellt, so stellen sich Konkurrenzfragen. 128

Zumeist resultieren Verletzung und Gefährdung aus ein und derselben Täterhandlung, sodass **Handlungseinheit**[219] vorliegt. 129

> **Beispiele:** (1) T tötet durch eine Sprengstoffexplosion vorsätzlich mehrere in einer Synagoge versammelte Gläubige. – T = § 308 I, III + § 211.
>
> (2) T überholt mit seinem Pkw trotz fehlender Sicht einen Lkw. Der entgegenkommende Motorradfahrer O wird vom Pkw des T erfasst und verletzt (getötet). – T = § 315c I Nr. 2b, III Nr. 1 oder 2 + §§ 229 (222).

In diesen Fällen stellt sich die Frage, ob das Gefährdungs- und das Verletzungsdelikt in **Tateinheit** (§ 52)[220] stehen oder ob ein Fall der **Gesetzeskonkurrenz**[221] vorliegt, also der Schuldspruch nur auf **einen** Tatbestand, hier den Verletzungstatbestand, zu stützen ist[222]. 130

Neben diesen Fällen der Handlungseinheit gibt es solche der **Handlungsmehrheit**[223], d. h. Fälle, in denen Rechtsgutsgefährdung und -verletzung aus verschiedenen Täterhandlungen resultieren. 131

> **Beispiel:** T fertigt zunächst Druckvorrichtungen zur Falschgeldproduktion an. Später druckt er Falschgeld und bringt dieses in Verkehr. – T = § 149 I + § 146 I Nr. 1 und 3.

Die Frage ist, ob Gefährdungs- und Verletzungsdelikt in **Tatmehrheit** (§ 53) stehen oder ob auch hier ein Fall der **Gesetzeskonkurrenz**, d. h. Zurücktreten des Gefährdungsdelikts (§ 149) hinter das Verletzungsdelikt (§ 146) anzunehmen ist. – Dazu u. Rn. 132.

b) Subsidiarität des Gefährdungsdelikts gegenüber dem Verletzungsdelikt bei Rechtsgutsidentität

Wird durch den Gefährdungs- und den Verletzungstatbestand dasselbe Rechtsgut geschützt, so wird der Unrechts- und Schuldgehalt der Tat mit 132

---

217 S. o. Rn. 101.
218 Ebenfalls Rn. 101.
219 Dazu z. B. *Baumann/Weber/Mitsch*, § 36 Rn. 15–24.
220 Dazu z. B. *Baumann/Weber/Mitsch*, § 36 Rn. 25–32.
221 *Baumann/Weber/Mitsch*, § 36 Rn. 6–13.
222 Dazu u. Rn. 132, 135.
223 Dazu z. B. *Baumann/Weber/Mitsch*, § 36 Rn. 33–38.

der Verurteilung wegen des Verletzungsdelikts voll abgegolten. Der Gefährdungstatbestand ist zur ausreichenden Erfassung des Unrechtsgehalts entbehrlich. Dies gilt für die Fälle der Handlungseinheit wie der Handlungsmehrheit.

> **Beispiel (Handlungseinheit):** T lässt den von ihm mit dem Kfz auf einem Fußgängerüberweg angefahrenen und schwer verletzten F liegen, obwohl er mit dessen Tod rechnet und diesen Erfolg auch billigt. – T = §§ 212, 13.
> Der ebenfalls vorliegende Aussetzungstatbestand § 221 I Nr. 2 schützt wie § 212 ausschließlich Individualrechtsgüter des F, neben der körperlichen Integrität dessen Leben (gegen Gefährdung), s. u. § 36 Rn. 1. Er tritt deshalb als subsidiär[224] hinter § 212 zurück (s. auch u. § 36 Rn. 11[225]).
> Dasselbe gilt für § 323c[226].
>
> **Beispiele (Handlungsmehrheit):** (1) Fall wie o. Rn. 131. – Da der Gefährdungstatbestand § 149 gleichermaßen wie der Verletzungstatbestand § 146 die Sicherheit und Zuverlässigkeit des Geldverkehrs schützt, ist § 149 gegenüber § 146 subsidiär (mitbestrafte Vortat)[227].
>
> (2) Desgleichen tritt der Vorbereitungstatbestand § 310 als subsidiär zurück, wenn es zum Versuch oder zur Vollendung der dort genannten Explosionsdelikte mit ihrer gegenüber der Vorbereitung intensiveren Rechtsgutsgefährdung kommt[228].

c) Tateinheit (§ 52) zwischen Verletzungs- und Gefährdungsdelikt bei Rechtsgutsverschiedenheit

133 Die meisten der in §§ 306 ff. erfassten Gefährdungsdelikte beeinträchtigen zumindest **auch** Interessen der Allgemeinheit. Offensichtlich ist die Betroffenheit der Allgemeinheit bei den **abstrakten Gefährdungstatbeständen**, in denen ja gerade auf das Merkmal der Gefährdung einzelner verzichtet wird[229].

> **Beispiele:** Brandstiftung, § 306a I, und Trunkenheit im Verkehr, § 316.

134 Nichts anderes gilt aber auch für die **konkreten** Gefährdungstatbestände. Sie schützen über die Individualrechtsgüter Leib, Leben und Eigentum hinaus auch Rechtsgüter der Allgemeinheit[230].

> **Beispiele:** Verkehrsgefährdungen nach §§ 315–315c richten sich nicht nur gegen die Individualrechtsgüter des konkreten Gefährdungsopfers, sondern auch gegen das überindividuelle Rechtsgut „Verkehrssicherheit".

---

[224] S. zur Subsidiarität *Baumann/Weber/Mitsch*, § 36 Rn. 11.
[225] Dies gilt auch für die Erfolgsqualifikation des § 221 III; vgl. z. B. *S/S/Eser*, § 221 Rn. 18. – Im Falle fahrlässiger Todesverursachung ist § 221 III lex specialis gegenüber § 222.
[226] S. näher § 39 Rn. 25, 29.
[227] S. z. B. *Baumann/Weber/Mitsch*, § 36 Rn. 11. Näher *Geerds*, Zur Lehre von der Konkurrenz im Strafrecht, 1961, S. 186.
[228] S. z. B. *Lackner/Kühl*, § 310 Rn. 5; S. zur Konkurrenz zwischen schwacher und starker Gefährdung auch u. Rn. 138 ff.
[229] S. o. Rn. 44, 89 f.
[230] S. o. Rn. 90.

Führt das Täterverhalten über die Gefährdung hinaus zu einer Verletzung von Rechtsgütern des konkreten Opfers, etwa zu einer Körperverletzung, so wäre zwar dieser individualbezogene Unrechtsgehalt der Tat mit einer Verurteilung nach § 229 ausreichend erfasst, nicht aber die selbstverständlich auch bei Verletzung des Einzelnen vorliegende Beeinträchtigung von Allgemeininteressen. Für die Konkurrenzfrage bedeutet das, dass das Gefährdungsdelikt nicht subsidiär gegenüber dem Verletzungsdelikt ist, sondern zu diesem in Tateinheit (§ 52) steht. – Dies bestätigt auch ein Vergleich der Strafrahmen z. B. des § 229 und des § 315c. **135**

Beispiele: (1) Abstraktes Gefährdungsdelikt: In dem von T angezündeten Wohnhaus erleidet ein Hausbewohner Brandwunden. – T = §§ 306a I Nr. 1, 229, 52.

(2) Abstrakte Gefährdung: T setzt ein fremdes Wohnhaus in Brand. – T = §§ 306a I, 306 I Nr. 1 (fremdes Gebäude), 52. Da § 306 I ein Eigentums(verletzungs-)delikt (qualifizierter Fall der Sachbeschädigung) enthält, wird durch ihn der Unrechtsgehalt der menschengefährdenden Inbrandsetzung eines **Wohn**gebäudes nicht erfasst[231].

(3) Konkretes Gefährdungsdelikt: Fall (2) o. Rn. 129 (Verletzung oder Tötung des gefährdeten Verkehrsteilnehmers). – T = §§ 229 (222), 315c I Nr. 2b, III Nr. 1 oder 2, 52. Auch zu den vorsätzlichen Verletzungsdelikten (§§ 223, 211/212) stehen die §§ 315–315c in Tateinheit, § 52[232].

Enthält der Gefährdungstatbestand bereits in der Umschreibung des Täterverhaltens ein Verletzungsdelikt, so wird dieses verdrängt. – **Beispiele:** §§ 315 I Nr. 1 und 315b I Nr. 1 enthalten in Gestalt des Zerstörens und Beschädigens von Anlagen und Beförderungsmitteln eine Sachbeschädigung, § 303. Diese tritt hinter die spezielleren Gefährdungstatbestände zurück[233]. **136**

In zahlreichen (abstrakten und konkreten) Gefährdungstatbeständen sind die beiden Unrechtskomponenten „Gefährdung der Allgemeinheit" und „Verletzung des Einzelnen" (Gesundheitsschädigung oder Tötung) als **Erfolgsqualifikation** zusammengefasst (gravierendes Handlungs- **und Erfolgsunrecht**); vgl. die Zusammenstellung der einschlägigen Vorschriften o. Rn. 107. In diesen Fällen ist das erfolgsqualifizierte Gefährdungsdelikt lex specialis zu den allgemeinen Fahrlässigkeitsdelikten nach §§ 222, 229. **137**

Beispiele: (1) Abstraktes Gefährdungsdelikt: Im obigen (Rn. 135) Fall (1) wird der Hausbewohner durch den Brand getötet. – T = § 306c. Bei Fahrlässigkeit ist § 306c lex specialis gegenüber § 222; bei Tötungsvorsatz des T = §§ 306c, 211, 52, da bei Verurteilung nur nach § 306c nicht zum Ausdruck käme, dass T vorsätzlich getötet hat. – Entsprechendes gilt für das Verhältnis von § 306b I zu den Körperverletzungsdelikten nach §§ 229 und 223.

---

231 Näher zum Verhältnis der Brandstiftungsdelikte zueinander u. § 37 Rn. 62 ff.
232 BGH, VRS 9, 350 (353); 56, 139 (140); SK-*Wolters*, § 315c Rn. 31, 26, § 315b Rn. 30; *Fischer*, § 315b Rn. 23 und § 315c Rn. 23; *S/S/Sternberg-Lieben/Hecker*, § 315c Rn. 52; LK-*König*, § 315c Rn. 211d.
233 Vgl. z. B. OLG Braunschweig, VRS 32, 371.

(2) **Konkretes Gefährdungsdelikt:** T beschädigt die Sicherheitsvorrichtungen eines Bergwerksbetriebes. Der Eingriff hat den Tod eines Bergmannes zur Folge. – T = § 318 IV, bei Tötungsvorsatz §§ 318 IV, 212 (211), 52.

2. Verhältnis von starken und schwachen Gefährdungen

138 Die Intensität der Beeinträchtigung von Rechtsgütern ist nicht nur abgestuft nach Verletzung und Gefährdung, sondern innerhalb der Gefährdung staffelt der Gesetzgeber häufig die Tatbestände und Strafdrohungen zusätzlich nach starken und schwachen Gefährdungen. Dabei wird vor allem zwischen abstrakter (schwacher) und konkreter (starker) Gefährdung differenziert, oft darüber hinaus innerhalb der abstrakten Gefährdung nochmals zwischen schwacher und starker (abstrakter) Gefährdung, s. o. Rn. 50 f.

a) Verhältnis Straftat/Ordnungswidrigkeit

139 Die nach der angedrohten Rechtsfolge deutlichste Abstufung ist die zwischen Ordnungswidrigkeit und Straftat. Erfüllt das Täterverhalten sowohl einen Bußgeldtatbestand (Ordnungswidrigkeit) als auch einen Straftatbestand, so ist die **Ordnungswidrigkeit stets subsidiär**, § 21 I OWiG. – Fall der ausdrücklichen Subsidiarität.

Beispiele: (1) **Abstrakte Gefährdung:** T fährt in seinem Pkw vom Gasthaus nach Hause, obwohl er 1,8 Promille Alkohol im Blut hat, also absolut fahruntüchtig ist[234]. – T = § 316 I. Subsidiarität der ebenfalls vorliegenden Ordnungswidrigkeit nach § 24a I StVG (0,5-Promille-Grenze) gemäß § 21 I OWiG.

(2) **Konkrete Gefährdung:** T überholt mit seinem Pkw trotz fehlender Sicht einen Lkw. Ein entgegenkommender Motorradfahrer kann einen Zusammenstoß nur dadurch vermeiden, dass er in den Straßengraben fährt. – T = § 315c I Nr. 2b. Subsidiarität (§ 21 I OWiG) von §§ 1 II, 49 I Nr. 1 (und §§ 5 II, III Nr. 1, 49 I Nr. 5) StVO.

b) Verhältnis von Gefährdungsstraftaten zueinander

140 Soweit durch die konkreten Gefährdungsdelikte auch Rechtsgüter der Allgemeinheit betroffen sind, was bei den meisten der in §§ 306 ff. geregelten Taten der Fall ist[235], gehen die konkreten Gefährdungstatbestände den abstrakten vor; **Subsidiarität der abstrakten Gefährdungstatbestände.**

Beispiele: (1) **Handlungseinheit:** Im obigen Fall (1) (Rn. 139) bringt der fahruntüchtige T fahrlässig einen Fußgänger in Lebensgefahr. – T = § 315c I Nr. 1a, III Nr. 1. Der ebenfalls vorliegende § 316 I tritt dahinter als subsidiäre Vorschrift zurück. – Fall gesetzlich angeordneter Subsidiarität.

(2) **Handlungsmehrheit:** Im Fall (2) o. Rn. 132 ist das abstrakte (Vorbereitungs-)Gefährdungsdelikt subsidiär gegenüber den später ausgeführten Explosionsverbrechen.

---

234 S. zu den Trunkenheitsdelikten im Straßenverkehr und den dafür maßgebenden Promille-Grenzen näher u. § 38 Rn. 30 ff.
235 S. o. Rn. 134.

§ 36 Aussetzung, § 221

Literaturhinweise: *Dencker/Struensee/Nelles/Stein,* Einführung in das 6. StrRG 1998, 1998; *Ebel,* Die „hilflose Lage" im Straftatbestand der Aussetzung, NStZ 2002, 404; *Hacker/Lautner,* Der Grundtatbestand der Aussetzung (§ 221 Abs. 1 StGB), Jura 2006, 274; *Hall,* Die normativen Tatbestandselemente der Aussetzung, ZStrR 46 (1932), 328; *Küper,* Grundsatzfragen des neuen Aussetzungsdelikts, ZStW 111 (1999), 30; *Krüger/Wengenroth,* Anmerkung zu BGHSt 57, 28, NStZ 2013, 102; *Momsen,* Das Im-Stich-Lassen in hilfloser Lage i.S. von § 221 I Nr. 2 StGB: Ein echtes Unterlassungsdelikt?, StV 2013, 54; *Sternberg-Lieben/Fisch,* Der neue Tatbestand der (Gefahr-)Aussetzung (§ 221 StGB n. F.), Jura 1999, 45; *Wengenroth,* Grundprobleme der Aussetzung, § 221 StGB, JA 2012, 584. – Vgl. im Übrigen die Literaturhinweise zu § 35.

Übersicht

	Rn.
I. Rechtsgut und kriminalpolitischer Hintergrund	1
II. § 221 im Einzelnen	4
1. Im Stich lassen in hilfloser Lage, § 221 I Nr. 2	4
2. Versetzen in hilflose Lage, § 221 I Nr. 1	8
III. Qualifikationen	9
IV. Konkurrenzen	11

I. Rechtsgut und kriminalpolitischer Hintergrund

§ 221 schützt Leben und Gesundheit. Es handelt sich um ein **konkretes Lebens- bzw. Gesundheitsgefährdungsdelikt**[1]. Der Gesetzgeber hat im 6. StrRG (1998) die Vorschrift gesetzestechnisch erheblich überarbeitet. Dabei ist die alte Streitfrage entschieden worden, ob Gesundheitsgefahr genügt oder § 221 nur bei Lebensgefahr eingreift. Es hat sich die weitergehende Auffassung durchgesetzt („Gefahr … einer schweren Gesundheitsschädigung")[2]. 1

§ 221 wird praktisch immer durch **Unterlassen** begangen, d. h. als Täter kommen fast nur Beschützergaranten (Abs. 1 Nr. 2[3]) in Betracht[4]. 2

---

1 S. o. § 35 Rn. 34 f., 61, 64.
2 Näher u. Rn. 4 f.
3 Laut BGHSt 57, 28 (31) handelt es sich hierbei sogar immer um ein Unterlassungsdelikt; kritisch: *Momsen,* StV 2013, 54; *Krüger/Wengenroth,* Anmerk. zu BGHSt 57, 28, NStZ 2013, 102.
4 Vgl. näher zur weitgehenden Bedeutungslosigkeit der Begehungsalternative des Abs. 1 Nr. 1 (Versetzen) u. Rn. 8.

3 Der Tatbestand ist **examenswichtig**, weil er als eines der ganz wenigen Beispiele für konkrete Gefährdungsdelikte **theoretisch** von Interesse ist.

Beispiel Tumorfall, BGE 73 IV 164: Mutter T schlägt ihre weinende dreijährige Tochter O und schüttelt sie. Durch das Schütteln platzt eine Geschwulst im Gehirn der O. O wird bewusstlos, hat Zuckungen etc. – T holt keinen Arzt, aus Angst, man würde den Zustand der O auf ihre Züchtigung zurückführen und sie verantwortlich machen. – O stirbt am nächsten Tag. Die Obduktion ergibt, dass ärztliche Intervention aussichtslos gewesen wäre und ein Arzt dem tief bewusstlosen Kind auch keinerlei Leiden etc. hätte ersparen können. – **Lösung:** Ex ante spricht im Zeitpunkt der Bewusstlosigkeit alles für ein **lebensgefährliches** im Stich lassen, weil T keine Hilfe geholt hat. Zieht man die ex post aus der Obduktion erlangte Information heran, hat T jedoch das Kind durch ihr Unterlassen nicht in Gefahr gebracht – es liegt nur Versuch nach § 221 vor.

Praktisch ist § 221 fast bedeutungslos (etwa 20 Verurteilte pro Jahr). In den wenigen Fällen, in denen § 221 angewendet wird, ist so gut wie immer ein dringender **Verdacht** im Sinne eines **Tötungsvorsatzes** gegeben. Das folgt aus dem Wesen des Gefährdungsvorsatzes, der sich vom weitergehenden Verletzungsvorsatz nur dadurch unterscheidet, dass der mit Gefährdungsvorsatz handelnde Täter auf das Ausbleiben des Erfolges (meist leichtfertig!) vertraut oder ihm eine entsprechende Schutzbehauptung nicht widerlegt werden kann[5]. § 221 eröffnet hier einen gefährlichen **Strafzumessungskompromiss**, reicht doch in den Fällen, in denen das Opfer ums Leben kommt, die Strafdrohung von 3–15 Jahren (§§ 221 III, 38 II), d. h. sie entspricht fast der des Totschlages nach § 212. Der früher hier[6] vorgetragenen Kritik, dass der Strafrahmen des § 221 III sogar die für minder schwere Fälle des Totschlages nach § 213 vorgesehene Strafdrohung übertreffe, hat die Neufassung durch das 6. StrRG durch § 221 IV Rechnung getragen. Anders als beim Totschlag durch Unterlassen (§ 13 II) ist bei § 221 für die Unterlassungsvariante keine Strafmilderung vorgesehen.

Historisch steht die Aussetzung als Kindesweglegung (ohne Gefährdung, z. B. durch Ablage vor der Klosterpforte) der Unterhaltspflichtverletzung (§ 170) näher als den Straftaten gegen das Leben[7].

II. § 221 im Einzelnen

1. Im Stich lassen in hilfloser Lage, § 221 I Nr. 2

4 § 221 I Nr. 2 bedroht das im Stich lassen „in einer hilflosen Lage" mit Strafe. Im Stich lassen bedeutet das Unterlassen der Hilfeleistung. Eine räumliche Trennung des Täters vom Opfer, etwa durch Verlassen eines Unglücksortes, ist nicht mehr[8] erforderlich. Der Täter lässt das Opfer also auch dann im Stich, wenn er bei weiterer Anwesenheit schlichtweg untätig

---

5   S. o. § 35 Rn. 9, 21, 101 ff.
6   LH 2 Rn. 405.
7   *Hall*, S. 349 f., 363 f.
8   BGHSt 57, 28; a.A. zuvor BGHSt 38, 78.

bleibt[9]. Tauglicher Täter kann nur der sein, der eine Obhuts- oder Beistandspflicht dem Opfer gegenüber im Hinblick auf dessen Leib oder Leben innehat. Ein im Stich lassen kommt immer dann in Betracht, wenn der Täter Garant dafür ist, dass das Opfer nicht die erforderliche Gefahrensituation gelangt[10]. Der Täterkreis wird daher regelmäßig auf **Beschützergaranten** beschränkt sein.

Drei Voraussetzungen müssen erfüllt sein:
(1) ein obhutspflichtiger Täter;
(2) ein Opfer in hilfloser Lage;
(3) vorsätzliches Herbeiführen der konkreten Gefahr. Die Gefahr bezieht sich auf das Leben oder auf eine schwere Gesundheitsschädigung. Schwere Gesundheitsschädigung darf begrifflich nicht mit schwerer Körperverletzung (§ 226) verwechselt werden[11].

Es wird kaum zu vermeiden sein, dass Fälle, in denen die konkrete Lebensgefahr zweifelhaft ist (weil Tötung als ein schwaches und/oder relativ fern liegendes Risiko erscheint), unter die Alternative „Gefahr einer schweren Gesundheitsschädigung" subsumiert werden. Eine solche Abschwächung der für das Leben geschaffenen Risiken ist jedoch nicht der Sinn der vom Gesetzgeber des 6. StrRG (1998) eingefügten Variante (Gesundheitsgefahr). Vielmehr geht es um Fälle, in denen massive Gesundheitsschäden drohen, ohne (!) Lebensgefahr.

Beispiel Lockvogel, BGE 101 IV 154 (Sachverhalt vereinfacht): Die T lockt den angetrunkenen O (eine Barbekanntschaft) unter dem Vorwand in ihre Wohnung, sie sei an einem sexuellen Abenteuer interessiert. In der Wohnung macht sie den O völlig betrunken, plündert ihn aus und setzt den bewusstlosen O „in einer regnerischen und stürmischen, aber nicht besonders kalten Novembernacht unter dem Vordach einer Baracke" in einer ziemlich einsamen Gegend aus (mit dem Mantel bekleidet). – Lösung: Keine unmittelbare Gefahr des Ablebens, wohl auch keine unmittelbare Gefahr einer schweren Gesundheitsschädigung. – Die Gefahr lässt sich durch relativ geringe Änderungen des Sachverhaltes massiv modifizieren (kühlere Nacht, Aussetzung des O in der Nässe etc.)[12].

Es versteht sich, dass die beiden Tatbestandsmerkmale der hilflosen Lage und des Gefahrerfolges aufeinander bezogen werden müssen. Das ins Eis eingebrochene Kind, von dem unsicher ist, ob es sich aus eigener Kraft retten können wird, ist eben deshalb in Lebensgefahr, weil es vielleicht (!) sich nicht selbst helfen kann.

Beim historischen Musterfall der Kindesaussetzung[13], mag das Opfer kreatürlich hilflos sein, tritt angesichts der sicheren Intervention der Kirche jedoch kein Gefahrerfolg ein.

---

9 Vgl. *Lackner/Kühl*, § 221 Rn. 4; MüKo-*Hardtung*, § 221 Rn. 17; *Rengier*, BT 2, § 10 Rn. 10; *Fischer*, § 221 Rn. 8; S/S/*Eser*, § 221 Rn. 6.
10 BGHSt 26, 37; MüKo-*Hardtung*, § 221 Rn. 14 f.; S/S/*Eser*, § 221 Rn. 10.
11 Vgl. § 218 II 2 Nr. 2, § 225 III Nr. 1 und o. § 5 Rn. 36.
12 Vgl. BGHSt 26, 35.
13 Kindeswegleugung, o. Rn. 3 am Ende.

7 Die Obhutspflicht hat der Gesetzgeber als Garantenpflicht gemäß § 13 gesehen[14]; fraglich ist jedoch, ob man wie in § 221 a. F.[15] auch eine **räumliche Nähebeziehung** zwischen Garant und Opfer als zusätzliches Merkmal fordern muss.

> **Beispiel:** (1) Babysitter T betrinkt sich bis zur Bewusstlosigkeit, obwohl sich das zu beaufsichtigende Kind O in Krämpfen windet. T = § 221 I Nr. 2, wenn (!) konkrete Gesundheitsgefahr eintritt, sonst Versuch, weil T mit einer solchen Gefahr rechnet. – (2) Babysitter T bemerkt, dass O an Krämpfen leidet. T gibt O Tee und ruft vorsichtshalber die Mutter M an und fragt M, ob mehr zu tun sei. M möchte während der lustigen Party unter Freunden nicht gestört werden und sagt wahrheitswidrig, der Zustand des O sei harmlos. – Auch hier liegt ein im Stich lassen durch M vor, doch fehlt die besondere Beziehung zum Opfer durch räumliche Nähe[16].

Teilnahme durch Tun an der Tat nach § 221 I Nr. 2 kann zur Täterschaft nach § 221 I Nr. 1 führen; so vorstehend Beispiel (2). – Ob bei Teilnahme durch Tun an einer Tat nach § 221 I Nr. 2 das Fehlen der Garantenstellung beim Teilnehmer zu einer Milderung nach § 28 I führt, ist als allgemeines, stark umstrittenes Problem der Teilnahme eines Nichtgaranten am unechten Unterlassungsdelikt anzusehen, nicht als spezielles Problem des § 221 I.

2. Versetzen in hilflose Lage, § 221 I Nr. 1

8 „Versetzen" hatte § 221 a. F. als „Aussetzen" umschrieben, d. h. als **räumliche Veränderung.** Vom Wortlaut her ist ein „Versetzen" in hilflose Lage auch ohne räumliche Veränderung leicht vorstellbar[17] (z. B. T nimmt dem gelähmten O das Handy weg, mit dem der akut erkrankte O ohne Weiteres Hilfe alarmieren könnte).

Anders als § 221 I Nr. 2 ist Nr. 1 als Jedermannsdelikt ausgestaltet, das sowohl durch aktives Tun als auch durch Unterlassen begangen werden kann.

Auf die Auslegung des „Versetzens" braucht jedoch nicht näher eingegangen zu werden, weil § 221 I Nr. 1 normalerweise nicht vorliegen kann, ohne dass auch § 221 I Nr. 2 erfüllt ist. Wer jemanden in eine hilflose Lage versetzt, lässt ihn im Regelfall dann im Stich – und die Obhutspflicht beruht auf dem „Versetzen" als vorangegangenem Tun. Insofern liegt einer der seltenen Fälle vor, in denen der Unterlassungskonstruktion gegenüber der Begehungsalternative die Priorität zukommt[18].

---

14 Zu dieser vom Gesetzgeber als überflüssig angesehenen Bezugnahme auf § 13 *Freund*, ZStW 109 (1997), 455 ff. (474); vgl. auch unten Rn. 9.
15 Zu § 221 a. F. hier LH 2 Rn. 408 und die überholte Entscheidung BGHSt 38, 78. *Struensee*, in: Dencker u. a., a. a. O, 2. Teil, Rn. 37 sieht die Ausweitung auf alle Garanten (unter Verzicht auf räumliche Nähe) als „jetzt unproblematisch" an, obwohl er sonst die „bestrafungsfreudigste Alternative" (a. a. O. Rn. 32) skeptisch betrachtet.
16 Vgl. zu ähnlichen Problemen bei § 323c u. § 39 Rn. 20 f.
17 Wie hier *Ebel*, NStZ 2002, 405; MüKo-*Hardtung*, § 221 Rn. 11, *S/S/Eser*, § 221 Rn. 4 ff.; vgl. auch BGH, NJW 2008, 2199.
18 A.A. *Hacker/Lautner*, Jura 2006, 280 und MüKo-*Hardtung*, § 221 Rn. 48, *S/S/Eser*, § 221 Rn. 18, die in einem solchen Fall vom Vorrang des § 221 I Nr. 1 ausgehen.

Beispiel BGHSt 26, 35: Gastwirt T führt den betrunkenen O hinaus und lässt ihn draußen – an die Dachrinne geklammert – stehen. O lässt die Dachrinne los, torkelt in ein Auto und stirbt an den Unfallfolgen. Soll § 221 I Nr. 1 vorliegen, wenn O hinausgeworfen wird, dagegen § 221 I Nr. 2, wenn O hinausgeführt wird? Maßgebend ist in beiden Fällen das Alleinlassen, also beide Male § 221 I Nr. 2 (beim Nachlesen des Falles an die Neufassung des § 221 denken!).

III. Qualifikationen

§ 221 II Nr. 1 bringt bei Eltern (einschließlich Pflegeeltern u. Ä.) eine **9** Strafschärfung für beide Alternativen des § 221 I, die auf dem richtigen Gedanken beruht, dass es stärkere und schwächere Garantenstellungen gibt. Ist die Haupttat gemäß § 221 II Nr. 1 als qualifizierter Fall des § 221 I Nr. 1 anzusehen, erfüllt Teilnahme durch Tun den Tatbestand der §§ 221 I Nr. 1, 26/27. – Ist die Haupttat gemäß § 221 II Nr. 1 als qualifizierter Fall des § 221 I Nr. 2 anzusehen, erfüllt Teilnahme durch Tun §§ 221 I Nr. 2, 26/27[19].

§ 221 III und § 221 II Nr. 2 enthalten **Erfolgsqualifikationen**; Fahrlässigkeit bezüglich der besonderen Folge der Tat ist erforderlich[20]. **Einzelheiten** (z. B. die Typizität oder Enge des Kausalzusammenhanges zwischen Grundtatbestand und Erfolgseintritt oder der Erfolgseintritt im Versuchsstadium) können hier nicht behandelt werden, zumal es sich um allgemeine Probleme erfolgsqualifizierter Delikte handelt. **10**

IV. Konkurrenzen

Die vorsätzliche (konkrete) Gefährdung ist gegenüber dem entsprechenden vorsätzlichen Verletzungstatbestand als eine tiefere Stufe zu betrachten, d. h. die vorsätzliche Verletzung verdrängt die vorsätzliche Gefährdung desselben Rechtsgutes, Subsidiarität[21]. **11**

Im Stich lassen nach § 323c ist gegenüber dem konkreten Lebensgefährdungsdelikt des § 221 subsidiär. § 221 verdrängt ebenso § 171. – Auf den praktisch häufigen Fall der Idealkonkurrenz zwischen § 221 und § 142 (Flucht als im Stich lassen) wird hingewiesen. – § 315c I dürfte als gegenüber § 221 privilegierter Fall einer konkreten Gefährdung anzusehen sein[22]. **12**

---

19 Zu § 28 I (wegen Fehlens der beim Haupttäter vorausgesetzten strafbegründenden Garantenstellung) s. o. Rn. 7. – Zum räumlichen Näheverhältnis als einem zusätzlich zur Garantenstellung hinzutretenden persönlichen Merkmal (im Sinne einer besonderen Täter/Opfer-Beziehung) vgl. o. Rn. 7.
20 Vgl. § 18.
21 Wie hier BGHSt 4, 114 (116); zur vergleichbaren Frage des Verhältnisses der Körperverletzung zur Tötung eingehend § 2 Rn. 86 f.
22 *Struensee*, in: Dencker u. a., a. a. O., 2. Teil, Rn. 33.

§ 37 „Gemeingefährliche" Delikte, §§ 306 ff.

Übersicht

	Rn.
I. Einleitung	1
II. Brandstiftung, §§ 306–306f	6
1. Systematik der Brandstiftungstatbestände, geschützte Rechtsgüter und kriminalpolitischer Hintergrund	6
a) Systematik der §§ 306–306f; geschützte Rechtsgüter	6
b) Kriminalpolitischer Hintergrund	15
2. (Einfache) Brandstiftung, § 306 im Einzelnen	16
a) Tatobjekte	16
b) Tathandlung: Inbrandsetzung oder ganze oder teilweise Zerstörung durch Brandlegung	17
3. Schwere Brandstiftung, § 306a im Einzelnen	22
a) Das abstrakte Gefährdungsdelikt nach § 306a I	22
b) Das konkrete Gefährdungsdelikt nach § 306a II	35
4. Qualifikationen der Brandstiftung, §§ 306b und c	37
a) Besonders schwere Brandstiftung, § 306b	37
b) Brandstiftung mit Todesfolge, § 306c	47
5. Vollendung und Versuch sowie Rücktritt vom Versuch und vom vollendeten Delikt	51
a) Versuch und Rücktritt vom Versuch	51
b) Vollendung und Rücktritt vom vollendeten Delikt, § 306e	54
6. Konkurrenzen	62
III. Sonstige „gemeingefährliche" Delikte – Überblick	70
1. Explosions- und Strahlungsdelikte, §§ 307–312	70
2. Herbeiführen einer Überschwemmung, § 313	81
3. Beeinträchtigung wichtiger Anlagen und Betriebe, §§ 316b, 317 und 318	86
4. Baugefährdung, § 319	93
5. Vergiftungsdelikte, §§ 314, 330a – Hinweis auf Lebensmittel- und Arzneimittelstrafrecht	97

I. Einleitung

1   Entgegen seiner Überschrift „Gemeingefährliche Straftaten" enthält der 28. Abschnitt (§§ 306 ff.) – und der gesamte übrige Besondere Teil des StGB – **keine echten** gemeingefährlichen Delikte mehr. Die letzten Tatbestände, die die Herbeiführung einer **gemeinen Gefahr** verlangten, die

Einleitung § 37 Rn. 2–5

Überschwemmungstatbestände der §§ 312–314 a. F., wurden durch das 6. StrRG in einem konkreten Gefährdungstatbestand, § 313, zusammengefasst[1].

Der Gemeingefahr am nächsten kommt der gegen eine „unübersehbare Zahl von Menschen" gerichtete Missbrauch ionisierender Strahlen[2].

Die Abschnittsüberschrift ist aber insofern im Wesentlichen berechtigt, als die meisten der hier zusammengefassten Verbrechen und Vergehen nicht nur Rechtsgüter des Einzelnen, sondern auch die Sicherheit der Allgemeinheit gefährden[3]. – Dies gilt vor allem für die Verkehrsgefährdungsdelikte. „Der praktischen Bedeutung dieser Taten entspricht es jedoch besser, sie gemeinsam mit den sonstigen Straftaten im Verkehr, die keine Gefährdungsstraftaten sind, namentlich mit der Verkehrsflucht ... in einem besonderen Titel zu vereinigen"[4]. Dementsprechend werden auch hier die Verkehrsdelikte[5] gesondert dargestellt. 2

Einige der in §§ 306–323c unter Strafe gestellten Taten betreffen typischerweise nicht Interessen der Allgemeinheit, sind also auch in einem weiteren Sinne nicht gemeingefährlich. In Übereinstimmung mit den StGB-Entwürfen werden sie deshalb gleichfalls gesondert behandelt: die unterlassene Hilfeleistung (§ 323c)[6] und der Vollrausch (§ 323a)[7]. 3

Zwei weitere im 28. Abschnitt des geltenden BT enthaltene Tatbestände sind wegen ihres engen Zusammenhangs mit anderen Vorschriften gemeinsam mit diesen behandelt, und zwar § 316a (Räuberischer Angriff auf Kraftfahrer) zusammen mit den Raubdelikten (§§ 249 ff.)[8] und § 323b (Gefährdung einer Entziehungskur) zusammen mit anderen Verstößen gegen gerichtliche und behördliche Maßnahmen[9]. 4

Von den verbleibenden, hier darzustellenden gemeingefährlichen Straftaten kommt vor allem den **Brandstiftungsdelikten Bedeutung im Examen** (und in der Praxis) zu. Sie werden deshalb – nachstehend II (Rn. 6– 69) – ausführlicher dargestellt. 5

Der in der Prüfung gleichfalls bedeutsame **Versicherungsmissbrauch (§ 265)** wurde durch das 6. StrRG aus seinem früheren engen Zusammenhang mit der Brandstiftung gelöst. Er ist deshalb bei den **betrugsähnlichen Delikten** dargestellt[10].

---

1 S. dazu u. Rn. 81.
2 S. dazu u. Rn. 76; zur Problematik des Tatbestandsmerkmals „Gemeingefahr" und zu seiner wechselvollen Gesetzesgeschichte, namentlich bei den Verkehrsgefährdungsdelikten (§§ 315– 315c), s. o. § 35 Rn. 95.
3 S. o. § 35 Rn. 88 ff.
4 Begr. E 1962 vor §§ 320 ff. (Gemeingefährliche Straftaten), S. 498 l. Sp.
5 S. u. § 38.
6 Vgl. § 232 E 1962; u. § 39.
7 Vgl. § 351 E 1962; u. § 40.
8 Siehe § 17 Rn. 34 f.
9 Siehe § 45 Rn. 78.
10 Vgl. dazu § 21 Rn. 117–137. Zum mit § 265 a. F. und der Brandstiftung korrespondierenden Regelbeispiel des § 263 III Nr. 5 für einen besonders schweren Fall des Betrugs s. § 21 Rn. 138– 145.

II. Brandstiftung, §§ 306–306f

Literaturhinweise: *Beckemper,* Brandstiftung und tätige Reue, JA 2003, 925; *Brehm,* Die Ungefährliche Brandstiftung – BGH, NJW 1975, 1369, JuS 1976, 22; *Bruch,* Vorsätzliche Brandstiftungen. Ein Beitrag zur strafrechtlichen Regelung dieser Delikte, 1983; *Bundeskriminalamt* (Hrsg.), Brandermittlung und Brandverhütung, 1962; *Cramer,* Gesetzesgeschichtliche Dokumentation zu § 307 Nr. 2 StGB (besonders schwere Brandstiftung), Jura 1995, 347; *Fischer,* Strafrahmenrätsel im 6. StrRG (zu §§ 306 ff.), NStZ 1999, 13; *Geerds,* Die Brandstiftungsdelikte im Wandel der Zeiten und ihre Regelung im ausländischen Strafrecht, 1962; *Geppert,* Zur „einfachen" Brandstiftung (§ 308 StGB), R. Schmitt-FS 1989, S. 187; *ders.,* Die schwere Brandstiftung (§ 306 StGB), Jura 1989, 417; *ders.,* Die restlichen Brandstiftungsdelikte (§§ 307 bis 310a StGB), Jura 1989, 473; *Graßberger,* Brandstiftung, in: Handwörterbuch der Kriminologie, Bd. 1, S. 95; *Jäger,* Fahrlässigkeitsbrände. Eine strafrechtliche Studie zu § 309 StGB unter Berücksichtigung von Kriminologie und Kriminalistik, 1989; *Klussmann,* Über das Verhältnis von fahrlässiger Brandstiftung (§ 309 StGB) und nachfolgender vorsätzlicher Brandstiftung (§ 308 StGB) durch Unterlassen, MDR 1974, 187; *Knauth,* Neuralgische Punkte des neuen Brandstrafrechts, Jura 2005, 230; *Kratzsch,* Zum Erfolgsunrecht der schweren Brandstiftung, JR 1987, 360; *ders.,* Prinzipien der Konkretisierung von abstrakten Gefährdungsdelikten – BGHSt 38, 309, JuS 1994, 372; *Kreß,* Die Brandstiftung des § 306 StGB als gemeingefährliche Sachbeschädigung, JR 2001, 315; *Kudlich,* Identität der Gefährdungsobjekte innerhalb der §§ 306a ff. StGB?, NStZ 2003, 458; *Küpper,* Fahrlässige Brandstiftung mit tödlichem Ausgang – BGH, NJW 1989, 2479, JuS 1990, 184; *Meinert,* Die Brandstiftung und ihre kriminalistische Erforschung, 1950; *Müller/Hönig,* Examensrelevante Probleme der Brandstiftungsdelikte, JA 2001, 517; *Nestler,* Anm. zu BGH 3 StR 336/13, NStZ 2014, 404; *Niggemeyer,* Die vorsätzliche Brandstiftung unter besonderer Berücksichtigung der Strafrechtsreform, Kriminalistik 1960, 377; *Otto,* Rücktritt und tätige Reue (Rücktritt nach § 310 StGB) bei der Brandstiftung, Jura 1986, 52; *Piel,* Neue Rechtsprechung des BGH zu gemischt genutzten Gebäuden bei der schweren Brandstiftung des § 306a Abs. 1 StGB, StV 2012, 502; *Radtke,* Das Brandstrafrecht des 6. StrRG, ZStW 110 (1998), 848; *ders.,* Die Dogmatik der Brandstiftungsdelikte, 1998; *Rengier,* Die Brandstiftungsdelikte nach dem 6. Gesetz zur Reform des Strafrechts, JuS 1998, 397; *Saal,* Übungsklausur Strafrecht: Die Brandstiftung, Jura 1995, 427; *Schneider,* Die Inbrandsetzung gemischt genutzter Gebäude, Jura 1988, 460; *F.-C. Schroeder,* Technische Fehler beim neuen Brandstiftungsrecht, GA 1998, 571; *Sinn,* Der neue Brandstiftungstatbestand (§ 306 StGB) – eine missglückte Regelung des Gesetzgebers?, Jura 2001, 803; *Spöhr,* Zum Begriff der Räumlichkeit in § 306 Ziff. 3, MDR 1975, 193; *v. Storch,* Die vorsätzliche Brandstiftung, 1965; *Timcke,* Der Straftatbestand der Brandstiftung in seiner Entwicklung durch die Wissenschaft des Gemeinen Strafrechts, 1965; *Tzermias,* Die Brandstiftung, SchZStrR 1961, 254; *Wirsch,* Tatbeteiligte als Tatopfer, JuS 2006, 400; *Woelck,* Täterschaft bei zweiaktigen Delikten, am Beispiel des § 307 Nr. 3 StGB, 1994; *Wolters,* Die Neuregelung der Brandstiftungsdelikte, JR 1998, 271; *Wrage,* Typische Probleme einer Brandstiftungsklausur, JuS 2003, 985; *Zopfs,* Zur Ausnutzungsabsicht in § 307 Nr. 2 StGB bei bedingt vorsätzlicher Brandherbeiführung – BGHSt 40, 106 und BGHSt 40, 251, JuS 1995, 686.

1. Systematik der Brandstiftungstatbestände, geschützte Rechtsgüter und kriminalpolitischer Hintergrund

a) Systematik der §§ 306–306f; geschützte Rechtsgüter

6   Die (durch das 6. StrRG neu gefassten) Brandstiftungstatbestände bestätigen für eine examensrelevante Deliktsgruppe wichtige Befunde, die aus den einführenden Überlegungen zur Gefährdungsstrafbarkeit in § 35 gewonnen werden konnten:

Rechtsgutsbeeinträchtigungen sind sowohl in Verletzungstatbeständen[11] als auch in abstrakten und konkreten Gefährdungstatbeständen[12] erfasst: § 306 enthält ein sachbeschädigungsähnliches **Verletzungsdelikt**, § 306a I ein **abstraktes** Gefährdungsdelikt, § 306a II ein **konkretes** Gefährdungsdelikt[13].

Dabei zeigt sich, dass die Differenzierung nach betroffenen **Rechtsgütern** – Verletzungs- und konkrete Gefährdungsdelikte → Individualrechtsgüter, abstrakte Gefährdungsdelikte → Rechtsgüter der Allgemeinheit – nicht im Sinne eines strikten Entweder-oder, sondern im Sinne einer Schwerpunktbildung zu verstehen ist[14]: Die Bedrohung der Sachbeschädigung in § 306 I mit gegenüber §§ 303, 305 deutlich strengerer (Verbrechens-) Strafe lässt sich mit der **Verletzung fremden Eigentums** an wichtigen Tatobjekten allein nicht erklären, sondern nur mit der Brandstiftungen generell innewohnenden Gefährlichkeit für Leben und Gesundheit unbestimmter Einzelner, mit der Folge einer Betroffenheit der Allgemeinheit[15]. Diese Konzeption des § 306 I wird bestätigt durch § 306a II, der die Inbrandsetzung der in § 306 I genannten Tatobjekte mit erhöhter Strafe bedroht, wenn sich die generelle Gefährlichkeit zu einer konkreten Gesundheitsgefährdung Einzelner verdichtet.

Auf der anderen Seite lässt sich aus den Qualifikationen der **abstrakt** gefährlichen Brandstiftung (§ 306a I) in §§ 306b I, II Nr. 1 und 306c (Gesundheitsschädigung, Lebensgefährdung und Tötung anderer Menschen) ablesen, dass sich hinter dem Rechtsgut „Sicherheit der Allgemeinheit" Rechtsgüter Einzelner verbergen[16].

Entgegen der durch die Deliktsbezeichnungen „Brandstiftung" und „Schwere Brandstiftung" nahe gelegten Vermutung stehen **§§ 306 und 306a nicht** im Verhältnis von Grundtatbestand und Qualifikation. Vielmehr enthalten beide Vorschriften **eigenständige (Grund-)Tatbestände**, § 306 ein Eigentumsverletzungsdelikt, § 306a I ein abstraktes Gefährdungsdelikt[17]. Die selbstständige Grunddeliktsnatur der (einfachen) Brandstiftung und der schweren Brandstiftung erhellt auch daraus, dass die Qualifikationen der §§ 306b I und 306c an beide Brandstiftungstatbestände, §§ 306 und 306a, angeknüpft sind.

Was die **qualifizierten Tatbestände** der vorsätzlichen Brandstiftung anbelangt, so begegnen sie in allen bei den Grundlagen der Gefährdungsstrafbarkeit in § 35 behandelten Erscheinungsformen:

---

11 Dazu § 35 Rn. 5 ff.
12 Dazu § 35 Rn. 43 ff.
13 Der in § 308 I 2. Alt. a. F. enthaltene *Eignung*statbestand (*geeignet*, das Feuer bestimmten Objekten mitzuteilen) wurde durch das 6. StrRG aufgehoben. – S. zu den Eignungsdelikten § 35 Rn. 81 ff.
14 S. o. § 35 Rn. 88 ff., 90.
15 S. dazu o. § 35 Rn. 92; ausführlich *Kreß*, JR 2001, 315.
16 Zu dieser Grenzverwischung s. o. § 35 Rn. 90.
17 Zu beachten sind allerdings die o. Rn. 8 und 9 genannten Rechtsgutsüberschneidungen.

– als **Erfolgsqualifikation**[18] in §§ 306b I und 306c,
– als **konkrete Gefahrqualifikation**[19] in § 306b II Nr. 1 und
– als **Absichtsqualifikation**[20] in § 306b II Nr. 2.

12   Wie auch ansonsten bei den Gefährdungsdelikten[21] ist bei der Brandstiftung die **fahrlässige** Begehung unter Strafe gestellt (§ 306d)[22], und zwar auch hier teilweise in Gestalt von Vorsatz-Fahrlässigkeits-Kombinationen[23].

13   Von der **Beeinträchtigung der Tatobjekte** her gesehen, sind die Brandstiftungsdelikte **Erfolgsdelikte**. Denn sie verlangen die Inbrandsetzung oder die völlige oder teilweise Zerstörung durch Brandlegung der in den Tatbeständen umschriebenen Objekte.

Eine **Strafbarkeitsvorverlagerung** erfolgt bereits durch die **Strafbarkeit der versuchten Brandstiftung**, die für alle vorsätzlichen Brandstiftungsdelikte (§§ 306–306c) aus deren Verbrechensnatur folgt, § 23 I i. V. m. § 12 I.

Eine weitere Strafbarkeitsvorverlagerung bringt § 306f, wo das **Herbeiführen einer konkreten Brandgefahr** für feuergefährdete Objekte unter Strafe gestellt ist, und zwar in Abs. 3 auch bei fahrlässigem Verhalten, also in Fällen, in denen Versuchsstrafbarkeit nicht in Betracht kommt[24].

14   **Zur Examensbedeutung:** In schriftlichen Arbeiten spielen im Wesentlichen nur die vorsätzlichen Brandstiftungsdelikte nach §§ 306 und 306a mit den Qualifikationen in §§ 306b und 306c eine Rolle. Diese Tatbestände werden deshalb u. Rn. 16–50 im Einzelnen dargestellt. Weiter wird auf die ebenfalls examensrelevante Rücktrittsregelung (tätige Reue) in § 306e eingegangen[25].

> Es ist zu empfehlen, nach der Befassung mit den Brandstiftungsdelikten das Verständnis des Versicherungsmissbrauchs (§ 265) und des Regelbeispiels in § 263 III Nr. 5 aufzufrischen[26]. Denn diese Vorschriften dürften nach wie vor Gegenstand schriftlicher Aufgaben mit Schwerpunkt bei der Brandstiftung sein.

b) Kriminalpolitischer Hintergrund

15   2013 wurden 12.469 vorsätzliche und 7.600 fahrlässige Branddelikte (Brandstiftung und Herbeiführen einer Brandgefahr) polizeilich er-

---

18 Dazu § 35 Rn. 107–110.
19 Dazu § 35 Rn. 111.
20 S. dazu § 35 Rn. 112.
21 Dazu o. § 35 Rn. 96.
22 Fahrlässige Brandstiftung kann bspw. dann angenommen werden, wenn sich der Täter mit einer brennenden Zigarette zum Schlafen begibt und während des Rauchens einschläft, OLG Bremen, NJW-RR 2012, 996.
23 Vgl. dazu o. § 35 Rn. 105 f.
24 Dazu § 35 Rn. 9–11 und 21.
25 S. u. Rn. 51–61.
26 S. dazu den Hinweis o. Rn. 5.

fasst[27]. Der Anteil der Branddelikte an der Gesamtkriminalität beträgt nur 0,3 %, darunter 0,2 % Vorsatztaten. Der Schwerpunkt der Brandkriminalität liegt auf dem Lande: Nahezu 40 % der Taten ereignen sich in Gemeinden bis zu 20.000 Einwohnern. 2012 wurden insgesamt 1.188 Personen wegen vorsätzlicher und fahrlässiger Branddelikte verurteilt[28]. – Die Aufklärungsquote ist bei fahrlässiger Brandstiftung (75 %) doppelt so hoch wie bei der vorsätzlichen (37 %).

Nach den in Brand gesetzten Objekten wird zwischen Eigen- und Fremdbrandstiftung differenziert. Bei der Eigenbrandstiftung überwiegt die Sanierungsbrandstiftung: der Täter handelt in der Absicht, sich mittels Betruges die Brandversicherungssumme zu verschaffen, um seine wirtschaftliche Situation zu verbessern. Hier liegt der kriminologische Zusammenhang der Brandstiftungsdelikte mit dem Versicherungsschwindel[29]. Die Fremdbrandstiftung wird sowohl aus eigensüchtigen Motiven, insbesondere Gewinnsucht (Belohnung für die Tat), als auch aus ganz verschiedenartigen anderen, häufig unklaren Motiven – (Fremden-)Hass, Rache – begangen. Auch der Wunsch, sich bei der Brandbekämpfung hervorzutun, ist ein gar nicht seltenes Motiv: Feuerwehrmänner als Brandstifter[30].

2. (Einfache) Brandstiftung, § 306 im Einzelnen

a) Tatobjekte

Die Tat muss sich gegen **fremde** Objekte richten. § 306 I enthält also einen qualifizierten Tatbestand der Sachbeschädigung, § 303 I[31]. Maßgebend für die gegenüber der Sachbeschädigung strengere Strafdrohung ist zum einen die Bedeutung der Tatobjekte[32], zum anderen die Gemeingefährlichkeit der Brandstiftung[33]. Trotz dieser auch überindividuellen Schutzrich-

16

---

27 Hierzu und zu den folgenden Angaben vgl. die Grundtabelle 01 der Polizeilichen Kriminalstatistik (PKS) des Bundeskriminalamtes (Wiesbaden), 61 Aufl. 2013; vgl. http://www.bka.de/DE/Publikationen/PolizeilicheKriminalstatistik/2013/2013Standardtabellen/pks2013Standardtabellen FaelleUebersicht.html.
28 Vgl. dazu Tabelle 2.1 der Strafverfolgungsstatistik des Bundesamt für Statistik für das Jahr 2012, Fachserie 10 Reihe 3, Jahrgang 2012, im Internet abrufbar unter: https://www.destatis.de/DE/Publikationen/Thematisch/Rechtspflege/StrafverfolgungVollzug/Strafverfolgung2100300127004.pdf?__blob=publicationFile.
29 S. dazu o. Rn. 5 und 14.
30 S. dazu und zu anderen kriminologischen Erscheinungsformen der Brandstiftung *Eschenbach*, Die Täterpersönlichkeit des vorsätzlichen Brandstifters und seine Arbeitsweise, in: Bundeskriminalamt, Brandermittlung und Brandverhütung, a. a. O. S. 197 ff. Terroristen haben vor allem Kaufhausbrandstiftungen begangen, um ein „Fanal gegen das ausbeuterische kapitalistische Wirtschaftssystem" zu setzen.
31 S. zur Sachbeschädigung o. § 12; speziell zur Fremdheit der Sache § 12 Rn. 14 f. und § 13 Rn. 30–36.
32 Der Katalog der Nrn. 1–6 des § 306 I wurde gegenüber § 308 I a. F. modernisiert. Zweifelhaft erscheint allerdings, ob allen Arten von Kraftfahrzeugen (so Nr. 4) eine herausgehobene Bedeutung zukommt.
33 S. o. Rn. 8 und BT-Drucks. 13/8587, S. 87.

tung der Vorschrift wird der **Einwilligung** des betroffenen Eigentümers in die Tat rechtfertigende Wirkung beigemessen[34].

b) Tathandlung: Inbrandsetzung oder ganze oder teilweise Zerstörung durch Brandlegung

17 Abweichend von den früheren Brandstiftungstatbeständen, die nur das „klassische" Inbrandsetzen erfassten[35], wurde durch das 6. StrRG als weitere tatbestandsmäßige Handlung in § 306 I – und in den übrigen Brandstiftungstatbeständen – die ganze oder teilweise Zerstörung durch Brandlegung unter Strafe gestellt[36].

aa) Inbrandsetzen

18 Inbrandsetzen liegt vor, wenn ein nicht völlig unwesentlicher Bestandteil des Tatobjekts in solcher Weise vom Feuer ergriffen ist, dass er auch nach Entfernen oder Erlöschen des Zündstoffes selbstständig weiterbrennen kann[37]. Dabei ist ein Brennen mit heller Flamme nicht notwendig; Glimmen und Schwelen reichen aus.

Beispiel (zugleich zu § 306a I Nr. 1, Wohnung):

(1) BGHSt 20, 246 – Brandstiftung, Türverkleidung: T legte in der Wohnung Feuer, in dem seine Frau umkommen sollte. Das Feuer ergriff eine hölzerne Türverkleidung. – T = § 306 I Nr. 1 (und § 306a I Nr. 1); §§ 211, 22; 52[38].

(2) BGHSt 18, 361 – Brandstiftung, Lattentür: T setzte die Lattentür des Kellerraumes in einem Wohnhaus in Brand. – § 306 I Nr. 1 (und § 306a I Nr. 1) ist abzulehnen, da eine Lattentür lediglich ein unwesentlicher Gebäudeteil ist.

(3) BGHSt 16, 109 – Brandstiftung, Regal: T setzte in einer Wohnbaracke ein Regal in Brand, um seine Kameraden zu erschrecken. – § 306 I Nr. 1 (und § 306a I Nr. 1) abzulehnen, weil ein Regal kein Gebäudeteil ist. – Dies gilt für Einrichtungsgegenstände allgemein, auch wenn sie mit der Wand verbunden sind, wie z. B. die Tapete[39].

19 Inbrandsetzen ist auch durch **Unterlassen** möglich, falls den Täter eine Rechtspflicht zur Erfolgsabwendung trifft[40]. Unstreitig ist dies für den

---

34 S. z. B. *Lackner/Kühl*, § 306 Rn. 1; MüKo-*Radtke*, § 306 Rn. 61; *Rengier*, BT 2, § 40 Rn. 1 und 3; *S/S/Heine/Bosch*, § 306 Rn. 1, 11; SK-*Wolters*, § 306 Rn. 9; *Fischer*, § 306 Rn. 20 f. Handelt es sich um Tatobjekte, deren Erhaltung im Interesse der Allgemeinheit liegt, so erscheint die Einwilligungsmöglichkeit zweifelhaft; jedenfalls tritt dann Strafbarkeit nach § 304 I ein. Zur Einwilligungsproblematik bei dem an § 306 I anknüpfenden § 306a II s. u. Rn. 35.
35 Dazu nachstehende Rn. 18 f.
36 Dazu u. Rn. 20 f.
37 Übereinstimmende Definition in Rechtsprechung und Schrifttum; vgl. z. B. RGSt 7, 131 (132); BGHSt 16, 109 (110); 18, 363 (364); *Lackner/Kühl*, § 306 Rn. 3; *Rengier*, BT 2, § 40 Rn. 7; MüKo-*Radtke*, § 306 Rn. 51 f.; *Fischer*, § 306 Rn. 14.
38 S. zu den Konkurrenzfragen u. Rn. 62 ff.
39 BGH, NStZ 1981, 220; NStZ 1994, 130 (131) – Fußbodensockelleiste; anders für einen fest verlegten Teppichboden BGH, NStZ 1995, 86 (87).
40 Unter Erfolg ist nicht nur der Verletzungserfolg (bei den Verletzungsdelikten) und der Gefahrerfolg (bei den konkreten Gefährdungsdelikten), sondern auch die Verwirklichung eines schlichten Begehungstatbestandes zu verstehen; s. z. B. *Baumann/Weber/Mitsch*, § 15 Rn. 42 f. – Zu den möglichen Garantenstellungen s. a. a. O. § 15 Rn. 44 ff.

Fall, dass infolge des Unterlassens der Brand ausbricht, z. B. nach vorangegangenem brandgefährlichen Tun[41]. Umstritten ist, ob auch das Unterlassen der Löschung des Brandes tatbestandsmäßig ist. Denn wenn das Tatobjekt bereits brennt, liegt streng genommen kein Inbrandsetzen vor. Gleichwohl ist die Frage zu bejahen. Ebenso wie Brandstiftung an einer bereits brennenden Sache dadurch möglich ist, dass der Brand durch aktives Tun („Schütten von Öl ins Feuer") intensiviert wird[42], ist brandverstärkende Tatbegehung durch Unterlassen strafbar, solange noch ein geeignetes Tatobjekt vorhanden, also z. B. das Gebäude oder die Hütte (§ 306 I Nr. 1) noch nicht weitgehend niedergebrannt ist[43].

Beispiel[44]: Feuerwehrmann bleibt bei einem Synagogenbrand in der „Reichspogromnacht" (9./10. November 1938) untätig.

bb) Ganze oder teilweise Zerstörung durch Brandlegung

Diese Begehungsform der Brandstiftung wurde in den § 306 I (und die übrigen Brandstiftungstatbestände) vor allem im Hinblick auf Sachverhaltsgestaltungen aufgenommen, in denen zwar ein Brand gelegt wird, das Tatobjekt allerdings nicht in Brand gesetzt, gleichwohl aber erheblicher Schaden angerichtet wird[45]. 20

Beispiel (1): Brandlegung in einem aus Stahl, Beton, Glas und Kunststoff errichteten Gebäude. Ohne dass wesentliche Gebäudeteile in Brand geraten, kommt es, etwa wegen Verschmorens von Kunststoffen, zu großer Ruß-, Gas-, Rauch- oder Hitzeentwicklung mit der Folge der Unbrauchbarkeit des Gebäudes oder von wesentlichen Gebäudeteilen.

Beispiel (2): T möchte mit Benzin als Zündstoff ein Gebäude in Brand setzen. Als er das im Treppenhaus ausgeschüttete Benzin anzünden will, kommt es zu einer Explosion, die das Treppenhaus zerstört.

In beiden Fällen liegt nur ein versuchtes Inbrandsetzen vor. Die neu eingefügte Begehungsform ermöglicht eine Bestrafung wegen vollendeter Brandstiftung nach § 306 I Nr. 1 (und § 306a I Nr. 1). Damit ist auch eine sichere Grundlage für die Anwendung der erfolgsqualifizierten Tatbestände, z. B. des § 306c, gelegt.

---

41 S. z. B. RGSt 60, 77 (78); BGH, StV 1984, 247; *Lackner/Kühl*, § 306 Rn. 3.
42 S. z. B. *Lackner/Kühl*, § 306 Rn. 3; SK-*Wolters*, § 306 Rn. 17. Vgl. auch *Geppert*, Jura 1989, 417 (422 f.). – Nach differenzierender Ansicht wird das Schaffen eines neuen Brandherdes gefordert, vgl. S/S/*Heine/Bosch*, § 306 Rn. 14; *Fischer*, § 306 Rn. 14; *Rengier*, BT 2, § 40 Rn. 9; *Maurach/Schroeder/Maiwald*, BT 2, § 51 Rn. 6.
43 So z. B. *Lackner/Kühl*, § 306 Rn. 3. – A. A. *Geppert*, Jura 1989, 417 (423); *Rengier*, BT 2, § 40 Rn. 11; Strafbarkeit nur dann, wenn das Entstehen eines *neuen Brandherdes* nicht verhindert wird. Gegen Unterlassen bei bereits brennendem Tatobjekt (= Zündstoff) *Maurach/Schroeder/Maiwald*, BT 2, § 51 Rn. 10.
44 OGHSt 1, 316.
45 S. BT-Drucks. 13/8587, S. 26, 69; *Sinn*, Jura 2001, 807.

21 Wegen der Begriffe der **ganzen** und **teilweisen Zerstörung** ist auf die entsprechenden Tatbestandsmerkmale in § 305 I (Zerstörung von Bauwerken) zu verweisen[46].

3. Schwere Brandstiftung, § 306a im Einzelnen

a) Das abstrakte Gefährdungsdelikt nach § 306a I

aa) Tatobjekte

22 Angriffsobjekte des § 306a I sind Räumlichkeiten, deren Inbrandsetzung oder Zerstörung durch Brandlegung typischerweise geeignet erscheint, Gefahren für Leben und Gesundheit unbestimmter Einzelner herbeizuführen. Diese abstrakte (Gemein-) Gefährlichkeit besteht naturgemäß **unabhängig von den Eigentumsverhältnissen** an den Brandobjekten. § 306a I weist deshalb – anders als § 306 I[47] – keine eigentumsdeliktische Komponente auf, sondern kommt auch dann zur Anwendung, wenn der Täter z. B. ein ihm gehörendes Mietshaus in Brand setzt, um es auf diese Weise zu „entmieten".

23 Der Charakter des Verbrechens als abstraktes Gefährdungsdelikt im Hinblick auf menschliches Leben und Gesundheit zeigt sich deutlich daran, dass **keine** der einzelnen Nummern des § 306a I die **Anwesenheit eines Menschen** zur Zeit des Brandes voraussetzt[48].

24 Die praktisch bedeutsame **Nr. 1** setzt voraus, dass die Räumlichkeiten der **Wohnung** von Menschen **dienen.** Maßgebend ist also nicht die Zweckbestimmung, sondern die Zweck**verwendung**. Liegt sie bei der Brandstiftung noch nicht, zeitweilig nicht oder nicht mehr vor, scheidet § 306a I Nr. 1 aus (kommt aber bei Fremdheit des Tatobjekts § 306 I Nr. 1 in Betracht).

Beispiel (1): **Noch nicht** geeignete Tatobjekte sind – trotz ihrer Zweckbestimmung – Neubauten vor Bezug.

Beispiel (2) **BGH, NStZ 1984, 455 – Brandstiftung, 2. Hotel-Fall**[49]: Inbrandsetzung eines Hotels während dessen vorübergehender, nach außen deutlich sichtbar gemachter Schließung in der Weihnachtszeit. – **Zeitweilige Aufhebung** der Zweckverwendung. Nicht § 306a I Nr. 1.

Beispiel (3): **Nicht mehr** geeignete Objekte der schweren Brandstiftung hat die Rechtsprechung in folgenden Fällen angenommen:

---

46 S. o. § 12 Rn. 16 und 31. Die teilweise Zerstörung eines Gebäudes kann auch durch den Einsatz von Löschmitteln bewirkt werden, wenn die Nutzbarkeit der betroffenen Räume und damit des gesamten Gebäudes für nicht unbeträchtliche Zeit aufgehoben ist, vgl. BGH, NStZ 2014, 404; StV 2001, 576; *S/S/Heine/Bosch*, § 306 Rn. 16.
47 Dazu o. Rn. 16.
48 BGHSt 26, 121 (123 f.) – zu § 306a Nr. 1 (§ 306 Nr. 2 a. F.). Zur Problematik der „absolut ungefährlichen" Brandstiftung s. u. Rn. 30–34.
49 Zum 1. Hotelfall, in dem die Zweckverwendung nicht aufgehoben war, s. u. Rn. 30.

(a) **BGHSt 16, 394 (Brandstiftung, Witwer-Fall):** T setzte nach dem Tod seiner Frau das von ihm allein bewohnte Gebäude, in dem er nicht mehr leben wollte, in Brand. – Nicht § 306a I Nr. 1; T hat mit der Inbrandsetzung die Wohnungseigenschaft aufgehoben[50]. Man spricht in diesem Zusammenhang von „Entwidmung"[51].

(b) **BGHSt 23, 114 (Brandstiftung, Totschlags-Fall):** T hatte die einzige Bewohnerin O eines Hauses getötet. Später setzte er das Haus in Brand. – Nicht § 306a I Nr. 1, da das Gebäude nach dem Tode der O nicht mehr zur Wohnung von Menschen diente.

Keine Aufhebung der Zweckverwendung hat **BGH, NStZ 1985, 408** in einem Fall angenommen, in dem die Ehegatten nach ihrer Trennung aus der dann vom Ehemann E in Brand gesetzten gemeinsamen Wohnung ausgezogen waren, in die jedoch die Ehefrau später zurückkehren wollte. – E = § 306a I Nr. 1[52].

Brandstiftung an einem Wohngebäude (§ 306a I Nr. 1) durch Inbrandsetzen liegt auch dann vor, wenn der gewerbliche Teil eines auch Wohnzwecken dienenden Gebäudes in Brand gesetzt wird[53]. In der Taterfolgsvariante der teilweisen Zerstörung durch Brandlegung ist erforderlich, dass ein zum selbstständigen Gebrauch bestimmter, dem Wohnen dienender Teil des Gebäudes zum Wohnen unbrauchbar geworden ist[54]. **25**

Da in § 306a I Nr. 1 nicht auf die Zweckbestimmung, sondern auf die Zweckverwendung abgestellt wird[55], ist der objektive Tatbestand auch dann erfüllt, wenn die Räumlichkeiten **rechtswidrig** als Unterkunft benutzt werden[56]. **26**

Beispiel: Ein Landstreicher pflegt im Sommer in einer Heuhütte zu übernachten. Ein „entmietetes" Haus wird von Hausbesetzern bewohnt.

Weiß der Brandstifter von dieser Zweckverwendung, ist er wegen vorsätzlicher Tatbegehung nach § 306a I Nr. 1 strafbar. Andernfalls kommt fahrlässige Brandstiftung (§ 306d I, 1. Alt.) in Betracht.

Auch für die in § 306a I **Nr. 2** geschützten **Kirchen** und anderen Gebäude der Religionsausübung ist Zweckverwendung erforderlich („dienendes Gebäude")[57]. – Ebenso wenig wie bei den Tatobjekten der Nr. 1 kommt es auch hier auf die tatsächliche oder mutmaßliche Anwesenheit von Menschen zur Tatzeit an. **27**

Die **Nr. 3** enthält zwar gleichfalls ein abstraktes Gefährdungsdelikt, umschreibt aber die Tatobjekte so, dass die Schädigung von Menschen durch die Inbrandsetzung näher liegt als bei den Nrn. 1 und 2. Erforderlich ist nämlich hier, dass die Räumlichkeiten – z. B. Kaufhäuser, Theater, Kinos, Festsäle, Büroräume, Wohnwagen[58] – zu einer Zeit in Brand gesetzt **28**

---

50 A. A. RGSt 60, 136 (138): Die Aufhebung der Wohnungseigenschaft müsse vor der Brandstiftung erkennbar geworden sein.
51 *S/S/Heine/Bosch*, § 306a Rn. 5.
52 Zur Wohnungsaufgabe durch sich trennende Eheleute s. auch BGH, NStZ 1988, 71.
53 BGHSt 34, 115; 35, 283 (285). A. A. z. B. *Kratzsch*, JR 1987, 360.
54 BGH, NStZ-RR 2012, 309; NStZ-RR 2013, 246.
55 S. o. Rn. 24.
56 BGHSt 26, 121 (123).
57 Anders § 306 Nr. 1 i. d. F. vor dem 6. StrRG, bei dem Zweckbestimmung ausreichte.
58 Nicht Pkw, BGHSt 10, 208, aber z. B. Verkaufswagen (Hähnchengrill), BGHSt 40, 106 (107).

werden, während welcher sich **Menschen dort aufzuhalten pflegen**[59]. Dass zu dieser Zeit tatsächlich Menschen anwesend sind, ist allerdings auch hier nicht erforderlich.

Beispiel: T = § 306a I Nr. 3, wenn er abends ein Theater in Brand setzt, die Vorstellung aber wegen Erkrankung des Hauptdarstellers kurzfristig abgesagt worden war. § 306a I Nr. 3 ist dagegen abzulehnen, wenn T das Theater am frühen Morgen anzündet, also zu einer Zeit, zu der nie Vorstellungen oder Proben stattfinden. Dies gilt auch dann, wenn sich ausnahmsweise doch Menschen in dem Gebäude aufhalten.

bb) Tathandlung

29 Es gilt insoweit das o. Rn. 18–21 zu § 306 I Gesagte.

Für die durch **Unterlassen** begangene Brandstiftung[60] hat RGSt 64, 273 (275 ff.) aus dem **Versicherungsvertrag** und dem **VVG** die Rechtspflicht des Versicherten (und seines Ehegatten) hergeleitet, das gegen Feuer versicherte Haus vor Brandschäden zu schützen. Diese dem Versicherer gegenüber bestehende Erfolgsabwendungspflicht begründet jedoch nicht auch eine Garantenpflicht zugunsten der durch § 306a I geschützten Interessen der Allgemeinheit[61], sodass das Versicherungsverhältnis keine Unterlassungsstrafbarkeit nach § 306a I Nr. 1 begründen kann[62]. Eine zur Anwendung dieser Vorschrift führende Garantenpflicht gegenüber unbestimmten Einzelnen kann aber aus der Sachherrschaft über das vom Feuer bedrohte Objekt hergeleitet werden[63].

cc) § 306a I auch bei „absolut ungefährlicher" Tatausführung?

30 Im Hinblick auf die Bedenken, die allgemein gegen die abstrakten Gefährdungsdelikte unter dem Gesichtspunkt des Schuldprinzips erhoben werden[64], ist in der Literatur eine starke Tendenz zu beobachten, speziell die Anwendbarkeit des § 306a I auf Fälle zu vermeiden, in denen eine Gefährdung von Menschen durch die Brandstiftung schlechthin ausgeschlossen war[65]. Anlass zu entsprechenden Versuchen einer **teleologischen Reduktion** des § 306a I geben Fälle wie der folgende:

---

59 Entscheidend ist, dass die Räumlichkeit zu dieser Zeit brennt, sodass die Nr. 3 nicht zum Zuge kommt, wenn der Täter zwar bei noch üblicher Anwesenheit von Menschen auf Brandstiftung abzielende Handlungen vornimmt, der Brand aber erst später ausbricht. Kommt es wider Erwarten bereits zur Zeit des üblichen Aufenthalts von Menschen zur Inbrandsetzung, so fehlt dem Täter der auf ein geeignetes Tatobjekt gerichtete Vorsatz, BGHSt 36, 221.
60 S. o. Rn. 19.
61 S. o. Rn. 22.
62 So z. B. auch *Geppert*, Jura 1989, 417 (423); *Rudolphi*, NStZ 1991, 361 (364); *S/S/Stree/Bosch*, § 13 Rn. 43.
63 S. *Geppert*, Jura 1989, 417 (423); *S/S/Stree/Bosch*, § 13 Rn. 43.
64 S. o. § 35 Rn. 52 ff., 81.
65 S. z. B. *Brehm*, Zur Dogmatik des abstrakten Gefährdungsdelikts, 1973, S. 126, 132 sowie *ders.*, JuS 1976, 22 (24 f.); *Eser*, III Fall 19 Rn. A 22; *Arthur Kaufmann*, JZ 1963, 425 (432); *Rudolphi*, Maurach-FS 1972, S. 51 (59); *S/S/Heine/Bosch*, Vor §§ 306 ff. Rn. 4 ff.; § 306a Rn. 2; *Lackner/Kühl*, § 306a Rn. 1; *Schröder*, ZStW 81 (1969), 7 (16); *Schünemann*, JA 1975, 787 (798); *Fischer*, § 306a Rn. 2a; *Volz*, Unrecht und Schuld abstrakter Gefährdungsdelikte, 1968, S. 167; *U. Weber*, ZStW-Beiheft 1987, 1 (33 f.); *Wessels/Hettinger*, BT 1, Rn. 968; dagegen z. B. *Rengier*, BT 2, § 40 Rn. 29 ff.; *Kindhäuser*, Gefährdung als Straftat, 1989, S. 295 ff.; *Krey/Hellmann/M. Heinrich*, BT 1, Rn. 1093 ff.; MüKo-*Radtke*, § 306a Rn. 45.

Beispiel: BGHSt 26, 121 – Brandstiftung, absolute Ungefährlichkeit?, 1. Hotel-Fall: T setzte auf Veranlassung eines Hoteliers, der sich durch einen Versicherungsbetrug sanieren wollte, dessen Hotel in Brand. Zur Tatzeit befanden sich, wovon sich T vergewissert hatte, keine Menschen im Gebäude. – Strafbarkeit des T nach § 306a I Nr. 1?

Abwandlung: T setzte ein kleines, in seinen Räumlichkeiten ohne Weiteres überschaubares Einfamilienhaus in Brand, nachdem er sich sorgfältig vergewissert hatte, dass niemand anwesend war.

Die dogmatischen Ansätze zur Erreichung des erwünschten Ergebnisses sind verschieden. Unangefochtene Lösungen sind nicht in Sicht. Auch das Argument aus § 326 VI[66] sollte nicht zu stark bewertet werden, denn die Inbrandsetzung von Wohngebäuden ist mit der Abfallbeseitigung nicht vergleichbar. 31

Teilweise wird Verzicht auf die Anwendung des § 306a I für den Fall gefordert, dass eine Schädigung anderer durch die Brandstiftung auszuschließen war[67], oder keine Wahrscheinlichkeit einer konkreten Gefährdung bestand[68]. Andere Lösungsansätze tragen in § 306a I ein Fahrlässigkeitselement hinein und lehnen Strafbarkeit ab, wenn der Täter die objektiv[69] oder subjektiv[70] erforderlichen Vorsichtsmaßnahmen zum Schadensausschluss getroffen hat[71]. 32

Der BGH hat im 1. Hotel-Fall[72] die Verurteilung des T nach § 306a I Nr. 1 gebilligt. Dem ist zuzustimmen. Wenn schon (problematisch) auf die abstrakten Gefährdungsdelikte Fahrlässigkeitsmaßstäbe übertragen werden, kann es für die Straflosigkeit des Täters[73] nicht ausreichen, dass er **subjektiv** alle Sorgfalt aufgewandt hat, um die Gefährdung von Menschen auszuschließen. Vielmehr ist Einhaltung auch der objektiv gebotenen Sorgfalt zu fordern, und die vermag ein Einzelner vor der Inbrandsetzung eines größeren Wohngebäudes nicht zu erbringen. Fazit: Er kann das Verbot des § 306a I nur durch Absehen von der Inbrandsetzung befolgen. – Anders liegen die Dinge, wenn es für einen Einzelnen vor der Inbrandsetzung möglich ist, **objektiv** jede Gefährdung auszuschließen, und wenn der Täter auch **subjektiv** entsprechende Vorkehrungen trifft. Dies ist anzunehmen in der Abwandlung des 1. Hotel-Falles[74] (kleines, leicht überschaubares 33

---

66 Dazu u. § 41 Rn. 73.
67 Vgl. z. B. § 151 AE-BT, Straftaten gegen die Person, 2. Halbbd., 1971, S. 10, 56 ff.; *U. Weber*, ZStW-Beiheft 1987, 1 (34): materiell-rechtliche Lösung; *Schröder*, ZStW 81 (1969), 7 (16): prozessuale Lösung, Zulässigkeit des Gegenbeweises der Ungefährlichkeit; *Martin*, Strafbarkeit grenzüberschreitender Umweltbeeinträchtigungen, 1989, S. 79 ff.: Erfordernis der Schaffung eines rechtlich missbilligten Risikos, an dem es bei völlig ungefährlichen Verhaltensweisen fehlt.
68 *Cramer*, Der Vollrauschtatbestand als abstraktes Gefährdungsdelikt, 1962, S. 67 ff.
69 *Brehm*, JuS 1976, 22 (25); ähnl. bereits *ders.*, Zur Dogmatik der abstrakten Gefährdungsdelikte, 1973, S. 126, 132 f.
70 *Schünemann*, JA 1975, 787 (798).
71 Ähnlich *Rudolphi*, Maurach-FS 1972, S. 51 (59 f.).
72 O. Rn. 30.
73 Entgegen *Schünemann*, a. a. O.
74 O. Rn. 30.

Einfamilienhaus). Auch BGHSt 26, 121 (124 f.) neigt dazu, bei der Inbrandsetzung kleiner, insbesondere einräumiger Hütten, den Täter nicht aus § 306a I Nr. 1 zu bestrafen[75].

34 Der Gesetzgeber des 6. StrRG hat die Rechtsprechung des BGH zur absolut ungefährlichen Brandstiftung gebilligt und von einer gesetzlichen Ungefährlichkeitsregelung abgesehen. Nicht unter die enge Rechtsprechung fallende Konstellationen ausgeschlossener konkreter Gefährdung könnten als minder schwere Fälle (§ 306a III) eingestuft werden[76].

b) Das konkrete Gefährdungsdelikt nach § 306a II

35 § 306a II ist zwar insoweit auf § 306 I aufgebaut, als er die dort genannten **Tatobjekte** übernimmt. Der Verweis in § 306a II auf die Nrn. 1–6 des § 306 I erstreckt sich jedoch **nicht** auf die von § 306 I geforderte **Fremdheit**[77] der Sachen, sodass § 306a II auch dann erfüllt ist, wenn der Eigentümer seine eigenen oder herrenlose Sachen in Brand setzt[78] oder in die Inbrandsetzung durch einen Dritten einwilligt. – Soweit die Brandstiftung ohne Einwilligung des Eigentümers an fremden Sachen erfolgt, was vom Tatbestand ebenfalls erfasst ist, enthält § 306a II eine Qualifikation des § 306 I[79].

36 Die Bewertung der Tat nach § 306a II als schwere Brandstiftung ist deshalb gerechtfertigt, weil sich die (auch) der Inbrandsetzung von Gegenständen nach § 306 I innewohnende (gegenüber § 306a I abgeschwächte[80]) abstrakte Gefährlichkeit[81] zu einem **konkreten Gefahrerfolg (Gesundheitsgefährdung)** verdichtet hat[82].

4. Qualifikationen der Brandstiftung, §§ 306b und 306c[83]

a) Besonders schwere Brandstiftung, § 306b

aa) § 306b I

37 Der Tatbestand enthält eine auf §§ 306 und 306a aufgebaute **Erfolgsqualifikation:** schwere Gesundheitsschädigung eines anderen Menschen oder Gesundheitsschädigung einer großen Zahl von Menschen[84].

---

75 Ebenso BGH, NJW 1982, 2329 und BGHSt 34, 115 (199). – Anders für ein Zweifamilienhaus BGH, NStZ 1985, 408 (409).
76 BT-Drucks. 13/8587, S. 47; *Müller/Hönig*, JA 2001, 520.
77 Zur eigentumsdeliktischen Natur des § 306 I s. o. Rn. 16.
78 Zu den Brandstiftungshandlungen, auch zur Begehungsform der völligen oder teilweisen Zerstörung durch Brandlegung, s. o. Rn. 17–21.
79 Zur Konkurrenzfrage s. u. Rn. 63.
80 Zur Abstufung der abstrakten Gefährdungen nach ihrer Intensität s. o. § 35 Rn. 50 f.
81 S. o. Rn. 16.
82 Zum Gefahrbegriff des konkreten Gefährdungsdelikts s. o. § 35 Rn. 64–80.
83 S. zunächst den Überblick über die Erscheinungsformen der Brandstiftungsqualifikationen o. Rn. 11.
84 Zur schweren Gesundheitsschädigung s. o. § 5 Rn. 36. Zum spezifischen Zusammenhang zwischen Brandstiftung und schwerer Folge s. u. Rn. 48 ff. (zu § 306c).

Ebenso wie bei anderen eine Personenmehrheit bezeichnenden Merkmalen: 38

- **"Menschenmenge"**, § 125 I, Landfriedensbruch[85],
- **"viele Personen"**, § 283a S. 2 Nr. 2, besonders schwerer Fall des Bankrotts, und
- **"unübersehbare Zahl von Menschen"**, § 309 II, Missbrauch ionisierender Strahlen[86]

hat der Gesetzgeber darauf verzichtet, für die **"große Zahl von Menschen"** in § 306b I (und § 330 II Nr. 1[87]) eine Mindestzahl zu benennen, sodass gegen die hinreichende Bestimmtheit des Merkmals (Art. 103 II GG[88]) Bedenken erhoben werden[89]. Auch bei § 306b I ist es geboten, wenigstens im Wege der Interpretation Berechenbarkeit des Gesetzes durch Festlegung eines **Minimums** herzustellen. Richtig erscheint eine Mindestzahl von **20 Personen**[90].

Der Wortlaut legt es nahe, dass eine große Zahl von Menschen jedenfalls nicht weniger ist als eine Menschenmenge i. S. des § 125 I, für die nach h. M. u. U. schon zehn Personen genügen[91]. Nicht einleuchtend ist die Auffassung von *Stein*[92], die Mindestzahl sei "gerade wegen der Vagheit des verwendeten Ausdrucks recht niedrig, etwa bei zehn[93], anzusetzen". Vielmehr spricht die Unklarheit des Begriffs umgekehrt eher für eine zurückhaltende, also höhere Ansetzung des Minimums. *Stein* kann auch insoweit nicht gefolgt werden, als er zusätzlich zu der absoluten Mindestzahl fordert, die Verletzungen müssten "in ihrer Summe ein Gewicht erreichen, das der schweren Gesundheitsschädigung einer einzelnen Person entspricht"[94]. Hier wird Unvergleichbares miteinander verglichen. – Nicht zutreffend ist es auch, wenn *Schlüchter/Bayer*[95] den Öffentlichkeitsbegriff ins Spiel bringen und einen nicht durch persönliche Beziehungen zusammengehaltenen Personenkreis verlangen. Nach dem Schutzzweck der Norm kann nämlich keinem Zweifel unterliegen, dass auch eine Hochzeits- oder Geburtstagsgesellschaft von 50 Personen eine große Zahl von Menschen bildet, auch wenn sich alle Anwesenden gut kennen. 39

Subjektiv ist Vorsatz hinsichtlich der Grundtatbestände (§§ 306 und 306a) und zumindest fahrlässige Herbeiführung der Erfolgsqualifikation erforderlich, § 18[96]. 40

---

85 Dazu u. § 44 Rn. 23: mindestens zwölf.
86 Dazu u. Rn. 76.
87 Dort Gefahr einer Gesundheitsschädigung für eine große Zahl von Menschen. S. zu dieser Qualifikation umweltdeliktischen Verhaltens u. § 41 Rn. 86.
88 S. zum Bestimmtheitsgebot *Baumann/Weber/Mitsch*, § 9 Rn. 6 ff.
89 Z. B. von *Schlüchter/Bayer*, Bochumer Erläuterungen zum 6. StrRG, 1998, S. 108.
90 So z. B. auch MüKo-*Radtke*, § 306b Rn. 9; *Fischer*, § 306b Rn. 5 ("jedenfalls bei 20"); ähnlich LK-*Steindorf*, § 330 Rn. 3 ("sicher schon ab zwanzig"). – BGHSt 44, 175 (178): 14 Personen. – A. A. *Rengier*, BT 2, § 40 Rn. 41; S/S/*Heine/Bosch*, Vor §§ 306 ff. Rn. 13a; LK-*Wolff*, § 306b Rn. 6, wonach die Untergrenze bei 10 Personen anzusetzen sein soll.
91 S. S/S/*Sternberg-Lieben*, § 125 Rn. 7–9 m. w. N.
92 *Dencker/Stein*, 6. StrRG, 1998, 4. Teil, Rn. 63.
93 Im Ergebnis ebenso *Schlüchter/Bayer*, a. a. O.
94 Wie *Stein* auch S/S/*Heine/Bosch*, Vor §§ 306 ff. Rn. 13a.
95 *Schlüchter/Bayer*, a. a. O.
96 S. dazu auch o. § 35 Rn. 108.

41 Da auch die vorsätzliche Herbeiführung der schweren Folge tatbestandsmäßig ist, ist ein **Versuch**[97] nach §§ 306b I, 22 dergestalt möglich und strafbar, dass der Täter mit der Brandstiftung z. B. einen anderen schwer verletzen will, dieser Erfolg aber nicht eintritt. – Die andere mögliche und strafbare Versuchskonstellation nach §§ 306b I, 22 ist die, dass bereits die versuchte Brandstiftung zum auf Fahrlässigkeit beruhenden Erfolgseintritt führt[98].

bb) § 306b II

42 Der Tatbestand enthält in **Nr. 1** eine **konkrete Gefahrqualifikation (Lebensgefahr)**. – Da Gefahrerfolge keine besonderen Folgen i. S. des § 18 sind, ist § 306b II Nr. 1 nur bei **vorsätzlicher** Herbeiführung der Gefahr anwendbar[99].

43 Die **Absichtsqualifikation** des § 306b II Nr. 2 entspricht dem Ermöglichungs- und Verdeckungsmerkmal des Mordtatbestandes § 211 II[100].

44 Im Gegensatz zu § 307 Nr. 2 a. F., wo die Absicht auf die Ausnutzung der Brandstiftung zur Begehung eines Mordes, Raubes oder raubähnlichen Delikts gerichtet sein musste, genügt für § 306b II Nr. 2 die auf jegliche Straftatbegehung gerichtete Absicht. Die Qualifikation ist also auch dann erfüllt, wenn der Eigenbrandstifter in der Absicht handelt, den „Schadensfall" später unter Täuschung der Brandversicherung zu melden (Absicht der Ermöglichung eines Betruges, § 263)[101]. Damit wird über § 306b II Nr. 2 der Versicherungsschwindel mit einer Mindeststrafe (5 Jahre Freiheitsstrafe) bedroht, die in einem schwer erträglichen Gegensatz zu § 265 (Versicherungsmissbrauch, keine erhöhte Mindeststrafe, Höchststrafe 3 Jahre Freiheitsstrafe), aber auch zu § 263 III 2 Nr. 5 (besonders schwerer Betrugsfall, Mindeststrafe 6 Monate Freiheitsstrafe) steht[102].

45 Noch deutlicher als § 307 Nr. 2 a. F., der die Absicht der Ausnutzung der Brandstiftung zur Straftatbegehung verlangte, wird mit der von § 306b II Nr. 2 geforderten Absicht der **Ermöglichung** einer Straftat zum Ausdruck gebracht, dass diese andere Tat in einem neuen Akt erfolgen muss. **Nicht** erfasst ist also der Fall, dass der Täter **mit der Brandstiftung** z. B.

---

97 S. zur Strafbarkeit des Versuchs aller vorsätzlichen Brandstiftungsdelikte o. Rn. 13.
98 S. zu den möglichen Versuchskonstellationen beim erfolgsqualifizierten Delikt o. § 35 Rn. 121 sowie *Baumann/Weber/Mitsch*, § 8 Rn. 73 und § 26 Rn. 11, 41 f.
99 S. dazu o. § 35 Rn. 111 und *Baumann/Weber/Mitsch*, § 8 Rn. 78.
100 S. dazu o. § 2 Rn. 62 ff.
101 Wie hier MüKo-*Radtke*, § 306b Rn. 18 ff., insbes. Rn. 20. Nach a. A. soll die Ermöglichungsalternative nur dann gegeben sein, wenn die spezifischen Auswirkungen der Gemeingefahr (z. B. Verwirrung, Panik, Flucht aus Gebäuden unter Zurücklassung von Wertgegenständen) die Anschlusstat des Täters begünstigen; vgl. nur *Fischer*, § 306b Rn. 9a ff. m. w. N.
102 Mit Recht kritisch *Dencker/Stein*, Einführung in das 6. StrRG, 1998, 4. Teil, Rn. 67. Für Anwendung des § 306b II Nr. 2 BGH, NJW 2000, 226 (228 f.). S. zu § 265 und § 263 III Nr. 5 o. § 21 Rn. 117 ff. und 138 ff.

einen anderen verletzen oder töten möchte (das Opfer soll im Brand selbst umkommen)[103].

Der Unrechtsgehalt der Qualifikation der **Nr. 3** liegt in der Steigerung der Gefährlichkeit der Brandstiftung. Der Tatbestand greift auch dann ein, wenn der Täter erst nach der Brandlegung die das Löschen verhindernden oder erschwerenden Manipulationen vornimmt, bspw. einen Rauchmelder abschaltet[104]. 46

b) Brandstiftung mit Todesfolge, § 306c

Ebenso wie § 306b I enthält § 306c eine auf den vorsätzlichen Brandstiftungsdelikten aufgebaute **Erfolgsqualifikation.** Allerdings muss der Täter hinsichtlich der Herbeiführung der **Todesfolge mindestens leichtfertig** handeln. Damit ist auch die vorsätzliche Tötung erfasst[105]. 47

Gleichermaßen wie für andere erfolgsqualifizierte Delikte, z. B. die Körperverletzung mit Todesfolge, § 227[106], ist für § 306c anerkannt, dass Ursächlichkeit der Brandstiftung für den Tod eines anderen Menschen im Sinne der Bedingungstheorie[107] für die Tatbestandserfüllung nicht ausreicht, sondern Zurechnung der schweren Folge nur möglich ist, wenn sich in ihr die der **Brandstiftung** anhaftende **spezifische Gefahr** verwirklicht hat. – Entsprechendes gilt für den erfolgsqualifizierten Tatbestand des § 306b I[108]. 48

Im Kernbereich des § 306c liegen **Fälle,** in denen sich das Opfer in der in Brand gesetzten Räumlichkeit, z. B. einem Wohn- oder Warenhaus, befindet (was für § 307 Nr. 1 a. F. erforderlich war) und dort verbrennt, erstickt oder durch einen herabfallenden Balken erschlagen wird oder an den im brennenden Raum erlittenen Verletzungen später stirbt. Erfasst ist weiter der in panischer Angst vor dem Feuer erfolgende und tödlich verlaufende Sprung aus dem brennenden Haus. 49

Da § 306c auf die Anwesenheit des Opfers in den in Brand gesetzten Räumlichkeiten verzichtet, kommt aber der Tatbestand auch dann zur Anwendung, wenn z. B. ein Passant durch herabstürzende Teile eines in Brand gesetzten oder durch Brandlegung zerstörten Gebäudes getötet wird. Dasselbe gilt für die Tötung eines Nachbarn durch giftige Gase, die infolge des Brandes entstehen.

Wegen des Verzichts auf die Anwesenheit des Opfers zur Zeit der Brandstiftung ist die Anwendung des § 306c im Falle der Tötung von außen kommender **Retter** und Helfer bei der Brandbekämpfung nicht mehr von vornherein ausgeschlossen[109]. 50

---

103 Anders aber BGHSt 20, 246 und 40, 106 (107) zu § 307 Nr. 2 a. F.
104 BGH, NStZ-RR 2013, 277, wobei die Erschwernis eine gewisse Erheblichkeit aufweisen muss – restriktive Auslegung aufgrund der hohen Strafandrohung erforderlich; s. zu weiteren Einzelfragen z. B. *Fischer*, § 306b Rn. 12; *S/S/Heine/Bosch*, § 306b Rn. 18.
105 S. dazu o. § 35 Rn. 108. – Zu den sich daraus ergebenden Versuchskonstellationen s. o. Rn. 41.
106 Dazu o. § 6 Rn. 71 ff.
107 S. zur weitreichenden Bedingungs- oder Äquivalenztheorie *Baumann/Weber/Mitsch*, § 14 Rn. 8 ff.
108 S. o. Rn. 37 ff.
109 Zur Unanwendbarkeit des § 307 Nr. 1 a. F. in diesem Falle BGHSt 39, 322 (323). Zur Sonderfrage der „Gefährdungsidentität" s. *Kudlich*, NStZ 2003, 458 ff.

Entgegen *Rengier*[110] wird man § 306c auch nicht generell mit der Begründung ausschließen können, das Risiko von Rettern bestehe grundsätzlich bei allen Unglücksfällen und Straftaten, sei also keine gerade der Brandstiftung anhaftende tatbestandsspezifische Besonderheit[111]. Denn wenn der Retter im Feuer umkommt oder bei Löscharbeiten aus großer Höhe abstürzt, ist sein Tod ohne Frage auf die typischen Gefahren der Brandstiftung zurückzuführen. – Fällt dem Brandstifter hinsichtlich der Todesverursachung Leichtfertigkeit zur Last, z. B. weil er erkannte oder unschwer hätte erkennen können, dass die Bergung von Menschen aus dem in Brand gesetzten Gebäude nur unter Lebensgefahr für Feuerwehrleute möglich ist, ist § 306c anzuwenden.

In Fällen brandspezifischer Gefahrverwirklichung verlagert sich also die Problematik der Täterverantwortlichkeit für Schädigungen von Rettern[112] von den allgemeinen Fahrlässigkeitstatbeständen der §§ 222 und 229 auf die erfolgsqualifizierten Brandstiftungstatbestände der §§ 306b I und 306c.

5. Vollendung und Versuch sowie Rücktritt vom Versuch und vom vollendeten Delikt

a) Versuch und Rücktritt vom Versuch

51 Vom nach §§ 306 und 306a, 22, 23 I, 12 I strafbaren Brandstiftungsversuch[113] kann der Täter nach § 24 zurücktreten.

Beispiel: T hat die Zündschnur bereits zum Glimmen gebracht. Bevor das als Brandobjekt ausersehene Wohngebäude Feuer gefangen hat, tritt er freiwillig die Zündschnur aus. – T = §§ 306a I Nr. 1, 22, aber wirksamer Rücktritt vom beendeten Versuch nach § 24 I 1, 2. Alt.

Wurde durch den Brandstiftungsversuch, z. B. nach §§ 306 I Nr. 5, 22, zugleich eine von § 306f I Nr. 3 erfasste Brandgefahr geschaffen[114], so stellt sich die Frage, ob bei strafbefreiendem Rücktritt vom Brandstiftungsversuch auch die Strafbarkeit wegen der vollendeten Brandgefährdung (§ 306f) aufgehoben wird. Zwar führt § 24 grundsätzlich nicht zur Strafbefreiung hinsichtlich eines zugleich mit dem Versuch begangenen vollendeten Delikts[115]. Straffreiheit auch insoweit ist jedoch dann geboten, wenn das Vorfelddelikt dieselben Rechtsgüter wie das Verletzungsdelikt schützt[116].

52 Rücktritt nach § 24 ist auch dann möglich, wenn der Brandstiftungsversuch unter den qualifizierenden Voraussetzungen des § 306b II unternommen wurde.

---

110 *Rengier*, BT 2, § 40 Rn. 44 ff.
111 Wie hier auch *Dencker/Stein*, Einführung in das 6. StrRG, 1998, 4. Teil, Rn. 94 (allerdings mit der nicht zu billigenden Ausnahme professioneller Helfer); *Schlüchter/Bayer*, Bochumer Erläuterungen zum 6. StrRG, 1998, S. 109.
112 S. dazu z. B. *Baumann/Weber/Mitsch*, § 14 Rn. 97 ff. sowie BGHSt 39, 322, wo die Verantwortlichkeit des Brandstifters nach § 222 (jetzt – bei Leichtfertigkeit – nach § 306c) auch für den Tod eines freiwilligen, nicht beruflich verpflichteten Retters bejaht wird.
113 S. auch o. Rn. 13.
114 Dazu o. Rn. 13.
115 Vgl. z. B. *Baumann/Weber/Mitsch*, § 27 Rn. 2.
116 S. z. B. *S/S/Eser/Bosch*, § 24 Rn. 110. – A. A. z. B. BGHSt 39, 128 (129 f.). S. auch u. Rn. 60 zum selben Problem beim Rücktritt von der vollendeten Brandstiftung nach § 306e.

Hat dagegen bereits der Brandstiftungsversuch nach §§ 306 oder 306a (i. **53**
V. m. § 22) eine Erfolgsqualifikation i. S. des § 306c herbeigeführt[117], so
wird dadurch der Rücktritt nach § 24 ausgeschlossen[118]. Dasselbe gilt in
der Regel bei Eintritt der Erfolgsqualifikation nach § 306b I[119].

Im **Beispiel (1)** o. § 35 Rn. 121 kann sich also T Straffreiheit nach § 24 nicht mehr dadurch verschaffen, dass er die Inbrandsetzung des Gebäudes verhindert. Es bleibt bei dem Ergebnis T = §§ 306a I Nr. 1, 306c, 22.

b) Vollendung und Rücktritt vom vollendeten Delikt, § 306e

Ist das Tatobjekt in Brand gesetzt, hat z. B. die Türverkleidung in einem **54**
Haus Feuer gefangen[120], so sind die Brandstiftungsdelikte nach §§ 306 I
Nr. 1 und 306a I Nr. 1 vollendet, und der Täter kann nicht mehr nach § 24
zurücktreten. Es wäre jedoch unbillig und kriminalpolitisch verfehlt, dem
Brandstifter im Frühstadium der Vollendung jede strafbefreiende Möglichkeit abzuschneiden, eine weitere Ausbreitung des Brandes und damit größeren Schaden zu verhindern. Ebenso wie in anderen Fällen der weiten Vorverlagerung der Vollendungsstrafbarkeit[121] ist deshalb für die Brandstiftungsdelikte in § 306e der Rücktritt vom vollendeten Delikt vorgesehen (tätige Reue).

Nach § 306e I kann das Gericht bei vollendeten **vorsätzlichen** Brand- **55**
stiftungen nach §§ 306, 306a und 306b die Strafe nach § 49 II mildern oder
ganz von Strafe nach diesen Vorschriften absehen[122]. Für den Rücktritt von
der **fahrlässigen** Brandstiftung (§ 306d) wird in § 306e II – wie in § 24 für
den Rücktritt vom Versuch – zwingend Strafaufhebung angeordnet[123].

Bei den Vergünstigungen des § 306e handelt es sich um **persönliche** **56**
Strafaufhebungs- bzw. -milderungsgründe. Von mehreren Tatbeteiligten kommen sie also nur demjenigen zugute, der die Voraussetzungen in seiner Person erfüllt, § 28 II[124].

§ 306e I und III erwähnen zwar nur den (Allein-)Täter; gleichwohl muss die Rücktrittsregelung auch Mittätern, mittelbaren Tätern sowie Anstiftern und Gehilfen zugutekommen.

---

117 S. zu dieser Versuchskonstellation § 35 Rn. 121 sowie o. Rn. 41.
118 Str.; wie hier z. B. *Ulsenheimer*, Zur Problematik des Rücktritts vom Versuch erfolgsqualifizierter Delikte, Bockelmann-FS 1979, S. 405 (412 ff., 414). – A. A. z. B. BGHSt 42, 158 (zu § 251); i. E. zustimmend *Küper*, JZ 1997, 229 (233); *S/S/Eser/Bosch*, § 24 Rn. 26.
119 S. dazu auch u. Rn. 58 (zur entsprechenden Konstellation bei der tätigen Reue nach § 306e).
120 S. Beispiel (1) o. Rn. 18.
121 S. o. § 35 Rn. 113 ff.
122 § 153b StPO gibt der Staatsanwaltschaft die Möglichkeit, mit Zustimmung des Gerichts bereits von der Klageerhebung abzusehen.
123 S. zu den unterschiedlichen verfahrensrechtlichen Konsequenzen des strafaufhebenden Rücktritts einerseits und des Absehens von Strafe andererseits *Baumann/Weber/Mitsch*, § 27 Rn. 5 f.
124 S. dazu *Baumann/Weber/Mitsch*, § 27 Rn. 4 und § 32 Rn. 21, 32 ff.

57 § 306e wurde durch das 6. StrRG der modernen Konzeption des Rücktritts angepasst: **Subjektiv** wird – wie in § 24[125] – **Freiwilligkeit**[126] gefordert und konsequent in Abs. 3 auch dem freiwilligen nichtkausalen Rücktritt(entsprechend § 24 I 2) strafmildernde oder – aufhebende Wirkung beigemessen[127].

58 **Objektiv** wird **Löschung des Brandes** vorausgesetzt, bevor ein **erheblicher Schaden** entsteht. Ein solcher ist bei nennenswerten **Personenschäden** anzunehmen, sodass der Rücktritt von der vollendeten Brandstiftung bei Tötung eines Menschen ausgeschlossen ist; dementsprechend wird § 306c (Brandstiftung mit Todesfolge[128]) in § 306e gar nicht erwähnt. Obwohl in § 306e I genannt, dürfte auch der Rücktritt von der Tat nach § 306b I (Gesundheitsschädigung[129]) im Normalfall ausgeschlossen sein.

59 Bei **Sachschäden** ist die Erheblichkeitsgrenze – entsprechend der Gefährdung von Sachen bedeutenden Werts in den Straßenverkehrsgefährdungstatbeständen (z. B. in § 315c I) – bei ca. 1.000,– Euro anzusetzen[130]. – Umstritten ist, ob der Sachschaden am Brandobjekt auch dann maßgebend ist, wenn der Täter der §§ 306a oder 306b eigene Sachen in Brand gesetzt hat[131].

Entgegen dem Gesetzeswortlaut (Milderung oder Absehen von Strafe, „wenn der **Täter** freiwillig den Brand **löscht**") ist es **unerheblich,** ob der Täter eigenhändig das Feuer löscht, oder ob er sich der Hilfe Dritter, etwa der Feuerwehr, bedient[132].

60 Ebenso wie beim Rücktritt vom Versuch nach § 24[133] entfällt beim Rücktritt vom vollendeten Delikt nach § 306e auch eine eventuelle Strafbarkeit des Täters wegen Brandgefährdung, § 306f[134]. Weiter ist bei Absehen von Strafe wegen Brandstiftung gemäß § 306e I oder III auch auf eine Bestrafung wegen des weit im Vorfeld der Rechtsgutsverlet-

---

125 Und anders als in § 310 a. F., der auf die objektive Entdeckung des Brandes abhob und deshalb eine Reihe von Problemen aufwarf.
126 S. dazu *Baumann/Weber/Mitsch*, § 27 Rn. 17.
127 S. zum nichtkausalen Rücktritt *Baumann/Weber/Mitsch*, § 27 Rn. 32 ff.
128 Dazu o. Rn. 47 ff.
129 Dazu o. Rn. 37 ff.
130 Im Straßenverkehr wird von Wertgrenzen in Höhe von 750 € – vgl. *Fischer*, § 315c Rn. 15; BGH, NStZ-RR 2008, 289 – bis zu 1.300 € ausgegangen, vgl. *S/S/Sternberg-Lieben/Hecker*, § 315c Rn. 31. – Für Wohngebäude wird eine Wertgrenze von 2.500 € angesetzt, vgl. BGHSt 48, 14 (22); *Fischer*, § 306e Rn. 3; *Rengier*, BT 2, § 40 Rn. 67; *S/S/Heine/Bosch*, § 306e Rn. 9. – Für eine pauschale Übertragung der Wertgrenzen *Lackner/Kühl*, § 306e Rn. 2; dagegen *Fischer*, § 306e Rn. 3; *S/S/Heine/Bosch*, § 306e Rn. 8.
131 S. dazu z. B. *Dencker/Stein*, Einführung in das 6. StrRG, 1998, Teil 4, Rn. 103.
132 Vgl. BGH, NStZ 2003, 265; *Beckemper*, JA 2003, 926 f.; *Lackner/Kühl*, § 306e Rn. 2; MüKo-*Radtke*, § 306e Rn. 10; *S/S/Heine/Bosch*, § 306e Rn. 11; *Fischer*, § 306e Rn. 5.
133 Dazu o. Rn. 51.
134 So (zu § 310 a. F.) z. B. LG Zweibrücken, NStZ 1993, 85; *Geppert*, Jura 1989, 473 (481 f.); *Jescheck/Weigend*, § 51 VI 2; *Vogler*, Bockelmann-FS 1979, S. 715 (728). – A. A. (Strafbarkeit nach § 306f bleibt bestehen) z. B. BGHSt 39, 128 (129 ff.); BGH, LM Nr. 1 zu § 310a.

zung angesiedelten Versicherungsmissbrauchs (§ 265[135]) zu verzichten[136].

Unstreitig beseitigt jedoch ein Rücktritt nach § 306e nicht die Strafbarkeit des Täters wegen einer bereits mit dem Inbrandsetzen vollendeten Sachbeschädigung (§§ 303, 304)[137]. 61

6. Konkurrenzen

§ 306a ist unabhängig davon anwendbar, ob der Täter eigene oder fremde Sachen in Brand setzt[138]. Gehören die Tatobjekte des § 306a nicht dem Täter, so ist der Angriff auf fremdes Eigentum durch tateinheitliche Verurteilung nach §§ 306a, 306, 52 zum Ausdruck zu bringen[139]. 62

Die **qualifizierten Brandstiftungstatbestände** der §§ 306b und 306c **verdrängen** als speziellere Vorschriften die **Grundtatbestände** der §§ 306 und 306a[140]. Obwohl er nur teilweise eine Qualifikation des § 306 I enthält[141], geht § 306a II dem § 306 I vor. 63

§ 306 I enthält einen Spezialfall der Sachbeschädigung[142], verdrängt also §§ 303 und 305. 64

Die Erfolgsqualifikationen der §§ 306b I und 306c gehen im Falle fahrlässiger bzw. leichtfertiger Herbeiführung der schweren Folge den §§ 229 und 222 als speziellere Regelungen vor. Wird die schwere Folge vorsätzlich herbeigeführt, ist tateinheitlich nach §§ 306b I, 223 (evtl. §§ 224, 226), 52 bzw. §§ 306c, 211, 52 zu verurteilen. 65

Werden die i. S. des § 306b II Nr. 2 beabsichtigten Straftaten tatsächlich begangen oder versucht, so stehen sie in Tateinheit (§ 52) mit der besonders schweren Brandstiftung[143]. 66

Der Vorfeldtatbestand des § 306f[144] tritt zurück, wenn es zur Inbrandsetzung nach §§ 306–306d kommt (Subsidiarität). 67

Wegen der Identität der Tathandlung ist zwischen § 306a einerseits und § 265 andererseits zwangsläufig Tateinheit (§ 52) gegeben. 68

---

135 S. zu § 265 o. § 21 Rn. 117 ff.
136 So (zu §§ 310 a. F. und 265 a. F.) z. B. *Geppert*, Jura 1989, 473 (482). – A. A. z. B. RGSt 56, 95; *S/S/Heine/Bosch*, § 306e Rn. 16; *Fischer*, § 306f Rn. 8. Zur Straflosigkeit im Hinblick auf § 265, wenn der Täter wirksam vom Betrugsversuch gegenüber der Feuerversicherung zurücktritt, s. § 21 Rn. 137.
137 Vgl. zum Verhältnis der Brandstiftung zur Sachbeschädigung im Übrigen u. Rn. 64.
138 S. o. Rn. 22 und 35.
139 So z. B. auch RGSt 64, 273 (279); *Maurach/Schroeder/Maiwald*, BT 2, § 51 Rn. 12. – A. A. – regelmäßiges Zurücktreten des § 306 – z. B. *Lackner/Kühl*, § 306 Rn. 6; BGH, *Holtz*, MDR 1984, 443 (zu § 308 a. F.).
140 S. zur Spezialität der Qualifikation gegenüber dem Grundtatbestand *Baumann/Weber/Mitsch*, § 36 Rn. 7 f.
141 S. o. Rn. 35.
142 S. o. Rn. 16.
143 Es kann hier nichts anderes gelten als für das Verhältnis des § 239a zu §§ 253, 255; s. dazu o. § 18 Rn. 40 sowie BGHSt 26, 24 (28).
144 Dazu o. Rn. 13.

69 Im **Landesrecht**, z. B. in den Landesbauordnungen[145], gibt es eine Fülle von Vorschriften zur Brandverhütung und zur Minimierung der mit Bränden verbundenen Gefahren. Verstöße gegen derartige Bestimmungen können in der Regel als Ordnungswidrigkeiten geahndet werden. Ist die Handlung zugleich Straftat, z. B. nach § 306f, so tritt die Ordnungswidrigkeit als subsidiär zurück, § 21 OWiG.

III. Sonstige „gemeingefährliche" Delikte – Überblick

Literaturhinweise: S. zunächst die Angaben zu § 35 (Grundlagen der Gefährdungsstrafbarkeit).

Speziell zu 1 (Explosions- und Strahlungsdelikte, §§ 307–312):
Bartholme, Strafrechtliche Aspekte des „Plutoniumtourismus", JA 1976, 730; *Braun/ Ferchland,* Nuklearkriminalität, Kriminalistik 1993, 481; *Cramer,* Die Neuregelung der Sprengstoffdelikte durch das 7. StrÄndG, NJW 1964, 1835; *Kühne,* Forum: Die sog. „Celler Aktion" und das deutsche Strafrecht, JuS 1987, 188; *Lackner,* Das 7. StrÄndG (Sprengstoffdelikte), JZ 1964, 674; *Mattausch/Baumann,* Nuklearkriminalität – illegaler Handel mit radioaktiven Stoffen, NStZ 1994, 492; *Potrykus,* Die Neuregelung der Sprengstoffdelikte, Die Polizei 1965, 249; *Reinhardt,* Der strafrechtliche Schutz vor den Gefahren der Kernenergie und den schädlichen Wirkungen ionisierender Strahlen, 1989; *Schülli,* Rechtsprobleme beim Kausalitätsnachweis von Strahlenschäden, 1964.

Speziell zu 2 (Entfesseln von Naturkräften, § 313):
v. Ende, Zur gemeingefährlichen Überschwemmung, 1913; *Kirchner,* Die Herbeiführung einer Überschwemmung, 1901.

Speziell zu 3 (Beeinträchtigung wichtiger Anlagen und Betriebe, §§ 316b, 317, 318):
Braun/Göhner, Die Strafbarkeit „kostenloser Störanrufe", NJW 1978, 1449; *Detaille,* Delikte gegen Fernsprechhäuschen der Deutschen Bundespost unter bes. Berücksichtigung der Phänomene des Vandalismus, 1982; *Krause/Wuermeling,* Missbrauch von Kabelfernsehanschlüssen, NStZ 1990, 526.

Speziell zu 4 (Baugefährdung, § 319):
Gallas, Die strafrechtliche Verantwortlichkeit der am Bau Beteiligten unter besonderer Berücksichtigung des „verantwortlichen Bauleiters", 1963; *Kromik/Schwager,* Straftaten und Ordnungswidrigkeiten bei der Durchführung von Bauvorhaben, 1982; *Landau,* Das strafrechtliche Risiko der am Bau Beteiligten, wistra 1999, 47; *Schünemann,* Grundfragen der strafrechtlichen Zurechnung im Tatbestand der Baugefährdung, Zeitschrift für Baurecht 1980, 4, 113, 159; *ders.,* Die Regeln der Technik im Strafrecht, Lackner-FS 1987, S. 367.

Speziell zu 5 (Vergiftungsdelikte, §§ 314, 330a):
Geerds, Herstellen und Absatz gesundheitsgefährdender Ver- und Gebrauchsgüter (§§ 319, 320 StGB), Tröndle-FS 1989, S. 241; *Gretenkordt,* Herstellung und Inverkehrbringen gesundheitsgefährlicher Verbrauchs- und Gebrauchsgüter, 1993; *Hilgendorf,* Strafrechtliche Produzentenhaftung in der „Risikogesellschaft", 1993; *Horn,* Strafrechtliche Haftung für die Produktion von und den Handel mit vergifteten Gegenständen, NJW 1986, 153; *Ohm,* Der Giftbegriff im Umweltstrafrecht, 1985; *Seher,* Herstellung und Vertrieb gesundheitsgefährdender Produkte – Ein Fall des § 314 StGB? – Versuch der Aufhellung einer neu gefassten Dunkelnorm, NJW 2004, 113.

Zu §§ 309, 311, 330a ist auch das umweltstrafrechtliche Schrifttum heranzuziehen; vgl. unten § 41.

---

145 Vgl. etwa Art. 12 Bayerische Bauordnung.

1. Explosions- und Strahlungsdelikte, §§ 307–312

Das neben der Brandstiftung klassische gemeingefährliche Delikt ist die **Herbeiführung einer Sprengstoffexplosion, § 308**. Im Gegensatz zu § 306a ist aber § 308 als konkreter Gefährdungstatbestand konzipiert. 70

Einen durch das eingesetzte Mittel erschwerten Spezialtatbestand des § 308 enthält § 307 (Herbeiführen einer Explosion durch **Kernenergie**), der im Übrigen in Abs. 1 als **Unternehmenstatbestand** ausgestaltet ist[146]. § 307 II enthält ein konkretes Gefährdungsdelikt in Gestalt einer Vorsatz-Fahrlässigkeits-Kombination. 71

Die in beiden Vorschriften, §§ 307 und 308, enthaltenen **Qualifikationen** entsprechen im Wesentlichen denen der Brandstiftungstatbestände[147]: **Erfolgsqualifikationen** in § 308 II (Gesundheitsschädigung, entsprechend § 306b I) sowie in §§ 307 III und 308 III (Tod eines anderen Menschen, entsprechend § 306c). 72

Neben § 307 II[148] findet sich auch in § 308 V eine Vorsatz-Fahrlässigkeits-Kombination. In §§ 307 IV und 308 VI ist insgesamt fahrlässiges Handeln unter Strafe gestellt[149]. 73

§ 309 I pönalisiert einen Körperverletzungsversuch unter Einsatz besonders gefährlicher Tatmittel, nämlich **ionisierender Strahlen**. Da es sich, ebenso wie bei § 307 I[150] um einen Unternehmenstatbestand handelt, ist für die Tatvollendung nicht nur der Eintritt einer Gesundheitsschädigung entbehrlich, sondern es genügt auch, dass der Täter versucht, das Opfer einer Strahlung auszusetzen. – § 309 VI 1 regelt den entsprechenden **Sachbeschädigungsversuch**. Dass es sich insoweit nicht um ein Unternehmensdelikt handelt, wird durch die in Abs. 6 Satz 2 angeordnete Versuchsstrafbarkeit kompensiert. 74

§ 309 I und VI verlangen die **Eignung zur Schädigung**[151]. 75

§ 309 II erfasst die „echte" Gemeingefährlichkeit („unübersehbare Zahl von Menschen"[152]) als Qualifikation. – § 309 III und IV enthalten dieselben Erfolgsqualifikationen wie die qualifizierten Brandstiftungstatbestände der §§ 306b I und 306c[153]. 76

---

146 Dazu o. § 35 Rn. 113.
147 Dazu o. Rn. 37 ff.
148 Dazu o. Rn. 71.
149 S. zur Abstufung der Fahrlässigkeitshaftung o. § 35 Rn. 105 f.
150 Dazu o. Rn. 71.
151 S. zu den Eignungsdelikten und der nicht einheitlichen Bedeutung des Merkmals „geeignet" in den verschiedenen Tatbeständen o. § 35 Rn. 81 ff., speziell zur Schadenseignung ionisierender Strahlen Rn. 83.
152 Dazu E 1962, S. 503: so große Zahl, „dass sie auch für einen objektiven Beobachter nicht ohne Weiteres übersehbar, also in ihrer ungefähren Zahl zu bestimmen ist". – S. zur „großen Zahl" (in § 306b I) o. Rn. 38 f.
153 S. dazu o. Rn. 37–39 und 47–50.

77 Der strafrechtliche Schutz gegen die aus Kernspaltungsvorgängen und dem Umgang mit radioaktiven Stoffen resultierenden Gefahren wird ergänzt durch den potenziellen Gefährdungstatbestand des § 311[154] und den konkreten Gefährdungstatbestand des § 312 sowie die umweltstrafrechtlichen Tatbestände der §§ 327 I, III Nr. 1, 328[155]. – § 311 III kommt zugleich die Funktion der Pönalisierung von Fahrlässigkeitstaten nach § 309 zu, die dort nicht unter Strafe gestellt sind. – Die Hauptproblematik dieser Tatbestände liegt in ihrem Blankettcharakter und ihrer Abhängigkeit vom Verwaltungsrecht; vgl. die Legaldefinition in § 330d Nr. 4[156].

78 § 310 stellt bestimmte gefährliche **Vorbereitungshandlungen** zu den Explosions- und Strahlungsverbrechen und §§ 307 I, 308 I und 309 II als vollendete Delikte unter Strafe[157].

79 Ergänzend ist § 30 (versuchte Beteiligung an den Verbrechen nach §§ 307–309) zu beachten[158].

80 Die §§ 307–312 dehnen die Vollendungsstrafbarkeit der Explosions- und Strahlungsdelikte ähnlich weit nach vorne aus wie die §§ 306–306b und 306d die Strafbarkeit wegen vollendeter Brandstiftung. Wie § 306e für die Brandstiftung[159] sieht deshalb § **314a** mit unterschiedlichen Rechtsfolgen (fakultative Strafmilderung nach § 49 II, Absehen von Strafe, Strafaufhebung[160], für die Taten nach §§ 307 ff. den **Rücktritt vom vollendeten Delikt (tätige Reue)** vor[161]. – Wie in § 306e III und entsprechend § 24 I 2 wird in § 314a IV auch der nichtkausale Rücktritt honoriert[162].

2. Herbeiführen einer Überschwemmung, § 313

81 Vom Täter in der Regel nicht beherrschbare Gefahren werden außer durch Brandstiftung und Explosion vor allem durch die **Herbeiführung einer Überschwemmung** hervorgerufen. § 313 i. d. F. des 6. StrRG enthält, wie § 308 (Sprengstoffexplosion[163]), ein **konkretes Gefährdungsdelikt**. Der Grundtatbestand des § 313 I erfasst einheitlich und unter Verzicht auf das frühere Erfordernis der Gemeingefahr[164] die zuvor in zwei Tatbeständen (§§ 312 und 313 a. F.) enthaltene menschen- und sachgefährdende Überschwemmung.

---

154 Zu § 311 s. auch o. § 35 Rn. 82.
155 S. dazu u. § 41 Rn. 77.
156 Näher zu dieser Besonderheit des Umweltstrafrechts u. § 41 Rn. 14–16 und 20 ff. Zur auf § 311 anwendbaren Missbrauchsklausel in § 330d Nr. 5 s. u. § 41 Rn. 24.
157 S. allgemein zu Strafbarkeitsausdehnungen ins Vorfeld des Versuchs o. § 35 Rn. 19 f.
158 S. dazu *Baumann/Weber/Mitsch*, § 32 Rn. 39 ff.
159 Dazu o. Rn. 54–61.
160 S. dazu o. Rn. 55 sowie – allgemein – § 35 Rn. 113–116.
161 Für den Rücktritt vom Versuch gilt § 24.
162 S. dazu o. Rn. 57.
163 Dazu o. Rn. 70.
164 S. dazu o. Rn. 1 sowie § 35 Rn. 94 f.

Auch die **Qualifikationen** der Herbeiführung einer Überschwemmung 82
entsprechen denen der Herbeiführung einer Sprengstoffexplosion: Verweis in § 313 II auf § 308 II und III[165].

Schließlich wird in § 313 II auch auf die **Fahrlässigkeitsregeln** in § 308 83
V und VI verwiesen[166].

§ **314a** II Nr. 2f und III Nr. 1e eröffnet (auch) für das Herbeiführen ei- 84
ner Überschwemmung die Möglichkeit des Rücktritts vom vollendeten
Delikt (**tätige Reue**)[167].

Sachgerecht wollten die Entwürfe – § 328 E 1962 und § 151 I Nr. 6 AE[168] – neben 85
dem Herbeiführen einer Überschwemmung auch das vergleichbar gefährliche Niedergehenlassen von Erd-, Fels- und Schneemassen unter Strafe stellen.

3. Beeinträchtigung wichtiger Anlagen und Betriebe, §§ 316b, 317 und 318

Gefahren für die Allgemeinheit resultieren nicht nur aus der Freiset- 86
zung von Naturkräften[169], sondern typischerweise auch aus Angriffen auf
Einrichtungen, die dem Gemeinwohl dienen.

Deutlich ist die Parallelität zwischen dem konkreten Gefährdungstatbe- 87
stand des § **318, Beschädigung wichtiger Anlagen** (s. die als Tatobjekte
genannten **Wasserbauten**), und dem Überschwemmungstatbestand des
§ 313.

Weniger gravierend, weil in der Regel nicht unmittelbar lebens- und ge- 88
sundheitsgefährdend, sind die abstrakten Gefährdungsdelikte nach
§§ **316b (Störung öffentlicher Betriebe)** und **317 (Störung von Telekommunikationsanlagen)**. Beide Vorschriften enthalten Spezialtatbestände
der gemeinschädlichen Sachbeschädigung und gehen § 304 vor. – Ergänzend ist auf die **Computersabotage** (§ 303b) hinzuweisen[170].

Für das konkrete Gefährdungsdelikt nach § 318[171] enthält § 320 II Nr. 3 89
und III Nr. 1c Regelungen der **tätigen Reue**.

Zu § **145 (Missbrauch von Notrufen)** und seinem Zusammenhang mit der gemein- 90
schädlichen Sachbeschädigung – dort Vorrang des § 304 – s. u. § 39 Rn. 30.

Ein umfassender Tatbestand der **Wirtschaftssabotage**, der teilweise die Funktion 91
des § 316b übernehmen soll, wird in § 179 AE[172] vorgeschlagen.

---

165 Dazu o. Rn. 72.
166 Dazu o. Rn. 73.
167 S. dazu o. Rn. 80.
168 Besonderer Teil, Straftaten gegen die Person, 2. Halbbd., 1971.
169 Dazu vorstehend Rn. 81–85.
170 Dazu o. § 12 Rn. 53 ff.
171 S. o. Rn. 87.
172 Besonderer Teil, Straftaten gegen die Wirtschaft, 1977.

92 Handelt der Täter in **verfassungsfeindlicher** Absicht, so treten §§ 316b, 317 und 318 in Idealkonkurrenz (§ 52) zu § 88[173].

4. Baugefährdung, § 319

93 Während § 318 konkret lebens- und gesundheitsgefährliche Angriffe auf bereits errichtete Anlagen unter Strafe stellt, erfasst **§ 319 I Verstöße gegen die allgemein anerkannten Regeln der Technik** (Blankettnorm!) bei der **Planung, Leitung oder Ausführung eines Baues** (oder beim Abbruch eines Bauwerkes), gleichfalls mit der Folge **konkreter Lebens- oder Gesundheitsgefährdung**. In § 319 II werden entsprechende **Verstöße beim Einbau oder der Änderung technischer Einrichtungen** (z. B. Aufzüge und Klimaanlagen) gleichgestellt, sofern der Täter in Ausübung seines Berufes oder Gewerbes handelt. – Sonderdelikte; § 28 I ist zu beachten[174].

94 Zur **Fahrlässigkeitspönalisierung** in § 319 III und IV und speziell zur Vorsatz-Fahrlässigkeits-Kombination s. o. § 35 Rn. 96 ff. und 105 f.

95 Auch für § 319 ist die **tätige Reue** in § 320 geregelt; vgl. Abs. 2 Nr. 4 und Abs. 3 Nr. 1d.

96 Bauverstöße, die keine konkrete Lebens- oder Leibesgefahr zur Folge haben, können nach den Bauordnungen der Länder als Ordnungswidrigkeiten geahndet werden[175].

5. Vergiftungsdelikte, §§ 314, 330a – Hinweis auf Lebensmittel- und Arzneimittelrecht

97 Die in § 224 I Nr. 1 als gefährliche Körperverletzung unter Strafe gestellte Giftbeibringung[176] richtet sich typischerweise gegen ein ganz bestimmtes, individuell ausgewähltes Opfer. Die in § 314 umschriebene **gemeingefährliche Vergiftung** richtet sich dagegen typischerweise[177] gegen einen unbestimmten Kreis von Menschen; der Täter hat die Auswirkungen seines Handelns in der Regel nicht unter Kontrolle.

Beispiel: Vergiftung von abgepackten Lebensmitteln zum Zwecke der Erpressung des Produktherstellers oder des Betreibers einer Supermarktkette. – Der Täter weiß nicht, wer die vergifteten Artikel kaufen wird und wie viele Personen davon essen werden. – Wird nur in eine Getränkedose Gift gemischt, so ist die Allgemeinheit deshalb betroffen, weil der Käufer und Konsument zufälliges Opfer wird, also die Rolle eines Repräsentanten der Allgemeinheit spielt[178].

---

173 S. z. B. *S/S/Sternberg-Lieben*, § 88 Rn. 24.
174 S. zu § 28 I *Baumann/Weber/Mitsch*, § 32 Rn. 8 ff., insbesondere 20, 25–31.
175 S. zum Ordnungswidrigkeitenrecht als Hauptfeld abstrakter Gefährdungsdelikte o. § 35 Rn. 48 f.
176 Dazu o. § 6 Rn. 52 f.
177 Aber von der Tatbestandsfassung her nicht zwingend, sodass Tateinheit (§ 52) mit § 224 I Nr. 1 (und § 211) möglich ist.
178 S. zur Betroffenheit der Allgemeinheit bei Gefährdung vieler oder unbestimmter Einzelner o. § 35 Rn. 92.

Sonstige „gemeingefährliche" Delikte – Überblick   § 37 Rn. 98–104

§ 314 I enthält ein **abstraktes Gefährdungsdelikt**. D. h. der Tatbestand ist ohne weiteren Gefahreintritt erfüllt, wenn die Tatobjekte – z. B. Wasser in gefassten Quellen (Nr. 1) oder zum öffentlichen Verkauf oder Verbrauch bestimmte Gegenstände, im Regelfall Lebensmittel (Nr. 2) – vergiftet oder ihnen gesundheitsschädliche Stoffe beigemischt werden. Gleichgestellt ist das Verkaufen, Feilhalten oder sonstiges Inverkehrbringen von vergifteten oder mit gesundheitsschädlichen Stoffen vermischten Gegenständen im Sinne der Nr. 2.   98

In § 314 II wird auf die **Erfolgsqualifikationen** des § 308 II und III verwiesen[179].   99

Dagegen fehlt in § 314 II – anders als in § 313 II[180] – ein Verweis auf die in § 308 VI angeordnete (und vor dem 6. StrRG in § 320 i. V. m. § 319 a. F. enthaltene) Strafbarkeit fahrlässiger Tatbegehung. Dabei handelt es sich offenbar um ein Redaktionsversehen, sodass eine Gesetzesberichtigung zu erwarten ist.   100

Zur **tätigen Reue** s. § 314a II Nr. 1.   101

Ergänzt wird § 314 bspw. durch die Vergehens- und Bußgeldtatbestände in §§ 58 ff. LFGB, welche u. a. die Ahndung der Herstellung und des Inverkehrbringens **gesundheitsgefährdender Lebensmittel** ermöglichen.   102

Weiter ist in diesem Zusammenhang auf die Strafvorschriften in §§ 95, 96 AMG hinzuweisen. § 95 AMG pönalisiert u. a. das Inverkehrbringen von **Arzneimitteln**, die ein besonders hohes Gesundheitsrisiko aufweisen, bei denen z. B. der Verdacht auf schädliche Wirkungen besteht, sodass das Arzneimittel als Gift wirken kann.   103

Schließlich enthält § **330a (Freisetzen von Giften)** ein konkretes Gesundheits- und Lebensgefährdungsdelikt, das bei den Straftaten gegen die Umwelt angesiedelt ist[181].   104

---

179 S. dazu o. Rn. 72.
180 Dazu o. Rn. 83.
181 S. dazu u. § 41.

§ 38 Verkehrsdelikte, insbesondere Straßenverkehrsdelikte, §§ 315–316c; 142

Literaturhinweise zu I (Kriminalpolitik, Rn. 1–18): *Baumann,* Aufsätze und Vorträge zum Verkehrsstrafrecht, 1969; *Bockelmann,* Verkehrsstrafrechtliche Aufsätze und Vorträge, 1967; *Cramer,* Unfallprophylaxe durch Strafen und Geldbußen?, 1975; *Kaiser,* Verkehrsdelinquenz und Generalprävention, 1970; *Meyer-Jacobi,* Typische Unfallursachen im deutschen Straßenverkehr, Bd. III, 1961; *Schöch,* Strafzumessungspraxis und Verkehrsdelinquenz, 1973; *ders.,* Verzicht auf Sanktionsnormen im Straßenverkehrsrecht – ein Beitrag zur Effektivität von Verhaltensnormen?, in: Hof/Lübbe-Wolff (Hrsg.), Wirkungsforschung zum Recht I, 1999, S. 235; *Weigend,* Zur Rolle des Strafrechts im Straßenverkehr, Miyazawa-FS 1995, S. 549; *Welzel,* Fahrlässigkeit und Verkehrsdelikte, 1961; vgl. ferner die jährlichen Veröffentlichungen des deutschen Verkehrsgerichtstags, zitiert *VGT* (mit Jahreszahl).

Literaturhinweise zu II, III (insbes. §§ 315b, 315c, 316, Rn. 19–47): s. o. zu § 35; ferner *Deichmann,* Grenzfälle der Sonderstraftat, 1994; *Freund,* Äußerlich verkehrsgerechtes Verhalten als Straftat?, JuS 2000, 754; *Geppert,* Rechtfertigende Einwilligung des verletzten Mitfahrers bei Fahrlässigkeitsstraftaten im Straßenverkehr, ZStW 71 (1959), 947; *ders.,* Zu examensrelevanten Fragen im Rahmen alkoholbedingter Straßenverkehrsgefährdung (§ 315c I Nr. 1a StGB) durch Gefährdung von Mitfahrern, Jura 1996, 47; *ders.,* Gefährdung des Straßenverkehrs (§ 315c StGB) und Trunkenheit im Verkehr (§ 316 StGB), Jura 2001, 559; *Hentschel* u. a., Straßenverkehrsrecht, 42. Aufl. 2013; *Hillenkamp,* Verkehrsgefährdung durch Gefährdung des Tatbeteiligten, JuS 1977, 166; *Janiszewski,* Verkehrsstrafrecht, 2004; *Kerner* u. a., Untersuchungen zu „Alkohol und Fahren", 1985; *König,* Der Eingriff in den Straßenverkehr durch verkehrsgerechtes Verhalten, JA 2000, 777; *Lienen,* Das Zusammentreffen von Vorsatz und Fahrlässigkeit bei Verkehrsdelikten, DAR 1960, 223; *Maiwald,* Zum Maßstab der Fahrlässigkeit bei trunkenheitsbedingter Fahruntüchtigkeit, Dreher-FS 1977, S. 437; *Mayr,* Die Tatbestände der Straßenverkehrsgefährdung in der Rechtsentwicklung, BGH-FG 1975, S. 273; *Müller-Dürholt,* Die Gefährdung des Straßenverkehrs, § 315c StGB, 1982; *R. Peter,* Zum Merkmal rücksichtslos im Tatbestand der Straßenverkehrsgefährdung, DAR 1980, 45; *Rehberg,* Fremdhändige Täterschaft bei Verkehrsdelikten, Schultz-FG 1977, S. 72; *Rudolphi,* Strafbarkeit der Beteiligung an den Trunkenheitsdelikten im Straßenverkehr, GA 1970, 353; *Schuh* (Hrsg.), Verkehrsdelinquenz, 1989.

Literaturhinweise zu IV (§ 142, Rn. 48–77): *Baier,* Unerlaubtes Entfernen vom Unfallort und gefährlicher Eingriff in den Straßenverkehr, JA 2002, 631; *Bär,* Gesetzliche Regelung der Unfallflucht, VGT 1982, 113; *Beulke,* Strafbarkeit gem. § 142 bei vorsatzlosem Sich-Entfernen vom Unfallort, NJW 1979, 400; *Eisenberg/Ohder,* Verkehrsunfallflucht. Eine empirische Untersuchung zu Reformmöglichkeiten, 1989; *Engelstädter,* Der Begriff des Unfallbeteiligten ..., 1997; *Hentschel* u. a., Straßenverkehrsrecht, 42. Aufl. 2013; *Himmelreich/Bücken/Krumm,* Verkehrsunfallflucht. Verteidigerstrategien im Rahmen des § 142 StGB, 5. Aufl. 2009; *P. Jäger,* Der objektive Tatbestand der Verkehrsunfallflucht (§ 142 I StGB), 1973; *Jahn,* Vorsatzloses Sich-Entfernen vom Unfallort, JuS 2007, 689; *Karl,* Verkehrsunfallflucht – Unfallgeschehen – Aufklärungsquoten – Polizeiarbeit, NZV 2003, 457; *O. Küper,* Die Flucht nach einem Verkehrsunfall, 1964; *W. Küper,* Zur Tatbestandsstruktur der Unfallflucht, NJW 1981, 853; *ders.,* Grenzfragen der Unfallflucht, JZ 1981, 209; *Laschewski,* Vorsatzloses Entfernen vom Unfallort – weiterhin strafbar?, NZV 2007, 444; *Paeffgen,* § 142 StGB –

eine lernäische Hydra?, NStZ 1990, 365; *Pfannmüller*, Das Verhalten nach einem Verkehrsunfall, 1981; *Ulsenheimer*, Zumutbarkeit normgemäßen Verhaltens bei Gefahr eigener Strafverfolgung, GA 1972, 1; *Volk*, Gesetzliche Regelung der Unfallflucht, VGT 1982, 97 = DAR 1982, 81; *Weigend*, Zur Reform von § 142 StGB, Tröndle-FS 1989, S. 753.

Zur Examensrelevanz: Zu § 142 (u. Rn. 48 ff.) werden Grundkenntnisse erwartet; §§ 315–316c können zwar vom BT her gesehen in den meisten Bundesländern vernachlässigt werden (Prüfungsvorschriften kontrollieren!), doch ist das wegen der (hier hervorgehobenen) AT-Probleme eine riskante Strategie.

Übersicht

	Rn.
I. Der kriminalpolitische Hintergrund	1
1. Gewinner und Verlierer	1
a) Gewinner	1
b) Opfer	4
c) Die Kosten-Nutzen-Rechnung	5
2. Zur Prävention von Straßenverkehrsdelikten	6
a) Verkehrsunfall und Verkehrsdelikt	6
b) Ursachen der Verkehrsdelinquenz	7
c) Prävention durch Strafdrohung	9
3. Straßenverkehrsdelinquenz und AT	10
4. Straßenverkehrsdelinquenz und Prozessrecht	15
5. Zum Umfang der Verkehrsdelinquenz	18
II. Gefährliche Eingriffe in den Verkehr von außen, §§ 315, 315b	19
1. Überblick und Abgrenzung zu §§ 315a, 315c	19
2. Die gefährlichen Eingriffe nach §§ 315, 315b	22
3. Konkurrenzen	23
III. Gefährliche Eingriffe in den Verkehr von innen, §§ 315a, 315c; 316	27
1. Überblick	27
2. Die gefährlichen Eingriffe nach §§ 315a, 315c	29
a) Die 8 Todsünden im Straßenverkehr	29
b) Gefahrstufen und Vorsatz/Fahrlässigkeits-Kombinationen nach §§ 315a, 315c	37
3. Trunkenheit im Verkehr, § 316	39
4. Teilnahme an §§ 315a, 315c, 316	42
5. Rechtfertigung	43
6. Konkurrenzen	46
IV. Unerlaubtes Entfernen vom Unfallort, § 142	48
1. Kriminalpolitischer Hintergrund und Rechtsgut	48
a) Praktische Bedeutung	48
b) Rechtsgut	49
c) Der Zwang zur Selbstbelastung	52

2. Voraussetzungen der Warte- und Mitwirkungspflicht;
   insbesondere die Unfallbeteiligung 55
   a) Unfallbeteiligung als Verdacht der Unfallverursachung 55
   b) Unfallbeteiligung als deliktsbegründendes Merkmal 57
   c) Einzelheiten 58
3. Die Warte- und Mitwirkungspflicht 61
   a) Warte- und Mitwirkungspflicht nach § 142 I 61
   b) Rückkehr- und Mitwirkungspflicht nach § 142 II, III 65
4. Vorsatz, Irrtum, Versuch, Teilnahme 71
5. Konkurrenzen 74

I. Der kriminalpolitische Hintergrund

1. Gewinner und Verlierer

a) Gewinner

1 Der Personen- und Güterverkehr auf unseren Straßen präsentiert sich als eine Mischung von Individualverkehr und öffentlichem Verkehr. Geprägt wird das Bild unseres Straßenverkehrs jedoch vom **Individualverkehr,** insbesondere vom Personenverkehr. Ob man die Verkehrsdichte oder die im Folgenden erörterten wirtschaftlichen Faktoren berücksichtigt, stets steht der Individualverkehr im Vordergrund, sodass es zu rechtfertigen ist, wenn im Folgenden Straßenverkehr weitgehend als Synonym für Individualverkehr gebraucht wird.

Angesichts der hohen Auto-Dichte in Deutschland kann man sagen, dass Teilnehmer am Individualverkehr wir – fast – alle sind. Das soll nicht heißen, dass wir die vernachlässigen können, die sich ein Auto oder ein Motorrad nicht leisten können, aber es ist unbestreitbar, dass ein großer Teil der Gesellschaft den Individualverkehr nutzt. Hauptnutzen ist dabei der Zeit- oder Geldgewinn gegenüber dem öffentlichen Verkehr.

2 Zwischen dem Vorteil der Beweglichkeit und dem Nachteil der Zerstörung eben der Ziele, die man erreichen möchte, besteht ein bekanntes **Dilemma:**

Jürgen Dahl, Das Sterben der Autos, Die Zeit, vom 9.7.1971, S. 46:

> Nur die monomanische Vorstellung von der ungeheuren, durch nichts zu ersetzenden Lebenswichtigkeit eigenmächtiger Ortsveränderung kann bewirken, dass sich das System zu erhalten vermag und sich einer Verehrung erfreut, als wäre die Fortbewegung in der Privatkabine ein Wert an sich ... In Wirklichkeit ... dient ein wesentlicher Teil des Individualverkehrs nur dazu, den Auswirkungen eben dieses Verkehrs zu entfliehen: 400 000 Münchener, also ein Drittel der Bevölkerung dieser Stadt, nehmen durchschnittlich 30mal im Jahr am sogenannten Naherholungsverkehr teil, das heißt: Die vornehmlich mit Hilfe von Autos unbewohnbar gemachte Stadt gebiert in dem Maße, wie sie unwirtlich wird, immer neue Autofahrer, die, indem sie ihr entfliehen, die Unwirtlichkeit immer weiter nach draußen tragen, bis mitten hinein in die sog. Naturparks, wodurch die fatale Trennung zwischen Lebens- und Erholungsraum perfekt gemacht und zur Philosophie erhoben wird.

Der kriminalpolitische Hintergrund § 38 Rn. 3

Noch bleibt abzuwarten, wie weit ein Volk von Autofahrern wirklich auf die Länge willens und imstande ist, darauf zu verzichten, bis zum letzten Platz der Ruhe, zur erwünschten Oase, mit dem Wagen vorzufahren und mit Lärm und Auspuffgasen die Oase zu zerstören.

Hermann Hesse, Der Steppenwolf[1], schildert ein Magisches Theater mit einer Türinschrift: Auf zum fröhlichen Jagen! Hochjagd auf Automobile. Der Steppenwolf tritt ein:

> Da riss es mich in eine laute und aufgeregte Welt. Auf den Straßen jagten Automobile, zum Teil gepanzerte, und machten Jagd auf die Fußgänger, überfuhren sie zu Brei, drückten sie an den Mauern der Häuser zuschanden. Ich begriff sofort: es war der Kampf zwischen Menschen und Maschinen, lang vorbereitet, lang erwartet, lang gefürchtet, nun endlich zum Ausbruch gekommen. Überall lagen Tote und Zerfetzte herum, überall auch zerschmissene, verbogene, halbverbrannte Automobile, über dem wüsten Durcheinander kreisten Flugzeuge, und auch auf sie wurde von vielen Dächern und Fenstern aus mit Büchsen und mit Maschinengewehren geschossen. Wilde, prachtvoll aufreizende Plakate an allen Wänden forderten in Riesenbuchstaben, die wie Fackeln brannten, die Nation auf, endlich sich einzusetzen für die Menschen gegen die Maschinen, endlich die fetten, schöngekleideten, duftenden Reichen, die mit Hilfe der Maschinen das Fett aus den andern pressten, samt ihren großen, hustenden, böse knurrenden, teuflisch schnurrenden Automobilen totzuschlagen, endlich die Fabriken anzuzünden und die geschändete Erde ein wenig auszuräumen und zu entvölkern, damit wieder Gras wachsen, wieder aus der verstaubten Zementwelt etwas wie Wald, Wiese, Heide, Bach und Moor werden könne. Andere Plakate hingegen, wunderbar gemalt, prachtvoll stilisiert, in zarteren, weniger kindlichen Farben, außerordentlich klug und geistvoll abgefasst, warnten im Gegenteil alle Besitzenden und alle Besonnenen beweglich vor dem drohenden Chaos der Anarchie, schilderten wahrhaft ergreifend den Segen der Ordnung, der Arbeit, des Besitzes, der Kultur, des Rechtes und priesen die Maschinen als höchste und letzte Erfindung der Menschen, mit deren Hilfe sie zu Göttern werden würden. ... (Der Steppenwolf schließt sich dem Krieg an und schießt auf Autofahrer. Ein sterbender Insasse, Oberstaatsanwalt Loering, fragt): Warum haben Sie denn auf uns geschossen? Wegen zu schnellen Fahrens. Wir sind mit normaler Geschwindigkeit gefahren. Was gestern normal war, ist es heute nicht mehr, Herr Oberstaatsanwalt. Wir sind heute der Meinung, es sei jegliche Geschwindigkeit, mit welcher ein Auto fahren möge, zu groß. Wir machen die Autos jetzt kaputt, alle, und die anderen Maschinen auch.

Mittelbare Nutznießer des Straßenverkehrs sind Tiefbau und Kfz-Produktion als Wirtschaftsfaktoren. Weiter gehören dazu die Produzenten und Verteiler der vom Verkehr benötigten Energie sowie die Verwaltung (von halbstaatlichen Organisationen wie TÜV und ADAC bis hin zu den staatlichen Behörden, die der Planung und Überwachung des Straßenverkehrs ihre Existenzberechtigung verdanken). 3

Bei den **Nutznießern der Straßenverkehrsunfälle** stehen die Reparaturbetriebe und Automobilhersteller (Unfall als zeitraffende Alterung eines Fahrzeugs) im Vordergrund. Nutznießer sind weiter die Versicherungen, Ärzte und **Juristen**. Diese zunächst ganz banalen Feststellungen

---

1 Die Zitate im Text sind der Werkausgabe edition suhrkamp, 1970, Bd. 7, S. 372 f. (377) entnommen; dazu schon *Baumann,* Verkehrsstrafrecht, S. 136 f.

werden interessant, wenn man sich die Auswirkung von denkbaren **Reformen**[2] auf die finanziellen Interessen dieser Personenenkreise vor Augen hält.

Die Einführung eines **obligatorischen Fahrtenschreibers** auch in Personenkraftwagen ist ohne besonderen Aufwand machbar. Wohin kämen aber wir Juristen, wenn so die Ungewissheiten, d. h. die Prozessrisiken, einfach und sicher zu klären wären. Die Quellen zahlreicher Prozesse würden austrocknen, was vielleicht erklärt, warum die Juristen an die Zuverlässigkeit der ihrer freien Würdigung entzogenen technischen Beweismittel Anforderungen stellen, die kaum erfüllbar sind. Dagegen verdankt der bekannt unzuverlässige Zeugenbeweis seine Beliebtheit unter Juristen nicht zuletzt dem Umstand, dass sich hier die juristische Würdigung entfalten kann, wie sie freier nicht sein könnte, denn sie ist von keinem während der Juristenausbildung erworbenen Sachverstand getrübt.

b) Opfer

4 Der Straßenverkehr hat in den letzten Jahren in Deutschland pro Jahr zirka 4.000 Menschenleben gefordert. Die Zahlen sind gegenüber den 70er- und 80er-Jahren deutlich zurückgegangen[3]. – Zu den Toten kommen die Opfer, die schwere oder leichte Körperverletzungen erleiden: insgesamt im Jahre 2005 = 433.443, 2011 = 392.365, 2012 = 384.985 Verletzte[4].

Indirekte Opfer (durch Landschaftszerstörung, Luftverschmutzung etc.) sind wir alle.

c) Die Kosten-Nutzen-Rechnung

5 Um 1970 hat eine (erste?) Welle populärwissenschaftlicher Kritik am Individualverkehr ihren Höhepunkt erreicht. Die politische (= wirtschaftliche) Umorientierung zugunsten des öffentlichen Verkehrs ist damals lautstark gefordert worden, Schlagwort **Nulltarif**. Es ist schwer zu beurteilen, wie massiv sich im Jahrzehnt 1970–1980 im Vergleich zu 1960–1970 die Investitionen in den Verkehr zugunsten des öffentlichen und zum Nachteil des Individualverkehrs verschoben haben. Politisch sind Forderungen nach einer Umorientierung zugunsten des öffentlichen Verkehrs nicht ganz verstummt, doch ist eine **Desillusionierung** eingetreten. Eine saubere Kosten-Nutzen-Rechnung scheint unmöglich zu sein. Insbesondere ist eine Vergleichsrechnung nicht erreichbar, bei der die jetzige Mischform Individualverkehr/öffentlicher Verkehr mit einer theoretischen Alternative zu vergleichen wäre, bei der der Individualverkehr gedrosselt und der Anteil des öffentlichen Verkehrs gesteigert wäre. – Außerdem wird das Vertrauen in den öffentlichen Verkehr dadurch geschwächt, dass die Bedürfnisse des Kunden meist hinten anstehen. Monopolartige Großbetriebe (etwa die **Deutsche Bahn**) agieren fast unbehelligt von den Kräften des freien

---

2 Zu Reformen vgl. *Baumann*, Verkehrsstrafrecht, und *Bockelmann*, Verkehrsstrafrecht, a. a. O. sowie die Überlegungen, die jährlich in den VGT-Bänden publiziert werden. – Zum unfallträchtigen Design und wirtschaftlichen Interesse der Industrie schon *Bockelmann*, S. 65 f.

3 Im Jahr 2005 (bezogen auf Gesamtdeutschland) waren es noch 5.361 Tote, Statistisches Jahrbuch 2006, S. 431; 2010 = 3.648, 2011 = 4.009; 2012 = 3.600, Statistisches Jahrbuch 2013, S. 591. – Wider Erwarten lagen die Zahlen vor dem Fall der Mauer höher, Jahr 1988 = 8.213 Tote im damaligen Bundesgebiet; im Jahr 1980 = 13.041 Tote, Statistisches Jahrbuch 1990, S. 312.

4 1980 = 500.463 Verletzte; 1998 = 497.319 Verletzte, Statistisches Jahrbuch 1999, S. 325. Die Zahlen für 2005 entstammen: Statistisches Jahrbuch 2006, S. 432; die Zahlen für 2011 und 2012 entstammen: Statistisches Jahrbuch 2013, S. 591. Im Übrigen vgl. die Angaben zum Umfang der Verkehrsdelinquenz o. § 4 Rn. 1.

Wettbewerbs. Die zurzeit vieldiskutierte Trennung von Netz (Schienen) und Betrieb des Eisenbahnverkehrs ist hierbei als ein notwendiger Schritt hin zu mehr Wettbewerb und damit zu größerer Kundenorientierung zu sehen. Möglicherweise trägt auch der 2013 eingeführte Fernverkehr mit Linienbussen dazu bei, den Wettbewerb anzuheizen und eine attraktive Konkurrenz zu den bis dato monopolartigen Großbetrieben zu etablieren.

2. Zur Prävention von Straßenverkehrsdelikten

a) Verkehrsunfall und Verkehrsdelikt

Wer über Maßnahmen zur Reduktion wenigstens der unmittelbaren Opfer des Straßenverkehrs nachdenkt, muss die Frage nach den **Unfallursachen** stellen. Da es sich bei Straßenverkehrsunfällen um eine Massenerscheinung handelt, erscheint eine systematische Unfallursachenforschung machbar. Dementsprechend erfasst schon die Verkehrsunfallanzeige der Polizei die Unfallursachen computergerecht. Dabei steht die Verantwortlichkeit des Fahrzeugführers im Vordergrund. Aus dem Verkehrsunfall wird das Verkehrsdelikt, weil das Delikt als Ursache erscheint[5].

Die Unfallursachenforschung[6] hat viel Gutes bewirkt. Selbst mit so primitiven Methoden wie Kennzeichnung jedes Unfallorts in einem Kreuzungsbereich durch eine Stecknadel kann man Unfallursachen auf die Spur kommen, Kreuzungen entschärfen und damit Unfälle vermeiden. Die Unfallursachenforschung hat jedoch mit folgenden grundsätzlichen Problemen zu kämpfen: (1) Ursachenkonkurrenzprobleme, d. h. bei einem Unfall wirken meist viele Ursachen zusammen; (2) Ermittlungsprobleme, d. h. viele Ursachen sind nicht oder nur mit großem Aufwand feststellbar, sodass man sich gerne auf die Ursachen konzentriert, die nach dem gegenwärtigen Stand der Wissenschaft relativ simpel erfassbar sind, Beispiel Blutalkoholgehalt (relativ leicht feststellbar) im Vergleich zur Übermüdung (schwer feststellbar); (3) Fehlerdefinitionsprobleme, d. h. die Suche nach Unfallursachen kann einerseits sinnvoll nur als Fehlersuche betrieben werden, andererseits sollte sich aber aus der Unfallursachenforschung ergeben, was Fehler sind.

Beispiel Sicherheitsgurt: Dass Kopfverletzungen auf Unfälle infolge unvorsichtigen Fahrens, Glatteis usw. zurückzuführen sind, ist einfach zu sehen (Fehlersuche). Dass Kopfverletzungen auch auf die Ausstattung (fehlende Rückhaltung des Fahrers bei Aufprall, also fehlende Gurte) zurückzuführen sind, kann nur sehen, wer nicht durch eine voreingenommene Fehlerdefinition betriebsblind ist.

Seit einigen Jahren werden zunehmend autonome Systeme in Pkw verbaut, die den Fahrer von Routineaufgaben entlasten (Bsp.: Einpark- und Staufahrassistenten). Die rechtliche Bewertung dieser Technik steckt noch in den Kinderschuhen. Fest scheint zu stehen, dass die Herstellerverantwortlichkeit in Zukunft wieder an Bedeutung gewinnen wird.

---

5   Vgl. dazu die anschließend abgedruckten Tabellen.
6   Grundlegend *Meyer-Jacobi*, a. a. O. passim.

Polizeilich festgestellte Ursachen bei Straßenverkehrsunfällen mit Personenschäden 2013[7]

Ursachenbezogene Darstellung: Fehlverhalten im Straßenverkehr						
Fehlverhalten von Verkehrsbeteiligten	Insgesamt	Fahrräder	Fußgänger	Motorzweiräder	Personenkraftwagen	Güterkraftfahrzeuge
	365.289	47.195	14.908	27.416	244.151	23.283

Fehlverhalten der Fahrzeugführer	Insgesamt	Fahrer von Pkw
	350.381	244.151
Alkoholeinfluss	13.327	8.225
Nicht angepasste Geschwindigkeit	48.730	33.817
Abstand	45.735	35.968
Vorfahrt, Vorrang	51.055	41.368
Abbiegen, Wenden, Rückwärts-Fahren, Ein- und Ausparken	55.480	43.881

Ursachenbezogene Darstellung: Fahrzeugbezogene Ursachen	
Fahrzeugbezogene Ursachen: Technische Mängel (Beleuchtung, Bereifung, Bremsen, Lenkung etc.)	Insgesamt
	3.559

Ursachenbezogene Darstellung: Unfallbezogene Ursachen	
Insgesamt	38.369
Glätte durch Regen	6.281
Glätte durch Schnee, Eis	9.537

b) Ursachen der Verkehrsdelinquenz

7   Meist lässt sich ein Regelverstoß finden, der zum Unfall beigetragen hat[8]. Mitunter wird die Rücksichtslosigkeit im Straßenverkehr als nationa-

---

7   Straßenverkehrsunfallgeschehen im Überblick, Bundesamt für Statistik, Statistisches Jahrbuch 2013, Fachserie 8, Reihe 7, Seite 49 f.; im Internet abrufbar unter: https://www.destatis.de/DE/Publikationen/Thematisch/TransportVerkehr/Verkehrsunfaelle/VerkehrsunfaelleJ2080700137004.pdf?__blob=publicationFile.
8   Vgl. die Tabelle o. Rn. 6.

Der kriminalpolitische Hintergrund § 38 Rn. 8–9

les Phänomen der Deutschen angesehen[9]. – Streitig ist, ob die Masse der **Verkehrsregelverletzungen vorsätzlich** oder fahrlässig geschieht; eine Frage, die *Baumann*[10] mit der Alternative gleichgesetzt hat, ob die Verkehrsteilnehmer (und damit die Menschen) eher böse oder eher dumm sind. Hier ist der Vorsatz-Hypothese von *Bockelmann*[11] beizutreten, also der Fahrlässigkeits-Hypothese von *Baumann* zu widersprechen. Dass wir meist wegen fahrlässiger Trunkenheit, fahrlässig überhöhter Geschwindigkeit etc. verurteilen, ist darauf zurückzuführen, dass wir bequemerweise die Straf- bzw. Bußgelddrohungen für Vorsatz und Fahrlässigkeit so weit angeglichen haben, dass wir uns mit dem Bestreiten des Vorsatzes durch den Täter nicht lange auseinanderzusetzen haben. Wir gehen zugunsten des Täters von bloßer Fahrlässigkeit aus, während tatsächlich wahrscheinlich Vorsatz vorgelegen hat.

Zu den **Motiven,** die zur massenhaften Verkehrsdelinquenz führen, nur 8 drei Schlagworte: (1) **Alltägliche Risikoerfahrung,** d. h. die Erfahrung, dass das verbotswidrige, riskante Verhalten **nicht** zum Unfall führt, scheint die Lehre nahezulegen, dass es ungefährlich ist, die Regel zu verletzen. – Hinzukommen (2) ein **egoistisches Rechtsstaatsverständnis** und (3) Verkehrsdelikte als **kleine Bereicherungstaten.** – Der Bürger sieht in Verkehrsregelungen Gesslerhüte, denen in der Demokratie keine Reverenz zu erweisen ist. Eine Geschwindigkeitsbeschränkung hält der Bürger – angesichts alltäglicher Risikoerfahrungen – für unsinnig, und er setzt sich souverän darüber hinweg. Der Verkehrsteilnehmer befindet sich gewissermaßen in einem permanenten kleinen Notstand[12]. Wie gering wiegt die Missachtung eines Parkverbotes gegenüber dem eigenen Bequemlichkeitsgewinn!

c) **Prävention durch Strafdrohung**

Die generalpräventive Wirkung der Strafdrohung steht im Straßenverkehr 9 so wenig fest wie in anderen Rechtsgebieten. Das ändert nichts daran, dass wir gerade in diesem Bereich sowohl mit Strafschärfungs- wie mit Strafmilderungskampagnen experimentiert haben, ohne dass bei diesen Experimenten gesicherte Ergebnisse herausgekommen sind[13].

Insbesondere das 2. StrVSichG 1964 hat mit drastischer Ausweitung der Strafdrohungen gearbeitet. Dagegen hat das 2. StrRG 1969 durch die Umwandlung der Übertretungen, die im Straßenverkehrsrecht eine besonders große Rolle gespielt haben, zu Ordnungswidrigkeiten eine Milderung mit sich gebracht. Auch ohne ge-

---

9 *Adorno,* Sexualtabus und Recht heute, in: *Bauer* u. a. (Hrsg.), Sexualität und Verbrechen, 1963, S. 299 ff. (311).
10 *Baumann,* Verkehrsstrafrecht, S. 136 ff. (147).
11 *Bockelmann,* Verkehrsstrafrecht, S. 63 ff., bes. S. 77 ff.
12 *Arzt,* Rehberg-FS 1996, S. 25. – Ähnlicher Ansatz bei *Weigend,* Miyazawa-FS, a. a. O. (deshalb Strafe als Gebühr, ebenda 557).
13 Eingehend *Kaiser,* Verkehrsdelinquenz, S. 339 ff., 383 ff.; *Schöch,* Strafzumessungspraxis, S. 82 ff. (im Ergebnis S. 209 für Vergleichbarkeit der generalpräventiven Wirkung der Freiheits- und Geldstrafe bei Trunkenheitsfahrern); *ders.,* Verzicht (240), zur Problematik der Herabsetzung der Promillegrenze (sozial tolerierte Trinksitten).

setzliche Änderungen erlauben es die weiten Strafrahmen, von Schärfe auf Milde und umgekehrt umzuschalten. So sind in den 60er-Jahren Alkoholtäter (bei abstrakter Straßengefährdung durch Fahren in angetrunkenem Zustand, jetzt § 316 StGB) grundsätzlich zu einer kurzen Freiheitsstrafe verurteilt worden, die nicht zur Bewährung ausgesetzt worden ist. Der Gesetzgeber hat schon durch das 1. StrRG 1969 eine Kurskorrektur erzwungen. Kurze Freiheitsstrafen dürfen nur noch in Ausnahmefällen verhängt werden, vgl. § 47 StGB (i. F. des 2. StrRG 1969). Diese Korrektur ist durch die Verschärfung der Geldstrafen (Laufzeit-Geldstrafe) erleichtert worden. Überhaupt ist die Auseinandersetzung um die kurze Freiheitsstrafe (Schockstrafe) und die Ablösung der Freiheitsstrafe durch eine Laufzeit-Geldstrafe oder durch gemeinnützige Arbeit und dergleichen wesentlich im Zeichen der Behandlung des **Alkoholfahrers** geführt worden. Auch bezüglich der Trunkenheit ist die Entwicklung insofern gegenläufig, als einerseits die früher verhängten kurzen unbedingten Freiheitsstrafen durch mildere Sanktionen verdrängt worden sind, andererseits ist durch Herabsetzung der Promillegrenze der Tatbestand ständig ausgeweitet worden. Wenn man irgendwo von der **Normalität kriminellen Verhaltens** sprechen kann, dann im Straßenverkehrsrecht.

Die außerordentlich erfreuliche Reduktion der Zahl der Getöteten und Verletzten[14] ist zweifelsfrei nicht dem Strafrecht zu verdanken, sondern einer Kombination von Verkehrserziehung mit Investitionen in die Sicherheit der Straßen und Fahrzeuge.

3. Straßenverkehrsdelinquenz und AT

10 Der o. § 1 Rn. 15 betonte Vorrang des BT gegenüber dem AT zeigt sich besonders bei der Beeinflussung der AT-Dogmen durch die Probleme, die bei der Bewältigung der Straßenverkehrskriminalität auftreten. So ist die Krise des Dogmas des **Sonderdelikts** bzw. **eigenhändigen Delikts** vielen erst im Kontext der Straßenverkehrsdelikte bewusst geworden. Wenn **Trunkenheit** eine wirksame Verteidigung (Schuldunfähigkeit!) gegen den Vorwurf der Trunkenheit im Verkehr (§ 316) darstellt, wobei der naheliegende Rückgriff auf die actio libera in causa problematisch ist, weil dann eben nicht das sonderdeliktisch-eigenhändige Führen des Kfz maßgebend ist, sondern eine beliebige Ursachensetzung, dann stimmt etwas nicht mit dem dogmatischen Fundament[15].

11 BGHSt 10, 369 und der Radfahrerfall BGHSt 11, 1 machen die Kausalitätsnachweisprobleme augenfällig, wie sie sich im Straßenverkehr alltäglich stellen; vgl. noch BGHSt 24, 31 (richtige Geschwindigkeit bei Angetrunkenheit) und BGHSt 30, 228 (Ketten-Auffahrunfall). Die **Risikoerhöhungslehre** hat hier ihre Wurzel.

12 Im Straßenverkehr hat man die Stufe Vorsatz/Fahrlässigkeit als unzulänglich empfunden. Mit der **Rücksichtslosigkeit** hat man eine AT-Figur geschaffen, an deren Beschränkung auf die Straßenverkehrsdelinquenz sich der Vorrang des BT zeigt.

13 BGHZ 21, 24 und die Mondschein-Entscheidung BGHSt 16, 145 (Vereinigte Große Senate!) seien für die Fragen genannt, die dogmatisch etikettiert

---

14 S. o. Rn. 4.
15 Vgl. schon LH 2, Rn. 262. – BGHSt 42, 235 (239 ff.) will das Führen eines Kfz als eigenhändig-sonderdeliktisches Verhalten retten und limitiert deshalb die actio libera in causa (nachlesen!).

werden als Sozialadäquanz, Objektivierung der Fahrlässigkeit (keine Fahrlässigkeit bei verkehrsrichtigem Verhalten) und **Vertrauensgrundsatz**[16].

Die Fahrlässigkeitsdogmatik hat der Straßenverkehrsdelinquenz nicht nur die Entdeckung zu verdanken, dass es objektiv sorgfaltsgemäßes (und dennoch erfolgsverursachendes) Handeln gibt, bei dem die Entlastung des Täters nicht erst im Schuldbereich erfolgen kann. Am Straßenverkehrsrecht lässt sich auch zeigen, dass der Rechtsordnung ganz generell eine Subjektivierung des Sorgfaltsmaßstabes im Sinne der Ausschöpfung vorhandener Fähigkeiten fremd ist, d. h. die Sorgfalt bestimmt sich nach einem **Durchschnittsmaß**[17]. – Zugleich zeigt sich, dass leichte (einfache) Fahrlässigkeit einer Zufallshaftung nahe kommt. Statt einer formellen Entkriminalisierung (bei geringfügig fahrlässigem Verhalten bleibt der Täter straffrei, § 16 II AE) greift die Praxis zum **Opportunitätsprinzip**[18]. 14

4. Straßenverkehrsdelinquenz und Prozessrecht

Was das **Beweisrecht** angeht, zeigt der Straßenverkehr das Vordringen naturwissenschaftlich sicherer Beweismittel. Weil etwas beweisbar ist, wird es verboten (Promille-Grenze)[19]. Gerade weil wir auch im Bereich der kleinen Kriminalität die rechtsstaatlichen Anforderungen an einen zweifelsfreien Tatnachweis nicht herabsetzen möchten, dehnen wir das materielle Recht aus, beispielsweise durch Einebnung der Abstufung zwischen Vorsatz und Fahrlässigkeit[20]. Überdies züchten wir eine Rechtskultur der prophylaktischen technisch-elektronischen Überwachung unverdächtiger (!) Bürger: Fahrtenschreiber, Fahrtenbücher etc. 15

Die **Verkehrssünderkartei** (korrekt: Fahreignungsregister, früher: Verkehrszentralregister) zielt auf eine Ausfilterung von Mehrfachtätern. An der Verkehrssünderkartei zeigen sich jedoch vor allem die Kapazitätskrise des Kontrollsystems und der Zwang zu selektivem Vorgehen. Da die Eintragungen ihren Zweck verfehlen würden, wenn jeder registriert wäre, kommt es in mehr oder weniger regelmäßigen Abständen zu einer Einschränkung der in Flensburg einzutragenden Informationen: Datenlöschung als künstliches Dunkelfeld[21]! 16

---

16 *Welzel*, ZStW 60 (1961), 428 (470 ff.); *ders.*, Verkehrsdelikte, a. a. O.
17 Dass der Kfz-Halter sich eine zusätzliche Sicherheitseinrichtung leisten könnte (Nebelschlussleuchte), ist irrelevant, näher hierzu LH 2, Rn. 268.
18 S. u. Rn. 17.
19 Näher *Arzt*, Geständnisbereitschaft und Strafrechtssystem, SKG-FS (= ZStrR 110) 1992, S. 233 (236 f.).
20 Dazu o. Rn. 7.
21 Zur Steuerung auch der eigentlichen Kriminalitätskontrolle nicht über den input an Straftaten und Straftätern, sondern über den output, der sich nach der Kapazität der Polizei, der Strafjustiz und des Strafvollzugs bestimmt, schon *Arzt*, Der Ruf, a. a. O. (S. 149 ff.). – Näher zur Verkehrsdelinquenz *Kaiser*, Kriminologie, §§ 77, 78, vgl. ebenda § 77 Rn. 10: „Die rechtspolitisch geforderte ‚prozessuale Lösung' zur Ausscheidung von Bagatellen und leichter Fahrlässigkeit gehört […] bereits zum festen Bestand der Praxis, freilich bei wenig durchschaubaren Entscheidungskriterien."

17 Das **Opportunitätsprinzip** des § 53 OWiG hat seinen Hauptanwendungsbereich bei Straßenverkehrsdelikten. Man muss es schon als Skandal bezeichnen, dass es bis heute nicht gelungen ist, dem aus dem Opportunitätsprinzip folgenden pflichtgemäßen Ermessen rechtsstaatliche Konturen zu verleihen.

Beispiel Halteverbot[22]: Einbahnstraße, links absolutes, rechts eingeschränktes Halteverbot (§ 12 I Nr. 6a, b StVO). Rechts parken verbotswidrig Fahrzeuge, links halten verbotswidrig Fahrzeuge zum Be- und Entladen. Die Polizei schreitet häufig gegen die das absolute Halteverbot verletzenden Fahrzeugführer ein. Die Verletzung des eingeschränkten Halteverbots wird so gut wie nie geahndet. – Die polizeiliche Handhabung des Opportunitätsprinzips in diesem Beispielsfall ist grob fehlerhaft. Primäre Störer sind die das eingeschränkte Halteverbot missachtenden (parkenden) Fahrzeugführer. Die sekundäre Störung (durch Missachtung des absoluten Halteverbots) setzt diese primäre Störung voraus. Zudem sind Parkwünsche im Gegensatz zu dem Wunsch, auszuladen oder einzuladen, verschiebbar. Trotzdem ist gegen die objektiv ermessensfehlerhafte, wenn nicht sogar willkürliche Handhabung des Opportunitätsprinzips im Beispielsfall und generell nichts zu machen, weil das Ordnungswidrigkeitenrecht die Lehre von den Ermessensfehlern ignoriert.

5. Zum Umfang der Verkehrsdelinquenz

18 Straßenverkehrsstraftaten überwuchern – trotz der weitgehenden Entkriminalisierung durch Abdrängen des abstrakt-gefährlichen Fehlverhaltens in den Bereich des OWiG! – unser Strafrecht: **Massenkriminalität.**

Im Jahr 2012 wurden wegen Straftaten nach StGB (ohne Verkehrsstraftaten) insgesamt 770.496 Personen abgeurteilt[23]; wegen Verkehrsstraftaten nach StGB 139.055; wegen Verkehrsstraftaten nach StVG 50.674[24].

Der außerordentlich geringe Anteil weiblicher Straftäter (15 %!) lässt vermuten, dass die Besserung der Verkehrsdisziplin insgesamt, die im Vergleich mit den 60er-Jahren zu beobachten ist, wesentlich der überproportionalen Zunahme von autofahrenden Frauen zu verdanken ist.

Bei den wegen Verkehrsstraftaten nach StGB Abgeurteilten dominiert die **Trunkenheitsfahrt** nach § 316 mit 66.836 Abgeurteilten, gefolgt von § 142 mit 41.497 Fällen und von § 229 mit 13.619 Fällen[25].

II. Gefährliche Eingriffe in den Verkehr von außen, §§ 315, 315b

1. Überblick und Abgrenzung zu §§ 315a, 315c

19 Zum **Rechtsgut** öffentliche Sicherheit i. S. von Verkehrssicherheit s. u. Rn. 37.

---

22 Vgl. *Arzt*, Probleme der Kriminalisierung und Entkriminalisierung sozialschädlichen Verhaltens, in: Polizei und Kriminalpolitik (BKA-Vortragsreihe Bd. 26) 1981, S. 77 ff. (80).
23 Die Zahlen beziehen sich auf das frühere Bundesgebiet einschließlich Gesamt-Berlin.
24 Strafverfolgungsstatistik aus dem Jahr 2012, Statistisches Bundesamt, Fachserie 10, Reihe 3, S. 24 ff.
25 Strafverfolgungsstatistik aus dem Jahr 2012, Statistisches Bundesamt, Fachserie 10, Reihe 3, S. 44 ff.; vgl. im Übrigen die Angaben zu §§ 315b, 315c, 316 und zu § 142 bei der Erörterung dieser Tatbestände.

§ **315, Transportgefährdung** durch gefährliche Eingriffe von außen, ist ein **konkretes Gefährdungsdelikt**[26]. – § 315b dehnt die für Bahn-, Schiffs- und Luftverkehr geltende Bestimmung des § 315 auf den Straßenverkehr aus, **Straßenverkehrsgefährdung** durch gefährliche **Eingriffe von außen**. In § 315a geht es wie in § 315 um die Transportgefährdung, und § 315c dehnt wie § 315b diese Transportgefährdung auf den Straßenverkehr aus. Der Unterschied liegt im Katalog der gefährlichen Eingriffe. §§ 315a, 315c betreffen gefährliche **Eingriffe von innen**, d. h. verkehrswidriges Verhalten eines Verkehrsteilnehmers, §§ 315, 315b betreffen dagegen gefährliche Eingriffe von außen, d. h. verkehrsfremde und verkehrsfeindliche Eingriffe. Die Privilegierung des Verkehrsteilnehmers liegt in der präzisen Beschränkung des Katalogs des § 315c I im Vergleich zum generalklauselartigen § 315b I Nr. 3[27].

Beispiele für verkehrswidriges, verkehrsfremdes, verkehrsfeindliches Verhalten: 20

Beispiel:

(a) Blenden, OLG Frankfurt, NJW 1956, 1210: Ein von einem Kfz auf die Fahrbahn geworfener Lichtstrahl … kann nicht als Hindernis … gewertet werden. Das OLG sieht darin zutreffend ein **verkehrswidriges** Verhalten, und zwar gleichgültig, ob die Blendung durch Fernlicht von einem fahrenden oder parkenden Kfz ausgeht. Zu prüfen also § 315c. Dieses verkehrswidrige Verhalten ist in den Katalog des § 315c nicht aufgenommen worden (Ordnungswidrigkeit!).

(b) Werfen von Holzscheiten auf die Autobahn, BGH, VRS 45, 38: Eingriff in den Verkehr von außen, **verkehrsfremdes** Verhalten, also § 315b (Hindernis)[28].

(c) Wildwest auf der Autobahn, BGHSt 25, 306: VW-Fahrer T schießt auf Peugeot-Fahrer O, über dessen Lichthupen er sich geärgert hatte. Bundesweite Aufmerksamkeit erregte das sog. „Autobahnschützen-Verfahren" vor dem LG Würzburg, Az.: 1 Ks 801 Js 9341/13 aus dem Jahr 2014: Fernfahrer T schießt aus Frust über Erlebnisse im Straßenverkehr jahrelang in einer Vielzahl von Fällen aus seinem Lkw auf andere Fahrzeuge.

Ein „bedeutender Wert" im Sinne des § 315b I ist derzeit mit 750 € zu beziffern[29].

Die Besonderheit der durch Beispiel (c) illustrierten Fallgruppe besteht 21 darin, dass der Täter einerseits zwar Verkehrsteilnehmer ist und insoweit wie in Fallgruppe (a) § 315b unanwendbar wäre, andererseits aber sein Verhalten so von einem – sei es auch unrichtigen – Verkehrsverhalten abweicht, dass er wie eine von außen in das Verkehrsgeschehen eingreifende Person zu behandeln ist: Verkehrsteilnehmer werden § 315b unterstellt, wenn sie – zumindest mit bedingtem Schädigungsvorsatz[30] – (1) ihr Fahrzeug bewusst zweckwidrig einsetzen oder (2) sich verkehrsfeindlich ver-

---

26 Zur konkreten Gefahr ausführlich o. § 35 Rn. 56 ff.
27 Richtig BGHSt 23, 4 (7), Polizeisperre.
28 Zu Vorsatz, Fahrlässigkeit und Vorsatz/Fahrlässigkeits-Kombinationen s. u. Rn. 38.
29 BGH, NStZ 2011, 215; a. A. OLG Dresden, NJW 2005, 2633; siehe auch *S/S/Sternberg-Lieben/ Hecker*, § 315c Rn. 31: Mindestgrenze derzeit bei 1300 €.
30 Bloßer Gefährdungsvorsatz reicht demnach nicht aus, vgl. BGHSt 48, 233 (237).

halten – wobei (1) und (2) oft synonym gebraucht werden – oder (3) wenn ihr Verhalten sich so sehr vom Bild eines Verkehrsverhaltens unterscheidet, dass es nicht mehr als Ausübung der Verkehrsteilnehmerrolle zu werten ist. Die letztgenannte Variante war im Wildwestfall erfüllt, wo der BGH die Heranziehung des § 315b nicht auf Verkehrsfeindlichkeit stützt, sondern einfach auf den Schutzzweck der Vorschrift, BGHSt 25, 306 (308)[31].

Legt es der Täter darauf an, einen Unfall mit einem anderen Verkehrsteilnehmer herbeizuführen, indem er dessen Unaufmerksamkeit oder Fehleinschätzung ausnutzt, steht der Feststellung der Verkehrsfeindlichkeit nicht entgegen, dass der Täter sich im Einzelfall (zumindest äußerlich) verkehrsgerecht verhält[32].

Beispiel[33]: A fährt mit seinem Pkw auf eine Kreuzung zu und bremst scharf, als die Ampel auf gelb umspringt. B, der im Fahrzeug hinter A fährt, kann nicht rechtzeitig bremsen; wie von A beabsichtigt, kommt es zur Kollision. A meldet den Schaden der Versicherung.

Das vorsätzliche Herbeiführen eines Unfalls stellt eine dem Anwendungsbereich des § 315b unterfallende Pervertierung eines Verkehrsvorgangs dar. Dem kann nicht entgegengehalten werden, dass sich der Verkehrsteilnehmer bei **äußerer Betrachtung** verkehrsgerecht verhält. Schließlich ist in dem Verhalten des A ein Verstoß gegen das Rücksichtnahmegebot des § 1 II StVO zu sehen[34].

Zwischen verkehrsfeindlichem und bloß verkehrswidrigem Verhalten lässt sich keine präzise Grenze ziehen. Praktisch stehen bei der Anwendung des § 315b auf Verkehrsteilnehmer die **Polizeisperrenfälle** im Vordergrund, also Fälle, in denen der Täter auf Polizeibeamte losfährt, um die Sperre zu durchbrechen. Hier ist § 315b I Nr. 3 anzuwenden, so u. a. BGHSt 22, 6; 22, 67; 26, 176[35]. – Ein **Fußgänger** kann sich selbst als Verkehrshindernis i. S. des § 315b einsetzen, so BGHSt 41, 231 (Münchner Straßengänger)[36].

2. Die gefährlichen Eingriffe nach §§ 315, 315b

22 §§ 315, 315b umschreiben jeweils in Abs. 1 die gefährlichen Handlungen. Besonders interessant ist der Hinweis auf einen **ähnlichen,** ebenso gefährlichen **Eingriff**. Die Klausel ist im Hinblick auf Analogieverbot und Bestimmtheitsgrundsatz bedenklich, vgl. BGHSt 22, 365.

---

31 Näher zum „verkehrsfremden (Innen-)Eingriff" bspw. *Fischer*, § 315b Rn. 8 ff; *S/S/Sternberg-Lieben/Hecker*, § 315b Rn. 10.
32 Wie hier *König*, JA 2000, 777; *Freund*, JuS 2000, 754; *Lackner/Kühl*, § 315b Rn. 4; *Rengier*, BT 2, § 45 Rn. 15 ff.; *Fischer*, § 315b Rn. 10; *S/S/Sternberg-Lieben/Hecker*, § 315b Rn. 8; ablehnend *Kopp*, JA 2000, 365; *Kudlich*, StV 2000, 23; *Wessels/Hettinger*, BT 1, Rn. 979 ff.
33 Nach BGH, NStZ 1992, 182; vgl. auch BGH, NJW 1999, 3132.
34 Vgl. BGH, NJW 1999, 3133; *König*, JA 2000, 779; *Rengier*, BT 2, § 45 Rn. 20.
35 Vom Sachverhalt her einer Polizeisperre ähnlich BGHSt 42, 235. Unvernünftig restriktive Entscheidungen BGHSt 23, 4; 28, 87.
36 Im konkreten Fall wegen geringer Dauer und Intensität der Behinderung verneint, vgl. auch zur fehlenden Absicht (!), die Sicherheit des Straßenverkehrs zu beeinträchtigen, ebenda 239.

Auf die komplexen Gefahrstufungen und Vorsatz/Fahrlässigkeits-Kombinationen kann hier nicht eingegangen werden[37].

3. Konkurrenzen

Im Vordergrund steht die Abgrenzung zu § 315a bzw. § 315c[38]. – Ist auf einen **Verkehrsteilnehmer** ausnahmsweise § 315b anzuwenden, schließt dies die gleichzeitige Verwirklichung des § 315c nicht aus, so wenn der Schütze im Wildwestfall BGHSt 25, 306 zugleich angetrunken gewesen wäre und neben dem Schießen auch durch seine Fahrweise das Opfer gefährdet hätte, wie hier BGHSt 22, 67 (76).

Werden mehrere Verkehrsteilnehmer durch einen gefährlichen Eingriff in Gefahr gebracht, liegt nach h. M. gleichartige Idealkonkurrenz vor. – Mit Verletzungstatbeständen besteht Idealkonkurrenz. **Beispiel:** T wirft Ziegelsteine mit Tötungsvorsatz von einer Autobahnbrücke auf vorbeifahrende Autos. Vorsätzliche Tat nach § 315b I Nr. 3 in Idealkonkurrenz mit (u. U. versuchter) vorsätzlicher Tötung nach §§ 211, 212.

§ 316a, räuberischer Angriff auf Kraftfahrer, stellt einen besonders gefährlichen Eingriff in den Verkehr von außen dar[39]. Vielfach wird zwischen § 316a und §§ 315, 315b Idealkonkurrenz bestehen.

§ 316c, Angriff auf den Luftverkehr, ist ein die Luftverkehrssicherheit abstrakt (!) bedrohender Eingriff von außen; starkes abstraktes Gefährdungsdelikt[40].

III. Gefährliche Eingriffe in den Verkehr von innen, §§ 315a, 315c; § 316

1. Überblick

Während §§ 315, 315b grundsätzlich Eingriffe von außen betreffen, geht es bei §§ 315a, 315c um Eingriffe von innen, also durch Verkehrsteilnehmer[41].

§§ 315a, 315c sind weitgehend parallel zu §§ 315, 315b konstruiert. Wie bei §§ 315, 315b handelt es sich um konkrete Gefährdungsdelikte. Als abstraktes Gefährdungsdelikt ergänzt § 316 (Trunkenheit im Verkehr) das entsprechende konkrete Gefährdungsdelikt des § 315c I Nr. 1a.

§ 315c I Nr. 1 ist ein eigenhändiges Delikt, Täter kann daher nur sein, wer ein Fahrzeug führt, also das Fahrzeug in Allein- oder Mitverantwortung in Bewegung setzt oder es unter Handhabung seiner technischen Vorrichtungen während der Fahrt lenkt[42]. § 315c spielt in der Praxis eine ungleich wichtigere Rolle als § 315b. Dabei steht § 315c I Nr. 1a (Trunkenheit) im Vordergrund. § 315c wiederum wird von § 316

---

37 Vgl. zu §§ 315a, 315c u. Rn. 37 f.
38 Dazu o. Rn. 19–21.
39 Dieser Tatbestand ist im Zusammenhang mit Raub und Erpressung o. § 17 Rn. 34 f. erörtert.
40 S. o. § 35 Rn. 46–51, 138. – Zu § 316b vgl. o. § 37 Rn. 86 ff.
41 Zu Grenzfällen (verkehrsfeindliches Verhalten) s. o. Rn. 20 f. Zum **Rechtsgut** öffentliche Sicherheit i. S. der Verkehrssicherheit s. u. Rn. 37.
42 BGHSt 35, 390; *Wessels/Hettinger*, BT 1, Rn. 984; *S/S/Sternberg-Lieben/Hecker*, § 315c Rn. 20; *Fischer*, § 315c Rn. 3a; zur Frage, ob der Fahrlehrer während der Fahrstunde auch als Fahrzeugführer anzusehen ist vgl. OLG Dresden, NJW 2006, 1013; a. A. AG Cottbus, DAR 2003, 476; *Fischer*, § 315c Rn. 3a bejaht die Führereigenschaft des Beifahrers ausnahmsweise, wenn der tatsächliche Fahrer den Anweisungen des Beifahrers bedingungslos folgt.

weit übertroffen[43]. Insgesamt zeigt die Strafverfolgungsstatistik, dass § 315c (wie alle konkreten Gefährdungsdelikte) nicht so effektiv ist, wie der Gesetzgeber gehofft hatte. Eine Verurteilung aus diesem Tatbestand bei bloßer Gefährdung, also ohne Unfall, ist nämlich selten: Von 11.563 Verurteilten aus § 315c I Nr. 1a (Trunkenheit) kam es nur in 4.450 Fällen nicht zum Unfall[44]!

2. Die gefährlichen Eingriffe nach §§ 315a, 315c

a) Die 8 Todsünden im Straßenverkehr

29 § 315c enthält die acht Todsünden, allen voran das Führen eines Fahrzeugs trotz Fahruntüchtigkeit als **erste Todsünde**. Als Ursachen der Fahruntüchtigkeit kommen in Betracht: Genuss von Alkohol oder anderer berauschender Mittel (Nr. 1 lit. a), geistige oder körperliche Mängel (Nr. 1 lit. b)[45]. Zur Fahruntüchtigkeit führende geistige oder körperliche Mängel können dauernd (z. B. Amputation, Kurzsichtigkeit) oder vorübergehend (z. B. Übermüdung) sein[46]. Es fehlt der generalklauselartige Hinweis auf ähnliche Eingriffe[47].

30 § 315c I Nr. 1 lit. a enthält insbes. das Verbot, unsicher, weil angetrunken, zu fahren. Dabei wird Schuldfähigkeit vorausgesetzt, d. h. ein total betrunkener Fahrer kann – weil die Rechtsfigur der actio libera in causa nicht eingreift[48] – wegen seiner Schuldunfähigkeit nicht aus § 315c bestraft werden, sondern allenfalls nach § 323a. Eine starre **Promille-Grenze**, bei der die **Volltrunkenheit** und damit Schuldunfähigkeit gem. § 20 beginnt, gibt es nicht, doch kann als Faustregel oberhalb von etwa 3,0 Promille vom Ausschluss der Schuldfähigkeit ausgegangen werden. Schon bei niedrigeren Werten kann jedoch Schuldunfähigkeit vorliegen[49]. Ab 2 Promille liegt die Annahme einer erheblich verminderten Steuerungsfähigkeit im Sinne des § 21 StGB nahe[50].

31 Für die Trunkenheit ist allein maßgebend, dass der Fahrer nicht mehr in der Lage ist, das Fahrzeug sicher zu führen. Deshalb kann § 315c bei weniger als 0,5 Promille[51] anwendbar sein[52]. Umgekehrt hält die Rspr. bei mehr als 0,5 Promille noch si-

---

43 Jahr 2011 (Verurteilte nur früheres Bundesgebiet einschließlich Gesamt-Berlin): Verurteilte nach § 315b = 708; § 315c I Nr. 1a = 11.563. – Im Sündenkatalog des § 315c I Nr. 2 dominiert mit weitem Abstand das falsche Überholen (901 Verurteilte, insgesamt nach § 315c I Nr. 2 = 1.342 Verurteilte). – § 316 = 68.095 Verurteilte (alle Angaben nach Strafverfolgungsstatistik 2011, Tabelle 2.1, S. 44 ff.).
44 Jahr 2011; Strafverfolgungsstatistik 2011, Statistisches Bundesamt, Fachserie 10, Reihe 3, Tabelle 2.1, S. 44 f.
45 Die Fahruntüchtigkeit aufgrund des Genusses von Alkohol oder anderer berauschender Mittel stellt einen vom Gesetzgeber besonders hervorgehobenen Unterfall der Fahrunfähigkeit aufgrund geistiger oder körperlicher Mängel dar.
46 Dazu ausführlich MüKo-*Pegel*, § 315c Rn. 36 ff.; *S/S/Sternberg-Lieben/Hecker*, § 315c Rn. 9 f.; *Fischer*, § 315c Rn. 4 ff.
47 S. o. Rn. 22 zu § 315b.
48 Dazu o. Rn. 10.
49 So BGHSt 40, 198.
50 OLG Köln, DAR 2013, 393.
51 Zu dieser Grenze sofort Rn. 33.
52 Unter einem Wert von 0,3 Promille gehen Rspr. und h.M. in Anwendung des Zweifelssatzes davon aus, dass eine alkoholbedingte Fahruntüchtigkeit grundsätzlich nicht in Betracht kommt. Allenfalls beim Vorliegen außergewöhnlicher Umstände kann dies anders zu beurteilen sein; vgl. nur OLG Saarbrücken, NStZ-RR 2000, 12; *S/S/Sternberg-Lieben/Hecker*, § 316 Rn. 12; *Fischer*, § 316 Rn. 31.

cheres Fahren für denkbar. Erst mit Erreichen der **1,1-Promille-Grenze** ist **absolute Fahruntüchtigkeit** gegeben, sicheres Fahren also stets ausgeschlossen. Die Grenze absoluter Fahruntüchtigkeit ist ein Produkt der Rspr. (im Zusammenwirken mit Sachverständigen). Sie erspart dem Richter die Auseinandersetzung mit der Einlassung des Angeklagten, er sei besonders alkoholerprobt und könne trotz reichlichen Alkoholgenusses noch sicher fahren. Der BGH hatte die Grenze zunächst bei 1,5 Promille angesetzt; sie erstmals in BGHSt 21, 157 auf 1,3 Promille ermäßigt und seit BGHSt 37, 89 auf 1,1 Promille herabgesetzt. Für **andere Drogen** als Alkohol gibt es (noch) keine Wirkstoffgrenze, bei der absolute Fahruntüchtigkeit angenommen werden darf[53].

Wird die 1,1-Promille-Grenze (auch nur knapp) unterschritten, ist selbst dann, wenn andere berauschende Mittel nachgewiesen werden, Fahruntüchtigkeit nur bei Feststellung konkreter Ausfallserscheinungen gegeben[54].

Eine Rechtsgrundlage für Razzien, d. h. **verdachtsfreie Kontrollen** der Verkehrstüchtigkeit des Führers, ist 1992 geschaffen worden, § 36 V StVO. – Die Ermächtigung zur Abnahme der **Blutprobe** findet sich in § 81a StPO. **32**

Die bloße Überschreitung der **0,5-Promille-Grenze** ist nach § 24a StVG nur mit Bußgeld bedroht. Bei entsprechendem Verdacht ist auch im OWiG-Verfahren die Abnahme der **Blutprobe** zulässig, vgl. den Verweis auf § 81a StPO in § 46 IV OWiG. Weil § 24a StVG alternativ zu Promille-Blutalkohol auch Grenzwerte von 0,25 mg/l **Atemluftalkohol** materiellrechtlich festlegt, folgt daraus die Zulässigkeit einer entsprechenden Beweisführung durch **Atemluftmessung**. Als **Zwangsmaßnahme** ist Atemluftmessung weder in der StPO noch im OWiG vorgesehen (d. h. Atemluftmessung erfolgt freiwillig, zur Vermeidung einer Blutprobe). Ergibt sich aus der Atemluftprobe der Verdacht auf eine StGB-Alkoholisierung, muss der Promillewert durch Blutprobe ermittelt werden (keine Umrechnung des Atemluftgehaltes in Promille!). **33**

§ 315c I Nr. 2 enthält weitere **sieben Todsünden**. Leider sind sie so wenig präzise umschrieben, dass zu dem entsprechenden Fahrfehler die Merkmale grob verkehrswidrig und rücksichtslos hinzutreten müssen. **34**

Die Klausel **grob verkehrswidrig** ist auf die Einsicht zurückzuführen, dass die Umschreibung der sieben Todsünden in § 315c I Nr. 2 nicht gut genug gelungen ist, um das entsprechende Verhalten von einer Ordnungswidrigkeit zu einer mit Kriminalstrafe bedrohten Tat aufzuwerten. Deshalb muss man innerhalb der sog. Todsünden noch besonders schwere Verstöße auslesen.

Ist objektiv die grobe Verkehrswidrigkeit festgestellt, sind dadurch die Feststellungen zur **subjektiven Tatseite** insofern entlastet, als Fahrlässigkeit, insbesondere auch bezüglich der Vorhersehbarkeit einer konkreten Gefährdung, meist auf der Hand liegt. Freilich ist zugleich unklar, ob die grobe Verkehrswidrigkeit auch gesteigerte Anforderungen an die subjektive Tatseite mit sich bringt, ob also **grobe Fahrlässigkeit** = Leichtfertigkeit zu fordern ist. Bedenkt man die Kombination gro- **35**

---

53 Vgl. BGHSt 44, 219.
54 LG Gießen, SVR 2014, 29.

be Verkehrswidrigkeit und Rücksichtslosigkeit, läuft dies auf grobe Fahrlässigkeit als Mindestanforderung de facto hinaus, obwohl sich § 315c de jure mit einfacher Fahrlässigkeit begnügt[55].

36 Die Klausel **rücksichtslos** ist schwierig zu präzisieren. Bei vorsätzlichem grob verkehrswidrigem Verhalten versteht sich die Rücksichtslosigkeit jedenfalls i. d. R. von selbst. Bei fahrlässigem, insb. bei unbewusst fahrlässigem Verhalten schafft das weitere Attribut rücksichtslos unlösbare Schwierigkeiten. Man sollte hier mutiger mit der Feststellung grober Fahrlässigkeit sein, die bei objektiv groben Verkehrsverstößen meist sowieso naheliegt – dann kann man Rücksichtslosigkeit durch grobe Fahrlässigkeit ersetzen[56]. Rücksichtslosigkeit ist weitgehend mit **Gleichgültigkeit** gegenüber den Interessen Dritter identisch. Vor einer Motivforschung ist jedoch zu warnen.

Beispiel Kolonnenspringer: Er überholt grob verkehrswidrig und rücksichtslos (§ 315c I Nr. 2b), und es ist ganz gleichgültig, ob er zum Rendezvous mit der Freundin oder mit einem Ganoven eilt.

BGHSt 5, 392 (395): Rücksichtslos handelt demnach ein Fahrer, der sich im gegebenen Falle seiner Pflicht bewusst ist, aber aus eigensüchtigen Gründen, etwa seines ungehinderten Vorwärtskommens wegen, sich über sie hinwegsetzt, mag er auch darauf vertraut haben, dass es zu einer Beeinträchtigung anderer Verkehrsteilnehmer nicht kommen werde (bewusste Fahrlässigkeit). Rücksichtslos handelt ferner, wer sich aus Gleichgültigkeit auf seine Pflichten als Fahrer nicht besinnt, Hemmungen gegen seine Fahrweise in sich gar nicht aufkommen lässt und unbekümmert um die Folgen seines Verhaltens drauflosfährt (Letzteres wäre unbewusste Fahrlässigkeit).

b) Gefahrstufen und Vorsatz/Fahrlässigkeits-Kombinationen nach §§ 315a, 315c

37 §§ 315a, 315c operieren mit einer schwer zu durchschauenden Abstufung[57]: (1) Der in Abs. 1 beschriebene gefährliche Eingriff ist gleichzusetzen mit einer Beeinträchtigung der **Verkehrssicherheit**. Dass der Erfolg i. S. der Beeinträchtigung der Verkehrssicherheit nicht zusätzlich festgestellt werden muss, drückt man meist dahin aus, dass mit dem Eingriff eine **abstrakte Gefährdung** der Verkehrssicherheit einhergehe. Die Grenzen dieser Faustregel zeigen sich dort, wo aus der ratio legis (Verkehrssicherheit!) auf die gefährlichen Eingriffe zurückgeschlossen werden muss[58]. – (2) Der Zusammenhang zwischen gefährlichem Eingriff und konkreter (!) Gefahr für Leib und Leben eines anderen Menschen oder fremde Sachen von bedeutendem Wert (vgl. § 315c I am Ende) ist dagegen nicht selbstverständ-

---

55 Vgl. BGHSt 5, 392 (396).
56 Näher zur hier dargestellten Ansicht *Arzt*, Schröder-GS 1978, S. 119 ff. (126 ff., 142). – Gegen den Begriff der Rücksichtslosigkeit mit beachtlichen Argumenten *R. Peters*, DAR 1980, 47 f.; für Beibehaltung *S/S/Sternberg-Lieben/Hecker*, § 315c Rn. 26 ff.
57 Vgl. dazu *Lackner*, Gefährdungsdelikt, S. 13.
58 Nicht jede Trunkenheit ist verkehrsgefährlich, o. Rn. 31. Realistische Beispiele bei der rechtlich parallelen Situation bei §§ 315, 315b: Aufschlitzen von Sitzpolstern oder Besprühen von Waggons fällt dem Wortlaut nach unter § 315 I Nr. 1, ist aber vom Sinn (Verkehrssicherheit) nicht umfasst.

lich. Die konkrete Gefahr als Folge des gefährlichen Eingriffs muss gesondert festgestellt sein[59].

Welche Rechtsgüter im Einzelnen zum Kreis der tauglichen Schutzobjekte des § 315c gehören, ist umstritten. Insbesondere die Fälle, in denen der Täter a) ein ihm nicht gehörendes Fahrzeug führt oder b) sich noch andere Personen außer dem Täter im Fahrzeug befinden, sind problematisch. Nach ganz h. M. scheidet ein vom Täter geführtes, ihm nicht gehörendes Fahrzeug aus dem Schutzbereich des § 315c aus[60]. Als notwendiges Tatobjekt kann das Fahrzeug nicht gleichzeitig Schutzobjekt des § 315c sein. Fahrzeuginsassen sind nur dann als taugliche Schutzobjekte anzusehen, wenn sie nicht als Teilnehmer (etwa als Anstifter) an der Tat beteiligt sind[61]. Es wäre widersinnig, den Anstifter oder Gehilfen dafür zur Rechenschaft zu ziehen, dass er zu einer Gefährdung der eigenen Person beigetragen hat.

Bei der **subjektiven Tatseite** wird (außer bei § 315c I Nr. 1) immer **Rücksichtslosigkeit** verlangt. Davon abgesehen operiert § 315c (entsprechend § 315) mit verschiedenen Vorsatz/Fahrlässigkeits-Kombinationen: Denkbar ist Vorsatz bezüglich des gefährlichen Eingriffs **und** der dadurch herbeigeführten konkreten Gefahr (Abs. 1) oder Fahrlässigkeit bezüglich des gefährlichen Eingriffs **und** der dadurch herbeigeführten konkreten Gefahr (Abs. 3 Nr. 2) und schließlich Vorsatz/Fahrlässigkeits-Kombinationen (vorsätzlicher Eingriff und fahrlässiger Erfolg, Abs. 3 Nr. 1). 38

3. Trunkenheit im Verkehr, § 316

Zur außerordentlich großen Bedeutung des § 316 vgl. die Angaben o. Rn. 28. Zusätzlich ist darauf hinzuweisen, dass rund 24 % der wegen §§ 222, 229 im Straßenverkehr Verurteilten in Trunkenheit gehandelt hatten, bei § 142 liegt der Anteil der Trunkenheitsfahrer bei ca. 18 %[62]. Die **Dunkelziffer** ist so hoch, dass es angesichts von seriös geschätzt pro Tag (!) 100.000 angetrunkenen Kraftfahrern, die auf deutschen Straßen unterwegs sind, bei *Kaiser*[63] heißt, dass die Sanktionsgeltung hinsichtlich der Trunkenheitsdelikte gering ist. Ob mit *Kaiser* aus dem Umstand, dass weniger als 5 % der im fließenden Verkehr befindlichen Kraftfahrer alkoholisiert sind, eine hohe **Verhaltensgeltung** der Norm abzuleiten ist, ist fraglich. 39

§ 316 ergänzt die konkreten Gefährdungstatbestände der §§ 315a, 315c durch das Verbot einer abstrakten Gefährdung, nämlich der Trunkenheit im Verkehr. § 316 stellt den Hauptanwendungsbereich der **1,1-Promille-** 40

---

59 Zum Begriff der konkreten Gefahr o. § 35 Rn. 64 ff. Zur Wirkung einer Einwilligung des in konkrete Gefahr gebrachten Opfers vgl. u. Rn. 43.
60 Siehe *Fischer*, § 315c Rn. 15b mit Nachweisen.
61 Vgl. etwa BGH, NJW 1989, 1227; NStZ 1992, 233; MüKo-*Pegel*, § 315c Rn. 92 f.; *S/S/Sternberg-Lieben/Hecker*, § 315c Rn. 31; *Fischer*, § 315c Rn. 15a; a. A. etwa *Geppert*, Jura 2001, 564 und *Rengier*, BT 2, § 44 Rn. 17, wonach sich die Beteiligung eines Fahrzeuginsassen nicht auf die Frage nach der Qualität als Schutzobjekt auswirkt.
62 Auf Einzelangaben wird verzichtet; die Aufschlüsselung ist der Strafverfolgungsstatistik 2011, Tab. 2.1 zu entnehmen.
63 *Kaiser*, Kriminologie, § 78 Rn. 5. Zu Stichprobenuntersuchungen *Schöch*, Miyazawa-FS 1995, S. 227.

Grenze dar[64]. Da § 315c eine konkrete Gefährdung anderer und damit einen Fahrfehler voraussetzt, wird bei Trunkenheit auch unterhalb der Schwelle der 1,1 Promille vielfach zur Überzeugung des Gerichts feststehen, dass zwischen Trunkenheit und Fahrfehler ein Zusammenhang vorlag, also § 315c I Nr. 1a anzuwenden ist.

Obwohl **meist Vorsatz** vorliegen dürfte, steht in der praktischen Anwendung der Fahrlässigkeitstatbestand des § 316 II im Vordergrund. Dies nutzt den Tätern wenig, denn der Strafrahmen für Vorsatz und Fahrlässigkeit ist derselbe (!)[65].

41 §§ 315a, 315c verdrängen als konkrete Gefährdungstatbestände das abstrakte Gefährdungsdelikt des § 316. Der Gesetzgeber hat dies durch ausdrückliche Anordnung der Subsidiarität des § 316 klargestellt. – Die **0,5-Promille-Trunkenheit** nach § 24a I StVG ist gegenüber der Trunkenheit nach § 316 subsidiär[66]. Die größere abstrakte Gefahr infolge Trunkenheit nach § 316 liegt in der Fahruntüchtigkeit. Den Vorrang des § 316 kann man auch auf § 21 OWiG stützen. Zweifel, ob schon Trunkenheit nach § 316 oder nur Trunkenheit nach § 24a StVG vorliegt, führen in dubio pro reo zur Anwendung des § 24a StVG.

4. Teilnahme an §§ 315a, 315c, 316

42 Die Beschränkung der §§ 315a, 315c, 316 auf Eingriffe von innen bedeutet nach h. M. eine (weitgehende) Reduzierung des Täterkreises auf den Fahrzeugführer. §§ 315a, 315c, 316 sieht die ganz h. M. als **eigenhändige Delikte** an[67]. Das bedeutet, dass Außenstehende (z. B. Fahrzeuginsassen, Gastwirte etc.) nur als Teilnehmer bestraft werden können. Bezüglich der Vorsatz/Fahrlässigkeits-Kombinationen ist dabei zunächst auf §§ 11 II, 18 hinzuweisen (nachlesen!). Soweit es um ein reines Fahrlässigkeitsdelikt geht, Beispiel § 316 II, scheidet eine Strafbarkeit eines fahrlässig handelnden Außenstehenden aus (mangels Täterqualifikation keine täterschaftliche Bestrafung; Teilnahme am fahrlässigen Delikt oder fahrlässige Teilnahme gibt es nicht). – § 28 I ist nach h. M. auf den Außenstehenden nicht anzuwenden, soweit es um die Eigenschaft „Führer" geht. Dagegen soll auf die Rücksichtslosigkeit § 28 I Anwendung finden (Beteiligung an rücksichtsloser Haupttat ohne Rücksichtslosigkeit des Teilnehmers)[68].

Teilnahme durch **Unterlassen** ist möglich, wobei insbes. die Verantwortung des Gastwirts aus vorangegangenem Tun der Lehre von den Garantenstellungen reiches Anschauungsmaterial geliefert hat[69].

---

64 Dazu o. Rn. 18.
65 S. o. Rn. 15 und 7.
66 Zur Atemluft-Trunkenheit s. o. Rn. 33.
67 So BGHSt 18, 6 für Trunkenheitsfahrt und BGHSt 42, 235 (Konsequenzen für actio libera in causa). Die ganz h. M. wird im Text ohne nähere Kritik trotz erheblicher Vorbehalte gegenüber der Überdehnung der Sonderdelikte und eigenhändigen Delikte übernommen, dazu schon o. Rn. 10. – Eingehend *Deichmann*, S. 189 ff.; ablehnend (kein Unterschied zwischen Sonderdelikt und eigenhändigem Delikt) *Arzt*, ZStrR 107 (1990), 168.
68 SK-*Wolters*, § 315c Rn. 24 (auch für die Anwendung des § 28 I auf das „Fahrzeugführen"); S/S/ *Sternberg-Lieben/Hecker*, § 315c Rn. 43 m.w.N.
69 *Arzt*, JA 1980, 553 (557, 653) mit Rspr.-Nachweisen.

§§ 315a, 315c; § 316   § 38 Rn. 43–45

5. Rechtfertigung

Die **Einwilligung** des konkret gefährdeten Opfers, also insbes. die Einwilligung von Wageninsassen in das vom angetrunkenen Fahrer ausgehende Risiko, schließt nach richtiger und h. A.[70] §§ 315a, 315c aus, weil diese Tatbestände eine rechtswidrige konkrete Gefährdung Dritter voraussetzen. In der Judikatur überwiegt freilich seit BGHSt 23, 261 die Gegenmeinung[71]. 43

Die **Gegenmeinung** folgert die Unbeachtlichkeit solcher Einwilligungen aus dem Rechtsgut. Der konkret gefährdete Dritte könne über die Verkehrssicherheit, also über den Schutz der Allgemeinheit, nicht verfügen. Der Satz als solcher ist richtig, seine Anwendung auf §§ 315a, 315c beruht jedoch auf mehreren Denkfehlern: (1) Während es bei § 316 nur um die abstrakte Gefährdung der Allgemeinheit geht und eine Einwilligung z. B. eines Insassen in seine Gefährdung selbstverständlich die Rechtswidrigkeit i. S. des § 316 nicht ausschließen kann, verlangt das Gesetz in §§ 315a, 315c zusätzlich zur abstrakten Gefährdung der Verkehrssicherheit eine konkrete Gefahr für Individualrechtsgüter. Dass dabei Rechtswidrigkeit der Herbeiführung dieser Individualgefahr vorausgesetzt wird, sollte selbstverständlich sein. Der Ausschluss dieser Rechtswidrigkeit hat sich ebenso selbstverständlich nach den allgemeinen Regeln der Verletzung von Individualrechtsgütern zu richten. – (2) Die Eigenhändigkeit des § 315c hat mit dem Rechtsgut nichts zu tun. Anders ausgedrückt: Wäre § 315c nicht eigenhändig, wäre in Fällen wie BGHSt 23, 261 von mittäterschaftlicher Selbstgefährdung des Fahrers und der Insassen auszugehen (statt von täterschaftlicher Fremdgefährdung des Insassen durch den Fahrer, kombiniert mit der Einwilligung des Insassen in ihre Gefährdung). Die Insassen sind der Sache nach Anstifter zu ihrer eigenen Gefährdung. § 315c lässt jedoch **eigene** Gefährdung gerade nicht genügen, sondern fordert Gefährdung eines anderen Menschen. Daraus folgt weiter, dass die wechselseitige Quasi-Mittäterschaft bezüglich der Selbstgefährdungen selbst dann nicht unter § 315c fällt, wenn die Lebensgefahr so groß wird, dass eine rechtfertigende Disposition nicht anerkannt werden könnte. Auch dann liegt keine täterschaftliche Gefährdung des jeweils anderen, sondern mittäterschaftliche Selbstgefährdung (wechselseitige Beihilfe zur Selbstgefährdung) vor. 44

Von den sonstigen Rechtfertigungsgründen kommt **Notstand, § 34**, in Betracht. 45

Beispiel Patientenbesuch durch angetrunkenen Arzt[72]: P erkrankt plötzlich, der einzig erreichbare Arzt T ist angetrunken. T findet niemanden, der ihn fährt (kaum

---

70 Für die h. A. *Hillenkamp*, JuS 1977, 170; *Geppert*, Jura 2001, 563; SK-*Wolters*, § 315c Rn. 22; *Rengier*, BT 2, § 44 Rn. 18 ff.; *S/S/Sternberg-Lieben/Hecker*, § 315c Rn. 41. Zur h. A. sind auch die Autoren zu zählen, die das Resultat auf (fehlende) objektive Zurechnung bzw. Selbstgefährdung des Beifahrers stützen, so (unter Aufgabe seiner früheren Auffassung) *Geppert*, Jura 1996, 47 m. w. N. – Freilich ist eine solche Argumentation brüchig, wenn man zugleich mit der h. A. die besondere Pflichtenstellung des Führers betont (dazu Rn. 44); einschlägige Falllösung bei *Sternberg-Lieben*, JuS 1998, 428; differenzierende Auffassung bei MüKo-*Pegel*, § 315c Rn. 114.
71 Im Sinne der Judikatur MüKo-*Groeschke*, 1. Aufl., § 315c Rn. 69; *Fischer*, § 315c Rn. 17; *Wessels/ Hettinger*, BT 1, Rn. 993. Zu den Konsequenzen für § 222 *Weber*, Baumann-FS 1992, S. 43 (52).
72 Zu Abwandlungen in Richtung auf Irrtumsfälle, insbes. zum Verbotsirrtum beim Fahrlässigkeitsdelikt, *Arzt*, ZStW 91 (1979), 857. – Aus der Praxis vgl. BGE 106 IV 1, betr. Verbringen eines vermeintlich dringend ärztlicher Hilfe Bedürftigen mit weit überhöhter Geschwindigkeit ins Spital; BayObLG, NJW 2000, 888 (wegen Notstandsnähe keine grobe Verkehrswidrigkeit).

vorstellbar), und er setzt sich deshalb selbst ans Steuer und fährt zu P. Dabei gefährdet der angetrunkene T fahrlässig erhebliche Sachwerte, also T = § 315c I Nr. 1a, III Nr. 1, aber rechtfertigender Notstand[73].

6. Konkurrenzen

46 Praktisch wichtig ist insbes. das Verhältnis zu § 222 und § 142[74]: Kommt es über die konkrete Gefahr hinaus zum Eintritt des Verletzungserfolgs (Tod des Dritten), besteht zwischen § 315c und § 222 **Tateinheit**, weil nur so der Angriff auf zwei Rechtsgüter zum Ausdruck zu bringen ist (öffentliche Sicherheit und Leben als Individualrechtsgut). – Das Verhältnis der §§ 315c, 316 zu § 142 und das Verhältnis der verschiedenen Alternativen des § 315c zueinander bilden reiches Anschauungsmaterial für das komplizierte Thema **Dauerdelikt** und fortgesetztes Delikt. Die Trunkenheitsfahrt ist ein Dauerdelikt, dessen Aufbrechen in selbständige Phasen (etwa mit jedem neuen Unfall und jeder neuen Flucht) umstritten ist. – Noch zweifelhafter ist, inwieweit eine Reihe von verschiedenen Todsünden nach § 315c I Nr. 2 durch eine einheitliche grob verkehrswidrige und rücksichtslose Fahrt zu einer einheitlichen fortgesetzten Tat nach § 315c I Nr. 2 zusammengezogen werden darf[75]. Fürs Examen sollte dazu das Wissen genügen, dass (und warum) hier ein Problem besteht.

47 Das **Verhältnis** insbes. des § 315c StGB **zur Verkehrsordnungswidrigkeit** ist theoretisch einfach, praktisch aber so schwierig, dass gravierende Verkehrsverstöße nicht selten völlig ungeahndet bleiben. Der Täter schlüpft gewissermaßen durch eine Lücke zwischen Straftat und Ordnungswidrigkeit.

Einzelheiten: Soweit Straftat und Ordnungswidrigkeit vorliegen, ist die Ordnungswidrigkeit subsidiär, die Straftat geht vor, § 21 I OWiG. **Beispiel Vorfahrtsmissachtung** nach § 315c I Nr. 2a: Zusätzlich liegt die Ordnungswidrigkeit nach § 49 I Nr. 8, § 8 StVO i. V. mit § 24 StVG vor, aber Vorrang des § 315c. – §§ 81 ff., 84 II OWiG regeln prozessuale Einzelheiten. So kann vom Verfahren nach OWiG zum Strafverfahren übergegangen werden, wenn sich z. B. die Voraussetzungen des § 315c (u. a. Rücksichtslosigkeit) erst während des Bußgeldverfahrens herausstellen. Stellen sich die Voraussetzungen des § 315c erst nach rechtskräftigem Abschluss des OWiG-Verfahrens heraus, steht einer Strafverfolgung der Grundsatz ne bis in idem entgegen, vgl. § 84 II 1 OWiG.

Schwierig sind die Fälle, in denen man zunächst von einer Straftat ausgeht, aber nur eine Ordnungswidrigkeit übrigbleibt, z. B. weil die Rücksichtslosigkeit nicht mit der erforderlichen Sicherheit nachweisbar ist. Dann kann der Strafrichter zwar die Tat als Ordnungswidrigkeit beurteilen (§ 82 I OWiG), jedoch ist Verurteilung häufig nicht mehr möglich, weil die Ordnungswidrigkeit bereits verjährt ist (im **Beispiel** der Vorfahrtsverletzung beträgt die Verjährungsfrist gem. § 26 III StVG nur 3 Monate).

---

73 LK-*Rüth*, 10. Aufl., § 315c Rn. 60 wollte wegen der guten Absicht des Täters schon die Rücksichtslosigkeit verneinen. Das schafft eine nicht einleuchtende Differenz zu § 315c I Nr. 1, wo keine Rücksichtslosigkeit verlangt wird.
74 Zum Verhältnis § 316 zu §§ 315a, 315c s. o. Rn. 41.
75 Seit der weitgehenden Abschaffung des fortgesetzten Delikts durch BGHSt 40, 138 kann auf ältere Judikatur und Literatur nur beschränkt zurückgegriffen werden, zusammenfassend *Geppert*, Jura 1996, 51 f.

IV. Unerlaubtes Entfernen vom Unfallort, § 142

1. Kriminalpolitischer Hintergrund und Rechtsgut

a) Praktische Bedeutung

§ 142 hieß bis zur Novellierung durch das 13. StrÄndG im Jahre 1975 treffend **Verkehrsunfallflucht**. Mit ca. 30.000 Verurteilten pro Jahr[76] gehört der Tatbestand zur Massenkriminalität im Straßenverkehr. Dabei ist zusätzlich an die große Zahl unaufgeklärter (erfolgreicher!) Verkehrsunfallfluchten zu denken, angesichts rund 400.000 angezeigter Fluchtfälle in Deutschland pro Jahr[77]. Als **Hauptmotiv** ist Furcht vor Bestrafung (wegen **Trunkenheit!**) anzunehmen. „Trunkenheitsfahrer (sc. stellen) ... den Großteil der Unfallflüchtigen"[78]. Daneben spielt die Bereicherungsabsicht – wie bei Verkehrsdelikten häufig[79] – wegen der drohenden Rückstufung in der Haftpflichtversicherung eine große Rolle.

b) Rechtsgut

Der Gleichmut, mit der sich die Öffentlichkeit diesen Tatbestand und seine ständigen Ausdehnungen durch Rspr. und Gesetzgebung gefallen lässt, ist erstaunlich. Die Literatur scheint unfähig zu sein, Abstand zu gewinnen[80] und § 142 in den großen rechtspolitischen Zusammenhängen zu sehen. Die Fülle kurzsichtiger Stellungnahmen zu Details, insbes. des § 142 II, geht mit einer weitgehend kritiklosen prinzipiellen Hinnahme der Vorschrift einher.

§ 142 leidet an zwei unheilbaren **Krankheiten:** (1) Mutmaßlichen Straftätern wird eine Pflicht zur **Selbstbelastung** auferlegt. Während man mit Recht gar nicht auf die Idee kommt, z. B. vom Ladendieb unter Strafandrohung im Weigerungsfall zu verlangen, dass er sich vor dem Verlassen des Warenhauses stellt und zum Hergang des Diebstahls und zur Person Angaben macht, wird z. B. vom angetrunkenen Fahrer, der einen Unfall herbeigeführt hat, eben dies erwartet[81]. – (2) Als **Rechtsgut** gibt die h. M. zivilrechtliche Ansprüche der Unfallopfer an. Das überzeugt nicht, weil eine versicherungsrechtliche Lösung zugunsten der von Fluchttätern Geschädigten leicht machbar wäre (und bei Personenschäden auch verwirklicht ist).

---

76 Jahr 2005 = 30.277, 2011 = 31.557, 2012 = 31.200 Verurteilte nach § 142, davon 2005 ca. 0,4 %, 2011 ca. 0,5 % und 2012 ca. 0,5% nach § 142 II.
77 *Karl*, NVZ 2003, 457 – Umfangreiche Hinweise zur Phänomenologie bei AK-*Schild*, § 142 Rn. 18 ff.
78 *Kaiser*, Kriminologie, § 36 Rn. 37.
79 S. o. Rn. 8.
80 *Volk*, VGT 1982, 97 (111): Noch nie zuvor ... hatte der Unfallbeteiligte so viele und so umfangreiche Pflichten zu erfüllen und ein so großes Strafbarkeitsrisiko zu tragen.
81 Für die h. M. charakteristisch *Bockelmann*, Verkehrsstrafrecht, S. 70: Dass in der Flucht ein Moment des moralisch Verwerflichen steckt, welches Kriminalstrafe rechtfertigt, empfindet jedenfalls der sehr lebhaft, ... der etwa seinen Wagen, welcher über Nacht friedlich vor dem Hause geparkt hat, am Morgen schwer demoliert vorfindet. Was wird aus diesem Evidenzappell, wenn der Autofahrer seinen Wagen am nächsten Morgen gar nicht mehr vorfindet, weil er gestohlen wurde? Näher anschließend Rn. 52.

BGHSt 28, 129 (133): Zweck des § 142 ..., die zivilrechtlichen Ansprüche der Unfallbeteiligten untereinander zu sichern ... Gefahr des Beweisverlustes und dementsprechend das Interesse an der Beweissicherung.

50   Da die Wartepflicht sogar dann bestehen kann, wenn dem Unfallopfer keine Ansprüche zustehen, verflüchtigt sich § 142 zum **abstrakten Vermögensgefährdungsdelikt**[82]. – Dabei bleibt unerklärt, woher die Pflicht des mutmaßlichen Schuldners kommen soll, seinem mutmaßlichen Gläubiger bei der Durchsetzung von dessen Ansprüchen behilflich zu sein. Unerklärt bleibt auch, warum eine Gefährdung zivilrechtlicher Ansprüche ohne täuschendes oder drohendes Verhalten des Schuldners strafrechtliche Konsequenzen nach sich ziehen soll. Einfach unerträglich ist es schließlich, dass solche Ansprüche bis in den Bagatellbereich hinunter geschützt sein sollen[83]. Wenn man den zivilrechtlich Anspruchsberechtigten als Opfer ansieht, wäre zudem eine Ausgestaltung des § 142 als Antragsdelikt (jedenfalls im Bagatellbereich) konsequent, vgl. § 248a.

51   Eine **Minderheitsauffassung** hat als Rechtsgut des § 142 letztlich die **Verkehrssicherheit** angesehen: Klärung der Verkehrsunfälle insbes. durch Ermittlung der Verantwortlichen (und Einschreiten gegen sie) hebt die Verkehrssicherheit. Der Gesetzgeber hat sich aber anlässlich der Neufassung 1975 für die Konzeption des § 142 als Vermögensdelikt entschieden, denn die Wartepflicht besteht zugunsten der anderen Unfallbeteiligten und der Geschädigten, die das Gesetz auch als Berechtigte bezeichnet (§ 142 III).

c) Der Zwang zur Selbstbelastung

52   Nur in einer verkehrten Welt sind Pflichten eines Straftäters denkbar, seine Tat der Polizei zu melden, sich der Polizei zu stellen oder dem Opfer im Hinblick auf dessen Schadensersatzansprüche seine Personalien anzugeben. Die Drohung mit Bestrafung für den Fall, dass der Straftäter gegen solche Pflichten verstößt, ist absurd.

Dass § 142 dieser verkehrten Welt nahe kommt, wird relativ weitgehend anerkannt. Der Oberste Gerichtshof der USA hat einen § 142 entsprechenden Tatbestand in einer 5:4-Entscheidung nicht als verfassungswidrigen Zwang zur Selbstbelastung angesehen[84]. – Man entstellt das Problem zum Nachteil des Fluchttäters, wenn man § 142 als Ausnahme vom Prinzip der Straflosigkeit der Selbstbegünstigung sieht[85]. Ob es dieses Prinzip überhaupt gibt, ist zweifelhaft[86].

---

82   So konsequent *Maurach/Schroeder/Maiwald*, BT 1, § 49 Rn. 6; MüKo-*Zopfs*, § 142 Rn. 4.
83   S. u. Rn. 64.
84   California v. Bayers 402 U. S. 424 (1971); vgl. auch BVerfGE 16, 191; *Jäger*, S. 55 ff.; *Oswald Küper*, S. 26, 30 f., 57 f.; *Pfannmüller*, S. 39 ff., 94 ff.; *Rogall*, Der Beschuldigte als Beweismittel gegen sich selbst, 1977, S. 163 ff.; *Ulsenheimer*, GA 1972, 1 (13 ff.); *Wolter*, in: Schünemann/Figueiredo Dias (Hrsg.), Bausteine des europäischen Strafrechts, 1995, S. 3 ff. – *Engelstädter*, S. 238 f. rügt neben der Umgehung des Prinzips in dubio pro reo den Verstoß gegen den Schuldgrundsatz.
85   So BVerfGE 16, 191 und die h. L.
86   Vgl. zur Verdeckungsabsicht bei Mord o. § 2 Rn. 62.

Unser Strafrecht und Strafprozessrecht kennt jedoch mindestens ansatzweise das **privilege against self incrimination** als **Schweigerecht**, § 136 StPO. Man kann zweifeln, ob der Höhepunkt der Rechtsstaatlichkeit eines Strafverfahrens erreicht ist, wenn es so ausgestaltet ist, dass es sich für den Beschuldigten/Angeklagten im Normalfall auszahlt, wenn er schweigt[87]. Den Verdächtigen mit Strafdrohung zu zwingen, aktiv an seiner eigenen Überführung mitzuarbeiten, geht über prinzipiell legitime Duldungspflichten (Blutprobe etc.) hinaus. Ein solcher Zwang zur Selbstbelastung ist mit dem Schweigerecht unvereinbar. Dagegen lässt sich nicht einwenden, dass die Wartepflicht nicht nur Straftäter trifft, sondern jeden Unfallbeteiligten, sonst dürfte § 142 bei Verdacht strafbarer Herbeiführung des Unfalls nicht angewendet werden. Diese Konsequenz wird jedoch gerade nicht gezogen[88]. Freilich zeigt sich bei § 142 auch das Dilemma, in das die Stärkung des Schweigerechts des Verdächtigen führt. Je stärker das privilege against self incrimination wird, desto stärker wird das Bedürfnis, im Interesse einer halbwegs effektiven Strafverfolgung (also im Interesse aller rechtstreuen Bürger) **jedermann** zu kontrollieren, insbes. jedermann zur Schaffung von Beweismitteln, die potenziell auch und gerade gegen ihn selbst verwertbar sind, zu verpflichten. Bücher sind zu führen, im Straßenverkehr Fahrtenbücher, vgl. § 31a StVZO; Kontrollschilder sind anzubringen; Fahrtenschreiber halten die Geschwindigkeit fest usw. § 142 ist als Ausprägung einer prophylaktischen **Dokumentationspflicht** zu sehen, eine Pflicht, die prinzipiell jedermann auferlegt werden kann und die § 142 auf den Unfallzeitraum (gewissermaßen entgegenkommenderweise) beschränkt[89]. 53

De lege ferenda[90] ergeben sich daraus folgende **Forderungen:** 54
(1) Rechtsgut Verkehrssicherheit (schwaches Lebensgefährdungsdelikt).
(2) Drastische Abschwächung der Strafdrohung (bis hinab zur Ausgestaltung als Ordnungswidrigkeit)[91].
(3) Anerkennung der Unzumutbarkeit der Wartepflicht in Fällen, in denen der Fluchttäter wegen seiner Unfallverursachung schwere Strafe zu gewärtigen hat

---

87 Kritisch zur Belohnung einer Strategie des Schweigens, *Arzt*, Ketzerische Bemerkungen zum Prinzip in dubio pro reo, 1997 (zu § 142 ebenda S. 25).
88 Vgl. aber die Erwägung, dem wartepflichtigen Straftäter über Beweisverbote zu helfen, bei *Volk*, VGT 1982, 97 (98); ablehnend *S/S/Sternberg-Lieben*, § 142 Rn. 4 m. w. N.
89 Im Verwaltungsrecht werden vielfach Pflichten zu selbstschädigenden Dokumentationen aller Art ohne konkreten Verdacht (also für jedermann) kreiert, die mit den Rechten und Pflichten bei Straftatverdacht nicht abgestimmt sind, ausführlich *P. Heckel*, Das Informationsrecht der Verwaltung im Spannungsfeld der Informationsbeschaffung im straf- und bußgeldrechtlichen Ermittlungsverfahren, Diss. Erlangen, 1981.
90 Zu systemimmanenten Verbesserungen *Eisenberg/Ohder*, Verkehrsunfallflucht, a. a. O., mit Rezension *Weber*, ZStW 104 (1992), 410; *Weigend*, Tröndle-FS, a. a. O. für eine Wartepflicht nur bei Personenschäden, bei Sachschäden Ermöglichung der Feststellungen bis zu 24 Stunden nach dem Unfall (womit sich die Furcht vor Verfolgung wegen Trunkenheit erledigt); zur hier vertretenen radikaleren Lösung ebenda S. 754 f.
91 Es mag sinnvoll sein, die Polizei zu verpflichten, gegen Fluchttäter einzuschreiten. Dann wäre insoweit eine Ausnahme vom Opportunitätsprinzip in OWiG zu verankern.

(oder massive Strafmilderung bezüglich der Straftat, die zum Unfall geführt hat, wenn der Unfallverursacher seine Wartepflicht erfüllt).

2. Voraussetzungen der Warte- und Mitwirkungspflicht; insbesondere die Unfallbeteiligung

a) Unfallbeteiligung als Verdacht der Unfallverursachung

55 Die anschließend näher dargestellte Warte- und Mitwirkungspflicht trifft nach § 142 I, II, III **Unfallbeteiligte**. Unfallbeteiligter ist jeder, dessen Verhalten nach den Umständen zur Verursachung des Unfalls beigetragen haben kann (§ 142 V). Mit dieser § 34 II StVO wiederholenden **Legaldefinition** wird im Interesse bequemerer Beweisführung dem materiellen Recht in geradezu spektakulärer Weise Gewalt angetan. Es lohnt sich, dem Zusammenhang zwischen materiellem Recht und Beweisrecht nachzugehen.

> Lässt man Beweisschwierigkeiten außer Betracht, ist eine Wartepflicht sinnvoll nur für Unfallverursacher. – Bezieht man Beweisschwierigkeiten mit ein, ist dem Flüchtenden nachzuweisen, dass er für den Unfall mitursächlich war (im Zweifel zugunsten des Verdächtigen Verneinung der Kausalität) und dass der Flüchtende um seine Mitverursachung wusste. Vorsatz wäre in dubio pro reo zu verneinen, wenn dem Verdächtigen nicht zu widerlegen ist, dass er sich irrig als nicht ursächlich für den Unfall betrachtet habe.
>
> Der Gesetzgeber konnte nicht materiell-rechtlich korrekt die Wartepflicht nur Unfallverursachern auferlegen und den Grundsatz in dubio pro reo punktuell außer Kraft setzen, also den Verdacht, Unfallverursacher zu sein, zur Verurteilung genügen lassen, weil der in Art. 6 II MRK verankerte Grundsatz in dubio pro reo letztlich auf das Rechtsstaatsprinzip des Art. 20 GG zurückführt. Der Gesetzgeber hat stattdessen das materielle Recht so zugeschnitten, dass die Wartepflicht alle trifft, die im Verdacht stehen, Unfallverursacher zu sein. Nur dann, wenn das Verhalten eines (zur Unfallzeit) am Unfallort Anwesenden **zweifelsfrei** nicht zur Verursachung des Unfalls beigetragen hat ... entfällt die Warte- und Duldungspflicht nach § 142, BGHSt 15, 1 (4)[92].

56 Man pflegt in diesem Zusammenhang darauf hinzuweisen, dass es in § 142 um die Klärung des Unfallhergangs gehe, sodass es plausibel sei, wenn die Wartepflicht schon denjenigen treffe, der **vielleicht** zum Unfall beigetragen habe. – Das Argument ist unschlüssig[93]. Wenn die Chance, dass der Wartepflichtige einen wichtigen Beitrag zur Klärung des Unfallhergangs leisten könne, die Wartepflicht begründen würde, müsste sie **Zeugen** des Unfallgeschehens auch treffen, vielleicht sogar primär. Wenn man aber Zeugen die Wartepflicht nicht zumutet, steckt hinter der Zumutung gegenüber Verursachern ein (abgeschwächtes) Ingerenzprinzip. Eine Garantenstellung zu vorangegangenem gefährlichen Tun gegenüber dem Unfallopfer setzt aber – selbstverständlich! – mindestens kausale Herbeiführung des Unfalls durch den Pflichtigen voraus. Die in § 142 liegende Zumutung einer Wartepflicht gegenüber demjenigen, der nicht Unfallverursacher ist, lässt sich damit auch nicht

---

[92] Hervorhebung im Original – auf die clevere Verkehrung des Prinzips in dubio pro reo in sein Gegenteil durch den Gesetzgeber verschwendet der BGH keine Bemerkung; vgl. o. § 1 Rn. 20 f.

[93] So eingehend *Engelstädter*, S. 142 ff. (155): „Die Figur des ‚hypothetischen Unfallbeteiligten‘ ist Ausdruck einer völligen Vernachlässigung der allgemeinen Straftatlehre."

auf ein abgeschwächtes Prinzip der Verantwortlichkeit aus vorangegangenem Tun stützen[94].

b) Unfallbeteiligung als deliktsbegründendes Merkmal

Die Warte- und Mitwirkungspflicht trifft nur Unfallbeteiligte, § 142 V. § 142 ist **Sonderdelikt**, d. h. (1) wer nicht am Unfall beteiligt ist, kann nicht Täter sein; (2) ob Anstiftern und Gehilfen, die selbst nicht am Unfall beteiligt sind, § 28 I zugute zu halten ist, hängt davon ab, ob man die Sondereigenschaft als tat- oder täterbezogen ansieht. Da die Zumutung der Wartepflicht trotz aller vorstehend dargestellten Inkonsequenzen letztlich auf einem ingerenzähnlichen Element beruht, ist § 28 I dann anzuwenden, wenn man bei Teilnahme von Nichtgaranten am unechten Unterlassungsdelikt eines Garanten auf den Teilnehmer § 28 I anwendet. Das ist umstritten, aber zu bejahen[95]. 57

c) Einzelheiten

Unfallbeteiligung als Verdacht eines kausalen Beitrags zum Unfall würde auch diejenigen aufklärungspflichtig machen, die am Unfallort nicht anwesend sind (z. B. den Gastwirt, der dem Trunkenheitsfahrer Alkohol ausgeschenkt hat oder den Vermieter des Mietwagens etc.). Das ist unsinnig. Da § 142 primär eine Wartepflicht statuiert, muss zur Unfallbeteiligung die **Anwesenheit am Unfallort** hinzukommen, allg. Ansicht (nicht mit dem Streit zur Hilfspflicht eines am Unfallort nicht anwesenden Samariters verwechseln[96]). 58

Zum Teil wird die Unfallbeteiligung noch weiter eingeschränkt, etwa i. S. des Verdachts nicht irgendeines kausalen Beitrags, sondern eines spezifischen räumlich-zeitlichen Zusammenhangs mit dem Unfallgeschehen[97]. – Diese Auffassung ist wegen der entstehenden Unklarheiten und Abgrenzungsschwierigkeiten abzulehnen; wie hier BGHSt 30, 160 (mitfahrender Kfz-Halter ist neben dem Fahrer wartepflichtig). 59

Beispiel: Der Beifahrer B, der den angetrunkenen Fahrer A zur Trunkenheitsfahrt überredet hat, ist deshalb für den Unfall kausal. B hat jedoch zum eigentlichen Fahrfehler, also im räumlich-zeitlichen Zusammenhang mit dem Unfall, keinen speziellen Beitrag geleistet. Freilich wäre dann zu prüfen, ob ein solcher Zusammenhang wegen des andauernden Unterlassens des B doch gegeben ist, denn B ist gehalten, durch Abbruch der Fahrt das von ihm geschaffene Risiko zu beenden. – Wegen der hier entstehenden Unsicherheiten ist für den Begriff des Unfallbeteiligten nicht mehr zu verlangen als ein kausaler Beitrag zum Unfall und Anwesenheit am Unfallort, d. h. im Beispiel ist der Beifahrer wartepflichtig.

Als **Unfall im Straßenverkehr** sind auch vorsätzlich und verkehrsfeindlich[98] herbeigeführte Schadensereignisse[99] anzusehen (Rammen eines 60

---

94 Angesichts der absolut h. M. und BVerfGE 16, 191 sei die Schlussfolgerung nur als Fußnote angemerkt: Soweit § 142 in dubio contra reum Unfallverursachungsverdacht genügen lässt, ist der Tatbestand wegen der Umgehung des Prinzips in dubio pro reo verfassungswidrig; ebenso *Engelstädter*, S. 166 f., 214 ff.
95 Gegen die Anwendung des § 28 I bei § 142 *Fischer*, § 142 Rn. 66 mit Nachweisen.
96 S. u. § 39 Rn. 20 f. zu § 323c.
97 *Fischer*, § 142 Rn. 15 f.
98 Dazu o. Rn. 20 f.
99 Zu Bagatellschäden s. u. Rn. 64.

anderen), dagegen nicht das Zertrümmern einer Schaufensterscheibe mit einem Kfz, um an die ausgestellte Ware heranzukommen. Als **Faustregel** kann man wie bei §§ 831, 278 BGB unterscheiden zwischen Verhalten in Ausübung der Rolle als Verkehrsteilnehmer und Verhalten bloß bei Gelegenheit.

Beispiel Fußgänger: Wenn der Hund eines Fußgängers einen anderen Fußgänger beißt, ist das kein Unfall im Straßenverkehr (Hundehalter nicht wartepflichtig nach § 142); **anders**, wenn ein Radfahrer dem Hund ausweicht, stürzt und sich verletzt[100].

Beispiel Einkaufswagen: Stößt ein Kunde mit seinem wegrollenden Einkaufswagen auf einem öffentlich zugänglichen Parkplatz gegen ein dort geparktes Fahrzeug, so ist das als Unfall im Straßenverkehr[101] gemäß § 142 zu betrachten.

3. Die Warte- und Mitwirkungspflicht

a) Warte- und Mitwirkungspflicht nach § 142 I

61 Die Warte- und Mitwirkungspflicht wird in § 142 I ausführlich umschrieben. Dabei ist die **Mitwirkungspflicht gegenüber der Wartepflicht sekundär**. Solange sich der Unfallbeteiligte nicht entfernt, erfüllt er den Tatbestand des § 142 I nicht, selbst wenn er die Mitwirkung verweigert oder sogar eine Beteiligung ableugnet. § 142 I genau lesen!

Beispiel[102]**:** Unfallbeteiligter sagt zur Polizei, er sei nur Zuschauer und zu Fuß gekommen – und wird wegen Verdachts der Unfallverursachung festgenommen. § 142 I ist nicht verwirklicht, denn es liegt keine Entfernung vor.

62 Das ändert aber nichts daran, dass § 142 I über eine bloße Duldungspflicht hinaus eine **Mitwirkungspflicht** des Unfallbeteiligten i. S. eines Tuns (Angabe der Unfallbeteiligung und Angaben nach § 34 StVO) normiert, die durch den Zwang zum Verbleiben an der Unfallstelle (bis zur Erfüllung dieser Mitwirkungspflicht!) sanktioniert wird[103].

63 Ob § 142 ein Begehungsdelikt, echtes Unterlassungsdelikt oder je nach Variante Begehungs- und Unterlassungselemente enthält, ist trotz der Neufassung noch immer umstritten. Angesichts der ingerenzähnlichen Begründung der Pflichten des Unfallbeteiligten ist mit der h. M. von einem **Unterlassungsdelikt** auszugehen und insbes. die **Zumutbarkeit** als Korrektiv anzuerkennen. Davon abgesehen ist der Streit weitgehend bedeutungslos[104].

---

100 Im Anschluss an BGHSt 37, 366 (372), dort auch die Formel bei Gelegenheit.
101 OLG Düsseldorf, NStZ 2012, 326; a. A. LG Düsseldorf, NZV 2012, 194.
102 Angeführt in BGHSt 30, 160 (163).
103 Zur grundsätzlichen Problematik (Pflicht zur Selbstbelastung) o. Rn. 52 f.
104 Wie hier *Fischer*, § 142 Rn. 5 mit umfangreichen Nachweisen; ebenso *Lackner/Kühl*, § 142 Rn. 9; SK-*Rudolphi/Stein*, § 142 Rn. 6 (verkapptes Unterlassungsdelikt); für Begehungsdelikt bei § 142 I und Unterlassungsdelikt bei § 142 II *Maurach/Schroeder/Maiwald*, BT 1, § 49 Rn. 5. – Zur Ingerenzähnlichkeit bei § 142 *Seelmann*, Jus 1991, 290 (291) = Rezension von BayObLG, NJW 1990, 1861.

§ 142 I Nr. 1 normiert die Mitwirkung bei im Einzelnen näher aufge- 64
führten Feststellungen durch Anwesenheit und Angaben; § 142 I Nr. 2 regelt einen Sonderfall der Unzumutbarkeit (kein unzumutbar langes Warten auf Feststellungswilligen); zur Pflicht, in solchen Fällen die Polizei zu verständigen, vgl. § 142 II Nr. 1.

Voraussetzung der Mitwirkungspflicht ist ein **Feststellungsinteresse** des Geschädigten. Es entfällt z. B., wenn der Schuldige sich ausweist und (!) – vereinfachend gesagt – seine Schuld anerkennt. Das Feststellungsinteresse erlischt ohne Schuldanerkenntnis auch dann, wenn Divergenzen in der Schilderung des Tathergangs zwischen Schädiger und Geschädigtem ausgeräumt sind.

Kein mit Kriminalstrafe zu schützendes Feststellungsinteresse liegt bei **Bagatellschäden** (bis ca. 25,– €) vor. Auch das ist letztlich eine Konkretisierung des Zumutbarkeitsgedankens. Z. T. wird bei Bagatellen auch das Merkmal Unfall verneint.

Die Mitwirkungspflicht beschränkt sich auf Anwesenheit und Angaben nach § 142 I Nr. 1 bzw. auf Warten nach § 142 I Nr. 2. Zu mehr ist der Unfallbeteiligte nach § 142 nicht verpflichtet. Insbes. braucht er nicht die Polizei zu rufen, selbst wenn er dies könnte, ohne den Unfallort zu verlassen (Autotelefon). Unberührt bleiben weitergehende Pflichten, insbes. aus § 323c.

b) Rückkehr- und Mitwirkungspflicht nach § 142 II, III

aa) Rechtmäßiges Entfernen nach § 142 I

Die Wartepflicht nach § 142 I kann mit anderen Pflichten kollidieren, insbes. ist die 65
Hilfeleistungspflicht nach § 323c i. d. R. wichtiger als die Wartepflicht nach § 142 I.
– Neben einer solchen **Pflichtenkollision** sind auch andere Fälle rechtmäßigen Verlassens des Unfallorts denkbar, z. B. wenn der Unfallbeteiligte selbst verletzt ist und zu einem Arzt fährt, vgl. § 34.

bb) Entschuldigtes Entfernen nach § 142 I

Hier stellt sich zunächst die Frage, ob der wegen Trunkenheit (vielleicht!) schuld- 66
unfähige Unfallverursacher sich entschuldigt entfernt (und deshalb der nachträglichen Mitwirkungspflicht unterworfen ist)[105]. – Sieht man von dieser halben Scherzfrage ab, ist praktisch wichtig die Berufung des Fluchttäters auf **Unzumutbarkeit**[106]. Freilich mutet die h. M. hier dem Unfallbeteiligten fast ebenso viel zu wie dem Unglücksverursacher bei § 323c, d. h. Zumutbarkeit des Wartens wird bejaht, auch wenn der Fluchttäter fürchtet, sich wegen der Unfallverursachung strafbar gemacht zu haben. – Auch wenn der Fluchttäter Bestrafung wegen einer mit dem Unfall nicht in Zusammenhang stehenden Tat zu befürchten hat, wird Unzumutbarkeit allenfalls in ganz engen Grenzen angenommen.

Beispiel: Der steckbrieflich wegen Mordes gesuchte U fährt in angetrunkenem Zustand gegen ein Verkehrszeichen. Wartepflicht?

---

105 Näher *Paeffgen*, NStZ 1990, 365 und u. Rn. 68.
106 Zur umstrittenen Einordnung (Tatbestandskorrektiv oder Schuldausschluss) vgl. bei § 323c u. § 39 Rn. 26. – §§ 20, 21 liegen bei Unfallsituationen nahe (Unfallschock!).

cc) Unvorsätzliches Entfernen nach § 142 I

67 Schließlich gibt es Fälle einer **unvorsätzlichen** Flucht, insbes. in Unkenntnis des Unfalls.

Streitig war lange Zeit, ob auch in diesen Fällen ein Unfallbeteiligter der nachträglichen Mitwirkungspflicht des § 142 II unterliegt. Streitpunkt war der Wortlaut des Gesetzes, der die Mitwirkungspflicht nur dann vorsieht, wenn sich ein Unfallbeteiligter berechtigt oder entschuldigt (§ 142 II Nr. 2) vom Unfallort entfernt hat. Der BGH[107] hat eine solche Mitwirkungspflicht bei unvorsätzlichem Entfernen jedenfalls dann bejaht, wenn der Täter noch innerhalb eines räumlichen und zeitlichen Zusammenhangs von dem Unfall Kenntnis erlangt (Leitsatz). Zu diesem Ergebnis kam der BGH durch Auslegung der Begriffe „berechtigt" oder „entschuldigt".

Dieser fast 30 Jahre (!) lang praktizierten Rechtsprechung hat das BVerfG einen Riegel vorgeschoben[108]. Die Subsumtion des unvorsätzlichen Sich-Entfernens unter die Begriffe „berechtigt" oder „entschuldigt" verstößt richtigerweise gegen das in Art. 103 II GG verankerte Analogieverbot. Das BVerfG zeigt der Rspr. aber einen Weg auf, wie das unzweifelhaft strafwürdige Verhalten auch weiterhin in den Anwendungsbereich des § 142 einbezogen werden kann[109]. Demnach soll das unvorsätzliche Entfernen bei späterer Kenntniserlangung unter § 142 I subsumiert werden können. Dem stehe nicht entgegen, dass die Tat schon mit Verlassen des Unfallortes grundsätzlich vollendet sei. Zum einen soll der Begriff des Unfallortes (insb. bei Überholvorgängen) weit auszulegen sein, sodass die Erlangung der Kenntnis des Fahrzeugführers von dem Unfall und Unfallbeteiligung im räumlichen und zeitlichen Zusammenhang ausreiche, den Vorwurf vorsätzlichen Sich-Entfernens zu begründen. Zum anderen soll bei § 142 I der Vorsatz bis zur Beendigung[110] (also auch nach Vollendung) der Tat gebildet werden können.

Die Berücksichtigung eines nach Vollendung der Tat gebildeten Vorsatzes ist jedoch abzulehnen, da dies zu einer systemwidrigen Anerkennung des dolus subsequens führen würde[111]. Die vom BVerfG angeregte Möglichkeit, den Begriff Unfallort weit auszulegen, vermag keine den Bedürfnis nach Rechtssicherheit befriedigende Lösung zu vermitteln. Wo die Grenzen einer solchen Auslegung zu sehen sind, bleibt ungeklärt. Eine klare und systemgerechte Lösung kann in Anlehnung an die bisherige Praxis durch die Erweiterung des § 142 II Nr. 2 um die Variante unvorsätzlich sichergestellt werden[112]. Hier ist insofern ein Tätigwerden des Gesetzgebers geboten.

dd) Die nachträgliche Mitwirkungspflicht

68 § 142 II, III i. d. F. des 13. StrÄndG 1975 regeln die **nachträgliche Mitwirkungspflicht,** die weitgehend auf eine Art Rückkehrpflicht hinausläuft.

---

107 BGHSt 28, 129 = NJW 1979, 434; ablehnend *Lackner/Kühl,* § 142 Rn. 25; MüKo-*Zopfs,* § 142 Rn. 105; *S/S/Sternberg-Lieben,* § 142 Rn. 55; *Fischer,* § 142 Rn. 51 f.
108 BVerfG, NJW 2007, 1666 ff.
109 Vgl. dazu *Laschewski,* NZV 2007, 448.
110 Von Beendigung ist erst dann auszugehen, wenn der Fahrzeugführer das Ziel seiner Fahrt erreicht hat oder er sich vom Unfallort so weit abgesetzt und damit vor möglichen Feststellungen so in Sicherheit gebracht hat, dass mit einer Identifizierung nicht mehr zu rechnen ist; vgl. etwa *Fischer,* § 142 Rn. 61.
111 Zum dolus subsequens vgl. *Baumann/Weber/Mitsch,* § 20 Rn. 62.
112 So auch *Jahn,* JuS 2007, 691; *Fischer,* § 142 Rn. 51 f.

BGHSt 28, 129[113] (**Mitwirkungspflicht** nach vielleicht vorsätzlicher Flucht) zeigt, dass die Umgehung des Prinzips in dubio pro reo durch eine an sich unsinnige Ausweitung des materiellen Rechts zu immer neuen Spannungen führt. Der Gesetzgeber hat bei der Neufassung des § 142 den beweismäßigen Hintergrund der extensiven Judikatur zur Rückkehrpflicht (nämlich den dringenden Verdacht unerlaubten bzw. vorsätzlichen Entfernens) so erfolgreich verdrängt, dass eine Lücke entstanden ist. Wer wahrscheinlich den Unfall sofort bemerkt hat und flieht und später sicher vom Unfall erfährt, fällt nicht unter § 142 I (Vorsatz nicht nachweisbar) und nicht unter § 142 II Nr. 2, denn er hat sich vielleicht unvorsätzlich, also nicht berechtigt oder entschuldigt entfernt. – Es ist verständlich, wenn es BGHSt 28, 129 als unerträglich ansieht, dass gerade die Täter, um derentwillen die Judikatur die Rückkehrpflicht in erster Linie kreiert hatte, durch eine solche Lücke schlüpfen können. Deshalb hat der BGH a. a. O. auch diese Lücke geschlossen, wie der Senat meint, durch noch zulässige extensive Interpretation, nicht durch einen unzulässigen Analogieschluss. Vgl. aber auch Rn. 67 zur neuen restriktiven Linie des BVerfG. – BGHSt 30, 160 (164) (**Fluchtzwang** für den mitfahrenden Kfz-Halter), behandelt den Fall des unfreiwilligen Verlassens der Unfallstelle und bejaht auch insoweit eine nachträgliche Mitwirkungspflicht.

Eine Rückkehrpflicht wäre bei § 142 I Nr. 1 widersinnig. Auch bei § 142 II Nr. 2 ist der Fluchttäter nicht zur Rückkehr verpflichtet, d. h. er muss nicht zur Polizei oder zum Unfallort kommen, sondern nur die Unfallopfer oder die Polizei verständigen[114] und die in § 142 III 1 umschriebenen Angaben machen. Im Regelfall bedeutet dies, dass der Fluchttäter das **Fahrzeug** und seine **Person** zur Verfügung der Polizei halten muss. Letzteres ergibt sich erst aus § 142 III 2. 69

Beispiel: U entfernt sich nach Ablauf der Wartefrist, § 142 I, II Nr. 1. Gibt U jetzt der Polizei seine Beteiligung, seine Anschrift und seinen Aufenthaltsort an sowie das Kennzeichen und den Standort seines Fahrzeugs, genügt er § 142 III 1, **wenn** U das Fahrzeug zur Verfügung der Polizei hält. – Hält U seine Person nicht zur Verfügung der Polizei, indem er sich z. B. an seinem (korrekt nach § 142 III 1 angegebenen!) Aufenthaltsort verbarrikadiert oder indem er sich bis zur Bewusstlosigkeit betrinkt[115], ergibt § 142 III 2, dass U auch seine Person zur Verfügung der Polizei halten muss.

Obwohl bei den nachträglichen Mitwirkungspflichten die **Rückkehr** zum Unfallort gerade nicht genannt wird, wird eben diese Rückkehr zum Unfallort vielfach das einfachste Mittel zur Erfüllung der nachträglichen Mitwirkungspflicht sein. 70

4. Vorsatz, Irrtum, Versuch, Teilnahme

Vorsatz ist erforderlich[116]. – Der Vorsatz muss sich insbes. auf den Unfall und auf den bezüglich der eigenen Person objektiv bestehenden Ver- 71

---

113 Dazu *Beulke*, NJW 1979, 400 (vgl. bes. 403: § 142 II verstärkt Pflicht zur Selbstbezichtigung, weil obj. Tatbestand des § 142 I eingeräumt werden muss); *Küper*, NJW 1981, 853 (854); *Rudolphi*, JR 1979, 211; *Volk*, VGT 1982, 107 f.
114 Zu dieser Wahl BGHSt 29, 138 mit Anm. *Beulke*, JR 1980, 523.
115 Im Gegensatz zu einem Nachtrunk, der die Alkoholisierung z. Z. des Unfalls verschleiern soll – das verstößt auch nicht gegen § 142 I, *Fischer*, § 142 Rn. 29.
116 Zur Strafbarkeit der fahrlässigen Unfallflucht als Ordnungswidrigkeit s. u. Rn. 74.

dacht der Unfallbeteiligung beziehen. Die an sich vernünftige, aber gleichwohl irrige Annahme, nur der Unfallverursacher sei wartepflichtig, schließt den Vorsatz nicht aus, Verbotsirrtum, § 17 (Grenzfall zum bloßen Subsumtionsirrtum).

72 **Versuch** ist nicht strafbar, weil man bei § 142 die Vollendung denkbar weit nach vorn verlagert hat. „Es genügt bereits eine geringe (vollendete) Absetzbewegung"[117], um ein vollendetes Entfernen anzunehmen. § 142 IV (eingefügt durch das 6. StrRG 1998) läuft auf eine strafmildernde **tätige Reue** nach Vollendung hinaus.

73 **Teilnahmefragen** sind o. Rn. 57 erörtert; dort auch zur Anwendung des § 28 I.

5. Konkurrenzen

74 § 34 I, III StVO i. V. mit §§ 49 I Nr. 29 StVO, 24 StVG legt den Unfallbeteiligten Pflichten auf, die über § 142 noch hinausgehen (Verstoß = Ordnungswidrigkeit). Das bedeutet aber nicht, dass auf diesem Wege eine fahrlässige Unfallflucht als Ordnungswidrigkeit nach § 34 I Nr. 5a StVO verfolgt werden kann, BGHSt 31, 55 (59). Der BGH sagt mit Recht, dass der Verordnungsgeber eine solche Erweiterung der Sanktionierung für die in § 142 beschriebenen Verhaltensweisen nicht beabsichtigt hat.

75 Zu § 323c besteht Idealkonkurrenz, wenn der Unfallbeteiligte nicht hilft, sondern flüchtet. – Ist der Unfallbeteiligte als Garant i. S. eines unechten Unterlassungsdelikts hilfspflichtig und flüchtet er, statt seine Garantenpflicht zu erfüllen, liegt ebenfalls Idealkonkurrenz zwischen § 142 und den entsprechenden unechten Unterlassungsdelikten vor (§§ 211 ff.[118], 222; §§ 223 ff., 229).

76 Entfernt sich der Unfallbeteiligte, weil er nur so seiner Hilfspflicht als Garant oder aus § 323c nachkommen kann, ist die Unfallflucht nach § 142 I gerechtfertigt[119].

77 Zu §§ **315c, 316** ist aus BGHSt 21, 203; 23, 141 folgende **Faustregel** abzuleiten: §§ 315c, 316 werden als Dauerstraftaten durch den Unfall unterbrochen, selbst wenn der Unfallverursacher ohne Zögern weiterfährt[120]. Damit haben wir zwei Taten nach §§ 315c, 316 in Realkonkurrenz (vor bzw. nach dem Unfall). Die zweite Trunkenheitsfahrt steht ihrerseits in Tateinheit mit § 142. – I. S. des prozessualen Tatbegriffs des § 264 StPO, von dem insbes. die Reichweite der Rechtskraft abhängt, ist freilich ein Lebenssachverhalt anzunehmen, BGH a. a. O.

---

117 *Fischer*, § 142 Rn. 21 unter Berufung auf die Judikatur.
118 Zur Verdeckungsabsicht bei § 211 in solchen Fällen o. § 2 Rn. 65, 71.
119 S. o. Rn. 65. Zur nachträglichen Mitwirkungspflicht gem. § 142 II Nr. 2 s. o. Rn. 68 ff.
120 Vgl. MüKo-*Zopfs*, § 142 Rn. 138.

§ 39 Unterlassene Hilfeleistung, § 323c

Literaturhinweise: *Arzt,* Verfolgungsverzicht und Unterlassung der Nothilfe, ZBJV 127 (1991), 445; *Frellesen,* Die Zumutbarkeit der Hilfeleistung, 1980; *Gallas,* Unterlassene Hilfeleistung nach deutschem Strafrecht, in: Deutsche Landesreferate zum IV. Int. Kongress für Rechtsvergleichung, 1954, S. 344; *Geilen,* Probleme des § 323c StGB, Jura 1983, 78, 138; *Geppert,* Die unterlassene Hilfeleistung (§ 323c StGB), Jura 2005, 39; *Gieseler,* Unterlassene Hilfeleistung – § 323c StGB. Reformdiskussion und Gesetzgebung seit 1870, 1999; *Harzer,* Die tatbestandsmäßige Situation der unterlassenen Hilfeleistung gemäß § 323c StGB, 1999; *Heil,* Die Folgen der unterlassenen Hilfeleistung gemäß § 323c StGB, 2001; *Kargl,* Unterlassene Hilfeleistung (§ 323c). Zum Verhältnis von Recht und Moral, GA 1994, 247; *Armin Kaufmann,* Die Dogmatik der Unterlassungsdelikte, 1959; *Kienapfel,* Die Hilfeleistungspflicht des Arztes nach deutschem und österreichischem Strafrecht, Bockelmann-FS 1979, S. 591; *Kreuzer,* Ärztliche Hilfeleistungspflicht bei Unglücksfällen im Rahmen des § 330c StGB, 1965; *ders.,* Die unterlassene ärztliche Hilfeleistung in der Rspr., NJW 1967, 278; *Naucke,* Der Aufbau des § 330c StGB, Welzel-FS 1974, S. 761; *Pawlik,* Unterlassene Hilfeleistung: Zuständigkeitsbegründung und systematische Struktur, GA 1995, 360; *Schöne,* Unterlassene Erfolgsabwendungen und Strafgesetz, 1974; *Schwind,* Zum sog. Non-helping-bystander-Effekt bei Unglücksfällen und Straftaten ..., Kaiser-FS 1998, S. 409; *Seebode,* Zur Berechenbarkeit der strafrechtlichen Hilfspflicht (§ 323c StGB), Kohlmann-FS 2003, S. 279; *Seelmann,* „Unterlassene Hilfeleistung" oder: Was darf das Strafrecht?, JuS 1995, 281; *Vermander,* Unfallsituation und Hilfspflicht im Rahmen des § 330c StGB, 1969; *Welzel,* Zur Dogmatik der echten Unterlassungsdelikte, insbes. des § 330c, NJW 1953, 327.

Zur Terminologie: Das Opfer des Unglücksfalls wird im Folgenden mit O abgekürzt; der Hilfspflichtige mit S (Samariter).

Übersicht

		Rn.
I.	Rechtsgut und kriminalpolitischer Hintergrund	1
	1. Rechtsgut und Deliktsnatur	1
	2. Kriminalpolitischer Hintergrund	8
II.	§ 323c im Einzelnen	12
	1. Unglücksfall und sonstige Hilfsbedürftigkeit	12
	2. Erforderliche und zumutbare Hilfe	17
	a) Erforderlichkeit allgemein	17
	b) Gefahr und Scheingefahr, Unglück und Scheinunglück	18
	c) Sonderfall: Hilfe durch nicht an der Unglücksstelle Anwesende	20
	d) Zumutbarkeit der erforderlichen Hilfe	22
	3. Teilnahme und Konkurrenzen	27
III.	Anhang: Missbrauch von Notrufen, § 145	30

I. Rechtsgut und kriminalpolitischer Hintergrund

1. Rechtsgut und Deliktsnatur

1 § 323c war vor dem 18. StrÄndG (Umweltkriminalität) als § 330c ins StGB eingestellt. Die Umstellung hat keine Änderung mit sich gebracht. – § 323c macht für **jedermann** ein bestimmtes Handeln zur Pflicht, nämlich (verkürzt gesagt) Hilfeleistung bei Unglücksfällen. Deshalb stellt § 323c (zusammen mit § 138) einen der seltenen Musterfälle eines Gebotstatbestandes dar: § 323c ist **echtes Unterlassungsdelikt**. Nach herrschender und richtiger Ansicht ist der Verstoß gegen § 323c als ein Unterlassen anzusehen, das wichtige Individualrechtsgüter, insbesondere Leben, körperliche Unversehrtheit und sexuelle Selbstbestimmung, ex ante betrachtet konkret gefährdet.

2 Ob es sich um ein **konkretes**[1] oder **abstraktes**[2] Gefährdungsdelikt handelt, ist umstritten. Die Hilfspflicht besteht nur bei ex ante konkret drohenden Risiken, wobei die Ex-ante-Beurteilung deshalb gewählt wird, weil eine Straffreiheit dann, wenn ex post dem Verunglückten nicht mehr zu helfen gewesen wäre, Ausreden und ein Ausweichen vor der Hilfeleistungspflicht eröffnen würde. Eine solche Abschwächung der Hilfeleistungspflicht wäre nicht nur im konkreten Fall, sondern generell unerwünscht. Anders ausgedrückt will der gegenüber der ex-post-Betrachtung schärfere ex-ante-Maßstab auch abstrakte Gefährdungen vermeiden. Insofern enthält § 323c auch Elemente eines abstrakten Gefährdungsdelikts[3]. – Zur hier vertretenen und h. M., die die Wurzel der Hilfeleistungspflicht in der konkreten Chance sieht, den Verunglückten vor (weiteren) Schäden zu bewahren, vgl. die von BGHSt 14, 213 (215) zitierte amtliche Begründung: „Der Strafgrund ... besteht ... in der ‚Versäumung der Gelegenheit zur erfolgreichen Schadensabwehr'". – Dass es nur um Chancen geht, macht der Satz deutlich: „Auf die Erfolgsaussichten der Hilfeleistung kommt es grundsätzlich nicht an", BGHSt 17, 166 (170). Es spielt insbesondere keine Rolle, wenn sich ex post herausstellt, dass alle Hilfsbemühungen weitere Schäden nicht hätten verhindern können. – Deshalb war im Tumorfall[4] das Unterlassen der Hilfe nach § 221 objektiv konkret ungefährlich, aber nach § 323c gefährlich.

3 Welche **Rechtsgüter** § 323c über Leben, körperliche Unversehrtheit und sexuelle Selbstbestimmung hinaus schützt, ist lebhaft umstritten. Mit BGHSt 6, 142 und der h. L. ist insbesondere auch das **Eigentum** ein durch § 323c geschütztes Rechtsgut[5]. Hilfe in Form eines persönlichen Einsatzes (Arbeit, Zeit!) stellt ein Opfer dar, das dem Hilfspflichtigen (S) bei einer Bedrohung von wichtigen Personenwerten des Verunglückten (O), aber

---

1 *Fischer*, § 323c Rn. 1.
2 *Vermander*, S. 45 ff.; *Maurach/Schroeder/Maiwald*, BT 2, §55 Rn. 6 für ein abstraktes Gefährdungsdelikt mit Teilkonkretisierung.
3 *Vermander*, S. 36; dagegen, d. h. für Beurteilung des Unglücks ex post (konsequent vom Boden eines konkreten Gefährdungsdelikts) NK-*Wohlers/Gaede*, § 323c Rn. 7, während die Erforderlichkeit der Hilfe mit der h. M. ex ante beurteilt wird, ebenda Rn. 10. – Die Charakterisierung als „unechtes Unternehmensdelikt" sollte man vermeiden. Da umstritten ist, welche Folgerungen daraus zu ziehen sind (vgl. SK-*Rudolphi/Stein*, § 323c Rn. 2b), handelt es sich um ein Musterbeispiel für nutzlose dogmatische Überschärfe.
4 Dazu o. § 36 Rn. 3 zu § 221.
5 SK-*Rudolphi/Stein*, § 323c Rn. 2.

Rechtsgut und kriminalpolitischer Hintergrund § 39 Rn. 4–5

auch schon bei einer Bedrohung von erheblichen Sachwerten, abverlangt werden sollte[6]. In der Praxis stehen die Personenwerte Leben und körperliche Unversehrtheit ganz im Vordergrund, doch kommen auch Risiken für andere wichtige Personenwerte wie sexuelle Selbstbestimmung oder körperliche Bewegungsfreiheit in Betracht. Weil § 323c abstraktes Gefährdungsdelikt ist, können ex ante **abstrakte Gefahren für Leib und Leben** die Hilfeleistungspflicht dann auslösen, wenn die für gemeingefährliche Delikte typische **Kombination mit konkreter Gefährdung von Sachwerten** gegeben ist (Feuer, Überschwemmung)[7].

Es ist unbestritten, dass § 323c mit der Hilfeleistungspflicht – ebenso wie § 138 – dem Bürger ein **Minimum an** tätiger **Nächstenliebe** abverlangt. Insofern ist der **gute Samariter**[8] mit Recht das klassische Vorbild[9].

Die **Gesetzgebungsgeschichte**[10] zeigt allerdings einen wenig erfreulichen Zusammenhang mit **nationalsozialistischem Gedankengut**. Während vor 1935 nur im Übertretungsstrafrecht eine Strafdrohung enthalten war, die bei Unglücksfällen etc. die **Verweigerung der Hilfeleistung trotz polizeilicher Aufforderung** erfasste, geht die heutige Fassung auf ein Gesetz vom 28.6.1935 zurück, das sich ausdrücklich aufs „gesunde Volksempfinden" und die nationalsozialistische Auffassung über die Pflichten des Einzelnen gegenüber der Volksgemeinschaft stützte. – Die grundsätzliche Beibehaltung des Tatbestandes nach 1945 hat BGHGrSSt 6, 147 (151) wohl zutreffend mit der Erwägung gerechtfertigt, „die Hilfe für den notleidenden Nächsten war insbesondere immer ein Hauptgebot der christlichen Lehre", d. h. der Nationalsozialismus habe ein „von jeher bestehendes sittliches Gebot" für sich in Anspruch genommen[11]. 4

Der **Maßstab für die Hilfspflicht** enthält neben dem Schwergewicht auf der ex-ante-Betrachtung insofern ein **ex-post-Element**, als ein **Unglück** wirklich vorliegen muss[12], d. h. es genügt nicht, dass es ex ante betrachtet „scheinbar" vorliegt[13]. – Außerdem läuft der Maßstab – wie oft[14] – auf eine **Objektivierung eines subjektiven Ansatzes** hinaus. Es kommt einerseits auf die Fähigkeiten des konkreten Helfers in der konkreten Situation an (subjektive Komponente). Andererseits werden an den Samariter auf die- 5

---

6 *Fischer*, § 323c Rn. 3; a.A. *Vermander*, S. 25; *Frellesen*, S. 150 ff. und neuerdings *Seelmann*, JuS 1995, 281 (284); differenzierend NK-*Wohlers/Gaede*, § 323c Rn. 6.
7 Zur h. A., die Sachwerte ohne solche Einschränkungen einbezieht, vgl. die vorstehende Fn.
8 *Lukas* 10.5–37. – Zur rechtsethischen Begründung NK-*Wohlers/Gaede*, § 323c Rn. 1 und *Kargl*, a. a. O.
9 Zu den Grenzen der Interpretation des § 323c anhand dieses Vorbildes s. u. Rn. 7.
10 *Gieseler*, a. a. O., passim; zum Nationalsozialismus S. 70 ff.
11 Zur Schwäche dieses Gebots in der modernen Zuschauergesellschaft s. u. Rn. 8 f.
12 So auch *Rengier*, BT 2, § 42 Rn. 4.
13 A.A. etwa MüKo-*Freund*, § 323c Rn. 43 f., der für die Frage nach dem Vorliegen eines Unglücksfalls auf eine ex-ante-Betrachtung abstellen will. Als strafbarkeitseinschränkendes Korrektiv fordert *Freund*, dass der Betroffene bei verständiger Würdigung der Sachlage vom Vorliegen eines Unglücksfalls ausgehen musste. Keine Strafbarkeit läge demnach vor, wenn der Betroffene lediglich aufgrund einer subjektiven Fehleinschätzung davon ausgeht, dass ein Unglücksfall gegeben ist.
14 Zu § 240 s. o. § 9 Rn. 48 f.; zu § 257 s. o. § 27 Rn. 5 ff.

Hilgendorf 1115

ser Basis durchschnittliche Anforderungen gestellt (objektive Komponente). Das folgende Beispiel soll dies verdeutlichen:

6 **Beispiel (1) Samariter:** S findet auf seinem nächtlichen Heimweg O vor, der unter die Räuber[15] gefallen war und mit schweren Kopfverletzungen am Straßenrand liegt.

(a) S möchte sich aus allem heraushalten und geht seines Weges („da er ihn sah, ging er vorüber").

(b) S sagt sich, wahrscheinlich sei Hilfe sowieso sinnlos und geht seines Weges.

(c) S hält O für bewusstlos, in Wirklichkeit ist O schon tot (weiter wie (a) oder (b)).

(d) S ist Facharzt für Chirurgie; er erkennt, dass ärztliche Hilfe zu spät kommen würde, und geht weiter.

(e) O ist bei Bewusstsein und bittet S, einen Arzt und einen Priester zu rufen. S ruft nur den Arzt (oder er ruft in der Situation (d) weder Arzt noch Priester).

Lösung: In den Situationen (a) und (b) besteht ex ante gesehen eine Chance, dass S etwas für Leben oder Gesundheit des O tun kann. Damit ist Hilfe (Arzt rufen!) erforderlich. Es spielt keine Rolle, wenn ex post betrachtet sicher ist (oder in dubio pro reo zugunsten des S davon ausgegangen werden müsste), dass die Hilfe am Schicksal des O nichts hätte ändern können.

In der Situation (c) drohen O keine Schäden mehr, weil er schon tot ist. Insofern liegt schon kein Unglücksfall vor, sondern S nimmt irrig eine Situation an, in der er zur Hilfe verpflichtet wäre. Konstruktiv liegt ein – strafloser! – Versuch vor. Kehrt man die Situation (c) um, O ist bewusstlos, wird aber von S als tot liegen gelassen, fehlt S die Kenntnis vom Unglücksfall (konstruktiv fahrlässige – straflose – Verwirklichung des Tatbestandes).

7 Es ist **kaum denkbar,** dass ein **Laie** es für **sicher hält,** dass er einem **Verunglückten nicht bzw. nicht mehr helfen kann,** auch nicht durch Herbeirufen eines Arztes. Die **Variante (b)** ist deshalb wirklichkeitsfremd. Die Beurteilung ex ante schneidet dem Unterlassenden die Ausrede ab, es sei zweifelhaft, ob er dem O hätte nutzen können, weil es nur auf die Chance ankommt[16].

In **Variante (e)** verstößt S gegen das Gebot der **Nächstenliebe,** nicht aber gegen den Straftatbestand des § 323c, weil Verletzung von seelsorgerischen Pflichten durch Tun nicht mit Strafe bedroht ist und damit erst recht ein entsprechendes Unterlassen nicht mit Strafe bedroht sein kann[17]. Rechtsgüter des § 323c sind nur solche wichtigen Interessen, die auch von Begehungstatbeständen geschützt werden.

---

15 Dass Opfer von Straftaten von einem Unglücksfall i. S. des § 323c betroffen sind, ist im Grundsatz unbestritten, s. u. Rn. 14.
16 Zu dieser Beweislastumkehr, die im ex-ante-Maßstab und in der Rechtsfigur des abstrakten Gefährdungsdelikts steckt, vgl. grundsätzlich o. § 35 Rn. 32 f., 65–70.
17 Heute allg. Auffassung, vgl. *Maurach/Schroeder/Maiwald*, BT 2, § 55 Rn. 3 (unter Abschwächung des von *Maurach* bis zur 5. Aufl. zu stark betonten Gesichtspunktes der „humanitären Solidarität"); *Vermander*, S. 20 ff. (mit Fn. 96).

2. Kriminalpolitischer Hintergrund

Die **praktische Bedeutung** wandelt sich in dreifacher Weise. Als **Tendenz (1)** ist die **abnehmende Bedeutung privater Hilfe bei Straßenverkehrsunfällen** hervorzuheben. Ursprünglich betrafen die typischen § 323c-Situationen den Straßenverkehr[18]. – Hier hat der Ausbau des amtlichen und **halbamtlichen Rettungswesens** dazu geführt, dass die private Hilfe i. d. R. mit der Benachrichtigung dieses Rettungsdienstes abzutun ist. Heutzutage schadet eine darüber hinausgehende Hilfe (z. B. privater Transport des O ins Krankenhaus) mehr als sie nützt. Von daher wird verständlich, dass man bestrebt ist, § 323c auf professionelle Retter anzuwenden, die „bei" dem Unglück nicht anwesend sind und sich weigern, zur Unglücksstelle zu kommen[19].

Als unerfreuliche **Tendenz (2)** spielt zufällige Anwesenheit bei einem im Gang befindlichen kriminellen Angriff eine zunehmende Rolle. Bei der **Gewaltkriminalität**, die sich in aller Öffentlichkeit abspielt, handelt es sich um ein weitgehend modernes Phänomen. Weil im Straßenverkehr den Bürger ein Unglück wirklich kaum etwas angeht (außer Benachrichtigung professioneller Retter), sind die verbreiteten Klagen über die Gleichgültigkeit des modernen Menschen („gaffen statt helfen") insoweit verfehlt. Wie wir uns durch Steuerzahlung von einer weitergehenden Sozialpflichtigkeit unseres Eigentums gegenüber in Not befindlichen Individuen freigekauft haben, so sind wir dabei, uns durch das mit Steuern finanzierte Rettungswesen von der in § 323c liegenden Sozialpflichtigkeit unserer Freizeit freizukaufen. – Untätiges Zuschauen bei einem kriminellen Angriff ist dagegen anders als untätiges Zuschauen bei einem Unfall zu bewerten. Als aktuelle Beispiele brutalen Vorgehens seien an dieser Stelle die tödliche Prügelattacke Jugendlicher auf einen Unbeteiligten am Berliner Alexanderplatz 2012[20] und die zunehmenden Angriffe auf Unbeteiligte in U-Bahnen genannt[21]. Bei einem Teil der **non helping bystander** besteht eine (verständliche) Angst, bei Intervention selbst Opfer zu werden. In einer Gesellschaft, die sich daran gewöhnt hat, dass die Polizei angesichts von Gewaltkriminalität opportunistisch untätig bleibt, um die Situation nicht zu verschlimmern, fällt den Bürgerinnen und Bürgern das Einschreiten gegen eine im Gang befindliche Straftat verständlicherweise schwer. Last but not least ist die **Bürgerwehr** eine rechtspolitisch eher negativ bewertete Form der Bürgerinitiativen[22].

---

18 *Frellesen*, S. 114 ff. – Straßenverkehr als „Hauptanwendungsgebiet".
19 Dazu u. Rn. 10.
20 LG Berlin, BeckRS 2013, 14274; BGH, NStZ-RR 2014, 178.
21 Vgl. BGH, becklink 281218 (Münchener U-Bahn); becklink 1017916 (Nürnberger U-Bahn).
22 Zur Bürgerwehr und zum privaten Festnahmerecht *Arzt*, Schaffstein-FS 1975, S. 77 und Kleinknecht-FS 1985, S. 1; zur Privatisierung der Sicherheit *Arzt*, in: Wiegand (Hrsg.), Rechtliche Probleme der Privatisierung, 1998, S. 313. – Zur Verknüpfung dieser Problembereiche mit dem non helping bystander *Schwind*, a. a. O. passim; dort auch zu Angriffen in öffentlichen Verkehrsmitteln, wo der Zusammenhang mit Notwehrexzess und Bürgerwehr evident ist. Zur Zumutbarkeit s. u. Rn. 22 f.

10 Als **Tendenz (3)** ist (in bemerkenswerter Übereinstimmung mit § 138) die zunehmende Anwendung des § 323c auf **halbe Garanten**[23] hervorzuheben, d. h. insbesondere auf die **Ärzte** als professionelle Retter[24]. Hier verhindert § 323c, dass die Ladenschlussmentalität in das Gesundheitswesen vordringt; vgl. aus der Judikatur BGHSt 17, 166; 21, 50 (Facharzt für Chirurgie und Leiter eines Kreiskrankenhauses geht häufig auf die Jagd und zeigt eine auffallende Abneigung gegen Operationen am Wochenende); OLG Karlsruhe, JR 1980, 297 mit Anm. *Bruns* (Notarzt macht keinen Hausbesuch, sondern rät am Telefon zur Einlieferung in die Klinik)[25]. – Auch der streitige **Sonderfall** einer aus § 323c abgeleiteten **Suizidverhinderungspflicht** ist von BGHGrSSt 6, 147 bezeichnenderweise anhand eines Garanten bejaht worden[26]. – Die eigentliche Problematik dieser halb professionellen Retter liegt darin, dass die Anwesenheit am Unglücksort zu einer Pflicht mutiert, die Unglücksstelle aufzusuchen[27].

11 **Statistisch** gesehen spielt § 323c eine bescheidene Rolle. Pro Jahr kommt es zu ungefähr 200 Aburteilungen und wesentlich weniger Verurteilungen, weil die **Freispruchs- und Einstellungsquote** auffällig **hoch** ist[28]. Daran lässt sich die Unsicherheit des Kriteriums der Zumutbarkeit ablesen.

II. § 323c im Einzelnen

1. Unglücksfall und sonstige Hilfsbedürftigkeit

12 Bei § 323c lassen sich die Voraussetzungen für die Hilfeleistung (Unglücksfälle etc.) und die Folge, nämlich die Hilfspflicht, nicht scharf tren-

---

23 Zu Fällen des Verdachts eines unechten Unterlassungsdelikts, also der Anwendung des § 323c auf ganze Garanten, vgl. den Messerfall BGHSt 11, 353 (s. u. Rn. 25). – Lehrreich BGHSt 30, 391 (Wohnungsinhaber S duldete Vergewaltigung). § 323c wird nicht nur in seiner Auffangfunktion bei „fast" bejahter Garantenstellung des S deutlich; zusätzlich versucht der BGH, die mit Recht als unbefriedigend empfundenen Konsequenzen der Ablehnung einer Garantenstellung dadurch zu umgehen, dass das untätige Dabeisein des Nichtgaranten als psychische Bestärkung der Täter und damit als Beihilfe durch Tun gedeutet wird.
24 Näher *Kreuzer*, a. a. O. (1965) S. 74 ff.; *Kreuzer*, NJW 1967, 278 (279) spricht von der „Lückenbüßerrolle" des § 323c; einschlägige Fälle auch bei *B. Mueller*, Unterlassene ärztl. Hilfeleistung als Auffangtatbestand, in: Krim. Aktualität Bd. X, 1976, S. 29.
25 Im Gegensatz zum OLG und *Bruns* ist nicht akzeptabel, dass ein Retter seiner Hilfspflicht durch Hinweis auf einen noch besseren Retter genügen können soll, vgl. aber u. Rn. 21. – Näher zu halben Garanten *Arzt*, JA 1980, 553 (555 f., 649 f.); ebenda (715 f.) auch zu vorangegangenem, vielleicht rechtmäßigem Tun, das zur Begründung einer Garantenstellung nach h. M. nicht ganz ausreicht; Beispiele BGHSt 23, 327 (Verletzung des Angreifers in Notwehr); 25, 218 (Verkehrsunfall); 30, 391. Zu einer anderen Qualifikationsmöglichkeit, nämlich Strafschärfung, wenn die Unterlassung der Hilfeleistung den Tod des O zur Folge hatte und bei S insoweit Fahrlässigkeit gegeben ist, vgl. *Kienapfel*, Bockelmann-FS 1979, S. 591 (596).
26 S. u. Rn. 13.
27 Dazu u. Rn. 20.
28 Genaue Zahlen für 2005: 209 Abgeurteilte, 117 Verurteilte; 2011: 229 Abgeurteilte, 127 Verurteilte; 2012: 186 Abgeurteilte, 110 Verurteilte (Strafverfolgungsstatistik des Bundesamtes für Statistik, Fachserie 10 Reihe 3, Jhrg. 2005, 2011 und 2012).

nen. Man gerät nämlich in den **Zirkel**, dass die Voraussetzung (**Unglück**) weitgehend **durch** die Folge (**Hilfe** erforderlich) **bestimmt** wird. Pointiert kann man sagen, dass § 323c nicht zur Hilfe nur bei Unglücksfällen anhält, sondern dass immer dann, wenn Hilfe erforderlich ist, ein Unglück vorliegt[29]. BGHSt 6, 147 (152): „Woher sie (sc. die Gefahrenlage) rührte, sollte nach dem Grundgedanken des § 330c (sc. jetzt § 323c) StGB trotz des Ausdrucks ‚Unglücksfall' ... belanglos sein."

Unglücksfall ist die Voraussetzung, die am häufigsten eingreift und im Sinne des zuvor umschriebenen Zirkels definiert wird.   13

BGHGrSSt 6, 147 (**Suizidversuch**): „Unglücksfall (ist) ein plötzliches Ereignis, das erheblichen Schaden an Menschen oder Sachen[30] verursacht und weiteren Schaden zu verursachen droht ... Zu den Unglücksfällen wird weiter zu rechnen sein ein überraschendes Ereignis, von dem Schaden noch nicht angerichtet ist, aber unmittelbare ernste Gefahr droht, weil andernfalls u. U. die Hilfe zu spät kommen kann" (a. a. O. S. 152). – Der BGH bejaht dann den Unglücksfall auch für vom „Verunglückten" selbst und mit seinem Willen hervorgerufene Gefahrenlagen, also auch bei Suizidversuchen[31]. – Dies ist unrichtig[32].

Der Hungerstreik eines Häftlings zur Erzwingung verbesserter Haftbedingungen ist nicht als Unglücksfall zu werten, solange und soweit das Verhalten freiverantwortlich gesteuert wird[33]. Ob die Zwangsernährung nur bei Vorliegen einer nicht freien Willensbestimmung[34] oder auch bei akuter Lebensgefahr zulässig ist, ist umstritten[35] (vgl. hierzu auch § 3 Rn. 48).

Der **Verzicht** des (einsichtsfähigen) Verunglückten **auf Hilfe** ist aus eben den Gründen zu respektieren, aus denen heraus ein Patient gegen seinen Willen keiner Therapie unterworfen werden darf, selbst wenn seine Weigerung zu seinem Tode führt[36].

Unglücksfälle können nicht nur durch Zufälle, sondern auch durch fahrlässige oder   14
vorsätzliche **Straftaten** herbeigeführt werden („fiel unter die Räuber"). Ist der Täter nicht mehr anwesend, ist die Hilfspflicht gegenüber dem verletzten Opfer un-

---

29 Die Literatur, z. B. SK-*Rudolphi/Stein*, § 323c Rn. 5 ff., sucht den Voraussetzungen des § 323c einen Rest an Eigenständigkeit dadurch zu retten, dass man in der Definition des Unglücksfalles die Plötzlichkeit des Ereignisses unterstreicht. Das führt bei Krankheiten, die sich allmählich verschlimmern, zu äußerst schwierigen Abgrenzungen, richtig *Schöne*, S. 80 f.; *Vermander*, S. 52 ff. Deshalb ist es verständlich, wenn die Judikatur mehr nach der Erforderlichkeit der Hilfe als nach der „Plötzlichkeit" des Unglücks fragt, Beispiel BGHSt 17, 166; während RGSt 75, 68 (abschwächend schon RGSt 75, 160) Krankheiten noch weitgehend aus § 323c ausnehmen wollte, weil es an der Plötzlichkeit fehle.
30 Zum Schutz des Eigentums über § 323c vgl. o. Rn. 3.
31 So auch BGHSt 13, 162; 32, 374.
32 Wie hier *Geppert*, Jura 2005, 43; MüKo-*Freund*, § 323c Rn. 59; *Maurach/Schroeder/Maiwald*, BT 2, § 55 Rn. 15; näher o. § 3 Rn. 35 f.
33 *Fischer*, § 323c Rn. 5.
34 *Fischer*, § 323c Rn. 5; SK-*Rudolphi/Stein*, § 323c Rn. 9.
35 *Nöldeke/Weichbrodt*, NStZ 1981, 281; NK-*Wohlers/Gaede*, § 323c Rn. 5; für das Entfallen der Zumutbarkeit, sofern dem Hungerstreik ein Selbsttötungsentschluss zugrunde liegt *Dölling*, NJW 1986, 1011.
36 Vgl. zur passiven Sterbehilfe o. § 3 Rn. 7; zur Zwangsernährung o. § 3 Rn. 48.

problematisch. Ist die Straftat dagegen noch im Gange, ist eine Intervention oft nicht zumutbar[37].

Eine ganz andere Frage ist die Einbeziehung des Verursachers des Unglücks bzw. des fahrlässig oder vorsätzlich handelnden Angreifers (Straftäters) in den Kreis der Hilfeleistungspflichtigen[38].

15 **Gemeingefahr** unterscheidet sich vom Unglück nur durch die unbestimmt vielen, die bedroht werden. Typische **Beispiele** sind **Brand** oder **Überschwemmung**. Wichtiger ist die zeitliche Vorverlagerung gegenüber dem Unglücksfall. Gemeingefahr kann vorliegen, ehe einem Einzelnen „unmittelbar ernste Gefahr droht".

Beispiel (2) Hindernis auf Straße[39]: Autofahrer S fährt nachts Radfahrer O an, der in kürzester Zeit an der Unglücksstelle stirbt. S flüchtet. § 323c? – BGH: Wegen der Dunkelheit bestand die Gefahr, dass andere Verkehrsteilnehmer durch die Hindernisse (Leiche, Fahrrad) zu Fall kommen würden und Schaden an Leib oder Leben nehmen würden, d. h. die Voraussetzung „gemeine Gefahr" wird bejaht.

Ob abgesehen von den Kombinationen einer konkreten Gefahr für Sachwerte mit einer Gemeingefahr für Personenwerte (Brand, Überschwemmung) eine gemeine Gefahr nur i. S. eines ernsten **abstrakten** Risikos für Personenwerte ausreicht, ist zweifelhaft. BGHSt 1, 266 hat sich im Beispiel 2 nicht mit der Feststellung begnügt, dass andere Rad- oder Kraftfahrer abstrakt gefährdet waren, sondern sich darauf gestützt, dass nachweislich weitere Verkehrsteilnehmer in der Nähe der Unfallstelle waren und S dies wusste.

16 **Gemeine Not** wird nichtssagend als „Not der Allgemeinheit" definiert. Dieser Voraussetzung kommt neben der gemeinen Gefahr keine eigene Bedeutung zu.

Bei gemeiner Gefahr und Not ist gleichermaßen zu beachten, dass im Vergleich zu Unglücksfällen meist mehr Personen potenziell hilfspflichtig sind und deshalb die Ausrede besonders naheliegt, man habe geglaubt, andere würden helfen und retten. Wollte man gemeine Gefahr und Not auf Bedrohung von Sachwerten ausdehnen, hätte man eine in ihrer Unbestimmtheit gefährliche Rechtsgrundlage für die Heranziehung der Bevölkerung zu allen möglichen Arbeitsdiensten in Katastrophenfällen etc. Für solche Hilfspflichten ist eine klare Grundlage im öffentlichen Recht zu fordern, vgl. die landesrechtlichen Katastrophenschutzgesetze und das BundesleistungsG.

2. Erforderliche und zumutbare Hilfe

a) Erforderlichkeit allgemein

17 Nach § 323c muss die Hilfe „erforderlich" (und „zuzumuten") sein. Was die **Erforderlichkeit** angeht, ist sie ex ante nach einem gemischt sub-

---

37 Dazu o. Rn. 9 und u. Rn. 23.
38 Dazu u. Rn. 24 f.
39 Vgl. BGHSt 1, 266.

jektiv-objektiven Maßstab zu beurteilen[40]. Hilfe ist insbesondere dann nicht erforderlich, wenn sich O selbst helfen kann oder wenn ihm andere Hilfe zur Seite steht (S also nicht „besser" helfen kann) oder wenn Hilfe unter dem Aspekt der ernsten Gefährdung von Personenwerten sinnlos ist, etwa weil O nicht mehr zu helfen ist[41]. S hat die in der konkreten Situation nach seinen Fähigkeiten erforderliche, d. h. optimale Hilfe[42] zu leisten. Für einen Arzt bestehen im Rahmen des § 323c keine erweiterten Berufspflichten[43], seine Sachkunde ist jedoch bei der Entstehung der Hilfspflicht sowie deren Art und Umfang zu berücksichtigen[44]. Aus der Pflicht zur optimalen Hilfeleistung folgt, dass i. d. R. **sofort** geholfen werden muss[45]. – Konsequenz der Pflicht zur sofortigen Hilfe ist die frühzeitige Vollendung des § 323c und ein problematischer Unterschied zu § 138, wo keine sofortige Anzeige verlangt wird[46]. Beim reuigen S, der mit seiner Hilfe zögert, sie aber dann doch erbringt, sollte man auf die Vernunft der Strafverfolgungsbehörden vertrauen (Einstellung wegen Geringfügigkeit, § 153 StPO[47]). – Vereinzelt wird ein Rücktritt vom vollendeten § 323c mit Hilfe allzu kühner Analogieschlüsse befürwortet[48].

b) Gefahr und Scheingefahr, Unglück und Scheinunglück

Beispiel (3) Hilfe, die vielleicht zu spät gekommen wäre[49]: Nicht selten sind Fallgestaltungen, in denen zweifelhaft bleibt, ob S das Leben des O hätte retten können, wenn er geholfen hätte. Bleibt S in dieser Situation untätig, ist § 323c dann verwirklicht, wenn seine Hilfe die Chance wenigstens einer Schmerzlinderung bedeutet hätte, richtig BGHSt 14, 216 (erforderlich ist auch unter dem Gesichtspunkt der Schmerzlinderung die „wirksamste, also möglichst sofortige Hilfe"). Die Beurteilung ex ante ergibt sich nach allgemeiner Ansicht aus dem Gefahrbegriff. – § 323c ist nicht verwirklicht, wenn O deshalb nicht mehr zu helfen war, weil er tot war, BGHSt 1, 266, st. Rspr. Insoweit kommt es zu einer ex-post-Betrachtung, d. h. es kommt nicht darauf an, wie sich die Situation für S dargestellt hat[50].

18

Das eigentliche Dilemma liegt darin, dass man Scheingefahren und damit auch scheinbare Unglücke (z. B. O täuscht vor, Unglücksopfer zu sein – S geht vorüber; O ist tot, S glaubt, er lebe noch und geht vorüber) von wirklichen Gefahren begrifflich nicht sauber trennen kann. – Die pragma-

19

---

40 S. o. Beispiel (1) mit Rn. 6.
41 Zum Verzicht auf Hilfe s. o. Rn. 13.
42 BGHSt 21, 50 (54): „bestmögliche" Hilfe.
43 *Maurach/Schroeder/Maiwald*, BT 2, § 55 Rn. 19; *S/S/Sternberg-Lieben/Hecker*, § 323c Rn. 23; *Wessels/Hettinger*, BT 1, Rn. 1047.
44 BGHSt 2, 296; 140, 145.
45 So ausdrücklich BGHSt 14, 213 (215 f.), allg. Ansicht. Ob Ausnahmefälle denkbar sind, in denen dem Retter ein zeitlicher Spielraum zuzubilligen ist, ist umstritten, vgl. SK-*Rudolphi/Stein*, § 323c Rn. 17. – Entgegen NK-*Wohlers/Gaede*, § 323c Rn. 15 liegt bei einem Zögern, das die Erfolgschancen verringert, Vollendung vor, sonst würde die Erforderlichkeit der Hilfe nicht mehr ex ante bestimmt.
46 S. u. § 46 Rn. 12.
47 Oben § 1 Rn. 22.
48 Befürwortend *S/S/Sternberg-Lieben/Hecker*, § 323c Rn. 26 m. w. N.
49 Vgl. BGHSt 1, 266; 14, 213; 17, 166.
50 Näher zur Gefahrbeurteilung o. Rn. 2 und allgemein o. § 35 Rn. 66 ff., 75 ff., 79.

tische Judikatur lässt sich in der Formel zusammenfassen, dass § 323c auf Scheinunglücke nicht anzuwenden ist, wohl aber auf echte Unglücke, bei denen sich die ex-ante-Bejahung der Gefahr nachträglich (ex post) als unrichtig erweist. – BGHSt 14, 213 (216): Ob Hilfe gegenüber einem Sterbenden (z. B. durch Herbeirufen eines Arztes) erforderlich ist, sei ex ante „durch einen verständigen Beobachter" zu entscheiden. Ist – wie meist! – danach das Herbeirufen des Arztes angezeigt, soll es belanglos sein, wenn sich ex post herausstellt, dass der Arzt nicht mehr hätte helfen können[51]. – BGHSt 17, 166 (171) meint, die Hilfe eines Arztes (i. S. eines Befolgens des Rufs ans Krankenbett) sei ex ante erforderlich, auch wenn sich ex post herausstelle, dass der Tod schon eingetreten wäre, ehe der Arzt den Kranken erreicht hätte, weil sonst „die strafwürdigsten Fälle, in denen es um Leben und Tod geht und der Hilfsbedürftige stirbt, häufig ungesühnt blieben".

> Beim unechten Unterlassungsdelikt liegen die Dinge anders, weil dort der Zweifel, ob das gebotene Handeln den Erfolg auch wirklich abgewendet hätte, zwar einerseits grundsätzlich[52] zugunsten des Täters ausschlägt[53], andererseits jedoch eben dieser Zweifel auf der subjektiven Ebene meist dolus eventualis bedeutet (mit der Konsequenz eines Versuchs). – Beim echten Unterlassungsdelikt ist – parallel zum Tätigkeitsdelikt – ein bestimmtes Handeln geboten, das natürlich nicht in leerer Geschäftigkeit, sondern in der Wahrnehmung einer Erfolgsabwendungschance bestehen muss[54].

c) Sonderfall: Hilfe durch nicht an der Unglücksstelle Anwesende

20 Hilfspflichtig ist nach herrschender, äußerst zweifelhafter Ansicht nicht nur der am Unglücksort Anwesende, sondern jeder, der vom Unglück erfährt, insbesondere also auch, wer zur Hilfeleistung „gerufen" wird. Eine Einschränkung des Kreises der Hilfspflichtigen soll sich erst über die Zumutbarkeit ergeben[55].

Wurzel dieser Judikatur ist der Wunsch, professionellen Rettern, insbesondere Ärzten, eine strafrechtlich sanktionierte Pflicht aufzuerlegen, sich am Unglücksort einzufinden, Krankenbesuche zu machen etc. Nach BGHSt 17, 166, wo das Problem – wie schon zuvor in RGSt 75, 68; 75, 160 – nicht gesehen wird, ist der **Oberschenkelhalsbruch** BGHSt 21, 50 (53) als

---

51 Ebenso bleibt einem Arzt der Vorwurf der unterlassenen Hilfeleistung nicht erspart, selbst wenn sich ex post herausstellt, dass seine Untätigkeit für den Patienten ein Glück war, weil dessen Oberschenkelhalsbruch wahrscheinlich schlechter verheilt wäre, wenn der Arzt tätig geworden wäre (z. B. genagelt hätte), BGHSt 21, 50 (Oberschenkelhalsbruch). – Diese Resultate sucht die Literatur teils dadurch zu stützen, dass neben (eigentlich vor) die Hilfspflicht eine Pflicht gestellt wird, zu untersuchen, ob Hilfe erforderlich ist, oder dass § 323c als unechtes Unternehmensdelikt konstruiert wird. Vgl. dazu *Welzel*, NJW 1953, 327 (328) und die knappen Hinweise bei *Kreuzer*, NJW 1967, 278 (zu BGHSt 21, 50).
52 Zu Abschwächungen dieses Grundsatzes (Stichwort Risikoerhöhungslehre) *Baumann/Weber/Mitsch*, § 14 Rn. 86 ff.
53 Vgl. BGHSt 17, 166 (172).
54 Zur parallelen Situation bei § 138 s. u. § 46 Rn. 2.
55 Im Sinne der h. M. *Kreuzer*, a. a. O. (1965) S. 74 ff. mit Nachweisen auch zur richtigen, u. a. von *Gallas*, S. 349 vertretenen Gegenansicht.

Grundsatzentscheidung anzusehen. Der BGH meint ohne jedes Sachargument lakonisch, die Formulierung „bei Unglücksfällen" sei so zu lesen, als stünde im Gesetz „anlässlich von Unglücksfällen".

Der Fehler dieser extensiven Interpretation liegt darin, dass der Sache nach eine Sonderstrafdrohung für professionelle Retter geschaffen wird. Während bei Anwesenden die Beziehung zum Verunglückten evident ist, liegt für den abwesenden Retter die Frage nahe, warum gerade er ein Opfer (Hilfeleistung) bringen soll. Wieweit über § 323c Zuständigkeitsregelungen innerhalb eines Rettungsdienstes überspielt werden (oder wenigstens über die Zumutbarkeit zu berücksichtigen sind), ist unklar und schafft für professionelle Retter eine unerträgliche Rechtsunsicherheit[56]. Diese Unsicherheit wird nicht ausgeräumt, sondern unterstrichen, wenn man unter Abwesenden nur den als hilfspflichtig ansieht, der am schnellsten und wirksamsten helfen könnte. Der danach nicht hilfspflichtige, weil entferntere Retter wird kaum je wissen, ob seine Ablehnung unter Verweis auf einen näheren Retter diesen zur Intervention veranlassen wird[57]. Vor allem spielt es für den allein kriminalisierungswürdigen krassen Verstoß gegen die tätige Nächstenliebe eine entscheidende Rolle, ob man sich nur weigert, zur Unglücksstelle zu eilen, oder ob man gewissermaßen den Blick vom Opfer abwenden muss („da er ihn sah, ging er vorüber", *Lukas* 10, 31–33)[58]. 21

d) Zumutbarkeit der erforderlichen Hilfe

Normalerweise ist dem Samariter die erforderliche Hilfe auch zuzumuten, d. h. die Zumutbarkeit bedarf bei § 323c, wie sonst auch, keiner Begründung, sondern es müssen besondere Gründe für Unzumutbarkeit vorliegen. – Die Zumutbarkeit trägt in § 323c eben die generalklauselartige **unsichere Wertung** hinein, die in der ursprünglichen Fassung durch die Berufung auf das „gesunde Volksempfinden" enthalten war. Wenn BGHSt 11, 135 (136) sagt, „die Zumutbarkeit richtet sich nach dem allgemeinen Sittengesetz", ist das im Ausdruck heute altmodisch, sachlich aber identisch mit der modernen Floskel von der „umfassenden Interessenabwägung" (und ebenso nichtssagend). Unvernunft kann blind machen für das, was an Hilfe erforderlich ist (kein Vorsatz), oder die erforderliche lebensrettende Intervention unzumutbar machen, z. B. weil sie nach Meinung des Retters auf Kosten seines Seelenheils oder das des Verunglückten geht. 22

---

56 BGHSt 17, 166 (170) verweist auf die Zumutbarkeit, um „die sinnvolle Beschränkung" der Hilfspflicht speziell bei Abwesenden zu begründen. – RGSt 75, 68 (71 f.) sagt anlässlich eines unterlassenen ärztlichen Hausbesuches, das Gesetz „geht von Ereignissen aus, bei denen i. d. R. … die Pflicht zur Nothilfe auch für jeden Unbeteiligten sofort erkennbar ist." Das spricht gegen die Anwendung des § 323c auf Abwesende; ebenso *Harzer*, Situation, a. a. O. S. 211 ff.
57 Anders LK-*Spendel*, § 323c Rn. 108, 113.
58 *Schöne*, S. 87 wendet dagegen ein, Anwesende seien meist Gaffer und behinderten die Helfer. Daran ist richtig, dass bei mehreren potenziellen Helfern sich im Grunde keiner mehr verpflichtet fühlt, eine Situation, die auf den Abwesenden eher noch stärker zutrifft, weil er nur einer unter vielen potenziellen, abwesenden Rettern ist.

Musterbeispiel ist die Bluttransfusion bei Zeugen Jehovas, wo je nach Situation die Lösung auch über den Verzicht des Verunglückten auf Hilfe[59] gefunden werden kann; näher zur Beeinflussung der Zumutbarkeit durch die Glaubensfreiheit BVerfGE 32, 98.

23 Unzumutbar ist die Hilfe dann, wenn der voraussichtliche Gewinn bei O geringer ist als der Verlust, den S infolge der Hilfe an eigenen oder ihm nahestehenden Rechtsgütern voraussichtlich erleiden wird. Im Übrigen sind alle aus der rechtfertigenden und entschuldigenden Interessenabwägung nach §§ 34, 35 bekannten Kriterien heranzuziehen, d. h. die Unzumutbarkeit kann auch dann bejaht werden, wenn die dem Retter drohenden Einbußen geringer als die dem O beim Ausbleiben der Hilfe drohenden Verluste sind. Die zumutbare Hilfe zugunsten des Opfers einer im Gange befindlichen Straftat erschöpft sich regelmäßig im Herbeirufen der Polizei[60]. Die nach § 32 II erlaubte Nothilfe ist dem Nothelfer meist nicht zuzumuten (Nothilferecht, **keine Nothilfepflicht**)[61]. Historisch führt eine Wurzel des § 323c zurück zur speziellen Pflicht, Polizeibeamte auf deren Anforderung hin (!) bei der Festnahme von Straftätern zu unterstützen[62].

24 Dem **Verursacher des Unglücksfalles** ist besonders viel an Rettungsmaßnahmen zuzumuten. Das zeigt sich schon daran, dass er einem Garanten (Garantenstellung aus vorangegangenem Tun, Ingerenz) nahe steht, wenn er nicht sogar Garant i. S. eines unechten Unterlassungsdelikts ist. Zweifelhaft wird freilich die weitere Steigerung: **strafbare Herbeiführung des Unglücksfalles** oder sogar strafbare Herbeiführung **der Unglücksfolgen**. Nach ganz h. M. soll sich hier an der Zumutbarkeit der Hilfe nichts ändern. Der Brandstifter ist nach § 323c zum Löschen verpflichtet etc., zur Kritik anschließend[63].

25 **Beispiel (4) Messerfall**[64]**:** S hatte T das Messer überlassen, mit dem T den O kurz danach verletzt; T und S flüchten, O stirbt. – BGH: S ist Garant kraft vorangegangenen gefährlichen Tuns, ohne Rücksicht darauf, ob er mit seinem Handeln die Gefahr schuldlos oder schuldhaft geschaffen hatte. Ist ihm der Vorsatz, durch sein Unterlassen den O eventuell zu töten, nicht nachzuweisen und scheidet auch fahrlässige Tötung aus, weil nicht sicher ist, ob der Erfolg (Tod des O) bei prompter Hilfe abwendbar gewesen wäre, bleibt S jedenfalls aus (jetzt) § 323c strafbar. Es „tritt das natürliche Recht auf Selbstschutz bei Gefahr selbst schwerer Bestrafung zurück, wenn zur Verdeckung einer eigenen Straftat oder zur Vermeidung des Verdachts einer solchen in die strafrechtlich geschützte Rechtsordnung eingegriffen werden müsste", BGHSt 11, 353 (356). – Konsequent BGHSt 39, 164 (166): Dem (mutmaßlichen!) Brandstifter ist sofortiges Löschen zumutbar.

Die h. M. beseitigt die Verdoppelung (§ 323c und Begehungs- oder unechtes Unterlassungsdelikt) erst über die Konkurrenzlehre, weil § 323c gegenüber **den** Bege-

---

59 Vgl. dazu o. Rn. 13.
60 Zum non helping bystander o. Rn. 9.
61 Weitergehend schließt *Schöne*, S. 171 aus § 138, dass bei drohenden Straftaten nur Anzeige verlangt werde, weil „ein Zwang zur Konfrontation mit dem Täter ... vermieden werden (soll)".
62 S. o. Rn. 4. – Der Polizeibeamte konnte in der Regel die Zumutbarkeit eines solchen Beistandes beurteilen; näher *Arzt*, Kleinknecht-FS 1984, S. 1; *Pawlik*, GA 1995, 360 (366) leitet das Rechtsgut aus dieser speziellen Situation ab.
63 Zur parallelen Situation bei § 138 s. u. § 46 Rn. 21.
64 Vgl. BGHSt 11, 353.

§ 323c im Einzelnen § 39 Rn. 26–27

hungs- und unechten Unterlassungstatbeständen subsidiär sei, die die Herbeiführung der Unglücksfolgeschäden erfassen⁶⁵. – Dass diese h. M. „widersinnig" ist, weil sie verlangt, dass der Täter „gewissermaßen mit der einen Hand ungeschehen mache, was er mit der andern willentlich anrichte", hat OLG Celle, NJW 1970, 341 richtig gesehen. Man kann dem Täter solch widersinniges Verhalten ebenso wenig zumuten, wie man ihm die Pflicht auferlegen kann, sein eigenes verbrecherisches Vorhaben nach § 138 anzuzeigen⁶⁶. BGHSt 14, 282 zeigt zudem, dass die Bejahung einer § 323c-Pflicht vom Verdacht einer weitergehenden Pflicht (unechtes Unterlassen) beeinflusst ist.

Die **Zumutbarkeit** ist **Tatbestandskorrektiv**, nicht Schuldelement, h. M., aber umstritten. Der Streit hat praktisch keine Konsequenzen⁶⁷. – An die ebenfalls umstrittene Begrenzung der Garantenpflicht beim unechten Unterlassungsdelikt durch die Zumutbarkeit wird erinnert⁶⁸. Ist dem Retter die effizienteste Form der Intervention nicht zumutbar (oder verwehrt, weil der Verunglückte **diese** Hilfe nicht will), ist die Existenz einer zumutbaren alternativen Intervention **auch** eine Vorsatzfrage⁶⁹. 26

3. Teilnahme und Konkurrenzen

Teilnahme an § 323c ist **nicht denkbar**, wenn (!) man mit der h. M.⁷⁰ die Hilfspflicht auf nicht an der Unglücksstelle Anwesende ausdehnt. In jeder Einwirkung auf einen an sich Hilfswilligen, seine Hilfe zu versagen, steckt dann nicht nur die Anstiftung zu § 323c, sondern auch eine täterschaftliche unterlassene Hilfeleistung. Es wird unterlassen, die Hilfsbereitschaft des anderen zu fördern. Art. 128 StGB **(Schweiz)** hat das Abhalten eines anderen von der Nothilfe als selbstständige Form der täterschaftlichen Unterlassung der Hilfeleistung geregelt⁷¹. 27

Beschränkt man die Hilfspflicht auf Anwesende, sind Fälle konstruierbar, in denen der abwesende und deshalb selbst nicht hilfspflichtige A (z. B. über Funk) den anwesenden hilfspflichtigen S anstiftet, O nicht zu helfen. Das Näheverhältnis Samariter/Verunglückter wäre vom Boden dieser Ansicht aus als ein persönliches strafbegründendes Merkmal i. S. des § 28 I anzusehen.

---

65 In diesem Sinne BGHSt 11, 353; *Geppert*, Jura 2005, 47; MüKo-*Freund*, § 323c Rn. 127; *Rengier*, BT 2, § 42 Rn. 22; *S/S/Sternberg-Lieben/Hecker*, § 323c Rn. 30; SK-*Rudolphi/Stein*, § 323c Rn. 30; NK-*Wohlers/Gaede*, § 323c Rn. 16. – Zur Wahlfeststellung s. u. Rn. 29.
66 Wie hier gegen die h. M. *Frellesen*, S. 201 f.; *Lackner/Kühl*, § 323c Rn. 8.
67 Richtig *Naucke*, Welzel-FS 1974, S. 761, bes. S. 770, 772 (Vorrang des BT!). – Theoretisch wären Konsequenzen für Teilnahmefälle denkbar, vgl. dazu aber Rn. 27. Die Lösung von Irrtumsfällen hängt dagegen nicht von der Einordnung der Zumutbarkeit ab, weil dem Retter zumutmutende Verhalten auch nach seinen Informationen richtet. Zum Teil wird die irrige Annahme eines Unzumutbarkeitssachverhalts als vorsatzausschließender Irrtum angesehen, wenn (!) die Unzumutbarkeit Tatbestandskorrektiv ist, *S/S/Stree/Bosch*, Vor § 13 Rn. 155 mit umfangreichen Nachweisen auch zur Teilnahmeproblematik.
68 *Baumann/Weber/Mitsch*, § 15 Rn. 19.
69 Vgl. BGH, JR 1984, 293 mit Anm. *Kreuzer* (Eileiterschwangerschaft, instruktiv auch zu unechtem bzw. echtem Unterlassen).
70 S. o. Rn. 20.
71 Dazu *Arzt*, ZBJV 127 (1991), 445 (462 ff.); zu § 95 StGB (Österreich) *Kienapfel*, a. a. O.

28 **Examenswichtig** ist das umstrittene Umschlagen einer bloßen Teilnahme am echten Unterlassungsdelikt (§ 323c) in eine Begehungstat[72].

Beispiel (5): S will den ertrinkenden O retten; A verhindert dies, indem er **(a)** S abrät, ins kalte Wasser zu springen oder **(b)** das Boot zerstört, das S benötigt, um zur Unglücksstelle zu rudern. – In **Beispiel (5b)** ist A Täter einer vorsätzlichen Tötung durch Tun, in **Beispiel (5a)** nach h. M. nur Anstifter (oder Täter) nach § 323c.

29 Zur **Subsidiarität** des § 323c gegenüber Begehungs- und unechten Unterlassungsdelikten s. o. Rn. 25[73]. — Wichtig ist noch der Grundsatz, dass ein echtes Unterlassungsdelikt (§ 323c) nicht herangezogen werden darf, um eine Garantenstellung „aus Gesetz" zu begründen, weil sonst alle echten Unterlassungsdelikte in unechte „übersetzt" würden. Das gilt auch für § 138.

Wenn bei einem Unglücksfall mehrere Gefahren auftreten, die die Hilfeleistung des Täters erfordern, ist dem wertvollsten bzw. am stärksten gefährdeten Rechtsgut der Vorrang zu gewähren. Sofern der Täter bei Gleichwertigkeit der Rechtsgüter jegliche Hilfe unterlässt, verletzt er nur eine Hilfspflicht[74].

Nach h. M. kommt es nicht zur **Wahlfeststellung** zwischen einem auf Herbeiführung des Unglücksfolgeschadens zielenden Begehungs- oder unechten Unterlassungsdelikts einerseits und § 323c andererseits. Wäre das Begehungs- oder unechte Unterlassungsdelikt sicher nachweisbar, läge nach h. M. auch § 323c vor (aber Subsidiarität). Konsequenterweise ist bei bloßem Verdacht bezüglich der Begehungstat bzw. des unechten Unterlassungsdelikts **nur** aus dem sicher vorliegenden § 323c zu verurteilen, BGHSt 39, 164 (166 f.)[75].

Die **Anzeigepflicht nach § 138** greift meist früher ein als die Hilfspflicht nach § 323c und bürdet dem Pflichtigen eine spezielle – und schwache! – Hilfspflicht auf. – Ist bei einer im Gang befindlichen Straftat dem Retter nicht mehr als die Anzeige zuzumuten, so sind § 323c und § 138 in Idealkonkurrenz (§ 52) verwirklicht: Anzeige nach § 138 wäre zugleich Hilfe nach § 323c, doch hat § 138 nicht nur die Schädigung des Opfers, sondern auch die Solidarisierung mit der Rechtspflege im Auge[76].

---

72 Übersicht bei *Hillenkamp*, AT, Problem Nr. 30; zur eigenen Ansicht *Arzt*, JA 1980, 555 f.
73 Zum Verhältnis zu § 142 vgl. § 38 Rn. 75.
74 *S/S/Sternberg-Lieben/Hecker*, § 323c Rn. 31.
75 Wer, wie hier, dem Brandstifter keine Löschpflicht nach § 323c auferlegt, kommt zu einer Wahlfeststellung zwischen § 323c oder (im Beispiel) Brandstiftung. Die Strafe ist § 323c als dem milderen Tatbestand zu entnehmen; im Ergebnis ebenso *Lackner/Kühl*, § 323c Rn. 8 durch Annahme eines wertungsmäßigen Stufenverhältnisses. Zur parallelen Problematik bei § 138 s. u. § 46 Rn. 23.
76 S. u. § 46 Rn. 5. – Wie hier MüKo-*Freund*, § 323c Rn. 128; *Vermander*, S. 64; während *Schöne*, S. 171 für Spezialität des § 138 eintritt; so wohl auch BGHSt 39, 164 (167).

III. Anhang: Missbrauch von Notrufen, § 145

Die in § 145 umschriebenen Verhaltensweisen schützen Retter, Rettungseinrichtungen und Schutzvorrichtungen gegen Missbrauch. Dass dieser Missbrauch die Rechtsgüter von Verunglückten sehr abstrakt gefährdet, liegt auf der Hand. Die Feuerwehr, die umsonst ausgerückt ist, weil sich jemand einen dummen Scherz erlaubt hat, könnte bei einem Schadensfeuer nicht oder erst später eintreffen usw. Den Unrechtsgehalt der Bestimmung trägt freilich die näherliegende Beeinträchtigung der Rettungsvorbereitungen bzw. Schutzvorrichtungen (enger Zusammenhang zur gemeinschädlichen Sachbeschädigung, deshalb Vorrang des § 304) bzw. der den Rettern zugefügte Schaden in Form unnötigen Arbeits- und Zeitaufwandes. – Auf § 118 OWiG (Belästigung der Allgemeinheit) wird hingewiesen.

§ 40 Vollrausch, § 323a (§ 122 OWiG)

Literaturhinweise: *Backmann*, Anwendbarkeit des § 330a StGB bei unterlassener Hilfeleistung im Zustand des Vollrausches, JuS 1975, 698; *Barthel*, Bestrafung wegen Vollrauschs trotz Rücktritt von der Rauschtat?, 2001; *Bemmann*, Welche Bedeutung hat das Erfordernis der Rauschtat im § 330a StGB?, GA 1961, 65; *Cramer*, Teilnahmeprobleme im Rahmen des § 330a StGB, GA 1961, 97; *ders.*, Der Vollrauschtatbestand als abstraktes Gefährdungsdelikt, 1962; *ders.*, Verschuldete Zurechnungsfähigkeit – actio libera in causa – § 330a StGB, JZ 1971, 766; *Dencker*, Vollrausch und „der sichere Bereich des § 21 StGB", NJW 1980, 2159; *ders.*, § 323a StGB – Tatbestand oder Schuldform?, JZ 1984, 453; *Fahl*, Der strafbare Vollrausch (§ 323a StGB), JuS 2005, 1076; *Forster/Rengier*, Alkoholbedingte Schuldunfähigkeit und Rauschbegriff des § 323a, NJW 1986, 2869; *Foth*, Zur Strafzumessung bei Taten unter Alkoholeinfluss, DRiZ 1990, 417; *Freund/Renzikowski*, Zur Reform des § 323a StGB, ZRP 1999, 497; *Gollner*, „Zurüstungen" bei § 330a StGB, MDR 1976, 182; *Haft*, Eigenhändige Delikte. Unter besonderer Berücksichtigung des Vollrausches (§ 330a), JA 1979, 651; *Hardwig*, Studien zum Vollrauschtatbestand, Eb. Schmidt-FS 1961, S. 459; *Ders.*, Der Vollrauschtatbestand, GA 1964, 140; *Heiß*, Verurteilung nach § 323a StGB trotz Zweifel über das Vorliegen eines Vollrausches?, NStZ 1983, 67; *Hirsch*, Alkoholdelinquenz in der Bundesrepublik Deutschland, ZStW Beiheft 1980, 2; *Horn*, Kann die „mindestens erheblich verminderte Schuldfähigkeit" den „Rausch"-Begriff i. S. des § 330a StGB definieren?, JR 1980, 1; *Arthur Kaufmann*, Unrecht und Schuld beim Delikt der Volltrunkenheit, JZ 1963, 425; *Kusch*, Der Vollrausch, 1984; *Lackner*, Vollrausch und Schuldprinzip, JuS 1968, 215; *ders.*, Neuorientierung der Rechtsprechung im Bereich des Vollrauschtatbestandes, Jescheck-FS 1985, S. 645; *Richard Lange*, Die Behandlung der Volltrunkenheit in der Strafrechtsreform, JR 1957, 242; *H. Mayer*, Die folgenschwere Unmäßigkeit (§ 330a StGB), ZStW 59 (1940), 283; *Montenbruck*, Zum Tatbestand des Vollrausches, JA 1978, 225; *Otto*, Der Vollrauschtatbestand (§ 323a), Jura 1986, 478; *Paeffgen*, Die Ausweitung des „Rausch"-Begriffs (§ 323a) – ein unaufhaltsamer Prozess?, NStZ 1985, 8; *ders.*, Actio libera in causa und § 323a StGB, ZStW 97 (1985), 513; *Puppe*, Die Norm des Vollrauschtatbestandes, GA 1974, 98; *dies.*, Neue Entwicklungen in der Dogmatik des Vollrauschtatbestandes, Jura 1982, 281; *Ranft*, Strafgrund der Berauschung und Rücktritt von der Rauschtat, MDR 1972, 737; *Ders.*, Grundprobleme des Vollrauschtatbestandes (§ 323a), JA 1983, 193, 239; *ders.*, Die rauschmittelbedingte Verkehrsdelinquenz, Jura 1988, 133; *Renzikowski*, „Actio libera in causa", Vollrausch und Schuld, Kansai University Review of Law and Politics, 2000, 81; *ders.*, Die Verschärfung des § 323a StGB – Preisgabe des Schuldprinzips?, ZStW 112 (2000), 475; *Renzikowski/Sick*, Strafschärfung bei Rauschtaten?, ZRP 1997, 484; *Roeder*, Das Schuld- und Irrtumsproblem beim Vollrausch, Rittler-FS 1957, S. 211; *Scharr/Hennig/Hettinger*, Alkohol als Strafmilderungsgrund, Vollrausch, actio libera in causa, 2001; *Schewe*, Juristische Probleme des § 330a StGB aus der Sicht des Sachverständigen, Blutalkohol 1976, 87; *Schneidewin*, Vollrausch und Wahlfeststellung, JZ 1957, 324; *Schuppner/Sippel*, Nochmals: Verurteilung nach § 323a StGB trotz Zweifel über das Vorliegen eines Vollrausches?, NStZ 1984, 67; *Streng*, Unterlassene Hilfeleistung als Rauschtat?, JZ 1984, 114; *ders.*, „actio libera in causa" und Vollrauschstrafbarkeit – rechtspolitische Perspektiven, JZ 2000, 20; *Traub*, § 330a StGB und die Rechtsprechung des BGH zum Verbotsirrtum, JZ 1959, 9; *Tröndle*, Vollrauschtatbestand und Zweifelsgrundsatz, Jescheck-FS 1985, S. 665; *v. Weber*, Die Bestrafung der Volltrunkenheit, GA 1958, 257; *ders.*, Die straf-

Kriminalpolitischer Hintergrund, Deliktsnatur § 40 Rn. 1

rechtliche Verantwortlichkeit für die Rauschtat, Stock-FS 1966, S. 59; *Wolter*, Vollrausch mit Januskopf, NStZ 1982, 54.
Spezialliteratur zur actio libera in causa ist hier nicht angeführt; s. dazu *Baumann/Weber/Mitsch*, Lit. zu § 19.

Übersicht

	Rn.
I. Kriminalpolitischer Hintergrund, Deliktsnatur, geschützte Rechtsgüter ..	1
1. Kriminalpolitischer Hintergrund	1
a) Grundsatz: Freispruch bei rauschbedingter Schuldunfähigkeit, § 20	1
b) Instrumente zur Vermeidung ungerechtfertigter Freisprüche nach § 20	4
2. Kriminalitätsumfang	9
3. Deliktsnatur, geschützte Rechtsgüter	10
II. § 323a im Einzelnen	13
1. Die Rauschtat	14
a) Tatbestandsmäßigkeit und Rechtswidrigkeit	14
b) Vorsatz und Fahrlässigkeit	17
c) Entschuldigungs- und Strafausschließungsgründe	25
d) Verfolgungsvoraussetzungen	28
2. Feststehende oder nicht auszuschließende rauschbedingte Schuldunfähigkeit	29
a) § 323a als Auffangtatbestand	29
b) Rauschbedingte Schuldunfähigkeit	31
3. Schuldhafte Tathandlung: Sichversetzen in einen Rausch	32
4. Täterschaft und Teilnahme	34
5. Konkurrenzen	37

I. Kriminalpolitischer Hintergrund, Deliktsnatur, geschützte Rechtsgüter

1. Kriminalpolitischer Hintergrund

a) Grundsatz: Freispruch bei rauschbedingter Schuldunfähigkeit, § 20

Nach § 20 führen bestimmte psychische Störungen zur Schuldunfähigkeit und damit – vom Schuldprinzip geboten – zur Straflosigkeit des Täters, wenn dieser infolge der Störung unfähig war, das Unrecht der Tat einzusehen oder nach dieser Einsicht zu handeln[1]. Schuldunfähigkeit kann auch durch alkoholische Getränke und andere berauschende Mittel, namentlich Betäubungsmittel[2] (auch wenn sie in Arzneimitteln, z. B. Schlaftabletten, enthalten sind), herbeigeführt werden. 1

---

1 S. dazu z. B. *Baumann/Weber/Mitsch*, § 19 Rn. 1–3, 11–23.
2 S. dazu die Definition in § 1 BtMG.

Hilgendorf 1129

2 Vom Studenten wird Kenntnis der einzelnen Kriterien des schuldausschließenden Rausches[3] nicht verlangt; im Sachverhalt schriftlicher Arbeiten wird in der Regel ausdrücklich gesagt, der Täter sei rauschbedingt schuldunfähig oder vermindert schuldfähig (§ 21) gewesen. Der Blutalkoholgehalt ist zwar hierfür kein absoluter Maßstab, jedoch kommt in der Regel ab 2,00 Promille § 21, ab 3,00 Promille § 20 in Betracht[4].

Der schuldausschließende Alkoholrausch wurde früher überwiegend als tiefgreifende Bewusstseinsstörung i. S. des § 20 angesehen. Neuerdings wird er zunehmend der 1. Alt. des § 20, der krankhaften seelischen Störung, zugeordnet[5].

3 Begeht der bis zur Schuldunfähigkeit Berauschte in diesem Zustand eine rechtswidrige Tat (§ 11 I Nr. 5), so ist er grundsätzlich freizusprechen, § 20. Bei rauschbedingt erheblich verminderter Schuldfähigkeit ist Strafmilderung nach § 49 I möglich, § 21. In beiden Fällen ist jedoch – im ersten trotz des Freispruchs, im zweiten neben der Strafe – Unterbringung in einer Entziehungsanstalt anzuordnen, wenn die weiteren Voraussetzungen des § 64 vorliegen[6].

b) Instrumente zur Vermeidung ungerechtfertigter Freisprüche nach § 20

aa) Actio libera in causa

4 Ein Freispruch ist kriminalpolitisch verfehlt und vom Schuldgrundsatz nicht geboten, wenn der noch schuldfähige Täter den Entschluss zur Begehung der dann unter den Voraussetzungen des § 20 ausgeführten Tat gefasst und mit diesem Vorsatz seine Schuldunfähigkeit, z. B. durch einen Alkoholrausch, herbeigeführt hat. Dasselbe gilt für einen Täter, der sich vorsätzlich oder fahrlässig bis zur Schuldunfähigkeit betrinkt, obwohl er, z. B. aufgrund früherer Erfahrungen, damit rechnen müsste, dass er in diesem Zustand handgreiflich wird, und der dann tatsächlich einen anderen körperlich verletzt. In diesen Fällen erfolgt mithilfe der nahezu allgemein anerkannten Rechtsfigur der **actio libera in causa**[7] Verurteilung so, als ob die Tat im Zustand der Schuldfähigkeit begangen worden wäre[8].

---

3   Dazu z. B. *S/S/Sternberg-Lieben/Hecker*, § 323a Rn. 7.
4   S. *S/S/Lenckner/Perron/Weißer*, § 20 Rn. 16 ff. mit zahlreichen Rechtsprechungsnachweisen.
5   Dazu näher z. B. *S/S/Perron/Weißer*, § 20 Rn. 13.
6   Dazu z. B. *Baumann/Weber/Mitsch*, § 35 Rn. 7; *Fischer*, § 64 Rn. 22 ff. – Zu den Voraussetzungen einer Unterbringung des Alkoholtäters in einem psychiatrischen Krankenhaus (§ 63) s. *S/S/Stree/Kinzig*, § 63 Rn. 12a sowie BGH, NStZ 2004, 96 und 384.
7   S. dazu und zu anderen Konstellationen, die mit dieser Rechtsfigur bewältigt werden, z. B. *Baumann/Weber/Mitsch*, § 19 Rn. 31–52 m. w. N. – BGHSt 42, 235 (m. zutr. abl. Anm. *Hirsch*, NStZ 1997, 230; zust. *Hruschka*, JZ 1997, 22) lehnt die Anwendbarkeit der actio libera in causa auf verhaltensgebundene Tatbestände wie §§ 315c, 316 sowie § 21 StVG (Fahren ohne Fahrerlaubnis) ab. Diese Zurückdrängung der actio libera in causa führt naturgemäß zu einer Erweiterung des Anwendungsbereichs von § 323a.
8   Einen instruktiven Überblick über die Erscheinungsformen der a. l. i. c., der herangezogenen Begründungsmodelle und zum Verhältnis zur Vollrauschstrafbarkeit bietet *Streng*, JZ 2000, 20 ff.

Beispiel: (1) T hat sich wiederholt über die schlechten Schulzeugnisse seines 15-jährigen Sohnes O geärgert. Als O wieder ein schlechtes Zeugnis nach Hause bringt, geht T ins Wirtshaus und beschließt, sich einen schweren Rausch anzutrinken und dann den O zu verprügeln. Bei seiner Rückkehr in die Wohnung misshandelt er den O schwer. – T = §§ 223, 225; **vorsätzliche actio libera in causa.**

(2) T hat seinen 15-jährigen Sohn O im Vollrausch ohne Anlass wiederholt schwer misshandelt, was er, wieder nüchtern geworden, jedes Mal sehr bedauert hat. Gleichwohl betrinkt er sich wieder bis zur Schuldunfähigkeit und misshandelt erneut den O. – T = § 229; **fahrlässige actio libera in causa**[9].

bb) § 323a

Verurteilung nach den Regeln der actio libera in causa scheidet aus, wenn sich Vorsatz oder Fahrlässigkeit des noch schuldfähigen Täters nicht auf die im Zustand der Schuldunfähigkeit verübte Tat erstrecken.

Beispiel: Musste T im Fall (2)[10] nicht damit rechnen, dass er im Rausch den O verprügeln werde, weil derartiges noch nie vorgekommen war, so fehlt es an der für eine Verurteilung nach § 229 erforderlichen Fahrlässigkeit hinsichtlich der Körperverletzung im schuldfähigen Zustand.

Um in solchen Fällen bestrafen zu können, wurde durch das GewohnheitsverbrecherG von 1933[11] der § 330a (nunmehr[12] § 323a) ins StGB eingeführt.

§ 330a schaffe „eine gegenüber dem bisherigen Recht neue Strafdrohung für die Fälle, in denen der Täter in einem durch den Genuss berauschender Mittel verursachten Zustand der Zurechnungsunfähigkeit eine mit Strafe bedrohte Handlung begeht, vorausgesetzt, dass der Täter diesen Zustand vorsätzlich oder fahrlässig, somit schuldhaft herbeigeführt hat. Während der Täter bei einer solchen Sachlage nach bisherigem Recht – abgesehen von den Fällen der sog. actio libera in causa – nicht bestraft werden konnte, wenn er in dem die Zurechnungsfähigkeit ausschließenden Rauschzustand ein Strafgesetz verletzt hatte, kann er nunmehr strafrechtlich zur Verantwortung gezogen werden, sofern er sich selbst schuldhaft in den Rauschzustand gesetzt hatte. Der § 330a füllt damit eine Lücke des bisherigen Strafrechts aus; er nimmt gleichzeitig den Kampf gegen den schuldhaften Missbrauch von Alkohol und anderen Rauschgiften auch mit strafrechtlichen Mitteln auf"[13].

Die Vorschrift enthält kein spezifisch nationalsozialistisches Gedankengut; auch ausländische Rechtsordnungen sehen Strafbarkeit des Täters bei selbstverschuldeter Trunkenheit vor[14].

---

9   Teilweise wird die Erforderlichkeit des Rückgriffs auf die Rechtsfigur der actio libera in causa bei Fahrlässigkeitsdelikten geleugnet; s. die Nachw. bei *Baumann/Weber/Mitsch*, § 19 Rn. 44 (Fn. 69); *Fischer*, § 20 Rn. 54 sowie BGHSt 42, 235 (236 f.) (m. zutr. abl. Anm. *Hirsch*, NStZ 1997, 230).
10 S. o. Rn. 4.
11 Gesetz gegen gefährliche Gewohnheitsverbrecher und über Maßregeln der Sicherung und Besserung vom 24.11.1933 (BGBl. I S. 999).
12 Seit dem 18. StRÄndG 1980.
13 *Schäfer/Wagner/Schafheutle*, Gesetz gegen gefährliche Gewohnheitsverbrecher und über Maßregeln der Sicherung und Besserung, 1934, S. 208 f.
14 S. dazu z. B. *Maurach/Schroeder/Maiwald*, BT 2, § 96 Rn. 1.

8 § 122 OWiG enthält für das **Ordnungswidrigkeitenrecht** einen entsprechenden Tatbestand.

2. Kriminalitätsumfang

9 Während die actio libera in causa, wohl wegen des schwierigen Vorsatz- bzw. Fahrlässigkeitsnachweises für das Stadium der Schuldfähigkeit, in der Praxis kaum zur Anwendung gelangt[15], spielt § 323a eine erhebliche Rolle: 2012 (Vergleichszahlen für 2011 und 2005 in Klammern) wurden 1756 (1.858; 2.963) Personen (einschließlich Jugendliche und Heranwachsende) wegen Vollrausches außerhalb des Straßenverkehrs, 253 (263; 654) Personen nach § 323a im Zusammenhang mit rechtswidrigen Taten im Straßenverkehr verurteilt[16].

3. Deliktsnatur, geschützte Rechtsgüter

10 Die vom Schuldprinzip geforderte vorwerfbare subjektive Beziehung zum unrechtsbegründenden Tatgeschehen wird bei der actio libera in causa hergestellt durch den Vorsatz oder die Fahrlässigkeit, die vorliegen, bevor sich der Täter in den schuldausschließenden Rausch versetzt und die Tat verübt[17]. Demgegenüber sind die von § 323a erfassten Situationen dadurch gekennzeichnet, dass Vorsatz oder Fahrlässigkeit hinsichtlich der im Rausch begangenen Tat, der sog. Rauschtat, nur im Stadium der Schuldunfähigkeit vorliegen, dem Täter also wegen § 20 gerade nicht zugerechnet werden können. Dieser für ein strenges Schuldstrafrecht beunruhigende Befund ist Angelpunkt aller Schwierigkeiten, die einer befriedigenden Handhabung des § 323a schon immer entgegenstehen[18]. Um dem Schuldgrundsatz formal zu genügen, geht die heute h. M.[19] davon aus, die Rauschtat sei für das Unrecht des Vollrauschdelikts bedeutungslos. Unrechtsbegründend i. S. des § 323a sei allein die Herbeiführung der rauschbedingten Schuldunfähigkeit, und zwar wegen der damit verbundenen **abstrakten Gefährdung aller strafrechtlich geschützten Rechtsgüter**. Der Voll-

---

15 So auch BGHSt 17, 259 (263); vgl. auch *Blei*, BT, § 94 I. – Zur weiteren Zurückdrängung der actio libera in causa durch die Rspr. s. o. Fn. 7 und 8.
16 Strafverfolgungsstatistiken, Bundesamt für Statistik, Fachserie 10 Reihe 3, Jahre 2005, 2011 und 2012.
17 S. o. Rn. 4.
18 S. zur Unrechts- und Schuldproblematik des § 323a insbesondere *Arthur Kaufmann*, JZ 1963, 425.
19 Vgl. z. B. BGHSt 1, 124 (125); 16, 124 (125); 20, 284 (285); *Blei*, BT, § 94 I; *Haft*, BT, S. 278; SK-*Wolters*, § 323a Rn. 2; *Lackner/Kühl*, § 323a Rn. 1; *Otto*, BT, § 81 Rn. 1 f., 7; *Puppe*, GA 1974, 110 (115); *Wessels/Hettinger*, BT 1, Rn. 1028, 1035. Auch die Ende der neunziger Jahre vorgelegten Gesetzentwürfe zur Verschärfung des § 323a bewerten die im Rausch begangene Tat als objektive Bedingung der Strafbarkeit. Auf dieser Grundlage sind die Vorschläge, die Strafdrohung entsprechend der Schwere der Rauschtat anzuheben, mit dem Schuldprinzip nicht vereinbar. S. dazu näher *Freund/Renzikowski*, ZRP 1999, 497.

rausch sei wegen der damit verbundenen Beeinträchtigung der Fähigkeit zur Normerkenntnis und Normbefolgung generell gefährlich. Nur das schuldausschließende Sichberauschen sei damit Tatbestandsmerkmal und müsse vom zurechenbaren Vorsatz oder der zurechenbaren Fahrlässigkeit umfasst sein. Die **Rauschtat** sei unrechtsneutrale **objektive Bedingung der Strafbarkeit.**

Insbesondere Bewohnern von Weingegenden wird schwerlich klarzumachen sein, dass das vorsätzliche oder fahrlässige Sichbetrinken als solches kriminelles Unrecht sein soll, wenn es zur Schuldunfähigkeit führt, und dass es als großzügiges Entgegenkommen des Gesetzgebers zu werten sei, wenn er die Durchsetzung des staatlichen Strafanspruchs von der Begehung einer rechtswidrigen Tat durch den nicht mehr zurechnungsfähigen Zecher abhängig mache[20]. Demgegenüber ist daran festzuhalten, „dass das bloße schuldhafte Sichberauschen ohne nachfolgende Rauschtat nach allgemeiner Rechtsüberzeugung kein **straf**würdiges Unrecht ist"[21]. – Für die Richtigkeit dieser Auffassung spricht Folgendes: (1) § 323a ist als Auffangtatbestand konstruiert, d. h. er kommt nicht nur dann zur Anwendung, wenn die Schuldunfähigkeit sicher feststeht, sondern auch dann, wenn sie nicht auszuschließen ist[22]. Bei der letztgenannten Fallgestaltung kann der Unrechtsgehalt des Delikts keinesfalls mit der – gar nicht feststehenden – rauschbedingten Schuldunfähigkeit begründet werden. (2) „Wenn die im Rausch verwirklichte Tat für Unrecht und Schuld des Täters bedeutungslos ist, warum darf dann die Strafe nach Art und Maß nicht schwerer sein als diejenige, die für die im Rausch begangene Tat angedroht ist[23]?" (3) „Warum werden Strafverfolgungsvoraussetzungen, die für die Rauschtat aufgestellt sind, auf das Vollrauschdelikt erstreckt[24]?"

11

Misst man der Rauschtat unrechtskonstituierenden Charakter zu, erhebt sich natürlich sofort die Frage, wie es dann insoweit mit der **Schuld** stehe. Sicher kann nicht gefordert werden, dass sich Vorsatz oder Fahrlässigkeit vor der Berauschung auf die im Rausch begangene konkrete Tat beziehen müssen; denn dann hätte § 323a neben der actio libera in causa keine eigenständige Bedeutung. Will man einerseits das kriminalpolitische Anliegen des § 323a nicht unterlaufen, andererseits schuldstrafrechtliches Denken nicht völlig verbannen, so muss eine schwächere Beziehung zur Rauschtat ausreichen. Der Täter muss zu kriminellen Fehlleistungen im Rausch neigen und er muss um diese Neigung wissen oder wissen können[25]. § 323a wird damit dogmatisch zu einem **konkreten Gefährdungs-**

12

---

20 In diesem Sinne aber BGHSt 16, 124 (125). – Dagegen zutreffend *Sax*, „Tatbestand" und Rechtsgutsverletzung, JZ 1976, 9 (15).
21 BGHGrSSt 9, 390 (396).
22 Dazu näher u. Rn. 29 f.
23 *Ranft*, JA 1989, 193 (194).
24 S. Fn. 18.
25 In diesem Sinne z. B. BGHSt 10, 247.

delikt[26]. Bei dieser Sicht hält die Vorschrift dem Schuldprinzip stand[27]. – Soweit die Rauschtat trotz ihres unrechtsbegründenden Charakters[28] wegen ihrer schwachen Entsprechung im subjektiven Tatbild – nur genereller Gefährdungsvorsatz oder generelle Gefährdungsfahrlässigkeit[29] – nicht als echtes Tatbestandsmerkmal gewertet werden kann, ist mit *Sax*[30] offen zuzugeben, dass es sich dabei um eine zwar unrechtsbegründende, aber **objektive Strafwürdigkeitsvoraussetzung** handelt.

II. § 323a im Einzelnen

13 **Vorbemerkung zum Aufbau:** In Fällen, in denen § 20 eine Rolle spielt, wird den Studierenden empfohlen, zunächst die Strafbarkeit des Täters wegen des im Rausch begangenen Delikts zu untersuchen, z. B. im Fall (1)[31] Körperverletzung, § 223. Sind Tatbestandsmäßigkeit und Rechtswidrigkeit zu bejahen, führt jedoch dann die Schuldprüfung zu dem Ergebnis, dass T bei der eigentlichen Tatausführung nicht schuldfähig war (§ 20) oder seine Schuldunfähigkeit nicht ausgeschlossen werden kann (in dubio pro reo), so ist weiter zu fragen, ob ihm das Geschehen nach den Regeln der actio libera in causa zugerechnet werden kann. Falls ja, ist Strafbarkeit des T nach § 223 festzustellen, falls nein, ist § 323a zu prüfen. Dabei ist zweckmäßigerweise unter Bezugnahme auf die früheren Ausführungen zunächst festzustellen, dass eine tatbestandsmäßige rechtswidrige Tat nach § 223 vorliegt. Schließlich sind die weiteren Voraussetzungen der Strafbarkeit nach § 323a zu untersuchen[32].

Dieser Reihenfolge der Strafbarkeitsprüfung entsprechend wird im Folgenden zunächst die Rauschtat behandelt[33].

---

26 So z. B. *Heinitz*, JR 1957, 347 (349); *Kohlrausch/Lange*, § 330a Bem. III; MüKo-*Geisler*, § 323a Rn. 9, 59; *Welzel*, LB, § 68 II 1b; *Fischer*, § 323a Rn. 2, 19. – Da sich die Vorhersehbarkeit nicht auf eine konkrete Tatbestandsverwirklichung im Rausch beziehen muss, spricht *Ranft*, JA 1983, 193 (194), von einem konkreten Gefährdungsdelikt eigener Art, *Spendel* (LK, § 323a Rn. 66) – in Übereinstimmung mit BGHSt 1, 124 (125) – von einem Gefährdungsdelikt eigener Art. *Cramer*, a. a. O. S. 98 bezeichnet § 323a zwar als abstraktes Gefährdungsdelikt, geht aber davon aus, dass die Rauschtat „den Gefährdungserfolg gewissermaßen ‚vertritt'", lässt also rein abstrakte Gefährdung nicht genügen; ähnlich *S/S/Sternberg-Lieben/Hecker*, § 323a Rn. 1. – *Maurach/ Schroeder/Maiwald*, BT 2, § 96 Rn. 5, wollen in Übereinstimmung mit BGHSt 10, 251 und der Tendenz der Straflosigkeit abstrakter Gefährdungen bei absoluter Ungefährlichkeit (dazu o. § 35 Rn. 52 ff., u. § 37 Rn. 30 ff.) § 323a ausschließen, wenn der Berauschte Vorkehrungen getroffen hat, die rechtswidrige Taten völlig unwahrscheinlich machen.
27 A. A. *Arthur Kaufmann*, JZ 1963, 425 (433); *Renzikowski*, ZStW 111 (2000), 498.
28 Dazu o. Rn. 11.
29 So zutreffend LK-*Spendel*, § 323a Rn. 66.
30 *Sax*, JZ 1976, 9 (15, 16, 84).
31 S. o. Rn. 4.
32 So z. B. auch *Maurach/Schroeder/Maiwald*, BT 2, § 96 Rn. 8 ff.; *Wessels/Hettinger*, BT 1, Rn. 1041.
33 Ebenso *Maurach/Schroeder/Maiwald*, BT 2, § 96 Rn. 9 ff.

1. Die Rauschtat

a) Tatbestandsmäßigkeit und Rechtswidrigkeit

§ 323a I verlangt die Begehung einer tatbestandsmäßigen rechtswidrigen Tat (§ 11 I Nr. 5). Diese kann auch in einem Unterlassungsdelikt bestehen[34]. Ist das Verhalten des Täters nicht willensgetragen, so liegt keine Handlung vor[35] und ist Tatbestandsmäßigkeit abzulehnen. Die dem § 20 unterfallende Trunkenheit lässt allerdings die Handlungsfähigkeit in der Regel unberührt[36].

Enthält der betreffende Tatbestand **subjektive Merkmale**, so müssen auch diese beim Täter vorliegen, z. B. beim Diebstahl (§ 242) die Zueignungsabsicht[37].

Stehen dem Täter der Rauschtat **Rechtfertigungsgründe**, z. B. Notwehr (§ 32) oder rechtfertigender Notstand (§ 34), zur Seite, so entfällt Strafbarkeit nach § 323a, weil die Rauschtat nicht rechtswidrig ist.

b) Vorsatz und Fahrlässigkeit

Aus § 323a II lässt sich schließen, dass der Täter trotz seiner Schuldunfähigkeit in Gestalt des Vorsatzes oder der Fahrlässigkeit eine subjektive Beziehung zur Rauschtat haben muss. Nur wenn Vorsatz oder Fahrlässigkeit festgestellt sind, lässt sich nämlich die für die Rauschtat angedrohte Höchststrafe und damit auch die Höchststrafe des § 323a ermitteln.

Beispiel: Hat T den O im schuldausschließenden Rausch mit einem Messer verletzt, so beträgt die Höchststrafe bei Vorsatz des T 5 Jahre Freiheitsstrafe (§§ 224 I Nr. 2, 323a I und II), bei Fahrlässigkeit 3 Jahre Freiheitsstrafe (§ 323a II i. V. m. § 229).

Selbstverständliche Voraussetzung für die Bestrafung nach § 323a bei fahrlässiger Rauschtat ist die Existenz eines entsprechenden Fahrlässigkeitstatbestandes.

Beispiel: Der volltrunkene T stößt auf einer Party aus Unachtsamkeit eine kostbare Vase zu Boden, wo sie zerbricht. – Da nur die vorsätzliche Sachbeschädigung unter Strafe gestellt ist (§ 303 I i. V. m. § 15), ist T straflos.

Was die Anforderungen an Vorsatz und Fahrlässigkeit hinsichtlich der Rauschtat im Einzelnen anbelangt, so ist heute im Wesentlichen geklärt, dass weitgehend die allgemeinen Regeln gelten.

Im **Vorsatzbereich** herrschte von Anfang an Einigkeit darüber, dass der **nicht rauschbedingte Tatumstandsirrtum** den Vorsatz ausschließt, § 16 I 1.

---

34 Auch § 323c kann Rauschtat sein; vgl. z. B. *Streng*, JZ 1984, 114 m. w. N., auch der a. A.
35 S. dazu z. B. *Baumann/Weber/Mitsch*, § 13 Rn. 11 f., 24 ff.
36 S. dazu z. B. *Baumann/Weber/Mitsch*, § 19 Rn. 17; *S/S/Eisele*, Vor § 13 Rn. 39.
37 S. z. B. BGHSt 18, 235 (237).

Beispiel: Der betrunkene T nimmt bei Verlassen des Wirtshauses einen fremden Mantel von der Garderobe, eine Verwechslung, die wegen der Ähnlichkeit des fremden und des dem T gehörenden Mantels auch einem Nüchternen hätte unterlaufen können. – Keine Strafbarkeit des T wegen Diebstahls, weil ein vorsatzausschließender Irrtum (§ 16 I 1) über das Tatbestandsmerkmal „fremd" des § 242 I vorliegt.

21 Soll der Anwendungsbereich des § 323a nicht überdehnt werden, so ist mit der nunmehr h. M.[38] Erheblichkeit auch des **rauschbedingten Tatumstandsirrtums** anzunehmen.

Im vorhergehenden **Beispielsfall** also Straflosigkeit des T auch dann, wenn sich die Mäntel so stark unterschieden haben, dass sie ein Nüchterner nicht verwechselt hätte. – Selbstverständlich macht sich T nach § 246 (Unterschlagung) strafbar, wenn er am nächsten Tag die Verwechslung bemerkt und den wertvollen Mantel als Ausgleich für seinen teuren Rausch behält. BGHSt 14, 38 steht nicht entgegen; nachlesen!

22 Nichts anderes gilt für den rauschbedingten Irrtum über das Vorliegen der tatsächlichen Voraussetzungen eines Rechtfertigungsgrundes (sog. **Erlaubnistatbestandsirrtum**)[39].

Beispiel: Der im Rausch zu Angstzuständen neigende T fühlt sich auf dem nächtlichen Heimweg im Stadtpark von dem Stadtstreicher O angegriffen und schlägt ihn nieder. – Strafbarkeit wegen vorsätzlicher Tat (§ 223) ausgeschlossen ([rechtsfolgenverweisende] eingeschränkte Schuldtheorie). Bestrafung des T nach § 323a i. V. m. § 229 bleibt möglich.

23 Steht als Rauschtat ein **Fahrlässigkeitsdelikt** infrage, so scheidet eine für § 323a ausreichende Tat sicher dann aus, wenn bereits kein Verstoß gegen die objektiv gebotene Sorgfalt vorliegt, denn nach der im Schrifttum mittlerweile h. M. fehlt es dann bereits an einer tatbestandsmäßig-rechtswidrigen Handlung[40].

Liegt ein objektiver Sorgfaltsverstoß vor, so soll dies nach einer im Schrifttum vertretenen Auffassung für die Strafbarkeit nach § 323a bereits genügen[41].

24 Dieser Objektivierung kann nicht gefolgt werden. Zwar würde der Zweck des § 323a verfehlt, würde man für den Vorwurf persönlichen Fehlverhaltens auf die Fähigkeiten des Berauschten abstellen, etwa hinsichtlich der Vorhersehbarkeit des Erfolges. Aber er darf andererseits auch nicht dadurch benachteiligt werden, dass er im Rausch nach strengeren subjektiven

---

38 S. z. B. *Haft*, BT, S. 280; SK-*Wolters*, § 323a Rn. 12; *Otto*, BT, § 81 Rn. 13 ff.; *Ranft*, JA 1983, 239 (241); *Rengier*, BT 2, § 41 Rn. 14; *S/S/Cramer/Sternberg-Lieben/Hecker*, § 323a Rn. 15; *Wessels/Hettinger*, BT 1, Rn. 1038. – A. A. LK-*Spendel*, § 323a Rn. 198 ff. sowie zum alten § 330a z. B. RGSt 73, 11 (17); BGH, NJW 1953, 1442.
39 Wie hier MüKo-*Geisler*, § 323a Rn. 40; *Fischer*, § 323a Rn. 7. – A. A. insoweit z. B. *Maurach/Schroeder/Maiwald*, BT 2, § 96 Rn. 13.
40 S. z. B. *Baumann/Weber/Mitsch*, § 22 Rn. 19 ff. u. 30 ff.; *Jescheck/Weigend*, § 54 I 4 und § 55.
41 So etwa SK-*Wolters*, § 323a Rn. 13; *Welzel*, LB, § 68 II 2a.

Maßstäben haftet als im nüchternen Zustand. Bestrafung nach § 323a ist deshalb nur dann möglich, wenn der Täter wegen seines Rausches nicht die Sorgfalt hat walten lassen, die ihm im Normalzustand möglich gewesen wäre[42].

c) Entschuldigungs- und Strafausschließungsgründe

Ebenso wie die Rechtfertigungsgründe[43] greifen zugunsten des Rauschtäters grundsätzlich auch die **Entschuldigungsgründe**, z. B. der entschuldigende Notstand (§ 35), ein[44]. 25

§ 20 regelt und privilegiert (generelle Entschuldigung) in der Variante der fehlenden Unrechtseinsicht einen Sonderfall des **Verbotsirrtums** i. S. des § 17[45]. Mit § 323a soll aber gerade auch der Täter erfasst werden, der deshalb gefährlich ist, weil er infolge seines Rausches nicht mehr zwischen Recht und Unrecht unterscheiden kann. Daraus folgt, dass der **rauschbedingte** Irrtum des Täters über die Rechtswidrigkeit der Rauschtat unbeachtlich ist. Entsprechend der Argumentation zur Fahrlässigkeitshaftung[46] ist jedoch ein **nicht rauschbedingter** Verbotsirrtum zugunsten des Täters zu berücksichtigen[47]. 26

Rechtswidrige Tat i. S. von § 323a ist auch die nur **versuchte Rauschtat**. Sie führt – bei Vorliegen der übrigen Strafbarkeitsvoraussetzungen – zur Vollendungsstrafbarkeit wegen Vollrausches. **Tritt** allerdings **der Täter** von der versuchten Rauschtat **zurück**, so entfällt damit in analoger Anwendung des § 24 die Strafbarkeit nach § 323a[48]. 27

d) Verfolgungsvoraussetzungen

Ist die Rauschtat Antragsdelikt – s. z. B. §§ 230, 303c –, so gilt das Antragserfordernis auch für den Vollrausch, § 323a III[49]. 28

2. Feststehende oder nicht auszuschließende rauschbedingte Schuldunfähigkeit

a) § 323a als Auffangtatbestand

Die Vorschrift wurde 1974 so gefasst, dass die Schuldunfähigkeit des Täters nicht positiv festgestellt zu sein braucht, sondern dass es für die Bestrafung wegen Vollrausches ausreicht, wenn seine Schuldunfähigkeit 29

---

42 So z. B. *Ranft*, JA 1983, 239 (242); *Fischer*, § 323a Rn. 7; *S/S/Sternberg-Lieben/Hecker*, § 323a Rn. 16 m. w. N.
43 Dazu o. Rn. 16.
44 S. z. B. *Fischer*, § 323a Rn. 8.
45 H. M.; s. z. B. *Baumann/Weber/Mitsch*, § 19 Rn. 21; *S/S/Perron/Weißer*, § 20 Rn. 4 m. w. N.
46 S. o. Rn. 24.
47 S. z. B. OLG Stuttgart, NJW 1964, 413.
48 S. z. B. BGH, *Dallinger*, MDR 1971, 362; MüKo-*Geisler*, § 323a Rn. 45 ff.; *Ranft*, JA 1983, 239 (243); *S/S/Sternberg-Lieben/Hecker*, § 323a Rn. 19.
49 S. dazu auch o. Rn. 11 (a. E.).

nicht ausgeschlossen werden kann. Mit dieser Gesetzesfassung wird in dubio pro reo hinsichtlich der Anwendung des Vollrauschtatbestandes ausgeschlossen.

Beispiel (Vollrausch, Auffangtatbestand)[50]: T hat unter Alkoholeinwirkung mehrere Polizeibeamte schwer beschimpft (§ 185). Ob er zur Tatzeit schuldunfähig war, ließ sich nicht sicher feststellen.

T kann nicht nach § 185 verurteilt werden, da insoweit zu seinen Gunsten von seiner Schuldunfähigkeit (§ 20) auszugehen ist. Würde § 323a nur bei feststehender Schuldunfähigkeit eingreifen, wäre auch eine Verurteilung wegen Vollrausches ausgeschlossen, da insoweit in dubio pro reo gebieten würde, von der Schuldfähigkeit des T auszugehen. – Wahlfeststellung zwischen § 185 und § 323a scheidet aus, weil beide Delikte rechtsethisch und psychologisch nicht vergleichbar sind[51].

Freispruch des T wird durch die jetzige Fassung des § 323a („… oder weil dies nicht auszuschließen ist …") vermieden. – BGH, a. a. O. S. 397 f. hatte bereits den früheren § 330a im Sinne einer Strafbarkeitslücken schließenden Auffangnorm interpretiert[52].

30   Umstritten ist, welche Voraussetzungen außer der nicht ausschließbaren rauschbedingten Schuldunfähigkeit vorliegen müssen, damit auf die Auffangnorm des § 323a zurückgegriffen werden kann. Da der Tatbestand einen Rausch voraussetzt, ist dies ausgeschlossen, wenn der Täter nur möglicherweise berauscht war[53]. Von einem tatbestandsmäßigen, die Anwendung von § 323a rechtfertigenden Rausch ist jedenfalls dann auszugehen, wenn dieser zu einer erheblich verminderten Schuldfähigkeit (§ 21) des Täters bei der Verübung der Rauschtat geführt hat[54]. Ob ein Rausch i. S. des § 323a auch bei der Möglichkeit voller Schuldfähigkeit einerseits und voller Schuldunfähigkeit andererseits vorliegen kann, ist zweifelhaft[55] und im Ergebnis abzulehnen. Denn wenn der Zustand des § 21 nicht erreicht ist, kann jedenfalls bei den gegenwärtigen Erkenntnissen zum Rauschbegriff nicht mit hinreichender Sicherheit davon ausgegangen werden, dass das Täterverhalten die rauschbedingte Gefährlichkeit aufweist, die mit § 323a legitimerweise erfasst werden soll[56].

---

50 BGHGrSSt 9, 390.
51 Vgl. BGH, a. a. O. S. 394 f.
52 S. zum Stufenverhältnis zwischen der Rauschtat und § 323a auch *Baumann/Weber/Mitsch*, § 10 Rn. 13.
53 H. M. *Lackner/Kühl*, § 323a Rn. 4 m. w. N.
54 BGHSt 32, 48 (54), wo auch von der früher häufig verwendeten Formulierung Abstand genommen wird, der Täter müsse den sicheren Bereich des § 21 zu § 20 hin verlassen haben, und h. M. in der Lit.; s. z. B. *Lackner/Kühl*, § 323a Rn. 4, 5; *Wessels/Hettinger*, BT 1, Rn. 1032.
55 Wie hier *S/S/Sternberg-Lieben/Hecker*, § 323a Rn. 7. – Offengelassen in BGHSt 32, 48 (54); bejahend z. B. *Fahl*, JuS 2005, 1077; *Otto*, BT, § 81 Rn. 5; *Maurach/Schroeder/Maiwald*, BT 2, § 96 Rn. 18.
56 In diesem Sinne z. B. auch *Rengier*, BT 2, § 41 Rn. 22 und *Lackner/Kühl*, § 323a Rn. 4 m. w. N.

§ 323a im Einzelnen § 40 Rn. 31–34

Hat also der Alkoholgenuss nicht zur verminderten Schuldfähigkeit des Angeklagten geführt, ist aber andererseits auch eine völlige Schuldunfähigkeit nicht auszuschließen, so ist er nach in dubio pro reo freizusprechen[57].

b) Rauschbedingte Schuldunfähigkeit

Da mit § 323a die spezifische Gefährlichkeit des berauschten Täters bekämpft werden soll, ist Kausalität zwischen Alkohol- oder Rauschmittelmissbrauch und (nicht auszuschließender) Schuldunfähigkeit erforderlich. Sie ist auch dann gegeben, wenn andere Umstände, z. B. die Einnahme von Medikamenten oder psychische Erkrankungen, den Eintritt der Schuldunfähigkeit **mit**bewirkt haben, das Sichberauschen also nur eine Mitbedingung und nicht die alleinige Ursache des Vollrausches war[58]. In Fällen dieser Art ist allerdings die subjektive Tatseite (Vorsatz oder Fahrlässigkeit hinsichtlich der Herbeiführung des Rausches) besonders sorgfältig zu prüfen[59]. 31

3. Schuldhafte Tathandlung: Sichversetzen in einen Rausch

Als im Zustand der Schuldfähigkeit vorzunehmende Tathandlung – echtes Tatbestandsmerkmal – verlangt § 323a I, dass sich der Täter in einen Rausch versetzt[60]. 32

Zum Vorsatz oder zur Fahrlässigkeit hinsichtlich des Sichberauschens bis zum sicheren Bereich des § 21[61] muss nach der hier vertretenen Auffassung (§ 323a als konkretes Gefährdungsdelikt) hinzukommen, dass der Täter zumindest um seine Neigung zu kriminellen Fehlleistungen im Rausch hätte wissen können[62]. 33

4. Täterschaft und Teilnahme

Der Vollrausch ist ein eigenhändiges Delikt, sodass § 323a nicht in mittelbarer Täterschaft (§ 25 I 2. Alt.) verwirklicht werden kann[63]. 34

---

57 OLG Hamm, NJW 1977, 344; BayObLG, JR 1978, 208 m. Anm. *Montenbruck*; BayObLG, VRS 56, 449; *Ranft*, Jura 1988, 133 (138). Zur Unzulässigkeit einer Wahlfeststellung s. o. Rn. 29.
58 S. z. B. BGHSt 22, 8 (Schuldausschluss infolge Zusammenwirkens von genossenem Alkohol, eingeatmetem Trichloräthylen und eingenommenen Schmerztabletten); BGHSt 26, 363 (nicht auszuschließender Schuldausschluss infolge Zusammenwirkens von genossenem Alkohol und krankheitsbedingter affektiver Aufwallung). Allerdings muss der Rausch seinem ganzen Erscheinungsbild nach als durch den Genuss von Rauschmitteln hervorgerufen anzusehen sein, nur leichte Alkoholisierung reicht daher nicht aus (BGH, NStZ-RR 2011, 80).
59 S. z. B. auch BGH, NJW 1967, 298; *S/S/Sternberg-Lieben/Hecker*, § 323a Rn. 9 m. w. N.
60 Zur Bedeutungslosigkeit des wesentlich medizinisch-psychiatrisch bestimmten Rauschbegriffes in schriftlichen Arbeiten s. bereits o. Rn. 2.
61 S. o. Rn. 30.
62 S. o. Rn. 12.
63 H. M.; vgl. z. B. *Fischer*, § 323a Rn. 20; *Lackner/Kühl*, § 323a Rn. 17; *MüKo-Geisler*, § 323a Rn. 69; *S/S/Sternberg-Lieben/Hecker*, § 323a Rn. 22. – A. A. *Fahl*, JuS 2005, 1077; LK-*Spendel*, § 323a Rn. 264 ff.; *Maurach/Schroeder/Maiwald*, BT 2, § 96 Rn. 24.

Hilgendorf 1139

35 Teilnahme an § 323a scheidet aus Akzessorietätsgründen (§§ 26 und 27 verlangen eine vorsätzliche Haupttat) dann aus, wenn sich der Täter fahrlässig in den Rausch versetzt. Ob bei vorsätzlichem Sichbetrinken Anstiftung und Beihilfe möglich sind, ist umstritten, aber zu bejahen[64].

36 Von der Teilnahme an § 323a ist die praktisch bedeutsamere Beteiligung an der Rauschtat zu unterscheiden[65]. Sie ist möglich in Gestalt der mittelbaren Täterschaft und – limitierte Akzessorietät, § 29 – der Anstiftung und Beihilfe.

Beispiel: (1) T veranlasst den rauschbedingt schuldunfähigen S durch aufreizende Reden im Wirtshaus, den O zu verprügeln. – S = § 323a, T = § 223 in mittelbarer Täterschaft, und zwar ohne Rücksicht darauf, ob er den S bereits zu diesem Zwecke zum Trinken veranlasst oder erst nach Eintritt von dessen Schuldunfähigkeit aufgestachelt hat. – Anstiftung nach §§ 223, 26 ist anzunehmen, wenn T die Schuldunfähigkeit des S nicht kennt, also den S nicht als steuerungsunfähigen Tatmittler einsetzen will[66].

(2) S geht aus eigenem Antrieb auf O los. T reicht ihm für die Auseinandersetzung ein Messer. – S = § 323a, T = §§ 223, 224 I Nr. 2, 27.

5. Konkurrenzen

37 Auch wenn der Täter im selben Rausch mehrere rechtswidrige Taten begeht, liegt nur ein Vollrauschdelikt nach § 323a vor[67].

38 Da § 323a als Auffangnorm für die Erfassung von Fällen ausgestaltet ist, in denen die im (möglicherweise) schuldausschließenden Rausch begangene rechtswidrige Tat nicht bestraft werden kann[68], kommt die Vorschrift nicht zur Anwendung, wenn diese Tat dem Täter nach den Regeln der actio libera in causa[69] zugerechnet werden kann[70]. Dies gilt allerdings nur insoweit, als die Bestrafung nach den Regeln der a. l. i. c. dem Unrechts- und Schuldgehalt des Täterverhaltens gerecht wird. Dies ist in folgenden Konstellationen nicht der Fall:

39 (1) Über die nach den Regeln der a. l. i. c. zurechenbare(n) im Vollrausch begangene(n) Tat(en) hinaus begeht der Täter in diesem Zustand noch eine oder mehrere rechtswidrige Taten[71], z. B. neben der Körperverletzung noch eine Sachbeschädigung.

---

64 So. z. B. auch BGHSt 10, 247 (248); *Maurach/Schroeder/Maiwald*, BT 2, § 96 Rn. 23; LK-*Spendel*, § 323a Rn. 269 ff.; SK-*Wolters*, § 323a Rn. 9. – A. A. z. B. *Lackner/Kühl*, § 323a Rn. 17.
65 Dazu ausführlich MüKo-*Geisler*, § 323a Rn. 66 ff.
66 S. dazu auch *Baumann/Weber/Mitsch*, § 29 Rn. 151 f.
67 BGH, NZV 2001, 133.
68 Dazu o. Rn. 29 f.
69 Dazu o. Rn. 4.
70 BGHSt 2, 14 (17); 10, 247 (251); 17, 333 (335).
71 So die Fallgestaltung in BGHSt 17, 333.

(2) Der Täter begeht im Vollrausch ein Vorsatzdelikt, z. B. eine gefähr- 40
liche Körperverletzung nach § 224. Hinsichtlich dieser rechtswidrigen
Tat fällt ihm aber im noch schuldfähigen Zustand nur Fahrlässigkeit zur
Last, sodass eine fahrlässige a. l. i. c. vorliegt[72], die nach § 229 mit Freiheitsstrafe bis zu drei Jahren bedroht ist. § 323a droht jedoch bei vorsätzlich begangener Rauschtat (§ 323a I)[73] Freiheitsstrafe bis zu fünf Jahren
an.

In beiden Fällen besteht ein Bedürfnis für die Anwendung auch von 41
§ 323a, sodass tateinheitlich wegen der a. l. i. c.-Tat und dem Vollrauschtatbestand zu verurteilen ist[74], im Fall (1) nach §§ 223, 323a (i. V. m.
§ 303), 52, im Fall (2) nach §§ 229, 323a (i. V. m. § 224), 52. Das Sichbetrinken ist tatbestandsmäßige Handlung sowohl für die a. l. i. c. als auch
für § 323a.

---

72 So die Fallgestaltung in BGHSt 2, 14 (18). – Zur fahrlässigen a. l. i. c. s. auch o. Rn. 4.
73 Zur Berücksichtigung der subjektiven Seite der Rauschtat s. o. Rn. 17.
74 So die o. Fn. 55 genannte Entscheidung. S. aus der Lit. z. B. *S/S/Sternberg-Lieben/Hecker*,
    § 323a Rn. 30 ff.

§ 41 Straftaten gegen die Umwelt, §§ 324–330d

Literaturhinweise: *Albert/Heine/Meinberg*, Umweltschutz durch Strafrecht, ZStW 96 (1984), 943; *Backes*, Umweltstrafrecht, JZ 1973, 337; *Baumann*, Der strafrechtliche Schutz der menschlichen Lebensgrundlagen, ZfW 1973, 63; *Beckemper/Wegner*, Der Abfallbegriff – Geltung des § 3 Abs. 3 S. 1 Nr. 2 KrW/AbfG im Abfallstrafrecht, wistra 2003, 281; *Bergmann*, Zur Strafbewehrung verwaltungsrechtlicher Pflichten im Umweltstrafrecht, 1993; *Bloy*, Die Straftaten gegen die Umwelt im System des Rechtsgüterschutzes, ZStW 100 (1988), 485; *Böse*, Die Garantenstellung des Betriebsbeauftragten, NStZ 2003, 636; *Bottke*, Das zukünftige Umweltschutzstrafrecht, JuS 1980, 539; *Brauer*, Die strafrechtliche Behandlung genehmigungsfähigen, aber nicht genehmigten Verhaltens, 1988; *Breuer*, Verwaltungsrechtlicher und strafrechtlicher Umweltschutz – Vom Ersten zum Zweiten Umweltkriminalitätsgesetz, JZ 1994, 1077; *Buckenberger*, Strafrecht und Umweltschutz. Möglichkeiten und Grenzen. Dargestellt anhand der Abfallbeseitigung, 1975; *Cheng*, Kriminalisierung und Entkriminalisierung im Umweltstrafrecht, 1992; *Dahs/Pape*, Die behördliche Duldung als Rechtfertigungsgrund im Gewässerstrafrecht (§ 324 StGB), NStZ 1988, 393; *Dölling*, Umweltstraftat und Verwaltungsrecht, JZ 1985, 461; *Englisch*, Zum begünstigenden Verwaltungshandeln auf der Rechtfertigungsebene im Umweltstrafrecht (§§ 324, 326 Abs. 1 StGB), 1983; *Ensenbach*, Probleme der Verwaltungsakzessorietät im Umweltstrafrecht, 1989; *Frank*, Strafrechtliche Relevanz rechtswidrigen begünstigenden Verwaltungshandelns – erläutert am Beispiel der Gewässerverunreinigung § 324 StGB, 1985; *Franzheim*, Umweltstrafrecht, 1991; *Frisch*, Verwaltungsakzessorietät und Tatbestandsverständnis im Umweltstrafrecht, 1993; *Galonska*, Amtsdelikte im Umweltrecht, 1986; *Geisler*, Strafbarkeit von Amtsträgern im Umweltrecht, NJW 1982, 11; *Gentzcke*, Informales Verwaltungshandeln und Umweltstrafrecht, 1990; *Groß/Pfohl*, Zur Strafbarkeit von Bürgermeistern im Bereich kommunaler Abwasserreinigungsanlagen, NStZ 1992, 119; *Hallwaß*, Die behördliche Duldung als Unrechtsausschließungsgrund im Umweltstrafrecht, 1987; *Heider*, Die Bedeutung der behördlichen Duldung im Umweltstrafrecht, 1994; *Heine*, Zur Rolle des strafrechtlichen Umweltschutzes, ZStW 101 (1989), 722; *ders.*, Verwaltungsakzessorietät des Umweltstrafrechts, NJW 1990, 2425; *ders.*, Vollzugsdefizite, Programmängel oder Überstrapazierung: Umweltstrafrecht im Rechtsstaat, 1995; *Heine/Meinberg*, Empfehlen sich Änderungen im strafrechtlichen Umweltschutz, insbesondere in Verbindung mit dem Verwaltungsrecht? Gutachten D zum 57. Deutschen Juristentag, 1988; *dies.*, Das Umweltstrafrecht – Grundlagen und Perspektiven einer erneuten Reform, GA 1990, 1; *Hermes/Wieland*, Die staatliche Duldung rechtswidrigen Verhaltens, 1988; *Herrmann*, Die Rolle des Strafrechts beim Umweltschutz in der Bundesrepublik Deutschland, ZStW 91 (1979), 281; *Hohmann*, Das Rechtsgut der Umweltdelikte, 1991; *Hoppe/Beckmann*, Umweltrecht, 1989; *Horn*, Strafbares Fehlverhalten von Genehmigungs- und Aufsichtsbehörden?, NJW 1981, 1; *ders.*, Umweltschutz-Strafrecht: eine After-Disziplin?, UPR 1983, 362; *ders.*, Rechtsprechungsübersicht zum Umweltstrafrecht, JZ 1994, 1097; *Horn/Hoyer*, Rechtsprechungsübersicht zum Umweltstrafrecht, JZ 1991, 703; *Hubenett*, Rechtswidrige behördliche Genehmigung als Rechtfertigungsgrund – ein gelöstes strafrechtliches Problem?, 1986; *Hümbs-Krusche/Krusche*, Die strafrechtliche Erfassung von Umweltbelastungen, 1983; *Hüwels*, Fehlerhafter Gesetzesvollzug und strafrechtliche Zurechnung, 1986; *Hundt*, Die Wirkungsweise der öffentlich-rechtlichen Genehmigung im Strafrecht, 1994; *Iburg*, Zur strafrechtlichen Verantwortlichkeit von Amtsträgern der Gewerbeaufsicht, UPR 1989, 128; *Immel*, Strafrechtliche Verantwortlichkeit von

Amtsträgern im Umweltstrafrecht: Umweltuntreue, 1987; *Kareklas*, Die Lehre vom Rechtsgut und das Umweltstrafrecht, 1990; *Kegler*, Umweltschutz durch Strafrecht?, 1989; *Keller*, Umweltschutz und Strafrecht unter besonderer Berücksichtigung des Verwaltungsrechts, 1987; *ders.*, Zur strafrechtlichen Verantwortlichkeit des Amtsträgers für fehlerhafte Genehmigungen im Umweltrecht, Rebmann-FS 1989, S. 241; *Kindhäuser*, Rechtstheoretische Grundfragen des Umweltstrafrechts, Helmrich-FS 1994, S. 967; *Kleine-Cosack*, Kausalitätsprobleme im Umweltstrafrecht, 1988; *Kloepfer*, Umweltrecht unter Berücksichtigung des Umweltstrafrechts, 1989; *Kloepfer/Heger*, Umweltstrafrecht, 2014; *Knopp*, Zur Strafbarkeit von Amtsträgern in Umweltverwaltungsbehörden unter besonderer Berücksichtigung der BGH-Rechtsprechung, DÖV 1994, 676; *Kühl*, Probleme der Verwaltungsakzessorietät des Strafrechts, insbesondere des Umweltstrafrechts, Lackner-FS 1987, S. 815; *Kuhlen*, Zum Umweltstrafrecht in der Bundesrepublik Deutschland, WiVerw 1991, 181; *ders.*, Umweltstrafrecht – auf der Suche nach einer neuen Dogmatik, ZStW 105 (1993), 697; *Laufhütte*, Überlegungen zur Änderung des Umweltstrafrechts, DRiZ 1989, 337; *Laufhütte/Möhrenschlager*, Umweltstrafrecht in neuer Gestalt, ZStW 92 (1980), 912; *Leibinger*, Der strafrechtliche Schutz der Umwelt, ZStW Beiheft 1978, 69; *Lenckner*, Behördliche Genehmigung und der Gedanke des Rechtsmissbrauchs im Strafrecht, Pfeiffer-FS 1988, S. 27; *Malitz*, Zur behördlichen Duldung im Strafrecht, 1995; *Meinberg*, Amtsträgerstrafbarkeit bei Umweltbehörden, NJW 1986, 2220; *ders.*, Empirische Erkenntnisse zum Vollzug des Umweltstrafrechts, ZStW 100 (1988), 112; *Meinberg/Link*, Umweltstrafrecht in der Praxis: Falldokumentation zur Erledigung von Umweltstrafsachen, 1988; *Meinberg/Möhrenschlager/Kink* (Hrsg.), Umweltstrafrecht, 1989; *Meurer*, Umweltschutz durch Umweltstrafrecht?, NJW 1988, 2065; *Michalke*, Umweltstrafsachen, 1991; *dies.*, Die Strafbarkeit von Amtsträgern wegen Gewässerverunreinigung (§ 324 StGB) und umweltgefährdender Abfallbeseitigung (§ 326 StGB) in neuem Licht, NJW 1994, 1693; *Möhrenschlager*, Konzentration des Umweltstrafrechts, ZRP 1979, 97; *ders.*, Neuere Entwicklungen im Umweltstrafrecht des StGB, NuR 1983, 209; *ders.*, Kausalitätsprobleme im Umweltstrafrecht des StGB, WiVerw 1994, 47; *ders.*, Revision des Umweltstrafrechts, NStZ 1994, 513, 566; *Müller*, Zur Haftung der Amtsträger und politischen Mandatsträger im Umweltstrafrecht, UPR 1990, 367; *Mumberg*, Der Gedanke des Rechtsmissbrauchs im Umweltstrafrecht, 1989; *Nestler*, Die strafrechtliche Verantwortlichkeit eines Bürgermeisters für Gewässerverunreinigungen der Bürger, GA 1994, 514; *Odersky/Brodersen*, Empfehlen sich Änderungen des strafrechtlichen Umweltschutzes, insbesondere in Verbindung mit dem Verwaltungsrecht?, ZRP 1988, 475; *Ossenbühl*, Verwaltungsrecht als Vorgabe für Zivil- und Strafrecht, DVBl 1990, 963; *Ossenbühl/Huschens*, Umweltstrafrecht – Struktur und Reform, UPR 1991, 161; *Ostendorf*, Die strafrechtliche Rechtmäßigkeit rechtswidrigen hoheitlichen Handelns, JZ 1981, 165; *Otto*, Grundsätzliche Problemstellungen des Umweltstrafrechts, Jura 1991, 308; *ders.*, Das neue Umweltstrafrecht, Jura 1995, 134; *Paeffgen*, Verwaltungsakt-Akzessorietät im Umweltstrafrecht, Stree/Wessels-FS 1993, S. 586; *Paetzold*, Die Neuregelung rechtsmissbräuchlich erlangter Genehmigungen durch § 330d Nr. 5 StGB, NStZ 1996, 170; *Papier*, Strafbarkeit von Amtsträgern im Umweltrecht, NJW 1988, 1113; *Papier/Kessal*, Umweltschutz durch Strafrecht, 1987; *Pfohl*, Strafbarkeit von Amtsträgern wegen Duldung unzureichender Abwasserreinigungsanlagen, NJW 1994, 418; *ders.*, Das 45. Strafrechtsänderungsgesetz – Umsetzung der EU-Richtlinie über den strafrechtlichen Schutz der Umwelt, ZWH 2013, 95; *Rengier*, Die öffentlich-rechtliche Genehmigung im Umweltstrafrecht, ZStW 101 (1989), 874; *ders.*, Zur Bestimmung und Bedeutung der Rechtsgüter im Umweltstrafrecht, NJW 1990, 2506; *ders.*, Das moderne Umweltstrafrecht im Spiegel der Rechtsprechung, 1992; *Rogall*, Das Gesetz zur Bekämpfung der Umweltkriminalität (18. StRÄG), JZ-GD 1980, 101; *ders.*, Gegenwartsprobleme des Umweltstrafrechts, Uni Köln-FS 1988, S. 505; *ders.*, Zur Bestimmung und Bedeutung der Rechtsgüter im Umweltstrafrecht, NJW 1990, 2506; *ders.*, Die Strafbarkeit von Amtsträgern im Umweltbereich, 1991; *ders.*, Die Duldung im Umweltstrafrecht, NJW 1995, 922; *ders.*, Die Verwaltungsakzessorietät des Umweltstrafrechts – Alte Streitfragen, neues Recht, GA 1995, 299; *ders.*, Umweltschutz durch Strafrecht – eine Bilanz, Umweltrecht im Wandel, 2001, S. 795; *Ronzani*, Erfolg und individuelle Zurechnung im Umweltstrafrecht, 1990; *Rudolphi*, Probleme der strafrechtlichen Verantwortlichkeit von Amtsträgern für Gewässerverunreinigungen, Dünnebier-FS 1982, S. 561; *ders.*, Primat des Strafrechts im Umweltschutz?, NStZ 1984, 193, 248; *Rüther*, „Immanente" oder „radikale" Reform des Umweltstrafrechts?, KritV 1993, 277; *Ruhs*, Europäisierung des Umweltstrafrechts, ZJS 2011, 13; *Sack*, Das Gesetz zur Bekämpfung der Umweltkriminalität, NJW 1980, 1424; *ders.*, Novellierung des Umweltstrafrechts (Zweites Gesetz zur Bekämpfung der Umweltkriminalität), MDR 1990, 286; *ders.*, Umweltschutz-Strafrecht, 38. Lfg., Stand August 2013; *Samson*, Kausalitäts- und Zurechnungsprobleme im Umweltstrafrecht, ZStW 99 (1987), 617; *ders.*, Konflikte zwischen öffentlichem und strafrechtlichem Umweltschutz, JZ 1988, 800; *Sander*, Gesetz zur Bekämpfung der Umweltkriminalität, DB 1980, 1249; *ders.*, Umweltstraf- und Ordnungswidrigkeitenrecht, 1981; *Sangenstedt*, Garantenstellung und Garantenpflicht von Amtsträgern, 1989; *Schall*, Umweltschutz durch Strafrecht: Anspruch und Wirklichkeit, NJW 1990, 1263; *ders.*, Möglichkeiten und Grenzen eines verbesserten Umweltschutzes durch das Strafrecht, wistra 1992, 1; *ders.*, Systematische Übersicht der Rechtsprechung zum Umweltstrafrecht, NStZ 1992, 209, 265; 1997, 577; *Scheele*, Zur Bindung des Strafrichters an fehlerhafte behördliche Genehmigungen im Umweltstrafrecht, 1993; *Schemken/Müller*, Umweltstrafrecht in den Kommunen, 1993; *Schild*, Probleme des Umweltstrafrechts, Jura 1979, 421; *ders.*, Umweltschutz durch Kriminalstrafrecht?, JurBl 1979, 12; *Schittenhelm*, Probleme der umweltgefährdenden Abfallbeseitigung nach § 326 StGB, GA 1983, 310; *Schmidt*, Neue höchstrichterliche Rechtsprechung zum Umweltrecht, JZ 1995, 545; *Schmidt/Schöne*, Das neue Umweltstrafrecht, NJW 1994, 2514; *Schmitz*, Verwaltungshandeln und Strafrecht: zur Verwaltungsakzessorietät des Umweltstrafrechts, 1992; *Schöndorf*, Umweltschutz durch Strafrecht – Bestandsaufnahme und Perspektiven, NJ 1991, 527; *Scholl*, Strafrechtliche Verantwortlichkeit von Gemeinde-, Kreisräten und Mitgliedern der Zweckverbandsversammlungen im Umweltrecht, 1996; *Schünemann*, Die Strafbarkeit von Amtsträgern im Gewässerstrafrecht, wistra 1986, 235; *Schwarz*, Zum richtigen Verständnis der Verwaltungsakzessorietät des Umweltstrafrechts, GA 1993, 318; *Schwertfeger*, Die Reform des Umweltstrafrechts durch das Zweite Gesetz zur Bekämpfung der Umweltkriminalität (2. UKG), insbesondere unter kriminalpolitischen Gesichtspunkten, 1997; *Schwind/Steinhilper* (Hrsg.), Umweltschutz und Umweltkriminalität, 1986; *Seelmann*, Atypische Zurechnungsstrukturen im Umweltstrafrecht, NJW 1990, 1257; *Seier*, Probleme des Umweltstrafrechts, JA 1985, 23; *Shim*, Verwaltungshandeln und Rechtfertigungsprobleme im Umweltstrafrecht, 1994; *Tiedemann*, Die Neuordnung des Umweltstrafrechts, 1980; *Tiedemann/Kindhäuser*, Umweltstrafrecht – Bewährung oder Reform?, NStZ 1988, 337; *Triffterer*, Die Rolle des Strafrechts beim Umweltschutz in der Bundesrepublik Deutschland, ZStW 91 (1979), 309; *ders.*, Umweltstrafrecht, 1980; *Tröndle*, Verwaltungshandeln und Strafverfolgung – konkurrierende Instrumente des Umweltrechts?, Meyer-GS 1990, S. 607; *Vierhaus*, Die Reform des Umweltstrafrechts durch das 2. Gesetz zur Bekämpfung der Umweltkriminalität, ZRP 1992, 161; *Vogel*, Zum Umweltrecht in der Bundesrepublik Deutschland, ZRP 1980, 178; *Wasmuth/Koch*, Rechtfertigende Wirkung der behördlichen Duldung im Umweltstrafrecht, NJW 1990, 2434; *Weber*, Strafrechtliche Verantwortlichkeit von Bürgermeistern und leitenden Verwaltungsbeamten im Umweltschutz, 1988; *ders.*, Zur Reichweite sektoraler gesetzlicher Missbrauchsklauseln, insbesondere des § 330d Nr. 5, Hirsch-FS 1999, S. 795; *Wernicke*, Zur Strafbarkeit der Amtsträger von Wasseraufsichtsbehörden bei Unterlassungen, ZfW 1980, 261; *Wimmer*, Jüngste Entwicklungen bei der Novellierung des Umweltstrafrechts, in: Baumann/Roßnagel/Weinzierl, Rechtsschutz für die Umwelt im vereinigten Deutschland, 1992; *ders.*, Strafbarkeit des Handelns aufgrund einer erschlichenen behördlichen Genehmigung, JZ 1993, 67; *Winkelbauer*, Zur Verwaltungsakzessorietät des Umweltstrafrechts, 1985; *ders.*, Die strafrechtliche Verantwortung von Amtsträgern im Umweltstrafrecht, NStZ 1986, 149; *ders.*, Die Verwaltungsabhängigkeit des Umweltstrafrechts, DÖV 1988, 723; *ders.*, Die behördliche Genehmigung im Strafrecht, NStZ 1988, 201; *Winkemann*, Probleme der

Übersicht § 41

Fahrlässigkeit im Umweltstrafrecht, 1991; *Wittkämper/Wulff-Nienhuser*, Umweltkriminalität – heute und morgen, 1987; *Wohlers*, Der Erlass fehlerhafter Genehmigungsbescheide als Grundlage mittelbarer Täterschaft, ZStW 108 (1996), 61; *ders.*, Verwaltungsrechtsakzessorietät und Rechtsmissbrauchsklauseln – am Beispiel des § 330 d Nr. 5 StGB, JZ 2001, 850; *Won*, Behördliche Genehmigung als Tatbestandsausschließungs- oder Rechtfertigungsgrund im Umweltstrafrecht, 1994; *Wüterich*, Die Bedeutung von Verwaltungsakten für die Strafbarkeit wegen Umweltvergehen (§§ 324 ff. StGB), NStZ 1987, 106; *Zeitler*, Die strafrechtliche Haftung für Verwaltungsentscheidungen nach dem neuen Umweltstrafrecht, 1982.

Übersicht

	Rn.
I. Der kriminalpolitische Hintergrund, geschützte Rechtsgüter	1
1. Umweltmedien als Rechtsgüter	1
2. Kriminalitätsumfang	8
II. Die tatbestandliche Struktur des Umweltstrafrechts	10
1. Gefährdungstatbestände	10
2. Verwaltungsakzessorietät	13
3. Sonderdelikte	17
III. Umweltdelikte und allgemeine Strafrechtslehren	19
1. Tatbestandsausschluss, Rechtfertigung und Strafaufhebung	20
a) Strafrechtliche Wirkung von behördlichen Genehmigungen u. dgl.	20
b) Allgemeine Rechtfertigungsgründe	28
2. Vollendung und Versuch, Rücktritt vom Versuch und vom vollendeten Delikt (§ 330b)	30
3. Verantwortlichkeit von Organen, Vertretern und Beauftragten, § 14; Sanktionen gegen juristische Personen	32
4. Beteiligung	35
a) Täterschaft und Teilnahme allgemein	35
b) Die Verantwortlichkeit von Amtsträgern im Besonderen	37
IV. Überblick über den strafrechtlichen Schutz der einzelnen Umweltgüter	58
1. Die verwaltungsakzessorischen Grundtatbestände	59
a) Gewässerschutz, insbes. § 324	59
b) Schutz des Bodens, insbes. § 324a	61
c) Schutz vor Luftverunreinigungen, insbes. § 325	62
d) Schutz vor Lärm, Erschütterungen und nichtionisierenden Strahlen, insbes. § 325a	66
e) Schutz vor gefährlichen Abfällen, insbes. § 326	70
f) Strahlenschutz und Schutz vor anderen gefährlichen Stoffen und Gütern, insbes. § 328	76
g) Naturschutz, insbes. § 329 III	81
2. Besonders schwere Fälle und Qualifikationen, § 330	83
a) Gesetzestechnik	83
b) Die einzelnen Regelbeispiele, § 330 I Nr. 1–4	85
c) Die qualifizierten Tatbestände, § 330 II Nr. 1 und 2	86

3. Schwere Gefährdung durch Freisetzen von Giften, § 330a 89
   a) Deliktsnatur 89
   b) Grunddelikt und Qualifikation, § 330a I und II 92
   c) Vorsatz und Fahrlässigkeit, § 330a IV und V 96
   d) Rechtfertigung 97
   e) Versuch und Vollendung, Rücktritt vom Versuch und
      vom vollendeten Delikt, § 330b 98
   f) Beteiligung 99
   g) Konkurrenzen 100

I. Der kriminalpolitische Hintergrund, geschützte Rechtsgüter

1. Umweltmedien als Rechtsgüter

1   Das 18. StrÄndG (G zur Bekämpfung der Umweltkriminalität) 1980 hat die in der Praxis wichtigsten Strafvorschriften zum Schutze der Umwelt als (jetzigen) 29. Abschnitt des BT, §§ 324–330d, ins StGB eingestellt[1]. Die Tatbestände waren größtenteils nicht neu, sondern bereits zuvor – allerdings teilweise abweichend gefasst – im Nebenstrafrecht enthalten, z. B. § 324 als § 38 WHG a. F. und § 325 als § 64 BImSchG a. F.[2]. Der Standort der Bestimmungen im StGB soll die Sozialschädlichkeit der Umweltstraftaten verdeutlichen[3]. Durch das 31. StrÄndG[4] wurden die Tatbestände teilweise reformiert sowie einzelne Strafdrohungen verschärft[5]. Weitere kleine Änderungen hat das 6. StrRG 1998 gebracht[6]. Zuletzt gab es anlässlich der EU-Richtlinie über den strafrechtlichen Schutz der Umwelt im Zuge des 45. StrÄndG einige Modifikationen[7]. – Die sozialethische Bedeutung (auch) des Umweltstrafrechts wird unterstrichen durch die Aufwertung des Umweltschutzes zum Staatsziel in Art. 20a GG[8].

---

1   Ebenso die (jetzigen) §§ 311 und 312; s. zu ihnen o. § 37 Rn. 77, 80.
2   Zu weiteren Vorläufern der jetzigen StGB-Vorschriften im Nebenstrafrecht vgl. *Triffterer*, Umweltstrafrecht, S. 43–56. Weniger gravierende Umweltdelikte sowie Umweltordnungswidrigkeiten sind nach wie vor in den Nebengesetzen erfasst; s. z. B. § 62 BImSchG.
3   S. z. B. *Laufhütte/Möhrenschlager*, ZStW 92 (1980), 912 m. w. N. in Fn 3. Vgl. zur Kritik an der Übernahme der Umweltdelikte ins StGB *Fischer*, Vor § 324 Rn. 4; *Wessels/Hettinger*, BT 1, Rn. 1053. Zur Kritik an der Ausdehnung des Umweltstrafrechts s. *Hassemer*, ZRP 1992, 378 (380); *Herzog*, Gesellschaftliche Unsicherheit und strafrechtliche Daseinsvorsorge, 1991, S. 141 ff. Eine zufriedene Bilanz zieht hingegen *Rogall*, Umweltrecht im Wandel, 2001, S. 795.
4   Zweites Gesetz zur Bekämpfung der Umweltkriminalität (2. UKG) vom 27.6.1994 (BGBl. I, S. 1440); in Kraft getreten am 1.11.1994.
5   S. dazu *Möhrenschlager*, NStZ 1994, 513, 566; *Otto*, Jura 1995, 134; *Schmidt/Schöne*, NJW 1994, 2514.
6   S. dazu und zu späteren Änderungen *S/S/Heine/Hecker*, Vor § 324 Rn. 7b ff.
7   Umsetzung der Richtlinie des Europäischen Parlaments und des Rates über den strafrechtlichen Schutz der Umwelt vom 6.12.2011 (BGBl. I S. 2557); in Kraft getreten am 14.12.2011. Zur Europäisierung des Umweltstrafrechts siehe *Ruhs*, ZJS 2011, 13 ff.
8   Eingefügt durch das Gesetz vom 27.10.1994 (BGBl. I S. 3146).

Das durch die umweltrechtlichen Strafbestimmungen geschützte **Rechtsgut** ist umstritten[9]. Hatte noch der AE[10] in §§ 151 ff. (Personengefährdungen) den individualrechtlichen Schutz von Leben und Gesundheit des Menschen vor den Gefahren der Umwelt seiner Konzeption zugrunde gelegt[11], so werden in den §§ 324 ff. die **ökologischen Güter der Umwelt**, d. h. die einzelnen Umweltmedien (Wasser, Boden, Luft etc.), selbst als Schutzobjekte anerkannt (sog. „ökologische Rechtsgutsbestimmung")[12]. Welche Güter das im Einzelnen sind, ist nicht vollständig geklärt, wie auch die nicht abschließende Definition in § 326 VI zeigt, wo neben dem Menschen als Beispiel die Gewässer, die Luft, der Boden, Nutztiere und Nutzpflanzen genannt werden[13].

Allerdings steht die h. M. auf dem Standpunkt, dass die ökologischen Güter nicht um ihrer selbst, sondern um der – heutigen und künftigen – Menschen willen geschützt sind, sog. **Anthropozentrik**, d. h. Endbezug der Umweltmedien auf den Menschen[14]. Eine Mindermeinung lehnt diese anthropozentrische Betrachtungsweise ab[15].

Im Umweltstrafrecht wird die anthropozentrische Konzeption dadurch bestätigt, dass die Grundtatbestände der §§ 324a I Nr. 1, 325 I, 325a, 326 I Nr. 1 und 2, 328 I Nr. 2 sowie die Qualifikationen des § 330 II Nr. 1 und 2 und die schwere Gefährdung durch Gift (§ 330a) u. a. die Beeinträchtigung menschlicher Gesundheit und menschlichen Lebens unter Strafe stellen. Auch wo diese Individualrechtsgüter im Tatbestand nicht ausdrücklich genannt sind, wie z. B. in § 324, ist ihre Beeinträchtigung zulasten des Angeklagten bei der Strafzumessung zu berücksichtigen.

---

9 Zum Rechtsgut der Umweltdelikte allgemein *Bloy*, ZStW 100 (1988), 485; *Hohmann*, Das Rechtsgut der Umweltdelikte, 1991; *ders.*, GA 1992, 76; *Kareklas*, Die Lehre vom Rechtsgut und das Umweltstrafrecht, 1990; *Rengier*, NJW 1990, 2506.
10 Straftaten gegen die Person, 2. Halbband, 1971.
11 Vgl. auch die Begründung des AE, S. 49: Die Bezeichnung „Umweltschutz" sei „geeignet, die hier anstehenden Probleme zu verniedlichen oder gar zu verschleiern: es geht nicht um den Schutz der Umwelt, sondern allein um den Schutz menschlichen Lebens und menschlicher Gesundheit vor den Gefahren der Umwelt". Dieser individual-rechtliche Ansatz wird auch vertreten von *Backes*, JZ 1973, 337 (339 f.); *Hohmann*, Das Rechtsgut der Umweltdelikte, 1991, S. 194; *ders.*, GA 1992, 76 (84); *Schmidhäuser*, BT, 15/47.
12 BT-Drucks. 8/2362, S. 10; *Laufhütte/Möhrenschlager*, ZStW 92 (1980), 912 (917); *Wessels/Hettinger*, BT 1, Rn. 1057. Von dieser ökologischen Sicht löst sich *Papier* (NuR 1986, 2; *ders.*, Gewässerverunreinigung, Grenzwertfestsetzung und Strafbarkeit, 1984, S. 28): Rechtsgut der Gewässerverunreinigung (§ 324) sei die „Bewirtschaftungsfähigkeit des Wassers".
13 Weitere Güter werden in den Umweltschutzgesetzen genannt, z. B. in § 1 BImSchG Kultur- und sonstige Sachgüter.
14 S. z. B. *Bloy*, ZStW 100 (1988), 485 (498); *Kuhlen*, ZStW 105 (1993), 697 (703); *Laufhütte/Möhrenschlager*, ZStW 92 (1980), 914 (917); *Rengier*, BT 2, § 47 Rn. 10; SK-*Schall*, Vor § 324 Rn. 15 u. 20; *Schittenhelm*, GA 1983, 310 (311); *Tiedemann*, Die Neuordnung des Umweltstrafrechts, S. 18; *Triffterer*, Umweltstrafrecht, S. 34 f.
15 S. z. B. *Krey/Hellmann/M.Heinrich*, BT 1, Rn. 1169. – Gegen eine bloß wirtschaftliche Betrachtungsweise *Arzt*, Kriminalistik 1981, 117 (120).

5   Für die praktische Anwendung der geltenden umweltstrafrechtlichen Vorschriften ist es bedeutungslos, ob man sich die anthropozentrische Sicht zu eigen macht oder nicht[16].

6   Jedenfalls ist zur Konzeption der §§ 324 ff. kritisch anzumerken, dass der Gesetzgeber sich nicht dazu durchringen konnte, die **Umwelt als ideelles Gut** zu betrachten, sondern – wie schon der AE mit Leib und Leben – utilitaristische Erwägungen in den Vordergrund gerückt hat. Das wird im Hinweis in § 326 VI auf Nutztiere oder Nutzpflanzen besonders deutlich.

7   Nicht besseren (strengeren) Vorschriften, sondern der besseren Durchsetzung bestehender Vorschriften ist das Wort zu reden. Dabei ist besonders darauf zu achten, dass kein Gewirr an Vorschriften entsteht, mit der Folge, dass jeder Betrieb permanent gegen irgendwelche Bestimmungen verstößt und so in seiner Existenz vom behördlichen Wohlwollen abhängig wird, d. h. auf das „Vollzugsdefizit" der Verwaltung angewiesen ist[17]; s. auch u. § 49 Rn. 15.

2. Kriminalitätsumfang

8   2013 wurden 12.333 Taten nach §§ 324–330a polizeilich registriert[18], 2012 1.078 Personen nach diesen Vorschriften verurteilt[19]. Die Aufklärungsquote lag zuletzt bei 62,4 %. Insgesamt war seit der Aufnahme der Umweltdelikte ins StGB (s. o. Rn. 1) zunächst eine kontinuierliche Steigerung der polizeilich erfassten Kriminalität zu verzeichnen: 1982 ca. 6.700 Fälle, 1987 ca. 17.000, 1993 ca. 30.000 (ab hier einschließlich der neuen Bundesländer), 1996 ca. 40.000. Seit dem Höchstwert von 41.381 Fällen im Jahre 1998 hingegen sind die Zahlen rückläufig, Tendenz weiter sinkend. Zuletzt wurden 30.950 (2001), 21.409 (2004), 17.305 (2006) bzw. 17.749 (2012) Fälle erfasst.

9   Der Schwerpunkt der Umweltdelikte lag zunächst bei der Gewässerverunreinigung (§ 324), liegt aber nunmehr eindeutig bei dem unerlaubten Umgang mit gefährlichen Abfällen (§ 326). So wurden im Jahr 2013 allein 7.595 Fälle des § 326 registriert, was mehr als 60 % aller Umweltstraftaten entspricht. Die Zahl der registrierten Fälle hängt allerdings nicht zuletzt von der Anzeige- und Verfolgungsbereitschaft ab, sodass der zuletzt zu beobachtende Rückgang der erfassten Fälle nicht zwingend eine Abnahme der Umweltkriminalität bedeuten muss. Ohnehin ist von einem großen Dunkelfeld auszugehen.

---

16   So auch *Rengier*, NJW 1990, 2506 (2514).
17   Vgl. zum „Vollzugsdefizit" der Verwaltung im Umweltrecht insbesondere *Mayntz* u. a., Vollzugsprobleme der Umweltpolitik, 1978; hierzu auch *Hassemer*, ZRP 1992, 878 (882).
18   Vgl. Grundtabelle 01 der Polizeilichen Kriminalstatistik (PKS) des Bundeskriminalamtes (Wiesbaden), 61. Aufl. 2013; http://www.bka.de/DE/Publikationen/PolizeilicheKriminalstatistik/2013/2013Standardtabellen/pks2013StandardtabellenFaelleUebersicht.html.
19   Vgl. Tabelle 2.1 der Strafverfolgungsstatistik des Bundesamt für Statistik für das Jahr 2012, Fachserie 10 Reihe 3, Jahrgang 2012, im Internet abrufbar unter: https://www.destatis.de/DE/Publikationen/Thematisch/Rechtspflege/Strafverfolgung Vollzug/Strafverfolgung2100300127004.pdf?__blob=publicationFile.

II. Die tatbestandliche Struktur des Umweltstrafrechts

1. Gefährdungstatbestände

Die §§ 324 ff. enthalten überwiegend Gefährdungstatbestände. Der kriminalpolitische Grund für diese Gesetzgebungstechnik liegt vor allem in der Schwierigkeit des Kausalitätsnachweises für Rechtsguts**verletzungen**, z. B. Gesundheitsschäden, Waldsterben, namentlich bei der Kumulierung vieler gleicher oder ähnlicher Handlungen[20]. Da der Kausalitätsnachweis für **konkrete** Rechtsguts**gefährdungen** kaum geringere Schwierigkeiten bereitet – auch die konkrete Gefahr ist ein Tatererfolg[21] – überwiegen im Umweltstrafrecht die **abstrakten Gefährdungsdelikte**[22]. 10

Beispiele: §§ 326 I Nr. 1–3, II, III, 327, 328 I Nr. 1, 329 I, II.

Eine Reihe von Tatbeständen erfasst Delikte im Grenzbereich von abstrakter und konkreter Gefährdung[23].

Beispiele: §§ 325 I, 325a I, 326 I Nr. 4, 328 I Nr. 2, II Nr. 2.

Bei dieser zuletzt genannten Gruppe, den sog. **potenziellen Gefährdungsdelikten** (oder Eignungsdelikten), muss neben der Verletzung verwaltungsrechtlicher Pflichten noch eine **Eignung** zur Schädigung bestimmter Rechtsgüter hinzutreten. Hierzu reicht aber ein naturwissenschaftlich gesichertes Erfahrungswissen hinsichtlich der Schädlichkeit des Täterverhaltens für das jeweilige Rechtsgut aus.

Soweit der 29. Abschnitt des BT **konkrete Gefährdungsdelikte** enthält (§§ 325a II, III Nr. 2, 328 III, 330 I Nr. 2, II Nr. 1, 330a), handelt es sich im Wesentlichen um Qualifikationen der vorstehend Rn. 10 angeführten abstrakten bzw. potenziellen Gefährdungsdelikte. 11

Die §§ 324, 324a, 325 und 329 III enthalten **Verletzungsdelikte** insoweit, als Wasser, Boden, Luft oder Naturschutzgebiete verunreinigt, nachteilig verändert oder sonst beeinträchtigt werden müssen, ähnlich den Brandstiftungsdelikten (§§ 306 ff.), die ebenfalls insoweit Verletzungsdelikte sind, als sie die Erfolge der Inbrandsetzung oder der völligen oder teilweisen Zerstörung durch Brandlegung verlangen[24].

Die mit den Gefährdungstatbeständen verbundene Ausdehnung der Vollendungsstrafbarkeit ins Vorfeld der Rechtsgutsverletzung (dazu o. § 35 Rn. 113 ff.) wird auch im Umweltstrafrecht durch die Möglichkeit des Rücktritts vom vollendeten Delikt (**tätige Reue**), § 330b, abgemildert[25]. 12

---

20 S. dazu auch o. § 35 Rn. 30 (Luftverunreinigung durch zahlreiche umweltbelastende Betriebe).
21 S. o. § 35 Rn. 61.
22 Dazu o. § 35 Rn. 44, 46 ff.
23 Dazu o. § 35 Rn. 81 ff.
24 Dazu o. § 37 Rn. 17 ff.
25 Dazu näher u. Rn. 31.

2. Verwaltungsakzessorietät

13 Dass zivilisiertes Leben ohne Beeinträchtigung der Umwelt undenkbar ist, ist eine Binsenweisheit; ebenso, dass die Lösung des Konflikts zwischen wirtschaftlicher und technischer Entwicklung und dem Schutz der Umwelt außerordentlich schwierig ist. Lange Zeit wurde der Interessenwiderstreit mit der Zauberformel der Sozialadäquanz[26] zulasten der Umwelt gelöst. Nachwirkungen dieser Einstellung finden sich in §§ 325 V, 325a IV, 329 I 3 (Ausnahme des Verkehrsbereichs von der Strafbarkeit wegen Luftverunreinigung und Verursachung gesundheitsschädlichen Lärms)[27].

14 Mittlerweile sind die Grenzen zulässiger Umweltbelastung in verschiedenen Gesetzen (mit zahlreichen Ausführungsverordnungen und Verwaltungsvorschriften) festgelegt (z. B. im WHG, im BImSchG, im AtG, im BNatSchG und im KrWG). Für den um **Bestimmtheit** bemühten Strafgesetzgeber (Art. 103 II GG) bestand keine ernst zu nehmende andere Möglichkeit, als die §§ 324 ff. an das Verwaltungsrecht anzulehnen (**verwaltungsrechtliche Akzessorietät** des Umweltstrafrechts)[28]. Nur so konnte auch sicher vermieden werden, dass im Widerspruch zur **Einheit der Rechtsordnung** Verhaltensweisen strafbar sind, die verwaltungsrechtlich erlaubt sind. Erkauft wurde die Anlehnung des Strafrechts an das Verwaltungsrecht mit einer ganzen Reihe von **Blankettnormen**[29], wie sie bislang im StGB nicht anzutreffen waren.

> **Beispiele** bilden die §§ 324a I, 325 I und II, 325a I und II, 326 III und 328 III, wo mit dem Merkmal „unter (grober) Verletzung verwaltungsrechtlicher Pflichten" (vgl. die Legaldefinition in § 330d Nr. 4) auf die blankettausfüllenden verwaltungsrechtlichen Regelungen verwiesen wird. Gleiches gilt für das Merkmal „ohne die erforderliche Genehmigung" in §§ 326 II, 327 I und II, 328 I sowie für das Merkmal „unbefugt" in §§ 324 I und 326 I (denn der Hauptfall befugten Handelns ist das behördlich gestattete).

15 Mit der Schaffung von Blankett-Tatbeständen, die verwaltungsrechtlich ausgefüllt werden, ist zwar formal dem Bestimmtheitsgebot Rechnung getragen. Art. 103 II GG verlangt jedoch **gesetzliche** Bestimmtheit der Strafbarkeitsvoraussetzungen, d. h. der **(Straf-)Gesetzgeber selbst** muss den

---

26 S. dazu z. B. *Laufhütte/Möhrenschlager*, ZStW 92 (1980), 912 (918); zum Rechtswidrigkeitsausschluss wegen Sozialadäquanz (kritisch) *Baumann/Weber/Mitsch*, § 16 Rn. 33 ff.
27 Ausfluss dieser Denkweise ist auch die Annahme einer gewohnheitsrechtlich zulässigen Gewässerverunreinigung (durch Schiffsabwässer) in BayObLG, JR 1983, 120 mit abl. Anm. *Sack*.
28 Vgl. zur verwaltungsrechtlichen Akzessorietät allgemein *Frisch*, Verwaltungsakzessorietät und Tatbestandsverständnis im Umweltstrafrecht, 1993; *Heine*, NJW 1990, 2425; *Kühl*, Lackner-FS 1987, S. 815; *Laufhütte/Möhrenschlager*, ZStW 92 (1980), 912 (918 ff.); MüKo-*Schmitz*, Vor §§ 324 ff. Rn. 41 ff.; *Otto*, Jura 1991, 308 (309 ff.); *Paeffgen*, Stree/Wessels-FS 1993, S. 587; *Rogall*, GA 1995, 299; *Schwarz*, GA 1993, 318; *Winkelbauer*, Zur Verwaltungsakzessorietät des Umweltstrafrechts, 1985.
29 S. zu den Blankettvorschriften allgemein *Tiedemann*, Tatbestandsfunktionen im Nebenstrafrecht, 1969, S. 239 ff., insbesondere S. 275 ff.; weiter *Baumann/Weber/Mitsch*, § 8 Rn. 100 ff. und § 9 Rn. 28.

Bereich des Strafbaren möglichst genau umschreiben[30]. Es ist deshalb bedenklich, dass „die Verfügung über den Anwendungsbereich von Kernstrafrecht auch in die Hände von Landesgesetzgebern, Kommunen, Fachbehörden und Verwaltungsgerichten" gelegt ist[31]. Die Selbstentmachtung des Gesetzgebers springt dann besonders ins Auge, wenn die Straftatbestände mit der Bezugnahme auf verwaltungsrechtliche Pflichten oder behördliche Genehmigungen nicht auf verwaltungsrechtliche Normen (vgl. § 330d Nr. 4a), sondern auf **Einzelakte** der Verwaltung (Genehmigungen, Untersagungen, Auflagen etc., vgl. § 330d Nr. 4c und 4d) verweisen[32]. Man spricht in diesem Zusammenhang von Verwaltungs**akts**akzessorietät im Gegensatz zur Verwaltungs**rechts**akzessorietät des Umweltstrafrechts. Diese Abhängigkeit des Strafrechts von der Exekutive kann wegen der unterschiedlich intensiven Durchsetzung umweltrechtlicher Belange durch die Behörden auch zu einer nur schwer erträglichen unterschiedlichen strafrechtlichen Behandlung gleichgelagerter Fälle führen.

> Mit Recht wurde deshalb schon vom 57. DJT 1988[33] gefordert, dass „Abgrenzungen erlaubter Nutzung verstärkt unmittelbar durch Rechtssatz getroffen werden, der nicht einer Konkretisierung durch Verwaltungsakt bedarf. Wo es nach wie vor einer Konkretisierung durch Verwaltungsakt bedarf, ist Bindung an Rechtsbegriffe anstelle von Ermessensspielräumen anzustreben."

Neben ihrer verfassungsrechtlichen Problematik wirft die **Verwaltungsaktsakzessorietät** des Umweltstrafrechts auch eine Reihe spezifisch strafrechtlicher Fragen auf, etwa im Zusammenhang mit der tatbestandsausschließenden oder rechtfertigenden Wirkung behördlicher Erlaubnisse[34] und hinsichtlich der Strafbarkeit fehlerhaft handelnder Amtsträger[35]. 16

3. Sonderdelikte

Die überwiegende Mehrzahl der Umweltstraftaten sind Sonderdelikte[36], die täterschaftlich nur von bestimmten Subjekten begangen werden können. – Praktisch bedeutsame **Allgemeindelikte,** bei denen jedermann Täter sein kann, enthalten § 324 (Gewässerverunreinigung) sowie § 326 I und II (unerlaubter Umgang mit gefährlichen Abfällen). 17

Die Sonderdeliktsnatur wird im Umweltstrafrecht begründet durch die Eigenschaft als **Betreiber von Anlagen** oder als **Adressat besonderer ver-**

---

30 S. dazu *Baumann/Weber/Mitsch*, § 9 Rn. 3 f., 6 ff., 28.
31 *Lackner/Kühl,* Vor § 324 Rn. 3; *Fischer,* Vor § 324 Rn. 4 u. 4a.
32 Kritisch z. B. auch *Wessels/Hettinger*, BT 1, Rn. 1054. – BVerfG, NStZ 1987, 450, hat einen Verstoß (des § 327 II Nr. 1) gegen Art. 103 II GG verneint. Anders das AG Nördlingen in seinem Vorlagebeschluss, NStZ 1986, 315 m. Anm. *Meinberg.*
33 Sitzungsbericht L zur Strafrechtlichen Abteilung des 57. DJT 1988, L, S. 279.
34 Dazu u. Rn. 20 ff.
35 Dazu u. Rn. 37 ff.
36 S. zu dieser Deliktskategorie z. B. *Baumann/Weber/Mitsch*, § 8 Rn. 31 f. – Zur Hauptgruppe der Sonderdelikte, den Amtsdelikten, s. u. § 49 Rn. 4 ff.

waltungsrechtlicher Pflichten (die u. a. durch verwaltungsrechtliche Vorschriften oder Einzelakte begründet werden können, s. § 330d Nr. 4).

Beispiele: §§ 325, 325a, 327.

18 Die Sonderdeliktsnatur einer Umweltstraftat hat Konsequenzen für die Verantwortlichkeit natürlicher Personen, wenn Anlagenbetreiber eine juristische Person ist (dazu u. Rn. 32 f.), weiter für Täterschaft und Teilnahme (dazu u. Rn. 35 f.) sowie für die Amtsträgerstrafbarkeit (dazu u. Rn. 37 ff.).

III. Umweltdelikte und allgemeine Strafrechtslehren

19 Der Schwerpunkt der **Bedeutung** des Umweltstrafrechts **im Examen** liegt nicht bei den einzelnen Tatbestandsmerkmalen der §§ 324 ff., sondern neben den geschützten Rechtsgütern (dazu o. Rn. 2–5) zum einen bei der Deliktsnatur der Umweltstraftaten – Gefährdungsdelikte, verwaltungsakzessorisch ausgestaltete Blankettdelikte, Sonderdelikte (dazu o. Rn. 10–18) –, zum anderen beim Zusammenspiel des BT (§§ 324 ff.) mit wichtigen Regeln des AT. Das Verständnis dafür wollen die folgenden Ausführungen (Rn. 20–57) wecken.

1. Tatbestandsausschluss, Rechtfertigung und Strafaufhebung

a) Strafrechtliche Wirkung von behördlichen Genehmigungen u. dgl.

20 Soweit die Tatbestände ein Handeln ohne Genehmigung (§§ 326 II, 327 I und II, 328 I) oder unter Verletzung verwaltungsrechtlicher Pflichten voraussetzen (§§ 324a I, 325 I und II, 325a I und II, 326 III, 328 III), **fehlt** es bereits an einem **tatbestandsmäßigen Verhalten,** wenn der Handelnde, z. B. der Betreiber einer Anlage, eine Genehmigung innehat oder die ihm von der Verwaltung auferlegten Pflichten erfüllt.

21 Knüpfen die Tatbestände nicht ausdrücklich an verwaltungsrechtliche Regelungen an, sondern wird – farbloser – ein **unbefugtes** Handeln vorausgesetzt (§§ 324 I, 326 I), so wirkt die behördliche Erlaubnis **rechtfertigend**[37].

22 Sachlich wird die unterschiedliche strafrechtliche Bedeutung der Genehmigung wie folgt begründet: Ist das fragliche Verhalten typischerweise strafwürdiges Unrecht (wie die Gewässerverunreinigung, § 324 I, und die Ablagerung gefährlicher Abfälle, § 326 I), so berührt die behördliche Genehmigung den Tatbestandstypus nicht und wirkt lediglich rechtfertigend. Verwaltungsrechtlich handelt es sich um repressive Verbote mit Befreiungsvorbehalt. – Ist das fragliche Verhalten prinzipiell sozial billigenswert oder doch wertneutral, wie z. B. der Anlagenbetrieb zum Zwecke der Erzeugung von Wirtschaftsgütern, so wird typisches strafwürdiges Unrecht erst durch die Missachtung des Genehmigungserfordernisses begründet; die Genehmigung

---

[37] H. M., s. z. B. *Lackner/Kühl*, § 324 Rn. 9; SK-*Schall*, § 324 Rn. 54; *Fischer*, § 324 Rn. 7, § 326 Rn. 10. – Zu differenzierenden Auffassungen – bei befugtem Handeln teils bereits Tatbestandsausschluss, teils erst Rechtfertigung – s. S/S/*Heine/Hecker*, Vor § 324 Rn. 14 m. w. N.

schließt bereits die Tatbestandsmäßigkeit aus, so bei den o. Rn. 20 genannten Vorschriften. Verwaltungsrechtlich handelt es sich um präventive Verbote mit Erlaubnisvorbehalt[38].

Ob eine tatbestands- oder rechtswidrigkeitsausschließende Genehmigung oder dgl. vorliegt, bemisst sich grundsätzlich nach ihrer **verwaltungsrechtlichen Wirksamkeit**. 23

Tatbestandsmäßiges Handeln, z. B. nach § 327, und rechtswidriges Handeln, z. B. nach § 324, liegt also dann vor, wenn der genehmigende Verwaltungsakt – praktisch sehr selten – an einem derart schweren Mangel leidet, dass er nach § 44 VwVfG nichtig ist. Dagegen Tatbestandsausschluss bzw. befugtes Handeln, wenn der Genehmigungsakt zwar rechtswidrig, aber wirksam ist und nur nach § 48 VwVfG zurückgenommen werden kann[39].

Verwaltungsrechtlich wirksam und lediglich rücknehmbar sind begünstigende rechtswidrige Verwaltungsakte auch dann, wenn sie durch Drohung, Bestechung oder Kollusion (zwischen Amtsträger und Genehmigungsempfänger) erwirkt oder durch unrichtige oder unvollständige Angaben erschlichen wurden, § 48 I 2 i. V. m. II 3 Nr. 1 und 2 VwVfG. 24

Für derart unlauter erwirkte Genehmigungen u. dgl. **durchbricht** die durch das 31. StrÄndG (2. UKG) 1994 eingefügte Missbrauchsklausel in **Nr. 5 des § 330d** mittels einer Art Fiktion die **Verwaltungsaktsakzessorietät** des Umweltstrafrechts: Entgegen dem Verwaltungsrecht liegt ein Handeln ohne Genehmigung u. dgl. vor, sodass Tatbestandsmäßigkeit z. B. nach § 325 und § 327 sowie unbefugtes Handeln z. B. nach § 324 vorliegt[40].

Auch wenn die Genehmigung wirksam ist, also § 330d Nr. 5 nicht eingreift, kann die **rechtsmissbräuchliche Ausnutzung der Genehmigung** zur Strafbarkeit führen. Dies ist jedenfalls dann anzunehmen, wenn, für den Inhaber der Genehmigung erkennbar, Individualrechtsgüter wie Gesundheit und Leben geschädigt oder gefährdet werden und Strafbarkeit wegen Körperverletzungs- oder Tötungsdelikten in Betracht kommt[41].

Nicht ausreichend für den Ausschluss der Tatbestandsmäßigkeit bzw. der Rechtswidrigkeit ist die bloße **Genehmigungsfähigkeit** des umweltbelastenden Verhaltens, und zwar auch dann nicht, wenn die Verwaltungs- 25

---

38 S. dazu z. B. *Baumann/Weber/Mitsch*, § 17 Rn. 126; *S/S/Lenckner/Sternberg-Lieben*, Vor § 32 Rn. 61.
39 S. z. B. OLG Frankfurt, JR 1988, 168 m. Anm. *Keller*; LK-*Steindorf*, Vor § 324 Rn. 31 m. w. N. – Die h. M. setzt befugtes Handeln (z. B. i. S. d. § 324) generell mit gerechtfertigtem Handeln gleich. Dagegen u. a. *U. Weber*, Strafrechtliche Verantwortlichkeit von Bürgermeistern, S. 43 ff., wenn der genehmigende Akt rechtswidrig war: nur persönlicher Strafausschließungsgrund für den Genehmigungsempfänger mit der Möglichkeit der strafbaren Teilnahme von Amtsträgern (dazu u. Rn. 40 mit Fn. 65).
40 Näher zu § 330d Nr. 5 und zu vergleichbaren Missbrauchsregelungen im Außenwirtschaftsrecht und Chemiewaffenrecht *U. Weber*, Hirsch-FS 1999, S. 795 m. w. N.; s. ferner *Wohlers*, JZ 2001, 850.
41 Zu dieser i. E. str. Problematik z. B. *S/S/Lenckner/Sternberg-Lieben*, Vor § 32 Rn. 63, 63c, 63d. S. dazu auch u. Rn. 97 (zu § 330a).

behörde dagegen nicht einschreitet, sondern das Verhalten bewusst **duldet**[42].

Eine genehmigungsgleiche Wirkung kann allenfalls dem sog. **aktiven Dulden** beigemessen werden: Die Behörde verfügt über volle Sachverhaltskenntnis und stellt zumindest konkludent eine baldige formelle Genehmigung in Aussicht[43].

26 Zwar ändert sich an der Tatbestandsmäßigkeit bzw. Rechtswidrigkeit eines ungenehmigten Täterverhaltens nichts, wenn die **Genehmigung nachträglich erteilt** wird. Jedoch ist dann, wenn die Genehmigung von vornherein zu erteilen gewesen wäre, zugunsten des Täters ein **Strafaufhebungsgrund** anzunehmen[44]. Denn der Unrechtsgehalt des Täterverhaltens schrumpft dann auf bloßen Verwaltungsungehorsam, der keine Kriminalstrafe verdient, sondern gegebenenfalls als Ordnungswidrigkeit zu ahnden ist.

27 Werden z. B. dem Betreiber einer luftverunreinigenden Anlage durch vollziehbaren Verwaltungsakt[45] bestimmte Betriebsarten untersagt, so liegt im Falle der Zuwiderhandlung eine Verletzung verwaltungsrechtlicher Pflichten (§ 330d Nr. 4c) und damit tatbestandsmäßiges und rechtswidriges Verhalten nach § 325 I vor. Wird der Verwaltungsakt später wegen materieller Fehlerhaftigkeit aufgehoben, tritt gleichfalls **Strafaufhebung** ein[46]. Die gegenteilige (für das Straßenverkehrsrecht zutreffende) Entscheidung des BGH zu Verstößen gegen ein fehlerhaft aufgestelltes Verkehrszeichen, das später beseitigt wird[47], lässt sich auf das Umweltstrafrecht nicht übertragen.

b) Allgemeine Rechtfertigungsgründe

28 Ebenso wie bei den konkreten Verkehrsgefährdungsdelikten (§§ 315a, 315c) kommt bei den konkreten Umweltgefährdungsdelikten, z. B. nach § 325a II, eine rechtfertigende **Einwilligung** des konkret gefährdeten Opfers in Betracht; s. dazu (bejahend) o. § 38 Rn. 43 f. Die Rechtsprechung dürfte allerdings zu einem anderen Ergebnis gelangen, weil die konkreten umweltstrafrechtlichen Gefährdungstatbestände, ebenso wie die Verkehrsgefährdungstatbestände, auch Interessen der Allgemeinheit schützen, nämlich die ökologischen Güter; s. dazu o. Rn. 2. – Zur rechtfertigenden Einwilligung in die konkrete Gefährdung nach § 330a s. u. Rn. 97.

---

42 H. M., z. B. BGHSt 37, 21 (28 f.); *S/S/Heine/Hecker*, Vor § 324 Rn. 19 f. m. w. N.; a. A. MüKo-*Schmitz*, Vor §§ 324 ff. Rn. 92, 96 ff.
43 S. dazu im Einzelnen z. B. *Rengier*, ZStW 101 (1989), 874 (906); *S/S/Heine/Hecker*, Vor § 324 Rn. 20 m. w. N.
44 So z. B. GK-BImSchG-*Weber*, Vor § 62 Rn. 73; *Heine/Meinberg*, DJT-Gutachten, S. D 50; *S/S/Lenckner/Sternberg-Lieben*, Vor § 32 Rn. 130; *S/S/Heine/Hecker*, Vor § 324 Rn. 21; *Rengier*, BT 2, § 47 Rn. 17; *Winkelbauer*, a. a. O. S. 65. – A. A. z. B. *Dölling*, JZ 1985, 461 (463).
45 Also einen Verwaltungsakt, der nicht mehr anfechtbar ist oder dessen sofortige Vollziehbarkeit nach § 80 II 1 Nr. 4 VwGO angeordnet wurde.
46 S. z. B. GK-BImSchG-*Weber*, § 325 Rn. 24.
47 BGHSt 23, 86.

Eine Rechtfertigung behördlich nicht gestatteten Verhaltens nach § 34 **29** (**rechtfertigender Notstand**) ist auf unvorhersehbare Not- und Katastrophenfälle beschränkt[48]. Eher kommt eine rechtfertigende (übergesetzliche) **Pflichtenkollision**[49] in Betracht.

Beispiel: Die Gefahr des Verlusts von Arbeitsplätzen rechtfertigt jedenfalls dann nicht, wenn das tatbestandsmäßige Verhalten menschliche Gesundheit schädigt oder konkret gefährdet[50].

Beispiel: Rechtfertigende Pflichtenkollision, wenn für eine zur Abwasserbeseitigung verpflichtete Gemeinde keine rechtmäßige Verhaltensalternative zur gewässerverunreinigenden Einleitung von Abwasser bestand[51].

2. Vollendung und Versuch, Rücktritt vom Versuch und vom vollendeten Delikt (§ 330b)

Der **Versuch** der meisten Umweltstraftaten ist unter Strafe gestellt; s. **30** z. B. §§ 324 II, 324a II, 325 I 2, 326 IV, 328 IV. Für den **Rücktritt** gilt § 24; s. dazu auch o. § 35 Rn. 117–122.

Die Ausdehnung der Vollendungsstrafbarkeit ins Vorfeld der Rechts- **31** gutsverletzung durch Gefährdungstatbestände[52] wird auch im Umweltstrafrecht dadurch ausgeglichen, dass dem Täter die Möglichkeit eröffnet wird, vom vollendeten Delikt zurückzutreten (**tätige Reue**, § 330b[53]).

Liegen die in § 330b I 1 umschriebenen Rücktrittsvoraussetzungen vor, werden bei vorsätzlichem Handeln Strafmilderung (nach § 49 II) und Absehen von Strafe ins Ermessen des Gerichts gestellt. Bei den in Satz 2 angeführten Fahrlässigkeitsdelikten führt der Rücktritt von Gesetzes wegen zur völligen Strafaufhebung.

In § 330b II, der § 24 I 2 nachgebildet ist, wird der nicht kausale Rücktritt honoriert[54].

---

48 S. z. B. GK-BImSchG-*Weber*, Vor § 62 Rn. 109 ff., insbes. 116; LK-*Steindorf*, § 324 Rn. 100; *Rudolphi*, NStZ 1984, 248 (252); S/S/*Heine/Hecker*, § 324 Rn. 13.
49 S. dazu z. B. *Baumann/Weber/Mitsch*, § 17 Rn. 132 ff.
50 BGH, *Dallinger* MDR 1975, 723.
51 BGHSt 38, 325 (331). Ähnlich LG Bremen, NStZ 1982, 164 m. Anm. *Möhrenschlager*: Die trotz Anwendung der möglichen technischen Einrichtungen herbeigeführte Gewässerunreinigung ist gerechtfertigt, wenn die anderweitige Entsorgung zu einer weit größeren Verschmutzung führen würde. S. dazu auch U. *Weber*, Strafrechtliche Verantwortlichkeit von Bürgermeistern, S. 30 ff.
52 S. o. § 35 Rn. 113 ff.
53 Zur Beschränkung der tätigen Reue auf bestimmte Umweltdelikte und zur dazu geäußerten Kritik s. z. B. LK-*Steindorf*, § 330b Rn. 1, und S/S/*Heine/Hecker*, § 330b Rn. 1.
54 S. dazu z. B. *Baumann/Weber/Mitsch*, § 27 Rn. 32 ff. sowie 43.

3. Verantwortlichkeit von Organen, Vertretern und Beauftragten, § 14; Sanktionen gegen juristische Personen

32 Die **Sonderdeliktsnatur** der meisten Umweltstraftaten (s. o. Rn. 17) hat zur Folge, dass Täter nur sein kann, wer die geforderte Subjektqualität aufweist, z. B. Anlagenbetreiber i. S. der §§ 325, 325a und 327 ist.

Ist – in der Praxis die Regel – Betreiber eine juristische Person oder Personenvereinigung, so kann diese nach deutschem Strafrechtsverständnis nicht bestraft werden[55]. Die für die juristische Person handelnde natürliche Person, z. B. das Vorstandsmitglied einer AG oder der Geschäftsführer einer GmbH, könnte ebenfalls nicht belangt werden, und zwar deshalb nicht, weil sie nicht Anlagenbetreiber ist. Damit schiede mangels tatbestandsmäßig-rechtswidriger Haupttat auch eine Teilnahmestrafbarkeit (§§ 26, 27) von Mitarbeitern im Betrieb aus.

33 Diese nicht annehmbaren Strafbarkeitslücken schließt § 14[56] (für das Ordnungswidrigkeitenrecht § 9 OWiG): Das strafbarkeitsbegründende persönliche Merkmal – Betreibereigenschaft – wird auf Organe juristischer Personen sowie auf bestimmte Vertreter und Beauftragte „überwälzt", wenn sie für die juristische Person usw. handeln, mit der Folge, dass diese natürlichen Personen Täter der o. Rn. 32 angeführten Betreiberdelikte sind und strafbare Teilnahme nachgeordneter Mitarbeiter möglich ist.

34 Hat sich das Organ einer juristischen Person usw. wegen eines Betreiberdelikts nach den o. Rn. 32 genannten Vorschriften i. V. m. § 14 strafbar gemacht, so kann **gegen die juristische Person** u. dgl. nach § 30 OWiG eine **Geldbuße** (keine Strafe) festgesetzt werden. Außerdem kommen sonstige gegen juristische Personen u. dgl. zulässige Sanktionen in Betracht, also Einziehung (§§ 75, 330c) und Verfall (§ 73 III).

Entsprechende Vorschriften für Ordnungswidrigkeiten sind in §§ 29 und 29a II OWiG enthalten.

4. Beteiligung

a) Täterschaft und Teilnahme allgemein

35 Täter der umweltrechtlichen **Sonderdelikte**[57] können nur Personen sein, die sich, etwa als Betreiber oder nach § 14 gleichgestellte Organe u. dgl., in der besonderen Pflichtenstellung befinden. Alle anderen Tatbeteiligten sind, ohne Rücksicht auf die Intensität ihrer Tatbeteiligung, lediglich Anstifter oder Gehilfen[58].

---

55 S. z. B. *Baumann/Weber/Mitsch*, § 13 Rn. 15 ff. und § 18 Rn. 27.
56 S. dazu z. B. *Baumann/Weber/Mitsch*, § 29 Rn. 18 ff.
57 S. o. Rn. 17 und 32.
58 S. dazu auch *Baumann/Weber/Mitsch*, § 29 Rn. 13 ff., 30.

Bei den **Allgemeindelikten**, z. B. nach § 324[59], bestimmt sich die Beteiligtenrolle nach den von den Teilnahmetheorien für die Abgrenzung von Täterschaft und Teilnahme entwickelten Kriterien[60]. Danach sind untergeordnete Mitarbeiter, die auf Weisung handeln, i. d. R. Gehilfen (§ 27)[61].

Zur Tatbeteiligung von Amtsträgern s. nachstehend Rn. 37 ff.

b) Die Verantwortlichkeit von Amtsträgern im Besonderen[62]

Verschiedene Entwürfe einer speziellen Regelung der Amtsträgerstrafbarkeit im Umweltrecht[63] sind nicht Gesetz geworden, sodass sich die Verantwortlichkeit von Amtsträgern für umweltdeliktisches Verhalten nach den allgemein geltenden Vorschriften richtet.

Amtsträgerstrafbarkeit kommt in verschiedenen Konstellationen in Betracht: **(1)** Erteilung einer fehlerhaften Erlaubnis, dazu u. Rn. 39–45, **(2)** Unterlassen der Rücknahme oder des Widerrufs erteilter Erlaubnisse, dazu u. Rn. 46–53, **(3)** Unterlassen des Einschreitens gegen rechtswidriges Verhalten, dazu u. Rn. 54–56, **(4)** Unterlassen der Anzeige von Umweltdelikten, dazu u. Rn. 57.

aa) Erteilung einer fehlerhaften Erlaubnis

Eine **täterschaftliche Beteiligung** (Mittäterschaft, mittelbare Täterschaft oder Nebentäterschaft bei Fahrlässigkeitsdelikten) des fehlerhaft genehmigenden Amtsträgers an **Sonderdelikten** (z. B. §§ 325, 325a, 327; s. o. Rn. 17 und 32) scheidet von vornherein aus, weil dem Amtsträger die erforderliche Täterqualität fehlt. Denn er ist nicht Anlagenbetreiber oder Adressat verwaltungsrechtlicher Pflichten.

Zur täterschaftlichen Verantwortlichkeit für **Allgemeindelikte**, z. B. § 324, s. u. Rn. 42 f.

Eine strafbare **Teilnahme** (Anstiftung oder Beihilfe) des Amtsträgers scheitert in aller Regel daran, dass der Inhaber einer fehlerhaften Erlaubnis wegen deren Bestandskraft[64] nicht tatbestandsmäßig (z. B. nach §§ 325,

---

[59] Dazu o. Rn. 17.
[60] S. dazu z. B. *Baumann/Weber/Mitsch*, § 29 Rn. 33 ff.
[61] Näher zur innerbetrieblichen Verteilung der Verantwortung z. B. *S/S/Heine/Hecker*, Vor § 324 Rn. 28a–28d.
[62] Die folgenden Ausführungen gelten nur für Amtsträger, die hoheitlich Verwaltungsaufgaben erfüllen. Für Amtsträger, die in öffentlichen Betrieben und Unternehmen der Daseinsfürsorge, z. B. in einer kommunalen Müllverbrennungs- oder Kläranlage, tätig sind, gelten dieselben Zurechnungsregeln wie für Private, s. vorstehend Rn. 32–36.
[63] S. dazu z. B. *U. Weber*, Strafrechtliche Verantwortlichkeit von Bürgermeistern, S. 18 f., sowie GK-BImSchG-*Weber*, Vor § 62 Rn. 203 ff.
[64] Dazu o. Rn. 23 f.

325a, 327) oder nicht rechtswidrig⁶⁵ (z. B. nach § 324) handelt, sodass es am Akzessorietätserfordernis der §§ 26 und 27 fehlt.

41 Eine teilnahmefähige, Amtsträgerstrafbarkeit nach §§ 26, 27 ermöglichende Haupttat des Genehmigungsempfängers liegt nur dann vor, wenn die Genehmigung – sehr selten – nichtig ist⁶⁶ oder für das Strafrecht gemäß § 330d Nr. 5 als nicht existent behandelt wird, weil sie unlauter erwirkt worden ist⁶⁷.

Für eine Anstifter- oder Gehilfenstrafbarkeit des Amtsträgers ist dann aber weiter erforderlich, dass er die Tat des Genehmigungsempfängers veranlassen oder sie fördern möchte und dass er hinsichtlich der Haupttat vorsätzlich handelt.

42 Bei **Allgemeindelikten**, z. B. der Gewässerverunreinigung (§ 324), erreicht die h. M.⁶⁸ eine Amtsträgerstrafbarkeit mit der Rechtsfigur der **mittelbaren Täterschaft:** Durch seine Genehmigung unter vorsätzlicher Missachtung des materiellen Umweltrechts öffnet der Amtsträger die entscheidende Rechtsschranke für die Herbeiführung des tatbestandsmäßigen Erfolges – Gewässerverunreinigung (§ 324 I) oder gefährdende Abfallbeseitigung (§ 326 I). Dies mache ihn zum mittelbaren Täter der durch den rechtmäßig handelnden Genehmigungsempfänger⁶⁹ als Tatmittler unmittelbar bewirkten Tatbestandserfüllung.

43 Der h. M. kann in dieser Allgemeinheit nicht gefolgt werden. Denn die fehlerhafte Genehmigung allein begründet noch keine die mittelbare Täterschaft kennzeichnende Herrschaft des Amtsträgers über das Geschehen⁷⁰. Der Genehmigungsempfänger ist in seiner Entschlussfreiheit nicht beeinträchtigt, sondern kann frei darüber entscheiden, ob und wie er von der fehlerhaften Erlaubnis Gebrauch machen möchte. Mittelbare Täterschaft in Gestalt einer irrtumsbedingten Herrschaft des Amtsträgers kommt nur dann in Betracht, wenn der unmittelbar Handelnde die Genehmigung für wirksam hält, also gutgläubig ist⁷¹.

---

65 So die h. M., die auch bei fehlerhafter Gestattung Rechtfertigung annimmt, s. o. Rn. 21, 23. – Anders, d. h. Teilnahme des Amtsträgers ist möglich, wenn man in der fehlerhaften Erlaubnis nur einen persönlichen Strafausschließungsgrund zugunsten des Genehmigungsempfängers sieht, der die Rechtswidrigkeit nicht berührt (s. o. Rn. 23, Fn. 39). Denn dann ist das Akzessorietätserfordernis der Teilnahmestrafbarkeit des Amtsträgers – tatbestandsmäßig-rechtswidrige Haupttat – erfüllt; so *U. Weber*, Strafrechtliche Verantwortlichkeit von Bürgermeistern, S. 42 ff.
66 Dazu o. Rn. 23.
67 Dazu o. Rn. 24; a. A. bspw. auch *S/S/Heine/Hecker*, Vor § 324 Rn. 32 f. m. w. N.
68 S. z. B. BGHSt 39, 381 (388 f.); OLG Frankfurt, NStZ 1987, 508; *Keller*, JR 1988, 174; *ders.*, Rebmann-FS 1989, S. 241 (251 f.); *Lackner/Kühl*, Vor § 324 Rn. 10; LK-*Steindorf*, § 324 Rn. 59; *Möhrenschlager*, NuR 1983, 209 (212); *Rengier*, BT 2, § 47 Rn. 25; *Winkelbauer*, NStZ 1986, 149 (150 f.); a. A. MüKo-*Schmitz*, Vor §§ 324 ff. Rn. 107 f.; SK-*Schall*, Vor § 324 Rn. 99 ff.
69 In BGHSt 39, 381 (388) ist offengelassen, ob der Genehmigungsempfänger rechtmäßig handelt. S. zu den Bedenken gegen seine Rechtfertigung o. Rn. 23, Fn. 39.
70 So z. B. auch *Geisler*, NJW 1982, 11 (12); *Schünemann*, wistra 1986, 235 (240); *S/S/Heine/Hecker*, Vor § 324 Rn. 35; *Tröndle*, Karlheinz Meyer-GS 1990, S. 607 (614); *U. Weber*, Strafrechtliche Verantwortlichkeit von Bürgermeistern, S. 42 f.
71 So die in BGHSt 39, 381 (387 f.) angenommene Fallgestaltung.

Wurde die Genehmigung durch Bestechung usw. erwirkt, sodass sie gemäß § 330d Nr. 5 für das Strafrecht unbeachtlich ist, so handelt der Genehmigungsempfänger volldeliktisch, und die Beteiligung des fehlerhaft genehmigenden Amtsträgers bestimmt sich nach den allgemeinen Regeln. Je nach Fallgestaltung ist er Mittäter (§ 25 II)[72] oder Teilnehmer (§§ 26, 27). 44

Erteilt der Amtsträger **fahrlässig** eine fehlerhafte Erlaubnis, kommt Strafbarkeit nach § 324 III bzw. § 326 V Nr. 1 i. V. m. I in Betracht. Jedoch ist umstritten, ob jeder Ermessensfehler des Amtsträgers eine strafrechtlich beachtliche Sorgfaltswidrigkeit begründet, oder ob dies nur bei besonders schwerwiegenden Fehlern anzunehmen ist[73]. 45

bb) Unterlassen der gebotenen Rücknahme oder des Widerrufs von Genehmigungen u. dgl.

Es ist weitgehend anerkannt, dass den „Amtsträger, der eine mit dem materiellen Recht nicht zu vereinbarende Genehmigung erteilt hat, im Rahmen des rechtlich Möglichen zu deren Beseitigung verpflichtet ist, sobald er die Rechtswidrigkeit erkennt"[74]; Garantenstellung kraft vorangegangenen Gefahr schaffenden Tuns (**Ingerenz**). 46

Die Würfel über die Strafbarkeit des Amtsträgers sind allerdings mit der Bejahung seiner Garantenstellung noch nicht gefallen: Bei Sonderdelikten kommt eine täterschaftliche Verantwortlichkeit wegen Unterlassens ebenso wenig in Betracht wie wegen aktiven Tuns, s. o. Rn. 39. Ist die erteilte Genehmigung wirksam, so scheitert eine Teilnahmestrafbarkeit des Amtsträgers daran, dass der Genehmigungsempfänger nicht tatbestandsmäßig bzw. nicht rechtswidrig handelt, s. o. Rn. 40. 47

Bei **Sonderdelikten** kommt Teilnahmestrafbarkeit dann in Betracht, wenn die erteilte Genehmigung entweder nach § 44 VwVfG nichtig oder nach § 330d Nr. 5 für das Strafrecht unbeachtlich ist, dazu o. Rn. 41. Auch eine unwirksame Genehmigung begründet nämlich die Gefahr umweltbeeinträchtigenden Verhaltens, zu deren Abwendung der fehlerhaft genehmigende Amtsträger verpflichtet ist. 48

Bei **Allgemeindelikten** nimmt die h. M. eine täterschaftliche Amtsträgerverantwortlichkeit auch dann an, wenn die Genehmigung wirksam ist: Mittelbare Unterlassungstäterschaft mit dem rechtmäßig handelnden Genehmigungsempfänger als Tatmittler[75]. – Auch hier ist aber dieselbe Einschränkung zu machen wie o. Rn. 43 für das aktive Tun. 49

Unterlassungsstrafbarkeit des Amtsträgers aus Ingerenz kommt auch dann in Betracht, wenn die zunächst erteilte **Genehmigung rechtmäßig** war, aber später die dadurch herbeigeführte Umweltbelastung nicht mehr zu rechtfertigen vermag, z. B. weil der Genehmigungsempfänger die Men- 50

---

72 So auch BGHSt 39, 381 (386 f.) im Falle der Bösgläubigkeit des Genehmigungsempfängers.
73 S. dazu näher LK-*Steindorf*, § 324 Rn. 61 i. V. m. 57 m. w. N.
74 BGHSt 39, 381 (389) und die h. L.; s. z. B. LK-*Steindorf*, Vor § 324 Rn. 57 m. w. N.
75 BGHSt 39, 381 (390); *S/S/Heine/Hecker*, Vor § 324 Rn. 38 m. w. N.

ge des eingeleiteten Abwassers vergrößert hat (Änderung der tatsächlichen Umstände), oder weil die maßgebenden Vorschriften verschärft wurden (Änderung der Rechtslage)[76].

51 Auch wenn eine Garantenstellung durch Ingerenz begründet ist, ist das Unterlassen des Amtsträgers nur dann strafbar, wenn ihm erfolgsabwendendes Einschreiten **möglich** und er dazu rechtlich **verpflichtet** ist[77]. Demnach bleibt der Amtsträger straflos, wenn er verwaltungsrechtlich am Einschreiten gehindert ist oder die erfolgsabwendende Maßnahme in sein Ermessen gestellt ist[78].

52 Ebenso wie eine fahrlässige Täterschaft durch fehlerhaftes aktives Tun (s. o. Rn. 45) kommt bei Allgemeindelikten für den garantenpflichtigen Amtsträger eine **fahrlässige Unterlassungstäterschaft** in Betracht, wenn sich ihm begründete Zweifel an der Rechtmäßigkeit der erteilten Erlaubnis aufdrängen müssen[79].

53 Ist eine Pflicht zur Erfolgsabwendung zu bejahen, so trifft diese nicht nur den Amtsträger, der selbst fehlerhaft genehmigt hat, sondern den **jeweils zuständigen** Amtsträger, z. B. den Amtsnachfolger dessen, der durch sein Vorverhalten die Gefahr umweltbelastenden Verhaltens geschaffen hat[80].

cc) Unterlassen des Einschreitens gegen rechtswidriges Verhalten

54 Eine über die Garantenstellung aus Ingerenz[81] hinausgehende **umfassende Beschützergarantenstellung** von Amtsträgern ist abzulehnen[82]. Amtsträger in Behörden, die für den Vollzug der Umweltgesetze (z. B. des WHG und des BImSchG) zuständig sind, machen sich deshalb nicht ohne

---

76 S. dazu z. B. *Horn*, NJW 1981, 1 (6); *Rudolphi*, Dünnebier-FS 1982, S. 561 (578); *Seier*, JA 1985, 23 (29); *U. Weber*, Strafrechtliche Verantwortlichkeit von Bürgermeistern, S. 51 f.; a. A. MüKo-*Schmitz*, Vor §§ 324 ff. Rn. 107.
77 S. zu diesen allgemeinen Voraussetzungen der Unterlassungsstrafbarkeit z. B. *Baumann/Weber/Mitsch*, § 15 Rn. 15 ff.
78 S. z. B. OLG Frankfurt, NStZ 1987, 508: Pflicht zum Widerruf der Genehmigung nur dann, wenn das Ermessen „auf Null reduziert" ist. S. dazu auch *S/S/Heine/Hecker*, Vor § 324 Rn. 38.
79 S. dazu näher *S/S/Heine/Hecker*, Vor § 324 Rn. 38a.
80 So z. B. *Horn*, NJW 1981, 1 (6); SK-*Rudolphi/Stein*, § 13 Rn. 40b, und Dünnebier-FS 1982, S. 561 (578); *U. Weber*, Strafrechtliche Verantwortlichkeit von Bürgermeistern, S. 52, und GK-BImSchG-*Weber*, Vor § 62 Rn. 196; *Winkelbauer*, NStZ 1986, 149 (151). – A. A. z. B. *Tröndle*, Karlheinz Meyer-GS 1990, S. 607 (622) – Weitere Nachw. bei *S/S/Heine/Hecker*, Vor § 324 Rn. 38a.
81 S. vorstehend Rn. 46–53.
82 So z. B. *Czychowski*, ZfW 1984, 265 (267); *Immel*, ZRP 1989, 105 (108); MüKo-*Schmitz*, Vor §§ 324 ff. Rn. 120 ff., insbes. Rn. 125; *Rudolphi*, Dünnebier-FS 1982, S. 561 (578 ff.); *ders.*, NStZ 1984, 193 (198); *ders.*, JR 1987, 336 (338); sowie SK, § 13 Rn. 36a; *Schünemann*, wistra 1986, 233 (242 ff.); *Tröndle*, Karlheinz Meyer-GS 1990, S. 607 (618 ff.); *U. Weber*, Strafrechtliche Verantwortlichkeit von Bürgermeistern, S. 55 ff., und GK-BImSchG-*Weber*, Vor § 62 Rn. 189. Im Grundsatz (mit Schattierungen) a. A. z. B. OLG Frankfurt, JR 1988, 168 (171) m. Anm. *Keller*; *Horn*, NJW 1981, 1 (5); SK-*Schall*, Vor § 324 Rn. 104; LK-*Steindorf*, § 324 Rn. 64; *Maurach/Schroeder/Maiwald*, BT 2, § 58 Rn. 33 f.; *Möhrenschlager*, ZfW 1980, 216, und NuR 1983, 209 (212); *Rengier*, BT 2, § 47 Rn. 31; *S/S/Cramer/Heine/Hecker*, Vor § 324 Rn. 39 u. 40; *Winkelbauer*, NStZ 1986, 149 (151).

Weiteres nach §§ 324 ff. strafbar, wenn sie nicht gegen rechtswidriges Verhalten von Bürgern einschreiten[83].

Bevor man eine Garantenstellung dem Typus „Beschützergarant" oder „Überwachergarant" zuordnet, muss feststehen, aus welchen Quellen überhaupt eine Garantenstellung fließt[84]. Trotz ihrer Bildhaftigkeit nicht ausreichend für eine Pflichtbegründung ist die Behauptung, der zuständige Amtsträger habe eine „Wächterstellung" inne und sei zum Schutz der in seinen Zuständigkeitsbereich fallenden Umweltgüter „auf Posten gestellt".

Die in Art. 20a GG (dazu o. Rn. 1) und in verschiedenen Länderverfassungen dem Staat auferlegte Pflicht zum Schutz der natürlichen Lebensgrundlagen ist nicht zur Begründung einer strafrechtlichen Garantenpflicht einzelner Amtsträger geeignet, zumal die vollziehende Gewalt nur nach Maßgabe von Gesetz und Recht verpflichtet ist. Die verschiedenen Umweltgesetze statuieren **keine generelle Pflicht** zum Einschreiten gegen Rechtsgutsverletzungen Dritter[85].

Unterlassungsstrafbarkeit von Amtsträgern kommt nur dann in Betracht, wenn eine konkret umschriebene Rechtspflicht zum Tätigwerden gegenüber umweltbelastendem Verhalten Dritter besteht.

Beispiel[86]: Gesetzlich angeordnete Pflichtaufgabe einer hessischen Gemeinde zur Beseitigung des in ihrem Gebiet anfallenden Abwassers[87]. Damit auch Pflicht, dafür zu sorgen, dass Gewässerverunreinigungen durch Abwassereinleitungen unterbleiben[88]. Zur Erfüllung dieser Pflicht war die Gemeinde nicht nur gehalten, die Grundstückseigentümer durch Abwassersatzung zur Anlage von Grundstückskläreinrichtungen zu verpflichten, sondern sie musste die Erfüllung dieser Pflicht mit den Mitteln des Verwaltungsrechts erzwingen[89]. Eine entsprechende Garantenpflicht traf den Bürgermeister als Gemeindeorgan[90], sodass er sich mit seinem Untätigbleiben nach §§ 324, 13 strafbar machte.

dd) Nichtanzeige des Verdachts von Umweltstraftaten

Das geltende Umweltrecht kennt keine dem § 6 SubvG entsprechende Vorschrift, die (u. a.) Verwaltungsbehörden dazu verpflichtet, Tatsachen, die sie dienstlich erfahren und die den Verdacht einer Straftat begründen, den Strafverfolgungsbehörden mitzuteilen[91]. Aus Regelungen des gelten-

---

83 Zur Garantenstellung von Betriebsbeauftragten *Böse*, NStZ 2003, 636.
84 S. z. B. *Baumann/Weber/Mitsch*, § 15 Rn. 50.
85 So enthält z. B. § 52 BImSchG lediglich eine Überwachungspflicht.
86 BGHSt 38, 325.
87 BGHSt 38, 325 (333).
88 BGHSt 38, 325 (334).
89 BGHSt 38, 325 (335).
90 BGHSt 38, 325 (336).
91 Eine entsprechende Vorschrift, wie sie von *Tiedemann* (Neuordnung des Umweltstrafrechts, S. 43) vorgeschlagen wurde, ist nicht Gesetz geworden, vor allem deshalb nicht, weil eine Verunsicherung der Umweltverwaltung vermieden und deren Kooperationsbereitschaft gestützt werden sollte; s. BT-Drucks. 12/7300, S. 27.

den Rechts lässt sich eine Anzeigepflicht nicht herleiten[92]. Unterlässt also der in einer Umweltverwaltungsbehörde tätige Amtsträger die Erstattung einer Strafanzeige, so macht er sich mangels einer Garantenpflicht nicht wegen Strafvereitelung durch Unterlassen (§§ 258 I, 13) strafbar[93]. – S. zu den verfolgungspflichtigen Amtsträgern i. S. der §§ 258 I, 13 o. § 26 Rn. 8.

IV. Überblick über den strafrechtlichen Schutz der einzelnen Umweltgüter[94]

58   Dem 29. Abschnitt des BT liegt keine einheitliche Gliederung zugrunde. Teilweise wird an einzelne Umweltmedien (Gewässer, Boden, Luft), teilweise an bestimmte Tätigkeiten (Lärmverursachung, Abfallbeseitigung, Betreiben von Anlagen, Umgang mit gefährlichen Stoffen) angeknüpft. Im Folgenden soll eine grobe Systematisierung versucht werden. Dabei werden zunächst (Rn. 59–82) die verwaltungsakzessorisch ausgestalteten Grundtatbestände dargestellt, dann (Rn. 83–88) die besonders schweren Fälle und Qualifikationen (§ 330) und schließlich (u. Rn. 89–100) der aus der Verwaltungsakzessorietät gelöste § 330a (schwere Gefährdung durch Freisetzen von Giften).

1. Die verwaltungsakzessorischen Grundtatbestände

a) Gewässerschutz, insbes. § 324

59   Die zentrale Vorschrift zum Schutz von Gewässern enthält § 324. Bei der Gewässerverunreinigung handelt es sich insoweit um ein **Verletzungsdelikt**, als ein Gewässer verunreinigt oder sonst dessen Eigenschaften nachteilig verändert werden müssen (s. auch o. Rn. 11); weiter um ein **Allgemeindelikt** (s. o. Rn. 17) mit den o. Rn. 36 ff. dargestellten Konsequenzen für die Beteiligung und die Amtsträgerstrafbarkeit. – Das Merkmal „unbefugt" ist nicht Tatbestands-, sondern Rechtswidrigkeitsmerkmal (s. o. Rn. 21).

(Weiter) verunreinigt werden kann auch ein bereits verschmutztes Gewässer[95]. Bagatellen sind bereits vom Tatbestand ausgenommen[96].

Eine **Legaldefinition** des Tatobjekts „Gewässer" enthält § 330d in Nr. 1. In den Schutzbereich wird zwar u. a. das Meer schlechthin einbezo-

---

92 § 41 OWiG (Pflicht der Verwaltungsbehörde zur Abgabe der Sache an die Staatsanwaltschaft bei Straftatverdacht) setzt die Anhängigkeit eines Bußgeldverfahrens voraus und begründet keine darüber hinausgehende Anzeigepflicht. – Bloße Verwaltungsvorschriften, die den Amtsträger innerdienstlich zur Anzeige verpflichten, begründen keine für § 13 hinreichende Rechtspflicht.
93 S. dazu näher U. Weber, Strafrechtliche Verantwortlichkeit von Bürgermeistern, S. 58 ff., und GK-BImSchG-Weber, Vor § 62 Rn. 197–202.
94 Zur Schwerpunktbildung im Examen s. o. Rn. 19.
95 OLG Celle, NJW 1986, 2326 (2327).
96 BGH, NStZ 1991, 281 (282); OLG Karlsruhe, JR 1983, 339 (340); OLG Köln, NJW 1988, 2119 (2120).

gen; in § 5 Nr. 11 wird aber für Verunreinigungen des Meeres die deutsche Strafgewalt eingeschränkt[97].

In § 324 II ist die **versuchte,** in § 324 III **fahrlässige** Gewässerverunreinigung unter Strafe gestellt.

Ergänzt wird der Verletzungstatbestand des § 324 vor allem durch den abstrakten Gefährdungstatbestand des § 326 I[98]. Erfahrungsgemäß führt der nicht sachgerechte Umgang mit Abfällen zur Beeinträchtigung von Gewässern, insbesondere des Grundwassers; s. namentlich § 326 I Nr. 4a. – Fahrlässigkeitstatbestand in § 326 V. 60

Vergleichbar wassergefährdend ist der ungenehmigte Betrieb von Rohrleitungsanlagen, **§ 327 II Nr. 2.** – Fahrlässigkeitstatbestand in § 327 III Nr. 2.

Wasser- und Heilquellenschutzgebiete werden in **§ 329 II** gegen gefährdende Verhaltensweisen geschützt. – Fahrlässigkeitstatbestand in § 329 V Nr. 1.

b) Schutz des Bodens, insbes. § 324a

Der durch das 31. StRÄndG (2. UKG) 1994 eingestellte Bodenschutztatbestand § 324a[99] enthält in seinem Abs. 1 (wie § 324) ein Verletzungsdelikt insofern, als es zu einer Verunreinigung oder sonst nachteiligen Veränderung des Bodens kommen muss. Abs. 1 Nr. 1 enthält darüber hinaus ein potenzielles Gefährdungsdelikt (dazu o. Rn. 10). 61

Das Einbringen usw. von Stoffen in den Boden muss unter **Verletzung verwaltungsrechtlicher Pflichten** erfolgen; s. dazu o. Rn. 14 f., 20. Solche Pflichten ergeben sich u. a. aus dem BBodSchG von 1998, ggf. i. V. m. den ergänzenden Regelungen der Länder[100].

§ 324a soll allein den sog. **qualitativen** Bodenschutz gewährleisten, d. h. den Schutz der ökologisch bedeutsamen Funktionen des Bodens für Mensch und Umwelt, wie sie in § 2 II BBodSchG umschrieben sind. Obwohl vom Wortlaut der nachteiligen Veränderung noch gedeckt, sind also Verstöße gegen den **quantitativen** Bodenschutz, z. B. der übermäßige Flächenverbrauch und die Bodenversiegelung, **nicht** erfasst[101]. Insoweit kommt lediglich Strafbarkeit wegen Beeinträchtigung von Naturschutzgebieten, z. B. nach § 329 III Nr. 8, in Betracht; s. zum Naturschutz auch u. Rn. 81.

---

97 S. dazu z. B. *Lackner/Kühl,* § 5 Rn. 3.
98 S. o. Rn. 10 und näher u. Rn. 70–74.
99 S. zur Entstehungsgeschichte *Kloepfer/Heger,* Umweltstrafrecht, Rn. 207.
100 S. dazu z. B. *S/S/Heine/Hecker,* § 324a Rn. 13 f.
101 BT-Drucks. 12/192, S. 16. Damit sollen – wenig überzeugend – vor allem ungenehmigte Schwarzbauten vom Anwendungsbereich des § 324a ausgeschlossen werden. Ebenso wenig von § 324a erfasst werden Böden von Binnengewässern oder der Meeresgrund; Schutz wird – soweit nachteilige Auswirkungen auf die Gewässereigenschaft in Betracht kommen – über § 324 gewährt, vgl. *S/S/Heine/Hecker,* § 324a Rn. 3 m.w.N.

Auch hier sind der **Versuch** und die **fahrlässige** Begehung unter Strafe gestellt, § 324a II und III.

c) Schutz vor Luftverunreinigungen, insbes. § 325

62 Auch die zentrale Vorschrift zum Schutz gegen Luftverunreinigungen, § 325 I, enthält insoweit ein **Erfolgs**delikt, als das verwaltungsrechtswidrige Betreiberverhalten (dazu o. Rn. 14 f., 17) zu Veränderungen der Luft führen muss (s. auch o. Rn. 11). Die Luftveränderungen müssen zur Gesundheitsschädigung oder zur Schädigung von Tieren, Pflanzen oder anderen Sachen von bedeutendem Wert geeignet sein; **potenzielles Gefährdungsdelikt** (dazu o. Rn. 10). – Zur **Versuchsstrafbarkeit** s. § 325 I 2, zur **Fahrlässigkeitsstrafbarkeit** § 325 IV.

63 § 325 II ist gleichermaßen wie § 325 I als verwaltungsakzessorisches Betreiberdelikt ausgestaltet und vermittelt zunächst den Anschein eines abstrakten Gefährdungsdelikts. Die Schadstoffdefinition in § 325 VI verlangt jedoch eine Eignung zur Schädigung, sodass auch § 325 II ein **potenzielles Gefährdungsdelikt** enthält, mit der Folge einer zumindest erheblichen Relativierung der Bedeutung von Abs. 2 neben Abs. 1[102]. Der gegenüber Abs. 2 subsidiäre und mit milderer Strafdrohung versehene § 325 III verzichtet auf den Anlagenbezug des Abs. 2.

Die **fahrlässige** Tatbegehung ist in § 325 IV unter Strafe gestellt; im Falle des Abs. 3 ist Leichtfertigkeit erforderlich, vgl. § 325 V.

64 Ergänzt wird der Schutz vor Luftverunreinigungen durch den **abstrakten Gefährdungstatbestand** des § 327 II Nr. 1, der den verwaltungsrechtswidrigen Betrieb genehmigungsbedürftiger Anlagen i. S. des BImSchG als solchen unter Strafe stellt. Wegen des Verzichts auf die mitunter schwierige Feststellung der Eignung zur Schädigung i. S. des § 325 spielt § 327 II Nr. 1 sogar eine größere Rolle bei der strafrechtlichen Bekämpfung von Luftverunreinigungen als § 325.

In § 327 III Nr. 2 ist die **fahrlässige** Deliktsbegehung unter Strafe gestellt.

Schwächere abstrakte Gefährdungen als der in § 327 II Nr. 1 unter Strafe gestellte Anlagebetrieb sind in § 62 BImSchG als Ordnungswidrigkeiten mit Geldbuße bedroht, z. B. in § 62 I Nr. 1 bereits die ungenehmigte Errichtung einer Anlage. – Zu den Graden abstrakter Gefährdung, denen die Ahndung als Straftat oder als Ordnungswidrigkeit Rechnung trägt, s. o. § 35 Rn. 46 ff., 50 f.

65 Schließlich ist hinzuweisen auf den abstrakten Gefährdungstatbestand des § 329 I, der den verwaltungsrechtswidrigen Betrieb von luftverunreinigenden Anlagen in schutzbedürftigen Gebieten, z. B. Smog-Gebieten, erfasst. – **Fahrlässigkeitsstrafbarkeit** nach § 329 V Nr. 1.

---

102 S. zur Kritik an § 325 II näher GK-BImSchG-*Weber*, § 325 Rn. 5, 42.

d) Schutz vor Lärm, Erschütterungen und nichtionisierenden Strahlen, insbes. § 325a

Der zentrale **Lärm**schutztatbestand § 325a I ist als verwaltungsakzessorisches Betreiberdelikt und potenzielles Gefährdungsdelikt dem Luftverunreinigungstatbestand § 325 I nachgebildet; s. zu § 325 I o. Rn. 62. Als schädigungsgeeignetes Rechtsgut ist hier allerdings nur die menschliche Gesundheit genannt. – Als Gesundheitsschäden kommen vor allem Hörschäden in Betracht. 66

Praktisch bedeutsamer als der kaum einmal zur Anwendung gelangende § 325a I (2013 wurden für § 325a insgesamt nur 25 Fälle registriert) sind **Ordnungswidrigkeitentatbestände,** die in einer Reihe von Ausführungsverordnungen zum BImSchG enthalten sind, z. B. über Rasenmäher und Baumaschinen. Wenn derartige Spezialregelungen fehlen, greift der allgemeine Lärmschutztatbestand des **§ 117 OWiG** ein. 67

§ 325a II enthält gleichfalls ein verwaltungsakzessorisch ausgestaltetes Betreiberdelikt, verlangt jedoch als Erfolg die **konkrete Gefährdung** menschlicher Gesundheit, fremder Tiere oder fremder Sachen von bedeutendem Wert. – Zum Gefahrbegriff der konkreten Gefährdungsdelikte[103]. 68

Neben der Rechtsgutsgefährdung durch **Lärm** sind Gefährdungen durch **Erschütterungen** (z. B. durch Rammarbeiten) und durch **nichtionisierende Strahlen** (Radar, Laser- und Lichtstrahlen) erfasst. – Zum Schutz vor ionisierenden Strahlen s. u. Rn. 76–80.

§ 325a III enthält eine **Fahrlässigkeitspönalisierung** der Delikte nach Abs. 1 und 2. 69

Von der vollendeten Tat nach § 325a II sowie vom entsprechenden Fahrlässigkeitsdelikt nach § 325a III Nr. 2 ist der Rücktritt möglich **(tätige Reue),** § 330b[104].

e) Schutz vor gefährlichen Abfällen, insbes. § 326

§ 326 I–III enthalten im Wesentlichen **abstrakte Gefährdungsdelikte,** Abs. 1 Nr. 4 ein potenzielles Gefährdungsdelikt[105]. Die Abs. 1 und 2 enthalten **Allgemeindelikte;** s. dazu o. Rn. 17. 70

Die abstrakte Gefährlichkeit der unbefugten Abfallbeseitigung (Abs. 1) und der unbefugten Abfallverbringung (Abs. 2) beruht auf der Gefährlichkeit der in Abs. 1 Nr. 1–4 genannten Stoffe.

Die unbefugte Beseitigung nicht derart gefährlicher Abfälle ist in § 69 I Nr. 2 KrWG als Ordnungswidrigkeit erfasst.

Handelt es sich um **radioaktive** Abfälle, so sind nicht nur ihre unbefugte Beseitigung (§ 326 I Nr. 3) und ihre verbotswidrige Verbringung (§ 326

---

103 S. o. § 35 Rn. 64 ff.
104 S. dazu o. Rn. 31.
105 Dazu o. Rn. 10.

II) abstrakt gefährlich, sondern auch ihre verwaltungsrechtswidrige **Nichtablieferung** (zur sachgerechten Entsorgung); ein entsprechendes echtes Unterlassungsdelikt enthält § 326 III.

71 An § 326 III wird besonders deutlich, dass dem Abfallstrafrecht ein gemischt **subjektiv-objektiver Abfallbegriff** zugrunde liegt: Abfälle sind einerseits bewegliche Sachen, deren sich der Besitzer entledigen will (auch wenn sie objektiv noch völlig in Ordnung sind und sich andere die Finger danach lecken würden), sog. **gewillkürter Abfall**[106]. Abfälle sind aber auch Sachen, deren ordnungsmäßige Entsorgung zur Wahrung des allgemeinen Wohls geboten ist, sog. **Zwangsabfall**[107] (wie der relativ harmlose, aber ärgerliche Hundekot[108] und die gefährlichen radioaktiven Stoffe i. S. des § 326 III).

72 In § 326 IV ist der **Versuch** der Begehungsdelikte nach Abs. 1 und 2, in § 326 V die **fahrlässige** Tatbegehung (auch des Unterlassungsdelikts nach Abs. 3) unter Strafe gestellt.

73 § 326 VI enthält einen **objektiven Strafausschließungsgrund**. Diese sog. Minimalklausel ist bewusst eng gefasst, gilt also z. B. nicht für die Ablagerung großer, wenn auch konkret ungefährlicher Mengen[109]. – Wegen seiner engen Fassung und nur punktuellen Geltung für das Abfallstrafrecht ist § 326 VI schwerlich geeignet zur Unterstützung der Auffassung, Strafbarkeit wegen abstrakter Gefährdungsdelikte sei ganz allgemein ausgeschlossen in Fällen absoluter konkreter Ungefährlichkeit[110].

74 Von den vorsätzlichen Taten nach § 326 I–III sowie den Fahrlässigkeitsdelikten nach § 326 V ist gemäß § 330b der Rücktritt vom vollendeten Delikt **(tätige Reue)** möglich; s. dazu o. Rn. 31.

75 Ebenso wie zum Schutz vor Luftverunreinigungen (s. o. Rn. 64) ist zum Schutz vor Abfällen der abstrakt gefährliche verwaltungsrechtswidrige Betrieb von **Abfallentsorgungsanlagen** unter Strafe gestellt, § 327 II Nr. 3. – Zur **Fahrlässigkeitsstrafbarkeit** s. § 327 III Nr. 2.

---

106 S. BGHSt 37, 21 (26); 37, 333 (335 f.); 40, 84 (85). – Im Wesentlichen bestimmen die Verwaltungsgesetze, insbesondere das KrWG, was als Abfall anzusehen ist. Bestimmte Gegenstände und Stoffe sind allerdings verwaltungsrechtlich vom Abfallbegriff ausgenommen. Im Sinne des § 326 können sie gleichwohl Abfall sein, sog. strafrechtlicher Abfallbegriff; s. dazu z. B. *S/S/ Heine/Hecker*, § 326 Rn. 2g; *Beckemper/Wegner*, wistra 2003, 281.
107 S. BGHSt 37, 21 (26 f.); 37, 333 (334) m. Anm. *Sack*, JR 1991, 338. Zur Abfalleigenschaft von Autowracks OLG Braunschweig, NStZ-RR 2001, 42; OLG Celle, NStZ 1996, 191; LG Stuttgart, NStZ 2006, 291 m. Anm. *Henzler*.
108 Dazu z. B. OLG Düsseldorf, NStZ 1991, 335, wonach Hundekot sowohl gewillkürter als auch Zwangsabfall ist.
109 S. z. B. BayObLG, NStZ 1989, 270.
110 S. *Laufhütte/Möhrenschlager*, ZStW 92 (1980), 912 (960); s. dazu auch o. § 35 Rn. 52 ff. und § 37 Rn. 31.

f) Strahlenschutz und Schutz vor anderen gefährlichen Stoffen und Gütern, insbes. § 328

Die schwersten **Strahlungsdelikte** sind im 28. Abschnitt des BT als gemeingefährliche Taten unter Strafe gestellt: in § 307 die Herbeiführung einer Explosion durch Kernenergie (Vorbereitungshandlungen in § 310), in § 309 potenziell gefährliche Körperverletzungs- und Sachbeschädigungsversuche mit ionisierenden Strahlen, in § 311 die potenziell gefährliche Freisetzung ionisierender Strahlen und in § 312 die konkret gefährliche fehlerhafte Herstellung einer kerntechnischen Anlage[111].

Der Schutz vor ionisierenden Strahlen wird im 29. Abschnitt (Umweltdelikte) ergänzt durch § 328, der u. a. den unerlaubten Umgang mit radioaktiven Stoffen erfasst, und § 327 I Nr. 1 und 2, wo der ungenehmigte Betrieb und die ungenehmigte Änderung kerntechnischer Anlagen u. dgl. unter Strafe gestellt sind. – Zum Schutz vor radioaktiven Abfällen in § 326 I Nr. 3, II und III s. o. Rn. 70 f., zum Schutz vor nichtionisierenden Strahlen in § 325a II s. o. Rn. 68.

Der verwaltungsakzessorisch ausgestaltete § 328 I erfasst in Nr. 1 den abstrakt gefährlichen Umgang mit Kernbrennstoffen, in Nr. 2 den potenziell gefährlichen Umgang mit sonstigen radioaktiven Stoffen, die nach ihrer Art, Beschaffenheit oder Menge geeignet sind, den Tod oder die schwere Gesundheitsschädigung eines Menschen oder erhebliche Schäden an Tieren oder Pflanzen, Gewässern, der Luft oder dem Boden herbeizuführen.

In § 328 II werden über die in Abs. 1 genannten Begehungsformen hinaus weitere Handlungen unter Strafe gestellt, u. a. (seit 1998 in Erfüllung völkervertragsrechtlicher Verpflichtungen[112]) in Nr. 3 die Verursachung einer nuklearen Explosion und in Nr. 4 die Verleitung zu und die Förderung einer Handlung, die eine solche Explosion herbeiführt. Gedacht ist vor allem auch an Auslandstaten Deutscher, wie die gleichzeitig eingeführte Nr. 11a des § 5 zeigt.

§ 328 III erfasst als konkreter Gefährdungs- und verwaltungsakzessorischer Tatbestand über den Umgang mit radioaktiven Stoffen hinaus den Umgang mit **Gefahrstoffen** i. S. d. Art. 3 EG-Verordnung Nr. 1272/2008[113] (Nr. 1) sowie (in Nr. 2) insbesondere den **Transport von gefährlichen Gütern** schlechthin; s. dazu die auf das Verwaltungsrecht verweisende Legaldefinition in § 330d Nr. 3.

---

111 S. zu diesen Strahlungsdelikten o. § 37 Rn. 71–80.
112 Ausführungsgesetz zu dem Vertrag vom 24. 9. 1996 über das umfassende Verbot von Nuklearversuchen (23.7.1998; BGBl. I, S. 1882); s. dazu *S/S/Heine/Hecker*, Vor § 324 Rn. 7c f. und § 328 Rn. 13a–13f.
113 Der frühere Verweis auf das ChemG wurde durch das 45. StrÄndG beseitigt und durch den Verweis auf die EG-Verordnung substituiert; vgl. auch BT-Drucks. 17/5391, S. 19; *Pfohl*, ZWH 2013, 95 (99).

79 Zur **Versuchs-** und **Fahrlässigkeits**strafbarkeit s. § 328 IV–VI, zum Rücktritt vom vollendeten Delikt **(tätige Reue)** § 330b (dazu o. Rn. 31).

80 § **327 I** enthält für kerntechnische Anlagen u. dgl. abstrakt gefährliche Betreiberdelikte; Fahrlässigkeitstatbestand in § 327 III Nr. 1. – Zu den entsprechenden Regelungen im Interesse des Gewässerschutzes (§ 327 II Nr. 2), des Schutzes vor Luftverunreinigungen (§ 327 II Nr. 1) und des Schutzes vor Abfällen (§ 327 II Nr. 3) s. o. Rn. 60, 64 und 75.

Schwächer abstrakt gefährliche Verhaltensweisen sind in § 46 AtG als **Ordnungswidrigkeiten** mit Geldbuße bedroht.

g) Naturschutz, insbes. § 329 III

81 § 329 III stellt schwerwiegende Beeinträchtigungen von **Naturschutzgebieten** und Nationalparks (i. S. des BNatSchG und der Naturschutzgesetze der Länder) sowie von **besonders geschützten Tieren und Pflanzen** (i. S. des BNatSchG) unter Strafe.

Von einer **nicht unerheblichen Beeinträchtigung** des jeweiligen Schutzzwecks ist auszugehen, wenn „nicht nur vorübergehende Störungen von einer gewissen Intensität vorliegen, die das Eintreten konkreter Gefahren für die in der Schutzanordnung näher beschriebenen Güter wahrscheinlich machen"[114].

Die **fahrlässige** Begehung ist in § 329 V Nr. 2 unter Strafe gestellt.

82 **Naturdenkmäler** sind in § 304 (gemeinschädliche Sachbeschädigung) gegen vorsätzliche Beschädigung und Zerstörung geschützt; s. dazu auch o. § 12 Rn. 34.

2. Besonders schwere Fälle und Qualifikationen, § 330

a) Gesetzestechnik

83 § 330 i. d. F. des 6. StrRG 1998 macht bei der Erfassung von Umweltstraftaten gesteigerten Unrechtsgehalts von beiden dafür zu Gebote stehenden gesetzestechnischen Möglichkeiten Gebrauch: durch **Regelbeispiele** erläuterte **besonders schwere Fälle** in § 330 I, **qualifizierte Tatbestände** in § 330 II[115]. – Näher zu diesen beiden Gesetzgebungstechniken o. § 14 Rn. 1, 14 ff.

84 Sowohl § 330 I als auch II setzen als **Grunddelikt** eine der o. Rn. 59–81 behandelten verwaltungsakzessorischen Straftaten voraus. Insoweit ist also auch § 330 **verwaltungsakzessorisch** ausgestaltet.

Als Grunddelikt geeignet ist in beiden Fällen (Abs. 1 und 2) nur eine **vorsätzlich** begangene Umweltstraftat.

---

114 BT-Drucks. 12/192, S. 27. – Stärker in Richtung konkreter Gefährdung LK-*Steindorf*, § 329 Rn. 51.
115 Zuvor enthielt § 330 ausschließlich durch Regelbeispiele erläuterte besonders schwere Fälle, u. a. die jetzigen qualifizierten Tatbestände des § 330 II Nr. 1 und 2.

b) Die einzelnen Regelbeispiele, § 330 I Nr. 1–4

In den **Nummern 1–3** liegt der gesteigerte Unrechtsgehalt in den herbeigeführten Folgen, in Nr. 1 und 3 in der nachhaltigen **Verletzung** (eines Gewässers, des Bodens oder eines Schutzgebietes i. S. d. § 329 III bzw. des Bestandes von Tieren oder Pflanzen einer streng geschützten Art), in Nr. 2 in der Gefährdung (der öffentlichen Wasserversorgung).

Bei **Nr. 4** beruht die Einordnung als Regelbeispiel hingegen auf der verwerflichen Einstellung des Täters. **Gewinnsucht** liegt vor, wenn das Handeln auf einer ungewöhnlichen, sittlich besonders anstößigen Steigerung des Erwerbssinnes beruht[116].

c) Die qualifizierten Tatbestände, § 330 II Nr. 1 und 2

Nr. 1 enthält eine **Gefahr**qualifikation (konkretes Gefährdungsdelikt), auf die sich der Vorsatz erstrecken muss. Zur **schweren Gesundheitsschädigung** (eines Menschen) s. o. § 5 Rn. 36 (zum entsprechenden Regelbeispiel in § 218 II Nr. 2), zur Gesundheitsschädigung einer **großen Zahl von Menschen** o. § 37 Rn. 38 f. (zur entsprechenden Qualifikation in § 306b I).

Nr. 2 enthält eine **Erfolgsqualifikation**. Anders als bei der entsprechenden Brandstiftungsqualifikation des § 306c[117] braucht die Herbeiführung des Todes nicht auf Leichtfertigkeit zu beruhen; einfache Fahrlässigkeit genügt, § 18.

In § 330 II a. E. ist **Subsidiarität** gegenüber § 330a I–III angeordnet, was nicht einleuchtet, weil beide Vorschriften dieselben Strafdrohungen enthalten. – Zu § 330a nachstehend Rn. 89 ff.

3. Schwere Gefährdung durch Freisetzen von Giften, § 330a

a) Deliktsnatur

Im Gegensatz zu den Grunddelikten der §§ 324 ff.[118] und dem daran anknüpfenden § 330[119] ist der **Verbrechen**statbestand des § 330a **aus der Verwaltungsakzessorietät gelöst**. Ein Verhalten als Anlagenbetreiber oder eine Zuwiderhandlung gegen umweltschützende Normen oder Verwaltungsakte sind nicht erforderlich. Dementsprechend handelt es sich um ein von jedermann begehbares **Allgemeindelikt**.

Geschützt sind menschliches **Leben** und menschliche **Gesundheit**. Diese Rechtsgüter müssen durch Giftfreisetzung in **konkrete Gefahr** gebracht werden; s. zu den konkreten Gefährdungsdelikten o. § 35 Rn. 45, 56 ff.

Einen Vorläufer hatte § 330a in § 327 E 1962. Zwar wurde in der Begründung des E 1962 die Schaffung eines allgemeinen Lebensgefährdungstatbestandes abgelehnt.

---
116 S. z. B. BGHSt 1, 388 (390); 3, 30 (32).
117 Dazu o. § 37 Rn. 47 ff.
118 Dazu o. Rn. 59–81.
119 Dazu o. Rn. 83 ff.

Es wurde jedoch für erforderlich gehalten, „wenigstens die Fälle einer Lebensgefährdung unter Strafe zu stellen, die mit gemeingefährlichen Mitteln von allgemeiner Bedeutung begangen werden"[120]. In § 327 E 1962 sollte deshalb die konkret lebens- und gesundheitsgefährdende Verbreitung von giftigen Gasen oder anderen Giftstoffen in der Luft pönalisiert werden.

b) **Grunddelikt und Qualifikation, § 330a I und II**

92 Weitergehend als § 327 E 1962 ist in § 330a nicht nur die Verbreitung von Giftstoffen in der Luft, sondern deren Verbreitung schlechthin unter Strafe gestellt, ohne dass ein Umweltmedium (z. B. Wasser, Luft, Boden, Pflanzen) beeinträchtigt werden müsste. Damit sind **alle** für den Menschen konkret gefährlichen Giftverbreitungen erfasst, sodass es sich bei § 330a eigentlich gar nicht um eine spezifische Umweltstrafbestimmung handelt[121].

93 § 330a I spricht nicht von Gift, sondern von „Stoffen, die Gift enthalten oder hervorbringen können". Damit wird klargestellt, dass auch die Freisetzung eines solchen Stoffes tatbestandsmäßig ist, der erst durch eine chemische Reaktion, etwa infolge Kontakts mit Wasser oder Luft, zum Gift wird.

94 **Verbreitet** oder **freigesetzt** ist ein Stoff, wenn er sich unkontrollierbar verbreiten kann, sich also nicht mehr im Gewahrsam oder Einwirkungsbereich des Täters befindet. Dass dem Verbreiten ein finales Element (im Sinne der bewussten Erzielung einer Breitenwirkung) innewohnt[122], ist angesichts der Pönalisierung leichtfertigen Handelns in § 330a V schwerlich haltbar. Vielmehr dürfte eine Unterscheidung der beiden Begehungsformen nicht möglich bzw. zumindest ohne Bedeutung sein[123].

95 § 330a II enthält eine **Erfolgsqualifikation**, für die § 18 gilt.

c) **Vorsatz und Fahrlässigkeit, § 330a IV und V**

96 § 330a I enthält ein Vorsatzdelikt (§ 15).

In § 330a IV und V ist die **Fahrlässigkeitshaftung** abgestuft geregelt:

§ 330a IV enthält eine **Vorsatz-Fahrlässigkeitskombination:** Vorsätzliche Verbreitung oder Freisetzung giftiger Stoffe, fahrlässige Herbeiführung der konkreten Gefährdung. S. dazu o. § 35 Rn. 105 f.; speziell zu den Konsequenzen für Versuch und Teilnahme § 35 Rn. 120 und 126 f.

In § 330a V ist leichtfertiges Handeln und fahrlässige Gefahrverursachung unter Strafe gestellt.

d) **Rechtfertigung**

97 Eine Rechtfertigung des Täters durch **behördliche Erlaubnis** ist nicht möglich. Denn die Genehmigung eines Betreiberverhaltens in dem Bewusstsein, dass daraus eine konkrete Gefahr für menschliches Leben oder

---

120 E 1962, Begründung zu § 327, S. 504.
121 LK-*Steindorf*, § 330a Rn. 2a.
122 So z. B. LK-*Steindorf*, § 330a Rn. 5.
123 So z. B. auch *S/S/Heine/Hecker*, § 330a Rn. 4; *Fischer*, § 330a Rn. 3; MüKo-*Alt*, § 330a Rn. 8; a. A. LK-*Steindorf*, § 330a Rn. 5.

menschliche Gesundheit erwachsen kann, wäre nach § 44 II Nr. 5, 6 VwVfG nichtig. Aber auch eine in Unkenntnis möglicher konkreter Gefährdungen erteilte Genehmigung könnte den Täter nicht rechtfertigen, s. dazu auch o. Rn. 24[124]. Verstößt der Täter ausschließlich gegen den nicht umweltschützenden § 330a, so kommt der **Einwilligung** des konkret Gefährdeten rechtfertigende Wirkung zu[125]. Fraglich ist dies dann, wenn durch die Giftfreisetzung zugleich Umweltgüter nach §§ 324 ff. beeinträchtigt werden; s. dazu auch o. Rn. 28.

e) Versuch und Vollendung, Rücktritt vom Versuch und vom vollendeten Delikt, § 330b

Da die Giftfreisetzung oder -verbreitung nach § 330a I Verbrechen ist, ist der **Versuch** strafbar.

98

Über den **Rücktritt** vom Versuch (§ 24) hinaus ist nach § 330b der Rücktritt vom vollendeten Delikt **(tätige Reue)** möglich (naturgemäß dann nicht mehr, wenn die Erfolgsqualifikation des § 330a II eingetreten ist)[126].

f) Beteiligung

Da es sich bei § 330a um ein aus der Verwaltungsakzessorietät gelöstes Allgemeindelikt handelt[127], ist Täterschaft und Teilnahme ohne die o. Rn. 35 genannten Einschränkungen nach den allgemeinen Regeln möglich. Das gilt an sich auch für **Amtsträger**[128]. Da § 330a I Vorsatz auch hinsichtlich der Menschengefährdung und § 330a IV vorsätzliche Giftfreisetzung erfordert, dürfte in der Praxis allenfalls leichtfertig-fahrlässige (Neben-)Täterschaft des Amtsträgers nach § 330a V in Betracht kommen.

99

g) Konkurrenzen

§ 330a I–III verdrängen § 330 II; s. zur dortigen Subsidiaritätsklausel o. Rn. 88. Da § 330a als nicht verwaltungsakzessorisches und nicht umweltspezifisches Allgemeindelikt ausgestaltet ist, ist tateinheitlich (§ 52) nach §§ 324 ff. (ggf. i. V. m. § 330 I) und § 330a zu verurteilen, wenn die Giftverbreitung zugleich eine Gewässerverunreinigung usw. zur Folge hat.

100

Die gemeingefährliche Vergiftung, § 314 (dazu o. § 37 Rn. 97 ff.), verdrängt § 330a[129].

Möchte der Täter sein Opfer durch die Giftbeibringung körperlich verletzen oder töten, besteht Tateinheit des § 330a I oder II mit §§ 223 ff. oder §§ 211, 212. Gegenüber § 222 ist § 330a II lex specialis.

---

124 S. z. B. *Lackner/Kühl*, § 330a Rn. 7 m. w. N.
125 S. GK-BImSchG-*Weber*, § 330a Rn. 18; *Lackner/Kühl*, § 330a Rn. 7.
126 Die Frage, ob der Rücktritt vom Versuch (§ 24) noch möglich ist, wenn bereits der Versuch zum Eintritt der Erfolgsqualifikation geführt hat (sog. erfolgsqualifizierter Versuch), dürfte sich für § 330a nicht stellen. Denn dass bereits die versuchte Giftfreisetzung den Tod eines Menschen herbeiführt, ist kaum vorstellbar.
127 S. o. Rn. 89.
128 S. dazu o. Rn. 37 ff.
129 S. GK-BImSchG-*Weber*, § 330a Rn. 33; *Lackner/Kühl*, § 330a Rn. 8; MüKo-*Alt*, § 330a Rn. 19.

Teil VII: Delikte gegen den Staat, gegen Amtsträger und durch Amtsträger

§ 42 Rechtsgüter und kriminalpolitische Grundlagen

Literaturhinweise: *Apelt*, Geschichte der Weimarer Verfassung, 1946; *Aust*, Der Baader-Meinhof-Komplex, 1986; *Backes*, Rechtsstaatsgefährdungsdelikte und Grundgesetz, 1969; *Bartlsperger*, Einstellung des Strafverfahrens von Verfassungs wegen – Zum Strafverfahren Erich Honecker, DVBl 1993, 333; *Baumann* u. a., Alternativ-Entwurf eines StGB, BT, Politisches Strafrecht, 1968; *Beck*, Unrechtsbegründung und Vorfeldkriminalisierung. Zum Problem der Unrechtsbegründung im Bereich vorverlegter Strafbarkeit – erörtert unter besonderer Berücksichtigung der Deliktstatbestände des politischen Strafrechts, 1992; *Brüning*, Beihilfe zum „Geheimnisverrat" durch Journalisten und die strafprozessualen Folgen – Der Fall „Cicero", NStZ 2006, 253; *Bull* (Hrsg.), Sicherheit durch Gesetze?, 1987; *Ebert*, Strafrechtliche Bewältigung des SED-Unrechts zwischen Politik, Strafrecht und Verfassungsrecht, Hanack-FS 1999, S. 501; *Frisch*, Unrecht und Strafbarkeit der Mauerschützen, Grünwald-FS 1999, S. 133; *Gehrlein*, Die Strafbarkeit der Ost-Spione auf dem Prüfstand des Verfassungs- und Völkerrechts, 1996; *Griesbaum/Hannich/Schnarr* (Hrsg.), Strafrecht und Justizgewährung, Nehm-FS 2006; *Griesbaum/Wallenta*, Strafverfolgung zur Verhinderung terroristischer Anschläge – Eine Bestandsaufnahme, NStZ 2013, 369; *Kirchheimer*, Politische Justiz, 1965 (Neuausgabe 1981); *Lüderssen*, Der Staat geht unter – das Unrecht bleibt. Regierungskriminalität in der ehemaligen DDR, 1992; *Marxen/Werle*, Die strafrechtliche Aufarbeitung von DDR-Unrecht – Eine Bilanz, 1999; *Nanzka*, Spionage der ehemaligen DDR gegen die Bundesrepublik Deutschland, 2000; *Schiffers*, Zwischen Bürgerfreiheit und Staatsschutz. Wiederherstellung und Neufassung des politischen Strafrechts in der Bundesrepublik Deutschland 1949–1951, 1989; *Schroeder*, Der Schutz von Staat und Verfassung im Strafrecht, 1970; *R. Schröder*, Ein Richter, die Stasi und das Verständnis von sozialistischer Gesetzlichkeit, Gitter-FS 1995, S. 875; *Schünemann*, Dogmatische Sackgassen bei der Strafverfolgung der vom SED-Regime zu verantwortenden Untaten, Grünwald-FS 1999, S. 657;*Verfassungsschutzbericht* (jährlich vom Bundesministerium des Innern herausgegeben); *Weyrauch*, Gestapo V-Leute, 1989. – Umfangreiche ältere Literaturangaben bei *Schroeder*, a. a. O. S. 487 ff.

Übersicht

		Rn.
I.	Staatsschutz i. w. S., Schutz der Amtsträger und Schutz vor Amtsträgern (Überblick)	1
	1. Angriffe gegen den Bestand des Staates und gegen die Allgemeinheit	2
	2. Angriffe gegen einzelne Staatsgewalten und gegen Amtsträger	4
	3. Angriffe von Amtsträgern auf Einzelne oder den Staat (Amtsdelikte)	6
	4. Rechtsgüter der Allgemeinheit und Rechtsgüter des Einzelnen	8
II.	Staatsschutz und Freiheitsrechte des Einzelnen	9

§ 42 Rn. 1–4   Einführung in Teil VII

   1. Allgemeines zur materiell-rechtlichen Abgrenzung 9
   2. Speziell zum Schutz des demokratischen Rechtsstaates gegen
      verfassungsfeindliche Agitation 11
   3. Zu den Kosten der Durchsetzung des materiellen Rechts 16
   4. Der Staat als Ermittler in eigener Sache und als Ermittler
      gegen sich selbst 20

   III. Mafia statt Kalter Krieg; Filz statt Kriminalität 22

   IV. Staatsschutz und Sicherheitsgefühl des Einzelnen 23

   I. Staatsschutz i. w. S., Schutz der Amtsträger
   und Schutz vor Amtsträgern (Überblick)

1 Ein kurzer **Überblick** soll angesichts der im BT recht verstreut vorgenommenen Regelung die Orientierung erleichtern. Die hier in Teil VII, §§ 43–49, behandelten Straftaten lassen sich in **drei Gruppen** zusammenfassen:

   (1) Angriffe gegen den Staat; (2) Angriffe gegen Amtsträger; (3) Angriffe von Amtsträgern (Amtsdelikte). Viele in diesen Zusammenhang gehörende Tatbestände spielen im Examen überhaupt keine Rolle, viele sind nur von marginaler Bedeutung. Die folgende Darstellung orientiert sich an der **Examensrelevanz**, d. h. die Rechtspflege- und Amtsdelikte stehen im Vordergrund. Auch Tatbestände die zwar relativ wichtig sind, die in der Vorlesung aber meist vernachlässigt werden, wegen der noch fehlenden Kenntnisse aus anderen Rechtsgebieten wie z. B. der ZPO, werden näher erörtert. Dafür werden viele Tatbestände nicht oder nur ganz kurz behandelt, so z. B. die ersten fünf Abschnitte des BT.

   1. Angriffe gegen den Bestand des Staates und gegen die Allgemeinheit

2 Hierzu gehören zunächst die **Staatsschutzdelikte i. e. S.**, z. B. Landesverrat, § 94. Im Einzelnen ist hierher die in den ersten fünf Abschnitten des BT (§§ 80–109k) geregelte Materie zu rechnen, s. u. § 43.

3 Als Angriffe gegen die Allgemeinheit, letztlich als **Staatsschutzdelikte i. w. S.** sind die **Straftaten gegen die öffentliche Ordnung** anzusehen, z. B. Landfriedensbruch oder die Bildung terroristischer Vereinigungen, §§ 125, 129a[1].

   Im Einzelnen gehören hierher aus dem 7. Abschnitt die §§ 124–131 und § 140 (Überschriften nachlesen!). Wenn man den Akzent nicht auf den Staat, sondern auf die Allgemeinheit legt, zählen hierzu auch die im 11. Abschnitt geregelten Störungen der Religions- und Weltanschauungsgemeinschaften, §§ 166–168[2].

   2. Angriffe gegen einzelne Staatsgewalten und gegen Amtsträger

4 Die gegen die **Rechtspflege** gerichteten Aussagedelikte[3] betreffen einen **Teilaspekt der staatlichen Tätigkeit**, die Dritte Gewalt (Justiz), vgl. Art.

---
1 S. u. § 44.
2 S. u. § 44 Rn. 51 ff.
3 §§ 153 ff., dazu u. § 47.

20 III GG. Es ist zwar unüblich, z. B. den Meineid als Staatsschutzdelikt i. w. S. zu begreifen, doch ändert das nichts am engen sachlichen Zusammenhang mit den Straftaten gegen die öffentliche Ordnung. Dieser Zusammenhang wird besonders deutlich, wenn man sich vor Augen hält, dass der besondere Schutz **einzelner** dienstlicher Maßnahmen (dienstliche Verwahrung, Verstrickung, Versiegelung, §§ 133, 136) im Abschnitt der Straftaten gegen die öffentliche Ordnung mitgeregelt ist. Bei solchen „Staatsschutzdelikten" in einem sehr weiten Sinn verschwimmt die Grenzziehung zu klassischen oder neuartigen **Gefährdungsdelikten** (von der Brandstiftung bis zu Umweltschutzdelikten)[4].

Einen anderen Teilaspekt der staatlichen Tätigkeit, nämlich die **Exekutive**, betreffen die im 6. Abschnitt als „Widerstand gegen die Staatsgewalt" geregelten Straftaten, §§ 113 ff.[5], sowie typischerweise die Amtsanmaßung, §§ 132, 132a[6]. Da der Staat als juristische Person erst durch die Amtsträger als natürliche Personen handlungsfähig wird, versteht es sich, dass der Angriff auf die Amtsträger sich mehr oder weniger gegen den Staat selbst richtet. Der Angriff auf den Staat selbst ist sehr deutlich, wenn der Bundespräsident zu einer Amtshandlung genötigt werden soll (§ 106), weniger deutlich dagegen, wenn ein Polizeibeamter an einer Festnahme gehindert werden soll (§ 113). Es empfiehlt sich aber, die **Straftaten gegen Amtsträger** von den vorstehend (Rn. 2, 3) genannten Tatbeständen zu trennen, wie es auch der Tradition unserer Gesetzgebung entspricht. Es geht nämlich weitgehend um den Schutz des Amtsträgers in seinen „Personwerten": Beim Widerstand i. S. des § 113 handelt es sich um Nötigung bzw. Körperverletzung in einer besonderen Lage[7].

3. Angriffe von Amtsträgern auf Einzelne oder den Staat (Amtsdelikte)

Die **reziproke Situation** zu den Staatsschutzdelikten führt zu den u. § 49 behandelten **Amtsdelikten**, §§ 340 ff.: Der Angriff des Staates (verkörpert durch einen Amtsträger) auf den Bürger. In diesem Sinne kann man §§ 343, 344 (Aussageerpressung und Verfolgung Unschuldiger) als **„umgekehrte" Rechtspflegedelikte** bezeichnen.

Der Amtsmissbrauch braucht nicht notwendig zum Nachteil eines Einzelnen (Bürgers) zu gehen, er kann sich auch unmittelbar gegen den Staat richten, Bsp. § 353a (Vertrauensbruch im auswärtigen Dienst). Mittelbar richten sich alle Amtsdelikte gegen den Staat, weil der Amtsmissbrauch des einzelnen Amtsträgers das Vertrauen der Öffentlichkeit in einen sich an die Rechtsordnung haltenden Staat gefährdet.

---

4   Näher anschließend Rn. 8.
5   Zu § 111 s. § 44 Rn. 37 ff.
6   Näher dazu u. § 45.
7   S. u. § 45.

Beispiel: Der Faustschlag des Polizeibeamten, mit dem er einen leugnenden Beschuldigten zum Geständnis bringen will, trifft z. B. als Gehirnerschütterung unmittelbar das Individualrechtsgut „Gesundheit" eines Bürgers, mittelbar wird das Vertrauen der Öffentlichkeit in den Rechtsstaat erschüttert. Auch aus diesem Grunde sind die Delikte durch Amtsträger in den Zusammenhang der Delikte gegen den Staat zu stellen.

Zu **Bestechung** und **Bestechlichkeit** (§§ 331 ff.) als Angriff auf den Amtsträger und den Staat bzw. als Schutz des Staates und der Bürger vor korrupten Amtsträgern s. u. § 49 Rn. 2 f., 18.

4. Rechtsgüter der Allgemeinheit und Rechtsgüter des Einzelnen

8 „Personwerte" wie Leben, Gesundheit, Bewegungsfreiheit sind Rechtsgüter des Einzelnen, ebenso „Sachwerte" wie Eigentum und Vermögen. – In § 1 Rn. 26 f. ist dargelegt, wie beim Vorfeldschutz Rechtsgüter des Individuums und Rechtsgüter der Allgemeinheit verschwimmen. Die mittelbare Betroffenheit des Individuums durch Angriffe auf den Staat zeigt sich am Landesverrat, wenn er zur Entwertung der mit Steuern finanzierten Investitionen in Verteidigungsanstrengungen führt.

Beim Hausfriedensbruch, § 123, handelt es sich um den Schutz des Individualrechtsgutes „Hausfrieden", obwohl er im 7. Abschnitt (Straftaten gegen die öffentliche Ordnung) steht. – Bei der Unfallflucht, § 142, rückt der in den Gefährdungsbereich vorverlagerte Rechtsgüterschutz des Unfallopfers so in den Vordergrund, dass dieser Tatbestand im Zusammenhang mit den sonstigen Gefährdungstatbeständen erörtert wird, obwohl der Gesetzgeber auch § 142 im 7. Abschnitt geregelt hat. – Vergleicht man die Gefährdung von Individualrechtsgütern bei § 142 mit dem Missbrauch von Notrufen, § 145, dann wird die graduelle Abnahme individueller Betroffenheit und die graduelle Zunahme der Betroffenheit der Allgemeinheit besonders deutlich.

Zusammenfassend ist festzuhalten, dass Staatsschutz eine Gesamtaufgabe darstellt, die einerseits den Schutz des Staates und andererseits den Schutz des Bürgers durch den Staat meint[8]. Allerdings ist hierbei eine klare Unterscheidung zwischen der Betroffenheit des Individuums in seinen Rechtsgütern und der Betroffenheit der Allgemeinheit bzw. des Staates weder möglich noch nötig.

II. Staatsschutz und Freiheitsrechte des Einzelnen

1. Allgemeines zur materiell-rechtlichen Abgrenzung

9 Der Schutz des Staates und der Allgemeinheit kollidiert mit der Freiheit des Einzelnen. Das ist elementar. Der Schutz der Allgemeinheit hat für den Einzelnen u. a. die Kehrseite, dass er auf öffentlichen Straßen nicht beliebig schnell fahren darf und zudem Steuern zahlen muss oder früher Wehrdienst zu leisten hatte. Diese Kollision ist unproblematisch zugunsten der Gemeinschaft zu lösen, solange der Einzelne Freiheit i. S. einer „Ausnah-

---

8   *Griesbaum/Wallenta*, NStZ 2013, 369 (370).

me" für sich erstrebt und zugleich von dem Rechtsgüterschutz der Allgemeinheit, d. h. vom Verzicht der anderen, profitieren will: Die anderen sollen sich ebenso an die Verkehrsregeln halten; die anderen sollten – zumindest früher – für **Sicherheit** gegen Angriffe von **außen** sorgen und Wehrdienst leisten; die anderen sollen mit ihren Steuern sichere Straßen usw. finanzieren.

Zu den Fällen, in denen der Bürger weiß, dass er seine Freiheit auf Kosten anderer ausdehnt (z. B. Steuern hinterzieht[9]), kommen die Fälle, in denen der Egoismus den Bürger blind macht für die Berechtigung des ihm zugunsten der Allgemeinheit abverlangten Verzichts. In diesem Sinne heißt es bei *Rousseau*[10], der Sonderwille bzw. das Einzelinteresse könne dem Bürger „das, was er der gemeinsamen Sache schuldet, als eine willkürliche Steuer vor Augen stellen. Ihr Wegfall wäre für die andern eine geringere Einbuße als die Mühe, die ihm die Bezahlung machte".

Theoretisch wie praktisch bereitet der **Maßstab für die gerechte Lastenverteilung** freilich große Schwierigkeiten. Der Einzelne führt meist Gründe für sein Verlangen nach einer Ausnahme an: Seine besondere Geschicklichkeit (Straßenverkehr), sein Gewissen oder seinen Gesundheitszustand (Wehrdienst), die Höhe des Einkommens und seiner Verpflichtungen (Steuern).

Sehen wir von der schwierigen Lastenverteilung im Verhältnis der Bürger untereinander ab, dann kommen wir zu der grundsätzlichen Frage, welche Belastungen den Bürgern insgesamt im Verhältnis zum Staat auferlegt werden sollen und dürfen. Wie viel Verlust an Freiheit haben alle Bürger im Interesse der Allgemeinheit hinzunehmen? Diese sehr allgemeine Frage schlägt sich bei der in Teil VII behandelten Materie in den folgenden vier konkreten Spannungsverhältnissen zwischen **Staatsschutz und Freiheitsrechten des Einzelnen** nieder:

(1) Bestandsschutz der Demokratie gegen Meinungsfreiheit und Agitationsfreiheit ihrer politischen Gegner, vgl. insbesondere §§ 84, 85, 86, 130, 131, ferner § 125.

(2) Schutz der Geheimhaltungsinteressen des Staates gegen Informationsinteressen des Bürgers, Schlagwort Landesverrat und Pressefreiheit, vgl. insbesondere §§ 93–97b.

(3) Staatliche Eingriffsrechte aufgrund eines „Verdachts" gegen das Interesse des unschuldigen Bürgers am Schutz gegen (materiell-rechtlich) ungerechtfertigte staatliche Eingriffe, Schlagwort Widerstand gegen die Staatsgewalt, vgl. insbesondere §§ 113, 114.

(4) Schutz der „öffentlichen Ordnung" i. w. S., also vom störungsfreien Straßenverkehr bis zur zügigen Errichtung eines Flughafens oder Kernkraftwerks, gegen Störungen durch Bürger (speziell Angehörige von Minoritäten), die von ihrer Meinungs-, Versammlungs- und Demonstrationsfreiheit Gebrauch machen, vgl. insbesondere § 125.

---

9 Vgl. hierzu die aktuelle Diskussion um den Fall Hoeneß und das hierzu ergangene Urteil des LG München II vom 13.3.2014, Az. W5 KLs 68 Js 3284/13.
10 *Rousseau*, Contrat Social (1762), 1. Buch, Kap. VII (Übersetzung Weigand).

2. Speziell zum Schutz des demokratischen Rechtsstaates gegen verfassungsfeindliche Agitation

11 Der Schutz des Staates gegen Landesverrat und Agententätigkeit ist prinzipiell ebenso selbstverständlich wie der Schutz des Staates gegen revolutionäre Minderheiten, die **mit Gewalt** den Staat zerstören oder grundlegend verändern wollen: Hochverrat, §§ 81–83, §§ 87, 88, z. T. auch Landfriedensbruch, §§ 125, 125a. Daran ändert auch der Umstand nichts, dass sich der Staat hier häufig mit Überzeugungstätern konfrontiert sieht.

12 Nicht selbstverständlich ist der Schutz unseres freiheitlich-demokratischen Rechtsstaates gegen revolutionäre Minderheiten, die **ohne Gewalt** diesen Staat zerstören oder grundlegend verändern wollen: Gefährdung des demokratischen Rechtsstaates, §§ 84 ff. (ohne §§ 87, 88), § 92 II, III. Es geht um die Grenzen elementarer Freiheitsrechte, insbes. der Meinungsfreiheit (Art. 5 GG). Wie viel **Freiheit** soll eine freiheitliche Gesellschaft **den Feinden der Freiheit** einräumen?

In freien Wahlen haben am 5.3.1933 43,9 % der Deutschen für die NSDAP gestimmt, obwohl klar war, dass diese Partei nach ihrer Machtergreifung der demokratischen Minderheit keine Chance für die Rückkehr in die Demokratie lassen würde. Diese historische Erfahrung erklärt und rechtfertigt das Konzept unseres Grundgesetzes, das Konzept einer verteidigungsbereiten **kämpferischen Demokratie**, Art. 18, 79 III GG. Andere Demokratien mögen angesichts ihrer historischen Erfahrungen darauf vertrauen, dass ihre demokratische Staatsform nicht erfolgsabhängig ist, d. h., dass insbesondere in wirtschaftlichen Notzeiten die Mehrheit nicht nach systemverändernden Wunderkuren rufen wird. Wer will die Väter unseres Grundgesetzes dafür tadeln, dass sie dieses Vertrauen nicht hatten?

13 Ob dem Grundgesetz dasselbe Schicksal wie der Weimarer Verfassung zuteil werden wird, wird die Zukunft lehren, auch ob sich die Geschichte bezüglich des traurigen Beitrags der Staatsrechtswissenschaft wiederholen wird.

„Der jüngere Nachwuchs drängte heran und suchte, die alteingefahrenen Geleise verlassend, neue Ideen in das Verfassungsrecht hineinzutragen. Ihnen kam es nicht mehr allein darauf an, in bescheidener Unterordnung unter den Willen des Gesetzgebers Wortlaut und Gedankengang der Formulierungen getreulich auszulegen, sondern sie waren vielfach bemüht, ihre eigenen Vorstellungen von einem zeitgemäßen Verfassungsrecht in das Werk der Nationalversammlung hinein zu interpretieren"[11].

14 Für den strafrechtlichen Verfassungsschutz bedeutet dies, dass §§ 84–86 unverzichtbar sind, solange wir staatsrechtlich nicht (entsprechend dem vorstehenden Zitat) von der Konzeption der verteidigungsbereiten Demokratie abrücken. Problematisch wird der strafrechtliche Staatsschutz erst bei den gegen verfassungsfeindliche Verunglimpfung und Propaganda gerichteten Tatbeständen wie § 90a.

---

11 Apelt, S. 417.

Das Dilemma liegt darin, dass ein kriminalpolitisches Bedürfnis für solche Strafvorschriften zweifelhaft ist, solange die große Mehrheit unserer Bevölkerung unsere Verfassung bejaht. Ist dagegen ein ins Gewicht fallender Teil der Bevölkerung für extremistische Propaganda anfällig, dann ist zweifelhaft, ob Strafdrohungen, die gegen solche Propaganda gerichtet sind, geeignet sind, die wünschenswerte Einstellung der dem Extremismus zuneigenden Bürger zum demokratischen Staat herbeizuführen. Der Alternativ-Entwurf (AE)[12] hat sich wegen der Unlösbarkeit dieses Dilemmas gegen Straftatbestände ausgesprochen, die dem jetzigen § 90a entsprechen. Man muss jedoch auch an die (noch) nicht für die extremistische Propaganda anfälligen Bürger denken, die in der reaktionslosen Hinnahme von Verunglimpfungen (vgl. § 90a) ein Zeichen von Schwäche sehen und deshalb Mühe haben, sich mit einem solchen Staat zu identifizieren; siehe auch u. § 44 Rn. 3 f. zum Terrorismus.

Der richtige Hinweis des AE[13] auf ein **Grundrechtsverwirkungsverfahren nach Art. 18 GG** gegen den Verunglimpfer (und auf die Bestrafung von Verstößen gegen ein im Verwirkungsverfahren auferlegtes Betätigungsverbot) führt zur Frage, ob die Streichung der Strafbestimmungen entsprechend § 90a zur Aktivierung des Art. 18 GG führen würde oder ob umgekehrt die fehlende Kraft zu Verfahren nach Art. 18 GG die Zuflucht zu Strafbestimmungen wie § 90a erklärt. – Während die „große" Grundrechtsverwirkung nach Art. 18 GG praktisch nicht vorkommt, beginnt sich eine **kleine Grundrechtsverwirkung** zu etablieren, und zwar auch und gerade bei den in das Strafverfahren hineinwirkenden Grundrechten. Eine Erklärung für diese Entwicklung liegt in der Überdehnung der Grundrechte, die als Gegenbewegung eine generalklauselartige Reduktion provoziert[14]. 15

3. Zu den Kosten der Durchsetzung des materiellen Rechts

Die materiell-rechtlich richtige Lösung der vorstehend in Rn. 10 beschriebenen Spannung zwischen Staatsschutz und individueller Freiheit darf von den prozessrechtlichen Kosten der Durchsetzung nicht isoliert werden. Wer mithilfe von Geschwindigkeitsbegrenzungen lebensgefährliche Fahrweisen auf den Straßen verhindern will, muss Radarkontrollen wollen. Wer der Gefährdung des demokratischen Rechtsstaates mithilfe der §§ 84 ff. entgegentreten will, muss ein Bundesamt für Verfassungsschutz und dessen Datensammlung wollen. – Der für die Durchsetzung der richtigen materiell-rechtlichen Lösung zu bezahlende Preis kann freilich so hoch werden, dass man auf die wünschenswerte materiell-rechtliche Lösung verzichten muss. 16

Beispiel Radikalenbeschluss[15]: Die vorstehende, sehr einfache und doch immer wieder verdrängte Überlegung soll anhand der Verfassungstreue als Voraussetzung für die Berufung in ein Beamtenverhältnis verdeutlicht werden. Die Praxis der Bundesländer reicht von der Durchsetzung der materiell-rechtlichen Regelung (d. h. der „Preis" in Form einer Sammlung von Indizien wird bezahlt, Schlagwort „Gesinnungsschnüffelei") bis zum de facto-Verzicht auf die materiell-rechtlich als erwünscht angesehene Regelung (Schlagwort „Marsch der Extremisten durch die Institutionen der Demokratie"). Dazwischen liegen die mehr oder weniger grotesken Kompromisse, etwa dass die Anstellungsbehörde das vom Verfassungsschutz ge-

---

12 *Baumann* u. a., S. 51.
13 Wie vorstehende Fn., dazu auch *Backes*, a. a. O. (passim).
14 Vgl. *Arzt*, ZStW 111 (1999), 757 (776).
15 BVerfGE 39, 334.

sammelte Material über den Bewerber nur dann zur Kenntnis nehmen darf, wenn sich beim Einstellungsgespräch Zweifel an der Verfassungstreue ergeben. Diese **beschränkte Durchsetzung** des materiellen Rechts **bedeutet** de facto eine **Beschränkung des materiellen Rechts:** Nicht der Verfassungsfeind, sondern nur der dumme (nämlich der sich im Einstellungsgespräch offenbarende) Verfassungsfeind ist vom öffentlichen Dienst fernzuhalten. – Zu Versuchen, die Beweisschwierigkeiten (Zweifel an der Verfassungstreue) materiell-rechtlich zulasten des Einstellungsbewerbers zu lösen, vgl. nur Formulierungen wie ein Beamter müsse sich „eindeutig" von verfassungswidrigen Bestrebungen distanzieren oder er müsse „die Gewähr bieten", „jederzeit" für die freiheitliche demokratische Grundordnung einzutreten[16].

17 Es steht außer Zweifel, dass die mit der Durchsetzung des materiellrechtlichen Staatsschutzes verbundenen Kosten i. S. von Eingriffen in Freiheitsrechte des Individuums besonders hoch sind, man denke nur an das **Abhören**, vgl. §§ 100a, 100c StPO. Zudem operieren Spionageabwehr und Verfassungsschutz in einem Halbdunkel, in dem man nicht immer erkennen kann, ob rechtsstaatliche Bindungen eingehalten werden. Zu diesem Halbdunkel trägt die Aufsplitterung der Behörden und Zuständigkeiten bei. Die Risiken einer Zentralisierung wiegen wohl geringer als der mit der Zentralisierung verbundene Vorteil einer Klärung der Verantwortlichkeit[17]. Beweismaterial wird mithilfe von **„Kronzeugen"** und **„Vertrauensmännern"** gewonnen, beides recht dubiose Beweismittel.

Die Kontrolle schwerer Eingriffe in Freiheitsrechte (z. B. Abhören) suchen wir traditionellerweise durch eine Kombination des materiellen Rechts (mit näher umschriebenen Voraussetzungen für solche Eingriffe) und des Prozessrechts (Richtereinschaltung!) zu erreichen. Eine radikal andere Methode wäre ein **Rationierungsmodell**, d. h. eine quantitative Limitierung solcher Eingriffe[18].

18 Dubiose und im Staatsschutzrecht vielleicht unverzichtbare Methoden der Beweisgewinnung, nämlich **Kronzeuge, V-Leute** und **das sog. plea bargaining** (Deal im Strafverfahren)[19] haben Eingang in die Bekämpfung der gewöhnlichen Kriminalität gefunden.

19 Was das sogenannte **Demonstrationsstrafrecht** betrifft, liegt das Dilemma der §§ 125, 125a darin, dass die sich in einer Menge prinzipiell Gleichgesinnter versteckenden Täter, die aus dieser Menge heraus Gewalttätigkeiten begehen, schwer zu identifizieren und von den bloßen Mitläufern zu trennen sind. Zur Behebung solcher Beweisschwierigkeiten durch Kriminalisierung schon der bloßen Mitläufer s. u. § 44 Rn. 24 ff.

---

16 BVerfG, a. a. O.
17 *Arzt*, MschrKrim 1968, 236.
18 Dafür *Arzt*, Lenckner-FS 1998, S. 363.
19 Vgl. §§ 129 VI, 129a V StGB; zum spektakulären Fall Staschynskij, wo der plea bargain in der Verbiegung des materiellen Rechts steckt, s. o. § 2 Rn. 76. Zum Kronzeugen vgl. jetzt den Gesetzentwurf BR-Drucks. 353/07 mit einem neuen § 46b StGB; zum Deal s. § 1 Rn. 22 und BGHSt 43, 195; 50, 40 sowie BT-Drucks. 16/4197. Aktuell zum Deal im Strafrecht vgl. BGH, Beschluss vom 21.8.2013, Az. 1 StR 360/13; Beschluss vom 27.7.2010, Az 1 StR 345/10; vgl. zu dessen Wirkung im Verwaltungsrecht BVerwG, Urteil vom 14.3.2007, Az. 2 WD 3/06.

4. Der Staat als Ermittler in eigener Sache und als Ermittler gegen sich selbst

Zu den vorstehend in Rn. 16 f. erörterten Kosten der Durchsetzung des materiell-rechtlichen Staatsschutzes gehört auch der Umstand, dass der Staat in eigener Sache ermittelt, z. B. beim Widerstand gegen einen Polizeibeamten, § 113, oder/und dass der Staat bei den Amtsdelikten gegen sich selbst ermittelt (z. B. bei Aussageerpressung durch einen Polizeibeamten, § 343). 20

Dass der **Staat in eigener Sache ermittelt**, z. B. gegen Verfassungsfeinde, kann gelegentlich zu Übereifer führen. Es kann aber auch dazu führen, dass der Staat in der Rolle eines dem **Verfolgungszwang** unterworfenen Strafverfolgungsorgans überfordert ist, wenn es ihm zugleich in seiner Rolle als Verletztem nicht **opportun** erscheint, gegen den Täter vorzugehen. Dieses Dilemma hat einst zu einem spektakulären Zusammenstoß zwischen Staatsanwaltschaft und Gericht geführt, personalisiert zwischen Generalbundesanwalt *Güde* und dem Vorsitzenden des für Staatsschutzdelikte zuständigen Strafsenats, *Jagusch*[20]. Inzwischen sind die Konfliktmöglichkeiten durch weitreichende Lockerung des Verfolgungszwangs entschärft worden, vgl. §§ 153c, 153d StPO.

Was die **Ermittlungen des Staates gegen sich selbst** angeht, liegt ein gewisses Risiko in der **Solidarität** der Amtsträger. Der Umfang dieser Solidarität ist deliktsabhängig. Bei berufstypischen Versuchungs- und Risikosituationen, z. B. bei Übergriffen eines Polizeibeamten gegen einen Widerstand leistenden Beschuldigten, ist eine relativ große Solidarisierungsbereitschaft zu vermuten. Wo keine berufstypische Risikosituation vorliegt, z. B. grobe Übergriffe des Polizeibeamten, in der Regel auch bei Bestechlichkeit, dürfte die Solidarisierungsbereitschaft gering sein. – Die Solidarisierung wirkt sich zunächst dahin aus, dass es die Staatsanwaltschaft schwer hat, Beamte zu finden, die als Zeugen gegen einen Kollegen aussagen. In einem weiteren Sinne mag auch eine gewisse Neigung des Staatsanwalts (als Amtsträger) zur Milde gegen andere Amtsträger bestehen.

Ermittlungen gegen Amtsträger sind zudem generell außerordentlich schwierig, weil die Zunahme der **Bürokratisierung** zur **Abnahme der Verantwortlichkeit** jedes einzelnen Amtsträgers führt. Das bestätigen moderne Skandale, z. B. bei der Abfallentsorgung, ebenso wie schon die KZ-Verbrechen, bei denen die Verantwortung, u. a. auch wegen der fortgeschrittenen Verbürokratisierung des „Dritten Reiches", nur schwer einer bestimmten Person anzulasten ist[21]. 21

III. Mafia statt Kalter Krieg; Filz statt Kriminalität

Staatsschutz setzt Bedrohungen voraus. Der Kollaps der Mauer und des Eisernen Vorhanges bedeutet zugleich den Kollaps des traditionellen **Feindbildes**. Gleichzeitig hat sich die ganz seltene Chance ergeben, den Nutzen des Staatsschutzes zu messen: Was hat die **Stasi-Bürokratie** dem Staat „gebracht" – gemessen am Selbstverständnis der DDR? 22

---

20 Nachzulesen in BGHSt 15, 155.
21 Vgl. nur *Kimmel*, in: Rückerl (Hrsg.), NS-Prozesse, 1971, S. 107 ff., dort auch zum trügerischen Eindruck einer straffen monolithischen Organisation im nationalsozialistischen Staat.

Bemerkenswert ist die Schnelligkeit, mit der das **Organisierte Verbrechen** als neue Bedrohung nachgerückt ist. Im StGB kommt dieser Wechsel schon optisch durch die Nachbarschaft zwischen terroristischer und krimineller Vereinigung zum Ausdruck, §§ 129, 129a. Ein eigentümlicher Zufall will es, dass zur Bekämpfung des Organisierten Verbrechens die alten Methoden des Staatsschutzes nötig sind: V-Leute, Abhören, umfangreiche Datensammlung und eine spezialisierte, zentralisierte und international kooperierende Polizei.

Der Kampf gegen das Organisierte Verbrechen und die Korruption wird überschattet durch gemeinschädliche Strukturen, die nicht kriminell und kaum kriminalisierbar sind. Der legale **Filz** zwischen Medien, Parteien, Wirtschaft, Gewerkschaften und sonstigen Interessenverbänden (u. a. der Anwaltschaft) erschüttert die Legitimität des Einsatzes des Strafrechts gegen die organisierte Kriminalität[22]. Welchen Sinn hat die Bekämpfung des Milliardenschadens, der durch Betrügereien gegen die finanziellen Interessen der EU im Subventionsbereich entsteht, verglichen mit der Gemeinschädlichkeit der institutionalisierten, legalen Subventionsbürokratie?

IV. Staatsschutz und Sicherheitsgefühl des Einzelnen

23 Die „prinzipielle" Garantie der Unverbrüchlichkeit der Rechtsordnung und der „prinzipielle" Schutz der Rechtsgüter bilden ein Stück elementarer physischer und psychischer sozialer Sicherheit der Bürger. Ein Staat verdient den Namen „Rechtsstaat" nur dann, wenn er das Recht zu schützen und durchzusetzen vermag, o. § 1 Rn. 1. Wenn der **Terrorismus** als eine besondere Gefahr für die innere Sicherheit angesehen wird, dann nicht deshalb, weil den Durchschnittsbürger ein empfindliches Risiko treffen würde, Opfer eines terroristischen Anschlages zu werden. Dennoch deklariert das Staatsschutzstrafrecht nicht diffuse Belange der Allgemeinheit zu Rechtsgütern, sondern gewährleistet die Sicherheit der Bürger vor Gefahren für deren konkrete Individualrechtsgüter[23]. Die Gefährlichkeit des Terrorismus liegt nämlich im geradezu **demonstrativen Rechtsbruch,** der die Hilflosigkeit des Staates zeigen soll. Damit wird der Staat als Garant der Rechtsordnung unglaubwürdig und das wirkt auf das Sicherheitsgefühl der Bürger zurück[24].

24 Umgekehrt kann zu viel „Staatsschutz" das Sicherheitsgefühl des Bürgers zerstören, als Stichwort seien nur **Gestapo und Stasi** genannt. Der Schutz des Rechtsstaats kann nicht mit rechtsstaatswidrigen Methoden er-

---

22 *Arzt*, Kaiser-FS 1998, S. 495.
23 *Griesbaum/Wallenta*, NStZ 2013, 369 (371).
24 Näher zum Unsicherheitsgefühl infolge offener Rechtsverletzungen *Arzt*, Der Ruf nach Recht und Ordnung; Ursachen und Folgen der Kriminalitätsfurcht, 1976, S. 18 ff., 26 ff., 137 ff. (Terrorismus); *ders.*, Privatisierung der Sicherheit, in: Wiegand (Hrsg.), Rechtliche Probleme der Privatisierung, 1998, S. 313 ff. m. w. N.

reicht werden, weil die Freiheitsrechte der Bürger Teil des Rechtsstaatsgedankens sind. Schon die abstrakte Formulierung des richtigen Gleichgewichts zwischen Freiheitsrechten des Bürgers und effizientem Schutz des Rechtsstaats fällt schwer. Noch schwieriger ist die konkrete Balance, also wenn es z. B. um den Umfang der staatsanwaltschaftlichen Abhör- und Durchsuchungsbefugnisse oder um die Rechte des Verteidigers im Strafverfahren geht. Es ist dringend zu wünschen, dass im rechtswissenschaftlichen Studium die einschlägige rechtspolitische Diskussion nicht ausgeblendet wird.

§ 43 Die Staatsschutzdelikte i. e. S., §§ 80–109k

Literaturhinweise s. o. § 42 vor Rn. 1.

Übersicht

		Rn.
I.	Rechtsgüter und Angriffshandlungen	1
	1. Überblick über §§ 80–109k	1
	2. Rechtsgüter	2
	3. Angriffshandlungen	3
	4. Verfolgung von DDR-Taten nach der Wiedervereinigung	5
II.	Hinweise zu einigen besonders wichtigen Tatbeständen	6
	1. Gefährdung des demokratischen Rechtsstaats, insbesondere §§ 84, 85	6
	2. Landesverrat, §§ 93 ff.	7
	3. Wahlfälschung, § 107a	8

I. Rechtsgüter und Angriffshandlungen

1. Überblick über §§ 80–109k

1   Angesichts der **fehlenden Examensbedeutung** der Materie nur so viel: Systematisch sind die 1. und 2. Abschnitt (§§ 80–101a) unzweifelhaft zum Staatsschutz i. e. S. zu rechnen, also insbesondere Hochverrat, Gefährdung des demokratischen Rechtsstaats und Landesverrat. – Auch die Straftaten gegen die Landesverteidigung können unbedenklich hierher gerechnet werden, also der 5. Abschnitt (§§ 109–109k). – Im 3. Abschnitt (§§ 102–104a) sind solche Straftaten gegen ausländische Staaten mit Strafe bedroht, die zwar unmittelbar den fremden Staat treffen, mittelbar aber geeignet sind, die Beziehungen Deutschlands zu diesem Staat schwer zu beeinträchtigen. Diese Rückwirkung auf den eigenen Staat rechtfertigt es, auch diese Tatbestände in den Gesamtzusammenhang des Staatsschutzes i. e. S. einzuordnen. – Im 4. Abschnitt (§§ 105–108e) sind Wahlfälschung und besonders schwere Nötigungsfälle geregelt. Es versteht sich, dass es bei der Nötigung des Bundespräsidenten, der Parlamentsnötigung oder der gewaltsamen Verhinderung einer Wahl ebenfalls um Staatsschutz i. e. S. geht.

2. Rechtsgüter

2   Die §§ 80 ff. schützen unterschiedliche Rechtsgüter, die hier unter dem Oberbegriff der Staatsschutzdelikte i. e. S. zusammengezogen werden. Wieweit eine „Entzerrung der globalen Rechtsgüter des strafrechtlichen

'Staats'-schutzes"¹ sinnvoll ist, ist zweifelhaft. Mindestens hat man **vier Rechtsgüter** zu unterscheiden, nämlich **(1)** den Bestand des Staates (§ 92 I, III Nr. 1), **(2)** die äußere Sicherheit des Staates (§ 92 III Nr. 2) und **(3)** die innere Sicherheit des Staates (§ 92 III Nr. 2). Hinzu kommt der Schutz des Staates als eines demokratischen Rechtsstaates, also **(4)** der Schutz der Verfassungsgrundsätze (§ 92 II, III Nr. 3). – Weitere Differenzierungen sind zwar denkbar, im Grunde handelt es sich aber stets um Ausprägungen eines der genannten vier Rechtsgüter.

3. Angriffshandlungen

Es liegt in der Natur der Staatsschutztatbestände, dass sie weitgehend nur die Bestrafung fehlgeschlagener Angriffe ermöglichen können. Wer soll den Hochverräter (§§ 81, 82) bestrafen, dessen Verrat gelungen ist? Mit dem Landesverräter (§ 94) sieht es zwar anders aus, doch bewirkt auch da der Umstand, dass der Verrat bemerkt wird, eine wesentliche Minderung des Schadens. 3

Franz v. Liszt (aus dem Vorwort zur 1919 erschienenen 21./22. Aufl. seines Lehrbuchs des Deutschen Strafrechts): „Der Druck des besonderen Teils war schon weit vorgeschritten, als die Novemberrevolution einsetzte und mit der Beseitigung der Monarchie die Strafdrohungen gegenstandslos machte, die zu deren Schutz bestimmt waren. Ich habe ... es für richtiger gehalten, diese von der Gesetzgebung noch nicht zum Ausdruck gebrachten Änderungen ... unberücksichtigt zu lassen."

Zur Beschimpfung des Reichspräsidenten *Ebert* als Landesverräter vgl. RGSt 65, 422²; zur Beschimpfung der Widerstandskämpfer des 20.7.1944 als Vaterlandsverräter vgl. BGH, NJW 1951, 1183; zur Beschimpfung des Bundestagspräsidenten D. Dr. *Gerstenmaier* als Landesverräter vgl. BGHSt 11, 329; zur Verunglimpfung des Andenkens Verstorbener durch die Bezeichnung *Bonhoeffers* als Landesverräter vgl. das Urteil des LG Bonn, NStZ-RR 2014, 79 ff.

Dogmatische Konsequenz: Staatsschutzdelikte pönalisieren **Vorbereitungs-** oder/und **Gefährdungshandlungen.** Da es niemandem verwehrt sein darf, extrem zu denken (Art. 5 GG), muss der Gesetzgeber darauf bedacht sein, dass die Staatsschutzdelikte nicht schon Äußerungen extremistischer Gedanken kriminalisieren. Die Vorverlagerung der Strafbarkeit in den Vorbereitungs- und Gefährdungsbereich wird nur dadurch erträglich, dass man auf besondere Mittel der Agitation abstellt (Gewalt und Organisation)³. 4

4. Verfolgung von DDR-Taten nach der Wiedervereinigung

Statt die Wiedervereinigung zum Anlass für eine großzügige **Amnestie** zu nehmen, ist der Justiz die schwierige Aufgabe überbürdet worden, 5

---

1 F. C. *Schroeder*, Der Schutz, S. 478 (S. 293 ff. für möglichst weitgehende Differenzierung).
2 Näher *Miltenberger*, Der Vorwurf des Landesverrats gegen Reichspräsident Friedrich Ebert ..., 1989; *Spendel*, in: Hilgendorf/Weitzel (Hrsg.), Der Strafgedanke in seiner historischen Entwicklung, 2007, S. 161 ff.
3 Zur Verunglimpfung s. o. § 42 Rn. 14.

sowohl die gegen die Bundesrepublik gerichteten Aktivitäten der DDR weiter zu verfolgen, als auch das DDR-interne Unrecht (**Stasi**) zu bewältigen[4]. De facto hat das Bundesverfassungsgericht eine ins Gewand eines verfassungsrechtlichen Verfolgungshindernisses eingekleidete Amnestie erlassen, soweit Spionage vom Gebiet der DDR und der ihr zugewandten Staaten aus betrieben worden ist[5].

Die **Mauerschüsse**[6] waren auch die Basis des Prozesses gegen den Staatsratsvorsitzenden *Erich Honecker*. Diesem Strafverfahren hat der VerfGH Berlin 1993 ein vorzeitiges Ende bereitet; die Verurteilung des Honecker-Nachfolgers, *Egon Krenz*, wegen der Todesschüsse ist im November 1999 vom BGH und im Januar 2000 vom BVerfG bestätigt worden[7]. Eine Verrechnung der Verantwortung für das Unrecht an der Mauer mit dem Verdienst, das in der Hinnahme des Falles der Mauer liegt, ist der Justiz verwehrt.

II. Hinweise zu einigen besonders wichtigen Tatbeständen

1. Gefährdung des demokratischen Rechtsstaats, insbesondere §§ 84, 85

6 §§ 84, 85 gehen von der Gefährlichkeit verfassungsfeindlicher **Organisationen**[8] aus. Deshalb wird (unter Beachtung des Parteienprivilegs, Art. 21 II GG) die Unterstützung verfassungsfeindlicher Parteien und Vereinigungen mit Strafe bedroht. Das Strafrecht zieht hier die Konsequenz aus der Ewigkeitsgarantie des Art. 79 III GG[9].

> Es ist zuzugeben, dass die einschlägigen Tatbestände nicht weit von der Kriminalisierung extremistischer Gesinnung entfernt sind. Rechtspolitisch war und ist ausschlaggebend – in der Formulierung von *F. C. Schroeder*[10] – dass es „ein nicht auflösbarer Widerspruch [sc. wäre], wenn heute allenthalben Verbrechen gegen einzelne verfolgt und als besonders verabscheuungswürdig gebrandmarkt werden, die im Rahmen der nationalsozialistischen Gewalt- und Willkürherrschaft begangen wurden, die Einführung des alle derartigen Verbrechen erst ermöglichenden oder gar bezweckenden Gewalt- und Willkür-Systems selbst aber mit der Gloriole des politischen Verbrechens, des bloßen Anders-Denkens (*Radbruch*) umgeben würde".

---

4 Zur **Spionage** vgl. *Gehrlein*, a. a. O.; *Nanzka*, a. a. O. und zusammenfassend *Maurach/Schroeder/Maiwald*, BT 2, § 82 Rn. 26 f.; zu den **Mauerschützen** s. o. § 2 Rn. 75; zur **Stasi** vgl. als **Beispiel** die Schilderung durch *R. Schröder*, a. a. O.; ferner u. § 48 Rn. 3; zur **DDR-Justiz** als **Rechtsbeugung** s. u. § 49 Rn. 76, 78. – Atmosphärisch *Markovits*, Die Abwicklung – Ein Tagebuch zum Ende der DDR-Justiz, 1993.
5 BVerfGE 92, 277; vgl. auch BVerfGE 96, 171.
6 O. § 2 Rn. 75.
7 Speziell zum Honecker-Verfahren vgl. über *Bartlsperger*, a. a. O. hinaus aus der umfangreichen Literatur *Maurer*, JR 1993, 89; *Schoreit*, NJW 1993, 881; *Wassermann*, NJW 1993, 1567. Zu Krenz (und Schabowski) BGHSt 45, 270 = NJW 2000, 443; BVerfG, NJW 2000, 1480.
8 Zur Problematik der Sperrwirkung des Art. 18 GG gegenüber Straftatbeständen, die rechtsstaatsgefährdendes Handeln nicht einer Organisation, sondern eines Individuums kriminalisieren, s. o. § 42 Rn. 15.
9 S. o. § 42 Rn. 12 f.
10 *F. C. Schroeder*, Der Schutz, S. 478.

Hinweise zu einigen besonders wichtigen Tatbeständen   § 43 Rn. 7

2. Landesverrat, §§ 93 ff.

Wichtig ist die Beschränkung auf die äußere Sicherheit (Definition in   7
§ 93 I). Die Grenze zur **Wirtschaftsspionage** (§ 17 UWG) ist flüssig. –
Zentrales Problem ist die Interessenkollision zwischen Geheimhaltungsinteressen des Staates, Informationsbedürfnissen der Öffentlichkeit und dem Interesse an der Abstellung verfassungs- und rechtswidrigen staatlichen Verhaltens (**illegales Staatsgeheimnis**). Dieses Problem ist in zwei spektakulären Affären in den 1960ern deutlich geworden. Sie haben die jetzige ausführliche Regelung stark beeinflusst.

Die **Spiegel-Affäre (1962)** hat die Kollision zwischen dem Informationsbedürfnis der Öffentlichkeit und den Geheimhaltungsinteressen des Staates deutlich gemacht und zu einer Reihe von Abhandlungen zum Themenkreis „Pressefreiheit und Landesverrat" geführt. Konkret ging es dem Spiegel mit dem Artikel „Bedingt abwehrbereit" in Heft Nr. 41/1962 um die Alarmierung der öffentlichen Meinung, weil die NATO und der damalige Bundesverteidigungsminister *Strauß* keine wirksame Strategie zur Verteidigung der Norddeutschen Tiefebene, insbesondere gegen einen sowjetischen Panzerangriff, entwickelt hätten[11].

Die **Pätsch-Affäre (1963)** betraf die Publikation von (vermeintlich) illegalen Staatsgeheimnissen (Abhörpraxis) durch die von *Pätsch* (Mitarbeiter des Bundesamts für Verfassungsschutz) informierte Presse, u. a. den Spiegel[12].

Auch in der **Cicero-Affäre (2005)** ging es um die Veröffentlichung geheimer Informationen[13]. Das monatlich erscheinende Magazin für politische Kultur „Cicero" veröffentlichte in seiner Aprilausgabe 2005 einen Artikel über ein international gesuchtes Mitglied der Terrororganisation al-Qaida. Der Artikel enthielt zum Teil sehr detaillierte Informationen und ausführliche Zitate aus einem geheimen Auswertungsbericht des Bundeskriminalamtes, der dem Verfasser des Artikels vorgelegen hatte. Das Bundeskriminalamt stellte daraufhin Strafanzeige wegen Verdachts einer Verletzung des Dienstgeheimnisses nach § 353b StGB, worauf die Staatsanwaltschaft Potsdam ein Ermittlungsverfahren gegen den Verfasser sowie den Chefredakteur des Magazins Cicero wegen Beihilfe zur Verletzung des Dienstgeheimnisses gem. §§ 353b, 27 einleitete. Im Rahmen der Ermittlungen kam es u. a. zur Anordnung der Durchsuchung der Redaktionsräume des Magazins sowie zur Beschlagnahme der angefertigten Kopie einer Festplatte, die bei der Durchsuchung sichergestellt wurde. Gegen beide Beschlüsse legte Cicero Beschwerde ein, die jeweils verworfen wurden. Der durch den Chefredakteur des Magazins erhobenen Verfassungsbeschwerde gab das Bundesverfassungsgericht am 27.2.2007 mit 7:1-Stimmen statt[14] und hob sämtliche Entscheidungen insbes. wegen Verstoßes gegen die Pressefreiheit (Art. 5 I 2 GG) auf. In Fortführung seiner Rechtsprechung zur Spiegel-Affäre hob das BVerfG hervor, dass allein die Veröffentlichung eines Dienstgeheimnisses i. S. d. § 353b durch einen Journalisten angesichts der Bedeutung der Pressefreiheit keinen hinreichenden Verdacht begründe, um einen Eingriff in dieses Grundrecht durch die Anordnung einer Durchsuchung und einer Beschlagnahme zu rechtfertigen[15].

---

11 Der Artikel schließt mit den Worten: „Eine wirksame Abschreckung bleibt fraglich." – Eingehend dazu BVerfGE 20, 162 und BGH, NJW 1965, 1187.
12 Eingehend dazu BVerfGE 28, 191 und BGHSt 20, 342; s. u. § 49 Rn. 101 zu § 353b.
13 Zum Fall „Cicero" *Brüning*, NStZ 2006, 253 ff.; *Schmidt-De Caluwe*, NVwZ 2007, 640 ff.
14 BVerfG, NJW 2007, 1117.
15 BVerfG, NJW 2007, 1117 (1119 f.).

Bedeutung gewinnen die Normen der §§ 93 ff. derzeit in der sog. **NSA-Affäre** (2013). Der amerikanische Auslandsgeheimdienst NSA hat eine globale Überwachung und Speicherung von Telekommunikationsdaten, u. a. des Mobiltelefons der deutschen Bundeskanzlerin vorgenommen, weshalb über die rechtliche Reaktion Deutschlands auf die Spionagemaßnahmen der NSA diskutiert wird[16]. Die Ausmaße der weltweiten Spionage- und Überwachungspraktiken von Geheimdiensten aus den USA und dem Vereinigten Königreich waren infolge der umfassenden Enthüllungen des Whistleblowers und Ex-NSA-Experten *Edward Snowden* bekannt geworden. Der sich seither in Russland im Asyl befindliche Snowden soll zur Aufklärung der Affäre vor den Untersuchungsausschuss des Deutschen Bundestages geladen werden. Kritisch wird deshalb über ein mögliches freies Geleit trotz einer potenziellen, zur Auslieferung an die USA berechtigenden Strafbarkeit nach §§ 93 ff. diskutiert[17].

Im Zuge der NSA-Affäre hat 2014 der Chaos Computer Club Strafanzeige gegen alle Mitglieder der Bundesregierung – namentlich gegen die Bundeskanzlerin, den Innenminister und gegen die Präsidenten des Bundesnachrichtendienst (BND), des Amtes für den Militärischen Abschirmdienst (MAD) und des Verfassungsschutzes wegen verbotener geheimdienstlicher Tätigkeit oder Beihilfe dazu erstattet[18].

Ein Ende der Diskussion ist insbesondere infolge des Bekanntwerdens der durch den deutschen Geheimdienst BND vorgenommenen Abhöraktionen zulasten der früheren US-Außenministerin Clinton und des NATO-Partners Türkei nicht zu erwarten[19].

3. Wahlfälschung, § 107a

8   Wahlfälschung ist von praktischer Bedeutung bei der **Briefwahl**. Zu beachten ist, dass auch das Ausfüllen des Wahlscheins in einer dem Wunsch des Wahlberechtigten entsprechenden Weise eine Fälschung darstellt, weil das Wahlrecht die Stellvertretung ausschließt[20]. – Das **Ergebnis** wird durch jede zu Unrecht gezählte oder nicht gezählte Stimme verfälscht. Es kommt nicht erst darauf an, wer als Konsequenz des Wahlergebnisses gewählt worden ist.

9   An § 107a lässt sich abschließend noch einmal zeigen, wie „verdünnt" der Gedanke des Staatsschutzes i. e. S. den Tatbeständen in den ersten fünf Abschnitten des BT zugrunde liegen kann. Bei der Parlamentsnötigung (vgl. § 105 I Nr. 1, § 106b) und bei der gewaltsamen Wahlbehinderung (§ 107) sind die über die unmittelbaren Nötigungen hinausgehenden mittelbaren Bedrohungen der inneren Sicherheit und der Verfassungsgrundsätze (§ 92 II Nr. 1) noch recht handgreiflich. Die in einem Einzelfall vorgenommene wahlrechtlich verbotene „Vertretung" bei der Stimmabgabe fällt zwar unter § 107a, beeinträchtigt aber die innere Sicherheit gar nicht und berührt den Bestandsschutz der freiheitlichen Demokratie nur höchst entfernt.

---

16 Zu den verschiedenen Handlungsoptionen *Spies*, ZD-Aktuell 2013, 03801; vgl. auch die kaum beachtete, 2013 von Bert Knoop, Mitglied der Piratenpartei, gegen die Bundeskanzlerin Dr. Merkel erhobene Strafanzeige wegen Landesverrats u. a. aufgrund illegaler Überwachungsprogramme ausländischer Behörden.
17 *Friehe/Lipp*, DÖV 2014, 601.
18 „NSA-Affäre; Strafanzeige gegen Merkel", in: FAZ vom 3.2.2014.
19 „Spionage gegen die Türkei; Die Bundesregierung hat den Auftrag gegeben", in: FAZ vom 19.8.2014.
20 BGHSt 29, 380.

§ 44 Delikte gegen den Gemeinschaftsfrieden und den religiösen Frieden, insbesondere Bildung friedensgefährdender Vereinigungen, §§ 127–129b und Landfriedensbruch, §§ 125, 125a; ferner §§ 126, 111, 140, 130, 130a, 131; §§ 166–168

Literaturhinweise: *Albrecht*, „Krieg gegen den Terror" – Konsequenzen für ein rechtsstaatliches Strafrecht, ZStW 117 (2005), 852; *Altvater*, Das 34. Strafrechtsänderungsgesetz – § 129b StGB, NStZ 2003, 179; *Arzt*, Landfriedensbruch und Demonstrationsfreiheit, JA 1982, 269; *Beck*, Unrechtsbegründung und Vorfeldkriminalisierung, 1992; *Bader*, Das Gesetz zur Vorbereitung von schweren staatsgefährdenden Gewalttaten, NJW 2009, 2853; *Bertram*, Der Rechtsstaat und seine Volksverhetzungs-Novelle, NJW 2005, 1476; *Brugger*, Hassrede, Beleidigung, Volksverhetzung, JA 2006, 687; *Czermak*, Religions- und Weltanschauungsrecht, 2008; *Czerner*, Leichenteilaservate zwischen Forschungsfreiheit und Störung der Totenruhe. Zu den postmortalen klinisch-forensischen Untersuchungen am Gehirn von Ulrike Meinhof, ZStW 115 (2003), 91; *Daimagüler/Pyka*, „Politisierung" im NSU-Prozess, ZRP 2014, 143; *Dreher*, Der Paragraph (sc. § 111) mit dem Januskopf, Gallas-FS 1973, S. 307; *Enders/Lange*, Symbolische Gesetzgebung im Versammlungsrecht?, JZ 2006, 105; *Greco*, Über das so genannte Feindstrafrecht, GA 2006, 96; *v. Hartlieb*, Gewaltdarstellungen in Massenmedien – Zur Problematik der §§ 131 und 184 Abs. 3 StGB, Ufita 86 (1980), 101; *Heinrich*, „Die Grenzen des Strafrechts bei der Gefahrprävention. Brauchen oder haben wir ein „Feindstrafrecht?", ZStW 121 (2009), 94; *Heller/Goldbeck*, Mohammed zu Gast in Popetown, ZUM 2007, 628; *Hilgendorf*, Religion, Recht und Staat. Zur Notwendigkeit einer Zähmung der Religionen durch das Recht, in: *ders.* (Hrsg.), Wissenschaft, Religion und Recht, Festschrift für Hans Albert zum 85. Geburtstag, 2006, 359; *ders.*, Religion, Gewalt und Menschenrechte – Eine Problemskizze am Beispiel von Christentum und Islam, in: Dreier/Hilgendorf (Hrsg.), Kulturelle Identität als Grund und Grenze des Rechts, 2008, 169; *ders.*, Der neue religiöse Fundamentalismus als Gefährdung der Menschenrechte, in: Gornig u. a. (Hrsg.), Iustitia et Pax. Gedächtnisschrift für Dieter Blumenwitz, 2008, 165; *ders.*, Das Eigene und das Fremde I: Die deutsche Strafgesetzgebung und Strafrechtspraxis vor den Herausforderungen kultureller Pluralisierung ..., StV 2014, 555; *Hörnle*, Deskriptive und normative Dimensionen des Begriffs »Feindstrafrecht«, GA 2006, 80; *Höynck/Pfeiffer*, Verbot von „Killerspielen"? – Thesen und Vorschläge zur Verbesserung des Jugendmedienschutzes, ZRP 2007, 91; *Hoffmann*, Scheinbare Anschläge – Zur Strafbarkeit sog. Trittbrettfahrer, GA 2002, 385; *Hoyer*, Die Eignungsdelikte, 1987; *Jakobs*, Kriminalisierung im Vorfeld einer Rechtsgutsverletzung, ZStW 97 (1985), 751; *ders.*, Terroristen als Personen im Recht?, ZStW 117 (2005), 839; *Jekewitz*, Zur Konstitutionalisierung der nichtorganisierten Kriminalität durch den Vertrag von Amsterdam, GA 1999, 307; *Kissel*, Aufrufe zum Ungehorsam und § 111 StGB, 1996; *Köhne*, Zombies und Kannibalen. Zum Tatbestand der Gewaltdarstellung (§ 131 Abs. 1 StGB), GA 2004, 180; *Kostaras*, Zur strafrechtlichen Problematik der Demonstrationsdelikte, 1982; *Körber*, Rechtsradikale Propaganda im Internet – der Fall Toeben, 2003; *Lampe*, Systemunrecht und Unrechtssystem, ZStW 106 (1994), 683; *Meyer*, Beteiligung am Landfriedensbruch (§ 125 Abs. 1 1. und 2. Variante StGB) und Teilnahme zum Landfriedensbruch (§ 125 Abs. 1 1. und 2. Variante in Verbindung mit §§ 26, 27, 28 Abs. 1 StGB), GA 2000, 459; *Müller*, Religion und Strafrecht, 2008; *Paeffgen*, Überlegungen zu § 111 StGB, – § 111 – wirklich ein janusköpfiger Tatbestand?, Hanack-FS 1999, S. 591; *ders.*, § 129a StGB und der prozessuale Tatbegriff, NStZ 2002, 281; *Rebmann*, Inhalt und Grenzen

§ 44   Delikte gegen den Gemeinschaftsfrieden

des Straftatbestandes ... nach § 129a StGB, NStZ 1981, 457; *Rixen*, Schutz vor rechtswidrigen Sektionen nach geltendem und künftigem Recht – Am Beispiel der Obduktion von an plötzlichem Kindstod verstorbenen Säuglingen, ZRP 2001, 374; *Rogall*, Die verschiedenen Formen des Veranlassens fremder Straftaten, GA 1979, 11; *Roth*, Kollektive Gewalt und Strafrecht. Die Geschichte der Massedelikte in Deutschland, 1989; *Roxin*, Probleme der Täterschaft und Teilnahme bei der organisierten Kriminalität, Grünwald-FS 1999, S. 549; *Rudolphi*, Verteidigungshandeln als Unterstützung einer kriminellen oder terroristischen Vereinigung i. S. der §§ 129 und 129a StGB, Bruns-FS 1978, S. 315; *Saliger*, Feindstrafrecht: Kritisches oder totalitäres Strafrechtskonzept?, JZ 2006, 756; *Scheiff*, Wann beginnt der Strafrechtsschutz gegen kriminelle Vereinigungen (§ 129 StGB)?, 1997; *Sieber*, Legitimation und Grenzen von Gefährdungsdelikten im Vorfeld von terroristischer Gewalt. Eine Analyse der Vorfeldtatbestände im „Entwurf eines Gesetzes zur Verfolgung der Vorbereitung von schweren staatsgefährdenden Gewalttaten", NStZ 2009, 353; *Schramm*, Zur Strafbarkeit des Versendens von Pseudo-Milzbrandbriefen, NJW 2002, 419; *Schroeder*, Straftaten gegen das Strafrecht, 1985; *Stegbauer*, Der Straftatbestand gegen die Auschwitzleugnung – eine Zwischenbilanz, NStZ 2000, 281; *Stein*, Kriminelle und terroristische Vereinigungen mit Auslandsbezug seit der Einführung von § 129b StGB, GA 2005, 433; *Steinbach*, Die Beschimpfung von Religionsgesellschaften gemäß § 166 StGB – eine Würdigung des Karikaturenstreits nach deutschem Strafrecht, JR 2006, 495; *Streng*, Das Unrecht der Volksverhetzung, Lackner-FS 1987, S. 501; *Strohmaier*, Die Reform des Demonstrationsstrafrechts, 1985; *Valerius*, Kultur und Strafrecht. Die Berücksichtigung kultureller Wertvorstellungen in der deutschen Strafrechtsdogmatik, 2011; *Volkersen*, § 127 StGB – Von der vergessenen Norm zum Schwert des Damokles, in: *Neumann* (Hrsg.), Irrwege der Strafgesetzgebung, 1999, S. 285; *von Plottnitz*, § 129a StGB: Ein Symbol als ewiger Hoffnungsträger, ZRP 2002, 351; *Wandres*, Die Strafbarkeit des Auschwitz-Leugnens, 2000; *Weidemann*, Die Strafbarkeit falscher Bombendrohungen und falscher »Milzbrand-Briefe«, JA 2002, 43; *Weigend*, Gewaltdarstellung in den Medien, G. Herrmann-FS 2002, S. 35; *Werle*, Die „Teilnahme" am Landfriedensbruch und der Landfriedensbruch durch Vermummung oder Schutzbewaffnung (§ 125 Abs. 1 und 2 StGB), Lackner-FS 1987, S. 481; *Willms*, Zur strafrechtlichen Absicherung von Organisationsverboten, Lackner-FS 1987, S. 471.

Übersicht

		Rn.
I.	Der kriminalpolitische Hintergrund	1
	1. Überblick	1
	2. Organisationskriminalität	2
	3. Landfriedensbruch und Demonstrationsfreiheit	4
	4. Sonstige Formen der Friedensstörung	10
II.	Friedens- und sicherheitsgefährdende Vereinigungen, insbesondere §§ 129, 129a, 129b	11
	1. Bildung krimineller Vereinigungen, §§ 129, 129b	11
	a) Rechtsgut und Zweck	11
	b) Vereinigung	15
	c) Täterkreis und Unterstützungshandlungen	16
	d) Opfer als Unterstützungstäter	17
	e) Parteiprivileg	18
	f) Prozessuale Konsequenzen	19
	g) § 129-Tat, Teilnahme an Straftaten der Organisation und Rechtskraft	20
	2. Bildung terroristischer Vereinigungen, §§ 129a, 129b	21

III. Landfriedensbruch, §§ 125, 125a	22
1. Rechtsgut	22
2. Menschenmenge	23
3. Der nicht gewalttätige Mitläufer als Täter	24
4. Einzelheiten zu Täterkreis und Tathandlungen	28
5. Aufwertung der Teilnahme zur Täterschaft	31
6. Anhang: Schwerer Hausfriedensbruch, § 124	33
IV. Friedensstörung durch Androhung oder Vortäuschung von Straftaten (§ 126), durch Aufforderung zu Straftaten (§ 111), durch Belohnung und Billigung von Straftaten (§ 140) sowie durch Volksverhetzung und Gewaltdarstellung (§§ 130, 130a, 131)	35
1. Rechtsgut „Friedensstörung"	35
2. Die öffentliche Aufforderung zu Straftaten, § 111	37
3. Belohnung und Billigung von Straftaten, § 140; Anleitung zu Straftaten, § 130a; Volksverhetzung und Gewaltdarstellung, §§ 130, 131	44
4. Verwandte Tatbestände im Überblick	48
V. Störung des religiösen Friedens und ähnliche Tatbestände, §§ 166–168	51
1. Gesellschaftliche Bedeutung und Rechtsgut	51
2. §§ 166, 167	54
3. §§ 167a, 168	55

I. Der kriminalpolitische Hintergrund

1. Überblick

In diesem Abschnitt geht es um Staatsschutz i. w. S., wobei das Schlagwort vom **„Gemeinschaftsfrieden"** als Klammer der zum Teil recht verschiedenartigen Tatbestände gedacht ist. Eine aussagekräftige Konkretisierung des Rechtsgutes „Staatsschutz i. w. S." bringt der „Gemeinschaftsfrieden" freilich nicht. – **Drei Schwerpunkte** lassen sich unterscheiden: **(1)** Die **Organisationskriminalität,** also die kriminellen und terroristischen Vereinigungen; **(2)** die **Landfriedensbruchtatbestände,** eine Materie, die man mitunter verzeichnend als „Demonstrationsstrafrecht" tituliert; **(3)** die **Friedensstörung,** insbesondere durch Aufforderung zu oder Billigung von Straftaten. 1

2. Organisationskriminalität

Die Wurzeln der Organisationskriminalität reichen bis in die vage Furcht des Staates vor **Geheimbünden** zurück; eine Furcht, die sich noch heute im Vereinsregister, also in der Registrierungspflicht von Vereinen ausdrückt[1]. Diese Gleichsetzung von „geheim" mit „vielleicht/wahr- 2

---

[1] Vgl. auch die nach h.M. verfehlte und verfassungswidrige Zielsetzung von § 54 S. 1 BGB, der nicht-rechtsfähige Vereine zur besseren Kontrolle dem Gesellschaftsrecht unterwerfen sollte, BGH, NJW 1979, 2304 (2305).

scheinlich kriminell" mag antiquiert sein, mehr oder weniger selbstverständlich ist die Umkehrung (kriminelle, deshalb geheime Organisation). Aktuell ist die Furcht vor der organisierten Kriminalität, weil durch die Organisation die Gefährlichkeit traditioneller Formen der Kriminalität potenziert und moderne Formen der Kriminalität überhaupt erst ermöglicht werden. Neben der **Mafia** mit ihrem Erpressungs-, Prostitutions- und Drogengeschäft ist insbesondere an die **Wirtschaftskriminalität** als Form der Organisationskriminalität zu denken. Die im Zusammenschluss liegende Steigerung der Gefährlichkeit findet schon im AT in § 30 ihren allgemeinen Ausdruck, also einer Strafdrohung für das Vorbereitungsstadium. Organisationskriminalität ist im Allgemeinen nicht auf Angehörige der Unterschicht beschränkt – auch das erklärt die besondere Gefährlichkeit.

3 Die **terroristischen Vereinigungen (§ 129a)** unterscheiden sich „theoretisch" von den kriminellen Vereinigungen (§ 129) durch den Zweck, besonders schwere Straftaten (Mord etc.) zu begehen, praktisch durch die politische Motivation. Aktuelle Brisanz[2] gewinnt die Thematik der terroristischen Vereinigung in dem vor dem OLG München andauernden Prozess um die vom „Nationalsozialistischen Untergrund/NSU" begangenen Morde[3]. – Schließlich ist der **Zusammenhang** zwischen kriminellen und **terroristischen Vereinigungen mit** den **verfassungswidrigen Vereinigungen** und damit mit dem Staatsschutz i. e. S. hervorzuheben. – Zum Glück ist derzeit der **Aufruhr** nahezu bedeutungslos, insbesondere das Umherziehen „bewaffneter Gruppen" (§ 127) im Staatsgebiet. Als Beispiel ist an das Umherziehen der *Hölz*-Bande in Deutschland in den 20er-Jahren des letzten Jahrhunderts zu erinnern.

> Zur meist im Feuilleton verharrenden **Terrorismusdebatte** der 1970er einige wenige Hinweise: Für den „Zeitgeist" 1977/78 aufschlussreich ist die vom Bundesministerium des Innern herausgegebene Sammlung von Presseartikeln, „Hat sich die Republik verändert, Terrorismus im Spiegel der Presse", Bonn 1978 (dort besonders die *Habermas-Sontheimer*-Diskussion S. 65 ff. und der Erfahrungsbericht des Strafrechtlers *Wagner* von der Freien Universität Berlin S. 273 ff.); vgl. auch die „Briefe zur Verteidigung der Republik" (Hrsg. *Duve/Böll/Staeck*, bei Rowohlt, 1978) und als Rückblick *Aust*, Der Baader Meinhof Komplex, 1986 (verfilmt 2008). Ein kurzes Aufleben der Diskussion sowie Rückblicke auf die Zeit der Roten Armee Fraktion (RAF) gab es Anfang 2007, als die vorzeitige Haftentlassung bzw. Begnadigung der letzten inhaftierten Mitglieder der RAF für mehrere Wochen im Zentrum der medialen Aufmerksamkeit stand. Der Terrorist Christian Klar wurde im Dezember 2008 aus der Haft entlassen.

---

2 Vgl. hierzu *Daimagüler/Pyka*, ZRP 2014, 143, die von einer „Politisierung" in diesem Prozess sprechen.
3 Vgl. den Beschluss des OLG München vom 7.1.2013 – 6 St 3/12, der von der Auflösung der terroristischen Vereinigung nach dem Tod zweier Mittäter ausgeht, weshalb kein Raum für Maßnahmen der Beschränkung der Verteidigung bleibt; vgl. den Beschluss des BVerfG, NJW 2013, 1293 zur Vergabe von Sitzplätzen für Medienvertreter im NSU-Strafverfahren; Beschluss des BVerfG, BeckRS 2013, 49262, zur Ablehnung der Videoübertragung des NSU-Prozesses in einen weiteren Gerichtssaal.

Ansonsten war die Entwicklung einerseits durch **rechtsradikale Gruppierungen** geprägt, mit **Ausländern** als Feindbild, andererseits durch radikale Umweltschützer und Atomenergiegegner. Die Agitation gegen den NATO-Doppelbeschluss (**Friedensbewegung**) ist durch den Fall der Mauer obsolet geworden. Zu schmerzhaften juristischen Nachwirkungen bei §§ 240, 185 (demonstrative Verkehrsblockaden als problematische Nötigung; Soldaten sind Mörder als problematische Ehrverletzung)[4].

Seit den Anschlägen insbes. auf das World Trade Center in New York vom 11.9.2001 hat der Terror nicht nur eine neue Größenordnung sowie mit den kulturellen Gegensätzen einen neuen Auslöser, sondern auch eine internationale Dimension erhalten, die für den nationalen Strafgesetzgeber allein nicht zu erfassen ist – vgl. die Einfügung des § 129b durch das 34. StrÄndG vom 22.8.2002[5], mit der der Anwendungsbereich der §§ 129 f. zunächst generell auf kriminelle und terroristische Vereinigungen auch im Ausland erweitert werden sollte[6], bevor im weiteren Gesetzgebungsverfahren eine differenzierte Regelung erarbeitet wurde, die zur Vermeidung einer uferlosen Ausdehnung des deutschen Strafrechts einen spezifischen Inlandsbezug erfordert[7]. Weitere Anschläge u. a. in London und Madrid bzw. unterbundene Anschlagsversuche auch in Deutschland ließen aber erneut den Ruf an den Gesetzgeber laut werden, der im Jahr 2009 eine weitere **Ausdehnung der Vorfeldkriminalisierung** vollzogen hat[8]. So wurde mit § 89a (Vorbereitung einer schweren staatsgefährdenden Gewalttat) und § 89b (Aufnahme von Beziehungen zur Vorbereitung einer schweren staatsgefährdenden Gewalttat) u. a. die Ausbildung bzw. das Sich-Ausbilden-Lassen zur Begehung terroristischer Gewalttaten unter Strafe gestellt (z. B. Besuch von Terrorcamps, Ausbildung in Flugschulen). Des Weiteren wird auch die Anleitung zu Gewalttaten, insbes. im Internet, von dem neuen Straftatbestand des § 91 (Anleitung zur Begehung einer schweren staatsgefährdenden Gewalttat) erfasst. Diese Tatbestände sollen ein möglichst frühzeitiges Einschreiten mit strafrechtlichen Mitteln gegenüber den erheblichen Gefahren und Bedrohungen, die vom internationalen Terrorismus ausgehen, ermöglichen[9].

Die Normen sahen sich bereits im Entwurfsstadium[10] der Kritik ausgesetzt, dass sie nicht der Strafverfolgung dienen, sondern vielmehr die Möglichkeit präventiven polizeilichen Handelns eröffnen sollen und die Strafbarkeit weitreichend in das Vorbereitungsstadium hinein vorverlagern[11]. Hinzu kommen Bedenken zur Verfassungsgemäßheit der Bestimmungen, denen sowohl Unbestimmtheit als auch Ungeeignetheit vorgeworfen wird[12]. Aus Praktikersicht verkennt die Kritik an der Vorverlagerung der Strafbarkeit, dass ein effektiver Rechtsgüterschutz nur möglich ist, wenn bei der Struktur der Verbote auf die Struktur des Verhaltens, das das geschützte Interesse verletzt, Rücksicht genommen wird. Gerade die anonymen Strukturen rufen enorme Folgen hervor, da die Anonymität nicht nur Schutz, sondern darüber hinaus auch ein unkontrollierbares Handeln ermöglicht. Um dem effektiv entgegenwirken zu können, müssen die kriminellen Agitationen bereits dort unter Strafe gestellt werden, wo sich die kollektiven Schaltstationen befinden[13].

---

4 S. o. § 9 Rn. 68 ff., 78 bzw. § 7 Rn. 25.
5 BGBl. I, S. 3390.
6 BT-Drucks. 14/7025, S. 6.
7 BT-Drucks. 14/8893, S. 8 f. Ausführlich zu § 129b *Stein*, GA 2005, 433 (447 ff.); Zum überwiegenden Symbolcharakter solcher Regelungen *von Plottnitz*, ZRP 2002, 351 ff.
8 Dazu allg. *Bader*, NJW 2009, 2853.
9 BT-Drucks. 16/12288, S. 1 f.
10 *S/S/Sternberg-Lieben*, § 89a Rn. 1c m.w.N.
11 *Fischer*, § 89a Rn. 3, 6; § 89b Rn. 2; § 91 Rn. 3.
12 Zur Diskussion *Sieber*, NStZ 2009, 353.
13 *Griesbaum/Wallenta*, NStZ 2013, 369 (373).

In der Strafrechtswissenschaft beschäftigen sich zunehmend Publikationen mit Sinn und Zweck eines **Feindstrafrechts**[14]. Der von *Jakobs*[15] vorgeschlagene Begriff bezeichnet ein an die Kategorien *Carl Schmitt* anknüpfendes Strafrechtsverständnis, wonach z. B. Terroristen nicht mehr als Bürger, sondern nur noch als Gefahrenquelle, als Feind behandelt werden. Schon früheste Gefahranzeichen sollen bekämpft werden[16]. Kritisch ist anzumerken, dass die Übernahme der Carl Schmittschen Kategorien zu einer unnötigen Dramatisierung führt. Bei den Vertretern eines Feindstrafrechts bleibt oft unklar, ob sie ihre Darlegungen zum Feindstrafrecht als Empfehlung verstehen, also normativ argumentieren, oder ob es um eine (deskriptive) Darstellung und Analyse neuartiger Phänomene im Strafrecht gehen soll. Diese Verletzung zentraler Argumentationsstandards der Rechtswissenschaft gefährdet die Rationalität der Debatte um das Feindstrafrecht insgesamt. In der Gesetzgebung zum Ausdruck kommt „feindstrafrechtliches" Denken insbes. in Vorschriften wie den §§ 129 f., die bereits Vorbereitungshandlungen im privaten Bereich unter Strafe stellen[17].

3. Landfriedensbruch und Demonstrationsfreiheit

4   Der Unterschied zwischen Landfriedensbruch und dem Bürgerkriegsverbot des § 127 (Bildung bewaffneter Gruppen) liegt in der mangelnden Organisation und (typischerweise) in der Spontaneität der Menge bei § 125 (Landfriedensbruch).

Historisch[18] sind **Landfrieden** und **Widerstandsrecht** zwei Seiten einer Münze: Die Sorge des Tyrannen um den Landfrieden führt zur Brandmarkung des Widerstandes des Volkes als Landfriedensbruch.

Blackstone, Commentaries on the Laws of England, Vol. IV, Of Public Wrongs, 1765, Kapitel XI[19]: „Die aufrührerische Versammlung von 12 oder mehr Personen und die Weigerung, auf Aufforderung auseinanderzugehen, ist erstmals durch ein Gesetz Eduard VI (1547–1553) zum Hochverrat erklärt worden. Damals war der König minderjährig, und es sollte ein Religionswechsel herbeigeführt werden [...] (nach Aufhebung des Tatbestandes baldige Wiedereinführung) durch ein Gesetz Marias (1553–1558) [...] Dies erschien als notwendige Sicherheitsmaßnahme unter ihrer blutigen Regierung, weil die Papstherrschaft wieder eingeführt werden sollte und deshalb mit großer Unzufriedenheit zu rechnen war. (Nach erneuter Aufhebung) wurde es vom Amtsantritt Jakob I (1603) bis zum Tode der Königin Anna (1714) nicht einmal für zweckmäßig erachtet, diese Bestimmung wieder zu beleben, aber im ersten Jahr der Regierung Georg I (1714) wurde die Wiedereinführung für erforderlich gehalten, um die Thronfolge der Hannoveraner Dynastie („Act of Settlement") durchzusetzen, und mit einem Schlag wurde der Tatbestand für immer verankert und stark erweitert".

---

14   Vgl. *Heinrich,* ZStW 121 (2009), 94.
15   *Jakobs*, ZStW 97 (1985), 751; *ders.*, ZStW 117 (2005), 839.
16   *Jakobs*, ZStW 97 (1985), 751 (752 f.).
17   *Jakobs*, ZStW 97 (1985), 751 (756 f.). Aus der umfassenden Diskussion zu Inhalt und Legitimität des Feindstrafrechts sowie zur Berechtigung des Begriffs *Albrecht*, ZStW 117 (2005), 852; *Greco*, GA 2006, 96; *Hörnle*, GA 2006, 80; *Saliger*, JZ 2005, 756 ff.
18   Näher *Heilborn*, ZStW 18 (1898), 1 (auch zu den Besonderheiten der Landfrieden des Mittelalters).
19   Eigene Übersetzung unter Hinzufügung von Jahreszahlen, gestützt auf die Taschenbuchausgabe (Beacon Series in Classics of the Law), 1962. Bei dieser in den USA im 19. Jhd. gängigen Version ist das Original durch Hinweise auf spätere Gesetzgebung Englands ergänzt.

Diese historische Wurzel hat aktuelle rechtspolitische Bedeutung mit 5
Blick auf das **Spannungsverhältnis zwischen öffentlicher Ordnung,
Versammlungsfreiheit** (Art. 8 GG), **Meinungsfreiheit** (Art. 5 GG) und
Demonstrationsfreiheit (Ausfluss des Art. 8 GG und Art. 5 GG). Trotzdem handelt es sich bei § 125 nicht um „Demonstrationsstrafrecht". Als Beispiel für Landfriedensbrüche sei neben Demonstrationen[20] auf Zuschauerausschreitungen bei Fußballspielen hingewiesen[21].

Ansammlungen und Versammlungen unter freiem Himmel stellen fast immer ein Risiko für die öffentliche Ordnung dar: Selbst die kleinen Ansammlungen in den Fußgängerzonen, die bei musikalischen und anderen Darbietungen entstehen, erschweren z. B. den Verkehrsfluss. Man sollte entsprechende Diskussionen in Lokalzeitungen nicht belächeln, sondern die mitunter naive Interessenabwägung in Zeitungsartikeln und Leserbriefen einmal juristisch „übersetzen". – Das **Versammlungsgesetz** enthält eine detaillierte Regelung von Versammlungen. Straftatbestände und Ordnungswidrigkeiten nach dem VersammlG und § 125 StGB bilden eine einheitliche Materie; s. u. Rn. 8 zu Verschiebungen zwischen StGB und Nebenstrafrecht.

§ 125 StGB bedroht als Landfriedensbruch – vereinfachend gesagt – die 6
gewalttätig werdenden Mitglieder einer „Menschenmenge" mit Strafe. Die Menschenmenge kommt durch eine erlaubte oder verbotene **Versammlung** i. S. des VersammlG oder durch eine **Ansammlung** zustande.

Die Bedrohung der öffentlichen Sicherheit durch eine gewalttätig werdende Menge ist empfindlich. Öffentliche Sicherheit ist dabei (auch) als eine Gefährdung von Individualrechtsgütern zu verstehen, vom „Leben" des Gegendemonstranten oder Polizeibeamten bis zum „Eigentum" des von Plünderungen betroffenen Geschäftsinhabers. Der Schutz, den der Einzelne in der Menge findet, ermutigt ihn zu Taten, die er als Einzelner nie riskieren würde. Zu diesem Schutz durch die Menge gehören auch die extremen **Beweisschwierigkeiten,** wenn festgestellt werden soll, wer aus einer Menge heraus gewalttätig geworden ist und wer bloß dabei war. – Durch die Addition ähnlicher, für sich genommen vergleichsweise harmloser Straftaten (z. B. Steinwürfe), kann es zum Kollaps der öffentlichen Ordnung kommen, zu Plünderungen und Brandstiftungen, kurz, zu einer räumlich und zeitlich begrenzten **Anarchie.**

Die vorstehenden Gründe sprechen für wirksame Strafdrohungen gegen Landfriedensbruch, wobei zur Wirksamkeit auch eine Ausgestaltung des Tatbestandes gehört, bei der keine übermäßigen Beweisschwierigkeiten entstehen, s. u. Rn. 24 ff.

---

20 BGH, NStZ-RR 2014, 45; OLG Hamm, NStZ 2013, 347; LG Bonn, Urteil vom 20.1.2014, Az. 21 KLs 555 Js 199/12 – 34/13.
21 Dazu *Arzt*, in: Württ. Fußballverband (Hrsg.), Zuschauerausschreitungen bei Fußballspielen, Heft 13, Stuttgart 1980, S. 82 ff.; vgl. insoweit zu der sich nach dem öffentlichen Recht bemessenden Frage der Präventivhaft eines Fußballhooligans vor und während des Spiels EGMR, NVwZ 2014, 43.

7 Als gewichtige Gründe für eine milde Betrachtung sind schon Widerstandsrecht und Demonstrationsfreiheit genannt worden. Der Umschlag der friedlichen in die gewalttätige Demonstration markiert die Grenze zwischen erlaubter Grundrechtsausübung und verbotenem Eingriff in Rechte anderer[22].

Last but not least zwingt der Umstand, dass beim Landfriedensbruch per definitionem eine „Menschenmenge" beteiligt ist, zu milder Betrachtung. Unser Strafrecht ist auf **Massenkriminalität** nicht eingerichtet. Wo Kriminalität massenhaft auftritt, weicht das Strafrecht über kurz oder lang zurück. Massenverhaftungen und Massenaburteilungen sind ohne Abstriche von unseren Anforderungen an ein rechtsstaatliches Verfahren kaum durchführbar (vgl. z. B. die §§ 417 ff. StPO zum beschleunigten Verfahren, das sich in letzter Zeit zunehmender Beliebtheit zu erfreuen scheint, z. B. bei der Verurteilung von Hooligans während der Fußball-Weltmeisterschaft 2006 oder von gewalttätigen Demonstranten gegen den G-8-Gipfel 2007 in Heiligendamm). Das zeigt sich nicht nur bei der Bagatellkriminalität (Straßenverkehrsdelikte), sondern auch bei schwerer Kriminalität (Bewältigung der nationalsozialistischen Verbrechen und des DDR-Unrechts).

8 Als in den 60er-Jahren des 20. Jahrhunderts im Zusammenhang mit den **Studentenunruhen** die Landfriedensbruchtatbestände praktisch bedeutsam wurden, ist man der Fülle der Prozesse durch eine Amnestie und durch eine weitgehende Einschränkung der Tatbestände im 3. StrRG 1970[23] Herr geworden.

> Das 3. StrRG 1970 hat u. a. § 115 a. F. (Aufruhr) und § 116 a. F. (Auflauf) beseitigt[24] und § 125 eingeschränkt. Diese Entschärfung war politisch heftig umstritten. Die CDU/CSU hat diese Reform für das Produkt eines „Liberalisierungsrausches" gehalten und für das Entstehen des Terrorismus mitverantwortlich gemacht. In der Folgezeit wurde § 125 im Jahre 1985 durch ein **Vermummungsverbot** ergänzt, das 1989 erweitert und mit dem Verbot der **Schutzbewaffnung** ins VersammlG transferiert worden ist[25].

9 Zur **Demonstrationsfreudigkeit** folgende Zahlen[26]: Im Jahr 1968 haben in Deutschland 2.059 Demonstrationen stattgefunden, davon 533 unfriedlich; im Jahr 1988 sind 7.103 Demonstrationen (davon 133 unfriedlich) gezählt worden; im Jahr 1995 waren es 8.082 Demonstrationen (davon 131

---

22 Vgl. schon BGHSt 23, 46 (Sitzstreik); näher zu § 240 o. § 9 Rn. 84 ff.
23 Zur Gesetzgebungsgeschichte *Kostaras*, S. 81 ff. – 1969/70 hat zur Milde sicher beigetragen, dass die Studentenunruhen der 60er-Jahre „verständlich" waren. Rechtspolitisch wird der mit der Demonstration verfolgte Zweck durchaus wirksam, auch wenn verfassungsrechtlich die Freiheit nicht je nach verfolgtem Zweck relativiert werden kann.
24 Zu § 113 OWiG s. u. Rn. 27.
25 „Hektische Gesetzgebungstätigkeit", *Maurach/Schroeder/Maiwald*, BT 2, § 60 Rn. 13.
26 Angaben für 1968/69 nach BT-Drucks. 6/479, S. 8; für 1970 bis 1976 vgl. die Zusammenstellung in BT-Drucks. 8/329, S. 2, dort auch Angaben zu den Zielen der Demonstranten. Für 1988 bzw. 1995 Angaben gem. Pressestelle des BMI; seit 1996 erfasst das BMI die Zahlen zum Demonstrationsverhalten in Deutschland nicht mehr. Nähere Aufschlüsselung (Sitzblockaden etc.) bei LK-v. *Bubnoff*, 11. Aufl.,Vor § 125 Rn. 26.

unfriedlich). Die Kriminalstatistik 2006 (anders als die Strafverfolgungsstatistik bezogen auf ganz Deutschland) weist 3.986 (Vorjahr 3.489) ermittelte Tatverdächtige nach §§ 125, 125a aus. Die Strafverfolgungsstatistik 2005 verzeichnet für das frühere Bundesgebiet 81 Verurteilte (6 Freigesprochene).

4. Sonstige Formen der Friedensstörung

Bei den sonstigen Tatbeständen, die u. Rn. 35 ff., 51 ff. aufgezählt sind, handelt es sich fast immer um **verbale Provokationen,** sei es durch Aufforderung zu oder Billigung von Verbrechen oder durch Beschimpfung eines Bekenntnisses. Als **Rechtsgut** wird meist der **Frieden der Allgemeinheit** genannt. Man wird diesen „Frieden" dahin zu präzisieren haben, dass er im Wertkonsens (der Mehrheit) liegt, der gegen nicht mehr tolerable Provokationen geschützt wird[27]. 10

II. Friedens- und sicherheitsgefährdende Vereinigungen, insbesondere §§ 129, 129a, 129b

1. Bildung krimineller Vereinigungen, §§ 129, 129b

a) Rechtsgut und Zweck

Rechtsgut ist die **öffentliche Sicherheit und Ordnung**[28]. Der Schutz von Individualrechtsgütern gegen die von der kriminellen Vereinigung ausgehenden Angriffe wird in den Bereich der Vorbereitung und der abstrakten Gefährdung vorverlagert. Das führt dazu, dass sich der Akzent vom Schutz des Individuums auf den Schutz der Allgemeinheit verlagert. Deshalb erörtert das Schrifttum ein Scheinproblem, wenn gefragt wird, ob als Rechtsgut die öffentliche Sicherheit (h. L.) **oder** die Summe der durch die Vereinigung bedrohten einzelnen Rechtsgüter anzunehmen sei[29]. 11

Zweck der Vereinigung muss die Begehung von **Straftaten** sein. – Hier beginnen die ernstlichen Schwierigkeiten. Einerseits kann § 129 nicht auf die seltenen Fälle beschränkt werden, in denen Haupt- oder Endzweck in der Straftatbegehung besteht (Vereinigung zur Förderung des Drogenhan- 12

---

27 *Schneider,* Viktimologie, 1975, S. 228 f. bemerkt zu den Risiken zu großer Permissivität: „Die sozialen Gruppen, die sich am meisten konform verhalten, sind dann Opfer der Gesellschaft. Denn sie tragen die Gesellschaft, ohne einen Nutzen oder Wertgewinn davon zu haben". – Der Wertkonsens der Mehrheit umfasst den Schutz auch von Minderheiten gegen provokative Angriffe.
28 Zum kriminalpolitischen Hintergrund s. o. Rn. 2 f.
29 Vgl. *Fischer,* § 129 Rn. 2 einerseits und *Rudolphi,* S. 317 f. andererseits. Auch dann, wenn man die Vorverlagerung des Schutzes von Individualrechtsgütern betont, muss man daraus nicht die Konsequenz ziehen, dass § 129 auch ausländische Organisationen erfasst. Gegen eine solche Ausdehnung BGHSt 30, 328 (oft wird die ausländische Organisation einen Ableger im Inland haben). Durch die Einfügung des § 129b (Kriminelle und terroristische Vereinigungen im Ausland) durch das 34. StrÄndG vom 22.8.2002 (BGBl. I, S. 3390) ist der Streit mittlerweile obsolet. Zu § 129b *Altvater,* NStZ 2003, 179; zur Verfassungsmäßigkeit der Norm OLG München, NJW 2007, 2786.

dels oder der Zuhälterei). Deshalb „genügt, wenn die Tätigkeit der Vereinigung auf die Begehung strafbarer Handlungen als Mittel zu irgendeinem Zweck gerichtet ist"[30], auch wenn der eigentliche Zweck der Vereinigung in einem so positiven Ziel wie der Beseitigung der Gefängnisse besteht[31]. Umgekehrt ist ebenso wenig erforderlich, dass die Vereinigung gesellschaftsgefährdende Ziele verfolgt, die über die unmittelbaren kriminellen Handlungen hinausgehen[32]. – Andererseits zielt § 129 **nicht** auf die **Gelegenheitstaten**[33] einer im Übrigen nicht kriminellen Organisation, sondern auf die Organisation, die Kriminalität haupt- oder wenigstens nebengewerblich betreibt. Nach der Rechtsprechung ist erforderlich, „dass durch das strafrechtswidrige Verhalten das Erscheinungsbild der Vereinigung aus der Sicht informierter Dritter mitgeprägt wird"[34]. Dafür genügt nicht, dass sich eine Vereinigung die Begehung von Straftaten vorbehält, wenn sie ihre Ziele nicht mit friedlich-politischen Mitteln erreichen sollte[35].

13   Nach § 129 II Nr. 2 ist § 129 nicht anzuwenden, „wenn die Begehung von Straftaten nur ein Zweck oder eine Tätigkeit von untergeordneter Bedeutung ist". Die „untergeordnete Bedeutung" hat eine absolute und eine relative Komponente. Bei **Bagatelltaten** wäre die Vorverlagerung der Strafbarkeit verfehlt. Deshalb ist bei **absoluter Bedeutungslosigkeit** § 129 unanwendbar, selbst wenn solche Taten Hauptziel der Vereinigung sind. Sachbeschädigungen durch Sprayen sollen bei geringem materiellem Schaden dann unter § 129 I zu subsumieren sein, wenn die Parolen so hetzerisch sind, dass sie die öffentliche Sicherheit erheblich gefährden[36]. – § 129 ist auch bei **relativer Bedeutungslosigkeit** der Straftaten unanwendbar, d. h. es ist eine Relation zwischen den legitimen Hauptzwecken der Vereinigung und den „nebenbei" begangenen Straftaten zu bilden.

Beispiel (Schaustellerfamilie): Sie wird nicht dadurch zur kriminellen Vereinigung, dass sie auf Volks- und Schützenfesten Stichwaffen verkauft. Der Erwerb dieser Waffen bedarf zwar keiner Erlaubnis, doch ist diese Form des Vertriebes strafbar nach § 52 I Nr. 3 WaffG – absolute Bedeutungslosigkeit. – Die drei Gesellschafter einer blühenden Gesellschaft, die alle Jahre wieder das Finanzamt mit alten und neuen Tricks in strafbarer Weise übers Ohr hauen, werden ebenfalls nicht zur kriminellen Organisation (Steuerhinterziehung als relativ bedeutungslose Begleittat – anders, wenn es sich insgesamt um eine Schwindelfirma handelt).

14   Bei § 129 muss die Konkretisierung der projektierten Straftaten nicht so weit gehen wie bei § 30.

---

30 BGHSt 27, 325 (326).
31 BGHSt, a. a. O.
32 BGH, NJW 2005, 1668 (1670).
33 Richtig LK-*Krauß*, § 129 Rn. 84; dort auch der Sache nach die oben im Text folgende Differenzierung zwischen absoluter und relativer Bedeutungslosigkeit.
34 BGHSt 41, 47 (LS 2).
35 BGH, NJW 2005, 80 (81) **(PKK)**.
36 BGHSt 41, 47; zweifelhaft; Die Ausnahme der Nr. 2 wurde von BGHSt 20, 88 auch verneint für Vereinigungen, deren wesentliche Tätigkeit in verleumderischer Hetze gegen Staatsorgane besteht.

Bei § 30 entspricht es der allgemeinen Meinung, dass die Vorbereitung so weit fortgeschritten sein muss, dass das geplante Verbrechen konkretisiert ist, d. h. der Planende muss „eine feste Vorstellung davon haben, welches Verbrechen begangen werden soll"[37]. – Bei den Organisationsdelikten soll dagegen ausreichen, dass sich die Beteiligten „bewußt sind, daß es bei der Verfolgung ihrer Pläne ... zur Begehung erheblicher Straftaten kommen kann"[38]. Dann sei Strafbarkeit zu bejahen, „auch wenn die Begehung bestimmter Straftaten noch nicht geplant war"[39]. – Damit geht der Realitätsbezug verloren, man kriminalisiert den revolutionären Träumer. Je utopischer sein Ziel (z. B. Abschaffung aller Gefängnisse), desto näher liegt der Schluss auf die Bereitschaft, dieses Ziel mit irgendwelchen Straftaten zu verfolgen. Kriminalisierung tritt ein, noch ehe die Begehung bestimmter Straftaten auch nur geplant (!) wird. Strafbar ist schon der Versuch eines Einzelgängers, Gefolgsleute zu rekrutieren, vgl. § 129 III. – Man wird deshalb entgegen der Rechtsprechung auf einem Gefährlichkeitstest[40] des Zusammenschlusses beharren müssen. Er liegt frühestens in der Planung einer ersten, bestimmten Tat. Dann mag es genügen, dass weitere Taten zwar nicht vorbereitet, auch noch nicht geplant, sondern nur in unbestimmter Weise „ins Auge gefasst" werden.

b) **Vereinigung**

Unter **Vereinigung** ist der freiwillige[41] Zusammenschluss von mindestens **drei Personen** zu verstehen[42]. Anders als bei der **Bande** bedarf es jedoch einer „Ausnutzung organisatorischer Strukturen"[43]. Die besondere Gefährlichkeit resultiert nämlich aus der der Vereinigung innewohnenden Eigendynamik und der auf die Begehung von Straftaten angelegten inneren Struktur[44]. Erforderlich ist weiter eine gewisse **Dauer**. Vor allem müssen sich die Mitglieder „einer organisierten Willensbildung unterworfen" haben (so die Formulierung in § 2 I VereinsG). Die Mitglieder müssen somit bei Unterordnung des Willens des Einzelnen unter den Willen der Gesamtheit[45] gemeinsame Zwecke verfolgen und sich untereinander als einheitlicher Verband fühlen[46]. Auch Chaoten können in diesem Sinne organisiert sein und damit Täter eines Organisationsdeliktes werden. In dieser Bereitschaft der Mitglieder zur **Unterordnung** liegt die Gefährlichkeit des Organisationsdelikts[47]. Freilich hat Deutschland

15

---

37 BGHSt 15, 276 (277).
38 BGHSt 27, 325 (328).
39 BGHSt, a. a. O.; ebenso BGH, NJW 2005, 80 (81); NJW 2005, 1668 (1670).
40 Diese schon in LH 5 Rn. 50 vertretene Ansicht gewinnt an Boden, vgl. LK-*Krauß*, § 129 Rn. 54 f. (der selbst a. A. ist).
41 Zur Freiwilligkeit u. Rn. 17.
42 Vgl. BGH, NJW 2010, 1979: Der Rahmenbeschluss des Rates der Europäischen Union vom 24.10. 2008 zur Bekämpfung der organisierten Kriminalität (ABl. EU 2008, Nr. L S. 42) führt nicht zu einer Änderung der bisherigen Auslegung des Tatbestandsmerkmals der Vereinigung i.S.d. § 129 I StGB.
43 Zur Divergenz Bande/Vereinigung BGHSt 28, 147; 38, 26; 42, 255 (258); NStZ 2007, 31.
44 BGHSt 31, 207; 41, 51; BGH, NStZ 2007, 31; 2008, 149.
45 Vgl. zu fehlender Unterordnung unter den Gruppenwillen BGH, NStZ 2007, 31.
46 Vgl. BGHSt 28, 47; 31, 202; 45, 26; BGH, NJW 2009, 3448 zu Al Qaida.
47 *Rudolphi*, Bruns-FS 1978, S. 315 (317) weist zutreffend hin auf die Eigendynamik der Organisation, den Abbau individueller Hemmungsfaktoren bei den Mitgliedern und das qualitativ gesteigerte Potenzial von Straftaten.

ein blasses Organisationsdelikt geschaffen, also keinen eigentlichen **Mafia-Tatbestand**[48].

Als Reaktion auf die in den USA erfolgten Terroranschläge wurde der als verfassungsmäßig erachtete § 129b StGB[49] eingeführt. Um den durch die Globalisierung bedrohlich anwachsenden Gefahren grenzüberschreitender Kriminalität gerecht zu werden[50], gilt das deutsche Strafrecht uneingeschränkt für ausländische europäische Vereinigungen[51], wohingegen bei Vereinigungen außerhalb des EU-Gebiets neben einem Inlandsbezug auch eine Ermächtigung zur Strafverfolgung nötig ist[52]. Zur Einordnung einer Vereinigung als in- oder ausländische vgl. den Beschluss des LG München I, NStZ-RR 2012, 273.

c) Täterkreis und Unterstützungshandlungen

16   In Anlehnung an die Formulierungen des § 129 I, IV hat man Rädelsführer, Hintermänner, Gründungsmitglieder und einfache Mitglieder (unter ihnen mehr oder weniger harmlose Mitläufer) sowie die Vereinigung fördernde (werbende oder unterstützende) Nichtmitglieder zu unterscheiden. Strafbar sind sie alle. Durch das 34. StrÄndG wurde die Variante des Werbens allerdings eingeschränkt auf die Werbung um Mitglieder oder Unterstützer, die sich nach BGH auf eine konkrete Vereinigung beziehen muss[53]. Gemäß der Rechtsprechung des BGH ist besondere Sorgfalt auf die Abgrenzung vom bloßen Werben um Sympathie für eine bestimmte terroristische Vereinigung zu richten[54]. Die zu begrüßende Gesetzesänderung[55] und die restriktive Rechtsprechung haben somit zur Folge, dass insbes. die bloße Sympathiewerbung (z. B. durch Anbringen von Parolen an Gebäuden[56]) nicht mehr den Tatbestand verwirklicht. Dass die Werbung erfolgreich ist, ist nicht erforderlich.

Strukturell treten bei § 129 noch folgende Probleme auf[57]: Wenn § 129 I eine Förderung, die nach allgemeinen Regeln Beihilfe wäre, zur Täterschaft aufwertet (z. B. die Unterstützung der Vereinigung durch ein Mit-

---

48   Zu den Organisationstatbeständen der Schweiz, Österreichs, Liechtensteins, Frankreichs, Italiens und der USA eingehend *Arzt*, in: Schmid (Hrsg.), Kommentar Einziehung, Organisiertes Verbrechen, Geldwäscherei, Bd. I 1998, Art. 260ter StGB Rn. 89 ff.; ebenda Rn. 85 zum Versuch, auf EU-Ebene zu einem einheitlichen (extrem weiten!) Begriff der kriminellen Vereinigung zu gelangen.
49   Vgl. OLG München, NJW 2007, 2786.
50   *S/S/Sternberg-Lieben*, § 129 b Rn. 1.
51   *Fischer*, § 129b Rn. 1.
52   *S/S/Sternberg-Lieben*, § 129b Rn. 6 f.
53   BGH, NStZ-RR 2005, 73 (74).
54   BGH, Beschluss vom 19.7.2012, Az. 3 StR 218/12.
55   Zur Kritik an der vormaligen Weite des Straftatbestandes s. 1. Aufl. 2000. Zur Begründung des Gesetzgebers BT-Drucks. 14/8893, S. 8.
56   Z. B. „Es lebe die RAF"; vgl. BGHSt 28, 26; eingehend *Rebmann*, NStZ 1981, 457 ff. – Ausdrückliche Abkehr von der früheren Rechtsprechung im Hinblick auf die geänderte Gesetzeslage in BGH, NJW 2007, 2782 (2783 f.).
57   Vgl. auch zur näheren Erörterung o. § 26 Rn. 18 f. bei der Strafvereitelung.

Friedens- und sicherheitsgefährdende Vereinigungen § 44 Rn. 17–19

glied), gibt es dann überhaupt noch Teilnahme an § 129, z. B. Anstiftung zum Unterstützen[58]? – Genügt für die Förderungshandlung nach § 129 I die entsprechende „Tendenz" – oder ist ein Erfolg i. S. einer objektiven Stärkung des Zusammenhalts der Vereinigung erforderlich – oder lassen sich vermittelnde Ansichten vertreten[59]?

d) Opfer als Unterstützungstäter

Die umfassenden historischen und juristischen Erfahrungen, die Deutschland mit der Entnazifizierung (u. a. mit der Kategorie des **Mitläufers**) aufzuweisen hat, sind für die Erörterung der unsicheren Grenze zwischen Organisationstätern und Organisationsopfern bisher kaum nutzbar gemacht worden. Je mächtiger kriminelle Organisationen werden, desto deutlicher wird der Dominoeffekt, mit dem jedes typische Opfer (z. B. durch Schutzgeldzahlung) zur Erschließung neuer Opfer und zur Stärkung der Organisation beiträgt. Das **Opfer** rückt zum **Unterstützungstäter** auf. Die etwaige Straffreiheit solcher Unterstützung ist (wenn überhaupt) über Notstandsregeln zu begründen[60]. Sogar bei **Mitgliedern** der Organisation kann die Freiwilligkeit zweifelhaft sein (nicht Mitmachen oder Ausscheiden können zu unrealistischen Alternativen werden)[61]. 17

e) Parteiprivileg

§ 129 II Nr. 1, Nr. 3 erklären sich aus der Abgrenzung zu §§ 84 ff., die ihrerseits nur vom Parteiprivileg des Art. 21 GG her zu verstehen sind. 18

Soweit die Straftat der Vereinigung (z. B. einer für verfassungswidrig erklärten Partei) sich darin erschöpft, dass sie ihre Existenz aufrechterhält, gehen §§ 84 ff. als lex specialis § 129 vor. Das stellt § 129 II Nr. 3 klar. – Das Parteiprivileg des Art. 21 GG verbietet auch die Pönalisierung der Mitgliedschaft in solchen vom BVerfG (noch) nicht für verfassungswidrig erklärten Parteien, die über die Staatsschutzdelikte i. e. S. hinaus sonstige Straftaten organisieren. Das stellt § 129 II Nr. 1 klar.

f) Prozessuale Konsequenzen

§ 129 V, VI Nr. 2 sind die juristische Grundlage für den „**Kronzeugen**", ohne den die Überführung eines Mitglieds nach § 129 außerordentlich schwer sein kann. – Zur **Abhörbefugnis** vgl. § 100a StPO. 19

---

58 Vgl. dazu BGHSt 20, 89, der von täterschaftlicher Unterstützung ausgeht; vgl. zudem BGHSt 29, 258 (263 ff.); zur Verbreitung werbender Äußerungen Dritter als Beihilfe zur täterschaftlichen Werbung BGHSt 36, 363 (Zeitschrift „Radikal"); dazu auch BGHSt 43, 41 (45, 50 ff.).
59 BGHSt 29, 99 (101) bejaht einerseits Hilfe, auch ohne dass „ein meßbarer Nutzen" entstanden ist, verlangt andererseits aber, dass die Hilfe „irgendwie vorteilhaft" war; ebenso MüKo-*Schäfer*, § 129 Rn. 108; ähnlich LK-*Krauß*, § 129 Rn. 133; ebenda Rn. 135 gegen Unterstützung bei sozialüblicher Geschäftstätigkeit, dazu hier im Kontext der Anschlussdelikte o. § 29 Rn. 39 ff.
60 Vgl. das Beispiel o. § 10 Rn. 10 (Prostituierte).
61 Eingehend *Arzt*, in: Schmid (Hrsg.), Kommentar Einziehung, Organisiertes Verbrechen, Geldwäscherei, Bd. I 1998, Art. 260ter StGB Rn. 178 ff., 195 ff.; ebenda Rn. 154, 158 zu Scheinmitgliedern.

g) § 129-Tat, Teilnahme an Straftaten der Organisation und Rechtskraft

20 Werden von der Vereinigung geplante Straftaten ausgeführt, besteht nach den allgemeinen Regeln der Konkurrenzlehre „an sich" Tateinheit zwischen § 129 und Teilnahme an den konkreten Taten, weil diese Mitwirkung an den Straftaten zugleich eine besonders intensive „Beteiligung" auch an der Vereinigung (bei Mitgliedern) bzw. eine besonders intensive „Unterstützung" der Vereinigung (bei Nichtmitgliedern) darstellt. Die Bewertung der sich bei Einzeltaten der Organisation im Hintergrund haltenden **Führer als Täter** bereitet der materiell-objektiven Teilnahmelehre Schwierigkeiten, zumal der sich im Hintergrund haltende **Bandenchef** von dieser Teilnahmetheorie konsequent nicht zum Täter gemacht werden kann. Bei kriminellen Organisationen ist die Konsequenz jedoch so unhaltbar, dass der Organisationsspitze eine spezifische **Tatherrschaft kraft Organisation**[62] zugesprochen wird.

Prozessual hat die Tateinheit zwischen § 129 und Teilnahme an den konkreten Straftaten der Organisation die unerwünschte Konsequenz, dass die **Rechtskraft** der Verurteilung aus § 129 einem späteren Verfahren wegen Teilnahme an konkreten Straftaten der Organisation im Wege stünde, weil der prozessuale Begriff der einen Tat mindestens so weit reicht wie die materiell-rechtliche Tateinheit. – Die als unerträglich empfundene Privilegierung eines nach § 129 verurteilten Täters hat die Rechtsprechung[63] dazu veranlasst, eine Ausnahme zu postulieren: Obwohl materiell-rechtlich Tateinheit zwischen § 129 und der Teilnahme an der organisierten Straftat besteht, müssen ausnahmsweise im prozessrechtlichen Sinne verschiedene Taten angenommen werden, um grobe Ungerechtigkeiten zu vermeiden. – Das ist eine zwar dogmatisch wenig elegante Begründung, aber einleuchtender als die vielfältigen Versuche, zum selben Resultat bruchlos mithilfe feinster Differenzierungen in der Konkurrenzlehre zu kommen. Auch verfassungsrechtlich ist diese gefestigte Judikatur[64] nicht zu beanstanden[65].

2. Bildung terroristischer Vereinigungen, §§ 129a, 129b

21 § 129a ist lex specialis gegenüber § 129, von dem er sich durch die in § 129a I, II aufgezählten besonders schweren Straftaten unterscheidet. Zu beachten sind darüber hinaus die Ausschaltung des Parteiprivilegs, o. Rn. 18 sowie die über § 129 hinausgehenden besonderen prozessualen Folgen, z. B. die **Trennscheibe**, § 148 II 3 StPO[66].

Aus der Rechtsprechung: Das OLG Düsseldorf verurteilte 2010 die Angeklagten im sog. „Sauerland-Prozess" u. a. wegen Mitgliedschaft in bzw. Unterstützung einer terroristischen Vereinigung im Ausland, der „Islamische[n] Jihad Union". Ziel der Angeklagten war es, in Deutschland

---

62 Grundlegend *Roxin*; vgl. zuletzt *Roxin*, Grünwald-FS 1999, S. 549 ff., auch zur Regierungskriminalität.
63 BGHSt 29, 288; BGH, NStZ-RR 1999, 177; 2010, 445; BVerfGE 45, 434; 56, 22.
64 Vgl. zuletzt BGHSt 43, 252 (256), wo der BGH Schwierigkeiten, die durch die Beseitigung des Fortsetzungszusammenhanges entstanden sind, durch materiell-rechtliche Bewertungseinheit und eine davon zu trennende prozessuale Tatidentität zu lösen sucht. Dazu auch BGHSt 46, 349 (358) m. Bespr. *Paeffgen*, NStZ 2002, 281.
65 Richtig BVerfGE 56, 22 (32 f.).
66 Zur Thematik BGH, NJW 2004, 1398 m. Bespr. *Beulke/Swoboda*, NStZ 2005, 67; vgl. hierzu auch den Beschluss des OLG München vom 7.1.2013 – 6 St 3/12, der den Einsatz der Trennscheibe bei Durchführung der Verteidigerbesuche aufhebt.

Sprengstoffanschläge, insbesondere gegen Amerikaner und US-amerikanische Einrichtungen mit einer möglichst hohen Opferzahl zu begehen. Deshalb nahm das Gericht nicht nur eine besondere Gefährlichkeit des Vorhabens an, sondern betonte darüber hinaus die wachsende Gefahr des sog. „Homegrown Terrorism"[67].

Die Aktualität und Brisanz der Bedrohung durch Terrorismus zeigt sich vor allem an der Vielzahl der in letzter Zeit ergangenen Urteile[68]. So verurteilte das OLG Frankfurt am Main 2013 den als **„Statthalter"** der "Islamischen Bewegung Usbekistan" (IBU) tätigen Angeklagten wegen mitgliedschaftlicher Beteiligung an einer terroristischen Vereinigung im Ausland[69]. Ebenso wurde 2014 ein an der Propagandaarbeit der IBU beteiligter Angeklagter vom OLG Düsseldorf wegen Unterstützung der ausländischen terroristischen Vereinigung „Islamische Bewegung Usbekistans" verurteilt.

III. Landfriedensbruch, §§ 125, 125a

1. Rechtsgut

Zum kriminalpolitischen Hintergrund s. o. Rn. 4 ff. – Der Landfriedensbruch teilt mit den Organisationsdelikten den Zwiespalt zwischen einem Delikt gegen die öffentliche Sicherheit und einem in den Gefährdungsbereich vorverlagerten Schutz von Individualrechtsgütern. Nicht nur die „Bedrohung" i. S. des § 125 I Nr. 2, sondern auch die „Gewalttätigkeit" i. S. des § 125 I Nr. 1 kann unter dem Aspekt des Individualrechtsgüterschutzes (noch) straflos sein. Insgesamt ruht deshalb bei § 125 der Akzent auf der **öffentlichen Sicherheit**[70].

2. Menschenmenge

Eine „Menge" erfordert mindestens **zwölf Personen**[71], wobei die Zahl „zwölf" mit vielen historischen Reminiszenzen verbunden ist, s. o. Rn. 4. – Nach h. M. soll es freilich unmöglich sein, eine präzise Zahl anzugeben, denn die Unüberschaubarkeit sei geradezu das Charakteristikum der Menge[72] (kein überzeugender Einwand gegen die Festlegung eines Minimums!). – Im Unterschied zur Vereinigung fehlt es insbesondere an der

22

23

---

67 becklink 299559 vom 4.3.2010.
68 Nach §§ 129, 129a, 129b wurden 2012 insgesamt 12 Taten abgeurteilt und 11 verurteilt; Statistisches Bundesamt, Fachserie 10, Reihe 3.
69 becklink 1029782 vom 22.11.2013.
70 LK-v. *Bubnoff*, 11. Aufl., § 125 Rn. 1 bezeichnet das Verhältnis öffentliche Sicherheit/Individualgüterschutz als „eigenartige Mischung" und spricht von „wechselndem Akzent" innerhalb des § 125.
71 Zur Judikatur LK-*Krauß*, § 125 Rn. 40 (für „mindestens 15 bis 20 Personen"); MüKo-*Schäfer*, § 125 Rn. 11; BGH, NStZ 1994, 483 hält 10 Personen für ausreichend, wenn besondere Umstände es für den Außenstehenden unmöglich machen, die Größe der Menge und die von ihr ausgehende Gefahr zu erfassen. Vgl. aus der neueren Rechtsprechung BGH, NStZ 2002, 538.
72 So BGHSt 33, 308.

§ 44 Rn. 24–26   Delikte gegen den Gemeinschaftsfrieden

„Dauer" des Zusammenhalts. Die sonstigen Merkmale einer Organisation wie Führung und gemeinsamer Zweck können dagegen gegeben sein.

3. Der nicht gewalttätige Mitläufer als Täter

24   Das **Kernproblem** einer gewalttätigen (oder mit Gewalttätigkeiten drohenden) Menge liegt im Verhältnis der **Gewalttäter** zu den **Mitläufern**[73].

§ 125 i. F. vor der Reform durch das 3. StRG 1970:

„I. Wenn sich eine Menschenmenge öffentlich zusammenrottet und mit vereinten Kräften gegen Personen oder Sachen Gewalttätigkeiten begeht, so wird jeder, welcher an dieser Zusammenrottung teilnimmt, wegen Landfriedensbruch ... bestraft.

II. Die Rädelsführer, sowie diejenigen, welche Gewalttätigkeiten gegen Personen begangen oder Sachen geplündert, vernichtet oder zerstört haben, werden mit ... bestraft ...".

§ 125 a. F. wurde dahin interpretiert, dass von wenigen, zudem umstrittenen Ausnahmen wie Pressefotografen abgesehen, jeder, „der sich im räumlichen Zusammenhang mit der Menge befindet", z. B. „auch wer nur aus Neugier mitläuft", als Täter des Landfriedensbruchs anzusehen war; „eine Beteiligung an den Gewalttätigkeiten wird nicht vorausgesetzt"[74]. – Dahinter stand die Überlegung, dass auch der Mitläufer die in der Zusammenrottung liegende Friedensbedrohung fördert, sog. Massedelikt. – Der Begriff der Zusammenrottung findet sich jetzt nur noch in § 124.

Die ersten zu § 125 publizierten BGH-Urteile[75] betrafen die „Reichskristallnacht". Erst anlässlich der Studentenunruhen der 60er-Jahre des 20. Jahrhunderts wurde § 125 als zu weit gefasst kritisiert.

25   Die geltende Fassung des § 125 geht auf das 3. StRG 1970 zurück. Mit Strafen bedroht werden nur die Mitglieder der Menge, die an den „Gewalttätigkeiten ..., die aus einer Menschenmenge ... mit vereinten Kräften begangen werden, als Täter oder Teilnehmer beteiligt"[76] sind. – Damit werden Gewalttäter von Mitläufern jedoch nur scheinbar getrennt: Auch die im bloßen „Dabeisein" liegende Vergrößerung der gewalttätigen Menge bedeutet in aller Regel eine Förderung der Gewalttätigkeiten i. S. psychischer Beihilfe[77]. Damit liegt Beteiligung als Teilnehmer an den Gewalttätigkeiten vor und § 125 ist auch in der neuen Fassung erfüllt.

26   „Theoretisch" hat die Reform des § 125 zu einer so geringen Rücknahme des Strafbarkeitsbereiches geführt, dass die Heftigkeit des politischen Streites um diese Reform (s. o. Rn. 8) zunächst kaum verständlich ist. Praktische Bedeutung erlangt die Neufassung erst dann, wenn man fordert,

---

73 Wenig hilfreich *Kostaras*, S. 152 (bloße Anwesenheit als psychische Beihilfe für Gewalttäter „mit viel Überlegung und Vorsicht" bejaht).
74 *S/S/Schröder*, 8. Aufl. 1957 Bem. 3, dort auch zu Pressevertretern als Tätern (grundsätzlich bejaht unter Hinweis auf Bedenken von Maurach und Heinitz).
75 Vgl. BGH, LM Nr. 1 und Nr. 2 zu § 125.
76 Vgl. BGH, NStZ-RR 2014, 45 zur Abgrenzung einer Einzelaktion eines Täters.
77 Vgl. AG Wuppertal, Urteil vom 24.10.2011, Az. 12 Cs 178/11 zum gemeinsamen Zurennen auf Gegendemonstranten als psychische Beihilfe.

Landfriedensbruch, §§ 125, 125a § 44 Rn. 27–29

dass dem Mitläufer nicht nur das **Wissen** nachgewiesen wird, dass sich seine Anwesenheit, wie jeder Beitrag zur Vergrößerung der Menge, psychisch als Bestärkung der Gewalttäter auswirkt, sondern auch den entsprechenden **Willen**. § 125 n. F. will erreichen, dass das friedliche Verbleiben in einer unfriedlichen Menge nur strafbar ist, wenn der Teilnehmer um die darin liegende psychische Unterstützung der Gewalttätigkeiten nicht nur weiß, sondern sie auch will. Ohne einen solchen Willen überwiegen die vom friedlichen Mitläufer verfolgten Zwecke (von Meinungs- und Demonstrationsfreiheit bis hin zur Befriedigung der Neugier) das öffentliche Interesse an effizienter Unterdrückung unfriedlichen Verhaltens[78].

Zu beachten ist freilich, dass der Gesetzgeber beim friedlichen Mitläufer 27 in einer gewalttätigen Menge keine Rechtfertigung, sondern nur eine Unrechtsabschwächung angenommen hat. Das Verhalten kann den Tatbestand einer Ordnungswidrigkeit nach § 29 VersammlG oder § 113 OWiG erfüllen (Verbleiben nach dreimaliger Aufforderung, auseinanderzugehen).

4. Einzelheiten zu Täterkreis und Tathandlungen

Von der zu § 240 ausführlich erörterten Gewalt[79] unterscheidet sich die 28 **Gewalttätigkeit** zunächst dadurch, dass bei ihr die vom Täter **angestrebte** Einwirkung auf das Opfer maßgebend ist. Ob sich die Gewalttätigkeit wie angestrebt auf das Opfer auswirkt, ist unerheblich. – Soweit unter die Gewalt auch solche Handlungen subsumiert werden, die ohne Kraftaufwand des Täters sich wie Zwang auf das Opfer auswirken (Sitzstreik), ist daran festzuhalten, dass in diesen Fällen jedenfalls keine Gewalttätigkeit vorliegt. Gewalttätigkeit ist „nur als aggressive Handlung zu verstehen"[80].

§ 125 I verlangt zusätzlich, dass die Gewalttätigkeiten oder Bedrohun- 29 gen „in einer die öffentliche Sicherheit gefährdenden Weise mit vereinten Kräften" begangen werden. Die Klausel **„mit vereinten Kräften"** berührt noch einmal die Relation derer, die friedlich bleiben wollen, zu denen, die gewalttätig werden. Beim Exzess einiger weniger Gewalttäter fehlt es am Bezug zur Menge, selbst wenn die Gewalttäter „mit vereinten Kräften" aus der Menge heraus vorgehen. § 125 ist aber erfüllt, wenn die Menge die Gewalttätigkeiten billigt (selbst wenn nur wenige Gewalttätigkeiten begehen oder damit drohen). Streitig ist die Behandlung der Fälle, in denen zwar keine Billigung vorliegt, es sich aber bei den Gewalttätigkeiten auch nicht um isolierte Exzesse weniger handelt. Praktisch geht es um eine Menge, die

---

[78] Weitergehend fordert *Werle*, Lackner-FS 1987, S. 481 (494, 497) unter ausdrücklicher Abweichung von den allgemeinen Teilnahmegrundsätzen eine auffällige Risikoschaffung. Statt des einfachen Anschlusses an Gewalttäter braucht es ein „ostentatives Zugesellen" und aus einfacher Präsenz wird Abschirmen durch Bildung eines Kordons. – Die Beweisprobleme werden durch eine derartige Objektivierung nicht vereinfacht, sondern unlösbar.
[79] Dazu o. § 9 Rn. 55 ff.
[80] BGHSt 23, 46 (52) betr. Blockade der Kölner Straßenbahn durch Sitzstreik.

angesichts der Gewalttätigkeiten als Kulisse der Gewalttäter fungiert. Hier ist § 125 zu bejahen[81]. Nach der Gegenansicht kommt es darauf an, ob die **Menge insgesamt als unfriedlich**[82] erscheint.

30 Die Klausel „**in einer die öffentliche Sicherheit gefährdenden Weise**" ist nahezu bedeutungslos. Die Gefährdung der öffentlichen Sicherheit tritt nur in solchen seltenen Fällen zurück, in denen sich die Verletzung eines Individualrechtsguts ganz in den Vordergrund schiebt, wenn sich also der Angriff der Menge auf ein konkretes Opfer beschränkt.

Beispiel: Die Zuschauer eines Fußballspiels attackieren den Schiedsrichter. – Auch da kommt es infolge schutzbereiter Dritter usw. rasch zur Eskalation i. S. eines Angriffs auf die öffentliche Ordnung[83].

5. Aufwertung der Teilnahme zur Täterschaft

31 Wie schon bei § 129 wird auch bei § 125 **Teilnahme zur Täterschaft aufgewertet.**

Im Einzelnen gilt für die Beteiligung an Gewalttätigkeiten oder Drohungen: Die Gleichstellung „als Täter oder Teilnehmer"[84] setzt voraus, dass der „**Teilnehmer**" **Mitglied der Menschenmenge** ist. Für den **Außenstehenden** gelten die allgemeinen Regeln (also §§ 125, 27, wer den Landfriedensbruch – ohne selbst dabei zu sein – durch Lieferung von Munition etc. fördert[85]). – Wenn ein Außenstehender nach allgemeinen Regeln Mittäter ist, soll er nach der Rechtsprechung[86] trotz Abwesenheit unter die Variante „als Täter ..." des § 125 fallen[87].

32 Neben dem gewalttätigen oder bedrohenden Landfriedensbruch unterscheidet § 125 I am Ende noch die **Aufwiegelung.** Hier werden konstruktiv Anstiftung, Beihilfe und sogar die versuchte Anstiftung zur Täterschaft aufgewertet.

Beispiel: Wer eine Menge mit dem Megafon zu Gewalttätigkeiten aufruft und keinen Erfolg hat, begeht konstruktiv (straflose) versuchte Anstiftung zu § 125 I Nr. 1. Zugleich liegt aber täterschaftlicher aufwieglerischer Landfriedensbruch vor. Nach ganz h. M.[88] braucht die Menge nicht schon gewaltbereit zu sein, d. h. als Aufwie-

---

81 Vgl. aktuell hierzu OLG Hamm, NStZ 2013, 347, welches es für nötig erachtet, dass die Menge selbst oder deren wesentlicher Teil durch ihre feindselige Haltung die Basis für die begangenen Ausschreitungen bildet.
82 So *S/S/Sternberg-Lieben*, § 125 Rn. 10 mit dem richtigen Hinweis darauf, dass der Unterschied praktisch nicht gravierend ist, weil sich in einer friedlichen Menge eine unfriedliche Teilmenge bilden kann.
83 *S/S/Sternberg-Lieben*, § 125 Rn. 11 will bei einer Menge, die gegen ein Individuum vorgeht, die Gefährdung der öffentlichen Sicherheit bejahen.
84 Kritisch zu dieser gesetzlichen Gleichstellung *Meyer*, GA 2000, 459.
85 Zur psychischen Beihilfe durch die Begleitung einer zu Gewalttätigkeiten bereiten Menschenmenge OLG Naumburg, NJW 2001, 2034.
86 BGHSt 32, 165 (Startbahn West).
87 Wie hier *S/S/Sternberg-Lieben*, § 125 Rn. 12–14 mit Nachweisen auch zu anderen Ansichten. Zu BGHSt 32, 165 (Startbahn West) vgl. Anm. *Arzt*, JZ 1984, 428 und Anm. *Willms*, JR 1984, 120.
88 *S/S/Sternberg-Lieben*, § 125 Rn. 23 m.w.N.; a.A. *Dreher*, NJW 1970, 1160.

gelung wird sowohl die (u. U. nur versuchte) Anstiftung als auch (bei schon gewaltbereiter Menge) die psychische Gehilfenschaft bestraft[89]. – Versagt das Megafon, liegt konstruktiv neben (strafloser) versuchter Anstiftung zu § 125 I Nr. 1 zugleich (konstruktiv) versuchte Aufwiegelung vor (nicht strafbar, da Vergehen, vgl. § 23 I).

6. Anhang: Schwerer Hausfriedensbruch, § 124

Die Einordnung des Hausfriedensbruchs (§ 123) in die Straftaten gegen die öffentliche Ordnung ist dogmatisch sicher verfehlt, weil der Hausfrieden ein Individualrechtsgut ist, s. o. § 8 Rn. 1, 7. § 124 weist jedoch mit § 125 engere Verbindungen auf als mit § 123. Als Strafschärfung gegenüber § 123 könnte man § 124 mit dem Argument deuten, dass der von einer Menge begangene Hausfriedensbruch besonders gefährlich ist, weil er die Abwehrchancen des Rechtsgutsinhabers verkürzt. Da die Strafschärfung aber wie in § 125 auf der Gewalttätigkeit der Menge aufbaut, die irgendwelche andere Rechtsgüter bedroht, mit dem Hausfriedensbruch als einem Durchgangsstadium, liegt (vom Individualrechtsgüterschutz aus betrachtet) ein durch die Angriffsweise (§ 123!) qualifizierter Fall der Bedrohung dieser unbestimmten Rechtsgüter und nicht ein qualifizierter Fall des Hausfriedensbruchs vor. Der Akzent ruht nämlich auf der Gefährdung dieser anderen Rechtsgüter, nicht auf dem relativ unbedeutenden Rechtsgut „Hausfrieden". Zugleich liegt wegen der unbestimmten Gefährdung von Rechtsgütern durch eine gewalttätige Menge in aller Regel eine Bedrohung der öffentlichen Sicherheit und Ordnung wie bei § 125 vor[90].

33

Bezüglich des Eindringens und der geschützten Objekte (Wohnung etc.) ist auf § 123 zu verweisen, s.o. § 8 Rn. 8 ff. – Problematisch ist das Verhältnis des Zieles, Hausfriedensbruch zu begehen, zu dem Ziel, gewalttätig zu werden. § 124 liegt sicher vor, wenn der Hausfriedensbruch Mittel zur Erreichung des eigentlichen Zwecks ist, Gewalttätigkeiten zu begehen. – Dagegen ist § 124 in der umgekehrten Situation nicht anwendbar, also wenn die Absicht auf den Hausfriedensbruch gerichtet und die Gewalttätigkeiten Mittel zur Erreichung dieses Zwecks sind („Hausbesetzung"). Auch dieser Fall zeigt, dass § 124 nicht oder allenfalls sehr eingeschränkt als qualifizierter Hausfriedensbruch verstanden werden kann.

34

---

89 *S/S/Sternberg-Lieben*, § 125 Rn. 23 wendet sich zutreffend gegen die „völlig ungerechtfertigten Differenzierungen", die sich vom Boden der Gegenansicht ergeben; ebenso MüKo-*Schäfer*, § 125 Rn. 36.
90 RGSt 73, 93.

IV. Friedensstörung durch Androhung oder Vortäuschung von Straftaten (§ 126), durch Aufforderung zu Straftaten (§ 111), durch Belohnung und Billigung von Straftaten (§ 140) sowie durch Volksverhetzung und Gewaltdarstellung (§§ 130, 130a, 131)

1. Rechtsgut „Friedensstörung"

35 Allen in der Überschrift von IV genannten Tatbeständen ist die **Friedensstörung** als **Rechtsgut** gemeinsam. Das bedarf der Konkretisierung.

Jede Strafdrohung bringt die Missbilligung = Verurteilung der Tat durch die Rechtsgemeinschaft zum Ausdruck. Die Distanzierung der Rechtsgemeinschaft von Straftaten ist mit dem Bemühen um Isolierung des Rechtsbrechers gleichzusetzen. Die Distanzierung von Straftaten und die Isolierung von Straftätern findet Ausdruck im Bemühen um Eingliederung des Straftäters in die Gemeinschaft derer, die rechtstreu sind (Sozialisierung, altmodischer: Besserung). Auch um jener Isolierung willen ist „Teilnahme" an Straftaten (§§ 25 ff.) ebenso verboten wie die Inschutznahme des Straftäters gegen das öffentliche Interesse an Strafverfolgung (Strafvereitelung und Begünstigung, §§ 257, 258; s. o. § 25 Rn. 2 ff.). Die hier bei IV zusammengefassten Tatbestände sind teils abgeschwächte Formen der Inschutznahme des Straftäters nach der Tat (durch Belohnung und Billigung, § 140), teils abgeschwächte Formen der Teilnahme an künftigen Taten, so die Aufforderung (§ 111) und die Verhetzung (§§ 130, 130a, 131). Bei §§ 130, 130a, 131, 140 liegt die Beeinträchtigung des öffentlichen Friedens in der öffentlichen Solidarisierung mit bevorstehenden oder begangenen Verbrechen, also im **Angriff auf den Wertkonsens der Rechtsgemeinschaft**[91].

36 Bei § 126, also der Androhung und Vortäuschung von Straftaten, lässt sich der öffentliche Frieden konkretisieren als das allgemeine Gefühl, vor Straftaten sicher zu sein. Die Vorschrift hat insbes. nach dem 11.9.2001 Bedeutung erlangt für die strafrechtliche Bewertung sog. Trittbrettfahrer[92]. Bei § 241 geht es dagegen um die Beeinträchtigung des Sicherheitsgefühls eines konkreten Opfers[93]. – Je schwerwiegender das allgemeine Sicherheitsgefühl beeinträchtigt wird, desto deutlicher werden insbesondere die wirtschaftlichen Konsequenzen – sowohl für die unmittelbaren Adressaten der Drohung, als auch für die mittelbar betroffenen Bürger und den Staat (Kosten der Vorbeugung).

Beispiel Mogadischu (Bombendrohung gegen die Lufthansa nach der erfolgreichen Geiselbefreiung): Die Drohung, binnen eines Jahres drei Maschinen der Lufthansa zum Absturz zu bringen, bringt der **Lufthansa** als dem unmittelbaren Adressaten empfindliche finanzielle Nachteile (Verlust von Fluggästen, Aufwendungen für Kontrollen). – Mittelbar werden die **Bürger** als potenzielle Fluggäste getroffen (Zeitverluste durch Ausweichen auf andere Verkehrsmittel, Unbehagen beim Fliegen, Verspätungen durch Sicherheitskontrollen). – Beim Staat entstehen beim Bemühen um Vorbeugung enorme Personal- und Sachkosten (Einsatz des Bundes-

---

91 S. u. Rn. 38, 44 f.
92 Z. B. beim Versenden von vermeintlichen Milzbrandbriefen; OLG Frankfurt a. M., NStZ-RR 2002, 209 (209 f.). Vgl. dazu *Hoffmann*, GA 2002, 385; *Schramm*, NJW 2002, 419; *Weidemann*, JA 2002, 43.
93 S. o. § 9 Rn. 96 ff.

grenzschutzes auf den Flughäfen, bauliche Sicherheitsmaßnahmen aller Art). – Zu den vielfältigen **Fernwirkungen** nur eine Bemerkung: Wenn auf Flughäfen massenhafte Durchsuchungen ohne jeden konkreten Verdacht zur Routine werden, geht das Verständnis für die strengen Anforderungen der StPO an eine Durchsuchung bei Verdacht wegen einer konkreten Straftat verloren.

2. Die öffentliche Aufforderung zu Straftaten, § 111

§ 111 ist wegen der schwierigen **Abgrenzung zur Anstiftung** und zur 37 versuchten Anstiftung von einer gewissen Bedeutung. Die Bestimmung steht, wie es *Dreher*[94] so hübsch formuliert hat, „mit einem Bein im AT des StGB, mit dem anderen im BT". Lange Zeit war nur bestritten, ob § 111 mit beiden Füßen im BT[95] stehe, oder ob die Abstützung im BT, d. h. als Tatbestand mit eigenständigem Rechtsgut, nur das eine Bein bildet und § 111 daneben auch vom AT her zu deuten sei[96]. *Paeffgen*[97] ist in einer eingehenden Auseinandersetzung mit der h. M. zum Resultat gekommen, § 111 müsse als bloße Modifikation der Teilnahme „verortet" und einer „hoch komplexen verfassungskonformen teleologischen Restriktion unterworfen werden". Diese Auffassung führt auf Grundfragen des Gefährdungsdelikts und letztlich des Rechtsgutsbegriffs zurück. Es ist unbestreitbar, dass jede Straftat eine Friedensstörung darstellt, sodass sich bei einem als „Frieden" definierten Rechtsgut „die Grenzen zwischen Strafrechts-Sinn und Einzelrechtsgut verwischen"[98]. Denkt man diesen Ansatz zu Ende, verlieren die Gefährdungsdelikte generell ihre Legitimation, näher o. § 35 Rn. 81 ff.

Der **Vorzug der h. M.** liegt darin, dass sie die in der **öffentlichen Auf-** 38 **forderung** liegende besondere Provokation zutreffend erfasst. Zu dem Schutz der Rechtsgüter, zu deren Verletzung der Täter auffordert (§ 111) oder anstiftet (§ 26), kommt bei § 111 die **Friedensbedrohung** hinzu. Diese Friedensstörung sollte man nicht nur und nicht einmal primär darin sehen, dass man gerade wegen der Unbestimmtheit der Aufforderung nicht weiß, welches Rechtsgut konkret bedroht ist[99], sondern in dem in der öffentlichen Begehungsweise liegenden provokatorischen Angriff auf die Rechtsgeltung[100]. Allein dieser Gedanke erklärt § 116 OWiG (öffentliche Aufforderung zu Ordnungswidrigkeiten). Das Sicherheitsgefühl der Bevölkerung wird in besonderem Maße tangiert, wenn Straftaten ungeniert

---

94 *Dreher*, Gallas-FS 1973, S. 307.
95 In diese Richtung *Rogall*, GA 1979, 11.
96 Insoweit unentschieden BGHSt 29, 258 (267).
97 *Paeffgen*, Hanack-FS 1999, S. 593; zur Verortung S. 610; zusammenfassend zur Restriktion das wörtliche Zitat ebenda S. 623; vgl. schon S. 601. – Für die Interpretation als ergänzenden Auffangtatbestand zu §§ 26, 30 und gegen ein BT-Rechtsgut *Lackner/Kühl*, § 111 Rn. 1 m. N. auch zur h. M.
98 *Paeffgen*, a. a. O. S. 600. – Funktional ist mit Gefährdungsdelikten generell eine Beweiserleichterung verbunden, s. o. § 1 Rn. 21 und zu § 111 *Paeffgen*, a. a. O. S. 601.
99 So aber *Dreher*, Gallas-FS 1973, S. 307 (312).
100 Zutreffend *Plate*, ZStW 84 (1972), 294 (303); dies ist – entgegen *Rogall*, GA 1979, 11 (16) – im Vergleich zum Gemeinschaftsfrieden kein aliud, sondern nur eine Konkretisierung.

in aller Öffentlichkeit begangen werden[101]; für die öffentliche Aufforderung zu Straftaten oder öffentliche Anleitungen zu Straftaten (§ 130a!)[102] gilt das entsprechende. Deshalb lässt sich § 111 auch nicht einfach als Verstärkung des Schutzes der Rechtsgüter deuten, zu deren Verletzung aufgerufen wird[103].

39   Auch vom Boden der h. M. aus besteht zwischen der Interpretation des § 26 und der Interpretation des § 111 eine Wechselwirkung. – Die **Bedeutung des § 111 steigt mit der restriktiven Interpretation der Anstiftung** – und umgekehrt. Bei § 26 ist zweifelhaft, wie konkret die Vorstellungen des Anstifters von der Haupttat und dem Haupttäter sein müssen. Wer vage Vorstellungen des Anstifters als Rahmen deutet, innerhalb dessen es dem Haupttäter überlassen bleibt, die Haupttat zu konkretisieren, wird konsequent diese konkrete Haupttat dem Anstifter zurechnen[104]. § 111 verliert entsprechend an Bedeutung. – Die h. M. zieht sich auf die Formel zurück, dass Vorstellungen über die zu begehende Tat, die für eine „Anstiftung" nach § 26 zu unbestimmt sind, für eine Aufforderung nach § 111 noch ausreichend bestimmt sein können[105]. Die Begründung für die Ausdehnung der Strafbarkeit über § 26 hinaus liegt in der „**Öffentlichkeit**" der Aufforderung.

40   Die in der Öffentlichkeit liegende Steigerung der Gefährlichkeit gegenüber der „normalen" Anstiftung wird von der h. M.[106] darin gesehen, dass sich der Auffordernde an unbestimmt viele Menschen wende und insofern eine besonders große Gefahr schaffe, dass die Haupttat von einem Täter oder gar mehreren Tätern begangen werde[107]. Da gerade im Internet die Zahl der Adressaten unüberschaubar ist, hat die Rechtsprechung auch die Unterzeichnung eines fremden Appels als für die Verwirklichung des Tatbestands ausreichend angesehen. Denn die finale Einwirkung auf andere, um bei diesen den Entschluss zu einer bestimmten Straftat hervorzurufen, kann auch durch die Unterzeichnung eines auf einer Homepage veröffentlichten fremden Appels begangen werden, eine näher umschriebene Straftat an einem bestimmten Tatort zu einer konkreten Tatzeit zu begehen[108]. – Das ist eine pure Fiktion, was durch die Voranstellung der erfolgreichen Aufforderung in § 111 ver-

---

101 Dazu o. § 1 Rn. 26 f., 31 f.
102 Zu neuen Bestrebungen der Ausweitung der Vorfeldkriminalität, u. a. in Gestalt eines neuen Straftatbestandes in § 91 (Anleitung zu einer Gewalttat) s. Rn. 3.
103 So aber *Schroeder*, Straftaten, a. a. O. und *Kissel*, a. a. O.; vgl. dazu dessen Rezension durch *Schroeder*, JZ 1998, 1006. Wenn ein so interpretierter § 111 überflüssig wird (so *Kissel*), spricht dies gegen die Richtigkeit einer solchen Interpretation.
104 Die h. M. stellt (zu) hohe Anforderungen an die Vorstellungen des Anstifters über die Haupttat, vgl. BGHSt 34, 63 (66); 42, 135 (betr. Beihilfe); siehe aber auch BGHSt 42, 332 (334); 50, 1.
105 So SK-*Wolters*, § 111 Rn. 2; *Lackner/Kühl*, § 111 Rn. 1; vgl. auch MüKo-*Bosch*, § 111 Rn. 13. BGHSt 29, 258 (267) beruft sich in diesem Zusammenhang auf „die besondere Gefährlichkeit der Begehungsweise". *Rogall*, GA 1979, 11 (13, 16) meint, anders als der Anstifter könne der Auffordernde das deliktische Verhalten des Aufgeforderten nicht steuern. – Warum *Rogall* denjenigen, der den Haupttäter nicht auf den Erfolg hinsteuern kann, als gefährlicher ansieht als den Anstifter, bleibt unklar.
106 *Dreher*, Gallas-FS 1973, S. 307 (325); *Lackner/Kühl*, § 111 Rn. 1.
107 Vgl. AG Frankfurt, NStZ 2006, 399 zum Aufruf im Internet, die Homepage eines Unternehmens zu blockieren.
108 OLG Celle, NStZ 2013, 720.

schleiert wird. Soweit § 111 überhaupt praktische Bedeutung zukommt, liegt sie ganz bei der erfolglosen Aufforderung nach § 111 II[109]. In aller Regel ist nämlich bei § 111 im Vergleich zur Anstiftung die Chance, einen Haupttäter zu finden, geringer und nicht größer. – Die in der Öffentlichkeit liegende Gefährlichkeit lässt sich nur über den BT (o. Rn. 38) erklären, als Ergänzung der §§ 26, 30 bleibt sie unverständlich.

Wie der Anstifter muss der Auffordernde die Haupttat wollen, d. h. wollen, dass die Aufforderung als ernst gemeint verstanden wird. Hier steht die Praxis vor der schwierigen Aufgabe, bei Parolen wie „Brandt an die Wand" die Ernstlichkeit festzustellen[110]: Nicht „auszuschließen ... , dass sie als unpassende Unmutsäußerungen eines Außenseiters zu verstehen sind, der in ungehöriger Form sein Mißfallen über die genannten Politiker zum Ausdruck bringen wollte"[111]. 41

Vom Boden der h. A., nach der § 111 jedenfalls auch ein von der Teilnahme ablösbares Rechtsgut des BT schützt, ist die Möglichkeit der **Teilnahme an** § 111 zu bejahen[112]. Der **Versuch** zu § 111 I ist in § 111 II geregelt. 42

§ 88a (**Befürwortung** von Straftaten) ist 1976 eingeführt und 1981 wieder aufgehoben worden. § 130a weist als ein der Anstiftung oder Beihilfe naher Tatbestand der **Anleitung** Parallelen zu § 111 auf. Auch bei § 130a wird als Rechtsgut der „öffentliche Frieden" genannt[113]. 43

3. Belohnung und Billigung von Straftaten, § 140; Anleitung zu Straftaten, § 130a; Volksverhetzung und Gewaltdarstellung, §§ 130, 131

Bei § 140[114] ist der Zusammenhang mit der Erschütterung des Sicherheitsgefühls der Bevölkerung deutlich, zumal von der **Belohnung** (abgeschwächt auch von der Billigung) zugleich ein Anreiz zu ähnlichen neuen Taten ausgeht (Verwandtschaft mit § 111!). – Das gilt auch für § 130a; zu Parallelen zu § 111 vorstehend Rn. 43. Dieser Tatbestand ist 1976 eingeführt, 1981 aufgehoben und 1986 wiederbelebt worden. 44

Bei § 130 geht es ebenfalls um den Schutz des öffentlichen Friedens[115]. Für die in diesem Tatbestand näher beschriebenen Angriffe ist nicht die Aufforderung zum **Pogrom** charakteristisch, sondern die Friedlosstellung. Die Verfolgung der so angegriffenen Bevölkerungsteile ist dann der nächste Schritt. Die **Eignung** zur Friedensstörung weist auf eine konkrete Gefährdung hin, doch bedarf es des für ein konkretes Gefährdungsdelikt 45

---

109 8 Verurteilungen im Jahre 2005 aus § 111, davon 7 zu Geldstrafe. Leider wird die Anwendung des § 111 I statistisch nicht erfasst, weil entsprechende Verurteilungen als Anstiftung zu den entsprechenden Haupttaten gezählt werden.
110 Vgl. BGHSt 32, 310 („Hängt Brandt"; „Tod Wehner und Brandt").
111 BGHSt 32, 310 (312 f.); vgl. dazu *Dreher*, a. a. O. S. 326; *Paeffgen*, a. a. O. S. 606–608, Auseinandersetzung u. a. mit BGHSt 31, 16; 32, 310.
112 So BGHSt 29, 258 (266 f.). Der BGH zieht eine Parallele zu § 129, dazu o. Rn. 16.
113 *S/S/Sternberg-Lieben*, § 130a Rn. 1; ebenda Rn. 12 für Subsidiarität gegenüber § 111, wenn die Anleitung sich auf Taten bezieht, zu denen nach § 111 aufgefordert wird.
114 **Beispiel:** Der Fall „Bommi" Baumann, dazu *Grünwald/Fetscher*, in: Lüderssen/Sack (Hrsg.), Vom Nutzen und Nachteil der Sozialwissenschaften für das Strafrecht, 2. Teilband 1980, S. 489 ff. *Grünwald* vertritt die These, die Publikation von Verbrechensbilligungserklärungen sei bei erheblichem Informationswert von Art. 5 GG gedeckt (530 f.).
115 *Fischer*, § 130 Rn. 2a.

typischen Gefahrerfolges gerade nicht[116]. Das passt nicht ins gängige begrifflich-theoretische Schema, gehört jedoch zur Gestaltungsfreiheit des Gesetzgebers[117].

Beispiel (ausländerfeindliche Äußerungen)[118]: Eine Angestellte der S-Bahn, die von Ausländern oft beschimpft worden ist, gerät in einen Wortwechsel mit einem Algerier und sagt: „Euch Ausländer sollte man vergasen wie die Juden". § 130 wurde bejaht[119] mit der Begründung, die Friedensstörung müsse einerseits nicht konkret eingetreten sein, andererseits genüge abstrakte Eignung zur Friedensstörung nicht. Maßgebend sei die konkrete, wenn auch nur entfernte Eignung.

Beispiel (volksverhetzende Äußerungen im Internet – Fall Toeben)[120]: Ein australischer Staatsbürger leugnet auf einer Webseite im Internet den Holocaust an jüdischen Mitbürgern unter der Herrschaft des Nationalsozialismus (zur Auschwitz-Leugnung s. sogleich Rn. 46). Der Bundesgerichtshof führt aus, dass die Eignung zur Friedensstörung zwar nicht den Eintritt einer konkreten Gefahr erfordere, jedoch selbst konkret festgestellt werden müsse[121]. Diese konkrete Eignung sei bei den fraglichen Äußerungen gegeben, weil sie durch ihre Veröffentlichung im Internet jedem Nutzer in Deutschland ohne Weiteres zugänglich waren und sich wegen ihres inhaltlichen Bezugs zu Deutschland gerade an deutsche Internetnutzer richteten[122].

46 § 130 III kriminalisiert die **Auschwitz-Leugnung**. Gerade weil es sich um einen präzise beschriebenen Sonderfall handelt, ist die Friedensstörung (anders als bei § 130 I, II) nicht als echtes Tatbestandsmerkmal zu verstehen, sondern als Hinweis des Gesetzgebers, warum das beschriebene Verhalten verboten wird. Dazu passt die verbreitete Deutung als „Klimadelikt"[123]. **Leugnen** ist wahrheitswidriges Abstreiten. Damit bleibt nach ganz herrschender und zutreffender Meinung § 130 III gegen die **blinden Fanatiker** wirkungslos, weil diese, von der Richtigkeit ihrer Ansicht überzeugt, ihrerseits die gängige Geschichtsforschung der **Auschwitz-Lüge** bezichtigen. Wenn die Hälfte der Bevölkerung an die Existenz fliegender Untertassen glaubt (Naturwissenschaft hin oder her)[124], ist es aussichtslos, historische Wahrheiten mit strafrechtlichen Mitteln gegen Aberglauben zu immunisieren[125]. – Da jede Wiederholung

---

116 *S/S/Sternberg-Lieben*, § 130 Rn. 11 spricht von einem abstrakt-konkreten Gefährdungsdelikt.
117 Im Anschluss an *S/S/Sternberg-Lieben*, § 130 Rn. 11 i. V. mit § 126 Rn. 9; z. T. abweichend *Hoyer*, S. 50 f. – Zur Eignung bei § 257 s. o. § 27 Rn. 5 ff.
118 OLG Hamburg, MDR 1981, 71; Vgl. BGH, NStZ-RR 2012, 277 zur Auslegung der öffentlich gemachten Äußerung.
119 Im Anschluss an BGHSt 29, 26.
120 BGHSt 46, 212. Dazu *Körber*, Rechtsradikale Propaganda im Internet – der Fall Toeben, 2003.
121 BGHSt 46, 212 (218) m.w.N.
122 BGHSt 46, 212 (219 f.); kritisch *Koch*, JuS 2002, 123 (126); *Vassilaki*, CR 2001, 262 (264 f.); einschränkend nun auch BGH, NStZ 2007, 216 (217).
123 *Lackner/Kühl*, § 130 Rn. 1 unter Berufung auf *Geilen*. Zum Klima gehört nicht nur der in § 130 III beschriebene vergiftende Angriff, sondern auch die in der Schaffung des Tatbestandes liegende demonstrative political correctness. – Zur Rechtsgutsdiskussion um § 130 III *Stegbauer*, NStZ 2000, 281 (282 f.).
124 Vgl. *Arzt*, Ketzerische Bemerkungen zum Prinzip in dubio pro reo, 1997, S. 7.
125 Obwohl § 130 III als Reaktion auf BGHSt 40, 97 begriffen werden muss, zeigt der Sachverhalt, wie schwer dem Täter der Vorsatz nachzuweisen ist, die **Wahrheit** zu leugnen. – Gelingt dieser Nachweis nicht, ist es eines Rechtsstaates unwürdig, auf § 130 I auszuweichen, weil dem Leugner auch vom Boden seiner Sicht der Wahrheit aus hetzerische Übertreibungen angelastet werden können. Kritisch zur Entstehung des § 130 III – sowie zur Erweiterung in Abs. 4 durch das Gesetz vom 24.3.2005 (BGBl. I, S. 969) – *Bertram*, NJW 2005, 1476; zu § 130 IV s. auch *Enders/Lange*, JZ 2006, 105. Allgemein zur Thematik *Brugger*, JA 2006, 687.

der Auschwitz-Leugnung als neue Tat betrachtet wird (und zu neuer Strafe führt), muss es bei der Verfolgung politischer Sektierer zu exzessiver Härte kommen.

Das Verbot der **Gewaltdarstellung,** § 131, steht mit § 140 in Zusammenhang. In der Verherrlichung von Gewalttätigkeiten liegt eine entsprechende Billigung dieser Straftat. § 131 ist in der Literatur vielfältig angefochten[126]. Die Peinlichkeit des § 131 liegt darin, dass der Gesetzgeber seinerzeit fast zeitgleich die These, Brutalitätskonsum wirke verrohend, mit der gegenteiligen These (Liberalisierung im Pornografiebereich wirke nicht verrohend) vertreten hat. Dies ist schon deshalb kaum überzeugend, weil Gewaltdarstellung oft mit Pornografie kombiniert wird (§ 184a)[127]. 47

Zur Wiederbelebung der Diskussion um die Berechtigung des § 131 führt derzeit die Diskussion um die sog. **Killerspiele.** Nach den Amokläufen von Erfurt (2002) und Emsdetten (2006) wurden in der Politik als Auslöser der Gewalttaten Computerspiele ausgemacht, in denen die Tötung „virtueller Menschen" Bestandteil der Spielhandlung ist. Bayern hat daraufhin einen Gesetzesantrag im Bundesrat gestellt[128], wonach virtuelle (Computerspiele) und reale Killerspiele (z. B. Gotcha oder Paintball) einem absoluten Verbreitungsverbot unterliegen sollen[129].

4. Verwandte Tatbestände im Überblick

Über die in der Überschrift von IV genannten Tatbestände hinaus ist insbesondere noch auf die besonderen Verunglimpfungstatbestände (§§ 90–90b)[130] und die allgemeinen Beleidigungsbestimmungen der **§§ 185 ff.** hinzuweisen[131]. Sie spielen in der Praxis in Fällen, die mit der Friedensstörung eng verwandt sind, eine große Rolle. § 130 III ist nicht zuletzt deshalb so ausgedehnt worden, weil die Auschwitz-Leugnung mit Mitteln der §§ 185 ff., 189 nur unzureichend zu erfassen ist[132]. – Bei der Verurteilung aus § 185 wegen des Vorwurfs, der Bundeskanzler bereite einen Krieg vor, geht es mehr um die Verteidigung des Wertkonsenses der Rechtsgemeinschaft gegen eine als unerträglich angesehene politische Provokation als um das Individualrechtsgut „Ehre" einer Person, s. o. § 7 Rn. 13, 25. 48

---

126 Besonders interessant *Joerden*, ZRP 1995, 325 und ZRP 1997, 463 (Gewaltdarstellungssteuer statt einer angesichts der vielen Generalklauseln rechtsunsicheren Strafverfolgung); aus der neueren Literatur *Köhne*, GA 2004, 180.
127 Ausführlich zu § 131 *v. Hartlieb*, Ufita 86 (1980) 101 ff. (mit instruktiven Beispielen a. a. O. S. 114 ff., auch zur Grenzverwischung zu § 184a = § 184 III a. F.).
128 BR-Drucks. 76/07.
129 Zur Diskussion *Erdemir*, K&R 2008, 223; *Höynck/Pfeiffer*, ZRP 2007, 91; allgemein zu Gewaltdarstellungen in den Medien *Köhne*, KritV 2005, 244; *Weigend*, G. Herrmann-FS 2002, S. 35.
130 Einseitig, aber lesenswert *Krutzki*, KJ 1981, 294.
131 Zu § 126 s. o. Rn. 35 f.
132 Dazu BGHSt 40, 97 (104 ff.). – Neben den vom BGH, a. a. O. erwähnten prozessualen Problemen ist § 189 zwar geeignet, den zu erfassen, der vorsätzlich die ihm bekannte Wahrheit leugnet (d. h. das „schwere Schicksal" der Ermordeten, BGH, a. a. O. 105). Dagegen wird man kaum sagen können, dass jemand, der diese historische Wahrheit nicht glaubt, sie zugleich nach § 189 „ins Lächerliche zu ziehen" vermag (BGH, a. a. O.).

49 Zur **Friedensstörung im Sexualbereich** vgl. §§ 183, 183a sowie §§ 119, 120 OWiG. Die Grenzverwischung zur **Gewaltverherrlichung** macht § 184a deutlich. – Darüber hinaus kennt § 118 OWiG noch einen sehr weit gefassten Tatbestand der „Belästigung der Allgemeinheit"; speziell zur Lärmbelästigung vgl. § 117 OWiG.

50 Zur **Befürwortung** von Straftaten (§ 88a, eingeführt 1976 und aufgehoben 1981) s. o. Rn. 43. Zur **Anleitung** zu Straftaten gemäß § 130a s. o. Rn. 44. – Bei § 305a ist der Kontext mit Landfriedensbruch und demonstrativen Straftaten offensichtlich. Der Tatbestand ist 1986 durch das Gesetz zur Bekämpfung des Terrorismus eingeführt worden.

V. Störung des religiösen Friedens und ähnliche Tatbestände, §§ 166–168

1. Gesellschaftliche Bedeutung und Rechtsgut

51 Spätestens mit den Anschlägen vom 11. September 2001 ist der enge **Zusammenhang von Religion und Gewalt** wieder deutlich geworden[133]. Die viel besprochene „Wiederkehr der Religionen" seit dem letzten Jahrzehnt des 20. Jahrhunderts hat die Welt nicht friedlicher, sondern unfriedlicher gemacht. Es gehört deshalb heute zu den Aufgaben des Staates, religiösen Eifer zu bändigen und in sozialverträglichen Bahnen zu halten[134]. Dem Religions- und Weltanschauungsrecht kommt zunehmende Bedeutung zu[135].

§§ 166 ff. betreffen den **Schutz des öffentlichen Friedens,** insbesondere des religiösen Friedens. Die immer wieder vorgebrachten Zweifel an der Tragfähigkeit dieses Rechtsguts sind unbegründet[136]. Die Ausdehnung der Strafbarkeit auf Störungen weltanschaulicher Bekenntnisse geht auf das 1. StrRG von 1969 zurück; bis dahin hieß § 166 lakonisch „**Gotteslästerung".** Bis 1969 war nicht zweifelhaft, dass der Gesetzgeber den Schutz der überwältigenden Mehrheit gegen nicht tolerable Provokationen einer Minderheit im Auge hatte. – Die Neufassung bezieht zu Recht auch Minoritäten in den Schutz ein. Freilich schlägt sich im normativen Begriff der „Beschimpfung" nach wie vor die Bewertung der (Mehrheit der) Rechtsgemeinschaft nieder[137].

---

133 Dieser Zusammenhang drängt sich insbesondere bei der Betrachtung der Geschichte der drei großen monotheistischen Religionen Judentum, Christentum und Islam auf, vgl. dazu *Hilgendorf*, Religion, Gewalt und Menschenrechte, in: Dreier/Hilgendorf (Hrsg.), Kulturelle Identität als Grund und Grenze des Rechts (2008), 168; *ders.,* Blumenwitz-GS 2008, S. 165.
134 *Hilgendorf*, Religion, Recht und Staat, in: *ders.* (Hrsg.), Wissenschaft, Religion und Recht, 2006, S. 359 (381).
135 Vgl. nur *Czermak*, Religions- und Weltanschauungsrecht, 2008.
136 *Hilgendorf*, StV 2014, 555 (559 f.); a. A. *Hörnle*, Kultur, Religion. Strafrecht – Neue Herausforderungen in einer pluralistischen Gesellschaft. Gutachten C zum 70. Deutschen Juristentag Hannover 2014, C 41.
137 Deshalb ist kein Beschimpfen eines religiösen Bekenntnisinhalts durch das Lied der Rock Band Pussy Riot vom August 2012 gegeben, vgl. hierzu *S/S/Lenckner/Bosch*, § 166 Rn. 9.

Beispiel (Thesenanschlag Luthers am 31.10.1517): Keine Gotteslästerung (§ 166 i. 52
F. vor dem 1. StrRG). Da Luther nach der (historisch dubiosen) Überlieferung die
Türe der Schlosskirche zu Wittenberg dazu gebraucht hatte, um seinen Thesen Publizität
zu verschaffen – Thesen mit polemischen Angriffen gegen die Finanzierungspraktiken
der Glaubensgemeinschaft, der das betreffende Gebäude gehörte –,
käme ein vergleichbares Verhalten heute in prekäre Nähe des § 166 II. An der Friedensstörung
des Thesenanschlags ist nicht zu zweifeln. Auch die Annahme einer
Beschimpfung liegt nicht fern. „Wird der größte Teil des Volkes betrogen" (These
24); „gewiss, dass Gewinn und Habgier zunehmen können, wenn das Geld im Kasten
klingt" (These 28); „wie die Ablaßprediger das Geld erpressen" (These 50); Vorwurf
der „Gotteslästerung" (These 79); „freche" Ablassprediger bzw. Ablasspredigten
(These 72 bzw. These 81).

Das Beispiel ist auch insofern bezeichnend, als Angriffe auf Bekenntnisse oder Gebräuche
anderer oft in einem „gerechten Zorn" erfolgen. Was dem Angreifer jedoch
als Ausdruck seines gerechten Zorns erscheint, stellt sich für den Angegriffenen
leicht als Beschimpfung dar.

Eine analoge Anwendung der Rechtfertigungsbestimmung des § 193 53
(Wahrnehmung berechtigter Interessen) ist nicht möglich, da diese Vorschrift
auf das Individualrechtsgut Ehre zugeschnitten ist und sich ihre
Wertung nicht auf den Schutz des öffentlichen Friedens übertragen lässt[138].
– Die durch das 1. StrRG 1969 erfolgte Gleichbehandlung der großen Kirchen
mit kleinen Sekten und Weltanschauungsgemeinschaften in §§ 166 ff.
gilt auch für andere große Glaubensgemeinschaften (z. B. Islam). Im Zeichen
der sog. **multikulturellen Gesellschaft** werden §§ 166, 167 unterschiedliche
Empfindlichkeiten auffangen müssen, wie aktuelle Beispiele
(Mohammed-Karikaturen; Popetown-Satire) dies belegen[139]. – Im Übrigen
hat sich an der Privilegierung der großen Kirchen dort, wo es zählt, nämlich
bei der Finanzierung, nichts geändert, vgl. Art. 140 GG i. V. mit
Art. 137 Weimarer Verfassung. Auch insofern ist der Thesenanschlag Luthers,
der an den kirchlichen Finanzierungspraktiken seiner Zeit Anstoß
genommen hatte, nach wie vor aktuell.

2. §§ 166, 167

Die Tatbestände beschreiben einzelne Formen der Friedensstörung. Die 54
symbolische Bannmeile, die §§ 166 ff. um Religionsgemeinschaften u. ä.
ziehen, wird durch §§ 185 ff. erheblich erweitert: Respektlosigkeiten, die
nicht einmal in die Nähe der §§ 166, 167 kommen, werden als Zeichen ehrlosen
Verhaltens gewertet.

Beispiel (Ollenhauer-Trauerfeier)[140]: Untergeordnete Helfer der SPD schmücken
den CDU-Fraktionssaal, in dem die Trauerfeier stattfinden soll und fragen, ob sie
das Kruzifix entfernen dürfen, um Platz für die Bilder der verstorbenen Parteivorsitzenden
Ollenhauer und Schumacher zu schaffen. Die CDU gestattet dies zuerst,

---

138 *Fischer*, § 193 Rn. 4; LK-*Hilgendorf*, § 193 Rn. 11.
139 Vgl. dazu *Heller/Goldbeck*, ZUM 2007, 628; *Montag/Bosbach*, DRiZ 2007, 72; *Steinbach*, JR
 2006, 495; umfassend *Valerius*, Kultur und Strafrecht ..., S. 334 ff. (339).
140 OLG Stuttgart, JZ 1969, 77.

lehnt es aber dann doch ab. – Ein CDU-Kandidat hat diese (soweit wahre) Geschichte im Wahlkampf in der Version verbreitet, „die SPD" habe die Abnahme des Kruzifixes „gefordert" und er hat daran anknüpfend das Werben der SPD um christlich gesinnte Wähler als „unglaubwürdigen Schachzug" kritisiert. Das LG hatte den Sachverhalt (m. E. zutreffend) dahin gewürdigt, dass die Forderung nach Entfernung des Kruzifixes „für sich betrachtet wertneutral und damit nicht ehrverletzend sei", also nur § 185 in Betracht kommt (Vorwurf der Heuchelei); anders freilich das OLG[141].

3. §§ 167a, 168

55 § 167a schützt den öffentlichen Frieden i. S. der Ausübung des **Totenkultes,** meist mit (zunehmend aber auch ohne) Bezug auf Religionsausübung. – Auch § 168 schützt den öffentlichen Frieden in Form des Totenkultes, insbes. die in der Gesellschaft herrschende Vorstellung über die Respektierung der **Totenruhe.** Mit den gesellschaftlichen Erwartungen werden bei §§ 167a, 168 auch die Pietätserwartungen der „Hinterbliebenen" geschützt. Das zu Lebzeiten abgegebene Einverständnis des Tatopfers kann daher die Strafbarkeit nicht entfallen lassen[142]. – Soweit sich die Beschimpfung (auch) gegen das Andenken des Verstorbenen richtet, kann zusätzlich § 189 eingreifen (Tateinheit).

56 § 168 ist von praktischer Bedeutung und zugleich von **Relevanz für das Examen.** Das gilt vor allem für die Abgrenzung zu den Eigentumsdelikten.

Die Eigentumsdelikte gewähren bezüglich der Leiche und Asche gar keinen Schutz (nicht eigentumsfähig). Bezüglich des Grabschmuckes (Blumen, Kränze) sind die Eigentumsverhältnisse zivilrechtlich außerordentlich schwierig, man denke an den **Grabstraußfall**[143]. Insofern ergänzt § 168, trotz des anderen Rechtsguts, in einer praktisch befriedigenden Weise den Schutz der §§ 242 ff., 303, 304. Zur „Asche eines verstorbenen Menschen" gehören sämtliche Verbrennungsrückstände, auch (nicht verbrennbares) Zahngold[144]. Soweit §§ 242 ff., 303, 304 neben § 168 verwirklicht sind, ist Tateinheit anzunehmen (z. T. wird Vorrang des § 304 behauptet).

Die mit Sektion, Blut- und Organentnahme verbundenen Probleme sind mit § 168 nicht angemessen zu lösen. Unklar ist schon die Frage, wer „Berechtigter" nach § 168 ist und vollends, wann eine Transplantation oder Sektion „unbefugt" ist. Insoweit ist auf das **Transplantationsgesetz** (1997) zu verweisen. – Pietätlose Prozeduren bei der Sektion können mit § 168 nicht bekämpft werden, weil es i. d. R. am Beschimpfungsvorsatz fehlen wird[145].

---

141 OLG Stuttgart, a. a. O.
142 BGHSt 50, 80 (90) (Kannibalen-Fall) m. kritischer Anm. *Kudlich*, JR 2005, 342 (344).
143 Dazu o. § 13 Rn. 33.
144 OLG Bamberg, NJW 2008, 1543; OLG Hamburg, NJW 2012, 1601; a.A. OLG Nürnberg, NJW 2010, 2071 (2073).
145 Vorschläge für eine Neuregelung finden sich bei *Czerner*, ZStW 115 (2003), 91; *Rixen*, ZRP 2001, 374.

§ 45 Auflehnung, insbesondere Widerstand gegen die Staatsgewalt, §§ 113 ff.

Literaturhinweise zu I und II (Widerstand, §§ 113, 114): *Amelung*, Die Rechtfertigung von Polizeivollzugsbeamten, JuS 1986, 329; *Backes/Ransiek*, Widerstand gegen Vollstreckungsbeamte, JuS 1989, 624; *Baumann/Frosch*, Der Entwurf des 3. Strafrechtsreformgesetzes, JZ 1970, 113 (117 ff.); *Bosch*, Der Widerstand gegen Vollstreckungsbeamte (§ 113 StGB) – Grundfälle und Reformansätze, Jura 2011, 268; *Dreher*, Das 3. Strafrechtsreformgesetz und seine Probleme, NJW 1970, 1153 (1156 ff.); *ders.*, Die Sphinx des § 113 Abs. 3, 4 StGB, Schröder-GS 1978, S. 359 und JR 1984, 401; *Fahl*, Ist § 113 StGB i.V.m. § 114 StGB (noch) eine Privilegierung?, ZStW 2012, 311; *ders.*, Ist § 113 III StGB auf § 240 StGB analog anwendbar?, StV 2012, 623; *Günther*, Der Begriff der Rechtmäßigkeit einer Vollstreckungshandlung i. S. d. § 113 Abs. 3 StGB, NJW 1973, 309; *H. J. Hirsch*, Zur Reform der Reform des Widerstandsparagraphen, Klug-FS 1983, Bd. 2, S. 235; *Küper*, Die Bedeutung des § 105 Abs. 2 StPO für die Rechtmäßigkeit der Diensthandlung, JZ 1980, 633; *Lenz*, Die Diensthandlung und ihre Rechtmäßigkeit in § 113 StGB, 1987; *W. Meyer*, Der Begriff der Rechtmäßigkeit einer Vollstreckungshandlung i. S. des § 113 Abs. 3 StGB, NJW 1972, 1845; *Möbius*, Die Funktion des Straftatbestandes des § 113 StGB, 1985; *Naucke*, Straftatsystem und Widerstand gegen Vollstreckungsbeamte (§ 113 Abs. 3 und 4 StGB), Dreher-FS 1977, S. 459; *Neuheuser*, Die Duldungspflicht gegenüber rechtswidrigem hoheitlichen Handeln im Strafrecht, 1996; *Ostendorf*, Die strafrechtliche Rechtmäßigkeit rechtswidrigen hoheitlichen Handelns, JZ 1981, 165; *ders.*, Strafbare Angriffe auf einzelne Staatsgewalten sowie auf den Bestand staatlicher Maßnahmen, JZ 1987, 375; 1989, 573; 1994, 555; 1997, 1104; *Paeffgen*, Fotografieren von Demonstranten durch die Polizei und Rechtfertigungsirrtum, JZ 1978, 738; *Rehbinder*, Die Rechtmäßigkeit der Amtsausübung im § 113 StGB, GA 1963, 33; *Reil*, Die „wesentliche Förmlichkeit" beim Rechtmäßigkeitsbegriff des § 113 III StGB, JA 1998, 143; *Reinhart*, Das Bundesverfassungsgericht wechselt die Pferde: Der strafrechtlichen Rechtmäßigkeitsbegriff, StV 1995, 101; *ders.*, Abschied vom strafrechtlichen Rechtmäßigkeitsbegriff, NJW 1997, 911; *Rostek*, Der unkritische Befehlsempfänger, NJW 1975, 862; *Roxin*, Der strafrechtliche Rechtfertigungsbegriff beim Handeln von Amtsträgern – eine überholte Konstruktion, Pfeiffer-FS 1988, S. 45; *Sander*, Können „unbeteiligte" Dritte i. S. d. § 113 Abs. 1 StGB Widerstand leisten?, JR 1995, 491; *M. J. Schmid*, Schutzzweck und Stellung des § 113 StGB im System der Straftatbestände, JZ 1980, 56; *H. Seebode*, Die Rechtmäßigkeit der Diensthandlung in § 113 Abs. 3 und 4 StGB, 1988; *Singelnstein/Puschke*, Polizei, Gewalt und das Strafrecht – Zu den Änderungen beim Widerstand gegen Vollstreckungsbeamte, NJW 2011, 3473; *Steinberg/Zetzmann/Dust*, Strafrahmenerhöhung bei § 113 StGB, JR 2013, 7; *Stöckel*, Ungeklärte Notwehrprobleme bei Widerstand gegen die Staatsgewalt (§ 113 StGB), JR 1967, 281; *Teubner*, Die allgemeine polizeiliche Verkehrskontrolle als „Vollstreckungshandlung" im Sinne des § 113 StGB, DRiZ 1975, 243; *Thiele*, Zum Rechtmäßigkeitsbegriff bei § 113 Abs. 3 StGB, JR 1975, 353; *ders.*, Verbotsirrtum und Strafbarkeit des Widerstandes gegen Vollstreckungsbeamte, JZ 1979, 397; *Vitt*, Gedanken zum Begriff der „Rechtmäßigkeit der Diensthandlung" bei § 113 StGB, ZStW 106 (1994), 581; *Wagner*, Die Rechtmäßigkeit der Amtsausübung, JuS 1975, 224; *C. Weber*, Grundgesetz und formeller Rechtmäßigkeitsbegriff – BVerfGE 92, 191, JuS 1997, 1080; *Zopfs*, Der „Widerstand gegen Vollstreckungsbeamte" als privilegierte Form der „Nötigung" oder der „Körperverletzung"?, GA 2000, 527; *ders.*, Das 44. Strafrechtsänderungsgesetz – ein „gefährlicher Eingriff" in § 113 StGB?, GA 2012, 259.

Zu III (Gefangenenbefreiung und -meuterei, §§ 120, 121): *Diekmann,* Das Entweichen Gefangener, 1964; *Kusch,* Die Strafbarkeit von Vollzugsbediensteten bei fehlgeschlagenen Lockerungen, NStZ 1985, 385; *H. Mayer,* Teilnahme und Gefangenenmeuterei, JZ 1956, 434; *M. E. Mayer,* Die Befreiung von Gefangenen, 1906; *Rössner,* Die strafrechtliche Beurteilung der Vollzugslockerungen, JZ 1984, 1065; *Schaffstein,* Die strafrechtliche Verantwortlichkeit Vollzugsbediensteter für den Missbrauch von Vollzugslockerungen, Lackner-FS 1987, S. 795; *F.-C. Schroeder,* Die Teilnahme bei § 122 Abs. 3 StGB (a. F.), NJW 1964, 1113; *Siegert,* Die Gefangenenbefreiung, JZ 1973, 308.

Zu V (Angriff auf amtliche Sachherrschaftsverhältnisse, §§ 136, 133, 134): *Baumann,* Pfandentstrickung beim Verkauf gepfändeter Gegenstände, NJW 1956, 1866; *Berghaus,* Der strafrechtliche Schutz der Zwangsvollstreckung, 1967; *Brammsen,* Zum Verwahrungsbruch in der Begehungsform „der dienstlichen Verfügung entziehen", Jura 1989, 81; *Brüggemann,* Der Verwahrungsbruch (§ 133 StGB), 1981; *Geppert,* Ausgewählte Delikte gegen die „öffentliche Ordnung", insbesondere Amtsanmaßung (§ 132 StGB) und Verwahrungsbruch (§ 133 StGB), Jura 1986, 590; *ders.,* Verstrickungsbruch (§ 136 Abs. 1 StGB) und Siegelbruch (§ 136 Abs. 2 StGB), Jura 1987, 35; *Geppert/Weaver,* Die Auswirkungen zivilprozessualer Vollstreckungsfehler bei Sachpfändungen auf die Strafbarkeit nach § 136 StGB, Jura 2000, 46; *Kienapfel,* Siegel, Plomben und andere durch § 136 Abs. 2 geschützte Zeichen, in: Urkunden und andere Gewährschaftsträger, 1979, S. 140; *Krehl,* Strafbarkeit wegen Siegelbruchs (§ 136 II StGB) bei Verletzung ausländischer Zollplomben?, NJW 1992, 604; *G. Lüke,* Die Bedeutung vollstreckungsrechtlicher Erkenntnisse für das Strafrecht, Arthur Kaufmann-FS 1993, S. 565; *Merkel,* Strafbare Eingriffe in die öffentlich-amtliche Verfügungsgewalt, VDB II, S. 349; *Niemeyer,* Bedeutung des § 136 Abs. 3 und 4 StGB bei Pfändung von Sachen, JZ 1976, 314; *F.-C. Schroeder,* §§ 246, 133 StGB auf dem Prüfstand der MfS-Postplünderungen, JR 1995, 95; *Waider,* Verwahrungsbruch bei Gebrauchsdiebstahl aus staatlichen oder kommunalen Galerien, Museen oder Bibliotheken, GA 1961, 366.

Zu VI (Amtsanmaßung und Titelmißbrauch, §§ 132, 132a): *Düring,* Amtsanmaßung und Missbrauch von Titeln, 1990; *Geppert,* Ausgewählte Delikte gegen die „öffentliche Ordnung", insbesondere Amtsanmaßung (§ 132 StGB) und Verwahrungsbruch (§ 133 StGB), Jura 1986, 590; *Kahle,* Amtsanmaßung, GA 1993, 191; *ders.,* Der Missbrauch von Titeln, Berufsbezeichnungen und Abzeichen. – Rechtsgut, Schutzzweck und Anwendungsbereich des § 132a StGB, 1995; *Küper,* Zum Verhältnis der beiden Begehungsformen des § 132 StGB, JR 1967, 451; *Merkel,* Anmaßung eines öffentlichen Amtes mit Einschluss der verwandten Tatbestände, VDB II, S. 311.

Übersicht

	Rn.
I. Der kriminalpolitische Hintergrund	1
1. Überblick – Geschütztes Rechtsgut und Angriffsmodalitäten	1
a) Widerstand gegen Vollstreckungsorgane, §§ 113, 114	2
b) Sonstige Auflehnungsdelikte	3
2. Umfang der Kriminalität, Tatsituationen und Täter	4
a) Kriminalitätsschwerpunkt: § 113	4
b) Tatsituationen und Täter der §§ 113, 114	6
II. Widerstand gegen Vollstreckungsbeamte und gleichgestellte Personen, §§ 113, 114	9
1. Der Tatbestand der §§ 113 (114)	10
a) Geschützter Personenkreis – Konkrete Vollstreckungshandlung	10
b) Tathandlungen	18

Übersicht § 45

 2. Die Rechtmäßigkeit der Diensthandlung, § 113 III 29
  a) Dogmatischer Standort der Rechtmäßigkeit 29
  b) Formalisierung und Subjektivierung der Rechtmäßigkeit 33
 3. Vorsatz, Irrtumsfragen 41
  a) Vorsatzdelikt, Tatumstandsirrtum 41
  b) Irrtum über die Rechtmäßigkeit der Diensthandlung 42
 4. Besonders schwere Fälle, § 113 II 51
  a) Nr. 1: Beisichführen von Waffen oder eines anderen gefährlichen Werkzeugs 52
  b) Nr. 2: Gefahr des Todes oder einer schweren Gesundheitsschädigung 53
 5. Konkurrenzen 54

III. Gefangenenbefreiung und -meuterei, §§ 120, 121 55
 1. Gefangenenbefreiung, § 120 55
  a) Grundtatbestand, § 120 I (IV) 55
  b) Qualifikation (§ 120 II), Vollendung und Versuch (§ 120 III), Teilnahme des befreiten Gefangenen, Hinweis auf § 115 OWiG ... 61
 2. Gefangenenmeuterei, § 121 67
  a) Tatbestand (§ 121 I, IV), Versuchsstrafbarkeit (§ 121 II) 67
  b) Besonders schwere Fälle, § 121 III 71

IV. Verstöße gegen gerichtliche und behördliche Maßnahmen, §§ 145a, 145c, 323b; § 21 StVG 72
 1. Verstöße gegen nicht freiheitsentziehende Maßregeln, §§ 145a, 145c; 21 StVG 72
  a) Der kriminalpolitische Hintergrund 72
  b) Die einzelnen Tatbestände 75
 2. Gefährdung einer Entziehungskur, § 323b 78

V. Angriffe auf amtliche Sachherrschaftsverhältnisse, §§ 136, 133 (134) 79
 1. Verstrickungs- und Siegelbruch, § 136 79
  a) Nähe zu § 113 79
  b) Verstrickungsbruch, § 136 I 80
  c) Siegelbruch, § 136 II 87
 2. Verwahrungsbruch, § 133 90
  a) Grundtatbestand, § 133 I (II) 90
  b) Qualifikation, § 133 III 95
  c) Konkurrenzen 96
 3. Verletzung amtlicher Bekanntmachungen, § 134 97

VI. Amtsanmaßung, Titelmissbrauch, §§ 132, 132a 100
 1. Amtsanmaßung, § 132 100
  a) Mittelbare Beeinträchtigung der Staatsgewalt 100
  b) Der Tatbestand des § 132 102
 2. Missbrauch von Titeln, Berufsbezeichnungen und Abzeichen, § 132a 108

I. Der kriminalpolitische Hintergrund

1. Überblick – Geschütztes Rechtsgut und Angriffsmodalitäten

1 Die hier behandelten Vorschriften schützen **die staatliche Exekutive**[1] in ihren verschiedenen Erscheinungsformen. Durch die Erweiterung des Schutzbereichs in § 114 III sind daran berechtigte Zweifel entstanden[2]. Im Wesentlichen handelt es sich um folgende Deliktsgruppen:

a) Widerstand gegen Vollstreckungsorgane, §§ 113, 114

2 Sinnfälligster Angriff auf die vollziehende Staatstätigkeit ist der gegen natürliche Personen, die den Staatswillen vollstrecken. In der Vollstreckungssituation stoßen Staatsinteressen und Einzelinteressen unmittelbar aufeinander. Ihr strafrechtlicher Ausgleich wird noch dadurch erschwert, dass auch die Belange des Vollstreckungsbeamten berücksichtigt werden müssen. Die komplizierte rechtliche Regelung in dem durch das 3. StrRG 1970[3] neu gefassten § 113 lässt die Schwierigkeiten der Interessenabwägung deutlich erkennen (s. u. Rn. 29 ff.). Die dogmatischen Probleme des § 113 sowie seine praktische Bedeutung (s. u. Rn. 4) verleihen ihm Examensrelevanz, sodass bei ihm das Schwergewicht der Behandlung der Auflehnungsdelikte zu liegen hat.

b) Sonstige Auflehnungsdelikte

3 Der Schutz der ausführenden Staatsgewalt wäre unzureichend, würden nur die vollziehenden Organe selbst und nicht auch der Bestand bereits vollzogener Akte sowie der Vollzug bereits angeordneter Maßnahmen gegen vereitelnde oder gefährdende Angriffe strafrechtlich geschützt. Diesen Bestands- und Vollzugsschutz verfolgen die übrigen in § 45 behandelten Vorschriften. Im Einzelnen werden strafrechtlich erfasst: **(1)** Angriffe auf den amtlichen Gewahrsam an Menschen, die sich im Freiheitsentzug befinden, durch die §§ 120, 121 (dazu u. Rn. 55 ff.), **(2)** Verstöße gegen Maßnahmen, namentlich solche der Besserung und Sicherung, durch die §§ 145a, 145c, 323b, 21 StVG (dazu u. Rn. 72 ff.), **(3)** Angriffe auf amtliche Sachherrschaftsverhältnisse durch die §§ 136, 133 (134) (dazu u. Rn. 79 ff.). – Abgerundet wird der Schutz der Staatsgewalt mit der Pönalisierung der Beeinträchtigung der Staatsautorität durch Amtsanmaßung und Titelmissbrauch in den §§ 132, 132a (dazu u. Rn. 100 ff.).

---

1 S. o. § 42 Rn. 5.
2 *Singelnstein/Puschke*, NJW 2011, 3473. Die Stellung des Abs. 3 ist verfehlt – so bspw. *Fischer*, § 114 Rn. 1 –, denn vor dem 44. StÄG war § 114 lediglich eine Hilfsnorm. Der neue § 114 III beinhaltet nun aber einen eigenen Tatbestand.
3 Sog. Demonstrationsstrafrecht; s. dazu auch o. § 44 Rn. 8 und 24 ff. (Demonstrationsfreiheit und Landfriedensbruch).

2. Umfang der Kriminalität, Tatsituationen und Täter

a) Kriminalitätsschwerpunkt: § 113

Der Kriminalitätsschwerpunkt der oben Rn. 1–3 vorgestellten Delikte liegt eindeutig beim Widerstand gegen Vollstreckungsbeamte. 2011 erfolgten 4.970 **Verurteilungen** nach § 113, dagegen nur 85 nach § 120 und 7 nach § 121; nach § 136 (u. a. Ablösen von Pfandsiegeln = Kuckuck): 142, nach § 132: 84. – Die Verurteilungsziffern für die übrigen Delikte liegen durchweg unter 100.

2011 wurden knapp über 26.000 Delikte nach §§ 111, 113, 114, 120 und 121 polizeilich bekannt. Im Jahr 2013 wurden 21.618 Fälle von Widerstandshandlungen gegen die Staatsgewalt polizeilich registriert, worin Widerstandshandlungen gegen Vollstreckungsbeamtinnen/-beamte in 20.644 Fällen enthalten sind[4].

Die **Aufklärungsquote** ist mit rund 90 % sehr hoch, was damit zu erklären ist, dass bei Taten nach § 113 häufig auch schon der Tatverdächtige feststeht; er wird zumeist vorläufig festgenommen.

b) Tatsituationen und Täter der §§ 113, 114

Klassische Widerstandsfälle resultieren aus Vollstreckungshandlungen gegen **Einzelne**. Der Widerstand leistende Bürger weiß, dass die Amtshandlung rechtmäßig ist.

Beispiele: Sachpfändungen durch den Gerichtsvollzieher beim Vollstreckungsschuldner, § 808 i. V. m. § 758 ZPO; strafprozessuale Beschlagnahmen und Durchsuchungen, §§ 94 ff., 102 ff. StPO; Festnahmen, z. B. nach §§ 112, 127 StPO; Entnahme von Blutproben, § 81a StPO; Verkehrskontrollen, § 36 V StVO.

Der Betroffene, der sich in derartigen Situationen – meist überraschend – unmittelbar mit der Staatsgewalt konfrontiert sieht, gerät durch den Vollstreckungsakt häufig in Erregung und setzt sich im Affekt zur Wehr. Er wurde deshalb gegenüber dem überlegt handelnden Täter, für den § 240 gilt, **privilegiert**.

Die Vorschrift hat durch das 44. StÄG zum 5.11.2011 ihre Stellung als Privilegierung allerdings verloren. Die obere Strafrahmengrenze wurde an die des § 240 angepasst[5].

Allerdings enthält § 113 kein Sonderdelikt, das nur von dem Vollstreckungsbetroffenen begangen werden könnte. Täter kann vielmehr jedermann sein, also auch ein von der Vollstreckungsmaßnahme unberührter Dritter, der allein oder zusammen mit dem Betroffenen Widerstand leistet. Seine Privilegierung durch § 113 war kriminalpolitisch nicht gerechtfertigt[6].

---

[4] Polizeiliche Kriminalstatistik, Bundesrepublik Deutschland, Jahrbuch 2013, S. 9.
[5] Die Gesetzesänderung wird in der Literatur teilweise als symbolischer Akt gewertet und kritisch diskutiert, vgl. *Singelstein/Puschke*, NJW 2011, 3473; *Fahl*, ZStW 2012, 311; *Zopfs*, GA 2012, 259; *Steinberg/Zetzmann/Dust*, JR 2013, 7.
[6] S. auch S/S/*Eser*, § 113 Rn. 3.

Näher zum Verhältnis §§ 113/240 u. Rn. 25, 54.
Zur teilweisen Erweiterung des Strafbarkeitsbereichs in § 113 gegenüber § 240 und § 223 s. u. Rn. 19, 44 ff.

7 Eine weitere typische Gruppe von Fällen bilden solche, in denen der Widerstand leistende Bürger **Rechtswidrigkeit** der Vollstreckung annimmt und deshalb glaubt, den Eingriff nicht hinnehmen zu brauchen; dazu u. Rn. 42 ff.

8 Seit 1968 sind verstärkt Widerstandshandlungen **organisierter Gruppen** zu verzeichnen.

Beispiele: Militante Hausbesetzer, Gegner des Baus von Kraft- und Müllverbrennungswerken sowie von Castor-Transporten und atomaren Endlagern stellen sich geschlossen den Räumungsaktionen der Polizei entgegen.

Auch für diesen Täterkreis war die Privilegierung in § 113 verfehlt, da die gewaltsame Konfrontation mit der Staatsgewalt von vornherein einkalkuliert ist. Auch ein strafrechtlich relevanter Irrtum kann für diese Täter nicht anerkannt werden. Sie glauben zwar, „politisch" im Recht zu sein, wissen aber genau, dass sie „juristisch" im Unrecht sind.

II. Widerstand gegen Vollstreckungsbeamte und gleichgestellte Personen, §§ 113, 114

9 Der Schwerpunkt der dogmatischen Diskussion des § 113 liegt bei der Rechtmäßigkeit bzw. Rechtswidrigkeit der Vollstreckungshandlung, gegen die der Täter Widerstand leistet, sowie bei den damit zusammenhängenden Irrtumskonstellationen (vgl. § 113 III und IV). Dem Studenten wird geraten, sich zunächst einen Überblick über die tatbestandliche Erfassung der Normalfälle des Widerstandes gegen (rechtmäßige) Vollstreckungshandlungen in § 113 I zu verschaffen[7] und sich erst dann den spezifischen Rechtswidrigkeits- und Irrtumsfragen zuzuwenden[8].

1. Der Tatbestand der §§ 113 (114)

a) Geschützter Personenkreis – Konkrete Vollstreckungshandlung

aa) Amtsträger und Soldaten der Bundeswehr bei der Vornahme konkreter Vollstreckungshandlungen, § 113 I

10 Der Staat überträgt die Ausübung hoheitlicher Befugnisse, u. a. auch die in § 113 I geschützte Vollstreckung von Gesetzen und Rechtsverordnungen sowie von Einzelakten der Justiz (Urteile und Gerichtsbeschlüsse) und der Verwaltung (Verwaltungsakte), „in der Regel Angehörigen des öffentlichen Dienstes" (Art. 33 IV GG). Folgerichtig nennt § 113 I in erster Linie Amtsträger (dazu § 11 I Nr. 2), weiter Soldaten der Bundeswehr (dazu § 1

---

7 Dazu nachstehend Rn. 10–28.
8 Dazu u. Rn. 29 ff. und Rn. 41 ff.

SoldG). Erst durch diese natürlichen Personen wird der Staat handlungsfähig (s. o. § 42 Rn. 5) und es ist nur konsequent, die **Vollstreckungsorgane** nicht lediglich als „Angriffsobjekte" der Tathandlungen des § 113, sondern als neben der staatlichen Exekutive geschützt anzusehen[9]. § 113 dient also **auch** dem persönlichen Schutz der Vollstreckungsbeamten.

Daher ist die Angleichung der Strafrahmengrenze an die des § 240 zu begrüßen. Die Privilegierung vor dem 44. StÄG war mit der Fürsorgepflicht des Staates gegenüber seinen Dienern kaum zu vereinbaren. Warum sollte man ihren strafrechtlichen Schutz gegen Nötigungen im Vergleich zum Schutz der Willensfreiheit des Bürgers niedriger ansetzen? Allerdings hat die Angleichung des Strafrahmens an § 240 StGB die bisher existierenden Auslegungsprobleme nicht vereinfacht[10]. **11**

Der Schutz des § 113 greift nicht für Vollstreckungsbeamte schlechthin, sondern nur für solche ein, die einen Vollstreckungsakt vornehmen („bei der **Vornahme einer solchen Diensthandlung**"). **12**

Neben den o. Rn. 6 angeführten zivil- und strafprozessualen Rechtsgrundlagen und Vollstreckungssituationen sind aus dem Verwaltungsrecht das Gesetz über den unmittelbaren Zwang bei Ausübung öffentlicher Gewalt durch Vollzugsbeamte des Bundes (UZwG) sowie die Verwaltungsvollstreckungs- und Polizeigesetze der Länder zu nennen.

Entgegen der Überschrift des § 113 sind andererseits nicht nur Vollstreckungsbeamte wie Polizisten und Gerichtsvollzieher, sondern auch andere Amtsträger geschützt, wenn sie vollstreckend tätig werden, etwa Richter, die sitzungspolizeiliche Vollstreckungsmaßnahmen eigenhändig vornehmen. **13**

Beispiel[11]: „Als hierauf der Angeklagte ... sich entfernen wollte, verbot ihm dies der [Gerichtsassessor] und erklärte ihn für verhaftet, faßte sodann aber, da Angeklagter sich hieran nicht kehrte, ihn im Vereine mit dem Gerichtsschreiber, um ihn festzuhalten, an Arm und Kragen. A riß sich jedoch wieder gewaltsam los, indem er mit erhobenem Arme rief, daß er sich nicht anfassen lasse."

Entscheidende Bedeutung für die Anwendbarkeit des § 113 kommt damit dem Merkmal „bei der Vornahme einer solchen Diensthandlung" zu, mit dem eine konkrete, ganz gezielte Vollstreckungshandlung, d. h. eine gezielte hoheitliche Maßnahme zur Regelung eines konkreten Einzelfalls[12], in einem bestimmten Fall gefordert wird. **14**

Dazu **der BGH**[13]: „Nach allgemeiner und zutreffender Auffassung gehört es zum Tatbestand des Widerstandes, daß einer bereits begonnenen oder unmittelbar be-

---

9   H. M.; a. A. *M. J. Schmid*, JZ 1980, 56 (57): nur Schutz der staatlichen Vollstreckungstätigkeit; eine Auffassung, die den diese Tätigkeit wahrnehmenden Beamten schwer klarzumachen sein dürfte und die mit § 114 II („Schutz von Personen") überhaupt nicht, mit dem Regelbeispiel des § 113 II 2 Nr. 2 nur schwerlich zu vereinbaren ist.
10 *Bosch*, Jura 2011, 268 f.
11 RGSt 15, 227 (228).
12 *Fischer*, § 113 Rn. 7.
13 BGHSt 25, 313 (314) (Verkehrskontrolle).

vorstehenden **bestimmten** (konkreten) Vollstreckungshandlung eines dazu berufenen Beamten oder Soldaten oder einer diesen nach § 114 gleichgestellten Person Gewalt oder Drohung mit Gewalt entgegengesetzt wird, um den Beamten zur Unterlassung der Vollstreckungshandlung zu nötigen. Vollstreckungshandlung in diesem Sinne ist jede Handlung einer dazu berufenen Person, welche die Verwirklichung des (die Regelung **eines bestimmten Falles** anstrebenden) ... notfalls zwangsweise durchsetzbaren Staatswillens bezweckt (RGSt 41, 82, 88)."

„Wenn ... ein Polizeibeamter bei einer allgemeinen Verkehrskontrolle [§ 36 V StVO] einen Verkehrsteilnehmer zum Anhalten auffordert, um ihn oder sein Fahrzeug zu kontrollieren, so ist das bereits der Beginn einer bestimmten Vollstreckungshandlung ... Der Vollstreckung dieses Staatswillens im Einzelfall dient das Haltegebot, das nach § 36 I StVO von jedem Verkehrsteilnehmer zu befolgen ist."[14]

Also ist § 113 verwirklicht, wenn der zum Halten aufgeforderte Kraftfahrer sein Fahrzeug beschleunigt, auf den Polizeibeamten zufährt und ihn dadurch zwingt, den Weg freizugeben. – Die allgemeine Verkehrskontrolle wird in dem Augenblick zu einer konkreten Vollstreckungshandlung, in dem ein bestimmter Verkehrsteilnehmer zum Anhalten aufgefordert wird. Ob gegen diesen bereits ein Verdacht besteht (abgefahrene Reifen, Trunkenheitsfahrt), kann ebenso wenig wie bei anderen Kontrollen, z. B. von Gewerbebeauftragten, die die hygienischen Verhältnisse in Lebensmittelbetrieben überprüfen, eine Rolle spielen[15].

15 Ausgeschieden aus dem Anwendungsbereich des § 113 ist damit die **allgemeine** amtliche Tätigkeit, die jeder Amtsträger in Anwendung der Gesetze vornimmt. Die Nötigung zur Unterlassung nicht vollstreckender Amtshandlungen wird von § 240 erfasst.

Beispiele: Streifenfahrten oder Streifengänge von Polizeibeamten oder Soldaten[16], Befragung von Personen im Rahmen der Ermittlungstätigkeit nach § 163 StPO[17], polizeiliche Begleitung eines Demonstrationszuges zum Schutze der Teilnehmer gegen Übergriffe und zur Verhinderung von Störungen durch Demonstranten[18], Fahrt eines Richters und seines Protokollführers zu einer auswärtigen Zeugenvernehmung[19].

bb) Gleichgestellte Nichtamtsträger, § 114

16 Hoheitsakte sind „**in der Regel**" (Art. 33 IV GG) Amtsträgern vorbehalten, ausnahmsweise können also auch **Nichtamtsträger** mit hoheitlichem Handeln und speziell mit Vollstreckungsmaßnahmen betraut werden. Sie werden in § 114 I in den Schutzbereich des § 113 einbezogen.

Personen mit Rechten und Pflichten eines Polizeibeamten sowie Ermittlungsbeamte der Staatsanwaltschaft (dazu § 152 GVG und die AusführungsVOen der Länder)

---

14 BGHSt, a. a. O. S. 315.
15 Zustimmend z. B. *Krause*, JR 1975, 118; LK-*v. Bubnoff*, 11. Aufl., § 113 Rn. 11 f.; *Maurach/Schroeder/Maiwald*, BT 2, § 71 Rn. 7. – A. A. – § 113 nur bei konkretem Verdacht und dem Willen, eine bereits zuvor festgelegte Maßnahme zu vollziehen – OLG Frankfurt, NJW 1973, 1806; *Ehlen/Meurer*, NJW 1974, 1776 f.; LK-*Rosenau*, § 113 Rn. 19.
16 BGHSt 25, 313; BGH, *Dall.* MDR 1983, 621; OLG Hamm, JMBl NRW 1965, 44.
17 BayObLG, JR 1963, 67 m. Anm. *Dünnebier*; OLG Zweibrücken, NJW 1966, 1086.
18 KG, JR 1988, 432.
19 RGSt 14, 259.

sind in aller Regel ohnehin Amtsträger, sodass § 114 I praktische Bedeutung nur für die bestätigten Jagdaufseher des § 25 II BJagdG zukommt.

Von größerer Bedeutung ist die in **§ 114 II** angeordnete entsprechende Anwendbarkeit des § 113 zum Schutze von Personen, die zur Unterstützung des Vollstreckungsorgans bei der Diensthandlung zugezogen sind.

Zur Unterstützung zugezogen sind nicht nur Personen, die **aktiv** an der Vollstreckungshandlung mitwirken, z. B. der private Unternehmer, der im Auftrag der Polizei ein verkehrswidrig geparktes Fahrzeug abschleppt, sondern auch die **passiv** bleibenden Vollstreckungszeugen nach § 759 ZPO und §§ 105 II, 106 StPO[20].

Da es sich aber immer um **staatliche** Vollstreckungstätigkeit handeln muss, sind nach §§ 113, 114 Privatpersonen, die auf eigene Faust Vollstreckungsakte vornehmen, nicht geschützt[21].

Beispiele: Der nach § 229 BGB Selbsthilfe übende Gläubiger oder der nach § 127 I StPO einen flüchtigen Straftäter festnehmende Staatsbürger. — Zu den Irrtumsfällen u. Rn. 41.

Der bereits genannte Personenkreis wurde durch den im Zuge des 44. StÄG neu eingeführten § 114 III noch erweitert. In den Schutzbereich des § 113 I fallen nun auch Angehörige der Feuerwehr, des Katastrophenschutzes (z.b. THW) und Rettungsdienste, die bei **Unglücksfällen, gemeiner Gefahr** oder **Not**[22] Hilfe leisten.

Dem Wortlaut des § 114 III nach muss der durch den Täter Behinderte oder Angegriffene auch tatsächlich „Hilfe leisten". Darunter fallen auch sämtliche Vorbereitungshandlungen, wie bspw. die Fahrt ins Gefahrengebiet. – Zu den Begriffen Angriff siehe u. Rn. 26; Gewalt u. Rn. 20 ff.; Drohung u. Rn. 24 ff. Behindern ist jede Form des Erschwerens der Hilfeleistung[23], wie beispielsweise das Zerstören von Geräten und Fahrzeugen oder das Blockieren der Zufahrt.

b) Tathandlungen

§ 113 I erfasst **zwei Angriffe** gegen den vollstreckenden Amtsträger usw.: **(1) Widerstand** mit Gewalt oder durch Drohung mit Gewalt, **(2) tätlicher Angriff.**

Nicht erforderlich ist die Herbeiführung eines Nötigung**serfolges** beim Widerstandleisten und eines Köperverletzung**serfolges** beim tätlichen Angriff. § 113 I erfasst also als vollendete Taten (auch) die nur versuchte Nötigung (§ 240 III) und die nur versuchte Körperverletzung (§ 223 II) – **unechtes Unternehmensdelikt**[24]. Insoweit wurde der Täter auch vor

---

20 S. z. B. *S/S/Eser*, § 114 Rn. 14 und 16/17.
21 *S/S/Eser*, § 114 Rn. 6.
22 Zu den Begriffen gelten die Erläuterungen zu § 323c, § 39 Rn. 12 ff.
23 *Fischer*, § 114 Rn. 10.
24 Dazu näher *Schröder*, Kern-FS 1968, S. 457 (464 ff.); *U. Weber*, ZStW-Beiheft 1987, 1 (13 ff.) und MüKo-*Bosch*, § 113 Rn. 3.

Anhebung der Strafrahmengrenze nicht privilegiert, sondern gegenüber den allgemeinen Vorschriften strenger behandelt. – Näher zum Verhältnis zwischen § 113 und §§ 240, 223 u. Rn. 25, 54.

aa) Widerstand

aaa) Durch Gewalt

20 § 113 I in dieser Variante enthält einen Spezialtatbestand der Nötigung, § 240 I[25], sodass es nahe liegt, den dortigen Gewaltbegriff[26] pauschal auf § 113 I zu übertragen. Es verdient jedoch Hervorhebung, dass für § 113 I die bedenkliche Ausuferung des Gewaltbegriffes in § 240 I[27] vermieden wurde. Dies dürfte vor allem darauf zurückzuführen sein, dass in § 113 I deutlicher als in § 240 I zum Ausdruck kommt, dass zur Gewalt ein **subjektives Element**, eine vom Täter verfolgte Tendenz gehört[28]: Der Täter muss dem **Vollstreckungsorgan Widerstand** leisten, d. h. Kraft einsetzen, um durch **körperlich** wirkende Willensbeugung den Vollzug der Diensthandlung zu verhindern oder zu erschweren[29].

Beispiel zum Kernbereich der Gewaltanwendung[30]:

(1) Der Festgenommene entwindet sich den Armen des Polizisten[31].

(2) Der Kfz-Fahrer fährt los, nachdem sich der kontrollierende Polizeibeamte aufs Trittbrett gestellt hat[32].

(3) Der Kfz-Fahrer fährt bei einer Verkehrskontrolle auf den Beamten zu, um ihn zur Freigabe des Weges zu zwingen[33]. – Zur schlichten Missachtung des Haltegebots und zum Durchbrechen einer gegenständlichen Sperre nachstehend Rn. 21.

(4) Abdrängen des den Kfz-Fahrer verfolgenden Streifenwagens, der am Überholen gehindert werden soll[34].

Zum Regelbeispiel des § 113 II Nr. 1 in den Fällen (3) und (4) – Kfz als Waffe? – s. u. Rn. 52.

An der Voraussetzung des Widerstandleistens mit Gewalt fehlt es jedoch bei der bloßen Flucht vor der Polizei, auch wenn dabei andere Verkehrsteilnehmer behindert oder gefährdet werden. Sofern der Täter die verfolgenden Polizeibeamten mit seinem Kraftfahrzeug weder abdrängt noch am Überholen hindert und auch nicht auf die Polizeibeamten zufährt, um diese zum Wegfahren und damit zur Freigabe

---

25 Zum Verhältnis §§ 113/240 auch u. Rn. 54.
26 Dazu o. § 9 Rn. 55 ff.
27 Dazu näher und kritisch o. § 9 Rn. 57 ff.
28 Dazu o. § 9 Rn. 56.
29 RGSt 4, 375; LK-*Rosenau*, § 113 Rn. 22, 24; *S/S/Eser*, § 113 Rn. 40/41 f.
30 In der neueren Rechtsprechung überwiegen Entscheidungen zu § 113 durch Kraftfahrer im Straßenverkehr; vgl. auch die weiteren Rspr.-Nachweise bei LK-*Rosenau*, § 113 Rn. 15 und *S/S/Eser*, § 113 Rn. 44. – Zur Konkurrenz von § 113 mit den Straßenverkehrsdelikten s. u. Rn. 54.
31 OLG Hamburg, NJW 1976, 2174.
32 BGH, VRS 19, 188.
33 BGHSt 25, 313 (Verkehrskontrolle).
34 BGHSt 14, 395 (398) (Verfolgungsfahrt).

der Fahrbahn zu nötigen, fehlt bereits die für den äußeren Tatbestand erforderliche gewaltsame, gegen die Person des Vollstreckenden gerichtete Handlung[35].

An der physischen Zwangswirkung auf das Vollstreckungsorgan fehlt es bei Gewalt ausschließlich **gegen Sachen.** 21

Beispiel: (1) Der Vollstreckungsschuldner zerstört vor den Augen des Gerichtsvollziehers die zur Pfändung ausersehene Sache, oder er wirft sie aus dem Fenster. Nicht § 113 I, da reine Sachgewalt[36].

(2) Durchbrechen einer mit Sachen errichteten Straßensperre durch einen Kfz-Fahrer[37]. § 113 I mangels Zwangswirkung erst recht nicht beim bloßen Missachten eines polizeilichen Haltegebots[38].

Anders, wenn die Gewalt gegen Sachen auch **physisch** auf den Beamten wirkt[39]. 22

Beispiel: (1) § 113 bei **Einsperren** des Gerichtsvollziehers durch Zuhalten oder Verschließen der Tür des Raumes, in dem er vollstreckt[40]. A. A. aber das RG, wo der Gerichtsvollzieher aus dem Fenster steigen konnte[41].

Dagegen fehlt es beim bloßen Verschließen der Tür, um dem Gerichtsvollzieher den **Zutritt** zur Wohnung zu **versperren,** an einem für § 113 I ausreichenden Grad physischer Zwangswirkung[42]. Der Fall kann schwerlich anders beurteilt werden als das Zerstörungs-Beispiel o. Rn. 21.

(2) Schuss des Täters in den Reifen des ihn verfolgenden Polizeifahrzeugs. Mittelbare physische Einwirkung auf den Fahrer.

Die Präzisierung des § 113 I durch das Erfordernis des Widerstand**leistens** gegen das Vollstreckungsorgan hat weiter zur Folge, dass hier **passives Verhalten** (bloßer Ungehorsam, Unterlassen) in keinem Falle als Gewaltanwendung zu werten ist[43]. 23

Beispiel: (1) Der Festzunehmende bleibt sitzen oder liegen[44]. Anders (Gewalt), wenn er sich an einem Gegenstand festklammert, um zu verhindern, dass er weggetragen wird.

(2) Nichtöffnen der Tür bei Erscheinen des Gerichtsvollziehers. Zum Abschließen der Tür (aktives Tun), s. o. Rn. 22.

---

35 BGH, NStZ 2013, 336.
36 LK-*Rosenau,* § 113 Rn. 23; *Maurach/Schroeder/Maiwald,* BT 2, § 71 Rn. 15; *S/S/Eser,* § 113 Rn. 42. – So bereits für § 240 I o. § 9 Rn. 57.
37 *S/S/Eser,* § 113 Rn. 42; LK-*Rosenau,* § 113 Rn. 23.
38 BGH, *Dall,* MDR 1955, 144. – A. A. OLG Köln, VRS 27, 103.
39 BGHSt 23, 46.
40 RGSt 27, 405.
41 RGSt 41, 82 (84).
42 RG, Das Recht 1910 Nr. 1306; RGRspr. 3, 11 f. und 5, 24; AK-*Zielinski,* § 113 Rn. 27; *S/S/Eser,* § 113 Rn. 42; *Tiedemann,* JZ 1969, 717 (720). – A. A. z. B. BGHSt 18, 133 (135) m. Anm. *Russ,* NJW 1963, 1165; LK-*Rosenau,* § 113 Rn. 24; *Maurach/Schroeder/Maiwald,* BT 2, § 71 Rn. 17; *Fischer,* § 113 Rn. 25; A.A. beim Verriegeln der Fahrzeugtüre von innen OLG Düsseldorf, NZV 1996, 458.
43 Vgl. z. B. *S/S/Eser,* § 113 Rn. 40.
44 RGSt 2, 411.

(3) Unterlassen, einen Hund, der den Zugang zum Pfändungsobjekt versperrt, zu entfernen[45]. Anders, wenn der Hund losgelassen oder gar auf den Vollstreckungsbeamten gehetzt wird.

bbb) Durch Drohung mit Gewalt

24   Im Gegensatz zu § 240 I genügt für § 113 I nicht die Drohung mit jedem empfindlichen Übel[46], sondern wird Drohung mit Gewalt (im vorstehend Rn. 20 ff. genannten Sinne) verlangt. Zur Drohung und ihrer Abgrenzung von der Warnung s. o. § 9 Rn. 47, 53 f.

25   Umstritten ist, ob bei Widerstand durch Drohung mit einem empfindlichen Übel auf § 240 I zurückgegriffen werden darf[47], oder ob § 113 I eine diesen Rückgriff ausschließende Sonderregelung enthält[48].

Beispiel: T droht dem Gerichtsvollzieher G mit Dienstaufsichtsbeschwerde oder Ausschluss aus dem Gesangverein, in dem G seinen ganzen Lebensinhalt sieht und dessen einflussreicher Vorsitzender T ist.

Der Rückgriff auf § 240 ist abzulehnen, denn § 113 enthält eine eigenständige[49], insoweit abschließende Regelung[50]. Nur unter Annahme der Sperrwirkung des § 113 kann zudem eine Mehrfachbestrafung wegen derselben Umstände vermieden werden.

bb) Tätlicher Angriff

26   Mit dieser Begehungsalternative werden Angriffe auf den Körper des Vollstreckungsorgans erfasst[51], die nicht von der Tendenz der Willensbeugung getragen sein müssen, die für den Widerstand kennzeichnend ist[52].

Beispiel: Schläge gegen den sich noch in der Wohnung des Täters aufhaltenden Gerichtsvollzieher aus Wut über das bereits aufgeklebte Pfandsiegel.

27   Eine vollendete Körperverletzung (§ 223 I) ist nicht erforderlich, selbst auf eine Körperberührung kann verzichtet werden[53], sodass der Versuch – Ausholen zum Schlag – genügt[54].

28   Liegen beide Alternativen vor – Widerstand durch körperliche Misshandlung des Vollstreckungsorgans –, so ist der Täter nur wegen eines Delikts nach § 113 zu verurteilen.

---

45   OLG Neustadt, GA 1961, 60.
46   Dazu o. § 9 Rn. 47 ff.
47   So OLG Hamm, NStZ 1995, 547 (548); *Dreher,* NJW 1970, 1153 (1157); *Lackner/Kühl,* § 113 Rn. 26; LK-*Rosenau,* § 113 Rn. 89; *Fischer,* § 113 Rn. 2 f.
48   So AK-*Zielinski,* § 113 Rn. 28; *Backes/Ransiek,* JuS 1989, 624 (629); *Möbius,* a. a. O. S. 104; SK-*Wolters,* § 113 Rn. 23; *S/S/Eser,* § 113 Rn. 43; *Wessels/Hettinger,* BT 1, Rn. 629.
49   *Zopfs,* GA 2000, 527 (535).
50   *Zopfs,* GA 2012, 269 ff.
51   RGSt 59, 264.
52   S. o. Rn. 20.
53   Vgl. RGSt 47, 178; 52, 34; 56, 355; 58, 11.
54   S. bereits o. Rn. 19.

Widerstand gegen Vollstreckungsbeamte § 45 Rn. 29–31

2. Die Rechtmäßigkeit der Diensthandlung, § 113 III

a) Dogmatischer Standort der Rechtmäßigkeit

Der Widerstand ist nur strafbar, wenn er sich gegen eine **rechtmäßige** 29
Diensthandlung richtet, § 113 III 1.

Rechtmäßigkeit der Dienstausübung war auch vor der Neufassung der Vorschrift durch das 3. StrRG 1970 Strafbarkeitsvoraussetzung. Jedoch wurde in dem Rechtmäßigkeitsmerkmal von der ganz h. M. eine **objektive Bedingung der Strafbarkeit**[55] erblickt, sodass dem Widerstand leistenden Täter bei objektiver Rechtmäßigkeit der Diensthandlung der Einwand nichts nützte, er sei von ihrer Rechtswidrigkeit ausgegangen[56].

Der Gesetzgeber des 3. StrRG hielt es zwar im Hinblick auf das Schuld- 30
prinzip für unvertretbar, an der einseitigen Abwälzung des Irrtumsrisikos auf den Widerstand Leistenden festzuhalten[57]. Die Rechtmäßigkeit der Diensthandlung sollte nicht mehr nur objektive Strafbarkeitsbedingung sein. Eine einseitige Irrtumslösung zugunsten des Täters und zulasten des Vollstreckungsorgans, die durch die Aufwertung der Rechtmäßigkeit zum Tatbestandsmerkmal mit der Folge der Anwendbarkeit von § 16 I 1 erreicht worden wäre, wurde aber gleichfalls verworfen. Dies lässt sich an der speziellen Irrtumsregelung in § 113 IV ablesen, die bei Annahme einer (echten) objektiven Strafbarkeitsbedingung und eines (echten) Tatbestandsmerkmals gleichermaßen überflüssig wäre, im ersten Falle, weil der Irrtum völlig bedeutungslos wäre (s. o. Rn. 29), im zweiten, weil § 16 I 1 eingriffe und für eine Sonderregelung kein Raum wäre.

Der Umstand, dass sich aus § 113 IV nur (negativ) entnehmen lässt, was 31
die Rechtmäßigkeit der Diensthandlung **nicht** ist, hat eine ganze Reihe von Stellungnahmen dazu hervorgerufen, was nun die Rechtmäßigkeit **positiv** ist, wie sie in den Verbrechensaufbau einzuordnen ist[58].

Tatbestandselement, das aus kriminalpolitischen Erwägungen dem Vorsatzerfordernis entzogen ist? Bedingung der Strafbarkeit, die atypisch nicht rein objektiv ist? Rechtfertigungsgrund für Widerstandshandlungen?

Der Meinungsstreit ist für die praktische Anwendung des § 113 unerheblich[59], in objektiver Hinsicht deshalb, weil es bei Rechtswidrigkeit der Diensthandlung allemal an einer strafwürdigen Rechtsgutsverletzung[60], also einer materiell rechtswidrigen Widerstandsleistung fehlt, in subjekti-

---

55 S. zu den objektiven Strafbarkeitsbedingungen z. B. *Baumann/Weber/Mitsch*, § 25.
56 So z. B. noch BGHSt 21, 334 (365 ff.) von 1967; näher zur früheren Rechtslage LH 5, Rn. 125.
57 Schriftlicher Bericht des Sonderausschusses, BT-Drucks. VI/502, S. 5 f.
58 Vgl. die Übersicht über die verschiedenen Meinungen, die vom Standpunkt der hergebrachten dogmatischen Begrifflichkeit durchweg Einwendungen ausgesetzt sind, bei LK-*Rosenau*, § 113 Rn. 28–32; *Maurach/Schroeder/Maiwald*, BT 2, § 70 Rn. 32 ff.; *S/S/Eser*, § 113 Rn. 18–20a.
59 *Wessels/Hettinger*, BT 1, Rn. 634.
60 S. dazu *Sax*, JZ 1976, 9 (16).

ver Hinsicht deshalb, weil in § 113 IV (und III 2) eine abschließende pragmatische Irrtumsregelung getroffen ist.

32 Für die **Lösung von Fällen** wird empfohlen, zunächst die o. Rn. 10–27 behandelten Tatbestandsmerkmale zu prüfen, im unmittelbaren Anschluss daran die **Rechtmäßigkeit** der Vollstreckungshandlung, und zwar ohne weiter auf ihren dogmatischen Standort (Tatbestandsmäßigkeit? Rechtswidrigkeit? Objektive Bedingung der Strafbarkeit?) einzugehen. Zur Irrtumsproblematik s. u. Rn. 42 ff.

b) Formalisierung und Subjektivierung der Rechtmäßigkeit

33 Im Gegensatz zu dem in der Literatur viel behandelten dogmatischen Standort der Rechtmäßigkeit der Diensthandlung[61] ist die Frage von erheblicher praktischer Bedeutung, nach welchen **Kriterien** eben diese Rechtmäßigkeit zu bestimmen ist. Herrschend ist der sog. **strafrechtliche Rechtmäßigkeitsbegriff**[62], der einmal durch eine **Formalisierung** der Rechtmäßigkeitskriterien[63], zum anderen durch eine gewisse **Subjektivierung**[64] des Rechtmäßigkeitsmaßstabes gekennzeichnet ist. Beides geschieht im Interesse des Vollstreckungsorgans.

> Dazu schriftlicher Bericht des Sonderausschusses zum 3. StrRG[65]: „Dieser strafrechtliche Rechtmäßigkeitsbegriff trägt dem Gesichtspunkt Rechnung, daß sich ein Vollstreckungsbeamter häufig in der Lage sieht, in einem schwierig gelagerten Fall eine schnelle Entscheidung zu treffen, und es ihm oft nicht möglich ist, die gesamten Umstände zu übersehen und richtig zu würdigen. Würde hier der strenge verwaltungsrechtliche Rechtmäßigkeitsbegriff zugrunde gelegt, so wäre das Risiko des Beamten zu groß und dadurch die Gefahr gegeben, daß seine Initiative gelähmt würde."

In den wichtigsten Vollstreckungssituationen wirkt sich der strafrechtliche Rechtmäßigkeitsbegriff wie folgt aus:

aa) Formalisierung, insbesondere bei weisungsgebundener Vollstreckung von Gerichts- und Verwaltungsentscheidungen

34 Vollstreckt der Amtsträger die **vollziehbare Entscheidung eines Gerichts oder einer Verwaltungsbehörde,** so ist seine Diensthandlung rechtmäßig, wenn er sachlich und örtlich zuständig ist[66] und wenn er die wesentlichen, dem Schutz des Betroffenen dienenden Förmlichkeiten einhält[67], sowie das ihm ggf. zukommende Ermessen pflichtgemäß ausgeübt und seine Handlung danach gerichtet hat[68]. Dieser Formalisierung, die im Übrigen keine strafrechtliche Besonderheit ist, sondern das Vollstre-

---

61 Dazu vorstehend Rn. 29–31.
62 MüKo-*Bosch*, § 113 Rn. 31; *Fischer*, § 113 Rn. 11.
63 S. u. Rn. 34.
64 S. u. Rn. 35 ff.
65 BT-Drucks. VI/502, S. 5.
66 BGHSt 4, 110; *S/S/Eser*, § 113 Rn. 23–25 m.w.N.
67 BGHSt 5, 93; 21, 334; BVerfGE 51, 97; S. z. B. LK-*Rosenau*, § 113 Rn. 43 f.; *S/S/Eser*, § 113 Rn. 26 m.w.N.
68 RGSt 61, 297; BGHSt 21, 334 (363).

ckungsrecht schlechthin kennzeichnet[69], ist beim Vollzug der rechtsförmlich zustande gekommenen Entscheidungen von Gerichten und Behörden zuzustimmen, denn hier ist im Stadium der Vollstreckung kein Raum mehr für eine (nochmalige) Überprüfung, ob die Entscheidung materiell richtig oder falsch ist. Darüber sind die Würfel im Erkenntnisverfahren gefallen, dessen abschließende, namentlich rechtskräftige Entscheidung völlig entwertet würde, wenn sich z. B. der Gerichtsvollzieher auf eine Diskussion darüber einlassen müsste, ob der vorläufig vollstreckbar oder rechtskräftig verurteilte Schuldner dem Kläger wirklich 10.000 EUR schuldet.

Weitere Beispiele: (1) Rechtmäßigkeit der Festnahme eines rechtskräftig zu Freiheitsstrafe Verurteilten aufgrund eines Haftbefehls nach § 457 II StPO, auch wenn der Verurteilte unschuldig ist.

(2) Rechtmäßigkeit der Vollstreckung einer unanfechtbar gewordenen Abrissverfügung, auch wenn sie baurechtlich nicht hätte erlassen werden dürfen.

(3) Rechtswidrig ist die Diensthandlung hingegen, wenn Polizeibeamte einen Betroffenen nur über eine allgemeine Verkehrskontrolle nach § 35 V StVO belehrt haben, tatsächlich aber der Verdacht einer Trunkenheitsfahrt vorliegt[70].

bb) Subjektivierung, insbesondere bei eigenständigen Vollstreckungsmaßnahmen

Vollstreckungsorgane werden nicht nur beim gebundenen Vollzug von Entscheidungen anderer Stellen tätig, denen eine förmliche materielle Rechtmäßigkeitsprüfung vorausgegangen ist[71], sondern sie müssen häufig **selbstständig,** aufgrund eigener Beurteilung der Sach- und Rechtslage vollstreckend tätig werden.

Beispiele: (1) Strafprozessuale Zwangsmaßnahmen von Ermittlungsbeamten der Staatsanwaltschaft (§ 152 GVG)[72] oder von Polizeibeamten, die bei **Gefahr im Verzuge** auch ohne richterliche Anordnung zulässig sind: Entnahme von Blutproben (§ 81a StPO), Beschlagnahmen (§§ 94, 98; §§ 111c, 111e StPO), Durchsuchungen (§§ 102 ff., 105 StPO), Maßnahmen anlässlich der Errichtung von Kontrollstellen (§ 111 StPO), vorläufige Festnahmen (§ 127 I und II StPO).

(2) Anwendung unmittelbaren Zwanges bei der polizeilichen Gefahrenabwehr nach Bundesrecht[73] oder den landesrechtlichen Polizeigesetzen[74].

Die Belehrungspflicht stellt hierbei eine wesentliche Förmlichkeit der Diensthandlung dar, deren Nichtbeachtung stets zur Unrechtmäßigkeit führt[75].

---

69 Vgl. z. B. *Baur/Stürner/Bruns*, Zwangsvollstreckungsrecht, 13. Aufl. 2006, § 6c IV.
70 OLG Celle, Beschluss vom 23.7.2012, Az. 31 Ss 27/12.
71 Dazu vorstehend Rn. 34.
72 S. auch o. Rn. 16.
73 G über den unmittelbaren Zwang bei Ausübung öffentlicher Gewalt durch Vollzugsbeamte des Bundes vom 10.3.1961 – UZwG.
74 Z. B. nach dem baden-württ. PolG, §§ 49 ff.
75 OLG Celle, NZV 2013, 409; OLG Hamm, NStZ 2013, 62.

36 In diesen Fällen soll nach dem strafrechtlichen Rechtmäßigkeitsbegriff die Diensthandlung nicht nur dann rechtmäßig sein, wenn die Eingriffsvoraussetzungen objektiv vorliegen, sondern auch dann, wenn sie der Amtsträger (nur) subjektiv annimmt (**Subjektivierung der Rechtmäßigkeit**).

> **Beispiel:** (1) Bahnpolizei verhindert die Verteilung von Flugblättern auf dem Bahnhofsvorplatz zur Verhinderung der objektiv nicht bestehenden Gefahr von verkehrsbehindernden Menschenansammlungen[76]. – „Rechtmäßig ist in solchen Fällen die Amtsausübung dann, wenn der Beamte das ihm eingeräumte Ermessen pflichtgemäß ausübt und sein amtliches Handeln nach dem Ergebnis dieser Prüfung ausrichtet. Ob dieses Ergebnis richtig oder falsch ist, ist für die Frage der Rechtmäßigkeit ohne Bedeutung, wenn der Beamte aufgrund sorgfältiger Prüfung in der Annahme gehandelt hat, zu der Amtshandlung berechtigt oder verpflichtet zu sein. Die Frage nach der Erforderlichkeit ist nicht aufgrund der nachträglich ermittelten Sachlage zu beurteilen. Es kommt vielmehr darauf an, ob der Beamte im Bewußtsein seiner Verantwortung und unter bestmöglicher pflichtgemäßer Abwägung aller ihm erkennbaren Umstände die Handlung für nötig und sachlich gerechtfertigt halten durfte. Nur ein schuldhafter Irrtum über die Erforderlichkeit der Amtsausübung, Willkür oder Amtsmißbrauch machen die Handlung rechtswidrig."
>
> (2) Polizeibeamte zwingen durch Gewaltandrohung einen Kfz-Fahrer zur Duldung der Entnahme einer Blutprobe durch den Medizinalassistenten M, obwohl § 81a I 2 StPO diesen Eingriff nur durch einen Arzt zulässt. Die Beamten waren irrtümlich davon ausgegangen, M sei Arzt[77]. – Der BGH[78] geht davon aus, „daß die Polizeibeamten in gutem Glauben gehandelt, nämlich irrig die tatsächlichen Voraussetzungen angenommen haben, unter denen der Beschuldigte zur Duldung der Blutentnahme gezwungen werden durfte, ihr Vorgehen also rechtmäßig im Sinne des § 113 StGB war".

37 Diese Subjektivierung des Rechtmäßigkeitsbegriffes in § 113 – maßgebend ist die Einschätzung der Tatsachen durch das Vollstreckungsorgan – stößt im Schrifttum zunehmend auf Kritik. Diese verdient Zustimmung. Unter dem Gesichtspunkt des Notwehrrechts (§ 32) gegen Diensthandlungen wies vor allem *Spendel*[79] eindringlich auf den hierin liegenden „schweren Bruch im Verbrechenssystem"[80] hin, der wesentlich auf die im Verwaltungsrecht überwundene obrigkeitsstaatliche Auffassung zurückzuführen ist, „daß der Staat das große Vorrecht hat, sich irren zu dürfen"[81] (**Irrtumsprivileg**). Die individuellen Fähigkeiten des jeweiligen Amtsträgers können – wie auch sonst im Strafrecht – nur für die Beurteilung seiner **Schuld** eine Rolle spielen, z. B. den Vorsatz oder das Unrechtsbewusstsein hinsichtlich einer rechtswidrigen Freiheitsberaubung (§ 239 I) oder Nötigung (§ 240 I) ausschließen, nicht aber Maßstab für die Beurteilung der Rechtmäßigkeit seiner Diensthandlung sein. Insoweit ist ein objektiver

---

76 BGHSt 21, 334 (362 f.) (Flugblätter).
77 BGHSt 24, 125 (Blutprobe).
78 A. a. O. S. 130.
79 LK-*Spendel*, 11. Aufl., § 32 Rn. 64 ff. m. w. N. weiter in diesem Sinne z. B. *Reinhart*, StV 1995, 101 (103) und NJW 1997, 911; *Roxin*, Pfeiffer-FS 1988, S. 45 (48 ff.).
80 A. a. O. Rn. 65.
81 *Jellinek*, Verwaltungsrecht, 3. Aufl. 1931 (mit Nachtrag 1950, Neudruck 1966), S. 373.

Maßstab anzulegen[82]. Das bedeutet, dass eine Diensthandlung jedenfalls dann rechtmäßig ist, wenn der Beamte im Ergebnis eine der objektiven Sachlage angemessene (richtige) Entscheidung getroffen hat[83].

Entgegen dem BGH[84], Flugblätter, o. Rn. 36, ist also das richtige Ergebnis für die Rechtmäßigkeit durchaus von Bedeutung.

Die geforderte Entsubjektivierung der Rechtmäßigkeit der Diensthandlung muss nicht die Entschlusskraft des Amtsträgers zum Handeln lähmen und damit den Staat zur Untätigkeit verurteilen, wie immer wieder befürchtet wird, z. B. bereits vom RG[85] und noch vom BGH[86]. Die Objektivierung ist vielmehr geeignet, das Verantwortungsgefühl der Vollstreckungsorgane für korrektes und nicht voreiliges Eingreifen zu stärken[87].

Eine Diensthandlung kann trotz Objektivierung andererseits auch dann **38** rechtmäßig sein, wenn spätere genaue Überprüfung ergibt, dass sie letztlich nicht gerechtfertigt war. Rechtmäßigkeit ist in solchen Fällen zu bejahen, wenn sich die Maßnahme **zur Zeit ihrer Vornahme in objektiv vertretbaren Grenzen** gehalten hat[88].

Beispiel bilden die o. Rn. 35 angeführten strafprozessualen Eingriffsbefugnisse, deren Zulässigkeit nicht davon abhängt, dass der Betroffene die Straftat wirklich begangen hat – das soll erst später, i. d. R. im Hauptverfahren geklärt werden –, sondern die bereits bei **Verdacht** der Tatbegehung geboten sind.

(1) Eine Durchsuchung ist nach § 102 StPO rechtmäßig, auch wenn sich der ursprüngliche **objektiv** begründete Verdacht, der Betroffene besitze unberechtigterweise eine waffenscheinpflichtige Pistole, nicht bewahrheitet[89].

(2) Rechtmäßigkeit der vorläufigen Festnahme (§ 127 II StPO) des vom Tatort wegrennenden und sich damit als Täter dringend verdächtig machenden X, auch wenn dieser nur rannte, um seinen Zug nicht zu versäumen[90].

Im **Flugblatt-Fall** (o. Rn. 36) Rechtmäßigkeit nur dann, wenn **objektiv** (aufgrund besonnener, nicht nur subjektiver Einschätzung der Bahnpolizisten) ein Menschenauflauf zu befürchten war.

Im **Blutprobe-Fall** (o. Rn. 36) Rechtswidrigkeit der Zwangsmaßnahme, denn es war **objektiv** geboten, sich über die Stellung des M (Arzt?) Gewissheit zu verschaffen.

---

82 So z. B. auch *S/S/Eser*, § 113 Rn. 27.
83 BayObLG, JZ 1980, 109 (110) sowie erfreulich deutlich *Küper*, JZ 1980, 633 (637): „Der staatliche Eingriff bezieht seine Legitimität wesentlich aus der Übereinstimmung mit dem objektiven Recht, nicht in erster Linie aus der ‚Gewissenhaftigkeit' und ‚Sorgfalt', die handelnde Beamte bei der Einschätzung der Sachlage walten läßt."
84 BGHSt 21, 334 (362 f.).
85 RGSt 2, 411 (414, 416).
86 BGHSt 21, 334 (334 f., 365).
87 So LK-*Spendel*, 11. Aufl., § 32 Rn. 72.
88 *Schünemann*, JA 1972, StR 201; LK-*Spendel*, 11. Aufl., § 32 Rn. 69. – Im Ergebnis trotz „Restsubjektivierung" übereinstimmend *Küper*, JZ 1980, 633 (638).
89 OLG Stuttgart, NJW 1971, 629.
90 Weitere instruktive Fälle bei LK-*Spendel*, 11. Aufl., § 32 Rn. 70 f. und LK-*Rosenau*, § 113 Rn. 54.

§ 45 Rn. 39–40   Auflehnung gegen die Staatsgewalt

Allein der **subjektive**, nicht weiter begründete Eindruck der Beamten, M sei Arzt, vermag die Entnahme der Blutprobe nicht zu rechtfertigen.

39 Dass die bloß subjektive Annahme der Rechtmäßigkeit nicht zur objektiven Rechtmäßigkeit der Diensthandlung führen kann, hat übrigens die Rechtsprechung für den **Rechtsirrtum** des Vollstreckungsorgans – im Gegensatz zum vorstehend Rn. 36 f. behandelten Tatsachenirrtum – anerkannt[91].

Beispiel: „Anders (als beim Irrtum des Amtsträgers über die tatsächlichen Voraussetzungen der Eingriffsbefugnis) liegt die Sache dagegen, wenn er aus Unkenntnis oder infolge falscher Auffassung der für ihn maßgebenden Vorschriften seine Befugnis zum amtlichen Einschreiten aus dem Vorliegen gewisser tatsächlicher Verhältnisse ableitet, die dasselbe gesetzlich überhaupt nicht zu rechtfertigen vermögen. In solchem Falle ist auch seine Überzeugung von der Pflichtmäßigkeit seiner Handlungsweise ohne Bedeutung."[92]

Angesichts der häufig kaum zuverlässig möglichen Differenzierung zwischen Tatsachen- und Rechtsirrtum[93] ist die unterschiedliche Bewertung im Rahmen des § 113 nicht zu rechtfertigen, sondern einheitlich eine Beurteilung der Rechtmäßigkeitsfrage anhand objektiver Kriterien geboten[94].

40 Diese Grundsätze gelten auch dann, wenn der handelnde Amtsträger oder Soldat auf **Weisung** oder **Befehl** eines Vorgesetzten handelt: Ist die Weisung rechtswidrig, so ist es auch die Vollstreckungshandlung, mit der diese Weisung ausgeführt wird[95]. Jedoch gilt dies nur, sofern der Amtsträger die Rechtswidrigkeit der Weisung erkennt; vollzieht er die Weisung im Vertrauen auf ihre Rechtmäßigkeit in gesetzlicher Form, so soll der Vollzugsakt grundsätzlich selbst bei Rechtswidrigkeit der Weisung rechtmäßig sein[96].

Hat der Vorgesetzte V nach der sich ihm darbietenden Sachlage eine rechtmäßige Anordnung getroffen, z. B. vorläufige Festnahme des X nach § 127 II StPO angeordnet, so handelt der unmittelbar vollstreckende Amtsträger A grundsätzlich ebenfalls rechtmäßig, es sei denn, die objektiv begründete Einschätzung der Sachlage durch V – dringender Tatverdacht gegen X – wird vor Vollzug der Maßnahme entkräftet, z. B. weil X dem A ein einwandfreies Alibi beibringen kann[97].

---

91 RGSt 30, 350.
92 RGSt 30, 348 (349 f.).
93 S. LK-*Spendel*, 11. Aufl., § 32 Rn. 67.
94 Zu widersprechen ist LK-*v. Bubnoff*, 11. Aufl., § 113 Rn. 34, wo zwar ebenfalls eine einheitliche Beurteilung von Tatsachen- und Rechtsirrtum gefordert wird, aber in dem Sinne, dass auch ein Rechtsirrtum des Amtsträgers zur Rechtmäßigkeit seiner Diensthandlung führen könne. – Dagegen z. B. auch AK-*Zielinski*, § 113 Rn. 23; *Maurach/Schroeder/Maiwald*, BT 2, § 70 Rn. 16; *S/S/Eser*, § 113 Rn. 29, in diesem Sinne auch LK-*Rosenau*, § 113 Rn. 52.
95 *Maurach/Schroeder/Maiwald*, BT 2, § 70 Rn. 17 ff. – Das Handeln auf Befehl birgt im Übrigen Probleme des Allgemeinen Teils, die dort nachzuarbeiten sind; vgl. etwa *Baumann/Weber/Mitsch*, § 17 Rn. 143 und § 23 Rn. 50 ff.
96 RGSt 55, 161; 58, 193; 59, 353; BGHSt 4, 161.
97 S. dazu auch *Maurach/Schroeder/Maiwald*, BT 2, § 70 Rn. 19 f.

3. Vorsatz, Irrtumsfragen

a) Vorsatzdelikt, Tatumstandsirrtum

§ 113 I enthält ein Vorsatzdelikt, § 15. Der Vorsatz des Täters muss sich auf die o. Rn. 10–27 dargestellten objektiven Tatbestandsmerkmale erstrecken. 41

Weiß der gewaltsam Widerstand Leistende nicht, dass er es mit einem Amtsträger zu tun hat, nimmt z. B. T an, der zu seiner vorläufigen Festnahme nach § 127 I StPO schreitende P sei nicht Kriminalbeamter, sondern Privatmann, so ist die Anwendbarkeit von § 113 I gemäß § 16 I 1 ausgeschlossen und kommt der objektiv und subjektiv gegebene § 240 I zum Zuge[98].

Im umgekehrten Irrtumsfall – T hält den Privatmann P für einen Kriminalbeamten in Zivil – ist nach § 16 II aus § 113 I zu bestrafen[99].

b) Irrtum über die Rechtmäßigkeit der Diensthandlung

Der Gesetzgeber des 3. StrRG hat in § 113 III 2 und IV eine **pragmatische** Irrtumsregelung getroffen, die einen Ausgleich der Interessen des Vollstreckungsorgans (Unbeachtlichkeit von Irrtümern) und des Betroffenen (strafbefreiender Vorsatzausschluss) herbeiführen soll[100]. 42

Ähnlich geregelt ist in § 22 I 2 sowie II und III WStG für das Wehrstrafrecht der Irrtum des Untergebenen über die Verbindlichkeit eines militärischen Befehls.

Zu unterscheiden sind folgende Irrtumsfälle:

aa) Bevorzugung des Bürgers bei irrtümlicher Annahme der **Rechtmäßigkeit** der Diensthandlung, § 113 III 2

Ist die Diensthandlung rechtswidrig, hält sie jedoch der Widerstand Leistende für rechtmäßig, so ist er straflos, § 113 III 2. 43

Die Vorschrift ist vor dem Hintergrund der Judikatur zu den Rechtfertigungsgründen, insbesondere zur Notwehr (§ 32), zu sehen: Kennt der Täter die Notwehrsituation nicht, fehlt ihm also das subjektive Rechtfertigungselement (Verteidigungswille), so ist er wegen vollendeter Tat zu bestrafen[101]. Diese Konsequenz vermeidet § 113 III 2 für den Widerstand[102]. Diese Irrtumsprivilegierung gilt jedoch nur für § 113, nicht aber für zugleich begangene andere Delikte, z. B. Körperverletzung (§ 223). Insoweit bleibt es bei den allgemeinen Notwehrregeln[103]; s. auch u. Rn. 54.

---

98 LK-*Rosenau*, § 113 Rn. 96; *Fischer*, § 113 Rn. 29; *Wessels/Hettinger*, BT 1, Rn. 631. Differenzierend *S/S/Eser*, § 113 Rn. 51. Allgemein zu dieser Irrtumskonstellation *Baumann/Weber/Mitsch*, § 21 Rn. 24 f.
99 SK-*Wolters*, § 113 Rn. 7; allgemein zu dieser Irrtumskonstellation *Baumann/Weber/Mitsch*, § 21 Rn. 21 f. – Im Ergebnis ebenso *S/S/Eser*, § 113 Rn. 52: jedenfalls die Strafe ist dem § 113 I zu entnehmen.
100 BT-Drucks. VI/502, S. 5 f.; *Lackner/Kühl*, § 113 Rn. 17 sowie bereits o. Rn. 30.
101 S. z. B. RGSt 54, 196 (199 f.); 62, 137 (138); BGHSt 2, 111 (114); 3, 194 (198); 5, 245 (247).
102 S. *Dreher*, Schröder-GS 1978, S. 359 (378).
103 *S/S/Eser*, § 113 Rn. 54.

bb) Benachteiligung des Bürgers bei irrtümlicher Annahme der
Rechtswidrigkeit der Diensthandlung, § 113 IV

44 Gleichfalls abschließend für den Widerstand regelt § 113 IV den Fall der irrigen Annahme des Täters, die (objektiv rechtmäßige) Vollstreckungshandlung sei rechtswidrig. Die Anlehnung der Vorschrift an die **Verbotsirrtumsregelung** in § 17 ist offenkundig.

Vor dem Studium des § 113 IV empfiehlt sich deshalb eine Wiederholung des in den Allgemeinen Teil gehörenden Verbotsirrtums und der dazu, namentlich zur Vermeidbarkeit, entwickelten Grundsätze[104].

45 Zu beachten sind die folgenden **Modifikationen** der allgemeinen Regel des § 17 in § 113 IV, welche den Täter teils begünstigen, überwiegend aber die Voraussetzungen der Straffreiheit verschärfen.

46 (1) Nach § 17 S. 1 liegt ein Verbotsirrtum bereits dann vor, wenn dem Täter – **negativ** – die Einsicht fehlt, Unrecht zu tun. Demgegenüber verlangt § 113 IV 1 – strenger als die allgemeine Regelung – **positive** Annahme der Rechtswidrigkeit der Diensthandlung[105].

Macht sich also T überhaupt keine Gedanken über die Rechtmäßigkeit der Vollstreckungshandlung, so ist er uneingeschränkt nach § 113 I strafbar.

47 (2) Bei **Vermeidbarkeit** des Irrtums kann die Strafe – großzügiger als nach § 17 S. 2 – nicht nur nach § 49 I, sondern weitergehend nach § 49 II gemildert, bei geringer Schuld sogar völlig von einer Bestrafung wegen Widerstandes abgesehen werden, § 113 IV 1.

48 (3) **Unvermeidbarkeit** des Irrtums führt – obwohl für sie derselbe strenge Maßstab gilt wie für § 17[106] – nach § 113 IV 2 – im Gegensatz zu § 17 S. 1 – grundsätzlich nicht zum Schuldausschluss und damit zur Straflosigkeit. Vielmehr ist der Täter in aller Regel darauf verwiesen, „sich mit Rechtsbehelfen gegen die vermeintlich rechtswidrige Diensthandlung zu wehren". Diese **Rechtsbehelfsklausel**[107] ist die strafrechtliche Konsequenz unseres Rechtswegestaates (Art. 19 IV GG). Nur wenn die Gegenwehr auf dem Rechtswege **unzumutbar** war, tritt Straffreiheit ein.

Unzumutbarkeit ist dann anzunehmen, wenn dem Betroffenen bei Duldung der Vollstreckungsmaßnahme ein irreparabler Schaden entstehen würde[108]. In Betracht kommen (nicht nur kurzfristige) Freiheitsentziehungen, kaum dagegen Zwangsmaßnahmen gegen Sachen (Pfändungen[109], Beschlagnahmen). Auf der anderen Seite ist die dem Vollstreckungsorgan durch eine Erfolg versprechende Widerstandsleistung drohende Gefahr zu berücksichtigen[110]. Bei Lebensgefahr oder erheblicher Ge-

---

104 S. z. B. *Baumann/Weber/Mitsch*, § 21 Rn. 37 ff.
105 *Dreher*, NJW 1970, 1153 (1158); *Lackner/Kühl*, § 113 Rn. 20.
106 *Dreher*, NJW 1970, 1153 (1158 f.); vorsichtiger OLG Köln, MDR 1975, 418. – Zur sehr strengen Unvermeidbarkeits-Rechtsprechung s. kritisch *Baumann/Weber/Mitsch*, § 21 Rn. 59 f., 63.
107 Kritik bei SK-*Wolters*, § 113 Rn. 19 m. w. N.
108 BT-Drucks. VI/502, S. 5 f.
109 OLG Köln, MDR 1975, 418.
110 BGHSt 21, 365 (366).

fahr für die Gesundheit des Vollstreckungsbeamten – z. B. Zuschlagen mit einer Eisenstange – ist dem Betroffenen die Einlegung von Rechtsbehelfen zuzumuten.

(4) War dem Widerstand Leistenden die Gegenwehr mit Rechtsbehelfen 49
zumutbar, besteht für das Gericht immer noch die Möglichkeit, die Strafe
gemäß § 49 II zu mildern oder von einer Bestrafung nach § 113 ganz abzusehen, § 113 IV 2, 2. Halbs.

Namentlich im Hinblick auf die Regelungen (2) und (4) ist festzuhalten, 50
dass § 113 IV einen beträchtlichen und nicht unbedenklichen Zuwachs an
Richtermacht mit sich bringt.

4. Besonders schwere Fälle, § 113 II

§ 113 II droht für besonders schwere Widerstandsfälle eine erhöhte 51
Strafe an: Freiheitsstrafe von 6 Monaten – bedeutsam im Hinblick auf § 47
I – bis zu 5 Jahren.

Für besonders schwere Fälle werden zwei Regelbeispiele gegeben[111]:

a) Nr. 1: Beisichführen von Waffen oder eines anderen gefährlichen Werkzeugs

Anders als in §§ 121 III Nr. 1, 2 und 125a Nr. 1, 2 wird hier nicht zwi- 52
schen Schusswaffen und anderen Waffen differenziert. Ebenso wie von
§§ 244 I Nr. 1b und 250 I Nr. 1b wird **Verwendungsabsicht** gefordert[112].
Durch das 44. StÄG sind „gefährliche Werkzeuge" als Tatmittel in den
Gesetzestext eingeführt worden. Zum Begriff sei auf die Ausführungen zu
§ 244 I Nr. 1a und § 250 I Nr. 1a verwiesen.

Der Streit, ob auch ein Kfz eine „Waffe" sein könne[113], ist damit obsolet geworden.

b) Nr. 2: Gefahr des Todes oder einer schweren Gesundheitsschädigung

Die konkreten Gefährdungen müssen „durch eine Gewalttätigkeit" 53
herbeigeführt werden, d. h. durch gegen die Person gerichtete körperliche
Aggression; dazu auch o. § 44 Rn. 28 (zu § 125). – Zur schweren Gesundheitsschädigung s. o. § 5 Rn. 36 (zu § 218 II Nr. 2).

Die Gefahr muss **vorsätzlich** herbeigeführt worden sein, § 18 ist nicht
anwendbar[114].

---

111 Zur Technik der Regelbeispiele vgl. *Baumann/Weber/Mitsch*, § 8 Rn. 84 ff., sowie o. § 14 Rn. 14 ff.
112 Dazu o. § 14 Rn. 59.
113 Nach BGHSt 26, 176 (179 f.) wurden alle Gegenstände erfasst, die bei ihrer konkreten Verwendung geeignet sind, Verletzungen zuzufügen, z. B. ein Kfz, mit dem der Täter auf einen Halt gebietenden Verkehrspolizisten zufährt. Das BVerfG, NJW 2008, 3627 hatte dem allerdings widersprochen: Die Subsumtion eines Pkws unter den Begriff „Waffe" sei nicht mehr mit Art. 103 II GG vereinbar.
114 BGHSt 26, 176 (180 ff.) (Kfz als Waffe). Ferner BGHSt 26, 244 (246 f.). – Allgemein zur Unanwendbarkeit des § 18 auf Gefahrerfolge (Beschränkung auf Verletzungserfolge) *Baumann/Weber/Mitsch*, § 8 Rn. 78.

5. Konkurrenzen

54 § 113 enthält ein die **Nötigung, § 240,** verdrängendes Spezialdelikt[115]. Tateinheit kann ausnahmsweise bestehen, wenn durch dieselbe Handlung Widerstand geleistet und zu einer Diensthandlung genötigt wird[116]. Desgleichen tritt § 241 I hinter § 113 zurück[117].

Dagegen besteht mit **Körperverletzungsdelikten, §§ 223 ff.,** Tateinheit, § 52. Für §§ 223 ff. gelten die Irrtumsregeln in § 113 III 2 und IV nicht[118].

Beim Einsatz des Kraftfahrzeugs als Tatmittel des Widerstandes gegen Polizeibeamte[119] müssen neben § 113 II Nr. 1 u. 2 die **Straßenverkehrsgefährdungsdelikte § 315b und 315c** gesehen werden[120].

Zwischen §§ 113 und 125 besteht Tateinheit[121]; § 125 droht schwerere Strafe an, sodass seine Subsidiaritätsklausel nicht eingreift. Andererseits besteht kein Grund, § 113 hinter § 125 zurücktreten zu lassen[122]; aus § 125 II lässt sich das nicht entnehmen[123].

III. Gefangenenbefreiung und -meuterei, §§ 120, 121

1. Gefangenenbefreiung, § 120

a) Grundtatbestand, § 120 I (IV)

aa) Beschränkung auf die **Fremd**befreiung

55 Die **staatliche Verwahrungsgewalt an Gefangenen** wird in § 120 I nicht absolut geschützt. Bestraft wird nur die Befreiung anderer. Ebenso wie die Selbstbegünstigung nach §§ 258, 257 (dazu o. § 26 Rn. 13 und § 27 Rn. 16) ist die **Selbstbefreiung nicht tatbestandsmäßig**[124].

Ausnahme: der gewaltsame Ausbruch nach § 121 I Nr. 2; dazu u. Rn. 67, 69. Zur Teilnahme des Gefangenen an § 120 s. u. Rn. 64, 65.

Zu dem oft gerühmten liberalen Zurückweichen des Strafrechts vor dem menschlichen Freiheitsdrang[125] steht die Strenge des Strafvollzugsrechts und des Polizeirechts in merkwürdigem Gegensatz: Nach § 100 I 1 Nr. 3 StVollzG dürfen gegen Gefangene „Schusswaffen gebraucht werden, um ihre Flucht zu vereiteln oder um sie wieder zu ergreifen".

---

115 BGHSt 48, 233; BGH, VRS 35, 174; 50, 94; S. auch o. Rn. 25.
116 *Fischer*, § 113 Rn. 40.
117 BGH, NJW 1990, 1055.
118 S. auch o. Rn. 43.
119 S. die Fälle o. Rn. 20, 52.
120 Dazu z. B. BGHSt 26, 176 (177 f.) (Kfz als Waffe) – und näher o. § 38 Rn. 19 ff. und 27 ff.
121 So z. B. *Lackner/Kühl*, § 125 Rn. 16.
122 So aber *Fischer*, § 113 Rn. 40a.
123 Zu Einzelfragen s. *S/S/Sternberg-Lieben*, § 125 Rn. 31 f.
124 BGHSt 4, 400.
125 S. z. B. – auch mit rechtsvergleichenden Hinweisen – *Maurach/Schroeder/Maiwald*, BT 2, § 72 Rn. 8. – Aus der Rspr. RGSt 3, 140 (141); BGHSt 17, 369 (374).

bb) Gefangene und gleichgestellte Verwahrte

56 Die in § 120 I erfassten Befreiungshandlungen Dritter[126] müssen sich auf Gefangene beziehen. **Gefangener** ist, wer sich kraft staatlicher Hoheitsgewalt im Gewahrsam einer zuständigen Behörde oder eines Amtsträgers befindet[127]. Entgegen § 258 I, der eine rechtswidrige Vortat voraussetzt und so dem Täter der Strafvereitelung die vorsatzausschließende Einlassung offen hält, er habe den Begünstigten für unschuldig gehalten[128], stellt § 120 I nicht darauf ab, ob die Gefangenschaft sachlich berechtigt ist; maßgebend ist allein, ob sie formell ordnungsgemäß zustande gekommen ist[129].

Beispiele: Strafgefangene, Untersuchungsgefangene, nach § 127 I oder II StPO vorläufig Festgenommene, soweit sie sich in staatlichem Gewahrsam befinden[130], in Polizeigewahrsam Genommene[131], aber auch aufgrund zivilprozessualer Vorschriften (z. B. §§ 888, 890 ZPO) in Haft befindliche Personen[132].

57 Den Gefangenen **gleichgestellt** sind in § 120 IV Personen, die auf behördliche Anordnung in einer Anstalt verwahrt sind.

Beispiele bilden vor allem die freiheitsentziehenden Maßregeln der Besserung und Sicherung nach §§ 63–66 und die entsprechenden vorläufigen bzw. vorbereitenden strafprozessualen Zwangsmaßnahmen nach §§ 126a, 81 StPO, ferner die zwangsweise Unterbringung psychisch Kranker nach den Unterbringungsgesetzen der Länder.

cc) Tathandlungen

58 § 120 I stellt neben der eigentlich täterschaftlichen **Befreiung** die **Anstiftung** („**verleitet**") und die **Beihilfe** („**fördert**") zum Entweichen, d. h. zu der für den Gefangenen straflosen Haupttat der Selbstbefreiung[133], als verselbstständigte Formen der Täterschaft unter Strafe.

Neben den seltenen Fällen völliger Passivität des Gefangenen – er wird (u. U. gegen seinen Willen) aus der Anstalt getragen – liegt **Befreien** auch dann vor, wenn der Untergebrachte von einem dazu nicht Befugten entlassen wird[134] oder ihm alle personellen (Aufsichtspersonal) oder sachlichen (verschlossene Türen, Gitter) Hindernisse derart aus dem Wege geräumt werden, dass seine Aktivität nur noch im Weggehen besteht.

Von der **Verleitungsalternative** werden Anstiftungshandlungen i. S. des § 26 erfasst[135], von der **Förderungsalternative** Beihilfehandlungen i. S. des § 27[136].

---

126 Dazu näher u. Rn. 58 ff.
127 Vgl. z. B. *S/S/Eser*, § 120 Rn. 3; MüKo-*Bosch*, § 120 Rn. 8.
128 S. o. § 26 Rn. 1, 12.
129 S. z. B. RGSt 39, 189 (191).
130 Nicht § 120 I, wenn ein von einem Privatmann nach § 127 I StPO vorläufig Festgenommener sich noch in dessen Gewahrsam befindet.
131 Vgl. z. B. § 28 baden-württ. PolG.
132 Weitere Beispiele bei LK-*Rosenau*, § 120 Rn. 15.
133 S. o. Rn. 55.
134 BGHSt 37, 388.
135 S. dazu *Baumann/Weber/Mitsch*, § 30 Rn. 63 ff.
136 S. dazu *Baumann/Weber/Mitsch*, § 31 Rn. 13 ff.

59   § 120 I setzt voraus, dass sich der Gefangene zur Tatzeit in staatlichem Gewahrsam befindet. Daran fehlt es, wenn er (vorübergehend) in Freiheit ist und seine Rückkehr in die Anstalt verhindert wird.

Beispiel: Veranlassung des Gefangenen, aus dem Hafturlaub (§ 13 StVollzG) nicht in den Vollzug zurückzukehren[137].

Dagegen liegt § 120 I vor, wenn ein Gefangener unter Aufsicht eines Vollzugsbediensteten (Gewahrsam!) z. B. zur ärztlichen Behandlung ausgeführt (§ 12 StVollzG) und dabei zur Flucht verleitet wird[138].

60   Tatbegehung durch **Unterlassen** ist strafbar, wenn eine Erfolgsabwendungspflicht (§ 13 I) besteht. Garantenpflichtig sind namentlich die Amtsträger und besonders Verpflichteten des § 120 II (dazu nachstehend Rn. 61).

b) Qualifikation (§ 120 II), Vollendung und Versuch (§ 120 III), Teilnahme des befreiten Gefangenen, Hinweis auf § 115 OWiG

aa) Qualifikation, § 120 II

61   § 120 II enthält eine Qualifikation für **Amtsträger** (§ 11 I Nr. 2) und für den öffentlichen Dienst besonders Verpflichtete (§ 11 I Nr. 4), die gehalten sind, das Entweichen des Gefangenen zu verhindern[139]. – Hauptfall: Vollzugsbedienstete[140].

Nur nach § 120 I und nicht nach Abs. 2 strafbar ist der Richter, der zu Unrecht einen Haftbefehl aufhebt[141].

Es handelt sich um ein unechtes Amtsdelikt. Tatbeteiligte, die nicht Amtsträger sind, sind nach § 120 I zu bestrafen, § 28 II.

§ 120 II bildet im Hinblick auf die Rechtspflicht aus Gesetz (Amtspflicht) das Hauptfeld der Gefangenenbefreiung durch Unterlassen, § 13.

Beispiel: Offenlassen von Türen, Unterlassen der Fluchtverhinderung.

bb) Vollendung und Versuch, § 120 III

62   § 120 I, II ist in allen Begehungsformen erst dann **vollendet,** wenn der staatliche Gewahrsam an dem Gefangenen zumindest vorübergehend vollständig aufgehoben ist, der Gefangene also die Freiheit wiedererlangt hat[142].

---

137 RGSt 15, 39.
138 Zu den Grenzfällen des § 120 beim offenen und halboffenen Vollzug (§§ 10, 11 StVollzG) s. *Rössner,* JZ 1984, 1065 (1066 ff.); LK-*Rosenau,* § 120 Rn. 25 ff.; MüKo-*Bosch,* § 120 Rn. 14; *S/S/Eser,* § 120 Rn. 6.
139 Vgl. LG Aachen, BeckRS 2012, 10287 zur Öffnung von Hafttüren durch einen Justizvollzugsbeamten.
140 Zu weiteren von der Qualifikation erfassten Tätern s. z. B. *S/S/Eser,* § 120 Rn. 19.
141 *S/S/Eser,* § 120 Rn. 19a; *U. Weber,* Jura 1984, 367 (376 f.). – Bereits § 120 I verneint LK-*Rosenau,* § 120 Rn. 50.
142 RGSt 25, 65 (66); 41, 120; BGHSt 9, 612; BGH, NStZ-RR 2000, 139; LK-*Rosenau,* § 120 Rn. 63; *S/S/Eser,* § 120 Rn. 22; *Wessels/Hettinger,* BT 1, Rn. 657.

§ 120 III stellt den **Versuch** unter Strafe[143].

cc) Teilnahme des befreiten Gefangenen

Die **Selbstbefreiung** ist nicht tatbestandsmäßig, s. o. Rn. 55. 63

Auf der anderen Seite ist ein **Gefangener** nach § 120 I strafbar, der, ohne 64
selbst fliehen zu wollen, **einem Mitgefangenen** bei dessen Selbstbefreiung
hilft[144].

Streitig ist die Beurteilung folgender Situationen: 65

(1) Der Gefangene G stiftet einen Dritten, z. B. seine Ehefrau oder einen nicht inhaftierten Komplizen, an, eine Eisensäge in die Anstalt zu schmuggeln, mit der er die Zellengitter durchsägt. – Nach BGH: G = §§ 120 I, 26[145]. Demgegenüber ist mit der h. M. in der Literatur[146] im Hinblick auf die notstandsähnliche Situation des Gefangenen Straflosigkeit anzunehmen; zur vergleichbaren Problematik bei der Strafvereitelung (§ 258) und der Begünstigung (§ 257) s. o. § 26 Rn. 17 f. und § 27 Rn. 18.

(2) G1 und G2 fliehen gemeinsam und zwar steigt G2 auf die Schultern des G1 und von dort auf die Anstaltsmauer; dann zieht er G1 ebenfalls auf die Mauer, von der aus beide ins Freie springen. – Zwar fördern G1 und G2 den jeweils anderen beim Entweichen (§ 120 I), aber „in der Unterstützung des anderen Gefangenen wird er nur ein Mittel zur eigenen Befreiung sehen. Sie geht daher in dem von seinem eigenen Freiheitstrieb beherrschten Willen zur Selbstbefreiung auf"[147]. – Straflosigkeit nach BGH[148] allerdings „nur soweit, als der Gefangene die Unterstützung des anderen nur als Mittel zur eigenen Selbstbefreiung vornimmt. Tut ein Gefangener mit seiner Unterstützungshandlung mehr, als seiner eigenen Befreiung nützlich ist, so fällt dies aus dem einheitlichen Gesamtvorgang heraus und ist selbständig als strafbare Teilnahmehandlung zu werten". – Diese Auffassung ist als zu eng abzulehnen; Straflosigkeit auch in diesem Falle[149].

dd) Hinweis auf § 115 OWiG

Der **Bußgeldtatbestand** in § 115 OWiG verfolgt neben dem Schutz anderer staatlicher Interessen[150] auch die Abwehr von **Vorbereitungshandlungen** zur Gefangenenbefreiung. 66

2. Gefangenenmeuterei, § 121

a) Tatbestand (§ 121 I, IV), Versuchsstrafbarkeit (§ 121 II)

Anders als § 120 I (dazu o. Rn. 55) erfasst § 121 I ausschließlich **Handlungen von Gefangenen**[151], denen – enger als in § 120 IV – in Abs. 4 nur Sicherungsverwahrte (§ 66) gleichgestellt sind. 67

---

143 Zum Versuchsbeginn BGHSt 9, 62.
144 BGHSt 9, 62; 17, 369 (373) (Selbstbefreiung).
145 BGHSt 17, 369 (376) (Selbstbefreiung).
146 *Lackner/Kühl*, § 120 Rn. 11; LK-*Rosenau*, § 120 Rn. 58; *Maurach/Schroeder/Maiwald*, BT 2, § 72 Rn. 13; *Otto*, BT, § 92 Rn. 10; S/S/*Eser*, § 120 Rn. 15; *Wessels/Hettinger*, BT 1, Rn. 656.
147 BGHSt 17, 369 (373) (Selbstbefreiung).
148 A. a. O. S. 375.
149 Ebenso z. B. *Wessels/Hettinger*, BT 1, Rn. 656.
150 Dazu *Göhler*, OWiG, 16. Aufl. 2012, § 115 Rn. 2.
151 S. zum Gefangenenbegriff o. Rn. 56.

Außenstehende können nicht Täter, sondern nur Anstifter (§ 26) oder Gehilfen (§ 27) sein. – § 28 I gilt für sie nicht, da Strafgrund nicht die persönliche Eigenschaft als Gefangener, sondern die (objektive) besondere Tatgefährlichkeit ist[152].

68   Weiter verlangt § 121 I für alle Begehungsformen eine **Zusammenrottung** und ein Handeln mit **vereinten** Kräften.

Zur Zusammenrottung vgl. BGH[153]: Bedrohliche räumliche Vereinigung von mindestens zwei Gefangenen.

Zum Tatbestandsmerkmal „mit vereinten Kräften" s. o. § 44 Rn. 29 (zu § 125 I).

69   Tathandlungen sind neben dem gewaltsamen' Selbstausbruch (Nr. 2) und der gewaltsamen Ausbruchshilfe (Nr. 3) die Nötigung von Anstaltsbeamten u. dgl. sowie der tätliche Angriff gegen sie (Nr. 1).

70   Ebenso wie § 120 I wird für die Ausbruchsalternativen (§ 121 I Nr. 2 und 3) Aufhebung des staatlichen Gewahrsams verlangt (s. o. Rn. 62)[154]. Jedoch ist auch hier der **Versuch** strafbar, § 121 II. – Wegen des tätlichen Angriffs wird auf die Ausführungen zum entsprechenden Tatbestandsmerkmal in § 113 I o. Rn. 26 f. verwiesen[155].

b) Besonders schwere Fälle, § 121 III

71   Mit den Regelbeispielen der Nr. 1 und 2 differenziert der Gesetzgeber wie in § 125a Nr. 1 und 2 zwischen Schusswaffen und anderen Waffen bzw. gefährlichen Werkzeugen; s. dazu und zur abweichenden Regelung in § 113 II Nr. 1 o. Rn. 52. § 121 III Nr. 3 entspricht § 113 II Nr. 2; s. dazu o. Rn. 53.

IV. Verstöße gegen gerichtliche und behördliche Maßnahmen, §§ 145a, 145c, 323b; § 21 StVG

1. Verstöße gegen nicht freiheitsentziehende Maßregeln, §§ 145a, 145c; § 21 StVG

a) Der kriminalpolitische Hintergrund

72   §§ 120, 121 I Nr. 2 und 3 pönalisieren den Bruch staatlichen Gewahrsams an Menschen[156], erfassen also nur Verstöße gegen freiheitsentziehende Maßnahmen.

73   Auflagen (§ 56b) und Weisungen (§ 56c) bei der **Strafaussetzung zur Bewährung** (§§ 56 ff., 57, 57a) – Art ambulanter Vollzug – können systemimmanent dadurch erzwungen werden, dass im Falle gravierender Verstöße die Vergünstigung – Verschonung mit dem Strafvollzug – entzogen, die

---

152 H. M.: vgl. z. B. *S/S/Eser*, § 121 Rn. 16.
153 BGHSt 20, 305 (307) (Gefangenenmeuterei).
154 S. weiter BGH, *Dall*. MDR 1975, 542.
155 Zum Verhältnis der verschiedenen Begehungsformen des § 121 I in Grenzfällen s. *S/S/Eser*, § 121 Rn. 11, 23.
156 S. o. Rn. 55, 70.

Strafaussetzung widerrufen wird, § 56f I 1 Nr. 2 und 3. Weitere strafrechtliche Sanktionen sind entbehrlich.

Dieselbe Möglichkeit besteht bei der Aussetzung von **freiheitsentziehenden Maßregeln** der Besserung und Sicherung, vgl. §§ 67b, 67d II, 67g.

Kann dem Probanden keine Vergünstigung entzogen werden, weil es nichts mehr zu vollstrecken gibt, so erscheint es dem Gesetzgeber unerlässlich, eine andere Sanktion, nämlich Strafe, bereitzuhalten. Dies geschieht in den §§ 145a, 145c sowie in § 21 StVG für Zuwiderhandlungen gegen die nicht freiheitsentziehenden Maßregeln der Besserung und Sicherung, vgl. den Katalog in § 61 Nr. 4–6.

b) Die einzelnen Tatbestände

aa) Verstoß gegen Weisungen während der Führungsaufsicht, § 145a

Die Führungsaufsicht, §§ 68 ff., und ihre Problematik ist anhand des Gesetzes und eines Lehrbuchs des AT nachzuarbeiten[157]. – § 145a S. 1 erfasst den vorsätzlichen (§ 15) Verstoß gegen vom Gericht nach § 68b angeordnete Weisungen, allerdings nur, wenn – ziemlich vage – dadurch der Zweck der Maßregel gefährdet wird. Die Tat ist Antragsdelikt, § 145a S. 2. Antragsberechtigt ist die Aufsichtsstelle, § 68a, der die Möglichkeit eingeräumt wird, zunächst mit anderen resozialisierenden Mitteln auf den renitenten Probanden einzuwirken und das Strafrecht erst als Ultima Ratio zum Zuge zu bringen[158].

bb) Verstoß gegen das Berufsverbot, § 145c

Erfasst werden nur vorsätzliche (§ 15) Verstöße gegen strafgerichtlich angeordnete Berufsverbote[159], also gegen die rechtskräftig nach § 70 angeordnete Maßregel[160] sowie gegen das vorläufige Berufsverbot nach § 132a StPO.

cc) Verstoß gegen die Entziehung der Fahrerlaubnis, § 21 StVG

Nach § 21 I Nr. 1 StVG wird das Führen von Kfz ohne die dazu erforderliche Fahrerlaubnis bestraft. Tatbestandsmäßig handelt nicht nur, wer nie eine Fahrerlaubnis besessen hat, sondern auch derjenige, dem sie rechtskräftig nach § 69[161] oder vorläufig nach § 111a StPO entzogen wurde[162]. Ferner ermöglicht § 21 I Nr. 1 StVG die Sanktionierung von Zuwiderhandlungen gegen die Nebenstrafe Fahrverbot, § 44[163], und das im Bußgeldverfahren nach § 25 StVG angeordnete Fahrverbot.

---

157 Vgl. z. B. *Baumann/Weber/Mitsch*, § 35 Rn. 10. – Kritisch zu § 145a insbesondere *Grünwald*, ZStW 76 (1964), 664; *Jescheck/Weigend*, § 78 I 4 (m. w. N.).
158 S. z. B. *S/S/Sternberg-Lieben*, § 145a Rn. 11.
159 Nicht also Verstöße gegen gewerberechtliche (s. z. B. § 35 GewO) oder standesgerichtliche Verbote (s. z. B. §§ 114 I Nr. 4 und 5, 150, 153 BRAO).
160 Dazu *Baumann/Weber/Mitsch*, § 35 Rn. 12.
161 Dazu *Baumann/Weber/Mitsch*, § 35 Rn. 11.
162 Im Gegensatz zu § 145c (dazu o. Rn. 76) wird hier auch der Verstoß gegen die entsprechende präventive verwaltungsbehördliche Maßnahme (§ 3 StVG) erfasst.
163 Dazu *Baumann/Weber/Mitsch*, § 34 Rn. 24.

§ 21 I Nr. 2 StVG dehnt die Strafbarkeit aus auf den Kfz-Halter, der Taten eines anderen nach § 21 I Nr. 1 StVG anordnet oder zulässt.

Beide Begehungsformen des § 21 I StVG sind nach § 21 II Nr. 1 StVG auch bei **Fahrlässigkeit** strafbar.

Vgl. schließlich die an § 94 StPO (Beschlagnahme des Führerscheins, welche die Fahrerlaubnis unberührt lässt) anknüpfenden **Nr. 2 und 3 des § 21 II StVG**.

Für hartnäckige Täter nach § 21 I StVG sieht § 21 III StVG die einschneidende Maßnahme der Einziehung (§§ 74 ff.) des Kfz vor.

2. Gefährdung einer Entziehungskur, § 323b

78 Wie § 120[164] setzt § 323b Anstaltsunterbringung voraus. Praktisch bedeutsam sind die Maßregeln nach §§ 63, 64 StGB, 126a StPO[165]. Bei Suchtkranken beschränkt sich der Gesetzgeber jedoch nicht auf die Pönalisierung der Vereitelung der Maßnahme durch Befreiung des Untergebrachten (§ 120), sondern stellt in § 323b auch die (abstrakte) Gefährdung des Erfolges der Entziehungskur durch die unerlaubte wissentliche Verschaffung usw. alkoholischer Getränke oder anderer berauschender Mittel unter Strafe.

V. Angriffe auf amtliche Sachherrschaftsverhältnisse, §§ 136, 133 (134)

1. Verstrickungs- und Siegelbruch, § 136

a) Nähe zu § 113

79 § 113 schützt Amtsträger, die Vollstreckungshandlungen vornehmen[166]. Der Schutz der vollstreckenden Staatsgewalt wäre jedoch unvollkommen, wenn nur der Widerstand gegen die vollstreckenden Organe selbst und nicht auch Angriffe auf den **Bestand** der von ihnen vorgenommenen **Vollstreckungsakte** bestraft würden[167].

> **Beispiel:** Es hätte wenig Sinn, den pfändenden Gerichtsvollzieher in § 113 gegen Angriffe auf seine Person zu schützen, wenn der Vollstreckungsschuldner nach erfolgter Pfändung die beschlagnahmte Sache sanktionslos verbrauchen oder veräußern könnte.

Den strafrechtlichen Bestandsschutz der Vollstreckung über die Vollstreckungshandlung hinaus soll § 136 gewährleisten.

---

164 Dazu o. Rn. 56.
165 Zu den Fällen der sonstigen Unterbringung ohne Einwilligung des Betroffenen s. *S/S/Sternberg-Lieben/Hecker*, § 323b Rn. 5.
166 S. o. Rn. 10–14.
167 S. bereits o. Rn. 3.

b) Verstrickungsbruch, § 136 I

aa) Verstrickungssituationen, Tatobjekte

(1) **Hauptfall** des von § 136 I geforderten hoheitlichen Gewaltverhältnisses über Sachen (Verstrickung) ist die **Pfändung** beweglicher Sachen bei der Zwangsvollstreckung wegen Geldforderungen, § 808 ZPO. – Die dienstliche Beschlagnahme ist offenkundig, wenn der Gerichtsvollzieher die Sache in Besitz nimmt (§ 808 I ZPO) und ins Pfandlokal schafft, also staatlichen Gewahrsam begründet.

80

Verstrickungsbruch nach § 136 I, wenn die gepfändete Sache dort vom Schuldner oder einem Dritten wieder herausgeholt wird (zu den Tathandlungen u. Rn. 85).

Diese Art der Tatbegehung ist jedoch aus zwei Gründen selten: erstens ist die Pfändungsmodalität des § 808 I ZPO die Ausnahme, zum anderen ist an im Pfandlokal verwahrten Sachen nicht ohne Weiteres heranzukommen.

In der Regel wird die Pfändung nach § 808 II ZPO bewirkt, d. h. die Sache im Gewahrsam des Schuldners belassen und die Pfändung durch Siegel („Kuckuck") oder dgl. kenntlich gemacht. Auch dieser gegenüber § 808 I ZPO weniger handfeste Zugriff auf die Sache ist dienstliche Beschlagnahme und begründet die Verstrickung. Diese ist also nicht identisch mit Gewahrsam i. S. des § 242.

81

Bei der beschlagnahmewidrigen Verfügung über derart gepfändete Sachen liegt der hauptsächliche Anwendungsbereich des § 136 I, weil dem Zugriff auf das Pfändungsobjekt keine tatsächlichen Hindernisse entgegenstehen; der Schuldner hat Gewahrsam. – Vor Veräußerung der gepfändeten Sache wird er in der Regel das Pfandsiegel entfernen, sodass § 136 I mit § 136 II zusammentrifft; zu dieser Konkurrenzfrage s. u. Rn. 88.

Da § 136 I die hoheitliche Beschlagnahme als solche schützt, ist es unerheblich, ob dem die Vollstreckung betreibenden Gläubiger ein materiellrechtlich wirksamer Anspruch gegen den Schuldner zusteht[168]. § 136 I greift also auch dann ein, wenn § 288 (Vollstreckungsvereitelung) wegen Fehlens einer solchen Forderung nicht zur Anwendung kommt (dazu o. § 16 Rn. 34). – Weil § 136 I des Weiteren weder die Entstehung eines Pfandrechts, noch Gewahrsamsbruch voraussetzt – Pfändung nach § 808 II ZPO –, kommt er auch in Fällen zum Zuge, in denen § 289 (Pfandkehr) versagt[169].

82

(2) **Weitere** praktisch bedeutsame Verstrickungsfälle: Beschlagnahme des Grundstücks bei der Zwangsvollstreckung in das unbewegliche Vermögen (§ 20 ZVG), die nicht nur zur Verstrickung des Grundstücks selbst, sondern auch der Gegenstände führt, auf die sich die Hypothek erstreckt (vgl. § 20 II ZVG i. V. mit §§ 1120 ff. BGB); Verfügungsverbot für den

83

---

168 RGSt 9, 403; 61, 367.
169 Dazu o. § 16 Rn. 26.

Schuldner mit Eröffnung des Insolvenzverfahrens, § 80 I InsO; strafprozessuale Beschlagnahme nach §§ 94 ff. StPO.

84 Die Pfändung von **Forderungen** bewirkt zwar ein Verfügungsverbot (§ 829 I ZPO); Forderungen sind aber keine für § 136 I geeigneten Tatobjekte, weil „Sache" als körperlicher Gegenstand zu verstehen ist[170].

bb) Tathandlungen

85 In § 136 I sind alle Handlungen unter Strafe gestellt, welche die Verstrickung, das hoheitliche Herrschaftsverhältnis über die Sache, aufheben. Zerstörung, Beschädigung und Unbrauchbarmachung werden als besonders anschauliche Unterfälle der Entziehung herausgestellt[171].

Zum praktisch häufigsten Entziehungsfall, der Veräußerung beweglicher Sachen bei der Pfändung nach § 808 II ZPO, s. o. Rn. 81.

cc) Rechtmäßigkeit der Diensthandlung, Irrtumsfragen

86 Ebenso wie der Widerstand gegen die Person des Vollstreckungsorgans nur dann strafbar ist, wenn die Vollstreckungsmaßnahme rechtmäßig ist (§ 113 III 1), setzt Strafbarkeit nach § 136 I Rechtmäßigkeit der zur Verstrickung führenden Diensthandlung voraus, § 136 III 1. – Zum dogmatischen Standort der Rechtmäßigkeit und ihren Kriterien s. o. Rn. 29–31 und 33–40. – Folgerichtig übernimmt § 136 III 2 und IV auch die entsprechende Irrtumsregelung des § 113[172].

c) Siegelbruch, § 136 II

87 Hauptsächliche Tatsituation ist auch für den Siegelbruch die Sachpfändung nach § 808 II ZPO (dazu o. Rn. 81). Die Entfernung des Pfandsiegels ist zumeist Vorbereitungshandlung des Verstrickungsbruches (§ 136 I).

Kaum jemand kauft eine Sache, auf welcher der „Kuckuck" klebt.

88 Kommt es zum Verstrickungsbruch, z. B. durch Veräußerung der gepfändeten Sache, so wird der Unrechtsgehalt des § 136 II durch die Bestrafung nach § 136 I mit abgegolten, sodass Subsidiarität des § 136 II anzunehmen ist[173].

89 Zu weiteren Tatsituationen des § 136 II sowie zu den Tathandlungen s. z. B. LK-*Krauß*, § 136 Rn. 39–41. Zur auch für § 136 II geltenden Rechtmäßigkeits- und Irrtumsregelung s. o. Rn. 29 ff., 42 ff.

---

170 RGSt 24, 40.
171 S. auch u. Rn. 94 zu § 133 I.
172 Dazu o. Rn. 42 ff.
173 Ebenso SK-*Rudolphi/Stein*, § 136 Rn. 31 m. N. der abweichenden h. M. (Idealkonkurrenz).

2. Verwahrungsbruch, § 133

a) Grundtatbestand, § 133 I (II)

aa) Dienstliche Verwahrung

Anders als die Verstrickung in § 136 I, die keine tatsächliche Herrschaftsgewalt über die Sache verlangt[174], setzt die dienstliche Verwahrung des § 133 I zunächst **Gewahrsam** ähnlich § 242 voraus, um die Sache für bestimmte, über das bloße Funktionsinteresse der Behörde hinausgehende Zwecke zu erhalten und vor unbefugtem Zugriff zu bewahren[175]; dazu o. § 13 Rn. 38 ff. 90

Also bei Pfändung nach § 808 II ZPO nur § 136 I, wenn der Schuldner die **in seinem Gewahrsam** belassene Sache veräußert; dagegen §§ 136 I, 133 I, 52, wenn er nach Pfändung gemäß § 808 I ZPO die Sache im Pfandlokal (dienstliche Verwahrung) wegholt.

§ 133 I schützt jedoch nicht den dienstlichen Gewahrsam an beweglichen Sachen (Unterfall: Schriftstücke) schlechthin, sondern nur die **dienstliche Verwahrung**[176], die durch eine Zweckbindung des Gewahrsams gekennzeichnet ist, vergleichbar dem Anvertrautsein in § 246 II[177] und der Vermögensbetreuungspflicht in § 266 I[178]. 91

Dazu der BGH[179]: „§ 133 schützt ... nur Gegenstände im amtlichen Verwahrungsbesitz, d. h. solche beweglichen Sachen, die **fürsorgliche Hoheitsgewalt** ... in Besitz genommen hat, um sie unversehrt zu erhalten und vor unbefugtem Zugriff zu bewahren, solange der fürsorgliche Amtsgewahrsam andauert"[180].

Dass nicht der schlichte Gewahrsam geschützt ist, sondern das hinzutretende fürsorgliche Hoheitsverhältnis, zeigt auch die Alternative „ ... die ihm ... dienstlich in Verwahrung gegeben worden sind", denn in diesem Falle hat der Täter bereits Gewahrsam, braucht also fremden Gewahrsam nicht zu verletzen; vgl. auch § 133 III („anvertraut").

Beispiele für dienstlich verwahrte Sachen: gepfändete Sachen im Pfandlokal, Behörden- und Gerichtsakten, amtlich, z. B. nach einer Beschlagnahme (§ 94 StPO), verwahrte Führerscheine[181].

---

174 S. o. Rn. 81, 82.
175 OLG Nürnberg, NJW 2010, 2071.
176 *S/S/Sternberg-Lieben*, § 133 Rn. 1/2.
177 Dazu o. § 15 Rn. 35 ff.
178 Dazu o. § 22 Rn. 46 ff., 58 ff.
179 BGHSt 18, 312 (313) (Verwahrungsbruch).
180 So auch BGHSt 38, 381 (386).
181 Weitere Beispiele bei LK-*Krauß*, § 133 Rn. 18. Die der Bahn und Post übergebenen Sendungen befinden sich nach der Privatisierung dieser Unternehmen nicht mehr in dienstlicher Verwahrung; s. dazu z. B. *S/S/Sternberg-Lieben*, § 133 Rn. 6. In den MfS-Fällen (dazu, unter dem Gesichtspunkt der Drittzueignung, o. § 13 Rn. 119 f.) hat BGHSt 40, 8 (24 f.) wegen der beherrschenden Stellung des MfS Verwahrungsbruch der Bediensteten der früheren Deutschen Post abgelehnt; mit Recht kritisch *F.-C. Schroeder*, JR 1995, 95 (97).

92 An der spezifisch zweckbestimmten Verwahrung des § 133 I fehlt es dagegen bei Gegenständen des sog. **allgemeinen Amtsbesitzes**.

Dazu der BGH[182]**:** „Das hat die Rechtsprechung stets für Sachen angenommen, die einer Behörde zum Gebrauch oder Verbrauch im Amte zugewiesen sind, wie z. B. Brennstoffe, Formblätter und anderes Schreibmaterial, Einrichtungsgegenstände einer Amtsstelle und Werkzeug zur Erfüllung ihrer Aufgaben, Benzinmarken. Auch zur Veräußerung oder zur Vernichtung bestimmte Gegenstände betrifft § 133 StGB nicht. Ähnlich genießt Geld, das sich in öffentlichen Kassen befindet, in der Eigenschaft als vertretbare Sache (§ 91 BGB) nicht den Schutz des § 133 StGB, also z. B. dann nicht, wenn und solange es dem amtlichen Geschäftsverkehr dient oder wenn es zur Auszahlung bestimmt ist; denn dann soll es in seinen Stücken gerade nicht aufbewahrt, sondern verbraucht werden (§ 92 BGB). Sonst gingen Diebstahl, Unterschlagung oder Veruntreuung und selbst Raub von Geld aus öffentlichen Kassen in aller Regel mit Verwahrungsbruch einher, obwohl jene Straftaten ihren Angriff zwar gegen das öffentliche Eigentum oder Vermögen, jedoch nur selten zugleich gegen das Hoheitsrecht der betroffenen Behörde richten ..."

93 Der dienstlichen Verwahrung wird in § 133 II die kirchenamtliche gleichgestellt.

bb) Tathandlungen

94 Mit dem **Zerstören** und **Beschädigen** wird an die Sachbeschädigung (§ 303) angeknüpft; dazu und zu der in § 133 I darüber hinaus ausdrücklich genannten **Unbrauchbarmachung** o. § 12 Rn. 16 ff., 24 ff. – „Der dienstlichen Verfügung entzieht" eine Sache, wer dem dienstlich Berechtigten den Zugriff auf sie unmöglich macht, auch ohne Ortsveränderung, etwa durch Verstecken in den Amtsräumen[183].

b) Qualifikation, § 133 III

95 § 133 III enthält ein unechtes Amtsdelikt; § 28 II ist zu beachten.

c) Konkurrenzen

96 Entzieht der Täter fremde Sachen der dienstlichen Verfügung, so liegt bei Zueignung § 242 bzw. § 246 vor; Tateinheit (§ 52) mit § 133[184]. Häufig steht § 133 auch in Tateinheit mit § 274 I Nr. 1 (Schriftstücke) und § 303[185] (sonstige Sachen).

3. Verletzung amtlicher Bekanntmachungen, § 134

97 § 134 setzt im Gegensatz zu §§ 133 und 136 keinerlei hoheitliches Herrschaftsverhältnis über die Tatobjekte – dienstliche Schriftstücke, die zur Bekanntmachung öffentlich angeschlagen oder ausgelegt sind – voraus. **Geschützt** wird die bloße **Manifestation amtlichen Willens**[186].

---

182 BGHSt 18, 312 (314) (Verwahrungsbruch), jeweils mit Rspr.-Nachw. zu den angeführten Fällen; weiter in diesem Sinne BGHSt 33, 190 (193 f.); 38, 381 (386).
183 S. dazu näher z. B. *S/S/Sternberg-Lieben*, § 133 Rn. 15.
184 Bzgl. Diebstahl: RGSt 43, 175; bzgl. Unterschlagung: RGSt 59, 340; BGHSt 5, 295.
185 S. z. B. LK-*Krauß*, § 133 Rn. 42; *Fischer*, § 133 Rn. 16.
186 S. z. B. *Lackner/Kühl*, § 134 Rn. 1.

Die Tathandlung der Entstellung des Sinnes der Bekanntmachung liegt bereits im Übergangsbereich zur Amtsanmaßung, § 132; dazu nachstehend Rn. 100 ff. **98**

Dass die Verunstaltungsalternative zwar in § 134, nicht aber in § 303 I aufgenommen ist, hat der BGH[187] als Argument für seine Auffassung herangezogen, dass die bloße Veränderung des äußeren Erscheinungsbildes einer Sache (durch Kleben von Plakaten) in der Regel keine Sachbeschädigung ist[188]. Der Streit ist wegen § 303 II n. F. überholt. **99**

VI. Amtsanmaßung, Titelmissbrauch, §§ 132, 132a

1. Amtsanmaßung, § 132

a) Mittelbare Beeinträchtigung der Staatsgewalt

Die Täter der bislang behandelten Auflehnungsdelikte negieren das staatliche Gewaltmonopol durch Widerstand gegen Vollstreckungsorgane (§ 113), Störung des Vollzugs von Strafen und Maßnahmen (§§ 120 f., 145a, 145c, 21 StVG, 323b) oder Missachtung hoheitlicher Herrschaftsverhältnisse über Sachen (§§ 136, 133) und beeinträchtigen dadurch **unmittelbar** die Wirksamkeit staatlichen Handelns. **100**

Wer sich unbefugt mit der Ausübung öffentlicher Ämter befasst (§ 132), leugnet nicht die Verbindlichkeit staatlichen Handelns, sondern macht sich im Gegenteil die Tatsache zunutze, dass Hoheitsakte von den Bürgern in der Regel widerstandslos hingenommen werden. Die **Anmaßung** staatlicher Befugnisse birgt jedoch die Gefahr nachteiliger Rückwirkungen auf die Effektivität hoheitlichen Handelns: Nehmen Amtsanmaßungen überhand – z. B. bei verworrenen Machtverhältnissen in Revolutionszeiten –, so kann sich der Bürger mit einem gewissen Recht darauf berufen, er habe nicht an echtes, sondern an angemaßtes hoheitliches Handeln geglaubt und sich deshalb zum Widerstand berechtigt gehalten. Der Täter schädigt somit die Autorität des Staates und seiner Organe[189]. Dieser **mittelbaren Beeinträchtigung der Staatsgewalt** als Folge der Erschütterung des Bürgervertrauens in die Echtheit hoheitlicher Akte[190] soll mit § 132 begegnet werden[191]. Im Hinblick auf den kaum möglichen Nachweis der autoritätsgefährdenden Wirkung der einzelnen Amtsanmaßung ist § 132 als schlichtes Tätigkeitsdelikt und abstraktes Gefährdungsdelikt ausgestaltet. **101**

---

187 BGHSt 29, 129 (133).
188 Ablehnend o. § 12 Rn. 23 und *Maiwald*, JZ 1980, 256.
189 BGHSt 40, 8; LK-*Krauß*, § 132 Rn. 1.
190 Zur Staatsautorität als geschütztem Rechtsgut des § 132 s. z. B. BGHSt 3, 241; 40, 8 (15); LK-*Krauß*, § 132 Rn. 1; *Otto*, BT, § 89 Rn. 5; *S/S/Sternberg-Lieben*, § 132 Rn. 1; *Wessels/Hettinger*, BT 1, Rn. 607.
191 S. auch o. Rn. 3.

b) Der Tatbestand des § 132

102 Der Tatbestand weist zwei Begehungsformen auf: **(1)** die Befassung mit der Ausübung eines öffentlichen Amtes und **(2)** die Vornahme einer Handlung, die nur kraft eines öffentlichen Amtes vorgenommen werden darf. Jede dieser beiden Alternativen beeinflusst die Interpretation der anderen.

103 Aus (2) ist zu schließen, dass für (1) nicht das bloße Aufspielen als Amtsträger genügt, sondern auch insoweit eine „Amts"-Handlung vorgenommen werden muss[192].

> **Beispiel:** T gibt sich in der etwas abgelegenen Kreisgemeinde X als der neu gewählte Landrat aus und lässt sich vom Gemeinderat bewirten[193]. – Nicht § 132 ist erfüllt, sondern nur § 132a I Nr. 1, evtl. § 263.
>
> § 132 ist aber dann gegeben, wenn T in X „Amts"-Handlungen vornimmt, z. B. ein Bauvorhaben der Gemeinde genehmigt.
>
> Aus der Rechtsprechung: Das Vorzeigen eines Geldstücks als Dienstmarke[194] erfüllt den Tatbestand ebenso wenig wie das Vorspiegeln amtlicher Eigenschaft bei rein privater oder fiskalischer Tätigkeit[195].

104 Während der Täter in der Begehungsform **(1)** sozusagen aufs Ganze geht und sich **Amt und Amtshandlung** anmaßt, gibt er sich in der Alternative **(2)** bescheidener und usurpiert nur die **Amtshandlung**[196]. Ob der Täter bei der Begehungsform (1) ein anderes Amt innehat, ist irrelevant. Es ist nur darauf abzustellen, ob sich der Täter als Inhaber eines öffentlichen, nicht notwendigerweise tatsächlich existierenden Amtes ausgibt, das er in Wirklichkeit nicht bekleidet[197]. Die Staatsautorität wird allerdings auch in diesem Falle nur beeinträchtigt, wenn der Täter den Eindruck hoheitlichen Handelns hervorruft[198], die Tat also ein Restelement der ersten Begehungsform aufweist.

> **Beispiel:** T durchsucht die Wohnung des O in dessen Anwesenheit und nimmt Sachen an sich, die der O gestohlen hat. – § 132 ist erfüllt, wenn T den Eindruck erweckt, es handle sich um eine Haussuchung und Beschlagnahme nach §§ 102, 94 StPO. Nicht dagegen § 132, wenn erkennbar ist, dass T als Privatmann die ihm von O gestohlenen Sachen wieder abholt.

105 Zu beachten ist, dass es Handlungen gibt, die jedenfalls als Fernwirkung zwangsläufig immer den Anschein amtlicher Herkunft hervorrufen, auch wenn sie von den unmittelbar Wahrnehmenden als Privathandlungen erkannt werden. Sie werden von der 2. Alternative des § 132 erfasst.

---

192 Vgl. z. B. *Blei*, BT, § 115 I; *Maurach/Schroeder/Maiwald*, BT 2, § 80 Rn. 5.
193 Vergleichbare, unnachahmlich geschilderte Situation in der Komödie „Der Revisor" von *Nikolaj Gogol*.
194 BGH, GA 1967, 114.
195 BGHSt 12, 30.
196 S. z. B. *Maurach/Schroeder/Maiwald*, BT 2, § 80 Rn. 5.
197 RGSt 18, 430; BGHSt 3, 241.
198 S. z. B. BGHSt 40, 8 (13); *Otto*, BT, § 89 Rn. 8.

Amtsanmaßung, Titelmissbrauch, §§ 132, 132a § 45 Rn. 106–108

Beispiel: (1) Der angetrunkene T stellt nachts im Beisein seines Freundes F ein Verkehrszeichen auf[199]. – Zwar wird gegenüber F nicht der Anschein hoheitlichen Handelns erweckt, wohl aber bei den später das Schild passierenden Verkehrsteilnehmern. – T = § 132; es ist nicht erforderlich, dass T den Adressaten des Schildes als Handelnder erkennbar ist.

(2) Der grafisch begabte T stellt für Kfz-Fahrer, denen die Fahrerlaubnis entzogen ist, Führerscheine her. – § 132 ist erfüllt, weil zwar nicht bei den Erwerbern dieser Falsifikate, wohl aber bei den später kontrollierenden Polizeibeamten der Eindruck amtlicher Herkunft der Papiere erweckt wird.

Aus der Rechtsprechung: (1) Ein sich als Feldjäger der Bundeswehr ausgebender Täter, der durch „Beschlagnahme" eine Sache erlangt, ist nicht nach § 132 StGB strafbar. Denn die Ausübung militärischer Hoheitsbefugnisse und die Wahrnehmung militärischer Aufgaben sind regelmäßig nicht dem Begriff des „öffentlichen Amtes" i.S. des § 132 StGB zuzuordnen; Soldaten sind keine Amtsträger im strafrechtlichen Sinne. Handelt der Täter aber nicht nur unter Vortäuschung seiner Zugehörigkeit zu den Soldaten oder dem zivilen Personal der Bundeswehr, sondern beansprucht er zusätzlich „Amtsbefugnisse" als Feldjäger, kommt eine Strafbarkeit gem. § 132 Var. 2 StGB in Betracht[200].

(2) Für die Strafbarkeit wegen Amtsanmaßung gem. § 132 Var. 2 StGB reicht es aus, dass die Handlung des Täters objektiv als hoheitlich erscheint und deswegen mit einer rechtmäßigen Amtshandlung verwechselt werden kann. Der Annahme einer solchen Verwechslungsgefahr steht nicht entgegen, dass einzelne außenstehende Beobachter erkannt haben, dass es sich nicht um eine Diensthandlung handelte[201].

106 Die Staatsautorität wird nicht nur dann tangiert, wenn Nichtbeamte nach § 132 handeln, sondern auch dann, wenn Amtsträger Handlungen vornehmen, zu denen sie nicht befugt sind[202].

Beispiele: Rechtsreferendar erlässt Haftbefehl, Rechtspfleger scheidet eine Ehe.

107 Zum Verhältnis der beiden Begehungsformen des § 132 zueinander herrscht i. E. weitgehende Einigkeit, dass die erste Alternative der zweiten vorgeht, entweder bereits auf Tatbestandsebene oder im Wege der Gesetzeskonkurrenz (lex specialis)[203].

2. Missbrauch von Titeln, Berufsbezeichnungen und Abzeichen, § 132a

108 § 132a weist nur noch eine sehr schwache Beziehung zu den Auflehnungsdelikten auf: In den Nrn. 1 und 4[204] des Abs. 1 kann man im Vorfeld des § 132 liegende Taten erblicken[205], welche die Staatsautorität noch we-

---

199 Bezüglich des Aufstellens und Abänderns amtlicher Verkehrszeichen durch eine Privatperson vgl. OLG Köln, NJW 1999, 1042.
200 BGH, NJW 2011, 849.
201 OLG Celle, SVR 2014, 240; vgl. zum Einsatz blauen Blinklichts durch Private auch KG, NStZ-RR 2013, 172.
202 BGHSt 3, 241 (244); 12, 85 (86).
203 S. dazu die Nachw. bei LK-*Krauß*, § 132 Rn. 43.
204 Zur Wirkung der Uniform auf Deutsche, namentlich Preußen (jedenfalls früher): „Der Hauptmann von Köpenick" von *Carl Zuckmayer*.
205 In diesem Sinne auch *Maurach/Schroeder/Maiwald*, BT 2, § 80 Rn. 3.

niger greifbar gefährden als die Amtsanmaßung (dazu o. Rn. 101). Dies gilt aber nur für die Führung **inländischer** Amtsbezeichnungen, denn die Usurpation ausländischer Staatstätigkeit wird von § 132 nicht erfasst[206]. Im Übrigen ist die Schutzrichtung des § 132a ziemlich diffus und nicht auf einen Nenner zu bringen, wie die abweichenden Stellungnahmen in der Literatur zeigen: Schutz des Vertrauens der Bevölkerung in die „Echtheit" der (in Abs. 1 Nr. 2 u. 3 genannten) Berufsträger[207]; genereller Schutz der Allgemeinheit vor Hochstaplern[208], genauer vor dem Auftreten von Personen, die sich durch nicht „verdienten" Gebrauch von Bezeichnungen den Schein besonderer Funktionen, Fähigkeiten oder von Vertrauenswürdigkeit geben[209] (Vorfeldschutz z. B. gegenüber § 263 oder §§ 223 ff., unerlaubte Heilbehandlung).

109   Wie wichtig dem deutschen Recht der Schutz von Titeln, Würden, Orden, Ehrenzeichen, Berufstrachten usw. ist, zeigen zahlreiche den § 132a ergänzende Bußgeldtatbestände, z. B. § 126 OWiG[210].

---

206 S. z. B. *S/S/Sternberg-Lieben*, § 132 Rn. 1; SK-*Rudolphi/Stein*, § 132 Rn. 5 i. E. auch ablehnend bei Ämtern in solchen überstaatlichen Organisationen, denen die Bundesrepublik hoheitliche Befugnisse übertragen hat, z. B. der EU.
207 So SK-*Rudolphi*, § 132a Rn. 2.
208 So z. B. *Otto*, BT, § 89 Rn. 14; *S/S/Sternberg-Lieben*, § 132a Rn. 3.
209 BGHSt 31, 62; 36, 277; *Blei*, BT, § 115 II.
210 Weitere Nachweise zum Ordnungswidrigkeitenrecht bei *Fischer*, § 132a Rn. 30, und *S/S/Sternberg-Lieben*, § 132a Rn. 2.

§ 46 Nichtanzeige geplanter Straftaten, §§ 138, 139

Literaturhinweise: *Schmidhäuser*, Über die Anzeigepflicht des Teilnehmers, Bockelmann-FS 1979, S. 683; *Schöne*, Unterlassene Erfolgsabwendung und Strafgesetz, 1974; *J. Schwarz*, Die unterlassene Verbrechensanzeige, 1968; *Tag*, Nichtanzeige geplanter Straftaten, unterlassene Hilfeleistung oder Freispruch?, JR 1995, 133; *Westendorf*, Die Pflicht zur Verhinderung geplanter Straftaten durch Anzeige, 1999.

Zur Examensbedeutung: Bei § 138 handelt es sich um eines der seltenen echten Unterlassungsdelikte. Es besteht ein gewisses Risiko, dass Grundfragen des AT ins Gewand eines § 138-Falles eingekleidet und so geprüft werden!

Übersicht

		Rn.
I.	Rechtsgut und kriminalpolitische Vorbemerkung	1
	1. Rechtsgut	1
	2. Zur Kriminalpolitik	6
II.	§§ 138, 139 im Einzelnen	8
	1. Der Gegenstand der Mitwisserschaft, insbesondere die anzeigepflichtigen Straftaten	8
	2. Grad der Mitwisserschaft	10
	3. Interventionspflicht des Mitwissers, insbesondere seine Anzeigepflicht	11
	4. Unzumutbarkeit der Intervention, § 139 II, III	15
	5. Vorsatz, Leichtfertigkeit und Irrtum	18
	6. Konkurrenzen, Wahlfeststellung	20

I. Rechtsgut und kriminalpolitische Vorbemerkung

1. Rechtsgut

§ 138 verpflichtet denjenigen zur Anzeige **(Denunziation)**, der von bestimmten bevorstehenden schweren Straftaten erfährt („Katalogtaten"). Die kriminalpolitische Einschätzung dieser **Kriminalisierung des schweigenden Mitwissers** hängt von der Klärung des Rechtsguts ab. Die Vorschrift beruht auf **drei Grundgedanken**. Das Schrifttum[1] neigt dazu, einen dieser Aspekte mehr oder weniger einseitig in den Vordergrund zu rücken, 1

---

[1] Zur Kombination der im Text bei (1) und (2) aufgeführten Gesichtspunkte *Schwarz*, S. 29 ff. m.w.N. – *Schmidhäuser*, Bockelmann-FS 1979, S. 683 (689 f.) wendet sich zwar gegen eine „monistische" Rechtsgutsbetrachtung, will aber dennoch nur den im Text bei (1) angeführten Aspekt berücksichtigen.

wobei sich dann entsprechende Verzerrungen bezüglich der kriminalpolitischen und dogmatischen Beurteilung ergeben.

Grundgedanke (1) liegt im **Solidarisierungsgebot mit dem** von den geplanten Verbrechen bedrohten **Rechtsgutsträger**. Wenn durch Anzeige, also mit wenig Aufwand, so schwere Schäden abgewandt werden können, verstößt der Mitwisser durch sein Unterlassen der Anzeige gegen ein Minimum an Nächstenliebe[2]. Insofern ist § 138 mit **§ 323c** eng verwandt. Diese Verwandtschaft kommt in § 286 StGB (Österreich) noch stärker zum Ausdruck, weil dort eine Verhinderungspflicht bei einer im Gang befindlichen Straftat normiert wird[3]. Dogmatisch wird diese Verwandtschaft darin sichtbar, dass § 138 wie § 323c als **echtes Unterlassungsdelikt** zu begreifen ist.

2   Da echte Unterlassungsdelikte im StGB Raritäten darstellen, ist die theoretische Grundlage des § 138 eingehend untersucht worden. Dabei sind viele künstliche Streitfragen entstanden. § 138 verlangt (primär) Anzeige. Ob von dieser „schlichten Tätigkeit" ein Erfolg i. S. der Herbeiführung der Information der Behörde abgetrennt werden kann, ist umstritten. Richtig dürfte es sein, schon diese Aufspaltung als gekünstelt abzulehnen und § 138 als Gebot einer schlichten Tätigkeit zu betrachten[4]. – Weitergehend wird behauptet, Norminhalt des § 138 sei Abwendung des verbrecherischen Vorhabens und die Anzeige nur das Mittel zu diesem Zweck. Auch diese von *Rudolphi*[5] in Anlehnung an *Schöne*[6] eingehend begründete Differenzierung läuft auf ein Scheinproblem hinaus. Einerseits versteht sich, dass die Anzeige nicht Selbstzweck ist, sondern der Abwendung des verbrecherischen Vorhabens dienen soll und im Lichte dieses weitergehenden Zweckes auszulegen ist. Andererseits sollte sich aber verstehen, dass die Norm des § 138 dem Mitwisser eben nicht die Verhütung des verbrecherischen Vorhabens gebietet, sondern nur die Information der Behörde bzw. des Bedrohten. Wenn z. B. die Behörde auf die Anzeige hin nicht angemessen reagiert, ändert dies nichts daran, dass der Mitwisser seine Schuldigkeit getan hat. Der Mitwisser schuldet – um eine zivilrechtliche Parallele zu gebrauchen – eine auf Vereitelung des Verbrechens gerichtete bestimmte Dienstleistung. Er schuldet nicht die Vereitelung als „Werk" oder, strafrechtlich gesprochen, als Erfolg.

---

2   Treffend, wenn auch zu einseitig, *Otto*, BT, § 67 Rn. 1, 24 (wie 323c ein Delikt „gegen die mitmenschliche Solidarität"); zur Abgrenzung zu § 323c *Schöne*, S. 168 ff. Nach BGHSt 42, 86 (88) schützt § 138 „mittelbar die von den Katalogtaten betroffenen Rechtsgüter", Hervorhebung nicht im Original.
3   Dazu o. § 39 Rn. 9, 23. Die **Schweiz** hat sich auf Bundesebene gegen eine Denunziationspflicht entschieden; vereinzelt finden sich im kantonalen Übertretungsstrafrecht entsprechende Tatbestände.
4   *Baumann/Weber/Mitsch*, § 15 Rn. 7; dagegen *Westendorf*, S. 86 ff.
5   SK-*Rudolphi/Stein*, § 138 Rn. 2 ff.
6   *Schöne*, S. 115 ff.

Grundgedanke (2) liegt im **Solidarisierungsgebot mit der Straf-** 3
rechtspflege. Es geht in § 138 nicht nur darum, dass schwere Rechtsgutseinbußen mit einem Minimum an Aufwand verhindert werden können,
sondern um Rechtsgutseinbußen infolge strafbarer Handlungen und Abwendung durch Anzeige. Der Bürger muss prinzipiell nicht aktiv für die
Strafrechtspflege Partei ergreifen und die Strafverfolgungsorgane unterstützen. § 138 ist eine Ausnahme von diesem Prinzip. Dogmatisch kommt
dies durch die Einstellung der Bestimmung in den Abschnitt „Straftaten
gegen die öffentliche Ordnung" zum Ausdruck und durch die Nähe zu
§ 142. Die Wartepflicht am Unfallort ist (auch) als eine sonst prinzipiell
unserem Recht unbekannte Pflicht zur Förderung der Rechtspflege zu verstehen. Psychologisch wichtiger als Parallelen zu § 142 ist das **Verhältnis
zu § 164:** § 138 verlangt eine richtige Denunziation; nach § 164 ist eine falsche Verdächtigung zu bestrafen[7].

Zum **Ausnahmecharakter des § 138** oder zur Fixierung nur eines Minimums an
Solidarisierungspflicht mit der Rechtspflege ist darauf zu verweisen, dass der Bürger
nach einer begangenen Straftat grundsätzlich nicht verpflichtet ist, die Strafverfolgungsorgane zu unterstützen. § 258 enthält z. B. nur ein Verbot, die Strafverfolgung
zu behindern[8]. Die Zeugenpflichten setzen erst ein, nachdem jemand als Zeuge „gefunden" (geladen) worden ist. §§ 153 ff. gehen ins Leere, wenn sich jemand, der
Zeuge einer Straftat geworden ist, nicht meldet.

Grundgedanke (3) ist nicht so augenfällig: In § 138 steckt eine abge- 4
schwächte Garantiepflicht gegenüber dem bedrohten Rechtsgut bzw. dem
das Rechtsgut bedrohenden Straftäter. Der typische Mitwisser nach § 138
ist ein halber Garant.

Man stößt auf diesen Aspekt, wenn man sich fragt, wer denn typischerweise Mitwisser von verbrecherischen Vorhaben wird. Atypischerweise mag ein Gast mithören, wie am Nebentisch ein Mordkomplott ausgeheckt wird. Typischerweise wird
derjenige Mitwisser, der zu Täter oder/und Opfer in einem gewissen **Näheverhältnis** steht. Erfüllt dieses Näheverhältnis die an eine Garantenstellung zu knüpfenden
Voraussetzungen, ist der Mitwisser als Garant nach § 13 zum Schutz des Rechtsguts
und damit zur Verhinderung der Straftat verpflichtet. Wie es stärkere und schwächere Garantenstellungen gibt, gibt es auch „halbe" Garantenstellungen, die für eine
Haftung wegen einer unechten Unterlassungstat nach § 13 nicht genügen[9]. Derartige halbe Garantenstellungen bilden den typischen Anwendungsbereich des § 138.
Verwandte mögen untereinander keine „Hüter" in dem Sinne sein, dass sie Straftaten eines Angehörigen verhindern müssten und – wenn sie es nicht tun – zu Garanten gegenüber den von der Straftat bedrohten Rechtsgütern werden. Angehörige des
Täters (seltener des Opfers) sind jedoch typische Mitwisser und damit zur Verhütung der Tat nicht über ein unechtes, wohl aber über das echte Unterlassungsdelikt
des § 138 verpflichtet[10]. Ähnliches gilt für das Verhältnis Vermieter/Mieter oder im
Verhältnis von Arbeitnehmern untereinander und zum Arbeitgeber.

---

7 Zum Denunziantentum s. u. § 48 Rn. 3.
8 S. o. § 26 Rn. 3 ff.
9 Näher zu stärkeren und schwächeren Garantenstellungen und der Addition verschiedener „halber" Garantenstellungen zu einer ganzen Garantenstellung *Arzt*, JA 1980, 553 (555); 647 (649).
10 Typisch BGHSt 19, 295 und OGHSt 3, 1.

5   **Zusammenfassend** ergibt sich als Rechtsgut des § 138 eine elementare Solidarisierungspflicht sowohl mit den durch die Katalogtaten bedrohten Opfern als auch mit der auf Verbrechensprävention gerichteten Strafrechtspflege. Diese Pflicht ist beim typischen Mitwisser durch sein besonderes Näheverhältnis zu Täter oder Opfer der geplanten Straftat gesteigert. – Im Ergebnis weitgehend ebenso die h. M., doch wird vielfach der hier an erster Stelle genannte Aspekt verabsolutiert.

2. Zur Kriminalpolitik

6   § 138 spielt mit 21 abgeurteilten (18 verurteilten) Personen pro Jahr[11] zahlenmäßig in der Praxis eine ganz untergeordnete Rolle[12]. – Zu vermuten ist, dass bei mancher Verurteilung wegen Mitwisserschaft und Nichtanzeige der weitergehende **Verdacht einer echten Beteiligung** an dem verbrecherischen Vorhaben besteht[13]. Dafür spricht der hohe Anteil der Vorbestraften bei den nach § 138 Abgeurteilten.

7   Kriminalpolitisch ist die minimale Solidarisierungspflicht mit der Rechtspflege unbedenklich, zumal sie durch Zumutbarkeitserwägungen relativiert wird, § 139. Hervorzuheben ist jedoch, dass § 138 keine Befugnisse verleiht, insbesondere **keine Zwangseingriffe in Rechte Dritter gestattet**, sondern nur Pflichten auferlegt. Der Bürger, der einen vagen Verdacht schöpft, dass ein anderer eine Straftat plant, mag sich an die Polizei wenden. Selbstverständlich hält § 138 niemanden dazu an, sich über geplante Straftaten nähere Kenntnisse zu verschaffen. § 138 legitimiert nicht zu irgendwelchen Eingriffen in Rechte Dritter mit dem Ziel, glaubhafte Informationen zu sammeln. Eingriffsbefugnisse, insbesondere in Rechtsgüter des Straftatverdächtigen, können sich aus der Nothilfe nach § 32 II ergeben, z. B. wenn die Gefahr so intensiv ist, dass sie durch eine Anzeige oder Warnung des Opfers nicht rechtzeitig abgewendet werden kann. Nothilfe ist nach ganz h. M. nur zugunsten eines konkreten Opfers zulässig, nicht zugunsten des Staates oder der Allgemeinheit. Wir wollen nicht, dass sich unsere Bürger als Hilfssheriffs an der Kriminalitätskontrolle beteiligen, und „die anderen" überwachen und verfolgen. Von diesem Grundsatz macht § 138 keine Ausnahme.

II. §§ 138, 139 im Einzelnen

1. Der Gegenstand der Mitwisserschaft, insbesondere die anzeigepflichtigen Straftaten

8   Die anzeigepflichtigen Straftaten sind im Katalog des § 138 I im Einzelnen aufgezählt. § 138 II bezieht auch § 89a und § 129a (in Verbindung mit § 129b I 1 und 2) ein, wobei mit „Ausführung" das Organisationsdelikt als solches gemeint ist, also nicht die von der terroristischen Vereinigung in

---

11   Die Zahlen beziehen sich auf 2012; Statistisches Bundesamt, Fachserie 10, Reihe 3.
12   Im Jahr 2005 (Angaben für 1997 bzw. 1980 als Vergleichsjahre in Klammern) waren es 20 (27; 32) Abgeurteilte, 12 (16; 24) Verurteilte, darunter 4 (6; 14) Vorbestrafte (Strafverfolgungsstatistik 1997 und 2005; Angaben für 1980 nach LH 5 Rn. 213). 2011 gab es bei Erwachsenen 8 Aburteilungen und 8 Verurteilungen, davon gab es bei 5 bereits frühere Verurteilungen (Statistisches Bundesamt, Fachserie 10, Reihe 3).
13   Dazu u. Rn. 23.

Aussicht genommenen Straftaten. – Anzeigepflichtig sind auch die **Vorhaben schuldunfähiger Täter**; vgl. § 138 III („rechtswidrige Tat") und § 11 I Nr. 5.

Nach richtiger, freilich umstrittener Ansicht[14] genügt Kenntnis von **Teilnahmehandlungen** an den Katalogtaten, um die Anzeigepflicht auszulösen. – Da das Gesetz vom „Vorhaben" spricht, besteht Anzeigepflicht schon im Stadium des § 30 II[15].

Zweifelhaft ist die Anzeigepflicht beim **untauglichen Vorhaben**. Das Problem stellt sich, wenn der Mitwisser, nicht aber der planende Täter die Untauglichkeit des Vorhabens durchschaut. Wer den Aspekt der Solidarisierung mit der Rechtspflege ganz in den Vordergrund rückt, wird die Anzeigepflicht unproblematisch bejahen. Aber auch wer die Bedrohung des Rechtsgutsträgers mit ins Kalkül einbezieht, kann zur Bejahung der Anzeigepflicht kommen, weil das Risiko groß ist, dass der planende Täter die Untauglichkeit seines Angriffs bemerkt und auf taugliche Mittel übergeht, ohne dass dies dem Mitwisser bekannt wird[16].

9

2. Grad der Mitwisserschaft

§ 138 gebraucht in Abs. 1 und Abs. 2 die Formulierung „glaubhaft erfährt", in Abs. 3 „glaubhaft erfahren hat", um den Informationsstand des Mitwissers zu kennzeichnen. Danach genügt ein vager Verdacht oder eine „unbestimmte Vermutung"[17] nicht. Sichere Kenntnis ist ebenfalls nicht erforderlich. Bruchstückweise Mitwisserschaft genügt, insbesondere ist nicht erforderlich, dass Mitwisser den Täter kennt, s. u. Rn. 18 f.

10

3. Interventionspflicht des Mitwissers, insbesondere seine Anzeigepflicht

Der Mitwisser ist nach § 138 I grundsätzlich zur Anzeige „gegenüber der Behörde oder (!) dem Bedrohten" verpflichtet. Daraus folgt, dass der Bedrohte nicht zur Anzeige gegenüber der Behörde verpflichtet ist[18]. – Die Anzeigepflicht besteht nur, wenn die Straftat durch dieses Eingreifen des Mitwissers „noch abgewendet werden kann". Zweifel bezüglich der Abwendbarkeit kommen dem Mitwisser zugute (in dubio pro reo), wobei zu beachten ist, dass bei § 138 der Versuch nicht strafbar ist. Man wird jedoch

11

---

14 Überzeugend LK-*Hanack*, § 138 Rn. 9; ebenso MüKo-*Hohmann*, § 138 Rn. 7; zur Gegenansicht *Maurach/Schroeder/Maiwald*, BT 2, § 98 Rn. 13.
15 Für Einbeziehung ernstlicher Pläne (ohne Rücksicht darauf, ob die planenden Täter schon das Vorbereitungsstadium überschritten haben) LK-*Hanack*, § 138 Rn. 6 f.
16 Nachweise pro et contra bei *Schöne*, S. 126 ff., der der statischen Betrachtung folgt (untaugliches Vorhaben ist ungefährlich) und die im „Vorhaben" liegende Dynamik (Übergang zu tauglichem Angriff) ignoriert; **Beispiel** BGHSt 42, 86 (vgl. zur Untauglichkeit *Lagodny*, JZ 1997, 49).
17 RGSt 71, 385.
18 Dass das Opfer nicht anzeigepflichtig ist, zeigt, dass man die Solidarisierungspflicht mit der Rechtspflege nicht einseitig in den Vordergrund rücken darf, zu weitgehend sind die Bedenken von *Maurach/Schroeder/Maiwald*, BT 2, § 98 Rn. 17 bei Tötungsdelikten.

12 grundsätzlich davon ausgehen können, dass ein dem Opfer oder der Polizei bekanntes verbrecherisches Vorhaben auch vereitelt werden kann.

12 Die Intervention ist bei § 138 im Allgemeinen wesentlich weniger dringlich als bei § 323c[19]. Gerade weil die Anzeige auf Tatverhinderung zielt, folgt schon aus § 139 IV 1, dass der Anzeigepflichtige normalerweise nicht sofort handeln muss, sondern verschiedene Interventionsmöglichkeiten abwägen darf. Verfehlt ist jedoch das **zweistufige Modell**, das der BGH[20] entwickelt hat. Einerseits wird dem Anzeigepflichtigen das Zuwarten zeitlich unbegrenzt (!) gestattet, also sogar noch über den Zeitpunkt hinaus, zu dem nach Ansicht des Anzeigepflichtigen die Tat ausgeführt werden sollte. Andererseits wird der Ausnutzung dieses Verzögerungsrechts eine erste Stufe vorgelagert, nämlich die „unverzügliche Anzeige". Bei Zögern, d. h. bei Überschreitung dieser ersten Stufe, überbürdet der BGH dem Anzeigepflichtigen, „der nicht unverzüglich Anzeige erstattet ... das Risiko ..., daß seine Anzeige zu spät kommt, die Tat nicht mehr verhindert wird". Tat ist in diesem Sinne schon der Versuch, dagegen noch nicht eine strafbare Vorbereitungshandlung. – Es ist klar, dass **Parallelen zum unechten Unterlassungsdelikt** bestehen, wo jedoch mit Versuch und Fahrlässigkeit differenzierende Lösungen zur Verfügung stehen. Sofern § 138 nicht vorliegt, wenn trotz hochriskanten Zuwartens die Anzeige mit viel Glück die Tat noch verhindert, muss man daraus die Konsequenz ziehen, dass der zögernde Anzeigepflichtige solange keinen Pflichtverletzungsvorsatz hat, solange er glaubt, es sei noch nicht zu spät. Kommt die Anzeige objektiv zu spät, liegt nur eine (nicht strafbare) fahrlässige Pflichtverletzung vor. Diese Konsequenz ist freilich praktisch unerträglich. Das zeigt, dass dem Pflichtigen ein enger zu begrenzender Spielraum einzuräumen ist. Eine engere zeitliche Begrenzung legt auch der Charakter als „In-Gefahr-Lassungsdelikt" (*F. C. Schroeder*) nahe[21].

Von der Abwendbarkeit durch Anzeige scharf zu trennen ist die Frage, ob auch eine Anzeigepflicht besteht, wenn die **Behörde schon Kenntnis** vom verbrecherischen Vorhaben **hat**. Dies wird allgemein verneint[22], ist aber zweifelhaft. Eine Anzeige wird i. d. R. nicht schon deshalb unsinnig, weil das verbrecherische Vorhaben (vielleicht) schon von einem anderen angezeigt worden ist[23].

13 § 139 IV 1 eröffnet dem Mitwisser Straffreiheit, wenn er die Tat auf andere Weise als durch Anzeige abwendet, z. B. indem er dem Täter das Vor-

---

19 Zur Pflicht zu sofortiger Hilfe bei § 323c, wenn Zuwarten ex ante betrachtet die Risiken erhöht, s. o. § 39 Rn. 17.
20 BGHSt 42, 86 (88).
21 *Maurach/Schroeder/Maiwald*, BT 2, § 98 Rn. 7. – Zu BGHSt 42, 86 *Puppe*, NStZ 1996, 597 (zur Widersprüchlichkeit des zweistufigen Modells); *Lagodny*, JZ 1997, 48; *Ostendorf*, JZ 1997, 1107 und *Loos/Westendorf*, Jura 1998, 403.
22 Vgl. BGH, Beschluss vom 12.12.2013, Az. 3 StR 210/13.
23 Wenn § 138 ein Gefahrverminderungsgebot enthält, erhöht jede zusätzliche Information bzw. Anzeige die Chance für die Vereitelung des verbrecherischen Vorhabens. Im Sinne der h. M. RGSt 71, 385 (387); *Schwarz*, S. 48 ff.

haben ausredet. Nach h. M.[24] ist § 139 IV 1 als ein persönlicher Strafaufhebungsgrund zu verstehen. Richtiger dürfte § 139 IV 1 als Klarstellung bezüglich des Zeitpunktes der Anzeigepflicht zu interpretieren sein. Solange der Mitwisser durch Einreden auf den Täter oder durch Anzeige die Tat verhindern kann, kann er wählen, welchen Weg er gehen will. Sind die Bemühungen des Mitwissers, die Tat anders als durch Anzeige zu verhüten, erfolgreich (oder glaubt der Mitwisser irrig, seine Bemühungen seien erfolgreich gewesen!), hat er keine glaubhafte Kenntnis von einem verbrecherischen Vorhaben.

Beispiel (Mörder und Mitwisser): 14
(1) T plant die Ermordung des O; M erfährt von seinem Vorhaben. M redet dem T den Plan erfolgreich aus. – T straflos, weil Vorbereitungshandlungen nicht mit Strafe bedroht sind; M straflos nach § 139 IV 1.

(2) Wie (1), doch glaubt M irrig daran, er habe T den Plan ausgeredet. In Wirklichkeit verfolgt T sein Vorhaben zunächst weiter, gibt es aber später aus anderen Gründen auf. – T straflos wie zuvor. M nach hier vertretener Ansicht straflos, weil er infolge seiner Intervention keine glaubhafte Kenntnis (mehr) hat und folglich nicht (mehr) anzeigepflichtig ist. Jedenfalls ist M straflos nach § 139 IV 2.

(3) Wie (2), doch begeht T den Mord. – T strafbar nach § 211; M nach hier vertretener Ansicht straflos, weil seine Intervention zum Wegfall der glaubhaften Kenntnis von einem Mordplan führt und er zur Anzeige vor der Intervention nicht verpflichtet war, wenn eine Anzeige für den Fall ergebnisloser anderweitiger Bemühungen noch rechtzeitig gewesen wäre. Nach h. M. ist M allerdings strafbar, da § 139 IV zu seinen Gunsten nur eingreift, wenn die Tat verhindert wird. Der Anzeigepflichtige, der die Anzeige unterlässt, trägt also das Risiko der Abwendung der Tat.

4. Unzumutbarkeit der Intervention, § 139 II, III

Zur Anzeigepflicht des Tatbeteiligten bzw. des der Tatbeteiligung Verdächtigen s. u. Rn. 21 ff. – § 139 II ist aus sich heraus verständlich. Die Bestimmung enthält einen mittelbaren Schutz des **Seelsorgegeheimnisses**. Die Nichtaufnahme der Seelsorger in den Kreis der Schweigepflichtigen nach § 203 erklärt sich daraus, dass es der Staat nicht als seine Aufgabe ansieht, die Pfarrer zu disziplinieren. Der Staat respektiert das Seelsorgegeheimnis in § 139 II, vgl. auch §§ 53 I 1 Nr. 1, 97 I Nr. 1 StPO. Es ist aber nicht Aufgabe des Staates, dieses Geheimnis durchzusetzen. 15

Andere Personen, die nach § 203 schweigepflichtige Berufe ausüben, stellt § 139 III 2 den Angehörigen gleich. 16

§ 139 III 1 ist schon im Zusammenhang mit der „halben" Garantenstellung des typischen Mitwissers angesprochen worden, s. o. Rn. 4. Die Bestimmung konkretisiert den allgemeinen Gedanken der Unzumutbarkeit, der bei den unechten und echten Unterlassungsdelikten die Rechtspflicht 17

---
24 Wie hier *Schmidhäuser*, BT, 16/14. – Für bloßen persönlichen Strafaufhebungsgrund LK-*Hanack*, § 139 Rn. 37, der aber Ausschluss des Tatbestandes als „vorherrschende Meinung" bezeichnet.

eingrenzt, also als Tatbestands-, jedenfalls Rechtswidrigkeitskorrektiv wirkt (sehr streitig, nach a. A. soll auch bei den Unterlassungsdelikten die Unzumutbarkeit nur entschuldigen).

5. Vorsatz, Leichtfertigkeit und Irrtum

18 § 138 erfordert grundsätzlich Vorsatz. Nach § 138 III genügt **Leichtfertigkeit**, d. h. grobe Fahrlässigkeit (s. o. § 17 Rn. 30) bezüglich des Unterlassens der Anzeige. Im Übrigen, also insbesondere bezüglich der Kenntnis des verbrecherischen Vorhabens, bleibt es beim Vorsatzerfordernis.

> § 138 III ist ganz verfehlt. Wenn man überhaupt Leichtfertigkeit kriminalisieren will, sollte vom Boden der (hier in Rn. 19 abgelehnten) subjektiven Interpretation der glaubhaften Kenntnis der von § 138 III nicht erfasste Fall im Vordergrund stehen, dass der Mitwisser seine glaubhaften Informationen leichtfertig als nicht glaubwürdig „verdrängt" und deshalb die Anzeige unterlässt oder leichtfertig davon ausgeht, die Anzeige sei von einem anderen Mitwisser erstattet worden. Dagegen ist kein Strafbedürfnis für den von § 138 III erfassten Fall gegeben, in dem der Mitwisser leichtfertig vergisst, die Anzeige abzusenden o. Ä.

19 Vorsatz setzt die richtige Erfassung des verbrecherischen Vorhabens in laienhafter Parallelwertung voraus. Grundsätzlich genügt bedingter Vorsatz. Besonderheiten gelten bezüglich der „glaubhaften Kenntnis". Dieser zwischen vagem Verdacht und sicherer Kenntnis anzusiedelnde Informationsstand muss objektiv gegeben sein. Werden diese Informationen subjektiv vom Mitwisser richtig erfasst, ist das glaubhafte Kenntnis, ohne Rücksicht darauf, ob der Mitwisser die Informationen glaubt[25]. Der Sache nach entspricht dies weitgehend einer dem dolus eventualis vergleichbaren Erwartung des Mitwissers, dass es für den Fall seines Nichteingreifens möglicherweise zur Ausführung des Vorhabens kommen werde.

> Die **irrige Annahme** des Mitwissers, trotz seiner glaubhaften Kenntnis des Vorhabens und dessen Abwendbarkeit durch Anzeige bestehe **keine Anzeigepflicht**, ist ein § 17 zuzuordnender Fall des Gebotsirrtums[26]. – **Irrige Annahme** eines **anzeigepflichtigen Vorhabens** und Untätigkeit des vermeintlichen Mitwissers ist (konstruktiv) untauglicher **Versuch** nach § 138, der straflos ist[27].

6. Konkurrenzen, Wahlfeststellung

20 Trifft den Mitwisser eine Garantenpflicht, verdrängt das stärkere unechte Unterlassungsdelikt das echte Unterlassungsdelikt des § 138. Vorsicht: Aus § 138 darf nicht eine Garantenstellung „aus Gesetz" für ein unechtes Unterlassungsdelikt abgeleitet werden, denn sonst würden alle echten Unterlassungsdelikte auf diesem Wege in unechte Unterlassungsdelikte „übersetzt" werden.

---

25 Zutreffend gegen weitgehende Subjektivierung *Maurach/Schroeder/Maiwald*, BT 2, § 98 Rn. 19 in Auseinandersetzung mit der Gegenansicht von LK-*Hanack*, § 138 Rn. 15 ff.; vgl. auch die nicht eindeutige Entscheidung RGSt 71, 385 (instruktiver Sachverhalt!).
26 So BGHSt 19, 295.
27 RGSt 71, 385 (386); BGHSt 44, 91.

Die Bestrafung aus § 138 setzt nicht voraus, dass die anzeigepflichtige Straftat verwirklicht oder versucht wird. Plant T die Ermordung des O und erfährt M dies glaubhaft, ohne Anzeige zu erstatten oder sonst zu versuchen, die Tat zu verhindern, ist M nach § 138 I Nr. 5 strafbar, auch wenn T seinen Plan nicht verwirklicht und straflos bleibt. – § 139 I mildert diese Diskrepanz zwischen der Bestrafung des Mitwissers und des planenden Täters.

Zum Verhältnis der Bestrafung wegen Mitwisserschaft nach § 138 und Teilnahme an der anzeigepflichtigen Tat gilt folgendes: Einen Teilnehmer an der anzeigepflichtigen Tat trifft keine Pflicht zur (Selbst-)Anzeige oder Warnung seines Opfers[28]. Wenn sich ein Teilnehmer aus einem ins Versuchsstadium getretenen verbrecherischen Vorhaben lösen will, gilt § 24, wobei die Umstände so sein können, dass der zurücktretende Teilnehmer Straffreiheit nur durch Anzeige der Komplizen erlangen kann. Entsprechendes gilt für einen im StGB nicht geregelten Rücktritt im Vorbereitungsstadium. 21

Die Anzeigepflicht eines der Teilnahme an der Vortat **Verdächtigen** hat die Rechtsprechung[29] bejaht. Anders ausgedrückt, ist es dem Mitwisser zumutbar, sich durch seine Anzeige selbst in Verdacht zu bringen. 22

Von der materiell-rechtlichen Frage der Anzeigepflicht scharf zu trennen ist die Frage nach der Zulässigkeit der **Wahlfeststellung** zwischen Beteiligung an der anzeigepflichtigen Straftat und Mitwisserschaft nach § 138. Bleibt der Verdacht der Vortatbeteiligung unaufklärbar, scheitert eine Verurteilung wegen Vortatbeteiligung am Grundsatz in dubio pro reo. Einer Verurteilung aus § 138 stand nach früherer Rechtsprechung entgegen, dass insoweit in dubio pro reo Vortatbeteiligung anzunehmen sei, deshalb keine Anzeigepflicht. § 138 ist im Vergleich zur anzeigepflichtigen Straftat zwar als ein schwächerer, aber eng verwandter Angriff auf dieselben Rechtsgüter anzusehen. Deshalb liegt Wahlfeststellung nahe und die Anwendung des milderen Strafrahmens des § 138. Mit zulässiger Wahlfeststellung eng verwandt ist die Annahme eines normativen Stufenverhältnisses zwischen Katalogtat und § 138 (mit der Konsequenz eindeutiger Verurteilung aus § 138, wenn Beteiligung an der Katalogtat nicht feststeht)[30]. 23

---

28 Anders vor allem *Schmidhäuser*, Bockelmann-FS 1979, S. 683 ff. und SK-*Rudolphi/Stein*, § 138 Rn. 5. – Entgegen Schmidhäuser beruht die Freistellung des Teilnehmers von der Warnungspflicht nicht auf der monistischen Betrachtung des § 138 als Angriff auf die Rechtspflege. Die h. M. geht vielmehr mit Recht davon aus, dass es unsinnig ist, neben der Strafdrohung wegen des Angriffes auf ein Rechtsgut dem Angreifer zusätzliche Strafe anzudrohen, weil er sein Opfer nicht gewarnt habe. *Westendorf*, S. 127 ff. verwirft zunächst die gängigen Argumente der h. M. (insb. Selbstbezichtigung), kommt dann über Verhältnismäßigkeit und verfassungskonforme Auslegung (145) zu ähnlichen Resultaten. – Zur Frage der Warnungspflicht des von einem verbrecherischen Vorhaben zurücktretenden Teilnehmers s. o. im Text. – Im Sinne der h. M. BGHSt 36, 167 (zum **Beteiligungsverdacht**, dazu u. Rn. 22).
29 BGHSt 36, 167 (170); 39, 164 (167).
30 So SK-*Rudolphi/Stein*, § 138 Rn. 35; LK-*Hanack*, § 138 Rn. 74 f.

Dieser Ansicht hat sich nun auch der BGH angeschlossen und entschieden, dass eine Verurteilung wegen Nichtanzeige geplanter Straftaten nicht dadurch ausgeschlossen wird, dass der Verdacht der Beteiligung an einer in § 138 I und II StGB bezeichneten Katalogtat fortbesteht[31].

24 Zur Abgrenzung zu § 323c s. o. § 39 Rn. 29. – Zu **modernen Anzeigepflichten**, insbesondere nach GwG, s. o. § 29 Rn. 42.

---

31 So bereits der 4. Strafsenat in BGH, NStZ 2004, 499 unter ausdrücklicher Abkehr von der früheren Rechtsprechung (Freispruch) in BGHSt 39, 164 (167) und nun auch der 5. Senat in BGH, NStZ 2011, 32; NJW 2010, 2291. Die Befürworter einer Wahlfeststellung hatten im Schrifttum zuvor deutlich an Boden gewonnen, vgl. die Nachweise in LH 5, Rn. 228; einige Nachweise (ohne Auseinandersetzung) auch in BGHSt 39, 164 (167); zum Ganzen auch *Fischer*, § 138 Rn. 20a.

§ 47 Aussagedelikte, §§ 153 ff.

Literaturhinweise: *Arzt*, Falschaussage mit bedingtem Vorsatz, Jescheck-FS 1985, S. 391; *Badura*, Erkenntniskritik und Positivismus in der Auslegung des Meineidtatbestandes, GA 1957, 397; *Bethke*, Eid, Gewissen, Treuepflicht, 1965; *Bindokat*, Negative Beihilfe und vorangegangenes Tun, NJW 1960, 2318; *Blomeyer*, Die falsche eidesstattliche Versicherung im Verfahren des Arrestes und der einstweiligen Verfügung, JR 1976, 441; *Bockelmann*, Zum Problem der Meineidsbeihilfe durch Unterlassen, NJW 1954, 697; *Bruns*, Die Grenzen der eidlichen Wahrheitspflicht des Zeugen, insbesondere bei Tonbandaufnahmen über unrichtige Aussagen im Strafprozess, GA 1960, 161; *Busch*, Zum Verhältnis von uneidlicher Falschaussage und Meineid, GA 1955, 257; *Dahs*, Der Eid – noch ein zeitgemäßes Instrument zur Wahrheitsermittlung im Strafprozess?, Rebmann-FS 1989, S. 161; *Dedes*, Die Falschheit der Aussage, JR 1977, 441; *ders.*, Die Gefährdung in den Delikten gegen die Rechtspflege, Schröder-GS 1978, S. 331; *ders.*, Grenzen der Wahrheitspflicht des Zeugen, JR 1983, 99; *Dölling*, Eid und eidesstattliche Versicherung, NZFam 2014, 112; *Engisch*, Die Verletzung der Erkundigungspflicht, ZStW 52 (1932), 661; *Eschenbach*, Verleiten i. S. d. § 160 StGB – eine Verführung zur Überbetonung teleologischer Interpretation, Jura 1993, 407; *Gallas*, Zum Begriff der „Falschheit" der eidlichen und uneidlichen Aussage, GA 1957, 315 (abgedruckt auch in *ders.*, Beiträge zur Verbrechenslehre, 1968, S. 272); *ders.*, Verleitung zum Falscheid, Engisch-FS 1969, S. 600; *Geppert*, Welche Bedeutung hat die Nichtbeachtung strafprozessualer Vorschriften für die Strafbarkeit nach den §§ 153 ff. StGB?, Jura 1988, 496; *ders.*, Grundfragen der Aussagedelikte (§§ 153 ff. StGB), Jura 2002, 173; *Groß*, Vereidigung im parlamentarischen Untersuchungsausschuss?, ZRP 2002, 91; *Grünwald*, Zur Problematik des Zeugeneides, Schmitt-FS 1992, S. 311; *Güther/Seiler*, Vereidigung von Zeugen durch parlamentarische Untersuchungsausschüsse des Deutschen Bundestages?, NStZ 1993, 305; *Hall*, Die Aporie des Eides, Peters-FS 1974, S. 59; *Hamm*, Kein Vereidigungsrecht von Untersuchungsausschüssen, ZRP 2002, 11; *Heimann-Trosien*, Zur Beibehaltung und Fassung des Eides, JZ 1973, 609; *B. Heinrich*, Die strafbare Beteiligung des Angeklagten an falschen Zeugenaussagen, JuS 1995, 1115; *Herrmann*, Die Reform der Aussagetatbestände, 1973; *Hilgendorf*, Der Wahrheitsbegriff im Strafrecht am Beispiel der strafrechtlichen Aussagetheorien (§§ 153 ff. StGB), GA 1993, 547; *Hirsch*, Über die Gesellschaftsbezogenheit des Eides, Heinitz-FS 1972, S. 139; *Hruschka*, Anstiftung zum Meineid und Verleitung zum Falscheid, JZ 1967, 210; *Hruschka/Kässer*, JuS 1972, 709 (Übungsklausur); *Kargl*, Wahrheit und Wirklichkeit im Begriff der „falschen Aussage" (§§ 153 ff. StGB), GA 2003, 791; *Arth. Kaufmann*, Die strafrechtlichen Aussagetheorien auf dem Prüfstand der philosophischen Wahrheitstheorien, Baumann-FS 1992, S. 119; *Koffka*, Die Bestrafung der falschen uneidlichen Zeugenaussage, ZStW 48 (1928), 10; *Kohlmann*, Zur Rechtsstellung der Auskunftsperson vor parlamentarischen Untersuchungsausschüssen, JA 1984, 670; *Krehl*, Die Erkundigungspflicht des Zeugen bei fehlender oder beeinträchtigter Erinnerung und mögliche Folgen ihrer Verletzung, NStZ 1991, 416; *Leibinger*, Zur Strafbarkeit der falschen Versicherung an Eides statt, Rebmann-FS 1989, S. 259; *v. Liszt*, Die falsche Aussage vor Gericht, 1877; *Mannheim*, Fahrlässiger Falscheid, Frank-FG 1930, Bd. II, S. 315; *Maurach*, Meineidsbeihilfe durch Unterlassung, DStR 1944, 1 und SJZ 1949, 541; *Meinecke*, Die Auswirkungen von Verfahrensfehlern auf die Strafbarkeit nach den Aussagedelikten, 1996; *Meister*, Falsche uneidliche Aussage und Zeugenmeineid, JR 1950, 389; *Montenbruck*, Tatverdächtiger Zeuge und Aussagenotstand, JZ 1985, 976; *Mumm*, Zum Wesen der Aussagedelikte, 1964; *Niethammer*, Über das Wesen des

§ 47   Aussagedelikte, §§ 153 ff.

Meineids und die rechtliche Möglichkeit eines fahrlässigen Falscheids, DStR 1940, 161; *Nöldeke*, Polizeibeamte als Zeugen vor Gericht, NJW 1979, 1644; *Ostendorf*, Strafbare Angriffe auf einzelne Staatsgewalten sowie auf den Bestand staatlicher Maßnahmen, JZ 1987, 335; *Oswald*, Die eidesstattliche Versicherung, JR 1953, 292; *Otto*, Die Aussagedelikte, §§ 153–163 StGB, JuS 1984, 161; *ders.*, Die falsche Aussage i. S. der §§ 153 ff. StGB, Jura 1985, 389; *Paulus*, Die „falsche Aussage" als Zentralbegriff der §§ 153–163 StGB, Küchenhoff-GS 1987, S. 435; *Peters*, Zeugenlüge und Prozessausgang, 1939; *Prinzing*, Meineid durch unrichtige Angaben im Offenbarungseidsverfahren, NJW 1962, 567; *Prittwitz*, Straflose Obstruktion der Rechtspflege durch den Angeklagten, StV 1995, 270; *Quedenfeld*, Der Meineid des Eidesunmündigen, JZ 1973, 238; *Reese*, Die Aussagedelikte als Prüfungsaufgabe, JA 2005, 612; *Rixen*, Die Eidesleistung vor Untersuchungsausschüssen des Deutschen Bundestages, JZ 2002, 435; *Rudolphi*, Die Bedeutung von Verfahrensmängeln für die Tatbestandsmäßigkeit einer eidlichen oder uneidlichen Aussage und einer eidesstattlichen Versicherung, GA 1969, 129; *Schaffstein*, Der Meineid in der neuesten Rspr. des Reichsgerichts, JW 1938, 145; *Scheffler*, Beihilfe zur Falschaussage durch Unterlassen seitens des Angeklagten, GA 1993, 341; *Schmidhäuser*, Aussagepflicht und Aussagedelikte, OLG Celle-FS 1961, S. 207; *E. Schneider*, Die Rechtsprechung des BGH zum Verhältnis der §§ 153, 154 StGB, NJW 1955, 1386; *ders.*, Über den Begriff der „Aussage" in §§ 153, 154 StGB, GA 1956, 337; *Schröder*, Der Eid als Beweismittel, ZZP 64 (1954), 216; *Schulz*, Probleme der Strafbarkeit des Meineids nach geltendem und künftigem Recht, 1970; *Sinn*, Die Einbeziehung der internationalen Rechtspflege in den Anwendungsbereich der Aussagedelikte, NJW 2008, 3526; *Spendel*, Wahrheitsfindung im Strafprozess, JuS 1964, 465; *Thudichum*, Geschichte des Eides, 1911; *Vormbaum*, Versuchte Beteiligung an der Falschaussage – Zum Verhältnis der §§ 30 und 159 StGB, GA 1986, 353; *ders.*, Der strafrechtliche Schutz des Strafurteils, 1987; *ders.*, Frühzeitige und rechtzeitige Berichtigung falscher Angaben. Zugleich ein Beitrag zur Systematik der §§ 153, 154 StGB und zum Merkmal „uneidlich" in § 153 StGB, JR 1989, 133; *ders.*, Eid, Meineid und Falschaussage. Reformdiskussion und Gesetzgebung seit 1870, 1990; *ders.*, Reform der Aussagetatbestände (§§ 153–163 StGB), 1992; *ders.*, Falsche uneidliche Aussagen vor parlamentarischen Untersuchungsausschüssen, JZ 2002, 166; *Voscherau*, Die unerhebliche falsche Zeugenaussage, 1970; *Wagner*, Uneidliche Falschaussagen vor parlamentarischen Untersuchungsausschüssen, GA 1976, 257; *Welzel*, Über das Verhältnis der Strafbestimmungen für die uneidliche Falschaussage und den Meineid, JZ 1954, 227; *Wiefelspütz*, Der Eid im Untersuchungsausschuss, ZRP 2002, 14; *Woesner*, Der Gerichtseid als Fremdkörper in der verfassungsmäßigen Ordnung, NJW 1973, 169; *Wolf*, Falsche Aussage, Eid und eidesgleiche Beteuerungen, JuS 1991, 177; *Zipf*, Die Problematik des Meineides innerhalb der Aussagedelikte, Maurach-FS 1972, S. 415.

Übersicht

		Rn.
I.	Kriminalpolitischer Hintergrund und dogmatische Grundstruktur	1
	1. Geschütztes Rechtsgut	1
	a) Schutz der staatlichen Rechtspflege	1
	b) Kein sakrales Rechtsgut	6
	2. Aussagedelikte und allgemeine Strafrechtslehren	10
	a) Schlichte Tätigkeitsdelikte/Gefährdungsdelikte – Erweiterte Rücktrittsmöglichkeit, § 158	11
	b) Eigenhändige Delikte – „Mittelbare Täterschaft", § 160	14
	c) Versuchte Anstiftung zu Vergehen, § 159	17
	d) Erweiterte Notstandsregelung, § 157	18
	3. Tatsituationen (Prozessrechtsabhängigkeit) und Kriminalitätsumfang	19

Übersicht § 47

II.	Die Tatbestände der §§ 153, 154 (155), 156, 161	24
	1. Falsche uneidliche Aussage, § 153	24
	a) Grundtatbestand, Täterkreis	24
	b) Zuständigkeit	26
	c) Tathandlung: Die falsche Aussage	29
	d) Vorsatz, Irrtumsfragen	49
	e) Straflosigkeit des Versuchs, Vollendung	51
	2. Meineid, § 154 (§ 155)	56
	a) § 154 als Qualifikation des § 153 für Zeugen und Sachverständige	56
	b) § 154 als strafbegründende Norm für weiteren Täterkreis	60
	c) Zuständigkeit, Reichweite des Eides	63
	d) Vorsatz, Irrtumsfragen	66
	e) Vollendung und Versuch	67
	3. Falsche Versicherung an Eides statt, § 156	72
	a) Wesen und Bedeutung der eidesstattlichen Versicherung	72
	b) § 156 eigenständiges Aussagedelikt	77
	c) Die einzelnen Tatbestandsmerkmale	78
	d) Vorsatz, Irrtumsfragen	87
	e) Straflosigkeit des Versuchs, Vollendung	89
	4. Fahrlässiger Falscheid und fahrlässige falsche Versicherung an Eides statt, § 161	91
	a) Problematik der Fahrlässigkeitsbestrafung	91
	b) Tatbestand und Tatsituationen	92
III.	Verfahrensfehler und Strafbarkeit nach §§ 153 ff.	100
	1. Problem der Prozessrechtsabhängigkeit	100
	2. Lösungsansätze	102
	a) Eindeutige Anhaltspunkte im Gesetz	102
	b) Fehlende eindeutige gesetzgeberische Wertungen	105
IV.	Aussagedelikte und (modifizierte) allgemeine Strafrechtslehren	110
	1. Notstand (§§ 34, 35) und Aussagenotstand (§ 157 I)	110
	a) Rechtfertigender und entschuldigender Notstand (§§ 34, 35)	110
	b) Aussagenotstand § 157 I	111
	2. Rücktritt vom Versuch (§§ 24, 31, 159) und vom vollendeten Delikt (§§ 158, 161 II)	116
	a) Rücktritt vom Versuch (§§ 24, 31, 159)	116
	b) Rücktritt vom vollendeten Delikt (§§ 158, 161 II)	118
	3. Täterschaft und Teilnahme	126
	a) Problemübersicht	126
	b) Veranlassung fremder Falschbekundungen, einschließlich Versuch (§§ 26, 160, 30, 159)	127
	c) Beihilfe, § 27	144
	4. Konkurrenzen, Wahlfeststellung	152
	a) Konkurrenzen	152
	b) Wahlfeststellung	158

I. Kriminalpolitischer Hintergrund und dogmatische Grundstruktur

1. Geschütztes Rechtsgut

a) Schutz der staatlichen Rechtspflege

1 Die §§ 153–162 (Falsche uneidliche Aussage und Meineid[1]) sind Teil eines umfassenden strafrechtlichen **Schutzes der dritten, der rechtsprechenden Gewalt** (Art. 20 III GG) gegen ganz unterschiedliche Beeinträchtigungen, **Rechtspflegedelikte**.

2 Mit den **Aussagedelikten** wird die Rechtspflege von außen, durch Außenstehende (z. B. falsch aussagende Zeugen), angegriffen. Sie lassen sich deshalb als **äußere Rechtspflegedelikte** charakterisieren.

Weitere äußere Rechtspflegedelikte: Strafvereitelung, § 258, und Begünstigung, § 257 (dazu o. §§ 26 und 27), falsche Verdächtigung, § 164, und Vortäuschen einer Straftat, § 145d (dazu u. § 48), Nichtanzeige geplanter Straftaten, § 138 (dazu o. § 46), verbotene Mitteilungen über Gerichtsverhandlungen, § 353d (dazu u. § 49 Rn. 102).

3 **Innere Rechtspflegedelikte** sind demgegenüber solche, welche die Rechtspflege von innen, durch ihre eigenen Organe korrumpieren:

Strafvereitelung im Amt, § 258a (dazu o. § 26 Rn. 23), Rechtsbeugung, § 339 (dazu u. § 49 Rn. 74 ff.), Aussageerpressung, § 343, Verfolgung Unschuldiger, § 344, Vollstreckung gegen Unschuldige, § 345 (dazu u. § 49 Rn. 89 f.), Parteiverrat, § 356 (dazu u. § 49 Rn. 92 ff.).

4 Das **spezifische** Unrecht der Aussagedelikte ergibt sich daraus, dass Gerichte und andere Rechtspflegeorgane zur Gewinnung der tatsächlichen Grundlagen ihrer Entscheidungen (Beweisaufnahme) in der Regel auf personelle Beweismittel – Zeugen, Sachverständige oder Prozessparteien – angewiesen sind. Falschaussagen von Beweispersonen beeinträchtigen naturgemäß die **Sachverhaltsermittlung (Wahrheitsfindung)** und gefährden damit das **Zustandekommen richtiger Entscheidungen**. Die §§ 153 ff. bezwecken den Schutz der staatlichen Rechtspflege gegen diese Gefahren[2].

5 Der eminenten Gefährdung der Wahrheitsfindung durch Aussagedelikte trägt auch das **Prozessrecht** Rechnung: Strafbare Verletzungen der Wahrheitspflicht sind Wiederaufnahmegründe, können also zur Aufhebung rechtskräftiger Urteile **(Rechtskraftdurchbrechung)** führen; vgl. §§ 359 Nr. 2, 362 Nr. 2 StPO, 580 Nr. 3 ZPO, 153 VwGO.

---

1 Die Überschrift des 9. Abschnitts des BT ist nicht vollständig, da neben den ausdrücklich genannten §§ 153 und 154 noch weitere Tatbestände enthalten sind: Falsche Versicherung an Eides statt (§ 156), Fahrlässiger Falscheid und fahrlässige falsche Versicherung an Eides statt (§ 161) sowie zwei tatbestandlich verselbstständigte Beteiligungsformen (§§ 159, 160).
2 Einhellige Auffassung in Rechtsprechung und Literatur; vgl. z. B. BGHGrSSt 8, 301 (309) (Meineid); *Fischer*, Vor § 153 Rn. 2; *Lackner/Kühl*, Vor § 153 Rn. 1; *Maurach/Schroeder/Maiwald*, BT 2, § 75 Rn. 9; NK-*Vormbaum*, Vor § 153 Rn. 1; *Otto*, JuS 1984, 161; *S/S/Lenckner/Bosch*, Vor §§ 153 ff. Rn. 2; *Wessels/Hettinger*, BT 1, Rn. 738.

b) Kein sakrales Rechtsgut

Das StGB hatte zunächst nur **Eidesdelikte** unter Strafe[3] gestellt. Dem **6** Meineid wurde im Hinblick auf die Anrufung Gottes[4] (auch) ein sakraler Unrechtsgehalt beigelegt; **Sakraldelikt,** wie die frühere Gotteslästerung, § 166 a. F.[5] Die gesetzgeberische **Säkularisierung der Aussagedelikte** insgesamt setzte mit der Pönalisierung der **uneidlichen** Falschaussage in § 153 durch die StrafrechtsangleichungsVO 1943[6] ein. § 153 fehlte offensichtlich von vornherein jeder transzendente Bezug. Die Änderung hatte prozessrechtliche Ursachen:

> „Die Strafvorschrift des § 153 ist geschaffen worden, weil die (sc. prozessrechtliche) Lockerung des Eideszwanges den Gerichten die Befugnis gegeben hatte, in weit größerem Umfange als früher von der Vereidigung der Zeugen abzusehen und die Feststellung des Sachverhaltes auf uneidliche Aussagen zu gründen, und weil die Gerichte von dieser Befugnis einen in diesem Umfange vom Gesetzgeber keinesfalls gewollten Gebrauch machten. ... Es bestand ... das Bedürfnis, diejenigen falschen Aussagen bestrafen zu können, die unbeeidigt bleiben ...".[7]

Den ersten Schritt zur **Verweltlichung des Eides** und damit zur **Wandlung des** **7** **Meineides (§ 154) vom Religions- zum reinen Rechtspflegedelikt** hatte bereits die Weimarer Reichsverfassung vom 11.8.1919 getan, die in Art. 136 IV – durch Art. 140 GG ins Grundgesetz rezipiert – den Zwang zur Benutzung einer religiösen Eidesform untersagte und dementsprechend in Art. 177 S. 1 bestimmte, dass „die Eidesleistung rechtswirksam auch in der Weise erfolgen (kann), daß der Schwörende unter Weglassung der religiösen Eidesform erklärt: ‚ich schwöre'." Der einfache Gesetzgeber trug dem allerdings erst im VereinhG 1950[8] mit der Einfügung des § 66c II StPO a. F. (vgl. nunmehr § 64 II StPO) und § 481 II ZPO Rechnung. Das BVerfG[9] hat – über die Angehörigen bestimmter Religionsgesellschaften seit langem gewährten Freistellungen von der Eidesleistung hinaus[10] – aus Art. 4 I GG das Recht **jedes** Zeugen abgeleitet, aus Glaubens- oder Gewissensgründen (Matth. 5, 33–37; „Ich aber sage euch, dass ihr überhaupt nicht schwören sollt") **überhaupt keinen,** auch keinen nichtreligiösen, Eid zu leisten. Durch das 1. StVRErgG 1974[11] wurde daraufhin § 66d a.F. (inzwischen § 65) in die StPO eingefügt (vgl. auch § 484 ZPO): Bekräftigung der Wahrheit der Aussage, die dem Eid gleichgestellt ist, also bei Falschaussage zur Strafbarkeit nach § 154 führt (§ 155 Nr. 1).

---

3 Vgl. zur Geschichte der Aussagedelikte auch *Blei,* BT, § 107 I; *Maurach/Schroeder/Maiwald,* BT 2, § 75 Rn. 5 ff.; *Vormbaum,* Eid, Meineid und Falschaussage, 1990.
4 Vgl. jetzt noch die religiöse Eidesformel in § 64 I StPO und § 481 I ZPO.
5 Dazu o. § 44 Rn. 51 f.
6 Verordnung vom 29. 5. 1943, RGBl. I, S. 339 (340).
7 BGHGrSSt 8, 301 (311) (Meineid).
8 Gesetz zur Wiederherstellung der Rechtseinheit auf dem Gebiete der Gerichtsverfassung, der bürgerlichen Rechtspflege, des Strafverfahrens und des Kostenrechts vom 12.9.1950 (BGBl. I, S. 455).
9 BVerfGE 33, 23 (Glaubensfreiheit) = JZ 1972, 515 m. Anm. *Peters.* Weitere Nachweise zur damaligen lebhaften Diskussion des Eides und der Eidesdelikte bei *Maurach/Schroeder/Maiwald,* BT 2, § 75 Rn. 7.
10 Vgl. z. B. § 66e StPO in der bis 1974 geltenden Fassung (1965, 1373; 1933, 1008), der Matth. 5, 37 Rechnung trug: „Eure Rede aber sei: Ja, ja; nein, nein. Was darüber ist, das ist vom Übel."
11 Gesetz zur Ergänzung des Ersten Gesetzes zur Reform des Strafverfahrensrechts vom 20.12.1974 (BGBl. I, S. 3686).

8   Konsequenz aus dieser Entwicklung: Der **Meineid** ist unter dem Gesichtspunkt des weltlichen Strafrechtsschutzes ausschließlich ein Rechtspflegedelikt ohne sakralen Unrechtsgehalt, mag auch der den Eid mit religiöser Beteuerung leistende Zeuge (§ 64 I StPO, § 481 I ZPO) nach seinem Glauben und Gewissen (Art. 4 I GG) damit eine andere Vorstellung verbinden. Strafrechtsdogmatisch ist die falsche **uneidliche Aussage** (§ 153) das **Grunddelikt**, der **Meineid** (§ 154) eine **Qualifikation**[12].

9   Bereits zu Zeiten, in denen der Eid nur in religiöser Form geleistet werden konnte, wurde im Übrigen bezweifelt, ob die beeidete Aussage zuverlässiger ist als die unbeeidete. – Erinnert sei auch an die in einigen deutschen Ländern verbreitete Übung der „Ableitung" des Eides und an den sog. scharfen Eid („so wahr mir sonst mein ganzes Vieh verrecken soll"), den Amtsrichter in ländlichen Gegenden praktizierten, wenn sie bei bäuerlichen Zeugen befürchteten, die Anrufung Gottes vermöge die Wahrheitsliebe nicht zu fördern. – Die Bedenken mussten sich nach der jetzt auch gesetzgeberisch vollzogenen Säkularisierung des Eides verstärken. Zunehmend wird deshalb de lege ferenda die Abschaffung des Eides und der eidesgleichen Bekräftigung gefordert[13], mit der Folge der Streichung der §§ 154, 155 aus dem StGB.

2. Aussagedelikte und allgemeine Strafrechtslehren

10 Uneidliche Falschaussage und Meineid bilden klassische Erscheinungsformen bestimmter aus dem AT bekannter Deliktsgruppen[14]. Der 9. Abschnitt des BT weist überdies, teilweise bedingt durch die Deliktsnatur der hier erfassten Straftaten, eine Reihe von Vorschriften auf, die Regelungen des AT modifizieren und auf spezifische kriminalpolitische Erfordernisse im Bereich der Aussagedelikte zuschneiden[15]. Nicht zuletzt diese Besonderheiten und ihr Zusammenspiel mit den allgemeinen Strafrechtslehren machen die §§ 153 ff. in Examensfällen beliebt. Ihr grundsätzliches Verständnis ist auch hier wichtiger als die Anhäufung von Einzelwissen.

a) Schlichte Tätigkeitsdelikte/Gefährdungsdelikte – Erweiterte Rücktrittsmöglichkeit, § 158

11 Alle Aussagedelikte sind schlichte Tätigkeitsdelikte[16], weil für die Tatbestandserfüllung lediglich eine bestimmte Tätigkeit erforderlich ist: Falschaussage bei § 153, falsches Schwören bei § 154 usw. Ein Erfolg, etwa dergestalt, dass das Gericht der unrichtigen Zeugenaussage Glauben schenkt oder die Falschaussage zu einem Fehlurteil führt, wird nicht verlangt.

---

12 BGHGrSSt 8, 301 (309) (Meineid) und einhellige Auffassung in der Literatur; vgl. z. B. *S/S/Lenckner/Bosch*, Vor §§ 153 ff. Rn. 2 m. w. N.; *Wessels/Hettinger*, BT 1, Rn. 753; NK-*Vormbaum*, § 154 Rn. 4; zu den Auswirkungen dieser Auffassung s. u. Rn. 71 und 152–154 sowie 158.
13 Vgl. *Grünwald*, Schmitt-FS 1992, S. 311; *Wolf*, JuS 1991, 177 (182 f.); ferner auch *Dahs*, Rebmann-FS 1989, S. 161.
14 Dazu nachstehend Rn. 11 ff.
15 Dazu nachstehend Rn. 13, 16 ff.
16 S. dazu *Baumann/Weber/Mitsch*, § 8 Rn. 39 ff.; MüKo-*H.E.Müller*, Vor §§ 153 ff. Rn. 18. – Kritisch zu diesem Begriff *M. E. Mayer*, Der AT des deutschen Strafrechts, 2. Aufl. 1923, S. 119.

Kriminalpolitischer Hintergrund § 47 Rn. 12–16

Von der Beeinträchtigung des geschützten Rechtsgutes – Wahrheitsfin- 12
dung zum Zwecke richtiger Entscheidungen[17] – aus betrachtet handelt es
sich damit bei den §§ 153 ff. um **Gefährdungsdelikte**, und zwar um **abstrakte Gefährdungsdelikte**[18], weil der Gesetzgeber unwiderleglich vermutet, dass Falschaussagen usw. allemal die Wahrheitsfindung gefährden[19].

Die Gefährdungskonzeption der Aussagedelikte hat eine weite **Vorver-** 13
lagerung der Vollendungsstrafbarkeit zur Folge. Mit Erstattung der
Falschaussage usw. ist dem Täter der Rücktritt nach § 24 verbaut. Das erscheint angesichts der in diesem Zeitpunkt noch geringen Rechtsgutsgefährdung unbillig. Um dem Täter doch noch die Möglichkeit zur Umkehr
zu eröffnen und damit – kriminalpolitisch wünschenswert – zu verhindern, dass falsche Aussagen zur Entscheidungsgrundlage gemacht werden,
sieht § **158** einen **Rücktritt vom vollendeten Delikt**, sog. tätige Reue,
durch rechtzeitige Berichtigung der falschen Aussage vor[20].

b) Eigenhändige Delikte – „Mittelbare Täterschaft", § 160

Die Tatbestände der §§ 153, 154, 156 und 161 sind so ausgestaltet, dass 14
sie nur von Personen verwirklicht werden können, die unmittelbar in einer
bestimmten Aussagesituation stehen und handeln.

Täter nach § 153 kann nur sein, „wer vor Gericht ... als Zeuge oder Sachverständiger uneidlich falsch aussagt", Täter nach § 154 nur, „wer vor Gericht ... falsch
schwört".

Die Aussagedelikte sind daher eigenhändige Delikte[21].

Folge: Wer sich nicht in der tatbestandlich umschriebenen Situation be- 15
findet, kann nach allgemeinen Regeln nicht Täter, auch nicht mittelbarer
oder Mittäter (§ 25 I 2. Alt. oder § 25 II), sondern nur Anstifter (§ 26) oder
Gehilfe (§ 27) sein, gleichgültig, wie stark er die Tat des unmittelbar Handelnden, z. B. des im Prozess vernommenen Zeugen, auch beherrschen
mag.

In Konstellationen, in denen eine Bestrafung des Außenstehenden als 16
Anstifter nicht möglich ist, weil der Zeuge gutgläubig ist, also nicht vor-
sätzlich falsch aussagt, versagt die Anstiftungslösung, da § 26 vorsätzliches
Handeln des Haupttäters voraussetzt. Hier greift die **Verleitung zur**
Falschaussage, § 160, ein, ein tatbestandlich verselbstständigter Fall der
nach allgemeinen Regeln (Eigenhändigkeit!) nicht möglichen mittelbaren
Täterschaft[22].

---

17 S. o. Rn. 4.
18 Dazu allgemein *Baumann/Weber/Mitsch*, § 8 Rn. 42 ff., sowie o. § 35 Rn. 44, 46 ff.
19 S. z. B. BGHGrSSt 8, 301 (313) (Meineid); *Fischer*, Vor § 153 Rn. 2; *S/S/Lenckner/Bosch*, Vor
§§ 153 ff. Rn. 2.
20 Dazu näher u. Rn. 118 ff.
21 S. allgemein *Baumann/Weber/Mitsch*, § 8 Rn. 37 f.; MüKo-*H.E.Müller*, Vor §§ 153 ff. Rn. 16 f.
m. w. N.– Gegen diesen Begriff z. B. *Eb. Schmidt*, Frank-FG, Bd. II, 1930, S. 106 (128 f.).
22 Zu Täterschaft und Teilnahme sowie zu § 160 näher u. Rn. 126 ff.

c) Versuchte Anstiftung zu Vergehen, § 159

17 Von den Aussagedelikten enthält nur der Meineid (§ 154) ein Verbrechen (vgl. § 12). Nur insoweit ist der Beteiligungsversuch nach der allgemeinen Regelung in § 30 strafbar[23]. **§ 159 dehnt die Anwendbarkeit des § 30 I (versuchte Anstiftung) auf die Vergehen** der uneidlichen Falschaussage (§ 153) und der falschen Versicherung an Eides statt (§ 156) aus. Darin liegt eine weitere Kriminalisierung des Vorfeldes[24].

d) Erweiterte Notstandsregelung, § 157

18 Über § 35 (entschuldigender Notstand) hinaus berücksichtigt der Gesetzgeber mit dem sog. **Aussagenotstand in § 157 I** die Drucksituation (Unzumutbarkeitsgedanke[25]), in der sich Zeugen und Sachverständige befinden, die sich oder einen Angehörigen durch wahrheitsgemäße Angaben belasten und damit der Gefahr strafrechtlicher Sanktionen aussetzen würden[26].

3. Tatsituationen (Prozessrechtsabhängigkeit) und Kriminalitätsumfang

19 Die Tatsituationen der Aussagedelikte ergeben sich im Wesentlichen[27] aus den Verfahrensordnungen der verschiedenen Gerichtszweige, StPO für die Strafgerichtsbarkeit, ZPO für die Zivilgerichtsbarkeit, VwGO für die Verwaltungsgerichtsbarkeit usw.[28] (**Prozessrechtsabhängigkeit der Aussagedelikte**). In der Praxis und im Examen stehen Verletzungen der Wahrheitspflicht durch Zeugen (vgl. z. B. die Regelungen in §§ 48 ff. StPO und §§ 373 ff. ZPO) im Vordergrund.

20 Problematisch kann sein, ob und wie sich die Verletzung prozessualer Vorschriften, etwa der §§ 52 III 1, 60, 63 StPO, bei der Vernehmung bzw. Vereidigung des dann falsch aussagenden Zeugen auf dessen Strafbarkeit nach §§ 153, 154 auswirkt[29].

21 Oftmals bleibt der Zeuge im Straf- und Zivilprozess unvereidigt. So ist vor allem im Strafprozess seit dem 1. Justizmodernisierungsgesetz vom 24.8.2004[30] die Vereidigung des Zeugen nur noch dann vorgesehen, wenn das Gericht dies wegen der ausschlaggebenden Bedeutung der Aussage oder zur Herbeiführung einer wahren Aussage nach seinem Ermessen für notwendig hält (§ 59 I 1 StPO)[31]. Zuvor war die Vereidigung im Strafpro-

---

23 Zur Rechtsnatur und zum Anwendungsbereich des § 30 StGB *Baumann/Weber/Mitsch*, § 32 Rn. 39 ff.
24 S. o. Rn. 12 f.; näher u. Rn. 134 ff.
25 Zur Unzumutbarkeit als Wurzel der Schuldausschließungs- und der schuldbedingten Strafausschließungs- und -milderungsgründe *Baumann/Weber/Mitsch*, § 23 Rn. 7.
26 Dazu näher u. Rn. 111 ff.
27 Zu Ausnahmen s. u. Rn. 27.
28 Vgl. zu den einzelnen Gerichtszweigen *Wolf*, Gerichtsverfassungsrecht, §§ 8–10.
29 Dazu u. Rn. 100 ff.
30 BGBl. I, S. 2198.
31 Vgl. zum Zeugen- und Parteieid als Ausnahmeerscheinung *Dölling*, NZFam 2014, 112.

zess zwar theoretisch der Regelfall (§§ 59, 64 StPO a. F.; vgl. im Zivilprozess § 391 ZPO), doch überwog schon früher die uneidliche Zeugenvernehmung, weil die Praxis von den Möglichkeiten des Absehens von der Vereidigung (vor allem nach § 61 Nrn. 3 und 5 StPO a. F.) großzügigen Gebrauch machte[32]. Hinzu kam, dass bereits nach alter Rechtslage im Privatklageverfahren (§ 62 StPO a. F.) sowie – stark ins Gewicht fallend, da rund 50 % des strafrichterlichen Geschäftsanfalls bei den Amtsgerichten Ordnungswidrigkeiten ausmachen – im Bußgeldverfahren (§ 48 OWiG a. F., ebenfalls weggefallen durch das 1. Justizmodernisierungsgesetz) die Vereidigung von vornherein die Ausnahme bildeten.

Besonders erfreulich ist, dass dem geltenden deutschen Prozessrecht im Regelfall der **Nacheid** zugrunde liegt[33]. Während beim Voreid der Zeuge schwört, im Folgenden die Wahrheit zu sagen (und Meineid mit Aussprechen der Unwahrheit vollendet ist!), „beschwört" der Zeuge durch den Nacheid die Richtigkeit der zuvor gemachten Aussage. Für das Strafrecht hat dies die zu begrüßende Konsequenz, dass keine weitere Vorverlagerung der Strafbarkeit erfolgt[34]. 22

Dass Zeugen überwiegend (Tendenz steigend) unvereidigt bleiben, spiegelt sich in der **Verurteilungsstatistik**[35] deutlich wider: 2011 (in Klammern die Vergleichswerte von 1997 und 2005) wurden 3.542 (1997: 3.003; 2005: 3.457) Personen wegen uneidlicher Falschaussage (§ 153) verurteilt, dagegen nur 120 (368; 256) wegen Meineids (§ 154). Verurteilungen nach § 161 (= § 163 a. F.): 165 (171; 229), nach § 156: 1.566 (1.454; 1.631), nach § 160: 9 (5; 4). 23

II. Die Tatbestände der §§ 153, 154 (155), 156, 161

1. Falsche uneidliche Aussage, § 153

a) Grundtatbestand, Täterkreis

aa) Grundtatbestand

§ 153 enthält den **Grundtatbestand** der vorsätzlichen Falschaussage (s. o. Rn. 8; zum qualifizierten Delikt des Meineids s. Rn. 56 ff.). Die Worte „... zur eidlichen Vernehmung ..." haben lediglich zuständigkeitsbegründende Bedeutung (dazu u. Rn. 26 f.) und ändern nichts daran, dass § 153 ausschließlich **uneidliche** Falschaussagen erfasst. 24

---

32 Vgl. z. B. Löwe/Rosenberg/*Dahs*, § 59 Rn. 2; für den Zivilprozess vgl. *Thomas/Putzo*, § 391 Rn. 5.
33 Näher u. Rn. 67.
34 Näher (insbesondere auch zum Meineidversuch) u. Rn. 71.
35 In der polizeilichen Kriminalstatistik sind die Aussagedelikte nicht ausgewiesen.

bb) Täterkreis

25 **Täter** können nur **Zeugen** und **Sachverständige** sein; vgl. dazu die einschlägigen prozessualen Vorschriften, z. B. in §§ 48 ff., 72 ff. StPO für das Strafverfahren und in §§ 373 ff., 402 ff. ZPO für den Zivilprozess.

Zwar wird der **Angeklagte** im Strafverfahren zur Person vernommen, § 243 II 2 StPO, und kann zur Sache aussagen, § 243 IV 1 und 2; im Zivilprozess ist **Parteivernehmung** möglich (§§ 445 ff. ZPO). Doch bleiben Falschaussagen in beiden Fällen ohne Sanktion nach § 153, da Angeklagte und Parteien nicht zum Täterkreis des § 153 gehören[36].

b) Zuständigkeit

26 Tatbestandsmäßig ist nur die Falschaussage „vor Gericht oder vor einer anderen zur eidlichen Vernehmung von Zeugen und Sachverständigen zuständigen Stelle".

Gerichte sind entsprechend der Schutzrichtung der §§ 153 ff. (s. o. Rn. 1, 4) nur **staatliche** Gerichte[37].

Nicht nach § 153 strafbar sind Falschaussagen vor privaten Schiedsgerichten (§§ 1025 ff. ZPO) und Verbandsgerichten.

Beispiel: Falschaussagen von Fußballspielern und Funktionären vor den Gerichten des Deutschen Fußball-Bundes.

Mit dem Gesetz zur Umsetzung des Rahmenbeschlusses des Rates der Europäischen Union zur Bekämpfung der sexuellen Ausbeutung von Kindern und der Kinderpornographie vom 31. Oktober 2008[38] ist § 162 I eingefügt worden. Dieser ordnet an, dass die §§ 153 bis 161 auch bei Aussagen vor internationalen Gerichten gelten, wenn die Errichtung des betreffenden Gerichtes auf einem für die BRD völkerrechtlich verbindlichen Rechtsakt beruht[39].

27 **Andere** zur eidlichen Vernehmung **zuständige Stellen** spielen im Examen kaum eine Rolle.

Genannt seien – durch das Untersuchungsausschussgesetz vom 19.6.2001[40] ausdrücklich in § 153 II festgehalten, mittlerweile in § 162 II geregelt – parlamentarische Untersuchungsausschüsse, etwa des Deutschen Bundestages, Art. 44 GG, wo

---

36 Zur Strafbarkeit des Meineids (§ 154) der Partei im Zivilprozess s. u. Rn. 61.
37 Vgl. z. B. *Fischer*, § 153 Rn. 8; *Lackner/Kühl*, § 153 Rn. 3; *S/S/Lenckner/Bosch*, § 154 Rn. 7. S. zu den verschiedenen staatlichen Gerichtszweigen o. Rn. 19. – Vor Gericht erfolgt auch die Aussage gegenüber einem Rechtspfleger, wenn diesem richterliche Aufgaben übertragen sind, s. OLG Hamburg, NJW 1984, 935. Kritisch *Ostendorf*, JZ 1987, 335 (337); NK-*Vormbaum*, § 153 Rn. 46; *Fischer*, § 153 Rn. 8, weil der Rechtspfleger nach § 4 II Nr. 1 RPflG nicht zur eidlichen Vernehmung befugt ist und es sich nicht um eine „Vertretung" des Gerichts handele.
38 BGBl. I S. 2149.
39 Vgl. *Sinn*, NJW 2008, 3526.
40 Gesetz zur Regelung der Untersuchungsausschüsse des Deutschen Bundestages; BGBl. I, S. 1142.

Die Tatbestände der §§ 153, 154 (155), 156, 161 § 47 Rn. 28–32

für die Beweiserhebung in Abs. 2 auf die strafprozessualen Vorschriften, also auch über **eidliche** Zeugenvernehmungen, verwiesen wird[41].

Wichtig ist, dass **Staatsanwaltschaft** und **Polizei** zwar zur Vernehmung von Zeugen und Sachverständigen befugt sind (§§ 161a I, 163a V StPO) und gegenüber der Staatsanwaltschaft sogar eine Erscheinens- und Aussagepflicht besteht (§ 161a I 1 StPO), dass aber die Staatsanwaltschaft (und erst recht die Polizei) **nicht zur eidlichen Vernehmung** befugt ist (§ 161a I 3 StPO), sodass Falschaussagen ohne strafrechtliche Konsequenz bleiben. 28

Hält es die Staatsanwaltschaft für erforderlich, der Wahrheitsliebe von Zeugen im Vorverfahren mit drohenden strafrechtlichen Sanktionen nachzuhelfen, so muss sie deren Vernehmung durch den Ermittlungs**richter** (§ 162 StPO) veranlassen.

c) Tathandlung: Die falsche Aussage

Die unrichtige Aussage des Zeugen oder Sachverständigen ist Tathandlung des § 153. Von zentraler Bedeutung, auch für die übrigen Aussagedelikte, ist das Tatbestandsmerkmal „**falsch**". 29

Seine zutreffende Erfassung setzt zunächst Klarheit darüber voraus, welche Äußerungen des Zeugen und Sachverständigen überhaupt der Wahrheitspflicht unterliegen und damit für § 153 relevante Falschaussagen sein können: **Reichweite der Wahrheitspflicht**[42]. Erst wenn feststeht, dass eine bestimmte Bekundung wahrheitsgemäß zu erfolgen hat, hat unter dem Gesichtspunkt von § 153 die Frage Sinn, ob die Aussage falsch oder richtig ist: **Begriff der Falschheit**[43]. 30

aa) Reichweite der Wahrheitspflicht

Hier zeigt sich besonders deutlich die **Prozessrechtsabhängigkeit** der Aussagedelikte: Was Gegenstand der strafrechtlich zu verantwortenden Aussage ist, folgt aus der Gestaltung des jeweiligen Verfahrens. Feinheiten kann erst der spätere Einblick in die Praxis vermitteln. Das Interesse der Studierenden sollte sich auf die folgenden, die Rechtsprechung immer wieder beschäftigenden und damit examensrelevanten Konstellationen konzentrieren. 31

(1) Beispiel (die verblühende Schauspielerin)[44]: Sie gibt bei ihrer Vernehmung als Zeugin nicht ihr wirkliches Lebensalter an, sondern macht sich aus Eitelkeit 10 Jahre jünger. Strafbar nach § 153? 32

---

41 S. z. B. OLG Köln, NJW 1988, 2485. Gegen ein Vereidigungsrecht von Untersuchungsausschüssen unter Berufung auf das Untersuchungsausschussgesetz NK-*Vormbaum*, § 153 Rn. 52 f.; *ders.*, JZ 2002, 166 (168 f.); *Groß*, ZRP 2002, 91 f.; *Hamm*, ZRP 2002, 11 (12 f.); kritisch bereits zur früheren Rechtslage *Güther/Seiler*, NStZ 1993, 305. A. A. *Rixen*, JZ 2002, 435 (436 ff.) zur früheren Rechtslage; *Wiefelspütz*, ZRP 2002, 14 (16 f.).
42 Dazu nachstehend Rn. 31 ff.
43 Dazu u. Rn. 36 ff.
44 BGHSt 4, 214.

Im Straf- und Zivilprozess sind auch die **Personalien** Gegenstand der Vernehmung des Zeugen (und Sachverständigen), §§ 68 I 1 StPO, 395 II 1 ZPO (§§ 72 StPO, 402 ZPO)[45]. Angaben darüber unterliegen folglich der Wahrheitspflicht. – Ergebnis: Strafbarkeit der Schauspielerin nach § 153 (in der Praxis ein Fall für Absehen von der Verfolgung nach § 153 StPO).

33   (2) **Beispiel (Mehrverkehr)**[46]: In einem Rechtsstreit über die Feststellung der Vaterschaft (§ 1600d BGB, § 640 ff. ZPO) behauptet der Beklagte V, die Mutter M des Kindes habe innerhalb der Empfängniszeit auch mit A und B Geschlechtsverkehr gehabt. Das Gericht erlässt einen Beweisbeschluss, die M als Zeugin über diese Behauptung des V zu vernehmen. M verneint wahrheitsgemäß die Frage nach Geschlechtsverkehr mit A und B, verschweigt aber, während der Empfängniszeit mit C verkehrt zu haben. Strafbar nach § 153?

Im **Zivilprozess** wird der **Vernehmungsgegenstand** in der Regel durch einen Beweisbeschluss präzise bestimmt, §§ 358–360 ZPO, so auch im obigen Fall. Bekundungen außerhalb des durch den Beweisbeschluss gezogenen Rahmens hat der Zeuge grundsätzlich nicht zu machen. § 396 I ZPO ändert daran nichts, denn der Zeuge hat zwar seine Angaben im Zusammenhang und vollständig[47] zu machen, aber beschränkt auf „dasjenige, was ihm von dem **Gegenstand seiner Vernehmung** bekannt ist". – **Ergebnis im Fall (2):** Straflosigkeit der M[48].

Anders dann, wenn M nach § 397 ZPO ergänzend danach gefragt worden wäre, ob sie außer mit A und B noch mit anderen Männern in der Empfängniszeit Verkehr gehabt habe. Denn: „Tatsachen, nach denen er (sc. der Zeuge) vom Richter oder mit dessen Genehmigung innerhalb der Vernehmung gefragt wird, sind ... stets Vernehmungsgegenstand"[49].

34   (3) **Beispiel (Spontanäußerung)**[50]: In einem Unterhaltsrechtsstreit eines nichtehelichen Kindes gegen den beklagten V wird die Kindesmutter M aufgrund eines entsprechenden Beweisbeschlusses danach gefragt, ob sie mit ihrem Ehemann und dem X innerhalb der Empfängniszeit Geschlechtsverkehr gehabt habe. Sie verneint wahrheitsgemäß Geschlechtsverkehr mit ihrem Ehemann und dem X und fügt dann, ohne gefragt zu sein, hinzu: „Ich habe in der gesetzlichen Empfängniszeit nur mit dem Beklagten verkehrt." In Wahrheit hatte M noch mit einem anderen Mann (Y) Geschlechtsverkehr.

Im Gegensatz zum Fall (2) erhebt sich hier nicht die Frage, ob die Zeugin etwas verschwiegen hat, was zum Vernehmungsgegenstand gehörte, sondern ob das, was sie positiv gesagt hat – ich habe mit keinem anderen Mann als dem beklagten V Geschlechtsverkehr gehabt –, nicht im Gegen-

---

45 Str. beim Sachverständigen; wie hier *S/S/Lenckner/Bosch*, Vor §§ 153 ff. Rn. 13; a. A. z. B. NK-*Vormbaum*, § 153 Rn. 14.
46 BGHSt 3, 221.
47 Vgl. auch die Eidesformel in § 392 S. 3 ZPO (und § 64 I, II StPO): „... und nichts verschwiegen habe[n]."
48 Vgl. dazu neben BGHSt 3, 221 auch BGHSt 1, 22 (24).
49 BGHSt 2, 90 (92); vgl. auch BGHSt 1, 22 (23); 3, 221 (223).
50 BGHSt 25, 244.

teil über das Beweisthema hinausging, sodass die Äußerung nicht der Wahrheitspflicht unterlag und somit für eine Bestrafung nach § 153 nicht in Betracht kommt.

Der BGH stellt auch insoweit konsequent auf die Begrenzung des Vernehmungsgegenstandes durch den Beweisbeschluss ab[51] und führt aus, „dass der äußere Tatbestand der §§ 153 f. stets nur solche Falschaussagen einer Beweisperson erfassen kann, die nach den für den fraglichen Prozess geltenden Regelungen den Gegenstand ihrer Vernehmung und damit ihre Pflicht zu wahrheitsgemäßer Aussage betroffen haben"[52]. – **Ergebnis im Fall (3): Straflosigkeit der M**[53].

<small>Strafbarkeit nur, wenn Z ihre Aussage nach nachträglicher Erweiterung des Beweisthemas durch den vernehmenden Richter bestätigt hätte[54].</small>

(4) Im Strafverfahren ist der Vernehmungsgegenstand nicht förmlich begrenzt wie im Zivilprozess durch den Beweisbeschluss. Gemäß § 244 II StPO hat vielmehr das Gericht „die Beweisaufnahme von Amts wegen auf alle Tatsachen und Beweismittel zu erstrecken, die für die Entscheidung von Bedeutung sind" (Ermittlungsgrundsatz = Instruktions- oder Inquisitionsprinzip[55]). Die „Bedeutung für die Entscheidung" reicht im Hinblick auf den umfassenden strafprozessualen Gegenstand der Urteilsfindung (Tatbegriff) der §§ 155 I, 207 I, II, 264 StPO[56] sehr weit:

<small>„... ,Tat' in § 264 StPO (bedeutet) den vom Eröffnungsbeschluß betroffenen Vorgang einschließlich aller damit zusammenhängenden und darauf bezüglichen Vorkommnisse und tatsächlichen Umstände, die geeignet sind, das in diesen Bereich fallende Tun des Angeklagten unter irgendeinem rechtlichen Gesichtspunkt als strafbar erscheinen zu lassen, also das gesamte Verhalten des Angeklagten, soweit es mit dem durch den Eröffnungsbeschluß bezeichneten geschichtlichen Vorkommnis nach Auffassung des Lebens einen einheitlichen Vorgang bildet ..."[57].</small>

Dem Zeugen – entsprechendes gilt für den Sachverständigen (§ 72 StPO) – ist dieser umfassende „Gegenstand der Untersuchung ... zu bezeichnen" (§ 69 I 2 StPO) und er hat „das, was ihm von dem Gegenstand seiner Vernehmung bekannt ist, im Zusammenhang anzugeben" (§ 69 I 1 StPO).

<small>51 BGHSt 25, 244 (246). Zustimmend die überwiegende Meinung im Schrifttum; vgl. z. B. *Blei*, BT, § 107 II (a. E.); *Demuth*, NJW 1974, 757; *Fischer*, § 154 Rn. 7; *Otto*, JuS 1984, 161 (164); *S/S/Lenckner/Bosch*, Vor §§ 153 ff. Rn. 15; LK-*Ruß*, Vor § 153 Rn. 24; KG, JR 1978, 77 m. Anm. Willms. – A. A. *Lackner/Kühl*, § 154 Rn. 6; MüKo-*H. E. Müller*, § 153 Rn. 17 f.
52 Vgl. auch BGHSt 1, 23; 3, 221; 7, 127; ferner RG, JW 1938, 2196.
53 Jedenfalls nach § 153. Bei Beeidigung der Aussage versuchter Meineid (§§ 154, 22), wenn M davon ausgegangen ist, ihre Aussage sei Vernehmungsgegenstand und unterliege damit der Wahrheitspflicht. A. A. – Wahndelikt – *Demuth*, NJW 1974, 757 (758); *Geppert*, Jura 2002, 173 (175).
54 BGHSt 25, 244 (246); NStZ 1982, 464; dazu auch *Rudolphi*, JR 1974, 293.
55 S. z. B. *Roxin/Schünemann*, Strafverfahrensrecht, 28. Aufl. 2014, § 15 Rn. 1–7 (mit Hinweis auf die abweichenden zivilprozessualen Maximen).
56 Dazu z. B. *Gössel*, Strafverfahrensrecht I, 1977, § 33 A II.
57 BGHSt 23, 141 (145) (Tatidentität).</small>

Spielten die obigen Fälle (2) bis (3) im Strafverfahren, so wären die Zeugenbekundungen durchweg vom Vernehmungsgegenstand und damit von der für § 153 relevanten Wahrheitspflicht umfasst. Nimmt man hinzu, dass dem Zeugen auch im Strafprozess Zusatzfragen gestellt werden können (§ 69 II StPO), die er wahrheitsgemäß zu beantworten hat, so kann gesagt werden, dass hier so gut wie keine Bekundungen denkbar sind, die nicht dem Wahrheitsgebot unterlägen[58].

Zu betonen ist, dass die Verantwortung für die Wahrheit nicht dadurch vom Gericht einseitig auf den Zeugen überwälzt werden darf, dass Generalfragen gestellt werden, kombiniert mit der Pflicht zur vollständigen Antwort. Richtige Antworten sollten nicht über den bequemen Weg der Verfolgung nach §§ 153, 154, sondern durch Wachsamkeit des Fragestellers herbeigeführt werden.

bb) Begriff der Falschheit – Aussagetheorien[59]

aaa) Zeugenaussage – Tatsachen

(1) Objektive Aussagetheorie

36 Der **Zeuge** hat Wahrnehmungen über Tatsachen zu bekunden[60]. Nach der herrschenden **objektiven Aussagetheorie**[61] ist seine Aussage falsch, wenn er **Tatsachen** (die Wirklichkeit) falsch wiedergibt, ohne Rücksicht darauf, wie er zu der unzutreffenden Reproduktion gelangt ist, ob bewusst (vorsätzlich) oder (fahrlässig oder unverschuldet) unbewusst.

Die objektive Aussagetheorie entspricht der auf *Aristoteles* zurückgehenden Definition der Wahrheit durch die Scholastik: „adaequatio intellectus et rei"; „als ‚wahr' bezeichnen wir demnach ein Urteil oder eine Aussage, die inhaltlich ihrem Objekt entspricht"[62].

Beispiel[63]: (1) Der Zeuge Z war tatsächlich am 9. Mai in Köln. Bei seiner Vernehmung bekundet er, er sei am 8. Mai in K gewesen.

---

58 Vgl. zu praktisch bedeutungslosen Ausnahmen – „Beiwerk" der Aussage, Nebensächlichkeiten, die mit der Sache offensichtlich nichts zu tun haben – *Bruns*, GA 1960, 161; *S/S/Lenckner/Bosch*, Vor §§ 153 ff. Rn. 15; LK-*Ruß*, Vor § 153 Rn. 25, 27.
59 S. dazu auch den Überblick bei *Wolf*, JuS 1991, 177 (178 f.).
60 S. z. B. *Meyer-Goßner*, Vor § 48 Rn. 1; *Roxin/Schünemann*, Strafverfahrensrecht, 28. Aufl. 2014, § 26 Rn. 1.
61 BGHSt 7, 147 (148); OLG Koblenz, NStZ 1984, 551 (552); *Fischer*, § 153 Rn. 4; *Kohlrausch/Lange*, Vor § 153 Anm. IV 3; *Krey/Hellmann/M. Heinrich*, BT 1, Rn. 742, 748; *Lackner/Kühl*, Vor § 153 Rn. 3; LK-*Ruß*, Vor § 153 Rn. 9, 13; *Maurach/Schroeder/Maiwald*, BT 2, § 75 Rn. 16; *Rengier*, BT 2, § 49 Rn. 8; *S/S/Lenckner/Bosch*, Vor §§ 153 ff. Rn. 6; *Wessels/Hettinger*, BT 1, Rn. 742; *Wolf*, JuS 1991, 177 (180). Mit Modifikationen vertritt die objektive Theorie SK-*Rudolphi*, Vor § 153 Rn. 40 ff.
62 S. *Spendel*, JuS 1964, 465; zum Wahrheitsbegriff im Strafrecht vgl. auch *Hilgendorf*, GA 1993, 547; *A. Kaufmann*, Baumann-FS 1992, S. 119.
63 Unter Verwendung des Falles bei *Kohlrausch/Lange*, Vor § 153 Anm. IV 1 A; vgl. dazu auch *S/S/Lenckner/Bosch*, Vor §§ 153 ff. Rn. 7; LK-*Ruß*, Vor § 153 Rn. 8.

Falsche Aussage, da Widerspruch zu den Tatsachen = der Wirklichkeit. Objektiver Tatbestand des § 153 („falsch") erfüllt.

Strafbarkeit des Z nach § 153, wenn er sich bei der Aussage bewusst ist, am 8. Mai nicht in K gewesen zu sein = Vorsatz hinsichtlich des Tatbestandsmerkmals „falsch".

Straflosigkeit selbstverständlich dann, wenn Z unverschuldet zu der verfehlten Annahme gelangte, am 8. Mai in K gewesen zu sein, aber auch dann, wenn er bei der gebotenen Aufmerksamkeit seinen Irrtum hätte vermeiden und zur richtigen Aussage („ich war am 9. Mai in K") hätte gelangen können. Denn § 153 erfasst nur vorsätzliche Falschaussagen, § 15. – Strafbarkeit bei Fahrlässigkeit nur dann, wenn Z vereidigt wird, § 161 (fahrlässiger Falscheid).

(2) Z war tatsächlich am 9. Mai in K und sagt dies bei seiner Vernehmung auch aus.

Richtige Aussage, da kein Widerspruch zu den Tatsachen = der Wirklichkeit. Objektiver Tatbestand des § 153 („falsch") nicht erfüllt.

Bestrafung wegen eines vollendeten Aussagedelikts scheidet aus.

Glaubt Z, nicht am 9., sondern am 8. Mai oder einem anderen Tag in K gewesen zu sein, liegt (untauglicher) Versuch, § 22, vor, der jedoch bei § 153 straflos ist (§§ 23 I, 12 II, I). – Strafbarkeit nur dann, wenn Z vereidigt wird, §§ 154, 22 (23 I, 12 I).

Zur – von objektiver und subjektiver Theorie im Ergebnis übereinstimmend beurteilten – Falschaussage über **innere Tatsachen** s. u. Rn. 39.

(2) Subjektive Aussagetheorie, einschließlich Pflichttheorie

Demgegenüber ist nach der **subjektiven Aussagetheorie** eine Aussage dann falsch, wenn – ohne Rücksicht auf die Wirklichkeit – Aussage und aktuelles **Wissen** des Zeugen nicht übereinstimmen, dieser also sein vorhandenes Wissen vorsätzlich falsch wiedergibt[64] (strenge subjektive Theorie). 37

Die meisten heutigen Vertreter der subjektiven Theorie[65], namentlich der sog. **Pflichttheorie**[66], nehmen eine Falschaussage nicht nur bei einer Diskrepanz zwischen Aussage und aktuellem Wissen des Zeugen (Vorsatz) an, sondern auch bei einem Widerspruch zwischen der Aussage und dem Wissen, das der Zeuge bei pflichtgemäßem (prozessordnungsgemäßem) Verhalten haben und reproduzieren könnte (potenzielles Wissen, Fahrlässigkeit). Damit ist eine Annäherung an die objektive Theorie verbunden; 38

---

64 Vgl. hierzu aus der älteren Literatur *Binding*, BT II 1, § 150 II; *Gerland*, Deutsches Reichsstrafrecht, 2. Aufl. 1932, S. 371; *Niethammer*, BT, 1950, S. 65, und *ders.*, DStR 1940, 161; *Schaffstein*, JW 1938, 145.
65 Insbesondere LK-*Willms*, 10. Aufl., Vor § 153 Rn. 9 (für die objektive Theorie *Ruß*, 12. Aufl., Vor § 153 Rn. 13); vgl. auch *Gallas*, GA 1957, 315.
66 *Otto*, BT, § 97 Rn. 8 ff.; *ders.*, JuS 1984, 161 (162 f.); *ders.*, Jura 1985, 389 (390); *Schmidhäuser*, OLG Celle-FS 1961, S. 207 (219, 237) und *ders.*, BT, 23/10; NK-*Vormbaum*, § 153 Rn. 79 ff.; zumindest nicht streng objektivistisch auch SK-*Rudolphi*, Vor § 153 Rn. 36 ff., *Paulus*, Küchenhoff-GS 1987, S. 435 (453 f.); *Kargl*, GA 2003, 791 (796 ff.); MüKo-*H. E. Müller*, § 153 Rn. 50 ff. (differenzierende Wahrnehmungstheorie).

§ 47 Rn. 39   Aussagedelikte, §§ 153 ff.

denn bei der gebotenen Anstrengung (pflichtgemäßem Verhalten) wird häufig die Wiedergabe der (objektiven) Wirklichkeit mit dem reproduzierbaren Wissen des Zeugen identisch sein.

Beispiel (wie o. Rn. 36):

(1) Der Zeuge war tatsächlich am 9. Mai in K. Bei seiner Vernehmung bekundet er, er sei am 8. Mai in K gewesen.

(a) Nach der **strengen subjektiven Theorie falsch nur,** wenn Z weiß, dass er am 8. Mai nicht in K war, wenn er also vorsätzlich sein Wissen falsch wiedergibt. Dann Strafbarkeit nach § 153.

Richtig, wenn Z der Meinung ist, am 8. Mai in K gewesen zu sein. Es fehlt bereits das objektive Tatbestandsmerkmal „falsch" des § 153.

(b) Nach der **Pflichttheorie falsch,** wenn Z bewusst nicht sein vorhandenes Wissen wiedergibt; wie strenge subjektive Theorie, s. vorstehend (a).

Darüber hinaus auch **falsch,** wenn Z bei pflichtgemäßem Verhalten (z. B. sorgfältiger Nachprüfung seiner Unterlagen) zu dem Ergebnis hätte kommen müssen, dass er am 8. Mai nicht in K war. – Straflos, da § 153 nur vorsätzliches Handeln pönalisiert, § 15. – Fahrlässigkeitsbestrafung nur bei Vereidigung, § 161.

(2) Z war tatsächlich am 9. Mai in K und sagt dies bei seiner Vernehmung auch aus.

(a) Nach der **strengen subjektiven Theorie richtig nur,** wenn Z auch (subjektiv) annimmt, er sei am 9. Mai in K gewesen.

Glaubt Z dagegen irrig, am 8. Mai oder an einem anderen Tag in K gewesen zu sein, so ist seine Aussage **falsch** mit der Folge der Strafbarkeit nach § 153 (Vollendung), da objektiver Tatbestand und Vorsatz (beides ist ja identisch) gegeben sind.

(b) **Pflichttheorie:** Bei Vorsatz wie vorstehend (a).

Gelangt Z völlig unüberlegt (fahrlässig) zur objektiv richtigen Angabe „Ich war am 9. Mai in K", so ist seine Aussage **falsch,** wenn er bei pflichtgemäßem Verhalten eine nicht mit den Tatsachen in Einklang stehende Aussage gemacht hätte (z. B. weil in seinem Kalender stand „8. Mai in K"). – Strafbar nach § 161 bei Vereidigung.

39 **Wichtig** ist, dass dem Streit zwischen objektiver und subjektiver Aussagetheorie dann keine praktische Bedeutung zukommt, wenn Gegenstand der Aussage **innere Tatsachen** wie Empfindungen, Überzeugungen usw. sind. Werden sie unrichtig wiedergegeben, so ist nämlich die Aussage nach beiden Lehren falsch, ohne Rücksicht darauf, wie es um die den Gegenstand der Überzeugung bildenden Tatsachen steht.

Beispiel (3): Z wird gefragt, ob er ganz sicher sei, am 9. Mai in K gewesen zu sein. Ist Z unsicher, bejaht aber gleichwohl diese Frage, so ist seine Aussage falsch, auch wenn er am 9. Mai tatsächlich in K gewesen ist, und zwar nach objektiver und subjektiver Theorie. Hier ist nach beiden Theorien der Gegenstand der Aussage identisch: die Überzeugung des Z, die für die objektive Theorie Tatsache ist, ist für die subjektive Theorie das für sie maßgebende „Wissen"[67].

---

[67] Weitere denkbare Konstellationen bei Aussagen über innere Tatsachen bei *S/S/Lenckner/Bosch,* Vor § 153 Rn. 7.

In solchen Fällen wäre es, weil für das Ergebnis unerheblich, verfehlt, bei der Falllösung auf den Grundsatzstreit zwischen objektiver und subjektiver Theorie einzugehen.

(3) Stellungnahme

Zu folgen ist der **objektiven Aussagetheorie**. Die Gerichte sind zur Erforschung der Wirklichkeit, zur Wahrheitsfindung (s. zum geschützten Rechtsgut o. Rn. 1, 4) auf Aussagen angewiesen, die mit eben dieser Wirklichkeit übereinstimmen. Nur durch Zeugenaussagen, bei denen dies nicht der Fall ist, wird die Wahrheitsfindung ernsthaft beeinträchtigt[68]. Eine am Rechtsgüterschutz orientierte[69] Auslegung kann folglich den Begriff „falsch" in § 153 – und den übrigen Aussagetatbeständen – nur i. S. der objektiven Theorie interpretieren[70]. 40

Zwar ist es richtig, dass das Recht nicht an den Grenzen der menschlichen Leistungsfähigkeit gerade in Aussagesituationen vorbeigehen darf[71], aber das darf nicht dazu führen, das objektive Merkmal „falsch" in §§ 153 ff. mit den begrenzten subjektiven Fähigkeiten der Beweispersonen zu befrachten[72]. Wie auch in anderen vergleichbaren Fällen, in denen der Gesetzgeber die Unrechtsverwirklichung an objektiven Maßstäben misst, z. B. beim Betrug, § 263 (**falsche** Tatsachenbehauptung), und bei der **falschen** Verdächtigung, § 164, ist diesen Unzulänglichkeiten im subjektiven Straftatbereich (Vorsatz, Fahrlässigkeit) Rechnung zu tragen, wenn sie zu einer Diskrepanz zwischen Wirklichkeit und Aussage führen[73]. 41

Die subjektive Theorie führt im Übrigen keineswegs nur zu Strafbarkeitsbeschränkungen, sondern zur Pönalisierung in Fällen, in denen eine Bestrafung für ein ausschließlich am Rechtsgüterschutz orientiertes Strafrecht nicht erträglich ist[74]. 42

Notorische Schwierigkeiten bereitet der subjektiven Theorie eine befriedigende Bewältigung des Fahrlässigkeitstatbestandes § 161 (Wo soll die Fahrlässigkeitsprüfung ansetzen, wenn nicht am Widerspruch der Aussage mit der Wirklichkeit?). Die subjektive Theorie kann auch § 160 nicht überzeugend handhaben. Worin ist die Un- 43

---

68 Das wird auch von den Vertretern der subjektiven Theorie nicht bestritten; s. LK-*Willms*, 10. Aufl., Vor § 153 Rn. 10.
69 Zur rechtsgüterschützenden Aufgabe des Strafrechts *Baumann/Weber/Mitsch*, § 3 Rn. 10–18 und o. § 1 Rn. 2 ff.
70 S. die Beispiele (1) und (2) o. Rn. 36.
71 Dazu eindrucksvoll LK-*Willms*, 10. Aufl., Vor § 153 Rn. 9 ff.
72 S. o. Rn. 38, Beispiel (1).
73 Zutreffend weist *S/S/Lenckner/Bosch*, Vor §§ 153 ff. Rn. 6 darauf hin, dass auch die Vertreter der subjektiven Theorie den Begriff „falsch" in §§ 164 und 263 nach einem rein objektiven Maßstab bestimmen.
74 LK-*Willms*, 10. Aufl., Vor § 153 Rn. 10 a. E., versucht diese Folge der subjektiven Theorie abzumildern und führt aus: „Wer über einen Vorgang, dem er persönlich beiwohnte, wahrheitsgemäße Angaben macht, wird schwerlich in den Verdacht geraten können oder gar zu überführen sein, etwas bekundet zu haben, was er als unwahr angesehen hat, und noch weniger denkbar muss es erscheinen, dass gegen ihn der Vorwurf einer fahrlässigen Falschaussage überhaupt nur im Keim entstehen könnte." – Ein starkes Argument für die Überlegenheit der objektiven Theorie in der Praxis! S. außerdem o. Rn. 38, Beispiel (2).

richtigkeit der Bekundung des unmittelbar Aussagenden zu erblicken, wenn nicht in der Diskrepanz zur Wirklichkeit[75]?

44 Kein Argument gegen die objektive Theorie ist die an sich zutreffende Feststellung, häufig lasse sich die Wirklichkeit von den Gerichten gar nicht zweifelsfrei feststellen[76]; vgl. schon § 261 StPO, wo für die Entscheidungsfindung nicht auf eine (objektive) Wahrheit, sondern auf die (subjektive) Überzeugung des Gerichts abgehoben wird. Aber: Lässt sich dem später wegen Verletzung des § 153 angeklagten Zeugen die Unrichtigkeit seiner Aussage nicht nachweisen, weil sich das nunmehr erkennende Gericht keine hinreichende Überzeugung von einer Diskrepanz zwischen Tatsachen und Aussage bilden kann, so ist er eben freizusprechen (in dubio pro reo).

45 Der Gegensatz zwischen **objektiver und subjektiver** Theorie ist nicht nur bei §§ 153 ff. zu beobachten. In vergleichbarer Weise tritt er bei der Falschbeurkundung (§§ 348, 271 ff.) auf[77], sowie bei der Rechtsbeugung (§ 339)[78]. – Für die objektive Theorie spricht, dass das in §§ 153 ff. geschützte Rechtsgut der Wahrheitsfindung durch Unwahrheit, nicht durch **vermeintliche** Unwahrheit bedroht wird. Die subjektive Theorie verbiegt die §§ 153 ff. in **Tendenzdelikte**. Die mit einem Tendenzdelikt verbundenen Schwierigkeiten sind im Zusammenhang mit der Begünstigung in § 27 Rn. 5 ff. erörtert. Sie wiegen so schwer, dass einer Ausdehnung des Kreises der Tendenzdelikte auf §§ 153 ff. zu widersprechen ist.

46 Die **subjektive Theorie** hat zwar nicht in der Rechtswissenschaft, wohl aber in der **Rechtssoziologie** starken Widerhall gefunden. Dort wird im Anschluss an *Luhmann*[79] die **Legitimation durch Verfahren** stark betont. Der dadurch entstehende Gegensatz zur Legitimation durch (materiellrechtlich) richtige Resultate wird durch die objektive Theorie zu §§ 153 ff., 339 (weitgehend) aufgehoben, durch die subjektive Theorie akzentuiert.

bbb) Sachverständigengutachten – Bewertung von Tatsachen

47 Der **Sachverständige** hat in erster Linie die Aufgabe, dem Gericht Erfahrungssätze auf bestimmten Gebieten (Medizin, Psychiatrie usw.), die besondere Sachkunde erfordern, zu vermitteln und daraus fallbezogene Schlussfolgerungen aus bereits ermittelten Tatsachen abzuleiten[80]. Er hat sein Gutachten „unparteiisch und nach bestem Wissen und Gewissen" zu erstatten (§ 79 II StPO), also seine **subjektive** Überzeugung (Aussagegegenstand) wiederzugeben. Hier kommen objektive und subjektive Theorie

---

75 *Gallas*, GA 1957, 315 (323), vertritt deshalb – abweichend von seiner Grundposition (s. o. Fn. 65) – für § 160 die objektive Theorie.
76 In diesem Sinne vor allem *Otto*, BT, § 97 Rn. 9 ff.
77 Vgl. o. § 33 Rn. 9.
78 Dazu u. § 49 Rn. 78.
79 *Luhmann*, Legitimation durch Verfahren, 1969, insbesondere S. 16 ff. – Vgl. dazu *Schreiber*, ZStW 88 (1976), 117 (135 ff.).
80 Zu den Aufgaben des Sachverständigen vgl. u. a. *Meyer-Goßner*, Vor § 72 Rn. 3 ff.; *Roxin/Schünemann*, Strafverfahrensrecht, 28. Aufl. 2014, § 27 Rn. 1 ff.

bei der Beurteilung der Falschheit der Aussage – ebenso wie im Beispiel o. Rn. 39 – zu denselben Ergebnissen.

Beispiel (der unmoderne Sachverständige): Der Sachverständige S bekundet entgegen seiner wissenschaftlichen Überzeugung, der Angeklagte sei zur Tatzeit schuldfähig gewesen. Nach beiden Theorien **falsch**, auch wenn inzwischen weitgehend anerkannt ist, dass die Erkrankung des Angeklagten nicht zur Schuldunfähigkeit (§ 20) führen kann.

Richtig dagegen, wenn S, der sich nicht mehr um die neueste Entwicklung der Psychiatrie gekümmert hat, überzeugungsgemäß dem Angeklagten Schuldfähigkeit bescheinigt, obwohl jeder Vertreter der modernen Psychiatrie zur Schuldunfähigkeit (§ 20) gelangen müsste[81].

Soweit der Sachverständige **Tatsachen** festzustellen hat – sog. Befundtatsachen, die nur aufgrund besonderer Sachkunde wahrgenommen werden können[82] –, gilt für die Beurteilung seiner Bekundung als falsch oder richtig dasselbe wie für die Zeugenaussage[83]. 48

d) Vorsatz, Irrtumsfragen

§ 153 enthält ein **Vorsatzdelikt,** § 15[84]. Der Fahrlässigkeitstatbestand des § 161 erfasst nur den Falscheid und die falsche Versicherung an Eides statt, nicht dagegen die uneidliche Falschaussage. Das ist ungereimt, denn § 153 enthält mit einer Freiheitsstrafe von drei Monaten bis zu fünf Jahren gegenüber § 156 (Freiheitsstrafe bis zu drei Jahren oder Geldstrafe) die strengere Strafdrohung für die vorsätzliche Begehung[85], weist also nach der gesetzgeberischen Vorstellung einen größeren Unrechtsgehalt auf. 49

Ist sich der Täter der **Unrichtigkeit** seiner Aussage nicht bewusst, entfällt seine Strafbarkeit, § 16 I 1; vgl. auch Beispiel (1)[86]. Auch die **Zuständigkeit**[87] ist echtes (normatives) Tatbestandsmerkmal des § 153[88] – und nicht sog. Rechtspflichtmerkmal[89] –, muss also vom Tätervorsatz umfasst sein. 50

Beispiel: Z wird gemäß § 46 I 1 PatG von der Prüfungsstelle des Patentamtes uneidlich als Zeuge vernommen. Er sagt die Unwahrheit und geht dabei irrtümlich davon aus, diese Behörde habe keinesfalls weitergehende Befugnisse als die Staatsanwaltschaft, sei mithin nicht zur eidlichen Zeugenvernehmung befugt und damit keine

---

81 **Falsch** allerdings dann, wenn S ausdrücklich oder – in der Praxis häufig – konkludent behauptet, sein Gutachten beruhe auf dem aktuellen Stand der Forschung.
82 S. dazu *Roxin/Schünemann*, Strafverfahrensrecht, 28. Aufl. 2014, § 27 Rn. 1, 21.
83 Dazu o. Rn. 36 ff.
84 Zur Frage, inwieweit eine Falschaussage mit lediglich bedingtem Vorsatz begangen werden kann, vgl. *Arzt*, Jescheck-FS 1985, S. 391.
85 Vgl. auch die Kritik bei SK-*Rudolphi*, § 163 Rn. 1.
86 S.o. Rn. 36.
87 S. o. Rn. 26.
88 BGHSt 1, 13 (15 f.); 3, 248 (253 f.); 24, 38; *S/S/Lenckner/Bosch*, Vor §§ 153 ff. Rn. 32 m. w. N.
89 So *Welzel*, JZ 1952, 133 (135), mit der Folge, dass ein Irrtum den Vorsatz unberührt lässt und lediglich als Verbotsirrtum (§ 17) zu bewerten ist.

zuständige Stelle i. S. des § 153. – Vorsatzausschließender Tatumstandsirrtum, § 16 I 1.
In der Praxis sind derartige Irrtumsfälle schon wegen der Zeugenbelehrung (vgl. z. B. § 57 StPO) selten.

e) Straflosigkeit des Versuchs, Vollendung

51 Die versuchte uneidliche Falschaussage ist straflos. § 153 enthält ein Vergehen (§ 12 II, I), und eine Anordnung der Versuchsstrafbarkeit (§ 23 I) fehlt. Auch das ist bemerkenswert, weil § 159 die **versuchte Anstiftung** zur uneidlichen Falschaussage unter Strafe stellt[90].

52 Der Verzicht auf die Pönalisierung des Versuchs in § 153 hat einmal zur Folge, dass Fälle des umgekehrten Tatumstandsirrtums straflos bleiben.

Beispiel: (1) Zur irrtümlichen Annahme des Zeugen, seine – in Wirklichkeit richtige – Aussage sei falsch, s. das **Beispiel** (2) o. Rn. 36. – **Strafloser** untauglicher Versuch.

(2) Nimmt der vom Staatsanwalt vernommene Z entgegen § 161a I 3 StPO an, die Staatsanwaltschaft sei zur eidlichen Zeugenvernehmung befugt und damit zuständige Stelle i. S. von § 153, so liegt ebenfalls ein **strafloser** untauglicher Versuch vor.

53 Zum anderen ist der falsch Aussagende **straflos, solange nicht** seine **Vernehmung abgeschlossen** ist. Erst mit Abschluss der Vernehmung ist das Delikt vollendet.

Nach der Rechtsprechung ist die Vernehmung „abgeschlossen, wenn der Richter zu erkennen gegeben hat, daß er von dem Zeugen keine weitere Auskunft über den Vernehmungsgegenstand erwartet, und der Zeuge, daß er seinerseits nichts weiter bekunden und das bisher Bekundete als seine verantwortliche Aussage gelten lassen will"[91]. Regelmäßig ist dies dann der Fall, wenn das Gericht zur Beschlussfassung über die Frage der Vereidigung schreitet[92]. Eine Vernehmung kann sich über mehrere Termine erstrecken[93] und der Zeuge innerhalb eines Termins mehrmals abschließend gehört werden[94].

54 Berichtigt der Zeuge seine falsche Bekundung vor Abschluss der Vernehmung, so ist er straflos, weil seine Aussage dann insgesamt richtig ist. Eines Rückgriffs auf § 24 bedarf es nicht, da dort nur der Rücktritt vom – hier fehlenden – **strafbaren** Versuch geregelt ist[95].

55 Hat das Gericht über mehrere selbstständige tatsächliche Vorgänge zu entscheiden und gliedert es die Beweisaufnahme (§§ 243, 244 StPO) ent-

---

90 Dazu und zur Rechtfertigung des § 159 trotz Straflosigkeit des täterschaftlichen Versuchs nach § 153 u. Rn. 134 ff.
91 BGHGrSSt 8, 301 (314) (Meineid).
92 Vgl. z. B. BGHGrSSt 8, 301 (310) (Meineid); *S/S/Lenckner/Bosch*, § 153 Rn. 8.
93 BGH, NStZ 1984, 418.
94 BGHSt 4, 172 (177).
95 Für möglich wird der Rückgriff auf § 24 gehalten bei *Maurach/Schroeder/Maiwald*, BT 2, § 75 Rn. 38. Wie hier z. B. BGH, NJW 1960, 731 und *S/S/Lenckner/Bosch*, § 153 Rn. 8. Die Anwendung von § 24 würde Freiwilligkeit der Berichtigung voraussetzen. Diese Beschränkung ist nicht gerechtfertigt, solange der Täter die Grenze zur Strafbarkeit noch nicht überschritten hat.

Die Tatbestände der §§ 153, 154 (155), 156, 161 § 47 Rn. 56–59

sprechend auf[96], so ist die Vernehmung des zu allen Sachverhaltskomplexen gehörten Zeugen mit dem Ende seiner Bekundungen zum jeweiligen Komplex abgeschlossen und insoweit § 153 vollendet[97] und somit Strafbefreiung nur noch nach § 158 möglich[98].

2. Meineid, § 154 (§ 155)

a) § 154 als Qualifikation des § 153 für Zeugen und Sachverständige

Für den Täterkreis der uneidlichen Falschaussage – Zeugen und Sachverständige[99] – enthält der Meineidstatbestand (§ 154) nach seiner Säkularisierung (s. o. Rn. 6, 7) einen qualifizierten Fall des § 153. „Falsch schwören" in § 154 heißt nämlich: eine falsche Aussage beeiden. § 154 enthält also vollständig die Tathandlung des § 153, die **falsche Aussage**[100]. Als qualifizierender Umstand tritt die **Beteuerung der Wahrheit** der (Falsch-)Aussage hinzu. 56

Vgl. zur Vereidigung von Zeugen §§ 59 ff. StPO und §§ 391 ff. ZPO, zur Vereidigung von Sachverständigen § 79 StPO und § 410 ZPO.

Die Beteuerung erfolgt in Gestalt des Eides in religiöser oder nichtreligiöser Form (§§ 64 StPO, 481 ZPO) oder in Form der Bekräftigung (§§ 65 StPO, 484 ZPO)[101]. 57

Zu den Folgen des geschilderten Verhältnisses von §§ 153 und 154 für den **Versuch** und **Rücktritt** vom Versuch s. u. Rn. 71, für die **Konkurrenzen** u. Rn. 152 ff.

Bedeutung von § 155: Unmittelbar von § 154 („falsch schwört") wird nur die Beeidigung der falschen Aussage (Schwur) erfasst. Die **Bekräftigung** wird jedoch – materiell-rechtliche Konsequenz aus §§ 65 I 2 StPO, 484 I 2 ZPO – in § 155 Nr. 1 dem Eid gleichgestellt. Der seine Falschaussage (bloß) Bekräftigende wird damit wegen Meineids bestraft, obwohl er gar keinen Eid geleistet hat[102]. § 155 Nr. 1 enthält also keine eigenständige Strafvorschrift, sondern erweitert lediglich – unselbständig – den Anwendungsbereich des § 154, sodass immer aus § 154 bestraft wird. Also formulieren: „T ist strafbar nach § 154 i. V. mit § 155 Nr. 1". 58

§ 155 Nr. 2 zieht ebenfalls materiell-rechtliche Konsequenzen aus bestimmten prozessualen Gestaltungsmöglichkeiten der eidlichen Vernehmung von Beweispersonen. 59

---

96 Zulässig; vgl. BGHSt 10, 342.
97 BGHGrSSt 8, 301 (306 f., 314 f.) (Meineid).
98 Dazu u. Rn. 118.
99 S. o. Rn. 25.
100 Dazu o. Rn. 29 ff.
101 Zur Eidesleistung und Bekräftigung durch Stumme s. §§ 66 StPO, 483 ZPO.
102 Berechtigte Bedenken gegen die pauschale Bezeichnung „Meineid" deshalb bei *Maurach/Schroeder/Maiwald*, BT 2, § 75 Rn. 43.

Hilgendorf 1283

Anwendungsfälle: (1) Erneute Vernehmung eines Zeugen, der hinsichtlich einer früheren Aussage im selben Verfahrensabschnitt bereits vereidigt worden ist. Statt den Zeugen erneut zu vereidigen, kann ihn der Richter die Richtigkeit seiner Aussage unter Berufung auf den früheren Eid versichern lassen, §§ 67 StPO, 398 III ZPO.

(2) Der (allgemein) gerichtlich vereidigte Sachverständige braucht nicht mehr hinsichtlich jedes einzelnen Gutachtens nach §§ 79 II StPO, 410 I ZPO vereidigt zu werden. Vielmehr genügt die Berufung auf den allgemeinen Sachverständigeneid, §§ 79 III StPO, 410 II ZPO.

b) § 154 als strafbegründende Norm für weiteren Täterkreis

60 Im Gegensatz zu § 153 können nicht nur Zeugen und Sachverständige, sondern kann **jedermann** („Wer …") **Täter** des Meineids sein (selbstverständlich nur, wenn er in der von § 154 vorausgesetzten Situation steht, selbst eidlich aussagen zu müssen, Eigenhändigkeit; dazu o. Rn. 14). Für andere als Zeugen und Sachverständige stellt der Meineid keine qualifizierte uneidliche Falschaussage dar, sondern enthält § 154 einen strafbegründenden Tatbestand.

61 Praktisch wichtigster Fall ist der **Meineid der Partei im Zivilprozess** im Rahmen des § 452 ZPO[103].

62 Ein früher wichtiges Anwendungsfeld des § 154 ist 1970 entfallen, als der Gesetzgeber den **Offenbarungseid** nach §§ 807 und 883 II ZPO durch die **eidesstattliche Versicherung** ersetzte. Entsprechende Verletzungen der Wahrheitspflicht werden seither von § 156 erfasst[104].

c) Zuständigkeit, Reichweite des Eides

aa) Zuständigkeit

63 Ebenso wie § 153 erfasst § 154 nur (beteuerte) Falschaussagen „vor Gericht oder einer anderen zur Abnahme von Eiden zuständigen Stelle"[105]. Weiter ist Voraussetzung der Strafbarkeit nach § 154, dass in der jeweiligen Verfahrensart eine Vereidigung zulässig ist[106].

bb) Reichweite des Eides

64 Alle von der Wahrheitspflicht erfassten Angaben des **Zeugen** gem. §§ 68, 69 StPO und §§ 395 II, 396, 397 ZPO (Vernehmungsgegenstand[107]) sind auch Gegenstand des Eides; s. die umfassenden Bekräftigungsformeln in §§ 64, 65 StPO und §§ 481, 484 ZPO.

---

103 Zu den (praktisch kaum bedeutsamen) anderen Meineidskonstellationen s. LK-*Ruß*, § 154 Rn. 7 und *S/S/Lenckner/Bosch*, § 154 Rn. 4.
104 Dazu u. Rn. 72 ff.
105 S. dazu o. Rn. 26–28; weitere Zuständigkeiten bei *S/S/Lenckner/Bosch*, § 154 Rn. 11.
106 BGHSt 3, 235 (238 f.); 3, 248; 10, 142; 10, 272 (273); 12, 56.
107 Dazu o. Rn. 31 ff.

Dagegen bekräftigt der **Sachverständige** lediglich, dass er „das Gutachten unparteiisch und nach bestem Wissen und Gewissen erstattet habe", § 79 II StPO (für den Zivilprozess s. § 410 I 2 ZPO). Falsche Angaben zur Person sind also auch im Falle seiner Vereidigung nur nach § 153, nicht nach § 154 strafbar[108].

d) Vorsatz, Irrtumsfragen

Ebenso wie § 153 enthält § 154 ein Vorsatzdelikt (§ 15). Im Gegensatz zur fahrlässigen uneidlichen Falschaussage ist aber der fahrlässige Falscheid in § 161 unter Strafe gestellt. Wird also die Verhörsperson in den oben Rn. 36 und 50 behandelten Irrtumsfällen vereidigt, so entfällt zwar gemäß § 16 I 1 Strafbarkeit nach § 154, es ist aber gemäß § 16 I 2 zu prüfen, ob der Irrtum auf Fahrlässigkeit beruht; wenn ja, Strafbarkeit nach § 161. Dasselbe gilt, wenn der Zeuge entgegen §§ 68, 64 StPO annimmt, seine Angaben zur Person würden nicht von § 154 erfasst.

Zu § 161 näher u. Rn. 91 ff.

e) Vollendung und Versuch

aa) Vollendung

Normalfall der Vereidigung ist der **Nacheid**[109], d. h. **Zeugen** werden im Straf- und Zivilprozess **nach** ihrer Vernehmung vereidigt, §§ 59 II 1 StPO, 392 S. 1 ZPO. Gleiches gilt für die eidliche Parteivernehmung, § 452 ZPO. Im Strafverfahren wird auch der **Sachverständige** stets erst nach Erstattung seines Gutachtens vereidigt, § 79 II StPO. Der Meineid ist in diesen Fällen mit dem vollständigen Sprechen[110] der Eides- oder Bekräftigungsformel (§§ 64, 65, 79 II StPO, §§ 481, 484 ZPO) vollendet.

Der Sachverständige kann im Zivilprozess auch **vor** Erstattung seines Gutachtens vereidigt werden, **Voreid** (§ 410 I 1 ZPO). Vollendung in diesem Falle naturgemäß erst mit Erstattung des falschen Gutachtens, denn die Falschaussage ist Bestandteil des Meineidstatbestandes § 154[111].

bb) Versuch

Da der Meineid Verbrechen ist (Freiheitsstrafe nicht unter einem Jahr, §§ 154 I, 12 I), ist der **Versuch strafbar**, § 23 I.

Versuchskonstellationen treten in zweierlei Gestalt auf:

aaa) Irrtumsfälle

Der Täter geht irrtümlich vom Vorliegen eines objektiv nicht gegebenen Tatbestandsmerkmals des § 154 aus (umgekehrter Tatumstandsirrtum).

---

108 Vgl. RGSt 20, 235.
109 S. bereits o. Rn. 22.
110 Bei Stummen mit der Nieder- und Unterschrift, §§ 66 StPO, 483 ZPO.
111 Dazu o. Rn. 56.

Beispiel: (1) Irrtümliche Annahme des Zeugen Z, seine Aussage sei falsch; s. den Fall (2) o. Rn. 36. – Strafbarkeit des Z nach §§ 154, 22[112].

(2) Irrtümliche Annahme des Z, seine falsche Bekundung sei vom Vernehmungsgegenstand umfasst; s. den Fall (3)[113] o. Rn. 34. – Strafbarkeit des Z nach §§ 154, 22.

(3) **Unzulässige Vereidigung**[114]: Entgegen § 15 I FGG (außer Kraft) vernimmt das Gericht in einem Verfahren der freiwilligen Gerichtsbarkeit den Beteiligten B eidlich[115]. Im Glauben an die Befugnis des Gerichts zu seiner eidlichen Vernehmung sagt B die Unwahrheit und beschwört seine Aussage. – BGH: Strafbarkeit des B nach §§ 154, 22.

Dem ist entgegenzuhalten, dass B subjektiv der Rechtsordnung einen Umfang – Befugnis der Gerichte im Verfahren der freiwilligen Gerichtsbarkeit zur Abnahme von Eiden Verfahrensbeteiligter – beimisst, der ihr tatsächlich nicht zukommt, sodass ein **Wahndelikt** vorliegt[116].

Versuch nur, wenn der unter Eid falsch Aussagende **Tatsachen** annimmt, welche die in § 154 geforderte Zuständigkeit begründen würden. **Beispiel:** T wird von einem dazu nicht befugten Referendar eidlich vernommen; er hält den Referendar für einen Richter (der zuständig wäre). Bei Falschaussage Strafbarkeit des T nach §§ 154, 22[117].

bbb) Ansetzen zur Tatbestandsverwirklichung

71 Der Täter besitzt zwar volle Tatbestandskenntnis, bringt aber das Delikt aus anderen Gründen nicht zur Vollendung.

Beispiel: (1) Z wird im Strafverfahren als Zeuge vernommen und sagt die Unwahrheit. Bei seiner Falschaussage geht er davon aus, vereidigt zu werden. Wider Erwarten sieht das Gericht von seiner Vereidigung ab.

Sicher hat sich Z wegen vollendeter uneidlicher Falschaussage nach § 153 strafbar gemacht. Es steht jedoch **infrage,** ob er sich darüber hinaus nach §§ **154, 22** strafbar gemacht hat. – Dafür spricht, dass die Falschaussage Tatbestandsmerkmal des § 154 ist[118] und wer bereits ein Tatbestandsmerkmal eines zusammengesetzten Delikts verwirklicht hat, hat nach allgemeinen Regeln allemal „zur Verwirklichung des (Gesamt-)Tatbestandes unmittelbar" angesetzt, § 22. **Aber:** Diese Auffassung hätte die unhaltbare

---

112 Nach der subjektiven Aussagetheorie in diesem Falle vollendeter Meineid (§ 154); s. das Beispiel (2) o. Rn. 38.
113 Vgl. BGHSt 25, 244 (Spontanäußerung).
114 Vgl. BGHSt 10, 272.
115 § 15 I FGG (außer Kraft) ließ lediglich die Vereidigung von Zeugen, nicht aber von Verfahrensbeteiligten zu. Für sie war in § 15 II FGG die Versicherung an Eides statt zum Zwecke der Glaubhaftmachung einer tatsächlichen Behauptung vorgesehen.
116 Ebenso *Otto*, JuS 1984, 161 (167); *S/S/Leckner/Bosch*, § 154 Rn. 15. Für Wahndelikt auch BGHSt 1, 13 (16 f.).
117 Weitere Problemfälle: BGHSt 3, 248 (253 ff.); 12, 56 (58) – Entscheidungen, die, wie BGHSt 10, 272, die differenzierende Stellungnahme in BGHSt 1, 13 (16 f.) vermissen lassen. Allgemein zur Abgrenzung (strafbarer) Versuch/(strafloses) Wahndelikt sowie zu dem umstrittenen Umkehrverhältnis Tatumstandsirrtum/Versuch und Verbotsirrtum/Wahndelikt *Baumann/Weber/Mitsch*, § 26 Rn. 28 f. sowie § 21 Rn. 34–36; *Baumann/Arzt/Weber*, Fall 19, jeweils m. w. N.
118 Dazu o. Rn. 56.

Folge, dass so gut wie jede uneidliche Falschaussage zugleich ein versuchter Meineid wäre; denn in fast allen Vernehmungsfällen muss mit der Vereidigung der Verhörsperson gerechnet werden (dolus eventualis). Deshalb ist ganz einhellig anerkannt, dass **Ausführungshandlung i. S. der §§ 154, 22 erst das falsche Schwören** bzw. die gleichstehende Wahrheitsbekräftigung ist[119]. – **Ergebnis im Fall (1): Strafbarkeit des Z nur nach § 153.**

(2) Z hat schon mit dem Sprechen der Eidesformel begonnen, spricht aber diese nicht zu Ende, weil ihm beim Anblick des im Gerichtssaal aufgehängten Kruzifixes das Gewissen schlägt.

Jetzt unmittelbares Ansetzen zur Tatbestandsverwirklichung i. S. der §§ 54, 22. Aber strafbefreiender Rücktritt vom unbeendeten Versuch nach § 24 I 1 (1. Alt.), der allerdings die Strafbarkeit wegen der im Meineidsversuch enthaltenen vollendeten uneidlichen Falschaussage unberührt lässt; insoweit kommt lediglich Strafmilderung oder Absehen von Strafe nach § 158 in Betracht[120].

3. Falsche Versicherung an Eides statt, § 156

a) Wesen und Bedeutung der eidesstattlichen Versicherung

Neben der uneidlichen und der eidlichen Aussage von Verhörspersonen kennen die Prozessordnungen, aber auch andere Gesetze, ein **drittes Personalbeweismittel** zur Sachverhaltsermittlung (Wahrheitsfindung); die **Versicherung an Eides statt.**

Anwendungsgebiete:

(1) **Im Zivilprozess** Glaubhaftmachung von Tatsachenbehauptungen, z. B. zur Begründung eines Wiedereinsetzungsantrags (§ 236 II 1 ZPO), eines Antrages auf Einstellung der Zwangsvollstreckung (§§ 707 I 2, 719, 769 I 2 ZPO), eines Arrestgesuches (§ 920 II ZPO) oder eines Antrages auf Erlass einer einstweiligen Verfügung (§ 936 ZPO). In diesen Fällen reicht zwar die bloße Tatsachenbehauptung für den Erlass der beantragten Entscheidung nicht aus. Da es sich jedoch nicht um (endgültige) Entscheidungen in der Hauptsache handelt, wird andererseits nicht der volle Beweis der behaupteten Tatsache, etwa durch Zeugenaussagen verlangt, sondern der Gesetzgeber begnügt sich mit einer Beweisführung von geringerem Überzeugungswert, der **Glaubhaftmachung**[121]. Neben den vollwertigen Beweismitteln, die hier natürlich erst recht ausreichen, ist **ein Mittel der Glaubhaftmachung die Versicherung an Eides statt** (§ 294 ZPO). Mit ihr wird die Wahrheit der aufgestellten Tatsachenbehauptung **bekräftigt.**

---

119 BGHGrSSt 8, 301 (310, 315) (Meineid). Aus diesem bei § 154 für selbstverständlich gehaltenen Ergebnis sollten auch für den Versuchsbeginn bei anderen qualifizierten Delikten Konsequenzen gezogen werden, z. B. Raubversuch (§§ 249, 22) erst angenommen werden, wenn der Täter zur Gewaltanwendung ansetzt, und nicht schon, wenn er mit der Wegnahme beginnt; so z. B. *Baumann/Weber/Mitsch*, § 26 Rn. 50 ff. m. w. N.
120 A. M. – schon der wirksame Rücktritt vom Meineidsversuch hebt auch die Strafbarkeit nach § 153 auf – *Vormbaum*, JR 1989, 133 (135); kritisch auch *Otto*, JuS 1984, 161 (167); dazu näher u. Rn. 125.
121 Vgl. z. B. *Blei*, BT, § 107 VII; *S/S/Lenckner/Bosch*, § 156 Rn. 1/2, 14; *Wessels/Hettinger*, BT 1, Rn. 768; LK-*Ruß*, § 156 Rn. 1.

74 Praktisch besonders bedeutsam ist die – vormals **eidesstattliche Offenbarungsversicherung, heute – Vermögensauskunft** nach §§ 802c und 883 II ZPO.

75 (2) Demgegenüber spielt die eidesstattliche Versicherung **im Strafverfahren**[122] eine bescheidene Rolle. Genannt seien die **Glaubhaftmachung** des Ablehnungsgrundes bei der Richter- und Sachverständigenablehnung (§§ 26 II 1, 74 III StPO), der den Wiedereinsetzungsantrag begründenden Tatsachen (§ 45 II 1 StPO) sowie des Zeugnisverweigerungsgrundes (§ 56 StPO)[123]. Auch hier geht es also um Entscheidungen, die mit dem Zweck des Verfahrens, der Feststellung von Schuld oder Unschuld des Angeklagten, nur mittelbar zu tun haben, sodass kein voller Beweis erforderlich erscheint.

Relativ **wichtig** ist zweierlei: **Erstens** ist der **Beschuldigte** im Strafverfahren **nie** zur Versicherung an Eides statt zugelassen[124]. **Zweitens** sind stets nur Strafgerichte, **nie** aber **Polizei und Staatsanwaltschaft** zur Entgegennahme von eidesstattlichen Versicherungen befugt[125].

76 (3) Im Bereich der **öffentlichen Verwaltung** wurde die Versicherung an Eides statt erfreulicherweise stark zurückgedrängt. Zahlreiche früher angenommene ungeschriebene Zuständigkeiten sind nämlich durch die Verwaltungsverfahrensgesetze des Bundes und der Länder beseitigt worden. § 27 VwVfG[126] und die entsprechenden Vorschriften der Landesverwaltungsverfahrensgesetze[127] lassen eidesstattliche Versicherungen nur noch zu, wenn ihre Abnahme über den betreffenden Gegenstand und in dem betreffenden Verfahren durch Gesetz oder Rechtsverordnung ausdrücklich vorgesehen und die Behörde durch Rechtsvorschrift für zuständig erklärt worden ist.

b) § 156 eigenständiges Aussagedelikt

77 Die falsche Versicherung an Eides statt weist zwar Gemeinsamkeiten mit dem Meineid (§ 154) insofern auf, als auch sie zusammengesetzt ist aus der Erstattung falscher Angaben (Element des § 153) und deren Bekräftigung (Element des § 154). Wie die vorstehenden Ausführungen (Rn. 72 ff.) gezeigt haben, ist aber die in § 156 erfasste Bekräftigung trotz der an § 154 anklingenden Terminologie „an **Eides** statt" keine Unterart des Eides, sondern eine selbstständige Form der Wahrheitsbeteuerung. § 156 enthält demgemäß keinen Sonderfall des Meineids, sondern ein eigenständiges (Aussage-)Bekräftigungsdelikt. Es handelt sich auch nicht um eine – neben dem Meineid stehende – Qualifikation des § 153; vielmehr tritt § 156 we-

---

122 Zur eidesstattlichen Versicherung im Ordnungswidrigkeitenverfahren vgl. *Leibinger*, Rebmann-FS 1989, S. 259.
123 Zu weiteren – auch gesetzlich nicht ausdrücklich geregelten – Anwendungsfällen z. B. *S/S/Lenckner*, § 156 Rn. 12.
124 RGSt 57, 53 (54); *Fischer*, § 156 Rn. 5; *S/S/Lenckner/Bosch*, § 156 Rn. 12; *Wessels/Hettinger*, BT 1, Rn. 769; LK-*Ruß*, § 156 Rn. 11.
125 Vgl. z. B. RGSt 37, 209; 47, 156 (159); OGHSt 2, 85 (86, 88); *Fischer*, § 156 Rn. 5; *Krey/Hellmann/M. Heinrich*, BT 1, Rn. 581; *S/S/Lenckner/Bosch*, § 156 Rn. 12 (allerdings zweifelnd im Hinblick auf die Vorschriften der §§ 161a, 56 StPO); *Wessels/Hettinger*, BT 1, Rn. 769; LK-*Ruß*, § 156 Rn. 5 ff.
126 Verwaltungsverfahrensgesetz vom 25.5.1976 (BGBl. 1976 I, 1253).
127 Z. B. Art. 27 BayVwVfG (Bayerisches Verwaltungsverfahrensgesetz vom 23.12.1976, GVBl. 1976, 544 [549]).

gen des gegenüber der Zeugen- und Sachverständigenaussage geringeren Beweiswertes der Versicherung[128] im Unrechtsgehalt noch hinter die uneidliche Falschaussage zurück[129]. – Dem entsprechen die Strafrahmen der §§ 153, 154 und 156.

c) Die einzelnen Tatbestandsmerkmale

aa) Zuständigkeit

Ebenso wie in den §§ 153 und 154 ist die **Zuständigkeit** der die falsche Versicherung entgegennehmenden Behörde **Tatbestandsmerkmal** des § 156[130]. Nicht ausdrücklich erwähnt sind Gerichte; sie sind jedoch vom Begriff „Behörde" mitumfasst, § 11 I Nr. 7. Die Behörde muss zur Abnahme der Versicherung an Eides statt nicht nur allgemein zuständig sein; erforderlich ist, dass die Versicherung über den Gegenstand, auf den sie sich bezieht und in dem Verfahren, in dem sie eingereicht wird, abgegeben werden darf und dass sie rechtlich nicht völlig wirkungslos ist[131].

Wichtige Zuständigkeiten ergeben sich aus den o. Rn. 73–76 angeführten Anwendungsfällen der Versicherung an Eides statt[132].

bb) Tathandlung

aaa) Verletzung der Wahrheitspflicht (insbesondere bei Vermögensauskunft, §§ 802c, 883 ZPO)

Tathandlung des § 156 ist die Unterbreitung falscher Angaben mit der Bekräftigung an Eides statt. Ob die Angaben **falsch** sind, richtet sich nach denselben Kriterien wie bei § 153[133].

Worauf sich die **Wahrheitspflicht** bei der praktisch bedeutsamen **Vermögensauskunft**[134] erstreckt, ergibt sich aus den abschließenden[135] Regelungen der §§ 802c und 883 II ZPO. Die unrichtige Beantwortung darüber hinausgehender Zusatzfragen des Richters führt nicht zur Strafbarkeit nach § 156.

---

128 S. o. Rn. 73.
129 Zur falschen Versicherung an Eides statt als selbstständiges Aussagedelikt neben §§ 153 und 154 vgl. RGSt 67, 168 (169); *Blei*, BT, § 107 VII; *S/S/Lenckner/Bosch*, § 156 Rn. 1/2; *Wessels/Hettinger*, BT 1, Rn. 768; LK-*Ruß*, § 156 Rn. 1; MüKo-*H. E. Müller*, § 156 Rn. 8.
130 Vgl. z. B. *Krey/Hellmann/M. Heinrich*, BT 1, Rn. 776; *S/S/Lenckner/Bosch*, § 156 Rn. 6; *Wessels/Hettinger*, BT 1, Rn. 769; LK-*Ruß*, § 156 Rn. 5.
131 BGHSt 5, 69; 17, 303; 24, 38; OLG Stuttgart, FD-StrafR 2012, 337476.
132 Weitere Zuständigkeiten z. B. bei *S/S/Lenckner/Bosch*, § 156 Rn. 12–18; LK-*Ruß*, § 156 Rn. 11–15.
133 Dazu o. Rn. 36 ff.
134 Dazu o. Rn. 74.
135 BGHSt 8, 399 (400). – Fehlen derartige abschließende Regelungen, so kann der Umfang der Wahrheitspflicht insbesondere bei unverlangt abgegebenen eidesstattlichen Versicherungen zweifelhaft sein; vgl. dazu *S/S/Lenckner/Bosch*, § 156 Rn. 5 m. w. N.; MüKo-*H. E. Müller*, § 156 Rn. 16.

81 In der Vermögensauskunft nach § 883 II ZPO braucht der Schuldner nur Angaben über den Verbleib der herauszugebenden **einzelnen** Sache zu machen. Demgegenüber verlangt § 802c ZPO Auskünfte über das **gesamte verwertbare** Vermögen. Bei der Lösung von Einzelfällen[136] zu § 156 i. V. m. § 807 ZPO sollte man sich immer das Ziel der Zwangsvollstreckung wegen Geldforderungen (§§ 803 ff. ZPO) vor Augen halten: die Befriedigung des Gläubigers aus dem Vermögen des Schuldners (**Vollstreckungsinteresse des Gläubigers**). Von der Offenbarungs- und Wahrheitspflicht im Vermögensverzeichnis des § 802c ZPO, deren Verletzung in § 156 strafrechtlich geahndet wird, werden folglich alle Vermögensgegenstände erfasst, die für die Befriedigung des Gläubigers in Betracht kommen[137], sei es im Wege der Pfändung von beweglichen Sachen (§§ 808 ff. ZPO) oder von Forderungen und anderen Vermögensrechten (§§ 828 ff. ZPO), oder sei es im Wege der Zwangsvollstreckung in das unbewegliche Vermögen (§§ 864 ff. ZPO).

82 Die in § 802c II 3 ZPO geforderten Angaben sind von Bedeutung im Hinblick auf die **Anfechtung** der genannten Verfügungen nach dem AnfG[138]. Sie hat nach § 11 AnfG zur Folge, dass die veräußerten Vermögensgegenstände dem Gläubiger zur Verfügung gestellt werden müssen.

83 Hinzuweisen ist auf die Ähnlichkeit der Reichweite der §§ 802c ZPO, 156 StGB einerseits und des § 288 StGB (Vollstreckungsvereitelung) andererseits[139].

Allerdings reicht die Offenbarungspflicht nach §§ 802c ZPO, 156 StGB weiter als das Vereitelungsverbot des § 288 StGB: Aus § 802c II 4 ZPO folgt, dass grundsätzlich auch unpfändbare Sachen in das Vermögensverzeichnis aufzunehmen sind; demgegenüber scheiden alle nach § 811 ZPO unpfändbaren Sachen als Tatobjekte des § 288 StGB aus[140].

bbb) Abgabemodalitäten

84 Die Formen der eidesstattlichen Versicherung ergeben sich aus den außerstrafrechtlichen Vorschriften, die Mündlichkeit (evtl. zu Protokoll der zuständigen Behörde) oder Schriftlichkeit vorsehen[141].

85 Eine **schriftliche** eidesstattliche Versicherung ist abgegeben, bei Unrichtigkeit also § 156 vollendet, wenn sie in den Machtbereich der zuständigen Behörde gelangt ist. Eine Kenntnisnahme vom Inhalt ist nicht erfor-

---

136 Instruktiv BGHSt 7, 375; 11, 223; 13, 345; 37, 340; OLG Hamm, NJW 1961, 421; KG, JR 1985, 161.
137 BGHSt 8, 399 (400); BayObLG, NStZ 1999, 563 (564); NJW 2003, 2181 (2181 f.) m. Anm. *Vormbaum*, JR 2004, 168.
138 Gesetz über die Anfechtung von Rechtshandlungen eines Schuldners außerhalb des Insolvenzverfahrens (Anfechtungsgesetz) vom 5. 10. 1994 (BGBl. I, S. 2911).
139 S. u. § 288 u. o. § 16 Rn. 32 ff.
140 *Lackner/Kühl*, § 288 Rn. 3; vgl. o. § 16 Rn. 33.
141 Dazu näher *S/S/Lenckner/Bosch*, § 156 Rn. 19.

Die Tatbestände der §§ 153, 154 (155), 156, 161   § 47 Rn. 86–91

derlich[142]. – Parallele zum Gebrauchmachen von einer falschen Urkunde i. S. von § 267[143].

Die **zweite Alternative** des § 156 – „unter Berufung auf eine solche Versicherung falsch aussagt" – hat für die eidesstattliche Versicherung dieselbe Funktion wie § 155 Nr. 2 für den Meineid[144]. 86

d) Vorsatz, Irrtumsfragen

Wie die §§ 153, 154 enthält auch § 156 ein **Vorsatzdelikt**, jedoch wird, ebenso wie beim Falscheid, in § 161 auch die fahrlässige Begehung unter Strafe gestellt[145]. 87

Zur Ungereimtheit der Fahrlässigkeitspönalisierung – im Verhältnis zur uneidlichen Falschaussage – s. bereits o. Rn. 49.

Vorsatzausschluss (§ 16 I 1) auch hier bei **Irrtum** über die Falschheit der unterbreiteten Angaben sowie über die Zuständigkeit der die eidesstattliche Versicherung entgegennehmenden Behörde; s. die entsprechenden Ausführungen zu § 153 o. Rn. 50. Und wie beim Meineid[146] muss sich der Vorsatz des Täters auch darauf erstrecken, dass gerade die falsche Angabe von der Bekräftigung gedeckt wird. Ist dies nicht der Fall, so kann – anders als bei § 154 – nicht auf § 153 zurückgegriffen werden, da § 156 keinen qualifizierten Fall der uneidlichen Falschaussage enthält[147]. 88

e) Straflosigkeit des Versuchs, Vollendung

Die **Versuchsstrafbarkeit** wurde bereits 1953 **beseitigt**, sodass insoweit keine Diskrepanz zur im Unrechtsgehalt schwereren uneidlichen Falschaussage (§ 153) besteht, bei der der Versuch ebenfalls straflos ist[148]. 89

Vollendet ist die Tat, wenn – wie beim Meineid[149] – beide Elemente des Tatbestandes, die schriftliche Angabe und ihre Bekräftigung vorliegen. – Zur Vollendung bei schriftlicher eidesstattlicher Versicherung mit dem Eingang bei der zuständigen Behörde s. o. Rn. 85. 90

4. Fahrlässiger Falscheid und fahrlässige falsche Versicherung an Eides statt, § 161

a) Problematik der Fahrlässigkeitsbestrafung

Ob die Pönalisierung fahrlässiger Aussagedelikte – eine Eigenart des deutschen Strafrechts[150] – berechtigt ist, ist umstritten. Dagegen wird gel- 91

---

142 RGSt 47, 156 (159); 49, 47 (49); 70, 130 (132); Urschrift muss zugehen.
143 Dazu o. § 31 Rn. 33.
144 Dazu o. Rn. 59.
145 Dazu näher u. Rn. 91 ff.
146 Dazu o. Rn. 66.
147 S. o. Rn. 77.
148 S. o. Rn. 51. Zur Strafbarkeit der versuchten Anstiftung zu § 156 nach § 159 u. Rn. 134.
149 Dazu o. Rn. 67 f.
150 E 1962, Begründung zu § 437, S. 620 l. Sp.

tend gemacht, die Fahrlässigkeitsbestrafung führe zu einer krampfhaften Gedächtnis- und Willensanspannung der Aussageperson, die der Wahrheitsfindung nicht dienlich sei; auf der anderen Seite seien die Gerichte mit der Feststellung der Fahrlässigkeit überfordert[151]. Dass an § 161 (= § 163 a. F.) gleichwohl festgehalten wurde, dürfte auf das Bestreben zurückzuführen sein, mit dem Fahrlässigkeitstatbestand Fälle zu erfassen, in denen dem Aussagenden Vorsatz nicht mit der erforderlichen Sicherheit nachgewiesen werden kann[152] (Fahrlässigkeitsdelikt als **Auffangtatbestand**[153]).

Das **Unbehagen an der Bestrafung fahrlässiger Aussagedelikte** zeigt sich daran, dass der E 1962 in § 437 Leichtfertigkeit vorsieht und dass auch er die nach Unrechtsgehalt schwerer als die falsche Versicherung an Eides statt wiegende uneidliche Falschaussage[154] nicht in den Tatbestand einbeziehen möchte. – Für das geltende Recht plädiert *Ruß*[155] für „äußerste Zurückhaltung bei der Anwendung" des § 161 und „Heranziehung des § 153 StPO überall ..., wo Unzulänglichkeiten der Vernehmung im Spiel gewesen sein können".

b) Tatbestand und Tatsituationen

aa) Tatbestand

92   Für die **objektive Aussagetheorie**[156] ist der **äußere Tatbestand** des § 161 identisch mit dem der entsprechenden Vorsatzdelikte in §§ 154 und 156: der Aussagende gibt Tatsachen objektiv falsch wieder.

93   **Fahrlässigkeit** liegt dann vor, wenn die objektiv unrichtige Angabe auf dem Sorgfaltsverstoß beruht[157].

Zu den Schwierigkeiten der **subjektiven Aussagetheorie** bei der Bewältigung der fahrlässigen Aussagedelikte s. o. Rn. 43. Für die **Pflichttheorie** fällt das Tatbestandsmerkmal „falsch" praktisch mit dem Fahrlässigkeitsvorwurf zusammen[158].

bb) Tatsituationen

aaa) Pflicht zur Vorbereitung auf die Aussage?

94   (1) Die Prozessgesetze, namentlich StPO und ZPO, verpflichten den **Zeugen** aus gutem Grund nicht, sich auf seine Aussage vorzubereiten, z. B. den Tatort (der mittlerweile verändert sein kann) nochmals zu besichtigen oder sein Gedächtnis „aufzufrischen" („Vergewisserung", z. B. bei anderen Tatzeugen, kann zur Verdrängung der zutreffenden eigenen Wahrnehmung führen). Folgerichtig kann der Vorwurf einer fahrlässigen

---

151 Vgl. E 1962, a. a. O.; *Mannheim*, Frank-FG 1930, Bd. II, S. 315 (318); hierzu LK-*Ruß*, § 161 Rn. 1.
152 In diesem Sinne auch *Blei*, BT, § 107 IX; *Schmidhäuser*, BT, 23/18.
153 Dazu *Baumann/Weber/Mitsch*, § 10 Rn. 15; BGHSt 17, 210 (212 f.).
154 S. o. Rn. 77.
155 LK-*Ruß*, § 161 Rn. 1.
156 Dazu o. Rn. 36, 40 ff.
157 Zur Fahrlässigkeit näher *Baumann/Weber/Mitsch*, § 22.
158 S. o. Rn. 38.

Falschaussage nicht auf „mangelhafte" Vorbereitung des Zeugen gestützt werden[159].

Beamte, namentlich Polizisten, die mit der fraglichen Sache dienstlich befasst waren (etwa durch Ermittlungen am Ort des Verkehrsunfalls), soll dagegen eine Vorbereitungspflicht (z. B. nochmalige Lektüre der polizeilichen Vernehmungsprotokolle) treffen[160]. Dies wird verständlich, wenn man an den Angehörigen einer Verkehrsstreife denkt, der monatlich ca. 100 Unfälle aufnimmt und dann nach Monaten über einen ganz bestimmten aussagen soll[161]. 95

(2) Zwangsläufig trifft den **Sachverständigen** eine Vorbereitungspflicht[162]: Er muss z. B. den Blutalkoholgehalt des Angeklagten zur Zeit der Tat sorgfältig ermitteln, was naturgemäß nur in einem Labor und nicht im Gerichtssaal möglich ist. 96

(3) Aus ihrer prozessualen Mitwirkungspflicht leitet die h. M. zutreffend eine Pflicht der **Prozesspartei im Zivilprozess** zur Vorbereitung ihrer eidlichen Vernehmung (§ 452 ZPO) ab[163]. 97

Bei der **Vermögensauskunft** besteht die Vorbereitungspflicht in der sorgfältigen Anfertigung des Vermögensverzeichnisses nach § 802c, 802f ZPO. 98

bbb) Sorgfaltspflichtverletzungen in der Aussagesituation

Der Fahrlässigkeitsvorwurf gegen Zeugen kann also in der Regel nur an ein Fehlverhalten bei der Vernehmung oder der Eidesleistung angeknüpft werden. Er ist dann begründet, wenn der Zeuge es aus Nachlässigkeit an der gebotenen Anspannung seines Gewissens fehlen lässt oder sich bei Zweifeln über den Umfang seiner Wahrheits- oder Eidespflicht nicht durch Rückfragen beim vernehmenden Richter belehren lässt[164]. 99

Beispiele[165]: (1) Zeuge sagt aufs Geratewohl falsch aus; bei Nachdenken oder einem Blick in den Terminkalender wäre er zu einer wahrheitsgemäßen Aussage gelangt. – Keine Fahrlässigkeit dagegen bei „fest eingewurzeltem" Irrtum[166].

(2) Vorwerfbarer Irrtum über die Reichweite der Eidespflicht, z. B. Annahme, die Angaben zur Person seien nicht erfasst[167].

(3) Vermeidbarer Irrtum über die Zuständigkeit zur eidlichen Vernehmung oder zur Abnahme eidesstattlicher Versicherungen[168].

---

159 RGSt 37, 395 (399); 62, 126 (129); 65, 22 (28); h. M. in der Lit.; s. z. B. NK-*Vormbaum*, § 161 Rn. 26 f.; a. A. für den Zivilprozess (insbes. im Hinblick auf § 378 ZPO) *S/S/Lenckner/Bosch*, § 161 Rn. 3.
160 Vgl. z. B. *Lackner/Kühl*, § 161 Rn. 2; MüKo-*H. E. Müller*, § 161 Rn. 15; *S/S/Lenckner/Bosch*, § 161 Rn. 3; ablehnend *Krehl*, NStZ 1991, 416; *Nöldeke*, NJW 1979, 1644 (1645).
161 Bemerkenswert zurückhaltend allerdings das in diesem Zusammenhang häufig angeführte Urteil OLG Köln, NJW 1966, 1420.
162 MüKo-*H. E. Müller*, § 161 Rn. 24; *S/S/Lenckner/Bosch*, § 161 Rn. 8 m. w. N.
163 *Maurach/Schroeder/Maiwald*, BT 2, § 75 Rn. 74; *Krehl*, NStZ 1991, 416; *Lackner/Kühl*, § 161 Rn. 2; MüKo-*H. E. Müller*, § 161 Rn. 25; SK-*Rudolphi*, § 163 Rn. 9; *S/S/Lenckner/Bosch*, § 161 Rn. 9; LK-*Ruß*, § 161 Rn. 8 f. – A. A. NK-*Vormbaum*, § 163 Rn. 35.
164 Vgl. dazu OLG Koblenz, NStZ 1984, 551; *Krehl*, NStZ 1991, 416; *Otto*, JuS 1984, 161 (168 f.).
165 Vgl. RGSt 42, 236 (237).
166 RGSt 63, 370 (372).
167 Dazu o. Rn. 32, 64.
168 Weitere Einzelfälle z. B. bei LK-*Ruß*, § 161 Rn. 10 ff.

III. Verfahrensfehler und Strafbarkeit nach §§ 153 ff.

1. Problem der Prozessrechtsabhängigkeit

100 Ein Teilproblem der wiederholt (insbes. o. Rn. 19) hervorgehobenen Prozessrechtsabhängigkeit der Aussagedelikte ist die Frage, ob und inwieweit sich prozessuale Verstöße bei der Erhebung von Personalbeweisen auf die (materiell-rechtliche) Strafbarkeit der Beweisperson wegen eines Aussagedelikts auswirken[169].

101 Neben den **Zuständigkeits**mängeln (s. o. Rn. 26–28, 63, 78) und den **nicht zum Aussagegegenstand gehörenden Bekundungen** (s. o. Rn. 33, 34), die eindeutig zum tatbestandlichen Ausschluss der §§ 153 ff. führen, geht es namentlich um folgende typische Fallgestaltungen:

(1) Entgegen § 60 Nr. 1 StPO wird der falsch aussagende 15-jährige Zeuge Z in einem Strafverfahren gegen den Angeklagten A vereidigt. – Strafbar nach § 154? Oder wenigstens nach § 153?

(2) Dieselbe Frage stellt sich bei einem Verstoß gegen § 60 Nr. 2 StPO: Vereidigung des im Verdacht der Beteiligung an der dem A vorgeworfenen Tat stehenden Z[170].

(3) Entgegen § 52 I Nr. 2, III StPO wird die geschiedene Ehefrau Z des A nicht über ihr Zeugnisverweigerungsrecht belehrt. Um den A vor einer Verurteilung zu bewahren, sagt sie die Unwahrheit. – Strafbar nach § 153?

(4) Im Fall (3) Strafbarkeit nach § 154, wenn Z vereidigt wird, ohne zuvor nach § 61 StPO über ihr Verweigerungsrecht belehrt worden zu sein?

(5) Strafbarkeit (§§ 153 bzw. 154) des falsch aussagenden Zeugen Z, der nicht über sein Auskunftsverweigerungsrecht nach § 55 StPO belehrt worden ist?

2. Lösungsansätze

a) Eindeutige Anhaltspunkte im Gesetz

102 Zunächst ist zu prüfen, ob der Gesetzgeber für die einzelnen Fallgestaltungen **positivrechtliche Regelungen** getroffen hat. In den **Tatbeständen** der §§ 153 ff. ist dies **nicht** geschehen; dort ist lediglich von einer falschen Bekundung vor einer zuständigen Stelle die Rede, die in allen vorstehend Rn. 101 angeführten Beispielsfällen vorliegt.

103 Für den **Fall (1)** lässt sich jedoch dem § 157 II eine Wertung entnehmen, die zur Straflosigkeit des Z unter dem Gesichtspunkt des Meineids führen muss: Wäre der Gesetzgeber davon ausgegangen, dass ein noch nicht 16-jähriger Täter nach § 154 sein kann, so hätte er auch, ja sogar erst recht, für diesen Fall die Möglichkeit der Strafmilderung nach § 49 II, evtl. sogar des Absehens von Strafe, vorsehen müssen. Die Beschränkung des § 157 II auf uneidliche Falschaussage lässt nur den Schluss zu, dass ein noch nicht Eidsmündiger (§ 60 Nr. 1 StPO) – ohne Rücksicht auf seine sonstige strafrechtliche Verantwortlichkeit nach § 3 S. 1 JGG – nie Täter des § 154

---

[169] Dazu ausführlich *Rudolphi*, GA 1969, 129; *Geppert*, Jura 1988, 496; *Meinecke*, Die Auswirkungen von Verfahrensfehlern auf die Strafbarkeit nach den Aussagedelikten, 1996.
[170] Vgl. OLG Hamburg, JR 1981, 158 m. Anm. *Rudolphi*.

sein kann[171]. Für Z bleibt es also trotz Vereidigung immer nur bei § 153 (uneidliche Falschaussage). Insoweit ist dann § 157 II anzuwenden.

Dem Minderjährigen sind die Personen gleichzustellen, für die § 60 Nr. 1 StPO wegen mangelnder Verstandesreife u. dgl. gleichfalls ein Vereidigungsverbot statuiert[172]. Für den auch hier allein anwendbaren § 153 ist § 157 II entgegen seinem Wortlaut („**noch** nicht Eidesmündiger") ebenfalls auf die den Minderjährigen gleichgestellten Personen anzuwenden[173]. 104

b) Fehlende eindeutige gesetzgeberische Wertungen

Für die Fälle (2) bis (5) o. Rn. 101 fehlt es an § 157 II vergleichbaren griffigen Lösungsansätzen. Die Rechtsprechung[174] und die h. M. in der Literatur[175] bejahen demgemäß in diesen Fällen Strafbarkeit nach §§ 153 ff. und berücksichtigen den prozessualen Verstoß allenfalls strafmildernd, in Meineidsfällen nach § 154 II (minder schwerer Fall)[176]. 105

Demgegenüber lehnt insbesondere *Rudolphi*[177] die Anwendbarkeit der §§ 153 ff. ab, wenn der Verfahrensverstoß zur prozessualen Unverwertbarkeit der Aussage führt. Das durch die Aussagetatbestände geschützte Rechtsgut, die Wahrheitsfindung, werde nur dann in strafwürdiger Weise tangiert, wenn die Aussage in prozessual zulässiger Weise verwertet werden dürfe[178]. 106

Nach der Rechtsprechung prozessual unverwertbar, und damit nach *Rudolphi* nicht von §§ 153 ff. erfasst, ist demnach die Falschaussage im Fall (3)[179], nicht aber im Fall (5)[180].

Der h. M. ist zuzustimmen. 107

Ein Verfahrensverstoß des Gerichts, zumal ein unbewusster, kann nicht zur Verwirkung des Anspruchs der rechtsprechenden Gewalt auf wahrheitsgemäße Aussagen führen. §§ 52, 55 StPO gewähren nur das Recht zum Schweigen, nicht aber zur Falschaussage, auch dann nicht, wenn das Vorliegen ihrer Voraussetzungen verkannt oder bewusst missachtet wird. Das von §§ 153 ff. geschützte Rechtsgut wird

---

171 So insbes. *Quedenfeld*, JZ 1973, 238; vgl. weiter *Fischer*, § 154 Rn. 14; *Maurach/Schroeder/Maiwald*, BT 2, § 75 Rn. 23; MüKo-*H. E. Müller*, § 154 Rn. 24; *Otto*, JuS 1984, 161 (166); *Rengier*, BT 2, § 49 Rn. 20; *S/S/Lenckner/Bosch*, Vor § 153 ff. Rn. 25 m. w. N.; *Wessels/Hettinger*, BT 1, Rn. 754; *Geppert*, Jura 2002, 173 (177). – A. A. RGSt 36, 278 (282 ff.); BGHSt 10, 142 (144); *Lackner/Kühl*, § 154 Rn. 2; LK-*Ruß*, § 154 Rn. 10. Folgt man der hier vertretenen Ansicht nicht, so ist allemal § 157 II auf den Meineid entsprechend anwendbar (Analogie zugunsten des Täters).
172 Vgl. z. B. *S/S/Lenckner/Bosch*, Vor §§ 153 ff. Rn. 26.
173 Vgl. z. B. MüKo-*H. E. Müller*, § 157 Rn. 34; *S/S/Lenckner/Bosch*, § 157 Rn. 14.
174 Vgl. z. B. BGHSt 8, 186 (189 f.); 10, 142 (144); 16, 232 (235); 17, 128 (130); 23, 30; KG, JR 1978, 77; NStZ 2005, 33 (34).
175 Vgl. z. B. *Rengier*, BT 2, § 49 Rn. 36; *S/S/Lenckner/Bosch*, Vor §§ 153 ff. Rn. 23; *Wessels/Hettinger*, BT 1, Rn. 755; LK-*Ruß*, Vor § 153 Rn. 29 f.; differenzierend MüKo-*H. E. Müller*, § 153 Rn. 30, § 154 Rn. 23 ff.; ausführlich zu diesem Themenkomplex *Geppert*, Jura 1988, 496.
176 Vgl. BGH, *Holtz* MDR 1977, 983; OLG Frankfurt a. M., NStZ-RR 2001, 299; auch wenn nur gegen die Regelfallfestlegung der Nichtvereidigung des § 59 I StPO verstoßen wurde, BGH, NStZ 2012, 567; OLG Jena, BeckRS 2011, 15190.
177 *Rudolphi*, GA 1969, 129 ff., und SK-*Rudolphi*, Vor § 153 Rn. 32 ff.; in diese Richtung auch *Hruschka/Kässer*, JuS 1972, 709 (711); *Otto*, JuS 1984, 161 (165); NK-*Vormbaum*, § 153 Rn. 32.
178 In diese Richtung auch *Meinecke*, a. a. O. S. 51 ff. m. w. N.
179 Zur Unverwertbarkeit BGHSt 11, 213 (216) (Rechtskreistheorie).
180 Zur Verwertbarkeit BGHSt 11, 213 (216 f.) (Rechtskreistheorie).

im Übrigen auch dann beeinträchtigt, wenn prozessual unverwertbare Falschbekundungen verbotswidrig gleichwohl verwertet werden.

108 Notstandsähnlichen Situationen – Selbstbelastung oder Belastung von Angehörigen bei wahrheitsgemäßer Aussage –, die in den obigen Fällen (2) bis (5) (Rn. 101) nahe liegen, kann durch Anwendung von § 157 I angemessen Rechnung getragen werden. Die in dieser spezifischen Notstandsregelung (dazu näher u. Rn. 111 ff.) getroffene gesetzgeberische Wertung, die in Meineidsfällen völliger Straflosigkeit entgegensteht, würde durch Lösungen bereits im Tatbestandsbereich der §§ 153 ff. unzulässig unterlaufen.

109 Die Anwendung der §§ 153 ff. scheitert nach richtiger Auffassung nur dann, wenn eine zu verantwortende Aussage wegen Eingriffen in die Willensfreiheit der Verhörsperson nicht vorliegt, also in den Fällen des § 136a StPO[181], der nach § 69 III StPO auch für die Zeugenvernehmung gilt[182].

IV. Aussagedelikte und (modifizierte) allgemeine Strafrechtslehren

1. Notstand (§§ 34, 35) und Aussagenotstand (§ 157 I)

a) Rechtfertigender und entschuldigender Notstand (§§ 34, 35)

110 Es ist denkbar, dass Taten i. S. der §§ 153 ff. nach § 34 gerechtfertigt oder nach § 35 entschuldigt sind.

Beispiele[183]: **(1)** Dem Zeugen Z wird von einer Gangsterbande Tötung angedroht, falls er nicht zugunsten des angeklagten Bandenmitglieds die Unwahrheit sagt. – §§ 153, 154 nach § 34 gerechtfertigt, falls Gefahr für Leben (höherwertiges Rechtsgut) gegenwärtig und nicht anders abwendbar[184].

(2) Wie Fall (1), aber Drohung, Z werde zusammengeschlagen. – §§ 153, 154 nach § 35 entschuldigt.

(3) Der unschuldige Angeklagte, gegen den sämtliche Indizien sprechen, wird von einem Angehörigen Z vor einer Verurteilung zu Freiheitsstrafe (Gefahr für Freiheit) dadurch bewahrt, dass er ihm mit seiner Zeugenaussage ein unrichtiges Alibi verschafft. – § 35 entschuldigt Z nach h. M. nicht, denn in einem prozessordnungsgemäß durchgeführten rechtsstaatlichen Verfahren trifft sowohl den unschuldigen Beschuldigten als auch seine Angehörigen eine Gefahrtragungspflicht i. S. von § 35 I 2, 2. Alt.; sie sind auf die Ausschöpfung der prozessualen Rechtsbehelfe, einschließlich der Wiederaufnahme des Verfahrens, verwiesen[185]. Gleiches gilt selbstverständlich für den schuldigen Angeklagten und seine Angehörigen.

---

181 Materiell-rechtlich sanktioniert in § 343 StGB (Aussageerpressung); dazu u. § 49 Rn. 89.
182 Übereinstimmend z. B. OLG Köln, StV 1987, 537 (538); MüKo-*H. E. Müller*, § 153 Rn. 32; *S/S/Lenckner/Bosch*, Vor §§ 153 ff. Rn. 23.
183 In Anlehnung an RGSt 66, 222 (226).
184 Str., ob § 34 auf derartige Fälle des Nötigungsnotstandes anwendbar ist; bejahend z. B. *Baumann/Weber/Mitsch*, § 17 Rn. 80 f.; ablehnend für Anwendung des § 35 z. B. *S/S/Lenckner/Perron*, § 34 Rn. 41b.
185 Vgl. z. B. *Jescheck/Weigend*, § 44 III 3, sowie grundsätzlich auch *S/S/Perron*, § 35 Rn. 29. – Anders bei rechtsstaatswidrigen (Willkür-)Verfahren; s. *Jescheck/Weigend*, a. a. O., m. w. N.

b) Aussagenotstand, § 157 I

aa) Rechtsnatur

Zwangslagen wie im vorstehenden Fall (3), die nach § 35 I 2 hinzunehmen sind, werden jedoch in § 157 I berücksichtigt: Möglichkeit weitgehender **Straf**milderung (§ 49 II) für nach §§ 153 oder 154 schuldige – also **kein Schuldausschließungsgrund!** – Zeugen und Sachverständige, die mit der Falschaussage von einem Angehörigen[186] (§ 11 I Nr. 1) oder von sich selbst Bestrafung[187] oder Anordnung einer freiheitsentziehenden Maßregel (§ 61 Nrn. 1–3) abwenden wollten. Bei uneidlicher Falschaussage (§ 153) kann sogar ganz von Strafe abgesehen werden.

111

Zur vergleichbaren Berücksichtigung der Selbst- und Angehörigenbegünstigung in § 258 s. o. § 26 Rn. 13 ff.

bb) Anwendungsbereich

Der Anwendungsbereich des § 157 I ist zwar auf in der Aussagesituation stehende und damit prinzipiell[188] aussagepflichtige Zeugen und Sachverständige begrenzt – Teilnehmer bleiben strafbar (§ 28 II[189]) –; andererseits sind die Voraussetzungen des Aussagenotstandes weniger streng als die des entschuldigenden Notstandes:

112

(1) Auch dem Zeugen, der sich aus eigenem Antrieb zur Verfügung gestellt, also die Konfliktlage selbst herbeigeführt hat, kommt § 157 zugute[190] (s. demgegenüber § 35 I 2[191]). Ebenso wenig scheitert eine Anwendung des § 157 daran, dass der Aussagende sich auf ein Auskunftsverweigerungsrecht nach § 55 StPO hätte berufen können[192].

113

Die h. M.[193] geht in der Nichtberücksichtigung des Gesichtspunkts der Gefahrschaffung sogar so weit, dass sie § 157 I auch dann anwendet, wenn sich Z im Verfahren erster Instanz nach § 153 (oder § 154) schuldig gemacht hat und nun diese Falschaussage im Verfahren vor dem Berufungs-

---

186 Nicht – im Gegensatz zu § 35 – von einer anderen nahestehenden Person. Analoge Anwendung ist insoweit zu befürworten. So auch *Ostendorf*, JZ 1987, 335 (338); a. BayObLG, NJW 1986, 202 (203); *Wessels/Hettinger*, BT 1, Rn. 762; MüKo-*H. E. Müller*, § 157 Rn. 20; *S/S/Lenckner/Bosch*, § 157 Rn. 6.
187 Auch Geldstrafe, nicht aber Geldbuße nach Ordnungswidrigkeitenrecht. – Die Absicht, die Gefahr einer Bestrafung abzuwenden, muss nicht der einzige oder gar der Hauptgrund für die falsche Aussage sein; BGH, StV 1995, 249 (250).
188 Zu wichtigen Ausnahmen u. Rn. 114. Vgl. ferner zur Problematik des tatverdächtigen Zeugen (u. a. Mittäter nach Abtrennung des Verfahrens) *Montenbruck*, JZ 1985, 976.
189 Auch der Angeklagte, der einen Angehörigen zur falschen Zeugenaussage anstiftet, §§ 153 (154), 26; weiter der Täter nach § 160.
190 BGHSt 7, 332 (332 f.); vgl. auch BGH, NStZ 2005, 33 (34); NStZ-RR 2007, 40 (41); *Maurach/Schroeder/Maiwald*, BT 2, § 75 Rn. 112; *Otto*, JuS 1984, 161 (171).
191 S. dazu *Baumann/Weber/Mitsch*, § 23 Rn. 27.
192 BGH, StV 1995, 250.
193 BGHSt 8, 301 (318 f.) (Meineid); StV 1995, 249 (250); *Fischer*, § 157 Rn. 7; *Eser*, III Fall 17 (Rn. 106); *Lackner/Kühl*, § 157 Rn. 3; SK-*Rudolphi*, § 157 Rn. 14.

gericht (nochmals) beeidet (§ 154), um Strafe wegen § 153 (oder § 154) zu vermeiden[194].

Eine Ausnahme wurde nur für den Fall gemacht, dass die Delikte in erster und zweiter Instanz in Fortsetzungszusammenhang standen, da dann nur eine Tat im Rechtssinne vorlag (dazu näher u. Rn. 154)[195]. § 157 I ist weiter – erst recht – unanwendbar bei verschiedenen Vernehmungen in derselben Instanz[196].

114 (2) § 157 I verzichtet auf das in § 35 I 1 enthaltene Erfordernis, dass die Gefahr nicht anders abwendbar sein darf.

Also § 157 I, obwohl der falsch aussagende Zeuge, der bei wahrheitsgemäßer Aussage seinen angeklagten Ehegatten belasten müsste, von seinem Zeugnisverweigerungsrecht nach § 52 I Nr. 2 StPO Gebrauch machen könnte (anders abwendbar).

Weiter § 157 I, wenn Z falsch aussagt, weil er bei wahrheitsgemäßer Bekundung seine Beteiligung an der dem Angeklagten zur Last gelegten Tat einräumen müsste – dies, obwohl Z nach § 55 StPO (Auskunftsverweigerungsrecht) insoweit überhaupt nicht aussagen müsste (anders abwendbar).

115 (3) § 157 I begnügt sich mit der subjektiven Konfliktsituation, während für den entschuldigenden Notstand (§ 35 I 1) objektives Vorliegen einer Gefahrsituation erforderlich ist und der Putativnotstand nur bei Unvermeidbarkeit des Irrtums entschuldigt (§ 35 II 1)[197].

Strafmilderung oder Absehen von Strafe also auch dann, wenn Z zu Unrecht annimmt, bei wahrheitsgemäßer Aussage oder prozessual zulässigem Schweigen drohten strafrechtliche Sanktionen[198]. Denn für die Annahme einer Zwangslage nach § 157 StGB ist allein das Vorstellungsbild des Täters, bei wahrheitsgemäßer Aussage die Bestrafung wegen eines vorausgegangenen Verhaltens befürchten zu müssen, maßgeblich. Auf das objektive Vorhandensein einer solchen Gefahr kommt es dabei nicht an[199]. Darüber hinaus ist § 157 bereits dann anzuwenden, wenn der darin bezeichnete Beweggrund nicht auszuschließen ist[200].

2. Rücktritt vom Versuch (§§ 24, 31, 159) und vom vollendeten Delikt (§§ 158, 161 II)

a) Rücktritt vom Versuch (§§ 24, 31, 159)

116 Der Anwendungsbereich des § 24[201] auf den Kernbereich der Aussagedelikte ist eng begrenzt: Mit der Falschbekundung bzw. deren Bekräftigung sind die Delikte nach § 153 bzw. §§ 154, 156 vollendet (schlichte Tä-

---

194 A. A. insbesondere S/S/Lenckner/Bosch, § 157 Rn. 11 unter Anwendung der für § 35 geltenden Grundsätze bei schuldhafter Gefahrherbeiführung.
195 Für Anwendung des § 157 I auch in diesem Falle Busch, GA 1955, 257 (264).
196 Dazu BGHGrSSt 8, 301 (318 ff.) (Meineid).
197 Dazu Baumann/Weber/Mitsch, § 23 Rn. 34.
198 Vgl. z. B. OLG Düsseldorf, NJW 1986, 1822; Fischer, § 157 Rn. 4; S/S/Lenckner/Bosch, § 157 Rn. 6; LK-Ruß, § 157 Rn. 10; MüKo-H. E. Müller, § 157 Rn. 17; Wessels/Hettinger, BT 1, Rn. 762.
199 BGH, NStZ-RR 2008, 9; NStZ 2008, 91.
200 BGH, NStZ 2005, 33 (34).
201 Dazu allgemein Baumann/Weber/Mitsch, § 27.

Aussagedelikte und allgemeine Strafrechtslehren   § 47 Rn. 117–119

tigkeits- oder Gefährdungsdelikte²⁰²), ohne dass es eines weiteren Erfolges (z. B. falsche Entscheidung des Gerichts) bedürfte. Die für den Versuch charakteristische Rechtsguts**gefährdung** (Gefahr unrichtiger Entscheidungen) begründet bei den Aussagedelikten bereits **Vollendungs**strafbarkeit, sodass für einen Rücktritt vom Versuch (§ 24) kein Raum mehr ist. Das schmale Anwendungsfeld des § 24 wird noch weiter eingeengt: Die versuchte uneidliche Falschaussage (§ 153) ist straflos, sodass sich der Zeuge durch Richtigstellung der Falschaussage vor Abschluss seiner Vernehmung Straffreiheit verschaffen kann, ohne dass es eines Rückgriffs auf § 24 bedürfte²⁰³. Entsprechendes gilt für die falsche Versicherung an Eides statt, § 156 (dazu o. Rn. 89). Die Ausführungshandlung beim Meineidsversuch, §§ 154, 22²⁰⁴, beginnt erst mit dem Sprechen der Eidesformel²⁰⁵ und Fälle, in denen Z in diesem Augenblick das Gewissen schlägt, sodass er freiwillig vom Weitersprechen absieht (Fall des Rücktritts vom unbeendeten Versuch, § 24 I 1, 1. Alt.), sind in der Praxis selten.

Häufiger sind **versuchte Teilnahmehandlungen**, und zwar nach § 30 I   117
und II i. V. mit § 154, nach § 159 i. V. mit § 30 I²⁰⁶ und nach § 160 II²⁰⁷. Für die Fälle nach § 30 gelten die entsprechenden Rücktrittsvorschriften des § 31²⁰⁸, für § 160 II die allgemeine Rücktrittsbestimmung in § 24.

Beispiel: T hat Z i. S. der Erstattung einer – gutgläubigen²⁰⁹ – Falschaussage bearbeitet, verhindert diese jedoch freiwillig durch Aufklärung des Z vor dem Vernehmungstermin.

b) Rücktritt vom vollendeten Delikt (§§ 158, 161 II)

aa) Rechtsnatur

Ermöglicht § 157 für die Aussagedelikte über § 35 hinaus die Berück-   118
sichtigung von Konfliktsituationen²¹⁰, so dehnt § 158 I die in § 24 für das Versuchsstadium geschaffene Rücktrittsmöglichkeit auf die vollendeten Aussagedelikte nach §§ 153, 154 und 156 aus – sog. tätige Reue –, allerdings nicht im Sinne eines Strafaufhebungsgrundes (wie in § 24), sondern (wie bei § 157) nur in Gestalt einer Kann-Milderung nach § 49 II oder – hier für alle Delikte – des fakultativen Absehens von Strafe. – Zur kriminalpolitischen Begründung des § 158 s. bereits o. Rn. 13.

Für den Rücktritt reicht allerdings der bloße Widerruf der Falschaus-   119
sage nicht aus, sondern „Berichtigen" verlangt darüber hinaus, dass an-

---
202 Dazu o. Rn. 11, 12.
203 Dazu o. Rn. 54.
204 Zur Strafbarkeit o. Rn. 69.
205 S. o. Rn. 71.
206 Dazu o. Rn. 17 und u. Rn. 133 f.
207 Dazu u. Rn. 141.
208 Dazu *Baumann/Weber/Mitsch*, § 32 Rn. 54–58.
209 Dazu u. Rn. 129.
210 Dazu o. Rn. 111.

stelle der ursprünglichen Angabe eine zutreffende Darstellung gesetzt wird[211].

120 Bleibt offen, ob der Täter bei seiner „Berichtigung" der Wahrheit die Ehre gegeben hat, so ist zu seinen Gunsten – in dubio pro reo – § 158 anzuwenden[212].

121 § 158 II steckt die zeitlichen Grenzen der Berichtigung ab: Ausschluss bei Konkretisierung der abstrakten Gefahr der Falschaussage sowie Anregung (Anzeige) und Einleitung von Strafverfolgungsmaßnahmen gegen den Täter.

122 Zu den Rücktrittsformalien § 158 III lesen!

123 Da es unbillig wäre, dem Täter eines Fahrlässigkeitsdelikts nach § 161 I[213] die Berichtigung zu versagen, eröffnet § 161 II auch ihm die Rücktrittsmöglichkeit[214].

bb) Anwendungsbereich

124 (1) Im Gegensatz zu § 157, der auf Zeugen und Sachverständige, d. h. die Täter der eigenhändigen Aussagedelikte, beschränkt ist, begünstigt § 158 **auch Teilnehmer,** aber nur den Tatbeteiligten, der selbst berichtigt, § 28 II.

Beispiel: A hat den Z zum Meineid angestiftet. § 158 zugunsten des A, wenn er die Falschaussage des Z entweder selbst berichtigt oder Z zur Berichtigung veranlasst. Entsprechendes gilt für § 160 I.

125 (2) § 158 **verzichtet** – von den zeitlichen Grenzen des § 158 II[215] abgesehen – **auf Freiwilligkeit des Täters**[216]. Da § 24 nur den freiwilligen Rücktritt privilegiert, würde der in der Regel mit geringerer krimineller Energie vorgehende Versuchstäter gegenüber dem die Vollendung erreichenden Täter benachteiligt. § 158 ist deshalb auf den Rücktritt vom Versuch zugunsten des Angeklagten entsprechend im Sinne eines Verzichts auf die Freiwilligkeit anzuwenden[217].

Beispiele: (1) Z spricht bei seiner Vereidigung die Eidesformel nicht zu Ende, weil er aus der Miene des Richters schließt, dieser habe seine Lügen durchschaut. Er stellt sodann seine falschen Angaben richtig. – Strafbarkeit des Z nach §§ 154, 22. § 24 ist mangels Freiwilligkeit des Rücktritts nicht anwendbar, § 158 seinem Wortlaut nach nicht, weil er Vollendung voraussetzt. Aber entsprechende Anwendung von § 158 auf den Meineidsversuch[218]. Auf die in §§ 154, 22 enthaltene vollendete Falschaussage, § 153[219], ist § 158 unmittelbar anzuwenden.

---

211 Vgl. z. B. BGHSt 9, 99; 18, 348; 21, 115.
212 BayObLG, JZ 1976, 33; *Baumann/Arzt/Weber,* Fall 27, S. 171 (175); *Küper,* NJW 1976, 1828. – Allgemein zum Grundsatz „in dubio pro reo" *Baumann/Weber/Mitsch,* § 9 Rn. 106 ff.
213 Dazu o. Rn. 91 ff.
214 Vergleichbare Vorschriften für den Fahrlässigkeitstäter z. B. in § 264 V für den leichtfertigen Subventionsbetrug und in § 306e II für die fahrlässige Brandstiftung.
215 Dazu o. Rn. 121.
216 Vgl. z. B. *Fischer,* § 158 Rn. 3; *Krey/Hellmann/M. Heinrich,* BT 1, Rn. 745; *Lackner/Kühl,* § 158 Rn. 3; MüKo-*H. E. Müller,* § 158 Rn. 15; *S/S/Lenckner/Bosch,* § 158 Rn. 4; LK-*Ruß,* § 158 Rn. 2.
217 BGHSt 4, 172 (175); *Lackner/Kühl,* § 158 Rn. 1; *S/S/Lenckner/Bosch,* § 158 Rn. 3.
218 BGHSt 4, 175.
219 Dazu o. Rn. 71.

(2) Ein weiteres Feld für die entsprechende Anwendung des § 158 i. S. eines Verzichts auf die Freiwilligkeit bilden die obigen (Rn. 117) Fälle versuchter Teilnahme nach §§ 30, 159, 160 II.

3. Täterschaft und Teilnahme

a) Problemübersicht

Beteiligungsfälle zu §§ 153 ff. sind im Examen beliebt, weil sie über die gewohnten Teilnahmeprobleme hinaus zusätzliche Schwierigkeiten aufweisen. Neben der § 28 II-Problematik bei § 158[220] handelt es sich im Wesentlichen um folgende: (1) Die Eigenhändigkeit der Aussagedelikte und die daraus entsprungene Sondervorschrift des § 160[221] führt zur Problematik der Abgrenzung von Anstiftung (§ 26) und eben § 160 bei der Veranlassung fremder Falschaussage[222]. (2) Reichweite der §§ 30, 159[223]? (3) Unterlassungsproblematik (Erfolgsabwendungspflicht), z. B. bei der prozessordnungsgemäßen Benennung von Verhörspersonen[224]. 126

b) Veranlassung fremder Falschbekundungen, einschließlich Versuch (§§ 26, 160, 30, 159)

aa) Anstiftung (§ 26) und Verleitung (§ 160)

aaa) Fälle eindeutiger Zuordnung zu § 26 und § 160

§ 160 I formuliert ziemlich farblos, dass ein anderer zur Ableistung des falschen Eides, einer falschen Versicherung an Eides statt oder einer falschen uneidlichen Aussage verleitet wird. Dieser Wortlaut deckt auch die vorsätzliche Bestimmung zu vorsätzlicher Tat, die Anstiftung nach §§ 153, 154 oder 156, 26[225]. Es besteht jedoch Einigkeit darüber, dass § 160 keine die Anstiftung schlechthin verdrängende Sonderregelung enthält. Die h. M.[226] sieht vielmehr in § 160 ein bereits tatbestandlich auf solche Fallgestaltungen begrenztes Delikt, die nach allgemeinen Regeln weder als mittelbare Täterschaft (§ 25 I, 2. Alt.) – wegen der Eigenhändigkeit der Aussagedelikte –, noch als Anstiftung (§ 26) – wegen nicht vorsätzlichen Handelns der Aussageperson – erfasst werden können. 127

Hruschka[227] wertet den § 160 I weitergehend zwar als umfassenden Veranlassungstatbestand, der auch die Anstiftung enthält, kommt jedoch zum selben Ergebnis wie 128

---

220 Dazu o. Rn. 124.
221 S. o. Rn. 16.
222 Dazu u. Rn. 127 ff.
223 Dazu u. Rn. 133 ff.
224 Dazu u. Rn. 146 ff.
225 Zur Anstiftung zu fremden Aussagedelikten vgl. *B. Heinrich*, JuS 1995, 1115 (1116 f.).
226 Vgl. z. B. *Krey/Hellmann/M. Heinrich*, BT 1, Rn. 765; *S/S/Lenckner/Bosch*, § 160 Rn. 1; *Wessels/Hettinger*, BT 1, Rn. 782; LK-*Ruß*, § 160 Rn. 1 f.; s. auch *Baumann/Weber/Mitsch*, § 32 Rn. 79–84.
227 *Hruschka*, JZ 1967, 210 (212); *Hruschka/Kässer*, JuS 1972, 709 (713).

die h. M., da die Anstiftung als lex specialis dem § 160 vorgehen soll. – Der Meinungsunterschied ist lediglich für die Irrtumsfälle von einer gewissen Bedeutung[228].

129 **Grundfälle:** (1) A veranlasst Z vorsätzlich zur vorsätzlichen (bewussten) Falschaussage. – Z = § 153; A = §§ 153, 26.

Leistet Z einen von A veranlassten Meineid, so ist Z nach § 154, A nach §§ 154, 26 zu bestrafen.

(2) A ist wegen Einbruchsdiebstahls (§§ 242 i. V. mit 243 I 2 Nr. 1 bzw. bei Wohnungen § 244 I Nr. 3), begangen in der Nacht vom 30. 4. auf den 1.5., angeklagt. Er hat das Delikt zu diesem Zeitpunkt tatsächlich verübt. Die Nacht vom 1.5. auf den 2.5. hat er bei seiner Freundin Z zugebracht. Er redet der Z, die A ohnehin eines Einbruchs nicht für fähig hält, vor ihrer Vernehmung ein, er sei vom 30.4./1.5. bei ihr gewesen. Z sagt gutgläubig entsprechend falsch aus. – Z bei Fahrlässigkeit und Vereidigung strafbar nach § 161 I[229], andernfalls straflos. A wäre nach allgemeinen Regeln als mittelbarer Täter nach §§ 153 bzw. 154 i. V. mit § 25 I, 2. Alt. strafbar[230]. Wegen Eigenhändigkeit der Aussagedelikte scheidet jedoch diese Lösung aus; ebenso eine Bestrafung des A nach §§ 153 bzw. 154, 26, da Anstiftung eine vorsätzliche Haupttat voraussetzt. Hier greift unstreitig § 160 I ein.

130 Auffällig ist die milde Strafdrohung in § 160 für die „mittelbare Täterschaft" im Verhältnis zur Anstiftung nach §§ 153 bzw. 154, 26 – Strafrahmen vergleichen! –, zumal § 28 I nach h. M. dem Anstifter nicht zugutekommt[231]. Die Diskrepanz ist historisch als Überbleibsel der sakralen Eidestheorie[232] und wohl auch mit der Schuldteilnahmetheorie zu erklären[233]. Sie verliert an Schärfe, wenn man berücksichtigt, dass der bloß irrende Zeuge (Situation des § 160) bei seiner Vernehmung eher zu einer wahrheitsgemäßen Aussage veranlasst werden kann – etwa durch Hinweis des Gerichts auf Widersprüche seiner Bekundung zu anderen Beweismitteln – als der vorsätzlich falsch Aussagende. Dieser kann nämlich aus verschiedenen Gründen geneigt sein, bei seiner unrichtigen Darstellung zu beharren, z. B. weil er annimmt, sich bereits strafbar gemacht zu haben, oder weil er seine Unrechtsvereinbarung mit dem Anstifter, namentlich bei Belohnung für die Falschaussage, nicht brechen will. Es lassen sich also durchaus sachliche Gründe dafür anführen, dass der Anstifter die auf Wahrheit ausgerichtete Rechtspflege stärker gefährdet als der Täter nach § 160[234].

---

228 Dazu u. Rn. 132.
229 Dazu o. Rn. 91 ff.
230 Zur mittelbaren Täterschaft allgemein *Baumann/Weber/Mitsch*, § 29 Rn. 114–158.
231 Die Wahrheitspflicht der Aussageperson ist nach h. M. kein besonderes persönliches Merkmal; vgl. z. B. *S/S/Lenckner/Bosch*, Vor §§ 153 ff. Rn. 42. – A. A. SK-*Rudolphi*, Vor § 153 Rn. 9 m. w. N.
232 S. o. Rn. 6.
233 S. dazu *Baumann/Weber/Mitsch*, § 30 Rn. 4. – Im Falle des § 160 kann die Verhörsperson allenfalls nach § 161 I bestraft werden, bei Anstiftung dagegen Bestrafung wegen eines vorsätzlichen Aussagedeliktes (§§ 153, 154), d. h. der Täter wird in „Schuld und Strafe geführt".
234 Vgl. auch *Roxin*, Täterschaft und Tatherrschaft, 8. Aufl. 2006, S. 395 (aufgrund der Sicht der §§ 153, 154 und 156 als Pflichtdelikte). – Dazu, dass der Anstifter ganz allgemein strengere Strafe verdienen kann als der Täter, s. *Spendel*, R. Lange-FS 1976, S. 147 (164 f.).

bbb) Problemfälle: § 160 oder § 26?

Nach allgemeinen Regeln sind neben der Ausnutzung eines vorsatzausschließenden Irrtums auch andere Konstellationen der Beherrschung des Vordermannes durch den Hintermann als mittelbare Täterschaft zu beurteilen, namentlich die Nötigung des Tatmittlers, die zu dessen Entschuldigung nach § 35 I, u. U. sogar Rechtfertigung nach § 34 führt[235]. Sind diese Nötigungsfälle auch im Bereich der Aussagedelikte nach § 160 (mittelbare Täterschaft) zu beurteilen oder – entgegen den allgemeinen Regeln – als Anstiftung? Die Argumentation o. Rn. 130 spricht für die Anstiftungslösung der h. M.[236]; denn wer sich im Nötigungsnotstand befindet, wird noch weniger als der ohne solchen Druck des Hintermannes Handelnde von seiner Falschaussage abrücken. Weiter sei auf die frühere Anstiftungsregelung in § 48 I a. F. hingewiesen, wo als Anstiftungsmittel u. a. Drohung und Gewalt ausdrücklich genannt waren. 131

Beispiele: (1) Im Falle (2) o. Rn. 110 also Strafbarkeit des Drohenden nach §§ 153 oder 154, 26 (29).

(2) Werden für Z die Voraussetzungen des rechtfertigenden Notstandes (§ 34) angenommen – Drohung mit Tötung in einem Strafverfahren, das kein Kapitalverbrechen zum Gegenstand hat[237] –, so versagt allerdings die Anstiftungslösung, weil Z nicht rechtswidrig handelt und § 26 eine rechtswidrige Haupttat voraussetzt. Es bleibt nur die – unbefriedigende – Bestrafung des Drohenden nach § 160 I.

ccc) Irrtumsfälle

Zu §§ 153/154, 26 und § 160 ergeben sich ähnliche Irrtumsprobleme wie bei der mittelbaren Falschbeurkundung nach § 271 (§ 348); dazu o. § 33 Rn. 19 ff.[238]. Denkbar sind folgende Fehlvorstellungen des Hintermannes (A) vom subjektiven Tatbild beim Vordermann (Z) – **Abwandlungen des Grundfalles (2) o. Rn. 129:** 132

(1) Z weiß genau, dass A vom 30.4./1.5. nicht bei ihr war, spiegelt aber A Gutgläubigkeit vor, um weiteren Diskussionen mit ihm aus dem Wege zu gehen. Bei der eidlichen Vernehmung sagt Z dann bewusst wahrheitswidrig aus. – Z strafbar nach § 154. – Im Hinblick auf A liegt objektiv die Anstiftungssituation (§§ 154, 26) vor: Vorsätzliche Haupttat der Z. Eine entsprechende Bestrafung des A scheitert jedoch am fehlenden Anstiftervorsatz: A geht von Gutgläubigkeit (unvorsätzlichem Handeln) der Z aus. Subjektiv ist für A die Situation des § 160 I gegeben, für den es jedoch an gutgläubigem (vorsatzlosem) Handeln der Z fehlt.

Im Gegensatz zum RG[239], das A wegen versuchter Verleitung nach §§ 160 II, 22 bestrafte, nimmt der BGH[240] vollendete Verleitung zum Falscheid nach § 160 I

---

235 Dazu *Baumann/Weber/Mitsch*, § 29 Rn. 137.
236 Vgl. z. B. die o. Fn. 226 Genannten. – Nach a. A., z. B. *Arzt*, JuS 1982, 449 (451), erfasst § 160 tatbestandsmäßig alle Fälle der mittelbaren Täterschaft.
237 Vgl. Fall (1) o. Rn. 110, m. N. zur umstrittenen Frage der Anwendbarkeit des § 34 in Fn. 184.
238 S. auch *Baumann/Weber/Mitsch*, § 32 Rn. 87.
239 RGSt 11, 418 (420 f.); RG, GA Bd. 64, 369; RG, JW 1934, 1175.
240 BGHSt 21, 116.

an[241]. Das ist zu billigen, denn A hat das von ihm erstrebte Ziel einer vollendeten Falschaussage (und die damit verbundene Gefährdung der Rechtspflege) objektiv erreicht; die Fehlvorstellung über das subjektive Tatbild der Z ist als unerhebliche Abweichung zu werten[242].

(2) A geht bei der Veranlassung der Z zur eidlichen Falschaussage davon aus, diese wisse genau, dass er die Nacht vom 30.4./1.5. nicht bei ihr verbracht hat, Z handle also vorsätzlich. In Wirklichkeit ist Z gutgläubig und sagt unvorsätzlich falsch aus. – Z bei Fahrlässigkeit strafbar nach § 161 I, andernfalls straflos. – Für A liegt objektiv die von § 160 I erfasste Verleitungssituation, subjektiv dagegen Anstiftung nach §§ 154, 26 vor, die aber unmittelbar mangels vorsätzlichen Handelns der Z nicht eingreifen.

Konsequent hat das RG[243] nach §§ 154, 30 I – bei uneidlicher Falschaussage der Z nach § 159 – bestraft[244]. Vom Standpunkt der subjektiven Teilnahmetheorie aus hat dagegen Bestrafung des A nach seinem Vorstellungsbild, also nach §§ 154, 26 bzw. 153, 26 zu erfolgen[245].

Diese Auffassung wird zusätzlich gestützt durch § 32 I E 1962, wonach wie ein Anstifter zu bestrafen ist, wer irrig davon ausging, der Täter werde vorsätzlich handeln[246].

bb) Versuchte Anstiftung (§§ 154, 30; 159) und versuchte Verleitung (§ 160 II)

aaa) Versuchte Anstiftung

133 (1) Da der **Meineid Verbrechen** ist (§ 12 I), ist die versuchte Anstiftung zu § 154 nach der allgemeinen Regel des § 30 I strafbar, desgleichen die in § 30 II erfassten übrigen Vorstufen der Beteiligung[247].

134 (2) § 159 stellt darüber hinaus – durch Verweis auf § 30 I – die versuchte Anstiftung (nicht die Vorbereitungshandlungen des § 30 II[248]) zu den **Vergehen der uneidlichen Falschaussage (§ 153) und der falschen Versiche-**

---

241 Zustimmend die h. M. in der Lit.; vgl. z. B. *B. Heinrich*, JuS 1995, 1115 (1118); *Kohlrausch/Lange*, § 160 Bem. III; *Lackner/Kühl*, § 160 Rn. 4; SK-*Rudolphi*, § 160 Rn. 4; S/S/*Lenckner/Bosch*, § 160 Rn. 9; selbstverständlich auch *Hruschka*, JZ 1967, 210 (211 f.), und *Hruschka/Kässer*, JuS 1972, 709 (713 f.) aufgrund ihres Verständnisses von § 160 als umfassendem Veranlassungstatbestand (dazu o. Rn. 128).
A. A. – § 160 II, wie das RG o. Fn. 239 – z. B. *Krey/Hellmann/M. Heinrich*, BT 1, Rn. 765; *Maurach/Schroeder/Maiwald*, BT 2, § 75 Rn. 102; MüKo-*H. E. Müller*, § 160 Rn. 16; *Wessels/Hettinger*, BT 1, Rn. 783; *Gallas*, Engisch-FS 1969, S. 600 (619); *Eschenbach*, Jura 1993, 407 (411); *Otto*, JuS 1984, 161 (171).
242 Vgl. allgemein zur Behandlung von Fehlvorstellungen des Hintermannes in diesem Sinne *Baumann/Weber/Mitsch*, § 29 Rn. 148–153 m. w. N.
243 RGSt 34, 431; 64, 223 (225); 70, 266 (267 f.).
244 So noch heute z. B. *Lackner/Kühl*, § 160 Rn. 5; *Maurach/Schroeder/Maiwald*, BT 2, § 75 Rn. 102; MüKo-*H. E. Müller*, § 159 Rn. 18; S/S/*Lenckner/Bosch*, § 159 Rn. 6; *Wessels/Hettinger*, BT 1, Rn. 783; *Otto*, JuS 1984, 161 (171); *B. Heinrich*, JuS 1995, 1115 (1118). Konsequent aus ihrer Sicht des Veranlassungstatbestandes nehmen *Hruschka*, JZ 1967, 210 (211) und *Hruschka/Kässer*, JuS 1972, 709 (713), vollendeten § 160 und damit in Tateinheit versuchte Anstiftung i. S. von §§ 154, 30 bzw. 159 an.
245 Vgl. *Baumann/Weber/Mitsch*, § 29 Rn. 153 und § 32 Rn. 84.
246 Zur Bedeutung des § 32 E 1962 für das geltende Recht s. *U. Weber*, Der strafrechtliche Schutz des Urheberrechts, 1976, S. 316 f.
247 Mit Ausnahme der Verbrechensverabredung, die auf Mittäterschaft (§ 25 II) abzielt; mittäterschaftlicher Meineid ist wegen Eigenhändigkeit dieses Delikts (o. Rn. 14 f.) ausgeschlossen.
248 Zu dieser unterschiedlichen Behandlung *Vormbaum*, GA 1986, 353 (354 f.).

rung an Eides statt (§ 156) unter Strafe[249]. Diese ungewöhnliche Kriminalisierung des Vorfeldes ist umso auffälliger, als der **täterschaftlich** unternommene Versuch nach §§ 153 und 156 **straflos** ist[250].

Die dafür maßgebenden legislatorischen Überlegungen sind im E 1962[251] zusammengefasst: Starke Versuchung von Beschuldigten im Strafprozess und Parteien im Zivilprozess, den Ausgang des Verfahrens durch Falschaussagen anderer zu beeinflussen; daraus resultierende große Gefahr für die Rechtspflege, der schon im frühesten Stadium entgegengewirkt werden muss; kriminelle Bindungen durch Vorbereitungshandlungen nach § 30, die weit gefährlicher sein könnten als der Versuch der Tat, von dem der Täter unbeeinflusst durch fremden Willen aus eigener Entschließung zurücktreten kann[252]. – Mit § 159 werde überdies dem erfolglosen Anstifter die zumeist nur schwer zu widerlegende und ohne diese Bestimmung zu seiner Straflosigkeit führende Ausrede abgeschnitten, nur an eine uneidliche Falschaussage, nicht aber an einen Meineid gedacht zu haben. 135

Diese kriminalpolitischen Erwägungen vermögen den nicht zu überzeugen, der **tatstrafrechtlich** die Strafbedürftigkeit eines Verhaltens primär nach dem Grad der für das geschützte Rechtsgut heraufbeschworenen Gefahr beurteilt. Für ihn kann es keinem Zweifel unterliegen, dass der täterschaftliche Versuch nach §§ 153, 156 für die Rechtspflege gefährlicher ist als die im Vorfeld liegende versuchte Anstiftung. Der darin liegende Bruch des geltenden Rechts, dass der erstere straflos, der letztere in § 159 unter Strafe gestellt ist, sollte durch den Verzicht des Gesetzgebers auf § 159 ausgeräumt werden[253]. – Zu dem (nicht überzeugenden) Versuch der Rechtsprechung, den Anwendungsbereich des § 159 einzuschränken, s. nachstehende Rn. 137. 136

§ 159 verweist uneingeschränkt auf § 30 I, sodass alle Fälle erfolgloser Anstiftung erfasst werden: **(1)** Der Aufgeforderte weist das an ihn gerichtete Ansinnen einer Falschaussage von vornherein zurück oder kommt ihm nicht nach. **(2)** Er ist ohnehin zur Falschaussage entschlossen (omnimodo facturus). **(3)** Er setzt zu einer Falschaussage an, bringt sie jedoch nicht zum Abschluss[254]. 137

Beispiel (Anstiftung zum untauglichen Versuch)[255]: A veranlasst die Z zur Abgabe einer die Schuldfrage betreffenden falschen eidesstattlichen Versicherung in einem Strafverfahren. – Z ist straflos. Es fehlt am Tatbestandsmerkmal „vor einer … zuständigen Behörde" des § 156, da „… weder die Staatsanwaltschaft noch der Strafrichter zur Entgegennahme der eidesstattlichen Versicherung zuständig war, weil solche Erklärungen im Strafverfahren unter keinem Gesichtspunkt ein zulässiges Beweismittel zur Schuldfrage sein können"[256]. Z hat zwar irrig dieses Tatbe-

---
249 S. bereits o. Rn. 17.
250 S. o. Rn. 51 und 89.
251 E 1962, Begründung zu dem § 159 entsprechenden § 435, S. 618 f.
252 Von diesem Standpunkt aus folgerichtig wird im E 1962 Ausdehnung des § 159 StGB (= § 435 E 1962) auf die Vorbereitungshandlungen des § 30 II gefordert, allerdings nur im Hinblick auf § 153 (nicht auch § 156).
253 Kritisch zu § 159 die überwiegende Meinung in der Literatur, z. B. *Maurach/Schroeder/Maiwald*, BT 2, § 75 Rn. 88 f.; *Otto*, BT, § 97 Rn. 78; *ders.*, JuS 1984, 161 (170); *S/S/Lenckner/Bosch*, § 159 Rn. 1/2; *Schröder*, JZ 1971, 563 (564); *Wessels/Hettinger*, BT 1, Rn. 780 f. – A. A. insbesondere *Dreher*, JZ 1953, 421 (425); vgl. hierzu auch *Vormbaum*, GA 1986, 353 (356 ff.).
254 S. zu den – straflosen – Versuchsfällen nach § 153 o. Rn. 53 f.
255 Nach BGHSt 24, 38.
256 BGHSt 24, 38 (38); A. A. noch BGHSt 17, 303 (305).

standsmerkmal angenommen, der damit vorliegende (untaugliche) Versuch ist jedoch in § 156 nicht strafbedroht (s. o. Rn. 89).

Damit scheidet zwar für A Strafbarkeit wegen Anstiftung zur versuchten eidesstattlichen Versicherung aus (Akzessorietät!). A ist jedoch strafbar nach § 159.

Die darin liegende Unbilligkeit – Straflosigkeit der Versuch**täterin** Z! – kann nicht durch eine interpretatorische Beschränkung des § 159 (und damit auch des § 30 I) auf Fälle des **tauglichen** Versuchs[257] ausgeräumt werden[258]. Das ungereimte Ergebnis muss durch den Gesetzgeber beseitigt werden (s. o. Rn. 136).

138 (3) Zum **Rücktritt** von §§ 154, 30 und §§ 153, 156, 159, 30 I (s. bereits o. Rn. 117) ist § 31 nachzuarbeiten[259].

139 (4) §§ **154, 30** treten zurück, wenn es zu einem vollendeten oder versuchten Meineid gekommen ist; **Subsidiarität** gegenüber §§ 154, 26 bzw. §§ 154, 22, 26[260].

Wollte A den Z zum Meineid veranlassen, wird Z jedoch nur uneidlich vernommen und sagt falsch aus, so ist Z nach § 153 strafbar, A sicher nach §§ 153, 26, denn der Anstiftungsvorsatz nach § 154 umfasst zwangsläufig auch den in § 154 enthaltenen § 153 (dazu o. Rn. 56). Darüber hinaus aber Strafbarkeit des A nach §§ 154, 30 I, da es nicht wenigstens zu einem Meineidsversuch des Z gekommen ist. Also A = §§ 153, 26; 154, 30 I; 52[261]. Näher zu den Konkurrenzen zwischen §§ 153 und 154 u. Rn. 152–154.

140 § 159 ist subsidiär im Verhältnis zu §§ 153, 26 und §§ 156, 26.

bbb) Versuchte Verleitung

141 § 160 II stellt den Versuch der in § 160 I erfassten „mittelbaren Täterschaft" (o. Rn. 127 ff.) nach § 154 sowie nach §§ 156 und 153 unter Strafe. Die Bestimmung greift ein, wenn es, gleichgültig aus welchem Grunde, nicht zu einer vollendeten Falschaussage des „Tatmittlers" gekommen ist[262].

142 Die Bestrafung der **versuchten Verleitung zum Falscheid** ist unproblematisch, da insoweit auch der in **un**mittelbarer Täterschaft (vom Zeugen selbst) unternommene Versuch (nach §§ 154, 22) strafbar ist (s. o. Rn. 69). Dagegen begegnet die Pönalisierung des **Versuchs der Verleitung zu** §§ **153 und 156** denselben Bedenken wie die Strafbarkeit der versuchten Anstiftung nach § 159, eben weil die versuchte **un**mittelbare Täterschaft insoweit straflos ist (o. Rn. 51 und 89). Gleichwohl ist auch § 160

---

257 So aber BGHSt 24, 38.
258 Ebenfalls für Strafbarkeit des A nach § 159 BGHSt 17, 303 (305); *Dreher*, MDR 1971, 410 (Anmerkung zu BGHSt 24, 38); *Lackner/Kühl*, § 159 Rn. 3; *Otto*, BT, § 97 Rn. 79; *ders.*, JuS 1984, 161 (170); SK-*Rudolphi*, § 159 Rn. 4; *S/S/Lenckner/Bosch*, § 159 Rn. 4; *Schröder*, JZ 1971, 563 (564) (Anmerkung zu BGHSt 24, 38); *Wessels/Hettinger*, BT 1, Rn. 781. Für Straflosigkeit des A wie BGHSt 24, 38 *Blei*, BT, § 107 VIII; *Krey/Hellmann/M. Heinrich*, BT 1, Rn. 800; differenzierend MüKo-*H. E. Müller*, § 159 Rn. 14 f.
259 Etwa bei *Baumann/Weber/Mitsch*, § 32 Rn. 54–58.
260 S. zur Subsidiarität des § 30 *Baumann/Weber/Mitsch*, § 32 Rn. 59.
261 BGHSt 9, 131.
262 Zur Strafbarkeit des Veranlassers nach § 160 I (Vollendung) trotz Bösgläubigkeit des Zeugen s. o. Rn. 132.

II als geltendes Recht hinzunehmen²⁶³ und kann ebenso wenig wie § 159 durch restriktive Auslegung auf die Fälle der Verleitung zum tauglichen Versuch beschränkt werden (dazu o. Rn. 137)²⁶⁴.

Zum **Rücktritt** (§ 24) von der versuchten Verleitung (§ 160 II) s. o. Rn. 117. 143

c) Beihilfe, § 27

aa) Durch aktives Tun

Die in § 27 unter Strafe gestellte Förderung fremder Tat wird namentlich von der Rechtsprechung sehr weit gezogen, sodass insbesondere auch die psychische und die nicht kausale Beihilfe erfasst werden²⁶⁵. Dies sollte man sich gerade auch bei der Beurteilung von Beihilfefragen im Bereich der Aussagedelikte vor Augen halten, damit der Fehler vermieden wird, sich vorschnell in die Probleme der Beihilfe zu §§ 153 ff. durch Unterlassen zu verstricken²⁶⁶. 144

Für Beihilfe durch aktives Tun zu §§ 153 ff. „genügt ... jedes Verhalten, durch das der Gehilfe äußere Umstände für die Tat des selbständig entschlossenen Täters günstiger gestaltet oder dem Täter Hindernisse aus dem Weg räumt oder fernhält, ohne daß diese Hilfe gerade in der Förderung des Entschlusses" zur Falschaussage zu bestehen braucht²⁶⁷. 145

Typische Beispiele: (1) Benennung eines Zeugen im Zivilprozess oder Strafverfahren, von dem man sicher weiß oder jedenfalls billigend damit rechnet, dass er zur Falschaussage entschlossen ist²⁶⁸.

(2) Dem im Auftreten vor Gericht unerfahrenen Zeugen werden Tipps gegeben, wie er sich bei der Erstattung seiner falschen Aussage zu verhalten hat.

(3)²⁶⁹ Der im Scheidungsverfahren klagende Ehemann M unterhielt mit der von der beklagten Ehefrau F benannten Zeugin Z ein Liebesverhältnis. – §§ 154, 27, wenn M der Z vor ihrer Vernehmung und eidlichen Falschaussage zu erkennen gab, als Partei keine Erklärungen abzugeben, die zu ihren Bekundungen im Widerspruch stehen und damit **der Z die Sicherheit verschaffte, nicht Lügen gestraft zu werden.** Sehr weitgehend nimmt der BGH an, diese Sicherheit habe der Z auch durch konkludentes Verhalten des M vermittelt werden können, nämlich durch Fortset-

---

263 A. A. *Hirsch*, JZ 1955, 234, der ein Redaktionsversehen annimmt und die Vorschrift auf die versuchte Verleitung zum Falscheid beschränken möchte.
264 Wie hier für Anwendung auch auf Fälle des untauglichen Versuchs (fehlende Zuständigkeit) z. B. *S/S/Lenckner/Bosch*, § 160 Rn. 10.
265 Dazu z. B. *Baumann/Weber/Mitsch*, § 31 Rn. 13–24, 32–32c m. w. N.; zur mittelbaren Beihilfe durch Unterstützung des Anstifters OLG Bamberg, NJW 2006, 2935. – Zu den Kausalitätsproblemen bei der Beihilfe s. *Spendel*, Dreher-FS 1977, S. 167.
266 Dazu u. Rn. 146 ff.
267 BGHSt 2, 129 (131); vgl. auch RGSt 72, 20 (22); 74, 283 (285); BGHSt 4, 327 (329); 17, 321 (323); *Fischer*, § 154 Rn. 16; LK-*Ruß*, § 154 Rn. 14; SK-*Rudolphi*, Vor § 153 Rn. 47 ff.; *B. Heinrich*, JuS 1995, 1115 (1118).
268 Dazu z. B. *Bockelmann*, NJW 1954, 697 (699). A. M., zumindest was die Benennung eines Zeugen im Strafverfahren angeht, *B. Heinrich*, JuS 1995, 1115 (1119).
269 BGHSt 2, 129 (Liebesverhältnis mit der Zeugin).

zung der Liebesbeziehungen zu Z, „die er … gerade in der Zeit vor der Erhebung der Klage bis zur Vernehmung der Z ständig enger werden ließ"[270].

bb) Durch Unterlassen

146 Erst wenn eine vorsätzliche aktive Förderung fremder Falschaussage nicht feststellbar ist, muss geprüft werden, ob Beihilfe durch Unterlassen in Betracht kommt[271]. Ihre Strafbarkeit setzt eine Rechtspflicht zur Erfolgsabwendung (§ 13 I) voraus, d. h. eine Pflicht zur Verhinderung der Falschaussage.

147 In der Annahme solcher Rechtspflichten, die sich bei den Aussagedelikten aus Gesetz (§ 138 I ZPO) oder aus vorangegangenem Gefahr schaffenden Tun (Ingerenz), z. B. Zeugenbenennung, ergeben könnten, sind das RG und zunächst auch der BGH mitunter sehr weit gegangen[272]. Dahinter steckte wohl das Bemühen, auch dann zu einer Verurteilung nach §§ 154, 153, 27 zu gelangen, wenn aktive Anstiftungs- oder Beihilfehandlungen zu vermuten, aber nicht mit hinreichender Sicherheit nachweisbar waren.

148 Die an dieser unerträglich weitgehenden Rechtsprechung in der Literatur[273] geübte Kritik hat den BGH nach und nach veranlasst, die Unterlassungsstrafbarkeit nach §§ 153, 154, 27 einzuschränken:

149 § 138 I ZPO begründet zwar für den Zivilprozess die Pflicht zu wahrheitsgemäßen **eigenen** Angaben, nicht aber die Pflicht zur Verhinderung von Falschaussagen anderer[274]. Für den Beschuldigten im Strafverfahren besteht ohnehin keine Wahrheitspflicht; **Garantenpflichten aus Gesetz** sind deshalb insgesamt **abzulehnen**[275].

150 Eine **Ingerenzhaftung** vermag weder die bloße Zeugenbenennung[276], noch wahrheitswidriges Bestreiten einer gegnerischen Behauptung[277] zu begründen. Der Zeuge ist für **seine Aussage grundsätzlich selbst verantwortlich** und hat die dem Prozess **adäquate** Gefahr der Falschaussage

---

270 BGHSt 2, 129 (132).
271 Zur Beihilfe durch Unterlassen zu fremden Aussagedelikten vgl. *B. Heinrich*, JuS 1995, 1115 (1119 f.); *Scheffler*, GA 1993, 341.
272 RGSt 70, 82 (84); 74, 283; 75, 271; BGHSt 3, 18; BGH, *Dallinger* MDR 1953, 272; OLG Hamm, HESt 2, 242. – Weitere Nachweise bei *Bockelmann*, NJW 1954, 697.
273 S. bereits *Maurach*, DStR 1944, 1 ff.; *ders.*, SJZ 1949, 541; *Bockelmann*, NJW 1954, 697; aus heutiger Zeit *B. Heinrich*, JuS 1995, 1115 (1119 f.); *Otto*, JuS 1984, 161 (171); *Scheffler*, GA 1993, 341.
274 BGHSt 6, 322 (323) und OLG Hamm, HESt 2, 241, entgegen RGSt 70, 82 (84). – Ablehnend zur Begründung einer Garantenpflicht aus § 138 ZPO z. B. auch OLG Köln, NStZ 1990, 594; *Otto*, JuS 1984, 161 (169); MüKo-*H. E. Müller*, § 153 Rn. 102; *S/S/Lenckner/Bosch*, Vor §§ 153 ff. Rn. 38 m. w. N.; *Wessels/Hettinger*, BT 1, Rn. 786.
275 Sie können auch nicht aus ehelicher Lebensgemeinschaft (§ 1353 BGB) hergeleitet werden. Also keine Pflicht des Ehegatten, den anderen von einer Falschaussage abzuhalten, MüKo-*H. E. Müller*, § 153 Rn. 102; *S/S/Lenckner/Bosch*, Vor §§ 153 ff. Rn. 38; SK-*Rudolphi*, Vor § 153 Rn. 53; *B. Heinrich*, JuS 1995, 1115 (1119); a. M. BGHSt 6, 322 (323 f.). Abzulehnen ist KG, JR 1969, 27 (mit abl. Anm. *Lackner*), wo eine Pflicht des Vaters zur Verhinderung der Falschaussage seines erwachsenen Sohnes angenommen wurde.
276 BGHSt 4, 327; anders noch RGSt 74, 283 (285); 75, 271 (274); BGHSt 2, 129; 3, 18; 4, 217 (218 f.).
277 BGHSt 17, 321; OLG Hamm, NJW 1992, 1977; s. dazu *B. Heinrich*, JuS 1995, 1115 (1119 f.).

selbst zu tragen[278]. Entgegen der früheren Rechtsprechung[279] trifft damit erst recht den Beschuldigten im Strafverfahren keine Erfolgsabwendungspflicht[280], denn damit würden sein Schweigerecht (§ 136 I 2 StPO) sowie der heute allgemein anerkannte Grundsatz unterlaufen, dass er bei Einlassungen zum Schuldvorwurf nicht zur Wahrheit verpflichtet ist[281]. **Die Erfolgsabwendungspflicht** aus vorangegangenem Gefahr schaffenden Tun ist damit begrenzt auf Fälle der Heraufbeschwörung einer besonderen, „**dem Prozess nicht mehr eigentümlichen Gefahr der Falschaussage**"[282].

Schaffung einer solchen **prozessinadäquaten** Gefahr der Falschaussage wurde insbesondere in der Intensivierung des ehewidrigen Verhältnisses mit dem Zeugen während des Scheidungsprozesses gesehen[283] – Fallgestaltungen, die im Hinblick auf die Aufgabe des Verschuldensprinzips zugunsten des Zerrüttungsprinzips bei der Ehescheidung (§§ 1565 ff. BGB) kaum noch eine Rolle spielen dürften. – Praktisch bedeutsam sind noch die Fälle, in denen dem Zeugen vor seiner Vernehmung die Sicherheit verschafft wird, von der Prozesspartei nicht Lügen gestraft zu werden[284], oder in denen ein Angeklagter im Strafprozess einen bislang noch unbekannten Mittäter als Entlastungszeugen benennt[285]. Sie sind jedoch bereits als Beihilfe durch aktives Tun zu bewerten, s. o. Rn. 145 Fall (3)[286]; auf Unterlassung ist nur zu rekurrieren, wenn der Gehilfenvorsatz hinsichtlich der aktiven Förderung nicht nachweisbar ist. 151

4. Konkurrenzen, Wahlfeststellung

a) Konkurrenzen

aa) Verhältnis von §§ 153 und 154

Nach der Verweltlichung des Eides[287] ist allgemein anerkannt, dass der Meineid (§ 154) einen erschwerten Fall (Qualifikation) der uneidlichen Falschaussage (§ 153) enthält[288]. Für die Konkurrenzen bedeutet das, dass § 153 in § 154 aufgeht, wenn die Falschaussage beschworen wird (Gesetzeskonkurrenz in Gestalt der **Subsidiarität** des § 153). Da auch im Meineidsversuch zwangsläufig eine uneidliche Falschaussage enthalten ist[289], ist § 153 auch gegenüber §§ 154, 22 subsidiär[290]. 152

---

278 LG Göttingen, NJW 1954, 731 (732); *Bockelmann*, NJW 1954, 697.
279 BGH, *Dallinger* MDR 1953, 272; OLG Hamm, HESt 2, 242.
280 BGH, NJW 1958, 956; *B. Heinrich*, JuS 1995, 1115 (1120).
281 S. z. B. *Müller/Sax/Paulus* (KMR), StPO, § 243 Rn. 41 m. zahlr. N.
282 BGHSt 4, 327 (330); 14, 229 (230); 17, 321 (323); OLG Köln, NStZ 1990, 594; OLG Düsseldorf, NJW 1994, 272 (273); *Wessels/Hettinger*, BT 1, Rn. 786; einschränkend MüKo-*H. E. Müller*, § 153 Rn. 105 ff.; für eine weitere Begrenzung *S/S/Leckner/Bosch*, Vor §§ 153 ff. Rn. 40.
283 BGHSt 2, 129 (133 ff.); 14, 229; 17, 321 (323).
284 BGHSt 14, 229 (231).
285 OLG Hamm, NJW 1992, 1977; kritisch zu dieser Ausweitung der Garantenpflichten *B. Heinrich*, JuS 1995, 1115 (1120); *Otto*, JuS 1984, 161 (169); *Scheffler*, GA 1993, 341.
286 Auch *Bockelmann*, NJW 1954, 697 (699) hebt hervor, dass in den von der Rechtsprechung entschiedenen Unterlassungsfällen häufig Beihilfe oder sogar Anstiftung durch aktives Tun nahe lag. In diesem Sinne auch LK-*Ruß*, § 154 Rn. 15; *B. Heinrich*, JuS 1995, 1115 (1120).
287 S. o. Rn. 6 f.
288 BGHGrSSt 8, 301 (309) (Meineid) und einhellige Auffassung in der Literatur.
289 S. o. Rn. 56, 71.
290 Zweifelnd *S/S/Lenckner/Bosch*, § 153 Rn. 16.

153 Nach allgemeiner Auffassung[291] bleibt für § 153 kein Raum, wenn in derselben Instanz später ein Meineid (§ 154) geschworen wird.

154 Wiederholte der Täter im zweiten Rechtszug seine in erster Instanz erstattete uneidliche Falschaussage und bekräftigte er sie mit dem Eid, so bestrafte die Rechtsprechung[292] bei Vorliegen der Voraussetzungen des Fortsetzungszusammenhangs[293] wegen fortgesetzten Meineids. Nach der sehr weitgehenden Einschränkung des Fortsetzungszusammenhanges durch den BGH[294] dürfte nunmehr Tatmehrheit i. S. der §§ 153, 154, 53 anzunehmen sein[295].

bb) Zusammentreffen von §§ 153 ff. mit anderen Delikten

155 (1) Bezichtigt der Zeuge den Angeklagten oder einen Dritten wahrheitswidrig einer Straftat, so stehen §§ 153 oder 154 in Tateinheit (§ 52) mit § 186, bei Handeln wider besseres Wissen mit §§ 187 und 164. – Im Falle der Verurteilung des Unschuldigen zu Freiheitsstrafe, die vollstreckt wird, liegt außerdem Freiheitsberaubung (§ 239) in mittelbarer Täterschaft vor.

156 (2) Wird dagegen der Beschuldigte in einem Strafverfahren durch Falschaussage begünstigt und/oder strafrechtlichen Sanktionen entzogen, so stehen §§ 153, 154 in Tateinheit mit §§ 257 und/oder 258. – § 258 V und VI gelten nicht für §§ 153, 154; insoweit kommt aber § 157 in Betracht[296].

157 (3) Veranlasst eine Partei im Zivilprozess durch einen falschen Parteieid (§ 452 ZPO) den getäuschten Richter zu einer dem Gegner nachteiligen Entscheidung in einer Vermögensstreitigkeit, so steht § 154 in Tateinheit mit § 263, Prozessbetrug. Dasselbe gilt bei Falschaussagen (§§ 153, 154) von Zeugen mit entsprechenden Folgen[297].

b) Wahlfeststellung

158 Wurden zwei widersprüchliche Aussagen gemacht und kann nicht festgestellt werden, welche von beiden unrichtig ist, so ist Wahlfeststellung zulässig, und zwar im Hinblick auf die Identität des geschützten Rechtsgutes[298] auch zwischen §§ 153 und 154[299]. Im Rahmen der Wahlfeststellung ist im letzteren Falle der Grundsatz in dubio pro reo zu beachten, also davon auszugehen, dass die **uneidliche** Aussage falsch war, sodass Verurteilung nur nach § 153 erfolgen kann. Kann nicht ausgeschlossen werden, dass die zweite Aussage eine Berichtigung der ersten darstellt, so ist – ebenfalls nach in dubio pro reo – § 158 anzuwenden[300].

---

291 BGHGrSSt 8, 301 (312 f.). – Meineid; die Literatur stimmt einhellig zu.
292 BGHGrSSt 8, 301 (313).
293 Dazu *Baumann/Weber/Mitsch*, § 36 Rn. 21–24.
294 BGHGrSSt 40, 138.
295 *Fischer*, § 153 Rn. 17; *S/S/Lenckner/Bosch*, § 153 Rn. 18.
296 Dazu o. Rn. 111 ff.
297 Zum Prozessbetrug näher o. § 20 Rn. 63.
298 Dazu o. Rn. 4 ff.
299 BGH, NJW 1957, 1886 f.
300 BayObLG, JZ 1976, 33 (34). – Näher dazu m. w. N. *Baumann/Arzt/Weber*, Fall 27, S. 171 (173).

§ 48 Falsche Verdächtigung und Vortäuschen einer Straftat, §§ 164, 165; 145d

Literaturhinweise: *Blei*, Falschverdächtigung durch Beweismittelfiktion, GA 1957, 139; *Geilen*, Grundfragen der falschen Verdächtigung (§ 164 StGB), Jura 1984, 251, 300; *Geppert*, Zu einigen immer wiederkehrenden Streitfragen im Rahmen des Vortäuschens einer Straftat (§ 145d StGB), Jura 2000, 383; *Hirsch*, Zur Rechtsnatur der falschen Verdächtigung, Schröder-GS 1978, S. 307; *Koch*, Die „fahrlässige Falschanzeige" – oder: Strafrechtliche Risiken der Anzeigeerstattung, NJW 2005, 943; *Krell*, Keine falsche Verdächtigung bei nicht verfolgbaren Taten?, NStZ 2011, 671; *Krümpelmann*, Täuschungen mit Wahrheitskern bei § 145d Abs. 1 Ziff. 1 StGB, ZStW 96 (1984), 999; *Langer*, Die falsche Verdächtigung, 1973; *ders.*, Aktuelle Probleme der falschen Verdächtigung, GA 1984, 289; *ders.*, Verdachtsgrundlage und Verdachtsurteil – Zum Begriff des Verdächtigens gemäß § 164 StGB, Lackner-FS 1987, S. 541; *ders.*, Zur Falschheit des Verdächtigens gemäß § 164 I StGB, Tröndle-FS 1989, S. 265; *Otto*, Falsch verdächtigen – Zur Bedeutung des geschützten Rechtsguts für die Auslegung der einzelnen Merkmale eines Tatbestandes, Jura 2000, 217; *Saal*, Das Vortäuschen einer Straftat (§ 145d StGB) als abstraktes Gefährdungsdelikt, 1997; *Schilling*, Die falsche Verdächtigung nach § 164 StGB, GA 1984, 345; *Stree*, Täuschung über einen Tatbeteiligten nach § 145d II Nr. 1 StGB, Lackner-FS 1987, S. 527; *Vormbaum*, Der strafrechtliche Schutz des Strafurteils. Untersuchungen zum Strafrechtsschutz des strafprozessualen Verfahrensziels, 1987.

Zur Examensbedeutung: §§ 164, 145d sind wegen ihres Zusammenhangs mit §§ 185 ff., § 258 und § 239 in mittelbarer Täterschaft (mit Richter als rechtmäßig handelndem Werkzeug) relativ examenswichtig. Bei § 145d kommt hinzu, dass ein enger Zusammenhang mit Grundfragen des Strafprozessrechts besteht, insbesondere mit dem Schutz des Beschuldigten gegen Selbstbelastung, s. u. Rn. 26 ff.

Übersicht

	Rn.
I. Rechtsgut und kriminalpolitische Vorbemerkung	1
1. Rechtsgut bei §§ 164, 145d	1
2. Zur Kriminalpolitik	3
II. § 164 im Einzelnen	6
1. Gegenstand der falschen Verdächtigung	6
2. Mittel der falschen Verdächtigung	7
3. Ziel und Adressat der falschen Verdächtigung	12
4. Vorsatz, Wissentlichkeit und Absicht	13
5. Rechtfertigung	16
6. Selbstbegünstigung	17
7. Konkurrenzen, insbesondere das Verhältnis von § 164 I zu § 164 II	18
III. § 145d im Einzelnen	19
1. Gegenstand des Vortäuschens einer Straftat	19

2. Mittel des Vortäuschens einer Straftat 20
3. Ziel des Vortäuschens einer Straftat 23
4. Vorsatz und Wissentlichkeit 24
5. Rechtfertigung 25
6. Selbstbegünstigung 26
7. Konkurrenzen, insbesondere die Subsidiarität des § 145d 28

I. Rechtsgut und kriminalpolitische Vorbemerkung

1. Rechtsgut bei §§ 164, 145d

1 §§ 164, 145d regeln Angriffe auf die Rechtspflege (**äußere Rechtspflegedelikte**[1]). Die Tathandlungen führen zu unnützem, ja schädlichem Einsatz öffentlicher Personal- und Sachmittel. – Bei § 164 liegt **zusätzlich** ein Angriff auf **Individualrechtsgüter** des fälschlich Verdächtigten vor: „... die staatliche Rechtspflege, deren Schutz § 164 StGB ebenso (!) bezweckt wie den Schutz der verdächtigten Person ..."[2]. Weil staatliche Zwangsmaßnahmen von der Vernehmung (mit entsprechendem Zeitverlust für den Beschuldigten) über Haussuchungen (mit entsprechendem Eingriff in das Rechtsgut „Hausfrieden") und Untersuchungshaft bis hin zur Verurteilung zu Geld- oder Freiheitsstrafe auf **Indizien** beruhen, ist die Schaffung unrichtiger Verdachtsgründe für die Individualrechtsgüter des Verdächtigten gefährlich. Die **doppelte Angriffsrichtung**[3] des § 164 (Rechtspflege und Individualrechtsgüter) wird besonders deutlich, wenn der Täter mit Einwilligung des zu Unrecht Verdächtigten handelt. Eine solche Einwilligung rechtfertigt die Tat nicht, weil der zu Unrecht Verdächtigte über das Rechtsgut „Rechtspflege" nicht verfügen kann[4].

2 Wie bei § 138 (vgl. § 46 Rn. 1) fehlt es auch bei § 164 nicht an Versuchen, eines der zwei geschützten Rechtsgüter in den Vordergrund zu schieben. Da sich § 145d nur gegen die Rechtspflege richtet, spricht die dort gegenüber §§ 164, 258 und 258a angeordnete Subsidiarität dafür, dass damit ein Rücktritt des § 145d gegenüber anderen Angriffen gegen dasselbe Rechtsgut ausgesprochen wird. Schon deshalb lässt sich die vereinzelt vertretene Auffassung, dass § 164 nur Individualrechtsgüter des Verdächtigten schütze, nicht halten[5]. Der entgegengesetzten Minderheitsauffas-

---

1 S. o. § 47 Rn. 2.
2 BGHSt 9, 240 (Leitsatz).
3 Zur h. M. (Rechtspflege- **und** Individualgüterschutz) *Fischer*, § 164 Rn. 2 m. N. *Langer*, a. a. O. (1973) S. 28 ff. und in: GA 1984, 291 unterscheidet zwischen Kumulation und Alternativität der beiden Rechtsgüter. BGHSt 5, 66 soll auf einer Alternativitätstheorie beruhen (weil Individualgüterschutz infolge Einwilligung ausscheidet). – Tatbestände können jedoch bestimmten Rechtsgütern stets nur schwerpunktmäßig zugeordnet werden, s. o. § 1 Rn. 27, 30 ff. Schwerpunktmäßig beruht § 164 auf der Kumulation, doch entfällt der Tatbestand nicht deshalb, weil einer der beiden Aspekte ausnahmsweise (vielleicht) nicht vorliegt, i. S. dieser h. M. *Wessels/Hettinger*, BT 1, Rn. 688.
4 BGHSt 5, 66.
5 Würde § 164 nur Individualrechtsgüter schützen, hätte der Gesetzgeber § 164 konsequenterweise wie §§ 185 ff. als Privatklagedelikt ausgestaltet; trotzdem für die Individualrechtstheorie *Hirsch*, Schröder-GS 1978, S. 307 ff.; *Vormbaum*, S. 440 ff.; NK-*Vormbaum*, § 164 Rn. 10.

sung, nach der § 164 nur öffentliche Interessen schütze (und Individualinteressen des Verdächtigten nur reflexartig berührt werden)[6], ist ebenfalls zu widersprechen. Diese Auffassung vermag das Nebeneinander von § 145d und § 164 nicht zu erklären, denn die Rechtspflege wird schon durch § 145d geschützt. Die Suche nach einem im Vergleich zu § 145d anderen oder zusätzlichen Rechtspflegeinteresse hat zu der These geführt, in § 164 gehe es nicht nur wie in § 145d um unnützen Aufwand öffentlicher Mittel. Wegen der Verfolgung Unschuldiger drohe der Rechtspflege auch eine Schädigung des in sie gesetzten öffentlichen Vertrauens[7]. – Das überzeugt nicht, denn ein Rechtsgut, das nicht verletzt ist, wenn der Täter Erfolg hat, ist juristisch eine Fehlkonstruktion. Wird der Unschuldige durch gefälschte Indizien von der Öffentlichkeit und der Rechtspflege als schuldig angesehen, zieht seine Verfolgung nämlich keinen Ansehensverlust der Rechtspflege nach sich.

2. Zur Kriminalpolitik

Eine gegen **Irreführung der Strafrechtspflege** gerichtete Strafdrohung ist wegen der **Selbstbegünstigung** in den Fällen problematisch, in denen der Täter nach §§ 164, 145d verdächtig ist, eine Straftat begangen zu haben und er diesen Verdacht von sich ablenken und insofern irreführen will[8].

Was die Verdächtigung angeht, haben wir in Deutschland (in bemerkenswertem Gegensatz zum „honour system" in vielen englischen und amerikanischen Schulen und Universitäten) schon von der Schule her eine anerzogene **Verachtung des Denunzianten**, auch wenn die von ihm der Behörde mitgeteilten Tatsachen richtig sind. Je weniger Vertrauen der Staat verdient, desto verächtlicher wird schon der diesem Staat zutreffende Informationen liefernde Denunziant[9]. Weil jedoch der Rechtsstaat Vertrauen verdient, ist die Neigung seiner Bürger, sich nicht einzumischen, Informationen über Straftaten nicht weiterzugeben usw., Anlass zur Sorge. Erfreulicherweise hat das BVerfG[10] hervorgehoben, dass das Recht auf Anzeigeerstattung so wichtig ist, dass sein Gebrauch für den Anzeigerstatter nicht zu riskant werden darf.

Bemühungen um „community relations" sollen den freiwilligen Informationsfluss Bürger-Staat in Gang setzen. Weil man sich davon nicht viel verspricht, vertraut der Staat auf effiziente Informationssammlung, u. U. schon ohne Verdacht (Fahrtenschreiber, Meldepflichten nach GwG etc.)[11].

Für § 164 bedeutet dies, dass die Bestimmung so auszulegen ist, dass für den redlichen Bürger durch die subjektiv (!) richtige Information der Strafverfolgungsorgane kein Risiko entstehen darf, näher u. Rn. 13. Es gehört zwar zu den Standardpraktiken mancher Anwälte, eine gegen ihren Mandanten gerichtete Strafanzeige mit einer Gegenanzeige wegen falscher Verdächtigung zu beantworten. Solchen **Einschüchterungsstrategien** ist durch einschränkende Interpretation des § 164 ihr Effekt zu

---

6   *Maurach/Schroeder/Maiwald*, BT 2, § 99 Rn. 5 m. w. N.
7   In diese Richtung SK-*Rudolphi/Rogall*, § 164 Rn. 1; vgl. auch *Langer*, a. a. O. (1973) S. 53 f. (zwar keine Autoritätseinbuße, aber Angriff auf den „funktionalen Wesensgehalt" der Rechtspflege).
8   Vgl. zu § 164 u. Rn. 17 und zu § 145d u. Rn. 26–28.
9   Vgl. die in die nationalsozialistische Zeit zurückführende Entscheidung BGHSt 3, 110; dazu o. § 2 Rn. 76 – Zum Denunziantentum im Nationalsozialismus vgl. *Weyrauch*, Gestapo V-Leute, 1989; zur DDR vgl. die Hinweise auf die Stasi o. § 43 Rn. 5.
10 BVerfGE 74, 257.
11 Zu den mit der Datensammlung verbundenen Problemen o. § 8 Rn. 37 ff.

nehmen. Zusätzlich garantiert § 154e StPO den Vorrang der Untersuchung gegen den Verdächtigten gegenüber der Untersuchung gegen den Verdächtiger.

4 In den **Statistiken** schlägt sich die schwierige Aufdeckung falscher Verdächtigungen (und Taten nach § 145d) in der relativ hohen Freispruchquote nieder. Im Jahr 2012 (Angaben für 1980, 1997, 2005 sowie 2011 zu Vergleichszwecken in Klammern) waren unter 4.847 (2.713; 3.161; 4.194; 3.822) Aburteilungen nach § 164 immerhin 963 Freisprüche und Verfahrenseinstellungen (Freisprüche in den Vorjahren: 360; 228; 245; 258) und nur 3.287 (1.507; 2.034; 2.858; 2.673) Verurteilungen. § 145d: 2.460 (3.098; 2.748; 2.268; 2.097) Aburteilungen, 1.900 (2.216; 2.059; 1.739; 1.652) Verurteilungen, 288 Freisprüche und Einstellungen (Freisprüche in den Vorjahren: 258; 171; 97; 132)[12].

5 Wesentlicher **Anreiz** für § 164 ist der Umstand, dass die Tat einfach vorzunehmen ist (sogar anonym) und dem Täter jedenfalls zunächst keinerlei Kosten, seinem Opfer aber erhebliche Umtriebe entstehen, denn das Legalitätsprinzip verpflichtet die Strafverfolgungsorgane, dem mitgeteilten Verdacht nachzugehen, §§ 152 II, 163 StPO. Der Täter hat zusätzlich den Volksmund auf seiner Seite, am Opfer bleibt immer etwas hängen. „Wo Rauch ist, ist auch Feuer."

Die **Motive** sind bei § 164 meist ausgesprochen niedrig[13]. Politische Motive spielen bei § 164 häufig eine Rolle. – Bei § 145d entsprechen die **Anreize** zur Tat und **Motive** des Täters meist weniger dem § 164, sondern sind der Strafvereitelung (§ 258) vergleichbar; zur „Selbstbegünstigung" bei § 145d s. u. Rn. 26–28.

II. § 164 im Einzelnen

1. Gegenstand der falschen Verdächtigung

6 § 164 I spricht von einer „rechtswidrigen Tat oder der Verletzung der Dienstpflicht". Zur rechtswidrigen Tat vgl. § 11 I Nr. 5. Eine Ordnungswidrigkeit genügt danach nicht (aber § 164 II). – Aus dem **Rechtsgut** (s. o. Rn. 1 f.) und aus dem Ziel der falschen Verdächtigung folgt, dass die rechtswidrige Tat geeigneter Stoff für „ein behördliches Verfahren oder andere behördliche Maßnahmen" sein muss. Das ist z. B. nicht der Fall, wenn der Vorwurf einer rechtswidrigen, aber entschuldigten Tat so erhoben wird, dass Maßregeln der Besserung oder Sicherung nicht in Betracht kommen[14]. § 164 I ist bezüglich des **Gegenstandes** der falschen Verdächtigung einfach ein Spezialfall des § 164 II. Durch das 43. StÄG[15] wurde mit Wirkung zum 1.9.2009 der als Qualifikation konzipierte Absatz III flankierend zur

---

12 Strafverfolgungsstatistik, Bundesamt für Statistik, Fachserie 10 Reihe 3, Jahrgänge 1980 (bezogen auf das alte Bundesgebiet), 1997, 2005, 2011 und 2012.– Die in der Kriminalstatistik zu § 145d ausgewiesene hohe Aufklärungsquote (2006: 99,0 %!) ist trügerisch, weil die der Polizei bekannt werdenden Täuschungsfälle natürlich leicht zu klären sind.
13 Vgl. zu §§ 185 ff. o. § 7 Rn. 9 und als erschütternde Beispiele für falsche Denunziationen BGHSt 1, 368; 3, 4; vgl. o. § 2 Rn. 40.
14 Kritisch *Krell*, NStZ 2011, 671.
15 BGBl. I, 2288; kritisch hierzu *Zopfs*, ZIS 2011, 669.

Kronzeugenregelung des § 46b eingefügt. Hiernach wird mit Freiheitsstrafe von sechs Monaten bis zu zehn Jahren bestraft, wer die falsche Verdächtigung begeht, um eine Strafmilderung nach Maßgabe des § 46b oder § 31 BtMG zu erlangen. In dieser Konstellation wirkt die Strafbegünstigungsabsicht nicht strafmildernd, sondern straferhöhend, sofern sie mit Drittschädigungsabsicht verbunden ist[16].

2. Mittel der falschen Verdächtigung

§ 164 I spricht nur von „verdächtigt". § 164 II verlangt, dass „eine sonstige Behauptung tatsächlicher Art" aufgestellt wird. Der Schluss liegt nahe, dass § 164 I im Vergleich zu § 164 II zwar speziellere, aber eben auch Behauptungen „tatsächlicher Art" verlange. Die ganz h. M.[17] zieht unter Berufung auf die ratio legis (s. o. Rn. 1 f.) diesen Schluss jedoch nicht. § 164 I erfasst nach h. M. neben Behauptungen tatsächlicher Art auch andere Mittel, durch die eine irreführende Beweislage geschaffen wird, **Spurenfälschung**[18]. Die sog. isolierte Beweismittelfiktion, d. h. die Schaffung einer falschen, einen anderen verdächtigenden Beweislage, wie beispielsweise bei der Zuleitung falschen Beweismaterials an die Polizei[19], ist noch mit dem Wortlaut der Norm vereinbar und somit nicht als Verstoß gegen das Analogieverbot zu werten. Anders als bezüglich des Gegenstandes ist bezüglich des **Mittels** § 164 I kein Spezialfall des § 164 II.

7

Beispiel[20]: V versteckt in der Wohnung des unschuldig unter Diebstahlsverdacht geratenen O Diebesbeute. Sie wird bei einer Haussuchung bei O gefunden und gibt, wie V gehofft hatte, dem Ermittlungsverfahren gegen O Auftrieb. – V = § 164 I; zwar keine Behauptung tatsächlicher Art, aber falsche Verdächtigung auf sonstige Weise.

Auch die Spurenfälschung bedient sich der Verfälschung von **Tatsachen**. **Rechtliches Vorbringen**, selbst ein bewusst falscher juristischer Schluss aus wahren Tatsachen, fällt nicht unter § 164 I. Der in der Schlüssigkeitsprüfung bestehende Arbeitsaufwand der Behörde ist so gering, dass nach einhelliger Ansicht diese einschränkende Auslegung geboten ist.

8

Die Behauptung in § 164 II muss **falsch** sein, ebenso die Verdächtigung in § 164 I. Das ergibt sich aus der Überschrift des Abschnitts, „falsche" Verdächtigung. Richtig bzw. falsch bezieht sich bei § 164 – in bemerkenswertem Gegensatz zu §§ 187, 186 – auf das Indiz, nicht auf die Folgerung aus den Beweisanzeichen.

9

---

16 *Fischer*, § 164 Rn. 15.
17 Kritisch *Langer*, a. a. O. (1973) S. 15, 18, und (gegen die h. M.) Lackner-FS, a. a. O. – Im Anschluss an *Langer* gegen die h. M. NK-*Vormbaum*, § 164 Rn. 20 f.; *Wessels/Hettinger*, BT 1, Rn. 694.
18 *Langer*, Lackner-FS 1987, S. 541 hält die bloße Beweismittelmanipulation für nicht ausreichend.
19 BGHSt 9, 240.
20 Nach *Blei*, GA 1957, 139 (145).

> **Beispiel:** V hört im Rundfunk, dass im Zusammenhang mit einem schweren Unfall nach einem vorne links beschädigten gelben VW Golf gefahndet wird, von dessen Kennzeichen nur die beiden ersten Buchstaben BE bekannt sind. – V nimmt freudig die Gelegenheit wahr, seinem Nachbarn O Scherereien zu bereiten und weist die Polizei auf eine frische Beschädigung von dessen Golf hin. – Die Verdächtigung ist „wahr", wenn das Indiz richtig ist (seit Kurzem vorhandene Beschädigung eines Autos dieser Art mit diesem Kennzeichen).

Nach allgemeiner Ansicht ist die Verdächtigung nicht falsch, wenn sie in ihrem Kern wahr ist. Ein Körnchen Wahrheit genügt dagegen nicht. Den Informanten trifft anders als den Zeugen grundsätzlich **keine Pflicht zur Vollständigkeit** seiner Angaben.

10 Falsche Verdächtigung durch **Unterlassen** ist auch in den Fällen nicht möglich, in denen eine Garantenstellung gegenüber der Rechtspflege besteht[21]. Wie der Nicht-Zeuge nicht unter §§ 153 ff. gezogen werden kann, mit dem Argument, er wäre verpflichtet gewesen, als Zeuge auszusagen, so kann der Nicht-Informant nicht unter § 164 gezogen werden, mit dem Argument, er wäre verpflichtet gewesen, als Informant Verdächtigungen zu zerstreuen[22]. Anders ausgedrückt, die Einwirkung auf die Rechtspflege durch Spurenfälschung oder falsche Information der Behörde ist im Vergleich zur bloßen Untätigkeit so verschieden, dass das Unterlassen dem Tun nie entspricht, § 13 II.

> Wenn im vorstehenden Beispiel V weiß, dass O nicht der gesuchte Täter sein kann, z. B. weil V beobachtet hat, wie O gegen eine Mauer gefahren ist und so sein Auto beschädigt hat, ändert dies nichts daran, dass das von V mitgeteilte Indiz im Kern wahr ist. – Die Reduktion der Mitteilung auf diesen „Kern" kann auch nicht als eine zur Unwahrheit führende Entstellung betrachtet werden, weil V keine Rechtspflicht zur Vollständigkeit trifft. Anders, wenn es zum Prozess gegen O aus § 142 kommt und V als Zeuge in der geschilderten unvollständigen Weise aussagt. Seine Aussage ist unwahr i. S. der §§ 153 ff. und zugleich i. S. des § 164, weil für V nun ausnahmsweise eine Rechtspflicht zur Vollständigkeit besteht (also §§ 153 ff. und § 164 durch Tun).

11 Ist bezüglich der richtigen bzw. falschen Verdächtigung auf das jeweilige Indiz abzustellen, ist damit die Behandlung falscher Indizien bezüglich wirklich begangener rechtswidriger Taten oder Dienstpflichtverletzungen vorgezeichnet. § 164 erfasst die falsche Verdächtigung ohne Rücksicht auf

---

21 Weitgehend wie hier MüKo-*Zopfs*, § 164 Rn. 27; SK-*Rogall/Rudolphi*, § 164 Rn. 17. – Der Gegenstandpunkt (*S/S/Lenckner/Bosch*, § 164 Rn. 21; *Fischer*, § 164 Rn. 4) verkennt, dass durch eine teilweise Information eine Garantenstellung i. S. einer Vervollständigungspflicht weder freiwillig übernommen wird noch auf Ingerenz gestützt werden kann, weil durch das Unterlassen gegenüber dem Tun keine neue oder vom Täter zunächst nicht gesehene Gefahr geschaffen wird, vgl. *Arzt*, JA 1980, 553 (714 f.). Da es im Wesen eines Indizes liegt, dass es widerlegt werden kann, ist eine Garantenstellung auch dann abzulehnen, wenn dem „Verdächtiger" später das Indiz widerlegende Umstände bekannt werden. – Ausnahmsweise kann § 164 (durch Tun) bejaht werden, wenn der Verdächtiger seiner lückenhaften Schilderung den „Anschein der Vollständigkeit" gibt (so *Blei*, BT, § 108 I 1a).
22 Verkannt von *Geilen*, Jura 1984, 251 (256).

die materiell-rechtliche Schuld oder Unschuld (sehr streitig, anders die Rechtsprechung[23]!).

Diese **Behauptungstheorie** hat *Herdegen*[24] einleuchtend begründet. Zu den unhaltbaren Konsequenzen des Gegenstandpunktes (**Beschuldigungstheorie**)[25] heißt es: „Nicht die ‚Verdachtsmaterie' (das, was der Täter an Fakten verbal oder auf andere Weise präsentiert, um einen anderen zu beschuldigen) muss vor der Wirklichkeit bestehen können ... Die Frage ist vielmehr, ob die Verdächtigung als solche (z. B. ‚X hat sein Haus in Brand gesetzt ...') ... als widerlegt angesehen werden kann ... Ein noch so geringer Zweifel an der ‚Unschuld' des Denunzierten kommt dem Denunzianten zugute ..., mag er ... noch so krass gelogen, noch so raffiniert Beweisanzeichen fingiert haben."

3. Ziel und Adressat der falschen Verdächtigung

§ 164 I und § 164 II formulieren das Ziel des Täters („Absicht", s. u. Rn. 14) dahin, „ein behördliches Verfahren oder andere behördliche Maßnahmen" gegen den Verdächtigten „herbeizuführen oder fortdauern zu lassen". In dem auf unrichtigen Indizien beruhenden Verfahren liegt der unnütze, sogar schädliche Einsatz öffentlicher Mittel. Schon aus diesem Ziel ergibt sich notwendig der **Adressat** der Verdächtigung, eine inländische oder ausländische (str.) Behörde. Die zusätzliche Benennung des Adressaten („bei einer Behörde" usw.) ist deshalb überflüssig. § 164 verlangt nicht, dass die Behörde unmittelbarer Adressat ist (vgl. auch die Alternative **„öffentlich"**). Es genügt eine gegenüber einer Privatperson in der Hoffnung ausgesprochene falsche Verdächtigung, diese werde sie an die Behörde weiterleiten[26] (vorausgesetzt, es kommt zur Information der Behörde).

4. Vorsatz, Wissentlichkeit und Absicht

Die subjektive Seite des § 164 hat der Gesetzgeber abwechslungsreich gestaltet. Bezüglich der Falschheit muss der Täter **„wider besseres Wissen"** handeln, vgl. zu § 187 o. § 7 Rn. 17. Die Kriminalisierung schon der

---

23 BGHSt 35, 50; OLG Rostock, NStZ 2005, 335 (336). Ob alle Straftatbestände, in denen die Diskrepanz zwischen dem materiellen Recht und seinem Nachweis eine Rolle spielt, einheitlich konzipiert sind und einheitlich interpretiert werden, ist sehr zu bezweifeln. Zu § 258 vgl. § 26 Rn. 1 f.; zu § 263 vgl. § 20 Rn. 125; zu § 267 vgl. § 31 Rn. 39; zu § 339 s. u. § 49 Rn. 74 ff.; zu §§ 344, 345 s. u. § 49 Rn. 89.
24 LK-*Herdegen*, 10. Aufl., § 164 Rn. 9 f. Ausführliche ablehnende Auseinandersetzung mit BGHSt 35, 50 durch *Langer*, Tröndle-FS, a. a. O.; eingehend auch *Otto*, Jura 2000, 217.
25 Vor BGHSt 35, 50 i. S. des Gegenstandpunktes schon RGSt 71, 34 (36) und BGHSt 14, 240 (246), denn die vom BGH bejahte Garantenstellung des Täters aus Ingerenz, „alle erheblichen, den Verdächtigten entlastenden Tatsachen, die ihm später bekannt werden, unverzüglich der Stelle mitzuteilen" (BGHSt 14, 240 [246]), ist nur sinnvoll, wenn man die „Wahrheit" nicht auf die Indizien, sondern auf die aus ihnen gezogenen Folgerungen i. S. materiell-rechtlicher Schuld bezieht. Vollständigkeitsgebote und Handlungspflichten sind leichter zu begründen, wenn man die Wahrheit nicht auf das einzelne Indiz, sondern auf die aus dem Beweisanzeichen zu ziehende allgemeine Folgerung beziehen würde, vorstehend Rn. 10.
26 Das Weitergeben einer fremden Verdächtigung entspricht dem „Verbreiten" in §§ 186, 187, deshalb unrichtig BGHSt 14, 240 (Weiterleiten soll kein Verdächtigen sein).

Leichtfertigkeit (von 1931 bis 1969) ist mit Recht beseitigt worden, denn der Informationsfluss Bürger–Staat soll nicht schon dann blockiert werden, wenn der Bürger sich seiner Sache nicht sicher ist[27].

14   Bezüglich des Verfahrens ist **Absicht** erforderlich. Wie in anderen Tatbeständen[28] macht auch bei § 164 die Interpretation der Absicht Schwierigkeiten. Nach der Rechtsprechung ist bei § 164 „unter Absicht ... der bestimmte Vorsatz zu verstehen"[29], d. h. mit Absicht soll der Ausschluss des bedingten Vorsatzes erreicht werden[30].

Den Tatbestand des § 164 StGB kann auch derjenige verwirklichen, der sich selbst durch eine unwahre Behauptung, wie die Angabe eines falschen Namens bei einer Polizeikontrolle, vor Strafverfolgung schützen will, dabei aber sicher weiß, dass seine Angaben ein gegen einen Dritten gerichtetes behördliches Verfahren zur Folge haben wird, wobei es genügt, wenn der Täter in diesem Sinne die Einleitung eines Verfahrens bezweckt, auch wenn er an dessen weitere Durchführung nicht glaubt[31].

15   Im Übrigen genügt bedingter Vorsatz, z. B. bezüglich des Gelangens der Verdächtigung an den richtigen Adressaten.

Umstritten ist, ob eine unbeachtliche Abweichung des Kausalverlaufs von der Vorstellung des Täters vorliegt, wenn der Verdacht auf einen anderen als denjenigen fällt, den der Täter verdächtigen wollte[32].

5. Rechtfertigung

16   Angesichts der einschränkenden Interpretation des Tatbestandes ist das Eingreifen von Rechtfertigungsgründen kaum vorstellbar. **Einwilligung** des Verdächtigten rechtfertigt nicht[33]. – § 193 findet keine Anwendung[34]. Wesentliche Funktion des § 193 ist es, die Äußerung eines ehrenrührigen Verdachts zu legitimieren. Dies wird bei § 164 schon dadurch erreicht, dass auf die Richtigkeit des Indizes abgestellt wird[35].

6. Selbstbegünstigung

17   Soweit ein Täter den Verdacht von sich ab- und auf einen anderen hinlenkt, ist die **Absicht** zweifelhaft, gegen diesen anderen ein Verfahren her-

---

27 Zur Straflosigkeit der „fahrlässigen Falschanzeige", auch mit Blick auf § 186, *Koch*, NJW 2005, 943 ff.
28 Vgl. zu § 211 o. § 2 Rn. 58; zu § 263 o. § 20 Rn. 131 ff.
29 BGHSt 18, 204 (206); OLG Düsseldorf, NJW 2000, 3582 (3583).
30 So BGHSt 13, 219 (222).
31 OLG Hamm, NStZ-RR 2013, 276.
32 Befürwortend BGHSt 9, 240 (242); *S/S/Leckner/Bosch*, § 164 Rn. 31; *Fischer*, § 164 Rn. 12; die andere Ansicht (Versuch) von *Herzberg*, ZStW 85 (1973), 867 (891 f.) wird jedoch ebenfalls im Schrifttum vertreten, vgl. LK-*Ruß*, § 164 Rn. 20, 30; *Rengier*, BT 2, § 50 Rn. 25.
33 BGHSt 5, 67, s. o. Rn. 1 f.
34 In der Literatur wird hier meist auf RGSt 71, 34 (37 f.) hingewiesen, wobei zu beachten ist, dass eine Heranziehung des § 193 erwägenswert war, solange in § 164 sogar Leichtfertigkeit unter Strafe gestellt war, vgl. *Bockelmann*, NJW 1959, 1849 (1852 ff.).
35 S. o. Rn. 9.

beizuführen[36], sofern nicht eine Verdächtigung zur Selbstbegünstigung nach § 164 III vorliegt. Liegt die Situation so, dass nur ein überschaubarer Kreis als Täter in Betracht kommt, so liegt im Leugnen der primär in Verdacht geratenen Person eine mittelbare Bezichtigung der anderen. Dieses Leugnen über § 164 zu bestrafen, würde im klaren Widerspruch zu § 136 StPO eine Pflicht zur Selbstbezichtigung begründen[37].

Beispiel (Trunkenheit bei Fahrer und Beifahrer)[38]: Trunkenheitsbedingter Unfall, dem Unfallfahrzeug entsteigen zwei betrunkene Personen. § 164 entfällt, wenn jeder behauptet, er sei nicht gefahren (Selbstbegünstigung, genauer: nach § 136 StPO legitime Verteidigung). – Wenn jeder behauptet, der andere sei gefahren, soll der Fahrer aus § 164 bestraft werden, weil darin „gegenüber dem ihm zustehenden Leugnen ein unzulässiges ‚Mehr'"[39] liege. Die h. L.[40] hält dem mit Recht entgegen, dass der Fahrer nur ausspreche, was aus seinem Leugnen logisch zwingend folge. Da weder die Beweislage verändert noch der aus dem Sachverhalt resultierende Tatverdacht verstärkt werde, müsse der Täter straflos bleiben[41]. – Wie, wenn jeder behauptet, er sei gefahren[42]?

Eine weitergehende Straffreiheit wegen Selbstbegünstigung ist nicht anzuerkennen. Wenn der Täter z. B. falsche Spuren legt, um den Verdacht auf einen anderen zu lenken, macht er sich nach § 164 strafbar.

7. Konkurrenzen, insbesondere das Verhältnis von § 164 I zu § 164 II

§ 164 I ist gegenüber § 164 II lex specialis. Zwar fällt unter § 164 II nur ein gegenüber § 164 I spezielleres Angriffsmittel, doch enthält § 164 I gegenüber § 164 II den spezielleren Angriffsgegenstand, s. o. Rn. 6 f.

18

Tateinheit ist mit Aussage- und Ehrverletzungsdelikten möglich. Wenn der Täter damit rechnet, dass das Verfahren gegen den Verdächtigten mit dessen Verurteilung zu Freiheitsstrafe endet, liegt Tateinheit mit § 239 vor (in mittelbarer Täterschaft, der Richter ist rechtmäßig handelndes Werkzeug), wenn die Dinge diesen Verlauf nehmen. – § 145d tritt gegenüber § 164 zurück, ausdrückliche Subsidiarität.

---

36 Richtig BGHSt 18, 204.
37 SK-*Rogall/Rudolphi*, § 164 Rn. 14. Mit *Rogall/Rudolphi*, a. a. O. ist deshalb das Leugnen eigener Täterschaft schon als nicht tatbestandsmäßig i. S. des § 164 anzusehen.
38 OLG Hamm, NJW 1965, 62.
39 OLG Hamm, a. a. O.
40 LK-*Ruß*, § 164 Rn. 6; *Rengier*, BT 2, § 50 Rn. 19; SK-*Rogall/Rudolphi*, § 164 Rn. 15; S/S/ *Lenckner/Bosch*, § 164 Rn. 5.
41 *Wessels/Hettinger*, BT 1, Rn. 697.
42 § 164 entfällt, weil kein „anderer" bezichtigt wird. § 258 I (und der subsidiäre § 145d) sind bezüglich des Beifahrers (!) zu bejahen, wenn der Fahrer und damit der Beifahrer ermittelt werden kann (weil der Beifahrer so den Fahrer schützt). Wie, wenn nicht geklärt werden kann, wer gefahren ist – dazu u. Rn. 28 am Ende. Aus der Praxis vgl. OLG Düsseldorf, JZ 1992, 978 mit Anm. *Mitsch*; „anderer" i.S.d. Norm muss jedoch keine natürliche, sondern kann auch eine juristische Person sein, vgl. OLG Koblenz, NStZ-RR 2013, 44.

III. § 145d im Einzelnen

1. Gegenstand des Vortäuschens einer Straftat

19 § 145d I Nr. 1 erfasst (parallel zu § 164, s. o. Rn. 6) die Vortäuschung einer „rechtswidrigen Tat". Wie bei § 164 genügt die Vortäuschung eines nicht verfolgbaren Verhaltens nicht[43]. „Die Vorschrift will verhindern, dass die Strafverfolgungsbehörden ungerechtfertigt in Anspruch genommen werden"[44]. Dies ist bereits dann der Fall, wenn der Täter die (tatsächlich begangene) Straftat derart aufbauscht, dass die Strafverfolgungsbehörden zu einem nicht unwesentlichen und überflüssigen Mehraufwand an Ermittlungsmaßnahmen veranlasst werden, z. B. indem der Tat ein im Kern anderes Gepräge verliehen wird[45].

§ 145d I Nr. 2 erfasst die Vortäuschung einer **bevorstehenden** rechtswidrigen **Tat**, beschränkt auf die besonders schweren Taten, die im Katalog des § 126 I aufgezählt sind.

§ 145d I Nr. 2 und § 145d II Nr. 2 betreffen Fehlinvestitionen der staatlichen Anstrengungen zur **Straftatverhütung.** Hier besteht ein enger Zusammenhang mit § 145 (Gesetzestext lesen!); zur „Brücke" zwischen § 145 und § 323c s. o. § 39 Rn. 30. – § 145d I Nr. 1 betrifft dagegen (parallel zu § 164!) entsprechende Fehlinvestitionen der auf Straftatverfolgung gerichteten staatlichen Anstrengungen.

Während in § 145d I der Täter vortäuscht, dass eine rechtswidrige Tat begangen worden ist oder bevorsteht, ist für **§ 145d II** die versuchte Täuschung über die Tatbeteiligung an einer begangenen oder bevorstehenden rechtswidrigen Tat maßgeblich. Pönalisiert wird somit, dass der Täter den Tatverdacht auf einen Unbeteiligten lenkt oder die Strafverfolgungsbehörden zu unnützen Maßnahmen in die falsche Richtung gelenkt werden.

In Übereinstimmung mit § 164 III wurden durch das 43. StÄG[46] § 145d III und IV neu eingefügt, um dem Erschleichen von Strafmilderungen Einhalt zu gebieten[47].

2. Mittel des Vortäuschens einer Straftat

20 In § 145d I („vortäuscht") und § 145d II („zu täuschen sucht") steckt der Hinweis auf die Falschheit. Parallel zu § 164[48] sind auch die Täuschungsmittel zu interpretieren. Wie in § 164 geht es um unrichtige tat-

---

[43] Richtig der Polizeitäuschungsfall BGHSt 19, 305 (zu § 145d II Nr. 1, wo die Problematik genauso liegt).
[44] BGHSt 19, 305 (307 f.).
[45] BayObLG, NJW 1988, 83; OLG Hamm, NStZ 1987, 558 (559); OLG Karlsruhe, MDR 1992, 1166 (1167); *Lackner/Kühl,* § 145d Rn. 4; *Rengier,* BT 2, § 51 Rn. 4; *S/S/Sternberg-Lieben,* § 145d Rn. 9; *Fischer,* § 145d Rn. 5b; a. SK-*Rogall/Rudolphi,* § 145d Rn. 18 f.; *Geppert,* Jura 2000, 383 (384 f.).
[46] BGBl. I, 2288.
[47] *Fischer,* § 145d Rn. 14 f.
[48] S. o. Rn. 7 f.

sächliche Behauptungen oder um Spurenfälschung; rechtlich unrichtiges Vorbringen genügt nicht.

Im **Gegensatz zu** § 164[49] kommt es bei § 145d nicht auf die Unrichtigkeit des vorgetäuschten Indizes an, sondern auf die Unrichtigkeit der aus dem Indiz zu ziehenden Schlussfolgerung i. S. einer Tat (§ 145d I) oder eines Beteiligten (§ 145d II)[50].

> **Beispiel:** Der gehässige V will seinen Nachbarn O nach dem plötzlichen Tode von dessen Frau in Mordverdacht bringen. V, der von der Unschuld des O überzeugt ist, teilt der Polizei von ihm erfundene Äußerungen der Frau O mit, dass sie sich vor ihrem Manne fürchte etc. – Zur Überraschung des V ergibt die darauf eingeleitete Untersuchung, dass O seine Frau tatsächlich getötet hat. – V = § 164 I (Spurenfälschung). § 145d ist nicht verwirklicht, denn die vermeintlich vorgetäuschte Straftat liegt in Wirklichkeit vor. Der „konstruktiv" gegebene Versuch nach § 145d ist nicht strafbar.

Wie die Spurenfälschung von § 145d I Nr. 1 nicht erfasst ist, wenn die Tat wirklich begangen wurde (wovon bei Zweifeln in dubio pro reo zugunsten des Vortäuschenden auszugehen ist), wird die Beteiligtentäuschung nach § 145d II Nr. 1 nicht erfasst, wenn in Wirklichkeit keine (!) Tat begangen wurde. Täuschungen über Personen, die einer Beteiligung bloß verdächtig sind, fallen nicht unter § 145d (lebhaft umstritten, aber angesichts des § 258 I konsequent, obwohl auch durch solche Täuschungen unnütze Aufwendungen bei den Strafverfolgungsbehörden entstehen)[51].

3. Ziel des Vortäuschens einer Straftat

Erfolg i. S. des § 145d I und, trotz der abweichenden Formulierung („zu täuschen sucht"), auch in § 145d II ist die Schaffung des täuschenden Sachverhalts und die **Kenntnisnahme der Behörde.** Ein Irrtum der Behörde als Täuschungserfolg ist so wenig erforderlich wie in § 164.

Obwohl im Unterschied zu § 164 der Gesetzeswortlaut des § 145d die Tätigkeit der Behörde als weitergehendes „Ziel" des Täters nicht nennt, wird es auch in § 145d stillschweigend vorausgesetzt. Das folgt daraus, dass parallel zu § 164 eine Behörde der Adressat des Vortäuschens sein muss; und zwar eine Behörde, von der der Täter eine Reaktion erwartet. Bezüglich der objektiven Eignung der Vortäuschung, behördliche Aktivitäten auszulösen, ergibt sich demnach kein Unterschied zu § 164[52]. Der unterschiedliche Gesetzeswortlaut hat erst für den subjektiven Tatbestand Konsequenzen, s. u. Rn. 24. Wie bei § 164 genügt auch eine (vom Täter einkalkulierte) mittelbare Information der Behörde[53]. Deshalb fällt ein öffentliches Vortäu-

---

[49] S. o. Rn. 9.
[50] So bes. deutlich LK-*Willms*, 10. Aufl., § 145d Rn. 6. – Das ist vom Rechtsgut (Fehleinsatz öffentlicher Mittel) zwar nicht konsequent, angesichts des Gesetzeswortlauts aber unausweichlich.
[51] Die hier vertretene Ansicht bezeichnet LK-*Willms*, 10. Aufl., § 145d Rn. 10 als die bis 1949 einhellige Ansicht. Seitdem sind erstaunlich nuancenreiche Gegenmeinungen im Vordringen, Einzelheiten bei *Willms*, a. a. O.
[52] Vgl. BGHSt 19, 305.
[53] Z. B. durch Versenden vermeintlicher Milzbrandbriefe an einen Dritten; OLG Frankfurt a. M., NStZ-RR 2002, 209 (210); *Hoffmann*, GA 2002, 385 (393 ff.); *Schramm*, NJW 2002, 419 (421); *Weidemann*, JA 2002, 43 (47).

schen einer Straftat in der Regel unter § 145d, obwohl abweichend von § 164 die **öffentliche Begehung** nicht erwähnt ist.

4. Vorsatz und Wissentlichkeit

24 „Wider besseres Wissen" bezieht sich wie bei § 164 auf die **Falschheit**. Im Übrigen genügt bedingter Vorsatz, z. B. bezüglich des Gelangens der Vortäuschung an den richtigen Adressaten. Im Unterschied zu § 164 schweigt § 145d über die **Reaktion der Behörde** und entsprechende Absichten des Täters. Das entlastet den subjektiven Tatbestand, denn für § 145d genügt der (bedingte) Vorsatz, dass die falsche Information an die Behörde gelangt. Damit ist in aller Regel „selbstverständlich" der mindestens bedingte Vorsatz verbunden, dass die Behörde aufgrund der Information ein Verfahren einleiten wird. Doch bedarf dieser Vorsatz keiner Feststellung. Vor allem braucht es diesbezüglich nicht, wie bei § 164, den Nachweis des direkten Vorsatzes (Absicht, s. o. Rn. 14).

5. Rechtfertigung

25 Rechtfertigungsgründe sind bei § 145d kaum vorstellbar. Insbesondere ergibt sich aus Art. 5 GG kein Recht der Presse, die Tätigkeit (oder Untätigkeit) der Strafverfolgungsorgane anhand erfundener Straftaten zu testen.

6. Selbstbegünstigung

26 Hier liegt das zentrale, auch **examenswichtige Problem** des § 145d. **Zwei Fallgruppen** sind zu unterscheiden: (1) Der Täter einer Straftat gibt seiner Tat einen anderen Anstrich. (2) Der Täter einer Straftat lenkt den Verdacht von sich ab und entweder auf den großen Unbekannten oder auf eine konkrete unbeteiligte Person (weitgehend ein Problem des § 145d II Nr. 1).

Beispiel zu **Fallgruppe (1)**: Der Geldbote täuscht vor, er sei beraubt worden, während er in Wirklichkeit das Geld selbst gestohlen bzw. unterschlagen hat. § 145d I Nr. 1 (Vortäuschen eines Raubes, „Spurenfälschung")?

Beispiel zu **Fallgruppe (2)**: Täter T bestreitet bei seiner polizeilichen Vernehmung (fälschlich) die ihm vorgeworfene Tat. § 145d II Nr. 1, weil T durch sein Bestreiten die Polizei über einen Beteiligten („T"!) zu täuschen sucht?

Zur Fallgruppe (1):

Hier ist im Ergebnis mit der umstrittenen Entscheidung des BGH[54] davon auszugehen, dass § 145d I Nr. 1 nicht verwirklicht ist. Die auf Selbstbegünstigung hinauslaufenden Bestrebungen eines Täters, seine Tat ganz zu verbergen oder unter dem Gewand einer anderen Tat zu verstecken, sind vom Unrechtsgehalt der begangenen Tat mit abgegolten. Unterstüt-

---

[54] BGHSt 6, 251 (255); bei bloßer Übertreibung der Umstände ohne wesentliche Erhöhung des Ermittlungsaufwands i. d. S. auch OLG Oldenburg, NStZ 2011, 95.

zend ist das vom BGH allein ins Feld geführte Argument heranzuziehen, dass ein solches „Umfrisieren" nichts daran ändert, dass wirklich eine Straftat begangen worden ist und es deshalb an der Vortäuschung fehlt[55]. – Zur Bestrafung dieses „Umfrisierens" aus § 145d II Nr. 1 vgl. anschließend.

Zur Fallgruppe (2): 27

(2a): Hier ist zunächst davon auszugehen, dass § 145d II Nr. 1 auch die Ablenkung der Ermittlungen von der Person eines Beteiligten erfasst – nicht nur die Hin- oder Umlenkung auf ein konkretes falsches Gleis (sehr streitig)[56].

Beispiel (falsches Alibi): Die Freundin F des Täters T gibt T für die Tatzeit ein Alibi. F = § 145d II Nr. 1, obwohl keine konkrete Hinlenkung auf andere Personen erfolgt, sondern nur die Ablenkung von T.

(2b): Der Täter, der durch Leugnen den Verdacht von sich ablenkt, erfüllt deshalb „an sich" den Tatbestand des § 145d II Nr. 1. Strafbarkeit ist jedoch nicht diskutabel. Leugnen ist eine nach § 136 StPO legitime Verteidigungsstrategie, vgl. zu § 164 o. Rn. 17.

(2c): Der Täter, der eine konkrete, an der Tat nicht beteiligte Person bezichtigt, geht über die zulässige Verteidigung hinaus und erfüllt den Tatbestand des § 145d II Nr. 1 (meist auch den vorrangigen § 164).

(2d): Umstritten ist die Lösung der Fälle, die zwischen (2b) und (2c) anzusiedeln sind.

Beispiel[57]: T setzt in versicherungsbetrügerischer Absicht sein Warenlager in Brand und erstattet Anzeige gegen Unbekannt wegen Brandstiftung. – Hier mit dem BGH den Täter aus § 145d II Nr. 1 zu bestrafen, heißt, ihm eine Geständnispflicht aufzuerlegen. Die Anzeige gegen Unbekannt ist im Beispielsfall eine ebenso notwendige Konsequenz des Leugnens wie im Beispiel der Trunkenheit bei Fahrer und Beifahrer die Beschuldigung des Beifahrers Konsequenz des Leugnens des Fahrers ist, vgl. zu § 164 o. Rn. 17.

7. Konkurrenzen, insbesondere die Subsidiarität des § 145d

§ 145d I am Ende ordnet die Subsidiarität gegenüber §§ 164, 258, 258a ausdrücklich an. Diese Subsidiaritätsklausel gilt auch für § 145d II. 28

Trotz dieser Subsidiaritätsklausel ergeben sich zwischen § 145d und § 258 Spannungen, weil § 145d im Unterschied zu § 258 kein Angehörigenprivileg enthält und das Selbstbegünstigungsprivileg in § 258 V weiter reicht als in § 145d. Diese Spannungen können durch Beweisprobleme noch verschärft werden.

---

55 BGH, a. a. O.
56 Eingehend zur Beteiligtentäuschung *Fischer*, § 145d Rn. 7 ff.; *Geppert*, Jura 2000, 383 (385 ff.); aus der Judikatur BGHSt 19, 305; BayObLG, JR 1985, 294 mit Anm. *Kühl*.
57 In Anlehnung an BGHSt 6, 251.

Beispiel (Trunkenheit bei Fahrer [F] und Beifahrer [B])[58]: F und B sprechen sich dahin ab, dass jeder behauptet, er sei gefahren. So wollen sie denselben Effekt erreichen, wie wenn jeder behaupten würde, der andere sei gefahren.

(1) Es kann ermittelt werden, wer gefahren ist. – B = § 258 I und § 145d II (Subsidiarität des § 145d II); F = § 316; in Tatmehrheit dazu §§ 258, 26 und §§ 145d II, 26. §§ 258, 26 gehen zwar „an sich" §§ 145d, 26 vor. Dies soll nach h. M.[59] jedoch nicht gelten, wenn die Bestrafung aus § 258 bzw. §§ 258, 26 entfällt. Hier entfällt die Bestrafung des F aus §§ 258, 26 wegen § 258 V; Entsprechendes würde für § 258 VI gelten, z. B. wenn B die Ehefrau des F wäre.

(2) Es kann nicht ermittelt werden, wer gefahren ist. – Vom Standpunkt der h. M. aus müssten F und B (!) aus §§ 145d II, 26 bestraft werden, weil bei beiden sicher ist, dass sie Täter oder Anstifter zu § 145d sind.

---

58 Vgl. dasselbe Beispiel zu § 164 o. Rn. 17.
59 BayObLG, JR 1979, 253 mit Anm. *Stree*; ebenso *Rudolphi*, JuS 1979, 859; OLG Celle, NJW 1980, 2205. – Grundsätzlich abweichend *Fezer*, Stree/Wessels-FS 1993, S. 663 (674 f.), der von einem Lügerecht und Verfahrensstörungsrecht des Beschuldigten ausgeht.

§ 49 Amtsdelikte, §§ 331–358 und Bestechlichkeit und Bestechung im geschäftlichen Verkehr, §§ 299–302

Literaturhinweise: Zu I (Amtsdelikte allgemein): *Amelung,* Die Zulässigkeit der Einwilligung bei Amtsdelikten, Dünnebier-FS 1982, 487; *Bernsmann,* Irrtum und Amtsträgerbegriff (i. S. von § 11 Abs. 1 Nr. 2 StGB), Puppe-FS 2011, S. 362; *Dahs/Müssig,* Strafbarkeit kommunaler Mandatsträger als Amtsträger, NStZ 2006, 191; *Dedes,* Probleme der Amtsdelikte, Lackner-FS 1987, S. 787; *Geppert,* Amtsdelikte (§§ 331 ff.), Jura 1981, 42, 81; *B. Heinrich,* Der Amtsträgerbegriff im Strafrecht, 2001; *Langer,* Das Sonderverbrechen, 1972; *Maiwald,* Die Amtsdelikte, JuS 1977, 353; *Otto,* Amtsträgerbegriff innerhalb zivilrechtlich orientierter Daseinsvorsorge, Jura 1997, 47; *Ransiek,* Zur Amtsträgereigenschaft nach § 11 I Nr. 2c StGB, NStZ 1997, 519; *Saliger,* Public Private Partnership und Amtsträgerstrafbarkeit, Puppe-FS 2011, S. 933; *Schramm,* Die Amtsträgereigenschaft eines freiberuflichen Planungsingenieurs, JuS 1999, 333; *Wagner,* Amtsverbrechen, 1975; *ders.,* Die Rechtsprechung zu den Straftaten im Amt seit 1975, JZ 1987, 594, 658; *Welp,* Der Amtsträgerbegriff, Lackner-FS 1987, S. 761.

Zu II (Bestechung, Korruption): *Ambos,* Zur Strafbarkeit der Drittmittelakquisition, JZ 2003, 345; *Ambos/Ziehn,* Zur Strafbarkeit von Schulfotografen wegen Bestechung oder Vorteilsgewährung gemäß §§ 333, 334 StGB, NStZ 2008, 498; *Androulakis,* Die Globalisierung der Korruptionsbekämpfung, 2007; *Arzt,* Filz statt Kriminalität, Kaiser-FS 1998, S. 495; *Bannenberg,* Korruption in Deutschland und ihre strafrechtliche Kontrolle, 2002; *Baumann,* Zur Problematik der Bestechungstatbestände, BB 1961, 1057; *Bernsmann,* Die Korruptionsdelikte (§§ 331 ff. StGB) – Eine Zwischenbilanz, StV 2003, 521; *Bock/Borrmann,* Vorteilsnahme (§ 331 StGB) und Vorteilsgewährung (§ 333 StGB) durch Kultursponsoring?, ZJS 2009, 625; *Brünner* (Hrsg.), Korruption und Kontrolle, 1981; *Claussen/Ostendorf,* Korruption im öffentlichen Dienst, 2. Aufl. 2002; *Cramer,* Zum Vorteilsbegriff bei den Bestechungsdelikten, Roxin-FS 2001, S. 945; *Deiters,* Ermöglichung der Dienstausübung als strafbare Korruption?, ZJS 2008, 465; *Dölling,* Empfehlen sich Änderungen des Straf- und Strafprozessrechts, um der Gefahr von Korruption in Staat, Wirtschaft und Gesellschaft wirksam zu begegnen?, Gutachten 61. DJT (1996), Bd. I, C 1; *ders.,* Die Neuregelung der Strafvorschriften gegen Korruption, ZStW 112 (2000), 334; *ders.,* Handbuch der Korruptionsprävention, 2007; *Eser/Überhofen/Huber* (Hrsg.), Korruptionsbekämpfung durch Strafrecht. Ein rechtsvergleichendes Gutachten zu den Bestechungsdelikten im Auftrag des bayerischen Staatsministeriums der Justiz, 1997; *Feinendegen,* Vorteilsannahme ohne Folgen – Freibrief für kommunale Mandatsträger durch den BGH?, NJW 2006, 2014; *Gänßle,* Das Antikorruptionsstrafrecht, NStZ 1999, 543; *Graupe,* Die Systematik und das Rechtsgut der Bestechungsdelikte, 1988; *Greeve,* Korruptionsdelikte in der Praxis, 2005; *Gribl,* Der Vorteilsbegriff bei den Bestechungsdelikten, 1993; *Hardtung,* Erlaubte Vorteilsannahme, 1994; *B. Heinrich,* Rechtsprechungsüberblick zu den Bestechungsdelikten, §§ 331–335 StGB (1998–2003), NStZ 2005, 197, 256; *Helmrich,* Zum Beginn der Verfolgungsverjährung bei Bestechungsdelikten (§§ 299, 331 ff. StGB), wistra 2009, 10; *Höltkemeier,* Sponsoring als Straftat, 2005; *Jaques,* Die Bestechungstatbestände unter besonderer Berücksichtigung des Verhältnisses der §§ 331 ff. StGB zu § 12 UWG, 1996; *Kargl,* Über die Bekämpfung des Anscheins der Kriminalität bei der Vorteilsannahme (§ 331 StGB), ZStW 114 (2002), 763; *ders.,* Parteispendenakquisition und Vorteilsannahme, JZ 2005, 503; *Kerbel,* Korruption in der öffentlichen Verwaltung am Beispiel einer Großstadtverwaltung, 1995; *Kerner/Rixen,* Ist Korruption ein Strafrechtsproblem?, GA 1996, 355; *Knauer/Kaspar,* Restriktives Normverständnis nach dem Korruptionsbekämpfungsgesetz, GA 2005, 385; *Kindhäuser/Goy,* Zur Strafbarkeit ungenehmigter Drittmitteleinwerbung, NStZ 2003, 291; *König,* Neues Strafrecht gegen Korruption, JR 1997, 397; *Korte,* Der Einsatz des Strafrechts zur Bekämpfung der internationalen Korruption, wistra 1999, 81; *Kuhlen,* Zu den Tathandlungen bei Vorteilsannahme und Bestechlichkeit, NStZ 1988, 433; *ders.,* Sollten §§ 331 Abs. 1, 331 Abs. 1 neuerlich geändert werden?, Schroeder-FS 2006, S. 535; *ders.,* Verjährungsbeginn bei Bestechung und Bestechlichkeit, JZ 2009, 53; *Lenckner,* Privatisierung der Verwaltung und „Abwahl des Strafrechts"?, ZStW 106 (1994), 502; *Loos,* Zum „Rechtsgut" der Bestechungsdelikte, Welzel-FS 1974, S. 879; *Lüderssen,* Antikorruptions-Gesetze und Drittmittelforschung, JZ 1997, 112; *Matkey,* Grauzonen der Korruptionsbekämpfung, Kriminalistik 2008, 92; *Merges,* Die Strafausschließungsgründe der Bestechungsdelikte, 1995; *Mitsch,* Verjährung von Bestechungsdelikten und Beendigung der Tat, Jura 2009, 534; *Ohlemacher,* Verunsichertes Vertrauen? Gastronomen in Konfrontation mit Schutzgelderpressung und Korruption, 1998; *Paster/Sättele,* Alles, was das Leben verschönern kann, NStZ 2008, 366; *Radtke,* Der strafrechtliche Amtsträgerbegriff und neue Kooperationsformen zwischen der öffentlichen Hand und Privaten (Public Private Partnership) im Bereich der Daseinsvorsorge, NStZ 2007, 57; *Rider* (Hrsg.), Corruption: The Enemy within, 1997; *Rübenstahl,* Die Angehörigen kommunaler „Parlamente" als Amtsträger (§ 11 Abs. 1 Nr. 2b StGB) und ihre Strafbarkeit nach den Bestechungsdelikten (§§ 331 ff. StGB), HRRS 2006, 23; *Rüdiger,* Schutzinteresse und Deliktsstruktur der „Bestechungsdelikte" (§§ 331 ff. StGB), 2007; *Saliger/Sinner,* Korruption und Betrug durch Parteispenden, NJW 2005, 1073; *Satzger,* Bestechungsdelikte und Sponsoring, ZStW 115 (2003), 469; *ders.;* Der reformierte § 108e StGB – Bestechlichkeit und Bestechung von Abgeordneten nach neuem Recht, Jura 2014, 1022; *Schäfer,* Empfehlen sich Änderungen des Straf- und Strafprozessrechts, um der Gefahr von Korruption in Staat, Wirtschaft und Gesellschaft wirksam zu begegnen?, Referat 61. DJT (1996), Bd. II/1, L 9; *Schäfer/Liesching,* Überlegungen zu Vorteilsannahme und Vorteilsgewährung, ZRP 2008, 173; *Schlösser/Nagel,* Werbung oder Korruption, wistra 2007, 211; *Schmidl,* Der Fluch der bösen Tat – Finder`s Fee und Bestechlichkeit von Beratern, wistra 2006, 286; *Eb. Schmidt,* Die Bestechungstatbestände in der höchstrichterlichen Rechtsprechung von 1879 bis 1959, 1960; *Schönherr,* Vorteilsgewährung und Bestechung als Wirtschaftsstraftaten, 1985; *Schreiber/Rosenau/Combé/Wrackmeyer,* Zur Strafbarkeit der Annahme von geldwerten Zuwendungen durch Städte und Gemeinden nach § 331 StGB, GA 2005, 265; *Schreier,* Drittvorteil und Unrechtsvereinbarung, 2002; *Schünemann,* Die Unrechtsvereinbarung als Kern der Bestechungsdelikte nach dem KorrBekG, Otto-FS 2007, S. 777; *Schwieger,* Der Vorteilsbegriff in den Bestechungsdelikten des StGB, 1996; *Szesny/Brockhaus,* Die Pflichtstellung kommunaler Mandatsträger in Aufsichtsräten öffentlicher Versorgungsunternehmen, NStZ 2007, 624; *Tag,* Drittmitteleinwerbung – strafbare Dienstpflicht? Überlegungen zur Novellierung des Straftatbestandes der Vorteilsannahme, JR 2004, 50; *Thomas,* Soziale Adäquanz und Bestechungsdelikte, Jung-FS 2007, S. 973; *Tinkl,* Strafbarkeit der Bestechung nach dem EUBestG und dem IntBestG, wistra 2006, 126; *Traumann,* Die Anwendung des Bestechungsdelikte auf die Inhaber privater Ingenieurs- und Planungsbüros, 1997; *Überhofen,* Korruption und Bestechungsdelikte im staatlichen Bereich, 1999; *Vahlenkamp/Knauß,* Korruption – hinnehmen oder handeln?, 2. Aufl. 1997; *Valerius,* „Der Amtsträger zu Gast bei Freunden": Vorteilsgewährung bei Sponsoring durch Versendung von Eintrittskarten für die Fußball-Weltmeisterschaft, GA 2010, 211; *Volk,* Empfehlen sich Änderungen des Straf- und Strafprozessrechts, um der Gefahr von Korruption in Staat, Wirtschaft und Gesellschaft wirksam zu begegnen?, Referat 61. DJT (1996), Bd. II/1, L 35; *ders.,* Die Merkmale der Korruption und die Fehler bei ihrer Bekämpfung, Zipf-GS 1999, S. 419; *Wentzell,* Zur Tatbestandsproblematik der §§ 331, 332 StGB unter besonderer Berücksichtigung des Drittvorteils, 2004; *Wolf,* Die Modernisierung des deutschen Antikorruptionsstrafrechts durch internationale Vorgaben – Momentaufnahme und Ausblick, NJW 2006, 2735; *ders.,* Internationalisierung des Antikorruptionsstrafrechts: Kritische Analyse zum

Literaturhinweise § 49

Zweiten Korruptionsbekämpfungsgesetz, ZRP 2007, 44; *Zieschang,* Das EU-Bestechungsgesetz und das Gesetz zur Bekämpfung internationaler Bestechung, NJW 1999, 105; *Zöller,* Korruptionsstrafbarkeit durch Wahlkampfspenden, GA 2008, 151.

Zu III (Bestechlichkeit und Bestechung im geschäftlichen Verkehr): *Bach,* Kundenbindungsprogramme und Bestechung im geschäftlichen Verkehr, wistra 2008, 47; *Bürger,* § 299 StGB – Eine Straftat gegen den Wettbewerb?, wistra 2003, 130; *Dann,* Erleichterungs- und Beschleunigungszahlungen im Ausland – Kein Fall des IntBestG?, wistra 2008, 41; *Gercke/Wollschläger,* Das Wettbewerbserfordernis i. S. d. § 299 StGB, wistra 2008, 5; *Haft/Schwoerer,* Bestechung im internationalen Geschäftsverkehr, Weber-FS 2004, S. 367; *Koepsel,* Bestechlichkeit und Bestechung im geschäftlichen Verkehr (§ 299 StGB), 2006; *Lüderssen,* Ein prokrustes Bett für ungleiche Zwillinge. Angestelltenbestechung und Submissionsabsprachen, vereinigt in einem neuen Abschnitt des Strafgesetzbuches: Straftaten gegen den Wettbewerb", BB 1996, 2525; *Pieth/Eigen* (Hrsg.), Korruption im internationalen Geschäftsverkehr, 1999; *Rönnau,* „Angestelltenbestechung" in Fällen mit Auslandsbezug, JZ 2007, 1084; *Rönnau/Golombek,* Die Aufnahme des „Geschäftsherrenmodells" in den Tatbestand des § 299 – ein Systembruch im deutschen StGB, ZRP 2007, 193; *Ulbricht,* Bestechung und Bestechlichkeit im geschäftlichen Verkehr, 1999; *Vogel,* Wirtschaftskorruption und Strafrecht – Ein Beitrag zu Regelungsmodellen im Wirtschaftsstrafrecht, Weber-FS 2004, S. 395; *Vormbaum,* Problem der Korruption im geschäftlichen Verkehr, Schroeder-FS 2006, S. 649; *Weidemann,* Zum Abzugsverbot des § 4 V S. 1 Nr. 10 EStG: Erfasst § 299 I StGB auch „Auslandssachverhalte"?, DStZ 2002, 329; *Winkelbauer,* Ketzerische Gedanken zum Tatbestand der Angestelltenbestechlichkeit, Weber-FS 2004, S. 385; *Wittig,* § 299 StGB durch Einschaltung von Vermittlerfirmen bei Schmiergeldzahlungen, wistra 1998, 7; *Wollschläger,* Der Täterkreis des § 299 Abs. 1 StGB und Umsatzprämien im Stufenwettbewerb.

Zu V (Rechtsbeugung): *Behrendt,* Die Rechtsbeugung, JuS 1989, 945; *Bemmann,* Wie muss der Rechtsbeugungsvorsatz beschaffen sein?, JZ 1973, 547; *ders.,* Zu aktuellen Problemen der Rechtsbeugung, JZ 1995, 123; *Bertram,* „Schill ante portas!" – eine Hamburgensie?, NJW 2001, 1108; *Erb,* Zur Verfolgung von Rechtsbeugung in Kollegialgerichten, NStZ 2009, 189; *Freund,* Rechtsbeugung durch Verletzung übergesetzlichen Rechts, 2005; *Gerke,* Die Anwendung des § 339 auf Rechtsbeugung in der DDR, 2000; *Hohoff,* An den Grenzen des Rechtsbeugungstatbestandes, Eine Studie zu den Strafverfahren gegen DDR-Juristen, 2001; *Hupe,* Der Rechtsbeugungsvorsatz, 1995; *Jahn,* Rechtsbeugung durch Kollegialgericht – Fall Görgülü, JuS 2009, 79; *Käsewieter,* Der Begriff der Rechtsbeugung im deutschen Strafrecht, 1999; *Mandla,* Senatus legibus solutus – Kollegialrichter können straflos Recht beugen, ZIS 2009, 143; *Möller-Heilmann,* Die Strafverfolgung von Richtern und Staatsanwälten der ehemaligen DDR wegen Rechtsbeugung, 2000; *Neumann,* Die strafrechtliche Vergangenheitsbewältigung von SED-Unrecht am Beispiel der Rechtsbeugung, 2000; *Quasten,* Die Judikatur des Bundesgerichtshofs zur Rechtsbeugung im NS-Staat und in der DDR, 2003; *Otto,* Der Begriff „Rechtssache" in den §§ 336, 356 StGB, Jura 1986, 221; *Rudolphi,* Zum Wesen der Rechtsbeugung, ZStW 82 (1970), 610; *Sarstedt,* Fragen der Rechtsbeugung, Heinitz-FS 1972, S. 427; *Schaefer,* Überzogenes Richterprivileg, NJW 2002, 734; *Scheffler,* Gedanken zur Rechtsbeugung, NStZ 1996, 67; *Scheinfeld,* Zur Rechtsbeugung des Kollegialrichters, JA 2009, 401; *Schiemann,* Rechtsbeugung durch den Strafrichter – Der Fall Schill, NJW 2002, 112; *Schmidt-Speicher,* Hauptprobleme der Rechtsbeugung, 1982; *Schöll,* Die Rechtsbeugung. Aktuelle Probleme der Bewältigung staatlichen Unrechts, 1999; *Scholderer,* Rechtsbeugung im demokratischen Rechtsstaat, 1993; *Seebode,* Das Verbrechen der Rechtsbeugung, 1969; *ders.,* Rechtsbeugung und Rechtsbruch, JR 1994, 1; *ders.,* DDR-Justiz vor Gericht, Lenckner-FS 1998, S. 585; *Seiler,* Die Sperrwirkung im Strafrecht, 2002; *Spendel,* Richter und Rechtsbeugung, Peters-FS 1974, S. 163; *ders.,* DDR-Unrechtsurteile in der neuen BGH-Judikatur – eine Bilanz, JR 1996, 117; *Volk,* Rechtsbeugung durch Verfahrensverstoß, NStZ 1997, 412; *Wilhelm,* Rechtsbeugung in der DDR, 2003; *Wohlers/Gaede,* Rechtsbeugung durch Handeln aus sachfremden Erwägungen?, GA 2002, 483.

Zu VI (Sonstige Amtsdelikte): *Aigner*, Der Tatbestandskomplex „Dieselbe Rechtssache" im straf- (§ 356 StGB) und standesrechtlichen (§ 45 Nr. 2 BRAO) Parteiverrat – eine Leerformel?, 1994; *Arzt*, Der strafrechtliche Schutz der Intimsphäre, 1970; *Baier*, Parteiverrat (§ 356 StGB) bei Verknüpfung strafrechtlicher und gesellschaftsrechtlicher Mandate, wistra 2001, 401; *Beutler*, Strafbarkeit der Folter zu Vernehmungszwecken, 2006; *Bohnert*, Der beschuldigte Amtsträger zwischen Aussagefreiheit und Verschwiegenheitspflicht, NStZ 2004, 301; *Brüning*, Beihilfe zum „Geheimnisverrat" durch Journalisten und die strafprozessualen Folgen – Der Fall „Cicero", NStZ 2006, 253; *Cramer*, Zur Strafbarkeit von Journalisten wegen Beihilfe zum Geheimnisverrat, wistra 2006, 165; *Dingfelder/Friedrich*, Parteiverrat, 1987; *Düwel*, Das Amtsgeheimnis, 1965; *Erb*, Tendenz zur Entkriminalisierung: Parteiverrat und anwaltliche Beratung bei „einverständlichen" Ehescheidungen, NJW 2003, 730; *ders.*, Überlegungen zur Strafbarkeit richterlichen Fehlverhaltens, Küper-FS 2007, S. 29; *Geerds*, Verfolgung Unschuldiger (§ 344 StGB), Spendel-FS 1992, S. 503; *Geilen*, Rechtsbeugung durch Verfolgung – § 344 StGB im Spiegel eines Fehlurteils, Hirsch-FS 1999, S. 507; *Hartmann*, Die Problematik des Parteiverrates im Zusammenhang mit überörtlichen Anwaltssozietäten unter besonderer Berücksichtigung von Strafverfahren, JR 2001, 51; *B. Heinrich*, Bismarcks Zorn – Inhalt und Bedeutung eines „vergessenen" Tatbestandes, ZStW 110 (1998), 327; *Herzog/Roggan*, Zu einer Reform der Strafbarkeit wegen Aussagepressung, § 343 StGB, GA 2008, 142; *Hoffmann*, Bemerkungen zur Aussagepressung, NJW 1953, 972; *Holz*, Parteiverrat in Strafsachen, 1996; *Langer*, Zur Klageerzwingung wegen Verfolgung Unschuldiger, JR 1989, 95; *Malek*, Die Aussagepressung im strafgerichtlichen Alltag – Bemerkungen zu § 343 StGB, StraFo 2005, 441; *Mennicke*, Überlegungen zum Rechtsgut des § 356 StGB und einer rechtsgutsbezogenen Auslegung des „ungeschriebenen" Tatbestandsmerkmals des Interessengegensatzes zwischen den Parteien, ZStW 112 (2000), 834; *Möhrenschlager*, Das Siebzehnte Strafrechtsänderungsgesetz. Zur Geschichte, Bedeutung und Aufhebung von § 353c Abs. 1 StGB, JZ 1980, 161; *Müssig*, Tatbeteiligte und Verfahrensbeteiligte als „Partei" i. S. d. § 356 StGB? – (Neue?) strafrechtliche Grenzziehungen, NStZ 2009, 421; *Neuhaus*, Die Aussagepressung zur Rettung des Entführten: strafbar!, GA 2004, 521; *Ringwald*, Der „Arnim-Paragraf" (§ 353a StGB) und der Schutz auswärtiger Interessen der Bundesrepublik Deutschland, 2010; *Schlosser*, Anwaltsrechtliches Verbot der Vertretung widerstreitender Interessen, NJW 2002, 1176; *Schmidt-De Caluwe*, Pressefreiheit und Beihilfe zum Geheimnisverrat i. S. des § 353b StGB – Der Fall „Cicero" und die Entscheidung des BVerfG, NVwZ 2007, 640; *Schuldt*, Geheimnisverrat. Die Beteiligung von Journalisten an der Verletzung von Dienstgeheimnissen, 2011; *Siewele*, Zur (notwendigen) Strafbarkeit der vorsätzlich rechtswidrigen Gebührenerhebung zugunsten des Staates, wistra 2009, 340; *Winter*, Die grundlegenden Probleme der Falschbeurkundungstatbestände der §§ 271, 348 StGB, insbesondere die besondere Beweiskraft und der Inhalt öffentlicher Urkunden, 2004.

Zur Examensbedeutung: Wichtig sind die **Bestechungsdelikte**, die im Folgenden ausführlich behandelt werden. Darüber hinaus sollte man sich bezüglich der Unterscheidung der echten von den unechten Amtsdelikten sicher sein. Man muss die Lehre vom Sonderdelikt mit den Auswirkungen auf die Teilnahmelehre einmal verstanden haben, dann kann man bei jedem neuen Anwendungsfall mehr oder weniger automatisch dieselben Konsequenzen ziehen. Deshalb wird zu Beginn das **Amtsdelikt als Sonderdelikt** mit den Querverbindungen zum AT wiederholt und erklärt.

Übersicht

	Rn.
I. Zum Rechtsgut und kriminalpolitischen Hintergrund	1
1. Rechtsgut	1
2. Amtsdelikte als Sonderdelikte – echte und unechte Amtsdelikte	4
3. Zur praktischen Bedeutung des Machtmissbrauchsverbots	9

Übersicht § 49

II. Bestechungsdelikte, §§ 331–338 16
    1. Grundsätze und Rechtsgut 16
       a) Passive und aktive Bestechung 16
       b) Die Qualität der vom Amtsträger vorzunehmenden Verhaltensweise 17
       c) Rechtsgut 18
    2. Passive Bestechung: Vorteilsannahme und Bestechlichkeit,
       §§ 331, 332, 335, 336, 337 19
       a) Das Verhältnis von Vorteilsannahme, § 331,
          und Bestechlichkeit, § 332 19
       b) Der Täterkreis, insbesondere die Amtsträger 20
       c) Der Vorteil 24
       d) Die Unrechtsvereinbarung – Der Vorteil als Gegenleistung 25
       e) Diensthandlung und Pflichtwidrigkeit 31
       f) Die Tathandlungen 34
       g) Rechtswidrigkeit und Rechtfertigung 35
       h) Vorsatz und Irrtum 37
       i) Passive Bestechung von Ermessensbeamten, § 332 III Nr. 2 39
    3. Aktive Bestechung: Vorteilsgewährung und Bestechung,
       §§ 333, 334, 335, 336, 337 42
    4. Teilnahmeprobleme 44
       a) Vorrang der §§ 331 ff. gegenüber den allgemeinen
          Teilnahmeregeln („Lagertheorie") 44
       b) Zur Anwendung der allgemeinen Teilnahmeregeln
          neben §§ 331 ff. 45
    5. Konkurrenzen 46
    6. Verjährung 50a

III. Bestechlichkeit und Bestechung im geschäftlichen Verkehr, §§ 299–302 .. 51
    1. Rechtsgut und kriminalpolitische Vorbemerkung 51
    2. Der Tatbestand des § 299 56

IV. Gebühren- und Abgabenüberhebung, §§ 352, 353 63
    1. Rechtsgut 63
    2. Gebührenüberhebung, § 352 65
       a) Objektive Tatbestandsmerkmale 65
       b) Vorsatz, Vorteilsabsicht 67
       c) Konkurrenzen 68
    3. Abgabenüberhebung, § 353 69

V. Innere Rechtspflegedelikte, insbesondere Rechtsbeugung (§ 339),
    Aussageerpressung (§ 343), Verfolgung Unschuldiger und Vollstreckung
    gegen Unschuldige (§§ 344, 345) 72
    1. Innere und äußere Rechtspflegedelikte 72
    2. Rechtsbeugung, § 339 74
       a) Rechtsgut 74
       b) Objektiver Tatbestand 77
       c) Vorsatz 83

§ 49 Rn. 1   Amtsdelikte

    d) Teilnahme 85
    e) Sperrwirkung des § 339 86
    f) Konkurrenzen 88
    g) Praktische Probleme des Nachweises bei Kollegialgerichten 88a
  3. Aussageerpressung (§ 343), Verfolgung Unschuldiger (§ 344)
    und Vollstreckung gegen Unschuldige (§ 345) 89
  4. Körperverletzung im Amt, § 340 91
  5. Parteiverrat, § 356 92
    a) Rechtsgut 92
    b) Der Tatbestand im Einzelnen 93

VI. Bruch amtlicher Geheimhaltungs- und Verschwiegenheitspflichten:
    Vertrauensbruch im auswärtigen Dienst (§ 353a), Verletzung des
    Dienstgeheimnisses (§ 353b), Verbotene Mitteilungen über
    Gerichtsverhandlungen (§ 353d), Verletzung des
    Steuergeheimnisses (§ 355) 99
  1. Vertrauensbruch im auswärtigen Dienst, § 353a 100
  2. Verletzung des Dienstgeheimnisses, § 353b 101
  3. Verbotene Mitteilungen über Gerichtsverhandlungen, § 353d ... 102
  4. Verletzung des Steuergeheimnisses, § 355 103

VII. Verleitung eines Untergebenen zu einer Straftat, § 357 104
  1. Ausschluss der Strafmilderung nach §§ 30, 28, 23 (Verleiten) 105
  2. Ausschluss der Strafmilderung nach §§ 27, 13 (Geschehenlassen) ... 107
  3. Dienstvorgesetzte, Aufsichtsbeamte und Untergebene 108
  4. Teilnahme 109

I. Zum Rechtsgut und kriminalpolitischen Hintergrund

1. Rechtsgut

1   Der 30. Abschnitt des StGB „Straftaten im Amt" (§§ 331 ff.) enthält neben den Bestechungsdelikten eine Reihe recht heterogener Tatbestände. Diese „Amtsdelikte" sind durch den 1997 ins StGB eingefügten 27. Abschnitt (§§ 298 ff., „Straftaten gegen den Wettbewerb") ergänzt worden[1]. Die Korruption des Staates und die Korruption der Wirtschaft weisen vom **Rechtsgut** her Parallelen auf. Beide Formen der Korruption durchdringen sich wechselseitig. Symbolisiert wird diese Unterwanderung der Wirtschaft und des Staates von bestimmten Erscheinungsformen der „**Mafia**". Insofern sind die Korruptionstatbestände zudem sachlich verflochten mit § 129[2].

Die Vorschriften der §§ 331 ff. müssen zusammen mit der Amtsträgerdefinition in § 11 I Nr. 2 gelesen werden. Hieraus ergibt sich, dass z. B. **Ab-**

---

1   Vgl. zu §§ 299 ff. unten Rn. 51 ff.
2   Vgl. zu § 129 oben § 44 Rn. 11 ff.

geordnete keine Amtsträger sind. Die Konsequenz der **Straflosigkeit der Abgeordnetenbestechung** hat der 1994 eingefügte und im Jahre 2014 wesentlich veränderte § 108e abgeschwächt[3]. Die Schaffung von Sonderregelungen, insbesondere durch das außerhalb des StGB stehende EU-Bestechungsgesetz[4] hatte jedenfalls bis zur letzten Änderung im Jahre 2014 die peinliche Konsequenz, dass die Bestechung ausländischer Abgeordneter in weitergehendem Maße mit Strafe bedroht war als die Bestechung deutscher Abgeordneter. Lange Zeit erwies sich die dringend notwendige Revision des Tatbestands der Abgeordnetenbestechung[5] als Hemmschuh für die Ratifizierung der Übereinkommens der Vereinten Nationen gegen Korruption und des Strafrechtsübereinkommens des Europarats über Korruption. Nach der Änderung im Jahre 2014 dürfte dieses Hindernis nun beseitigt sein.

Die Ermittlung des Rechtsguts der Amtsdelikte wird von folgenden **drei Leitgedanken** geprägt:

(1) **Schutz des Staates:** Der Staat verleiht mit dem Amt einerseits Vertrauen, andererseits aber auch Befugnisse und dadurch Macht. Die Ausübung von Macht trägt aber stets auch die Gefahr ihres Missbrauchs in sich. Der Staat wird dabei durch einen solchen Amts- bzw. Machtmissbrauch unmittelbar betroffen, weil dieser letztlich in seinem Namen betrieben wird. Hierdurch wird (auch) sein Ansehen nicht unerheblich geschädigt.

(2) **Schutz der Allgemeinheit:** Der Amtsmissbrauch trifft zugleich die Allgemeinheit, weil die im Amt liegende Macht nur erträglich ist, wenn die Sicherungen gegen Machtmissbrauch funktionieren. Der Amtsträger, der seine Macht im Einzelfall missbraucht, erschüttert in einer über diesen Einzelfall hinausgehenden Weise das Vertrauen in eine ausreichend kontrollierte Verwaltung. Dieser Aspekt des Rechtsguts der Amtsdelikte wird, nicht sehr glücklich, als „Reinheit der Amtsführung"[6] bezeichnet. Eine Parallele im privaten Bereich findet sich in § 203: Zur Verletzung des Individuums, dessen Geheimnis offenbart wird, tritt eine allgemeine Erschütterung des Vertrauens in den betreffenden Beruf[7].

(3) **Schutz des Bürgers:** Aus der Macht des Amtsinhabers folgt das besondere Schutzbedürfnis des Bürgers. Dieser ist auf den Amtsträger angewiesen (z. B. wenn er bauen möchte und eine Baugenehmigung braucht) bzw. kann sich ihm nicht entziehen (z. B. wenn er wegen Trunkenheit am Steuer festgenommen wird). Amtsträger sind daher besonders gefährliche Täter, weil man ihnen nur schwer ausweichen kann. Diese Gefährlichkeit wird durch die besondere „Verlässlichkeit" der Amtsträger noch gestei-

---
3 Vgl. hierzu aber auch *Schlüchter*, Geerds-FS 1995, S. 713 (722 ff.).
4 Vgl. hierzu noch unten Rn. 23.
5 Vgl. schon die Änderungsentwürfe BT-Drucks. 17/1412; BT-Drucks. 17/5933; BT-Drucks. 17/8613; zur neuen Fassung *Satzger*, Jura 2014, 1022.
6 Vgl. RGSt 72, 174 (176); BGHSt 10, 237 (241).
7 Vgl. zu § 203 oben § 8 Rn. 29 ff.

gert: Weil sie Vertrauen genießen und weil Amtsmissbrauch zum Teil mit hoher Strafe bedroht wird, sind Verfehlungen generell unwahrscheinlich. Das Opfer eines Amtsdelikts wird deshalb oft als unglaubwürdig angesehen (z. B. wenn der eine Baugenehmigung beantragende Bürger behauptet, der Beamte habe von ihm ein Schmiergeld verlangt oder wenn die wegen Trunkenheit am Steuer festgenommene Frau behauptet, der Polizeibeamte habe sie vergewaltigt). Die Körperverletzung im Amt (§ 340) ist das Delikt mit der höchsten Freispruchsquote[8]!

3   Diese **drei Leitgedanken sind im Begriff des „Amtes" verschmolzen**, doch kann je nach dem einzelnen Tatbestand der Akzent mehr auf dem Schutz des Staates oder mehr auf dem der Allgemeinheit oder des betroffenen Bürgers liegen[9]. Trotz dieser Differenzierung ist jedoch daran zu erinnern, dass – wie bei Allgemeinrechtsgütern üblich[10] – der Schutz „des Staates" oder „der Allgemeinheit" niemals um seiner selbst Willen stattfindet, sondern letztlich stets dem Schutz des einzelnen Bürgers und seiner ihm von der Verfassung garantierten Rechte zu dienen bestimmt sein muss[11]. Insoweit wird durch die Amtsdelikte immer das „Interesse der einzelnen Staatsbürger an einem ordnungsgemäßen Funktionieren der staatlichen Verwaltung und der staatlichen Rechtsprechung" geschützt[12].

2. Amtsdelikte als Sonderdelikte – echte und unechte Amtsdelikte

4   Kennzeichnend für die Amtsdelikte ist die Anknüpfung an ein „Amt" und damit die Sonderstellung des Täters als Amtsträger[13]. Insoweit sind die Amtsdelikte **Sonderdelikte**[14]. Täter kann nur ein Amtsträger sein. Dieser wird mitunter noch spezieller beschrieben (z. B. in § 339: „Richter"). Wirkt die Amtsträgereigenschaft **strafbegründend**, d. h. kann das Delikt,

---

8 Hierzu beispielhaft: Im Jahr 1980 finden sich bei 230 Abgeurteilten nur 40 Verurteilte, dagegen 76 Einstellungen und 114 Freigesprochene (Strafverfolgungsstatistik, Berichtsjahr 1980, Ausführliche Ergebnisse, Tab. 1). Im Jahr 1997 finden sich bei 93 Abgeurteilten 24 Verurteilte, 36 Einstellungen und 33 Freigesprochene (bezogen auf das frühere Bundesgebiet einschließlich Berlin, Strafverfolgungsstatistik 1997, Tab. 2.2). Im Jahr 2005 finden sich bei 107 Abgeurteilten 40 Verurteilte, 40 Einstellungen und 27 Freigesprochene. Im Jahr 2011 stehen bei 73 Abgeurteilten den 17 Verurteilten 37 Einstellungen und 19 Freisprüche gegenüber (Strafverfolgungsstatistik 2011, S. 74 f.).
9 Ganz h. M., vgl. nur *S/S/Heine/Eisele*, Vorbem. §§ 331 ff. Rn. 1, 5 ff. – Die hiervon abweichende Einteilung von *Wagner*, Amtsverbrechen, 1975, S. 104, 147, 170 ff., 269 ff. in Staatszurechnungs- (= Delikte, die dem Staat noch zurechenbar sind) bzw. Nichtstaatszurechnungsdelikte (= Delikte, die dem Staat nicht mehr zurechenbar sind) wird mit Recht überwiegend abgelehnt.
10 Vgl. ausführlich *B. Heinrich*, Amtsträgerbegriff, S. 256 ff.
11 Vgl. speziell im Hinblick auf das Rechtsgut der Amtsdelikte *B. Heinrich*, Amtsträgerbegriff, S. 267 f.
12 Ausführlich *B. Heinrich*, Amtsträgerbegriff, S. 307 f.
13 Vgl. zum Begriff des Amtsträgers noch ausführlich unten Rn. 20 ff.
14 Hinzuweisen ist allerdings darauf, dass nicht alle Delikte des 30. Abschnitts des StGB klassische „Amtsdelikte" sind. So können sowohl die §§ 333, 334 (Vorteilsgewährung, Bestechung) als auch § 353d (Verbotene Mitteilungen über Gerichtsverhandlungen) von jedermann begangen werden. Der Parteiverrat, § 356, ist zwar ebenfalls ein Sonderdelikt, aber insoweit kein „Amtsdelikt", da der Anwalt kein staatliches Amt (mehr) ausübt; vgl. hierzu auch die Aufstellung bei SK-*Stein/Rudolphi*, Vor § 331 Rn. 3.

auch seiner Grundform nach, überhaupt nicht von einem Nichtamtsträger begangen werden, spricht man von einem **echten Amtsdelikt** (Beispiel: §§ 331, 332, 339, 344, 348).

Soweit die Amtsträgereigenschaft des Täters (lediglich) **strafschärfend** 5 wirkt, spricht man von **unechten Amtsdelikten**. Auch hier kann zwar Täter nur ein Amtsträger sein, doch kann ein beteiligter Nichtamtsträger als Täter aus dem entsprechenden Grundtatbestand bestraft werden (z. B. Körperverletzung im Amt, § 340, im Verhältnis zum Grundtatbestand der einfachen Körperverletzung, § 223). Unechte Amtsdelikte finden sich vielfach auch außerhalb des 30. Abschnittes des StGB (z. B. in § 258a[15], Strafvereitelung im Amt, im Verhältnis zur „normalen" Strafvereitelung nach § 258; weitere Beispiele: §§ 120 II[16], 133 III[17], 201 III[18], 206 IV[19]; vgl. ferner §§ 174b, 203 II Nr. 1, 204). Schließlich ist noch darauf hinzuweisen, dass die Amtsträgereigenschaft vielfach als Regelbeispiel für einen besonders schweren Fall genannt wird (z. B. in §§ 240 IV 2 Nr. 3, 263 III 2 Nr. 4, 263a II, 264 II 2 Nr. 2, 266 II, 267 III 2 Nr. 4, 268 V, 269 III).

In die Terminologie der Teilnahmelehre und des § 28 übertragen be- 6 deutet dies: Bei **echten Amtsdelikten** (z. B. der Rechtsbeugung, § 339) ist die Sonderpflicht des Täters (= des Amtsträgers) ein besonderes persönliches **strafbegründendes Merkmal** nach § 28 I. Ein Nichtamtsträger kann nicht Täter (auch nicht in Form der mittelbaren Täterschaft oder der Mittäterschaft) sein. Möglich ist lediglich eine Teilnahme (Anstiftung, Beihilfe), wobei hier eine Strafmilderung nach § 28 I erfolgt[20]. – Bei **unechten Amtsdelikten** ist die besondere Pflichtenstellung des Amtsträgers ein besonderes persönliches **strafschärfendes Merkmal** nach § 28 II. Eine Beteiligung von Nichtamtsträgern als Mittäter ist hier möglich, führt aber gemäß § 28 II zur Bestrafung aus dem Grundtatbestand. Die Beteiligung eines Nichtamtsträgers als Anstifter oder Gehilfe ist ebenfalls möglich und führt gemäß § 28 II gleichermaßen nur zur Bestrafung aus dem Grundtatbestand i. V. mit §§ 26, 27. Umgekehrt führt die Teilnahme eines Amtsträgers an der Verwirklichung des Grundtatbestandes für ihn gemäß § 28 II zur Bestrafung aus dem qualifizierten unechten Amtsdelikt i. V. mit §§ 26, 27.

Beispiel: R ist Richter. Eines Tages wird die A angeklagt, die mit seiner Ehefrau E eng befreundet ist. E bedrängt ihren Ehemann R, er solle A freisprechen, obwohl sie

---

15 Vgl. zu § 258a oben § 26 Rn. 23.
16 Vgl. zu § 120 II oben § 45 Rn. 61.
17 Vgl. zu § 133 III oben § 45 Rn. 95.
18 Vgl. zu § 201 III oben § 8 Rn. 19.
19 Vgl. zu § 206 oben § 8 Rn. 28.
20 Nach BGHSt 26, 53 ist bei allen Sonderdelikten zu prüfen, ob der nichtpflichtige Beteiligte („Extraneus") – abgesehen von der ihm fehlenden strafbegründenden Sondereigenschaft – an sich Täter wäre. Ist das zu bejahen, kann er zwar nicht als Täter bestraft werden (ihm fehlt ja die Sondereigenschaft), doch soll ihm bei der Bestrafung als Gehilfe die in § 27 und § 28 I vorgeschriebene Strafmilderung nur einmal zugute kommen. Anders aber *Roxin*, AT II, § 27 Rn. 83, der für eine doppelte Strafmilderung des Beteiligten eintritt.

schuldig ist und beide sie auch für schuldig halten. R gibt schließlich nach, aber nur unter der Bedingung, dass ihm E durch eine falsche Aussage zugunsten der A einen Vorwand liefere.

(1) R macht sich nach § 339 (echtes Amtsdelikt, Sonderdelikt) strafbar. E kann, da ihr die Richtereigenschaft fehlt, nicht Mittäterin sein. Sie ist lediglich Anstifterin, §§ 339, 26. Da ihr das persönliche strafbegründende Merkmal (Richtereigenschaft) fehlt, ist ihre Strafe nach § 28 I zu mildern. Es gelten somit für E §§ 339, 26, 28 I, 49 I.

(2) Im Hinblick auf das unechte Amtsdelikt der Strafvereitelung im Amt, § 258a, ist R wiederum Täter. E ist Mittäterin, wird aber nur aus dem Grundtatbestand des § 258 bestraft. Für sie gelten demnach §§ 258, 28 II[21].

(3) Für das Sonderdelikt der falschen uneidlichen Aussage, § 153, gilt Ähnliches wie für § 339: Bei § 339 war die Amtsträgereigenschaft strafbegründend, bei § 153 ist es die Zeugenstellung. E ist hier Täterin nach § 153. R kann, da ihm die Zeugeneigenschaft fehlt, nicht Mittäter sein. Für ihn gelten daher, da er die E zu ihrer Falschaussage angestiftet hat, §§ 153, 26, 28 I, 49 I.

7 **Kritisch zur Konzeption des Sonderdelikts ist generell Folgendes anzumerken:** Die moderne Teilnahmelehre läuft auf einen „Vergeistigungsprozess" hinaus, der es ermöglicht, den physisch von einem Beteiligten vorgenommenen Beitrag anderen Beteiligten zuzurechnen. Der Umfang dieser Vergeistigung und damit der wechselseitigen Zurechnung ist stetig ausgedehnt worden, insbesondere sind die sog. eigenhändigen Delikte zusehends geschrumpft. So werden z. B. Einbrechen und Einsteigen längst nicht mehr als nur eigenhändig zu verwirklichende Begehungsweisen begriffen. Die entsprechenden Diebstahlsmodalitäten (§ 243) können auch denjenigen Tatbeteiligten mittäterschaftlich zugerechnet werden, die selbst nicht eingebrochen bzw. eingestiegen sind[22]. Längst aufgegeben ist auch die Vorstellung von den Sexualdelikten als nur „eigenhändig" begehbare Delikte. So kann eine Frau, die einem Mann bei dessen sexueller Nötigung einer anderen Frau behilflich ist, nicht nur als Gehilfin, sondern als Mittäterin nach § 177 I bestraft werden[23]. – Unerschüttert ist freilich immer der Grundsatz geblieben, dass die Amtsträgereigenschaft etwas so Besonderes darstellt, dass sie nicht vergeistigt und einem Nichtamtsträger zugerechnet werden kann, weshalb dieser niemals Mittäter eines Amtsdelikts sein kann.

---

21 Wäre E Anstifterin, so käme eine Strafbarkeit nach h. M. nur nach §§ 258, 26, 28 II in Betracht. Lediglich eine Minderansicht will hier nach §§ 258a, 26 schuldig sprechen, den Strafrahmen dann aber aus §§ 258, 26 entnehmen; vgl. LK-*Roxin*, 11. Aufl., § 28 Rn. 3; SK-*Stein/Rudolphi*, Vor § 331 Rn. 23 f.
22 Vgl. oben § 14 Rn. 44.
23 In einer anderen Richtung lässt sich allerdings eine Tendenz bei der Vergewaltigung darstellen: Während es im Hinblick auf die bis 1997 geltende Fassung des § 177 möglich war, eine mittäterschaftliche Vergewaltigung auch dann zu begehen, wenn man nicht selbst den Geschlechtsverkehr durchführte, sondern lediglich einem anderen dabei half (vgl. BGHSt 27, 205 [206]; BGH NStZ 1985, 71 [72]), hat der Gesetzgeber diesen „Drittbezug" in § 177 II Nr. 1 und 2 nicht übernommen; vgl. BGH, NJW 1999, 2909.

Die heute ganz herrschende Ansicht[24] verweist zur Begründung auf die besondere 8
Pflichtenstellung des Amtsträgers, die dadurch manifestiert werde, dass ein Nichtamtsträger unstreitig nicht in der Lage sei, ein Amtsdelikt als Alleintäter zu begehen. Das Argument läuft jedoch auf eine petitio principii hinaus, weil die Amtsdelikte natürlich zum Ausdruck bringen, dass man zur Tatbestandsverwirklichung auf einen Spezialisten angewiesen ist, der sich in einer besonderen Stellung befindet und/oder mit besonderen Fähigkeiten ausgestattet ist. Warum sich jedoch der Beteiligte, der gemeinsam mit einem solchen Spezialisten das Delikt begeht, dessen Fähigkeit nicht zurechnen lassen muss, bleibt letztlich offen. Wer zur Urkundenfälschung unfähig ist und sich deshalb eines Fachmannes bedienen muss, kann unstreitig Mittäter nach § 267 sein. Das „Fälschen" muss nicht „eigenhändig" erfolgen[25]. Wer bei öffentlichen Urkunden zur Falschbeurkundung der Mitwirkung des entsprechenden Spezialisten bedarf (§ 348), soll mit dessen besonderen Fähigkeiten nicht im Sinne einer mittäterschaftlichen Verantwortung belastet werden können. – Vielleicht wäre es besser gewesen, wenn man 1969 statt der Einführung der inzwischen in ihrem Anwendungsbereich völlig umstrittenen und überdehnten Strafmilderung bei persönlichen strafbegründenden Merkmalen einen radikalen Schritt in die entgegengesetzte Richtung unternommen hätte: Die Zahl der Sonderdelikte könnte drastisch reduziert werden, wenn man anerkennen würde, dass grundsätzlich auch persönliche strafbegründende Merkmale nach den allgemeinen Regeln der Mittäterschaft vergeistigt und damit wechselseitig zugerechnet werden können. Für eine solche Reduktion der Sonderdelikte hätten sich die Amtsdelikte besonders geeignet, denn gerade den Amtsträgern hätte eine Säkularisierung ihrer Sonderstellung gut getan. – Die folgende Darstellung der Amtsdelikte geht jedoch selbstverständlich von der herrschenden, angesichts des § 28 I de lege lata nicht zu bezweifelnden Lehre aus.

3. Zur praktischen Bedeutung des Machtmissbrauchsverbots

Das den Amtsdelikten gemeinsame **Rechtsgut**[26] läuft auf ein Verbot des 9
Amtsmissbrauchs und somit des Machtmissbrauchs hinaus. Den **Bestechungsdelikten** kommt dabei eine herausragende Bedeutung zu. Sie bilden mit Recht die Brücke zur Wirtschaftskorruption, § 299[27]. – Die Ausnutzung der Amtsstellung, um persönliche Vorteile zu erreichen, stellt eine naheliegende Versuchung dar. Wenn sich eine „Bakschisch-Bürokratie" erst einmal eingenistet hat, sind solche Missbräuche nur schwer auszurotten. Die Bestechlichkeit rührt am Fundament demokratischer Staaten, nämlich der Gleichheit aller Bürger vor dem Gesetz, Art. 3 GG. Gerade in jüngster Zeit haben Vorwürfe der Korruption das Vertrauen der Bevölkerung in die Verwaltung – und mehr noch in die politische Führungsschicht – stark erschüttert. Beispielhaft hierfür ist die mediale Aufregung zu nennen, die durch den Vorwurf der Vorteilsnahme (als damaliger Ministerpräsident Niedersachsens) gegen den früheren Bundespräsidenten *Christian Wulff* entfacht wurde. Während viele Amtsdelikte den Bürger belasten und des-

---

24 Eingehend *Langer*, Das Sonderverbrechen, 1972, S. 484 ff.; *Wagner*, Amtsverbrechen, 1975, S. 386 ff. – Eine monografische Darstellung, die die Regelung des § 28 als befriedigend ansieht, existiert nicht; *Wagner* a. a. O., S. 388, spricht treffend von „Konzeptionslosigkeit".
25 Vgl. oben § 31 Rn. 36.
26 Vgl. zum Rechtsgut der Amtsdelikte oben Rn. 2 f.
27 Vgl. unten Rn. 51 ff., 56 ff.

halb leicht publik werden (z. B. bei der Aussageerpressung), weil der Betroffene über eine Strafanzeige sein Recht suchen kann, erkauft sich bei der Bestechung der Bürger meist einen Sondervorteil zu einem ihm angemessen scheinenden Preis. Daher ist die Chance, Bestechungsfällen auf die Spur zu kommen, relativ gering. Teilbereiche der Korruption sind **crimes without victims** (genauer: das Opfer ist insoweit „nur" die Allgemeinheit)[28]. Mit einem konkreten Opfer fehlt aber auch eine anzeigebereite Person.

10 Der Strafverfolgungsstatistik wie auch der Polizeilichen Kriminalstatistik lässt sich ein außerordentlich **positives Bild von der Integrität der deutschen Verwaltung** entnehmen: An Straftaten im Amt werden pro Jahr derzeit – mit fallender Tendenz – weniger als 5.000 Fälle polizeilich bekannt (im Jahre 2011 wurden 1.100 Bestechungsdelikte, 1.963 Delikte der Körperverletzung im Amt und 1.227 sonstige Amtsdelikte gezählt)[29]. Zum Vergleich: Widerstand gegen die Staatsgewalt im Jahre 2011 insgesamt 22.839 Fälle; einfacher Diebstahl ca. 1,3 Mio. Fälle, Diebstahl unter erschwerenden Umständen ca. 1,1 Mio. Fälle[30]. – Wieweit dieses Bild von einer integren Verwaltung die Wirklichkeit korrekt wiedergibt, hängt in erster Linie von der **Dunkelziffer** ab. Hier gibt es allerdings kaum Indizien, die für ein ungewöhnlich hohes Dunkelfeld sprechen[31]. Es gab jedoch in letzter Zeit vermehrt in großem Stil angelegte Korruptionsfälle, die ganze Abteilungen insbesondere kommunaler Verwaltungen betrafen[32]. Ungeklärt bleibt, ob dies darauf zurückzuführen ist, dass die Korruptionsbereitschaft allgemein gewachsen ist, oder darauf, dass seit langem eingeschliffene Verhaltensweisen infolge der Sensibilisierung der öffentlichen Meinung und der verstärkten Tätigkeit der Ermittlungsbehörden nunmehr aufgedeckt werden.

Aus einer Betrachtung der Gesamtzahl der Amtsdelikte und der Zahl der Tatverdächtigen in den letzten 20 Jahren ergibt sich aber auch, dass die Erweiterung der Tatbestände der §§ 331 ff. durch das Korruptionsbekämpfungsgesetz von 1997 keinen Anstieg der Kriminalitätszahlen brachte. Im Gegenteil: die Kriminalitätsentwicklung ist in den letzten Jahren (insbesondere bei den Bestechungsdelikten) rückläufig:

---

28 Eine Ausnahme gilt allerdings für die Fälle, in denen sich bei mehreren Bewerbern (um eine Stelle, einen Auftrag etc.) einer von ihnen durch die Bestechung des zuständigen Amtsträgers Vorteile auf Kosten der anderen verschafft. Auch Fälle, in denen ein Bürger eine ihm an sich zustehende Leistung erst durch eine Vorteilsgewährung erkaufen „muss" sind hier zu nennen, obwohl formal der Bürger hier ebenfalls Täter ist.
29 Vgl. hierzu die Polizeiliche Kriminalstatistik, Berichtsjahr 2011, S. 47; daneben stehen 888 Delikte der Bestechlichkeit und Bestechung im geschäftlichen Verkehr, § 299. Zu Dunkelfeld, Schadensumfangsschätzungen und Erscheinungsformen *Dölling*, DJT, C 13 ff.
30 Vgl. die Polizeiliche Kriminalstatistik, Berichtsjahr 2011, S. 41 f., 45 f.
31 Anders aber *Claussen/Ostendorf*, Korruption im öffentlichen Dienst, 2. Aufl. 2002, S. 12; MüKo-*Korte*, 2. Aufl., § 331 Rn. 12; *Schaupensteiner*, Kriminalistik 2003, 9 (9 f.); vgl. aber auch *Bottke*, ZRP 1998, 215 (218); *Hettinger*, NJW 1996, 2263 (2266 f.); *Killias*, Schneider-FS 1998, S. 239 (245 ff.).
32 Hierzu *Claussen/Ostendorf*, Korruption im öffentlichen Dienst, 2. Aufl. 2002, S. 6 ff.

Anzahl der Amtsdelikte[33], inklusive §§ 298 f. (in Klammern jeweils die passiven Bestechlichkeit bzw. Vorteilsannahme[34] und die aktive Bestechung bzw. Vorteilsgewährung[35]): 1994: 7.126 (1.142/2.111); 1995: 8.447 (1059/1816); 1996: 9.157 (1.902/2.391); 1997: 9.938 (2.307/1.899); 1998: 7.330 (2.375/1.136); 1999: 6.589 (1.621/1.331); 2000: 8.521 (4.038/1.061); 2001: 7.394 (2.115/1.547); 2002: 6.572 (1.925/981); 2003: 5.922 (1.200/892); 2004: 5.510 (1.056/892); 2005: 5.532 (999/808); 2006: 6.027 (1.079/713); 2007: 6.629 (1.343/981); 2008: 6.329 (1.90/672); 2009: 5.881 (759/734); 2010: 6.141 (716/633); 2011: 5.241 (638/472).

Anzahl der ermittelten Tatverdächtigen (in Klammern wiederum die passiven Bestechlichkeit bzw. Vorteilsannahme und die aktive Bestechung bzw. Vorteilsgewährung): 1994: 5.223 (393/1.055); 1995: 5.876 (448/1.630); 1996: 5.750 (754/1.329); 1997: 5.924 (1.052/1.044); 1998: 5.997 (1.651/912); 1999: 4.726 (760/994); 2000: 7.572 (3.497/964); 2001: 5.295 (977/1.015); 2002: 5.386 (1.420/713); 2003: 5.088 (971/812); 2004: 5.317 (961/887); 2005: 5.380 (935/853); 2006: 5.502 (968/640); 2007: 6.065 (1.392/851); 2008: 5.668 (939/697); 2009: 5.633 (831/710); 2010: 5.599 (721/677); 2011: 5.552 (627/507).

Aus den Zahlen ergibt sich, dass die Zahl der ermittelten Tatverdächtigen in der Regel leicht hinter der Zahl der Straftaten zurück bleibt, dass sich nach einem „Hoch" in den Jahren 1996/1997 die Gesamtzahl der begangenen Amtsdelikte auf etwa 6.000 einpendelt, wobei die Zahl der klassischen Bestechungsdelikte zurückgeht (diese hatten, was die passive Bestechung angeht, im Jahre 2000 ihren Höchstwert erreicht) und das die Zahl der passiven Bestechung (inzwischen) diejenige der aktiven Bestechung überwiegt.

Die Zahl der verübten Amtsdelikte (und hier insbesondere der Bestechungsdelikte) wird oft als Maßstab für die Beurteilung einer integren Verwaltung angesehen. Diesbezüglich ist festzustellen, dass die Zahlen der in Deutschland wegen **Bestechungsdelikten** verurteilten Personen verschwindend gering sind[36]. In scharfem Kontrast zum Bild einer integren Verwaltung steht allerdings der Kollaps der Wertschätzung der Beamten in der Öffentlichkeit. Der **unbestechliche Beamte** wird als „**Figur der Vergangenheit**"[37] betrachtet. Man wird dieses negative Urteil allerdings nicht auf echte, strafrechtlich relevante Bestechung, sondern auf eine sich ausbreitende institutionelle, „legale" Korruption zurückzuführen haben. Denn es gibt häufig Erscheinungsformen der Korruption, die auch nach der Gesetzesänderung 1997 (noch) nicht den §§ 331 ff. unterfallen, und die sich besser mit dem Begriff **Filz statt Kriminalität** umschreiben las-

---

33 Zahlen auf der Grundlage der Polizeilichen Kriminalstatistik (Ziffern 6500–6524). Bei den Amtsdelikten (Ziffer 6500) wurden ab 1994 die §§ 331–355, 357 zusammengefasst; ab 1998 wurden die (nicht unbedeutenden) §§ 298–300 mit aufgenommen (anfangs etwa 300–400 Fälle, inzwischen über 800 Fälle); ab 1999 wurde der – damals unbedeutende – § 108e, ab 2004 § 258a und ab 2005 § 108b mit aufgenommen.
34 §§ 331, 332, 335, ab 1999 auch § 108e.
35 §§ 333, 334, 335, ab 1999 auch § 108e.
36 Im Jahr 2011 nach §§ 331, 332 Abgeurteilte: 107 (54 Verurteilte); nach §§ 333, 334 Abgeurteilte: 210 (161 Verurteilte); Quelle: Strafverfolgungsstatistik, Berichtsjahr 2011, S. 42 f.
37 Allensbach-Umfrage Januar 1997: Frage, ob Beamte unbestechlich seien, 25 % ja, 56 % nein (dagegen im Dezember 1964: 49 % ja, 29 % nein). Zugleich wird Unbestechlichkeit als wichtigste Eigenschaft der Beamten angesehen (Angaben nach *Noelle-Neumann*, Frankfurter Allgemeine Zeitung v. 12.2.1997, S. 5).

sen[38]. Im Folgenden sollen einige wenige Stichworte zu den vier wichtigsten Wurzeln dieser strafrechtlich nicht fassbaren **Korruption**[39] genügen:

12 (1) Korruption hat sich in Deutschland dort am ehesten gezeigt, wo Gesetzgebung und Verwaltung am nächsten beieinander liegen, nämlich auf der Ebene der **Gemeinde**. Hier „wäscht oft eine Hand die andere", sei es bei der Erschließung von Bauland, sei es bei immer neuen Projekten mit immer denselben nutznießenden Firmen, sei es bei dem schamlosen Dienstreisentourismus. Diese Verhaltensweisen sind aber oft mit strafrechtlichen Tatbeständen nur schwer fassbar[40]. Der u. a. vom Bund der Steuerzahler vorgeschlagene Tatbestand der **Amtsuntreue** soll der Verschwendung öffentlicher Mittel entgegenwirken.

13 (2) Die auf der Ebene der Gemeinden handgreifliche Korruption hat diskretere Parallelen auf den höheren Ebenen der Gesetzgebung und Regierung des Bundes und der Länder. Bemerkenswert ist zunächst, dass Abgeordnete (weil sie keine Amtsträger nach § 11 I Nr. 2 sind) jedenfalls bisher weitgehend ungestraft bestochen werden durften. Auch die im Jahre 2014 reformierte Norm des § 108e[41] schaffte noch keine restlose Gleichstellung von Amtsträgern und Abgeordneten. Generell gelten für den Kauf von Einfluss auf der Ebene der Regierung und Gesetzgebung, den sog. **Lobbyismus**[42], viel großzügigere Regeln als auf der Ebene der Verwaltung. In letzter Zeit sind jedoch bestimmte Maßnahmen der unternehmerischen „Imagepflege" im Kontext des sog. **Sponsoring** in den Fokus der §§ 331 ff. StGB geraten. So musste sich der Vorstandsvorsitzende von EnBW vor dem LG Karlsruhe und später vor dem BGH verantworten, weil er im Rahmen eines Sponsoring-Programms hochrangigen Landespolitikern Einladungen zu Fußballspielen zukommen ließ.[43] Der anschließende Freispruch durch das LG und dessen Billigung durch den BGH[44] zeigen allerdings die (gewollten) Grenzen des § 331 StGB auf.

14 (3) Die **Korruption der Verwaltung** äußert sich oft auch nicht in einer „Vorteilsannahme" im Einzelfall, die mit § 331 zu greifen wäre, sondern in den spezifischen Vorteilen des öffentlichen Dienstes. Die staatliche Monopolstellung lässt die Abwälzung von Besoldungserhöhungen auf den Preis der Dienstleistungen fast unbegrenzt zu, sodass der Staat als Dienstherr gegen Verbesserungen der Bezüge kaum Widerstand zu leisten braucht. Dabei fallen auch die unsichtbaren Besoldungserhöhungen durch Veränderung des Stellenkegels besonders ins Gewicht[45]. – Die Justiz ist keine Ausnahme. Die **Richter** erkämpften sich den Sondervorteil der R-Besoldung. Weil steigende Prozesskosten die Nachfrage nach Prozessen und den Bedarf an Juristen senken könnten, werden die steigenden Kosten über Prozesskostenhilfe und Rechtsschutzversicherungen der Allgemeinheit überbürdet. – Wie sich der öffentliche Dienst von allen wirtschaftlichen Überlegungen loslösen kann, lässt sich an der Tendenz, sich krank zu schrumpfen, belegen. Was die **Privatisierung** ge-

---

38 Dazu auch *Arzt*, Kaiser-FS 1998, S. 495.
39 Als Einführung besonders zu empfehlen, weil auch Kritik an der Bürokratiekritik geübt wird, *Wagener*, VVDStRL 37 (1979), 215; ferner das Sammelwerk von *Brünner*, Korruption und Kontrolle, 1981 (hier insbes. *Hacker*, S. 137 ff., zu den sozialpsychologischen Bedingungen der Korruption).
40 Zur grundsätzlich fehlenden Amtsträgereigenschaft kommunaler Mandatsträger vgl. BGHSt 51, 44; vgl. auch unten Rn. 21.
41 Zu § 108e vgl. oben Rn. 1.
42 Hierzu *Schlüchter*, Geerds-FS 1995, S. 713 (726 ff.).
43 LG Karlsruhe, NStZ 2008, 407.
44 BGHSt 53, 6; vgl. hierzu die Anm. v. *Deiters*, ZJS 2009, 578; *Hettinger*, JZ 2009, 370; *Schlösser*, wistra 2009, 155; *Trüg*, NJW 2009, 196; *Valerius*, GA 2010, 211.
45 Vgl. nur *Meixner*, DÖV 1979, 276 (dort auch S. 279 zur „Farce" der Mitarbeiterbeurteilungen). – Zur Politisierung der Personalpolitik und zur „Postenvergabe" als Bestechungsmittel vgl. *Schick* in: Brünner, Korruption und Kontrolle, 1981, S. 573 (579).

schrumpfter öffentlicher Dienstleistungen angeht, ist die **Deutsche Bundesbahn** als Modell zu begreifen. – An das Schlagwort vom „**Staat als Selbstbedienungsladen**"[46] sei ebenso erinnert wie an das „**trübe Kapitel der Parteienfinanzierung**"[47].

Die Parallelen zwischen solchen legalen Korruptionserscheinungen bei Amtsträgern und der legalen Wirtschaftskorruption werden in neuerer Zeit von der Wirtschaftswissenschaft wenigstens thematisiert, etwa als Loslösung der von den Managern verfolgten Ziele von den Interessen der Eigentümer/Aktionäre, die die Manager theoretisch zu vertreten haben[48]. Dass die „Selbstbedienungsmentalität" auch in den Chefetagen der Wirtschaft grassiert (und bisher nahezu unbeanstandet bleibt), haben einige Verfahren wegen Untreue aus neuerer Zeit eindrucksvoll belegt[49].

(4) Die schlimmste Form der Korruption wird aber durch eine **Regelungsvielfalt** **15** erzeugt, die dem Bürger den **Rechtsgehorsam unmöglich** macht[50]. Der Bürger kann faktisch nicht mehr am Straßenverkehr teilnehmen, bauen, eine Gastwirtschaft betreiben oder irgendetwas produzieren, ohne zugleich das Recht zu verletzen. Der Rechtsunterworfene kann nur leben, wenn die Behörde „ein Auge zudrückt" (oder aus Personalmangel zur flächendeckenden Verfolgung nicht imstande ist). Ein Rechtssystem, das von der Verwaltung erst durch deren „Vollzugsdefizit" praktikabel gemacht wird, macht aber den Bürger vom behördlichen Wohlwollen abhängig. Die **Expansion der Ordnungswidrigkeiten**[51] unterläuft die in Jahrzehnten glücklich erreichte Restriktion des Strafrechts. Das **Al-Capone-Syndrom**[52] grassiert: Da fast niemand mehr alle steuerlichen Vorschriften beachtet (und beachten kann), kann man den des Mordes verdächtigen Berufskiller jedenfalls wegen Steuerhinterziehung bestrafen. So hat auch Nixon als Präsident der USA die Steuerfahndung auf politische Gegner angesetzt und ist, als dies bekannt wurde und seine Steuererklärungen streng geprüft wurden, prompt selbst als Täter überführt worden. – Ein Staat, der alle Bürger zu Rechtsverletzern macht, ermöglicht aber der Verwaltung den Zugriff auf jedermann, wenn es ihr opportun erscheint. Und eben dies lässt sich durch geschickte Vorteilszuwendungen durchaus steuern.

Diese strafrechtlich kaum greifbaren Formen der Korruption sollte man nicht aus den Augen verlieren, wenn man das insgesamt rosige Bild der strafrechtlich erfassten Korruption betrachtet und wenn man über einen einzelnen Amtsträger urteilt, der sich strafbar gemacht hat.

---

46 *Wagener*, VVDStRL 37 (1979), 215 (231 f.).
47 Vgl. zum Problem der Parteienfinanzierung BGHSt 49, 275 (Fall Kremendahl); LG Bonn, NJW 2001, 1736 (Fall Kohl); *Dölling*, JR 2005, 519; *Grunst*, wistra 2004, 95; *Kargl*, JZ 2005, 503; *Saliger/Sinner*, NJW 2005, 1073.
48 Vgl. *Arzt* in: Schmid (Hrsg.), Kommentar Einziehung, Organisiertes Verbrechen, Geldwäscherei, Bd. I, 2. Aufl. 2007, Art. 260ter Rn. 36 ff. mit vielen Einzelnachweisen und Beispielen zu legalen Verfilzungen, unökonomischen Strukturen, unseriösen Schadensschätzungen und der Korruption der Korruptionsbekämpfung.
49 Vgl. u. a. das Mannesmann-Verfahren, BGHSt 50, 331.
50 Nachweise bei *Wagener*, VVDStRL 37 (1979), 215 (246 ff.); *U. Weber*, ZStW 92 (1980), 313 (319 f.).
51 Vgl. hierzu *U. Weber*, ZStW 92 (1980), 313.
52 Ausführlich *Arzt*, 12 Cornell Int. Law Journal (1979), 43 (zu Al Capone S. 52; zu Nixon S. 59; zum Potenzial einer revolutionären Veränderung unserer Gesellschaft durch plötzliche Erzwingung bestehender Vorschriften ohne Änderung des materiellen Rechts, S. 59 f.). – Zu komplexen Regelungen, die geradezu als Schmiergeldquelle geplant sind, vgl. die Beispiele bei *Arzt* in: *Schmid* (Hrsg.), Kommentar Einziehung, Organisiertes Verbrechen, Geldwäscherei, Bd. I, 2. Aufl. 2007, Art. 260ter Rn. 38 ff.

II. Bestechungsdelikte, §§ 331–338

1. Grundsätze und Rechtsgut

a) Passive und aktive Bestechung

16   Trotz mehrfacher Änderungen der §§ 331 ff. in den letzten Jahren ist die Grundstruktur der Bestechungsdelikte erhalten geblieben. Differenziert werden kann sowohl nach der Person des Handelnden (passive oder aktive Bestechung) als auch nach der Qualität der vom Amtsträger vorzunehmenden Verhaltensweise (allgemeine Dienstausübung oder konkrete rechtswidrige Diensthandlung).

Als erstes ist zu unterscheiden zwischen dem **Amtsträger**, der sich bestechlich zeigt (**passive Bestechung** – §§ 331, 332, 335) und dem **Bürger**, der den Amtsträger besticht (**aktive Bestechung** – §§ 333, 334, 335). – Die **Terminologie** fördert Missverständnisse: Zur passiven Bestechung gehört auch der Fall des Amtsträgers, der einen Vorteil nachdrücklich fordert, der also sehr aktiv wird! Umgekehrt gehört zur aktiven Bestechung auch der Fall des Bürgers, der erst auf das Drängen (oder Druck!) des Amtsträgers hin diesem einen Vorteil gewährt, der also selbst nicht die Initiative ergreift.

> Die Trennung der aktiven von der passiven Bestechung läuft auf einen **Eingriff des BT in die Teilnahmelehre des AT** hinaus. Zur Bestechung gehören normalerweise zwei Personen: Der Amtsträger, der sich bestechlich zeigt, und der Bürger, der ihn besticht. Das Verhältnis Bürger/Amtsträger könnte durchaus nach den Teilnahmeregeln des AT gelöst werden: Gäbe es im BT nur die passive Bestechung, dann wäre der die Initiative ergreifende Bürger wegen Teilnahme zu bestrafen, denn er stiftet den Amtsträger zu dessen passiver Bestechung an. Entsprechendes würde gelten, gäbe es im BT nur die aktive Bestechung: Der die Initiative ergreifende Amtsträger wäre dann wegen Anstiftung des Bürgers zur aktiven Bestechung strafbar. – Stattdessen hat sich jedoch der Gesetzgeber zur Trennung der passiven von der aktiven Bestechung im BT und damit zu einer Aufteilung der Strafbarkeit des Amtsträgers und des Bürgers in verschiedene Straftatbestände entschlossen. Durch diese Lösung der Mitwirkung Mehrerer an der Bestechung im BT und im AT sind zahlreiche Probleme entstanden, die nur durch eine getrennte Erörterung der Teilnahmeproblematik zu entwirren sind[53].

b) Die Qualität der vom Amtsträger vorzunehmenden Verhaltensweise

17   Der für die Delikte der §§ 331 ff. jeweils erforderliche Vorteil[54] kann sich auf eine vom Amtsträger vorzunehmende **konkrete rechtswidrige Diensthandlung** (so bei den „schwereren" Delikten der Bestechlichkeit und der Bestechung, §§ 332, 334) oder aber schlicht auf die (rechtmäßige) **Dienstausübung an sich** (so bei den „leichteren" Delikten der Vorteilsannahme und der Vorteilsgewährung, §§ 331, 333), unter die selbstver-

---

53   Vgl. hierzu unten Rn. 44 f.
54   Vgl. zum Begriff des Vorteils ausführlich unten Rn. 24.

ständlich auch konkrete Diensthandlungen fallen, beziehen. Allgemeine Dienstausübung und konkrete Diensthandlung, sowie Rechtmäßigkeit und Rechtswidrigkeit (der Gesetzgeber umschreibt Letzteres in §§ 332, 334 mit den Worten: „und dadurch seine Dienstpflichten verletzt") einer solchen Handlung sind also entscheidende Differenzierungskriterien.

Begründungsbedürftig erscheint, warum die Gewährung eines Vorteils für ein Verhalten, durch welches der Amtsträger seine Dienstpflichten gerade nicht verletzt (er im Hinblick auf die Dienstausübung bzw. Diensthandlung also rechtmäßig handelt), überhaupt unter Strafe gestellt wird (§§ 331, 333). Die Bestrafung rechtfertigt sich aus dem Gedanken heraus, dass gerade auch das „Anfüttern" von Beamten zur „Klimapflege" untersagt werden soll[55]. Einerseits soll beim Bürger nicht der Eindruck entstehen, dass er für staatliche Tätigkeiten, auf die er einen Anspruch besitzt, ein zusätzliches Entgelt zu entrichten habe. Andererseits soll aber auch der einzelne Amtsträger nicht der Versuchung ausgesetzt werden, nach langjähriger Pflege eines „guten Klimas" im konkreten Fall einer vorgeschlagenen Unrechtsvereinbarung nicht widerstehen zu können.

c) Rechtsgut

Geschütztes **Rechtsgut** ist nach der Ansicht des Gesetzgebers die **„Lauterkeit des öffentlichen Dienstes"**[56]. Die Vorschriften sollen die Käuflichkeit von Diensthandlungen und die Befangenheit der Bediensteten bei der Erfüllung ihrer Pflichten und damit auch eine **„Verfälschung des Staatswillens"** verhindern[57]. Letzteres ist allerdings deswegen problematisch, weil bei §§ 331, 333 der Staatswille gar nicht verfälscht wird (rechtmäßige Dienstausübung!) und dies bei §§ 332, 334 auch nur dann der Fall ist, wenn die entsprechende Diensthandlung tatsächlich vorgenommen wird (was zur Erfüllung der Tatbestände nicht erforderlich ist)[58].

Dennoch wäre es töricht, wenn Rechtsprechung und Literatur den §§ 331 ff. ein anderes Rechtsgut unterschieben würden, als es der Gesetzgeber gewollt hat. Mit Nachdruck ist jedoch zu betonen, dass Formeln wie „Ansehen" oder „Lauterkeit des öffentlichen Dienstes" oder „Verfälschung des Staatswillens" deshalb so blass anmuten, weil in ihnen sowohl die Betroffenheit des Staates als auch die des Bürgers und der Allgemeinheit zusammengefasst werden. Der **Staat** ist betroffen, weil sich die Verwaltung von der Bindung an das Gesetz löst und sich vom meistbietenden Bürger abhängig macht; der **Bürger** ist betroffen, weil er sich erkaufen muss, was er an sich umsonst beanspruchen kann; die **Allgemeinheit** ist

---

55 So auch *Eisele*, BT I, Rn. 1632.
56 BT-Drucks. 7/550, S. 269, Hervorhebungen nicht im Original; ähnlich BGHSt 30, 46 (48): „Schutzgut […] ist […] das Vertrauen der Allgemeinheit in die Lauterkeit des öffentlichen Dienstes." – Jedenfalls für die Strafzumessung wird man aber den Gegenstand der Verwaltungstätigkeit im konkreten Fall zu berücksichtigen haben; dazu Loos, Welzel-FS 1974, S. 879 (886).
57 Vgl. auch *Lackner/Kühl*, § 331 Rn. 1.
58 Vgl. hierzu auch *B. Heinrich*, Amtsträgerbegriff, 2001, S. 245 f.

betroffen, weil sich ein Einzelner einen ihm rechtlich nicht zustehenden Vorteil erkauft[59]. Auch hier ist jedoch zu beachten, dass die ordnungsgemäße Amtsführung bzw. die Lauterkeit des öffentlichen Dienstes nicht um ihrer selbst Willen geschützt werden, sondern stets nur deswegen, weil sie Voraussetzungen für die Wahrnehmung der von der Verfassung garantierten Rechte des einzelnen Bürgers darstellen, der auf ein ordnungsgemäßes Funktionieren der staatlichen Verwaltung (und der staatlichen Rechtsprechung) angewiesen ist[60].

2. Passive Bestechung: Vorteilsannahme und Bestechlichkeit, §§ 331, 332, 335, 336, 337

a) Das Verhältnis von Vorteilsannahme, § 331, und Bestechlichkeit, § 332

19 § 332 unterscheidet sich von § 331 durch die **Pflichtwidrigkeit** der Diensthandlung sowie die Art der getroffenen **Unrechtsvereinbarung**. In § 331 ist die Dienstausübung an sich (bzw. die konkret vom Amtsträger vorgenommene Diensthandlung) selbst pflichtgemäß. Pflichtwidrig ist nur die Annahme eines Vorteils für diese. In § 332 sind sowohl die Diensthandlung als auch die Vorteilsannahme pflichtwidrig[61]. Der Wertung nach handelt es sich bei § 332 daher um einen durch die Pflichtwidrigkeit einer konkreten Diensthandlung qualifizierten Fall des § 331[62]. Streng logisch gesehen ist „pflichtwidrig" natürlich keine Steigerung von „pflichtgemäß", sondern ein Aliud. Der weitere Unterschied ist der, dass sich der Vorteil im Rahmen des § 332 als konkrete Gegenleistung auf eine **bestimmte Diensthandlung** beziehen muss (= Unrechtsvereinbarung i. e. S.) während in § 331 lediglich ein Bezug zur normalen **Dienstausübung** an sich nachgewiesen werden muss.

b) Der Täterkreis, insbesondere die Amtsträger

20 Täter der passiven Bestechung kann zunächst ein **Amtsträger** sein[63]. Dieser wird in § 11 I Nr. 2 definiert, wobei insbesondere die Nr. 2c Probleme aufwirft. Nach § 11 I Nr. 2a sind sämtliche Beamte im staatsrechtlichen Sinne erfasst, was in aller Regel problemlos feststellbar ist. Auch das öffentlich-rechtliche Amtsverhältnis in Nr. 2b (z. B. Minister und Notare) wirft kaum Probleme auf[64]. Festzuhalten bleibt nur, dass die Amtsträgerei-

---

59 Ebenso *Gribl*, Der Vorteilsbegriff bei den Bestechungsdelikten, 1993, S. 72 ff., mit Hinweisen auch zu engeren Auffassungen.
60 Vgl. ebenso bereits zum Rechtsgut der Amtsdelikte an sich oben Rn. 2 f.
61 Zum Sonderproblem der im Ermessen des Amtsträgers stehenden Diensthandlungen vgl. anschließend Rn. 39 ff.
62 Vgl. nur *Eisele*, BT I, Rn. 1340; *Rengier*, BT II, § 60 Rn. 3 f.
63 Vgl. zum Begriff des Amtsträgers ausführlich *B. Heinrich*, Amtsträgerbegriff, 2001.
64 Vgl. zu den erfassten Amtsverhältnissen im Einzelnen *B. Heinrich*, Amtsträgerbegriff, 2001, S. 349 ff.; nach BGHSt 51, 44 (49 ff.) fallen kommunale Mandatsträger (Stadträte) nicht hierunter; a. M. *Rübenstahl*, HRRS 2006, 23.

genschaft zum Zeitpunkt der Tathandlung (noch) bestehen muss[65]. Wer einen zuvor nicht geforderten oder angebotenen Vorteil nach Ausscheiden aus dem Amt annimmt, macht sich demnach nicht strafbar.

Im Rahmen von § 11 I Nr. 2c kommt es entscheidend auf den Begriff der „Aufgaben der öffentlichen Verwaltung" an[66]. Hierunter versteht man alle Tätigkeiten, die aus der Staatsgewalt abgeleitet sind, staatlichen Zwecken dienen und dabei nicht der Gesetzgebung oder der Rechtsprechung zuzuordnen sind. Dazu gehören neben der Wahrnehmung hoheitlicher Befugnisse durch die **Eingriffsverwaltung** auch weite Teile der **Leistungsverwaltung** (z. B. die Gewährung von Sozialleistungen). Umstritten ist dagegen die Beurteilung bei der Leistungsverwaltung in Form der sog. „**Daseinsvorsorge**" des Staates (z. B. durch die Unterhaltung öffentlicher Einrichtungen wie Krankenhäuser[67], Verkehrsbetriebe[68] etc.) sowie bei der **erwerbswirtschaftlich-fiskalischen Betätigung** des Staates (z. B. beim Kauf von Computeranlagen oder Dienstfahrzeugen oder beim Betrieb einer staatlichen Brauerei)[69]. Bejaht man hier eine Amtsträgereigenschaft der Handelnden in Übereinstimmung mit dem Willen des Gesetzgebers[70], so wird der Amtsträgerbegriff und damit der Anwendungsbereich der §§ 331 ff. überdehnt. Verneint man sie, muss man innerhalb der staatlichen Leistungsverwaltung teilweise unsachgemäße Differenzierungen vornehmen und die erfassten Bereiche zudem noch von der rein fiskalischen Staatstätigkeit abgrenzen. Zu beachten ist dabei auch, dass sich gerade im Bereich der Daseinsvorsorge die Tendenz zeigt, die Wahrnehmung von Verwaltungsaufgaben zunehmend **zu privatisieren,** sei es, dass sie auf vom Staat getragene, aber rein zivilrechtlich organisierte Unternehmen übertragen werden, sei es, dass die Aufgaben von privaten Gesellschaften erfüllt werden, an denen der Staat entweder gar nicht mehr oder nur noch in geringem Umfang beteiligt ist[71]. Zudem: Auch dort, wo der Staat in Form einer privaten Gesellschaft tätig wird, tritt diese vielfach in Konkurrenz mit anderen, rein von privater Hand getragenen Unternehmen und es bedarf daher

20a

---

65 BGHSt 11, 345 (347); BGH, NStZ 2004, 564; hierzu auch *Hoffmann/Mildenberger*, StV 2006, 665.
66 Hierzu ausführlich *B. Heinrich*, Amtsträgerbegriff, 2001, S. 391 ff.; ferner *Eisele*, BT I, Rn. 1608 ff.
67 Während der verbeamtete Klinikarzt unstreitig als Amtsträger anzusehen ist, war lange streitig, ob dies auch für den niedergelassenen Vertragsarzt („Kassenarzt") gilt; vgl. hierzu *Geis*, wistra 2007, 361; *Klötzer*, NStZ 2008, 12; *Neupert*, NJW 2006, 2811; zur Frage der Anwendbarkeit des § 299 in diesen Fällen ferner *Geis*, wistra 2005, 369 (verneinend); *Pragal*, NStZ 2005, 133 (bejahend); in BGHSt 57, 202 wurde diesem Gedanken nun eine Absage erteilt und der Charakter des „freien Berufes" in den Vordergrund gestellt, der eine Amtsträgerstellung (§ 331 ff.) ebenso ausschließen soll wie eine Beauftragtenstellung (§ 299); vgl. hierzu noch unten Rn. 21.
68 Vgl. zum Eisenbahnwesen als Teil der Daseinsvorsorge auch nach der Privatisierung der Deutschen Bahn BGHSt 49, 214; BGHSt 52, 290 (292); *B. Heinrich*, Amtsträgerbegriff, S. 636 ff.
69 Vgl. hierzu ausführlich *Eisele*, BT I, Rn. 1612 ff.
70 Nach BT-Drucks. 7/550, S. 209 soll über die Daseinsvorsorge hinaus „auch die erwerbswirtschaftlich-fiskalische Betätigung" des Staates einbezogen werden; vgl. hierzu eingehend *Otto*, Jura 1997, 47; ferner LK-*Hilgendorf*, 12. Aufl., § 11 Rn. 45.
71 Zu den Problemen, solche „Public Private Partnerships" mit den §§ 331 ff. StGB zu erfassen vgl. *Saliger*, Puppe-FS 2011, S. 933 (936 ff.).

einer Rechtfertigung, warum korrupte Angestellte staatlicher Unternehmen strafrechtlich engeren Bindungen unterliegen sollen, als korrupte Angestellte rein privater Unternehmen.

20b Der Eingriff des Gesetzgebers durch das Korruptionsbekämpfungsgesetz von 1997 hat in § 11 I Nr. 2c zwar die **Organisationsform,** deren sich die Verwaltung zur Erfüllung ihrer Aufgaben bedient, für irrelevant erklärt, sodass nach dem Willen des Gesetzgebers der Begriff der „Aufgaben der öffentlichen Verwaltung" weiterhin in einem weiten Sinne zu verstehen ist[72]. Damit haben sich jedoch die Streitpunkte auf die Voraussetzungen verlagert, die an eine **Bestellung zum Amtsträger**[73] zu knüpfen sind (im Gegensatz zu einer rein privatrechtlichen Anstellung). In jüngerer Zeit wird zunehmend auch das Merkmal der „**sonstigen Stelle**" in § 11 I Nr. 2c problematisiert (und dadurch der gesetzgeberische Wille unterlaufen)[74]. Hierunter versteht man eine behördenähnliche Institution, die – unabhängig von ihrer Organisationsform – rechtlich dazu befugt ist, bei der Ausführung von Gesetzen und bei der Erfüllung öffentlicher Aufgaben mitzuwirken, ohne dadurch eine Behörde im verwaltungsrechtlichen Sinne zu sein („verlängerter Arm des Staates")[75]. Insgesamt herrscht in diesem Bereich eine große Rechtsunsicherheit, was die nachfolgend skizzierten Entscheidungen eindrucksvoll belegen. Dabei sollte man sich auch die Frage stellen, ob diese Unsicherheit in der Abgrenzung nicht am Ende schlimmer ist als die Nachteile, die eine extensive Interpretation des Amtsträgerbegriffs, die z. B. auch die erwerbswirtschaftliche Betätigung des Staates einbezöge, mit sich bringen würden.

21 **BGHSt 12, 89 (90 f.) – Verkehrsbetrieb:** Mitarbeiter eines Verkehrsbetriebes einer Gemeinde sind Amtsträger, da Staatsgewalt nicht nur ausgeübt wird, wenn der Staat sich als Obrigkeit betätigt, die unter Anwendung überlegener Staatsgewalt auftritt, sondern auch dann, wenn ein staatlicher Träger im Rahmen der Daseinsvorsorge tätig wird[76]. – Der BGH stellt in dieser Entscheidung aber auch klar, dass der Be-

---

72 Allerdings kommt der öffentlich-rechtlichen Organisationsform, z. B. als Anstalt, Körperschaft oder Stiftung des öffentlichen Rechts, auch weiterhin eine „erhebliche indizielle Bedeutung" zu; vgl. BGHSt 54, 39 (41) im Hinblick auf ein Rechtsanwaltsversorgungswerk; BGHSt 57, 202 (205) im Hinblick auf die gesetzlichen Krankenkassen; zu einer Ausnahme vgl. BGHSt 46, 310 im Hinblick auf das Bayerische Rote Kreuz.
73 Vgl. auch hierzu *Eisele,* BT I, Rn. 1615 ff.; unstreitig ist, dass die Bestellung keines förmlichen Aktes bedarf, sondern es lediglich der Beauftragung einer Person mit der Erledigung von Aufgaben der öffentlichen Verwaltung bedarf; vgl. BGHSt 43, 96 (102); BGHSt 52, 290 (299); BGHSt 54, 39 (42); BGHSt 56, 97 (108); BGHSt 57, 202 (210); BGH, NStZ 2008, 87 (88).
74 Vgl. nur BGHSt 50, 299; der Rechtsprechung in ihrer restriktiven Tendenz zustimmend *Knauer/Kaspar,* GA 2005, 385 (388).
75 BGHSt 46, 310 (312 f.); BGHSt 49, 214 (219); BGHSt 52, 290 (293); BGHSt 54, 39 (41); BGHSt 56, 97 (102); BGHSt 57, 202 (205); vgl. aber auch BGHSt 54, 202 (208, 212): Dies gelte nur für die Abgrenzung bei privatrechtlich organisierten Einrichtungen und Unternehmen der öffentlichen Hand, nicht aber für Anstalten und Körperschaften des öffentlichen Rechts.
76 Vgl. auch OLG Hamburg, NJW 1984, 624 (Ordnungsgruppe); dagegen wird vom KG (NStZ 2008, 460) die Amtsträgereigenschaft eines Busfahrers eines kommunalen Verkehrsbetriebes abgelehnt (mit deutlicher Neigung, die „Leitungsebene" der Verkehrsbetriebe dagegen in den Amtsträgerbegriff mit einzubeziehen).

reich der Daseinsvorsorge von der rein erwerbswirtschaftlichen Betätigung der Gemeinden abzugrenzen ist.

BGHSt 31, 264 – Landesbank[77]**:** Ein Vorstandsvorsitzender einer Landesbank nimmt Aufgaben der öffentlichen Verwaltung auch insoweit wahr, als die Landesbank als staatliche Bank „übliche Bankgeschäfte" abwickelt und in diesen Bereichen mit privaten Kreditinstituten konkurriert, denn eine Trennung der Interessen ist hier nicht möglich. – Dabei lässt die Entscheidung aber offen, ob es im Sozialstaat überhaupt noch eine rein fiskalische Tätigkeit geben kann.

BGHSt 38, 199 – Geschäftsführer: Der Geschäftsführer einer auf dem Gebiet des sozialen Wohnungsbaus tätigen landeseigenen GmbH ist kein Amtsträger, da sich der Staat hier bewusst für die Verwendung einer privatrechtlichen Organisationsform entschieden hat. – Diese viel kritisierte Entscheidung[78] ist spätestens nach der gesetzlichen Klarstellung im Jahre 1997 an sich nicht mehr haltbar, da es hiernach auf die gewählte Organisationsform gerade nicht ankommen soll[79].

BGHSt 43, 96 – Planungsingenieur[80]**:** Mitarbeiter von privaten Architekten- und Ingenieurbüros, die von der Bauverwaltung zur Vorbereitung öffentlicher Bauvorhaben im Bereich der Daseinsvorsorge damit beauftragt werden, Planungsaufgaben in eigener Regie durchzuführen und die Vorhaben anschließend zu betreuen, sind keine Amtsträger. Eine Amtsträgereigenschaft ist allerdings möglich, wenn sie „zu einer über den einzelnen Auftrag hinausgehenden längerfristigen Tätigkeit" herangezogen werden oder eine „Eingliederung in die Behördenstruktur" erfolgt[81].

BGHSt 43, 370 – GTZ[82]**:** Angestellte einer Entwicklungshilfe-Organisation sind ungeachtet der privatrechtlichen Einkleidung als GmbH Amtsträger[83], da diese Organisation staatlicher Steuerung unterliegt und materiell Verwaltungsaufgaben wahrnimmt.

BGHSt 45, 16 – Flughafenmitarbeiter: Ein Mitarbeiter der Frankfurter Flughafen AG, der mit der Planung von Bauvorhaben betraut ist, ist kein Amtsträger, da es sich bei der Flughafen AG nicht um eine „sonstige Stelle" handelt. – Der BGH führt weiter aus, Voraussetzung für das Vorliegen einer „sonstigen Stelle" wäre, dass sie im konkreten Fall „als verlängerter Arm des Staates" einer staatlichen Steuerung unterliege[84], was hier nicht der Fall sei[85]. Hieran ändere auch der Umstand nichts, dass

---

77 Vgl. auch die Vorinstanz OLG Hamm, NJW 1981, 695 (Fall Poullain); hierzu *Dingeldey*, NStZ 1984, 503; *B. Heinrich*, Amtsträgerbegriff, 2001, S. 678 ff.
78 Zur Kritik vgl. *B. Heinrich*, Amtsträgerbegriff, 2001, S. 682 ff.; *Ossenbühl*, JR 1992, 473.
79 Dennoch wurde in BGHSt 46, 310 auch nach der gesetzlichen Änderung diese restriktive Rechtsprechung bestätigt; ebenso BGH, NStZ 2007, 461; dieser restriktiven Rechtsprechung zustimmend *Bernsmann*, StV 2003, 521 (524); anders jedoch BGH, NJW 2001, 3062; BGH, NJW 2004, 693.
80 Hierzu auch *B. Heinrich*, Amtsträgerbegriff, 2001, S. 645 ff.; *Lenckner*, ZStW 106 (1994), 502; *Schramm*, JuS 1999, 333.
81 BGHSt 43, 96; ablehnend hierzu *Schramm*, JuS 1999, 333 (335 ff.); vgl. zu dieser Entscheidung auch *Ransiek*, NStZ 1998, 564.
82 Hierzu *Ransiek*, NStZ 1998, 564.
83 BGHSt 43, 370 (377) sieht in § 11 I Nr. 2c zutreffend nur eine „Klarstellung"; in der Entscheidung findet sich eine eingehende Auseinandersetzung mit dem straf- und verwaltungsrechtlichen Schrifttum; zur Problematik auch *Radtke*, NStZ 2007, 57.
84 Vgl. hierzu auch OLG Düsseldorf, NStZ 2008, 459; allerdings rückt der BGH in BGHSt 52, 290 (295) vom Kriterium der „staatlichen Steuerung" wieder etwas ab; kritisch auch *B. Heinrich*, NStZ 2005, 197 (201); dagegen sieht *Rübenstahl*, NJW 2008, 3727, diese als wesentliches Kriterium an.
85 Ebenso BGHSt 46, 310 (312 f.) im Hinblick auf den als GmbH organisierten Blutspendedienst des bayerischen Roten Kreuzes, obwohl Letzteres immerhin als Körperschaft des öffentlichen Rechts organisiert ist; vgl. ferner BGHSt 57, 202 (207).

die AG sich ausschließlich in der Hand staatlicher Träger befinde. Der BGH geht insoweit gar nicht auf die Frage ein, ob eine „Aufgabe der öffentlichen Verwaltung" vorliegt, sondern lehnt bereits die „*organisatorische* Eingliederung" ab, was im Hinblick auf die angesprochene Gesetzesänderung problematisch ist[86].

BGHSt 49, 214 – Deutsche Bahn[87]**:** Mitarbeiter der Deutschen Bahn AG sind nach deren Privatisierung keine Amtsträger mehr, da die Deutsche Bahn AG nicht als „verlängerter Arm des Staates" tätig wird und daher nicht als „sonstige Stelle" i. S. des § 11 I Nr. 2c anzusehen ist. – Hiergegen sind allerdings die gleichen Bedenken vorzubringen wie gegen die zuvor genannte Entscheidung: Auf die Organisationsform soll es nach dem eindeutigen Willen des Gesetzgebers gerade nicht (mehr) ankommen. In einer späteren Entscheidung[88] rückt der BGH im Hinblick auf den Ausbau und Erhalt des Schienennetzes der Deutschen Bahn durch die DB Netz AG hiervon wieder etwas ab und sieht einen für diese tätigen selbstständigen Ingenieur als Amtsträger an. So begrüßenswert diese Entscheidung ist, so wenig ist sie allerdings der Rechtssicherheit dienlich.

BGHSt 50, 299 – Kölner Müllskandal[89]**:** Gründet ein kommunaler Träger im Bereich der Daseinsvorsorge (hier: im Bereich der Abfallverwertung) ein privatrechtlich organisiertes Unternehmen unter maßgeblicher Beteiligung der Privatwirtschaft, handelt es sich jedenfalls dann nicht mehr um eine „sonstige Stelle" i. S. des § 11 I Nr. 2c, wenn ein Privater durch eine Sperrminorität wesentliche unternehmerische Entscheidungen mitbestimmen kann[90]. – Auch hier gelten dieselben Bedenken wie bei den zuvor genannten Entscheidungen[91].

BGHSt 51, 44 – Stadträte: Mitglieder kommunaler Selbstverwaltungsorgane sind nur dann Amtsträger, wenn sie zusätzlich zu ihrer Mandatstätigkeit mit der Wahrnehmung konkreter Verwaltungsaufgaben betraut sind[92]. Dies kann z. B. dann der Fall sein, wenn ein Mitglied des Stadtrats für die Stadt in den Aufsichtsrat eines in privatrechtlicher Form betriebenen kommunalen Versorgungsunternehmens entsandt oder gewählt wird[93]. Zwar seien kommunale Volksvertretungen eher der Exekutive als der Legislative zuzuordnen, insoweit nehme der kommunale Mandatsträger auch Aufgaben der öffentlichen Verwaltung war. Sie seien jedoch nicht dazu bestellt, diese Aufgaben bei einer Behörde oder sonstigen Stelle oder in deren Auftrag wahrzunehmen.

---

86 Ablehnend daher *B. Heinrich*, NStZ 2005, 197 (199); MüKo-*Radtke*, 2. Aufl., § 11 Rn. 55.
87 Vgl. hierzu ausführlich *B. Heinrich*, Amtsträgerbegriff, 2001, S. 636 ff.
88 BGHSt 52, 290 m. abl. Anm. *Rübenstahl*, NJW 2008, 3727; bestätigt durch BGHSt 56, 97.
89 Hierzu ausführlich *Radtke*, NStZ 2007, 57.
90 So schon LG Köln, NJW 2004, 2173; zustimmend *Rübenstahl*, NJW 2008, 3727; nach BGH, NStZ 2007, 211 gilt dann etwas anderes, wenn der Müllentsorgungsbetrieb allein der öffentlichen Hand gehört; vgl. auch OLD Düsseldorf, NStZ 2008, 459: Ein kaufmännischer Vorstand einer AG die – über eine Beteiligungsgesellschaft – im Alleinbesitz einer kreisfreien Stadt steht und auf deren Gebiet den öffentlichen Personennahverkehr allein betreibt, ist Amtsträger. Ein wesentliches Kriterium sei hier auch, dass das unternehmerische Handeln nicht von einer Gewinnerzielungsabsicht geprägt sei.
91 Ablehnend daher auch *Radtke*, NStZ 2007, 57 (62).
92 Anders noch: LG Köln, StV 2003, 507; vgl. hierzu ausführlich *B. Heinrich*, Amtsträgerbegriff, 2001, S. 675 ff.; ferner *Bernsmann*, StV 2003, 521 (525); *Szesny/Brockhaus*, NStZ 2007, 624; vgl. auch *Dahs/Müssig*, NStZ 2006, 191, die eine Amtsträgereigenschaft unter Berufung auf den abschließenden Charakter des § 108e ablehnen; a. M. *Rübenstahl*, HRRS 2006, 23, der stets eine Amtsträgerstellung nach § 11 I Nr. 2b befürwortet.
93 Kritisch hierzu *Szesny/Brockhaus*, NStZ 2007, 624 (625): nur wenn das Versorgungsunternehmen selbst als „sonstige Stelle" anzusehen ist.

BGHSt 54, 202 – Rundfunkredakteur[94]: Redakteure öffentlich-rechtlicher Rundfunkanstalten sind Amtsträger i. S. des § 11 I Nr. 2c. Sie können sich dann wegen Bestechlichkeit strafbar machen, wenn Sie z. B. darüber entscheiden können, über welche Sportveranstaltungen in welchem Umfang berichtet wird und auch berechtigt sind, Mehrkosten bei Sportsondersendungen durch Einwerbung von „Drittmitteln" beim Veranstalter des Sportereignisses zu decken, sie sich hierfür aber einer „Vermittlungsfirma" bedienen, an der sie selbst finanziell beteiligt sind und die absprachegemäß weit überhöhte Provisionen einbehält und nicht an die Rundfunkanstalt abführt. Diese sei eine „öffentliche Stelle" i. S. des § 11 I Nr. 2c, die Aufgaben der öffentlichen Verwaltung wahrnehme. Dies folge zwar nicht zwingend aus der Tatsache, dass es sich bei der Rundfunkanstalt um eine Anstalt des öffentlichen Rechts handle, die Organisationsform habe für die Qualifizierung aber indizielle Bedeutung. Im Rahmen der Daseinsvorsorge würde hier auch eine „Sicherstellung der unerlässlichen Grundversorgung der Bevölkerung mit Rundfunkprogrammen"[95] stattfinden. Die grundsätzliche „Staatsfreiheit" des Rundfunks stehe dem nicht entgegen.

BGHSt 57, 202 – Vertragsärzte: Obwohl die gesetzlichen Krankenkassen „sonstige Stellen" i. S. des § 11 Abs. 1 Nr. 2 darstellen, handeln niedergelassene Vertragsärzte bei der Verordnung von Arzneimitteln weder als Amtsträger noch als Beauftragte der gesetzlichen Krankenkassen. Sie üben ihren Beruf in freiberuflicher Tätigkeit aus und werden aufgrund einer individuellen, freien Auswahl der Versicherten tätig[96]. Insoweit mangelt es bereits an der Wahrnehmung von Aufgaben der öffentlichen Verwaltung. Das hat zur Folge, dass die Vergünstigungen, die Pharmaunternehmen Vertragsärzten zukommen lassen, um diese zum Verschreiben bestimmter Arzneimittel zu bewegen, weder über die §§ 331 ff. StGB noch über § 299 StGB erfasst werden können[97]. – Die Entscheidung wirft ein Schlaglicht auf die Grenzen der Leistungsfähigkeit des Amtsträgerbegriffs.

Im Ergebnis erscheint bei der Beurteilung der Amtsträgereigenschaft ein Mittelweg angebracht: Ein staatlicher Träger nimmt dann Aufgaben der öffentlichen Verwaltung wahr, wenn er im Bereich der Daseinsvorsorge eine rechtliche oder faktische Monopolstellung einnimmt, da (nur) in diesen Fällen der einzelne Staatsbürger auf die für ihn notwendige Leistungserbringung angewiesen ist[98]. Unabhängig von der Organisationsform ist die mit einer solchen Aufgabe betraute Stelle dann auch eine „sonstige Stelle" i. S. des § 11 I Nr. 2c. Tritt der Staat hingegen gleichberechtigt neben andere privatrechtlich organisierte Unternehmen ohne staatliche (Mehrheits-)Beteiligung, besteht – auch im Hinblick auf das von den Bestechungsdelikten geschützte Rechtsgut – kein Grund, die (strengeren) Amtsdelikte anzuwenden.

---

94 Vgl. hierzu auch die Anm. von *B. Heinrich*, JZ 2010, 529; *ders.*, famos 4/2010; *Kretschmer*, JR 2010, 127; *Stoffers*, NJW 2010, 789.
95 BGHSt 54, 202 (209).
96 BGHSt 57, 202 (208).
97 Dieser Entscheidung zustimmend *Hecker*, JuS 2012, 852 (855); *Rengier*, BT II, § 59 Rn. 14a; *Wegenroth/Meyer*, JA 2012, 646 (651).
98 Vgl. zu diesem Aspekt auch BGHSt 52, 290 (294 f.); OLG Düsseldorf, NStZ 2008, 459 (460).

22 Täter der §§ 331 I, 332 I kann auch ein für den öffentlichen Dienst **besonders Verpflichteter** sein. Diese Personengruppe wird in § 11 I Nr. 4 definiert. Damit sind z. B. Schreibkräfte und Putzfrauen in Behörden in den Strafbarkeitsbereich mit einbezogen, sofern sie unter den in § 11 I Nr. 4 genannten Voraussetzungen förmlich verpflichtet werden. §§ 331 II, 332 II normieren Qualifikationen für die besondere **Tätergruppe** der **Richter** und **Schiedsrichter**.

Richter sind zugleich Amtsträger (§ 11 I Nr. 2a), nicht dagegen Schiedsrichter, vgl. § 337. – Es hätte auch keine unüberwindlichen Schwierigkeiten bereitet, die Arbeit des Richters, einschließlich seiner rechtsprechenden Tätigkeit, unter den Begriff der „Diensthandlung" zu subsumieren. §§ 331 II, 332 II sind jedoch nicht überflüssig, weil sie den Schiedsrichter miterwähnen und gegenüber dem jeweiligen Abs. 1 eine erhöhte Strafe androhen (= Qualifikation). Zu beachten ist jedoch, dass § 331 II gegenüber § 331 I eine engere Unrechtsvereinbarung fordert (konkrete richterliche Handlung statt allgemeiner Dienstausübung).

Anstelle einer ständigen Aufzählung der potenziellen Täter wird im Folgenden verkürzend von „Amtsträger" gesprochen. Gemeint sind damit allerdings alle Täter i. S. der passiven Bestechung.

23 In raschem Fluss ist die Ausdehnung des Täterkreises auf **Amtsträger nach ausländischem Recht**, obwohl sich die Definition in § 11 I Nr. 2 ausdrücklich auf die Bestellung nach deutschem Recht beschränkt. Diese Ausdehnung wird bisher regelmäßig durch Nebengesetze erreicht, die das Gegenteil von dem anordnen, was im StGB zum Amtsträgerbegriff festgelegt ist[99]. Als Beispiel für solche Gleichstellungsklauseln, die der Sache nach auf eine massive Ausdehnung des deutschen Bestechungsstrafrechts hinauslaufen (zumal der Anwendungsbereich auch auf **ausländische Abgeordnete** erstreckt wird, die somit den §§ 331 ff. unterfallen, während für deutsche Abgeordnete die Sonderregelung des § 108e gilt[100]), sind das Gesetz zur Bekämpfung internationaler Bestechung (IntBestG) vom 10.9.1998[101] sowie das EU-Bestechungsgesetz vom 10.9.1998[102] und das IStGH-Gleichstellungsgesetz[103] zu nennen. Die Umsetzung weiterer internationaler Dokumente zur Bekämpfung der Korruption ist geplant[104]. Wird insoweit die Strafbarkeit auf ausländische Amtsträger erweitert, so ist unklar, ob zur Be-

---

99 Vgl. zur Kritik *B. Heinrich*, Keller-GS 2003, S. 103 (104 ff.). De lege ferenda sollen diese Regelungen aber ins StGB eingestellt werden; vgl. den Gesetzentwurf in BR-Drucks. 548/07; kritisch hierzu *Wolf*, ZRP 2007, 44: vgl. ferner *ders.*, NJW 2006, 2735.
100 Dies führte jedenfalls bis zur Änderung des § 108e im Jahre 2014 auch inhaltlich zu großen Diskrepanzen, da die Bestechung deutscher Abgeordneter nur unter den unrealistischen Voraussetzungen des damaligen § 108e a. F. strafbar war; zum Alibi-Charakter des § 108e a. F. vgl. die zusammenfassende Kritik bei *Fischer*, § 108e Rn. 3; MüKo/*H. E. Müller*, 2. Aufl., § 108e Rn. 6 ff.; ferner BGHSt 51, 44 (60) und bereits oben Rn. 1, 13.
101 BGBl. 1998 II, S. 2327; abgedruckt bei *Fischer*, Nr. 22; dazu *Zieschang*, NJW 1999, 105.
102 BGBl. 1998 II, S. 2340; abgedruckt bei *Fischer*, Nr. 21; dazu *Zieschang*, NJW 1999, 105.
103 BGBl. 2002 I, S. 2144 (2165).
104 Vgl. den Entwurf eines Strafrechtsänderungsgesetzes vom 4.10.2007, BT-Drucks. 16/6558 = BR-Drucks. 548/07 vom 10.8.2007, der freilich der Diskontinuität anheim gefallen ist; hierzu *Wolf*, ZRP 2007, 44; ferner *Rönnau/Golombek*, ZRP 2007, 193.

stimmung der Amtsträgereigenschaft auf das ausländische Recht[105], auf eine entsprechende Anwendung des deutschen Amtsträgerbegriffs[106] oder auf das jeweils zugrunde liegende Abkommen[107] abzustellen ist.

c) Der Vorteil

In allen Varianten der §§ 331 ff. ist ein **Vorteil** erforderlich, der dem Amtsträger zukommt bzw. zukommen soll. Dabei versteht man unter einem Vorteil jede Leistung, die den Empfänger materiell oder immateriell in seiner wirtschaftlichen, rechtlichen oder persönlichen Lage besser stellt und auf die der Amtsträger keinen rechtlich begründeten Anspruch hat[108]. Hierzu ist Folgendes zu bemerken: 24

(1) Anders als nach früherem Recht genügt es seit der Neufassung durch das Korruptionsbekämpfungsgesetz von 1997, dass die Vorteile einem Dritten zukommen sollen (sog. **Drittvorteile**)[109]. Damit ist die früher erforderliche – feinsinnige – Differenzierung von unmittelbarem und mittelbarem Vorteil irrelevant geworden (oftmals musste darauf abgestellt werden, dass ein unmittelbarer Vorteil für einen Dritten auch mittelbar dem Amtsträger zugute kam, z. B. Leistungen an seine Ehefrau)[110]. – Im Schrifttum[111] wird die Frage aufgeworfen, ob altruistische Leistungen (z. B. an das Rote Kreuz) auch dann als Drittvorteile erfasst werden, wenn für den Amtsträger kein mittelbarer Vorteil entsteht. Angesichts der im Zeichen der NGO (nongovernment organisations = Nichtregierungsorganisationen) zu beobachtenden Politisierung der miteinander konkurrierenden Hilfswerke ist es allerdings schwer geworden, bei Amtsträgern an echte altruistische Zuwendungen ohne politisch-bürokratische Nebenzwecke zu glauben, sodass eine solche Ausnahme verfehlt wäre[112].

(2) Die in der **Erfüllung eines Anspruchs** liegende Besserstellung soll nach verbreiteter Ansicht kein Vorteil sein[113]. Dagegen kann ein Vorteil auch in der Abwendung drohender Nachteile liegen[114]. Auch kann ein Vorteil bereits in der Vermittlung eines Geschäftes bzw. der Möglichkeit zum Abschluss eines Vertrages (auch einer Anstellung bzw. des beliebten „Beratervertrages") zu angemessenen Bedingungen zu

---

105 MüKo-*Korte*, 2. Aufl., § 334 Rn. 7; *Pelz*, StraFo 2000, 302 (303); *Taschke*, StV 2001, 78 (79).
106 So noch MüKo-*Korte*, 1. Aufl., § 334 Rn. 7.
107 BGHSt 52, 323 (345) – Siemens: Die Vorschriften des IntBestG sind auf der Grundlage der Begriffsbestimmungen des zugrunde liegenden OECD-Abkommens auszulegen; dagegen ist nach Art. 2 § 1 I Nr. 2 Buchst. a EU-BestG die Vorschrift des § 11 I Nr. 2 StGB bei der Begriffsbestimmung des Amtsträgers entsprechend heranzuziehen.
108 BGHSt 31, 264 (279); BGHSt 33, 336 (339); BGHSt 35, 128 (133); BGHSt 47, 295 (304); BGHSt 53, 6 (11); BGH, NJW 2005, 3011 (3012); OLG Karlsruhe, NJW 2001, 907; so schon RGSt 9, 166; RGSt 64, 291; ferner *Eisele*, BT I, Rn. 1624 ff.; MüKo-*Korte*, 2. Aufl., § 331 Rn. 60; *Schlüchter*, Geerds-FS 1995, S. 713 (716); vgl. ferner BT-Drucks. 7/550, S. 271.
109 *Gribl*, Der Vorteilsbegriff bei den Bestechungsdelikten, 1993, S. 61 ff., ist zuzugeben, dass die Ausdehnung auf Drittvorteile besser ist als eine Überdehnung des mittelbaren eigenen Vorteils; kritisch *Ambos*, JZ 2003, 345 (348 f.).
110 Vgl. BGHSt 14, 123 (127 f.); BGHSt 33, 336 (339); BGHSt 35, 128 (133 ff.); zu den Konsequenzen für die Teilnahme vgl. unten Rn. 44 f.
111 *Krey/Hellmann/M. Heinrich*, BT I, Rn. 936 f.; hierzu auch *Wessels/Hettinger*, BT I, Rn. 1107.
112 So auch *Kargl*, ZStW 114 (2002), 763 (769 f.); *Knauer/Kaspar*, GA 2005, 385 (390 f.); *Wolters*, JuS 1998, 1100 (1105); a. M. *König*, JR 1997, 397 (399 f.); *Korte*, NStZ 1997, 513 (515); *Krey/M. Heinrich*, BT I, Rn. 936 f.
113 Kritisch zu diesem Vorteilsbegriff schon bei § 263, vgl. oben § 20 Rn. 124 f.
114 BGH, NStZ 1985, 497 (499).

sehen sein[115]. Eine Vorteilsgewährung ist in diesen Fällen dann anzunehmen, wenn der Vertragsabschluss nicht ausschließlich wegen der besonderen Kenntnisse und Fähigkeiten des Amtsträgers erfolgt, sondern (auch) deswegen, um seine Dienstausübung zu beeinflussen[116]. Ebenso schließt es einen Vorteil nicht aus, dass erst durch seine Gewährung ein fairer Preis erzielt wird (z. B. Einräumung eines Rabatts auf überhöhten Ausgangspreis)[117]. Nicht ausreichend ist allerdings die Erstattung tatsächlicher, dem Amtsträger entstandener Aufwendungen (z. B. Benzinkosten)[118]. Gleichgültig ist, ob der Amtsträger in der Lage war, sich den gewährten Vorteil auch auf andere Weise zu verschaffen (etwa die ihm überlassenen Eintrittskarten zu Spielen der Fußballweltmeisterschaft)[119].

(3) Eine Beschränkung auf **Vermögensvorteile** (z. B. Geld- und Sachzuwendungen, Finanzierung von Urlaubsreisen und Gaststättenbesuchen) wäre angesichts des Rechtsguts der §§ 331 ff. völlig unangebracht, weil man Macht auch zur Erzielung immaterieller Vorteile missbrauchen kann, z. B. zur Befriedigung sexueller Wünsche[120]. – Anzuwenden ist hierbei ein subjektiver Maßstab[121], d. h. der Vorteil ist „**immateriell-subjektiv**" zu bestimmen[122]. Der eine Amtsträger mag mit rechtlichen Schritten die Publikation seines Bildes im „Spiegel" oder in der „Bild-Zeitung" zu verhindern suchen, der andere kann darin einen Vorteil sehen, der auch in der „Befriedigung des Ehrgeizes und der Eitelkeit" liegen kann[123].

d) Die Unrechtsvereinbarung – Der Vorteil als Gegenleistung

25   Im Gegensatz zu § 331 I muss der Vorteil nach der gleichlautenden Formulierung in § 331 II, § 332 I und § 332 II „als Gegenleistung" für eine bestimmte Diensthandlung gefordert werden. Nicht ausreichend ist hingegen ein Vorteil, der erst aus der Diensthandlung folgt[124]. Dieses „Beziehungsverhältnis zwischen der [...] Diensthandlung [...] und dem

---

115 So BGHSt 31, 264 (279 f.) – Landesbank: Abschluss eines Beratervertrages; BGH, wistra 2003, 303 (304); BGH, NStZ 2008, 216; OLG Celle, NJW 2008, 164: Gestattung einer Schulfotoaktion gegen Gewährung einer Spende für die Schule; OLG Hamburg, StV 2001, 284; zum Ganzen *Ambos/Ziehn*, NStZ 2008, 498; ferner *Ambos*, JZ 2003, 345 (351); *Fischer*, § 331 Rn. 12; *Knauer/Kaspar*, GA 2005, 385 (392 f.); MüKo-*Korte*, 2. Aufl., § 331 Rn. 71 ff; *Lackner/Kühl*, § 331 Rn. 4; NK-*Kuhlen*, § 331 Rn. 52 f., 56 f., 88 ff., der allerdings eine mit dem Vorteil korrespondierende Unrechtsvereinbarung ablehnt; *Rönnau*, JuS 2003, 232 (235); SK-*Stein/Rudolphi*, § 331 Rn. 22a; a. M. *Lüderssen*, JZ 1997, 112 (114 f.); *Zieschang*, StV 2001, 291; ders., StV 2008, 253 (254 f.).
116 BGH, NStZ 2008, 216 (217); MüKo-*Korte*, 2. Aufl., § 331 Rn. 108.
117 BGH, NJW 2001, 2558 (2559) m. kritischer Anm. *Kudlich*, JR 2001, 516.
118 OLG Zweibrücken, NStZ 1982, 204 (205); *Schlüchter*, Geerds-FS 1995, S. 713 (717); hierzu auch BGHSt 54, 6 (12).
119 BGHSt 53, 6 (11 f.).
120 Vgl. BGH, NJW 1989, 914; BGH, StV 1994, 527; OLG Hamm, NStZ 2002, 38 (39).
121 Anders allerdings die h. M. BGHSt 47, 295 (304 f.); BGH, NStZ 1985, 497 (499); NK-*Kuhlen* § 331 Rn. 45; *Rengier*, BT II, § 60 Rn. 10; S/S/*Heine/Eisele*, § 331 Rn. 18 f.; SK-*Stein/Rudolphi* § 331 Rn. 21: objektiv messbare Besserstellung.
122 Auch ein materieller Vorteil ist nicht rein objektiv zu bestimmen; vgl. zum subjektiven Schadenseinschlag bei § 263 oben § 20 Rn. 92 f. und zu §§ 331 ff. das von *Baumann*, Zur Problematik der Bestechungstatbestände, 1961, S. 13 ff., gebildete hübsche Beispiel von der Fuhre Mist, die zwar materiell sei, deren Vorteilhaftigkeit aber nur mit Blick auf den Empfänger beantwortet werden könne.
123 BGHSt 14, 124 (128); OLG Zweibrücken, JR 1982, 381 (383); kritisch *Rengier*, BT II, § 60 Rn. 10; SK-*Stein/Rudolphi*, § 331 Rn. 21.
124 Vgl. dazu OLG Karlsruhe, NStZ 2001, 654 (655); vgl. auch OLG Hamm, NStZ 2002, 38 (39).

Bestechungsdelikte, §§ 331–338 § 49 Rn. 26

Vorteil"[125] wird vielfach auch als „**Unrechtsvereinbarung**" bezeichnet[126]. Diese muss – da das bloße Fordern bzw. Anbieten des Vorteils zur Tatvollendung ausreicht – nicht tatsächlich zwischen den Parteien abgeschlossen sein, es reicht hier eine auf den Abschluss einer solchen Unrechtsvereinbarung zielende einseitige Willenserklärung aus, die vom anderen lediglich zur Kenntnis genommen werden muss[127].

Eine konkrete Beziehung zwischen dem Vorteil und einer bestimmten Diensthandlung fehlt, wenn sich ein Amtsträger nur allgemein hofieren lässt (= sog. „**Kontaktpflege**")[128]. Bei untergeordneten Amtsträgern besteht normalerweise kein Anlass für ein solches weitsichtiges Hofieren, dagegen sind es gerade die wichtigen Amtsträger, deren allgemeines Wohlwollen sozusagen fürsorglich, ohne Beziehung zu einer konkreten Diensthandlung, erkauft werden soll. Deshalb hat das Korruptionsbekämpfungsgesetz von 1997 bei § 331 I (und spiegelbildlich bei § 333 I) die **Unrechtsvereinbarung gelockert**. Statt einer bestimmten Diensthandlung genügt nun die Verknüpfung des Vorteils mit der Dienstausübung generell. Dadurch soll bereits Verhaltensweisen von Amtsträgern entgegen gewirkt werden, die lediglich den Anschein möglicher Käuflichkeit erwecken[129]. Freilich dürfte die Erweiterung nunmehr auch in Fällen eingreifen, in denen die Straflosigkeit nach §§ 331 I, 333 I a. F. sinnvoll war[130]. Dennoch entfällt die Unrechtsvereinbarung auch in diesen Fällen nicht ganz[131], denn der Bezug zur Dienstausübung muss jedenfalls erkennbar sein[132]. Der Vorteilsgeber muss also jedenfalls im weitesten Sinne mit dem Ziel handeln, auf die künftige Dienstausübung des Amtsträgers Einfluss zu nehmen bzw. seine vergangene Dienstausübung zu honorieren[133]. Die dienstliche Tätigkeit muss dabei allerdings noch nicht – nicht einmal in groben Umrissen – konkretisiert sein[134]. Umfasst sind zudem nicht nur Handlun-

26

---

125 BT-Drucks. 7/550, S. 271.
126 BGHSt 15, 88 (97); zu den maßgeblichen Hintergründen sowie den Anforderungen an diese Unrechtsvereinbarung vgl. auch BGHSt 39, 45 (46 f.); BGH, NJW 2005, 3011 (3012).
127 Vgl. hierzu BGHSt 47, 22 (29); ferner bereits BGHSt 10, 237 (241 f.).
128 Vgl. hierzu BGHSt 15, 217 (222 f.); BGHSt 32, 290 (292).
129 Vgl. dazu BGHSt 53, 6 (14 f.); BGH, NJW 2004, 3569 (3571); BGH, NStZ 2005, 334 (335).
130 Vgl. z. B. den Fall BGHSt 39, 45; ferner *Schäfer/Liesching*, ZRP 2008, 173; zur Strafbarkeit der Einladung von Amtsträgern zu gesponserten Veranstaltungen *Schlösser/Nagel*, wistra 2007, 211; zum unmittelbaren Sponsoring als Bestechung *Satzger*, ZStW 115 (2003), 469 (472 ff.).
131 So auch *Knauer/Kaspar*, GA 2005, 385 (394); vgl. aber MüKo-*Korte*, 2. Aufl., § 331 Rn. 103; hinzuweisen ist aber auf die in Rn. 30 genannten Einschränkungen.
132 So auch BGHSt 53, 6 – EnBW; LG Karlsruhe, NStZ 2008, 407 (408): Der Bezug kann fehlen, wenn der Sponsor einer Veranstaltung hochrangigen Funktionären zu Repräsentationszwecken Freikarten zur Verfügung stellt; dem zustimmend *Paster/Sättele*, NStZ 2008, 366 (374); ferner *Korte*, NStZ 2008, 341, der einschränkend fordert, dass eine Diensthandlung jedenfalls in Sichtweite sein muss, eine Zuwendung, die lediglich eine allgemeine Politik eines Amtsträgers unterstütze, reiche dabei nicht aus. Die Beziehung zwischen der Diensthandlung bzw. -ausübung und dem Vorteil macht besondere Schwierigkeiten bei Handlungen, die ins Ermessen des Beamten gestellt sind; vgl. hierzu unten Rn. 39 ff.
133 BGHSt 53, 6 (16).
134 BGHSt 53, 6 (16).

27 Eine **nachträgliche Unrechtsvereinbarung** ist nach dem eindeutigen Wortlaut („vorgenommen hat") jedenfalls bei §§ 331 II, 332 I und 332 II möglich, d. h. der Zusammenhang zwischen Vorteil und Diensthandlung kann auch noch hergestellt werden, nachdem die Dienstleistung schon erbracht worden ist. Das lässt sich leicht und oberflächlich damit begründen, dass auch in diesem Fall das Rechtsgut des Vertrauens der Allgemeinheit in die Lauterkeit staatlichen Handelns verletzt werde. In der Regel wird freilich nur derjenige Amtsträger mit seiner Forderung nach einem Vorteil für eine schon erbrachte Dienstleistung Erfolg haben, auf den der Bürger auch **künftig** angewiesen ist. Niemand schmiert ein Rad, an dessen Umdrehungen ihm nichts mehr liegt! Wie der Vorteilsgewährung für eine bevorstehende pflichtgemäße Handlung oft die Befürchtung zugrunde liegt, sonst pflichtwidrig benachteiligt zu werden, so liegt der Vorteilsgewährung für eine schon erbrachte (pflichtgemäße oder pflichtwidrige) Handlung oft die Befürchtung zugrunde, künftig nicht mehr wohlwollend bedacht zu werden. Das führt noch einmal auf den vorsorglichen Kauf dieses Wohlwollens zurück, also auf die **lockere Unrechtsvereinbarung** nach § 331 I (und dem Spiegelbild des § 333 I). Die Vorteilsgewährung für eine konkrete schon erbrachte Diensthandlung ist daher nichts anderes als die vorsorgliche Sicherung künftigen allgemeinen Wohlwollens (= sog. „Anfüttern"). Man wird deshalb auch bei § 331 I die nachträgliche Herstellung der lockeren Unrechtsvereinbarung genügen lassen.

28 Bei **vorgetäuschten Unrechtsvereinbarungen** (der Amtsträger gibt vor, eine Diensthandlung entweder bereits begangen zu haben oder noch begehen zu wollen, was aber nicht der Wirklichkeit entspricht) ist wie folgt zu unterscheiden: Bei **künftigen Diensthandlungen** ist es unerheblich, ob sie der Amtsträger vornehmen will oder ob er dies nur vortäuscht[136]. Das ergibt sich schon aus dem Rechtsgut, welches bereits durch den Schein der Käuflichkeit beeinträchtigt wird[137]. Hiergegen könnte allerdings eingewandt werden, dass die Korruption in der Käuflichkeit des dienstlichen Verhaltens liege, der bloße Schein dieser Käuflichkeit aber nicht mehr ist als der Schein der Korruption[138]. Bei bloß vorgetäuschter Bereitschaft, die Diensthandlung zu erbringen, wird zudem in aller Regel **zusätzlich § 263** eingreifen[139].

Umgekehrt ist es sowohl für die Strafbarkeit des Amtsträgers nach §§ 331, 332 als auch für die des Bürgers nach §§ 333, 334 unerheblich, ob der Bürger bereit ist, sein „Versprechen" der Gewährung eines Vorteils zu halten. Ob das bloß vorgetäuschte

---

135 BGHSt 3, 143 (145); BGH, NStZ 2008, 216 (218); MüKo-*Korte*, 2. Aufl., § 331 Rn. 85; *S/S/ Heine/Eisele*, § 331 Rn. 31.
136 BGHSt 15, 88; BGHSt 48, 44 (46); LK-*Jescheck*, 11. Aufl., § 332 Rn. 8; MüKo-*Korte*, 2. Aufl., § 332 Rn. 20.
137 Vgl. *Lackner/Kühl*, § 331 Rn. 11.
138 Gegen diese Argumentation SK-*Stein/Rudolphi*, § 331 Rn. 17a.
139 Vgl. hierzu sogleich noch unten Rn. 29.

Versprechen, einen Vermögensvorteil zu erbringen bzw. die durch Täuschung erlangte vermögenswerte Diensthandlung unter § 263 fällt, ist nach den Grundsätzen des Betrugs bei ausbleibenden rechtswidrigen Gegenleistungen und nichtigen Forderungen zu beurteilen[140].

Nach wie vor umstritten ist die Frage, ob §§ 331, 332 auch anzuwenden sind, wenn der Amtsträger den Vorteil für eine **angeblich erbrachte** (bei § 331 pflichtgemäße, bei § 332 pflichtwidrige) **Diensthandlung** fordert bzw. annimmt. **29**

Beispiel (Führerschein)[141]: Staatsanwalt S erfährt, dass sich ein Beschuldigter seinen (zuvor beschlagnahmten) Führerschein bei der Polizei abholen könne, da sein Verfahren eingestellt wurde. Er meldet sich bei dem betroffenen Bürger und spiegelt diesem vor, er habe die Sache (in pflichtwidriger Weise) „arrangiert" und verlange dafür einen gewissen Geldbetrag, den er auch bekommt. – Der BGH lehnte hier eine Strafbarkeit nach § 332 unter Hinweis auf den Wortlaut („vorgenommen hat", „Dienstpflichten verletzt") und den jedenfalls vorliegenden § 263 ab. Problematisch ist hieran jedoch, dass ein solches Verhalten für den betroffenen Bürger die Befürchtung nahe legt, ein Staatsanwalt, der zu seinen Gunsten „Öl in die Maschinerie der Justiz gießt", könne – wenn seine Forderung nicht erfüllt wird – stattdessen auch „Sand hineinstreuen". Dennoch ist der Entscheidung im Ergebnis zuzustimmen[142], obwohl die Differenzierung zwischen erbrachter und künftiger Diensthandlung vom Rechtsgut her nicht plausibel ist. Ausschlaggebend ist jedoch die Gleichbehandlung vergleichbarer Situationen beim Amtsträger und beim Bürger. Wenn der Bürger behauptet, er habe dem Amtsträger einen Vorteil gewährt (der diesem in Wahrheit von dritter Seite zugeflossen ist), genügt dieses vorgetäuschte „Gewähren" für § 333 ebenfalls nicht.

In einer Reihe von Fällen ist das Vorliegen einer Unrechtsvereinbarung allerdings fraglich bzw. muss eine teleologische Reduktion im Hinblick auf das geschützte Rechtsgut vorgenommen werden[143]. **30**

(1) Hier sind in erster Linie die **sozialadäquaten Zuwendungen** zu nennen, d. h. die geringwertigen Zuwendungen, die nach der Verkehrssitte oder den Regeln der Höflichkeit gewährt und allgemein gebilligt werden (z. B. die Flasche Wein als Weihnachtsgeschenk, der Kugelschreiber als Werbegeschenk)[144]. Die Problematik, die daher rührt, dass das deutsche Recht im Hinblick auf den Vorteilsbegriff keine Geringfügigkeitsgrenze[145] enthält, hat sich durch die Ausdehnung des § 331 I auf die

---

140 Vgl. oben § 20 Rn. 115 ff. und unten Rn. 47.
141 Fall nach BGHSt 29, 300 – Führerschein.
142 So auch *Dölling*, JuS 1981, 570 (572); *Fischer*, § 331 Rn. 10; *Maiwald*, NJW 1981, 2777; SK-*Stein/Rudolphi*, § 331 Rn. 17b, § 332 Rn. 13; a. M. *Kuhlen*, NStZ 1988, 433 (435); *Lackner/Kühl*, § 331 Rn. 11; NK-*Kuhlen* § 331 Rn. 37 f.; *Rengier*, BT II, § 60 Rn. 21; nach MüKo-*Korte*, 2. Aufl., § 332 Rn. 22, scheidet zwar § 332 aus, es greife jedoch § 331 ein, da der Vorteil jedenfalls „für die Dienstausübung" gewährt werde. – Zum Verhältnis zu § 263 vgl. noch unten Rn. 47.
143 Vgl. *Ambos*, JZ 2003, 345 (350 ff,); ferner *Knauer/Kaspar*, GA 2005, 385 (393 ff.), die diese Einschränkungen in die Kategorien „fehlende Gefahrschaffung" und „erlaubtes Risiko" einordnen wollen, welche jeweils die objektive Zurechnung ausschließen.
144 Vgl. BGHSt 15, 239 (251 f.); BGHSt 31, 264 (279); ferner *Ambos/Ziehn*, NStZ 2009, 498 (501); *Kargl*, ZStW 114 (2002), 763 (778 ff.).
145 Hierzu *Kaiser*, NJW 1981, 321 (322); *Kargl*, ZStW 114 (2002), 763 (772); *Ostendorf*, GA 1982, 333 (340); für eine Obergrenze von 50 € OLG Hamburg, StV 2001, 277 (282); OLG Hamburg, StV 2001, 284 (287); *Eisele*, BT I, Rn. 1628; *Rengier*, BT II, § 60 Rn. 14a.

allgemeine Dienstausübung in letzter Zeit noch verschärft. Hier kann jedoch § 331 I bereits tatbestandlich nicht greifen, da nicht einmal eine gelockerte Unrechtsvereinbarung vorliegt[146]. Diese Verhaltensweisen sind also nicht erst über den Rechtfertigungsgrund des § 331 III auszuschließen. Allerdings ist in diesem Zusammenhang eine restriktive Handhabung angezeigt[147]. Im Rahmen des § 332 (rechtswidrige Diensthandlung) ist eine solche Einschränkung zudem nicht möglich. – In diesem Zusammenhang problematisch ist z. B. die Finanzierung von (zumindest teilweise) privaten Zwecken dienenden Feiern (Geburtstage, Jubiläen) „wichtiger" Persönlichkeiten (Bsp.: Die X-AG sponsert einen Empfang zum Anlass des 20-jährigen Amtsjubiläums des Behördenleiter, zu dem sowohl Mitarbeiter als auch Familienangehörige eingeladen sind). Hier können dienstlicher und privater Anlass so ineinander übergehen, dass einerseits der Griff in die Staatskasse zur Finanzierung wegen des teilweise privaten Charakters unzulässig ist, andererseits eine Finanzierung durch Dritte sich als Vorteil für den Staat und nicht als privater Vorteil für den Amtsträger darstellt.

(2) In jüngster Zeit problematisch geworden ist auch der Bereich der **Drittmitteleinwerbung**. So haben vielfach Ärzte in Universitätskliniken, die als Beamte „Amtsträger" i. S. des § 11 I Nr. 2a sind, die Materialbestellung davon abhängig gemacht, dass vom Hersteller umsatzabhängige Provisionszahlungen geleistet wurden, die über den Umweg „schwarzer Kassen" an der Klinikverwaltung vorbei für die Forschung im Klinikbereich verwendet wurden („Herzklappenskandal"[148]). Da die Drittmitteleinwerbung einerseits zu den Dienstaufgaben der Klinikärzte bzw. allgemein von Hochschullehrern gehört[149], die eingeworbenen Drittmittel aber andererseits Vorteile darstellen, die jedenfalls einem Dritten, nämlich dem Träger der Klinik, zufließen, muss auch hier die Unrechtsvereinbarung thematisiert werden. Eine Strafbarkeit liegt jedenfalls dann nicht vor, wenn bei der Drittmitteleinwerbung das im Hochschulrecht vorgeschriebene Verfahren (= Anzeige gegenüber der bzw. Genehmigung durch die jeweilige Hochschulverwaltung) eingehalten wird und dadurch die Transparenz gewahrt bleibt[150]. In diesen Fällen findet bereits eine tatbestandliche Reduktion der §§ 331, 333 statt[151].

(3) Eine weitere tatbestandliche Einschränkung wird für die Fälle des **„Sponsoring"** diskutiert, in denen Unternehmen Veranstaltungen finanziell unterstützen (z. B. sportliche Großveranstaltungen) und hierzu hochrangige Amtsträger, insbesondere solche, die zugleich ein politisches Mandat ausüben, einladen[152]. Hier wird teilweise

---

146 BGHSt 15, 239 (252); *Fischer*, § 331 Rn. 25 („Einschränkung des Unrechtszusammenhangs"); für einen Tatbestandsausschluss auch *Kaiser*, NJW 1981, 321 (322); SK-*Stein/Rudolphi*, § 331 Rn. 23 (jeweils teleologische Reduktion des Vorteilsbegriffs); *Rengier*, BT II, § 60 Rn. 14 (Ausschluss der objektiven Zurechnung).
147 BGH, NStZ 2005, 334 (335); *Rengier*, BT II, § 60 Rn. 14a.
148 Vgl. BGHSt 47, 295 (303 ff.); BGHSt 48, 44; hierzu *Ambos*, JZ 2003, 345; *B. Heinrich*, NStZ 2005, 256; *Kindhäuser/Goy*, NStZ 2003, 291; *Korte*, NStZ 2003, 157; *Kuhlen*, JR 2003, 231; *Rönnau*, JuS 2003, 232; *Tag*, JR 2004, 50; ferner zur Drittmittelproblematik OLG Karlsruhe, NJW 2001, 907; OLG Köln, NStZ 2002, 35; *Busch*, NJW 2006, 1100; *Dauster*, NStZ 1999, 63; *Diettrich/Schatz*, ZRP 2001, 521; *Fürsen/Schmidt*, JR 2004, 57; *Lippert*, NJW 2000, 1772; *Mansdörfer*, wistra 2003, 211; *Michalke*, NJW 2002, 3381; *Schmidt/Güntner*, NJW 2004, 471.
149 Vgl. nur § HRG; § 13 I 2, VI, VII LandeshochschulG BaWü; § 71 LandeshochschulG NRW.
150 BGHSt 47, 295 (303, 306); kritisch hierzu *Satzger*, ZStW 115 (2004), 469, (498); *Tag*, JR 2004, 50 (53 ff.), die auf die Unterschiedlichkeit und Undurchsichtigkeit der landesrechtlichen Vorschriften hinweist und eine bundeseinheitliche Regelung in Form einer Klarstellung im Rahmen der §§ 331 III, 333 III fordert; vgl. hierzu auch LG Bonn, StV 2001, 292; *Ambos/Ziehn*, NStZ 2009, 498 (501).
151 Zur Übertragbarkeit dieser Kriterien auf die Annahme geldwerter Zuwendungen durch Städte und Gemeinden vgl. *Schreiber/Rosenau/Combé/Wrackmeyer*, GA 2005, 265.
152 Vgl. hierzu BGHSt 53, 6; LG Karlsruhe, NStZ 2008, 407 m. Anm. *Paster/Sättle*, NStZ 2008, 366.

argumentiert, die Amtsträger sollten nicht als Entscheidungsträger im Sinne des Sponsors „beeinflusst", sondern vielmehr von diesem als Werbeträger für die Veranstaltung „instrumentalisiert" werden[153]. Eine solche „Bereichsausnahme" hat der BGH in der sog. „EnBW"-Entscheidung aber mit Recht abgelehnt: Aus dem Umstand, dass ein Vorteil im Rahmen von „Sponsoring" gewährt wird, ergeben sich für das Vorliegen einer Unrechtsvereinbarung keine Besonderheiten[154].

(4) Problematisch ist in diesem Zusammenhang auch die tatbestandliche Reduktion der §§ 331, 333, die der BGH in der Kremendahl-Entscheidung[155] vorgenommen hat: Im Rahmen des Wahlkampfs für den Posten des Oberbürgermeisters nahm der bisherige Amtsinhaber eine Spende eines Bauunternehmers für seine Partei zur Finanzierung des Wahlkampfs entgegen, die der Bauunternehmer im Hinblick auf die „investorenfreundliche" Politik gewährte. Ein Verbot der Annahme dieser Gelder verstoße – so der BGH – aber gegen die passive Wahlrechtsgleichheit. In einer späteren Entscheidung[156] stellte der BGH jedoch klar, diese einschränkende Auslegung könne dann nicht gelten, wenn die Zahlungen im Zusammenhang mit einer konkreten, vom Vorteilsgeber angestrebten Entscheidung stünden oder die Parteien jedenfalls davon ausgingen, dass es im Verlaufe der künftigen Amtszeit zu einer solchen konkreten Entscheidung kommen könnte. Problematisch ist dann aber, dass der amtierende Bürgermeister im Hinblick auf seine Wiederwahl keine Spenden annehmen dürfte, sein Gegenkandidat hingegen schon[157].

e) Diensthandlung und Pflichtwidrigkeit

Während für § 331 der Bezug zur Dienstausübung genügt, muss für 31 § 332 (bzw. § 334) die Pflichtwidrigkeit der konkreten Diensthandlung – die auch im Unterlassen einer bestimmten Handlung bestehen kann (vgl. § 336) – festgestellt werden[158]. Dabei reicht allein die pflichtwidrige Entgegennahme des Vorteils selbst nicht aus, es muss eine darüber hinausgehende pflichtwidrige Diensthandlung im Raum stehen[159]. Bei einer zukünftigen Diensthandlung ist nicht erforderlich, dass diese in allen Einzelheiten feststeht. Vielmehr reicht es aus, dass die einvernehmlich ins Auge gefasste Diensthandlung nach ihrem sachlichen Gehalt zumindest in groben Umrissen erkennbar und festgelegt ist[160]. Im Hinblick auf die rechtswidrige Diensthandlung kommt es zu der auch sonst (z. B. in Art, 34 GG, §§ 278,

---

153 So *Schlösser/Nagel*, wistra 2007, 211; ferner MüKo-*Korte*, 2. Aufl., § 331 Rn. 105; für eine restriktive Auslegung der §§ 331, 333 in diesem Fall auch *Paster/Sättele*, NStZ 2008, 366 (381 ff.).
154 BGHSt 53, 6 (17).
155 Vgl. BGHSt 49, 275; ferner die Vorinstanz LG Wuppertal, NJW 2003, 1405; zustimmend *Dölling*, JR 2005, 519; *Knauer/Kaspar*, GA 2005, 385 (399); *Saliger/Sinner*, NJW 2005, 1073 (1076); kritisch *Kargl*, JZ 2005, 503 (508 ff.); *Korte*, NStZ 2005, 512; MüKo-*Korte*, 2. Aufl., § 331 Rn. 128 ff.
156 BGH, NStZ 2008, 33 m. Anm. *Beckemper/Stage*; ferner *Korte*, NStZ 2008, 341; zu dieser Entscheidung ferner kritisch *Zöller*, GA 2008, 151.
157 Hierzu *Knauer/Kaspar*, GA 2005, 385 (399); *Zöller*, GA 2008, 151 (163 f.). – *Beckemper/Stage*, NStZ 2008, 35, wollen dieses Problem dadurch lösen, dass sie die beiden Amtszeiten strikt trennen und daher der Amtsinhaber im Hinblick auf Entscheidungen in seiner künftigen Amtszeit Spenden entgegen nehmen dürfte.
158 Vgl. zur Unterscheidung von § 331 und § 332 bereits oben Rn. 17, 19.
159 BGHSt 15, 239 (241 f.); BGHSt 48, 44 (46); vgl. auch *Ambos/Ziehn*, NStZ 2009, 498.
160 BGH, NStZ 2005, 214 (215).

831 BGB) anzutreffenden Unstimmigkeit, dass pflichtwidriges Verhalten an sich nie zum Amt gehört. Man kann dies jedoch mit der vom Zivilrecht her vertrauten und bewährten Unterscheidung bewältigen, dass Diensthandlungen jedenfalls auch solche pflichtwidrigen Handlungen sind, die „**in Ausübung**" der dienstlichen Stellung vorgenommen werden (= funktionaler Bezug), während nur „**bei Gelegenheit**" der dienstlichen Stellung vorgenommene Verfehlungen keine Diensthandlungen mehr darstellen, sondern als Privathandlungen anzusehen sind[161].

32   **Beispiel (1) Baukontrolleur**[162]: T ist bei der Stadt als Baukontrolleur angestellt und hat zu prüfen, ob Heizöltanks mit Leckanzeigegeräten ausgestattet sind. Fehlt ein solches Gerät, hat er dies der Stadt zu melden, die dann eine entsprechende Einbauverfügung erlässt. T kommt bei einer dieser Kontrollen in einer Bar der H zu Hilfe, die von ihrem angetrunkenen Freund F bedroht wird. Er tut dies, weil H ihm den immateriellen Vorteil des Geschlechtsverkehrs in Aussicht stellt. Hier hat T nur „bei Gelegenheit" seines Amtes, nicht aber „in Ausübung" desselben gehandelt. Verletzt er den F, stellt dies keine Diensthandlung dar. – Stellt hingegen T bei H ein fehlendes Leckanzeigegerät fest, meldet er dies aber nicht, weil H ihn verführt, liegt § 332 I vor. Nach § 336 steht der pflichtwidrig-falschen Meldung (= „Gerät vorhanden") die pflichtwidrige Unterlassung einer Meldung (= „Gerät fehlt") gleich. T handelt in diesem Fall „in Ausübung" seines Amtes, obwohl er das Gegenteil von dem tut, was eigentlich seine Aufgabe ist. – Wenn T das Fehlen der Geräte nicht nur der Behörde, sondern auch dem Reparaturunternehmer X meldet, da er für die Mitteilung der Anschriften Geld enthält, liegt hingegen ein **Grenzfall** vor. Im Ergebnis wird man hier eine Diensthandlung annehmen müssen, da sich das Tätigkeitsfeld eines Baukontrolleurs regelmäßig nicht allein in der Feststellung des Fehlens des Geräts erschöpfen kann. Nur im Zusammenhang mit der – i. d. R. als Verwaltungsakt ergehenden – Anordnung der Behebung des mangelhaften Zustandes, kann die öffentliche Bauinspektion ihrer Aufgabe und Funktion als Sonderordnungsbehörde gerecht werden.

33   **Beispiel (2)**[163]: Ein Beamter der Baubehörde fertigt privat (gegen Entgelt!) Pläne für eine Gemeinde, die er zum Teil dienstlich hätte bearbeiten müssen, wenn er vom Bürgermeister nicht privat, sondern dienstlich beauftragt worden wäre. – Im Gegensatz zur Vorinstanz, die hier eine Diensthandlung annahm, sprach der BGH den Angeklagten frei.

Bei erst in der Zukunft liegenden Diensthandlungen ist die Einlassung des Amtsträgers, er habe zwar einen Vorteil für pflichtwidriges Verhalten

---

161 Dazu auch *Eisele*, BT I, Rn. 1646 f.; nicht zum dienstlichen Bereich zählt z. B. die (gekaufte) Zeugenaussage eines Polizeibeamten zu einem (angeblich) außerdienstlich wahrgenommenen Verkehrsunfall; vgl. OLG Köln, NJW 2000, 3727; vgl. auch den Fall BGH, NStZ 2012, 142 (Vorarbeiter einer Baukolonne verhindert Misshandlungen durch seine Untergebenen nicht); hierzu *Buchmann/Ruft*, famos 6/2012.
162 Fall nach OLG Hamm, NJW 1973, 71; zu weiteren Fällen vgl. BGH bei *Holtz*, MDR 1981, 631 – Trinkgeld: Ein Krankenpfleger besorgt dem nach § 63 untergebrachten Hirngeschädigten Schnaps gegen ein Trinkgeld. – Der BGH bejahte nicht § 332 I, denn „ein solcher Missbrauch der amtlichen Stellung ist keine Privattätigkeit, sondern eine pflichtwidrige Amtshandlung"; damit unvereinbar BGH NJW 1983, 462 m. Bespr. *Amelung/Weidemann*, JuS 1984, 595: Ein Wärter verschafft den Insassen einer Entziehungsanstalt Schnaps. – Hier soll keine dienstliche Tätigkeit vorliegen; dazu auch *Herzberg*, JuS 1984, 937.
163 Fall nach BGHSt 18, 59.

verlangt, aber „insgeheim" gar nicht vorgehabt, sich wirklich pflichtwidrig zu verhalten, nur schwer zu widerlegen. § 332 III Nr. 1 erklärt deshalb den geheimen Vorbehalt des Amtsträgers, sich trotz Annahme des Vorteils entgegen der Absprache mit dem Vorteilsgeber nicht pflichtwidrig verhalten zu wollen, für unbeachtlich. Damit wird im Übrigen auch die unzulässige[164] **Wahlfeststellung** zwischen Bestechung und Betrug entlastet. Der mögliche innere Vorbehalt, nicht pflichtwidrig handeln zu wollen, hindert eine „eindeutige" Verurteilung aus § 332 nicht. Bei § 263 wird man dann meist in dubio pro reo davon ausgehen, dass der Amtsträger entschlossen war, pflichtwidrig zu handeln, dass er also nicht entschlossen war, den Vorteilsgeber um den Gegenwert des Vorteils (nämlich die Vornahme der pflichtwidrigen Handlung), zu prellen[165].

f) Die Tathandlungen

Der Amtsträger muss den Vorteil **fordern, sich versprechen lassen oder annehmen.** Dabei versteht man unter **Fordern** das vom Amtsträger einseitig (ausdrücklich oder konkludent) zum Ausdruck gebrachte Verlangen einer Leistung in Form eines Angebots, eine Unrechtsvereinbarung abzuschließen[166]. Das Fordern ist vollendet, wenn der Erklärungsempfänger von dem Verlangen des Amtsträgers Kenntnis erlangt. Unerheblich ist, ob er den Zusammenhang zwischen Vorteil und Amtshandlung erkennt oder nach seiner Auffassungsgabe erkennen kann[167]. Ein **Versuch des Forderns** liegt vor, wenn die Forderung das Opfer nicht erreicht, z. B. weil das Opfer sie überhört oder ein entsprechendes Schreiben den Empfänger nicht erreicht. Dagegen liegt bereits eine Vollendung vor, wenn die Äußerung den Empfänger erreicht, diese den Inhalt der Forderung aber schlicht nicht versteht, sofern die Äußerung jedenfalls von einem objektiven Dritten verstanden hätte werden können[168]. Dieser Versuch ist nur im Rahmen von § 332 und § 331 II, nicht aber bei § 331 I strafbar. **Sich-Versprechenlassen** ist der (nach § 134 BGB nichtige) Vertragsschluss (= Unrechtsvereinbarung), mit dem sich der Bürger zur Vorteilsgewährung verpflichtet und der Amtsträger die Annahme im Zusammenhang mit der Dienstausübung zusagt[169]. Ob der vereinbarte Vorteil tatsächlich angenommen wird, ist unerheblich[170]. Unter **Annehmen** ist

34

---

164 BGHSt 15, 88 (100).
165 Zu den vorgetäuschten künftigen und bereits erbrachten Diensthandlungen vgl. oben Rn. 28 f.
166 BGHSt 10, 237 (241); BGHSt 15, 88 (98).
167 BGH, NStZ 2006, 628 (629).
168 LK-*Sowada*, 12. Aufl., § 331 Rn. 23 f.; vgl. auch *Kargl*, ZStW 114 (2002), 763 (775); SK-*Stein/Rudolphi*, § 331 Rn. 25.
169 Vgl. zum Erfordernis einer entsprechenden Willensübereinstimmung RGSt 57, 28; RGSt 77, 75 (76); BGHSt 10, 237 (241); LK-*Sowada*, 12. Aufl., § 331 Rn. 27; MüKo-*Korte*, 2. Aufl., § 331 Rn. 54; NK-*Kuhlen*, § 331 Rn. 25 f.; S/S/*Heine/Eisele*, § 331 Rn. 38; a. M. *Geerds*, JR 1993, 211 (212 Fn. 8); *Kargl*, ZStW 114 (2002), 763 (774 f.); SK-*Stein/Rudolphi*, § 331 Rn. 25a; zur engen (§ 332) und lockeren (§ 331) Unrechtsvereinbarung vgl. oben Rn. 25 f.
170 BGH, NStZ-RR 2002, 272 (274).

schließlich die Vertragserfüllung zu verstehen, d. h. die tatsächliche Entgegennahme des Vorteils[171].

Insoweit liegt im Fordern eine Vorbereitung gegenüber dem späteren Sich-Versprechenlassen, das seinerseits die Vorbereitung einer späteren Annahme darstellt. Zwar stellen alle drei Varianten selbstständige Tathandlungen dar[172], sie stellen aber jedenfalls dann nur eine Tat im Rechtssinne dar, wenn die Annahme auf eine Unrechtsvereinbarung zurückgeht, die den zu leistenden Vorteil genau festlegt[173].

g) Rechtswidrigkeit und Rechtfertigung

35 Die **Genehmigung** der Vorteilsannahme durch die zuständige vorgesetzte Behörde stellt nach § 331 III einen Rechtfertigungsgrund dar[174]. Dieser gilt nur für § 331 I (nicht aber für § 331 II und erst recht nicht für § 332!). Auch darf der Amtsträger den Vorteil zuvor nicht selbst gefordert haben. Dabei kann die Genehmigung entweder vorab oder aber nach unverzüglicher Anzeige seitens des Amtsträgers nachträglich erteilt werden. Die Einzelheiten[175] sind freilich umstritten[176].

> Die **Genehmigung** nach § 331 III **kann klarstellen,** was als sozialadäquat bereits tatbestandlich ausgeschlossen ist (dann liegt aber lediglich eine „deklaratorische" Genehmigung vor)[177]. Sie kann aber auch tatbestandliches Verhalten rechtfertigen, was durchaus problematisch ist, weil die Behörde dadurch über die Reichweite der Strafdrohung entscheidet. Problematisch sind ferner diejenigen Fälle, in denen die vorgesetzte Behörde eine bislang als sozialadäquat hingenommene Praxis ändern will.
>
> **Beispiel:** Da die Mülleimer knauseriger Hausbesitzer, die das Weihnachtsgeschenk „vergessen", besonders häufig „zufällig" umfallen und dann der Unrat vor ihrem Haus herumliegt, verbietet die Stadtverwaltung den Beschäftigten der Müllabfuhr die Annahme der bisher üblichen Geschenke.

36 **Faustregel zur Genehmigung:** Der Staat als Dienstherr (und nicht der Strafgesetzgeber) hat über die an seine Amtsträger zu stellenden Anforderungen zu bestimmen. Deshalb kann bisher sozialadäquates Verhalten dienstrechtlich verboten werden, mit den entsprechenden dienstrechtlichen und strafrechtlichen Folgen.

---

171 BGHSt 47, 22 (29); *S/S/Heine/Eisele*, § 331 Rn. 27.
172 BGHSt 10, 237 (243); BGHSt 11, 345 (346); MüKo-*Korte*, 2. Aufl., § 331 Rn. 193.
173 BGHSt 41, 292 (302 f.); MüKo-*Korte*, 2. Aufl., § 331 Rn. 194.
174 BGHSt 31, 264 (285); BGHSt 47, 295 (308 f.); *Eisele*, BT I, Rn. 1637; *Kuhlen*, JR 2003, 231 (234); *Lackner/Kühl*, § 331 Rn. 14; *Maiwald*, JuS 1977, 353 (355 ff.); teilweise wird danach differenziert, ob eine vorherige (dann Rechtfertigungsgrund) oder eine nachträgliche Genehmigung (dann Strafaufhebungsgrund) vorliegt; so *S/S/Heine/Eisele*, § 331 Rn. 58 ff.; a. M. (Tatbestandsausschluss, da durch die Genehmigung die Unrechtsvereinbarung ausgeschlossen wird) *Bernsmann*, StV 2003, 521 (522); SK-*Stein/Rudolphi*, § 331 Rn. 32.
175 Vgl. z. B. *Eisele*, BT I, Rn. 1637 zur strittigen Frage der dogmatischen Einordnung des § 331 III.
176 De lege ferenda schlagen *Schäfer/Liesching*, ZRP 2008, 473 (475 f.) vor, §§ 331 III, 333 III durch eine – den Tatbestand ausschließende – Anzeigenregelung zu ersetzen. Die Strafbarkeit würde danach ausscheiden, wenn der Amtsträger den Vorteil gegenüber der zuständigen Behörde unverzüglich anzeigt und eine Genehmigung durch sie nicht von vornherein offensichtlich ausscheidet.
177 Vgl. hierzu z. B. BGHSt 54, 8 (13).

Andererseits muss es aber auch möglich sein, bisher nicht toleriertes Verhalten nach § 331 III grundsätzlich mit rechtfertigender Wirkung zu genehmigen. Eine „Genehmigung", die durch Täuschung, Drohung oder kollusives Zusammenwirken erschlichen wird, ist hingegen unwirksam, auch wenn keine dem § 330d Nr. 5 entsprechende Norm existiert.

h) Vorsatz und Irrtum

Vorsätzliches Verhalten setzt die Kenntnis aller objektiven Tatbestandsmerkmale voraus. Irrt sich der Täter hierüber, entfällt nach § 16 I 2 der Vorsatz, eine Fahrlässigkeitsbestrafung ist bei den Bestechungsdelikten (wie überhaupt bei den Amtsdelikten) nicht vorgesehen. Die Irrtumsfrage ist hier deswegen problematisch, weil man es im Rahmen der §§ 331 ff. mit stark normativ aufgeladenen Tatbestandsmerkmalen (z. B. „Amtsträger") und der ebenfalls auf eine Bewertung hinauslaufenden Sozialadäquanz zu tun hat. Insoweit stellen die Vorschriften ein Paradebeispiel für die komplizierte Abgrenzung des Tatbestandsirrtums vom Verbotsirrtum und den verschiedenen „Subsumtionsirrtümern" dar[178]. Nach überwiegender Ansicht soll dabei die klare Trennung zwischen Irrtümern über das Vorliegen bestimmter tatsächlicher Verhältnisse (= Tatbestandsirrtum) und Irrtümern über die rechtliche Bewertung (= Verbotsirrtum) bei den „normativen Tatbestandsmerkmalen" keine Geltung haben[179]. Hier soll vielmehr im Rahmen einer „Parallelwertung in der Laiensphäre" geprüft werden, ob der Täter – nach Laienansicht vertretbar – eine falsche rechtliche Bewertung vorgenommen hat, obwohl er den „Unrechtskern" des Deliktes zutreffend erfasst, sein Verhalten aber dennoch nicht als strafbar eingeordnet hat. In diesem Fall läge auch bei einem Irrtum über die rechtliche Bewertung ein Tatbestandsirrtum vor. Freilich würde man die Irrtumsdogmatik wesentlich entlasten, würde man auch hier einen Verbotsirrtum annehmen und den Maßstab der „Vermeidbarkeit" entsprechend absenken.

Beispiel: Amtsträger T nimmt einen Vorteil an, den er – im Gegensatz zum Gericht – noch als geringfügig und daher sozialadäquat betrachtet. T erkennt hier zutreffend den Wert des Zugewendeten und daher den Begriff des „Vorteils". Die irrige „Subsumtion" im Sinne der Einordnung in die Sozialadäquanz führt daher nicht zu einem Tatbestandsirrtum, sondern zu einem Verbotsirrtum (in der Form des sog. „Subsumtionsirrtums"[180]). – Unterschätzt T den Wert des Geschenks und hält er deshalb den Vorteil noch für sozialadäquat, liegt dagegen ein Tatbestandsirrtum vor. – Wird dem T als **Richter** bei §§ 331 II, 332 II der Konnex eines verbotenen Vorteils mit einer Diensthandlung nicht deutlich, verkennt er das normative Merkmal „Gegenleistung". Während die h. M. in diesem Fall zu einem Tatbestandsirr-

---

178 Ausführlich zum Irrtum über die Amtsträgereigenschaft etwa *Bernsmann*, Puppe-FS 2011, S. 361.
179 Vgl. allgemein zur Kritik an der Lehre von den „normativen Tatbestandsmerkmalen" *B. Heinrich*, AT, Rn. 1081 ff.
180 BGHSt 54, 202 (213 f.); BGH, NStZ 2005, 334 (335); LK-*Sowada*, 12. Aufl., § 331 Rn. 101; MüKo-*Korte*, 2. Aufl., § 331 Rn. 116; a. M. OLG Neustadt, NJW 1963, 1633: gleichzeitiges Vorliegen von Erlaubnistatbestands- und Erlaubnisirrtum; zum „Subsumtionsirrtum" als Unterfall des Verbotsirrtums vgl. *B. Heinrich*, AT, Rn. 1078 ff.

tum neigt[181], liegt auch hier die Annahme eines Verbotsirrtums näher. – Wenn T immaterielle Vorteile in der irrigen Ansicht annimmt, nur die Annahme von Vermögensvorteilen sei nach § 331 I verboten, liegt ein schwieriger Grenzfall vor: Ginge die Ansicht des T dahin, die Annahme auch immaterieller Vorteile sei zwar unerlaubt, werde aber nur disziplinarrechtlich, nicht hingegen strafrechtlich geahndet, lässt sich auf der Grundlage der h. M. von einem unbeachtlichen Strafbarkeitsirrtum über einen Verbotsirrtum bis hin zum Tatbestandsirrtum jede Lösung vertretbar begründen. Nach der hier vertretenen Ansicht kommt nur ein Verbotsirrtum infrage, bei dem lediglich die Vermeidbarkeit problematisch ist.

i) Passive Bestechung von Ermessensbeamten, § 332 III Nr. 2

39 Von dem bisher dargestellten Normalfall der passiven Bestechung unterscheidet sich der Sonderfall der Ermessenshandlung durch die besonders schwierige Feststellung der **Pflichtwidrigkeit**. Solange der Amtsträger den **äußeren Rahmen** seines Ermessens nicht überschreitet, ist nämlich der Nachweis problematisch, dass er dem Vorteil einen Einfluss auf seine Entscheidung eingeräumt und deshalb pflichtwidrig entschieden hat. Insoweit liegt die Pflichtwidrigkeit bei Ermessensentscheidungen gerade nicht (erst) in der objektiven Ermessensüberschreitung, sondern bereits in der durch den Vorteil pflichtwidrig beeinflussten Entscheidungsbildung des Amtsträgers, also in seiner **inneren Einstellung**[182].

40 **Beispiel**[183]: Der Beamte B hat über eine Auftragserteilung zu entscheiden. Er muss grundsätzlich dem billigsten Bieter den Zuschlag erteilen, kann aber einen ortsansässigen Bieter bevorzugen, wenn dessen Gebot nicht mehr als 5 % über dem billigsten Gebot eines anderen (ortsfremden) Bieters liegt. – A, ein ortsfremder Bieter, gibt B 1.000 € und bemerkt dazu nur, er verstehe nicht, wie man einem so schlecht bezahlten Beamten wie B eine so schwierige Entscheidung zumuten könne. A hofft, dass er der billigste Bieter sein werde, befürchtet aber, der ortsansässiger Bieter X werde nur ca. 3 % teurer sein. Beides trifft zu. B erteilt A den Zuschlag. Als alles herauskommt, sagt B, er habe streng sachlich entschieden, dem Geld habe er keinen Einfluss auf sein Ermessen eingeräumt und er habe dies auch nie vorgehabt.

41 Der **Gesetzgeber** hat sich nicht zu der Auffassung durchringen können, eine Vorteilsannahme korrumpiere die Ermessensentscheidung immer (mache sie also stets pflichtwidrig). § 332 III Nr. 2 geht vielmehr davon aus, dass zur Vorteilsannahme eine Unrechtsvereinbarung als „zweiter Akt"[184] hinzutreten muss: Die äußerlich hervortretende Bereitschaft, „sich […] durch den Vorteil beeinflussen zu lassen"[185]. Diese liegt dann vor, wenn der Angeklagte nach außen wirkend bewusst seine Bereitschaft bekundet, seine Entscheidung auch an dem Vorteil auszurichten[186]. Dazu reicht es allerdings nicht aus, wenn der Amtsträger die entsprechende Absicht des Zuwendenden erkennt und den Vorteil dennoch annimmt. Der

---

181 So noch *Arzt/Weber-Arzt*, 1. Aufl.; vgl. zu einem solchen Fall ferner BGHSt 39, 45.
182 So auch *Eisele*, BT I, Rn. 1649.
183 Nach *Baumann/Arzt/Weber*, Strafrechtsfälle und Lösungen, 6. Aufl. 1986, Fall 29.
184 So das EGStGB, BT-Drucks. 7/550, S. 273.
185 BGHSt 15, 88 (92); BGHSt 15, 239 (242); BGHSt 48, 44 (46).
186 BGHSt 48, 44 (47).

geheime **Vorbehalt,** sich in Wirklichkeit nicht beeinflussen zu lassen, ist freilich **unbeachtlich** (ebenso wie bei **künftigen** Diensthandlungen generell, § 332 III Nr. 1[187]).

Das vorstehende Beispiel zeigt die Tücken dieses „zweiten Aktes". Liegt in der Annahme des Vorteils immer oder doch regelmäßig die entsprechende konkludente Zusage, dem Vorteil einen Einfluss einzuräumen? Bejaht man dies, käme man zu dem Ergebnis, dass die Vorteilsannahme den Ermessensbeamten (fast) immer korrumpiere. Man wird daher das Beispiel dahin lösen müssen, dass in dubio pro reo davon auszugehen ist, dass der Vorteil nur für eine pflichtgemäße Entscheidung angenommen wird (dann greift lediglich § 331 I, nicht aber § 332 I, III Nr. 2 ein).

Täter kann hier im Übrigen auch ein Amtsträger sein, der zwar selbst keine eigene Entscheidungszuständigkeit besitzt, der aber durch seine fachliche Zuarbeit eine Ermessensentscheidung vorbereitet[188].

3. Aktive Bestechung: Vorteilsgewährung und Bestechung, §§ 333, 334, 335, 336, 337

Die aktive Bestechung ist das Spiegelbild der passiven Bestechung: Der Bürger korrumpiert den Amtsträger. Die **Spiegelung des § 331 in § 333** (= Vorteilsgewährung) ist vollständig. Der Bürger, der einem Amtsträger einen Vorteil im Zusammenhang mit dessen Dienstausübung zuwendet[189], wird in § 333 mit Strafe bedroht. Gespiegelt wird auch die Differenz zwischen lockerer Unrechtsvereinbarung (§ 331 I) und konkreter Unrechtsvereinbarung (§ 331 II). Auch die Tathandlungen gestalten sich spiegelbildlich. Dem Fordern entspricht das „Anbieten" (als schlichtes Tätigkeitsdelikt), das „Versprechen" stellt den Abschluss der Unrechtsvereinbarung dar, wogegen das „Gewähren" die Erfüllung dieser Vereinbarung bedeutet[190].

Die **Spiegelung des § 332 in § 334** (= Bestechung) ist ebenfalls vollständig (Vorteilsgewährung für pflichtwidrige Diensthandlungen). Bei der aktiven Bestechung von Ermessensbeamten stellt § 334 III Nr. 2 die Spiegelung des § 332 III Nr. 2 dar. §§ 335, 336, 337 sind auch auf §§ 333, 334 anzuwenden. Wie es keinen besonders schweren Fall des § 331 gibt, gibt es nach § 335 auch keinen besonders schweren Fall des spiegelbildlichen § 333.

42

43

Wann jeweils ein **besonders schwerer Fall** der Bestechlichkeit bzw. Bestechung gemäß § 335 vorliegt, ergibt sich aus Abs. 2. Hierbei wird zum Regelbeispiel des Abs. 2 Nr. 1 – was das Ausmaß des Vermögensverlustes betrifft – ein weiter Bereich von 10.000 € bis 50.000 € vertreten[191]. Eine

43a

---

187 Vgl. oben Rn. 28, 33.
188 BGHSt 47, 260 (263) m. Anm. *Wohlers,* JR 2003, 160; *Eisele,* BT I, Rn. 1650.
189 Dass der korrumpierende Bürger dem Beamten den Vorteil nicht selbst gewährt, sondern über einen Dritten zukommen lässt, genügt.
190 Vgl. zu den Tathandlungen bei der passiven Bestechung oben Rn. 34.
191 Für 10.000 €: *Fischer,* § 335 Rn. 6; *Kindhäuser,* BT I, § 76 Rn. 64; für 25.000 €: S/S/*Heine/Eisele,* § 335 Rn. 3; für 50.000 €: SSW-*Rosenau,* § 335 Rn. 5; *Wessels/Hettinger,* BT 1, Rn. 1124.

bandenmäßige Begehung ist auch als sog. gemischte Bande zwischen Amtsträgern und Bestechungstätern möglich.[192]

4. Teilnahmeprobleme[193]

a) Vorrang der §§ 331 ff. gegenüber den allgemeinen Teilnahmeregeln („Lagertheorie")

44 Mit der passiven und aktiven Bestechung unterscheidet der Gesetzgeber im BT bei der Korruption zwei Lager, nämlich die Amtsträger und die (außenstehenden) Bürger. Soweit eine Beteiligung des Bürgers an der Korruption unter §§ 333, 334 fällt, ist diese Regelung abschließend. Ebenso ist die Beteiligung des Amtsträgers an der Korruption in §§ 331, 332 abschließend geregelt. Daraus folgt, dass der Bürger neben §§ 333, 334 nicht auch aus §§ 331, 332, 26, 27 bestraft werden kann. Ebenso wenig kann der Amtsträger neben §§ 331, 332 noch aus §§ 333, 334, 26, 27 bestraft werden.

Der **Sinn** der Trennung der beiden Lager liegt (bzw. lag) in der milderen Behandlung des Bürgers bzw. der strengeren Bestrafung des Amtsträgers. Diese Aufteilung der Bestechungsdelikte im BT ist älter als die jetzt in § 28 I für Teilnehmer am Sonderdelikt generell vorgesehene Strafmilderung im AT. Man braucht allerdings nur den Strafrahmen des § 334 (Freiheitsstrafe von drei Monaten bis zu fünf Jahren) mit dem sich aus §§ 332, 26, 28 I, 49 (Freiheitsstrafe von einem Monat bis zu 3 Jahren und 9 Monaten) ergebenden Strafrahmen zu vergleichen, um zu erkennen, dass angesichts des § 28 I der eigentliche Sinn einer solchen Regelung im BT entfallen ist (bzw. die heutige Regelung für den Bürger sogar ungünstiger ist)[194].

Lassen sich **mehrere Amtsträger gemeinsam** bestechen, sind sie fast immer als **Täter bzw. Mittäter** anzusehen. Nur ganz ausnahmsweise ist denkbar, dass bei einer gemeinsamen dienstlichen Tätigkeit, etwa wenn Vorgesetzte mit Untergebenen zusammenwirken, einer von ihnen eine so untergeordnete Rolle spielt, dass er nur als **Gehilfe** zur Vorteilsannahme bzw. Bestechlichkeit der Hauptbeteiligten anzusehen ist[195].

b) Zur Anwendung der allgemeinen Teilnahmeregeln neben §§ 331 ff.

45 Vorstehend wurde ausgeführt, dass neben §§ 331 ff. an sich ein Rückgriff auf die Teilnahmeregeln des AT nicht zulässig ist. Dennoch ist in eng

---

192 BGH wistra 2013, 107; *S/S/Heine/Eisele*, § 335 Rn. 5.
193 Die folgenden Differenzierungen entsprechen der h. M. (zur Gegenansicht vgl. *Baumann/Arzt/Weber*, Strafrechtsfälle und Lösungen, 6. Aufl. 1986, Fall 29, wo die oben im Text folgenden Unterscheidungen näher dargelegt werden). Ausdrücklich zustimmend *Bell*, MDR 1979, 719. – Für die „Lagertheorie" auch *Sax*, ZStW 90 (1978), 927 (953); sowie, freilich mit Bedenken wegen der im Vergleich mit § 28 I zu geringen Privilegierung des Bürgers, *Wessels/Hettinger*, BT 1, Rn. 1121 f.; vgl. ferner BGHSt 37, 207 (212).
194 Vgl. hierzu auch *Bernsmann*, StV 2003, 521 (526).
195 Ausschließlich auf die Mittäterschaft stellen ab: MüKo-*Korte*, 2. Aufl., § 331 Rn. 187; *S/S/Heine/Eisele*, § 331 Rn. 71.

Bestechungsdelikte, §§ 331–338 § 49 Rn. 46

begrenzten Ausnahmefällen eine **Teilnahme an §§ 333, 334** ebenso möglich[196] wie eine **Teilnahme an §§ 331, 332**.

Beispiel: A erlangt nur dadurch eine Baugenehmigung (für sein an sich nicht genehmigungsfähiges Bauvorhaben), dass er dem zuständigen Beamten im Baurechtsamt 10.000 € zuschiebt. C, die Ehefrau des A, hatte dem A dieses Vorgehen empfohlen, D, die Ehefrau des B, hatte den B dazu gedrängt, auf das Angebot des A einzugehen. – Hier ist C (als Ehefrau des A) unstreitig wegen Anstiftung des A zur aktiven Bestechung, §§ 334, 26, zu bestrafen. – Umstritten, aber im Ergebnis zu bejahen, ist die entsprechende Situation bei D (der Ehefrau des B). Sie kann wegen Anstiftung des B zur passiven Bestechung (Bestechlichkeit) bestraft werden, §§ 332, 26, 28 I. Eine täterschaftliche aktive Bestechung scheidet bei D deshalb aus, weil sie selbst dem B keinen Vorteil versprochen hat. Da § 331 I und § 333 I denselben Strafrahmen aufweisen, führt diese Einordnung zu einer an sich kaum begründbaren Besserstellung desjenigen, der den Amtsträger zu einer Vorteilsannahme anstiftet, da ihm dann § 28 I zugutekommt[197].

Die Teilnahme an der aktiven Bestechung fördert regelmäßig nicht nur diese, sondern mittelbar auch die passive Bestechung (und umgekehrt). Der drohenden Vervielfältigung der Teilnehmekonstruktionen ist mithilfe der „Lagertheorie" zu begegnen. Wer als Teilnehmer an der passiven Bestechung im Lager des Amtsträgers steht, ist nicht zusätzlich noch wegen der mittelbaren Förderung auch der aktiven Bestechung zu bestrafen und umgekehrt. Insofern ist also entscheidend, ob der Teilnehmer mit seiner Handlung den Geber oder den Nehmer unterstützen will.

Beispiel: Wenn im genannten Beispiel D (die Ehefrau des B) zugleich ihren Ehemann zur Bestechlichkeit und den A zu einer Bestechungshandlung verleitet, ist sie lediglich wegen Anstiftung zu § 332 und nicht zugleich wegen Anstiftung zu § 334 zu bestrafen, da sie „im Lager" ihres Mannes B steht.

Sollte jedoch in einem Ausnahmefall einmal eine Unterstützung beider Seiten durch den Teilnehmer vorliegen (Bsp.: Ein Dritter, der an dem Bauvorhaben des A interessiert ist, aber weder „im Lager" des A noch in dem des B steht, „vermittelt" den vorgenommenen Deal) so treten §§ 332, 26 aufgrund der nach § 28 I zu mildernden Strafe hinter einer Strafbarkeit gemäß §§ 334 zurück[198].

5. Konkurrenzen

Wird ein Vorteil gefordert (bzw. versprochen) und anschließend angenommen (bzw. gewährt) oder liegt mehreren Vorteilsannahmen (oder -gewährungen) nur eine Unrechtsvereinbarung zugrunde, soll nur dann eine tatbestandliche Handlungseinheit vorliegen, wenn der Umfang der zu erbringenden Leistung zuvor genau festgelegt wurde[199]. Stellt die pflichtwidrige Diensthandlung eine Straftat dar (z. B. § 348), ist zwischen aktiver Bestechung und der Anstiftung zu dieser Straftat Tateinheit anzunehmen,

46

---

196 Da §§ 333, 334 als eine konstruktiv zur Täterschaft aufgewertete Teilnahme an §§ 331, 332 anzusehen sind, ist eine Teilnahme an §§ 333, 334 der Sache nach Teilnahme an der Teilnahme an §§ 331, 332. Näher dazu *Baumann/Arzt/Weber*, Strafrechtsfälle und Lösungen, 6. Aufl. 1986, Fall 29, und oben § 26 Rn. 17 f. zur insoweit vergleichbaren Problematik bei § 258.
197 Vgl. hierzu auch *Bernsmann*, StV 2003, 521 (526).
198 *Eisele*, BT I, Rn. 1602; NK-*Kuhlen*, § 331 Rn. 146; *Rengier*, BT II, § 60 Rn. 43; kritisch hierzu *Bernsmann*, StV 2003, 521 (526).
199 BGHSt 41, 292 (302); BGHSt 47, 22 (30); BGH NStZ 1995, 92; BGH, NStZ-RR 1998, 269.

also z. B. §§ 334; 348, 26, 28 I; 52. Umstritten ist das Konkurrenzverhältnis zwischen passiver Bestechung (Bestechlichkeit, § 332) und der pflichtwidrig-strafbaren Diensthandlung. Hier ist Tateinheit anzunehmen[200], wenn die pflichtwidrig-strafbare Handlung der passiven Bestechung nachfolgt. Die Begründung ergibt sich daraus, dass die pflichtwidrige Handlung zwar nicht formell, wohl aber materiell als Erfolg der Bestechung anzusehen ist. Geht die pflichtwidrig-strafbare Handlung dagegen der passiven Bestechung zeitlich voraus (bei nachträglicher Annahme eines Vorteils für eine bereits vorgenommene pflichtwidrige Diensthandlung), ist Tatmehrheit anzunehmen.

47 **Examenswichtige Verständnisfragen** wirft das **Verhältnis zu Betrug, Erpressung und Untreue** auf: Mit § 263 kann die passive Bestechung in **Tateinheit** stehen, wenn der Amtsträger die Unrechtsvereinbarung schließt (= vollendete passive Bestechung, § 332 I, III), sie aber nicht einhalten will[201]. Dann täuscht der Amtsträger vor, für den Vorteil die pflichtwidrige Handlung erbringen zu wollen. Soweit es sich bei dem Vorteil um einen Vermögensvorteil handelt, erlangt der Amtsträger diesen durch Betrug, also §§ 332, 263, 52[202]. Hier ist jedoch Vorsicht geboten, denn vielfach ist das Vorbringen des Amtsträgers, er habe gar nicht pflichtwidrig handeln wollen, als eine – angesichts § 332 III Nr. 1 vergeblich bleibende – Schutzbehauptung anzusehen. Ob es bei der Strafzumessung im Rahmen des § 332 zugunsten des Amtsträgers spricht, dass er die Unrechtsvereinbarung nicht einhalten wollte, ist zweifelhaft[203]. Bei § 263 führt der Satz „in dubio pro reo" dazu, dass im Zweifel zugunsten des Amtsträgers (!) anzunehmen ist, dass er die pflichtwidrige Diensthandlung nicht nur zugesagt hat, sondern diese Zusage auch einhalten wollte. Deshalb wird § 263 regelmäßig entfallen.

48 Mit § 253 steht die passive Bestechung regelmäßig in **Tateinheit**[204]. Problematisch ist die Beurteilung der Strafbarkeit des Erpressungsopfers: Geht der Bürger auf die erpresserische Forderung des bestechlichen Amtsträger ein, ist dies unter dem Aspekt der Erpressung als notwendige Teilnahme straflos[205]. Weil der Bürger jedoch zugleich den Tatbestand des § 334 verwirklicht, stellen sich schwierige Fragen auf Rechtfertigungs- und

---

200 Dagegen i. d. R. für Tatmehrheit *Lackner/Kühl*, § 332 Rn. 11; LK-*Sowada* 12. Aufl., § 332 Rn. 35; *S/S/Heine/Eisele*, § 332 Rn. 26; vgl. auch BGHSt 7, 149 (150); BGHSt 47, 22 (25 f.).
201 BGHSt 9, 245 (246 f.).
202 Zur Schädigung des Vorteilsgebers bei Ausbleiben einer rechtswidrigen Gegenleistung vgl. oben § 20 Rn. 115. – Der entsprechende Fall bei der aktiven Bestechung (Vorteil wird dem Beamten versprochen, der den Vorteil versprechende Bürger hat aber keine Erfüllungsabsicht) führt zu der Frage, ob die pflichtwidrige Diensthandlung eine „Arbeitsleistung" des Beamten ist bzw. ob der Beamte um eine gesetzwidrige Forderung (auf Erfüllung des zugesagten Vorteils) gebracht wird; vgl. hierzu oben § 20 Rn. 116 ff.; ferner die Besprechungen von BGHSt 29, 300 durch *Dölling*, JuS 1981, 570 und *Maiwald*, NJW 1981, 2777; vgl. hierzu auch oben Rn. 28.
203 Offengelassen in BGHSt 15, 88 (97).
204 BGHSt 9, 245; LK-*Sowada*, 12. Aufl., § 331 Rn. 143, § 332 Rn. 35; MüKo-*Korte*, 2. Aufl., § 332 Rn. 55; *S/S/Heine/Eisele*, § 331 Rn. 75.
205 Vgl. oben § 18 Rn. 21.

Schuldebene, insbesondere unter dem Gesichtspunkt des **Nötigungsnotstandes**[206]. Praktisch werden diese Fragen vor allem bei der Wirtschaftskorruption bedeutsam[207].

Sieht man bei der erpresserischen Bestechlichkeit die Drohung darin, dass sich der Amtsträger ohne Vorteilsgewährung pflichtgemäß verhalten werde, scheitert die Erpressung in aller Regel daran, dass mit einer **Unterlassung** (nämlich pflichtwidrig zu handeln) gedroht wird, d. h. es liegt strukturell keine erpresserische, sondern eine **wucherische** Bestechlichkeit vor. Man kann sich hier allerdings auch fragen, ob die bei § 253 zur Ermittlung des Schadens erforderliche Saldierung nicht dazu führt, dass die pflichtwidrige Diensthandlung den vom Amtsträger geforderten Vermögensvorteil wert war, also per Saldo dem Vorteilsgeber gar kein Nachteil entstanden ist und § 253 schon deshalb entfällt.

Beispiel[208]: Der Polizeibeamte P erfährt, dass Bäckermeister B seinen Gesellen G nicht angemeldete Sonntagsarbeit verrichten lässt. P fordert von B 1.000 € und verspricht ihm, die Sache dann nicht weiterzuverfolgen. B zahlt, P geht der Sache nicht nach. – P macht sich hier wegen Bestechlichkeit nach §§ 332 I, III Nr. 1, 336 (falls man die Pflicht bejaht, der Sache nachzugehen) oder §§ 332 I, III Nr. 2, 336 (falls das weitere Nachgehen in seinem Ermessen stand) strafbar. B ist spiegelbildlich dazu strafbar nach §§ 334 I, III Nr. 1, 336 bzw. §§ 334 I, III Nr. 2, 336. Zusätzlich ist P tateinheitlich hierzu wegen Erpressung, § 253, zu bestrafen, da B durch die Zahlung einen Nachteil (= Vermögensschaden) erleidet[209]. — 49

Häufig anzutreffen ist auch die Kombination von passiver Bestechung und Untreue (§ 266). Auch hier liegt nach den oben genannten Grundsätzen[210] regelmäßig Idealkonkurrenz vor, wenn die Untreue der passiven Bestechung nachfolgt[211], etwa in dem Fall, dass der für die Auftragsvergabe zuständige Beamte Schmiergelder dafür kassiert, dass er den Auftrag an einen (teureren) Anbieter vergibt. — 50

6. Verjährung

Die Verjährung beginnt nach § 78a Satz 1 mit Beendigung der Tat. Zwar ist bei der Bestechlichkeit bzw. der Bestechung die Tat bereits mit dem Fordern bzw. Anbieten oder dem Gewähren bzw. dem Annehmen etc. vollendet. Kommt es infolgedessen dann aber zu einem späteren Zeitpunkt zur Vornahme der erstrebten Diensthandlung, ist (erst) hierin – nach Ansicht des BGH – die Beendigung der Tat zu sehen, auch wenn dieser Umstand nicht mehr zur Erfüllung des Tatbestandes erforderlich sei. Die Ver- — 50a

---

206 Zum Nötigungsnotstand vgl. *B. Heinrich*, AT, Rn. 437, 580.
207 Vgl. unten Rn. 54 f., 61.
208 Fall nach BGHSt 9, 245: Hier lag die Situation insofern noch komplizierter, als P zwar nur ein zinsloses Darlehen gefordert hatte, er aber wusste, dass der versprochene Rückzahlungstermin von ihm nicht eingehalten werden konnte.
209 Zur Saldierung mit dem „Übel" einer Anzeige bei § 253 vgl. oben § 18 Rn. 12 f.
210 Vgl. oben Rn. 46.
211 Vgl. auch BGHSt 47, 22 (25 f.); BayObLG, NJW 1996, 268 (271); MüKo-*Korte*, 2. Aufl., § 332 Rn. 55; ablehnend *Bittmann*, wistra 2002, 405.

jährung beginne also (erst) zu diesem Zeitpunkt[212]. Hierfür spricht, dass das materielle Unrecht der Tat durch die Vornahme der Diensthandlung vertieft wird. Auch sollte aus einer – durch eine erhöhte Gefährlichkeit begründeten – Vorverlagerung der Strafbarkeit keine Privilegierung des Täters folgen. Problematisch ist diese Lösung allerdings dann, wenn die (letzte) Diensthandlung erst längere Zeit nach der Bestechungshandlung vorgenommen wird oder gar ungewiss ist, ob sie überhaupt noch erfolgen wird[213]. Eine Beendigung ist aber jedenfalls stets dann anzunehmen, wenn der Bestochene seine Amtsträgereigenschaft verliert[214].

III. Bestechlichkeit und Bestechung im geschäftlichen Verkehr, §§ 299–302

1. Rechtsgut und kriminalpolitische Vorbemerkung

51 Durch das Korruptionsbekämpfungsgesetz von 1997 wurde der neue Abschnitt „Straftaten gegen den Wettbewerb" in das StGB eingefügt. Die Kombination der Bezeichnung des Gesetzes („Korruption") mit der von diesem Gesetz vorgenommenen Titulierung des entsprechenden Abschnittes des StGB („Wettbewerb") ergibt als **Rechtsgut** den lauteren Wettbewerb, modern den **fairen Wettbewerb**[215], genauer: das Interesse der einzelnen Staatsbürger an einem ordnungsgemäßen Funktionieren des (wirtschaftlichen) Wettbewerbs[216]. Dieser Wettbewerb wird durch §§ 298 ff. gegen zwei unfaire, d. h. korrumpierende Praktiken geschützt, nämlich gegen bestimmte **Absprachen bei Ausschreibungen** (§ 298) und gegen die **aktive und passive Bestechung** (§ 299). Die enge strukturelle Verwandtschaft des § 299 mit den vorstehend erörterten Bestechungsdelikten und die enge sachliche Nähe der Korruption der Wirtschaft (auch in der Form des § 298!) mit der Korruption des Staates erklärt die Behandlung des § 299 im Kontext der Amtsdelikte. Der Gesetzgeber hat auch § 298 als Fall der **Wirtschaftskorruption** gesehen. § 298 verzichtet zwar auf den Eintritt eines Vermögensschadens und die Vornahme einer Täuschungshandlung.

---

[212] BGHSt 52, 300; BGHSt 56, 146 (148); so auch *Fischer*, § 331 Rn. 30b; LK-*Schmid*, 12. Aufl., § 78a Rn. 3; weitgehend zustimmend auch *Kuhlen*, JR 2009, 53 (56), jedenfalls für §§ 332, 334; a. M. *Dann*, NJW 2008, 3078; *Gleß/Geth*, StV 2009, 183 (185 f.); *Mitsch*, Jura 2009, 534 (537); MüKo-*Korte*, 2. Aufl., § 331 Rn. 204; S/S/*Sternberg-Lieben/Bosch*, § 78a Rn. 2; dagegen nimmt *Helmrich*, wistra 2009, 10 (13 f.) mit beachtlichen Argumenten einen unterschiedlichen Fristbeginn für den Bestechenden und den Bestochenen an und differenziert zudem zwischen verschiedenen Tathandlungen.
[213] Problematisch wird die Bestimmung des Zeitpunkts des Verjährungsbeginns auch dann, wenn die pflichtwidrige Diensthandlung in einem Unterlassen besteht; vgl. *Gleß/Geth*, StV 2009, 183 (185).
[214] BGHSt 11, 345 (347); *Fischer*, § 331 Rn. 30a; LK-*Schmid*, 12. Aufl., § 78a Rn. 3.
[215] Vgl. zum Rechtsgut des § 299 BGH, NJW 2006, 3290 (3298); *Bürger*, wistra 2003, 130 (133 f.); *Rönnau*, JZ 2007, 1084 (1088); S/S/*Heine/Eisele*, Vorbem. §§ 298 ff. Rn. 4; so schon zu § 12 UWG a. F. RGSt 48, 291 (295); zu den verschiedenen (möglichen) Regelungsmodellen der Wirtschaftskorruption vgl. *Vogel*, Weber-FS 2004, S. 395.
[216] *B. Heinrich*, Amtsträgerbegriff, 2001, S. 606.

In der Praxis dürften jedoch Täuschungen der sich absprechenden Bieter dominieren. Deshalb wurde § 298 als betrugsähnliches Delikt bereits oben behandelt[217].

Die Schwierigkeiten des fairen Wettbewerbs als Rechtsgut i. S. eines abstrakten Gefährdungsdelikts liegen in der Konkretisierung der Erwartungen, die mit diesem Vorfeldschutz verbunden sind. Welche Vorteile soll eigentlich ein fairer Wettbewerb den Wettbewerbsteilnehmern und den Verbrauchern (d. h. der Allgemeinheit) bringen? Wenn ein in einer Existenzkrise steckendes Unternehmen Aufträge durch Bestechung erlangt, geht das auf Kosten (1) der Mitbewerber, (2) des Geschäftsherrn des Bestochenen und (3) vielleicht auch auf Kosten der Allgemeinheit, weil sich nicht der effizienteste bzw. billigste Anbieter durchsetzt.

Da es einen solchen idealtypischen freien Markt in der Realität aber nicht gibt (schon allein wegen der Marktmacht großer Anbieter), ist es jedoch schwer, (noch) legale Praktiken von unfairen Wettbewerbseingriffen zu trennen. Wenn der Staat in den Wettbewerb eingreift und ein großes Unternehmen (z. B. im Fall Holzmann) mit staatlichen Mitteln vor der Insolvenz rettet, weil so Arbeitsplätze erhalten werden, gerät ein solcher Eingriff in eine unangenehme Parallele zu § 299. Mit diesem Verhalten können weder Aufträge (z. B. das Bauvolumen) vermehrt werden, noch ist einzusehen, wie die Zahl der Arbeitnehmer, die zur Abwicklung eines bestimmten Bauvolumens benötigt wird, mit einem solchen Eingriff vergrößert werden kann.

Die **Abgrenzung des legalen Filzes von der illegalen Korruption** wird zusätzlich erschwert, weil sich die h. M. weigert, den fairen Wettbewerb als vorverlagerten Schutz des **Vermögens** zu betrachten. So kommt es zur Konstruktion des „Wettbewerbs als Vorfeldschutz", hinter dem nichts steht, das sich benennen ließe[218]. Eine solche Situation ist im Bereich der Gefährdungsdelikte höchst ungewöhnlich.   52

Mit den in diesem neuen Abschnitt enthaltenen beiden **Korruptionstatbeständen** der verbotenen Absprache und der Bestechung sind die Verhaltensweisen des „**Insidertrading**", der **Industriespionage** und der **Kartellabsprachen** verwandt. Auch diese erfüllen weitere Straftatbestände und Ordnungswidrigkeiten, die allerdings im Nebenstrafrecht (UWG, GWB, BörsenG etc.) geregelt sind.   53

Mit Blick auf die Lawine an neuen Straftatbeständen und Regulierungen aller Art, die im Zeichen vor allem internationaler Korruptionsbekämpfung auf Deutschland zurollt, sind die wesentlichen Faktoren, aus denen sich der gemeinsame Nenner verschiedener Formen der Korruption ergibt, im Folgenden kurz zu skizzieren. Hervorzuheben sind dabei insbesondere die **Nähe zum normalen Wettbewerbsverhalten**, die sog. „**Ansteckungsgefahr**" und **die sich verwischende Grenze zwischen Tätern und Opfern.**   54

Beispiel: Wenn der Lieferant (Hersteller) T die Fabrik des Konkurrenten O niederbrennt, ist dies sicher keine lautere Methode, um auf Kosten des O Aufträge zu er-

---

217 Vgl. oben § 21 Rn. 103 ff.
218 Ähnlich *Ransiek*, StV 1996, 446 (453).

halten. Ein solches Handeln ist jedoch vom erlaubten Wettbewerb so weit entfernt, dass es lächerlich wäre, über das primär verletzte Eigentum (als Rechtsgut der Brandstiftung, § 306) hinaus von einer Straftat gegen den Wettbewerb zu sprechen. Eine „Ansteckungsgefahr" in dem Sinne, dass jeder bei jedem Feuer legt, besteht ebenfalls nicht. T ist überdies klar der Täter und O ist ebenso klar das Opfer. – Wenn jedoch T den Auftraggeber A durch Bestechung veranlasst, den Auftrag nicht an O, sondern an ihn (T) zu vergeben, ist zu befürchten, dass redliche Konkurrenten sich ebenfalls zum „Schmieren" gezwungen sehen. Es besteht ein vom Einzelfall ausgehendes generelles „Ansteckungsrisiko". Je weiter sich eine solche Praxis verbreitet, desto unklarer wird es, ob die Lieferanten die Auftraggeber bestechen oder diese mehr oder weniger selbstverständlich und unausgesprochen einen Bestechungslohn fordern. Die Lieferanten wechseln dann mit der Zeit die Rolle: Sie werden von Tätern einer aktiven Bestechung der Auftraggeber zu Opfern der passiven Bestechung ihrer Auftraggeber, sofern diese einen Bestechungslohn fordern, vielleicht sogar schon dann, wenn sie ihn „nur" erwarten. – Auch die Nähe der Bestechung zu erlaubtem Wettbewerbsverhalten ist offensichtlich. Geschäftspartner umwerben sich. Namhafte Vorteile, auf die kein Anspruch besteht, werden als Kulanz erwartet. Die Trennung zwischen unmittelbaren persönlichen Vorteilen (im Beispiel für A) und mittelbaren Vorteilen, die auch mit dem Bestechungsverbot des § 299 kaum erfassbar sind, ist außerordentlich schwierig. Im Beispiel ist ein – wie auch immer gearteter – Vorteil für das Unternehmen (= Auftraggeber), das A zum Teil gehört oder an dessen Erfolg er als leitender Angestellter **mittelbar** partizipiert, ein wettbewerbsrechtlich fast immer legitimes Mittel. Die Erlangung solcher Vorteile ist sogar das legitime Ziel des Wettbewerbs.

55   Dennoch sind die durch das **Korruptionsbekämpfungsgesetz von 1997** eingefügten Regelungen gegen die vielen Kritiker in Schutz zu nehmen, denn die Vorschrift des § 299 ist eine insgesamt **gelungene gesetzgeberische Leistung**. Das Gesetz hat zwar materiell-rechtlich nur kleine Verschiebungen vom UWG und GWB ins StGB gebracht. Prozessrechtlich hat es aber die Verfolgung von Amts wegen (= Offizialprinzip, § 152 II StPO) ausgeweitet (§ 301). Letzteres sichert den Einfluss der Medien. Durch die Berichterstattung über einen Korruptionsfall kann nunmehr die Staatsanwaltschaft zur Aktivität gezwungen werden. Die eigentliche Bedeutung des Korruptionsbekämpfungsgesetzes von 1997 liegt jedoch darin, dass Deutschland dadurch Zeit gewonnen hat, angesichts des Drucks internationaler Gremien, denen viel weitergehende Reglementierungen gegen Korruption vorschweben. (Über-)Reglementierung ist jedoch ihrerseits wiederum eine wesentliche Ursache für Korruption, sodass eine **Korruptionsbekämpfung durch Reglementierung illusorisch** ist.

Die **Internationalisierung** des Begriffs des Amtsträgers[219] und die Sanktionierung, z. B. der Schmiergeldzahlung an einen ausländischen Amtsinhaber nach deutschem Strafrecht, soll die Wirtschaftskorruption im internationalen Geschäftsverkehr verhindern. Wo diesbezüglich Illusionen über die Reformation ausländischer Sitten durch das deutsche Strafrecht bestehen und wie man die Rechtfertigungsprobleme lösen will, wenn man die deutschen Opfer erpresserischer Bestechlichkeit seitens ausländischer Amtsträger zu Bestechungstätern definiert, sind nur einige der mit dieser Gesetzgebung verbundenen Probleme.

---

219 Vgl. oben Rn. 23.

Bestechung im Geschäftsverkehr, §§ 299 ff. § 49 Rn. 56–57

Was die tatsächliche Bedeutung der §§ 299, 300 angeht, ließ sich nach deren Einführung im Jahre 1997 eine anfängliche Steigerung der erfassten Fälle feststellen, die jedoch später wieder rückläufig war, in den letzten Jahren ist dann aber wiederum eine deutliche Steigerung erkennbar[220]. Insgesamt sind die Zahlen allerdings verschwindend gering.

2. Der Tatbestand des § 299

Durch das Korruptionsbekämpfungsgesetz von 1997 wurde die bis dahin in § 12 UWG mit Strafe bedrohte Bestechung im Wettbewerb als § 299 ins StGB eingestellt. Gegenüber dem bisherigen Rechtszustand wurde der Kreis der Antragsberechtigten ausgedehnt und bei entsprechendem öffentlichen Interesse ist nunmehr sogar eine **Strafverfolgung von Amts wegen** möglich (§ 301), d. h. der Sache nach ist § 299 zum Offizialdelikt geworden[221]. Wie bei §§ 331 ff. wird zwischen passiver Bestechung (§ 299 I, Bestechlichkeit) und aktiver Bestechung (§ 299 II, Bestechung) unterschieden. Durch den erst im Jahre 2002 eingefügten § 299 III wird die Strafbarkeit auch auf Handlungen im ausländischen Wettbewerb ausgedehnt[222].

§ 299 I ist ein **Sonderdelikt**. Täter kann nur **ein Angestellter oder Beauftragter eines geschäftlichen Betriebes** sein. Dieser muss eine Entscheidungskompetenz besitzen, in deren Missbrauch die unfaire Bevorzugung des Bestechenden liegt. Dabei reicht es aus, wenn er die getroffenen Entscheidungen (eines anderen) beeinflussen kann. In der von § 266 her bekannten Terminologie: Bei § 299 geht es um rechtsgeschäftliches Handeln bzw. die Einwirkung auf rechtsgeschäftliches Handeln[223]. Tatsächliche Handlungen wie z. B. ein Geheimnisverrat (durch Weitergabe von Offerten an Mitbewerber) werden nicht erfasst. Von der Strafnorm nicht erfasst ist allerdings der **Geschäftsinhaber** selbst, da dieser in seinen Entscheidungen über den Bezug von Waren und Dienstleistungen prinzipiell frei ist[224]. Dies hat die absurde Konsequenz, dass dann, wenn der Angestellte in Absprache mit dem Geschäftsinhaber Bestechungsgelder entgegennimmt, sich allein der Angestellte strafbar macht, selbst wenn die Gelder am Ende dem Geschäftsinhaber zukommen sollen[225]. Problematisch

---

220 Zahlen auf der Grundlage der Polizeilichen Kriminalstatistik (Ziffer 6570): 1998: 55; 1999: 63; 2000: 134; 2001: 238; 2002: 295; 2003: 431; 2004: 382; 2005: 353; 2006: 478; 2007: 401; 2008: 612; 2009: 719; 2010: 761; 2011: 888.
221 Zur praktischen Bedeutung dieser Regelung vgl. oben Rn. 55.
222 Vgl. hierzu *Haft/Schwoerer*, Weber-FS 2004, S. 367 (378 ff.); *Rönnau*, JZ 2007, 1084; ferner unten Rn. 60.
223 Zu den Strafbarkeitsrisiken von Unternehmensberatern, die sich Provisionen für die Empfehlung bestimmter Produkte gewähren lassen (sog. „Finder's Fee"), *Schmidl*, wistra 2006, 286.
224 LK-*Tiedemann*, 12. Aufl., § 299 Rn. 10; MüKo-*Krick*, 2. Aufl., § 299 Rn. 3; *S/S/Heine/Eisele*, § 299 Rn. 7; kritisch hierzu *Bürger*, wistra 2003, 130 (132); *Winkelbauer*, Weber-FS 2004, S. 385 (391 ff.); *Wolf*, ZRP 2007, 44 (45).
225 Hierauf weist *Winkelbauer*, Weber-FS 2004, S. 385 (386 f.; 390) zutreffend hin, der insoweit eine tatbestandliche Reduktion bzw. eine Rechtfertigung annimmt; zu dieser Problematik vgl. bereits die Sektkorkenentscheidung in RGSt 48, 291.

kann die Bestimmung des „Geschäftsinhabers" insbesondere bei juristischen Personen sein[226]. Nicht einzusehen ist es auch, dass sich der Geschäftsführer einer Ein-Mann-GmbH (als Angestellter derselben) strafbar machen soll, nicht hingegen der Einzelkaufmann, der als Geschäftsinhaber von § 299 nicht erfasst wird[227].

57a Als **Beauftragter** i. S. des § 299 ist derjenige anzusehen, der – ohne Angestellter oder Inhaber des Betriebes zu sein – aufgrund seiner Stellung berechtigt und verpflichtet ist, auf Entscheidungen des Betriebes, die den Waren- oder Leistungsaustausch betreffen, unmittelbar oder mittelbar Einfluss zu nehmen[228]. Kein Beauftragter eines geschäftlichen Betriebes (= Krankenkasse) ist der zur vertragsärztlichen Versorgung zugelassene Arzt[229]. Denn nach Ansicht des Großen Senats begegnen sich Vertragsärzte und Krankenkassen im Rahmen des § 72 Abs. 2 SGB V im „kooperativen Zusammenwirken"[230]. Eine solche Gleichordnung schließe aber eine Beauftragung des Vertragsarztes durch die Krankenkassen aus.

57b Unter den Begriff des „**geschäftlichen Betriebes**" (= Einrichtung, die darauf angelegt ist, dauerhaft am Wirtschaftsleben teilzunehmen, wobei eine Gewinnerzielungsabsicht im Gegensatz zum Gewerbebetrieb nicht erforderlich ist[231]) kann auch eine staatliche Körperschaft oder ein öffentliches Unternehmen im Rahmen des fiskalischen Staatshandelns oder der Daseinsvorsorge fallen[232], sodass, je nachdem, ob man dieses Verhalten von den echten Bestechungsdelikten erfasst sieht[233], § 299 auch neben §§ 331 ff. treten kann[234].

57c Die Bestechungshandlung muss „**im geschäftlichen Verkehr zu Zwecken des Wettbewerbs**" vor sich gehen[235]. Es muss also eine selbstständige und wirtschaftliche Zwecke verfolgende Tätigkeit vorliegen, in der eine Teilnahme am Wettbewerb zum Ausdruck kommt[236]. Rein private Tätigkeiten sind somit nicht erfasst.

58 Der **Vorteil** entspricht dem bei §§ 331 ff. verwendeten Begriff[237]. Die ausdrückliche Einbeziehung des Drittvorteils beugt auch hier einer Überdehnung des mittelbaren eigenen Vorteils vor. Im Geschäftsleben geht es oft um einen Vorteil für das Unternehmen, für das der Täter handelt. Auch

---

226 Vgl. hierzu *Fischer*, § 299 Rn. 8a; *Winkelbauer*, Weber-FS 2004, S. 385 (389).
227 So auch *Bürger*, wistra 2003, 130 (132).
228 BGHSt 57, 202 (211).
229 BGHSt 57, 202 (210 ff.) – Vertragsärzte.
230 BGHSt 57, 202 (213); vgl. auch *Taschke*, StV 2005, 406 (409).
231 BGHSt 57, 202 (210).
232 BGHSt 57, 202 (210).
233 Vgl. oben Rn. 20 ff.
234 MüKo-*Krick*, 2. Aufl., § 299 Rn. 41; NK-*Dannecker*, § 299 Rn. 26, 90; *S/S/Heine/Eisele*, § 299 Rn. 32; a. M. *Fischer*, § 331 Rn. 40; LK-*Tiedemann*, 12. Aufl., § 299 Rn. 19, 61 (Vorrang der §§ 331 ff.).
235 Vgl. zum Merkmal des „Wettbewerbs" *Gercke/Wollschläger*, wistra 2008, 5.
236 LK-*Tiedemann*, 12. Aufl., § 299 Rn. 21 ff.; *S/S/Heine/Eisele*, § 299 Rn. 9; vgl. hierzu auch BGH, NJW 2006, 3290 (3298).
237 Vgl. oben Rn. 24.

die Tathandlungen (= Fordern, Sich-Versprechenlassen, Annehmen in § 299 I; Anbieten, Versprechen, Gewähren in § 299 II) entsprechen denen der §§ 331 ff.[238].

Was die **Unrechtsvereinbarung** betrifft, ist diese im Sinne der bei §§ 331, 333 gebrauchten Terminologie nicht „gelockert". Der Vorteil muss vielmehr gerade „als Gegenleistung" erfolgen, also konkret und direkt auf die unlautere Bevorzugung im Wettbewerb abzielen. Dabei ist die Übertragung der zum **Ermessensbeamten** entwickelten Grundsätze auf die unlautere Bevorzugung von praktisch entscheidender Bedeutung. Würde man bei § 299 daran festhalten, dass – wie bei § 332 – die Pflichtwidrigkeit (und damit die Wettbewerbswidrigkeit) der Tathandlung (Fordern, Anbieten etc.) von dem Resultat der unlauteren Bevorzugung zu trennen ist[239], entstünden bei der Auftragsvergabe dank Schmiergeldzahlungen praktisch meist unüberwindbare Beweisprobleme. 59

> **Beispiel:** A und B reichen dem Unternehmen U Offerten ein. Obwohl die Offerte des B ungünstiger ist, erhält B den Auftrag, weil er dem über die Vergabe entscheidenden Angestellten des Unternehmens U Schmiergeld zahlt. – Hier löst das pflichtwidrige Schmiergeld eine Entscheidung aus, deren Pflichtwidrigkeit von der Schmiergeldannahme getrennt werden kann. – Meist aber haben Offerten (z. B. für Panzerlieferungen, U-Bahnbau, Fabrikanlagen) so viele Vor- und Nachteile, dass der Nachweis einer wettbewerbswidrigen Bevorzugung bei Beschaffung des Systems des das Schmiergeld zahlenden Anbieters B anders als im vorstehenden Beispiel nicht zu erbringen ist. Insofern ist die Gleichsetzung des Vorteils mit der wettbewerbswidrigen Bevorzugung verständlich.

Weil es um einen Vorteil für unlauteres Verhalten (= Tun oder Unterlassen) geht, orientiert sich § 299 am Modell der §§ 332, 334, d. h. §§ 331, 333 sind nicht übernommen worden. Das ist problematisch, weil hinter der Forderung eines Vorteils für ein an sich ordnungsgemäßes Verhalten meist eine latente Drohung steckt, andernfalls unfair zu handeln[240]. Auch wird die Belohnung für bereits erbrachte Leistungen von § 299 nicht erfasst.

Wenn es im internationalen Wettbewerb um die **Bestechung ausländischer Amtsträger** geht, sind aus den genannten Gründen[241] fast immer die §§ 331 ff. anwendbar, weil die Spezialgesetze zur Bekämpfung der internationalen Korruption die ausländischen Amtsträger den deutschen Amtsträgern gleichstellen. Werden keine Amtsträger, sondern Privatpersonen im Ausland bestochen, ist der – im Jahre 2002 ins StGB eingefügte[242] – § 299 III zu beachten. Diese Regelung hat jedoch keine Ausdehnung der Anwendbarkeit deutschen Strafrechts, §§ 3 ff., zur Folge, sondern stellt lediglich klar, dass Schutzgut des § 299 nicht nur der inländische Wettbe- 60

---

238 Vgl. oben Rn. 34.
239 Vgl. oben Rn. 39 ff.
240 Vgl. oben Rn. 27.
241 Vgl. oben Rn. 23.
242 Zuvor schützte § 299 nur den „deutschen" Wettbewerb. Fanden Schmiergeldzahlungen im Ausland statt, so griff § 299 nur ein, wenn wenigstens ein deutscher Mitbewerber vorhanden war; vgl. BGHSt 52, 323 (339 ff.) – Siemens.

werb ist[243]. Die Regelung ist nicht ganz unproblematisch, zumindest dann nicht, wenn im jeweiligen ausländischen Markt Schmiergeldzahlungen nicht nur üblich, sondern für den Vertragsabschluss erforderlich sind[244].

Beispiel: Der deutsche Unternehmer A erlangt einen Großauftrag seitens der im Staat X ansässigen Firma Y durch Zahlung einer Bestechungssumme an einen Angestellten der Firma Y. – Handelt A von Deutschland aus, liegt eine Strafbarkeit nach § 299 III i. V. m. §§ 3, 9 I vor. Begibt sich A zum Abschluss der Vereinbarung und zur Zahlung der Bestechungssumme hingegen in den Staat X, ist deutsches Strafrecht nur unter den Voraussetzungen des § 7 II Nr. 1 anwendbar, d. h. nur dann, wenn die Tat im Staat X selbst auch mit Strafe bedroht ist[245]. Dies ist bei der Angestelltenbestechung – im Gegensatz zur Amtsträgerkorruption – bei weitem nicht immer der Fall[246]. Stiftet A hingegen von Deutschland aus seinen im Ausland tätigen Mitarbeiter an, kann bei fehlender Strafbarkeit im Staat X deutsches Strafrecht zwar nicht für den Mitarbeiter, jedoch für A nach § 9 II zur Anwendung kommen.

61 **Sozialadäquanz und Rechtfertigung** werfen schwierige Fragen auf. Wo ein Schmiergeldsystem etabliert ist, überlässt der gesetzestreue Wettbewerber den Konkurrenten das Feld. Hier ist der Schmiergeld zahlende Wettbewerber oft als Opfer wucherischer oder erpresserischer Bestechlichkeit nach § 299 I anzusehen (und nicht als Täter nach § 299 II)[247].

62 Die Abgrenzung des § 299 I von § 299 II (und der Teilnahme an aktiver bzw. passiver Bestechung) ist wie bei §§ 331 ff. mit der **„Lagertheorie"** zu lösen. Bedeutet die Bevorzugung eines Wettbewerbers für das Unternehmen einen Vermögensschaden, besteht zwischen § 299 I und § 266 Idealkonkurrenz. Theoretisch steht die einem Angestellten gezahlte Bestechungssumme dem Unternehmen zu, doch fällt die Nichtabführung des erlangten Vorteils an das Unternehmen nicht unter § 266. Dagegen stellt die Zahlung von Bestechungsgeldern aus Mitteln des Unternehmens auch dann eine treuwidrige Schädigung des Unternehmens dar, wenn die Bevorzugung eben dieses Unternehmens erreicht werden soll[248].

---

243 *Dölling/Möhrenschlager*, Handbuch der Korruptionsprävention, 2007, Kap. 8 Rn. 394; NK-*Dannecker*, § 299 Rn. 75; *Rönnau*, JZ 2007, 1084 (1085); *Tiedemann*, Wirtschaftsstrafrecht BT, 3. Aufl., 2011, Rn. 216; a. M. *Haft/Schwoerer*, Weber-FS 2004, S. 367 (380 f.): keine Erweiterung des Schutzbereiches, sondern des Handlungsortes.
244 *Fischer*, § 299 Rn. 23a; *Haft/Schwoerer*, Weber-FS 2004, S. 367 (381 ff.).
245 Entscheidend ist dabei die Tatbestandsmäßigkeit sowie die Rechtswidrigkeit des Verhaltens nach dem Tatortrecht. Eine – in der Praxis häufig vorkommende – tatsächliche Nichtverfolgung von Korruptionsdelikten bleibt unbeachtlich.
246 *Haft/Schwoerer*, Weber-FS 2004, S. 367; LK-*Tiedemann*, 12. Aufl., § 299 Rn. 65.
247 Vgl. hierzu den Fall BGHSt 44, 251 – Opel-Schmiergelder; einen Einblick in die Realität im gastronomischen Gewerbe vermittelt *Ohlemacher*, Verunsichertes Vertrauen, 1998; zu den Mitläufern bei organisierter Kriminalität vgl. oben § 44 Rn. 17.
248 Zu diesem januskö̈pfigen Begriff von Vermögensschaden und Vermögensvorteil vgl. oben § 28 Rn. 27.

IV. Gebühren- und Abgabenüberhebung, §§ 352, 353

1. Rechtsgut

§§ 352, 353 sind **mit dem Betrug eng verwandte Vermögensdelikte** 63
und deshalb von einer gewissen Examensbedeutung, obwohl sie in der
Praxis kaum eine Rolle spielen[249]. In §§ 352, 353 wird nämlich hineininterpretiert, dass der Täter beim Gebührenschuldner den **Irrtum** erregt, dieser
sei verpflichtet, die geforderte Gebühr zu bezahlen. Angesichts der niedrigen Strafdrohung in § 352 handelt es sich insoweit um einen die Amtsträger privilegierenden Sonderfall des Betrugs[250]. Auch § 353 stellt einen Sonderfall des Betrugs dar, freilich mit einer dem § 263 vergleichbaren
Strafdrohung.

> Die **rechtspolitische Berechtigung des Privilegs** des § 352 und der Sonderregelung
> des § 353 ist sehr zweifelhaft[251]. Zwar mag der Amtsträger in einer besonderen Versuchungssituation sein, doch könnte „die hervorgehobene Stellung des Täters die
> Tat ebenso gut als besonders strafwürdig erscheinen lassen"[252]. Etwas plausibler ist
> daher die vom RG[253] neben der Versuchung und der Geringfügigkeit der Beträge
> hervorgehobene **Selbstverantwortung des Opfers**. Regelmäßig kann sich das Opfer über die geschuldete Gebühr relativ leicht selbst informieren. Die Privilegierung
> führt deshalb auf die allgemeine Problematik des Opfermitverschuldens beim Betrug zurück[254].

Das besondere Opfermitverschulden erklärt auch die Konzeption der 64
§§ 352, 353 als **echte Amtsdelikte**[255]. Der Nichtamtsträger als Teilnehmer
wird nicht nach § 28 II aus § 263 bestraft, sondern ihm kommt die milde
Strafdrohung des § 352 zugute (Akzessorietät). Zusätzlich ist bei §§ 352,
353 die Strafe nach § 28 I zu mildern, weil beim Nichtamtsträger das strafbegründende Merkmal der Amtsträgereigenschaft fehlt.

2. Gebührenüberhebung, § 352

a) Objektive Tatbestandsmerkmale

Als Täter nennt § 352 Amtsträger (§ 11 I Nr. 2), Anwälte und sonstige 65
Rechtsbeistände. Maßgebend ist das Erheben von Gebühren (oder ande-

---

249 Vgl. die Zahlen bei NK-*Kuhlen*, § 352 Fn. 2.
250 RGSt 18, 219 (220 f.); RGSt 77, 122 (123); BGHSt 2, 35 (36); BGHSt 4, 233 (236); BGH, NJW 2007, 3219 (3221); *Fischer*, § 352 Rn. 2; a. M. *Kuhlen*, JR 2007, 207 (208); LK-*Vormbaum*, 12. Aufl., § 352 Rn. 1; *Maurach/Schroeder/Maiwald*, BT II, § 81 Rn. 2, 7; NK-*Kuhlen*, § 352 Rn. 4 f., 29.
251 Für eine Streichung daher *Fischer*, § 352 Rn. 2; NK-*Kuhlen*, § 352 Rn. 2; kritisch auch MüKo-*Voßen*, 2. Aufl., § 352 Rn. 2; a. M. LK-*Vormbaum*, 12. Aufl., § 352 Rn. 1; vgl. auch BGH, NJW 2007, 3219 (3221).
252 *S/S/Hecker*, § 352 Rn. 1.
253 RGSt 18, 219 (223).
254 Zu den bei § 263 angestellten Überlegungen, ob man den Tatbestand auf raffinierte Täuschungen beschränken kann, vgl. näher § 20 Rn. 6, 49 f. und den „Rollgeldfall", § 20 Rn. 54, der mit der Gebührenüberhebung in engem Zusammenhang steht.
255 *S/S/Hecker*, § 352 Rn. 1.

ren Vergütungen zu amtlichen Zwecken) zum eigenen Vorteil. Eine Zurechnung gem. § 14 Abs. 1 StGB ist insoweit nur möglich, wenn der Vertreter selbst dem Täterkreis des § 352 StGB angehört[256]. Bei Gebühren für öffentliche Kassen greift § 353 ein. Unter **Erheben** ist nicht schon das Fordern (hierin liegt lediglich ein Versuch, Abs. 2) zu verstehen, sondern das **Erhalten** der Gebühr. – Eine scharfe Abgrenzung der Gebühren von anderen Vergütungen ist nicht erforderlich. Maßgebend ist in beiden Fällen die rechtlich bindende Festlegung. Dabei genügt die Festlegung eines Rahmens, innerhalb dessen die Vergütung dann vereinbart werden kann. Vereinbaren hingegen Rechtsanwalt und Mandant abweichend von der gesetzlichen Gebührenordnung vertraglich ein höheres Honorar, fallen die geforderten und geleisteten Zahlungen selbst dann nicht unter § 352, wenn die Honorarvereinbarung im Einzelfall wegen Sittenwidrigkeit unwirksam ist[257].

66   Ungeschriebene Tatbestandsmerkmale sind die **Täuschung** und die **Irrtumserregung** entsprechend § 263. Der Amtsträger muss also vorspiegeln, das Opfer schulde die Gebühr, und die Leistung des Opfers muss auf den entsprechenden Irrtum (= die Leistung zu schulden) zurückgehen[258]. – Da zur Vollendung erforderlich ist, dass der Täter die Gebühr erhält, ist entsprechend zur Stoffgleichheit bei § 263 der Eintritt des Vermögensschadens beim Opfer erforderlich.

b) Vorsatz, Vorteilsabsicht

67   Als Vorsatz genügt (wie bei § 263) dolus eventualis, auch bezüglich der Vorspiegelung der Leistungspflicht[259]. Da neben dem Vermögen durch § 352 vor allem die staatliche Gebührenordnung geschützt wird, ist – anders als bei § 263 – eine Schädigung des Opfers und eine korrespondierende Vermögensvorteilsabsicht des Täters nicht zu verlangen[260]. Eine Strafbarkeit liegt daher auch vor, wenn der Täter durch die Gebührenüberhebung einen aus einem anderen (nicht gebührenrechtlichen) Grunde entstandenen Zahlungsanspruch gegen den Schuldner befriedigen will[261].

c) Konkurrenzen

68   § 352 geht § 263 vor, solange der Täter sich mit der in der Forderung der entsprechenden Gebühr liegenden konkludenten Vorspiegelung begnügt, das Opfer schulde eben diesen Betrag (Spezialität). – Sobald der Täter zusätzlich täuscht (z. B. eine

---
256 BGH, NStZ 2009, 506 (507).
257 BGH, NJW 2006, 3219 (3220) m. Anm. *Kuhlen*, JR 2007, 207; *Fischer*, § 352 Rn. 6; LK-*Vormbaum*, 12. Aufl., § 352 Rn. 12; NK-*Kuhlen*, § 352 Rn. 15 ff.; S/S/*Hecker*, § 352 Rn. 10; vgl. auch OLG Braunschweig, NJW 2004, 2606 (bei formunwirksamer Honorarvereinbarung); a. M. BayObLG, NJW 1989, 2901 (2902).
258 Vgl. RGSt 18, 219 (221); RGSt 77, 122 (123); BGHSt 2, 35.
259 *Lackner/Kühl*, § 352 Rn. 6; a. M. (dolus directus 2. Grades) *Fischer*, § 352 Rn. 8; MüKo-*Voßen*, 2. Aufl., § 352 Rn. 31; NK-*Kuhlen*, § 352 Rn. 25; S/S/*Hecker*, § 352 Rn. 10; SK-*Hoyer*, § 352 Rn. 9; LK-*Vormbaum*, 12. Aufl., § 352 Rn. 21.
260 *Lackner/Kühl*, § 352 Rn. 6; LK-*Träger*, 11. Aufl., § 352 Rn. 22; MüKo-*Voßen*, 2. Aufl., § 352 Rn. 32; SK-*Hoyer*, § 352 Rn. 9; zweifelnd noch *Arzt/Weber-Arzt*, 1. Aufl., § 49 Rn. 67.
261 Vgl. hierzu die Fälle RGSt 18, 219 (222); RGSt 30, 249; RG, HRR 1941, Nr. 951.

veränderte Gebührentafel vorzeigt), liegt wegen der weitergehenden Täuschung § 263 vor, der zu § 352 in Idealkonkurrenz steht, also §§ 352, 263, 52[262]. Dagegen stehen § 352 und § 266 regelmäßig in Idealkonkurrenz, wenn ein Anwalt überhöhte Gebühren mit ihm anvertrauten Geldern verrechnet[263]. §§ 331 ff. und nicht § 352 liegen vor, wenn der Täter eine überhöhte Gebühr fordert und sein Opfer dabei **nicht** in den Irrtum versetzt, es schulde diese Gebühr.

3. Abgabenüberhebung, § 353

Schwierige Probleme stellen sich im Verhältnis von Abgabenüberhebung und fremdnützigem Betrug zugunsten des Staates. Denkbar wäre es, diese Taten straffrei zu stellen mit der Begründung, aus § 353 I StGB sei zu folgern, dass diese fremdnützige Gebührenüberhebung nur dann strafbar ist, wenn der Amtsträger den für eine öffentliche Kasse überhobenen Betrag „ganz oder zum Teil nicht zur Kasse bringt"[264]. Eine solche Sperrwirkung des § 353 StGB wurde vom BGH in der „BSR"-Entscheidung jedoch abgelehnt[265]. In der Tat dürfte eine solche Privilegierung hier zu weit gehen, wird sie doch von Wortlaut und Systematik des § 353 I StGB nicht erzwungen und begegnet erheblichen wertungsmäßigen Bedenken[266]. Entgegen dem BGH ist jedoch bei § 353 I StGB auf Rechtsfolgenseite nicht nur eine „mildernde Berücksichtigung" der „Privilegierungstatbestände der §§ 352, 353 StGB" geboten[267]. Vielmehr entfaltet § 353 StGB eine echte Sperrwirkung auf Rechtsfolgenseite zugunsten des Täters. Das hat zur Konsequenz, dass die Strafrahmenobergrenze des § 353 StGB nicht überschritten werden darf, sodass die Strafrahmenverschiebung des § 263 III StGB unanwendbar wird. Zugunsten des Täters ist freilich das günstigere Mindestmaß des § 263 StGB zugrunde zu legen. Auch darf auf die Nebenfolge des § 358 StGB in diesen Fällen nicht erkannt werden.

Das Nicht-zur-Kasse-Bringen ist in zwei Unterfälle aufzugliedern: (1) Der Amtsträger legt das Geld überhaupt nicht ein oder (2) er legt das Geld zwar ein, verbucht es jedoch nicht – denn dann hat er die Möglichkeit, das Geld entweder jederzeit zu entnehmen oder aber andere Fehlbeträge zu verschleiern[268].

§ 353 II regelt statt der Vermehrung amtlicher Einnahmen die Verkürzung amtlicher Leistungen entsprechend.

Im **Verhältnis zu anderen Tatbeständen**, insbesondere im Hinblick auf § 263, gelten die Ausführungen zu § 352[269]. – Kritisch ist das Verhältnis zu § 246: § 353 setzt nicht voraus, dass der Amtsträger die Abgaben sich oder einem Dritten zueignet. Geschieht dies aber, ist das Verhältnis der damit verwirklichten Unterschlagung zu

---

262 RGSt 18, 219 (223); RGSt 77, 122 (123); BGHSt 2, 35; OLG Karlsruhe, NStZ 1991, 239.
263 BGH, NJW 2006, 3219 (3221).
264 So *Arzt/Weber-Arzt*, 1. Aufl., § 49 Rn. 69.
265 BGH NJW 2009, 2900 (2901).
266 So auch *Sieweke*, wistra 2009, 340 (344).
267 BGH, NJW 2009, 2900 (2902).
268 RGSt 75, 378 (380).
269 Vgl. oben Rn. 68; so auch BGHSt 2, 35 (36); BGH, NJW 1961, 1171; a. M. noch RGSt 22, 306 (308); RGSt 65, 52 (55); RGSt 75, 378 (379).

§ 353 zweifelhaft. Ein Vorrang des § 353 gegenüber § 246 wird in denjenigen Fällen angenommen, in denen der Amtsträger sich die überhobenen Geldscheine oder Münzen auch körperlich zueignet (sich also nicht nur den entsprechenden Wert verschafft)[270]. Dies ist jedoch problematisch[271]. Der Schaden nach § 353 trifft den Bürger; Opfer des § 246 ist jedoch der Staat, denn ihm – und nicht dem Amtsträger als natürlicher Person – werden die Geldscheine übereignet bzw. im Falle der vom Amtsträger verwirklichten Unterschlagung entzogen. Dieser zusätzliche Angriff des Amtsträgers auf staatliches Eigentum sollte durch die Annahme von Tateinheit zwischen § 353 und § 246 zum Ausdruck gebracht werden.

V. Innere Rechtspflegedelikte, insbesondere Rechtsbeugung (§ 339), Aussageerpressung (§ 343), Verfolgung Unschuldiger und Vollstreckung gegen Unschuldige (§§ 344, 345)

1. Innere und äußere Rechtspflegedelikte

72 Angriffe auf die Rechtspflege von grundsätzlich außenstehenden Personen, die nur in einem konkreten Fall mit der Rechtspflege in Berührung kommen (z. B. als Zeuge, als Partei in einem rechtlichen Verfahren oder als Angeklagter), werden hier als **äußere** Rechtspflegedelikte bezeichnet. Musterfälle sind die Aussagedelikte und die Strafvereitelung, § 258[272]. Als **innere** Rechtspflegedelikte[273] lassen sich diejenigen Straftatbestände zusammenfassen, in denen der Angriff von Tätern ausgeht, die berufsmäßig auf der Seite der Rechtspflege stehen bzw. stehen sollten, also nicht nur in einem einzelnen Verfahren von außen mit einbezogen werden. **Täter** eines von innen heraus geführten Angriffes auf die Rechtspflege können namentlich Richter, Staatsanwälte, Polizeibeamte und Strafvollzugsbedienstete sein.

73 Der **Rechtsanwalt** ist zwar ebenfalls ein „unabhängiges Organ der Rechtspflege" (§ 1 BRAO). Er ist aber kein Amtsträger i. S. des § 11 I Nr. 2. Da die inneren Rechtspflegedelikte auf Amtsträger zugeschnitten sind, können Rechtsanwälte nur Täter der äußeren Rechtspflegedelikte sein, obwohl sie der Sache nach die Rechtspflege ebenso von innen angreifen können wie z. B. Staatsanwälte[274]. Zusätzlich stellt der Parteiverrat (§ 356) einen auf Anwälte zugeschnittenen Sonderfall eines inneren Rechtspflegedeliktes dar[275].

2. Rechtsbeugung, § 339

a) Rechtsgut

74 § 339 schützt die innerstaatliche Rechtspflege[276]. Der Richter und jeder andere Amtsträger (§ 11 I Nr. 2) wird mit mindestens einem Jahr Freiheits-

---

270 BGHSt 14, 38; LK-*Träger*, 11. Aufl., § 353 Rn. 25; MüKo-*Voßen*, 2. Aufl., § 353 Rn. 32; anders noch RGSt 17, 321 (328); RGSt 61, 37 (40); BGHSt 2, 35 (37); BGH, NJW 1961, 1171 (1172).
271 Zweifelnd auch NK-*Kuhlen*, § 353 Rn. 21.
272 Vgl. zu den Aussagedelikten oben § 47, zur Strafvereitelung oben § 26.
273 So auch die Terminologie bei LK-*Spendel*, 11. Aufl., § 339 Rn. 7 f.
274 Zur Anwendung des § 258 auf Anwälte eingehend oben § 26 Rn. 11.
275 Vgl. hierzu unten Rn. 92 ff.
276 Ganz h. M.; vgl. nur S/S/*Heine/Hecker*, § 339 Rn. 1; dagegen stellt der Schutz der rechtsunterworfenen Bürger eine bloße Reflexwirkung dar.

strafe (= Verbrechen!) bedroht, wenn er „sich bei der Leitung oder Entscheidung einer Rechtssache zugunsten oder zum Nachteil einer Partei einer Beugung des Rechts schuldig macht". Hinter dieser hohen Strafdrohung steht die Überlegung, dass alle Mühen um ein ordentliches Verfahren und um den Schutz der Rechtspflege gegen äußere Angriffe vergebens sind, wenn der die Rechtssache entscheidende Amtsträger selbst korrupt ist. Die richterliche Unabhängigkeit (Art. 97 I GG) führt dabei nicht zur Willkür, weil der Richter „dem Gesetze unterworfen" bleibt (Art. 97 I GG), vgl. auch Art. 20 III GG. Den Verstoß gegen diese Bindung bewertet § 339 mit Recht als Verbrechen gegen die Rechtspflege.

§ 339 berührt das Fundament unseres Verständnisses von Recht und Gesetz. Sicher ist der Richter kein „Subsumtionsautomat". Wie viel an eigener Wertung legitimer Weise in die Entscheidung des Richters einfließt und wie viel Bindung des Richters der Gesetzgeber überhaupt erreichen kann, wird lebhaft diskutiert[277]. Vielleicht ist die Zeit wieder einmal reif für den Glauben an ein einzelfallgerechtes Richterrecht und für die darin liegende Absage an die Rechtssicherheit als Teilwert der Gerechtigkeit[278]. § 339 bleibt zwar theoretisch auch dann anwendbar, wenn man den Richter als einen Garanten der Einzelfallgerechtigkeit betrachtet, der die Bindung an das Gesetz abstreifen darf. Rechtsbeugung wäre dann eine gegen die Einzelfallgerechtigkeit verstoßende Bevorzugung oder Benachteiligung. Praktisch steigt die Bedeutung des § 339 freilich, je strenger man die Bindung des Richters an das Gesetz nimmt. Der Nachweis einer Abweichung der Entscheidung vom Gesetz ist nämlich sehr viel leichter zu erbringen als der Nachweis einer Abweichung der Entscheidung von der Einzelfallgerechtigkeit und der entsprechenden Überzeugung des Richters. Das ist die eigentliche Grundlage eines Streits, der mit objektiver bzw. subjektiver Theorie mehr schlecht als recht bezeichnet wird[279]. – Nicht nur der Justiz, sondern auch der Rechtslehre ist anzulasten, dass den Eindruck entsteht, Gesetze seien beliebig auslegbar. Wenn man die Zahl der Professoren am großen Lehrbedarf statt am kleinen Forschungsbedarf ausrichtet, schwimmen in der Flut der Publikationen neben haarspalterischen auch abwegige Beiträge, in denen objektiv rechtsbeugende Gesetzesauslegungen vertreten werden.

Die Diskussion um das Wesen und die Reichweite der Rechtsbeugung wurde in den letzten Jahren insbesondere im Zusammenhang mit der Aufarbeitung des DDR-Unrechts wieder aktuell[280]. Allerdings sollte man sich bei der Beurteilung dieser Fälle stets im Klaren darüber sein, dass es sich hier (hoffentlich) um eine durch die deutsche Teilung bedingte Sondersituation handelt, in der sich neben der Klärung rechtsdogmatischer Fragen auch die zuweilen problematische Trennung oder Verflechtung von Recht und Politik widerspiegelt. Weiteres Augenmerk erlangte die Vorschrift des § 339 durch die in der Öffentlichkeit heftig diskutierte Frage, ob auch die

---

277 Vgl. nur *Schreiber*, Gesetz und Richter, 1966, S. 209 ff., und die dort (S. 220) aufgeworfene Fragestellung „Gesetzmäßigkeitsprinzip – eine überholte Utopie?"; aus rechtstheoretischer Perspektive *Hilgendorf*, Argumentation in der Jurisprudenz, 1991, S. 25 ff.
278 Vgl. näher im Zusammenhang mit § 211 oben § 2 Rn. 9.
279 Vgl. unten Rn. 78.
280 Vgl. hierzu aus der umfangreichen Rechtsprechung BGHSt 40, 30; BGHSt 40, 169; BGHSt 40, 272; BGHSt 41, 157; BGHSt 41, 247; BGHSt 41, 317; BGHSt 43, 183; BGH, NStZ 1999, 245; BGH, NStZ 1999, 455; BGH, NStZ 1999, 562; BGH, NStZ 2000, 91.

§ 49 Rn. 77 Amtsdelikte

nur zögerliche Bearbeitung einer Rechtssache eine Rechtsbeugung darstelle[281] bzw. allgemein, ob auch der Verstoß gegen Verfahrensvorschriften eine Strafbarkeit nach § 339 begründen kann.

b) Objektiver Tatbestand

77   Mit **Leitung oder Entscheidung einer Rechtssache** wird eine gewisse „Justizförmigkeit" vorausgesetzt. Das führt zu einer schwierigen Abgrenzung insbesondere bei Verwaltungsverfahren. Der BGH hat bei einem Finanzbeamten, der Steuern bewusst falsch (zu niedrig) angesetzt hatte, eine Rechtsbeugung verneint, weil im Rahmen des § 339 „an ein Verfahren von größerer Förmlichkeit gedacht ist als das Verfahren bei der Steuerveranlagung"[282]. Dem BGH ist dabei jedenfalls dahin gehend zuzustimmen, dass eine bloße Tätigkeit eines Beamten im Rahmen der Eingriffsverwaltung nicht ausreicht. Der jeweilige Aufgabenbereich muss mit dem eines Richters vergleichbar sein[283]. Dies setzt zumindest voraus, dass der Täter eine Rechtssache leitet oder über eine solche entscheidet, an der mindestens zwei (weitere) Parteien beteiligt sind, die (zumindest potenziell) widerstreitende Interessen oder Belange aufweisen und über die in einem förmlichen Verfahren nach Rechtsgrundsätzen zu entscheiden ist[284]. So übt beispielsweise auch ein Rechtspfleger, der als Nachlassrichter die Vergütung des Nachlassverwalters festsetzt, richterliche Tätigkeit aus[285]. Auch Staatsanwälte können in ihrer Funktion als Leiter des Ermittlungsverfahrens Täter einer Rechtsbeugung sein[286]. Im Verwaltungsverfahren stellt zumindest der Erlass eines Bußgeldbescheides eine Rechtssache dar. Hinsichtlich des Schiedsrichterbegriffs des § 339 ist zu berücksichtigen, dass dieser weder Schlichter, noch Mediatoren erfasst[287].

> Maßstab der „Justizförmigkeit" ist der geschuldete rechtliche Sollzustand, nicht der im konkreten Verfahren gewährte (niedrigere) Standard. Andernfalls ergäbe sich die paradoxe Konsequenz, dass gröbste Rechtsbeugungen aus § 339 herausfallen würden[288].

---

281 Vgl. zur zögerlichen Behandlung von Beschwerden gegen eine verhängte Ordnungshaft (Fall Schill) BGHSt 47, 105 m. Anm. *Böttcher*, NStZ 2002, 146; *Foth*, JR 2002, 257; *Kühl/Heger*, JZ 2002, 201; *Müller*, StV 2002, 306; *Schaefer*, NJW 2002, 734; *Schiemann*, NJW 2002, 112; *Wohlers/Gaede*, GA 2002, 483; zu den Hintergründen *Bertram*, NJW 2001, 1108. Vgl. ferner OLG Frankfurt a. M., NJW 2000, 2037 (Verzögerung der U-Haft); OLG Karlsruhe, NJW 2004, 1469.
282 BGHSt 24, 326 (328); vgl. auch OLG Celle, NStZ 1986, 13; anders noch RGSt 71, 315.
283 BGHSt 34, 146; hierzu LK-*Spendel*, 11. Aufl., § 339 Rn. 27; zur Problematik auch OLG Hamm, NJW 1999, 2291 (bauaufsichtsrechtliches Genehmigungsverfahren); OLG Hamburg, NStZ-RR 2005, 143 (Leiter eines behördlichen Planfeststellungsverfahrens).
284 Vgl. BGHSt 24, 326 (327); hierzu *Eisele*, BT I, Rn. 1670.
285 BGHSt 35, 224.
286 BGHSt 32, 357; BGHSt 38, 381 (382); BGHSt 40, 169.
287 *Eisele*, BT I, Rn. 1668.
288 Richtig deshalb BGHSt 10, 294 (301 f.) – Standgericht, wonach der Rechtsbeugungstatbestand auch auf „Scheinverfahren" anwendbar ist; ebenso BGH, NJW 1968, 1339 – Fall Rehse (für ein Verfahren vor dem „Volksgerichtshof").

Was das Gesetz beschönigend Rechts**beugung** nennt, ist Rechts**bruch**, 78
d. h. die Verletzung materiellen oder prozessualen Rechts. Es liegt nahe,
diesen Rechtsbruch **objektiv** zu bestimmen. Denn auch eine vom Richter
nach seiner besten Überzeugung gefällte Entscheidung kann unrichtig
sein. Nach der **objektiven Theorie**[289] ist damit der objektive Tatbestand
verwirklicht. Die **subjektive Theorie**[290] betrachtet dagegen als Rechtsbeugung die Abweichung des Richters von seiner Rechtsüberzeugung und
verneint den objektiven Tatbestand dann, wenn der Richter unvorsätzlich
vom Recht abweicht[291], während die **Pflichtverletzungstheorie**[292] auf die
Verletzung der dem Richter obliegenden Pflichten abstellt, insbesondere
die Pflicht zur gewissenhaften Erforschung des Sachverhaltes und die der
richterlichen Neutralität.

Der **BGH** scheint der objektiven Theorie zuzuneigen, begrenzt jedoch zu Unrecht den Tatbestand auf ein Verhalten, durch das der Amtsträger „sich bewusst in schwerwiegender Weise von Recht und Gesetz
entfernt"[293]. So führt das Gericht aus: „Maßstab kann [...] nur sein, ob
sich eine Entscheidung objektiv als Willkürakt darstellt, weil sie entweder von einer gängigen Rechtspraxis in extremem Maße abweicht oder
weil die Rechtspraxis, an der sie sich orientiert, in krassem Widerspruch
zum Verhältnismäßigkeitsprinzip steht [...]"[294]. Dies könne in folgenden Fällen angenommen werden: (1) durch Überdehnung des Straftatbestandes, (2) durch ein unerträgliches Missverhältnis zwischen der verhängten Strafe und der abgeurteilten Handlung und (3) bei Vorliegen
von schweren Menschenrechtsverletzungen durch die Art und Weise
des Verfahrens. Diese Einschränkung ist erkennbar auf das von Richtern
und Staatsanwälten in der ehemaligen DDR begangene Unrecht zugeschnitten und sollte auf die normale Rechtspraxis nicht übertragen wer-

---

[289] *Bemmann*, GA 1969, 65; *Eisele*, BT I, Rn. 1675; *Hirsch*, ZStW 82 (1970), 427 (428); *Krause*, NJW 1977, 285 (286); *Lackner/Kühl*, § 339 Rn. 5; LK-*Hilgendorf*, 12. Aufl., § 339 Rn. 47; *Maurach/Schroeder/Maiwald*, BT 2, § 77 Rn. 10; MüKo-*Uebele*, 2. Aufl., § 339 Rn. 26; S/S/*Heine/Hecker*, § 339 Rn. 9; *Seebode*, JR 1994, 1; *Spendel*, Peters-FS 1974, 163; vgl. ferner auch KG, NStZ 1988, 557; OLG Bremen, NStZ 1986, 120.
[290] *Sarstedt*, Heinitz-FS 1972, 427 (der die subjektive Theorie damit begründet, dass alles Recht zweifelhaft sei); ferner *Mohrbotter*, JZ 1969, 491; *v. Weber*, NJW 1950, 272.
[291] Vgl. auch den entsprechenden Streit bei den Aussagedelikten, oben § 47 Rn. 36 ff. Auch hier wird der Zusammenhang der subjektiven Theorie mit der Legitimation durch richtiges Verfahren (statt durch richtige Verfahrensergebnisse) herausgestellt.
[292] *Behrendt*, JuS 1989, 945 (948 f.); *Geppert*, Jura 1981, 78 (80); *Otto*, BT, § 98 Rn. 3; *Rengier*, BT II, § 61 Rn. 17; *Rudolphi*, ZStW 82 (1970), 610 (613 ff.); *Schmidhäuser*, BT, 23/44; *Wagner*, Amtsverbrechen, 1975, S. 206 ff.; zur Kritik hieran *Wessels/Hettinger*, BT I, Rn. 1134a.
[293] BGHSt 40, 272 (283); vgl. weiter BGHSt 41, 247 (251); BGHSt 42, 343 (345); BGHSt 43, 183 (190); BGHSt 47, 105 (108 f.); BGH, NStZ 2013, 655 (656).
[294] BGHSt 40, 272 (283). Noch weitergehender BGHSt 40, 30 (41): „[...] wird [...] eine Bestrafung [...] auf Fälle zu beschränken sein, in denen die Rechtswidrigkeit der Entscheidung so offensichtlich war und insbesondere die Rechte anderer, hauptsächlich die Menschenrechte, derart schwerwiegend verletzt worden sind, dass sich die Entscheidung als Willkürakt darstellt."; ebenso BGHSt 41, 247 (253).

den²⁹⁵. Jedoch hat der BGH in jüngerer Rechtsprechung²⁹⁶ anerkannt, dass selbst eine im Ergebnis vertretbare Entscheidung in einer Rechtssache den Tatbestand erfüllen kann, wenn der Richter oder sonstige Amtsträger aus sachfremden Erwägungen gezielt zum Vor- oder Nachteil einer Partei gehandelt hat.

79 Problematisch wird die Beurteilung dann, wenn der Richter bei zweifelhafter Rechtslage seine Entscheidung nach bestem Wissen und Gewissen trifft, aber – nach Ansicht der höheren Instanz – unrichtig entschieden hat. Folgt man der objektiven Theorie, müsste er an sich den objektiven Tatbestand der Rechtsbeugung verwirklicht haben. Die Verurteilung nur am Vorsatz scheitern zu lassen, ist nun aber nicht nur unbefriedigend, sondern wäre gerade für den gewissenhaften Richter gefährlich: Er sieht nämlich die Möglichkeit, dass seine Entscheidung falsch sein könnte und gerät so in eine prekäre Nähe zum dolus eventualis. Sämtliche Theorien sind sich daher dahin gehend einig, dass dem Richter, der in zweifelhafter Rechtslage in gutem Glauben eine Entscheidung fällt, jedenfalls kein rechtswidriges Handeln vorgehalten werden darf. Das Dilemma, dass einerseits durch ihre Aufhebung im Instanzenzug die Entscheidung als unrichtig, also das Recht verletzend, anzusehen ist, andererseits hierin kein rechtswidriger Rechtsbruch i. S. des § 339 gesehen werden kann, lässt sich nur mithilfe eines aus dem Wesen des Rechts und der Stellung des Richters fließenden **Amtsrechts des Richters** bewältigen.

Problematisch ist die Beurteilung ferner dann, wenn der Richter entweder (1) vorsätzlich das Recht beugen will oder (2) nachlässig entscheidet und in beiden Fällen (zufällig) doch eine Entscheidung trifft, die – nach Ansicht der höheren Instanz – „richtig" ist. Nach der objektiven Theorie wäre er nur wegen Versuchs zu bestrafen, nach der subjektiven Theorie wäre er nur in Fall (1), nach der Pflichtverletzungstheorie in beiden Fällen zu bestrafen.

80 Das **Amtsrecht** des Richters führt letztlich auf den vertrauten Gedanken des **erlaubten Risikos**²⁹⁷ zurück: **Weil** Recht nicht immer eindeutig ist, wird um das richtige Recht gestritten. Die Entscheidung enthält in zweifelhaften Fällen das **Risiko der Fehlentscheidung.** Ob man die Entscheidung der letzten Instanz nur hinnimmt, weil sie zwar vielleicht auch unrichtig, aber endgültig ist oder ob man die richterliche Entscheidung (jedenfalls der obersten Instanz) als Rechtsschöpfung durch Richterspruch begreift, kann hier nicht weiter verfolgt werden. Sicher ist nur, dass bei zweifelhafter Rechtslage vom Richter nicht mehr verlangt werden kann, als eine sorgfältige Entscheidung nach gewissenhafter Prüfung. Hat der Richter dann (nach Meinung der höheren Instanz oder des Strafrichters im Verfahren wegen Rechtsbeugung) unrichtig entschieden, ist diese Rechtsverletzung von der höheren Instanz zu korrigieren. Da der Richter sich aber im Rahmen seines Amts**rechts** gehalten hat, ist zugleich im Verfahren wegen Rechtsbeugung die tatbestandsmäßige Beugung des Rechts zu verneinen. „Der Bereich der ‚Beugung des Rechts' kann [...]

---

295 Sehr kritisch hierzu auch LK-*Spendel*, 11. Aufl., § 339 vor Rn. 1. Der BGH wendet dieses einschränkende Kriterium jedoch auch in anderen Fällen an; vgl. bereits BGHSt 38, 381 (383), wobei es hier allerdings um verfahrensrechtliche Verstöße ging. Die Entscheidung BGH, NJW 1999, 1122 m. Anm. *Schulz*, NJW 1999, 3471 scheint jedoch einen Sinneswandel anzudeuten. Hierbei hat der BGH bereits die Einstellung eines Verkehrsordnungswidrigkeitenverfahrens nach § 47 II OWiG als mögliche Rechtsbeugung angesehen, sofern die Einstellung aus sachfremden Gründen erfolgte.
296 BGHSt 44, 258 (261); BGHSt 47, 105 (113); kritisch hierzu *Eisele*, BT I, Rn. 1676; *Lackner/Kühl*, § 339 Rn. 5.; *S/S/Heine/Hecker*, § 339 Rn. 11.
297 Zu „gewagten" Entscheidungen *Zippelius*, Rechtsphilosophie, 6. Aufl. 2011 § 22.

erst da beginnen, wo die [...] Rechtsanwendung unvertretbar ist"[298]. Zu diesem Ergebnis kommt zwar auch der BGH in seiner neueren Rechtsprechung auf der Grundlage der objektiven Theorie, indem er eine Rechtsbeugung nur dann annimmt, wenn sich der Richter „bewusst und in schwerwiegender Weise von Recht und Gesetz entfernt", eine Verletzung des Amtsrechts liegt jedoch auch schon vor, wenn der Richter eine bewusst falsche, wenn auch weniger schwer wiegende Entscheidungen trifft. Zutreffend ist daher der Ansatz in der Literatur der auf die Pflichtverletzung des Richters und damit auf die **Amtsrechtsverletzung** abstellt[299].

Hiernach handelt auch der gewissenhafte Richter selbst dann nicht tatbestandsmäßig, wenn die nächsthöhere Instanz seine Entscheidung aufhebt, andererseits ist aber auch dann von einer Rechtsbeugung auszugehen, wenn der Richter eine Auslegung wählt, die sich zwar noch im Rahmen des objektiv Vertretbaren bewegt, aber aus sachfremden Erwägungen getroffen wurde[300].

Zur Rechtsverletzung muss als **Erfolg** noch die **Bevorzugung** oder **Benachteiligung einer Partei** hinzukommen. Partei ist dabei nicht im prozesstechnischen Sinne gemeint. So ist z. B. auch der Angeklagte im Strafprozess „Partei" i. S. des § 339.

81

Die Bevorzugung bzw. Benachteiligung macht deshalb Schwierigkeiten, weil sie ebenso wenig wie die Rechtsverletzung an dem richtigen „Endergebnis" gemessen werden darf. Auch die durch Rechtsverletzung (z. B. des Prozessrechts) herbeigeführte materiell-rechtlich im Ergebnis richtige Entscheidung stellt eine Rechtsbeugung dar. Das ist deshalb konsequent, weil die Pflege des Rechts, insbesondere die Herbeiführung eines materiell-rechtlich richtigen Resultats, nur mit verfahrensrechtlich zulässigen Mitteln erfolgen darf[301]. Im Einzelfall ist es durchaus schwierig, bei verfahrensrechtlichen Verstößen den „Vorteil" zu bestimmen. So hat das OLG Naumburg die bei nachträglichen Änderungen und Ergänzungen von Urteilsfragmenten im Strafprozess entgegen § 275 I 3 StPO nicht unter § 339 I StGB subsumiert, weil der Verlust des absoluten Revisionsgrund des § 338 Nr. 7 StPO ein rein prozessualer Nachteil sei[302]. Das ist schon deshalb angreifbar, weil das Gesetz selbst von einem geminderten Wert verspätet abgesetzter Urteile ausgeht. Inzwischen hat der BGH hingegen eine Rechtsbeugung darin gesehen, dass ein Richter zum Zeitpunkt des Ablaufs der Urteilsabsetzungsfrist nur ein fragmentarisches Urteil mit dem Eingangsvermerk der Geschäftsstelle versehen ließ und dieses erst einige Zeit später „nachbesserte", d. h. mit einer adäquaten Begründung versah[303]. Zutreffend wird hier erkannt, dass auch die Abfassung der schriftlichen Urteilsgründe noch zur Leitung einer Rechtssache gehört und eine verspätete Absetzung Nachteile für eine der Parteien, insbesondere im Hinblick auf die Einlegung eines Rechtsmittels, mit sich bringen kann[304].

82

---

298 Sonderausschuss für die Strafrechtsreform (zum EGStGB), BT-Drucks. 7/1261, S. 22.
299 Vgl. hierzu – und zu ihren Vertretern – oben Rn. 78.
300 Zutreffend weist *Rudolphi*, ZStW 82 (1970), 610 (615), und ihm folgend *Schmidt/Speicher*, Hauptprobleme der Rechtsbeugung, 1982, S. 78, die im Schrifttum u. a. von *Bemmann*, GA 1969, 65 (69 Fn. 24), vertretene Ansicht als „Kapitulation" zurück, im Rahmen der Vertretbarkeit liegende Entscheidung seien richtig, auch wenn der Richter ohne gewissenhafte Prüfung und nicht im guten Glauben judiziert habe (= extrem objektive Theorie).
301 Nach BGHSt 38, 381 (383) ist jedoch nicht jede Abweichung vom gesetzlich vorgesehenen Verfahren relevant. Es müsse sich auch hier um einen „schwerwiegenden" Verstoß handeln; hierzu auch BGHSt 42, 343 (344 f.); BGHSt 47, 105 (108 f.); BGH, NStZ 2013, 655 (656): „elementare Verstöße"; vgl. im Übrigen bereits oben Rn. 78.
302 OLG Naumburg, OLGSt StGB § 339 Nr. 3; hierzu *Jahn*, JuS 2012, 950.
303 BGH, NStZ 2013, 655 (656).
304 BGH, NStZ 2013, 655 (657).

c) Vorsatz

83 Die früher streitige Frage, ob der bedingte Vorsatz ausreicht, ist durch das am 1.1.1975 in Kraft getretene EGStGB entschieden worden. Gegenüber der Bundesregierung, die den dolus eventualis nicht genügen lassen wollte[305], hat sich der Sonderausschuss für die Strafrechtsreform mit der gegenteiligen Auffassung durchgesetzt[306].

84 Rechtsdogmatisch hängt der Streit um den dolus eventualis bei § 339 eng zusammen mit der bereits angesprochenen Frage nach dem subjektiven Element der Entscheidung aufgrund gewissenhafter Prüfung[307]. Es darf nämlich nicht dahin kommen, „dass ein Richter wegen der Zweifel an der Richtigkeit seiner Entscheidung, die ihn gerade bei gewissenhafter Wahrnehmung seiner Aufgaben befallen können, von der Strafdrohung erfasst"[308] wird. Dolus eventualis ist deshalb bei § 339 nur dann zu bejahen, wenn der Richter seine als zweifelhaft erkannte Entscheidung auch so gefällt hätte, wenn er sicher wusste, dass sie unrichtig ist[309]. Im Übrigen ist die Schaukel zwischen dolus eventualis einerseits und Inanspruchnahme einer nur vielleicht vorliegenden Rechtfertigung andererseits keine Besonderheit des § 339, sondern ein allgemeines Problem[310].

Rechtspolitisch kommt die Einbeziehung des dolus eventualis zu spät, um die Justiz in der Zeit des Nationalsozialismus zu erfassen[311]. Bei der Aufarbeitung des DDR-Unrechts ist zu beachten, dass für die Rechtsbeugung nach § 244 DDR-StGB ein direkter Vorsatz verlangt wurde[312].

d) Teilnahme

85 § 339 ist ein echtes Amtsdelikt[313]. Wer nicht in der Sonderstellung des § 339 steht, kann nicht Täter sein. Soweit ein solcher Außenstehender Teilnehmer ist, kommt ihm die Strafmilderung nach § 28 I zugute[314].

e) Sperrwirkung des § 339

86 § 339 entfaltet nach h. M.[315] eine **Sperrwirkung:** Richterliche Tätigkeit kann im Hinblick auf andere Tatbestände (z. B. § 239) erst dann bestraft werden, wenn zugleich die Voraussetzungen der Rechtsbeugung gegeben sind[316].

---

305 „Absichtlich oder wissentlich", BT-Drucks. 7/550, S. 32, 277.
306 BT-Drucks. 7/1261, S. 22 f.
307 Vgl. oben Rn. 79 f.
308 BT-Drucks. 7/1261, S. 22. – Entschieden für Einbeziehung des bedingten Vorsatzes LK-*Hilgendorf*, 12. Aufl., § 339 Rn. 86 ff.; vgl. nunmehr auch BGHSt 40, 272 (276); ferner BGH, NJW 2014, 1192.
309 *Eisele*, BT I, Rn. 1678; SK-*Stein/Rudolphi*, § 339 Rn. 20.
310 Grundlegend zum bedingten Unrechtsbewusstsein *Warda*, Welzel-FS 1974, S. 499.
311 Vgl. dazu den Standgerichtsfall BGHSt 10, 294, wo der BGH bedingten Vorsatz nicht als ausreichend angesehen hat.
312 BGHSt 40, 272 (276); BGHSt 41, 317 (336); vgl. in diesem Zusammenhang auch *Quasten*, Die Judikatur des Bundesgerichtshofs zur Rechtsbeugung im NS-Staat und in der DDR, 2003.
313 Vgl. oben Rn. 4.
314 *Eisele*, BT I, Rn. 1665; NK-*Kuhlen*, § 339 Rn. 19; *Rengier*, BT II, § 61 Rn. 3.
315 BGHSt 10, 294 (298); OLG Naumburg, NJW 2008, 3585 (3587); *Eisele*, BT I, Rn. 1679; *Lackner/Kühl*, § 339 Rn. 11; *Rengier*, BT II, § 61 Rn. 21.
316 Vgl. allerdings auch BGH, NStZ 655 (657): Hier werden Zweifel daran geäußert, ob die Sperrwirkung auch in den Fällen der Urkundenfälschung, § 267, besteht, wenn die Rechtsbeugung gerade darin liegt, dass ein Richter ein unvollständig abgefasstes Urteil nachträglich ergänzt.

BGHSt 10, 294 – Standgerichtsfall[317]: Es „darf richterliche Tätigkeit im Rahmen des § 336 StGB [a. F., jetzt: § 339] zu einer Bestrafung auch aus anderen Gesetzesvorschriften (so den §§ 211, 212, 239 StGB) nur dann führen, wenn der Richter sich einer Rechtsbeugung [...] schuldig gemacht hat [...]. Eine Einschränkung erfährt dieser Grundsatz freilich für den Fall, dass nachweislich eine Rechtsbeugung vorliegt und es sich um die Frage der Folgen handelt [...]. Ein Richter, der eine Rechtsbeugung begeht, muss nach Maßgabe seines tatbestandsmäßigen Verschuldens (Vorsatz oder Fahrlässigkeit) grundsätzlich für deren Folgen einstehen, auch wenn diese erst durch eine mit der Rechtsbeugung verknüpfte weitere richterliche Tätigkeit [...] unmittelbar herbeigeführt worden sind"[318], also auch dann, wenn diese weitere richterliche Tätigkeit keine erneute Rechtsbeugung darstellt.

Da jetzt für § 339 dolus eventualis ausreicht, reduziert sich die **praktische Bedeutung** dieser Sperrwirkung auf den **Ausschluss etwaiger Fahrlässigkeitstatbestände** und – so jedenfalls auf der Grundlage der restriktiven Rechtsprechung – auf Rechtsverstöße, bei denen es an einer „elementaren Rechtsverletzung" mangelt. Sieht man dies in Verbindung mit § 839 II 1 BGB, kann z. B. ein Richter im Ergebnis weder straf- noch zivilrechtlich wegen eines im Zusammenhang mit der richterlichen Tätigkeit begangenen Fahrlässigkeitsdelikts verantwortlich gemacht werden. Dies ist wohl nicht auf den Schutz der richterlichen Unabhängigkeit zurückzuführen[319], sondern vielmehr auf den **Schutz der Rechtskraft.** Durch die „Hintertür" eines Schadensersatz- oder Strafprozesses wegen angeblich fahrlässig-unrichtiger Entscheidung könnte sonst jedes rechtskräftig entschiedene Verfahren wieder aufgerollt werden und die speziellen Voraussetzungen der strafprozessualen Wiederaufnahme des § 359 Nr. 3 StPO bzw. der zivilprozessualen Restitutionsklage gem. § 580 Nr. 5 ZPO umgangen werden. 87

f) Konkurrenzen

Die in der Rechtsbeugung bestehende Bevorzugung bzw. Benachteiligung steht, soweit sie ihrerseits einen Straftatbestand erfüllt (z. B. § 258a bei Bevorzugung, § 239 bei Benachteiligung), mit § 339 in Tateinheit, § 52. Auch § 344 und unter Umständen auch § 343 können mit Rechtsbeugung in Tateinheit stehen[320]. 88

g) Praktische Probleme des Nachweises bei Kollegialgerichten

Wird das Recht durch ein Kollegialgericht gebeugt, so ist fraglich, ob nur derjenige Richter, der der Entscheidung zugestimmt hat[321] oder auch derjenige, der überstimmt wurde, aber am Verfahren weiter mitwirkt 88a

---

317 Eingehend hierzu LK-*Spendel*, 11. Aufl., § 339 Rn. 11.
318 BGHSt 10, 294 (298 f.).
319 So aber BGHSt 10, 294 (298).
320 *Fischer*, § 343 Rn. 14; § 344 Rn. 7; *Lackner/Kühl*, § 344 Rn. 9; LK-*Hilgendorf*, 11. Aufl., § 339 Rn. 137 f.; NK-*Kuhlen*, § 339 Rn. 89; S/S/*Heine/Hecker*, § 339 Rn. 18; a. M. (Spezialität des § 344 bzw. Gesetzeskonkurrenz mit §§ 343–345) S/S/*Cramer*, 26. Aufl., § 339 Rn. 11; SK-*Wolters*, § 345 Rn. 15.
321 So das BGH, GA 1958, 241; OLG Naumburg, NJW 2008, 3585; ferner LK-*Spendel*, 11. Aufl., § 339 Rn. 106; S/S/*Heine/Hecker*, § 339 Rn. 7.

(durch die Niederschrift des Urteils, die Urteilsunterschrift etc.)[322] sich nach § 339 strafbar macht. Folgt man der ersten Ansicht, so ist ferner unklar, wie festgestellt werden kann, welcher Richter der Entscheidung zugestimmt hat und welcher nicht. Denn das Beratungsgeheimnis (§ 43 DRiG) steht der Aussagepflicht hier an sich entgegen[323]. Dies würde aber bedeuten, dass eine Verurteilung von Richtern eines Kollegialgerichts wegen Rechtsbeugung in aller Regel ausgeschlossen ist, selbst wenn die Richter gemeinsam das Recht gebeugt haben und danach schweigen. Denn da stets mit der Möglichkeit einer nicht einstimmig ergangenen Entscheidung zu rechnen ist (denn es existiert keine Pflicht, das Abstimmungsergebnis zu dokumentieren), könnte eine Schuldfeststellung nie getroffen werden.

3. Aussageerpressung (§ 343), Verfolgung Unschuldiger (§ 344) und Vollstreckung gegen Unschuldige (§ 345)

89 Der Missbrauch der Rechtspflege bzw. der Missbrauch der Stellung des Täters als eines in der Rechtspflege tätigen Amtsträgers steht sowohl bei der Verfolgung Unschuldiger, § 344, und der Vollstreckung gegen Unschuldige, § 345, als auch bei der Aussageerpressung, § 343, im Vordergrund, obwohl auch durch diese Tatbestände individuelle Rechte des Betroffenen (unmittelbar) mitgeschützt werden[324]. Daraus ergibt sich auch, dass die Vorschriften beschränkt sind auf Amtsträger, die im Rahmen der hier genannten „repressiven" Verfahren tätig sind. Präventiv-polizeiliche Maßnahmen zur Gefahrenabwehr, wie z. B. die Erpressung einer Aussage, um das Versteck einer entführten Person zu erfahren, sind nicht erfasst[325]. – Die Aussageerpressung sichert das prozessrechtliche **Folterverbot des § 136a StPO** mithilfe des materiellen Strafrechts ab[326]. Umgekehrt sichert das Prozessrecht mit der in § 136a III 2 StPO verankerten Unverwertbarkeit abgepresster Aussagen den materiell-rechtlichen Tatbestand. Das Beweisverwertungsverbot bringt den Täter des § 343 gewissermaßen um die Frucht seiner kriminellen Anstrengungen[327]. Bei § 344 hingegen handelt es

---

322 So *Erb*, NStZ 2009, 189; *ders.*, Küper-FS 2007, S. 31 ff.; *Jahn*, JuS 2009, 79 (80); *Mandla*, ZIS 2009. 143; *Marsch*, NJ 2009, 152; MüKo-*Uebele*, 2. Aufl., § 339 Rn. 56; *Scheinfeld*, JA 2009, 401 (402 ff.).
323 Vgl. auch OLG Naumburg, NJW 2008, 3585, wonach ein Richter, der als Zeuge zu einem Beratungsvorgang vernommen wird, zwar ein Aussagerecht habe, ihn jedoch keine Aussagepflicht treffe; a. M. *Schmidt-Räntsch*, Deutsches Richtergesetz, 6. Aufl. 2009, § 43 Rn. 13 ff.
324 *Fischer*, § 343 Rn. 1; *B. Heinrich*, Amtsträgerbegriff, 2001, S. 290 ff.; *Maurach/Schroeder/Maiwald*, BT 2, § 77 Rn. 1; MüKo-*Voßen*, 2. Aufl., § 343 Rn. 1 f.; NK-*Kuhlen*, § 343 Rn. 3; S/S/*Hecker*, § 343 Rn. 1; anders wohl LK-*Jescheck*, 11. Aufl., § 343 Rn. 1: nur mittelbarer Schutz „in zweiter Linie".
325 Für eine Ausdehnung des § 343 auf Gefahren abwehrende Maßnahmen bzw. Aufklärungsmaßnahmen im Rahmen geheimdienstlicher Aufgabenerfüllung de lege ferenda *Herzog/Roggan*, GA 2008, 142 (149 f.).
326 Vgl. hierzu *Beutler*, Strafbarkeit der Folter zu Vernehmungszwecken, 2006.
327 Zu beachten ist allerdings, dass sich die Anwendungsbereiche von § 343 und § 136a StPO nicht vollständig decken. § 136a StPO greift weiter, indem hier u. a. auch die (verbotene) Täuschung erfasst wird; vgl. LK-*Zieschang*, 12. Aufl., § 343 Rn. 19.

sich um einen speziellen Fall der Rechtsbeugung. Der Begriff der „Unschuld" ist hier materiell-rechtlich zu verstehen, während § 345 auf die prozessrechtliche Lage abstellt[328].

Der Straftatbestand der Aussageerpressung ist nur in Zusammenhang mit den in § 343 I Nr. 1–3 aufgelisteten Verfahren verwirklicht[329]. Wird hingegen eine Äußerung zum Zwecke der Gefahrenabwehr (z. B. **Fall Daschner:** dem Entführer werden Schmerzen angedroht, damit er den Aufenthaltsort seines Entführungsopfers preisgibt) abgenötigt, ist allein eine Nötigung gem. § 240, jedoch nicht § 343 gegeben[330].

Bei den §§ 344, 345 handelt es sich um echte Amtsdelikte. Umstritten ist dies bei § 343[331]. Obwohl gegenüber dem Tatbestand des § 240 einige Besonderheiten bestehen, sind Nötigungsziel und Nötigungshandlung hier identisch mit denjenigen des § 240. Dieser läge auch dann vor, wenn die Aussageerpressung ausschließlich durch eine Privatperson vorgenommen worden wäre. Insofern handelt es sich um ein unechtes Amtsdelikt. Die an der Tat beteiligte Privatperson, die infolge der Sonderdeliktseigenschaft des § 343 nicht Täter desselben sein kann, haftet entweder täterschaftlich (nur) nach § 240 oder als Beteiligter nach §§ 240, 26 bzw. 27, 28 II. 90

4. Körperverletzung im Amt, § 340

§ 340[332] ist mit der Aussageerpressung, § 343, verwandt: Das Folterverbot des § 136a StPO i. V. mit § 343 wird durch § 340 über die Erzwingung von Aussagen hinaus auf den Umgang des Staates mit seinen Bürgern generell erstreckt. Ein Zusammenhang zwischen § 340 und § 343 kann auch insofern bestehen, als ein nach § 340 strafbares Verhalten die Aussageerpressung gewissermaßen überflüssig macht: Ein bei der Festnahme von Polizeibeamten grundlos geprügelter Beschuldigter hat allen Anlass, bei der Vernehmung neue Schläge zu befürchten, ohne dass entsprechende Drohungen auch nur ausgesprochen werden müssen. Trotz dieses Zusammenhangs mit § 343 ist § 340 als ein durch die Amtsträgereigenschaft qualifizierter Fall der Körperverletzung anzusehen (= unechtes Amtsde- 91

---

328 LK-*Zieschang*, 12. Aufl., § 345 Rn. 6; vgl. zu § 164 oben § 48 Rn. 11.
329 Fälle aus der Praxis bei *Malek*, StraFo 2005, 441 (443 ff.).
330 LG Frankfurt a. M., NJW 2005, 692 (695); *Lackner/Kühl*, § 343 Rn. 4; *S/S/Hecker*, § 343 Rn. 16; a. A. *Kinzig*, ZStW 115 (2003), 791 (796); *Neuhaus*, GA 2004, 521 (524); *Saliger*, ZStW 116 (2004), 35 (62). Allgemein zur Thematik Folter durch Amtspersonen *Hilgendorf*, JZ 2004, 331; *Jerouschek/Kölbel*, JZ 2003, 613; *Merten*, JR 2003, 404; *Roxin*, FS-Eser 2005, S. 461; *Schaefer*, StV 2004, 212; *Wittreck*, DÖV 2003, 873; grundlegend *Brugger*, Der Staat 35 (1996), 67; ders., JZ 2000, 165.
331 Für ein unechtes Amtsdelikt *B. Heinrich*, Amtsträgerbegriff, 2001, S. 181; *Lackner/Kühl*, § 343 Rn. 1; *Maurach/Schroeder/Maiwald*, BT 2, § 77 Rn. 23; MüKo-*Voßen*, 2. Aufl., § 343 Rn. 3; *Otto*, BT, § 98 Rn. 2; *S/S/Hecker*, § 343 Rn. 1; für ein echtes Amtsdelikt *Fischer*, § 343 Rn. 1; *Geppert*, Jura 1981, 80 (81); NK-*Kuhlen*, § 343 Rn. 18; SK-*Wolters*, § 343 Rn. 2; so ebenfalls noch *Arzt/Weber-Arzt*, 1. Aufl., § 49 Rn. 90; differenzierend LK-*Zieschang*, 12. Aufl., § 343 Rn. 2.
332 Zum kriminalpolitischen Hintergrund und der hohen Freispruchsquote vgl. oben Rn. 2.

likt)³³³, d. h. auf Außenstehende ist § 28 II anzuwenden³³⁴. Obwohl neben der körperlichen Integrität des Betroffenen auch die Funktionsfähigkeit der staatlichen Verwaltung betroffen ist (zur Körperverletzung muss gerade auch ein Missbrauch der Amtsgewalt hinzutreten)³³⁵, kann eine Einwilligung des Betroffenen hier rechtfertigend wirken³³⁶. Dies ergibt sich mittlerweile eindeutig aus dem in § 340 III vorgenommenen Verweis (auch) auf § 228, folgt aber auch aus dem Gedanken, dass eine Qualifikation stets die tatbestandliche und rechtswidrige Erfüllung des Grunddelikts voraussetzt³³⁷.

5. Parteiverrat, § 356

a) Rechtsgut

92 Wie bereits dargelegt³³⁸, ist der **Rechtsanwalt** kein Amtsträger. Als Organ der Rechtspflege kann jedoch auch der Anwalt die Rechtspflege von innen heraus angreifen. Freilich wird die Verpflichtung des Anwalts gegenüber der Rechtspflege nicht mit einem der Rechtsbeugung, § 339, entsprechenden Straftatbestand abgesichert. § 356 erfasst nur den Sonderfall, dass der Anwalt seine Treuepflicht gegenüber seiner Partei, also seiner Mandantschaft, verletzt. Darin liegt zugleich die Erschütterung des Vertrauens in die Rechtspflege³³⁹.

> BGHSt 15, 332 (336): „Der Unrechtsgehalt der Prävarikation³⁴⁰ besteht nicht – jedenfalls nicht hauptsächlich – in der ungetreuen Benachteiligung des Auftraggebers, sondern in der Erschütterung des Vertrauens in die Berufstreue des Rechtsbeistands."

---

333 *Fischer*, § 340 Rn. 1; *Geppert*, Jura 1981, 42 (43); LK-*Lilie*, 12. Aufl., § 340 Rn. 1 f.; NK-*Kuhlen*, § 340 Rn. 4; S/S/*Hecker*, § 340 Rn. 1; vgl. auch SK-*Wolters*, § 340 Rn. 2b; a. M. *Wagner*, Amtsverbrechen, 1975, S. 35 ff., 168; zweifelnd auch noch *Arzt/Weber-Arzt*, 1. Aufl., § 49 Rn. 91.
334 Vgl. auch oben § 6 Rn. 80.
335 LK-*Lilie*, 12. Aufl., § 340 Rn. 1; MüKo-*Voßen*, 2. Aufl., § 340 Rn. 1, 21; S/S/*Hecker*, § 340 Rn. 1; a. M. (geschützt ist allein die körperliche Integrität) *Amelung/Weidemann*, JuS 1984, 595 (600); *Fischer*, § 340 Rn. 1; NK-*Kuhlen*, § 340 Rn. 4; wiederum a. M. (geschützt ist ausschließlich die staatliche Verwaltung, eine Einwilligung sei daher nicht möglich) *Jäger*, JuS 2000, 31 (38).
336 NK-*Kuhlen*, § 340 Rn. 5; *Rengier*, ZStW 111 (1999), 1 (27); S/S/*Hecker*, § 340 Rn. 8; anders noch (zu § 340 a. F. im Hinblick auf das Züchtigungsrecht des Lehrers) BGHSt 12, 62 (70); BGHSt 32, 357 (360); BGH, NJW 1983, 462 (463); ferner weiterhin LK-*Hirsch*, 11. Aufl. § 340 Rn. 15; MüKo-*Voßen*, 2. Aufl., § 340 Rn. 21; vgl. auch den „Trinkgeld-Fall", BGH, NJW 1983, 462 (463): Der Täter hatte dem wegen Trunksucht Untergebrachten Schnaps verschafft (= Rausch als Körperverletzung). Die Entscheidung differenziert (unklar) zwischen einer Einsichtsfähigkeit des Süchtigen, die für die mittelbare Täterschaft relevant ist, und einer Einsichtsfähigkeit, die für die Einwilligung zu § 223 relevant ist (Einwilligung irrelevant sei bei § 340). Vgl. zu ähnlichen Sachverhalten oben Rn. 32.
337 Vgl. in diesem Zusammenhang auch SK-*Wolters*, § 340 Rn. 8.
338 Vgl. oben Rn. 73.
339 BGHSt 34, 190; vgl. zum Rechtsgut des § 356 StGB ausführlich LK-*Gillmeister*, 12. Aufl., § 331 Rn. 6 ff.; *Mennicke*, ZStW 112 (2000), 834 (841 ff.). *Bosch*, JA 2008, 903 (905) bezweifelt hingegen die Strafwürdigkeit und hält § 356 für „verzichtbar".
340 Veralteter Begriff für Parteiverrat.

b) Der Tatbestand im Einzelnen

aa) Objektiver Tatbestand

§ 356 I ist weithin aus sich heraus verständlich: Der Anwalt (oder andere Rechtsbeistand) darf, ja soll **einseitig** die Interessen seiner Partei vertreten. Damit ist es unvereinbar, dass er zugleich die Interessen der Gegenpartei wahrnimmt. Deshalb ist „dieselbe" Rechtssache nicht formell (i. S. desselben Prozesses), sondern materiell (i. S. desselben Lebenssachverhalts) zu interpretieren. **Dieselbe Rechtssache** ist somit nicht nur dann gegeben, wenn es sich um dasselbe Verfahren und dieselben Parteien handelt. Maßgebend ist vielmehr die Identität des Sachverhalts, mag dieser auch in Verfahren verschiedener Art und verschiedener Zielrichtung von Bedeutung sein[341]. Insoweit können z. B. auch mehrere Tatbeteiligte derselben Straftat (Haupttäter, Anstifter, Gehilfen)[342] als Parteien in derselben Rechtssache angesehen werden, wenn sie in getrennten Verfahren abgeurteilt werden[343]. Denn auch sie können regelmäßig unterschiedliche Interessen im jeweiligen Verfahren aufweisen. Dies gilt selbst für einen Tatzeugen, der sich eines Zeugenbeistandes bedient[344].

Dienen ist entsprechend dem Dienstvertragsrecht des BGB das „Bemühen im Interesse einer Partei". Einen Erfolg oder gar einen für die Gegenpartei eingetretenen Nachteil verlangt § 356 nicht. „Dienen" ist dabei als berufliches Dienen anzusehen, sodass z. B. die private Erteilung eines Rechtsrates durch einen Anwalt nicht hierunter fällt[345]. Auch scheidet § 356 aus, wenn der Anwalt eigene Interessen als Partei gegen einen von ihm vertretenen Auftraggeber wahrnimmt[346]. Nicht eindeutig geklärt ist, ob es möglich ist, eine Angelegenheit speziell **einem** in einer größeren Sozietät tätigen Anwalt **anzuvertrauen**, mit der Folge, dass zwei Mitglieder einer Sozietät in einer Rechtssache verschiedene Interessen vertreten dürfen. Der BGH hält dies für zulässig[347], in der Literatur stößt dies vielfach auf Widerspruch[348]. Der Rechtsanwalt muss den Interessen seiner Partei schließlich **pflichtwidrig** dienen. Meist wird der Verstoß gegen § 43a IV BRAO als ein wichtiger Anhaltspunkt angesehen, ohne dass dieser Bestimmung viel mehr zu entnehmen wäre als der Tatbe-

---

341 BGHSt 5, 301 (304); BGHSt 9, 341 (346 ff.); BGHSt 18, 192; BGHSt 34, 190 (191). – BGHSt 15, 332 (338) meint dies mit der Formulierung „Identität des materiellen Rechtsverhältnisses"; vgl. hierzu auch *Mühlbauer*, JR 2005, 54 (58) im Hinblick auf die anwaltliche Vertretung mehrerer Studienplatzbewerber im Hochschulzulassungsverfahren.
342 Obwohl das Strafverfahren kein Parteiverfahren darstellt, gilt § 356 auch dort (z. B. bei gleichzeitiger Vertretung des Angeklagten und des Nebenklägers; hierzu RGSt 49, 342 (344); BGHSt 3, 400; BGHSt 5, 301 (304); BGHSt 5, 284 (285); BGHSt 40, 188; *Baier*, wistra 2001, 401 (403 f.); *Baumann/Pfohl*, JuS 1983, 24 (26); *Hartmann*, JR 2001, 51 (52); MüKo-*Dahs*, 2. Aufl., § 356 Rn. 41; *S/S/Heine/Weißer*, § 356 Rn. 13; a. M. *Schmidt-Leichner*, NJW 1959, 133.
343 BGHSt 52, 307 (310 ff.) unter Aufgabe von BGHSt 3, 400; zustimmend *Bosch*, JA 2008, 903 (904); *Gillmeister*, NJW 2008, 2726; *Müssig*, NStZ 2009, 421 (423); a. M. *S/S/Heine/Weißer*, § 356 Rn. 13.
344 *Müssig*, NStZ 2009, 421 (423 f.).
345 BGHSt 20, 41; BGHSt 24, 191 (Tätigkeit als gerichtlich bestellter Vormund); BGHSt 45, 148 (153).
346 BGHSt 12, 96 (98); vgl. aber auch BGHSt 45, 148 (152): Dies gilt nicht, wenn der Rechtsanwalt eine von ihm gegründete GmbH im Verfahren gegen einen von ihm vertretenen Auftraggeber vertritt und dabei nach außen nicht als Gesellschafter oder Geschäftsführer, sondern als Anwalt auftritt; zustimmend *Brauns*, JR 2000, 521.
347 BGHSt 40, 188; BGH, NStZ 1994, 490; zustimmend *Hartmann*, JR 2000, 51 (54); LK-*Gillmeister*, 12. Aufl., § 356 Rn. 32; *S/S/Heine/Weißer*, § 356 Rn. 9.
348 *Geppert*, Der strafrechtliche Parteiverrat, S. 110; LK-*Hübner*, 11. Aufl., § 356 Rn. 38.

standsumschreibung in § 356[349]. Entscheidend ist dabei, dass tatsächlich ein Interessengegensatz zwischen den Parteien besteht, sodass diejenigen Fälle – wie z. B. die einverständliche Ehescheidung ohne Folgesachen[350] –, bei denen ein solcher Gegensatz nicht besteht, aus dem Tatbestand auszuscheiden sind[351].

bb) Rechtswidrigkeit und Irrtumsfälle

95 Die **Rechtswidrigkeit** ergibt sich, wie stets, in aller Regel aus der Erfüllung des Tatbestands. Da § 356 in erster Linie die Rechtspflege schützt, ist die Einwilligung der Partei(en) unbeachtlich[352].

96 Bemerkenswert ist nur, dass Rechtsanwälte auffallend häufig einen **Verbotsirrtum** für sich in Anspruch nehmen, d. h. sich auf die (irrige) Annahme berufen, sie hätten ihr Verhalten nicht als pflichtwidrig angesehen[353]. Die Erfahrung zeigt, dass sich Laien nur selten plausibel auf § 17 berufen, weil diese „Entschuldigung" rechtlich so kompliziert ist, dass es juristischen Scharfsinns bedarf, um sie geltend zu machen. So ist es wohl auch kein Zufall, dass es keinen Tatbestand des StGB gibt, in dem so oft um § 17 gestritten worden ist, wie bei § 356. In dieses traurige Bild passt ganz vorzüglich, dass die für die Anerkennung der Schuldtheorie grundlegende Entscheidung im Jahre 1952[354] auf einen Rechtsanwalt als Angeklagten zurückgeht.

Die Irrtümer bei § 356 sind recht banal. Mitunter berufen sich Anwälte darauf, der frühere Mandant habe nichts dagegen gehabt, dass sie nun die Gegenpartei vertreten. Selbst eine „aufgeklärte" Einwilligung des Mandanten vermag die Pflichtwidrigkeit jedoch nicht aufzuheben, weil das Rechtsgut des § 356 das öffentliche Interesse an einer geordneten Rechtspflege ist, über das der einzelne Mandant nicht verfügen kann. – Mitunter machen Anwälte geltend, sie hätten nicht gemerkt, dass sie durch den Wechsel der Partei gegen die Interessen der früheren Partei handeln. Hierin hat der BGH[355] sogar einen Tatbestandsirrtum (= Verkennung eines normativen Tatbestandsmerkmals) gesehen. Das ist – unabhängig von der ohnehin fragwürdigen Rechtsfigur des „Irrtums über normative Tatbestandsmerkmale"[356] – sehr zweifelhaft, da damit der Grundsatz erschüttert wird, dass der Wechsel auf die andere Seite **prinzipiell verboten** ist, weil dies für die frühere Partei per se gefährlich

---

349 § 356 ist kein Blankettgesetz, das erst durch § 43a IV BRAO an Inhalt gewinnen und etwaigen Wandlungen dieser Bestimmungen automatisch folgen würde. Die Ausführungen in BGHSt 18, 192 (193) und daran anknüpfende Äußerungen in der Literatur (z. B. *Lackner/Kühl*, § 356 Rn. 7) sind wohl nur missverständlich und besagen nichts Gegenteiliges; in BGHSt 52, 307 (313) ist davon die Rede, die anwaltliche Berufspflicht ginge „über die Strafbestimmung des § 356 StGB hinaus". Ausführlich hierzu auch LK-*Hübner*, 11. Aufl., § 356 Rn. 77 (im Ergebnis ebenfalls gegen Blankettgesetz); vgl. aber auch *Baier*, wistra 2001, 401 (404 f.).
350 OLG Karlsruhe, NJW 2002, 3561; hierzu *Erb*, NJW 2003, 730.
351 Vgl. BGHSt 7, 17 (20); BGHSt 15, 332 (334); BGHSt 18, 192 (199 f.); zum notwendigen Interessengegensatz vgl. ferner BGHSt 5, 301 (306); vgl. auch KG, NStZ 2006, 688; so auch *Mennicke*, ZStW 112 (2000), 834 (857 ff.); noch weitergehender *Schlosser*, NJW 2002, 1376 (1378).
352 RGSt 71, 253 (254); BGHSt 4, 80 (83); BGHSt 17, 305 (307); BGHSt 15, 332 (335 f.); BGHSt 18, 192 (198 f.); *S/S/Heine/Weißer*, § 356 Rn. 1; differenzierend MüKo-*Dahs*, 2. Aufl., § 356 Rn. 51 ff.; anders hingegen *Müssig*, NStZ 2009, 421 (424 f.); zweifelnd jedenfalls für Fälle der Mediation *Schlösser*, NJW 2002, 1376 (1378).
353 Vgl. nur BGHSt 12, 96 (99); BGHSt 15, 332; BGHSt 52, 307 (313); vgl. auch BGHSt 5, 301 (309 ff.); BGHSt 7, 17 (22 f.); BGHSt 9, 341 (347 f.); BGHSt 18, 192 (195 ff.) – hier wurde jeweils aufgrund der besonderen Konstellation sogar ein Tatbestandsirrtum in Erwägung gezogen; ferner BGHSt 45, 148 (155 f.); vgl. hierzu auch *Baier*, wistra 2001, 401 (407).
354 BGHSt 2, 194.
355 BGHSt 15, 332 (338 f.).
356 Vgl. zur Kritik *B. Heinrich*, AT, Rn. 1081 ff.; ferner bereits oben Rn. 37.

ist. – Ein unproblematischer Tatbestandsirrtum liegt dagegen vor, wenn der Anwalt nicht bemerkt, dass es sich materiell um dieselbe Sache handelt oder wenn er nicht merkt, dass er in dieser Sache früher die Gegenpartei vertreten hat.

cc) Qualifikation, § 356 II

§ 356 II enthält eine Qualifikation, die sich durch zwei Faktoren auszeichnet: (1) Die Kollusion („Einverständnis") mit der neuen Partei und (2) den Vorsatz, der früheren Partei zu schaden. Dabei ist eine Schädigungs**absicht** nicht erforderlich[357]. Als Nachteil ist auch ein immaterieller Schaden anzusehen. Problematisch erscheint allerdings der Strafrahmen (Vervierfachung der Mindeststrafe; gleich bleibende Höchststrafe)[358]. 97

dd) Teilnahme

Eine Teilnahme eines außenstehenden **Dritten** kann nie zu dessen Bestrafung als Mittäter führen, da § 356 ein Sonderdelikt darstellt (anwendbar ist also § 28 I). Das gilt auch für diejenige Partei, die mit dem Anwalt kollusiv zum Nachteil der früheren Partei zusammenarbeitet, also bei § 356 II[359]. 98

VI. Bruch amtlicher Geheimhaltungs- und Verschwiegenheitspflichten: Vertrauensbruch im auswärtigen Dienst (§ 353a), Verletzung des Dienstgeheimnisses (§ 353b), Verbotene Mitteilungen über Gerichtsverhandlungen (§ 353d), Verletzung des Steuergeheimnisses (§ 355)

Die **Verletzung des Post- und Fernmeldegeheimnisses** (§ 354 a. F.) hat mit der Strukturänderung des Post- und Telekommunikationswesens sowie der Privatisierung der Post ihren Charakter als Amtsdelikt verloren. Sie wurde deshalb durch das Begleitgesetz zum Telekommunikationsgesetz vom 17.12.1997 (mit geringfügigen Änderungen) in § 206 bei den Verletzungen des persönlichen Lebens- und Geheimbereichs unter Strafe gestellt[360]. 99

1. Vertrauensbruch im auswärtigen Dienst, § 353a

§ 353a, der sog. „Arnim-Paragraph", besitzt kaum praktische Relevanz. Da diesbezüglich wohl auch kein gesteigertes Strafbedürfnis besteht, sollte über eine Streichung dieser Norm nachgedacht werden[361]. 100

---

357 Vgl. hierzu BGH, NJW 1964, 2428 (2430).
358 Kritisch auch *Brauns*, JR 2000, 521 (523); *Maiwald*, NStZ 1984, 433 (436).
359 Dass die für § 356 II „notwendige" Teilnahme der Partei nicht zur Straflosigkeit wegen „notwendiger Teilnahme" führt, ist selbstverständlich. Es ist kein sachlicher Gesichtspunkt für ein solches Privileg ersichtlich.
360 Vgl. hierzu oben § 8 Rn. 28.
361 Eingehend hierzu *B. Heinrich*, ZStW 110 (1998), 327, auch im Hinblick auf die historischen Hintergründe der Entstehung der Norm; für eine Beibehaltung der Vorschrift jedoch – mit beachtlichen Argumenten – *Ringwald*, Der „Arnim-Paragraf" (§ 353a StGB) und der Schutz auswärtiger Interessen der Bundesrepublik Deutschland, 2010, S. 127 ff., der eine „Verschiebung" der Norm in einen neu zu schaffenden § 100b vorschlägt.

2. Verletzung des Dienstgeheimnisses, § 353b

101 § 353b betrifft einen spezifischen Angriff auf den Staat durch illoyale Amtsträger (und besonders in Pflicht genommene Personen, § 353b II), nämlich die Offenbarung von Dienstgeheimnissen[362].

Der Geheimnisbegriff deckt sich mit demjenigen des § 203[363]. Das Geheimnis muss dem Amtsträger „anvertraut" oder „sonst bekannt geworden" sein. Dies scheidet dem Wortlaut nach aus, wenn der Amtsträger in eigener Entscheidungskompetenz das Geheimnis selbst geschaffen hat (z. B. bei Festlegung eines Durchsuchungstermins bei einem Verdächtigen[364]). Zusätzlich ist erforderlich, dass die Offenbarung „**wichtige öffentliche Interessen gefährdet**". Die Täter berufen sich meist auf ihre Überzeugung, dass die Indiskretion eine falsche Regierungspolitik erschwert und damit per Saldo das öffentliche Wohl gefördert habe. § 353b ist jedoch dahin zu interpretieren, dass die Erschwerung einer legitimen Regierungspolitik selbst dann als Gefährdung wichtiger öffentlicher Interessen anzusehen ist, wenn der das Geheimnis offenbarende Täter (und/oder der Strafrichter!) eine andere Politik als besser ansieht[365].

Mit der Rechtsprechung[366] muss im Regelfall davon ausgegangen werden, dass die Offenbarung von Dienstgeheimnissen **gleichzeitig** wichtige öffentliche Interessen gefährdet, denn für Geheimnisse ist ein Geheimhaltungsinteresse konstitutiv[367]. Wenn ausnahmsweise die Geheimnisoffenbarung keine **wichtigen** öffentlichen Interessen gefährdet, kann man § 353b aber nicht mit der Begründung bejahen, es bestehe ein öffentliches Interesse an der Amtsverschwiegenheit als solcher[368].

Wesentlicher **Anreiz** für Taten nach § 353b ist die Bereitschaft der Medien, Informationen zu publizieren, die ihnen unter Verletzung des Dienstgeheimnisses zugespielt worden sind. In der Vergangenheit kam es deshalb zu Ermittlungen gegen Journalisten wegen des Verdachts der Beihilfe zu § 353b StGB durch das Publizieren von Informationen, die ihnen unter Verletzung von § 353b StGB zugetragen wurden[369]. Da nicht auszuschließen war, dass die Aufnahme dieser Ermittlungen vorwiegend dadurch motiviert war, den Medienmitarbeitern das Zeugnisverweigerungsrecht des § 53 I Nr. 4 StPO zu entziehen, hat sich der Gesetzgeber im Anschluss an das „Cicero"-Urteil des BVerfG[370] zu einer gesetzlichen Klärung entschlossen und im Jahre 2012 in § 353b IIIa einen besonderen Rechtfertigungsgrund für Medienangehörige eingeführt. Hiernach sind Beihilfehandlungen einer in § 53 I 1 Nr. 5 StPO genannten Person nicht rechtswidrig, wenn sie sich auf die Entgegennahme, Auswertung oder Veröffentlichung des Geheimnisses beschränken. Davon unberührt bleibt allerdings die Strafbarkeit eines Medienangehörigen, der einen Amtsträger zum Bruch des Dienstgeheimnisses veranlasst, wegen Anstiftung zu § 353b[371]. In diesem Fall ist § 28 I ist anzuwenden (= echtes Amtsdelikt).

---

362 Übersicht über die weiteren Geheimnisschutztatbestände, auch des Nebenstrafrechts, bei *Möhrenschlager*, JZ 1980, 161 (164 f.).
363 Vgl. oben § 8 Rn. 32 f.
364 OLG Dresden, NStZ 2009, 462 m. abl. Anm. *Schwürzer/Krewer*; OLG Düsseldorf, NJW 2005, 1791 (1798); *S/S/Perron*, § 353b Rn. 7; a. M. *Fischer*, § 353b Rn. 14.
365 BGHSt 20, 342 (Fall Pätsch) steht dieser Interpretation nicht entgegen, weil es dort um illegale Dienstgeheimnisse ging.
366 BGHSt 20, 342 (Fall Pätsch).
367 Vgl. oben § 8 Rn. 32 f.; Gleiches gilt für das Merkmal „offenbart".
368 Vgl. nur *S/S/Perron*, § 353b Rn. 6a; differenzierend *Fischer*, § 353b Rn. 23 f.
369 Siehe die Übersicht bei *Schuldt*, Geheimnisverrat, 2011, 37 ff.
370 BVerfGE 117, 244; hierzu *Brüning*, NStZ 2006, 253; *Cramer*, wistra 2006, 165; vgl. hierzu auch ausführlich oben § 43 Rn. 7.
371 *Möhrenschlager*, JZ 1980, 161 (165).

Die Verfolgung von Taten nach § 353b ist, wie sich aus Abs. 4 (= Ermächtigungsklausel) ergibt, „in das politische Ermessen der Exekutive gestellt"[372]. Da Ermittlungsverfahren nach § 353b meist auf die massive Kritik der Medien stoßen, wird diese Ermächtigung nur selten erteilt. Verurteilungen sind daher sehr selten[373].

3. Verbotene Mitteilungen über Gerichtsverhandlungen, § 353d

§ 353d betrifft verbotene Mitteilungen über Gerichtsverhandlungen[374]. Der Zusammenhang mit §§ 169–174 GVG (= Grundsatz der Öffentlichkeit inklusive Ausnahmen) ist zu beachten. § 353d stellt dabei zwar in erster Linie ein **Rechtspflegedelikt** dar, darüber hinausgehend werden durch die einzelnen Verbotstatbestände aber auch noch weitere Rechtsgüter, insbesondere die Staatssicherheit, geschützt[375]. Persönlichkeitsrechte, insbesondere solche des Angeklagten, aber auch anderer Beteiligter, werden durch diese Bestimmung jedoch nur mittelbar geschützt.

4. Verletzung des Steuergeheimnisses, § 355

§ 355 betrifft den Schutz von Steuer- und Geschäftsgeheimnissen. Die Vorschrift geht § 203 II 2 als lex specialis vor[376].

Die Bestimmung ist rechtspolitisch unproblematisch, soweit es um Betriebs- oder Geschäftsgeheimnisse geht, § 355 I Nr. 2[377]. Auch wenn der Bürger im Zusammenhang mit den in § 355 I Nr. 1 genannten Verfahren der Verwaltung gegenüber Mitteilungen über Geheimnisse macht (vielfach machen **muss**), dürfen die Amtsträger und die in § 355 II genannten Personen solche Informationen nicht weitergeben[378]. – Problematisch ist § 355 aber insofern, als er in einer Uferlosigkeit, die auch für den noch weitergehenden Datenschutz nach § 203 charakteristisch ist, „Verhältnisse eines anderen" schlechthin der amtlichen Geheimhaltungspflicht unterwirft. Geschwätzigkeit eines Amtsträgers mag disziplinarisch zu verfolgen sein. Ein Strafbedürfnis setzt dagegen ein schützenswertes Geheimhaltungsinteresse[379] des Bürgers voraus. Das Strafrecht hat keinen Anlass, den „Feigenblättern", die von den wirtschaftlichen Verhältnissen bis zur Telefonnummer alle Daten eines modebewussten Bürgers verdecken, umfassend seinen Schutz zu gewähren[380].

---

372 BGHSt 27, 307 (311).
373 Im Jahr 2011 wurden 18 Personen verurteilt (Quelle: Strafverfolgungsstatistik, Berichtsjahr 2011, S. 42 f.).
374 Vgl. zu dieser Vorschrift ausführlich *B. Heinrich* in *Wandtke*, Medienrecht, Praxishandbuch, 2. Aufl. 2011, Bd. 5, Kap. 5 Rn. 227 ff.
375 Vgl. auch LK-*Vormbaum*, 12. Aufl., § 353d Rn. 2, 21; *S/S/Perron*, § 353d Rn. 3, 23, 40. Zu Reformbestrebungen *Arzt*, Der strafrechtliche Schutz der Intimsphäre, 1970, S. 227 f.
376 Vgl. hierzu oben § 8 Rn. 41.
377 Zur Pflicht des Arbeitnehmers, solche Geheimnisse zu wahren, vgl. §§ 17, 18 UWG.
378 Zum Geheimnisbegriff vgl. oben § 8 Rn. 32 f.
379 *Maiwald*, JuS 1977, 353 (362), sucht mit Recht „nach einschränkenden Kriterien allgemeiner Art, um die Strafbarkeit nicht ins Absurde abgleiten zu lassen". Freilich bleibt die Suche vergeblich, denn wenn nur ausgenommen wird, was „ohnehin jeder weiß oder wissen kann", ist der Tatbestand nicht spürbar eingeschränkt.
380 Vgl. hierzu eingehend § 8 Rn. 4, 41 f.

VII. Verleitung eines Untergebenen zu einer Straftat, § 357

104 § 357, altertümlich als **Konnivenz** bezeichnet, ist theoretisch von Interesse, weil hier der **Vorrang des BT** gegenüber dem AT deutlich wird[381]. Insoweit geht die Vorschrift den allgemeinen Regelungen über Anstiftung, Beihilfe und versuchte Anstiftung vor[382]. Der dem § 357 zugrunde liegende Gedanke der Haftung des Vorgesetzten für Taten des Untergebenen findet sich auch im Wehrstrafrecht, wo § 33 WStG dem Vorgesetzten eine höhere Strafe als dem Untergebenen androht, und in noch allgemeinerer Form in § 130 OWiG und § 831 BGB[383].

1. Ausschluss der Strafmilderung nach §§ 30, 28, 23 (Verleiten)

105 § 357 I unterwirft den Vorgesetzten, der den Untergebenen anstiftet (= „verleitet") oder anzustiften versucht (= „zu verleiten unternimmt"), der Täterstrafe[384]. Da nach § 26 der Anstifter ebenfalls „gleich einem Täter" bestraft wird, entfaltet die Androhung der Täterstrafe in § 357 I ihre praktische Bedeutung in erster Linie für die versuchte Anstiftung, also für die Alternative „zu verleiten unternimmt". Insoweit liegt eine Strafschärfung in zwei Richtungen vor: Einerseits entfällt die obligatorische Strafmilderung nach § 30 I 2, andererseits wird auch die versuchte Anstiftung zu einem Vergehen erfasst, da § 357 allgemein an eine „rechtswidrige Tat" (vgl. § 11 I Nr. 5) anknüpft. Die Legaldefinition des Unternehmens nach § 11 I Nr. 6 schließt im Zusammenhang mit dem „Verleiten" die Fälle ein, in denen die Einwirkung des Vorgesetzten den Untergebenen nicht erreicht (ob dies schon eine versuchte Anstiftung nach § 30 I darstellt, ist streitig[385]).

106 **Einzelfragen:** (1) § 357 bezieht sich stets auf die für die **vollendete Tat** angedrohte Strafe, denn wenn die Anstiftung des Vorgesetzten (V) zu einer versuchten Tat des Untergebenen (U) führt, kann V nicht günstiger stehen, als wenn U die Tat ablehnt (= Verleitensversuch).

(2) § 357 ist nicht auf Amtsdelikte zu beschränken[386]. Unter einer „rechtswidrigen Tat im Amt" ist vielmehr jede von einem Untergebenen in Ausübung seines Amtes begangene strafbare Handlung zu verstehen.

(3) Im Rahmen der Strafbarkeit des § 357 ist die Anwendung des § 28 ausgeschlossen[387]. – Wenn U einen Totschlag begeht, ist der ihn anstiftende V nach § 357 aus § 212 zu bestrafen, ohne Rücksicht darauf, ob V aus niedrigen Beweggründen han-

---

381 Vgl. hierzu ausführlich oben § 1 Rn. 15.
382 RGSt 68, 90 (92); *S/S/Heine/Weißer*, § 357 Rn. 1.
383 Vgl. weitergehend *Andrews*, Verleitung und Geschehenlassen i. S. des § 357, 1996; *Will*, Die strafrechtliche Verantwortlichkeit für die Verletzung von Aufsichtspflichten, Diss. Würzburg 1998.
384 Zur Terminologie („verleiten" statt „anstiften") vgl. unten Rn. 106 unter (4); zur Struktur des § 357 auch *Baumann/Weber/Mitsch*, § 32 Rn. 76 ff.
385 Für eine Anwendbarkeit des § 30 I auch bei fehlendem Zugang der Erklärung LK-*Schünemann*, 12. Aufl., § 30 Rn. 15 ff.; *S/S/Heine/Weißer*, § 30 Rn. 18.
386 BGHSt 3, 349; BGH, NJW 1959, 584 (585); MüKo-*Schmitz*, 2. Aufl., § 357 Rn. 10; *S/S/Heine/Weißer*, § 357 Rn. 1, 8.
387 Andeutungsweise wie hier BGHSt 3, 349 (353), freilich vor Einfügung der dem jetzigen § 28 I entsprechenden Vorschrift ins StGB.

delt und deshalb nach h. M. über § 28 II als Anstifter zum Mord zu bestrafen wäre, **wenn** die Anstiftungsregeln anwendbar wären. – Umgekehrt ist V nach § 357 aus § 211 zu bestrafen, wenn U einen Mord begeht, ohne Rücksicht darauf, ob V nach Teilnahmeregeln § 28 II zugute käme.

(4) Der Vorgesetzte muss den Untergebenen zu dessen Tat „verleiten". Dies schließt, wie auch im Rahmen des § 160[388], diejenigen Fälle mit ein, in denen der Untergebene **unvorsätzlich** handelt. Zwar wird hier regelmäßig eine mittelbare Täterschaft im Hinblick auf das betreffende Delikt vorliegen, welche § 357 verdrängt. § 357 greift aber dann ein, wenn eine mittelbare Täterschaft ausnahmsweise ausscheidet, z. B. weil der Vorgesetzte eine strafbegründende Sondereigenschaft nicht aufweist[389].

2. Ausschluss der Strafmilderung nach §§ 27, 13 (Geschehenlassen)

§ 357 I ordnet in der Alternative „geschehen lässt" die Täterstrafe für den Vorgesetzten an, ohne Rücksicht darauf, ob er nach allgemeinen Regeln (Mit-)**Täter** bezüglich der Tat des Untergebenen **durch Unterlassen** oder **Gehilfe durch Unterlassen** wäre. Damit wird bezüglich der Tat des Untergebenen dem Vorgesetzten die fakultative Strafmilderung nach § 13 II ebenso verbaut wie die obligatorische Strafmilderung nach § 27 II 2. Zugleich folgt daraus, dass der Vorgesetzte erst recht der ungemilderten Täterstrafe zu unterwerfen ist, wenn er sich als **Gehilfe durch Tun** an der Tat des Untergebenen beteiligt.

Beispiel: V hört, wie nebenan U einen Verdächtigen schlägt, um diesen zu einem Geständnis zu veranlassen. V bleibt zunächst untätig. Später stellt er das Radio in seinem Zimmer lauter, damit der inzwischen anwesende Reporter R nicht auf die Vorgänge im Vernehmungsraum aufmerksam wird. – U ist strafbar nach § 343 (Aussageerpressung). Die Strafbarkeit des V richtet sich nach § 357 I i. V. mit § 343 statt nach §§ 343, 27, 13 bzw. §§ 343, 27. Ihm kommt also weder eine obligatorische Milderung nach § 27 noch eine fakultative Milderung nach § 13 zugute. Dabei macht es auch keinen Unterschied, ob er schlicht untätig bleibt oder aktiv unterstützt (hier dadurch, dass er das Radio lauter drehte).

3. Dienstvorgesetzte, Aufsichtsbeamte und Untergebene

§ 357 II wiederholt für Aufsichtsbeamte die in § 357 I für Dienstvorgesetzte enthaltene Strafdrohung.

Für den **Untergebenen,** der auf Weisung oder Befehl seines Vorgesetzten eine rechtswidrige Straftat begeht, stellt die Weisung bzw. der Befehl keinen Rechtfertigungsgrund und grundsätzlich auch keinen Entschuldigungsgrund dar (Remonstrationsrecht und Remonstrationspflicht des Untergebenen)[390].

---

388 Vgl. oben § 47 Rn. 16, 127 ff.
389 *Rogall*, GA 1979, 11 (24); *S/S/Heine/Weißer*, § 357 Rn. 1; anders *Otto*, BT, § 100 Rn. 5 sowie *Arzt/Weber-Arzt*, 1. Aufl., § 49 Rn. 106 (mit dem Hinweis auf ein mangelndes kriminalpolitisches Bedürfnis).
390 *Baumann/Weber/Mitsch*, § 23 Rn. 50 ff. mit Hinweisen zu § 22 WStG (dazu auch oben § 45 Rn. 42) und zum Beamtenrecht; ferner *B. Heinrich*, AT, Rn. 511, 594 f.

4. Teilnahme

109 Eine Teilnahme an § 357 ist nach allgemeinen Regeln möglich[391]. Zweifelhaft ist freilich, ob das für alle nicht in der Sonderpflicht des § 357 stehenden Personen bedeutet, dass ihre Teilnahme an § 357 als (mittelbare) Teilnahme an der Tat des Untergebenen zu betrachten ist. Die Außenstehenden wären nach allgemeinen Regeln (§ 28 II!) nämlich Teilnehmer an der Tat des Untergebenen und daher nicht der besonderen Teilnahmevorschrift des § 357 unterworfen. Je nachdem, ob die Haupttat des Untergebenen ein Sonderdelikt darstellt, wäre dann auf die (mittelbare) Beteiligung des Außenstehenden entweder § 28 I oder § 28 II anzuwenden. Betrachtet man hingegen mit der h. M. § 357 als selbstständigen Tatbestand (und nicht als eine die Teilnahmevorschrift des AT modifizierende Bestimmung), hat dies zur Folge, dass die Außenstehenden stets (nur) wegen Anstiftung oder Beihilfe zu § 357 zu bestrafen sind, wobei ihnen regelmäßig § 28 I zugute kommen wird, da ihnen das strafbegründende besondere Merkmal des „Vorgesetzten" fehlt.

Beispiel (1): Ein Außenstehender (A) stiftet U an, einen mit seinem Amt zusammenhängenden Diebstahl zu begehen. U ist strafbar nach § 242, A nach §§ 242, 26. – Stiftet A den U hingegen an, eine Körperverletzung im Amt (§ 340) zu begehen, ist A aus §§ 340, 26 zu bestrafen. Betrachtet man § 340 als echtes Amtsdelikt, kommt ihm dabei § 28 I zugute, geht man hingegen zutreffend von einem unechten Amtsdelikt aus[392], kann A nur nach §§ 223 ff., 26 bestraft werden.

Beispiel (2): A stiftet V an, er möge U zu § 242 anstiften. V macht dies, doch lehnt U ab. – Während U straflos ist, macht sich V nach §§ 357, 242 strafbar. Nach h. M. hat A den V hierzu angestiftet, wobei ihm § 28 I zugute kommt. Insoweit würde er sich nach §§ 357, 242, 26, 28 I strafbar machen. Vorzugswürdiger erscheint es jedoch, die Anstiftung zu § 357 als mittelbare Teilnahme des A an der Tat des U zu behandeln. Dann wäre A im Beispielsfall straflos, da U keine Straftat begangen hat und eine versuchte (mittelbare) Anstiftung nach § 30 I daran scheitert, dass § 242 ein Vergehen darstellt, die versuchte (mittelbare) Anstiftung aber nur bei Verbrechen strafbar ist.

---

391 MüKo-*Schmitz*, 2. Aufl., § 357 Rn. 32; S/S/*Heine/Weißer*, § 357 Rn. 10; SK-*Rogall*, § 357 Rn. 21.
392 Vgl. hierzu oben Rn. 91.

Stichwortverzeichnis

Die fetten Zahlen verweisen auf die Paragraphen, die mageren auf die Randziffern.

A

Abbruch der Schwangerschaft
— s. Schwangerschaftsabbruch
Abfallbeseitigung **41**, 70 ff.
— s. auch Umweltdelikte
Abfangen von Daten **8**, 65
Abgabenüberhebung **49**, 63 ff.
— Beteiligung **49**, 64
— echtes Amtsdelikt **49**, 64
— Konkurrenzen **49**, 63, 71
— Privilegierung **49**, 64
— Rechtsgut **49**, 63
— Tatbestand **49**, 69 ff.
Abgeleiteter Erwerb **28**, 5 ff., 10 ff.; **34**, 12
Abgeordnete **49**, 1, 13, 23
Abgeordnetenbestechung **49**, 1, 13, 23
Abhörgerät **8**, 15 f.
— s. auch Vertraulichkeit des Wortes
Ablationstheorie **13**, 40
Absatzhilfe **28**, 17 ff.
Abschreckung durch Strafdrohung **2**, 3 ff.
Abschrift **31**, 12
Absetzen **28**, 16 ff.
Absichtsurkunde **31**, 10
Absolute Fahruntüchtigkeit **38**, 31
Absprachen **21**, 103 ff.
— s. auch wettbewerbsbeschränkende Absprachen
Abstrakte Gefährdungsdelikte **35**, 32, 44, 46 ff.
— konkrete Ungefährlichkeit **35**, 52 ff.
— Ordnungswidrigkeiten **35**, 46 ff.
— Polizeirecht **35**, 46
— Straftaten **35**, 46
— Zwischenformen zwischen abstrakten und konkreten Gefährdungsdelikten **35**, 81 ff.
— s. auch bei einzelnen abstrakten Gefährdungsdelikten, z. B. Brandstiftung, Trunkenheit im Verkehr
Abstrakt-konkrete Gefährdungsdelikte **35**, 81 ff.
Abtreibung
— s. Schwangerschaftsabbruch
Abzeichenmissbrauch **45**, 108 f.
Actio libera in causa **38**, 10, 30, 42; **40**, 4 f., 38 ff.
Additionsklausel **24**, 28
Ärztliche Eingriffe
— Heilbehandlung **6**, 95 ff.
— Zwangsmaßnahmen **6**, 110

AIDS
— Blutentnahme für AIDS-Test **6**, 109
— Einwilligung in Risiko **6**, 38
— Infektion **6**, 24, 38
— lebensgefährliche Behandlung **6**, 57
— Offenbarungsbefugnis **8**, 34
Aktive Bestechung
— s. Bestechung
Akzessorietät des Umweltstrafrechts **41**, 13 ff., 20 ff., 59 ff., 84, 89
Alkohol
— Gefährdung des Bahn-, Schiffs- und Luftverkehrs **38**, 27 ff.
— Gefährdung des Straßenverkehrs **38**, 29 ff.
— s. auch Trunkenheit im Verkehr, Verkehrsdelikte, Vollrausch
Alleingewahrsam **13**, 40; **15**, 8,17 f.
Allgemeinheit
— Delikte gegen die Allgemeinheit **1**, 26, 30 f.
— Schutz der Allgemeinheit **1**, 26 ff.
Altbauvermietung **24**, 19
Amtliche Ausweise **33**, 13, 31, 36 ff.
Amtliche Bekanntmachungen, Verletzung **45**, 97 ff.
Amtliche Sachherrschaftsverhältnisse **45**, 79 ff.
— Angriffe **45**, 79 ff.
— s. auch Siegelbruch, Verletzung amtlicher Bekanntmachungen, Verstrickungsbruch, Verwahrungsbruch
Amtliche Wertzeichen
— s. Wertzeichen
Amtsanmaßung **45**, 100 ff.
— Begehungsformen **45**, 102 ff.
— Rechtsgut **45**, 100 f.
Amtsdelikte **42**, 1, 6 f.; **49**, 1 ff.
— Beteiligung **49**, 6 ff.
— echte und unechte **49**, 4 ff.
— Kriminalitätsumfang **49**, 10
— Machtmissbrauch und Amtsdelikte **49**, 2
— Rechtsgüter **49**, 1 ff.
— als Sonderdelikte **49**, 4 ff.
— s. auch Abgabenüberhebung, Aussageerpressung, Bestechungsdelikte, Gebührenüberhebung, Körperverletzung im Amt, Parteiverrat, Rechtsbeugung, Verbotene Mitteilungen über Gerichtsverhandlungen, Verfolgung

1395

Stichwortverzeichnis

Unschuldiger, Verleitung eines Untergebenen, Verletzung des Dienstgeheimnisses, Verletzung des Steuergeheimnisses, Vertrauensbruch im auswärtigen Dienst, Vollstreckung gegen Unschuldige
Amtsmissbrauch **49**, 2
Amtsträger **49**, 1, 4, 20 ff.
— Abgeordnete **49**, 1, 13, 23
— Anwälte **49**, 73
— Aufgaben der öffentlichen Verwaltung **49**, 20
— ausländische Amtsträger **49**, 23, 55, 60
— Begriff **49**, 20
— Beispiele **49**, 21
— Bestellung **49**, 20
— Gefangenenbefreiung durch Amtsträger **45**, 61
— Richter **49**, 22
— Schiedsrichter **49**, 22
— Straftaten gegen Amtsträger **42**, 1, 5
— Straftaten von Amtsträgern **33**, 8; **41**, 37 ff.; **42**, 1, 6 f.
— Verwahrungsbruch durch Amtsträger **45**, 95
— Zuständigkeit des Amtsträgers **33**, 8
Amtsuntreue **22**, 61; **49**, 12
Androhung von Straftaten **9**, 96 ff.; **44**, 36
Aneignung **13**, 86 ff., 124; **16**, 17 ff.
— s. auch Zueignung
Aneignungsrecht **16**, 2, 10 ff.
Angehörigenprivileg **26**, 16, 19 f.; **29**, 32 f.
Angestellter eines geschäftlichen Betriebes als Amtsträger **49**, 21
Ankaufen **28**, 15
Anonymität **31**, 11
Anschlussdelikte **25**, 1 ff.
— Aufklärungsquote **25**, 8
— Kriminalitätsumfang **25**, 7 f.
— kriminalpolitischer Hintergrund **25**, 2 ff.
— Rechtsgüter **25**, 6
— Terminologie **25**, 1
— Zusage der Anschlussstat **25**, 5
Anstellungsbetrug **20**, 109, 135
Anstiftung
— s. Unterstichwort „Beteiligung" bei den einzelnen Straftatbeständen
Antragsdelikt **6**, 14
— s. auch bei den einzelnen Delikten, z. B. Hausfriedensbruch
Anvertrautsein **15**, 7, 35 ff.
Anwälte **49**, 73, 92 ff.
— Anwaltssozietät **49**, 94
AO **19**, 13; **23**, 20, 33
Apprehensionstheorie **13**, 40
Arbeitsentgelt
— s. Vorenthalten und Veruntreuen von Arbeitsentgelt
Arglosigkeit **2**, 44, 47 ff.
Arzneimittelrecht **35**, 30; **37**, 103
Asylbetrug **20**, 109, 133a
Auffälliges Missverhältnis **24**, 17 ff.
Aufforderung zu Ordnungswidrigkeiten **44**, 38

Aufforderung zu Straftaten **44**, 37 ff.
— Abgrenzung zur Anstiftung **44**, 37 ff.
— erfolglose Aufforderung **44**, 40
— s. auch Aufforderung zu Ordnungswidrigkeiten
Aufklärungspflicht
— s. Heilbehandlung
Aufklärungspflicht beim Betrug **20**, 41 ff.
Aufklärungsquote
— s. Unterstichwort „Aufklärungsquote" bei einzelnen Straftatbeständen
Auflauf **44**, 8
Auflehnung gegen Staatsgewalt **45**, 1 ff.
— Angriffsmodalitäten **45**, 2 f.
— kriminalpolitischer Hintergrund **45**, 1 ff.
— Rechtsgut **45**, 1 ff.
— s. auch Amtsanmaßung, Gefangenenbefreiung, Gefangenenmeuterei, Siegelbruch, Titelmissbrauch, Verstöße, Verstrickungsbruch, Verwahrungsbruch, Widerstand gegen die Staatsgewalt, Widerstand gegen Vollstreckungsbeamte
Aufruhr **44**, 3, 8
Aufstachelung zum Rassenhass **44**, 45
Augenscheinsobjekte **31**, 7; **33**, 31
Ausbeuten **24**, 20
Auschwitzlüge **44**, 46, 48
Ausländische Staaten, Straftaten gegen **43**, 1
Ausnutzen der besonderen Verhältnisse des Straßenverkehrs **17**, 34
Aussagedelikte **47**, 1 ff.
— allgemeine Strafrechtslehren **47**, 10 ff., 110 ff.
— Aussagenotstand **47**, 111 ff.
— Aussagetheorien **47**, 36 ff.
— Beteiligung **47**, 126 ff.
— Eigenhändigkeit **47**, 14, 126 ff.
— als Gefährdungsdelikte **35**, 29; **47**, 12
— Falschheit der Aussage **47**, 36 ff.
— Irrtumsfragen **47**, 70, 88, 132
— Konkurrenzen **47**, 152 ff.
— Kriminalitätsumfang **47**, 23
— kriminalpolitischer Hintergrund **47**, 1 ff.
— „mittelbare Täterschaft" **47**, 14 ff., 126 ff.
— Notstand **47**, 110
— Prozessrechtsabhängigkeit **47**, 19 ff.
— prozessuale Verstöße **47**, 20, 101 ff.
— Rechtfertigung **47**, 110
— Rechtsgut **47**, 4 ff.
— Rücktritt **47**, 13, 116 f.
— schlichte Tätigkeitsdelikte **47**, 11
— Verleitung zu Aussagedelikten **47**, 127 ff.
— Vernehmungsgegenstand **47**, 31 ff.
— Versuch **47**, 51 f., 69, 89
— Versuchte Anstiftung **47**, 17, 133 ff.
— Wahlfeststellung **47**, 158
— Wahrheit mit Hinblick auf Aussagedelikte **47**, 36 ff.
— Wahrheitspflicht **47**, 19, 31 ff.
— Wiederaufnahme nach Aussagedelikten **47**, 5
— Zuständigkeitsmängel **47**, 26 ff., 63, 78, 101

1396

Stichwortverzeichnis

— s. auch Eidesdelikte, Fahrlässiger Falscheid, Fahrlässige falsche Versicherung an Eides statt, Falsche uneidliche Aussage, Falsche Versicherung an Eides statt, Meineid, Rechtspflegedelikte, Verleitung zur Falschaussage
Aussageerpressung **49**, 89 f.
— echtes Amtsdelikt **49**, 90
— Sicherung des strafprozessualen Folterverbots **49**, 89
Aussagenotstand **47**, 111
Aussagetheorien **47**, 36 ff.
— objektive Theorie **47**, 36, 40 ff., 92
— Pflichttheorie **47**, 38
— subjektive Theorie **47**, 37, 93
Aussetzung **36**, 1 ff.
— Beteiligung **36**, 7, 9
— Erfolgsqualifikation **36**, 10
— als (Lebens-)Gefährdungsdelikt **36**, 1
— Konkurrenzen **36**, 11
— kriminalpolitischer Hintergrund **36**, 1 ff.
— Obhutspflicht (Garantenstellung) **36**, 7
— Qualifikationen **36**, 9 f.
— Rechtsgut **36**, 1 ff.
— Tathandlungen **36**, 4 ff.
Ausspähen von Daten **8**, 43 ff.
Ausspielung **24**, 39h
— s. auch unerlaubte Veranstaltung einer Lotterie oder einer Ausspielung
Aussteller einer Urkunde **31**, 6, 15, 29
Auswärtiger Dienst
— s. Vertrauensbruch im auswärtigen Dienst
Ausweisähnliche Urkunden **33**, 36 ff.
Autofalle **17**, 34
Automatenbetrug **20**, 141
Automatenmissbrauch **21**, 12 ff.

B

Bagatelldelikt **7**, 9 f.; **11**, 2; **12**, 9 f., 30
Bahn-, Schiffs- und Luftverkehr
— s. Gefährdung des Bahn-, Schiffs- und Luftverkehrs, Gefährliche Eingriffe in den Bahn-, Schiffs- und Luftverkehr
— s. auch Verkehrsdelikte
Bande **14**, 60 ff.
Bandendiebstahl **14**, 5, 60 ff.
— schwerer Bandendiebstahl **14**, 67 ff.
Bandenhehlerei **28**, 36
Bandenraub **17**, 28
Bankautomat **15**, 16; **21**, 36 ff.; **23**, 49 f.
— s. auch EC-Karte und Geldautomat
Bankgeheimnis **8**, 25, 29
Bankomat
— s. Bankautomat
Bankrott **16**, 55 ff.
— Beteiligung **16**, 67
— Fahrlässigkeitsdelikte **16**, 57
— kriminalpolitischer Hintergrund **16**, 30 f., 51
— Krisensituationen **16**, 51, 56
— Regelbeispiele **16**, 59
— Tathandlungen **16**, 55

— Tathandlungen und objektive Bedingungen der Strafbarkeit **16**, 58
— Versuch **16**, 66
— s. auch Insolvenzstraftaten
Baubetrug **20**, 7
Baugefährdung **37**, 93 ff.
— Fahrlässigkeitspönalisierung **37**, 94
— Ordnungswidrigkeit **37**, 96
— Rücktritt **37**, 95
Beamter
— s. Amtsträger
Beauftragter eines geschäftlichen Betriebs als Amtsträger **49**, 21
Bedingtes Einverständnis **13**, 55 f.
Bedrohung **9**, 96
Bedrohungserpressung **18**, 5
Beeinflussung des Ergebnisses eines Datenverarbeitungsvorganges **21**, 33, 36
Beeinträchtigung wichtiger Anlagen und Betriebe **37**, 86 ff.
Beförderungserschleichung **20**, 45, 47, 52, 55, 116, 141; **21**, 17 ff.
Befriedetes Besitztum **8**, 8
Befriedigung des Geschlechtstriebs **2**, 55
Begegnungsdelikte **24**, 25
Beglaubigte Abschrift **31**, 12
Beglaubigungsvermerk **33**, 9
Begünstigung **27**, 1 ff.
— Absichtsprobleme **27**, 11 ff.
— Alltagshandlungen **27**, 8, 15
— Angehörigenprivileg, keines **27**, 17
— Beteiligung **27**, 13
— Geringwertigkeit **27**, 19
— Konkurrenzen **27**, 22 f.
— Kriminalitätsumfang **25**, 7 f.
— kriminalpolitischer Hintergrund **25**, 2 ff.
— Limitierung der Höchststrafe **27**, 19
— mittelbare Selbstbegünstigung **27**, 17 f.
— Motive **27**, 12
— Rechtfertigung **27**, 15
— Rechtsgut **25**, 6; **27**, 1
— Selbstbegünstigung **27**, 16
— Sicherungsabsicht **27**, 9, 11 ff.
— Surrogate **27**, 3
— Tatbestand **27**, 2 ff.
— Tathandlung **27**, 1, 5 ff.
— Teilnahme an der Vortat und Begünstigung **27**, 20
— Teilnehmerprivileg **27**, 17
— als Tendenzdelikt **27**, 6
— übliche Geschäftstätigkeit **27**, 15
— Unterlassen **27**, 14
— Vortat **27**, 2
— Vorteilsbegriff **27**, 2 ff.
— Wahlfeststellung **27**, 21
Behältnis, verschlossenes **14**, 47
Beihilfe
— s. Unterstichwort „Beteiligung" bei den einzelnen Straftatbeständen
Beischlaf zwischen Verwandten **10**, 31
Beiseitschaffen **16**, 40
Beisichführen von Waffen etc. **14**, 53 ff.
Beitragsmarkenskandal **34**, 23
Beitragsvorenthaltung **23**, 1 ff.

1397

Stichwortverzeichnis

— s. auch Vorenthalten und Veruntreuen von Arbeitsentgelt
Bekanntmachungen
— s. Amtliche Bekanntmachungen
Bekenntnisse
— s. Religionsausübung
Beleidigung
— Beleidigungsfähigkeit 7, 29
— Ehrbegriff 7, 15
— Formalbeleidigung 7, 28
— im Internet 7, 29
— eines Kollektivs 7, 29
— unter Kollektivbezeichnung 7, 29
— Rechtsgut 7, 2
— mittels Tätlichkeit 7, 4
— Tatsachenbehauptungen 7, 12
— Unwahrheit 7, 17
— Wahrheitsbeweis 7, 6, 20
— Wahrnehmung berechtigter Interessen 7, 7, 21 ff.
— Werturteile 7, 12
— s. auch Ehrverletzung
Belohnung von Straftaten
— s. Billigung von Straftaten
Beobachtung der Wegnahme 13, 43, 57 ff.
Bereicherung
— s. Vermögensvorteil
Bereicherungsabsicht
— s. Vorteilsabsicht
Bereitstellen von Einrichtungen 24, 39c
Berufsbezeichnungen, Missbrauch von 45, 108 f.
Berufsverbot, Verstoß gegen 45, 76
Beschädigen 12, 16 ff.
— Abgrenzung zur Zerstörung 12, 16 f.
— Funktionsbeeinträchtigung 12, 24 ff.
— ohne Substanzeingriff 12, 24 ff.
Beschimpfung von Bekenntnissen, Religionsgesellschaften usw. 44, 51 ff.
Beschlagnahme durch falschen Polizeibeamten 20, 77
Beschränkt dingliche Rechte 16, 3
Besitzdiener 13, 46 ff.
Besonderer Teil des Strafrechts 1, 1 ff.
— Aufgabe 1, 2 f.
— Beschränkung 1, 10
— Bestimmtheitsgrundsatz 1, 13
— Prozessrecht und Besonderer Teil 1, 20 ff.
— Vorrang des Besonderen Teil 1, 15 f.
Besondere Verwerflichkeit 9, 74 ff.; 18, 18
Besonders schwerer Fall
— s. Unterstichwort „Regelbeispiele" bei den einzelnen Straftatbeständen
Besonders schwerer Fall des Diebstahls 14, 1 ff., 14 ff.
— atypischer Fall 14, 22
— Einsteigen und Einbrechen 14, 44 ff.
— falscher Schlüssel 14, 46
— Konkurrenzen 14, 52
— kriminalpolitischer Hintergrund 14, 1 ff.
— Sicherungsetiketten 14, 49
— umschlossener Raum 14, 45
— verschlossenes Behältnis 14, 47

— s. auch Regelbeispiele
Bestechlichkeit bei Amtsträgern 49, 9, 11, 16 ff.
— Beteiligung 49, 16, 44 f.
— Ermessensbeamter 49, 39 ff.
— Gegenleistung 49, 25
— geheimer Vorbehalt 49, 28, 41
— Irrtumsfragen 49, 37 f.
— Konkurrenzen 49, 28 f., 46 ff.
— Pflichtwidrigkeit der Diensthandlung 49, 19, 31 ff., 41
— Rechtsgut 49, 18, 28
— Rechtswidrigkeit und Rechtfertigung 49, 35 f.
— Täterkreis 49, 16, 20 ff.
— Tathandlungen 49, 34
— Unrechtsvereinbarung 49, 19, 22, 25 ff., 41
— Verhältnis von Vorteilsannahme und Bestechlichkeit 49, 19
— Vorteil 49, 19, 24
— s. auch Bestechung, Bestechungsdelikte, Vorteilsannahme, Vorteilsgewährung
— Bestechlichkeit und Bestechung im geschäftlichen Verkehr 49, 51 ff.
— bei Ermessensentscheidungen 49, 59
— Konkurrenzen 49, 62
— als Offizialdelikt 49, 55 f.
— Pflichtwidrigkeit 49, 59
— Rechtfertigung 49, 61
— Rechtsgut 49, 51
— als Sonderdelikt 49, 57
— Sozialadäquanz 49, 61
— staatliche Betriebe 49, 57
— Täterschaft 49, 57
— Unrechtsvereinbarung 49, 59
— Vorteil 49, 58
Bestechung bei Amtsträgern 49, 9 f, 16 ff.
— aktive 49, 42 f.
— Beteiligung 49, 16, 44 f.
— Ermessensbeamter 49, 39 ff.
— Gegenleistung 49, 25
— Irrtumsfragen 49, 37 f.
— Konkurrenzen 49, 46 ff.
— passive 49, 16, 19 ff.
— Rechtsgut 49, 18
— Rechtswidrigkeit und Rechtfertigung 49, 35 f.
— Täterkreis 49, 16, 42
— Tathandlungen 49, 34
— Unrechtsvereinbarung 49, 19, 22, 25 ff.
— Vorteil 49, 19, 24
— s. auch Vorteilsgewährung, Bestechlichkeit, Vorteilsannahme, Bestechungsdelikte
Bestechungsdelikte 49, 1, 9 f., 16 ff.
— Beteiligung 49, 16, 44 f.
— Konkurrenzen 49, 46 ff.
— Kriminalitätsumfang 49, 10 f.
— kriminalpolitischer Hintergrund 49, 9
— Rechtsgut 49, 18
— Täterkreis 49, 16, 20 ff., 42
— s. auch Bestechung, Bestechlichkeit, Vorteilsannahme, Vorteilsgewährung

Stichwortverzeichnis

Bestimmtheitsgrundsatz 1, 13; 21, 85 ff.; 41, 14 f.
Beteiligung
— s. Unterstichwort „Beteiligung" bei den einzelnen Straftatbeständen
Beteiligung am unerlaubten Glücksspiel 24, 39g
Beteiligung an einer Schlägerei 6, 86 ff.
Betreffen auf frischer Tat 17, 20 ff.
Betrieb
— s. Störung öffentlicher Betriebe
Betriebsgeheimnis 8, 25, 29
Betrug 20, 1 ff.
— Anstellungsbetrug 20, 109, 135
— Antragserfordernis 20, 140
— Asylbetrug 20, 109, 133a
— Automatenbetrug 20, 141
— Beförderungsbetrug 20, 47
— Betäubungsmittel 20, 115
— Bettelbetrug 20, 67, 111
— Beweismittelbetrug 20, 63
— Computerbetrug 20, 64; 21, 26 ff.
— Debitkarte 20, 59
— Diebstahl und Betrug 13, 55; 20, 45 ff., 74 ff., 142
— Doping 20, 54, 105, 133
— Dreiecksbetrug 20, 81 ff.
— Drittbereicherung 20, 127
— Eingehungsbetrug 20, 95
— Erfüllungsbetrug 20, 94
— Erpressung und Betrug 18, 7, 22; 20, 143
— Fehlbuchung 20, 37
— fremdnütziger Betrug 20, 127 f.
— Geschäftstüchtigkeit 20, 7
— Häufigkeit 20, 13 f.
— Irrtumserregung 20, 50 ff.
— Kapitalanlagebetrug 21, 78 ff.
— Konkurrenzen 20, 142 ff.; 21, 25, 75 ff., 91, 102, 136 f.; 49, 47
— Kreditbetrug 20, 34, 97; 21, 92 ff.
— Kreditkartenbetrug 20, 60 f.; 23, 39 f.
— Kriminalitätsumfang 20, 13 f.
— kriminalpolitischer Hintergrund 20, 1 ff.
— Massenleistungen 20, 55
— nichtige Forderungen 20, 116 ff.
— Öffentliches Recht 20, 11 f.
— Opferverhalten 20, 2 f., 32, 36, 68
— Provisionsvertreterbetrug 20, 129 f.
— Prozessbetrug 20, 63
— Rechtsgut 20, 15 ff.
— Regelbeispiele 20, 134 ff.; 21, 138 ff.
— Rentenbetrug 20, 100
— Risikogeschäfte 20, 105 f.
— Sachbetrug 20, 73 ff.
— Schaden 20, 87 ff.
— Scheckbetrug 20, 58
— Scheckkartenbetrug 20, 59; 23, 39 f.
— Scheckkartenmissbrauch und Betrug 23, 39, 54
— Schenkungsbetrug 20, 103
— schweizerisches Strafrecht 20, 49
— Selbstschädigungsdelikt 20, 28 ff.
— Sicherungsbetrug 20, 144
— Spendenbetrug 20, 26, 111

— Steuerhinterziehung als Betrug 16, 4; 20, 141
— Stoffgleichheit 20, 122 ff.
— Subventionsbetrug 20, 113; 21, 62 ff.
— Subventionsbetrug und Betrug 21, 75 ff.
— Täterkreis 20, 13 f.
— Täuschungshandlung 20, 32 ff.
— Tatbestandsmerkmale 20, 32 ff., 28 ff.
— Unterlassen 20, 41 ff.
— Urkundenfälschungsdelikte und Betrug 20, 143; 30, 4
— Vermögensgefährdung 20, 97 ff.
— Vermögensschaden 20, 87 ff.
— Vermögensverfügung 20, 69 ff.
— Versicherungsbetrug 21, 138 ff.
— Vervielfachung der Betrugskonstruktion 20, 129 f., 145
— Vorfelddelikte 21, 54 ff.
— Wissenschaftsbetrug 20, 133a
— Wissenszurechnung 20, 81a
— Zechbetrug 20, 37
— Zivilrecht 20, 11 f.
— s. auch Täuschung, Vermögensschaden etc.
Betrugsähnliche Delikte 21, 1 ff.
Bettelbetrug 20, 67, 111
Bewaffnete Gruppen 44, 4
Bewegungsfreiheit 9, 12 ff.
Beweisbestimmung 31, 2, 10; 32, 2; 33, 7
Beweiseignung 31, 2, 10
Beweiserhebliche Daten 32, 6 ff.
Beweisfunktion einer Urkunde 30, 1; 31, 1 f., 10 f.
Beweiskraft öffentlicher Urkunden 33, 1 ff.
Beweismittelbetrug 20, 63, 124 f.
— s. auch Prozessbetrug, Vergleichsbetrug
Beweiszeichen 31, 9, 23 f.
Bewusstlose, Gewahrsam von 13, 52
Biermarken 13, 93 ff., 100 ff.
Bigamie 10, 31 f.
Bildaufnahmen 8, 23 b
Bildung krimineller Vereinigungen
— s. kriminelle Vereinigung
Billigung von Straftaten 44, 44
Blankettfälschung 31, 18
Blankettnormen
— Strahlungsdelikte 37, 77
— Umweltstrafrecht 41, 14 f., 19
Blankettunschrift 31, 18
Blutalkoholkonzentration 38, 31 ff.; 40, 2
Blutentnahme als Störung der Totenruhe 44, 56
Blutprobe 6, 43, 109; 31, 21; 38, 32 f.
Blutrache 2, 72b ff.
Blutschande
— s. Beischlaf zwischen Verwandten
Bote, Rechtsmacht des 22, 20
Brandgefahr, Herbeiführen einer 37, 13
Brandlegung 37, 20 f.
Brandstiftung 37, 6 ff.
— Absichtsqualifikation 37, 43 ff.
— absolute Ungefährlichkeit 35, 54; 37, 30 ff.

1399

Stichwortverzeichnis

— besonders schwere Brandstiftung **37**, **37 ff.**
— Brandlegung **37**, 20 f.
— einfache Brandstiftung **37**, 16 ff.
— Entwidmung **37**, 24
— Erfolgsqualifikationen **37**, 11, **37 ff.**
— fahrlässige Brandstiftung **37**, 12
— Gefahrqualifikation **37**, 42 ff.
— Inbrandsetzen **37**, 18 f.
— Konkurrenzen **37**, 62 ff.
— kriminalpolitischer Hintergrund **37**, 15
— persönlicher Strafaufhebungs-/ -milderungsgrund **37**, 54 ff.
— Qualifikationen **37**, 11, **37 ff.**
— Rechtsgüter **37**, 6 ff.
— Rücktritt vom Versuch **37**, 51 ff.
— Rücktritt vom vollendeten Delikt (tätige Reue) **37**, 54 ff.
— Schädigung von Rettern **37**, 50
— schwere Brandstiftung **37**, 22 ff.
— Systematik **37**, 6 ff.
— Tathandlungen **37**, 17 ff., 29 ff.
— Tatobjekte **37**, 16, 22 ff.
— teleologische Reduktion **37**, 30 ff.
— mit Todesfolge **37**, 47 ff.
— Unterlassen **37**, 19
— Versicherungsbetrug und Brandstiftung **37**, 5
— Versuch **35**, 117 f.; **37**, 13, 41, 51 ff.
— Vollendung **37**, 54 ff.
— Zerstörung durch Brandlegung **37**, 20 f.
Briefgeheimnis **8**, 27
Buchführungspflicht, Verletzung der **16**, 60
Bundesbankgesetz **34**, 6

C

Carolina **5**, 3; **22**, 3
Chantage
— s. Schweigegelderpressung
Cicero-Affäre **43**, 7
Code **31**, 8
Codekarte
— s. EC-Karte
Codekartenmissbrauch **15**, 16; **21**, 36 ff.; **23**, 49a f.
Computerbetrug **21**, 26 ff.
— Antragserfordernis **21**, 49
— Beeinflussung des Ergebnisses eines Datenverarbeitungsvorganges **21**, 33, 36
— Berechtigter als Täter **21**, 42 f.
— Betrug und Computerbetrug **21**, 30
— Codekartenmissbrauch **21**, 36 ff.
— EC-Karte **21**, 36 ff.
— Konkurrenzen **21**, 50 ff.
— kriminalpolitischer Hintergrund **21**, 26 ff.
— Leerspielen von Geldspielautomaten **21**, 44 ff.
— Maßregeln **21**, 49
— Nichtberechtigter **21**, 37
— Qualifikationen **21**, 49
— Rechtsgut **21**, 31
— Regelbeispiele **21**, 49
— Tathandlung **21**, 32

— Unmittelbarkeitserfordernis **21**, 34
— Versuch **21**, 49
— Vorsatz **21**, 35
Computerkriminalität **8**, 43; **12**, 41 ff.; **19**, 6 f.; **21**, 26 ff.; **32**, 6 ff.
Computersabotage **12**, 53 ff.
Contergan **5**, 96 ff.; **6**, 26; **35**, 30, 78

D

Darlehensvermittler **24**, 27
Daten **8**, 55; **21**, 27
Datendiebstahl
— s. Informationsdiebstahl
Datenschutz **8**, 26, **37 ff.**
— im Nebenstrafrecht **8**, 47 ff.
— in der öffentlichen Verwaltung **8**, 38 ff.
Datenveränderung **12**, 41 ff.
DDR-Unrecht **43**, 5; **49**, 76, 78, 84
— Aufarbeitung **43**, 5; **49**, 84
— Mauerschützen **43**, 5
— Rechtsbeugung **49**, 76, 78, 84
Demokratischer Rechtsstaat
— Gefährdung **42**, 12 ff.; **43**, 6
— Schutz **42**, 11 ff.
Demonstrationsfreiheit **9**, 84 ff., 87; **44**, 4 ff.
Demonstrationsfreudigkeit **44**, 9
Demonstrationsstrafrecht **42**, 19; **44**, 1
DepotG **23**, 55
Depotunterschlagung **23**, 55
Dereliktion **13**, 33
Derivativer Erwerb **28**, 5 ff., 10 ff.; **34**, 12
Diebesfalle **13**, 59
Diebstahl **13**, 1 ff.
— absichtslos-doloses Werkzeug **13**, 135
— Alleingewahrsam **13**, 40 ff.
— Aneignung **13**, 86 ff., 124
— Antragserfordernisse **13**, 23 ff., 139
— archetypischer Tatbestand **13**, 1 ff.
— Aufklärungsquote **13**, 6
— Bagatelldiebstähle **13**, 3, 19 ff.
— Bandendiebstahl **14**, 5, 60 ff., 67 ff.
— bedingtes Einverständnis **13**, 55 ff.
— Begehungsweise **13**, 13 f.
— Beobachtung des Täters **13**, 43, 57 ff.
— Besitzdiener **13**, 46 ff.
— Beteiligung **13**, 133 ff.
— Betrug und Diebstahl **13**, 55; **20**, 45 f., 74 ff., 142
— Bewegkichkeit von Sachen **13**, 32
— Diebesfalle **13**, 59
— Drittzueignung **13**, 67 f., 114 ff.
— Dunkelziffer **13**, 8 ff.
— EC-Karte **13**, 34, 56, 93 ff., 102; **21**, 41
— Einbruchsdiebstahl **14**, 46
— Einverständnis **13**, 53 ff.
— Enteignung **13**, 86 ff., 124
— Entkriminalisierung **13**, 3, 16, 26, 139
— Entziehung elektrischer Energie **13**, 149
— Erschleichen von Leistungen und Diebstahl **13**, 150 f.
— Familiendiebstahl **13**, 139
— Folgeschäden durch Diebstahl **13**, 11 f.
— Fremdheit von Sachen **13**, 30, 33 ff.

Stichwortverzeichnis

— Gebrauchsentwendung und Diebstahl 13, 72, 81 ff., 140 ff.
— Geldautomat 13, 34, 56, 93
— geringwertige Sachen 13, 27 ff.; 14, 29
— Gewahrsam 13, 37 ff.
— Häufigkeit 13, 5, 10
— Hausdiebstahl 13, 139
— Irrtumsfragen 13, 28, 122; 14, 31
— Kirchendiebstahl 14, 51
— körperliche Nähesphäre 13, 42 ff.
— Konkurrenzen 13, 153; 14, 52, 66
— Kriminalitätsumfang 11, 3; 13, 5, 10; 14, 6
— kriminalpolitischer Hintergrund 13, 1 ff.
— Ladendiebstahl 13, 6, 8, 10, 26, 42, 58; 14, 49
— landesrechtliche Sonderregelungen 13, 152
— Mitgewahrsam 13, 38, 48, 63 ff.; 15, 17 f., 39
— pauschalierter Schadensersatz 13, 26
— Qualifikationen 14, 53 ff.
— Rechtfertigung 13, 127 ff.
— Rechtsgut 13, 1, 30 f.
— Rechtswidrigkeit der Zueignung 13, 122
— Regelbeispiele 14, 14 ff., 43 ff.
— Rückführungswille 13, 125
— Sachentziehung 13, 78
— Sachsubstanztheorie 13, 74 ff.
— Sachwerttheorie 13, 92 ff.
— Selbstbedienungsläden 13, 42, 58
— Sicherheitsgefühl 13, 11
— Sondertatbestände 13, 140 ff.
— Strafzumessung 14, 10 ff.
— Täterkreis 13, 13 ff.
— Tathandlung 13, 37 ff.
— Tatobjekt 13, 13 f., 30 ff.
— Umschlagen in Raub 17, 19
— Ursachen 13, 17 f.
— Verdachtsstrafe 1, 20; 13, 25, 146
— Vereinigungstheorie 13, 92 ff., 109 ff.
— Versuch 13, 130 ff.
— Verurteilungen 13, 7; 14, 10
— Vorbereitung 13, 130 ff.
— Vorsatz 13, 66
— mit Waffen 14, 53 ff.
— Wegnahme 13, 37 ff.
— Zueignungsabsicht 13, 67 ff., 123 ff.
— s. auch Besonders schwerer Fall des Diebstahls, Räuberischer Diebstahl, Wegnahme, Zueignung
Dienstgeheimnis
— s. Verletzung des Dienstgeheimnisses
Dienstliche Verwahrung 45, 90 ff.
Dirnenbetrug 20, 115, 117, 120
Dispositivurkunde 33, 10
Doping 6, 33, 37; 20, 54, 105, 133a; 21, 4
Doppelehe 10, 28
Doppelsuizid, fehlgeschlagener 3, 40 ff.
Dreiecksbetrug 20, 81 ff.
Dreieckserpressung 18, 19
Drei-Partner-System 23, 46 ff.; 34, 31, 37
Drittbereicherungsabsicht 20, 127 f.
Drittmittelforschung 49, 30

Drittzueignung 13, 67 ff., 114 ff; 15, 2, 19, 34, 39, 47
Drogenkriminalität und Sexualdelikte 10, 10
Drogenmissbrauch 6, 4, 33, 37
— Kriminalitätsumfang 6, 4
Drohung 9, 47 ff.; 17, 8; 18, 6 f.
— gegen einen Dritten 9, 52
— mit einem empfindlichen Übel 9, 53
— mit gegenwärtiger Gefahr für Leib und Leben 17, 8
— mit Gewalt beim Widerstand gegen Vollstreckungsbeamte 45, 24 f.
— Scheinwaffen 9, 47; 17, 8, 28
— mit Strafanzeige 9, 51
— mit Unterlassung 9, 50, 83; 18, 11 ff.
— Warnung und Drohung 9, 53
— s. auch Androhung von Straftaten und Nötigung
Durchschrift einer Urkunde 31, 12

E

Echte Amtsdelikte 49, 4
EC-Karte
— Betrug 21, 42
— Computerbetrug 20, 64, 141; 21, 36 ff.
— Diebstahl 13, 34, 56, 93 ff., 102; 21, 41
— Missbrauch von Scheck- und Kreditkarten 23, 34 ff., 44a f.
— Unterschlagung 15, 16; 21, 41
Ehrbegriff
— normativer Ehrbegriff 7, 15
— Persönlichkeitsrecht 7, 1
Ehrenmord 2, 72b ff.
Ehrverletzung
— Bagatelldelikt 7, 9
— kriminalpolitischer Hintergrund 7, 1
— Privatklagedelikt 7, 9
— Rechtsgut 7, 2, 6 ff.
— Schmerzensgeld 7, 11
— als kleines Sexualdelikt 7, 5
— als kleines Staatsschutzdelikt 7, 25
— Vorrang des Zivilrechts 7, 11
— s. auch Beleidigung, üble Nachrede, Verleumdung
Eid
— s. Fahrlässiger Falscheid, Meineid
Eidesdelikte 47, 6 ff., 56 ff.
— Rechtspflegedelikte 47, 2, 6 ff.
— Säkularisierung 47, 6 ff.
— Sakralnatur 47, 6 ff.
— s. auch Fahrlässiger Falscheid, Meineid
Eidesmündigkeit 47, 101, 103 f.
Eidesstattliche Versicherung
— s. Falsche Versicherung an Eides statt
Eigenhändige Delikte 49, 7
— Aussagedelikte 47, 14, 127 ff.
— Sexualdelikte 49, 7
— Straßenverkehrsdelikte 38, 10, 42, 44
— Vollrausch 40, 34
Eifersucht 2, 67
Eigennutz, strafbarer 24, 40 f.
Eigentum
— Entpersonalisierung des Sachwertes 11, 1

1401

Stichwortverzeichnis

— Schutz 11, 2
— Sozialbindung 13, 20
— Verhältnis zum Vermögen 11, 5
— Wegnahme 13, 37 ff.
— Zerstörung 12, 1 ff.
Eigentümer, Auftreten als 13, 71 ff.; 15, 23 ff.
— s. auch Zueignung
Eigentumsvorbehalt 15, 5 f., 35; 22, 23 ff.
Eignungsdelikte 35, 81 ff.
Einbruchsdiebstahl 14, 46
Eindringen 8, 9; 14, 46
Eingabemanipulation 21, 32; 32, 15
Eingehungsbetrug 20, 15, 90, 93 ff., 100, 103, 119, 145
Einsperren 9, 12, 26
Einsteigen 14, 46
Einverständliche Fremdgefährdung 6, 33 ff.
Einverständnis mit der Wegnahme 13, 53 ff.
Einwilligung
— s. Unterstichworte „Einwilligung" und „Rechtfertigung" bei den einzelnen Straftatbeständen
Einzelurkunden 31, 1
Einziehung 26, 4
EKG 32, 2 ff, 7, 12 f.
E-Mail als Urkunde 31, 13
EmbryonenschutzG 5, 16, 26
Empfindliches Übel 9, 47 ff.
Enteignung 13, 86 ff., 123 ff.
— s. auch Zueignung
Entfesseln von Naturkräften 37, 81 ff.
— s. auch Herbeiführen einer Überschwemmung
Entführen 18, 35
Entstellung des Aussehens 6, 61
Entziehung der Fahrerlaubnis, Verstoß gegen 45, 77
Entziehung elektrischer Energie 13, 149; 15, 41
Entziehung Minderjähriger 9, 3 ff.
Entziehungskur, Gefährdung einer 45, 78
Erfolgsdelikte
— konkrete Gefährdungsdelikte als Erfolgsdelikte 35, 61, 64
— kupiertes Erfolgsdelikt 13, 67
— Verletzungsdelikte als Erfolgsdelikte 35, 5, 12 ff.
— Zufallskomponente 35, 15 ff., 31 ff., 55, 61 ff.
Erfolgsqualifikationen 6, 60 ff., 71 ff.; 17, 30 ff.
— Beteiligung 6, 67 ff., 79; 17, 33; 35, 127
— bei Gefährdungsdelikten 35, 107
— Konkurrenzen 35, 137
— subjektive Tatseite 35, 108
— Versuch 6, 64 ff.; 17, 33; 35, 121
— s. auch die einzelnen Delikte
Erforderlichkeit der Hilfeleistung 39, 17 ff.
Erfüllungsbetrug 20, 15, 94 ff., 103, 119, 145
Erheben von Gebühren 49, 65
Erlaubtes Risiko 49, 80
Erlegen 16, 13
Ermessensbeamte 49, 39 ff.

Ermittlungen des Staats gegen sich selbst 42, 20 f.
Ermöglichen einer Straftat
— bei Brandstiftung 37, 43 ff.
— bei Mord 2, 62, 66
Ernstliches Verlangen 3, 13 ff.
Erpresserischer Menschenraub 18, 29 ff.
— Drei-Personen-Verhältnis 18, 34 ff.
— Gesetzgebungsgeschichte 18, 29 ff.
— Konkurrenzen 18, 40
— Kriminalitätsumfang 18, 4
— kriminalpolitischer Hintergrund 18, 4, 29 ff.
— Rücktritt 18, 39
— Tatvarianten 18, 36
— Qualifikation 18, 38
— Zwei-Personen-Verhältnis 18, 37
Erpressung 18, 1 ff.
— Bereicherungsabsicht 18, 9
— Beteiligung 18, 21
— Betrug und Erpressung 18, 7, 22; 20, 143
— Dreieckserpressung 18, 19
— Drohung mit Unterlassen 18, 11 ff.
— Erfolg 18, 8
— Ganovenerpressung 18, 8
— Gegenleistung des Täters 18, 10
— Konkurrenzen 18, 22 f.; 24, 31; 49, 46 ff.
— Kriminalitätsumfang 18, 5
— kriminalpolitischer Hintergrund 18, 1 ff.
— Mitwirkung des Opfers 18, 2
— Näheverhältnis zum geschädigten Drittvermögen 18, 19
— Nötigungselement 18, 6 f.
— Qualifikation 18, 24 ff.
— Raub und Erpressung 17, 15 ff.
— Rechtsgüter 18, 1
— Schutz des Opfers 18, 20
— Sicherungserpressung 18, 23
— Tatbestand 18, 6 ff.
— Vermögensschaden 18, 8 ff.
— Vermögensverfügung 18, 14 ff.
— Verwerflichkeit 18, 18
— vis absoluta 18, 14
— vis compulsiva 18, 14
— Wucher und Erpressung 18, 11
Erregung öffentlichen Ärgernisses 10, 21, 30
— s. auch Sexualdelikte
Ersatzhehlerei 28, 6 f.
— bei Geld 28, 7
— Straflosigkeit 28, 6
— s. auch Hehlerei
Erscheinungsbild verändern 12, 29a
Erschleichen von Leistungen 13, 150 f.; 21, 6 ff.
— Antragserfordernis 21, 24
— Automatenmissbrauch 21, 12 ff.
— Beförderungserschleichung 21, 17 ff.
— Konkurrenzen 21, 7, 25
— kriminalpolitischer Hintergrund 21, 6 ff.
— Leistungsautomat 21, 9
— Ordnungswidrigkeit 21, 21
— Versuch 21, 23
— Vorsatz und Absicht 21, 22

1402

Stichwortverzeichnis

— Warenautomat **21**, 12 ff.
Erziehungspflicht
— s. Verletzung der Fürsorgepflicht und Erziehungspflicht
Etikett **14**, 49
Euroscheckkarte, Missbrauch **21**, 36 ff.; **23**, 34 ff.
Euroscheckvordruck
— s. Fälschung von Zahlungskarten und Euroscheckvordrucken
Euthanasie **3**, 4 ff.
— s. auch Tötung auf Verlangen
Exhibitionismus **10**, 30
— s. auch Sexualdelikte
Explosions- und Strahlungsdelikte **37**, 70 ff.; **41**, 76 ff.
— Qualifikationen **37**, 72
— Rücktritt vom vollendeten Delikt (tätige Reue) **37**, 80; **41**, 79
— Systematik **37**, 70 ff.
— Vorbereitungshandlungen **37**, 78; **41**, 76
Extraneus **49**, 6

F

Fälschung beweiserheblicher Daten **32**, 6 ff., 18 f.
Fälschung technischer Aufzeichnungen **32**, 1 ff.,12 ff.
— Eingabemanipulation **32**, 15
— Konkurrenzen **32**, 21
— Qualifikationen **32**, 21
— Regelbeispiele **32**, 21
— störende Einwirkung auf den Aufzeichnungsvorgang **32**, 15
— Täuschungsabsicht **32**, 20
— Tathandlungen **32**, 12 ff.
— Unterlassen **32**, 16
— Vorsatz **32**, 20
— s. auch technische Aufzeichnung
Fälschung von amtlichen Ausweisen **33**, 36 ff.
— Ordnungswidrigkeit **33**, 36
Fälschung von Gesundheitszeugnissen **33**, 26 f.
Fälschung von Zahlungskarten und anderen Zahlungsmitteln **34**, 29 ff.
— Drei-Partner-System **34**, 31, 37
— Konkurrenzen **34**, 38
— kriminalpolitischer Hintergrund **34**, 29
— Ordnungswidrigkeit **34**, 35
— Qualifikationen **34**, 36
— Rechtsgut **34**, 30
— subjektive Tatseite **34**, 33
— Tathandlung **34**, 32
— Versuch **34**, 34
— Vorbereitung **34**, 35
— Zahlungskarten **34**, 31
Fahrerflucht
— s. Unerlaubtes Entfernen vom Unfallort
Fahrerlaubnis, Verstoß gegen Entziehung **45**, 77
Fahrlässige falsche Versicherung an Eides statt **47**, 91 ff.

— Aussagetheorien **47**, 36 ff., 92 f.
— Problematik der Bestrafung **47**, 91
Fahrlässige Körperverletzung **6**, 9, 111
Fahrlässige Tötung **4**, 1 ff.
— Kausalität **4**, 7
— kriminalpolitischer Hintergrund **4**, 1 ff.
— Sozialadäquanz **4**, 3
— Unterlassen **4**, 4, 7
Fahrlässige Verletzungsdelikte, Zufallskomponente **35**, 31 ff.
Fahrlässiger Falscheid
— Aussagetheorien **47**, 43, 92 f.
— Pflicht zur Vorbereitung **47**, 94 ff.
— Problematik der Bestrafung **47**, 91
— Sorgfaltspflicht **47**, 99
Fahrlässigkeit
— Abstufungen **35**, 105
— Gefährdungsdelikte **35**, 99 f.
— Gefährdungs- und Verletzungsdelikte **35**, 101, 105, 128
— Leichtfertigkeit **17**, 30; **21**, 73; **35**, 108
— Verkehrsdelikte **38**, 12 f., 35, 40
— Vorsatz-Fahrlässigkeits-Kombinationen **35**, 105 f., 120, 126 f.; **38**, 22, 38, 42; **41**, 96
Fahruntüchtigkeit **38**, 31 ff.
Falschaussage
— s. falsche uneidliche Aussage, Aussagedelikte, Meineid
Falschbeurkundung **33**, 19 ff.
— s. auch mittelbare Falschbeurkundung, öffentliche Urkunde, öffentlicher Glaube
Falschbeurkundung im Amt **33**, 15
— Beteiligung **33**, 16
— Konkurrenzen **33**, 18
— Tatbestand **33**, 15
— Versuch **33**, 15
— Vorsatz **33**, 15
Falscher Schlüssel **14**, 46
Falsche Tatsachen **20**, 33
Falsche uneidliche Aussage **47**, 24 ff.
— Abschluss der Vernehmung **47**, 53
— Berichtigung **47**, 54
— Beteiligung **47**, 126 ff.
— Falschheit der Aussage **47**, 36 ff.
— Irrtumsfragen **47**, 50, 52
— Konkurrenzen **47**, 152 ff.
— Rechtfertigung **47**, 110
— Rücktritt vom vollendeten Delikt **47**, 118 ff.
— Täterkreis **47**, 25
— Verfahrensfehler **47**, 100 ff.
— Verleitung zur falschen uneidlichen Aussage **47**, 127 ff.
— Versuch, Straflosigkeit **47**, 51 f., 54
— Vollendung **47**, 53
— Vorsatz **47**, 49 f.
— Wahlfeststellung **47**, 158
— Wahrheitspflicht **47**, 31 ff.
— Zuständigkeit **47**, 26 ff.
— s. auch Aussagedelikte, Rechtspflegedelikte
— Falsche Verdächtigung **48**, 1 ff.

1403

Stichwortverzeichnis

— Absicht 48, 14
— Gegenstand 48, 6
— Konkurrenzen 48, 18
— kriminalpolitischer Hintergrund 48, 3 ff.
— Mittel 48, 7 ff.
— Motive 48, 5
— Rechtfertigung 48, 16
— Rechtsgut 48, 1 f.
— Selbstbegünstigung und falsche Verdächtigung 48, 17
— Unterlassen 48, 10
— Vorsatz 48, 13 ff.
— Wissentlichkeit 48, 13
— Ziel der falschen Verdächtigung 48, 12
Falsche Versicherung an Eides statt
— Abgabemodalitäten 47, 84 ff.
— Anwendungsgebiete 47, 73 ff.
— Beteiligung 47, 126 ff.
— Falschheit 47, 79
— Irrtum 47, 88
— Mittel der Glaubhaftmachung 47, 73 ff.
— Offenbarungsversicherung 47, 74, 80 ff.
— Rechtsnatur 47, 77
— im Strafverfahren 47, 75
— Verleitung zur falschen Versicherung an Eides statt 47, 127 ff.
— Versuch, Straflosigkeit 47, 89
— in der Verwaltung 47, 76
— Vollendung 47, 90
— Vorsatz 47, 87
— im Zivilprozess 47, 73
— Zuständigkeit 47, 78
— s. auch Fahrlässige falsche Versicherung an Eides statt
Falsche Warnung 9, 99; 44, 36
Falschgeld 34, 6
Falschheit der Bekundung bei den Aussagedelikten 47, 36 ff.
Familiendiebstahl 13, 139
Fangen 16, 24
Fax als Urkunde 31, 13
Fehlerhafte Herstellung einer kerntechnischen Anlage 37, 77, 80; 41, 77
Feindstrafrecht 44, 3
Fernmeldeanlagen
— s. Störung von Telekommunikationsanlagen
Fernmeldegeheimnis
— s. Verletzung des Post- und Fernmeldegeheimnisses
Fernziele 9, 78
Feststellungsberechtigter 38, 64
Finalzusammenhang beim Raub 17, 10 ff.
Fingerabdruck 31, 7
Fischwilderei 16, 22 f.
— durch Gewässerverunreinigung 16, 23
Flugzeugentführung
— s. Luftpiraterie
Förderung sexueller Handlungen Minderjähriger 10, 22
Folterverbot 49, 89, 91
Formalbeleidigung 7, 27
Fortbewegungsfreiheit 9, 12
Fortpflanzungsfähigkeit, Verlust der 6, 60

Fortpflanzungsmedizin 5, 16, 26
Fotokopie als Urkunde 31, 12
Freiheitsberaubung 9, 8 ff.
— Beteiligung 9, 36
— als Dauerdelikt 9, 35
— Einsperren 9, 26
— Erfolgsqualifikation 9, 30
— Familienpflege und Freiheitsberaubung 9, 28
— Konkurrenzen 9, 37
— kriminalpolitischer Hintergrund 9, 8
— Nötigung und Freiheitsberaubung 9, 23
— Qualifikationen 9, 29
— Rechtfertigung 9, 27 f.
— Rechtsgut 9, 12
— Tatbestand 9, 12 ff.
— Tatbestandsausschluss 9, 27 f.
— s. auch körperliche Bewegungsfreiheit
Freiheitsentziehung 9, 17 ff.
Freisetzen ionisierender Strahlen 37, 77
Freisetzen von Giften 37, 104; 41, 89 ff.
Freitod
— s. Suizid
Freitoderklärung 3, 12
Freitodposition 3, 2
Fremdheit von Sachen 12, 14 f.; 13, 30, 33 ff.
Friede
— s. Gemeinschaftsfriede
Fristenlösung bei Schwangerschaftsabbruch 5, 8, 18, 46 ff.
Führerschein 33, 13
Führungsaufsicht, Verstöße gegen Weisungen 45, 75
Fürsorgepflicht
— s. Verletzung der Fürsorge- und Erziehungspflicht
Fundunterschlagung 15, 4
Furtum usus
— s. Gebrauchsentwendung

G

Gänsebuchtfall 13, 62, 121, 135 f.
Garantenstellung von Amtsträgern 41, 46 ff., 54 ff., 57; 49, 107
Garantiefunktion einer Urkunde 30, 1 f.
Garantievertrag 23, 34 ff.
Gase 12, 12
Gaspistole 14, 55
Gebäude 14, 45
Gebrauchmachen 31, 33; 32, 17, 19; 33, 24
Gebrauchsanmaßung, Gebrauchsentwendung 13, 72, 81 ff., 140 ff.; 15, 19
— Verdachtsstrafe wegen Diebstahls 13, 146
Gebührenüberhebung 49, 63 ff.
— Beteiligung 49, 64
— echtes Amtsdelikt 49, 64
— Konkurrenzen 49, 63, 68
— Privilegierung 49, 64
— Rechtsgut 49, 63
— Tatbestand 49, 65 f.
— Täterkreis 49, 65
— Vorsatz 49, 67
— Vorteilsabsicht 49, 67

1404

Stichwortverzeichnis

Geburt **2**, 85; **5**, 28, 91, 97
Gedankenerklärung **31**, 5; **32**, 1
Gefährdung des Bahn-, Schiffs- und Luftverkehrs **38**, 27 ff.
Gefährdung des Straßenverkehrs **38**, 19 ff., 27 ff.
Gefährdung einer Entziehungskur **45**, 78
Gefährdung von Leben und Gesundheit **36**, 1 ff.
— s. auch Aussetzung
Gefährdung von Schiffen, Kraft- und Luftfahrzeugen durch Bannware **24**, 41
Gefährdung schutzbedürftiger Gebiete **41**, 81 f.
— s. auch Umweltdelikte
Gefährdungsdelikte
— abstrakte Gefährdungsdelikte **21**, 58; **35**, 46 ff.
— Aussagedelikte **35**, 29; **47**, 12
— Aussetzung **36**, 1 ff.
— Beteiligung **35**, 123 ff.
— Beteiligung an einer Schlägerei **6**, 91; **35**, 24
— Eignungsdelikte **35**, 81 ff.
— Einführung **35**, 1 ff.
— Fahrlässigkeit **35**, 99 f., 105 f.
— gemeingefährliche Delikte **37**, 1 ff.
— konkrete Gefährdungsdelikte **35**, 32, 45, 56 ff.
— Konkurrenzen **35**, 128 ff.
— Notwendigkeit selbstständiger Gefährdungsdelikte **35**, 18 ff.
— potenzielle Gefährdungsdelikte **35**, 81 ff.
— Schutz von Vermögenswerten **35**, 38 ff.
— Schutz wichtiger Personwerte **35**, 34 ff.
— schwache Gefährdungen **35**, 46 ff.
— Staatsschutzdelikte **42**, 4
— starke Gefährdungen **35**, 50 f., 62
— subjektive Tatseite **35**, 96 ff.
— Qualifikationen **35**, 107 ff.
— Umweltstraftaten **35**, 2; **41**, 10 ff.
— Verletzung der Unterhaltspflicht **10**, 36 ff.
— Vollrausch **35**, 26; **40**, 10 ff.
— Vorsatz **35**, 96, 99 ff.
— Zwischenformen zwischen abstrakten und konkreten Gefährdungsdelikten **35**, 81 ff.
— s. auch Abstrakte Gefährdungsdelikte, Konkrete Gefährdungsdelikte, Zwischenformen
Gefährdungsvorsatz **35**, 101 ff.
— Abgrenzung zum Verletzungsvorsatz **35**, 101 ff.
Gefährliche Eingriffe in den Bahn-, Schiffs- und Luftverkehr **38**, 19 ff.
Gefährliche Eingriffe in den (Straßen-) Verkehr
— von außen **38**, 19 ff.
— von innen **38**, 27 ff.
— s. auch Verkehrsdelikte, Gefährdung des Bahn-, Schiffs- und Luftverkehrs
Gefährliche Güter
— s. Umweltdelikte

Gefährliche Körperverletzung **6**, 52 ff.
Gefährliches Werkzeug **6**, 54; **14**, 57; **17**, 28
Gefahr bei ausgebliebener Rechtsgutsverletzung **35**, 66 ff.
— Begriff **35**, 65 ff.
— Gemeingefahr **35**, 92 ff.
— Individualgefahr **35**, 88 ff.
— Rechtsgüter der Allgemeinheit **35**, 88 ff.
— Scheingefahr **35**, 66 f.
— Tatbestandsmerkmal **35**, 64 ff.
— Zeitpunkt der Gefahrbeurteilung **35**, 70, 75 ff.
Gefangene **45**, 56
— s. auch sexueller Missbrauch von Gefangenen, behördlich Verwahrten oder Kranken in Anstalten, Gefangenenmeuterei und Gefangenenbefreiung
Gefangenenbefreiung **45**, 55 ff.
— im Amt **45**, 61
— Gefangenenbegriff **45**, 56
— gleichgestellte Verwahrte **45**, 57
— Selbstbefreiung **45**, 55
— Tathandlungen **45**, 58 ff.
— Teilnahme des befreiten Gefangenen **45**, 63 ff.
— Versuch **45**, 62
— verwandte Delikte **45**, 66
Gefangenenmeuterei **45**, 67 ff.
— Regelbeispiele **45**, 71
— Tathandlungen **45**, 69
— Versuch **45**, 70
— Zusammenrottung **45**, 68
Gegenblitzanlage **32**, 15
Geheimhaltungsinteresse **8**, 24 ff.
Geheimnis **8**, 32
— Zusammentreffen mit Offenbarungspflicht **8**, 34
Geheimsphäre
— Privatsphäre **8**, 1 f.
— Verletzung **8**, 1 f.
— s. auch Vertraulichkeit des Wortes
Geiselnahme **18**, 29 ff., 41 f.
— Gesetzgebungsgeschichte **18**, 29 ff.
— Konkurrenzen **18**, 42
— Kriminalitätsumfang **18**, 4
— kriminalpolitischer Hintergrund **18**, 4, 29 ff.
— Zwei-Personen-Verhältnis **18**, 41
Geistige Urheberschaft **31**, 9
Geistigkeitstheorie **31**, 15; **32**, 9, 18; **34**, 6
— bei Nötigung **31**, 19
— bei Stellvertretung **31**, 15 ff.
— bei Täuschung **31**, 19
Gekreuzte Mordmerkmale **2**, 35 ff.
Geld **34**, 1 ff.
— falsches Geld **34**, 6
— Feilhalten **34**, 12
— gültiges Geld **34**, 7
— Inverkehrbringen von Falschgeld **34**, 13, 17
— Nachmachen **34**, 8 f.
— Sich-Verschaffen von Falschgeld **34**, 12
— strafrechtlicher Schutz **34**, 3

1405

Stichwortverzeichnis

— Systemnoten 34, 8
— Verfälschen 34, 11
Geldautomat 13, 34, 56, 93; 15, 16; 21, 36 ff.;
  23, 49 f.
— s. Bankautomat
Geldfälschung 34, 1 ff.
— Konkurrenzen 34, 1, 16
— Kriminalitätsumfang 34, 5
— Ordnungswidrigkeiten 34, 3, 7
— Qualifikationen 34, 15
— Rechtsgut 34, 2
— Spezialfall der Urkundenfälschung 34, 1
— subjektive Voraussetzungen 34, 10
— Tathandlungen 34, 8 f.
— Versuch 34, 14
— Wertpapiere, Gleichstellung 34, 28
— s. auch Geld
Geldspielautomat 21, 44 ff.
Geldstrafe 16, 32
Geldwäsche 29, 1 ff.
— Alltagshandlungen 29, 39 ff.
— Angehörigenprivileg 29, 32 f., 50
— Aufklärungsquote 25, 8
— Bagatellfälle 29, 33
— einem Dritten Verschaffen 29, 27
— echte Geldwäsche 29, 4
— Einziehung 29, 18 f., 55
— Ersatzverfall 29, 17 ff., 55
— Ersatzvorteile 29, 14 ff.
— Führungsaufsicht 29, 56
— Gesetzgebungsgeschichte 25, 14 ff.
— Gläubigerprivilegierung 29, 45 ff.
— Irrtumsfragen 29, 34 f.
— Kirche 29, 47
— Konkurrenzen 29, 57
— Kontenüberwachung 29, 44
— Kriminalitätsumfang 25, 7 f.
— kriminalpolitischer Hintergrund 25,
  2 f., 13 ff.; 29, 1 ff.
— Leichtfertigkeit 29, 37 f.
— Mitverzehr 29, 28
— Opferprivileg 29, 46
— persönlicher Strafausschließungsgrund
  29, 30 ff.
— plea bargaining 29, 53
— Postpendenz 29, 58 f.
— praktischer Fehlschlag 25, 16
— Qualifikationen 29, 54
— Rechtfertigung 29, 39 ff.
— Rechtsgut 29, 5 ff.
— rechtstheoretisch-rechtsstaatlicher Fehlschlag 25, 15
— Rücktritt 29, 53
— Sich-Verschaffen 29, 23 ff.
— Staat 29, 47
— Steuerbehörde 29, 48
— Strafverteidiger 29, 29, 39, 48a
— Tathandlungen 29, 20 ff.
— Tatobjekte 29, 12 ff.
— Teilnehmerprivileg 29, 30 f.
— übliche Geschäftstätigkeit 29, 39 ff.
— unechte Geldwäsche 29, 8
— Verdünnung 29, 15 f.
— Verfall 29, 17 ff., 55

— als Verfallsgefährdung 29, 4
— Verlängerung 29, 14
— Versuch 29, 52
— Verteidigerprivileg 29, 39, 48a
— Vervielfachung 29, 17 ff.
— Verwahren 29, 29
— Verwenden 29, 28
— Vorsatz 29, 36 f.
— Vorsatznachweis 29, 37
— Vortaten 29, 9 ff.
— Wahlfeststellung 29, 58 f.
— Waschvorgang 29, 1
— als Werthehlerei 29, 8
Gemeine Gefahr und unterlassene Hilfeleistung 39, 15 f.
Gemeine Not und unterlassene Hilfeleistung 39, 16
Gemeingefährliche Delikte 37, 1 ff.
— s. auch Gefährdungsdelikte
Gemeingefährliche Mittel 2, 52 f.
Gemeingefährliche Vergiftung 37, 97
— s. auch Vergiftungsdelikte
Gemeingefahr 35, 92 ff.; 37, 1
— Gemeingefahr und Individualgefahr 35,
  88 ff.
— s. auch Gefahr
Gemeinschädliche Sachbeschädigung 12, 34
Gemeinschaftlich verübte Körperverletzung 6, 56
Gemeinschaftsfriede
— Delikte gegen den Gemeinschaftsfrieden
  44, 1 ff., 35 ff.
— Gefährdung durch kriminelle und terroristische Vereinigungen 44, 11 ff.
— Störung durch Angriffe auf die Religion
  u. dgl. 44, 51 ff.
— Störung durch verbale Provokationen
  44, 10
— Störung im Sexualbereich 44, 49
Genehmigung von eigenmächtigen Heileingriffen 6, 106g
— im Umweltstrafrecht 41, 20 ff.
Geplante Straftaten
— s. Nichtanzeige geplanter Straftaten
— Gerichtsverhandlungen
— s. Verbotene Mitteilungen über Gerichtsverhandlungen
Geringwertigkeit 13, 27 ff.; 14, 29
— Begriff 14, 29
— Irrtumsfragen 14, 31
Gesamtsaldierung 20, 89 ff.
Gesamturkunde 31, 22, 32b
Geschäftsgeheimnis 8, 3, 29, 48; 49, 103
Geschäftsräume 8, 8; 14, 45
Geschlechtsumwandlung 6, 108
Gesetzwidrige Arbeit 20, 119
Gesundheitsschädigung 6, 24 ff.
Gesundheitszeugnis 33, 26 f.
Getreidepreisgesetz 13, 17
Gewässer
— s. Freisetzen von Giften, Vergiftung,
  Vergiftungsdelikte
Gewässerverunreinigung 41, 59 f.
— und Fischwilderei 16, 23

1406

Stichwortverzeichnis

Gewahrsam **13**, 37 ff.; **15**, 1 ff., 17 f., 31
— Alleingewahrsam **13**, 40 ff.; **15**, 8, 17 f.
— Einverständnis mit Wegnahme **13**, 53 ff.
— Gewahrsamsbegründung **13**, 60 ff.
— Gewahrsamsbruch **13**, 37 ff., 53 ff.
— Gewahrsamsenklave **13**, 42
— Gewahrsamslockerung **13**, 52
— Gewahrsamswille **13**, 49 ff.
— körperliche Nähesphäre **13**, 42 ff.
— Mitgewahrsam **13**, 38, 48, 63 ff.
— Schlafende, Bewusstlose und Sterbende **13**, 52
— soziale Abhängigkeit **13**, 46 ff.
— über- und untergeordneter Gewahrsam **13**, 48
— verlorene und vergessene Sachen **13**, 52a
— s. auch Wegnahme, Unterschlagung
Gewahrsamsbruch **13**, 37 ff., 53 ff.
Gewalt
— Drohung mit Gewalt beim Widerstand gegen Vollstreckungsbeamte **45**, 24 f.
— gegen Dritte **17**, 9
— gegen eine Person **9**, 55; **17**, 6
— gegen Sachen **9**, 55; **17**, 6
— Gewaltdarstellung **44**, 47
— nach Diebstahl **17**, 19
— nach Raub **17**, 19
— Verherrlichung von Gewalt **10**, 29; **44**, 47
— vis absoluta **9**, 61; **18**, 14
— vis compulsiva **9**, 61; **18**, 14
— nach Wegnahme **17**, 19
Gewaltbegriff **9**, 55 ff.
— Analogieverbot **9**, 67 ff.
— Bestimmtheitsgebot **9**, 55
— Eingrenzung **9**, 67 ff.
— Sitzblockaden **9**, 64 ff., 87
— Gewalttätigkeit
— beim Landfriedensbruch **44**, 28
— beim schweren Hausfriedensbruch **44**, 33
Gewerbegehilfe
— s. Handlungsgehilfe
Gewerbsmäßigkeit **14**, 50; **24**, 23
Gewinnsucht **41**, 85
Giftbeibringung **6**, 52 f.
Gläubigerbegünstigung **16**, 61
Gläubigerrechte **16**, 30 ff.
— Strafrechtsschutz **16**, 4
— Vereitelung **16**, 30 f.
— Vollstreckungssituationen **16**, 30
Glaubensfreiheit und Aussagedelikte **47**, 7
Glaubhaftmachung
— s. Falsche Versicherung an Eides statt
Glücksspiel **24**, 38 ff.
— Konkurrenzen **24**, 39i
— Kriminalitätsumfang **24**, 39
— Rechtsgut **24**, 38
— s. auch Beteiligung am unerlaubten Glücksspiel, unerlaubte Veranstaltung eines Glücksspiels
Grausam **2**, 51 ff.
Grob verkehrswidriges Verhalten bei der Straßenverkehrsgefährdung **38**, 34 f.

— s. auch Verkehrsdelikte
Große Zahl von Menschen **37**, 37 ff.; **41**, 86
Grundrechtsverwirkung **42**, 15
Gutgläubiger Erwerb **15**, 4, 31; **20**, 98; **22**, 21
GWB **19**, 13, 15; **24**, 36

H

Habgier **2**, 56 ff.
Hacking **8**, 61
Häusliche Gemeinschaft **13**, 139
Halten **24**, 39c
Handlungsgehilfe **28**, 14, 27
Handtaschenraub **17**, 6
Hausbesetzung **8**, 6
Hausfriedensbruch **8**, 5 ff.
— Antragsdelikt **8**, 13
— keine Eigenhändigkeit **8**, 9
— Einwilligung **8**, 11 f.
— Gegenrechte **8**, 10
— Hausrechtsinhaber, mehrere **8**, 11
— Hausverbot **8**, 5
— Konkurrenzen **8**, 6, 13
— kriminalpolitischer Hintergrund **8**, 5
— Privatklagedelikt **8**, 13
— Rechtsgut **8**, 5, 7
— Testkäufer **8**, 12
Hausfriedensbruch, schwerer **44**, 33 f.
Hehler, Absatzchancen **25**, 12
— Lieferanten **25**, 11
— verbrauchender Hehler **25**, 12
— verschiebender Hehler **25**, 12
Hehlerei **28**, 1 ff.
— abgeleiteter Erwerb **28**, 5 ff., 10 ff.
— Absatzhilfe **28**, 17 ff.
— Absetzen **28**, 16 ff.
— Ankaufen **28**, 15
— Antragsdelikt **28**, 35
— Aufklärungsquote **25**, 8
— Bereicherungsabsicht **28**, 25 ff.
— Beteiligung **28**, 17 f., 31
— Beuteteilung **28**, 38
— einem Dritten Verschaffen **28**, 14
— Drittvorteilsabsicht **28**, 27
— Drohung **28**, 12
— Dunkelfeld **25**, 8
— Ersatzhehlerei **28**, 6 ff.
— Erscheinungsformen **25**, 9 ff.
— Ersterwerb **28**, 5, 13
— fahrlässige Vortat **28**, 9
— fremdnützige Hehlerei **28**, 14
— Handlungsgehilfen **28**, 14, 27
— Kettenhehlerei **28**, 5
— Konkurrenzen **28**, 37 ff.
— Kraftfahrzeuge **25**, 10
— Kriminalitätsumfang **25**, 7 f.
— kriminalpolitischer Hintergrund **25**, 2 ff.
— Lagertheorie **28**, 16, 20, 37
— Mitverzehr **28**, 10
— Postpendenz **28**, 32
— Privilegierungen **28**, 35
— Qualifikation **28**, 36
— Rauschgift **25**, 11
— Rechtsgut **25**, 6; **28**, 1 ff.
— Rechtswidrigkeit des Vorteils **28**, 29 f.

1407

Stichwortverzeichnis

— Rückkauf durch Opfer 28, 16
— Sich-Verschaffen 28, 10 ff.
— Sonderfall der Unterschlagung 28, 2
— Stoffgleichheit 28, 28
— Strafgrund 28, 2
— Täuschung 28, 12
— Tatbestand 28, 8 ff.
— Tathandlungen 28, 10 ff.
— Teilnahme an der Vortat 28, 13, 38
— Verschenken 28, 16
— Vorsatz 28, 22
— Vorsatznachweis 28, 23
— Vortat 28, 9
— Wahlfeststellung 28, 32 f.
— Zivilrecht, Wertungswidersprüche 28, 4
— Zweiterwerb 28, 5, 13
— s. auch Ersatzhehlerei, Hehler, Nutznießungstheorie, Perpetuierungstheorie, Verfügungsgewalt, Vermögensvorteil
Heilbehandlung 6, 95 ff.
— Aufklärungspflicht 6, 101 ff.
— eigenmächtige Heilbehandlung 6, 98, 105
— Einwilligung 6, 101 ff.
— Hypothetische Einwilligung 6, 106c ff.
— Mutmaßliche Einwilligung 6, 106b
Heilquellen, Schutz von 41, 60
— s. auch Umweltdelikte
Heimtücke 2, 44 ff.
Heiratsschwindel 20, 4
Herbeiführen einer Brandgefahr 37, 13
Herbeiführen einer Explosion durch Kernenergie 37, 71; 41, 76 ff.
— s. auch Explosions- und Strahlungsdelikte
Herbeiführen einer Sprengstoffexplosion 37, 70
— s. auch Explosions- und Strahlungsdelikte
Herbeiführen einer Überschwemmung 37, 81 ff.
— Erfolgsqualifikation 37, 82
— Gemeingefahr 37, 81
— s. auch Entfesseln von Naturkräften
Herrenlose Sachen 13, 33
Herrschaftswille 13, 49 ff.
— s. Gewahrsamswille
Herrühren 31, 15
Herstellen unechter Urkunden 31, 29 f.
Hilfeleisten 27, 5 ff.
Hilflose Lage 36, 4 ff.
Hindernisbereiten
— gefährlicher Eingriff in den Bahn-, Schiffs- und Luftverkehr 38, 20 f.
— gefährlicher Eingriff in den Straßenverkehr 38, 20 f.
— s. auch Verkehrsdelikte
Hinterlistiger Überfall 6, 55
Hochverrat 42, 11; 43, 3
Homosexuelle Handlungen 10, 5
Hypothetische Einwilligung 6, 106c ff.
— s. auch Heilbehandlung, Körperverletzung

I

Identitätstäuschung 31, 14, 29, 31
ignorantia facti 20, 53
Illationstheorie 13, 40
Im Stich lassen 36, 4 ff.
Inbrandsetzen 37, 18 f.
Indikation 5, 58 ff.
— ethische Indikation 5, 75
— eugenische Indikation 5, 6
— kriminologische Indikation 5, 75
— medizinische Indikation 5, 6 f., 45, 60 ff.
— Rechtfertigungsgrund Indikation 5, 10, 45
— Schadensersatzpflicht des Arztes 5, 71 ff.
— soziale Indikation 5, 9
— s. auch Schwangerschaftsabbruch
Indikationslösung bei Schwangerschaftsabbruch 5, 9, 58 ff.
Individualgefahr und Gefährdung der Allgemeinheit 35, 88 ff.
— s. auch Gefahr und Gefährdungsdelikte
Individualwucher 24, 1 ff.
— Additionsklausel 24, 28
— auffälliges Missverhältnis 24, 17 ff.
— Ausbeuten 24, 20
— Autonomieprinzip 24, 4, 31
— Begegnungsdelikt 24, 25
— Beteiligung 24, 25 ff.
— Beteiligung Dritter auf Opferseite 24, 26
— Beteiligung mehrerer auf Ausbeuterseite 24, 27 f.
— Betrug und Individualwucher 24, 32
— Erpressung und Individualwucher 24, 31
— Gesetzgebungsgeschichte 24, 5 f.
— Konkurrenzen 24, 30 ff.
— Kriminalitätsumfang 24, 7 f.
— kriminalpolitischer Hintergrund 24, 2 ff.
— Leistungsbegriff 24, 16
— Marktwirtschaft 24, 4
— Opferbeteiligung 24, 25
— Parallelen zu Erpressung und Betrug 24, 3
— Rechtsgut 24, 2
— Regelbeispiele 24, 21 ff.
— Schwächesituationen beim Opfer 24, 9 ff.
— Sozialwucher und Individualwucher 24, 1, 37
— Tatbestand 24, 9 ff.
— Tathandlung 24, 15 ff.
— Teilausschluss vom Geschäftsverkehr 24, 4, 13
— Vorsatz 24, 29
— Wesen 24, 2 f.
— s. auch Wucher
Individueller Schadenseinschlag 20, 18 ff., 92 f.
In dubio pro libertate 10, 6
Industriespionage 49, 53
Informationelle Selbstbestimmung 8, 24
Informationsdiebstahl 8, 26, 59
Informationshehlerei 8, 23

Stichwortverzeichnis

Ingebrauchnahme **13**, 142
Inhaberpapier **13**, 79, 93
Inhaltsvertrauen **30**, 1 f.; **32**, 1; **33**, 1 ff., 9
Inputmanipulation **21**, 32; **32**, 15
Insiderstrafrecht **19**, 15
Insidertrading **49**, 53
Insolvenzstraftaten **16**, 50 ff.
— Beteiligung **16**, 67
— Gesetzesgeschichte **16**, 50
— grob unwirtschaftliche Handlungen **16**, 51
— Handeln für einen anderen **16**, 68
— kriminalpolitischer Hintergrund **16**, 30 f.
— objektive Bedingungen der Strafbarkeit **16**, 53 f., 58
— Rechtsgüter **16**, 30
— Regelbeispiele **16**, 59
— Sonderdelikte **16**, 67
— Tatbestände **16**, 55 ff.
— unternehmerische Fehlentscheidungen **16**, 51 ff.
— Versuch **16**, 66
In-Vitro-Fertilisation **5**, 23
Inzest
— s. Beischlaf zwischen Verwandten
— Ionisierende Strahlen **37**, 74 ff.
— Freisetzen ionisierender Strahlen **37**, 77; **41**, 76
— Missbrauch ionisierender Strahlen **37**, 74 ff.
— s. Explosions- und Strahlungsdelikte, Strahlenschutz, Umweltdelikte
Irrtum beim Betrug **20**, 50 ff.
— Abnehmer von Massenleistungen **20**, 54
— Einwirkung auf Gegenstand der Vorstellung **20**, 46
— Erbringer von Massenleistungen **20**, 55
— Fehlvorstellung und fehlende Vorstellung **20**, 52 ff.
— Prüfungspflicht des Verfügenden, beschränkte **20**, 56 ff.
— Zweifel und Irrtum **20**, 65 ff.
— Irrtumsfragen
— s. Unterstichwort „Irrtumsfragen" bei den einzelnen Straftatbeständen
Irrtumsregelung
— beim Siegelbruch **45**, 41 ff., 89
— beim Verstrickungsbruch **45**, 41 ff., 86
— beim Widerstand gegen Vollstreckungsbeamte **45**, 41 ff.

J
Jagdrecht **16**, 6 ff.
— s. auch Wilderei
Jagdwilderei **16**, 10 ff.
Juristischer Vermögensbegriff **20**, 87 ff.
Juristisch-ökonomischer Vermögensbegriff **20**, 15 ff., 87 ff.
Justizförmigkeit **49**, 77

K
Kannibale **3**, 15 f.
Kapitalanlagebetrug **20**, 3, 135, 141; **21**, 54 ff., 78 ff.

— abstraktes Gefährdungsdelikt **21**, 58
— Bestimmtheit **21**, 85 ff.
— Betrug und Kapitalanlagebetrug **21**, 91
— Konkurrenzen **21**, 91
— kriminalpolitischer Hintergrund **21**, 54 f., 78 ff.
— Rücktritt vom vollendeten Delikt **21**, 59 ff.
— Täuschungshandlung **21**, 82
— Tatbestand **21**, 82 ff.
— Tathandlung **21**, 82
— Tatobjekt **21**, 82 ff.
— Treuhandverhältnis **21**, 89
— Unterlassen **21**, 87
— Vorsatz **21**, 90
Kartellabsprachen **19**, 13 f., 23; **21**, 103 ff.; **49**, 53
Kastration **6**, 29
Kennzeichen **31**, 25 f.
Kernenergie, Herbeiführen einer Explosion durch **37**, 71 ff.; **41**, 76 ff.
— s. auch Explosions- und Strahlungsdelikte
Kerntechnische Anlagen
— s. fehlerhafte Herstellung einer kerntechnischen Anlage
Kettenhehlerei **28**, 5
Kidnapping
— s. Geiselnahme
Kindesentziehung **9**, 3
Kindesmisshandlung **6**, 83; **10**, 16
Kinder
— s. Sexueller Missbrauch von Kindern
Kindsunterschiebung
— s. Personenstandsfälschung
Kirchendiebstahl **14**, 51
Körperliche Bewegungsfreiheit **9**, 12
— Aufhebung **9**, 17
— Erschwerung **9**, 21
— Gefährdung **9**, 16
— s. auch Freiheitsberaubung
Körperliche Misshandlung **6**, 21 ff.
Körperlichkeitstheorie **31**, 15; **34**, 6
Körperverletzung
— im Amt **6**, 80 ff.; **49**, 2, 91
— Antragsdelikt **6**, 14 ff.
— Bagatelldelikt **6**, 10 ff.
— Beteiligung **6**, 67 ff., 79
— Beteiligung bei schwerer Körperverletzung **6**, 67 ff.
— Doping **6**, 33, 37
— Drogenmissbrauch **6**, 4, 33, 37
— Dunkelziffer **6**, 18
— Einwilligung **6**, 27 ff.; **49**, 91
— Erfolgsqualifikation **6**, 49, 64 ff.
— fahrlässige Körperverletzung **6**, 9, 111
— fahrlässige Körperverletzung im Straßenverkehr **6**, 18
— gefährliche Körperverletzung **6**, 52 ff.
— gemeinschaftliche Körperverletzung **6**, 56
— Gesundheitsschädigung **6**, 24 ff.
— Heilbehandlung **6**, 95 ff.
— Hypothetische Einwilligung **6**, 106c ff.
— körperliche Misshandlung **6**, 21 ff.

1409

Stichwortverzeichnis

— Konkurrenzen **6**, 85
— Kriminalitätsumfang **6**, 12, 18 ff.
— kriminalpolitischer Hintergrund **6**, 1 ff.
— Misshandlung von Schutzbefohlenen **6**, 83 f.
— mutmaßliche Einwilligung **6**, 106b
— öffentliches Interesse **6**, 15
— Privatklagedelikt **6**, 14 ff.
— Qualifikationen **6**, 48 ff.
— Rechtfertigung **6**, 27 ff.
— Rechtsgut **6**, 1 f.
— schwere Körperverletzung **6**, 59 ff.
— Sozialadäquanz **6**, 10 f., 43 ff.
— Tathandlung **6**, 21 ff.
— mit Todesfolge **6**, 71 ff.
— Tötungsdelikt und Körperverletzung **2**, 86 f.
— Unterlassen **6**, 24, 39 f.
— Verstoß gegen die guten Sitten **6**, 29 ff., 37 f.
— Versuch **6**, 47, 51, 64 ff.
— Vorsatz bei schwerer Körperverletzung **6**, 62
— Züchtigungsrecht **6**, 44 ff.
Kollektivbeleidigung **7**, 29
Kollusion **22**, 35; **41**, 24
Kommerzialisierung der Privatsphäre **8**, 23
Kommissionär **22**, 19
Konkrete Gefährdungsdelikte **35**, 32, 45, 56 ff.
— Erfolgsunwert **35**, 59
— kriminalpolitischer Hintergrund **35**, 56 ff.
— Zufallskomponente **35**, 55, 61 ff.
— Zwischenformen zwischen konkreten und abstrakten Gefährdungsdelikten **35**, 81 ff.
Konkurrenzen
— s. Unterstichwort „Konkurrenzen" bei den einzelnen Straftatbeständen
Konkursstraftaten
— s. Insolvenzstraftaten
Konnivenz **49**, 104 ff.
Kontrektationstheorie **13**, 40
Korruption **19**, 13 f.; **21**, 107 f.; **49**, 1, 9 ff., 51 ff.
Korruptionsbekämpfungsgesetz **21**, 107 f.; **49**, 10, 20, 26, 51, 55
— s. auch Bestechlichkeit, Bestechung, Bestechungsdelikte
Kraftfahrer
— s. Räuberischer Angriff auf Kraftfahrer
Kraftfahrzeug **13**, 140 ff.
Kraftfahrzeugbrief **33**, 13
Kraftfahrzeugkennzeichen **33**, 13
Kraftfahrzeugschein **33**, 13, 37
Kranke
— s. Sexueller Missbrauch von Gefangenen, behördlich Verwahrten oder Kranken in Anstalten
Krankhafte seelische Störung
— s. Schuldunfähigkeit
Kreditbetrug **20**, 2, 13, 33 f., 72, 97; **21**, 54 ff., 92 ff.

— abstraktes Gefährdungsdelikt **21**, 58
— Anzeigebereitschaft der Kreditinstitute **21**, 95
— Begünstigtenkreis **21**, 96 f.
— Betrug und Kreditbetrug **21**, 102
— Beweisschwierigkeiten **21**, 93
— Konkurrenzen **21**, 102
— Kriminalitätsumfang **21**, 94
— kriminalpolitischer Hintergrund **21**, 54 f., 92 ff.
— Legaldefinitionen **21**, 97
— Opferkreis **21**, 96 f.
— praktische Bedeutung **21**, 94 f.
— Rechtsgut **21**, 55
— Rücktritt vom vollendeten Delikt **21**, 59 ff.
— schlichtes Tätigkeitsdelikt **21**, 58
— Täuschungshandlungen **21**, 98 ff.
— Tatbestand **21**, 96 ff.
— Unterlassen **21**, 100
— Versuch **21**, 60
— Vorsatz **21**, 101
— s. auch Wirtschaftskriminalität, Wirtschaftsstrafrecht, Wirtschaftsstraftaten
Kreditkartenbetrug **20**, 2, 12, 44, 60 ff., 85, 100
Kreditkartenmissbrauch **20**, 100; **21**, 43 ff.
— s. auch Scheck- und Kreditkartenmissbrauch
Kreditwucher **24**, 5, 18
— s. auch Individualwucher und Wucher
— Kriminalitätsumfang
— s. Unterstichwort „Kriminalitätsumfang" bei den einzelnen Tatbeständen
Kriminalpolitischer Hintergrund
— s. Unterstichwort „kriminalpolitischer Hintergrund" bei den einzelnen Straftatbeständen
Kriminelle Vereinigung **44**, 1 ff.
— Bagatelltaten **44**, 13
— Begriff der Vereinigung **44**, 15
— Bildung einer kriminellen Vereinigung **44**, 11 ff.
— Konkretisierung der projektierten Straftaten **44**, 14
— Konkurrenzen **44**, 20
— Parteiprivileg **44**, 18
— prozessuale Konsequenzen **44**, 19 f.
— Rechtsgut **44**, 11
— Täterkreis **44**, 16 f.
— Unterstützungshandlungen **44**, 17
Kronzeuge **42**, 17 f.; **44**, 19
Kündigungsbetrug **20**, 44, 63
Künstliche Befruchtung **5**, 26

L

Ladendiebstahl **13**, 6, 8, 10, 26, 42, 58
Lärm **41**, 66 ff.
— s. auch Umweltdelikte
Lagertheorie **20**, 82; **27**, 12; **28**, 16, 20, 37
— Bestechlichkeit und Bestechung im geschäftlichen Verkehr **49**, 62
— Bestechungsdelikte **49**, 44 f.
Landesverrat **42**, 11; **43**, 7

Stichwortverzeichnis

Landfriedensbruch 42, 11; 44, 6, 22 ff.
— Aufwiegelung 44, 32
— Beteiligung 44, 31 f.
— Beweisschwierigkeiten 44, 6
— Demonstrationsfreiheit 44, 4 ff.
— Gefährdung der öffentlichen Sicherheit 44, 30
— Gewalttätigkeit 44, 28
— Konkurrenzen 44, 20
— kriminalpolitischer Hintergrund 44, 4 ff.
— Massendelikt 44, 7
— Menschenmenge 44, 23
— Mitläufer 44, 24 ff.
— Ordnungswidrigkeit 44, 27
— Rechtsgut 44, 22
— „mit vereinten Kräften" 44, 29
Lebensgefährdende Behandlung 6, 57 f.
Lebensgefährdungstatbestand, allgemeiner 35, 63; 41, 91
Lebensgefährliche Risiken, Einwilligung 6, 36
Lebenslange Freiheitsstrafe 2, 10 ff.
— Strafrestaussetzung 2, 11
Lebensmittelrecht 37, 102
Leerspielen von Geldspielautomaten 21, 44 ff.
Legitimationspapier 13, 79, 93
Leibesfrucht, Schädigung 6, 26
— s. auch Schwangerschaftsabbruch
Leichtfertigkeit
— s. Fahrlässigkeit
Leistungsautomaten 21, 12 f.
Leistungskürzung 49, 71
Leistungswucher 24, 6
Liberalisierung der Sexualdelikte 10, 5
Lobbyismus 49, 13
Lösegeld 18, 10
Loipe als Tatobjekt der Sachbeschädigung 12, 12
Lotterie 24, 38, 39h
— s. auch unerlaubte Veranstaltung einer Lotterie oder einer Ausspielung
Lucrum
— ex negotio cum re 13, 107 f.
— ex re 13, 107 f.
Lüge, schriftliche 31, 6; 32, 4; 33, 1, 26
Luftpiraterie 38, 26
Luftverkehr
— Angriff auf den Luftverkehr 38, 26
— Gefährdung des Bahn-, Schiffs- und Luftverkehrs 38, 26, 27 ff.
Luftverunreinigung 35, 30; 41, 62 ff.
— s. auch Umweltdelikte
Lustmord 2, 55

M

Machtmissbrauch bei Amtsdelikten 49, 2, 9, 89
Mafia 42, 22; 44, 2, 15; 49, 1
Makeltheorie 20, 98
Manifestation des Zueignungswillens 15, 23 ff., 32 f., 38
Marktwirtschaft 19, 13; 24, 4, 33

Massenkriminalität
— Beweisschwierigkeiten 44, 6
— Landfriedensbruch 44, 6 f., 24
— Zurückweichen des Strafrechts 44, 7
Maßnahmen, gerichtliche und behördliche Verstöße gegen 45, 72 ff.
— s. auch Berufsverbot, Entziehung der Fahrerlaubnis, Entziehungskur, Führungsaufsicht
Mauerschützen 43, 5
Mehrmalige Zueignung 15, 43 ff.
Meineid
— Eidesmündigkeit 47, 103 f.
— falsche uneidliche Aussage und Meineid 47, 8, 71, 152 ff., 158
— Formen der Wahrheitsbeteuerung 47, 57
— Irrtumsfragen 47, 66, 70
— Konkurrenzen 47, 152 ff.
— minder schwere Fälle 47, 105
— Reichweite des Eides 47, 64 f.
— Rücktritt vom Versuch 47, 71
— Rücktritt vom vollendeten Delikt 47, 118 ff.
— Säkularisierung 47, 7 ff.
— Täterkreis 47, 56, 60 ff.
— Verfahrensfehler 47, 100 ff.
— Verleitung zum Meineid 47, 127 ff.
— Versuch 47, 69 ff.
— Versuchte Anstiftung 47, 133
— Vorsatz 47, 66
— Wahlfeststellung 47, 158
— Zuständigkeit 47, 26 ff., 63
— s. auch Aussagedelikte, Eidesdelikte, Fahrlässiger Falscheid, Rechtspflegedelikte
Meinungsfreiheit 7, 7, 22 ff.; 44, 5
Menschenhandel 9, 2
Menschenmenge beim Landfriedensbruch 44, 7, 23
Menschenraub 9, 2
MfS-Fall 13, 119
Miete
— Kostenmiete 24, 19
— ortsübliche Vergleichsmiete 24, 19
Mietpreisüberhöhung 24, 19
Mietwucher 24, 5, 19
Minderjährige
— s. Förderung sexueller Handlungen Minderjähriger
Missbrauch
— von Abzeichen 45, 108 f.
— von Berufsbezeichnungen 45, 108 f.
— von Titeln 45, 108 f.
Missbrauch der Codekarte
— s. Codekarte und Codekartenmissbrauch
Missbrauch ionisierender Strahlen 37, 74 ff.
Missbrauchsklausel (§ 330d Nr. 5) 41, 24
Missbrauchstatbestand 22, 5, 9, 12 ff., 68 ff., 79
— rechtsgeschäftliches Handeln 22, 12, 16
— Treubruchstatbestand und Missbrauchstatbestand 22, 12 ff., 79
— Vermögensbetreuungspflicht 22, 68

1411

Stichwortverzeichnis

— Zivilrecht und Missbrauchstatbestand 22, 12 ff.
Missbrauch von Notrufen 39, 30
Missbrauch von Scheck- und Kreditkarten 23, 34 ff.
— s. auch Scheck- und Kreditkartenmissbrauch
Misshandlung von Schutzbefohlenen 6, 83 f.; 10, 16 ff.
Mitgewahrsam 13, 38, 48, 63 ff.
Mitkonsum 28, 10; 29, 28
Mittelbare Falschbeurkundung 33, 19 ff.
— Beteiligung 33, 19
— Fallgestaltungen 33, 20 f.
— Konkurrenzen 33, 25
— Qualifikation 33, 22 f.
— Versuch 33, 25
Mittel-Zweck-Relation 9, 74 ff.; **18**, 18
Mitverzehr 28, 10; 29, 28
Moos-raus-Fall 13, 122
Mord 2, 1 ff.
— Abschreckung durch Strafdrohung 2, 3
— Aufklärungsquote 2, 8
— Befriedigung des Geschlechtstriebs 2, 55
— Beteiligung 2, 26 ff., 41
— Dunkelziffer 2, 8
— Ermöglichungsabsicht 2, 62, 66
— gemeingefährliche Mittel 2, 52 f.
— grausam 2, 51 f.
— Habgier 2, 56 ff.
— Heimtücke 2, 44 ff.
— kriminalpolitischer Hintergrund 2, 1 ff.
— lebenslange Freiheitsstrafe 2, 10 ff.
— Mordlust 2, 54
— niedrige Beweggründe 2, 67 ff.
— Rechtsfolgenlösung 2, 17
— Todesstrafe 2, 5
— Totschlag und Mord 2, 10 ff., 26 ff.
— Typenkorrektur 2, 15
— Verdeckungsabsicht 2, 62 ff.
— s. auch Mordmerkmale
Mordlust 2, 54
Mordmerkmale
— Einordnung der Mordmerkmale 2, 26 ff.
— irrige Annahme 2, 42
— gekreuzte 2, 35 ff.
— Rechtsfolgenlösung 2, 17
— tatbezogene Mordmerkmale 2, 28 ff., 42, 44 ff.
— täterbezogene Mordmerkmale 2, 28 ff.
— ungeschriebenes Mordmerkmal 2, 15
— s. auch Mord
Münzgesetz 34, 6 f.
Mundraub 13, 19
Mutmaßliche Einwilligung 6, 106b; 22, 71
— s. auch Heilbehandlung, Körperverletzung

N

Nacheid 47, 67
Nachmachen von Geld 34, 8 f.
Nachschlüssel 14, 46
Nachstellen 9, 101 ff.; **16**, 15
Nachteilszufügung 12, 55; 33, 34

Namenstäuschung 31, 14
Nasciturus 2, 85
— s. auch Schwangerschaftsabbruch
Naturkräfte
— s. Entfesseln von Naturkräften
Naturschutz 12, 34; 41, 81
— s. auch Umweltdelikte
Nichtanzeige geplanter Straftaten 46, 1 ff.
— Anzeigepflicht des Mitwissers 46, 11 ff.
— Ausnahmecharakter 46, 3
— Eingriffspflicht des Mitwissers 46, 11 ff.
— Garantiepflicht 46, 4
— Grad der Kenntnis 46, 10
— Irrtumsfragen 46, 19
— Kenntnis von Teilnahmehandlungen 46, 8
— Konkurrenzen 46, 20 ff.
— kriminalpolitischer Hintergrund 46, 6 f.
— Leichtfertigkeit 46, 18
— Mitwisserschaft 46, 8 ff.
— persönlicher Strafaufhebungsgrund 46, 13 f.
— Rechtsgut 46, 1 ff.
— untaugliches Vorhaben 46, 8 f.
— Unzumutbarkeit des Eingriffs 46, 15 ff.
— Vorhaben Schuldunfähiger 46, 8
— Vorsatz 46, 19
— Wahlfeststellung 46, 23 f.
— Zwangseingriffe in Rechte Dritter 46, 7
Nichtige Forderungen 20, 116 ff.
Niedrige Beweggründe 2, 67 ff.
— s. auch Mord und Mordmerkmale
Nötigung 9, 39 ff.
— Arbeitsrecht 9, 82
— Demonstrationsrecht 9, 64 ff., 70, 84 ff.
— Drohung 9, 47 ff.
— Drohung mit Unterlassen 9, 50 ff., 83
— empfindliches Übel 9, 47 ff.
— Freiheitsberaubung und Nötigung 9, 23 ff.
— Gewalt 9, 55 ff.
— Irrtumsfragen 9, 89 ff.
— Konkurrenzen 9, 94
— Kriminalitätsumfang 9, 44
— kriminalpolitischer Hintergrund 9, 39 ff.
— Opferperspektive 9, 47, 53, 59
— Rechtfertigungsgründe 9, 74 ff.
— Rechtsgut 9, 45
— Regelbeispiele 9, 93
— zum Schwangerschaftsabbruch 5, 41 f.
— Sondertatbestände 9, 96 ff.
— spezielle Nötigungsdelikte 9, 94 f.
— mit Strafanzeige 9, 82
— Straßenverkehr 9, 82
— Tatbestand 9, 46
— Versuch 9, 92
— Verwerflichkeitsklausel 9, 74 ff.
— Vorsatz 9, 89
— Widerstand gegen Vollstreckungsbeamte und Nötigung 9, 17, 19, 35
— s. auch Gewalt und Drohung
Notentwendung 13, 19
Notrufe
— s. Missbrauch von Notrufen
Nutznießungstheorie 28, 2

Stichwortverzeichnis

O

Obhuts- und Beistandspflicht 36, 7
Objektive Aussagetheorie 47, 36, 40 ff.
Objektive Bedingung der Strafbarkeit bei Insolvenzdelikten 16, 53 f.
— bei der Schlägerei 6, 90 f.
— bei übler Nachrede 7, 18
— beim Vollrausch 40, 10 ff.
— beim Widerstand gegen Vollstreckungsbeamte 45, 29
Objektive Rechtsbeugungstheorie 49, 78 f.
Obligatorische Gebrauchsrechte 16, 27 ff.
Öffentliche Ordnung
— Demonstrationsfreiheit und öffentliche Ordnung 9, 84 ff.; 44, 5, 7
— Straftaten gegen die öffentliche Ordnung 42, 3
— s. auch Landfriedensbruch, kriminelle und terroristische Vereinigungen
Öffentliche Sicherheit 44, 6
— Landfriedensbruch 44, 22, 30
Öffentliche Urkunde 33, 6, 12
— Behauptungswahrheit 33, 10
— Beispiele 33, 12 ff.
— objektive Theorie 33, 9
Öffentlicher Glaube 33, 7, 9
— von Alltagsurkunden 33, 14
Öffentliches Ärgernis
— s. Erregung öffentlichen Ärgernisses
— Offenbarungseid
— s. Falsche Versicherung an Eides statt
— Ökologische Güter 41, 2
— s. auch Umweltdelikte
Opfer
— Beteiligung des Opfers 24, 25
— Beteiligung Dritter auf Opferseite 24, 26
— Erpressung, Schutz des Opfers 18, 20
— Mitverschulden 15, 4 f.; 20, 2 ff.; 49, 63 f.
— Schwächesituationen 24, 9 ff.
— Selbstverantwortung 49, 63
Opferperspektive 9, 47, 53, 59
Opportunitätsprinzip 1, 22
— bei Straßenverkehrsdelikten 38, 14, 17
Ordnungswidrigkeiten 16, 68; 21, 20
— abstrakte Gefährdungsdelikte 35, 48 f.
— Konkurrenz von Straftat und Ordnungswidrigkeit 24, 37; 35, 139; 38, 47
— Legitimation von Ordnungswidrigkeitstatbeständen 35, 41 f., 49, 52
— Polizeirecht und Ordnungswidrigkeiten 35, 46, 52
— bei abstrakter Rechtsgutsgefährdung 35, 37
— bei schwacher Rechtsgutsgefährdung 35, 46 ff.
— Verfahren bei Verkehrsordnungswidrigkeiten 38, 47
— Verkehrsordnungswidrigkeiten 38, 17, 33, 41, 47, 74
Organentnahme als Störung der Totenruhe 44, 56
Organisationskriminalität 19, 9; 44, 2 f.

— s. auch kriminelle und terroristische Vereinigungen
Organisierte Kriminalität 18, 5; 24, 38; 25, 13; 29, 7, 11; 42, 22; 44, 11 ff.
— Sexualdelikte 10, 1 ff.
Organtransplantation 6, 107

P

Parkschein 13, 93
Parteiprivileg und kriminelle Vereinigung 44, 18
Parteiverrat 49, 92 ff.
— Beteiligung 49, 98
— Dienen (beiden Parteien) 49, 94
— dieselbe Rechtssache 49, 93
— Einwilligung 49, 95 f.
— Irrtumsfragen 49, 96
— Qualifikation 49, 97
— Rechtsgut 49, 92, 95
— Rechtspflegedelikt 49, 92
— Rechtswidrigkeit 49, 95
— Tatbestand 49, 93 f.
Passive Bestechung
— s. Bestechlichkeit und Bestechung
Patientenverfügung 3, 11
Perforation 5, 91
Perpetuierung 31, 1, 9; 32, 1, 3, 6
Perpetuierungstheorie 27, 1; 28, 1, 5 ff.
— einverständlicher, unmittelbarer Erwerb 28, 5
— Ersatzhehlerei 28, 6 f.
Personalausweis 33, 36 f.
PersonalausweisG 33, 36
Personenstandsfälschung 10, 30
Persönlicher Schadenseinschlag 20, 92 f., 18 ff.
Persönlichkeitsrecht 8, 23a
Personwert 1, 28 f.
Pfandkehr 16, 24 ff.
— obligatorische Gebrauchsrechte 16, 27
— Wegnahme 16, 25, 27 ff.
Pfandsachen, unbefugter Gebrauch von 13, 148
Pfändungspfandrecht 16, 26; 45, 80 ff.
Pflicht
— Hauptpflicht 22, 57 ff.
— Nebenpflicht 22, 59
— Pflichtverletzungstheorie
— bei den Aussagedelikten 47, 38
— bei der Rechtsbeugung 49, 78
Plea bargaining 1, 22 f.; 42, 18
Plombe 31, 28; 32, 21
Politische Verdächtigung 9, 2
Polizeibeamter als Straftäter 49, 72
Polizeirecht als Wurzel des Ordnungswidrigkeitenrechts 35, 46
Pornographie
— Export-(Import-)Verbot 10, 25
— (teilweise) Freigabe 10, 23
— Gewaltverherrlichungsverbot 10, 25
— Jugendschutz 10, 23
— Rechtsgut 10, 24

1413

Stichwortverzeichnis

— Verbreitung pornographischer Schriften 10, 23
— s. auch Sexualdelikte
Postgesetz 34, 20
Post- und Fernmeldegeheimnis 8, 28
Potenzielle Gefährdungsdelikte 35, 81 ff.
Prävarikation 49, 92
Pressefreiheit 7, 22
Privatgeheimnis 8, 29 ff.
Privatklagedelikt 6, 14 ff.; 8, 27; 12, 9
Privatsphäre 6, 1; 8, 1 ff.
Programm-Manipulation 21, 32
Prokura 22, 33 f.
Prostitution
— Ausübung der verbotenen Prostitution 10, 22
— Förderung der Prostitution 10, 22
— Jugendgefährdende Prostitution 10, 22
— Jugendschutzbestimmungen 10, 22 f.
— s. auch Sexualdelikte
Prostitutionsfreiheit 10, 22
Provisionsvertreterbetrug 20, 129 f.
Prozessbetrug 20, 63
Prozessrisiko 20, 98

Q

Quälen 6, 84
— seelische Quälerei 6, 21
Qualifikationen
— s. Unterstichwort „Qualifikationen" bei den einzelnen Straftatbeständen
Quasiakzessorische Haftung des Teilnehmers 14, 34
Quasiversuch 14, 36
Quasivorsatz 14, 32

R

Rassenhass, Aufstachelung zum 44, 45
Raub 17, 1 ff.
— Aufklärungsquote 17, 3
— Bankraub 17, 2
— Beteiligung 17, 14
— Brutalisierung 17, 4
— Diebstahlselement 17, 5
— Dreieckskonstellation 17, 9
— Drohung 17, 8
— Erfolgsqualifikation 17, 30 ff.
— Finalzusammenhang 17, 10 ff.
— Geringwertigkeit 17, 41
— Gewalt 17, 6
— Handtaschenraub 17, 7
— Konkurrenzen 17, 36 ff.
— Kriminalitätsumfang 17, 3 f.
— kriminalpolitischer Hintergrund 17, 1 ff.
— Nötigungselement 17, 6 f.
— österreichisches Strafrecht 18, 27
— Qualifikationen 17, 28 ff.
— räuberische Erpressung und Raub 17, 15 ff., 37; 18, 25 ff.
— räuberischer Diebstahl und Raub 17, 19 ff., 38
— Rechtsgüter 17, 1
— Scheinwaffe 17, 8, 28
— schwerer Raub 17, 28 f.
— Straßenraub 17, 2
— Tankstellenraub 17, 2
— Tatbestand 17, 5 ff.
— Täter 17, 4
— Tatsituationen 17, 4
— mit Todesfolge 17, 30 ff.
— Versuch 17, 13
— Wegnahme 17, 15 ff.
— Zueignungsabsicht 17, 5
Räuberische Erpressung 18, 24 ff.
— Konkurrenzen 17, 37, 40
— kriminalpolitischer Hintergrund 18, 3
— Nötigungsmittel 18, 24
— Raub und räuberische Erpressung 17, 15 ff., 37; 18, 25 ff.
Räuberischer Angriff auf Kraftfahrer 17, 34 f.; 38, 25
— Autofalle 17, 34
— Konkurrenzen 17, 40
Räuberischer Diebstahl 17, 18 ff.
— Absichtserfordernis 17, 24 f.
— Beteiligung 17, 26 f.
— Betreffen auf frischer Tat 17, 20 ff.
— Beweislastumkehr 17, 25
— Konkurrenzen 17, 38, 40
— Raub und räuberischer Diebstahl 17, 19, 38
— Strafgrund 17, 18
— Umschlagen von Diebstahl in Raub 17, 19
— Verdachtsstrafe 17, 18
Raubmord 2, 59; 17, 32, 39
Rausch 40, 1 ff.
— s. auch Vollrausch
Rauschtat 40, 10, 14 ff.
— Beteiligung 40, 36
— s. auch Vollrausch
Rechtfertigungslösung bei Schwangerschaftsabbruch 5, 12, 58 ff.
Rechtmäßigkeit der Diensthandlung 45, 29 ff., 86, 89
— Formalisierung und Subjektivierung 45, 33 ff.
— Irrtum 45, 42 ff.
— beim Siegelbruch 45, 89
— beim Verstrickungsbruch 45, 86
— beim Widerstand gegen Vollstreckungsbeamte 45, 29 ff.
Rechtsanwalt
— s. Anwälte
Rechtsbehelfsklausel beim Widerstand gegen Vollstreckungsbeamte 45, 48
Rechtsbeistand 49, 65
Rechtsbeugung 49, 74 ff.
— Benachteiligung einer Partei 49, 81 f.
— Beteiligung 49, 85
— Bevorzugung einer Partei 49, 81 f.
— Bindung des Richters ans Gesetz 49, 74 f.
— echtes Amtsdelikt 49, 85
— erlaubtes Risiko 49, 80
— Justizförmigkeit 49, 77
— Konkurrenzen 49, 88
— objektive Theorie 49, 78 f.

1414

Stichwortverzeichnis

— Pflichtverletzungstheorie 49, 78
— Rechtsgut 49, 74
— Rechtssache 49, 77
— Sperrwirkung 49, 86 f.
— Spezialfall 49, 89
— subjektive Theorie 49, 78
— Vorsatz 49, 83 f.
Rechtsbruch 49, 78
Rechtsfolgenlösung bei Mord 2, 17
Rechtsgut 1, 2 ff.
— der Allgemeinheit 1, 26 f.
— Individualrechtsgut 1, 26 f.
— s. auch Unterstichwort „Rechtsgut" bei den einzelnen Straftatbeständen
Rechtsgüterschutz 1, 2 ff.
Rechtsgutsbegriff 1, 2 ff.
Rechtsgutsgefährdung
— Begriff 35, 71 ff.
— Erfolg 35, 61
— als gesetzgeberisches Motiv 35, 44
— objektives Tatbestandsmerkmal 35, 64 ff.
— Pönalisierung vorsätzlicher und fahrlässiger Rechtsgutsgefährdung 5, 96 ff.
— Rechtsgutsverletzung und Rechtsgutsgefährdung 35, 66 f., 78
— Zeitpunkt der Beurteilung 35, 70, 75 ff.
— Zivilrecht und Rechtsgutsgefährdung 35, 17, 38
— Zufall 35, 73
Rechtsgutsverletzung
— Beweisschwierigkeiten 35, 22 ff.
— Rechtsgutsgefährdung und Rechtsgutsverletzung 35, 66 f., 78
— Zweifel hinsichtlich der Rechtsgutsverletzung 35, 27 ff.
— Zufall 35, 15 ff., 31 ff.
— Zurechnung der Rechtsgutsverletzung 35, 23 ff.
Rechtsmissbrauchsklausel (§ 330d Nr. 5) 41, 24
Rechtspflegedelikte 42, 4; 47, 1 ff., 7; 48, 1 ff.
— äußere Rechtspflegedelikte 47, 2; 48, 1
— innere Rechtspflegedelikte 47, 3
— s. auch Aussagedelikte, Eidesdelikte, Fahrlässiger Falscheid, Fahrlässige falsche Versicherung an Eides statt, Falsche uneidliche Aussage, Falsche Verdächtigung, Falsche Versicherung an Eides statt, Meineid, Verleitung zur Falschaussage, Vortäuschen einer Straftat
Rechtspfleger als Täter der Rechtsbeugung 49, 77
Rechtsverhältnis
— eigennütziges Rechtsverhältnis 22, 58
— fremdnütziges Rechtsverhältnis 22, 60
— Rechtswidrigkeit
— der Gegenleistung 20, 115 ff.
— der Zueignung 13, 122; 15, 20
— des Vermögensvorteils 20, 124 ff.; 28, 29
— s. auch Unterstichwort „Rechtfertigung" bei den einzelnen Straftatbeständen

Regelbeispiele
— Analogieverbot 14, 19
— Atypischer Fall 14, 22 ff.
— Doppelverwertung 14, 26
— Durchbrechung der Regelwirkung 14, 22 ff.
— Geringwertigkeit 14, 29, 40
— Indizwirkung 14, 18
— Klausurtechnik 14, 42
— Konkurrenzen 14, 52
— qualifizierende Tatbestandsmerkmale und Regelbeispiele 14, 19
— quasiakzessorische Haftung des Teilnehmers 14, 34 f.
— Quasiversuch 14, 36 f.
— Quasivorsatz 14, 32 ff.
— Technik der Regelbeispiele 14, 17 f.
— s. auch Unterstichwort „Regelbeispiele" bei den einzelnen Straftatbeständen
Religionsausübung, Störung der 42, 3; 44, 54
Religionsgesellschaften, Beschimpfung von 44, 54
Repräsentant der Allgemeinheit 35, 92, 95
Repräsentantenhaftung beim Versicherungsbetrug 21, 143 ff.
Resolution zur Behandlung Todkranker 3, 8
Restitutionsvereitelungstheorie 27, 1
Richter
— als Amtsträger 49, 22
— als Täter der Rechtsbeugung 49, 72, 74 f.
Richterliche Unabhängigkeit 49, 74
Risikoerhöhungslehre 38, 11
Risikogeschäft 22, 72 f.
Routineurkunden 33, 14
Rückfalldiebstahl 14, 2
Rücksichtslosigkeit bei der Straßenverkehrsgefährdung 38, 12, 36, 38, 42
— s. auch Verkehrsdelikte
Rücktritt 21, 59 ff.; 41, 31, 98
— von den Gefährdungsdelikten 35, 113 ff.
— s. auch Versuch, Vollendung sowie Unterstichwort „Rücktritt" bei den einzelnen Straftatbeständen

S

Sachbegriff 12, 11 ff.
Sachbeschädigung 12, 1 ff.
— Antragsdelikt 12, 9, 51
— Bagatelldelikt 12, 9 f., 30
— Bauwerke als Tatobjekt 12, 31
— als Begleitdelikt 12, 4
— Beschädigung 12, 16
— Datenveränderung und Sachbeschädigung 12, 13, 41 ff.
— Funktionsbeeinträchtigung 12, 24
— gemeinschädliche Sachbeschädigung 12, 34 f.
— Körperverletzung und Sachbeschädigung 12, 7
— Kriminalitätsumfang und -motive 12, 4 ff., 8

1415

Stichwortverzeichnis

— kriminalpolitischer Hintergrund 12, 1 ff.
— Loipe als Tatobjekt 12, 12
— Privatklagedelikt 12, 9
— Qualifikationen 12, 31 ff.
— Sachentziehung und Sachbeschädigung 12, 1 f., 27 ff.
— Sondertatbestände 12, 34 f.
— mit Substanzeingriff 12, 19
— ohne Substanzeingriff 12, 20 f., 23 ff.
— Tathandlung 12, 16 ff.
— Tatobjekt 12, 11 ff.
— Tonband als Tatobjekt 12, 12
— Verändern des Erscheinungsbildes 12, 29a
— Versuch 12, 30
— Zerstörung 12, 16
— Zerstörung, teilweise 12, 31
Sachbetrug 20, 74
Sachentziehung
— und Diebstahl 13, 78
— und Sachbeschädigung 12, 1 f., 27 ff.
Sachgefährdung 12, 40
Sachherrschaft
— s. Gewahrsam
Sachherrschaftsverhältnisse
— s. amtliche Sachherrschaftsverhältnisse
Sachsubstanztheorie 13, 74 ff.
— s. auch Zueignung
Sachverständiger, Falschheit des Gutachtens 47, 47 f.
Sachwert
— s. Personwert
Sachwerttheorie 12, 24 ff.; 13, 92 ff.
— s. auch Zueignung
Säkularisierung der Aussagedelikte 47, 6 ff.
Saldierung 12, 22; 20, 89
Schaden
— s. Vermögensschaden
Schädigung anderer Subventionsinteressenten 21, 66
Schädigung des Fiskus 21, 66
Scheckbetrug 20, 58
Scheckkartenbetrug 20, 2, 12, 31, 59, 62, 141
Scheck- und Kreditkartenmissbrauch 21, 36 ff.; 23, 34 ff.
— Antragsdelikt 23, 52
— Beteiligung 23, 51
— Drei-Parteien-System 23, 46 ff.
— Gesetzgebungsgeschichte 23, 34 ff.
— Konkurrenzen 23, 53 f.
— kriminalpolitischer Hintergrund 23, 34 ff.
— POS-System 23, 49b
— POZ-System 23, 49b
— Rechtsgüter 23, 42 f.
— als Sonderdelikt 21, 40; 23, 51
— Tatbestand 23, 44 ff.
— Zwei-Parteien-System 23, 46 ff.
Scheindrohung 9, 47, 54
Scheinwaffe 14, 58; 17, 8, 28
Schenkungsbetrug 20, 103, 119
Schiedsrichter 49, 22
Schiffsgefährdung durch Bannware 24, 41
Schlafende, Gewahrsam 13, 52
Schlägerei 6, 86 ff.

Schriftliche Lüge 31, 6; 32, 4; 33, 1, 26
Schuldnerbegünstigung 16, 62 ff.
— Beteiligung 16, 67
— Regelbeispiele 16, 65
— Täterkreis 16, 62
— Tathandlungen 16, 62
— Teilnahme am Bankrott und Schuldnerbegünstigung 16, 64
Schuldprinzip 35, 53, 81
Schuldunfähigkeit
— rauschbedingte bei der Straßenverkehrsgefährdung 38, 10
— rauschbedingte beim Vollrausch 40, 1 ff., 29 ff.
Schusswaffe 14, 53
Schusswaffengebrauch 6, 43
Schutzbedürftige Gebiete
— s. Gefährdung schutzbedürftiger Gebiete
Schutzbefohlene
— s. Sexueller Missbrauch von Schutzbefohlenen
Schutz der Allgemeinheit 1, 26 ff.
Schutzgelderpressung 18, 5
Schutzvorrichtungen 14, 49
Schwangeren- und FamilienhilfeG 5, 12 f.
Schwangeren- und Familienhilfeänderungs G 5, 14, 41
Schwangerschaftsabbruch 5, 1 ff.
— Auswirkung des legalen Schwangerschaftsabbruchs 5, 19
— Bedrängnisklausel 5, 78
— Beratungspflicht 5, 54
— Dunkelziffer 5, 19
— Einstellung des Verfahrens 5, 80
— Einwilligung der Schwangeren 5, 94
— Feststellungspflicht 5, 67 ff.
— Fremdabbruch 5, 29 ff.
— Fristenlösung 5, 8, 18, 46 ff.
— Gesetzgebungsgeschichte 5, 1 ff.
— Hirntod der Schwangeren 5, 27
— Indikationen 5, 58 ff.
— Indikationslösung 5, 9 f.
— Konkurrenzen 5, 93 ff.
— Körperverletzung und Schwangerschaftsabbruch 5, 36, 94 ff.
— kriminalpolitischer Hintergrund 5, 15 ff.
— Meldepflicht 5, 19
— Regelbeispiele 5, 34 ff.
— Selbstabbruch 5, 29 ff.
— Spätabtreibung 5, 64a
— Straflosigkeit der Schwangeren 5, 37, 76 ff.
— Rechtfertigung 5, 58 ff.
— Rechtsgut 5, 21
— Tatbestand 5, 21 ff.
— Tathandlung 5, 22
— Tötungsdelikte und Schwangerschaftsabbruch 5, 89 ff.
— unrichtige ärztliche Feststellung 5, 82
— Versuch 5, 37
— Vollendung 5, 28
— Werbung für Schwangerschaftsabbruch 5, 39 f.

Stichwortverzeichnis

SchwangerschaftskonfliktG **5, 54, 67, 70, 88**
Schwarzfahren **20, 47, 52, 55, 141, 21, 17** ff.
Schweigegelderpressung **18, 5, 20**
Schwere Brandstiftung
— s. Brandstiftung
Schwere Körperverletzung **6, 59** ff.
— Beteiligung **6, 67** ff.
— Versuch **6, 64** ff.
— s. auch Körperverletzung
Schwerer Bandendiebstahl **14, 67**
Schwerer Raub **17, 28** f.
Sektion als Störung der Totenruhe **44, 56**
Selbstbedienungsbetrug **20, 37, 80**
Selbstbedienungsläden **13, 42, 58**
Selbstbedienungstankstelle
— s. Selbsttanken ohne Bezahlung
Selbstbegünstigung **27, 16** ff.
Selbsthilfebetrug **20, 124** ff.
Selbstmord
— Berechtigung zur Suizidverhinderung **3, 49**
— Beteiligung durch Tun **3, 35** f.
— Beteiligung durch Unterlassen **3, 33**
— Doppelsuizid, fehlgeschlagener **3, 38**
— Einwilligungsprinzip **3, 26** ff.
— fahrlässige Förderung **3, 36**
— Freitoderklärung **3, 10** f.
— freiwilliger Suizid **3, 3, 24**
— Garantenpflicht des Staates **3, 46**
— Suizid **3, 4** ff.
— Straflosigkeit des Suizides **3, 1**
— unfreiwilliger Suizid **3, 3**
— unterlassene Hilfeleistung und **39, 10, 13**
— Suizidversuch **3, 33**
— Verantwortungsprinzip **3, 26** ff.
Suizidposition **3, 2**
Suizidverhinderung **3, 49**
Selbstschädigung **20, 111** ff.
Selbsttanken ohne Bezahlung **13, 34, 54; 15, 15; 20, 37**
— Betrug **20, 37**
— Diebstahl **13, 34, 54**
— Unterschlagung **15, 15**
Selbsttötung
— s. Suizid
Se ut dominum gerere **13, 71** ff.; **15, 23** ff.
Sexualdelikte **10, 1** ff.
— Dunkelziffer **10, 7**
— als Gefährdungsdelikte **10, 4**
— Gesetzgebungsgeschichte **10, 1**
— Kriminalitätsumfang **10, 11**
— kriminalpolitischer Hintergrund **10, 3**
— organisierte Kriminalität **10, 10**
— Pornographie **10, 23** ff.
— Rechtsgut **10, 3**
— Viktimologie **10, 9**
— s. auch Beischlaf zwischen Verwandten, Erregung öffentlichen Ärgernisses, Exhibitionismus, Förderung sexueller Handlungen Minderjähriger, Homosexuelle Handlungen, Menschenhandel, Prostitution, Sexueller Missbrauch von Abhängigkeitsverhältnissen, Sexueller Missbrauch unter Ausnutzung einer

Amtsstellung, Sexueller Missbrauch von Gefangenen, behördlich Verwahrten oder Kranken in Anstalten, Sexueller Missbrauch von Schutzbefohlenen, Sexueller Missbrauch Widerstandsunfähiger, Sexuelle Nötigung, Pornographie, Verführung, Vergewaltigung, Zuhälterei
Sexuelle Handlung **10, 12**
Sexuelle Nötigung **10, 12**
— s. auch Sexualdelikte
Sexuelle Selbstbestimmung **10, 9, 12**
Sexueller Missbrauch unter Ausnutzung einer Amtsstellung **10, 16**
— s. auch Sexualdelikte
Sexueller Missbrauch von Abhängigkeitsverhältnissen **10, 16**
— Beteiligung **10, 19**
— als eigenständige Delikte **10, 19**
— Konkurrenzen **10, 20**
— als Sonderdelikte **10, 19**
— Tatbestände **10, 16**
— Vorsatz **10, 18**
— s. auch Sexualdelikte
Sexueller Missbrauch von Gefangenen, behördlich Verwahrten oder Kranken in Anstalten **10, 16**
— s. auch Sexualdelikte
Sexueller Missbrauch von Kindern
— Beteiligung **10, 19**
— Eigenhändigkeit **10, 19**
— Konkurrenzen **10, 20**
— als Sonderdelikte **10, 20**
— Tatbestände **10, 16**
— Vorsatz **10, 18**
— s. auch Sexualdelikte
Sexueller Missbrauch von Schutzbefohlenen **10, 16**
— s. auch Sexualdelikte
Sexueller Missbrauch Widerstandsunfähiger **10, 12**
— s. auch Sexualdelikte, Vergewaltigung
Sichbemächtigen **18, 35**
Sicherheitsgefühl **13, 11; 14, 7**
Sicherungsbetrug **20, 144**
Sicherungserpressung **18, 23**
Sicherungsetiketten **13, 43; 14, 49**
Sicherungsübereignung **15, 25; 22, 23** ff.
Sicherungsverwahrung **2, 22**
Sichverborgenhalten **14, 46**
Sich-Verschaffen **28, 10** ff.; **29, 23** ff.
Siegelbruch **45, 87** ff.
Sittenwidrige Arbeit **20, 119**
Sittenwidrigkeit und Betrug **20, 119**
Sitzblockaden **9, 64** ff., **70, 87**
Skimming **34, 34, 35**
Sonderdelikte **16, 67**
— Amtsdelikte **49, 4** ff.
— Gefährdungsdelikte **35, 124** f.
— unerlaubtes Entfernen vom Unfallort **38, 57**
— Verletzung der Fürsorge- und Erziehungspflicht **10, 32**
— Verletzung der Unterhaltspflicht **10, 36**

1417

Stichwortverzeichnis

— Zwangsvollstreckungsvereitelung **16**, **39**, **46**
Sozialadäquanz
— Bestechlichkeit und Bestechung im geschäftlichen Verkehr **49**, **61**
— Bestechungsdelikte **49**, **35** f., **38**
— Geldwäsche **29**, **39**
— Strafvereitelung **26**, **10**
— Verkehrsdelikte **38**, **13**
— Umweltdelikte **41**, **13**
Soziale Zweckverfehlung **20**, **111** ff., **67**; **21**, **66**, **75**, **77**
Sozialhilfebetrug **20**, **110**
Sozialversicherungsbeiträge
— s. Vorenthalten und Veruntreuen von Arbeitsentgelt
Sozialwucher **24**, **33** ff.
— Individualwucher und Sozialwucher **24**, **1**, **37**
— Marktwirtschaft **24**, **33**
— Ordnungswidrigkeit **24**, **35** f.
— Wesen **24**, **33**
— wichtige Vorschriften zur Bekämpfung **24**, **34** ff.
Spätabtreibung **5**, **64a**
Sparbuch **13**, **93** ff.
Spendenbetrug **20**, **26**, **111**
Sperrwirkung der Rechtsbeugung **49**, **86** f.
Sprengstoffexplosion, Herbeiführen einer **37**, **70**
Staatsanwalt als Täter der Rechtsbeugung **49**, **72**, **77**
Staatsgewalt
— Angriffe gegen einzelne Träger **42**, **4** f.
— s. auch Auflehnung gegen die Staatsgewalt, Aussagedelikte, Widerstand gegen die Staatsgewalt
Staatsschutz **42**, **1** ff.
— Durchsetzung des materiellen Rechts **42**, **16** ff.
— Freiheitsrechte des Einzelnen **42**, **9** ff.
— Rechtsgüter der Allgemeinheit **42**, **8**
— Rechtsgüter des Einzelnen **42**, **8**
— Sicherheitsgefühl des Einzelnen **42**, **23** f.
— streitbare Demokratie **42**, **12** ff.
— Angriffshandlungen **43**, **3** f.
— als Gefährdungsdelikte **43**, **4**
— i. e. S. **42**, **2**; **43**, **1** ff.
— i. w. S. **42**, **3** ff.; **44**, **1**
— als Vorbereitungshandlungen **43**, **4**
— s. auch Demokratischer Rechtsstaat, Hochverrat, Landesverrat
Staatssicherheit
— äußere Staatssicherheit **43**, **2**
— innere Staatssicherheit **43**, **2**
Stalking **9**, **101** ff.
Stellvertreter
— s. Vertretungsmacht
Stellvertretung bei Urkundsdelikten **31**, **15** ff.; **32**, **18**
Sterbehilfe **3**, **4** ff.
Sterbende, Gewahrsam von **13**, **52**
Sterilisation **6**, **29**

Steuergeheimnis
— s. Verletzung des Steuergeheimnisses
Steuerhinterziehung **16**, **4**; **19**, **13**; **20**, **12**, **141**; **23**, **20**; **25**, **16**; **49**, **15**
Stoffgleichheit **20**, **122** ff.
Störung der Religionsausübung **44**, **54**
Störung der Totenruhe **44**, **55** f.
Störung des öffentlichen Friedens durch Androhung und Vortäuschung von Straftaten **44**, **35** f.
Störung einer Bestattungsfeier **44**, **55**
Störung öffentlicher Betriebe **37**, **88**
Störung von Telekommunikationsanlagen **37**, **88**
Strafaussetzung zur Bewährung Verstöße gegen Auflagen und Weisungen **45**, **73**
Strafrecht
— fragmentarische Natur **1**, **12**
— Reduktion **15**, **6**
— Ultima Ratio **1**, **10**, **12**
— s. auch Besonderer Teil
Straftat als Unglücksfall bei der unterlassenen Hilfeleistung **39**, **14**
Strafvereitelung **26**, **1** ff.
— Absicht **26**, **7**
— Alltagshandlungen **26**, **10**
— im Amt **49**, **5**
— Angehörigenprivileg **26**, **16**, **19** f.
— Beteiligung **26**, **17** ff.
— Bezahlung einer Geldstrafe **26**, **12**
— Bindung an die Rechtskraft der Verurteilung des Vortäters **26**, **2**
— Irrtumsfragen **26**, **7**
— Kausalität **26**, **5**
— Konkurrenzen **26**, **25** f.
— Kriminalitätsumfang **25**, **7** f.
— kriminalpolitischer Hintergrund **25**, **2** ff.
— Limitierung der Höchststrafe **26**, **21**
— persönliche Strafausschließungsgründe **26**, **14** ff., **19** f.
— Qualifikation **26**, **23**
— Rechtsgut **25**, **6**; **26**, **1**
— Restriktion des Tatbestandes **26**, **10** f.
— Strafverteidiger **26**, **11**
— Tatbestand **26**, **3** ff., **12**
— Tathandlungen **26**, **3** ff., **12**
— Teilnahme an der Vortat und Strafvereitelung **26**, **15**, **22**
— Teilnehmerprivileg **26**, **14** f., **19** f.
— teilweise **26**, **6**
— übliche Geschäftstätigkeit **26**, **10** f.
— Unschuldige **26**, **1** f.
— Unterlassen **26**, **8** f.
— Versuch **26**, **25**
— vollständige **26**, **3**
— Vorsatz Vortat **26**, **1 26**, **7**
— durch Vortäter **26**, **13**
— Wahlfeststellung **26**, **24**
— Zusage der Vereitelungshandlung **26**, **15**, **22**, **25**
Strafverteidiger und Strafvereitelung **26**, **11**
Strafvollstreckungsvereitelung **26**, **12**
— durch Bezahlung einer Geldstrafe **26**, **12**

Stichwortverzeichnis

— s. auch Strafvereitelung
Strafvollzugsbedienstete als Straftäter **49**, 72
Strahlenschutz **37**, 70 ff.; **41**, 76 ff.
— s. auch Freisetzen ionisierender Strahlen, Missbrauch ionisierender Strahlen, Fehlerhafte Herstellung einer kerntechnischen Anlage
Strahlungsdelikte **37**, 70 ff.; **41**, 76 ff.
— s. Explosions- und Strahlungsdelikte;
— s. auch Strahlenschutz, Umweltdelikte
Straßenraub **17**, 2
Straßenverkehr
— fahrlässige Körperverletzung **6**, 18
— Fahrlässigkeitsbegriff **38**, 14
— Nötigung **9**, 82
Straßenverkehrsdelikte
— s. Verkehrsdelikte
Straßenverkehrsgefährdung
— von außen **38**, 19 ff.
— von innen **38**, 27 ff.
— s. auch Verkehrsdelikte
Subjektive Aussagetheorie **47**, 37, 93
Subjektive Rechtsbeugungstheorie **49**, 78
Submissionsbetrug **20**, 100, 141; **21**, 103 ff.; 24, 36
Subsidiaritätsklausel **15**, 42
Substanztheorie
— s. Sachsubstanztheorie u. Zueignung
Substanzverletzung **12**, 19
Subventionen **21**, 62, 68
— direkte **21**, 62
— indirekte **21**, 62
— kriminogene Faktoren **21**, 62
Subventionsbetrug **20**, 2, 10, 13, 113, 141; **21**, 62 ff.
— abschließende Sonderregelung **21**, 76
— abstraktes Gefährdungsdelikt **21**, 58
— Amtsträger als Täter **21**, 71
— Betrug und Subventionsbetrug **21**, 54 f., 63 ff., 75 ff.
— direkter Subventionsbetrug **21**, 63
— indirekter Subventionsbetrug **21**, 63
— Irrtumserregung **21**, 56, 65
— Konkurrenzen **21**, 75 ff.
— Kriminalitätsumfang **21**, 67
— kriminalpolitischer Hintergrund **21**, 54, 62 ff.
— Leichtfertigkeit **21**, 73
— Qualifikation **21**, 74
— Rechtsgut **21**, 55
— Regelbeispiele **21**, 74
— Rücktritt vom vollendeten Delikt **21**, 59 ff.
— schlichtes Tätigkeitsdelikt **21**, 58
— Tatbestand **21**, 68 ff.
— Tathandlungen **21**, 70 ff.
— Täuschungshandlung **21**, 64, 70 ff.
— Unterlassen **21**, 70
— Vermögensschaden **21**, 56, 66
— Versuch **21**, 60
— Vorsatz **21**, 73
— s. auch Wirtschaftskriminalität, Wirtschaftsstrafrecht, Wirtschaftsstraftaten
Subventionserhebliche Tatsachen **21**, 69

Suizid
— s. Selbstmord
Suizidhilfe
— s. Sterbehilfe
Systemnoten **34**, 8

T

Tachografenscheibe **31**, 32
Täterschaft und Teilnahme
— s. Unterstichwort „Beteiligung" bei den einzelnen Straftatbeständen
Tätige Reue
— s. Rücktritt,
— s. auch Unterstichwort „Rücktritt vom vollendeten Delikt" bei einzelnen Straftatbeständen
Tätlicher Angriff
— Körperverletzung und tätlicher Angriff auf Vollstreckungsbeamte **45**, 19, 27
— beim Widerstand gegen Vollstreckungsbeamte **45**, 26 ff.
Tatsachen **20**, 32 ff.
Tatstrafrecht **19**, 10
Tat- und täterbezogene Merkmale **2**, 28 ff.
Täuschung **20**, 32 ff.
— beschränkte Prüfungspflicht des Verfügenden **20**, 56 ff.
— konkludentes Tun **20**, 37 f.
— leicht durchschaubare Täuschung **20**, 49
— Tatsachenbegriff **20**, 32
— Unterlassen **20**, 41 ff.
Täuschung im Rechtsverkehr **31**, 33, 37 ff.
Technische Aufzeichnungen **31**, 27 f.; **32**, 1 ff.
— akustische Fixierungen **32**, 1
— Beweisbestimmung **32**, 2
— Inhaltsvertrauen **30**, 7
— Legaldefinition **32**, 1
— Urkunde und technische Aufzeichnung **30**, 7; **31**, 27; **32**, 1
— s. auch Fälschung
Telefax **31**, 13
Telefongeheimnis **8**, 28
Telefonsex **10**, 23
Terrorismus **42**, 23
Terroristische Vereinigungen **42**, 3, 22; **44**, 3
— Bildung **44**, 21
— prozessuale Folgen **44**, 21
— s. auch Kriminelle Vereinigungen
Teilnahme
— Abgrenzung zu den Anschlussdelikten **25**, 3 ff.
— s. Unterstichwort „Beteiligung" bei den einzelnen Straftatbeständen
Testament **31**, 2, 4, 10
Testkäufer **8**, 12
Tiere als Sachen **12**, 12
Titelmissbrauch **45**, 108 f.
Todesstrafe **2**, 5
Tonband als Tatobjekt der Sachbeschädigung **12**, 12
Tonbandaufzeichnungen **8**, 15 ff.; **31**, 9; **32**, 1
Tonträger **8**, 15 ff.; **31**, 9

1419

Stichwortverzeichnis

Totenruhe
— Sektion, Blut- und Organentnahme **44, 56**
— Störung **44, 55** f.
— Totschlag
— Affekt **2**, 79 f.
— Aufklärungsquote **2**, 8
— Beteiligung **2**, 26 ff., 76
— als Grundtatbestand **2**, 26 ff.
— als selbstständiger Tatbestand **2**, 31 ff.
— Verzweiflung **2**, 81
— s. auch Mord
Tötung auf Verlangen
— Beteiligung **3**, 17 ff.
— Einwilligung und Tötung auf Verlangen **3**, 12 ff.
— kriminalpolitischer Hintergrund **3**, 4 ff.
— Suizid und Tötung auf Verlangen **3**, 22 ff., 37 ff.
— Tötungsdelikte
— Beteiligung **2**, 26 ff., 41; **3**, 4 ff.
— Fahrlässigkeit **4**, 1 ff.
— Kriminalitätsumfang **2**, 8
— kriminalpolitischer Hintergrund **2**, 1 ff.
— Konkurrenzen **2**, 86 f.
— Körperverletzung und Tötungsdelikte **2**, 86 f.
— Schwangerschaftsabbruch und Tötungsdelikte **5**, 89 ff.
Transplantation **6**, 107
Transportgefährdung **38**, 19
Treubruchstatbestand **22**, 9, 11, 17, 37 ff.
— Bestimmtheitsgebot **22**, 45, 67
— Diebstahl und Treubruchstatbestand **22**, 39, 86 f.
— Missbrauchstatbestand und Treubruchstatbestand **22**, 12 ff.
— Restriktion **22**, 49, 56 ff.
— Tathandlungen **22**, 37 ff.
— tatsächliches Einwirken **22**, 38
— uferlose Weite **22**, 45, 56 f.
— Unterlassen **22**, 41
— Verletzung von Kontrollpflichten **22**, 40
— s. auch Vertretungsmacht, Treueverhältnis, Treupflicht, Untreue
Treubruchstheorie **22**, 5
Treueverhältnis **22**, 46 ff.
— Parallele zu den garantenpflichtbegründenden Umständen **22**, 50
— nach (erloschenem) Rechtsverhältnis **22**, 52
— neben Rechtsverhältnis **22**, 51
— statt (nichtigen) Rechtsverhältnisses **22**, 53 ff.
— s. auch Vertretungsmacht, Treupflicht, Treubruchstatbestand, Untreue
Treupflicht **22**, 46 ff.
— Dauer **22**, 57 f., 66 ff.
— Einschränkung durch Vermögensbetreuung als Hauptpflicht **22**, 58 ff.
— kraft behördlichen Auftrags **22**, 48
— kraft Gesetzes **22**, 48
— kraft tatsächlichen Treueverhältnisses **22**, 50 ff.

— Selbstständigkeit des Treupflichtigen **22**, 57, 63 ff.
— Umfang der Treupflicht **22**, 57, 66 f.
— Umgrenzungsgesichtspunkte **22**, 57 ff.
— Wurzeln **22**, 47 ff.
— s. auch Treueverhältnis, Treubruchstatbestand, Untreue, Vertretungsmacht
Trickdiebstahl **20**, 73 ff.
Trittbrettfahrer **9**, 47; **18**, 35
Trunkenheit im Verkehr **38**, 10, 18, 28, 29 ff., 39 ff., 45, 48
— Gefährdung des Bahn-, Schiffs- und Luftverkehrs **38**, 27 ff.
— Gefährdung des Straßenverkehrs **38**, 27 ff.
— s. auch Verkehrsdelikte
Typenkorrektur **2**, 15

U

Übel, empfindliches **9**, 47 ff.
Überfall, hinterlistiger **6**, 55
Überschuldung **16**, 56
Überschwemmung **37**, 81 ff.
— s. Herbeiführen einer Überschwemmung
Üble Nachrede **7**, 18
Umschlossener Raum **14**, 45
Umwelt als Rechtsgut **41**, 2 ff.
Umweltdelikte **41**, 1 ff.
— Abfall **41**, 70 ff.
— Abfallbegriff **41**, 71
— Amtsträger **41**, 37 ff., 99
— Anzeigepflicht **41**, 57
— Aufklärungsquote **41**, 8
— Beteiligung **41**, 35 ff., 40 ff., 96, 99
— Blankettcharakter **41**, 14 f., 19
— Boden **41**, 61
— deutsche Strafgewalt **41**, 59
— Erfolgsqualifikationen **41**, 85, 87, 95
— Gewässer **41**, 59 f.
— Grenzen der Umweltbelastung **41**, 14
— Juristische Personen **41**, 32 ff.
— Konkurrenzen **41**, 100
— Kriminalitätsumfang **41**, 8 f.
— kriminalpolitischer Hintergrund **41**, 1 ff.
— Lärm **41**, 66 ff.
— Luftverunreinigung **41**, 62 ff.
— Naturschutz **41**, 81 f.
— Qualifikationen **41**, 83, 86 ff.
— Rechtfertigung **41**, 21 ff., 28 f., 97
— Rechtsgut **41**, 2 ff.
— Regelbeispiele **41**, 83 ff.
— Rücktritt **41**, 30 f., 98
— als Sonderdelikte **41**, 17 f., 32, 35, 39, 47 f.
— Strafaufhebungs- und -ausschließungsgrund **41**, 26 f., 73
— Strahlenschutz **41**, 76 ff.
— Tätige Reue **41**, 12, 31, 69, 74, 79, 98
— Tatbestandsausschluß **41**, 20 ff.
— Transport gefährlicher Güter **41**, 78
— Umgang mit gefährlichen Gütern **41**, 78
— Unterlassen **41**, 46 ff., 54 ff., 57, 70
— Verletzungsdelikte **41**, 11, 59
— Versuch **41**, 30, 59, 61, 62, 72, 79, 98

1420

Stichwortverzeichnis

— Verwaltungsakzessorietät **41**, 13 ff., 20 ff., 59 ff., 84, 89
— Vorsatz **41**, 96
Unbefugte Einwirkung auf den Ablauf eines Datenverarbeitungsvorganges **21**, 32
Unbefugter Gebrauch
— von Fahrzeugen **13**, 140 ff.
— von Pfandsachen **13**, 148
Unbefugte Verwendung von Daten **8**, 40 ff.; **21**, 32, 47
Unechte Amtsdelikte **49**, 5
Unechtheit **31**, 29 ff.; **32**, 12
Uneidliche Falschaussage
— s. Falsche uneidliche Aussage
Unerfahrenheit **24**, 13
Unerlaubtes Entfernen vom Unfallort **38**, 48 ff.
— Bagatellschaden **38**, 64
— Beteiligung **38**, 57, 73
— entschuldigtes Entfernen **38**, 66
— Feststellungsinteresse des Geschädigten **38**, 64
— Irrtumsfragen **38**, 71
— Konkurrenzen **38**, 74 ff.
— Kriminalitätsumfang **38**, 18, 48
— rechtmäßiges Entfernen **38**, 65
— Rechtsgut **38**, 49 ff.
— Rückkehr- und Mitwirkungspflicht **38**, 65 ff.
— als Sonderdelikt **38**, 57
— Tätige Reue **38**, 72
— Unfallbeteiligung **38**, 55 ff.
— unvorsätzliches Entfernen **38**, 67
— Versuch **38**, 72
— Vorsatz **38**, 71
— Warte- und Mitwirkungspflicht **38**, 55 f., 61 ff.
— Zumutbarkeit **38**, 63, 66
— Zwang zur Selbstbelastung **38**, 49, 52 f., 62
Unerlaubtes Veranstalten eines Glücksspiels **24**, 39a ff.
— ausländische Wettanbieter **24**, 39c
— Genehmigungen von EU-Mitgliedsstaaten **24**, 39d
— Irrtumsfragen **24**, 39e
— Tatbestand **24**, 39a ff.
— Qualifikationen **24**, 39f
Unerlaubtes Veranstalten einer Lotterie oder einer Ausspielung **24**, 39h
— s. auch Glücksspiel
— Unfallbeteiligter **38**, 55 ff.
Unfallflucht
— s. Unerlaubtes Entfernen vom Unfallort
Unfall im Straßenverkehr **38**, 60
Unglücksfall bei der unterlassenen Hilfeleistung **39**, 12 ff.
Unrechtsvereinbarung bei den Bestechungsdelikten **49**, 25 ff.
Untergebener
— s. Verleitung eines Untergebenen
Unterhaltspflicht
— s. Verletzung der Unterhaltspflicht
— Unterlassen

— s. Unterstichwort „Unterlassen" bei den einzelnen Straftatbeständen
Unterlassene Hilfeleistung und Anzeigepflicht nach § 138 **39**, 29
— Beteiligung **39**, 27 f.
— Deliktsnatur **39**, 1 f.
— echtes Unterlassungsdelikt **39**, 1
— Erforderlichkeit der Hilfe **39**, 17
— gemeine Gefahr **39**, 15 f.
— gemeine Not **39**, 16
— Gesetzgebungsgeschichte **39**, 4
— Hilfspflichtige **39**, 20 f.
— Irrtumsfragen **39**, 6
— Konkurrenzen **39**, 25, 29
— Kriminalitätsumfang **39**, 11
— kriminalpolitischer Hintergrund **39**, 8 ff.
— Rechtsgüter **39**, 3
— Scheingefahren **39**, 18
— Scheinunglück **39**, 5, 19
— Suizidversuch **3**, 33; **39**, 9, 10, 13
— Straftaten als Unglücksfall **39**, 14
— Tatbestand **39**, 12 ff.
— Unglücksfall **39**, 12 ff.
— Verursacher des Unglücksfalls **39**, 24
— Verzicht auf Hilfe **39**, 13
— Wahlfeststellung **39**, 29
— Zumutbarkeit der Hilfe **39**, 22 ff.
Unternehmensdelikte **35**, 113; **37**, 71
Unterschlagung **15**, 1 ff.
— Antragserfordernis **15**, 40
— Ausdehnung des Tatbestandes **15**, 1 ff., 7, 9 f.
— berichtigende Auslegung **15**, 9
— Bestimmtheitsgebot **15**, 10
— Beteiligung **15**, 39, 47
— Diebstahl und Unterschlagung **15**, 1, 9, 14 ff., 21
— Drittzueignung **15**, 2, 19, 34, 47
— Eigentumsvorbehalt **15**, 5 f., 35
— Erfolgsdelikt **15**, 21 ff.
— Fundunterschlagung **15**, 4
— Gebrauchsunterschlagung **15**, 19
— Gewahrsam **15**, 1 ff., 17 f., 31
— Irrtumsfragen **15**, 25
— Konkurrenzen **15**, 42 ff.
— Kriminalitätsumfang **15**, 8
— kriminalpolitischer Hintergrund **15**, 1 ff.
— Manifestation des Zueignungswillens **15**, 23 ff., 32 f., 38
— materieller Zueignungserfolg **15**, 29 ff.
— mehrmalige Zueignung **15**, 43 ff.
— Opferverschulden **15**, 4
— Qualifikation **15**, 35 ff.
— Rechtsgut **15**, 14 ff.
— Reduktion **15**, 6, 35
— Sachherrschaft, fehlende **15**, 26 ff.
— Sicherungsübereignung **15**, 25
— Subsidiaritätsklausel **15**, 1, 42
— Versuch **15**, 29, 38
— veruntreuende Unterschlagung **15**, 7, 35 ff.
— wiederholte Zueignung **15**, 43 ff.
— Zueignungserfolg **15**, 19, 21 ff., 38
— s. auch Zueignung

1421

Stichwortverzeichnis

Unterschrift **31**, 16
Untreue **22**, 1 ff.
— Antragserfordernis **22**, 82
— Anwendungsschwierigkeiten in der Praxis **22**, 56
— keine Bereicherung **22**, 2
— Beteiligung **22**, 83 ff.
— Einverständnis **22**, 70 ff.
— Gesetzgebungsgeschichte **22**, 4 f.
— Grundriss **22**, 9
— Klausurtechnik **22**, 30, 80
— Konkurrenzen **22**, 86 ff.
— Kriminalitätsumfang **22**, 8
— kriminalpolitischer Hintergrund **22**, 1 ff.
— mutmaßliche Einwilligung **22**, 71
— Pflichtwidrigkeit **22**, 69
— Rechtsgut **22**, 1
— Rechtswidrigkeit **22**, 74 f.
— Reformpläne **22**, 8
— Regelbeispiele **22**, 81
— Risikogeschäft **22**, 72 f.
— Scheckkartenmissbrauch und Untreue **23**, 37 f.
— Sicherungsübereignung **22**, 23 ff.
— Sondertatbestände **23**, 1 ff., 34 ff.
— Unterlassen **22**, 41 f.
— verdeckter Stellvertreter **22**, 19
— Vermögensbetreuungspflicht **22**, 58 f., 68
— Vermögensdelikt **22**, 1
— Vermögensschaden **22**, 75 ff.
— Versuch (straflos) **22**, 81
— Vorenthalten und Veruntreuen von Arbeitsentgelt und Untreue **23**, 4 f.
— Vorsatz **22**, 78
— Zivilrecht und Untreue **22**, 18, 21 ff.
— s. auch Vertretungsmacht, Treupflicht, Treubruchstatbestand, Treueverhältnis, Missbrauchstatbestand
Unzüchtige Schriften
— s. Pornographie
Unzumutbarkeit **39**, 22 ff.
Urkunde **31**, 1 ff.
— Absichtsurkunde **31**, 10
— Beweisbestimmung **31**, 2
— Beweiseignung **31**, 2, 10
— Definition **31**, 1
— Dispositivurkunde **33**, 10
— Durchschrift **31**, 12
— Echtheit **31**, 14 f., 29
— elektronische Urkunde **32**, 6 ff.
— E-Mail **31**, 13
— Entwurf einer Urkunde **31**, 5
— Erkennbarkeit des Ausstellers **31**, 1, 11, 29
— Fotokopie **31**, 12
— Gebrauchmachen einer unechten oder verfälschten Urkunde **31**, 33
— Gesamturkunde **31**, 22, 32b
— Herstellen einer unechten Urkunde **31**, 29 f.
— Inhaltsvertrauen **30**, 1 f.; **32**, 1; **33**, 1 ff., 9
— öffentliche Urkunde **33**, 1, 6, 12 ff.
— Routineurkunde **33**, 14
— Schriftlichkeit **31**, 9

— technische Aufzeichnung und Urkunde **30**, 7
— Telefax **31**, 13
— Verfälschen einer echten Urkunde **31**, 31 ff.
— Verkörperung **31**, 1, 9
— verkürzte Urkunde **31**, 23 f.; **32**, 21
— Verständlichkeit **31**, 1 f., 8
— Wahrheitsbegriff **33**, 2 ff.
— Zufallsurkunde **31**, 10
— zusammengesetzte Urkunde **31**, 20, 32a
— Zuschreibungsvertrauen **30**, 1 f.; **31**, 11, 15
— s. auch Urkundenfälschung i. e. S., Urkundenfälschung i. w. S., Urkundenunterdrückung
Urkundenfälschung i. e. S. **31**, 1 ff.
— Aufklärungsquote **30**, 9
— Ausstellervertreter **31**, 15 ff.
— kein eigenhändiges Delikt **31**, 36
— Gebrauch eines falschen Namens **31**, 14
— Geldfälschung und Urkundenfälschung **34**, 1
— geistige Urheberschaft **31**, 19
— Geistigkeitstheorie **31**, 15 ff.
— Konkurrenzen **31**, 43
— Nötigung **31**, 19
— Qualifikation **31**, 41
— Regelbeispiele **31**, 41
— Spezialregelungen **33**, 26; **34**, 1 ff.
— Tathandlungen **31**, 29 ff.
— Täuschung **31**, 2, 19
— Täuschungsabsicht **31**, 37 ff.
— Vorsatz **31**, 37 ff.
Urkundenfälschung i. w. S.
— Aufklärungsquote **30**, 9
— Aussagedelikte und Urkundsdelikte i. w. S. **30**, 3
— Betrug und Urkundsdelikte i. w. S. **30**, 4, 9
— Gefährdung öffentlicher Interessen **30**, 1, 5
— Gefährdung privater Interessen **30**, 1, 5
— Kriminalitätsumfang **30**, 9
— Rechtsgut **30**, 1, 5
— Tatsituationen **30**, 9
— Unterschlagung und Urkundsdelikte i. w. S. **30**, 4, 9
— Vermögensdelikte und Urkundsdelikte i. w. S. **30**, 4, 9
— s. auch Urkundenfälschung i. e. S., Urkunde
Urkundenunterdrückung **33**, 28 ff.
— Beweisführungsbefugnis **33**, 31 f.
— Führerscheinvernichtung **33**, 34
— Konkurrenzen **33**, 35
— Nachteilsabsicht **33**, 34
— Tatbestand **33**, 28 ff.
— Tathandlungen **33**, 29 f.
— Vorsatz **33**, 33
— s. auch Urkundenfälschung i. w. S.
Urteilsvermögen, Mangel an **24**, 14
UWG **19**, 15

1422

Stichwortverzeichnis

V

Vandalismus 12, 6
Verändern
— beweiserheblicher Daten 32, 19
— des Erscheinungsbildes 12, 29a
Veranstalten 24, 39c, 39h
Veräußern 16, 40
Verbotene Mitteilungen über Gerichtsverhandlungen 49, 102
Verbreitung pornographischer Schriften
— s. Pornographie
Verdächtigung
— s. Falsche Verdächtigung
Verdachtsstrafe 1, 20; 13, 25, 146
— Gefährdungsvorsatz bei Verdacht des Verletzungsvorsatzes 35, 104
Verdecken einer Straftat
— bei Brandstiftung 37, 43 ff.
— bei Mord 2, 62 ff.
Vereiteln 26, 3 ff., 12
— s. auch Strafvereitelung
Vereinigungen
— s. Kriminelle Vereinigungen und Terroristische Vereinigungen
Vereinigungstheorie 13, 92 ff., 109 ff.
— s. auch Zueignung
Vereitelung der Zwangsvollstreckung
— s. Zwangsvollstreckungsvereitelung
Vereitelungsabsicht 16, 43 f.
Vereitelung von Gläubigerrechten 16, 30 ff.
Verfahren bei Verkehrsordnungswidrigkeiten
— s. Ordnungswidrigkeiten
Verfall 26, 4
Verfälschen von Geld 34, 11
Verfälschen von Urkunden und technischen Aufzeichnungen 31, 31 ff.; 32, 14
Verfassungsgrundsätze, Schutz 43, 2
Verfassungsorgane Nötigung 43, 1, 9
Verfassungsschutz
— s. Demokratischer Rechtsstaat und Staatsschutz
Verfolgung Unschuldiger 49, 89 f.
— echtes Amtsdelikt 49, 90
Verfolgungsvereitelung
— s. Strafvereitelung
Verfügung 22, 12 ff.
Verfügungsbefugnis 22, 12 ff.
Verfügungsbewusstsein 20, 73 ff.
Verfügungsgewalt 28, 10 f.
— ohne gleichzeitigen Gewahrsam 28, 11
— tatsächliche Verfügungsgewalt 28, 10
Vergewaltigung 10, 12 ff.
— Beteiligung 10, 14
— in der Ehe 10, 9
— Eigenhändigkeit 10, 14
— Konkurrenzen 10, 15
— Tatbestand 10, 12
— s. auch Sexualdelikte
Vergiftung 37, 97 ff.
— s. Freisetzen von Giften, Vergiftungsdelikte
Vergiftungsdelikte 37, 97 ff.
— Arzneimittelrecht 37, 103
— Brunnenvergiftung 37, 98
— Erfolgsqualifikation 37, 99
— Fahrlässigkeitspönalisierung 37, 100
— Freisetzen von Giften 37, 104; 41, 89 ff.
— Lebensmittelrecht 37, 102
— Rücktritt vom vollendeten Delikt 37, 101
— Vergiftung von Gebrauchsgegenständen 37, 98
— Vergiftung von Wasserbehältern 37, 98
— s. auch Freisetzen von Giften
Vergleichsbetrug
— s. Prozessbetrug
Verherrlichung von Gewalt 10, 26; 44, 47
Verkaufsofferte 15, 23
Verkehrsdelikte 38, 1 ff.
— absolute Fahruntüchtigkeit 38, 31
— Alkohol 38, 9, 30 ff., 40 f.
— als Bereicherungstaten 38, 8
— Besonderheiten gegenüber den Regeln des Allgemeinen Teils 38, 10 ff.
— Beteiligung 38, 42
— Beweisrecht 38, 15, 33
— Blutprobe 38, 32 f., 53
— Dunkelziffer 38, 39
— eigenhändige Delikte 38, 10, 42, 44
— Einwilligung 38, 37, 43 f.
— Fahrlässigkeit 38, 13 f., 15, 40
— gefährliche Eingriffe in den Verkehr (von außen) 38, 19 ff.,
— (von innen) 38, 19, 27 ff.
— generalpräventive Wirkung der Strafdrohung 38, 9
— grobe Fahrlässigkeit 38, 35
— grobe Verkehrswidrigkeit 38, 34 f.
— Kausalität 38, 11
— Konkurrenzen 38, 23 ff., 46 f., 74 ff.
— Kriminalitätsumfang 38, 18, 28
— kriminalpolitischer Hintergrund 38, 1 ff.
— Opfer 38, 4
— Opportunitätsprinzip 38, 14, 17
— Polizeisperren 38, 19, 21; 45, 21
— Rechtfertigung 38, 43 ff.
— Rechtsgüter 38, 19, 27, 37, 44
— Risikoerhöhungslehre 38, 11
— Rücksichtslosigkeit 38, 12, 36, 38, 42
— Sonderdelikte 38, 10
— Sozialadäquanz 38, 13
— Trunkenheit 38, 10, 18, 28, 29 ff., 39 ff., 45, 48
— Unfallursachen 38, 6
— Unterlassen 38, 42
— Verkehrsordnungswidrigkeiten 38, 33, 47
— Verkehrsregelverletzungen (vorsätzlich/fahrlässig) 38, 7
— verkehrsrichtiges Verhalten 38, 13
— Vertrauensgrundsatz 38, 13
— Vorsatz 38, 38, 40
— Vorsatz-Fahrlässigkeits-Kombinationen 38, 22, 38, 42
— Wirtschaftsfaktor Straßenverkehr 38, 3
Verkehrsordnungswidrigkeiten
— s. Ordnungswidrigkeiten
Verkehrssicherheit 38, 51

1423

Stichwortverzeichnis

Verkehrsstraftaten
— s. Verkehrsdelikte
Verkehrsunfallflucht
— s. Unerlaubtes Entfernen vom Unfallort
Verkehrszentralregister 38, 16
Verkörperung 31, 1, 9
Verleitung eines Untergebenen 49, 104 ff.
— Beteiligung 49, 105, 109
— Remonstrationspflicht 49, 108
— Unterlassen 49, 107
— Unternehmensdelikt 49, 105
— Verleitung zur Falschaussage 47, 127 ff.
— Abgrenzung zur Anstiftung 47, 127 ff., 131
— Irrtumsfragen 47, 132
— Konstellation der mittelbaren Täterschaft 47, 16
— Versuch 47, 141 f.
Verleitung zum Meineid 47, 127 ff.
Verletzung amtlicher Bekanntmachungen 45, 97 ff.
Verletzung der Fürsorge- und Erziehungspflicht 10, 31 f.
— Beteiligung 10, 32
— Rechtsgüter 10, 31
— Sonderdelikt 10, 32
— Unterlassen 10, 31
— vormundschaftsgerichtliches Einschreiten 10, 31
Verletzung der Unterhaltspflicht 10, 33 ff.
— abstraktes Lebensgefährdungsdelikt 10, 33
— Beteiligung 10, 36
— Dauerdelikt 10, 37
— praktische Bedeutung 10, 33
— Problematik der Strafdrohung 10, 37
— Rechtsgut 10, 33
— Sonderdelikt 10, 36
— Tathandlung 10, 34
Verletzung des Dienstgeheimnisses 49, 101
— Beteiligung 49, 101
— echtes Amtsdelikt 49, 101
— Ermächtigung 49, 101
— Geheimnisbegriff 49, 101
— Kriminalitätsumfang 49, 101
Verletzung des Post- und Fernmeldegeheimnisses 8, 28; 49, 99
Verletzung des Steuergeheimnisses 49, 103
Verletzungsdelikte
— fahrlässige Verletzungsdelikte 35, 12 ff.
— vorsätzliche Verletzungsdelikte 35, 5 ff.
— Zufallskomponente 35, 15 ff., 31 ff.
Verletzungsverbote als Gefährdungsverbote 35, 5 ff.
Verletzungsvorsatz und Gefährdungsvorsatz 35, 101 ff., 128
Verleumdung 7, 12
— Rechtfertigung 7, 22
— Tatsachenbehauptung 7, 12
Vermögen 11, 1 ff.; 20, 15 ff.
— Dispositionsfreiheit 20, 99
— Eigentum und Vermögen 11, 5
— Marktwert 11, 14; 20, 9 f.

— saldierende Betrachtung 11, 14; 20, 16, 18, 89
— s. auch Vermögensbegriff, Vermögensschaden etc.
Vermögensbegriff 20, 15 ff., 87 ff.
— individueller Schadenseinschlag 20, 18 ff., 92 f.
— juristischer Vermögensbegriff 20, 21 f., 87 ff.
— objektiv-wirtschaftlicher Vermögensbegriff 20, 15 ff., 87 ff.
— weitere Vermögensbegriffe 20, 25
— wirtschaftlicher Vermögensbegriff 20, 15 f., 87 ff.
— s. auch Vermögen
Vermögensbetreuungspflicht 22, 58, 68
— Hauptpflicht 22, 58 f.
Vermögensdelikte 11, 1 ff.
Vermögensgefährdung als Vermögensschaden 20, 97 ff.
— s. auch Vermögensschaden
Vermögenskriminalität 11, 3 ff.
Vermögensnachteil
— s. Vermögensschaden
Vermögensschaden 20, 87 ff.; 21, 66; 22, 1, 75 ff.
— ausbleibende rechtswidrige Gegenleistung 20, 115
— entgangener Gewinn 22, 76
— gesetz- oder sittenwidrige Arbeit 20, 119 ff.
— gutgläubiger Erwerb 20, 98
— nichtige Forderungen 20, 116 ff.
— rechtswidriger Besitz 20, 115
— Risikogeschäfte 20, 105 f.; 22, 72 f.
— Schadensersatz 20, 89
— Unmittelbarkeitszusammenhang 22, 75
— Vermögensgefährdung 20, 97 ff.
— Vervielfachung des Vermögensschadens 20, 102, 145
— Vollmachtserteilung 20, 85
Vermögensverfügung 20, 69 ff.
— Freiwilligkeit 20, 73 ff.
— zum Nachteil eines Dritten 20, 81 ff.
— unbewusste Vermögensverfügung 20, 73 ff.
— unfreiwillige Vermögensverfügung 20, 73 ff.
— Unmittelbarkeit 20, 79 f.
— Vermögensschaden und Vermögensverfügung 20, 69, 99
— Vermögensvorteil und Vermögensverfügung 20, 122
— Vollmachtserteilung als Vermögensverfügung 20, 85
Vermögensvorteil 28, 25 ff.
— für einen Dritten 20, 127 f.; 28, 27
— rechtmäßiger Vermögensvorteil 20, 124; 28, 30
— Rechtswidrigkeit des Vermögensvorteils 20, 124 ff.; 28, 29
— saldierende Betrachtung 20, 123; 28, 26
— Stoffgleichheit 20, 122 f.; 28, 28

1424

Stichwortverzeichnis

Vermögensvorteilsabsicht
— s. Vorteilsabsicht
Vernehmungsgegenstand bei den Aussagedelikten **47**, 31 ff.
Versammlungsfreiheit **44**, 5 f.
VersammlungsG **44**, 5, 27
Versetzen in hilflose Lage **36**, 8
Versicherung an Eides statt
— s. falsche Versicherung an Eides statt
Versicherungsbetrug **20**, 2, 8, 133, 138, 141; **21**, 138 ff.
Versicherungsmissbrauch **21**, 117 ff.
— betrügerische Absicht **21**, 129 ff.
— Betrug und Versicherungsmissbrauch **20**, 138; **21**, 119, 136 ff.
— Brandstiftung und Versicherungsmissbrauch **21**, 138 ff.
— Konkurrenzen **21**, 136 f.
— kriminalpolitischer Hintergrund **21**, 117 ff.
— Rechtsgut **21**, 132 f.
— Regelbeispiel **21**, 138 ff.
— Repräsentantenhaftung **21**, 143 ff.
— Rücktritt **21**, 137
— Tatbestand **21**, 125 ff.
— Tathandlungen **21**, 127
— Tatobjekte **21**, 125
— Versuch **21**, 135
— Vorsatz **21**, 128
Verständlichkeit **31**, 1 f.,8
Verstöße gegen nicht freiheitsentziehende Maßregeln **45**, 72 ff.
— Kriminalpolitischer Hintergrund **45**, 72 ff.
— Tatbestände **45**, 75 ff.
— s. auch Berufsverbot, Entziehung der Fahrerlaubnis, Entziehungskur, Führungsaufsicht, Strafaussetzung zur Bewährung
Verstrickung **45**, 81 f.
Verstrickungsbruch **45**, 80 ff.
— Irrtumsfragen **45**, 86
— Pfändung **45**, 80 ff.
— Rechtmäßigkeit der Diensthandlung **45**, 86
— sonstige Fälle **45**, 83 ff.
— Tathandlungen **45**, 85
Versuch
— erfolgsqualifizierte Delikte **6**, 64 ff.; **35**, 121
— objektive Grenzen der Versuchsstrafbarkeit und Gefährdungsdelikte **35**, 9, 19 ff.
— Rechtsgutsgefährdung und Versuch **35**, 8 f., 19 ff.
— subjektive Grenzen der Versuchsstrafbarkeit und Gefährdungsdelikte **35**, 9 f., 21
— Verletzungsdelikte **35**, 7 ff.
— Vorbereitungshandlungen und Versuch **35**, 19 f.
— Vorsatz-Fahrlässigkeitskombinationen **35**, 120

— s. auch Unterstichworte „Versuch" und „Rücktritt" bei den einzelnen Straftatbeständen
Vertrauensbruch im auswärtigen Dienst **49**, 100
Vertrauensmänner **42**, 17 f.
Vertraulichkeit des Worts **8**, 14 ff.
— Abhörgeräte **8**, 15 f.
— Einwilligung **8**, 17 f., 20 f.
— kriminalpolitischer Hintergrund **8**, 14
— öffentliches Interesse **8**, 19, 22
Vertreter ohne Vertretungsmacht **22**, 34; **31**, 18
Vertretungsmacht **22**, 15, 28 ff.
— Außenverhältnis **22**, 14 f.
— Innenverhältnis **22**, 28 f., 33
— Klausurtechnik **22**, 30
— Kollusion **22**, 35
— Konflikt Außen- und Innenverhältnis **22**, 31 ff.
— Rechtsgrundlage **22**, 28 f.
— Überschreitungen **22**, 34
Verunglimpfungstatbestände **44**, 48
Verunreinigung eines Gewässers **41**, 59 f.
— s. auch Umweltdelikte
Verunstalten **12**, 23; **45**, 97 ff.
Veruntreuende Unterschlagung **15**, 7, 35 ff.
Veruntreuung von Arbeitsentgelt
— s. Vorenthalten und Veruntreuen von Arbeitsentgelt
Verwahrungsbruch **45**, 90 ff.
— dienstliche Verwahrung **45**, 90 ff.
— Konkurrenzen **45**, 96
— Qualifikation **45**, 95
— Tathandlungen **45**, 94
Verwaltung **49**, 10 ff.
— Aufgaben der öffentlichen Verwaltung **49**, 20
— Daseinsvorsorge **49**, 20 f.
— Erwerbswirtschaftliche Verwaltung **49**, 20 f.
— Organisationsform **49**, 20
Verwaltungsakzessorietät **41**, 13 ff., **20** ff., 59 ff., 84, 89
Verwerflichkeit
— s. besondere Verwerflichkeit
Verwerflichkeitsklausel **9**, 74 ff.; **18**, 18
Vis absoluta **9**, 61; **18**, 14
Vis compulsiva **9**, 61; **18**, 14
V-Leute **42**, 17 f.
Volksverhetzung **44**, 45 f.
Vollendung
— Rücktritt vom vollendeten Delikt (tätige Reue) **21**, 59 f.; **35**, 114 ff.; **41**, 31, 98
— Gefährdungsdelikte **35**, 113
— s. auch Versuch, Rücktritt
Vollmacht, Wirkungsdauer **22**, 22
Vollrausch
— actio libera in causa und Vollrausch **40**, 4 f., 38 ff.
— Antragsdelikt **40**, 28
— Auffangtatbestand **40**, 29, 38
— Beteiligung **40**, 34 ff.
— Deliktsnatur **40**, 10

1425

Stichwortverzeichnis

— Eigenhändigkeit 40, 34
— Entschuldigungs- und Strafausschließungsgründe 40, 25 f.
— Fahrlässigkeitsdelikt als Rauschtat 40, 18 f.
— als Gefährdungsdelikt 35, 26; 40, 10 ff.
— Gesetzgebungsgeschichte 40, 6
— Irrtumsfragen 40, 20 ff., 26
— Konkurrenzen 40, 37 ff.
— Kriminalitätsumfang 40, 9
— kriminalpolitischer Hintergrund 40, 1 ff.
— objektive Bedingung der Strafbarkeit 40, 10 ff.
— Ordnungswidrigkeit 40, 8
— rauschbedingte Schuldunfähigkeit 40, 1 ff., 29 ff.
— Rauschtat 40, 14 ff.
— Rechtfertigung 40, 16
— Rechtsgüter 40, 10
— Rücktritt von der Rauschtat 40, 27
— Tathandlung 40, 32
— Unterlassen 40, 14
— Verfolgungsvoraussetzungen 40, 28
— versuchte Rauschtat 40, 27
— Vorsatz 40, 17, 20
Vollstreckung gegen Unschuldige 49, 89 f.
— echtes Amtsdelikt 49, 90
Vollstreckungsbeamte, Widerstand gegen 45, 1 ff.
Vollstreckungsvereitelung
— s. Strafvollstreckungsvereitelung, Zwangsvollstreckungsvereitelung
Vorbereitung der Fälschung von Geld und Wertzeichen 34, 26 f.
— Ordnungswidrigkeiten 34, 26 f.
— Rücktritt vom vollendeten Delikt 34, 27
Vorbereitungshandlungen als Gefährdungsdelikte 35, 19 f., 113
Voreid 47, 68
Vorenthalten und Veruntreuen von Arbeitsentgelt 23, 1 ff.
— Beteiligung 23, 27 ff.
— doppeltes Unterlassungsdelikt 23, 23
— Gesetzgebungsgeschichte 23, 1 ff.
— kriminalpolitischer Hintergrund 23, 1 ff.
— Nichtzahlung sonstiger Teile des Arbeitsentgelts 23, 18 ff.
— Rechtsgüter 23, 7 f.
— Rücktritt vom vollendeten Delikt 23, 31 ff.
— Sonderdelikt 23, 27 f.
— Tatbestände 23, 9 ff.
— als Unterlassungsdelikt 23, 13 f.
— Vorenthalten von Sozialversicherungsbeiträgen 23, 9 ff.
Vorsätzliche Gefährdungsdelikte 35, 96 ff.
Vorsätzliche Verletzungsdelikte Gefährdungsverbot 35, 5 ff.
Vorsatz
— bei Gefährdungsdelikten 35, 96, 99 ff.
— Gefährdungsvorsatz und Verletzungsvorsatz 35, 101 ff., 128
— Vorsatz-Fahrlässigkeitskombinationen 6, 69; 35, 105 f., 120, 126 f.; 38, 22, 38, 42

Vorsatz-Fahrlässigkeitskombinationen 35, 105 f., 120, 126 f.
— Beteiligung 35, 126 f.
— Verkehrsdelikte 38, 22, 38, 42
— Versuch 35, 120
Vortäuschen einer Straftat 9, 99 f.; 44, 36; 48, 1 ff., 19 ff.
— Gegenstand 48, 19
— Konkurrenzen 48, 28
— kriminalpolitischer Hintergrund 48, 3 ff.
— Mittel 48, 20 ff.
— Motive 48, 5
— Rechtfertigung 48, 25
— Rechtsgut 48, 1 ff.
— Selbstbegünstigung und Vortäuschen einer Straftat 48, 26 f.
— Subsidiarität 48, 28
— Vorsatz 48, 24
— Wissentlichkeit 48, 24
— Ziel 48, 23
Vorteil
— s. Vermögensvorteil, Vorteilsbegriff
Vorteilsabsicht 20, 122 ff.; 28, 25 ff.
— Drittvorteilsabsicht 20, 127 f.; 28, 27
— Teilnehmer ohne Vorteilsabsicht 28, 31
Vorteilsannahme 49, 16 ff., 19 ff.
Bestechlichkeit und Vorteilsannahme 49, 19
— Beteiligung 49, 16, 44 f.
— Gegenleistung 49, 25
— Genehmigung 49, 35 f.
— Irrtumsfragen 49, 37 f.
— Konkurrenzen 49, 28, 46 ff.
— Rechtsgut 49, 18
— Rechtswidrigkeit 49, 35 f.
— Täterkreis 49, 16, 20 ff.
— Tathandlungen 49, 34
— Unrechtsvereinbarung 49, 19, 25 ff.
— Vorteil 49, 19, 24
— s. auch Bestechlichkeit, Bestechung, Bestechungsdelikte, Vorteilsgewährung
Vorteilsbegriff
— bei den Amtsdelikten 49, 19, 24
— bei der Begünstigung 27, 2 ff.
Vorteilsgewährung 49, 16 ff., 42 f.
— Beteiligung 49, 16, 44 f.
— Gegenleistung 49, 25
— Genehmigung 49, 36
— Irrtumsfragen 49, 38
— Konkurrenzen 49, 46 ff.
— Rechtsgut 49, 18
— Rechtswidrigkeit 49, 35 f.
— Täterkreis 49, 16
— Tathandlungen 49, 34
— Unrechtsvereinbarung 49, 25 ff.
— Vorteil 49, 24
— s. auch Bestechlichkeit, Bestechung, Bestechungsdelikte, Vorteilsannahme

W

Waffe 14, 53 ff.
Wahlbehinderung 43, 9
Wahlfälschung 43, 8 f.
Wahlfeststellung
— bei den Aussagedelikten 47, 158

Stichwortverzeichnis

— bei der Begünstigung **27**, 21
— bei der Hehlerei **28**, 32 f.
— bei der Nichtanzeige geplanter Straftaten **46**, 23 f.
— beim Vollrausch **40**, 29
Wahrheitsbegriff **33**, 2 f.; **47**, 36
Wahrheitsbeweis **7**, 6, 20
Wahrheitspflicht bei den Aussagedelikten **47**, 31 ff.
Wahrnehmung berechtigter Interessen **7**, 7, 21 ff.
— Erkundigungspflicht **7**, 24
— Exzessverbot **7**, 22
Warenautomaten **13**, 55, 150 f.; **21**, 13 ff.
Warnung
— s. Drohung
Wartepflicht **38**, 61 ff.
Wasser
— s. Verunreinigung eines Gewässers
Wechsel **24**, 24
Wegnahme **13**, 37 ff.; **17**, 15 ff.
— Beobachtung **13**, 43, 57 ff.
— bedingtes Einverständnis **13**, 55 ff.
— Diebesfalle **13**, 59
— durch Dritte und zugunsten Dritter **13**, 61 f.
— Einverständnis **13**, 53 ff.
— Pfandkehr **16**, 25, 27 ff.
— Selbstbedienungsläden **13**, 42, 58
— s. auch Gewahrsam
Wehrlosigkeit
— s. Heimtücke
Weltanschauung
— s. Religionsausübung, Religionsgesellschaften
Weltanschauungsvereinigungen
— s. Religionsgesellschaften
Werben **24**, 39c, 39h
Werbung, unlautere **19**, 15
Werkzeug, gefährliches **6**, 54; **14**, 57; **17**, 29
Wertpapiere **34**, 28
Wertsummentheorie **13**, 129
Werturteil **7**, 12 ff.
Wertzeichen **34**, 19 f.
Wertzeichenfälschung **34**, 19 ff.
— Absicht **34**, 21
— Konkurrenzen **34**, 25
— kriminalpolitischer Hintergrund **34**, 18
— Ordnungswidrigkeit **34**, 20
— Rechtsgut **34**, 18
— Tathandlungen **34**, 21 ff.
— Versuch **34**, 24
Wettbetrug **20**, 54, 105
Wettbewerb, Delikte gegen den **19**, 13 ff.; **21**, 103 ff.; **49**, 51 ff.
— s. auch Bestechlichkeit und Bestechung im geschäftlichen Verkehr, wettbewerbsbeschränkende Absprachen
Wettbewerbsbeschränkende Absprachen **21**, 103 ff.; **49**, 51
— Konkurrenzen **21**, 115 f.
— kriminalpolitischer Hintergrund **21**, 103 ff.

— Rücktritt vom vollendeten Delikt **21**, 114
— Tatbestand **21**, 110 ff.
— Tathandlung **21**, 111
— Teilnahmewettbewerb **21**, 112
— Vorsatz **21**, 113
Wette **24**, 39a
White-collar-Kriminalität **19**, 8 f.
Wichtiges Glied **6**, 60
Widerruf von Falschaussagen **47**, 119
Widerstand gegen Vollstreckungsbeamte **45**, 1 ff.
— Diensthandlung **45**, 14 f.
— geschützter Personenkreis **45**, 10 ff.
— Irrtumsfragen **45**, 41 ff.
— Konkurrenzen **45**, 54
— Rechtmäßigkeit der Diensthandlung **45**, 29 ff.
— Regelbeispiele **45**, 51 ff.
— als Spezialdelikt der Nötigung **45**, 25, 54
— Tathandlungen **45**, 18 ff.
— Unternehmensdelikt **45**, 19
— Vorsatz **45**, 41
Widerstandsunfähige
— s. Sexueller Missbrauch Widerstandsunfähiger
Wiederholte Zueignungen
— s. mehrmalige Zueignung
1. WiKG **19**, 2; **24**, 6
2. WiKG **19**, 2, 5; **23**, 1, 11, 40; **34**, 29
Wilderei **16**, 6 ff.
— Aneignung **16**, 17 ff.
— Irrtumsfragen **16**, 19 f.
— kriminalpolitischer Hintergrund **16**, 6 ff.
— als Majestätsdelikt **16**, 6
— Rechtsgut **16**, 10 ff.
— Regelbeispiele **16**, 16
— Tathandlungen **16**, 13 ff.
— Vorsatz **16**, 17 ff.
Willensbetätigungsfreiheit **9**, 45
Willensentschließungsfreiheit **9**, 45
— s. auch Nötigung
Willensschwäche, erhebliche **24**, 9, 14
Wirtschaftliche Not **24**, 22
Wirtschaftlicher Vermögensbegriff **20**, 15 ff., **21**, 132
Wirtschaftskorruption **49**, 1, 9, 14, 51 ff.
— s. auch Bestechlichkeit und Bestechung im geschäftlichen Verkehr
Wirtschaftskriminalität **11**, 1; **16**, 31; **19**, 1 ff.
— außerstrafrechtliches Instrumentarium zur Verhinderung **19**, 21
— Definition **19**, 8 ff.
— Kriminalitätsumfang **19**, 22
— kriminalpolitischer Hintergrund **19**, 2 ff.
— als Organisationskriminalität **19**, 9; **44**, 2
— prozessuale Erfassung **19**, 18, 21
— Sog- oder Ansteckungswirkung **19**, 15
— Spiralwirkung **19**, 13
— unklare gesetzliche Regelung **19**, 23
— Ursachen **19**, 23
— Wesen und Begriff **19**, 8 ff.
— s. auch Wirtschaftsstrafrecht, Wirtschaftsstraftaten

1427

Stichwortverzeichnis

Wirtschaftsstrafkammer **19**, 18
Wirtschaftsstrafrecht **19**, 8 ff. gesamteuropäisches **19**, 14
— Rechtsgut **19**, 11 ff.
— im engeren Sinne **19**, 12 ff.
— im weiteren Sinne **19**, 15 f.
— Umweltdelikte **19**, 16
— Unternehmenskriminalität **19**, 9, 18, 20
— s. auch Wirtschaftskriminalität
Wirtschaftsstraftäter **19**, 23
Wirtschaftsstraftaten
— klassische Vermögensdelikte **19**, 1 ff., 17
— Insolvenzdelikte **16**, 31; **19**, 15
— kein Numerus clausus **19**, 17
— Schadensvervielfältigung **19**, 15
— s. auch Wirtschaftskriminalität, Wirtschaftsstrafrecht
Wissenschaftsbetrug **20**, 133a
WiStG **19**, 13; **24**, 34 ff.
Wohnung **8**, 8; **14**, 64
Wohnungseinbruch **14**, 7, 63 ff.
Wucher **24**, 1 ff.
— Erpressung und Wucher **18**, 11
— Kreditwucher **24**, 5
— Kriminalitätsumfang **24**, 7 f. 18
— Leistungswucher **24**, 6, 16
— Mietwucher **24**, 5, 7, 19
— Sachwucher **24**, 5
— s. auch Individualwucher und Sozialwucher
Wuchernovelle **24**, 5

Z

Zahlungsbereitschaft **20**, 34
Zahlungskarte
— s. Fälschung von Zahlungskarten und Euroscheckvordrucken
Zahlungsunwilligkeit
— Täuschung über **20**, 33 f.
Zechprellerei **20**, 37, 54
Zerstören **12**, 16 f.
— durch Brandlegung **37**, 20 f.
— Zerstören von Bauwerken **12**, 31
— s. auch Beschädigen
Zerstörung
— von Anlagen als gefährlicher Eingriff in den Bahn-, Schiffs- und Luftverkehr **38**, 19 ff.
— von Anlagen als gefährlicher Eingriff in den Straßenverkehr **38**, 19 ff.
— von Fahrzeugen als gefährlicher Eingriff in den Bahn-, Schiffs- und Luftverkehr **38**, 19 ff.
— von Fahrzeugen als gefährlicher Eingriff in den Straßenverkehr **38**, 19 ff.
— s. auch Verkehrsdelikte
Zeugenaussage, Falschheit **47**, 36 ff.
Zins **24**, 18
Zivilrecht und Rechtsgutsgefährdungen **35**, 17
Züchtigungsrecht **6**, 44 ff.
Zueignung **13**, 67 ff., 123 ff.; **15**, 9 ff., 19 ff., 32 ff.
— Aneignung **13**, 86 ff., 124

— Drittzueignung **13**, 67 f., 114 ff.; **15**, 2, 19, 34, 47
— eigenmächtige Inpfandnahme **13**, 83
— Enteignung **13**, 86 ff., 124
— Gebrauchsentwendung und Zueignung **13**, 72, 81 ff., 140 ff.; **15**, 19
— Legitimationspapier **13**, 79, 93
— Manifestation der Zueignungsabsicht **15**, 23 ff., 32 f., 38
— mehrmalige Zueignung **15**, 43 ff.
— Rechtswidrigkeit der Zueignung **13**, 122; **15**, 20
— Rückkauffälle **13**, 116
— Sachwertzueignung **13**, 92 ff.
— Spendenfälle **13**, 118
— Substanzzueignung **13**, 74 ff.
— Vereinigungstheorie **13**, 92 ff., 109 ff.
wiederholte Zueignung **15**, 43 ff.
— Zeitpunkt der Zueignung **15**, 32 f.
— zwei Komponenten **13**, 86 ff.
Zueignungsabsicht **13**, 67 ff., 123 ff.; **15**, 19, 21 ff.
Zueignungserfolg **13**, 67 ff.; **15**, 19, 21 ff., 38
Zufallskomponente
— bei den fahrlässigen Verletzungsdelikten **35**, 15 ff., 31 ff.
— bei den konkreten Gefährdungsdelikten **35**, 55, 61 ff.
Zufallsurkunde **31**, 10
Zuhälterbetrug **20**, 115, 117, 120
Zuhälterei **10**, 5, 22
Zusammengesetzte Urkunde **31**, 20, 32a
Zusammenrottung **45**, 68
Zwangsernährung **3**, 48; **39**, 13
Zwangslage **24**, 10 ff.
Zwangsvollstreckung **16**, 30 ff.
— Drohen der Zwangsvollstreckung **16**, 36 ff.
— wegen Geldforderungen **16**, 33
— zur Erwirkung der Herausgabe von Sachen **16**, 33
Zwangsvollstreckungsvereitelung **16**, 30 ff.
— Antragserfordernis **16**, 45
— Beteiligung **16**, 46 f.
— Geldstrafe **16**, 32
— Handeln für einen anderen **16**, 48
— Konkurrenzen **16**, 49
— kriminalpolitischer Hintergrund **16**, 30 f.
— Kriminalitätsumfang **16**, 31
— Rechtsgut **16**, 30
— Sonderdelikt **16**, 39, 46
— Tathandlungen **16**, 40 ff.
— Tatobjekte **16**, 33
— Vereitelungsabsicht **16**, 43 f.
— Voraussetzungen auf der Gläubigerseite **16**, 34 f.
— Voraussetzungen auf der Schuldnerseite **16**, 36 ff.
— Vorsatz **16**, 44
— zivilgerichtliches Urteil, Bedeutung für den Strafrichter **16**, 35
Zweck-Mittel-Relation **9**, 74 ff.; **18**, 18
— Fernziele **9**, 78

— Habgier und Zweck-Mittel-Relation **2**, 56
— Verwerflichkeit **9**, 79 ff.; **18**, 18
— s. auch Besondere Verwerflichkeit und Nötigung
Zweckverfehlung **20**, 111 ff.; **21**, 66, 75, 77
Zwei-Partner-System **34**, 31
Zwischenformen zwischen abstrakten und konkreten Gefährdungsdelikten **35**, 81 ff.
— s. auch Eignungsdelikte und Potenzielle Gefährdungsdelikte
Zwischenziele, notwendige **20**, 131 ff.

Vielfach nachgefragt – jetzt wieder da!

von

Prof. Dr. Fritjof Haft
7., mit einem Nachwort versehene,
im Übrigen unveränderte Auflage
(ca. Februar) 2015;
XXXVI u. 443 Seiten,
geb. € [D] 24,80
ISBN 978-3-7694-1143-0

Generationen von Studenten haben schon mit **dem „Haft"** das juristische Lernen gelernt! Denn: Lernen – gerade juristisches Lernen – will selbst gelernt sein, d. h. es muss geplant, organisiert, geübt, kontrolliert und ständig optimiert werden. **Erfolgreiches Lernen** setzt eben mehr voraus als Talent und Arbeitseifer ...

Aber was genau? Und wie lerne ich denn gerade juristisches Lernen?

Exakt auf diese Fragen gibt der „Haft" Antwort: Er macht **Denk- und Lernvorgänge** bewusst, beschreibt Wege und **Methoden** für erfolgreiches Lernen, stellt sie grafisch dar, baut **Strukturen** auf, bringt laufend Beispiele, ... In einem Nachwort geht der Autor auf die aktuellen Entwicklungen, insbesondere im IT-Bereich, ein.

Durchweg gilt:
Die Lektüre dieses Buches ist nicht trocken oder schwer verdaulich, sondern immer **interessant und spannend**.
Am Ende werden auch Sie staunen, wie gut Sie mit dem „Haft'schen Ansatz" das Lernen lernen können ...

... Ihre Buchhandlung erwartet Sie!

Verlag E. u. W. Gieseking   Postfach 130120 33544 Bielefeld Fax 0521 - 143715
kontakt@gieseking-verlag.de   www.gieseking-verlag.de

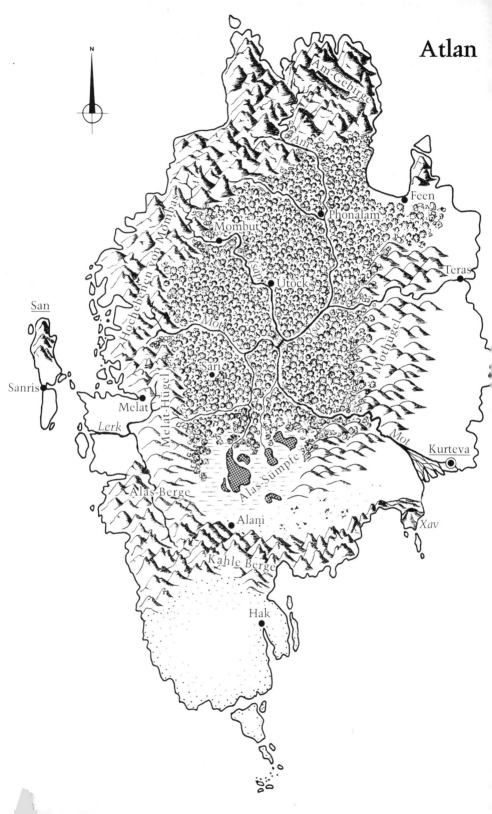

Franz Binder
DER SONNENSTERN
Roman